BBMG 北京金隅集团
BBMG GROUP CO.,LTD

# 弘扬干事文化
# 创新跨越发展

BBMG 北京金隅集团

BBMG GROUP CO.,LTD

# 集团简介

北京金隅集团有限责任公司是以“水泥及预拌混凝土-新型建材与商贸物流-房地产开发-地产与物业”为核心产业链，主业于香港H股（02009）和上海A股（601992）上市的大型国有控股产业集团，位列中国企业500强、中国企业效益200佳和全国企业盈利能力100强。

金隅集团是国家重点支持的12家大型水泥企业之一和京津冀区域最具规模的水泥生产商及供应商，全国最具规模建材制造商之一和环渤海经济圈建材行业的引领者，北京地区综合实力领先的房地产开发企业之一和率先开发、项目齐全、体系完整的保障性住房开发企业，以及北京最具规模的投资性物业持有者和管理者之一。集团四大产业板块强劲增长、协同发展，主营业务已延伸至上海、天津、重庆、四川、浙江、山东、江苏、河南、山西、河北、吉林、广东、海南、内蒙古、新疆、贵州、安徽等省市区。集团依托自身所拥有的国家级企业技术中心，持续实施结构调整，不断转变发展方式，具有自身特色的以城市废弃物无害化和资源化处置为核心的都市环保产业已成为全国循环经济领域的一面旗帜，实现了经济效益、社会效益和生态效益的协调统一，形成了在创新驱动中跨越式发展的新格局。2016年5月31日，金隅股份与冀东集团股权重组协议签约仪式在唐山市举行，影响重大而深远。

适应新常态谋求新发展，任务繁重使命光荣。打造百年基业，创建一流集团，早日进入世界500强，需要全体金隅人薪火传承、接续奋斗。站在历史新起点和规划交汇点，北京金隅将在北京市委市政府和市国资委的坚强领导下，大力弘扬以“三重一争”、“共融、共享、共赢、共荣”、“八个特别”和“想干事、会干事、干成事、不出事、好共事”的干事文化为核心的优秀金隅文化，迎接挑战、顺势而为、实干兴企、志在一流，全力以赴推动金隅实现新发展、迈向新高度、开创新局面！

金隅大厦、金隅大成大厦

金隅成都大成郡房地产项目

金隅78墅（北京）房地产项目

APEC主会场的金隅天坛家具

北京金隅党委

微信公众平台二维码

# 中车长春轨道客车股份有限公司

CRRC CHANGCHUN RAILWAY VEHICLES CO., LTD.

巴西里约1A地铁车在线运营

2015年5月25日，中车长客里约地铁4号线（奥运专线）项目全部竣工，这是该车型继2014年成功服务世界杯以来，又将为里约奥运会服务，他们正以实际行动为中国制造代言

中车长春轨道客车股份有限公司始建于1954年，经历了62年的文化积淀和洗礼，使它跨越了从计划经济到追逐市场的理念变迁，逐步发展成为中国中车领军企业，是我国地铁、动车组的摇篮。目前主要有研发设计、轨道客车新造、检修及运维服务三大主营业务，在全国主要交通枢纽城市拥有10余家全资或控股子公司，高速动车组、城轨客车等主产品国内市场占有率达40%以上，出口22个国家和地区，已成为中国制造的名片和形象代言人。

重点培育以“万万千”、“一口清”为主线的工匠文化，坚持“自主创新、深度掌控、正向设计、根在长客”的发展路线，是“国家创新型企业”、“全国文明单位”、“全国企业文化传播全媒体建设30强单位”。相信，借助“一带一路”战略的东风，必将成功打造中国制造的“亮丽名片”。

中车长客多个高速动车组项目产品合影

“长客造”中国标准动车组以420公里的最高时速完成会车试验

运行在兰新线上的“抗风沙”型动车组

严、细、精、实的中国第一代高铁工人

高铁工人操作现场

和谐长客 筑梦中国-中车长客股份公司员工运动会开幕式

“缘定长客 挚爱今生”——中车长客股份公司隆重举行有162对新人参加的青年集体婚礼

**为商之道**

由力而起，由善而达

**品牌文化**

华夏魂，信用本

**企业使命**

拓展国际能源经济合作，做民族企业。

**企业价值观**

天合——把握天机，顺势而为
地合——海纳百川，博学包容
人合——平等相待，正直友善
己合——勇敢担当，勇于奉献

**企业精神**

忠诚 团结 严谨 奉献 组织 纪律 秩序 严肃

中国华信能源有限公司（简称中国华信）是集体制民营企业，主营能源与金融。公司2002年由董事会主席叶简明创立，目前拥有2大集团公司、13家一级公司和A股上市公司，参股多家海外上市企业，各类人才近3万人。

公司以拓展国际能源经济合作为战略，通过能源产业经营和能源产业投资带动，建设有组织的能源国际投行，争取国际行业话语权。公司立足欧洲油气终端，获取上游油气股权和权益，组建强大的金融团队和独立贸易商团队，发展金融全牌照推动公司战略。在捷克、格鲁吉亚设立第二总部，开展国际投行与投资，控股银行，参股重要财团，重点投资航空、飞机制造、特种钢、食品、核电等企业，与大型国有企业发展混合经济走出去，引进先进技术和管理经验，推动国际产能合作，助力国内产业升级和供给侧改革。

公司积极探索民营企业发展之路，以“由力而起，由善而达”的为商之道构建企业核心价值体系，创新经营管理模式，实行总部战略与财务管控及子公司合伙制相结合的运营机制，推进业务专注化、人才专业化、资产证券化和管理精细化。公司已连续3年进入《财富》世界500强，2016年以上一年营业收入超2631亿元在《财富》世界500强中排名229位。同时，蝉联世界品牌500强，获评中国最具影响力企业、中国最具国际竞争力十大领军企业。

公司全资设立香港中华能源基金会（联合国特别咨商地位非政府组织），开展能源公共外交与国际能源研究，与联合国共同设立能源联合国大奖；设立上海华信公益基金会、助力公益慈善，连续五年荣获“中国十大慈善企业”称号，实现企业和社会的可持续发展，努力打造人的华信、家的华信、国家的华信。

www.cefc.co

# 能源金融 国际投行

◀构建欧洲油气终端，获取上游股权与权益。

成为首家持有欧洲银行（J&T金融集团）50%股份的中国民企 ▶

组织党员重温入党誓言 ▶

◀ 创办"萤光支教"项目，五年来为陇、滇两省培训乡村教师18107名，受益师生逾百万。

◀资助建设捷克中医中心大楼助推中医走出去

连续三年赞助残疾人运动会，助推中国残疾人体育事业发展。▶

◀ 举办"知华信、爱华信"知识竞赛暨爱企教育

天能集团
TIANNENG GROUP

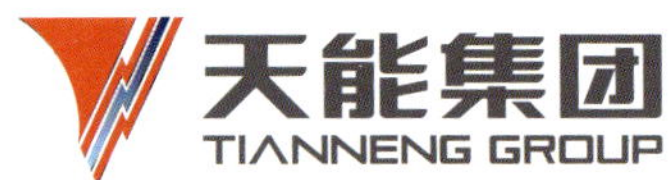

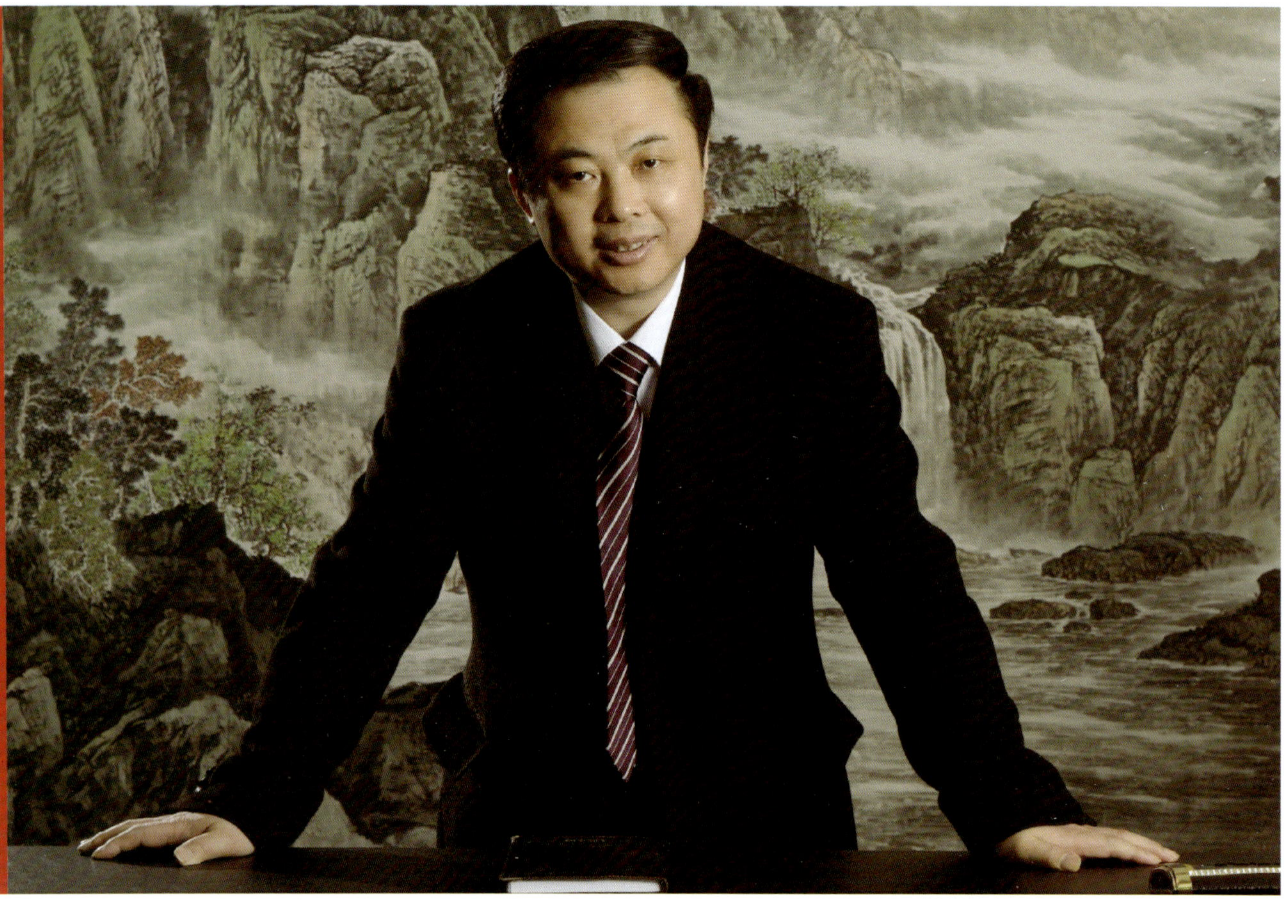

▼天能集团董事会主席 **张天任**

天能集团是中国新能源电池行业的龙头企业，创始于1986年，是一家以电动车环保动力电池为主、集锂离子电池、风能太阳能储能电池以及再生铅资源回收、循环利用等新能源的研发、生产、销售为一体的实业集团。目前拥有25家全资子公司、3家境外公司，员工2万余名，跨浙、苏、皖、豫四省八大生产基地，总资产近100亿元。

2007年6月11日，以中国动力电池第一股在香港主板成功上市（00819.HK）。2015年天能动力营收约为178亿元人民币，同比增长约26.8%，净利润达6.28亿元。

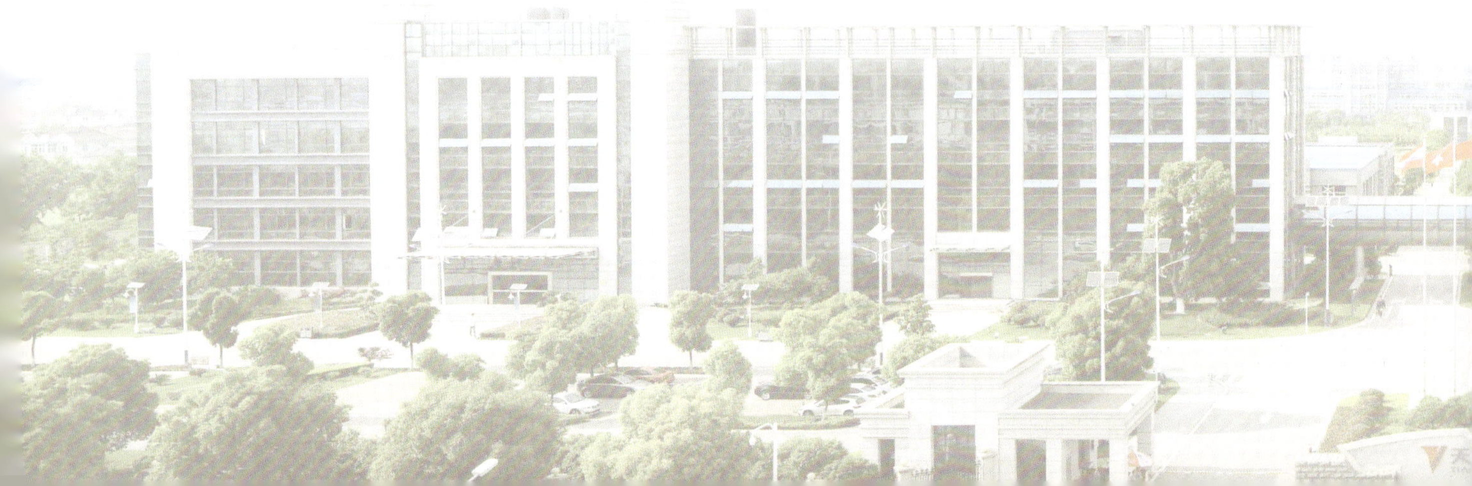

1　4

2　5

3　6

1. 天能集团承办首届中国民营企业文化论坛会议现场

2. 天能集团参加“铁军红流”活动

3. 天能集团举办三八节“万朵鲜花送女员工”活动

4. 天能集团成立30周年庆典标识发布仪式

5. 天能集团“学工匠精神、做金牌工人”誓师大会现场

6. 天能大学文化（青年）学院成立仪式董事长为学院授牌

中国石化·胜利油田

# 弘扬石油精神 创新胜利文化
# 为“战寒冬 求生存 谋发展”提供强力支撑

中国石化胜利油田是一个以油气生产为主的国有特大型企业。自1961年发现以来，经历了快速增储稳产、高速高产稳产、持续稳定发展三个阶段，通过不断创新和发展，实现了由陆地到海洋、由东部到西部、由国内到国外的三大跨越，为我国石油工业“稳定东部、发展西部”总体战略实施发挥了重要作用，为国民经济建设、石油石化工业发展和区域经济社会进步作出了重要贡献。

胜利油田坚持从“基业长青，文化制胜”的战略高度，弘扬以“苦干实干”“三老四严”为核心的石油精神，以中国石化企业文化建设新纲要为指导，创新发展胜利文化，培育践行“从创业走向创新，从胜利走向胜利”的胜利精神、全员传讲胜利故事，创新建设基层文化，引导干部员工把核心价值理念内化为精神追求，外化为自觉行动，把文化优势转化为队伍凝聚力、企业竞争力和品牌影响力。胜利油田荣获“全国文明单位”“全国企业文化示范基地”“十二五企业文化建设十大典范组织”等称号。

2015年以来，石油行业进入低油价寒冬期，遇到的困难前所未有。胜利油田突出“油价低士气不能低”“低成本应对低油价”“左右不了油价但可左右成本”等新理念引领，引导干部员工彻底丢掉幻想、彻底转变观念，把思想转到低油价思维、市场化意识、价值创造上来，经营管理好国有资产，干效益活、产效益油，全力推动油田提质增效升级，努力推进企业、环境、员工、社会的和谐共赢，为中国石化建设人民满意、世界一流能源化工公司，为国民经济建设和社会发展进步做出新的更大贡献！

油田发布企业社会责任报告

算效益账干效益活产效益油

十大国企敬业好员工薛梅

建设油公司示范区打造智能油田

讲述胜利故事弘扬石油精神

山西省农村信用社自1945年在太行革命根据地创立，已经走过71年发展历程，目前在全省有3156个机构、1888个自助网点、16000多个助农服务点，金融服务覆盖全省所有城镇和乡村，是全省经济社会发展不可或缺、不可替代的重要金融支撑。截至2016年6月末，全省农村信用社资产总额达到9289亿元，存款余额6310亿元，贷款余额3633亿元，三项指标均居全省金融机构首位。

原省委书记王儒林在尧都农商行太原小微专营支行调研

山西农信助力精准脱贫

省联社与山西工商学院签约

举办企业文化知识竞赛

农信信贷资金助力春耕备耕

向文明单位授牌

山西农信助您圆梦

反假币宣传

举办2015年文明规范服务明星大堂经理竞赛

山西农信信合通卡

庆祝山西省农信社成立70周年暨省联社成立十周年

山西省农村信用社始终坚持“服务三农、强省富民”的经营宗旨，多年来，深度打造现代农业金融服务平台、普惠金融服务平台、金融支农创新平台、合作支农共赢平台，持续深入实施“进村入社、阳光信贷、富民惠农”三大工程、“强农兴社金融普惠工程”、“百企千村产业扶贫开发工程”、“金融扶贫小额贷款富民工程”，主动增强服务意识，不断提升服务水平，助力百姓实现创业梦、脱贫梦、小康梦、上学梦，被授予银行业金融机构支持山西经济发展贡献奖、涉农贷款评估先进单位，2015年被银监会评为“银行业服务小微企业先进单位”，是全省唯一获此殊荣的银行业金融机构。

参加省直机关广播体操比赛并获一等奖

举办第一届职工羽毛球比赛

农信社员工到偏远山区送金融服务

金融知识进万家

超威集团
CHILWEE

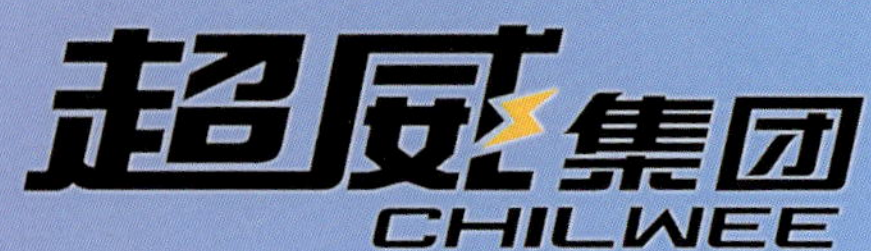

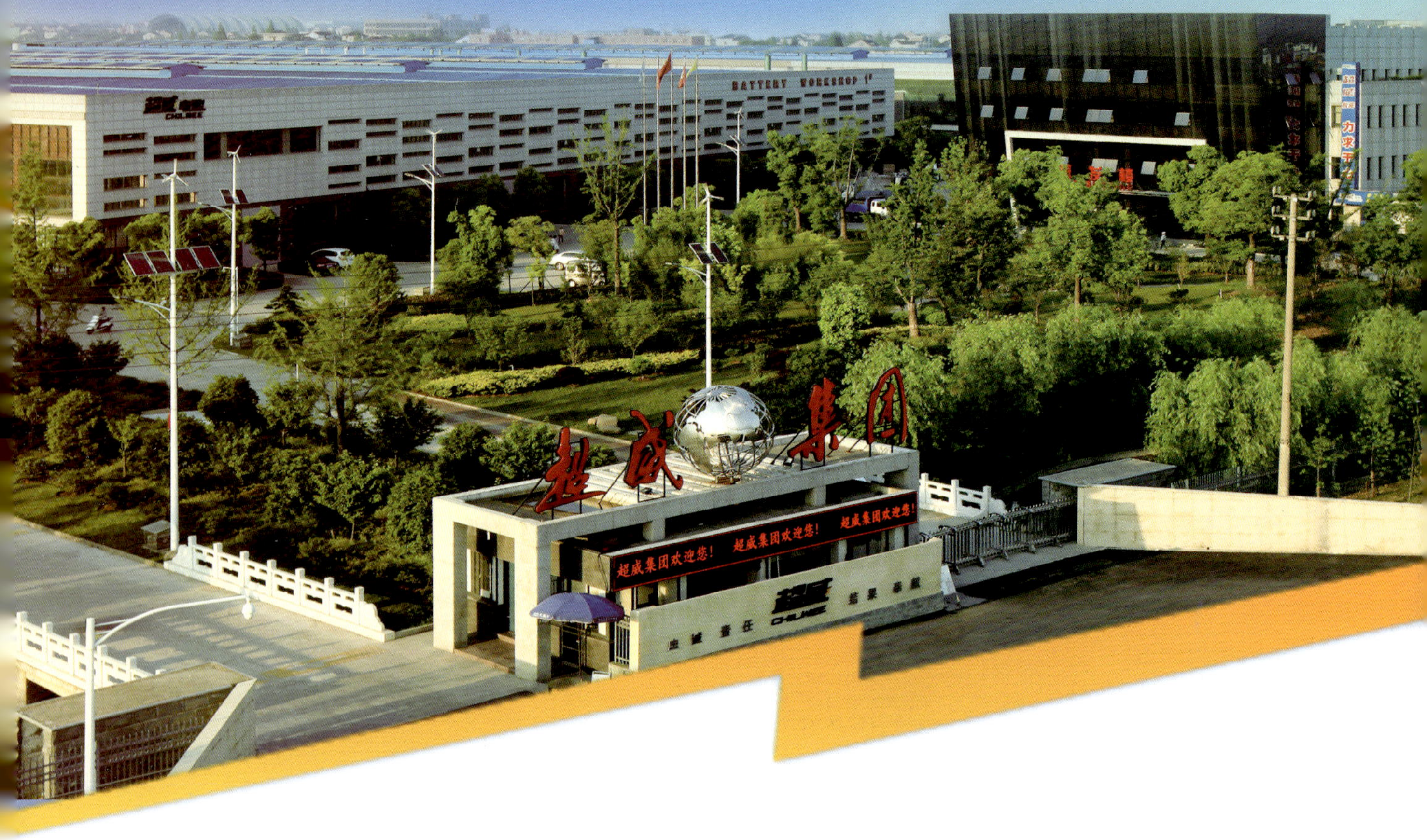


# 简介

超威集团创立于1998年，主要致力于动力与储能电池的研发生产，是目前中国最具规模的专业绿色能源解决方案提供商之一。成立18年来，以“倡导绿色能源，完美人类生活”、“立志成为全球新能源行业伟大的公司”为使命和愿景，赢得了市场的认同和消费者的信赖，主导产品产销量连续三年位居全国同行业首位。集团于2010年在香港主板上市，现有职工2万多人，在全球拥有20多家子分公司，综合实力位居“2016中国企业500强”第186位、“制造业500强”第85位，中国民企500强第31位，中国轻工百强电池行业首位。

# 企业简介

广西玉柴机器集团有限公司是一家以资本运营和资产管理为核心的投融资管理型公司，集发动机产业链和石油化工产业链为一体、实施相关多元化产业经营的大型现代化企业集团，通过精益化管理和集团化运作，成为国内领先的工业企业集团；拥有40多家全资、控股、参股子公司，总资产327.20亿元，员工近2万人；是国内产品型谱齐全、完整的内燃机制造基地。玉柴集团在广西、广东、江苏、安徽、山东、湖北、四川、辽宁、重庆等地均有产业布局；位居中国企业500强第316位，中国制造业企业500强第154位，中国500最具价值品牌第103位，中国机械500强企业第17位。

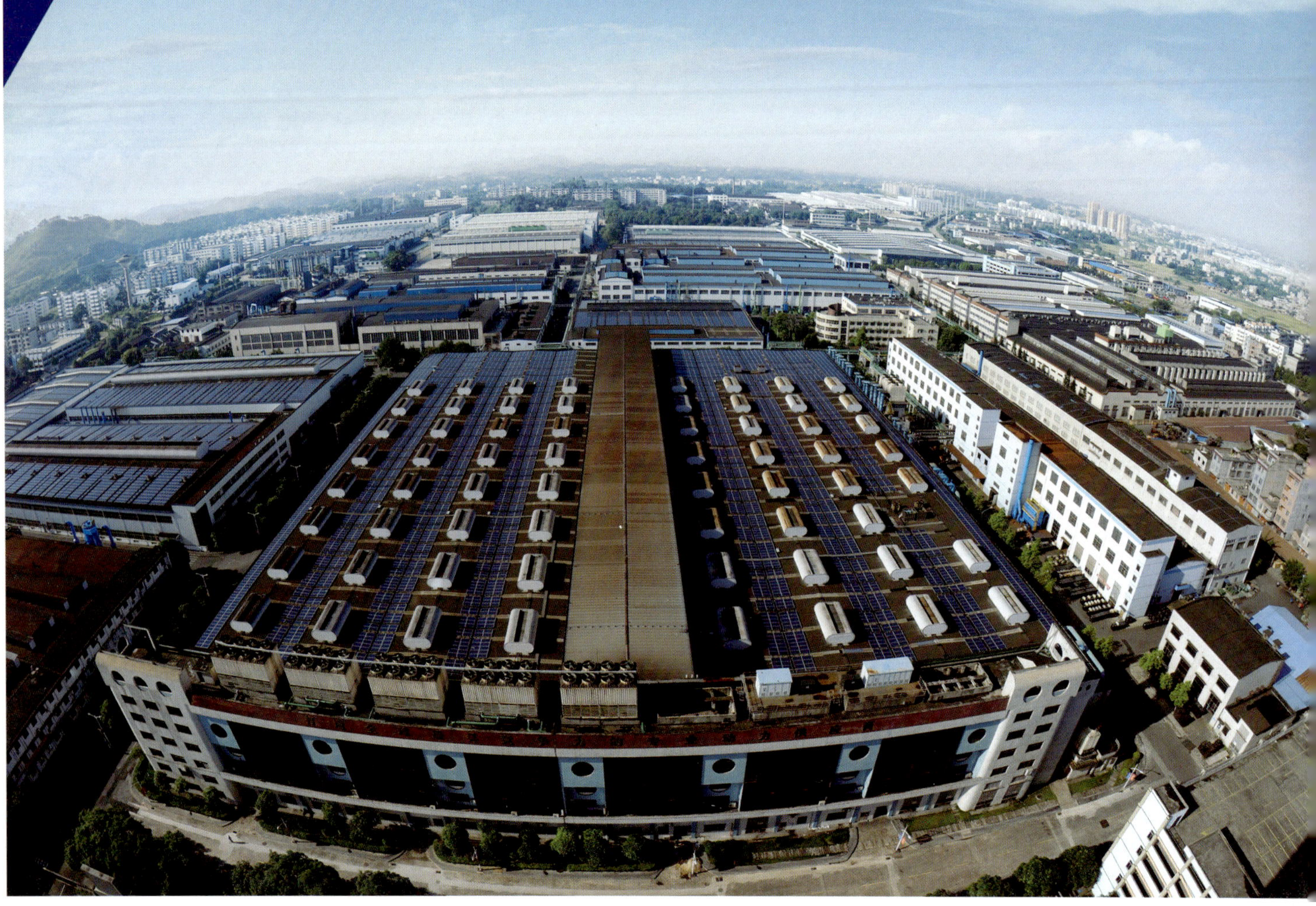

● 玉柴动力大厦

● 玉柴与机械科学研究总院开展全面合作

● 玉柴携手东风柳汽发布黄金动力

● 重机装试车间

● 玉柴与德国MTU签约合作

# 中国农业银行

AGRICULTURAL BANK OF CHINA

## 苏州分行

作为苏州主要的综合性金融服务提供商之一，农行苏州分行在总行、省分行正确领导和关心支持下，秉承“诚信立业、稳健行远”的核心价值观，弘扬“自加压力、敢于争先、追求卓越、行健致远”的独特企业精神，依托11家分支行、289个网点及5100多名干部员工，充分发挥城乡联动的独特优势，凭借全面的业务组合、庞大的网点网络和领先的技术平台，助力经济社会发展，致力于为最广大客户提供全面、优质、高效的金融服务。

全国首家智慧银行——“新概念银行”体验中心

至2016年6月末，全行本外币存款总量4121.9亿元，贷款总量3218.1亿元，2015年实现国际结算1357亿美元，本外币存款总量、贷款总量、国际结算分别连续18年、17年和19年保持苏州银行业首位，是苏州地区经营规模最大、客户基础最雄厚、资金实力最强、网点网络最广的银行，同时也是江苏分行系统内资产规模最大、主要业务和利润贡献度最高的分行。先后获得全国五一劳动奖状、全国文明单位、全国金融五一劳动奖状、全国企业文化建设示范基地、全国内部审计先进单位等一系列荣誉称号。

全国银行业文明规范服务示范单位
——苏州工业园区支行营业部

中国农业银行微笑服务大使——陈欣

中国农业银行
AGRICULTURAL BANK OF CHINA
苏州分行
蘇州分行企業精神
自加压力 敢于争先 追求卓越 行健致远
〖自加压力〗就是自立自强，自我加压，不留后路，务必求成。
〖敢于争先〗就是拒绝平庸，敢闯敢试，敢于亮剑，敢争第一。
〖追求卓越〗就是永不满足，永不停步，只争朝夕，不断超越。
〖行健致远〗就是立足当前，着眼长远，蹄疾步稳，科学发展。
企業精神的內涵
五种意识 五种作风
五种意识
〖因势而变 拼抢市场〗的机遇意识
〖不进则退 慢进亦退〗的忧患意识
〖合规经营 履职尽责〗的风险意识
〖雷厉风行 快速高效〗的效能意识
〖以人为本 协调发展〗的统筹意识
五种作风
〖永不满足 永争第一〗的进取作风
〖无私无畏 敢闯敢试〗的创新作风
〖坚韧不拔 知难而进〗的拼搏作风
〖精诚合作 乐于奉献〗的团队作风
〖求真务实 真抓实干〗的实干作风

# 北京住总地产

## 客户至上 品牌为先

北京住总房地产开发有限责任公司是北京住总集团控股的，具有国家一级房地产开发资质的大型国有房地产开发企业。公司法定代表人李作扬，注册资本89390.41万元，总资产超过200亿，年开发规模超过200万平方米，年经营收入超过60亿，具备保障房、商品房、综合性公建等多元化产品结构。

公司深耕北京地产二十八载，秉承“为生民安其居，为建筑立伟业”的住总使命，以民生工程带动规模，商品房开发提升效益，成立之初即成为改革开放大潮下改善北京百姓居住环境的先锋军，先后开发建设恩济里小区、安翔小区、法华寺小区、慧忠里小区、千鹤家园、晨光家园、山水倾城小区、朝内危改项目等项目，为首都城市建设和改善市民居住条件做出了巨大贡献。其中恩济里小区获“北京市优质居住小区称号”，晨光家园小区被评为市级优质工程和结构“长城杯”工程。

公司充分发挥在保障房开发领域的丰富经验和专业优势，开发建设了翠成馨园、旗胜家园、住欣家园、兴康家园、宏仁家园等民生工程。截至目前，已竣工交用余3万套保障性住房，建设规模400万平方米，产品类型覆盖了经济适用房、限价商品房、廉租房及公租房等多种保障房种类，成为首都保障房建设的主力军。其中兴康家园获“2012年中国土木工程詹天佑奖优秀住宅小区金奖”。

在积极致力于民生工程的同时，开发公司重点打造精品商品房项目，其中丽景长安项目是西长安街上的山水华宅，领首长安街，承脉臻山水，获“中国新居住时代十大人居典范楼盘”、“中国宜居示范楼盘”、“中国房地产高端品质创新典范”奖项。携手万科强强联合的“金域华府”、“金域缇香”、“万科橙”，携手融创开发建设的“西长安壹号”等彰显住总地产品牌的商品房项目正在开发建设中。

公司各项指标跃居北京市属国有房地产开发企业前列，成长为国内一流的房地产开发公司，并屡获殊荣。2007年获中国房地产协会首届北京房地产开发企业综合实力五十强评比“十大著名企业”“中国金房奖”和“最具社会责任企业”称号；2011年度和2013年度市总工会“首都劳动奖状”； 2009-2011年度北京房地产开发“最具社会责任感10强企业”“最具信用价值10强企业”“最具品牌价值10强企业”“开发综合实力50强企业”称号；“2012年度责任品牌地产”称号；中国房地产业协会AAA级信用企业。

北京住总房地产开发有限责任公司以“客户至上，品牌为先”为核心经营理念，开拓创新，必定续写辉煌！

### ◆ 北奥大厦

位于北京市朝阳区亚运村核心区域，总建筑面积3.8万平方米，是区位优势明显的商业办公地产。

### ◆ 西长安壹号

是由北京住总房地产开发有限责任公司携手北京融创恒基地产有限公司、北京骏洋房地产开发有限公司联合打造的西长安街65万平米大规模高品质复合新中心，是集住宅、写字楼、娱乐、商业、医疗、教育为一体的城市综合体。

# 北京住总房地产开发有限责任公司

◆ **丽景长安**

位于北京市门头沟区，总建筑面积63万平方米，是北京住总房地产开发有限责任公司重点打造的精品商品房项目，获“中国新居住时代十大人居典范楼盘”、“中国宜居示范楼盘”、“中国房地产高端品质创新典范”奖项。

◆ **明斯克北京饭店**

位于白俄明斯克市列宁行政区，总建筑面积3.3万平方米，是当地规模最大、设施最全的五星级酒店。明斯克北京饭店是习近平主席2010年访白后落实的中白合作项目之一，也是首都对外经济工作配合国家外交大局的一项重要政治任务。

◆ **棠颂别墅**

位于亦庄核心生活区，总建筑面积4.1万平方米，是北京住总房地产开发有限责任公司和北京首都开发有限公司联合开发的低容积率别墅区。

# 中航工业沈阳飞机设计研究所

中航工业沈阳飞机设计研究所，是新中国率先组建的飞机设计研究所，主要从事战斗机的总体设计与研究工作。55年来，沈阳所先后研制出歼八、歼十五等三大系列30多个型号的战斗机，并已批量装备部队，创造了中国航空史上的多项第一，研制能力实现了从“陆地”到“海洋”、从“有人”到“无人”、从“三代”到“四代”的三大历史性跨越，为航空武器装备更新换代和国防现代化建设做出了重要贡献，被誉为“中国战斗机设计研究的基地，航空英才的摇篮”。

**目标：** 建设创新型、智慧化、国际化的飞机设计研究所

**宗旨：** 航空报国　强军富民

**理念：** 敬业诚信　创新超越

**精神：** 团结拼搏　严谨求实　艰苦创新　献身航空

奋斗铸就辉煌—中国航空工业百年史专题讲座
解放思想 改革创新 全面提高党建科学化水平
所庆55周年系列活动之院士讲坛
高层论坛
中航工业沈阳所"爱国·敬业"主题歌咏比赛
2015年9月
中航工业沈阳飞机设计研究所
第九届"情系蓝天 比翼齐飞"集体婚礼
1961-2016
梦想与使命

# 北京助野日盛袜业有限公司

总经理　李磊

董事长郭秀敏和拉脱维亚总统

针织行业协会秘书长参观日盛袜业

为房山特大暴雨灾区捐助救灾物资

北京助野日盛袜业有限公司成立于1995年，位于北京市房山区，拥有织袜、缝纫、绣花等设备近200台，设备全部由日本、韩国、意大利引进。

日盛袜业的主要产品包括各类绅士袜、少女袜、儿童袜、运动袜、休闲袜、军用袜以及保健袜，产品已行销海内外40多个国家和地区，是包括阿玛尼、鳄鱼、POLO、优衣库、迪斯尼等在内的几十家世界知名品牌的定点生产工厂。公司1997年至今连续18年被北京市工商部门评为“重合同、守信誉”单位及“守信企业”；获得十佳外商投资企业、十佳外贸出口企业、中国知名企业、中国最具发展潜力的100强企业、中国“质量、信誉放心示范单位”、国家合格评定袜业质量达标放心品牌、中国企业诚信示范单位、中国最具竞争力民营企业、北京市三八红旗集体等称号。公司在2003年顺利通过了ISO9001、ISO14001和OHSAS18001体系认证，在国内袜业中率先建立了“三标一体”的管理体系。2010年1月，顺利通过了BSCI行为准则的审核认证。

为了能让世界上更多的人了解中国的日盛，北京的日盛，日盛把目前世界上最流行的时尚要素融合在各类袜品中，同时和国内专业的视觉设计团队合作，研发设计出多种款式、多项功能的袜子，并设计开发了很多其他外衍产品，目前公司很多产品设计都受到国内外客户和消费者的广泛赞誉。

由北京助野日盛袜业有限公司斥资兴建的全国首家袜文化博物馆

未来馆

体验馆

历史馆

科普馆

# 日盛袜业誌

北京助野日盛袜业，居龙山之脉，京畿之畔。
以袜文化大观者服务于社会，谨专业精神、严苛理念为经营根本；
良才精工，至臻优品为兴业基础。
ISO9001、ISO14001和OHSAS18001，三标一体。
率为世先，立前无古人事。
凡事有所成，莫不发乎于心，勉励而行。
今北京日盛之功名所得，盖积廿年专注，誉及海外。
日盛人惟缄言多为，以感恩之心，优异良品为回馈之礼；
以传递温暖、回报社会为发展之源。

袜者，足衣也，上溯数万年已有之，
虽小物件，然民生一日不可或缺。
千里之行，唯斯大任，生活品质，始于足下。
今北京日盛袜文化博物馆之事，
亦承万余载纺织源流，开足衣文化之先河，
逢和谐中兴之世，日盛袜业创办此馆。
不仅恰逢其时，亦为切题之作。

是日馆成，亦仰赖各界之关怀支持，
感怀之意，非只言可表。
百年事业，迢迢初始，
把盏流觞，以誌恭逢。

# 北京现代 NEW THINKING. NEW POSSIBILITIES.

北京现代汽车有限公司成立于2002年10月18日，由北京汽车投资有限公司和韩国现代自动车株式会社共同出资设立，注册资本20.36亿美元，中韩双方各占50%，合资期限为30年。北京现代坐落于北京市顺义区北京汽车生产基地，拥有三座整车生产工厂、三座发动机生产工厂，和一座技术中心，整车年生产能力达到105万辆。在“京津冀协同发展”、“长江经济带发展”的国家战略指引下，2015年，北京现代先后启动建设河北沧州工厂和重庆工厂，预计2017年两座新工厂全部竣工投产后，北京现代年产能将突破165万辆。

近十四年发展，北京现代已拥有领动、第九代索纳塔、全新途胜、名图、ix25、朗动、瑞纳等14款车型，涵盖了A0级、A级、B级、SUV等主流细分市场，累计产销量接近800万辆，实现销售收入突破7793亿元，累计纳税超过1000亿元，带动就业约20万人，已成为北京市最具规模的单一制造企业，为北京汽车工业和北京市整体经济的发展起到推动作用，成为北京乃至全国经济增长的亮点。

董事长除夕慰问值班员工

总经理与基层员工友好午参会

党委书记、常务副总经理刘智丰为第六届职工运动会比赛发令

党委副书记、工会主席李双双为一线员工送去夏日慰问品

中韩管理团队活动—共攀高峰

第六届职工运动会

—舞龙舞狮表演

# 华亭煤业集团公司

华亭煤业集团公司是甘肃省最具规模的国有煤炭企业，隶属中国华能集团公司。公司位于甘肃省平凉市华亭县，是以煤为主、煤化工和非煤产业为延伸发展，煤炭生产销售和洗选加工、建筑安装、机械制造、科研设计、多种经营、矿山救护、铁路运输等多元发展的大型煤化工企业。截至 2014 年年底，公司资产总额 136.4 亿元。

华亭煤业集团公司所在的华亭矿区是国家 14 个大型煤炭基地之一——黄陇基地的骨干矿区，矿区总面积 134 平方公里，规划开发煤田包括华亭、安新、赤城三个煤田。截至 2014 年年底，煤炭资源保有储量为 21.6 亿吨，可采储量为 10.8 亿吨。

华亭矿区的开发建设始于上个世纪 50 年代，2002 年 4 月华亭煤业集团公司成立。在 14 年的改革发展历程中，公司为甘肃省煤炭工业的改革、发展和技术进步发挥了示范作用，为中国华能集团公司煤炭产业的发展提供了丰富经验，为区域经济社会发展、保障煤炭能源供应、实现国有资产保值增值做出了积极贡献。

近年来，华亭煤业集团公司坚持实施“人才强企、科技兴企、项目带动、资本支撑、文化铸企”五大战略，安全生产、经营管理、项目建设、科技进步、人才队伍建设、党的建设等各项工作实现了长足发展，企业综合竞争力显著提高。公司现有 7 个全资子公司、2 个控股子公司和 21 个直属单位，其中有 10 对生产矿井、4 对基建矿井（包括 3 对托管基建矿井），目前核定生产能力达到 2260 万吨 / 年，先后荣获“全国煤炭工业优秀企业”、“全国企业文化建设示范基地”、“全国精神文明建设工作先进单位”、“全国文明单位”、“华能集团先进单位”等荣誉称号。

“十三五”时期是华亭煤业集团公司进一步做强做优的关键时期，公司将以党的十八大和十八届三中、四中、五中全会精神为指导，深入贯彻习近平总书记系列重要讲话精神，全面落实“创新、协调、绿色、开放、共享”的发展理念，紧紧抓住陇东能源化工基地开发建设的重大机遇，以调整优化产业结构为主线，以改革创新为动力，以提质增效为中心，稳中求进，统筹兼顾，协调发展，着力打造绿色环保、多轮驱动、纵深发展的大型现代化能源化工企业。

精彩的文艺节目

矿机加工车间

聚丙烯项目轻烃分离装置一角

现代化的综采工作面

# 华能伊敏煤电有限责任公司

华能伊敏煤电有限责任公司（以下简称伊敏煤电公司）地处内蒙古自治区呼伦贝尔市鄂温克族自治旗境内，是全国首家煤电一体化企业，是中国华能集团公司（以下简称华能集团）全资企业。

公司领导班子成员合影

鸟瞰伊敏光伏基地

在“保护中开发，在开发中保护”伊敏煤电公司走出了一条绿色循环经济之路，美丽的白天鹅也在这里安家落户。

全国首台半连续采煤系统

伊敏煤电公司

伊敏煤电公司主要从事煤炭、电力生产与销售，现有发电装机340万千瓦、煤炭产能2200万吨。伊敏煤电公司秉承华能集团“三色文化”使命，始终坚持“开发中保护，保护中开发”原则，成功走出了一条资源节约、环境友好、经济和社会效益显著、扩建优势明显的可持续发展之路，打造了在业内具有广泛影响力的“伊敏模式”。

开发建设40年来，伊敏煤电公司累计生产原煤2亿多吨，发电1460多亿千瓦时，上缴税费100多亿元。2015年，伊敏煤电公司完成发电量156.1亿千瓦时，生产原煤1981万吨，外销煤炭831万吨，完成营业收入45.2亿元。公司先后荣获“全国五一劳动奖状”“全国民族团结进步先进集体”“国家环境友好企业”“内蒙古自治区循环经济示范企业”“中央企业先进集体”“全国文明单位”“中国美丽电厂”等称号。

# 北京卫星制造厂

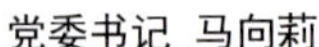

党委书记 马向莉

厂长 孙京

“东方红一号”诞生地纪念碑

北京卫星制造厂隶属于中国航天科技集团公司第五研究院（中国空间技术研究院），是从事空间飞行器制造的国家高新技术企业，是我国第一颗人造地球卫星“东方红一号”和第一艘飞船“神舟一号”的诞生地。建厂58年以来，先后完成了通信广播卫星、深空探测和载人航天等7个系列共180余颗（艘）星船的机械、电子与热控产品研制、总装集成与测试，以及发射场服务等任务，为我国航天事业发展和国防现代化建设做出了重要贡献。

面向未来，北京卫星制造厂秉承“造精品卫星、创高端产业、富国强军利民”的企业使命，全力打造以宇航业务为核心、军民两大主业协调发展的国内领先、国际一流的宇航制造企业。

部装工作严慎细实

自主研发的国内承载量最大的“神舟智通”全向智能移动装备进入轨道交通领域

航天老专家为企业功勋设备揭牌

企业连续多年资助百色贫困小学

## 造精品卫星 创高端产业 富国强军利民

北京卫星制造厂新厂区

成都航利（集团）实业有限公司，是一家军民融合型集团化的高新技术企业，直属于空军装备部，主要承担歼击机发动机基地级维修和支援保障任务。员工2000余人，总产值逾25亿元，总资产逾45亿元。

公司是“国家级技术创新示范企业”、“国家级高新技术企业”，拥有“国家认定企业技术中心”、“国家校准检测实验室”、“博士后科研工作站”。先后获国家科技进步二等奖、全国企业管理现代化创新成果一等奖等45项国家、省部级科技和管理类奖项，拥有100余项授权专利，是12项国家标准主要起草单位。

荣获“全国文明单位”、“全国五一劳动奖状”、“中国质量奖提名奖”、“国家技能人才培育突出贡献奖”、“全国质量奖”等多项荣誉；涌现出“党的十八大代表”、“全国劳动模范”、“全国技术能手”、“全国青年岗位能手”等优秀员工和“全国五一劳动奖状班组”、“军队质量信得过班组”等先进集体。

厂长 张铀

政治工作融入中心工作现场会

第二十届质量文化周启动会

航利好声音歌手大赛

# 中国空间技术研究院西安分院

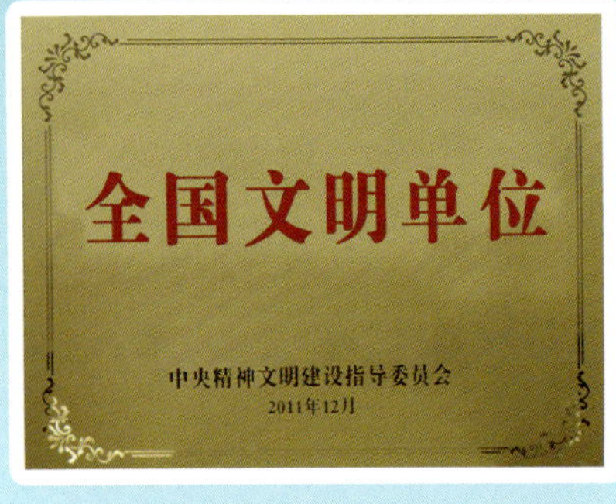

中国空间技术研究院西安分院主要从事空间飞行器有效载荷及电子系统与设备、飞行器测控、武器装备和卫星应用电子系统与设备的研制生产以及相应电子学的研究。

在我国自行研制和成功发射的通信广播卫星、导航卫星、遥感卫星、气象卫星、科学试验卫星、神舟飞船等近二百颗（艘）卫星、飞船及地面测控设备中，西安分院提供了数千台设备及技术成果，为我国航天事业、国防建设和国民经济建设做出了重大贡献。西安分院先后获得包括“高技术装备发展建设工程突出贡献奖”、“首次月球探测工程突出贡献单位”、“国防科学进步特等奖”、“国家科技进步特等奖”等荣誉。2011年荣获“全国文明单位”、“全国模范职工之家”称号，2014年，获“全国五一劳动奖状”。

西安分院人铭记“创人类航天文明，铸民族科技丰碑”的历史使命，为国防现代化建设贡献自己的一份力量。

西安分院发布企业文化产品

西安分院首个“中国航天日”科普活动

矗立在西安分院园区内的陈芳允院士雕像

# 日出东方太阳能股份有限公司

日出东方，全球最具规模的太阳能热利用企业，2009年，行业首家年产销太阳能热水器突破百万台。2012年，行业首家沪市A股主板成功上市，成为中国太阳能光热第一股（603366.SH）。

2013 年以来，日出东方以太阳能光热为基础，以“阳光·空气·水”生命三元素为核心，围绕太阳能、空气能、净水三大基础业务，确立“多元化、国际化、网络化”升级转型战略。

在太阳能光热领域，我们的努力改变了全球太阳能光热市场的格局，改变了人们对生活热水、热能的需求习惯；

在空气能领域，对空气能技术和应用领域的积极探索，是我们致力于生态家电与现代建筑完美结合的又一改变；

在净水领域，我们是这个行业的变革者，公司先后与清华大学、中科院、美国陶氏等国内外顶级科研机构建立战略合作关系，共同致力于中国净水核心膜技术、创新型净水产品的研发和市场推广；

在分布式能源创新应用领域，日出东方率先在中国推动以“太阳能跨季节储热采暖”、“复合能源系统”等创新技术和方案，替代传统能源，解决冬季采暖需求。为了提供一种更稳定、更高效的分布式跨季节储热解决方案，2016 年 5 月 31 日，在丹麦驻华大使馆，日出东方和丹麦 Arcon-Sunmark 全球两大光热巨头，正式宣布成立合资公司，共同致力于大型太阳能跨季节储热采暖等方向的战略性合作。

到 2020 年，日出东方预计将累计推广太阳能近 1 亿平米，空气能超百万套，替代标煤 2000 万吨，减排二氧化碳达 3000 万吨，节电 874 亿千瓦时，相当于用太阳能和空气能再造了一座“绿色三峡”。

“通过我们的产品和服务，让阳光更灿烂、空气更清新、水更洁净，保护环境，保护人们的健康”，是我们永恒的追求。

阳光 Sun

徐州华西格林春天热水系统

江苏常熟市锦宏印染有限公司热水系统

大连大有恬园热水系统

杭州西湖区体育场热水系统

连云港西湾锦城小区热水系统

空气 Air

空气能工程案例1

空气能单机产品

空气能工程案例2

空气能工程案例3

水 Water

盐城阜宁小区自动售水机项目

连云港市东海县石榴镇亲亲水站

华北电力大学学生宿舍饮水平台项目

深圳千宴餐饮文化公司餐厅净水项目

净水机单机产品

日出东方太阳能跨季节储热采暖工程案例——河北经贸大学

与日出东方合资的阿康桑马克公司工程案例

# 中国石油大港石化公司

大港石化始建于1965年，现原油加工能力500万吨/年，厂区占地面积约2平方公里，拥有500万吨/年常减压蒸馏、120万吨/年延迟焦化等19套主要生产装置，主要生产汽油、柴油、丙烯、液化气等产品，原油储存能力123万方、进厂能力1100万吨/年，成品油储存能力10.6万方、外运能力625万吨/年。公司地处天津滨海新区南港工业区，海陆空交通便利，区位优势、政策优势、资源优势和市场优势得天独厚，经过50多年的发展壮大，形成了装置“单系列、短流程、吃粗粮、产精品”的企业特色。特别是产品质量升级改造项目后，公司生产优质产品的能力大大加强，已具备提供满足京VI标准油品的能力。

## 丰富多彩的员工文化活动

绿色、和谐的厂区环境

安全、环保的生产现场

办公地点：海关大楼 始建于1927年

上海浦东新区居家桥办公区

中交上海航道局有限公司前身“浚浦工程总局”，成立于1905年，现为全球最具规模的疏浚企业——中交疏浚集团旗下核心企业。公司主营疏浚、吹填造陆、水运勘察设计、测绘和疏浚技术研发等核心业务。具有港口与航道工程施工总承包特级、河湖整治一级、设计水运行业甲级、工程勘察综合甲级、测绘甲级等资质。

公司以雄厚实力、精湛技术和优良业绩享誉海内外。先后承建了长江口深水航道整治和维护疏浚、洋山深水港陆域形成和航道疏浚、青草沙水源地原水工程、唐山曹妃甸和天津临港工业区围海造地等数十项重点工程，多次荣获国家和行业质量奖。

①②
③ ④
⑤⑥

①洋山深水港工程
②巴基斯坦瓜达尔港工程
③大型绞吸挖泥船——新海燕
④青草沙水库原水工程
⑤大型自航耙吸挖泥船——新海龙
⑥长江口深水航道治理工程

## 企业文化活动风采

劳动模范表彰大会

道德讲堂

疏浚展示馆

110周年文艺汇演

# 北京海纳川汽车部件股份有限公司

BEIJING HAINACHUAN AUTOMOTIVE PARTS CO.,LTD.

北京海纳川汽车部件股份有限公司是一家国际化、综合性汽车零部件集团企业，2008年1月在北京注册成立。8年来实现高速发展，年均复合增长率超过30%，2015年海纳川销售收入达363亿元。

海纳川公司所属企业有52家，境外有16家工厂，在欧洲、美国、韩国、中国建立了研发中心，全球员工17000余人，市场覆盖国际国内40余家知名的整车企业。

海纳川公司的产品以汽车模块化集成产品为主，同时在汽车智能化、轻量化、电动化等新技术领域也开展了前瞻应用研究，部分新技术产品已经应用到整车，受到客户的广泛好评。海纳川公司建立了世界领先的质量管理体系，在全球范围内推行精益生产系统，掌握了世界一流的生产流程和工程技术，具备了覆盖汽车产品全生命周期的可靠性开发和供货能力。

“十三五”期间，海纳川公司将紧紧抓住汽车产业新技术革命的机遇，以研发为支撑，以客户为导向，以资本为纽带，计划实现销售收入超过1000亿元，立志成为集研发、制造、服务为一体的全球化汽车核心零部件研发、制造及服务提供商。

开展“整零党建区域共建”,党建文化力助推发展目标实现

“三同一”文化理念，中外企业文化融合成功破冰

构建和谐劳动关系，开创“行业工资集体协商”行业先河

承办“海纳杯”汽车零部件行业职业技能大赛，营造“技能文化”氛围

积极履行社会责任，弘扬“和达”文化

开展年度文化表彰大会，大力进行文化激励

重视文化榜样引领，培养了一批优秀人才、企业精英、社会榜样

关心职工生产生活，提升文化凝聚力

组织职工文化文体活动和思想教育活动，丰富员工业余文化生活

实施海外人才交流平台项目，建立海外党支部，培养了一批优秀国际化人才

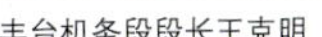

丰台机务段段长王克明

丰台机务段党委书记韩连达

2015年6月16日，丰台机务段举办“加强安全法治、保证安全生产”安全月咨询日活动。

丰台机务段组织团员青年参观“毛泽东号”展室

丰台运用车间“强党性、提素质”学技练功知识竞赛

弘扬“毛泽东号”精神宣讲会

2015年12月29日，在北京站举行“毛泽东号”机车实现安全走行一千万公里庆祝活动

丰台机务段2016年“五月的鲜花—丰机之星”职工才艺汇演

上海机务段“周恩来号”、哈尔滨机务段“朱德号”来段参加“毛泽东号”命名69周年暨安全走行一千万公里座谈交流会

# 北京铁路局丰台机务段

北京铁路局丰台机务段始建于1897年6月19日（清光绪23年），距今已有119年历史，是全国铁路最早的机务段之一，也是闻名全国的安全生产先进典型“毛泽东号”机车所在段。全段设置14个职能科室、3个辅助生产科室、12个生产车间；现有职工5197名,配属机车288台。主要担当京原、京九、京沪、丰沙四大干线的货运和军、特运任务以及京原线、京九线、京广线、丰沙线等19对客车牵引任务和北京西至上海虹桥站间G107/G4客车值乘任务。在历经百年的发展进程中，北京铁路局丰台机务段逐步形成了以践行社会主义核心价值观为核心，以“安全优质、兴路强国”的新时期铁路精神和“报效祖国、忠于职守、艰苦奋斗、永当先锋”的企业精神为指引，以建设一支政治素质高、业务能力强的职工队伍为基础，以建设安全稳定和谐文明机务段为目标的企业创新发展格局，实现了文化与管理的“双促进、双丰收”，全段安全生产持续稳定，社会效益稳步提升，呈现出精神振奋、凝心聚力、合力共为、创新发展的局面，为干部职工建设起和谐文明的家园。近年来，先后荣获了“全国文明单位”、“全国企业文化建设示范基地”、“全国践行社会主义核心价值观企业文化“模范单位”、“首都文明单位”、全路“学习型领导班子标杆”、北京铁路局企业文化建设“示范单位”、创新工作先进单位等荣誉称号。

中国企业文化研究会

方向正确

学术领先

行为规范

## 努力团结所有致力于企业文化事业的理论和实践工作者
## 引领中国企业文化科学发展

### 研究会资质

中国企业文化研究会成立于1988年，系经中华人民共和国民政部正式批准注册登记、第一家全国性具有法人资格的企业文化学术团体。

### 研究会宗旨

团结企业界、理论界和其他有志于企业文化建设的人士，共同促进我国企业文化建设的开展，提高企业的整体素质，增强企业的凝聚力和竞争力，从而提高企业的经济效益、社会效益，促进物质文明和精神文明建设的同步发展。

### 研究会任务

研究企业文化理论；协助企业探索企业文化建设的有效途径，总结独具特色的企业文化建设经验；召开各类企业文化研讨会；编辑出版企业文化书刊；组织国际企业文化交流；举办企业文化培训；开展咨询服务；组织企业文化信息交流以及其它有助于推动企业文化建设和为会员服务的各种活动。

### 研究会成就

研究会成立以来，以各种形式在全国开展百余次大中型研讨活动，举办了千余次研讨班和报告会，完成了中国第一项中国企业文化国家规划研究课题，出版了中国第一部《中国企业文化大辞典》、《中国企业文化年鉴》和近百本企业文化著作。二十多年来，研究会的专家们坚持理论与实践相结合，为全国多家大中型企业进行了咨询、策划和设计活动，有效地推动了企业文化的普及和发展。研究会在几次重要的会议上，先后提出了：企业文化是一门新型管理理论；建设具有中国特色的企业文化；企业文化坚持以文化人、以人为本的核心理论；企业文化是适应经济文化一体化时代要求的纽带；企业文化建设是坚持先进文化方向，促进两个文明相结合的有效方式；企业文化是社会主义文化的生长点等重要观点。无论困境与顺境，中国企业文化研究会始终不渝地坚持研究和推进实践，为中国企业文化事业做出了较大贡献。

### 研究会机构

# 中国企业文化年鉴

袁宝华题

ZHONGGUO QIYE WENHUA NIANJIAN

(2015—2016)

中国企业文化研究会　编

吉林人民出版社

图书在版编目 (CIP) 数据

中国企业文化年鉴 . 2015-2016 / 中国企业文化研究
会编 . -- 长春 : 吉林人民出版社, 2016.10
ISBN 978-7-206-12842-4

Ⅰ . ①中… Ⅱ . ①中… Ⅲ . ①企业文化一中国一
2015-2016 一年鉴 Ⅳ . ① F279.23-54

中国版本图书馆 CIP 数据核字 (2016) 第 244222 号

中国企业文化年鉴（2015-2016）

编　　者：中国企业文化研究会
封面题字：袁宝华　　责任编辑：陆　雨　　封面设计：何　宁　　版式设计：王广潘
吉林人民出版社出版　发行（长春市人民大街 7548 号　邮政编码：130022）
印　刷：北京金康利印刷有限公司
开　本：889mm×1194mm　1/16
印　张：41.25　　字　数：1350 千字　　彩　页：40 页
标准书号：ISBN 978-7-206-12842-4
版　次：2016 年 10 月第 1 版　　印　次：2016 年 10 月第 1 次印刷
定　价：380.00 元

# 《中国企业文化年鉴》编辑委员会

# 企业文化的中国梦（代序）

胡　平

党的十八届五中全会有很多重要的精神和重要的思想，都与企业文化相关。企业文化建设面临新形势、新任务、新挑战，要构建新的文化力。

**第一是要有合金文化意识。**所谓合金文化就是要打造具有国际视野的企业文化，融合国外的先进文化。企业在国际国内都面临新的形势，国内改革进一步加快了市场化的步伐，行政管理的措施都在改革。另外我们国家要走出去，大的新的战略“一带一路”给企业带来很多课题，不光是面向国内市场，我们企业要面向全球，因此，在国际化这个环节要重视，也要改革。文化方面的布局非常重要。我认为这是首要的，企业文化建设要承担新形势下新的任务。“十八大”提出“新常态”和“一带一路”战略，企业要走出去，面临很多问题，我们的企业怎样参与世界竞争？要靠文化。中国企业走出去的空间很大，走出去之后，中国文化怎样和外国文化融合。中国讲的是“和”文化，与西方价值观是有差异的，怎样找到文化的融合点。我们的企业走出去，要让中国文化在外面落地、开花、结果。要跟上时代步伐，就要打造超越国外先进的企业文化，要做的事很多，要共同努力，在理论和实践两个方面提高水平。

**第二是要有品牌文化意识。**企业的品牌是扩大市场、占领市场的重要武器，过去我们没有这种意识，市场竞争中品牌是很重要的。无论是做产品还是做品牌，都必须靠文化，没有文化的支撑，品牌是单薄脆弱的、没有竞争力的，产品则只能是低端的、缺少客户忠诚度的、容易被替代的。现在提倡大众创业，万众创新，必须依靠文化的力量。要倡导中国的品牌文化，任务还很艰巨，国际上有竞争力的中国企业品牌还不多，所以要创造中国的品牌，要打造有中国文化含量的金字招牌，任务还很重。

**第三是要有营销文化意识。**要加强营销文化创新，现在网络时代营销跟计划经济时代完全不同，现在“互联网 +”，可以卖全球，也可以买全球。双十一网络销售创造了 912 亿的世界纪录，所以这种营销方式具有根本的变化，网络营销让农民的产品也可以通过网络营销卖到全国，甚至世界。互联网营销带动了市场的扩大，企业要做好互联网的营销文化。

**第四是要有消费文化意识。**消费文化根据时代的变迁也有很大变化，中国人过去都是低水平消费，只满足吃穿用日常开支。现在是选择性消费，消费文化的变化很大，企业要注意消费文化的变化，生产消费品的企业更要重视，适应消费需求变化，要积极落实供给侧的改革。

**第五是要有管理文化意识。**企业的管理面临新的形势，过去企业讲班组管理，这是好的传统要发扬，但是现在管理改进讲文化管理方法，加上网络化文化管理，企业内部管理要有变革。在职工管理上政治思想工作不能削弱，企业也要加强企业文化的管理，加强文化创新。要认清企业在深化改革、扩大开放过程中的挑战和机遇，一方面产业升级转变发展模式需要企业有更好的管理，另一方面“一带一路”建设使得中国企业更加深入而全面地面向全球，都需要企业文化创新。

**第六是要有加强法治文化、法治管理意识。**中国的企业法治管理与西方发达国家还有差距，当然西方也有弱点，德国的大众汽车造假失败，说明西方也有造假，所以，法治文化建设是一个全球性问题。我们中国人过去缺乏这种法治意识，现在应该要重视法治观念，建立依法合规的发展管理理念。

**第七是要有企业伦理文化意识。**中国人是讲伦理道德的，这是中国的文化传统，西方也有这套理论、观点，我们的伦理文化基础比较好，但面临改革开放新形势，在伦理道德方面遇到了很多问题，领导层更要重视这个问题。中国的传统文化是改革开放后伦理道德的支撑。还要在中国传统文化中融入世界先进、文明进步要求的文化。

**第八是要有企业家文化意识。**一个企业搞得好不好，特别是民营企业，包括小微企业，都要依靠企业家自身素质和正确的战略抉择。民营企业在新的历史时期，发展的空间很大，比如农村要现代化、城镇化，这里面的机会很多，很多新的民营企业家会从这些商机里面成长起来；随着供给侧的改革，产品要升级换代也有很多的机会；在生态方面，我们需要建设，更需要青山绿水，治理污染，民营企业也有很大的机会；国家实施“一带一路”战略，这个空间就更大了。民营企业家要有战略头脑，同时你的企业又要有文化底蕴，要参与社会治理，为社会做出贡献，这样才能在国内国际市场机会与竞争中站得住脚。当然国有企业也有这个问题，国家委托你管理，作为企业家，更应该要有职业的道德准则，要有创新精神。

**第九是要有生态文化意识**。落实生态文化，是企业社会责任的一部分，作为人类新的生存方式，是人与自然和谐发展的文化，是人类文化发展的新阶段。企业在发展过程中要选择与自然友好的道路。

认真分析当前企业文化建设中存在的现实问题，固然有宏观层面涉及经济体制改革和政治体制改革，以及市场经济体系待完善等问题，深入分析产生这些问题的深层次原因，有些问题可以通过观念变革、制度设计着力加以改善的，新时期企业文化建设要致力于解决目标设计的三大关键问题。

**第一，要解决文化、经济、科技两张皮的问题**。就是文化怎么跟经济、跟技术融合在一块儿，中华文化博大精深，但中国文化的主流不是与经济结合，而只注重文化与政治的结合、与社会结合。因而在中国，经济与文化是分离的，那么现代社会的发展、新常态的扑面而来、“一带一路”国策的推出要求我们把两者糅合在一起。

我在 1993 年提了一个口号叫文化产业化、产业文化化，现在看起来这两个问题都是重要的。现在讲文化产业，国家已经发展起创新创业产业园，比如现在文化产业化已经落实到旅游业及各种文化产业里面，十五大、十六大之后在这方面有所突破。文化还要融合到产品、融合到管理里，要把文化融合到经济发展的方方面面。

**第二，要培育标准意识，积极开展与参与企业标准、行业标准、国际标准的制定，建立与中国企业规模地位相适应的一流标准体系**。现在世界上承认我们是市场经济的只有少数几个国家，多数还不承认，什么原因呢？西方的标准都是几百年来，从 16 世纪以来企业化、行业化等等都是他们说了算，我们很被动。现在我们走向世界了，有些标准就要由中国人来制定。我们能够制定标准的企业还比较少，受制于人，这个问题上我们还任重道远。

**第三，要抓紧人才培养，以人才带动创新、转型，形成适合企业需要的人才梯队**。企业要发展到新的世界高度，管理靠人才，没有人才不行。现在大众创业、万众创新，这个口号很好，但最关键的是人才。过去中国在人才上考虑的就是院士、博士，现在还需要一流的一线操作工人。只有一流的技工人才，才能成就我们的制造大国。

我们要做好以上各项工作，是要努力实现中华民族的伟大复兴，实现我们的中国梦。谈到中国梦，第一个中国梦是全面建成小康社会，第二个中国梦是实现我们的共同理想，把我国建设成为富强、民主、文明、和谐的社会主义现代化国家，在我们建党一百周年的时候要实现目标。我觉得我们还要有个梦，是我们企业文化的梦，就是当我们改革开放一百年的时候，中国的经济文化真正达到国际一流水平。中国不仅成为经济强国，而且是文化强国。文化的核心是精神，是价值观，我们迫切需要找到支撑中国经济屹立于世界之林的精神，这个精神应该能够充分传承中华民族优秀的博大精深的传统，又能够要融入世界广泛遵循的价值标准，比如以人为本、诚信、尊重、包容，等等，并为人类所普遍接受。中国的强大，更需要文化的创新，文化软实力的强大。

（作者为原商业部部长、国务院特区办主任，中国企业文化研究会理事长）

# 特载篇

## 有关领导谈文化与企业文化



## 专家谈企业文化



## 企业家谈企业文化

## 中国企业文化建设重要会议



# 理 论 篇



# 实 践 篇

## 中国企业文化建设示范基地、示范单位巡礼

## 部分行业和省市企业文化社团工作成果展示



## 企业文化观点荟萃

## 行业案例

### 金融与保险业



### 军工与航天航空业



### 冶金钢铁业



### 建筑与房地产业



### 石油与化工业

## 煤炭与煤电业



## 交通与运输业



## 电力业



## 制造业



## 医药业



## 其他行业

## 专项案例

### 创新文化



### 安全文化



### 品牌文化



### 管理文化



### 服务文化



### 其他专项文化



## 特色案例

# 综合篇



# 后记

# 特载篇

# 有关领导谈文化与企业文化

## 大力推动中华文化走向世界

刘奇葆

党的十八大以来，中央高度重视中华文化走出去工作。习近平总书记多次作出重要论述、提出明确要求。十八届三中全会对提高文化开放水平、推动中华文化走向世界作出重要部署。中央政治局围绕提高国家文化软实力进行集体学习。我们要认真学习领会中央精神，进一步统一思想、提高认识，以改革创新精神推动中华文化走向世界，使中华文化国际影响力有一个大的提升。

### 一、推动中华文化走出去是一项重大战略任务

习近平总书记指出，中华文化积淀着中华民族最深沉的精神追求，包含着中华民族最根本的精神基因，代表着中华民族独特的精神标识，要努力展示中华文化独特魅力，塑造我国的国家形象。应当看到，推动中华文化走出去，提高国家文化软实力，关系我国在世界文化格局中的定位，关系我国国际地位和国际影响力，关系“两个一百年”奋斗目标和中华民族伟大复兴中国梦的实现。要从战略和全局的高度，充分认识推动中华文化走出去的重大意义，切实增强做好工作的紧迫感、责任感、使命感。

**推动中华文化走出去，是增强国家文化软实力、在综合国力竞争中赢得主动的迫切需要。**当今世界，综合国力竞争更趋激烈，文化的地位和作用日益凸显。越来越多的国家把提升文化软实力确立为国家战略，文化竞争全面升级，文化版图正在重构。近年来，我国以影视剧、图书为前锋，推动中华文化走出去，一批优秀国产影视剧在国外热播、精品图书在海外热卖，“中华文化热”在国际上持续升温。但总体而言，中华文化的国际影响力还不强，与世界第二大经济体的国际地位还不相称。要在新的国际竞争中赢得主动，必须不断提高文化开放水平，加快推动中华文化走出去，尽快形成与经济社会发展水平和大国地位相适应的国家文化软实力。

**推动中华文化走出去，是营造良好外部环境、塑造良好国家形象的战略选择。**文化如水，润物无声。文化走出去对增进各国人民相互了解、消除偏见和误解十分重要。面对中国的块头不断长大，国际上有些人开始担心，也有一些人总是戴着有色眼镜看中国，“中国威胁论”“资源掠夺论”“中国崩溃论”等论调屡见不鲜。这些年，我国加强国际传播能力建设和对外话语体系建设，积极传播中国声音，取得很大成效，但国际舆论格局“西强我弱”的总体态势没有根本改变。这就要求进一步加强和改进对外宣传，开展深层次、多样化、重实效的思想情感交流，着力塑造我国的国家形象，充分展示我国文明大国形象、东方大国形象、负责任大国形象、社会主义大国形象。

**推动中华文化走出去，是促进各国文化交流互鉴、维护人类文明多样性的必然要求。**习近平总书记指出，文明因交流而多彩，文明因互鉴而丰富，文明交流互鉴是推动人类文明进步和世界和平发展的重要动力。中华文化是在中国大地上产生的，也是同其他文化不断交流互鉴而形成的。中华文化既为中华民族生生不息、发展壮大提供了丰厚滋养，也为人类文明进步作出了独特贡献，是全世界共有的精神财富。回望历史，丝绸之路上的驼队、郑和下西洋的宝船，带出去的不仅有精美的丝绸和瓷器，更有灿烂的中华文化。我们要保持对自身文化的自信、耐力、定力，坚定不移推动中华文化走出去，积极参与世界文明对话与交流，进一步丰富人类文明色彩，让世界各国人民享受更富内涵的精神生活。

### 二、推动中华文化走出去要突出思想内涵和价值观念

文化承载着一个国家的精神价值。推动中华文化走出去，让国外民众触摸中华文化脉搏，感知当代中国发展活力，理解我们的制度理念和价值观念，应当是我们的不懈追求。要把内容建设放在第一位，突出思想内涵、彰显价值观念，不断增强中华文化的吸引力和感召力。

**积极对外宣传阐释中国梦。**实现中华民族伟大复兴的中国梦一经提出，就在国际社会引起了积极反响。对外宣传阐释中国梦，要向国外民众宣传中国梦是追求和平的梦、追求幸福的梦、奉献世界的梦，讲清楚实现中国梦给世界带来的是机遇不是威胁，是和平不是战争，是和谐不是动荡，是进步不是倒退；讲清楚随着中国不断发展，中国已经并将继续尽己所能，为世界和平发展作出自己的贡献。要注重把中

国梦同各国各地区人民实现自己的梦想联系起来，在促进互利共赢中引导国际社会客观认识中国梦，觉得中国梦有实现基础、有中国特色，觉得实现中国梦是世界各国的机遇。

**大力传播当代中国价值观念。**习近平总书记指出，文化的影响力首先是价值观念的影响力，世界上各种文化之争，本质上是价值观念之争。当代中国价值观念代表了中国先进文化的前进方向，是中国特色社会主义道路的价值表达和重要标志。经过三十多年的改革发展，世界上越来越多的人热情关注中国道路、高度评价中国道路，开始客观看待当代中国价值观念。要精心组织习近平总书记系列重要讲话精神对外宣传，深入阐释讲话中蕴含的治国理政方略，充分展示新一届中央领导集体的良好形象。要从理论与实践、历史与现实、国内与国际的联系上，宣传阐释好中国道路是由中国独特的文化传统、独特的历史命运、独特的基本国情决定的，宣传阐释好这条道路创造的举世瞩目的中国奇迹，开创的独具特色的新型制度文明，增进国际社会对我发展道路的理解认同。要把当代中国价值观念贯穿于国际交流和传播的方方面面，加强提炼阐释，拓展传播平台和载体，提高当代中国价值观念的国际知晓率和认同度，让当代中国形象在世界上不断树立和闪亮起来。当代优秀作品讲述了中国的精彩故事，表达了中华文化的核心理念，承载着当代中国价值观念。要抓好当代作品翻译工程，积极向世界推介当代优秀作品，更好地推动当代中国价值观念走向世界。

**充分展示优秀传统文化独特魅力。**中华优秀传统文化是一座精神富矿，不仅铸就了历史的辉煌，而且在今天依然充满着智慧的力量。中华优秀传统文化中讲仁爱、重民本、守诚信、崇正义、尚和合、求大同的价值追求，有利于促进国家之间、人与人之间的和谐相处，对当代世界发展有着重要意义。英国哲学家罗素说过，“中国至高无上的伦理品质中的一些东西，现代世界极为需要”，“若能够被全世界采纳，地球上肯定比现在有更多的欢乐祥和”。要坚守中华文化立场，把民族特色和世界潮流结合起来，把中华民族最基本的文化基因推广开来、传播出去，使跨越时空、超越国度、富有永恒魅力、具有当代价值的文化精神在世界上弘扬起来。艺术是一种世界语言，直指心灵，是最好的交流方式。京剧、民乐、书法、国画等，都是独具中国特色的文化瑰宝，外国人很感兴趣。要向世界大力宣传推介我国优秀传统文化艺术，让国外民众在审美过程中获得愉悦、感受魅力，加深对中华文化的认识和理解。

## 三、推动中华文化走出去要多措并举、多方发力

推动中华文化走出去，是一项复杂的系统工程，需要方方面面共同努力。要坚持政府主导、企业主体、市场运作、社会参与，统筹国际国内两种资源，用好文化交流、文化传播、文化贸易三种方式，凝聚政府、企业、社会组织和个人四方力量，着力构建全方位、多层次、宽领域的文化走出去格局，增强中华文化国际影响力。

**广泛开展对外文化交流与传播。**我们的前人早就认识到，“远人不服，则修文德以来之”。要扩大对外文化交流，加强对外文化传播，充分发挥以文化人、以文促情、以文建信的作用，把继承传统优秀文化又弘扬时代精神、立足本国又面向世界的当代中国文化创新成果传播出去，让国外民众更好地了解和体验中华文化。一要提高对外文化交流水平。围绕重大外交活动和领导人出访，结合丝绸之路经济带、21世纪海上丝绸之路建设，深化拓展对外文化交流活动。创新人文交流方式，精心组织感知中国、文化中国、欢乐春节、国家年等大型对外文化活动，办好用好海外中国文化中心、孔子学院，拓展中医养生、中华美食、武术健身等领域的交流交往，使交流内容更加丰富，交流效果更加显著。二要加强国际传播能力建设。近年来，我们着力完善机制、丰富内容、讲求实效，推动国际传播能力建设取得了很大进展。要抓紧编制国际传播能力建设中期发展规划，整体考虑不同国家和地区的布局，科学设计项目，制定合理指标，突出重点，分期分批推进。中央主要新闻媒体是加强国际传播能力建设的重点，要加快推动传统媒体和新兴媒体融合发展，坚持硬件、软件一起抓，进一步完善全球采编播发网络，提高新闻信息的原创率、首发率、落地率，努力打造国际一流媒体。

**大力发展对外文化贸易与投资。**经验表明，文化产品“卖出去”比“送出去”效果更好。现在，世界主要国家普遍采用贸易和投资的方式，推动本国文化走出去。要认真落实国务院《关于加快发展对外文化贸易的意见》，通过市场和企业的手段，推动更多文化产品和服务走出去。要培育一批外向型骨干文化企业。进一步深化文化体制改革，鼓励国有文化企业以资本为纽带进行兼并重组，建立现代企业制度，提高跨国经营管理能力，加快培育一批能与西方跨国文化集团相比肩的文化企业航母。要支持更多有实力、有丰富贸易经验的民营企业从事文化贸易，在财政补贴、税费征收、金融支持等方面，与国有文化企业一视同仁，尽快形成以国有文化企业为主体、多种所有制企业共同参与文化出口的生动局面。要加大对外文化投资。目前，我国已成为全球第三大对外投资国，但文化类投资占比还很小。要鼓励文化企业创新投资方式，走出去开展绿地投资、并购投资、联合投资，扩大境外优质文化资产规模。要加强文化出口平台和渠道建设，通过“买船出海”“借船出海”等方式，进一步拓展国际营销网络，完善海外网点布局，推动我文化产品更多地进入国际市场。现在，国家在发展对外文化贸易方面，出台了一系列扶持政策，要用足用好这些政策，并根据新情况新问题及时研究出台新的政策措施，提高含金量和针对性，为中华文化走出去提供有力政策支撑。

**综合运用大众传播、群体传播、人际传播方式。**推动中华文化走出去单靠政府的力量是不够的，必须调动各方面的积极性，形成推动中华文化走出去的强大合力。要发挥学术团体、社会组织、中资机构的作用。引导各类学术团体加强与国际智库、国外学术机构的联系，鼓励代表国家水平的学术团体、艺术机构在相应国际组织中发挥建设性作用，更好地推动中国学术、艺术走向世界。鼓励社会组织、中资机构

等参与孔子学院和海外文化中心建设，承担人文交流项目，使经济走出去与文化走出去相得益彰。要发挥留学生、出境游客、华人华侨的作用。随着国际交往日益频繁，到海外求学、旅游、定居的中国人越来越多，他们每一个人都是展示中国形象的“窗口”。要加强宣传教育，引导留学生和出境游客强化文明观念，提升道德素质，做中华文化的传播者、践行者。5000万海外华人华侨与我们同根同源，要加强与他们的联系，鼓励他们积极参与居住地的文化活动和公共事务，介绍祖国的发展变化，传播灿烂的中华文化。要发挥各类知华友华人士作用。推动中华文化走出去是面向世界、高度国际化的工作，需要借助外力、借用外脑。要加大对国外政要、知名专家学者和工商界人士的公关力度，邀请更多外国知名记者、专栏作家和主持人来华采访，使更多有影响力的外国人士了解中华文化、传播中华文化。各国汉学家是中外文化交流的友好使者，要加强与他们的沟通联系、做好服务，支持他们深入研究和传播中华文化，更好发挥他们在传播中华文化中的独特作用。

**积极创新文化走出去的方法手段。**方式方法对头，就会事半功倍。要深入研究国外不同受众的文化传统、价值取向和接受心理，因地制宜、因人制宜，使中华文化不但能“走出去”，而且能“走进去”。一要创新话语表达方式，精心构建对外话语体系，着力打造融通中外的新概念、新范畴、新表述，增强对外话语的创造力、感召力、公信力，讲好中国故事。要积极推进本土化传播，用本土化的方式展现中国价值的内核，尽可能减少“文化折扣”现象。二要运用文艺作品形式，通过文学、美术、音乐、影视等文化样式，有血有肉地表现中华文化，收到春风化雨、点滴入土的效果。电影是生动的文化名片，要把更多优秀国产影片推介到海外市场，形成一批讲述中国梦、传播当代中国价值观念的“铁盒里的大使”。三要借助新媒体力量，瞄准和利用最新技术，加快构建现代传播体系，注重传播的快捷精简，实现展示的多媒体化，使中华文化的传播更立体、更鲜活。要做大做强人民网、新华网、中国网络电视台、中国网等重点新闻网站，充分发挥主要商业网站的作用，在网络舆论场放大中国声音。

推动中华文化走出去，任重道远、前景光明。我们要锐意进取、奋发有为，不断拓展中华文化走出去工作的广度和深度，进一步提高国家文化软实力，努力建设社会主义文化强国，为实现“两个一百年”奋斗目标、实现民族复兴中国梦作出更大贡献。

（作者系中央政治局委员、中央书记处书记、中共中央宣传部部长，本文摘自《中国文化报》）

## 加快新时期企业文化建设<br>促进新常态下企业创新发展

王忠禹

党的十八大以来，中央提出全面建成小康社会、全面深化改革、全面依法治国、全面从严治党的“四个全面”战略布局，规划了中央在新的历史条件下治国理政新的战略目标、战略重点和战略举措。从认真贯彻落实中央“四个全面”的战略部署，探索新常态下企业文化建设的新特点、新趋势，发挥企业文化在经济转型和企业改革中的引领作用，提升企业在新常态下的凝聚力、创造力和竞争力的角度谈三个想法供参考。

### 一、建设先进企业文化，践行社会主义核心价值观

党的十八大提出的社会主义核心价值观，即“倡导富强、民主、文明、和谐，倡导自由、平等、公正、法治，倡导爱国、敬业、诚信、友善”。从国家、社会和公民三个层面概括了社会主义核心价值观的价值目标、价值取向和价值准则，体现了中华优秀传统文化和世界文明成果，为坚持和发展中国特色社会主义指明了方向。

**社会主义核心价值观是社会主义先进文化的精髓。**社会主义核心价值观是兴国之魂，决定着中国特色社会主义的发展方向。习近平总书记指出，人类社会发展的历史表明，对一个民族、一个国家来说，最持久、最深层的力量是全社会共同认可的核心价值观。核心价值观，承载着一个民族、一个国家的精神追求，体现着一个社会评判是非曲直的价值标准。社会主义核心价值观是坚定理想信念、实现中华民族伟大复兴中国梦的精神引领，是建设优秀文化、全面提升企业软实力的精神支撑。我国已进入改革发展的关键时期，经济体制深刻变革，社会结构深刻变动，利益格局深刻调整，各种观念相互交织、碰撞，迫切需要社会主义核心价值观的引领，发挥核心价值观的社会稳定器作用。通过培育和践行社会主义核心价值观，凝魂聚气、强基固本，不断夯实中国特色社会主义的思想道德基础。

**企业文化建设要以社会主义核心价值观为引领。**企业文化是社会主义文化的重要组成部分。建设先进企业文化必须要以社会主义核心价值观为引领，用正确的价值观指引企业前进方向，凝聚奋斗力量，激发工作热情，促进企业持续健康稳定发展。企业要建立符合“富强、民主、文明、和谐”的共同理想，更好地统一广大员工的思想和意志，调动员工积极性，使广大员工焕发出创新激情，保持奋发有为的精神状态；企业要坚持“自由、平等、公正、法治”的时代精神，促进企业良好风气的形成和发展，建立良好的道德行为规范；企业要奉行“爱国、敬业、诚信、友善”的崇高理念，增强广大员工爱企业的热情，形成幸福和谐的氛围，推动企业健康发展。重庆银行以社会主义核心价值观为指导，提炼了“有梦想、有精神、有爱心、有原则、有担当”的“五有”核心价值理念体系。通过宣贯强化、制度固化，持续推进企业文化落地实施。“五有”核心价值理念体系改变了企业精神面貌，增强了企业竞争力，引领了企业创新发展。

**企业文化建设要弘扬社会主义核心价值观。**社会主义核心价值观是先进企业文化应当遵循的价值准则。企业文化要体现并弘扬社会主义核心价值观。企业要以强烈的责任意

识，树立经济效益与社会效益相统一的理念，推动企业改革发展；企业要把握社会主义核心价值观的精神实质，将社会主义核心价值观熔铸、贯穿于企业发展战略、经营理念、日常管理等各个方面；企业要不断提升员工队伍素质和道德水平，始终在落细、落小、落实上下功夫，努力使社会主义核心价值观成为广大员工的自觉行动。鞍钢集团坚持把选树典型作为加强企业文化建设的着力点，坚持典型引领，树立英模群体，打造先进团队，凝聚职工力量，形成了具有鲜明特色的鞍钢英模文化，先后培育出孟泰、王崇伦、郭明义式的倡导主流价值、展现中国精神的时代典型，使鞍钢的优秀文化代代传承，为企业发展集聚了强大正能量。

## 二、培育创新文化，实施创新驱动战略

创新是引领企业发展的第一动力，是企业发展的灵魂。今年3月，中共中央、国务院发布了《关于深化体制机制改革加快实施创新驱动发展战略的若干意见》，对创新作了全面部署。企业文化建设要紧扣创新发展，营造创新环境，为企业创新发展提供精神动力和文化支撑。

**企业文化要重视理念创新。**企业创新首先要理念创新。在全球经济一体化、信息化、网络化的大趋势下，科学技术日新月异，市场竞争日趋激烈，能否持续有效创新已成为企业成败的关键。企业文化建设要把理念创新作为服务企业创新的重点工作抓紧抓好。企业要保持思想的敏锐性和开放度，打破传统思维定势，认真研究国内外先进企业的创新实践，从中提炼优秀文化理念，结合自身实际，构建具有创新特色的企业文化，以前瞻的创新理念推动企业创新。大唐电信科技产业集团大力发扬“大唐电信精神”，通过系统构建创新文化体系，为企业创新提供思想引领、精神动力和制度保证，有力地推动了创新。其牵头研发的TD技术已成为3G、4G的移动通信国际标准，带动我国移动通信实现了从追赶，到同行，再到引领的重大跨越。

**企业文化要营造创新氛围。**创新具有不可预见性，有时要承担很大的风险。创新需要更多的包容和理解，需要宽容失败的环境支持。只允许成功不能容忍失败，就不能调动员工的创新工作积极性。企业创新文化建设要立足于构建自由、开放的创新发展平台，营造良好的创新氛围。鼓励创新，就要允许失误，就要摒弃冷嘲热讽、求全责备。多帮助查找原因，在行动上给予合作支持，在精神上给予安慰。要鼓励员工敢想、敢说、敢为，解开思想的束缚，增强创新意识，大胆作为，营造适合创新的工作环境。金蝶集团把互联网的平等、开放基因融入企业文化建设，利用互联网对传统分工、结构产生的重大变革与调整，积极推动企业转型发展，开展多种形式的创新培训、创新讲堂、创新评奖等活动，鼓励员工参与，激发创新思维，营造平等、宽松、开放的创新环境。北京建行适应当前金融行业形势，积极推进服务创新，以建立“刘艳快线”为契机，不断提高银行服务能力，形成了为市场服务、为社会服务的良好氛围。

**企业文化要促进企业创新发展。**企业文化创新是系统工程，要融入技术创新、管理创新和制度创新，建立有利于创新驱动的体制机制，给创新人才创造脱颖而出、施展才华的空间，健全资本、知识、技术、管理等由要素市场决定的报酬机制。要把企业的文化创新贯彻到企业生产经营管理的各个环节，做到坚守诚信底线、坚持质量标准、坚持品牌战略、坚持生态文明、坚持安全生产，积极履行社会责任，以品质、诚信、责任赢得顾客、赢得市场，从而赢得未来。海尔集团把互联网思维和创业文化融入管理变革，从“人单合一”的自主经营体实践，到搭建创客平台实施开放创新，进行“企业平台化、员工创客化、用户个性化”的战略转型，推动了大众创业、万众创新。中国中车通过对高铁技术的引进、消化、吸收和再创新，建立起一套具有自主知识产权的世界一流的技术体系，实现了高铁由“追赶者”到“引领者”的历史性跨越，塑造了中国高铁技术先进、安全可靠、成本优势的品牌形象。中国高铁已成为中国高端装备的“新名片”。

## 三、坚持人本文化，构建和谐劳动关系

劳动关系是生产关系的重要组成部分，是最基本、最重要的社会关系之一。劳动关系是否和谐，事关广大职工和企业的切身利益，对经济发展和社会和谐稳定有着重要的影响。今年3月，中共中央、国务院发布了《关于构建和谐劳动关系的意见》，进一步明确了企业联合会在构建和谐劳动关系方面的重要职责。作为企业组织代表，中国企联将与广大企业和企业家一起，共同推动和谐劳动关系建设，促进企业健康持续发展。企业文化建设既是构建和谐劳动关系的重要内容，又是构建和谐劳动关系的坚实基础和重要措施。要通过大力培育富有特色的企业精神和健康向上的企业文化，营造和谐劳动关系的良好环境，为职工构建共同的精神家园。

**企业文化建设要坚持以人为本。**构建和谐的劳动关系，关键是要坚持以人为本，把解决广大职工最关心、最直接、最现实的利益问题，作为构建和谐劳动关系的根本出发点和落脚点。企业文化建设中，要突出人本理念，要坚持教育人、引导人、鼓舞人，要做到尊重人、理解人、关心人、帮助人。要切实尊重员工的人格和劳动，充分考虑其切身利益，满足其正当合理的需要；要关注员工的健康安全，加强教育培训和引导，为员工创造安全、健康的劳动条件和工作环境；要加大对员工的人文关怀，及时掌握员工思想动态，有针对性地做好思想引导和心理疏导工作；要重视员工素质的提升和全面发展，为员工提供各种学习机会、发展舞台和升职空间，拓展员工的职业生涯。隆鑫集团把关爱员工、以人为本作为企业文化的起点和终点，从经济收入、社会保障、工作条件、爱心公益、教育培训和职业通道等多方面关心员工、帮助员工，践行员工是企业最宝贵财富的理念，形成了企业与员工共同成长的和谐劳动关系。

**企业文化建设要增强企业凝聚力。**企业劳动关系和谐的重要体现之一就是企业凝聚力的增强。在企业文化建设中，要通过构建广大员工共同认同、遵循的价值观，使企业和员

工成为制度共守、利益共享、风险共担的“大家庭”，形成休戚与共、相互包容的命运共同体。企业要牢固树立劳动关系和谐、员工企业共赢的思想，切实关心员工，爱护员工，为员工成长着想，不断拉近企业与员工的距离，通过企业的发展来满足员工的需求。要利用形式多样的企业文化载体，营造和谐氛围和人文环境，让员工感受到企业“大家庭”的关怀和温暖，提高员工的幸福感和自豪感。通过文化建设，形成员工与企业相互理解支持的环境，激励员工为企业发展拼搏奋斗。天津港多年来以“发展港口、成就个人”的核心价值观为指引，在经营管理中尊重员工主体地位，发挥员工首创精神，保障员工各项权益，营造了家的氛围，增强了员工的归属感，提高了企业的凝聚力和向心力。

**企业文化建设要推进制度建设。**构建和谐劳动关系，必须依法合规。制度建设是企业文化落地的重要措施。要全面贯彻依法治国方针，大力宣传各项法律法规，切实把法律法规落到实处。要大力推行企业民主管理，完善民主管理制度，在尊重和保障职工合法权益的同时，让员工了解企业、关心企业、体谅企业，共同为企业出谋划策。要加强制度文化建设，形成依法治企的氛围，通过完善各项规章制度，明确双方责任和权益，用制度保障双方的权利和义务，用制度规范双方的行为，最大限度减少矛盾冲突的发生。超威集团努力践行“资源共享、互惠互利、共同发展、长期共存”为核心的“和合文化”，不断建立健全制度体系，依法维护企业和员工权益，依规开展民主管理，以制度建设促进和谐劳动关系构建，有力地促进了企业发展。

希望广大企业和企业家继续发扬创新精神，奋发拼搏，勇于开拓，加强新时期企业文化建设，努力推动新常态下企业创新发展，为“四个全面”宏伟战略目标的实现贡献力量，为早日实现“两个一百年”奋斗目标和中华民族伟大复兴的中国梦做出更大贡献。

（作者系原国务委员，全国政协原副主席，中国企业联合会、中国企业家协会会长）

## 拥有强大文化软实力就能在竞争中赢得主动

顾秀莲

我很高兴出席石油和化工行业第三次企业文化建设促进大会。这次大会主要是贯彻落实党的十八大和十八届五中全会精神，总结交流企业文化建设的经验，研究探讨新常态下企业文化建设的思路和方法，为石油和化学工业的结构调整、转型升级提供精神动力和文化支撑。这个主题很好，体现了你们在行业工作中坚持“两手抓、两手都要硬”的指导方针，体现了你们加强“软实力”建设的信心和决心。

我出席过2009年的第一次、2012年的第二次企业文化建设促进大会，今天是第三次。总的感觉是，石油和化工行业的企业文化建设基础比较好、起点比较高、成效也很显著。这次大会印发的《中国石油和化学工业企业文化建设报告》，真实地记录了六年来的丰硕成果，在实现行业跨越式发展中，发挥了不可替代的作用，积累了丰富的经验，涌现出大批先进典型。希望你们把这个好传统、好经验、好势头继承和发扬下去。

企业是文化建设的重要阵地，企业文化是社会主义文化的重要组成部分。在世界经济文化一体化的大背景下，谁拥有强大的文化软实力，谁就能在激烈的竞争中赢得主动。因此，加强文化建设是企业自身发展的迫切要求，也是时代赋予我们的历史使命。我希望石化行业的各级领导特别是从事党务和思想政治工作的同志们，要准确把握世界经济文化发展的新趋势，下大力推进企业的文化建设，为促进经济发展和社会进步提供强大的精神动力和思想保证。

第三次企业文化建设促进大会的召开，标志着石油和化工行业的企业文化建设进入了一个新的发展阶段。希望你们认真学习贯彻党的十八届五中全会精神，牢牢把握科学发展这一主题，紧紧围绕“结构调整、转型升级”这条主线，创新石化企业的文化建设，引领经济发展的新常态，为完成“十三五”行业发展目标、为建设石油和化学工业强国再立新功！

（作者系全国十届人大常委会副委员长，本文为作者在“全国石油和化学工业第三次企业文化促进大会”上的致辞）

## 大力弘扬工业文化　支撑制造强国建设

苗　圩

工业是强国之本，文化是民族之魂。习近平总书记指出：“体现一个国家综合实力最核心的、最高层的，还是文化软实力，这事关一个民族精气神的凝聚。”世界工业化三百多年的历史证明，文化元素对工业化进程和产业变革具有基础性、长期性、决定性的影响，工业文化在工业化进程中衍生、积淀和升华，也必将在未来现代化发展中发挥越来越重要的作用。

在推进工业化的探索实践中，我国工业孕育了大庆精神、“两弹一星”精神、载人航天精神等辉映时代的工业文化典型，涌现了一大批彰显工业文化力量的优秀企业，它们在不同的历史时期对工业发展起到了春风化雨的推动作用。改革开放以来，我国工业取得了举世瞩目的发展成就，成为世界第一制造大国。但是，我国工业大而不强问题仍然突出，在产业结构水平、自主创新能力、质量品牌建设等方面与发达国家差距明显。这与工业文化发展相对滞后有密切关系，集中表现为创新不足、专注不深、诚信不够、实业精神弱化等问题，严重制约着我国工业的转型升级和提质增效。

实施制造强国战略，不仅需要技术发展的刚性推动，更需要文化力量的柔性支撑。我们要牢固树立和贯彻落实创新、协调、绿色、开放、共享的发展理念，紧紧围绕制造强国的战略部署，以社会主义核心价值观为引领，努力培育和发展符合时代要求的工业文化。《中国制造2025》明确指出，要“培育有中国特色的制造文化，实现制造业由大变强的历史跨越。”我们要推动全社会提高对工业文化重要性的认识，努力提升中国工业的软实力。一是要大力弘扬创新精神，强化科学精神和创造性思维培养，使谋划创新、推动创新、落实创新成为自觉行动；二是要大力弘扬工匠精神，培养精益求精、追求质量的技能人才，引导企业“十年磨一剑”，走“专精特新”发展路子；三是要大力弘扬诚信精神，鼓励企业诚信担当、守法经营，为老百姓提供质优价廉的产品和服务；四是要大力弘扬企业家精神，加快建设具有全球视野、把握时代脉搏的企业家队伍，激发全社会创新创业活力；五是要抢救和保护濒危工业文化资源，挖掘和萃取我国优秀传统工业文化的精华，并不断创新载体赋予其新的时代内涵。

工业文化建设是一项长期的系统工程，需要政府部门、工业企业、行业协会和学术界的共同参与。《工业文化》一书，从概念、演进、价值、产业、实践等方面，对工业文化作了较为系统的梳理，是工业文化领域的一次理论创新与实践总结，对于弘扬优秀工业文化、提升我国工业软实力、支撑制造强国建设，具有重要的意义。期待《工业文化》的出版能为广大读者提供启发和参考，也希望越来越多的人关注、研究、推动工业文化建设。

（作者系工业和信息化部部长，本文摘自《工业文化》）

## 民营企业要建立文化自信

孙晓华

我国的民营经济沐浴着中国共产党与时俱进的理论、路线、方针的阳光，在改革开放政策的指引下，取得了巨大的发展，为经济社会的发展进步做出了突出的贡献。正如习近平总书记所指出的，非公有经济是经济发展的重要基础，是国家税收的重要来源，是技术创新的重要主体，是金融改革的重要依托，是经济持续健康稳定发展的重要力量。随着国际经济形势的风云变幻，我国民营企业特别中小微企业普遍遇到了很大的困难，在这种情况下，如何使民营企业继续有所作为，一方面要靠党和国家出台新的政策，特别是国务院已经出台了许多新的政策，不断的要把审批权取消或者下放，包括如何减税，如何打通民营企业融资贷款的渠道，而且力度也在加大。另一方面，也需要我们民营企业增强信心，发现问题，克服困难，更重要的就是今天论坛所要达到的目的，论坛的册子上印了8个大字“商海逐鹿　文化致胜”很有道理。中华民族历经沧桑，我们正在实现伟大的民族复兴。我们的文化一直在起着传承、引导甚至可以说致胜的作用。今天我们就要探讨如何以文化建设引领民营企业走出困境。

对于民营企业的文化建设全国工商联几任党组书记都很重视，民营企业的文化建设我认为还需要进一步提高认识。对于什么是文化，习总书记说政治是骨骼，经济是血肉，文化是灵魂。可想而知，一个人如果没有灵魂那就是行尸走肉，一个国家一个民族没有灵魂，就没有精神支撑，就没有软实力，就没有核心竞争能力，可见文化的重要性。

怎样才能进一步加强做好民营企业的文化建设，提出几点建议。第一，民营企业文化建设根在内涵，我到了很多民营企业，看到墙上贴的、车间里挂的，很多地方摆的企业文化口号，这只是文化建设的一个方面，重要的是内涵。内涵是以中华民族优秀传统文化为基础，结合我们这个时代注入新的内容。中国传统文化内容深刻而丰富，到底怎么认识，也没有统一定论，有的说中华民族传统文化就是和合文化，有的说是仁义礼智信，等等。但是，要结合中华民族文化当中最优秀的部分，要深入的理解，同时要结合时代和企业本身，提出指导企业发展的文化理念。有人认为企业文化实际上就是老板文化，是有一定道理的。就是企业投资者是什么样的人，就会产生什么样的企业文化，一个企业的企业家有没有内涵，有没有品质，这很重要。一个企业的文化内涵一定要做出来，不光要口号，要落实在经营管理中。中国民营企业一个很大的问题就是同质化，产品生产雷同化，只有走差异化道路，要么唯一、要么第一，才能赢得市场。怎样才能够突破重围，这跟文化相关联，你的产品人家一看耳目一新为之一振，这取决于产品的文化内涵，关键看气质，实际上就是一种素养一种内涵的体现，这是根。

第二，重在建设。企业即使有好的机制，没有形成企业员工共同遵守的习惯也不行。我们现在有很多需要改进的地方，其中最容易做到的但是又恰恰没有做到的事情就是习惯问题，养成好习惯文明程度就高了，国民素质也都提升了。企业的文化建设就是让企业员工把企业文化理念作为日常生活中不可分离的一部分，关键是怎样让员工形成习惯，而不是领导挂在嘴边，员工自觉地去遵守，就靠建设的力量。搞活动、开会、宣传这是建设，像中国企业文化研究会今天搞现场会，这也是广泛提高的好办法，关键是与会的企业家们要提高文化重在建设的认识。

参观天能展厅后，很受鼓舞，很受启发。这是我见到中国民营企业中最大的一个展示厅，展示了电池的种类，电池研发的历程，特别是企业文化建设包括党建各个方面的成绩，这种展示也是对文化的宣传和建设。每个新员工进了天能都要在展厅受教育和熏陶，企业经常搞各种各样的展览，就有助于企业文化对每个员工潜移默化的影响。

第三，贵在坚持。很多人成功做事，后来体会最深的一点就是要有耐力、毅力，要坚持，做任何事情如果不坚持机会就没了，贵在坚持，企业文化建设就是要常抓不懈。

第四，成在创新。今天的会议的专题是讲民营企业文化创新，创新是一个国家民族发展的不竭动力，人类社会的发展历史就是不断创新的历史，只有创新才有活力，才能够有变化，有竞争力。民营企业特别中小微企业怎样走出困境，一要有一个新的思想的提升，企业有困难，国家有困难，所以你有高度的话，有困难我们共同担当，思想有了高度，困难是暂时的，就有信心。二 要认形势，怎样认识中国经济形势，中国经济形势还是正能量的多，我们的发展潜力还是巨大的，辨形势要把形势看准了，才有发展动力和信心。三要找机遇，现在机遇是太多了，“一带一路”战略、城镇化建设、新农村建设，还有对文化产业的发展政策，每一项都潜力巨大，中国市场非常巨大，外国一位世界著名的企业家说过，讲风险，投资有风险，不到中国投资是最大的风险。

中国区域发展不平衡，像我们长兴很繁荣，是东部发达地区的代表，西部欠发达地区存在巨大的发展空间，让全国都能够达成一个平均水平的时候，那会是什么样，恰恰不平衡就有巨大投资发展的空间。

中国民营企业文化论坛办得非常好，我们要从文化方面建立文化自信，这很重要。加强文化建设，特别是不断进行文化创新，履行好社会责任，这是论坛给我们的启发。我们因为这个论坛而受鼓舞，因为这个论坛而找到新的前进方向，祝论坛圆满成功。

（作者系全国政协委员，第九届、十届全国工商联副主席，本文为作者在“首届中国民营企业文化论坛”上的讲话）

## 改革开放大背景下企业文化的发展与变化

王大明

在引进企业文化和现代经营管理理念之前，企业文化现象也是客观存在的，只是我们没有“企业文化”的概念。“鞍钢宪法”、“大庆精神”是新中国建立后企业文化的代表。中国历史上，明清直至近代有晋商、徽商、浙商等一代代闻名于朝野的商帮和商界精英，他们讲诚信、讲童叟无欺、讲团队精神，这些都是传统文化中的儒商精神。改革开放后，我们逐渐引进国外企业文化的种种理论实践，学术界和经济界，主要是企业开始接触、学习和消化，这一过程伴随着各种争议。20世纪，一些企业纷纷大胆实践并创造了自己的企业文化，终于取得了今天的成绩。如何划分企业文化在中国发展变迁的历史，大家可以研究。2003年青岛峰会张大中同志曾讲过“四个阶段”之说，也有一个回顾和划分，没有定论。

回首走过的道路，应当认真总结和着重研究中国企业在思想观念上，在企业的发展变革中有了哪些变化以及哪些收获和经验，以便进一步搞清楚今后的方向。

### 企业文化是企业改革发展的产物

当代企业文化的构建是在改革开放大背景下展开的，是企业改革和发展的产物，它既适应了市场经济的需要，也是企业在市场竞争中提高影响力并保持持久活力的内在动因。总之，企业文化绝不是孤立的，不是少数人主观意识的产物，也不可能为文化而文化。

从时代发展的大背景来看，改革开放以来中国企业的变化是巨大的、翻天覆地的，至少有这样几个根本性的转变：第一，企业从无产阶级专政的基地变成以经济建设为中心的经济组织，人们从极“左”的政治运动中解放出来，专心致志地从事企业本应从事的经济活动，为强国富民，为改善自己的生活去奋斗，这是一个根本性的改变。当年耀邦同志组织的“关于生产目的”的大讨论推动了这个转变。第二，企业的生产关系、所有制体制从单一公有制转变为各种所有制相互补充的综合体系，不再为姓“资”姓“社”的紧箍咒而担忧。第三，企业从计划经济的部门转变为市场经济的主体，开始注重研究按经济规律从事生产经营；从重计划轻市场、重生产轻营销、重一线轻二线、重生产轻生活等转为二者并重，开拓市场，以销定产，提高竞争力。在这个过程中打破了铁饭碗，从平均主义大锅饭中转向了按劳分配，重视效益，这也是一个根本性的变化。这三点根本性的变化当年是在艰难的转型中实现的。

变化的本质是企业终于转向了科学发展的方向，而原来那种企业体制机制是不科学、不符合经济客观发展规律的。企业文化就是在这样一个重大历史转变当中产生和发展起来的。由于激烈的竞争，由于高科技的发展、脑力劳动比例的增大，企业发展对职工素质的要求越来越高，企业的竞争力也更多地取决于人才的实力，这就要求企业抛弃长期以来以泰勒制度为代表的那种把人当作劳动工具的管理思想——这种管理思想曾经统治了相当长的时间，其主要内容是靠严格的管理制度、精确的定额和物质奖金来促进生产。现在要逐步转向提升人的整体素质从而提高企业的竞争力。大家研究一下，我们是不是有这样一个大的转变？最近我看到美国人写的《管理大未来》一书，里边就讲到，企业为了适应激烈竞争的需要，“我们不仅需要一个勤劳的团队，更加需要一个富有激情的团队”。这句话说得很有意思，也颇具指导意义：现代企业对职工的要求不仅要勤劳，还要富有激情，这个“富有激情”只靠管理制度，靠定额可以实现吗，对于那些开发软件的员工你能给他下定额吗？他坐在那里，脑子里不思考怎么办，你也没法子定额。光讲勤劳是不够的，现代企业的团队需要富有创新的激情，这需要管理理念上一个根本性的转变。如何激发起员工创造的激情，只有企业文化能够做到！所以，在管理理念变革的背景下，企业文化一整套新的理论就产生了，这是管理观念变革带来的转变。我们国家企业的情况也是类似的。当年许多企业管理者，包括行政管理人员思想深处也把人当作劳动工具，我们过去是要做驯服工具嘛！少奇同志在《论共产党员的修养》中就讲到要做驯服工具，所以我们在管理指导思想上，乃至在潜意识里，都是在想怎么样把这个工具用得更好。制定劳动定额、制度、奖金都是管理工具，工人也自觉地把自己当成一部机器上的“螺丝钉”。不可否认，我们在这方面也是有创新的，一个时期有些企业也开始关注人的思想观念，特别是大庆。我在黄山会议上讲过，大庆人总结的“我为祖国献石油”的精神也是很了不起的。现在提出了“以人为本”的理念，应当说是一个根本性的转变。

许多企业文化搞得很好的企业，实际上就是贯彻了以人为本。这是一个重要的变化、重大的收获。许多同志不一定完全自觉地认识到这一点，建议同志们能认真研究这个问题，学习这个很重要的经验。在企业管理中把提高人的素质，把“员工与企业共同成长”放在重要位置，甚至首位，这是以人为本的理念企业管理的具体化，这是符合马克思主义对人的全面发展的要求的。进行企业文化建设，以文化人、文化自觉、文化向导等等，其实都是围绕着以人为本来做文章，这就是科学发展观，也是我们企业文化发展的第一个大收获。

在推进企业文化建设的过程中，促使我们传统的思想政治工作适应新的形势，实现了创新，大大地拓宽了思想政治工作的领域，更好地改进了企业“两张皮”的现象，改变了以往形式内容陈旧、职工不接受的弊端，我们党的思想政治工作更广泛深入，在有些方面也更人性化和更有效。很多企业都创造了很好的案例和经验。既重视创新又有继承，将百年企业的文化遗产、新中国企业的文化财富挖掘出来，融入当代企业文化的诉求，形成了新的企业文化品牌。比如以同仁堂为代表的一批企业都是很好的典型，希望能认真地进行总结。

除这两个较大的变化和收获以外，有同志还提出企业文化的建设促进了企业品牌战略，增强了企业的社会知名度，有利于企业走向国际市场；有同志提出，企业文化建设增强了企业的社会责任意识，对构建和谐企业、促进社会和谐发挥了积极作用；有同志提出企业文化建设作为中国特色社会主义文化新的增长点，丰富了中国优秀传统文化的宝库。

### 企业文化建设的主要矛盾或主要不足

不同的企业有不同的客观环境，各自的内因情况也有所不同，不平衡是存在的。从全局看，要注意的矛盾倾向或不足，大家可以进一步研究。我想提出三条作为探讨的题目：

一是企业领导的思想观念、他们对企业文化的认识与推动企业文化的客观需要有没有矛盾。企业领导对企业文化的认识怎样，把企业文化置于企业发展的何种地位——是不可缺，甚至关键性作用，还是可有可无？我在太原峰会上专门谈到这个问题，即轻视、淡化思想文化建设的倾向，特别是一些负责全局工作的同志特别要注意。曾经有一个时期把意识形态极端化，夸大意识形态的作用，“人有多大胆，地有多大产”是其中典型代表，这是不符合客观规律的。但是忽视和淡化、轻视思想文化的作用也是错误的：企业领导者有没有过多地迷信奖金和规章制度？对于这个问题的认识反映了领导者的素质。要充分估计到企业文化对企业竞争力不可忽视的作用。

第二是企业文化如何真正落到实处，这也是一个具有普遍性的问题。要研究如何把企业文化从书斋、从秀才的办公室中落实到车间、班组，融入广大职工的思想，转化为行动，形成作风，形成竞争力，这是需要不懈努力的系统工程，也是非常艰苦细致的群众工作。多么漂亮完整的企业文化的设计和规划，如果没有这个关键的环节，毫无用处，形不成竞争力。贾春峰同志谈到软实力，如果没有融入进去，只是在办公室墙上挂着，也形成不了“软实力”。所以企业文化不仅是少数人发挥才智的过程，还要得到群众的认同并转化为他们的行为模式，这是一个艰苦细致的过程。小平同志在南巡讲话中专门讲到要防止形式主义，就是有所指的，这也是当前企业文化建设需要深入思考的问题。

第三是企业文化如何能做到持续发展，常做常新，无穷无尽。关键是企业文化的建设和弘扬一定要与发展生产力结合，与国家和企业的发展战略密切结合。搞企业文化的同志要了解国家经济和企业发展战略，我主张要把小平同志的“三个有利于”作为企业文化的最终的检验标准和落脚点。不断研究新的问题，解决新的矛盾，在不断地创新中丰富企业文化的内涵。比如在金融海啸的严峻形势下，有的企业出现了生存的问题，企业文化也不能脱离这个大的形势，要动员职工充满着激情迎接挑战。

### 如何逐步形成中国特色的企业文化

要争取把中国特色的企业文化的理论，纳入到中国特色社会主义理论的一个组成部分。我们能不能树立这样一个雄心壮志：经过若干年的实践，能够形成一套中国特色的企业文化理论，而这个理论成为中国特色社会主义理论的重要组成部分，对这个的研究课题完全可以与学习科学发展观，与在企业文化中认真贯彻党的核心价值体系结合起来，与学习马克思主义关于人的全面发展的理论，以及恢复马克思主义的生命力密切结合。

大体上可以从几个方面来思考：优秀的文化传统、企业管理中有益的经验，这些年引进国外企业文化过程中我们自己的探索创新，国外的好的经验，我们都可以把它容纳进来，结合贯彻社会主义的核心价值体系，结合贯彻科学发展观，结合马克思关于人的全面发展的论述，融汇贯通，创新发展，最终逐步地构建和丰富中国特色的企业文化。

（作者系中共中央宣传部原常务副部长、北京市第八届政协主席，本文节选自王大明著《谈国有企业管理和改革》）

## 商业文化学的基本构想

胡　平

一个新课题的出现，总有其背景和动因。商业文化学也是如此。我认为，商业文化学的提出，适应了一种历史的要求和时代的要求，创建商业文化学，有它的必然性和必要性。

### 商业文化学提出的时代背景

当前，我国正处于发展社会主义市场经济、实现经济现代化的历史时期。我们既要纵向地继承我国的优秀传统文化，古为今用，又要横向地开展国际间的经济文化等各方面的交流，取长补短，洋为中用。商业文化正是在这个大的时代背景下提出来并开拓发展的。

我国的历史悠久，文化灿烂，有许多优秀的东西值得我们继承发扬。中国文化有其一脉传承、相对稳定的内核，同时在其基本构成上又是丰富多彩的。首先，中国文化的发端是多源的。遍布祖国各地数以百计的文化遗址，充分证明中国文化是多源文化构成的统一、博大的综合体系。其次，中国文化是多民族文化的组合，许多少数民族文化一直与汉文化多维共存，并在交流、碰撞中获得互补和发展。第三，中国文化是多流派的。就汉文化来说，先秦时期既有秦蜀、三晋、齐鲁、吴越、楚汉、燕赵等地域文化的共存，又有儒、道、墨、法等众多文化流派的争鸣。因此，我们认为，中国传统文化的丰富性与统一性，反映了它兼容、开放和富于适应性的内在特征。儒家文化作为中国传统文化的优秀代表，也是在这种交流、互鉴的过程中，逐步深化和壮大起来的。

在我国历史上，有好几个时代都曾经出现过经济、文化的全面繁荣，中国传统文化在不同的历史时期被或多或少地赋予一些新的内容，其中不乏封建性的糟粕。但是，它的兴盛总是伴随着政治、经济的繁荣。这是一个值得研究的现象。中国文化的衰落，是从清朝乾隆后期开始的。在此前后，西欧进入海洋文化和工业革命时代，而中国却步入闭关自守状态。1840 年鸦片战争爆发，中国逐步沦为半封建、半殖民地社会。在争取民族独立、人民解放的斗争过程中，我们寻找到马克思列宁主义这个强大的思想武器，并同中国革命的实践相结合，使我们的国家走上了社会主义革命和建设的光辉道路，取得了举世瞩目的成就。

但是，新中国成立后几十年来，我们在革命和建设尤其是在经济建设的过程中，却忽视了对优秀传统文化的继承和弘扬，忽视了优秀传统文化促进经济发展的潜在力量。在这方面，日本以及其他儒家文化圈内的国家和地区的经济发展足以给我国以多方面的启示。在他们那里，经济的起飞往往是和传统文化尤其是儒学的发展密不可分。儒家文化与商品经济相结合，能够转化、生成一种积极的生产力，这已经成为许多国家经济、文化学者的共识。

历史具有惯性、传承性，它总是围绕着某种特定的文化核心而演变发展。马克思列宁主义作为一种具有普遍指导意义的伟大学说，它必须同中国的具体国情包括文化传统相结合。所以，今天我们发展市场经济，建设中国特色社会主义现代化，仍然必须在坚持四项基本原则的基础上继承和发扬优秀的传统文化，把那种民族所共有的优秀文化精神熔铸、贯彻到实现经济现代化的实践中去，从而生发出一种推动我们事业进步的文化动力。

从横向国际交往来看，我们也面临着许多新课题。随着国际间的各种经济、文化交流日渐增多，一个开放的、统一的国际市场已经形成。如何克服各种障碍，与这个市场认同、协调，如何在这个市场中站稳脚跟，发展壮大，是任何一个谋求经济发展的国家所无法回避的课题。

西方文化与中国文化不仅在外表上看来千差万别，它们在本质上也是迥然相异的。美国电影《第十七号俘虏营》中一个美国大兵的故事。俘虏营里没有市场经济。但是这个人很有经济头脑，通过训练老鼠、土法造酒赢得各种物品归自己所有。他在俘虏营这个恶劣枯燥的环境里，生活得悠然自得。这个故事宣传了资本主义的三个原则，第一是私有，第二是赢利，第三是自由，所反映的是资产阶级的价值观。

我们是在社会主义公有制基础上发展市场经济，我们也有三条原则，第一是公有制，第二是效益，第三是服务。这三条原则，使我们从根本上同资本主义区分开来。我们要在各个领域筑起反对“和平演变”的“钢铁长城”，同时还要加强国际间的经济文化交流。只有通过这种正常的交流，才能使我们在纷繁复杂的国际环境中得以丰富、发展，才能更为有效地防止资本主义的渗透和侵蚀。从这个角度出发，我们就必须寻找一个恰当的中介，以期在与世界的沟通和交流中，有着更多的共同语言。

西方文化在其基本价值观等层次上与社会主义格格不入，但其作为人类文明的一个重要组成部分，依然有其进步性、优秀的一方面，包括文化、科技、管理、经营等方面的内容。所以在继承民族优秀传统文化的同时，我们还必须吸收西方进步文化。国际市场经济来源于几百年来海洋文化形成的游戏规则。我们需要补上世界海洋文化这一课。国际、国内两个市场的交流，其实是两种文化的交流、两种文化的接轨。外来的商品文化带动了国内商品市场的繁荣。同时，我们的商品又要进入国际市场，这就需要我们的商品和服务既要具有国际品位和现代化的功能，以满足国际市场的需求，又必须体现我们的民族特色，显示我们传统文化的优势，这样才能在世界这个大市场中立于不败之地。

创建商业文化学，将优秀的传统文化与西方进步文化融汇、统一在发展市场经济这个总体目标中，渗透在交换的整个过程中，从而推进商业乃至整个经济社会的进步。因此，它适应了时代发展的要求，适应了社会主义现代化建设的要求。

## 商业文化学的提出是商业自身发展的必然要求

经济现代化离不开商业的现代化。商业文化的发育，是世界范围内的商业经济活动逐步深化、成熟的标志。西方资本主义国家随着市场经济的日益发达，商业行为中的那种作为其早期特征的欺诈哄骗手段，已经被一种崭新的经营哲学和游戏规则所代替。

中国经济的发展，由于受其特殊的历史、文化环境的制约，与发达国家的差距较大。改革开放以来，在商业内部调整和对外交流的过程中，商业经济事业获得了前所未有的发展，“商业文化”也在它特有的重要层面上反映出来，并在经济活动中发挥着越来越积极的影响。大家深刻地认识到，商业观念和思维方式必须随着科学技术、经济能力的进步以及消费观念和消费方式的转变而不断更新。在当今实用功能型消费向文化审美型消费转变的新的历史时期，如果商业主体不考察消费者深层文化心理和审美需求，不去运用具有文化品格的营销观念和手段，那么，它势必在充满竞争和机遇的商品市场中萎缩、后退。

商业文化批判地继承了古今中外商业自身所创造、积累、丰富起来的文化因素，并灵活地运用到现阶段的商业经济活动中去。同时，它又试图为市场经济工作的发展提供一个长久、适宜的理论思路。商业文化虽然不是服务、营销、管理本身，但它却总是通过对服务、营销、管理深层机制的把握、调节和改善而发挥自己的独特功效。它力求挖掘一种商业营销、管理、服务的新观念、新方法，即蕴藏于商业活动背后的心理、伦理、传统、环境以及价值观念、思维方式等，来更为有效地组织调控商业行为。因此，我们认为，商业文化是从更深层次提高竞争能力、服务素质的有效途径，它是商业改革与发展的必然产物。

### 商业文化学的提出对改善商业的社会形象、提高商业的地位具有战略意义

中国的商业与文化长期不说话，按照旧中国的传统看法，文化是经史子集、诗词书画之类，而商业则是贩夫走卒们经营的末作，庸俗卑琐、无足称道。所以，一直到今天，“农本商末”、“无商不奸”之类的陈腐意识还或多或少地残存于相当一部分人的心目中。商业是文化圈外的远逐之客，文化则是象牙塔内的高台讲章，各成一统，互不通气。这种沿袭已久的观念，其实正是封建小农意识的集中反映，是几千年来的自然经济形态孕育出来的落后文化观，在一定程度上，阻碍了商业以至整个经济建设的步伐。

实际上，商业不仅仅是一种经济行为，从一定意义上讲，它还是一种文化行为。历史上担任文化交流角色的大都是商人和商品。丝绸之路带给西域的就不仅仅是丝绸，它还以丝绸为载体，向西方世界传播了古老的东方文化。另外，一定的文化传统、信仰和价值观在很大程度上制约、左右着商业经营者以及消费者的心理、行为，进而影响着商业的运作方式。激烈的竞争是外在的形式，内在背景则是一定时期、一定民族的文化。

作为商业活动主体的人，他的服务方式、行为准则、道德典范等，则是商业文化最生动、最具体的表现。它直接反映着一个民族、一个地区的文化水准和精神风貌。所以，研究如何从文化的角度来发展商业，不仅为商业活动自身注入了生机和活力，同时也为社会全面、科学地认识商业这个古老行业的价值和地位提供了一把钥匙。

（作者系原商业部部长、原国务院特区办主任，中国企业文化研究会理事长，本文节选自《胡平访谈录》）

## 为做强做优中央企业提供强有力的文化支撑

黄丹华

近年来，中央企业认真贯彻落实党的十七届六中全会和十八大精神，不断深化认识，把企业文化建设纳入企业发展战略，贯穿企业生产经营管理各环节，融入员工教育全过程；不断健全机制、完善体系、创新载体，转变了企业经营管理理念，促进了广大员工思想观念、精神面貌的深刻变化和素质的全面提升。以爱国主义为核心的民族精神和以改革创新为核心的时代精神深植于企业文化，逐步深入人心。广大员工对改革的心理承受能力不断提高，知荣辱、讲正气、作奉献、促和谐的良好风尚得到弘扬，自尊自信、积极向上的心态逐步养成，做强做优中央企业的信心和决心进一步坚定。正是这些深层次的思想文化变革，为企业改革发展提供了不竭的动力和源泉。

### 统筹制定规划，引领支撑了企业战略的实施

企业战略引领企业发展方向，体现了企业使命、愿景，是企业核心价值观的反映。企业文化影响和引领着企业战略的制订和选择，是驱动理念变革、习惯转变、管理创新等诸多战略支撑要素的根本动力。有什么样的企业文化，就会有什么样的企业战略。依靠优秀的企业文化引领支撑企业战略的实施，这是一流企业通行的做法和经验。

中央企业围绕“十二五”时期做强做优、培育具有国际竞争力的世界一流企业改革发展核心目标，把企业文化建设作为转方式、调结构、促发展的动力之源，通盘考虑、全力推进，有效发挥了企业文化引领支撑战略的作用。在制定“十二五”企业发展规划时，不少企业同步制订“十二五”企业文化建设规划，着力推进企业文化与企业发展战略的相互契合和协调发展。中航工业不仅制定了集团文化“十二五”规划，而且制定了2020年企业文化中长期规划。不少企业通过加强企业文化建设，转变发展理念，以创新的意识推动企业转型升级、科技创新、国际化经营、人才强企、和谐发展等战略的顺利实施，实现了企业商业模式和经营模式的创新。有些企业还通过推进集团文化建设，促进企业战略实施。国家电网实施企业文化传播、落地和评价工程，统一价值理念、发展战略、企业标准、行为规范和公司品牌，提高了集团管控力和执行力。

### 促进深度融合，推动了企业管理水平的提升

企业文化具有鲜明的管理属性，需要融入企业改革发展全过程、生产经营管理各环节，渗透到企业管理制度、工作标准、考评体系之中，才能发挥作用，实现文化与管理相融共进，推动企业管理水平的不断提升。中央企业大力加强制度文化、行为文化和专项文化建设，推动企业文化与生产经营管理的深度融合。不少企业以企业文化为导向调整组织架构、完善企业制度、优化管理流程，制定完善竞争择优机制、民主管理和决策机制、分工协作机制、合理的绩效评估与分配机制等，建立了科学高效的企业制度文化。中国华能将“三色文化”理念融入企业管理，推动公司改善治理结构，健全母子公司管理体制，促进了企业管理升级。一些企业通过价值导向影响企业运作方式和团队的行为方式，使企业文

化逐步深化、细化，落实到管理中去，变成员工的自觉行为和习惯。港中旅集团建立以业绩文化为导向的考核评价体系、收入分配机制和选人用人机制，调动了员工的积极性。许多企业积极开展创新文化、安全文化、质量文化、服务文化、廉洁文化等专项文化建设，把专项文化建设作为提高基础管理水平的有效途径。航天科技集团、中船重工等企业深入开展创新文化建设，激发了员工创新热情和活力，提高了科技创新能力。中国电信、中国联通等企业结合窗口行业特点推行服务文化。神华集团开展形式多样的安全文化活动，使安全理念潜移默化，融入了员工工作和生活。

不少企业还针对并购重组出现的新情况新问题，不断加大文化融合的力度。通用技术集团根据企业并购重组、融合发展的新情况，提炼了新的文化理念，进行全员企业文化宣贯培训，凝聚了共识。武钢建立文化融合沟通协调和保障机制，制定了关于推进重组企业文化融合的指导意见、实施细则和工作推进计划。中化集团将管理职能对接、管控模式复制、管理制度嫁接与文化导入同步实施，保证了中化文化在重组企业的落地。中国建材把文化认同写进每一个联合重组协议中，实施文化一体化。

### 弘扬先进精神，增强了企业凝聚力

企业精神是企业核心价值体系的内核，是企业使命、宗旨、价值观、经营管理理念的集中概括，反映了企业和员工的理想信念和意志品质。弘扬企业的先进精神，是深化企业价值理念体系建设、凝聚员工智慧力量的有效举措。

中央企业把社会主义核心价值体系融入企业文化建设，大力弘扬民族精神、时代精神和企业先进精神，培育选树典型，凝聚员工的智慧和力量，汇聚促成企业改革发展的正能量。在长期改革发展实践中，中央企业形成了深厚的文化积淀，培育和提炼的大庆精神铁人精神、载人航天精神、两弹一星精神、青藏铁路建设精神、人民兵工精神、东汽精神等一批反映时代特征、体现央企特色的中央企业先进精神，在新的发展阶段得到了进一步的传承和弘扬，成为中华民族宝贵精神财富的重要组成部分。去年国资委和中央企业组成中央企业先进精神报告团赴 14 个省区市，走进机关、企业、高校，宣讲中央企业先进精神。中国石油几年来宣讲大庆精神铁人精神 350 多场。不少企业坚持与时俱进，总结提炼符合本企业和行业的先进精神。中国电科提炼弘扬了“预警机精神”，中国北车提炼了“第一代高铁工人精神”等。

在推动先进精神人物化、人格化，发挥企业文化激励、辐射作用方面，不少企业也取得了新的突破。以吴大观、孙家栋、黄纬禄、郭明义、窦铁成、巨晓林、陈超英、罗阳、李新民为代表的一批批时代楷模不断涌现，选树培育先进典型，发挥榜样的力量已经成为一种常态，充分展示了中央企业员工的精神风貌和人格力量，产生了良好的社会反响。

### 坚持以文育人，促进了员工全面发展

人才是企业兴盛之本、发展之本，促进员工全面发展是企业文化建设的核心目标。中央企业坚持以人为本，以文育人，用文化理念教育人，用人文关怀凝聚人，把企业文化理念转化为员工的价值认同和行为习惯，激发了员工的积极性、创造性，培育了优秀的团队精神，促进了员工素质的全面提升。

许多企业以职业实践为基础，加强作风建设和职业操守教育，广泛开展以社会公德、职业道德、家庭美德为主要内容的道德实践活动，引导企业和员工行为。中航集团、东航集团、南航集团等窗口服务企业，结合行业特点深入开展“讲文明、树新风”活动，提高了员工职业道德素养和服务水平。

不少企业积极创新学习理念，丰富学习内容和形式，构建多层次、多样化的学习平台，努力创建学习型企业、培养知识型员工。中粮集团大力倡导“行动学习”“团队学习”，使学习成为了员工的自觉意识和习惯。一汽集团构建员工素质工程，健全培训体系，营造了知识型员工成长的良好环境。

许多企业重视人文关怀和心理疏导，用人文关怀传递爱心、凝聚力量，用心理疏导促进和谐、增强员工归属感。南方电网出台《幸福南网建设指导意见》，提出幸福指标体系，增强了员工的忠诚度和归属感。宝钢开展自主型员工建设和最佳实践者活动。中国中铁积极开展以素质提升、权益维护、情感关怀、文化服务等为重点的关爱农民工志愿服务。中国移动等企业实施员工帮助计划（EAP），推广员工关爱工程，提高了员工心理素质。

在看到这些成绩的同时，也必须清醒看到，面对新形势新任务新要求，企业文化建设仍存在着不少亟待解决的问题，突出表现在：一是认识还需进一步提高和深化。有些企业对企业文化的作用、内涵、规律的认识不到位，认为企业文化是“软任务”，把企业文化仅仅看成一个部门的事，没有纳入企业总体发展战略来谋划安排，缺乏统筹和系统设计；有的企业文化建设的重心还停留在开展文体活动的层次上；有的不重视经验总结和变革创新，企业文化体系建立后缺乏深化的后续措施，滞后于企业发展阶段的变化。二是体制机制还需进一步完善。有些企业资源配置不合理，虽然有领导机构，但工作机制不健全，企业文化主管部门往往“单兵作战”，没有形成工作合力；有的企业对企业文化建设投入不足，保障措施不力，缺乏有效的考核激励机制。三是队伍素质还需进一步提高。企业文化工作具有很强的理论性和专业性，是一门科学。企业文化工作队伍知识结构单一、学习培训不够等所带来的能力不足的问题，在一些企业还比较突出。对上述问题，必须引起高度重视，采取有效措施，切实加以解决。

### 新形势下加强和改进中央企业企业文化建设的重要性紧迫性

党的十七届六中全会和十八大对建设社会主义文化强国做出了重大部署，这对加强和改进中央企业企业文化建设提供了重要契机，也提出了新的更高要求。当前，我国已经

进入了全面建成小康社会的关键时期和深化改革开放、加快转变经济发展方式的攻坚时期，中央企业也进入了做强做优、培育世界一流企业的重要发展阶段，形势非常紧迫，任务十分艰巨，迫切需要发挥企业文化建设的作用，为中央企业持续健康发展提供强有力的支撑。新形势下加强和改进企业文化建设的重要性和紧迫性主要体现为：

**一是贯彻落实文化强国重大战略部署的必然要求。**党的十七届六中全会提出了建设文化强国的战略任务，党的十八大把文化建设纳入中国特色社会主义“五位一体”的总体格局，将“文化软实力显著增强”作为全面建成小康社会的新要求，进一步强化了文化软实力在国家发展中的战略地位。这是基于对国际国内形势的科学判断和我国基本国情及文化现状的深刻分析所做出的重大战略部署。当前，世界范围内各种思想文化交流交融交锋更加频繁，文化在综合国力竞争中的地位和作用更加凸显，越来越成为民族凝聚力和创造力的重要源泉，越来越成为综合国力竞争的重要因素，越来越成为经济社会发展的重要支撑。许多国家把提高文化软实力作为发展战略的重要内容，把企业作为提升国家文化软实力的重要载体。许多跨国公司不仅通过培育优秀的企业文化提高了企业核心竞争力，还通过企业形象、产品服务和品牌传播企业及国家的文化，实现了价值观的对外传播和渗透。

中央企业是中国特色社会主义的重要支柱，建设社会主义先进文化的重要力量，在提高国家文化软实力、推进文化强国方面具有举足轻重的作用。经过多年改革发展，中央企业活力和竞争力明显增强，经济规模和综合实力不断壮大。但和世界一流企业相比，不仅在规模、资本、技术等硬实力方面存在差距，在文化、品牌等软实力方面差距更加明显。要想在激烈的国际竞争中抢占先机，赢得主动，必须把握文化发展的历史机遇和紧迫要求，以高度的文化自觉肩负起建设社会主义文化强国的历史责任。要通过加强企业文化建设，努力培育一批具有自主知识产权、国际知名品牌和较强文化软实力的一流企业，为实现文化强国的目标作出应有的贡献。

**二是实施“十二五”规划，做强做优中央企业的迫切需要。**当前，中央企业面临的发展环境更为严峻，市场竞争更趋激烈，调结构、转方式、保增长的任务十分繁重，实现“做强做优中央企业，培育具有国际竞争力的世界一流企业”的核心目标，实施“转型升级、科技创新、国际化经营、人才强企、和谐发展”五大战略，完成十二五规划确定的目标任务，面临不少困难和挑战，迫切需要通过加强企业文化建设，提升企业管理水平和企业核心竞争力。另外，随着企业股份制改革和内部劳动、人事、分配三项制度改革的深化，员工队伍思想观念、利益诉求和精神文化需求更加多元多样。互联网等新兴媒体快速发展，使巩固阵地、引导舆论的难度增加，传统的管理方式和教育手段受到很大挑战，迫切需要通过加强企业文化建设凝聚共识、促进和谐。

同时，还必须看到，在经济全球化深入发展和我国对外开放不断扩大的背景下，越来越多的中央企业走上国际舞台，直接参与国际竞争。一些企业在国际化经营中积累了一些经验，取得了较大成绩，但是在海外投资风险管理、跨文化管理、企业形象和声誉管理等方面也遇到不少问题和挑战，用企业文化练好内功、打造品牌、提高国际化经营水平的要求越来越迫切。只有大力加强企业文化建设，把企业的文化优势转化为发展优势，把企业的文化实力转化为企业核心竞争力，才能积极应对企业内外部环境变化带来的风险和挑战，促进企业又好又快发展。

**三是维护企业形象，提升企业美誉度的现实需要。**企业形象和美誉度是人们对企业整体印象的评价，体现了公众对企业的接受和认可度。公众对企业满意不满意，并不是看企业外表光不光鲜，而是对企业所提供的产品与服务满不满意，看企业是否真正履行了社会责任，而这又取决于企业基本的价值取向所确立的企业生产经营管理理念，取决于是否拥有优秀的企业文化。

这些年来，中央企业改革发展取得了显著成效，但企业的形象和美誉度与其地位作用贡献不匹配，与中央的要求和广大员工的期待相比，与中央企业改革发展对良好环境的要求相比，还存在不小差距，值得我们认真研究思考。央企形象建设不是个小问题，而是事关企业改革发展的重大问题。这个问题已引起了中央领导和有关方面的高度重视和关注。今年年初，习近平总书记专门作出重要批示，要求国企加强正面宣传和形象公关力度，增信释疑，树立良好形象。这就要求我们进一步转变观念，在加强正面宣传、做好舆论引导的同时，将企业文化建设作为塑造企业形象的有效途径，通过提高企业的文明程度和员工的道德水平，促进内部和谐；通过履行社会责任，促进与利益相关者的和谐共赢，最终实现企业内在素质和外在形象的和谐统一，不断提升企业的美誉度。

## 加强中央企业企业文化建设需要把握的几个问题

当前和今后一个时期，企业文化建设必须以党的十七届六中全会和十八大精神为指引，将社会主义核心价值体系贯穿企业文化建设始终，不断深化价值理念体系建设，推动管理提升，实施人本管理，加强文化传播，为实现做强做优、培育具有国际竞争力的世界一流企业的目标提供强有力的文化支撑。

**要深化价值理念体系建设，构筑中央企业之魂。**社会主义核心价值体系是兴国之魂，也是引领企业发展之魂。中央企业要充分认识推进社会主义核心价值体系建设的重要意义，不断深化企业价值理念体系建设，努力形成符合时代特征、适应不同发展阶段、体现企业特色的价值理念体系。

一要在推进社会主义核心价值体系建设中发挥表率作用。要立足企业生产经营管理实际和员工思想实际，将社会主义核心价值体系融入企业改革发展和企业文化建设全过程，着力深化中国特色社会主义理论体系宣传教育，坚持中国特色社会主义共同理想，进一步弘扬民族精神和时代精神，践行社会主义荣辱观，增强广大员工的精神力量，进一步坚定搞好国有企业、发展壮大国有经济的信心和决心，真正做到理论自信、道路自信、制度自信。要积极培育和提炼中央企业核心价值观，夯实社会主义核心价值体系在中央企业的实践基础。

二要进一步深化企业价值理念体系建设。要把实现中国梦作为中央企业的崇高使命，把民族精神和时代精神熔铸于企业文化，弘扬中央企业先进精神和优良传统。要根据企业改革发展不同阶段的变化，不断变革创新企业文化，进一步明晰企业使命、企业愿景和经营管理理念，突出个性特色，使企业价值理念体系更加符合市场经济规律、适应企业发展阶段、具有行业和企业特色，更加贴近市场、贴近客户、贴近员工，不断丰富完善价值理念体系的内涵。

三要进一步强化企业社会责任理念。企业社会责任是当今时代企业发展的潮流，也是企业价值观和竞争力的重要体现。要强化企业社会责任理念，以依法诚信经营、提高产品质量和服务水平、节约资源和保护环境、保障生产安全、维护员工合法权益、参与社会公益事业等为重点，努力做依法经营、诚实守信的表率，节约资源、保护环境的表率，以人为本、构建和谐企业的表率。要进一步增强履行社会责任的自觉性、主动性，使社会责任理念成为企业文化DNA，树立勇担当、负责任的企业公民形象。

**推动管理提升，实现企业内涵式发展。**全面提高管理水平，是中央企业应对内外部环境变化、促进科学发展、走内涵式发展之路的治本之策。打造优秀企业文化的过程，也是企业管理水平不断提升的过程。要把企业文化融入企业改革发展全过程，渗透到生产经营管理各领域各环节，与企业管理深度融合，努力提升企业文化的驱动力。

一要以文化创新推动企业战略转型。要根据企业结构调整、转型升级的需求和企业发展战略、组织架构、管理阶段等变化对企业文化进行变革创新，树立主业意识、市场意识，制定落实好企业文化规划，纳入企业发展战略，实现发展战略与文化规划的高度契合，推进企业布局优化和转型升级。

二要深化制度文化和行为文化建设。要把企业价值理念融入企业经营管理，固化到企业的管控模式、组织架构、经营流程、资源配置中，体现在人才招聘、干部选拔任用、岗位职责、薪酬管理、奖惩标准和员工行为规范上，转化为员工良好的行为和工作习惯，增强企业文化的约束力和执行力。

三要进一步加强专项文化建设。要围绕企业改革发展中心工作，紧密结合生产经营管理实践，大力加强创新文化、品牌文化、质量文化、服务文化、安全文化、廉洁文化、生态文化等专项文化建设，突出行业特色，实现文化理念与管理制度对接，促进文化落地，努力提升企业管理水平。

**实施人本管理，增强企业的凝聚力。**坚持以人为本，构建和谐企业，是企业做强做优、实现可持续发展的重要基础。要强化人本管理理念，加强文化融合，更好满足员工文化需求，引导员工与企业同甘苦、共命运，凝聚企业发展合力。

一要强化人本管理理念，增强员工归属感和忠诚度。要尊重员工主体地位，建立完善员工参与决策、参与管理的制度和渠道，完善选人用人机制和分配激励机制，关注一线、关注基层，帮助员工做好职业发展规划，努力优化人才发展环境，给员工创造人生出彩机会。要尊重员工的个性品格与创新精神，鼓励创新，宽容失败，营造劳动光荣、知识崇高、人才宝贵、创造伟大的文化氛围。加强人文关怀和心理疏导，通过运用员工帮助计划（EAP）等积极心理学成果，加强沟通交流，理顺情绪，化解矛盾，培育形成广大员工自尊自信、理性平和、积极向上的社会心态。

二要进一步加强文化融合和跨文化管理工作。从促进企业和谐稳定和可持续发展出发，积极探索符合自身实际的文化融合和跨文化管理有效模式。正确处理文化共性与个性、统一性与差异性的关系，加强文化培训，提高员工对企业文化的认知认同。把文化融合与解决实际问题结合起来，以情动人开心锁，用心做事暖人心。要加强跨文化管理，尊重文化差异，从文化差异性中发现文化的相容性，通过充分沟通与交流取得文化共识，建立共同心理契约，实现文化认同。

三要维护员工文化权益，满足员工精神文化需求。要把实现好维护好发展好员工的基本文化权益作为企业文化建设的重要工作来抓，继续推出传承企业历史、体现企业文化、反映员工生活的企业文化产品，广泛开展展览展示、征文演讲、文艺会演、书画摄影等益于身心、便于参与的文化主题活动，寓教于乐、寓教于文，让企业文化建设成果惠及全体员工，丰富活跃员工精神文化生活。

**加强文化传播，塑造企业良好形象。**传播企业文化是塑造良好企业形象、提高企业文化影响力和竞争力的有效途径。要在提高企业文化传播的针对性和有效性上下功夫，为企业做强做优、培育世界一流企业创造良好内外部环境。

一要体现企业价值观，提升文化附加值。企业价值理念是企业文化的核心，也是文化传播的最重要内容。要深入挖掘和丰富管理、产品、服务、品牌的文化内涵，准确传递企业价值观和企业精神，将企业价值理念融入产品和服务，提高产品和服务的文化附加值，培育和引导受众的行为心理，以文化魅力吸引消费者，提升品牌价值和影响力。

二要创新文化传播手段，塑造良好企业形象。要建立企业文化示范单位，积极培育和选树践行企业文化的先进人物，发挥典型的示范带动作用。要适应信息传播技术迅猛发展的新趋势，在加强企业传统媒体和网站建设基础上，注重运用手机、微博等新兴媒体传播宣贯企业文化，构建多层次、立体化、传输快捷、覆盖广泛的传播体系，扩大文化覆盖面。要注重企业品牌形象传播，综合运用公益活动、广告、产品服务等多种形式，突出企业品牌文化内涵，增强文化传播的亲和力，提高企业知名度和美誉度。

三要增强国际传播意识，加强文化海外传播。“十二五”时期，中央企业要大力实施国际化经营战略，以全球化的战略思维和开放视野，逐步实现全球配置资本、人才、研发等各类资源。去年，国资委和商务部等部委联合下发了《中国境外企业文化建设若干意见》。要认真落实好《意见》要求，围绕打造国际知名品牌，努力提高企业文化的传播力和影响力。加强与海外企业驻地政府、社会团体、专家和公众的联系，主动与境外媒体打交道，精心组织形象公关活动，积极宣传企业的独立市场地位，传播中华文化和优秀的企业文化，树立合作友善、诚信守法、治理结构规范、按商业原则行事的现代企业形象，营造有利于企业开展境外投资经营的和谐环境。

**建立健全保障企业文化建设的长效机制。**企业文化建设是一项长期战略任务，必须常抓不懈，建立健全保障企业文化建设的长效机制。

一要进一步加强领导，提高认识。企业各级领导要站在关系企业长远发展的战略高度，将企业文化纳入发展战略加以推进。要率先垂范、带头践行企业文化，出思路、出政策，及时研究解决企业文化建设的重大问题，切实担负起文化建设的领导责任。要把企业文化纳入企业培训计划，提高企业各级领导对企业文化建设重要性的认识。

二要进一步完善工作机制。要明确企业文化归口管理部门，配备专人专岗负责企业文化建设工作。要建立企业文化、党群政工、新闻宣传、规划发展、品牌推广、人力资源、市场营销等部门共同参与的工作机制。进一步完善激励保障机制，设立企业文化专项工作经费，纳入年度预算管理。

三要进一步加强队伍建设。企业各级党组织要配齐配强企业文化队伍，为学习、培训、考察、交流等创造必要条件。企业文化工作队伍要加强自身学习，掌握企业文化知识和实务操作技能，不断提高业务素质和专业化水平，努力成为胜任本职工作的行家里手。

企业文化是企业凝聚力和创造力的源泉。大力加强中央企业企业文化建设意义重大而深远，我们要进一步解放思想，开拓创新，不断增强文化自觉和文化自信，以更大的决心、勇气和智慧，大力推进文化强企，为做强做优、培育具有国际竞争力的世界一流企业作出新的贡献！

（作者系国务院国资委副主任、党委委员）

# 以企业文化建设助力国家文化软实力提升

王文斌

经济新常态下的企业文化建设，对推动企业用先进文化更好地引领发展、凝聚力量、树立形象、塑造品牌、提升核心竞争力具有十分重要的意义。

## 以民族的和时代的先进文化引领企业健康发展

企业文化理论诞生于西方。不可否认，中国企业在培育自身优秀企业文化进程中，必须要学习借鉴西方的先进企业文化，为我所用。但是，我们也需要高度重视中华民族的传统文化精华和以社会主义核心价值观为指引的先进时代文化理念，这是最宝贵的文化资源，我们应该要有文化自信。我们很多企业很好地传承和践行了优秀传统文化和社会主义核心价值理念，如鞍钢的“英模文化”、大唐电信集团的“大唐电信精神”、同仁堂坚守的经典古训和自律文化，等等。实践证明，优秀的企业一定有优秀的企业文化。优秀的企业文化可以引领方向、凝聚力量、推动创新、催生品牌，解决企业刚性管理所解决不了的问题。所以，我们要坚持以社会主义核心价值观为根本指导，汲取中华民族传统文化精髓，以我们共有的文化价值认同提升企业发展理念，形成企业内在发展动力，关爱润泽员工心田，提供优质产品和服务，自觉履行社会责任，实现企业发展与社会进步的和谐统一。

## 积极构建切合企业发展实际的“落地”文化

企业文化是为企业经营管理服务的。企业文化不是挂在墙上、说在嘴上的“口号式”、“务虚式”文化，在企业文化建设过程中，要紧密结合企业日常管理实际，将企业文化与企业经营理念、管理制度深入融合，由内而外、自然而然地将企业文化融入管理，实现企业全员对企业文化认知和履行的有效统一。企业家是企业文化的主要缔造者和推动者，企业家要首先意识到企业文化的重要性，率先垂范、身体力行，如此才能培育出优秀的企业文化。企业员工是企业文化的实践主体，企业文化要深入员工心中，通过企业文化建设，树立员工的主人翁意识，培养员工对企业的忠诚度，强化员工对企业核心价值观的认同，使每一名员工心系企业，关心企业，如此才能真正实现企业文化的“知行合一”。

## 以企业文化建设助力国家文化软实力的提升

企业是建设中国特色社会主义市场经济的主力军，无疑是培育和践行社会主义核心价值观的重要阵地。构建积极正面的企业文化，不仅能够凝聚人心、规范行为、铸造灵魂，还能够提升广大员工对国家的认同感、归属感与荣誉感，从而增强他们对中国特色社会主义道路的主动认同。企业也是我国参与国际竞争的市场主体，随着“一带一路”战略的深入实施，将有越来越多的企业“走出去”，企业文化自然也会随之走出国门。事实表明，西方国家的文化入侵往往是伴随着跨国公司的全球性扩张同步实现的，这说明企业本身作为国家文化软实力的主力军扮演着非常重要的角色。“走出去”的企业不仅代表着企业自身，也代表着整个国家。美国企业，是高科技的代表；日本企业，是精细管理的标杆；德国企业，是做工严谨的代名词。这些国家的企业走出去，毫无疑问也将国家的软实力散播到了世界各个角落。因此，中国企业，尤其是具有国际影响力的大型企业，更要加强企业文化建设，树立良好的企业形象与国际形象，为提升我们国家的文化软实力助力添彩。

我们国有企业，尤其是央企，要不断创新企业文化管理理论和实践，推动新时期企业文化建设工作的转型和升级，努力创造先进企业文化建设新局面。

（作者系国务院国资委副主任、党委委员）

## 增强软实力必须高度重视企业文化建设

李勇武

从第一次企业文化建设促进大会到现在已经过去六年多了。这六年，处在“十一五”和“十二五”行业快速发展的时期，石油和化学工业主营业务收入、资产总额、投资、进出口总额年均增长率都保持了两位数的增长，企业文化建设也得到蓬勃发展。这次大会印发的《中国石油和化学工业企业文化建设报告》，真实地记录了这段历史成果，是全行业广大干部职工、特别是广大党务和思想政治工作者们开拓创新、奋力拼搏的硕果，也是政研会六届理事会最重要的历史性贡献，我们要倍加珍惜。

这些年来我一直强调，建设石油和化学工业强国，必须增强两个“实力”：一是“硬实力”，包括资本、技术、装备等生产要素；一个是“软实力”，主要体现在价值取向、员工素质、研发能力、企业形象、品牌影响、管理模式等。硬实力可以复制，可以通过交易取得；而软实力却难以拷贝，主要靠自己的长期积累和精心培育。增强“软实力”必须高度重视和切实加强新形势下的企业文化建设，充分发挥其凝聚人心、激励斗志、推动发展的强大支撑作用。

目前，石油和化学工业进入了经济发展的“新常态”。既充满潜在的增长动力，也面临沉重的下行压力，新旧动力的转换比较艰难。企业文化建设要认识新常态、适应新常态、引领新常态，围绕全面建成小康社会、加快石油和化学工业由大国向强国跨越的历史任务，提供强有力的精神动力和文化支撑。

第三次企业文化建设促进大会的召开，将进一步统一新常态下如何加强企业文化建设的认识，在实现中央提出的“五个发展理念”与石化企业文化建设的紧密结合上取得重要成果。我坚信，在大家的共同努力下，石油和化工行业的企业文化建设一定能够在新常态下开创出新局面，为建设石油和化学工业强国做出新贡献！

（作者系第十届全国政协常委、中国石油和化学工业联合会原会长，本文为作者在“全国石油和化工行业第三次企业文化促进大会”上的致辞）

## 搞好企业文化建设的顶层设计和基层实践

王瑞祥

文化是人类文明的基本元素，传统文化也是我们民族的血脉，是人民的精神家园。企业文化是企业的精神支柱，是一种思想动力，是一种凝聚力和软实力。尤其在新的时期，经济格局的大调整在很大程度上取决于文化力的较量，更高级别的竞争也体现在文化力的竞争上，这个趋势应该说越来越明显。特别是在当前，在文化力决定竞争力的新的时代，文化竞争力的培育和提升已经成为每一个经济组织生死存亡的现实问题，企业文化建设的顶层设计和与基层践行，是具有战略意义的。

习总书记最近讲到，一个国家一个民族的强盛总是以文化的兴衰为支撑的，没有文明的继承和发展，没有文化的弘扬和繁荣，就没有“中国梦”的实现。企业也是一样，没有文化力的提升，企业想做强做优，打造百年老店，也是不可能的。习总书记还讲到优秀传统文化是一个国家一个民族传承发展的根本，如果丢掉了就割断了精神命脉，丢掉了思想文化这个灵魂，这个国家这个民族是立不起来的，这个道理在企业同样是具有重要指导意义。这些深刻论述告诉我们，文化，包括企业文化它的精神力量会作用于经济发展，精神力量形成的软实力决定了国家民族和企业的命运。

企业文化是一个企业在发展过程中不断积累形成的精神财富，是在长期的过程中逐步提炼、形成的以企业精神和核心价值理念，能够凝聚激励企业广大员工的归属感、积极性、创造性的一种人本管理理论。它不是简单的几句口号，它是一个系统。这个系统是企业核心竞争力的组成部分，也是企业核心竞争力的形成要素，它具有自身的发展规律。企业文化建设是系统工程，建设就是指我们要用先进科学的思想和文化理念武装员工的头脑，规范企业和员工的行为，提升企业的管理水平，培育企业的核心竞争能力，促进企业与员工和谐发展。这个过程，就是我们所说的企业文化建设。随着社会的进步、人类的发展和科技的不断创新，企业文化建设正呈现出一些新的特点，它更加注重以人为中心，更加注重自我控制为主软的管理，这就是“以文化人”。“化”的过程就是建设的过程，我们现在要建设的就是如何“化”，如何“化”得更好，如何把“化”的工作纳入企业战略，把它纳入我们长远的发展目标当中。

企业文化建设，既要看到成绩，也要看到企业文化建设当中还存在这些值得我们注意的问题，找到了短板，找到了薄弱环节，我们才能明确主攻方向，才能把握住工作的重点，才能取得工作整体水平的不断提升。

当前在认识上应该引起我们注意的有以下几点：

一是认识深度不够。对企业文化的认识还没有把它放在国家的战略，甚至全球视野的角度上来理解，还缺乏深度的理性思维和理论认知。有的是把它作为一种时髦，有的是把它作为肤浅的东西，这个“文化”就很难学到真正的东西。好多企业，他们做了一些工作，也有一定的“模样”，但是往往只学到了皮毛，缺乏企业特色，尤其是形神不一致，口号是一样，员工想的是一样，实际工作中做的是一样，这就没有形成文化。

二是企业文化建设系统还不够完善，缺乏顶层设计，存在片面性、主观性。在基本理论、基本制度、基本保障措施方面还没落实，运行机制也不够完善，组织设计不合理，尤其是从事企业文化建设的专业人才相对比较匮乏，有的甚至连部门、责任单位都没有，物力投入也不足。所以文化建设还局限在一般程度上，很难深入，也很难推广。

三是企业文化建设与企业生产经营融合度不够。一边喊着文化，那边经营和管理江山依旧。所以导致目标任务不一致，思路不适应，措施不到位。这种企业文化建设就不能从企业实际出发，也不能做到与时俱进。在企业核心竞争力的培育上，没有体现文化软实力的作用，所以就缺乏时代感，也缺乏企业的个性。

四是企业文化建设职工认同度不够。人的行为有三大要素，一是真理认知，二是道德认同，三是行为认证。企业文化建设观念不新、办法不多、创新不足，特别是缺乏员工的广泛参与，使得我们文化的感召力、影响力都不强，职工认知度比较低，你喊你的我做我的，没有被广大职工认知认同认可的也不叫企业文化，充其量只是领导人文化、一把手文化或者是少部分人的文化，没有形成企业文化。

这几个问题程度不同，但都影响了我们企业文化建设目前推进的质量和它应该发挥的作用。

企业文化建设顶层设计和基层践行，这是一个系统工程，也是一门科学，有几点意见跟大家交流。

第一，关于企业文化建设的内容体系的设计问题。企业文化在一个企业里面应该有哪些基本元素构成？我们要从企业文化建设的规律出发，遵循规范化的工作标准，注重搞好三个方面的内容体系建设。这三个基本内容就是精神文化、制度文化、物质文化。以这三个主要内容为主构建三个体系，这三个体系就是企业的价值理念体系、行为规范体系和形象识别体系，这是大多数企业目前正在做的事情。通过这三个体系的建设过程，最终能够使企业统一思想、凝聚人心、改进管理、树立形象、塑造品牌、增强竞争力。

企业文化基层践行要积极抓住价值理念体系的构建培育和转化，结合企业发展战略和当前的改革发展实际，正确确立企业的使命、发展愿景，提炼总结形成并不断培育符合时代要求，体现企业特色，具有丰富内涵的自己的企业精神。有好多企业没有自己的精神，它的魂是什么？说不出来。有几句空洞的口号大家喊得朗朗上口，但是并没有内化于心。这套理念体系形成之后，企业的精神、核心价值观、思想道德、经营管理理念，等等，就要加大宣贯力度，不断去阐释和宣传，并通过大家比较习惯的“讲故事”“树典型”等方法，使这些理念真正的内化于心，被广大职工认同认知，要使爱国敬业、诚信友善的先进企业文化精髓与爱岗奉献、产业报国的企业责任、使命有机融合为员工的精神追求，成为企业员工的行为标准和行为自觉。用这些理念指导每个员工的言行，指导经营管理和各种服务，这样就可以很好地奠定价值理念体系的基础，而这个基础是我们共同奋斗的精神保证。

制度文化是行为规范体系，是企业价值理念的固化形态，是行为约束、职业规范、岗位标准，等等。所以要按照建立行为规范的要求，努力促进企业文化与企业战略、生产经营、市场营销、人力资源管理等各项工作的深度融合。把企业的价值理念充分体现在各项管理制度、岗位规范、工作标准、考核办法当中，使精神文化固化于制，固化在制度标准规范当中。

我们要通过建立规范科学的企业制度体系、管控体系来实现企业制度与文化理念的对接，即体现价值观的导向，有明确制度化的规范，增强员工的认同性。要注意在制度执行中强调民主管理、制度管理和人本管理，单纯靠硬约束不行，单纯靠软约束可能也缺乏刚性，使制度标准和价值准则能够协调同步，积极约束与文化导向互补，内化与固化结合，文化与管理统一，隐形与显形相融。就是要使企业的软约束和硬约束形成一个互补性的体系。

物质文化，就是我们说的形象识别系统，它是企业文化的物质载体和外在表现形式，是展示企业形象，体现文化效果的最高追求，也是它的重要归属，所以我们要积极打造企业形象、标志体系，设立体现企业特色的司旗、司徽、司歌，建设优美的厂容厂貌，强调员工的仪容仪表，提高产品的质量性能，搞好全方位的各种服务，使企业文化理念外化为员工形象、产品形象和企业形象，来提高企业的美誉度，这种美誉度的提高就反映了企业竞争力的形成。

第二，要着力突破当前文化建设的几个薄弱环节。要把企业文化建设纳入企业发展整体战略，纳入目前企业的转型升级的顶层设计和总体战略当中来同步思考、同步规划、同步履行；要积极研究文化建设的趋势动态，从战略高度来谋划制定相应的企业文化建设的目标要求；要注意企业文化建设的近期、中期、长远规划的衔接，特别是注意与企业的生产经营、技术创新、兼并重组等改革举措步骤的相互衔接，注重与企业、行政、党建、群团等各项工作的衔接，不能和党建和思想工作相矛盾，它们是互补的，突出它们之间的科学性、融合性、操作性。

要突出培育核心价值观的主线。习总书记说对于一个民族一个国家来说最持久最深层的力量是全社会共同认可的价值观。所以我们要通过教育、引导、舆论宣传、文化熏陶、实践养成、制度保障来使企业文化的核心要素与企业的核心价值观高度融合。把企业的价值观和国家民族的大的核心价值观高度融合，要保证企业文化建设的正确方向，坚持把传播主流价值和生产经营规范结合起来，以独具特色的企业文化理念和通俗易懂的方法，使广大职工增强认同感、归属感。而且要研究在这个过程当中所发生的各种变化，在抓细抓实上下功夫，潜移默化，持之以恒，使核心价值观的培育延伸到企业日常管理、党建、廉政建设等各环节，使文化真正的落地生根，开花结果。

要坚持以人为本的基本原则。企业文化是人本管理理论，我们要牢固树立职工群众主体地位的自觉意识，把维护发展好实践好职工的根本利益作为我们文化建设的落脚点和出发点，并以此制定文化建设的总体思路和时间路程。要充分尊重职工意愿，依靠全体员工实现文化建设的既定目标，牢牢把握职工队伍建设的根本，把促进人的全面发展作为文化建设的根本任务。

要积极构建企业文化建设的工作机制。当前主要应该构建组织保障机制、工作支持机制和考核评价机制，这是三个相互关联相互融合的工作运营机制。在组织保障机制方面，首先董事会、党委、一把手要高度重视，要把企业文化建设纳入到最高层决策的环节当中，尤其是一把手要重视。我们所说的“一把手文化”实际上就是说一把手的理念、一把手的态度、一把手抓工作的力度，决定了企业文化建设的程度。要出思想、出思路、出对策，发挥好决策作用和带头作用，领导的带头作用是不可替代的。同时要逐级明确和落实工作责任、工作分工，形成有领导负责，有部门主管，有专人去抓，党政工团齐抓共管，各职能部门分工协作，全体员工广泛参与的工作体系和工作机制。

工作支持机制，要通过系统专题性的理论、实践研究探索工作规律，改进工作方法，提高工作的有效性。要形成一种非常浓厚的文化氛围，方方面面都要体现文化力的作用。

建立考核评价体系，要把考核评价机制纳入企业考核评价的总体部署，实现与其他工作同步检查，同时考核，同时奖惩。要制定考核内容和标准，考核内容标准可以根据企业不同确定不同内容，比如领导体制是否有利于工作开展，运行机制是否顺畅，文化理念是否融入制度，员工是否广泛参与等等。要形成符合企业实际科学有效的考核评价标准，要确定考核评价的方式方法，形成定量与定性相结合，企业上下与企业内外相结合的方式，来保证考核评价的科学性。考核的目的一是检验我们的工作效果，二是对推动工作起到激励的促进作用，使企业的文化建设更加科学、规范、有效，而且能够持续发展。在考核过程中，要注意相互之间的有机联系、有效衔接，保持标准规格的一致性连贯性，并要做到与时俱进，不能照抄照搬，不搞复杂化，关键是要突出企业自身特色，真正在企业里落地生根。

（作者系第十一届全国政协提案委员会副主任、国务院国资委原副主任、中国机械工业联合会会长、中国企业文化研究会顾问，本文为作者在“中外企业文化2014成都峰会”上的讲话）

## 如何形成高效率的创新生态

陈清泰

### 我国受新工业革命影响将远超他国

新工业革命指的是以信息技术、互联网为核心的新技术的群体性突破及其渗透到整个经济社会所引发的多维度、系统性的变革，催生了信息经济。新工业革命有五个特点：

第一，促成第三次工业革命的是互联网、电子信息、新能源、新材料、生物功能等技术的群体性突破。而随着技术的进一步突破，新工业革命将进一步深化。第二，网络化、信息化、数字化、新能源是这一轮产业革命的普世性、标志性技术。而3D打印、智能机器人、电动汽车则是标志性装备和产品，移动互联网、物联网、云计算、大数据是支撑新工业革命的基础设施。第三，互联网、物联网的深度渗透与多技术的交叉融合深刻改变着传统产业，不断孕育着新产品、新业态和新的商业模式。第四，数字化、智能化、绿色化是先进制造业的重点突破领域，制造业将转向智能工厂、智能制造，实现规范化生产个性化产品，迎来制造业的服务化时代。第五，可再生分布式能源加智能电网、智慧城市、智能交通、智能楼宇等将促进经济社会和生活形态的变迁。

与此相适应的创新体系将是自下而上的万众创新与自上而下的国家创新有机结合。新工业革命将改变生产方式、生产组织，与此同时，资源成本优势的重要性和产业规模优势都将被弱化。各个国家和企业的比较优势将此消彼长，在国际分工、国际贸易中的地位也将重新洗牌。

中国处在工业化的中后期，处于比较优势转换、增长方式转型的重要时期，第三次工业革命给我国带来了历史性的发展机遇，也带来了严峻的挑战。作为全球第一制造大国，我国受第三次工业革命的影响将远远超过其他新兴工业化国家，也使我国具有更好的条件实现超越式发展。德国、美国、日本等工业化国家以工业机器人、智能制造重返制造业的趋势特别值得我国重视。

### 为何要从投资驱动转向创新驱动

投资驱动不可持续的状况日益显现，不仅资源环境的约束越来越突出，而且人口红利已经从正效应变成负效应，需求结构也在改变，这一切正倒逼我国必须进行一次大的经济结构调整。由于创新驱动转型步伐相对迟缓，很多企业出现了两种情况，一是对既有产业持续过量投资，产能过剩。二是很多产业逐渐进入前沿，已经没有太多的东西可以引进和模仿，继续前进已经找不到方向。但是，多数企业没有以自主创新来弥补技术引进和模仿不足的缺口，结果这些企业或者陷入过度投资的泥潭不能自拔，或者开始远离制造业，转而投向虚拟经济。

创新驱动在发展中呈现出几个特点：

第一，创新是基于市场导向，有企业家精神推动的增长。创新存在很大的不确定性和风险性，政府无法预知未来，因此它不是政府规划审批所干预的范畴，只能由市场主体分散决策，由他们独立决定自己想做什么和怎么做。

第二，竞争性市场是创新的平台。市场为创新提供导向，提供激励和议价变现的通道，市场会消化试错成本，并分散失败的风险。尽管创新可以造就谷歌、苹果、阿里，但是更多的创新却以失败而告终。然而，市场仍然会吸引越来越多的投资者、创业者甘愿冒失败的风险而倾力创新。

第三，创新是试错的过程。创新的方法无法准确预判，谁能成功无法预知，只能在大量进入者竞相探索中日渐明朗，并使成功者脱颖而出。因此要实现创新驱动，就应该鼓励，而不是限制新的进入者。

第四，创新意味着创造性破坏。革命性的新概念、新技术、新产品会引发新旧替代，它既会加速产业和企业的兴衰，也会加速劳动力的流动，还会加速生产方式、生活方式的变革，必须及时以新的标准替代旧的标准，及时更新规则和政府的管理。

第五，中小企业是创新的生力军。大公司试错成本高，它们本能追求的是成功率和稳定性，而小企业试错成本低，决策机制灵活，它们扮演着新技术、新产品探路者的角色，并为大企业的技术集成提供技术要素。

第六，灵活的融资方式是创新的助推器。创新的风险性使它更加依赖直接融资，而非间接融资。当前的紧迫任务是要把更加适合投资驱动的发展环境，改造成更加适应创新驱动的发展环境，这是政府责无旁贷的责任。

### 探索“两个结合”途径

实施国家创新驱动战略，关键是要探索“两个结合”途径，即以市场为导向的产学研结合途径，以及大企业与中小企业结合途径。在创新发展体系中仅有产学研结合是不够的，还要加上大企业与中小企业的互补与合作，才能形成高效率的创新生态。

在科研转化与产业化的长链条中，大学、科研机构与企业处在不同的位置，大企业与中小企业之间也有分工。大学是当代知识创新和前沿高新技术的重要来源，大型企业在原始创新和技术创新中可以发挥重要作用，它们强大的业务能力和在技术集成中的重要地位，是其他任何机构所无法替代的。因此，大型公司必须拥有强大的核心技术和技术能力，其中的一个重要表现就是能敏锐地捕捉全球相关技术信息，善于发现新技术的市场价值，具有从全球获取技术来源的本领，并有能力将其集成于特定的产品。

在中国，大学和企业是“两张皮”，科研成果转化率比较低。其中一个重要原因就是缺乏将创新的知识转化为可应用技术的纽带，知识创新和产业化应用之间的空间恰恰就是科技型中小企业的广阔天地。科技型中小企业的创业者和技术骨干大多来自大学和科研机构，这就使他们可以较为方便地获取技术信息和效益。他们的另一头连接的是市场，迫于生存的压力，他们比任何大企业都有更强的动力去吸纳创新的知识，并将其转化为新技术、新产品。

产学研结合有多种途径，也有多种机制可以选择，一般而言，就是在优势互补基础上的一种利益上的结合，这种结合不是靠政府来安排，而是在政府提供的政策环境中，由院校、科研机构、中小企业、大企业在市场作用下自由选择的结果。市场的作用和政府的归置应当促进产学研各方都能够扬长避短，大学的科研成果不一定都得自己去做技术转化，中小企业的转化成果不一定都由自己去规模化生产。大型企业所需要的技术也并非都得自主研发，依托市场化、专业化的金融服务、技术服务的支撑和撮合，杰出的人才将科研成果转化为可应用的技术，为大企业的技术集成提供多样化充足的技术来源。大企业则利用其组织平台和资金实力将大量分散的技术成果经集成整合再创新，开发出有技术支撑的市场主流产品。如果这个过程能够顺畅地不断循环，就会形成新产品层出不穷、产业生机不断的生动局面。

（作者系国务院发展研究中心原党组书记、副主任，本文为作者在“工信部信息通信经济专家委员会换届仪式”上的报告）

## 深化企业文化建设是央企战略选择

卢卫东

任何一种文化都有其源头和历史，都是和一个民族、一个区域的发展密不可分。深圳是我国改革开放的一个特区，“深圳速度”这四个字让我们记忆犹新，目前，深圳在国内经济总量排名第四。深圳取得如此成绩，有各方面的原因，但企业无疑是经济最坚实的基础，是支撑深圳社会经济发展的动力源泉。所以，从企业文化层面来探究深圳精神、深圳文化，我们就会感觉到和其他区域的异同。比如创新文化在深圳体现得非常充分，深圳造就这么多优秀企业，像华为、腾讯等都是深圳特有文化和精神的延伸。习总书记上任，第一站来的是深圳，一方面表明我们党推进改革开放的决心，另一方面深圳企业的企业文化值得我们研究。

### 国际地位要有文化支撑

华为在通讯和制造领域已经是世界知名品牌，美国认为对他们构成了威胁，设好多障碍，阻止华为进入美国市场。华为的国际化是很成功的，其中华为文化起了很重要的作用，所以中央企业要研究华为企业文化到底发挥了什么作用？在中央企业企业文化建设会议上，黄丹华副主任代表国务院国资委党委对下一步工作做了明确部署，我们现在要做的是解放思想、开拓创新，推进中央企业企业文化建设工作。

首先要认清大势，经济全球化和多极化趋势不断加剧，从严格意义上来讲中国还没有成为多极化的一极。多极化有四个指标：企业总量、世界贸易总额、GDP和世界储备货币，要各占5%，在四个指标中，人民币在世界储备货币中的地位还没有达到5%，美元的世界储备货币地位短时间内是难以动摇的。所以在多极化中我们要成为重要的一极，要依靠大企业。中国要有国际地位，要有话语权，没有大企业支撑是不可能的。央企担负着融入全球、增强经济实力的责任，央企要做强、做优，首先我们的文化必须要跟上，国际地位要有文化力量支撑。

改革开放以来，我们走出去战略是坚定不移的，这个决心和力度是非常重要的，走出去的企业越多，我们国家发展尤其是能源瓶颈就能更好地突破，中国融入全球化的力度会越来越大。全球资源的支配能力是一个国家综合实力的体现。现在中央企业在国外设立的机构及注册的公司超过6000多家，海外资产已经占了十分之一以上，利润已经超过十分之一，我们国家海外企业派驻的和外国籍用工已过百万，所以企业文化不只适用于国内。现在中央企业以及地方国有企业收购的国外企业众多，这对我们的工作提出新的挑战，文化融合问题已经摆在了我们面前。

目前国有企业的文化建设和国有企业地位还不匹配，像美国的麦当劳、肯德基能在中国这个饮食大国落地生根，靠的不是饮食本身，而是文化的力量。我们国家芯片进口现在是2000亿美元，我们自己国内产品占不到二十分之一。

很多外国企业之所以取得成功，靠的不是产品，而是文化元素的渗透。我们想要和人家一争高低、同台竞技，除了技术、人才、管理等，文化建设是非常重要的。

### 社会主义核心价值观提出的战略作用

从国内来看，我国到了转型升级的关键时刻，一方面我国 GDP 人均 6767 美元，面临中等收入陷阱危险。另一方面社会矛盾凸显，腐败滋生，贫富分化加剧，很多人价值观扭曲、道德滑坡、信仰缺失等，这些现象，和我们这些年对文化建设重视不够有很大关系。文化没有跟上。面对种种现象的挑战，我们怎样应对？其中文化层面怎么建设？党中央反复强调核心价值观的问题，这个问题不解决好，我们发展是不可持续的。一个作为全球第二大经济体的国家，如果没有精神和文化的支撑，那绝对不是真正强大的国家。

在政治局十三次集体学习时，习总书记指出了“核心价值观是文化软实力的灵魂，是文化软实力建设的重点”，同时强调了“各种社会管理要承担起倡导社会主义核心价值观的责任，注重在日常管理中体现价值导向”。中央企业要思考解决这些问题时，首先文化建设必须跟上。

社会主义核心价值观提出了 24 个字，个人层面的爱国、敬业、友善、诚信，这 8 个字怎么落地？对我们提出新的要求、新的课题和新的挑战。社会主义核心价值观在公民层面没抓出成效，那么中国下一步的发展将会有阻力。我们怎么才能通过企业文化建设使我们的队伍保持良好的状态，增强员工的忠诚度、归属感、自豪感和荣誉感。中央企业有特殊的使命，不仅是国有资产保值、增值的问题，还有政治责任、社会责任和安全责任。

### 央企文化建设要从社会主义核心价值观抓起

目前，央企深化改革已进入了一个攻坚期，习总书记讲过，“涉险摊，要有勇气，还要有智慧”。中央企业企业文化怎么和国家战略、国家部署结合？很重要的一点就是要落实核心价值观。今年中宣部要在国有企业、高校搞一些试点，要做一个国有企业加强思想政治工作践行核心价值观的评估反馈体系，今年首先要突破，是个人层面的“爱国、敬业、诚信、友善”这 8 个字在央企的落地，在企业文化建设中找出落实核心价值观结合点和切入点。

十八届三中全会把国有企业的地位又强化了，国有企业“是推进国家现代化实现人民共同利益的重要力量”。没有核心价值观的引领，没有信仰，没有精神支柱，没有道德支撑，中央企业就走不远。中央企业近一两年安全事故频发，腐败事件频发，这里有很多因素，但是我们要反思企业文化是否落地了？下一步反腐力度加大，廉洁文化怎么抓？要反思企业文化还能做哪些事？如果核心价值观里“爱国、敬业、诚信、友善”真正落地了，这些问题会得到很好解决。央企人如果没有爱国精神，很难履行好国家的使命。

十八大报告中提到央企创新，航天科技载人航天探月、蛟龙号深海探测、高铁系列的重大贡献，虽然取得了很多成果，但整体上是不平衡的。其他领域在科技创新上还是有很大差距的，如果中央企业科技创新能超过三分之二，那我们国家的综合国力就会很强，我们需要加强创新文化的建设。

### 用互联网思维建设企业文化

我们处在一个互联网的时代，互联网是 21 世纪人类最伟大的发明之一，互联网改变了社会领域的各个方面，改变了我们的工作方式、生活方式、思维方式。在互联网时代企业不可能生活在真空里，企业年轻员工越来越多，他们是忠实的网民，互联网的全面社会化对我们的工作也提出了新的挑战，总书记讲，“网上正确引导是我们下一步工作的重中之重”，总书记亲自担任网络信息安全领导小组组长。下一步推进企业文化建设，对我们的工作提出了新的要求，推进企业文化建设必须有互联网思维，无论企业还是个人对互联网的依存度越来越高，我们要利用好互联网进行工作，要用互联网思维来思考企业文化建设。

（作者系国务院国资委宣传工作局局长，本文摘自《企业文化》）

## 培育工匠精神建设制造强国

王新哲

李克强总理在今年政府工作报告中提出，要“培育精益求精的工匠精神”，这引发了社会诸多关注和思考。随着现代机器化大生产对传统手工业的取代，传统工匠逐渐从历史舞台中退出，于是有观点认为工匠精神已经过时了。事实并非如此。据统计，截至 2012 年，寿命超过 200 年的企业，日本有 3146 家，为全球最多，德国有 837 家，荷兰有 222 家，法国有 196 家。之所以如此多的长寿企业集中出现在这些国家，是因为他们都在传承着一种精神——工匠精神。

### 一、深刻认识工匠精神的时代内涵

《说文》里记载:“匠，木工也。”今天作为文字的“匠”，早已从木工的本义演变为心思巧妙、技术精湛、造诣高深的代名词。根据辞海的解释，“工匠”指的是有一定工艺专长的匠人。《周礼·考工记》曰：“百工之事，皆圣人之作也。烁金以为刃，凝土以为器，作车以行陆，作舟以行水，此皆圣人之所作也。”在中国的传统文化中，不乏榫卯、都江堰水利工程等饱含工匠精神的产品。

世界工业强国的形成与它们对工匠精神的重视密切相关。崇尚工匠精神的国家，一定是一个拥有健康市场环境和稳健人文素养的国家。“工匠精神”是德国制造业过去一百年成功的钥匙。这种精神让“德国制造”声名显赫，让德国百年工业品牌扎堆出现，也让德国在欧洲经济一片困顿时保持一枝独秀。“匠人精神”在日本也被称作“职人气质”。日本超过两百年的企业居全球之首，这些“百年老店”的经营模式都不是急着“做大做全”，而是专注一种商品或者一种技术。

**（一）工匠精神是工业文化的突出表现形式。**

工匠精神正是在工匠技艺和品德传承中形成的文化，是爱国和敬业精神的集中体现。敬业奉献精神更是工匠精神在“德”维度的基本要求。工匠精神于之“德”亦在于尊师重道的师道精神，无论是传统的师徒模式或学徒模式，还是现代以高校、企业、研究机构为主要工业技术研究主体，都强调着对知识技术的关注和对技术人员的推崇。

工匠精神的内涵主要体现在：一是精益求精。注重细节，追求完美和极致，不惜花费时间精力，孜孜不倦，反复改进产品，把99%提高到99.99%；二是严谨，一丝不苟。不投机取巧，必须确保每个部件的质量，对产品采取严格的检测标准，不达要求绝不轻易交货；三是耐心，专注，坚持。不断提升产品和服务，因为真正的工匠在专业领域上绝对不会停止追求进步，无论是使用的材料、设计还是生产流程，都在不断完善；四是专业，敬业。工匠精神的目标是打造本行业最优质的产品，其他同行无法匹敌的卓越产品。

工匠精神是一种对工作精益求精、追求完美与极致的精神理念与工作伦理品质，它包含了严谨细致的工作态度，坚守专注的意志品质，自我否定的创新精神以及精益求精的工作品质。这些优秀的工作精神和品质在今天的社会中依旧具有重要的社会价值。

**（二）匠人情怀饱含着匠人对自身价值的认知。**

传统的工匠虽然也从事制作活动，但是那并不是一般人所认为的一项简单机械的日复一日的重复性体力劳动，而是一种持续性的创造过程，是一个不断对技艺、产品进行提升完善的过程。弗洛姆在《健全的社会》中指出：“工匠可以随意左右自己的行动。因此，工匠可以从工作中学习，在劳动过程中使用并发展自己的能力及技能。”正是这种具有创造性特征的工匠精神造就了一批杰出人士。瑞士的钟表匠一辈子都在做同一件事情、同一道工序，钟表匠们仅拧各种螺丝就要学习几个月，工匠们喜欢不断雕琢自己的产品，不断改善自己的工艺，享受着产品在双手中升华的过程，追求完美和极致。

从江户时代，在日本的匠人间就已经形成了产品精益求精的“荣誉法则”。日本匠人将产品的好坏与个人的荣辱紧密地联系起来。他们身上具有强烈的自尊感，认为制作一件优良的产品，是自己的极大荣耀，如果由于自己的疏漏而导致产品残缺，即便在市场上销量不错，也认为是巨大的耻辱。正是在这种“荣誉法则”的推动下，他们对产品质量严格要求，对技艺精致的追求达到了神经质般的狂热程度。

产品是工匠自由意志和自我价值的表达。工作者对工作过程具有完全的控制权利，产品完全可以根据自己的意志自由构造，渗透在作品中的是自我想法的表露，体现了自我对世界的理解与认识，自我通过工作精神获得了客观化的表达。以工匠的态度来做事，工作就不再是一件不得不做的痛苦事情，而变成了一种忘我的投入。工作过程本身就是生命活动的自主展开，整个生活就是一种投入的人生状态。工作本身就是生命的外在表达。自我的价值存在于自己双手所能控制的作品中，不依赖于其他外力，因此，在工作过程中能够获得真正的满足感。

**（三）匠人情怀体现在现代化的组织管理中。**

在传统的工匠生活中，多数手工技艺，皆由口传心授。师傅向学徒传授手艺的过程中，在一起朝夕相处，耳提面命，不仅传授的是技艺，还传授了做人的道理和坚韧、耐心、专注、精益求精的工匠精神。匠人的制作过程就是人与人之间的情感交流与行为感染的过程，在这一过程中，建立起了深厚的师生情谊，一方面有助于促进同事间的情感交流，使人们在工作中感受到人性的温暖。工匠精神所营造的亲密情感与精神交流是现代化的组织模式所无法替代的，也是现在我们现代化的组织管理更需要研究改进的。

**（四）精业与敬业是工匠精神的核心。**

精业与敬业体现着人们对职业敬畏、对工作执着、对产品负责，精益求精，追求完美，是工匠精神的核心。工匠精神代表的精雕细琢的精神永不过时，在从“制造大国”走向“制造强国”的进程中，更需要弘扬精业与敬业的工匠精神。

精业体现着工匠的创造精神与工作态度。“巧心劳手以成器物曰工”。在某种程度上，“巧”是工匠的代名词，能称之为工匠的人就是一个心灵手巧的人。当人们赞美一个工匠时，经常会用“巧夺天工”、“能工巧匠”、“鬼斧神工”、“巧同造化”之类的词语来表达对工匠的赞美之情。那些在中国历史上被称为“能工巧匠”的，不只是因为他们技艺的熟练，更重要的原因就在于他们身上所具有的创造性品质。鲁班以其发明创造了曲尺、墨斗、刨子等器物而被后人尊奉为土木建筑的祖师爷，奚仲因为造车而闻名于世，此外还有“虞驹作舟”、“仪狄作酒”、“夏鲧作城”等。这些工匠的创造发明，并不只是一种简单模仿的手工操作技巧，它在本质上体现了创造性思维的特质。

中华文明的发展与繁荣也集中体现在能工巧匠创作的各种各样精致细腻的物品之中，比如青铜器、丝绸、刺绣、陶瓷等等。可以说，在整个中华文化发展演进的历史长河中，工匠因其职业的特殊性形成了独具一格的精神特质。近两百年来的德国现代化道路，从外部看，是一条技术兴国、制造强国的道路；从内部看，支撑这一道路的是“工匠精神”。当欧盟其它国家经济处于衰退中时，德国经济却能持续增长，德国总理默克尔将之归功于追求卓越的工匠精神。

敬业体现着工匠的精神境界。敬业体现着工匠对人生职业的敬畏，体现着从一种具体“技艺”到“道”的真谛的人生领悟，是“工匠精神”对人生境界的追求。柏拉图在理想国中写道，“为了把大家的鞋子做好，我们不让鞋匠去当农夫，或织工，或瓦工。同样，我们选拔其他的人，按其天赋安排职业，弃其所短，用其所长，让他们集中毕生精力专搞一门，精益求精，不失时机”。工匠对产品精益求精的追求，对自己制作的产品的热爱，体现了对永恒存在与高尚人格的不懈追求。

## 二、以工匠精神的培育引领工业文化建设

一个拥有工匠精神，推崇工匠精神的国家和民族，必然会少一些浮躁，多一些纯粹；少一些投机取巧，多一些脚踏实地；少一些急功近利，多一些专注持久；少一些粗制滥造，多一些优品精品。

**（一）工匠精神是现代工业制造的灵魂。**

在当今社会，尽管传统的小作坊形式基本上被现代化的工业制造所取代，但是在人类历史中沉淀下来的工匠精神和文化传统，却依旧贯穿于现代化的工业制造之中，甚至成为现代工业制造的灵魂所在。工匠精神指向的制造不仅是严格地按照技术标准和生产要求机械地重复和模仿，更在于按照近乎严苛的技术标准和近乎挑剔的审美标准，以良好的精神驱动和技艺经验，一丝不苟地赋予产品质量和灵魂。

工匠精神不仅涉及到中国制造及其产品质量，更是人们普遍的职业和工作伦理的集中体现，对待工作精益求精不仅是工作者的优良品质，也是落实社会主义核心价值观敬业精神的实践要求。敬业奉献精神是工匠精神在“德”维度的基本要求。工匠精神于之“德”亦在于尊师重道的师道精神，无论是传统的师徒模式或学徒模式，还是现代以高校、企业、研究机构为主要工业技术研究主体，都强调着对知识技术的关注和对技术人员的推崇。

**（二）建设工业文化是当前的迫切需求。**

我国虽然已是工业大国，但与工业强国相比还有较大差距。除了硬实力的差距，软实力差距更为明显。国外发达国家经过上百年的工业化进程才形成自己独特的工业文化，而我国的工业化起点低、起步晚，目前尚处于工业化中期阶段，且缺乏自己的工业文化和工业精神。受农耕文化影响，我国工业企业从业人员普遍具有守旧、自给自足、追求快速盈利、做事不精细等显著的农耕文化特征。劳动者素质不高，职业化素养、科学精神、工业精神缺乏。特别是近几十年工业化的转型过程中，出现了投机取巧、急功近利等浮躁之风，产品质量和安全问题不时发生。

工业文化作为人类文化的重要组成部分，是伴随工业化进程而形成的，包涵工业发展中的物质文化、制度文化和精神文化的总和。中国要实现从制造大国迈入制造强国的宏伟目标，除了科技上要追赶，文化上同样要跟上。建设制造强国，需要在工业文化上“补短板”。当前，我国经济发展已进入新常态，加快转型升级步伐和推动制造业由大变强面临着巨大压力。在制造强国战略全面启动、“中国制造2025”深入推进的进程中，不仅要提高产业规模、技术水平等“硬实力”指标，更要传承和弘扬优秀中国工业文化，吸收借鉴国际先进经验，加快实现“培育有中国特色的制造文化”战略目标，提升我国工业“软实力”。

## 三、践行工匠精神，迈向制造强国

中国号称“世界工厂”、制造业大国，但中国制造给人印象是质量不高、价格便宜。这是因为中国很多企业过度追求投资少、周期短、见效快的即时利益，从而忽略了产品的品质，更重要的是对严谨的工匠精神缺乏足够的认知和实践。当前，我国制造业正处于从生产型向服务型、从价值链的低端向价值链的高端、从制造大国向制造强国、从中国制造向中国创造转变的关键时期，要实现从制造大国迈入制造强国的宏伟目标，除了科技上要领先，文化上同样要先进。

**（一）传承创新中国优秀工业文化。**

习近平总书记指出：“体现一个国家综合实力最核心的、最高层的，还是文化软实力，这事关一个民族精气神的凝聚。我们要坚持道路自信、理论自信、制度自信，最根本的还有一个文化自信。要从弘扬优秀传统文化中寻找精气神”。我们要传承中华民族优秀传统文化，以开放包容的态度吸收世界工业文化精髓，发扬工业强国的爱国精神，推动我国工业文化的传承与创新。

当前，我国经济发展已进入新常态，走新型工业化发展道路、加快转型升级步伐和推动制造业由大变强面临着巨大压力，在此形势下，从中国优秀传统文化中汲取养分，从民族工业的传承中探寻精气神，从工业文化入手增强中国工业的软实力成为推进工业经济提质增效、转型升级的新思路和新路径。

过去，我们对工业文化和工业软实力的认识不足，忽视了对传统优秀文化的创新和改造，这些资源优势并未充分转化成为强大的工业生产力。因此，工业文化建设并不是要另辟蹊径，而是要融入工业化发展的全过程，并在吸收传统优秀文化的基础上，开放借鉴已有的国际先进经验，兼收并蓄，创新工业发展理念，建立符合时代特点的工业文化理论体系和政策体系。

**（二）践行社会主义核心价值观。**

工业文化是社会主义核心价值观在工业领域的创新实践。建设工业文化与践行社会主义核心价值观是一脉相承、相辅相成的。社会主义核心价值观的“爱国、敬业、诚信、友善”等内容，与现代工业文化的勤劳、创新、效率、质量、诚信等观念高度切合。工业价值观要以社会主义核心价值观为根本指导，把它作为一种独特的生产要素融入企业生产经营过程，引领企业发展方向，提升价值支撑、规范道德行为、凝聚发展共识，推动社会主义核心价值观建设。

同时，要大力宣传和弘扬无私奉献的劳模精神，推动工业诚信体系、价值体系、道德规范、行为准则的建立。要弘扬劳动模范爱岗敬业、艰苦奋斗、勤奋工作、无私奉献的崇高精神和优秀品德；要引导广大职工立足本职，刻苦钻研，埋头苦干，不断进取，奋发有为；要识大体、顾大局，提倡奉献精神，努力树立爱岗敬业、诚实守信、奉献社会的良好职业风尚。

**（三）提升中国工业软实力。**

工业强国的衡量不仅仅依靠工业科技水平等硬实力指标，还包含许多非技术的因素，即工业的软实力，如管理制度、价值体系、行为准则、经营哲学等，它体现的是工业管

理的方法、制定游戏规则的能力、创新的理念和工业的精神等。制造强国建设必须同时推动以软实力提升为目标的工业文化建设。从产品层面来看，打造全球的品牌，让产品有高品质、高技术含量、高附加值；从国家工业形象来看，打造“中国工业精神”，传承和弘扬“铁人精神”“两弹一星精神”“航天精神”等优秀工业精神。

习近平总书记指出：“把制造业搞上去，创新驱动发展是核心”。追随、模仿、山寨换不来“制造强国”。西方发达国家的“工业精神”的积累是多少代人、上百年的沉淀才形成的。中国工业在做大过程中，亮点不断，出现了不少世界级的企业，但很多企业家追求的不是高端的品质，而是依靠质次价廉去占领市场，这种思维方式与行为规则短时间做大可以，但做强就很难。因此，要完成从工业大国向工业强国的转变，需要在骨子里有创新精神做后盾。

**（四）加强技术技能人才队伍建设。**

李克强寄语芦山学子时指出：“工匠也可以成为大师！”走新型工业化道路，建设创新型国家，需要培养大批具有现代先进工业文化内涵和素养的建设者。《中国制造 2025》是一个复杂的系统工程，要实现这个宏伟战略目标最重要的是要建立完善中国制造人才培养体系。围绕制造强国建设的战略需求，探索开展高校教育、职业技术教育与工业文化普及、先进制造业人才培养的结合试点。提升新时期技能工人的社会地位，增强技能人才的光荣感和责任感，鼓励更多的年轻人走技能成才之路，形成“崇尚一技之长、不唯学历凭能力”的社会氛围。让更多的年轻人传承工匠精神，专心专注钻研技能，努力使我国成为技能人才强国。

（作者系工业和信息化部财务司司长，本文摘自《工业文化》）

# 企业专项文化建设是贯彻“十八大”精神的积极举措

连启华

当前，全国上下正在学习贯彻落实党的十八届五中全会精神，此次峰会以“十二五”企业文化总结暨专项文化建设为主题，我认为这是贯彻全会精神的积极举措。在此，我就认真贯彻十八届五中全会精神、扎实推进经济体制改革谈谈感想和体会。

## “十二五”经济体制改革取得了新成效

“十二五”时期，在党中央的坚强领导下，特别是中央作出全面深化改革重大决策并有力实施全面深化改革，扎实推进，成效显著。一批带有顶层设计性质的综合改革、实施方案相继出台，大量具有标志性、关键性、引领性的重要改革举措陆续推出，体制机制创新取得了重大成效，为经济社会发展注入了新动力。

一是大力推进简政放权，行政审批权向基层下放，向市场开放。本届政府，国务院部门共取消下放了近 600 项行政审批事项，同时，全部公开各部门行政审批事项，实现政府权力阳光化、透明化，全面实施行政制度改革。

二是加快推进投融资改革，进一步激发社会资本活力。着力解决谁来投、怎么投的问题，在谁来投方面，创新重点领域投融资机制，推进政府和社会资本合作，调动社会投资积极性。在怎么投方面主要是推进投资审批制度改革，连续两次修订政府核准的投资项目目录。中央层面核准的项目减少了 76%，外包投资项目全面核准改为普遍备案和有限核准相结合，实行备案管理的超过 95%，建立了覆盖全国的投资项目在线审批监管平台。

三是着力深化财税金融体制改革，进一步提高宏观调控的针对性、有效性。财税体制改革方面，稳步落实中央审议通过的财税体制改革总体方案，推进地方决策预算公开，加强地方政府性债务管理，改革完善财政转移支付制度。金融体制方面，金融机构存贷款利率管制全面放开，完善人民币汇率形成机制，调整了汇率中间价报价机制，扩大金融机构对内对外开放，开发性、政策性银行改革方案批准实施，资本市场改革创新加速。

四是有力推动价格改革迈出重大步伐，加快完善市场价格机制。一方面推进价格领域简政放权，大幅放开政府定价范围，建立更加灵敏反映成本和市场供求价格机制。另一方面，完善农产品价格的核实、市场调控机制，开展了新疆棉花、东北和内蒙古大豆改革试点。

五是扎实推进国有企业和重点行业改革。对国企国资改革进行了系统顶层设计，经中央审议批准深化国有企业改革指导意见，国有企业发展混合所有制经济的意见不久前已经出台，其他配套文件正在陆续出台。经过多年酝酿，新一轮电力体制改革方案出台并启动实施，本着节约支出有利于工作原则出台了公务用车改革指导意见。全面启动国有林厂林区改革，创新资源管控机制和监管体制。

## 当前国内外形势迫切要求深化经济体制改革

当前，我国经济发展进入新常态，需求结构、供给结构、要素、市场环境等方面都发生了深刻变化，经济社会发展仍处于可以大有作为的重要战略机遇期，同时也面临着诸多矛盾叠加、风险严峻的挑战。发现机遇，应对挑战，解决体制机制障碍是关键。

从经济发展的情况看，世界经济调整分化仍将继续，具有广泛带动作用的技术创新和机制变革还在孕育发展，地缘政治矛盾此起彼伏，国际金融商品市场振荡仍将持续，国际贸易稳定持续复苏缺乏有效动力支撑。同时，我国经济仍处于周期性探底阶段，去产能、去库存、去杠杆的任务仍很艰巨。传统需求减弱，而新需求尚在孕育，传统供给结构难以适应需求，城乡区域协调发展面临诸多制约，对外开放后发优势欠缺，重塑发展模式将显得更加紧迫。

中央提出了“十三五”全面建成小康社会新的目标要求，

经济保持中高速增长，人民生活水平质量显著提高，生态环境质量总体改善，各方面制度更加成熟。错综复杂的国内外经济形势和发展任务，对深化经济体制提出了更为迫切的要求，必须更加聚焦经济发展遇到的突出问题，进一步突出一批激活市场释放活力的改革举措。提升劳动参与率，改善要素供给条件，提高资源配置效率、生产效率以及管理效率，促进全要素生产率提高，为打造我国经济持续向好的坚实基础，实现经济中高速增长和迈向中高端水平提供体制保障。

### 认真贯彻五中全会部署，坚定不移推进经济体制改革

五中全会强调，改革是发展的强大动力，必须按照完善和发展中国特色社会主义制度，推进国家治理体系和治理能力现代化的总目标，健全使市场在资源配置中起决定性作用和更好发挥政府作用的制度体系，破除一切不利于科学发展的体制机制障碍，为发展提供持续动力。

在五中全会结束后不久，习近平总书记先后主持召开中央深改小组第18次会议和中央财经领导第11次会议，对落实五中全会部署，推进改革发展作出了重要指示。我们正在抓紧学习领会，认真贯彻落实，把五中全会精神和习近平总书记重要指示贯彻好、落实好，我们必须牢固树立并切实贯彻创新、协调、绿色、开放、共享的发展理念，继续深化经济体制改革，推进经济结构性改革。

一是紧紧围绕创新发展深化改革。构建发展新体制，加快形成有利于创新发展的市场环境、产权制度、投融资体制、分配制度、人才培养机制，深化行政管理体制改革，进一步转变政府职能，持续推进简政放权、放管结合和优化服务，提高政府效能，激发市场活力和社会创造力，完善各类国有资产管理体制，建立健全现代财政制度、税收制度，改革并完善适应现代金融市场发展的金融监管框架。

二是紧紧围绕协调发展深化改革。推动区域协调发展，塑造要素有序流动，主体功能约束有效，基本公共服务均等的格局，推动城乡协调发展，健全城乡发展一体化体制机制，推动城镇公共服务项目向农村延伸，提高社会主义新农村建设水平，推动物质文明和精神文明协调发展，健全文化改革发展体制机制。

三是紧紧围绕绿色发展深化改革。建立健全用人权、用水权、排污权、碳排放权，推进勤俭节约的风尚，实行最严格的环境保护制度，实行省以下环保机构监测执法垂直管理制度，筑牢生态安全保护屏障，实行山水林泉田湖生态保护和修护工程。开展大规模国土绿化行动，完善天然林保护制度，开展绿色海湾整治行动。

四是紧紧围绕开放发展深化改革。形成对外开放新体制，完善法制化、国际化、便利化的营销环境，健全服务贸易促进体系，全面实行准入国民待遇和负面清单管理制度，有序扩大服务业对外开放。推进一带一路建设，推进和有关国家和地区多领域合作，推进国际产能和装备制造合作，打造陆海内外联动，东西双向开放的全面开放新格局，积极参与全球经济治理，加快实施自由贸易战略。

包涵中国先进文化的中国企业文化，对推动改革发展提供了精神和物质力量，让我们共同努力，为实现“十三五”改革发展目标，获取全面小康社会角逐胜利做出贡献。

（作者系国家发改委经济体制综合改革司副司长，本文为作者在“中外企业文化2015重庆峰会”上的讲话）

## 全国总工会要在企业文化建设中承担重要角色

李忠运

随着我国社会政治经济文化的进步，我们已步入一个崭新的时代，知识经济初见端倪，科学技术日新月异，企业生产经营方式，以及人们生活方式的改变，对中国企业文化的发展产生着越来越大的影响，对社会对政府的影响超过历史上任何时期。世界逐渐变成了一个地球村，经济相互渗透，市场紧密相连，文化相互影响。随着科学技术的飞速发展，经济全球化进程的加速，伴随产品、技术、资本的流动以及传播媒介的发展，世界各国、各民族之间相对缩短了地理上的距离，文化可以迅速而广泛的传播和交流。尤其是发达国家的强势文化对较落后国家文化的冲击越来越大，人们的价值观、道德观、风俗习惯出现了很多趋同的现象，人们的视野更加开放，思想更加开放，在不断追求新颖、时尚、高品质生活方式的同时，公众的自主性也越来越强。经济全球化带动文化趋同化，文化趋同化促进经济全球化的发展，经济全球化促进了不同国家之间企业管理经验与文化的交融，像跨国公司提出如何调动不同文化背景下员工的积极性问题，文化趋同化也促进了生活方式的趋同化，为全球市场的形成奠定了基础。由此可见，世界经济全球化和文化趋同化，尤其是经济和文化在全球范围内紧密结合，不仅为企业文化传播准备了充分的土壤，而且也是企业文化得以迅速发展的重要原因。

党的十八大以来，中国经济和企业的转型任务，市场经济在发展过程中体现的改革精神、创新精神，形成的市场意识、开放意识、国际意识等，无疑成为目前中国企业文化发展的重要思想源泉。我国工人阶级在党的领导下创造了繁荣的物质文明，同时也正成为创造昌盛的精神文明的主力军，这对我们塑造先进的企业文化提供了良好的条件。社会主义精神文明含义广泛，包括教育、科学文化知识、思想道德等很多内容，它是社会主义企业文化建设取之不尽的源泉。改革开放的实践证明，中国企业文化是在社会主义文化大发展大背景下，在企业发展过程中职工群体在企业价值管理影响下，在一定的组织形式和活动方式中形成的，并为多数职工所共同遵循的总体价值观。是在社会主义核心价值观的指导下对中国特色社会主义国家法律法规的坚定信念，是对把中国建设成为高度文明、高度民主的社会主义现代化国家的共

同理想和信念，是对千百年来逐渐形成并固定下来的中华民族优秀传统文化、中国文化精神的继承，是对法律提倡人与人之间团结、平等、友爱，互助、互利的社会主义新型关系，是对提倡公而忘私、舍己为人、踊跃献身的高尚精神境界的社会主义道德风尚的追求，以及对现代科学文化知识和生活方式的追求等等。

我国国有企业的改革已经逐步完成了企业体制的转型，正逐步向现代企业制度过渡，但知识重组并不是文化重组，产权变革并不等于文化变革，制度创新并不等于文化创新，公司治理结构的改造也并不是文化改造。从总体上讲完成了体制转型并不能完成文化转型，目前我国企业尤其是国有企业，企业文化转型严重滞后于体制的转型，这是我国国有企业发展中面临的一个非常尖锐的问题。不少企业重点仍然放在企业体制的转型上，甚至拿出90%的精力来做改革，是想一改就活。但实际上并没有起到满意的效果。为什么呢？因为企业文化是企业的软实力，企业文化塑造企业品牌，企业文化凝聚企业精神，优秀的企业体制必须有优秀的文化支撑，光有好的体制，没有与之相适应的文化新体制，旧文化企业类型必然失调，其效果和效率必然大打折扣。尽管体制转型会带动人们观念的转变、文化的革新，但这种被动的转变和革新并不能彻底完成企业的转型。

全国总工会在企业文化建设中承担重要的角色，工会由于自身所处的特殊位置，既可以作为职工群众的代表者参与和推动企业文化建设，同时也会更好地发展职工文化。职工文化是企业文化的组成部分，是企业文化中具有人文色彩的部分。职工文化建设一方面包括推动企业发展的文化建设，比如人文文化、企业精神文化、企业生产文化、核心文化等。另一方面包括推动职工发展的文化建设，比如技能文化、行为文化、主人公文化、家文化、劳模文化、团队文化等。职工文化是企业职工共同遵循的基本信念、价值标准和行为规范。推进职工文化实际上就是社会主义企业文化在基层的践行，这从一定程度上讲，职工文化是企业发展的助推器，为企业提供强劲的发展动力。同时，它也是企业发展的减压阀，它发展了和谐的劳动关系，减少企业发展的阻力。另外，它又是企业逐渐转型的压缸石，它促进了职工队伍和劳动关系的稳定，增强了企业的活力。

人类因梦想而伟大，企业因文化而长青，企业文化既需要顶层设计也离不开基层践行。成都峰会专门邀请了国际国内的一些专家学者，大家围绕企业文化建设的主题，共同为企业文化的发展建言献策。这必将对构建和谐的企业关系、劳动关系，建设先进的企业文化，为实现“两个一百年”的伟大目标，实现中华民族的伟大复兴的“中国梦”作出更大的贡献。

（作者系全国总工会宣传教育部副部长，本文为作者在“中外企业文化2014成都峰会”上的讲话）

# 与时俱进做好思想政治工作

张东风

思想政治工作是做人的工作。但现实中有些单位往往是一遇到具体问题时时常表现为“见物不见人”，只看到管理和技术进步为提升企业效益和产品升级换代带来的作用，而忽视了“人”，这个生产力的第一要素，忘记了先进技术是人发明的，也同样需要靠人来使用、普及、实现等。结果是有了问题，不先从“人”的方面找原因，而是简单用“钱”摆平，使制度在利益的左右下，“开了小差”“走了岔道”，结果“按下葫芦浮起瓢”。

当前，我国正处在旧的格局正在打破，新的格局尚未形成，改革开放正站在新的起点上，经济结构深度调整，各项改革全面推进，经济发展进入新常态的新形势下。思想工作一定要瞄准和紧跟时代发展步伐，提升工作针对性有效性。因为我们的工作对象，是碎片化时间、碎片化空间、碎片化载体，要想取得成效必须差异化，具体工作中坚持精耕细作，有特色、有载体、有受众，才能有成效。

比如，用好互联网思维是新时期一个十分紧迫的课题之一。因为信息时代已不期而遇。“互联网思维”，实际也是一个价值观的问题、方法论的问题。因为，如今的互联网已为人类搭建了一个快捷沟通的“通道”，其最大的特点和优势就是其参与者人人享有“公正”的权利，只要愿意，有一“媒介”，就可以随时随地为你所用，你可以在此尽情的进行信息和物质的建立或沟通等。互联网最大的特点就是走“群众路线”，可以说是“群众路线”的升级版。

习近平总书记在网络安全和信息化工作座谈会上指出，网民来自老百姓，老百姓上了网，民意就上了网。群众在哪，我们的领导干部就要在哪。各级党政机关和领导干部要学会通过网络走群众路线，经常上网看看，了解群众所思所愿，收集好想法好建议，积极回应网民关切、解疑释惑。对广大网民，要多一些包容和耐心，对建设性意见要及时吸纳，对困难要及时帮助，对不了解情况的要及时宣介，对模糊认识要及时廓清，对怨气怨言要及时化解，对错误看法要及时引导和纠正，让互联网成为了解群众、贴近群众、为群众排忧解难的新途径，成为发扬人民民主、接受人民监督的新渠道。

让中央的精神落地生根、见到实效，好的作风是保证。因为，群众不仅从文件和党章上看我们党，更从每个党员的一言一行来评价我们的党，革命时期为什么群众全心全意跟着共产党，一心一意相信共产党，就是看到每个共产党员为了他们的利益真心诚意工作，甚至不惜牺牲自己的生命。没有这一条，说的再好，人民群众也不会相信我们。一个组织、一个单位、一个个人的威信从哪里来？靠上级封不出来，靠权力压不出来，靠宣传吹不出来，靠耍小聪明骗不出来，只有真心诚意为职工办事。习近平总书记提出“中国梦”，讲到“两个一百年”，一个是建党一百年，距离今还有五年；一个建国一百年，距今还有三十三年。为此我们必须抓紧时间，塌下心来，秉持服务情怀，远离官僚主义，通过扎扎实实、富有成效工作，让职工群众感受到我们是他们信得过、靠得住、离不开的“娘家人”。

（作者系中华全国总工会主席团委员，中国金融工会党组副书记、常务副主席，中国金融思想政治工作研究会副会长）

# 专家谈企业文化

## 中国经济新常态与文化观念创新

金 碚

我们现在讲中国经济新常态，最近，习近平总书记多次引用这个概念，这个概念涉及到了中国当前经济和社会发展的非常重大的问题。是以习总书记为代表的新一代领导构建中国未来三十年以至更长一段时间的发展道路。

### 中国的工业化

中国近代以来一百年差不多30年河东30年河西。1912年到1949年，中国是处于工业化萌发阶段，辛亥革命以后，当时的社会精神就是要用实业救国，现在的招商局就是那时候成立的，中国要振兴要发展，那时候的知识界、实业界都有一个共识就是要吸收西方文明。

中国工业化的启动是新中国建立，50年代到70年代，这是中国第二个近代的30年，这30年中国的社会精神是两个主要的精神，一是要摆脱贫穷，摆脱一穷二白。二是行为上高度节俭，因为物质非常匮乏，那时候的行为特征是集体主义、自我牺牲。王进喜有一句时代性的语言，“宁可少活20年也要拿下大油田”，这句话就是当时的文化精神，或者时代精神，那个阶段是中国在计划经济的思维下要实现工业化。

从上世纪70年代末，我们开始进行改革开放，从20世纪80年代一直到21世纪前十年，这三十年是中国工业化的加速时期。这个时期的社会基本精神是先富起来。政治上从平均主义到允许一部分地方和人先富起来。所以这时候的价值取向就是追求物质成果。具体行为目标就是财富的积累和追求GDP，为什么我们会进入物质主义？是因为这个阶段物质特别匮乏，有没有收入，有没有财富，有没有GDP，就意味着你能不能生存。所以这个时期的企业及社会的各项事业，靠着改革开放初期的政策，迅速发展起来。发挥我们的比较优势，用便宜的土地、劳动资源追求财富和GDP。从企业来讲，企业求快贪大，谁发展快谁就是好，谁做得大谁就是好，当时张瑞敏有句话叫“快鱼吃慢鱼”。所有的政策导向就是“做大做强、扶优扶强”，谁大就是好的，大是好的标准，这是时代的过程。这时候我们的政策文化是“效率优先、扶快促大”，只要有效率，只要有利润，就怎么做。谁上得快就扶持谁，就给谁优惠政策，然后用这种政策来促使做大，企业做大，学校做大。我们心目里面什么是世界一流？就是世界最大。这是20世纪80年代到21世纪前十年的基本特征，很符合一般国家工业化的进程，同时也注入了中国的传统文化因素。

### 工业化和后工业化阶段观念的变化

中国进入新的30年，工业化要深化。改革开放前30年，社会各阶层都渴望要先富起来，经过30年的发展，社会精神转为渴望分享，我们积累了财富，有了庞大的GDP，怎么分，我们能不能共享？现在社会转型非常明显，为什么政府做这么多好事，我们取得这么大成就，在工业化初期不曾有的社会矛盾现在出现了，为什么老百姓不满意？确实是分享的问题。

这个时期的价值取向我把它叫作“权衡的物质主义”，工业化物质主义时代，追求物质目标为最重要，中国现在有一些后物质主义时代的现象，基本上还处于工业化物质主义时代。但是到了一定的时候，社会进入后工业时代，（西方国家差不多在20世纪七八十年代进入后物质主义时代），我们不仅要提高收入，提高GDP，我们还要有新的行为的目标、社会目标。除了发展理念，还包括分享，也包括环境。光发展破坏环境不行，老百姓对环境要求越来越高，光有GDP不行。原来浙江GDP发展水平在全国名列前茅，现在已经把蓝天绿水高工资作为目标。到这个时候社会的行为特征也发生了变化，现在人们更追求公平。过去我们讲效率优先兼顾公平，现在这个口号不用了，1982年我就写过论文，认为这个口号对政府来讲是不适宜的，最多是权宜性的口号，效率优先很难兼顾公平。现在，大家会觉得主张公平为最重要，而且这个时代的行为特征会规避风险。过去为了GDP，为了收入，为了财富，我们可以冒很大的风险，以后这会逐渐的减弱，这个时代的行为特征会规避风险，政策文化也会改变。

各地政府首先要想以公平来促进效率，因为大家在文化理念上认为公平很重要，我要分享。所以政府必须要想老百姓所想，要用公平的方式促进效率，用公平竞争的方式促进效率，而不是简单的给优惠政策，给特殊待遇。

我们提创新已经多年了，为什么效果不好？因为在前30年那个时期，在所谓效率优先，扶快促大的政策文化背景下，对于企业来讲搞技术创新是不划算的。最划算的是什么？是去争取优惠政策，争取便宜的资源，进入垄断的地位，远远比技术创新更实惠。前30年我们政策文化最重要的标志是经济特区，“特”是前30年重要的现象，“特”就是特殊政策、特区、特殊优惠。但是进入新常态以后，政策文化应该是什么概念呢？是“自由贸易”。自由贸易是公平的，这个特点就体现在上海的自由贸易区，设立自由贸易区大家还以为自由区就跟以前的深圳特区或者普通特区一样那样一个政策体现，不是了。深圳叫“特区”，我可以做，别人不可以做。但是自由贸易区刚好相反，自由贸易区就是一定要寻找可以推广可以复制的政策，就是你做别人也能做。

特区是前30年的政策文化现象，而自由贸易区是新常态下的政策文化现象，而且这个政策文化不仅要在中国国内实施，当中国强大到有经济实力的时候，我们有能力在全世界搞自由贸易。新丝绸之路经济带和沿海丝绸之路就是我们要把自由贸易互联互通的文化推到周边国家。在全世界搞自由贸易，就不要讲什么特殊政策，这是这个时期的政策文化特点。

未来中国会进入后工业化时代（西方叫做后物质主义时代），那个时代的社会精神变成什么样呢？变得更加多元，更加包容，行为目标会变得越来越注重生活质量和自我实现。在企业工作的同志一定会感受到现在的80后、90后和原来50后、60后是不一样的，时代的文化是变化的。我们抱怨80后、90后没有50后、60后那么努力的工作，那么勤奋，那么愿意加班。50后、60后这代人生活在物质主义时代，是亢奋的物质主义时代产生的这代人，他们特别能吃苦，“宁可少活20年也要干出大油田”。但我们不能用这样的理念要求现在的80后、90后。80后、90后除了要收入之外，还要生活质量、要自我实现。他们行为特征变成辛劳和休闲的平衡，不光是要劳动，还得休闲。企业如果不认识到这一点，会觉得员工越来越没法管。

后物质主义时代一定会在全世界出现。那时候我们的政策文化一定会变成遵从民意，老百姓想什么我们得遵从民意，员工想什么我们得遵从民意。

法国经济学家皮凯蒂最近出版了《21世纪资本论》，他用大量的数据来说明整个人类社会是怎么发展起来的。基本结论是说工业化之前，公元零年到公元1700多年以前，全世界的经济，人均产值增长几乎为零。那个时候每年总产值的增长率只有0.1%。但是1700到2010年，西欧工业化以后，全球总产值年均增长1.6%，就是这1.6%导致了全人类翻天覆地的变化。然后我们再分开来看，1913年到2012年，这是世界工业化时期，全球总产值增长是1.6%，1950到1970增加比较快，2.8%，但是这个阶段中国基本上没有什么贡献。1990年到2012年全世界亚洲是增长最快的，是3.8%。皮凯蒂的结论是人类工业化的阶段是特殊的阶段，人类最终要进入一个正常状态，他说到了21世纪以后，人类经济增长会回到人类长期经济增长的基本态势，略微高一些，但是不可能像工业化的阶段再保持这么快。他说大概发达国家的人均产值很难以每年高于1.5%的速度保持增长。现在工业化以后越来越多的国家成为发达国家，中国也会成为发达国家。最可能出现的是发达国家长期人均产值增长率为每年1.2%，他说1%的速度就不得了。换句话说，21世纪以后人类不可能再像工业化时期那么高的增长率，中国也是这样。

## 后工业化时代的文化因素

工业化时代文化因素，从西方国家来看是物质主义推动经济发展，但是会有一个极限。亚当斯密在《道德情操论》里写道，物质主义是一个工具理性，它不是真正的价值理性。所谓工具理性就是在物质主义时代每个以为获得收入、财富、权势就会更幸福，这只是你以为，其实那些东西只是获得幸福快乐的工具，而不是幸福快乐本身。他说社会一定会走入后物质主义时代。后工业化时期有两个最重要的现象在发达国家已经完成。第一个是经济的增长，也就是说收入和财富越来越多，过去没有收入和财富意味着不能生存，这一时期已经不是问题。第二是随着收入和财富越来越多，财富和收入相对的重要性在人的追求目标里面必然会相对的减弱，非物质的目标必然会逐渐的提升。在我们周围有一种不正常的现象，叫作拿起筷子吃肉，放下筷子骂娘，这是人类行为目标的规律。没有肉吃的时候只有吃肉这一个目标，物质目标实现之后会有更多的目标出现。

工业化以后，经济的一元化和文化的多元化必然会导致物质主义向后物质主义的变迁。经济是一元化的，经济是可以是全球化自由贸易，但是文化是不可能全球化的，文化一定是多元化的。所以，当物质目标逐渐得到满足之后，文化的目标会凸显出来。我们中国现在支持经济全球化，但是经济全球化过程中我们会遇到文化多元化和经济一元化的矛盾，“走出去”的企业可能感受更深。投资国家的文化和中国文化是不一样的。进入后物质主义时代以后，人们会产生两次思维，第一有经济上的世界主义，就是全球思维；同时一定会有本地思维，保持本地的文化。只有把本地思维与全球思维结合起来，既有经济全球化带来的发展，也要保持本地的文化，这样才能避免冲突。

## 新常态下的企业文化

新常态下的企业文化必然是变迁的。在物质主义时代，经济学的理论，假设人都是经济人，经济人是经济学的假定，就是无视文化差异工具理性主义的微观主体。假定人和人之间没有文化、宗教、政治、地域、民族这些差异。人唯一的追求，即所谓经济理性，经济学把它叫做追求效用最大化。什么是效用最大化？即追求收入最大化，把企业行为及个人行为演变成追求利润最大化，这是一个经济学假定。

我们为什么要讲企业文化呢？企业文化的实质是什么？其实就是对经济人理性的修正，因为经济人理性只是学术上的假定，这个假定我们可以推演出一个经济学的体系，但是现实不是这样。如果我们要把经济人的理性推演到企业内部，推到彻底，这个企业就没法办了。因为理性就是追求效用最大化，就是以最小的投入获得最大的收入，企业以最小的投入追求最大的利润；员工以最少的投入、最少的劳动，获得最多的报酬，如果这样企业还有竞争力吗？

工业化时代企业管理理论的主体框架是建立在经济人理性的角度上的，对员工，好好干就给你发工资，加班就给你加班费，一倍加班费不够给双倍，总而言之给钱就干，这就是经济人。但是现在大家感觉越来越不是这样。比如跟英国人合作，跟法国人合作，你给他钱加班他不干，加班是工具理性，放假是价值理性。下班后经理给员工打电话，员工可能会投诉经理，说影响他休息，休息是我的价值，工作是工具理性。

我们讲企业文化，要讲职业道德，中国的企业必然要走向强文化的时代，管理企业管员工，要用文化管理，引导员工的观念，员工对企业的文化认同和企业对员工的包容将成为企业竞争力的关键因素之一。我们做过一个统计，离职员工到底是什么原因。过去大概是因为收入不高，现在最大的原因可能是他和上级主管关系不好，在这个主管手下干感觉不舒服，就可以放弃这份工作，这就是和情感和文化能左右员工。

任何产业发展或企业发展，有三个决定性的因素。一个是资源，一个是技术，一个是文化。工业化是大多数大国都必然经历的过程，这是经济的规律。我们一般认为，实现工业化是资源和技术决定的。但是我们看全世界所有完成了工业化的国家，几乎没有两个国家是一样的，而且大多数的国家都没有成为工业强国，只有少数国家成为工业强国，像德国。多数国家完成工业化后为什么没有成为强国？更深刻的原因是文化因素。德国宝马中国区老总史登科跟我聊过这个事。他说讲到过去的德国人是什么形象？是思想家、艺术家，歌德、马克思、黑格尔。现在一讲起德国人是什么形象？工程师、高级技术专家，德国人做事精细缜密。特别是精确的逻辑推理那样一种民族文化注入了它的工业。

我们观察世界上工业发展，最后做到极致的领域可以说都是文化产品，都有丰富的深刻的文化因素，而且实现这个文化因素是最难的。比如我们的纺织业，浙江绍兴有个叫万事利的丝绸企业，兼并了一个法国企业，我问老总李建华，中国的东西在法国生产会不一样吗？他说会不一样。他说我的设备跟他们的完全一样，我说差别在什么？他举了一个例子，丝绸染色需要有调色的人，调色师，我随便找一个农民工，训练几个月他就可以调色。他告诉我爱马仕的调色师调了五六十年，我们怎么可能跟他调出来的没有差异。中国有愿意五六十年做调色的人吗？这是技术吗？不是，是文化。把这个工业、产业做到极致的，不是技术，不是资源，而是文化，人的文化决定了你能做出什么样的产品。

我们可以进入世界先进水平的产业只有一个，就是高铁。我坐了一趟从上海到北京的高铁，只停南京一站就到北京。上了车以后我发现，一等座车厢的两个厕所同时贴着“设备正在修理”的标签，我们最好的产业，最好的技术，最好的行车路段，也是最好的座位，怎么可能一个车厢两个厕所同时检修？这是技术问题吗？同样的零部件，同样的技术，为什么有人就担心同样的产品由中国人装出来和德国人装出来、法国人装出来不一样呢？这里面没有技术问题，那是文化问题。

中国在新的时代，我们进入一个新常态以后，唯一可以获得竞争力的是什么？技术创新。但是技术创新的背后需要文化的支撑。我问过宝马的老总，他在中国工作近 20 年，我说你对中国企业非常了解，你认为中国企业和德国企业有什么差距。他说中国人不知道什么叫品牌。他说我非常希望中国能成为一个强国，中国大多数的省份都要成为工业强省，这几乎是不可能的，只有少数的地方，少数的城市能成为工业强市和工业强省，历史经验表明决定它能不能成为工业强市和强省最重要最长远的因素并不是资源，某种程度上讲也不是技术，是文化。美国有一个硅谷，美国只有这一个硅谷，别的地方再造一个硅谷很不容易，因为那些地方没有硅谷的文化。

企业文化的研究对中国企业的发展至关重要，是对中华民族的巨大挑战，能不能把我们传统文化的精髓注入现代的产业中去，注入我们的每一件产品中去，注入服务业，注入每一个员工的行为中去，这是非常艰巨而意义重大的任务。

未来 30 年文化的作用会越来越强，不仅在中国是这样，中国要走向世界，中国要在全球布局，把全世界的自由贸易作为我们产业发展的更巨大的空间，不仅仅面临着技术的挑战，最主要的要面对文化的挑战。

（作者系中国社会科学院学部委员、中国区域经济学会会长，本文摘自《企业文化》）

## 中国企业家传承的是创业精神

李稻葵

现在大家经常讨论的一个话题是，要让中国的经济继续往上，下一步该怎么办？中国最后大概会发展成什么样的国家？经济总量到最后应该是什么样的体量？这些问题可以从技术上去分析，或者做各种各样的国际比较分析，但是我想最后一条就是“人”，就是我们这个社会怎么能够产生一代又一代的创业者，带领中国、中国经济不断前行。事实上回想过去 30 多年，中国社会的发展不就是在一代一代创业者的带领下奋斗出来的吗？柳传志、马云这些当代优秀企业家，还有下一代正在不断涌现的新的企业家，都是社会发展的动力。

说到这儿，我在想一个问题，中国的企业家是怎么传承的？有什么规律？我想从个案里也许能抽出一些可能的共同规律，我来分享四个故事。

### 德国：传承企业

我参加了一场中德企业家对话活动，这场活动是两国总理会谈的一部分。中方企业家里有一位女士，华为董事长孙亚芳，德方也邀请了一位女士，很年轻。这个活动我参加了四年，这是德方第一次安排女士参加。出于好奇，茶歇时我与她交流，想知道她有什么本事。看到她的名字和她的企业名是一样的，我猜测她是传承了家族事业。

之后我证实了猜测。她的企业有110年的历史，是做农业机械的，在山东高密生产。她告诉我这次来中国特别想见中国的农民，农民见不着就要见中国农业部长，她说自己最喜欢跟农民谈，还说自己当过农民。

这个学习金融的女士当过农民，不一般吧。她父亲专门让她去当农民，因为她要传承爷爷办的企业，父亲是第二代，她第三代了。这位女士没学过机械，但是她说自己热爱农业，对这项事业非常有兴趣。为了适应各国农民经营的情况，她还在全世界各地都建了农场。

这个故事极其有代表性，我见过很多德国企业家，大都有类似的情况。我总结德国企业家的传承方式是传承企业。一个企业能够实现一代一代人的传承，这里面既有文化因素，也有制度因素。在德国，上一代把企业传给下一代，如果下一代能经营十年不卖，遗产税是0%；如果下一代把企业卖了，遗产税是50%。这个制度能很好地保障企业家去传承企业，当然也有传承失败的例子。

### 美国：避父传承

一年前，我曾与美国华尔街一位赫赫有名的企业家吃饭聊天，他非常高兴地告诉我们，他儿子凭借电影《模仿游戏》得了奥斯卡最佳编剧奖。之后我问他，你的儿子得了奥斯卡奖，赚不赚钱呢？他说太遗憾了，这个行当赚不了钱，顶多出名。那为什么儿子不愿意继承你的事业呢？这位企业家告诉我，他儿子坚决不愿意做投资行当。另外，在美国你要问一位教授：你父亲是不是教授？这会让他非常生气。美国教授的儿子一般不愿意当教授，华尔街大佬的儿子们一般不愿意进华尔街，不愿意从父辈传承事业。哈佛商学院莫顿教授的父亲也是位教授，但是每次他都会强调父亲不是搞金融学的，是搞社会学。美国人的心态，我称之为“避父传承”。为什么比尔盖茨把所有的钱捐出来？因为即使他留给女儿，他女儿也不会接掌他的事业。

### 中国：传承创业精神

中国人是怎么传承的呢？这个问题我也没答案，但是我给大家再讲一个十年前的故事。十年前我的孩子还很小，那时候我碰到一位一起在清华经管学院读书、一起在美国读博士的同学。他没有像我一直在教书，而是去了华尔街，成了华尔街的大牛。他的儿子和我儿子年纪相仿，我们两家一块儿出去玩时，我观察两个孩子的不同行为，很有意思。我儿子一出门就关心汽车，嘴上讲着各种车的牌子。他的儿子则不一样，看到漂亮的高楼会问这个楼的老板是谁，这个楼的老板和那个楼的老板是不是一家人，这家超市这么厉害，这个超市的主人是谁……你会发现，他在传承他父亲的一些商业理念，一些想法。

李嘉诚的二儿子李泽楷，在斯坦福大学没读完就下海了，当时创业的时候，没有得到李嘉诚一分钱支持。最近五年他的企业扩张，才得到李嘉诚的投资。虽然在此之前李嘉诚并没有有意识地或者直接地帮助李泽楷，但是李泽楷上了斯坦福没读完就去创业了，这个想法我相信跟他小时候观察他父亲怎么去搞投资，怎么去做企业，肯定分不开。

这两个故事好像告诉了我这么一个道理，中国的企业家有传承，但跟德国的“传承企业”或美国的“避父传承”不太一样，我们的传承似乎是一种创业精神的传承。父亲创业了，儿子要创新，这个“业”不见得是像德国那样在同一个企业、同一个行当。这种创业精神的传承是中国未来的希望。

那么创业精神的传承靠什么呢？靠的是氛围，靠的是潜移默化的大环境的影响。祝愿中国的企业传承，不仅能走得远，而且能产生丰硕的果实！

（作者系清华大学中国与世界经济研究中心主任，本文来源于新华网，为作者在“YES青年商业领袖计划”上的演讲）

## 要特别关注未来趋势中国际规则　文化差异和跨文化协调问题

张国有

新的需求会不断出现，人们的思维、规则、行为、企业流程、外部市场等也会发生变化，这是新态部分。继续将新态中对企业生存和更好生存的认识，将自认为能导致企业成功的部分积累下来，逐渐衍化为常态的思维依据、规则范例和行为定势。这就是企业文化的新态与常态的转换机制。

未来30年，中国企业将大规模地走上国际市场，企业文化中的全球理念和国际规则的比重逐渐增大。面临不同国家不同企业不同文化背景的交流越来越多，跨文化冲突和跨文化协调的情况也会越来越多。这是个不容忽视的趋势。

### 理解熟悉多国国情及其企业传统

在一带一路上力求理解和熟悉多国国情及其企业传统。

中国将成为世界的对外投资国。2014年外商直接投资中国1196亿美元，中商直接投资外国1028亿美元。逆差68亿美元。今年年底，中国的对外直接投资额有可能超过引进的外资额。如若这样，中国将成为纯粹的对外直接投资国。这个状态说明中国企业对外直接投资的规模在不断增大，中国参与国际经济的程度愈加深入，这个趋势将保持相当长的时间。现在对中国企业来说，最大的机遇就是“一带一路”。

中国的“一带一路”战略将亚洲经济圈和欧洲、非洲经济圈连接起来，贯通亚欧非经济的路带大通道。中国企业面对的是66个国家和地区，人口约44亿，占全球人口的63%，经济总量约21万亿美元，占世界经济总量的29%。过去的量是分散的，现在用路带方式连接起来，巨大的规模对企业的驾驭能力形成前所未有的挑战。中国的路带战略与世界上两个类似的战略相遇交叉：一个是西边的以俄罗斯为首的“欧亚经济联盟”，一个是东边的美国主导的“跨太平洋伙伴关系协议”，三个战略的相遇交叉，对中国的全球对接协调能力也形成巨大的挑战，相对增加了中国企业的国际圈子障碍，对企业的跨文化沟通能力是个严峻的考验。

中国倡导的亚洲基础设施投资银行，受到国际社会的热情支持，最后收获了57个意向创始国，亚洲34国，欧洲18国，大洋洲两国，南美洲1国，非洲两国。意想不到的是联合国安理会五大常任理事国中有4个国家参与，G20国家有14个、西方七国集团有4个、金砖国家5个全部加入。特别是欧洲大洋洲的发达国家不顾美国的负面建议，积极参与进来，提振了全球对“一带一路”战略的信心。

中国产能过剩的企业有了机会，市场不足的企业有了希望，富有基础建设技术和经验的企业有了用武之地，中国企业迎来了大规模的国际合作环境。一带一路的大幕刚刚拉开，经过国家间、企业间的协商协议，真正能够产生生产力，得有两年左右的过渡时间，之后，各种项目不断展开，将有力地支撑中国经济的增长。这种情况下，中国企业面临着世纪性的考验，中国企业不但要知道中国的理念和规则，还要知道外国和外国企业的理念和规则，还要知道通用的世界性规则。“一带一路”上66国各有自己的国情和历史传统，若要和这些国家的企业做生意，就要懂得对方的语言、对方的习惯、对方国家的法律，还要知道这单生意涉及哪些竞争者，背后是否有政治背景等。本企业的业务究竟和哪些国家哪些企业有关，都要进行合作前的系统研究。动手越早越主动。这时候，新思维、新方法、高素质的国际化人才越发显得重要。

### 加强国际竞争中的跨文化协调能力

国际竞争中的跨文化协调是中国企业的必修课和必备的能力。对中国企业而言，未来30年，大规模地走出去是个必然趋势。过去，中国企业是“引进来”，引进外资，购买人家的产品和技术，人家是欢迎的。现在，中国企业成为对外投资者，要大规模地走出去，就会在合作的同时，和当地企业和政府产生某些矛盾和冲突。因此，将来的跨文化冲突和跨文化协调是中国企业的必修课和必备的能力。

在国际市场上，会遇到各种跨文化的问题，其中有传统习惯的差异，也有经济基础的不同，还有政治政权的影响，各种跨文化问题交织在一起，有时难以分清，难以协调。结果也难以预料，这就需要有充分的准备，有熟练的经验。泰国高铁项目花落两家，值得回味。

在“一带一路”设想中，泰国首先启动两条铁路。一条是廊开至玛达普，自北到南，贯通870公里，时速160公里，连接中国和马来西亚的标准轨铁路。项目与中国签约，2014年泰国议会通过，计划2015年动工。另一条是曼谷至清迈，旅游热线，全长660公里，时速250公里，项目却给了日本，与日本签了合同。这两条铁路本来都可以由中国来做，为什么看上去中国很有希望的项目，却让日本拿了去？

有时准备充分，但结果却难以预料。世界高铁市场三足鼎立：中国、日本、欧洲，三国公司多有竞争。中国的技术、质量、安全，加成本优势；日本的技术、质量、安全，加历史积累；欧洲的技术、质量、安全，加系统保障，各有特征。泰国在中日两国中进行选择，结果选谁，取决于本国的利益。泰国的利益重心是什么？两国及两国公司各有自己的判断。结果，两国各签一个项目，但泰国的第一条高铁，日本占了先机，这对中国来说是个遗憾。

泰国的选择，有倾向性影响的有日本高铁新干线半个多世纪的安全记录，有“日本制造”在世界上的质量形象，有日本领导人的政治推销，有新干线公司的积极配合等，还有两个因素可能也起了作用，一是日本是泰国外来投资的最大来源地，在外商赴泰投资总额中，日本企业占了一半以上；二是日本游说将向泰国提供比中国优惠的低息贷款。一种结果总是多种因素作用的。与中国、日本的关系，泰国既不想得罪中国，也不想疏远日本，同时还要本国能得到最大利益。这种平衡策略，在其他国家、其他项目上还会出现。应该看到，中国企业在一带一路的国际交往中，既是技术竞争，还有服务的比较，更有政治、外交、法律方面的博弈。对跨文化问题，许多企业已经看到问题的复杂性和多发性，已经在做跨文化方面的能力训练和国际规则的准备。

### 跨文化跨代际的理念、规则、习惯的文化协调

跨文化协调还有跨代际之间的理念、规则、习惯之间的文化协调，无论国内成长还是国际竞争，中国企业还将面对新一代的跨代的文化冲突及协调问题。

今后20年，社会主体将发生明显的变化，社会潮流将由80后、90后出生的社会群体来主导。1980年出生的人，2015年已经35岁，20年后将是55岁的人。1990年出生的人，2015年已经25岁，20年后将是45岁的人。据2014年统计，中国电影观众80%是80后的年轻人。这个年龄段的人，将在今后社会需求，社会的经济、科技、政治、文化、军事等各领域发挥作用。无论他（她）们以前的几代人喜欢或者不喜欢，80后、90后，还有00后，这些人都将按照自己的世界观来行事，社会和企业将在他（她）们主导下发生变化。80后时代的人，和以前最大的不同在于他（她）们是互联网时代的人。互联网将数代的、全球的知识连接在一起，并迅速地传播。凡具有知识接受能力和互联网使用能力的人都能受惠于此，通过兴趣驱动来搜索不同的知识，甚至是超越年龄段的知识，使他们观察世界的理念发生变化，出现与前辈人不同的世界观。

与前辈人相比，这些人更加现代化、自主化、时尚化、国际化。在这些人的主导下，社会的生活、工作和交往的理念和方式正在发生明显的变化。年轻一代正推动社会从文字向形象转化，人们对读图看图识图更加感兴趣，不愿看长篇文字；年轻一代正推动社会从经验向大数据转化，人们更加重视在海量数据基础上进行的全面分析，而不是个别的抽样和经验的推断；年轻一代正推动社会从理性向感性的转化，人们对现象更加感兴趣，不想费心去读经典，去求索背后的逻辑；年轻一代正推动社会从慢节奏向快节奏转化，使有影响的人和事很快被更新潮的人和事所覆盖，人们更追求时尚风骚的人和事；年轻一代正推动社会从科层向扁平的转化，人们更倾向于平等对话和短距离的层次传递，而不是官僚式的层层审批；年轻一代正推动社会从奋斗向娱乐的转化，人们淡化艰苦奋斗，不愿艰苦创业，更加愿意及时行乐，轻松地享受现在；年轻一代正推动社会从现实世界向虚拟世界转化，人们更加愿意在网上交流，尽管人近在咫尺。

前辈人看到后辈人的言行与自己不同，总想教导后辈人按自己的愿望成长，后辈人总觉得前辈已经不合时宜，他（她）们从互联网上得到比前辈人多得多的问题解答，并开始和前辈人争论。跨代的理念不同及习惯不和的情况，经常在两辈人、多辈人之间发生。许多企业已经看到这种趋势，并在研究跨代文化的冲突及协调问题，一方面，使企业的产品和服务更加符合新一代的需求，另一方面，使企业的管理和成长能够更加平和地从一代过渡到下一代。

人们源于对企业生存和更好生存的认识，将自认为能导致企业成功的部分积累下来，教化现在的员工，教化后来的员工，逐渐成为企业里这个族群解决企业问题的常态的思维依据、规则范例和行为定势。同时，新的需求会不断出现，人们的思维、规则、行为、企业流程、外部市场等也会发生变化，这是新态部分。继续将新态中对企业生存和更好生存的认识，将自认为能导致企业成功的部分积累下来，逐渐衍化为常态的思维依据、规则范例和行为定势。这就是企业文化的新态与常态的转换机制。由于这个转换机制，使企业文化不断更新，更有生命力。

（作者系北京大学原副校长、中国企业文化研究会学术委员会委员，本文摘自《企业文化》）

## 关于企业文化“落地”的路径与方式方法的再思考

贾春峰

对于这个题目，我先讲两点说明：

一是“落地”加了个引号，是想说明，这是个借用语，是一种形象的比喻说法。因为企业文化本来就在企业自身的经营管理实践中，并不是从天上掉下来的，但文化理念提炼概括形成后，确实有个在企业运作的方方面面落实的问题，生根、开花、结果的问题，确实有个解决文化“悬在半空”“双脚离地”，也就是大家常讲的只是说在嘴上、写在纸上、挂在墙上，并不“落地”的问题。“悬在空中”这个说法是在20世纪90年代，在大连由市委宣传部一位副部长主持的座谈会上，一位企业的同志发言时说的。这个说法很形象，后来又演变出了“双脚离地”的说法。

二是说这是一个老问题。老问题，老出现，大家总是反复提出这样的问题，发出这样的呼声，这就值得重视，值得再认识、再研究、再思考。我希望能有些同志研究一下企业文化落实、“落地”的整体思维和系统思考，更希望能有不同行业、不同企业解决这个问题的多种多样的途径、方式方法所创造出来的众多不同类型的典型经验。解决落实“落地”的问题，有没有灵丹妙药？能不能开个药方？我看不能、不好这样说。这将是一个长久存在、不断解决、不断出现、不断再解决的过程，问题会伴随着一个企业的企业文化发展的不同阶段以不同形式出现。解决这个问题从根本上说要靠企业实践的创造，自觉地从不断创造的新经验中寻找答案。理论概括只能倾听实践的呼唤，尊重实践的权威。这是科学的马克思主义的认识论。

我想探索探讨性地说个人的六点想法、意见和建议，也可说是六个观点。

**一是在整个企业文化建设的过程中，要更加自觉地践行、体现和遵循“知行合一”、“知行统一”的认识论和方法论。**讲企业文化落实、落地也好，讲企业文化设计规划也好，讲实践践行也好，我个人认为坚持“知行合一”、“知行统一”，这是具有根本意义的在认识论和方法论上的总要求。这些年来，在企业文化界、在许多企业的企业文化建设中，讲“知行合一”、“知行统一”讲得比较早、比较多。因为知与行，认知与行动，常常呈现极为复杂的状态，可以是统一的，也可能是不统一、不一致、甚至是相矛盾、相排斥、相对立、相悖谬的。如果在企业文化中知与行是相排斥、相背离的，那怎么能谈得上落实落地、生根开花结果呢！？管理学家德鲁克说，“管理是一种实践，其本质不在于‘知’而在于‘行’，其经验不在于逻辑，在于成果。”他也运用了“知”与“行”的概念，把管理上升到知行关系，强调了践行的重要性。

为杰克·韦尔奇提供管理咨询40多年的、国际管理咨询大师拉姆·查兰在谈到企业实现持续转型时也涉及到知行关系，说是“知易行难”。知行关系问题、知易行难还是知难行易，这是中国哲学史、思想史上一直争论的问题。王阳明就有许多这方面的论述，阳明哲学传到日本后，又有人提出“即知即行”。到了20世纪，孙中山有一篇著名的演讲，题目就是《知易行难，还是知难行易？》在他的《建国方略》一书中，有好几个篇章是专门论述知行关系的。毛主席在他的《实践论》的开头（副标题）和结尾都讲到了知行关系、知行统一论。在这部伟大的哲学论著的结尾，他说：“这就是辩证唯物论的全部认识论，这就是辩证唯物论的知行统一观。”我认为，这个问题对于我们遵循什么样的认识论和方法论，对于我们在研究思考中确立什么样的思维方式和行为路径，实在是太重要了。我们推进企业文化的持续创新发展，研究企业文化的落实“落地”，也应当也必须坚持“知行合一”、“知行统一”，坚持这个马克思主义的辩证唯物论的知行统一观。不能是知而不行、知而无行，也不能是不知而行、无知而行。这个总要求应体现在企业文化建设的全过程和各个方面。

**二是价值理念与行为规范，这是企业文化的内涵、企业文化的整体框架结构、企业文化系统思维中两项最主要的、最具实质意义的内容。**对于一个企业的企业文化建设来说，从规划设计开始就要准确、切实地把握价值理念与行为规范、理念文化与行为文化的有机融合统一。这对于实现企业文化“落地”落实至关紧要。

对于这个观点，有以下几点需要加以说明：

价值观是企业文化的核心。我们的整个企业文化建设，要以社会主义核心价值观为引领。

企业文化的内涵用一个公式来表达，就是：企业文化 =（企业经营管理中的）价值理念 + 行为规范。用公式表达常常有局限性，但可以突出鲜明地说明问题。企业文化的全部内容当然并不只限于这两个方面，但这两个方面是最根本最重要的、而且是二者缺一不可的内容。没有价值理念，就失去了灵魂，就不成其为文化；而没有行为规范、行为准则，就不易于价值理念为广大员工所确认、所掌握、所实践，从而变成员工的行为方式、行动实践和行为习惯。行为规范、行为准则、行为习惯这是属于行为文化，这是企业文化落实、“落地”的一个具有根本意义的关键环节。我们常讲企业文化与经营业绩，认为企业文化与经营业绩没什么关系，这种看法是不符合实际的。几十年来的实践表明，企业文化对于提升企业的整体素质，推动企业的持续发展、对于企业的经营业绩、企业的兴衰成败所起的作用越来越突出、越来越显著，也越来越令人不可忽视、不可小看。说企业文化建设是企业长寿之道，这是一点也不错的。而企业文化要转化为企业的经营业绩，很关键的一点也是靠价值观、价值理念扎根人心、深入人心，通过广大员工的行为自觉、行为习惯而实现的。1997 年费孝通先生在北京大学所做的《开创文化自觉的新风气》的演讲，就讲到，“文化在哪里？就在集体生活的人的行为和意识中”，这里也突出了行为文化，讲得好。

从企业文化这个公式所体现的价值理念与行为规范的有机统一中，不难看出它本身就蕴含着实现企业文化“落地”落实的要义。多年来，许多企业的企业文化手册就是照这样的基本框架、架构设计出来的。文化手册形成后，强调“两化”：化文本为行动，化理念为实践，这都是在推动文化“落地”的工作。六、七年以前，机械工业出版社出版了一本现代财经小说《没文化行吗？》，书中通过主人公的对话，明确把这个公式同大家熟知的美国管理学家威廉·大内在《Z理论》一书中提出的企业文化 = 传统 + 风气这样两个公式并列提出加以讨论。用小说形式讨论企业文化的理论公式，别开生面，我看这可能是具有开创意义的第一部。同时，也可以看出，多年来我国企业文化界所讲的价值理念与行为规范的有机统一，已经深入人心。

具体到一个企业，价值理念部分的表达，有多少条目合适？现在的情况是有多有少，有的多到二三十条，有的只有几条。我看，一切要从企业实际出发，原则上讲，应是简明扼要为好。当然这里还有个条目的排序问题。

在企业培育和确立价值理念，具体途径和方式方法是多种多样的。总的原则和总的要求应当是：在社会主义核心价值观的引领下，坚持企业价值、员工价值、用户价值、社会价值的有机统一。这几个方面一个也不能少，应当是均衡协调发展，而不能顾此失彼，不能单打一，不能择其一而不要其二，也不能择其二，不要其三、其四。

解决处理好价值理念与行为规范、理念文化系统与行为文化系统之间的关系，这也是实业企业文化“落地”的重要问题。这个问题，可能引起的重视还不够，不应当使理念系统与行为系统搞成两个互不相干的、缺失内在关系的独立的两个板块。应当下大功夫使这两方面有内在的逻辑一致性，做到浑然一体，相互应和。价值理念本身蕴含着应有什么样的行为方式、行为准则、行为规范、行为习惯；而行为方式、行为准则、行为规范、行为习惯要体现着价值理念的引导。这也可以说是理念引导行为，行为体现理念；理念渗透于行为，行为使理念看得见、摸得着。我们应当从内在的逻辑一致上来认识和处理这个问题。我考虑用 12 个字说明二者关系：浑然一体、相互应和、逻辑一致。

**三是通过专项文化建设和基层文化建设协同并举、纵横交织、上下紧密连结，点线面融汇贯通，实现企业文化在企业方方面面的全覆盖，不留空白地段、不留空白点、不留空白线，以推动价值理念与行为规范全面深入地落地、生根、开花、结果。**这样才能使企业的各个领域、各个方面，处处有文化生机，处处显示文化的活水源头，以切实迈向和构建文化管理的新境界、新气象。

专项文化建设，包括安全文化、质量文化、营销文化、服务文化、品牌文化、环境文化、廉洁文化建设等内容。企业基层文化建设，包括车间、工段、班组、作业队、店铺、专营店等等文化建设。大庆文化中的基层文化作业队、钻井队的文化建设搞得好，关晓红同志、李懂章同志都作过介绍。正泰集团党委林可夫书记专门介绍过班组文化建设经验。座落在甘肃平凉地区的华亭煤业集团的班组文化搞得丰富多彩、有声有色，受到了参观考察者的热情赞誉和好评，并引发了许多有意义的思考评论。比如后勤班组对下井工人替换的衣服进行清洗时发现纽扣掉了会及时补上去，这样极其平凡的后勤小组的细节文化，长久地留在参观者的记忆中。这次峰会又评出了优秀班组文化 50 家，这是第一次评出，这对于促进班组文化的交流和相互启发，会起到积极的帮助和推动。不要小看这几十家优秀班组文化的出现，这是具有标志意义的，它标志着我们的企业文化建设正在进入深入、深化、落实、“落地”、开花结果的新阶段。中国企业文化研究会对于基层企业文化建设专门开过会，对于安全文化、服务文化等专项文化建设也举办过专题研讨。实践经验说明，专项文化建设要搞得深入、精深，具有专业化特征和专业化价值，基层文化建设具有基础性意义，要搞得扎实有力、讲究实效，这都还需要继续不断地创造出许多新经验。

近日看到，中航工业成飞相关部门负责相应的专项文化建设的具体管理，这是一个值得重视的做法和经验。例如，质量管理部门负责质量文化建设工作，保密办公室负责保密文化建设工作，安全保卫部负责安全文化建设工作。专业部门负责专项的子文化建设工作，这就使专项的子文化建设更具有指导意义和实际操作性，便于文化与业务工作融为一体，并成为企业文化落地的重要平台。成飞还有效地推进了文化进班组、进工段、进科室的活动。

对于一个企业来说，专项文化建设和基层文化建设是推动和促进企业文化全面深化拓展、落实“落地”的基本的常抓不懈的有效举措和平台，需要长期有序、有步骤地“常态化”进行下去。这方法的落实“落地”工作有许多许多，也还有许多方式方法需要创新和总结。

我们应当善于发现、善于捕捉基层企业文化建设和专项文化建设中涌现出的亮点和闪光点，并且有效地加以展示和传播。这也是促进企业文化落实“落地”的有效举措。

**四是通过企业文化故事的提炼、传播，故事理念化、理念故事化，实现价值理念、英雄人物与企业故事三者的紧密融合。**在英雄人物身上，价值观、价值理念人格化、形象化、故事化，促使企业文化潜移默化地融入员工的血脉，深入内心，深植于行为实践，从而转化为企业的竞争优势、经营业绩与整体实力。

一些年来，在企业文化界传播过一些国外著名大企业是如何注重讲故事的，包括搞好讲故事的培训，包括制定讲故事的计划，包括新来的员工要听一小时的公司故事，包括有的公司的教育总管被称为“首席故事官”，要善于“在恰当的时间讲恰当的故事”等等。我们国内的不少企业，长时间以来编制企业文化手册的同时，也很注重编印企业故事。例如，中航工业成飞就有《成飞经典故事》，并且举办“成飞故事”讲演比赛，传播企业的价值理念；江苏核电有“故事中的文化”、“文化中的故事”；浙江天能集团有《天能企业故事》；江苏刘鹏凯同志主持的黑松林的故事，等等。对于企业人、广大员工来说，故事就在身边，有角色、有情节、有情感，生动感人，易于入耳入脑，吸收理解。一个故事常常带着一个观点、一个理念，由实见虚，通俗易懂，让大家在讲故事、听故事的共同分享中获得一种潜移默化的、如细雨润物般的、点点滴滴注入人心田的文化传承和文化滋养。一些企业文化故事的板式设计，图文并茂，疏朗洁净，简明扼要，风格清新，一目了然，叙述内容简洁细致生动，事况情境鲜活。这实在称得上是我国改革开放以来由广大职工主体所创造的企业领域文化建设的一种新贡献、新奇观。刘鹏凯同志那些心力管理的故事，阅读起来，总是令人产生一种亲和力、凝聚力，产生一种积极进取、向上向善的力量。这也可称得上是在传递一种“同理心”，产生人同此心、心同此理的心理感悟。

这些做法，恰恰是一种具有本原意义的正宗企业文化，在上个世纪80年代之初，对企业文化理论具有开创意义的著作就讲到，“企业文化由价值观、神话、英雄和象征凝聚而成，这些价值观、神话、英雄和象征对公司的员工具有重大的意义。”这里说的神话，就是我们说的企业故事。现在我们讲要重视企业文化的实践性，其实实践品格、实践属性正是企业文化与生俱来的固有的基本属性。最早的企业文化理论、企业文化五大要素，讲价值观是企业文化的基石、是企业文化的核心，书中说，“价值是任何企业文化的基石。作为赢得成功的企业的哲学的实质，价值为所有的职工提供了共同的方向，并指导着他们的日常工作”。“成功的企业经常是因为它们的职工对组织价值的确认、信奉和实践”。这里讲的指导员工的日常工作，讲的职工对组织价值的确认、信奉，并付之实践行动，这实质上就是讲的企业文化的落实“落地”问题。书中讲的英雄人物，是体现企业文化、或者说企业文化人格化了的人物。英雄人物中有个“共生英雄”的提法。何为“共生英雄”？当时美国报刊讨论有这样一个提法，叫“你必须将心放在企业上，而企业必须在你心中”，这是一种“人企合一”的境界。浙江天能集团的员工座右铭叫“我的心在天能，天能在我心中”。奉行、实践这样的座右铭的人越多，企业的内部凝聚力和外部竞争力也就会越强大。

**五是注重用户文化研究，把用户体验作为企业文化手册文本变行动、理念变实践，实践企业文化落实、“落地”的一个重要内容。**推动企业商业模式变革的一个重大理念是用户导向。一位著名企业家讲，要让“用户永驻心中”。这就要做到，急用户之所急，想用户之所想，做用户之所需。从用户经济、用户导向所催生的新的用户主导论出发，我们把企业文化看作是企业家文化、员工文化与用户文化的有机融合统一。看看我们的企业文化手册，其实许多内容、许多价值理念的表达、许多行为规范的设立，都是为着用户的。企业文化的落实“落地”，不仅是对着企业人包括企业家、企业管理者和广大员工，也还应对着用户。讲体验经济、用户体验企业的产品和服务，同时也要体验你这个企业的文化。企业文化应当是企业家、员工与用户共创共享、共同体验的文化。企业故事中有许多也是企业与用户在共创与互动中产生出来的。

企业文化手册的内容，也要在用户的实用实践中加以体验，这也是企业文化落实“落地”的一个重要内容，一个重要方面。我们应当探索创新企业家文化、员工文化与用户文化三者融合统一，三者协调并举、三者深层互动的理论、实践和机理，真正落实“落地”的企业文化应当是全企业大家建设的企业文化，也应当是全企业建设的大家的企业文化（也称之为两个“大家”）。而这里“大家”的内涵、“大家”的题中应有之义，也应包含有用户。我们应创造条件，让用户参与到企业文化创新发展、落实“落地”的全部过程之中。

**六是在整个企业文化的建设实践方略中，要始终不渝**

**地坚持“四好”：好识好论好用好传播**。这就要力求做到企业文化理论上的准确性、深刻性与表达方式的大众化、通俗化的有机统一。让人一看就明白，一听就懂。那些不妥当做法会给企业文化的创新发展、落实“落地”带来思维和行动上的阻滞、障碍。互联网的发展，会给企业商业模式变革和企业文化带来新的发展创新活力，同时也应注意避免使企业文化模式化、繁琐化和雷同化，不能搞文化上的克隆、复制、生搬硬套，防止走向千篇一律，而要注意保持企业文化内生的鲜明个性和自有特征。

最后，企业文化建设任重道远。我们既面临着企业文化落实“落地”的问题，更面临着新形势下企业文化创新发展的新挑战、新任务、新课题。新形势，包括国家全面深化经济体制改革、经济发展方式转变、企业改革问题，包括企业商业模式创新，也包括扑面而来的互联网的大发展。有句话叫“向学习要未来”。作为企业文化工作者、研究者，我们都有注重学习、重新学习的任务。我自己也在继续学习，学习马克思主义哲学辩证唯物论与历史唯物论、学习党的建设有中国特色社会主义理论体系、学习习近平总书记系列重要讲话，学习历史文化，更要向实践学习，在学习中对企业文化创新发展、落实“落地”问题继续进行研究和思考。我们的企业文化建设，是伴随着国家改革开放的步伐、社会主义市场经济体制和现代企业制度的创立完善，以及商业模式变革的过程而发展起来的。企业文化在当代中国的兴起，已经是我国社会主义文化大发展大繁荣的一个重要组成部分。许多同志为开拓企业领域的文化建设做出了贡献。我认为，这个贡献不是空而无用的，是要凝聚到提升企业核心竞争力、增强企业整体素质，转化为企业经营业绩的。十几年来，由中国企业文化研究会举办的每年一度的中外企业文化峰会，在大家的共同努力下，已经成为一道靓丽、壮美的企业文化风景线。

（作者系中宣部理论局原副局长，中国企业文化研究会副理事长、学术委员会委员，本文为作者在“中外企业文化2014成都峰会”上的发言）

# 中华传统文化精髓是核心价值观

戴木才

十八大以来，习近平总书记站在实现中国特色社会主义现代化和实现中华民族伟大复兴中国梦的战略高度发表了一系列重要讲话，其中很多重要讲话都涉及到社会主义文化的发展繁荣和培育社会主义核心价值观的问题，从这些问题可以看出从内容到方法，习近平总书记把社会主义文化的发展繁荣和培育社会主义核心价值观与继承和弘扬中华民族传统文化紧密的结合起来，与继承和弘扬中华传统美德紧密的对接。在讲传统文化和传统美德这个问题上，习近平总书记最突出强调的，他引经据典的都是中华传统文化的精髓。在党的历史上这是总书记第一次非常鲜明地提出要理直气壮的继承和弘扬中华传统美德，可见这个问题的重要性。

## 中华传统的核心价值观：仁义礼智信

我国是世界上文明发达最早的国家之一，具有悠久的历史和灿烂的文化，以前我们对优秀传统文化归纳得比较笼统，这次中央政治局学习我们概括了四句话，思想上有大智，论理上有大善，艺术上有大美，科学上有大真。

这里讲讲第二方面，论理上有大善。中华民族始终贯穿自强不息厚德载物的向上从善的精神追求，形成了比世界上其他民族更为丰富、更具民族特色和举世公认的传统美德。完全称得上是论理上的大善。首先要深入挖掘中华传统美德中一些具有永恒价值的内容。我们讲传统美德要区分传统美德和传统道德这两个概念，祖先给我们留下的东西并不一定都是好的，在传统道德方面既有精华也有糟粕，精华就是我们所说的传统美德，是应该继承和弘扬的，糟粕就是那些落后过时的道德遗产，是应该批判和抛弃的。忠要忠诚，不能愚忠；孝要孝顺，不能愚孝。义包括道义公正，也包括劫富济贫，哥们义气，这就需要我们辩证分析，有扬有弃。

中华传统美德就是中华传统道德中精华的部分，它积淀着中华民族最深厚的精神追求和最根本的精神基因，具有跨越时空超越国度的价值，是中华传统文化的精髓。中华传统道德主要以儒家道德为主体，内容非常丰富。中华传统美德有一个整体性，从家庭、社会、国家、世界、到自然等多方面。我们主要讲社会公德、职业道德、家庭美德、个人品德（西方讲经济道德、政治道德、社会道德、生产道德）。家庭方面讲尊老爱幼，父慈子孝，长幼有序，夫妻恩爱，百善孝为先，家和万事兴；在社会方面讲诚实守信，与人为善，己所不欲勿施于人；在国家方面强调国家和民族大义，清正廉洁，亲民爱民；在世界方面要睦邻友好，以德服人爱好和平；在自然方面敬畏自然，向自然学习，人与自然要和谐相处。我国传统美德还有另外一个重要方面，要求把这些道德规范最终落实到个人品德和理想人格上面，在个人品德方面强调追求君子人格、圣贤人格，在理想人格方面强调自善自身，这些大家都非常熟悉，很多也是大家这样做的。这些传统道德不光在古代适用，在中国今天也适用，在中国的今后也继续适用，而且在世界上也适用，这些传统美德具有永恒价值。

什么是中华传统的核心价值观，在我国历史上历来有不同的看法，有人认为是礼义廉耻，有人认为是忠孝节义，还有人认为是自强不息，厚德载物，这主要是从思想价值和政治价值不同角度提出的观点，我认为最根本影响最深远的是“仁义礼智信”。把仁义礼智信作为古代国家的核心价值观是一种国家行为，在我国有长期广泛的影响。几年前曾调查过仁义礼智信在广大群众中的认知情况，结果发现，对仁义礼智信的认知程度调查比例基本都在70%以上，这也说明仁义礼智信在我国影响深远。

## 中华传统美德的形成过程

我国文明发展五千多年，中华传统美德是伴随中华传统道德的形成衍变而形成和发展的。在尧舜时代就出现了一些初具道德色彩的概念，父厉母慈，兄友弟恭，子孝，到今天也是一脉相承的。春秋时期出现了百家争鸣，儒道墨法等各学派对道德问题都做了深刻的探索，儒家道德思想是当时最具代表性的道德思想，孔子、孟子这两个最关键的人物，他们确定了以人为核心的道德规范，极大的丰富了中华传统道德。论语是一部讲做人的著作；孟子被尊称为亚圣，他提倡王道，重仁义轻功利。儒家道德思想对以后的中华传统道德发展产生了深远的影响。一是对先前历史上庞杂的道德思想进行了系统化，提出了核心价值观。我们今天运用的很多核心价值观都是孔子、孟子提出来的，比如以德治天下。这个时期除了儒家其他学派也为道德的发展做出了贡献。比如道家，强调人与自然的和谐相处，墨家提倡过节俭的生活，现在我们的反四风中有一个反奢靡之风，这个反奢靡之风的老祖就是墨子，历史上他第一个提倡节俭反对奢靡。

儒家思想成为我国封建社会的重要思想，它是由多种因素决定的，有历史的必然性，因为一是儒家思想适应了当时我国自然经济和新兴封建制度发展的需要，经济基础决定上层建筑。二是儒家道德思想有着深远的历史根基。三是儒家道德思想最为系统规范成熟，儒家注重把思想理论化系统化并著书立作。四是儒家注重教化传承，培养一批研究传播儒家思想的人。

道德建设离不开道德发展的规律，离不开历史的根源，离不开系统成熟的理论，离不开广泛的教学传播。随着自然经济和封建君主专制制度的发展，汉武帝总结历史经验教训，高度重视道德的社会作用，提出了“罢黜百家，独尊儒术”的思想。三国时期我国局势剧烈动荡，也是思想活跃时期，一些思想家都试图按照本阶级的利益和要求，倡导一种思想道德。魏晋隋唐时期仁义礼智信就得到大力倡导，逐渐变为人们比较认同的道德准则和行为规范。韩愈认为仁义就是道德，道德就是仁义，宋元明清时期仁义礼智信从理论上得到进一步巩固发展。

鸦片战争后我国走向半殖民地半封建社会，民族危亡逐渐加深，我国资产阶级革命家思想家在批判封建旧道德的过程中用西方的自由平等改造和充实中华传统。中国共产党既是马克思主义的传承者和弘扬者，也是中华传统美德的传承者和弘扬者，提出了要批判地继承我国的优秀传统文化，确定了取其精华去其糟粕的古为今用的方针，在新民主主义革命时期形成了革命道德，在社会主义建设时期和改革开放新时期形成了社会主义道德，都极大的弘扬了中华传统美德。毛泽东同志是弘扬中华传统美德的杰出代表，毛泽东思想的很多重要内容都直接来源于优秀传统文化的政治制度和道德制度，具有鲜明的中国特色中国风格和中国气魄。比如大家知道的“实事求是”的思想路线，“为人民服务”的根本宗旨，毛泽东同志非常重视思想政治工作和思想改造，邓小平、江泽民、胡锦涛都大力提倡弘扬中华传统美德，比如建设小康社会的提法，以人为本的理念，以邻为邦的理念。

党的十八大以来习近平总书记高度重视和强调继承和弘扬中华优秀传统文化，弘扬传统美德，弘扬时代精神，把继承和弘扬中华传统美德推到了一个新的高度，进入到又一个新纪元。

## 中华传统美德的主要特点和作用

从中华传统美德的发展衍变过程中我们可以看到，中华传统美德以儒家道德为主体，推动了中华民族的文明进步，体现了人类文明中具有永恒价值的道德制度。中华传统美德有三个注重，一是注重把整体利益和国家利益放在首位，这是中华传统美德最大的特点，西方道德主要立足于个体，我们国家的传统美德主要立足于整体，这个整体就是社稷利益民族利益整体利益，始终把国家和民族的利益放在首位。二是注重崇高理想和完美人格的追求，道德主要是规范人的行为调节人际关系，儒家把这个上升到崇高理想完美人格的高度，主张一个人要从内心的深处确立对道德的信仰。三是注重修身为本。儒家认为只有修身才能达到陶冶性情变化气质，就是为了崇高的理想要从自身具体的思想情感言谈举止做起，如果不从自身着手严格自律就容易走歪路，也不可能成就大事业。

在长期的历史发展过程中中华传统道德发挥了巨大的作用，一直是我国社会稳定和谐的精神支柱，是中华民族生存发展的道德根基，这样的历史作用和永恒价值也越来越得到世界思想家的高度肯定和赞同。历史和实践表明精神无形但作用巨大，价值无影但震撼心灵，我们国家作为四大文明古国之一，正是因为崇尚自强不息、厚德载物的道德精神，才是唯一绵绵发展下来的文明古国，其他的几个文明古国都消亡了，消亡的原因虽然是多种多样的，但其中的一个重要原因就跟他的道德精神有关。道德精神从一个人，一个家庭，一个单位，一个国家，一个民族在平常的日常生活当中可能显示不出它的作用，但是到关键时刻往往就是这种道德精神决定了生死命运。

## 我国古代全社会道德推广的几点规律

从中华传统美德的发展过程中我们可以看到我国古代全社会道德推广有一定的规律性，从中可以得到一些有价值的启示。一是道德推广和培育核心价值观顺应了社会发展和政治变革的要求，顺应历史发展的潮流。儒家道德之所以成为封建社会的主流道德，主要是因为顺应了我国古代自然经济和封建君主制度发展的需要。近代以来之所以遭遇挑战，主要是因为不适应近现代市场经济的时代要求。二是通过政治的途径大力推进道德建设，在我国历史上特别重视道德的社会作用，孙中山先生设计的中山装内涵丰富，这是一种思想的武装道德的武装。三是道德发展离不开历史根脉和道德基因，儒家思想传承了我国自古以来的主流道德思想，同时也最为系统规范和成熟。四是以主要道德或者核心价值观为引领，在我国历史上非常重视概括和提炼核心价值观，抓住关键言简意赅便于记忆。五是十分重视道德教化和道德治理的作用。六是把家庭美德作为中华传统美德的重要指引。在我国古代家庭是最基本的、最重要的社会细胞，集生产、生育、教育、生活、情感为一体，通过家庭美德建设来促进家庭建设，通过家庭建设来维护国家稳定，促进社会和谐，推进社会发展，可以说历史成效明显。

### 培育社会主义核心价值观是一项长期战略任务

党的十八大从深入推进中国特色社会主义伟大事业的高度提出了创造富强、民主、文明、和谐；探讨自由、平等、公正、法治；倡导爱国、敬业、诚信、友善，培育和践行社会主义核心价值观的重大战略目标，中央办公厅又推出了关于培育和践行社会主义核心价值观的意见。当前各级各系统也在以高度的思想自觉和行动自觉做好意见的贯彻执行，培育社会主义核心价值观是一项长期的战略任务，不是一朝一夕的，在实践的基础上还需要进一步解决一些重大的理论问题和实践问题，需要不断的推进和不断的生长。

我们讲社会主义核心价值观虽然字数不能太多，但它需要回答的问题既要有理论的高度又要有现实的厚度，还要有历史的深度，需要体现出多方面的要素。我认为社会主义核心价值体系要体现这七大要素，才能够站得高看得远，立得住传得远。一是要体现社会主义核心价值问题；二是要站在人类价值共识的制高点；三是要倡导社会主导世界制度和国际道义；四是要发扬共产主义价值理想的旗帜；五是国家治国富民要体现美好崇高的价值形象；六是要为国际国内广泛分享崇尚颂扬；七是要继承和弘扬中华民族传统美德。

弘扬中华民族传统美德，我们还要面对改革开放以来我国出现的道德问题，这个问题是这些年来我们普遍关心议论的一个问题。对这个问题怎么看，不仅仅是道德问题，而且涉及对我国改革开放的整体评价，所以对这个问题要有一个科学理性的正确认识。对这个问题我们从两个方面看，一方面，应该充分肯定改革开放以来我国的道德建设总体上是与我国的经济社会发展相适应的，我们不能说我国的经济社会发展是独脚跳，因为经济基础决定上层建筑，改革开放新的经济基础建立了之后，一定会产生与之相适应的新的道德观念、新的价值观。改革开放以来我国产生了人权、法治、公正、平等、和谐、效率、创新、以人为本等许多新的价值理念，这在改革开放之前是不可想象的。另一方面，不能否认在道德上出现了这样那样的问题，比如诚信缺失、假冒伪劣。应该说产生这些问题的原因是多方面的，我认为最主要的是四个方面的原因，一是道德建设与经济社会发展具有不同步性，因为30多年来我国经济建设速度社会发展迅猛，但道德建设属于社会上层建筑，有相对的独立性，难以与经济发展同步。这是一个客观发展的规律性问题。第二是道德多元化，改革开放30多年，各种道德都存在，从封建主义道德到资本主义道德，从革命道德到建设道德，从计划经济道德到市场经济道德，从中华传统美德到西方各种道德。这种状况有时候叫人不知所措，出现在道德选择的多样性差异性。第三是道德建设的确存在一手软，改革开放后，经济建设是我国的重中之重，道德建设欠账并且不容易见成效。第四道德问题也是一个全球面临的问题，是一个与经济社会发展捆绑在一块的，只有随着时代的发展才能不断解决问题，只有到了共产主义社会才会得到圆满解决，一是物质财富极大丰富，二是人类觉悟极大提高。

党员干部要模范践行社会主义核心价值观，中华传统美德十分强调以身作则的模范作用，我国自古以来上行下效是道德建设的一个非常重要的方法，所以领导干部践行社会主义核心价值观不仅是个人的事情，也是关乎全社会的大事，只有做弘扬社会主义核心价值观、弘扬中华传统美德的模范践行者，以身作则率身垂范，才能以人格力量带动群众。

要使国家和社会的制度设计逐步与我国社会主义核心价值观的基本要求相辅，这是一个非常浅显的道理，因为事实胜于雄辩，我们宣传一万遍不如人们在现实制度当中真实的体验一次。核心价值观只有真正体现于社会的各项制度当中，才会引导人们取得对核心价值观的信念，对制度的忠诚，否则如果制度与核心价值观相背离，这会导致人们对价值观的质疑。

要正确处理弘扬中华传统美德与今天文明成果之间的关系，世界各种道德都是在求同存异间发展的，所以弘扬中华传统美德和培育社会主义核心价值观也应明确对待人类的文明成果，正确对待西方的道德。关于这个问题我提出两方面建议，一是要充分肯定无论是西方还是世界其他民族绝大多数都重视培育道德，我们不能说只有中华民族才是重视培育道德。二是既要看到二者的相同之处，又要看到二者的不同之处。比如在道德内容上就有许多共同之处，我国古代讲仁义理智信，古希腊讲“正义、勇敢、谨慎和节约”四大美德，不同之处是二者在认知方式、实现目的和教育形式的方面有很大的区别。继承和弘扬中华传统美德培育社会主义核心价值观必须放眼世界，以开放包容博大的胸怀审视人类文明发展的积极成果，要相互借鉴取长补短，把真正反映人类发展的先进的道德理念吸纳进来，积极进行道德创新，丰富和发展中华传统美德，使之与人类文明发展的趋势相一致，与现代文明社会相协调。

要在全社会抓好教育渗透熏陶践行。我们要遵循人类价值观形成发展的规律，根据人的身心特点抓好教育，注重因材施育，不能企图用一个方法把所有的问题解决了。既要抓好专门的价值观教育更要注重熏陶渗透践行的人，因为现在的教育对象、环境条件都发生了根本的变化，我们要环境熏陶，潜移默化，要让人们在自觉不自觉中接受社会主义核心价值观，内化于心，外化于行。

（作者系中宣部政治工作研究所研究员，本文摘自《企业文化》）

## 互联网时代的企业文化创新

赵春福

我不懂互联网技术，也不懂电脑技术，我的专业是哲学，我关心互联网时代的企业文化是从哲学的角度、从文化的角度来关心的。谈互联网时代的企业文化创新，我还是想先说几句马云。原来他的影响主要在中国，阿里巴巴在美国成功上市以后，他的影响已经是世界性的了。法国外交部部长到中国来，首先到杭州见马云，说你得帮我推销法国的产品。加拿大总理来参加APCE会，第一站也是到杭州拜见马云，说你得帮我推销加拿大的产品。马云不懂电脑，也没有学过经济学，也没有学过管理学，一个英语老师，几万元起家，十四年的时间取得如此巨大的成功。马云为什么能够成功？原因是多方面的，包括他身处一个13亿人口的大国，有十多亿的消费者。但是我想，首要的原因是马云的思想，他的思维方式，他的经营理念、经营思想，适应了互联网时代的需要，他把握了时代的脉搏。这里我还要提到两个人，一个是日本软银的创始人孙正义，还有一个是雅虎的创办人之一杨致远，这两个人在阿里巴巴最需要资金支持的时候，投资入股阿里巴巴，现在他们的回报是几十倍甚至上百倍。由此我就想到，我们中国有很多大的银行，特别是很多投资银行，为什么缺少这种眼光呢？

几年前政府的4万亿资金大多数进了国企的口袋，国企拿着钱不知道怎么花好，就买地皮搞房地产。全中国炒房，现在有很多人陷入了困境。这里就提出一个问题，作为企业家，必须要认识你所处的是什么时代？要把握时代的脉搏，要实现思维方式的创新，思想的创新，这是互联网时代企业创新的前提。我们处在一个什么样的时代呢？美国杰里米的《第三次工业革命》认为第一次工业革命的形态是煤炭、蒸气、火车加上近代的平板印刷术。第二次工业革命的形态是石油、内燃机、汽车加上电信技术。第三次工业革命的主要形态是可再生能源加上互联网技术。他认为从历史上看新型能源技术与新型通信技术相结合就预示着重大经济转型时代的来临。

可再生能源和互联网技术的融合使地球变成了地球村，人类的行为方式、工作方式、生活方式乃至思维方式、娱乐方式都发生了一个根本性的变革，可以说最近20年是人类社会生活瞬息万变的20年。对于第三次工业革命，也叫后工业时代，也有的叫作互联网时代。

互联网的结构是怎样的？是网状的，它没有中心节点，也没有层级结构，互联网不同的点有不同的权重，但是没有一个点是绝对的权威，互联网的技术结构决定了它的内在精神、人文精神。是什么呢？是去中心化，是平等。应该说平等是互联网的基本原则。在一个网状社会，一个个体，一个企业他的价值是由连接点的广度和密度决定的，你掌握的信息越多，连接得越广，价值就越大。而要获得更广泛的连接，必须开放，不能封闭，开放成了企业生存的必须的手段，开放是互联网的另一个基本原则。所以互联网的人文精神就是平等和开放，这是互联网思维的基本特征。我们说农业社会最重要的资产是土地和农民，工业社会最重要的资产是资本、机器，加上流水线上的那些被异化的人。到了后工业时段，或者说互联网时代，最核心的资源是什么？是流量、数据加上有知识的工作者。企业的管理也从传统的层级结构走向网络结构，企业的管理更加扁平化而不是宝塔式的层级结构。

有人认为，后工业时代互联网的产生堪比文艺复兴。我们说乔布斯并没有什么伟大的物质发明，他的伟大在于定义了“最优秀产品”理念，并且把互联网的思维运用到极致。如今，互联网思维逐步扩散，人类生活的各个领域，很多影响是颠覆性的。对于互联网思维有很多表述，从企业经营角度看我觉得主要有如下几方面。

一是用户思维，这是对经营理念和消费者的理解。过去我们说厂商是主导，传统的方式往往是厂商自说自话，消费者无法参与产品的研发。而互联网时代非常强调用户是中心，消费者的话语权日益增大，并且影响着企业的决策。比如小米，让用户广泛参加到产品的研发和品牌的建设过程当中。用户思维是互联网思维的核心，马云在成功上市后说，阿里巴巴，第一是用户，第二是企业基层员工，第三才是企业高管。

二是简约思维，是指对产品和产品规划的理解。产品到服务要力求专注简单，过去传统企业习惯大而全，产品线很长。互联网时代强调的是简约，简约是什么呢？马云说，简约是在你加强产品特性的同时，删除那些不必要的功能，还要符合大众使用的需求和大众的审美观点。简约不是简单，简单是将负责的事情简单化。过去博客长篇大论，后来微博140字，140字最容易被人记住也最容易被人传播。企业往往要做减法而不是加法，从哲学上说“少即是多”。

三是迭代思维，是指对创新流程的理解。互联网企业产品更新换代非常快，不能固守在最初的产品所提供的服务，而要适应市场的变化，适应满足消费者千变万化的需求。

四是颠覆式的创新思维，这是指对创新力度的理解。也叫破坏式的创新，颠覆式的创新，毁灭性的创造，也可以说自己消灭自己。任正非在华为内部设立蓝军，专门给自己的企业挑刺，唱反调。微信的创新是顶着企业内部QQ部门的反对，不是一个企业内部自己打自己吗？后来在马化腾的支持下，这个创新成功了。马化腾说，如果没有微信，如果微信让别的企业做成了，那我这个企业就挡不住现在互联网企业发展的趋势。就是说一个企业要敢于自己打败自己，自己打败自己，那就是说你在不断创新，这是保持企业在行业领先的一个重要手段。现在有哪些颠覆式创新呢？例如说终端被颠覆，平板颠覆了PC、智能手机颠覆了老式手机；比如媒体被颠覆，电视机收看率日益下降，谷歌广告收入超过了美国全部报纸杂志的营业收入的总和；比如销售渠道被颠覆，未来的货物大多不是在商城的仓库里，而是走在工厂和消费者之间的大路上；比如金融模式被颠覆，余额宝的出现打破了垄断的僵化的利率，互联网金融现在成了新的热门的行道；比如医疗方式被颠覆，出现了可穿戴的医疗设备，加上互联网的远程诊断，你就是地处青藏高原，也能享受北京上海三甲医院服务。

五是极致思维，极致思维就是要做第一，不要做第二。在一个产品过剩的年代，第二是没有市场的，只有做第一才能满足用户千变万化的需求，才能保持市场的竞争。

六是流量思维，流量就是户口。互联网时代，流量在先，流量就是金钱，互联网行业有一句话，羊毛出在猪身上，羊毛出在狗身上，互联网有很多企业服务是免费的。谷歌、百度、360、腾讯QQ、微信等等很多服务是免费的。免费是互联网企业服务的一个核心，通过免费的形式吸引用户增加流量，从第三方获取利润，这就是羊毛出在狗身上、羊毛出在猪身上。

七是社会化思维，是指对传播链、关系链的理解。企业家要用社会媒体、社会网络重塑企业和用户的沟通关系，重建企业的管理，重建企业的商业运作模式。小米拥有一个百人团队，专门负责新媒体的运营，包括微博、微信、百度、QQ，小米都有人管。这个团队大概有100多人，把跨界思维甚至对产业的边界创新的理解都管起来。互联网时代是一个实体经济跟虚拟经济结合的时代，各个产业之间的边界开始变得模糊。要界定它很困难，只要你掌握了用户，掌握了数据资产，你就可以参与跨界的竞争，跨界变得越来越普遍。

八是平台思维，是指对商业模式组织形态的理解。互联网的平台思维就是开放、共享、共赢的思维。企业要打造一个开放的多方供应的互利的生态圈，这个平台不仅仅要成为企业和消费者、供应商联系的平台，还要成为员工发挥最大潜能和创新能力的平台。

九是大数据思维，是指对核心资产竞争力的理解。大数据已经成为企业的核心资产，数据挖掘和分析成为企业关键的核心竞争力。

过去的20年是消费互联网时代，互联网改变了人们的消费行为和消费条件，光棍节500多亿的销售额，现在不光中国老百姓参加抢购，全世界都参与这个光棍节的抢购。未来20年是产业互联网时代，每个行业都会被产业互联网改变，这种改变将会超过以往的工业革命给我们带来的改变。未来企业的运行逻辑是互联网思维的运行模式，未来企业的智商是不断获得和加工大数据的能力。互联网会成为我们生活中的水和电，互联网将影响改变我们的生活方式、工作方式、思维方式。作为传统企业的经理人，千万不要害怕互联网竞争，而要拥抱互联网。据说张瑞敏、董明珠现在已经行动起来，他们想要努力实现传统制造业和互联网的结合。

我们要从人类社会发展的历史角度来认识互联网时代，把握时代的脉搏，转变思维方式，迈出互联网时代企业文化创新的第一步，转变思维方式。只有迈出转变思维方式的第一步，才能有企业文化创新的第二步、第三步，才能使我们的企业走在时代的前列。

（作者系北京行政学院原副院长、中国企业文化研究会副理事长，本文为作者在“中外企业文化2014成都峰会”上的发言）

# 礼教文明与经济创新

司马云杰

世界上任何国家民族社会经济的发展，皆离不开他们文化本原最高存在，离不开他们安身立命之教，总是从那里引出理想、信仰、信念、伦理、道德及精神世界存在，并以此为内在目的论，寻求历史发展道路，不断实现社会进步和经济创新的。西方的宗教、中国的礼教就是这样的安身立命之教。

宗教，即以宗为教，如神或上帝。礼教，即以理为教，即以天道法则、宇宙法则作为人的生命法则，使人获得性命之理，懂得做人的道理。故礼教就是以天理义理设教，就是从天道法则、从宇宙结构秩序的均衡、对称、和谐、美好、和平，意识到人类社会应有的真理、正义、至善、仁爱、大美、神圣、崇高及国家观念、自然法的存在，以此教化天下。

宗教与礼教，乃是处于不同阶段的文明：前者属于神性形而上学存在，后者属于道体形而上学存在。中国古代文化，亦有过宗教文明，如《诗》《书》讲“皇矣上帝”、“昊天上帝”。但中国文化是早熟的，超越宗教阶段，走向了礼教文明阶段。《虞书》讲“天叙有典”、“天秩有礼”。典，即常教。礼，即礼教。这就是说，中国远在四千多年前唐虞时代，就以天道法则秩序建立起了的礼教。

不论是西方的宗教，还是中国的礼教，皆有个最高本体存在。尽管中西方文化发展进程不同，最高本体存在形式不同，然其文化历史发展，无不是从这个本体存在引出治道与治理，用以发展社会经济，建立社会秩序的。在西方，不仅灵魂存在、天国信仰及拯救行动，皆是依赖上帝的教义，即使历史道路，亦是上帝拯救的道路。17、18世纪西方的社会理想，是源于基督教教义的，而其理想美好国家存在，不过是天国理想在人世间的落实；近代资本主义的经济发展，它的“精打细算、精心经营”，发财致富，争作上帝“选民”的新教伦理精神，也是从宗教发展出来。可以说，西方没有新教伦理精神，就没有近代资本主义经济发展。只是发展为帝国主义，失去了新教伦理的仁爱精神，则使其经济发展变成了为己之利的战争、杀戮与掠夺。

中国几千年经济发展与社会秩序建立，也是以礼教文明最高存在为本体大用的。中国文化的“经济”二字，不是现在经济学所说投入、产出、市场、利润、价格一类问题，是在“经世致用，道济天下”之义上讲的。《易传》所说：“夫《易》开物成务，冒天下之道，圣人以通天下之志，以定天下之业，以断天下之疑”，就是讲的这个问题。中国经世致用的大经济学思想，总是先讲明体，然后讲适用。讲天道形而上学、本体论、先验论存在，称之谓明体之学；而讲天官、地舆、礼、乐、兵、工、农、河、漕、屯之类实用，称之谓适用之学。总其全体，称之谓体用之学。明体而不适用，则谓之腐；适用而不明体，则谓之霸。所谓霸，就是以功利之求为学，嚣嚣于天下，游谈无根，没有任何本体论根据。这是中国文化讲经世致用最为忌讳的。

由上可知，不论西方还是中国，发展社会经济，皆是离不开他们文化最高本原，离不开他们宗教或礼教所提供的最高本体论存在的；离开了，仅出于功利目的，发展社会经济，嚣嚣于天下，就会变成撒缰的野马，就会产生目的与手段的割裂、功利之求与终极存在的相背，甚至为眼前之利危害整个社会人生。西方19世纪随着实证科学发展，批判宗教及一切形而上学，用科教文明代替宗教文明，所造成的20世纪以来人生荒诞虚无与精神危机就是这样。但西方面对这种危机，毕竟很快恢复了宗教，解决其现代经济与信仰信念、物质世界与精神世界的二元割裂问题。中国没有西方的宗教，又破坏自己的礼教，在现代化中引进西方科教文明，则造成了两大坎陷：一是实证科学所讲的一大堆话，都是关于生物物理世界的，而在人生意义这一根本性问题上，一句话都没讲。因此，科教文明虽创造了庞大物质世界，但却造成了人的精神危机；二是实证科学的知识，都是在封闭条件下获得的，它用来开物成务，虽取得很大成就，然却制造出大量不能生、不能化的物质元素抛向自然界，打破自然界元素平衡，造成了生态危机。坎陷，即失落，即塌陷，即过失，即陷入困难险阻。现在中国所面临的种种困境，从根本上说，乃是原于科教文明的坎陷，原于丧失礼教文明，由科教文明坎陷所造成的生态危机与精神危机！

这也就不难理解，中国社会发展与经济创新为何不能离开礼教文明，离不开礼教文明本体存在了。创新思维，终究是文化思维；经济创新，终究是文化创新。任何经济创新，皆离不开文化，离不开文化思维方式，离不开国家民族原有文化背景与哲学基础；特别是它形上本体存在，乃是文化价值源头的存在，无论如何是离不开的。礼教文明赖以建立的大道或天道本体存在，正是这样一种价值源头存在。中国虽有道家文化，后来的佛教文化，但主流文化乃是儒家礼教文化。中华民族的思维方式及本质规定性，全是由礼教文明或文化获得的，由它形上本体及其根本精神发育出来的。因此，礼教文明乃是中华民族的安身立命之本，是于宇宙浩浩大化中不可须臾离开的知觉主宰处。社会发展、经济创新，也是这样。不论出于多么美好的动机和目的，一切社会发展、经济创新，离开礼教文明，离开礼教文明最高本体论存在，也就是离开了中国文化最高价值源头与知识源头；而美其名曰“创新”，则不过是离本伤实的胡乱折腾。

那么，具体的讲，礼教文明作为文化哲学基础，它怎样规定着社会经济创新发展，并对社会经济发展提供哪些价值法则呢？首先，它可为经济创新提供最高原理。礼教以天道义理为教，乃是以阴阳化育的宇宙原理为教。天地之间，宇宙之内，至大无外，至小无内，一切动静开合，一切盈虚消长，一切进退往来，一切隐显行藏，无非是此道此理。以此原理为教，知得此道此理，弥纶天地之道，才能“范围天地之化而不过，曲成万物而不遗”；讲“资始”“资生”之道，讲大化流衍、生生不息生命精神，才能“苟日新，日日新，又日新”，才能经纬天地，发育万物，不断地变革创新。这就是中国文化所讲“一阴一阳之谓道，生生之谓易”；讲“一阖一辟谓之变，往来不穷谓之通，形乃谓之器，制而用之谓之法”，或“化而裁之谓之变，推而行之谓之通，举而错之天下之民谓之事业”的意思；亦其讲“升不已则困”，“井道不可不革”的意思。中国文化有此天道义理之教，有此阴阳之道、宇宙原理，天地间一切新鲜事物，一切新新不停的存在，不管怎样光怪琉璃，怎样神秘莫测，没有生化不出来、创造不出来的，更不要说人伦日用及经济制度了！

礼教文明不仅可以为经济创新提供最高原理，更可为其提供最高价值法则与标准。礼教以天道义理为教，从根本处说，乃是以天道乾元本体为教。此乾元本体者，乃刚健中正之道也。以此道立教，即仁义礼智之教。以此为教，讲“大哉乾元！万物资始，乃统于天”；讲元、亨、利、贞四德，讲本元、亨通、利贞之理，即是以天道至德统摄一切、会通一切、贯通一切、旁通一切、贞正一切。惟此，万象纷纭，洪纤高下，才有统摄处、会通处，才能贞正安宁而不陷入邪妄。这就是《易传》所讲“乾道变化，各正性命，保合太和，乃利贞”的意思，亦其所讲“唯圣人，知进退存亡而不失其正”之意。乾元本体，乃道体也，德体也，仁体也，义体也，至刚至正之体也，至善至和之体也。它所体现的，乃是宇宙法则秩序均衡、对称、和谐、美好、和平的存在，以及社会应有的真理、正义、至善、仁爱、国家观念存在。因此，乾元本体乃大道本体，价值本体也。有国有天下者，怀此乾元之道，终日乾乾，进德修业，治理天下，进行社会改革，经济创新，知至至之，知终终之，才能“观万化之原，明安危之机”，才能有“虚一而静”的“大清明”，然后“坐于室而见四海，处于今而论久远，疏观万物而知其情，经纬天地，制割大理”，建立法则秩序，才能洞察秋毫，知几知微，知道所进行的改革与创新，何处不刚不正，何处不仁不义？何处不善不美、何处不均不衡？何处不符合天德王道？何处违背了社会正义？何处有悖于国家观念及天道至法，使社会人生陷入不和平、不和谐？然后立于天道之至正，以乾元之道最高价值法则，或刚克或柔克，补偏救弊，不失仁政，才能使社会变革与经济创新不邪妄，不出现偏颇。此几千年来，历代圣贤明哲以礼教最高价值法则拯救天下衰败危亡者也。

礼教文明赖以建立的天道义理，不仅是最高本体论、价值论存在，亦是最高知识论存在，是知天知人的最高知识。因此，它不仅能够为社会变革、经济创新提供最高原理、价值法则与标准，更能为其提供变革创新最高知识。社会变革、经济创新，不能只靠一点经验知识，靠感官材料获得的那些支离破碎的知识。那是非常靠不住的。中国礼教文明关于世界存在的知识，乃是“观乎天文以察时变”、“观乎人文以化成天下”的广大悉备的知识，是自然科学与人文科学浑然一体、毫不割裂的知识，而不是孤零零的知识片段。它穷尽了一切阴阳、动静、晦明、进退、阖辟、盈虚、消长之理，囊括了所有阴阳化育的现象。它提供了一切为治之道、创新之理，其至精至纯，乃是纯法则、纯知识、纯理念的存在，是真知、至知、盛知的存在。惟其如此，持之将有行也，将有为也，才能知道事物远近幽深变化，才能“知周乎万物而道济天下”，以成天下之务；而若于至变流行处看，一切阴阳动静，一切往来阖辟，一切盈虚消长，一切生生化化，无非此理。获得此理，获得这种最高知识，按照阴阳之道变化，不断地参伍其变，错综其数，配制其量，就像中医师不断变化处方，或物理学家不断配制变化量子之数目以结构原子那样，就可以表现出最大创造力！而用来在开物成务，经国治世中，则作出纵横开阖的天下大文章！

最后我要说的是，礼教文明赖以建立的天道义理，不是价值设定，不是虚妄之理，不是荒诞不羁的东西，而是真实无妄之理，是实有是理的最高存在。西方人可以杀死上帝，但杀不死中国礼教文明的“道”，杀不死这个无妄之理的存在。它的存在，乃是兼覆兼载之道，是小德川流、大德敦化之道，是洋洋乎发育万物，峻极于天之道，是经天下之大经，立天下之大本之道，是魏巍乎其有成功，焕焕乎其有文章之道，是人间之大道，万物本原之道！是中华民族几千年来廓然、昭然、坦然、广居、正位、安宅、正路之道。中华民族能够在自己土地上生存绵延几千年，靠的就是这个道，这个安身立命的大哲学、大学问、大道理。中国现代复兴，讲这个自信，那个自信，最为根本的，是文化自信！没有文化自信，没有文化无妄之理的自信，其它自信就会变得没根没底。社会变革、经济创新也是这样。

现在西方已经抛弃新教伦理，放弃原有资本主义精神，走向了帝国战争、杀戮、掠夺之路，造成了整个价值体系崩溃。虽然仍有一些哲学、神学家不断革新宗教，提出各种神学本体论，但已不能从根本上为人类、为社会经济发展制定新的完备伦理道德精神体系。实证科学虽然异军突起，统治、霸占了整个社会科学与自然科学，然它的两个坎陷，则造成了人类精神大厦的坍塌，及伦理道德难以挽回的颓势。挽此颓势，必须回到天道本原，回到宇宙原理，回到生化人类万物的大法则，以“天命之谓性，率性之谓道，修道之谓教”为最高教理，从重新教化人心人性做起。宗教虽然在西方世界仍有很大作用，但就整个人类而言，特别是对已超越宗教、发展出礼教文明的中华民族来说，已不可能依靠基督教文明奠基重建精神大厦，挽回伦理道德颓势；更不可能以实证科学碎片化的知识，创新社会经济体系，重建现代社会秩序。要想挽此颓势，走出困境，创新经济，建立现代社会秩序，就要恢复重建礼教文明，从其最高源头处，提出社会经济法则，创新社会经济体系，建立法则秩序，开出新的文化历史局面。

（作者系中国社会科学院社会科学所研究员、中国企业文化研究会学术委员会委员）

# 价值意义的澄明：文化顶层设计与基层践行的思考

孟凡驰

中外企业文化 2014 峰会的主旨是“企业文化顶层设计与基层践行”，在确定这个主题的过程中我们反复征求了企业界和专家学者的意见，形成了我们今年重点工作内容。为什么把这个题目定为本届峰会的主题呢？主要是有这样几个原因。

第一，有这样一种观点认为文化是在生产生活中自然发展而成的，任何设计都是人为拔苗助长，甚至有的同志认为文化不能设计，企业文化不要提文化管理，文化对人的发展和对企业发展只能叫作文化的影响作用，而不能叫作文化管理，文化也不能设计，文化不是灵魂。这个观点，企业当中的一些领导存在，甚至一些著名的学者也有这个观点。我们觉得这种观点，在文化发展规律存在形态上还是存在很大的模糊认识。

第二，认为文化作用在企业的生产、经营、经济发展、管理当中，它的机理还没有把握，尚不明白。文化自觉的水平目前普遍偏低，很多领导认为，原来我们谈经济工作、谈管理工作、谈经营、谈制度设计、谈体制改革等等，认为好多都跟文化没有关系，但是现在开会就讲文化，写文件必定有文化，做报告必定有文化在内。有的企业有这样的规定，为了使企业文化深入人心，强化文化在人们心目中的作用和地位，要求领导讲话必须涉及企业文化，每个业务报告，每个企业当中系列经营生产管理领域，不同部门的主管领导都要在报告当中提及文化，要有文化自觉。这个方法我们说可能很见效，也很得力，但这也是说明目前文化自觉的程度在领导中普遍偏低。有的领导说以前认为文化跟经济没关系，现在认为有关系，我就做到文化自觉了。我们说文化意识和文化自觉是两种概念，文化意识是说你认为它重要，跟生产经营不是无关了，这只能说有文化意识，还不能说达到文化自觉。文化自觉有它规定性内容，它的内容、表现、机理，这些问题明白了才叫真正的文化自觉。我们说企业文化自觉普遍偏低，我们也做了大量的研究，认为这个问题存在是比较普遍的。有的企业领导跟我这么讲过，他说我们企业的领导者在运用制度管理，运用物质管理，运用角色管理，运用行政化的手段管理，都是得心应手的，而文化是虚的东西，把虚工实作，软工硬做，把文化的无形资产转化为企业的物质财富，变成企业发展内生动力，这个过程，这个机理就特别不好把握。文化，尤其是文化理念这部分，就像空气一样，抓一把看什么都没有，可是你时刻都离不开。所以文化的存在就像空气一样，它无时无刻不存在着。我们有的企业说，这个机理、文化怎么用，不太好掌握，没这个经验。所以说文化机理没有被把握，文化自觉的水平普遍偏低，这是一种现象。

第三，企业文化建设在部分企业中还存在上下脱节的现象，这种上下脱节是表现在企业领导者、高层自说自话的文化独白和基层文化建设方式本领恐慌并存的一种状态。领导者开会必讲文化，好像不讲文化就没文化，讲文化又不太清楚，处在一种朦胧状态，处在一种雾里看花、水中望月的感觉当中。我们说企业文化上下脱节的现象，上下之间无法进行沟通，这种现象也是比较严重的。

基于这三点，我们把今年大会的主题定为“顶层如何科学设计，基层如何有效践行”，我们确定这个主题有两点价值和两点意义。因此我这个报告的题目也叫《价值意义的澄明：关于顶层设计与基层践行的思考》。

## 企业文化顶层设计的价值意义

企业文化为什么要进行顶层设计？主要有以下四个方面的价值意义。

第一，积极科学的顶层设计有利于帮助我们尊重文化发展的规律和本质特征。企业文化存在有三种形态：自发、自觉和群体无意识。人们认识文化、把握文化和应用文化的时候有三个阶段，从文化蒙昧到文化意识，再到文化自觉。文化存在三形态和文化认识的三阶段决定企业文化必须进行科学的设计。有企业就有企业文化现象，古今中外无一例外。同仁堂340多年，参加大会的招商局140多年历史，它们的文化并不是说现在才有，而是从这个企业建立、存在、发展过程当中就会产生文化现象。人们的思维，还有办事的行为习惯，经营的基本思路，对产品的基本定位，对自己事业发展未来的定位，使命意识，这些文化都不是现在才有的。所以有企业就有企业的文化，有人类就有文化，文化的存在是有自发和自觉之别，有先进和落后之分。山西平遥有一个日昇昌票号，中国最早的钱庄，它的金融文化不是现在才有的，而是它存在以后就有的。另外文化还有从自发到自觉的状态，从自觉再到群体无意识，所谓群体无意识就是在这个组织和企业当中人们不说企业文化重要，但是干部员工都认为它重要。你不用天天刻意提示他要做文化，但是它已经形成了一种文化习惯，形成了一种高度的文化自觉，这个时候它就变成群体无意识，也就是潜意识发挥作用，一举手一投足，员工的生产行为、个人行为、生活行为，人与人之间的礼仪行为，文化水平就会提高。这是企业文化的三种形态，因此要是不去设计企业文化，员工就不知道怎么遵循组织的文化，这个文化一直存在在自发的状态，而自发的状态有正向也有负面的，但是正向的文化在自发的状态当中培养是很难的，人的本性是这样，从恶如崩，从善如登。文化如果不积极设计，员工就可能按照自己固有的知识结构、教育背景、家庭环境放任自己的行为，有可能向正向走，也可能向反方向走。但是只要积极践行的文化都是向上的，都是抑制落后野蛮文化滋生的。所以文化设计对于一个组织来讲形成自觉，最后达到群体无意识，这个发展过程就要求企业文化必须是要设计的。

从人对文化的认识来看，开始人们对于文化为何物往往不太清楚。水是谁先发现的，我们无从考证，但是有一点是肯定的，水绝对不是鱼先发现的，因为鱼天天生活在水当中它不一定能感觉到水的存在。文化之于人也是这个道理，天天生活在这个文化环境氛围当中，他并不能感觉到文化的存在。我们要建设企业文化，就是要跳出水反观水是什么样的，是有毒还是环保的，我们怎么治理它，文化自觉是要达到这样的一种目的。从文化存在的三种形态，人对文化的三阶段的认识来看，不管哪一个角度都必须要求文化设计，不经过设计的文化只能是原生态的，甚至是蒙昧的，不利于向着积极的方向发展。

顶层设计的第二个价值意义在于有利于帮助我们理解文化的发生学原理，引导企业文化的正确方向，催生企业文明的实现。文化的发生和发展，它和文明之间的关系，往往纠缠在一起，不是特别清楚。有的企业经常这样说，我们单位没文化，这个说法本身就是对文化认识不科学的表现，企业文化没有有无之说，你所说的企业文化有或没有其实表达的意思是两点，一个是可能没有形成文本的文化，或者是说你们单位不文明，这是通俗的说法。但是严格意义上讲，没文化这个说法是不科学的。文化和文明是什么关系呢？文化的发生比文明早，有了人类产生，行为方式、思维方式、群体行为习惯这些就有了，但是这只是一个群体共同的思维和行为模式，梁漱溟说文化就是共同的行为模式，就是这个道理。文明是文化发展到一定阶段的标志性成果。比如社会发展到这个程度它叫奴隶制文明，再发展到一定程度叫做封建文明，再发展到一定程度叫资本主义文明，它是阶段性的标志。文化比文明发生得早，出现得早。在范围上，文化的范围大于文明，文化当中分优势、中性、劣势，优势的部分称为文明，劣势文化这部分不能称为文明，中性部分无所谓文明不文明。中国的物质文明像长城、兵马俑，精神文明像儒家思想、道家学说等等，我们历史中的文化也是我们的文明，这是优秀的。但是哪些属于糟粕呢？比如封建专制思想，消极的等级意识，它不能成为文明，但它是文化，因为它是我们创造的。文化和自然界有本质区别，文化是人类的创造物，只要经过人类的加工环节就叫文化，但是它不全部称作文明。物质上长城可以说文明，故宫这种建筑可以说文明，大运河叫文明，古代妇女裹脚也是一种文化，但是是糟粕文化，不能称为文明，不能传播到世界去。洛阳铲是盗墓的，那是我们的创造，也得承认它是我们的文化，但是不能承认它是文明。因此我们建设企业文化实现文明，这个过程当中有扼制野蛮文化再生的任务。文化和文明的演进方式不同，文化是渐进的量变方式，它可能有反复，是突进的质变的方式。就像血压计一样，水银柱像文化，上下升降，可能有一定反复，而文明就像那上面的刻度，达到哪个刻度就是哪种文明。文明必须得通过文化方法才能实现，因为文化是建设的过程，文明是一个结果，一种质变的标志。我们讲文化的原理是要引导文化的方向，催生文明的实现。

第三个价值意义，是顶层设计有利于我们把握人的本质，丰富员工的人文修养，培养健康的人格，促使企业增强凝聚力和向心力。管理最终是管人，管人要从哪些角度去管呢？人的本质规定性在于人是文化的产物，文化是人类的独有财富。人和其它动物的共有特征是生物特征、物理特征，趋利避害、趋暖避寒，这都没有区别。孟子讲，人之异于禽兽者几希矣，即人和其他动物的区别就只是一点点，这一点点虽少，但是是最本质的。人是文化产物，在长期历史繁衍当中人的文化基因积淀在体内，得到开发以后他就能够体现人的本质特征。人的文化基因得不到开发，把婴孩放在猪群里就成猪孩，放在狼群就成狼孩。这是因为文化基因没有得到开发，人的本质规定性缺失。他的人文修养就差，人文修养差，使命意识、责任意识、思维方式、价值观念，还有道德伦理，这些就无从谈起了，失去了人的本质的东西。反过来，把狼和猪放在小孩幼儿园当中一块儿培养，他也不能成为人猪。

因此，抓住文化设计，要从文化上启发人调动人管理人。从物质上管人，制度上管人都是必要的条件，但是都不是本质。从文化上管人才能管到本质上。有的企业家说，人管人累死人，单纯的制度管人糊弄人，文化管人管住魂，就是这个道理。有的领导说我们单位住房也不错，奖金也没少发，工资也在不断提升，但还是收不到理想的管理效果。为什么？因为仅仅从物质上管理职工，是没有把人真正当作完全意义上的人看。因为人是文化产物，不从人的文化本质出发管人，只是从物质上管人，管理者顶多是牧羊人，这种说法从文化规律上讲是不过分的。我们不能丧失对人文化本质的认识。

第四个价值意义，是培育文化生态，塑造文化身份，实现自觉软约束的境界。有的同志认为在企业中制度是规范，文化是提倡，规范制度不能没有，而文化是可有可无的。实际上，文化和制度都是规范，制度是刚性的硬约束，是显性的，文化是弹性的软约束，是隐性的规范。不要认为文化不是规范，文化规范对人的约束比制度要有力量。高明的领导者善于培养文化场，塑造一种文化氛围，能够打造企业文化身份，让员工在我这个范围和环境当中只能如此，否则你就和这单位不融洽，形成一种文化风气，这个风气如果是正向的，这个企业就会蒸蒸日上。所以文化氛围约束人，文化环境锻造人，近朱者赤，近墨者黑，中国古代的孟母三迁，就是非常典型的文化环境选择。中国农业银行顶层设计和总体规划非常科学，在全国的农行上下形成了浓厚的积极向上的文化氛围。

（作者系中国企业文化研究会常务副理事长、秘书长、教授，本文为作者在“中外企业文化2014成都峰会”上的发言）

# 企业文化“三认”循环定律

华　锐

企业文化“三认”循环定律，是指通过企业主体作用于客体的认识、认同、认知，再到新的认识、认同、认知这样多次的反复，最终形成企业文化体系，并在此基础上不断的创新提升。

我们知道，认识是主体收集客体知识的主动行为，是辨别、辨明、辨认，是一种价值判断的过程。认同，是指相同、赞同，具有亲近感或可归属的愿望，体认与模仿他人或团体之态度行为，使其成为个人人格一个部分的心理历程，实质上是一种价值选择。认知，是通过概念、知觉、判断或想象等获取知识，经过头脑的加工处理，转换成内在的心理活动，再进而支配人的行为的过程，实质上是一种价值实践和创造。

从国内外的企业文化实践来看，企业文化的形成实际上是一种价值链运动，是企业价值博弈和主、客观辩证统一的过程，是新的价值理念取代原来的价值理念、新的价值创造代替旧的价值创造的过程。可以说，企业文化形成发展的过程就是企业主体对客体认识、认同和认知的循环往复过程。其中，认识——价值判断，是企业文化形成与创新的前提；认同——价值选择，是企业文化形成与创新的关键；认知——价值实践，是企业文化形成与创新的重点；而企业文化的认识（价值判断）、认同（价值选择）、认知（价值实践）的循环往复和创新提升，自然就形成了企业文化“三认”循环定律。

企业文化“三认”循环定律对于我们与时俱进的开展企业文化建设、促进企业文化创新具有重要的价值意义。

## 企业文化“三认”循环定律确立了企业文化生成的核心要素

企业文化生成是指企业主体（尤其是企业领导者）主观与客观相统一、理念与行为相结合，而生成的价值判断、价值选择和价值实践。众所周知，企业文化是在一定社会历史条件下，企业在生产经营实践中逐步形成的具有本企业特色的文化观念、文化形式和行为模式，其核心是企业的价值取向、精神支柱和动力源泉，其本质就是企业价值博弈活动的结果。而企业主体作用于客体的价值判断、价值选择、价值实践，正是源自于企业主体对客体的认识、认同、认知这三个核心要素。因此，有企业就有认识、认同和认知，有认识、认同、认知就会或早或晚地由自发到自觉形成企业文化，而不同的认识、认同、认知生成不同的企业文化。认识、认同、认知作为企业文化生成的核心要素，不是机械的、简单的，更不是自以为是和想当然的生成企业文化的，而是有一个有浅至深、由表及里、由易到难的过程，其关键是在认识、认同、认知中形成正确的企业核心价值观，并以此核心价值观正确处理企业与客户、员工、社会、股东及相关利益者的关系，统一价值认识、形成价值共识、凝聚价值力量、实现价值创造、分享价值成果，然后，通过实践的检验不断循环往复创新提升。以海尔为例：从1984到1995，海尔十年创业，从无到有、从小到大，立志要造出中国最好的冰箱，他们以“无私奉献、追求卓越”为企业精神，以“迅速反应马上行动”为企业作风。1995年，在国内市场取得长足发展的海尔，开始聚焦国际市场，提出了具有民族意义的企业精神：“敬业报国、追求卓越”，成为海尔人挑战国际名牌的精神底蕴。而“迅速反应、马上行动”的工作作风则有了更深的价值取向。2005年8月30日，《金融时报》评选中国十大世界名牌，海尔荣登榜首。在全球白色电器制造商中，海尔排名第四。海尔新的企业精神：“创造资源、美誉全球”，以及新的企业作风：“人单合一速决速胜”应运而生。这是因为全球化的海尔，需要全球化的海尔精神；海尔的全球化，需要企业的全球化追求。海尔企业精神和作风的不断变化，不仅是其企业文化生成力的卓越表现，更源自于其对客观形势认识、认同、认知的循环往复和创新提升。

### 企业文化“三认”循环定律发掘了企业文化创新力的“源头活水”

企业文化创新力是指企业在原来文化建设的基础上不断学习、不断探索、不断变革、不断发展的一种力量，其关键是企业文化理念的与时俱进。正如习近平同志所指出的：“发展理念是发展行动的先导，是管全局、管根本、管方向、管长远的东西，是发展思路、发展方向、发展着力点的集中体现”。我们知道，知识是主体的主动认识行为产生的，是主体主动行为的结果。企业文化创新实际上就是企业通过自己对国内外各种信息及市场需求的认识、认知、认同，及时地将外界的信息重新组合构造出新的理念和行为方式的活动过程。因此，企业一定要有强烈的创新精神，让思维活动和心理状态保持一种非凡的活力，双眼紧盯着日益深化、日益激烈的国内外市场竞争环境，敢于突破僵化的思想和陈旧观念的束缚，通过认识新的特点和规律、认同新的趋势和方向、认知新的方式和方法，大胆进行企业文化创新，从而以新的文化理念构建新的价值和信念体系，引领企业实施新的发展战略，形成新的市场竞争优势。正是从以上意义来讲，认识、认同、认知是企业文化创新力的“源头活水”。例如，海尔为了迎接网络化时代的到来，勇于变革、大胆创新，以新的认识、认同、认知进行了四个方面的卓越创造。一是网络化企业的“三无”：企业无边界，管理无领导，供应链无尺度；二是网络化企业的“三个体系”：网络化资源，网络化组织，网络化用户；三是网络化企业的“三个机制”：一流高单自生成的机制，人单自推动的机制，单酬自推动的机制；四是网络化企业的“三化”：企业平台化，员工创客化，用户个性化。

### 企业文化“三认”循环定律揭示了企业文化生命力的基因优化原理

企业文化的生命力就是企业主体以新的认识、认同、认知适应未来的能力，直接决定着企业的生命活动周期和生存发展的能力。但是，大家是否知道又是什么决定着企业文化的生命力呢？那就是企业文化生命力的基因。科学研究表明，生命是进化的，是一个能记载和表达信息、累计信息、保持和传递信息的信息系统，靠外界能量输入而保持其有序性的耗散结构，通过复制过程中的遗传变异来实现。以此类比，企业文化生命力必须具有复制能力，能在复制过程中将遗传信息（它还具有变异能力）传递给后代，这是企业文化生命力最重要的特征。但是，企业文化要保持旺盛的生命力，就需要一代代地复制和变异遗传信息，而这遗传信息全部来自于企业主体对客体普遍认识、认同、认知的循环往复。从某种意义上讲，认识、认同、认知就如同企业文化生命中的“基因组重复序列”，企业主体对客体认识、认同、认知的过程就是接受、加工外界输入信息的过程，并以此实现企业文化生命力的物质循环、能量转换和新陈代谢，从而维持企业文化的生命活动和生存发展能力，呈现出一种欣欣向荣、蓬勃向上的发展状态。以美国管理专家、《管理大未来》的作者加里．哈默与张瑞敏的一段对话为例。加里•哈默问：“您认为现在对海尔来讲最重要的战略资产是什么？还有，五年以后，您认为最重要的战略资产是什么？”张瑞敏回答:“适应力。就是说使得所有人都习惯于变革，所有人都能够适应变革”。由此，张瑞敏还讲了一段经典的话：“没有成功的企业，只有时代的企业。即企业所谓的成功只不过是踏准了时代的节拍而已，但时代是瞬息万变的。我们是人，不是神，不可能永远都踏准时代节拍，而要跟上时代的变化，就要改变我们自己，以符合时代要求，自以为非的态度不断改变思维定式，改变策略，改变组织，直至跟上时代的潮流”。

从哲学意义上讲，主体是指对客体有认识和实践能力的人，是客体的存在意义的决定者。企业主体凡是符合客观和时代发展的认识、认同与认知，必然会不断增强企业文化的生成力、创新力、生命力，反之则必然会影响乃至阻碍企业文化的创新发展。这也是企业文化“三认”循环定律特别强调的核心之所在。

（作者系中国企业文化研究会常务副理事长）

## 积极推进企业文化全媒体传播

李世华

### 紧跟时代步伐积极推进企业文化全媒体传播

企业文化传播是企业通过各种媒介将特定的文化信息完整的有计划地传递给企业员工和社会公众并使其得到共享的过程。企业通过不同的工具和途径，将已提炼出来的企业理念、核心价值观等有针对性、有计划地呈现出来，并为企业内部和外部所认知、认同。企业文化传播是企业文化建设工作的关键环节，具有重要意义。对内是企业文化的接受、内化过程，其最终目的是让企业文化深入员工内心。对外是为企业的发展创造良好的环境，为企业创造文化品牌，提升产品或服务品牌的附加值，增强客户或消费者对企业和品牌的忠诚度、依赖感，以文化的感召力影响社会。企业文化建设的最高境界是让文化理念融化在思想里、沉淀在流程中、落实到岗位上、体现在行动中，要达到这一境界，企业文化传播必不可少。

借助媒体为依托的大众传播，普遍存在于企业活动的各个方面，它既是企业活动的具体形式，也是企业行为实在的内容。企业的决策、计划、执行、监督等所有管理活动，都离不开文化信息传播，文化信息的传播内容、传播模式、传播手段、传播速度、传播频率的选择，影响企业管理活动的直接结果，也决定了企业生存及发展的状况。

媒体是企业文化传播的重要载体。随着第四次工业革命暨“互联网+”时代的到来，全媒体进程不断加快，媒体新技术、新平台、新载体竞相发展，全媒体时代正在向我们走来。正如有学者指出的，全媒体是在信息、通讯、网络技术快速发展的条件下，各种新旧媒介形态，包括报纸、广播、电视、网络媒体、手机媒体等，借助文字、图像、动画、音频和视频等各种表现手段进行深度融合，产生的一种新的、开放的、动态的、兼容并蓄的媒介传播形态和运营模式。这种以媒介融合为特征的信息传播方式的变革，以前所未有的速度改变了人的思想观念与行为模式，将人类社会带入了一个崭新的各种媒体高度融合、传播者与受众合为一体、所有人向所有人传播的新时代。

全媒体的概念并没有在学界被正式提出。它来自于传媒界的应用层面。我国新闻传播学者对全媒体的定义分为“营运理念说”和“传播形态说”两类。我认为后者更符合企业文化传播层面“全媒体”的内涵。全媒体通过提供多种方式和多种层次的各种传播形态来满足受众的细分需求，使得受众获得更及时、更多角度、更多听觉和视觉满足的媒体体验。促进媒体融合发展，推动企业文化全媒体传播，是新时期企业媒体提高新闻宣传水平，提升舆论引导能力的重大课题，也是建设中国工业4.0时代企业文化的必答命题。企业要紧跟时代步伐，适应全媒体时代“动静结合、深浅互补、全时在线、即时传输、实时终端、交互联动”的特点，探索进行企业文化全媒体传播，即企业文化传播要覆盖所有的媒体形式并有全媒体的传播手段。通过企业文化的全媒体传播，大力提高企业文化传播的效果，为提高中国企业文化建设水平做出贡献。

## 企业文化全媒体传播要从实际出发搞好顶层设计

“全媒体”是人类现在掌握的信息流手段的最大化的集成者。企业文化全媒体传播是一个不断实践的过程。在具体实施时要从实际出发，做好顶层设计。要从企业发展和企业文化建设不同阶段的实际情况出发，科学制定规划，合理安排投入，体系化策划，项目化逐步推进。要全面考量全新媒体生态环境下员工和社会大众的信息接收方式和心理状态，综合运用多种传媒渠道，达到传播最大化的效果。要认真分析不同形态媒体、不同形态传播渠道的特性和功能。在复杂的媒体环境中，应该能够对不同形态的传播渠道的社会影响力和辐射力有较为客观准确的认识，不因恐惧的情绪或者从众的心理左右而形成误判。研究表明，传统媒体作为主流媒体在受众心目中积累了很高的公信力，但由于网络等新媒体的不断普及，对公众特别是年轻人的辐射力正逐渐减弱。相反，网络等新型媒体正成为年轻人追捧的对象，它们作为一种全新的信息传播渠道，对于舆论的瞬间形成和放大，有传统媒体无法企及的优势。换句话说，深度、广度、权威性和公信力，是传统媒体的优势所在，而时效性、互动性、视觉冲击力是网络媒体的特点。从一个完整的事件传播链的角度看，传统媒体可以在特定的主流人群中传播令人确信的信息，网络等新媒体可以将信息的影响范围扩展到传统媒体无法触及的人群。而两种不同类型的媒体如果能够相互配合、融合互动，把握好时、度、效，就可以达到优势互补、实现影响力最大化。

因此，对于企业的媒体传播策略而言，如果对全媒体环境下的不同形态的媒体传播价值进行综合评估，基本上可以得出这样的结论，利用传统媒体的公信力可以提升文化和品牌的公众认可度和美誉度，而网络媒体可以将这一效果在最短的时间内实现放大。也就是说，单纯依靠某一类媒体，效果都是不能让人满意的，单依靠传统媒体，辐射范围受到限制；单依靠网络类新媒体，辐射范围虽广，影响力却因为公信力的原因大打折扣。只有两者并用，才能够达到既有辐射广度，又有影响深度的最佳效果。在全媒体环境下，跟踪测量和评估传播效果，随时调整自己的传播渠道和传播方式，预防并有效应对消极传播结果的出现。

## 企业文化全媒体传播要以内容为核心

高品质的传播内容始终是全媒体时代媒体实施差异化竞争的利器。一个企业的企业文化的传播半径、影响深度是与该文化的质量密切相关的，是优质文化还是劣质文化，是强文化还是弱文化，决定着企业文化的传播效果。一个企业的价值观念、精神境界和理想追求是企业文化系统中的种子要素或称为中心要素。全媒体是一种传播形态、传播方式，最终是为传播内容服务的。当前，企业文化传媒要重点关注、着力传播的内容很多。

一是“互联网+”时代企业文化建设转型创新。当前，随着企业的发展和员工构成的变化，传统的企业文化建设思路与方法越来越不适应。如何在企业文化建设过程中增强员工对企业文化的理解和自我体验，在过程、内容、形式上，从物质、精神、行为几个层面，更趋向简单化、人文化、用户化、多样化、个性化，使企业文化真正“落地”。

二是与企业发展战略相适应的企业价值理念体系的完善创新。习近平总书记指出：“人类社会发展的历史表明，对一个民族、一个国家来说，最持久、最深层的力量是全社会共同认可的核心价值观。”如果没有共同的核心价值观，一个民族、一个国家就会魂无定所、行无依归。对企业来说也是这样。构建与社会主义核心价值体系相一致、能够有效发挥引领和整合作用、符合企业发展要求、全体职工认同的价值理念体系是企业文化建设的根本任务。所谓企业文化创新就是要解决企业核心价值理念与企业发展战略相脱节的问题，为实现企业战略目标提供重要思想保障。文化创新应是企业发展的常态，核心理念内涵创新具有阶段性的要求，方法论创新具有持续性的要求，目的都是解决文化落地。在丰富完善企业价值理念的过程中，要采取多种形式进行充分的文化沟通，理性地面对文化差异，整合各种优秀文化资源，找到新的文化共识。要动员所有员工参与，要使丰富完善企业价值理念的过程，成为企业全体成员揭示问题、研讨问题、达成共识、提升理念、寻求解决问题方案、改进行为的过程。

三是企业核心价值观落细、落小、落实，创新性全面转化。企业价值理念体系的完善提升和文本化的完成，是企业文化建设新的起点。企业文化建设更重要的任务是推进企业价值理念的全面转化。要搞好顶层设计，使企业核心价值理念真正成为企业发展的精神动力和灵魂。要以企业核心价值观为统领，调整企业的组织结构、配置企业的人力资源、完善企业的管理制度、再造企业的管理流程、优化企业形象、打造企业品牌、考核企业业绩。习近平总书记强调，要使核心价值观的影响像空气一样无所不在、无时不有。培育和践行社会主义核心价值观，要与人们日常生活紧密联系起来，使人们在实践中感知它、领悟它，达到“百姓日用而不知”的程度，使之成为人们日常工作生活的基本遵循。这也企业核心价值观全面转化的理想状态。

四是加强企业家文化建设，提升企业的文化领导力。企业主要负责人和领导者群体是企业文化建设、发展的核心动力，他们的价值取向及行为选择是企业文化基因的重要来源，会对企业文化产生极其深刻的影响。企业文化建设在注重提高基层员工凝聚力、执行力、战斗力的基础上，要更加注重提高企业领导者的文化领导力。文化领导力是领导力的核心和灵魂，它对领导活动具有导向作用、制约作用和示范作用。在企业领导力的核心要素中，使命意识和民族情怀是动力源泉，崇高理念是基石，文化自觉和文化素养是前提，文化创新能力是灵魂。企业中高层领导者要自觉地不断校正自己的价值观，树立崇高的职业理想、职业抱负，提高职业道德、职业操守。言行一致、以身作则、以上率下，以真理的力量和人格的力量形成非职务带来的更加有力的领导力。

五是用企业文化大数据量身定制，为基层单位和员工提供个性化的文化服务。运用新媒体平台创建便于员工交流、沟通的网络平台，加强企业与职工之间的互动，将企业文化的内涵快速的传播出去，从而让小众发布形成大众传播的发展趋势。

总之，在企业文化全媒体传播的过程中，要着力打造一批新型主流媒体和传播载体，以内容优势赢得发展优势，不断增强传播力、引导力、影响力、公信力。

### 企业文化全媒体传播要抓好数字平台、渠道建设

实践表明，传播能力是任何一个媒体舆论引导能力的前提条件。没有通道，没有平台，没有载体，传播就无从谈起。要想提高企业文化传播水平，提升舆论引导能力，必须紧跟媒介形态的发展变化，打造自己的传播平台和渠道。做到哪种渠道或平台有效，最能聚拢更多的受众，就在哪里布局。媒体融合发展的核心，是构建适合当前舆论传播新格局的多媒体、复合传播形态的立体传播体系。要顺应新媒体时代的到来，抓紧平台体系建设，抢占优质传播资源，并注重发挥传统媒体和新媒体之间的优势互补，有意识地把传统媒体的优势和品牌价值移植到数字化新平台、新渠道之上。探索打造全媒体文化传播的产品（微电影等），通过渠道再造，增强对年轻员工的吸引力，实现全方位、立体化的文化引导格局。要保持冷静的头脑和对新技术的敏锐嗅觉，坚定不移地推进媒体融合发展。进一步优化体制机制，积极进行观念创新、内容创新、形式创新、手段创新、载体创新，从提升判断力、公信力、采集力、发布力、亲和力、覆盖力、技术驱动力等途径，全面推进全媒体建设，以此不断提高企业文化传播能力。

### 企业文化全媒体传播要注重全媒体人才的培养

新媒体是信息技术的平台，但管理者的作用仍至关重要，如何运营新媒体也是企业文化专业管理者的培养方向。新媒体要求企业文化专业管理者既要懂得信息技术的应用，同时又要了解市场发展，从而提高新媒体的管理水平。通过培养新媒体人才，促进新媒体平台的发展，助力企业文化传播工作发挥更大的价值。

习近平总书记在党的新闻舆论工作座谈会讲话中明确指出，在新的时代条件下，党的新闻舆论工作的职责和使命是：“高举旗帜、引领导向，围绕中心、服务大局，团结人民、鼓舞士气，成风化人、凝心聚力，澄清谬误、明辨是非，连接中外、沟通世界”。我们企业文化媒体工作者要把这48字职责与使命牢记在心，躬身践行，把这48个字扎扎实实地贯彻到各项工作中，不断提高企业文化全媒体传播的工作能力和水平，为中国企业文化建设做出新的贡献。

（作者系国务院国资委原副巡视员、中国企业文化研究会副理事长）

## 论文化产业化与产业文化化

王曙光

一个国家的文化产业的发展阶段与其综合国力（其中最主要的是经济影响力）的发展阶段密不可分。在一个国家综合国力尚处于非常幼稚的发展阶段的时候，国民和政府的关注点在于如何解决就业、温饱、经济增长速度等亟待解决的实际困难。在这样的初级发展阶段，国民的基本物质生活都难以保障，遑论文化产业发展？文化产业的繁荣必定是在经济发展到一定高度之后的必然结果，此时国民的文化消费开始迅猛增加，高层次的文化产品需求必然助推文化产业的兴起，促进文化的产业化与规模化。而与文化产业同时勃兴的，是国民对本民族文化的觉醒意识与自信心。一国文化产业越是发达繁荣，国民对于本国的文化传统的挖掘与利用越是深入，而越是深入探究本民族的文化传统并使之产业化，

国民对于本国的文化传统（包括可视的文化遗留和不可视的文化意识）越是珍惜和自豪。环顾全球，不论是文化产业超级发达的美国，还是文化产业已经崛起的日韩等国，无不体现出这种文化自信与文化产业发展相互助推的特征。在一个对自己本民族文化缺乏自信、缺乏理解和热爱的国家，是不可能指望其文化产业达到大发展大繁荣的。

这些年，随着中国综合国力尤其是全球经济影响力的迅猛提升，我国文化产业的发展也进入了一个黄金时代，文化产业的机制创新层出不穷，文化产业在经济增长的地位越来越突出。毋庸置疑，文化产业是经济增长的有机组成部分，在文化产业与经济增长的双向推动关系中，我们现在应该更加重视文化产业对经济增长的助推作用。一个地区或城市文化产业的繁荣，往往为这个地区或城市打造出非常具有吸引力的文化品牌，其创造的强劲消费需求（包括旅游消费、文化产品消费、房地产消费等）对于促进整个地区或城市的经济增长至关重要。从这个角度来说，文化产业是拉动经济增长的有效引擎。而且，更为重要的是，文化产业对于改善我国畸形的工业产业结构（高污染、高能耗、低附加值）意义重大，发展文化产业对于带动就业、促进区域经济可持续发展和产业结构转型都具有不可估量的价值。

不可否认，我国文化产业还处在一个比较初级的发展阶段，还有很多消极因素制约着我国文化产业的发展。首先，我们对本民族的文化元素的理解、挖掘、珍视的力度还很不够，这导致我们坐守一座有着丰富文化资源的“金山”而四处乞讨。我们的动漫产业、影视产业、文化旅游业等等的发展繁荣程度，取决于我们在何种程度上理解和挖掘了我们的传统文化，如果我们对本民族的文化传统不能有深刻的理解、系统的认知和发自内心的珍视，我们就很难在动漫产业、影视产业和文化旅游业中充分利用这些极有商业价值的文化元素。因为道理很简单，你不懂自己的文化，不知道它的商业价值在哪里，你也不懂如何开发这些价值。我们的动漫设计师、影视产业从业者、文化旅游从业者，可能在硬件和技术上完全可以和任何国家的同仁相媲美，但是我们的缺陷主要在对本国文化的理解上，我们往往输在对本国文化的情感和态度上。我国台湾地区的农业产业和文创产业的密切结合，造就了高附加值的台湾农业产业和文化旅游业，其基础是对文化传统的深刻的理解与认同。韩国的文化旅游业的快速发展与韩国人对自己的文化的自信与热爱密不可分，每一个文化传统的符号都被珍惜、都被充分利用、都充分地实现了商业化。我们的动漫技术再好，能拍出《花木兰》来吗？可是在中国的文化传统中，像花木兰这样有价值的文化元素何止千万？

其次，中国的文化产业发展还处在非常分散、碎片化的状态，缺乏文化产业的积聚效应、规模效应、协同效应，产业链的构建严重滞后。一个完整的文化产业生态建设，需要规范系统的法律体系支撑，需要政府明确的财政税收体系支撑，需要有效的融资机制支撑，同时也需要文化产业内部产业链的构建和协同发展。而在以上这4个环节，我国目前还基本处于探索阶段，亟待完善。

最后，我们对于“产业文化化”还重视不够。事实上，存在着狭义和广义的文化产业。狭义的文化产业是指为社会公众提供文化产品的生产活动的集合，包括以文化为核心内容，为直接满足人们的精神需要而进行的创作、制造、传播、展示等文化产品生产活动，以及为实现文化产品生产所必需的辅助生产活动和作为文化产品实物载体的文化用品的生产活动等。但是我认为，广义的文化产业应该被视为所有产业的文化价值的提升手段。从这样的认知出发，文化产业就不是一个孤立的产业，而是一个可以与工业制造业、房地产业、农业产业、教育产业、旅游业等一、二、三产业有机结合，从而为所有产业提供高附加值的泛产业形态。微观到一个工业制造品的创意设计，中观到一个农业产业园区的文化设计，宏观到一个城市的产业品牌和城市品牌的系统设计，都是将文化产业与所有其他产业发生有机整合，目的是要在所有产业上增加它的文化价值，增加它的产业附加值。奔驰不是一个简单的技术集合，而是凝结了德意志民族的精神文化元素；迪士尼也不仅是一个简单的娱乐产业，而是凝结了美利坚民族的精神文化元素。这些文化创意元素的巧妙利用和深度挖掘，提升了农业、工业制造业和其他第三产业的文化含量，甚至提升了一个地区和国家的文化品格和对外知名度。如果把思路扩展到“产业文化化”，我们就真正实现了文化产业与经济增长的高度融合，一个充满活力的文化产业生态系统就可以构建起来。

（作者系北京大学经济学院副院长、博导、教授，本文摘自《企业文化》）

# 心力管理与中国传统管理哲学

张　德

中国具有五千年的文明史，经过了几千年的文官统治，积累了丰富的（国家）治理经验，同时，在理论上有儒家、道家、兵家、法家和佛教的丰富典籍，其中的管理思想博大精深，是当代中国的国家管理、企业管理的重要思想渊源。中国传统的管理哲学至今没有公认的概括，笔者想做一番大胆的尝试。中国传统的管理哲学，以儒家哲学为主体，兼容了道家、法家、兵家的哲学，其主要内容可概括为十个方面，而刘鹏凯的“心力管理”继承和发扬了中国的传统管理哲学，成为中国式管理的最好样本。

## “人性本善”，以德服人的管理哲学

人性假设是管理哲学的基础，在中国几千年的历史中，有性恶论、性善论、性无善恶论等许多主张，但占主流的是儒家的性善轮。与这种人性假设相对应的管理哲学是“以德服人”，而不是“以力服人”，亦即施“仁政”。孟子曰：“以力服人者，非心服也，力不赡也；以德服人者，中心悦而诚服也。”以德服人的核心是爱人，孔子曰：“仁者，爱人。”

爱你的下属，爱你的子民，“以至仁为德”（苏轼《道德》）。汉朝刘向提出：“善为国者，爱民如父母之爱子、兄之爱弟。”

刘鹏凯正是这样做的。他相信员工的善良本性，从这一点出发，他致力于把每一位员工培养成优秀员工。他千方百计地通过细节和案例教育员工，以至于发明了“磨合法”“五道法”“短信法”“春雨法”“眉批法”“园丁法”等行之有效的管理方法。员工犯了错误，他不是一罚了之，而是通过深入细致的思想工作，帮助其认识错误，自觉改正。员工从点点滴滴中感受到老板的一片爱心，收到了以德服人的效果。

## “载舟覆舟”，以民为本的管理哲学

儒家主张“民贵君轻”，孟子说：“民为贵，社稷次之，君为轻。”从哲学高度论证了领导者与被领导者的角色定位。《贞观政要·行幸，魏征》中指出：“君，舟也；人，水也。水能载舟，亦能覆舟。”它以水与舟的关系作比喻，准确而形象地说明了民本哲学的内涵——不是领导者决定被领导者的命运，而是被领导者最终决定领导者的命运。因此，“得人心者得天下”，是中国传统的管理理念，也是心力管理的价值基础。

刘鹏凯在《我的心力管理之路》中写道：古人云：人之力发自于心，心旺则事盛。得人心者得天下，讲的就是人心的力量。家和万事兴，兴盛靠的是心，要有心，用心，真心，诚心，全心。一个企业，当员工感到企业就是我的家时，员工就不会是“飞鸽牌”，他们就会吃了秤砣铁了心，把企业看作“永久牌”，就会把企业的利益看作自己的利益，努力工作，在所不惜。用刘鹏凯的话来说，心力管理就是人心工程，他无微不至地关心员工：员工买了摩托车，他要送一顶安全帽；员工孩子上学了，他要送笔助学金；员工家里来了客人，只要提出，他就派车接站，这样的例子不胜枚举。黑松林就是一个大家庭，刘鹏凯不像老板，而更像一个慈祥的家长。

## “见利思义”，以义制利的管理哲学

重义轻利是儒家的传统，因为他们认为“争利”是天下祸乱的根源。荀子说：“欲而不得，则不能无求，求而无度量分界，则不能不争，争则乱，乱则穷。先王恶其乱也，故制礼义以分之”。办法有二：一曰“礼”，即制度约束；二曰“义”，即道德教育。孔子强调“见利思义”，孟子则更明确地提出：“见利思义，义而后取。”在任何利益面前，先应思考一下：这个利是否符合道德规范，是否符合社会正义，是则可取此利，否则应断然拒绝。这就是“以义制利”的管理哲学。这一哲学至今仍被许多企业所遵循，刘鹏凯的心力管理将“以义制利”用到了极致。

黑松林的文化营销就是“以义制利”的实现方式。这里的“义”就是急客户之所急，无私帮助。1996 年的秋天，安徽发大水，铜陵市某化工厂的仓库被大水淹了。这时，“黑松林”的一位销售人员正好在铜陵，闻讯后立即赶到厂家。他一面帮助把仓库里的胶一一搬到高处，一面打电话将情况汇报给厂长。刘鹏凯得知后，马上派一名副厂长带着百十桶新胶第二天就赶到这家化工厂并诚恳地说“刘厂长知道你们厂受了损失，现在正是需要赶快抢时间出产品的时候，我们是协作单位，有义务帮助你们共渡难关，这一百桶胶不多，先解燃眉之急，你们安心抓紧生产吧。”这家化工厂从厂长到员工常常说起“黑松林”一百桶胶的故事，他们说，现在锦上添花的事随处可见，像这样雪中送炭的企业却不多。

在黑松林的内部管理中，同样是以义制利，以黑松林的愿景、核心价值作为“义”的标准，以此来制约和指导内部的利益分配。刘鹏凯与员工之间不是雇佣关系，而是兄弟和朋友的关系，老板关怀员工，员工献身企业。员工们把企业的事当成自己的事，处处表现出主人翁精神。有一次，台风“麦莎”犹如怒吼的雄狮，咆哮了一夜。第二天一早，许多员工提前上班，自动地投入到抢险工作中来：有人在清理被风刮跑的空塑料桶，有人在拣四处吹来的垃圾袋，还有人在用木棍支撑着吹歪的树木。在车间楼顶的天台上，车间主任小丁正和两个年轻小伙子一起，用绳子将吹鼓了的大喷绘广告牌拉紧、固定，这场面如果用相机定格，就是一幅群情激昂的《战台风》。

## “民无信不立”，以信立业的管理哲学

孔子曰：“民无信不立”；《管子》指出：“小利害信”，王安石指出：“信者不食言以从利”，领导者不能为利益所诱而丢掉诚信。“胜敌者，一时之功也；全信者，万世之利也。”（《东周列国志》）战胜敌人，只是一时的功劳，而保全信誉则万世受益。这种以信立业的哲学，至今仍是中国许多优秀企业成功的法宝。

目前许多小企业在“假冒伪劣”上面做文章，实际上不过是饮鸩止渴。黑松林恰恰相反，把诚信看作自己的生命。刘鹏凯常对员工说的一句话是：“我们虽然是个小厂，但我们的产品质量、服务态度、做人的准则一定要坚守诚信不欺的原则，决不能被人家小看，不能当奸商。美国的面包大王凯瑟琳以 7000 美元的小面包铺发展成为营业额 400 亿美元的大公司。他的成功之路靠的是诚信不欺。每一位黑松林人要牢牢记住：我们的产品是有保质期的，但我们的服务、我们的诚信永远没有保质期。”诚信经营贯穿黑松林的始终，渗入每个员工的意识中。

有一年腊月二十六，黑松林的职工清理完库存，准备过年了，没想到下午办公室突然接到合肥一个客户打来的电话，对方非常气愤地说他们在一桶胶里发现了一根化纤丝（是生产过程中带进去的），他们怀疑这批产品有质量问题要求退货。当时已经 6 点多钟，职工都已经下班，刘鹏凯听说后，立即通知全厂所有人员回厂加班，深夜，带上 300 箱货直奔合肥。到达这家工厂门前时，客户的领导和员工惊呆了。他们没有想到只是一个普通的电话，就将人家厂长连夜叫来了，而且还带来了 300 箱产品。他们为黑松林这种精神所折服，不但没有退货，还将 300 箱胶也都留下了。那位厂

长说：“你们如此讲诚信，今后非黑松林的产品我们不用”

## “宽以济猛，猛以济宽”，宽猛相济的管理哲学

为政或管理任何一个组织，如何保持管理的平衡和谐？中国自古就主张刚柔并济，软硬兼施。所谓“宽以济猛，猛以济宽，政是以和。”（《左传》），就是这个意思。宽猛相济，带好队伍，总会碰到一个问题——奖和罚的实施。古代众多思想家、政治家形成了共识——必须赏罚严明。诸葛亮“挥泪斩马谡”就是实行这一原则的光辉范例。唐太宗李世民用最精炼的语言阐述了赏罚严明的原则：“赏当其劳，无功者自退。罚当其罪，为恶者咸惧。”（《贞观政要》）这一哲学应用最为广泛，至今方兴未艾。

刘鹏凯的心力管理是运用宽猛相济管理哲学的典范。为了维持正常的生产经营秩序，必须制坚定地执行奖罚条例，刘鹏凯有功必奖，有错必罚。但是他知道罚款不是目的，使违规者汲取教训才是目的，只要当事人真正认识到错误，诚心改正，他常常把所罚之款退给本人，往往收到事半功倍的效果。这就把执法之严与关爱之宽有机地结合起来。在宽与严之间的巧妙把握，是高超的领导艺术。

## “上善若水”，以柔克刚的管理哲学

道家有许多辩证的观点，对中国的管理产生了深远的影响。老子崇尚水的哲学，在管理哲学上可谓独树一帜。老子云：“上善若水。水善利万物而不争，处众之所恶，故几于道。”水的优势在于“善利万物而不争”“夫莫争，则天下莫能与之争”，老子这句话，提出了“以不争为争”的策略思想。在国家或企业处理外部关系、树立良好形象时，“利他”和“不争”应该是两面鲜艳的旗帜。“天下柔弱莫过于水，而攻坚强者莫之能胜，以其无以易之。弱之胜强，柔之胜刚”。水是无比柔韧的东西，但其生命力极强，任何坚硬物体都无法抵御。所谓“水滴石穿”，形象地说明了水的威力。以弱胜强，以柔克刚，莫如水也。我们可以把这种哲学叫做“尚水哲学”。

在管理中的应用就是重视“柔”的一手的使用，大力发挥思想教育、道德感化、理念认同、文化育人的作用，春风化雨，取胜于无形。这就是软实力的巨大作用。黑松林在这方面积累了丰富的经验。

小企业硬实力不足，怎样与大企业抗争呢？唯一的选择是“以软补硬”，靠软实力取胜。心力管理是不折不扣的软管理，以柔克刚。对内，黑松林把员工摆在主人的位置，尊重、关心、爱护，用这种家庭般温馨的文化吸引和留住人才，弥补了地域的偏僻、薪酬缺乏竞争力等弱点。刘鹏凯以水滴石穿的精神，通过知心、聚心、塑心三部曲，打造出一支高素质的员工队伍，发挥出思想和人的威力，最后实现绩效的提升和企业竞争的实际优势。这是“尚水哲学”的成功典范。

黑松林在对外经营中，熟练地运用“以不争为争”的策略，处理好了与客户、经销商、供应商、竞争对手和一切利益相关者的关系，也体现了以柔克刚的威力。

显然，这是以软补硬，靠软实力取胜的竞争模式。

## “执两用中”，崇尚“中道”的管理哲学

儒家学说的另一个哲学命题是“致中和”。《中庸》说：“致中和，天地位焉，万物育焉”；“万物并育而不相害，道并齐而不相悖。”达到中和，天地各司其职，万物能共同生长共同繁荣，实现天地物的和谐、“天人合一”。

中，即“不偏不倚，无过不及”；和，即和谐，和为贵。“和”更多的是“中”在人际关系领域的应用。不偏不倚就是“隐恶扬善，执两用中。”对于他人，对于下级，要隐藏人家的缺点，宣扬人家的优点，这样才能调动大家的积极性，激人向善，凝聚人心，保持和谐的氛围；在处理问题和纠纷时，要清楚事物的两个极端，实事求是，从实际出发，恰当把握“度”而不走极端，力求公平公正。无论在国家层面，还是在企业层面，都应该在效率与公平、宽与严、短期与长远、精英与群众、经济效益与社会责任、质量与成本、继承与创新之间，统筹兼顾，不走极端，找到恰当的平衡点。“中道”至今仍是中国管理在方法论上的一大特点。黑松林的心力管理正是这样做的。

心力管理的实质是搞好经营管理诸因素之间的平衡，兼顾效率与公平、宽与严、义与利、质与量、人的使用与培养、企业效益与人心向背等相关因素。刘鹏凯是把握和善用“适度”领导艺术的大师，心力管理则是处处探寻“和谐管理”的心路历程。和谐既是心力管理的目的，也是心力管理的结果。在黑松林，你可以感受到人与人的和谐，也会感受到人与自然的和谐，它既是一个具有共同价值观的和谐的大家庭，又是一个具有文化内涵的精巧的小花园。

## 道法术势，并用互补的管理哲学

在中国的管理史中，儒家、法家、道家、兵家都提出了各种各样的管理主张，在管理要素方面，可以概括为道、法、术、势四大要素。所谓“道”，道家主张“道法自然”，这里“道”指客观规律；而儒家主张“道不同，不相为谋”，这里的“道”，指管理主张、道德、信念和价值观，我们取后者的定义。所谓“法”，包括法律、法规、制度和行为规范，既包括了法家的“法”，也包括了儒家的“礼”的内容。所谓“术”，韩非说：“术者，藏之于胸中，以偶众端而潜御群臣者也。故法莫如显，而术不欲见。”术与法的不同在于，法是公开的，术是隐蔽的；法是臣民所共同执行的，术是君主所独自掌握的，是方法、手段，包括计谋和权术。所谓“势”，主要指君主令行禁止的权势，同时也指造成某种事态的客观形势和发展趋势。法家较多地把“势”理解为权势，儒家则更多地把“势”理解为客观形势，主张“天下之势有强弱，圣人审其势而应之以权。”（宋•苏轼《审势》），做到“因时立政”。（宋•苏洵《乞裁损浮费札子》）

法家是法、术、势的主要倡导者，在法、术、势三者之中，“法”是最根本的，但必须把三者结合起来，相辅以为用。

而儒家历来主张“仁政”、“德治”，更多地强调道德教化的作用。因此，是以“道”为中心进行管理的。孔子曰：“富与贵，是人之所欲也，不以其道得之，不处也。贫与贱，是人之所恶也，不以其道得之，不去也。”这里的“道”，就是“正当的”“符合社会道德规范的”意思。当然，儒家也同时不同程度地主张“审势”“崇礼”“明法”，宋朝苏洵明确提出“约之以礼，驱之以法”。从现代的视角来看，礼与法有相近之处——他们都属于人们的行为规范，泛而化之，可都归并为法。儒家在管理方法上也有许多建树，大体上属于“术”的范畴。宋朝欧阳修说：“取士之方，必求其实；用人之术，当尽其才。”

纵观中国历史，历代统治者大多是道法术势并用互补，而以道为中心。至今，无论在国家层面还是企业层面，仍是如此。这一管理哲学可谓深入骨髓。

心力管理显然是以道为中心的管理，“以文化人”是心力管理的精髓，同时配合必要的制度和法规，运用恰当的手段和方法，并注意审时度势，乘势而为。也就是说，是典型的“道法术势并用互补，而以道为中心”的管理模式。

### “修齐治平”，修己安人的管理哲学

中国在历史上是一个以伦理为中心的社会，伦理道德在其管理哲学中处于关键的地位，而伦理道德的推广则必须从领导者修身做起。修己的目的在于安人，安人的前提是修己。《四书·大学》中有一句名言：“古之欲明明德于天下者，先治其国；欲治其国者，先齐其家；欲齐其家者，先修其身”。这就是著名的“修齐治平”理论：一个人要成就大业，在社会上推广优秀的道德，必须从“修身”开始，然后是“齐家”、“治国”、“平天下”。

中国古代把修身、齐家、治国、平天下看成是紧密联系的一个系统，是非常深刻的管理思想。《淮南子·主术训》把修身具体化了：“非淡薄无以明德，非宁静无以致远，非宽大无以兼覆，非慈厚无以怀众，非平正无以判断。”即清淡寡欲、清正廉洁、宽容大度、仁慈民主、公平正直，是领导者加强修养的重点。

心力管理正是从刘鹏凯的修身开始的。刘鹏凯的自我修炼，有一个两步曲：第一步是“心视”，第二步是“心动”。

刘鹏凯说：“善思生善果，恶思生恶果。我用‘心视’的方法透视经营，透视人生，不断拷问自己。”通过内视，刘鹏凯发现了自己内心的困惑，以及许多不恰当的想法，如：最初，刘鹏凯认同世俗的想法——企业就是为“赚钱”，追求利益的最大化，但又觉得这种想法有许多矛盾，通过学习而达到“心动”，改变自己的观念，树立崭新的价值观，从而进入“自胜”的境界。他说：“中国有一句成语：放下屠刀，立地成佛。屠刀是什么？其实屠刀就是你的自我。在工厂你举着那把‘屠刀’，要征服这个，要征服那个，内心是个什么滋味？反之，如果你放下自我，立地成佛，心静如水，忘我利他，你就会有一种‘众里寻他千百度，蓦然回首，那人却在灯火阑珊处’的感觉，有一种如释重负的久违轻松。你还是会找到了‘一个人浑身是铁能打几根钉’的真实的道理，沉浸在众心合力工作的快乐之中。”这是刘鹏凯苦修心力的真实写照。

刘鹏凯的修身借助五个平台：读书是营养心灵的平台；参观是开阔眼界的平台；交友是思想碰撞的平台；写作是理念升华的平台；实践是检验真理的平台。

### 道法自然，无为而治的管理哲学

“人法地，地法天，天法道，道法自然”，这是老子在分析研究了宇宙各种事物的矛盾，找出了人、地、天、道之间的联系之后，所作出的论断。这里的“自然”指的是事物发展的客观性，“道法自然”就是指“按客观规律办事”，此乃道的本质。

依据“道”的理念看世间万事万物，其生长、发育都是自然而然的事。天地万物如此，人的思想行为方式也应该如此。人要按照“道”的“自然”和“无为”的本性，保持“清静无为”状态，因此道家提出了一种管理哲学——“无为而治”。这里所说的“无为”，不是说什么事都不做，而主要是指处事不以个人的主观意志代替客观规律，积极引导其自然发展，最后达到水到渠成的目的。“无为”即尊重世间万物各自发展的规律，“道法自然”，从而达到“无不为”的境地。

《老子》一书中把国家管理状况分为三个等级：最好的是“不知有之”，老百姓不知道统治者的存在；其次是“亲而举之”，老百姓感觉到统治者和自己很亲近，主动推崇；再次是“畏而辱之”，统治者以凶残的手段威迫百姓，老百姓对统治者畏惧和批评。这三个等级是不同管理方式所形成的结果，“不知有之”正是“无为而治”取得的结果。

“无为而治”不能理解为消极无为，恰恰相反，它的目的是“无不为”，以“无为”的手段达到“无不为”的目的。

老子曰：“我无为而民自化；我好静而民自正；我无事而民自富；我无欲而民自朴”，这里，君的“无为”，导致的是民的“有为”（自化、自正、自富、自朴）。也就是说，放手让民去“有为”，不乱干预，就会事半而功倍。这才是“无为而治”的本意。

历来将“无为而治”看作是道家的主张，而将这四个字首先提出来的却是孔子。子曰：“无为而治者，其为舜与？夫何为哉？恭己正南面而已矣。”（《论语·卫灵公》）为何说舜能无为而治呢？《大戴礼记·王言》中，子曰：“昔者，舜左禹而右皋陶，不下席而天下治。”正因为舜能任用禹、皋陶等贤臣，才能够“不下席而天下治”。故而儒家无为而治的含义在于任用贤才，充分授权，众贤有为，则君可无为。

这种无为而治的管理哲学，在中国历史上影响深远。远古的舜，汉初的“文景之治”，唐朝的“贞观之治”，都是无为而治的典范。如唐代李世民选择“清静无为”的思想作为治理天下的指导方针，坚持“以静养民”的治理方略，造就了“贞观之治”那样稳定而又繁荣的局面。

在当代中国，许多企业家把“无为而治”奉为管理的最高境界。在文化管理模式中，企业凭借优秀的文化，以及成功

地“以文化人”，各级管理者和普通员工各司其职，自觉主动地按企业的要求去行动，做到上下同欲，众志成城，主要领导者就可以做到“无为而无不为”了。刘鹏凯在黑松林采用的就是接近“无为而治”的管理模式。所谓心力管理，就是通过对员工心力的发掘，使各项工作取得不竭的动力，员工众志成城，自觉奉献，实现生产经营的“自动化”；同时，刘鹏凯对下级高度授权，以至于在黑松林老板在与不在一个样。通常，刘鹏凯大部分时间在外出差，而企业经营管理井井有条。

总而言之，刘鹏凯的心力管理不仅体现了现代管理的优秀思想，而且渗透着中国博大精深的管理哲学，是中国式的现代管理，而黑松林则成为不折不扣的“管理盆景”。

（作者系清华大学教授、博士生导师，中国企业文化研究会学术委员会委员）

# 企业家队伍建设：企业制度与企业文化的结合

邓荣霖

中国经济发展表明，企业家队伍建设是极其重要的课题。尤其是现阶段，中国面临经济转型、结构调整、创业与创新的要求，以及国内外的市场环境和技术变革的挑战，更加迫切需要有高水平的企业家人才队伍。下面围绕此问题，提出几点建议。

## 观念变革

观念变革是中国建立企业家队伍的前提条件。现在我们企业家的地位和作用没有得到充分认识和肯定。所以，观念变革首先就是要充分认识和切实加强企业家的地位和作用。而企业家的地位和作用又是来自于企业的地位和作用。所以，为了提升企业家的地位和作用，首先就要增强对企业地位和作用的认识，从而提高对企业家作用的认识。

企业家队伍建设是有战略意义的。根据我长期以来的研究，现代企业家不仅是要创办企业，还要着眼于发展企业。当前国内外市场竞争更加激烈，技术进步的步伐更快，所以创办企业很重要。但创办企业本身是一回事，创办以后，企业的生存和发展又是另一回事。这要靠企业家来完成。创办了企业，不一定就能很好地发展企业。只有能够创办企业并发展企业的人，才真正具有现代企业家特征。

当前我们的经济任务之一就是转型调整，中国需要一支企业家队伍来把国内市场和国外市场结合起来、统一起来。所以，为进行企业改革，首先就要建立现代企业制度。现代企业制度必须以现代企业为支柱。现代企业包括现代技术和现代管理，这两者关键取决于现代人才。而在现代人才当中，大量需要技术人才和管理人才，但更需要有“帅才”。“帅才”即指企业家，能够把大量的管理人员、技术人员统帅起来。企业家在中国企业创业、发展、创新过程当中，起着非常重要的统帅作用。

我认为在观念变革中，最主要的就是要处理好市场经济体制下三个成分的关系：消费者（需求者）、供给者（企业）、政府。其中，消费者是最重要的成分。消费者和企业之间的供求关系是市场关系中的基本关系。我们当前正在进行供给侧结构改革，这一改革要适应于需求侧结构变化的要求。在这个过程当中，要处理好企业与政府的关系。企业与政府的关系，应当由单纯的行政关系变更为规范的法制关系。政府和市场的关系实质上是政府与企业的关系。我们现在面临的任务，是由政府主导转向为市场主导，就是要确立供给者与需求者的这一基本关系。总体来说，政府的决策目前还是局限在政府各部门之间的利益调整。政府决策中，企业家的声音过小。所以，我们现在要实行观念变革，企业家的地位和作用需要得到充分的认识和肯定，让企业家在市场经济中充分发挥作用。

## 明确企业家职能

不同于科学家与工程师，企业家有自己独特的职能。他的职能就是要把产品生产出来，并提供服务，满足市场的需求，能够把科学的原理和先进的技术运用在生产上，运用在流通当中，并适应市场的需求。

企业家的职能具体包括以下几点。第一，要把生产和流通、金融、科研结合起来。现代企业家，不仅要把产品生产出来，而且还要重视流通，重视资本，重视科研。第二，企业家要擅长于把生产、流通、技术、设备、人才等各方面整合起来，处理好企业内外关系，使企业内部条件与外部环境相适应。第三，企业家要擅于把经营战略和管理方法结合起来。不仅要考虑当前市场，而且还要考虑到未来的发展趋势。如果只看眼前，难以成为真正的企业家。第四，企业家要把资源条件、劳动力、资本、技术等经营要素结合起来。

从内部与外部的角度来说，对外，企业家要处理好客户、竞争者、政府、社会公众之间的利益关系；对内，要处理好股东、董事、经理、员工之间的利益关系。每一类人都是一个利益体。企业家要站在企业的角度把内外这八种利益体协调好。政府做政府的事，政府要制定法律，要解决企业解决不了的问题。企业要守法，要遵守法律。但是政府不能代替企业。我们目前存在政府职能不到位的问题，包括缺位、错位、越位的问题，这就会影响到企业家职能的发挥。所以若要发挥企业家职能，就要处理好与政府职能的关系。对企业家而言，要增强外部的适应力、内部的凝聚力和财务的稳健力。只有这样，企业才能生存和发展。

在这个过程中，要处理好以下几个关系。第一，规模和效益的关系。应该在提高效益的基础上扩大规模，不能盲目扩张。第二，质量和成本的关系。要在保障质量的前提下降低成本，在维护成本的基础上提高质量。处理好质量与成本的关系是中国企业家的一大难题。第三，主营和兼营的关系。第四，进入市场和退出市场的关系。第五，价格竞争和非价格竞争的关系。

### 把握企业家的职业特征

企业家本身就是一种职业。企业家的职业特征，就是要把创办企业和发展企业作为自己的首要工作和毕生事业来追求。中国社会应确立“职业”的概念，这在中国非常重要。

所以企业家要有以下几个职业特征。第一，企业家应以企业的生存和发展作为谋生手段。第二，企业家要把创办企业和发展企业作为自己的终身目标来追求，立志于办企业。第三，企业家要一心一意，全力以赴，为此目标而努力奋斗。第四，企业家要以办企业的成就作为人生的最大满足，要职业化。而企业家的职业化，就是要有一支稳定的企业家队伍。职业化包含两重含义：从社会来看，是社会分工专业化的表现；从个人来看，是一心一意追求企业成功的过程。企业家职业化，就是指把创办企业和发展企业作为专门的事业，专业化的过程，也就是政企分开的过程。

### 理解企业家精神的核心内容

企业家精神是职业精神与工匠精神的结合。创新意识和开拓精神是企业家精神的核心内容。社会主义市场经济条件下，我们要建立现代企业制度。从企业家的角度来说，首先要改变单纯服从的旧观念，树立起独立自主的新观念。所以，企业家的活动是具有高度创造性的活动，它既是一门科学，也是一门艺术，而且还是一门手艺。企业家的目标，不是单纯地追求金钱，而是要追求自主性、独立性、创造性，树立创新意识、开拓精神。开发新产品、运用新技术、发现新人才、开拓新市场。企业家是企业的推动者。一个企业若想办好，至少要有一个企业家。所以，企业家对生产什么产品、采用什么技术、聘用哪些人、怎样处理与政府的关系、占领哪些市场，始终要保持清醒的头脑。企业家是经济效益优化的判断者，是企业未来发展的预测者，是经济理论与管理实践的结合者。作为一名企业家，必须要掌握现代经济理论和科学管理知识，同时又要有丰富的管理实践经验。所以企业家是胆量和才能的结合，是科学和艺术与手艺的结合。

确立和保障企业和企业家的法律地位，实质上就是在经济发展过程中建立一个稳健的财富创造机制和财富积累机制。现在不仅有农业经济、工业经济、贸易经济、服务经济，而且还有网络经济、生物经济等各种高新技术经济。在这种环境下，企业家的创新意识和开拓精神就显得尤为重要。创新，最主要的就是创造有价值的订单，要找到市场。另外，还要创造性地破坏，要破旧立新。企业家要找到创新点，掌握创新度，还要不断发现新人才。

那么怎样才能做到“新”呢？我认为要承认差异，要不断地学习。创新包括思维创新、产品创新、制度创新、文化创新、技术创新等。所以对于企业家而言，要把各种创新统帅起来。企业家精神的核心内容即在于此。

### 形成中国的企业家队伍

从全国来看，各类企业都可以形成企业家队伍。我认为，企业家队伍主要是在公司高层管理者当中形成。当然，小微企业也可以形成企业家。小微企业可以有一个企业家，而大公司可以有两三个，甚至更多的企业家。企业家队伍要从实践中形成，根据各类企业分别确定。企业是创业的目标，创业是企业的动力。各类企业活动的结晶就是要形成企业家。所以企业能否生存和发展，就在于企业能否拥有自己的企业家。创业并非总是成功的，创业失败比比皆是，但是关键要看企业家能否在成功和失败中把握企业未来的命运。所以若想实现创业和创新，关键是要形成企业家队伍，当然还要有营运管理者、员工等大量人才的共同参与。但是企业家是最重要的。

### 建设企业家队伍制度

若要形成企业家队伍，就要把企业制度和企业文化结合起来。现代企业制度最主要有以下三类：现代企业产权制度、现代企业组织制度和现代企业管理制度。其中产权制度是前提，组织制度是保证，管理制度是基础。除此之外，企业家队伍的形成还要靠企业文化建设。制度是硬的，文化是软的，所以建设企业家队伍要软硬结合，双管齐下。

就当前而言，中国的企业家队伍建设需要注意以下几个问题。第一，企业高层经理实行聘任制度。第二，建立经理人才市场和经理注册制度。第三，实行经理无任期制度。第四，实行经理薪金制度。

### 保证企业家队伍建设的环境

总体而言，为建设中国企业家队伍，还需要加强体制改革。体制改革的目标，就是要为企业家队伍的形成创造良好的外部环境。环境保证是当务之急。

这需要解决以下几个问题。第一，要维护企业的独立性和自主性，使企业真正具有法人资格。这是企业家队伍建设的基本保证。第二，取消企业高层管理者的干部称号和行政级别。企业家在市场经济中应该按照公平、公正、公开的原则进行竞争，在竞争中确定企业家的级别。这个级别不是行政级别，而是市场竞争中的产品级别、质量级别、管理级别。第三，改革人事制度。对公司经理不采取行政任命的办法。按照公司法，由董事会来聘任。但是政府要分类给予指导。第四，建立保护企业家合法权益的有效制度。

（作者系中国人民大学商学院教授、博士生导师，中国企业文化研究会学术委员会委员）

## 互联网＋企业文化：规律探寻与管理创新

王成荣

从经济发展和产业升级角度讲，“互联网＋”传统产业，代表一种经济新形态、新业态。“互联网＋”的核心是创新，它促进了以云计算、物联网、大数据等为代表的新一代信息技术与传统制造业、服务业的融合创新，在生产要素配置中发挥着重要的优化、集成作用，它甚至颠覆了某些企业思维、传统理论和生产流程。同样，互联网，尤其是移动互联网的出现，也改写了某些经典的企业管理理论，更给企业文化管理提出了崭新的课题。互联网 + 企业文化，意味着企业文化管理方式和传播方式的全面创新。

## 相关文献探索

有关互联网时代企业文化创新问题，学界已有不少人开始重视。宋伟、潘力较早注意到互联网对企业组织变革的影响，从网络时代企业经营环境新变化出发，提出了应加强高度信任文化、开放合作文化、学习型文化、团队文化和灵活适应型文化的建设。谢梅在在分析企业文化与网络经济本质内涵基础上，提出了企业文化与员工行为的互动模型和企业文化再造模型。杨洁建议，在互联网时代，应增强企业文化各要素传播的完整性、针对性和互动性。韩树杰认为，应对互联网时代挑战，企业文化应在变与不变中寻找平衡，企业核心价值观必须建立在深刻理解人性、为用户创造价值的基础上，企业文化精神内核的外化形式应是多样化的，能够且需要与时俱进。

我在 2014 年发表了一篇题为《互联网冲击：企业文化管理新视界》的文章，初步阐述了我对此问题的一些观点。我提出，在开放的社会环境中，互联网和移动互联网的普及应用，以其系统的开放性、内容的共享性、成本的低廉性、传播的交互性、竞争的公平性、沟通的有效性和速度的快捷性等优势，大大推动了企业的社会化和民主化进程，彻底改变了企业文化生态。它对推动管理变革、文化创新的影响之大、之深远前所未有。纵观历史，每一次技术革命都会带来管理思想、管理理论、管理手段和方法革命性变革。由此引发一场深刻的管理革命和企业文化革命也是预料之内的事。

## 互联网背景下的企业文化起源与积累

企业文化形成与发展具有规律性，它是在企业内外多种因素的共同作用下，不断积累、传播、冲突、选择、创新与变革的过程。这个过程循环往复、周而复始，不断推动企业文化由低级向高级方向发展。

互联网 + 企业文化，从整体看，增加了企业文化形成与发展的影响因子，加速了企业文化形成与发展过程。

先看互联网背景下企业文化的起源。

一般而言，企业文化与企业相伴而生，自从企业创立那一天起就开始孕育、生长。在工业社会，企业文化的起源，首先与企业创始人的创业理想、经营理念，以及意志、胆量、魄力、个性风格等有着直接关系。由他们所处的“核心地位”所决定，他们的目标信念与行为方式、风格，往往通过他们的决策、指挥、组织协调以及为人处世等活动表现出来，容易被人感知、感受，从而潜移默化地影响着企业中的每一个人，形成一种无形的文化导向和推动力。有个性的企业文化，多数是由企业创始人埋下的种子生发出来的。英国塞恩斯伯里公司创始人约翰·姆斯·塞恩斯伯里，是个典型的英国维多利亚时代的人物，工作作风严谨，讲究有条不紊、一丝不苟，信奉刻苦工作、节俭和自我约束。1869 年，约翰开始经营奶制品时，就坚信“高质量的东西也可以做到低价”，要保持食品的“清洁和新鲜”，时至今日，低价和卫生仍然是这家公司的首要准则；约翰临终遗言是“保持店堂灯火通明”，这一传统保持至今。

当然，一个新企业包含了各色文化背景的人物，有些文化背景是相同的，有些是相斥的。企业主流文化是在创始人的引领下，员工逐渐形成的共同理想以及共同情绪反应、行为方式基础上，在不同文化相互融合过程中孕育成型的。海尔企业文化的形成，1985 年张瑞敏导演的“砸电冰箱”事件在其中起了“定格”作用，海尔员工正是在汲取教训中取得了共同的理解，找到了共同的价值判断和行为标准。

互联网背景下诞生的企业，尤其是互联网企业，由于企业生产要素、生产流程的巨大变化，企业创始人和合伙人显然在企业文化起源中起着主导作用，但一线员工“被文化”的现象在减少，员工在文化起源中的作用相对增强；同时，企业文化不再是企业“内部文化”，相反，企业客户文化加入企业文化，甚至成为企业文化起源的重要影响因子，决定着企业文化的特质与方向。

## 再看互联网背景下企业文化的积累

任何一个企业的文化从雏形到成型都有一个发育、健全、完善的积累过程。在互联网条件下，企业文化积累呈现的主要特点是，在企业文化成长过程的各个阶段，企业文化积累的速度都在加快。

企业文化积累速度与科学技术、市场变化的速度，与企业发展速度和物质财富积累的速度，都是息息相关的。在传统社会，文化积累是一个缓慢的过程，厚重的文化传统往往滞后于技术与市场的变化，比物质财富增长的速度慢半拍。在信息社会，由于科学技术加速发展，市场急剧变化，物质财富出现井喷式增长，知识信息呈爆炸式增加，因此带动文化积累也逐渐加速。尤其是企业文化，在社会文化中是最活跃的；互联网的出现又为企业文化的加速积累提供了可能。

互联网条件下企业文化的积累，一是更多吸收了因新技术出现带来的新思想、新思维；二是更多吸收了因市场变化而带来的新观念、新时尚。因此这种积累多数属于文化新特质的积累。这种企业文化新特质的加速积累，也会伴随着加速遗失的现象，有的遗失是自然选择的结果，有的则是人为选择所致。企业文化积累规律表明，积累总比遗失的多，且总是因循优胜劣汰原则，使企业文化越来越丰富，优势与特色越来越鲜明。这也就是说，传统企业较为漫长的文化积累过程，在互联网时代被大大压缩了。

陈年老酒，愈久弥香。文化亦然。企业文化加速积累，所形成的新鲜时尚文化，很有适应性，但往往根基不深，比较脆弱。因此，在互联网条件下，应加强企业文化积累的必要引导，既要注重通过文化交流，吸收社会异质文化中适合于企业自身需要的成分；也要注重企业原有文化特质的巩固，筑牢根基，加深传统，创新提升，这是一种更重要的积累。同时，要把控文化积累的方向和速度，避免负向积累或拔苗助长似的“泡沫文化”积累。

## 互联网背景下的企业文化传播

文化具有交流、传播性质。企业文化作为社会亚文化，其特质也会从一个群体或个体，扩散到另一个群体或个体。企业成员在文化传播中使群体的行为得到协调，进而产生出共同的信念与目标；新员工进入企业会带来异质文化，也是通过文化交流与传播，慢慢与企业价值融合，成为企业的一员，这是企业文化的内传播。除此，还有企业文化的外传播，即企业与外部其他企业以及社会文化的交流与传播。通过企业文化外传播，一方面吸收优质外来文化，丰富本企业文化；另一方面输出本企业优质文化，贡献社会。

企业文化传播存在两条规律：其一是同构易播规律，即相同或相近企业结构的企业文化体，企业文化在其间的传播速度快，影响大，易于奏效。不论是整体同构或部分同构，这条规律均适用；同样，相同或相近的民族文化背景，也利于企业文化的相互传播。其二，异体或异构抗播规律，即相异或全然不同的企业文化体，企业文化在其间的传播速度慢，影响小，不易奏效；同样，不相同的民族文化背景，也不利于企业文化的相互传播。实际上，企业文化传播规律，在企业内部不同群体、个人之间也是适用的，所谓“人以群分，物以类聚”讲的就是这个道理。

在互联网背景下，企业文化同构易播规律和异体或异构抗播规律仍在发挥作用，但因传播媒介和目的的变化，企业更加开放，企业文化内传播渠道更多、范围更广、频次更高、内容更多样，特别是传播方向更加趋于网络化。互联网在员工生活现实空间基础上，增加了他们的虚拟空间；有形的非正式组织也拓展到无形的同学圈、邻居圈、亲属圈、朋友圈以及各种群聊、网上论坛等等，形成了各种各样非正式网络组织。文化传播随时随地、随心所欲，而且内容更加多元，工作、生活、政治、经济、文化，国内国外，大千世界，无所不及。更为重要的，在自媒体条件下，企业每一个人都是企业文化传播主体，打破了企业领导者文化传播主体的垄断地位；改变了自上而下的文化传播方向，增加了文化（信息）传播的对称性。

企业文化的外传播，同样发生了巨大变化。企业原有的“文化围墙”被拆除，企业不管是主动还是被动，时时受到外来企业文化（信息）和社会文化（信息）的冲击，不管这些文化（信息）对企业是有利的还是有害的，企业均没有更强的屏蔽能力。不过，企业文化的传播互动，通常遵循着由文化发达的高处流向文化不发达的低处的规律，同时也包含着一定的对流甚至逆流，不好的文化也会流传和扩散。不过，多数情况下得到流传和扩散的是相对先进的文化特质，人们愿意学习、攀比的文化也多是优秀的、向善的。

互联网时代企业文化传播的变化意味着：第一，员工的生活丰富度在不断提高，互联网像双刃剑，它可以使员工在虚拟空间找到新角色、新的自我价值和生活意义，也使员工事业心受到不同方向的影响，既可能是正能量，也可能是负效应；第二，部分人与人的交流被人与机器的交流所取代，人与人之间的关系出现淡化趋势；第三，员工更加关注例如环保、公益事业、社会道德等社会问题；第四，互联网优化了企业信息的对称性与共享性，员工民主意识和参与意识明显增强；第五，互联网带来的海量信息，打开了员工的眼界，促使员工更加开放，价值追求更加多样化；第六，员工逐渐形成互联网思维，“我献人人、人人助我”，愿意帮助别人，给别人带来价值；第七，消费者在互联网时代拥有了真正的消费主权，“好评”变成了有价值的资产，员工的顾客意识与服务精神得到提升。同时消费者也愿意传播企业的文化和品牌，进而成为企业文化形成的一种外在力量；第八，互联网搜索的便捷性提高了人们的学习能力、联想能力、分析能力和创新能力，推动人人成为创新主体的文化模式的形成。

有了互联网，企业文化内外传播真正成为双向的网状传播和互动传播，这种文化传播对企业而言优劣并存，企业只有主动适应这种传播特点，改变企业文化建设的思维，既善于利用传统文化传播渠道，又注重利用互联网条件下企业文化的民主性、互动性、共享性和社会性，发挥新媒体、自媒体的积极作用，讲好企业故事，树好企业文化标杆，定好企业规矩和礼仪、做好企业内外宣传，弘扬企业主脉文化传统，才能把互联网条件下的企业文化建设好。

## 互联网背景下企业文化的冲突、选择与创新变革

企业文化冲突是企业文化发展过程中不同特质的文化在相互接触、交流时产生的撞击、对抗和竞争。其产生是由不同特质文化所构成的基本价值观之间的过分悬殊造成的。

在互联网背景下，企业文化加速传播，冲突不但不可避免，而且处于一种常态。常态的文化冲突，总体看是好事，它能推动文化进步。因为如果企业没有文化冲突，静如一潭死水，企业文化也就失去生机和发展的动力。企业文化冲突的结果有两种可能，一是融合不同质的文化，使自身的文化得到丰富和发展；二是变更文化的特质，原有企业文化完全被新的文化所取代。

互联网 + 企业文化，不仅使文化冲突成为常态，而且冲突的范围更广，冲突的激烈程度不断升级，表现形式更加多样化。

首先，对于一些老企业（尤其是老国企），面对社会的迅速变革和市场的急剧变化，年轻人的加盟，消费者的参与，企业原有居于核心地位的经营理念不断受到冲击，尤其是处于转型过程中和重组后的企业，企业内部原有文化与新质文化、重组中的不同企业文化以及内部主流文化与亚文化、群体文化和个体文化之间的冲突变得异常复杂，加之社会文化以及其他企业文化的影响，加剧了这类企业文化的冲突与对立，要求变革的呼声和创新的愿望均较为强烈。这类企业文化的冲突，有些是因原有企业文化确已变成病态文化，破旧

立新是必然的；有些是原有企业文化已达到高度成熟状态，正慢慢地失去优势，打破既定稳定状态，加入新的文化因子，并不断促进有可能代表企业未来价值观、未来文化范式的亚文化的成长，也是必然选择。

其次，对于一些年轻或较为年轻的企业，从总体上讲，它们的文化与社会文化大体保持同步，企业内部主流文化与亚文化、群体文化与个体文化的冲突和对立，表现相对弱一些。但是，在这些企业中，员工较为年轻，80后、90后占主体地位，他们的人生观、价值观和工作观与50后、60后甚至70后都有很大差异。80后和90后从小受到多元文化思潮的冲击，是处于中国社会价值观和行为方式转型期的一代。他们有理想更重现实，重精神也重物质，他们崇尚自由，个性张扬，喜欢无拘无束，对实现自我价值有比较强烈的渴望。尤其是他们往往把工作与生活分的很开，其价值取向与传统企业崇尚的加班加点、无私奉献等价值是有冲突的。所以，在这类企业，亚文化和个体文化中的民主意识、个人价值、物质主义在不断滋长和上升，与企业追求的整体价值和未来利益产生冲突。中国传统企业文化强调个体的依附性，忽视个体的创造性，强调群体的“内聚”，忽视个体的“发散”，强调群体的至高无上，忽视个体的特殊价值，强调群体的权利、忽视个体的权利。从根本上说，年轻企业的文化冲突也是新旧企业文化的冲突。企业文化冲突因为互联网变得直接、快速，解决这种直接、快速出现的企业文化冲突，也应该更好利用互联网，形成直接、快速的信息共享、决策透明、民主参与机制。

企业文化冲突遵从优胜劣汰原则，但企业文化作为一种自觉的文化现象，也需要主动选择。即在冲突中有选择地支持并积累适合企业发展需要的部分，反对并摒弃不适合企业发展需要的部分。企业文化选择的客观标准无疑是企业的基本价值观。企业基本价值观是企业的灵魂和宗旨，是企业文化个性的深层特质。但在社会、市场快速变革和互联网冲击下，简单地用企业已有的基本价值观作为文化选择的唯一标准是不可行的。首先要看企业基本价值观是否适用。适用者，继续坚守，并把它作为文化冲突中进行价值判断与选择的标准；部分适用者，就要吸收一些优秀文化特质，不断革新与完善原有价值观；不适用者，就要敢于淘汰、摒弃，及时用文化冲突中占主导地位的新质文化，替代已经落伍的价值观。当然，企业基本价值观的改变应是十分审慎的事，好的文化传统是企业的传家宝。多数情况下，企业文化选择是本着“尊古不泥古，创新不离宗”的原则进行的。

从本质上讲，企业文化选择过程就是企业文化整合、创新和变革过程。传统企业文化的整合、创新和变革，往往是孕育发酵较长的时间，需要寻找恰当的时机，比如企业所面对的技术环境、市场环境发生巨大变化导致企业流程再造、企业并购与重组、企业经营出现严重危机、企业创始人或主要领导人更迭等，企业文化的整合、创新和变革，往往要付出较大的代价。

在互联网条件下，虽然整合、创新和变革时机仍很重要，但利用便捷的文化网络，可以及时发现文化冲突，修复整体文化的缺陷，避免问题的积累，大大降低每一次文化整合、创新和变革的强度，减少文化整合、创新和变革所付出的代价。

## 互联网 + 企业文化：管理深刻变革

理解“互联网 + 企业文化”，关键是要有互联网思维。互联网思维的本质，针对工业化思维——大规模生产、大规模销售、大规模传播而言，坚持用户至上，去中心化，实现互联、互动、开放、共享。这种思维在商业上带来的主要是颠覆性创新、免费商业模式和用户超期待体验。

互联网 + 企业文化，对企业文化建设与管理是有革命意义的。

其一，企业整体价值至高无上，压抑个性、限制自我价值的文化受到空前挑战。过去个体离开企业不能获得资源，现在个人离开企业也能获得资源。因此，企业文化表层“去中心化”，以人为中心，以个体和团队为中心，崇尚自由、张扬个性、实现自我的文化受到推崇。

其二，人人都是文化创造、创新主体，人人都是文化消费、享受主体。企业文化管理中的民主意识空前高涨，追求平等、互动、互利、共赢的文化成为不可逆转的趋势。

其三，企业文化中的情感因素在下降，理性因素在上升。传统企业价值观和道德标准面临重塑与再造。

其四，企业文化的社会化程度大幅提高，企业因此改变相对封闭状态，与社会文化交流沟通更加紧密，受到社会文化的影响更大。企业处于动态竞争状态，文化也处于不断的动态调整中；企业经营开始跨界，文化也在跨界。社会先进文化的标准逐渐成为企业文化的评价标准，企业社会责任感与员工社会责任感，逐渐由“外加”文化，演变为“内生”文化。

其五，传统企业文化建设目的受到质疑。单纯把建设企业文化作为管理员工的手段，作为激发员工积极性、提高企业效率与效益的“工具”，这种单纯“企业利益观”已不能适应新时期企业文化发展的需要，提高员工道德素质，满足员工的精神需要，成为企业文化建设的重要目的。

互联网 + 企业文化，是企业文化管理方式一次脱胎换骨的变革。

面对新的企业文化变革，新老企业都在探索如何适应互联网 + 企业文化的新特点、新趋势和新规律。海尔是靠文化成功的企业，海尔的文化贵在创新与变革。从组织形态上看，海尔实现了由传统的正三角到倒三角，再到网络经济背景下的利共体平台“小微”形态的转变，形成平台型组织构架和新的企业生态圈，真正做到小微以用户为中心，人单合一，实现企业与用户的无缝对接。这种组织变革本质上是基于“互联网 + 企业文化”的思维，是“去中心化”和发挥个人创新主体作用的有益尝试。

在阿里巴巴的商业帝国里，淘宝、支付宝和天猫等明星产品的背后，最有价值的是有创意的人，尤其是马云和他的 18 个联合创始人，还有成就其产品和市场加盟者。

小米也是合伙人制，品牌背后是各个独当一面的合伙人。小米人都喜欢创新、快速的互联网文化，以及平等、轻松的伙伴式工作氛围，享受与技术、产品、设计等各领域顶尖人才共同创业成长的快意。还有，也许是更重要的，他们将“用户”变为“选民”，并将他们被压抑已久的参与感、平等感释放出来，这是小米胜于其他对手的杀手锏，也是互联网思维和互联网文化最生动的实践。

推动互联网 + 企业文化，我们需要探索的是：

第一，打破单一自上而下的企业文化建设架构和路径，建立上下互通、互动文化发展机制。适应企业组织扁平化的变革趋势，为个体文化、小群体文化成长留下充足的空间。

第二，改变企业文化管理单一“工具属性”，建设“精神家园”式的体验型文化。设计有吸引力又能使人们乐在其中、触动情感、又能回味无穷的企业文化现场礼仪、活动；把现实体验活动与健康的网络体验活动结合起来，虚实互动，推动体验性文化的创新，全方位满足员工体验性精神需要。

第三，在发展企业利益共同体基础上，建设员工价值共同体。创造更多平台和机会，有效发挥个体价值，并善于找到个体价值的契合点，以此为基础建立企业价值体系和价值共同体。

第四，推动管理方式由传统的金字塔式组织结构和自上而下的集中式管理与生产方式向扁平化组织结构和柔性生产方式改变，改变层级结构和部门分割的状况，以便使更多的实体贴近广泛的市场，更加敏捷、灵活地满足市场快速多变个性化的需求。同时，改变传统的层级管理和制度管理等刚性管理模式，建立起适应知识性员工参与管理、参与创新的柔性管理模式。

第五，伴随着互联网对生产流程的颠覆和消费者主体地位的提高，改变关起门来建设企业文化的做法，将传统企业文化建设的物理空间延伸至整个供应链、价值链的各个环节，吸收用户、供应商乃至社会参与企业文化建设，并直接分享企业文化成果。

互联网 + 企业文化，是一个需要企业界和学界共同探讨的全新课题。可以预见的是，它的影响，不亚于企业文化理论的创建；它的破解，将颠覆部分传统管理理论、理念与方法，将企业管理和企业文化推向一个全新的境界。

（作者系北京财贸管理干部学院院长、教授，中国企业文化研究会副理事长、学术委员会委员）

## 企业长青：从结构伦理、契约伦理至道德伦理

徐艳梅

关于企业伦理与企业可持续发展的问题，初看，似一个毋庸置疑的问题——秉承良好的企业伦理一定可以使企业顺利发展，持续进步，但是，回到现实中，情况却不似这么简单，企业如果明确地知道企业伦理的效用，却为什么偏偏做许多违反伦理的行为？人们在媒体上不断地看到一桩桩企业违反伦理的事件被频频曝光，即使国际知名企业也不乏案例。

每每将以赢利为目的企业与道德问题相提并论的时，都存在不少讨论空间和话题内容，这其实无形中暗合了一个问题：企业伦理与企业效益关系的复杂性。很久以来，社会上似乎都存在一种流行的看法：哲学家、神学家、教育家应该都比搞经济、搞贸易的人更具伦理道德。虽然这种观点在 18 世纪即受到法国哲学家伏尔泰的否定，但在世俗的观念中，好像依然潜行：赚钱、赢利与生俱来是一件与伦理道德不在一个方向上的事情。中国历来不就流传有“君子喻于义，小人喻于利”一说吗。

因此，有关企业伦理究竟如何影响企业效益，企业伦理与企业效益的关系，企业讲求伦理道德的直接后果，企业伦理关乎企业寿命的追问一直存在。

### 观点扫描

围绕企业伦理与企业绩效的关系问题，不少学者进行过研究，但得出的结论却全然不同甚至相悖。如，一种观点认为：企业伦理与经济绩效两者呈负相关关系，比较典型的代表人物有米尔顿 • 弗里德曼、哈耶克等。企业伦理是指企业经营管理活动过程中的伦理道德价值体系，而企业管理学和经济学都是强调经济绩效的，因而经济绩效比企业伦理更为重要，经济绩效是企业的惟一任务和目的。如果在企业的使命中添加其他社会元素比如伦理、责任等只会阻碍企业经济绩效的提升，或者淡化企业的主要功能，从而会减少企业为社会贡献的应有的价值创造量。

第二种观点认为：企业伦理促进经济绩效的提升，两者呈正相关关系。认为遵循企业伦理在某种程度上可以为企业带来利益，因此他们主张将伦理作为增加企业经济绩效的工具。一方面，企业伦理是企业盈利的手段，另一方面，企业伦理是企业高于经济绩效的目标，而盈利是由于企业遵守企业伦理、以伦理为目标而带来的结果。持此观点的代表人物有林恩 • 夏普 • 佩因、罗伯特 •F. 哈特利、斯蒂芬 •P. 罗宾斯、沃尔特 •W. 曼利、罗伯特 C. 所罗门等。

第三种观点认为：二者的关系复杂多变。企业伦理是非常复杂的，它与经济绩效之间不存在确定的正相关或者负相关的关系。也许从长远的观点来看，遵循企业伦理会有助于企业赢得更多的利润，但是很多时候遵循企业伦理也要付出不小的经济代价。持这种观点的学者有当代著名管理学家哈罗德 • 孔茨、乔治 • 斯蒂纳、约翰 • 斯蒂纳和阿奇 •B. 卡罗尔。

所以，这确是一个有意思的问题。值得再议、再辩。

无论上述学者对企业伦理与企业绩效的关系如何看待，他们都认为，企业伦理与经济绩效的关系不能成为影响企业

遵循伦理规则的理由。

## 企业的道德困境

在商学院MBA、EMBA课堂上，以下案例会被经常用于讨论。

某飞机生产商投入大笔资金开发出一种新型飞机。巨额投入使得公司财务背负了沉重的负担。如果不尽快获得一些大额订单，这家厂商不得不关闭部分工厂，二者将造成1.2万工人的失业。这种结果无论对工人还是他们所居住的城镇来说，结果都是灾难性的。该公司总裁一直正在游说某外国政府签订一份巨额采购协议。他无意中得知该国主管此事的部长由于赌博欠下大笔债务，于是暗中和那名部长进行联系，许诺一旦获得五架飞机的订单，立刻付给该部长100万美元作为酬劳。公开与私下的交易最终都达成了。这名总裁认为他的行为是合理的，因为这确保了企业生存，工人就业和居住地的安宁，那名部长偿清了债务，外国政府获得了所需的飞机，他认为他的行为所产生的利益远远大于贿赂行为可能造成的消极影响。他的观点正确吗？

每做此案例，现场都气氛活跃，观点纷争，讨论热烈，持不同观点者针锋相对。仔细观察，每场也会有一小部分人对题目不屑一顾，其潜台词大体是：此现象实属司空见惯、不足为奇。而回答者的特征主要呈现出以下趋向，企业一线的人员（特别是市场职能人员）相对于非企业人员（政府部门、事业单位、非营利性机构）更多地倾向于认同该经理的行为；职位等级偏低者（业务层、经理层）相对于职位等级更高者（决策层）认同此经理观点者为数更多；总体特征：认同者人数多于不认同者及感觉纠结者人数。

不少参与上述案例讨论的人认为，当面对现实利益与道德要求的严重冲突时，究竟如何决策，是一个极为困惑的问题。他们认为，就案例中的经理而言，其并非为自身利益，而是为企业、为1.2万人的就业，某种意义上还是非常富于牺牲精神的，其行为是一种勇于承担、敢于负责的表现，具有某种悲壮性！也有人认为，经理之举实为无奈选择。

案例讨论过多场，情形大体相同。

这说明什么？反映了一种什么现象？用一个词来界定的话，可称之为“伦理失范”。西方著名社会学家杜尔凯姆对于“失范”曾做过这样的描述：“失范”是一种社会规范的缺乏、混乱，或者社会规范的变化多端以至不能给社会成员提供指导的社会情景。

企业伦理失范行为的具体表现归纳起来无外乎两方面：从内部讲，主要表现为不尊重员工权益，如：对企业员工延长劳动时间，或增加劳动强度、压低报酬、薪资增长与企业发展不同步、欠薪，性别歧视等；大股东损坏小股东权益；第三，职业经理人财务作假、资金转移等。从外部讲，主要有：损害消费者利益，以次充好、以假乱真、生产有害产品、对消费者隐瞒产品缺陷、售后服务承诺不兑现等；企业之间的不正当竞争行为，如：诋毁竞争对手的商誉、互挖墙角、窃取竞争对手商业机密等；合作伙伴之间的不讲诚信行为，如互相不讲诚信，合作商形成联盟，共同欺骗消费者；扰乱社会秩序；外部性，为降低企业成本而污染环境。

以此为标准进行对照，目前中国企业的伦理失范现象是否具有普遍性？那么，为什么人们面对道德与利益的冲突时，会表现得如此困顿？为什么企业频繁地出现伦理失范行为？

## 结构伦理建设——游戏规则与“不让老实人吃亏”

企业伦理是指任何商业团体或机构以合法手段经营时应遵循的伦理规则。其基本层次是处理各种利益关系，其基本准则主要有公平、公正、诚信、负责。从这个定义可以看出，企业遵循伦理准则是有前提条件的，即法律框架设定边界清晰。如果法律不健全，边界模糊，则伦理主体的行为规范性也相对难于界定，情况就会变得复杂。

德国学者霍曼在价值中立学的基础上，创建了“经济秩序伦理学”，提出了结构伦理的思想，即强调经济秩序与结构的道德含量。人类历史实践也已经证明，社会经济中大量基本的伦理道德问题最终只有通过经济制度与法规的变革才能得到根本的解决。所以，从结构伦理角度讲，游戏规则的制定至关重要。游戏规则是指经济主体活动的外围条件，它为行为主体规定行为方式，指导他可做什么，不可做什么，它规定竞争者的起跑线。如果某种经济行为被证明是不道德的，而市场迫使经济主体这样做，就是游戏规则的问题。在现实经济活动中，单单鼓励某一经济个体表现道德情操、善良意志，就会被那些不守情操的竞争者作为弱点所利用，就会立即出现因追求道德理想而使自己的经济利益受损的局面，即所谓的劣币驱逐良币。因此，伦理“失范”问题不是凭简单的道德直觉即可以解决的，而需要诉诸一种合理的权衡机制。

理性的环境是把道义上的东西变成法规上的东西。但长期以来，我们缺乏这种理性设计，却更习惯于道义宣传，而且做得很极致。如在我们的许多企业里，都有一种叫做“不让雷锋吃亏”的文化宣导，著名企业华为就是这样强调的。但宣传与强调的同时，比较少见与此倡导相匹配的制度设计，于是，时间久了，就自然演变为这样一种潜台词：员工应积极奉献、争做雷锋，要相信公司不会让雷锋吃亏，如果公司一时没有发现某个雷锋的存在，员工应该继续任劳任怨地奉献，因为为自己争取合法的权益，不是雷锋应有的作为（孙力，《竞底——中国企业之殇》第218页）。

时间久了，宣导的疲态尽显，另一方面，还会滋生虚伪。在一个缺乏法制，缺乏制度设计，只依靠道德说教的环境下，个体在道德问题上常常面临沉重的决策负担和现实压力。其结果是：少数人以牺牲个人利益甚至自身应有的权利来配合环境要求，道德在这些人身上成为一种极具代价的东西，也越发显出付出的昂贵。与此同时，大多数人难以承受这种悲壮的付出与牺牲，但现实中，又比较难于找到更适合的行为模式可供遵循。其结果就是：极少数人行为超群，情操高尚，具有神话般的高度；大多数人却行为失规、我行我素、随心所欲。即，雷锋与普通人之间的道德差距是断崖式的。于是，在这种情况下，整体的道德水平不因少数人的高尚而提升，反因多种人的放纵而下降，社会普遍的道德水准难是高水平的。

因此，当下而言，结构伦理建设在我国的重要性不言自明。即使是企业内部，若想企业价值观深入人心，落地生根，宣导的同时，更须重视配套制度、措施。

### 契约伦理建设——理性自利

上面谈的是制度框架及法律在伦理建设方面的重要性，现实中，遵守法律只是衡量企业行为是否合乎道德要求的必要条件，但不是充分条件。因为，一方面，由于科技的迅猛发展，造成现实社会生活快速变化，而法律、条文变更的速度常常不及现实变化的速度，从而形成两者的脱节，造成一定的盲区。此时，如果经济主体以法律条款为行为底线，就有可能出现“合法不合理”的情形，也可称之为“有组织的不负责任”，造成严重的后果。另一方面，法律能够明文规定的内容，无论如何的周全、系统，终不能覆盖社会生活的所有方面，也无法涵盖人类社会生活的全部复杂性，因此，运用法律条款解决现实社会生活的所有方面是不可能的。法律规则取代不了伦理，相反，法律需要伦理作为补充，才能使社会真正达到稳定和有序。因此，企业伦理不仅要求企业家推动结构伦理的变革，而且还必须形成一种强烈的自律道德意识。

总之，经济行为的目标是增加效益，而从长远看，达到这一目标的前提条件是在决策中考虑别人的效益。自然生态系统中存在捕食者与被捕食者，按照生态学的逻辑，捕食者发展了最有效的捕食对策，而猎物则发展了最有效的反捕对策，那么，最有效的捕食对策为什么没能导致猎物灭绝？反过来讲，最有效的反捕为什么没有让捕食者全部饿死？生态学中有“精明捕食假说”与“超前进化假说”两个概念。“精明捕食假说”是指：在一个由精明捕食者组成的种群中，如果出现了一个欺骗者，它就会吃掉比它“合理分享的一份食物”更多一些的食物，结果，欺骗者就会因欺骗行为而得到好处，它们传给未来世代的基因也就会比老实的精明个体更多一些，这将导致种群内的欺骗者越来越多，其结果是所有精明者的利益均受到影响。于是，在一些动物中，个体通过占有领域而排他性地独占一部分资源，并会为了自己的长远利益（不是为了种群的利益）而节省食物资源和不进行过捕，因此成为精明的捕食者。

这种以自利和互惠为出发点，体现在自愿合作之中的天然的道德形式叫契约道德。

企业是各利益相关者通过博弈形成契约，在契约规范和协调下形成的组织。契约式伦理文化是西方社会长期占主导地位的文化，因此，现代企业制度诞生于西方。

与此相比，中国的伦理文化和市场经济与应有的契约式伦理精神存在巨大区别，如传统伦理文化中感情文化、义务文化、专制文化，以及长期以来倡导的以集体主义为价值取向的奉献主义伦理文化，改革开放以后所倡导的以“追求效益最大化、手段可以任意化”为特征的功利主义伦理，这些都与市场经济应有的以“公正”“诚信”为核心理念的契约式伦理文化存在着很大的差异。因此，当市场经济快速发展时，与之匹配的伦理文化明显滞后，出现企业伦理失范现象也就成为必然现象。从这个意义上讲，企业伦理失范与我们的传统文化不无关系，也与我们近些年整体的社会伦理环境不无关系。

### 道德伦理建设——生命型企业

从层次上讲，建立和完善制度框架，构建结构伦理的同时，还需要契约伦理。但是，如果仅止于此，则有失水准，不利战略的构建。需要做的是，在系统性地完善结构伦理、回补契约伦理的同时，倡导和推崇道德准则和道德理想，更是目前中国企业伦理建设的重要内容。

一段时间以来，微信圈中流传一个题为《中国已进入互害模式》的文章，此外，社会上也还存在另外一些说法，如中国大学如何培养和造就了一批“精致的利己主义者”等等，不一而足。这些都深刻地反映了在结构伦理缺失及契约伦理淡然双重因素作用下形成的严重后果。因此，在现有的情况下，中国企业伦理建设如果仅专注于结构伦理框架的建设及契约伦理精神的补充，显然力度不足，难以形成势差，进而形成对现有企业伦理的冲击。因为，即使是以公平、诚信为基本原则的契约伦理，也还是一种不完善的伦理，是一种有限度的伦理。遵循契约伦理准则的行为主体的根本动机是自利的，而非公益的，以自利为目的的行为主体所选择的合作只可能发生在平等的行为者之间。现实社会中，行为主体交往的对象复杂多样，不可能每场合作均是匹配的平等合作对象，更多时候，可能是不平等的，或无法预知合作者态度的，这就对行为主体的动机提出的更高的要求——道德动机。所以，在现实世界中，光有契约伦理还不够，还需要超越自利动机的道德动机，这就是道德伦理。

现实生活中，公益的道德动机与自利的经济动机相比，公益的道德动机相对处于弱势地位，所以道德伦理才是真正意义上的伦理规范，具有实施上的难度和倡导上的意义，。1998年，德国学者Klaus Dehner出版了名为《道德之快乐》一书，认为：道德并非是一种需要人们竭力维护其吸引力的意识形态，而是人类的一种生物上的必然需求，道德具有生物学上的根源，是人们获得快乐与幸福的重要源泉。因此，对于现实社会中的个体而言，自利的经济动机并不能取代公益的道德动机，这同样适用于企业。

近年来，管理学领域出现了一种新的思潮——生命型企业。这一概念对应于利润型企业，认为企业存在的目的并非利润最大化，而是为了生存与成长，也即，实现可持续发展。生命型企业是具有现实性的理想主义者，以创造价值为立业之本，善构生态环境，不断地进取与学习。

综上所述，企业之被称之为企业，能否赢利是衡量其健康与否的重要标准，企业如果不赢利，便丧失了生存的基础，而且从伦理上讲也是不负责任的。但是，在现实社会经济生活中，企业若想赢得与保持长久的竞争优势，要想获得社会更广泛的认可并赢得尊重，要减少社会成本和经营风险，就不仅要遵循社会共同的行为准则和游戏规则，还要遵守社会共同的伦理准则和道德规范，主动进行自我约束，主动实现道德自律，并在此基础上，以更高标准要求自己，为企业生态环境优化做出有益的贡献，成为生态环境及产业链条中的贡献者而非攫取者。只要成为生态链中的价值提供者，就可以成为产业生态中的永存者。

（作者系中国科学院大学管理学院教授、博士生导师，本文摘自《企业文明》）

## 经济新常态下的企业文化任务

邹广文

经济新常态下的企业文化任务，其实有两个话题，第一个话题是新常态，第二个就是企业文化的任务。

### 如何理解“新常态”

新常态是2014年5月习近平总书记到河南考察时讲的一段话，最初新常态是这样一个表述：中国发展仍处于重要战略机遇期，我们要增强信心，从当前中国经济发展的阶段性特征出发，适应新常态，保持战略上的平常心态。最后一句话“保持战略上的平常心态”，大家知道这里边是有相关背景的解读。十八大以来，我国经济破7了，到第三季度GDP增长是6.9%，大家就有一种担心，甚至“十三五”规划也出台了一些信息，可能中国的经济年增长率在6.5%左右。应该说全世界都在关注中国经济发展，首先我们要有一个平常心态来看待战略上的调整。因为6.5%或是7%这样一个区间，既有国家大的经济环境30年高速增长，我们需要有一个重新的经济调整，也有国家主动的经济调整的因素。

所谓新常态实际上就是从以前高速的经济增长向一种常态的经济增长过渡，所以叫“新常态”。前30年经济高速增长，特别是东部地区经济增长一直引领全国，而西部如重庆现在已经达到11%，这是全国增速最高的。东部老工业面临重要转型，反而面临着增长不足。老工业基地原来辽宁的工业产值最高时占了全国的1/6，但辽宁的经济面临阵痛，前所未有。新常态意味着什么呢？现在的形势倒逼中国改革，所以“十三五”中心的议题是做了这样一个战略调整。

说到经济的增长方式，“新常态”新在哪里？我认为就是经济增长方式发生了根本性的变化。我们可以从四个方面作简要的解读：一是从经济高速增长向平稳增长期过渡。只要中国的经济保持一个合理的区间，有些经济学家讲，中国的经济未来十年只要不破五都属于正常情况，“十三五”规划是在6.5%-7%之间，国家对这个数字还是比较谨慎。

最关键的问题是要从量的扩张走向质的提升。刚才企业家的对话有两个词说得非常好，一个是责任，一个是担当，责任、担当最后落实到“十三五”的整个规划里边，给企业家们带来一个课题，就是品牌培育。原来蛋糕做得很大，但质量不够好，现在我们要把精品做出来。

再就是要从要素、投资驱动转向创新驱动。这是这次论坛非常重要的创新文化的主题，这些年我们一直在喊创新是民族进步的动力，创新可以说是一个全方位的话题。管理大师德鲁克讲了四种最基本的创新，比如开发一个新产品是创新、研制一个新工艺是创新、开发一个新产品的原材料市场是创新，最后要落实到管理的创新，也就是管理结构、管理流程的优化。德鲁克在谈到创新时是从全方位的角度谈创新，这就使企业管理者改变了原来的观念，一说创新仅仅是技术研发层面的创新。谈到服务文化的问题，好多服务文化背后，折射了员工、管理者在企业管理中的一种体制。我们讲细节决定成败，细节更多是体现在管理层面与市场对接、与客户对接过程中所呈现出的服务品质。原来很多地方经济拉动主要靠投资，比如上了什么大的项目、发现了什么能源基地，可能一下子这个地方的经济就发展起来了。回顾三十年，这样异军突起的地方、异军突起的企业很多，但事实证明这不能可持续。鄂尔多斯是比较典型的例子，鄂尔多斯曾和香港叫板，说我的人均GDP超过香港了，但是最重要的要强调不求曾经拥有，但求天长地久，新常态也就意味着以平常心态来看待我们的经济发展。

最后一点就是从经济的一枝独秀走向社会的协调发展。协调也是“十三五”一个重要的关键词，这可能是我们理解新常态需要认真思考的。

在这种新常态的背景下，我们要培育发展平常心，习总书记所讲的平常心是老百姓经常讲的，一个人拥有平常心才能“不为浮云遮望眼”，才能处变不惊，以平常心态来看待企业的变化与得失。

### 企业文化建设如何开展

这次中外企业文化峰会的设计始终围绕文化创新，比如精益文化、服务文化、创新文化，这是开放性的话题，我也非常期待我们在座的企业家朋友们围绕这样一个话题，结合自己企业的经营展开思路，做一些研究和企业管理的双向互动，推动企业文化的发展。

面对每一个企业家或者管理者应该自觉反思，考虑这样几个问题：一是我们为什么要做企业？人生就是选择，选择就意味着责任，选择就意味着使命。我们为什么要做企业，总要有一个目的性。

二是我们要成为什么样的企业？企业发展目标的问题，人无远虑必有近忧，我们讲先有大目标、才有大未来，一个有信仰的企业家才能够带出一支有信仰的队伍。一个企业家的高度、视野，决定了一个企业的发展。我们看这30多年来中国出现了那么多优秀但短命的企业，这很大程度是和企业家联系在一起，格局是一个人的气局决定的。一个管理者应该有一个很好的思考，我们究竟要成为一个什么样的企业。

三是企业和社会是什么关系？比如我们讨论服务文化

的问题，中心也是企业和社会的关系问题。只有我们摆正了企业和社会应有的关系，我们才知道企业应该怎样兢兢业业为社会服务，服务的前提是取得社会的关系，就像人跟人之间交流一样。人与人像狼一样，如果以这样一种价值观去展开企业的社会交往，这是一种什么现象？如果说互利双赢、换位思考、己所不欲勿施于人，以这样价值观去交往又会展现一个怎样的结果？一个企业家非常自觉地关注社会，社会责任将会放在更加突出的位置。像环境问题，我们在北京每天都在担忧今天的天气怎么样，我前天从南非飞回来，在南非起飞往下一看碧海蓝天，但是到了北京，一直到最后那一刻飞机落地才看见北京。我们发展目的到底是什么？企业家应该有所思考，就像一首诗所讲的“我们走入了手段的王国，而失去了人的目标”。说到底好多企业还是没有把企业和社会的关系摆正，总觉得污染是社会的事，创效益是企业实实在在的利润，还是把企业和社会放在一个手段和目的颠倒的位置。我觉得今后企业和社会应该是一个唇齿相依、唇亡齿寒的关系。保护环境就是保护自己，这是一个起码的企业管理素质，改革开放之初，我们觉得最便宜的就是空气和水，我记得纯净水开始生产的时候，好多人都骂生产纯净水的厂，你们穷疯了，一瓶矿泉水卖一块多钱，后来大家都坦然接受，而且稍微有点生活品质的人几乎都在买水喝，一方面说明我们的健康意识增强了，但另一方面我们为改革发展付出了代价。

最后一个就是什么是我们最想要的？如果说什么是我们想要的这个好回答，因为这是一个多元化的、生活化的、经验层面的问题，但是加上一个字“最”的时候，这就是一个指向人们精神层面的人生观，因为“最”是唯一。而生活当中所有经验层面的满足都不足以支撑起最后这个问题，这就牵涉到企业的愿景，企业精神层面的问题。

### 在近期的企业经营环境下应思考的问题

未来中国企业面临 5 个问题：一是品牌战略。二是企业创新能力。三是企业文化塑造。企业文化这些年来是中国各种文化形态当中起步最先、发展最为迅速，我们操作也最自觉的一种文化，在所有社会文化中两个文化最为成熟，一个是企业文化，另一个就是大众文化。大众文化已经成为我们生活中每个人不可或缺的文化消费产品。四是企业社会责任。五是企业家精神的培育。企业家是当今中国社会最稀缺的资源，为什么呢？他不像教授，专家、教授是评选出来的，但企业家是市场历练出来的，所以企业家是社会最稀缺的资源，我们应该通过使命感把企业家精神很好的培养起来。

在企业最关键环节还是培养人，真正把员工培育起来，企业人最根本的标志就是全身心融入企业，我们的企业文化无论是从形象到文化的环节，都应该把人放在核心位置。

企业文化实践应注意以下几点：一是突出重点，不能包罗万象。二是正确看待文化的作用。文化建设要有包容心，不要以一种急功近利的心态去搞文化建设，不要把文化做成老板形象工程，更不能把文化看成是和企业管理没有关联性的一种两张皮现象。三是企业文化要在个性化上多下功夫。进入新常态，企业文化个性化非常重要。最后文化建设要葆有一颗可持续心态。企业文化建设的平常心怎么保持？我个人认为企业文化建设是一条永远也走不完的路，文化创新就意味着没有最好，只有更好，因为企业成长之路、企业的管理之路、企业的战略选择是一个无休止的过程，文化就是伴随着企业的管理、企业成长而不断完善的企业品质。

（作者系清华大学人文学院教授、博士生导师，本文为作者在“中外企业文化 2015 重庆峰会”上的发言）

## 品牌指数：企业品牌的评测工具和进阶杠杆

喻国明

当商品丰富到让消费者可以在多个商标中自主选择的时候，品牌建设就成为企业无法回避的课题；当各种机构为企业颁发的各类奖项已经无法让消费者信任的时候，以第三方身份制定的统一、科学的评价指标对品牌形象进行权威评估，就成为整个行业的一种共识。这样的工作大概在几年前就有相关的机构在做，并尝试以品牌指数的形式面向全社会进行推广。但由于指数构建的基础理论的缺失、构成指数的相关指标不够科学等原因，品牌指数并没有得到企业的积极响应。从企业的实际需求看，对企业的品牌形象进行科学评估，不但有利于企业对自身所处地位的客观认识，还能够对照评估指标认识到自身在品牌建设方面的不足，利于企业及时调整，从而促进整个行业品牌的提升。可见，科学的品牌形象评价指标体系是企业品牌建设的有效杠杆，尤其是在企业品牌建设整体水平不高、品牌对于拉动消费作用不明显的情况下，科学的品牌指数构建将有效刺激全行业对于品牌形象建设的重新认知。总结以往经验，我们认为要想建立一套更为科学合理、实用性和指导性俱佳的指标体系，必须要解决三方面的问题：一是在基础理论上实现突破，不但要有传统的理论为依托，而且要在理论上进行创新；二是在测评指标的设计上力求科学性和可行性之间的平衡；三是在指标体系的价值体现上应该以提升全行业的价值为诉求点，从而发挥其杠杆作用。中国人民大学舆论研究所品牌形象实验室的品牌指数（IMC. INDEX）一经推出即得到了业界的普遍关注，很大程度上是因为这一针对品牌形象评估的指标体系在上述三个方面都有一定的突破，因此指标体系整体上能给人一种耳目一新的感觉。

### 基础理论体系构建：突破常规，大胆创新

理论来自于实践并指导实践，对于构建品牌指数的基础理论，我们清楚地认识到这一点。我们的品牌指数在尝试构建的那一天起，就明确将其视为一种整合性的品牌形象评估工具，因此在基础理论的范围框定上是以整合营销传播理

论（IMC）为基础。对于这一早在20世纪90年代中期就已经诞生并陆续传到中国的理论而言，尽管它看起来是一门显学，但在不同的接受视野和解释框架里，业界对它的理解和应用可谓千差万别，唯一形成共识的就是这个概念本身。从实际操作上来看，这个理论更像是一个基本原则，看似具有普适性，但在实践中尚处于概念使用层次，这一现实与品牌传播领域对于更为细化、更便于执行同时也更贴近新的竞争环境的理论的追切需要相比，凸显出深化整合营销传播理论使之更适合中国企业品牌管理实际需求的必要性。

我们所做的工作，就是在梳理营销传播基本要素的基础上，以“点—线—面”这一立体、动态结构对基本要素全面整合。

所谓“点”，就是整合营销传播理论所强调的品牌接触点，即消费者可以接触到企业产品和品牌信息的任何时空点，包括陈列、促销、广告、企业或产品的新闻、生活圈的口碑相传、企业员工等。任何品牌接触点都会对消费者的品牌认知起作用，要想有效地管理好品牌接触点，必须找到所有可能的接触点。

所谓“线”，就是品牌信息流，是企业和消费者之间所进行的与品牌相关的信息的交换，这些信息以企业主动发送的信息为主，还包括其他信息如政府、专家等所发出的与该品牌相关的信息，以及消费者对于品牌的各种评价信息。这些信息是通过多种渠道，以信息流的方式综合作用给消费者并引发消费者反应的循环通道。

所谓“面”，指的是客户界面，界面是“任何实体——无论是人员还是机器，产品还是媒体，它们由公司在外部或内部设置，用来管理公司与顾客、市场和雇员之间的互动或关系。界面是联系公司与顾客或雇员的实体，还包括那些可能由第三方控制的实体。从一家公司为它的顾客创造的物质环境（零售店铺、服务柜台）到物质环境内的要素（销售人员、互动摊点、销售点促销），再到属于第三方影响者（网站、口碑推荐）的要素，都是界面。”。我们之所以要引入“界面”这一新词汇，是因为在企业与客户的关系成为制约企业品牌发展最重要因素的市场环境下，当顾客有更多与企业进行互动的要求时，那些有助于实现有效互动和优化顾客关系管理的界面就成为决定企业未来竞争优势的关键，因为与企业相关的任何实体物或虚拟物的接触所形成的体验都会决定一个企业在顾客心目中的品牌形象，并直接决定顾客的品牌选择倾向，客户与企业之间的“互动”和由此形成的“关系”构成了顾客体验的根本。互动的程度决定着顾客的行为选择，也决定着关系的质量。所有这些都是在客户界面上进行的，客户界面因此而成为新的市场环境下品牌管理的杠杆。

任何一个希望在一定时间内获得业界认可的理论体系都要在尊重原有的理论基础上有针对性地加以完善，我们在进行品牌指数理论构建之初，就是从现有的理论中找到合理的要素，然后将它们在整合思维的观照下寻求更适合业界需求的理论框架。从以上的分析中可以看出，我们找到了品牌形象构建的核心要素——品牌接触点，并将其纳入品牌对消费者产生作用的方式——以线性运行为基础的品牌信息流，而所有这些都是构成客户界面的基础。也就是说，消费者对于某一品牌的感知绝不是来源于某一个接触点或某一股信息流，而是一系列接触点和多个信息流在消费者感知系统中综合作用的结果。正是认识到了这一层，我们才认为有必要构建自己的品牌认知界面理论。

简而言之，我们对于企业品牌形象的构建是以系统论作为着眼点的，即任何品牌形象都是消费者不断发展变化的品牌认知系统对每一个企业的界面系统的全面感知，品牌认知界面理论的核心内容可以表述为：企业品牌实体、企业品牌传播和企业品牌营销作为企业界面系统的重要组成部分，同步传播与企业品牌相关的各种信息，形成主要的品牌信息流，当信息流在任何一个时空点上与顾客认知系统相遇，就会形成企业沟通界面；同样，顾客品牌认知系统在与企业品牌相遇的任何时空点上都会产生顾客认知界面，两个界面的重合处即是顾客品牌认知界面，顾客在此界面上形成的品牌认知就是企业的品牌形象。顾客品牌认知界面是一个随时间和空间即市场环境的变化而不断发生变化的品牌形象感知场域，顾客对于品牌的感知及品牌形象在顾客心目中的构建过程，是以认知心理学的“关联网络记忆模型”为依据的；而顾客对企业品牌形象感知的内容也非常具体，即企业品牌实体、品牌传播内容和品牌营销内容。这是一个可视化的理论，内容虽然复杂，但呈现出来却能给人以一目了然之感，易于为普通人士所理解和接受。有了坚实的源于以往理论的合理因素而重构的创新性的理论，是保证我们进一步构建科学的品牌指标体系的前提。

## 品牌指数指标筛选：指标科学，数据可得

要对一个企业的品牌形象进行评估，首先要找到影响消费者对品牌形象认知的关键要素，然后依据不同要素在影响消费者品牌形象认知中所起的作用，为各要素赋予不同的权重，这两项合在一起，就构成品牌指数。

根据我们提出的品牌认知界面理论，顾客品牌认知界面是企业界面系统的三个子系统——企业品牌实体、企业品牌传播和企业品牌营销——在与顾客发生接触时产生的各个接触点在顾客品牌认知系统中形成的整体印象。也就是说，由企业品牌实体产生的实体接触点、由品牌传播产生的传播接触点以及由品牌营销产生的营销接触点共同构成顾客对于企业品牌形象认知的场域，它们作用于顾客品牌认知系统，从而形成了某一时空点上的企业品牌形象，而这一时空点就构成了顾客品牌认知界面。

在明确了这一点后，我们将这三方面作为构建品牌指数的大类指标，即一级指标，包括企业实力、品牌传播力及品牌营销效力。

企业实力指标。企业实力是企业品牌形象构建的基础。一个企业能否生存、发展最终还是取决于企业的实力，它在品牌形象背后起着支撑的作用，是塑造品牌形象的前提条

件，脱离了企业实力，品牌形象塑造便会成为无源之水、无本之木。这也解释了为什么通过一些品牌传播的手段，一个小企业的知名度和美誉度迅速提高，但只是昙花一现，比如秦池、孔府宴酒。在自身实力不足以支撑品牌所带来的市场期望的时候，迅速崛起的结果将是一朝陨落。企业实力作为企业综合素质的反映，品牌形象内在地包含了企业实力的因素。企业实力强则品牌生命力强，创建优质而持续的品牌形象的可能性大；企业实力弱，则品牌生命力弱，创建优质而持续的品牌形象的可能性小。因此，雄厚的企业实力是支撑一个品牌持续、稳步壮大的基础，是品牌形象的根源。企业实力作为一级指标，其下包含两个二级指标，分别是资产、利润情况和社会表现情况。

品牌传播力。企业品牌传播力是企业通过各种传播渠道构建品牌形象的能力。品牌传播力是企业向公众传播自身品牌形象的综合能力，“好酒不怕巷子深”的时代已经终结，依靠品牌传播策略和能力的传播时代已经来临。品牌传播力主要包括传播渠道、传播方式和传播管理三个二级指标。

品牌营销效力。品牌营销效力是企业通过各种手段围绕品牌和产品进行营销所产生的综合效果，具体通过线下消费者反应度和网络舆情指数等两个二级指标进行测评。

在每个二级指标下面又分解为若干可执行的三级指标，比如在品牌传播渠道这个二级指标下，又分为传统媒体、新媒体和活动三个三级指标。

以上是从消费者认知的角度来对品牌形象评估指标进行筛选并按不同级别进行归类，是按照理论逻辑所做的梳理，沿着这一逻辑能够保证测量指标的完整性和科学性，为下一个阶段评测指标的构建打下基础。

我们所构建的品牌指数体系，从一开始就是着眼于其实际可操作性的，因此，思路的转换是必要的，即从理论逻辑转换成实际操作逻辑，核心内容就是在保证基础指标科学的基础上，如何能够按照最终确定的指标来加以实施，也就是将理论模型从实验室拿出来后，交给任何一个有执行力的机构都是可以执行的，而不是只局限于参与理论建设的研究人员手里。当走出这一步后，品牌指数才真正能够称得上是一个对于企业而言有用的工具，而不是华而不实的模型。通过对构成品牌指数的若干要素的进一步分析，我们发现可以将这些要素按照一般人习以为常的方式重新分类，即将上述各个因素按照品牌的硬实力和软实力来重新整合，这种简单的二分法很符合我们日常对事物的认知习惯。因此，我们在理论逻辑的基础上重新构建了一个操作逻辑的品牌指数框架。

每一个指标都有具体的测评方法，根据上述的多个指标逐一进行数据的整理和换算，最终就会得到某一企业的0—100分的品牌指数。这一指标体系建立的一个重要指导思想，是保证指标的实际可得，也就是每一个指标所对应的数据都是能够通过某种方式得到的，并且得到的数据是相对科学的。

为保证品牌指数的可操作性和科学性，品牌形象实验室依托中国人民大学舆论研究所的舆情监测基地与方正集团共同开发的舆情监测预警系统，通过强大的网络搜索系统为相关指标提供有效的数据，比如传播渠道、关注度和好评度等指标，这一将舆情监测系统作为品牌信息采集、整理的基础工具的做法，相对于其他品牌指数开发机构而言无疑是一大进步。

### 行业价值全面体现：做大市场，拓展空间

品牌指数的价值首先在于为行业提供了一个科学的评价标准，经过不断完善后如果能够被各个行业普遍认可，成为全行业的通用标准的话，将大大改善企业品牌无序竞争的局面。目前关于企业品牌评价的标准五花八门，每个行业所使用的标准很不统一，甲行业和乙行业的排名没有可比性，一些国际权威机构所作的品牌排名，又很难适应中国企业发展的实际需求。品牌指数是在参考国际和国内有关品牌测评的有代表性的评价体系的基础上，结合中国企业发展的市场环境和企业品牌管理的实际需求而制定的品牌评估体系，具有普遍的适用性和实用性。一旦成为品牌形象评估领域的通用标准，将会全面提升各个行业的品牌发展水平。

品牌指数评价方法适用于任何一个企业，为企业品牌发展现状提供了有效的诊断工具。品牌指数的理论基础和相关评价指标是有一定科学依据的，测评所采集的相关数据也有一定的技术保障。在一个通用的标准之下，企业会清楚地看到自己的品牌目前在行业中所处的位置，在横向对比中更好地为企业定位；企业通过对每一个指标的具体分值以及同一指标在不同阶段得分情况的分析，可以在纵向的对比中了解企业品牌的长板和短板。也就是说，企业可以通过专业的品牌指数服务公司及业界专家的会诊，对企业品牌形象的整体状况有全面的了解；同时，企业也可以借鉴品牌指数的相关指标进行自我诊断，从企业发展的实际情况出发，有针对性地强化某个或某些指标，从而在企业能够掌控的范围内快速提升企业的品牌形象。因为品牌指数在整体指标的权重分配上，软实力占到75%的份额，企业完全可以通过增强传播和营销领域的力度，在很短的时间内实现软实力的提升，从而在综合实力上不断提高。

品牌指数对于那些提供专业的品牌服务组织和机构也提供了广阔的市场空间。就中国企业品牌管理的总体情况而言，目前还处于较低的水平，尽管品牌意识有所提高，但对于品牌管理还处于“头痛医头脚痛医脚”的阶段，而没有将品牌提高到一个战略高度。相应地，企业对于品牌发展也缺乏长远的规划，绝大多数企业都没有像国外的企业那样，借助专业的品牌服务公司持续地、科学地管理品牌。这种状况除了有企业的品牌意识不强的因素外，还与企业无法直观了解自身品牌的现状有很大关系。在这种情况下，即使企业感觉到自身的品牌出现了问题，但在哪些方面有问题、针对这些问题应如何解决等，都无法找到有效的破解之道。有了品牌指数后，企业就会通过横向和纵向的对比清楚地了解品牌形象所面对的问题，为有效解决这些问题，企业自然会将目光转向那些专业的品牌服务公司。目前能够提供相关服务的

公司并不少，但由于企业的需求不足，对品牌服务公司的认知不够，这导致品牌服务公司的作用难以有效发挥。从这个意义上说，品牌指数的推广也是一个市场教育的过程，只要企业的品牌意识提高了，对于提升品牌形象的迫切性有了全新的认识，这些专业的品牌服务公司自然就有了用武之地。说到底，品牌指数这类针对品牌进行科学测评的指标体系，不只是哪个科研机构的事，也不只是哪个服务机构的事，而是对各个行业的可持续发展都有益的、需要市场各个环节都积极参与的有普遍价值的事情。

（作者系北京师范大学新闻传播学院执行院长）

# 创新应该成为互联网时代企业文化的核心

匡文波

在互联网时代，创新的重要性不言而喻。通过对柯达、诺基亚、小米、联想、华为等企业兴衰的案例分析，只有形成创新基因的企业文化，才能使企业立于不败之地。由于创新具有高风险与高投入的特点，企业应该形成对创新失败宽容的企业文化。由于互联网的“马太效应”，企业如果因为缺乏创新跌倒之后，没有重生的可能。因此，创新应该成为互联网时代企业文化的核心。但是，现实的企业管理中，即使是百年历史的跨国企业，也屡屡输在创新问题上。原因何在？

## 不思进取，昔日的成就成为创新的障碍

柯达可谓百年老店，在全球胶卷行业长期无人能敌。在巅峰时期，柯达的全球员工达到14.5万，吸引了全球各地的工程师、博士和科学家前往其纽约州罗彻斯特市的总部工作，很多专业人士都以在该公司工作为荣。历经百年的品牌价值之外，最值钱的就是攒了130年的1万多项技术专利。自2008年以来，柯达通过专利出售共取得近20亿美元的收入。

然而，2013年1月，柯达公司正式提交破产保护计划。柯达失败的根源在于世界已经进入数码摄影时代，而柯达在这一数字化转型的时代，故步自封在传统的胶卷行业，缺乏在互联网时代变革的勇气与创新的产品。

具有讽刺意味的是，正是柯达在1975年发明世界第一台数码相机。虽然柯达1998年就开始深感传统胶卷业务萎缩之痛，但柯达的决策者们，由于担心胶卷销量受到影响，一直未敢大力发展数字业务。2000年之后，全球数码市场连续高速增长，翻了差不多两倍，而全球彩色胶卷的需求以每年10%的速度开始急速下滑。2002年，柯达的数字化率只有25%左右，而竞争对手富士已达到60%。2004年，柯达推出6款姗姗来迟的数码相机，但利润率仅1%，其82亿美元的传统业务的收入则萎缩了17%。柯达的没落，在于其技术创新的滞后。直到2003年，柯达才宣布全面进军数码产业，并于其后陆续出售医疗影像业务、以及相关专利权。但是，当时佳能、富士等日本品牌已占据“数码影像”的龙头地位。

柯达在数码相机领域创新发展停滞不前的根源在于：其开发数码相机获得的利润远不如传统胶卷的生产与销售；而且其数码业务的研发在当时面临不少技术风险。正是这种创新的停滞，最终使柯达走上了绝路。

诺基亚最终被微软收购，其教训与柯达如出一辙。百年老店诺基亚在智能手机领域的节节败退从固守传统思维开始。

在功能手机时代，诺基亚占据了14年的王者地位。诺基亚创造了手机行业的高度，2008年时，它份额曾高达40%，这对任何手机厂商来说，都是遥不可及的数字。三星最巅峰时，份额大约30%。最关键的是，诺基亚拥有其他企业所没有的口碑。诺基亚手机可以砸核桃，这就是一个价值连城的广告。

相比利润丰厚的功能手机业务，诺基亚在当时技术风险较高的智能手机领域不仅反应滞后，而且研发投入严重不足。

诺基亚是第一个研发触控屏技术的公司，但却坐失智能手机时代先机。2008年，诺基亚在智能手机市场上，占据接近50%的市场份额。但当时的诺基亚高层从财务角度出发，极力维护盈利能力强的“塞班”系统，对于代表未来方向的研发团队没有给予应有的重视。当时诺基亚内部也探讨过是否投奔安卓，但这样一来大量诺基亚的技术人才将失业，以前的研发与积累将瞬间报废。在索爱、三星宣布放弃“塞班”系统后，诺基亚仍执意收购塞班公司，推出了并不成功的“塞班”升级版，由此失去了翻盘的机会。

日本品牌的手机的兴衰，与诺基亚十分相似。在21世纪初，日本品牌的手机达到了功能手机的极致水平：不仅能打电话、上网，而且能看手机电视、玩手机游戏、进行手机导航、移动支付、开展手机广告业务，等等。不幸的是：这种昔日的成绩，成为了创新的毒药。

在这个变化日新月异的时代，唯有“创新”是不变的真理。这种创新，不但基于技术和管理层面，更基于商业模式、乃至消费体验层面。而对于老牌企业而言，要么在固执和傲慢中死中，要么在持续创新中重新焕发生机。虽然，世间没有绝对的基业常青，企业的生死存亡充满了诸多的不确定因素。同样，创新和变化虽不能完全确保企业永立潮头，但却是企业持续生存和发展的必要前提。任何固步自封不思创新均难以赢得未来。

## 处于追赶阶段的中国企业更需要创新基因的企业文化

柯达、诺基亚等企业王朝的兴衰历程，对包括中国企业在内的全球企业都不乏警示和启迪。既要鼓励自主创新，又要善于管理创新；把握战略方向的能力要很强；大公司必须克服内部惰性，要有“革自己命”的勇气。绝大多数中国企业目前处于追赶世界先进水平的阶段，因此，中国企业更需

要创新基因的企业文化。

小米、联想、华为是三家颇具特色的中国跨国企业，其企业文化却差别很大。

小米科技2010年4月成立，2011年8月推出第一款手机，当年仅出货30万台；2012年出货719万台，同比暴涨2400%；2013年出货1870万台，同比大涨260%；2014年出货达到6112万台，再次同比大涨227%，销售收入也达到了743亿元。在这种背景下，小米于2014年年底完成第五轮、11亿美元融资，估值达到450亿美元。《财富》杂志最新报道披露，小米2015年营收为780亿元，相比2014年同比增长5%。

小米模式以山寨形式进入市场，凭着创办者的颠覆式创新思维和对科技转型的掌握，洞察市场对手机由性能转向“性价比”的先机，充分利用山寨模式具有管理成本低，生产周期短和技术转型快的优点，避开没有技术积累和专利背景的竞争劣势。小米的成功在于：小米模式＝风险投资+ONLINE+性价比＋天时＋地利。

风险投资是小米兴旺的前提。2012年6月小米以公司估价40亿美元筹集资金，新加坡淡马锡是主要投资者。目前，公司最新估值450亿美元，增值10倍，小米模式受到市场的充分认同。

ONLINE：小米所有手机销售都通过公司在线渠道和电信公司进行，不经过中间商。小米建立MIUI平台和苹果建立iPhone平台，有异曲同工的意味。

性价比：小米把硬件用接近成本价的方式销售，通过大量销售来架构一个移动互联网平台，然后再在上面做增值服务谋取利润。小米投了数十家公司，帮助小米完善整个智能硬件的生态键，像网络监控头、智能血压计等各种各样的智能硬件，创造围绕小米手机“微博”展开的生态圈，在上面进行越来越多的增值服务。

天时：小米诞生于发展之时，正巧诺基亚、摩托罗拉被收购；三星手机价格昂贵；HTC错误地选择了欧美作为主要市场，忽略了中国大陆市场。

地利：小米作为本土公司，比海外的企业更了解中国的消费者与用户。

但是，小米的不足显而易见，尤其是小米面临专利之困，没有核心技术。此外，手机销售线下渠道OPPO、vivo最强，小米线下渠道比较弱。线上渠道曾一度占据优势，但是随着乐视商城、华为商城、魅族官网的发展，相对应的手机厂商均建立起自有线上渠道，加上同京东、天猫的合作，小米线上渠道变得不再特殊。

小米2016年第一季的手机出货量首度出现跌幅，加之2015年小米手机销量未达到预计的8000万部，小米开始走下坡路。

因此，小米进行了战略调整，即：国内调整产能、布局线下渠道，国外寻找新的销量增长点。小米最大的调整是：急刹车变营销驱动为技术驱动；换言之，小米决心走技术创新之路。小米已经从美国微软公司等收购近1500项科技专利。

如果企业只有战略转型，没有技术创新亦会付出巨大的代价。

联想集团2016年5月26日发布了截至2016年3月31日的2015-2016财政年度业绩报告。数据显示，该公司全年营业收入449亿美元，同比减少3%；净亏损为1.28亿美元，而2014-2015财政年度净盈利8.29亿美元。这是七年以来联想再度出现全年亏损。

联想该财年亏损固然有以下原因：联想为转型而收购摩托罗拉及IBM服务器业务所产生的成本、一次性费用等共计9.23亿美元，计入了本期财报。但是，联想亏损真正的原因是PC与手机业务双双滑坡：联想手机2015年在国内以外市场卖出5100万部、同比增长63%；但在国内市场，联想手机只卖出了1500万部手机，小米、华为等国内厂商的表现相去甚远。

联想上次出现年度亏损是在2008-2009财政年度。该年度联想净亏损2.26亿美元。其主要原因是2008年金融危机造成全球市场低迷，该财年联想个人电脑销售下滑8%。

目前，互联网已经进入手机媒体与移动互联网时代。CNNIC的统计报告显示，截至2016年6月，中国网民规模达7.10亿，互联网普及率达到51.7%，超过全球平均水平3.1个百分点。同时，移动互联网塑造的社会生活形态进一步加强，“互联网+”行动计划推动政企服务多元化、移动化发展。我国手机网民规模达6.56亿，网民中使用手机上网的人群占比由2015年底的90.1%提升至92.5%，仅通过手机上网的网民占比达到24.5%，网民上网设备进一步向移动端集中。

在移动互联网时代，联想为了降低对PC业务的依赖性，进行了“互联网转型”“设备＋云”的战略转型。联想转型重点是以智能终端为基础、云计算为核心的智能化业务。

联想目前出现的困境，其实是多年来技术创新不足的后果。2006-2015这10年间，联想累计投入研发成本44.05亿美元，尚不及华为2014年一年的研发支出。

联想公司成立之初就有“贸工技”和“技工贸”的路线之争。最后，以柳传志为代表的“贸工技”路线取得了决定性胜利。凭借“贸工技”起家，联想2000年走到了拐点。没有叫得响的核心产品，缺乏核心竞争力，企业发展一片迷惘。这时，联想集团找到了并购这条路。2004年，联想以12.5亿美元收购了IBM认为是负累的个人电脑部门，又以29亿美元收购摩托罗拉移动，以23亿美元收购IBM X86服务器等等。光靠并购，建筑不起核心竞争力，铩羽而归就在情理之中。

联想业绩亏损的真正病根在于缺乏技术创新。联想从来就不是一家技术驱动型的企业，这就是为什么联想现在亏损、陷入困境的原因。PC业务承压，移动终端业务遇阻，联想需要新的盈利增长点。对比联想与华为，能够看出企业竞争中，技术因素越来越关键。在其他条件相差不大的情况下，注重技术创新的一方往往能占据技术制高点，也就能获得利润的制高点，成为行业竞争中的赢家。因此，联想必须重视科技创新，以市场需求为导向，不断研制新的产品，提高产品性价比，才能扩大企业的生存发展空间。

联想与华为企业文化不同，结果迥异。联想寄希望于市场交易，想通过无人能及的运作方式，取得市场份额，执市场牛耳；华为则寄希望于创造与众不同的产品，借助与众不同的好产品一剑刺破天，在纷纭复杂的移动互联时代，建立一个全联接的世界。联想一门心思向西向外求发展，缺乏自主创新；华为一门心思向东向内求生存，在包括海思、麒麟芯片等核心技术方面的研发投入巨资，结果受到世界的欢迎。

## 互联网的“马太效应”倒逼企业创新

互联网时代，企业如果因为缺乏创新跌倒之后，还能涅槃重生吗？答案是令人沮丧的。

马太效应指强者愈强、弱者愈弱的现象，反映的社会现象是两级分化，富的更富，穷的更穷。名字来自圣经《新约·马太福音》一则寓言：“凡有的，还要加倍给他叫他多余；没有的，连他所有的也要夺过来”。“马太效应”与“平衡之道”相悖；与“二八定则”类似，是十分重要的自然法则。马太效应，反映当今社会中存在的一个普遍现象，即赢家通吃。

马太效应具有一定的积极效应：马太效应带来优势积累效应，它引导领先者继续努力，获得更大的成绩，以证明自身有更大的潜力和非凡的能力。但是，马太效应具有消极的一面，它通常是一种不公正的效应。

马太效应虽然普遍存在于当今世界的各个领域；但是，在互联网行业马太效应十分明显。我们不难发现，在互联网的任何一个细分市场，通常只存在一个王者企业，某些细分市场至多还存在一个具有特色的排第二名的企业。而市场排名在第三、第四……的企业，绝无盈利的可能。如：在英文搜索市场，只有谷歌一个王者；在中文搜素市场，只有百度称霸；在电子商务市场，淘宝、京东遥遥领先于1号店等企业；在基于智能手机的即时通信市场，微信可谓秒杀了易信等挑战者；等等。互联网行业可谓：数一数二，不三不四。

为什么互联网行业会有如此强的马太效应？在传统行业，服务永远是优质优价；但是，互联网企业普遍采用“免费+广告”的盈利模式，即免费让用户使用其服务，通过互联网广告获得收益。既然对用户来说都是免费的，用户自然都选择最佳的服务，这就造成了每个互联网细分市场排名第一的企业，真正实现了赢者通吃。

互联网行业这种强势的马太效应，这就意味着，跌倒的企业，想要东山再起，其难度远远高于传统行业。

诺基亚就是一个典型的案例。2013年，微软72亿美元收购诺基亚手机业务。诺基亚于2015年底，高调宣布要于2016年重返智能手机市场，结果呢？其全球市场份额可以忽略不计。

## 创新具有高风险与高投入的特点，企业应该形成对创新失败宽容的企业文化

创新失败的风险极高。空客A380被认为是大型客机的技术巅峰之作；但是，在商业上堪称一个灾难。美国没有一家航空公司订购这款飞机，中国则只有南方航空订购。空客当初为了研发A380投入大约250亿美元的血本，空客为A380设定的目标是20年内生产1200架飞机，但是，空客只完成了零头。飞机制造商需要卖出400架新飞机才能实现项目盈亏平衡。看来空客这250亿美元的投入，是无法获得回报了。

在现实中，“保守”的公司获胜的案例不少。如：波音在超音速时代继续研发高亚音速客机。超音速的协和号的确是技术上的巨大进步，然而，波音不为所动。更“保守”的是：波音在21世纪继续坚持研发双发中大型客机，波音747之后的757、767、787都是双发；而空客四发A380无疑是巨大的教训。与可以容纳550个乘客的A380相比，中型的波音787只能乘坐210至330人，只做了渐进式的改良，波音787的订单已经超过1000架。但是，波音的“保守”，实质是一种稳健，这种稳健是建立在对航空公司需求充分的研究基础之上的。波音在技术上其实并不保守，波音对双发亚音速客机的渐进改良型创新上不惜血本。

正是技术创新具有高投入与高风险的特质，企业应该形成对创新失败宽容的企业文化。尽管，空客在研发A380上付出了250亿美元的学费，却并不能改变当今世界民航大飞机制造业的基本格局。

苹果是全球最有创造性的公司，但是，苹果失败的产品却不罕见。如：Iphone5C就是一个失败的产品。不少人说，Iphone5C中的C，指的是Cheap，China，Color，命中注定要失败。苹果产品营销主管Greg Joswiak 2014年10月29日在Re/code组织的Code/Mobile大会表示，iPhone 5c的推出是一个错误，因为苹果为抢夺市场份额而推出廉价产品不符合他们的预期。

苹果之所以能够不断创新与成功，在于其形成了宽容失败的企业文化。但是，乔布斯去世之后，苹果的企业文化开始趋于保守。苹果在智能手机行业一向是以颠覆者的形象出现的，无论是最早的大屏手机、触屏操作方式、还是棱角的机身造型、语音交互功能，苹果一直是其他厂商跟随的对象，然而从iPhone4S开始，这种颠覆性的创新变得越来越少，尺寸、颜色、参数，苹果的产品换代越来越泯然众人矣。当苹果6S终于进入“大屏俱乐部”后，苹果完成了从颠覆者到跟随者的转变。

互联网时代，任何企业都更需要创新基因的企业文化；不能让昔日的成就成为今日创新的毒药。由于创新具有高风险与高投入的特点，企业应该形成对创新失败宽容的企业文化。由于互联网的“马太效应”，企业如果因为缺乏创新跌倒之后，没有重生的可能。因此，创新应该成为互联网时代企业文化的核心。

（作者系中国人民大学新闻学院教授、博士生导师，中国人民大学新闻与社会发展研究中心研究员，中国科技新闻学会常务理事）

# 领导者要做企业文化的设计师和培育者

黎　群

领导者的倡导往往成为企业新文化的发端，企业领导者主导管理团队建设，形成管理团队文化，管理团队运用有效的方式方法对新文化进行导入和深植形成企业文化。因此，在企业文化建设中，领导者要做好设计师和倾力培育者。

## 一、企业文化形成的一般过程

企业文化的形成通常需要经历领导者的倡导—管理团队文化—企业文化三个阶段。

**（一）领导者的倡导往往成为企业新文化的发端。**

文化是人们意识的能动产物，不是客观环境的消极反映。在客观上出现的对某种文化的需要往往交织在各种相互矛盾的利益之中，羁绊于根深蒂固的传统习俗之内，因而一开始总是只有少数人首先觉悟，他们提出反映客观需要的文化主张，倡导改变旧的观念及行为方式，成为企业文化的先驱者。由于企业领导者在企业中所处的特殊地位，他们对企业承担了更多的责任，相应地，对企业的经营哲学、企业价值观等也都能施加较大的影响。企业文化要形成体系，离不开领导者的总结、归纳和加工，离不开企业家的聪明才智及其对企业文化建设的高度重视。许多企业的企业文化内容，甚至都是直接来自企业领导者的思想和主张。所以，美国企业文化专家斯坦雷•M•戴维斯在其著作《企业文化的评估与管理》中指出：“不论是企业的缔造者本人最先提出主导信念，还是现任总经理被授权重新解释主导信念或提出新的信念，企业领导者总是文化的源头活水。”

企业价值观在很大程度上受领导者本人的价值趋向、理想追求、文化品位的影响，甚至很多企业的价值观就直接来源于领导者的价值观。事实上，企业主要领导者的价值观的确可以决定企业文化的基调。松下文化是松下幸之助思想的体现，韦尔奇是通用新文化的缔造者，可口可乐营销文化的形成与伍德鲁夫密不可分，惠普价值观毫无疑问也发源于其创始人帕卡德和休利特。国内企业文化的形成也是这样，张瑞敏初创了海尔文化、柳传志初创了联想文化、任正非初创了华为文化。

**（二）领导者通过管理团队建设形成管理团队文化。**

管理团队是指以领导者为核心，吸收其他高级管理者、中级管理者的领导联盟。管理团队的成员相信领导者描绘的企业愿景，认同领导者的经营理念、价值观念，对领导者的独特个性和个人魅力叹服不已，把建立在领导者愿景中的未来企业文化作为共同的目标努力宣传、灌输和执行。

领导者如何对管理团队施加影响？如何把他（们）的个人信念传递给管理团队成员？如何使管理团队成员认同并遵循领导者的个人信念？一种最简单也是最常用的方法就是领导者用自身的个性魅力去感染管理团队成员，并以其言行举止给管理团队成员做出示范。领导者通过自身的言行举止向管理团队成员传递这样的信息：他（们）推崇的价值观是什么，提倡什么样的行为，反对什么样的做法。领导者与管理团队成员的谈话、信件、批示等很鲜明地表达了自己的观点。有些时候，领导者会在企业领导层内开展热烈的讨论和学习，宣传自己的理念和价值观，形成统一意志。当然，企业价值观不仅仅表现在领导者的口头上，更重要的是体现在行动上，正所谓“身教重于言传”。因此，领导者的表里如一、言行一致和身体力行能帮助管理团队成员认同领导者的个人价值观。

除了言传身教，领导者还倾向于挑选与自己价值观一致的人加入管理团队。这个人员甄选和晋升的机制也保证了领导者个人文化向管理团队的传播。与价值观相近的人一起共事，能减少很多不必要的沟通障碍和冲突。同时，管理团队成员还会成为领导者传播文化的强大支持力量。因此，领导者总是倾向于提拔符合自己价值观的人。

通过领导者的言传身教和选拔提升忠于文化愿景的管理人员，管理团队成员的理念、价值观和行为方式就会逐渐与之趋同，从而形成管理团队文化。

**（三）领导者和管理团队导入、深植管理团队文化形成企业文化。**

企业文化是作为企业中大多数员工普遍认同和自觉遵循的理念和行为方式而存在的。管理团队宣扬的新文化内化为员工个人的信念，外化为员工的行为结果，这必然是一个员工个人对管理团队文化逐渐形成积极态度的过程，新的文化必须经过有效的方式方法进行导入与深植才能逐步被广大员工所接受。

## 二、领导者要做企业文化的设计师

企业实践和理论研究均表明领导者与企业文化有着紧密的联系。许多因素都将影响着企业文化的创建、传播和变革，如社会文化、技术、市场、竞争等，而领导者是其中最为重要的影响因素。在企业文化建设的过程中，企业领导者起着主导的作用。领导者将他（们）的思想、观点、理念通过言传身教全力灌输推行，使之渗透到组织运行过程和全体员工的心中，形成一个共同愿景，让大家行为一致，思想一致，形成文化，形成力量。这种力量再通过长期的经营实践，推动共同愿景、信念、行为准则的完善，最终可以确立为企业真正的文化。文化理念的形成离不开企业领导者的梳理和提升，企业领导者在整个过程中要起到总设计师的作用。

领导者要扮演好企业文化设计师的角色，就需要做到：一要保持创新意识，不断创造新思想和新观念，以自己思想观念的先进性而保证企业文化的先进性。二要坚持开放，不断学习、借鉴别人的文化要素，以虚心好学的态度去促进企业文化的丰富和完善。三要保持敏锐，审时度势，在必要的时候，选择和提出新的文化样式，促进企业文化由旧型向新型的转换。

韦尔奇是通用电气新文化的缔造者，他上任后最为重要的一大贡献就是重塑了 GE 的企业文化，引入了“群策群力”、“无界限”等价值观。他指出：“毫无保留地发表意见”是 GE 企业文化的重要内容，每年有数万名员工在“大家出主意”会议上坦陈己见。韦尔奇在GE实行“全员决策”制度，使平时少有机会彼此交流的同事坐在一起讨论工作。总公司鼓励各分部管理人员在集体讨论中作决策，不必事事上报，把问题推给上级。随着“全员决策”制度的实施，公司的官僚主义作风遭到了重创；更为重要的是，对员工产生了良好的心理影响，增强了他们对公司经营的参与意识，打破了旧有的观念和办事风格，促进了不同层次之间的交流。

### 三、领导者要做企业文化的倾力培育者

企业文化的形成是一个较为长期的过程，有效推进企业文化建设，要求领导者成为企业文化的倾力培育者。

**（一）积极倡导。**

领导者要善于利用一切机会，通过多种手段去倡导企业文化。要让广大员工在工作、学习和生活等各个场合，都能听到领导者倡导企业文化的声音。

**（二）亲身示范。**

建设企业文化，要求领导者成为员工的示范者，认同的对象，模仿的榜样。每个领导者应该争取成为企业的英雄楷模。榜样的力量是无穷的，领导者只有在员工中树立起高大的形象，才能为广大员工衷心敬爱、拥戴和崇拜，他们所倡导的文化价值理念才会真正被广大员工接受和认同。为此领导者应当带头践行文化价值理念。凡是号召员工做的，自己首先要做到；凡是不让员工做的，自己坚决不去做。

**（三）选树典型。**

英雄楷模是领导者推进企业文化建设的重要依托，企业领导者要为英雄楷模的成长提供尽可能优越的条件，使他们获得学习培训和参与文化活动的机会等，以扩大他们的知识视野，提高他们的文化素养。

柳传志作为联想集团的主要创始人，曾经不止一次强调，一个“团结、坚强的领导班子”是联想能够取得今天这样业绩的重要原因之一。柳传志更像一个言传身教的师傅，他会把自己亲身经历的体会告诉他的管理团队，也会举出一些常见的例子组织管理团队讨论。联想集团有自己的管理学院，所有的新员工参加工作都要到这里集中培训一星期，听老师讲联想的历史、联想的战略、联想的纪律与文化，学唱《联想之歌》等。联想人把这种培训叫作“入模子班”，意思是只有经过这样的学习才可能进入联想的模子。

（作者系北京交通大学经济管理学院企业文化管理研究所所长）

## 培育新工匠精神建设中国特色企业文化

范希春

### 一、把培育新工匠精神作为当前和今后一个时期企业文化建设的重要任务

“十三五”规划纲要明确提出，要营造崇尚专业的社会氛围，大力弘扬新时期工匠精神。如何培育形成新工匠精神，我个人认为，要在创造性继承和创新性发展中国传统工匠精神，学习借鉴吸收世界制造强国现代工匠精神的基础上，强化以下五个方面的内容，进行综合创新、协调发展，才能培育形成新工匠精神。

**（一）坚定培育弘扬信念。**

培育和弘扬新工匠精神，首先是要坚定培育和弘扬当代中国工匠精神的决心和信念。历史上，我国是一个传统的农业国家，虽然有比较悠久的传统工匠精神文化遗存，但无论是在观念上，还是在技能上，还缺乏完全适应工业化社会对产品设计与制造的规范化要求的现代工匠精神，在整体上还缺乏对现代工匠精神的全面体认和深刻领悟，尤其是把工匠精神作为一种职业精神、工作态度和制度设计，贯穿于工业化的全过程，与世界上先进工业化国家相比还有很大的差距。特别是现代社会的快速发展，互联网时代的来临，人们的生产生活方式和社会心态发生了深刻而复杂的变化，追求“短、平、快”（投资少、周期短、见效快）带来的即时利益心理定式大幅度增强；由于工作生活节奏加快，压力增大，焦虑、急躁、追求快速成功成为一种社会精神文化现象，具有耐心、细致、专注、持久特点的工匠精神，在一定程度上被忽视、被忘却，造成了工匠精神在现代社会生活和工业化进程中的缺失。

具体到企业，随着企业改革的深化和现代企业制度的建立，员工人员构成、劳动关系、职业角色、收入水平都发生了巨大的变化，员工的价值取向、利益诉求、思想心态也发生了深刻的变化，“四两拨千斤”式的创新、“空城计”式的市场营销、“终南捷径”式的品牌战略不乏案例。尤其是在当前世界经济复苏缓慢，企业面临改革、转型、提质、增效压力进一步加大的环境条件下，工匠精神受到一定程度的冲击和弱化。我国制造业大而不强、产品档次不高、自主创新能力较弱，在一定意义上与工匠精神缺失有关。同时，随着信息化时代的到来和“第四次工业化”、智能制造的出现，人们对工匠精神的坚持产生了质疑。其实，当前和今后一个历史时段，由于“第四次工业化”进程的推进、智能制造的发展，比任何时候都更需要“工匠精神”，因为随着产品制造系统、产业体系结构日趋复杂，工业生产正步入“误差零容忍”时代，局部、微小的误差和疏忽，也可能铸成大错，甚至导致整个系统的崩溃。所以，大力倡导“工匠精神”显得更为必要。我国企业尤其是制造业必须进一步坚定培育和弘扬工匠精神的决心和信心，重塑中国制造思维，使工匠精神成为一种价值追求和中国制造之魂，形成中国特色制造文化。因此，培育和弘扬新工匠精神，成为当前和今后一个时期企业文化建设的紧迫任务。

**（二）突出创新创造。**

工匠精神源于手工业，但随着时代的发展、社会的进步，尤其是工业化进程的加速，又超越了手工业，成为一种工业精神和社会文化现象。工匠精神是在传统工艺基础上不断创新创造新工艺、新技术的过程中形成的，是对工艺文化的传

承与科学技术的创新。真正优秀的工匠永远都不会满足于已掌握的技能和已取得的成就，总是根据环境条件的变化、时代的需求，在品种、款式、材料、工艺、流程等方面改进创新。精益求精、创新创造，是工匠精神与生俱来的本质属性，是工匠精神的灵魂。

中共十八届五中全会提出，必须把创新摆在国家发展全局的核心位置，把发展基点放在创新上，深入实施创新驱动发展战略，构建产业新体系、发展新体制，培育发展新动力，推动新技术、新产业、新业态蓬勃发展。《中国制造2025》提出，走中国特色新型工业化道路，以创新发展为主题，以提质增效为中心，以加快新一代信息技术与制造业深度融合为主线，以推进智能制造为主攻方向，加快推进制造业由大变强的历史跨越。明确提出，实施制造业创新中心（工业技术研究基地）建设工程，到2020年，重点形成15家左右制造业创新中心（工业技术研究基地），到2025年形成40家左右制造业创新中心（工业技术研究基地）；同时提出，针对核心基础零部件（元器件）、先进基础工艺、关键基础材料和产业技术基础等工业基础能力薄弱，影响和制约我国制造业创新发展和质量提升的症结，实施工业强基工程。在智能制造工程方面也要求，到2020年，制造业重点领域智能化水平显著提升，试点示范项目运营成本降低30%，产品生产周期缩短30%，不良品率降低30%。到2025年制造业重点领域全面实现智能化，试点示范项目运营成本降低50%，产品生产周期缩短50%，不良品率降低50%。在新一代信息技术产业、高档数控机床和机器人、航空航天装备、海洋工程装备及高技术船舶、先进轨道交通装备、节能与新能源汽车、新材料、生物医药及高性能医疗器械等重点领域实现突破发展。要实现这些目标，就必须把创新精神作为重要的核心要素融入新工匠精神，抓住技术创新这一关键，集中力量抓创新、求创新，使工匠精神在新的历史条件下、在新的工业化进程中、在更大范围内发挥作用。

实施创新驱动发展战略，就是要推动以科技创新为核心的全面创新，坚持需求导向和产业化方向，坚持企业在创新中的主体地位，发挥市场在资源配置中的决定性作用和社会主义制度优势，增强科技进步对经济增长的贡献度，推动经济持续健康发展。当前，我们正面临全球新一轮科技革命和产业变革，全球制造业格局正在发生深刻调整变化。实施创新驱动战略，实现制造强国的战略目标，根本在于增强我国自主创新能力，关键在于充分发挥人才在创新驱动发展中的基础性和关键性核心作用，把驱动创新发展战略落到实处，这就特别需要培育和弘扬新工匠精神。

**（三）突出协同合作。**

与传统工匠精神相比，新工匠精神在强调创新创造的同时，更需要信息共享共用基础上的协同。

工匠精神不仅仅是一种自由创造，同时也是一种协同创造。在传统工业化意义上，人们普遍认为，科学家头脑中产生想法，工程师设计出图纸、指导施工、实现工程化，工匠制造出产品，三者缺一不可。这一生产、发展、实现的流程，本身就是一种协同的结果。众所周知，在现代化工业生产中，尤其是在大型复杂装备领域，就特别需要协同，而随着制造技术与数字技术的融合，智能制造的出现，不同应用系统之间、不同数据资源之间、不同终端设备之间、人与人之间、人与机器之间的协同就变得越来越重要。譬如，在一个系统内，如果各子系统不能实现完美的协同，系统就有可能会呈现无序状态，难以发挥整体性功能，甚至导致系统的瓦解和崩溃，导致生产的中断。而如果系统中的各个子系统能实现完美的协同，其功能和效能就很有可能呈几何倍增大。可以说，没有协同就没有现代化工业生产和智能制造。因此，实现人与人之间、人与机器之间、人与系统、系统与系统之间的一种“无缝对接”和一体化联动，对企业尤其是制造企业来说，便具有了十分重要的决定性意义。因此，培育和弘扬新工匠精神，必须突出强调协同这一具有现代性、时代性特点的关键要素。

《中国制造2025》提出，要坚持问题导向、产需结合、协同创新、重点突破的原则，着力破解制约重点产业发展的瓶颈。实施高端装备创新工程，组织实施大型飞机、航空发动机及燃气轮机、民用航天、智能绿色列车、节能与新能源汽车、海洋工程装备及高技术船舶、智能电网成套装备、高档数控机床、核电装备、高端诊疗设备等一批创新和产业化专项、重大工程。开发一批标志性、带动性强的重点产品和重大装备，提升自主设计水平和系统集成能力，突破共性关键技术与工程化、产业化瓶颈，组织开展应用试点和示范，提高创新发展能力和国际竞争力，抢占竞争制高点。这项宏伟工程的实施，对我国工业化生产提出了新的更高的协同要求，这就是，必须强化同舟共济、团结协作的全局观念，开展跨学科、跨领域、跨行业、跨工种的协同协作，形成协同创新、协作发展的新格局。因此，协同，作为新工匠精神的重要组成部分，适应再工业化的发展要求，必须大大强化。

**（四）突出科学精神。**

工匠精神本身就意味着要有技术含量，发明创造和技术创新是工匠精神的基本特征，而对科学精神的坚持，是成就工匠精神的基本路径。在当今技术日新月异的时代尤其如此。

当前，新一轮科技革命和产业变革正在孕育兴起，全球科技创新呈现出新的发展态势和特征，新技术替代旧技术、智能型技术替代劳动密集型技术的趋势十分明显。依靠要素成本优势所驱动、大量投入资源和消耗环境的发展方式已经难以为继，企业面临全面升级转型、提质增效的多重压力。因此，全面增强科技创新能力，发挥科技在企业发展中的核心作用，形成新的提质增效动力源，掌握科技竞争、市场竞争的战略主动权，成为当前企业必须解决的、甚至是生死攸关的重大问题。

《国家中长期科学和技术发展规划纲要（2006-2020）提出，我国制造业发展的思路是：（1）提高装备设计、制造和集成能力。以促进企业技术创新为突破口，通过技术攻关，基本实现高档数控机床、工作母机、重大成套技术装备、关键材料与关键零部件的自主设计制造。(2) 积极发展绿色制造。加快相关技术在材料与产品开发设计、加工制造、销售服务及回收利用等产品全生命周期中的应用，形成高效、节能、环保和可循环的新型制造工艺。制造业资源消耗、环境负荷水平进入国际先进行列。(3) 用高新技术改造和提升制造业。大力推进制造业信息化，积极发展基础原材料，大幅度提高产品档次、技术含量和附加值，全面提升制造业整体技术水平。我国制造业的优先主题是：(1) 基础件和通用部件，(2) 数字化和智能化设计制造，(3) 流程工业的绿色化、自动化及装备，(4) 可循环钢铁流程工艺与装备，(5) 大型海洋工程技术与装备，(6) 基础原材料，(7) 新一代信息功能材料及器件，(8) 军工配套关键材料及工程化。如《中国制造 2025》提出的工业强基工程、高端装备创新工程、智能制造工程，都一再表明，科技创新居于首要地位，起着关键作用。因此，突出工匠精神中的发明创造、科技进步就成为至关重要的一环。

科技创新、科技水平的提高，直接决定着企业生产能力和产品质量，在很大程度上决定着企业的市场竞争力，是企业的核心竞争力。当前和今后一个时期，培育弘扬新工匠精神，重在通过企业科技创新活动、企业科技制度建设，增强企业科技创新能力、企业科技成果转化能力、企业科技推广传播销售能力，培育员工热心科技创新、尊重发明创造、崇尚科学的精神，用科学文化重塑企业精神，使科学精神成为中国特色制造文化的重要组成部分。

**（五）突出品牌意识。**

品牌意识与工匠精神紧密相连、共生相伴，是工匠精神与生俱来一种的自然延展。新工匠精神必须强化品牌意识，这是基于我国工业产品的品牌现状和面临的挑战而提出的。

改革开放 30 年来，我国企业界出现了一些具有一定国际知名度、在国内拥有较大市场占有率的品牌。但从严格意义上来说，我国具有真正意义上的国际知名品牌还少之又少。要想在激烈的竞争中取得胜利，就必须形成一批真正的国际化品牌。为此，《中国制造 2025》提出加强质量品牌建设的重大任务。要求提升质量控制技术，完善质量管理机制，夯实质量发展基础，优化质量发展环境，努力实现制造业质量大幅提升。鼓励企业追求卓越品质，形成具有自主知识产权的名牌产品，不断提升企业品牌价值和中国制造整体形象。通过推广先进质量管理技术和方法、加快提升产品质量、完善质量监管体系、夯实质量发展基础。在推进制造业品牌建设方面，强调要引导企业制定品牌管理体系，围绕研发创新、生产制造、质量管理和营销服务全过程，提升内在素质，夯实品牌发展基础。扶持一批品牌培育和运营专业服务机构，开展品牌管理咨询、市场推广等服务。健全集体商标、证明商标注册管理制度。打造一批特色鲜明、竞争力强、市场信誉好的产业集群区域品牌。建设品牌文化，引导企业增强以质量和信誉为核心的品牌意识，树立品牌消费理念，提升品牌附加值和软实力。加速我国品牌价值评价国际化进程，加大中国品牌宣传推广力度，树立中国制造品牌良好形象。

培育新工匠精神，就是要通过端正品牌意识、建立品牌标准、落实品牌规划、实施品牌战略、丰富品牌文化内涵，建设品牌文化，实现工匠精神与品牌文化的统一，丰富中国特色制造文化的内涵。

### 二、培育新工匠精神、建设中国特色企业文化，推动实现由制造大国向制造强国的转变

工匠精神是中国制造思维的天然的重要组成部分，是企业文化生成、发展的重要元素，深刻地影响着企业文化的品质和特性。培育新工匠精神，是再工业化和规模经济时代企业文化建设的重要任务。培育和弘扬新工匠精神、建设中国特色企业文化，最重要的是要把握好以下三个方面：一是把工匠精神作为一种价值追求。把工匠精神贯彻到每个员工中去，成为企业的核心价值观念和全体员工的自觉的价值追求，使推崇工匠精神成为一种新的时代风尚。二是把培育弘扬工匠精神纳入制度设计。把培育和弘扬工匠精神纳入制度设计中，落实到企业的生产经营服务的各个环节，建立健全有利于工匠精神养成的制度体系，用制度来保障工匠精神的生成发展、传承弘扬。三是让工匠精神成为中国制造之魂。工匠精神蕴含着深厚的文化、伦理、制度内涵，中国制造水平提升有一个漫长的过程，而对工匠精神的坚持，则是提升中国质量、中国品质的关键。通过持久不懈地培育和弘扬新工匠精神，提升员工整体素质，锻造中国制造之魂。使新工匠精神成为中国特色企业文化的重要组成部分，通过培育新工匠精神重构企业文化，为中国制造业塑魂，推动实现由制造大国想制造强国的转变，是时代赋予企业文化建设的历史重任。

（作者系中共中央宣传部思想政治工作研究所研究员，本文摘自《企业文化》）

## 强化诚信合规反腐——企业文化发展新趋势

王志乐

我理解企业文化是与时俱进的，在经济全球化时代，企业文化不能脱离全球文化。据商务部的统计，2013 年中国企业到海外投资总量达到 1087 亿美元，而我们引进外资是 1200 多亿美元，中国对外投资和引进来接近了，而且我们估计今年中国对外投资有可能和引进资金持平。这么大规模的走出去，给我们中国企业的文化建设提出了新的挑战，特别是走出去越来越多的情况下企业文化建设怎么适应这个经济全球化时代。我们现在要研究一个新问题，就是怎样在企业文化建设中强化合规、反腐败。

### 全球企业发展新动向

其实我们开始研究的是企业发展的战略，我们发现从

1992年以来，全球跨国公司发生了巨大的变化，他们正在变成全球公司。特别是出现全球市场的情况下，这些跨国公司出现了三大变化，一是有了全球战略，过去是跨国经营，现在是全球经营。中石油从1993年开始了全球化的征程，现在是全球化的经营了，国外的公司也是这样。二是全球管理，既然跨国经营了，那么原来是一个国家为中心的管理，现在要实现全球的网络管理。三是承担的责任不同了，原来是为股东负责，现在到外国投资只强调为中国股东负责不行，还得强调对当地负责，我把这种责任称为全球责任。而在全球责任的基础上就生成了一种新的文化，以责任为核心为体现的价值观就变成了一种全球化的文化。在这三大变化中，跨国公司海外股份越来越大，所以出现了一个指标叫做跨国指数超过50%。什么是跨国指数？就是一个公司的海外资产、海外销售、海外雇员占总销售总资产总雇员的比例。

与战略发展相同步的发展就是责任文化。开始那些公司讲的是股东价值最大化，后来大家都知道光强调为股东负责是不够的，要为社会环境负责。我把这种责任称为全面的责任。大约是在2000年的时候，联合国全球契约组织建立，这个组织提倡企业要承担社会责任、环境责任。中国大约是在2005、2006年前后接受了这个概念，我们做了大量的努力，调查外国跨国公司怎么变的，他们为什么现在不光讲为股东价值最大化，也讲社会责任、环境责任，他们做了什么，我们应该怎么做。到2008年以后这些跨国公司进入了一个新的阶段，强调合规了。什么是合规？就是要合法规、规制、规范。我把这种责任叫全球责任。为什么？因为美国政府在处罚那些违规企业时用《反海外腐败法》，就是美国企业如果到海外搞行贿和腐败，他用这个法律处置。合规是全球的责任，在短短十年时间，欧美、日本、韩国这些大型公司，他们在迅速变成全球公司的过程中，文化是以责任为核心，表现出来的一种新的价值观，这种价值观体现的文化，我把它理解成责任文化的发展。

2008年12月28日发生了一件重大的事。这天美国司法部和西门子公司达成了一种和解，西门子2006年被美国司法部盯上，发现它在好几个国家为了拿到订单去行贿，包括中国。按照美国司法部的文件，他们在中国的三家主公司，输变电集团、西门子交通和西门子医疗集团向中国官员行贿6000万美元，加上其他国家的，按照当时的美国法律规定，西门子要被罚100多亿美元，对于这样一家百年老店就面临着灭顶之灾。后来西门子向美国表态亡羊补牢，要是纠正了，罚款能不能降下来，最后降到16亿。但是美国政府有一个条件，从2009年起要监管你四年，每年要派一个审计组到你各国的经营范围去调查你改进了没有，还有没有问题。这个案子是跨国公司全球发展中里程碑的事件，从来没有过这么高的罚款，当然现在有的比它还大。

后来，合规是那些大的跨国公司最头疼的问题。我和专家组这几年里在美国、欧洲、日本一共访问了20来家跨国公司总部，就调查他们最近在合规问题上出了什么问题，现在采取了什么措施。澳大利亚有个铁矿石的公司必拓，卖铁矿石的时候，有些中国企业给他行贿，20来家要他的铁矿石，中国雇员受贿9000万人民币，这当然很严重，4个中国雇员抓起来了。新来的老总收拾这个烂摊子，今年年初换班又来一个新老总，他跟那个新来的接班人交代，说这四年里最头疼、最让他睡不着觉的问题就是合规。

什么是合规呢？按照英文的原文叫“Compliance”，我理解它有三个含义，一是公司要遵守经营总部所在国和经营所在国的法律法规及监管规定。二要遵守企业内部规章包括企业价值观、商业行为准则。三是要遵守良好的职业操守道德规范。合规有广义和狭义两种含义，广义的合规泛指企业在运行过程中遵守法规规制和规范，包括承担社会环境责任，反腐败、反垄断、反欺诈等。狭义的合规主要指强化合规经营反对商业贿赂。各国银行想要进入世界进行交易必须遵守一个统一的规范，必须合规。2005年巴塞尔银行委员会就提出合规指引，中国银监会也出台了中国银行合规指引，中国银行在这方面走得最快。

合规也是各国各类组织最关注的问题。联合国成立了全球契约组织，这个组织在2004年增加了第十项原则，是反对商业腐败。每年开会，各国交流经验，探讨全球怎么使企业做得更好，主题用的标语就是“你如果想走得快就单个儿走，如果你想走得远那就得一块儿走”。习总书记在G20上用了西方这个谚语，翻译过来叫“独行快、众行远”，反腐败必须是众行，大家一块儿干。中国也正在积极参与全球反腐败。全球契约是2000年提出来的，后来增加了第10项原则，企业应反对各种形式的腐败，包括敲诈勒索、行贿受贿。美国1976年提出《反海外腐败法》，很长时间这个法律显得不太厉害，所以大家有时候忽略了，但是进入新世纪以来这个《反海外腐败法》越来越厉害。2010年美国又出台了新法规，他们认为有一些企业在2008年金融危机期间搞欺诈、不合规。新的法规要求从严打击，他们想了一个很厉害的招，鼓励举报。如果你举报成功，这个公司确实是违规了，那么拿他罚款的10%-30%来奖励你，这就很有诱惑力。2010年罚了壳牌4800万美元，按10%是480万美元，给奖励的话，这个人确实后半辈子不用干了，这个诱惑极大。我为什么讲那些跨国公司头疼呢？因为他哪个地方没有管理到位，出现了腐败，有人举报，举报了就找他算账。

英国在2011年通过了新的《反贿赂法》，针对公司的新罪名，就是没有防止贿赂罪。比如你们公司有人犯行贿受贿，要查你公司对他进行过教育没有？如果没有进行过教育，或者说你公司没有预防措施，那你就因为没有防止贿赂有罪过。

这个非常厉害，所以那些欧美公司头疼。因为你下面出的事，要罚到你身上。比如中国罚的葛兰素史克，中国罚了，美国英国还可以罚，因为没有按照法律做，违规了，不合规。在这样的严厉打击下，现在那些跨国公司，都把合规作为企业制度建设的重点。西门子前老总出事，新老总接班就明确表态，无论何时何地何人，我们只从事干干净净的业务。2011年我再次访问西门子，老总跟我见面时说，我们今年取得的成绩是干干净净的，没有腐败。2010 年我们在欧洲调查，跑了 10 个欧洲跨国公司，有 6 家设立了一个职务叫作首席合规官，专门落实合规和反腐败。我们也去访问美国，美国设立了首席道德与合规官，或者叫诚信合规官，美国单独把诚信拿出来和合规放在一块，对合规可能不同的国家有不同表述，但是都把合规当作大事。

### 中国企业面临合规反腐的挑战

我们企业面临的巨大合规风险，中国企业从所有制来讲有三类。外资企业、国企、民营企业。外资企业中国政府最近几年才开始关注，反而是美国人更关注。2005 年以来，美国政府处罚过的跨国公司一共 77 家，其中 25 家在中国涉案，有的罚 52 万美元，多的罚 1 亿多，西门子最多，罚了 16 亿。所以国外认为中国是合规的高风险区。其实有些事感觉不是什么大事，比如罗克韦尔自动化公司向中国国有企业贿赂，并为其员工安排旅游以换取合同。一定要罚你，你当时挣多少钱就罚你多少钱。也就是说在中国的外资企业现在合规是一个大问题，我批评这些外资说，你们的公司应该是带头合规，怎么到中国就干这些事？他们有时候私下发牢骚说，到这儿不送钱不给我单子。最典型的案例就是葛兰素史克，按照最近公布的消息，中国已经决定给它罚款 30 亿人民币，这个罚款比较大，这对外国公司是有震慑力的。但是对中国公司的震慑力还不大，因为中国这个法律现在有漏洞，前不久刚刚公布的给刘铁男行贿的六家公司老总现在安然无恙，这就是问题了，在国际上区别对待是不行的。我认为，中国政府先罚外资，将来肯定要罚中国公司的。国有企业合规风险非常大，我列的这几个人物都是中国央企的一把手，这样的情况在国外的公司里是很少见的。你是央企的老总，你怎么成了行贿受贿的主要人物了呢？

民营企业同样面临合规的风险，主要是行贿的风险。民营企业由于缺乏资源，有通过行贿获取资源弥补劣势的冲动。比如力拓，按照国家分配的情况，卖进口铁矿的很多民营企业拿不到进口铁矿，就行贿力拓驻上海办事处，想拿到铁矿。最后 20 多家企业涉案，少数几家是国企，其他都是民营钢厂、民营贸易商。

现在有一个新的问题，海外的中国企业面临新挑战，很多企业去的都是高风险地区，高风险地区的投资风险非常大。我们研究所开研讨会，请海外企业座谈怎么抵制那些地方的问题。他们说那地方比中国还腐败，不给钱他不给你干，那我们就习惯性地摆平，摆平就意味着得掏钱。原来这都是可以理解的，现在国际上大家都眼睁睁的盯着你，你中国人拿得到这个订单吗？拿到了，他就要找你的茬儿，看你是怎么拿到订单的。世界银行不是每年有一些项目要贷款吗？他就建了一个黑名单，凡是有人投诉他们就去核实，觉得有问题的企业上黑名单。中国有 12 家企业上了黑名单，现在国际银行也联网了，只要是在世界银行上了黑名单的，那这些银行同样要处理你。企业这样干就是自废武功，这样就等于没法干了，没有竞争力了。最近网上还炒墨西哥高铁案子，这个案子按照现在披露的材料看，咱们的企业未必真行贿了，但是和咱们企业相关的墨西哥当地的一个企业看来和总统夫人有关系。那就给我们中国企业带来了一个挑战，你不光自己要做到合规，你当地的合作伙伴出了问题你也得兜着，这个损失就很大，虽然钱不多，咱们 400 多人干了一年多准备竞标方案，两万多页，花了那么大的本钱，现在就挂在这儿了。你可以说西方企业在背后捣乱，你也可以说墨西哥的在野党在捣乱，那如果你没有问题，你还得考虑你合作伙伴有没有问题。因为英国的《反贿赂法》规定，你的供应商出问题，找你算账。所以中国的无论是国企、民企还是外企，以及走出去的企业，现在面临的最大的挑战，最大的风险恰恰是合规腐败的风险。

### 健全合规机制，培育合规文化是我们面临的重大任务

我们认为合规是一个中性的概念，这是全球都面临的挑战。2006 年 1 月 1 日执行的《新公司法》明确写进去企业要承担社会责任，中央领导也做了很多批示，证监会也要求上市公司要提供社会责任报告。但是合规问题，我刚开始提出的时候担心，怕是西方丑化中国企业。但是在调查中，我认为不是，这是一个中性的东西，就跟市场经济一样，你不能说市场经济就是西方的，我们不能用。所以我们在这六年里做了很多努力，首先写内部报告给各部门领导，我们给商务部领导的报告，当时三个部长做了批示，认为这件事要做到底，而且鼓励我把这个研究推进下去。后来商务部牵头，七部委联合发了一个通知《中国境外企业文化建设若干意见》，明确提出坚持合法合规。我们的企业到海外的越来越多，这个《意见》非常明确，认真执行各种法规，要合法合规经营，特别要抵制商业贿赂，严格禁止向当地公职人员行贿，不得借助围标、串标等违法手段谋取商业利益。这是银监会、保监会之外的中央政府部门明确提出合规的文件。中国银监会 2006 年就下达了《商业银行合规风险管理指引》的通知，《指引》所称合规是指使商业银行的经营活动与法律、规则和准则相一致。所称的合规风险是指商业银行因没有遵守法律、规则和准则可能遭受法律制裁、监管处罚、重大财务损失和声誉损失的风险。银监会保监会这两个行业做得早，这两个行业确实进步了。我调查合规的时候去了好几家银行总部，工行建行都去了，工行居然有 4000 个合规经理。去年，我们在调查中发现中国医药行业腐败比较严重，我们就给卫计委提了一个建议，应该对医药企业的腐败纳入黑名单。2010 年 9 月召开的 APEC 有中小企业商业道德论坛，定期组织会议，首先在生物医药、医疗器械和建筑工程三个关键领域共同推行商业道德准则。

我们应该顺应廉政反腐潮流强化企业合规。中央现在反腐败主要针对官员、公务员，但是公务员的腐败都是和企业密切相关的，所以现在企业合规经营的外部环境大大改善，很多跨国公司驻中国的代表都对我讲，他觉得现在大环境在改善，这样的环境下企业应该顺势而为强化合规。习总书记

提出，我们要加强反腐败斗争，需要坚持发扬我们党在反腐倡廉建设长期实践中积累的成功经验，需要积极借鉴世界各国反腐倡廉的有益做法，也需要积极借鉴我国历史上反腐倡廉的宝贵遗产。

这次的APEC会议，中国政府的声音第一次起了主导作用，中国政府在国际上这么多反腐败的文件，包括联合国反腐败公约的文件里面都不是主导的，一般都是文件发布我们签字。但是这次不同，中国是主导。王岐山参与APEC反腐系列方案审定，这次APEC提出《北京反腐败宣言》，这是在中国领导支持下制定出来的，目标主要是要跨国追讨追赃，这是我们希望各国共同做的，这也提出全球化的时代反腐败必须是国际联动的。所以APEC领导人宣言明确提出，我们赞赏坚定的反腐败决心和采取的有力举措，坚持《北京反腐败宣言》，欢迎《亚太经合组织预防贿赂和反贿赂法律执行准则》。

我们一定要在这样一个新形势下，对我们企业的文化建设、制度建设中加进合规这个内容。

怎样促进中国企业强化合规？

第一，借鉴全球公司合规反腐的经验。西门子痛定思痛强化合规经营。他们说，现在人们愿意和西门子公司打交道，原因就是我们可靠、公平，还有诚信。BP有一套做法可以借鉴。GE认为合规是竞争力的基石，他们有一套诚信和合规文化的体系，预防问题、发现问题、应对问题，时时、处处、人人都得做到。

第二，要借鉴中国本土企业创造的经验。我调查的企业当中有很多也有很好的经验，比如央企的中海油相对做得比较好，它们有一套体系，四个“不”：要经过思想教育让员工干部不想腐败，制度程序上不能腐败，激励机制上不必腐败，监督惩处上不敢腐败。

我们今年接受吉利的邀请，帮他建立合规文化体系，这个体系建设后形成了两个文件，一个是《合规文化建设制度汇编》，还有一个《合规行为准则》，我们做了四个工作，调查研究识别吉利公司存在的合规风险。这个公司的重点业务地区、重点业务领域、重点部门环节有哪些合规风险。第二，根据风险确定合规导向。第三，保障运行，健全合规机制、培训机制、考核机制、举报机制、查处机制。第四，持之以恒，形成合规文化。潜规则文化是合规文化的天敌，有些潜规则在有些单位盛行。原因在哪里？这里既有传统文化正面的影响，因为中国传统文化既有好的东西，也有负面的，也有处世习惯。中国人讲变通，变通优点是灵活，但是缺点容易超越底线、违规。在企业里面有人治的因素，特别是一把手的人治，使人们崇拜权力不遵守规则，这些因素都容易导致潜规则。要建立起真正的合规文化，使我们的企业百年不衰。做大并不难，做强虽然难一点，要做久就更难了。企业要从做大到做强，最后还要做久，做百年老店，没有沉淀和合规的文化是不可能的。所以我们应该坚持下去，形成合规文化。我们现在也正在和证监会协作，证监会也在探讨设立上市公司合规官的问题，他们受到美国公司的启发，也想有一个专门管合规的，我们也建议证监会能不能在中国企业的社会责任报告里加进去合规报告，这些很多国外公司都在做。

中国人学习新事物是很快的，我们如果前进一步，我们合规，企业才能做大做强做久，中国企业在全球化时代，特别是在中央大力度反腐败的基础上，我们应该有所前进，在这个领域有所作为，我们的企业会成长得更快，更好。

（作者系商务部研究院研究员、北京新世纪跨国公司研究所所长，本文为作者在“中外企业文化2014成都峰会”上的发言）

## 为创建“共创共赢”生态圈模式进行的探索

张瑞敏

像海尔这样几万人规模的企业，进行这样颠覆的，我遍访了欧洲、美国的企业，目前为止，只有我们一家。但是，十年来，我们并没有感到孤独，为什么？因为很多国内国外的专家来帮助、支持我们。最重要的是，国内还有大量的企业和企业家与我们一起探索。

今天我把我们探索的心得和大家分享一下。

“人单合一”从提出到现在已经十年了，现在进入2.0。“人”就是员工，“单”就是用户，“人单合一”就是把员工和用户连到一起。1.0就是我们当时刚刚提出这个理念之后，又提出了一个“市场链”模式。所谓“市场链”，就是把企业和市场连接到一起。其实，企业应该和市场连接在一起，但实际上却是分离的。如果你问企业“你的客户是谁，你给客户创造的价值是什么？”企业都很难回答上来；若再问企业的员工，可能更回答不上来。当时我们就说要让企业内部和市场连接起来，所以就在内部划分了单位，变成一个个自主经营体。但是，问题来了，因为受到原来组织机制、框架的限制，再往下走，必须要将原来全部颠覆掉。

### 一、企业平台化

#### （一）企业平台化颠覆转型的路径。

德国人马克斯•韦伯提出的科层制、现代官僚制像个正三角形，企业、军队、政府都是这样。现在，我们把它变为海尔创业生态圈，里面没有科层，只有三类人，这三类人没有职位高低，差别只是所掌握的、创造的用户资源不同。第一类人叫做平台主，这个平台上有多少个创业团队能够成长？平台主不是一个官员，也不是一个上级领导，而是一个服务员，负责给这个生态圈浇水施肥；第二类人是小微主，就是一个创业团队，这个创业团队在平台上茁壮成长；第三类，原来的员工现在变成创客。所有人形成一个组织，齐心协力来创造用户最佳体验。这就形成了两个圈：并联生态圈和用户圈。原来的企业是串联的，是从上到下的，现在是并联的，变成一个圈；外边是一个用户圈。这个用户圈并不是说有多少用户，而是指这些用户形成了一个共同的意见，里面也许有意见领袖。这两个圈最后融合到一起，形成一个圈——达到用户最佳体验。

这与传统的理论不一样。获得诺贝尔经济学奖的罗纳德·科斯教授提出企业的边界理论：如果企业在某个产品上非常有竞争力，那就扩大生产；如果不如别人，就缩小边界。科斯的理论是对的，但他那个时代没有互联网。在科层制里，谁的资源比别人多，边界就比别人广。然而，现在企业完全是跟互联网结合到一起的，从某种意义上来说，资源是无限的。因此，从这个意义上来说，共创共赢生态圈也是无边界的。

**（二）企业平台化颠覆的难点。**

我们在这个过程中有切身感受，归纳起来主要有三点：组织、营销、管理。组织就是从串联流程颠覆成并联生态圈；营销就是从一次性交易的顾客颠覆成全流程最佳体验的用户；管理，从职能管控部门颠覆成“去两化”——去中心化、去中介化——后的两个平台，共享平台和驱动平台，每个人都可以成为中心，一定要和用户零距离。

国际化大公司通用的流程是概念、调研、开发、验证、交付、成熟、退市。这个过程非常严密，做起来有很多很多程序，非常复杂，但里面没有用户，只是以企业为中心来做调研的。现在海尔改成迭代式研发，完全以用户增值为前提来开展。这里面最大的区别是：首先，原来仅仅是依靠自己的资源来做，现在是以用户增值为中心，靠这些资源够不够？不够，那就要找来可以做到的；其次，它是并联在一起的，所有的动作同时发生；当然，最大的改变是从没有用户（参与）到有用户（参与）。美国麻省理工学院约翰·利特尔（John Little）教授提出了一个“利特尔法则”（Little's law）。根据这个法则，企业发展离不开三点：第一，用户流量；第二，用户黏性；第三，用户规模的增长。用户流量一定要多，用户待在这个平台上的时间一定要长，用户和平台连接起来价值体现了，用户规模就能成长。

企业平台化的第二个难点是，要让一次性交易的顾客转变成全流程最佳体验的用户，用户可以得到从头到尾的最佳体验。比如，美容净水器月销量是以前的3倍。原来它是自己关门研发，现在是和用户一起来开发。现在开发产品就是这样，如果产品能使儿童健康聪明，使女士漂亮，那一定很好卖。但是，从本质上讲，还不仅仅是这个问题。我们搭建了一个平台，包括厂家都在这个平台上。我们这个平台和电商平台不一样。现在国际上有人认为，平台就是三类：第一类是聚合平台，也就是像电商这样的交易平台，双方在上面交易；第二类平台是社交平台，是脸书这类的；第三类平台叫移动平台，像供应链这类的。而我们希望打造共创共赢平台，大家在这个平台上都能获得利益与成长。例如，海尔的“水质地图”，几乎覆盖了全国城乡，全国24万个社区、143万个村镇的水质都有非常明确的标识，可以查比如兰州或其他某个地方的水质。这就是一个很好的资源。另外，我们的网络非常大，在这个平台上的各方都可以盈利赚钱。

第三个难点是职能部门。有很多人到海尔来参观学习，都提出来：职能部门怎么干？职能部门就是干良心活，他们怎么人单合一呢？海尔把原来的职能部门合成“两个平台”：一个叫共享平台，一个叫驱动平台。共享平台要做到“活而不乱”，驱动平台的目标是“事先算赢”。关于共享平台，举个财务平台的例子，有一个指标看一个财务人员服务的员工有多少。以前，一个财务人员服务的员工是50人，现在是350人，单据的处理量比以前提高了10倍，因为共享平台是信息化的，不需要人对人地去工作，所以既提高效率又不会发生混乱。

2000年，德鲁克到《福布斯》杂志举办的全美国企业家大会上演讲，当时他已经90多岁了，好不容易坐稳了之后，他说，今天只给大家讲一个问题，你记住我这一句话就行了，“在企业里最不懂企业运营的就是CFO。”为什么？大家觉得财务经理最了解企业的情况了。德鲁克说，因为企业家精神是关注企业的未来，而不是关注企业的过去，CFO给的报表只是把过去写得清清楚楚，但未来他不知道。“事先算赢”就是事先把这个单锁定了，谁能来完成谁就去。

打个比方，海尔对传统职能部门的颠覆是，从温度计变为温控器。原来所有传统企业的部门只考虑这个房间温度是多少，不可能改变现状，但温控器意味着要改变现状。比如，现在是35度，那我要求降到25度，上下不能超过1度。

**（三）企业平台化颠覆的目标。**

企业平台化颠覆的目标，一是要从科层管控转变为创客平台；二是要把企业的宗旨从长期利润最大化改变为追求成为小微的股东之一。我们刚刚开始时有2000多个小微，现在有很多人成长起来了，自己在工商局注册成真正的公司（而不是虚拟公司），海尔只是它的股东之一而已。但是，和普通股东不同，这些小微一定要在海尔这个平台上运行。在海尔这个平台上运行，但又不是要管制他们，而是要大家协同起来，达到用户最佳体验的目标。

## 二、用户个性化

**（一）用户个性化颠覆转型的路径。**

大规模制造下的产销分离是，工厂生产出来的产品分销到商店，商店再到顾客。现在虽然有了电商，但电商只解决了去线下实体店的问题，所有工厂还是要到这个平台来卖，交易成了就拿去。实际上，互联网要求的并不是用户的购买，而是用户体验。顾客在这样的平台上得不到什么体验，尽管比原来的实体商店好，因为品种非常多，可以选择合意的。现在，我们搞了一个“互联工厂”，用户体验是无缝化、透明化、可视化的。这个互联工厂，首先可以跟用户交互，即无缝化；其次，互联工厂是透明的；第三，每项任务做完了之后可以发到用户手机上，全过程用户都可以知道，这就是可视化。我们能不能做到去线下店、也去线上店呢？

昨天（9月18日），我和杰米里·里夫金先生在海尔交流。《第三次工业革命》这本书里有个观点对我影响非常大。书中说，全球化的下一个目标是洲际化。这句话乍一听有点像悖论：全球化已经很大了，应该更大，但是洲际化又缩回去了。其实不然，洲际化就是要从大规模制造到大规模定制。

智能化并不意味着在产品上加一些智能零件就可以了，智能化存在于与用户交互过程中。所有的产品有三类件：第一类是物理件；第二类是智能件；最重要的第三类件，叫连接件。在某种意义上讲，前两个件不一定是固化的，所以更重要的是能不能和用户连为一体。有什么办法让企业和用户连为一体，这才是最重要的。

**（二）用户个性化颠覆的难点。**

用户个性化转型，具体做起来有两个难点，都聚焦到体验经济。原来就是一个“销量经济”，把销量弄大就可以，但是现在变成体验经济。美国人约瑟夫·佩恩写过一本《体验经济》，里面有一句话说得好，“商品是有形的，服务是无形的，而创造出的体验是令人难忘的。”我们有的商品质量绝对很好，服务也绝对无懈可击，但是没有体验，这就没有迭代，就不可能和用户交互，因此，体验经济非常重要，具体就是要把客户变成参与用户。但是，做到这点还不够，最后要形成再创增值交互的用户圈，所有用户聚在一起探讨大家感兴趣的问题。第二个难点是体验的可视化。我们现在把机器换人当作工业 4.0，其实机器换人可能是自动化，但不是互联网时代的企业，因为机器换人虽然提高了效率，但是它的精度在哪呢？对互联网企业的要求，不仅是高效率，还要高精度。如果没有这一点，根本不叫体验的可视化或者互联网企业。

分开讲一下这两个难点。第一，体验经济要求把顾客变成参与用户、再到生态圈。举一个智慧烤箱的例子，到最后要变成做一个“烤圈”，也就是不关注烤箱了，而是关注烤出来的食品，用户就研究这个食品怎么烤好。有的人会成为推广者，一下扩展到很大的范围，他们的讨论没有提到烤箱，但倒逼烤箱迭代。连接件就是能不能把用户连接到一起，最后和食材连到一起，就变成生态圈了。

第二，从机器换人到互联工厂。德国提出的工业 4.0 也不是自动化，它有一个“两维战略”，以此来检验是不是做到位了。“端到端的信息融合”是什么意思？从低端到高端。“低端”就是所有的传感器、驱动器，把数据搜集、传输到企业的“高端”——所有的财务指标。如果高效率、高精度，做了 100 台，100 台都卖了，那财务一定非常好。我们也有一个“两维战略”，但不一样。我们的横轴是德国工业 4.0 的纵轴，即“企业价值”，是“面向全价值链提供智能服务”，我们的纵轴是“用户最佳体验”，要共创共赢——实现用户增值，攸关各方分享增值。

互联工厂，第一个是无人工厂，在德国叫做“黑灯工厂”，因为自动化。这个做到有一定难度，但最难的是大规模定制。你去问用户要什么，没人告诉你。所以，我们现在正在探索比较难解决的是什么？如果一万个用户有一万个需求，能给他们开发一万个产品吗？不可能。但是，又不能指定用户用某个产品，因为这样人家就不会买。所以要有用户圈，要有意见领袖来提出意见。

**（三）用户个性化颠覆的目标。**

用户个性化颠覆的目标，我们叫做产销合一：生产者、消费者合一。我把它叫做“否定之否定的演进”：小作坊一定是自产自销；大规模生产一定是产销分离，因为生产量太大了，不能前店后厂，所以一定是产销分离；互联网时代，又是自产自销了，我就希望海尔的互联工厂变成自产自销。但是，这还不是最后的目标，最后的目标要达到产销合一，就是里夫金写的生产者和消费者合一。为了达到这个目标，要基于共享经济。我昨天跟里夫金先生聊天说，我看到这月的《福布斯》杂志刊登的文章说，英国、美国、加拿大已经有 1/4 的人加入到共享经济，而且预测 12 个月以后会翻一番。我说你这个预言快要实现了，所以，你应该提出用什么样的新指标来提高 GDP，因为共享经济一定会使 GDP 下降。共享经济，一定是所有权向使用权转移——我不是必须拥有一辆汽车，只要拥有一辆汽车的使用权就可以了。过去，一个商品有没有价值在于能不能交换，但是现在不交换也有价值：共享价值。

## 三、员工创客化

**（一）员工创客化颠覆转型的路径。**

美国大公司曾帮我们做过“选育用留”式人力资源管理：有人来求职，首先筛选够不够资格，第二要培育他，第三要使用他，第四，假如他很好，要留住他。现在，我们颠覆成“动态合伙人制”——员工从从原来的被雇佣者、执行者，变成创业者、合伙人；原来是被动的，现在是主动的。为什么叫“动态合伙人制”？不管我干得好不好股份都有？不是的，如果干得好，股份可以保留甚至扩大，如果没有能力再往前推进，就把钱退给你，和股市上买股票一样，最后达到的目标是：自创业、自组织、自驱动。这个月才出版的一本书《创业无畏》，其中有一句话讲“世界上最大的问题等于最大的商机”。“自创业”的意思是，员工自己要寻求机会，如果你寻找到了，就可以变成一个自组织；这个自组织又可以自驱动。这个组织没有领导，没有领导谁来驱动？用户。

**（二）员工创客化颠覆的难点。**

员工创客化颠覆的难点，我主要归纳为三点：员工的定位改变、员工的换位、员工薪酬的来源。

一是员工定位要从原来的岗位执行人转变为拥有“三权”的创业者。过去企业讲放权、分权，我们把权力都给你。第一个是决策权，第二个是用人权，第三个是分配权。比如，雷神的三个小伙子就发现了市场的难点——用户对“游戏本”的意见特别多，几万条意见，但没有很好的产品满足用户需求——然后根据用户的需求倒逼硬件的开发迭代，最后迅速在产业里名列前茅。很多资源都是社会上的，他们来整合就可以了。

二是员工要换位，要从被雇佣者转变成动态合伙人。例如，“快递顺”项目，风投来了，估值也很高，但有一个要求，一年之内必须要翻番。如果达到了这个目标，会继续加大投资；如果达不到，跟投的钱也没了。这个动态合伙人是和市场（的表现）混在一起的。

三是员工的薪源。传统企业里，员工的薪酬从哪来？就是岗位薪，虽然有很多考核，但你在哪个岗位，就有多少薪酬。现在，我们内部叫“断奶”：企业不再给员工薪酬了，一定要从创造的用户价值当中得到，得不到你就离开。结果有一些小团队还没有挣钱，还没有创造用户价值，他们的平台主就要来判断到底行不行：不行就要离开，要让另外的团队来；如果判断行，那这段时间的工资就由平台主来开。

**（三）员工创客化颠覆的目标。**

员工创客化最后要达到的目标是，“人是目的，不是工具”。这句话是德国哲学家康德说的，在任何时候，都不能把自己和他人当作工具，因为人自身就是目的。其实马克思也说过一句话，“不是工人使用劳动工具，是劳动工具使用工人。”所有生产线上的工人都是生产线的附庸。所以，我们颠覆的目标是德鲁克所说的“让每个人成为自己的CEO”。

怎么样创造一个平台，让每个人都把他的价值充分发挥出来？一个鸡蛋从外面打破，一定是人类的食物，但从里面打破，一定是新生命的诞生。我们的任务是让每一个员工都能够“孵化”出来，都能够破壳而出。

## 四、在持续试错中奋勇前行

怎么在试错中前行？我写了“三个自我”：自我求索、否定自我、战胜自我。

我到欧洲和美国考察，看能不能找一个学习的样板，但是没有找到。中国过去没有自己的管理理论和模式，所有东西都是学外国的：改革开放初期、80年代，我们学日本的精益管理，之后学习美国GE，但是，学颠覆真的没有榜样。

最近，我看了一本书《全体共治》，作者叫罗伯逊。他自己创了这个模式，在2007年就获得了美国管理学界的认可。2007年到今天的时间也不算短了，但所有的大企业还没有进行这种“全体共治”。这个月的《哈佛商业评论》有一篇文章评论道，用全体共治有两大问题，一个是不断扩大的权力圈，第二个是无休止的会议阻碍了效率。我看他的解释，与我们最大的不同是：不是所有人创业，而是有领导的前提下组成内组织，像大圈套小圈。这就带来一个问题，一个圈要听一个圈的，不是真正听市场的；而且，它写了一个总章程从上到下的推进，这个章程有一万多字。我们现在没有这个。我们觉得，现在这个颠覆也不应该、也不能够自上而下。我的意思是，这个探索还是很难的。哈佛商学院已经把我们写成了一个案例——《海尔：与用户零距离》。海尔的探索也成为日本和欧洲商学院的教材。现在，我们的做法实际上方向是对的，只不过探索起来非常困难，所以要加紧探索试错。

原来成功的做法，现在都要摒弃掉，过去海尔比别的企业有竞争力的地方在于执行力很强：一个决定下去，一层一层地能够执行到位。但是，今天要的不是执行力文化，而是创业文化。一个人执行力很强，但是让他创业就未必行了。80年代日本的企业超过美国企业，说到家就是日本的团队精神、执行力文化太强了。“二战”后占领日本的麦克阿瑟说，日本有最好的士兵，但却有最糟糕的将军；法国雷诺收购了日产，说过同样的一句话，说日本有全世界最优秀的工人，却有最糟糕的主管。过去，我们有200多项流程，流程虽然细化，但是线性管理是非常固定的——路径非常固定、要求非常固定。现在“去两化”之后，需要网络协同生态圈，这叫什么？叫网络协同的非线性管理。

我们怎么样战胜自我？就是把样板快速推进；怎么建立样板呢？一定是100%的增长。我们现在总体算下来没有什么增长，有的团队可以增长，有的团队不能增长。所以，现在对于我们来讲就是要加快复制。例如，怎么样使我们的车小微变成全流程最佳体验？还有，共享经济，他们现在在投资车辆促进共享经济的内容。

王安石是北宋非常著名的改革家，最后失败了。他很有感触，改革的难题是“三不足”——“天变不足畏，祖宗不足法，人言不足恤”。什么意思？“天变不足畏”，天变了不要害怕，从传统时代变成互联网时代，一定要冲上去，如果退缩等待，那是死路一条；“祖宗不足法”，现在我们用的是传统时代的管理模式和思想，还是亚当·斯密的细分化，还是泰勒的动作研究、流水线……这套已经没用了，不能停留在原来的经典上，要创新；“人言不足恤”，一定要认真干，人肯定会说三道四。河水可能会经过千山万壑，但最终一定会奔向大海。互联网的大潮一定会成功，我们只有跟上它奋勇前进！

（作者系海尔集团董事局主席，本文为作者在“协调共享共创共赢——人单合一双赢模式探索10周年暨第二届海尔商业模式创新全球论坛”上的发言）

# 企业如何应对大数据的挑战

周　涛

我们是人类历史上最幸运的一代人，在我的人生中完全经历了一次技术革命带来的深刻而不可逆的变化。1994年，也就是20年前，中国互联网中网才刚刚开通，2000年左右一些邮件和网络服务才正式进入公众，短短20年互联网带给我们社会经济的变化可想而知。而如果回到300多年前，假设在座的某一位见证了蒸汽机，进入了第一次工业革命的开始，那么很遗憾的是，在他去世的时候，依然是一个马车的世界。今天我们站在一个科技革命，或者可以说是互联网与信息产业革命的巅峰时期。我们怎么样用数据分析计算的结果为企业进行服务？怎么看待由云计算和大数据共同带来的一次新的革命？

大数据这个词很大，甚至可以说有一些过热。但是这个大的概念不是一蹴而就的，它实际是有三股大的驱动力量，分别给我们带来了三个挑战。

第一，是数据总量的变化。我们现在一天所产生的数据量相当于从前两百年产生数据的总和。我们每天在亚马逊上看到很多书，这就给我们带来了第一个大的挑战，也是第一个大的矛盾，就是我们可以获取的数据量飞速上升与我们普通人分辨甄别数据之间的矛盾。要解决这个矛盾就需要企业找到规模化自动化的办法，把用户需要的东西推送到用户面前。

第二，数据形态发生了很大的变化。以前我们擅长处理的数据，比如企业管员工，有人力资源表格，知道姓名、性别、年龄、毕业院校、工作年限、工资、职级等等。有这样一张表格，我们就能找到不同变量之间的关联，甚至可以进行短期的预测。但是现在我们面前的数据不再是表格、结构化的数据，而是非结构化的数据，比如语音、视频、人与人之间的社交网络、遥感数据，等等。怎么挖掘分析数据，甚至找到好的方法把它变成适合我们处理的表格化形态，这是我们遇到的第二个大的挑战。

第三，数据外部形态发生了变化。以前的数据绝大部分是以孤岛的形式存在的，某企业可能有微信数据，某企业可能有微博数据，某企业有构图数据。但是现在，通过一些资本、产品、商业模式，甚至是技术手段，我们可以把这些数据打通。换句话说，我可以知道一个在微博上某个账号的人，就是在互联网上买了东西的那个人，他的微信是多少？开什么样的车可能我也知道。同样的道理，比如望江宾馆这个地方，从在成都的智慧城市网络中有对望江宾馆的描述。那么拿着手机，我通过GPS能读到这个手机进入过这个地方，等等数据又围绕地点流动起来。现在围绕一个人、一个地点、一个产品，有各种不同方向的数据，它互相可以共融，这就给企业提出第三个大的挑战。有怎样的办法能够挖掘这些关联数据中更深层次的价值，获得1加1远大于2的东西。

给大家简单分享几个案例，讲讲我们怎么从某些方面来变成一个大数据的企业，或者至少能够在大数据的新的时代成为比较领先的企业。

第一，企业一定要做充分的数据化，存储你所需要存储的可能存储的一些信息。包括在生产、经营、人力资源管理中出现的一些过程数据。龙湖地产，这是一家传奇的地产公司，20年前他们在成都就做了一个很好的尝试，他们让售楼部门的同事用很简单的表格，那时候还没有Pad，就记录一下哪些人来买房，这些买房的人穿什么衣服，他们是男士来、女士来，还是一男一女一起来，有没有带老人，有没有带小孩，开什么车，问什么问题。这些简单的记录给他们后期的房地产销售提供了巨大的帮助，而20多年前做这样记录的还非常少。比如一个员工刷了门禁卡，在哪些地方活动，公司利用这些数据预测企业的员工，他未来到底有多大可能会升职，或者有多大可能离职，我们对整个组织结构可以有更好的优化方式。企业可以把这些数据存下来看作是企业的重要资产进行管理。

第二，做好大数据的顶层设计，建立数据管理平台。很多企业的同志觉得，我有一个数据中心，甚至我把这些数据托管到电信或者万博数据等企业，我就是有大数据了。其实不然，光有数据中心仅仅是解决一个数据存储计算的基本要求。企业要真正变成大数据的企业，首先你要明白存什么数据，怎么存？怎么进行安全和隐私的管理。很多大企业，各部门都产生了大量的数据，但是这些数据跨部门使用时，在企业内部都非常困难，因为不同部门有不同的标准，企业对整个数据进行一体化管理的时候，往往就会在安全隐私以及分权限管理上出现问题，所以企业一定要想清楚你要存哪些数据，要建立全企业统一的数据分类分级的管理模式，把它按照安全、隐私和价值进行分割，还要建立全企业统一的IP系统，使得各部门交换和使用数据的时候能非常顺畅。企业建立所谓的数据管理平台的时候要从业务出发，而不是简单地进行硬件的升级，实际上大数据不是重资产投入，你一定要做好存储和架构，使得这个中心是可以复制和扩展的。

第三，任何一个想成为大数据企业的都要增强自己分析数据的能力。大数据的应用人，可分三个阶段，一是有一批人能处理语音、图像、视频、网络轨迹这样的数据。二是培养分析和预测能力，绝大部分大数据创新型运用都来源于更深入的分析和预测，尤其是以机器学习为引导的预测。第三才是我们讲的更高效的计算能力，它主要包括，高性能计算机怎么用，云计算怎么用，还有混搭的计算结构，四是硬件怎么刻蚀。在座的很多企业，有的企业很大，比如说成飞，这些企业也很难变成真正的大数据企业，因为要培养这样一支队伍不容易。我给大家的建议是要培养这样的队伍不一定要把自己的大数据业务都分包到IBM、英特尔等这些企业做完全外包，你们将来要从事一些大数据方面的合作的时候可以找这些企业，但是一定要你们的人放到项目里边去，通过一些项目带动你们自己人员的培养。

讲了这么多，什么叫分析？给大家举一个具体的例子。我们最近和中国银联合作了一件事情，就是怎么在上百万的Pose机里面，几百亿交易记录中抓数据。中国一个月要刷上千亿的钱，每个Pose机都有一个主营业务代码，不同的代码费率不一样。比如KTV、桑拿是1.38%，百货商店是0.78%，报刊报亭是0.38%，很多不法商家把自己的主营号码改成另外一个，比如我是KTV，我改成百货商店，这样就会给国家带来很大的损失。我们怎么在几百亿交易中找出来？绝大部分商家还是守法的，所以针对每个大的行业，能够去看这个行业中的企业，把所有行业的企业累加起来，这样看一天24小时的销售情况的占比，比如早上8点销售占一天销售的多少，下面就把这个问题展开成三个层次。第一个层次最简单，就是看这个企业单日销售量有没有异常。如果自家一楼开一个百货商店铺，每天卖几百1000多块钱，刷卡卖这么多。但是如果是大商场，屈臣氏一天可以销售10万，幅度非常大，这时候怎么办，我们看分布形态。百货商店早上七八点销售上来，小高峰是节假日购物，晚上9点以后销售就下来，是这样的中型曲线。桑拿洗浴，80%的消费都集中在晚上10点到凌晨1点半，这三个半小时。我们发现很多打着百货商店牌子的 Pose 机他的消费却像桑拿按摩企业，这就可以证明它是套用的。比如乡镇加油站，也是 24 小时可以加油，也是七、八点高峰，晚上九、十点钟又下来，和百货商店差不多。这就是一定要强调分析能力。

第四，提升企业外部数据储备和外部创新能力。我们和几大银行合作，其中包括四川本地的银行，我们通过扒取大量电商的数据，首先是能了解整个行业的发展，还能了解具体的电商在这个行业中的位置，以及这个电商有多少好评、中评、差评，它的进销存情况，它的客户还买过其他什么东西。通过这个能给一家电商进行评价，了解他需不需要经费，他的还款能力。我们把这些数据进行铺存，如果没有数据铺垫想用就很难。有一些外部的数据，包括企业的内部数据，我们就要思考一个问题，能不能把我们自己的数据拿出去解决其他问题，或者把外面数据拿进来解决自己的问题。比如谷歌利用搜索数据能预测传染病的流行。表面上看起来这些数据没有什么用，但是我们发现它有很强的外部创新能力，我们发现在教学楼打水的次数和一个人的学习成绩是非常相关的，打水少的不知道他成绩好坏，但是打水多的一定成绩很好。发现好学生生活很有规律，差学生一般早上不出寝室，下午也不出寝室，运用这些数据我们就能够做一些提前的预警。比如这学期，辅导员观察打水的记录，我们有一套系统自动找出学生出现哪些异常行为，比如以前在学校教学楼喝水的，现在不喝的，等等，很多同学有打游戏的毛病，一个学生从成绩好变成多科不及格，至少一年多他在吃老本，经常打游戏，经常不去教学楼。发现这些变化，我们和很多同学进行了谈话，悬崖勒马，使得很多以后多科不及格的得到救治。这说明一个数据，表面是你进图书馆、进寝室、打水的记录，好像和学业没有关系，但是通过外部创新能找到相关性。

我们面对的是一个时代的变化，现在谷歌在全美的广告收入超过一切媒体的总和。所以我给大家的第一个建议是千万不要去做一个时代的阻挡者，《时代周刊》以前是第一媒体，现在要倒闭了。如果你要阻挡互联网大数据时代的到来，那你就会成为旧时代的关门人。第二个建议是，一切大的概念背后都有泡沫。面对大数据这个宏大概念，希望大家保持企业家特有的冷静和兴奋，既要兴奋拥抱它，又要冷静，分清楚它的理念和内涵，可以拓展大的拓展它，可以应用的地方应用它，在不能拓展的地方一定要停下来。

（作者系电子科技大学互联网科学中心主任、教授，本文为作者在“中外企业文化 2014 成都峰会”上的发言）

# 企业家谈企业文化

## 没有成功的企业　只有时代的企业

张瑞敏

清华大学希望我讲企业文化和企业精神方面的体会，我把我的体会凝练成一句话：“没有成功的企业，只有时代的企业”。

一方面，从企业的角度，我认为企业不应该有成功的概念。在海尔词典里没有“成功”二字。如果有人认为你成功了，只不过是你踏准了时代的节拍而已。但是时代不断发展，没有任何企业可以永远踏准时代节拍。因为我们是人不是神，很难预测时代的变化。因此，只有不断地了解外界发生的变化，不断改变自己。

另一方面，今天虽然讲企业，但推而广之，不管是小到个人、团体，还是大到国家，都要踏准时代节拍。去年我在香港科技大学讲这个观点以后，香港科技大学校长当场就说：学校也是一样，应该是“没有成功的大学，只有时代的大学”。国家也是如此，如孙中山先生所说：时代潮流浩浩荡荡，顺势者昌，逆势者亡。所有一切都要顺应时代的潮流。

### 一、变中求胜是企业永恒的主题

**（一）变是常态。**

1985年的海尔没有资金，只能自己动手拆掉房子来盖新厂房，好引进国外生产线。当时海尔是个集体所有制小厂，800多人，年销售收入只有348万，已经资不抵债、濒临倒闭。1984年年底，我到工厂时，大部分人想离开，因为开工资很困难。我当时最主要的任务是借钱开工资。

在当时的家电企业里，海尔是最弱小的，但是今天发展起来了。很多实力比我们强的企业，后来见不着或者破产了，很重要的原因是他们没有踏上时代的节拍。

企业是时代变迁的产物，没有改革开放，就没有张瑞敏，我主要是抓住了改革开放的时机。时代在变迁，市场在变化，企业要不断地求变，不断地改变自己。海尔近30年的发展历程，见证了这一点。

时代变迁速度与企业寿命是强相关关系。时代发展缓慢，企业寿命就长；时代变化快，企业寿命就短。美国的资料显示，1937年时美国企业平均寿命是75年，很长，因为那时时代发展还比较慢，市场变化不是很剧烈。现在，美国自己公布的企业平均寿命缩短到了15年。而中国民营企业的平均寿命只有2.75年。这反映了时代的变迁，也反映了中国市场无序竞争激烈，造成企业寿命较短。

到互联网时代，变化更快了，而且非常剧烈。今年《哈佛商业评论》第3期里有一张插图，叫“大爆炸式颠覆来袭”。意思是说，互联网时代竞争更加激烈，很多企业本来做得非常好，但一步踏不上时代节拍就万劫不复，轰然倒塌，就像那幢大楼一样。

很现实的案例就是手机的发展，可以把那幢轰然倒塌的大楼比作摩托罗拉，原本是手机行业的老大。后面那幢屹立的大楼可以比作诺基亚，但是诺基亚没多久也倒了。再屹立起来的大楼是苹果。轰然倒塌的原因不是他们不努力，也不是他们的资产、技术没有去投入，重要的原因是时代变了。摩托罗拉代表的是模拟技术时代，那个时代谁也赶不上它。但诺基亚还没有把位置坐稳，苹果就上来了，因为苹果是云计算的终端，它把手机和互联网连在一起，进入了互联网时代。下一步谁会替代苹果？很难说，要看苹果自己怎么适应一个新时代。

**（二）以变制变，变中求胜。**

时代变化带来非常大的威胁，也带来非常大的机遇，所以企业要以变制变，变中求胜。一个记者曾问过我：“是不是企业应该做百年老店？”我说百年老店其实就是在自杀重生和自杀出局中做一个抉择：要么提前自杀，涅槃重生；要不自杀还不自觉，然后被淘汰出局，想要定一个百年战略然后就这么走下去是不可能的。所谓百年老店，就是不断涅槃的结果。

有两个例子可以说明。

一是杜邦。杜邦是世界非常大的化工企业，有200的多年的历史。它起家时做火药，做了100年。后来它改做化工材料、做医药，又做了100年，成为全世界该领域的领军企业。现在，它又转向做现代科技企业。它这是在不断地自杀，但又是不断地涅槃和重生。

另一个例子是IBM。IBM原来做硬件，后来改做服务，现在改做软件。它的CEO郭士纳有一本很有名的书叫《谁说大象不能跳舞》。前年我在美国见过他，和他讨论过一些商业模式变革的问题。他到IBM时，IBM已经有很多解决方案，大家比较认可的是把IBM拆分，认为不管怎样这个大企业不可能再复生了。郭士纳去了以后做了很多工作，最重要的就是改变了一种观念。他去之后，做的第一件事就是：员工来向他汇报，用了PPT，郭士纳说“停止”，谁都不准用PPT，而是自己来说清楚。郭士纳把大家的观念改变之后使IBM重生了。

也有没能走过这个坎的企业，比如柯达。柯达也有100多年历史，是世界胶卷业的老大，但最后被数码时代打败了。表面看，它是被数码时代抛弃了，但本质上是自杀，是自己把自己淘汰了。它是第一批数码产品生产企业，但没有做起来，没有认识到时代的变化。所以，是柯达自己把自己自杀出局了。

每个企业都面临着这个抉择，是自杀重生，还是自杀出局？美国有一句话说：你要么是破坏者，要么是被破坏者。所谓破坏者就是破坏性创新，引导一个行业；所谓被破坏者，就是被创新破坏，淘汰出局。

要做破坏者有一个很重要的观念，就是“没有成功的企业，只有时代的企业”。坚持这个观念，关键是一定要不断战胜自我。古希腊哲学家赫拉克利特有一句非常有名的话：“人不能两次踏进同一条河流”。意思是，当你再踏进一条河时，虽然还是在原来的地方踏进去，但河已经不是原来那条河了，因为新的水流过你身边。如果把这条河比作时代，流过的水就是时光，一旦流过去就一去不复返，所以必须抓住新的时机。

## 二、海尔五个战略阶段的转型

海尔一共经历了五个战略阶段，前四个阶段每个都经历了七年时间。第一阶段叫名牌战略（1984年12月—1991年12月），然后是多元化战略（1991年12月—1998年12月）、国际化战略（1998年12月—2005年12月）、全球化品牌战略（2005年12月—2012年12月）。从2012年12月开始进入第五个战略阶段—网络化战略阶段。

**（一）名牌战略阶段：从做产品到做品牌。**

从做产品到做品牌是海尔和别的企业不同之处。当时企业做品牌的观念非常弱，因为产品供不应求——当时海尔一张冰箱票能卖到1000多块。很多企业觉得产品不愁卖，只要扩大产量就行了。当时是稀缺经济时代，只要有产品，用户就买，质量不好也没关系，因为买不到其他东西。这对当时的企业有很大的误导。但我们认为，在稀缺经济时代，用户抢购的是稀缺不是名牌。我们坚持一定要创名牌。

创名牌就要有高品质产品。而没有高品质的人就没有高品质的产品。如果当时把日本松下的设备搬来，或者让我们的人去松下干，能不能干出松下的产品质量来？肯定干不出来。大家都知道“砸冰箱”这件事。当时查出有76台冰箱不合格，有些人说处理给职工，或处理给关系户。因为那时的质量管理体系是允许出废品的，产品可以分一等品、二等品、等外品。产品出点问题大家都觉得无所谓。但我觉得一定要把这些不好的冰箱毁掉。如果不毁掉，今天76台，明天就有760台。我们毁掉的不是冰箱，而是不负责任的思想。

后来有人觉得创品牌一定要有条件。其实创品牌是没有条件要求的，因为它体现的是一种精神。

五年前，海尔进德国家电市场时，冰箱摆在商场的角落里，才卖不到300欧元。去年已经能卖到1300欧元，超过了欧洲的一些品牌。从原来不到欧洲品牌的零头，到现在可以和它媲美，只用了五年时间。德国人的产品质量并不是一开始就好。1887年，当时的德国货在国际上被认为是劣质货。英国在1887年8月23日还通过决议，要求所有从德国进口到英国的产品必须打上“德国制造”，以区别于英国造。但是过了不到10年，英国人就承认德国货全面超过英国。现在，德国货已经成为世界质量的代名词。

所以，只要有创品牌的精神就可以很快做起来，在名牌战略里最重要的就是精神和观念。如果没有这种精神，就不可能短时间内做起来，也不可能真正保持下去。

**（二）多元化战略阶段：海尔从一种产品发展到相关多元化。**

海尔从只干冰箱一种产品发展到了相关多元化，比如洗衣机、空调等产品。其间我们兼并了18家企业。那时从事兼并的企业很多。海尔的兼并比较成功，也是由于秉承了一种精神。哈佛商学院做过一个案例，叫“海尔文化激活休克鱼”，讲的就是我们兼并青岛红星电器厂。当时只派了三个人去，没有给一分钱，也没有改变原来的技术，用的还是原来的人，但很快就将它扭亏为盈。其中很重要的原因就是改变了原来的观念。

在多元化阶段，我们的目的是换取用户的多元体验。

**（三）国际化战略阶段：抓住了中国加入WTO的时机，海尔开始走出去，到国际市场上去。**

当时国内认为我们很难在国外做好。我们在美国设厂时，国内还发表了一篇文章叫《提醒张瑞敏》，意思是美国企业都到中国来设厂，你们怎么还到美国去设厂？但我们坚持要走出去。

国际上有个规律，要在母国之外创出一个品牌，至少要经过八年的赔付期。我们在美国差不多赔了这么多；在其他国家也一样。我们在东京银座做一个广告需要把几年的利润投进去，技术和前期研发的投入、市场的投入都非常大。但是我们宁愿赔上几年，也要把国际市场做起来。

很多中国企业往往不是创牌，而是出国贴牌。这样做的好处是现金流得到了，虽然利润微薄，但恒定。可是这样做不可能真正创出国际市场来，因为你的命运掌握在别人手里。最早去美国时，我们没有自己的销售渠道，就找了一个美国公司做销售，它销售得非常好，后来就跟我们谈，可以给我们更多的订单，并且可以提价，但前提是不用海尔的牌子，而用他们的品牌。我们没有答应，不管怎样我们都不可能用别人的牌子。如果当时急功近利，很可能就没有今天海尔在国际上的品牌了。

（四）全球化品牌战略阶段：全球化就是本土化。

全球化就是本土化。比如美国海尔，就是美国的品牌，即为美国人设计的品牌。

中央提出“走出去”战略。我们把这一战略分成三步：走出去，走进去，走上去。出国留学，这叫“走出去”。“走进去”相当于在当地拿到绿卡，得到人家的认同。但是“走上去”很难，就像要成为当地的议员、当地的总统，必须得到当地的品牌。这个过程中我们采取了很多措施。比如进美国市场时采取了缝隙战略，卖学生用的小冰箱。因为小冰箱一机多用，上面可以当电脑桌，非常受学生欢迎。销售得最厉害时曾一度脱销。我们从这个缝隙进去，今天已经做到主流产品。日本市场也是这样，开始根本不认中国货，我们也采取了缝隙战略，开发用现在的话说叫“剩女”用的洗衣机。类似例子很多，就是这样逐渐渗透进去，再慢慢做起来。

（五）网络化阶段：我们正在进行互联网时代的探索。

树立互联网时代的观念，就是自以为非，在网络时代不断战胜自我。自以为非就是克服认为自己成功了的观念，不断战胜自我，光今天战胜还不行，明天也要战胜。最近一期《哈佛商业评论》有一段话，是美国哥伦比亚大学商学院的教授说的，得到了国际上很多学者的认同，意思是今天的王道是永续创新，即快速建立一系列竞争优势，然后再迅速更新换代，抓住稍纵即逝的“瞬时”竞争优势。在互联网时代如果要想改变，但观念没有彻底的颠覆，是很难抓住这个机会的。

## 三、颠覆的目的是为了应对新的挑战

一个是制造流水线面对云制造的挑战；一个是市场营销面对体验经济的挑战。

（一）应对云制造的挑战。

写过《长尾理论》的美国《连线》杂志前主编克里斯·安德森写了一本书《创客：新工业革命。什么叫“创客”？书中说：不妨将新工业革命看作数字制造和个体制造的合体，看作创客运动的工业化。创客像一个蚂蚁工厂，通过互联网，采用数字制造、开源的软硬件、3D 打印等进行生产。一个个创客可以成为数百万个自制的生产节点，而不是原来大的流水线。“创客”运动的工业化是说，虽然一个个创客很小，但是连在一起很大。

现在对 3D 打印有很多不同认识，但不管怎样它是发展的方向，是云制造的催化剂。美国有一个教授写了一本书《3D 打印：从想象到现实，请我写推荐序。我写的是：3D 打印对现有企业而言，要么是天使，要么是魔鬼。如果利用得好，对你就是天使；利用的不好对你就是魔鬼。我们无法预测它的发展方向，将来是不是会发展成像电商颠覆传统商店一样颠覆现有企业，这很难说。

但不管怎样，现在要应对它、应对云制造。我们现在做了很多小微公司，员工是接口人，就是想在这个方向上进行探索。

（二）应对体验经济的挑战。

体验经济是什么？《体验经济》一书的作者写道：营造体验的目的不是要娱乐顾客，而是要吸引他们参与。现在提到体验经济，有些厂家就说，我建一个体验店让用户来体验。——体验经济不是这个概念，它是让用户参与，参与到产品的设计、营销中来。这对中国是一个很大的挑战，但也是个机遇。

从全世界的发展来看，两千年的农业经济中国是头儿，但是二百年的工业经济，发源是英国，后来美国是老大。上世纪 90 年代，世界进入了服务经济。工业经济中国没赶上，到 90 年代服务经济中国还是没赶上。因为服务经济的基础是工业经济。

今天是体验经济，体验经济和原来最大的不同是：体验经济是用网络做基础。这是对全世界所有企业很大的挑战，也是很大的机遇，中国企业应该在互联网时代抓住这个机遇。

（三）建立一个使探索持续发展机制。

建立一个什么机制使这些探索不是一阵风，不是过山车式的，而是持续发展、持续前进的呢？被称为“机制设计理论之父”的美国诺贝尔奖获得者哈维茨说：好的机制有两个特点：参与约束和激励相容约束。机制使人不是被迫地，而是很愿意很高兴地主动来参与，这就是“参与约束”。每个人都想要个人利益的最大化，把公司、集体利益的最大化和个人利益的最大化连在一起，也就是在实现公司利益最大化的前提下实现个人利益的最大化，这就是“激励相容约束”。

我认为中国改革开放以来，最符合这个机制标准的就是联产承包责任制。人民公社的时候机制没有“参与约束”，你让他下地他都不愿意下，因为那时没有“激励相容约束”。但是联产承包责任制时你不要求他下地他都下地了，因为这时有了“激励相容约束”：先国家，后集体，剩下是自己的。海尔“人单合一双赢模式”基本是按这个思路来做的。

机制也是检验模式是不是可以持续发展、持续优化的重要标志。老子两千多年前就在《道德经》中提出：“太上，不知有之”。“太上”即最高领导，做到的最高境界是部下不知道他的存在，因为已经有一套机制在运转了，无为而治。后面是“其次，亲而誉之”，部下跟你很亲近很亲热，一直在美誉你。很多领导把这作为最高境界，其实这是第二等。第三等是“畏之”，部下见了你连话都不敢说，那就不是一个好领导。最差的就是“侮之”，部下骂你。

## 四、“海尔再造”目标的三个“无”

（一）企业无边界。

传统企业一定有边界，获得诺贝尔奖的科斯提出科斯定律，意思是根据交易成本和费用之间的比较来确定企业的边界。如果自己做比别人做还贵，就不要自己做；如果自己做比别人做便宜，就要扩大边界，扩大企业。总之，要做到交易成本的最小化。

但在互联网时代，美国的乔伊有个乔伊法则，他对科斯定律提出了质疑，认为交易成本最小化是对的，但是很难做到。因为要做到交易成本最小化，如果只用公司内部的人，而他又没这个能力，那么交易成本永远下不去，所以一定要开放。

企业为什么无边界？为什么要进入互联网？其实互联网就是无边界的企业。比如现在的众包模式、跨界管理等。沃尔玛有个众包式，到实体店买货的人可以在回家的路上给网购的人捎带货物，沃尔玛对捎待货物的人支付一部分费用。还有研发的众包，如宝洁有9000名研发人员，但它在全世界整合研发力量，让这些力量参与出主意、提设计方案。这样，研发力量就达到180万人。9000比180万，比例是1：200，也就是公司里的一个研发人员，外面可能有200个研发资源。

所以互联网时代企业一定要没有边界，如果如乔伊法则所说，最聪明的人都不在为你工作，何不利用网络让最聪明的人为你工作呢？《维基经济学》里有一章是“世界就是你的研发部”，意思是如果你想获得他们的力量，只需点一下鼠标而已。

海尔现在探索的是按单聚散的人力资源平台。意思是：定了一个项目、一个目标，谁能实现都可以来竞争。完成之后这些人就散了，下一个单不一定是原来这些人，会再有新的人来竞标。

我们已经做了一些实验，难度很大，但这是互联网时代的一个趋势。

**（二）管理无领导。**

原来的管理一定要有一个领导，像马克斯·韦伯提出的科层制一样，每一层都有领导，由领导来指挥。互联网时代的管理没有领导了，因为在网上是用户领导企业，不是原来的管理者领导企业。

海尔目前的探索是自治的小微公司。海尔现在8万人，变成了2000个自主经营体。这些自主经营体相当于小微公司，在市场上自驱动、自创新。国外的媒体对此也很感兴趣，最近一期的《福布斯》中文版封面文章就写的海尔，题目是：《张瑞敏消灭中层》。其实我们不是消灭中层，而是把企业组织彻底扁平。扁平化之后，不会再有这么多的领导，而是都在一个平台上了。

**（三）供应链无尺度。**

供应链原来是有尺度的，大规模制造一定有尺度，因为如果不够一定的数量是不可能为你生产的。批发就是这种概念。但是互联网时代用户把这个尺度颠覆了，因为用户要的是个性化定制。供应链无尺度包括按需设计、按需制造、按需配送，用户要一台也能给他做。

个性化制造分两种：一种是模块化制造，模块可以搭配出很多不同的产品。就像搭积木一样搭配出无数东西来。另一种是纯粹的个性化定制，这个现在实现确实很难，但是3D打印可能会推进它的实现。

## 五、时代性和国际性是商业模式的试金石

怎么看商业模式是不是有效？从它的时代性和国际性来检测。

**（一）模式的时代性应该有两个标准：既具有前沿颠覆性，又具有可操作性。**

这两者结合起来挺难。前年我到美国旧金山和现代战略管理大师加里·哈默谈过海尔的创新，当时他觉得不太可能。他说，他在全世界专门研究符合互联网时代发展方向的问题，跑了很多企业，大家都在探索，但是像海尔这样几万人的企业做这方面探索的还没有。海尔这么做可能会把自己颠覆掉。但是今年，他来到海尔做了一个演讲，说他看了海尔的做法觉得很有信心，也很有希望，觉得这个方向是对的，他说，现代机构建立的初衷，不是为了时代的发展，而是为了纪律和效率，而纪律和效率是不是符合这个时代就没人管了。正因为有这个初衷，加里·哈默认为要变革很难。他有句话说得非常形象，要让大公司改变就像让小狗治理走路一样困难。

**（二）对传统财务报表的颠覆。**

西方的财务报表就是三张表，资产负债表、现金流量表和损益表。中国企业现在都用这三张表。我们做了一个战略损益表，西方的三张表和海尔的战略损益表最大的不同是：

西方的三张表只能告诉你是什么，但是告诉不了为什么，也不告诉不了做什么。比如，资产负债表，告诉你有多少资产，但资产怎么增值的却不知道；损益表能告诉今年的利润是多是少，但怎么增加利润的却不知道。

战略损益表主要是三个象限：

第一象限是用户资源。用户资源是为了解决传统报表只计算销售额和利润的问题，其实销售额和利润是靠创造用户价值来的。我们在用户资源这一象限里告诉员工怎么去创造用户价值，这就抓住了销售额和利润持续增长的根本。

第二象限是预实零差。西方报表里每个月都会有经济活动分析会来分析报表的差距。但这个差距是事后的，只能说下个月再怎么办。我们的预实零差是事前有预案，可以到人到日，这样前面定下来的有竞争力的目标才能真正落实。

最后一个象限是闭环优化（人单酬）。一般企业给员工的工资是职务酬，在哪个岗位、哪个层级就给什么样的薪酬，基本是固定薪酬。我们员工的工资是人单酬，员工创造的用户价值最终决定员工的薪酬，而且是动态的。这仍在探索中，要把原来的工资体系完全打破。

战略损益表三个象限之间是逻辑递进的关系。第一象限一定要有用户资源，只要有了用户资源，就有报表上的数据；怎么才能有用户资源，就是第二象限说的人力资源，得有优秀的人来承接目标，才能创造用户资源；承接之后要每天落地，落不了地还是空谈；最后形成“人单自推动”，由更好的人创造更好的单，拿更高的酬，再吸引更好的人。

总结起来就是，西方的财务报表是以关注表内资产合规为标准，海尔的战略损益表是关注表外资产即人力资源，并以超值为标准。美国管理会计师协会说，海尔的战略损益

表最大的好处就是关注了表外资产，表外资产即人力资源和无形资产。他们说原来全世界都学习美国的管理会计法规，现在美国管理会计也走不下去了，他们认为海尔的探索可能是一个更好的方向。

任何企业的会计就是两类：一类是财务会计，一类是管理会计，管理会计更重要。财务会计也叫报表会计，是过去时的会计；管理会计是决策会计，是规划未来的会计。我们的探索是用战略损益表把管理会计的职能彻底从以报表合规为中心变成以创造用户价值为中心。

传统报表有两个原则：第一个原则是实现原则；第二个原则是配比原则。所谓实现原则，也叫权责发生制，意思是物权转移了企业就没事了。比如销售一个产品，产品到了商场，商场开了发票，不过没有卖出去，商场也没有给企业钱，但在销售上已经发生物权的转移了，企业就可以记利润了。

我们把它改为用户体验交互制，不是管到产品卖给商场就完了，而是管到最后用户使用的体验，用户使用不满意，最后还是要追究到自己。

大企业所有的资产员工可以无偿占用，但现在海尔把员工所用的资产变成负债。比如要销售 100 万的货，这 100 万就记为员工的负债。卖不出去，这位员工的财务报表就亏损。这样做一下子就不一样了：不是拿着公家的钱办公家的事，而是拿着自己的钱办公家的事。

**（三）对契约关系的颠覆。**

美国沃顿商学院对我们的模式非常感兴趣，跟踪研究了很多年。去年他们的教授来海尔时说，你们做的很有突破性，如果你把这套拿到美国去讲，美国企业能不能接受？

其实我们这套可能比美国企业的更好一点。美国企业执行的契约是委托代理激励契约，委托人是股东，代理人是职业经理，委托拿着期权来换代理人的利润。利润出来之后可以使股票上去，股票上去后期权才能变现，才能增值。这种契约关系有两个很大的问题：第一，它只对着少数人；第二，它很容易造成欺骗。利润没有产生，如果公布出去股票就会下来，期权就变现不了，所以就造假。股票上去了，期权也变现了，剩下的就不管了。华尔街很多丑闻就是这么出来的。

海尔的人单合一是全员契约，是一个体系，体现在这个两维点阵图中。横轴，各个企业都是这么做的，看是否达到行业平均水平？达到了多少企业就给你多少薪酬。我们还要看纵轴，纵轴主要是创造用户资源。举个例子，在某个地区你销售的产品已经是地区第一人了，但我要看你的纵轴，看你的用户资源是多少，你卖出去了 100 万台，你的用户档案是多少，用户信息是多少，如果都没有，那就不是第一。纵轴是零，交叉完以后就是零。这一方面防止了急功近利，也防止了很多企业一看销售不好就采取很多措施，给企业带来很多问题。

纵横轴两者是一个因果关系。中间有条线我们叫 360 度用户评价，或者叫用户直接评价。过去，国际化大公司推荐他们的一个管理办法，叫 360 度评价，上级、下级、前后左右同事都对你评价。这个办法到中国完全失效，我给你说好话，说完以后大家都很好，企业完蛋了。海尔是让用户来评价。举个配送方面的例子。过去我们有一个考核体系，就是评分，送到什么程度得多少分，非常复杂。现在用户直接评价，我们承诺给用户按约送到，超时免单。如果超时了，这笔单就不要钱。给用户免单，不是企业掏钱，而是这个体系中谁的责任谁来负，这一下就把整个体系逼起来了。

**（四）对人事管理的颠覆。**

我们曾经用了一套 IBM 做的“选育用留”体系，选人、育人、用人、留人，很复杂，但是和互联网时代不符合。

我们在“维基经济学”观念下的人事管理，简单地说就是“在线”而非“在册”员工。过去，在册员工几万人、几千人；现在可能是在册人不多，但这些人都是接口人，都是创业人，他们可以接进来很多资源。比如我们家电的研发，有 1150 个接口人，他们接口外部的资源。比较紧密的一层，他们接进了 5 万多研发资源，主要是合作方，比如宝钢。宝钢在海尔专门有一个研发队伍，他们不是来卖钢料的，而是卖服务，参与海尔的前端设计。再往外一圈是比较松散的 120 万研发资源，海尔的问题他们都可以参与解决。这样，人事管理就变了，不是管理在册多少员工干多少事，而是在册员工能够整合多少更好的人力资源，也就是在册员工能产生乘数效应，吸引更多的在线员工。

**（五）模式的国际性是要看不同的文化能不能接受这个模式。**

去年海尔收购了三洋的白色家电。它原来经营得不好，很多亏损，我们接手之后 8 个月就止亏。重要的原因就是我们用了人单合一双赢模式。

日本企业文化是东亚文化，脱胎于中国的儒家文化。东亚文化简单说就是 4 个字：“唯尊是从”，谁是尊者、谁是领导就听谁的。日本人的服从精神中国人比不了。如果领导说要干什么，他晚上不睡觉也一定要干成。这个文化有两方面支撑，一是团队精神，二是年功序列工资。团队精神体现在不管做什么都是大家共同的责任，共同去努力。年功序列工资体现在公司的终身员工一定要把工作做好。

很有意思的是，二战以后，麦克阿瑟作为占领军总司令说过很有名的一句话，就是“日本有全世界最优秀的士兵，有全世界最糟糕的将军”。后来法国雷诺的戈恩兼并日产之后也说过同样的话，说“日本有全世界最优秀的员工，有全世界最糟糕的管理者”。

这种文化造成的员工无条件服从，有时好比是在为一个错误问题找正确答案，因为领导告诉你的并不一定是用户要的。所以我们把“唯尊是从”改成“唯用户是从”，员工一定要按照用户的要求做。

刚开始很麻烦，因为日本的薪酬制度是根据这个文化定的。每年 12 个月工资，只要你服从领导，按照领导的要求去做，最后再加 4 个月的工资作为奖金，一年的生活也是按照 16 个月的工资来安排。我们做人单合一在不违反日本法律的前提下，可能最低支付你12个月工资，但如果你做得更好，甚至可以拿到超过16个月的工资。我们做了很多工作，我们派去日本的经理，他的太太是日本人，所以他具备两种优势：既了解海尔文化又了解日本文化。文化的磨合很艰苦，但很重要。在其它地方，比如美国、欧洲、南亚、非洲等很多地方，我们也是根据不同的文化来融合他们。

为什么“人单合一双赢文化”能够比较好地融合？德国哲学家康德说：人是目的，不是工具。无论是谁，在任何时候都不应该把自己和他人当作工具，而应该永远看作目的。现代企业不管中国企业还是外国企业，很多时候往往把人当做工具，把人变成机器的附庸或者某个上级的附庸。把人看做目的，就要给他充分发挥才能的空间。

### 六、海尔取得的初步成果

从外界来看，海尔荣居全球最具创新力企业第八位，是中国唯一入选前10的企业，是全世界消费及零售领域唯一进入前10的企业。这个榜单中，进到前10的基本都是互联网企业，比如谷歌、苹果等。为什么海尔入选？组委会看中了海尔在互联网时代的商业模式创新。在家电行业里，海尔连续4年被评为全球大型家电第一品牌。原来的第一是美国的惠而浦，现在，LG第二，惠而浦第三。

从财务指标来看，我们从２００７年加快了再造的步伐，加快了商业模式探索的步伐。这六年海尔的利润复合增长率达到３５％，这个增长是比较稳也比较快的。这六年中，利润增幅最低没有低于２０％，最高达到７０％。因为我们变成了“小微企业”，变成了利益共同体，每个单位都为利益服务；每个人的工资、收入都跟用户连在一起了。这不是搞一个运动就能解决的。

另一个很重要的数据是现金流。海尔的CCC（营运资金周转天数）做到了负10天。一般企业这个数字都比较高，海尔以前曾是正的30天。这个指标全世界做得最好的是戴尔，它最兴盛的时候只有负37天，不过现在也不行了。

成果还体现在应收账款和库存指标上。海尔的应收账款是6天，库存周转天数是5天。海尔执行零库存，用户要能马上送到；用户不要也不能有库存。当时很多一线销售人员不理解，认为张总高高在上，不了解一线情况，别说零库存了，就是把货摆在这里让客户来挑人家也不一定挑走，怎么可能零库存？如果零库存，那么销售额就没有了。我说，如果真的到零了就重新开始。其实销售没有降到零，下降了3个月就起来了。

零库存的本质不是不要库存，而是要倒逼企业内部的体系。零库存不只是销售的问题，也包括设计、制造、配送的问题。如果有库存，就倒逼回这些流程节点。

应收和库存是很重要的两个指标，搞不好经济危机一来，企业很容易资金链断裂。经济好的时候，产品可以堆在库里慢慢卖，应收可以先记着。经济一旦不好，库存卖不出去就只能降价，降价就没利润，应收收不回来，就变成呆账、坏账。

最后，我用《新约·马太福音》上的一段话来结束今天的演讲：“你们要进窄门，因为引到毁坏的那门宽、那路阔，进去的人也多，引到永生的那门窄、那路狭，找到的人也少。”海尔的探索就是在进窄门，虽然非常艰难但也要进，因为窄门是通向永生之门。

*（作者系海尔集团董事局主席，本文为作者在“清华大学研修班青岛高端论坛”上的演讲）*

## 美国的创新基因与我们的学习态度

任正非

### 前赴后继的创新精神与浪起云涌的创新机制

我很多次去过美国，美国人民的创新机制与创新精神留给我很深的印象。他们连玩也大胆去创新，一代一代人的熏陶、传递，一批又一批的移民又带来了不同文化的冲击、平衡与优化，构成了美国的创新文化。

越来越多的科技英雄的涌现与消亡，都对推动美国的科技进步作出了贡献。美国占据了世界60%的电子市场，我们不能不对那些在信息潮流中不断昙花一现的英雄，给予崇高的敬仰。信息潮的变幻莫测，快速的演变，使一批一批的大企业陷入困境，以致消亡；一批一批的小企业，成长为撑天大树，大树又遭雷劈。不断的生，不断的亡，这是信息产业的特点。华为由于幼稚不幸进入了信息产业，后退就是死亡，被逼上了不归路，创业者及继承者都在销蚀健康，为企业生存与发展而顽强奋斗。

纵观美国信息产业的兴亡史，令人胆颤心惊。五百年春秋战国如果缩到一天内进行，谁是英雄？巨大的信息潮，潮起潮落，随着网络技术与处理技术的进步，新陈代谢的速度会越来越快。因此很难再有盖棺论定的英雄，任何过路的豪杰都会对信息业的发展给以推动。我们应尊重他们，学习他们，批判地继承他们。

IBM是昔日信息世界的巨无霸，却让一些小公司“作弄”得几乎无法生存，以至1992年差点解体。为了解除困境，励精图治，IBM重新走上改革之路，同时付出了巨大的代价。曾经受联合国工作人员致敬的王安公司，从年销售35亿美元，已经消失得无影无踪了。创立个人电脑的苹果公司，几经风雨飘摇，我们还能否吃到下世纪的苹果？再这么发展下去，发展中国家还有多少人敢进入信息产业。美国在这种创新机制推动下，风起云涌、层出不穷的高科技企业叱咤风云，企业不论谁死谁亡，都是在美国的土地上，资产与人才仍然在美国，破产只是拴住了法人，员工又可投入新的奋斗。这种从国家立场上来讲的宏观力量，永恒地代表美国的综合国力。由于信息产业的进步与多变，必须规模化，才能缩短新产品的投入时间，而几万人的公司又易官僚化。美国在科技管理上的先进也是逼出来的。发展中国家无论从人力、物力以及风险投资的心理素质来说，都难以胜任。如果发展中国家不敢投入信息产业的奋斗，并逐步转换成实力，那么美国的市场占有率就将从60%提升到70%、80%……它占得越多，你就越没有希望。

推动技术进步的市场需求已经启动，世界近二十年来，人民生活有了较大的改善，人们从温饱开始寻求知识、信息、文化方面的享受，从而使电子技术得以迅猛发展。得到巨额利润润滑的信息产业，以更大的投入引导人们走向新的消费。这种流动使所有产业都得到润滑，互相促进了发展。

例如：中国的农民主要是缺少教育，文化低，不会种地。如果电子业向他们提供充足、理想的网络服务。通过网络，使他们得到各种培训与商业交流（例如：养牛、种地，假设有数十万种……）使九亿农民的素质提高，劳动力获得解放。一是种好现在的地，并进行产品的深度加工，大幅度地提高农产品的附加价值；二是多余的劳动力及资金找不到出路就会去开发荒山，绿化荒山。绿化的荒山提高了人的生存质量，人们又要向更高层次进取。那时中国大量过剩的优质劳动力在相当长的时期内，仍然比较便宜，中国在加工业上会永远有较强的国际竞争力。只要在自主开发上逐步努力提高，中国有望进入经济大国的地位。所以科教兴国是中国走向富强的必由之路，只有坚持“提高全民族文化素质”，中国才会有希望。

中国自己有庞大的市场需求，中国历史上也有冒险家，党的十五大的开放政策比较好，中国应该产生一些敢于在高科技中有所作为的公司和时代的弄潮儿，联想、北大方正……不是已经启动了吗？我们并不孤单。

### 优良的企业管理

IBM的副总裁送了我一本书，是哈佛大学出版的，对大项目的管理非常有道理。我们在IBM整整听了一天管理介绍，对他的管理模型十分欣赏，对项目从预研到寿命终结的投资评审、综合管理、结构性项目开发、决策模型、筛选管道、异步开发、部门交叉职能分组、经理角色、资源流程管理、评分模型……从早上一直听到傍晚，听得津津有味。后来我发现朗讯也是这么管理的，都源自美国哈佛大学等著名大学的一些管理著述。圣诞节美国处处万家灯火，我们却关在硅谷的一家小旅馆里，点燃壁炉，三天没有出门，开了一个工作会议，消化了我们访问的笔记，整理出一厚叠简报准备带回国内传达。我们只有认真向这些大公司学习，才会使自己少走弯路，少交学费。IBM是付出数十亿美元代价总结出来的，他们经历的痛苦是人类的宝贵财富。

IBM作为巨无霸一直处在优越的产业地位，由于个人电脑及网络技术的发展，严重的打击了他赖以生存的大型机市场。80年代初期IBM处在盈利的顶峰，股票市值超过前西德股票之和。也成为世界上有史以来盈利最大的公司。经过十三年后，它发现自己危机重重，才痛下决心，实行改革，在1992年开始大裁员，从41万人裁到现在的26万人。付出了80亿美元的行政改革费用。由于长期处于胜利状态，造成的冗员、官僚主义，使之困难重重。聪明人十分多，主意十分多，产品线又多又长，集中不了投资优势。又以年度作计划，反应速度不快。管理的混乱，几乎令IBM解体。华为会不会盲目乐观，也导致困难重重呢？这是我们访美的目的。

1993年年初，当郭士纳出任IBM总裁时，提出了四项主张：一是保持技术领先；二是以客户的价值观为导向，按对象组建营销部门，针对不同行业提供全套解决方案；三是强化服务、追求客户满意度；四是集中精力在网络类电子商务产品上发挥IBM的规模优势。第4条是针对1992年IBM所面临着解体为7个公司的情况而说的。规模是优势，规模优势的基础是管理。历时5年IBM裁减了15万职工（其中因裁员方法的不当，也裁走了不少优秀的人才）。销售额增长了100亿，达750亿美元，股票市值增长了4倍。

听了一天的管理介绍，我们对IBM这样的大公司，管理制度的规范、灵活、响应速度不慢有了新的认识。对这样一个庞然大物的有效管理有了了解。对我们的成长少走弯路，有了新的启发。华为的官僚化虽还不重，但是苗头已经不少。企业缩小规模就会失去竞争力，扩大规模，不能有效管理，又面临死亡，管理是内部因素，是可以努力的。规模小，面对的都是外部因素，是客观规律，是难以以人的意志为转移的，它必然抗不住风暴。因此，我们只有加强管理与服务，在这条不归路上，才有生存的基础。这就是华为要走规模化、搞活内部动力机制、加强管理与服务的战略出发点。

在扩张的过程中，管理不善也是非常严重的问题，华为一直想了解世界大公司是如何管理的，有幸IBM给了我们真诚的介绍。回公司又在高层进行了两天的传达与研讨，这100多页简报激起新的改革火花。

### 机会是企业扩张的动力

IBM明确技术领先战略，贝尔实验室更是如此。所有美国高科技公司的宗旨无不如此，没有一个公司提出跟在别人后面，模仿的战略是不会长久的。

我年轻时代就十分崇拜贝尔实验室，仰慕之心超越爱情。后来有幸成了竞争对手（指部分产品领域）。今天有机会亲自访问，十分高兴。

我首先参观了大厅中的贝尔实验室名人成就展。在巴丁的纪念栏下照了相。后来参观实验室时，又恰好看了巴丁原来工作过的房间，我特意怀着崇敬心情去巴丁五十年前发明晶体三极管的工作台前站了一会，并说巴丁不仅是贝尔实验室的，也是全人类的巴丁。巴丁发明了晶体三极管，开创了人类的电子新纪元，促进了人类社会极大的发展。

贝尔实验室对人类有着伟大贡献，这里产生过七位诺贝尔奖获得者。贝尔实验室原来属AT&T，由国家垄断经营电信业务获得的巨大利润，支持其每年达20-30亿美元的研究经费。因此，他们出了非常多的发明，促进了全人类的进步。我年轻时听说他们每天产生一项专利，现在是每天产生4项专利。贝尔实验室现在归属朗讯，科研与预研明显的已往产品方向转移。但其科研能力在整个世界仍然十分超前。

我们参观了他们1997年的重大突破波分复用，和以波分复用为基础的光路由器，现在可实现几十段波长复用，以后还更多。光交换不是基于空分交换，而是波长交换。刻在一个6英寸硅片的光路由器，具有几十万门的交换能力，这意味着十年之内交换与传输将有重大的突破。我开玩笑说，以后一个邮电部部长口袋中揣一个交换机，我就去失业保障局了。

在贝尔实验室，我们首先听取了资深技术主管玛丁的报告，我们主要与之讨论预测问题，华为在战略管理与项目管理上一直矛盾重重，理不顺，理又乱。玛丁开玩笑讲了几项著名的预测。电话作为一种通信工具，有许多缺陷，对此应加认真考虑。

这种设备没有价值——西欧联盟；1876年，我认为世界市场上有可能售出五台计算机——托马斯·沃特森IBM主席；1943年，未来计算机的重量可能不会超过1.5吨——大众机械杂志；1949年无论对谁来说，640K内存都足够了——比尔·盖茨；1981年，玛丁介绍了一系列重要的对未来的预测，例如，到2010年，0.07微米芯片会实用化，达到硅的可能达到的最高极限。其单芯片容量可达到40亿只晶体管。2000年后光纤单芯容量达120G，波分复用系统开始实用。2005年无线接入的环路成本将低于有线接入。当然也许后人也会将此预测纳入笑料。

贝尔实验室亚洲人占11%，其中华人为多数。有许多人都取得了重大的成就。我们访问的所有公司都十分重视研发，而且研发要对行销、技术支援、成本与质量负责任，与我国的研发人员仅注意研发有较大的区别。

IBM每年约投入60亿美元的研发经费。各个大公司的研发经费都在销售额的10%左右，以此创造机会。我国在这方面比较落后，对机会的认识往往在机会已经出现以后，作出了正确判断，抓住机会，形成了成功，华为就是这样的。而已经走到前面的世界著名公司，他们是靠研发创造出机会，引导消费。他们在短时间席卷了“机会窗”的利润，又投入创造更大的机会，这是他们比我们发展快的根本原因。

华为1998年的研发经费将超过8亿人民币，并正在开始搞战略预研与起步进行基础研究，由于不懂，也造成了内部的混乱，因此，这次访美我们重在学习管理。学习一个小公司向规模化转变，是怎么走出混沌的。要真正培养一批人，需要数十年理论与基础的探索，至少在心理素质上就关山重重，任重道远。还不知有无人愿意在这如火如荼的时代甘坐十年冷板凳，并且要冒一生心血不成功的“懊悔”。即使成功不为人们理解，除内心痛苦之外，还有可能在大裁员时，把他也像IBM把发明光变相法的利文森错裁了一样，使IBM失去了在高精细芯片加工的技术领先与垄断地位。在科学的入口处，真正是地狱的入口处，进去了的人才真正体会得到。基础研究的痛苦是成功了没人理解，甚至被曲解、被误解。象饿死的梵高一样，死后画卖到几千万美元一幅。当我看到贝尔实验室的科学家的实验室密如蛛网，混乱不堪，不由得对这些勇士肃然起敬。华为不知是否会产生这样的勇士。

寻找机会，抓住机会，是后进者的名言。创造机会，引导消费，是先驱者的座右铭。十年之内通信产业将面临着一场革命。这场革命到来时华为在哪里？我在美国与一些资深人士交流，他们有的说计算机网络的进步会取代通信，成为全球最大的网络。通信专家说，通信技术的进步将会使通信网络包容了计算机网络，合二为一。我认为二者都有道理，也许在未来的几年，真正会产生一次网络革命，这是人类一次巨大的机会。计算技术的日新月异，使人类普及信息技术成为可能。高速的光传输，与先进的交换与处理技术，使通信费用数十倍的降低，网络的覆盖能力增强到人们想象不到的地步，为信息的传播与使用铺平了道路。随着波分复用和波长交换，使光交换获得成功，现在实验室的单芯可传送2000G，将来会变成现实，那时候，通信费用会呈数百倍的降低，那么用户的迅猛增长，业务的增长迅猛，难以预计。例如，中国出现六亿门大网时，会是一种什么局面，你想象过吗？

抓住机会与创造机会是两种不同的价值观，它确定了企业与国家的发展道路。浑沌中充满了希望，希望又从现实走向新的混沌。人类历史是必然王国走向自由王国发展的历史。在自由王国里又会在更新台阶上处于必然王国。因此，人类永远充满了希望，再过5000年还会有发明创造，对于有志者来说，永远都有机会。任何时间晚了的悲叹，都是无为者的自我解嘲。

### 忘我献身精神不仅仅是我们才有

我说过贝尔实验室的科学家，他们的忘我奋斗精神是令人佩服的。我以前看过一部诺贝尔科学家领奖的故事片，陈述他们像科学疯子一样，到处“胡说八道”，忙忙碌碌，走到哪儿就画到哪儿，并不考虑衬衣上不能写公式，不能作实验记录。

美国由于私人风险投资基金的推动，使得一批一批的志士，如痴如狂地去追求成功，那种奋斗不止的精神，并非我们共产党人才有。我们先不说我们是为了社会的公平，他们是追求个人利益。从纯奋斗精神来讲，美国也有焦裕禄、孔繁森。

多年来我接触相当多的美国科技人员，由于一种机制的推动，非常多的人都十分敬业，苦苦的追求着成功，这是一种普遍的现象，而非个例。比尔·盖茨初期没有电视机，而是由他父亲帮他看新闻而后告诉他，有些人不理解，因此也不会理解中国的许多科技工作者在那么低的收入中的忘我奋斗与牺牲精神。理解不了两弹一星是怎么做出来的，理解不了袁隆平为什么还那么农民。大庆铁人王启明不就是这么一个苦苦探索二三十年，研究分层注水、压裂，使大庆稳产高产成为世界奇迹的吗？

拼命奋斗是美国科技界普遍的现象，特别是成功者与高层管理者。是由数百万奋斗者推动的技术进步，管理进步，服务网络的优良服务，而取得的。这种例子是很多的。

例如：自负甚高的IBM的高手，都会派到“棒子杰克”的部门去工作。由他来考验他们，这是过关的必经之路。他因为严厉使真名伯特伦反倒不出名。许多人都对他恨得牙痒痒的。他每天只睡了三、四个小时，有时会半夜三点起床到他管辖的某个工厂去逛逛。看看有什么问题，任何人的汇报都瞒不了他。他的工作方法曾经妨碍过他的晋升，但长久以后还是为他争得了神秘的地位。

经过多年不断地伤人感情，人们已开始接受他的时候，他生病了，已经来日不多了。56岁的他缠绵在病床上，仍不断地批评工作，说IBM发明了工作站，让别人去创造了这个工业，自身却因官僚体系与惰性愚蠢地错失了机会。IBM非改不可。

他的上司屈勒到医院去看伯特伦，看到伯特伦用人工器官呼吸，可能活不了几天了。使上司大吃一惊的是，伯特伦临死也不忘IBM的改革，这时还推荐赫勒主持工作站的工作。赫勒是IBM的离经叛逆者，最野的野雁。

再例：伯兰是IBM企业联盟构想的提出者，后来成长为几百人的部门。企业联盟就是IBM不先去派销售人员去客户那儿推销硬件，而是先派一批程序员去与客户沟通，了解客户的需求，按客户的要求在30-90天内作一些客户需要的软件，这给客户留下很深的印象，客户在买机器时，一定会先想到IBM。由于IBM不断提供帮助，客户的消费标准已引导到IBM的标准上来了。客户都想找企业联盟，而数十个部门又不归他管。他的位置像没有内阁职位的政务委员一样，但由于IBM的组织庞大，经理十分多，推进十分困难。他警告IBM如果他想保持史无前例的成就，最好全面改革。

随后他病倒了。50岁，得了脑癌。医生开刀后，发现已扩散。他躺在病床上，在病房装了一台终端，每天花好几个小时追踪他的计划进度，发出几十封到几百封电子邮件。临死前，他说了一句“我动弹不得，就像IBM一样”。

如果以狭隘的金钱观来认识资本主义世界的一些奋斗者，就理解不了比尔·盖茨每天还工作14、15小时的不间歇的努力。不带有陈见去认识竞争对手，认真向他们学习好的东西，才有希望追赶上他们。我们国家不乏有许多如两弹元勋邓稼先那样优秀的艰苦奋斗者，只要我们一代一代的优秀青年继承他们的传统，发扬他们的精神，承先启后，继往开来，中国是有希望的。

### 在革命中才会出现新的机遇

这次出访有幸与深圳市原市委书记厉有为同行。共处的十来天，双方交换了许多认识。他在台上时，我们很难有半小时的沟通，这次是淋漓尽致。

市委、市政府这些年来给华为许多道义上的、宏观的、政策上的支持，华为在深圳这块土地上有了不小的发展。但不是人们都了解和理解华为的发展。不仅银行、官员、朋友……都担心发展这么快，会不会有一天垮了。当然也有一些是少数竞争对手，在不了解的情况下，作了一些不理解、不正确的分析与误导。

当然，华为也难以不断地以100%的速度增长。发生在基数小的时候，是可能的。前几年发展速度已经降下来了，以后还会不断的降下来。尽管每年净增的绝对值很大，但相对值在减少，逐步降到国际高科技企业35%的平均增长水平。

这次我们也考察了一些小公司，与华为几乎是同时起步的，年产值已达20-30亿美元，美国与华为差不多规模的公司产值都在50-60亿美元以上，为华为的3-5倍。华为发展不快的原因有内部原因，也有外部原因。内部原因是不会管理。华为没有一个人曾经干过大型的高科技公司，从开发到市场，从生产到财务，从……到……全都是外行，未涉世事的学生一边摸索一边前进，磕磕碰碰走过来的。企业高层管理者大量的精力用于员工培训，而非决策研究。

摸索的速度必然较慢。外部看到华为快一些是员工把休息时间全牺牲了，把浪费的钱从生活中又省回来了。但掩盖不了它幼稚的本质。有一次国务委员宋健与我谈话，问我最大的收获是什么，我说“浪费”了非常多的钱用于员工培训。也许下世纪才能看到这些苹果长熟。

外部条件是社会上难以招到既有良好素质，又有国际大型高科技企业管理经验的空降部队。即使能招到，一人、两人也不行，得有一个群体。国内政策与公司实力还养不起一个群体。美国公司如果出了一项产品，登高一呼，很快就有非洲经验、欧洲经验，或熟悉亚洲文化的精英繁集。只要双方订好协议，国际市场就紧锣密鼓地干开了。华为成立十年了，海外市场走出去三年了，屡战屡败，屡败屡战，现在才开始有一些小的收获。没大规模的市场营销，就发挥不了软件拷贝的附加值优势。企业就缺少再创新的机会与实力。

再之，中国的技术人员重功能开发，轻技术服务，导致维护专家的成长缓慢，严重地制约了人才的均衡成长，外国公司一般都十分重视服务。没有良好的服务队伍，就是能销售也不敢大销售，没有好的服务网络就会垮下来。我们与外国大公司交谈时，他们都陈述自己有一个多么大的服务网络。相比之下，华为发展并不快，资源使用上也不充分，还有潜力可以发挥。

华为十分重视企业的内部管理与潜力的增长，企业的发展有十分强大的推动力与牵引力。因此充满扩张的机会，使内部的矛盾在扩张中消化。经历初期的快速扩张，使一代优秀的员工得以成长，成为骨干，为公司稳定下来后的正规管理积累了经验与管理力量。他们经历了艰苦的奋斗，具有了良好的心理素质，使公司避免了沉淀。只要持之以恒地坚持能上能下的按岗位目标责任的标准使用干部，华为的红旗是一定可以持续飘扬下去的。华为的内部凝聚力是抵御外界风暴的盾牌。只要长期坚持剖析自己、寻找自己的不足与弱点，不断地改良。避免重大决策的独断专行，实行委员会制的高层民主决策，华为的星星之火一定可以燃烧成熊熊大火。十年之内，通信产业及网络技术一定会有一场革命，这已为华为的高层领导认识，在这场革命到来的时候，华为抓不住牛的缰绳，也要抓住牛的尾巴。只有这样才能成为国际大公司。这场革命已经“山雨欲来风满楼”了。只有在革命中，才会出现新的机遇。

### 六、中美关系的风风雨雨不影响学习美国人民

美国政府出于自己的内外政策需要，长期敌视社会主义的中国。它谋求霸权主义，以保护其对资源的获得以及市场的占有。消灭社会主义，推行其价值观，以强加给各国人民。中美关系时好时坏，是出于美国政府的需要，我国斗而不破的政策也是为保护自己的灵活措施。美国一边使用人权为幌子，拼命攻击中国，用台湾问题、西藏问题……干扰你，使你只有招架之力，一边它就乘机获得贸易的好处。

中国在不断地加强自身的改革，持续三十年的经济增长，有利于国内问题的解决。国企改革的力度加大，只要持续稳定的发展，中国的国际形象就会越来越改善。但企望美国完全改变政策是不可能的。但作为强国，就有了说话的地位。以后更会是强大的社会，先工业化国家通过贸易自由化，使后工业化国家长期处于辅助地位。中国是一个大国，我们要像当年搞两弹一星那样，拿出伟大的气魄来，在经济上、科技上站起来。当前，应在教育上加大发展，普遍提高人民的素质，认真学习各国的先进思想，在观念上对自身实现解放。从事高科技的产业更应向美国人民学习，学习他们的创新精神与创新机制，在软件技术革命层出不穷的今天，我们始终充满追赶的机会。

中美之间的风风雨雨还会不断地出现，但不影响我们向美国人民学习他们的创新机制与创新精神，以促进我们更快的富强起来

（作者系华为创始人、总裁，本文摘自《华为人报》）

## 工匠精神就是把事情做到极致

王　石

今天我想讲三点。第一，讲讲关系；第二讲讲工匠精神；第三讲国际化。

### 强关系与弱关系

在中国干什么都要讲关系，尤其是物业管理更讲关系。为什么呢？中国所谓的关系，无非就是说你找别人拉关系，别人找你拉关系。物业管理像小媳妇，更得找别人讲关系，找服务，物业管理不是强势的，不是别人求着你，是你求着别人。

这里就谈到前一段时间争议比较大的“拆围墙”话题。

中国长城是围墙，紫禁城是围墙，大院也是围墙。从某种角度来讲，可以说中国有种“围墙文化”。最近有媒体让我推荐一本书，我推荐了一套《罗马人的故事》，一共15本。其中第10本就谈到了墙，涉及到建筑、工程等。这第10本前言提到，2000多年前罗马人修道路的时候，华夏帝国在修长城。从物理层面上来讲，一个是横向展开的，一个是竖向展开的。竖向展开就是往上围起来，横向展开就是大路，四通八达。显然一个是围，一个是开。

“围墙文化”最典型的特点是防卫、保护自己，在围墙内部形成一种强联系的关系，但是对外则是接近封闭的、拒斥的，形成一种防守的、不开放的观念。

我们一直提倡开放社区设计。上海万科一个小区因为是开放的，不仅仅是给小区本身使用，也给小区周围使用，服务设施效率高，很自然就成了闵行七宝社区的一个中心，各种城市功能单元都在那。

但拆物理的围墙容易，拆心里头的“围墙”难，我觉得真正要打破的是心里头的“围墙”，提倡开放的大道文化。中国传统特别讲关系，一个是血缘关系，比如家族企业，一个是地缘关系，比如子弟兵、家乡人，这种内在的强联系就是一种“围墙文化”。

讲关系是世界性的，绝对不是中国所特有的，但中国讲得更深。什么是强关系？就是你特别信任他，你可以托付给他。它不仅可能是血缘关系或地缘关系，还可能是同学关系等等。大家密切来往，对方一张嘴我就知道他说什么，这个叫强关系。按照进化心理学，一个人的强关系一辈子最多不会超过20个。

但是我们已经到了互联网时代，一个开放的时代，世界是平的，如果我们靠强关系，它是非常有限的，我们还需要弱关系。弱关系影响我们互相信任吗？没有。改革开放和国际接轨，在互联网时代，在中国我们需要弱化强关系，强化弱关系。弱关系怎么打交道呢？我想有几条。

首先商人做生意，中国传统文化中，做生意绝对是讲强关系。“上阵父子兵，打虎亲兄弟”，因为血缘不担心谁被谁出卖了，做生意也是一样的。

航海大发现后做生意，一艘船出去了，什么时候回来都不知道，水手之间的关系既不是血缘也不是地缘，靠什么连在一起呢？就是规矩，契约精神。我们大家可以互相不熟悉，但大家都遵守规矩，签订契约。现在经商更多讲的就是契约，讲契约就等于讲规则，规则未必都是合理的，但是要遵守。这样你的交易成本才低，建立的伙伴关系才广。我个人奉行的就是弱关系。

“君子之交淡如水”。如何摆正这样一个关系，不要力图和政府部门某些人建立一种你所希望的强联系。我们就是讲规则，就是讲透明。当你把自己摆得非常清楚的时候，对方也知道你是一个什么样的人。

我多少年前就说了万科不行贿。今天打老虎、拍苍蝇，我还站在这儿讲，很多人都相信了。你要站得住脚，不能依靠别人，只有依靠自己遵守规则。

现在已经是互联网、物联网时代了，如果我们观念上还形成一个围墙，我们对未来是不适应的。但是我很欣喜的看到，过去五年，中国的物业发生了很大变化，已经在适应这样一个未来的互联网时代。

### 工匠精神的两个典型

工匠精神，就是要精益求精，就要把事情做到极致。

我想谈两个人身上体现的工匠精神。

第一个是褚时健先生，为什么73岁重新创业，10年之后“褚橙”成功，就是因为他的工匠精神，精益求精、契而不舍。

另外一个人，他和房地产关系非常密切，孙文杰，他是前中建总公司的董事长，前中海公司的董事长兼总经理，中海公司的创建人。

万科在进入房地产的时候，中建总公司在香港的公司叫中国海外建筑工程有限公司，注册于香港。万科1988年进入房地产的时候，中国海外公司在香港已经很有名气，是搞建筑出名，在1988年的时候已经是接了香港1/3的建筑工程量。当时中国海外也开始从建筑公司进入房地产开发公司。它一进房地产行业就出手不凡，一下就成了万科效仿学习的榜样。中海本身建筑工程出身，当时从设计、建造、成本控制、质量把握上，比万科高一个档次。

1997年香港金融危机，中海在香港的上市股票价格低得一塌糊涂。我看到了机会，通过中间人在北京的凯宾斯基酒店和孙文杰先生见了一面，建议万科和中海合并。提议被孙先生婉拒。

当时万科对中国海外，对孙文杰先生是非常尊重的。它是一个国企、央企，但是不影响它按照市场规律来运作。

后来万科制定了一个“海盗计划”，中国海外一批干部到了万科。我曾得到消息，孙先生很得意地说他们很多干部到万科都被重用。中海企业文化可持续，没有因为万科强行“借用”它的干部而受影响，还在往前走。不但往前走，孙总又到了中建总公司做出了业绩。

据我所知，现在真正在中国影响到中国房地产界的，可以说半壁江山的骨干是源自于中海。孙文杰先生没有因为是一个国营企业干部，没有困于种种局限性，反而在这种局限性中打造成一支守规则、有技术、懂管理的队伍。

褚时健做褚橙，孙文杰打造中海。一个是民营，一个是国企，但都体现了工匠精神，这种精神并不受所有制的影响。中国未来的转型发展，应该结合不同的资源，而不应该强调所有制的区别。

工匠精神在中国才开始发挥作用。正因为我们从黄金时代到了白银时代，工匠精神现在才显出来了。企业如何精益求精，如何做产品，尤其是我们的产品卖了之后，如何以客户导向为第一，到最后一步物业管理如何，这些现在才仅仅是开始。

工匠精神是什么？我觉得最重要的一条是要安心自己所做的工作，把它做好。我不想对80后、90后说爱一行干一行，我想说你不爱也要把它做好。“有心栽花花不开，无心插柳柳成行”，我有很多目标，我想做的事情实际上很多做不到。但是你做不到的事情过程当中，你一直在努力做、认真做，它对你都是积累、都是营养。真正机会到来的时候，它会更多给你助力。

**万科为什么要国际化**

中国改革开放就是国际化的过程。2011年我出国的时候，万科很多业务都是和国外公司合作的，尽管我们几乎100%的业务在中国。未来我们的主流业务一定在中国，但是我们已经和国际上的日本资金、新加坡的资金、美国的资金进行了合作。

新加坡的GIC和我们建立了合资公司，合作非常愉快。GIC100%委托万科在管理，没有派任何人，甚至只要投资项目不超过10亿人民币，管理团队就可以定，到董事会备案就可以。我们第一个到美国投资的项目就借鉴GIC的经验，现在合作已经拓展到更多的项目。

万科到了一个陌生的市场，用的是强关系，还是弱关系？显然弱关系，我们依靠的是品牌形象，万科的品牌对方相信。作为企业发展一定规模的时候，最重要的是要靠品牌。

万科国际化的目的是什么？第一是学习，欧美是成熟的市场模式，上海、北京、广州、深圳已经开始从发展中的市场向成熟市场过渡，我们要先走一步学习，看中国未来怎么做。第二建立网络关系，出去投资就主动把被动的网络变成一个主动的网络关系，让世界知道你。第三是真正的落脚点，给消费者提供国际性的服务。

中国的物业管理真正的市场化仅仅才开始，它的前景、空间很大。物业管理未来一定是技术化，应用最新的技术，也要尝试资本化、金融化。物业行业应该在未来城市化进程当中扮演越来越独立、越来越专业、越来越技术的角色，到最终人才整合、资本整合、各方面整合，成为一个有影响力、有号召力的行业。

*（作者系万科董事局主席，本文为作者在“中国物业管理协会第四届理事会第三次全体会议”上的演讲，摘自《万科周刊》）*

# 新常态下思想引领和文化凝聚对企业发展的重要作用

姜德义

习近平总书记在全国宣传思想工作会议上强调，宣传思想工作就是要巩固马克思主义在意识形态领域的指导地位，巩固全党全国人民团结奋斗的共同思想基础。经济建设是党的中心工作，意识形态工作是党的一项极端重要的工作。北京金隅宣传思想工作经过多年的实践发展，形成了具有自身特色的工作运行体系，为企业健康稳定发展营造了良好的思想舆论环境。为深入了解金隅思想文化建设的创新发展，挖掘企业在意识形态领域的特色经验，自2015年三季度起，北京金隅党委宣传部联合《中国建材》新闻传播中心、《中国建材报》、《人民网》、《首都建设报》等9家媒体组成调研采访组，深入部分企业，实地开展了“新常态下思想引领和文化凝聚”调研采访活动。

## 一、调研基本情况

调研时间：自9月底至12月中旬。

调研板块及单位：水泥板块：金隅水泥经贸公司、邯郸金隅太行公司、北京水泥厂、邢台金隅咏宁公司、生态岛红树林公司；房地产板块：金隅嘉业青岛公司、南京公司；金隅大成开发上海公司、宁波公司；金隅程远开发公司；新型建材板块：建机资产经营公司、金隅窦店科技企业管理公司；地产与物业板块：北京金海燕物业管理有限公司。

调研采访形式：采取与企业班子成员、员工代表座谈交流，到生产现场采访沟通情况，广泛收集素材等形式进行。

## 二、企业主要做法和成效

所到单位党组织认真学习习近平总书记系列重要讲话精神，按照《北京金隅党委思想政治工作条例》（简称《条例》）、《北京金隅党委意识形态工作责任制实施细则》（简称《实施细则》）、北京金隅党委《基层党组织工作目标管理考评办法》（简称《考评办法》）和公司党委书记、董事长、总经理姜德义同志提出的想干事，会干事，干成事，不出事，好共事的“干事文化”理念，认真领会精神实质，“围绕、融入、促进”经济中心工作，党组织的政治核心作用和宣传思想工作春风化雨作用得到充分发挥，使思想政治优势转为化企业发展胜势，以文化凝聚不断催生内生动力，为企业转型升级、实现绿色健康发展提高实现办证、精神力量和舆论环境。特点如下：

### （一）发挥党组织政治核心作用，形成齐抓共管格局。

所到单位党组织深刻领会习近平总书记系列重要讲话精神，把公司党委《条例》、《实施细则》、《考评办法》作为企业宣传思想工作与经济工作有效结合的重要抓手，党政协同、密切配合，使宣传思想工作与企业改革同步谋划、工作机构同步设置，实现体制机制对接、责任主体对接，确保党组织的政治核心作用、意识形态引领作用在深化企业改革中得到充分发挥，企业的核心竞争力不断增强。

窦店科技公司党委认为，《条例》、《实施细则》、《考评办法》，体现了组织责任、组织考核、组织关怀和组织监管，切实形成党委统一领导、党政齐抓共管、宣传部门组织协调、有关部门分工负责的工作格局。其中《考评办法》运行体系中，总结归纳了16项长期坚持的工作运行制度，如每周一次的公司政工办公例会、每年一次的思想政治研究会年会等；品牌工作7项，每年一个主题的全系统纪念七一大会、每年一个主题媒企联合调研采访、每年组织职工先进事迹宣讲团巡回宣讲、每年一次专项服务管理达标检查等，使企业党组织工作起来方向更加明确、职能更加清晰，使思政工作、意识形态工作更加规范化、制度化、科学化。公司按照集团“园区一体化”管理要求，发挥后发优势，实施四个统一的管理模式，提出“同一个园区、同一个家”，不断提升服务意识和服务水平，通过园区职工之家建设、开展丰富多彩的活动等提升凝聚力，为打造环渤海地区具有较大影响力的产业园区奠定了基础。

北京水泥厂公司经理赵雍自我评价党政工作：“你中有我，我中有你，一个目标，党政互补。”公司把意识形态工作作为党的建设的重要内容，与企业生产经营紧密结合，同落实、同部署、同检查、同考核，上下同欲、共谋发展。面对市场低迷的新常态，公司党委解放思想，统一认识，确立了坚持创新驱动、转型发展循环经济的企业发展方向，利用水泥窑自身优势，主动承担处理城市废弃物、净化城市的社会责任，使企业在转型升级中继续成为引领行业环保产业发展的领头雁。公司在2012-2014年度首都精神文明创建工作复审中，再次获评全国文明单位标兵称号。

### （二）传承和弘扬金隅文化，不断延伸企业文化内涵。

随着北京金隅现代企业制度的日趋完善，以“三重一争”、“共融、共享、共赢、共荣”、“八个特别”和“干事文化”为核心的优秀金隅文化更加深入人心，各企业在传承和弘扬母文化的基础上，结合生产经营中心工作，不断延伸企业特色文化内涵，提升企业软实力，促进企业健康发展。

建机资产经营公司10年整合30多家企业，目前仍在管理1.9万名退休职工，离休人员191人。如何把整合企业不良资产盘活，难事办好，职工干劲激活？公司党委通过开展深入细致的宣传思想政治工作，弘扬主旋律，传播正能量，为公司深化改革提供强大的思想舆论支持，确保了企业改制重组工作的平稳推进。通过多种形式的文化交流、关心关爱活动，使整合企业职工解除了后顾之忧，心情愉悦，干劲倍增，保证了企业转型发展、安全发展、和谐发展战略目标的实现。按照首都功能定位，“有所为、有所不为”，公司多措并举，克服困难，圆满完成大红门地区鑫海宏都鞋城和方仕鞋城的清退工作，受到市领导的充分肯定，为加快首都实施产业疏解搬迁调整做出了积极贡献。

邢台金隅咏宁水泥公司是北京金隅集团（股份）公司和冀中能源股份公司强强联合成立的现代化水泥企业。在整个改制过程中，公司党委以稳定、融入、促进、提升为工作主线，积极主动地参与改制、支持改制、推进改制，积极对接金隅集团（股份）公司的管理模式，保证了战略合作的顺利推行。通过开通金隅咏宁微信平台公众号、《金隅咏宁》报，使各项政策、措施、精神及时让干部职工了解掌握，确保了企业改革平稳过渡、迅速融入、稳中有升的良好态势，为企业持续发展奠定了坚实基础。加盟金隅一年来，公司全体干部员工同心、同德、同力、同向，艰苦奋斗、攻坚克难，凝聚力和向心力得到显著提升，公司面貌发生了翻天覆地的变化，不仅扭转了生产经营的被动局面，还实现了扭亏为盈，公司在2014年后三个月共计减亏2100万元，2015年到10月份同比减亏1亿元，公司步入了健康发展轨道。

北京水泥厂针对协同处置废弃物可能存在的生产安全风险，全面开展安全文化创建工作，以“劳动创造财富，安全带来幸福”为企业安全价值观，形成了安全文化建设体系。通过安全文化建设，实现了以安全文化温暖人、感化人、激励人的目标。公司相继荣获北京市安全文化建设先进单位、全国安全文化建设示范企业等称号。

（三）借助互联网新媒体平台，助推企业转型升级。

宣传思想文化建设和意识形态工作需要借助传统媒体和新兴媒体，在“互联网＋双创＋中国制造2025”方面，更需要利用互联网思维求新、求变、求发展。所调研企业在这方面进行了积极有益的探索和实践，对提升企业管理的转型升级、弘扬核心价值观、助推企业创新发展起到积极作用。

金隅嘉业公司作为中国房地产50强，北京地产10强企业，其业务已拓展到天津、河北、内蒙古、山东、江苏、浙江、安徽等地区。针对企业“九城联动”的特点，公司加强信息化建设，先后搭建了OA办公系统、地产ERP业务、财务及人力资源管理、视频会议等系统；开展电子流程固化工作，提高审批流程效率，实现了公司个性化的协同应用，提升了公司的执行力。大数据、精细化的新媒体时代，公司充分利用官方网站和微信公众号，搭建“网上售楼处”平台及新采购招投标等平台，进行品牌形象建设，潜移默化地进行品牌植入和影响。目前金隅嘉业微信公众号已超过6万粉丝，最高峰达10万粉丝，新媒体成为传播品牌的重要渠道，为提升市场竞争力发挥了重要作用。

邯郸金隅太行公司在开通手机短信平台、QQ群的基础上新建了微博、微信平台。通过微信群的互动，近距离倾听职工诉求，及时了解和掌握职工思想动态，将职工思想引导到全面建成金隅冀南建材基地的进程中来。生态岛、红树林公司以政府好帮手，城市净化器为宗旨，启动了以“物联网”为核心的“都市废弃物逆向物流服务平台”项目建设，实现了废物管理系统与车辆监控系统、库房视频监控系统、地磅系统以及手持数据终端的整合，牢固把握并拓展北京及周边地区的废物收集渠道，为服务首都环境建设做出积极贡献。

金海燕物业公司面对新常态，主动从传统物业管理向现代物业服务转型，倡导“以情为本，以人为本”理念，公司制订了“1+N”企业发展战略，借助信息化建设，让物业管理插上“互联网＋”翅膀，构建起基于物业服务和社区消费功能的智慧社区系统的金隅精彩汇系统（1.0版）。该系统包括移动物业管理服务金隅精彩汇APP、金隅精彩汇微信平台（3.0版本）、金隅精彩汇社区免费WIFI等五个子系统，向智慧社区一流物业企业迈进。邢台咏宁公司积极推动产业向智能化方向发展，创建电子商务平台，销售具有轻便卫生、使用简单等特点的小包装水泥，并逐步向北京、天津、河北等更广阔的市场推广，拓宽了销售渠道，成为公司新的利润增长点。

（四）主题活动弘扬核心价值，聚集合力促企业发展。

在目前经济下行的压力下，所到单位党组织通过开展多种主题活动凝聚智慧、聚合力量，带领干部职工坚定信心，开拓进取，脚踏实地，顽强拼搏，使企业生产经营保持着良好的发展态势。

水泥经贸公司践行思想政治工作与企业发展一体化思路，10年来围绕经营中心每年开展一个主题活动，如2014年以“强化做法，精细管理、务求实效”为主题，2015以“依法合规做保障，顺势而为促经营”为主题等，将思想政治工作与企业经营、企业文化建设、企业长远发展、企业和谐稳定相结合，把政治优势转化为企业核心竞争力，不仅丰富了思想政治工作内涵，进而激发干部职工释放出不畏艰难的内生力量，推动公司及金隅水泥板块的快速崛起发展，使金隅水泥成为环渤海地区京津冀经济圈最大的水泥供应商。“无限制扩张给行业带来的打击空前巨大，企业的发展不能再依靠产量和国内市场发展。”邯郸金隅太行公司党委书记、董事长李怀江说。“一带一路”战略的实施，将为企业创新转型提供了更大的平台。公司以思想引领为先导，深入分析研究当前三期叠加的经济政治新常态，结合企业现有资产规模、生产技术能力及人员劳效等实际，以“实”为基谋划企业“十三五”发展规划，将转型升级作为企业未来生存和发展的突破口。在继续做大做强金隅冀南建材基地，多元产业发展的同时，进一步加快实施“走出去”战略，将目光瞄准了海外市场，特别是非洲大地，企业未来的发展空间将会更加宽广。

金隅大成开发公司充分发挥党群组织的优势和独特作用，坚持按年度开展主题教育活动，先后开展了“责任意识”、“激情奉献”、“务实•创新”等主题活动，使思想政治工作有力助推企业发展。2014年公司组建的精干高效、执行力强、素质优良的团队创新开拓、迎难而上，将“海派”文化、江浙文化与“京味”文化有机融合，仅用一年多时间，即在上海及长三角地区成功布局，为树立金隅房地产品牌形象和持续发展奠定了良好基础。2015年，公司修订完善了《企业文化手册》，形成了产品、服务、团队、人才、廉洁五大企业文化理念，使金隅文化进一步传承和弘扬。金隅程远公司贯彻北京市要提升现有土地资源承载力要求，加快金隅西三旗地块向新型服务功能区转变。经过几年的努力，成功将西三旗地块转型为西三旗（金隅）科技园，实现由工业制造向发展软件和信息服务业的高端产业华丽转身。在此过程中，公司更加注重企业文化和人才队伍建设。公司形成的培训品牌“程远快乐驿站”，邀请公司领导、职工、外请专家进行房地产等专业知识培训，职工们自制“建筑风格欣赏”、“室内设计”等PPT短片进行互动，在快乐、轻松的氛围中增长才智、激发工作热情，为公司的持续发展储备人才保障。

## 三、存在的主要问题及意见建议

（一）进一步探索企业宣传思想工作与中心工作有机融合的新路径。

各单位需根据年度企业中心工作，进一步贯彻落实《北京金隅党委意识形态工作责任制实施细则》，切实增强政治意识、大局意识、核心意识、看齐意识，始终在思想上政治上行动上同党中央保持高度一致。充分认识做好企业宣传思想工作、意识形态工作的极端重要性，把握正确政治方向，切实增强企业在改革发展中宣传思想工作、意识形态工作的主动性和前瞻性，为生产经营中心工作营造良好舆论生态。

（二）进一步完善加强金隅品牌建设管理的新机制。

打造金隅品牌，展示金隅形象，是推动金隅转型升级，提高市场竞争力的有效抓手。多年来，北京金隅积极贯彻市国资委关于加强企业品牌建设的指导意见，从品牌重视、品牌建设、品牌管理、品牌推广等方面，积极培育和塑造“金隅”品牌，为提高金隅品牌资产、品牌价值，提升企业软实力做出了贡献。但由于产品品牌众多，在媒介宣传和与社会上诸多企业的竞争中，营销资源分散、浪费，使得品牌优势大打折扣。下一步，应从战略层面加强全系统品牌建设工作，加强对所属企业产品品牌的统一整合、宣传与推广，加强全员品牌意识培育，进一步提升金隅品牌的知名度和影响力，为打造国际知名品牌不懈努力。

**（三）进一步发挥利用新媒体提升思想政治工作水平的新优势。**

作为一种新兴的大众舆论平台，新媒体开辟了企业与职工沟通交流的新渠道，不断提升思想政治工作的质量。有些企业通过电视网络、官方微信平台、官方网站及QQ群等，有针对性的抓好意识形态工作的引导，收到了很好的效果。但对新媒体的运用各企业发展不平衡，有的单位缺乏对新媒体的认识，有的参与意识不强，对职工加入微信群参与交流有顾虑，有的新媒体推广应用表现手法缺乏新意等。李克强总理提到的“互联网+双创+中国制造2025”，反映了当前时代的变革和企业的转型。我们只有抓住新时代的新机遇，充分利用“互联网+”，认真贯彻执行《实施细则》，进一步建立健全新媒体的管理制度办法，明确责任主体，加强内容审核、管理与维护，使其规范有序运作，才能使互联网真正成为意识形态和思想政治工作的有效抓手，促进企业健康稳定创新发展。

**（四）进一步强化金隅文化核心理念体系再提升工作。**

在企业改革、调整、重组过程中，更需要加强文化的融合与创新。北京金隅在半个多世纪的发展过程中，形成了独具特色的优秀金隅文化，随着改革重组、转型升级步伐的加快，对新加盟企业和新组建企业，应坚持北京金隅母文化的宣贯、融合、提升与创新；坚持母文化引领下的企业特色子文化的提炼；坚持对企业文化先进单位经验的总结、借鉴与推广；坚持企业文化专业人才的培育，使企业文化建设真正成为支撑企业健康发展的源动力。

**（五）进一步激发和调动职工的积极性主动性和创造性。**

在企业转型升级的阵痛过程中，北京金隅妥善安置分流职工，并为职工提供了安全保障、搭建再就业平台，体现了大型国企的社会责任。党的十八届五中全会通过了我国“十三五”规划建议，提出创新、协调、绿色、开发、共享的五大发展理念。习近平总书记再三强调“把增进人民福祉、促进人的全面发展作为发展的出发点和落脚点”的理念，将成为“十三五”规划所遵循的一个主旨。下一步，如何通过文化凝聚、改革成果惠及等政策举措，使职工的荣誉感和幸福指数不断提高，对企业更具忠诚感归属感，以进一步解放和发展生产力，进一步激发企业持续发展的活力与创造力，为实现金隅“十三五”良好开局而不懈奋斗。

（作者系北京金隅集团董事长、党委书记）

# 以文化促管理　以文化促发展

甘为民

今年，是我行“五有”文化建设的开局之年，也是取得丰硕成果与喜人收获的一年！为了全面总结企业文化建设工作，部署今年的重点工作任务，我们在全行召开企业文化工作会，充分体现了总行对企业文化工作的高度重视，对做好今年工作的态度和决心！

## 一、充分认识企业文化建设取得的显著成效

我们将中国梦、社会主义核心价值观与自身实际有机结合，提出在全行大力推进“有梦想、有精神、有爱心、有原则、有担当”的“五有”企业文化。经过一年的努力，取得了突破性进展，具体表现在三个方面：

**（一）“五有”价值观基本形成。**

通过总行的大力倡导，各部室和分支机构的积极宣贯，深入推进，目前，全行上下对“五有”价值观从不了解到熟悉，从熟悉到高度认同，形成了践行“五有”价值观的浓厚氛围，员工的精神面貌发生了显著变化，行内涌现出一批践行“五有”的先进单位和个人，为此，我们将在全行分支行长工作会上予以表彰。特别值得一提的是，体现我行广大员工爱心的志愿者服务工作，得到了市委燕平常委的高度评价，并将我行选为唯一的企业代表做了经验交流发言，充分体现了“五有”践行的成果。

**（二）有效推动了业务发展。**

企业文化建设不是务虚的工作，它能够实现“精神转化为物质”，我行“五有”企业文化工作的推进，也有力地推动了全行业务发展，促进了市场竞争力的提升。去年，我行发展喜人，捷报频传，一举进入全球银行四百强，全国城商行综合排名前三甲，被成功纳入MSCI全球小型指数，荣获香港金紫荆奖和年度全国最佳品牌价值银行等多项荣誉。对于部室和分支机构来说，企业文化做得好的，在管理水平和业务表现上往往也同样出色。如总行营业部，既是全国青年文明号、全国敬老文明号、千佳示范单位，同时也连续四年取得跨越式发展，存款年复合增长率达30%。两江分行既形成了具有两江特色的企业文化，同时也实现资产规模过百亿，理财三项指标保持全行第一的目标。

**（三）社会各界广泛认可**

一项工作是否真正富有成效，除了看在内部取得的效果外，很重要的一个方面要看外部的社会影响。我们的“五有”文化，经过一年的推进，获得了来自国家相关部门、市委领导和监管部门以及新闻媒体的广泛认可，实属不易。首先，从国家层面来看，中国企业联合会、中国企业文化研究会、中国金融政研会等均给予了充分肯定，授予了我行企业文化工作三项国家级表彰，分别是：第二十一届全国企业管理现代化创新成果一等奖，全国企业文化顶层设计与基层践行优秀单位、全国金融系统企业文化建设十大标兵单位。

其次，从市级层面来看，燕平常委专门批转市委宣传部大力宣传，市委宣传部、市国资委、市银监局领导也纷纷批示认可。市级相关部门也授予我行重庆市企业管理现代化创新成果一等奖，重庆市企业文化建设示范基地等两项省部级表彰。我行也是迄今为止全市所有企业文化示范基地中唯一的金融企业。第三，从新闻媒体来看，“五有”文化历史性地登上了《人民日报》的版面，《人民日报》的评价是：“重庆银行打造金融企业的核心价值观，走出了一条有自身特色的思想文化建设新路”，此外，《中国金融思想战线》、《中国企业文化》、《重庆精神文明建设》、《重庆宣传》等都进行了专题报道。《中国金融思想战线》认为：“重庆银行把党建、思想政治工作、企业文化建设、经营管理有机统一起来，实现了宣传思想文化工作的整体推进，取得了良好成效，其做法值得在金融系统内推广。”

## 二、清醒看到企业文化建设存在的问题与不足

尽管取得了令人振奋的可喜成绩，但我们也要清醒地看到，目前我行在企业文化建设中还存在一些问题与不足，突出表现在以下三个方面。

**（一）思想认识的问题。**

在思想认识上，一些部室和分支机构并没有对企业文化建设给予足够的重视，倾向于把主要精力放在抓业务发展和经济效益上，关心业绩带来的实际经济利益，对企业文化工作的必要性、重要性和紧迫性认识不足，认为企业文化是务虚的工作，对发展的推动作用有限，甚至认为企业文化工作可有可无，做不做无关大局，只要做好业务工作就行了，这种认识可能不在少数。

**（二）贯彻落实的问题。**

企业文化关键在贯彻落实，但有的部室和分支机构往往口头提得多，真正贯彻落实少，比如没有组织向员工宣讲，没有将标语上墙，没有将企业文化理念融入到各项制度和业务工作中，容易导致“理念在天上飞，行为在地上跑”的“两张皮”现象。在这一点上，分支机构之间的差距很大，很不均衡。

**（三）组织保障的问题。**

组织保障是企业文化建设的有力支撑，目前，企业文化的组织保障还很不到位。一些分支机构负责人不但自己没有亲自抓企业文化工作，而且在班子中也没有明确分管领导，在执行中的牵头部门和责任人员也没有具体明确。

## 三、深入推进“五有”文化在全行践行

2015年，我们将面临更加复杂严峻的经济金融形势。我认为，越是在这种困难的情况下，就越应该大力推进企业文化建设，以企业文化提升凝聚力，增强战斗力，扩大向心力。

**（一）进一步提高认识，增强推进企业文化的自觉性。**

在很多会上，我都一直强调这样一个观点，“以文化经营企业可以持续百年，以制度治理企业可以持续数十年，以产品销售为主发展企业只能持续数年或数年面临大的调整”。大家要深刻认识到推进企业文化，是应对当前浮躁社会环境、增强企业发展动力的需要，是应对当前员工结构新变化、增强企业发展活力的需要，是应对当前互联网发展新趋势、增强企业发展潜力的需要，更是增强企业核心竞争力、打造百年国企的需要。大家都明白精神转化为物质的道理。中国志愿军之所以能够在抗美援朝战场上，与当时世界公认军事力量最强大的美军打成平手，就是靠强大的精神力量，这就是文化的魅力。

**（二）进一步贯彻落实，切实推进“五有”文化在全行践行。**

企业文化仅仅认识到位是远远不够的，关键是要落地践行。如何践行，我认为还是要从“五个有”着手。

首先，大力弘扬“有梦想”的理念。“有梦想”的内涵包括三个方面：志向、能力、幸福，要树立远大的志向和奋斗目标，不断培养实现目标的能力，最终创造个人、家庭和企业的幸福。我看到总行部室和分支机构都非常认真地提出了自身的发展愿景和工作理念，许多都提得很好。比如西安分行提出的发展愿景“重银丝路支点，三秦城商标杆”，金融同业管理部提出的“争做西部第一、全国知名的同业团队”等，都体现了远大的志向。没有远大的志向，就不可能有伟大的成绩。愿景确定后，要分阶段制定思路计划，全力以赴去实现目标，同时还要鼓励每个员工提出他们个人的发展梦想，把个人的梦想、部门和单位的梦想、重庆银行的梦想以及中国梦有机地结合起来，形成工作合力。

其次，大力培育“有精神”的作风。“有精神”的内涵是实干、创新、奋进，要求勤勉务实，真抓实干；大胆创新，勇于探索；不断开拓奋进，实现超越。我认为，许多部室和分支机构在工作中真正体现了“有精神”的作风。比如小龙坎支行大胆推进业务创新，创造了“三个唯一”、“六个第一”，从三年前的三级支行一举迈入了一级AA支行的行列。个人部、科技部精诚团结、协调配合，在重庆率先推出了直销银行，产生了较大影响。我认为在他们的身上，切实体现了重庆银行人勤奋务实、顽强拼搏的精神风貌。

第三，大力营造“有爱心”的氛围。“有爱心”的内涵是感恩、奉献、包容，爱心是全社会共同的价值观，大家要在本部门和单位积极营造有爱心的良好氛围，让员工胸怀感恩之心，感恩社会、家庭、单位、同事。对外要积极履行社会责任，以实际行动回报社会，总行每年都要对外进行捐赠，最近正筹备捐赠市委宣传部组织评选的“重庆好人”，我们还要多开展志愿者服务工作来回报社会。在这里我提一个要求，从今年开始，全行每人每年平均为社会公众提供志愿服务不少于两天，全年向不少于50万人提供金融知识普及服务。此外，大家对内要切实关心爱护员工，倾听员工的呼声，关心员工的困难，总行为此专门设立了爱心公益基金，帮助遇到重大困难的员工。

第四，大力传承“有原则”的操守。“有原则”的内涵是诚信、廉洁、合规。这一点对于我们银行来说十分重要，

尤其是在当前经济金融形势十分严峻、风险压力增大的情况下，大家要严格依法合规经营，在员工中牢固树立风险合规意识，切实防范风险；严格遵循廉洁从业各项规定，加强员工警示教育，远离腐败。去年评审、风险、公司信贷监控、内审、内控合规等部门，牢牢把握原则，有效防控风险，为重庆银行筑起了一道坚实的风险防范的钢铁长城。

第五，大力树立“有担当”的意识。“有担当”的内涵是任事、克难、担责，要在本单位内努力培养勇挑重担，敢于迎难而上，攻坚克难的作风。习总书记特别强调要有担当，他在对干部提出的“信念坚定、为民服务、勤政务实、敢于担当、清正廉洁”五个好干部的标准，在云南视察工作时提出“对党忠诚，干净干事，勇于担当”的好干部三句话要求，以及在参加中央党校县委书记座谈会上，都明确提出要有担当。渝中管理部的一个业务团队的客户存款规模占到了整个渝中管理部存款的62%，我认为这个团队就是有担当的团队。人力资源部面对艰难的人事制度改革，敢于碰硬，提出了一系列具有创新意义的改革方案。我认为，在上述部室和分支机构的身上，真正体现了勇于担当的精神，值得肯定。

企业文化的落地践行，除了要从“五个有”着手之外，我认为还要做好以下三件事：第一，领导要带头践行，要用实际行动进行示范带动。比如员工生病住院，要主动到医院慰问探访。对外奉献爱心时，领导要主动捐款，捐款金额要远远超过员工，要主动参加志愿服务活动等等。第二，要让愿景和理念上墙。让全体员工天天能看到，慢慢能记住，内化于心，外化于行。第三，要发掘树立先进典型。“榜样的力量是无穷的”。总行正在评选全行企业文化先进单位和“五有之星”先进个人，将在分支行长工作会上进行表彰，表彰后要组织在全行进行巡回报告会，让大家学习借鉴。

**（三）进一步完善机制，切实加大企业文化的组织保障。**

企业文化建设离不开强大的组织保障，我认为，要着力建立以下“三大保障机制”。

第一，要建立完善企业文化推进机制。各部室、各分支行一把手要亲自抓企业文化建设，明确分管领导具体牵头，同时明确具体负责的部门和人员，部门和人员可以不必专职，可以兼职，但必须要加以明确。

第二，要建立完善企业文化的宣传培训体系。“五有”文化的推进，离不开持之以恒的宣贯，总行和分支机构要做好各自层面的宣贯工作。在总行层面，企业文化部要进一步发挥行报、文化墙、微信公众平台等全方位载体的作用，要组织开展讲故事、主题演讲等企业文化活动，把宣贯推向深入。人力资源部要将企业文化纳入员工培训课程，作为员工的必修课，深入传导重庆银行的文化理念。各分支机构要利用班前晨会、例会、员工大会等时机，采取多种宣传手段，大力宣贯“五有”文化。

第三，要建立企业文化的考评体系。考核是重要的指挥棒，要将企业文化作为重要工作纳入绩效考核系统，人力部和企业文化部要牵头研究这项工作，分支机构可参考借鉴。在具体操作中，要做到定性与定量相结合，增强定性指标的确定性，并研究制定量化指标，提高考评指标的科学性，推动形成“五有”文化建设的长效机制，保障推进的常态化。

著名经济学家于光远认为，“国家富强靠经济，经济繁荣靠企业，企业兴旺靠管理，管理关键靠文化”。企业文化关系长远发展，关系兴衰成败，我希望大家要真正重视企业文化，真正践行企业文化，真正推动企业文化，以“五有”文化为核心，努力打造百花齐放、各具特色的部室文化、分支机构文化，以文化促管理，以文化促业务，以文化促发展。我相信在大家的共同浇灌下，重庆银行的“五有”文化之花一定会开放得更加绚丽。

（作者系重庆银行董事长，本文为作者在“重庆银行企业文化工作会”上的发言）

## 构建特色安全文化　筑牢安全发展基石

朱同印

华亭煤业集团是中国华能集团控股的以煤为主、煤电、煤化工和建材为延伸发展，集煤炭生产销售和洗选加工、建筑安装、机械制造、科研设计、多种经营、矿山救护、铁路运输等多元发展的大型能源化工企业。现有煤炭生产矿井10队，在建矿井4队，合并生产能力2600万吨，公司资产总额137亿，在册员工2.1万。多年来，华亭煤业集团在中国华能的统领下，结合企业安全生产实际，坚持以母文化为统领以子文化为展开的文化体系，形成了践行母文化共性与子文化个性，文化统一性与文化差异性和谐统一的华亭煤业文化落地。

在企业文化建设中，我们以实际行动诠释华能集团企业文化核心理念，强化执行体系建设，把安全文化建设作为促进安全管理，确保安全持续稳定，维护员工安全权益的重头戏，积极构建安全理念文化、制度文化、行为文化、物质文化体系，让安全文化落地生根、开花结果，真正用文化筑牢华亭煤业安全防线。

### 一、建塑特色鲜明安全理念文化，引领员工思想安全

安全理念文化是安全文化的核心和灵魂，是塑造和巩固员工安全信仰的基础和动力，人的行为安全必须要思想安全。建塑特色鲜明的安全理念文化根本就是用先进的安全理念引导员工的思想、心理、价值、行为取向，并为广大员工理解认同，牢固树立正确的安全观，促进其从根本上实现安全，发挥好对安全管理的导向作用。

建塑安全发展理念引领员工思想安全。始终坚持以人为本，大力宣贯精心培育安全就是效率、安全就是信誉、安全就是竞争力的华能的安全理念。隐患就是事故，容人不容三违的安全理念，持续通过安全发展愿景鼓舞员工，安全发

展绩效激励员工，安全发展形势引导员工，安全发展历程感化员工，使广大员工牢固树立正确的安全观，坚守底线，不越红线，敬畏生命。

典型示范带动引领员工思想安全。运用各种媒体平台，大力培养、选树、宣传、推广各类安全先进典型事迹和作风，大张旗鼓地表彰激励安全生产员工，用身边的人身边的事教育引导员工，用榜样的力量带动员工，激发广大员工热爱岗位，恪守职责，上标准岗，干放心活。

开展安全活动引领员工思想安全。通过组织开展安全生产月，安全征文，演讲比赛，知识比赛，剖析身边发生的安全事故，讲述身边发生的安全故事，争创安全教育先进班组和争当安全标兵等主题实践活动，让员工从生活中受到启迪、警示和熏陶，在参与中得到提高，调动员工自觉遵章守纪，自主安全管理的积极性。

加强安全教育，引领员工思想安全。围绕“安全是什么，标准是什么，目的是什么，我要干什么，我该怎么干”强调安全六法教育，传播普及安全文化、安全知识和技能，从而达到启发人、教育人、提高人、约束人的目的，提高全体员工的安全文化素质。

## 二、建立有效管用的安全制度文化，规范员工落实安全

安全制度建设是企业安全文化建设的一个重要组成部分，围绕华能集团安全绩效管理的制度安排，我们把安全制度建设的过程作为安全文化理念转化为安全管理制度，并得到广大员工认同的过程。安全制度文化体现在安全管理各项制度中，安全制度就是安全文化核心理念的载体，先进的科学的安全理念可以在制度建设强有力的支持下，使安全管理收到事半功倍的效果。

制定严格制度规范员工落实安全。建立健全切合实际的安全管理制度体系，推行员工“6S+T”行为规范管理和“4C”标准管理、“两述一化”管理、班前会“十步”流程、班组核算管理、PDCA 闭环管理等方法，规范岗位标准，严格考核奖罚，促使员工严格按制度办事。

加强员工培训规范员工落实安全。大力开展新员工入企全面培训、岗位员工持续培训、工作现场帮带培训，坚持一周一题、一月一考，持续开展全员岗位练兵、技术比武，使员工熟练掌握岗位应知应会和安全操作流程，不断适应岗位安全发展需要。

推进班组安全管理规范员工落实安全。坚持推行班组安全管理，加大班组安全检查考核力度，通过开展班组“百日安全无事故”和“创建安全先进班组、争当安全生产标兵”等活动，增强员工业务技术知识，提高员工安全意识，规范操作程序，保证班组“个人无三违、身边无事故”。

强化严格执行规范员工落实安全。严格遵循安全管理人本化、精细化、军事化、标准化，坚持推进全员准军事化管理、特别工种岗位练兵比赛、精细化管理等，建立个人、班子、区队、矿井安全评价体系，保证个人有承诺，团队有公约，执行有规范，考核有标准，从根本上实现了安全闭环规范管理。

## 三、培育规范有序的安全行为文化，固化员工行为安全

现代工业事故的研究表明，70% 以上的事故原因与人的原因有关，培育科学安全行为的目的是要达到控制人的失误，同时要激励人的行为安全，行为决定结果，保证人的行为安全就是要注重把员工行为养成作为重点来抓，改变员工的不安全行为，让员工自觉摒弃三违、三惯的陋习，养成良好的生产作业习惯，进一步提高员工的自控能力。

良好行为养成固化员工行为安全。以员工行为规范为总则规范工作标准，规范操作程序，规范操作要领，确保各层级、各岗位形象规范、行为规范，养成良好的操作行为，使各生产环节都处于标准规范要求之内，让行为理念成为行为习惯，以员工良好的职业形象确保企业的形象安全。

注重道德实践固化员工行为安全。注重员工道德安全建设，形成并广泛践行了忠诚于岗位、诚信于安全、友善于他人、回馈于社会的华煤员工道德理念，引导员工真心诚意爱护岗位，在岗位尽心尽力尽责，始终承诺安全、践诺安全、兑诺安全，不伤害自己，不伤害他人，不被他人伤害。

安全亲情教育固化员工行为安全。通过征集家属安全祝福语、井口送温暖、安全联保座谈会、亲情帮教等活动，让职工家属用亲情、友情、爱情、真情去关注安全，筑牢安全第二道防线。同时，对职工每月出勤、工作、安全等情况制作成亲情卡，寄送员工家属，定期采集家属反馈意见，全面了解每一名员工的思想、身体、心理、社交等影响安全行为的动态状况。

培育团队精神固化员工行为安全。大力推行“自保、互保、联保”的共同保安机制，要求每位员工从自身做起，做到安全上岗、安全作业，每个人既是安全生产者，也是安全管理者，在自主保安的同时时刻监督提醒工友注意安全，从而实现“自保保个人、互保保工友、联保保团队”，培育团队精神，形成凝聚力和向心力。

## 四、强化保障有力的安全物质文化，保证员工生产安全

安全物质文化是指整个生产经营活动中所使用的保护员工身心安全和健康的工具、原料、设施、工艺、仪器仪表、护品护具等安全设备和生产作业环境，建设保障有力的安全物质文化的实质就是提升设备设施与作业环境本质安全化水平，弥补人为疏漏，从而赢得企业持续长久安全发展。

加大安全投入保证安全。全面推进矿井技术改造、加大安全投入，实现了采掘机械化、运输皮带化、支护锚网化、感测监控网络化和办公自动化等五化工程，建设并保证六大系统完好运行，增强企业安全管控能力。公司已有两个矿井实现连续安全生产 3000 天以上，有三个矿井实现连续安全生产 180 天以上。近期我们还将按照新的煤矿安全生产法，

对企业的信息化建设、井下自动化建设进行探索和尝试。

加大科技攻关保证安全。在加强煤矿日常安全管理的基础上，针对强矿压、大倾角综采综放、千米深井冻结法施工、特厚易燃松软煤层综放开采等影响安全生产的世界性技术难题，通过邀请专家、院企合作、技术攻关、推广应用新技术新工艺，彻底攻克了技术难题，树立了安全生产的良好形象。

抓好环境建设保证安全。不断延伸开展文明巷道、硐室、机房等创建活动，建立井上下安全文化长廊，全方位悬挂安全警示牌板，从员工入井的听觉、视觉等方面提醒员工安全生产，加大井下人员运输车辆投入，完善员工食堂、住宅、浴池、交通和供暖供水设施，全面落实员工安全劳动保护措施，为员工创造安全舒适的生活工作条件。

发动全员参与保证安全。坚持“党政工团、齐抓共管”的安全生产格局，形成了全员、全方位、全过程、全天候抓安全管理工作的强大合力；始终坚持把各级干部表率带头作为重要保证，教育各级干部带头落实安全教育培训、制度规定、监督检查、问责等各项管理职责，强化现场管理，带动和促进安全管理的平稳发展。

在中国华能集团“三色”文化的引领下，华亭煤业不断促进企业安全管理，企业安全生产一直保持全行业同类先进水平，确保了企业的生产安全、经营安全、政治安全、形象安全，增强了员工的凝聚力和向心力。但是安全生产工作只有起点，没有终点，我们将学习借鉴同行的先进做法，向国内一流企业看齐，把我们的安全工作做得更好。

（作者系中国华能华亭煤业集团公司董事长、党委书记，本文为作者在“中外企业文化2014成都峰会”上的发言）

# 以情载道　铸交运文化之魂

王润杰

交运文化有着悠久的历史。从1907年开通运营中国最早的汽车站起始，到1953年圆满完成中国人民英雄纪念碑碑心石的运输，从新中国成立后服务国民经济发展直到现在发展成为以大客运、大物流、大旅游为核心业务的国有大型交通产业集团。我们历经百年沧桑，始终与时代前进同步，与社会发展同行，不仅见证了中国现代道路运输的起源与发展，而且孕育了交运“情感”文化的基因。

## 一、以文化铸魂，凝聚交运崛起的合力

我们紧扣情感文化主线，用真情凝聚力量，用爱心彰显责任，把打造负责任的企业作为生存发展之道，给员工以关爱、给社会以回报，给未来以担当。

**（一）把员工关爱作为发展的“助推器”，在幸福快乐中汇聚起发展的动力。**

我们倡导并践行“幸福地生活，快乐地工作”理念，切实维护员工利益，着力打造员工幸福工程。面对员工的生活品质要求，率先实施并完成了员工工资三年倍增计划，完善多元化薪酬标准，并向关键岗位、一线岗位和艰苦岗位倾斜；出台四条工资保障线，让连续工作满20年、25年、30年、40年的在岗老员工收入更有保障；在国内首推每周四天工作制，把更多的时间让给员工，用于强身健体、学习培训、文体活动，自2012年实施“交运新工时”以来，员工工作效率提高了30%以上；创新实施一线女驾乘人员“生理期特殊休假”制度，建立员工健康档案，为单身员工发放“爱心便当”，给员工全方位关爱。面对员工的软硬环境需求，全面改进作风、文风、会风，实施工作环境优化“七个一”工程，即建设精致的员工书屋、舒心的员工餐厅、清新的员工活动室、温馨的员工更衣室、洁净的员工淋浴室、规范的档案室、整洁的储物室，让员工在岗工作更有激情。这一件件实事好事，不仅赢得了民心，更形成了前进的动力。集团荣获“山东省劳动关系和谐企业”。

**（二）把文体活动作为工作的“减压阀”，在轻松愉悦中激发发展的活力。**

我们在实践探索的基础上，创新文体活动开展的形式，形成了党政领导支持、工会组织实施、集团上下联动的文体活动组织架构和工作格局，打造“娱乐、健身、竞技”共融的交运文体文化模式。一是创新文体活动主题，紧紧围绕企业改革发展的目标任务选定文体活动的主题，力求以鲜明的主题引领活动、凝聚力量、助推发展。二是创新文体赛事形式，在文体活动中都设定领导干部必须参加的项目，用制度和规则促使各级领导干部带头参与文体活动。如在员工足球联赛中，首创了领导干部与普通员工、男女队员同场竞技的混合赛制模式，增强了比赛的参与性和趣味性。三是创新文体人才引进，良好的文体文化，吸引了大量艺术骨干和专业运动员的加入，既为专业人才提供了退役后的就业选择，也为企业打造优秀文体团队积蓄了人才。四是创新文体组织建制，根据各基层单位开展文体活动的群众基础不同，有意识地把不同特长的员工分类安排到不同的单位，既形成各有侧重的特色文体团队，又带动企业整体活动水平的提高。五是创新文体阵地建设，全面落实“全民健身”战略，在各单位均建有员工健身场所，同时“长流水、不断线”地组织开展演讲、书法、摄影、足球、篮球、乒乓球、羽毛球等比赛，为企业发展注入了新的活力和恒久能量。集团被评为“全国群众体育工作先进单位”。

通过文体活动的互动，让广大员工在享受文体文化生活带来的快乐时，也同时收获了愉悦的身心、健康的体魄和幸福的生活。近三年集团员工健康查体对比分析显示，不仅员工的健康指数有了明显提升，员工的常见病、多发病比例也呈逐年下降的趋势。

**（三）把责任担当作为价值的“评判尺”，在爱心奉献中集聚发展正能量。**

企业的生命在于责任担当，我们把“社会需要交运，交运奉献社会”的承诺落实到具体行动中。在汽车站设立了“爱心基金”，用于资助特需旅客回家，让他们感受到社会

的温暖；在临街场所建立了“爱心驿站”环卫之家、的士之家和市民之家，为环卫工人提供免费早餐，为出租车驾驶员和广大市民提供休息场所，让他们体验到社会的尊重；在办公经营区开放了“爱心公厕”，成为有效缓解城市如厕难的文明之举；我们还组织了“爱心义捐”、发起“爱心支教”，帮贫困学子圆他们的求学梦；推出“爱心送考”，免费接送高考中考学生，真情洒满赶考路；设置“爱心陪护”，用温情服务空巢老人；建立“爱心招领”平台，给失主带来了失而复得的惊喜；通过跨越式发展开辟“爱心岗位”，近两年创造了近6000个工作岗位，用真情诠释了“大爱交运”；坚持“绿色发展”，把节能减排落实到企业发展方式的转变上来，成为新能源和现代信息技术应用的率先实践者。正像“微尘公益之星”所授予的颁奖词说的那样：“铁肩担道义，公益写华章。交运之爱，不仅情满旅途，更情满社会。”

## 二、以文化塑形，树立交运崛起的形象

“交的是朋友，运的是真情”，既是品牌的承诺，更是服务的标准。我们坚持以情感文化丰富品牌内涵，提升服务品质，传播企业形象，努力争创中国交通品牌服务的标杆。

**（一）真情付出，缔造品牌旗帜。**

从“情满旅途”到“温馨巴士”再到“品牌集群”，交运之情始终贯穿交运品牌创建的全过程。早在1995年，我们就发起了影响全国的“‘情满旅途’联手大行动”，开启了“情感”品牌创建的先河。2000年，情感文化延伸到城市公交领域，诞生了“温馨巴士”品牌。2009年至2012年，“情满旅途”和“温馨巴士”先后被认定为“中国驰名商标”，成为国内服务业唯一的“双驰名”企业。面对阶段的辉煌，我们没有停止前进的脚步。“交运之情”“温馨校车”“温馨之旅”“交运地产”“汽车医院”“交运家家送”等知名品牌的先后打造，形成了“品牌集群”模式，燃起了各经营板块发展的燎原之势。

在中宣部举办的第七届中国企业文化论坛上，交运“品牌集群”战略备受瞩目。交运品牌连续两年跻身“亚洲品牌500强”，高居交通运输行业榜首。

**（二）以情动人，引领服务标准。**

立足于顾客不断提升的服务需求，把特色服务作为创新点，在汽车站为旅客提供“女士专属化妆室”、“哺乳室”、“邮寄儿童”“出行指南”等贴心服务，在公交车内提供零币兑换、纸巾帕、爱心伞、报纸袋、医药箱、无线网络等便利服务，让群众出行暖心舒心。把安全服务作为基准线，构建“360”安全管理体系（“3”是指企业三防，即人防、技防、物防；“6”是指驾乘人员六步工作法，即望、闻、问、查、禁、停；“0”是指零空白、零盲区。“360”是全时段、全方位、全领域、全覆盖、无空白、无盲区的全民联手共防体系），建设两级安全生产指挥中心，配套营运客车“七个一”安全工程（即一套卫星定位终端、一个多媒体安全告知、一张安全常识告知、一座一条安全带，一车一组电动破玻器或安全锤，一组灭火器和一组发动机舱高温自动灭火装置），开发应用“交运蓝狐”智慧交通管理系统，实现了对车辆、场站和驾驶员的实时监管，让群众出行安心放心。把文化服务作为体验面，统一员工工装、行为规范和车体标识，实施文化进车厢，将车厢打造成为传播精神文明的流动窗口和道德讲堂，让群众出行接受优秀民族文化的熏陶。

交运服务，改变的不仅仅是传统客运的服务模式，更多改变的是服务的理念，通过真情的付出，给予乘客更多“家”的温馨体验。2013年交通运输部在改进提升道路运输服务工作会议上大力推介“交运服务”，2014年交通运输部、国家安监总局、公安部、全国总工会联合把“情满旅途”确定为全国春运主题，“交运服务”上升到了行业标准的新高度。

**（三）以情化人，培育时代楷模。**

以情为核心的交运文化成为员工的共同信仰和价值判断。我们乘势而上，全面激发员工的创新精神，大力营造尊重劳动、争当劳模的氛围，实现了员工和企业共成长。深入实施争创百个星级班组、百名星级员工的“双百”争创工作，经济上建立“双百”奖励基金，政治上为表现突出、特别优秀的员工设立职业发展通道，体制上开展“全员大培训、岗位大练兵、技能大比武、素质大提升”劳动技能竞赛，形成了物质、精神、事业“三位一体”的“双百”创建机制，培养和选树了一批技术过硬、服务优秀、能担重任、爱岗敬业的星级班组和星级员工，呈现了群星璀璨的格局。他们用充满感情的真诚服务，用不畏强暴的凛然正义，用忍辱受屈的职业素养，用奉献社会的责任意识，赢得了“最美乘务员”“最美司机”“最美修理工”“最美市民”等赞誉，成为交运文化的忠实实践者和形象代言人。也正是他们，用自己的行动，在这个英雄辈出的时代，打造了全新的交运形象。交运集团被授予了“全国五一劳动奖状”和“全国创先争优先进基层党组织”称号。

## 三、以文化强企，开辟交运崛起的蓝海

未来企业的竞争将是文化力的竞争。在驱动企业“向前推进，向上提升”的发展进程中，交运文化的价值在内挖潜力、外联市场、创新发展上得以直接体现。

**（一）以诚为基，延伸产业链条。**

我们坚持以诚信为立业之本，在筑牢传统主业的同时，拓展新兴市场。把握顾客需求，提供定制服务。开通了全国首条“定制公交”，推出了摆渡公交、就医公交、景点公交、观光公交等定制服务，满足乘客多元化出行需求。匹配城市发展，完善交通体系。为青岛西海岸国家级新区、红岛高新区和蓝色硅谷区量身定制“外联、内环、互通”的综合交通规划，打造大沽河沿线智慧旅游交通网络，形成了青岛全域“城区、城际、城乡、镇村”无缝衔接的城乡客运一体化，支撑了“全域统筹、三城联动”的大青岛空间发展战略。

**（二）以情为媒，拓展合作空间。**

交运文化的独特魅力，吸引了各方合作的目光，成为在新领域开拓市场的纽带。我们与各级政府机构对接，承担

了青岛市“两会”、APEC贸易部长会议、全国信息系统座谈会、金家岭财富论坛等大型活动的交通保障任务；我们与国家电网共同推进绿色清洁能源应用，当前新能源车辆已达到3000余部；我们与以色列以星集团、法国雪铁龙、广汽菲亚特、海尔、青岛邮政等大型企业开展深度合作，在集装箱制造、汽车4S店、电子商务、市场拓展等方面，实现了互利共赢。我们并购道路运输企业和地产企业，形成了社会优势资源和生产要素向交运集聚之势。

**（三）以变为法，创新发展模式。**

我们把变革创新作为发展的永恒主题，以经营创新抢占发展的制高点。创新经营结构，从各业务板块的“散小弱”到专业化运营、集约化发展，进一步使优势资源向核心业务集聚，形成了在市场竞争中的拳头效应和规模优势。创新经营业务，在国内率先进军专业校车客运市场，1600辆专业校车构建起全域覆盖发展格局，领跑全国；积极构建“一主多辅广布节点”的旅游集散服务体系，首创了国内交通与旅游融合发展的集合服务新模式。通过不断地改革创新，2013年集团营业收入达到2009年的3倍，进入中国服务业500强、青岛企业50强和青岛服务业20强。

这次会议的召开，为交运文化的进一步提升，提供了很好的理论指导和实践依据。未来我们将更好地传承和完善交运情感文化，为创造人民群众更加美好的新生活做出新的贡献。

*（作者系青岛交运集团党委副书记、总经理，本文为作者在“中外企业文化2014成都峰会”上的发言）*

## 天能文化：深厚的国家情怀与责任担当

张天任

文化不仅是国家腾飞的软实力，也是企业基业常青的牢固基石，天能集团历来重视企业文化建设，一方面坚持以动力文化筑魂，通过文化创新推动战略转型，在生产经营实践中提炼形成了以责任为魂创新共赢为核心价值观的动力文化体系，天能动力文化把国家发展、员工获得感作为企业追求的最高境界，把家国情怀融入企业血脉。天能集团无论是在行业高速成长期还是在行业发展低潮期，始终能够保持清醒头脑和战略地位，一方面坚持专业化发展道路不动摇，积极改造提升传统产业，致力培育壮大战略性新兴产业，加快新旧动能的转换，促进企业绿色低碳循环发展，以新的战略实践努力实现企业的经济效益、环境效益和社会效益的协调统一；另一方面我们从管理着手，将企业文化深深融入经营实践当中，把动力文化的要求贯穿企业技术创新、体制创新、管理创新中，落实到产品的研发、生产、销售和服务之中，融汇到员工激励政策的制定和薪酬福利管理之中，为企业持续健康稳定发展注入动力。

当前我国经济社会发展面临许多问题，都需要通过文化创新和社会窗口寻求答案，民营企业作为经济社会发展的主力军和创新改革的领导者，应当发挥自身的作用，深入研讨交流积极建言献策，与政府一道探索攻克，为夯实国家文化软实力探讨新的路径，寻找新的动力，拓展新的空间，践行新的使命。习近平总书记就非公有制经济发展提出一系列新思想，带头树立政治意识大局意识核心意识和看齐意识，做一个政治上的明白人。带头践行社会主义核心价值观，带头诚信守法做生态文化人，带头加强自身建设自我学习自我提升，做创新改革者。这充分表达了党中央对民营企业健康发展当好创新改革先锋号和国家文化软实力建设领头羊的美好愿望，在这样一个关键时刻，论坛以民营企业文化创新和社会责任为主题，开展深入的研讨和交流，切合了当今经济社会最新的热点，又反映了民营企业界普遍关切，体现了深厚的家国情怀和责任担当，具有鲜明的时代特征和很强的针对性，必将在中国企业文化发展史上留下浓墨重彩的一笔。

出席本届论坛的领导专家和嘉宾在文化建设上都有非常深厚的造诣，衷心希望通过大家的广泛参与，良性互动，把本届论坛办成凝聚各方力量汇聚多方智慧的平台，变成共同发展的平台，使之成为民营经济健康发展、民营企业繁荣发展的加油站，让我们携手为这一神圣使命共同努力。

*（作者系天能集团董事长、党委书记，本文为作者在“首届中国民营企业文化论坛”上的发言）*

## 开放包容　合作共赢

周明明

企业文化是企业这个组织所特有的文化现象，它包括文化观念、价值观念、企业精神、道德规范、行为准则、企业制度、企业产品等等。企业文化是企业的灵魂，是推动企业发展的不竭动力。超威是一个年轻的企业，从创立至今，只有短短17年的时间。17年的时间，从一个小作坊，成长为世界第三、亚洲第一的动力电池龙头企业，其中的关键，是把中国传统文化要素、企业使命和长远目标相结合，经过不断总结与提炼、实践与丰富，形成了具有强大感召力的“和合文化”体系，并把它融入到生产经营、日常管理、市场营销、创新研发等各个方面，实现了企业价值理念、使命愿景的共享，凝聚成了顺应时代潮流、驱动企业前进的强大力量。

### 为什么要建设企业文化

超威为什么做企业文化？首先，我们确定了超威的使命和愿景。超威的使命，从创立初期就确立了，“倡导绿色能源，完美人类生活”。超威的愿景，刚开始，是成为全球动力和储能电池第一大供应商，逐渐发展到立志成为全球新能源行业伟大的公司。那么，我们用什么来倡导绿色能源、来完美人类生活？用什么来实现伟大公司的愿景？为此，超威规划了两大路径。第一条路径，就是先从动力电池开始，然后再到动力系统，最后再到造电动汽车整车。这就是在倡导绿色出行的方式，未来，我们期待，所有的出行方式都是环保和生态的。现在，大家都很关心环境问题，因为这跟我们的生活息息相关，特别是 PM2.5 问题。假如所有城市的交通工具都改成绿色能源，空气质量、环境质量马上就提升了，所以，这条路径，我们认为是很有意义的。第二条路径，就是通过做储能电池，到储能关键零部件，再到储能系统，再到储能站，也就是未来，我们要用太阳能，用风能，用潮汐能，用地热能直接造电站，而不是用煤炭，最后要实现什么目标呢？就是把现有的煤炭发电全部替换掉，那么，整个世界的能源供应结构就发生了变化。这两条产品线，就是在用实际行动“倡导绿色能源，完美人类生活”。这可以让我们每个超威人感到自豪，让超威受到社会尊重，让超威的发展与全社会共享，使超威成为人才汇集、创业激情迸发的地方。我们做企业文化，就是以文化的共建、共享为重要支撑，来实现使命和愿景的共享，并最终达到成为伟大公司的目标。在明确愿景使命同企业文化两者之间的逻辑顺序后，我们再来探讨文化建设的意义或者作用。有这么三个方面：

一是吸引人才、凝聚力量的需要。人才是最宝贵的资源。超威要成为伟大的公司，一定要靠全世界优秀的人才，没有人才是不可能实现的。优秀人才有欧美发达国家的，有日韩的，还有中国本土的，优秀的人才，他们怎么才能到超威来呢？不是花高薪就能请到，有文化的差异，有地域的差异，所以超威的文化一定要具有包容性，是没有国界的。假如说有国界的限制，那就只能吸引某一区域的人才，比如，我们的文化是中国的，只能是中国本土的人才会到超威来；如果把新能源事业定义成全球范围的，那么超威的文化就要变成全球的。文化变成全球的，全球的优秀人才就来了？那还不够。还需要一样重要的东西，就是平台。这个平台，就是培养企业家的摇篮。人才首先是借助于超威，摄取超威的养分，最后他是要脱离超威，飞出去的。也就是说，超威是为社会培养企业家，或者为全人类培养企业家，这个未来的企业家，他有可能是德国人，也有可能是韩国人，也有可能是英国人，或者是美国人。从这个意义上来讲，我们做文化的目的，就是要让大家都认识到，超威不是简单用劳动力、脑力来换取收入的组织，也不是一个专属于某一文化圈层的组织，而是一个开放包容、兼收并蓄、实现梦想的大平台。

二是激发持续创新动力的需要。回顾超威的发展历史，创新扮演着极为重要的角色。也正是创新，奠定了超威在十几年发展中的领先优势。但是，当企业发展到一定规模，如果缺乏文化的支撑，或者有文化，但不接地气，最后会导致严重的问题。表现在创新能力、创造能力停滞不前，缺乏动力等等，这会给企业带来巨大的消极作用。这就是要么创新，要么灭亡的问题。比如在科技创新方面，从电池行业来看，我们最担心的就是新材料、新技术、新工艺，把老的产品给替代了，把老的市场给替代了。像柯达、诺基亚都曾经是的行业第一，一下子就灰飞烟灭了。但是，今天，我们的这种危机意识很淡，而且好像已经意识不到了。问题在哪里？主要是大家都躺在功劳簿上，觉得已经够了，没有了创新创造的激情和动力。这个就需要企业文化发挥它的激励、导向作用，通过文化的建设，让企业成员都能深刻意识到潜在的危机，毫不犹豫地选择去创新，去开拓，去实践。

三是提升完善企业管理的需要。企业文化的一个重要作用，是约束、规范的作用。这种约束、规范，除了建立有效的各项管理规章制度，还有就是超越制度之外非制度的安排，它规范引导员工自觉地向统一目标前进。这就需要文化，通过文化来建立一个氛围，或者一个好的环境，通过环境和氛围来培育与企业发展相关的要素，什么是我们支持的，什么是我们反对的；什么是我们需要的，什么是我们摒弃的。这些东西，制度是没有办法描述的，但是通过文化，通过共享的企业文化，以文化影响人、规范人，员工自愿自觉，变成了相对的自由人，发挥创意。而基于不信任的、有着严密规定和监督的组织，会使创新活动逐渐萎缩。所以，只有通过文化，让员工获得自由时，才会真正产生创造力。

### 超威倡导的“和合文化”是什么

和合文化的形成，大致可以分为三个阶段：第一阶段（创立初期）：无意识地创造；第二阶段（创立初期至 2012 年）：自觉的实践与总结提炼；第三阶段（2012 年至今）：发展与传播、重塑与再造。早在创立初期，超威就提出了使命和愿景，为了支持实现使命和愿景，我们明确了“资源共享、互惠互利、共同发展、长期共存”的经营方针，并紧紧围绕这个方针，来指导企业的生产经营管理活动。这 16 个字，体现了合作的过程，或者是竞合、合竞，就是合作和竞争。这 16 个字相当于树的养分系统，把养分、水分输送上去，滋养企业这棵大树。这 16 个字，描绘了所有跟超威有关系的人跟事，包括员工、供应商、合作伙伴，也包括科学家、专家，甚至还包括竞争对手。如果把 16 字加以解读，可以这样来理解。资源共享，这是天道。一切资源为人类共有，这不仅是企业的精神境界，更是持久兴盛的现实要求。唯有共享，才能共生。互惠互利，这是人道。我们每个人、每个群体、每个组织，都需要实现资源的互换与配置，形成稳固的利益共同体、责任共同体，才能为良性持续发展奠定基础。共同发展，这是正道。企业与员工共同发展，企业与企业共同发展，企业与社会共同发展，促进发展成果共享。长期共存，这是商道。员工、供应商、联营商、客户、竞争对手，构成了一个闭路循环，其中的任何环节都很重要，缺一不可。超威人在十几年的打拼、奋斗和成长中深深懂得：竞争是市场经济永恒的法则。但超威人更加懂得：合作共赢才是企业发展最终的追求。只有天道、人道、商道、正道四道并行，企业才有光明的前景。只有天人合一，商企共赢，企业才有长久的未来。

在 2012 年的时候，经过提炼总结，我们提出了“和合”这个概念，并把它作为企业文化的统称。“和合”思想作为中国传统思想文化，“和”包涵和谐、和平、祥和；“合”则有结合、融合、合作的意思，主要体现在三个层面：一是指人与自然的和谐，即“天人和合”；二是指人与人、人与社会的和谐，即“社会和合”；三是指人身心的自我和谐，即“自我和合”。今天，和合文化还是在不断进化发展、重塑再造的，就像我前面讲到的，是一个兼收并蓄的开放式的、吸纳式的文化。我们把它作为推动企业稳步成长的重要价值基础，在有效引导企业完善利益相关者关系、推进技术创新、集聚优秀人才、完善内部管理体系、探索“互联网+”时代的商业模式转型等方面发挥重要作用。

### 超威如何推动和合文化落地

三流的企业靠价格，二流的企业靠质量，一流的企业靠科技，而伟大的企业必须依靠文化与管理才能赢得竞争和明天。和合文化，并不是游离于超威运营的各项活动之外，而是从企业诞生之日起，就渗透在萌芽、发展、壮大、转型的全过程当中。具体体现在以下方面：

一是体现在经营哲学上。独行快、众行远，合作才是发展的长远之道。超威有今天的规模，主要得益于实施企业重组与兼并合作的战略模式，从而实现了“快”的步伐和“远”的目标。这一模式，不是野蛮、盲目地扩张，更不以牺牲同行为代价，而是以“控股”、“参股”的形式，以密切协同、通力合作的方式，共同推进抱团发展。比如，我们同昌盛公司的合作。昌盛公司是业内第三大动力电池生产商。由于激烈的市场竞争，加之产业快速扩张以及对形势的误判，在2011年陷入了经营困境。在寻求无路的情况下主动找到我们，提出全面收购的请求。但是，我们认为，只有合作才能实现共赢，因此，及时伸出援手，与昌盛公司建立合作关系。经过一年努力，成功渡过经营难关，实现良性发展。与昌盛的合作只是一个例子，包括与江苏永达、安徽九华等企业的合资合作，无不体现和合文化理念。同时，为加快推动企业整体快速发展，我们与子分公司、生产联合体建立良好的互助合作模式，实现由自身生产到合作输出技术、管理、工艺，甚至最核心配方的联合发展模式，使得企业增长迅速上升到一个更高的层级。比如，对合作方，实施人力资源统一、市场统一、技术统一、财务统一、采购统一、品牌统一的“六统一”合作机制，其中财务由子分公司独立核算，其余由总部来负责，实现“风险共担、利益共享”合作模式；对联合体，运用采购、技术、工艺、管理、品质、品牌、销售“七共享”方式，带动他们按照超威的标准开展合作。在行业不景气的形势下，我们优先考虑各联合体抗风险能力，保障其利益，承担由市场风险导致的大部分亏损。2014年，超威走出国门，与有着70年历史的德国启停电池生产商MOLL公司开展合作，收购其股份，开启了国际强强联合、跨越发展的新模式。

二是体现在人才培育上。我们曾经跟韩国德鲁克管理学大师、新范式管理创始人文国现先生讨教一个问题，就是怎样做百年企业？他说，投资于技术，可活30年；投资于人，可做百年企业。我非常赞同这个观点。伟大的组织，不是由聪明的人组合在一起的机械结合体，而是共享价值观和愿景，拥有共同文化的人们形成团队协作并产出成果的有机体。创新的核心是人，效率的核心是人，价值创造的核心是人。最大程度激发人的潜力，调动人的创造性，而不是去约束它、限制他，这是和合文化一大重要特征。比如，我们构建以人的成长为核心的企业家培养“三个模式”，打通了从员工、合作伙伴、专家技术人员三个群体成长为企业家的职业发展通道，把企业打造成了平等、自由、开放的企业家摇篮。这三种模式是：通过提升岗位技能和增强业务能力，将普通员工逐级培养成企业家；通过与专家、科学家结成战略合作关系，通过项目合作、资源共享，发展为企业家；通过与合作伙伴结成各种形式的战略联盟，信息共享、互惠互利，帮扶成企业家。通过这个模式，我们培养了一大批企业家。比如，超威山东公司的总经理，原来只是一线的操作工，通过努力和培养，一步一个脚印，从普通农村妇女走上高管岗位；比如，超威河南公司的董事长，原来是同超威合作的经销商，借助企业家成长通道，在十年时间里，他打造的商业航母成长为河南省百强重点工业企业；比如，福州大学郭永榔教授，以技术入股的形式与超威开展合作，成立金超威公司，成功从技术专家转型成为企业家。通过企业家培养模式，极大调动了人才的创造性，激发了企业内部的活力。按照这个路径发展下去，超威未来会是一个伟大的公司，我也非常期待，超威能够培养出更多的企业家，如果哪一天培养出像乔布斯、马云那样的企业家，那么超威是实至名归的伟大公司了。

三是体现在社会责任上。现代企业有四大责任：创造利润、满足顾客、发展社会、保护环境。因此，在企业发展的过程中，除了设定利润目标外，社会责任也是同样重要的目标，反过来，通过加强社会责任，可以更好实现增加利润的目的、取得顾客信赖、实现内外部资源的整合。超威在这方面，也一直是这样做的。以铅蓄电池的无镉内化成生产工艺为例，这项技术应用后，大幅降低了电池生产的能耗及含铅废水的产生量，可实现节能28.5%，节水90%的目标。据初步测算，如果国内铅蓄电池行业全部采用无镉内化成工艺，每年可减少重金属废水排放900多万吨，减少重金属铅排放9吨以上，同时可减少重金属污水处理费近10亿元，间接效益和直接效益达15亿元，社会效益、经济效益十分可观。这项技术，超威投入了近亿元的资金进行研发，耗时近半年。但是研发成功后，我们没有把它封锁起来，而是通过无偿开放“源代码”，促进工艺在全行业共享，为整个铅蓄电池产业的转型提升作出了贡献。再比如，我们研发的原子经济法回收铅技术，将废旧电池直接转化为构成电极的活性物质，解决了传统铅蓄电池铅在回收、冶炼、再生、最终成为金属铅等多个产生污染物及能耗的环节。目前，我们通过联合铅再生企业，运用这项技术，实现铅再生回收利用的规范化、产业化，减少铅再生对环境的污染。此外，近年来，我们致力于推进电池产业绿色化发展，先后启动了国家环境保护铅蓄电池生产和回收再生污染防治工程技术中心建设，组建了电池产业绿色循环发展联盟，成立了电池污染防治和救助专项基金等等，这些努力，都是为了体现企业的社会责任，推动产业与环境的和谐永续发展。

### 和合文化如何进一步发展

超威的“和合”文化建设，为企业发展注入了强大动力。一是支撑了企业飞速发展。在十七年时间里，超威从一个只有十几人的小作坊稳健成长为在全国7个省拥有18家子分公司、两万多名员工的行业龙头企业。2014年，销售额突破600亿元。在2015“中国企业500强”、“中国制造业500强”榜单上，分别名列第198位、第90位。二是激发了创业创新激情。以项目为基础，与全球新能源技术领域6位知名院士和20多位专家教授形成了紧密的合作关系；培养和引进了3名国千计划特聘专家，其中，柯克博士领衔的“新能源汽车动力电池系统创新团队”入选浙江省首批领军型创新团队。企业研究院先后获得国家认定企业技术中心、国家认可实验室等创新平台资质。三是提升了企业的凝聚力。在和合文化的引领下，全体员工遵循、践行“忠诚、责任、结果、奉献”、“一对一责任”、“用数据和事实说话”等价值理念，在生产经营管理等各个方面取得了良好的绩效。同时，通过和合文化确立的相关制度体系，与专家学者、生产联合体、联营商等形成了紧密的合作关系，奠定了行业领军的组织优势、技术优势和人才优势。四是发挥了辐射带动作用。主要体现在两个方面，一方面，企业在行业中的示范引领作用进一步增强，在推动产业绿色化、规范化、集约化发展方面，充分体现龙头地位，自觉主动推进企业、产业的创新变革和转型升级；另一方面，和合文化的经验得到了中央、地方各级领导的肯定以及推广，全国人大原副委员长路甬祥在考察时就提出，要把和合文化传承下去。原浙江省委常委、组织部长胡和平总结超威经验，提出了打造和合共同体，作为全省两新组织党建的重点工作加以推进。企业也凭借和合文化实践成果，获得了全国企业文化优秀成果奖、浙江省企业文化示范基地和企业文化建设示范单位等荣誉。

文化的生命力，来自于不断地完善丰富、重塑再造。对和合文化的发展，下一步，一要制定科学的规划。企业文化建设是一个长期、复杂的过程，需要制定步骤、有目标有措施地去实现。和合文化建设也需要制定清晰的建设规划。在厘清关键文化要素及文化体系的前提下，制定中长期规划，明确目标思路，确定方法措施，更好地指导传承与创新。二要推进文化品牌建设。在未来，要加大企业家培养的力度，培养出更多、更优秀、更有知名度的企业家，让企业家培养计划更有说服力、更具代表性。同时，也要加大在激励员工、规范行为、提升凝聚力等方面的文化载体、品牌的创造、建设力度。三要实施差异化的企业文化战略。文化本来就是多元的。未来，我们将探索一主多元型的文化管理模式，即在坚持共享和合文化，保持内部主体一致性的前提下，鼓励子分公司、联合体探索与当地地域文化高度兼容的理念、习惯和规范，发展具有自身特色的亚文化，以适应不同的发展需求。四要着力突出创新文化、团队文化培育。从现状来看，创新和协同，是企业文化建设中最薄弱的两个环节。这就要求我们思考今后如何促进和合文化的共享，并通过和合文化的建设，把各种优秀的资源要素整合起来，产生创新涌流、相互协同的机制。

（作者系超威集团董事长）

## 文化在管理中的价值与力量

修 龙

什么才是先进的管理？什么才是科学的管理？没有一个准确的标准答案。中国建设科技集团（以下简称中国院或集团）通过检测自身的企业基因，对中华传统文化不断进行继承与创新，并将创新成果植入企业管理之中，充分发挥文化的精神惯性与精神穿透性对企业发展所产生的重要作用，探索出中国院“最适合的管理”。

中国院2007年以来连续六年以年均30%以上的增速发展，尤其是2009年收入首次突破20亿元，到2013年达到70亿元，实现了每年10多个亿的跨越式发展。截至2013年，集团资产总额达74亿元，较2000年增长15倍。这无疑得益于中国经济和行业的稳定发展，但更重要的是中国院的管理以激励人为核心：不断激发人的主动性和责任感，不断激发人的思想力和创造力，使得企业内生动力生生不息、源源不竭，不断驱动企业可持续发展。

### 企业基因决定什么才是“最适合的管理”

中国为什么必须而且只能是发展“中国特色的社会主义”？因为中国有中国的国情、中国的文化、中国的特点，必须因地制宜。汉代赵晔所著《吴越春秋·阖闾内传》中，最早提出了“因地制宜”的观点。这是我国传统文化哲学对管理理念最朴素的思考。治企如治国，同样不存在任何现成的“最先进、最好、最科学”的管理模式可以照搬照抄，只有“最适合的管理”。因为每个企业在形成之初就生成了本企业独有的基因。如果企业管理模式与自身基因不相匹配，企业必然死气沉沉，那就只有两个出路：要么改革管理使企业起死回生；要么企业以换血为代价改造基因适应管理模式。

中国院基因。中国建设科技集团的前身是成立于1952年的中央直属设计公司，由中共中央办公厅直属修建办事处设计室等11家中央在京直属建筑设计单位合并组成。2000年3月，建设部建筑设计院、中国建筑技术研究院撤并重组，同时吸纳中国市政工程华北设计研究院、建设部城市建设研究院，组建“中国建筑设计研究院”，直属国务院国资委管理。从历史形成来看，“设计”与“科研”一直是中国院的两大主业。60多年来，中国院与新中国建设的历史血脉相连，始终是国家战略的主要实现者、国家重点工程的主要参与者、国家文化强国的主要践行者、国家级重要事件的技术支撑、国家生态文明建设的重要依托，中国“设计师”与“科技工作者”对国家、民族的强烈责任感和使命感在中国院代代传承，沉淀为中国院独特的基因。这是一种包含以德为先、尊重规律，以国家兴亡、民族兴衰、文化兴衰为己任等遗传信息的基因。

中国院特色的管理遵循规律而生。中华传统文化的精髓是天人合一，简言之就是要遵循规律，包括先天自然规律与后天运行规律。“中国院特色的管理”，正是通过研究治企规律、行业规律、企业历史和特质，在遵循规律的基础上大胆解放思想，实现继承与创新，并仍在不断创新。

遵循企业的普适规律——坚持发展。发展是科学发展观的第一要义，是当今世界的主题，更是做企业的核心要义。发展可以满足国家和社会对企业的要求，实现员工对企业的期望。因此，发展是硬道理。企业必须坚持发展这个主题不动摇、不争论、不折腾，摒弃各种杂念，一心一意谋发展。

设计企业的发展方向是什么？存在着“追求质量还是规模”、“做专做优与做大做强”的激烈争论。我们认为：质量（做专做优），代表了设计院的实力与品质，是打造品牌的基础；规模（做大做强），代表了设计院的市场占有率以及社会和市场对企业的认可，是抢占话语权的基础。两者应该是相辅相成的，互为促进、互为补充，做质量是做规模的前提，做规模是做好质量的保证。一家设计企业没有基本的市场参与度和作品数量的保证。做质量就没有根基。质量与规模是设计企业永恒的主题，做专做优与做大做强没有先后之分，只是企业在不同的发展阶段、不同的市场环境下侧重的程度不同，最终应实现二者间的平衡。

遵循行业的基本规律——以人为本。勘察设计企业属于工程咨询服务业，是智力型、知识密集型企业，属轻资产企业，不依赖生产资料，人是企业最核心的生产要素。人在企业有、人走企业无。行业的基本特性导致了人才流动率一直保持较高水平。因此，设计企业发展的关键在人，企业管理必须以人为本，一切工作的出发点都应以人为前提，核心是激发人。通过激发人的主动性、自觉性、积极性，激发人的责任感、成就感，激发人持续创新、自我成长，在实现人才资源价值的同时，实现人才的自我价值追求，达到吸引、培育、留住人才的目的，从而夯实企业可持续发展基础。设计企业的发展依靠员工，发展的目的也是为了员工，发展成果一定要惠及员工。

遵循中国院基因——以德为先。中国院的基因包含的是中华文化哲学的遗传信息。这就决定了中国院“最适合的管理”必然要以领悟中华文化之精髓为基础、以文化传承为目标，才能得到高级知识分子为主体的中国院人认可和接受。作为中华传统文化的主流和重要组成部分，儒家文化的核心是仁爱，重精神、重道德。以德服人，人服；以德治企，企治。我们相信小赢在智、大赢在德。因此，中国院以德为先，企业管理注重加强道德品质的自我修养，将“修身、齐家、治国、平天下”与企业管理相结合。要求做到对组织有忠心、对同级有真心、对下级有爱心、对自己有公心、对事业有进取心、对工作有责任心、对名利有平常心；有理想、有追求，踏踏实实做人，清清白白做事；树立爱企如家、持续创新、包容厚德的精神，做好各级团队建设；通过勤学、勤思、勤奋培养善谋事、会干事、能成事的优秀人才，治理好、建设好企业；践行天人合一、敬天爱人的中华文化精髓，以利他精神赢得市场，成就事业，形成了一套较为完整的中华传统文化与企业管理相融合的管理理念体系。

### 中国院基因的显性化表达

企业基因需要显性化的表达，其遗传作用才能得以强化。中国院以广阔的国际化视野和发展的眼光，将自身“基因”外化为企业的发展理念。

企业使命。集团明确提出了“传承中华文化、打造中国设计、促进科技进步、引领行业发展”的企业使命。这四句话是对中国院“基因”的高度提炼和适应现代企业形式的表达，体现了中国院做优做强主业、促进社会与行业进步的责任感和使命感。中国院拥有的深厚文化哲学底蕴必须传承下去；必须传承与拓展中国设计，让中国设计走向世界；必须持续科技创新，没有科技进步就没有核心竞争力；引领行业发展是旗帜，是我们的社会责任。

企业愿景。集团明确提出了“成为具有国际竞争力的世界一流设计企业”的企业愿景。这既是国资委对中央企业的战略定位要求，也是经济全球化时代中国院基因的遗传要求。世界一流设计企业对于中国院而言并不遥远，中国目前是世界最大的建筑工地，中国院的建筑师与世界知名设计机构在中国本土同台竞技，实力比肩；另据ENR排名数据分析，不出十年，中国院一定会跻身世界一流企业前列。

发展目标。为使企业愿景更具有指导性，集团针对知识密集型、科技型企业特征，将“世界一流”定义为四个最，明确提出要成为行业“发展质量最好、科技实力最强、人才品质最优、幸福指数最高”的企业，尤其是创造性地把员工幸福指数列为企业战略目标，是以人为本的重大思维创新。

目前集团已基本达到了这四个发展目标：脱钩改制十二年集团发展成为中国勘察设计行业第一个跨国企业集团。科技方面，新中国成立以来所有建筑设计标准都由中国院归口管理，从“八五”到“十一五”，共完成国家及省部级重点科研项目1000余项，被国家科技部授予“‘十一五’国家科技计划执行优秀团队”，2011、2012两年三获国家科技进步二等奖。人才方面，我们拥有3名中国工程院院士、7名全国工程勘察设计大师，以及顶尖建筑师、杰出工程师等在内的高端人才保有量居行业之首，技术人员占员工总数的90%以上，拥有建筑学一级学科硕士学位授予权。

企业文化建设与企业中心工作有机融合，特色鲜明、催人奋进的中国院企业文化，经过中国院人汲取、转换，迸发出的思想力、创新力和执行力，是自觉的、能动的、倍加的，真正转化成了中国院的核心竞争力。企业内部凝聚力和外部感召力达到空前高度，我们的员工以企业为荣，把企业作为事业成功和理想实现的最好平台。

### 中国院特色管理的实践与亮点

中国院以德治企，建设了一支有高尚品德追求，善学习、能思考，敬业务实、开拓创新的团队，企业氛围纯净、和谐，集团上下统一思想、团结协作，一心一意谋发展，始终以发展为主题，就如何发展问题进行了治理之道、创新之法、人才之基、文化之本四个方面的探索与实践，亮点频现。

治理之道。治理之道，即治理之根本。中国院一直在思考探索并不断创新实践如何扩大化集团人才资源价值，提升企业发展质效这一管理课题，通过研究企业和行业一般规律，研究人的根本需求，提出了两个符合的治理之道。一要符合行业规律，知识智力型企业，人在企业有，人走企业无;二要符合人的本性，满足人对事业价值和经济价值的追求。多年来集团遵循两个符合原则，以满足人的尊重和自我实现需求为激励手段，吸引人、造就人、用好人、留住人，充分调动了员工的创造性、自主性和积极性，基层首创层出不穷，成为驱动企业发展的原始动力。同时，我们研究现代企业管理，实现了观念转变：由院所思维向企业思维转变，由设计院长向企业家转变，使得基层首创有了顶层设计的引领。

创新之法。创新是企业发展的不竭动力。作为中国院主体的知识分子具有强烈的忧患意识。这种意识让他们对中国文化命运、社会命运、企业命运给予高度关注，并具有积极的参与精神。中国院所做的就是创造更多的关注表达机会和参与机会，充分挖掘出知识分子忧患意识的价值，创新实践便永无止境，多年来形成了“思维创新、管理创新、科技创新”的创新之法。思维创新是实施创新的前提和基础，管理创新是推动创新的引擎和支撑，科技创新是实现创新打造企业核心竞争优势的有效手段。三者互为因果、互相支撑，构建起了中国院的创新文化。

思维创新。集团近年的发展逐渐呈现出“天花板”效应，员工人均产值已接近极限，必须要寻求一种适应科技型企业可持续发展的新模式，而不是依靠简单规模扩张的粗放式发展。收购新加坡 CPG 集团，是中国院通过资本运作，创新“人才 + 技术 + 资本”发展模式的成功实践。

中国院首次海外并购的成功秘诀就是“早谋、慎决、速动、持续”。集团在 2006 年一次内部思想大讨论中，就高度统一了发展的主题思想，并继而瞄准世界一流设计企业目标，早就为海外并购做好了充分的思想准备。而六年的埋头发展，集团从经济基础、科技实力，到行业影响力、文化影响力、品牌影响力，乃至未来发展前景，都为海外并购做好了充足的物质准备。当机遇来临时，中国院立即从 CPG 集团基本情况、经营业绩、技术实力、外部环境以及股东出售的原因等多方面，进行收购可行性论证以及机遇和风险分析。CPG 集团前身为新加坡政府公共工程局（国家设计院），是一家具有一百八十年历史、世界一流、亚洲地区领先的基础设施及建筑咨询与管理服务公司，在机场、医院、学校等领域具有世界一流设计水平；与中国院有着相近的业务布局和文化背景，有着相似的企业历程、一致的战略目标以及良好的合作基础；CPG 所在国——新加坡，具有稳定的政治环境和社会环境，法制严厉、政府高效。基于以上分析，集团作出了收购决策。作出决策后，中国院着眼于 CPG 集团的可持续发展，迅速行动：收购、融资、融合理论研讨以及管理对接准备等等，一系列工作齐头并进，从收购谈判到正式交割再到持续运营，张弛有序，一气呵成。

中国院以“尊重和信任”为前提，用职业经理人的思路探索定制 CPG 管理模式：“战略有效引领、资源整合协同，尊重企业规律、依靠职业经理，做好顶层设计、严控审批程序，严抓财务管控、放权市场运营”，有力保障了 CPG 的平稳有序发展。2013 年，CPG 总裁丘新坤先生入选“新加坡百名最具影响力人物”，副总裁陈萃青女士当选新加坡“当代杰出女性”；设计项目一举拿下 12 项“新加坡建设局年度大奖”；全年收入比上年增长了 12%，为中国院贡献了 25% 以上的利润。

作为中国勘察设计行业海外并购的第一案例、中国海外智力资本收购的新突破、国家高端服务业“走出去”的有益尝试，收购的成功进一步夯实了中国院的行业领头羊地位。收购后的成功运营，为集团成功搭建起国际化业务运营平台、海外资金运作平台和国际化人才培养平台，推进了集团国际化战略进程，对集团的国际化管理水平起到了提升作用，有效促进了集团内部的资源整合。

管理创新，“一横两纵”。如何使集团战略发展的脉络更加清晰，结合国家要求、行业发展规律以及企业发展方向，集团提出了一横两纵的战略实施路径。“一横”是围绕主业做优做强，横向拓展，做好业务板块与市场布局。“两纵”一是以主业为基础，以资本为纽带，各板块向产业链上下游延伸。近年来集团不断进行内部重组，整合优化资源配置，逐步形成以规划业务带动城市设计的产业链式业务格局。二是要以科技创新为核心，加强科研成果转化，提高核心竞争力，通过科技创新支撑主业发展。目前已基本构建起以企业为主体、以市场为导向、产学研相结合的科技创新体系，统筹科技资源向市场需求的科技研发倾斜，让离市场最近、最先了解市场需求的人来指挥科研攻关方向，企业核心竞争力进一步增强。

“中魂西制”。中华传统文化强调无为而治，强调软性的文化管理，以人为核心，充分发挥人的主观能动性和自觉意识，但缺乏明确的量化标准。现代企业制度是西方对工业文明发展的总结，强调明确的任务目标及可量化的指标，强调刚性的制度约束，通过科学化、标准化的管理来提高劳动生产率，但冰冷的制度缺少对人主观能动性的发挥。做企业既要有严格的制度管理，又要有启迪心灵的文化管理。

中国具有几千年悠久的文明和历史，中华传统文化浸润着每一个人的精神世界，潜移默化地影响着个体的言行举止。因此，中国企业的文化管理，必须汲取中华传统文化的精髓，又要适应现代经济社会的发展要求。中国院将中华传统文化管理理念与现代企业管理制度巧妙结合，以东方管理智慧激发、弘扬正能量，以西方现代企业管理制度约束人的负面，既有硬性的规章制度来确定边界，又通过软环境建设来增强企业的凝聚力。“中魂西制”，刚柔相济，使得员工形成共识与自觉意识，工作表现由“我已经完成任务”的被动交差，到“我还能做得更多”的主动表现，再到“我们还可以这样做”的出谋划策，甚至到“我们会做得更好”的自主追求。

集团建筑设计总院将管理与技术分离，按照职能将组织划分为由管理团队（总监部）与技术团队构建的二维矩阵，前者负责项目的经营、管理，后者负责项目的实施，实行项目总监制，管理运营权力高度集中，全院统一调配，用最合适的人做最适合的项目。技术团队有工作室、专业院、综合团队三种组织模式，开放岗位晋升空间，给员工提供展示能力、实现价值的机会。建立内部市场机制，竞聘上岗、群众选择，这样就坚持了人品优先的正确价值导向。同时，管理与技术团队的职级序列一一对应，为员工自主选择、人才流动畅通渠道，政策公开清晰，分配透明、可预测。管理创新效果显著，企业效益六年增长6倍。

人才之基。中国院基因里有着敢于担当的精神，人尽其才是对中国院人才的最大尊重。在“尽职、尽责、尽人才，有德、有为、有舞台”人才理念的指引下，中国院的人才建设蓬勃发展，形成了弘扬正气、向上进取、比学赶帮、拼搏奋进、和谐发展的态势，极具“势”和“场”，内部人才不断涌现，外部人才非常看好中国院的事业平台。

文化之本。中国院基因具有以文化兴衰为己任的遗传信息，六十多多年来始终执着于中华文化的传承。集团建筑历史研究所多年来不为市场所动，安贫乐道、扎根科研，开辟了历史研究与遗产保护相结合的发展之路，为“传承中华文化，守望人类文明”做出了重要贡献。2012年中国十大文化新闻中，历史所工作就占了三项。在传承建筑文化方面，集团将中华文化精髓融入建筑设计，形成天人合一的设计理念体系，以理性的思考使建筑承担对人居环境的长久责任，实现了中华文化继承的创新，体现了中国精神。集团现已发展成为中央企业中主业突出、具有鲜明科技和文化特色、极具品牌优势的一家央企。

作为智力型、知识密集型企业，以人为本是管理的核心，也是企业可持续发展的本源所在。中国院深刻理解领悟中华传统文化的精髓，并恰当的同现代企业管理相融合，创造性地运用于治理规律、文化建设，贯穿企业管理的方方面面，形成了“处处浸润文化、事事体现文化”的中国院特色管理，推动了中国院加快成为中国勘察设计行业第一家具有国际影响力跨国集团公司的战略进程。但是，企业管理从来不是一劳永逸的，需要有计划地不断总结甚至放弃，不断解放思想，传承超越，所谓“一切皆流，无物常驻”，只有创新才是永恒的不变。

面对国家全面深化改革的大潮，中国院看到了实现新一轮发展的历史机遇，提出集团中长期战略目标 到2020年，做优做强，进入世界同类企业前列；成为中国高端服务业最具实力的世界知名品牌之一、成为国际工程咨询业最具影响力的国际品牌之一，实现世界一流设计企业目标，明确提出了“完善企业化、强化市场化、深化国际化、探索股份化”的战略目标实现路径。为此，中国院将不断探索中华传统文化在现代企业管理中的融合规律、作用规律，在遵循规律的前提下持续进行传承与创新，使中华传统文化在企业中发挥出更大的价值与力量，不仅激发人，而且激发组织生成更多具有国际竞争力的元素，走实中国院的世界一流之路。

（作者系中国建设科技集团董事长，本文摘自《企业文化》）

# 以文化自信助力装备维修保障能力建设

张　铀

中国人民解放军第五七一九工厂（简称5719厂）主要承担我军现役主战飞机发动机基地级维修保障任务。工厂认真贯彻国家以及上级党委、首长和机关有关文化建设的决策指示，深入践行社会主义核心价值观和当代革命军人核心价值观，以内强素质、外塑形象为着力点，以提升核心竞争能力、促进创新发展为落脚点，紧贴实际涵养企业文化，贯穿装备维修保障能力生成全过程，实现了在一个大修平台下，完成多国技术体制、多型跨代、多功能航空发动机综合集成高效维修，有效推动了部队战斗力持续生成和企业发展。

## 一、以导航系统建设为牵引，以“道”字定位、谋统领

工厂领导班子经过广泛调研、反复论证，汲取企业传统文化营养，传承先进军事文化、空军蓝天文化、空军装备文化，组织提炼独具军队特色、航修特质的企业文化。

**（一）注重上下结合、全员共建。**

按照“自上而下—自下而上—自上而下”的思路，在继承工厂固有文化基础上，紧扣企业属性、行业特点和发展要求，由领导层确定文化创新发展方向，组织全员发动“头脑风暴”，征集意见建议，并采用问卷调查、深度访谈、行业研究、现场调查等方法，全员讨论、汇总修改、征求意见、集中研讨、领导层确定等形式，不断丰富、完善、升华企业文化理念，得到广泛认同，极大增强了全员文化自信。

**（二）坚持姓军为军、服务部队。**

工厂是军队保障性企业，是空军航空武器装备维修保障体系中的重要环节，是部队战斗力的重要组成部分，担负着为航空兵部队能打仗、打胜仗，有效履行职能使命提供装备修理服务保障的重大使命。空军文化是工厂文化的母体，突出强调与生俱来“姓军为军”的固有属性，持续丰富具有军队元素的文化理念，厚植“不穿军装的军人，不拿枪的战士”的光荣感自豪感，和服务战训、献身国防的使命感神圣感。

**（三）突出精修强装、动力报国。**

以人性化和形象化的方式定位和设计企业文化：工厂是呵护战鹰“心脏”的“医院”，员工是给“心脏”创造新生命的“天使”，将发动机维修过程比喻为如敬畏生命般进行呵护，让战鹰“心脏”重获新生，为航空发展贡献不竭动力。以一架军用飞机不同的构造点，宣示航空发动机维修工程企业的文化理念，形成了“以企业发展战略为航道，以愿

景为方向，以使命为牵引，以核心价值观为灵魂，以企业宗旨和企业精神为动力，以质量观和科技创新为两翼，以产、供、销经营理念为着力点，以人才建设观、安全观、环保观、保密观为保证”的文化理念体系。

## 二、以落地系统建设为支撑，以“术”为实、接地气

聚焦文化铸魂增效，主动克服思维定式，推进文化建设和管理延伸至基层，让文化建设人人有责，文化熏陶潜移默化，文化理念内化于心，缔结起全员共同“心灵契约”，打造强大立体文化场。

**（一）健全实施体系。**

加强组织领导，成立由工厂领导班子组成的领导小组，全面负责文化建设的组织领导、把关定向、布置任务、资源保障、成效评价。成立文化建设办公室，具体负责落实文化建设和管理。明确推进路径，按照领导小组“核心指导”，办公室“指导管理”，基层单位“管理应用”，生产班组“应用执行”，全体员工“执行操作”的路径，分层逐级深入推进。

**（二）强化制度机制。**

制定企业文化管理制度，从产品、业务、行政三个维度，分别明确文化建设工作职责、计划与实施要求、奖惩标准，网络式推进企业文化建设。同时，建立完善岗位规范、员工行为规范、会议规范、现场规范、保密规范、环境卫生规范、员工礼仪规范、员工职业道德档案等，确保事事有章、人人有责。以定期检查和不定期抽查相结合的方式，加强制度执行的检查考核，做到效果有考核、结果有奖惩，以此促进全员习惯养成和行为自觉，形成良好的文化氛围。

**（三）推进两个渗透。**

渗透企业发展战略：整合文化建设与战略绩效业务，组建职能部门，强化文化建设与战略绩效业务工作的策划、布置、推进的协同性；遵循企业使命和远景，制定企业中长期发展战略规划，保持战略与文化的高度一致。渗透日常工作：按照“分管职责不漏项，共同职责有牵头，交叉职责有分工”原则，明确各职能部门、各业务单位的文化建设工作职责，确保企业文化各项工作在末端落实。同时构建融入装备维修保障全过程的政治工作机制，全面推进文化建设融入政治工作，以文化人、以文育人，培育有灵魂、有本事、有血性、有品德的装备修理人。

## 三、以传媒系统建设为助力，以“势”传播、聚能量

从“声、文、形、网、人”五个方面推进企业文化传播，将文化软实力转化成工厂的装备维修保障能力建设的“助推器”，不断增强企业软实力，在持续提升员工素质，提高核心竞争力的同时，为企业建设发展营造更加良好的外部环境。

**（一）心声反映共识。**

创作传唱厂歌《我情依旧》，组织员工拍摄MTV，举行“五七一九，我情依旧”大型主题歌会，荣获“四川省企业歌曲评选”第一名，获评“四川省企业优秀歌曲奖”；建立起逾200名员工组成的，涵盖演唱、舞蹈、说唱、演讲、乐器多项才艺的业余文艺骨干队伍，定期举办文艺会演，组织开展“强军战歌·与蓝天同在”歌咏比赛，激发员工矢志不渝服务空军装备建设的壮志豪情；组织制作微电影《传承》，在全员中引起共鸣，获得“十二五”全国企业文化优秀传媒作品一等奖。

**（二）文学彰显认同。**

深入挖掘、宣传企业发展建设的典型实践和感人故事，持续提升企业知名度、美誉度和影响力，近五年在国家、军队和省市主流媒体刊文400余篇。常态化组织开展读书活动，广泛发动员工进行应用思考和交流研讨，自编《向管理要质量》《见证·记录》《动力报国振兴中华》《履行航修人的最高职责》等多部企业文化丛书。企业文化故事集《心传》、企业报刊《航利报》，分获得“十二五”全国企业文化优秀传媒作品一等奖、“十二五”全国企业文化优秀传播媒体一等奖。

**（三）形表催生自豪。**

以有形的媒介传递无形的力量，建形似机翼、寓意腾飞的生产科研楼，定制类似飞行服、印有企业精神和核心价值观的工作服，以“八一”、“蓝天”等军队元素命名厂区道路，建设具有航空航天特色文化广场和刻有员工手模的“星光大道”；设计完善类似飞行服、印有企业核心文化理念的工作服，展现全员精神风貌；精心设计、布局航空装备及产品艺术图，营造浓厚的航空氛围；建立164米长的质量警示墙、文化风采墙，定期组织员工学习，在质量上警醒，在文化上熏陶，被《中国质量报》评为“2012年度十大质量管理创新”之一。

**（四）网络搭建平台。**

建立覆盖全厂的局域网文化交流平台，动态发布工厂重大事项、活动，开辟专题专栏，“十二五”期间发布各类文章14255篇；鼓励员工建言献策，年均通过网络收集合理化建议近300条；实施文化资源数字化建设，在全军军事综合信息网开设工厂主页，推进文化理念和形象的传播。

**（五）人人体现价值。**

尊重员工的主体地位和首创精神，设立一线分享角、读书角，冠名员工工作法、工作室等；建立管理、技术、技能型员工职业发展通道，重奖各类先进，首席管理专家、技术专家、技能专家，金牌检验等“品牌价值”员工，将其形象制作成宣传灯箱遍布全厂，使其能发展、有荣誉、得实惠，并让其带团队、出经验、育人才，示范带动全员崇尚荣誉，促进员工自觉落实行为规范。

## 四、以孵化系统建设为标尺，以“效”创佳绩、强动力

文化自信焕发出强大内生动力，孵化为企业装备维修保障能力，为更好保障空军装备、服务国防建设、贡献航空

事业、提升经营绩效注入了更加强大的力量，并生动体现了“诚、新、快、实、和”的核心价值观在企业发展建设中落地生根。

**（一）诚信固本。**

企业坚持诚信经营，让诚信成为企业的一种习惯，荣获“四川政府采购诚信供应商”、四川省优秀诚信企业等。倡导诚实修理，强化精品意识，夯筑质量根基。工厂产品质量和服务质量逐年提高，维修后的军用航空发动机故障率、提前返修率明显低于新机，连续21年为国内外客户修理的产品未发生责任飞行事故，参与起草的《企业质量文化建设》国家标准获准发布，工厂荣获“全国质量奖”、两次荣获“中国质量奖提名奖”。数十项QC成果在国家、军队及省部级发表赛上获奖，企业主要领导获“中国杰出质量人”称号。

**（二）创新图强。**

以创新驱动企业发展，着力盘活一切有利于创新的要素资源，涵养基于解决问题的创新文化，持续推进技术创新和管理创新。自主研发的修理技术标准覆盖我军歼强机全部动力装置，获得百余项国家、军队科技进步奖及专利，多项技术填补国际国内空白，积累的数据经验、提出的改建建议反馈支撑新装备预研；创新提出并力行实施的航空发动机维修线建设工程管理成熟度模型、三维魔方式组织结构等管理方法和工具，在工程领域、教育领域、科研领域等分享推广，管理模式入选国防大学教学案例库。获多项全国企业管理现代化创新成果奖。

**（三）快速制胜。**

提出“全天候·零距离”全新的外场服务理念，将服务延伸到机翼下，构建起“一站式跟踪服务、遥控式会诊服务、分忧式担当服务、流动式培训服务、预防式售前服务”的服务保障模式，建立的数十个外场服务站，覆盖空、海军所有部队，全天24小时人员驻站保障，荣获全国首家服务业“全国现场管理星级评价五星级现场”称号。为部队量身定做便携化工装设备和集成解决方案，使保障运输机减少三分之二，极大提高了部队转场机动性和战斗效率。近年来，还及时、圆满保障了北京奥运、上海世博、“九三”阅兵、国际航展、中外联训、边防轮战等一系列重大国事活动和军事任务。

**（四）务实强基。**

将求真务实的精神灌入装备维修保障能力建设和企业创新发展各环节，满足部队需求。经过多年建设发展，企业成为了具备在役歼击机发动机所有型号，所有部附件、全部工序集成修理的先进维修基地，是空、海军航空兵部队的首选首用单位，维修周期平均仅为用户规定周期的三分之一，为我军部队提供数百万发动机小时，总计修复的发动机数量，相当于为国家和军队节约装备经费逾20亿元。工厂工业营业收入年均增长近10%，全员劳动生产率近30万元。

**（五）和谐共享。**

坚持对内和谐、对外和谐、上下和谐、自身和谐，实现员工与企业共建共享，形象面貌和影响力不断提升。荣获全国文明单位、全国五一劳动奖状、全国模范劳动关系和谐企业、中国企业文化建设示范基地等荣誉。涌现出中国工程院院士、中国科协常委、党的十八大代表、军队科技领军人才、联合国教科文组织奥尔堡中心咨询委员会委员、全国青年岗位能手、全国最美青工、全国及省市劳动模范、全国技术能手、四川省优秀企业家、空军装备部首席专家及全国践行企业文化先进班组等一批优秀员工和先进集体。

习近平总书记指出，要坚持中国特色社会主义道路自信、理论自信、制度自信、文化自信，并强调“文化自信，是更基础、更广泛、更深厚的自信。”多年来，工厂坚持文化自信，打造企业软实力，取得了显著成效。面对新形势新任务新常态，我们将坚定使命追求，持续改进企业文化基层践行、专项文化建设，以及测量考评、理论研究等工作，深入打造昂扬向上的企业文化，以文化助推发展。

（作者系中国人民解放军第五七一九工厂厂长）

# 争当铁人子弟兵　打造深井第一军

秦文贵

中国石油集团渤海钻探工程有限公司于2008年2月27日正式成立，是中国石油天然气集团公司的全资子公司。虽然组建时间不长，但主体施工作业队伍已有近五十年历史，其中部分骨干队伍是伴随着新中国石油工业的诞生而诞生，伴随着中国石油的改革发展而成长的，为新中国石油工业的发展立下过赫赫战功。在这支队伍里，有打出大庆油田发现井—松基三井的钻井队，有打出大港油田、华北油田、冀东油田发现井的钻井队，还有曾经给铁人王进喜当过队长的老干部，曾经担任过1205钻井队指导员的基层干部……。因此我们认为，渤海钻探这支队伍，是根正苗红的铁人子弟兵。

## 一、突出渤海钻探特色，丰富争先文化内涵

企业文化是企业的灵魂，是企业的软实力，独具特色的企业文化是企业核心竞争力的重要组成部分。根据集团公司给我们工程技术服务企业的功能定位和渤海钻探在深井复杂井施工方面的技术优势，我们向3万将士提出了“争当铁人子弟兵，打造深井第一军”的动员令。广大干部员工大力弘扬大庆精神铁人精神，坚持“全产业链一体化竞争、全价值链协同性创效”竞争策略，走“管理技术型”发展道路，调结构、转方式、求创新、促转型，取得了了四年“一个再造”、五年“两换百位字头”、六年“变一为三”的发展业绩。成为集团公司发展质量最好、发展速度最快的企业之一。共获得省部级以上荣誉称号80余项，其中国家荣誉20余项，获得全国五一劳动奖状、全国文明单位、国家级企业管理现代化创新成果一等奖、全国企业文化建设优秀单位、全国“安康杯”竞赛优胜企业、全国优秀工会“十面红旗”之一等荣誉称号。与此同时，取得了丰硕的文化成果，初步形成了以“务实、创新、争优、和谐”为鲜明特色的“争先文化”和

以特别能吃苦、特别能忍耐、特别能担当、特别能奉献为主要内容的“四特”精神。

以“务实、创新、争优、和谐”为主要内容的争先文化，是渤海钻探公司在长期生产经营实践中培养形成的特色文化，它植根于民族文化沃土，脱胎于军队文化传统，继承于大庆精神铁人精神，具有鲜明的渤海钻探特色。

“务实”就是求真务实当榜样。解放思想，实事求是，讲实话，报实情，较实劲；一切从实际出发，出实招，办实事，求实效。

“创新”就是创新创造当先锋。技术创新造利器，管理创新激活力，商务创新扩天地，理念创新建奇迹；坚持有质量有效益可持续发展方针，以质量求生存，以效益求发展，创建百年基业。

“争优”就是方方面面争优秀。人无我有、人有我优、人优我强，争第一、保一流；党员干部创先争优做表率，苦难险重当先锋；团员青年意气风发多创新，生龙活虎当闯将；全体员工争先恐后做贡献，人尽其才得发展。

“和谐”就是和谐共赢做表率。尊重员工劳动，维护员工权益，关爱员工健康；尊重地方、甲方、协作方，重承诺、讲诚信、谋共赢；追求企业与员工、企业与社会、企业与自然的和谐共赢。

以“特别能吃苦、特别能忍耐、特别能担当、特别能奉献”为主要内容的“四特”精神，是渤海钻探人在长期的野外施工、连续作业，条件艰苦、环境恶劣，市场分散，远离机关、基地、家庭，安全风险高、工作强度大等特定工作条件下，在市场开发和生产经营管理实践中形成的独具特色的精神气质，是“三老四严”“四个一样”传统和“五加二”“白加黑”精神的生动体现，是争先文化的重要组成部分。

特别能吃苦。体现了渤海钻探人不怕吃苦、不怕受累，尤其是在艰难困苦面前能够承受得了的优秀品格。

特别能忍耐。体现了渤海钻探人百折不挠、沉着应对，尤其是在困境挑战面前能够坚持得住的顽强作风。

特别能担当。体现了渤海钻探人勇挑重担、敢于负责，尤其是在大事难事面前能够不辱使命的高度事业心和责任感。

特别能奉献。体现了渤海钻探人不计名利、任劳任怨，尤其是在国家和公司利益面前能够默默奉献的崇高境界和石油情怀。

## 二、坚持争先文化引领，助推企业稳健发展

渤海钻探公司坚持争先文化引领，积极践行四特精神，围绕建设铁人子弟兵队伍、打造深井复杂结构井第一军目标，持续完善文化体系，以文化强筋健骨，以文化铸魂育人。

**（一）强化战略部署。**渤海钻探公司面对复杂多变的外部环境，持续调整完善“16246”发展战略，明确前进方向，统一思想认识，找准发力点，合力办大事。“1”，就是明确一个战略定位：即建设优势突出的综合性国际石油工程技术服务公司。“6”，就是树立创新发展、安全发展、效益发展、共享发展、和谐发展、稳健发展等“六大发展理念”。“2”，就是坚持“一策一路”。“一策”，就是坚持全产业链一体化竞争，全价值链协同性创效的“两全”竞争策略，“一路”，就是坚持走“管理技术型”发展道路。“4”，就是实现国际业务、技术服务、商务模式、科工贸一体等“四个提升”。“6”，就是推进技术领先、市场优化、创新驱动、人才强企、质量品牌、文化铸魂等“六大战略”。

**（二）抓好党建主体。**渤海钻探公司从党建的领导主体、骨干队伍、动力因素和组织保障入手，着力建设“铁人子弟兵”队伍，精心打造“深井复杂结构井第一军”。倡导党政负责人要当好攻坚啃硬、无坚不摧的“金刚石钻头”和润滑、挟岩、冷却、护壁的“优质泥浆”，密切配合、及时补位、合力攻坚，班子团结和谐、廉洁务实，处级班子、处级干部的优秀和称职率连年保持100%。在干部队伍建设上，渤海钻探公司坚持严格教育、严格管理、严格监督，创新开展党委中心组学习督察，把学习抓细抓实。成立公司党校，所有处级干部每三年轮训一遍，中青年后备干部每年轮训一遍，新上岗支部书记每年轮训一遍。开展党建“三联”示范点活动，党委委员联系党支部，党支部委员联系班组，党员联系岗位。主要任务是调查研究，指导工作，示范引领，培育企业党建工作的示范点、基层建设的标杆、研究解决新问题的试验点。开展“机关干部下基层活动”。该活动被评为天津市2012年精神文明建设品牌项目。

**（三）突出创新驱动。**渤海钻探公司坚持敢为天下先的勇气，锐意创新，激励创新，积极探索适合自身发展需要的管理新模式、新方法，不断寻求新增长点和驱动力。加快“走出去”步伐。面对关联交易市场容量小的实际，积极开拓外部市场，关联交易与外部市场创收比由重组时的7 ∶ 3变成3 ∶ 7。创新生产组织模式。推行“两个专打”、“542”工作法，钻机利用率和生产时效与重组之初相比，分别提高了5个百分点和4.48个百分点。创新提速模式。坚持“一井一策”、“一段一法”，制订提速模板，开展“三比”劳动竞赛，探索使用先进技术，集成应用成熟工艺技术。在完成井比集团公司平均井深深1000米的情况下，年均提速3%，并刷新了1238项提速纪录。创新事故复杂控制方法。推行“双盯”工作法（二线干部驻队盯井、一线干部带班盯井），事故复杂逐年减少，低于板块平均水平0.81个百分点。坚持人无我有、人有我优、人优我强，推进特色技术、特色产品的产业化、系列化，设立科技创业奖，极大调动了各单位依靠科技创新创业的积极性。公司累计申请专利1149项，获授权专利889项，其中发明专利39项，获省部级以上科技奖励103项，通过集团公司鉴定高新技术成果27项，其中25项达到国际先进水平。打造形成了“十大特色技术”、“十大优势技术”和“十大技术利器”，公司先后通过国家高新技术企业和国家技术创新示范企业认证，成为国家级企业技术中心，为中石油第五家分中心。

**（四）坚持人才强企。**渤海钻探公司坚持重才、育能、尚贤、聚智的理念，大力引进高层次人才，创新人才培养

使用方式，加大激励约束力度，全面提升队伍素质。严控用工总量，严格落实“三控制一规范”要求，实施员工“出四进一”政策，用工总量较重组初期减少25.9%。强化人才引进，引进博士博士后69人，大专以上学历人员比例由重组时的42%提高到61%，高级工占操作岗的比例由28%提高到45%。鼓励人才成长，施行有突出贡献人才职称和专家评审“直通车”制度，实施优秀市场化员工和劳务用工身份转换办法，有178位优秀人才通过参加竞赛获得金银铜牌而实现身份转换。倡导“红工衣”和“白大褂”互动，“点将台”和“招贤榜”结合，发动“红工衣”提出问题，组织“白大褂”解决问题，从“用好员工手脚”到“用好员工头脑”再到“发掘员工心智”。强化全员培训，开展全员“六化”培训，累计培训员工68万人次，在参加的12次集团公司行业技能大赛上，累计获得团体第一7次，团体第二3次，团体第三1次；个人金牌44枚、占金牌总数的42.3%公司荣获国家技能人才培育突出贡献奖。

**（五）注重和谐共赢。**渤海钻探公司牢记服务保障石油勘探开发的责任和使命，瞄准客户的“痛点、痒点、兴奋点”，强技术、降成本、优服务。积极延伸产业链条、补齐业务短板，集中力量发展从方案设计、钻完井到试采的“一条龙”总包技术服务业务，搞好从地质、油藏、钻井到采油的一体化研究，当好“油气保姆”。创新“两全”服务模式，围绕如何发现油气层、保护油气层、高效采出地下油气开展选题立项，培育油气层发现、保护、评价等技术，升级水平井、大井丛、工厂化等钻完井增产技术，实现与甲方目标的重合，通过为甲方增产增效，满足甲方多样化需求，为公司赢得工作量、赢得市场、赢得效益，从而实现甲乙方抱团取暖，共生共赢。在公司范围内开展多形式、分层次，不同工种、不同市场、不同区域的“三比”（比质量、比安全、比速度）劳动竞赛，强化技术集成应用，推广新工具、新技术，优化生产组织模式，尽心尽力干好到手工作量，打好每米进尺，用一口口优质井、品牌井赢得甲方的赞誉与信赖。

## 三、丰富争先文化载体，提升企业品牌形象

渤海钻探公司大力弘扬以“苦干实干、三老四严”为核心的石油精神，上下同心、顽强拼搏，不忘初心、奉献石油，体现出铁人子弟兵的忠诚和担当，树立起拼搏奋进的良好企业形象。

**（一）弘扬石油精神，塑造忠诚担当的企业形象。**大力宣贯弘扬以“苦干实干、三老四严”为核心的石油精神，积极践行争先文化四特精神，丰富活动载体，凝聚广大干部员工智慧力量，提振战胜困难的信心决心，直面挑战、破冰前行，锐意创新、真抓实干。面向全体员工，组织开展了“循铁人足迹 展渤钻风采”先进典型宣传和“当个石油工人多荣耀”摄影、微视频和心得体会作品征集活动。大张旗鼓地宣传推广先进集体和模范人物的典型经验事迹，发挥先进典型重塑石油良好形象，艰苦奋斗、干事创业的示范作用。组织广大干部职工忆传统、谈责任、话发展，讲创业故事、创新故事、身边故事，展示公司广大干部员工爱岗敬业、担当奉献、勤俭节约、艰苦奋斗的风采，传递渤海钻探正能量，进一步增强战略自信、管理自信、文化自信，公司上下形成了同心同德谋发展、凝心聚力抓落实的局面。

**（二）树立底线思维，塑造风清气正的企业形象。**突出抓好党员领导干部这个“关键少数”，把学习贯彻《中国共产党廉洁自律准则》《中国共产党纪律处分条例》作为党员领导干部学习讨论重要内容，邀请集团公司纪检组监察部正处级纪检监察员张劲做了题为《落实“两个责任”扎实推进党风廉政建设和反腐败工作》的辅导报告。把党委委员党风廉政建设责任区建设成为“重塑形象”责任区，组织各级党员领导干部，围绕学习贯彻《准则》和《条例》，结合岗位和工作实际，畅谈了认识和体会。教育引导广大党员干部时刻树立“红线”意识，严守党纪国法和集团公司的制度规范，带头学法守法用法，养成在法治下想问题、作决策、办事情的良好习惯。

**（三）强化法制宣贯，塑造守法合规的企业形象。**深入开展“法制渤钻”创建、“安全文化建设年”活动，积极开展全员法治教育，强化“两法”学习培训，广泛开展安全知识竞赛、论文征集、安全视频、动漫评选等活动，提升了公司安全文化带动力和影响力。增强员工法治意识，掌握合规管理基本要求，熟悉本岗位涉及的规范要求、岗位风险及防控要领，切实养成守法合规的自觉行为。持续开展管理提升活动，公司助理级领导带队，机关部门共同参与，组成两个管理提升检查督导组，深入24个所属单位，对标查找公司在经营管理、安全环保、技术工艺、依法合规、企地和谐、文化建设等方面存在的问题。在中外企业文化2015重庆峰会上，公司获全国“十二五”企业文化建设安全文化标杆企业荣誉称号。

**（四）坚持务实求效，塑造稳健和谐的企业形象。**面对工程技术服务市场量价齐跌的不利局面，坚决打好节支降耗持久战，切实发挥基层一线干部员工和硕博士等高技术人员两方面的积极性，比别人、查自己、挖潜力，丰富开展节支降耗小故事征集、合理化建议、演讲比赛、经验聚焦等活动，动员广大干部员工把重塑形象落实到节支降耗、控本增效的具体行动中，集中精力搞创新创效，想办法、定措施，提升工作水平，提高质量效益。在两级机关开展“争当服务明星”活动，设置机关服务基层征求意见箱，基层办事人员不记名填写征求意见卡，促进机关工作作风进一步转变。持续推进机关干部下基层活动，把党建“三联示范点”、领导干部直接联系群众联系点和HSE委员安全承包点打造成“重塑形象”示范点，了解掌握基层生产情况，及时帮助解决存在的困难和问题。

**（五）立足基层一线，塑造铁人子弟兵队伍形象。**持续深入开展“强达争”主题实践活动，坚持党政工团齐抓共管的工作机制，把上面的“千条线”，疏理成“一条线”，穿过基层“一根针”，提高基层队站的独立作战能力。着力落实“三会一课”等制度，增强基层党支部的工作活力，让

支部红旗举起来，党员明灯亮起来，战斗堡垒作用充分发挥出来。落实民主集中制原则，尊重党员主体地位，组织开展“六个一”党支部创建、“三优杯”竞赛、“三比”劳动竞赛等工作，党员带动群众，学本领、强素质，抓生产、保安全，出精品、创效益。编制完善所有队种、车间、场站的HSE标准化队站建设标准，加强业务培训，深化对标管理，开展学习交流，持续提升“三标”管理水平。每两年从1000多支基层队中评选10个成绩特别突出的基层队，命名为“渤海钻探十面红旗”，表彰奖励先进队站，总结推广先进经验，形成良好争先导向。加强对新指标、新工艺、优质工程、优秀队伍的宣传，注重对基层职工突出业绩、发明创造、团结协作、好人好事的宣传，树立铁人子弟兵队伍的良好形象。渤海钻探公司“强达争”活动入选集团公司“百个经典案例”，被评为天津市精神文明建设创新项目。

（作者系渤海钻探工程公司党委书记、总经理）

## 弘扬航天优良传统　谱写创新发展新篇

郭　勇　谭千红

今年是我国航天事业创建60周年。60年来，中国航天事业创造了举世瞩目的辉煌成就。中国航天科工集团第四研究院作为我国国防科技工业的骨干力量，秉承“国家利益高于一切”的核心价值观，牢记“科技强军、航天报国”的企业使命，励精图治，潜心铸剑，在我国航天事业史上谱写了浓墨重彩的发展篇章。

### 忆往昔，峥嵘岁月，披荆斩棘铸神剑

中国航天科工集团第四研究院（以下简称“四院”）由原航天科工四院和原航天科工九院于2011年12月合并重组而成。四院总部注册在湖北省武汉市，2015年底拥有总资产417.1亿元，在职员工约1.8万人，成员单位32个，主要分布在湖北省武汉市、孝感市、远安县和北京市、南京市。

1969年8月11日，根据党中央、毛主席的指示，周恩来总理亲自批准了〇六六基地（原航天科工九院前身）的建设。此后，一大批有志于献身国防事业、献身祖国三线建设的优秀儿女，从四面八方奔赴鄂西山区，齐聚鸣凤山下，安营沮水河畔，拉开了三线创业的序幕。老一辈创业者们在极其艰苦的条件下，千方百计争任务、芦席棚里搞科研，用“敢教日月换新天”的豪迈气概，走出了一条战天斗地、艰难坎坷的创业之路，在祖国的航天型号发展史上洒下一路汗水。特别是进入新世纪以来，他们坚持解放思想、科学发展，在市场经济大潮中奋勇搏击，实现了出山入市，逐渐发展成为我国重要的航天型号和特种越野车及底盘研发生产基地。

原四院成立于2002年7月，是我国专业从事航天型号研制生产的主体与技术抓总单位。所属单位历史积淀深厚，第四总体部成立于1965年，17所成立于1968年，307厂前身是1865年创办的金陵机器制造局，距今已有150余年历史，被誉为“中国民族军事工业的摇篮”。

几十年坚守使命铸神剑，一代代航天人前赴后继、披肝沥胆，谱写了“巨浪”奔腾、“东风”浩荡的壮丽篇章，创造了中国航天史上的多个第一。由四院自主研制生产的多个型号装备及特种车底盘先后参加国庆35周年、50周年、60周年阅兵。在2015年9月3日纪念抗战胜利暨世界反法西斯战争胜利70周年大阅兵活动中，四院3型武器装备及2型配套底盘顺利通过天安门广场，扬了国威，壮了军威。

几十年自主创新谋发展，四院探索建立了具有自身特色的技术创新体系，目前拥有1个国家级企业技术中心，1个国家级工程实验室和1个国家级工程研究中心，15个省级企业技术中心，12个省部级实验室和研究中心，7个省级创新型（试点）企业，3个院士专家工作站，3个博士后科研工作站，先后获得省部级以上科技进步奖800余项（其中国家科技进步特等奖7项），拥有现行有效授权专利2522件。

几十年矢志不渝拓市场，军民融合实现规模化发展，形成了“4+2+N”的民用产业发展格局。四院研制的快舟小型固体运载火箭成功发射快舟一号、快舟二号卫星，首创星箭一体化技术，创造了我国航天发射机动能力最强和测试发射最快的纪录。在国际上首次利用火箭平台实施台风探测，直接获取海上台风内部风场数据。四院还研发出世界首台220吨多轴重型矿用车、国内首台全路面救援钻机底盘、国内装载质量最大的自行式越野底盘、国内首台600马力重型牵引车、国内首台国产化500马力大功率液力自动变速器、国内首台万瓦固态光纤激光器，取得良好的经济效益和社会效益。

在继承航天优良传统的基础上，四院积极推进党建思想政治工作“融入中心、进入管理、服务大局”，形成了独具特色的党建工作机制和思想政治工作保障体系。探索出“把政治资源转化为企业资源、把政治优势转化为文化优势、把政治工作转化为管理要素”的党建思想政治工作思路，坚持“高度关注改革管理过程中职工的思想动态、高度关注繁重工作压力下职工的身心健康、高度关注快速发展过程中职工的利益诉求”；形成了“团结争气、开放包容、创新求实、同创共享”的优良传统，以及“有问题共同商量、有余量共同掌握、有困难共同克服、有风险共同承担”的协作观。三〇七厂被授予首批国防科技工业“军工文化建设示范单位”，“1865科技创意产业园区”、066基地博物馆先后被授予“军工文化教育基地”。

四院曾连续三次被评为“全国文明单位”，先后荣获“全国五一劳动奖状”、“全国先进基层党组织”、“全国模范职工之家”、“全国五四红旗团委”、“中央国家机关文明单位”、“中央企业先进集体”等荣誉。还涌现了1位中央候补委员、3位全国人大代表，涌现出7位全国劳动模范、1位全国十大杰出职工、31位全国“五一”劳动奖章获得者、106位省部级先进个人。

**展未来，豪情满怀，励精图治创辉煌**

忆往昔，峥嵘岁月，老一辈航天人鞠躬尽瘁，克服一个又一个困难，奏响了一曲曲慷慨激昂的争气之歌。展未来，新一辈四院人豪情满怀，以党的十八大及历次全会精神为指引，按照中央“五位一体”和“四个全面”战略布局，牢固树立“五大发展理念”，围绕航天科工集团公司“1+2+3+4+5+N”转型升级总体思路和“五四三二一”重大举措，以战略性重大项目、重点产业及产品为牵引，以强化战略地位、拓展战略领域和提升创新能力为重点，着力开拓市场空间，抢占产业制高点，为建设“一流航天研究院”的目标努力奋斗。

一是坚持军品为本。紧紧围绕改革强军战略目标，主动适应武器装备竞争性研制和采购、“民参军”等体制机制新变化，把铸造国家安全基石作为首要职责，坚定不移地将圆满完成国防武器装备建设任务放在首位，按照“探索一代、预研一代、研制一代、生产一代、保障一代”的发展思路，深入实施军用产业成本工程，落实“四优”和“四个两”的要求，以“精品工程”为抓手，不断进军新领域、拓展新空间，推动型号武器装备系列化、体系化发展，持续提升四院在国防工业体系中的战略地位。

二是坚持军民融合。按照“4+2+N”的发展思路，积极推进商业航天、激光装备、天然气装备、特车及重工装备四大重点产业平台建设，打造四大重点产业集群，引领四院民用产业“十三五”发展。大力实施民用产业价值工程，不断提升价值创造能力和核心竞争力；以金融租赁公司成立为契机推进产融结合，大力推进资本运作和收并购，以“传统产业＋互联网”为抓手，推进两化融合，实现民用产业做大、做强、做优。

三是坚持创新驱动。深入实施创新驱动发展战略，瞄准战略性新兴产业方向和前沿技术，加强“五个新一代”和“四项基础技术”研究力度，强化技术基础保障能力，完善研发平台体系，坚定不移地走原始创新和综合集成创新相结合的自主创新之路，建立起具有自身特色的科技创新体系。以技术创新、商业模式创新和管理创新为抓手，落实“双创”战略，鼓励具有“互联网＋”、产融结合、“四众”（众创、众包、众扶、众筹）等时代特征的创新模式，着力构建“创新与创业结合、线上与线下结合、产品与服务结合”的新业态体系，积极探索适合企业在新形势下创新发展的新方法、新思路、新途径，激发创新创业活力，推动四院创新发展。

四是坚持人才强院。坚持“靠发展吸引人、靠事业造就人、靠政策激励人、靠文化凝聚人”的人才强院战略，以提升人才队伍价值创造能力为核心，构建基于价值创造的人力资源开发管理体系，以优化人才队伍结构为主线，以培养选拔高层次人才为重点，以强化人才激励为突破口，创新人才工作机制，提高人力资源管理效能，着力打造一支“高站位宽视野、在状态有激情、高标准严要求、快节奏重落实、敢创新有底线，推动工作谋划在前、创新创业引领在前、关键时刻冲锋在前”的干部职工队伍，为四院快速可持续发展提供人才队伍保障。

五是坚持文化引领。秉承航天传统文化优势，坚持“国家利益高于一切”的核心价值观，大力弘扬航天三大精神和“求实、创新、协同、奉献”的航天科工精神，团结争气、开放包容、创新求实、同创共享，不断丰富企业文化的时代内涵，探索实践文化管理与企业管理融合促进的方式方法，筑牢企业发展的思想共识、文化纽带和精神基础。

60年的实践告诉我们，我国航天事业之所以能从无到有、从小到大、由弱到强，是基于一代代航天人持之以恒的努力，逐步探索出一条按照规律办事的科学发展之路。四院人只有牢牢把握发展“第一要务”，不断解放思想、与时俱进，抢抓发展机遇，应对改革挑战，主动适应中国经济发展“新常态”，聚精会神搞建设，一心一意谋发展，上效祖国、下惠职工，才能创造出无愧于党、无愧于人民的辉煌业绩，以“四院梦”助力“航天梦”“强军梦”“中国梦”的顺利实现。

（作者郭勇，系中国航天科工四院院长；谭千红，系党委书记；此文为中国航天事业创建60周年署名文章）

# 责任比能力更重要

## 郭少泉

评判一个好员工最重要的标准是什么？我的答案是：勇于负责、敢于担当！管理实践告诉我们，责任比能力更重要，没有做不好的工作，只有不负责任的人。因此我们看到诸多管理案例，好企业的共性是：企业是负责任的企业，员工是敢担当的员工。

管理学大师德鲁克将管理的涵义浓缩为三个词：任务、责任和实践，其中并没有着重突出员工和管理者的能力。因为一个勇于负责的企业，自然而然就是一个能够为股东和客户创造价值而被市场和社会所认可的企业；一个敢于担当的员工，自然而然也是一个能够在自己岗位上兢兢业业并富有进取精神的优秀员工。

现代企业理论认为，企业的资源只有一个，那就是人，企业管理本质上就是对人“责权利”的约束和激励，其中责任是核心。西方有句格言：人生的一切履历都应该从建立勇于负责的精神开始。中国传统文化也认为，先“格物致知、正心诚意”，方能“修身、齐家、治国、平天下”。这些都说明，只有先建立起责任感和使命感的道德规范，才能更好地发挥出自己的能力和才华，责任是能力发挥的载体。

回顾青岛银行近年的跨越发展，以“明晰权责利”为目标的制度建设和以“树立责任意识”为底蕴的企业文化塑造发挥了主要的作用。我们的目标就是建立起“责任驱动型”的管理模式，让每一位管理者，每一位员工都能自觉地勇于、敢于、乐于承担起自己的责任。为此，要做好以下三个方面的工作：

一是建立以“责任导向”为基础的业务管理体制。对企业来说，责任不仅是一种意识和精神，更是一种富含理性的制度机制设计。需要在各个管理层面和业务流程中，科学、严格和精确地设定好“权责利”，发挥好权力，界定好责任，分配好利益。其中责任是核心，在问责制的基础上，充分发挥“权（职位）”和“利（薪酬）”的激励作用，使所有工作都以责任为导向，所有人都在制度约束和激励下主动承担起自己的责任。

二是建立以“责任约束”为保障的风险控制机制。经营风险的商业银行对责任的要求更加严格，市场风险和信用风险可以通过资产组合或者“大数原理”来对冲，操作风险和合规风险则更多地需要责任约束和道德规范。通过界定、规范和细化业务流程中各环节的责任，将客户、企业与个人利益紧密联系在一起，从而形成“为企业和客户负责就是为自己负责”的责任观，最大化降低银行的经营风险。

三是建立以“责任精神”为内涵的企业文化体系。“责任精神”为内涵的企业文化体系，是责任意识的升华。企业文化的建立，不是一朝一夕能完成的，需要各个层级的管理者，各部门、各条线在日常的经营管理中，坚持不懈地贯彻、倡导责任精神，以各种形式宣传、灌输和传播责任意识，改变不担责、怕担责的错误观点，在全行员工中形成“敢于担当，勇于负责”的企业文化氛围。

（作者系青岛银行党委书记、董事长）

## 融入优质文化　提升管理水平

杨国林

浙江温州甬台温高速公路有限公司成立于2003年5月28日，公司是一家高速公路运营企业，主要负责沈海高速温州段，它贯穿温州，共设12个收费所和3个服务区。2010年8月19日，温州公司正式加入招商局集团，其前身是一家地方企业，有着明显的“重人情、讲关系、轻制度”的特点。创立于1872年的招商局是中国民族工商业的先驱，在香港受现代企业管理制度浸润久远，它形成的招商局精神和招商局作风，恰恰与原来企业形成了鲜明的对比，以至在加入招商局集团之初出现种种的不和谐和不适应。因此，文化融合成为了首要工作。公司进入招商局集团四年以来，一直坚持自觉融入、积极践行，其目的是要让招商局百年企业文化落地生根，打造企业发展的牢固基础，让招商局百年基业长青。

### 践行标志文化

坚持文化先导，潜移默化，增强员工认同感与归属感。加入招商局集团以后，立刻开展招商局识别系统的更新工作，所有办公场地、员工服装及办公用品标志均统一更新为招商局形象识别系统，同时着手创刊温州高速杂志，大力推广学习传播招商局文化，编制员工礼仪手册，提升公司员工礼仪素养，精心收集员工感恩故事，汇编成员工故事集，以这种特殊的方式庆祝招商局集团成立140周年。公司还在集团关心下完成了招商局杂志温州甬台温高速专刊，通过这些方式进一步推动公司企业文化建设迈上新台阶。

### 践行理念文化

坚持以学促进，付诸实践，积极营造良好学习氛围。公司将招商局史料制成文化墙，方便员工随时学习，并举办形式多样的招商局历史文化图片和知识竞赛，邀请集团办公厅领导，国务院国资委监事会领导做招商局专题文化讲座。公司多次组织管理骨干、优秀员工参观集团在港总部，招商局历史博物馆，蛇口海上世界等地，积极创造条件让员工亲身实地感受百年招商文化的深厚底蕴及内涵。

### 践行组织文化

坚持以人为本，任人唯贤，努力构建和谐劳动关系。公司以招商局的组织文化为指导，多方式多层级多渠道选拔选聘各级人才充实到管理队伍，共建公司人力资源新体系。公司致力于职工权益保护，全体职工加入招商局集团企业年薪计划和补充医疗保险计划，完善员工带薪休假制度，新增各种假期和疗休养等福利，营造快乐工作、幸福生活的气氛，大力开展员工之家建设，为员工创造良好的工作生活环境，让员工共享企业发展成果。

### 践行管理文化

坚持制度建设，强化执行，全面提升工作效率。招商局的管理文化强调依规治企，加入集团后先后制定制度130项，修订44项，并成立效能督查小组，加强制度执行监督考核，真正形成用制度规范行为，按流程办事的有效机制，全面提升执行力与工作效率，真正形成了尊重制度有规必行的文化。

### 践行行为文化

坚持作风建设，敢于担当，牢固树立责任意识。领导全体员工紧密围绕经营目标和工作任务恪尽职守，尽心尽力，服务水平与效益不断提升。面对每年的台风、泥石流、养护施工、电缆抢修、隧道抢修、事故救援等突发事件，员工都是第一时间冲在第一线，处处身先士卒，展现了良好的责任意识和精神风貌。

### 践行社会责任

坚持社会帮扶，服务民生，积极履行央企社会责任。积极开展文明服务提升工程受到了社会广泛好评，地方媒体多次专题报道，相关单位相继来取经交流学习，形成了良好的行业示范效应。同时，公司每年组织开展捐资助学、结对扶贫，坚持到敬老院慰问孤寡老人，开展无偿献血等社会公益活动，展示责任央企形象。通过道德讲堂建设，不断提升员工素质，各类乐于助人、拾金不昧等好人好事层出不穷，蔚然成风。

四年来，招商局文化不断在温州公司落地生根，茁壮成长，人人都以我是招商人为荣，公司发生了巨大的变化，企业文化建设受到了集团领导的肯定与鼓励，四年来，公司各项收入和利润连创新高，收入突破13亿，利润突破5.8亿。人际关系变得透明，员工之间变得更加真诚坦率、和谐统一，公司管理也越来越趋稳定和精细，越来越多优秀员工充实到管理团队，呈现出积极乐观、奋发向上的风貌。

文化融合是渐进式的继承发展过程，未来温州公司必将在招商局“爱国自强、开拓诚信”的精神指引下，充分发扬“团结务实、严谨高效”的工作作风，推进企业文化建设，提升企业管理水平，实现经济效益和文化建设的双丰收。

（作者系招商局甬台温高速公路有限公司董事长，本文为作者在“中外企业文化2014成都峰会”上的发言）

# 金贵人为本　宇高鹄益飞

张翀宇

## 《金宇人》300期回顾与总结

《金宇人》自2000年10月创刊以来，与我们共同走过了十六载风雨历程，十六载春华秋实，十六载拼搏创新，十六载流金岁月。《金宇人》与我们共同分享了成功的喜悦，也经历过挫折与迷茫。艰难困苦，玉汝于成。每一回在逆境中奋击，练就的是金宇人坚忍不拔、百折不挠的精神，每一回从危机中崛起，彰显的是金宇人对责任、创新、价值的自信。

光荣与梦想同在，责任与使命并肩。《金宇人》与我们年年岁岁辞旧迎新、弘扬文化、凝聚力量，赋予金宇人更多热爱金宇的理由，谱写金宇屹立于改革潮头的乐章。心有理想，春暖花开。每年《金宇人》把周年庆典作为不忘初心、坚守本真、继续前进的驿站和里程碑。每期《金宇人》都把使命、愿景、梦想、冀望作为金宇人的共同理想扬帆续航。《金宇人》记录了我们无愧于时代的青春年华，见证了我们在改革开放中的成长。

以铜为镜可正衣冠，以史为鉴可知兴替。今天我们回顾历史，不是为了从成功中寻求慰藉，更不是为回避面临的困难和问题寻找说辞，而是为总结经验教训，复制成功因素，增强继续前进的信心和勇气。

金宇创立23年，弹指一挥间。我们从远古的蒙古兽医，到应用现代生物技术生产研发动物疫苗，是共同的初心“护佑动物安全，保障人类健康”才使我们有缘相聚在金宇这个平台，持之以恒、与时俱进追逐我们共同的梦想；是共同的初心、共同的梦想才使我们有了目标与追求。君子务本，本立而道生。人生往往只因初心不改而经历了各种艰难和折磨，才真正体现出生命的价值，悟到了人生的真谛。同样，一个组织只有确立了最初的梦想，才不会被各种诱惑所迷惑，才能自觉地承担起应有的责任和担当。金宇坚持对产业结构的不断调整，对战略目标的不断提升，从多元化逐步聚焦到单一生物产业，从小到大、由弱到强，践行卓越产品源于卓越人品，做品质金宇，做行业标杆，做受人尊重的企业，引领产业升级，制定行业标准，走市场化国际化道路做国际型企业。总结金宇发展史上历次重大抉择以及走向成功的因素是：

善于洞察时代潮流，敢于创新思维，有行动计划，能知行合一。

在改革开发初期金宇就敢为人先，体制创新，率先股改；资本创新，敲响上市的锣声，开创行业成功并购当年收回全部投资案例；产业创新，攻克疫苗悬浮培养技术难关；标准创新，突破纯化工艺壁垒，推出抗原含量、杂蛋白含量、146S检测三项行业标准；科技创新，荣膺兽用疫苗国家工程实验室和国家高级别生物安全实验室殊荣；营销创新，开创以养殖场为防疫主体自主采购，政府补贴市场化营销模式。

为了聚焦生物产业，打造国际化企业，公司与德勤、安永等国际知名咨询机构合作，历经20年的产业结构调整，从证券、期货、流通、羊绒、毛纺、食品、交通、能源、房地产等诸多领域逐一淡出。直到2013年最后剥离房地产业务，聚焦生物技术产业。在国内外经济增长乏力、复苏艰难的形势下，公司销售、利润连续五年保持了高速增长。实践证明只有识变、应变、求变，才能把握发展主动权，才能成为与时代同步的企业。

坚韧不拔，不达目的决不放弃的企业文化和团队精神。

金宇以往的成功源于有一支相对稳定并不断注入新生力量的管理团队。这个团队目标明确，意志坚定，敢于拼搏，并善于在顺境中前行，逆境中坚守。金宇能有今天的成就，还要归结为金宇人一旦认定目标不论有多大困难都会集中力量，心无旁骛，专心致志，努力实现。在一次又一次的挫折中，金宇人非但没有被击垮，反而更沉着、更冷静、更成熟。认定目标，锲而不舍，不达目的，决不放弃是金宇的企业文化和团队精神。

## 秉承金贵人为本，宇高鹄益飞发展观走向国际化。

金贵人为本，走向国际化，实现国际化目标，人才要先行。我们要采取有效措施加快建立对现有人才的培养、任用、考核、评价、淘汰机制。金宇大学首先要从生物技术、互联网应用、智能化制造、人力资源开发、市场营销、财会金融等专业培养人才。打造学习型、创新型、高效能团队，走高素质、高质量、高效率、可持续的发展之路，人才是责任的担当者、是创新的践行者、是价值的创造者。人才是金宇生存、发展的关键核心要素。当今社会最稀缺的就是人才我们要改变以往的人才招用流程。要变招人为找人，最优秀的人是招不来的，是靠伯乐培养和发现的，是靠赛马赛出来的。为了打造优秀的公司，我们要建立用优秀人培养出更多优秀人才的机制。市场在变化、知识在变化，即使有了最优秀的团队，也要创建学习型组织，办好金宇大学，营造学习氛围，加快知识、技术、观念更新，以适应未来发展的需要。

修身律己，从德教业，金宇团队选人标准：首先要有良好的战略思维和执行力，善于思考，能看得见未来；第二，认同并自愿践行金宇文化和核心价值观，身体力行，以身作则；第三，严格而扎实的业务能力，有经得起检验的绩效结果，能和金宇长期共同奋斗的同心人。

为优秀员工创造简单、公正和透明的工作氛围，让所有为公司创造了价值的优秀员工，能得到客观公正的评价是金宇各级管理者的首要任务。尊重、沟通、指导、互动是非常重要的流程，每个员工都希望获得认可，工作有反馈，能力有提升，积极沟通包括非正式沟通是最基本的要求。还要加强对骨干员工的关注和非物质奖励，重视组织氛围建设，培养有血性、有激情的团队，培养做事全力以赴和追求第一的风格。干工作尽心竭力与尽力而为是不一样的，有人经常把水烧到80℃就不烧了，其结果会前功尽弃，有人能把水烧到100℃转化为蒸汽，将成果升华，人和人的差距就在于此，不追求卓越，就很难继续生存下去。追求卓越的企业要从严格选聘、考核培养每位管理者做起，从建设一个优秀的团队开始。

宇高鹄益飞。为员工、合作伙伴搭建更大平台，以包容并蓄、齐创共享的理念，助力员工成长成才。制定人力资源考评机制；末位淘汰竞争机制；绩效考核挂钩薪酬体制；利益共享的合作机制；推行“学、习、悟”企业文化创新机制。

金贵人为本。把公司发展与员工发展有效结合、相互提升、相互促进，不论是领导还是员工都要各司其职，真抓实干，做积极的行动派，主动执行，雷厉风行；做务实的行动派，不讲空话，业绩说话；做智慧的行动派，思维创新，学习悟行。道，不行不至；事，不为不成。在金宇国际化中，每一个执行者都应围绕公司战略目标和部门考核以及个人KPI指标尽快地行动起来，不要让好的创意和思想转瞬即逝，要将它们落在实处，转化为生产力。让员工敢做梦，公司能圆梦，把金宇人的梦想一步步变为现实，让员工感受温暖、触摸幸福、实现理想。

理想因其远大而为理想，信念因其执着而为信念。金宇的未来将是人才国际化、企业国际化、研发领先、品质卓越、服务增值、市场创新、梦想延伸的时代企业。国际化的起跑线就是按照《中国制造2025》标准携手德国西门子、瑞士比欧等国内外知名合作伙伴共同建设金宇国际生物科技产业园，通过园区建设运营实现智能化制造、互联网大数据应用，使产品质量国际化，达到节能50%和零排放标准。

只要我们坚持理想，追逐梦想，创新思维，知行合一，我们就能永葆青春走向成功。我们处在一个巨大变革的时代，谁也无法看清五年以后的行业和风险，但这又意味着巨大的机会和潜力。未来一切的不确定性，都需要有优秀的团队来进行管理和应对，只有优秀的团队才有能力在行到水穷处洞察未来，坐看云起时驾驭市场。

只要我们永远保持创业者的艰苦奋斗精神，永远保持对理想的赤子之心，我们就能无往而不胜，未来世界是属于奋斗者的。历史从不等待犹豫者、观望者、懈怠者、软弱者；只有与历史同步伐、与时代共命运的人，才能赢得光明的未来。挑战和机遇在复杂的形势中交织，担当和勇气在伟大的变革中彰显。时势造英雄，在金宇国际化征程的历练中，必将造就出一批又一批勇于创新、维新图志、拼搏奉献、敢于担当的金宇人。

（作者系内蒙古金宇集团股份有限公司党委书记、董事长、总裁）

# “心力管理”——从解决问题到生产凝聚力

刘鹏凯

江苏黑松林粘合剂厂有限公司是一家专门从事粘合剂生产销售的高新技术企业，水基胶年生产能力逾3万吨，参与了9项国家标准的制定。公司拥有注册商标60多个，其中“黑松林”和“老木匠”两枚商标荣获“江苏省著名商标”称号、黑松林系列粘合剂系“江苏省名牌产品”、“中国石油和化学工业知名品牌产品”。公司系“全国企业文化建设先进单位”“中国化工行业企业文化建设十佳示范单位”“江苏省文明单位”“江苏省安全文化示范企业”“江苏省民营企业文化建设示范单位”“江苏省环境标准先进企业”“泰州市五星工会”“泰州市绿色等级企业”“泰州市安全生产十佳示范单位”等等。

## 黑松林的企业文化

黑松林建厂之初，就提出打造“精神、精品、精兵”的企业文化建设纲要，确立并修订了“修己、安人、聚和”的企业精神。针对员工人数少、管理层级少，素质相对偏低的现状，公司明确提出了“细节管理为手段，和谐管理为灵魂，文化管理为归宿”的企业文化建设方针。在企业文化建设过程中，黑松林从“解决问题，提高素质”入手，逐步探索出创新“心力管理”，打造和谐黑松林的企业特色文化。

在解决问题中建设企业文化。黑松林以崭新的视角，由浅入深，由表及里，循序渐进，针对不同环境、不同条件、不同场合下的不同人出现的不同情况，进行“细节管理”，利用“眉批管理法”、“弯道管理法”、“留白管理法”、“脸谱管理法”等不同的方法，在处理问题的过程中，提高员工的个体素质，并且举一反三，触类旁通，激发主体员工潜能，从小事做起，把小事做好，把细节做亮，把细节做大，全面提高企业的核心竞争力。

探索、总结并实施“心力管理”。“心力管理”是黑松林的文化管理模式。以情感人、以理服人，更从实际出发，从真心出发，因地制宜、因时制宜、因事制宜，把握不同人性的不同特点，关注不同人群的不同需求，做好人心的培育和凝聚工作，构建和谐的劳资关系和人际关系，是黑松林全面提升企业向心力和凝聚力的有效途径。

### 黑松林企业文化建设过程

科学定位，明确核心。提升文化力需要管理创新。优秀的企业文化是促进企业持续发展的重要因素，不仅为企业发展提供精神动力，还为企业发展提供人才资源和智力支持，更为企业提供丰厚的无形资产。黑松林领导层充分认识到，黑松林是一家中小企业，与大企业相比，资金资源、物质资源、人力资源等方面均存在较大差距。但在“文化力”上，只要重视企业文化建设，科学合理地建设企业文化，就可与大企业立身于同一起跑线。企业要想科学、持续发展，在激烈的市场竞争中占有一席之地，就必须建设具有黑松林特色的企业文化。

黑松林在发扬本企业的优良传统基础上，重视个性发展，注重中国传统文化，并与时俱进，逐步孕育出具有独特个性的特色文化，并将提炼出的理念、精神、工作作风等整理成《企业文化手册》，以多种方式诠释企业核心价值观，用企业的内在灵魂感染、激励每个员工，提高自身综合素质，提高其精神素养、统一其意识形态。

解决问题，提高认识。企业文化建设需要解决问题，企业管理不同于外科手术。企业管理的过程是不断破旧立新、创新、出新的过程，是在继承基础上的扬弃和完善，而外科手术则是切除病变部位的器官和组织。针对一些有代表性的问题，黑松林将其编写成小故事，用漫画形式悬挂于厂区显要位置，简单、直白地阐述黑松林的核心理念和行为规范，快乐启发、愉快教育员工时时事事警醒、自律、激励，形成了黑松林特色文化的一部分。

沟通交流，全员参与。企业文化建设需要用心沟通。只有通过有效的沟通，才能让员工充分认识管理内涵，了解管理意图，有效提高管理的执行力。黑松林通过晨会、班前会，集中学习、展牌、管理信息窗口等多种形式，包容和参考员工的各项意见，将复杂变简单，广泛宣传企业文化建设的意义、方法及企业文化内涵等，深入员工中沟通交流。如黑松林与中国人民美术出版社合作，出版了《漫话心力管理故事》丛书，该丛书分别从安全、质量、关爱、营销等六个方面阐述管理主张，诠释管理内涵。黑松林还与泰兴市总工会共同印制了《关爱文化》，坚持企业文化建设从“从群众中来，到群众中去”，全员参与，最大限度地反映出共同的价值观、人生观和行为规范。

文化制度，“软硬”并施。制度是文化的积淀，文化是制度的精华，企业文化建设需要制度保证。在黑松林，制度更新导致了文化的变异，文化的变异又导致了制度的更新。黑松林在培育员工整体价值观的同时，加强制度管理，建立、健全、完善了《员工行为规范》《奖惩条例》等必要的规章制度。在制度出台前，公司运用“全员认同管理法”，先将讨论稿交员工自由讨论，评议，畅所欲言，再作出完善、修订，再全员签字认同，使制度人人能理解，个个能执行，员工既有价值观的导向，又有制度化的规范和固化，形成了“没有不执行的制度，没有一成不变的制度，没有执行不了的制度”。

当然，制度是文化的载体，文化管理高于制度管理，制度更多地强调外在监督与控制，是企业倡导的文化底线，即要求员工必须做到的。在企业生产经营过程中，常规的问题和非常规的问题时有发生，都事出有因。对管理中发生的“小事”和“细节”，黑松林又弹性执行，只要是处罚，一定注意处罚的艺术，晓之以理，动之以情，有时是“关门教导”，有时“散步引导”、“谈心指导”，给员工留足面子，与他们一起“修路建桥”，一起“过河”。甚至“今天迟到罚款”、“年终总结大会上退还罚款”等也是时有发生。这样“路”与“桥”越修越好，相关问题就越来越少。

群策群力，思考总结。企业文化建设需要领导参与。企业家本人对自己的企业最了解、最熟悉，对员工最亲近、最知心。我们在国内数十位著名企业文化专家的“场外”指导下，加强自我教育，努力提升自身素质，并自己动手设计企业文化、企业精神、企业形象，亲自组织提炼企业核心价值观，亲自领导企业文化建设。

通过总结企业文化建设过程，亲自撰写了《黑松林，我的太阳》《细节的响声》《漫话企业细节管理》和《漫话企业文化管理》等五本文化管理故事集，丰富了企业文化建设内涵，提高了企业文化建设的实效性。为提升企业文化建设水平，我们还积极与日本盛和塾、三洋公司、德国汉高公司等国外企业交流企业文化建设心得，提高了企业文化建设的眼界，拓宽了企业文化建设的思路。

为拓宽企业文化建设路径，我们提出“心力管理”模式，并出版了颇受理论界和企业界广泛认可的管理专著《心力管理》。心力是指人依据自身的心思和能力、精神与体力、思想和才智，发自内心做好某一件事的精神力量，是将企业团队层面的意识培育转化为物质层面的生产力资源，是不断引导员工在工作与生活中，善用其心，自净其心，消除恶心，增加爱心，共同构建心心相印的和谐发展环境的过程。“心力管理”的核心是心力开发，精髓是用心管理，管到心里。

（作者系江苏黑松林粘合剂厂有限公司董事长）

## 泰通文化助推企业转型发展

刘　伟

泰通建设集团有限公司系民营跨国综合性建设工程企业，拥有7家全资子公司和27家分公司及项目部。泰通企业文化经历了由“军旅文化”到“责任文化”的转型升级，泰通为理想而生存，以创新求发展，坚持以核心价值观和愿景引领企业的可持续发展，践行“责任为本、厚德兴业”的企业宗旨，致力于成为一家以文化、组织、战略为一体，以责任文化为核心的和谐成长的新型企业；打造出一支有战斗力、有执行力的优秀团队，企业经济效益实现快速发展，在推动民营企业文化转型升级方面做了很多有意义的探索。

## 加强员工培训，提升业务技术水平和综合能力

泰通在员工团队建设上严把三关：把好员工入职关。招聘时对员工的业务能力、思想水平和综合素质等方面严格把关；把好员工培养关。对新员工进行企业发展史、企业文化理念、专业技能、商务礼仪、心态管理等入职培训。把好技术创新关。每年有针对性的选派高管、优秀员工到高校进修和学习，鼓励员工业余时间进修学习，做职业化的企业人。员工既有自学成才也有岗位竞赛，还有师傅的“传帮带”，有效地促进员工快速成长。同时公司从董事会成员到普通员工，每人一本《五项管理日志》（心态、目标、行动、时间、学习），从全年总目标、总计划做起，下至月目标、月计划，周目标、周计划，对日常工作进行统筹与梳理；每天的晨会分享，是传播正能量的“天天故事会”；每月每人分享一本书的“读书会”，带动员工读书热潮。从而增强公司整体学习力，通过日积月累的影响推动全员综合素质提升。

## 建立党组织，发挥党员模范先锋作用

泰通创建初期就高度重视员工的思想教育，明确思路组建党支部，引导员工树立正确的价值观。公司组织丰富的党员活动，开展大讨论；举办纪念抗日战争暨世界反法西斯战争胜利70周年爱国歌曲比赛等系列活动。通过多渠道、多形式、多维度的开展党性教育和丰富的活动，使党员理想信念进一步坚定，并积极发挥党员模范带头作用。以“正念、正进、正思维”营造积极向上的健康氛围，带动年轻的70、80后高管先后申请入党。目前，泰通集团党委成员75%都是公司成立10年中培养的青年党员，形成一个政治觉悟高、综合能力强、有信仰的高管团队，从而实现统一目标、统一思想、统一声音、统一行动，有力地推动公司实现快速发展。

## 树立典型，发挥榜样模范作用

多年来，泰通积极向省、市相关部门推荐先进人物，坚持树典型、弘扬正能量。在责任企业文化引领下，泰通集团先后涌现：荣获辽宁省“优秀班组长”的李祖谊、“全国建筑业优秀项目经理”的陈海波、大连市“巾帼标兵”的解丽娟、沙河口“优秀社会主义事业建设者”的赵晓明等一大批先进人物，同时李祖谊事迹被评为第二届全国最美企业之声“最具感染力企业故事”，西藏项目部荣获辽宁省“优秀班组”。

企业以“泰通建设成立10周年”为契机，大力宣传“责任为本、厚德兴业”的责任文化和“自立自强、适者生存”的创新精神。通过评选对公司发展贡献突出的“名人堂”、“10大榜样人物”、“开疆拓土”、“出色泰通人”、“泰通金花”、“10大工程”等系列先进人物和优秀工程的评选活动，表彰泰通10年发展中对公司具有卓越贡献的先进人物，在员工中倡导一种敢于担当、勇于开拓、诚信、创新和奉献精神。同时通过企业内刊、简报、网站、公共微信号等不同形式及时传递先进人物事迹，编辑出版《泰通10年》特刊和《泰通人故事》书籍等，充分展示员工风采，反映泰通精神。

## 建立严格的奖惩机制

古语说“无规矩不成方圆”。商鞅立木为信，包公刚正执法，解放军的“三大纪律，八项注意”都是“坚明约束”，而后大获成功。只有按规则办事，才能明理树信。泰通集团一直坚持“严惩和重奖”并行，制定一、二、三等功奖励机制，对通过技术创新和管理科学促进企业发展的人员给予物质和精神双重奖励，不仅给予现金奖励并给交最高养老保险，退休后给予补贴，同时列入公司“名人堂”，并写入公司发展史成为泰通人学习的榜样。泰通允许员工创新的失败，但对因工作细节和工作态度不认真造成的错误，则坚决严惩。奖惩分明的激励制度，使泰通员工明白为企业付出奉献不是只讲奉献，一切都是为了自己更好的未来而努力。

## 以文化引领组织和战略管理

一个优秀企业文化要做好两件事：精神引领、物质分配。任何一个人都不会因想只讲奉献而加入某个企业，而只有高薪也无法留住人才。企业要引领员工，实现精神和物质生活不断提升。因此要调动每个人工作积极性，培养员工成为有信仰的人和制定科学的薪酬分配机制至关重要。

近年来，泰通不断引入优秀的高管团队和职业经理人，依靠创业企业家的主导和推动并结合高管团队的力量，将“水无常形、适者生存、因地制宜、自信自强”精神作为责任文化的基础，将打造“幸福企业”作为目标。泰通集团重新调整组织架构，成立了PPP项目办公室和海外事业办公室，全力开辟海外市场。成立了战略发展部、企业文化工作部、风险控制委员会、安全质量委员会、高级顾问团、审计监察部、三总师等部门组成的企业文化委员会，负责制定泰通集团整体发展战略和文化管理。泰通领导多次参加全国最新股权改制相关培训课程，探索尝试以薪酬与股权相结合的分配方式使企业的盈利和发展潜力与每个人息息相关，让企业高管与企业成为生命共同体。使大家不仅关注眼前利益，更要放眼企业长远发展。泰通建设集团在新常态下不断创新，通过责任文化强化团队建设，转型升级的过程中，逐渐探索出一条新的民营经济国际化发展之路。

把文化植入作为企业的成长基因，文化助推和引领企业健康发展，文化引领战略抉择和创新实践，全力提升战略管理水平。泰通在企业发展中践行责任文化，探索企业成长的文化基因，为探索新时期民营经济发展和中国商业文明做出这一代企业应有的努力和贡献。

（作者系泰通建设集团有限公司董事局主席）

## 民营企业的社会责任

万守杰

作为一个民营企业如何履行和承担社会责任？我的理解，企业也是“人”，这个人就是法人，是一个虚拟的自然人，要问我们自然人要不要履行社会责任，答案是肯定，是必须的，否则这个人就没有一个完整的人格。根据这个，对一个公司来说，企业既然是法人也是人，一个组织要人格虚拟化，那很自然就必须要履行社会责任。如果一个企业作为一个法人，不能够履行社会责任，就如同一个自然人不能履行社会责任一样。

履行社会责任，每个企业都有每个企业的特点，我们好多优秀的企业在这里都有经验的分享，他们也是根据自己企业的特点履行社会责任，不一定非要拿钱去捐款。比如黑松林，提起这个名字让人想起野猪林，学鲁智深肯定是仗义，根据他的性格仗义疏财，到社会上见义勇为。像我们从军队转来的企业肯定有我们的特点，有一个履行社会责任的DNA，社会责任是一定要执行的。

我们鸿云人，一进企业要发两本红宝书，一本是《论语》，一本是《向解放军学习》。我们的企业文化奠定了鸿云的企业DNA，论语是儒家文化，向解放军学习就是部队文化，这是融合的文化，我们强调君子精神和军人精神融合，我们要用君子品格和军人品格铸造我们的员工。在履行社会责任，如果危险的时候抗洪救灾的时候，民营企业有任务的话，那我们随时准备着，准备奔赴救灾任务，鸿云开始通知集合到出发，部队是两分钟，我们五分钟全部到位，立即投入到抗洪救灾一线。这是我们的社会责任。

因为是互联网公司，我们构建的是一个终身学习、就业无忧、创业圆梦的共同体。做云平台大数据，首先高校的大学生职业规划要培训，就业指导，包括我们社会创业的辅导。我本人还兼创业导师团的导师，兼湖北青年创业导师团的导师。在我管理的企业里，不仅我一个是导师，我们企业有导师职务安排。定期给社区就业创业做公益性服务，到高校做公益性就业和创业指导培训，2015年我们做了一千人的就业培训和一千人的创业培训，这些都是公益免费的。一个企业在履行社会责任，也不要凑热闹，企业能力有大小，特点有不同，结合企业的特点，尽力去做，这就是善心，这就是社会责任感。

（作者系湖北鸿云科技股份有限公司董事长，本文为作者在“首届中国民营企业文化论坛”上的发言）

## 有责乃安　德行天下

臧艳山

呼和浩特市安德文化传媒有限责任公司是一家高度重视企业文化建设、充满无限商机与活力的文化企业。公司集品牌推广、活动策划、平面设计、展览展示、年会策划和广告制作于一体，开展影视制作、活动策划的综合文化产业公司。公司成功冠名并参与策划2015年呼和浩特市农牧民春晚、2015年呼和浩特市庙会及《云曙碧》笔会首映式等；2014年公司与新思路文化传媒公司共同拍摄了大型纪录片《传承青城》，在呼和浩特市新闻频道播出，获得了由内蒙古自治区文化厅颁发的“2015年草原文化遗产日暨全区非物质文化遗产展”的荣誉证书；公司自己研制、开发和发行的《梦之爱》、《梦之想》、《梦之寿》、《梦之魂》和《梦之孝》五部文化创意产品书籍，其中《梦之想》申请了国家专利证书。

### 健全领导机构，强化机制推动

一是成立企业文化建设机构。安德文化传媒有限公司从建立公司开始，就成立了由董事长、总经理任主任。副总经理任副主任，公司各部室主要负责人为成员的企业文化建设推进委员会，从组织上加强了对公司企业文化建设的领导和推进。二是领导带头，率先示范。公司领导经常利用召开各种会议，阐述企业文化建设的重要性和必要性，并切实做到身体力行，率先垂范，从而极大地调动了公司员工参与企业文化建设的积极性和主动性。三是从提高各级管理干部对企业文化认识入手，采取董事会学习、专题辅导、经验介绍等方式，认真组织各级管理干部学习企业文化建设方面的知识、经验和做法，使广大管理干部尤其是“一把手”，进一步加深企业文化对于增强企业凝聚力和提升企业竞争力重要性的理解和认识。四是从建立公司伊始，就聘请了高级企业文化师担任公司企业文化建设顾问，并于2015年晋升为公司副总经理。把企业文化建设情况列入公司对各部门年度工作目标责任考核的项目，并以量化的形式体现到考核细则之中，到年终再以面对面实地考核的形式对照检查，从机制上保证了企业文化建设的制度化和常态化。

为加强对安德企业文化建设的规范和指导，公司还明确了各部门特色文化建设的指导原则：一是坚持共性与个性相结合原则。既体现法人文化的共性，又突出本公司特色文化的个性；二是坚持领导示范原则，要求每个领导干部尤其是“一把手”自觉做企业文化的传播者、组织者、实践者；三是坚持企业变革文化先行原则，努力使企业文化成为引领新时期企业改革发展的重要指南；四是坚持以人为本原则，始终将员工作为企业文化建设的主体；五是坚持与经营管理相结合原则，紧紧围绕公司中心工作开展企业文化建设；六是坚持百年文化原则，正确处理好传承与发展之间的关系，既要立足当前，更要着眼长远；七是坚持整体推进原则，自觉将企业文化建设与各项工作同布置、同落实、同检查、同考核。

### 加强文化传播，确保传导畅通

安德公司坚持把对企业文化的宣贯、传播与培育和规划本单位特色文化建设相结合，始终做到传承与发展相统一，共性与个性相契合，领导示范与全员参与相一致。几年来，安德公司通过组织各类董事会、领导干部讲坛、部门干部培训以及组织报告会和辅导讲座等形式，分层次、有重点地组织好企业文化的专题学习和辅导，真正把公司价值理念学习好、消化好、践行好，把公司的特色文化规划好、建设好、落实好。公司领导和各部门主任充分发挥示范带头作用，自觉将公司核心价值理念融入到日常经营管理之中，最大限度地发挥企业文化在引领发展、凝聚人心和创造价值等方面的作用。公司企业文化实践过程，就是转变经营理念、完善经营管理、推动制度创新、促进转型发展的过程。安德公司还十分重视从源头上抓好企业文化的宣传教育工作，把企业文化内容列入新员工的必修课程，使新员工从进入公司一开始就接受公司文化的熏陶，使他们能够在短时间内了解、认同、融入和践行安德文化。同时也注重从机制上推动企业文化的常态化学习，把企业文化知识列入岗位竞聘和职务晋升的必考内容，有力推动了企业文化的宣贯与落地。

## 组织行业协会，传播企业文化

近年来，安德公司一直致力于内蒙古首府的文化事业活动，冠名参与了呼和浩特市农牧民春晚、文化庙会、文化进社区等各项文化活动，为呼和浩特市文化事业建设与发展做出了积极贡献。文化产业是一个朝阳产业。没有文化，经济就会失去灵魂，而文化发展需要经济作为基础。改革开放三十多年，我国经济发展到现在，仅仅依托简单的经济建设是难以实现民族伟大复兴的。无论是从国家政策、经济发展大环境，还是从我市优厚的文化资源来讲，呼市文化产业正面临良好的发展机遇和广阔的发展空间。文化产业发展受到高度重视，发展空间巨大，发展机遇难得。为此，安德公司积极参与呼和浩特市文化产业协会筹备工作，努力把呼和浩特文化产业协会建设成为一个“多彩的纽带，绚烂的舞台”。

经过认真筹备，呼和浩特市文化产业协会终于成立后了，安德公司董事长、总经理臧艳山同志担任副会长、秘书长。他从工作需要出发，积极发展协会会员，壮大协会队伍，特别注意从新领域发展会员、吸收代表，使协会在更广的范围产生影响，发挥好示范带动作用，倡导会员之间加强沟通、交流和合作，引导产业快速健康发展，力争实现双赢、多赢。积极引导会员单位在文化产业发展上形成产业链，以其高精尖的文化项目带动整个行业全面健康发展，坚持创新驱动，获得快速发展。目前已有固定会员单位55家。协会将开设呼和浩特市首府文化产业网站，运用网络平台，组织信息资源共享和工作交流。加强对外产业交流活动，扩大对呼和浩特的宣传，给所有会员单位提供全区和全国的交流和合作渠道。建立完善协会与政府的沟通机制，建议文化主管部门每年定期召开一次由市领导参加的座谈会，专门听取协会对推进我市文化产业改革发展的意见和建议。提高协会自身服务能力和水平。切实履行协会的职责，利用行业和专业经验，使其真正成为政府与协会企业，企业与企业之间进行沟通的桥梁。

呼和浩特市产业协会的成立，是以“呼和浩特地区文化产业发展”为宗旨，以“推动首府文化大发展大繁荣”为目标的行业协会，是一个具有强大传播力的文化产业民间组织，通过文化产业这个大平台，把呼和浩特市文化界专家、学者及文化产业界的同仁们聚集在一起，开创呼和浩特市文化产业发展的美好前景。

## 文化推动产品，产品推动文化

文化是一个民族的精神与灵魂，是国家发展和民族振兴的强大力量，而我们内蒙古草原文化是中华民族文化的一个组成部分，有着悠久的历史和丰富的民族内涵，充满了生命力和创造力。随着经济的发展、物质生活的日益丰富和人民生活水平的提高，具有传统民间风俗的婚庆、祝寿、生日等庆典仪式越来越受热捧，人们对这类仪式的文化需求也越来越高。正是在这种市场需求下，呼和浩特市安德文化传媒公司用文化的眼光看待问题，用文化的方法解决产品问题，适时地开发出《民俗文化礼仪册》项目，以满足广大消费者的需求。这项文化创意产品将项目本身的文化内涵和创意成果融合在一起，转化为具有一定社会效益和市场价值的产品，体现出了它的高增值性，符合了消费需求的个性化和高端文化发展的趋势。

该文化创意产品其最大的特点，一是贯穿着艺术创意、文化创意、情趣创意、经营创意、推广创意等多方面的内容。把情感、信息、观念、品位等多方面元素融合在一起，形成了独特的文化创意产品，所以具有很强的文化属性和文化活力。二是不仅是物质产品，同时也是精神产品，在满足人们视觉审美要求的同时，更重要的是满足了人们精神生活的需求。该产品已获得中华人民共和国国家知识产权局颁发的专利证书。

呼和浩特市安德文化传媒公司设计创作的彩色《民俗文化礼仪册》，是根据当今社会生日、婚庆、祝寿、聚会等日常节庆生活需求而创意开发的一款文化产品。这款系列产品目前分别由“梦之想”“梦之魂”“梦之爱”“梦之寿”“梦之悦”五集组成。以“梦之想”为例，它由文字、图片、个性化邮票和象征性、寓意性的实物组成。此外，在邮册的每页上都附有彩色版的十二星座意义诠译。因此，该文化创意产品的设计和用途已成为市场定位的灵魂，深受广大消费者的喜爱。这是安德传媒公司用文化的眼光看待问题，用文化的方法解决产品问题的一个杰作。

## 坚持文化战略，成就企业辉煌

长期以来，公司始终坚持“有责乃安，德行天下”的发展战略，紧紧围绕“以文化凝聚力量，以文化引领发展”这一目标，把培育和构建具有本公司特色的企业文化，作为增强企业核心竞争力和实现企业可持续发展的重要前提和文化支撑；始终坚持以优秀的文化引领企业发展，推动企业变革，走出了一条高质量、高效益、高成长的可持续健康发展之路，初步构建了符合现代公司发展要求的文化体系、经营机制和管理体制，营造了团结一心、协作进取、顾全大局、勇于争先的良好氛围。

安德公司秉承着服务社会的企业经营理念，积极开展公益活动，多次进入小区送爱心、送温暖，与呼和浩特市广播电台文艺广播频道合作，赞助植树节活动、为贫困家庭及下岗职工孩子送爱心、为环卫工人送温暖等一系列公益活动。

重视人才培养和使用，加强团队建设。呼和浩特市安德文化传媒有限公司拥有一支高水平、高素质、创造实力较强的策划、执行队伍，有着丰富的策划和执行经验，公司以创新的理念、专业的服务精神，综合优秀的资源，在有限的预算中创造出完美的成果。公司以自己的独特创造性，专业素养及态度、创新的设计理念、优良的设计制作品质、高质量的制作团队和良好的服务，为客户实现品牌价值和提高销售目标，赢得了客户的一致好评，在竞争激烈的文化市场大潮中占领了一席之地。公司还创造了开放的企业文化，通过团队成员的不断创造和挖掘，让开放的企业文化更有传播力，体现了“以人为本”的企业价值观，让每一位员工都能在轻松、平等、尊重和相互信任的氛围中工作。

安德公司多次与呼和浩特市安监局共同举办安全教育等活动；多次与内蒙古电信、中小企业局、内蒙古邮政局等开展相关活动；公司还成功冠名并参与策划2015年呼和浩特市农牧民春晚、2015年呼和浩特市庙会及《云曙碧》笔会首映式等；2014年公司与新思路文化传媒公司共同拍摄了大型纪录片《传承青城》，在2015年在呼和浩特市新闻频道播出，于同年9月获得了由内蒙古文化厅颁发的“2015•草原文化遗产日暨全区非物质文化遗产展”的荣誉证书；公司将持续拍摄纪录片《传承青城》，为内蒙古自治区的文化产业发展贡献自己的一分力量，在履行社会责任中塑造了“有责乃安，德行天下”的企业文化精神。

（作者系呼和浩特市安德文化传媒有限公司董事长、总经理）

## 农金文化的力量

王宝仓

2015年5月，我从省城太原调任忻州，挑起了引领忻州农信社转型提质的重担。面对新形势、新情况、新常态，结合当时忻州农信社的经营管理相对滞后的实际，我们提出“文化引领、力促转型”的全新理念，确立了“整章建制、规范管理”的指导思想，积极投身到强化管理、规范经营、创优环境、推进改制工作当中。

### 以企业文化引领转型提质

知屋漏者在宇下，知政失者在草野。作为从农村信用社基层一线一步步成长起来的领导，我深知，农信社要实现转型提质，就须用先进的企业文化作引领。我多次在工作会上强调：“企业要健康有序发展，团队执行力至关重要，而强有力的执行力源于良好的企业文化。”在这种主导思想下，忻州市联社把企业文化建设当成一项重要工作常抓不懈。

在市联社机关，全体干部员工认真学习全省农信社企业文化大纲，按照统一标准建起了企业文化墙，引导全员把山西农信企业使命、企业愿景、核心价值观、企业理念等深耕于心。同时，以此提醒机关干部员工要“总结过去、认清现在、谋划未来”，为创造健康的经营环境、打造卓越的经营团队、塑造良好的企业形象、铸造一流的金融品牌不断作出新贡献。

为了解基层机构业务发展中存在的问题困难，掌握一线员工的呼声、诉求，在上任后的两个星期内，带领市联社新一届领导班子第一时间跑遍了辖内14个县级机构，通过与县级领导班子座谈，与一线员工促膝谈心，了解了基层机构的问题困难和员工的诉求。随后，提出了要加强企业文化建设，重塑新形象。并具体提出要切实关注基层网点、一线员工的精神、物质诉求，通过建设“小阅览室”“小食堂”“小活动室”“小澡堂”等载体，解决一线员工物质、文化诉求，确保一线员工高兴地工作、快乐地生活。此举得到了广大员工的普遍好评，激发了一线员工的工作动力。通过创建“忻农信•心家园”微信交流群，引导广大干部员工加强学习、互相学习、深入学习，进一步提升鲜活性和关注度，及时地、更好地挖掘和推广了服务“三农”第一线的先进典型。同时，这一平台也逐步成为干部员工的精神家园，在系统上下营造出奋发向上、干事创业、弘扬正气、凝聚人心的良好氛围。

针对全辖机构网点服务设施建设相对滞后，文明规范服务不到位，临柜人员服务意识不强，服务质量、服务水平参差不齐的问题，全市农信社深入开展了“学习型、服务型”机关创建活动，扎实开展了“创优服务、提升员工士气，美化环境、加强作风建设”专项活动。在全系统积极倡导更新理念，创新工作方式，构建高效、顺畅的工作新机制，有效解决机关、网点存在的动力不足、活力不强、效率不高、服务不佳等问题。在此过程中，突出了两个重点：一是加强硬件服务设施建设。分批次加大机关、网点设施建设力度，按照省联社网点服务设施建设标准，统一设计、统一标准、统一规划、统一配置，完善服务设施、美化服务环境，集中解决服务手段落后、社容社貌较差等问题。二是提升柜面服务水平。持续推进“营业网点服务标准建设年”活动，抓好网点服务达标升级工作；在城区网点全部配齐大堂经理，统一服装，并健全大堂经理、柜员的服务绩效考核办法；在各网点推行“首问负责制”和“限时办结制”，使客户享受高效、快捷的服务；引入服务考核，把服务工作纳入对各行社的综合考核范畴，细化内容，量化指标，奖优罚劣，以考核促进服务水平有效提升。通过采取扎实有效的措施，从整体上提升了全市农信社的服务能力和服务水平，在社会公众和广大客户中逐步树立起了忻州农信良好的企业形象，提升了公信度和知名度，为实现转型提质目标奠定了良好的基础。

## 以全新理念夯实发展根基

山西农信的发展理念是“健康稳定，协调持续。”企业文化大纲中这样诠释：在改革、发展和稳定之间，发展是解决问题的法宝，改革是推进发展的良方，稳定是改革发展的前提。在规模、质量、效益之间，效益是目的，质量是前提，规模是手段，三者必须保持动态持续的健康协调发展。

“农信社的战略转型应从观念转型开始，通过管理的精细化、制度化、科学化促进业务创新，才能实现全面转型升级。”打造全新理念，是农信社转型创新的根基。

基于这样的理念，我们确立了忻州农信社的转型创新思路：改制是农信社实现转型提质、持续发展的根本途径，早改早转型，早改早受益。我们要从依靠人的数量向依靠人的质量转变；从以产品为中心向以客户为中心转变；从“单打独斗”向抱团取暖、形成整体合力转变；从满足现状做一个普通农村金融机构向追求卓越做一个基业长青的现代银行转变。

思则变，变则通。在转型创新理念的指引下，我们领导班子带领忻州农信社围绕战略转型、管理转型、经营转型，全面深入实施深化改革、管理创新、服务升级、风险防控、人才培养、党建强化“方略”，实现了各项业务的市场化、网络化、差异化、专业化、精细化，有力增强了市场竞争、价值创造、风险管控和服务实体经济能力。

新一届领导班子为改善经营状况，在准确研判经济形势的基础上，确立了以清收不良贷款为突破口，全力推进改制化险的工作目标。此后，在当地市委、市政府的支持帮助下，全市农信社借势发力，累计清收国家公职人员、农村党员干部和内部人员逾期贷款975户、1067笔、金额2.15亿元。在改制化险工作上，市联社紧锣密鼓、层层加压，安排部署，细化措施，抓住清产核资、股金募集、土地确权等重点环节，上下合力、多方助力，加快进度；指导高风险和高风险边缘机构进一步细化、倒算各项指标，制定了可行性、针对性较强的化险措施。随后，专门召开全市农信社改制化险工作推进会，对改制化险的重要意义进行再认识、对目标任务进行再明确、对问题困难进行再分析、对推进措施进行再细化，有力地推动了改制化险工作的开展。同时，协调市县政府相应成立推进农信社改制组建农商行工作领导小组，制定工作方案，明确时间表、路线图、责任人，形成改制工作齐抓共管局面。

对于内部管理，我们十分注重从大处着眼，细处着手。在理顺工作机制方面，全市农信社市、县两级机构重新整合、设置部门，并结合省联社规章制度，限定时间、限定部门、限定责任人，认真梳理本部门、本单位制度，进一步予以细化、完善，更好地促进了经营管理。在此基础上，制定了部门职责、岗位职责，将职责要求细化到人、到岗；规范各部门、各条线工作程序、办事程序，完善考核管理办法，出台业务发展指导意见。至目前，市、县两级机构共制定完善各类规章制度、管理办法等40余项，做到了强化管理定规矩，整章建制抓规范，推动了各项工作的高效开展。

在规范条线管理方面，重点加强了贷款“三查”制度落实情况的检查，加强预警管理，强化新增贷款风险管控，加大贷款贷后检查的力度，试行贷款回访制度，逐步构建良性信贷管理长效机制。逐步实施柜员绩效考核管理，着重加强了费用支出和库存现金、重要空白凭证、账户对账等要害环节的管理。层层落实案防责任，构筑“一把手”负总责，分管领导亲自抓，各条线具体抓的案防管理体系，做到条线互动，群策群力，筑牢屏障，持续构建案防长效机制；密集开展检查排查，坚持查改结合，强化合规管理，将风险降到最低，确保各项规章制度执行到位。

理念灌输到底，体制理顺之后，通过整章建制、规范管理，广大干部和员工思想的转变和工作的积极性为忻州农信社的发展增添了后劲，逐步提高市场竞争能力，开创了工作新局面。截至2016年3月末，全市农村信用社各项存、贷款余额分别达到532.31亿元、302.76亿元，存、贷款余额市场占有率分别达到30.90%、41.19%，均居全市金融机构之首。

## 以优质服务倾力支农支小

“用心服务，成就客户”是山西农信企业文化中服务理念的精髓。农信社的发展历史证明，以诚意去理解客户、服务客户，尊客户所愿、想客户所想、为客户所需、护客户之利，才能提高客户的满意度，巩固客户的忠诚度，扩大客户的贡献度。客户后还有客户，服务的开始才是营销的开始。

“服务‘三农’是我们的宗旨，是我们的立社之本，必须坚持，绝不动摇。”忻州是传统的农业大市，我们对忻州的经济条件和金融环境有着清醒的认识。在全市农信社积极构筑新型农村金融服务体系，推进农业产业结构的调整，利用规模优势、网点优势及本土优势，把支持农业产业化经营作为繁荣农村经济新的增长点和经营战略，通过创新服务举措，推进金融服务进社区、进农户，大力支持地方经济建设，充分发挥了“农村金融主力军”作用。

农户小额信用贷款是忻州农信社的特色信贷业务，全市农信社提出的“抓大放小”（抓好资金营运、放好小额贷款）理念，统一实行了小额农贷柜台直贷，为广大农户开辟了“绿色通道”，极大的方便了农民办贷。截至2016年3月末，全市农信社支农贷款余额达到268.59亿元，信贷支持农户13.96万户，其中：投放贷款1.12亿元，支持基地（园区）77个，支持园区内规模经营户4600户；投放贷款17.99亿元，支持农业龙头企业187个，带动农户3.64万户；支持农民专业合作社189个，投放贷款1.63亿元，带动农户1.73万户。

在坚持服务“三农”，做好“三农”信贷业务的基础上，忻州农信社认真贯彻上级部门关于扶持小微企业发展的政策精神，将鼎力扶持小微企业发展作为支持实体经济的着力点来抓，优化投向，创优服务，加大投放。截至2016年3月末，全市农信社支持小微企业10104个，近年来累放此类贷款207.83亿元，进一步拉动了政银企互利合作、共谋发展的双引擎，搭建了推动业务转型的新平台。

首先是改进信贷服务水平，实行简政放权，激发基层经营活力。市联社将所有存量信贷业务权限全部下放县级行社，辖内AAA级以下法人客户评级权限全部由各县级行社自主办理，进一步放开了县级行社评级权限，缩短了贷款决策链条，增强了法人机构自主经营、自担风险的责任意识，激发了县级机构的经营动力。其次是各县级行社实行限时办结制，尽量缩短客户等候时间，做到了只要符合国家法规要求和行业信贷政策，有市场、有效益、风险可控，客户什么时候需要，就什么时候满足，有效提高了办贷效率，为小微企业构筑了信贷服务的“绿色通道”。第三是积极创新信贷产品。市联社积极指导辖内行社结合实际研发推广信贷产品，全辖先后推广、研发了“富羊贷”“金粮贷”“强农贷”“商户通”“白领通”“房易贷”“汽车贷”“货易贷”“三支贷”“三通贷”等多款小微企业贷款品种，有效破解了小微企业“融资难、担保难、融资贵”等问题，有效满足了小微企业、农民专业合作社、涉农龙头企业和商户、公务员等各类群体的融资需求，实现了“政府、农信社、客户、社会”多方共赢。第四是充分发挥科技推动作用。依托全省农信社统一的科技手段，忻州农信社利用点多面广的优势，加大县域、乡村的电子机具布放力度，在广大城乡地区构建普惠金融体系，实现了全省农信社系统通存通兑；推广了“信合通”银联卡、信合通“福农卡”，以及五台山祈福系列IC卡等，建立覆盖全市的“信合通特惠商圈”，为信合通客户带来良好持卡体验；加入了“农信银”结算系统，可以与全国8万多信用社网点实现资金汇划，建立惠及“三农”的“特色助农商圈”，为广大农民在农产品的购、销、运等方面提供便利和优惠；率先加入人行“二代支付系统”、开通了“网上银行”，实现了实体网点与电子渠道的无缝链接，满足客户随时随地全天候的金融服务需求。在不断改进服务过程中，全市农信社的经营效益和综合发展实力有了明显提高。

2016年是实施“十三五”规划的开局之年。在新机遇与新挑战面前，我们将带领全市农信社干部员工，牢记农信社“服务三农，强省富民”的企业使命，正在不断创新服务手段、拓展服务内容，努力开创“农民增收、政府满意、农信增效”的三赢局面。我们的目标只有一个，那就是“谱写转型提质的新诗篇，再现改革发展新辉煌。”

（作者系山西省忻州市农村信用合作社联合社党组书记、理事长）

# 中国企业文化建设重要会议

## 中外企业文化成都峰会

2014年11月15日-17日，由中国企业文化研究会主办，以“企业文化顶层设计与基层践行”为主题，中外企业文化2014年度峰会在充满人文魅力的“芙蓉之城”——四川成都举行。在庄严、雄壮的国歌声中，峰会拉开序幕，来自政府机构、研究机构、社团组织以及国企、民企以及外企等各界代表共600多人济济一堂，群策群智，按照分论区、分主题的要求，共同探讨中国企业文化建设鼎新图强之路。

### 知行合一：以领导力构建文化战略

峰会上有关政府机构领导以及专家学者们对“企业文化顶层设计与基层践行”主题的解读，不仅基于对企业文化的理论认知和探讨，更是源于对三十多年企业文化建设实践经验的提炼和升华。

国务院国资委宣传局副局长韩天同志认为，在全面深化改革、不断引向深入的新阶段，本次峰会选择企业文化顶层设计与基层践行作为主题进行研讨，无论是对全面深化改革还是对企业文化建设都具有重要的意义。顶层设计看的是全局，强调的是系统和整体，能够发挥牵引机和路线图的作用，帮助我们少走弯路，克服具体实践当中见物不见人的局限，这是我们通过长期改革实践得出的重要结论。由于我们所面临的实际问题要复杂得多，还必须坚持顶层设计与基层践行的辩证统一，要有战略的眼光、系统的思考、总体的谋划，发挥基层的积极性和创造性，最终来保证战略和文化的落地。

全国总工会宣传教育部副部长李忠运同志认为，经济全球化和文化趋同化，尤其是经济和文化在全球范围内紧密结合，不仅为企业文化传播准备了充分的土壤，也是企业文化得以迅速发展的重要原因。目前我国企业尤其是国有企业，文化转型严重滞后于体制转型，这是国有企业面临的一个非常尖锐的问题。企业文化是企业的软实力，企业文化塑造企业品牌，企业文化凝聚企业精神。优秀的企业体制必须有优秀的文化支撑，没有与之相适应的文化新体制，其效果和效率必然大打折扣。尽管体制转型会带动人们观念的转变、文化的革新，但这种被动的转变和革新并不能彻底完成企业的转型。中国工会在企业文化建设中承担着重要的角色，工会由于自身所处的特殊位置，既可以作为职工群众的代表参与和推动企业文化建设，同时也会更好的发展职工文化。职工文化是企业文化的组成部分，是企业文化中具有人文色彩的文化部分，主要包括企业职工共同遵循的基本信念、价值标准和行为规范。推进职工文化实际上就是社会主义企业文化在基层的践行，从一定程度上讲职工文化是企业发展的助推器，为企业提供强劲的发展动力。同时，也是企业发展的减压阀，发展了和谐的劳动关系，促进了职工队伍和劳动关系的稳定，增强了企业的活力。

第十一届全国政协提案委员会副主任、国务院国资委原副主任、中国机械工业联合会会长、中国企业文化研究会顾问王瑞祥同志认为，在当前文化力决定竞争力的新时代，提升文化竞争力已经成为每一个企业生死存亡的现实问题。研究企业文化顶层设计和实践结合，是具有战略意义的。在企业文化建设实践中，要把企业文化纳入企业发展整体战略当中来同步思考、同步规划、同步履行；要积极研究企业文化建设的趋势动态，从战略高度谋划制定相应的企业文化建设目标要求；要注意企业文化建设的近期、中期、长远规划的衔接，特别是注意与企业的生产经营、技术创新、兼并重组等改革举措步骤的相互衔接，注重与企业、行政、党建、群团等各项工作的衔接。此外，要积极构建企业文化建设的工作机制，主要包括组织保障机制、工作支持机制和考核评价机制，把企业文化建设纳入到最高层决策，逐级明确和落实工作责任、工作分工；通过系统研究探索工作规律，改进工作方法，提高工作的有效性；还要把考核评价机制纳入企业考核评价的总体部署，实现与其他工作同步检查、同时考核，真正让文化在企业落地生根。

### 高效落地：以执行力推进文化践行

在峰会专题研讨过程中，部分企业领导结合企业文化顶层设计与基层践行实际进行的集中演示和精彩演讲，不仅给我们提供了一个个生动鲜活的企业文化建设案例，更是让我们感受到企业文化推动基业长青的强大生命力。

中国农业银行监事长、党委副书记车迎新介绍了企业文化建设的经验和做法：第一，绘制一张蓝图，做好顶层设计。农业银行党委十分重视企业文化建设工作，以此作为提升核心竞争力的基础，注重规划先行、价值导向和精神引领，形成了“党委领导形成核心、班子成员率先垂范、各部门齐抓共管”的企业文化建设工作格局。第二，文化驱动企业，推动基层践行。通过传承精神文化、塑造品牌文化、培育合规文化、养成行为文化、担当责任文化等，着力推动企业文化与党建工作相结合、与业务发展相结合、与管理改革相结合、与队伍建设相结合。第三，建设文化强行，注重上下同心。农业银行坚持企业文化从员工中来、到员工中去，从60多年悠远厚重的历史积淀中来，落实到百年老店的光辉梦想中去。

农业银行从成立至今，已经换了十七任主要负责人，但农业银行面向“三农”、服务城乡的战略定位从来没有发生过重大变化，“诚信”、“稳健”的核心价值观从来没有变过，形成了农业银行稳固的企业文化基因。农业银行股改上市后，经历了三届领导班子，每次新班子都表态坚守企业文化核心理念体系不变，坚持“一张蓝图干到底”，夯实基业常青、打造“百年老店”的坚强基石。

中航工业成飞集团党委副书记李毅首先介绍了具有成飞特色的企业文化体系架构，包括信仰层面、价值层面、诠释层面、实践层面，特别是中航工业集团提出的“航空报国、强军富民”宗旨，体现的报国文化和家国情怀。其次是成飞企业文化践行图。主要包括领导和组织，机制和制度，平台和阵地，载体和渠道等。最后提出了企业文化践行的两种途径，一种是知而行之，二是行而知之，应针对不同的对象和群体采取不同的方法。针对成飞这种大型制造企业与员工特点，通过氛围营造、制度约束、机制牵引，使员工在服从中体会，在行动中认同，正如军队文化一样，用实际行动来塑造人，达成文化自觉。企业文化落地就是从顶层设计有效贯穿到基层实践的过程，成飞面对历史性的机遇与挑战，以文化统领制胜未来，凭文化深植基业长青，不断续写成飞航空报国的传奇。

招商局集团副总经理胡政在演讲时介绍，招商局企业文化建设的顶层设计就是三个方面，统一战略规划，统一核心理念，统一领导推进。特别是在统一领导方面强调“四有”：有清晰的统领意识，有持续的普及方法，有适应的引导能力，有健全的组织机构。在抓基层文化建设方面，主要是“三重”：一是重普及，解决认知问题；二是重基层，解决落地问题；再就是重践行，解决认同问题。招商局非常重视自身的文化渊源，不仅追求向哪去，而且看重从哪来，通过不断创新发展，使企业文化与时俱进，成为招商局这艘百年航船之港。作为招商局集团的加盟企业，招商局甬台温高速公路有限公司董事长杨国林在演讲中介绍在实现对招商局集团文化认同的基础上加强文化融合，并通过践行集团标识文化、意识文化、组织文化、管理文化、行为文化、责任文化等途径，推进企业文化建设，提升企业管理水平，实现经济效益和社会效益的大幅提升。

中国建筑总公司企业文化部副主任陈莹以及下属中国建筑第八工程局广西分公司领导也分别介绍了中国建筑总公司构建“中建信条”理念体系、“十典九章”行为体系、“同心、同向、同体、同进”的发展途径，以及在基层践行中“树立共同价值、打造优秀团队”、“融入管理制度，提升项目品质”、“凝聚员工力量，塑造项目品牌”的经验和做法。青岛交运集团总经理王润杰介绍了如何实施“文化铸魂、文化塑形、文化强企”三大工程，倡导“幸福地生活，快乐地工作”、“交的是朋友，运的是真情”、“向前推进，向上提升”等经营管理文化实践的经验和做法。

在峰会“专题对话”环节，由中国企业文化研究会常务副理事长华锐主持，山东鲁泰集团董事长党委书记刘石祯、正泰集团党委书记副总裁林可夫分别就企业践行社会主义核心价值观的方法和路径展开了一场精彩的对话。

华锐：两个企业的名字都有一个泰字，都是上市公司。你们两人的经历也有相同之处，两个人都是地方官，刘书记当过局长，而且是煤炭局的局长，然后又搞纺织。林书记当过地方的市委副书记，宣传部部长，然后是地方政府党委派到民营企业去的党代表。你们两人相似的还有一个，就是都已经过了退休年龄。社会主义核心价值观有三个层面，比如国家层面、社会层面、公民个人层面，企业层面怎么从这三方面来区分和实施呢？你们各自有什么想法和做法呢？

刘石祯：我是鲁泰公司董事长、党委书记。我原来在县级单位当领导，是做煤炭的。为了调整地方产业结构，我就去了一个纺织厂。我从零开始，后来又和泰国合资一个纺织厂，现在员工从300人到3万人，为国家创造七八十亿税收。我们搞企业，有两个问题是最主要的，一个是要为国家，再一个是为人民。企业搞好的时候，我们有四个不要忘记：不要忘记国家，我们要给国家纳税；不要忘了社会，要为社会多做贡献；不要忘记股东，我们通过四次融资，是上市公司；不要忘记员工，我们要保证劳动力的合理使用，同时要科学化管理。

林可夫：我们正泰有文化价值和愿景目标。为什么喜欢泰字？泰字我理解一个是泰然、稳定，特别是三阳开泰，只有做到了泰才能会正，我们正泰的追求，就是做人要正派，企业发展要走正道，做产品要正宗，三方面体现了我们的三阳开泰。我们现在搞企业文化，搞培育弘扬社会主义核心价值观，最终要落实到创造上，要落实到育人上，不断的创新。在生产产品的同时，要培育一支员工队伍。让企业文化入员工之心，入员工之脑，最后把价值观变成我们企业的凝聚力，再把凝聚力变成核心竞争力。我相信一句话，把社会主义核心价值观做实以后就会变成生产力。

华锐：不管公有制企业还是非公有制企业在践行社会主义核心价值观方面应该把握方法和路径，或者叫模式，“一四六”模式。“一”就是方向性引领，就是社会主义核心价值观必须要有方向引领，比如中国梦。“四”就是四本思维，企业文化的本原是什么？价值主张。企业文化的本质是什么？是价值凝聚。企业文化的本能是什么？价值创造。企业文化的本分是什么？就是要价值共享，国家、企业、社会、员工要分享。“六”就是六层次构建，愿景、使命、价值观、能力、行为、环境，这样社会主义核心价值观才有立体的构建。

### 纵横延伸：拓展企业文化价值空间

在峰会专题论坛中关于安全文化、品牌文化和班组文化建设的企业案例展示，不仅实现了企业文化与经营管理工作的融合互动，更是拓展了企业文化的内涵和功能，提升了企业文化建设的价值和魅力。

中国华能华亭煤业集团公司董事长、党委书记朱同印在“构建特色安全文化、筑牢安全发展基石”的专题演讲中，系统介绍了如何结合企业安全生产实际，坚持以母文化为统领构建子文化体系，实现母文化共性与子文化个性、文化统一性与文化差异性的和谐统一；同时把安全文化建设作为促进安全管理，确保安全持续稳定，维护员工安全权益的重要途径，积极构建安全理念文化、制度文化、行为文化、物质文化体系，让安全文化落地生根，真正用文化筑牢华亭煤业安全防线。

广西玉柴集团党委副书记郭德明在“文化筑魂、打造绿色玉柴品牌形象”的专题演讲中，系统介绍了玉柴集团品牌文化建设的经验和做法。第一，对品牌文化的认知。无论是品牌战略的制定，品牌形象的设计，品牌内涵的确立，还有品牌传播渠道方式的选择，都是与企业文化息息相关的。如果品牌的建立离开了企业文化的指引，那么品牌建设都将成为无源之水、无本之木。第二，从玉柴品牌看玉柴的文化。品牌文化本身就是企业文化的重要组成部分，企业文化可以创立企业品牌。玉柴品牌的内涵，与玉柴文化的价值理念是高度一致的，文化是品牌的灵魂，品牌持久的魅力来源于文化的力量。第三，要加强品牌传播。玉柴不间断的通过公关传播的方式传达玉柴的绿色追求、绿色梦想、绿色成就，塑造了绿色品牌形象。同时在移动互联网时代，积极探索尝试采用新媒体进行玉柴品牌的传播。

班组是企业的细胞，也是企业管理的终端，更是企业文化践行的桥头堡。此次峰会推出了50家企业文化践行的先进班组，邀请了四位班组长集中展示班组文化建设的风采。中国石油新疆油田公司重油开发公司采油五曲采油六班班长肉孜麦麦提•巴克，在“像红柳一样抱团进取”的演讲中，介绍了以班组文化优化班组管理，提高员工的凝聚力和战斗力，像红柳扎根戈壁，坚韧固守不离弃；像红柳生机勃勃，昂扬向上不放弃；像红柳抱团成长，相扶相拥不言弃的成功经验。

党的十八大代表、全国劳动模范、建行北京市分行营业部副总经理刘艳，在“快服务助力和谐向上，快发展助力实现一流目标”的演讲中，系统介绍了践行企业文化顶层设计、创建特色服务品牌、促进五个能力提升的经验和做法。在践行企业文化过程中，第一，建立快组织，前台做事快，必须要建立快速有效的后台管理和支持机制。第二，塑造快团队，组织做事快，必须要员工具备主动积极的精神和动力，关心员工工作、生活、成长，实现了“一人在建行全家来帮忙”的良好氛围。第三，推进快服务，做事速度快，推动一切工作都在跑步前进，发展成为建行系统内业务种类最齐全，服务最优秀，经营最具特色，综合竞争力最强的窗口营业机构。在特色服务品牌建设上，强调了政治特色、“三大一高”特色、管理特色、快捷特色和纽带特色。同时，通过推进基层文化建设提升“研究分析、市场拓展、服务创新、风险管理、精细化管理”等五个能力提升，推动实现银行与社会、与客户、与员工共赢的目标。

此外，东风公司商用车有限公司总装配厂装配五车间装配四班班长韩明洋，在“人和共生”的演讲中，介绍了班组积极践行东风公司“和”文化，建设一流团队、培育一流人才、创新一流管理、创造一流业绩的特色文化之路。上海电气电站设备有限公司上海电机厂制造部行车驾驶一班班长陆红娣，在“以班组建设为基点，加强企业文化建设”的演讲中，介绍了加强班组建设标准化、推进安全文化落地、创建学习型班组、营造和谐温馨班组氛围的经验和做法。

### 廓开视野：国际化经营与跨文化管理

中国石油海外勘探开发公司党委副书记武军利，在“实施跨文化管理、促进海外业务大发展”的专题演讲中，介绍了如何面对差异巨大的多元文化环境和纷繁复杂的国际合作环境，坚持弘扬中国石油传统文化，严格遵循国际油气合作规则，积极培育和构建合作各方共同认同的合作共赢文化和具有中国石油特色的国际化运营模式，并为此进行了扎实而有益的探索。

商务部研究院研究员、联合国全球契约第十项原则专家组成员王志乐，在“强化诚信合规反腐——企业文化发展新趋势”的演讲中，强调在企业文化建设中强化合规、反腐败，是中外企业共同面临的重大问题。

### 变革思维：互联网时代的文化挑战

在峰会关于企业文化理论创新和实践创新的研讨过程中，专家学者们对企业文化如何应对互联网时代挑战的真知灼见，给与会代表带来更多的启示。

中宣部理论局原副局长、研究员贾春峰在“企业文化‘落地’的路径与方式方法再思考”的演讲中，强调企业文化建设的几个重要问题。第一，在整个企业文化建设的过程中要遵循“知行合一、知行统一”的认识论和方法论。管理是一种实践，其本质不在于知，而在于行，其经验不在于逻辑，在于成果。推进企业文化的持续创新发展，不能是知而不行，也不能是无知而行、不知不行，而要体现在企业文化建设的方方面面。第二，价值理念与行为规范是企业文化的内涵，是企业文化的整体框架结构中最重要，最具有实质意义的内容。从规划设计开始就要准确把握价值理念与行为规范，也就是理念文化与行为文化的有机融合统一。这对于实现企业文化落地落实至关重要。第三，通过专项文化建设和基层文化建设协同并举，纵横交织，上下连接，点线面融会贯通，实现企业文化在企业方面的全覆盖，以推动价值理念以及行为规范全面深入落地、生根结果。第四，通过企业故事提炼和传播，实现价值理念、优秀人物与企业故事三者的紧密融合，促使企业文化潜移默化的融入员工的血脉，深入内心，深植于行为实践。企业文化建设任重道远，面临着企业文化落地的问题，更面临着新形势下企业文化创新发展的新挑战、新任务、新课题，包括国家全面深化行政体制改革，经济发展方式转变，企业商业模式创新，也包括互联网大发展的趋势等。

北京市行政学院原副院长赵春福教授，在“互联网时代企业文化如何创新”的演讲中强调，企业家要把握时代的脉搏，要实现思维方式的创新、思想的创新，这是互联网时代企业创新的前提。互联网的技术结构决定了它的内在人文精神是去中心化，是平等和开放，这是互联网的基本原则。从企业经营角度，互联网思维主要体现在以下方面。一是用户思维。互联网时代非常强调用户是中心，消费者的话语权日益增大，并且影响着企业的决策。二是简约思维。企业要做减法而不是加法，从哲学上来说“少即是多”。三是迭代思维，互联网企业产品更新换代非常快，要适应市场的变化，适应满足消费者千变万化的需求。四是颠覆式的创新思维。这是指对创新力度的理解，也叫破坏式的创新，颠覆式的创新，毁灭性的创造，也可以说自己消灭自己。五是极致思维。极致思维就是说要做第一，不要做第二。六是流量思维。互联网时代，流量在先，流量就是金钱。七是社会化思维。企业家要用社会媒体、社会网络重塑企业和用户的沟通关系，重建企业的管理，重建企业的商业运作模式。九是平台思维。互联网的平台思维就是开放、共享、共赢的思维。十是大数据思维，是指对核心资产竞争力的理解，大数据已经成为企业的核心资产，数据挖掘和分析成为企业关键的核心竞争力。过去的二十年是消费互联网时代，互联网改变了人们的消费行为和消费条件。未来二十年是产业互联网时代，每个行业都会被产业互联网改变，这种改变将会超过以往的工业革命带来的改变。未来企业的运行逻辑是互联网思维的运行模式，未来企业的智商是不断获得和加工大数据的能力。互联网会成为我们生活中的水和电，互联网将影响改变我们的生活方式、工作方式、思维方式。

电子科技大学互联网科学中心主任周涛教授，在“企业如何应对大数据提出的挑战”的演讲中，提出了大数据时代给企业带来的三个挑战。第一，是数据总量的变化。我们现在一天所产生的数据量相当于两百年产生数据的总和。这造成我们可以获取的数据量的飞速上升与我们普通人分辨甄别数据之间的矛盾。要解决这个矛盾就需要企业找到规模化自动化的办法，把用户需要的东西推送到用户面前。第二，数据形态发生了很大的变化。现在我们面前的数据不再是表格、结构化的数据，而是非结构化的数据，比如语音、视频、人与人之间的社交网络、遥感数据等等。怎么挖掘折价数据，甚至找到好的方法把它变成我们适合处理的表格化形态，这是我们遇到的第二个大的挑战。第三，数据外部形态发生了变化。以前的数据绝大部分是以孤岛的形式存在的，某企业可能有微信数据，某企业可能有微博数据，某企业有构图数据。但是现在，通过一些资本、产品、商业模式，甚至是技术手段，我们可以把这些数据打通。我们有各种不同方向的数据，它互相可以共融，这就是第三个大的挑战。如何变成一个大数据企业，或者至少能够在大数据时代成为比较领先的企业呢？第一，企业一定要做充分的数据化，存储你所需要的一些信息。包括在生产、经营、人力资源管理中出现的一些过程数据。第二，做好大数据的顶层设计，建立数据管理平台。企业建立数据管理平台的时候要从业务出发，做好存储和架构，使得这个中心是可以复制和扩展的。第三，任何一个想成为大数据企业的都要增强自己分析数据的能力。第四，提升企业外部数据储备和外部创新能力。

中国人民大学李桂荣教授在“国外企业文化最新理论和实践评述”的演讲中介绍了企业文化研究的不同角度，包括管理学的角度、经济学的角度、心理学的角度等；介绍了企业文化梳理、企业文化测量以及企业文化变革的流程；介绍了国外企业文化研究的最新理论和实践。并指出企业文化分析研究的四个方面：一是研究的科学化；二是互联网时代的文化多元化问题；三是企业情智培训和创造力培养；四是讲故事，让企业文化实践和理论对应起来，企业就是在创造故事。

鉴往知来，鼎新图强。中外企业文化峰会作为中外企业文化研讨交流、成果分享的年度盛会，群策群智，共商共谋，积淀精华，前瞻未来，不仅推动了企业文化理论探索和实践创新，而且为“十三五”规划的顶层设计和基层践行打下坚实的基础。

（撰稿人：中国企业文化研究会CI研究中心主任袁恒常）

## 中外企业文化重庆峰会

2015年11月15日-17日，适逢十八届五中全会描绘了未来五年社会经济发展美好蓝图，企业对未来五年发展凝神思索、运筹帷幄之际，中国企业文化研究会主办的中外企业文化2015重庆峰会如期举办，来自中央有关部门的负责同志、高校科研机构的专家学者与全国各地的企业家和企业文化工作者650余人共聚山城重庆，总结“十二五”时期企业文化建设取得的成绩与进展，研讨“十三五”时期企业文化努力的方向、道路与任务，管产学研群策群力，研讨学习氛围热烈，取得丰硕而重要的成果。

国家发展改革委、国务院国资委、中国企业文化研究会、重庆市有关方面的领导或负责同志莅临峰会指导，中国社科院、北京大学、清华大学、北京师范大学等研究机构的学者阐述学术观点，重庆银行、中国节能环保集团、太钢集团、中国交通建设股份公司、上海汽轮机厂、蒙牛集团等企业代表交流经验，中国农业银行、中国建设银行、中国石油天然气集团、中国航天科技集团、中航工业集团等大企业及下属单位代表参加峰会。

参会代表纷纷反映，在“十二五”收官之年总结过去五年企业文化建设取得的成效，展望“十三五”时期企业文化建设的任务目标，发布了《峰会宣言》和《中国企业文化建设“十三五”指导意见》（简称《意见》），达成重要共识，取得丰硕成果，起到了承上启下继往开来的作用，对于企业在未来五年加强文化建设创新具有重要指导意义。

## 一、“十二五”时期我国企业文化建设取得新成就

“十二五”收官之际也是交卷之时，是回顾与总结的节点。如何看待过去五年我国企业文化建设的发展？又有哪些经验值得总结和发扬？峰会上发布的《意见》、孟凡驰教授的报告以及国务院国资委宣传局副局长韩天的讲话都充分肯定了企业文化领域取得的成绩和宝贵经验。

中国企业文化研究会发布的《意见》认为，“十二五”时期中国企业文化建设取得了很大进展。“文化强企”战略地位更加显著，多数企业组织的文化建设体系日趋完善，企业价值理念特别是核心价值观由总结、提炼、宣传向全面转化深入推进，各方合力推进的企业文化建设工作格局正在形成，企业文化提升员工人文素养和企业管理水平的引领作用更加显现。同时，财政部、国资委、商务部等监管部门日益重视企业文化对企业健康发展、转型提升的重要作用，发布了一系列重要指导性文件，对中国企业文化发展的重视和指导不断强化。

中国企业文化研究会常务副理事长兼秘书长孟凡驰在大会总结报告中提出，过去五年中国企业文化建设成绩主要体现在七个方面的提高。

第一，企业文化建设体系化、科学化及个性化并重。现在的企业文化建设不像以前那样零敲碎打，一个企业或者提出几句口号或者搞几个活动，改变了企业文化建设初期的碎片化，整体化、体系化越来越明显。同时，在提炼的过程中更具逻辑性，从理念到行为、再到布置、再到活动、再到形象，总要有一个规律的排列，形成有逻辑的程序。近五年以来，企业文化简单模仿的倾向得到了克服，自身的特点越来越明显。

第二，企业家文化的深度自觉是企业文化建设成功的关键因素，这个认知越来越清晰。企业组织文化是企业家的精英文化和员工文化两部分优质文化统一体，精英的优质文化和草根的优质文化统一体。而在这两部分，企业家处在一种枢纽位置，处在一种关键的地位，起着关键的作用。如果没有克洛克的反复打造，就没有麦当劳的文化；没有当年张瑞敏的打造，海尔文化也得不到。所以领导者的文化影响着文化建设的一些基本思路，也影响了文化提炼的一些基本内容，所以企业家起关键作用。

第三，将文化融入战略、管理、经营全过程，避免了两张皮的现象。文化和经营管理本身就是一体，企业文化在本质上是企业自身的经济文化、管理文化、经营文化，在企业应该是一种内生性的动力，在企业发展当中滋生出文化，经过不断反复提炼，遏止野蛮文化，扶植优秀文化这个过程就叫文化建设的过程，通过这个过程把内生性动力的作用发挥到极致。

第四，打造丰富的载体，以多种形式使企业文化落地。文化载体、文化平台、文化手段，是非常重要的形式，能使企业文化的理念落地，把理念通过各种活动内化到员工意识当中去。

第五，将企业文化与思想政治工作、党建工作结合建设，激发出共生效应。这是中国国有企业一个非常重要的经验，企业文化可以和党建工作、政治工作融为一体，作用更广泛。

第六，注重协调主文化与亚文化的关系，促进企业文化的发展。过去我们企业往往走一种极端化，只是片面强调主文化的作用，对下面的基层文化限制得比较多，甚至有的大公司只允许有集团文化，下边的文化不要做。近年来很多公司都是从上到下建立了集团文化，基层也有适合的文化，上下贯通起来，这样的文化是值得提倡的。

第七，积极进行文化的应用理论研究，提升企业文化建设的理性化水平。

国务院国资委宣传局副局长韩天讲话指出，过去五年中，中央企业围绕做强做优、培育具有国际竞争力的世界一流企业这一核心目标，积极推进企业文化建设，很多企业从战略高度认识和谋划企业文化建设，制定企业文化建设规划或纲要，纳入企业战略，建立健全体制机制，不断完善价值理念体系，形成规范体系和形成识别体系，加大宣传力度，广泛开展形式多样、内容丰富的企业文化活动，注重选塑先进典型，创新文化载体，加强分类指导，督促检查和考核评价。企业文化建设的工作路数基本形成，为企业文化融入生产经营、服务改革发展开辟了广阔的空间。此外，中央企业把安全文化、质量文化、创新文化、团队文化、廉洁文化、服务文化、班组文化、项目文化等专项文化建设作为企业文化落地的有效途径和形式，使企业文化深度融入企业管理，切实提高了企业基础管理水平。

## 二、当前我国企业面临的挑战与深层次文化问题

当前我国企业经营发展面临着严峻的挑战，中国企业能否突破日本、东南亚等国家企业发展盛极一时又迅速下滑乃至衰落的老路，能否成功实现转型升级打造引领和推动中国乃至世界经济发展的新引擎？说到根本，取决于我们的企业能否深刻洞察有形问题背后的文化动因，能否建构支撑我国企业再造新优势引领新发展的新型企业文化体系。

**（一）我国经济仍处于周期性探底阶段。**

国家发展改革委体改司副司长连启华发言谈到，当前我国经济仍处于周期性探底阶段，去产能、去库存、去杠杆的任务仍很艰巨。传统需求减弱，而新需求尚在孕育，传统供给结构难以适应需求，城乡区域协调发展面临诸多制约，对外开放后发优势欠缺，重塑发展模式将显得更加紧迫。错综复杂的国内外经济形势和发展任务，对深化经济体制提出了更为迫切的要求，必须更加聚焦经济发展遇到的突出问题，

更加注重供给侧体制机制创新，增加突出改善供给的制度安排，抓紧落实一批激活市场释放活力的改革举措，提升劳动参与率，改善要素供给条件，提高资源配置效率、生产效率以及管理效率，促进全要素生产率提高。为打造我国经济持续向好的坚实基础，实现经济中高速增长和迈向中高端水平提供体制保障。

**（二）企业经营发展仍面临严峻挑战。**

《意见》认为，经济新常态下，企业作为改革主战场，结构调整、转型升级、国际化经营、推进混合所有制、强化监督等方面的改革发展任务十分艰巨。经济下行的压力使员工的思想更加活跃，利益调整更加困难，不安定因素加大，一些深层次矛盾更加显现，是矛盾叠加、爬坡过坎的最紧要关口。有参会代表反映，当前钢铁、煤炭等行业产能过剩，有的企业已经采取减产限产、工人放假等措施，企业经营发展面临着严峻的挑战。

**（三）企业文化与转型提升要求还存在不适应。**

中国社科院工业经济研究所原所长、中国工程院院士金碚教授在学术报告中指出，文化的形成是一个国家长期积累下来的人的观念和行为特征，今天要实现企业创新、推动我国后工业化的顺利发展，在文化观念上需要克服文化弊端，找寻属于中国企业和中国工业的发展道路。

金碚认为，我国在工业化道路进程中经历了四个阶段。1912 年到 1949 年，也就是民国元年到中华人民共和国成立的时间，中国处于工业的萌芽时期。那时的价值观就是向物质主义过渡，行为目标和追求的是基本的生计，就是吃饱饭，别饿死人，最重要的最基本的是人要活下去。新中国成立以后我们进入工业化初期，进入了一个朴素的物质主义时代，追求的是实物的产品。那时有一句非常有名的口号叫“宁可少活二十年，也要拿下大油田”。物质是追求的目标，集体主义、自我牺牲，先生产后生活。因为物质太重要了，最重要的是食物，是油田、是粮食、是钢。改革开放后工业化进入加速时期，工业化加速时期，我定义一个概念叫“亢奋的物质主义”。行为的目标很明确——收入、财富、GDP，不是个别的物质。那个时候我们的行为特征大家都经过了，是血拼式的竞争，贪大、求快，我们国家的口号叫效率优先、兼顾公平，但很难兼顾，实际上我们走的是效率优先、扶快促大，扶优扶强。2012 年到 2013 年，基本开始走向转型，转型是说走向一个工业化的深化阶段。现在的精神就要变成渴望分享，不能光有财富、光有收获、光有 GDP。所以五中全会提出的理念是共享、绿色、协调，我就给它一个概念叫“权衡的物质主义时代”。在这个时代里面发展仍然是重要的，仍然是第一要务，GDP 还是重要的，没有 GDP 也是什么都没有，但不是唯一重要的，环境也很重要，绿色也很重要，共享也很重要，可持续也很重要，目标已经开始多元，那就叫平衡，要权衡了，要主张公平。现在的问题我们仍然要讲效率，但是我们需要以公平来促进效率，不是不择手段，效率高怎么干，也不是宁可少活二十年，要活得健康一点，也要拿下大油田。未来还会到达后物质主义也就是福利主义的阶段。

金碚分析指出，要突破当前经济和企业发展瓶颈，起决定性作用的是资源、技术、文化三个因素，而文化是最根本的驱动因素。企业要看到，中国文化偏重于务实，务实强于信仰。当前中国商业文化中，判断经营成功与否的价值准则是以成败论英雄，缺乏对失败的包容和价值认可，相比之下美国硅谷就允许失败，有句话叫“你的失败或者破产是对社会的最后一次贡献”；判断经营好坏的标准是规模，以大为好、为强，缺乏对中小企业的尊重与扶植，相比之下美国最受尊重的企业则是具有开创性创新力的中小企业，日本企业则以久为美；生存竞争原则以物美价廉为取向，偏重低成本替代战略，注重以价格优势取胜；发展策略上追求速度，容易急于求成；在创新决策方面存在“官本位思维”，认为“居上者更聪明”，倾向依赖上级决策、执行上级命令；在商业模式和业务选择上倾向“同而不合”，业务“趋同”且“不愿合作”，容易形成“一窝蜂”式的产业聚集而缺乏应有的独特性，容易造成大量同质化竞争与产能过剩……这些经营管理理念，在过去的发展阶段中可能帮助了企业快速发展起来，推动了社会生产力严重不足问题的解决，但是到今天，如果不能加以关注、思考和改进，很可能成为阻碍中国企业转型提升的文化障碍。

“十三五”时期，在中国发展水平已经接近、超过世界平均水平之上的时候，金碚教授希望，每个企业都要进行文化反思、文化创新、文化的提升和升华，超越低成本竞争的驱动模式，在原创性的技术领域进行独创性的发展，走差异化竞争的道路，探索形成属于中国企业的新型发展理念和发展方式。

## 三、强化文化使命与担当，引领“十三五”企业转型升级

“十二五”时期是中国企业文化建设的深化探索期，出现了大批新思路新做法新经验，同时一些深层次的文化问题也逐渐暴露出来。“十三五”时期，我们站在新的历史起点上，要从全面建成小康社会的战略大局出发，增强企业文化的使命感与担当精神，提升文化自觉、文化自强、文化自信，全面引领、推动、支撑中国企业实现转型升级，再造新能力新优势。

**（一）新使命新共识引领道路、凝聚力量。**

代表们在峰会上认真聆听各方观点，记录着能启迪思想启示工作的点点滴滴。而在开会之余，大家兴高采烈地轮流在《峰会宣言》海报板上签下名字、照相留念，这已经成为本届峰会一道靓丽的风景线。笔者留意到，很多人在签名之前都仔细看一看《宣言》的内容。每一次注目，每一次驻足，每一次在微信微博的传播，都是在宣示一份认同、一份力量。

为了鼓舞企业文化工作者在“十三五”时期继续努力，为企业转型升级提供全面的引领、驱动和支撑，本届峰会发布了《中外企业文化 2015 重庆峰会宣言》，呼吁大家承担使命，为全面建成小康社会做出新贡献。宣言倡议：全面提

炼整合企业价值体系，牢固确立全体员工价值信仰，以践行社会主义核心价值观。发扬中华民族传统美德，构筑牢固诚信体系，以优质服务和工商文明形成员工、企业与社会的价值共同体和命运共同体，共建和谐小康社会。加速提升创新能力，创新企业的产品、经营、管理和体制，做“大众创业，万众创新”的领先者。树立精益理念和工匠精神，以精尖产品和精细管理，塑造崇高的中华品牌形象，实现“中国制造2025”。强化规则文化，形成合规习惯，建立现代商业模式，实现依法治企。加大跨文化探索力度，积极拥抱互联网开放共赢时代，主动参与“一带一路”宏图伟业。在历史转折点上，全面深入推进企业文化建设，以高度的文化担当精神，提高企业人文素养，丰富管理的文化内涵，提升企业家的文化领导力，促进国家文化大繁荣大发展，实现员工梦、企业梦、伟大的中国梦！

**（二）新目标新责任导向企业文化新航程。**

《意见》提出，“十三五”时期我国企业文化建设的目标为：建立以企业价值理念体系为核心，与我国经济发展新常态相适应，与现代企业制度、国际化经营战略相符合，与企业和职工共同发展需求相一致的企业文化体系。企业文化资产得到保值增值，企业文化建设领导体制、工作机制更加完善，企业文化创新能力和品牌、产品、服务的文化含量明显提高，企业文化设施更加完备，企业文化产品、文化活动更加丰富，更好地满足员工的精神文化需求，企业文化的活力和社会影响力不断扩大，文化在企业综合竞争力中地位和作用更加突出，为企业科学发展、员工全面发展的指导能力显著提高。

一些代表反映这一目标指明了前进的方向，并表示，要据此制订企业自身的文化发展的五年目标，与企业经营绩效、管理指标等有形目标有机统一，进一步释放文化资产的“产能”效应。

重庆银行董事长甘为民介绍经验时表示，重庆银行以建设有梦想、有精神、有爱心、有原则、有担当的“五有”价值观为目标开展企业文化建设。他说，人因梦想而伟大，企业因梦想而成功，重庆银行以共同的梦想凝心聚力，提出“西部一流、上市标杆”的发展愿景，分支机构也围绕愿景提出目标。将爱国敬业的核心价值落到实处，用创业实干、创新进取的精神，抓机遇、迎挑战，在激烈竞争中奋力推动转型发展，一步一步接近目标。推动形成感恩、包容、平和、奉献的企业文化氛围，进而为社会和谐稳定传递正能量。践行诚信、廉洁、合规的价值理念，讲规矩、守纪律、明底线。培育人人有担当、人人敢担当，遇到困难不退缩的企业文化，我们响应国家号召，积极参与长江经济带和“一带一路”建设，积极发展绿色业态，支持大众创业、万众创新。

**（三）新任务构建新文化力。**

中国企业文化研究会理事长胡平在讲话中提出，新时期企业文化建设要致力于解决三大关键问题。一是解决文化与经济、科技的“两张皮”问题，促进三者有机统一。1993年我提了一个口号叫文化产业化、产业文化化。现在看起来这两个问题都是对的，现在讲文化产业，文化产业化最终加到旅游，文化要融合到产品里、融合到管理里，这样两张皮的问题就会解决好。二是培育标准意识，积极参与企业标准、行业标准、国际标准的制定，建立与中国企业规模地位相适应的一流标准体系。现在世界上承认我国市场经济地位的只有少数几个国家，多数还不承认，什么原因呢？西方的标准都是几百年来，从十六世纪以来西方的企业化、行业化等等都是他们说了算，我们很被动。现在我们走向世界了，特别是亚投行，这就要由中国人来制定。制定标准的企业还比较少，我们受制于人，这个问题上我们还任重道远。三是抓紧培养人才，以人才工作带动创新、转型，形成适合企业需要的人才梯队。企业要发展到新的世界高度，管理靠人才，没有人才不行。现在大众创业、万众创新，这个口号很好，但最关键的是人才。过去中国的人才考虑就是院士、博士，现在还需要一线操作的工人。

胡平理事长还指出，今后一段时期企业文化要加强以下几方面工作。

一是加强文化创新。要认清企业文化在深化改革、扩大开放过程中的挑战和机遇，一方面改革需要企业有更好的管理，另一方面“一带一路”建设使得中国企业更加深入而全面地面向全球，都需要企业文化创新。

二要加强品牌文化建设，现在国际市场上有竞争力的中国品牌还不多，要倡导中国的品牌，有中国文化含量的金字招牌的品牌，任务还很重。

三要加强营销文化创新，网络时代跟计划经济时代完全不同，“互联网+”可以卖全球也可以买全球，双十一网络销售创造了几百亿的销售收入，所以这种营销方式具有根本的变化，网络营销使农民的产品也可以卖到全国甚至世界。

四要加强管理文化。企业的管理面临新的形势，要加强企业文化的管理。

五是法制管理。中国人过去缺乏法制意识，我认为现在应该要重视法制管理。

六是企业伦理道德。中国人是讲伦理道德的，西方也有套理论观点、办法，我们的伦理道德方面应该说基础比较好，但改革开放后伦理道德有所削弱。领导层都要有这个观念，这是中国传统文化的要求。

七是企业家文化。企业家文化我认为是根本的，一个企业搞得好不好，特别是民营企业，包括小微企业，都要依靠企业家的素质和战略眼光，当然国有企业也有这个问题，调来调去这个企业不是你自己的，而是国家的，国家委托你管理，作为企业家，也应该要有道德准则，要有所创新。

中国节能环保集团公司坚持以培育和打造百年老店为核心，以“争做中国节能精神家园的守望者”为主线，来凝聚全体员工的斗志。

用一句话来总结，“十三五”企业文化建设要坚持“全面发挥文化的引领、推动和支撑作用”，为企业转型升级再创辉煌提供正确的导航系统、稳定的控制系统和强大的动力系统。

## 四、把握重点全面提升，以文化繁荣带动企业发展繁荣

企业文化是企业活的灵魂，企业文化建设是鲜活的实践。企业要在丰富多彩的工作中实践文化、感悟文化、总结文化、提升文化。要围绕企业转型升级的大目标，结合企业经营管理的重大问题、难点问题、突出问题，有针对性、规划性和系统性地开展企业文化建设。“十三五”时期，企业文化究竟应该做什么怎么做，在于企业如何吸收峰会以及各方面的意见观点，更重要的是以我为主、筹划全局。

**（一）提升文化领导力，增强企业各层领导者文化自觉。**

孟凡驰教授介绍，有个命题认为“文明是设计出来的”，说明企业家在文化塑造中要付出的努力。沃森、松下、克洛克等闻名世界的企业领袖，以及峰会发言的重庆银行、青岛交运集团、中石油呼石化公司等企业的经验，都印证了企业家在企业文化建设中的关键和独特的作用。当前在企业家文化自觉整体提高的同时，仍有部分企业家对企业文化认知水平不高、重视程度不够、工作力度不强。

一些企业反映，企业集团中各部门、各层级领导者对企业文化的认知参差不齐，特别是有些企业技术部门、生产部门、业务部门，尚未把企业文化理念放到应有的高度去管理，造成了企业文化建设的“中梗阻”。

《意见》把提升文化领导力列为“十三五”我国企业文化建设的首要基本任务，要求中高层领导者把文化领导力作为领导力的核心和灵魂，提升构建、实践、创新企业文化的能力，做到言行一致、以身作则、以上率下，在管理中发挥真理的力量和人格的力量，形成现代企业治理结构下具有文化影响力的新型领导力。

**（二）持续构筑强大创新文化，加装企业战略发展新引擎。**

近两年我国经济发展进入转型期，步入新常态，有的企业能够顺应时代的变化，风生水起地开展转型变革，也有的企业无法突破思维局限，对下一步的经营战略一筹莫展。本届峰会给出的答案是，创新，创新，还是创新！

清华大学教授邹广文在“经济新常态下的企业文化任务”的报告中讲到，新常态下：经济增长方式将发生四个根本性的变化。一是从经济高速增长向平稳增长期过渡，二是从量的扩张走向质的提升，三是要从要素、投资驱动走向创新驱动，四是从经济的一枝独秀走向社会的协调发展。他建议，每一个企业家或者管理者应围绕新常态自觉进行文化反思：我们为什么要做企业？我们要成为什么样的企业？企业和社会是什么关系？什么是我们最想要的？他认为，在过去不可持续的发展模式下，我们破坏了生态环境，“走入了手段的王国，而失去了人的目标”。他希望，企业“保持战略上的平常心态”，拥有平常心才能“不为浮云遮望眼”，才能从反思中找到企业新的使命、方向与道路。

北京大学胡泳教授在讲述互联网＋时说，他认为“互联网＋”的简单定义就是一个一个产业电商化。他援引凯文•凯利的观点认为，新经济的目标是一家公司接一家公司，一个产业接一个产业地摧毁工业经济中的一切。如果一个行业具有“四最”特征——技术最落后、服务模式最陈腐、体系最封闭以及最无视用户利益，那么互联网就像“大门口的野蛮人”，随时准备攻陷这个行业，商业、旅游、交通、教育、医疗等行业已经或者正在经历这种变化。他认为，从1900年-1960年生产主导，1960年到1990年分销为王，1990年到2010年的信息时代，到今天这个时代叫做客户时代或者用户时代，现在只有互联网公司知道自己的用户每一个人是谁，所以这个世界最牛的企业是互联网企业，因为我们来到了客户时代。百年间企业游戏规则大变，因此张瑞敏说，“没有成功的企业，只有时代的企业”，搞转型的唯一目的是怎么样服务好你的用户，只要用户跟着你，你就能够成功。

北京金隅集团以创新文化推动战略创新，在淘汰落后产能的同时，大力提升科技创新能力，探索新型产业和新业态，打造企业新的经济增长点。“十二五”期间关停和搬迁相关制造业企业及生产线，每年减少15万吨标煤的消耗和5000吨以上的氮氧化物排放。科技投入近30亿元，新增专利260余项，科技项目产业转化率达80%。稳步推进和大胆尝试金隅国际物流园建设，成为产业疏解大背景下定位准确、区位优越的高端物流基地。太钢集团长期坚持培育创新文化，打造技术领先的不锈钢产业，不断推出新的产品，成为新的增长点。

创新理论鼻祖熊彼特认为，创新就是建立一种新的生产函数，把一种从来没有过的关于生产要素和生产条件的“新组合”引入生产体系。这种新组合包括5种情况：⑴采用一种新产品或一种产品的新特征；⑵采用一种新的生产方法；⑶开辟一个新市场；⑷控制原材料或半制成品的一种新的供应来源；⑸实现任何一种工业的新的组织。只有围绕满足用户需求不断创新，企业才能获得新的发展动力。

**（三）培育人本文化，建设学习型企业，为企业转型升级提供人才支撑。**

人力资源是第一资源，也是潜力巨大的资源。在创新变革时代，如何激发全体员工与骨干人才的工作热情和创新激情？

交运集团（青岛）董事长刘永康认为，企业有国家层面的责任和担当，有社会层面的社会责任，但更重要的是对企业员工的这种关爱。只有照顾好员工，员工才能照顾好客户。交运在三年工资倍增的同时，大胆实行每周四天工作制，使员工每周都有小长假，实施新工时后，劳动力每年提高32%。刘永康说，传统的认识是工作放前，生活放后边，但是我们通过这几年的实践让职工幸福，通过工资性收入的增长，为他们创造良好的工作环境，包括“七个一”工程的打造，员工感觉他融入了企业，因为感受到企业对他的关爱，同时员工在社会中也有自己的尊严。

中航工业沈阳飞机设计研究所党委书记奚继兴认为，对于人才密集型企业，要激发员工斗志，不仅要增加员工收入，而且要打造学习型组织，帮助员工提升价值、实现价值，使其物质精神双提升。他介绍说，作为科研实验单位，601

承担国家科研任务，员工构成基本上是知识型，现在每年招的员工都是985的硕士以上。针对他们的需求，2002年研究所开始创建学习型文化，到现在也已经15年了，已经成为员工学习成长的平台。帮助他们持续学习不断进步，使之在工作中不断建功立业，为研究所发展做出了重要的贡献。这15年实现了三次跨越，一个是飞机设计从三代到四代的跨越，还有从陆地到海洋的跨越，还实现了从有人向无人的跨越，无人机的研制，包括作战性的无人机研制也在进行。发展带来了实惠，中央提出来到2020年要实现全体人民的收入翻两番，我们从2000年到去年，已经实现了收入翻两番。

**（四）强化服务文化，向市场要效益。**

以往谈到服务文化，人们总是不自觉地想到窗口单位，银行、通信、水务、电网等等，想到他们的服务态度与作风。今天在互联网+时代，服务文化已经深入到企业的经营思想、商业模式、服务流程，已经要求企业更加精准、更加深入、更加便捷、更加经济地满足客户需求，而且要做“终生客户，终身服务”、“以心相交，成其久远”。

服务就是为客户想到、做到。重庆机场集团党委副书记黄伟在“服务文化”对话会上谈到，重庆市政府为了招商引资，服务国际大企业，投入20亿将机场跑道增加了400米，使HP、富士康等公司运输货物的大型飞机可以安全起降。正是此举，使这些企业将生产基地落户重庆，每年为重庆GDP贡献5000亿元。

服务就是提供品质可靠的产品。蒙牛集团党委副书记郭文举回答问题时说，蒙牛是一家市场型企业，以消费者为中心，在质量控制上可以用“无所不用其极”来形容，通过多个质控环节来确保产品质量。

服务就是提升客户体验。首都机场提出中国服务的概念后，又提出安全、便捷、愉悦，重庆机场采取了一系列服务文化建设措施，使服务质量连续几年位居全球前三位。中国农业银行遵义分行行长吴岗介绍，他们采用功能分区、客户分流、设置超级柜台、高峰时增加窗口等形式，有效降低客户等候时间，提升客户服务体验。

服务就是更深层次地满足客户需求。专家学者介绍互联网时代电子商务的蓬勃兴起，启示企业要更深层次地了解和满足客户潜在的、深度的需求，优化调整供给结构，在服务大众的探索过程中找寻企业新的增长点。

**（五）培育精益文化，为发展中国制造和中国品牌构建坚实文化支撑。**

中国是制造大国，但不是制造强国，根源就在于我们的制造业刚刚完成了从无到有、从少到多、从简到繁的转变，整体上还没有实现从低到高、从粗到精、从模仿到创造、从中低端到尖端的转变。如何贯彻好中国制造2025，使中国制造成为受到全世界尊重的品牌，精益文化的培育必不可少。

中国电子科技集团第38研究所党委书记陈学军认为，精益生产是一个包含了多种生产技术和管理技术的综合技术体系，精益生产被视为企业的精细化经营之道，以消除一切浪费为目标，通过价值流的分析，提升企业精益质量，减少浪费，缩短周期，提升资金周转率和创造更多的利润。精益生产同时提供一系列解决问题的方法和工具，让企业能够诊断出自身的问题，寻找问题的根源，并解决。最终精益生产能够让员工形成良好的工作习惯，按照精益思想去谋事和做事。以空警500关键配件装备生产的改善为例，经过精益改善，过程周期缩短了58%，人均产能提升了95.2%，一次检验合格率提高了23%，资金占用降低了50%。

上海汽轮机厂有限公司党委副书记王冰认为，公司确立了国内第一、全球领先的定位，首先一丝不苟、精益求精是上汽厂的产品品牌特征，提供的每一台汽轮机都是工艺精湛、质量稳定的结合。二是上汽厂的技术特征，始终争当科技创新、技术发展的领跑者，持续研发设计符合在社会需求下领先的产品。三是上汽人的人品特征，保持追求卓越，尽善尽美的工作作风，崇尚“一流产品出自一流人品，产品是人品的体现”的理念。在实践过程中始终牢牢把握“四精”要求：把握精准的战略规划，追求精湛的技术管理，建设精干的员工队伍，弘扬精深的企业文化。

北京燕京啤酒股份有限公司副总经理谢广军介绍，公司在生产系统一直提倡精益生产，以打造世界级的工厂为目标，具体做法：一是建立岗位标准，推行工作标准化，为实现作业标准，标准化员工提升，在工厂内推行一线员工技能津贴制度，凡通过技能竞技考试，经技能委员会评审的员工均能享受津贴，在激励制度下，一线员工主动做课题、主动接受现场改善。二是推行挑战值奖励办法。全公司生产系统每年要对资源、能源等消耗指标确立达成目标，同时与国内同行业先进标准为标杆，制定挑战值，并制定达成奖励值的方案。三是搭建全公司对标平台。同时安排精益化先进企业进行介绍，提供可操作途径，努力提高了全公司整体成本控制能力。四是开展项目管理。公司技术部、装备部以及生产车间等综合部门，围绕提升质量、留住客源的问题组织小组，同时号召员工积极提出合理化建议，公司一并出台相关的奖励方案。

**（六）加强跨文化管理研究，提升中国企业走向全球的文化软实力。**

中国交通建设股份有限公司党委工作部部长杜胜熙认为，文化融合、跨文化管理涉及中外法律、国际公约、商业规则、宗教人文、语言文字、风俗习惯等多个方面。习近平总书记倡导“一带一路”战略，要求加强与沿线国家人民“政策沟通、道路联通、货物畅通、货币流通、民心相通”，为我们深入研究推进中外文化融合，跨文化管理指明了方向。一是要培育合规文化，严格遵守国际规则与管理。二是拓宽双向沟通渠道，消除文化障碍。三是融入所在国文化，推进企业属地化。

中建钢构有限公司副总经理周发榜认为，在国际化的征途中，不可避免的要面临冲突和融合这一问题，我们的原则是：让冲突受控，从冲突受益。受控是一个底线要求，受益是价值要求。具体做法是：识别冲突－选择态度－采取措施。跨国经营可能涉及到风俗差异、规范差异和观念差异，前两者产生的冲突是可控的，而观念差异产生的冲突往往不可预测、不可控。对于风俗差异，我们要尊重；对于法律差异，我们应遵从。观念差异分类处理，对于先进理念我们要靠拢，对于不合理的观念我们要有文化自信，坚持我们的原则。有了态度还要有措施，通过双向培训教育我们的员工成为优秀社会公民，也灌输外聘人员适应我们的企业文化；通过文化交流，学习对方先进文化，也大力传播中国语言文化；通过属地化经营融入当地社会。

中国企业文化研究会副理事长李世华提出，未来 30 年，中国企业将大规模走上国际市场，面临越来越激烈的全球竞争，要特别关注国际规则和跨文化协调。现在对中国企业来说，最大的机遇就是“一带一路”，“一带一路”将面临 66 个国家和地区，人口 44 亿，占全球人口的 63%，经济总量 21 万亿美元，占世界总量的 29%。亚投行包括五大洲的 57 个成员国。中国企业面临的是世纪性的考验，有五点启示值得思考。一是进行中外企业文化比较研究具有重要的现实意义；二是促进中外企业文化融合要达成彼此文化的尊重；三是促进中外企业文化融合要进行充分的文化沟通，达成跨文化的理解；四是促进中外企业文化融合，要找到彼此的最大公约数，达成跨文化共识；五是促进中外企业文化融合，要进行跨文化培训，实现文化创新。

（撰稿人：中国企业文化研究会测评中心主任刘三彰）

## 首次国有企业企业文化研讨会

2015 年 7 月 15 日，国资委在京召开首次国有企业企业文化研讨会，会议主题为：“以社会主义核心价值观引领企业文化”。宣传局局长卢卫东出席会议并讲话。中国核工业集团公司、中国航空工业集团公司、中粮集团有限公司、北京同仁堂（集团）有限责任公司、上海光明食品（集团）有限公司、广东省交通集团有限公司等 6 家企业做经验交流。

卢卫东在讲话中强调了国有企业培育践行社会主义核心价值观的重要意义，剖析了社会主义核心价值观与企业文化的关系，对下一步以社会主义核心价值观引领企业文化建设提出了具体要求。

近年来，国资系统和国有企业高度重视培育和践行社会主义核心价值观工作，把社会主义核心价值观作为一种独特的生产要素和宝贵的发展资源融入企业生产经营全过程，积极探索用社会主义核心价值观培育企业文化、升华企业精神，引领企业明确发展方向，提升价值支撑、规范道德行为、凝聚发展共识，推动社会主义核心价值观建设落实落细落小，服务国资国企改革实践，取得了明显成效。中国核工业集团公司深入推动文化管理实践，使之成为践行社会主义核心价值观的行为价值追求。中国航空工业集团公司着力发扬“航空报国，强军富民”、“敬业诚信，创新超越”的企业精神，打牢了培育和践行社会主义核心价值观的坚实基础。中粮集团有限公司积极探索推动“三个转化”，一是将社会主义核心价值观和中央企业的三大责任转化为中粮价值理念，二是将中粮价值理念转化为经理人和员工的行为习惯，三是将经理人和员工行为习惯转化为企业竞争力和产品力。北京同仁堂（集团）有限责任公司秉承“以诚取信，以信取胜”的企业精神和经营之道，努力培育和弘扬企业的诚信文化、诚信精神，使三百多年老字号焕发了新的生机。上海光明食品（集团）有限公司把社会主义核心价值观的培育和践行“落实、落地、做细、做实”，在企业使命引领下，努力打造优秀企业。广东省交通集团有限公司灵活运用各类落地载体，实现了“看得见的宣教”和“看不见的熏陶”，将核心价值观有机融入企业核心理念、企业经营生产和员工工作生活。

卢卫东在讲话中指出：社会主义核心价值观是文化软实力的灵魂，是决定文化性质和方向最深层次的要素。文化管理是企业管理的最高层次，价值观管理是文化管理的最高层次。价值观是总开关，决定了企业文化的性质和方向。从社会主义核心价值观与国有企业的关系看，它与国有企业的特性高度契合。社会主义核心价值观的元素在国有企业的基因里处处可见。国有企业这一特性决定了用社会主义核心价值观引领企业文化是题中应有之义。从国有企业近几年出现的问题看，国有企业的地位作用贡献与其美誉度和社会认可度不匹配，导致一些人质疑国有企业存在的合理性合法性，很重要的一个原因就是没有真正形成对国有企业的情感认同和价值认同。从一个侧面也说明用社会主义核心价值观引领企业文化的任务十分艰巨、十分迫切。对于如何用社会主义核心价值观引领企业文化，卢卫东强调：一是要做好顶层设计，对照社会主义核心价值观查找企业文化建设过程中的薄弱环节；二是把握好继承与创新的关系；三是要做好考核评价，努力实现定性考核与定量考核相结合；四是把品牌建设摆上重要位置；五是推动企业文化的人格化，选树优秀典型，使社会主义核心价值观落实落细落小。

国资委综合局、改革局、研究局等厅局有关同志，部分中央企业企业文化工作负责同志，部分地方国资委和地方国有企业相关负责同志出席研讨会。

（来源：国务院国资委宣传工作局）

## 中央企业跨文化管理工作交流会

2015 年 11 月 9 日，国资委在京召开中央企业跨文化管理工作交流会，总结交流跨文化管理工作经验，探索规律，分析问题，研讨下一阶段工作方向。国资委宣传局局长卢卫东出席会议并讲话，商务部合作司综合处一秘马萱峰做中资企业海外经营和跨文化管理情况介绍，中国石油化工集团公司等八家企业做大会现场交流，中国核工业集团公司等十二家企业做大会书面交流。

近年来，中央企业按照党中央、国务院决策部署，主动适应经济全球化新形势，努力参与国际竞争和全球资源配置，国际化经营取得丰硕成果。在此期间，中央企业坚定不移的贯彻落实习近平总书记提出的“亲、诚、惠、容”重要理念，探索规律，努力实践，不断提升跨文化管理能力，为充分利用好国内国外两个市场、两种资源做出了积极贡献。中国石油化工集团公司紧紧围绕社会主义核心价值观，顺应国际化发展需要，提出了与建设世界一流能源化工企业相适应的企业文化理念体系，不断创新跨文化整合模式，有力的促进了企业国际化经营管理水平的提升。国家电网公司采取差异化的文化融合策略，创新开展企业文化传播和落地工程，尤其在海外并购中融入文化要素，有效推动了文化融合和国际化经营的开展，实现了海外投资项目无一亏损、全部盈利。中国移动通信集团公司在巴基斯坦深入推行和谐文化建设，在沟通方式上狠下功夫，注重在细节上体现企业文化的渗透力，有效提升了员工的满意度和归属感，赢得当地政府与社会认可，公司收入连年增长，实现了从“中国制造”向“中国运营、中国管理、中国服务”的转变。中国远洋运输（集团）总公司坚持把跨文化管理作为“走出去”战略的重要内容，提出了“全球化思维、本地化运作、负社会责任、做企业公民”的文化理念，尊重文化多元性，把握文化差异性，强化文化引领性，有效推进求同存异、合作共赢，为海外企业稳健发展提供了有力支撑。中国中化集团公司是新中国第一家专业外贸公司，在海外经营中深入参与国际分工，提出了“海外业务开拓到哪里，管理体系就覆盖到哪里”的经营思路，有效推进中化管理体系与海外企业对接，保障中化企业文化在海外落地生根，使全球中化人能够最大限度的“求大同、存小异”，努力为企业创造持续稳定的价值。中国有色矿业集团有限公司擅于从文化中寻找海外生产经营困难的根源，擅于从当地文化中寻找文化冲突的解决之道，擅于从“人”的因素入手来夯实企业文化建设的基础，坚持在外籍员工中推行亲情文化和主人翁文化，以中国独特的文化优势团结和凝聚外籍员工队伍，保证了海外企业生产经营顺利开展。中国铁道建筑总公司在跨文化管理中注意树立文化协同观，坚持思维全球化、行动当地化，能够抱着平等、尊重、欣赏的态度去看待其他文化，耐心与外籍员工沟通交流，造福当地社会，与所在国建立了较好的合作关系。中国交通建设集团有限公司牢牢抓住“讲规则”这个国际化经营的核心环节，坚持以国际化视野审视公司愿景，坚定不移的尊重国际公约和国际通行的商业规则，在面对重大利益考验时提倡坚守底线、依法经营，在建设合规文化方面做出了积极的探索和实践。

卢卫东在讲话中首先阐述了加强跨文化管理工作的重要意义，对中央企业跨文化管理工作进行了总结，提出了下一步跨文化管理工作的理念、原则和努力方向。加强跨文化管理工作，对加快实施“一带一路”战略，着力提升企业形象具有非常重要的意义。中央企业要适应经济全球化、市场化、信息化发展趋势，推进并购重组，做强做优做大，也离不开跨文化管理工作的有效支撑。近年来，国家有关部委和中央企业注重系统谋划，整体推进，尊重差异，属地经营，体现特色，创新载体，参与公益，使中央企业的跨文化管理工作取得积极进展。下一步，要认真学习领会习近平总书记系列重要讲话精神，深入贯彻落实党中央国务院关于加快“走出去”和实施“一带一路”战略的部署，按照“包容、诚信、合规、人本、沟通、共赢”的原则，转变观念，系统谋划，整合资源，问题导向，加强跨文化管理的理论研究，在创新文化传播载体上狠下功夫，加大人文关怀和心理疏导力度，营造良好的工作环境，推动跨文化管理工作取得新进展，为培育具有国际竞争力的世界一流企业做出应有的贡献。

（来源：国务院国资委宣传工作局）

## 中央企业宣传思想工作会议

2014 年 2 月 26 日，国务院国资委召开中央企业宣传思想工作会议，会议总结了近年来中央企业宣传思想工作情况，部署当前和今后一段时期的重点工作。国资委副主任黄丹华出席会议并讲话。黄丹华在讲话中回顾总结了近年来中央企业宣传工作情况，分析了当前面临的形势，对下一步工作进行了部署。她强调下一步要重点抓好以下几项工作：一是深入学习宣传贯彻习近平总书记系列重要讲话精神，进一步统一思想、凝聚力量；重点抓好中心组学习，抓好党员干部学习教育，坚持理论联系实际学风。二是深入宣传贯彻党的十八届三中全会精神，进一步凝聚深化国企改革的共识；开展宣贯活动，做好热点引导，做好思想工作。三是加强新闻宣传工作，进一步营造有利国企改革发展的舆论氛围；加大正面宣传力度，完善机制，重视网上舆论引导。四是积极培育和践行社会主义核心价值观，扎实推进企业文化和精神文明建设；深化企业价值理念体系建设，大力推进道德建设，继续深化文明创建。黄丹华要求，要切实加强对宣传思想工作的组织领导，落实工作责任，加强队伍建设，推动工作创新。

（来源：国务院国资委宣传工作局）

## 全国工商联宣传培训和企业文化建设委员会会议

2015 年 11 月 6 日，第十一届全国工商联宣传培训和企业文化建设委员会会议在京召开，全国工商联党组成员、副主席杨启儒出席会议并讲话。全国工商联副主席、宣传培训和企业文化建设委员会主任周海江主持会议。宣传培训和企业文化建设委员会委员、宣教部全体同志和直属新闻单位主要负责人参加了会议。

周海江副主席通报了 2014 年以来全国工商联宣教培训工作情况。委员们围绕如何深入开展非公有制经济人士理想信念教育实践活动进行认真讨论，提出意见建议。杨启儒副主席强调，中央高度重视非公有制经济人士思想政治工作，我们要深刻领会中央要求，认真贯彻落实中央统战工作会议和《中国共产党统一战线工作条例（试行）》精神。委员会要围绕全国工商联宣教工作发挥积极作用，一是进一步深化理想信念教育实践活动，增强企业守法诚信意识和企业发展信心；二是加强新闻宣传工作，充分发挥自有媒体特别是新媒体作用，大力宣传非公有制经济先进典型；三是创新培训工作，认真开展培训需求调研，提升培训工作规范化水平，增强针对性和实效性。

（来源：全国工商联宣教部）

## 中央企业企业文化 EAP 专题会议

2014 年 2 月 25 日，中央企业企业文化 EAP 专题交流组在中国移动集团公司召开了第一次专题会议，国资委宣传局有关同志及中国南方电网有限责任公司等 6 家成员企业有关负责同志参加了会议。组长单位中国移动通信集团公司党群工作部主任张启珑同志主持了会议。

会上，张启珑就 EAP 专题组的前期筹备和活动设想进行了简要介绍；中国移动集团公司、中国南方电网有限责任公司、中国通用技术（集团）控股有限责任公司、中国建筑设计研究院等成员单位分别介绍了各企业近几年的经营发展状况，共同分享了 EAP 项目在本企业开展的重要意义、筹备情况和经验做法。其中，组长单位中国移动集团公司、副组长单位南方电网有限责任公司作为启动 EAP 项目较早的中央企业，在介绍工作经验的同时，着重对 EAP 工作过程中需要突破的难点问题进行了分析：一是 EAP 工作如何进一步得到公司高层领导的重视和参与？二是公司培养的内部辅导员做团队辅导优势明显，如何提高一对一辅导的工作成效？三是提升项目覆盖率难度较大，如何寻求更专业的技术支持？中国通用技术（集团）控股有限责任公司开展 EAP 项目以来，先后在部分下属公司进行试点，2014 年计划在集团层面推行，但如何切入才能取得更好的成效是公司重点研究的课题。当前，公司正处于转型期，EAP 项目的开展在大范围人员调整阶段对留住业务骨干，降低离职率，提升公司业绩等方面起到了巨大的作用。国家开发投资公司、中国恒天集团有限公司、中国建筑设计研究院等三家企业 EAP 工作均处于起步阶段，通过此次专题交流借鉴了经验，理清了工作思路。

（来源：国务院国资委宣传工作局）

## 中央企业企业文化融合专题会议

中央企业企业文化融合专题交流组在国家开发投资集团公司召开了第一次专题会议，国资委宣传局有关同志及新兴际华集团等 18 家成员单位有关同志参加了会议。组长单位国家开发投资集团公司党群工作部副主任李山晨主持会议，并介绍了专题组有关活动设想。

与会成员单位分别介绍了各企业基本情况，并对本企业进一步开展文化融合工作的必要性、长期性进行了交流，同时对文化融合工作中需要把握和突破的重点问题进行了分析：一是如何从战略的高度谋划文化融合工作；二是如何从实际出发，探索文化融合的有效模式；三是如何积极探索，不断创新促进文化融合的方法与途径；四是如何与其他工作有机结合，夯实文化融合的基础；五是加强组织领导，健全文化融合工作长效机制等。

在与会成员发言的基础上，各单位围绕如何做好两年内专题各项工作进行了进一步讨论，希望通过此次专题交流活动借鉴经验、理清文化融合共性要素，推动本企业企业文化融合工作的有效开展。

（来源：国务院国资委宣传工作局）

## 中央企业企业文化考核评价专题会议

中央企业企业文化考核评价专题交流组召开第一次专题会议，国资委宣传局及中国电信集团公司等 21 家成员单位有关同志参加了会议。组长单位中国航空工业集团公司党建和思想政治工作部企业文化处处长何明彩同志主持会议。

期间，中国船舶重工集团公司，国家电网公司，中国电信集团公司，中国东方航空集团公司，华润（集团）有限公司等 5 家成员单位介绍了本单位的情况，同时就企业文化考核评价工作推进中需要解决的重点难点问题进行了分析：一是如何区分企业思想政治工作、精神文明建设与企业文化工作考核评价指标相似相近的问题；二是企业文化考核评价结果如何与企业业绩考核挂钩，实现企业文化考核评价工作有效促进企业经营业绩提升问题；三是企业文化考核评价标准如何关注行业特点、业务需要来设定标准的问题；四是如何确保考核评价工作的客观性、准确性、公平性问题。

与会成员在 6 家企业交流的基础上，围绕如何做好两年内专题各项工作进行了进一步讨论，希望通过此次专题交流活动借鉴经验、理清思路、研究共性问题，推动本企业企业文化考核评价工作的有效开展。

（来源：国务院国资委宣传工作局）

## 中央企业企业文化主文化与亚文化专题会议

2014 年 2 月 28 日，中央企业企业文化主文化与亚文化专题交流组在中国华能集团公司召开了第一次专题会议，国资委宣传局有关同志及中国船舶工业集团公司等 8 家成员单位有关同志参加了会议。组长单位中国华能集团公司政治工作部副主任林久扬出席会议并作经验介绍，组长单位政治工作部综合处处长杨晖主持了会议，并介绍了专题组有关活动设想。

会上，中国船舶工业集团公司，中国兵器工业集团公司，中国华电集团公司，中国电子科技集团公司，中国钢研科技集团有限公司等成员单位分别介绍了各企业近几年的经营发展状况，交流了主文化建设与亚文化建设在本企业开展的主要原则、基本情况和经验做法。成员单位就如何开展该专题交流达成了两项共识：一是处理好主文化和亚文化的关系应把握三个原则：即尊重历史、着眼现代企业、实现企业文化的辩证统一；二是提倡一主多元发展的文化建设思路，主文化要特色鲜明，带动亚文化协调发展。

会上，各成员单位对主、亚文化建设中需要突破的重点难点问题进行了分析：一是企业的核心价值观如何更好地体现社会主义核心价值观问题；二是企业的核心价值观如何更好的反映市场需求问题；三是多元业务板块企业如何实现价值理念体系统一问题；四是如何实现主文化本质化统一，亚文化个性化发展问题；五是企业并购后如何实现文化融合与吸收，统一的企业文化建立成形后如何实现传播和推广问题。

与会成员讨论通过了《主文化与亚文化建设专题研究方案》，希望通过此次专题交流借鉴经验，理清工作思路，形成有助于指导中央企业开展主文化与亚文化建设的意见和建议。

（来源：国务院国资委宣传工作局）

## 中央企业培育和践行社会主义核心价值观研讨会

2014 年 3 月 26 日，中央企业党建政研会与中宣部学习出版社在京联合举办“凝心·聚力·铸魂——中央企业培育和践行社会主义核心价值观研讨会暨研究成果发布会”，研究交流中央企业培育和践行社会主义核心价值观的成功做法，发布中央企业党建政研会优秀研究成果。

与会代表认为，当前，国有企业改革各项措施深入推进，中央企业转方式、调结构力度持续加大，企业市场化、国际化程度的不断提高，使得企业改革发展中的一些深层次矛盾和问题进一步凸显，凝聚思想共识的任务更加繁重。社会主义核心价值观体现了价值认同上的最大公约数，不但能最大限度地为改革的推进整合力量，凝聚共识，也能最大程度地为改革带来的利益调整进行减震和舒缓、疏导。各中央企业政研会要充分发挥党建政研会思想库和智囊团的作用，继续深化培育和践行社会主义核心价值观理论研讨。

一要继续深化理论研究切实提高研究课题的针对性、实用性、有效性，推动社会主义核心价值观在国有企业落地生根。

二要加强成果转化应用。结合弘扬企业先进精神、开展郭明义爱心团队活动、推进“诚信央企建设”等活动，在活动中研讨，在研讨中升华，使核心价值观在国有企业家喻户晓、人人熟知、自觉实践。

三要推动工作常态化。结合研究工作需要，深化研究主题，完善工作机制，把培育和践行社会主义核心价值观作为思想理论建设、精神文明建设和企业文化建设的一项经常性任务，加强引导、教育和宣传，使培育和践行社会主义核心价值观做到全员化、常态化、实践化、制度化。

中央企业党建政研会优秀成果评委会的评委代表，国资委宣传局、新闻中心的负责同志，各中央企业政研会秘书长、党群部门负责同志 150 余人参加了会议。

（来源：国务院国资委宣传工作局）

## 中央企业专项文化专题会议

2014 年 4 月 4 日，中央企业专项文化交流组在中国原子能科学研究院召开第一次专题会议，国资委宣传局企业文化处处长闵玉清、核工业集团公司党群工作部主任张昌明以及中化集团等 18 家央企企业文化工作领导出席了会议。中国原子能科学研究院院长万钢介绍了原子能院在文化建设方面的工作和成效。

闵玉清在讲话中指出，企业文化专题交流工作有助于丰富认识、交流困惑、分享经验，希望各中央企业认真推进各阶段工作，共同探讨文化建设工作的路径和方法，提出对策建议。

中国核工业集团公司、国家核电技术公司、中国煤炭科工集团公司、中国远洋运输（集团）公司等 4 家单位介绍了各自企业在安全、创新和质量文化的工作经验。其中，中国核工业集团公司下属中国核能电力有限公司介绍了公司核安全文化理念和体系建设情况，核安全文化的推广和成效以及未来核安全文化的改进目标；国家核电技术公司介绍了“三和文化”以及公司主题文化创新成果，给与会代表留下了深刻的印象；中国煤炭科工集团分享了公司在企业文化及安全文化建设方面的研究成果和实践经验，使大家耳目一新，深受启发。

会后，与会代表以核安全文化为主题参观了中国原子能科学研究研究实验快堆项目，通过参观，大家对核工业的应用领域及发展前景有了进一步的了解和认识。

（来源：国务院国资委宣传工作局）

## 全国企业文化建设示范基地工作会议

2015 年 7 月 11 日，中国企业文化研究会主办的“全国企业文化建设示范基地工作会议”在苏州市召开。来自全国 28 个省市自治区的企业文化建设示范基地的企业文化工作主管领导、部门负责人参加了会议。中国企业文化研究会常务副理事长、秘书长孟凡驰出席会议并作总结发言，中国企业文化研究会常务副理事长华锐主持会议。

会上，全国企业文化建设示范基地的与会代表分别介绍了本单位授予全国企业文化建设示范基地以来新的做法，新的成果，新的经验，并对面临的新问题进行了认真的互动和交流。与会代表们还对中国企业文化研究会的企业文化建设工作和全国企业文化建设示范基地发展建设工作，提出建设性意见和建议。

会议认为示范基地为企业文化建设提供了一个示范性的做法、示范性的经验，为中国的企业文化做出了贡献。对外，提高了示范基地企业的形象和知名度，对内，它是一种价值和精神的引领，发展方向性的引领。可使队伍始终保持充分的活力，保持队伍不懈怠，保持对工作的激情。会议要求各示范基地的工作要在“传承、创新、深化”这三个方面上下功夫。要传承核心理念和优秀文化；根据时代发展，根据产品结构调整，根据体制变化不断创新；要将企业文化深化到业务各个领域，把各项工作做到位。

本次工作会议是自2004年开展全国企业文化建设示范基地工作以来，中国企业文化研究会首次召开的示范基地工作会议。这次会议的成功召开，标志着全国企业文化建设示范基地工作已经走向更加成熟的发展阶段，将对我国企业文化建设示范基地工作建康有力发展产生较大影响。

## 第八届中国企业文化百人学术论坛

2014年7月24日至26日，由中国企业文化研究会主办，中国企业文化研究会学术部承办的以“企业核心价值观培育与体系构建”为主题的第八届中国企业文化百人学术论坛在甘肃酒泉市隆重举行。

出席本次论坛的有中国企业文化研究会常务副理事长、秘书长孟凡驰，国务院国资委宣传局副局长韩天，中共酒泉市委常委、副市长吴基伟，企业家代表中航重机股份有限公司党委书记、副总经理、中国企业文化研究会副理事长江超，企业家代表中国交通建设股份有限公司企业文化部部长杜胜熙等有关领导，来自全国各省市各行业的企业界代表与学术理论界专家共210多人参加了会议。

开幕式由中国企业文化研究会副秘书长王建主持。

开幕式上，中国企业文化研究会常务副理事长、秘书长孟凡驰教授致辞，他指出，在全国人民学习贯彻党的十八届三中全会精神和社会主义核心价值观的背景下，召开此次论坛的目的在于，深入探讨如何践行社会主义核心价值观，如何认识协调社会主义价值观和企业价值观的关系，如何认识企业核心价值观和企业文化的关系，如何界定企业核心价值观的内涵，如何建设企业核心价值体系等一系列任务和问题，以期为全面贯彻实践社会主义核心价值观，为企业文化更加丰富发展提供一些思路。

中共酒泉市委常委、副市长吴基伟致辞，他指出，社会主义核心价值体系建设，包括企业核心价值观的培育，是增强文化自觉、文化自信，提升文化软实力，实现中华民族伟大复兴，实现企业繁荣发展的一个重要途径。

企业家代表中航重机股份有限公司党委书记、副总经理、中国企业文化研究会副理事长江超在致辞中讲到，培育和建设先进的企业文化，确立科学正确的企业核心价值观是企业的第一要务，会议研究和探讨这一主题，具有非常重要现实的意义。

国务院国资委宣传局副局长韩天致辞，她指出，培育践行社会主义核心价值观，促进文化落地，一要牢记责任使命，做培育践行社会主义核心价值观的先锋和表率；二要立足企业实际，将社会主义核心价值观有机融入企业文化建设；三要坚持以人为本，不断创新社会主义核心价值观在企业落地的方法途径。

中国政法大学终身教授李德顺作了学术报告。他从价值论的角度深入浅出地分析了价值和价值观的问题，为企业构建核心价值观提供了理论上的指导。

在此次论坛上，华亭煤业集团党委书记、董事长朱同印以《文化引领　助力发展——以文化力提升企业竞争力》为题作了企业文化建设典型经验报告。

中国企业文化研究会常务副理事长、秘书长孟凡驰教授为华亭煤业集团公司“全国企业文化建设示范基地”授牌。

论坛举行了五个专题系列活动，分别是“企业价值观体系构建”，“企业价值观培育与提炼方法”，“企业文化与企业价值观建设”，“企业价值观落地路径”，“价值思维下的特色文化创新”。活动期间还召开了企业文化工作坊，就会议代表提出的企业文化建设困惑问题给予针对性的解答与指导。

在各论区中，中国农业银行、中国华能集团、中石化胜利油田、中国轻工业进出口总公司、中交第一航务工程局、广西玉柴集团、北京金隅集团、中国建行葫芦岛分行、甘肃大禹节水集团、甘肃巨龙供销集团、酒泉奥凯种子机械股份有限公司等全国各行业著名企业嘉宾做了典型经验发言。

代表们认为，本届论坛以“企业核心价值观培育与体系构建”为主题，旨在深入贯彻落实十八大和十八届三中全会精神，内容丰富，针对性强，深入研究了企业文化领域的前沿问题，诠释了社会主义核心价值观与企业核心价值理念的关系，对加强中国特色企业文化应用理论研究，深入剖析企业文化价值观落地路径与方式，推进中国特色社会主义企业文化大发展大繁荣必将起到积极的示范导向作用。

中国企业文化研究会常务副理事长、秘书长孟凡驰教授作了大会总结发言。

本届论坛对2013-2014年度中国特色企业文化课题研究成果进行了结项。

作为一个定期、开放性的国内高端企业文化论坛，中国企业文化百人学术论坛已连续成功举办七届，论坛以中国企业文化界具有研究水平又有实践经验的中青年官、产、学、研各方学者与企业文化实践工作者为主要群体，以研究中国特色企业文化理论观点，突出应用理论与前沿思考和探索，旨在打造中国高端企业文化研究与实践对接平台，以破解企业文化应用理论与实践工作中的难题为己任，融合中国企业最具特色的企业文化理念，致力于推动全国企业文化建设事业的稳健发展，赢得了企业界和学术界的良好赞誉。

## 第九届中国企业文化百人学术论坛

2015年7月9日—11日，由中国企业文化研究会主办，中国农业银行股份有限公司协办的“第九届中国企业文化百人学术论坛暨全国企业文化（农行苏州分行）现场会”在苏州市隆重开幕。本届论坛的主题是“提升管理•创造价值——企业文化评价体系建立与评价方法创新”。

中国企业文化研究会常务副理事长、秘书长孟凡驰，国务院国资委宣传局副巡视员金思宇，中国农业银行企业文化部副部长刘蓓出席开幕式并讲话。来自全国各省市各行业的企业界代表、学术理论界专家200多人参加会议。

开幕式上举行了中国企业文化研究会授予中国农业银行苏州分行“全国企业文化建设示范基地”揭牌仪式，并对2012-2014年全国企业文化科研成果予以总结表彰。

中国农业银行苏州分行行长助理张洪润在“企业文化典型经验报告”中介绍说：中国农业银行苏州分行近年来以社会主义核心价值观为指导，牢牢把握“诚信立业，稳健远行”的核心价值观，企业文化建设工作取得很大成绩，创造了很多值得推广的经验。通过现场评审，专家评审组对中国农业银行苏州分行的企业文化建设给予了高度评价，认为中国农业银行苏州分行的企业文化体系完备、内涵丰富、特色鲜明、有效实用，让大家看到了文化的力量。

本次论坛为期3天，中国农业银行、中航重机公司、正泰集团、中国一汽客车有限公司、晋城银行、中国石油吉林石化公司、中国通用技术集团、中国轻工业品进出口总公司、中航工业直升机设计研究所、中信重工机械股份有限公司、广西玉柴集团等企业嘉宾围绕“企业文化评价体系建立与应用”“企业文化评价规律与方法”“企业文化评价内容”“企业文化评价的指数设定与指标设计”等论题，结合“企业文化典型案例分析”深入充分地开展交流研讨。

论坛邀请中国政法大学终身教授、博导、价值论专家李德顺，中国社会科学院研究员、文化学专家司马云杰，北京行政学院原副院长、伦理学专家赵春福教授，北京财贸职业学院院长、管理学专家王成荣教授，中国科学院大学管理学院博导、管理学专家徐艳梅教授，北京交通大学经济管理学院企业文化专家黎群副教授，中国企业文化研究会常务副理事长华锐，中国企业文化研究会测评中心主任刘三军等企业文化专家分别作专项论题点评和学术观点陈述，使得论坛官、产、学、研充分互动，与会代表获得深度启发，取得良好效果。

## “合规文化”建设座谈会

2015年8月7日，中国企业文化研究会主办，北京新世纪跨国公司研究所协办，中国企业文化研究会信息中心承办的“企业合规文化建设座谈会”在北京召开。

商务部研究院研究员、联合国全球契约第十项原则专家组成员、北京新世纪跨国公司研究所所长王志乐作了题为《加强合规文化建设 提升企业全球竞争力》的演讲，介绍了国内外企业开展合规文化建设的最新趋势。中国民生银行、西门子（中国）有限公司、中国建筑效能监察学会的领导结合本企业经验，分享了合规文化建设的探索与实践。中国企业文化研究会常务副理事长、秘书长孟凡驰教授从合规文化建设的作用以及建设难点方面做了总结。中国企业文化研究会信息中心主任、《中国企业文化年鉴》副主编张艳涛主持了会议。

中国金融政研会、中国电子政研会、北京市女企业家协会，中国民生银行、中国交建、中国建筑、国机集团、西门子（中国）、中信集团、华润医药、中建交通、北京集美集团、哈尔信、北京地铁、同仁堂、北京住总、北京环卫和正德人寿等企业的有关领导参加了会议。

与会人员围绕开展合规文化建设、作用以及推进建议展开了热烈的互动与交流，认为在当前全面推进依法治国和构建社会主义法制体系的背景下，开展企业合规文化建设具有重要的现实意义。

会议认为：第一，合规文化建设是推进依法治企，提升企业法治能力水平的重要举措。企业是重要的社会细胞，是市场经济的重要主体。贯彻依法治国，依法治企、合规经营，构建市场经济的法治环境是摆在企业面前的新课题和重要任务。依法治企要求企业依照国家法律和企业法规来管理企业，而开展合规文化建设能够有效增强管理者的合规意识，约束员工的合规行为，形成良好的合规氛围，不断提高企业的依法治企能力水平。

第二，合规文化建设是实现企业健康、可持续发展的根本保障。从近年的国内外违规、腐败案例情况看，企业中面临着严峻的合规风险。企业经营、管理的疏忽带来的往往是一时的利益损失，而企业的违法、违规往往带来的是灭顶之灾。企业合规文化建设能全方位的识别经营中的合规问题，以系列的制度和管控机制规避合规风险，从而保障企业健康、可持续的运营和发展。

第三，合规文化建设能够有效增强企业品牌影响力，塑造良好的品牌形象。当前，随着消费者对于企业品牌的认知度不断提高，品牌形象对于企业发展起着至关重要的作用。而塑造企业品牌最重要的方面就是讲究诚信和规范。开展合规文化建设有助于企业树立诚信的品牌形象，形成守法合规的正能量，不断增强企业的品牌影响力。

第四，合规文化建设能够增强企业竞争力，有利于企业融入国际化竞争。随着落实一带一路发展战略，中国企业海外发展的步伐加快，如何解决与所在国家的法律、法规与文化的对接与融合，是“走出去”企业面临的重要难题。开展合规文化建设，制定遵循并符合国际标准的准则与合规体系，有利于企业融入全球经济的规范化轨道，提升中国企业在海内外的竞争力，更有效地融入到国际化的竞争之中。

合规文化是中国企业文化研究会2015年开展的“专项文化”研究中的一项重要内容，它作为企业文化建设的组成部分，是在全面推进依法治国和构建社会主义法制体系的背景下，以合规文化建设作为着力点，推进企业依法治企的重要举措，在企业经营管理过程中不可或缺。中国企业文化研究会联合北京新世纪跨国公司研究所从企业需求与实际出发，开发了一套合规管理培训课程、设计了合规文化咨询框架，制定了国际、国内专题访问交流方案，将通过合规文化培训、咨询与考察等方式，为企业培养合规管理人才，提供规避风险、依法经营的合规管理体系和措施，并培育一批合规文化建设示范单位，推动企业树立合规理念，弘扬合规精神，提升企业的管理水平，实现依法治企。

## 2015年医院文化建设现场交流会

中国企业文化研究会医药卫生委员会2015年医院文化建设现场交流会于3月26-27日在广州召开。出席这次会议的有医药卫生文化委的常务理事、理事和全国各地医院的领导和相关人员。

这次会议有两个主题，一是医院文化建设，二是人文医学建设。

26日上午，佛山市第一人民医院学术报告厅内，来自全国各地的120多位与会人员聚集一堂，以医院文化为主题的会议在这里召开。

佛山市卫生和计划生育局陈锋局长、佛山市第一人民医院王跃建院长到会讲话，热烈欢迎会议在佛山召开，并预祝会议圆满成功。

中国医院协会副会长、广东省中医院吕玉波名誉院长作了题为“以医院文化建设促进医院持续发展”的专题报告。他从什么是文化和医院文化讲起，介绍了广东省中医院的文化体系。“病人可以没有广东省中医院，广东省中医院不能没有病人”、“对员工最大的关心是对其成长和成才的关心”、“病人、职工和院长是倒三角关系，院长是为职工服务的”，这些富有特色的文化理念尽管许多人都耳熟能详，但吕玉波院长讲来仍深深触动了大家。在报告中，吕院长重点讲述了如何让文化理念落地，特别强调如果理念不能落地，医院文化只能是空中楼阁，雾里看花。吕玉波院长在讲到广东省中医医院职工在“病人至上，真诚关爱”医院文化的熏陶下，在抗击非典时表现出来的感人故事时十分动情，与会的很多人眼睛都湿润了。

广东省医院协会医院文化专业委员会副主任、佛山市第一人民医院党委刘永耀书记以“我们的文化”为题，介绍了医院的“家庭”、“家教”、“家风”，讲解了医院的优美环境和深厚的文化底蕴，阐述了以爱国、敬业、诚信、关爱为主要内容的教育实践，介绍了严谨、奉献、团结、进取的医院风气。刘永耀书记用大量诗一样的语言，让大家在轻松愉快的气氛中感受到佛山市第一人民医院的文化氛围，也学到了不少宝贵的做法和经验。

下午的大会进行了经验交流，大连医科大学附属中山医院张桂琴书记介绍了开展医院人文服务标准化工作；武汉市中心医院孙昌林书记介绍了医院发展目标对医院建设的重要作用；广西壮族自治区人民医院张法灿书记介绍了零投诉激励机制对改善医疗服务的效果；武汉市普爱医院李菊芬书记介绍了医院人文培训基地和道德讲堂的建设；解放军175医院杨洪良政委介绍了文化建军营、天使艺术长廊的做法；齐齐哈尔市第一医院王丽珍副书记介绍了运用多种方式促使文化建设落地的经验；江苏省人民医院成运芬主任介绍了如何运用院报、书籍挖掘、宣传身边的榜样；广西中医药大学第一附属医院周广林主任介绍了“治未病中心”文化建设的体会；江西省儿童医院陈有贵总支书记和海军总医院柏青主任分别介绍了他们开展志愿者服务工作和持之以恒抓医德医风的经验。各家医院充分发挥聪明才智所创造出的医院文化建设的新内容、新载体、新形式精彩纷呈。每一项工作的介绍，每一个项目的分享，都使大家受到启发，受到激励。

3月27日，会议的主题是人文医学建设。上午在广州医科大学附属第一医院召开的会议上，著名医学家、中国工程院钟南山院士亲自为大家做了题为《临床医生对医学人文的几点看法》的专题报告。身为医学大家的钟南山院士以一个临床医生的身份，结合大量的临床实践和客观现实，谈了对医学人文建设的看法。他认为，医学人文和医疗技术一样，在治愈疾病上起着同等重要的作用；没有健康的医学人文精神，现代医学模式不可能实现；以市场化为主流的运作，是医学人文精神沉沦的温床；医学人文精神的内涵不只是态度好，而是要为病人解决问题；政府要给医务人员多一些人文关怀，得到人文关怀的医务人员才能给病人好的人文关怀。这些内容对与会人员提高医学人文建设重要性的认识，增强做好医学人文建设的责任感和使命感，起到了重要的启迪和引领作用，让每一个与会人员都感到受益匪浅。钟院士的报告，博得与会人员一阵阵热烈的掌声。

中国协和医科大学出版社社长袁钟教授以“历史的使命”为题，讲授了人文医学建设面临的形势，分析了问题存在的原因，提出了做好人文医学工作的六项任务。

下午的会议在广州医科大学附属第三医院召开。广州医科大学附属第三医院赖永洪书记介绍了医院开展人文医学建设工作的情况。多年来一直坚持不懈，为培养医生的人文素质、提高医生的人文医学技能做了大量卓有成效的工作。赖书记的介绍，为各地开展人文医学建设工作提供了样板，起到了示范和榜样作用。

与会人员还观摩了广州医科大学附属第三医院人文医学执业技能培训班教学，参观了的院史馆和相关科室。

## 2015年全国企业文化年会

中国企业联合会、中国企业家协会主办的2015年全国企业文化年会7月25日至26日在北京召开。会议以“转型与超越——经济新常态下的企业文化建设”为主题，深入探讨了新常态下企业文化建设的新特点、新趋势，以及如何发挥企业文化在经济转型和企业改革中的引领作用，提升企业在新常态下的凝聚力、创造力和竞争力。中国企业联合会、中国企业家协会会长王忠禹出席会议并作了题为“加快新时期企业文化建设 促进新常态下企业创新发展”的主题报告。国务院国资委副主任王文斌、中国企联常务副会长兼理事长李德成、中国企联驻会副会长黄海嵩、全国总工会党组成员李守镇、国务院国资委副秘书长彭华岗、中国企联驻会副会长尹援平、中国企联驻会副会长李明星等领导出席了全国企业文化年会开幕大会。开幕大会由李德成同志主持。尹援平同志宣读了《关于表彰2014～2015年度全国企业文化建设突出贡献人物、全国企业文化优秀案例和全国企业文化优秀成果的决定》。

王忠禹在报告中指出，要建设先进企业文化，践行社会主义核心价值观。社会主义核心价值观是社会主义先进文化的精髓，是先进企业文化应当遵循的价值准则。企业文化建设要以社会主义核心价值观为引领，以强烈的责任意识，树立经济效益与社会效益相统一的理念，推动企业改革发展；要把握社会主义核心价值观的精神实质，将社会主义核心价值观熔铸、贯穿于企业发展战略、经营理念、日常管理等各个方面；要不断提升员工队伍素质和道德水平，始终在落细、落小、落实上下功夫，努力使社会主义核心价值观成为广大员工的自觉行动。

王忠禹强调，企业文化建设要紧扣创新发展，培育创新文化，重视理念创新，营造创新氛围，为企业创新发展提供精神动力和文化支撑；企业文化建设还要坚持以人为本，把解决广大职工最关心、最直接、最现实的利益问题，作为根本出发点和落脚点，注重增强企业凝聚力，注重依法合规，促进和谐劳动关系构建。

王文斌在开幕致辞时，对中国企联长期以来推动先进企业文化建设所作出的努力和贡献，给予了充分肯定。他说，中企联长期致力于推动先进企业文化建设，努力通过对企业文化理论的不断创新、企业文化资源的充分挖掘和企业文化战略的有效实施，促进全国企业文化工作水平不断提升，企业文化工作已经形成品牌，得到了企业家的积极响应，取得了很好的社会反响，成效显著。他希望从三个方面推动新时期企业文化建设工作的转型和升级，努力创造先进企业文化建设新局面。一是坚持以民族的和时代的先进文化引领企业健康发展；二是积极构建和推动切合企业发展实际的“落地”文化；三是努力以企业文化建设助力国家文化软实力的提升。

绿地集团董事长张玉良在年会上发表了演讲，介绍了绿地集团这几年通过打造共赢文化、进取文化、创新文化、背影文化，提升企业文化“软实力”，推动企业创新转型、快速发展方面的探索。大唐电信科技产业集团董事长真才基结合企业自身在坚持自主创新和树立科技自信两个方面的实践，介绍了大唐集团以新时代的创新精神——“大唐电信精神”引领企业转型升级的实践经验。亨通集团董事局主席崔根良以自己多年来对企业国际化运营中企业文化建设的认识和实践，介绍了亨通集团创新文化、经营文化、管理文化、用人文化、党建文化、责任文化六位一体的企业文化实践。重庆银行股份有限公司董事长甘为民介绍了重庆银行如何通过打造“有梦想、有精神、有爱心、有原则、有担当”的“五有”文化，塑造金融企业核心价值观，探索企业文化建设新路径。北京大学原副校长张国有教授围绕企业文化新常态，深刻阐述了“新态”和“常态”的关系和转换机制，只有将正确的理念转化为规则，再转化为推动企业的力量，“新态”才能成为“常态”，他提出，未来要特别关注企业的发展模式、创新和高素质的团队，要特别关注文化融合和跨文化协调问题。与会专家、企业家代表还围绕“经济新常态下的企业文化建设”、“如何化解中国企业走出去的文化冲突”、“信息技术革命背景下的企业文化传播”等主题探讨了当前形势下的企业文化建设热点问题，并对北汽新能源的企业文化建设进行了实地考察和互动交流。

出席本届年会的还有重庆市企业联合会会长余远牧、国家粮食局原局长、中国粮食协会会长聂振邦、中国人民大学副校长伊志宏、国务院国资委直属机关党委原常务副书记曾坚、国务院国资委行业协会联系办公室副主任张涛、全国工商联宣教部副部长李兵书、我常务副理事长于吉、史向辉、副理事长李建明、刘鹏、于武、胡晓丽、党委书记王琪、企业管理科学基金会副理事长曹明新。来自全国的企业家、专家学者、企业代表、媒体代表、各地企联和行业协会代表约400多人参加了本次年会。

## 中国发展新常态与金融新秩序论坛

2014年11月29日，由中国金融思想政治工作研究会、中华社会文化发展基金会共同主办，国家行政学院经济学部协办的“中国发展新常态与金融新秩序论坛”在国家行政学院成功召开。本次论坛旨在深入解读新常态的丰富内涵，进一步探讨金融业如何适应发展新常态，构建新秩序，真正成为中国社会经济可持续发展的引擎，助力中国梦的实现。

论坛得到了全国人大、全国政协、全国工商联、国家行政学院、中国金融工会、各中央及地方金融机构等有关单位的大力支持。全国人大原副委员长司马义·艾买提、全国政协原副主席李蒙、国家行政学院副院长陈立、中国金融工会主席张鸣起、中国金融工会常务副主席张东风、中国政研会秘书长王学勤、中国金融政研会秘书长濮旭等有关领导与嘉宾出席。发改委原副主任李子彬、工商联原副主席王治国、国家行政学院经济学部主任张占斌、交通银行首席经济学家连平、中国邮政储蓄银行董事杨松堂、重庆银行副行长杨世银等有关专家学者和金融机构领导作了专题发言。中央和国家机关有关领导与嘉宾，国家行政学院部分学员，中国人民银行、中国银监会、中国保监会、中国农业发展银行、中国工商银行、中国农业银行、中国银行、中国建设银行、交通银行、中国中信集团、中国光大集团、中国民生银行、中国人保集团、中国人寿集团、民族证券、民生人寿、中国邮政储蓄银行、重庆银行、西安银行等金融机构的与会代表共200多人参加了论坛。会议由中华社会文化发展基金会副秘书长张劲松主持。

本次论坛内容丰富，立意深远。各位领导、专家学者从实现中华民族伟大复兴的中国梦的高度、着眼于全面深化改革的大格局，结合各自领域深刻分析了新常态的时代背景、形势要求与机遇挑战，并对新常态下金融的责任与使命，金融的功能与作用，金融新秩序的构建进行了重新审视与思考、重新定位与布局，阐述了见解和观点。与会代表一致认为，这次论坛搭建了一个跨地区、跨行业研讨、交流、对接的很好平台，使大家对中国发展新常态与金融新秩序相关议题的理解和认识更加深刻，拓展了思路、提升了境界。大家一致表示，要认真深入贯彻落实党的十八大、三中和四中全会精神，以全球的视野、合作的胸怀、创新的精神、负责任的态度，积极应对我国发展新常态下的形势任务、风险挑战，在实现中华民族伟大复兴中国梦的生动实践中作出应有的贡献！

## 2015冶金行业企业文化论坛

2015年7月23日至24日，中国冶金政研会“2015冶金企业文化论坛”在包头钢铁集团公司举行。论坛的主题是“经济发展新常态下的思想政治工作与企业文化建设”。中国思想政治工作研究会秘书长、中宣部思想政治工作研究所所长王学勤，国务院国资委宣传工作局宣传处处长王晓华，内蒙古自治区党委宣传部副部长张太平，中国冶金报社社长兼总编辑陆闻言，中国冶金政研会会长姜兴宏、前会长赵国珩，中国冶金政研会副会长苏斌、贾振国，部分钢铁企业党委负责同志及宣传部长、党委工作部长、企业文化部长等共计86人出席，包钢干部职工代表300余人列席了会议。

这次论坛是在我国经济发展进入新常态，钢铁企业面临脱困、转型、发展的严峻挑战，企业思想政治工作迫切需要进一步加强、改进、创新的形势下举办的。论坛的指导思想是深入学习贯彻党的十八大、十八届三中、四中全会精神和中央党的群团工作会议精神，深入学习贯彻习近平总书记系列重要讲话，交流研讨加强和改进冶金企业思想政治工作、推进企业文化建设，为企业适应新常态、推进转型升级提供精神动力和文化支撑。

7月23日上午论坛开幕，中国冶金政研会副会长、包钢党委副书记贾振国主持会议，包钢集团党委书记周秉利致辞；张太平在讲话中介绍了自治区企业开展思想政治工作和企业文化建设取得的成果；王晓华在讲话中肯定了钢铁企业思想政治工作和企业文化建设取得的经验，希望加强交流研讨，取得更多创新成果；王学勤就学习贯彻中央党的群团工作会议精神及企业履行社会责任、企业诚信建设作辅导报告；姜兴宏作了《深入学习习近平总书记系列重要讲话，适应新常态，服务新布局，进一步加强和改进冶金行业思想政治工作》的主旨发言。

23日下午，中国冶金政研会“2015冶金企业文化论坛”举行第二次会议。会议由中国冶金政研会会长姜兴宏主持。中共中央党校经济学部主任韩保江就“学习习近平总书记关于‘四个全面’战略部署论述”作辅导；中国钢铁工业协会常务副会长朱继民就“当前钢铁企业生产经营形势与适应新常态转型发展”作报告。

7月24日上午，本次论坛举行第三次会议。会议由中国冶金政研会副会长、山钢集团党委副书记苏斌主持。包钢集团党委副书记贾振国，宝钢集团宣传专员薛明曦，山钢莱芜钢铁集团董事长、党委书记、总经理田克宁，鞍山钢铁集团党委副书记林大庆，河北钢铁集团党委常委、工会主席齐跃章先后交流本企业加强改进思想政治工作的思路、措施和成效。姜兴宏总结发言。

本次论坛以习近平总书记系列重要讲话精神为指导，把理论学习与企业实际结合起来，把推广典型经验、现场参观与专家辅导、深度交流结合起来，主题突出，内容丰富，贴近实际，为全面认识新常态、深刻把握新常态、创新理念、开拓思路起到了促进作用。主要体现在：

### 一、以团队学习方式，深入领会习近平总书记系列讲话精神，增强适应新常态、服务新布局的紧迫感和责任感

本次论坛是中国冶金政研会会员单位对习近平总书记系列重要讲话的集中学习。上级领导讲话、学者专家辅导、会长主旨发言、大会交流发言都首先畅谈学习习近平总书记系列讲话精神的体会。与会人员再一次深入学习习近平总书记关于经济发展新常态、“四个全面”战略布局、党的群团工作和加强改进思想政治工作的一系列新思想、新观点、新要求。这一系列重大战略思想和重大理论观点及工作部署，是我们做好思想政治工作的行动指南和基本遵循，也是此次论坛取得共识的思想理论基础。大家通过认真学习习近平总书记系列重要讲话精神，进一步明确了国有企业是国民经济的重要支柱，要坚持国有企业在国家发展中的重要地位不动摇，必须把国有企业做大做强做优；进一步明确了在国企深化改革中必须加强党的领导，充分发挥党组织的政治核心作用，其地位和功能不能弱化、虚化、边缘化；进一步明确了在强化企业管理、推进企业转型的过程中必须牢牢把握思想政治工作的政治性、先进性、群众性，企业思想政治工作既要围绕全党工作中心，服务党的工作大局，又要坚持“三贴近”，更好地为企业改革发展稳定服务。代表们认为，目前，全面加强党的建设、从严治党为思想政治工作发挥“生命线”作用提供了组织保证；企业脱困转型升级对加强和改进思想政治工作提出了新要求。适应经济发展新常态，企业思想政治工作者要站到一线，重心下移，力量下沉，找准思想政治工作与改革创新、转型发展、减亏增效、群众关注的契合点，

做到全覆盖，跟踪全过程，保证企业深化改革和经营生产目标的实现。

## 二、以交流分享方式，探讨在新常态下钢铁企业思想政治工作的新思路和新举措

本次论坛采取即席和书面的方式交流论文36篇，这些论文围绕在新常态下加强改进思想政治工作和企业文化建设，从理论和实践结合上进行了探讨。姜兴宏在主旨发言中强调，适应新常态，直面企业困难，思想政治工作要在转型发展中激发正能量，发挥引导作用；把握新常态，聚焦利益调整，思想政治工作要为全面深化改革增添动力，发挥疏导作用；引领新常态，服务战略布局，思想政治工作要在新形势下积极主动，发挥先导作用。当前，职工队伍思想活跃，新旧矛盾交织，潜在问题和凸显问题重合，加上新兴媒体发达，信息渠道多样，外部环境和工作主体同时变化。在这种情况下，做好思想政治工作，必须掌握辩证法，抓主要矛盾及矛盾的主要方面。企业的每一项改革都涉及职工的利益调整，企业遇到的每个矛盾背后都有利益关系。企业思想政治工作要紧紧围绕利益调整来开展，利益调整是我们做好思想政治工作的一个焦点。围绕利益调整做好思想政治工作，就要教育引导职工正确处理全局利益与局部利益、企业利益与个人利益的关系，把全局利益与局部利益统一起来，把眼前利益与长远利益统一起来，多方利益在相互协调、共同创造中得以实现。

## 三、以现场体验方式，感受包钢主动适应新常态，改革创新，转型升级，加强改进思想政治工作的成果和经验

包钢是中国重要的钢铁工业基地、世界最大的稀土工业基地、内蒙古工业长子。为适应经济发展新常态，他们以全面深化改革和创新为动力，推进钢铁产业向中高端转型，管理向精益卓越、信息化转型，技术向中高端、差异化、市场化转型，商业模式由制造商向服务商转变，环境由“黑色”钢铁向绿色经营转变，积极稳妥推进资本运作，大力发展新兴产业，广泛深入开展降本增效，全面加强和改进党建、思想政治工作，短短几年就打造出一个“全新包钢”。为总结推广包钢的经验，中国冶金政研会先后两次组织到包钢调研，与公司主要领导座谈、到现场参观、召开基层代表座谈会，深入探讨包钢巨变的内在原因，在此基础上，中国冶金政研会决定此次论坛重点推广包钢做好转型升级中思想政治工作的经验。论坛期间，代表们参观了包钢厂史馆、包钢加强和改进新常态下思想政治工作图片展览、北方稀土展览馆、包钢稀土钢板材公司、包钢轨梁厂2号大型万能轧钢生产线，有的代表还对口进行了学习交流。大家对包钢党委坚持以科学理论统领企业转型发展，坚持工作重心下移激发基层组织活力，坚持创新载体搭建职工实干圆梦的平台，系统推进企业文化建设，不断创造党建和思想政治工作品牌的做法和成果给予充分肯定。

## 四、以搭建交流平台方式，为会员单位服务，落实中央党的群团工作会议精神，发挥好企业“大政工”格局的作用

本次论坛是在中央群团工作会议刚刚闭幕之后召开的，各会员单位正在学习落实这次会议精神。论坛聘请中国政研会领导、中央党校专家学者、钢铁协会领导就贯彻中央党的群团工作会议精神、“四个全面”战略布局和当前钢铁企业生产经营形势与适应新常态转型发展分别作辅导报告，这些辅导报告的共同特点是站位高、视野广、聚焦新情况新问题、理论联系实际深度剖析，对大家启发很大。习近平总书记提出的“四个全面”战略布局为加强和改进思想政治工作和企业文化建设提出了新的课题，拓展了新的空间，搭建了更大舞台，优化了思想文化建设大环境，使思想政治工作站在了一个新的起点。习近平总书记关于党的群团工作的重要讲话对于加强和改进思想政治工作具有重要的指导意义。习近平总书记强调，“群团组织必须始终站在党和人民的立场上，坚持为党分忧、为民谋利，把思想政治工作贯穿所开展的各种活动，多做组织群众、宣传群众、教育群众、引导群众的工作，多做统一思想、凝聚人心、化解矛盾、增进感情、激发动力的工作”。落实好中央党的群团工作会议精神，加强和改进企业思想政治工作，要坚持党对群团工作的统一领导，高度重视发挥群团工作的桥梁和纽带作用，构建起包括党政、群团齐抓共管的“大政工”格局。代表们认为，王学勤秘书长关于“企业履行社会责任”和“企业诚信建设”的分析论述，针对性强，很有现实意义。企业履行社会责任和企业诚信建设是以人为本核心要义的体现，是全面深化改革的应有之义，是全面依法治国的重要组成，理应纳入企业思想政治工作和企业文化建设的基本范畴，深入研究，抓好落实。

会议代表认为，中国冶金政研会通过宣传典型、推广经验、现场参观、大会发言等形式为会员单位搭建学习交流平台，起到了为会员单位服务的作用，会议代表建议，这些好的做法要坚持下去，要增加会员单位交流学习的机会。

（来源：中国冶金政研会）

# 2015电子行业企业文化建设经验交流会

中国电子政研会2015企业文化建设现场经验交流会在广州召开。这次会议由中国电子政研会主办，工信部电子第五研究所承办。出席这次会议的有工信部副部长怀进鹏，中国电子政研会会长王耀光，工信部直属机关党委常务副书记、中国电子政研会副会长楼宇光，以及中国电子政研会领导和各理事单位、团体会员单位的书记和副书记以及代表共计90余名。

会议是在全党深入开展“三严三实”专题教育和全党全国深入学习贯彻党的十八届五中全会精神的热潮中召开的。怀进鹏首先代表工信部党组及工信部部长苗圩对大会的顺

利召开表示热烈的祝贺，对全体参会代表表示诚挚的问候。会上，他作了题为《从 IT 到 IT2，演进 VS 变革——强国之路：中国制造 2025 遇到互联网 +》的精彩演讲，讲解了《中国制造 2025》和“互联网 +”的创新发展。

怀进鹏在演讲中表示，随着时代的发展和科技的进步，互联网对于人类社会的影响越来越大，但互联网信息技术必须根植于制造业、根植于实体经济，才能充分发挥彼此的长处和优势。电子信息技术的发展对工业带来了深远的影响，由此导致的产业调整也将对过去的商业模式和管理模式带来巨大的变革。正是在这样的历史条件下，我国制造业发展正步入由大到强的重要关口，面临着新一轮工业革命的重大机遇和挑战。我们要紧紧抓住世界范围内新一轮科技革命和产业变革与我国加快转变经济发展方式交汇的历史性机遇，以此大大加快我国工业化和建设制造强国的进程。“抓住发展趋势很重要，更重要的是抓住发展趋势的转折点，既包括技术的转折点，又包括产业和社会发展的转型。”怀进鹏强调，“创新创业、跨界融合、生态重构是未来推动信息产业发展和深入实施中国制造 2025 的重要内容。”

会上，王耀光做了企业文化建设的主旨报告。王耀光在报告中简要回顾总结了近些年电子政研会和会员单位开展企业文化建设所取得的成绩和经验，特别对搞好新的历史时期党的建设和企业文化建设工作提出了四点意见，着重强调了要把学习贯彻党的十八届五中全会精神作为当前和今后一个时期一项重要政治任务摆在突出位置，切实抓紧抓好。王会长的讲话对做好下一步工作，特别是思考谋划好“十三五”时期党的建设和企业文化建设工作具有积极的推动和指导作用。

（来源：中国电子报）

## 2015 年全国安全文化建设示范企业创建活动启动会

2015 年 6 月 24 日，由中国安全生产协会承担的全国安全文化建设示范企业创建活动启动会在北京召开。全国政协委员、中国安全生产协会会长赵铁锤主持会议并讲话，国家安全监管总局机关相关司局负责人出席会议。

会议传达了国家相关文件要求以及国家安监总局领导关于安全文化建设示范企业创建活动的批示精神。会议指出，创建安全文化建设示范企业，是贯彻落实习近平总书记系列重要讲话精神的重要举措；是贯彻落实国务院及国家安全监管总局党组决策部署的实际行动；是推动企业安全发展的重要抓手和企业安全生产管理工作的一项重要内容；也是促进安全生产形势持续稳定好转的助推器和思想保障。要通过开展创建活动，强化企业安全管理，规范员工安全行为，提升企业本质安全水平。

赵铁锤强调，开展安全文化建设示范企业创建活动，要做到“三个结合，四个推动”。即与安全生产标准化创建活动相结合、与安全管理标准化示范班组创建活动相结合、与企业安全生产诚信体系建设相结合。推动企业领导和员工不断增强红线意识、推动安全生产主体责任落实、推动企业制度建设，推动职工安全素质的提高，不断增强员工执行力，提高遵章守纪的自觉性，主动远离“三违”（违章指挥、违规作业和违反劳动纪律）、杜绝“三违”。企业要结合实际，制定和完善工作方案，细化建设内容和标准，广泛发动，精心组织，有计划、有步骤、有重点地开展工作。协会要充分发挥桥梁纽带和协调服务作用，深入持久开展这项活动，促进企业安全文化建设和安全生产管理水平的整体提升。

## 辽宁省企业文化峰会

2014 年 8 月 21 日至 22 日，“2014 辽宁省企业文化峰会”在红塔辽宁公司营口卷烟厂举行。峰会主题是“专项文化 • 活力 • 振兴”，主旨为“交流聚力、融智分享、文化创新、共赢发展”。

本次峰会由辽宁省企业文化学会主办，系辽宁省委宣传部、省社科联等单位组织的 2014 年社会科学学术活动月的一项重要活动。本次会议设学术报告、高峰论坛、特色论坛、企业文化现场研讨会等四个板块，海尔集团原党委副书记、纪委书记王安喜作了《海尔班组建设与经营》的主题报告；在高峰论坛中沈阳机床、辽宁省地质勘查院、铁岭华晨、沈阳造币厂等单位领导等作主旨发言；在企业文化特色论坛上，辽宁展览集团、中国石油抚顺石化公司、瓦轴集团的领导等以互动对话形式，做了富有特色、生动活泼的交流发言。

辽宁省企业文化学会高立胜会长介绍说，峰会是省企业文化学会的精品活动，日益成为辽宁省社会科学学术活动月的一项品牌活动，对助推辽宁老工业基地的发展，有着深远的积极意义。本次会议是辽宁省企业文化学会举办的第三次峰会。

## 陕西省企业思想政治工作暨企业文化建设经验交流会

为深入贯彻中央宣传部，国家经贸委《关于加强和改进企业思想政治工作的若干意见》精神，由陕西省委宣传部、省国资委、国防工办、中小企业局、总工会和工商联联合举办的陕西企业思想政治工作暨企业文化建设经验交流会于 2014 年 8 月在西安举行。省委常委、省委宣传部长景俊海同志出席会议并讲话。

景俊海指出，近年来，我省广大企业坚持以人为本，把实现好维护好发展好职工的基本文化权益作为企业文化建设的出发点和落脚点，把企业文化建设融入企业管理制度和管理实践中，深入总结提炼企业精神的时代内涵和价值引导，实现了企业文化与现代企业制度建设的深度融合，涌现了延长石油集团“埋头苦干”精神、西安铁路局“巴山精神”、东岭集团“四诚精神”、黄陵矿业“和谐文化”、紫靖餐饮“百姓为天”、航天四院“国家至上 争创一流”、法士特集团“文化主题年活动”、杨森制药“十字方针”、陕西电信“新媒体思想交流平台”等一批独具特色的企业文化建设理念、载体和品牌。这些成绩充分展示了全省企业思想政治工作和企业文化建设的优秀成果，凝聚了社会各界的智慧和力量，为全省加快转变经济发展方式、全面建设“三个陕西”作出了重要贡献。

陕西法士特汽车传动集团有限责任公司、中国航天科技集团公司第四研究院、陕煤化集团黄陵矿业公司、西安铁路局、西安杨森制药有限公司、中国电信陕西分公司、陕西东岭集团、陕西紫靖餐饮集团等8家企业负责人围绕加强企业思想政治工作和促进企业文化建设，交流经验体会，深化认识。

（来源：陕西传媒网）

## 四川省川联民营企业文化建设促进会成立大会

2014年6月18日，四川省川联民营企业文化建设促进会成立大会在成都新华宾馆召开。促进会旨在集合四川省优秀民营企业正能量，传播并导向广大民营企业自觉、主动、积极建设先进企业文化，切实推进企业文化建设的举措，促进民营企业“两个健康”发展。

川联民营企业文化建设促进会的成立，将引领四川民营企业强内功、提素质，为进一步推进全省经济科学发展、社会文明进步搭建了一个很好的平台，为提高四川省民营企业核心竞争力，促进民营企业健康成长和发展提供了更多的保障。

“民营企业应该具有强烈的社会责任感，和深厚的文化底蕴，才能承担起促进国家经济发展的责任。企业文化是企业发展的基础更是灵魂，如果没有文化，无法建立完善的现代企业制度。”成都嘉润集团董事长陈先德认为，企业文化是企业做大做强的关键。川联民营企业文化，不仅是对中国传统文化和巴蜀文化的继承，也是建立在适合企业自身发展基础之上的创新。

在陈先德看来，随着企业文化品牌的提升，它的商品和产品价值也将随之提升。奠定了企业长久发展的文化载体，才能真正意义的促进企业做大做强。

现场一些企业代表在采访中也谈到，企业文化不仅是企业核心竞争的要素，也是长青企业的坚实支柱。要力争成为有文化、有社会责任感的现代企业。

会上，四川省工商联相关负责人提出了四川省川联民营企业文化建设促进会的工作方向。

首先，加强联络沟通，积极争取政府有关部门和社会各界的支持。其次，加强自身建设，为服务民营企业奠定坚实基础。更要坚持务实创新，力推四川省民营企业在四川省经济科学发展、社会发展中发挥更大作用。

据悉，四川省工商联副主席李光金、副主席陈建、四川省委宣传部副部长朱丹枫、省委省政府决策咨询委员会副主任赵文欣、著名川剧作家魏明伦等省工商联、省级有关部门领导及专家学者出席会议，来自全省的300余名民营企业代表参加了本次会议。

（来源：人民网四川频道）

## 珠海市企业思想政治工作暨企业文化建设经验交流会

为总结经验，研究新形势，改进和加强新时期企业思想政治和企业文化建设工作，为我市科学发展、跨越发展提供精神动力和思想保证，珠海市企业思想政治工作暨企业文化建设工作交流会于2015年8月在珠海供电局会议室召开。

会议由珠海特区报社党组副书记、总编辑、珠海市企业文化协会会长孙锡炯主持，中共珠海市委宣传部常务副部长房祁，以及来自广东电网有限责任公司珠海供电局、中国铁建港航局、交通银行珠海分行、珠海公共交通运输集团有限公司等50余家企业的70余名企业代表出席会议。广东电网有限责任公司珠海供电局、珠海水务集团、中国电信股份有限公司珠海分公司、珠海汉胜科技、舒丽玛温控卫浴设备有限公司的相关负责人分别作了企业思想政治工作及企业文化建设经验交流发言。

近年来，我市广大企业认真贯彻落实中央、省、市有关指示精神，围绕企业生产经营和改革发展的中心任务，围绕培育和践行社会主义核心价值体系，大胆创新，在企业思想政治工作和企业文化建设上取得了显著的进步，呈现出良好的发展态势，为应对复杂经济环境，推进转型升级、建设幸福珠海提供了坚强有力的精神文化支撑。其中，广东电网有限责任公司珠海供电局、珠海电信、汉胜科技等多家企业分别获得全国、省、市等各级文明单位称号，珠海移动、中建三局一公司珠海分公司、中国铁建港航局等50余家企业获得全国企业文化建设先进单位称号，这些成绩的取得，充分展示了我市企业思想政治工作和企业文化建设的优秀成果，凝聚了我市企业界的智慧和力量。

中共珠海市委宣传部常务副部长房祁对我市广大企业在思想政治和文化建设上作出的努力和取得的成效表示肯定，并强调各企业要确立独特的企业核心价值体系，建立完善的工作机制，根据企业和职工的需要，积极开展为企业中心工作服务的主题活动，扩大企业思想政治工作的影响。

与会企业代表纷纷表示，将紧密联系工作实际，深刻领会本次大会精神，进一步动员广大企业干部职工解放思想，凝聚力量，开拓创新，推动企业思想政治与企业文化建设工作的高水平、跨越式发展。市企业文化协会也表示，将继续围绕市委宣传部、市文明办的有关工作部署，积极推动，深化企业基层思想政治和企业文化建设，为会员提供优质服务与指导，促进我市企业思想文化建设水平提升，为全市企业深化改革，加快我市发展建设提供强有力的思想保证和精神文化支持。

## 无锡市非公企业文化建设“百千万工程”领导小组（扩大）会议

2014年4月2日，无锡市非公企业文化建设“百千万工程”领导小组（扩大）会议召开，无锡市委统战部、市总工会、市工商联分管领导，各市（县）区委统战部部长、各市（县）区总工会分管副主席、各市（县）区工商联党组书记等30余人参加会议。会议由市委统战部副部长吕勤彬主持，市委常委、统战部长陈德荣参加会议并讲话。

在各市（县）区交流“百千万工程”开展情况以及落实好今年“八个一”活动具体措施的基础上，市委常委、统战部长陈德荣就开展好今年的非公企业文化建设“百千万工程”、实现三年行动的完美收官作了讲话。他说，经过两年多的持续推进，在各级统战部门、工会组织、工商联（商会）的密切合作下，全市非公企业文化建设“百千万工程”呈现出良好局面，各地形成了各具特色的工作模式。江阴注重从组织者、参与者两个层面，通过“五有”推进“百千万工程”；宜兴通过“两结合一注重、两联动一考核”，开展企业文化建设；锡山积极搭建工作平台，不断提升非公企业文化建设的内涵；惠山在加强商会文化建设的同时，在青年企业家群体中引导文化传承，通过“大爱惠山”活动构建和谐文化；滨湖结合自身实际，扩大领导小组成员单位，建立企业文化建设专项资金，为“百千万工程”开展提供有力保障；崇安以“书香企业”建设为抓手，不断增强全区非公企业的文化自觉和文化自信；南长组织企业开展学习交流活动，学先进、找差距，起到了较好的推动作用；北塘将社会主义核心价值观融入非公企业文化建设“百千万工程”中；新区深入开展企业文化“五个一”活动，创新实施“企业文化种植行动”。

陈德荣常委指出，无锡作为民族工商业的发祥地，形成了“敢创人先、坚韧刚毅、崇德厚生、实业报国”的锡商精神，也铸就了深厚的企业文化底蕴。开展“百千万工程”的根本目的，就是要激励和引导全市广大非公经济人士，在驰骋商道、搏击商海中坚守锡商的精神家园，在推动经济发展、促进社会进步中彰显锡商的文化传承，在率先基本实现现代化、谱写“中国梦”无锡篇章的道路上坚定信念、增加信任、提振信心、增强信誉，培育更多的百年长盛锡商企业。

陈德荣常委要求，全市各级统战部、总工会、工商联要根据《2014年全市非公企业文化建设“百千万工程”工作方案》的部署，抓好工作推进。一是要进一步完善统战部、总工会、工商联三方联动机制，形成整体合力。统战部要发挥好牵头协调的作用，总工会和工商联要认真抓好所负责的相关工作的落实，共同推动非公企业文化建设向纵深发展。在全市满园春色的文化建设中，成为非公企业文化建设的积极力量。二要切实抓好今年“八个一”活动各项工作的落实，确保任务完成。年内将编辑出版《追梦人》和《无锡市非公企业文化建设“百千万工程”三年行动巡礼》两本书，举办“百千万工程展示月”之书画摄影展、文艺汇演、成果展等三个系列活动，召开“百千万工程”现场观摩交流会和三年行动总结大会，成立“无锡市非公有制企业文化建设促进会”，不断健全非公企业文化建设的培育、发展、壮大和持续机制，为打造百年长盛锡商企业奠定坚实基础。三是要加大典型宣传，注重总结提升。今年是非公企业文化建设“百千万工程”收官之年，更是展示建设成果、宣传先进典型、推广工作经验的深化之年，要围绕“创业文化、创新文化、诚信文化、和谐文化、公益文化”等，培育、树立和宣传一批企业文化建设卓有成效的非公企业典型，以及推进非公企业文化建设的统战部门、工会组织和工商联（商会）典型。认真总结“百千万工程”的成功做法和经验，精心设计活动载体，不断丰富活动内涵，达到促进企业科学发展和长盛发展、企业家和企业员工健康成长的目的。

会议还听取了市委统战部、市总工会、市工商联分管领导就《2014年全市非公企业文化建设“百千万工程”工作方案》及其子方案所作的说明，各市（县）区与会人员进行了讨论。大家一致表示，以“只争朝夕、时不我待”的精神状态，一着不让抓落实，紧锣密鼓抓实施，持之以恒抓推进，保质保量完成各项任务，实现“百千万工程”的完美收官，推动非公企业文化建设的深入开展。

## 全国卫生系统第十届走向人文管理高层论坛

2015年11月5-7日，全国卫生系统第十届走向人文管理高层论坛在厦门召开，论坛的主题是“建设以人文精神为核心的医院文化”。参加会议的，有来自全国各地的医疗机构领导和医务人员，厦门各医院同道共200余人。原北京市卫生局局长金大鹏会长在论坛开幕式上发表讲话。他说，在中国医疗体制改革进入关键历史阶段的今天，在中国卫生事业的发展正经历着转化医学、循证医学、智慧医学、精准医学严峻挑战的特殊历史时刻，举办这样的会议，以“建设以人文精神为核心的医院文化”为主题，更显得意义非凡。厦门市卫生计生委黄安杰副主任致辞，他代表厦门市卫生计生委，热烈欢迎来自全国各地的医疗卫生单位的领导和代表，并预祝会议圆满成功。

### 一、主旨报告指导性强

中国医师协会张雁灵会长做了题为“弘扬人文精神，推进人文医学建设”的主旨报告。他首先阐述了如何给人文医学定位的问题，认为人文医学是在医疗活动中始终实践的重视患者、关爱患者、尊重患者的一种文化。从当前医学人文精神缺失的现状，及其对医患关系、医疗卫生事业的发展造成的影响，指出重视和加强人文医学建设，是摆在各级领导和行业组织面前极为迫切的任务。张会长详细论述了医学人文精神的内涵，认为人文医学的核心内涵，就是关爱和尊重患者，就是要把患者的利益放在第一位。对如何开展人文医学建设的问题，张会长指出，第一，提高医疗卫生队伍的人文素质迫在眉睫；第二，要不断强化人文管理理念，加强人文管理制度建设；第三，要开展医学人文的理论研究和实践探索；第四，要营造推进人文医学建设工作的氛围。报告的内容回答了当前人文医学建设中迫切需要回答的问题，对于加深大家对人文医学内涵的理解，对于提升大家对加强人文医学建设重要性的认识，对于如何开展人文医学建设工作，都具有很强的指导意义。

### 二、专题报告引人入胜

南京大学医学院副院长、南京鼓楼医院名誉院长丁义涛教授的报告，从公立医院改革需要解决的最重要问题谈起，提出“人文医院建设是公立医院改革的新突破口”的命题。他用许多生动鲜活的事例说明，我们在社会转型中间失去了许多东西，人文价值观念发生混乱。当前医院发展的最大的空间，是看不见的精神空间，公立医院最需要的是高尚的文化，是人文关怀，因此，创建人文医院势在必行。他着重介绍了人文医院建设的具体做法，阐述了人文理念与精细化管理的关系：人文理念是精细化管理的“血液”和“氧气”，精细化管理让人文理念“接地气”，“有土壤”。为此，他们每年开展主题活动，制订考核评价体系，进行全员人文理念教育。在优化服务流程，方便病人就医上采取了许多措施：美国前总统卡特在参观鼓楼医院后给丁院长的信中称赞鼓楼医院是“世界上最好的医院”。丁院长充满信心地说，鼓楼医院的人文医院建设，必将塑造医院明天的辉煌。

北京协和医学院人文与社会科学学院院长翟晓梅教授做了题为“医学：专业还是商业”的专题报告。她从医患关系的本质谈起，讲述了职业与专业的区别，专业的社会学功能，医学专业精神的传统等等。报告的许多观点都值得我们深思，比如：专业精神强调对社会的责任；商业化与医学专业精神并不相容；医患之间缺乏信任的一个很重要的原因就是过度商业化等等。翟教授的报告具有较强的理论色彩，但非常接地气，和医疗卫生工作的实践结合得很紧密。听了翟教授的讲课后，大家对医学专业精神的本质有了更深的理解。与会人员还与翟教授进行了互动，会场气氛非常热烈。

人民日报社高级记者、经济社会部白剑峰主编做了题为“有温度的医生”的专题演讲。作为经常为医务人员呼吁的媒体记者，他鲜明地提出“尊重医生就是尊重生命”，认为高智商加高情商的人才能当医生。但是，一些人经历的冰冷的就医体验，也说明医生成为有温度的医生是一个需要重视的问题。白剑峰认为，有温度的医生应当是敬畏生命的人，懂得谦卑的人，善解人意的人，敢冒风险的人，以心换心的人，尊重患者体验的人，尊重生命规律的人。有温度的医生应当有一双温暖的手，一颗柔软的心。他用大量生动的事例，诠释了有温度医生的这些涵义。最后他指出，医生只是生命花园里的园丁，很难改变人的生老病死，只是让人在生老病死之间活得好一点。人不能和死亡抗争，所以有温度的医生还应当是与死亡和解的人。

### 三、经验交流内容丰富

这次年会的经验交流，既有医院文化建设，又有科室文化建设，既有医学院校的人文教育，又有医疗机构的人文服务，还有政府层面的人文建设。既有大陆的做法介绍，又有台湾的经验分享，内容非常丰富。

上海华山医院顾小萍书记、武汉普爱医院李菊芬书记、厦门市第五医院黄继义院长、解放军一七五医院骨科医院的代表，分别介绍了各具特色的医院和科室文化建设经验。

四川大学华西临床医学院教务部长卿平介绍了医学人文教育的传承与创新。台湾慈济医疗志业的总执行长林俊龙先生在年会上以“仁医仁术”为题介绍了他们的做法和经验。厦门市卫生计生委纪检组长郭小岩以“紧扣时代发展加强医学人文建设，努力为群众提供优质高效安全的医疗服务”为题，介绍了厦门医疗系统开展医学人文建设的主要做法。

### 四、开展“我心中人文医学的演讲”

“我心中的人文医学”演讲者来自大连大学附属中山医院、新疆医科大学第一附属医院、武汉市中心医院、厦门市妇幼保健院、复旦大学附属华山医院的青年医生，他们演讲了医疗实践中的鲜活故事，诠释了心中的人文医学。感人至深的故事，声情并茂的演讲，视频音乐的烘托，主持人生动的串讲，使演讲深深打动了会场中每一个人的心。

论坛最后，高金声主任委员做了总结讲话。他围绕“认识要高，步子要实”作了阐述。他希望与会同志，不断提升对人文医学建设这项事业的认识。人文是“深植于内心的修养，是无需提醒的自觉”，是一种信仰，是一种价值的追求。人文医学建设，是医学发展的需要，是时代进步的需要，是人民群众健康事业的需要。落实人文理念，领导成员首先要身先士卒，提升自身的人文素养，也要把职工带到这条路上。我们可能做不了什么“大事”，但要努力把身边的“小事”做好，脚踏实地为医院文化和人文医学建设作出自己的贡献。

这届论坛的召开得到与会人员的一致好评。有的与会人员发来短信说，这次会议“貌似务虚却是真正务实的触动。”在微信上大家纷纷为会议上的讲话和报告点赞。各地同志普遍认为，论坛的信息量大，有思想深度，对今后的工作有很好的指导意义。

## 非公经济人士理想信念教育实践活动暨民营企业文化建设推进会

2014 年 7 月 10 日，为进一步贯彻落实中央统战部、全国工商联和市委统战部关于继续深入开展非公经济人士理想信念活动的工作要求，上海宝山区召开深入开展非公经济人士理想信念教育实践活动暨民营企业文化建设推进会。中共上海市市委统战部副部长、市工商联党组书记赵福禧，中共宝山区委常委、统战部部长朱礼福出席会议并讲话。区工商联执常委、部分民营企业家及各街、镇、园区统战科长等近200人参加会议。

宝山区在深入开展的理想信念教育实践中，以引导“两个健康”为宗旨，针对当前民营经济正在转型升级力争实现内涵式可持续发展，区统战部工商联以企业文化建设为抓手，充分发挥企业文化在企业可持续发展过程中的积极作用，并与市工商联宣教部组成联合课题组，积极探索企业文化如何在增强民营企业家“四信”教育实践活动中的成效。通过引导使企业普遍形成健康的核心价值观和富有正能量的企业文化。把企业文化与企业发展战略、自主创新、品牌建设、人才培养、创建和谐企业、履行社会责任等有机结合起来，形成了丰富多彩，各具特色的民营企业文化。

非公经济人士理想信念教育实践活动自去年开展以来，宝山区通过积极探索，把企业文化建设作为开展教育实践活动的有效载体，在增强非公经济人士对中国特色社会主义的信念、对党和政府的信任、对企业发展的信心方面取得了显著成效。今年，为不断提高活动的扎实性和有效性，活动将继续以企业文化建设为载体，以“民营企业家与中国梦”为主题。在增强非公经济人士“三信”的基础上，增加了“对社会的信誉”。

会上，上海钢联等10家宝山区民营企业被授予“文化建设示范点”称号。宝松、汉康、新通联和物流商会，从不同角度介绍了如何以“四信”教育实践活动为引领，以企业文化建设为载体、把“四信”贯穿于企业生产经营过程中，为广大民营企业培育和践行社会主义核心价值观，有力促进企业的健康发展，提供了很好的经验和做法。

赵福禧在讲话中充分肯定了宝山区在非公人士理想信念教育实践活动中所开展的工作、取得的成效，并对下一阶段的活动提出了具体工作要求。朱礼福对一年来宝山区教育实践活动工作进行了总结。他认为宝山区理想信念教育实践活动取得明显成效主要表现在民营企业家队伍思想状态更加向好、民营企业家主体作用得到更好的发挥、民营经济的发展更为健康。2013年全区新增企业同比增加37.58%；非公企业税收占7成，并比上年有所增长；吸纳就业占总就业人口七成以上，这些数字表明宝山区开展的非公经济人士理想信念教育实践活动是扎实有效的。朱礼福要求在下一步教育实践活动工作加强组织领导、找准活动载体、解决实际问题、建立长效机制，有序推进教育实践活动和企业文化建设，共同做好民营经济发展工作，为宝山区的社会经济发展作出更大的贡献。

（来源：中国工商时报）

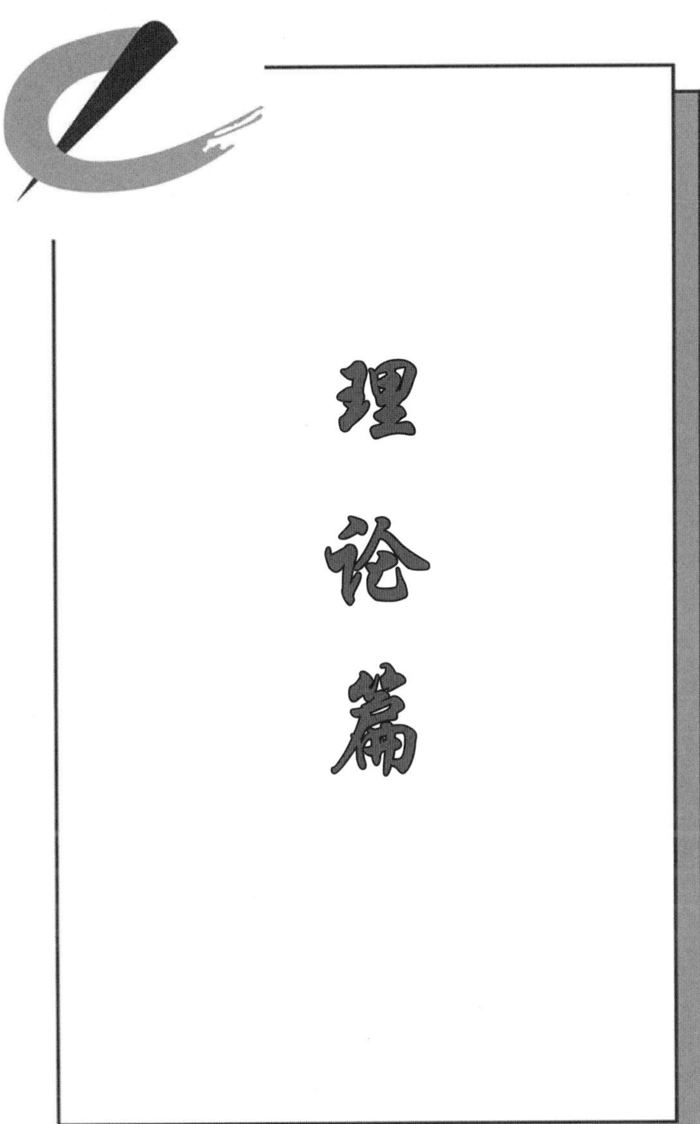

# 理论篇

# 企业文化的新态、常态及其转换机制

张国有

## 一、企业文化新常态中“新”与“常”的关系及其转换机制

企业文化新常态，这里有两个概念：第一是“新态”，“新”的态势；第二是“常态”，“常”的态势。一般来讲，凡是新的，就不是常态的；凡是常态的，就不是新的。问题在于，如何理解“新”和“常”？如何把握“新”和“常”之间的关系和机制？

**（一）“新”的变革从最简单的也是影响最大的地方开始。**

公司的上下班时间，看起来是件简单事情，但简单的事情反映了公司的理念和规则。这个时间可以和大多数企业一样，也可以独树一帜。有个大公司上下班时间的改变，反映了规则由“新”向“常”的转变。

这个公司的上下班时间原来是从上午9点到下午5点，1993年改为从上午7点到下午4点。“朝7晚4”的规则为“新态”，“新”要向“常态”转化。

原来的“朝9晚5”规则实行了很多年，已经成了公司人的习惯。在这个规则下，员工知道几点起床、几点早餐、几点送孩子上学、几点到工作室，几点午餐、几点下班、几点到家、几点晚餐等，甚至一周中的晚上时间都有了常规的安排。久而久之，员工不需要特别提醒，到了某一个时间点就会有本能的反映，促使人去做某件事情。与此相关，公司的供应商、客户、政府、研究机构等也都按这个时间与公司进行交易、交流活动，形成了在这个时间区间里的惯性思维。

1993年7月的一天，集团公司董事长指示管理部门，向整个集团各公司宣布实行“朝7晚4”的规则。看起来，就是提前2小时上班，实际上，是改变十几万人的作息习惯。这谈何容易。公司上下反应很大。董事长很强势，要发动变革，他就是要看看，有些事情到底能变不能变。他公开宣示的理由是：第一，公司面临危机，现在起要变革，“除妻子儿女外”，其他都要变；第二，从我变起，从上下班时间变起，提前上班，使所有的员工振奋起来；第三，早下班，可以去读书学习，去增加工作以外的新知识新技能，变成复合型人才；第四，晚上6:30左右要回家，和家人团聚，一起晚餐，家人愉快，可以巩固企业后方；第五，避开拥堵的上下班车流高峰，提高路上的效率。

集团公司的这个变革要求，有的分支企业理解，执行的快；有的分支企业不习惯4点下班，4点出去吃了饭，回来再工作；有的分支企业干脆把7-4改成7-5，延长1小时下班；集团一些高层管理部门，一开始也缺乏理解，督促监督不够，致使下面机构执行起来五花八门。董事长看了调查报告，非常恼火。要求不但变，而且一定要有结果。经过公司反复的宣传说明、矫正纠偏、强力推行，逐渐有了新的效果。

经调查，实施了“朝7晚4”制，员工下班后，有61%的人参加学习课程，24%的人和家人相处。与同期对比，考取了外语证书以及其他技能性证书的人，上升了90%多。与公司合作的厂家也从不理解、不适应，也更改了作息时间，最后大家都适应了这样的作息时间。持续了十几年时间，当初“朝7晚4”的新规则成了“常态”的工作及生活习惯。

**（二）由“新”规则到“常”态行为的正向机制。**

由“新”规则到常态行为有三个机制性问题。第一个机制性问题：公司需要的是什么样的“新”？为什么要追求与以往不一样的这个“新”？机制的关键在于“想”，就是先要想明白，想透彻，建立起新的基本意图、总体构思和主要规则。要改变文化，当然要先从理念开始。但文化改变的基础一定是规则。没有规则，行为就无从变起。“朝7晚4”就是想明白了的规则。

第二个机制性问题：如何从新的规则过渡到常态行为？又如何把常态行为变成习惯？机制的关键是把新的不稳定的行为变成稳定的经常出现的常态习惯。习惯通常处于潜意识的本能状态，是长期反复训练和积累的结果。如果认为那个想明白了的规则是对的，那就设法把它变成“常态”行为，变成潜意识的本能状态。

第三个机制性问题：这个常态和习惯及其所产生的力量趋向是不是我们所需要的？如果是我们所需要的，那我们如何坚持和完善，使其成为可传承下去的传统？机制的关键是把好的常态习惯保持下去，变成有益的驱动力量，使新规则能够在常态行为上变成可存续的传统，长久地发挥作用。

通过上述三个机制性转换，“新”态的理念和规则变成了习惯，习惯变成了传统，传统成了长久驱动企业的力量。从上述的转化可以看出，企业文化新常态中的“常态”不仅是人人知道的口号，更应该是可感觉的企业习惯和企业传统，是推动企业的长久的、本能的习惯性力量。

**（三）由“新”规则到“常”态行为的反向机制。**

“新”与“常”关系还有另外的三种情况，即“新”与“常”关系的反向机制。

对应上面的三种机制性问题，这另外的第一种情况是，对需要什么样的“新”并没有想明白，也没有想透彻，更没有建立起基本意图、总体构思和主要规则。这时候的“新”就是糊里糊涂的“新”，莫名其妙的“新”。如果用这种“新”作为文化建设的指导思想，那就会将正常运行引到糊里糊涂之中。在企业文化上糊里糊涂的意识，经常出现，我们要特别注意。

另外的第二种情况是，即使理念和规则明确，但不知道如何从新的规则过渡到常态行为，总在那里开会啊、动员啊、说啊、喊啊，新的规则总是不能主动贯彻，经常出现抵制、走样、断断续续，总成不了常态行为。这时候就要想想，究竟是“新”的理念和规则出了问题，还是规则到行为的转化方式出了问题。规则到行为的转化，既需要自觉执行，更需要强力的训练，轻描淡写，断断续续，成不了习惯，成不了气候。

另外的第三种情况是，即使规则成了习惯，但这个习惯及其所产生的力量趋向并不是我们所需要的，怎么办？那就再寻找什么样新的东西去替代它，这就又要从第一种机制开始。或者回到没有“新”之前的原本的常态，这就等于折腾了一圈，回到原点。有的公司有可能出现瞎折腾，今天这样，明天那样，心中没谱。企业要极力避免瞎折腾，尽量在规则明确、训练到位的情况下，将行为转化成习惯，达成目的。

**（四）看企业文化建设的成效，可从两个角度进行审视，并看习惯中哪些习惯成了企业的传统。**

我们看企业文化建设的成效，可以有两个角度。一个角度是长周期地审视“常”态行为，即从现在往以前看，看15年前的什么规则、什么机制现在还有生命力，还在起作用，现在还起作用的规则很可能就成了企业的习惯。如果这个习惯有益，就不要轻易动它；如果无益，就设法修订和改革。另一个角度是长周期地审视“新”规则在以后的作用后果，即从现在往以后看，看现在的规则，哪些可能存活15年以上，到那时仍有生命力，还在发挥作用。

这第二个角度，还没有实行怎么就知道这种规则能长期存在？这种长周期思考规则未来作用的方式，实际上，就是迫使企业领导人慎重地想、想明白、想透彻，不要轻易地强力推行某种规则。想什么呢？要想，如果这些规则将来成为习惯，对企业是有益还是有害？

人的习惯是从小养成的，企业习惯也是从员工进入这个企业开始就要知会和训练的。如果一开始没有做好理念和规则的养成工作，留下不好的集体习性，就会对企业以后的发展影响很大。最近一个时期，我有机会考察未来的幼儿教育问题，观察到规则在孩子养成过程中对好习惯养成的作用，联想到企业文化中对规则的选择，很有启发。

在幼儿园中，老师会选择一些规则让孩子们反复练习。问题在于为什么要选择这些规则。例如，吃饭前要洗手，这是讲卫生的规则；要和其他孩子一起玩玩具，这是分享的规则；别的孩子帮助了自己，要说“谢谢”，这是礼貌的规则；过马路红灯停绿灯行，这是交通的规则；去博物馆要排队，这是秩序的规则；吃饭时不要说话，这是防止呛着、有益健康的规则等等。老师认为，这些规则，对孩子长大成人后是有益的，希望孩子们能练习这些规则，并能够成为孩子们的习惯。

幼儿园2-5岁的孩子，如果天天学英语、学汉字，学数学，却在行为上不懂规矩、吃饭大声喧闹、行为任性、不合群等，尽管学习了知识，没有培养孩子的好习惯，这些都是不可取的。对企业而言，如果有益于企业生存发展的理念、规则，现在就选择它，反复练习它，如果发现规则形成习惯对企业未来发展没有持续的好处，那就及时改变。

企业的习惯很多，哪些习惯能够存续下来？这种审视需要的时间更长。平时，企业的规则和习惯中，有的规则和习惯经过十来年后就被淡化或被新的规则替代，有的则会不断地重复，长期延续，几十年后的习惯传承就成了企业的传统。

一般地看，企业习惯要经历45年左右的时间来检验。为什么？因为企业家20岁创业，45年后也65岁了。企业经理人能连续被聘用15年以上的不多。在3个15年中，企业有可能出现各种情况、各种危机，财务的、技术的、人事的、营销的、国际的等等危机，来考验企业规则和习惯，哪些有用，哪些无用。尤其是会出现企业家、领导人的更替。当经历各种危机，经历企业家、领导人的更替后，还能留存下来的习惯，就是有生命力的、可传宗接代的传统。企业家、企业领导人对企业最大的贡献是当其离开领导位置后许多年，其在位时所创立的理念和规则仍然发挥作他用，这是最值得欣慰的。想想中国人上千年留下的某些习惯，现在还在传续，就知道企业的传统究竟意味着什么，企业文化究竟意味着什么。

## 二、企业文化“新态”将面对未来趋势

企业文化“新态”，将面对未来趋势，面对新的问题，考虑新的规则。我们先通过一个宏观问题来打开视野，看发展方式、创新动力、高素质团队与企业文化“新态”的关系。这个宏观问题就是：国家从中等收入经济体走向高收入经济体，这个过程将带给中国企业文化建设哪些特别的启示？

**（一）企业要跨越，就要有愿景，企业文化就要寻找国民经济中速发展条件下企业的生存方式。**

中国经济有跨越问题，中国企业也有跨越问题，企业的跨越与国家的跨越大同小异。例如，一个国家进入人均GDP在3000美元之后，就行进在中等收入积累的过程中。如果能够不断进步，就可以在不长的时期内，成为人均GDP在10000美元以上的“高收入经济体”。这个跨域，使我们面临一些新的问题、新的启示。

我国邻近的两个国家，日本，人均GDP1972年接近3000美元，1984年突破1万美元，用了12年时间。韩国1987年超过3000美元，1995年达到11469美元，用了8年时间。这两个国家都用了不长的时间走出了中等收入阶段。如果长时间出不来，经济学上就认为这个国家掉入了“中等收入陷阱”。掉入陷阱，如何出来，这里有些问题和对策值得企业借鉴。

中国人均GDP2003年为1090美元，走出了贫困区开始起飞。2008年为3312美元，开始进入中等收入区。恰在2008年以前的30年是中国经济高速发展时期，年均在10%以上。中国企业的文化也为国家的快速发展提供了理念、规则和机制，基本状态是追求快富、技术引进、合资合作、农民工人、低成本国际化等。进入3000区之后，人均GDP仍逐年上升，2010年4481美元，2011年5554美元，2012年6101美元，2013年6856美元，2014年7574美元。就2014年来看，离10000美元高收入线，还有2426美元的距离。如果平均每年增长700美元（从2010到2014平均增长值为773美元），2020年前跨入10000线，进入高收入经济体，不会有多大的困难。这是乐观的愿望。但是，2015年中国

面临的增长问题和2008年大不一样。国际市场疲软、经济增速降低、产能过剩、年轻劳动力减少。在人口总量增加、经济总量增速减慢的情况下，人均GDP会受到影响。尽管如此，我们还是希望企业、政府采取各种措施之后，经济能够保持7%的增速，能在不长的时间内跨越中等收入区。

中国将来的问题并不在10000美金线，而在于迈过10000美金线之后能走多远。例如，能否在15年内增长5000美元，达到人均15000美元。可能会在12000元左右的区间里，盘桓的时间长一些。实际上，中国经济的发展，比较渴望是未来50年内能否跨入人均GDP33000美金线。为什么可望这条线？因为这条线是2014年人均GDP世界最高值的1/3。就2014年来看，人均GDP卢森堡105792美元，世界第一。美国52804，世界第10；日本48500，世界第12；韩国26188，世界第29；中国排在了70位以后。可望的是中国能够超过韩国，接近日本。所以，就有了最高值的1/3的可望。

中国增长的真正问题在于，进入高收入阶段后，在多长的时间内能走多远？将用什么方式来支持这样的进步？关于中国能否跨越“中等收入陷阱”，习近平主席说，对中国而言，“中等收入陷阱”过是肯定要过去的，关键是什么时候迈过去、迈过去以后如何更好向前发展。我们有信心在改革、发展、稳定之间，以及稳增长、调结构、惠民生、促改革之间找到平衡点，使中国经济行稳致远。

企业发展也有发展瓶颈，也会出现长期滞缓、难以上台阶的时期，这个时期也可看作是企业发展徘徊的“陷坑”。中国企业面临的一般问题，虽然个体之间会有差异，但与宏观状态差不多。目前的中速环境在考验着中国企业的精神、抵抗波动的机制，以及克服困难的策略。面对未来，中国企业也要跨越，但究竟跨越的是哪条线，要想清楚，要有跨越的基本意图和愿景。每个企业都在寻找中速发展条件下企业的生存方式，寻找新的发展理念和规则。

**（二）中国企业也存在“中速中级陷坑”，其原因和国民经济“中等收入陷阱”的原因大体相似。**

宏观上，尽管对中国经济跨过10000美金线抱有乐观的希望，但中国企业还是要特别警惕“中等收入陷阱”所显示的障碍性问题。这和中国企业陷入“中速中级陷坑”有点相似。

有的新兴国家快速发展，跨过人均3000美元，甚至到了6000美元左右，此时，国家经济面貌有了很大的改观。此后，人均GDP长期在10000美元以下起伏徘徊，有的经过30余年，还进不到高收入阶段。当然，如果有国家愿意待在中等收入区长期生活，也没有必要要求所有国家都进入高收入区。但对于中国，中等收入区不是解决中国问题的层次，中国必须向更高层次跨越。

为什么有的国家在中等收入区长期徘徊？原因很多，值得中国企业关注的有下面几个：

第一，导致经济起飞并快速发展的低端方式，在中等收入阶段越来越乏力，而转向高端发展又缺乏适应的发展方式，缺乏创新的动力、创新的积累和必须的国民素质。对中国企业而言，从低端走向高端的关键也是发展方式、创新的动力和人员素质问题。

第二，贫困阶段可以忽略的委屈、苦难、权益和矛盾，随着快速发展、收入增高、生活温饱，而逐渐暴露、逐渐积聚，逐渐形成大面积的社会性问题，这种状态需要大量的经济资源进行协调平衡。对中国企业而言，在渡过困难的发展初期之后，迎来快速发展时，也会出现一些心理失衡、内部争权、资源分流、企业分拆等。这时的关键是企业要特别关注自己的“社会”问题，尽力平衡协调，不使其影响企业的持续发展。

第三，国家经济面貌的显著改变，温饱危机的缓解，助长了领导层的盲目乐观与自满，出现了不思进取、改革不力或贪弊腐败的情况，政府的惰政使体制机制性问题越来越多，减低了经济动力。对中国企业而言，快速的发展、大量的盈利、市场地位的提高，会使企业领导人轻易地认为现在的理念、机制就是合理的、合适的。此时的关键是要保持对问题、对危机、对未来的敏感性，特别关注改革和进步，不断解决体制机制问题。

第四，有的国家还遇上自身政策失误、外部冲击、贫富悬殊、颜色革命、社会动荡，以及其他的社会问题等，严重地阻碍了经济的协调发展。对中国企业而言，也会遭遇环境危机、同行竞争、措施不当、分配不公等问题，有时危机突然袭来，难以应付。这里的关键是企业要保持自身的平衡和提高自身的素质，在恶浪冲击的时候，还能生存和发展。

跨越的机制，关键在于发展方式、创新动力和高素质团队，人员及人员素质比技术更重要。

低端制造业可以带来中等收入，但低端制造转向高端制造，则要靠改变模式、创新科技和集聚高素质的人员来解决，而模式改变、科技创新、高素质人才集聚，需要下很大功夫才可以得到。

中国企业快速发展多数是在近30年实现的。现在需要审视以往的发展方式是否继续有效，以往的技术手段是否继续有效；如果向高端发展，所需要新理念、新规则、新技术、新流程等，是否具备；所需要的高素质团队，是否有所准备，有所积累。这些都需要进行审视。

韩国在不长的时间里进入高收入区，其发展对策值得我们借鉴。韩国与当时陷在中等收入区的国家相比，研发投入占GDP的比重，2003年韩国为2.64%，马来西亚为0.69%，阿根廷为0.41%，从研发人才来看，2006年，韩国每千人中研发人员达到4.8人，马来西亚为0.42人，阿根廷为1.1人；从劳动力素质看，2007年韩国劳动力中具有大学以上教育程度的比重为35%，而马来西亚为20.3%，阿根廷为29.5%。韩国积极开发国际市场，世界级的企业不断增多，国际市场为韩国的富裕提供了巨大的空间。日本的状态比韩国还要好。科技基础和人才素质都相当优秀，日本利用战后美国和欧洲为其提供的资金、技术和市场，获得了宽阔的发展条件。

所有的问题都要依靠合适的人来解决。未来30年，中国的发展主要依靠高素质人才，由此研发新技术，由此改进发展方式。中国企业向高端发展，除及时转变发展方式外，要特别重视教育和培训，提高现有员工的素质，同时招收高素质人才，形成高素质团队，促进从模仿向自主创新的转移，主动积累持续的经济动力。1978 年年底我国开始从以阶级斗争为纲转向以经济建设为中心，今后国民经济的发展要转向以国民素质为基础的轨道上来，将“发展教育，增强国民素质”作为中国的第一国策，以高善的国民素质自立于世界民族之林。国民素质在国家的高级发展中比什么都重要，人员素质在企业的高级发展中比什么都重要。

（作者系北京大学原副校长、中国企业文化研究会学术委员会委员，本文摘自《企业文化》）

# 价值与价值观

李德顺

### 价值论是哲学基础理论的一个基本分支

价值和价值观问题是一个哲学问题。以价值问题为研究对象的哲学领域——价值论，是哲学的一个新的基础理论分支。

当前哲学界比较认同的哲学基础理论分支主要有 3 大分支，价值论就是哲学基础理论的第三分支。第一大基础理论分支叫存在论，是 17 世纪成形的一个哲学基础理论分支。顾名思义，存在论即关于“存在”的理论，是关于存在是什么以及如何存在的理论。存在论包含两个分支，一个叫本体论，另一个叫本态论。本体论是讨论什么存在，世界到底是物质的还是意识的，是尘埃还是粒子等问题；至于世界是怎么存在的，是孤立的、静止的，还是运动的、联系的、发展的，是线性的还是非线性的，是有序的还是无序的，世界是在怎样的相互作用中存在着的，这些关于存在方式的理论，就属于本态论。

哲学的第二大基础理论分支叫意识论。就是说，世界存在还是不存在？世界是怎样的？根据什么这么说？关于世界存在与不存在，怎么存在？所有的认识是怎么来的？人究竟是不是能认识世界、把握世界，人们怎样认识世界和把握世界的？意识论是到 18 世纪才正式形成的一个基础理论分支。

当这两个基础理论分支建立以后，人们还会再深入思考，世界存在不存在，人知道不知道到底有什么意义？这个意义问题就是价值问题。这个意义问题包含着所有的问题领域，我们生活的所有领域、所有科学和哲学思考领域，都有这个问题，就是有什么用的问题。是好还是坏？是善还是恶？是美还是丑？重要不重要？这个意义问题作为价值论的问题到 20 世纪初才形成。现在价值论已经是哲学基础理论的正式组成部分。价值论就是探讨价值的本质规律的一个学科分支。

### “好坏问题”就是典型的价值问题

引起我注意价值问题的起因，是当年我上大学一年级，老师讲艺术理论的时候，举了“世界上最好（最糟）演员”之争的例子（有一个演员因演一个坏蛋演得太像了，结果激怒观众把他打死了）。我们就琢磨：这样的表演到底是成功还是失败？是好还是坏？我去追问老师，老师说：“这是一个大问题，要不你将来研究一下？我记住了这个老师也说不清的问题。”

其实，这个争论源于戏剧表演界的两大不同的表演体系——斯坦尼斯拉夫斯基体系和布莱希特体系。面对这样一位演员，斯坦尼斯拉夫斯基体系和布莱希特体系给出了两种不同的评价：斯坦尼斯拉夫斯基体系认为这位演员是世界上最好的演员；布莱希特体系却认为他是世界上最糟的演员。两大表演体系，对于戏剧表演怎样才算成功有着截然不同的看法。斯坦尼斯拉夫斯基体系认为，戏剧要起到帮助人们体验生活、体验真实的效果，所以要求演员演什么就要像什么，越是再现得逼真和充分就演得越好越成功；布莱希特体系认为，戏剧不是让人到剧院里面拿着手绢抹眼泪的，随着故事悲欢离合一番。戏剧的使命是唤醒人批判和改造世界的理性，所以在表演上，演员和角色要有一定的距离，要制造间隔效果。

大学毕业后正值文革时期，我在工厂里当宣传部长，让我们批判“猫论”的时候，我就为难了：“猫论”在哲学上犯了哪一条，错在哪里呢？如果家里闹老鼠了，你要选猫，应该以什么为标准呢？从哲学教科书第一页翻到最后一页，找不到一个能回答这个问题的道理，我发现这个好坏问题还真是个大问题。

那么，到底好与坏的本质是什么？好与坏的标准是什么？好与坏是我们日常生活中使用最频繁、最多、覆盖面最广的一个概念，但我们每个人不一定都认真琢磨过，好是怎么来的？坏是怎么来的？事情究竟什么才叫好？怎样才叫不好？从哲学上把握它就是价值论回答的内容。简单点说，好坏问题就是价值问题。

### 真理是一元的，价值是多元的

马克思主义价值论告诉我们，事物的价值是在主客体关系中形成的。它是以主体为尺度的一种主客体统一的状态。通俗一点讲，就是一切好与坏的现象都有一个根本特点、一个根本标准、一个根本前提，就是好与坏总是因人而异，首先要明白一点，一个事情到底是好还是不好要看对谁而言。

给大家举个熟悉的例子——小马过河的故事。小马在去磨坊的路上被一条小河挡住了去路，小马看到老牛说：“牛伯伯，我能蹚过这条小河吗？”老牛说：“水很浅，刚没小腿，能蹚过去”。正要过河时，小松鼠说：“河水很深，我们的一个同伴掉进河里淹死了。”小马一下子没了主意，就回去问妈妈，它妈妈知道后就说，河水是深是浅，你去试一试就知道了。然后，小马自己过河，发现河水既不像老牛说的那样浅又不像松鼠说的那样深。这个故事给人们什么哲学启示呢？实践出真知。这是传统的哲学理论告诉我们的。但继续追问下去，实践出了什么真知？很多人可能就回答不出来了。河水有多深是由人的主观意识决定的。当小马问河水深不深的时候，这个“深不深”不是描述概念，而是价值判断，“深不深”的意思是指能是否安全通过。如果松鼠和老牛的回答是深半米或 20 公分，这是描述，是客观存在，是不因人而异的。为什么松鼠和老牛会做出不同的回答呢？因为这里的“深不深”是指能不能安全走过的一个价值体验。

由此可见，价值的特点是以人为尺度的，以人为本的。客观事物的好坏、有用无用，那要看对谁而言，谁就是价值主体。价值具有主体性。这是价值概念一个普遍的本质和特征。任何事物的价值问题都是如此。

再举一个例子，比如这里放着一双黑色的 40 码的皮鞋，我问大家这是不是一双皮鞋。大家的回答肯定是统一的：它就是一双黑皮鞋。问这个问题是问一个事实问题，问一个存在问题。面对这样一个对象的正确回答，应该是唯一的，就是不管谁回答这个问题，正确的答案只有一个，不会因人而异，因为客观存在是不以人的意志为转移的，这叫真理的一元论。假如我们接下来问一个问题，这双鞋到底好穿还是不好穿？这样的问题就是问它的价值问题了。它的正确答案必须有一个前提，就是给谁穿，穿到谁脚上用实践检验，才能回答到底是好穿还是不好穿。正确的答案一定是多样的，一定会有人说好穿，有人说不好穿。所以说真理是一元的，而价值是多元的。

价值问题到底是个什么问题，要理解它的本性，承认它的特点，在承认真理是一元的情况下理解价值为什么是多元的，价值现象为什么是因人而异的。同样一个对象对于不同的人有不同的价值。例如足球比赛进球了，对于进攻的一方来说得了一分，对于防守的一方来说丢了一分，对于裁判来说如果没有犯规这个球就是有效的，对于观众来说，不管谁赢了，只要球员们发挥得好、动作精彩，那就是一个漂亮的好球。

同一个对象、同一个事物，对于不同的主体来说有不同的价值，而且同一个事物对于同一个主体不同方面的需要和能力来讲，也有不同的价值。比如毒草，它有毒，有毒就意味着终止生命吗？它虽不能吃，但是它可以肥田，这也是一种用途。如果有毒的描述性含义是它能使生命机能终止，那么接下来用价值来判断“有毒是不是一定是坏事”的时候，就不能简单对待了。我举一个神医华佗的故事。有一位病人肚子疼得很厉害，来找华佗看病，他号脉后诊断病人肚子里有一条绦虫，就开了药——一钱砒霜。病人吃下去后就排出一条一丈长的大绦虫来，病立马就好了。几天后，华佗外出。他的徒弟在家，又来一位病人，也是肚子疼得很厉害，徒弟号脉后也开了一钱砒霜，病人吃了药后肚子疼得更厉害了，来找徒弟算账。徒弟着急了，赶紧去请师父，华佗赶回来看了那个病人后，又开了药——再加一钱砒霜。病人吃下去以后打下一条两丈长的绦虫。从这个故事里可以看出：砒霜是有毒的，但是它的价值意义要看砒霜用于主体的哪个方面，用于终止绦虫的生命就可以救一个人，如果用于终止人的生命，那就成了谋杀。

## 在价值问题的判断和选择上，要充分理解人的主体性

研究价值问题实际上是对人的主体地位和作用、主体权利和责任的研究。“价值的主体性”是指：主体的（需要和能力等）规定性成为客体产生其价值的根据和尺度。任何对象有无价值及有何种价值，都依主体的尺度而形成和改变。这一观念的意义，不仅在于对这一秘密的发现和描述，更重要的，还可以从中引出深刻的启示：通过对价值现象的根源和特性的考察，我们能够更清楚地看到人在自己对象性行为中的权利与责任。说到底，“主体性”就是人在自己行为中的权利、责任，以及权利与责任的统一性。既然价值是以主体尺度为衡量标准的，一切好坏得失都并非世界上天然存在的既成事实，而在于客体对于主体的意义，那么一切价值判断和选择的权利就在于主体，承担其后果的责任也在于主体。说到底，“主体性”就是人在价值关系和自己行为中的权利、责任，以及权利与责任的整体性。这意味着：在价值领域要更多地关注人，理解人的尊严，倡导人作为主体的自觉担当，促进人与人之间的理性互动与和谐等等。

思考价值问题不同于思考知识和真理问题，价值思维是一种主体性思维，知识、真理问题是个体性思维，就是客观世界本身是什么就是什么，必须如实的去把握它的全貌、全部过程和了解它的本质与规律。所以，知识、真理问题一旦建立起来以后，在社会当中是无可争辩的，是全人类必须统一的。比如 1+1 等于 2，不管你是谁，1+1 都得等于 2。任何对象的规律和本质是什么就是什么，不能根据个人的好恶，随便选择，歪曲事实。

像我们每个人的利益关系有经济、政治、文化、思想道德方面的，也有企业的，家庭的，还有社会公共方面的等等，多方面的价值关系对于一个主体来讲必须统一，你不能在经济上往那边走，政治上往这边走，这是不可能的。对于不同主体来讲，你没办法要求人人都一样，就像在十字路口，有的人往这边走，有的人往那边走，东南西北各个方面都有人走，你不能要求世界上的人都走一条路，你没有理由，也做不到，但是你要承认多元化，你承认世界是多元的，但是当我自己往哪边走的时候，你必须明白自己要干什么，因为只能走一条路，你不可能朝四边走，所以价值的多元和一元还是要以主体为尺度，以主体为根据来理解。中国特色社会主义就是中华民族认准了走自己的那条路，该怎么走？怎么走得好就怎么走，不要看别人朝这边走了，又朝那边走了，我们今天跟这个，明天跟那个，跟来跟去就走不出自己的路了，所以我们搞中国特色社会主义就是以全体中国人为主体，做对中国人有益，做愿意和能够做的事，该怎么做就怎么做，做出来是什么样就是什么样，这就是坚持价值追求的一种主体性。

价值问题说到底就是理解人的主体性，学会从主体的

角度思考问题，运用这个方法去分析一些价值问题，这跟我们生活实践很靠近。比如在价值问题上，要理解到底是好还是坏，你就不能回避这个问题，它对应的主体到底是好还是坏？对不同的主体来讲它的意义就不一样，不能够用一个判断来覆盖所有的主体。比如说什么是好东西，什么是坏东西，我国古代有个小寓言：有一次发大水了，两个人避难，逃到一棵树上，一个财主抱着一箱珠宝，还有一个农民抱着一个大饼，财主想拿一箱珠宝换大饼，农民还不肯。在正常情况下，谁也不会说一个大饼比一箱珠宝值钱，但在这种情况下一箱珠宝抵不过一个大饼。所以既有需要，又有能力，事物就会对你形成相应的价值，这个主体思维是价值问题的一个核心。

## 如何理解价值观念

什么叫价值观念？价值观念毫无疑问就是人们关于价值的观念。它有什么特点呢？价值观念不是以概念、判断、推理的形式存在于我们的头脑里，而是以信念、信仰和理想的形式存在于人们的头脑中。关于价值的思考，人们更多的是用感情、情感，以信念、信仰和理想的方式存在的。所以价值观到底是什么样的？以什么方式存在的？要帮助人们树立合理的价值观，不是去关注他有多少知识、有多少学问，而是要关注人们内心深处到底信什么、要什么，所以价值观特有的形式是信念、信仰和理想。信念是心理学的概念。在生活中信念是非常多的，比如说你信不信开卷有益？有的人相信开卷有益，有了这个信念之后，他读书就不太会挑拣，拿到什么书就读；有的人不相信什么开卷有益，读好书才有益，读坏书人就受害，有这样的信念，就一定要先甄别哪些是好书，哪些是坏书。信念的最大特点是用知识来支撑的，但更多的信念是在知识达不到的地方，我们还得有个信念。越是在知识之外，越是显出信念的必要和重要性。

信念覆盖我们生活的方方面面，但是在所有的信念中最终会形成一个最高的统帅，所有信念的终极信念就叫信仰。信仰大体上有两大类，一类叫有神论，一类叫无神论。神有各种各样的，有信上帝耶稣的、有信佛祖的、有信真主的，还有信妈祖的，每一个教都有自己的一套系统，但是它的核心就是信仰。所以宗教是一种信仰，但是信仰并不一定是宗教，比如说我们是无神论的信仰，我们不认为有什么最高的神，没有神仙和救世主，我们信仰的是什么？是科学的信仰，实际上就是信仰人自己，信仰人的理性、人的智慧、人的力量，人的问题最终要靠我们自己来回答、来解决，表现在信仰上就是我们用科学研究方法、科学精神、科学手段，来回答解决问题。马克思用这种态度研究人类历史发展规律，他说生产力决定生产关系，按照这个规律将来资本主义以后人类就要进入社会主义、共产主义。

信仰是我们价值观念体系的核心。理想不过是把信仰转变成人和社会发展未来的一种追求的目标。像信仰上帝的人，他的人生理想就是在最后审判的时候得到上帝的认可，成为上帝的子民，进入天堂；信佛的人求得下一辈子能享福；而我们信仰马克思主义，就是按照马克思的说法把实现社会主义、共产主义当作个人理想，并为实现这个理想而献身。

价值观到底是什么？我主张用 3 个词来理解：信念、信仰、理想。价值观念就是人们关于基本价值的信念、信仰和理想的系统，是在一定的价值观的基础上形成的，反映着一定主体现实的价值、立场、态度等思想内容的总和。信念、信仰和理想这是价值观特有的思想形式和精神形式，它是形式和内容的统一，是每个人心目中非常重要的组成部分。人有什么样的价值是由什么决定的？是从哪里来的？按照马克思的社会存在决定社会意识的理论，每个主体有什么样的价值观是由它的社会存在、生活方式和实践经历凝结成的，人有什么价值观不是随便可以主观选择的，而是你有怎样的社会环境、社会条件、社会地位，你用怎样的生活方式在生活，你就会有怎样的价值观。价值观念尽管内容非常复杂，但它作为人的一种社会意识一定是反映它的社会存在，这是价值观念的基础和根基。

人们关于价值的信念、信仰和理想一旦形成，反过来就成为人们评价一件事情的标准，价值观念的功能就在于在人们的心目中确立了一套判断好坏、善恶、得失的一个标准性，价值观念就像我们心目中的“天平”和“尺子”。价值观作为人们心目中的“天平”和“尺子”它的作用是非常大的，而且它本身具有生存性、稳定性的特点。一个人价值观形成了，就等于在自己的内心深处有准了，有谱了，就是一个人在思想品格上面已经成型了或者叫成熟了，形成了价值观，是人思想成熟的一个标志。我们评价干部的时候经常说政治上成熟不成熟，这个成熟不成熟不能以他念了多少书，有多少学问为准。你说上高中叫成熟，还是上大学叫成熟；是研究生成熟还是博导成熟，那都不一定，真正衡量一个人在思想品德上是否定型和成熟，要看他有没有形成自己的价值观。价值观对于每一个人来讲是灵魂的形象，对于社会来说就是一个意识形态，国家、政党、社会的价值观就是主导意识形态的，这不是轻易会变的，一旦形成就是稳定的，是起着“尺子”和“天平”作用的，一个人的核心价值观如果变了，这个人就变了。一个社会的主导价值观变了，这个社会性质也就变了。

## 提炼与构建价值观应注意的问题

一是价值观念是价值主体觉悟的过程。企业的价值观是企业的全体职工对人、事、物等进行判断的一致认识，是企业员工的共同的整体价值。我们是一个什么样的企业，我们的企业有什么需要，我们该做什么，不该做什么，不能做什么，实际上是价值主体觉悟的过程。

价值的主体性特征表明，谁的价值观就要由谁来确立，不是灌输的过程，所以价值观是和主体的实际联合在一起的价值观，主体追求的是什么，要达到什么，相信什么。知识和真理是可以灌输的，价值观念主要是启发和觉悟。《十日谈》中有一则故事：一个从小与世隔绝的青年，跟父亲下山进城，路遇一群漂亮姑娘。青年问父亲这是什么东西，虔诚信教的父亲答道：她们全都是祸水，叫绿鹅。他嘱咐儿子别去看她们。儿子却说：爸爸，让我带一只绿鹅回家吧。这则故事说明，违背人本性的东西，通过灌输给他作为价值观念，最终是无效的，瞬间便会土崩瓦解。所以，价值观念是要深入的、准确的、完整的、理解主体自己。

二是价值观是亮底，是向别人交心。我们共产党的价值观就是党的宗旨全心全意为人民服务。抗战时期是抗日保卫祖国，解放战争时期就是推翻四大家族蒋家王朝，在土改时期，把土地分给农民，这些都是为了人民，就是告诉人们，不为人民服务的，对人民不利的事是我们不愿意做的，我们不能做的。并且为人民服务的好和坏就要请人民来评价，人民肯定了的我们就要坚持，人民否定了的我们就要改正。所以，毛泽东说，真理和人民利益是一致的，对我们来说符合人民利益的才是真理，不符合人民利益的你坚持的真理就是错的。这是亮自己的底，交自己的心。革命战争年代，共产党带领着八路军、新四军、解放军不怕流血牺牲干革命，那是凭着自己的觉悟去干，那么在夺取政权以后，我们怎么继续坚持为人民服务呢？就要把为人民服务贯彻到整个制度体系、规则和规范体系、评价标准体系等等制度上来。为人民服务不是一个道德号召，尤其不是对老百姓和普通人的道德号召。对普通人来讲，为人民服务就是坚守我们的岗位职责，大家通过分工互相合作来实现自我服务，只有对于公务人员、领导干部、党政系统的人员来说，为人民服务是要把自己放到人民之下，按照人民的要求去做事，这时候你不能说我也是人民，那么，你就是为你服务而不是为人民服务了，如果这样来理解党的宗旨就偏了，宗旨偏了就是核心价值观偏了。

三是价值观就是承诺。改革开放这么多年来，大家越来越觉得我们的国家社会、我们的政党价值观建设的问题，越来越迫在眉睫、刻不容缓。因为对中国经济上、军事上、科技上的崛起，全世界好像都没有争议了，但是西方一些思想家认为，中国经济越发展，而价值观念意识形态不解决，将来越可怕或者越微不足道。所以，胡锦涛同志任总书记时，就给有关部门下达了一个任务，就是研究提炼社会主义的核心价值观念。这个工作从 2005 年启动，党的十八大提出 24 字社会主义核心价值观，即“富强、民主、文明、和谐，自由、平等、公正、法治，爱国、敬业、诚信、友善”。每一个字都很好、都很重要、都是好词。但是它就像满天星斗，缺乏核心的东西，没有一个魂，没有一个中心。我认为，这是社会主义价值观的基本内容，不是核心内容。而且这一提法，它叫社会主义核心价值观，它没说是中国特色社会主义核心价值观。去年，习近平同志讲到，要努力传播当代中国价值观念。当代中国价值观念，就是中国特色社会主义价值观念，代表了中国先进文化的前进方向。我觉得这种说法更好、更科学、更准确一点。

这套价值体系的核心价值是什么？我认为，这个中心应该是公平正义。习近平同志在文章中曾讲，公平正义是社会主义的本质与内在要求。他特别在政法工作会议上指出，公平正义是政法工作的核心价值，政法工作是公平正义的最后一道防线。邓小平说的消灭剥削，消除两极分化，最终实现共同富裕，这种说法的本意也是实现一种社会公平。其实，实现社会公平，是社会主义一诞生就作出的最大选择和承诺。社会主义如果追溯到空想社会主义的老祖宗那里，包括康帕内拉开始，一直到圣西门、傅立叶、欧文他们，在批判资本主义时，就是批判资本主义的不公平。而他们在设计未来美好社会的时候，最终想象的就是一个人人平等、人人公平的社会。马克思的科学社会主义所描述的共产主义社会，是一个以每个人的自由全面发展为原则的社会，这也是一个公平正义型的社会。

所以，从思想理论的历史来看，社会主义同资本主义不同的最大特点就是，资本主义的核心价值如果用一个词来概括那就是自由。资本主义在反对封建主义的基础上建立起来的新型社会，它的最大成就或最大贡献就是在一定程度上把自由这种追求基本变成了一种社会现实。资产阶级大革命初期有三个口号：自由、平等、博爱。但在实践中，博爱首先被淘汰了，没有哪个国家的政党、政府会以博爱为旗帜，博爱现在只是慈善团体的旗帜。自由和平等从道理上讲都非常重要，但是在实践中，有的时候只能保一个，那保什么？资本主义的实践证明，它那个历史阶段所能做到的主要是自由，如个性解放、个性自由、市场经济等，按照这种逻辑，资本主义在某种意义上是自由主义的同义语。但是资本主义发展到今天，西方国家最先进的、最前沿的那些思想家们也已经提出这个问题来，就是如果不解决公平问题，自由也不能再发展了，自由也不彻底了。所以像罗尔斯这样的当代思想家，他们都以公平做旗帜。社会主义则从一开始许诺的就是公平。马克思的《资本论》就是揭露剥削的秘密，它的必然性、生命力和结局。所以，社会主义从根子上、从理论上一开始就是公平正义。

正义这个词定义很多，归纳起来有两种类型，一种叫自由型的，即自由就正义，不自由就不正义；一种叫公平型的，即不公平就不正义。我们中国现在改革开放面临的最大问题是什么？社会公平问题。现在全世界国际政治冲突的一个最大呼声是什么？公平。所以，公平正义既是我们中国特色社会主义的核心价值，也是当代世界的价值。只有这样我们才能体现社会主义的先进性和优越性。

（作者系中国价值学会会长、中国政法大学教授、中国企业文化研究会学术委员会委员，本文摘自《中国企业文化》）

# 深化价值观的理解　践行社会主义核心价值观

孟凡驰

## 深化理解价值观的概念与分类

美国克拉克洪被国外称之为价值观的创始人。克拉克洪给价值观下的定义是“价值观是可取事物的观念”，什么是可取事物的观念？他进一步解释就是对美好事物共有的观念。那么，如何界定美好与否呢？虽然这一定义比较粗糙肤浅，但是为后来很多的价值观定义提供了一些思考方法。

价值观定义有很多，我比较同意这样的说法，价值观就是价值主体，即社会组织和社会成员，对客观事物评价的价值标准、价值排序的准则和价值取向的原则。价值和价值观二者，无需特别深究，大体上知道它们的区别就可以了。在西方语系当中价值和价值观，是一个单数和复数的关系，没有本质的区别。这一定义是一个线性的三个层面，所谓线性的三个层面就是价值标准、价值排序、价值取向。对任何事物的评价每个人的标准不同，所以构建企业核心价值观，首先要明确对事物本身的标准是什么，价值标准表明内涵，价值排序表明价值程度，价值取向表明的是一种价值行为，这是一个线性的三个层次。

任何组织和个人经常在用不同价值标准进行着价值判断、价值排序和价值选择，一事当前需要应对时，首先看价值评价标准是什么，真善美还是假恶丑。然后决定先做什么，后做什么，什么最重要，什么次要，这是价值排序，然后是采取行动，这是价值取向。我们时刻都面临着这种价值的选择。

价值观分类是多样的，有社会价值观、人生价值观、婚姻价值观、义利价值观、集体价值观、个人价值观、政治价值观、经济价值观、企业价值观、制度价值观等等。而且我们这个社会不管是哪一种分类，哪一类价值观，其内容都是多方面的，取向都呈现多元化。比如义利价值观，义和利哪个为上？义为上是一种价值观，利为上也是一种价值观，义利并举也是一种价值观。我国现在利为上的价值观比较普遍，食品安全问题为什么那么严重，道德的缺失，信义的缺失是个关键。人们喝牛奶要防三聚氰胺，吃火锅要警惕福尔马林，吃鸭蛋担心苏丹红。这种道德沦丧，根本原因是价值观的迷失，所以道德提升不起来。有人说企业文化就是企业道德，把企业文化和道德完全等同起来，那是不对的，道德是文化中的一个元素，文化是包括道德的。你可以说胡萝卜是蔬菜，但是你不能说蔬菜就是胡萝卜。文化中的价值观是基石，文化的价值观基础坍塌了，道德水平是很难提高的。比如婚姻价值观，过去人们把从一而终视为最伟大的婚姻和爱情。现在，人们的观念改变了，从一而终似乎不是美德，有的人认为没有爱情的婚姻是不道德的，既然没有爱情该离婚就离婚；婚姻也不能搞终身制，不合适我就换。所以，我国的离婚现象现在很严重。这种价值观念的变化，不是简单的用道德不道德、负责不负责任或者好不好的价值尺度来评价得了的。

价值观除了以上分类外，还有一种就价值观自身来说，有优质价值观、中性价值观、劣质价值观，文化也是优质、劣质、中性之分。在企业价值观建设当中，让职工树立什么样的价值观，哪些价值观是正向的，要推动它的发展，哪些价值观是劣质的要抑制它，哪些价值观是中性的不用去干涉它。那么如何区分优质的、劣质的呢？不能是仁者见仁、智者见智，没有是非判断。例如诚信，应该怎么去认识呢？意大利有一个黑手党人回忆他的成长历程，他爸爸从小教育他不诚信，既不信别人也不对别人讲诚信。他爸爸的教育方法很独特，把小孩放在墙头上，让他跳下来，小孩不跳，爸爸就说，没事爸爸接着你，在爸爸反复催促下小孩跳下来了，而爸爸却把手往后一缩，小孩摔了下来，小孩说，爸爸不守信，爸爸说，我就是让你知道在这个社会上任何人都不可相信，包括你的父母。他用这种方式去教育孩子，这种观念就是一种劣质的价值观，优质价值观无需多讲，大家都清楚。比如中性价值观，意大利有一所都灵大学，都灵大学门前有两个雕塑，一匹马，一只鹰，马应该是马到成功，鹰是展翅翱翔，这种价值观是鼓励学生进取。相反，他们却说马是只死马、鹰是只死鹰。在意大利有这样的传说，马一开始在磨坊主家觉得干活很累，它请求上帝给它换一家，后来上帝给它换到一个马夫家，马夫天天骑着它，活轻了但是草料不好，它又请求上帝再换一家，第三次给它换到皮匠的家里面，活还轻、料还好，但是养着养着皮匠就把它杀了，补鞋用了。意在启发学生，都灵大学是所科技大学，要学实际的本领而且要量力而为，不要这山望着那山高，不要老有一些不切实际的空想。鹰一开始老想翱翔于蓝天，天天练习飞行本领，结果怎么飞都行，练成功了，腾空而起直飞远方，但是因为只顾着练习飞行的本领，而没有练习野外觅食，没有市场头脑，没有市场风浪的考验，在空中饿死了。这告诉我们，学本领、学科学，要学实用知识，不要好高骛远，这是他们的价值观。再如，英国牛津大学，前几年非洲有一个富豪，想出三百几十万美元在牛津大学建一所工商管理学院，条件就是用富豪的名字命名，结果牛津大学所有教授和校董们讨论，就把这件事给否定了，为什么呢？牛津大学的学术传统是培养学生怎样成为一个健康人格的人，而不是让他们学习几个月内就能大把赚钞票的本领，绝对不能沾染铜臭。都灵大学的价值观是对的还是牛津大学的是对的呢？在这个问题上大家可以看出，价值观是因人而异，因校而异，没有绝对的是非的价值判断，它完全是一种适应性的判断，都灵大学是一所科技大学，牛津大学是所综合性的人文大学，因此文化价值观在中性的领域当中，只有适应性的价值判断，即价值观是不是适合你，而没有是非价值判断。因此不能随意的说，他们企业的价值观叫创新卓越，你们企业的价值观叫严谨规范，严谨规范不如创新卓越好，不能这样说。因为企业的产品结构、经营模式、地域特征、历史发展不同，要综合性的文化考量一个企业的价值观，不能简单进行是非的判断，这是要注意的方面。要深入理解价值观的基本概念和它的分类。

## 深化理解企业价值观、社会价值观与企业文化三者的关系

深化理解企业价值观、社会价值观和企业文化三者的关系，那么，我们如何来表述。第一，企业价值观和社会核心价值观的关系，企业价值观是社会核心价值观的组成部分，是社会主义核心价值观的生长点。如果企业价值观建设的不丰富、不扎实，不具备广泛性和科学性，社会价值观就会空洞，对社会价值观来讲具有很大的影响。第二，企业价值观的建构是社会核心价值观的具体化，而且在地位上不能说是平等的，社会主义核心价值观是一个最核心的、层次最高的国家层面的核心价值观，企业价值观必定是支流的亚文化的价值观，所以企业价值观的践行、建构是社会核心价值观的具体化实践。第三，它们之间的联系不要机械、牵强，应该做到本质上的一致。现在24字社会主义核心价值观分为三个层次，那么，有的企业就一一去对应它，比如说诚信怎么做、正义怎么做？应该是和企业价值观联系的时候，不必要每句话每一个词都能对应上，要有一种综合性的内在联系就可以了，不要一一的机械的去对应，那样往往会对应不到位，只有在本质上一致，不违背社会主义核心价值观就行了，所以这要特别注意，不要特别牵强，要综合性的、本质性的、整体性的对应就可以了。因此，企业价值观和社会主义核心价值观我们说要讲这么三句话。

那么企业价值观和企业文化是什么关系呢？企业价值观是企业文化核心理念要素之一，同企业文化既不能等同也不能游离。价值观是企业文化中的核心要素之一。建设价值观不能游离开企业文化去建设，这一点要做到。企业价值观作为文化工程来持续塑造，而不能简单的把它当作阶段性的政治任务来完成。作为国家来讲，当前政治思想教育的一个重要内容是进行价值观的建设，它是有道理的。但是企业价值观的建设，践行社会主义核心价值观，应该把它作为文化事业持续的发展、持续的去建设，不能作为简单的阶段性的任务。政治和文化有很大的区别，政治讲方向性、全局性、统一性；文化讲个性化，持久性。政治往往是不同的历史时期要有不同的政治任务，这是必然的。文化虽然内容上也有变革，但是在核心理念上是一以贯之的。因此我们在做的时候二者一定要结合起来，不要简单把它当作政治任务来完成，而要作为企业文化的任务。

## 深化理解核心价值观与辅助价值观的认识

核心价值观或者叫主导价值观或者叫主流价值观，这三者都是一个意思。既然说有核心价值观，相对谁来说是核心的呢？这说明核心价值观相对于辅助价值观而言的，要建设价值观体系或者价值体系，都要注意要有核心价值观，就要有辅助价值观，它才能够成为体系。因此，核心价值观属于本体的范畴，它是一种价值主体的表述。它要解决的是企业发展、社会发展终极价值的问题。它的点在于为什么、是什么，企业为什么经营、企业为什么发展、企业为什么存在？是为了挣钱获取利润还是挣了钱要有利于社会的发展。那么辅助价值观，一般属于方法论的范畴。核心价值观要解决企业生存的最高原则、终极价值；辅助价值观比如我们常说的质量观、创新观、产品观、廉洁观，这一系列东西都属于在核心价值观下面的辅助价值观。创新、质量、产品、廉洁、经营这些价值观，它都是一种在核心价值观指导下具体的方法、具体的发展渠道和路径，这两个是有区别的。现在中国的企业当中，核心价值观缺的比较厉害，而辅助价值观我认为并不缺。

## 要深化对价值观的相对性与绝对性的认识

要深化价值观的相对性、绝对性的认识。这个价值观它有无价值、价值高低、主次地位都因人而异，企业核心价值观相对其它企业是相对的，但对企业的员工来讲核心价值观就是绝对的，任何企业的发展对主流价值观都必须是一元导向，所以说核心价值观对其他的企业是那样表述，我们是这么表述，相对不一样。但是在企业内部，核心价值观对员工来讲就是绝对的，它不允许你去破坏它，不允许你去动摇它，当然价值观是来源于职工，要上下讨论，要共同认可才可以。个人价值观对于个人而言，个人价值观是绝对的，但是对别人来讲是相对的，因此给我们的启示是，要明确价值观实践的主体和客体，你是站在什么样的角度上说的。

## 要深化对组织价值导向与员工价值取向的认识

我们的社会是智慧集约化社会，它催生社会价值取向的多元化，思维方式多元化，思维内容的丰富化，因此，价值趋向多元化是社会发展的一个现实和趋势。信息和知识作为基本引领的一种生产方式出现的必然趋势，你无法抑制价值取向的多元化。我记得在我年轻的时候，社会价值趋向是一元化的，任何事情都是那样，不是东风压倒西风就是西风压倒东风，中间没有调和的余地，评价任何事物就是一个标准——阶级斗争。这挺简单的，当前社会和那个时候的社会是不一样的，所以我们说对个人价值取向要有客观的认识，组织发展必须要求主流价值观要具备一元化导向，因此如何协调二者的关系？我认为协调核心价值观的一元导向和员工个人价值取向的多元化的关系，绝对不能采取行政命令的简单办法。文化的问题要用文化的方法去解决，简单而武断只能抽刀断水水更流，不是解决问题的方式，如果用行政的方法、技术的方法解决文化问题只能是南辕北辙，那么解决这两个关系的基本前提，就是把人的价值和人性作为第一位，就是员工到底是什么？首先，你要尊重每一个人的价值，它才是尊重所有人价值的前提，也就是说人到底是什么？不要把人简单的等同于其他的动物，文化、价值、价值观这样的概念都是指人类独有的特征而言。价值也好、价值观也好都说的是人，而不是说的其他的动物，人和其他动物本质的

不同就是文化和价值观。体现在人的身上就是价值实现的愿望，价值尊重的要求。人是文化的产物，文化和价值观是人类的独有财富。因此对员工主体认识的深刻性决定价值认同，就是说你对员工怎么看，对员工的本性你怎么样去假设，去重视它，对人的价值观怎么样去满足它，怎么为员工搭建平台，如何让员工认同？如果没有达到认同，员工怎么会去自觉执行呢？所以说价值观建设成功与否看它矛盾的两方面，即职工和领导，矛盾的主要方面在于领导而不在于员工。

### 如何构建价值观体系

构建价值体系或者价值观体系，我认为主要是两种模式，叫做包含式同构和主辅式同构。包含式同构是模式之一，在企业文化中建设价值观体系。可以把企业价值观作为文化的主要要素之一，以企业文化其他相关要素共同建设就可以了，不用去单搞一套价值观。第二个模式叫主辅同构。所谓主导价值观、核心价值观和辅助价值观，核心价值观和辅助价值观同构形成一个价值观体系。核心价值观提出来，然后下面根据企业实际需要，构建质量价值观、安全价值观、创新价值观、廉政价值观等。总之，不要游离企业文化去单独的另外搞一套企业价值观，即使是两个体系，这二者也是相辅相成和企业文化要共同推进，一体的发展。

（作者系中国企业文化研究会常务副理事长、秘书长、教授）

## 中国文化哲学与现代复兴

司马云杰

伴随着世界经济的持续衰退和中国经济的不断下行，人们越来越开始思考经济背后的文化支撑问题。经济并非只是表面上的数字那么简单，因为经济说到底还是人的行为。而人是最复杂的，人的行为往往是受情感支配的，这种情感有理性也有非理性，但其有一个最大的特点，就是和一个民族过去的历史和人文精神密切相关。这也是为什么研究现代经济离不开传统文化的反思。带着这个问题我们采访了著名文化学者、中国社会科学院社会学研究所研究员司马云杰先生。

### 经济行为的背后是文化支撑

中国改革开放三十多年，取得了举世瞩目的经济成绩。但是也因此带来了一个问题，就是人们将更多的注意力，都放在了经济上面，只是就经济而谈经济，就会陷入片面。

从去年开始，报刊新闻报道最多、最热门的话题，就是国外投资、“一带一路”、“亚投行”等。中国的企业要走出，中国政府也强调加强全球治理能力，可以说全球化已经是不可避免的一步。然而，企业要在国外投资，绝不是仅仅在国外赚几个钱的事儿，而是涉及资本输出的重大问题；对于国家来说，提出“一带一路”的国家战略，也不仅是铁路交通、海上运输、货物往来的基础建设，而是中国要在全球化时代走向天下的问题；设立亚洲投资银行，恐怕也并非只是挑战美元霸权，而是关乎中国今后在亚洲及世界的地位问题。面对以上从企业到国家的宏观战略选择，应该说是没有任何问题的。但是宏观战略的背后，离不开一个思考：这样的战略、这样的行为，所有这些经济、政治的行为背后，靠什么支撑？我们的军事实力在不断提升，我们的钱袋子里有几万亿美元的外汇储备，但这些物质层面的储备显然不够，支撑得了一时，支撑不了长久。而中国的和平崛起注定不是一个暂时的而是长久的过程，是一项前无古人的伟大事业，要想做成事业，并具有持久性，只能靠文化，靠强大的文化支撑。

从历史上看，凡跨欧亚大陆的世界性政治经济行为（包括军事行为），大多带有文化性质，或者说，它背后大多具有文化支撑。西方十字军远征，并不是单纯的军事征服，而是宗教征服。第一次远征（1096-1291 年）是在罗马天主教教皇授意下，对伊斯兰世界的征服，是持续了近 200 年的宗教性战争；第二次远征（1147-1149 年），法国路易七世、罗马帝国皇帝、德意志康拉德三世都参与了进去，也是宗教性的。十字军远征走的是天山南路，一直打到印度，影响改变了印度文化发展。直到今天，西方文化人类学家仍把印度文化称之为“日耳曼印度文化”。由此可知十字军远征的文化性质及深远影响。如果走天山北路，不堪设想，它将会怎样影响欧亚文化历史发展了。

秦汉之后，中国与西域之间所开通的丝绸之路也是这样。它也并非单纯是丝绸、茶叶、香料之类的货物往来，伴之而来的是大规模的佛教传入。这从龙门石窟，云冈石窟、麦积山石窟、敦煌莫高窟以及炳灵寺石窟、克孜尔石窟等众多佛教圣地的存在可以看出来。因此，丝绸之路即文化之路，即佛教传入之路。虽然敦煌莫高窟也藏有中国文化经典，但主要是佛教经典，丝绸之路主要是佛教传入之路。佛教传入对中国文化的影响是巨大的，特别是大乘佛教传入，影响力了魏晋以来一千七八百年中国文化的性命之理与价值观念。

自然，历史上也有非文化的军事征服行动。十三世纪初的成吉思汗，弯刀铁骑，呼啸欧亚大陆，就是这样。它旷古未有地征服了东西方那么广大的地区与民族。但它只是处于野蛮高级阶段游牧部族的军事征服，并没有立藩镇，设州府，以一种高级文化教化天下，因而没有给欧亚大陆带去高级阶段的文化与文明。得之容易，失之也容易，于是旋起旋灭，不到百年。让我们设想一下：当时成吉思汗若能立藩镇，设州府，以一种深厚博大的文化教化天下，那么，元朝统治恐怕不是百年，而是二百年、三百年，或者像夏、商、周那样，四百年、六百年、八百年，这样一来恐怕欧亚大陆的文化历史就要重写了。

以史为鉴，从以上的论述不难看出，今天的中国企业要走出去，向国外投资，中国要在全球化时代确立自己在亚洲和世界上的地位，设立“亚投行”，建立“一带一路”大规模经济发展架构，恐怕也是离不开文化支持，离不开中国深厚博大文化基础的。这不是"软实力"、"硬实力"的问题，而是兼覆兼载、道济天下的问题。讲"实力"，是帝国主义的语言，霸权的语言，中国文化从来不这样讲的。它总是讲以天道至德仁爱天下。中国文化是本于天的。天，在无限的时空意义上就是宇宙。以天为本，就是以宇宙法则秩序为本。《尚书》讲"天叙有典"、"天秩有礼"，就是从宇宙法则秩序中获得真理、正义、和平、道德、礼教与法律制度，而不是从自我或社会获得真理。从"自我"获得真理，难免主观；从"社会"获得真理，难免群体偏见。只有从天、从宇宙法则秩序获得的真理，才广大普遍而不陷入偏见偏执。天之道曰元亨利贞，人之道曰仁义礼智。元即本元，即原始，即浑然一体之仁存在，即大化流行、生生不息的宇宙生命精神！中华民族本于此，源于此，所以五千年刚健文明、生生不息！

## "协和万邦"的理想在今天如何现实

十八大以来，国家层面上对于传统文化非常重视，习近平总书记更是给予儒家思想为核心的传统文化高度评价，并且提出了"和"文化的崭新主张。

中国文化哲学不仅是本于天的，而且是"建诸天地而不悖，质诸鬼神而无疑"，具有无上真理的天地之道。天之道曰"乾"，地之道曰"坤"。《彖传》说："大哉乾元！万物资始，乃统于天"。天道皇皇，光照一切、雨露一切、生化一切、即是"乾道变化，保合太和利贞"的存在，其至刚至健、至正至和，自我于宇宙浩浩大化中，知觉于此，即是性命之理与知觉主宰处；"至哉坤元！万物滋生，乃顺承天"。地道含光弘大，品物皆亨。其生化万物、蓄养万物、负载一切、托起一切，即是"坤厚载物，德合无疆"存在。天地开合，乾坤阖辟，生化一切、创造一切，兼覆一切，负载一切，即是中国文化"兼覆兼载"之道。有国有天下者，持此天地之道，持此广大悉备之道，动而为天下道，行而为天下法，言而为天下则，以博大的胸怀，开物成务，通志定业，解惑断疑，使天下万物并育而不相害，道并行而不相悖，兼覆兼载，道济天下，就是大道哲学的经世致用，也就是是以天道至德仁爱天下了。

我做过一个研究：当人类大部分地区尚处于蒙昧野蛮阶段时，中国远在4300年前的唐虞时代，就已经建立起了一个道德高尚、彝伦攸叙、雍容和谐、高度文明的统一国家。希腊人建立斯巴达国，希伯来人建立犹太国，比我们晚了将近1000年；罗马帝国的出现，则比我们晚了1800多年。我们读《尚书•尧典》可知，早在帝尧的时候，就已经形成了"惟精惟一"的大道哲学，就已经提出"昭明百姓，协和万邦"了。万邦，就是众多大大小小的诸侯国。早在4300年前的唐虞时代，万国诸侯都能够协和，而现在联合国那么大的一个机构，全世界不过200多个国家和地区，反而协和不了。一天到晚麻烦不断。为什么？就是因为联合国是以西方的文化哲学思想来作为指导的，甚至很多时候都是被某些西方的大国所操纵，遵循的还是"弱肉强食"的强权哲学、霸道哲学，却唯独没有吸取中国传统文化哲学的智慧。中国的传统文化哲学讲的是"万物并育而不相害，道并行而不相悖"，讲究的是和而不同，中国现在要走出去，中国文化哲学要在世界上更好地进行传播，就必须重新回归我们古代实行以天道至德、仁爱天下为核心的王道哲学。我们的习总书记也多次提出，"一带一路"不是中国人民自己的事情，而是要与一带一路沿线的各国人民，真正实现合作、共利、共赢。中国与"一带一路"的各国合作，不但是经济方面的合作，还要实现政治上、文化上的合作，打造一个休戚相关的"命运共同体"。当然了，这样做是不容易的！因为"一带一路"各国人民，皆有自己不同的风俗、习惯、信仰、信念，而且是久已形成的。但是我们相信，只要真正坚持天道至德，坚持"兼覆兼载"的大道哲学，以宽广博大的仁爱胸怀，去包容一切，"一带一路"各国人民一体共处，不悖不谬，梦想就一定能实现。

## 中国要建立现代秩序

去年10月中旬，在北京大学召开了由北京大学、中国社会科学院、复旦大学、南京大学、台湾大学、台湾中央大学、香港中文大学等联合举办的"两岸三地人文社会科学论坛：中华文化与现代世界新文化运动一百年"，我在会议上提出了中国要建立现代秩序，必须创建新的礼教文明。

提起礼教，很多今天的知识分子，也不见得能说清楚是怎么一回事，"五四运动"提出"打到孔家店"，与传统进行决裂，鲁迅的小说《狂人日记》更是直接指出，"礼教"就是"吃人"，于是传统几千年的礼教文明，就这么被轻易地抛弃了。中国从近现代以来，一直向西方学习，师夷长技，从西方引入了科教文明，也就是建立在以科学为基础上的一整套政治经济文化制度。然而科学不是万能的，它只能解决物质世界的问题，不能解决精神世界的问题，科学所讲的一大堆话，都是关于生物、物理世界的，而在"人生意义"这一根本性问题上，一句话都没讲。因此，虽然科教文明创造了庞大物质世界，但却造成了人的精神危机。再就是科学的知识，都是在封闭条件下获得的，就像高能物理在封闭装置撞击电子所获得知识那样。中国文化讲，天地若洪炉，往者过，来者化，没有化不了的。但科学以封闭知识所制造出大量物质元素，则是不能生、不能化或化不了的；将这不能生、不能化或化不了的元素抛向自然界，打破了元素平衡，就造成了生态危机。人类的地球家园不断遭到侵蚀，连太空里都充满了科学垃圾。

中国自从鸦片战争以后，一直在追赶西方，走在实现"现代化"的路上。然而，现代化有着自身的局限，就是会带来生态的破坏以及人的精神的危机。现在的国人已经深切感受到这两大危机所带来的焦虑及困惑。当此之时，我们必须回归传统，重新认识我们的礼教文明，重新认识"以道设教"的形上之理的永恒性，以此立人极，使国家民族于宇宙的浩浩大化中，获得性命之理与信仰信念，有个知觉主宰处与精神家园，以安身立命，从今而后，不再为大化所驱使，有个停泊处。

熟读历史的人都知道：纵观几千年来的盛衰治乱，可以得出一个基本结论，那就是西方从来没离开过宗教，中国从来没离开过礼教：礼教兴，则天下治；礼教废，则天下乱；无礼教，则无以为治。礼教是什么？即仁、义、礼、智之教，就是以《诗》《书》《礼》《乐》的精神教化天下，给予人性以统一的规范。以天道义理设教，就是以宇宙法则秩序设教，从宇宙结构秩序的均衡、对称、和谐、美好，意识到人类社会应有的真理、正义、至善、大美、神圣、崇高及国家、自然法存在。中国从四千多年前的唐虞时代，就已经从天的存在，从宇宙法则秩序存在，建立起礼教了。需要指出的是，礼教文明是高于宗教文明的，西方的宗教最高主宰是“上帝”，我们在殷商的时候，也是宗教文明，我们的上帝叫“昊天上帝”或者“皇矣上帝”，今天的人们乘坐飞机，在9000米之上的高空向外看，没有乌云，没有尘埃，没有污泥，没有浊水，没有尘世的喧闹，没有人性的腐败与堕落，有的只是一片皇皇光明的世界，那就是“上帝”的世界。殷商祭祀“上帝”的宗教活动无处不在，《易经》就是记载这些宗教祭祀活动的一部典籍。但是周取代商以后，周公制礼，就是一个“上帝”隐退，用“道”来取代上帝的过程。礼教文明取代了宗教文明，一个理性的文明社会出现了，礼教文明与宗教文明的最大不同，就是将关注点从虚无缥缈的“上帝”转移到了真实的个体——“人”身上，就是人间关怀了。人间关怀的是什么？是性，是命，是人的日常生活中的伦理行为。这种行为规范就是父义、母慈、兄友、弟恭、子孝的“五常”之教以及“君为臣纲、父为子纲、夫为妇纲”的“三纲”。需要指出的是，这是一种绝对精神，有人从现代的“自由”思想出发，不喜欢传统“纲常”的绝对精神。其实，西方基督教讲上帝的“永有”，讲个人自由“服从上帝的意志”，也是讲绝对精神的，不过它是在上帝神性形而上学意义上讲的，而中国文化是在天道真实无妄之理意义上讲的。不管在哪个意义上讲，一个国家、民族的文化，若只有相对的东西，而没有绝对精神；只有旋起旋灭的东西，而没有永恒的存在，那是非常危险的，是不能永恒存在的。

总的说来，中国的礼教是一套包括国家政治体制在内的完备政治、法律、文化礼仪制度。这些制度及其天道义理精神，是世界任何国家民族都没有的，是建立现代法则秩序不可忽视的。礼教乃是一个由强大的知识论、本体论、价值论构成的广大悉备知识体系，中国要走一条自己的现代化道路，中国现代化的最大特点，应该就是在文化方面与西方的不同，我们党的十八大以来多次提出的“文化自信”，应该就在这个方面。中国的现代化，它在文化方面与西方之不同，就在于西方经过了宗教改革，中国没有经过礼教改革；西方恢复并重建了宗教，中国并没有恢复重建礼教。虽然现在科学技术进步及网络发展，给社会历史领域带来许多新情况、新问题，但追求天理良知与精神生活，仍是人的道德本性需要。因此，中国恢复礼教精神，创建新的礼教文明，是极为必要的。唯有创建新礼教文明，遵守《礼记》所说“自天子至于庶人，一是皆以修身为本”，才能建立发展起新的社会生活、文化生活与精神生活，纯洁心性，清明政治，建立起现代社会法则秩序。

（作者系中国社会科学院社会科学所研究员、中国企业文化研究会学术委员会委员，刘若凝、林锋对本文亦有贡献，本文摘自《企业文化》）

# 社会主义核心价值观与企业价值观思辨

王成荣

## 如何认识企业价值观

价值观是价值主体在长期的工作和生活中形成的对于价值客体的总的根本性的看法，具有鲜明的评判特征。企业如人，也有自己的价值观。我们在长期的企业文化建设过程中，大家也都感受到价值观是企业文化的内核。但企业价值观到底是什么？总觉得有些模糊，不太容易捕捉得到。但有一点可以肯定，企业文化建设如果离开了价值观这个根本，就容易流于形式，企业价值观正是文化的内核。企业价值观是什么？就是指导企业有意识、有目的地选择某种行为去实现物质产品和精神产品的满足，去判定某种行为的好坏、对错以及是否具有价值或价值大小的总的看法和观点。

美国社会心理学家罗基奇把价值分为两类：一类是目的性价值，又称为终极价值，就是对生命意义与生活目标的信念；另一类是工具性价值，又称手段价值，是对生活手段及行为方式的信念。企业价值观同样有两种，一种是企业的信仰和理想层面的，另一种是手段和工具层面的。我们在研究企业价值观的时候，既要着眼于研究手段和工具层面的价值观，更要注重信仰和理想层面的价值观。

经过多年的企业文化建设，对多数国有企业来说，都有对自身价值观的描述。但不管什么形式的描述，最终都离不开一个“本位价值”。本位价值就是罗基奇说的“目的性价值”，也可以称为核心价值。本位价值是指在不同的社会条件下或不同的历史时期，存在的一种被人们认为是最根本的、最重要的价值，并以其作为价值判断的基础，其他价值则可以通过一定的标准和方法“折算”成这种价值。由本位价值所派生的观念就是“本位价值观”。例如，如果以“金钱”作为本位价值，那么做任何事情都会被折算成金钱，把能赚多少钱作为是否做某种事情的价值标准，如果赚钱就是值得去做的，如果不赚钱就是不值得去做的。但当本位价值发生变化，例如追求社会责任，使自己更有益于社会，那么金钱的需求就会被排列到第二位。但不管是哪一种，不管意识或者没有意识到，本位价值都在深刻地影响着我们。

对任何一个企业来说，最关键的就在于找到正确的本位价值观。本位价值观决定了企业的经营个性、管理特点，决定了企业的发展方向。在现实的实践过程中，一旦发生矛盾或者冲突，都会自动回到本位价值的轨道上来。例如，一个把维护顾客利益和社会利益作为本位价值观的企业，当企业利润和顾客利益、社会利益发生矛盾和冲突时，它会很自然地选择后者；而当它把追求企业利润作为本位价值观，二者发生矛盾和冲突时候，其行为肯定是通过牺牲顾客利益和社会利益而获取企业利润最大化。

严格说起来，在企业与企业之间，其实本位价值观的差别并不大。因为企业文化有一个规律，那就是越往内核的方向上走，差异就会越来越小，到最后就会表现出高度的趋同性；真正的企业文化差异，在于企业内核之外的东西，越往表面的层次上走，差异就越大。这是因为，到了内核的层次上，往往都是规律性的东西。而规律性的东西在本质上都是一样的。

## 企业价值观有什么特点和取向

企业价值观有4个鲜明的特点：一是感情性，即在制约人与人之间的关系时候表现出浓厚的感情色彩；二是审美性，即在判定人与自然的关系时候呈现出明显审美倾向；三是真理性，价值观有一个根本性或者共同特点，就是在漫长的历史时空里，会趋向于真理性，或者说正确性。因为在长时间的实践过程中，不好的或者不正确的价值观，必然会被淘汰，而能够留存下来的价值观，都是经过了反复实践的“校正”，在一次次的实践教训、惩罚之后而最终趋向真理性，非真理性的东西只是一时存在，但能够存在下来的一定是趋向真理性的；四是强制性，即价值观在开始确立的阶段，必须要强制推行，作为一种理念入脑入心，然后践行；当行为固化以后，就会又进入到头脑和心里去。

企业价值观的取向主要包括4个方面：第一是经济价值取向。企业是一个经济实体，必然要谋利，其价值观中必然包含十分明确的经济价值取向，即全部经营管理都力图谋取利润最大化。

第二是社会价值取向。企业是社会的一个细胞，是国家的一个集体公民，但它不是一个“经济动物”，企业必须作为一个“社会器官”在社会中存续，它的基本的、直接的目的是创造市场和需求，为社会带来幸福和快乐。正如管理大师德鲁克所说的“企业的目的在于企业之外”。它是在经济价值取向演变过程中产生的，是高于经济价值取向的，它在改善社会环境和公共福利方面负有责任。诺贝尔经济学奖获得者西蒙说：一个生存最好的生物，一定是有利于其他生物的生物。这句话告诉我们，一个生物存在，如果只有利于自己，迟早就会灭绝。例如恐龙不在了，野生华南虎灭绝了，野生东北虎也越来越少，这说明并非强大的生物就一定能永续存在。这对我们人类也是一个警示，如果不考虑与其他的生物和谐相处，保持生物多样性，就一定会出现危机。所以，具体到企业来说，最好的企业一定是最有利于周边环境、有益于社会的。社会责任不是强加给企业的，是企业内生的。企业生存在社会大系统当中，必须意识到，要生存，要发展壮大，就必须有利于社会，与社会相融共进，力量越强大的企业就应承担更大的社会责任。

第三是伦理价值取向。经营企业如同做人，正直、诚实与善良等美德不但适用个人，也适用于企业。所有成功的、优秀的企业都极为推崇正直、善良与诚实，并把它作为企业文化核心的一部分。

第四是政治价值取向。企业是在一定的政治环境中生存的，经济问题、社会问题、伦理问题与政治问题从来都是密切关联的。一些问题在一定的社会历史条件下作为社会敏感问题而存在，只要稍微激化，即刻就会转化为政治问题。现代大企业，对人权、种族、就业、福利、慈善等一系列问题的介入与解决，都反映出明确的政治价值取向。对我们的国有企业来说，政治价值取向和政治责任感更是应该被着重强调的。

上述价值取向在实践中往往交织在一起，集中反映在义与利、索取与奉献、集体本位与个体本位的关系上。衡量企业价值观，要看这些关系处理的如何。

企业价值观的共性与个性

企业价值观的共性是主要的、明显的，不同企业作为同一类生命体，价值观的共性占95%，个性占5%。首先要关注共性，即确定企业价值观的一般规律和科学内涵，学习和借鉴他人的优秀经验。

美国兰德公司的专家们花了20多年的实践，跟踪了500家世界大企业，最后发现，其中百年不衰的企业都有个共同特点：它们不再以追求利润为唯一目标，而是有超越利润的社会目标，一般都遵循以下3条排序原则：第一，人的价值高于物的价值；第二，共同价值高于个人价值；第三，社会价值高于利润价值，用户价值高于生产价值。这个排序给我们的启示也有3点：首先，在现代企业价值观中，第一要素或者排列第一位的，是“人”，必须以人为本。其次是企业的共同价值，是高于个人价值之上的，也就是集体利益高于个人的利益。第三是社会价值，也就是我们所说的义高于利、奉献高于索取、社会或者国家的本位价值高于企业的本位价值。

只有民族的才是世界的，个性的文化才更具生命力。企业价值观的个性虽然是少数，却鲜亮、耀眼，是企业文化的精华所在，也是活力与源泉所在。但个性价值观多体现在罗基奇所说的“工具性价值”，即“手段价值”层面。

## 社会主义核心价值观与企业核心价值观的关系

看待社会主义核心价值观与企业核心价值观的关系，有4个视角：一是系统论视角。系统论是研究系统的一般模式、结构和规律的科学。企业本身是一个复杂的开放系统，是社会大系统的一部分，同时自身又构成一个相对独立的系统。系统具有整体性、目的性、层次性、相关性、动态性和环境的适应性。企业作为一个相对独立的开放系统，必须与社会大系统进行能量交换，在保持自身系统独立运转的同时，又在大系统中获得资源与认可。因此，企业必须适应社会环境，与社会大系统进行良性的互动。如果企业的核心价值观有悖于社会核心价值观，那是不可想象的。

二是生态论视角。生态学是研究动物与其有机以及无机环境之间相互关系的科学，生态系统观点又把生物与环境的关系归纳为物质流动以及能量交换的关系。从生态论角度看，自然界是生态圈，社会也是生态圈，是各利益相关者共同构建的一个生态圈，各个角色在其中相互竞争与合作，创造价值，分享利益。作为企业来说，处于社会这个生态圈中，就必须与其他的生物共同创造，共同分享，保持既竞争又合作的关系。

三是文化论视角。企业文化是社会母文化的一个亚文化（次文化）。母文化由若干亚文化组成，亚文化受母文化制约，又反过来影响母文化。对企业来说，既然是一个开放的系统，就不可能不受社会大文化的影响。社会主义核心价值观是社会大文化的内核，那么企业亚文化就必须接受这个内核，作为自己信仰和追求，然后在外面加上自己的个性文化，以便于进行识别和宣传，形成色彩各异的文化身份。

四是社会学视角。社会学家常用三种主要理论：符号互动论、功能分析论和冲突论。作为企业来说，不管是哪一种理论，都指向一个基本事实：企业离不开社会影响，企业在接受社会能量输入的同时，也在向社会输出着能量。企业接受社会环境影响，又通过自己独特的方式反过来影响社会环境。

通过以上四个视角，我们可以对二者之间的关系得出这样四个结论：

第一，社会主义核心价值观决定企业文化的主脉。

第二，企业本位价值观，也就是核心价值观与社会主义核心价值观具有一致性。

第三，由企业的本质属性所决定，企业价值观最明显的价值取向是经济价值取向。它不是整个社会主义核心价值观的浓缩版。

第四，在我国社会主义市场经济条件下，企业核心价值观既体现也影响着社会主义核心价值观，也是社会主义核心价值观形成的源泉之一。

### 企业核心价值观与社会主义核心价值观的契合点

社会主义核心价值观，继承与超越了中华传统价值观，坚持和发展了传统社会主义核心价值观。

其中，“富强、民主、文明、和谐”是我国社会主义现代化国家的价值目标。习近平主席提出中华民族伟大复兴中国梦，提出两个百年目标，实现国家富强、民族振兴、人民幸福。这也是我们开头所说的“终极价值”，是国家信仰理想层面的。

“自由、平等、公平、法治”是我国要创造的理想社会文化环境和价值取向。

“爱国、敬业、诚信、友善”是公民的基本道德规范，是公民必须恪守的价值准则，这也是企业核心价值观的重要组成部分。

国家层面与社会层面的核心价值观无疑对企业价值观的形成有着重要影响，是企业价值观形成的重要价值指南和价值源泉。但我认为，影响最直接、契合度最高的还是在公民层面，即“爱国、敬业、诚信、友善”这4个方面。

先说第一个方面“爱国”。我要强调，爱国必须是企业第一位的核心价值观。企业文化具有民族性，它源于企业家和全体员工的民族责任感和国家意识。目前流行说“品牌无国界”，企业喜欢自称是“世界公民”，这一点我是坚决反对的。在全球经济一体化的大趋势下，有人认为，企业文化只有国际性，而没有民族性，这个观点是不对的，是有害的。要知道，尽管各国市场紧密相连，很多公司的业务跨越国界，但企业还是有国别的，品牌还是有国别的，文化还是有国别的。例如，你用的是苹果手机，开的是通用汽车，吃的是麦当劳和肯德基，看的是美国大片，你能说这里面没有“产品籍别”和“文化籍别”吗？日本人就非常重视他们的“产品籍别”，看重产品所代表的国家形象和国家荣誉。日本经济学者中谷岩男更是大声提醒日本的企业家，要使自己的品牌在全球范围内树立起强有力的“产品籍别”，使人联想到日本的形象，创立一种教义——即文化理念，使之像“灿烂的北极星那样为世界各地的经营活动指明方向”。

所以说，爱国主义必须是所有的中国企业的核心价值观，尤其是国有企业，我们的属性、产品籍别、企业籍别，决定我们必须将爱国主义放在第一位。我们在过去的企业发展史上，就曾经提出“工业报国”、“产业报国”，强调要创造和保护民族品牌。

例如，上海张小泉刀剪总店与德国双立人亨克斯公司合资谈判中，德国双立人亨克斯公司提出，合资后的企业必须全部使用德方“双立人”品牌，张小泉则坚持生产“双立人”和“泉”字牌两种品牌，双方由于在品牌使用上各不妥协，导致谈判失败。尽管德国方面给出的条件极其优厚，但是张小泉还是毫不犹豫地拒绝了。他们认为：“老祖宗留下的宝贵无形资产，不能断送在我们手上。”所以说企业文化的民族属性是最重要的属性。

再来说第二个方面“诚信”。在这里我要强调，诚信是企业核心价值观的一个底线。古时候，我国就有“一诺千金”“信誉无价”的至理名言，有童叟无欺、货真价实的商贾信条。到了市场经济阶段，“诚信”成为一种资源，一种经济形态。没有信用、不讲信誉，缺少游戏规则，市场经济就没有良好的秩序，也不会比其他经济体制更高的效率。诚信是企业立业之本、兴业之道、是企业贡献社会和取得效益平衡点。

企业诚信文化的发展和市场培育程度是有关联的。西方19世纪初随着市场经济的迅速发展形成了信用体系，并且不断在完善。我国市场经济发展的时间还不是很长，企业诚信文化比较市场经济发达的国家要弱一些。尽管历史上有一些诚信传统，但也是建立在农耕文化的基础之上，一时未能转化为市场经济的诚信文化。由于信用缺失，我国一年直接和间接的经济损失达数千亿人民币，这已经成为当前经济生活中不可小视的问题。

诚信是构成企业文化的根基，企业文化有高境界，有底线。诚信就是企业文化的底线，高境界则是讲仁爱，讲奉献，更好地承担社会责任，更多地回报社会。一个企业最大的成功莫过于有了信用，积累了信誉；一个企业最大的危机就是信用危机，信誉扫地。安然公司曾是美国三大能源公司之一，富可敌国，因为做假账，虚报利润，其股票一夜之间由 90 多美元跌到 20 多美分，一座企业摩天大楼瞬间倒塌，这就是失信的代价。在三聚氰胺事件中破产的三鹿集团等也是失信的代价。

企业诚信文化可以分为 3 个层次：第一层是建立在人格和特殊感情关系基础上的信用，属于特殊主义的信用文化。第二层是建立在法律和契约基础上的，是普遍主义的信用文化。第三层建立在价值观基础值上的，是终极的价值理性和信仰，可以称之为自觉的诚信文化。这是诚信文化的最高境界。

第三个方面是“敬业”。敬业包括 3 点，一是敬畏我们所从事的事业；二是崇敬、敬仰我们所从事的职业；三是热爱我们所从事的工作。我觉得，现在要在国有企业中大力倡导敬业价值观。我们在 20 世纪的六七十年代，曾经有非常好的敬业价值观。例如，大庆油田的“铁人”王进喜就代表了一种敬业精神和敬业文化，“宁可少活 20 年，拼命也要拿下大油田”、“把贫油的帽子甩到大西洋里去”、“三老四严四个一样”……这些都包含着敬畏、崇敬、敬仰之意，包含着热爱之情在里面的，我觉得这是很好的价值传统，在今天不但不能被淡化，反而应该进一步强化。

第四个方面是“友善”。我们国家关于友善的成语有很多，例如从善如流、上善若水、止于至善、善善从长、择善而从、独善吾身、见善必迁、推贤进善、积善成德、兼善天下……我在这里只举一个同仁堂的例子。同仁堂的核心价值观是“同修仁德，济世养生”，后来又提出四个善待，即善待社会、善待员工、善待经营伙伴、善待投资者，与前面的核心价值观是一脉相承。这种友善价值观，其根基是仁爱之心，大仁带来大义，大义带来大利，形成良性循环，企业就能兴旺发达。

（作者系北京财贸管理干部学院院长、教授，中国企业文化研究会副理事长、学术委员会委员）

# 中国企业文化建设的经验与问题

邹广文

## 企业文化实践的基本经验

所谓“经验”就是大家所形成的共识，它是企业家在企业管理实践中探索、实践出来的、对企业成长具有普遍参照和借鉴意义的东西。改革开放以来，中国企业文化建设的基本经验主要包括以下几个方面：

第一个方面，企业文化建设的核心目标是塑造“企业人”。“人”是企业文化建设的主体，塑造“企业人”是文化建设的第一要务和宗旨。企业人对员工的最基本要求是“合格”，但这只是最初级的。在这之上，还要求员工有“投入”、“创造”和“忘我”等不同的提升层次。

从最初级的“合格”到最高级的“忘我”，这里面有一条贯穿的主线，也是持续的发展动力，就是员工必须要有“追求”。一个人可以在形形色色各种不同的岗位上，从事各种不同的工作，但是不管做什么都必须要有追求。追求什么？在最高层次的人生设定上，就是追求“崇高”。这些年，人们对崇高已经谈得很少了，甚至有人故意躲避崇高，回避崇高。其实，人们终究会发现，崇高从来都不曾须臾离开我们，崇高是我们内心的渴望。一个人可以不卓越，但是内心不能没有对崇高的渴望。“合格”的员工，按照企业的生产要求和规章制度做事情，是中规中矩；但是任何一个老板，都不会只满足于拥有“合格”的员工。“投入”的员工，要求投入的不仅仅是身体，还有精神，全身心融入到企业中去。这才是老板所需要和满意的员工。“创造”的员工，是老板所希望的。“创造”是为企业的成长出谋划策，是换位思考和主动作为。“忘我”则是企业对员工的最高期待，尤其是在企业面临突发事件，处于决定成败和生死存亡的关键阶段，“忘我”就会表现为对企业的一种“忠诚”。员工只有在对企业认同、为在企业工作自豪、在企业有归属感，和企业成为休戚与共的生命共同体，才能达到“忘我”境界，才会表现出这种忠诚。

第二个方面，是要通过“文化管理”来优化团队素质。中国的企业文化建设经过 30 多年的实践之后，越来越多管理者开始意识到，作为企业的管理者——老板，和被管理者——员工之间，不是“主体→客体”之间的单向关系，而是“主体↔主体”之间的双向互动关系。德国哲学家哈贝马斯有一个著名的“交往行为理论”，他指出人与人之间的社会交往行为是一个主体间的行为，而且是相互作用的。对企业中的老板和员工来说，也是社会交往行为。以前我们习惯于认为老板是主体，员工是客体，现在则认识到，老板和员工都是主体。而主体和主体间的关系只有一种，就是平等。

此外，另一位西方哲学家拉康曾经有著名的“镜像理论”。根据这种理论，企业中的每个员工，都是老板的“镜像”，一个企业的老板是什么样子的，只要看看企业的员工就知道了。员工成为了老板的“镜像”，员工对企业的忠诚度如何，其实正是老板对员工的根本态度的折射。所以，在企业文化建设过程中，我们在经历了从经验管理——人治，转变到以制度管理——法治的阶段之后，还要完成一个转变“文化管理”——文治。文治就是主体面对主体的良性互动。

第三个方面，是要注意营造“外圆内方”的企业氛围。所谓的“内方”首先强调的是员工的自我约束和自我管理。其次强调的是全员管理。文化如水，其渗透是全方位的，不仅仅是老板对员工如何要求，更要求企业的高管身体力行践行企业文化。从自上而下示范，一级做给一级看，这是最有效的。再次是强调员工的信仰和忠诚。这是文化建设和管理的终极目的。“内方”是刚性的，而只有做到了“内方”，企业才能真正实现“外圆”，即呈现企业的和谐氛围。

第四个方面，是要从管理层面认同和践行企业文化。

企业文化建设不是形象工程，文化不是老板用来装门面的装饰。不是花钱买一支运动队，买一个歌舞团那么简单。文化需要养成，文化氛围的实现更非一朝一夕之功。所以，企业文化建设必须从员工管理层这个层面上高度重视，自觉将文化渗透与企业的日常管理中去，并且努力持续地去践行。

## 企业文化传承的问题与对策

20 世纪 80 年代初，伴随着中国的改革开放，企业文化理念进入中国，企业文化建设经历了一个从不成熟到成熟，从自发到自觉的过程。在企业文化建设的初级阶段，企业最重视的是企业形象宣传。当年有一个广东的企业叫做“太阳神”，伴随着电视文化的兴起，在电视中大做广告，给人留下了深刻印象。一些企业以为将自己的名字和标志宣传出去就叫企业文化了，在电视媒体投入重金，宣传自己的形象，但是后来却发现，企业文化中只有形象是不够的，还需要有企业的使命、理念、核心价值观、企业精神等等。这就好比是一个人先有了精气神，才会有身体的其他器官，四肢百骸形成，最后大脑发育完善，具备了丰富生动的精神，是从内而外的扩展。

因此，在企业的文化传承过程中，我们会发现第一个问题，往往忽略文化是一个系统，是共生、共创、共荣的。文化不是孤立的，而是一个整体的生命。文化也不仅仅在管理方面起作用，而是成就多方面价值。

企业文化传承中第二个要注意的问题，就是不同企业文化形态间的调适。企业文化建设必须要立足本企业的实际，切忌政治化。企业文化的建设必须尊重文化差异。这一点在国有企业的不断并购、重组过程中，表现得尤其突出。企业并购有很多成功案例，但是也有很多悲剧发生。一个关键就在于是否正视了这种文化差异。如果是一个强势的文化收购一个弱势的文化，那么水到渠成。如果两个强势的文化相遇，一定会发生激烈的冲突。著名的文化学者费孝通先生在谈到不同文化之间的关系如何处理时候，曾经有十六字箴言，叫做“各美其美，美人之美，美美与共，天下大同”。“各美其美”，就是你美你的，我美我的，相得益彰；“美人之美”，就是由衷地赞美他人的文化，以平等和开放的心态去欣赏接纳对方；“美美与共”，就是百花齐放，构建一个充满正能量的引力场；“天下大同”，就是彼此融合，放弃各自的“小我”，而形成一种“大我”，就是“合金文化”。16 个字其实为我们指出了一条通过不同文化融合成为一种新的合金文化的可行途径。

企业文化在现实的传承中，还会出现一些普遍问题，值得我们注意：例如在国有企业中，存在着“人走茶凉”的问题，这里面有制度的成分，但是更取决于一把手的文化自觉和文化理性。理念不连贯只会导致支离破碎，而“一张蓝图干到底”则会让企业文化气脉贯通。还有就是文化传承中的资源流失问题。我们在企业成长过程中，会不断出现一些新的优秀的文化理念，但是不注意加以总结和保管，结果不经意就丢弃了。这里面需要明白一个显而易见的道理：文化的成长是一个从小到大、从弱到强的循序渐进的过程，绝对不可能一蹴而就。我经常有一个比喻，文化是一条河，是从历史流向未来的，必须保持连贯性。还有一个问题，就是漠视员工的归宿感和文化认同。企业文化过分强调领导和高管，但是企业文化的落地生根最终还是在员工那里。

关于文化传承的对策和建议，我主要提出这么几个方面：一是培育企业的核心价值观和愿景。这是企业的内核，修炼好内功，是安身立命之本。二是建立包容、理解和信任的机制。三是打造文化融合的优秀团队。四是要强化员工之间的正能量传播，营造积极向上的企业氛围。

## 对企业文化创新的几点建议

中国企业文化建设经和改革开放一样，经过 30 多年的实践，如今都面临着一个必须突破的局面，就是创新。创新无疑是企业文化建设未来的“新常态”。

文化创新，首先要做到将文化与战略有机结合。只有将文化放在与战略的同等地位，才能确保文化的健康与可持续发展。文化能否与战略并重，取决于企业当家人，也称之为“一把手文化”。文化再也不能是那种“忙起来放一放，闲来无事想一想”的可有可无状态。文化与战略并重，离不开高管的文化自觉。对于国有企业来说，文化成败的关键在于是否能够有连贯性，而对于民营企业来说，文化成败的关键就在于高层管理者的文化自觉。文化与战略并重，在落地上离不开全体员工的自觉参与。战略是一个系统，文化也是一个系统，最后都要在基层员工身上见效果。所谓上下同欲者胜，不能只顾及上层而忽略了基层。

其次，文化创新离不开培育员工的信仰和境界。一个优秀的文化，必定是从企业的老板发起，经过高管的示范效应，最后在基层员工那里落地生根。其出发点在老板，但是归属和落脚点的标志在员工。在员工身上表现出什么，就是信仰和境界。信仰是什么？信，就是不讲理。讲道理的信就是有条件的信，不是完全的信；仰，就是向上看，仰望、敬仰，所以说“信”和“仰”两个字合起来，就是一种向上看的坚持。大哲学家康德说过：“仰望头上的星空，道德律在我心中。”关于信仰，我们通俗地用一句话来说，就是“即使流干身上的最后一滴血，你还在坚守的东西”。

那么，员工如何产生对企业的信仰呢？当然离不开员工从企业获得事业感、成就感，这是第一位的；然后是获得幸福感，这是提升的；其次是获得归属感。所以企业要求员工和自己共同成长，一定要将自己的发展目标设定为和员工的未来成长方向相一致，让员工在企业成长中看到自己未来。例如，香港著名的企业李锦记，核心理念“思利及人”，与儒家“己所不欲，勿施于人”的正溯一脉相袭，企业当然要赚钱，但是你同时要考虑到别人的感受，一定不能见利忘义，否则没有未来。

三是文化创新必须要加强弘扬企业的社会责任。中国 30 多年的经济高速增长，粗放式发展，对环境和资源的掠夺、破坏已经到了非常严重的地步。现在，我们必须要认真思考：

人与自然到底是什么关系？我们以前常常说“战天斗地”，人与自然是对立的关系；现在，十八大报告中提出了“尊重自然、顺应自然、保护自然”的新理念。顺应自然不是无所作为，而是源于对自然的敬畏。自然是人类的母亲，是人类的家园。恩格斯早就公开警告人类：“我们不要过分陶醉于我们对自然界的胜利。对于每一次这样的胜利，自然界都报复了我们。每一次胜利，在第一步都确实取得了我们预期的结果，但是在第二步和第三步却有了完全不同的、出乎预料的影响，常常把第一个结果又取消了。”所以，现在的企业家都应该思考一个终极问题：什么是我们最想要的？答案一定不是物质层面的，而是精神层面的：精神关怀！

因此，企业在明白了终极发展的目的之后，就要勇于做积极承担社会责任的示范者，做良好社会环境的维护者，做全面服务社会的热心者和志愿者，企业的发展成果，做出来的“蛋糕”一定要和社会共享。

四是文化创新必须要确保企业进入健康模式：学习型企业。对于企业来说，最重要的不在于现在，而是未来。我们现在都在谈互联网思维，互联网思维给企业带来最大的冲击是什么？就是思维上限的突破。有人说互联网思维下的传统管理，已经无法生存。生产者和消费者之间的中介正在被迅速消灭。我们每个人都使用的手机，以前叫移动电话，现在叫个人数据终端处理器。这就是技术创新给企业带来的新的理念、思维突破和沟通创新。所以每个企业都必须成为学习型企业。

五是文化创新的标志是什么？有这么几点，首先是危机意识。阿里巴巴的马云经常思考的是阿里巴巴很快就会死掉，海尔的张瑞敏经常告诫员工要“战战兢兢，如履薄冰”。为什么？这就是危机意识。孟子说：“生于忧患，死于安乐”，一个企业没有危机意识，很快就会死掉。其次是冒险。不要害怕冒险，美国硅谷的精神就是“容忍失败，鼓励冒险”。再次是宽容失败。失败并不可怕，现代科学的每一项发明，都是在失败了无数次之后才取得的成功。可是我们从近代以来的百年传统中，却对失败的伤痛记忆过于刻骨铭心，反而有些矫枉过正。最后一点是迅速反应的执行力。这也是互联网时代对我们提出的新要求。

（作者系清华大学人文学院教授、博士生导师，中国企业文化研究会学术委员会委员，本文摘自《企业文化》）

## 从定量偏好看企业文化理论研究的逻辑脉络

徐艳梅　苗呈浩　王宗水

21世纪以来，企业文化研究深入开展，已产生大量最新研究成果，出现了由定性研究向定量研究转变的趋势。有关企业文化主效应、中介效应和调节效应及其他方面的定量研究日益增多。本文通过对近十年来关于企业文化定量研究文献的梳理，系统全面地归纳了相关的定量研究方法，就企业文化研究领域，企业文化构念、类型，企业文化效应、企业文化测量等方面的最新研究成果进行了总结，并对不同方法的适用情景进行比较分析。在此基础上，提出了企业文化定量研究的逻辑框架，以及未来研究的重点内容及关注领域。

有关企业文化的研究兴起于20世纪80年代，90年代达到高峰。最初关于企业文化的研究主要涉及企业文化的定义、类型、特征、作用等方面，如Pascale(1982)在《日本企业的经营管理艺术》中对企业文化进行的系统阐述；Schein将企业文化定义为由一些基本假设构成的模式；Deal和Kennedy（1982）提出的企业文化五要素论；Hofstede（1984）提出的四层次模型等。但这些研究大多仅涉及构念层面，且多以定性描述为主，而涉及企业文化效应、测量方面的研究较少。由于缺少量化研究的方法与数据，企业文化研究在深度、可信度等方面具有很大的局限性。21世纪以来，企业文化由定性研究向定量研究转变成为其内在的必然趋势，西方学者开始尝试通过实证的方法对企业文化效应等问题进行论证，并取得了一定的研究成果，这对企业文化理论研究的深化及应用研究的推广起到了积极的作用。尤其是近几年来，关于企业文化效应定量研究的文章数量显著增多，研究集中度也逐渐提高。但企业文化的量化研究面临诸多难题，如企业文化构念如何进行测量和应用？哪些方法可以应用于企业文化的定量研究？企业文化作为变量又应该怎样处理？因此，本文在对近期国外有关企业文化定量研究全面梳理的基础上，从企业文化构念、类型的测量，企业文化定量研究方法应用等方面进行系统述评，并提出企业文化定量研究的逻辑框架，最后指出未来可能的研究方向及发展趋势。

### 一、企业文化构念、类型的测量研究

企业文化构念研究兴起于20世纪80年代，Schein（2010）在其著作《组织文化与领导》中将企业文化定义为：由一些基本假设构成的模式，这些假设由特定团体在处理适应外部环境和内部聚合问题的过程中发现、创造、形成，因在运作过程中行之有效而得到认可，并传授给新成员以作为理解、思考和感受相关问题的正确方法。后期的学者对企业文化构成要素又进一步展开了研究，如Deal和Kennedy（1982）提出的企业文化五要素论（即企业环境、价值观、英雄、仪式和文化网络），Hofstede（1984）提出的四层次模型即价值观，第一层；仪式，第二层；英雄，第三层；符号，第四层。但以上关于企业文化的研究仍旧处于定性阶段。为了进一步深化企业文化研究，不同学者对企业文化类型进行了不同划分。Deal和Kennedy（1982）将企业文化分为“硬汉、强人文化”、“尽情干、尽情玩文化”、“风险文化”、“过程文化”四种类型，奎因（1999）提出了团体文化（人际关系模式）、发展文化（开放系统模式）、理性文化（理性目标模式）和层次文化（内部过程模式）的“竞争性文化

价值模型”。但由于以上的划分较为模糊，很难对企业文化进行实际测量和应用。

**（一）类型划分法。**

**竞争价值观模型分类法。**该方法将企业文化分为官僚型（或控制型）、创新型、合作型、竞争型，由Cameron（1999）依据竞争价值观模型提出，这种分类方法在企业文化实证研究中较为常用。例如Franco Fiordelisi 和 Ornella Ricci（2014）在考察企业文化在CEO更迭和企业绩效间的调节作用时，就采用了该方法； Stephan Aier（2014）在验证企业文化在EAP系统作用机制和效果间的调节作用时也采用了这种分类方法；Lin Hui-Yao和Shieh Chich-Jen（2012）在验证企业文化在营销战略和消费者价值间调节作用时仍旧采用了此类方法。其测量方式主要通过Cameron（1985）制定，Quinn（1991）修订的竞争价值观模型问卷进行。该种分类方法应用之所以如此普遍，主要在于两点：一是其通过不同维度将复杂和抽象的企业文化进行划分，使企业文化容易测量；二是其划分后的企业文化类型基本不存在重叠项，分类更加明确且易于理解。

**Q分类法。**该方法是由O' Reilly （1991）等学者提出，其主要通过团队导向、注重细节、进取心、结果导向、尊重员工、稳定性、创新七个维度对组织文化进行测量。根据测量的结果，利用主成分分析方法对组织文化进行划分。Charles A. O' Reilly III等（2014）在验证企业文化在企业领导力和企业绩效方面所起的中介作用时就采用了该种方法，其测量主要是通过问卷调查的方式进行。

**综合定义分类法。**该种关于企业文化分类方法综合了前人的研究成果（Cameron，1985；O' Reilly，1991；Quinn，1991），将企业文化分为三种类型。一是创新型，这种企业文化强调企业家精神、创新性和冒险精神；二是官僚型，这种企业文化强调规则、规矩和效率；三是支持型，这种企业文化强调舒适的工作环境、成员友好和团队合作。Yair Berson、Shaul Oreg 和 Taly Dvir（2008）三名学者在验证CEO的个人价值观与企业文化、企业文化与企业绩效关系时就采用了该种方法。这种结合前人研究成果的分类方法较为新颖，也便于进行测量。更重要的是，其便于后续的实证分析，尤其是结构方程的应用。

**自我定义分类法。**该种关于企业文化的分类方法是基于实际需求而产生的，没有一致的分类规则。例如，Luigi Guiso（2014）等人在研究企业文化价值类型时，通过对企业网站主页广告关键词的搜集、整理和分类，将企业文化分为以下九种类型：正直型、团队合作型、创新型、令人尊敬型、质量型、安全型、社群型、开放型和努力工作型。其关于企业文化的分类是通过先搜集讯息，然后对讯息进行整合分类获得的。采取此种分类方法的优势在于其可以根据自身研究需要对企业文化进行分类，简化了测量的环节。但其劣势也较为明显，主要在于没有与其他学者研究形成统一的分类范式，不易于推广；其测量结果的可信度也值得进一步探讨。

**（二）维度分析法。**

“维度分析法”主要是用于考察企业文化不同维度所产生的效应和作用。在研究组织变革中的企业文化时，Juris Iljinsa（2015）等在总结前人研究的基础上将影响组织氛围变革的企业文化分为五个维度，这是“维度分析法”中较为常用的一种划分方式。

另一种方法是由Eric Flamholtz和Los Angeles(2005)提出，他们先根据先前学者的研究将企业文化分为五个维度，即企业对待员工的态度和方式、企业对待顾客的态度和方式、绩效和问责标准、企业中的团队合作情况以及企业社群状况，后续对此进行了一系列问卷调查。

“维度分析法”并未对企业文化具体的类别进行界定，而是对企业文化包含的不同维度进行了因子分析或主成分分析。采用这类测量方法的优势在于可以更加精准地测量一个组织的企业文化，对于组织间企业文化的甄别具有较好作用。但其劣势也较为明显，即不能够准确定义每种企业文化类型，很难展开类别研究。

## 二、企业文化定量研究方法设计与甄选

近些年，围绕企业文化的定量研究，出现了不同的方法，具体而言，可从变量设定、数据获取、方法选择三个方面进行归纳与梳理。

**变量设定。**学者对企业文化效应进行定量研究时，通常会将不同类型的企业文化或企业文化的不同维度设置为相应的二元变量，并用0和1表示。其中，“0”表示该企业不拥有此种类型的企业文化或不具有该维度，“1”表示该企业拥有此种类型的企业文化或具有该维度。例如， Yair Berson等在验证CEO的个人价值观与企业文化、企业文化与企业绩效关系时就采用了前种设定方式；Juris Iljinsa（2015）等在研究企业文化影响组织氛围变革时就采用了后种设定方式。

事实上，关于企业文化效应定量研究的大多数文献都采用了这种变量设定方式。其原因有以下两点：一是采用二元变量的设定方式能够简化实证分析的过程，易于研究的展开；二是限于企业文化测量目前总体尚处于初期阶段，样本数量有限，对于不同类型的企业文化，企业实际拟合的程度，还难于进行精准的测量。

**数据获取。**实证研究的过程中，获取数据的方式主要有两种：一手数据和二手数据。前者主要通过访谈、观察、问卷调查的发放与回收等方式获得；后者则通过公共及公开的渠道获得，诸如国家统计局网站、公开披露的上市公司数据、专利数据、工业企业普查数据、世界银行提供的国家和城市年鉴数据等，更一般的包括报纸、期刊等数据。

在企业文化效应定量研究中，获取数据的方式也大体是以上两种。例如Charles A. O' Reilly III（2014）等学者所采用的数据获取方式就是这两种的综合。对于企业文化类型的测量，他们采用了Organizational Culture Profile （OCP）的问卷调查法。调查的方式主要通过电子邮件访谈的形式进行。文中其他变量，诸如CEO的个性，主要

通过 Big Five Model (or FFM) 方法进行，利用 Ten-Item Personality Inventory (TIPI) 进行调查研究；而企业绩效的衡量则主要利用企业财务绩效变化、托宾 Q、企业声誉（根据福布斯排行获得）、分析师的股票推荐、Glassdoor 网站评级等五个指标，主要是利用二手数据方式进行测量。而 Julia C 等（2015）则是通过面对面访谈公司 CEO 的方式获取数据。有关企业文化效应定量研究的数据获取大多通过问卷调查和二手数据综合的方式进行。只有 Luigi Guiso（2014）等学者在研究中全部采用了二手数据。他们关于企业文化的分类和测量是通过抓取 2011 年 7 月至 10 月间美国标普五百公司网站的广告词获得，根据出现在广告中有关价值观的词汇，他们对每家企业的文化类型进行了划分和整合。文中关于企业绩效的衡量主要通过销售回报率和托宾 Q 进行，其数据的获取来自于 the Compustat/CRSPmerged 数据库。这种全部采用二手数据进行实证分析的思路不失为一种全新的尝试，但其准确性和可信度确值得进一步研究。

随着信息技术的发展，数据出现爆发式增长，企业信息公开程度不断增强。依赖于大数据和数据挖掘技术对企业文化开展定量研究也成为“题中之义”。

**方法选择。**近年来关于企业文化效应定量研究的文献逐渐增多，但大多围绕两个核心点展开：一是企业文化的中介效应和调节效应，二是企业文化的主效应。而研究这两种效应时，常用的分析方法主要有两种：结构方程模型和分层回归模型。其中，前者主要用于企业文化中介效应研究，后者主要用于企业文化调节效应研究。

在结构方程模型应用方面， Yair Berson（2008）等学者就采用该方法验证了企业文化在 CEO 个人价值观与企业绩效间的中介效应； Stephan Aier（2014）在验证企业文化在 EAP 系统作用机制和效果之间作用时，也采用了相同的建模方法。结构方程模型之所以在企业文化效应定量研究中被广泛应用，主要在于其可同时计算多个因变量之间的关系，特别是中介效应的研究，如在组织理论中，变量 A 不是直接影响到变量 B，而是中间通过变量 C 达到的。这时，结构方程便会给予这些问题以最综合恰当的分析。

在分层回归模型的应用方面， Charles A. O’Reilly III（2014）等学者在验证企业文化与企业绩效关系时采用了该种方法；Wang Dong-Hua（2011）等学者也采用了分层回归分析的方法验证企业文化在供应链关系和设计质量方面间的调节作用。 分层回归分析之所以广泛的应用于企业文化调节效应的定量研究，主要在于其能够对变量的变异进行较为精准的预测，解释力和精确度都比较强。

## 三、结论与讨论

近些年关于企业文化效应的定量研究不断涌现，为企业文化研究注入了新鲜的血液。本文对近些年企业文化研究领域、构念、类型、测量及实证方法等方面的研究文献进行了较为系统的梳理、归纳及分析，透过这些分析，似能看到企业文化研究的演进脉络，也能勾勒出企业文化定量研究的逻辑框架。

学者们的研究，单纯地看是独立展开、分头进行的，但，在这些独立的研究背后，隐喻着企业文化的客观属性和现实效用，以及学者们对这些内在本质的共同认知，因此，自然地形成了这种研究的有形分散、无形聚合的基本态势。

即：与其他许多方面的管理研究相同，企业文化定量研究，必然会涉及到企业文化的效应问题，这是定量研究最直接、最凸显的内容。一是企业文化主效应研究，二是企业文化中介效应和调节效应研究；实现上述研究，必须与此同时对企业文化构念进行相应界定。在此过程中，借鉴了企业文化的早期研究成果，同时形成了考虑通过不同类型企业文化进行研究或通过企业文化不同维度展开研究的新成果。也或者可以反过来讲，随着对企业文化构念的深入挖掘，产生了相对于定性描述更能精准把握、刻画、测度以及判定企业文化的方法，形成了对企业文化及其类型划分的测量工具、量表；以此为基础或称与此同时，出现了对企业文化效应的计量检验。此两项研究，互为因果，互相影响，协同发展，你中有我，我中有你。最后，真正完成上述两项，必然面临计量方法的甄别与选择，文献显示，在这一环节中，学者们重点考虑了以下三个方面的内容：一是变量的设定，即二元变量；二是数据的获取方式，即一手数据或二手数据；三是分析方法的选择，即结构方程或分层次回归模型。

自企业文化概念诞生以来，理论研究及实践应用始终并行不悖，快速发展，时到今日，已然形成良好的态势，而企业文化于管理实践中的广泛应用、推广，更为企业文化效应的研究提供了基础数据和案例素材，今后有关企业文化定量研究方面的成果会更加系统、丰富。

基于对现有研究成果的分析，本文认为企业文化定量研究在以下几方面将有较大的研究价值：

**（一）本土化的企业文化定量研究。**

上述文献多为外国学者针对企业文化效应进行的实证研究，但中国学者关于企业文化的定量研究目前相对处于空缺阶段。中国本土化企业文化的定量研究必将成为下一阶段的重点内容。此外，外国学者的研究思路、研究方法、采用工具、研究手段是否适合中国企业文化定量研究，中国的数据是否支撑本土学者对企业文化进行深入研究，尤其是在数据获取和精确度方面是否能够找到适宜的途径，值得思考并付诸努力。

**（二）企业文化实践研究。**

企业文化研究经历了最初的基本理论阶段到现在的实证分析阶段，实现了较大的跨越。但对企业文化进行学术研究的一大出发点在于其能够应用于管理实践。通过对近期有关企业文化效应定量研究文献的梳理发现，不同类型的企业文化所具有的效应不尽相同。已有研究成果是否对管理现实具有良好的启示效应？企业文化建设如何吸纳国外学者的研究结论？尤其是企业并购中的文化逻辑，职业经理人的选聘、任用、管控，企业绩效影响因素的调节等都值得进一步深入研究。

**（三）企业文化测量研究。**

尽管企业文化研究已经初步进入实证分析阶段，但对于企业文化的测量仍处于探索阶段。学界尚未形成关于企业文化测量研究的公认方法、工具。企业文化测量的深入研究还有大量工作，如对现有方法的修正、补充、完善，对其他学科（社会学、心理学、行为学）方法的引入与借鉴，以及随着对企业文化本质内涵理解加深基础上的定性与定量方法再结合等等，这些都将成为下一步研究的重要内容。

**（四）大数据下的企业文化定量研究。**

企业文化定量研究得以开展的基础来自于现实中丰富的素材和数据。随着大数据时代的到来，信息技术和数据挖掘技术不断发展，学者可以利用更加丰富公开的信息进行数据的抓取、筛选和清洗，并在此基础上开展企业文化的定量研究，这必将会成为企业文化研究的新方式。

（作者单位：中国科学院大学经济与管理学院）

# 社会主义核心价值观引领和融入企业文化

范希春

党的十八大提出“富强、民主、文明、和谐，自由、平等、公正、法治，爱国、敬业、诚信、友善”24个字社会主义核心价值观以来，尤其是中共中央办公厅印发《关于培育和践行社会主义核心价值观的意见》（以下称《意见》），社会各界、企业界在培育和践行社会主义核心价值观方面做了大量的工作，取得了成效。

习近平总书记在主持中央政治局第十三次集体学习时强调，要把培育和践行社会主义核心价值观作为凝魂聚气、强基固本的基础工程。这对于我们深刻理解企业文化与社会主义核心价值观的关系问题，具有十分重要的启迪作用。

## 价值观与企业文化的关系

关于文化的定义，大家的意见非常不一致。但是，世界范围内的文化研究者却基本认同这样一个观点，那就是文化是一个包含多层次、多方面内容的统一体系。如何划分文化的层次结构，对于我们把握文化建设的内容十分重要，比较科学的分法，是把文化主要分为三个层次：

第一个层次，是思想、意识、观念。其中，思想意识中最重要的，一个是价值观，一个是思维方式。这是文化的核心层，或者说是文化的内核，我们可称之为精神形态的文化。

第二个层次，是表现文化的实物，包括各种文化产品、文化活动、文化载体等。我们可称之为物质形态的文化。

第三个层次，是企业制度形态的文化。

其实，企业文化也不例外，主要内容也是对文化进行分层构成得出的三大块内容。这就是企业精神形态的文化、企业物质形态的文化、企业制度形态的文化。

明确了企业文化构成内容，开展企业文化建设的基本内容或者说主要任务也就非常明确了。概括起来，为企业文化建设的三大任务：企业精神形态文化建设、企业物质形态文化建设、企业制度形态文化建设。

从这三个大的分层进一步细分，就会得出企业文化建设的具体任务。其中，企业精神形态的文化建设，从内容上来说，其核心就是社会主义核心价值观的直接反映。

企业精神形态文化建设的主要内容包括以下三个方面：一是共同理想信念的确立。二是企业核心价值观培育和企业精神的塑造。三是员工道德观念的养成、健全人格的培育和员工的全面发展。企业文化的建设，最终归结为培育形成一种企业精神。这种企业精神，既有中国特色企业精神的共同特征（即社会主义文化的共性），又有企业自身特点的独特的企业精神。

通过对文化和价值观关系的分析，可以看出，价值观是文化的核心内容或者说是文化的内核，这就明确了价值观在文化中的核心地位和决定性作用。我们就可以得出这样一个结论：社会主义核心价值观是中国特色社会主义文化的核心内容，同时也是我国企业文化建设的核心内容，是企业文化的根本和灵魂这是毫无疑义的。——因为我们是在社会主义制度条件下建设企业文化，这就决定了企业文化的性质——中国特色社会主义的企业文化，也决定了企业文化的发展方向和价值目标。

## 社会主义核心价值观与企业文化的关系

企业是中国特色社会主义的重要支柱，不仅承担着创造社会财富、巩固社会主义制度、惠民利民的责任，而且承担着发展中国特色社会主义文化的责任。建设企业文化，弘扬企业精神，是培育和践行社会主义核心价值观的重要内容。

“富强、民主、文明、和谐”——社会主义核心价值观国家层面的内容与企业文化的关系。

党的十八大提出的“富强、民主、文明、和谐，自由、平等、公正、法治，爱国、敬业、诚信、友善”，24字社会主义核心价值观，浓缩了国家、社会和公民三个层面“三个倡导”的价值目标、价值取向和价值准则。

“富强、民主、文明、和谐”是国家层面的核心价值观目标，富强是基础，民主是保障，文明是灵魂，和谐是目标，共同构成了国家发展目标，体现着国家发展的整体价值追求，也是全党全国各族人民的共同价值追求。

首先，企业作为经济组织和市场主体，其主要责任是经济责任。

企业作为国民经济的基本单元与市场经济活动的主体，肩负着提供国民所需物质产品和精神产品、创造经济效益、发展国民经济的重任。其首要任务是创造经济价值，确保国民经济持续健康发展，增加社会财富总量，满足人们的物质需求和精神需求，实现国家富强的任务。这是企业作为经济组织所承担的经济责任，也是企业的主要价值目标。

其次，企业作为经济组织和社会组织，对国家民族负有重要的政治责任。

任何国家、民族的进步都是精神和物质、经济和政治协调发展的结果。富强、民主、文明、和谐的价值目标，包含了经济、政治、社会和文化四个方面的价值要求。

从企业本身而言，就是围绕建设富强、民主、文明、和谐的社会主义现代化国家这一共同理想目标，开展党的基本理论、基本路线、基本纲领、基本经验教育，不断增强员工对这一共同理想的政治认同、思想认同、价值认同，坚定员工走中国特色社会主义道路的信心和决心；譬如，对干部职工深刻认识和理解社会主义民主的本质就是人民当家作主，树立正确的权利和义务观念，依法行使知情权、参与权、表达权、监督权，增强民主管理意识，自觉参与企业的民主管理与民主监督，提高企业管理的民主化水平。譬如引导干部职工的文明追求、企业和谐文化的建构，这些都与民主、文明、和谐的价值目标具有高度的契合性和一致性。

从国家层面而言，企业同时还肩负着国家和民族在经济上的发展、人们物质上的满足，政治上参与推进民主的进程，同时还肩负着推动社会文明程度的提高、文化上的和谐发展，促进经济社会高度繁荣发展、全面建成小康社会、实现中国梦和民族伟大复兴的政治责任。

中国兵器装备集团公司湖南云箭集团有限公司经过多年的培育和实践，“国家利益至上，客户满意第一，员工发展为本”已成为云箭人坚守的三大基本价值取向。强化理想价值观，引导职工提高政治“含量”，争做“富强、民主、文明、和谐”的创造者。

可能提到企业的政治责任，大家更多地联想到国有和国有控股企业。其实，民营企业作为社会主义市场经济的重要组成部分，对国家、对民族同样有自己的政治责任和社会责任。民营企业是在中国特色社会主义制度下、改革开放的历史背景下发展起来的，必然对中国特色社会主义制度完善和发展贡献力量，对促进社会和谐，提升国家竞争力起到主动发力、力所能及的推动作用，这是民企和国企共同的政治责任和社会责任。

既然企业作为经济组织和社会组织对国家、民族负有重要的经济责任和政治责任，“富强、民主、文明、和谐”作为国家层面的价值目标，也就自然成为企业追求的最为宏大、最为持久的终极价值目标。所以，我们的企业文化建设必须围绕这一价值目标来展开。

“自由、平等、公正、法治”——社会主义核心价值观社会层面的内容与企业文化的关系。

企业不仅仅是一个经济组织，作为社会系统内的一个子系统，同时也是一个社会组织，这就决定了它必然要承担的社会责任。

大家都认同这样的一个道理，企业在创造利润、对股东承担法律责任的同时，还要承担对员工、消费者、社区和环境的责任，企业必须超越把利润作为唯一目标的传统理念，注重在生产过程中对人的价值的关注，对环境、消费者、对社会的责任，包括法律责任、伦理责任、慈善责任等社会责任。

“自由、平等、公正、法治”是立足社会层面提出的要求，是引导社会发展方向的基本价值尺度。在社会主义市场经济条件下，企业除了承担经济责任和政治责任之外，还要肩负促进社会公平正义和文明进步的社会责任，主动维护社会公序良俗的循环和发展的责任。

从企业自身而言，“自由、平等、公正、法治”对于实现企业内部科学管理，构建和谐劳动关系，创设良好的法制制度环境具有导向作用，在自由竞争公平交易、公正无欺、依法经营，促进企业持续、协调、高效发展方面具有规范作用，对于提高企业和员工履行企业社会责任的自觉性、主动性，积极承担企业社会责任方面具有重要意义。

从企业与社会的关系来说，商品交换和社会服务是企业作用于社会的主要方式，并与千家万户发生各类经济联系。对社会进步的担当精神和责任意识，对社会民众形成正向的观念影响和价值示范。因此，企业应在商品生产、交换和服务过程中践行自由、平等、公正、法治的价值观念，最大限度地为推进社会政治、经济、文化、环境发展做出贡献。

企业作为社会组织，对“自由、平等、公正、法治”价值取向的追求和实践，是企业的社会责任，更是企业健康持久发展的根本动力，企业要发展、要进步，企业文化建设就必须坚持这一价值取向和价值追求。

“爱国、敬业、诚信、友善”——社会主义核心价值观个人层面的内容与企业文化的关系。

习近平总书记在中共中央政治局第十三次集体学习时强调“以文化人，以文育人”“使社会主义核心价值观内化为人们的精神追求，外化为人们的自觉行动”。中办印发的《关于培育和践行社会主义核心价值观的意见》指出“坚持以人为本，尊重群众主体地位，关注人们利益诉求和价值愿望，促进人的全面发展”。

“爱国、敬业、诚信、友善”是立足公民个人层面提出的价值准则，集中体现了社会主义核心价值观在个人层面的基本规范和要求。涵盖了社会公德、职业道德、家庭美德、个人品德等各个方面，是对公民个人层次上的基本行为规范的价值要求，是加强企业文化建设，培育和造就一支高素质的员工队伍的根本任务，这是企业的文化责任。

## 社会主义核心价值观是企业文化的核心和灵魂

我们这个民族一直有一个“以文化人”的良好传统，在企业，培育和践行社会主义核心价值观，落实到个人层面，一是对员工进行“报效祖国、振兴企业”为内容的核心价值观教育，引导员工树立正确的世界观、人生观、价值观，把爱国主义教育具体化，使员工深刻认识到，立足岗位敬业奉献就是爱国，维护和推进企业改革发展稳定就是爱国。二是企业核心价值观和企业精神的培育。三是员工道德观念的养成。譬如加强公民道德教育养成，大力倡导爱国守法、明礼诚信、团结友善、勤俭自强、敬业奉献的公民基本道德规范，以思想道德建设为基础，引导员工自觉追求道德认知与道德行为的统一，使社会主义思想道德内化为员工的道德追求，外现为日常行为准则。尤其是职业道德教育。加强社会公德、职业道德、家庭美德、个人品德建设，发挥道德模范的榜样作用，引导员工自觉履行社会责任、家庭责任。结合企业生产经营管理活动，重点加强以爱岗敬业、诚实守信、团结协作、奉献社会等为主要内容的职业道德建设，形成知荣辱、讲正气、促和谐的良好风尚。四是塑造员工健全人格。做好心理健康教育工作。开展心理健康知识讲座，普及心理健康知识，提高员工心理保健意识。帮助员工解除心理困扰，改善心智模式，培养自尊自信、理性平和、健康向上的心态，形成健康的心理品质，塑造健全人格。五是加强职业素质教育。根据企业发展需要和岗位职责要求，开展技能培训、转岗培训、创业能力培训，学习科学知识、培育科学精神，鼓励技术创新、支持知识创造，培养掌握新知识、新技能、新本领的知识型工人和一线创新人才。立足企业长远发展目标、结合干部职工自身实际，帮助他们做好职业生涯规划设计，拓展个人发展空间。强化干部职工的效率意识、竞争意识、开放意识，提高他们的学习能力、创新能力、竞争能力，不断提升专业素质和专业水平。争做“爱国、敬业、诚信、友善”的实践者。

以企业文化建设的成果，影响带动社会，形成企业、地方、社会公众的互动，最大程度地负起企业对社会的文化责任。

企业文化的核心是企业的价值观。在培育和践行社会主义核心价值观的过程中，一个富有责任感的企业，其文化责任集中体现在企业价值观的建构上。一个优秀企业，必须以主流价值观为引领，大力弘扬本企业的优秀价值观，才能不断增强企业文化的影响力和凝聚力。

沈鼓集团在开展企业文化建设过程中，把社会主义核心价值观的培育和践行融入道德实践中，结合“社会公德、职业道德、家庭美德、个人品德”等一系列道德实践活动，形成良好企业风尚；将社会主义核心价值观的培育和践行融入志愿服务中，积极承担企业社会责任，树立沈鼓集团良好形象。这些企业文化建设活动和实践，提升了员工的道德水平，也为企业发展注入了强大的精神动力。

不断提升全体员工的科学文化素质和思想道德素质，推动员工全面发展，是企业文化建设的最根本的任务，这一根本任务，与社会主义核心价值观三个层面种国家、社会、个人层面最具文化属性的“爱国、敬业、诚信、友善”价值准则，具有高度的一致性，是企业文化建设的题中应有之义。

社会主义核心价值观是企业文化的根本和灵魂，决定着企业文化的性质和发展方向。

任何一家企业都具有经济属性、政治属性、社会属性和文化属性，这就决定了企业的文化建设必然具有服务经济、服务政治、服务社会、服务员工的四大功能。创造社会物质财富和精神财富、满足人民（包括企业员工）物质精神文化需求、推动经济社会全面发展进步，是社会对企业的基本要求，也是企业经济责任、政治责任、社会责任、文化责任的具体体现，是企业培育和践行社会主义核心价值观的总体价值目标。

富强、民主、文明、和谐、自由、平等、公正、法治、爱国、敬业、诚信、友善，作为价值目标、价值取向、价值标准，确立了党和国家、全体社会成员应当遵循的价值尺度、价值规范，价值行为准则。为企业文化建设提供了 4 个具有本质规定性的价值取向，这就是企业文化的经济价值取向、政治价值取向、社会价值取向和道德价值取向，这 4 个方面的价值取向决定着企业文化的性质和价值取向。

## 通过培育和践行社会主义核心价值观实现企业创新转型发展

近年来，许多企业家开始高度关注企业文化建设中的价值导向问题。譬如，中国大唐集团有限公司提出了“价值思维、效益导向”的核心价值理念，中国兵器工业集团实施全价值链体系化精益管理战略，内蒙古一机集团实施价值驱动战略等，都是企业对企业文化价值导向高度关注的表现。

结合企业文化建设实践，我认为，我国企业文化要实现创新转型发展，最根本的就是要坚持“价值导向，效益思维”这一核心价值理念。

我们的企业文化建设应该有明确的价值取向，这个价值取向就是社会主义核心价值观所规定的价值目标、价值取向、价值准则。

企业文化的经济价值取向、政治价值取向、社会价值取向和道德价值取向，这四个方面的价值取向决定着企业文化的性质和总的价值取向。我们是在社会主义制度条件下建设企业文化，决定了我们的企业文化建设具有社会主义性质：这就是它的经济价值取向、政治价值取向、社会价值取向和道德价值取向；而要保证企业文化的正确价值取向，就必须以社会主义价值观为根本，这是我们企业文化的灵魂，也是我们主张的企业文化的价值导向。

但是，企业要实现上述价值，就必须创造经济效益，作为经济组织和市场主体，企业如果不能创造利润、取得经济效益，什么政治责任、社会责任、文化责任，一切都是空的。所以，企业文化创新转型发展的价值理念的第二点，就是要强调效益思维。当然，这个效益思维，是以经济效益为主，同时还包含了社会效益。

导向的问题解决了，效益的问题解决了，企业文化的创新转型发展的根本就立住了，基础就打牢了。

企业文化要实现创新转型发展，必须贯穿一条主线，就是用社会主义核心价值观统领企业文化建设。

以社会主义核心价值观为主线，加强企业文化建设，重点要把握两大原则、一个重点：

这两大原则一是价值引领原则，即始终把社会主义价值观作为主线创新企业文化建设工作；二是全方位融入原则，即把社会主义核心价值观的具体内容融入企业生产经营服务、融入企业管理、融入员工日常工作。

一个重点就是确立与社会主义核心价值观相一致的企业文化价值理念、企业文化发展目标和企业文化体系，实现企业文化在企业发展战略、企业各项规章制度、企业员工精神文化需求与社会主义核心价值观的有效对接。

以创新为原动力，培育和践行社会主义核心价值观，推动企业文化转型发展，做好社会主义核心价值观向企业文化创造性转化和创新性发展工作是关键。

从社会主义核心价值观与企业文化的关系来看，主要是做好创造性转化工作。重在做到“三个体现”：即要体现社会主义核心价值观的内容、体现时代特征、体现企业特色。从企业文化建设工作自身来讲就是要做到创新性发展。如内蒙古一机集团开展的“铸魂、树形、聚力、安康”社会主义核心价值观四大创新工程，就具有一定的典型意义。其具体内容是：铸魂工程——用价值追求铸魂，以社会主义核心价值观和兵器工业集团企业价值观“三个坚持”为基本价值取向，提炼和培育公司上下一致认同的价值理念，形成强大的精神动力和思想保障；树形工程——用价值标尺树形，通过树立党组织、干部队伍和党员队伍的良好形象，形成积极向上、团结奋进的良好风气；聚力工程——用价值认同聚力，培养和选拔各类人才，通过工会、共青团、关工委等群众组织汇聚广大职工的力量，形成促进企业发展的强大动力；安康工程——用价值创造推动企业和谐稳定、职工幸福安康，坚持为职工办好事实事，推进综治、信访、保密等工作，为企业营造良好的环境，实现职工幸福安康。

需要强调的是，企业文化创新转型发展的最重要内容之一是科技文化创新与企业科技文化建设，这是企业文化建设的重点板块和新突破口。企业科技文化创新要突出三个方面的内容。

一是基础性内容——科技创新活动、成果本身及其对企业发展的推动力。企业科学技术本身就是企业文化的重要组成部分，甚至是主要组成部分，科技创新、科学技术水平的提高，直接决定着企业生产能力和产品质量，在很大程度上决定着企业的市场竞争力，是企业的核心竞争力。这是企业科技文化建设的基础，也是企业文化软实力的重要组成部分。开展科技创新，增强自主创新能力，拥有尽可能多的核心技术和自主知识产权，把科技转化为企业生产力，发挥科技在企业发展中的基础性作用，是当前和今后一个时期企业文化建设的重中之重，也是企业文化发挥作用的关键环节。

企业科技文化建设重在提高以下三种能力：即科技创新的能力——企业自身开展科技创造发明的能力；科技成果转化能力——科技创新服务企业生产发展的能力；科技成果市场化的能力——企业科技推广传播销售的能力。

最重要的是，坚定不移地把自主创新和科技进步作为企业发展的首要推动力，通过原始创新、集成创新和引进消化吸收再创新，从根本上扭转关键核心技术受制于人的局面，突破国外技术垄断和知识产权壁垒，掌握一批具有自主知识产权的核心技术，争取在一些重要行业和关键领域占据国际领先地位，从而提升企业核心竞争力。

二是科技制度建设。通过建立健全企业技术创新决策、研发投入、科研组织和成果转化等各项制度，通过加强制度设计、制度安排，强化制度执行力，建立和完善企业主导产业技术研发创新的体制机制，加快建立企业为主体、市场为导向、产学研用紧密结合的技术创新体系和企业科技创新管理体系，为企业科技创新提供制度保障。

三是科学精神的培育。企业科技文化建设，要以企业科技创新为基础，以宣传推广和表彰奖励企业科技创新为手段，培育员工热心科技创新、尊重发明创造、崇尚科学的精神，把科学精神转化为企业文化建设的重要内容，丰富企业文化建设工作的科学内涵，使科学精神成为企业精神的重要组成部分，把科学技术的内容纳入企业文化的范畴，上升为一种真正意义上的文化，用科学文化重塑企业精神，实现以科学文化化人，是当前和今后一个时期企业文化建设工作的一项重要任务。

目前，许多国家把科技创新作为基本战略，大幅度提高科技创新能力，形成日益强大的竞争优势，这类国家称之为创新型国家。目前，世界上公认的创新型国家有美国、日本、芬兰、韩国等 20 多个国家。其共同特征是：创新综合指数明显高于其他国家，科技进步贡献率在 70% 以上，研发投入占 GDP 的比例一般在 2% 以上，对外技术依存度指标一般在 30% 以下，获得的三方专利（美国、欧洲和日本授权的专利）数占世界数量的绝大多数。与这些创新型国家相比，创新驱动战略对我国来说显得尤为重要，企业科技创新的任务更为艰巨，因此，企业文化建设中科技文化创新显得尤为迫切。

此外，还要善于运用法治思维。2014 年 10 月 27 日，习近平总书记在主持召开中央全面深化改革领导小组第六次会议时强调，学习贯彻党的十八届四中全会精神运用法治思维和法治方式推进改革，切实提高运用法治思维和法治方式推进改革的能力和水平，要“善于运用法治思维和法治方式想问题、作判断、出措施”。习近平总书记关于运用法治思维和法治方式推进改革的重要思想，对于我们用法治引领、推动、规范、保障企业改革发展、推动企业文化创新转型具有重要的指导意义。

市场经济在很大程度上是法制经济，强化法治思维，坚持依法治企，是建设社会主义法治体系、全面推进法治国家的必然要求，也是企业履行法定权利、义务的客观要求。

法治，是社会主义核心价值观的重要内容。坚持依法治企，按照法治的理念、精神、原则思考、分析和处理问题，是企业健康持久发展的根本保证。因此，企业要转变思维、创新方式，对外，要依法经营，依法维权，创造良好的经营和发展环境；对内，在企业管理中要全面引入法治思维，尤其是领导干部和管理人员要自觉运用法治思维和法治方式处理企业内部的各种问题，发挥法治思维在企业管理中的积极作用，深化企业改革、化解各种矛盾、保障企业发展，充分发挥法治思维在企业改革与发展的保驾护航作用。其中，很重要的一点就是要真正把法治思维纳入企业文化建设的范畴，形成法治思维和用法治方式处理问题的习惯，形成一种文化氛围。

最后，还要着重强调重塑企业精神。正确的价值观念、坚定的目标追求、鲜明的群体意识、强烈的社会责任感是企业精神的具体表现。企业精神代表着企业的精神风貌和企业的文化风尚，是时代精神与独具特质的企业文化相结合的产物。

企业精神的形成，已经有了比较长的历史，大家耳熟能详的、具有代表性的企业精神已经不少。但是，如何在社会主义核心价值观的引领下，赋予企业精神以崭新的时代内容，重塑企业精神，是目前企业文化创新转型发展的重要任务之一。

进一步增强创新意识，重塑企业精神，重点做到三个方面：一是要紧密结合企业发展战略和企业发展要求，深入挖掘企业文化资源，使企业精神与社会主义核心价值体系的要求相符合，与企业发展战略相适应；二是要紧紧把握先进文化的前进方向，广泛借鉴国内外企业文化的优秀成果，取其精华，为我所用，塑造符合企业发展要求、体现时代特色、具有丰富内涵的中国特色企业精神；三是要引导员工进一步解放思想，把时代精神融入加快企业改革发展的实践，支持观念创新、制度创新、科技创新，进而推动企业文化创新转型发展。

（作者系中共中央宣传部思想政治工作研究所研究员，本文摘自《企业文化》）

# 中外企业文化比较交流中得到的启示

李世华

在中外企业文化2015重庆峰会上，美国联合技术公司中国区总裁蓝沛文女士、中国交通建设股份有限公司杜胜熙部长和三位中外企业嘉宾结合各自企业的实际，就中外企业文化比较，促进中外文化融合，搞好跨文化管理问题进行了交流研讨，从中得到很多启示。

## 启示一：进行中外企业文化比较研究具有重要现实意义

企业文化概念的提出，本身就源于对日美企业管理比较。可以说，不同文化比较研究，特别是基于研究文化差异及其对管理的影响，对国外企业文化的先进性、适用性和可移植性进行科学分析，在企业文化的产生和发展中都起到了重要作用。当前，深化国有企业改革，企业将面临进一步调整重组，企业文化融合的任务很重；实施“一带一路”战略，更多的企业在国际化经营中，文化环境对企业运行来说，其影响力是全方位、全系统、全过程的。“走出去”的企业在国际化经营发展的同时，与所在国合作中的多元文化的差异、冲突、融合问题也日益突显。深入进行中外企业文化比较研究，是跨文化管理中推动文化融合、进行文化创新的一项重要的基础性工作。

## 启示二：促进中外企业文化融合，要理性地识别文化差异，达成彼此文化的尊重

一个国家或地区的企业文化是建立在传统的民族文化的基础之上的，并且与其地理环境、社会经济发展水平相联系，因而不同的国家和地区有着不同的企业文化特征。文化冲突包括价值观的冲突、习俗的冲突、习惯的冲突、宗教的冲突、历史的冲突等，涉及伦理、信仰、法律、国际公约以及通行规则等方方面面。文化差异是企业发挥自身优势的条件，理性地面对文化差异有利于增强企业的竞争优势，促进企业发展。中外企业文化融合首先要加强文化差异识别，消除文化摩擦。包括语言习惯、工作理念、管理风格等方面的识别。世界各国在各自的历史发展中，都形成了自己引以自豪的历史文化，学习、尊重各个国家的历史和文化是中外企业文化融合的重要内容。在国际化经营中要保持谦虚心态，尊重外方文化，注意人格平等。中国交建在海外项目中，注重提高中方员工的“属地化”意识。要求中方员工尊重当地的文化和风俗，在人格上尊重当地员工；严格遵守当地法律法规，禁止捕杀野生动物、购买或携带象牙、犀牛角等违禁品；注重对当地环境的保护；学习肯尼亚当地的斯瓦希里语，增进与肯方员工的感情。中国化工集团公司董事长经常对被收购企业的管理层和员工讲：在资产关系上我是你们的“老板”，在企业管理方面你们是我的“老师”。在与目标公司相关人员的交往中，多以对方为师，自己甘当学生。这种尊重文化个性的理念对外派到各国并购企业的管理人员影响十分深刻。通过理性地识别、面对不同文化的特点和差异，达到彼此尊重、交流互信。

## 启示三：促进中外企业文化融合，要进行充分的文化沟通，达成跨文化的理解

未来30年中国企业将大规模走向国际市场，面临越来越激烈的全球竞争，要特别关注国际规则和跨文化协调。现在对中国企业来说，最大的机遇就是“一带一路”。“一带一路”将面对66个国家和地区，人口44亿，占全球人口的63%，经济总量21万亿美元，占世界总量的29%。亚投行包括五大洲的57个成员国，中国企业面临的是世纪性的考验。企业也是我国参与国际竞争的市场主体，随着“一带一路”战略的深入实施，将有越来越多的企业“走出去”，企业文化自然也会随之走出国门。我们要研究“一带一路”66国的国情和投资机会，研究66国的传统和企业文化，研究与不同国家企业不同的合作方式。企业作为国家文化软实力的主力军扮演着非常重要的角色。“走出去”的企业不仅代表着企业自身，也代表着整个国家。美国企业，尊重个人价值、重视自我价值的实现、提倡竞争精神、务实精神、鼓励创新、利益共享。德国企业，具有强烈的质量意识、重视产品和服务的质量，德国制造做工严谨，这使得他们在世界市场上具

有较强的竞争力和占有特殊的市场份额。这些国家的企业走出去，毫无疑问也将国家的软实力散播到了世界各个角落。

因此，中国企业，尤其是具有国际影响力的大型企业，要加强企业文化建设，树立良好的企业形象与国际形象，为提升我们国家的文化软实力助力添彩。要让世界认识中国和中国企业、读懂中国和中国企业，知道中国企业的理念和规则。同时，要深入了解所在国的文化和企业文化，熟知外国企业的理念和规则，知道国际通用的规则。良好的、充分的文化沟通有助于企业更好地理解文化差异，化解文化冲突。在国际化经营中，要努力了解东道国的语言与非语言沟通的差异，并建立起各种正式或非正式的、有形或无形的跨文化沟通的组织与渠道，针对即存的文化差异和文化障碍，建立起良好的相互理解与信任的协调机制、沟通机制和交流平台，以便及时有效地化解文化障碍。

企业之间的合作，关键是人与人之间的合作。要注重与相关合作企业核心人物的交流和沟通。有的企业为提高文化沟通效果，建立了技术交流、学习机制。以技术交流、学习为载体推动文化沟通；建立了人才双向交流机制，拓展文化融合的广度和深度；建立了各种活动机制，多层面促进文化沟通。中国交建振华重工在承建美国旧金山至奥克兰新海湾大桥过程中，改变传统观念，大力开展对外宣传工作，借助国际多家、多种媒体，开展品牌传播，提升品牌传播力，在东西方社会引起强烈反响。进一步增加了振华重工品牌在国际社会的影响力。振华重工在海外项目中，通过利用外交机构、友好城市渠道，搭建往来交流新平台，深入交流，化解分歧，推进合作。为加强与合作国经贸关系树立了典范。通过举办国际论坛展览，展示企业新产品，搭建与全球客户沟通交流平台。为企业新技术、新产品、新服务的推广打开良好局面。经过多年努力，振华重工已成为享誉世界的中国的“世界名牌”。为我国“走出去”企业如何搞好文化融合，做出了榜样。

**启示四：促进中外企业文化融合，要找到彼此的最大“公约数”，达成跨文化共识**

习近平总书记提出构建以合作共赢为核心的新型国际关系，这个倡议顺应了时代发展潮流，也是对国际关系理论的重要创新。在全球化大背景下，各国利益日益融合，国家之间也许文化不同、信仰不同、制度不同，但合作共赢却是最大的公约数。构建合作共赢的新型国际关系，代替的是单打独斗的老做法，摒弃的是赢者通吃的旧思维。中外企业之间的关系也是如此。尽管与外国企业存在着文化差异，但共同的愿景、使命、理念是最大的公约数。比如“安全、创新、绿色、共赢”的理念，应该成为大多数企业的共同理想和追求。我们要以此促进文化的融合。“走出去”和“请进来”的企业，在尊重彼此文化、理性面对文化差异和进行充分的文化沟通、达成文化理解的基础上，要致力于文化共识的构建，以此作为企业的精神动力。中国交建与国际通行商业规则接轨，在理性识别文化差异的基础上加强合规文化建设，提高了海外员工的守法依规、防控风险、精细管理的意识，促进了公司国际化、正规化管理水平的提高。

**启示五：促进中外企业文化融合，要进行跨文化培训，实现文化创新**

要识别文化差异，发展文化认同，达成文化共识，就要进行跨文化培训。中国路桥肯尼亚办事处现有中方员工2087人，当地员工12998人。企业在员工属地化过程中，加强当地雇员的培养与使用，采取中国企业“师傅带徒弟”的办法，发挥中方人员的“传、帮、带”作用，对当地员工进行了系统的业务及技能培训，把他们从基础的体力劳动岗位逐步培养成能够胜任技术含量较高的技术、管理等岗位，对工作能力和责任心强的雇员则为其创造更多的晋升机会。通过跨文化宣传、教育、培训，掌握对方的语言，促进日常沟通。根据专业特点，组织中外团队之间的技术、营销、人力资源等多方面的交流，对口进行培训与协作，更好地促进文化融合。通过跨文化培训，逐步形成一种既坚持自己的核心价值观，又体现与各种异质文化融合的灵活性与有效性，适应所在国的“本土文化”。从而开放自己，包容别人，为我所用，共享共赢。总之，中外企业文化融合是把所在国及相关单位各具差异的个性文化，通过充分沟通、交流、吸收、借鉴、融合、创新，逐步建设成统一的更高层次的企业文化体系的过程。目的不仅是要解决跨国企业中不同群体因文化传统、文化思维、文化实践等的不同而引发的文化碰撞与冲突，更重要的是通过文化的深度融合实现文化的共识和认同，以引领和保证企业沿着既定的战略目标发展。

（作者系国务院国资委原副巡视员、中国企业文化研究会副理事长）

## 工业文化几个基本问题的辨析

王学秀　韩成霞　张晓曦

西方的工业化肇始于英国工业革命，而中国的工业化从“洋务运动”开始至今也有百余年时间。与工业化进程不相协调的是，我国理论与实践界对工业文化的研究和关注却一直处于相对薄弱的境地。2015年，“中国制造2025”颁布之后，关于工业文化的研究逐渐引起更为广泛的重视。在借鉴前人研究基础上，本文试就工业文化的定义、要素、核心内涵及建设等方面的诸多问题进行探索与分析。

### 一、工业文化的定义与基本要素

**（一）文化与工业文化。**

西方学术界对“文化”这一概念的产生与进一步研究开始于18世纪，19世纪末，英国人类学家泰勒在《原始文化》一书中，将“文化”作为分析性概念用于人类学研究。1952年，美国文化学家克罗伯和克拉克洪发表《文化：概念和定义的批评考察》一文，对西方自1871年至1951年期间关于文化的166种定义作了评析，并给予了一个关于“文化”的定义：“文化由明确的或含蓄的行为模式和有关行为的模式构成。它通过符号来获取和传递。它涵盖该人群独特的成就，包括其在器物上的体现。文化的核心由传统（即历史上获得的并经选择传下来的）思想，特别是其中所附的价值观构成。文化系统一方面是行为的产物；另一方面又是下一步行动的制约条件。”“文化是历史上所创造的生存式样的系统，既包含显性式样又包括隐性式样。它具有为整个群体共享的倾向，或是在一定时期中为群体的特定部分所共享。”

尽管我国学界已有张心昊、余祖光、赵学通、王新哲等学者提出了关于工业文化的定义且各有所长，参考克罗伯等关于文化的定义，我们还是希望给出一个关于工业文化的定义：工业文化是人类在工业社会进程中，通过工业化生产与消费过程逐步形成的共有的价值观、信念、行为准则及具有工业文明特色的群体行为方式，以及这些信念和准则在物质上的表现。沿着这样的定义，我们可以将工业文化的基本特性作如下界定：第一，工业文化是工业社会的产物，是由工业社会的基本特性决定的；第二，工业文化通过人类的学习而来，是个人适应工业生产及消费这个整体社会环境的工具；第三，工业文化具有较丰富的结构性，可以不同方法划分为多个方面和层次；第四，工业文化是动态的和发展变化的，其运动和发展变化有其自身的规律性。

**（二）工业文化的构成要素。**

一般来说，谈到文化的构成总脱离不开物质、行为与制度、精神三个方面。但是，如果仅宽泛地把工业文化定义为物质、行为与制度及精神三个层面，又无法给出一个有关工业文化的清晰框架，使得工业文化在具体的实践中缺乏抓手，不利于工业文化的建设与发展。基于此，我们可以根据克罗伯等给出的文化定义中进一步解析出诸如“行为模式”“符号”“人群独特的成就”“器物”“传统”“价值观”“行为的产物”“制约条件”“生存式样的系统”及“群体共享”等词汇。在此基础上，结合文化学的基本知识体系，可以将工业文化的基本要素细分为：传统、人及人群、组织与制度、行为、思想精神与信仰、物质器物等六个层面。需要强调的是，不是说这些要素就是“工业文化”，也不是在它们之后加上一个“文化”的后缀就可以表达工业文化；而是说，工业文化的研究，可以从这些层面或维度开始。

传统。传统就是克罗伯等所说“历史上获得的并经选择传下来的”思想和行为，是所有文化研究领域的核心内容。而工业文化的传统，就是要研究人类开始工业化进程后产生的制度与组织、理念与精神、人物、事件、物质与器物、工业文化与社会互动等。

人及人群。从人和人群视角研究工业文化有两个问题，一是研究“什么人”，这些需要研究的“人”，自然是与工业制造、流通、使用工业产品等各过程发生联系的所有的人，包括工业品制造者、销售者、消费者等；但是，工业文化关注的不是这些“所有人”的“所有事”，这就引出了第二个问题，就是“研究人的什么”。自然，从工业文化角度来说，它所关注的是这些人及人群在参与工业品制造、流通、使用过程中的“工作者文化”和“消费者文化”，而不是他们的全部社会活动。

组织与制度。在工业社会，所有的工业组织及相关制度（包括社会层面和企业组织层面的）所形成的“生存式样的系统”，都对工业文化的形成与发展有着重大塑型与导向作用，比如：组织层面的结构设置和权力配置、制度层面的关于企业组成的制度（股权结构）以及关于企业管理与运营的制度等。

行为模式与行为规则。行为模式与行为规则是文化人类学田野调查的最重要内容之一，这些研究更多集中在这样一个问题上：是什么东西调节着人们在群体生活中的行为？比如：如何合理制定和避免利益冲突、如何让人们的行为遵循一定的规范、如何让人们的态度变得积极起来，等等。毋庸置疑，上述行为模式和行为规则的研究，是工业文化研究的又一重要领域。

思想、精神与信仰。思想、精神乃至信仰和价值观等是文化的核心问题。从工业文化方面来看，这些研究既可以是一个宏观的范畴，如：一个民族、区域或时代的工业思想或精神；也可以是一个微观的范畴，如：一个组织、一家企业，或者一个人（企业家或工业企业领袖）的思想或精神。

物质、器物与形象。著名文化人类学家马林诺夫斯基在谈到物质文化时认为：“人的物质设备，举凡器物、房屋、船只、工具，以及武器，都是文化中最易明白、最易琢磨的一方面。”在工业文化研究方面，作为商业活动最终产出物的商品无疑是一个重要领域。但从“物质”层面看，商业活动所包含的“物质”不限于商品，其他的如技术、设备、物料，以及商品生产与流通场所的设施与形象、与商业活动相关的器物（尤其是传统遗存）、商业组织的形象与品牌展示物等，都是商业物质文化研究的范畴。

## 二、工业文化的核心价值取向

每一种文化或文明都有其独特的核心价值取向。从工业文化来说，从广义层面看，其核心价值观与之前的农业社会和之后的服务社会、信息和知识型社会有什么不同？从狭义层面看，以制造业为核心的工业文化，与服务文化又有怎样的区别？正如社会主义核心价值观所定义的“24字理念”一样，在工业文化建设过程中，厘清与工业文化紧密相关的核心价值要素，既是工业文化理论研究的基本任务，也是工业文化建设实践中所必须界定的基本问题。

通过工业文明与农业文明的区分及对人类工业发展历史过程的观察，我们可以将工业文化的核心价值取向抽象为以下六个方面。

**（一）创新文化。**

人类开始于英国工业革命的从农业社会到工业社会的嬗变，就是一个持续创新的结果。熊彼特对创新理论、克利斯·弗里曼对工业创新理论的研究，就是工业文明经济创新的集中表现。从工业文明的演进过程看，技术创新与制度（管理）创新是驱动工业化发展的两个最重要的驱动力。人类通过学习和研究持续加深了对自然界的了解，使得技术进步越来越呈加速度态势；而人类对自身的持续深入了解，也使得与工业组织相关的制度设计尤其是管理创新不断进步。正如丹尼尔·雷恩在《管理思想史》中所说："（一代代的企业家）他们竭力应对管理大规模人力与物力资源组合所产生的多种难题，他们努力发展关于人类行为的哲学和理论，他们是变革的发动者。"时至今日，创新和创新文化已经成为所有企业持续成长的核心驱动力和竞争优势的源泉。

（二）效率文化。

工业文明的一个基本价值追求就是财富的增长。在这一过程中，来自市场与消费者尤其是竞争对手的压力，迫使企业将追求效率作为管理与经营的核心导向。从泰勒对"科学管理"的探索开始，工业企业通过技术的、管理的、工艺的和人际的等各种方法，研究如何持续提高生产与运营的效率，以应对竞争者的挑战及增加财富积累的速度。因此，效率文化是工业社会显著区别于农业社会的根本性文化价值。

（三）质量文化与精益文化。

质量是工业制成品的核心，也是工业企业管理的底线。在工业化社会发展过程中，工业企业通过利用新技术、新材料和新工艺，不断地提升产品质量，为社会提供了既有物质上的用处，又融入了文化情感的丰富多彩的产品，并逐步形成了品牌价值和品牌文化。因此，质量文化是工业文化的基础理念和核心价值。随着时代的进步，质量文化也逐渐向更系统、更具创新性的精益生产和精益管理发展，成为时代的文化主基调。

（四）合作文化。

工业社会和农业社会最大的区别，就是人们在逐渐摆脱熟人社会后，和有共同利益的陌生人合作，并产生了企业这样管理逐步规范的群体化组织。所以，工业文化中的合作文化，既是人与人之间的合作，也是组织内外部的合作。这种合作的内部需求是分工与效率，而其外部需求就是消费者和竞争者的驱动。所以，合作文化是工业文化的又一个十分显见的价值取向。

（五）专业文化与职业文化。

工业社会中，无论是企业内部还是企业外部，讲求效率、质量与合作都有一个基本前提，就是基于劳动分工的专业化，每一个人职业成长的基本路径，是按照专业方向发展的；与之相关，工业企业内部的管理也逐渐实现了专业化。所以，无论从组织还是从组织中的个体看，专业化是工业社会的显著特征。而对于每一个个体来说，沿着专业化的路径，或者要实现个体的专业化发展，培育良好的职业文化又是其中的关键。所谓职业文化，就是遵守契约与职责，立足岗位尽心工作，并通过持续学习取得个人职业能力和专业化水平的进步。

（六）人本文化。

从后工业化和后现代思维看，人本文化似乎并不是工业社会的典型特征，而且一些理论甚至认为工业文明与人本关爱水火不相容。综观管理理论我们会发现，管理中的人本文化有一个从萌芽到持续演进的过程。比如：泰勒在其著名的《科学管理原理》中开宗明义提到，某些只想以极低的工资，换来工人们竭尽所能的生产，雇主将会发现，雇员们更慷慨的策略对自己反而是有利的。而梅奥主导的"霍桑实验"则更将对企业人的关注纳入管理的基本范畴。之后持续成长的管理人性化理论脉络，可以从丹尼尔·雷恩的《管理思想史》中清晰可见。因此，尽管人本文化一开始并不是工业社会的典型文化特征，甚至还因为劳资关系问题引发了世界范围内的巨大社会变迁，但人本关爱这一基本假设，却随着社会进步在20世纪后半期成为工业文化的主流价值。

以上我们从六个方面简要分析了工业文化的基本价值取向，当然，限于学识，我们不可能就这一命题规划出一个完备的科学体系。这个开放性的问题，可能需要更多有识之士的共同努力。而且我们界定的上述六种文化价值，在概念、内涵和外延上也有很多可以探讨的方面。比如：在谈到"效率"和"质量"时，"科学"的理念其实是可以融入其中的。那么，如何区分这三者甚至更多理念之间的关系？哪个理念是纲领性的？这些问题都需要进一步探讨。此外，还有一个更需要持续讨论的问题，就是除了"人本文化"之外，"绿色文化"算不算工业文化的一个核心命题？其实与人本文化一样，随着时代的演进和人类对生活品质的追求，"绿色文化"必定成为新工业文化的"底线式"追求。

## 三、对工业文化建设中几个基本关系的认识

对工业文化理论问题的探讨，是为了给工业文化建设实践提供基本方向。而一提到"文化建设"这个词汇，从现实观察看，存在诸多方面的问题，无论是企业文化还是更广范围的工业文化都是如此。因此，为促进工业文化建设的持续开展，我们还需要结合"建设"过程中遇到的一些问题再延伸讨论。

（一）工业文化与后工业文化的关系。

随着时代的进步，以批判和重新审视工业文明的"后工业社会"、"后现代"理论勃兴，而互联网的快速切入，更促使人们从另一个视角认识工业社会。诚然，工业社会带有其不可避免的问题，比如：过度强求效率而压制了人们的生活空间、过度的组织化与合作挤压了个体的权利空间等。但在工业文化建设时思考这一问题我们须明确两个基本前提：第一，网络技术的兴起不意味着工业文明已经过时，因为作为"工具"的网络，无法替代工业的"生产"职能；第二，与西方发达国家相比，我国的工业化还有诸多不充分、不完备和不协调之处，我国社会对与工业社会相生相伴的制度、思想等，还有大量的学习空间。因此，在洞悉后工业社会基本理念及避免工业社会弱点基础上，通过工业文化建设弘扬其正确的理念和做法，还是我们必须做的基本功。

（二）工业文化与行业文化、企业文化的关系

从范围上看：工业文化是一种区别于农业文化、服务业

文化的产业文化，是基于工业这个独特的“产业”及其与社会的互动过程来研究的；行业文化则主要基于某一个行业进行研究，探讨其区别于其他行业的独特文化模式；而企业文化则比较单纯，就是基于某一家企业自身的文化进行研究。

从参照系看：基于工业社会的工业文化研究，其参照系是农业社会、服务社会或信息（知识）社会；行业文化研究的参照系是其他的行业；企业文化研究的参照系是其他的企业。

从研究重点看：工业文化具有时代的、社会整体的等基本特征，研究重点是工业社会及其文化对社会整体（当然包括工业企业从业者）的影响；行业文化的研究重点，主要从独特的行业背景出发，研究某一行业的运营与发展过程中产生的文化及其对从业者的影响；企业文化相对简单，以企业组织为研究重点，从属于组织文化研究范畴。

从文化建设主体看：狭义工业文化的建设主体是工业企业从业者，而广义的工业文化研究主体则是全社会的人，即工业社会对人类产生的影响；行业文化建设的主体是本行业的人，企业文化建设的主体是企业人。

**（三）工业文化现实与工业文化遗存的关系。**

在工业文化建设中，鉴于工业文化遗存对文化创意产业及创意城市建设的重要价值，有论者将其摆到了较为突出的位置，甚至作为工业文化建设的核心内容。我们认为，这样的做法有失偏颇。自然，工业文化遗存属于工业文化，但这部分内容似乎只属于工业文化要素中的“物质层面”，而且还是“既往”的而非现实的物质层面。在新时代尤其是“中国制造 2025”时期倡导工业文化的建设，其重点方向应该是蓬勃发展的工业企业的现实，文化建设的主要任务应该是为工业企业的发展提供符合时代潮流的价值理念和管理思想。

**（四）工业文化建设诸要素之间的关系。**

如前所述，我们将工业文化要素归纳为传统、人及人群、组织与制度、行为、思想精神与信仰、物质器物等六个层面，这六个方面又可以归纳为精神、行为与制度及物质三个层面。而正确认识和处理工业文化三个基本层面之间的关系，是建设工业文化所必须考虑的。第一，工业文化的精神层面是核心和灵魂，反映了工业文化的属性，支配着制度层面和物质层面的工业文化。因此，对工业文化精神层次的发掘是研究工业文化的核心任务（如第二部分）；第二，制度与行为文化是工业精神文化的基础和载体，并对工业精神文化起反作用。比如：某一管理的规范或者建立会影响从业者选择新的价值观念，成为新的工业精神文化的基础；第三，工业文化不仅仅是“工业人”的文化，由于产品的广泛使用，整个社会层面都围绕这些“使用”而产生了一系列文化特质、社会群体、价值观念乃至信仰实践。因为这些由工业品而产生的文化事项，都依赖于“物”的功用而且必须与其发生联系，这些功能或作用互相交织在一起，组成了一种工业文化的“物质层综合体”。

**（五）工业文化建设各主体间的关系。**

与一般的企业文化建设不同，工业文化建设是一项整体的“社会性”工程，涉及政府、行业、企业、个人等多主体。这其中，各个主体如何发挥应有的作用，是工业文化建设的关键。从整体来看，政府及相关公共管理机构在工业文化中发挥领导作用，应从整体布局、倡导与宣传、政策尤其是产业政策制定角度发挥作用；工业领域的各个行业应发挥平台作用，应在政府倡导和部署下，结合本行业特点，联合本行业企业承上启下地开展相关文化建设活动；工业领域的企业是工业文化建设的基础和落脚点，也是工业文化建设的核心力量，应结合本企业实际，从健全工业文化要素及推动企业持续发展角度，积极而持续地开展文化建设活动；工业企业的从业人员，是工业文化的主力军，应该在企业文化建设过程中，结合工作实际践行工业文化的基本价值理念，以自身工作行为和职业成长过程践行工业文化。

（作者王学秀系南开大学商学院企业文化研究中心秘书长、副教授、管理学博士；韩成霞、张晓曦系天津理工大学法政学院硕士研究生，本文摘自《企业文明》）

# 企业价值观管理的思路与重要途径

黎　群

价值观是企业文化的核心。企业在经营管理活动中普遍存在着价值判断的问题，需要什么、相信什么、坚持什么、追求什么，都与价值观有着密切的联系。企业价值观的内涵是企业全体（或多数）员工赞同的关于“企业的价值在于什么以及哪些对象对于企业来说有价值”的看法，从某种角度来说价值观就是一个企业的基本理念。

## 价值观管理的趋势

20 世纪工作环境中不断增加的复杂性、不确定性和迅速的变化推动了组织管理的演变。传统的指令管理（MBI）理论盛行于 20 世纪初期，在 60 年代让位于现在仍然流行的目标管理（MBO）。目前，一种新型的管理理论正浮出水面，即价值观管理（MBV）。价值观管理同时也是一种有效的企业文化变革的方式。

当企业的外部环境发生了巨大的变化时，管理者必须改变管理实践，以满足时代发展的需要。20 世纪初，人们认为指令管理是管理组织的恰当方式，因为当时的社会发展速度缓慢，过去行之有效的方法可以传授给其他人。60 年代，变化的步伐加快，管理者因而需要有更多的行动灵活性。目标管理的引入使管理者可以就发展方向达成一致，并选择自己的战略。但随着环境变化的加速（如全球性竞争、科技快速发展的冲击等），目标管理已不足以应付这个相互联系和快速发展的世界。依赖目标管理的组织经常发现，它们的管理者无法实现目标。在很多情况下，并不是目标太高或不现实，而仅仅是由于出现了很多没有预见或无法预测的变化。

经过多年的研究，人们发现理解这种系统的行为，关键就是理解伴随这一动态系统的价值观。

当今时代管理者和员工拥有共享价值观，已经成为企业获取竞争优势的重要源泉，价值观管理正日益成为企业建立可持续、有竞争力和更人性化文化的新趋势。价值观管理既可以视为一种管理哲学，也可以视为一种管理实践，其主要作用体现在能维持一个组织的核心价值观，并使其与组织的战略目标结合起来。

## 价值观管理的涵义

价值观管理认为，领导力的真正本质是关注人的价值观。领导者的工作就是在企业的发展过程中，使组织的战略方向与核心价值观协调一致。具体来说，就是创建一种共享价值观的文化，明确或隐含地指导各层次或各部门员工的日常工作。

通用电气公司就是一个价值观管理的典范。该公司把共享价值观看得非常重要，它将共享价值观印在一张卡片上，让每个员工随身携带。无论是在公司的领导力学院，还是在其他场所，通用电气花了大量时间来研究公司的核心价值观究竟应该是什么。“携带这一卡片不仅是荣誉的象征，更是对价值观的拥护。”正如公司前CEO杰克·韦尔奇所说，“在公司中所有人的手提包和钱包里都有公司的价值观指南。它是我们生存的根本，有着非常重要的作用。与这些价值观不符合的人，即使工作业绩再好，公司也不需要。”

## 价值观管理的思路

企业价值观管理，就是要最终形成一个企业的共享价值体系。它的主要工作包括两个方面：一是要保证价值观念体系本身符合企业发展战略要求；二是要使企业员工普遍认同这个价值观念体系。

一是梳理提炼价值观。

以企业发展战略为参照系，对既有价值观进行梳理，并提出未来发展所需要的新价值观。对于已经被员工普遍认同的价值观，要以企业发展战略为基准，将符合企业发展战略要求的价值观元素保留下来；将不再符合企业发展战略要求的价值观元素通过文化变革抛弃掉。企业还需要根据发展战略的新要求提出某些新的价值观元素，作为新文化的种子，经过精心培育，使其逐步成为新文化的组成部分。

二是着力培育价值观。

提出价值观并非最难的事，难度最大的是如何将组织倡导的价值观变为企业员工的共同信念。如果价值观仅仅是停留在语言上和墙上，没有融入员工的行动中，价值观也就失去了存在的意义。也就是说，企业倡导的价值观，只有转化为普通员工的信念，才会成为企业实际的价值观；否则，它不仅对企业没有任何裨益，还会扭曲、损伤企业的形象。企业价值观从确立到转化为企业成员的普遍信念，是一个价值观内化的过程，也就是让员工接受并能够去自觉遵循价值观的过程。

## 价值观管理的重要途径

一是建立与完善相关制度。

企业价值观的形成需要运用软硬结合的管理方式。在宣扬企业员工整体价值观的同时，必须建立、健全和完善必要的规章制度，特别是相应的激励和约束机制，使员工既有价值观的导向，又有制度化的规范。

制度与文化存在一种互动关系。当管理者认为某种文化需要倡导时，他可能通过培养典型人物的形式，也可能通过开展活动的形式来推广和传播。但要把倡导的新文化渗透到管理过程，变成人们的自觉行动，制度则是最好的载体之一。人们普遍认同一种新文化可能需要经过较长时间，而把文化“装进”制度，则会加速这种认同过程。

二是将核心价值观转化为行动目标。

当组织拥有了鼓舞人心的愿景、富有意义的使命和一套相应的价值观时，就可以认真思考长期、中期和短期的目标，并明确相应的行动原则。在构建使命、愿景和价值观的过程中，要确保每个员工能够通过目标与它们联系起来。通过价值观管理可以构建由价值观到行动目标的逻辑过程。

三是基于价值观的招聘和选拔。

不管是职业道德方面还是工作方面（如诚实、创造性、尊重他人等），通常很难说服他人信奉某些价值观，除非人们已经具备这种品质。根据价值观进行员工选拔，通过评估应聘者的个人价值观与公司价值观是否匹配，就是在实践价值观管理。关键事件访谈及道德伦理的案例分析都可以反映出一个人的价值观。

招聘人员找不到“完美”人选时，企业还需要作出下面的决策：一旦应聘者融入组织及组织文化后，他在多大程度上有能力学习或接受新的价值观？这时，可以评估他们的个人能力，如灵活性、适应性、创新性、团队合作和其他组织需要的能力。

四是基于价值观的培训和开发。

将培训及开发与价值观管理所确定的价值观结合起来，在设计“培训与开发价值观”计划时，通常需要回答下面两个关键问题：

第一，为了维持和开发公司的每一项价值观，必须学习哪些新理念和忘记哪些旧理念？

第二，必须开发哪些知识和技能，才会产生与公司价值观一致的行为？

五是基于价值观的绩效评价和绩效奖励。

目前我国企业许多宣扬的价值观在员工中远未实现普遍认同和自觉遵循，如敬业、团队、创新、变革等企业价值观并未成为企业经营管理的“内核”，未能在员工中广泛形成“文化自觉”。以敬业这一价值观为例，2013年11月初，盖洛普公司公布其2011-2012年全球雇员对工作投入程度的调查，该调查对象为2011-2012年间142个国家和地区的员工，他们对工作的投入程度被分为敬业、漠不关心和消极怠工。调查结果显示，全球员工中敬业的比例仅为13%，而中国远远低于世界水平，敬业员工只有6%。

为了激励员工认真对待核心价值观，企业需要对员工将价值观转化为实际行动所付出的努力给予公平的评价与奖惩。

作为对事物发展过程和结果的有效反馈和控制，评价属于管理基本流程中不可缺少的关键一环。企业在价值观管理过程中可以逐步实施主观业绩评价。主观业绩评价是基于评价者个人主观判断或基于主观指标的业绩评价方法，主观业绩评价指标主要包括例如员工的合作能力、创新能力、工作主动性、可依靠性等公司价值观倡导的诸多方面。

主观业绩评价的最主要特点是其评价结果难以被证实，主要原因是其评价过程完全是一种主观判断，评价者的认知局限和偏爱倾向会对业绩评价结果带来较大的影响。此外，被评价者还可能通过游说奉承等活动影响评价者的评价行为。在主观业绩评价的实际应用过程中，为了尽量避免相关的负面影响，可考虑采取如下具体措施：

第一，建立主观业绩评价结果的反馈机制。主观业绩评价的结果虽然无法被第三方证实，但是如果评价者与评价对象对评价结果达成了共识，那么主观业绩评价就能发挥良好的作用。

通用电气（中国）公司的考核内容包括“红”和“专”两部分。“专”是工作业绩，指硬性（客观）考核部分，通常包括能反映关键成功因素的财务及非财务量化指标，如利润率、销售增长率等。“红”是考核与公司价值观相关的不易量化的东西。通用的价值观主要包括坚持诚信、注重业绩、渴望变革、对顾客充满热忱、坚持质量标准、学习与分享等。和价值观相关的业绩通常由上级通过打分进行主观判断。工作业绩和价值观业绩这两个方面综合的结果就是考核的最终结果。当员工的综合考核结果是价值观和工作业绩都不好时，处理非常简单，让员工离开公司；当业绩一般、但价值观考核良好时，公司会保护员工，给员工第二次机会，包括换岗、培训等；如果员工的综合考核结果是业绩好但价值观考核不好时，员工不再受到公司的保护，公司依然会请员工离开；如果员工的综合考核结果是业绩考核与价值观考核都优秀，那他（她）就是公司的优秀员工，将会有晋升、加薪等发展机会。

通用电气（中国）有限公司进行年终业绩考核时，上级要在员工个人自评的基础上展开评价，而且上级填写的鉴定必须以与员工进行沟通并取得一致意见为前提。他们在相互沟通、交流时，都要用事实证明自己的观点，而不是用想象的理由。如果双方不能达成一致，将由上一级经理来处理。这样的协商程序看似增加了沟通成本，但沟通的同时往往会带来诸多的好处，如增加上下级之间的信任，增强员工的组织公平感及受其影响的工作满意度、组织认同、组织承诺等促进组织长期发展的心理状态和行为。

第二，加强主观业绩评价的客观化。尽可能对主观业绩指标进行客观描述，详细地制定主观评价的相关规则，对于评价结果除了要求定性描述外，尽可能同时采取定量评分的方式，并规定评分的若干判断标准，这样可以在一定程度上限制评价人的主观随意性，增进主观业绩评价的准确性。

多年来阿里巴巴也在积极实施价值观考核。阿里巴巴认为价值观不是天生的，一定是训练出来的。阿里巴巴将价值观内化于员工考核中，用制度来保证价值观的传承。阿里巴巴在核心价值观的基础上，根据工作性质的不同，将抽象的“六脉神剑”和“九阳真经”细化为员工和管理人员具体的行为准则，而不再仅仅成为一句口号。阿里巴巴的价值观考核是推行价值观的有力方式，它考核的是员工在日常工作中所展现的态度、行为与六大价值观的符合程度，考核价值观的过程是全体员工对价值观的理解达成共识，激发员工对价值观真正的认可和尊重的过程，最终促使全体员工在工作当中始终如一的体现出来。

阿里巴巴从改变员工的行动上面入手，将“六脉神剑”中的每一条价值观都细分出了五个行为指南。而这 30 项指标，就成为了员工价值观考核的全部内容。以“客户第一”价值观为例，价值观考核内容及评价标准如下：1 分：尊重他人，随时随地维护阿里巴巴形象；2 分：微笑面对投诉和受到的委屈，积极主动地在工作中为客户解决问题；3 分：与客户交流过程中，即使不是自己的责任，也不推诿；4 分：站在客户的立场思考问题，在坚持原则的基础上，最终达到客户和公司都满意；5 分：具有超前服务意识，防患于未然。

为了防止价值观考核流于形式，阿里巴巴要求员工自评或主管评价下级时，打分过高（总共 5 分，打 3 分以上）或过低（2 分以下），都要给出说明实例，将关键事件与考核结合起来。

在考核中，阿里巴巴按照“271”原则对员工的工作表现进行评估：20% 超出期望，70% 符合期望，10% 低于期望。不能够遵守价值观打分的基本要求，不能将员工区分开的领导，自己的打分将受影响。

阿里巴巴将所有的员工分成了三种类型：有业绩没团队合作精神的，是“野狗”；和事佬、老好人，没有业绩的，是“小白兔”；有业绩也有团队精神的，则是“猎犬”。阿里巴巴需要的是“猎犬”，而不是“小白兔”和“野狗”。对于小白兔，公司会通过业务培训来提升他们的专业素质，而对于“野狗”，公司在教化无力的情况下，一般都会坚决清除。

阿里巴巴的价值观考核在很大程度上减少了价值观被稀释。价值观考核就像一根绳子，在阿里队伍规模快速扩张的时候，抓着这根绳子，阿里巴巴才得以保持文化的凝聚力，才能在激流险滩中没被冲散。阿里巴巴的价值观绩效考核，其实就是在不断地把价值观融入渗透到公司文化的血脉中。

（作者系北京交通大学经济管理学院企业文化管理研究所所长）

# 以社会主义核心价值观为引领 全面提升企业文化建设

高立胜

社会主义核心价值观是社会主义先进文化的核心与精髓，也是文化软实力的灵魂、文化软实力建设的重点。社会主义先进文化是当今社会的主流文化，因此，社会主义核心价值观决定着当今社会文化的性质和方向。企业文化是社会文化的有机组成部分，相对于社会文化，它是其亚文化或者子文化。企业文化是以文化为特色的现代企业管理理论和管理方式，也拥有自己的企业核心价值观，但是它作为社会文化的亚文化，也必须体现和表征社会主义核心价值观的核心要义，并在方向与性质受到其规定与制约，在其发展路径与方式方法上受到总体的规定与制约。因此，开展企业文化建设，必须要以社会主义核心价值观为引领，才能保持其先进的性质和正确的方向，才能在正确的路径上健康发展。

应当指出，我们强调说以社会主义核心价值观为引领，全面深化企业文化建设，并非要否定以前企业文化建设的做法和成就，而是要根据培育和践行社会主义核心价值观的精神和要求，认真审视我们的企业文化建设的现状和实况，以全面提升企业文化建设的质量和水平。在当前，坚持以社会主义核心价值观为引领，全面提升企业文化建设，重点要在以下五个方面加强和提升。

## 必须继承和发扬中华优秀传统文化，保持正确的发展方向，积极凝聚和发挥正能量

企业文化理论和管理方式是“舶来品”，具有特定的西方文化色彩，如果引进来了但脱离中国国情和中华传统文化的根基，就必然会水土不服，而无法扎根生存。因此要将其扎根中华沃土，必须与中国国情相结合，继承优秀的中华传统文化、优秀的中华传统美德。然而，中华传统文化博大精深，源远流长，既有精华也有糟粕。因此我们必须要坚持古为今用、推陈出新的方针，有鉴别地予以对待，有扬弃地予以继承。

例如，在当下兴起的开展讲国学，讲孝道，给力企业文化活动中，我们不能不加区别地去讲“三纲五常”。“三纲五常”是封建社会的政治体制文化，它在总体上属于传统文化中的糟粕，因此我们对此应该本着“取其精华，弃其糟泊”的原则坚决予以抛弃。否则，就会在无意当中宣扬了落后的封建传统文化。再如，在封建传统文化中伴随着“士农工商”的社会阶层排序，而产生的“学而优则仕”观念；“男尊女卑”观念，都属于传统文化中的糟粕，必须予以抛弃。而传统文化中的“仁义礼智信廉耻”、“忠孝节义”、“温良恭俭让”等，虽然是封建时代的伦理道德，但是其中蕴含着中华民族的修身养性、君子之道等的优秀传统美德，因此应根据社会主义核心价值观的内涵和要求，予以扬弃性的继承和发扬。

对于西方的舶来文化亦应如此。例如，所谓“外国的月亮比中国圆”的盲目崇洋的错误态度和方法，当然这些都是极端的典型，但现实中仍不乏出现，对此我们必须要警惕清醒的。

总之，从方法论上来说，必须防止与克服从一个极端跳到另一个极端的倾向。既不能全盘肯定也不能全盘否定。只有这样我们才能坚持以社会主义核心价值观为引领，在正确方向的道路上，全面提升企业文化建设。

## 必须强调领导干部发挥榜样的作用

习近平总书记曾强调指出，“广大党员、干部必须带头学习和弘扬社会主义核心价值观，用自己的模范行为和高尚人格感召群众、带动群众。”从企业文化建设的规律来看，企业领导者特别是“一把手”，通常是企业文化的首先倡导者和首要推动者；不仅如此，更重要的他们还应当成为企业文化建设的践行者和示范者。而在许多民企中则有“老板文化”之说。即民企老板自身的文化对于民企文化的规定和制导作用尤甚。

联想集团董事局主席柳传志曾强调说，联想企业文化是怎么形成、传承的？第一是统一思想，特别是最高管理层要想法一致；第二是宣传贯彻。最重要的是第三条，那就是以身作则。还强调说，“以身作则，不是劝导他人的重要途径，而是唯一途径。”反观我们有些企业领导，则是习惯于高喊口号，但自己不做，而让别人去做；习惯于过去那种“我说你听，我打你通”的宣贯方法。结果是“只见楼梯响，不见人下来。”用这种方式方法去搞企业文化建设，是不会取得广大员工群众的接受和认同的，也不会取得预期效果的。

## 必须强调发挥员工群众的主体作用

企业领导者固然是企业文化的首席倡导者和推动者，但是企业文化是企业全体员工（全员）的文化。因此只有将企业领导者倡导的企业文化转化为全员的文化，才能够成为真正的企业文化。有人提出了“大家建设大家的企业文化”，这种观点和做法，颇受欢迎，也会有实效。然而在有些企业中企业文化成了企业领导和职能部门的专利，脱离了广大员工群众的根基，使得企业文化只能成为“空中楼阁”或者“飘在天上的一朵云”，即使天天在那里喊“落地”，结果却是总也落不了地。

群众路线是中国共产党的根本工作路线。所谓群众路线，就是指一切为了群众，一切依靠群众，从群众中来，到群众中去。对于企业来说，群众即员工群众，他们是企业文化建设的主体。他们既是企业文化的创造者（手段），又应是企业文化的享有者（目的）。因此，企业文化是全员文化。这也正是“大家建设大家的企业文化”的理论根据。

## 必须注意运用各种文化形式，注意创新，注重实效

企业文化管理的运作机制，是营造积极向上、和谐共进的氛围，从而发挥文化的熏陶感染、潜移默化的“教化”

作用。所谓文化的本质即“人化”与“化人”，其含义即如此。为此，既要创建和规范企业礼仪制度和庆典活动，又要注意建立非正规的网络传播形式和关系，来传播企业文化特别是企业核心价值观。还应注意，当前随着互联网的发展，多种新媒体形式不断涌现，因此在企业文化宣贯形式上也必须不断随之创新。然而，不论何种形式，都应注重避免形式主义，以及空喊口号等弊端。而要关注广大员工群众是否喜闻乐见、深入人心，是否能够收到实效。

### 必须把企业文化建设作为长期持久的系统工程来抓

企业文化建设的终极价值是“以文化人”，即培育高素质的全面发展的新员工。而企业文化管理的目标与其他管理方式的最大差异，就在于它有双重管理目标。它既要追求提高效率以实现经济目标，又要追求和实现人的素质提高和发展目标。此外，作为“树人”工程，企业文化建设不能急功近利，急于求成。而当前有些企业则恰恰有急于求成、急功近利的现象。这是不符合培育和践行社会主义核心价值观的基本要求的。而有些企业树立了长远观点和全局意识，就做得比较好。例如，在企业领导班子人员变化时，提出企业文化建设思想认识和行为方式上要做到“一脉相承，薪火相传”；还有的企业提出企业文化建设，要“搞工程”，而不要“搞活动”；等等；这些成功的经验，值得学习发扬和推广。

综上所述，自上世纪八十年代初，我国引进了西方企业文化理论，并开始了探索具有中国特色的企业文化建设。而具有中国特色的企业文化建设是以社会主义核心价值观为核心的，因此在其建设过程中实际上也开始了如何体现和践行以社会主义核心价值观为核心的探索。可以说，我国的企业文化建设的发展实践，对于我们培育践行社会主义核心价值观奠定了良好的基础。此外，企业文化建设与其他职业或地域文化建设相比较，在时间上、范围上和进展深度上都是具有领先优势的。因此，在当前全国上下践行社会主义核心价值观的过程中，企业文化建设更应该百尺竿头更进一步，积极地走在这个队伍的前列，为实现中华民族伟大复兴的中国梦作出更大的贡献。

（作者系中国企业文化研究会副理事长、辽宁省企业文化学会会长、国务院政府特殊津贴专家）

## 探索“互联网＋企业文化”的参考路径

刘　斌

传统的企业文化理念体系建设，通常包括企业使命、企业愿景、核心价值观、基本理念、企业精神、文化品格等一系列内容。从精神层面、制度层面、物质层面为企业塑造了独具特色、丰富多彩的文化形象，推动了企业的成长、进步、壮大。但是在互联网时代，企业文化建设已不仅仅局限于三个层次，而是与企业发展相结合、与管理相协调、与人本相呼应、与品牌相促进的全新的文化创新体系。虽然这些创新与变革短期内不可避免地会带来阵痛，但从长远来看，其历史意义不言而喻。

### 一、正视“互联网＋企业文化”快速发展的现状

大家都知道，“互联网＋”行动计划是2014年李克强总理在政府工作报告中首次提出的。旨在推动移动互联网、云计算、大数据、物联网等与现代制造业结合，促进电子商务、工业互联网和互联网金融健康发展。“互联网＋”就是“互联网＋各个传统行业”，但这并不是简单的两者相加，而是利用信息通信技术以及互联网平台，让互联网与传统行业进行深度融合，创造新的发展生态，形成新的发展业态。它代表一种新的社会形态，即充分发挥互联网在社会资源配置中的优化和集成作用，将互联网的创新成果深度融合于经济、文化、社会等各个领域之中，提升全社会的创新力和生产力，形成更广泛的以互联网为基础设施和实现工具的经济发展新形态。它促进了新一代信息技术与传统制造业、服务业的渗透、融合、创新，在生产要素配置中发挥着重要的优化、组合、集成作用，它甚至颠覆了某些企业思维、传统理论和生产流程。同样，也改写了某些经典的企业管理理论，更给企业文化管理提出了崭新的课题。“互联网＋企业文化”意味着企业文化管理方式及传播方式的全面创新。互联网对企业组织变革的影响，从企业面临的环境新变化出发，提出了应加强高度信任文化、开放合作文化、学习型文化、团队文化和灵活适应型文化的建设。

互联网的普及应用，以其系统的开放性、内容的共享性、成本的低廉性、传播的交互性、竞争的公平性、沟通的有效性和速度的快捷性等优势，大大推动了企业的社会化和民主化进程，改变了企业文化生态。它对推动管理变革、文化创新的影响之大、之深、之远前所未有。

企业文化对外传播同样发生了巨大变化，企业原有的“文化围墙”被拆除，企业不管是主动还是被动，时时受到外来企业文化和社会文化的冲击，不管这些文化对企业是有利的还是有害的，目前均没有更强的屏蔽能力。企业文化的传播互动，通常遵循着由文化发达的高处流向文化不发达的低处的规律，同时也包含着一定的对流甚至逆流，不好的文化、负面的信息也会流传和扩散，当然多数情况下得到流传和扩散的是相对正面的先进文化，人们愿意学习、攀比的文化也多是优秀的方面。

有了互联网，企业文化内外传播真正成为双向、内外的网状传播和互动传播，这种文化传播对企业而言优劣并存，只有主动适应这种传播特点，转变企业文化建设的思维，既要善于利用传统文化传播渠道，又要注重利用互联网条件下企业文化的民主性、互动性、共享性和社会性，发挥新媒体、自媒体的积极作用，讲好企业故事，传播正能量，增加文化内涵，树好企业文化标杆，做好企业内外宣传，才能把互联网条件下的企业文化建设好。

## 二、当前“互联网+企业文化”面临的挑战

**（一）“互联网+企业文化”是企业文化的冲突、选择与创新。**

在互联网背景下，企业文化加速传播，冲突不但不可避免，而且处于一种常态。常态的文化冲突，总体看是好事，它能推动文化进步。因为如果企业没有文化冲突，静如一潭死水，波澜不惊，企业文化也就失去生机和发展动力。企业文化冲突的结果，有两种可能，一是融合不同特质的文化，使自身的文化得到丰富和发展；二是变更文化的特质，原有的企业文化被新的文化所取代。“互联网+企业文化”不仅使文化冲突成为常态，而且冲突的范围更广，冲突的激烈程度不断升级，表现形式更加多样化。

传统企业文化强调个体的依附性，忽视个体的创造性，强调群体的“内聚”，忽视个体的“发散”，强调群体的至高无上，忽视个体的特殊价值，强调群体的权利，忽视个体的权利。从根上说，年轻企业的文化冲突也是新旧企业文化的冲突。企业文化冲突因为互联网变得直接、快速，解决这种文化冲突，需要更好地利用互联网，形成直接、快速的信息共享、决策透明、民主参与机制。

企业文化冲突遵从优胜劣汰原则，选择的客观标准无疑是企业的基本价值观。因为它是企业的灵魂和宗旨，是企业文化个性的深层特质。但企业文化作为一种自觉的文化现象，也需要主动选择，即在冲突中有选择地支持并积累适合企业发展需要的部分，反对并摒弃不适合企业发展需要的部分。首先要看企业基本价值观是否适用，适用者，继续坚守，并把它作为文化冲突中进行价值判断与选择的标准；部分适用者，就要吸收一些优秀文化，不断革新与完善原有价值观；已经不适用者，就要勇于淘汰、摒弃，及时用文化冲突中占主导地位新的价值观，替代已经落伍的价值观。当然，企业基本价值观的改变应是十分审慎的事，好的文化传统是企业的传家宝。通常情况下，企业文化选择是本着“尊古不泥古，创新不离宗”的原则进行的。这与那句流行语：“守望乡村--留得住乡愁”非常吻合。

**（二）“互联网+企业文化”是企业管理的深刻变革。**

理解“互联网+企业文化”，要理解互联网思维的本质，针对工业化思维——大规模生产、大规模销售、大规模传播而言，坚持用户至上，去中心化，实现互动、开放、共享。这种思维在商业上带来的主要是颠覆性创新、免费商业模式和用户超期待体验。从这个角度看，“互联网+企业文化”对企业文化建设、管理与革新是有革命意义的。

一是企业整体价值至高无上，压抑个性、限制自我价值的文化受到空前挑战。过去个体离开企业不能获得资源，现在个体离开企业也能获得资源。因此，企业文化“去中心化”，以人为中心，以个体为中心，崇尚自由、张扬个性、实现自我的文化受到推崇。

二是人人都是文化创造、文化创新主体，人人都是文化消费、文化享受主体。企业文化管理中的民主意识空前高涨，追求平等、互动、互利、共赢的文化成为不可逆转的趋势。

三是企业文化的社会化程度大幅提高，与社会文化交流沟通更加紧密，受到社会文化的影响更大。企业处于动态竞争，文化也处于不断的调整中；企业经营开始跨界，文化也在跨界。社会先进文化的标准逐渐成为企业文化的评价标准，企业社会责任感与员工社会责任感，逐渐由“外加”文化演变为“内生”文化。

**（三）“互联网+企业文化”是企业文化管理方式一次脱胎换骨的变革。**

面对新的企业文化变革，新老企业都在探索如何适应“互联网+企业文化”的新特点、新趋势和新规律。海尔是靠文化成功的企业，海尔的文化贵在创新与变革。从组织形态上看，海尔实现了由传统的正三角到倒三角、再到网络经济背景下的利共体平台“小微”形态的转变，形成平台型组织构架和新的企业生态圈，真正做到了小微以用户为中心，人单合一，实现企业与用户的无缝对接。这种组织变革本质上是基于“互联网+企业文化”的思维，是“去中心化”和发挥个人创新主体作用的有益尝试。在阿里巴巴的商业帝国里，淘宝、支付宝和天猫等明星产品的背后，最有价值的是有创意的人，尤其是马云和他的18个联合创始人，还有其产品和市场加盟者。

## 三、“互联网+企业文化”初步探索的参考路径

**第一，把握互联网的本质，树立互联网思维。**当今时代，科技一日千里，爆炸式膨胀、病毒式扩散、颠覆、跨界打劫，移动互联网的冲击之下，企业不仅是焦虑，甚至是恐慌，纷纷寻求“互联网转型”。众所周知的超级大佬们也都患上焦虑症：海尔的张瑞敏说“自杀重生、他杀淘汰”，万科董事局主席王石担忧“下一个倒台的就是万科”，腾讯的马化腾“越来越看不懂年轻人的喜好”，阿里巴巴的马云称“现在是阿里最危险的时刻”，百度的李彦宏担心“百度有没有应对目前不确定性环境的机制”，小米科技的董事长雷军坦言“我们压力很大”，泰康人寿的陈东升害怕“你死了还不知道怎么死的”，新东方董事长俞敏洪强调“新东方要更换发展基因”……完全的不确定性，引起恐慌，导致焦虑，越来越依赖于互联网，置身网络革命中，但究竟什么是互联网的本质，究竟什么才是真正的互联网思维，正是导致焦虑的不确定性。必须从产品创新、技术迭代、传播模式、人才结构、资本募集乃至组织体系等方面入手，推动云计算、大数据、移动互联网、物联网等与企业的高度融合。

**第二，搞好顶层设计，推动企业文化与中心任务的高度融合。**要从顶层设计出发，优化企业文化生态环境，从真正意义上构建一个健康和富有活力的企业文化建设体系，助力企业度过当前转型升级的困难关口，推动管理方式的变革。在传统的金字塔式组织结构和自上而下的集中式管理与生产方式受到巨大挑战的背景下，积极推行扁平化组织结构和柔性生产方式，改变层级结构和部门分割的状况，以便使更多的实体贴近广泛的市场，更加敏捷、灵活地满足市场快

速多变、个性化的需求。同时，建立起适应知识型员工参与管理、参与创新的柔性管理模式，将传统企业文化建设的物理空间延伸至整个供应链、价值链的各个环节，吸收用户、供应商乃至社会参与企业文化建设，并直接分享企业文化成果，实现企业可持续发展。组织文化领域重要代表人物埃德加·沙因说：领导者要做的唯一重要的事情就是创造和管理文化。中车北车长客股份公司牢记“接轨世界，牵引未来”的企业使命，学习世界领先企业的思维方式、管理模式及文化特色，瞄准世界一流科技，全面增强自主创新能力，努力开发应用领先技术，主动融入国际市场，打造国际品牌，着力提升自主创新能力，成为国际市场主要供应商之一，成为中国高铁扬帆出海的一张中国装备“金名片”，成为“中国制造”“中国创造”的典范。

**第三，要建立企业核心价值观。应对互联网时代挑战，企业文化应在变与不变中寻找平衡，必须建立企业核心价值观。**企业核心价值观要建立在深刻理解人性、为用户创造价值的基础上，企业文化精神内核的外化形式应是多样化的，并且要与时俱进。在发展企业利益共同体基础上，建设员工价值共同体。创造更多平台和机会，有效发挥个体价值，并善于找到个体价值的契合点。吉林化纤集团公司培育践行社会主义核心价值观，在公司生产经营和扩能技改中，总结提炼了“奉献、敬业、负责、创新、自律”吉纤“五种精神”。组织开展“百名最美吉纤人”评选，百条格言警句、百个微博（信）故事、百幅书画摄影作品征集以及百场道德讲堂等“五个百”活动，使“五种精神”成为员工自觉遵循的核心价值观，为企业经营发展、服务客户、方便工作提供了良好的沟通平台。

**第四，企业文化要遵循“个性化”的原则。**由于企业的情况千差万别，尤其是文化背景各不相同，因而企业要遵循“个性化”的原则，建立符合自身情况、时代精神和企业管理实际的文化管理模式，使刚性的制度与柔性的管理相结合，实现制度驱动向文化驱动的转变，企业文化落地并被接受。吉化动力一厂开展企业文化理念、格言征集活动，完善基层文化理念，设计制作了《力源文化手册》，建成文化长廊，集中展示工厂“力源”文化核心内容，分层次制订了领导干部、管理人员和操服人员行为规范，让文化理念“固化”于制，让文化理念“内化”于心，让文化理念“外化”于行。

**第五，积极探索移动互联时代企业学习培训形式。**随着移动互联时代信息传播方式的变化，微信已经占据了员工大部分业余时间。因此，企业学习必须与网络、微信相结合，并在组织学习中尝试应用新媒体。过去，传统的培训以层级化为主要特征，难以激发广大员工的学习兴趣。我们都深有体会，微信中抛却长段文字大家都不愿看不说，就是一些3-5分钟的视频，如果前1分钟不能抓住眼球，那么马上就要“换频道”“换片”了。一门网络课程能否在一分钟之内抓住学习者的眼球，将直接决定该课程的效果。企业要主动适应这种新形势，有针对性地搭建一些网络上的平台，改进企业学习培训的方式方法，变标签式的、灌输式的为春风化雨、润物无声，才能够打动人、感染人、引领人。

“互联网＋企业文化”是一个需要企业界和学术界共同探讨的全新课题。可以预见的是，它的影响，不亚于企业文化理论的创建；它的破解，将颠覆部分传统管理理论、理念与方法，它的重塑将推动企业文化达到一个全新的境界。希望在企业界努力和实践，使之不断寻找发展新动力，释放发展新活力，创造发展新成果。

（作者系吉林省委宣传部宣传处处长）

## 人文关怀：互联网时代企业文化的本质特征

文　德

### 人——互联网时代的终极目的

如果我们将工业时代和互联网时代做一个比较，最大的不同的是什么？是技术吗？互联网时代的技术相比于工业时代，有了巨大的飞跃，但是仍然建立在工业时代的科学与技术的基础上，不是无根之木，无源之水。是时空吗？似乎是。工业时代几百年的发展历史磅礴厚重，但是一言以蔽之，就是始终在相对的空间里展开活动。人的活动从一个地域、一个国家，扩大到了一个大陆、一个洲，最终在全球范围内展开活动，形成了统一的市场，但是始终没有脱离空间的限制。而互联网时代有两个重大突破：一是虚拟空间。在原来的地理大发现的基础上，在全球化的活动似乎已经趋于极限之时，打开了一个全新的空间——虚拟空间。我们今天的电商就是一个最好的证明。一个淘宝，可以聚集几十万的卖家，可以陈列和展示亿万商品，可以容纳几千万的用户同时在线浏览。而这如果放在实体店里，几乎相当于欧洲一个或者几个国家的人口，只怕也需要和国土面土面积相当的大店铺！这就是虚拟空间的威力。二是时间。互联网时代不但在空间上有所突破，还进入了另外一个领域，就是时间。以前工业时代，一件商品从一个地方被运送到另一个地方的买家面前去展示，需要长途跋涉，费时费力，而现在鼠标一点，几乎瞬间就完成了这一过程。曾经花费巨大的时间成本如今可以忽略不计。因而传统意义上的空间争夺战，变成了互联网时代的时间争夺战。这一变化堪称天翻地覆。

但是，互联网时代和工业时代最大的一个变化，还不是上述二者，而是一个更为根本性的变化，就是“人”。简单地说，工业化时代属于机器的时代，人也被异化成为一种智能机器；而互联网时代是一个属于人的时代，人真正成了目的被关怀、关注而不再是作为工具存在。

这一点显而易见。工业时代的诞生和演变一直是被机器的发展，也可以说是技术的发展所推进的。其一个明显的标志就是1492年哥伦布发现新大陆，这是人类航海技术达到了一个高峰而取得的一个顺理成章的结果。航海技术不但要求人们能制造出精密的机器，坚固的铁甲轮船和强大的推动力，而且要求船上的各种工作人员分工协调，在船长的指挥下，每个人都如同机器的一部分精准工作，协调完成任务。因此，在最早制造出轮船并且完成环球航海的西方国家，产生了最早的现代工业，并且最终出现了现代企业，资本主义文明开始光照全球。

工业、技术、市场、资本……在这所有要素里面，我们唯独没有发现人。虽然人是一切存在的基础，但是在资本主义文明里面，人们似乎承认的是人的欲望存在而不是人本身。资本本身有追逐利润的强大冲动，这种冲动和人性深处的不断占有、不断征服的本能结合在一起，于是人一方面强调自己的独立、自由的情感和意志，另一方面却被资本、技术、市场等滚滚洪流裹挟，根本没有摆脱被驱动、被束缚的地位。所以，我们看到资本主义开辟了全球市场，近三百年来创造了人类物质文明的巅峰，但是我们也将地球在过去几十亿年间积累形成的资源耗费殆尽，甚至因为疯狂追逐利润的活动，连地球外面的大气层都形成了破坏……人为万物之灵，却被迫走向自我毁灭！

互联网时代则不一样！互联网时代从一开始发端，就是为了人的互联、互通。从第一条宽带出现、第一条信息高速公路“通车”，机器就是为“人”服务的。将世界各地的人联系在一起——为了这么一个宏伟的愿望，互联网时代轰轰烈烈地拉开了大幕。而一个相辅相成的证明是：互联网时代的全球化进程不是以某个国家为强大推手，而是由无数坐在计算机前面的个体——通过一个个素不相识的陌生个体、而又都有着将全人类互联互通的强烈愿望的个体——每个人都自发、自觉地参与并且推动互联网时代，于是以人的情感、心灵和意志，而不是技术、科学、市场、资本的物的力量，使这个时代得以滚滚向前，不可阻挡！

这就是互联网时代的本质之处：人，是最终的、根本的目的，人的情感，人的心灵，人的精神，人的体验，是唯一值得关注并且持续关怀的。

### 人的幸福——互联网时代企业的根本追求

第二个问题是，企业在互联网时代与工业时代相比又发生了什么变化呢？

这里面同样有变有不变。不变的还是对利润的追求。企业是追求利润而存在的，企业不是社会组织，不是公益组织，企业是资本追求利益最大化的一种组织形式。企业将资本追逐利润最大化的欲望和市场资源配置的最优能力集合在一起。现代企业在全球范围内依靠资本和技术的能力，实现资源配置的最优化，从而获得最大利润来实现不断发展。

我们曾经做过一个排序，在工业时代的企业里，第一是资本，第二是资产，包括技术等，第三才是人。因为资本的力量是最强大的，是第一推动力。第二是技术，技术在工业时代始终是核心，每一次技术创新和重大变革，都带来全球工业企业的大洗牌，技术的更新换代直接带来企业的更新换代，老一代的被淘汰，而新一代的崛起成为新的市场霸主。人们在整个工业时代对技术的崇拜是越来越加重的，以至于很多人成了技术狂人，形成了技术崇拜。以至于人们只看到技术带来的好处，而忽略了技术带来的恶果，对自然环境的恶化和社会秩序的动荡视而不见。排在第三位的人才当然也很重要，但这主要是指技术人才而言。人本身仍然被当作了物的一部分来衡量，需要的只是你的技能。

但是进入互联网时代显然不是这样了。互联网时代的企业，也离不开资本、技术、人才这些基本要素。但是排列在第一位的是人才。而且这个人才的概念也发生了重大变化。人才不单单是指企业内部的员工，也包含企业所服务的客户。请注意这是一个巨大的变化：企业所服务的用户，决定了企业的能否成功生存与实现发展。用户的情感、用户的体验，决定了企业的生死存亡。传统工业时代，企业是生产产品——销售产品——回笼资金继续扩大生产，用户只是企业利益链条上的一环。但是进入互联网时代，企业从生产产品开始，就接受了用户的介入。用户可以将自己的情感和体验反馈给企业，甚至直接按照自己的个性下订单。企业围绕着用户的体验来从事生产，企业与用户不再是主体与客体的关系，变成了彼此平等的合伙关系，从传统的单向沟通变成了双向沟通，而且沟通的频率越来越高，这离开信息技术简直难以想象。所以，互联网时代企业第一排序是人，第二是技术。技术也不再是传统的企业自己封闭起来搞研发，而是保留核心技术，其他的技术则采取集成战略，开放一个平台，让外部人才一起来进行共同开发。第三才是资本。传统的资本主要是指物质资本，但是在新的时代，人力资本迅速成为一种重要的组成部分。因此，传统工业时代，物质资本是企业财富的创造者和风险的最终承担者。但是在互联网时代，人力资本越来越成为财富创造者和风险承担者，地位发生了根本变化。

所以，以上三大变化都指向一个主体：人！人！人！是的，人已经成为互联网时代的企业最核心组成部分，有人拥有一切，没有人一无所有！

认识到这一点，互联网时代的企业就必须发生一个根本转变：传统工业时代，企业关心的是企业员工的温饱问题，薪水可以解决这一切；进入互联网时代，员工已经不再停留在温饱时代上，而是有着精神方面的更高需求。所以，企业必须从关注温饱升级到关注人的精神需求。

那么，人的精神需求是什么呢？可以说有形形色色的很多方面，西方社会从文艺复兴以来，对于人也进行了不同时代、不同深度的思考，从思考人存在的价值——“把人所拥有的还给人”、个性解放，到思考人存在的意义——勇敢、独立、自由地理解和把握世界的理性，再到陷入对人类理性的集体崇拜——建立理性世界的完整体系，包括《逻辑学》、《物种起源》、《资本论》等都代表着人类的理性可以达到怎样的高度；最终，人也走向了自我反思——20世纪的两次世界大战，人类的集体无理性，人类开始重新反思自我的存在，回归人的精神。

所以，说到底，人的精神需求并没有那么复杂，一言以蔽之，不外“幸福”两字。

幸福是什么？仁者见仁，智者见智。但有几点是通用的：一是健康。而人的身体健康离不开优美的自然环境，人的心灵健康离不开人与人的和谐关系。这两点恰恰是传统工业时代的致命伤，与此背道而驰。二是快乐。人怎样才能快乐？不是自我解决温饱问题，而是建立在帮助他人关爱他人的基础上。只有人与人互相帮助才是这个世界上最快乐的事情。人类的快乐力量源泉就在帮助、爱与关怀等里面，而与物质无关。三是自由。自由是自己主宰自己的命运。但这并不是说每个人都可以为所欲为。而是每个人都必须意识到自己是生活在公共社会里，都在公共空间里从事着相互关联、相互影响的共同生活。要在这样的共同生活里和谐相处，要求每个人必须是一个全面发展的、完整的人。因为只有每个人都是完整的，共同生活才是完整的，否则，每个人都是片面的，碎片化的，那么，公共生活也将是一片零乱，混乱不堪。四是积极进取的阳光心态。一个幸福的人一定是阳光灿烂的人，不但自己积极进取，而且影响别人，带来一种积极进取的正能量。阳光心态是对自我的肯定，也是对他人的肯定，只有如此才能彼此敞开，互相接受。正如生命离不开阳光，人的精神也必须有内在的光明照亮。五是一颗充满感恩的心。感恩是感谢天地宇宙，感谢国家社会，感谢父母师长，感谢所有为这个社会进步作出积极贡献的人。感恩意味着意识到自己的不完整，意味着意识到人与人的彼此合作而不是竞争关系。感恩是一种超越意识，是一种充分展开自己的生命追求美好的行动。

### 人文关怀——互联网时代企业文化的本质

我们最后的一个问题是，互联网时代企业文化的人文关怀和工业时代的以人为本有什么不同？

传统工业时代，尤其是后工业时代，以人为本已经被作为一种口号提了出来，也有很多企业将以人为本化作了实实在在的行动。以人为本，通常解释为三个层次：一个是个体。这很好理解。企业是个异常复杂精密的组织，个人在企业里只是一个螺丝钉。个人能被看作人而不是物，就是一个进步。二是个人。既然是人，就有情感和精神需求。尤其人的心理变化很大，因此现代企业着重从心理方面解决人的问题，例如EAP。三是自由。自由就是人的自由发展的权利。后工业时代的企业，已经越来越注重人的自由发展，企业成为员工实现自我价值的平台，为员工提供更大的发展空间和更多的自主选择权，企业能创业等。

但是，互联网时代的人文关怀，还是有几个方面显著的不同：

一是主体与客体关系的变化。企业与员工不再是主体和客体，而是企业变成了客体，员工变成了主体。企业是为员工的情感、体验等提供服务的。这是一个根本性的变化。我们常说：员工是企业的主人翁。只有在互联网时代，每个员工才可能都成为企业的主人。企业内部的员工是员工主权，企业外部的用户是用户主权，只有企业没有自己的主权。

二是空间与时间关系的变化。传统工业时代企业文化建设，着眼的是在有限的空间环境中，企业内部空间和外部社会空间，因此力求构建的企业文化稳固而长久，一经固定就希冀持续存在，并且在外部空间不断传播，甚至像跨国公司不断地复制自己的企业文化。这和企业在空间环境里追求基业长青的本能是一样的。但是进入互联网时代，企业文化所面对的是要服务人的情感，而人的情感是随着时间不断变化的。要服务不断变化的人的情感，企业文化必须因时而变，随时而变。变化成为互联网时代企业文化最主要的特点，这种特点可以归结为一个字“快”——快速地建立起来，快速地服务于人的情感，快速地改变！

三是整体与个体的关系。传统工业时代企业文化，都有保持整体性和完整性的本能。传统工业企业很容易有做大做强的冲动，不断发展壮大以至于取得垄断地位。因此和企业规模一样，企业文化也追求统一和完整。然而互联网时代则不然，企业越来越小，在每一个“域”里面做到冠军，都有可能诞生一家将来影响世界的大企业。如同佛家所说：恒河沙数，一粒沙子里有八万四千个不同的小空间。无数的个体，演绎着几乎不为人注意到的精彩。每个小企业都有自己的文化，都呈现零散的、碎片式的特征，所以想加以统一归纳成体系几乎不可能。

因此，明晰互联网时代企业文化的本质特征，以人文关怀作为终极目的而进行新型企业文化建设，就成为我们的一个机遇，也是重大挑战！

（作者系《企业文化》杂志编辑部主任，本文摘自《企业文化》）

## 关于企业价值观的几点思考

林可夫

当前，全球化、互联网和西方文化的强势传播三者结合在一起，文化日益多元化，对企业发展产生重大影响。企业要想做大做强，不能没有自己文化的影响力，更不能没有自己的旗帜和声音。这个旗帜和声音就是价值观。企业价值观是职工群众的精神家园，是企业文化的灵魂和精髓，具有引领、激励和规范的重要作用。有眼光的企业家不仅致力于构建企业价值观，而且努力扩大价值观的对外影响力。

### 企业价值观提炼方法

要认识到企业价值观是一个体系，具有层次性。正如社会主义核心价值观包括终极价值目标（中国梦）、核心价值理念（24字）和基本价值原则（8个“必须坚持”）3个基本层次一样，企业价值观至少要包含相似的3个基本层次。企业终极价值目标是旗帜，是航标，具有形成共识、鼓舞人心、凝聚力量的重要作用；企业核心价值理念是企业终极价值目标的具体化，是信念，是动力，具有引领、激励和规范的重要作用；企业基本价值原则是实现企业终极价值目标和核心价值理念所必须遵守的基本要求，是企业各项工作必须遵循的准则，也是检验企业各项工作是否正确有效的尺度。提炼企业价值观要充分体现这 3 个层次，否则企业价值观就会不完整，也难以落地。

基本方法。提炼企业价值观，首先要对企业内外环境进行分析，找出与企业最高目标、社会环境、企业运行等相适用的价值理念。基本的办法是访谈与讨论，主要围绕企业的昨天（发扬了哪些精神和品质）、今天（存在哪些亟待解决的问题，处理这些问题的原则是什么）、明天（要实现什么样企业的愿景，需要强调什么样的意识，执行什么样的行为）三方面进行。

基本原则：一是企业价值观必须是企业真正信奉的东西，防止企业价值观的塑造脱离企业生存和发展需要，防止企业间价值观的雷同；二是企业价值观必须与企业最高目标相协调；三是企业价值观必须与中国特色社会主义核心价值观相适应；四是企业价值观必须充分反映企业家价值观；五是企业价值观必须与员工的个人价值观相结合，必须来自员工。

基本步骤：一是以社会主义核心价值观为基础，根据企业最高目标，初步提出企业核心价值观表述，并反复在各个层面讨论；二是确定企业核心价值观后，进一步酝酿提出企业整个价值观体系；三是把价值观体系与企业文化各个层次的其他要素进行协调，并作文字上的提炼，形成全面准确的企业价值观表述；四是在员工中广泛宣讲和征求意见，反复修改，得到大多数支持。

### 企业价值观落地路径

企业价值观落地有 4 种基本路径：“四个融入”。

**“融入教育培训之中”**。核心是把价值观融于企业人力资源教育培训体系，使价值观教育成为企业培训的有机组成部分，并确保培训体系的所有相关内容都要体现企业价值观的价值取向和要求。要从纵向和横向两个维度对人力资源培训课程做出精心设计。从纵向而言，要把价值观内容和要求纳入到企业所有层级的培训课程体系，而不只是局限于某一个层面；从横向而言，就是要实现不同类型的课程在体现企业价值观方面的整体贯穿。

企业价值观在企业的教育培训体系中的体现必须能够真正遵循员工的认知规律，尽可能避免“硬灌输”，要更多地通过培育引导员工通过自己亲身的经验去检验价值观，使之深入员工心坎。价值观的宣传教育要努力接地气，多用员工熟悉的素材，多用员工听得懂、愿意听、听得进的语言，多采取员工喜闻乐见的形式。

**“融入制度建设之中”**。企业价值观极具柔性，因此，价值观建设需要制度的支撑和保障，否则价值观就会更虚化、软化。要将企业价值观贯注于整个企业的制度体系之中，推动企业价值建设的制度化。能不能实现制度化，取决于董事会和职业经理人对价值观重要性的认识程度。要明确价值观建设中的责任主体及任务职责，形成合力推进价值观培育和践行的良好局面，并建立科学的评估与考核激励体系。

**“融入员工践行之中”**。要广泛开展学雷锋、志愿服务活动，开展精神文明创建活动，引导员工在实践中深化对企业价值观的理解，要充分利用重大节日、重大活动，开展面向员工的主题实践活动，开展必要的礼仪活动。推动员工践行的关键是领导示范，做到“勤学、勇言、修德、笃实、常思”。

**“融入环境建设之中”**。一是要融入于日常生活环境。二是要将价值观的要求转化为日常生活中员工待人接物、为人处世、言行举止的具体要求。三是融入企业内部网络环境；四是融入企业文化环境。例如，推出能准确生动阐发企业文化的精品力作，讲清本企业文化的历史渊源、发展脉络、基本走向，讲清企业文化的独特创造、价值理念与特色，增强文化自信和价值观自信；五是融入自然环境。

### 价值思维下的企业特色文化创新

哲学含义的价值思维，是指在现实社会关系和实践活动中，思维者依照主体自身的尺度，选择、对待和评价客体，使客体主体化从而产生价值的思维活动。它要求在价值领域要平等地对待各种不同的主体，“把人的权利和责任还给人”。把价值思维引入企业文化建设，就是要把是否创造价值作为企业文化建设的依据与评价标准，创造更大的经济、社会、人文价值。

从理论上讲，价值思维强调人的核心地位和社会本位，在企业文化实践中，就要把“以人为本”作为企业发展的基础，把人作为企业发展的终极目的，牢固树立“把员工当亲人”的理念，努力做到尊重员工、信任员工、帮助员工、发展员工、成就员工，创新人本文化。

同时，价值思维强调从价值主体与价值客体之间的关系入手，强调和谐，倡导人与社会、人与自然、人与人之间的互利、共生、共赢。表现在企业文化建设中，就要求我们改变企业竞争理念，树立企业竞争不是零和游戏，不是你死我活的竞争，而是你中有我，我中有你，相互竞争到合作的关系，加强和谐共赢文化的创新。

### 企业价值观培育的难点与困惑

企业价值观的培育，就是要在理论上使其完善，并使之转化为企业的原则、制度和文化，转化为企业员工的内心信念，并付诸行动。

难点一：价值观培育与企业人力资源教育培训难以真正融合。主要原因在于，培训最终要看实效，而价值观培育则在短期内看不到效果，所以培训者和受训者都有可能舍远求近。

难点二：重教育与轻践行难以有效解决。很多企业在价值观的培育问题上开展的活动轰轰烈烈，形式多样，但真正践行起来的却不多。对价值观的培育的认识，很多企业基本上停留在“说起来重要，做起来次要，忙起来不要”的水平。个人认为，一方面是认识不够，另一方面是考核出了问题。绩效考核是通行的做法，便于操作，但对价值观的考核，相对来讲制定标准较难，操作也不容易，就目前来看，建立并执行了严格的价值观考核的企业少之又少。

难点三：企业员工队伍不稳定，更新快，而价值观的培育是一个长期过程，导致价值观的培育效果不大。

难点四：企业内部价值观的冲突较难解决。它包括：员工个体价值观与企业价值观的冲突、企业内部新旧文化的冲突、兼并文化冲突、跨国文化冲突。例如，就员工个体价值观与企业价值观的冲突而言、企业价值观在很大程度上更多的是体现创业者的价值取向，但它要求大多数员工遵循，员工大多是被动遵从，而且在文化和价值多元化的背景下，再加上大多数员工没有经历过企业初创时的艰辛，员工更关注的是自身待遇或发展，当自身待遇或发展不能得到满足时，很难轻易接受企业价值观。

难点五：理念与现实的反差问题较难解决。一些企业价值观内容听起来吸引人，但事实上对于员工最关注的问题又难以或不愿有效解决，使一些员工对企业价值观并不认同。

（作者系正泰集团党委书记、副总裁）

## 社会主义核心价值观如何在企业落地

阮　光

社会主义核心价值观是我们国家、政府和人民为之奋斗的价值取向和共同理念，凝结着社会主义先进文化的精髓，是实现中华民族伟大复兴的中国梦的价值引领和精神动力，是当代中国的兴国之魂。人民有信仰，国家才有力量。员工有信仰，企业才有希望。真正的力量，发自内心；内心强大，才是真正的强大。那么，怎样使社会主义核心价值观在企业顺利落地呢？

### 社会主义核心价值观与企业文化的关系

社会主义核心价值观与企业文化之间存在三层关系：

一是引领和导向关系。习近平同志指出，当代中国价值观念，就是中国特色社会主义价值观念，代表了中国先进文化的前进方向。社会主义核心价值观是当今中国社会的主流价值观和价值中枢，对社会文化发挥着主导和统领的作用。企业是社会的细胞，企业文化是社会文化的组成部分。企业文化的发展必须以社会文化为根基，从社会文化中吸取营养。从一定意义上说，社会文化是企业文化产生的温床，企业文化的健康发展离不开社会文化的持续滋养。所以，企业文化尤其承担重要使命的国有企业的企业文化必须坚持与时俱进，必须在社会主义核心价值观统领和指引下不断创新、丰富和发展，并从中获取能量，增强“精神之钙”。舍此，企业文化将偏离正确的发展轨道，或患上“软骨病”，对企业的健康、持续、稳定发展将是十分不利的。

二是宏观和微观的关系。虽然二者都强调实践导向，但社会主义核心价值观以简明易懂的24个字深刻阐明了国家层面的价值目标、社会层面的价值取向、公民层面的价值准则，是国家、政府和人民的共同遵循，是宏观层面的价值表述；而企业文化固然以价值观为核心内容，但其形成和发展必须以企业员工的普遍认同为重要基础，无论其发挥作用的途径还是影响面都是具体的微观的。二者存在层次上的显著差别。

三是理论和实践的关系。刘云山同志指出，社会主义核心价值观体现了社会主义意识形态的本质要求，凝结着社会主义先进文化的精髓，是中国特色社会主义道路、理论体系和制度的价值表达。这充分体现了核心价值观的理论性、系统性。而企业文化对于企业而言，就是一种方法论，具有鲜明的实践特色。现在迫切需要解决的问题是，如何使核心价值观与企业文化有机融合，并以核心价值观统领企业文化建设，使企业文化既有理论上的高度和深度，又有实践上的广度和力度。

### 社会主义核心价值观只有与企业文化有机融合才能真正实现落地

核心价值观包含国家、社会和公民三个层面。在国家和社会层面，需要企业以自身建设性的行为予以支持和保障；在公民层面，既需要企业公民“内化于心、外化于行、固化于制”，按正确的方法做正确的事，又需要对员工素质养成和修德修为进行教育引导，使员工成为自觉遵循“爱国、敬业、诚信、友善”价值观的合格公民。

对中国轻工业品进出口总公司企业文化建设所经历的过程做一次梳理，它大致可以概括为四个阶段：

一是理念阶段。这一阶段主要是通过充分沟通和集思广益，通过提炼梳理和整合成型，达成理念上的共识。重点是体现以人为本和企业特色，发挥员工作为企业文化建设主体的作用，同时在世界观、人生观和价值观上正确引导，在宣贯植入过程中做到全员覆盖、内容聚焦，确保文化理念入脑入心、入行入制。

二是实践阶段。企业文化在形成之后，关键在于实践。实践途径有多种，既包括企业及员工的经营活动和言行举止，又包括阵地建设、活动组织、氛围营造，还包括品牌和形象塑造，等等。这一阶段，企业文化应该真正融入中心、服务大局，发挥应有的引领力和凝聚力。

三是自觉阶段。当企业的使命、愿景等价值观成为全员的共同信仰，它应该渗入到企业的血脉之中，成为影响员工思维方式和行为模式的文化自觉。这个阶段，员工的自我管理、自我激励意识不断增强，各种群众自组织相继涌现，员工享受和谐、健康、向上的氛围，大家关注成长和发展，释放出积极的正能量。

四是升华阶段。在文化自觉的基础上，大家更加注意反思、改进和创新，更加关注内心提升即心性的修炼，也更加关注周围的人。这就是我们倡导从“美好使命、美好业绩、美好环境、美好生活、美好心灵”五个方面创建“美好中轻、美丽中轻”，并适时导入EAP（员工帮助计划）的重要原因。这一阶段，大家能够充分享受到企业所提供的广阔的工作学习、进步成长的平台，能够实现个人价值和共同目标的双赢局面。同时，应通过不懈努力，力争使员工思想境界进一步跃升，尤其要在价值观层面不断升华，做到像习近平总书记所说的那样“使社会主义核心价值观的影响像空气一样无所不在”。要通过教育引导、舆论宣传、文化熏陶、实践养成、制度保障等，使核心价值观内化为员工的精神追求，外化为员工的自觉行动；要与大家的日常工作、学习和生活紧密联系起来，在落到细节、落到实处上下功夫，真正做到以文化人、以文育人。

我们的学习与实践充分证明：遵循规律、上下联动，融入转型、融入经营、融入管理是近年来企业文化生根开花结果的正确途径和根本原因。我们认为，社会主义核心价值观在企业落地扎根，要抓好“六个有机融合”。

一是需要与价值理念有机融合。价值理念是企业文化的核心，是企业文化构成中最重要的部分。核心价值观与企业文化理念实现有机融合，是落地生根的第一步，关系到核心价值观能否真正见之于行。同样是“爱国、敬业、诚信、友善”，中国通用技术集团以“为国家创造财富、为客户创造价值、为员工创造幸福”（企业使命）、“诚信、开拓、专业、服务”（经营理念）、“忠诚奉献、勤奋学习、诚实守信、团结合作、遵纪守法、爱岗敬业”（员工行为规范）等理念来体现；中轻公司则以“积极参与解决中国经济长期可持续发展所需要的原材料和资源保障问题”（企业使命）、“团结开拓、信誉效益、激情活力、创新进取”（企业精神）、“勤学善思、厚德敏行、诚信敬业、守正自强”（员工行为理念）等理念来表述。在理念的融合上，如何在保留文化共性的同时彰显企业的个性特点至关重要。这不仅取决于企业对核心价值观融会贯通的程度，而且取决于企业文化建设的能力和水平。

二是需要与领导垂范有机融合。习近平总书记要求各级领导干部都要树立和发扬好的作风，既严以修身、严以用权、严以律己，又谋事要实、创业要实、做人要实。“三严三实”不仅指领导干部的作风养成，而且在培育和践行核心价值观方面更需要领导干部率先垂范、发挥带头作用。“要求别人做到的自己先要做到，要求别人不做的自己坚决不做”。领导的率先垂范、积极践行必将对核心价值观在企业的落地生根、开花结果起到事半功倍的效果。

三是需要与员工修为有机融合。荀子说：“知为行之始，行为知之成。”管理大师彼得·德鲁克说：“管理不在于知，而在于行”。可见，企业文化形成后付诸实践是多么重要。员工作为企业文化践行的主体，其一言一行都可反映出企业文化是否真正发挥正向引导和激励的作用，也可反映出核心价值观是否真正入脑入心。再好的企业价值观，如果不能最终落实到员工的行为上，落实到员工的修身修德上，那就是空洞无力的，没有任何生命力。企业文化之所以被称为企业的软实力，就是因为它无时无刻不在潜移默化地释放正能量、推动企业健康持续发展。习近平同志指出，核心价值观是文化软实力的灵魂、文化软实力建设的重点。他还指出，国无德不兴，人无德不立；一个民族、一个人能不能把握自己，很大程度上取决于道德价值。大凡具有文化自觉的国有企业，在打造自身软实力时，不能不考虑到企业文化与核心价值观的适时融合，不能不考虑到以文化人、以文育人、以德服人。教育引导员工自觉践行、自我管理、自我修为。日本经营之圣稻盛和夫说：“身体力行是最好的学习方法。”无论核心价值观还是企业文化，只有落实到员工的行动、落实到员工的修为，才拥有了扎实的基础。

四是需要与经营管理有机融合。核心价值观既有国家和社会层面的价值目标和价值取向，也有公民层面的价值准则。作为企业公民，“爱国、敬业、诚信、友善”是最基本的道德操守，不但要体现在价值理念上，更要体现在经营管理过程中，使核心价值观融入企业文化之中，渗入企业的机体和骨髓，化为企业的精气神。无论通用技术集团，还是中轻公司，近年来就因为坚持以“爱国、敬业”为怀，因为坚持以“诚信、友善”为先，自觉做到常怀善念、常修善德、常做善举，才取得转型升级新突破。习近平总书记强调，坚守我们的价值体系，坚守我们的核心价值观，必须发挥文化的作用。

五是需要与舆论宣传有机融合。当核心价值观与企业文化融合为有机体，前者在企业找到了扎根的土壤，后者因内涵得到丰富和发展而实现了质的升华，意义非同凡响。需要旗帜鲜明地加以舆论宣传，把思想发动、舆论引导与学习教育、实践活动相结合，树立正确导向，引导员工自觉做良好道德风尚的建设者，做企业和谐健康持续发展的推动者。

六是需要与品牌活动有机融合。天下难事必作于易，天下大事必作于细。核心价值观的落地和践行是具体而细微的，必须贴实情、接地气，尤其需要创新形式和载体，通过生动活泼的各类主题实践和创建活动，并利用重大节日、必要的仪式等途径，让员工更好地感悟核心价值观的真谛和要旨。活动要从企业实际出发，紧扣员工的工作、学习和生活，便于参与、乐于参与，重在实效。我们在倡导“民生中轻”、“快乐工作、精彩生活”的基础上，把2014年确定为“美好中轻、美丽中轻”创建年，并从关注员工职业心理健康出发，导入了员工关爱计划。这些活动的有效开展必将促进中国梦在本单位的实践，促进核心价值观在本单位的开花结果。

我们坚信，当核心价值观与企业文化成功“嫁接”，必将对企业铸魂提气、打造文化软实力发挥出更加显著的作用。

（作者系中国轻工业品进出口总公司党委书记，本文摘自《企业文化》）

## 社会主义核心价值观与企业精神

刘洪德

积极培育和践行社会主义核心价值观，是党的十八大提出的一项重大战略任务，是我们党立足推进中国特色社会主义伟大事业、实现中华民族伟大复兴中国梦的全局作出的重大决策，是凝魂聚气、强基固本的基础工程，具有重大的现实意义和深远的历史意义。

## 塑造企业精神是践行社会主义核心价值观的应有之义

社会主义核心价值观与企业精神是整体与局部、共性与个性的关系。其中，社会主义核心价值观处于主导地位，它是企业精神的引擎和统领，规定了企业精神的方向和立场。企业是市场经济的主体，同时又是社会责任的承载者，这就要求企业精神既要符合市场经济的本质要求和企业的发展规律，又要体现社会主义意识形态、社会主义共同理想，即社会主义核心价值观的要求。社会主义核心价值观映射到企业，不再是一种理论形态，而成为企业实现基业长青的价值坐标，它不仅以“富强、民主、文明、和谐”的共同理想凝聚广大员工的思想和意志，最大限度地汇聚企业发展的正能量；还以“自由、平等、公正、法治”的价值追求规范企业的行为，使企业追求真、善、美，摒弃假、恶、丑；更以“爱国、敬业、诚信、友善”的时代精神塑造高素质员工队伍，推动企业不断创新发展。因此，将社会主义核心价值观的要求转化为企业精神的内核，这是企业凝心聚力、树立良好形象、提升软实力的必然选择。

社会主义核心价值观与企业精神密切相联，共生共融，不可分割。社会主义核心价值观与企业精神同属于意识形态领域，都具有整体性、时代性、人本性的特点，二者培育和践行的方法途径也类似，都需要广泛参与、普遍认同、形成共识。这种相似的特点和机理，为二者有效融合、合力推进提供了广阔的途径和平台。我们要将社会主义核心价值观的践行贯穿于企业精神塑造的始终，通过理念体系引入、物质基础保障、行为体系规范、制度体系固化，使企业的一切生产经营活动都符合社会主义核心价值观的要求，使社会主义核心价值观在企业落地生根，真正成为企业和员工的理想追求和行为准则。因此，将社会主义核心价值观作为基本遵循和具体指导，积极塑造企业精神，这是培育和践行社会主义核心价值观的题中应有之义。

## 企业精神是社会主义核心价值观的具体体现

中航工业“航空报国，强军富民”、“敬业诚信，创新超越”的企业精神，与社会主义核心价值观具有高度的内涵交集，是内在统一、根本一致的，是社会主义核心价值观在中航工业的具体体现。

航空报国是中航工业的核心价值观，体现了“国家利益至上”的爱国精神。“航空报国”作为中航工业的核心价值观，表达了50万航空人热爱祖国、报效祖国、忠诚使命的庄严承诺。航空人把自己对祖国的热爱和归属之感，真切地体现在自己工作与事业上，落实到行动上，始终坚持以振兴中国的航空工业为己任，以做大做强航空工业为目标。60多年来，一代代航空人勇攀高峰，奋力拼搏，实现了与世界强者从“差代跟踪”到“同代竞技”的跨越。

强军富民是航空人对“强大国防力量”的庄严承诺，体现了“富强”国民经济的宏伟抱负。发展航空工业的重要意义不仅在于军事竞争的层面，更在于通过军民融合，带动产业升级换代、推动国民经济发展、提升人民生活水平。中航工业成立以来，坚持强军富民的价值追求，落实强军富民的价值理念，为国民经济和社会发展做出应有的贡献，充分体现了50万航空人对国家富强、人民幸福的责任与担当，体现了履行社会责任的价值追求。

敬业诚信是航空人宝贵的精神财富，是航空工业的立业之本。敬业强调的是用严肃认真的态度对待自己的工作，认真负责，一心一意，任劳任怨，精益求精。敬业体现了航空人对党、国家和人民的无限忠诚，是伟大的爱国主义精神在航空工业战线上的具体体现。诚信倡导的是待人处事真诚、老实、讲信誉，做到言必行、行必果。对于航空工业，诚信更多地体现在产品诚信、过程诚信、人格诚信、商业诚信等丰富的内涵中。

创新超越是航空工业实现跨越式发展的内在要求，是航空工业的发展之魂。创新体现了航空人不安于现状，不甘于平庸，勇于变革，锐意进取的气魄与胆识。超越体现了航空人自强自立，永不满足，勇于超越自我、超越对手，超越一切艰难险阻的精神风貌。中航工业致力于“追求科技领先、把握市场需求、注重商业成功”，走创新超越之路，全面打造创新型企业集团。创新超越是以改革创新为核心的时代精神在中航工业的具体体现。

## 培育和践行社会主义核心价值观实践

中航工业将培育和践行社会主义核心价值观与企业精神的塑造有机融合起来，不断打牢培育和践行社会主义核心价值观的坚实基础。

坚持教育为先，强化思想认同。中航工业充分发挥中航大学、集团党校等教育机构的作用，将社会主义核心价值观、集团精神作为干部员工教育的重要内容。通过开展主题征文、声像片展播、演讲比赛、故事会、文艺表演等丰富多彩的主题活动，积极诠释社会主义核心价值观和集团精神的深刻内涵和现实意义。同时，充分发挥报刊、杂志、网络、电视、手机等宣传媒体的作用，注重将社会主义核心价值观和集团精神的宣传贯穿到日常形势宣传、成就宣传、主题宣传、典型宣传、热点宣传和舆论引导中，不断巩固壮大积极向上的主流思想舆论氛围。充分发挥精神文化产品育人化人的重要功能，制作了以电影《吴大观》、电视专题片《龙腾东方》、话剧《追梦》、音乐剧《罗阳》等为代表的文化产品，使文化产品成为培育社会主义核心价值观和集团文化的生动教材。

选树先进典型，强化示范引领。一个典型就是一面旗帜。中航工业以社会主义核心价值观和集团精神为标准，将抽象的价值观人格化，以先进典型激励广大航空人践行社会主义核心价值观，投身航空报国的伟大事业。将“报国的精英”、

"诚信的标兵"、"敬业的典范"、"创新的勇士"、"超越的先锋"选树为中航工业的英雄，形成了由高级经营管理者、高科技带头人、普通一线职工组成的具有高尚道德品格的先进典型群体。特别是"全国优秀共产党员"吴大观和罗阳两位同志，他们是中航工业践行社会主义核心价值观的典范，爱国、敬业、诚信、创新等崇高品质在他们身上尤为突显，他们是"最美航空人"的典型代表，成为了50万航空人学习的楷模。中航工业还以"星光大道"、"手机报"等多种形式宣传先进典型的事迹，形成了中航工业独具特色的"星文化"，充分发挥了典型榜样的示范引领作用，营造了"仰望先进、学习先进、争当先进"的浓厚氛围。

融入企业管理，强化价值引领。价值观只有融入企业的各项规章制度，才能真正发挥其价值引领的力量。中航工业注重将社会主义核心价值观和集团精神融入企业制度体系之中，切实使"爱国"、"敬业"、"诚信"、"创新"等价值观成为科研管理、生产现场管理、员工评价激励、干部选拔任用等企业各项经营管理制度的价值"内核"和文化支撑，使价值观真正成为集团经营管理的原则、是非判断的标准、干部选用的试金石，从而把社会主义核心价值观和集团精神积淀成为一种集体人格，有效地支撑集团公司的改革发展。比如，我们正在全集团大力推进的领导力模型AVIC-DO，就是把社会主义核心价值观和集团精神转化为了"信念、远见、激情、力行、成就"五个一级指标和十个二级指标的中航工业好干部标准，这对于强化社会主义核心价值观和集团精神在选人用人、干部考核评价方面的价值引领作用产生了非常好的效果。

开展道德实践，强化人人参与。中航工业注重以价值观培育为主题开展社会主义核心价值观和集团文化教育实践活动，使人人爱祖国、爱航空、爱企业，人人讲诚信、守信用、可信赖，人人重敬业、敢作为、有担当，在企业形成良好的道德风尚，培育出无形的软实力。大力开展学雷锋志愿服务活动，充分发挥"吴大观志愿服务队"等群众组织的作用，组织开展各种形式的志愿服务活动，形成"我为人人、人人为我"的良好风气；积极发挥各类青年团体、群众性组织引导青年、凝聚青年的作用，引导广大青年争做培育和践行社会主义核心价值观的先行者、示范者；深化群众性精神文明创建活动，推进文明企业、文明车间、文明家庭创建活动，不断提高广大员工的文明素质；开展礼节礼仪教育，在重要场所和重要活动中挂国旗、司旗，唱国歌、司歌，使礼节礼仪成为培育社会主义核心价值观和集团文化的重要方式。

培育和践行社会主义核心价值观绝非一日之功，需要长期抓、反复抓，久久为功。中航工业将不断把践行社会主义核心价值观和培育企业精神的工作推向深入，为夯实中国特色社会主义的思想道德基础、提高国家文化软实力、实现中华民族伟大复兴的中国梦，做出我们应有的贡献。

（作者系中航工业工会常务副主席、党建和思想政治工作部部长，本文摘自《企业文化》）

# 企业文化是企业发展最持久最深层次力量

徐耀强

没有竞争优势的企业就无市场竞争力可言，也就不可能实现做大做强做优做久。企业只有成功地寻求、保持以及捍卫竞争优势，才能成为市场的王者，才能实现企业发展战略和发展目标。什么东西才是决定企业生存发展的"终极力量"？人们关于这个问题的追寻，自企业组织产生的那一天就开始了。

决定企业生存发展的要素有很多，但其最持久最深层次力量是企业文化。中国大唐高井热电厂百年发展历史就是这一结论的最好印证。有着中国发电史上"标本"之誉的北京高井热电厂始建于1902年，此后历经解放战争的战火考验、20世纪50年代"一五"计划中苏联的援华建设，此后成为改革开放中全国最大容量火电厂、新世纪初国内环保技术最先进的绿色环保电厂，直到2014年大气雾霾治理中关停，尔后又以超百万千瓦级燃气发电厂重建，而实现企业发展的华丽转身。企业浴火重生、历久弥新的奥秘，高井人的体会就是灌注其百年发展史中薪火相传的以"务实、奉献、创新、奋进"为核心精神的企业文化。

事实上，始自20世纪80年代关于企业竞争优势的探索，延续至今已在西方战略管理学界形成了三大学派：一是结构学派，代表人物是迈克尔·波特。他从产业组织理论的"结构－行为－绩效"这一范式出发，认为企业的竞争优势是由一个产业中新的竞争对手的进入、替代品的威胁、买方的讨价还价能力、卖方的讨价还价能力和行业内竞争对手之间的竞争五种力量决定的。二是资源学派，代表人物是沃纳尔特、科利斯和蒙哥马利等。他们的主要观点是企业的竞争优势来源于其拥有或支配的具有价值性、稀缺性、非模仿性、非流动性的企业资源，特别是对企业非物质性的无形资产的开发利用。三是能力学派，代表人物是哈默尔和普拉哈拉德。其主要观点是企业的竞争优势来源于自身所具有的能力，正是企业能力的差异造成了企业效率和收益的差异。

问题在于，按照结构学派的逻辑，同一产业内的企业经营状况应该是差不多的，但事实远非如此。资源学派的逻辑结论是，企业要赢得竞争优势太简单了，守着企业优势资源睡大觉就行了，但端着资源"金饭碗"沿街"乞讨"的企业也并不鲜见。显然，结构学派的缺陷在于忽视了企业内部要素的作用与影响。资源学派强调了资源禀赋作用，但它见物不见人，漠视人的价值和人的主观能动性。只有能力学派，既关注到了企业的内外部环境，同时又将物的要素和人的精神有机结合起来，才是探求企业竞争优势的正途。

企业本质上是一个能力的集合体，包括生产能力、资金运作能力、新产品开发能力等。企业的核心能力就是在企业能力结构中居于支配地位、发挥决定性作用的能力。这种能力在本质上正如美国管理学家潘汉尔德和哈默所说，是"组织中的积累性学识，特别是关于如何协调不同的生产技能和有机结合多种技术流派的学识”。因此其最终必须归结到人的方面并以人为载体，是隐藏在企业资源背后的配置、开发、保护、使用和整合资源的主体能力。

由此可见，任何仅仅将企业某一项专有技术、垄断资源或畅销产品视为企业核心竞争力的企业都不会成为百年老店，因为它们是对物的依赖而不是对人的依靠。而企业的真正核心能力应该是以人为皈依的“企业文化力”。因为文化是渗透到血液里的东西，决定了我们大脑怎么思维，我们的双腿怎么行动，因而是最终的力量。企业文化不仅决定我们生产什么、经营什么、管理什么，而且决定我们怎么生产、怎么经营、怎么管理，因而是企业发展最持久最深层次的力量。

（作者系中国电力企业联合会文化建设部副主任、中国电力政研会执行副秘书长）

## 新常态下中国企业精神的解析与研究

韩浩波

习近平总书记多次强调指出，实现中国梦必须走中国道路、弘扬中国精神、凝聚中国力量。弘扬中国精神就是要弘扬以爱国主义为核心的民族精神和以改革创新为核心的时代精神。这种精神是凝心聚力的兴国之魂、强国之魄。中央企业作为国之大企，国之命脉，是中国国民经济的重要支柱。中央企业培育形成的反映时代要求、具有行业特征的先进精神伴随国家建设的伟大进程，发挥了重要的作用，是中央企业宝贵的精神财富，更是推动中央企业做强做优的精神力量，为中央企业的改革发展提供了强大动力。

神东煤炭集团公司在30年的发展进程中，依托神华集团矿电路港一体化、产运销一条龙运营优势，累计生产优质煤炭资源24亿吨以上，历年百万吨死亡率始终控制在0.03以下。安全、生产、技术、经济等主要指标达到国内第一、世界一流水平。神东矿区的现代化建设成就得到党和国家领导人的高度肯定。伴随发展历程而形成的“艰苦奋斗、开拓务实、争创一流”的神东企业精神为神东的快速健康发展提供了强大的精神动力和支撑，是神东创造辉煌业绩、拥有旺盛生命力的原动力。进入经济新常态，面对经济下行、煤炭市场供需失衡、社会价值观念和思想意识多元多样，以及企业内部矛盾逐渐显露、运营中存在众多风险等内外部严峻形势，解析和研究神东企业精神的本质与内涵，挖掘其时代价值，对加强企业思想政治建设、培育高素质员工队伍、促进企业管理升级，提升现代化煤炭企业核心竞争力具有重要的历史和现实意义。

### 一、解析与研究中国企业精神具有重要的历史和现实意义

新中国成立以来，中国共产党带领全国人民展开了全面建设社会主义的伟大实践，国有企业得到了长足的发展，石油工业、“两弹一星”等事业取得了举世瞩目的成就。同时也培育了伟大的民族精神和时代精神。培育了不怕困难、自力更生、无私奉献、勇于攀登的精神品质。神东企业精神源于神东的改革创新实践，与时代脉搏相呼应，与企业发展同频共振，体现了中央企业艰苦奋斗、拼搏奉献、改革创新的价值理念，体现了广大员工群众扎根一线、忠诚企业、产业报国的精神境界。

**（一）解析与研究中国企业精神的本质与内涵，是中国共产党在新的历史条件下思想政治建设的需要。**

思想政治建设历来是党的执政能力建设的重要组成部分。重视思想政治工作是中国国有企业最大的文化与管理特点。新中国成立后，在党的领导下，确立和弘扬了不同历史时期的时代精神。如，大庆精神、铁人精神、鞍钢精神、两弹一星精神、载人航天精神、青藏铁路精神等等。这些中国企业特有的爱国、敬业、诚信、创新、奉献精神在不同历史条件下召唤着中国共产党人为社会主义建设事业，为企业的持续创新与发展提供了不竭动力，为中华民族的伟大复兴做出了巨大贡献。神东煤炭集团公司作为国有亿吨级煤炭生产企业，是煤炭工业先进生产力的代表。生产力的极大发展，企业持续不断的创新离不开文化的传承和提升，离不开企业精神的支撑和升华。企业精神是一个企业员工共同一致、彼此共鸣的内心态度、意志状况、思想境界和理想追求。总结和提炼神东企业精神，不断挖掘其历史积淀，理清思想脉络，丰富精神内涵，让神东精神成为新时代的民族精神，成为新时代的创新精神。这是党的思想政治建设的必然要求，也是新常态下企业党建思想政治工作创新发展的重要抓手。

**（二）解析与研究神东企业精神是培育和践行社会主义核心价值观、实现中国梦的需要。**

社会主义核心价值观是社会主义制度的内在精神和生命之魂，企业精神是企业的精神支柱和灵魂。神东倡导的“艰苦奋斗、开拓务实、争创一流”的企业精神与中华民族传统价值观、社会主义核心价值观本质上具有高度的一致性，有着厚重的历史特征和时代特征。面对思想文化多元多样、精神需求日趋增长、价值取向标准各异、青年员工占半壁江山的员工队伍，需要用社会主义核心价值观来丰富企业文化的内涵，用企业精神来凝心聚力，教育引导员工树立共同理想和崇高信仰，不断激发员工群众的积极性、主动性和创造性，做到知行合一，积极投身到企业的发展实践中。通过解析和研究神东企业精神，系统梳理神东精神的形成与发展，分析挖掘神东精神的本质与内涵，科学认识神东企业精神的时代价值和现实意义，有助于广大员工群众将个人梦想与实现中国梦有机结合，立足岗位践行社会主义核心价值观。

**（三）解析与研究中国企业精神是全面学习贯彻习近平总书记系列讲话精神，推动企业持续发展的需要。**

习近平总书记指出，要“建设社会主义文化强国，增强国家文化软实力”。要用社会主义核心价值观凝魂聚力，更好构筑中国精神、中国价值、中国力量。随着企业改革的

全面深入，企业发展面临诸多矛盾、问题和挑战。更需要发挥精神的力量，解决人的思想认识问题。新常态下站在未来发展战略的角度，神东必须全面学贯彻习近平总书记系列讲话精神，努力传承和弘扬神东精神，以文化的力量激发活力，影响员工，积聚人才，推进创新，全面提升企业发展质量，持续增强企业核心竞争能力，以自身的价值创造力推动企业持续发展，引领煤炭行业的健康发展。

## 二、研究中国企业精神必须准确把握的基本原则

企业精神是对企业全体员工信念和追求的高度概括，一旦形成群体心理定式，就可以通过明确的意识支配行为，或者通过潜意识产生行为，大大提高员工主动承担责任的自觉性，从而主动融入企业，参与企业管理，为企业贡献力量。研究中国企业精神的本质内涵、解析神东精神的基本内涵和时代价值必须以中国历史和文化发展规律及特点为基础，立足企业的发展实践，基于客观经济和社会环境。

**（一）必须基于企业发展的历史和规律。**

神东经过 30 年的发展建设，积淀形成了优秀的企业文化和神东企业精神。这是我们宝贵的精神财富，滋养了几代神东人的精神家园。老一辈神东开拓者艰苦创业、无私无悔的奉献精神，上一代神东建设者们求真务实、勇于开拓的变革精神，以及现在神东人爱岗敬业的精神品质和不断创新的工作作风，值得永远传承和发扬。这些文化精神不是一朝一夕的结果，它的孕育、发展、成熟的过程，记录了神东人对煤田开发建设艰辛探索的心路历程、思想境界和精神状态，体现了神东人对社会理想、人生价值的深层思考。神东精神在创业初期孕育萌芽，在跨越发展中丰富创新，在变革重组中得到了升华。因此，解析与研究中国企业精神一定要与企业的发展历史结合起来，既要尊重历史，也要符合企业发展现状和发展规律，要在传承中创新，在创新中发展。

**（二）必须立足企业发展实践。**

实践是价值活动以及价值关系产生的最根本基础。实践决定着价值观的生成、发展与实现，决定着价值观的基本指向。企业精神作为一种群体意识，本身就是认识活动与实践活动相互作用的产物。大庆精神源于实践又在实践中得到不断丰富完善。习近平总书记曾指出，大庆精神、铁人精神是集中体现了我国工人阶级的崇高品质和精神风貌，永远是激励中国人民不畏艰难、勇往直前的宝贵精神财富。神东企业精神源于神东发展实践，并在实践中得到不断丰富完善，对神东煤田的开发建设与发展产生着广泛而深刻的影响。因此解析和研究中国企业精神不能离开企业的发展实践，一定要在发展实践中解读和丰富，引导员工群众立足岗位，用实际行动来践行企业精神。这样才有永恒的生命力。

## 三、神东企业精神的深刻内涵与时代价值

企业精神是企业之魂，是企业发展壮大的强大动力。对于一个企业而言，有什么样的企业精神，直接影响着企业的经营效果。神东“艰苦奋斗、开拓务实、争创一流”的企业精神源于神东广大的员工群众，承载着每一个神东人的美好愿景，是神东持续发展的动力源泉。神东企业精神具体丰富的深刻内涵和重要的时代价值。

**（一）艰苦奋斗是神东精神的灵魂和基础。**

艰苦奋斗精神的科学内涵是指为实现伟大的或既定的目标而勇于克服艰难困苦，顽强奋斗、百折不挠、自强不息的精神和行动。艰苦奋斗是中国共产党一贯倡导的政治优势和优良传统，是中华民族的传统美德，它与民族精神和时代精神相融合，是一种与时俱进的创业精神。

20 世纪 80 年代初期，地处蒙古高原南缘的毛乌素与陕北黄土高原北缘交汇地区的神东矿区，环境异常恶劣，土地贫瘠，干旱少水，夏季酷热难耐，冬季寒风刺骨，植被的覆盖率仅为 6%-10%。在这样的环境下，神东人筚路蓝缕，一路走来，从最初的艰难探索到四化五型安全高效现代化矿井建设模式的创建，从中小型矿井年产不足千万吨到整体产能达到两亿吨的煤炭生产基地，靠的就是神东人对神东事业坚定信念，对技术创新、科技进步的不懈追求和无私无悔的奉献。正是因为有了这种理念信念和精神动力，才会产生在艰难困环境中战胜一切困难的勇气，在一次次战略调整、体制变革、公司整合中实现突破的动力源泉。

艰苦奋斗是神东精神的灵魂。在新的形势下，弘扬艰苦奋斗精神，坚持艰苦奋斗的政治本色，意味着保持一种生活准则，一种工作作风，一种利益观念，一种精神状态，乃至追求一种高尚的奋斗目标和人类共同的价值方向。创业时期我们离不开艰苦奋斗。新的历史条件下绝不能因为环境变化、物质生活条件的改善而丢弃，更要戒奢戒侈，戒骄戒躁。我们提倡和弘扬艰苦奋斗精神，就是要永远保持和发扬知难而进、百折不挠，克勤克俭、励精图治的作风与精神。

**（二）开拓务实是保持竞争力的核心要素。**

新的历史时期，开拓寓于勇于创新，只有具备持续的创新精神和能力，才能促进科技进步，带动产业结构优化升级，在竞争中保持有利位置。创新是一个国家和民族发展的不竭动力。创新意识和创新能力也是一个企业核心竞争力的重要因素。“务实”原意讲究实际，实事求是。务实是中国共产党的思想路线的核心内容，也是共产党人应该具备的政治品格。

梳理神东煤田的开发进程，正是传统煤炭产业的发展、演变、创新的历程，与中国改革开放同步，与国家政策、市场变化、社会生活息息相关。见证了国家经济由计划经济向市场经济的转变，经历了煤炭市场的低谷和高潮，有 1978 年党的十一届三中全会带来的实惠，也有 1997 年亚洲金融危机时面临的困境，更有进入 2014 年煤炭市场的“黄金十年”彻底终结、供需失衡、量价齐跌、行业全面亏损所带来的挑战。神东发展的每一个关键时刻，都是神东人审时度势，从实际出发，坚持实事求是，勇于开拓，不断创新的结果。神东敢于突破传统思维的束缚，创造性地形成了千万吨现代矿井建设模式，走出了一条新型工业化的道路，实现了煤炭开采由劳动密集型向技术密集型、高危型向本质安全型、环境

污染型向清洁环保型的三大转变。神东的发展历史，就是一部务实创新的历史。

开拓务实是神东企业精神的核心内容。当前，我国经济社会发展正处于战略机遇期，全国深化改革攻坚时，世界能源形势变化莫测，如何实现“走出去、立得住、强后劲”，推动企业实现持续发展；如何发挥价值观的引领作用，提升员工队伍素养，凝心聚力；如何加强领导干部作风建设，全面从严治党，落实党组织的主体意识。都需要大力弘扬开拓务实的精神。开拓务实是神东走向成功的动力，是适应时代发展的力量源泉。

**（三）争创一流是动态的创建过程。**

争创一流不是静态的指标，而是动态的创建过程。1991年5月，神东就确立了“奋战十年，争创一流，把神府东胜煤田建设成煤、电、路、港一体化，产运销一条龙，具有自己特色的国内一流现代化能源基地”的战略目标。明确提出七个创一流，即：基本建设创一流、生产经营创一流、安全生产创一流、企业管理创一流、矿区物质文化生活创一流、精神文明建设创一流，建设第一流的模范矿区。2003年明确战略目标为“创建世界一流煤炭企业”，2009年确立“创百年神东，做世界煤炭企业的领跑者”的共同愿景，2015提出“建设世界领先的清洁能源的煤炭生产商”的目标，都是体现了神东争创一流的不懈追求，体现了神东人勇于自我挑战、追求卓越的精神。传承神东精神就是弘扬永争第一、勇于挑战自我的进取精神。

“争创一流”永远在路上。这是时代赋予神东的重任，已与神东人的价值实现与价值创造紧密地联系在一起。我们必须以一流管理、一流技术、一流效益、一流服务、一流文化为目标，以更安全、更环保、更高效、更具有竞争力为宗旨，着眼于煤炭的高效清洁开采与利用，着眼于煤炭行业的未来发展，创造性地开展工作，推动神东事业持续发展。

## 四、弘扬和培育中国企业精神的实践对策与启示

企业精神要发挥价值认同在内的各种功能，需要不断弘扬与培育，需要深入挖掘其应用价值，实现时代转换。其生命力在于能随着时代的变化而变化，随着实践的发展而发展，能始终起到汇聚共识、凝聚力量的作用。企业精神必须在文化自觉的基础上，通过挖掘提炼，运用多种载体和方法传承、培育、弘扬和发展。

**（一）坚持问题导向，顶层设计和基层践行双向根植。**

企业精神的根植培育是企业文化生成的关键。企业精神的提炼、总结、提升要以企业发展中现实问题为导向，符合社会主义核心价值观的根本要求，反映企业的优良传统及企业员工优秀品质，要体现时代性和先进性；要立足企业的生产实践，符合企业实际，分析问题背后的成因，让员工群众在参与中理解认同，受到教育，渐近升华，体现务实性和群众性。2015年公司开展的大规模企业文化诊断提升的调研活动显示，3408份有效问卷中对神东企业精神的认同率高达99.5%，但同时也存在对精神内涵理解和把握的差异性。在对职工的思想状况调研中发现，一些干部职工存在价值观模糊、集体观念淡化、缺乏进取和奉献精神、思想浮躁、责任担当不够、慵懒拖沓等问题。针对这些问题，公司下发了《培育和践行社会主义核心价值观的实施意见》，策划开展23项企业文化提升系列主题实践活动，将神东企业精神主题宣传教育纳入培育和践行社会主义核心价值观的整体部署中，分公司、基层矿处、区队班组3个层面，通过主题活动、榜样示范、宣贯培训、形象塑造、典礼仪式等多种形式，将企业精神植入企业生产经营实践，极大地增强了广大员工群众热爱神东、奉献神东的责任感和光荣感，提振了精气神、凝聚了正能量。深化企业精神主题宣传教育一定要坚持理想信念，着力解决价值观扭曲、精神上缺钙的问题；要坚持以人为本，鼓励员工群众实现自我教育，着力解决主题实践活动与员工思想“两张皮”问题；要从实际出发，坚持务实管用的原则，不断创新活动的方式和载体。

**（二）必须抓住建设主体，注重全员参与。**

企业精神说到底要体现在员工的思想和行为上，如果企业精神得不到员工群众的接受和认可，不能真正反映员工群众的价值信念和理想追求，就不能转化为员工自觉的行为，也就不能发挥精神动力的作用。神东三十年取得的成就，其关键成功要素之一就是有一支务实敬业的高素质团队。吃苦耐劳、拼搏奉献、务实敬业的员工队伍是神东重要的资源，是神东持续发展的基础。因此，一定要把员工作为企业精神培育和践行主体和根本依靠，突出员工的主体地位，特别是发挥好青年员工的作用。神东在册员工平均年龄只有36岁，大专以上学历占到50%以上，80后、90后青年员工是公司的中坚力量。他们承载着企业的未来，也孕育着企业的希望。针对目前团员青年思想呈现多元特点，存在精神迷茫、一些价值观缺失、扭曲、消极的思想和心理等问题，综合运用多种适合团员青年特点、团员青年乐意接受的载体、办法，加强青年思想引导，使广大团员青年认同神东企业文化，勤学、修德、明辨、笃实，真正使企业精神成为自觉信奉和遵循。先进典型人物是神东精神的人格化表现，从不同方面、不同角度诠释着神东精神的本质内涵。深化企业精神主题宣传教育一定要抓住员工群众这个建设主体，注重挖掘、培育、宣传先进典型。要充分利用员工群众接受信息渠道最多的微信、微博、QQ等新媒体加强形势政策、神东创业历程和创新变革的历史教育，让员工群众在实践中感受企业精神的力量，引导员工立足岗位，安全生产、感恩奉献。

**（三）必须突出党员干部的表率作用，以上率下形成氛围。**

党员干部是工人阶级中的先锋战士。“讲党性、重品行、作表率”，这是对党员干部提出的要求。传承和弘扬神东精神，用社会主义核心价值观统领员工的思想和行动，必须积极发挥广大党员干部的表率作用，上行下效才能蔚然成风。每一个党员干部都要带头学习，把社会主义核心价值观、企业精神的宣传教育融入“两学一做”专题教育中，全面深入领会其精神实质和时代价值，增强践行的自觉性；要利用各

种契机形象地阐释神东精神的内涵，发好神东声音，讲好神东故事，增进员工群众的情感认同和价值认同，提高影响力；党员干部要带头践行，自觉用企业文化核心理念指导实际行动，自觉改造人生观和世界观，用自己的模范言行和人格力量引领社会风气，在全公司形成比奉献、比拼搏、比创造的良好工作氛围。

**（四）整合各种资源，建立员工自主教育机制。**

神东精神的传承与弘扬涉及公司各个领域、各个方面，必须统筹运作，才能获得最佳的效果。要依靠员工群众，创新群众工作方法，发挥员工主体作用，实现员工自主教育，循环运作。要充分发挥典型示范的引领作用，坚持用身边的典型事例来引领、教育和推动广大员工群众自觉参与好人建设，切实增强企业精神的现实感染力。要充分发挥党组织的政治优势，活动过程中树立问题导向，发挥党员的先锋模范作用，积极影响带动广大职工群众，自觉融入到安全生产中心工作中。要把企业精神主题教育实践活动与道德建设、群众性精神文明创建相结合，充分发挥员工群众的作用，鼓励大家积极参与。要加强各部门、各单位联动，协同配合，才能形成强大的合力。

在经济新常态下，传承好、运用好、发挥好神东企业精神，不是简单地字面的学习，而是要深入挖掘和研究中国企业精神的科学内涵、精髓实质，以问题的成因分析和解决为重点，坚持价值引领，将企业精神贯穿于管理的各个过程和环节，激励广大员工群众积极投身到公司的安全生产建设中，推动企业持续健康发展，这是弘扬和培育企业精神的本质要求所在。中国企业精神培育和弘扬是一项复杂的系统工程，任重而道远，需要我们大胆创新，常抓不懈。

（作者系神东煤炭集团公司企业文化部部长）

## 企业文化评价的十个误区

谢振山

企业文化评价是一件很有挑战性的事。对企业文化评价的各种探索是必要的，有利于促进企业文化落地，有利理论实践交融螺旋式提升，通过实践丰富理论，再通过理论指导去完善实践。从实务来看，企业文化评价工作不易操作，甚至是一个反复试错的过程。结合自身体会和思考，笔者认为应避免陷入十个误区。

### 一是看虚不看实

企业文化很容易变成写在纸上挂在墙上喊在嘴上的虚无缥缈之物，不落地，与员工实际感受不搭界。但不看实又是人的通病，走马观花，指指点点。企业文化的要义在于做，而不在于说。先进理念的虚，要落在良好群体行为习惯的实上。优秀企业文化设计的虚，要落在企业运行制度设计和考核激励设计的实上。重大制度政策出台，应当预先做企业文化审核。企业文化的好坏，要看人，要看人心向背凝散和士气高下正负。看人心士气是个硬道理，是根本，抓住人心士气，就抓住了企业文化工作的精髓和要害所在。

### 二是看表不看里

企业文化是要培养良好群体行为习惯，体现在人的行为上。但看人的行为习惯，不能只看签到、做操、办公物品摆放、微笑、站立、礼仪、服务用语等等芝麻小事（当然这些小事也是很重要的），要看更深层次的东西，要看精神层面。一个团队企业文化是否搞得好，集中体现为员工士气。是否愉悦，是否有归属感和成就感，是否阳光、向上、正能量。团队有士气，企业才有人气，员工才能把自己的快乐和价值由内向外传送。先要赢得员工的心，才可以通过员工的自动自发倾情付出，去赢得客户的心。人心，才是企业文化的本质。理念决定行为，思想通才是真的通。心智模式、思维方式、核心价值观、核心理念，是带有根本性和恒久性影响力的东西。看表面，很容易，而看里子，需要很深的功夫。看表不看里，必然会使企业文化工作陷入形式主义的泥潭。

### 三是看人不看事

判断好人坏人是没有意义的，因为非经重大历史性事件考验，是没有办法判断的。企业文化的意义，不在于把每个人培养成好人，而是要努力赢得每个人都自动自发做好事的氛围，打造一个人人焕发正能量的舞台，把每个人最好的一面挖掘出来。凝聚人心以成事，才是企业文化工作的真谛。

### 四是看小不看大

企业文化不仅仅是企业文化部门的事。企业文化在很大程度上是企业家文化，企业文化工作就是一把手工程。仅靠专业部门去抓人微言轻，企业文化重在践行，领导示范很重要，尤其是坏的示范极具破坏力。抓企业文化，并非单打一，要融于日常业务中，大团队长，小团队长，都要一岗双责，既抓业务又抓文化。企业文化评价，要从企业文化部门这个小走出来，也要同时去看看团队长这个大，这样去判断人心士气，才是一个合乎逻辑的链条。

### 五是看果不看因

分析问题不看相关性，只是把企业文化作为一个筐，什么也往里面装，归因错误。事情做好了，是企业文化的功劳，其实很可能在企业文化上毫无作为，只是贪天功为己有。事情做不好，一味归结为企业文化的错，其实很可能不是。人心士气好坏，与企业文化工作强相关，但具体是如何影响的，仍需认真分析。也许企业文化很正能量，但错误考核的负能量影响更大，努力挖掘光鲜外表下一些深藏着的东西，要看到冰山的水平线之下。

### 六是看短不看长

企业文化的成效，最终要体现在业务数字上，即所谓以文化促业务，这是常识。但看数字要看长期，不可以只看短期。企业文化的功效，有一个滞后效应，是一个长久起作用的东西，是慢功夫，很难立竿见影。看数字，一定要看数字与企业文化工作的相关度，要立足于看长远。企业文化要有动作，对数字要有促进，二者要有逻辑关联。要通过企业文化的评价，形成一个有利于业务数字持续提升的企业文化氛围，有今天，更有明天。

### 七是看木不看林

即以偏概全。抓企业文化当然要抓一些典型案例，要抓一些可带动全局的点。评价企业文化工作，也要抓一些案例，要用身边的人、用活生生的具体事情来进行说明。任何事情都难以做到全样本，所以定性判断很重要，不能迷信量化数据。互联网时代讲大数据，以不可控为基本假设，是说数据的量是无限大的，一叶障目，不见森林，因一件事情肯定或否定一个人，这样的事情经常发生。要防止犯只见树木不见森林的错误。

### 八是看狼不看羊

狼代表一种快速应对市场、内部充分竞争且有效合作的精神，狼文化铺天盖地。把羊变成狼，是说要把小绵羊一样弱不禁风的团队，打造成像狼一样能打硬仗的团队。看狼是对的。但远远不够，也要看羊。从更广义的角度，羊代表一种善良，代表一种祥和。除了市场份额和利润，还要考虑社会责任，要考虑可持续。企业文化对传统思想政治工作的超越，就在于从只考虑人对工作的服从，跃升到对人与工作二者需要的兼顾，以人为本，而不是以事为本。

### 九是看静不看动

静，是人性的期盼；动，才是宇宙的常态。企业文化永远要有一个框架，有一个相对恒定的理念体系和行为习惯体系，要围绕这个抓落地。对于下属机构，一定要有自己的子文化或亚文化，当然，这要在大的框架下进行。对于企业文化的复制和移植，必须强调融入当地，眼睛向内，只讲自己，不开放不包容，必将是没有生命力的文化。此外，企业文化体系和基因本身也有一个不断创新的问题，不创新，不与时俱进，也是没有生命力的。企业文化评价要强调动态地看，不能只看静态，防止掉入看静不看动的陷阱中。

### 十是看内不看外

企业文化有一个由内向外传播的问题，不能只是关起门来看内。海底捞企业文化好，企业善待员工，员工也善待客户，每一个员工都成为生产和传播强大正能量的机器。企业对内文化主张和对外品牌主张是一致的，是关联的。文化的善，直接体现在品牌的善。企业文化评价不能只看内部一团和气，还要看员工是如何服务的，是如何对待客户的，这也是整个评价体系的一个关键性节点。看团队长，大格局如何；看动作，都做了些啥；看人心士气，员工实际精神状态如何；看品牌人气，客户如何看我们；看数字，业务发展是否因文化而受益。这样就构成一个相对清晰且简易可操作的企业文化评价体系。

（作者系晋城银行副董事长）

## 建设企业文化要抓住几个规律

于文岗

在企业文化建设实践中，总有一只无形的手在左右企业文化实践，这就是企业文化建设规律。

文化规律、企业文化规律、企业文化建设规律不是一回事，但企业文化规律不偏离文化规律，企业文化建设规律不偏离企业文化规律。“唯实、循道、求真”是其最根本的原则。“唯实”，就是一切从企业实际出发，在经营管理实效上聚焦，注意学习借鉴、兼容并蓄，不能搞照搬照抄；“循道”，就是遵循企业文化建设的客观规律；“求真”就是务求事物的本真面目，建设有本企业独特个性的企业文化，防止“虚假空泛”和“华而不实”。在此基础上，还要注意遵循以下规律。

### “土生土长”规律

这是企业文化的内生性决定的。企业文化来源于企业经营管理实践的土壤，带有鲜明的本企业特色、地域特点和行业特性。如同“烟台的苹果莱阳的梨，换个地方就异质”。因此，企业价值理念可以策划设计，可以吸收借鉴，但一定要有其基因，然后加以挖掘、提炼、培育、推广、深植，方可树木成林。在企业文化建设中，任何脱离实际的“凭空策划”、异想天开、“无中生有”的主观臆断，都是注定要失败的。

住总集团企业文化建设总结和借鉴企业文化建设的经验教训，在实践中确定了“唯实际、求本真、原生态”，“不策划、不嫁接、不作秀”，建设“土生土长、原汁原味、特属特有”的住总文化的基本思路，从住总二十多年的经营生产和改革发展实践中深入挖掘优秀的文化积淀，精心提炼优良的文化细胞基因，最终形成住总核心价值观的《住总宣言》。《住总宣言》9句话196个字，无一在住总集团找不到根据。如1987年确立的“团结、创新、求实、自强”的住总精神，基本概括了住总人昂扬向上的精神追求，但不免有标准件组装和内容空泛、缺乏个性的雷同问题。后来，住六公司在具体实践中适应时代要求、突出创新并个性化，提出了“视今天为落后”的“住六精神”。2005年以后，集团公司领导又特别提出“人争优秀，事争一流，追求卓越”要求。2008年提炼《住总宣言》时，就把住总精神概括为：“视今天为落后，求卓越争一流”。比如，“我们的作风：精、严、细、实、好、快”是几代住总人逐步提出和形成的，住三公司、住六公司的职工都是这么做过来的，全集团也都熟悉；再比如“建一流楼宇，保百年安居”，也是1997年就提出并践行的。由于始终坚持“土生土长”和“原汁原味”，坚决不搞“无中生有”和“策划嫁接”，坚持用本企业的经典故事诠释企业价值理念，因而有效地避免了企业文化建设中常见的“标语口号天上飞，土里没有硬要落地”的主观主义和形式主义。

### “慢生慢长”规律

很多企业，尤其国有和国有控股企业的领导，总想在自己任期内有所建树，总想立竿见影、一口吃个胖子，其情可以理解。但企业文化是长期经营管理实践的积淀和升华，是一点一滴积淀而成的，文化的形成像美酒的酿造而不是饮料的勾兑；像长白山缓慢生长的野生人参而不是南国的雨后春笋。一种文化的形成，往往是一代人甚至几代人努力的结果。

文化“慢生慢长”的规律说明：企业文化建设需要时日，需要循序渐进、日积月累，尤其是“做”的、管理实践的日积月累，必然欲速不达。比如，住总使命：“为生民安其居，为建筑立伟业”，是指企业在社会、市场上得以存在的理由和根据。回答的是“我是谁”、“从哪里来”、“到哪里去”的问题。这个使命的形成，最初是 1987 年，住总第一任经理刘建业同志，跟宣传部负责同志交代，拟一条标语挂出来，说明我们住总是干什么的？“建设首都、造福人民、振兴住总”是住总使命的最早雏形。2008 年提炼《住总宣言》时，立足两大主业，总结住总二十五年来“为住而立，兴住而起”的历程，着眼未来，进一步提炼出“为生民安其居，为建筑立伟业”，住总使命最终确立。不只是住总使命、住总精神，代表住总核心价值理念的《住总宣言》，都是在住总组建成立 25 周年时颁发实施的。由此可见，住总文化的初步形成，到逐步成熟，绝非一朝一夕，而是前前后后经过了数年。这也说明，一下子抱个大金娃娃式的企业文化建设做法，都是违背规律的。

### “百企百性”规律

企业文化是企业性格。就像风俗习惯的“十里不同风，百里不同俗”，企业文化也“百企百性”，没有统一的样子和模式。你若看着哪家文化好，照抄照搬、复制拿来，结果就是“你学不会”，落得竹篮打水。因为你没有那种基因。比如，同样以“民主、科学”为灵魂和旗帜的五四新文化运动，由于理解、认识等种种外在的不同，后来形成了以胡适为代表的自由派；以梁漱溟为代表的保守派；以李大钊、陈独秀为代表的激进派。

住总集团经营业务由三大板块组成，分属不同行业。集团文化不可能一刀切。所以，集团首先是提出了“大统一，小自主”的原则，即：核心理念、行为规范、形象标识原则统一，行业性、地域性、历史性差异体现特色的原则。集团各成员企业和单位，把集团核心价值理念与本企业所处行业、地域及企业历史等实际相结合，提炼并确立了既体现集团核心价值精神，又体现各自特色的本企业、本单位价值理念。在此基础上，各企业又根据各自生产经营和发展需要，在企业文化建设中突出和侧重了不同内容的实践，也使文化出现了不同特征。如住总商砼中心“用学习的动力、能力、毅力诠释学习力”的“学习文化”；住宅设计研究院“以创新理念酿造创新氛围，以创新氛围孵化创新成果、用创新成果驱动创新事业”的“创新文化”；工程总承包部“坚决执行、言而必行、雷厉风行、上下同行”的“执行文化”；物流公司“用活动创造快乐，让快乐助力工作”的“快乐文化”等等，既体现了集团文化的统一意志，又体现了各成员文化的生动个性，实现了百花园里百花纷呈，较好地实现了集团统一性与企业个性的统一。

### “兼容并蓄”规律

一切都在发展变化，一切都需要在发展变化中博采众长，发展和强化优化自己。企业文化同样需要在开放中兼容并蓄，博采众长，在矛盾和斗争中发展自己。

企业文化及其建设的兼容并蓄、博采众长的“开放”性，与“土生土长”及其内生性并不矛盾。“土生土长”强调自身 DNA 特质，开放、兼容并蓄和博采众长则是强调吸收文明进步因子对自身 DNA 进行改良、优化和提升。但这种兼容并蓄与博采众长，像是人体输血和器官移植，必须与自己的原文化、原基因配型，两种截然相反的、矛盾的文化是不可能兼容、融合和嫁接移植的。

着眼企业文化及其建设的开放性，住总集团在企业文化建设中确定了“坚持吸收、借鉴、继承与创新相结合；时代特征、行业特性、地域特点、企业特色相融合；成员单位与集团文化相一致；横向文化与纵向文化相贯通；领导倡导、组织协调、典型示范、全员参与、活动促进相协调”的企业文化建设五项原则，并在具体实践中，把“社会主义核心价值观”、“北京精神”的因子吸收并融入住总核心价值理念。如 2009 年我们在“和谐住总、效益住总、创新住总”住总愿景基础上，反思西三旗质量事故，提出了“责任住总”；2010 年制定十三五规划时，又吸收“北京精神”的因子，提出了“创新住总”，更全面而准确地描绘了与民族复兴同步的北京住总“未来是什么样子”的问题。

### “以身践言”规律

企业领导人“以身践言”，是企业文化建设的重要规律。尤其在企业价值理念的宣贯上，人们有一个严重的认识误区，以为人们“知道了就会去行，学了就会去用，说了就会去做”。于是，“牌子、册子、片子、旗子”不亦乐乎。其实，行为可以强制，意识不可以强灌，灌输不等于入心，认知不一定认同，即使认同了，也未必能够践行。认知是能力问题，而认同则是能力与感情问题的综合。你的道理再对，你的理念再好，但他对你反感，那么，他对你的理念可能只有认知而不可能有认同。因此，任何一个价值理念：挂在墙上是标语，喊在嘴上是口号；抓在手上是行动，看在眼里是花哨；记在心里是知识，而只有领导“以身践言”的身体力行和继而产生的“佩服”和“感动”，才是“跟我上”的实践效果。

群众一般不大看重宣传牌子，他们眼睛紧盯领导，不仅听其言，更观其行。领导“喊破嗓子”不如“做出样子”。企业领导人“以身践言”的躬行才是旗帜，才是活标语。如果领导做出的样子与册子、牌子、片子是一致的，那么，任何牌子都是多余的。

认识规律旨在把握和运用规律，自觉按规律办事，防范违背规律的徒劳和枉然，从而使企业文化建设克服盲目性，增强有效性，避免走弯路，收获事半功倍的效果。

（作者系北京住总集团党委宣传部部长）

# 如何构建企业的核心理念

## ——来自玉柴集团子公司的实践

何晓宇

企业的核心理念体系是企业价值体系的核心组成部分，涉及到企业的价值定位与发展定位，处于企业顶层设计的塔尖，犹如企业发展的航灯和风向标。笔者在对广西华原过滤系统股份有限公司（以下简称“华原公司”）的文化现状进行调研诊断并开展文化提升工作中，最先涉及到的是核心理念重塑的问题。

华原公司成立于2001年，是目前国内最具现代化设备和先进技术的滤清器生产企业之一，已形成年产1500万套滤清器的生产能力，在国内滤清器行业名列前茅。经过十几年的不断发展，华原公司虽然在各个方面均有长足的进步，经营业绩增长明显，也形成和积淀了自己独特的文化底蕴，但是，其原有的理念体系定位稍欠清晰，核心理念提炼及表述，如使命、愿景、经营思想的表述等有待斟酌。

### 诊断分析

华原公司原来确立的使命为“致力专业，快速提升，争创一流”；愿景为“打造国内知名品牌，成就滤清器行业典范”；核心价值观为“绿色发展，和谐共赢”；经营思想为“华原滤清器，过滤更精细”。但是，随着我们对该公司的深入了解，并根据其历史发展和行业特点、经营情况来看，我们认为除了核心价值观外，其余理念与公司的发展契合不够。

其使命概括提炼还值得斟酌：

其一，着眼自身，定位局限。从字面上来理解，“致力专业，快速提升，争创一流”更多地是着眼于华原自身的发展要求，没有从行业、客户、社会等层面去定位华原公司存在的目的，定位不高，只局限于自身的发展需求。以企业价值体系的要义来参照，企业的价值定位是其自身社会存在关系的反映，即与经济利益、社会、环境、各利益相关方等价值关系的定位，以及自我价值的定位。华原公司不是遗世独立，必然要与社会、环境及各利益相关方发生关系，不能脱离企业存活的环境与现实。所以，只着眼于自身的定位是远远不够的；

其二，表述宽泛，特点不显。无论是“专业”或是“一流”等表述，均是大众化的词语，套在每个企业上似乎均可，没有反映出过滤器行业的特点。

华原公司的愿景在文字表述上尚算规范，表明了发展的目标。但是从华原公司的中长期目标规划及目前国内外滤清器行业的竞争情况来看，华原公司目前的愿景目标还可以更高远一些，以更好地鼓舞员工斗志。

经营思想表明了一个企业经营的总的指导思想、原则，具有一定的哲学内涵和普适性的指导意义。华原公司原有的经营思想“华原滤清器，过滤更精细”，虽然也表达了华原公司生产经营的目的，即使滤清器过滤更精细的要求，但是从表述上定义范围显得窄了些，仅局限于产品的性能特点要求，内涵不够丰富，缺乏一般性的哲学价值内涵，指导公司经营的普适性还不够。这句话更适合作为华原公司的广告语。

### 重新定位

华原公司的核心理念要进一步修订，就必须先对自己进行重新定位。因为企业核心理念体系的构建绕不开对企业价值的定位或者叫主体性定位。这些理念都关乎企业的发展定位与价值定位，也是企业最本元的哲学思考。

比如确定企业的使命，就是确定企业存在的理由与价值，表明企业为何而来，来而何为。这是企业安身立命之所在。许多优秀的公司都有自己明确的使命，如迪士尼的“带给千百万人快乐”；波音公司的“领导航空工业，永为先驱”等。同为滤清器行业的国际品牌，美国唐纳森公司的使命是“改善、提高、保护”（改善人们的生活，提高客户设备性能，保护环境）等。华原公司的使命定位可以借鉴同行业的经验，如唐纳森公司的定位涉及到企业对社会、人们生活、客户、环境等利益相关方的价值定位与追求，比较契合滤清器行业及产品的特点。

愿景则表明企业往何处去，确立的是企业的发展目标与方向，代表着企业的一种未来图景。其与使命是递进的关系，即组织肩负使命而希望达到的未来图景。如微软的“让全球的人们以及企业充分发挥潜力”；唐纳森公司的“全球过滤方案之领导先驱”，为客户开发卓越的技术、提供额外的客户支持、提供最好的价值。华原公司在国内同行业中名列前茅，作为未来长期目标，如果还定位在做国内的典范或知名品牌的目标上，似乎不够高远。因此应从长期发展规划来考虑，将公司定位为“打造国际知名品牌，成就滤清器行业典范”更为妥贴。

核心价值观是企业核心的价值取向和价值选择，是企业长盛不衰的根本信条，代表企业的一种信仰，是企业文化的基石与核心。如3M公司的“尊重个人的首创精神及个人成长”；惠普的“我们信任和尊重个人，我们追求卓越的成就和贡献”等。华原公司以绿色为主旋律，作为核心价值观的内核，这是符合滤清器行业及产品特点的。滤清器是过滤与洁净的利器，只有将低碳绿色作为自己的核心价值追求，才能更好地履行起社会责任，赢得市场竞争力。

从华原公司的分析可以得知，企业核心理念体系的构建首先要做好企业的价值定位，确立自己的价值体系，从顶层思考企业自身的性质、定位及发展目标方向，企业秉持的信仰和价值观念等。

### 理念提炼

华原公司经过前期的企业文化调研诊断后，重新思考公司的自身存在与发展定位，经过自上而下和自下而上的征集以及反复讨论、修订，提炼形成了自己的价值理念体系。

例如，使命重新表述为“技术引领，专业创造，价值无限”，表明了华原公司要以技术为先导，以领先的产品质量管理体系与行业技术标准引领滤清器行业的发展。以专业的产品和服务为客户的服务增值、增强客户对企业的信任度和忠诚度；给予员工提供无限发展的空间和宽广的事业平台；给予合作伙伴创造更大的产业价值，注重分享、共同受益；对客户，持续创新、更新行业标准，满足客户需求，并致力创造高于客户需求，为维护美好的自然环境作出贡献。

愿景重新表述为“打造国际知名品牌，成就滤清器行业典范”，表明华原公司要扩大产业布局，加强技术研发，加速高新技术的引进、应用，同时深化与上游产业、国内和国际院校、科研机构的合作，确立华原在国内、国际的领先地位，成就滤清器的行业典范。

经营理念为“谦信为本，服务至上，创新卓越”，表明华原公司以谦虚谨慎的态度，尊重、倾听对方的需求、心声，积极回应；对员工、供应商、客户、用户、顾客、股东、社会都要有责任意识、诚信相待，注重对方的利益。永远把用户放在第一位，服务无止境，用真心来创造感动、用心追求客户满意；坚持自主创新，以产品技术领先、质量领先、性价比领先来满足公众的需求。

笔者认为，华原公司重新确立的理念较好地体现了自身的价值定位及追求，兼顾到了价值关系的各利益相关方，也比较契合滤清器行业的特点。

通过华原公司的例子，笔者建议在提炼核心理念时，须注意以下几点：

一是要充分考虑企业的行业特点、市场特点和自身的发展历史、战略规划等。核心理念的提炼一定是基于自身的行业特点和企业历史实际的前提下进行，带有前瞻性、厚重感和企业特色，不可玩文字游戏或千人一面。

二是要体现传承性，不可割裂企业优良的传统与优势。提炼的同时也是识别诊断原有理念或价值观念的过程，判断其是否与企业的发展相适应、相吻合，是否符合以人为本的管理要求，是否能够真正驱动企业的发展。

三是要采取自上而下、自下而上的方式，充分听取和收集企业内外人士的意见，不断反复讨论提炼。如此，所提炼的理念才有根基，易于认同。

核心理念确立的最终目的在于指导和融入企业的所有经营管理活动，融入战略规划、融入制度流程，化为管理行为，既要内化于心，更须固化于制，外化于行。此为建设企业文化的重点和本质所在，否则再好的理念也是作壁上观，权作标语装饰，流于口号形式，与经营管理形成“两张皮”。

（作者系广西玉柴机器集团党委工作部副部长、中国企业文化研究会特邀研究员）

## 以社会主义核心价值观引领企业价值观体系构建

姜　勤

党的十八大报告从国家、社会和公民三个层面对社会主义核心价值观的价值内核和价值取向作了高度概括。社会主义核心价值观是中华民族的精神家园，是当代中国的兴国之魂，是亿万国民的精神之钙。真正的力量发自内心。员工有信仰，企业才有希望，发展才有动力和活力。以社会主义核心价值观引领企业价值观体系建设，对于企业铸魂提气、强基固本至关重要。

### 认清“三种关系”

社会主义核心价值观与企业价值观之间存在三层关系：

一是引领和遵循关系。社会主义核心价值观作为当今中国社会的主流价值观和价值中枢，对企业价值观发挥着引导和统领的作用。企业价值观必须坚持与时俱进，必须在社会主义核心价值观统领和指引下不断创新、丰富和发展，并从中获取能量，增强“精神之钙”。

二是宏观和微观的关系。社会主义核心价值观是国家、政府和人民的共同遵循，是宏观层面的价值表述；而企业价值观的构建和发展必须以企业员工的普遍认同为重要基础，无论其发挥作用的途径还是影响面都是具体的、微观的。二者存在层次上的显著差别。

三是理论和实践的关系。社会主义核心价值观具有高度的理论性。而企业价值观不仅是陈述性知识，而且是程序性知识，是一种方法论，实践特色更加鲜明。

### 做到“六个融合”

社会主义核心价值观导入企业价值观，引领企业价值观体系构建，首先需要企业价值观做好“承载”准备和优化融合工作。自古有“文以明道”、“文以载道”。作为企业经营管理之道，企业价值观应该具备必不可少的“承载”功能。这样，才能帮助企业行得端、做得正、走得远。

文以载道，以文化人，是企业文化必须具备的基本功能。企业价值观应该志存高远，为基业长青提供坚强的思想保障、作风支持、精神动力，增强企业的软实力和核心竞争力。

“文以载道”如何体现？中国企业的文化建设大概经历了两个时期：

一是同质化表述时期。20 世纪 90 年代“团结、开拓、信誉、效益”等表述。新世纪以来“追求卓越”、“基业长青”等表述。共性表述有余，个性特色不足。

二是个性化表述时期。随着自媒体的兴起，在芸芸众生中如何彰显个性、避免雷同已成为一种潮流。企业价值理念的表述也进入了个性化表述阶段。企业价值观虽然以社会价值观为生存和发展土壤，但也不能失去个性特色，需要以其特有的方式来体现社会主流价值观的取向。

“以文化人”如何体现？从功能角度讲，文化=文+化，“文”是精神、意识层面；“化”是转化、执行层面，知行合一才是至高境界。鉴于此，做到“三个坚持”至关重要：

一是坚持主流价值观导向。以社会主义核心价值观为指引，对企业价值观进行梳理，然后启动一次创新升级工程，使企业价值观的内涵和外延同步提升。我们的做法是“五个美好”，即从“美好使命、美好业绩、美好环境、美好生活、美好心灵”五个方面开展“美好中轻、美丽中轻”主题创建年活动，培育和践行核心价值观，奉献“中国梦”、“美丽中国”。深入、细致开展心理疏导和人文关怀，启动员工帮助计划，塑造强大内心，实现员工和企业的共赢。

二是坚持宣贯、转化植入。使社会主义核心价值观伴随企业价值观一同入脑入心、入行入制；只有转化为企业及其员工的行为和操守，才能落地生根、开花结果。我们的做法是打造了“四个阵地”，即以中轻大讲堂为平台的学习阵地、以中轻文化中心、老干部活动中心和10个群众兴趣组织为平台的活动阵地、传统纸媒和新媒体相结合的舆论阵地、实践和研究相互促进的课题研究阵地。

三是坚持闭环管理。使企业价值观在承载核心价值观重要内容即创新升级之后一道纳入企业目标管理和绩效管理，建立计划、执行、检查、改进的闭环流程。我们的做法是“五个落实”，即落实到制度、落实到绩效、落实到指标、落实到考核、落实到激励。公司先后形成了“文化引领、和谐共赢”工程实施意见、企业文化建设实施纲要，建立健全了企业文化量化绩效管理制度，把企业文化建设过程中的参与行为及结果量化为具体的数值指标，进行动态跟踪和绩效考评，最后根据考评结果给予奖惩，并提出改进意见。

为培育和宣贯企业价值观，建立了相关长效机制来保障：企业文化宣传月（每年3月份）、学习型组织建设、企业文化量化绩效考评体系、“美好中轻、美丽中轻”创建活动、员工关爱计划、阵地建设（四个阵地）、群众自组织建设、横向交流等八项长效机制。

社会主义核心价值观导入企业价值观并在企业落地扎根，要做到“六个有机融合”。

一要与价值理念有机融合。价值理念是企业文化的核心，是企业文化构成中最重要的部分。核心价值观与企业价值理念实现有机融合，是落地生根的第一步，关系到核心价值观能否真正见之于行。同样是“爱国、敬业、诚信、友善”，通用技术集团以“为国家创造财富、为客户创造价值、为员工创造幸福”（企业使命）、“诚信、开拓、专业、服务”（经营理念）等理念来体现；中轻公司则以“积极参与解决中国经济长期可持续发展所需要的原材料和资源保障问题”（企业使命）、“勤学善思、厚德敏行、诚信敬业、守正自强”（员工行为理念）等理念来表述。在理念的融合上，如何在保留文化共性的同时彰显企业的个性特点甚为重要。这不仅取决于企业对核心价值观融会贯通的程度，而且取决于企业文化建设的能力和水平。

二要与领导垂范有机融合。习近平总书记要求各级领导干部做到“三严三实”，这不仅指领导干部的作风养成，而且在培育和践行核心价值观方面更需要领导干部率先垂范、发挥带头作用。领导的率先垂范、积极践行必将对核心价值观在企业的落地生根到事半功倍的效果。

三要与员工修为有机融合。企业文化之所以被称为企业的软实力，就是因为它无时无刻不在潜移默化地释放正能量、推动企业健康持续发展。企业价值观只有落实到员工的行动、落实到员工的修为，才拥有了扎实的基础。

四要与经营管理有机融合。作为企业公民，“爱国、敬业、诚信、友善”是最基本的道德操守，不但要体现在价值理念上，更要体现在经营管理过程中，使核心价值观融入企业价值观之中，化为企业的精气神。近年来，中轻公司就因为坚持以“爱国、敬业”为怀，以“诚信、友善”为先，自觉做到常怀善念、常修善德、常做善举，才取得转型升级新突破。

五要与舆论宣传有机融合。要旗帜鲜明地做好舆论宣传，把思想发动、舆论引导与学习教育、实践活动相结合，发挥舆论的正面导向作用。

六要与品牌活动有机融合。核心价值观的落地和践行是具体而细微的，必须贴实情、接地气，尤其需要创新形式和载体。我们在倡导“民生中轻”、“快乐工作、精彩生活”的基础上，把2014年确定为“美好中轻、美丽中轻”创建年，并从关注员工职业心理健康出发，全面导入了员工关爱计划。这些活动的有效开展必将夯实企业价值观的实践载体，促进“中国梦”在企业的落地。

### 抓住“一个根本”

作为企业公民，应该重点加强“爱国、敬业、诚信、友善”价值观的培育和构建，其中“诚信”可谓修为之根本。必须抓住“诚信”这个根本不动摇。

对现代企业而言，诚信的内涵起码要有四个维度：一是对股东，二是对员工，三是对客户，四是对社会。对股东的诚信，就是尽最大努力创造价值、回报股东；国有企业就要尽最大努力使国有资产保值增值。对员工的诚信，就是真正实现一切发展成果由全体员工共享，兑现对员工的承诺。对客户的诚信，就是“重合同、守信誉”，提供优质高效的产品和服务，实现双赢。对社会的诚信，就是照章纳税，努力为社会创造效益和财富。

对公司而言，“爱国、敬业、诚信、友善”首先体现在勇于担当的企业使命上。积极为国分忧，公司是这么承诺的，也是这么做的。公司所经营的大宗商品由过去仅只讲一个品种发展到今天14类37种，铜精矿、铬铁、硫磺等多个品种在国内市场份额居于。对员工，不仅倡导“因你更精彩”、“快乐工作、精彩生活”这样的人文理念，而且着力打造“民生中轻”，相继推出一系列惠民举措，不断提升员工的幸福指数。自开设文化中心后，群众自组织（“三队三班四部”）如雨后春笋相继诞生，极大丰富了员工的业余文化生活。对待离职员工也很包容，张开双臂欢迎“游子归来”。对客户，公司的诚信体现在“重合同、守信誉”的企业自律精神和“开拓市场、整合资源、创造价值、共享成果”的经营理念上。与公司合作的客户，许多都在10年以上，最长的超过30年。牢固的合作关系靠的是视诚信、信誉为生命的坚守。对于社会，公司的诚信体现在积极参加集团对口扶贫项目和社会各类公益事业上，去年上缴的各种利税总额为23.86亿元。公司曾连续两年被美国《财富》（中文版）评为中国最受赞赏的商贸类公司之一。公司62年的悠久历史就是卓越的诚信和品质保证。

### 彰显“四个特色”

谈到企业文化的适应性，有人提出“土地种子理论”，说什么样的土地应该匹配什么样的种子，如果不根据土地具体情况盲目播种就会适得其反；企业的价值观也应该与企业的“土壤”相匹配。具体而言，要解决“四个适应”、“四个特色”问题：

一是与企业的传统相适应，继承和弘扬企业的优秀文化基因，彰显企业的传统特色。中轻公司升级后的企业精神前八个字“团结开拓、信誉效益”是20世纪90年代形成的，1992年在司庆40周年之际经时任总书记江泽民同志题词予以肯定，而2004版价值理念体系中的核心价值观“不断追求新境界”在2014升级版中被重新定位为企业哲学，这都体现了对优秀文化的传承。

二是与企业自身的语境相适应，既要用企业自己的语言来表述和解读价值理念，使员工无论耳闻还是目睹立刻明白这是“我们自己的语言和符号”，要尽量贴近员工，与员工的整体素质相吻合，彰显企业的语境特色。价值理念无论表述还是解读既要“信、达、雅”，又要“雅俗共赏”，以体现文化的亲和力。

三是与企业自身的战略和经营相适应，努力融入战略、融入经营管理，尽量贴近业务，适应业务经营和转型发展的需要，彰显企业的实践特色。是否融入实践、引领实践，关系到价值观体系的生命力。越是深度融入实践、彰显实践特色，其引领力、生命力就越强。

四是与企业的作风、氛围和形象相适应，要尽量贴近实情，适应企业的形象塑造和气质体现，彰显企业的个性特色。个性特色体现个性魅力，是个性化时代需要认真思考解决的问题。

公司升级版价值观体系充分彰显了上述“四个特色”，这对于提高企业价值观的认同度、辨识性，对于增强企业价值观的引领力和文化软实力至关重要。以企业价值观为指引，公司转型升级实现了新突破。自2008年以来，集团营业收入超过1400亿元，利润总额超过17亿元，为集团挺进世界500强作出了突出贡献。近5年来，经营规模年均增长超过40%，利润年增长30%以上，相当于再造了“四个中轻”。近年来，公司获得了“中央企业企业文化示范单位”、“全国模范职工之家”等多项荣誉称号。

（作者系中国轻工业品进出口总公司党群工作部副主任，本文摘自《企业文化》）

## 吉林油田优秀文化的成因探析

袁广延　张旭晨　梁长君

几代吉林石油人历经半个多世纪，在创造物质财富发展壮大企业的同时，也创造了优秀的石油文化。

1959年9月，吉林油田在共和国10周年大庆的礼炮中诞生，1961年1月建矿投入开发。由于3年自然灾害，国家财力不足，1962年就被列入关停并转行列，在生死攸关面前，矿党委发出发奋图强、大抓生产、以矿养矿、准备发展的号召，全矿职工喊出了“挺起腰杆，站稳脚跟，宁可不发工资，也要保住油矿”的口号，靠自力更生精神保住了油矿。1970年至1972年的“七〇”石油大会战期间，万名会战将士立下了“宁可筋骨断，誓死夺取一百万”的豪迈誓言，形成了“解放思想打破框框上、土法上马因陋就简上、争分夺秒抢着时间上、没有条件创造条件上、遇到困难迎着困难上”的“五上”精神。在“五上”精神的激励下，创造了无数新纪录，由20万吨到100万吨只用了两年。伴随着改革开放的历史进程，吉林油田为国分忧，主动多承担石油部年度超产指标，形成了“艰苦奋斗、持续发展、主动加压、多做贡献”的企业精神和“省吃俭用买大件，节衣缩食谋发展”的工作理念，使吉林油田20年得以长足发展。上个世纪90年代，面临企业发展困境，吉林油田党委提出了“艰苦创业、开拓进取、严细实干、全面发展”的号召。进入新世纪，吉林油田两个公司迎难而上，在“一百减一等于零、一口井就是一项工程”理念的指导下，发扬“忠诚敬业、奋发有为、坚韧不拔、勇往直前”精神，打赢了勘探开发一体化攻坚战，实现了历史性的转折，并顺势提出“建设大油田，实现大发展，争做大贡献”精神，随之迎来了10年的储量产量增长黄金期。

纵观吉林油田50余年优秀文化，其本质是中华民族自强不息精神与石油行业艰苦创业精神的完美结合，“自强不息、创业永恒”成为吉林油田优秀文化的典型特征，与“大庆精神”“铁人精神”既一脉相承又有自己鲜明的个性，“面对低渗透，永远不低头”已经成为吉林石油人世代相传的生命基因。

在系统梳理吉林油田发展历程的过程中，通过分析归纳，吉林油田优秀文化的形成至少有以下几个方面的影响因素。

### 中华民族精神的传承

中华民族在五千多年的发展历程中，形成了以爱国主义为核心的团结统一、爱好和平、勤劳勇敢、自强不息的伟大民族精神。吉林油田每逢困难时期，总是在这种自强不息的民族精神激励下砥砺前行。1962 年油矿被宣布下马的时候，在没有一分钱国家投资的情况下，油矿制定《农、副、牧、渔业生产规划》，油矿党委下发《关于在职工中开展公物还家运动情况的通报》，自力更生，开展生产自救，计划生产原油两万吨，实际完成 2.97 万吨。20 世纪 90 年代末，受亚洲金融危机、资金严重短缺、资产负债居高不下等因素影响，吉林油田再次面临严峻考验，分开分立后的吉林石油集团公司被列为中国石油 6 家特困企业之首。困难面前，吉林石油人更新观念，转变思路，实施勘探开发一体化，冒着零下 40 摄氏度的低温，打响了百支队伍、千台设备、万名员工参加，连续两个冬天的英台石油大会战，新建产能 70 万吨，建成了第一个百万吨采油厂，上市业务彻底扭转了被动局面，迎来了柳暗花明。存续企业提前一年完成了解困目标，自强不息精神在吉林油田再次发扬光大。

### 中国石油文化的影响

尽管吉林油田有着 37 年省属企业的经历，但吉林油田从诞生那天起就与中国石油工业的命运紧密相连，地质部、石油部对吉林油田倍加关爱。中国石油创业文化的种子一开始就深埋于吉林油田老一辈创业者的心中。建矿初期，吉林省请求支援，石油部决定将玉门石油管理局新疆矿务局标杆钻井队吐鲁番矿务局 1289 队徒手整编制调给扶余油矿。1961 年 4 月，一支由 40 名钻工组成的千里驰援的队伍来到扶余，他们一下车就问钻机在哪里？井场在哪里？从一个井场转战另一个井场。1975 年 2 月，玉门油田参加吉林石油会战的 405 名战友到达红岗，他们带来的以艰苦奋斗为核心的玉门传统。在玉门精神的影响下，红岗油田 40 年间曾 4 次被评为中国石油高效开发油田，玉门精神也得以世代传承。1975 年 12 月，石油会战指挥部在新木前线召开欢迎大庆战友暨新区会战誓师大会，500 名大庆采油技术骨干正式加盟吉林油田。他们不仅带来了技术，也带来了大庆的管理经验和大庆精神铁人精神，“三老四严”“四个一样”在吉林油田生根开花结果。1988 年吉林油田与大庆油田在石油企业中率先携手步入国家二级企业行列。学大庆、学吉化活动几十年从未间断，“我为祖国献石油”的核心价值观根植于吉林石油人心中，“爱国创业求实奉献”成为吉林石油人强大的精神支柱。

### 主要领导的倡导和践行

回顾吉林油田发展历程，每个历史时期优秀文化的形成，与当时主要领导的积极倡导和身体力行是分不开的。1962 年油矿下马的时候，党委书记张立业的人事关系还在省里，危难关头，他却毅然将人事关系开到了油矿，提出了“以矿养矿”的方针，和大家一起唱着《扶余是个好地方》开展生产自救。全矿上下深受鼓舞，一心要保住油矿。矿里两个月没钱给职工开支，老红军高泽生就把自己积蓄多年的 1 万元钱拿出来给大家发工资。由于多年的省属企业，油田的投入一直不足，装备远远落后于兄弟油田，严重制约了吉林油田的发展。80 年代石油部实施超产出口利润分成的激励政策，吉林油田抓住机遇力争多超产，多分成，并提出了“省吃俭用买大件，节衣缩食谋发展”的理念。局领导告诫全体干部，油田发展了，家底厚实了，但艰苦创业的思想不能变，家大业大了，过紧日子的思想不能变。用省吃俭用攒下来的 3 亿多元资金引进了数字地震仪、千型压裂车组等国内外先进设备 2500 多台（套）。由于招待所条件简陋，夏季来客人的时候，局长就把自己家的电风扇拿来给客人用。无数实践证明，形成被员工普遍认同的优秀文化，主要领导言行的导向作用至关重要。

### 历次石油大会战的洗礼

由于资源品位低，开发难度大，前进路上困难和挑战层出不穷，迫使吉林油田的开发会战一个接着一个。会战最能考验人们的意志品质，有利于增强团队的凝聚力和战斗力，也最容易形成优秀文化，其影响也十分深远。吉林油田“七〇”石油大会战就是大庆石油会战的翻版。1970 年 5 月，千名解放军和万名知识青年会师松花江畔。一时间，浩浩百里油区，到处都是“钻机隆隆震天响，战旗猎猎迎风扬”的繁忙景象。老同志回忆说：“誓师大会后，也不知道哪儿来的那股劲，一个会战接着一个会战地打，捷报一个接着一个，分配任务时都来不及发文件，都是口头下达，那种精神，是金子也换不来的”。会战仅仅 18 天，日产就翻了一倍。5000 立方米地下储罐坑槽、输油管线沟都是会战队伍挖出来的，800 米长、48 吨重的穿江管线是 4000 名会战青年抬过江的，固井水泥供不上人们就用自行车推、用肩扛。由于油田一下新增上万人，原有生活设施严重不足，指挥部领导便组织人员挖地窨子、搭马架子、柳条席棚子解决住宿问题。每人每月只有 25 元生活费，每天工作十几个小时，甚至“连轴转”，却没人叫苦叫累，在“五上”精神的感召下，夺取了大会战的全面胜利。从此，石油会战形成了一种文化。红岗油田开发会战、新木油田开发会战、大老爷府油田开发会战、乾安油田开发会战、扶余油田三年调改会战，等等。每次会战都取得了辉煌战果。在会战逐渐走向科学的同时，更加难能可贵的是会战精神得以传承和弘扬。

### 先进模范人物的表率作用

吉林油田半个多世纪的历史，是一部铁人精神薪火相传、先进模范不断涌现的历史。油田建矿 53 年来，命名表彰劳模千余名，其中有 60 人被评为中石油劳模，5 人被评为中央企业劳模，78 人被评为省部级劳模，7 人被评为全国劳模；有 25 人获得吉林省五一劳动奖章，21 人获得全国五一劳动奖章。六七十年代艰苦创业阶段，以老领导张立业，以及路宝生、赵成蔚、刘万民等为代表的老石油、老会战们，满怀着革命加拼命的豪情壮志，爬冰卧雪，风餐露宿，自力更生，艰苦奋斗，奠定了吉林油田坚实基业。八九十年代发展建设阶段，被誉为“扶贫专业户”、“油田活雷锋”的赵文光，全国先进女职工徐丽艳，吃苦在前的钻井队长刘金广，“水泵王”王才，器材总库“活账本”尹桂荣等一批有代表性、有影响力的先进模范，面对市场经济带来的思想冲击和物质诱惑，始终保持了劳模本色，主动加压、吃苦耐劳、忘我拼搏，发挥了引领示范作用。新世纪以来快速发展阶段，新时期知识型技术型采油工刘成、杜海峰先后当选全国劳模，被称为“时传祥式好工人”、“地下管线活地图”的排污班长王景奎荣获中石油“铁人奖章”、“全国五一劳动奖章”。他们带动各条战线的干部员工爱岗敬业、奋发进取，开创了油田科学发展和谐发展新局面。他们对吉林油田优秀文化的形成起到了极大地促进作用。

### 几代石油人的生动实践

真正的文化，是核心价值观被全体员工认同并体现在具体的行动上，变成一种自觉行为。几代吉林石油人半个多世纪的实践充分地印证了这一点。史料记载，1961 年，刚刚成立的油矿一穷二白，全矿职工信念坚定，“就是天大的困难，也要为国家献出石油”。搬迁钻机没有吊车人们就人拉肩扛撬杠撬，把钻机拖上汽车运到井场。搬迁井架赶上连雨天，道路泥泞不能行车，大家就把井架拆开，一件一件地抬到 3 公里远的井场，井场没有电，就用柴油机发电，水供应不上，就组织人到附近村屯去挑，当年打井 31 口，生产原油 7425 吨。“七〇”会战期间，“宁可筋骨断，誓死夺取一百万”的豪迈誓言影响了参战的每个人。女子钻井队、女子修井队享誉全国，男同志能干的活她们都能干，男队创造的纪录她们都能创造。据老同志回忆，“五上”精神就是参战队伍分别提出来，由会战指挥部归纳总结形成的。英台会战期间，上万名干部群众冒着极寒奋战在一线，不知有多少人冻伤，但没有一个退缩的。3 年的调整改造相当于再造了一个扶余油田，绝大部分工作量又在城区内，广大干部群众不畏艰辛，克服重重困难，创造了中国石油老油田二次开发的奇迹。2005 年后，吉林油田开始进军天然气领域，由于长岭气田高含二氧化碳，给吉林油田出了一道世界级难题。公司上下攻坚克难，从发现到建成 10 亿方生产能力仅用了五年时间，“采气更要争气”变成了天然气开发干部群众的共同心声。没有广大群众轰轰烈烈的伟大实践，就没有优秀文化的形成。

从上面的分析可以看出，不管是有意为之还是无意插柳，优秀文化的形成需要必备的条件，有其自身的规律性，尊重这些规律，即便是无意插柳，也能换来绿树成荫。违背了规律，即便是有意为之，企业文化建设也会走进误区，事倍功半，得不偿失。

（作者单位：中国石油吉林油田）

# 施工企业项目文化建设的实践与思考

杨子超

中交一航局二公司隶属世界 500 强中国交建，直属新中国筑港事业的摇篮中交一航局，成立于 1953 年，主营业务为港口航道、公路桥梁、铁路地铁、工民建等基础设施建设，承建了青岛港、烟台港、长江航道治理、港珠澳大桥岛隧沉管安装等上百项国家重点工程项目，施工足迹涉及国内 20 多个省市及海外 8 个国家。现有职工 2000 余人，年度营业额约 70 亿元。

## 一、追溯篇：项目文化建设的启动与深化

受青岛浓厚的品牌文化氛围影响，一航局二公司较早地认识到企业文化的价值。20 世纪 90 年代，公司从形象建设切入，启动文化建设。近年来，中国经济步入新常态，企业普遍面临着转型升级、提质增效的重要课题。中国交建创新思路，实施“五商中交”战略，整合全集团优势资源，全面打造核心竞争力；一航局紧跟集团步伐，也作出一系列适应性、对接性的重大部署。作为三级子公司，认真负责地做好每一个项目，是保证上级战略部署落地的重要支撑，项目文化助推项目管理的重要性愈发凸显。公司围绕做好项目深入推动项目文化建设，主要把握了两个方面：

一是抓项目文化定位。项目是企业生存发展的基础，而项目文化是项目管理的灵魂，一定程度上就是项目班子的思想，所以党政一把手必须管项目文化，要把项目文化放到引领项目履约和管理创效的高度上去抓。

二是抓项目文化导向。在承接一航文化的基础上，公司大力倡导诚信务实的文化、创新适应的文化、忠诚担当的文化、帮人利己的文化、“工”“商”相融的文化、以人为本的文化等六个文化，要求各单位立足实际抓落地，打造本质统一、各具特色、百花齐放的项目文化。

## 二、推动篇：项目文化的渗透与深植

抓文化建设规划——夯基础。一航局和中国交建先后印发了项目文化建设指导意见和管理规定，给规范开展项目文化建设提供了遵循。公司把握匹配战略、问题导向、与时俱进三项原则，要求各单位以 3-5 年发展规划为依据，传承一航文化，落实公司导向，建立项目文化建设规划。

抓思想教育活动——促认同。公司每年围绕中心工作，设计一个主题，开展不同形式的思想教育活动、形势任务宣讲，并充分利用企业文化工作会、领导班子建设年活动、三严三实专题教育活动、月度例会、道德讲堂、班前宣誓等途径，反复解读宣传集团、局、公司的工作目标、思路、要求，将文化导向具体化，深化全员思想认同、情感认同、管理认同、文化认同，为知行合一奠定思想基础。

抓分类调研指导——促深入。公司把 30 个基层项目部、分公司按照“好、较好与一般”进行分类，文化主管部门每

年走进一线分别选样调研指导推动，通过与主要领导、员工骨干交流，促进基层对文化本质的认识和文化建设方法的有效把握。还分别从传统市场、集团投资市场、海外市场等选出6个文化建设示范点进行重点培育，引领各单位更加务实、深入地开展项目文化建设。

抓文明工地创建——塑形象。公司把文明工地建设作为项目文化建设最重要载体，将施工安全、环保、质量、形象建设等有机统一，引领基层标准化管理建设，作用明显。经过多年推动，各单位争创省市和局级文明工地蔚然成风，通过评比流动红旗、一航礼仪践行、行为文化建设等方法，抓出了现场的管理秩序、抓出了员工文明行为、抓出了现场文明形象。近10年来，公司荣获省市级和一航局文明工地80余项，若干项目管理标准化管理成果荣获全国交通企业管理现代化创新成果奖。

抓文化、制度结合——保执行。文化是管出来的、干出来的。按照文化导向，一方面在公司层面不断完善制度体系，另一方面要求基层把理念制度化、标准化，每种文化至少有1-2种主打制度作为保障，促进了文化与制度的有效衔接。近年来，公司各单位普遍建立了《项目管理制度手册》，每年修订，有的还制定了《岗位职责手册》，并通过抓落实，提高了文化的执行力，防止了文化“空中飘”的问题。

## 三、落地篇：项目文化成果的转化与显现

诚信履约的项目文化。诚信履约是施工企业立足市场的根本。通过多年推动，“履约是经营的继续”、“打造让业主和上级难以割舍的履约团队”的理念、目标深入人心，各单位从工期、质量、安全、环保等各方面提升履约能力，如公司第一项目部在“创精品 拿大奖”理念的引领下，以让业主放心、满意为标准，通过“用心浇注您的满意”文化品牌创建活动、工艺革新、质量标准段建设等措施，不断刷新码头建设记录，青岛前湾港四期工程被评为山东省质量通病治理示范项目，国内最大的40万吨矿石码头工程仅10个月就完成主体施工，为后来几乎承建青岛港所有码头奠定基础。在国家十二五最大的水运项目长江航道一期整治工程建设中，提前近半年完成施工任务，受到交通部、工程指挥部等各界高度评价，直接助推了公司对二期工程的承揽，总合同额近11亿元。

永争一流的项目文化。作为国家骨干施工企业，公司经常有机会参与国家重大工程建设，这为公司攻克世界前沿的工艺技术，锤炼竞优争先的项目文化提供了条件。举世瞩目的港珠澳大桥工程被称作超级工程，其中沉管浮运安装是大桥工程的核心施工内容，33节沉管每一节沉管都重达8万吨，犹如一艘小型航母，建成后沉管隧道达3465米。此前只有荷兰SAT公司及韩国一家公司掌握该工艺，但国外公司的天价总承包费让人却步。在政府的信任和集团的支持帮助下，公司港珠澳项目部提出“打造中国的SAT”的目标，与公司一道矢志攻克该技术；确立“每一次都是第一次”的安装理念，施工中总结并弘扬“鸡蛋里面挑骨头”、“一丝不苟不让隐患出坞门”精神，历经重重考验，迄今已成功安装20节沉管，受到中央省市各级领导的关注和好评，在中国深海岛隧道施工史上必将书写浓墨重彩的一笔。

固基行远的项目文化。各单位重视管理基本功的修炼，坚持用好计划引领、目标管理、责任考核等基本手段，夯实科学发展的基础。如公司湖州318国道项目部在管理上倡导“四个零”理念，即：“开会不落实等于零、安排不督查等于零、问题不解决等于零、责任不追究等于零”，制定出台《绩效考核办法》等制度，考核与经济挂钩，有效提升执行力，确保工程进展顺利。

帮人利己的项目文化。随着“五商中交”战略的深入实施，各公路、地铁项目部积极主动地适应融入新业主文化，如参建青岛地铁13号线的三个项目部，针对业主初来乍到人生地不熟等情况，发挥自身地缘人脉优势，主动帮助业主协调处理征迁、办证等工作，在感动业主中为自己的工作赢得加分和支持，创造出越来越和谐的施工环境，为在各标段全面领先创造了条件，后来公司把其归纳总结为“帮人利己”的文化，得到了越来越多的单位干部职工的认同。

## 四、体会篇：对项目文化建设的粗浅思考

应强化“文化是一把手工程”的意识。实践证明，一个有文化思想的管理者，往往能带出一支有文化、有思想、形神兼备的团队。特别是在项目文化建设的初期，党政主要领导的重视是企业文化建设的先决条件，必须增强主要领导的主导和推动意识，才能使文化建设最终落地有声。

应推动文化与管理一体化。项目文化是在项目管理的基础上形成的，又引领项目管理工作的提升，在项目管理提升中又孕育出新的文化内涵。可以说项目文化和项目管理是相辅相成、螺旋式提升的关系。因此，决不能脱离项目管理谈项目文化，二者须臾不可分离。

应坚持问题导向。项目这个层面更注重眼前实在效益，喜欢简洁扁平务实，所以项目文化建设应坚持问题导向，在解决问题中改造员工过时理念、把解决问题的过程作为文化培育的过程，提高项目文化的功用性，将有利于项目文化建设的推广。

文化建设需要不断有新的理论指引。项目文化建设到了一定程度，迫切需要不断总结或引入新的理论，来引领大家认识的深化和能力的提升，否则就会失去兴趣和动力。

（作者系中交一航局二公司宣传部部长）

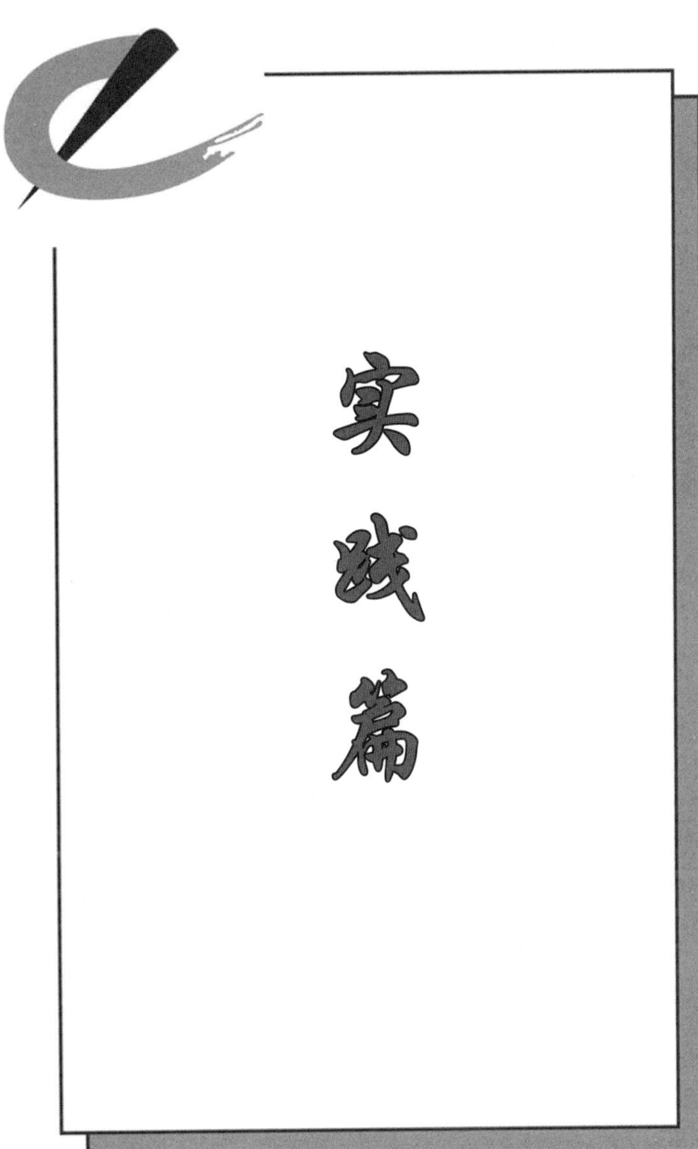

# 实践篇

# 中国企业文化建设示范基地、示范单位巡礼

## 天能电池集团有限公司

### 动力文化能无限　企业发展天行健

天能集团是中国新能源电池龙头企业。集团成立于1986年。经过多年发展，集团现已发展成为以电动车环保动力电池制造为主，集锂离子电池，风能、太阳能储能电池以及再生铅资源回收、循环利用等新能源的研发、生产、销售为一体的实业集团。2007年，天能动力以中国动力电池第一股在香港主板成功上市。集团现拥有25家国内全资子公司，3家境外公司，拥有浙、苏、皖、豫四省八大生产基地，总资产近80亿元，并在香港设立管理总部。

天能集团属国家重点扶持高新技术企业、国家火炬计划重点高新技术企业，全国轻工行业先进集体、浙江省工业行业龙头骨干企业、国家蓄电池标准化委员会副主任委员单位，拥有行业首家国家级博士后工作站、国家认定企业技术中心、省级院士专家工作站、省级企业技术中心、省级高新技术研究开发中心。多年来，集团主业保持稳健增长，持续的盈利能力在行业遥遥领先，创下主导产品销售连续十七年保持全国第一的同行业纪录。集团成为推动地方经济建设的中坚骨干和科学发展的重要力量。

带领天能前行并推动中国绿色动力能源行业车轮的天能集团董事长张天任先后光荣当选第十二届全国人大代表、浙江省十一届人大代表和浙江省十三次党代会代表，并被推选为中国电池工业协会副理事长、中国能源协会副理事长、中国自行车协会副理事长、中国电器工业协会副理事长、浙江省蓄电池行业协会会长、浙江商会副会长等社会职务，荣获了2012安永中国企业家奖、2012中华全国工商业联合会科技创新企业家、2011紫荆花杯杰出企业家奖、首届世界浙商大会企业创新奖、首届科技新浙商、浙江省劳动模范、风云浙商等多项殊荣。

天能的又好又快发展受到了国家领导和社会各界的肯定与好评。习近平、张德江、张高丽、李源潮、温家宝、贾庆林、李岚清等党和国家领导人曾先后视察天能或亲切接见天能集团董事长张天任，对天能的发展寄予厚望。

天能集团之所以能够取得这样的辉煌业绩，其中一个重要的因素，就是多年来我们坚持用文化“软实力”支撑发展“硬实力”，最终把各种创新变革深植于企业文化中，形成了独具特色的天能“动力文化”。从某种意义上来讲，天能“动力文化”引领了天能集团实体经济发展，天能集团的实体经济发展不断丰富着天能“动力文化”，“实体经济”与“动力文化”的齐头并进，为天能集团持续、稳健、快速发展提供了强大的精神动力，也为经济社会健康持续发展贡献了应有的力量。

面向未来，天能将坚持“实业”与“文化”两相融合，“经济”与“生态”两翼齐飞，矢志成为全球领先的绿色能源供应商，为实现中华民族伟大复兴的中国梦贡献积极的正能量！

#### 企业文化的发展历程

随着天能集团从一家作坊式的村办小厂发展到目前的大型企业集团，我们的企业文化也是随之不断发展，不断创新。回顾我们的企业文化发展历程，主要是经历了以下四个阶段：

创业阶段的老板文化。天能集团创业于20世纪80年代中期，那时长期的思想禁锢已经打破，思想的解放给生产力发展注入了强大的推动力。人们有了最初的致富冲动，老板想当“万元户”，创业有激情；职工要过好日子，工作有拼劲。因此团队凝聚力特别强，老板怎么说，大家就怎么做。如果说有企业的文化，也是“老板带头，员工加油”这样一种朴素的、原始的文化。这种文化我们把它称为“老板文化”，也就是说老板文化是我们天能企业文化的萌芽。

起步阶段的执行文化。到了20世纪90年代中期，天能已经发展成为拥有上百名员工的企业。这时，我们对公司进行了改革，任人唯贤不唯亲，也不避亲，只要能够想方设法完成公司下达的任务、指标的职工，我们就让他上，完不成的就让他下。经过这次改革，天能的执行力更加畅通，为天能的进一步成长奠定了基础。我们把这个阶段概况为“执行文化”阶段。

成长阶段的制度文化。到20世纪90年代末的时候，天能已经发展成为拥有上千名员工的股份公司。这时，我们就着手完善公司的规章制度，用制度来规范和管理员工行为，天能逐渐进入了良性的发展轨道。所以，我们把这个阶段称为“制度文化”阶段。

转型阶段的动力文化。2000年后，天能步入转型发展阶段，产业在不断转型升级，企业规模在不断扩大，子公司

越来越多，特别是公司在香港上市后，五湖四海的人才纷纷来到天能发展。面对逐渐庞大的员工队伍，我们发现具体制度有管不到的地方、也有管不好的时候，于是我们开始思考如何将公司外在制度转化为员工内在规范，如何将公司的制度行为转化为员工的自觉行为和内在动力。带着种种思考，我们在2003年成立了文宣部，2014年又根据发展需要成立了企业文化中心，专门负责企业文化建设和传播工作。在研究、探索和实践的过程中，我们逐步认识到，要成为全球领先的绿色能源供应商就应该形成独特的企业文化或者独特的精神气质，在这种优秀企业文化的熏陶下，养成优秀的行为习惯，并使之成为广大员工的自然、自觉行动和前进的动力，为顾客提供超越的价值，为股东创造丰厚的利润，为员工铺设成长的平台，为伙伴营造共赢的局面，为社会做出更大的贡献。这样，才能创造一个合作多赢的局面，打造一个“物质富裕、精神富有”的全面升级版新天能。

## 天能动力文化体系

### （一）天能动力文化的基本特征。

天能动力文化是天能发展新能源产业过程中形成的为广大天能人所认同和共享的价值观念、行为准则等意识形态与物质形态的总称。天能企业文化以“动力文化”为定位，代表了天能人的精神气象、做人的态度与做事的风格。“动力文化”源自中国博大精深的传统文化，是我们企业管理的重要基石。“动力文化”定位承继了天能集团的成长基因，是企业精神内涵与特质的象征。“动力文化”是主动履责、勇于担责的责任文化，是勇于突破、敢为人先的创新文化，是天人合一、和谐共赢的和合文化。“动力文化”不仅体现了企业对国家、社会和环境应尽的责任和义务，也体现了企业对员工、客户、股东以及利益相关者应有的尊敬和关注；不仅是支撑企业生存和发展的原动力，也是激励企业不断追求卓越的新动力；不仅和企业最高经营目标相协调，也和社会主导价值观相适应；不仅充分反映了天能以董事长张天任为核心的企业家价值观，也和员工的个人价值观相结合，体现了广大员工群体化价值观。

具体而言，天能动力文化具备以下四个基本特征：

第一，天能的产品是动力电池，并以中国动力电池第一股在香港主板上市，“动力文化”具有产业特色；

第二，天能的使命是“绿色能源，驱动世界”，是要为经济社会奉献清洁、绿色、环保的动力，引领行业绿色、循环、低碳发展，助推生态文明，建设美丽中国，“动力文化”体现了企业的发展境界；

第三，天能企业文化建设的目的，就是要通过优秀企业文化的熏陶，使每名员工成为天能集团动车组的动力，为凝心聚力、强势兴业提供强大的保障，“动力文化”具有聚能合力的价值导向；

第四，天能动力文化建设为天能实体经济的发展提供动力，为天能发展战略的实施提供支撑，为绿色能源行业的健康、有序发展提供正能量，“动力文化”是天能基业长青的动力之源。

### （二）天能动力文化的内涵。

天能动力文化的突出特色可用“顶天立地”这样一个词语来形象地概括：

一是理念层面上的“顶天”。天能的司歌歌名就叫《心中有个天》，歌中唱道：“因为心中有个天，所以胸怀宽，装得下四海云水，容得下九州方圆；因为心中有个天，所以爱无边，捧起这金山银山，托起那绿水青山。新能源，迎明天，天能人愿把天大的重任肩上担；天行健，能无限，天能人愿这个世界永远是春天”。天能动力文化的理念体系充分体现了“心中有个天”的核心内涵。

天能的核心价值观是“责任为魂，创新共赢”，企业精神是“天行健，能无限”，发展愿景是“成为全球领先的绿色能源供应商”，核心使命是“绿色能源，驱动世界”。在这样一个理念体系的支撑下，创业28年来，天能集团坚持以能源制造为己任，专业专注，创新发展，为经济社会源源不断地奉献着清洁、绿色、环保的新能源、新动力，以敢为天下先的气魄引领中国新能源电池行业阔步向前，不仅开启了一个行业绿色发展、循环发展、低碳发展的壮丽史诗，也成就了一个令人敬仰的行业领军企业，更为助推生态文明，建设美丽中国，贡献了强大的正能量和动力支撑。所以说，天能“动力文化”体现了企业实业报国的宏伟抱负和胸怀天下的发展境界。

二是行为层面上的“立地”。天能企业文化建设的目的，就是要通过优秀企业文化的熏陶，养成员工优秀的行为习惯，使文化充分“接地气”，强力渗透到每个天能人的精神世界，以及日常工作与生活中，努力增强文化的凝聚力，充分激发员工的创造力，全面提升企业的核心竞争力，为实体经济发展提供坚实的文化支撑，成为引领企业持续快速稳健发展的不竭动力和力量源泉。天能动力文化体系的行为层面由天能的经营管理文化、问题文化、质量文化、研发文化、采购文化、制造文化、营销文化、品牌文化、人力资源文化、会议文化、信息文化、财务文化、投资证券文化、规划文化、安全环保职防文化、党建文化、廉政文化等专业文化所构成，形成了架构比较完整的、底蕴深厚的文化体系。天能大力弘扬“天行健，能无限”的企业精神，大力宣贯“责任为魂，创新共赢”的企业文化核心理念，把完善品牌建设、企业形象建设与班组文化建设紧密结合，进一步统一员工的价值取向和行为准则，开展形式多样的企业文化建设活动，让“动力文化”被广大员工认知认同，使企业的愿景、使命、目标和任务真正成为员工的自觉行动，提升企业发展的软实力。天能把动力文化贯穿到生产经营的全过程，运用先进文化力对企业进行全方位的规范整合，组织广大员工认真学习贯彻理念，全面提升员工的综合素质，树立鲜明的企业形象，打造强大的核心竞争力，对企业发展起到了至关重要的推动作用——描绘出企业美好远景，成为引领员工前进的灯塔；以企业精神为核心的理念识别系统，凝结着企业的价值体系，成为鼓舞员工拼搏的号角；以专业文化为核心的行为识别系统，涵盖了企业管理的主要范畴，成为指导员工言行的坐标；以企业标志为核心的视觉识别系统，塑造出企业的鲜明形象，成为振奋员工精神的旗帜。

## 天能动力文化的探索与实践

### （一）培育创新文化，打造进取天能。

天能集团以“创新文化”统一员工思想，指导企业的战略发展和员工行为，激励天能人敢为人先，积极进取。创新是“天能”28年来勇立潮头、持续领先的最重要的源动力，也是“天能”企业文化的根基。

创新，是先人一步的果敢和气魄。天能人勇于迈出每一个第一步。从1998年开发出创行业先河的“电动车专用蓄电池”，到2008年率先发展铅蓄电池循环经济，再到如今，肩负新能源领域解决方案领导者的光荣使命，每一步，都是中国电动车和电池工业的新高度。

20世纪90年代中期的天能，还只是生产一些科技含量极低的传统型蓄电池。但企业掌门人张天任从街头大量涌入、冒着黑烟的摩托车上，敏锐地意识到国内兴起的电动车行业蕴藏着巨大的发展前景，于是，在一片疑虑声中，张天任以敢为天下先的勇气和魅力，果断地对企业进行全面创新转型。他不惜重金积极引进上海复旦大学科研成果，合力投入电动自行车阀控式密封铅酸蓄电池的研制和开发。1999年，新一代“电动助力车专用蓄电池”产品终于在天能问世。该电池的诞生填补了国内空白，使电动自行车蓄电池寿命和行驶里程增加了2-3倍，有效地解决了制约电动车发展的技术瓶颈。随后，天能牌电池连续两届被列为中国电动自行车大赛唯一指定产品，不仅一举奠定了天能在行业中的领先地位，更为两度兴起未果的中国电动自行车产业开创了发展的春天。如今，电动车已成为国民最主要的交通工具之一，全国电动自行车拥有量现已达到两亿多辆，原中国机械工业部副部长、中国机械工业联合会名誉会长、中国电器工业协会终身名誉会长陆燕荪称赞说：“天能电池在引领中国电动车产业创新发展的过程中居功至伟”。

进入新世纪以来，天能集团始终秉承“科技创造美好生活”的创新理念，深入实施科技强企战略，加快技术创新和科技产业化步伐，积极创造品质卓越的新产品，引领中国新能源动力电池行业最新技术方向。

一是围绕创新做强平台。天能集团不断增加研发投入，逐步建立起自己的研发平台，加快实现从跟踪模仿生产向集成创新和引进消化吸收再创新转型，每年研发投入占销售收入的比重不低于3%。公司建立了行业首家国家级企业技术中心、国家级博士后科研工作站、省级院士专家工作站、省级高新技术研究开发中心、浙江新型电池产业技术创新联盟、浙江省工业设计中心、天能集团—浙工大新能源工程中心、天能集团—哈尔滨工业大学PC超级电池实验室等多个科研创新载体，拥有国家级技术创新示范企业、国家重点扶持高新技术企业、国家火炬计划重点高新技术企业等多项殊荣。公司通过积极推进产学研战略联盟，实现了关键技术来源的多元化，实施了一批重大科技和科技成果转化项目，着力解决制约产业提档升级的关键技术瓶颈，使得公司的技术、工艺和研发在行业内一直保持领先地位。

二是围绕创新广聚人才。天能集团把人才作为转型升级的核心要素，千方百计加大招才引智的力度，通过完善科技人才使用和激励机制，广泛吸引海内外优秀科技和经营管理人才来天能集团工作，并与企业内部人才培养相结合，形成了一支稳定的技术创新力量。目前，天能集团拥有中高级经营管理人才600多人、专业技术人才500多人，其中院士3人、专家教授20多人，为推动企业转型升级奠定了坚实的人才基础。特别是天能集团在行业领先的高新技术，都拥有领军人才：电动汽车电池技术、锂离子电池技术、新材料技术、超级铅电池技术等有中科院何祚庥院士、工程院郭孙辉院士、陈洪渊院士、哈工大胡信国教授等多位专家和他们的团队指导。

三是围绕创新做优产品。天能集团坚持以市场为导向，瞄准国际电池先进制造技术，适时调整优化产品结构，研发创新具有国际先进水平的新电池产品。从最早的可维护电池到免维护电池，再到如今的稀土硅胶电池、超级铅碳电池，天能着力对高能环保新型蓄电池和镍氢电池、锂离子电池、电动汽车电池、风能太阳能储能电池等新能源电池的核心关键技术进行科技攻关，保证每年都有10个以上专利新品推向市场。近年来，共开发国家级重点新产品12项，创新国家专利600余项，省级新产品和高新技术产品100余项，同时承担国家级火炬、星火计划项目9项，形成了技术先进、产品结构合理、质量可靠的产品结构体系，成为推动蓄电池行业转型升级的“绿色引擎”，引领了中国新能源电池最新、最高端的技术方向。天能电池成为行业内唯一的中国航天事业合作伙伴和中国南北极科研考察队唯一指定专用产品，并入选上海世博会服务车辆首选供应电池，天能胶体动力电池在国内首次用到了飞机牵引车和纯电动公交大型车辆上，成为发展我国低碳交通的重要推动者和领航者。

四是围绕创新变革管理。28年来，天能集团从一家村办企业，到私营企业、股份制企业、集团化公司，一直到现在的境外上市公司，体制不断创新，不断变革，推动了企业一步步向国际化、现代化方向发展，促进了企业不断做大、做强、做优。天能按照现代企业制度建设要求，建立了集团母子公司管理模式，同时，通过实施“纵向一体化，横向关联化”的总部经济管理战略，全面提升了公司规范化管理水平、现代化管理档次。在生产经营实践中，天能不断完善绩效考核制度，通过技术创新实现企业价值和人的价值的最大化。天能针对企业在生产、经营、技术、技改、管理中存在的问题，每年组织职工开展以降成本增效益、小改小革、技术攻关、技术创新、管理创新等为内容的劳动竞赛和职工技术练兵比武活动，培养了一批优秀的岗位标兵，为技术创新夯实了人才沃土和良好氛围。

### （二）培育责任文化，打造奉献天能。

责任文化是天能企业文化的灵魂。多年来，天能紧紧立足职工层面、企业层面、行业层面和社会层面四大层面，不断加强企业责任文化培育。

一是培育职工层面的责任文化。责任是凝聚力量的纽带，人人主动履行职责，才会形成整体合力，才会想方设法为企业发展尽心尽力、同甘共苦、荣辱与共。一旦职工形成明确的个人责任意识和勇于负责的理念，企业的执行力会大幅度提高，企业的运转会更加流畅、高效。天能通过深化责任文化培育，使职工将自己的忠诚、责任和热情内化为尽职尽责的动力，彻底融入企业的发展之中。第一，深化责任理念宣传，构建核心价值观。天能针对企业各个时期发展战略目标的需要，充分发挥企业办公网络、天能报、天能信息等内部刊物、电子屏幕、展示标牌等宣传工具作用，营造勇于承担责任氛围，让干部职工明白企业的责任，清楚自身承担的责任，形成责任共担、责无旁贷、不找借口、不打折扣的干事创业风气，增强企业发展的动力。天能还结合企业实际需要，通过组织责任文化宣讲团到各子公司开展巡回宣讲、聘请责任文化演讲大师唐渊给公司中高层管理干部进行“责任决定一切的”教育培训，以及主题演讲、文化沙龙等多种形式，使干部职工认识到“工作就是责任”、“责任胜于能力”、“责任保证绩效”、“责任激发潜能”、“责任成就卓越”等，从而把自己的工作当作一种不可推卸的责任担在肩头，全身心地投入其中，为企业做出更大的贡献，成就更辉煌的自我。此外，天能还充分发挥典型示范教育。榜样的力量是无穷的。在企业的经营生产中总会涌现出落实责任的先进集体和典型个人，也会出现因不负责任而造成责任事故。天能善于发现和挖掘这些责任案例，通过干部职工身边的人和事广泛开展责任意识教育，让干部职工学有榜样、比有事例，从而把责任转化为自觉遵守的行为准则，全身心地履行职责，形成事事有人管、人人都管事的氛围。从2009年起，天能每年年底都要评出一批尽职尽责的优秀职工和先进集体，把他们的事迹写成责任文化案例，编入《榜样》一书，在全集团学习宣传。第二，建立完善责任体系，强化管理规范行为。从2012年开始，天能集团在全集团深入推进横向到边、纵向到底的绩效责任考核变革。根据企业组织的责任结构、部门岗位，为每一个岗位确立明确、清晰和有限的岗位责任，并层层签订了目标责任书、层层分解目标责任，以完整有序、纵横交错的企业组织“责任链”，确保每个岗位责任都能落实到相应的员工头上，让每一位员工都清楚自己应该在本职岗位上“做什么，做到什么程度”。通过严格的绩效考核和完善的激励奖惩制度，引导和鼓励员工承担起应有的责任，促使干部职工对自己的行为负责，从而严格按照责任，充分发挥自己的聪明才智，创新性地开展工作，以坚韧不拔的信心和勇气攻坚克难，努力完成任务。第三，加强班组责任文化建设，开展动力班组建设试点。企业犹如一个生命体，由无数的细胞组成，这个生命体要健康发展就必须做到每个细胞都充满活力，每个细胞都能承担起自己的责任。班组是企业管理最基础的细胞，也是企业责任文化建设的一线阵地。为了使班组成为天能集团责任文化“动车组”上最强大的正能量，天能聘请了中国企业文化研究会专家作为顾问，指导公司班组文化建设，并组织集团优秀班组长到吉化公司、海尔集团学习参观，如今动力班组文化建设试点工作已在全集团铺开。

二是培育企业层面的责任文化。民营企业是推动经济社会发展的重要引擎，天能集团固守企业发展与社会进步共赢的发展理念，在自身不断成长壮大的同时，也为社会创造了大量的物质财富与精神财富。经过28年的发展，天能不仅解决了两万余人的就业问题，也为人类经济社会源源不断地奉献着清洁、绿色、节能、环保的新能源，带动了上下游涉及电动自行车、电动汽车、光伏产业、循环经济等数十个产业、近千家企业的共同发展，不仅有力地促进了低碳交通和区域经济社会发展，也为促进生态文明和美丽中国建设尽到了应有的责任。多年以来，天能始终坚持生态与经济互促共赢的发展战略，全面推进清洁生产、机器换人和循环经济，促进工业化与信息化深度融合，致力打造资源节约型、环境友好型标杆企业，奏响了人、企业、环境“三位一体”，和谐发展的美丽乐章。特别是近年来，随着电动车产业的快速发展，废旧铅蓄电池的回收再利用成为世界性难题。废旧铅蓄电池再回收，需要巨资投入；再利用，又存在技术上的障碍。“两难”面前，天能集团义无反顾作出抉择：在全国铅蓄电池行业做第一个“吃螃蟹”的企业——破解废旧铅蓄电池的再回收和再利用这个世界难题，为发展循环经济“杀出一条血路”。2012年夏天，投资数亿元的天能循环经济产业园再生铅项目投入试产，产业园主要的功能就是回收利用废旧电池，每年能回收废旧电池15万吨，处理后产生10万吨可被循环利用的再生铅。项目引进了世界最先进的意大利全自动机械破碎、水力分选工艺技术设备基础上创新的全湿法新技术，使废铅蓄电池资源化再生利用达到最大化，成为天能集团引领行业发展循环经济模式的示范项目，代表了目前国内外蓄电池资源回收再生利用技术的最先进水平。如今，天能的废旧电池回收利用率提高至98%以上，实现了电池里的铅和酸液能全部分解回收，并成为生产新电池的原材料，这也使废旧电池的利用率达到了新的高度，同时还有效解决原材料的来源，降低生产成本，不仅提升了企业经济效益、社会效益、环境效益和生态效益，也为引领铅蓄电池行业绿色、循环、低碳发展提供了“风向标”。该项目先后被国家发改委列为国家产业振兴重点技术改造项目，被工信部列为国家两化融合促进节能减排重点推进项目，被科技部列为国家科技支撑计划项目。2012年7月，时任浙江省委书记赵洪祝在实地考察了天能集团循环经济产业园后，对天能集团董事长张天任说：“你们创造的不单纯是经济效益，更重要的是社会效益，而且引领了整个行业生态化的发展方向。”

三是培育行业层面的责任文化。作为国内绿色动力能源行业龙头企业，天能以引领行业健康可持续发展、振兴民族能源工业为己任，在开发先进工艺技术、制定行业标准等方面做出了卓越的贡献。天能集团负责或参与起草国家及行业标准40余项。同时，天能还担任了中国电池工业协会副理事长、中国能源协会副理事长、中国自行车协会副理事长、中国化学与物理电源行业协会副理事长、中国电器工业协会副理事长、亚洲光伏协会副主席、浙江省蓄电池行业协会会长等多个社会职务，为引领我国绿色能源行业健康稳定发展挑起了应尽的责任。为凝聚行业力量，共同推动电动车事业奔向新的高峰，天能集团还多次发起和组织行业发展峰会，聚行业合力共襄盛举。2010年5月，天能在上海成功主办了中国新能源汽车高峰论坛；2012年10月，天能在浙江长兴成功主办了中国电动车发展高峰论坛，参会的行业专家、电动车企业家达千余人以上，对行业健康发展产生了深远的影响；2014年2月，天能又在北京主办了中国电动车发展高峰聚智会，为我国电动汽车发展聚合力量和智慧。此外，天能集团董事长作为中国新能源电池行业的首位全国人大代表，他在第十二届全国人民大会召开期间，积极扮演行业话筒，不仅向全国人大提交了多项关于促进电动车行业和电池行业健康发展的建议案，还在浙江代表团全团会议和分组会议上，为行业健康发展不遗余力地鼓与呼，受到全国人大常委会、国家有关部门的高度重视和境内外媒体的高度关注。仅在第十二届全国人大第二次会议召开期间，就有人民日报、新华社、中央电视台、经济日报、中国环境报、光明日报、工人日报、农民日报、解放日报、科技日报、中国青年报、浙江日报、浙江电视台，以及中央人民政府网、新华网、人民网等数百家媒体对张天任代表的建言献策进行了全面报道，各类新闻报道达到2000多篇，光是中央电视台对张天任代表的采访报道就达10次之多，从不同方面反映了张天任代表积极商议国是、认真履行职责的情况，反映了电动车行业和广大老百姓的心声，极大提升了电动车行业的品牌形象和美誉度。

四是培育社会层面的责任文化。天能集团前身是长兴县煤山镇新川村村办企业，为发展“地瓜经济”，推进以人为核心的新型城镇化建设，集团董事长亲自担任新川村党支部书记，带领村民致力建设社会主义新农村，每年拿出不菲资金支持村级道路、水利、校舍建设和帮困济贫等工作，使新川村整体风貌和人居环境焕然一新，连年获得长兴县“奔小康示范村”、“市级文明村”、“湖州市村企共建新农村先进单位”、“浙江省卫生村”、浙江省“全面小康建设示范村”等荣誉称号，村民年人均收入达10万元以上。除致力推动村企共建外，天能还积极投身抗震救灾、老年慈善、春蕾儿童助学计划、大学生贫困助学基金等多项社会公益事业，赢得社会的广泛赞誉。

**（三）培育和合文化，打造幸福天能。**

和谐发展，是加快转型升级，做大做强实业，增强企业发展动力，凝聚企业发展合力的凝心工程，是实现中国梦的有机组成部分。天能集团坚持把造福职工作为发展实体经济的出发点，把依靠职工作为发展实体经济的动力源，把成果让职工共享作为发展实体经济的落脚点，以和谐的劳动关系保障实体经济落到实处，致力培育天人合一的和合文化，全面打造幸福天能。

一是以维权构筑和谐的劳动关系。天能自1998年就实行全员劳动合同管理，连续16年实现劳动合同全员覆盖、动态管理，连续10多年坚持职代会、职工生活困难救助访问等制度，将关系职工切身利益的现实问题提交职代会讨论，畅通职工利益诉求渠道，解决职工的实际困难。2008年11月，国际金融危机爆发后，面对有的企业经营困难、员工人心惶惶的情况，天能集团第一时间召开职代会，向员工作出不裁员、不降薪的郑重承诺，给员工吃了定心丸，在特殊时期激发了员工的积极性，增强了企业的凝聚力和向心力。据不完全统计，目前，已有2000多户一家两口人或一家两代、三代人工作、生活、学习在天能，即使全国民营企业用工最紧缺的时候，天能也没有出现用工荒。

二是构建了合理的收入增长机制。天能集团不仅建立了职工工资增长长效机制，还实施股权和期权等长期激励机制。其中，拥有股权员工就有100多人。近三年来，集团又成功授出期权1亿多股，涉及各级管理人员、基层员工数千人。同时集团还斥重资健全员工社会保障体系，所有员工均可享受“五费险一金”，创造了湖州民营企业一次性参加社保、公积金人数和资金额两项之最。

三是为员工建设舒适、温馨、和谐的工作和生活环境。为了让员工工作好、生活好，实现安居乐业，集团投入了大量资金改善员工生活区，建起一处处高规格专家楼、职工公寓楼、职工健身场所、职工浴室等花园式生活区；为了满足员工日益增长的文化需求，集团举办了一系列丰富多彩的企业文化活动，有效地丰富了员工的文化生活，提高了员工的幸福指数，员工精神面貌、工作和生活环境焕然一新。

四是广辟渠道育“能人”，不拘一格用“强人”。在育人方面，天能坚持以提升能力为核心，强化员工队伍培养开发造就人才，为企业持续发展提供不竭动力。首先，全员培训，整体提升。2006年我们成立天能学院，重金聘请知名培训机构的专家对员工培训进行系统规划，并结合企业实际自编教材教案，除进行企业文化、制度、生产工艺、操作规程、质量控制、经营管理等方面的全员培训之外，还针对性组织各类岗前培训、专业培训和升职培训。每年投入培训经费500万元以上，举办培训班100余班次、培训员工10000人次，有效提升了员工队伍的整体素质能力。其次，选派骨干，脱产深造。天能实行人才“分层分类”培养开发，为人才制订职业发展规划，每年选派中层以上骨干脱产深造。近三年，先后选派100余名高层管理人员前往浙大、北大总裁管理研修班深造，先后选派1000余名中层骨干到宁波建峰管理技术培训学校进行系统性学习。对选派深造的人才，工资、奖金、福利不受脱产影响，并由企业承担学费和食宿、交通等费用，使人才无后顾之忧、安心学习。其三，实践培养，鼓励自学。我们注重在实践中培养人才，尤其是对引进储备的数百名高校毕业生，通过轮换岗位、交流任职、导师帮带等方式进行培养，为企业长远发展注入新鲜活力。同时，鼓励自学提升。定期购置专业技术资料、书籍供员工自学，并支持员工积极参加各类技术、技能等级考试，进行自考、函授等学历提升再教育。近三年，每年有100多名员工通过自学实现学历提升，企业视其所学专业与工作关联程度，按不低于75%的比例给予报销学费。今年，集团又专门开设了天能大学MBA班，对集团全体中高层管理人员进行培训，为企业发展培训高级管理人才。在用人方面，天能牢固树立“不拘一格用人才”的理念，坚持“优中择强，用人所长”，充分调动人才积极性和创造性。一方面，打破家族式管理，让外来人才居要位、揽重权。近年来，我们打破民营企业家族式管理的传统模式，敢于重用外来优秀人才。在集团总裁班子成员中，“非长兴籍”成员比例达到75%；在集团各部门、各子公司管理岗位的职业经理人中，近一半为“非长兴籍”人员。对于外来人才，大胆放手，给予全面主持工作的权力，在他们的努力下，企业经营管理逐步向现代化迈进，实现了管理模式转型升级。另一方面建立竞争考核机制，大胆启用优秀青年人才。我们结合实际建立了一套以业绩、能力为主要指标的竞争考核机制，确保及时发现和启用优秀人才。特别是通过竞岗、轮岗、换岗等多种方式，选拔和启用能开拓创新的优秀青年人才。目前，天能1/3以上的中层技术、管理人员，都是引进之后在基层摸爬滚打，实践历练得到提拔的“后起之秀”。同时，集团每年评选为企业做出突出贡献的优秀人才，给予重奖，2003年以来累计评选2000多人次，投入奖励资金1亿多元，极大地调动了各类人才的创新创业热情和动力。

现在，天能集团在实践中所形成的“动力文化”理念，已成为每个天能人的核心价值观，强有力地推动了企业又好又快发展。今后，我们将进一步加强“动力文化”建设，把企业精神、价值观、经营理念等继续融入到公司管理的每个环节，提升文化管理，服务实业发展，向着“全球领先的绿色能源供应商”的战略目标不断迈进，为促进经济社会健康持续发展贡献出新的更大的“动力”和更强的正能量。

## 中国北京同仁堂（集团）有限责任公司

### 悠久的历史　传承的文化　创新的发展

同仁堂创始于1669年，在经历了前店后场、供奉御药、四房共管和公私合营之后，成为国有企业。1992年成立中国北京同仁堂集团公司，后改制为国有独资的中国北京同仁堂（集团）有限责任公司。1997年进行股改，成立了国有控股的北京同仁堂股份公司，在上交所成功上市。2000年“分拆”成立北京同仁堂科技发展股份有限公司，并于当年在香港上市。其后实施了“1032”工程，并于2012年进一步深化为“六大二级集团、三个院和两个储备公司”架构，实现了现代制药、零售药业和医疗服务三大板块并进。2013年5月，北京同仁堂（香港）国药有限公司在香港创业板上市。

自1997年以来，同仁堂保持了持续健康的发展，经济指标连续保持两位数增长，实现了每五年翻一番。在经济指标向好的同时，同仁堂坚守“既是经济实体，又是文化载体”的功能定位，进一步继承优良传统，弘扬品牌文化。2006年成为首批中华老字号企业；同年，“同仁堂中医药文化”列入首批国家级非物质文化遗产名录；2010年与国家汉办签署了联合推广同仁堂中医药文化的战略合作框架协议；2012年与中国航天科技集团所属亚太卫视签署合作协议，成立北京同仁堂传媒（香港）有限公司，加大了同仁堂文化的海外传播力度。

#### 一、做法与经验

自中国北京同仁堂（集团）有限责任公司（以下简称集团公司）成立以来，集团公司党委、董事会领导紧紧抓住同仁堂文化这一内涵深刻、内容丰富的载体，通过传承“诚信”、“药德”，创新“同仁堂传统文化”体系，维护、提升、发展“同仁堂品牌”，紧紧将广大干部职工凝聚在开创同仁堂事业新局面、服务京津冀发展新格局、践行社会主义核心价值观新要求的各项重大工作之中，摸索出了具有同仁堂特色、较为行之有效的经验、做法，并形成了部分具有推广价值的成果。

**（一）笃信而重诺，尊古以袭承。**

谋方略，制规划，顶层设计文化传承。1992年年底，由市委宣传部和市企业文化建设协会等单位组成的调研组对同仁堂文化进行了调研，发表了调研报告《传统文化与现代文明相融合，建设有中国特色社会主义企业文化》，标志着同仁堂企业文化建设由自发阶段走进自为阶段。

2010年，国务院发展研究中心为同仁堂制定了《北京同仁堂文化发展战略》，进一步对同仁堂文化各方面进行了系统总结、整理和提升，形成了具有长期指导意义的文化战略体系。

2012年，集团公司成立文化与教育管理委员会，作为集团党委、董事会领导下的文化与教育工作的决策机构。制定了文化与教育委员会“十二五”子规划，提出并阐释了“十二五”期间同仁堂文化建设工作的核心、要务。并制定完善了相关配套工作制度。

此外，集团还成立了文化传承中心、首席技师工作室和首席技师管理办公室，分别负责全系统非遗工作、师带徒工作和首席技师管理传承工作。

传技艺，理文脉，老字号文化跻身国家级非物质文化遗产。2006年，在上级领导的关怀下，“同仁堂中医药文化”成为首批进入国家级非物质文化遗产的保护项目。2014年，同仁堂中医药文化（中药材传统炮制技艺）和同仁堂中医药文化（安宫牛黄丸传统制作技艺）入选第二批国家级非物质文化遗产。集团公司坚持将“理文脉，传技艺，深挖掘”相融合，全方位传承文化技艺体系。

理文脉，即是从历史文化挖掘上入手，组建专业团队，开展同仁堂非遗文化资源普查，编写同仁堂堂史，《同仁堂大师医案（处方手迹）》等；在史料中进一步挖掘和保护制药技艺，对《同仁堂传统配本》和《同仁堂药目》进行整理和研究，对传统中药材炮制规范和制药技艺进行总结和归纳。

传技艺，即是从制药工艺、技术上入手，在非遗代表性传承人的培养和提高上下功夫。集团公司实施金字塔人才工程，搭建职工成长成才通道；分层次、批次做好专项人才储备，打造阶梯式后备人才库；传承“师带徒”传统教育形式，举办师徒班50多期，1000余人次拜师学艺，使同仁堂现有的每个保护品种的每道工序都有相应的传承人；建立并逐步完善着同仁堂中医大师工作室，形成了比较完整的传承谱系和培训体系。

2013年，中药材传统炮制技艺和安宫牛黄丸传统制作技艺两项被列入东城区和北京市非遗项目，今年正在申报国家级非遗项目。

净牌匾，崇药德，庄严仪式承载厚重文化积淀。每年农历二月二日，同仁堂人都要在发源地——大栅栏药店——进行净匾仪式。“志公雅之意，同仁初始创；怀仁德之心，承道自岐黄。……两个必不敢，良方并良药；存心有天知，仁术共仁心；传承三百载，堂韵何悠悠……”一篇特别晨讯词，一片朗朗诵读声，神圣而庄严。

净匾仪式的过程很讲究，充满同仁堂人对历史文化的敬重。净匾由老、中、青三代员工代表共同操作，要求着正装，戴雪白手套；净匾需要踏过一米多高的五级台阶，每站上一级台阶都要停上两秒钟，抬头凝望匾额后，再低头走下一步。净匾时，需伸长手臂，自上而下缓慢地擦拭匾额，并目不转睛地盯着毛巾运行的轨迹。

净匾，也是敬匾。寓意“同仁堂”这块金字招牌在新人手中继续传承发扬。选择在同仁堂大栅栏药店大楼落成这一天恢复这一传统的仪式，也是同仁堂通过仪式庄重神圣之感传承厚重文化的一个方法。

**（二）尊古不泥古，创新不失宗。**

内涵深刻，相辅相成的“十大文化”体系。同仁堂在300多年的发展历史中，积淀了深厚的优良传统，通过总结提炼形成的就是十大文化，即：以仁为根，善与人同的善待文化；以义为上，义利共生的诚信文化；以天为敬，不负良知的自律文化；以世为怀，润泽全球的服务文化；以质为先，至优至精的质量文化；以人为本，人业共兴的人本文化；以和为贵，兼容并蓄的整合文化；以药为基，高效集约的经营文化；以变为径，追求卓越的创新文化；以稳为重，速效统一的发展文化。

十大文化源自一脉，相辅相成，构筑了同仁堂的文化大厦：其中，善待文化、诚信文化、自律文化、服务文化是同仁堂的道德根基；质量文化、人本文化、整合文化是同仁堂的经营智慧；经营文化、创新文化、发展文化是同仁堂的发展理念。

四个善待，同仁堂新时代的“仁德”标签。四个善待，即：善待社会，善待职工，善待经营伙伴，善待投资者。

善待社会，是心系百姓，回报社会的“仁德”。“非典”期间，面对行业短期行为乱象，同仁堂承诺板蓝根、金银花等药材保证质量、保证供应、保证不涨价。同仁堂不顾600余万元的巨额亏损，坚持向市民提供中药和瓶装代煎液300万副，满足近100万人次的用药需求；北京“7.21水灾”，集团在第一时间将50万元药品送往房山支援救灾，干部职工自发捐款216612.5元；策划实施了“市政协委员、北京同仁堂革命老区光明行”等大型公益活动，为几百名白内障患者送去光明；启动“同仁堂健康公益大讲堂”，向公众普及和传播健康、养生知识；连年为中医药进社区和“春雨行动”大额捐款，所属1500多家药店经常开展义诊活动，为社会公益和慈善事业捐款捐物累计达5000多万元。

善待职工，是为职工解忧，为职工排难的“仁德”。同仁堂投入大量资金建立现代化的生产基地，让职工在宽敞、明亮、洁净的车间进行生产。在撤并与主业无关的40多个经营实体过程中，分流安置职工2100多人，没让一名同仁堂人下岗；近年来，每年为职工涨四至五级工资；今年，更在市总工会的支持下，筹资成立了同仁堂仁爱基金，用于帮助生活上有困难的职工；恢复了民主接待日制度，进一步畅通了集团公司领导和基层职工的沟通渠道。坚持两节期间开展送温暖活动，发放慰问补助金。还激励二级单位以各种形式关爱职工生产生活。

善待经营伙伴，是同甘共苦，携手并进的“仁德”。汶川地震期间，同仁堂不计成本，空运药品“血毒丸”进震区，以保证经营伙伴的良好信誉和灾民的用药需求；在临川，同仁堂派人上门交流管理经验，出谋划策，使经营伙伴的种植基地的经营状况日渐好转，并迅速实现了扭亏为盈；同仁堂在与经营伙伴的共同奋斗中，累计为经营伙伴支援过亿元。

善待投资者，是开放包容，互利双赢的“仁德”。通过委派原同仁堂饮片厂的生产厂长和中青年专家帮助生产、把关，安徽亳州药材商徐广友注资的同仁堂亳州饮片公司短短几年销售收入就猛增四倍，年均销售增长近50%；而同仁堂健康药业作为一家中外合资企业，也已从一般的保健品企业成为年销售额40多亿元的“高大上”企业，投资者俞俊先生（加拿大籍）不仅在10多年的合作中收益颇丰，更对同仁堂文化有了深刻的见解和认同。

**（三）堂以名为天，教以化为先。**

丰富宣教载体，加大文化宣教力度。同仁堂经常在报纸、期刊、电视、广播安排同仁堂中医药知识栏目、连载以同仁堂历史故事为背景的文艺作品，如纪实文学《国宝同仁堂》、电视连续剧《大清药王》、《戊子风雪同仁堂》等，扩大了企业的影响力。修编职工教育读本《同仁堂文化手册》，做到人手一册，深入学习、理解同仁堂文化的来龙去脉。

2006年，集团公司兴建了同仁堂博物馆，2007年，被正式命名为“崇文区中小学生中医药文化学习教育基地”。今年经过局部改造，文化主题特色更加鲜明。自开馆始，已有3万多名企业内外的参观者来这里参观交流，为宣传同仁堂、弘扬中医药文化发挥了越来越重要的作用。

此外，集团公司与国家汉办签署战略合作框架协议，以孔子学院为载体，弘扬中华医药文明；成立传媒公司，利用亚太卫视同仁堂频道，向海外传播中医药文化。并经常通过专题采访，让消费者了解同仁堂，了解中医药，让更多的外国朋友感受同仁堂文化和中医中药的魅力。

做好日常教育培训，在日常生产经营中践行文化理念。培训中，同仁堂将企业文化作为必修课程，课程设计很接地气。集团公司领导亲自深入到生产一线了解职工思想动向，编写课件，授课时还邀请相关部门负责人观摩，及时收集反馈意见，以便调整和修正。

同时，大力抓好形势、主题教育，特别是开展了“谁砸同仁堂品牌，就砸谁饭碗，谁毁同仁堂品牌，全体同仁堂人共讨之”的主题教育活动，进一步强化全员的品牌维护意识；在系统内开展了以“六讲”精神（讲政治、讲大局、讲程序、讲负责、讲纪律、讲奉献）为主题的教育活动，为企业生产运行凝心聚力。

生产中，始终坚持“配方独特，选料上乘，工艺精湛，疗效显著”的制药特色，恪守“炮制虽繁必不敢省人工，品味虽贵必不敢减物力”的古训、树立“修合无人见、存心有天知”的自律精神。目前，同仁堂在药品生产前处理方面仍然沿用5大类20多个工序、50多种炮制方法，在大部分制药工序已采用机械化生产的情况下，依然保持着人工挑拣原料、去毛、去刺等手工操作，以确保药效。

经营中，同仁堂1500多家零售药店，一直开展着问药咨询、代客加工、代客邮寄、代煎汤药、夜间售药、外币兑换、自动取款等20项便民活动。

## 二、案例与启示

同仁堂的文化建设因为与社会发展、经济转型、企业变革、职工诉求、百姓期盼息息相关而愈发展现出其强大的生命力、凝聚力、影响力。同仁堂文化也正是因为同仁堂人、同仁堂故事展现着它历经岁月而依旧动人的魅力。

**（一）香砂枳术丸缺货——原料不达标，宁愿不生产的质量坚守。**

一段时间以来，不少患者发现，原来医生经常开的北京同仁堂制药公司生产的健脾开胃药——香砂枳术丸，现在不开了。这到底是为什么呢？理由是缺货。

“问题出在生产香砂枳术丸的原料之一枳实身上。近年来，由于气候异常、种植环境变化等多种原因，枳实橙皮苷含量不达标。我们跑了很多地方，都没有找到达到标准的，同仁堂是老字号国有企业，本着对品牌、对消费者、对市场负责的原则，原料不达标，宁可不生产、损失销售额。到目前为止，我们还没找到橙皮苷含量达标的枳实，也就好长时间没安排生产了。”同仁堂制药公司相关领导说。

不光是制药公司，同仁堂生产的所有药品都对药材有着严格的要求。正如同仁堂集团党委书记、董事长、总经理梅群所说，同仁堂严格按照传统配本要求下料入药，如果药材等级不够，只能重新组织货源，不够等级的绝不下料、绝不以次充好。

“质量”是什么？在不同的企业也许有不同的回答。质量是一套标准体系，质量是一套检测指标……而在同仁堂，得到的答案是如此一致：“质量就是生命”。集团公司党委董事会提出“要像保护眼睛和孩子一样保护同仁堂品牌”。如果将品牌比作孩子，那么质量就是孩子赖以维系的生命之源。

对于质量，同仁堂人的标准是极其严苛的。药材在投料工序前，必须经过手工和机器的前处理工序，如人参必须去头，黄连必须去根须，将药材处理成为合格的净料方可进行投料——否则连投料的工人都是拒绝开工的。甚至有一些与同仁堂合作的供应商也曾经抱怨过：为什么我的药品在别家都能进精品药房，在你们这儿就是连普通药房都不摆？——因为这才是同仁堂。

如果说对于质量的严苛，是源自于188年供奉御药的兢兢业业，那么对质量的坚守，就是同仁堂文化深处的自律和同仁堂人修身的追求。“炮制虽繁，必不敢省人工；品味虽贵，必不敢减物力，可以质鬼神，可以应病症”、“修合无人见，存心有天知”。这些铁律在345年间一直警醒着历代同仁堂人。质量立身，诚信立命，文化载誉，所处的时代不同，发展的路线不一，但在同仁堂有一件事情始终没变过——对质量的坚守。这份坚守在每一代同仁堂人的骨血里，融入了他们每天的工作、生活、行为，向社会、大众兑现着同仁堂“同修仁德，济世养生”的庄严承诺。

**（二）我们等她来，一句话的诚信情怀。**

一个周六的下午，一位患儿的家长打来电话咨询，非常着急地描述着孩子的病症，“我家孩子两岁半了，从昨天开始呕吐泄泻、精神萎靡、不思饮食，有没有治疗这方面病症的专家？”同仁堂中医医院专家门诊办公室的工作人员综合分析了一下，觉得医院的儿科专家陈昭定教授治疗这些方面的疾病比较擅长，于是马上告诉她：“我院今天下午儿科专家陈昭定在这方面擅长”，孩子的家长仿佛看到了希望，非常迫切的想带孩子过来诊治，这时候已经是下午四点钟了，专家门诊应诊时间到四点半，即便是患儿家长带着孩子从方庄打车过来也得四点半了，如何是好呢？

工作人员从患者的角度设身处地的着想，觉得这个诊应当接，于是跟专家把这个情况进行了说明，专家二话没说就答应了：“没关系，我等她来”。工作人员又与挂号室、收费室、调剂部分别把这一情况说明，大家都欣然答应：“没关系，我们等她来。”当家长带着孩子匆匆赶到的时候，已经是四点四十了，虽然已过下班时间但是大夫依然认真的为孩子辨证施治，表现出了一种大医精诚的职业修养，大夫经过一番望闻问切之后开出了一剂处方，调剂部的人员齐上阵在很短的时间内将抓好的方药递到了顾客的手中，当患儿家长接过抓好的方药的时候眼睛湿润了，“这是我第一次来同仁堂中医医院就诊，医生敬业的精神很让我感动，全院的人员为我们这一位患者全力配合延迟了下班时间，这种热情的服务让更我感动，在同仁堂中医院让我真正体会到了顾客至上的感觉，谢谢你们了。

当下，同仁堂已经从前店后厂成为拥有产品生产、商业经营、医疗服务三驾马车的中医药产业集团。同仁堂中医医院作为向社会提供医疗卫生服务的窗口单位，对诚信一词的理解更加深刻，文化理念的执行也更加到位。“诚信”是什么？对中医医院而言，就是为患者提供最好最贴心的服务，在病患最需要的时候，给予最温暖、最及时的支持和帮助。”

这样的故事在同仁堂已经不很稀奇，甚至于有一些常态，同仁堂的老员工们也经常将这些故事作为教案，来感染更多的新同仁堂人。同仁堂，作为很多病患的最终选择，有着更重大的责任与担当。“我们等她”，这份至诚至信的承诺，是为了一份希望，为了一份信任，为了回报百姓对同仁堂345年的信赖和肯定。诚信，是中华传统文明重要的组成部分，也是社会主义核心价值观的一个对公民自身建设的重要标准，它更是每一名同仁堂人工作和行为的基本准则。

## 江苏核电有限公司

### 安全筑牢根基　责任成就梦想

江苏核电有限公司于1997年12月18日成立，由中国核能电力股份有限公司、上海禾曦能源投资有限公司、江苏省国信资产管理集团有限公司分别按照50%、30%、20%的比例出资组建。公司按照现代企业制度运营，作为项目业主，负责田湾核电站的建设管理和建成后的商业运行，以及江苏省、山东省和安徽省的新核电厂址开发工作。

田湾核电站位于江苏省连云港市连云区田湾，厂址规划建设八台百万千瓦级压水堆核电机组，是中俄两国在加深政治互信、发展经济贸易、加强国际战略协作方针推动下，在核能领域进行的高科技合作，是中俄核能合作的标志性工程。1、2号机组2007年5月和8月投入商业运行，是当今世界唯一运行的满足最先进的三代安全标准的压水堆核电机组，机组始终保持安全稳定高效运行，各项性能指标优良，2011年、2012年和2013年的发电量分别达160.72、162.41和166.86亿千瓦时，连续三年刷新全国双百万机组最高年发电记录，取得了良好的运行业绩、经济效益和社会效益，为江苏省乃至华东地区促进环境保护、改善能源结构、推动经济发展提供了安全稳定的电力保障。

3、4号机组是继中俄两国成功合作建设1、2号机组工程后，双方继续深化核能领域合作的又一重大项目。在中俄两国领导人的见证下，2010年，中俄双方先后签署框架合同、技术设计合同、总合同，2012年12月27日，3号机组浇筑第一罐混凝土，田湾二期工程正式开工建设，成为福岛事故后，国务院决定重启核电后审议核准的第一个新建核电项目。两台机组建设工期62个月，计划分别于2018年2月和12月投入商业运行。

公司自成立以来，企业文化建设始终得到公司上下的高度重视，恪守“爱国、敬业、诚信、友善”的价值准则，传承“事业高于一切，责任重于一切，严细融入一切，进取成就一切”的核工业精神，秉承核工业“开放、包容、合作、共赢”的经营理念，坚持“安全第一，质量第一”的方针，发扬“坚韧不拔、攻坚克难，追求卓越、超越自我，谋定而动、赢在执行，报效田湾、崇尚荣誉”的田湾精神，坚持“安全发电、造福人民”的企业宗旨，经过建设期的艰苦奋斗、运行期的精益求精和发展期的追求卓越，凝练形成了具有田湾特色的企业文化体系，并以大力弘扬社会主义核心价值观为抓手，积极开展传统文化的教育和实践活动，将社会主义核心价值观融入企业管理中，充分发挥了先进文化引领风尚、教育员工、服务社会、推动发展的作用，为实现公司的快速、健康、科学发展提供了强大精神动力。

截至目前，公司先后荣获“全国质量奖”、“全国五一劳动奖状”、“全国电力行业优秀企业”、“中央企业思想政治工作先进单位”、“全国全面质量知识管理推进先进企业”、“全国质量管理小组活动优秀企业”、“全国模范职工之家”、“企业社会责任贡献奖”、“中国核工业集团公司业绩突出贡献奖”等诸多奖项，其中国家级奖项40项，省部级奖项92项，中核集团奖项61项。2013年度，公司荣获“全国改革开放35周年企业文化建设30强单位”、“全国电力行业企业文化建设示范单位”、“中国核工业集团公司企业文化示范单位”等荣誉称号。

#### 一、文化发展历程

公司历经17个岁月，从最初的几十人已发展到拥有1500余人的员工队伍和近百家合作伙伴，田湾核电现场由最初的荒滩野岭变为现代化的核电站。在成长的过程中，公司继承和发扬“四个一切”的核工业精神，结合公司的发展实际，根据不同的阶段、不同的时期，提炼形成了独具特色的企业文化核心理念。同时，不断总结历史，在传承的过程中，顺应时代要求，与时俱进，不断调整、更新企业文化，凝聚了以中华民族传统美德为底蕴，以安全责任为核心，富有民族特点和时代气息的田湾文化。纵观公司的发展历程，企业文化建设可分为三个阶段：艰苦奋斗的建设期、精益求精的运行期和追求卓越的发展期。

**（一）艰苦奋斗的建设期。**

公司于1997年12月成立，开始了移山填海的工程建设。作为全国在建核电机组装机容量最大的一座核电站，主厂区的土石方开挖、钢筋绑扎、混凝土浇筑、设备安装，工作量之大、工期之紧，在全国核电工程中前所未有。在施工过程中，虽然机械化程度高，但仍需要成千上万人的施工队伍。人、财、物、环境的安全，电站的建造质量，始终是公司上下高度关注的重中之重。公司上下充分发扬“坚韧不拔，攻坚克难”的精神，坚持“安全第一，质量第一”的方针，贯彻落实到各项工作中，在采购、施工、调试的每一个环节，一切都以安全、质量为前提，所有工作必须在确保安全、质量的情况下来开展。

为实现理念的落地，公司成立了专职的安全、质量管理部门，组建了安全生产委员会和安全、质量监督管理网络，每天坚持开展安全、质量巡查，每月召开安全质量例会，每季度实施安全、质量评比，通过安全抵押金的方式对各处室、承包商进行考核，提出了“安全一票否决”和“安全功不抵过”的考核原则。在同行内率先实施“调试安全责任区”等先进的安全管理方法，确保了施工建设安全。截至2007年1、2号机组投入商业运行，作为国内首座VVER机组，其中融入了数个世界首次应用项目，全体中核田湾人历经10年，解决了双层安全壳浇筑、倒U型预应力张拉等施工难题，完成了全数字化仪控系统首次在VVER机组中应用的调试工作，成功建造了世界第一座符合三代核电安全标准的压水堆机组，整个过程没有发生重大及以上生产安全事故。十年磨一剑，公司全体员工经过这艰苦奋斗的10年洗礼，“安全第一，质量第一”的理念已深入人心。

**（二）精益求精的运行期。**

2007年5月和8月，田湾核电一期工程1、2号机组先后投入商业运行。作为采用了当前世界上先进的数字化仪控系统的首座VVER机组，如何安全、顺利地度过磨合期走向成熟，成为公司上下关注的重点。刚刚进行商运的机组，故障多、问题多是所有电站的共性，为此，公司上下发扬“谋定而动，赢在执行”的精神，风险分析全面，控制措施有效，计划执行到位，保证了机组的安全、可靠、高效运行。同时，公司提出了“零容忍”的理念，要求任何人发现不符合的都有权利和义务提出质疑，所有影响机组安全的缺陷必须零级响应。结合国际上的核安全文化理念，提出了总经理部八个期望，即明确的工作目标，质疑的工作态度，审慎的工作方法，清晰的沟通表达，严格地遵守程序，细致地自我检查，认真的工前会议，进取的和谐团队。

为落实“零容忍”和“总经理部八个期望”的理念，公司开发了状态报告系统，建立了日常生产管理组和公司领导带班制度，并全面实施核安全文化的初训、复训工作，要求全体员工充分认识核技术的特殊性与独特性，高度重视核安全，倡导“人人都是最后一道安全防线”的工作理念，一次就把事情做好。同时，公司开展了一系列管理提升活动，通过各种规章制度的梳理和提升，形成了规范的管理体系，2009年通过了质量、环境和职业健康安全管理体系认证，成为国内首家同时通过三项认证体系的运行核电企业。

**（三）追求卓越的发展期。**

经历过艰苦奋斗的建设期和精益求精的运行期，为公司打下了厚重的安全、质量基础，筑牢了公司发展的根基，形成了具有田湾特色的企业文化。2011年5月，公司党委和总经理部审时度势，结合田湾发展历史和未来发展愿景，以及员工队伍建设的需要，适时提出了“中核田湾人”的定义：“所有在田湾工作或工作过，所有关心、支持和帮助田湾核电事业发展的人，都有一个共同而响亮的名字——中核田湾人”。经过广泛讨论，提炼形成了“田湾精神”，那就是体现努力拼搏、奋斗不止精神写照的“坚韧不拔、攻坚克难”，体现迎接挑战、成就未来的动力源泉“追求卓越、超越自我”，体现争创佳绩、创新发展的行为准则“谋定而动、赢在执行”，体现携手并肩、荣辱与共的一致目标“报效田湾、崇尚荣誉”。“中核田湾人”的定义和“田湾精神”的提炼，得到了广大员工及各相关方积极参与和广泛认同。公司进入了一个崭新的阶段——追求卓越的发展期。

**（四）恪守“爱国、敬业、诚信、友善”的价值准则。**

党的十八大提出了弘扬和践行社会主义核心价值观的要求，明确了富强、民主、文明、和谐的国家价值目标，自由、平等、公平、法制的社会价值取向，爱国、敬业、诚信、友善的公民价值准则。江苏核电有限公司作为中央企业的一分子，始终以弘扬中华民族传统文化为企业文化的核心内容，以做大、做强民族品牌为己任，把“爱国、敬业、诚信、友善”作为企业和员工的价值准则。

田湾核电站的一期工程是从俄罗斯引进的符合三代安全标准的先进核电机组，为实现国家富强，民族振兴，中核田湾人在建造、调试和运行过程中，不断消化、吸收国外先进经验，开发、研制自己的知识产权，已完成1638项技术改造，获得35项专利授权，常用备品、备件采用国产化替代。在田湾二期工程中，常规岛等厂房的主设备已全部采用国产设备，中国在VVER机型中的作用越来越大。同时，由于田湾一期工程的成功业绩，中国在世界核电行业的地位也不断提升。

事业高于一切！中核田湾人充分发扬了“敬业”精神，既是敬畏我们从事的事业，又以崇敬的心情对待我们的事业。不管是基建期还是运行期，公司上下始终对核安全怀着一种敬畏的心态，充分认识核技术的独特性与特殊性，战战兢兢，如履薄冰，用10年的时间建设成了世界首座符合三代安全标准的核电站，用4年的时间，将电站的综合指标进入世界优秀行列，用2年的时间，将卓越绩效管理模式成功导入，这一切都源于全体中核田湾人的“敬业”精神。

诚信是企业立足的根本，诚信也是构成企业文化的根基。公司在教育员工诚信时，首先自己做到了诚信经营，对员工诚信，对客户诚信，对社会诚信。发电机组保持安全稳定运行，是电网对发电厂的主要需求。江苏核电1、2号机组是江苏省电网的主力发电机组，在江苏省电网占有重要地位，尤其在夏季用电高峰阶段，两台机组对电网的安全稳定发挥着重要的作用，自2007年商运以来，公司始终将确保机组在迎峰度夏期间安全稳定运行作为重要任务，多次荣获“迎峰度夏有功单位”荣誉称号，连续6年被华东电网授予“最佳调度安全管理奖”。公司主动接受核安全局等监管部门的监督检查，严格遵守承诺，及时、如实报告异常事件，与核安全局建立了相互信任和透明的关系。公司按期足额归还银行到期贷款和利息，具有很高的融资信誉，公司贷款全部是信誉担保。中诚信国际评定江苏核电信用等级为AA+，评级展望为稳定。自2009年至今，公司连续被连云港市国税局与地税局评为“A级”纳税信用等级。

友善，是中华民族的传统美德，公司积极弘扬“仁义礼智信”的传统文化，善待员工，善待合作伙伴。在江苏核电工作，不仅在工资、福利方面为员工着想，针对员工的子女就学、假期托管等细节也采取了相关措施。与公司合作的承包商，在内部都称为“协作单位”，即与我们共同从事核电事业的伙伴。在合作中，公司倡导“双赢”的原则，并采取了一系列的人性化措施，如在现场设置协作单位食堂，供各单位来人就餐，充分体现了公司友善的美德。公司成立了爱心基金会，有三十多个爱心小组，定期开展爱心公益活动，积善成德，兼善天下。

为深入践行社会主义核心价值观，大力弘扬中华民族传统文化，公司编制了《企业文化——以心为本》系列丛书，以“仁义礼智信、温良恭俭让、忠孝廉耻勇”为主题，弘扬中华传统美德。同时，选派企业文化骨干参加中华传统文化培训，深入、持久地宣传中华传统美德。

**（五）以“安全、责任、创新”为核心的品牌建设。**

品牌是一种识别标志、一种精神象征、一种价值理念。公司自成立以来，积极开展品牌建设活动，确定了以“田湾核电”为名称的品牌战略，成立了品牌建设领导和工作组织，制定了品牌战略与实施规划，基于公司发展战略和目标，在充分调研各相关方利益诉求和传承企业文化底蕴的基础上确定了公司品牌建设体系，确定了“安全、责任和创新”的品牌核心价值和“魅力核电，魅力田湾”的宣传口号。根据品牌战略规划，公司每年制定工作计划，在机组安全稳定高效运行、工程建设顺利推进、管理水平持续提升的基础上，通过企业文化建设，推进品牌的宣传，强化全员品牌意识，把品牌建设作为重点工作积极推进。

通过品牌建设活动的开展，“魅力核电，美丽田湾”的品牌口号已广泛传播，安全、清洁、高效以及卓越的管理成为公众和业内人士对公司的主要印象，“田湾核电”在当地、业界乃至国际核电领域已留下了良好的深刻印象，为公司的战略发展提供了强大的支撑。

## 二、文化建设的“四步六维”法

“大道至简”，企业文化是一门学科，有其规律性，只有把握住这个规律，按照正确的规则行事，才能够起到事半功倍的作用。公司通过对企业文化建设工作的多年探索和实践，为落实企业文化的理念、制度、行为、符号四个层次的建设，构建了自己的企业文化建设“四步六维”模型，即提炼，培训、宣传和激励，固化，评估四大步骤六个维度，并利用卓越绩效管理模式中的“过程四要素”（方法、展开、学习和整合）和“结果四要素”（水平、趋势、对比和整合）方法，细化每个维度的具体操作，将企业文化建设工作框架化、凝练化、图形化，形象直观，一目了然，使全员能够更好地理解和参与到企业文化建设工作中。

提炼：对过去的生产经营、管理实践、队伍建设情况进行审视，结合新形势、新任务和新要求提炼新时期的企业文化理念。

培训、宣传和激励：企业文化的培训和宣传是让员工熟悉掌握、深刻理解企业文化的必要措施，各种激励措施是让员工相信并主动践行企业文化理念的有力保障。

固化：企业文化的固化是检验文化是否落地的重要指标，是企业文化的制度化和行为化，通过制度约束和规范行为的结合，使文化成为员工的行动纲领。

评估：企业文化的评估是对企业文化理念的针对性、适应性，企业文化建设工作的有效性、成熟度以及员工对企业文化的认可度、执行力进行定期评价，建立一种不断改进、持续提升的机制。

通过企业文化“四步六维”模型的建立，系统地明确了企业文化建设各领域的工作，在每项工作过程中坚持方法、展开、学习、整合四要素的同时，每项工作都形成闭环管理，不断改进与提升，实现可持续发展。

**（一）全员参与，适时提炼企业文化理念。**

企业文化理念是核心内容，它决定了企业发展的方向和行为主责，是企业一切行为与对外体现的意识根源。公司在企业文化发展的三个过程中，每个阶段的核心理念都通过全员的参与，有序地组织开展。特别是在以“田湾精神”为核心的新时期企业文化理念提炼过程中，进行了专项部署和周密的安排，具体如下：

一是成立企业文化建设推进工作组织机构。公司成立了企业文化建设推进工作组织机构，党委书记和总经理作为领导小组组长，其他党委和总经理部成员以及各处室第一负责人作为成员，总体领导企业文化推进工作。建立了由分管领导和主要业务处室负责人以及专业工作人员组成的企业文化推进工作领导小组办公室，在领导小组的领导下负责企业文化推进工作的组织实施。同时建立了包括安全、质量、廉洁、创新、人才、商务、环保、健康、社区、青年、女工等主要领域以及业务处室、专业班组文化工作小组，分别负责领域、处室和班组的文化建设。完善的组织建设，为深入、有序推进企业文化建设提供了有力的领导和资源保障。

二是部署开展公司企业文化基本理念重新审视工作。企业文化推进领导小组认真审视了公司的发展形势，在两台机组安全稳定高效运行、扩建项目深入推进、员工精神更加振奋的条件下，面对新形势、新任务和新要求，公司于2012年5月决定开展企业文化基本理念的重新审视和新时期“田湾精神”提炼以及子文化理念及其表述方式的讨论征集活动。通过“两下两上”的组织形式，在包括主要协作单位的全体员工中开展讨论，提出审视和推荐意见，经企业文化推进工作领导小组办公室集中讨论，再返回进一步讨论并反馈意见，最后报请领导小组审定。

经过反复讨论、提炼和整理，报请领导小组审查，形成了以卓越核安全文化的八大原则为基础，以“田湾精神”为核心价值观的企业文化理念体系，包括公司的使命、愿景、宗旨和目标，以及23个领域文化理念，25个处室文化理念，编制形成了《企业文化——基本理念》手册，图文并茂，层次分明，清晰地表达了公司企业文化的组成内容和相互关系。2012年10月16日，公司举行隆重仪式，正式发布了《企业文化——基本理念》手册。中核集团公司总经理，中国核能电力股份公司总经理等上级领导出席了发布会。

**（二）宣传、培训和激励，促进企业文化的传播。**

企业文化的落实体现在“知行合一”，为实现企业文化的“内化于心，外化于行”，公司在企业文化理念的落地过程中，注重多渠道的宣传，针对不同群体开展培训，以多种形式的培训提高全员的认知，以广泛的宣传奠定认同基础，以激励措施提供践行动力，在员工、供方以及公司的相关方内宣传贯彻公司的企业文化理念，构建田湾核电基地的“大文化”格局，发挥文化引领发展的作用。

多层次培训，强化员工对文化的认知。为增强员工对企业文化的正确认识和理解，公司根据不同的对象，设置了多层次的企业文化培训，让各层面的员工认识、提升和加深对企业文化的理解。如在新员工入职培训中，由公司领导进行专题企业文化讲解；利用企业文化建设联络员会议平台，对各处室联络员进行企业文化建设基础知识与方法培训；利用企业文化建设联席会议平台，对各协作单位进行企业文化理念宣传培训等。通过多层次的有针对性培训，让众多的员工认识了企业文化，让企业文化联络员队伍具备了推广的能力，让各协作单位理解了田湾精神，更快、更好地融入田湾这个大家庭。

多方位的宣传，促进文化的传播。企业文化的宣传就是用真实的故事、精美的图片、优美的语言和文字进行广泛传播，使企业文化理念在不知不觉中滋润员工的心田。公司将企业文化宣传做出了规范化、标准化的设计，有电脑网络、报刊书籍、板报宣传、目视系统、展示平台、文体活动等宣传载体，具体活动包括：

电脑网络：公司开发了内、外部网站，设置了企业文化、社会责任、公司新闻、图片新闻等员工广泛关注的栏目。各处室也分别在内网开辟了自己的网站，共有28个子网站，每个网站都设置了企业文化专栏，全方位地展示本部门的文化建设成果。同时，公司充分利用受众广、成本低、信息量大的网络优势，在网站上开辟了“视频新闻”和“田湾·行”电子期刊，成为纸质宣传媒介的重要补充，以更加便捷、更加经济的宣传形式，丰富了企业文化宣传内容。

报刊书籍：公司利用《田湾核电》报纸，及时宣传公司的主要生产经营活动和企业文化建设工作，向员工及相关方展示公司的企业文化形象，并定期形成合辑。组织编制《田湾·人》、《田湾·情》、《田湾·事》等书籍，记载了发扬“田湾精神”的良好实例。编辑出版了《永恒的记忆——新闻媒体关于田湾核电站的报道摘要》，通过新闻人的视角解读公司的企业文化。

“企业文化故事”具有超越时空的价值，不会因为时间的推移而过时，具有相对稳定、与时俱进的品质。为及时发掘和记录体现“田湾精神”的优秀案例，公司定期组织编制《企业文化——田湾故事》，记录那些承载着“田湾精神”的典型人物和典型事迹。

板报宣传：板报作为一种灵活便捷的宣传形式在公司得到了广泛的应用。各处室除设置有固定板报外，还根据不同时期的专项活动制作专题板报进行宣传。如：安全月、质量月、廉政月、大修等活动中，均通过专题板报展示独具特色的企业文化。

目视系统：人们认识一个公司的企业文化，往往首先感受和了解到的是其符号层内容。作为企业文化的物质形态，符号层折射出来的经验哲学、企业精神、工作作风和审美意识等企业理念会给人们留下直观而深刻的印象。公司以中国核电企业文化目视系统为核心，在各领域建设了系统的企业文化符号，包括：企业文化基本理念上墙，让员工和外来人员随处可以看到公司的使命、愿景和价值观；各种纸质文本将中国核电LOGO和公司名称进行明显标识，让员工时刻牢记自己的使命；为员工配发统一工装，在激发员工自豪感的同时，时刻提醒员工自觉维护形象；厂房内进行统一的颜色涂刷和标识规范，办公环境统一设计和部署，增强员工在岗位上的归属感，强化主人翁意识；各处室办公环境内设置企业文化宣传栏，及时展示发生在身边的感人事迹和优秀业绩，增强员工的荣誉感和幸福感等。

文体活动：企业内一些长期沿用、约定俗成的典礼、仪式、特色活动称为企业风俗，是区别不同企业的显著标志之一，对员工有很大的约束力和引导作用，一个个活动小组也构成了传递企业文化理念的重要网络。公司充分考虑核电特点、区域环境以及员工需求等因素，精心设计了各种有益的文体活动，如：每年春节组织员工自编自导自演的春节联欢晚会，为大家提供一个展示才艺，抒发情怀，渲染喜庆的舞台；党建、国庆、三八、五四等节日期间组织座谈会，让员工畅谈自己的感受和理想；每次大修前召开动员会，总结经验，表彰先进，明确目标，部署任务，传递公司的期望和要求，形成上下同欲的工作合力；六一节前夕，公司组织儿童书画展，展示每个幸福家庭的温馨和对田湾的热爱等。

体育运动是员工普遍的爱好，也是提升员工身体素质、陶冶高尚情操、营造健康向上氛围最直接的活动。公司高度重视员工健康，结合大家的兴趣爱好，建造了篮球馆、游泳馆、足球场等场所，并在住宅区配置了户外健身器材，提供了较好的文体活动条件，营造了良好的健身氛围。同时，公司定期组织参与广泛的春秋长跑、广播操等群众性健身活动，并鼓励员工自发组建兴趣小组，明确活动方案，提供资源保障，增强了大家的参与热情。每一个活动小组都是一个文化阵地，构筑起一个文化网络，积极地传递着正能量，为推动公司企业文化建设发挥了重要作用。

全方位的激励措施，激发员工主动践行企业文化。激励机制是一切制度的生命，企业文化建设是个常抓不懈、动态完善的过程，贯穿于企业整个生命周期。在企业发展的不同阶段，受外界环境和内部条件的约束与影响，企业文化也表现出不同的内涵与外延。如何让员工理解并深刻感受到公司的主流文化，激励措施的应用是最直接的手段。公司在企业文化发展中，设置了领导引领、劳动竞赛、创先争优和专项评比四条激励渠道，通过对实实在在事例的表彰和宣传，向员工传递了企业核心价值观。

领导率先垂范，引领企业文化建设。公司各级管理者带头践行企业文化理念，通过管理者观察与指导、每天一条安全信息、田湾讲坛等多种形式，直接参与公司各项管理提升活动，带头执行，亲力亲为。行胜于言，领导通过亲历亲为的行动，让员工看到了公司的期望和要求，通过与员工经常性的面对面交流，让员工深刻理解了公司的企业文化理念，激励员工主动践行企业文化。

全面开展劳动竞赛，营造行行出状元的氛围。为倡导“勤学善思，乐观进取”的工作理念，增强各岗位员工的荣誉感和自豪感，公司从运行、维修和保障三大领域，全面开展劳动竞赛活动，2014年策划了46项竞赛活动，除运行、维修专家评选、仪表检修竞赛、起重技能竞赛等一线活动外，还包括了信息文档、驾驶技能、保安技能、公文写作等技能竞赛，涵盖了公司的各专业领域。每项劳动竞赛均由该业务管理处室牵头，全公司相关人员参加，并本着优中选优的原则，对优胜选手给予表彰和奖励。

为增强扩建现场各承包商对“中核田湾人”概念的认同，公司在扩建现场开展劳动竞赛活动，以班组星级评定方式，每年对各承包商的班组进行考核评级，进行先进表彰。对于特别优秀的班组，还推荐参加省、市及行业组织的先进评选活动，让“中核田湾人”的概念和“美丽田湾”形象真正融入到各相关方。

开展多种形式的创先争优活动，突出文化引领作用。人的行为改变主要来自模仿，因此，榜样的力量是无穷的。在企业文化建设中，先进个人的行为具有很强的示范作用。公司从党工团、业务领域、绩效考核三个方面建立了十三条创先争优途径，包括安全生产先进班组、大修之星、管理创新、科技创新、优秀党员、优秀青年突击队等，通过全员绩效考核制度的落实，开展优秀员工、优秀干部的评比等。依据评比规则，每年定期开展评比表彰活动，在各领域树立典型。这些榜样人物在企业文化建设中起到了强大的引领作用，进一步巩固丰富了企业文化建设的成果。

企业文化专项评比，推广基层良好实践。企业文化专题展示评比活动：为加强横向交流，公司定期组织专题企业文化展示评比活动。如每年组织一次班组践行企业文化展示演讲，由各处室事先通过内部选拔的优秀班组，通过公开演讲、评委打分的形式进行评比，对获奖班组予以奖励。每年组织女工文化展示演讲活动，通过对践行“笑、孝、效”理念的生动展示，宣传了公司“巾帼先锋队、田湾娘子军”的美好形象。定期组织青年员工开展演讲或征文活动，大力弘扬“尚严、尚新、尚优”的青年理念等。

优秀企业文化案例评选：为挖掘基层组织在践行企业文化方面的典型案例和经验，公司要求各处室每月报送企业文化建设信息表，每季度开展一次企业文化建设典型案例的评比表彰活动，通过对比和整合，将这些先进经验进行推广，如安全文化进家门、每周一讲、抽屉内的6S管理等典型案例都在公司内得到了很好的运用。

**（三）以制度固化行为，实现企业文化的落地生根。**

“孤阴不生，独阳不长”，如果说企业文化理念是阴、是虚、是软，则制度与机制是阳、是实、是硬，只有阴阳共济，虚实结合，软硬相支，企业文化才有用。企业文化建设不但要有先进的企业文化理念，更要有一套科学合理的企业制度体系和行为体系，当制度变成员工的习惯时，企业文化就实现了真正落地。

规范严谨的程序化管理体系。企业制度分为一般制度和特殊制度，其中一般制度包括工作制度和责任制度，工作制度包括各种工作流程、操作规程等；责任制度包括岗位职责、责任分解落实等。公司坚持“严格遵守程序”的工作原则，要求凡事有章可循，凡事留有证据，大到每一项操作，细到每一项操作中应使用到的防人因失误工具，都在程序中进行了明确，规范了人员的工作行为，保证不管是老员工还是新员工，只要按照程序工作，就能够避免人因事件的发生。

结合公司的生产经营活动，本着体现管理层次、突出公司级（人、财、物、事）集中管控要求、将各项目看作是执行单元的原则，建立了公司管理体系文件架构，以综合管理、生产管理、3、4号机组工程管理和5、6号机组工程管理四大管理手册作为表达公司全部管理要求的平台，将公司涉及长期性、全局性的工作都形成程序文件，使得管理更加透明和规范。目前除有上万份技术程序外，另有综合管理程序549份，生产管理程序143份，3-4号机组管理程序174份，5-6号机组管理程序80份。

规范细致的企业文化建设制度。为保证企业文化建设工作有序开展并形成长效机制，公司发布了《企业文化大纲》、《企业文化2012－2015年发展规划》、《企业文化推进管理实施办法》等一系列管理制度，从制度、程序层面进一步细化各部门、各级人员参与企业文化建设的职能和要求，确保了企业文化理念的落地过程处于连续的可控状态。有效地推动了企业文化建设工作的深入开展。

为规范员工行为，使之养成能够代表田湾文化的行为习惯，公司发布了《企业文化——员工手册》，规范了员工的行为守则、礼仪规范、安全规范和社区文明等日常行为和礼仪。为保证手册内容得到有效贯彻和执行，编制了《企业文化员工手册落地推进方案》，由各职能处室牵头组织，开展了一系列宣传、促进活动，在做到“内化于心”的同时，努力促成“外化于行”目标的实现。

为发动全员积极参与企业文化建设活动，公司组建了企业文化联络员队伍，各处室至少安排一名兼职企业文化建设联络员，负责本处室企业文化建设工作的组织、协调和指导。为保证联络员队伍能够有效发挥作用，公司定期组织相关培训和交流活动，每季度开展一次企业文化建设活动典型案例评选和经验交流，将一些优秀的联络员送到外面参加企业文化工作的交流、学习活动，促进了大家参与企业文化建设工作的积极性。

为使“中核田湾人”的概念深入人心，构建田湾文化的大格局，公司建立了企业文化联席会制度，每季度召开一次联席会，由公司党委书记主持，在田湾核电基地参与生产运营和扩建项目建设工作的近二十家协作单位企业文化建设负责人和相关人员参加。会上畅谈田湾基地企业文化建设和发展，交流企业文化建设的经验，形成了横向联动、资源共享的“大文化”格局，解决了田湾核电基地的文化认同问题，即共生、共创、共荣，使得所有协作单位的每个员工都有了“中核田湾人”的主人翁意识，增强了田湾核电基地全体建设者的凝聚力，达到了“繁荣企业文化、促进和谐发展”的目的。

为保证各项规章制度的有效执行，公司每年通过开展质保监察、管理部门审查、自我评估、同行评估、监督审核等方法对体系的运行有效性进行验证、评价和改进。发现存在问题以及与公司企业文化理念和所倡导的工作方式不符的地方进行及时升版。通过这些特殊制度的制定和执行，向各界传递了以“田湾精神”为核心价值观的企业文化，形成了鲜明的田湾特色，展示了“魅力核电，美丽田湾”的形象。

**（四）建立企业文化评估体系，保证文化健康发展。**

有效地进行企业文化评估，是进行一切企业文化相关实践与研究的基础，它不仅为企业文化诊断提供工具，更为企业文化的变革提供依据。为全面掌握企业文化状态，量化企业文化建设绩效，分析企业文化对企业经营管理的有利和不利影响，明确企业文化建设工作的方向和着力点，公司根据卓越绩效对结果成熟度的评价要素，组织开发了《企业文化评价管理办法》，明确了对企业文化状态和企业文化建设工作开展情况的评估程序，从水平、趋势、对比、整合四个方面进行全面评价，以期通过企业文化评估，促进企业文化理念认知、认同和实践的科学管理手段，促进企业文化工作职能化、常态化，使企业文化起到引领发展、创新经营、规范管理、凝心聚力的作用，提高企业经营管理水平，提升企业核心竞争力。

《企业文化评价管理办法》分别从引领力、凝聚力、创新力、执行力四个维度，以领导作用、战略导向、理念指引、创新文化、组织学习、竞争意识、制度流程、安全文化、团队协作、关爱员工、员工忠诚、社会责任等十二个项目为基础搭建评价模型，全面地覆盖了公司企业文化建设的方方面面，共设计了162项题目。评价成果主要包括：（1）评价模型和评价量表：可根据企业文化评价目的，进行适应性调整；（2）评价数据：可作为企业文化评价积累历史数据的起点，为后续评价比较提供依据；(3)评价报告及指导意见：为了解公司企业文化现状、改进方向和措施提供依据。

企业文化测评每年进行一次，公司组织员工通过网络进行问卷测评，之后进行数据统计、结果分析和报告撰写工作，向公司企业文化建设推进工作领导小组提交《企业文化状况评价报告》，并向总经理部办公会报告《企业文化状况评价报告》和年度企业文化工作计划。评价结果一方面用以衡量企业文化水平，通过评价，发现好的工作经验，及时总结推广。另一方面为改进企业文化工作提供依据，针对发现问题，认真寻找差距，深入分析原因、科学制定对策。

## 三、安全筑牢根基

安全是事业的生命线、企业的生存线、员工的幸福线，公司始终坚持在确保安全的基础上高效发展核电。自成立以来，牢记使命，恪尽职守，坚持安全“零容忍”，在固有安全性的基础上，贯彻安全管理纵深防御思想，提出了“严就是爱”的安全管理理念，从安全文化建设、人员技能培训、设备固有安全性和安全管理实践中开展了一系列扎实有效的工作，确保“万无一失”。

**（一）以“核安全文化的八大原则”为基础的安全文化。**

许多有深远影响的事件一直推动着核电行业的核安全文化建设。国际核能行业组织总结出这些事件的根本原因均可追溯到核电厂所共有的组织文化，强调除了健康的组织文化外，由于核技术的特殊性和其独特的技术风险，每个核电厂都需要一个强有力的核安全文化，其表现特征为：核安全人人有责；领导做安全的表率；建立组织内部的高度信任；决策体现安全第一；认识核技术的特殊性和独特性；培育质疑的态度；倡导学习型组织；评估和监督活动常态化。这八大原则描述了健康的核安全文化的重要特征，为全世界核电行业创建一个公开讨论和持续提升安全文化的框架，它更是公司健康可持续发展的源动力。

公司在企业文化建设过程中，将安全文化作为核心内容，以“核安全文化的八大原则”为基础，对照各种特征，有目的地组织开发了一系列具有田湾特色的组织活动。电站的设计、建造和运行遵守纵深防御原则，从设备和措施上提供多层次的重叠保护，确保反应堆的功率能得到有效控制，燃料组件得到充分冷却，放射性物质能有效地包容而不发生泄漏。

通过防人因失误工具应用、经验反馈系统建设、管理者观察与指导、每日一条安全信息、同行评估、安全对标等具体活动为核安全文化培育奠定了良好的基础，增强了田湾核电组织内部的互信，体现了领导做安全表率、保守决策，以及对核安全高度重视的较好的安全文化意识。

2012年7月，公司邀请专家对公司进行了核安全文化评估活动。评估队通过安全文化问卷调查、电厂文件包查阅以及人员访谈等方式，对田湾核电站运行机组和扩建工程领域核安全文化水平进行了深入评估。评估队指出，田湾核电克服运行初期的重重困难，通过多年的不懈努力，在安全运行业绩、核安全文化建设等方面取得了长足的进步。2013年7月，公司荣获国家能源局授予的“电力安全生产标准化一级企业”称号，2013年12月，国防科技工业局公布公司为首批“军工系统安全生产标准化一级单位”，成为国内第一个全部实现安全生产标准化一级单位的核电企业，这也标志着江苏核电有限公司的安全管理工作达到了一个新的高度。中核田湾人以高度的责任心和踏踏实实的行动让党和国家放心，让社会放心，让公众放心。

**（二）强化安全技能，全力打造“黄金人”。**

江苏核电参照企业大学的模式建立了专门的员工培训机构——培训中心，采用国际原子能机构（IAEA）推荐的、国际上先进的系统化培训方法（SAT）对培训活动进行管理和控制，为确保员工培训的有效实施和持续改进，江苏核电建立了覆盖全员的培训组织机构，并通过多种方式确保培训资源投入，为员工培训的有效实施提供支持。

公司所有员工必须参加基本安全授权培训，根据电站的安全风险，分设了企业文化、核安全文化、工业安全、消防、交通、保密、职业健康、辐射防护、应急准备等课程，所有课程均要在参加培训后，经过理论或实际操作考试方可上岗实习，然后根据岗位特点开展一系列的培训活动。

主控室操纵人员培训是核电站培训工作的重中之重，需严格按照国家核安全法规和操纵人员培训大纲的要求逐级完成培训，通过国家核安全局和能源局联合组织的考试，并获得国家核安全局颁发的反应堆操纵执照。为了维持和提高主控室操纵人员的能力，还需每年进行不少于100小时的复训。通常从1名新员工成长为运行值长，至少需要10年的培训时间，所投入的培训资金约200万元／人，在业界被称为“黄金人”。这些核电战线上的尖兵是保证核安全的主力军，大量的投入和系统化的培训，为公司的安全运行提供了坚强的保障，也为公司的发展提供了优秀的人才，目前，从田湾运行岗位成长起来的“黄金人”，已有多位成为公司和行业内的中、高层管理人员，田湾的人才队伍在业界内已成为一个响当当的品牌。

**（三）技术先进可靠，保证本质安全。**

本质安全是安全的最高境界，江苏核电有限公司在机组的选型、设计、建造过程中，始终把安全放在首位，在安全系统方面投入了大量的资金。田湾核电站的一期工程1、2号机组和二期工程3、4号机组均采用俄罗斯AES-91型核电机组，该机型采用了一系列重要先进设计和安全措施，包括安全系统4通道、堆芯熔融物捕集器、全数字化仪控系统、反应堆厂房双层安全壳、非能动氢气复合器等，用于安全设施上的投资占工程总投资的40%以上，其安全性比当前世界上正在运行的绝大部分压水堆核电站优化了约100倍，一期工程是当前世界上运行的唯一满足三代核电安全标准的电站。在运营管理中，本着追求卓越，持续改进的原则，不断提高机组的安全性。在全世界440多座运行核电机组中，田湾核电站1、2号机组的综合排名持续上升，在第4个燃料循环1号机组就进入优秀行列（前25%）。

“3•11”日本福岛核事故后，2011年5月4日至6日，国家核设施综合安全检查团对田湾运行机组进行安全大检查，检查结论：1、2号机组的固有安全性、设计先进性及电站运行管理水平在国内核电站中是较为先进的。

**（四）常备不懈的应急体系。**

本着“常备不懈、积极兼容、统一指挥、大力协同、保护公众、保护环境”的应急管理方针，公司按照核与辐射安全法规要求，在预防事故和保障安全的基础上，做好应对导致或可能导致放射性物质向环境释放或危及核电站安全的事件或事故的应急准备。以《突发事件综合应急预案》和《场内应急计划》为总纲，在核应急、自然灾害、事故灾害、公共卫生和社会安全事件五大类分别制定了相应的应急预案和现场处置方案。

为确保人员到位、措施到位，公司建立了应急指挥部组织、应急待命值班制度和应急待命抽查制度，每周进行一次响应抽查，每月进行一次启动抽查，保证在发生事故、事件或核事故等应急状态下，应急组织能够及时启动。

为时刻保持应急响应能力，公司制定《应急演习管理》程序，应急演习分为单项应急演习、综合应急演习和联合应急演习。开发了国内电站的首个核事故应急演习情景库，提高演习组织实施的质量以及专业化水平，增加演习随机性和挑战性，使电站的演习组织与实施全面进入高级模式，达到“实战”锻炼的效果，持续改进了江苏核电应急准备和响应的能力。

**（五）田湾特色的安全实践。**

追求卓越的同行评估活动。为促进核电企业不断追求更高的目标，以业界高标准的要求为准则，世界核电运营者协会（WANO）开发了同行评估活动，通过电站的邀请组织国内外专家对电站进行同行评估。评估队对核电厂的业绩进行观察，重点关注电厂的安全性和可靠性，根据行业内较高业绩目标和准则进行评估，分析出电厂的工作强项领域和待改进领域等，供电站在后续工作中进行巩固或改进。同行评估关注的领域通常与电站管理、运行、维修以及电站安全可靠运行所需的支持性活动有关。这些领域一般与电厂设置的完成上述职能的组织部门相对应。

公司积极践行“监督与评估活动常态化”的原则，定期邀请专家到电站开展评估活动，自商运以来，公司平均每年至少一次邀请国内外专家到电站进行同行评估活动，为公司向国际上最先进的管理创造了很好的学习改进机会。

人人关注安全的状态报告制度。公司开发了状态报告系统，建立了状态报告例会制度，应用根本原因分析方法，及时纠正生产、工作中的异常情况，同时作为一个知识、经验共享的学习平台，每位员工都可以查阅相关内容。所有员工（包括承包商）都有责任和义务在发现异常和缺陷时填写状态报告。每周召开三次状态报告例会，对所有提出的问题进行分类处理，其中A、B类的状态报告必须由公司分管领导组织处理，所有问题都进行闭环控制。状态报给制度使安全隐患被消除在萌芽状态，有力地保障电站安全。公司状态报告的填报数量以及事件分析水平持续提升；A、B类涉及设备、人因及管理属性的状态报告数量持续减少。

领导带头的管理者观察与指导活动。为持续改进人员行为、强化安全管理、发掘改进空间，公司制定并实施管理者观察与指导制度。观察与指导是管理者深入基层、与员工沟通交流的重要渠道之一，落实了国家关于领导深入现场开展安全巡查的要求。公司制定处级及以上管理者观察与指导计划，明确观察对象、观察时间和频次，采取跨处室、跨领域、大交叉的形式，突出管理者与被观察对象的沟通与交流，传递管理层的期望，积极与员工商讨发现问题的改进措施，对持续改进人员行为、提升核安全文化水平起到积极的促进作用。

天天学的每日一条安全信息。自2011年8月22日起，公司启动了“每天一条安全信息”活动。即在公司各种会议开始前，由主持人利用两分钟左右的时间，组织当天的安全信息进行学习、讨论，信息内容涉及工业安全、核安全文化、化学品安全、辐射防护、消防安全、信息安全、防人因失误工具、质量管理、环境保护、应急准备、职业卫生等各领域。通过持之以恒开展该活动，普及了安全、质量、环保知识，推进了学习型企业的建设，形成了“人人参与安全，人人思考安全”的良好安全氛围，丰富了员工的安全生产知识，增强了员工的安全意识。每天一条安全信息成为田湾安全品牌的重要内容之一，对电站安全文化水平的提升起到积极作用。

精细的防人因失误工具应用。核电厂发生的各类事件中直接或间接与人因有关的事件占到事件总数的60%-70%，人因是导致核电厂事故的重要因素。为规范核电厂员工的人员行为，提高人员绩效，减少人因失误，中核集团公司开发了“防止人因失误的十一大工具”，公司积极推进防人因失误工具的应用，开展了一系列工作，如对公司全体员工进行防人因失误工具的基本安全授权培训、对协作单位进行防人因失误工具应用培训、大修防人因失误观察指导活动等，通过这些活动的实施，让员工相信“零事件”，追求“零事件”，有效的提升了公司安全管理水平，为电站的安全、可靠、高效运行发挥了关键作用。

禁止触碰的安全红黄线。为强化安全环保“红线”意识，切实守牢安全环保底线，确保高安全风险的年度大修工作安全、顺利完成，公司制定了《大修安全底线管理方案》，结合大修安全管理经验，根据大修现场不同违章的危害性程度，划定了安全管理10条红线，30条黄线。其中，安全红线属于一旦触碰即可能引发安全事故，造成人员伤亡的高风险违章。以安全红黄线为依据，采取措施对现场作业人员、承包商单位及承包商单位负责人个人进行考核，激发从现场作业人员、班组长到单位领导三个层次的安全生产积极性，实现了安全问题逐步下降，严重违章有效遏制的目的。截至目前，公司已完成的14次大修，安全生产目标全部实现。

## 四、责任成就梦想

责任，是组织和个人应当承担的职责和义务。公司自成立以来，牢记使命，恪尽职守，创新发展。作为与俄罗斯合作的大型核能项目，公司承载着重要的政治责任，在发展过程中，始终坚守安全责任，将“安全作为事业的生命线、企业的生存线、员工的幸福线”。公司勇于承担社会责任，为国民经济的发展提供安全清洁高效的电力，积极履行企业义务，热心社会公益。公司大力开拓创新，全面履行创新责任，引进消化吸收国外先进的核电技术，积极探索核电管理经验，推动中国，乃至世界核电事业的发展，做到对国家负责，对人民负责，对事业负责，对历史负责。

### （一）承载历史的政治责任。

田湾核电站作为中俄合作重点项目具有深远的政治意义。这一合作不仅一定程度上改善了中俄贸易结构的不平衡，而对中国来说，在一定程度上缓解了发展核电所需资金和外汇短缺的困难，而且在核电技术上也有很多收益。

从公司工程筹划开始直到工程建成，我们坚持“爱国、敬业”的价值准则，不断地向中核田湾人们宣讲这个项目的政治外交意义，使大家认识到：搞好与俄罗斯这个最大邻国的友好关系，是我国和平外交政策的一个重要环节，从而提高大家的政治责任感，认真做好各项工作，下定决心把工程搞好。从领导层开始，上下一致努力搞好与合作方——俄罗斯原子能部和俄原子能建设出口公司（ASE）合作共事的关系。公司的原则是：在坚持全面履行合同、确保电站质量和安全的前提下，以真诚合作、友好协商、互谅互让的态度，携手完成我们共同的任务——建设好世界上先进、安全、优秀的核电站。

如今，田湾核电站1、2号机组已成功运行，它为推动中俄两国的友谊与合作起了积极的作用，也成为两国技术经济合作重大项目成功的范例。两国领导人在多次会晤中都充分肯定了田湾项目的合作成果，并决定继续在核能领域更加广泛和深入地合作，于2012年启动了田湾核电二期工程的建设，充分证明了中俄在核能领域合作的健康发展和光明前途。“中核田湾人”不负众望，胜利地完成了党中央、国务院交给的政治任务。

### （二）牢记在心的安全责任。

“安全发电 造福人民”是我们的企业宗旨，纵观江苏核电发展的17年，既是一个企业成长壮大的过程，更是一个安全文化的孕育、成长过程，“安全第一，质量第一”，“人人都是最后一道安全屏障”等安全理念牢牢地扎根在中核田湾人心中。面对核电快速规模发展的新形势，公司高度重视核电快速发展所带来的安全挑战，严格遵守国家核安全相关的法律法规，把确保核安全放在第一位。核事故发生的概率虽然极低，但其严重度不容忽视，公司本着“追求卓越”的理念，坚持“零容忍”，以对历史、对社会负责的崇高的责任感和使命感来对待自身的工作，确保电站的核安全。

在固有的本质安全条件下，公司加强管理，积极投入，设有核安全处核安全监督科，保健物理处工业安全科、辐射防护科、环境监测科、应急准备科、职业卫生科，质量保证处工程安全科，保卫处治安交通科、生产保卫科、消防科等4个处室、10个专业科室负责电站核安全、工业安全、辐射防护、消防保卫、应急管理等各领域的安全监督管理工作。各级员工本着“我的安全我负责”的理念，逐级签订安全生产责任书，层层分解安全指标，并纳入月度和年度的绩效考核中。

公司充分发挥团队的作用，高度重视安全网络建设，建立了专兼职安全生产管理人员组成的公司、处室、科组三级安全管理网络。在高风险的大修期间，公司相关处室及各协作单位安全管理人员共同组成大修安全网络，依照“同责同权”的要求，为各协作单位专职安全管理人员配发统一安全监督服装，具有对现场所有单位监督检查的权力，充分发挥现场所有安全员的作用。

大修现场作业点多面广，人员复杂，单靠公司安全管理处室的力量是远远不够的。大修安全网络每天上午召开安全早会（每周一为周例会），由各单位安全员汇报当天大修现场安全重点工作、风险及控制措施，公司各处室对各协作单位安全工作提出具体要求；安全网络不定期组织“互帮互查”联合检查活动，践行大修“安全一盘棋”的理念，共同促进现场安全水平提高。

本着“安全没有最好只有更好”的原则，公司认真做好内、外部事件的经验反馈。如日本福岛事故后，公司高度重视对福岛核事故的经验反馈，收到相关报告后立即录入状态报告系统，分析制定了20条改进行动，包括增加应急电源车数量等，提升了电站应对极端自然灾害及应对严重事故的能力。截至目前，田湾核电1、2号机组应急交流电系统、高压安注系统、应急给水系统不可用度全部为零，在世界核电行业内领先；近3年非计划自动停堆次数为0，安全稳定性在国内核电行业内领先。

**（三）细致入微的人文关怀。**

培训是员工最大的福利。公司本着“培训是员工最大的福利”的原则，制定了《员工发展管理》程序，引入职业测评工具，组织所有员工进行职业生涯规划与设计，积极推进内部岗位招聘、竞聘，设置了“人才五通道建设”，根据每个通道的岗位特点，开发设计了不同的培训课程，不管是从事技术还是管理的员工都有一个理想的发展空间，同时也为员工的个人发展创造更多的选择机会。

为提升各级人员的素质和技能，开发了“全员素质提升工程”，为新老员工、基层管理者、中高层管理者提供了各种培训、学习的机会，同时，为促进团队建设和执行力，公司定期组织团队拓展培训和执行力培训。一系列的培训活动，营造了浓厚的文化氛围，提升了全员的素质。

员工的健康是企业的责任。公司高度重视员工的职业健康和心理健康，针对员工不同的工种和岗位，确定针对性的体检项目，每年组织全员进行一次健康体检。推行“一对一”健康关爱行动，每次体检结束后，针对指标异常的员工，均由职业卫生科的医生一对一地与员工进行交流，提出改进建议，并跟踪后续进展。定期开展健康宣传、健康讲座与健康咨询，倡导“工间操”活动，在住宅区建设了游泳馆、篮球馆、健身房、阅览室等各种活动场馆，通过组建文体兴趣小组的形式，鼓励员工积极参加运动，强身健体。

辐射防护是重中之重。辐射防护是核电站人员健康安全的重中之重。公司对所有辐射相关的活动进行辐射剂量与辐射污染控制，包括对工作人员进行个人剂量监测和控制、对工作场所及工作过程进行监测和控制，使所有工作满足ALARA原则（As Low As Reasonably Achievable，合理可行尽量低）的要求。建立了江苏核电辐射防护控制和优化的管理体系，对于具有重大辐射风险的工作，保健物理处将依据程序制定专门的ALARA行动单，对工作过程进行详细的风险分析，制定具体的防护措施，在每次工作完成之后，对工作中的风险控制情况进行评价，通过工后会或者专项总结会对防护措施和工序进行优化，升版ALARA行动单、专项工作控制方案或者工作文件，将经验反馈落实到下次工作中，从而实现电站辐射防护的ALARA管理，确保人员的辐射安全。截至目前，电站最大个人年度累计剂量不超过5mSv，相当于一个人做一次CT的受照剂量，远低于国家标准。

**（四）绿色和谐的环保责任。**

田湾核电站做为一个发电企业，在环保方面有着得天独厚的优势，1、2号机组以每年50吨核燃料代替同等规模燃煤电厂600万吨煤炭，每年减少排放二氧化碳1600万吨，二氧化硫3400吨，氮氧化物800吨，减少灰渣40万吨，对周围环境产生的辐照剂量远远低于同等规模的火电厂（约为火电厂的百分之一）。

核电生产过程不直接产生二氧化碳、二氧化硫、氮氧化物、汞或其他与化石燃料燃烧有关的污染物。根据IPCC（联合国政府间气候变化专门委员会）2011年《可再生能源和气候变化缓解专门报告》中的数据，核能发电每单位电能所产生的等效二氧化碳排放量远低于燃煤、燃油和燃气等发电方式。

相对于火电来说，核电更安全、经济、清洁，1、2号机组日发电量约4800万千瓦时，可同时满足480万个家庭用电需求。田湾核电站一期工程自2007年全面投入商运以来，发电量已超过970亿千瓦时，减排效益相当于在长江三角洲地区种植了超过66万公顷的绿色森林。

**（五）促进发展的经济责任。**

公司主营业务是利用核能生产安全稳定、清洁高效的电能。田湾核电1、2号机组于2007年投入商业运行，商运后两台机组均保持安全稳定高效运行，各项性能指标优良，经济效益持续攀升。两台机组在2012年和2013年的发电量分别达162.41和166.86亿千瓦时，连续三年位列国内4家双百万核电机组首位；2013年，2号机组第6次换料大修工期29.1天，再次刷新了VVER-1000型机组最短大修工期的世界纪录。

田湾核电站1、2号机组自投产以来，为江苏省乃至华东地区经济社会可持续发展提供了丰富的能源，做出了重要贡献；在奥运保电、世博保电、华东电网迎峰度夏等重要时期，田湾核电站两台机组始终保持安全稳定运行，发挥了保电主力军作用，获得了国家电监会、华东电网、江苏省电力公司的多次表彰。

作为地方的一个大型国有企业，江苏核电有限公司对拉动地方的经济增长做出了重要贡献，2007至2012年，公司累计上缴各项税费86.05亿元，每年均为连云港市地方第一纳税企业，连续五年均为江苏省国税系统纳税企业前20强。

同时，公司在基建、日常服务等方面为当地居民提供了大量的就业岗位，在建设的高峰期，上万人的施工队伍半数以上都为当地居民，并促进了一系列产业链的发展，依托核电发展自身经济的观念成为当地众多居民和企业的共识。

**（六）热心公益的社会责任。**

田湾核电站作为国家投资兴建的大型核电项目，在企业发展壮大，为国家、地方、股东方创造经济效益的同时，积极主动履行社会责任和义务，回馈支持与厚爱田湾核电的社会与公众。公司自成立以来，推动并参与地方建设，实现了公司与地方“一方水土”的合作共赢；同时，积极部署对地方贫困村镇开展助贫帮扶工作，与地方联合共建“田核青年林”植树造林工程，积极组织员工无偿献血，走进福利院，捐资助学，扶危济困。多年来，公司通过一系列公益活动，得到了江苏省、连云港市相关部门和社会公众的高度赞赏与好评。江苏核电有限公司作为企业公民，永葆一颗“公益之心”。2012 年 6 月，公司正式组建了江苏核电爱心基金会，为有序开展社会公益活动搭建了平台。目前已吸纳会员 1963 名，充分体现了全体员工积极参与爱心活动的热情。截至目前，公司累计支持地方基础建设 1844.75 万元。一系列的公益活动取得了良好的社会反响，为构建和谐共生、共存的社会环境奠定了良好的基础。

作为一个高科技的企业，公司积极投入到普及和提高公众科普知识的工作中，利用自身的专业知识，加大公众对核与辐射知识的宣传普及，提高公众的核应急意识，不断拓展宣传的手段与载体，不断增强公众学习科技知识，探索高科技的欲望，持续提高自身和孩子的科学素养。公司展厅免费对社会和公众开放，先后获得了“全国工业旅游示范点”，“全国科普教育基地”等荣誉称号。2013 年 8 月，公司成功举办中核集团官方微博首次“微旅游”活动，作为活动承办方，公司充分展示了把保护生态环境、为社会提供安全清洁高效稳定的电力能源作为己任的核电企业形象。2014 年 5 月，公司成功举办了第二届“魅力核电 美丽田湾”核电科普校园行活动（连云港地区），江苏地区有 4.3 万名学生参加；7 月份，第二届“魅力之光”杯全国中学生核电科普夏令营活动在南京、淮安、连云港一线开展，有来自全国各地的 60 余名营员齐聚江苏，体验魅力核电之旅。

**（七）引领进步的创新责任。**

创新精神可以为企业注入活力，提升企业文化建设水平。创新是中核田湾人永远的追求，“追求卓越 超越自我”的价值理念是田湾实现科学发展的强大动力。公司提出了“允许创新失败，不允许不创新”的口号，管理创新和科技创新两条主线齐头并进，用科技创新提高生产效率，降低生产成本，用管理创新使公司的日常工作更有秩序，高效管理，同时也可以摆脱一些旧制度的弊端。

积极营造创新的文化氛围。公司始终把增强自主创新能力作为战略基点，提出了“勇于探索，开拓创新，科技强企，管理增效”的创新理念，深入践行“科技兴核”的战略方针，积极贯彻国家科技创新政策，结合国家的核电发展规划和公司的田湾核电基地发展战略，设置了“科技管理办公室”作为技术创新管理处室，制定了科技发展规划和实施方案，重点围绕田湾核电建设和运营现实需求，组织开展科技攻关，广泛深入消化吸收 VVER 堆型核电技术特点，积极跟踪国内外核电先进技术水平，优化大修工期、减少三废的产量与排放、提升机组能力因子、预先开展机组延寿基础性课题、促进重要设备国产化、推进节能减排应用技术研究等工作，以持续提升田湾核电基地的运行业绩和社会效益，同时为培养企业科技创新人才队伍、科技创新意识、科技攻关能力提供实战背景和坚实平台。

同时，公司明确“经营企管处”为管理创新归口部门，制定管理创新计划，组织“管理创新及知识型员工激励”等专题培训活动，让员工在工作中学习，在实干中感悟，在总结中升华，通过定期的评比表彰活动，挖掘各基层的管理创新实践，并通过程序予以固化，持续提升公司的整体管理水平。

以科技创新为龙头，持续提升企业的硬实力。2013 年 7 月 17 日，中共中央总书记、国家主席、中央军委主席习近平在中国科学院考察工作时强调，科技兴则民族兴，科技强则国家强，要最大限度调动科技人才创新积极性，尊重科技人才创新自主权，大力营造勇于创新、鼓励成功、宽容失败的社会氛围。公司大力实施科技创新战略，建立健全技术创新投入、研发、转化、应用机制，科技创新成果显著。截至目前，公司正在开展的科研课题 35 项，其中重大科研项目《长周期燃料循环和新型燃料组件引入》被批准列入国家科技部国际科技合作专项，并获得国内商用核电项目首批国拨资金 2860 万元支持；累计获得专利 107 项，其中 42 项已授权、65 项已受理；累计获得省部级科技进步奖 58 项；累计获得计算机软件著作权两项。

2011 年 12 月，连云港市审查通过公司组建“连云港市核能应用工程技术研究中心”。2012 年 10 月 17 日，“国家国际科技合作基地”、“中俄核电联合技术研究中心”授牌仪式在田湾核电站现场举行。2013 年 11 月 12 日，江苏省企业院士工作站启动会暨揭牌仪式在田湾核电站现场举行，并获得江苏省财政 100 万元资金支持，成为我国核电行业唯一建设有企业院士工作站的核电企业。同时，公司通过与俄罗斯核能康采恩股份公司、中国核动力研究设计院、清华大学等科研院所合作，整合资源布局，加大科技投入，建立了坚实的研发载体和稳定的创新团队。

以管理创新为抓手，全面实施精益化管理。管理是企业的基础，也是一个优秀企业的精神展现，公司坚持向管理要效益的理念，根据实际情况，在不同领域开展了一系列卓有成效的管理创新，包括：

大修“负接口”管理：大修是影响电站运营业绩、展现综合管理水平的关键工作。为保证大修的安全、质量和进度，公司提出了“负接口”的管理要求，保证了在工作交接时能够细致、全面的交接安全，同时也优化了大修工期，T206 大修实际工期 29.1 天，实现了运行机组大修工期控制在 30 天以内的卓越目标，同时也创造了最新的 VVER-1000 型核电机组年度大修最短工期世界纪录。

提升素质的“精彩十分”活动：公司从 2011 年 6 月开展“精彩十分”员工演讲活动，以每个月的公司级重要会议为载体，每次从公司员工中确定 1 名演讲人，用十分钟时间将自己在工作、学习和生活中的经验、知识和感悟传递给身边的人。精彩十分是员工广泛交流的平台、素质提升的讲台、展示自我的舞台，实现员工自我提升，促进公司内部广泛交流的目的。

全面提升的“卓越绩效模式”导入：为向当前国际最高的管理模式看齐，公司于2011年开始在公司管理领域引入了卓越绩效的相关要求，并于2012年全面导入实施卓越绩效管理模式，进行基于卓越绩效模式框架的管理体系整合，不断提高经营管理成熟度。公司对包括高层领导在内的全体员工进行了卓越绩效管理模式知识的培训，先后培养了80名卓越绩效自评师，邀请专家系统地开展了两次自评诊断。2013年11月3日第十三届全国追求卓越大会上，国资委副主任王文斌和集团公司孙勤董事长共同为公司颁发全国质量奖奖杯和奖状。

在卓越绩效管理模式导入过程中，全体员工对先进的管理模式进行了深入的学习，对公司内部存在的弱项进行了及时改进，包括建设卓越企业文化、完善战略管理体系、建立顾客驱动机制、合理优化资源配置提高企业经营绩效、有效实施过程管理确保战略全面落地、实施全面绩效管理持续推进改进创新等，使公司的管理水平和成熟度得到了极大的提升。

### 五、田湾明天更美好

优秀企业成长的背后都有一股经久不衰的推动力——企业愿景。“做世界核电行业的引领者”是全体中核田湾人共同的愿景，它激励着我们不断向前。中核田湾人发扬“谋定而动，赢在执行”的精神，全面贯彻落实中核集团和中国核电的总体战略和规划，建立和完善战略管理体系，利用PEST（政策法律、经济、社会、技术）、五力模型和SWOT（优势、劣势、机会、威胁）等分析工具，制定了以“建设一流核电基地，打造一流员工队伍”为战略目标的总体战略，并通过实施规划、年度工作计划和绩效管理体系层层分解落实，积极推进战略目标的实现。

根据SWOT战略分析结果，公司将发展战略重点定位于SO战略和ST战略同时兼顾WO战略和WT战略，即，充分发挥内部优势，紧紧抓住外部机会和有效规避外部威胁。通过对SO、ST、WO、WT战略的重组优化，确定了3+2战略目标，既运营能力提升、基地发展和新厂址开发三个业务战略，对内提升管理能力，对外提升品牌与社会形象两个业务支持战略，明确了“做好、做优，做强、做大”的战略方向以及“建设一流核电基地”的总体目标。

在明确了宏观的战略目标的同时，公司对三个业务战略进行了量化，其中：

运行机组：1、2号机组在2015年实现“90-30-00”目标，WANO综合排名进入VVER-1000型核电机组前三名，即机组平均负荷因子超过90%（90），年度大修天数控制在30天以内（30），年度无非计划停堆和非计划小修（00）。2017年，1、2号机组WANO综合排名进入世界前十名，至少有一台机组进入世界前三名。

扩建工程：3、4号机组力争2018年2月实现3号机组投入商业运行，2018年12月4号机组投入商业运行。5、6号机组力争2015年年底前实现5、6号机组开工建设。7、8号机组力争将7、8号机组列入国家“十四五”核电发展规划。

核电新厂址开发方面：积极推进山东红石顶、河南南阳、安徽吉阳、江苏盱眙等项目尽早列入国家核电规划并开展前期工作，在2017年年底前，力争现有厂址中实现两个厂址开工，2个厂址获取开展前期工作路条，在2020年前，四省新增储备厂址2-4个。

在战略目标的制定过程中，公司以企业文化为引领，充分考虑短期、长期的机遇和挑战，明确了年度企业文化发展重点，制定了应对措施，紧紧抓住外部机遇，有效应对外部挑战，保证战略目标的合理性。同时，在公司战略以及生产运行、节能环保、人力资源、科研改进和创新等职能战略中明确提出了改进与创新的内容和目标，旨在通过管理创新、体制创新、科技创新以及技术改造，确保生产运营能力和管控水平的持续提高，实现“从机组强到管理强，从发电多到贡献多”的转变。

江苏核电有限公司的成长促进了中国核电事业的发展，田湾核电的运营经验为世界核电行业提供了宝贵的财富，田湾核电的安全稳定高效运行为社会带来了福祉。“报效田湾崇尚荣誉”，江苏核电有限公司的发展壮大是全体中核田湾人义不容辞的责任，公司的发展成就也是全体中核田湾人的无上荣光。面对祖国当前加快发展的大好形势，江苏核电有限公司将进一步解放思想、创新发展、对标先进、追求卓越，以卓越绩效管理模式持续推动公司企业文化建设，积极开展社会主义核心价值观的教育和实践活动，持续提升员工队伍整体素质，用企业文化的“软实力”创造科学发展的“硬业绩”，为实现“做世界核电行业的引领者”的企业愿景而努力奋斗。我们坚信：田湾的明天更美好！

## 重庆银行股份有限公司

### 以文化聚心力　以文化促发展

重庆银行是中国西部和长江上游地区成立最早的地方性国有控股城市商业银行，前身是1996年在原重庆城市信用社基础上设立的重庆城市合作银行，1998年更名为重庆市商业银行，2007年8月更名为重庆银行，于2013年11月6日在港交所挂牌上市，成为全国146家城商行中首家在港交所主板成功上市的内地城商行。截止2014年末，重庆银行下设123家分支机构，员工总数达3580余人，网点覆盖了重庆市所有区县，并先后在成都、贵阳、西安设立了17家分支行。

2014年，重庆银行资产总额达人民币2745.31亿元，较上年末增长人民币677.44亿元，增幅32.8%。全年实现净利润人民币28.27亿元，较上年增长21.4%，增幅在中资上市企业中处于前列。2014年，重庆银行H股入选摩根士丹利全球小型股指数（MSCI），成为大陆首家也是迄今唯一一家被纳入该指数的城市商业银行。英国《银行家》杂志

2014年度全球千家银行排名重庆银行列370位，较2013年上升143位。中国《银行家》杂志2014年度资产规模2000亿元以上城商行综合排名，重庆银行列第三，较2013年提升10位。入选“2015年全球最有价值银行品牌500强”名单，品牌价值在榜单中位列第395位。连续四年被银监会评为国家二类银行（目前银行业评级最高级别，尚无一类行）。2014年8月14日，人民日报金融论坛特刊以《塑造“五有”员工，助力企业腾飞》为题对重庆银行的企业文化建设进行了专题报道。

## 一、唤醒员工文化意识

伴随着我国经济的高速增长、改革开放的推进，特别是改革进入深水区后，各种新情况、新问题层出不穷。这些新情况、新问题在各行各业都存在，尤其在金融业更具有普遍性。对于重庆银行来说，通过企业文化建设工作，唤起全行员工的文化意识，利用企业文化去凝聚人心、形成发展合力是经济新常态下的必然选择。

### （一）应对当前浮躁的社会环境挑战的需要。

近年来，伴随着市场经济而来的物质主义、拜金主义使得整个社会环境处于较为浮躁、急功近利的状况，各种利益相互交织，各种诱惑纷至沓来。金融业作为现代经济的核心和枢纽，广泛地参与到社会生产的各个环节，种种浮躁风气，对金融企业员工的思想观念、价值取向、行为方式，都产生了巨大的影响，给企业管理带来了严峻的挑战。例如，社会上存在的分配不均、贫富差距拉大的现象，对一些员工的人生观、价值观、世界观产生了不同程度的影响。一些员工思想上容易钻牛角尖，甚至陷入死循环，极大地影响了工作状态甚至生活状态。同时，企业内部利益分配不平衡，也容易在员工之间造成利益鸿沟和思想隔阂，如何处理好公平与效率的关系，对企业文化建设提出了新的课题。此外，现阶段，金融企业员工的工作和生活压力不断加大，对精神和心理形成考验，一旦承受能力不强而心理失衡，将会影响员工工作的积极性，进而影响企业的经营管理。

在市场竞争日趋激烈的情况下，企业管理人员不能再像以往那样把全部精力放在抓业务发展和经济效益上，在关心业绩带来的实际经济利益的同时，要增强对企业文化建设必要性、紧迫性的认识，加强对员工的思想文化教育，引导建立正确的价值取向，对一些明显的思想问题，不能视而不见，更不能掉以轻心，要站在企业长远发展的大局上正确对待企业文化建设。

### （二）应对员工结构新变化的需要。

企业的发展靠员工，建设一支高素质的员工队伍是任何企业都期望达到的目标。但随着企业的发展，员工构成越来越复杂多元，新生代员工已逐渐成为员工队伍中一支不可忽视的生力军。目前在重庆银行的3000多名员工中，35岁以下的青年员工占到了员工总数的80%左右，且大多数是独生子女，其中还有400余名有海外留学背景和知名高校经历的青年员工，是重庆银行的中坚力量。

从一方面看，青年员工对新技术、新观念的学习能力强、掌握快，具有较强的创新意识，优势明显。但从另一方面看，青年员工也存在合作意识相对较差，抗压能力较弱，价值观具有明显的多元化和多层次性的问题。他们的思想观念和价值取向都与企业固有的发展价值观存在一定差异，员工队伍思想多元化的情况，给企业管理带来了更大的挑战。对此，需要通过企业文化建设，在企业内部树立积极向上、主动作为、开拓创新的精神，提升员工对企业的凝聚力和向心力，打造一支高素质的员工队伍，才能使员工与企业共同成长，并助推企业得到持续快速的发展。

### （三）应对企业竞争力提升的需要。

自2010年“逐步推进利率市场化改革”正式写进“十二五”规划建议后，利率市场化步伐显著加快，银行业息差水平进一步被压缩。同时，随着我国资本市场的快速发展，证券市场的建设日趋完备，直接融资在全国融资总额中的比重不断提升，银行业的媒介作用趋于萎缩。伴随着改革进入深水区，金融业必将发生翻天覆地的变化，各类金融机构必将面临更大的挑战。

从重庆银行自身看，由于建行时间短，区域特点明显，造成企业自身的整体实力不够强大，抵御风险的能力较弱，各方面的短板将暴露得更快，问题和矛盾或许也更为集中。在这种复杂的经济金融环境下，重庆银行要生存、要发展，就必须增强自身的竞争力，而竞争力的提升，离不开企业文化建设，离不开员工价值观的培育。

## 二、探索文化建设新路

为积极应对当前浮躁社会环境、新生代员工占比达80%的员工结构新变化等带来的挑战，重庆银行董事长甘为民深刻认识到“以文化经营企业可以持续百年，以制度治理企业可以持续数十年，以产品销售为主发展企业只能持续数年或数年面临大的调整”。他主动把企业文化建设放在关系企业核心竞争力的高度，将中国梦、社会主义核心价值观与我行实际有机结合，在全行塑造“有梦想、有精神、有爱心、有原则、有担当”的“五有”核心价值观，建立完善了一系列制度体系，构建了集传统媒体和新兴媒体为一体的宣贯平台，组织开展了丰富多彩的企业文化活动，大力推进了“五有”价值观在基层分支机构的落地实施，企业精神面貌得到了全面改观，显著增强了重庆银行的竞争力，为企业的可持续发展打下了坚实的基础。

### （一）提炼形成企业文化理念体系，构建组织推进、制度和宣贯体系。

提炼形成理念体系，明确企业文化工作方向。理念是企业文化建设的前提和基础，面对近年重庆银行的快速发展，以及香港上市的新要求，构建统一、系统的企业文化理念体系已十分迫切。为此2014年，重庆银行围绕“五有”核心价值观，结合重庆银行发展的历史积淀，提炼形成了“西部一流，上市标杆”的企业愿景、“有梦想、有精神、有爱心、有原则、有担当”的核心价值观、“为客户提供快捷的金融服务，为员工创造广阔的发展空间，为股东创造持续的价值回报”的企业使命、“追求卓越，志在超越”的企业精神、“诚信为本，创新为源，服务为基”的经营理念、“文化兴行、稳健固行、科技强行、制度治行、人才立行”的管理理念等10个方面组成的重庆银行企业文化理念和发展定位，经过在全行上下广泛征求意见，正式出台印发。在全行首次形成了统一规范、系统完整的企业文化理念体系，并在“企业文化工作会”、“分支行长工作会”等各种场合，通过多种渠道反复强调，大力宣贯，推进“五有”理念在全行员工中“内化于心，外化于行”。

构建自上而下、从内到外相结合的组织推进体系。在总行层面，专门设立了“企业文化与公共关系部”具体负责全行企业文化建设工作。企业文化与公共关系部由董事会直接领导，董事长甘为民亲自分管，整合了党群部、人力资源管理部、办公室、发展研究部、风险管理部等多个部门的职能，该部门同时也是重庆银行党委领导下的党委宣传部，实行“一套班子，两块牌子”，负责“五有”价值观的推进落地。在部室和分支行层面，明确了企业文化建设的分管领导与具体经办部门和人员，理顺了基层践行、推进机制。在外部，聘请了企业文化专家、高校教授、企业资深管理专家，为“五有”推进工作提供咨询指导，构建了有效的组织推进体系。

构建系统的制度体系，确保推进“五有”价值观的长期化、常态化。重庆银行本着前瞻性、融合性、实用性、系统性、全面性的原则，制定了体系化的配套制度，将“有梦想、有精神、有爱心、有原则、有担当”的“五有”价值观融入企业的制度体系，将“五有”的理念和要求体现在企业日常业务和经营管理各项制度中，有效地推进“五有”价值观在企业落地。一方面，制定了若干推进“五有”的专项制度，如《关于印发重庆银行企业文化理念和发展定位的通知》、《重庆银行企业文化手册》、《重庆银行爱心基金管理办法（暂行）》等；另一方面，将历年规章制度进行梳理，通过修订、补充，将“五有”员工价值观融入企业的各项管理制度（标准）中，如《劳动竞赛管理办法》、《重庆银行员工再教育管理办法》等，实现了从制度入手，切实将“五有”落实到全行方方面面。

构建包括宣传平台、培训平台、活动平台在内的文化宣贯平台。重庆银行整合全行宣传资源和部门职能，通过构建宣传平台、培训平台和活动平台，搭建起了全方位、多层次的“宣贯”平台。通过宣传平台，在全行营造“五有”氛围；通过培训平台，树立“五有”理念；通过活动平台，推进“五有”建设。三大平台的建立，潜移默化地推动“五有”在员工心中生根发芽，变成他们真心接受、自学践行的员工价值观。

**（二）树立梦想，追梦愿景，让员工做“有梦想”的人。**

在长期的经营管理实践中，重庆银行深刻地认识到，要实现“西部一流，上市标杆”的发展愿景，必须要树立梦想，让每一个员工成为“有梦想”的人，用梦想去凝聚和激励全行员工干事创业，推动企业健康发展。重庆银行将“有梦想”的内涵明确为志向、能力、幸福，为此要求全行员工不能满足于当前取得的成绩，要不安于现状，树立远大的奋斗目标和宏伟的抱负，全面提高自身综合素质，在激烈的市场竞争中不断实现自我超越，自我突破，再上台阶。并在追求和实现梦想的过程中，收获个人和家庭的幸福。

树立重庆银行发展梦。2013年11月在香港成功上市后，重庆银行站在新的平台和起点上，明确提出要打造重庆银行发展模式的升级版，2020年迈入“万亿俱乐部”行列，向全行员工指引了新的梦想，向更高的奋斗目标迈进。为此，重庆银行开展了形式多样、寓意深刻、生动活泼的活动，如举办“重庆银行梦·我的梦”演讲比赛、“我身边的‘五有’重庆银行人”摄影故事大赛等主题活动，制作了《重庆银行对外宣传画册》、《重庆银行形象宣传片》、《重庆银行企业文化专题片》，集中展现重庆银行的经营理念、发展历程、发展成就、特色亮点和未来愿景，激励全行干部员工奋发有为，拼搏进取，形成共同实现重庆银行梦的强大合力。

树立部门及机构发展梦。在重庆银行梦的引导下，重庆银行各部室和分支机构在日常工作中，结合相应工作职能，提出了部门和机构的发展梦想，分阶段制定了工作目标和实施计划，让部门和机构全体员工牢记梦想，围绕梦想开展各项工作，有步骤地推进实现梦想。目前，全行所有部门和分支机构都已提炼出自身的发展愿景和工作理念，并在重庆银行《企业文化手册》中予以全部刊载，向全行及行外公开展示，促进各部门、各分支机构践行工作理念，努力实现发展愿景。实现部门、机构梦想的过程，同时也是全体员工在激烈的市场竞争中不断实现自我超越，自我突破，再上台阶的过程。如入选“重庆市青年文明号二十周年示范集体”的重庆银行客户服务中心以“创文明窗口，获满意评价”为梦想，用“将心比心，以心换心”的态度对待客户的每一通电话，竭力为每一个客户提供最好的解决方案，被客户世界机构评选为“金耳唛杯”中国最佳呼叫中心。

树立员工发展梦。重庆银行要求全体干部员工要结合重庆银行梦，以及本部门和机构的发展梦想，制定个人的梦想计划，提出努力方向，把个人的梦想与企业的梦想有机地融合起来，让每一名干部员工都成为“有梦想”的重庆银行人。如荣获重庆银行“梦想之星”称号的西安分行员工景达，以“重行有梦，青春无悔”为个人梦想，始终将自己的人生梦想牢牢地与重庆银行梦结合在一起。他为了联系业务伙伴，成为了“空中飞人”，近三年来出差在外的飞行里程已突破十万公里，累计为分行创收18000万元，被团中央评为“全国优秀共青团员”，得到了中央政治局委员、重庆市委书记孙政才同志的亲切接见。每个重庆银行人正是这样用梦想凝聚、激励和引导自己开拓奋进，建功立业。

**（三）培育精神，追求卓越，让员工做“有精神”的人。**

重庆银行认识到，“精神的力量是无穷的”，重庆银行要追求卓越，实现超越，离不开精神力量的强大支撑。为此，重庆银行高度重视员工精神的培养，将“有精神”的内涵明确为实干、创新、奋进，要求全行员工要在激烈的市场竞争中攻坚克难立于不败之地，培育坚韧执著的实干精神；

打破制约发展的体制机制障碍和思维定式，培育改革创新的探索精神；跟上新时代科技进步日新月异的发展步伐，培育学习奋进的超越精神。

培育坚韧执著的实干精神。重庆银行早在2007年就启动了申请在A股上市的进程，在争取上市的过程中，重庆银行几乎遇到了一家中国企业在境内和境外上市所能经历的所有困难，包括监管审批的不确定性、中国宏观经济的调整、行业转型的挑战、资本市场的低迷、银行业估值普遍较低、来自同类企业发行的激烈竞争等等诸多不利因素。在城商行A股上市遥遥无期之时，重庆银行人不畏艰难，坚韧执著，始终没有放弃，最终历时七年，最终在全国多家银行申请在港上市的激烈竞争中一马当先，率先脱颖而出，最早成功上市。重庆银行之所以能够率先成功上市，关键就在于通过企业文化建设，逐渐培养了重庆银行人无论面对任何困难，始终坚韧不拔，咬定青山不放松，决不放弃的实干精神。

培育改革创新的探索精神。重庆银行一直坚持改革创新，一是建立创新机构，在总行管理层设立了业务创新委员会，研究推进创新项目。在组织架构、风险管理、运行机制等多个领域进行了一系列改革创新的探索，并陆续推出了微企通、农户诚信贷、商户诚信贷、长江理财产品、长江宜居卡、直销银行等一系列深受客户喜爱的金融产品和服务。二是营造创新氛围，重庆银行倡导“业务探讨无禁区”，提倡“敢为人先”。建立了共享创新成果的利益分配机制，调动中后台部门推动创新的积极性。三是深化改革。在党的十八届三中全会召开后仅45天，重庆银行积极贯彻落实十八届三中全会精神，制定出台了《重庆银行深化改革加快发展的决定》，明确要推进组织架构改革、资源市场化配置改革、绩效考核与人事管理改革、管理运行机制改革、企业文化建设改革等五大领域的改革，在总行成立了全面深化改革领导小组，下设企业文化建设、资源市场化配置等5个专项小组，制定了任务分解表，明确了123项改革任务，召开了改革动员大会，把深化改革作为贯穿全行各项工作的主线。目前，重庆银行的多项改革取得了突破性进展，特别是在全国率先推出了高管层股权激励约束计划。公司高管集体以自有延迟发放薪酬部分购买公司股权，主动加强对经营行为的自我约束，符合国企薪酬改革的方向，引起了社会各界高度关注。

培育学习奋进的超越精神。面对知识经济时代，面对激烈的市场竞争环境，重庆银行向全行员工大力倡导学习进取精神，打造学习型银行。一是行领导班子带头学习，行党委始终重视以党委成员为主体的领导班子的思想政治建设，坚持每月一次党委会制度和每季度中心组（扩大）学习制度，以及不定期召开班子务虚会“学理论、议大事、谋全局、出思路”，提高党委参与决策的针对性和实效性。重庆银行班子成员还向全行员工推荐经典书籍，如《世界社会主义五百年启示录》、《追求卓越》、《大行蝶变——中国大型银行复兴之路》等，带动全行员工学习提升。二是定期组织举办“重庆银行金融大讲坛”，邀请知名专家学者主讲，已成功举办了15期，全行中高层管理人员、管理岗位后备人选和业务骨干6000人次参加。其中，为提升全行员工文化意识，特别邀请了中国企业文化研究会常务副理事长、知名企业文化专家孟凡驰教授主讲企业文化专题讲座。三是注重提升员工素质。重庆银行自主组织编写了7本35门课程的员工培训教材，建立了网络在线培训系统。近年全行共培训员工23283人次、5848小时，在线培训系统培训49956人次、18697小时，极大地提升了员工的综合素质和业务能力。

**（四）强化责任，文化兴行，让员工做“有爱心”的人。**

重庆银行将“文化兴行”作为管理理念，一直致力于用文化来经营企业，并将责任和爱心作为企业文化建设的重要内容，在全行大力推进爱心意识，责任意识，用以增强内部活力，为未来发展提供支撑。为此，重庆银行将“有爱心”的内涵明确为感恩、奉献、包容，据此在全行大力倡导爱心理念，责任理念，奉献理念，对外积极履行社会责任，对内真诚关心干部员工，在工作中营造包容、理解的和谐氛围，切实体现重庆银行人的爱心意识。

搭建爱心平台。重庆银行在全行发起设立了“重庆银行爱心基金”，制定形成《重庆银行爱心公益基金管理暂行办法》，以每天一元为标准，倡导“一天一元钱，天天献爱心”的自愿捐助活动，大力加强对困难人群的帮扶资助工作，搭建起一个属于重庆银行人的爱心平台，帮助行内外遭遇重大困难的家庭。“爱心公益基金”设立后，行领导便以身作则，率先垂范，带头捐赠，多位总行部室负责人也慷慨解囊，为全行做出了表率。在全行员工的积极响应下共募集捐款1205770.14元。“爱心公益基金”启动以来，已帮助数位家境严重困难的员工，得到了全行上下的积极响应和高度好评，极大地增强了员工的凝聚力、向心力和爱心意识。尤其值得一提的是，今年2月16日，重庆银行爱心公益基金向20名中国好人和重庆市道德模范捐赠了善款，这是重庆银行爱心公益基金首次对外捐赠，标志着爱心基金的平台，真正将爱心意识固化在每一个重庆银行人的心中，渗透在血液里。

履行社会责任。重庆银行坚持不懈地致力于慈善事业，带动员工积极参与社会公益活动，在全行员工心中植入爱心理念。一是热心捐资助学，重庆银行与重庆市总工会共同主办“金秋助学、让爱传递”助学金发放仪式，现场发放了共计100万元的爱心助学金，帮助困难学生逆境成才。2014年，重庆银行还无偿为重庆市教育发展基金会开发了“在线捐赠”系统，旨在为个人和企业通过网上银行向重庆市教育发展基金会进行捐赠提供一条便捷渠道，实现人人献爱心，轻松做慈善。二是参与敬老与慈幼工程，重庆银行开展关爱留守儿童捐书献爱心活动，牵手重庆儿童救助基金会，启动“慈幼共创助医工程”，捐赠书籍超过数千册，在分支机构建立青年志愿者站，设立爱心募捐箱，长期为儿童献上爱心。三是扶持就业，重庆银行与重庆团市委合作开展“阳光行动”青年创业贷款项目，发放贷款已累计突破1500笔、13亿元，带动就业创业10万余人。四是推进志愿服务，重庆银行组建了专门的志愿者服务队伍，现有426名长期志愿者，开展进入校园普及金融知识活动41场，进入社区普及金融知识活动57场，向近20万人进行了金融知识普及，获得了重庆市委领导的高度评价。

打造阳光家园。重庆银行对内真诚关心关爱员工，着力把重庆银行打造成为充满阳光和爱的家园，强化了重庆银行人心中的爱心理念，将爱心理念内化于心、外化于行。一是建立员工家访制度，重庆银行各部门、分支行充分关心员工生活，从关心员工、理解员工、尊重员工出发，做到了“五个必访”：职工生病住院必访，前往探望；逢婚事、丧事必访，由组织出面帮助料理；遇天灾人祸必访，动员捐款，送去爱心；职工不明原因缺勤必访，了解情况，帮助解决问题；职工情绪出现不稳定必访，倾听诉说，疏通思想。二是关心员工心理，重庆银行倡导健康生活快乐工作理念，高度重视员工的情绪管理，每年组织新入行员工、新提拔干部、客户经理、柜员岗人员等各层面、各环节职工召开座谈会，倾听员工心声。三是关注员工需求，重庆银行关注基层员工需求，注意改善员工工作生活条件，指导网点通过科学排班，尽最大可能让员工有一定的轮休时，并通过设立小食堂或者外购方式，确保员工吃到可口卫生的午餐。

**（五）坚守底线，诚信经营，让员工做“有原则”的人。**

重庆银行深刻认识到，作为经营货币信用的金融机构，只有对客户、员工、股东和社会坚持诚信，才能实现长久发展。为此，重庆银行将“诚信为本”作为经营理念中的重要组成部分，高度重视“底线意识”的坚守，将“有原则”的内涵明确为诚信、廉洁、合规，要求全体员工始终保持清醒的意识，脑中时刻要有一盏“红绿灯”，把握好为人做事的底线，做到恪守信诺、公私分明，廉洁自律，合规经营，时时处处以自己的言行，维护重庆银行良好的公众形象，推动全行员工争做“有原则”的重庆银行人。

树立风险合规意识。对于银行而言，守住风险的底线至关重要。对此，重庆银行大力倡导风险文化，合规文化，努力让合规意识渗透在每一个重庆银行人的血液里。一是全行各部门、分支行每季度坚持至少进行一次合规文化教育，宣贯“合规人人有责、自己主动合规、拒绝被动违规”的理念，有效降低了全行操作风险。二是开展“控制操作风险，构建合规文化”主题活动，组织内部控制管理、案件专项治理、操作风险防控检查，牢固树立“铁账本、铁算盘、铁规章”形象，纠正凭感觉、按习惯、靠感情操作等不当行为，在全行营造了领导带头合规、员工主动合规、全员不想违规的氛围，有效提高各项内控管理制度贯彻执行力。

加强廉洁守法教育。重庆银行注重加强员工警示教育，提高员工职业修养，从源头上防控案件发生。一是持续开展廉洁从业教育，召开“反腐倡廉暨内控案防安保工作会议，邀请市人民检察院检察官作警示教育，邀请资深金融风险管理专家举办案防暨操作风险管理专题培训，下载《廉洁从业公益广告》（视频类）在各楼层视频连续滚动播放，并及时把银行业案防安保等学习教育材料分发至各部室、各分支机构，督促组织学习，在思想上筑牢固反腐倡廉和案防工作的防线。二是建立完善规章制度，全面落实党风廉政建设责任制和“一岗双责”。制定了重庆银行《集中采购操作规程》等制度，成立了采购中心、招标中心和工程管理中心，建立“管采分离”机制，将大额采购、工程建设均委托招标代理公司，同时加强对集中采购的风险管理和对职低权实人员的管控，在信贷领域推行营销条线和风管条线平行作业、交叉作业等方式，做到了风险关口前移。三是开设了《重庆银行廉洁从业之窗》，介绍上级纪委的要求、重庆银行的规定、廉洁从业知识以及反腐倡廉的典型案例，打造了重庆银行廉洁文化的窗口。四是开展“四个一”活动。通过读一本反腐倡廉好书，看一部反腐倡廉视频教材，听一次反腐倡廉党课，参加一次监狱警示教育活动，进一步强化了员工廉洁意识。五是加大对违规行为的严格查处，全面审理修订《员工违规行为处理暂行办法》，对案件行零容忍，做到有案必查，确保了全年“零案件”控制目标实现。通过廉政教育和制度预防，营造了全员不能违规、不敢违规的氛围。

培养良好的工作作风。重庆银行以党的群众路线教育实践活动为契机，把开展群众路线教育实践活动，作为全行“有原则”重庆银行人塑造的重要内容，着力改进工作作风。一是领导干部带头示范，建立了行领导干部联系点制度，班子成员根据分管工作分片联系基层单位，负责督促检查。党员领导干部在教育实践活动中做到了“五带头”，带头学习理论，带头征求意见，带头指导工作，带头边查边改，带头整改突出问题。二是创新载体，设立群众意见箱，实行“行长担任大堂经理制”，完善便民服务，争创全国服务“千佳”示范单位，如建北支行两次获得中银协评选的“中国银行业文明规范服务千佳示范单位”，连续六年保持团中央授予的“全国青年文明号”荣誉称号。重庆银行教育实践活动的开展，对促进全行作风转变产生突出的效果，全行会议同比下降20%，文件简报刊物同比下降22%，公务接待费用同比下降33.1%，重庆银行人的世界观、人生观、价值观、权力观、地位观、政绩观得到了校正，进一步坚定理想信念、强化宗旨意识，增强群众观点。

**（六）鼓励作为，践行使命，让员工做“有担当”的人。**

重庆银行一直秉承“为客户提供快捷的金融服务，为员工创造广阔的发展空间，为股东创造持续的价值回报”的企业使命，要践行这样重大的使命，每个重庆银行人都要勇于担当。为此，重庆银行将“有担当”的内涵明确为任事、克难、担责，要求全体员工要对重庆银行的发展和未来具有强烈的使命感、危机感和责任感，要敢于任事，勇挑重担，遇到矛盾不回避，遇到工作不推诿，遇到困难不退缩，勇于攻坚克难，积极作为，成为有担当的重庆银行人。

开展典型激励。重庆银行十分重视典型模范的带动作用，在全行发掘树立先进典型，大力开展典型激励，带动全行积极塑造“有担当”的价值观。一是专门设立“重庆银行金杯奖”，对各条线做出突出成绩和贡献的集体和个人进行年度表彰，并将先进事迹材料印制成书，印发全行，同时利用《重庆银行人》报、文化墙等载体，广泛宣传获奖者的感人事迹。二是设立“五有之星”先进个人奖，每年定期表彰在践行“五有”中做出表率的员工，在全行组织“五有”典型事迹巡讲活动，以激励全行员工自觉践行“五有”价值观。三是在全行开展创建优秀党组织活动，评选优秀党务工作者和优秀党员，发挥了中高层经营管理人员践行“有担当”价值观的带头作用。

开展用人激励。重庆银行发挥用人在激励全行干部员工积极作为、建功立业中的重要导向作用，大胆推进考核激励和人事制度改革。一是实行“干部能上能下、员工能进能出”的用人机制，打破铁饭碗，搬掉铁交椅，改变大锅饭，让干事创业者有动力，让偷工怠劳者有压力。二是建立优秀人才后备人才库和末位淘汰制，一批年轻有为的管理岗位后备干部成为中层领导，如彭水支行“80后”行长刘祎，30岁就成为分支行中最年轻的行长。三年来，共有9名“80后”走上了中层经营管理人员的岗位。在全行形成了公开、公平、公正的激励、约束和问责制度。三是按照“效率优先、业绩说话”的导向调整完善薪酬制度，建立符合员工个人能力贡献的薪酬体系，形成梯次合理，激励有效，在同区域、同行业内具有市场竞争力的薪酬体系，使重庆银行的员工工作更有尊严，生活更有体面，价值更有体现。

开展宣传激励。重庆银行将传统媒体和新兴媒体相结合，构建了立体式的企业文化宣传平台，在全行范围内营造了有利于员工价值观塑造文化传播的良好氛围。一方面，积极打造传统媒体宣传平台，提升宣传效果和水平。采取了三项主要举措：一是将内部重要载体《重庆银行报》改版为更具有亲和力的《重庆银行人》，设置“焦点动态”、“机构风采”、“热点关注”、“员工天地”四大板块，集中展现重庆银行人“有担当”的风采。同时利用《行报》中缝空间，刊登每月过生日的干部员工名单，并送上生日问候和祝福，让员工在敢于任事后切实感受到重庆银行和谐温馨的大家庭氛围。二是编印了《“五有”典范》、《重行先锋》等书籍，收集整理国内外优秀企业、个人的典型案例，激励和感召全行员工学习借鉴，勇挑重担。另一方面，充分利用互联网、手机微信等新型传播工具，打造新兴媒体宣传平台。一是建立了重庆银行微信公众平台，包含了重行动态、企业文化、视频重行等多个板块，构建了一个全行员工了解“五有”，践行“五有”的窗口。二是建立微信群、QQ群、微博等青年人偏好的现代传播平台，每天向全行员工发布重庆银行的最新发展动态、管理创新、文化建设等，增强了员工的自豪感和凝聚力，树立勇于攻坚克难，积极作为的信心。

**（七）推进基层践行，促进“五有”与业务工作的有机结合。**

为了确保“五有”企业文化的持续推进，重庆银行尤为重视企业文化在基层的落实践行。董事长甘为民等重庆银行领导在各类会议上反复强调，要求各部室、各分支机构将践行“五有”核心价值观与本单位业务工作紧密结合，总行相关文件、考核制度、企业文化活动等也充分体现了结合业务推进“五有”文化的原则，各部室和分支机构积极贯彻落实，认真践行，有力地推动了发展，涌现了一大批以“五有”促进业务的典型案例。

在树立梦想方面，金融市场部西安分部面临“钱荒”席卷全国，传统票据业务盈利模式出现巨大困难的时候，坚持“梦想领航、创新护航”的方针，主动迎难而上，积极创新求变，确立了以金融同业投资类业务为重点的经营模式。2014年，实现金融同业中间业务收入2500万元，较上年大幅增长7倍，实现新增存款日均10.24亿元，在实现利润翻番的同时带动了分行负债规模的持续增长。

在培育精神方面，贵阳分行陈泽涵打破思维定式，勇于创新敢于“第一个吃螃蟹”，采用非传统的借款保函实现对客户的信贷支持，为战略客户创新了的融资工具。截止2014年11月，该客户在我行日均存款4.3亿元，峰值存款余额近7亿元；通过不懈的努力和开拓创新，截止2014年11月末，时点存款余额3.14亿元，日均存款3.35亿元。

在奉献爱心方面，重大支行曹林用爱心感动客户，到重大支行仅一年半，就成为优质服务的代名词：成为重大知名老教授“御用银行助理”，和小朋友们的“大哥哥”，积极参加青年志愿者服务，以主讲人身份参加了重大附小以货币发展史为主题的班会、沙小少儿财商主题班会、嘻嘻公园后备厢亲子活动等多个志愿者服务活动。将重庆大学前校长，前院长等贵宾客户从他行营销成重庆银行的忠实客户。

在坚守原则方面，总行评审部为应对经济环境复杂多变的新常态，牵头实施了“信贷投向常态管理”，优化了敏感行业客户准入量化标准，制定了新的行业风险管控措施，推出了“非周期性行业准入量化标准”，按季发布“公司类信贷资产分析报告”，通过一场又一场审贷会，去伪存真，把风险拒之门外。2014年评审业务1100笔，金额达1634亿元，人均业务量增加近50%，并成功避免了成都科创、雷士照明、内江劲力置地等一批项目的授信风险损失。

在敢于担当方面，成都分行公司营销四部在办理“理塘县河源水电开发有限公司7亿元投资信托计划”项目过程中，以“五有”精神来要求自己，部门累计加班达100人次，项目组曾单天行程600公里山路，从早上5时到凌晨4时连续23小时查看现场。项目成功投放后，带来年融资收入达到8995万元，8年累计收入预计将达到71960万元，同时带来的电费回行存款预计超过20亿元。

## 三、提升文化发展成效

通过企业文化建设，重庆银行员工“五有”价值观基本形成，员工素质得到大幅度提高，企业软实力和核心竞争力显著增强。

**（一）全行员工的“五有”价值观基本形成。**

通过对“五有”价值观的大力倡导，积极宣贯，深入推进，重庆银行在全行营造了践行“五有”员工价值观的浓厚氛围，全行员工对“五有”价值观高度认可，认真践行，将“五有”价值观内化于心、外化于行，体现在业务工作中，员工的精神面貌发生显著变化，企业的工作风气和氛围得到了很大改善，出现了人人争当“五有”新人的生动景象，“五有”员工价值观在重庆银行基本形成。一是青年员工敬业意识和爱岗奉献意识明显提高，对外界浮躁社会环境影响的抵御能力显著提升，增强了对重庆银行的忠诚度和凝聚力。问卷调查显示，全行员工对企业的满意度较实施“五有”价值观前提升了13.3%。根据全行员工流失人数除以年初员工人数与当年增加员工人数之和计算出的员工流失率，明显下降至11%（业界整体平均流失率高达15%至20%）。近两年，吸引了海外留学归国优秀人才加入重庆银行56人次，特别是吸引了有美国HORIZON公司、汇丰集团、摩根士丹利从业经历的优秀人才加入重庆银行。二是涌现了一批践行“五有”的先进机构和先进个人。实施员工“五有”价值观以来，全行分支机构中新增了10家省级（市级）“青年文明号”，两家全国“青年文明号”，6家“委级文明单位”。全行共6家分支机构入选中银协评选的“中国银行业文明规范服务千佳示范单位”。总行营业部荣获首届全国“敬老文明号”。三是激发了员工潜能，纷纷在自己的岗位上、尽心尽责，主动关心集体，关心他人，努力做好各项工作。成果实施以来，共有101人获得行外市级部委局办及以上表彰，年平均以21.3%速率增长；员工对客户的服务态度明显改善，客户满意度从77.51%提升到87.40%。

**（二）全行员工的综合素质大幅提升。**

重庆银行通过大力开展更加贴近实际，贴近职工群众，贴近生活，为广大职工所欢迎和接受的思想文化工作，以及开展丰富多彩、形式多样的企业文化活动，使员工在潜移默化中接受教育引导，促进员工积极践行“五有”价值观，树立远大梦想，不断学习进取，员工素质得到大幅提升，建设了一支高素质的员工队伍。一是员工的主动学习意识明显增强。员工每年参加培训的次数从2011年的两次提升到2014年的7.2次。近两年来，与重庆大学合作举办中高级管理人员EMBA班毕业学员达72名，获得银行、基金、证券等金融行业从业资格证书人员增加642人次，其中，73人获得AFP（金融理财师）资格。二是高素质员工比重不断提升，项目实施以来，新增高级专业技术职称12人、中级专业技术职称93人；有42名后备经营管理人选成长为中层经营管理人员，其中，9名是“80”后的青年员工；目前，具备监管核准任职资格的各级管理人员有148人，新增39人。三是员工素质提高有力促进了劳动生产率的提升。重庆银行人均创利从企业文化建设前约63万元大幅提升至72.7万元，在全国城市商业银行中处于领先水平。

**（三）促进了企业竞争力的明显提升。**

重庆银行通过狠抓员工“五有”价值观的培育和践行，对企业的经营发展和改革产生了极大的推动和促进作用，企业的竞争力得到明显提升。

一是区域竞争力显著提升，形成了“立足重庆，辐射周边”的战略布局。在重庆辖区内，逐渐将网点延伸到边远区县，实现了全市所有区县全覆盖，成为全市第四家，也是直辖以后唯一一家实现所有区县网点“全覆盖”的银行。同时，在成都、贵阳、西安设立了3家异地分行，在贵州兴义发起设立了1家村镇银行，成为西部第一家实现跨区域经营的城商行，目前3家分行规模均超过百亿。

二是产品竞争力显著提升，陆续创新推出一系列在全国领先的金融产品。新开发了直销银行、电子银行、小微企业网上银行、微企通、易捷贷、金翅膀、启动力等独具特色的新产品，其中，为小微企业提供的创新产品“微企通”创业扶持贷款荣获中国银监会“全国银行业金融机构小微企业金融服务特色产品”称号，“启动力”创业贷款荣获中国银行业协会“2013年服务小微企业二十佳金融产品”荣誉称号，这些产品也得到广大客户的高度赞扬。

三是市场竞争力显著提升，走在了同业的发展前列。从资产规模看，资产总额从2011年的1273亿元上升到2014年的2745.31亿元，资产规模同比年均增长和增速在上市同业中居于领先位置。从盈利水平来看，实现净利润从2011年的14.88亿元提升到2014年的28.27亿元，公司税前利润和净利润同比均达到20%以上增长水准，盈利能力跻身全国最佳商业银行行列。从资产质量来看，2014年不良贷款率继续保持在0.69%的低位，在上市同业中处于较低水平。上述成绩表明，重庆银行已经步入良性发展轨道，不断提升企业的市场竞争力。

## 四、赢得社会广泛肯定

重庆银行的“五有”文化，经过扎实深入推进，获得了来自国家相关部门、市委领导和监管部门以及新闻媒体的广泛认可。首先，从国家层面来看，国务院国资委、工业和信息化部、中国企业文化研究会、中国金融政研会、中国企业联合会等均给予了充分肯定，授予了重庆银行企业文化工作3项国家级表彰，分别是：全国企业文化顶层设计与基层践行优秀单位，第21届全国企业管理现代化创新成果一等奖，全国金融系统企业文化建设十大标兵单位。其次，从市级层面来看，重庆市委常委、宣传部长燕平专门批转市委宣传部大力宣传，市委宣传部、市国资委、市银监局等领导也纷纷批示认可。市级相关部门分别授予了重庆市企业管理现代化创新成果一等奖，重庆市企业文化建设示范基地等两项省部级表彰，重庆银行成为迄今为止全市所有企业文化示范基地中唯一的金融企业。第三，从新闻媒体来看，重庆银行“五有”文化历史性地登上了《人民日报》的版面，《人民日报》的评价是：“重庆银行打造金融企业的核心价值观，走出了一条有自身特色的思想文化建设新路”，此外，《中国金融思想战线》、《中国企业文化》、《重庆精神文明建设》、《重庆宣传》等都进行了专题报道。重庆银行的“五有”企业文化正在引起越来越多的社会关注，在业界产生越来越重要的影响。

# 华亭煤业集团有限责任公司

## 文化引领助力发展　以文化力提升企业竞争力

华亭煤业集团成立于2002年4月，是中国华能集团控股的以煤为主，煤电、煤化工和建材为延伸发展，集煤炭生产销售和洗选加工、建筑安装、机械制造、科研设计、多种经营、矿山救护、铁路运输等多元发展的大型煤化工企业。

近年来，我们紧跟时代的发展潮流，坚持以文化力提升经济力，以无形资产增值有形资产，以现代管理理论创新经营管理实践，以文化力提升企业核心竞争力。在中国华能“三色”文化的统领下，结合企业安全生产、经营管理、项目建设等重点工作，系统推进华亭煤业企业文化建设工作，形成了以企业战略和企业核心理念为引领，以“同心圆”理论为支持，以文化融合为纽带，以“安全文化、道德文化、廉洁文化、精细文化、和谐文化”建设为基础，以“制度文化”建设为保障，以视听觉识别系统建设、文化创新、行为规范养成为途径，以提升企业核心竞争力为目标的“聚力”文化管理体系。

“聚力”增强了企业凝聚力，促进了公司整体实力、经济效益和队伍凝聚力的不断提高，推动了企业跨越发展。2013 年，集团公司实现营业总收入 76.42 亿元，在 2013 年全国煤炭企业 100 强和全国煤炭企业产量 50 强排名中名列第 59 位和第 38 位，先后荣获“全国煤炭工业优秀企业”、“全国重合同守信誉先进企业”、“全国文明诚信单位”、“全国文明单位”、“全国企业文化建设先进单位”、“改革开放 35 周年企业文化竞争力优秀单位”等荣誉称号。

## 一、华煤“聚力”企业文化的形成

2002 年，华亭煤业集团从三家企业（华亭矿区建设管理委员会、华亭矿务局、华亭县华亭煤矿）联合重组后，针对三家企业职工在工作习惯、思维方式和文化意识上的差异，以“同心圆”理论为支持，及时提出了文化融合的原则：公司重组并购到哪里，公司文化就延伸到哪里。首先，培育同心文化，以文化融合为纽带，使三家企业的三个相交圆变成华亭煤业一个同心圆。我们将联合重组前的三家企业比作三个圆，联合重组初期比作三个相切圆，经过一段时期的制度、文化的融合之后成为三个相交圆，而最终将会成为一个同心圆，这样才能聚无限之力，创无限之能。

同时，我们实施了“东扩计划”，2003 年，兼并崇信县新窑煤矿和新柏煤矿；2004 年，兼并庆阳市净石沟煤矿；2007 年，以零对价股权受让方式接收了华陇集团陇东水泥有限责任公司。建材与煤矿两个不同产业的文化融合，给我们提出了新的挑战。如何实现文化的有效融合，我们采取了以华煤母文化为主旋律，包容、吸纳了陇东水泥的行业文化，营造了人心齐、文化浓、士气高的氛围。

2008 年，我们在培育践行煤炭企业“特别能吃苦、特别能战斗、特别能奉献”精神的基础上，挖掘富有地域特色的陇山文化，吸收兼并企业的行业文化，创新“敬业奉献、创新发展”的原有精神，并以准军事化、精细化、标准化、执行力建设为支撑，整合提炼形成了“开采阳光、超越梦想”为企业精神的 17 项核心理念；以“十有”、“五精”、“五严”、“五守”、“五心”为主要内容的行为规范体系，创作了《华煤之歌》，重新设计了企业标识，形成了完整的视觉、听觉、理念和行为规范四大识别系统，初步形成了以“同心聚力”为核心的华煤“聚力”企业文化。在此基础上，我们采用逐年推进的方式强化宣贯推广，相继开展了企业文化学习宣贯年、推广认同年、行为养成年活动，把企业文化与公司中心工作同安排、同检查、同考核、同落实，建立形成了党政领导带头抓、分管领导亲自抓、主管部门长期抓、全体员工广泛参与的齐抓共建工作格局，有效地促进了华煤“聚力”文化的落地和实施。

2008 年 10 月华能集团参股华亭煤业集团，2009 年 6 月华能集团控股并对华亭煤业集团实施管理。以“三色”文化为主的母文化进入到公司，华煤又一次遇到了企业文化融合的挑战。因为电文化是相对静态的，员工见识广，作业环境优，而且从地域上讲大多都在大城市。而煤文化是相对动态的，员工视野窄，作业环境较差，基本在深山沟里。经过缜密分析和思考，我们积极探索融合模式，坚持相互尊重、求同存异：一方面，从增强企业凝聚力、向心力、塑造统一品牌形象出发，去尊重、理解、接纳集团母文化；同时，从调动被并购企业及广大职工的积极性、创造性出发，提出了“履行‘三色公司’使命，弘扬‘开采阳光’精神”的口号，坚持了“以母文化为统领、以子文化为展开的文化体系，实现母文化共性与子文化个性、文化统一性与文化差异性的和谐统一”的建设路径，通过广泛开展各种活动，使电、煤文化得到了有效融合，在职工心目中初步形成了电煤一家、共赢天下的思想，使电煤文化融合又一次实现了新的飞跃。

## 二、华煤“聚力”企业文化管理体系

华亭煤业集团在长期的安全生产经营实践中，形成了以企业核心理念为引领，以“安全文化、道德文化、廉洁文化、精细文化、和谐文化”建设为基础，以提升企业核心竞争力为目标的“聚力”文化管理体系。

**（一）安全文化。**

安全生产是煤矿的中心工作，也是煤矿企业文化建设的主阵地和主战场，围绕安全生产建设安全文化，是煤矿企业文化建设的最大特色和最大亮点，也是企业文化融入中心、服务大局、进入管理、发挥作用的关键所在和重要途径。我们根据煤炭行业的实际，把安全文化建设作为企业文化的生长点和关键点。

强化安全理念文化建设。安全理念文化主要是指决策者和员工共同接受的安全意识、安全理念、安全价值标准，是人的思想、情感和意志的综合体现。我们精心培育和宣贯“安全第一、预防为主、综合治理”、“安全就是生产力”、“安全就是效益”、“隐患就是事故，容人不容‘三违’”等核心安全理念，使安全理念深入人心，员工对安全核心理念的认知认同度不断得到提升，文化引领安全，实现了“四个转变”，即由事后处理向事前预防控制转变；由职工被动接受管理向主动参与管理转变；由粗放分散管理向标准化统一管理转变；由要我安全到我要安全，再到我会安全的转变。

强化安全制度文化建设。我们通过全面梳理、完善和修订，形成了《华亭煤业集团公司安全生产管理制度汇编》，制定了《华亭煤业集团公司安全生产目标管理责任书》，按照公司安全文化建设的目标要求，明确安全文化建设组织机构和各职能部门管理职责，形成切合公司管理实际的安全文化管理体系。我们推行了安全教育“六法”活动、“两述一化”管理、班前会“十步”流程、班组核算管理、员工“6S+T”行为规范管理和“4C”标准管理等方法，通过制定严格的考核管理办法，推进PDCA（计划、实施、检查、改进）的闭环控制和有序运行，动态进行现场安全分析和隐患整改，实现安全管理工作的闭环管理。

强化安全行为文化建设。在全公司相继开展了“两述一化”竞赛活动，推行一线工作法、走动式管理和看板管理，实现了统一班前安全宣誓、统一“手指口述”操作法、统一品行训练、统一列队、统一纪律规范、统一文明举止的“六统一”。同时围绕培育员工道德安全、情亲安全建设安全文化，通过开展安全承诺践诺、建立职工安全档案、开展职工安全通家书、安全签名、送温暖等活动，保障了企业的安全发展。2013年，华亭煤业集团9对矿井获评国家一级安全质量标准化煤矿，有两对矿井实现了连续安全生产3000天以上，有两对矿井实现连续安全生产2000天，有两对矿井实现连续安全生产1000天以上，公司持续保持了全国同行业安全生产先进水平。

强化安全物质文化建设。我们大力推广新技术、新工艺、新产品应用，强化安全生产信息化、安全生产自动化、安全质量标准化、文明生产管理、本质安全文化警示体系建设，针对人、机、环、管进行技术攻关，切实提高科技防安水平。各矿井建成了安全教育（硐）室、安全文化长廊，形成了从井上到井下、从区队到车间、从宿舍到食堂、从白天到黑夜的立体式安全教育阵地和网络，形成了全天候、全时段、视听觉全覆盖、不间断的安全文化宣传氛围。

**（二）道德文化。**

道德，是国家发展的强大支撑，是社会文明的鲜明体现，是时代进步的衡量尺度，更是民族复兴的恒久动力。作为煤炭企业，既为社会和国家奉献优质能源，也必须培育更加优质的人力资源。多年来，企业围绕践行社会主义核心价值观，培育员工道德文化，形成并广泛践行了“忠诚于岗位、诚信于安全、友善于他人、回馈于社会”为核心的员工核心道德理念，从根本上保障了企业的安全发展。

忠诚于岗位，筑牢个人品德安全。结合贯彻落实《公民道德建设实施纲要》和社会主义核心价值观，形成并全力推进员工职业道德行为规范建设。持续通过企业宏伟愿景鼓舞员工、企业发展业绩激励员工、企业发展形势引导员工、企业发展历程感化员工、企业先进典型示范员工，使广大员工始终珍惜岗位、爱护岗位、忠诚岗位。围绕“岗位是什么、标准是什么、目标是什么、我要干什么、我该怎么干”，大力开展新员工入企全面培训、在岗员工持续培训、工作现场“帮带”培训，持续开展全员岗位练兵、技术比武，大力推行“手指口述、岗位描述”等管理，使员工熟练掌握岗位应知应会和安全操作规程，不断适应岗位安全发展需要。

诚信于安全，筑牢职业道德安全。我们在安全管理责任上坚持安全生产一票否决制，对安全生产实行重奖重罚，充分体现在单位评优、班子和管理人员考核评优、兑现奖惩等方面。坚持对安全生产进行全天候、全过程、全方位、全覆盖的检查监督。定期不定期接受煤矿安全专门机构检查，集团公司组织不间断定期检查、专项抽查、重点督查，每班带班领导和跟班管理人员现场检查，矿井安检人员日常巡查，本班群监员、青岗员、安全员动态督查，使诚信于安全的理念和行动落到了实处。不断加强安全诚信建设，对个人、班组、区队、矿井安全承诺、践诺、兑诺情况，建立了安全生产诚信档案和诚信记录，保证个人有承诺、团队有公约，构建了诚信闭环管理体系。加大诚信建设的考核兑现力度，对安全生产诚信度低的单位及相关负责人进行相应的处罚，诚信度高的予以奖励，规范各单位、区队、班组、个人扎实推进安全诚信建设。

友善于他人，筑牢家庭美德安全。在安全管理中，我们大力推行“自保、互保、联保”的共同保安机制，要求每个员工都从自身做起，做到安全上岗、安全作业，每个人既是安全生产者也是安全管理者。通过征集家属安全祝福语、井口送温暖、安全联保座谈会、亲情帮教等活动，使职工家属参与到公司安全生产工作中来，让他们用亲情、友情、爱情、真情去关注安全，筑牢安全第二道防线。同时，定期采集家属反馈意见，全面了解每一名员工的思想、身体、心理、社交等影响安全行为的动态状况。对于各种原因导致发生的“三违”人员，我们多层次开展帮教，了解“三违”的思想根源，从心理疏导、认识提高、思想转变等方面帮助当事人深化认识，使员工从内心深处感恩组织，回报安全，回报家庭。

回馈于社会，筑牢社会公德安全。我们始终坚持科技兴安，全面推进矿井技术改造，加大安全投入，增强了企业安全的管控能力。在加强煤矿日常安全管理的基础上，针对四对矿井出现的强矿压显现、东峡煤矿52度大倾角综采综放、核桃峪煤矿千米深井冻结法施工等影响安全生产的世界性技术难题，通过邀请专家、院企合作、技术攻关，彻底攻克了以上技术难题，树立了安全生产的良好形象。不断延伸开展文明巷道、硐室、机房等创建活动，建立井上下安全文化长廊，全方位悬挂安全警示牌板，从员工入井的听觉、视觉等方面提醒员工安全生产。加大井下人员运输车辆投入，完善员工食堂、住宅、浴池、交通和供暖供水设施，全面落实员工安全劳动保护措施，为员工创造安全舒适的生活工作条件。我们高度重视煤质管理，始终以“三高三低”的优质煤炭奉献社会和用户。特别是在省内电煤供应紧张等情况下，多年来，始终以低于市场价格较多的煤价供应电煤7000多万吨。同时，投资4.5亿元，加大煤矿开采环境恢复性治理。每个矿井建成了生产生活污水处理站，对矸石山进行覆土绿化治理，实施煤矸石“变废为宝”再利用项目，建成了甘肃省内第一条煤矸石制砖生产线。

（三）廉洁文化。

廉洁文化是以廉洁制度为基础，以廉洁理念为统领，以廉洁思想为核心，以廉洁文学艺术为载体的一种新型文化，是企业文化建设的一个重要组成部分。近年来，华亭煤业集团大力加强企业廉洁文化建设力度，有效地推进企业反腐倡廉工作，促进企业健康发展。

教育倡廉，增强廉洁文化的渗透力。围绕廉洁理念的渗透，在实践中对新任职、新提拔的处、科、队级管理人员进行任前廉洁谈话，对职工有反映的管理人员进行诫勉谈话。充分利用矿区现有文化阵地，组织专题学习《廉政准则》、《中国共产党领导干部廉洁从政若干准则》。通过召开党风廉政座谈会、党风廉政宣传教育、党委中心组学习、“三会一课”等形式，加强思想观念教育，增强管理人员对廉洁理念的理解和认识，促进廉洁文化建设的深入开展。

营造氛围，提高廉洁文化的吸引力。企业职工是廉洁文化的主体，也是廉洁文化不断丰富发展的源泉。积极组织开展文化、体育、科普、教育、娱乐等活动，广泛传播廉洁文化，形成动静结合、内容丰富、整体协调的廉洁文化宣传布局，把群众喜闻乐见的文艺表演与廉洁文化的内容结合起来，借助橱窗、宣传栏、黑板报现有阵地，悬挂廉政标语和横幅，张贴廉洁警句格言，营造了“人人崇廉，个个敬廉”的浓厚氛围，打造了“以贪为耻，以廉为荣”的良好环境，时刻警示教育干部职工，使其融入到干部职工的日常工作和行为习惯中。

完善制度，加强廉洁文化的约束力。规章制度是企业长期实践经验或教训的总结，用于规范经营行为和员工职业道德行为的标准。我们认真落实党风廉政建设责任制，进一步规范领导干部个人重大事项报告、收入申报、礼品登记、述职述廉、责任追究、“三重一大”议事、党政联席会议等制度。修订完善了《廉政文化建设实施细则》、《党员干部廉洁从政制度》、《廉洁风险防控手册》等规章制度，切实做到文化规范与制度规范并举。

创新载体，增强廉洁文化的实效力。以深入学习贯彻《国有企业领导人员廉洁从业若干规定（试行）》、《中国共产党党员领导干部廉洁从政若干准则》为重点，开展争创“四好”班子、“六好”党支部活动，使廉洁文化切实进到班子。增强机关人员遵章守纪、廉洁自律和服务职工意识，使廉洁文化切实进到机关。在各基层党支部、科室、区队悬挂廉洁标语、牌板、桌签等，使廉洁文化切实进到基层。同时有计划、有选择地开展以创建廉洁家庭、五好文明家庭为内容，以寓教于乐形式的亲情助廉活动，通过评选“廉内助”等活动，使廉洁文化切实进到家庭。

（四）精细文化。

企业文化是精细化管理的旗帜和灵魂，而精细化是企业文化的主要表现形式和重要实现途径。华亭煤业集团把实施精细文化作为强势打造企业文化的出发点，立足实际，夯基固本，强化管理，形成了“真正的落实不找借口、完善的执行只讲责任”的管理氛围。

推行班组核算管理。班组核算实质上是精细化管理的有效载体和有效途径。我们把班组核算管理作为强基础、练内功、提效益的抓手，制定了《华亭煤业集团班组核算管理办法》、《华亭煤业集团班组核算实施方案》；基层单位完善、整合单位内部各项管理制度，编制了各单位《班组管理手册》，各基层单位层层签订了《班组核算目标管理责任书》，将各基层单位负责人、核算员、材料员纳入了目标责任考核范畴，实现了矿（厂）级、区队、班组、个人“四级”目标责任分解，把班组核算管理当作各项工作的重中之重，形成了一级抓一级，层层抓落实的良好格局，开创了班组核算的新局面。通过加强指标管控，细化量化指标分解，理顺核算流程，严格考核奖惩兑现，确保班组核算管理工作有序推进。同时严格规范材料领用制度，统一规范材料登记核算，建立“三全”预算管理机制，导入“五精”管理理念，开展“双增双节”、“挖潜增效”活动，开源增效，提高企业效益。我们体会到开源节流有规律，万变不离其宗，就是严管、细管、精管、实管。而我们总结出的一些典型经验和有效做法以及形成的制度，都体现出这个“管”字。管是需要人来管，同时管的过程中不能见物不见人，这就要求有以人为本的管理理念，有全员参与的责任意识，有创造效益的价值理念，有人物相融的和谐理念。

推行精细化管理。要达到文化管理的高境界，必须要通过一系列的管理创新活动，而以“精、准、细、严”为核心的精细化管理正好顺应了文化管理的要求，成为企业文化建设的切入点和落脚点。精细化管理就是规范、制度、标准精细，流程、过程、控制精细，结果、考量、兑现精细，从而让精细的要求、规范、价值、意义等被全员熟知，共同遵守，最终实现自我管理。我们按照精细化的人本管理标准体系要求，建立了“4E7S”精细化管理标准，开展了以“五精五细三无”（精细、精准、精确、精益、精美；细在流程、细在环节、细在考核、细在监督、细在规范；无遗漏、无缺陷、无盲区）为主要内容的精细化管理试点工作。按照“定标、认标、贯标、兑标、调标、对标、升标”七步岗位流程和“计划、执行、检查、总结”过程控制和闭环管理，取得了阶段性成果。在推行精细化管理的过程中，我们不断调标、兑标，使班前文化礼仪、4E7S标准、走动式管理、班后讲评、三工并存动态转换、看板管理等严细化、规范化，使企业管理从靠人管理到靠制度、文化管理，提升了管理水平，迈上了现代管理新台阶。

（五）和谐文化。

我们按照建设“和谐华煤”的要求，倡导“同心同德，共建共享”的和谐理念，坚持以人为本，强化民主管理，把解决民生问题作为企业生命力永存的根基，让全体职工共享企业发展的成果，促进和带动地方区域经济社会发展。

注重思想宣传，打造和谐企业。为了更好地应对新形势和新挑战，进一步提升团队及组织的凝聚力，理顺情绪、化解矛盾、提升工作绩效，增强员工的幸福感，打造和谐劳动关系与和谐企业，建设员工精神家园。我们通过宣讲会、大讨论，在职工队伍中深入传导华煤企业文化，引导职工认识构建企业和谐关系的重要意义，懂得保持企业和谐发展才能实现职工与企业共赢的道理，营造了浓厚的和谐共赢文化氛围，职工牢固树立了和谐共赢理念，主动参与构建和谐企业工作，讲大局、讲精神、讲奉献，全力以赴完成生产工作任务，推动了企业健康发展。

办实事解难题，共享发展成果。我们坚持共建共享，努力为职工办实事解难题，投资近5亿元解决职工就医、住房、就餐、饮水、上下班交通等实际困难和问题；2010年以来累计招收职工子女就业达1065人；为3600多名离退休人员发放了老年优待证，为2998名长期从事煤炭事业的离退休人员发放荣誉金；大力投资建设图书室、阅览室、活动室、职工运动场、文化广场等，营造了浓厚的文化氛围和人文环境。

履行社会责任，促进经济发展。在企业发展的同时，我们始终不忘反哺社会，注重履行企业的社会责任，积极参加社会公益活动，大力支持国家和地方经济社会建设。出资4.5亿元实施煤矿开采环境恢复治理工程；投资1.7亿元支持市县新农村建设、旧城改造及教育、扶贫帮困等公益事业。累计向灾区捐助1700万元救灾物资。在“双联”行动中，投资47.5万元为庄浪县盘安乡沙化产业路，招收30名产业工人在华煤就业，投资14万元为湾李小学完善基础设施，组织义务人员深入联系点开展送医送药下乡活动，一系列“双联”行动搭建起了企业同联系点之间的“连心桥”，让当地群众得到了实惠。

## 三、华煤“聚力”企业文化建设的方法、路径

### （一）领导引领、全员参与。

华亭煤业集团坚持企业文化建设“一把手工程”和“全员参与”的基本原则，自上而下建立集团公司和各二级单位两级企业文化建设领导机构和工作小组，由党政主要领导担任企业文化领导小组正副组长和成员，亲自主导企业文化建设。设立企业文化建设办公室，负责指导、协调、推进、实施集团公司企业文化建设。通过内部报纸、电视、网站、OA办公系统、宣传长廊等媒体阵地，大力开展企业文化建设传播，引导和鼓励广大职工积极参与企业文化建设，形成了“领导主导、部门协调、基层配合、全员参与”的企业文化建设格局，有力保证了企业文化建设顺利开展。

### （二）整体规划、系统推进。

华亭煤业集团在学习借鉴国内外同行业先进经验和广泛征求基层单位意见的基础上，按照“整体规划、系统推进”的建设思路，坚持长短结合和循序渐进的原则，制定实施企业文化“十二五”战略、年度建设计划和专项工作计划，从精神文化、物质文化、制度文化、行为文化等四大层面整体规划和构思集团公司企业文化建设，并以年度建设计划、专项工作计划为依托，循序渐进推进企业文化建设。按照华煤企业文化战略的要求，积极构建和完善企业文化内容体系、组织体系、传播体系、培训体系、考核体系。注重建立健全企业文化工作本身的各种规章制度。引用国务院国资委《关于开展企业文化建设评价工作的通知》等支持性文件，紧密结合企业实际，制定出台了《华亭煤业集团公司企业文化建设考核评价办法》，加强了公司企业文化建设的管理。

### （三）融入管理、植入行为。

华亭煤业集团以“融入管理”和“植入行为”的基本手法，努力将文化理念转化为企业的经营行为和职工行为，真正实现企业文化落地。

一是融入管理。根据集团公司文化理念要求，建立了覆盖生产经营各个环节的管理制度、业务规范和工作流程。把文化导向化为管理要求，促进了文化与管理的有机融合，努力实现文化导向管理。在实施“聚力”企业文化工程中，开展了准军事化管理、精细化管理、“手指口述”、执行力建设等工作，将“百亿华煤、百年基业”的宏伟愿景和“温暖民生、照亮大地”的企业使命以及“开采阳光、超越梦想”的企业精神融入到具体的管理实践中，以无形之力，打造企业发展最优基因。

二是植入行为。通过建立健全企业和职工行为规范，把精神文化变为企业和职工的自觉习惯和自律行为。在日常工作中，以公司行为识别系统为标准，通过制定并落实相关考核制度，从职业道德基本规范、工作行为基本规范、职业行为基本规范、职业礼仪基本规范、华亭煤业禁止行为二十条等五个方面提出明确要求，并通过经常性开展教育、宣传、评比表彰等文化主题实践活动，营造了良好的文化氛围，促进了企业和职工自觉践行文化理念和遵守企业行为规范，实现了企业文化落地。

### （四）树立标杆、示范带动。

为了树立公司企业文化建设单位标杆，在公司所有单位中开展子文化建设年活动，初步培育了具有单位特色和行业特色的子文化体系，各基层单位编制了《安全文化》、《管理文化》、《廉洁文化》等手册，加强井下机房（硐室）、巷道的安全文化建设，制作各类文化牌板，营造了良好的企业文化氛围。同时，加强区队文化、班组文化建设，开展了区队班组理念征集活动，在总结提炼的基础上，形成了各具特色的班组管理理念，培育了健康向上的企业精神。通过深入挖掘优秀子文化，选树推广典型经验做法，为公司母文化提供更丰富的“营养”，不断提升公司企业文化建设水平，着力构建华煤特色企业文化体系，为建设“华能一流、国内领先的现代化能源化工企业”提供强大的精神动力、舆论支持和文化氛围。

### （五）多种渠道、广泛传播。

一是会议传播。在集团公司和二级单位、区队召开的各种会议上，各级党政工团负责人主动、自觉地宣贯企业文化。

二是媒体传播。健全内部宣传网络，精心打造《华亭煤业报》、《华亭煤业新闻》、内部网站和各单位内部刊物等宣传平台，发挥新闻媒体的宣传作用。

三是典型传播。开展“双文明”竞赛、“四优共产党员”、“明星员工”、“三八红旗手”、“岗位能手”、“劳动模范”、“道德模范”等评选活动，并借助会议表彰、媒体报道等载体，广泛宣传他们的先进事迹以及其中蕴含的工作经验、精神品质。

四是文学传播。创办《华煤人》杂志、编写企业宣传画册、开展职工书画摄影作品选集、拍摄公司成立十周年电视宣传片等传播企业文化。

五是文体活动传播。灵活运用各种载体，将企业文化的元素和“养分”逐步渗入各类文化娱乐活动之中，让员工在丰富多彩的文化生活中不断得到陶冶和提升。每年都组织开展职工运动会和职工文化月等活动。

六是典礼仪式传播。以重大节日和节点为契机，充分抓住纪念改革开放三十周年、庆祝新中国成立六十周年、公司成立十周年等重大节点，在全矿区奏响爱党、爱祖国、爱社会主义的主旋律，在全体员工中不断深化社会主义核心价值观教育实践，凝聚了爱党、爱国、爱社会主义的本质就是爱企、爱岗、敬业的共识，坚定了广大员工做好本职工作、力促企业发展、共克时艰渡难关的信念。

### 四、华煤“聚力”企业文化建设成效

**（一）职工队伍素质明显提高。**

通过培育理念，强化行为管理，职工言行文明规范，工作安全标准，执行意识、协同精神和服务习惯都有了明显提高，行为修养发生质的飞跃，职工的社会责任感明显增强。企业文化丰富了职工的生活，形式多样的各项活动，营造了一种和谐的工作、学习、生活氛围，员工学理论、学技术的积极性得到了较大提高，爱企业、爱岗位，为企业发展强素质、增本领、比贡献、论业绩蔚然成风，有力地促使了员工岗位成才和全面发展。近年来，华亭煤业集团大力开展了“双培双建”活动、实施“百千万”人才工程等，2010年至2013年累计评选“百千万”优秀专业技术人才43名，评选“明星员工”924名；有65名职工分别获全国青年岗位能手、甘肃省技术能手等荣誉称号。

**（二）企业凝聚力明显增强。**

通过企业理念、视觉、听觉、行为四大系统的强力渗透和广泛应用，企业逐步形成共同追求和遵循的价值观，尤为重要的是促进了组织和职工思想观念的转变，特别是清晰的发展战略目标和企业愿景的构建与实施，提高了队伍整体执行力和应该具备的职业素质，增强了职工对企业的认同感、归属感、自豪感，进一步提高了企业的凝聚力、向心力。在当前煤炭市场疲软，供大于求，煤价加速下跌，给企业造成经济效益急剧下滑的严峻形势下，广大干部职工发扬“开采阳光、超越梦想”的企业精神，不计个人得失，努力克服困难，彰显了企业强大的凝聚力。

**（三）安全管理水平明显提升。**

安全是煤炭企业的天字号工程，也是衡量企业发展业绩的一个重要指标。通过持续推进安全文化“六大体系”建设、安全诚信建设等，使先进理念逐步深入人心，安全教育效果明显，制度建设不断完善，硬件建设不断加强，员工行为日益规范，亲情文化氛围浓厚，保证了企业安全发展。华亭煤业集团重组后，加大安全生产“硬件”投入力度，各单位安全监测监控系统、井下人员跟踪定位系统等先进设备和先进技术纷纷上马。仅2012年，企业就投入9000多万元，改造完善了矿井灭火、治水、综合防尘、供配电、运输、安全监测、矿压防治等系统，建设洗煤厂、污水处理站，改善生产环境，有力地夯实了矿井安全生产基础，保障了职工的生命安全。

**（四）企业持续发展力明显增强。**

通过牢固树立企业安全理念、管理理念、人才理念、道德理念和精细化管理理念等，不断建立和完善有效的激励和约束机制，有效地激发了广大职工的积极性、创造性和主观能动性，企业文化在公司改革发展中的作用和地位越来越突出，企业的可持续发展能力得到增强，产业结构、发展空间、资本运作都不断取得新的突破，为经济社会发展做出了积极贡献。煤炭产量由成立初的567万吨提升到2013年的1801.33万吨，公司累计生产原煤1.89亿吨，销售商品煤1.893亿吨，实现利润61.3亿元，上缴税金93.1亿元，安全生产保持全国同行业先进水平，矿区保持和谐稳定。

## 鲁泰纺织股份有限公司

### 衣锦四海　经纬天下

鲁泰集团是以A、B股上市公司鲁泰纺织股份有限公司为母公司，下设12家控股子公司、11家关联公司的企业集团。母公司是拥有从棉花育种、种植，到纺纱、漂染、织布、整理、制衣产业链完整的纺织服装公司；关联公司涉及电力、环保等产业。集团公司现有员工3万余人，资产总额115余亿元，净资产91余亿元，是全球最大的高档色织面料供应商和全球顶级品牌衬衫生产商。

公司生产经营业绩一直位居全国纺织行业前列，现有优质长绒棉基地16万亩，纱锭75万枚，线锭10万枚，年产色织面料19000万米、印染面料8500万米、衬衣2000万件，产品80%销往美国、欧盟、日本等30多个国家和地区。公司高档色织面料自主品牌出口达到70%，出口市场份额占全球市场的18%。2014年全年实现营业收入81.27亿元，出口创汇7.48亿美元，利润总额13.76亿元，缴纳各类税金7.88亿元。公司销售收入、利润总额、出口创汇连续多年在全国色织行业排名第一。

公司被认定为国家企业技术中心、国家级实验室和高新技术企业，获得国家科技进步一等奖一项、二等奖两项。公司先后获得“全国五一劳动奖状”、“中华慈善事业突出贡献奖”、“全国质量奖”、第三届“中国工业大奖”、“全球卓越绩效奖（世界级）”、中国工业行业履行社会责任“五星级企业”等荣誉称号。

企业文化是企业的魂，是企业的生命力。在多年的发

展和建设过程中，鲁泰公司深深体会到，优秀的企业文化不仅是企业的重要组成部分，更是提升企业核心竞争力、促进企业发展的精神动力。鲁泰始终将企业文化建设作为一项长期的系统工程来抓，大力实施文化强企战略，深入推进企业文化建设，不断提升公司软实力。二十多年来，鲁泰从一个不足 300 人、两万锭的纺纱小厂，逐步成为 A、B 股上市公司，目前全球最具规模的高档色织面料生产商和国际一线品牌衬衫制造商，并持续发展壮大，得益于企业长期以来形成的具有鲁泰特色的企业文化。

## 一、固化于制 文化体系提供制度保障

**（一）不断积累沉淀、提炼总结，构建独具鲁泰特色的企业文化体系。**

鲁泰公司企业文化建设始终坚持高举邓小平理论和“三个代表”重要思想伟大旗帜，坚持以科学发展观为统领，贯彻落实党的十八大、十八届三中、四中全会精神和习近平总书记系列重要讲话精神，积极培育和践行社会主义核心价值观，用理论教育武装职工头脑。鲁泰二十多年的文化沉淀有着丰富的精神内涵，是宝贵的精神财富，为适应市场化、国际化发展需求，公司企业文化建设也与时俱进，内涵不断丰富和完善，全面构建起了以企业使命和愿景实现为目标，以企业价值观培育和弘扬为核心，以管理文化为主线，以创新文化、品牌文化、人本文化、责任文化等四大专项文化建设为抓手的独具特色的企业文化管理体系。

鲁泰公司自2007年开始导入推进“卓越绩效管理模式”，聘请国内资深管理咨询专家团队对公司管理现状进行诊断，据此确定提升的重点，并由咨询专家辅导推进。其中确立了以厘清企业文化项目、战略管理等为主的 18 个项目。公司对企业文化进行了系统梳理，营造了良好的文化氛围，统一了员工的价值观及行为规范，增强了全员的凝聚力。在实施厘清企业文化项目中，公司以原有企业文化为基础，按照卓越绩效标准文化理念框架，借鉴国内外优秀企业的文化理念，从董事长到一线员工，发放调查问卷 8227 份。通过采用头脑风暴、亲和图、主成分分析等工具方法，梳理公司企业文化理念，汇编公司企业文化手册，进行企业视觉识别系统 VI 提升，逐步形成了鲁泰人所认同并遵守的“创造财富、奉献社会、衣锦四海、经纬天下”的使命、“世界一流、百年鲁泰”的愿景、“以人为本、严谨科学、顾客导向、诚信共赢”的价值观。同时鲁泰人为实现自身使命、愿景、价值逐步形成了以人为本，管理制度化，制度文明化的管理文化；科技兴企，创新为魂，以企业为主体、以市场为导向、产学研相结合的创新文化；品牌强企，用文化打造品牌，用品牌传承文化的品牌文化；以人为本，尊重劳动、尊重知识、尊重人才、尊重创造的人本文化；绿色发展、和谐发展、可持续发展的责任文化。优秀的企业文化，是企业健康发展的灵魂，而鲁泰企业文化是激励和鼓舞每个鲁泰员工奋发努力、开拓进取的内在动力。

**（二）不断创新管理、完善制度，有效实现制度管理与人文管理的和谐统一。**

鲁泰始终秉持“以人为本、严谨科学”的管理理念。公司具有明晰的组织机构、完善的管理体系。在发展过程中，全面引进并有效实施国际通行的标准化管理体系，以保持公司管理与国际管理同步。先后通过了 ISO9000 质量管理体系、ISO14000 环境管理体系、OHSAS18000 职业健康安全管理体系、SA8000 社会责任管理体系等十多个管理体系的认证。公司通过不断学习导入国际前沿的标准化管理体系，逐步确立了构建“大质量”体系的概念，并通过系统整合、有效实施，使公司综合管理水平得到不断提升。在体系管理的基础上，公司成功导入、全面深入实施卓越绩效管理模式，通过对标分析并结合自身实际，着力构建鲁泰生产方式（LTPS）。通过全面实施科学化、精益化管理，企业管理水平持续改进，综合实力、核心竞争力持续增强。

国际标准化管理体系的引进、实施，有效提高了公司管理水平，也使公司在生产经营过程控制、员工职业健康安全、环境保护、企业社会责任等方面都有明确的制度和严格的工作规范，让各项工作始终处于严谨有序的工作链中。打破传统人治管理，实现企业管理制度化，使公司管理真正实现了自我约束、自我管理、自我改进，实现了公司与客户、社会、员工之间健康和谐发展的格局。同时公司进行思想观念创新，把制度上升到文化的高度。把公司成熟的制度以企业文化的形式进行沉淀、提炼，形成了员工自觉、有序遵守和维护企业制度的思想观念。将制度管理与人文管理有机结合起来，营造出良好的制度文化氛围，使制度形成一种习惯性意识根植于每一位员工的思想中，从而打造出一种独具特色的制度文化。公司的各项管理工作形成了在制度执行中规范、在制度改进中升华的良性循环。文化保障系统的建设和机构完善，为精益文化建设明确了定位，清晰了方向，提供了制度的支撑和保障。

## 二、内化于心 宣贯理念营造文化氛围

**（一）高层表率，让企业文化深入人心。**

作为鲁泰公司党委书记、董事长刘石祯同志对企业文化建设十分重视，抓顶层设计，亲自主持和领导企业文化战略的制定工作，积极培育以热爱员工为主旨的企业文化。

在日常工作中，他身体力行地推动公司的企业文化建设，积极培育以热爱员工为主旨的企业文化，亲自授课传播企业文化知识，倡导员工通过实现自身价值与公司共同成长；他经常深入员工中间，倾听员工心声，关注员工的成长和生活，并通过行政、工会组织、员工调查等途径广泛听取员工意见，自觉接受全体员工和社会的监督，以自己的实际行动为全体员工树立了榜样和表率。

在培育和践行价值观方面他率先垂范，把公司愿景作为追求的目标，把公司价值观作为所有行为的准则并认真履行。同时他还要求各级管理人员要以身作则、严格落实；他每年都走访公司在世界各地的客户，进行市场调查，充分了解客户及市场需求，并积极传播公司企业文化；积极开创一

流的品质和业绩，制造性能稳定、安全可靠的产品和优秀的服务，亲自参加各种公益活动，带头捐款捐助。

**（二）全员参与，让企业文化落地生根。**

鲁泰建立了系统完善的双向沟通渠道，通过供应商年会、职工代表大会、总结会、员工座谈会等多种方式，双向沟通企业文化核心理念传播、价值观落实、战略目标和行动计划的实现、遵守法律法规和道德行为、改进绩效等内容，营造了开放式交流方式，保证了双向沟通渠道的畅通。

公司每年定期组织团队建设活动，如班组对抗赛、技能大比拼等活动，贴近基层，贴近员工，贴近一线，培养每一名员工团结协作、开拓进取的精神；通过带薪推荐优秀员工上大学、免费在职教育、MBA 培训等方式，促进员工知识和技能的提升；通过开展评先树优、技术比武、科技表彰、巾帼英雄等表彰活动，对员工进行精神和物质奖励，努力营造人人学先进、人人争先进的良好氛围；设立帮困基金，对有困难的员工进行特别慰问，使每一名员工感受到人人受重视、受尊重、受关爱的文化氛围；公司建有世界一流水准的体验式培训场地，定期开展拓展训练，让员工和管理层同时参与到活动中，营造更加融洽的相处环境，更加深入地理解企业文化的方方面面；针对新入职员工，公司专门安排必要的课程，对公司发展历史、荣誉、愿景及价值观等学习培训，不仅仅局限于简单的文字说明，更多的是通过公司优秀员工的真实案例让新员工感受企业文化，更加直观地了解公司倡导的行为。

**（三）脚踏实地，让企业文化行之有效。**

企业文化宣贯是一项长期工作、持续过程。鲁泰在企业文化宣贯过程中要始终秉承注重实效的原则，以宣贯为平台和手段，把执行力文化作为企业文化宣贯的组成部分，不断强化执行力、执行文化建设，确保企业文化建设取得实效。在提升企业执行力，建设执行文化方面，建立完善科学的管理模式及管理机制，实现以“制度管人”的文化；建立起坚强有力的高层领导团队，为推动文化宣贯提供组织保障；着力提高党员干部的执行力，充分发挥示范带头作用；高度重视并大力推行卓越绩效模式，通过明晰公司的战略发展方向和重点，采用激励措施，如 KPI 绩效管理、项目改进激励、专项活动激励、升职培训等，形成评价、改进、创新和分享的学习循环，使公司的战略发展方向和重点不断得到强化。

## 三、外化于行 专项文化建设促进行为养成

优秀的企业文化，是企业健康发展的灵魂，而鲁泰企业文化是激励和鼓舞每个鲁泰员工奋发努力、开拓进取的内在动力。鲁泰用文化来阐述企业的发展理念，把文化溶进企业快速蜕变中，用文化来推动员工的积极性和创造性。

**（一）科技兴企，创新为魂，以企业为主体、以市场为导向、产学研相结合的创新文化。**

科技创新是文化发展的重要引擎。鲁泰在发展过程中，发挥文化和科技相互促进的作用，深入实施科技带动战略，增强自主创新能力。坚持走“基于纺织、超越纺织”道路，向“高、新、精、深、名”方向发展，以科技创新不断改造传统纺织，加快向科技纺织、创新纺织迈进。

多年来，鲁泰始终坚持营造科技创新文化氛围，建立了科技创新机制，开展基础性、关键性和前瞻性科学研究，提高行业综合技术水平，引领行业由制造到创造再到创意的升级。公司每年科技总投入占销售收入的 5% 以上。每年召开科技表彰大会对新产品开发、课题攻关、技术革新项目等进行奖励。2001 至 2014 年间，累计奖励金额达 1900 多万元，其中单人单项奖励最高达到 20 万元，为全体员工营造了积极创新的良好环境。

在发展过程中，公司建立了外部以市场为导向、企业为主体、科研院所和高校为支撑，战略客户和重点供应商为联盟，内部生产、品管、研发设计、营销无缝链接的“双四位一体”创新模式，致力于纺织服装新材料、新技术、新工艺和新装备的技术研究与工艺开发，培养创新型科技人才队伍，全力打造全球纺织服装高端价值产业链，支撑企业的未来发展；设立工程技术委员会、鲁泰纺织服装工程研究院，致力于纺织服装前瞻性、关键性和应用性的技术研究与开发，形成了“一基地、两站两室、三中心”的技术研发格局（即国家色织面料研发基地、国家博士后科研工作站、院士工作站、国家认可实验室、企业重点实验室、国家认定企业技术中心、山东省工业设计中心、山东省工程技术研究中心）；采用“3+1”即研发、生产、品质控制服务于品牌和市场的研发创新模式，形成全员参与的鲁泰纺织服装工程研究院、事业部、工厂、车间 QC 小组的三级研发创新体系，并通过员工提案、QC 小组、技术革新、公司级课题攻关、新产品开发和面料自主设计等 5 大活动的开展，保证了公司研发活动的全员参与度，极大地丰富了科技创新文化，提高了研发能力。

二十多年来，公司的产品从最初的纺纱开始，实现了从普梳到精梳，从普通环锭纺到紧密纺，从中支到高支再到超高支的升级；面料实现了从熨烫到免烫，从无弹到有弹的提升；衬衣从有缝到无缝的华丽转变。公司拥有“无缝线衬衫”、“多功能衬衫及其制作方法”、“超高支纯棉面料加工关键技术”、“液氨潮交联整理技术”等多项关键核心技术，填补了行业空白，实现了纺织技术的革命，推动了整个纺织行业的进步。

**（二）品牌强企，用文化打造品牌，用品牌传承文化的品牌文化。**

品牌文化是企业文化的重要组成部分，是企业文化的深化与升华，是企业文化及发展历史跨越时空的载体，是一个企业在市场立足与发展的重要标志，承载着企业信誉、经营实力、服务价值观、社会公信力等诸多内容，同时，也是企业与市场对接的桥梁和客户沟通的纽带。

鲁泰从建厂之初，就确立了产品高档次、高品质，加强自主品牌建设，为了区别于其他企业生产的产品，从 1990 年开始，鲁泰即使用自主品牌“双泰”商标把第一批纱线产品出口到泰国，随后相继使用“海皇”、“格蕾芬”等商标，

将产品出口到新加坡、日本等国家，在业界引起了极大反响，鲁泰的棉纱产品被外国客户赞誉为是“中国纺织界的茅台酒”。经过二十多年的探索和品牌战略的大力实施，鲁泰逐步走上了“品牌多元化发展道路”，集专业智慧织造品牌，拓展和创新营销渠道，为打造国际化品牌凝心聚力。目前，鲁泰拥有 “LT•GRFF”（鲁泰•格蕾芬）、“LUTHAI”（鲁泰）、“BESSSHIRT”（佰杰斯）等多个自主品牌。

公司在品牌文化建设上始终坚持质量是品牌的本质、基础，也是品牌的生命；服务是品牌的重要支撑，是商品不可分割的一部分，是市场竞争的焦点；形象是品牌在市场上、消费者心中所表现出的个性特征，体现消费者对品牌的评价与认知；文化价值是品牌的内涵，是社会物质形态和精神形态的统一，是现代社会的消费心理和文化价值取向的结合。优秀的品牌蕴含着人类在社会发展过程中，对生命的热爱、对美的追求及对历史的延续的责任感、使命感。鲁泰用自己的文化打造自己的品牌，同时用自己的品牌传承着自己的文化。

近年来，在新的经济形势下，重视并发展自主原创的服装品牌，打造高端世界品牌，是中国纺织企业的责任所在。鲁泰把握发展机遇，围绕主业构建全球化生产营销体系，整合全球市场资源，注重品牌多元化和市场结构的科学化，丰富品牌内涵，提升品牌价值，将品牌建设、纺织科技和服饰文化相融合，探索在制造模式、生产形式、营销方式、创意文化等方面的新思路，全方位、多角度开拓市场，实现产品到品牌的转变。公司通过纽约、米兰等国内外展会、推介会进行产品推荐；利用 CCTV、凤凰卫视等各大主流媒体进行广告宣传，提升企业知名度和品牌形象；建立科研创新研发团队，对接国际时尚创意理念，提升品牌价值；采用 OEM\ODM 营销模式、线上线下相结合的方式，扩大市场占有份额，提升企业影响力和品牌竞争力；增加高级定制业务，拓展自主品牌产品的终端销售渠道，致力于满足客户差异化需求。

**（三）营造以人为本，尊重劳动、尊重知识、尊重人才、尊重创造的人本文化。**

人是企业文化建设的核心载体，以人为本是企业文化最重要的理论支柱。开放与包容，诚信与责任，内敛与厚实的企业文化成就了鲁泰过去二十多年的发展辉煌。

鲁泰用企业文化把员工个人价值的追求与企业发展目标紧紧联系在一起，把锻炼和培养一支有理想、有道德、有文化、有纪律，爱党、爱国、爱厂的员工队伍当作一项重要的任务来抓。公司始终坚持尊重人、依靠人、发展人、为了人的思想，实现了从“善待员工”到“关爱员工”，再到“热爱员工”的转变。尊重劳动、尊重知识、尊重人才、尊重创造，使每位员工在企业被尊重、有成就。

在人才的引进和培育上，鲁泰坚持“文化留人，事业留人”的原则，不拘一格使用人才，不惜重金引进人才，不惜成本培养人才，最大限度地发挥每个人的业务专长。把员工个人价值的追求与企业发展目标相融汇，实现人力资源的科学配置，形成高精尖专业型与一专多能型人才梯队，为企业战略发展提供全方位人力资源支持。实施企业员工素质提升工程，建立科学的绩效及薪酬管理体系，为各类人才搭建成长与成才双通道，实现员工自身价值。

公司高度重视企业人文环境改善，为员工配备舒适的食宿环境，在宿舍全部安装空调、电视；各园区都建有职工俱乐部、图书馆、电子阅览室（建有“鲁泰集团学习平台”，组织整理近 2000G 的各类视频学习资料）。公司每年举办技术比武，评先树优、科技表彰、三八表彰等表彰庆典活动；每年举办职称评聘、优秀员工在职教育等培训教育活动，同时针对性的为员工进行职业生涯规划，为员工成长、成才搭建平台；定期组织员工开展职工运动会、交谊舞比赛、大合唱比赛、健美操比赛等各类文体活动，丰富员工的业余生活。公司还建有鲁泰纺织乐团和时装表演队，演职人员、模特均是来自生产一线的纺织、服装工人，定期进行企业文化、企业品牌宣传推广，2013 年 4 月鲁泰纺织乐团音乐会在国家大剧院成功演出，成为第一个进入国家大剧院演出的工人业余乐团。

公司建立多种沟通渠道，及时了解员工需求，解决员工工作、生活中的问题，并针对性进行支持、帮扶，让员工无后顾之忧。目前，已形成了以党委为龙头，工会、团委、女工委员会为基本工作单位，党员、工会委员为主体的，纵向到底、横向到边的沟通网络。工会不受时间和场所的限制可随时与职工代表交流沟通，每月 25 日为工会主席接待日，每个季度召开一次工会委员、职工代表与公司管理层的交流会议，员工随时可通过邮箱、意见箱、短信等形式进行信息反馈；公司通过年度员工满意度调查、季度专项服务满意度调查、大学生调查等多种方式了解员工满意度情况并制定针对性改进措施，持续提升员工满意程度；通过了解，公司及时对困难员工排忧解难，对生活有困难的职工家庭给予一定经济补助；每年春节放假，公司组织暖冬送员工回家活动，总经理亲自送站，让员工切实感受到关怀；每年对考上大学的职工子女给予资金资助，与当地教育机构联合办幼儿园，协调解决职工后顾之忧。

**（四）培育绿色发展、和谐发展、可持续发展的责任文化。**

企业是社会经济的基本载体，承担着“经国济民”的重要责任。长期以来，鲁泰坚持“创造财富，奉献社会、衣锦四海、经纬天下”的使命，积极履行社会责任，努力实现企业、社会、员工的和谐发展。

依法、守法、诚信经营，创造社会财富，做优秀企业公民。鲁泰始终坚持让员工拥有稳定的工作和福利待遇、让股东得到合理的投资回报、创造利润，在做好创新和生产，实现依法、守法、诚信经营，创造更多物质财富和精神财富，产生合理的利润的同时，将利润的一部分交给国家和社会，以满足国家和社会的正常运行需要，实现对社会的经济责任。

走节能减排，绿色低碳之路，积极履行企业社会责任。公司始终坚持走“绿色、低碳、环保”的可持续发展之路，积极进行先进技术、装备的研发和推广应用，实施低碳节能工程，促进经济、社会和环境效益相统一。

建设环境管理体系，公司通过ISO14001环境管理体系认证。成立能源管理中心，采用自动化、信息化技术，科学进行能源管理，围绕“节能、降耗、减排、增效”的能源管理方针，持续开展“双增双节”活动。

采用国际先进技术，实现节能减排，公司紧跟行业低碳环保技术发展，采用新技术、新工艺、新设备、新能源，对生产经营全过程实施低碳节能工程。从源头上系统减少资源消耗，减少废物产生，实现多种资源综合利用；持续推行清洁生产，改进生产流程、优化生产工艺，研究新型环保节能工艺技术，降低物料与能源消耗，减少废弃物产生；加强节电技术运用，首建扭妥纺纺纱新技术生产线，实现吨纱耗电下降30%；采用双膜法“柱式超滤（CCMF）+反渗透（RO）”工艺处理、回用印染污水；按照“源头削减、过程控制、末端治理、达标排放”思路系统控制污水排放。此外，在污水处理方面，采用国际先进技术，建设完善的污水处理系统，公司先后投资近两亿元，建成4个污水站，日处理污水量1.8万吨，运营淄博市利民净化水有限公司，日处理污水量8万吨，不仅对企业自身废水进一步处理，还承担了淄川区城市污水处理任务。

公司研究的“印染废水大通量膜处理及回用技术与产业化”技术获得国家科技进步二等奖，半缸染色、中水回用等多项技术实现了纺织业节能减排、绿色低碳技术的重大突破。被评为“节能先进企业”、“节能突出贡献企业”等称号，并被列入国家“资源节约型、环境友好型”企业创建试点名单。

积极参与公益事业，回报社会。公司在创造效益、带动员工成长、解决就业、创造税收的基础上，勇于承担社会责任，积极支持公益事业，努力创造和谐公共关系，以实际行动践行企业公民的责任和义务。多年来，公司先后捐款8400多万元、投资上亿元用于“济困、支教、赈灾、敬老、社区支持”等社会公益活动。公司设立“鲁泰纺织奖学基金”、“鲁泰纺织助学基金”、“教育发展与建设基金”等教育基金，在新疆建有五所希望小学；修建体育场、公路等项目；并自行投资1亿多元建设公园、鲁泰科技文化展馆等设施，为员工和市民提供良好的休闲、运动、文化娱乐活动场所。

公司二十多年来，不断积累、沉淀、提炼形成了具有企业特色的“鲁泰文化”，为企业发展提供了强大的精神动力、思想保证和文化支撑。近年来，公司先后获得“中国纺织品牌文化50强”、“全国纺织行业先进党建工作示范企业”、“山东纺织企业文化建设示范奖”、“山东省企业文化先进单位”、“共青团山东省委青年文明号”、“山东省思想政治工作优秀企业”、“全国纺织精神文明建设示范基地”、“全国纺织企业思想政治工作创新奖”、“企业文化建设优秀单位”、“改革开放三十五周年企业文化竞争力三十强单位”、“2014中国纺织十大品牌文化”等荣誉称号。

开放、包容、内敛、厚实的鲁泰企业文化成就了鲁泰过去二十多年的发展辉煌，也逐步形成集东西方商业文明精髓并俱有时代气息的现代商业文明。在总结提炼过去发展中的企业文化精髓的同时，更要以开放、包容和谦虚的态度，去接纳、吸收、消化一切现代商业文明的精华，逐步完善公司的企业文化体系，使公司创造出顺应社会、同步时代、领先企业的企业文化，让企业在文化中发展，让文化在发展中完善，让企业生命在文化中升华。

公司将深入贯彻党的十八大、十八届三中、四中全会精神，继续以科学发展观为行动指南，持续加大企业文化建设力度，在中国特色社会主义的伟大实践中进行企业文化创造，更加自觉、更加主动地推动文化的大发展大繁荣，为国民经济发展和纺织行业进步做出积极贡献！

# 中航工业成都飞机工业（集团）有限责任公司

## 航空报国　文化领航

中航工业成飞五十六年的发展历程里，在不断探索与实践、归纳与提升、开拓与创新的过程中，企业文化建设也随之经历了萌芽、成长、整合与落地自觉四个阶段。中航工业成飞成长的背后是文化。历经半个多世纪的熔炼，中航工业成飞的企业文化已成为推动成飞实现跨越式发展的强力引擎。加强企业文化建设，推进企业文化创新，提高企业的整体实力和竞争力，中航工业成飞始终以奋进者的姿态实践探索。

### 一、着力构建层次分明的企业文化组织管理体系

**（一）建立领导体系，提供组织保障。**

中航工业成飞设立企业文化建设领导小组，董事长、党委书记，总经理担任组长，主管企业文化建设的党委副书记任副组长，成员由相关职能部门负责人组成。领导小组下设企业文化工作办公室，日常办事机构设在企业文化部。领导小组定期召开会议，公司班子主要领导参与，负责审定公司企业文化体系、企业文化建设整体方案、企业文化建设的近期目标和中长期规划，研究部署企业文化工作。为进一步向深度延伸，中航工业成飞组建了由董事长、党委书记亲自负责的企业文化研讨小组，成员由公司内部各单位对企业文化工作有相当研究的精英组成，负责重要课题的研究和重大事项的策划，并对企业文化建设工作提供支持和参谋。

为加强企业文化建设工作，中航工业成飞将企业文化的职能与党委宣传部的功能并轨，组建了企业文化部。企业文化部是企业文化建设工作的职能管理机构，负责在中国航空工业集团公司文化的整体框架下，进行企业文化建设体系的整体策划、设计和构建；制订企业文化中长期发展规划和年度工作计划并推进实施；协调、审核、指导各单位的企业文化建设工作；对子文化建设及各单位企业文化建设情况进行检查、评估、考核，发挥组织管理和综合协调作用。

中航工业成飞相关职能部门负责子文化建设的具体管

理工作。例如，质量管理部负责质量文化建设工作、保密办公室负责保密文化建设工作、安全保卫部负责安全文化建设工作。专业的部门负责专项的子文化建设工作，使子文化建设更具指导意义和实际操作性，并成为企业文化落地的有效媒介和平台。

中航工业成飞各单位负责落实企业文化建设具体工作，负责制订本单位企业文化工作计划，并组织推进各项工作的开展。各单位党政主要领导为本单位企业文化建设工作负责人，负责本单位企业文化建设工作的组织实施。同时，各单位还配备有专兼职企业文化建设人员，专兼职企业文化建设人员队伍有40余人，负责所属单位企业文化建设工作的具体实施。

**（二）统筹规划，以战略引领企业发展。**

中航工业成飞坚持以战略导向引领企业发展。在《中航工业成飞二〇二五战略规划及“十二五”发展计划》中，明确了中航工业成飞企业文化“十二五”期间的发展目标、发展思路和具体举措。其后，更在重新修订的、推进企业管理提升的《腾飞计划》中，提出了管理提升的最高阶段是“模式再造、文化统领”，将企业文化置于企业发展和经营管理的顶层。文化统领，即是以缔造富有竞争优势的企业文化品牌为目标，从根本上强化企业文化在管理中的主导地位与核心作用。其主要内涵分为五个层次：

加强文化建设的“顶层管理”，优化、创新企业文化，实现文化管理；

创新业务管理方式，全面转变传统工作方式、观念与习惯，以适应企业转型需要；

确立有成飞特色的，明确、清晰的企业核心价值观，形成核心竞争力；

企业战略规划、组织架构、规章制度、人力资源充分体现核心价值观，达到文化和管理的高度融合；

促进员工高度认同核心价值观，员工的行为规范反映核心价值观，实现文化自觉。

这五个层次与“腾飞计划”的五个阶段一一对应，是每一个阶段同生同长、不可或缺的强大文化力，构成了与中航工业成飞“十二五”发展环环紧扣、循序递进的生命力，最终使企业文化真正成为企业战略和企业发展的核心支撑。

中航工业成飞紧密围绕着中央、集团和省市的工作要点，并按照公司职代会和党代会的工作部署，科学规划每年企业文化建设工作。确保实现课题式设计，增强工作的前瞻性；实现项目式管理，增强工作的目的性，实行工程式推进，提高工作的系统性。以司党政联发文件的形式下发当年的企业文化建设方案，并与各单位签订目标责任书，明确文化建设的目标，有计划地全面推进企业文化建设工作，形成了党政齐抓共管、基层单位党政落实的管理格局，从公司层面，到各单位，再到各工段/班组，都有明确的目标，工作贯穿全年。通过对目标分步骤地推进，各级组织有责任、有目标、有督促、有考核，使工作有效地达到全员覆盖。

**（三）强化管理体系，促进工作的执行到位落地有形。**

中航工业成飞以强有力的制度支撑企业文化建设工作，使公司企业文化建设管理制度更科学、规范、完善。修订《中航工业成飞党群工作绩效考评办法》，把企业文化建设的有关工作纳入考核范围，使企业文化工作的开展情况直接和单位（部门）绩效挂钩，促进了企业文化管理水平的提升和各项工作的推进。修订《企业文化建设示范单位评分细则》，每年评选出两家文化建设措施有力、特色鲜明、成效显著、影响广泛、在公司具有示范和引领作用的单位，并在每年公司的职工代表大会上予以表彰。发布新版《企业文化手册》、《视觉识别系统手册》、《工作服管理办法》、《员工行为规范》，使中航工业成飞企业文化的形象识别系统（包括理念识别系统、视觉识别系统、行为识别系统）标准化，成为员工学习、参照、执行的标准；修订完善《6S文化素养检查考评细则》，重点关注基层单位在6S文化素养方面工作完成的情况和创新的情况，并对其进行跟踪和把控，以及考核打分。以上的举措都从制度的层面促进企业文化工作落地有形。中航工业成飞还编辑了《成飞经典故事集》、《规范着装招贴画》、《员工素养招贴画》等，使企业文化建设的成果系统集成，落地扎实有声。

## 二、系统规划，构建以“航空报国”为核心的企业文化体系

肩负着国家重点型号研制生产的重任。中航工业成飞从实际出发，创新发展，围绕“航空”企业的特色，以“航空报国”的价值观来弘扬、传承军工企业“国家利益至上”的核心文化，建立健全企业文化体系，大力推进以中航工业集团宗旨、理念为核心的理念体系，以文化要素“六统一”为核心的形象识别体系和以员工素养为核心的行为规范体系的建设，以切实的实施方案和推行计划作为保障，强化特色载体建设，全面促进员工素养和企业形象提升。

中航工业成飞的企业文化经历了“自我发展、形成雏形”，“上下结合、专兼结合”，“兼收并蓄、文化整合”，“提升文化、构建体系”等阶段，在继承、创新、整合、发展的基础上，形成了公司企业文化理念，公司企业文化理念分核心理念和子文化两部分，具体如下：

核心理念：

集团宗旨：航空报国、强军富民

集团理念：敬业诚信、创新超越

企业精神：勤奋、实干、创新、奋进

企业愿景：成为技术领先、管理卓越的世界一流航空制造企业

发展战略：航空为本、军民结合，专业引领、聚合发展

企业价值观：祖国终将选择那些忠诚于祖国的人

祖国终将记住那些奉献于祖国的人

子文化理念：

经营理念：客户至上，员工为本

管理理念：细节决定成败

人才理念：给有志者舞台，给实干者荣耀

质量文化理念：精益求精，持续改进

保密文化理念：保密就是保国防，保密就是保发展，保密就是保饭碗。

安全文化理念：预防为主，珍爱生命

廉洁文化理念：明白做人，干净做事

歼十精神：超常的自主创新，超常的严谨求实，超常的协同攻坚，超常的拼搏奉献。

型号精神：军地协同、科学管理、勇于创新、顽强拼搏

集团宗旨：“航空报国，强军富民”。“航空报国”是航空人价值观的集中体现，其实质就是国家利益至上的核心价值观，体现的是慷慨献身，无私奉献的崇高精神和光荣传统。“强军富民”是中航工业成飞对强大国防力量的庄严承诺，是对富强国民经济的宏伟抱负，是履行社会责任的价值追求。

集团理念：“敬业诚信，创新超越”。“敬业诚信”是中航工业成飞广大干部职工在半个多世纪的奋斗历程中艰苦奋斗、激情进取、挑战极限而凝结成的宝贵精神财富，是企业的立业之本，是搏击市场风浪，实现商业成功的必然选择。“创新超越”是中航工业成飞实现跨越发展的内在要求，是航空人履行“航空报国”神圣使命的不竭动力，是改革创新的时代精神在航空人身上的具体体现。

成飞精神：勤奋、实干、创新、奋进。成飞以激情和坚韧打造勤奋的身姿，“激情”喷薄出成飞昂扬大气、拼搏奋进的气质，“坚韧”刻画了成飞百年一日、万人一心的意志。成飞以务实和出活练就实干的作为，“务实”体现了成飞务本踏实、不视浮华的风骨，“出活”勾勒出成飞干练有为、追求卓越的品行。成飞以勇气和变革砥砺创新的风范，“勇气”彰显了成飞勇于破立、开拓求新的胸怀，“变革”树立起成飞励精更始、屹立潮头的气概。成飞以忧患和超越进发奋进的力量，“忧患”折射了成飞忧深思远、居安思进的远见，“超越”凸显了成飞奋发有为、锐意进取的气魄。

## 三、整体推进子文化建设，发挥文化管理职能

企业文化建设只有紧密围绕中心工作，密切配合中心工作，全力服务中心工作，企业文化才会有旺盛的生命力。中航工业成飞在企业文化体系建设过程中，抓住重点工作，加强与科研生产密切相关的特色子文化的建设，形成极具行业特色的子文化体系。中航工业成飞重点推进了型号文化、质量文化、保密文化、安全文化、创新文化，确立了各重点文化的理念及推进实施方案。按照整体规划、系统设计的原则，公司企业文化部负责组织、协调、指导公司的文化建设，公司有关单位对相关文化建设项目负有建设责任，结合实际，创造性地开展工作。

### （一）型号文化。

重点型号的研制，充分体现国家战略意愿，提升国际地位，振奋民族精神，也是加强企业文化建设的重要途径，其研制进程充满了艰辛和曲折。中航工业成飞切实加强型号文化建设，充分发挥其凝聚力量、创造价值的增值器作用，助力了各项任务目标的实现。

注重精神激励。为加快型号研制步伐，中航工业成飞上下步步坚守，营造了催人奋进、气势夺人的文化氛围。叫响“我为型号做贡献，型号成功我成才”等口号激扬斗志；凝练“超常的自主创新，超常的严谨求实，超常的协同攻坚，超常的拼搏奉献”的歼十精神，为型号研制提供了不竭的精神动力。

缔造文化产品。策划编印《傲啸长空》《蓝天铸剑》《龙腾东方》等报告文学集和《砺剑》画册、张贴战地快报，精心推出“蓝天铸剑”事迹报告会，铸就型号文化的精神丰碑。通过鲜明的价值引领与生动的演绎，将爱岗敬业、拼搏奉献、求实创新的典型推到报告会这个光彩夺目的舞台上，营造了整体、系统、新颖的企业文化工作“场”，激发员工坚定“航空报国”的理想信念，有力助推了重点型号的研制。

落实以人为本。提出“企业领先发展，员工全面进步”两大目标，将企业的发展与员工的幸福紧密结合起来，创惠与企业员工。在型号研制攻坚最艰难的时刻，为有效缓解员工压力，成飞积极制定实施“一三二蓝天关爱计划”，培育和倡导一个理念——“激情工作、快乐生活”；着力打造三个平台——“健康平台、沟通平台、服务平台”；实现两大目标——“身心成长和价值实现”，实现对员工的真诚关爱和帮助。

强化氛围营造。加强现场宣传和媒体宣传，通过在重点型号交付仪式上悬挂巨幅国旗，举行屠基达院士雕塑落成揭幕仪式、型号事迹报告会、慰问演出、主题劳动竞赛，建设星光大道，拍摄《砺剑》、《砥砺前行》等形势任务教育片等，以及开展党员先锋、工人先锋号、青年突击队等系列活动，全方位营造航空报国、勇攀高峰的浓厚氛围。

### （二）质量文化。

质量是企业的信誉之源、立业之本、发展之基，中航工业成飞以搏击市场、提升核心竞争力为导向，通过不断加强质量文化建设，打造“精品成飞”，为部队提供最优质的产品和最好的保障，并一举成为军工行业首家荣获国内质量领域最高奖——“全国质量奖”的企业。

以先进文化理念渗透全员。倡导“精确”、“完美”理念，强力塑造以“制度+执行”为核心内涵的“工业文明”素养，以文化来统一、约束和规范员工的价值观和行为，提高员工的质量意识。在全面质量整风的同时，又提出“恶补工业文明”，喊响了“严肃工艺纪律、严格遵章守制”、“‘铁腕’整治违规操作”等口号，让相应的规章制度在职工思想深处落地生根；在各个层面开展“革陋习，塑良风，我为质量提升做什么？”、“革陋习，塑良风，从我做起”大讨论；每年9月开展质量月质量文化周活动，编印《质量警示录》、拍摄《质量警示教育片》，以案例进行警示教学；组织召开厂部长论坛、质量文化研讨会，不断丰富文化内涵，努力促成员工行为的自律自觉。

以制度规范员工行为模式。系统思考，从源头着手，在体系、方法、机制等层面，全面展开改进与完善。通过重构和持续改进质量管理体系，用“三性”标准持续完善技术文件，强化企业塑造“制度＋执行”素养的技术基础，通过多层次检查强化执行力度、严格奖惩规范员工行为等多项举措，强化了员工对企业忠诚、对用户负责的观念以及对标准和技术规范的认同感和敬畏感，让质量意识成为赖以生存的自觉行动，从而自觉把质量文化落实在工作岗位上，以实际行动共同打造产品诚信、过程诚信和人格诚信。

**（三）保密文化。**

作为军工企业文化的重要组成部分，中航工业成飞明确提出“保密工作要形成一种文化，贯穿于公司可持续发展工作中”的工作思路，从构建保密管理体系出发，落实保密责任，开展形式多样的特色保密宣传教育活动，着力于培育公司保密文化，最终达到保密工作成为每一个人的自觉行为，使保密文化落地生根。

持续改进完善保密管理组织管理体系，中航工业成飞成立了保密工作委员会，由董事长、党委书记为主任，总经理任常务副主任、分管保密业务党委副书记任执行主任；独立设置了保密委员会办公室，组建起一支保密管理内部审核员队伍。根据体系管理的经验和思路，逐步形成了以保密部门牵头、业务部门分工协作、各单位具体负责，齐抓共管“三位一体”保密管理体系。

中航工业成飞建立起以一个《保密手册》、29 个基础制度、两个专项制度为核心的保密管理制度体系。签订专项《保密工作目标责任书》，并将保密工作评价、考核结果与年度绩效考核和年度先进评比挂钩，做到保密工作与业务工作同计划、同部署、同检查、同考核、同奖惩。

中航工业成飞广泛开展保密宣传教育，形成各负其责的保密宣传教育培训格局，每年坚持开展“保密宣传教育月”特色活动，组织保密知识竞赛、保密知识讲座、学术交流、“失泄密技术演示活动”、“保密教育培训素材征集活动”等特色专题教育活动。

**（四）安全文化。**

中航工业成飞把安全文化建设作为安全管理提升的主要着力点，突出“预防为主，珍爱生命”理念，促进安全管理由被动强制行为转变为主动自愿行为。

开展多种形式的宣传教育活动，营造安全文化氛围。印发安全理念宣传册 1.5 万份，开展“安全环保月”宣传教育活动和“安康杯”竞赛活动，将事故情况和违章行为在行政例会上进行曝光，举办安全文化报告会，编发《安全启示录》。

建立健全安全生产责任制，通过安全生产规章制度的贯彻落实和监督检查考核，促使各级人员在履行岗位职责时，必须履行相应的安全生产责任。建立了职业健康安全管理体系、应急管理体系，将安全生产目标、指标纳入年度经营计划。

通过开展安全管理人员培训，特种作业人员培训，新入厂员工三级教育，体系深入班组活动，体系与安全标准化集成管理等，提升干部职工的安全知识和安全技能，从而促使员工“遵章守纪，行为规范”。

中航工业成飞严格执行“三同时”管理，杜绝新隐患产生，开展职业安全健康专项治理，全面深入开展隐患排查治理，实施危险源（点）重点控制，实施劳动防护用品管理改进，使安全保障机制更加完善。

**（五）创新文化。**

打造创新文化，其根本目的是通过员工创新意识的培育，自觉提升企业的核心竞争力，增强企业持续生存发展壮大的能力。中航工业成飞倡导“放飞思想，敢为人先”的创新理念，积极打造“创新成飞”，定期举办科技大会，通过思想引导、政策落实、组织保障、激励人才等，促进思想多元化，促进将创新意识转化为创新行为，增强创新能动性。截至 2013 年，中航工业成飞累计申请专利 800 余项，其中近 400 项已获得授权，有效专利 320 余项，有效发明专利 100 余项。近三年获得省部级以上科技成果 40 余项，累计获得集团公司及省部级以上 400 余项。

加大创新投入。坚持依靠科技进步，加大对创新事业尤其是研发的投入力度，多方筹措资金，保证科技投入，为自主创新提供有力的保障。通过多项技术改造项目建设，数控加工、复材制造、飞机装配、试验试飞等方面已达国内乃至国际先进水平，其中“S”形标准试件获得国际标准化组织批准立项，巩固和提升了核心竞争力。十二五以来，中航工业成飞先后与 20 家高校、14 家研究院所签订了 131 项科研课题合作合同，6 家院校签订了战略合作协议，促进实现优势互补和合作共赢。

实施管理创新。在创新管理上狠下功夫，坚持依靠科技进步，进行先进技术改造，初步实现了“数字成飞”；以腾飞计划为主线的管理提升措施及职位体系和薪酬体系改革，为自主创新工作落实到岗位、落实到产品起到很好的助推作用；进行主要技术领域科技创新，加大技术改造和资源调配；建立完善的科技管理和配套管理体系。

营造激励环境。积极搭建激励政策，激发全员的创新激情和参与程度。建立有效的激励机制，将科技创新完成情况作为部门绩效考核的重要指标；加大专利申请、授权奖励及实施报酬的落实力度、坚持开展科技进步奖评定及表彰奖励、对在科技工作中表现突出的个人和团队进行表彰奖励，有效激发了广大员工的自主创新热情。

培育创新人才。人才是自主创新的主力军，创新人才队伍建设则是培育核心竞争力的重头戏。中航工业成飞努力为员工搭建科技创新平台、提供施展才华的广阔空间，积极为员工职业生涯规划提供政策支持。高薪聘任技术专家、首席操作技师，打造航空高科技的尖端人才队伍；建立特殊优秀人员晋升通道，建立以市场为导向的岗位收入调整机制，保持人才队伍的生机和活力。依托重点项目的研制生产，组织开展多种形式的课题研究、技术攻关等科技创新活动，年投入培训费用达 1400 万，促进员工成长。

## 四、创新搭建 DPSS 平台，凝心聚力促发展

当前，国有企业正在加快转型升级，中航工业成飞面临的社会、经营、生存环境发生很大变化，任务之重，挑战之严峻前所未有，社会转型、工作重压、个性张扬、网络潮涌时代背景下，职工比以往任何时候更加注重自身价值实现、更加渴望受到尊重、更加追求个性化需求。中航工业成飞在新时期敏锐地把握形势变化，适应新形势新特点新变化，在继承优良传统的基础上坚持改革创新，在改革创新中不断改进和加强。努力探索新形势下宣传思想文化工作的新思路和新途径，积极搭建“DPSS”平台（D—Discussion，即“大讨论”；P—Passion 即“激情成飞”；S—Star 即“每周一星”；S—Story 即“成飞故事”），形成了成飞有特色的宣传思想文化工作载体，有力地助推了企业的科学发展。

**（一）坚持开展“大讨论”活动，引领干部职工思想形成聚力。**

近年来，中航工业成飞面临重大发展机遇，也面临前所未有的挑战。针对每年形势任务特点，公司把开展“大讨论”作为干部职工放飞思想、思考发展、统一认识的重要载体，收到了切实效果。从 2003 年开始，通过大讨论活动，统一了干部职工思想，强化了干部职工对航空报国使命的自觉担当和对公司发展的自觉认同感。大讨论中，员工提出了许多合理化建议，形成了一批可喜的思想成果，具有较强的实际指导意义，对提高工作效率，促进了任务的完成起到了积极的推动作用。

**（二）举办“激情成飞”评选、表彰活动，打造职工精神家园。**

从 2005 年开始，“激情成飞”活动渐渐确立了鲜明正确的导向价值及定位，那些为推动公司发展作出贡献、爱岗敬业、在平凡的岗位上做出了不平凡的事迹、为社会公平正义、和谐成飞建设做出贡献、体现中国传统美德和良好社会风尚的人物和事迹，被力推到“激情成飞”这个平台上光彩夺目，无论是歼十飞机研制的代表、主管工程师、一线科研人员、采购员、女工长还是见义勇为的好青年、热心社区的退休阿姨、战胜病魔、笑对人生的离休干部，他们的精神和形象，伴随着度身定制的宣传、全员的互动、隆重热烈的“颁奖仪式”等过程，走进了职工的心中。中航工业成飞以“激情成飞”宣传活动营造了整体的、系统的讲道德、重和谐、树新风的思想政治工作“场”。“激情”已成为公司的代名词，2009 年，“激情成飞”入选全国 40 个思想政治工作优秀案例，2013 年又入选中国管理案例共享中心案例库。

**（三）评选“每周一星”人物（集体），表彰激励科研生产典型。**

2010 年以来，中航工业成飞在重点项目科研生产任务的攻坚克难中，创新地推出“每周一星”活动，彰显在科研生产任务中冲锋在前的优秀员工精神风采，在全公司范围内形成了科研生产推进到哪里，“星星”就辉映到哪里；科研生产的主战场也是“群星闪烁”的地方，极大地增强了典型宣传的吸引力、感染力和影响力，推动了重点项目科研生产任务。“每周一星”重视现场宣传，通过建设“星光大道”、制作特定的宣传展板等，对当选的“星星”事迹和感言进行鲜活的陈述，用事实信服人，用激情鼓动人，增强了获奖员工自豪感和使命感；通过召开座谈会、现场颁奖、颁发特制奖杯和绶带，领导接见等活动使“每周一星”活动的深入到每位职工及家属，使活动的示范、辐射、带动作用不断得到放大和提升。“每周一星”评选活动得到了中航工业林左鸣董事长的高度肯定，林左鸣欣然题词“星光闪耀，砺剑扬威”，要求进一步扩大宣传，形成成果；空军副司令景文春接见了“每周一星”，为他们加油鼓劲；中华全国总工会主席王兆国称赞“‘每周一星’宣传方式非常好！”；“每周一星”活动荣膺中航工业 2011 年“创先争优十大载体”之首，并入选第二届全国“百篇优秀管理案例”。

**（四）举办“成飞故事”讲述比赛，传播企业的价值理念。**

中航工业成飞素有讲故事的传统，在歼十飞机的研制历程中，就涌现出了“三滴油”、“前起落架”“亚洲第一框”等感人的故事，近些年来，“喂奶妈妈”李洋、“忠孝两全”王林的故事也广泛传播，激励和鼓舞着公司干部职工全力以赴，激情拼搏。2011 年，在基层讲、分片区讲述故事的基础上，成飞举办了“成飞故事·型号研制的故事”讲述比赛，2012 年成飞推出“成飞故事·质量攻坚”活动，2013 年作为成飞五十五周年庆典活动之一，推出了“成飞故事·经典重现”活动，2014 年，成飞还将推出“成飞故事·变革创新”活动。每年的故事汇演都吸引了三百多人参与，讲述故事的形式已丰富多样：演讲、评书、情景剧、诗朗诵、快板书、小品等多种形式在汇演中轮番上演。通过创意评选方式，让观众进行投票打分，并邀请专家点评，使活动丰富多彩、深入人心。“成飞故事”让职工在感受中得到感动，在感悟中提升精神，形成了成飞企业文化载体中的又一道亮丽的风景线。

## 五、自觉与示范，全方位打造文化影响力

**（一）从“新”和“心”开始，打造文化自觉工程。**

员工对文化的认同是实现员工文化自觉，实现“文化统领”的关键。中航工业成飞启动实施员工文化自觉工程。尝试在员工的全工作周期开展系统性的企业文化建设工作，着力于员工的企业文化认同、践行、自觉三个阶段的文化建设，系统推进针对员工个人的“文化统领”工程。

中航工业成飞“员工文化自觉工程”，是根据员工在企业工作的不同时期，即初期——文化认同期、中期——文化践行期、后期——文化自觉期，分阶段进行文化建设工作的顶层设计，各部门联动，有计划、有重点、系统推进员工的企业文化建设工作。其中，“文化认同期”是企业文化入脑入心的首要环节，也是当前中航工业成飞大力推进的企业文化建设重点项目。

“文化认同期”工程，将目标人群锁定在入厂三年内的新入职员工，三年三步走，为入职三年内的青年员工注入“航空报国”的文化基因，培育“两个终将”的价值观。

文化植入。新员工入职第一年，针对这一阶段员工“新

鲜”的特点，将企业文化建设工作重点定位在以文化培训为主。从感官的各个角度感受导入企业文化理念、行为规范，帮助员工从校园人转变为社会人，增强新入职员工的认同感。

文化引导。新员工入职第二年，针对这一阶段员工“迷茫”的特点，企业文化建设工作着重强化对员工的工作、生活、家庭、心理的关怀，提升员工对企业的归属感、亲情感。

文化认同。新员工入职第三年，针对这一阶段员工“躁动”的特点，企业文化建设工作着重加强“两个终将”的价值观教育，引导员工固化价值观，有针对性地发掘员工价值，积极肯定员工成绩，增强员工的成就感、荣誉感。

**（二）发掘基层文化价值，彰显文化示范作用。**

加强示范单位建设。制订了《企业文化建设示范单位评定、管理办法》，规范公司各单位企业文化建设标准，选树“企业文化建设示范单位”，强力推进文化建设有效落地。“企业文化建设示范单位”每年进行一次现场评估，在企业职代会、党代会上进行授牌表彰，并组织经验交流，促进示范单位出成果、出亮点、出经验，实现“以点带面、示范引路、标杆树旗、全面升级”的目标。

推进文化进班组。作为企业文化落地的有力抓手，选树企业文化建设示范班组（工段、科室），开展班组文化建设研讨会，组织工（组）长培训班，各级管理层深入班组调研，将倡导的企业文化理念、行为规范直接传达到一线，并规范了班组文化建设的基本要求，明确了班组文化阵地、班前会、文化活动、典型人物等要素，以示范班组建设带动文化进班组，使企业文化真正意义上达到全覆盖，形成文化落地自觉。

## 六、企业文化建设的成效

企业文化对于一个企业的成长来说看起来不是最直接的因素，但却是最持久的决定因素。许多优秀企业的发展实践证明：谁重视企业文化建设谁就拥有竞争优势、效益优势和发展优势。近年来，中航工业成飞坚持以人为本，从转变观念，开辟以上路径入手，创新企业文化工作，全面提升企业文化对企业改革发展的贡献度和价值创造，为企业发展提供了强有力的精神动力和文化支撑。

**（一）确保了型号研制生产任务的完成。**

近年来，中航工业成飞持之以恒加强企业文化建设，促进了企业深化改革、强化管理、加快发展，为顺利完成枭龙飞机、歼10飞机等型号的研制生产任务奠定了基础，极大地缩短了与世界航空列强的差距。型号文化、质量文化、保密文化、安全文化、创新文化等特色文化体系的建设成效突出，特别是坚持“型号工程是成飞最大的政治”不动摇，以民族利益为最高利益，以祖国需要为最高需要，以建设强大的国防为神圣职责，培育了“祖国终将选择那些忠诚于祖国的人，祖国终将记住那些奉献于祖国的人”企业价值观，使文化的推动力体现在科研生产的每个环节，在管理工作中发挥了先导作用，推动了科研生产的顺利进行。

**（二）促进了企业科学发展水平的提升。**

中航工业成飞持之以恒加强企业文化建设，努力把企业文化优势转化为创新优势、竞争优势和发展优势，促进了经济规模和经营效益的持续稳定增长，连续三十五年保持盈利，实现销售收入连年增长，从2000年的10多亿元增长到2013年的120亿元，并连续六年保持百亿级。作为一个以制造为主要技术领域的企业，中航工业成飞专利申请数量连续四年保持了较高水平，近三年的专利申请量占成飞历史总申请量的43%，近三年的发明专利授权数量占成飞历史总授权量的71%，极大地增强了企业的核心竞争力。目前，中航工业成飞正努力朝着“成为技术领先、管理卓越的世界一流航空制造企业”奋勇前进。

**（三）锻造了一支文化自觉的员工队伍。**

中航工业成飞持之以恒加强企业文化建设，促进企业文化真正化为全体员工的共同理念和规范行为，成为“共鸣的文化”，不仅让员工的手动起来，还让员工的脑动起来，使广大员工聪明才智得到了充分发挥，涌现出了屠基达、许德、张林、刘时勇、汪小东等一大批自觉践行企业文化理念、执着航空报国、敬业奉献的杰出代表，而由此形成的凝聚力，使生产能力得到大幅提高，并连续多年获得较高的经济效益。

“资源是会枯竭的，唯有文化才会生生不息”。中航工业成飞通过“文化统领”最高境界的打造，通过价值发现、规范改造、形成习惯，使企业文化的因子在潜移默化中融入了员工的血脉中，提升了全员的文化自觉性，打造了企业文化的核心竞争力。输出了一大批国际国内先进航空武器装备，不断吸引着众多优秀人才投身航空工业。半个多世纪艰苦卓绝、百折不挠的奋力发展，中航工业成飞已培育了企业文化强有力的竞争力，昂首跨入中国航空制造业的前列，正在向实现中国梦、航空梦、成飞梦坚实迈进！

# 中国农业银行苏州分行

## 以企业精神为核心　打造特色企业文化

农行苏州分行下辖5家二级分行和6家一级支行，在职干部员工5100多人。作为全国农行系统企业文化建设评价指标体系试点及首家通过验收的单位，苏州分行近年来以社会主义核心价值观为指导，全面落实中央和上级行关于文化建设的一系列重要部署，以建设农行系统“一流分行标杆行、转型发展龙头行、幸福农行样板行”为愿景目标，坚持一张好的蓝图干到底，以企业精神为核心，精心制定企业文化建设评价指标体系，通过定性分析、定量评价，虚功实做、软功硬做，推动企业文化到基层、到每个员工的深植落地，充分发挥文化引领发展的作用，干部员工的文化自觉性、主动性不断增强，文化建设的体系更加完善，机制更加规范，效果更加显著。

## 一、精心设计提炼，深入基层实践，全员建设富有自身特色的企业文化

### （一）提炼发扬苏州农行精神。

“自加压力、敢于争先、追求卓越、行健致远”，是全国农行系统独具精神特质并发挥重大作用的苏州农行企业精神。这种企业精神对推动苏州、江苏乃至全国农行的改革发展产生了很大的影响，起到了很好的示范作用。在近几年苏州分行着力建设“农行系统一流分行标杆行、转型发展龙头行、幸福农行样板行”的新时期，这一宝贵的精神财富得以进一步传承、丰富和发扬，成为全行的个性、灵魂和优势，显示出旺盛的生命力和强大的凝聚力。苏州农行企业精神是对全行经营管理产生决定性作用的一种集体自觉，是苏州农行的灵魂、个性和力量之源。在中国农业银行 2015 年工作会议上，农业银行党委书记、董事长刘士余提出要在全行弘扬勇争第一的“苏州农行精神”。

苏州农行精神的发展。苏州农行企业精神发源地在张家港，是从 20 世纪 90 年代中期叫响全国的“团结拼搏、负重奋进、自加压力、敢于争先”16 字张家港精神中提取。该精神曾被誉为“伟大理论（邓小平理论）的成功实践”（1995 年 10 月 18 日《人民日报》头版评论员文章标题）。该精神在张家港的成功实践及显著效应，使身临其境的苏州农行很自然地将其核心内涵作为农行企业精神，并很快成为苏州农行的发展之魂和力量之源。

苏州农行企业精神经历了三个发展阶段：早在行社分门的创业阶段，苏州农行在“自加压力、敢于争先”精神的基础上，提出了“争气拼搏”的口号，城市业务瞄准工行，国际业务瞄准中行，房地产业务瞄准建行，鼓劲加压，艰苦创业，不断占据业务发展的制高点。在基本确立大行强行地位以后，苏州农行把“追求卓越”作为企业精神的新坐标，牢牢抓住城乡一体化发展、经济转型升级和总行“46112”重点城市行优先发展等重大战略机遇，切实加强综合竞争能力、风险管控能力和价值创造能力建设，四年再造一个苏州农行，实现跨越式发展。经济发展步入新常态以来，为适应外部形势和工作重点的变化，又将“行健致远”写入企业精神新内涵，引导全行追求可持续的成功、保持长期的胜利，推动高平台上的转型发展。

苏州农行精神的内容与实践。“自加压力”，就是自立自强，自我加压，不留后路，务求必成。“自加压力”体现了农行人忠诚朴实、艰苦奋斗、实干苦干的光荣传统。苏州农行的辉煌，是苏州农行人自我加压，敢想敢干，用几倍于他人的辛勤汗水浇灌出来的。正因为有了“自加压力”这种自觉“负重”的主动性，才能自找苦吃、自寻对手，才能保有一股子拼劲、闯劲和韧劲。1995 年，行社分门，面对基础薄弱的经营困境，苏州农行人不等不靠不伸手，最早提出“以市场为导向、以客户为中心”的商业化经营理念，制定并执行完成了首个三年规划，以“四走四串”、“四千四万”的工作方法和最简单、最朴实的“饭碗意识”，一举占据了农行在苏州区域业务发展的制高点。

“敢于争先”，拒绝平庸，敢闯敢干，敢于亮剑，敢争第一。“三军可夺帅，匹夫不可夺志”。苏州农行人干任何工作都保有“争第一”的高标准，有了这个最高的标准，即使争不到第一，争个第二、第三也是好的，但如果连争第一的信心和勇气都没有，那么第二、第三也争不到。在不同的历史阶段，苏州农行先后提出打造“实力农行、活力农行、魅力农行”，提出做“最大最强最优”的区域领军银行，提出做“区域领军、系统标杆、国内顶级”的银行，提出做“一流分行标杆行、转型发展龙头行、幸福农行样板行”。虽然环境在变、队伍在变，但最内核、最早在商业化转轨时期提出的“争创一流银行”的奋斗目标始终没有变过，“在全市金融系统争上游、在全省农行争第一、在全国农行争先进”的信念追求始终没有变过。

“追求卓越”，永不满足，永不停步，只争朝夕，不断超越。保有连续作战、持久拼抢和不断超越的责任感、使命感和危机感，善于主动树立新的标杆，主动寻找薄弱环节，见贤思齐，见快思超，见强思争，在不断追求卓越、不断超越自我的过程中实现新的突破、新的发展。近年来，在全面确立区域领军银行地位后，苏州农行着力打造“苏州农行升级版”，重点推进“五大转型”：一是客户转型，着力构建涵盖大、中、小多层次的客户结构。二是业务转型，注重表内表外业务同步发展。三是渠道转型，建立线上线下、虚拟和实体有机互动的多层次、立体式服务渠道。四是服务转型，努力成为综合金融服务提供商。五是管理转型，靠不断加强管理创新来创造新的红利。

“行健致远”，立足当前，着眼长远，蹄疾步稳，科学发展。确保任何时候都不偏离科学发展的主线，坚持发展是第一要务，遵循经济发展规律和现代商业银行规律的科学发展，准确把握近期目标和长期发展的平衡点，准确把握转型发展的着力点，准确把握企业发展与员工成长的结合点，坚持规模、质量和效益协调发展和区域协调发展。如今，经济呈现新常态，竞争、控险、转型的压力不断加大。苏州农行在此形势下，制定了新的三年发展规划，牢固树立正确的业绩观，提出正确处理好“五大关系”，即稳增长与促转型的关系、发展与控险的关系、短期与长期的关系、规模扩张与结构调整的关系、制度“硬管理”与文化“软约束”的关系，夯实长远发展的根基。

### （二）打造形成五种作风。

五种作风，即“永不满足、永争第一”的进取作风、“无私无畏、敢闯敢试”的创新作风、“坚韧不拔、知难而进”的拼搏作风、“精诚合作、乐于奉献”的团队作风、“求真务实、真抓实干”的实干作风。

“永不满足、永争第一”的进取作风。坚持“市场争第一、系统争贡献”。各项工作都要走在同业和系统的第一。第一就是形象，就是品牌，就是地位。坚持“与好的比、跟强的争、同快的赛”。任何时候都有更高的参照系，攀高比强，比学赶超。与强手对抗中锻炼能力，在高水平竞技中提升素质。坚持“跳一跳、够得着”。制定目标时自我加压，定位于通

过努力能实现的最高限。推进落实过程中破除任务观点、指标观点，做到“能好则好、能快则快、能超则超”。坚持“样样工作争第一”。既要做“单打冠军”，更要成为“全能冠军”。这种永争第一的信念，就是苏州农行企业精神的核心，成就了苏州农行科学稳健发展，并成为夺取同业翘楚地位的关键。

“无私无畏、敢闯敢试”的创新作风。多年来，苏州农行在“试”中探索前进、“闯”中开辟新路，敢作敢为、敢为人先，敢于承担责任，并且善于创新、善于争取政策支持，力求比别人醒得早、赶得快、干得实。二十年前，苏州工业园区开发建设之初，需要大量的开发贷款，由于基础项目承贷主体、收益来源等方面的问题，很多银行观望犹豫，不敢介入，但苏州分行经过充分论证，争取上级行进行项目评估，果断向园区管委会授信25亿元，不仅抢占了一批园区基础建设项目，还“筑巢引凤”，吸引了大批区内企业落户农行。这种“无私无畏、敢闯敢试”的特质，使苏州分行抓住了一个又一个项目，营销了一个又一个客户。至今，园区农行保持各项业务全面领军同业。

“坚韧不拔、知难而进”的拼搏作风。苏州农行的发展进程并不都是一帆风顺，曾经也遇到过较大的困难和挫折。但在困难面前，全行上下没有退缩、没有消沉，而是以“大发展小困难，小发展大困难，不发展难上难”统一意志，把困难作为磨练意志、锻炼队伍的试金石，把困难与挑战等各种压力转化作抢抓机遇的动力，保持“此时不搏，更待何时”的旺盛斗志和昂扬精神，审时度势把握大局，确定方向扎实苦干，锲而不舍奋力拼搏，全力以赴打开局面，把苏州农行这面旗帜染得更红、举得更高。特别是近年来全行在发展平台高、社会资金紧、任务指标重、经营压力大的情况下，仍旧实现了主体业务的跨越式发展，在竞争能力显著增强的同时，经营转型高效推进，管理基础不断夯实，品牌形象持续提升，保持了平安和谐、健康可持续的发展态势。

“精诚合作、乐于奉献”的团队作风。长期以来，广大干部员工已养成了对苏州农行发自内心的热爱，拥有强烈的荣誉感、自豪感和归属感，十分珍惜苏州农行的实力、地位、品牌和形象，形成了强烈的主人翁意识。领导干部牢记组织信任和员工重托，甘心挑担子，乐于揽责任；全行员工珍惜岗位、珍惜机会，甘心多付出，乐于多贡献。苏州分行领导班子以及辖属多家分、支行领导班子连续多年被评为省分行“四好班子”。全行上下围绕一个共同的目标，心往一处想，劲往一处使，上下同心、目标同向、措施同步，一个号召贯彻到底，对党委决策、计划执行有着铁的纪律。不管再苦再累再困难，整个团队始终保持着强大的执行力、凝聚力和战斗力。

“求真务实、真抓实干”的实干精神。“坐而论不如起而行”，这是苏州农行业绩再次证明了的一个真理。苏州农行历来反对空话，强调实干，把全部心思用在干事业上，把全部精力用在察实情、出实招、求实效上。在领导层面，牢记组织信任和员工重托，甘心挑担子，乐于揽责任；在员工层面，珍惜岗位、珍惜机会，甘心多付出，乐于多贡献。多做少说，目标明确，务求必成，工作任务落实到底，上级号召贯彻到底。在苏州工业园区支行，我们的员工对每一个入驻园区的外商企业，按照“信息最灵、反应最快、追踪最勤、方案最佳、产品最全、服务最优、科技最高、关系最密”的“八最方针”，坚持第一时间介入项目谈判。行领导和客户经理时常在浦东国际机场等候客户至凌晨二、三点，在第一时间送上鲜花、递上名片，将客户送至宾馆住下，方才赶回苏州。天亮后，他们又跟往常一样开始第二天的工作。

**（三）培育深化五种意识。**

五种意识，即“因势而变、拼抢市场”的机遇意识、“不进则退、慢进亦退”的忧患意识、“合规经营、履职尽责”的风险意识、“雷厉风行、快速高效”的效能意识、“以人为本、协调发展”的统筹意识。

“因势而变、拼抢市场”的机遇意识。苏州农行的成就，是抢抓机遇干出来的。回顾苏州农行历史，全行先后抓住了苏南模式乡镇企业发展、苏州外向型经济发展两个阶段的重大机遇，落实“保抢挖”各项举措，推进本外币一体化经营，一举占据了业务发展的制高点，改变了苏州金融市场版图，奠定了大行地位。在抢抓机遇的过程中，认准“变是不变的”道理，始终紧扣地方经济发展的脉搏，始终紧贴优质客户的多元化需求，创造性地贯彻上级行的经营战略取向，因地制宜，因势而变实施“115”梯次发展战略、“双优客户”战略，推动全行开展“五分析”（分析市场、分析客户、分析产品、分析同业、分析人员），“五联动”（本外币联动、表内外联动、境内外联动、存量增量联动、银行与非银行债务融资工具联动），“五营销”（普通产品全员营销、复杂产品专项营销、资产业务组合营销、批发零售交叉营销、系统客户联盟营销），努力做到抢抓机遇先人一步，改革创新早人一拍，经营转型高人一筹、扬长补短超人一招，牢牢把握改革发展和市场竞争的主动权。

“不进则退、慢进亦退”的忧患意识。苏州农行人深知“行如逆水行舟，不进则退”的道理，始终强调防止“小富即安”。在全面领先的时候居安思危，在成绩面前保持归零心态，不盲目乐观、不骄傲自满、不夜郎自大，善于主动寻找薄弱环节，主动瞄准新的标杆。特别是时刻提醒干部员工，我们的优势只是暂时的，客户“你中有我、我中有你”，千万不能有“松一松、停一停、歇一歇”的想法。正是这种在顺境下的忧患意识，使苏州农行能够把90年代确立起来的领先优势一直保持下来，并加以巩固扩大。

“合规经营、履职尽责”的风险意识。多年来，苏州农行始终牢记“发展是第一要务，控险是第一责任”，坚持把发展的速度与质量、结构与效益统一起来，把创新与规范统一起来，把对上级行负责与对员工负责统一起来，以对农行负责、对历史负责的态度抓经营、促发展。就像一列高速前进的火车，越是跑得快，越要把平安运行放在首位；越是发展速度快，越是强调合规经营，不断强化各项基础管理，坚持主动防控风险并退出潜在风险，从而才能保证发展的长期可持续。正是因为正确处理好发展与控险的关系，才为全行快速健康发展创造了良好环境。

“雷厉风行、快速高效”的效能意识。提倡“作风是生产力、效能是竞争力”，始终坚持高标准定位，快节奏运行，满负荷工作，在苏州各级政府和企业界树立“诚信农行、效率农行”服务品牌，成为金融系统排名第一的作风效能建设先进单位。两级机关部门大兴主动服务、尽责服务、创新服务、高效服务、廉洁服务之风，不断加强沟通机制、协作机制、传导机制、联动机制、预审机制、会办机制建设，做到政策快传导、项目快衔接、矛盾快处理、审批快进行；基层支行主动研究市场、善于捕捉先机，做到反应快、行动快、落实快。全行在快中创造先机、创造效益、创造竞争力。

“以人为本、协调发展”的统筹意识。精神文明建设与物质文明建设是科学发展的两翼，缺一翼或一翼偏弱，就难以起飞，更不能凌空翱翔。因此，苏州农行上下始终坚持“两手抓、两手都要硬”，以全面协调可持续发展为根本追求，在继续保持率先发展的同时，更加注重规模、结构、质量、效益的协调统一；在强化岗位考核、绩效考核激励的同时，更加注重党建、企业文化、家园文化建设，不断提高金融服务水平和提升服务层次，打造优质服务品牌，树立良好的社会形象。通过物质文明、精神文明、政治文明和生态文明建设协调健康发展，营造积极向上、团结和谐的工作氛围，构建各项工作齐头并进、协调发展的新格局。

**（四）规范培养专项文化。**

苏州分行在企业精神、企业作风、企业意识主体文化建设过程中，同时打造了六种专项文化，即创业文化、创新文化、服务文化、合规文化、人本文化、责任文化。

争气拼搏，永争第一，确立领先地位的创业文化。总行张云行长曾总结和肯定说，“苏州农行人的一条重要经验就是‘敢闯’”，这股子闯劲很好地体现了苏州农行“艰苦创业，全员创业，实干创业”的创业文化。在逾三十年的创业历程中，苏州农行人始终勇立潮头、勇探新路，不断弘扬苏州分行创业文化，敏于抓住机遇、敢于探索创新的特质基因，准确把握了苏州经济发展进程中的每一次重大机遇，不畏艰难，创新实干，取得了均衡、协调、可持续发展。早在20世纪80年代中期，苏州农行就率先确立了商业化的经营理念，找准了主抓“市场、客户、效益”的工作重心定位，并在苏州地区乡镇企业及民营经济蓬勃发展的年代做到及早介入，全力支持，通过“保抢挖”的竞争方式奠定了快速发展的客户基础，实现市场空间由“三农”向农工商多领域的突破。90年代初期，苏州以扩大对外开放为动力，加快开放型经济的转型，苏州农行接连出台、实施了三个“三年发展规划”，要求全行争做第一，并狠抓国际业务，在苏州地区塑造一个城乡市场协调发展，国际国内综合服务的现代商业银行形象。1997年，苏州农行人民币存款总量超过工商银行，首次位列地区同业之首，奠定了区域一流领军银行地位。当前，在苏州开放度高、金融竞争白热化的格局下，苏州分行各业务条线都展现出很强的市场竞争力，主体业务市场份额，新增份额始终稳居同业首位，形成了全面发展的良好局面。

先行先试，锐意进取的创新文化。苏州是一个金融竞争高度激烈的区域，发展的机遇稍纵即逝，唯有不断创新才能抓住竞争的主动权。苏州农行积极培育敢于创新的文化，充分发挥总行产品创新试验行机制优势，把文化融入到现代化银行建设之中，融入到产品设计和客户体验的各个方面。20世纪90年代，外汇业务刚起步的时候，不少外资企业认为农行“农”字当头，办外汇业务是“泥腿子办洋务”，但苏州分行响亮地提出了全行办外汇的经营思路，把技术创新作为突破口，在苏州地区第一家开通SWIFT国际结算系统，第一个上线中英文网银，第一个实现外汇业务联网和单证集中处理……促成了国际结算超越中行的奇迹。2003年，通过在固定电话上加载金融功能的方式，自主开发转账电话，创造性地将自助结算渠道延伸到专业市场每个角落，现已成为全国农行“惠农通”工程最重要的机具。2013年，苏州农行建成了系统内第一家也是唯一一家新概念银行体验中心，这既是农行提升企业形象的重大工程，更是为适应未来银行业发展趋势而做的重大探索。体验中心建成的两年多时间来，人脸识别系统、触控填单台、业务预处理系统等先进技术被迅速复制到全辖各个网点，赢得了市场与客户的青睐。主动适应苏州企业“走出去”发展需求，成为中新跨境人民币贷款首批放款银行、跨国公司总部外汇资金集中运营管理试点银行和外商投资企业资本金意愿结汇试点银行。创新推出互联网金融、网点再转型再提升、精品自助银行建设“三大工程”，建立线上线下、虚拟和实体有机互动的多层次、立体式服务渠道。在全辖网点都建设有远程签约机和WIFI覆盖的智慧营业厅，在全国农行系统率先开展精品自助银行建设，延展了离行式自助银行的服务功能。

客户至上，始终如一的服务文化。早在20世纪90年代初期，苏州农行就率先提出了“以客户为中心”的服务理念，在当时国内银行业普遍奉行产品中心论的大背景下，这样的理念转变让农行苏州分行再一次把握了发展的先机。在服务文化形成及发展的二十年间，苏州农行始终注重在精神层面加强服务意识及服务理念的灌输，培养员工诚信服务、高效服务、用心服务的意识和能力，客户满意度不断提升；始终注重在物质层面加强软硬件设施的改造，致力服务机构的设置，服务设施的完善，服务环境的优化，服务形象及服务品牌的影响力不断提升；始终注重在制度层面加强服务文化的长效建设，着力推进规范化服务创建以及网点“再转型、再提升”工作，服务机制及服务形式不断丰富。正是因为服务文化的长期熏陶，苏州农行在长期以来服务客户的实践中涌现出许多服务明星与先进单位，特别是“全国银行业文明规范服务百佳示范单位”苏州工业园区支行营业部、“中国农业银行微笑服务大使”陈欣等先进集体和个人事迹被各级媒体争先报道，促进了全行服务文化的进一步深植与深化。近年来，苏州农行牢固树立“雷厉风行、快速高效”的效能意识，加强上下联动、问题沟通、平行作业和政策传导“四项机制”建设，倡导“机关为基层服务、后台为前台服务、全行为客户服务”，全力打造“诚信农行、效率农行”服务品牌。着力加强和改善公众金融服务，加大力度支持地方实体经济发展和城镇化建设，提高融资服务效率，连续三年荣获“苏州市作风效能建设优胜单位”，是全市商业银行中唯一的一家。

守法经营，履职尽责的合规文化。苏州农行始终坚持“发展是第一要务，控险是第一责任”的科学发展理念不动摇，通过加强合规文化建设，确保了全行平安稳健运行。2005年，首创出台了《中国农业银行苏州分行创建内控建设先进单位暂行办法》，梳理了全行三个层级，累计1312个内部控制要点。同年，推出“五个三”的基础管理考核办法，并逐步发展成五大板块、十二个条线的精细管理，构建了内控管理的全面制度体系，以“易理解、便记忆、可操作、可量化考核”等特点，贯穿于全行内控管理每一个环节，使各基层网点、各条线的基础管理都能与业务经营一样“比学赶超、争先进位”。该行还以网点管理为中心，创新下沉管理重心，通过强化贷后管理、不良贷款清收管理、尽职监督管理、员工行为管理、客户信息安全管理、诈骗案件防范管理、网点服务质量管理、用工管理等“八项管理”，不断提升基层行全面风险防范能力，实现了无重大案件、无重大经营风险、无重大负面舆情出现的良好局面，被江苏省平安金融创建活动领导小组授予“2011-2013年江苏省平安金融示范单位”称号。

团结拼搏，共创家园的人本文化。苏州农行坚持把企业文化办成员工文化，营造“尊重人、发展人、善用人、惠及人”的文化氛围。在干部选拔任用上，坚持德才兼备、以“业绩论英雄”和“三讲三不唯”，使一大批年轻高学历人才走上了领导岗位。且不仅有运管人才储备库和研究人才储备库，而且有中年员工续航计划和培训方案。在平台建设上，开展各项业务技术比赛、银行知识竞赛、征文比赛、演讲比赛，成立各类社团组织，组织各类俱乐部，为员工发展提供各类机遇和平台。遵循解决思想问题与解决管理发展问题同步的原则，加强员工心理疏导和人文关怀，落实好关爱基层“六件实事”。全行加强团结协作，真正做到心往一处想、劲往一处使，形成强大的工作合力。该行被评为全国金融模范之家，辖属吴江梅堰支行被评为全国模范小家。多年来，该行涌现出一批业务技术能手、服务明星、管理能手、道德模范及六十年农行人物、全国五一劳动奖章、总行十大杰出青年、劳动模范、孝老爱亲中国好人、全国知识型员工先进个人等先进荣誉获得者。

合作共赢，和谐共进的责任文化。多年来，苏州农行始终做到了内外的和谐，合作的深化，文化的交融，正是有了这样内外兼修的融合文化，苏州农行才能做到既赢得了市场，又赢得了声誉。时任苏州市市长周乃翔在同农行董事长蒋超良交谈时就指出：“农行是在苏州做得最大最好的银行”，这是对农行长期支持区域经济发展所做贡献的很高评价。苏州农行一直践行着大行的社会责任，深入推进青年志愿者队伍建设，成立“孔斌”慈善志愿服务队、“杨建清”互助志愿服务队、“蒲公英”爱心志愿服务队、“绿色农行”环保志愿服务队和“伴您成长”金融志愿服务队50个。与苏州团市委共建“金穗爱心”基金，全面推进“爱心助学、爱心助业、爱心驿站、爱心青年评选”等主题活动，携手苏州团市委开展“邻里守望”大型主题实践活动，并与苏州团委共同设立青年志愿者培训学院，联合启动青年志愿者培训工作。切实做到城乡结对共建“六个有”，分别与常熟蒋巷村、张家港永联村开展党建结对共建，与昆山锦溪虬泽村结对开展扶贫帮困，与杨舍地区文明委联合建立的“金穗爱心驿站”已成为当地家喻户晓的志愿者服务品牌，获苏州首批行业文明服务品牌提名奖，与苏州大学、西交利物浦大学结对共建也开创出银校共建的新模式。

**（五）研究探索评价方法**

苏州农行以中宣部政研会国有及国有控股企业文化建设评价指标体系试点为契机，以推动文化到基层、到每个员工的深植落地为目标，全面落实中央和上级行关于文化建设的一系列重要部署，从企业精神弘扬、企业行为实践、企业形象展示三个维度出发，制定了企业文化深植方案及考核评价体系，于2013年起开展企业文化深植活动，深入推进企业文化建设考核评价体系在各级机构的深植落地，着力提升企业文化建设水平。

以组织规划为先导，健全指标实施网络体系。苏州农行党委高度重视指标体系试点工作，专门成立领导小组，从指标内容的设定、权重的比率、评价的方法和如何量化等每个环节进行多次讨论和研究，最终确定从“三个维度”、“六大行为文化”进行评价的方式，制定了42项细化考核指标，并明确主责部门、责任主体、评价方法，使评价更全面、操作更直观，随后，将昆山、常熟两家分行作为企业文化建设的样板行。各分支行都参照市分行成立领导小组，结合实际制定本行的考核评价体系和网点的深植要求，分别确定1～2家样板网点，建立起自上而下的指标实施网络体系。

以分层评价为抓手，提升评价体系执行水平。当前，基层行经营管理的考核指标较多，为了减轻基层行负担，苏州农行企业文化的指标采取只评价、不考核的方式，而且凡是业务条线已经有的考核指标，就直接参照业务考核指标进行评价，比如，只要是总行级运管管理“三化三铁”单位，就在相应的合规文化指标中进行加分。同时，及时根据上级行要求、工作重点的变化以及基层行反映的情况对评价体系进行充实完善，对时过境迁的指标进行删减，对长效工作赋予新的内容和要求，特别是在“践行农业银行核心理念”指标中纳入了“开展社会主义核心价值观教育”要求。在系统解读与指导的基础上，加强对分支行和基层网点的督导，通过台账检查、现场查看、联络员谈话、网点员工谈话等形式，全方位掌握企业文化推进情况和基层实践情况，为进一步完善考核评价体系提供了依据。

以典型示范为依托，常态推进行为文化学习实践。企业文化建设关键是要做到言行一致，不仅要说，更要做，注重行动与执行。苏州农行在指标体系的组织推进过程中突出典型引领，用“身边人”说“身边事”，体会“身边的感动”，用生动具体、员工易于理解和可接受的方式，诠释企业文化理念，形成全员共识与默契。2013年，围绕“六大文化”，面向全行征集企业文化实践典型案例，集全行20多个业务条线业务骨干和各分、支行企业文化专员成立编委会，历时3个多月时间形成含6个篇章、62个案例的《企业文化建设在行动——行为实践篇》，于2014年初分发至每位员工，连同此前编制的《企业精神手册》，一起作为每位员工的案头本，用于平时学习和指导工作，也作为新职工入行的第一课进行培训，不断把企业文化内化于心、外化于形、固化于制。

### 二、效果显著，全面受益，企业文化建设推动苏州分行健康迅速发展。

经过多年的企业文化深入实践，苏州分行取得精神文明巨大成效，员工士气高涨，队伍充满活力。与此同时企业为社会为国家创造了丰富的物质财富，企业自身也保持了兴旺发展的态势，在市场竞争中多方面领潮头之先。

**（一）经营规模最大。**

各项存款总量、贷款总量、国际结算分别连续十七年、十六年和十八年保持同业第一。至2015年5月末，各项存款总量接近4000亿元、贷款总量接近3000亿元（分别达3978亿元和2964亿元）。2014年实现国际结算1300亿美元，位居同业第一。

**（二）网点网络覆盖最广。**

目前拥有物理网点285个，离行式自助银行166家，各类自助设备2655台，网上银行、电话银行、转账电话等电子渠道业务均居市场首位。个人电子银行客户突破1000万户，达到1069万户。农村金融综合服务站达到109个，金穗“惠农通”服务点954个，对全市行政村覆盖率达到100%。

**（三）客户基础最雄厚。**

对公对私各类客户在同业中数量最多、服务面最广泛。法人存款客户总量近15万户，法人贷款客户近5000户，贷款余额超亿元的大中型骨干企业有500多家，在苏州投资的150家世界500强企业中，50%以上与农行有紧密合作；利税100强企业中，60%以上是农行的主要客户。小微企业客户超2600户，贷款总量588亿元。银行卡发卡量超过1300万张，个人贵宾客户超过60万户，金融资产总量超1600亿元。

**（四）质量效益最好。**

拨备前利润拨备后利润均保持同业第一，成本收入比为全国农行系统最低。主体指标全省系统贡献度都在30%以上。运营体系建设处于全国系统领先水平，连续七年保持省分行内控评价一类行。执行外管政策和人民银行政策评价均为A类，在“政策性银行、国有商业银行”类别共7家银行中排名第一，银监局监管评级连续多年保持四大行第一。贷款不良率低于全省系统和苏州同业平均水平。

**（五）品牌形象最优。**

获得全国文明单位、全国五一劳动奖状、全国金融五一劳动奖状、全国金融系统企业文化建设标兵单位、全国内部审计先进单位等一系列“全国级”荣誉称号。中国银行业文明规范服务“百佳”和“千佳”示范单位各有1家。苏州分行班子连续六年被省分行评为“四好”领导班子。在苏州，农行品牌得到了社会广泛认同，历年招聘很多大学生优选农行，农行的中层干部也很少离职跳槽。在当地同业，苏州农行的收入不是最高的，但队伍却是最稳定的。

# 中航工业陕西宏远航空锻造有限责任公司

## 践行集团战略　打造特色文化

企业文化是引领企业发展的鲜明旗帜，是凝聚职工的价值追求，是攻坚克难的精神保障。建设具有特色的企业文化，是陕西宏远航空锻造有限责任公司（简称中航工业宏远）重要战略目标之一。近年来，宏远在中航工业发展战略和集团文化、重机文化的牵引下，聚焦战略，推动集团文化落地，提升软实力，塑造品牌价值，增强员工素质，建设具有企业特色的文化体系，为推进型号攻坚、科研生产任务和企业改革发展提供了强有力的支撑。

### 一、文化制度化，制度文化性

**（一）完善组织建设，整合文化资源。**

确立了“总经理是第一责任人、党委负责组织实施、各职能部门分工负责”的文化建设领导机制，形成了领导倡导、全员参与、协调联动的工作格局。成立以总经理为组长，党委书记、副书记及主管6S工作的副总经理为副组长的集团文化建设领导小组，领导小组办公室设在企业文化部。根据改革发展需要及组织机构变化，公司分别于2010年和2011年调整文化建设领导小组，成立了企业文化部（党群工作部），有专职工作人员负责推进文化建设。工作中我们将党建、宣传、共青团、企业文化建设等各业务之间的丰富资源融合，充分发挥各口综合优势，进一步增强了企业文化建设工作力度。

**（二）完善规章制度，明确责任分工。**

公司先后制定了《关于下发加强公司文化建设实施意见的通知》、《企业文化建设管理制度》、《宏远文化建设管理职责条例（试行）》，明确了宏远文化建设领导小组、公司行政正职、公司党委、主管领导、其他公司领导及管理职责分工和权限，规定了经理部重大公关、文化顶层要素和保密文化建设职责；工会推动宏远文化和基层特色实践模式建设的各项群众性活动职责；经营发展部确保宏远文化与公司发展战略同步规划、同步实施、同步更新职责；人力资源部各层次员工文化培训职责；财务管理部成本管理素养和规范的培育与传播职责；生产安全管理部加强一流环境建设和6S管理要求职责；质量管理部组织实施质量文化职责；技术中心组织实施型号文化；审计监察部负责公司廉洁文化宣传、培训管理和考核职责；技改工程部负责公司生产、科研区域环境建设和文化要素的应用计划和管理方案的组织实施职责等，进一步从组织层面来保障文化建设工作的开展。

**（三）完善规划机制，科学有效推进。**

2012年公司结合实际，在践行和延伸集团文化、中航重机文化，传承宏远文化的基础上，编写了《宏远文化建设纲要》，对公司文化建设当前及今后一段时期的指导思想、建设原则和建设目标进行了规划；确定了以中航工业集团文化为顶层文化、中航重机文化为管理应用文化、宏远文化为执行文化的建设思路；基本形成了以“锻造精品 锤炼人品 打铁还需自身硬”为企业核心价值观，公司所倡导的品行观、客户观、管理观、创新观、责任观、团队观等12个单项基础价值观的宏远文化理念体系，规定了文化建设的管理架构和职责范围，对公司文化建设的科学、规范、持续、有效的开展进行了顶层设计。

**（四）完善检查考核，形成长效机制。**

公司把企业文化建设和6S管理长效机制紧密结合，在“6S”管理工作责任制中明确规定了文化氛围工作职责，职能部门进行周检查、月汇总打分并向相关单位反馈整改的工作机制，将文化工作贯彻落实情况纳入各单位月度考核。2012年，党委适时成立以加强生产安全管理、干部职工履职尽责、全员落实日常行为规范的联合检查组，深入基层督导工作，助推当期任务的完成。2013年，在公司6S管理的基础上，公司将软实力和企业文化建设纳入各单位绩效考核，促进文化建设工作规范开展、取得实效。

**（五）完善大宣教格局，传播文化自觉。**

一是公司党委领导亲自走上讲台，每年为新进厂员工及公司青年员工进行文化授课，宣讲企业文化和开展形势任务教育。二是党委结合各时期企业经营管理中的重点、难点、焦点，充分利用广播、电视、网络、报纸等媒体开展形势任务教育和文化宣教培训。三是加大对外宣传，通过《中国航空报》、《企业文化纵横》、《航空人》、《中国航空在线》、《文化重机》微信平台等媒体，不断树立宏远品牌，为企业创造了无形价值。四是制定各个层面的员工行为规范，所有在职员工每年参加企业文化、6S管理学习考试，并将考核成绩备案。五是通过穿工装、唱司歌、每逢春节、国庆等重大节日举行荣誉升旗等多种形式的培训教育，大力推进集团文化要素“六统一”，不断提升职工对集团价值观的认同感和荣誉感。

## 二、继承发扬优秀文化基因，打造特色文化“铁三角”

2011年，中航工业宏远遵循继承创新的原则，坚持秉承中航工业主脉文化，深入践行“航空报国、强军富民”和“敬业诚信、创新超越”的价值观，继承和弘扬三线优良传统文化，积极构建具有行业特色的“锻造精品、锤炼人品、打铁还需自身硬”的铁三角文化，形成了中航工业共性文化统领下的宏远个性文化，为促进集团文化落地，增强企业竞争力，推动各项工作提档升级。

三角形是稳定的象征。“锻造精品、锤炼人品、打铁还需自身硬”形成了宏远文化“铁三角”。“精品”、“人品”、“队伍”，这三条边相辅相成，相互支持，不仅体现了鲜明的锻造企业个性，也反映了广大员工的共同信念和行为准则，表达了三位一体的稳定关系，构建了宏远文化的精髓。精品来源于人品，是企业可持续发展的基础；人品决定精品，是企业可持续发展的支撑；过硬的职工队伍是精品、人品的重要保证。宏远文化铁三角，是特色文化体系的精髓，不仅体现了鲜明的锻造企业个性，也反映了广大职工的共同信念和行为准则。

**（一）精品是可持续发展的奠基石。**

公司成立近50年来一直承担着国家在役在研的所有型号飞机、发动机锻件的研制生产任务，基本满足了多项型号和重点工程的锻件需求。进入新世纪，由于航空武器装备的更新换代，最基础的锻造产业也向着新材料、新工艺、超大型整体性、精密锻件的方向急速发展，以往只是满足于合格品交付，显然已经跟不上时代的发展和拓展军品市场需求，所以对宏远公司提出锻造精品的要求。精品是企业的基石，精品是企业的品牌，也是企业的最大的无形资产，它所凝聚的文化底蕴，以及所形成的集团特色构成了企业经久不衰的宝贵资源，更是市场竞争的优势体现。锻造精品就是要用高超的技艺和良好的人品锻造精良的航空产品呈送用户、奉献社会、报效国家。

怎样才能锻造精品？除了一系列先进硬件设备之外，技术、管理、和人员都是主要软件因素。锻造精品首先必须要有领先的技术实力，在高温合金、钛合金等难变形材料成型工艺，特别是等温锻造技术等一批先进工艺上处于行业领先水平；其次需要精益的管理，企业管理和锻造热加工一样关键就在于严格的过程控制，减少不产生效益的环节，消除影响产品质量的因素，才能确保企业肌体高效运行，提高产品质量；最后无论技术还是管理都必须有一支素质、业务、作风过硬的“铁匠”团队来做支撑。

“给宏远一个机会，宏远就会创造一个惊喜。”2013年某日，中国某自主战略重型运输机成功首飞，在其腾空而起的那一刻，中航工业宏远同祖国各地一样成了欢乐的海洋，因为在此型号上有我公司研制生产的大大小小百余项锻件。

重点型号是航空人的兴业之本，是航空工业发展的基石。“全力以赴奋战在科研生产一线，绝不使某型号产品在我单位晚点，实现保质量、保数量、保配套、保安全、保交付预定目标，锻造精品，向航空工业建立六十周年献礼！”全体党员干部在决战决胜攻坚中庄严承诺。

承诺是责任，承诺是履行。面对建厂以来从未生产过的超大型模锻件试制任务，在时间紧、任务重、现有设备打击能力难以保障等诸多困难面前，宏远以蚂蚁啃骨头的精神，直面挑战。超常拼搏，召开重点任务劳动竞赛专题动员会，与生产、技术、供应、质量共 12 家单位签订《军令状》，发起了“亮创先争优旗帜　夺型号攻坚胜利”确保锻件研发质量的大会战。

我公司为某飞机研制生产的所有锻件中，某超大型模锻件科研生产面临着严峻的挑战，该锻件材质为钛合金，整体外形呈长月牙形，表面有高低不同的多个凸台，为优质高效完成任务，宏远成立了某锻件指挥领导小组，对质量、安全、技术、进度等环节的安全运行进行全方位定责；组织生产技术骨干对标工艺流程做好突发问题预案的演练，并重点开展了关键设备检修维护保养工作，为生产顺利进行提供可靠的设备保障。公司大胆进行工艺流程优化，经万吨油压机与 1600 吨设备的交替锻造，成功改写了锻压设备不能锻打荒型生产的历史。自重 1.8 吨，长 2.23 米，投影面积 1.2 平方米的首件超大型锻件成功交付用户，该型机总工程师激动地说：“给宏远一个机会，宏远就会创造一个惊喜！宏远是值得信赖的合作伙伴，把不可能完成的任务变成了可能！”宏远用实际行动忠诚地践行了型号报国的光荣使命，锻造了搏击长空钢筋铁骨的“精品”。

**（二）人品是可持续发展的守护神。**

企业要发展，诚信是关键。做人品，就是诚信第一，从企业可持续发展角度分析，企业必须有一支高素质团结整齐划一的团队，一切行动听指挥。团队的综合素质将决定企业的兴衰成败。现代社会，做事须先学会做人，用一流的人品生产一流的产品，用一流的人品搞好一流的服务，用一流的人品开展对内对外的合作，不断提升“硬实力”，保持企业健康、稳定发展。作为企业团队中的一员，不管是领导或是员工，都应当互相帮助、互相勉励。团队有了品质，团队富有战斗力，将像守护神一样一直保障着企业的健康正常运转。

随着我国装备制造业的快速发展，面对许多不利的内外部环境和激烈的市场竞争，对我们的生存和发展提出了更高的要求，唯一出路就是保持自己“硬朗”的体格，这对我们来说是压力更是动力。我们的愿景是“建国内一流航空锻造基地，树世界知名行业领先品牌”，只有不断提升我们的“硬实力”，才能保持企业健康、稳定发展。我们只有不断提高企业管理水平，加大科研技改投入，锐意进取，用过硬的质量、过硬的信誉、过硬的综合实力取信于用户和市场，提升企业核心竞争力；我们每一名干部职工都应该严格要求自己，锻造过硬的素质，不断加强思想道德、职业素养，立足本职，岗位建功，为型号和生产经营任务的完成做出自己的贡献。用一流的人品来生产一流的产品，用一流的人品来搞好一流的服务，用一流的人品来开展对内对外的合作。

中航工业宏远里一群打铁硬汉，伴着熊熊的炉火和震天的锤声，凝练了特色的三线企业文化基因，并根植于每一位职工的血液里，代代相传，锤炼人品的价值观，深深地影响着宏远人做人与行事。

“史甫好样的”2011 年 10 月 26 日晚，机加车间飞速运行的水切割机突然出现故障。在出砂管端头一枚直径 1.5 厘米的特殊螺帽滑落至水深 1.1 米、容积为 15 立方米的水槽中，致使总产值 40 余万元 70 余件重点任务无法顺利进行。在紧急时刻，当班操作该设备的水切割工史甫立即将这一情况紧急报告生产调度，来不及多想，他迅速切断电源果断地跳进水池中，前倾着身子、嘴角贴在水面，用手一寸一寸地在夹杂着铁屑、细沙、毛边废料的冷水中摸索寻找。深秋的夜晚，水池里越加冰冷，面对水下复杂的情况，史甫足足摸索了一个多小时，手被铁屑划伤拉烂，嘴唇冻得发紫，身体冻得发抖，他全然不顾，直至将零件找到并安装到位。随后他穿着浑身湿透的衣服匆匆回家简单换洗后，又再次出现在忙碌的生产现场，保质保量按节点完成了该批次任务，为公司兑现用户承诺做出了积极的贡献。

史甫顾全大局，敬业奉献的良好品质正是大干四季度中公司一线职工的优秀代表，也是广大干部职工学习的榜样，公司评选他为每月一星并授予特别奉献奖。

“拾金不昧　高尚品格”周西建是中航工业宏远车队的一名司机，二十三年以来，在平凡的岗位上，兢兢业业，用实际行动诠释了宏远人品。

2012 年的某日晚上，周西建像往常一项送客户去机场，回来已经深夜。次日早晨洗车时，突然发现车上散落有 3000 元现金，他想到可能是昨晚客人走得匆忙，落到了车上。周西建立即把现金送到了航空产品营销部，并说明了情况。当客人正在万分焦急，四处寻找无果之时，却收到我公司电话，得知失物找到的消息，客户喜悦之情无以言表，一再表示十分感谢，并代他向周西建同志表示感谢。周西建只是一个劲儿地说：“这是我应该做的，换了我们其他的同志也会这样做的”。

作为一名老共产党员，周西建无论从事什么岗位，都能像“老黄牛”一样默默无闻，无私奉献，给我们树起了一面旗帜。2011 年 3 月，在公司的三项制度改革中，周西建由接待员应聘到车队任司机兼任机要员。他立刻以饱满的激情投入到新的工作岗位中，一方面，巧借“外力”，虚心向老师傅学习，向同行请教，他刻苦钻研驾驶技术，每弄懂和解决一个问题就是对自己的一次提高；另一方面，他苦练“内功”，利用出车间隙精心钻研，把每一次车辆保养、维修都当作一次学习的机会。他时刻严格要求自己，每次出行都提前做好准备，文明安全驾驶。据统计周西建月均出车达 30 余次，月均行程 6000 公里，是车队的主力之一。在周西建担任文秘机要员时，常年奔波，机要函件不计其数，他以高度的责任心和强烈的政治责任感，确保了机要件的安全、及时，无一差错。周西建敬业爱岗、拾金不昧的精神，正是宏远“锻造精品　锤炼人品”的价值观的具体体现。这种高尚的道德越过千山万水，感动着客户，也感动着我们每一个人。

**（三）打铁还需自身硬。**

表明了宏远人坚定的工作态度和决心，又是对我们广大干部职工的勉励和鞭策。单从字面理解，铁匠打铁必须首先自身体制过硬，否则，就不能把铁打成需要坚固耐用的铁器。看似简单的打铁，不仅需要力气，而且还需要费心血构思设计。只有这样，才能打出理想的精巧实用的铁器。宏远公司里有一支高科技的“铁匠”团队，“打”的是世界上最好、最贵的铁。怎么打最贵的“铁”？技术领先，质量保障，都是通往高端市场的不二法门。这就要求铁匠自身的素质过硬，打铁的技艺高超。

一是要思想“硬”。思想“硬”。塑造“学习型”、“市场型”、“服务型”、“廉洁型”领导班子；坚持思想教育，使员工自觉把个人的追求同企业发展联系起来，形成强大的凝聚力和战斗力。二是要作风“硬”。作风“硬”，汇聚“正心、正气、正规”的正能量。领导干部要按照“干不干、公不公、净不净”的三条标准严格要求自己，正确履职、担当重任。通过抓干部促进干部抓，培育领导干部知实情、办实事、求实效的管理作风。干部职工要“说实话、办实事、啌实活”，并经得起各种考验。三是要能力“硬”。“上山打虎要力量，下海擒蛟需技能”，提高领导人员战略决策、经营管理、市场竞争、开拓创新和应对复杂局面“五种能力”，干部职工在履职中开拓创新，务实进取，来之能战、战之能胜。

宏远坚持科技强企，拥有各类工程技术人员400余名，建有省级技术中心及计算机辅助设计中心。跟踪世界先进锻造成型技术和新材料、新工艺的发展动态，多方位与国内高等院校、科研院所加强前沿课题合作。

多年来，宏远坚持推进集团及重机“人才兴企”战略，着力在思想认识、制度建设、环境给予、重视培养等方面打造聚力人才工程，为增强企业可持续发展后劲，夯实“人才是关键”的根基。一是把人才队伍建设提升到战略高度。随着新品科研攻坚任务的不断攀升，加强人才队伍建设，特别是优秀技能型人才队伍建设，已成为宏远努力打造一支素质优良、德才兼备、担当重任人才队伍的重要抓手。坚持“以用为本、注重实效”的人才规划原则，形成了“老、中、青”业务骨干接力机制，制度上营造了尊重知识、尊重人才的良好氛围。在推进人才系统管控方面，牢固树立人才资源是第一资源的惜才爱才更用才战略意识，通过在型号科研、管理创新、技能攻关等课题项目上，对各类人才加任务压担子，给予充分施展才华的机会和平台，确保“事业育人、岗位成才”工作落到实处。二是建立健全优秀人才激励机制。建立了对各类人才“重业绩、凭贡献、有作为、敢担当、善创新”为导向的人才评价激励机制，实施了各类津贴向关键岗位、优秀人才倾斜的分配制度；进一步疏通了以“长”、“家”、“匠”、“特”、师带徒为推动力的人才成长通道；持续推进以“星”文化、“劳模”文化为载体的“文化导航、典型引路、人品保障”的示范引领工程，营造了重才爱才惜才的良好工作氛围。近年来，选聘了一大批技术、技能、管理专家评选了一大批每月一星，极大地调动了人才在公司科研生产和改革管理工作中的积极性、创造性。三是搭建人才成长通道。公司着力打造“三支队伍”，逐步建立了一个“全方位、分层次、多渠道、多模式”的人才成长通道。企业经营管理人才队伍建设以加快培养造就一批精通企业经营管理的复合型管理人员队伍为基点，规范了对中层干部考核管理。2013年以来，已选派40余人参加了中航大学及重机组织各类别培训班，其中选派1名青年骨干赴美国参加财务知识培训，现已走上了中层领导岗位；两名80后干部参加集团公司培训；专业技术人才队伍建设着力在锻造、金属材料、机械电子、经营管理等急需专业人才使用培养上，同西北工业大学、西安建筑科技大学等科研院所建立了人才培养、合作、机制；技能人才队伍建设强化特殊工种专业技能认证，进一步加强职业岗位技能达标培训和特殊工种专业技能鉴定，使技术工人的技术等级结构趋向配备合理转变。截至目前，已有500余人拿到各类高级和技师职业资格证书。四是从观念上破除人才培养论资排辈的偏见。人才教育培训已纳入企业发展规划，建立完善了以继续工程教育和岗位培训为重点的教育培训制度，有针对性地开展了以内培为主、外培为辅为主导的各类培训活动。今年以来，公司组织内部岗位培训2961人次，外培67人次，多角度、全方位培养人才。

宏远铁三角文化是中航工业共性文化统领下的个性文化，是“航空报国，强军富民”、“敬业诚信，创新超越”价值观的具体体现，更是一份报效国家的政治使命和社会责任感。面向未来，中航工业宏远将全面落实中航工业及中航重机战略发展规划，依托中航重机西安先进锻造产业基地，加快在西安经济开发区的建设步伐，实现战略前移，全方位提升公司锻造能力向大型化、整体化、精密化、数字化转型的核心竞争力，努力向建“国内一流航空锻造基地”、树“世界知名、行业领先品牌”的企业愿景目标奋勇前进！

## 三、文化宣贯深植、移植，宗旨理念内化于心，外化于形

中航工业宏远是一个典型三线企业，在近50多年的发展历程中，公司艰苦奋斗、自强不息、顽强拼搏，几代建设者扎根三线，默默奉献，为祖国的国防建设和航空工业做出了自己的贡献，在继承发扬传统文化基因的基础上，形成了“锻造精品、锤炼人品、打铁还需自身硬”的铁三角文化，也是深入推进集团文化建设的重要内容。

宏远公司始终以“航空报国”核心价值观为统领，解决文化认同。宏远党委建立了企业报纸、电视、广播、局域网等多种载体的“大宣教”工作格局，创新思路、设计载体，强化舆论灌输和引导，用航空人奉献国防事业的生动实践，持续培育和践行“航空报国”核心价值观。公司领导亲自为新进厂员工及青年员工进行文化授课；制定各个层面的员工行为规范，所有在职员工每年参加企业文化、6S管理学习考试；重大节日举行荣誉升旗教育活动，不断提升职工对集团文化的认同感和荣誉感。

一是把理论学习作为锤炼“人品”的首要任务。作为企业文化建设核心内容的价值观、责任感、大局意识等是 “软文化”因素，虽然是看不见、摸不着的，但它对促进“硬发展”起着重要的推动作用；

二是宣传工作把关注的焦点放在弘扬正能量上。随着信息产业的发展，主流媒体占主导地位的社会已经升级为多

元化的信息时代。网络已经成为信息的触发器和放大器，对于人们价值观的塑造有着举足轻重的作用。要创新思路、设计载体、搭建平台，强化形势任务教育，统一思想，提高认识，做实做细思想政治工作，净化“杂音”、理顺情绪，汇聚正能量；

三是员工的培训教育工作常抓不懈。不满足于业务技能的培训，从点滴抓好道德素养教育。在教育管理上，把思想政治工作由政工部门、政工干部负责向党政工团各级组织齐抓共管转变，形成纵横交错的思想政治工作网络，建立起在党委统一领导下的“大宣教”格局，形成积极向上的浓厚氛围，并培育了执行文化、明星文化、质量文化、和谐文化、成本文化、外显文化，为增强企业锻造竞争力起到了重要的支撑作用。

**（一）执行文化。**

我们常常说执行力，但是什么是执行呢？执行就是把战略和决策付诸行动。在培养全员执行文化中，宏远坚持渗透与创新相结合，文化与管理相结合。通过必要的学习灌输、公平的奖惩制度，逐渐增强员工的文化意识，自觉养成做正确事和正确做事的行为习惯。一方面认识到自觉执行是循序渐进宣传教育下道德的驱使，是价值观的导向；另一方面要认识到执行力也需要制度约束规范。对企业来说，各项规章制度就是企业内部的“法”。习惯的养成在某种意义上不是自觉的行为，而是在制度的规范下潜移默化的结果。文化的自觉是制度的功劳，良好的习惯养成是教育潜移默化后的定格。我们建立了有利于合作与协调的组织机构，并在绩效考核中以业绩为导向，注重考评工作量和考评实际效果相结合、定性分析和定量分析相结合，构建了“分层、分级”考核框架；重新修改完善各项规章制度，不断完善制度文化；通过学习、贯彻各种行为规范，将员工自我价值的实现融入到企业发展中，自觉培养严谨有序的作风和勤政敬业的品质，形成了快捷高效的执行力。

**（二）明星文化。**

先进典型始终是引领时代精神的旗帜。公司通过“每月一星”、“劳动模范”、“党员示范岗”为明星职工搭建舞台，发挥明星效应。“明星”职工的照片被做成展板和“劳模大道”在人来人往的大厅和厂区主干道上供职工参观和学习；公司党政领导亲自为个人和团队佩戴荣誉绶带、授予荣誉旗帜。

“人人皆可成才，人人都是人才”，是宏远公司的人才标准观。以“敬业”、“勤奋”为用人导向，营造比、学、赶、超的良好氛围，充分体现了公司尊重知识、尊重人才的热情，激发了职工提高自身技能，爱岗敬业的内在动力，使企业的整体素质形成日益明显的优势。我们采取“走出去、送进来”的方式，均衡选拔各类人才送外培训；选送优秀后备干部参加中航大学培训和中航重机青年干部培训班；规范“师带徒”管理，促进青年员工快速成才；推行“长、家、匠”分离制度改革，进一步拓展人才成长通道。“明星”文化，成为宏远企业文化建设一道亮丽的风景线，让忠诚航空，投身宏远发展的职工得到了应有的尊重。

近年来，涌现出了如陕西省“青年文明号”机加中心数控团队，陕西省劳动模范、集团公司“十大杰出青年”、集团公司首席锻造技能专家蔡松，陕西省技能状元、“三原县十大杰出青年”王进，中央企业优秀共青团员邓卫等为代表的一大批先进模范典型。

**（三）质量文化。**

我们大力弘扬“人品决定产品”的理念，在全体干部职工中倡导“用一流的人品生产一流的产品，用一流的人品搞好一流的服务，用一流的人品开展对内对外的合作”，成立“质量管理委员会”和“质量问题处理委员会”，扎实履行“以顾客满意为核心，用持续改进的过程、产品和服务质量赢得顾客信任”的质量方针，自觉将“图纸、工艺、材料”三对照制度、终检入库发货的“账务与实物相符”等等制度都落到实处，引导广大员工做到“有法可依”，通过严格的质量控制打造出精品。面对激烈的市场竞争，公司开展了“市场与我的责任”大讨论活动，强化“责任意识、忧患意识、服务意识、品牌意识、效益意识”。一是对标一流国内外先进企业，不断加强和满足质量体系认证审核要求；二是全厂上下形成质量监督和过程控制的大质量观的理念；三是建立质量问题倒逼追责机制，让当事单位、当事人承担责任；四是强化打造快速处理服务客户需求的新模式，将传统思维转变为以市场需求客户满意度提升为导向的服务目标，全力以赴推进质量管理工作迈上一个新台阶。通过一系列工作，干部职工的质量意识、市场意识不断提升，提升了公司的基础管理，增强了客户对宏远的信任。

**（四）品牌文化。**

在市场竞争日益激烈的今天，企业应创立自己的品牌，无论是竞争还是合作，企业的品牌形象会越来越重要。品牌分为硬品牌和软品牌。硬品牌方面，近年来，宏远按照“人无我有、人有我优、人优我转”的新品研发工作思路，在产品升级换代上狠下功夫。先后攻克了一系列国家重要科研课题和生产技术难关，在航空锻造领域形成了自己的特色。科学技术人员和主要职能部门加强对外合作交流，宣传企业，展示实力，树立了企业品牌；软品牌方面，我们注意加强宣传，对外树立企业形象。宏远公司先后荣获全国企业文化建设优秀单位、陕西省国防科技工业系统文明单位、创先争优先进党委等荣誉称号。

面对不断复杂的形势和市场竞争，进一步深化“品牌即价值”的理念，全面提升品牌意识，积极构建品牌管理体系，建立市场战略引领的资源配置机制；加强技术服务和售后服务的资源投入，建立技术服务和售后服务发展基础，打造“宏远”品牌形象，努力提高企业美誉度、员工归属感和客户忠诚度；在主抓航空产品品牌建设的同时，成立民品公司，创新商业模式，加速做大非航产业，不断拓展自有经济蓝海，让宏远品牌建设“锦上添花”。

**（五）和谐文化。**

和谐来源于公平公正、来源于务实廉洁、来源于共享成果、来源于安居乐业。近年来，公司将提高企业效益、提高职工生活水平和生活质量作为根本出发点，体现“民心工程”不动摇，持续建设“宏远小区”，改变社区环境；开展“面对面、心贴心、实打实，服务职工在基层”活动；更新环保设备；实施金秋助学；定期为职工做体检；进一步完善信访接待制度；关心离退休老干部、老职工的生活，落实有关政策。公司关心、理解、尊重、培养和激励职工，将情感和文化融入职工的工作和生活中，营造了稳定、亲和的工作生活氛围，激发了职工对公司的热爱和工作的热情，从而最大限度地调动员工的积极性和创造性。由于建厂时的历史原因，宏远职工生活条件相对较差。虽然受到环境的限制，但公司坚持自娱自乐的原则，定期开展群众喜闻乐见的文化体育活动：职工篮球赛、越野赛、足球赛、登山、志愿服务等已经形成长效机制。这些活动在三线企业相对封闭的环境下，起到了统一思想、凝聚力量提升文化素养的重要作用。今后我们还要进一步完善厂务公开制度、扎实开展效能监察和党风廉政建设、尽最大能力为职工办实事好事，让职工共享发展成果、发自内心归属宏远，进一步增强企业凝聚力。

**（六）成本文化。**

成本是效益，成本是竞争力，成本是检验公司管理水平的试金石。担当起锻造产业发展前沿“探路者、领跑者”的重任，就必须在“抓研发、控成本、防缺陷、降风险、减消耗”等方面，对标行业及国际先进。在成本管控上，宏远公司以全面预算管理为抓手，从完善各项管控制度、打好基础，到倡导节约理念、培养成本意识，最后到实现生产过程管控、能源管控、物资采购管控、人力资源成本管控等各项行动中，从无纸化办公到水电风气用量考核，再到目前推行的网上采购，已经把成本控制的触角延伸到角角落落、点点滴滴，全员“高质量 高效率 低成本”的理念依然深化。同时，公司提出“等待是最大的成本、不做是最大的风险”，倡导广大干部职工把成本观贯穿在各项工作始终，紧跟市场前沿，着眼新材料、新技术的实践运用，借助公司在理化检测、不同种类材料应用、锻造工序流程积累的数十年实践经验，挖掘隐形资源价值，立足岗位从增强技术核心竞争力，不断改良工艺，持续提升质量，努力降低成本消耗，真正提高效能效率等方面解决我们面临的问题，将“精品”的“铁”打硬起来，推动各阶段目标任务的完成。

**（七）外显文化。**

进一步落实中航工业文化“六统一”，制定发布了《中航工业宏远VI手册管理办法（试行）》和《中航工业宏远VI视觉识别手册（2011电子版）》；在重大会议及每天的广播定时播出集团司歌。创新规范VI形象识别体系，在公司标志性建筑上更新集团宗旨理念大字，新增了司徽和公司简称的规范使用，安装集团规范标语。公司在有条件的单位设置文化宣传栏，打造劳模大道、质量文化墙，悬挂了涉及企业文化理念、员工风采图片、生产大干等标语。公司十分重视工装的规范，服装制作与配发严格执行集团“六统一”，确保了职工在工作的各种场合统一穿着集团公司标准服装。新员工入厂后及时定做、发放工装，保证了集团公司标准服装在发放环节覆盖到每名职工。让职工在本单位感受企业文化氛围，在潜移默化中接受教育，统一认识，多措并举实现公司上下对“航空报国 强军富民”核心价值观的广泛认同。将价值理念贯穿到公司各项规章制度和工作流程、工作标准中去，使价值观转化为员工可遵循的行为准则和行为规范，把价值理念体现在经营管理活动中，体现在员工日常行为和企业对外形象上，使价值观外化于行。

“国家富强在于经济，经济繁荣在于企业，企业兴旺在于管理，管理优劣在于文化。”宏远历经近半个世纪的锤炼，在继承中创新，形成的“锻造精品、锤炼人品、打铁还需自身硬”是宏远核心竞争力的重要组成部分，是企业做大做强的深厚土壤。宏远立足于市场竞争和长远发展来培育自己的企业文化、塑造自己的企业形象，使其产生强大的渗透力，既能够凝聚全体员工，更可以对外发散和扩张，从而有力地支撑企业的长远发展战略。

## 四、服务改革发展，彰显文化作用

在集团文化实践中，我们紧扣改革发展主题，围绕战略、管理、任务和队伍建设四条主线发挥文化建设作用，展现文化建设的生命力。

**（一）在支撑战略上发挥作用。**

企业文化为战略提出思想引导，为战略成功提供基础保证和持续动力，战略规划与实施过程也成为助推文化的不断塑造、创新和提升的过程，最终形成以文化引领战略、战略推动文化的良性循环。结合企业发展所面临的实际问题和“五化”首要任务中的“市场化改革”，通过走访调研，听取用户意见，开展专题研讨的基础上，进一步明确“市场是企业经营发展核心”的导向，提出了“没有最好、只有更好”、“等待是最大的成本、不做是最大的风险”、“快进更需赶超”等工作理念，从根本上切实树立“市场观、客户观、成本观”的意识，有力支撑集团发展战略的贯彻落实。同时，在全公司范围内开展了“市场与我的责任”大讨论活动，促进干部职工建言献策，上下互动。通过举办演讲比赛，专题访谈，组织专题调研及分享报告等方式，深刻分析公司发展形势，大力倡导“军品也是市场经济”、“坚定不移地推进市场化改革”的经营观点、治企理念和未来发展目标，不断的引领和完善发展战略。

**（二）在强化管理上发挥作用。**

一是以强化集团文化价值引领为导向，将文化融入管理，使文化成为重要的管理思想和方法。针对近一段时间以来，公司遭遇的市场交付、质量、诚信和发展面临的挑战。我们在继承和发扬的基础上推进中航重机“智慧 自信 激情 创新”为主要内容的文化建设，狠抓危机、问题、责任、质量、制度“五种意识”教育，促使干部职工眼睛向内审视问题，转变思想观念，严谨工作作风，增强发展信心。二是大力倡导“航空报国，强军富民”、“敬业诚信，创新超越”的中航工业价值观，公司积极开展了以“敬业”为主题的集团文化教育活动，在广大干部职工中学习“蓝色花瓶的故事”、“员工价值”、“职场故事”等文章，在电视节目中开办了近30余期“我身边的敬业榜样”专栏，集中报道公司劳动模范、优秀共产党员、每月一星及候选人等，开展了“航空报国志 敬业当先锋”征文、“敬业”图话征集和“奋斗的青春最美丽”等主题活动，通过“文化重机”微信平台，广播、电视、网络等媒体，从不同角度、不同侧面挖掘企业先进典型，阐述敬业精神在业改革发展中的意义、价值、作用以及如何将敬业精神落实到实际工作中去，通过职工喜闻乐见的方式，引导大家将敬业精神内化为自觉追求，外化为实际行动，强化“锻造精品 锤炼人品 打铁还需自身硬”的企业核心价值观，进一步树立敬业、诚信的品格。三是进行质量革命，从公司主管领导至质量工作具体责任者，出现问题严厉处理质。干部职工的市场观、客户观不断增强，产品质量不断提高，让用户看到了宏远围绕市场、客户开展工作的决心，增强了对宏远的信任。此外，积极促进交流和共享，组织召开管理经验座谈会、质量案例现场会等，促进夯实基础管理。四是坚定领导干部市场化改革方向，以强烈的责任感、紧迫感将改革推向深入。调整了公司部分业务职能和职能部门绩效工资考核比例、中层干部绩效工资管理考核办法（试行），提高部门绩效工资考核比例，加大各单位收入分配自主权，扩大收入分配差距，营造以业绩和贡献定薪酬的分配新格局，以文化建设推动变革。

**（三）在促进任务上发挥作用。**

企业文化建设的成效最终要体现在科研生产经营任务的完成上，用文化促任务，是文化建设必须始终坚持的重要准则。一是公司通过大作业会、党支部书记会、专题会、开展与各项主题等方式，将集团宗旨理念和“即是航空人，就知责任重；即做新装备，就得多辛苦”、“焕发航空情怀 圆伟大中国梦”的集团文化要素贯穿于形势任务教育之中，促使干部职工坚定必胜信心，保持高昂斗志，决战重点型号。二是大力倡导“我为型号做贡献，型号成功我成才”，结合重点任务和阶段重点工作，公司党政工团开展形式多样的技能比武和青年突击队劳动竞赛等活动，调动“比、学、赶、超”的积极性创造性。在时间紧、任务重的严峻形势下，大力开展“大干四季度 确保全年经营任务”主题活动，提出任务目标，明确责任领导，把践行“敬业诚信、创新超越”理念转化为迎难而上、超常拼搏、勇于创新的积极行动。三是优化服务保障促进任务。公司以深入开展以“为民 务实 清廉”为主题的党的群众路线教育实践活动为契机，领导班子成员深入职工群众，多渠道听取意见，在静心聆听职工群众心声和办实事上下功夫，始终坚持问题导向，切实做到立行立改，培育“干部服务职工，党员服务群众，全员服务任务”的服务理念。针对职工密切关注的生活区用水用电住房等长期问题，系统主管领导召开生活区管理专题会，当即出方案、明责任、定节点，会后立即实施；还有一些涉及职工切身利益的问题已明确节点，正在全力解决中，比如棚户区改造工作、生活区水网改造、生活区采暖问题等。通过做一件一件实事，抓一件成一件、积小胜为大胜，在解决具体问题中让群众看到变化，增强信心。形成聚焦市场、服务职工、保障任务的浓厚氛围，达到了“转作风、提素质、促改革、保稳定、谋发展”的目的，为各阶段任务完成提供了坚实后盾。

**（四）在建设队伍上发挥作用。**

实践文化的过程，也是耕心铸魂的过程。一是尊重人，尊重职工主体地位，大力推荐表彰先进典型，大力宣传先进典型，使实践“航空报国、强军富民”宗旨的职工有利益、有地位、有荣誉。在办公楼、厂区设置“星光大道”和“劳模大道”进行宣传。二是塑造人，全面推进以“敬业”为核心文化活动，坚定不移推进集团文化“六统一”形象建设，通过“6S”管理考核等各种举措使文化理念体现在干部职工的日常行为规范和具体工作中，利用文化的力量引导和塑造职工，提升职业素养。评选“劳动模范”、“每月一星”等使集团文化在思想上影响职工，在精神上激励职工，潜移默化塑造职工。三是提升人，秉承促进职工全面发展，实现职工与事业共同成长的理念，举办专题培训、论文交流、技术比武、岗位练兵、导师带徒等活动，促进职工岗位成才，不断疏通人才成长通道，不断完善长、家、匠、特培养成长渠道。

近年来公司先后荣获中航重机优秀四好领导班子、党建和企业文化建设先进单位；全国企业文化建设优秀单位、改革开放三十五周年企业文化竞争力优秀单位；陕西省国防科技工业系统“文明单位”、创先争优先进党委；荣获咸阳市“突出贡献企业”、“专利优势企业”等荣誉称号。

## 五、几点体会

通过深入推进企业文化建设，我们有以下几点体会：

（一）强化统一意识，在继承的基础上，与时俱进，不断创新，为集团文化内涵注入时代精神，建设特有的、与众不同的企业精神气质。

（二）强化阵地意识，加强组织领导。企业文化不是游离于企业体制之外的，而本身就是企业体制的重要组成部分，它往往更是企业领导者经营理念的直接反映。

（三）强化制度意识，增强内驱力。通过制度规范员工日常行为，并不断实施制度创新，进而使员工在道德的驱使下形成文化的高度自觉。

（四）强化战略意识，与中心工作相互融合促进。文化建设必须承接企业发展战略，融入中心，融入科研，融入人才队伍建设，而且与创先争优、学习型党组织建设、思想政治工作等活动相互融入。这样既能互相促进，相得益彰，也会取得更好效果。

目前，军工三线企业已屈指可数。宏远独特的地理位置和明显的航空文化印记是宝贵的一笔财富，宏远人“锻造精品 锤炼人品 打铁还需自身硬”的企业文化是对“航空报国 强军富民”的有力诠释，很值得珍藏和充分挖掘。我们将充分发挥党建思想政治工作的优势，积极参与上级单位企业文化建设活动，不断发挥企业文化的感染力增进全体干部职工对集团文化的理解和认同，在社会上树立中航工业品牌，为企业的蓬勃发展注入了强大的动力。

# 部分行业和省市企业文化社团工作成果展示

## 中国企业文化建设“十三五”指导意见

中国企业文化研究会

“十二五”时期，中国企业文化建设取得了很大进展。“文化强企”战略地位更加显著，多数企业组织的文化建设体系日趋完善，企业价值理念特别是核心价值观由总结、提炼、宣传向全面转化深入推进，各方合力推进的企业文化建设工作格局正在形成，企业文化提升员工人文素养和企业管理水平的引领作用更加显现。

在“十二五”向“十三五”转折时期，党和政府十分重视文化建设，为企业创建了良好的文化生态。党的十七届六中全会及通过的《决定》，从战略上对我国加强文化强国建设和文化改革发展进行了研究部署。党的十八大又把文化建设列为全面建成小康社会、实现中华民族伟大复兴的目标和中国特色社会主义事业五位一体总体布局。提出在文化建设上，必须走中国特色社会主义文化发展道路，加强社会主义核心价值体系建设，积极培育和践行社会主义核心价值观，丰富人民精神文化生活，提高国民素质，增强文化整体实力和竞争力，扎实推进社会主义文化强国建设。企业文化是社会文化的重要组成部分，是社会先进文化的生长点。我们必须以这些精神为指导，站在党的十七届六中全会、党的十八大的高度充分认识企业文化建设的重大意义。

为加强文化建设，国务院国资委印发《关于加强中央企业企业文化建设的指导意见》，商务部等七部门印发《中国境外企业文化建设若干意见》，国家安全生产管理总局颁布《“十一五”安全文化建设纲要》和《安全文化建设“十二五”规划》，成立以安监总局和中国企业文化研究会专家为主体的“中国企业安全文化建设研究”课题组。各行业主管部门、社会团体在抓行业管理过程中，正在把行业文化、企业文化建设放在更加突出的位置。

为认真贯彻落实党的十七届六中全会和十八大以来有关社会主义先进文化建设和文化强国的战略部署及一系列重要精神，扎实推进“十三五”时期中国企业文化建设，提出如下意见。

### 一、总体要求

**（一）重要意义。**

当前，世界经济仍处于国际金融危机后的深度调整期，我国企业面临产能过剩、产业结构升级和发达国家“再工业化”等诸多挑战，据此，我国调整发展方式，步入新常态。企业作为改革主战场，结构调整、转型升级、国际化经营、推进混合所有制、强化监督等方面的改革发展任务十分艰巨。经济下行的压力使员工的思想更加活跃，利益调整更加困难，不安定因素加大，一些深层次矛盾更加显现，是矛盾叠加、爬坡过坎的最紧要关口。站在“十三五”新的历史起点，面对机遇和挑战，企业急需以观念转变、文化创新，积极稳妥推进改革，提升企业管理水平，为企业增添新的发展动力，引导全体员工正确认识当前的阶段性特征，主动适应新常态。在中国经济新的转型期，加强企业文化建设对更好地引领发展、凝聚力量、推动创新、塑造品牌、激发责任、支持治理、传承血脉、提高素质、树立形象具有十分重要的意义。

**（二）指导思想。**

企业文化建设要以党的十七届六中全会、十八大和习近平总书记的讲话精神为指导，以科学发展为主题，以加快转变经济发展方式为主线，以企业价值理念体系构建和转化为根本任务，以满足员工精神文化需求为出发点和落脚点，坚持以人为本、重在建设、开拓创新、统筹兼顾，建设体现社会主义核心价值观、注重文化内涵、具有时代特色、国际视野的企业文化，为促进企业管理水平和国际竞争力的提高，促进企业科学发展和员工全面发展提供优秀的文化支撑，引导企业广大员工为实现“两个一百”奋斗目标和中华民族伟大复兴的中国梦而奋斗。

**（三）遵循原则。**

坚持价值主导，服务发展。企业文化的灵魂是企业核心价值观。铸就能够有效发挥引领和整合作用，符合社会主义核心价值体系要求的核心价值观，是企业文化建设的根本任务。要以企业自身的历史文化为基础，以现实问题为导向，以未来的发展战略为依据，精心构建企业价值理念体系，形成并不断巩固全体员工为企业科学发展团结奋斗的共同理念基础。在企业文化建设体系中，企业价值理念体系是灵魂，其他体系都是价值理念特别是核心价值观的转化形式，是为价值理念转化服务的。在价值理念构建中，要努力寻求个体价值与企业价值的契合点，为个人实现自我价值搭建平台，使员工能够在企业使命和愿景的框架内为完成个人使命而努力，使员工所从事的工作既能为自己的成长带来意义，又能为企业和社会的健康发展做出贡献。企业文化建设的各项工作都要从服务发展出发，通过企业文化建设，不断提高中国企业的管理水平，增强中国企业的凝聚力、创新力、影响力和国际竞争力。

坚持以人为本，遵循规律。员工是企业文化建设的主体和动力，企业文化建设要坚持以人为本，实现企业人格和员工素质不断完善、共同发展、全面发展。企业文化建设要遵循企业成长的规律、企业文化形成和发展的规律和文化育人的规律。

坚持继承创新，突出特色。推进企业文化建设要尊重历史，继承优秀传统文化。创新是文化的本质特征，要大力推进企业文化创新。把创新作为一种信念、一种追求，对企业的文化资源和国内外企业优秀文化成果进行创造性的借鉴和利用。企业文化姓“企”，一定要有鲜明的个性，体现行业特点、企业特色，使职工感到这种文化既是本行业经营所特有的精神状态的真实写照，又是本组织所唯一具有的独特表述，从而起到鼓舞士气、激励斗志，形成良好的精神氛围的作用。

坚持统筹兼顾，务求实效。企业文化建设是企业全局性、综合性的工作，要与企业其他各项工作统筹兼顾。从企业发展的实际情况出发，科学制定规划，合理安排投入，体系化策划，项目化逐步推进。企业文化建设要与企业党组织的各项工作统筹兼顾。要努力实现企业文化建设与企业党组织各项工作的有机结合、优势互补、共同发展。企业文化建设体系内各方面工作也要统筹兼顾。在企业文化体系建设中，在注重系统、完整的同时，要力求简明、实用、可操作。提出的理念要符合企业实际、被职工广泛认同、能够系统传播推广、全面转化、切实“落地”。

**（四）建设目标。**

建立以企业价值理念体系为核心，与我国经济发展新常态相适应，与现代企业制度、国际化经营战略相符合，与企业和职工共同发展需求相一致的企业文化体系。企业文化资产得到保值增值，企业文化建设领导体制、工作机制更加完善，企业文化创新能力和品牌、产品、服务的文化含量明显提高，企业文化设施更加完备，企业文化产品、文化活动更加丰富，更好地满足员工的精神文化需求，企业文化的活力和社会影响力不断扩大，文化在企业综合竞争力中地位和作用更加突出，为企业科学发展、员工全面发展的服务能力显著提高。

## 二、基本任务

**（五）提升文化领导力。**

企业主要负责人和领导者群体是企业文化建设、发展的核心动力，他们的价值取向及行为选择是企业文化元素的重要来源，会对企业文化产生极其深刻的影响。企业文化建设在注重提高基层员工凝聚力、执行力、战斗力的基础上，要更加注重提高企业领导者的文化领导力。文化领导力是领导力的核心和灵魂，它对领导活动具有导向作用、制约作用和示范作用。在企业领导力的核心要素中，使命意识和民族情怀是动力源泉，崇高理念是基石，文化自觉和文化素养是前提，文化创新能力是灵魂。企业中高层领导者要自觉地不断校正自己的价值观，树立崇高的职业理想、职业抱负，提高职业道德、职业操守。言行一致、以身作则、以上率下，以真理的力量和人格的力量形成非职务带来的更加有力的领导力。提升文化领导力，就要提升领导者的文化构建能力和创新实践能力。

**（六）加强集团文化建设。**

集团文化是建立在所属企业个性文化基础上的共性文化，具有战略性、主导性、整合性、包容性，为各成员企业的文化建设提供指导、规范和发展的空间。对内，规范企业集团所属企业和所有员工的行为；对外，展示企业集团的竞争力和整体形象。在集团文化建设中，要着眼战略，对集团文化体系进行系统规划；要把握本质，精心构建集团价值理念体系；要遵循规律，着力推动集团价值理念的转化。要正确处理集团文化与所属企业文化的关系，要按照本质一致基础上和而不同原则，形成下属公司百花齐放形态各异的局面。通过加强集团文化建设，为加快培育形成一批拥有自主知识产权和知名品牌、具有国际竞争力的大公司、大企业集团提供文化支撑。

**（七）加强专项文化建设。**

专项文化建设是与企业专项管理职能相对应的文化建设。企业各职能管理部门在企业核心价值观的统领下，要提出关于企业生产经营管理各方面的文化理念，把核心价值观体现在企业生产经营管理各项活动中。每一个职能管理和业务部门都要承担与自身业务和管理职能相匹配的专项文化建设任务。如创新文化、安全文化、质量文化、诚信文化、营销文化、服务文化、品牌文化、项目文化、合规文化、廉洁文化、人力资源管理文化、风险管理文化、保密文化、责任文化等等。通过专项文化建设，推进企业价值理念的转化、具体化。以核心价值观为指导，完善形成一套企业内部价值链各环节和人力资源管理各方面的工作标准和行为规范，不断提高企业现代化、专业化、信息化管理水平。专项文化建设要建立健全由企业文化建设主管部门牵头、专业管理部门主导、全体员工共同参与的工作机制。开展专项文化建设要在企业文化建设的整体布局中做好规划，确定不同时期的建设重点，成熟一个、推进一个、积淀一个，扎实稳步推进。

**（八）加强基层特色文化建设。**

基层特色文化是相对于横向专项文化、企业集团（总公司）所属各层级企业的文化。如公司文化、厂矿文化、院所文化、场站文化、项目文化、班组文化等等。基层特色文化是在集团（总公司）文化基础上形成的具有本企业、本单位特点的文化，是所属企业在遵循、服从、体现集团主导价值观和文化本质的前提下，根据自身在集团中的定位、核心业务等对本组织的使命、愿景、价值观和经营管理理念细化、具体化，创造性地进行富有活力的丰富多彩的个性文化建设。基层企业在文化方面表现的差异性和个性化特征，是企业文化多种表现形式和实践方式的体现，是集团（总公司）文化在所属单位的延伸和张扬。要尊重所属企业文化的个性差异，认同每个企业带有特征的企业文化表征，让所属企业自觉地以集团（总公司）文化的基因凸显各自企业个性，用各自企业个性丰富集团（总公司）文化的内涵，真正做到基因相同，个性不同，和而不同。在基层文化建设中，要注重企业优秀历史文化的传承，从源远流长的传统文化、激昂奋进的革命文化、争奇斗艳的特色文化中汲取营养，建设和不断丰富企业职工共有的精神家园。基层特色文化建设要突出“特”性，充分考虑企业的历史、内外部环境、影响制约条件、时代特征、行业特点、企业特色、企业负责人风格、职工的喜好、地域文化及风土人情等因素，从价值理念体系的构建到文化建设项目的设计，从视觉识别系统的导入到广告、形象的宣传，都应力求实现“本企业化”。

**（九）加强学习型企业建设。**

当今企业生存与发展的主要条件已经不仅仅是降低成本、提高效率，而是学习能力、创新能力、反应速度的较量。企业未来唯一可持续发展的优势，就是比竞争对手具有更强的学习能力。企业开展学习型组织创建活动，要培育适宜组织学习和创新的文化氛围，树立学习型企业标杆，建立学习型企业的文化价值观念和行为规范体系。要建设软硬兼备的知识管理系统，系统梳理知识，形成知识数据库，提升集体智慧。要搭建知识平台，促进知识共享，完善知识体系，实现持续改善。要建立员工培训、发展和组织优化机制，建立组织能力评估机制，提升整体素质与能力。建立团队学习机制，打造高绩效的学习型团队。建设全面创新管理体系，推进自主创新。培育全员创新理念，建立创新管理系统，加强创新成果的推广与应用。建设知识管理和创新驱动系统，不断增强企业的整体学习力、文化创新力。

**（十）积极推进与互联网时代相适应的企业文化变革。**

“互联网+”是把互联网的创新成果与经济社会各领域深度融合，推动技术进步、效率提升和组织变革，提升实体经济创新力和生产力，形成更广泛的以互联网为基础设施和创新要素的经济社会发展新形态。“互联网+”带来的不仅是支撑技术上的变革，还是服务理念上的变革、管理方式上的变革。加快推进“互联网+”不仅意味着新一代信息技术发展演进的新形态，也意味着经济社会转型发展的新机遇，将推动开放创新、大众创业、万众创新，推动中国经济走上创新驱动发展的“新常态”。企业如果不能跟上时代步伐，不能感知到新文化现象的产生，不去研究移动互联网时代用户的行为、习惯和变化，就可能会被淘汰。要积极探索如何开展“互联网+”企业文化建设行动。要以门户网站、社会化媒体平台和服务评价为支撑，使企业的文化资源、文化产品、文化活动数字化，为企业和员工提供文化服务。利用QQ群组、微信公众号、微博等社会化媒体平台手段将文化服务与基层企业、员工连接起来。有条件的可建立“企业文化云”，运用云计算、云存储、大数据，建设全方位覆盖、多终端访问、跨平台多通道发布的企业文化信息网状结构平台，让员工可以通过电脑、手机、移动终端和电视接入，参与企业文化建设活动，享受一站式文化服务。

## 三、主要措施

**（十一）企业文化现状调研分析及战略适应性评估。**

企业文化调研与评估是企业文化建设的基础性、经常性、先导性工作，是企业文化建设的重要任务之一。企业文化阶段性创新要解决企业核心价值理念与企业发展战略相脱节的问题，通过观念转变、理念创新，为实现企业战略转型、战略目标提供文化支撑和引领。文化创新是企业发展的常态，核心理念内涵创新具有阶段性的要求，方法论创新具有持续性的要求，目的都是解决文化“落地”。要通过企业文化战略适应性评估，进一步明确企业文化建设的方向、内容和策略。把握企业文化建设和阶段性创新的恰当时机，形成独特的企业文化建设方式。

**（十二）企业文化体系的完善和提升。**

企业文化理论传播和自觉实践虽然在我国已有三十多年历史，但还是呈现极大不平衡状况。有的企业尚无完整的体系；有的企业文化体系完整而丰富，但随着时代发展，面临全面提升的任务。企业文化体系丰富完善包括明确使命、规划愿景、提炼企业精神、确立核心价值观，提出与企业管理职能相匹配的相关经营管理理念，建立规范的行为体系和物质体系形象体系等。企业文化理念体系的调整、丰富完善要以自身的历史文化为基础，以企业发展中的现实问题为导向，以企业未来发展战略为依据。要增强对中国企业发展模式、发展理念、发展目标、发展方式的认同。要加强形势任务教育，增强职工完成新任务、应对新挑战、实现新发展的信心和力量。在丰富完善企业价值理念的过程中，企业所属单位之间要采取多种形式进行充分的文化沟通，理性地面对文化差异，整合各种优秀文化资源，找到新的文化共识，形成企业科学发展的文化基因。要动员所有员工参与，通过参与丰富完善企业的价值理念，使此过程成为企业全体成员揭示问题、研讨问题、达成共识、提升理念、寻求解决问题方案、改进行为的过程，成为企业所属单位和所有员工文化融合、文化认同的过程。

**（十三）推进企业文化理念全面转化。**

企业价值理念体系的完善提升和文本化的完成，是企业文化建设新的起点。企业文化建设更重要的任务是推进企业价值理念的全面转化。要搞好顶层设计，使企业核心价值理念真正成为企业发展的精神动力和灵魂。要以企业核心价值观为统领，调整企业的组织结构、配置企业的人力资源、完善企业的管理制度、再造企业的管理流程、优化企业形象、打造企业品牌、考核企业业绩。推进企业价值理念全面转化要做出具体规划。企业文化建设规划要与企业发展规划同时进行，要有自身的战略定位、战略思考和战略发展目标。企业文化建设的实施步骤要与企业发展战略相一致，实施过程应有系统的规划、详细的计划、明确的目标、具体的责任、任务和清晰的进度安排、时间节点。在价值观的转化上，要注重战略引领、管理融入、基层创新，通过开展形式多样、丰富多彩的宣传教育活动，实现企业上下对价值观的深刻理解和广泛认同，实现价值观内化于心、固化于制、外化于行、显化于形。基层文化建设要平台化发展，品牌化塑造，专项化落地。

**（十四）推进企业文化融合和国际化经营中的跨文化管理。**

企业文化融合是指企业在改制重组过程中，把来自不同成员单位各具差异性的个性文化，通过充分沟通、交流、吸收、借鉴、融合、创新，逐步建设成统一的更高层次的企业文化体系的过程。随着改革开放进一步加大、市场主体地位的确定和企业调整重组的深入，各种形式的混合所有制与经营模式的企业顺势而生。通过企业文化融合，解决调整重组企业之间因文化传统、文化思维、文化实践等不同而引发的文化碰撞与冲突，实现文化的创新与提升。在调整重组中，主管部门和企业管理者在制订企业调整重组的资金解决方案、工资解决方案、职工安置分流解决方案时，要认真研究、稳步推进企业文化融合的问题。建立以核心价值观为基础的坚韧的精神文化纽带，不断增强文化的凝聚力、控制力、影响力，提高竞争力，引领和保证调整重组后的企业集团沿着新的共同战略目标科学发展。

要加强国际化经营中跨文化管理。“一带一路”战略的实施，为我国企业“走出去”创造了难得的历史机遇。2015年这一战略将进入实施期，企业应把握机遇，顺势而为。“走出去”的企业在国际化经营发展的同时，与所在国企业合作中的多元文化的差异、冲突、融合问题也日益突显。国际化经营，不能光靠自己的文化，还要将自己的文化与世界各国各地区各民族的文化有机融合。要识别文化差异，发展文化认同，进行跨文化培训，达成跨文化理解，形成一种既坚持自己的核心价值观，又体现与各种异质文化融合的灵活性与有效性，适应所在国企业的“本土文化”，从而开放自己，包容别人，为我所用，共享共赢。

**（十五）企业文化建设的考核评价。**

企业文化建设考核评价既是文化管理的一个重要职能，又是文化管理的必要环节，对促进引导企业文化建设有着至关重要的作用。企业文化建设的过程是一个调研、诊断、决策、计划、实施、监督、评价等螺旋式上升的周而复始过程。一个阶段的建设周期结束后，需要对方法和效果进行相应的评价，从中吸取经验和教训，为下阶段的文化创新、文化管理提供依据，打好基础，不断提高企业文化建设的水平。要探索建立完善企业文化建设考核评价体系。考核评价体系的建立要坚持导向性，体现科学性，具有操作性。在企业共同探索下，中国企业文化研究会争取在“十三五”末提出一套切实可行、普遍适用的评价体系。

## 四、组织推动

**（十六）加强对企业文化建设的组织领导。**

企业领导班子要把加强企业文化建设作为提高企业软实力和国际竞争力的战略任务来抓。企业党组织要加强对企业文化建设的领导，总体上把握本单位企业文化建设的方向和时代脉搏，使企业文化建设发展与中国社会主义先进文化的繁荣发展相协调，与社会主义核心价值体系相一致。企业主要行政、经营管理负责人和领导者群体要具有强烈的自觉的文化担当，要像担当经济、政治、社会、生态责任那样，自觉担当起企业文化建设创新的责任、企业文化传承的责任、企业文化资产保值增值的责任。要建立健全企业文化建设领导体制，成立企业文化建设领导机构，确定企业文化具体执行部门，明确职责，把企业文化建设作为评价所属企业发展水平、发展质量和负责人业绩的重要内容。企业文化建设主管部门要充分发挥协调指导作用，职能管理部门各负其责，密切配合，形成推动企业文化建设的合力。要团结社会各方面的力量，共同推进企业文化建设。逐步形成各级党和政府主管部门宏观指导，企业党组织、决策层、经理层自觉推进，全体员工共同参与，学术、科研单位、高等院校提供理论支撑的企业文化建设格局，营造全社会推进企业文化建设的良好氛围。

**（十七）大力宣传推广企业文化建设的典型经验。**

推进企业文化建设的健康发展，需要典型引路和榜样的示范力量。要在认真总结经验的基础上，培育、建设一批企业精神教育基地、企业文化建设示范基地、专项文化建设标杆单位。充分发挥这些基地、单位传承优秀企业精神、交流企业文化建设经验、展示企业文化建设成果的作用。中国企业文化研究会愿与各企业在“十三五”期间，培育树立一批企业文化品牌。

**（十八）深入进行中国企业文化建设理论研究和应用研究。**

企业文化建设特别是企业文化中国化是一项极具探索性、挑战性的长期任务，要切实发挥理论研究对实践的指导作用。各企业要紧紧围绕企业文化建设的根本任务，和大专院校科研单位一起开展基础理论研究，有针对性地开展应用理论研究，为进一步提高中国企业文化建设水平提供有力的理论支撑。在理论研究工作中，要注重对现实问题的理论思考，密切跟踪中国企业文化建设的新实践和新发展，从理论和实践的结合上准确回答中国企业文化建设中面临的新问题，提高对企业文化建设规律的认识和把握能力，不断通过理论创新推动实践创新。企业文化建设的主管部门、企业领导、有关社团要充分认识加强企业文化理论研究的重要性，制定研究计划，加强组织领导。要把企业文化理论研究作为提高工作水平、加强队伍建设的重要途径。要主动争取政府主管部门、科研单位、高等院校等社会各方面的理论研究力量的支持，加强协作与配合，推动研究成果的交流与共享。中国企业文化研究会将在“十三五”期间推出一批企业文化成果，向新中国成立70周年和新世纪20年献礼！

## 以新发展理念为引领　持续推进金融政研会工作再上新台阶

中国金融思想政治工作研究会

中国金融思想政治工作研究会（以下简称：中国金融政研会）始终高举中国特色社会主义伟大旗帜，贯彻落实中央有关精神，组织、协调、推动全国金融系统思想政治工作和企业文化建设的研究与实践，推进金融行业社会主义核心价值体系建设，以创新精神开展各项活动。现阶段主要工作有：

### 一、深入开展调查研究，注重成果转化运用

加强组织协调，推进调研活动广泛开展。中国金融政研会作为党的群团组织，紧紧围绕金融中心工作，结合金融机构改革发展中思想政治工作和企业文化建设面临的新情况、新挑战，从金融干部职工最关心最直接最现实的问题入手，开展课题调研。每年印发调研参考课题，组织协调有关单位参与中宣部中国政研会的重点课题研究，发挥了金融政研会课题发布、组织协调、督促落实、成果评选、交流转化、服务决策、指导实践的平台作用。

严格成果评审，推进调研成果运用转化。近年来，金融系统形成了一大批有分析、有对策、有质量的调研报告，部分调研成果陆续刊登在中国政研会内参《调查与研究》、金融政研会内参《金融思想战线》，并呈中央有关领导及银监会、证监会、保监会等金融机构领导同志。秘书处每年评审表彰优秀调研成果，正式出版《全国金融系统思想政治工作和企业文化建设优秀调研成果》，以深化成果交流转化。许多研究成果在主流媒体刊发，很多商业、企业和政府网站转载，提高了调查研究工作的针对性和实效性，较好推动了金融机构的实际工作，为金融业思想文化建设提供了智力支持。

### 二、开展评选表彰工作，发挥榜样引领带动作用

严格评选流程，做好评选表彰的各环节工作。为深入贯彻落实党中央关于社会主义文化大发展大繁荣的战略思想和重大任务，充分总结金融思想政治工作和企业文化建设的成功实践和宝贵经验，按照中宣部中国政研会的部署，根据“思想政治工作评价指标体系”和“企业文化建设评价体系”的规范要求，积极推进先进典型的推报评选活动，逐步形成了全国金融系统思想政治工作和企业文化建设先进单位和先进个人的评选表彰常态机制。每两年进行“全国金融系统思想政治工作先进单位、先进工作者”和“全国金融系统企业文化建设先进单位、先进工作者”评选表彰活动，较好推动了金融思想政治工作和企业文化建设的深入开展。

做好先进典型的培育和宣传，发挥典型示范带头作用。每年评出的先进单位和先进工作者名单，通过在人民网、中国文明网、中国金融新闻网、中国金融思想战线网、《金融时报》、《思想政治工作研究》、《雷锋》杂志以及《中国金融思想政治工作研究》、《金融思想战线》等主流媒体进行广泛宣传报道。充分利用多渠道宣传平台，分批次、有重点、多形式宣传推广，向全社会展示金融业的良好形象和丰硕成果。每年有重点地对获金融系统思想政治工作和企业文化建设的先进单位进行追踪调研，积极探索先进典型的创新发展和示范带动的常态方式，增强先进单位和个人进一步做好思想政治工作的责任感、荣誉感和使命感。

### 三、多层面开展干部教育培训工作，为金融业思想文化建设提供人才支持

科学设置培训课程体系、灵活选择培训方式、注重提升培训效果。截至目前，共举办了四期“全国金融系统高级企业文化师国家职业资格认证培训班”，为来自银行、证券、保险等金融企业中高层管理人员提供全面系统的文化管理培训。培训班通过率均超过85%以上，并做好已结业学员追踪服务，探索更好发挥学员作用的方式方法等。

举办多期全国金融系统思想政治工作领导干部学习班。通过专题报告、专家讲座、现场交流等形式，拓宽视野、拓展思路，努力提高企业领导干部做好金融思想政治工作的水平和能力。在培训对象上也拓展思路，尽量让各业务条线、相应管理层级的同志都能参加思想政治工作的专业培训。多年来，坚持在中央党校、国家行政学院办班，坚持培训班规格和师资层次，受到了各金融机构和学员的广泛好评。

按照中国政研会要求，推荐部分金融机构领导干部参加中宣部在全国宣传干部学院举办的“行业（系统）国有大中型企业党委负责人研修班”、北京市政研会举办的“全国企业文化深化与推进研修班”等，加强专业学习与行业交流。

积极推进金融系统开展政工系列职称评审工作，加强人才资源开发。在前期进行充分文献调研的基础上，赴有关地区开展实地调研座谈，进一步了解和学习各地政研会开展政工系列职称评定工作的具体措施办法，并召集地方金融机构代表进行座谈，听取意见建议。

### 四、加强金融思想文化阵地建设，发挥主流媒体宣传导向作用。

《中国金融思想政治工作研究》杂志。自创刊以来，坚持正确政治方向和舆论导向，围绕重大活动、重大主题，加强策划，精心编选，不断推出导向正、内容好、形式活的文章，努力反映新形势下金融思想政治工作、企业文化建设等方面的理论探索与实践经验；不断扩大刊物覆盖面，使之成为金融系统传递信息、发表成果、交流经验、学习专业、

指导工作的重要杂志，成为唱响主旋律，传播正能量的思想园地。

《金融思想战线》内参。作为金融思想政治工作研究的平台和抓手，《金融思想战线》把握新形势下舆论引导规律，进一步做好金融系统思想政治工作和企业文化建设的梳理、分析、总结，登载的内容反映了新常态下金融职工思想动态，金融思想政治工作与金融文化建设的新动向、新情况、新任务，创新基层宣传思想文化工作中有特色、有分量、有实效的典型案例、经验举措，展示金融行业改革发展的实践成果，为相关部门提供有价值的参考信息与对策建议。

《雷锋》杂志。以求实创新的精神，与人民出版社、中国新闻文化促进会共同创办了《雷锋》月刊，为金融系统弘扬雷锋精神，传播雷锋文化，展示金融干部员工道德建设的良好风尚和践行社会主义核心价值观的优秀成果，搭建了新阵地。积极推动雷锋基金会的创设，并与有关单位共同主办了纪念雷锋主题活动“记忆与传承”、大型公益活动“致敬雷锋·善行中国”等系列活动，推动金融系统学雷锋活动常态化。

“中国金融思想战线”网。为贯彻落实习近平总书记重要讲话和中央《关于加强和改进党的群团工作的意见》精神，充分发挥网络思想政治工作的作用，2015年，中国金融政研会官方网站“中国金融思想战线网”上线。网站以社会主义核心价值观为价值引领，紧紧围绕金融思想文化建设的主线，记录中国特色社会主义金融事业的发展历程与丰硕成果，传递金融业的“中国价值”，在融入世界经济过程中讲好金融人的“中国故事”。

### 五、发挥平台优势，加强行业内外的交流。

通过与有关政府部门、金融企业及学术界建立的工作网络，搭建全国金融系统学习宣传平台，联合金融时报举办“中国金融文化论坛”、联合国家行政学院、中华社会文化发展基金会举办“中国发展新常态与金融新秩序论坛”等活动，就金融文化领域的重大理论和实际问题进行交流研讨，促进金融行业内外的交流合作与金融企业科学发展。

组织参加中宣部中国政研会举办的各项活动。中国金融政研会作为党的群团组织，积极参加、组织推荐金融机构领导干部参加中国政研会组织的“政工大讲堂”等各项活动，学习、交流工作经验。

组织开展了“企业文化故事”征集、宣传活动。联合部分省级政研会，以讲故事形式展示金融企业文化建设成果，召开“企业文化故事”现场经验交流会，表彰“企业文化故事”征文活动的获奖单位和个人。

为加强行业内外的企业文化交流、学习、借鉴，组织会员单位参加中国企业文化研究会举办的“中国企业文化百人学术论坛”、“中外企业文化峰会”等活动，增进了各会员单位对外交流与联系，增强了金融企业文化吸引力、渗透力和影响力。

### 六、加强自身建设和组织建设，努力实现科学发展。

根据工作需要，定期召开理事会、常务理事会。积极推动各理事单位进一步建立健全党委统一领导、党政工团齐抓共管的思想政治工作领导体制和工作机制。分批分片召开座谈会，加强与各金融机构的联络工作，充分发挥各单位的主体作用和创造性。

不断扩大中国金融政研会工作覆盖面。按照中央扩大思想政治工作覆盖面、进一步加强政研会组织建设的要求，严格组织流程，每年吸纳部分有一定代表性的地方金融法人机构成为理事单位，不断增强思想政治工作的凝聚力、战斗力。

进一步加强秘书处思想建设、作风建设、组织建设和制度建设。从基础条件、内部管理、工作绩效等方面进一步优化队伍建设、充实队伍力量，深化思想认识、提升工作水平、增强服务能力，努力提高政研会秘书处的运行效率和工作效能。学习领会五中全会提出的“创新、协调、绿色、开放、共享”新发展理念，胸怀大局、着眼大事、因势而谋，顺势而为，扎扎实实开展各项工作，将全国金融系统思想政治工作和企业文化建设的研究与实践推向更高水平，为新常态下金融业的改革、发展、稳定做出更大贡献！

## 推进企业文化建设　促进石化工业发展

中国化工企业文化建设协会

为了全面总结三年来的工作，进一步推进行业企业文化建设，研究新常态下企业文化建设的新特点、新要求，推进文化建设，促进文化创新，为企业发展提供持续动力，回顾三年来的工作实际，围绕两方面的工作内容，进行一次企业文化建设工作的沟通与交流。

### 一、三年来全行业企业文化建设的新发展

三年来，企业文化建设紧紧围绕行业工作中心，大力推进理念创新、制度创新、载体创新、落地路径和落地模式创新，呈现出了企业文化建设与企业发展越贴越紧、与产业特色越贴越紧、与时代要求越贴越紧、与中心工作越靠越实的工作局面，很好地发挥了企业文化培育队伍、提升管理、支撑战略、引领发展的作用。

#### （一）理念创新特色鲜明。

坚持以科学发展为主题、以“调结构、转方式”为主线，以实现石化工业强国为目标，大力推进理念创新，丰富和提升了绿色发展、科技创新、责任关怀、以人为本、品牌致胜等一系列富有行业特色、适应时代要求的理念内涵，对稳增长、促发展、调结构、转方式，发挥了积极的作用。尤其是科技创新，其核心驱动力的作用日益显现。

中化二建集团有限公司以“用最先进的技术和装备为业主提供优质服务”、“和谐共赢、塑造精品”的理念为引领，研制出6400吨液压复式起重机，填补了国内外施工领

域技术空白。他们以科技创新打造核心竞争力，在经济下行压力不断加大的大环境中连续七年稳增长，创造了化工、石油、石化3大行业建安系统领先的业绩，7年间打造了一个有核心技术、有创造实力、有文化品牌的全新的化二建。多氟多化工股份有限公司敢与世界“霸主”亮剑，形成了“技术专利化，专利标准化，标准国际化”的创新格局，在追求“用氟造福人类，用锂驱动未来，用硅温暖世界”战略梦想的道路上迈出了新的步伐。三棵树涂料股份有限公司，以绿色健康为发展理念，倾力打造“中国健康第一漆”，产品赢得搭载神舟六号、神舟七号、神舟八号进行太空实验的资格和殊荣。中海福建天然气有限责任公司，以“五想五不干”为宗旨创新安全文化，强化安全责任，筑牢安全防线，通过“铁腕抓安全、铁面处违章、铁心追问责”，形成了人人管安全、时时讲安全、处处抓安全、安全无死角的运行机制，获全国安全生产标准化一级达标企业、安全文化示范企业，成为行业安全生产和安全文化双标杆。创新发展、绿色发展、安全发展、可持续发展，这些发展理念代表着中国石化工业的发展走向，诠释了文化引领发展的本质内涵，形成了全行业企业文化建设的一个突出特点。

**（二）落地措施科学有效。**

企业文化落地机制、落地模式发展和创新，形成了具有行业特色、企业特点、行之有效的落地机制和落地模式。

山东京博石油化工有限公司以“仁孝”文化为核心，把易、道、兵、法各家思想精华与战略系统、领导系统、执行系统、文化系统结合起来，形成九大管控模型体系，他们建立的“孝工资”是一次创新性尝试。公司为员工的父母建卡，每月将“孝工资”打入其卡中，“孝工资”涨了，父母就知道自己的孩子在企业中有了进步。“孝工资”制度，把员工的家人变成了企业的“思想政治工作者”、“企业文化工作者”，使公司“孝文化”的落地掷地有声。浙江华峰集团“五心观”，以爱心超市、诚信还款、职工贷款、花园公寓、慈善基金会五大机制把看似“软”的“虚”的理念落地。天津渤海职业技术学院全力推行“5S”管理，着力师生的行为养成，实施“八心”、“三尖”工程，文化落地有路径、有机制、有载体、有平台。

**（三）三位一体机制和谐。**

坚持企业党建、思想政治工作和企业文化建设三位一体，是我们在长期企业文化建设实践中得出的基本经验。企业文化与企业党建和思想政治工作在工作内容上相通，工作形式上相融，工作主体和工作对象上相同，“三位一体”是资源共享、流程共用、成果共建的好载体、好平台，也是中国特色企业文化建设的基本特征。“三位一体”工作机制越来越受到重视，工作机制日益完善，工作配合日趋协调。企业党政系统紧紧围绕中心工作，联动共建出现了新局面。

铜陵化工集团有限公司把“三讲、五心”纳入中心组学习内容，把党员干部和党员群众践行“三讲、五心”活动纳入党组织的工作考核，形成了铜化人做人做事的基本准则和企业的哲学信仰。浙江华峰集团股份有限公司结合民营企业特点和地域文化特点，创建了“一个方针、两大作用、三个结合、四大功能、五大融合”的企业党建新模式，消灭党员空白班组，形成了党小组、工会小组、行政班组“三组联动”，资源共享、流程共用、成果共建，企业文化深植班组。山东京博石油化工有限公司，精神文明建设与企业文化建设紧密结合，大力倡导生活节俭新风尚，提升员工业余生活品质，改善员工生活环境，制定了员工生活环境八项提升规定、七项改善标准，营造了九种员工成长环境，把“以文化人”落到了实处。

**（四）院校文化异军突起。**

院校是文化培育的重要基地，职业院校是培育行业文化、职业道德的第一站。目前，全国开设石化类专业的本科院校有500余所、高职院校600余所、中职学校700余所，在校生近百万人，每年近30万学生走进石化行业。行业文化的早对接、早培育、早养成，对行业发展具有重大意义。近年来，院校文化建设异军突起，空前发展。各院校把校园文化与行业文化相结合，在愉快的校园文化氛围中接受行业文化熏陶，领略行业文化风采，构建行业文化情感。

天津渤海职业技术学院“立足化工、面向社会、服务经济”，把以范旭东先生为代表的民族工业精神，“存志中国化工”强国梦的理想追求入教材、入课堂。“围绕产业链构建专业链，围绕产品链构建课程链”，实现了产业与专业对接、职业教育与终身学习发展对接、教学过程与生产过程对接、学历证书与职业资格证书对接、课程内容与职业标准对接，把教育服务社会、服务经济、服务企业、服务未来的方针落到了实处。上海信息技术学校以做事先做人为出发点，以“奔马精神”为集体文化人格，以“树信，乐业”为校训，引导学生树立“信心、信誉、信念、信仰”，形成了“学生乐于学、教师乐于教、社会乐于用”的办学格局，培育出一批“就业有优势、创业有能力、升学有希望、终身学习有基础”的优秀人才，成为国家级重点中专学校，首批国家中等职业教育改革发展示范校，连续二十二年蝉联上海市文明单位。

**（五）理论体系初步形成。**

我们在长期的企业文化建设实践中认识到：企业文化建设必须以社会主义核心价值观为指导，必须紧紧围绕企业中心工作来开展；必须建立健全长效、常抓工作机制；必须正确处理继承与创新的关系；必须与党建、思想政治工作有机结合；必须从实际出发、坚持务实致用。在这个认识基础上，形成了具有石化工业特色的基础理论框架。这个理论框架主要包括六大理论要素：一是科技驱动理论、二是发展质量理论、三是集约发展理论、四是创新发展理论、五是文化支撑理论、六是“三位一体”理论。其基本内涵是：建设石化工业强国，必须拥有一批位于科技前沿的自主知识产权，拥有一批占领市场制高点的高端产品和国际品牌，具有市场竞争优势的企业经营效率，拥有一批世界级的大型企业集团和行业龙头企业，拥有一批勇于创新、能够创新的领军人才，拥有强大的文化支撑，坚持企业党建、思想政治工作和企业文化建设三位一体。

（六）指导体系更加完善。

逐步建立健全企业文化建设指导体系，成立了专家委员会、出台了工作章程，搭建了企业文化建设示范机制平台，主要做了四件事：一是对全行业三十年来企业文化建设情况进行了全面总结、系统评估和科学诊断，概括了建设特点和文化特色，针对存在的问题，提出了建设性意见，形成了“中国石油和化学工业企业文化建设报告”。二是以十八大和习近平总书记系列讲话精神、中央办公厅印发的《关于培育和践行社会主义核心价值观的意见》为指导，对《中国石油和化学工业企业文化建设指导意见》进行了修改、补充和完善。三是创造性的完成了企业文化建设评价指标体系的构建和实施细则的制定。四是出台了示范单位认定标准和管理办法。

（七）保障服务不断加强。

从企业文化建设主体看，会员单位大多实行了“一把手”工程，领导体制机制、工作体制机制不断健全完善，企业文化工作与行政工作同规划、同部署、同检查、同考核、同奖惩。企业文化建设经费有了制度保障。如中国平煤神马能源化工集团，按照工资总额 0.5%—1% 计提；铜陵化学工业集团、上海信息技术学校等将其纳入年度列支计划。多数企业实行了项目计划预算，对企业文化建设起到了关键性的保障作用。企业文化工作队伍建设不断加强，形成纵到底、横到边的工作体系和专兼职工作队伍。企业文化工作者的职业化水平不断提高，有力地保障了企业文化建设工作的推进和提升。

## 二、今后三年企业文化建设的思路和建议

**（一）正确认识“新态”和“常态”的关系，创新理念，推动企业绿色可持续发展。**

十八大以来，国民经济发展方式转型的主要特征是由以往的投资拉动转型为消费拉动。创新发展、绿色发展、生态发展是今后发展的大趋势。目前的“新态”就是今后的“常态”，所以创新发展、绿色发展、协调发展、可持续发展既是我们的“新态”使命，也是我们的“常态”任务。十八届五中全会要求，要把创新放在国民经济发展全局的核心位置，大众创业，万众创新，全面推进经济社会的可持续发展。石化行业企业文化建设要紧紧把握“稳增长”和“调结构”两大主要任务，把握提升传统产业和培育战略性新兴产业两大主攻方向，把握创新驱动和深化改革两大内生动力，把握绿色可持续发展和扩大开放两大战略重点。创新发展理念、创新科技理念、创新质量理念、创新品牌理念、创新安全环保理念、创新以人为本理念。以新理念，引领新发展，把全行业的发展境界提升到绿色可持续的新水平。

**（二）正确处理战略对接与文化对接的关系，匹配支撑，为企业发展提供持续动力。**

在前后两个五年发展战略对接的同时，一定要处理好战略对接与文化对接的关系，形成文化与战略的匹配支撑。为此，建议各企业按照本企业的规划目标和战略要求，对企业文化进行一次全方位的诊断和评估，对不再适应规划目标和战略要求的文化理念要进行调整，对基本适应的要进行提升，对产业方向有较大调整的企业要结合新的产业特点进行文化跟进，对于重组企业、企业组织发生重大变化的要进行文化融合。同时，要对“十二五”期间生产、经营、管理的经验和教训、认识和体会进行全面总结和认真梳理，把取得的经验和接受的教训、形成的新认识和新体会提炼为文化元素，丰富到企业文化体系中去，确保愿景与目标同频共振，理念与战略匹配支撑。

**（三）正确对待文化体系建设与文化落地的关系，着力将文化力转换为现实发展力。**

企业文化落地不但要有路径，而且要有实际载体和科学模式。近年来，在考察学习中我们概括出“平台化、项目化、品牌化”的落地模式。具体说就是每一项文化举措就是一个全员参与的工作平台，对每一个平台都进行项目化管理，力争把每一个项目都建设成有影响力、凝聚力的品牌。

**（四）扩充企业文化的外向性，增强企业的沟通能力。**

迄今为止的企业文化，主要表现为企业的内部文化，其要旨在于凝心聚力，增强企业的竞争力。进入到公众意识觉醒和全媒体传播的新时代后，企业的发展就不仅取决于单纯的经济实力，还要看能否主动营造宽松的生存和发展环境，在这方面，与社区和社会的沟通能力就必不可少。因此，充实企业文化的外向性，增加对外沟通的能力，是新常态下创新企业文化的重点之一。

**（五）加强“三位一体”机制建设，不断提升企业文化“软实力”和竞争力。**

加强和完善“三位一体”工作机制建设，对于凝心聚力，共克时艰，不断提升企业文化“软实力”和竞争力具有非常重要的意义。要认真贯彻落实中共中央办公厅印发的《关于在深化国有企业改革中坚持党的领导加强党的建设的若干意见》，充分认识在深化企业改革中坚持党的领导加强党的建设的作用和意义，充分发挥企业党组织先进文化代表的作用，带领广大党员干部、党员。职工做文化践行的模范。思想政治工作是我们党的工作的最大特色、最大优势，是党的工作的生命线，要紧密结合本单位实际，不断加强理想信念教育，培育和践行社会主义核心价值观，注重实践育人、文化育人、典型育人，充分发挥“互联网+”的工作优势，为思想政治工作注入生机活力。要从固本强基上下功夫，学习借鉴企业文化示范单位普遍实行的党政齐抓共管，工青妇全面参与，党小组、行政班组、工会小组“三组联动”等典型经验，夯实基础，强健企业细胞，为全面实现“十三五”发展目标提供政治保障和文化保障。

（作者郝长江，本文为作者在“中国石油和化学工业第三次企业文化建设促进大会”上的发言）

# 以创新文化引领核心竞争力 为行业发展注入不竭动力

中国电子职工思想政治工作研究会

党的十八大以来，电子行业企事业单位广大干部职工认真贯彻落实中央关于社会主义文化大发展大繁荣的战略部署，全面加强、创新企业文化建设工作，在培育践行社会主义核心价值观，确立企事业单位核心价值观、凝练健康向上的企业精神、塑造企业道德标准、提高员工思想素质、提升企业核心竞争力、推动企业转型升级、促进企业持续发展等方面取得了较为显著的成效。

## 一、电子政研会近年来在企业文化建设中所作的工作

电子政研会从它成立的那一刻起，就把推进电子行业企业文化建设，作为研究会的一项重要职能和重要工作，在行业内持续不断的协助各会员单位加强企业文化建设，提升企业的软实力，为电子信息行业的改革发展提供有力的文化支撑。

多年来，政研会采取多种形式推动会员单位的企业文化建设。

一是通过每年召开企业文化建设现场经验交流会、理论研讨会、专题报告会和现场参观考察等形式，将有特色的单位的好经验好做法及时进行推广宣传，使广大会员单位得到实际借鉴。几年来，我们先后在中国电科集团公司所属29所、38所和中原电子、苏州创元集团、工信部5所等单位召开了现场经验交流会；还利用每年工作会之机参观考察了中国电科10所、20所、27所等单位的企业文化建设成果。我们还跨行业考察了大庆油田1205钻井队，听了大庆油田企业文化建设的经验介绍，邀请海尔集团党委原副书记王安喜专场介绍海尔企业文化建设的经验、邀请中国企业文化研究会常务副理事长孟凡驰教授作专题报告，特别是2015年11月在广州召开的企业文化现场经验交流会上，工信部怀进鹏副部长作了题为“《从IT到IT²，演进VS变革——强国之路：中国制造2025遇到互联网+》的精彩演讲。他以生动形象的语言，旁征博引、深入浅出地讲解了“中国制造2025”和“互联网+”的创新发展。他在演讲中指出随着时代的发展和科技的进步，互联网对于人类社会的影响越来越大，但互联网信息技术必须根植于制造业、根植于实体经济，才能充分发挥彼此的长处和优势。要紧紧抓住世界范围内新一轮科技革命和产业变革与我国加快转变经济发展方式交汇的历史性机遇，以此大大加快我国工业化和建设制造强国的进程。怀进鹏副部长强调：“创新创业、跨界融合、生态重构是未来推动信息产业发展和深入实施中国制造2025的重要内容。”与会代表深受启迪，大家一致反映这种形式直观鲜活、现场互动、答疑释惑，效果较好。

二是结合重点课题研究，每年都把企业文化建设作为重点课题之一进行布置。在2012年，电子政研会组织力量，历时几个月，先后走访了华北、华东、西北、西南等地26家电子军工科研院所和企业。通过调研，梳理提炼了电子军工文化的内涵，凝练了电子军工文化的核心价值观，总结归纳了具有电子特色的军工文化建设的主要经验，提出了进一步加强电子军工文化建设的意见。电子政研会撰写的《关于电子军工文化建设的调研报告》，荣获中国政研会全国优秀研究成果二等奖，2015年，电子政研会布置的电子军工文化建设重点课题由38所牵头，该所已组织相关单位较好地完成了军工文化课题的研究任务，课题成果荣获电子政研会重点课题成果一等奖。

三是电子政研会充分利用《电子政工研究》和《学习参考资料》这两个刊物作为宣传舆论平台，将会员单位企业文化建设理论研究成果和会员单位在企业文化建设方面的实践经验，定期刊登，及时宣传推广，使之在行业内得到广泛借鉴和应用。同时，电子政研会还积极参与中国政研会和中国企业文化研究会举办的《峰会》和企业文化建设论坛等活动，大力推出我会的研究成果和会员单位在企业文化建设上的成功经验，对电子行业企业文化建设发挥了重要的推介作用。如：2014年中国电科10所、13所、55所、中国电子信息产业发展研究院荣获中国企业文化研究会“企业文化顶层设计与基层践行”先进单位称号，29所、43所荣获“企业文化建设五十佳班组”称号。43所撰写的《“一五一十”班组文化建设模型探索与研究》一文，获中国政研会优秀研究成果一等奖。在去年11月召开的—中外企业文化2015重庆峰会上，5所、38所、熊猫电子信息产业集团有限公司、广州无线电集团有限公司和中国电子科技集团公司荣获“十二五”企业文化建设优秀单位称号，5所党委书记李敏同志、10所高晓峰同志、54所李志广同志荣获“十二五”企业文化建设先进工作者称号。2016年7月在长春举办的“第三届全国企业文化传媒论坛”开幕式上，中国电子政研会会刊《电子政工研究》和工信部电子工业标准化研究院杂志《方圆》荣获“十二五”全国企业文化优秀传播媒体（报纸、期刊）一等奖；中国电子信息产业发展研究院《赛迪人》荣获“十二五”全国企业文化优秀传播媒体（报纸、期刊）二等奖；中国电科第十研究所党群部副主任王文东、中国电科第二十九研究所党群部主任孙秀荣、中国电子信息产业发展研究院党群部主任高群荣获“十二五”全国企业文化优秀传媒工作者称号。

经过多年的努力实践和探索，我们会员单位企业文化建设框架体系已经形成，企业文化建设呈现出组织领导有力、目标规划明确、措施扎实到位、活动形式多样的良好态势。实践证明，企业文化建设的深化和创新，有力地促进了各个单位的改革发展，彰显了先进的企业文化的引领作用，体现了“软实力”的创造价值。

## 二、抓好行业文化建设的几点经验

在多年企业文化建设的实践中，各个会员单位都积累

了较为丰富的经验，归纳起来主要有以下几点：

**（一）加强领导，建立完善电子企业文化建设组织体系。**

各个会员单位普遍成立了由单位党政主要负责人担任组长的企业文化建设领导小组，设立了日常办事机构（基本上是由党群工作部作为企业文化建设的职能部门），负责企业文化建设的日常管理、组织协调和分类指导。各单位在企业文化建设中注重发挥党、政、工、团、妇各类组织在企业文化建设中的主导作用，将企业文化建设目标细化、分解到各自的工作职责中，形成了领导重视、组织推动、目标明确、齐抓共建、上下互动、全员参与的立体、多维度的企业文化建设管理模式，并结合本单位的发展目标、中心工作不断修订完善企业文化建设的中长期规划和实施纲要，明确了企业文化建设的指导思想、总体思路、主要目标、重点任务和实现路径，较好地完成了“十二五”时期完善体系、全面实施、整体推进、深化提高的目标任务。目前，不少企事业单位结合本单位“十三五”改革发展目标，思考制定了“十三五”企业文化建设规划和实施纲要。实践证明，凡是领导重视亲自抓的单位，企业文化建设就搞得好、有亮点、出成效，“两手抓，两不误”。

**（二）注重规范，构建企业文化建设的制度框架。**

健全的规章制度是做好各项工作的基本保证。各个会员单位能够把企业文化建设融入到企业管理之中，在加强企业管理制度建设的过程中注重加强企业文化制度的建设。在企业文化制度建设中，不少单位都对本单位的文化积淀进行系统的提炼整合和文化再造，修订编制了《文化手册》、《员工手册》、《员工行为规范》、《安全文化手册》、《质量文化手册》等，印发给全体员工。对员工的仪表仪容、行为举止、岗位纪律、职业道德、社会公德进行总结提升，使员工对单位的核心价值观入眼、入脑、入心，既内化于心，又外化于行，做到认知、认可、认同，使单位的核心价值观成为全体员工的共同追求。

**（三）加大投入，为搞好企业文化建设提供良好的软硬件条件。**

各会员单位在实际工作中，逐渐认识到打造企业文化“软实力”对科研、生产、经营工作的促进作用，所以在抓好业务工作的同时，注意加大人、财、物的投入，不断改善本单位的生产生活条件，设立专项资金，强化软硬件建设，加强单位企业文化建设的物质基础和舆论宣传阵地建设。据了解不少单位在不断减少“三公”经费的同时，保证企业文化建设的资金投入，建设了规模适当、设施齐全的文化中心和宣传教育平台。

**（四）选树典型，着力打造具有本单位特色的精神品牌。**

企业精神是企业文化的核心，在整个企业文化中起着支配作用。各会员单位在企业文化建设中，注意选树先进，充分发挥先进典型的示范引领作用。很多单位通过组织开展年度评优、重大工程或重大突发事件的总结表彰和各类劳模、标兵、先进的评选活动，在单位内部树立、宣传能够体现企业经营理念和核心价值观的典范人物，特别是注重把其先进事迹提炼升华为本单位的精神品牌，使之成为全体员工的精神追求。这些年，我们集中宣传报道了中国预警机之父、著名雷达专家、荣获“国家最高科学技术奖”的中国电科王小谟院士；中国工程院院士、十八大代表，中国电科集团公司总工程师、电子科学研究院院长吴曼青等一批先进人物事迹，在行业产生较大影响。

**（五）开拓创新，在提升党建科学化水平中不断推进企业文化建设。**

企业文化建设与党的建设、思想政治工作融为一体是国有企事业单位的一大特色，国有企业的企业文化建设必须置于企业党组织的领导下，也就是说单位党的建设必须包含企业文化建设的内涵。我们企业文化建设取得较好成效的会员单位，都是把党建工作的政治优势转化为凝心聚力的企业文化优势，探索建立了企业文化建设与党建工作的融合机制。利用“十一”、“七一”及所庆、厂庆等重大节庆日，举办形式多样、丰富多彩的主题活动，突出企业核心价值理念的灌输，统一了员工的意志，提振了员工的士气，焕发了员工的精神面貌，增强了团队意识，提高了员工的凝聚力和战斗力。

**（六）基层单位在开展企业文化建设中创造了一些独特的做法和经验。**

中国电子科技集团公司近期在京正式发布企业文化与品牌体系，将以“引领电子科技、构建国家经络、铸就安全基石、创造智慧时代”为企业使命，重点打造“CETC中国电科”企业主品牌，形成电科防务、电科网信、电科安防、电科航天、电科能源、电科交通、电科装备、电科基础八个领域品牌支撑的“1+8”品牌布局。中国电科作为军工电子的国家队，通过此次企业文化发布会，对外传递电科形象、形成品牌定位、丰富产品内涵，开启了中国电科文化引领发展的新时代，这是13万中国电科人栉风沐雨、创新图强的传奇告白和现实的责任宣言，更是作为世界500强企业集团面向新使命、走向新未来的一个新起点、新跨越。

中国电子在开展企业文化建设工作中，遵循企业文化建设的基本规律、运用企业文化建设的具体理论、以企业内外部各项评价指标为参量，形成了贯穿于经营管理活动全过程的企业文化考核评价指标体系。解决了企业文化建设“做什么”、“怎么做”、“做到什么样”、“如何评价认定”等问题，丰富了企业文化建设的内容和方法，使企业文化建设有了硬性的量化指标要求，对企业文化建设具有明显的规范、引导、推动作用。同时，运用互联网+思维模式，依托“中国电子党建云”，对采用信息化手段创新企业文化管理的方式方法以及评价结果应用等进行了深入研究，并进一步提出了企业文化考核评价工作的具体推进措施。

中国电科第36所开展“三日制”评议党员，增强支部和党员创造活力的做法，南京中电熊猫信息产业集团改革重组南京7家电子企业，探索实践整合母子文化的成功经验；43所创建了“一五一十”班组文化建设模型和零缺陷的特色质量文化；29所培育和践行社会主义核心价值观的落地路径；14所近年来开展“班组能力提升主题文化实践活动”，构建“五力七好班组能力提升模型”的经验，38所注重战略导向型企业文化建设，助推“人物引领、创新引领、产业化、国际化”企业战略实施的经验。

长城科技的“亲情文化”，关爱员工，凝心聚力推动企业多方位持续健康发展的经验，10所的“香樟树”精神和全所选才、系统育才，培养后备干部的经验，上海仪电（集团）公司构建特色企业文化的创新实践和中国电子信息产业发展研究院凝聚企业文化感召力，探索文化落地深植，开创赛迪新局面的做法等都很有特色，也分别在行业会上进行了交流和推广。还有不少企事业单位开展了专项文化，如：创新文化、质量文化、保密文化、安全文化、班组文化、廉洁文化、执行力文化、非薪酬激励文化、和谐文化等，以厚重的文化力打造核心竞争力，取得了较好成绩。

## 三、搞好行业文化建设的几点体会

**（一）企业文化建设既要注重“低头拉车”，也要重视“抬头看路”。**

通过对国内企业文化建设情况的分析，可以发现一个共性的问题：不少企业只重视企业文化建设的“低头拉车”问题，过多陷于企业文化建设的具体操作手段和办法。很少有企业一开始就重视解决企业文化建设“抬头看路”问题，欠缺企业文化为何目标服务，怎样为该目标服务的具体成熟性思考。表现出来的现象是：有些企业往往不重视企业文化建设或者简单的把企业文化建设理解成企业对外宣传的工具，在需要使用企业文化时，过于强调其外在的企业标识和行为体系。在不需要使用企业文化时，则很少进行系统策划和管理，这样的直接后果是企业文化建设能够直接服务于企业科研生产经营过程的密切度很低，可记性低、可复制性不强、效果也不明显。

**（二）企业文化建设要找到支撑企业战略落地和直接服务于科研生产工作的“路”与“桥”。**

企业文化建设要在科研生产中心工作中发挥作用，企业文化的主体是企业自身，其动力是支撑企业发展战略落地和直接服务于科研生产工作。企业文化在支撑企业发展战略落地和直接服务于科研生产工作过程中，关键是要找准融入中心工作的有效途径和方法，搭建融入中心工作的“路”与“桥”。所谓“路”，就是融入中心的途径，它决定着企业文化建设融入中心的方向，企业文化建设找到“路”就是找到融入中心的方位；所谓“桥”，就是企业文化建设融入中心的关键连接点，找到“桥”就是找准了融入中心的切入点。所以，企业文化建设要融入中心，一定要找准、搭建起融入中心的“路”与“桥”。否则，就会与企业的中心工作发生错位而不能真正融入，不能起到企业文化应有的作用。

**（三）企业文化建设需要得到企业高层管理者的重视和亲自参与。**

企业文化建设需要有结合所在行业特点以及企业自身实际情况，找准企业文化建设的主体和动力，需要有专门的组织来承接企业文化的建设功能。从已有企业文化建设实践来看，不少企业都是把企业文化建设理解成对外部的企业形象宣传，简单的认为企业文化建设是企业宣传部门的工作，没有认识到企业文化建设的主体是企业本身，甚至可以说是企业高层管理者应该直接决策和参与的工作。企业文化建设不仅要有承接组织还需要直接得到高层管理者的重视、支持和亲自参与、决策和塑造。

## 四、行业文化建设工作的几点意见

**（一）加强企业党的建设，是做好企业文化建设的先决条件。**

从一些会员单位企业文化建设的总结和经验材料中可以得出一条基本规律或是结论，凡是企业文化建设抓得紧、抓出成效的单位，都有一个共同点，那就是都有一个坚强的领导核心，党的建设同样做得有成效。

**（二）注重由表及里，扎实推进企业文化的内涵建设。**

习近平总书记指出“文化的力量，或者我们称之为构成综合竞争力的文化软实力，总是‘润物细无声’地融入经济力量、社会力量之中，成为经济发展的‘助推器’，政治文明的‘导航灯’，社会和谐的‘粘合剂’。”党的十八届五中全会也提出：在十三五期间，要“推动物质文明和精神文明的协调发展，加快文化改革发展，加强社会主义精神文明建设，建设社会主义文化强国，加强思想道德建设和社会诚信建设，增强国家意识、法制意识、社会责任意识，倡导科学精神，弘扬中华传统美德。”由此可见，先进文化对政治、经济和社会发展具有十分重要的意义。要使企业文化建设能够对企业产生增强凝聚力、战斗力，提高吸引力、公信力的效果，就必须注重由表及里，扎实推进企业文化的内涵建设。

企业文化的内容主要包括：企业经营哲学、企业价值观念、企业使命、企业精神、企业道德、企业团队意识、企业形象的打造以及企业文化结构等等。而企业文化的最基本、最核心的应该是企业价值观念的确立、企业精神的塑造和企业道德的培育。

首先是企业价值观的确立。所谓价值观念，是指人们基于某种功利或道义性的追求而对人们（个人或组织）本身的存在、行为和行为结果进行评价的基本观点。企业的价值观念应该是企业员工对企业存在的意义、经营目的、经营宗旨价值评价和位置追求的整体化，应该是企业全体员工共同的价值准则。所以我们在进行企业价值观念教育时，一定要把培育和弘扬社会主义核心价值观作为凝魂聚气、强基固本的基础工程和根本任务来抓；要把中国梦的内涵、国家价值内核、社会的共同理想、民族的精神家园作为普遍遵循的价值准则和共同追求的价值目标，结合企业发展的实际，采取多种形式，熔铸于企业价值观念的确立过程中。

其次是企业精神的塑造。企业精神是指企业基于自身特定的性质、任务、宗旨、时代要求和发展方向，并经过精心培养而形成的企业全体员工群体的精神风貌。企业精神是企业文化的核心，在整体企业文化中起着支配地位，而企业精神又以价值观念为基础，以价值目标为动力，对企业经营哲学、管理制度、道德风尚、团队意识和企业形象的树立起着决定性作用，可以说企业精神是企业的灵魂。企业精神要通过企业全体员工有意识地在实践活动中体现并提炼出来，它不仅是企业价值观念的体现，也是全体员工观念意识和进取心的外化。企业精神通常会通过一些大的任务或重点工程的完成来总结、提炼、升华，也会通过一些英雄模范人物的先进模范事例来宣传、塑造，企业精神往往会用一些既富于哲理，又简洁明快、琅琅上口的语言表述。比如我们所熟知的全国工业的一面旗帜，大庆“铁人精神”，国防科技战线的“两弹一星”精神，我们电子科技集团的“预警机”精神，都是誉满全国，家喻户晓，成为响当当的品牌，这些都是企业精神塑造的典范。

三是企业道德的培育。企业道德是指调整该企业与其他企业之间、企业与客户之间、企业内部员工之间关系的行为规范的总和。它是从社会伦理关系的角度，以善与恶、美与丑、公与私、荣与辱、诚信与虚伪等道德范畴为标准，来评价和规范企业在市场和社会上的行为。企业道德与法律规范和制度规范不同，它不具有那样的强制力和约束力，但其具有积极的示范效应和强烈的感染力。一旦它被社会和市场认可和接受后，就具有自我约束的力量。像北京同仁堂三百年来始终信奉“济世美身，精益求精，童叟无欺，一视同仁”的道德理念，成功打造出“百年老号”的品牌。电视连续剧《大宅门》就是以同仁堂为原形，剧中白景琦“白七爷”将儿子为降低成本，偷工减料所制成的价值几万两银子的成药毁之一炬，并以家法惩治的情节就是历史的真实写照。还有海尔集团初创阶段，冰箱出了质量问题，宁可企业效益受损，也不让有质量瑕疵的冰箱流入市场，张瑞敏带头砸了几百台有问题的冰箱，也要保住企业的品牌。由此可以看出企业道德、企业诚信体系的建设对一个企业是何等重要。

**（三）要突出企业文化的人本属性。**

企业文化是一种以人为本的文化最为本质的内容，是强调人的理想、信念、道德、价值观、行为规范在企业管理中的核心作用。我们在企业文化建设中要理解人、尊重人、关心人，注重人的全面发展，用企业愿景去鼓舞人，用企业精神去凝聚人，用好的机制去激励人，用良好的环境去培育人。习近平总书记最近谈国家治理时讲到“人为国本，本固邦宁”，就是强调人的作用，人的发展。我们是国有企业，我们常说国有企业中的党组织和党员队伍作为一种政治资源，这种政治资源所体现出的政治优势是国有企业所独有的。为什么？因为国有企业的党组织可以运用执政党基层组织所拥有的思想政治建设、组织建设和作风建设等工作资源，促进企业文化建设，保证国有企业的改革和发展。所以人的优势是最重要的优势，而国有企业中由先进分子所组成的党员队伍优势是其它企业所不及的，也是国有企业转型升级、改革发展最为重要的资源优势。对这一优势，我们在行业文化建设中要充分地加以利用，以鼓舞、引领全体员工为实现企业的发展目标而勤奋工作，把政治资源优势转化为企业的竞争发展优势。

# 深化企业文化建设<br>促进企业可持续发展

广西企业文化建设协会

2014-2015 年，广西企业文化建设协会在自治区国资委党委的领导下，深入贯彻落实党的十八届三中、四中、五中全会精神和习近平总书记系列重要讲话精神，以深入践行社会主义核心价值观为抓手，为企业改革发展稳定提供了强有力的精神动力和文化支撑，加强企业文化建设，促进企业改革发展，是企业文化协会的宗旨和目标，是成立广西企业文化建设协会的意义所在。

## 牢牢把握根脉，用党的精神统一思想、提高认识

协会把推进企业文化作为大力推动社会主义核心价值观在企业落细落小落实的重要途径，引领各会员单位以深入研究、学习、宣传、贯彻习近平总书记“四个全面”战略布局，召开年会、座谈会、理论研讨会，组织企业党务、政工和企业文化建设人员深入学习贯彻社会主义核心价值观，掀起用核心价值观引领企业文化建设的热潮。

## 坚持思想先行，提高文化建设理论研究水平

坚持理论联系实际，组织各会员单位以学习宣传贯彻党的先进思想和重要理论为己任，通过多种形式组织开展理论研究活动，充分发挥协会在企业改革发展过程中的参谋和助手作用。

一是积极开展企业文化研究工作。2014-2015 年，根据中央、自治区党委宣传部的部署和企业改革发展的实际情况，拟定印发思想政治工作和企业文化建设的研讨课题，组织和发动各会员单位政工人员联系实际开展课题研讨。每年召开 1-2 次企业党建、思想政治工作和企业文化建设理论研讨会或经验交流会。连续三年完成关于评审表彰年度优秀论文和征集专刊稿件的活动，并推荐优秀论文在《广西日报》、《广西经济》、《国企党建》、《企业科技与发展》杂志上发表。表彰 2014 年度广西职工思想政治工作和企业文化建设优秀论文，对 254 篇优秀论文的获奖作者予以表彰，其中一等奖 30 篇、二等奖 53 篇、三等奖 89 篇，优秀奖 82 篇。通过开展研究活动，在企业政工干部和经营管理者中培养了浓厚的学习研究风气。

二是重视企业文化课题理论研究。围绕宣传思想文化工作中迫切需要突破和攻关的难题开展调研，及时发现问题，深入研讨分析，认真总结经验，形成理论成果。自治区国资委报送的《大力开展企业文化建设推动企业健康科学发展——加强和深化广西企业文化建设调研报告》获自治区常务副主席黄道伟批示，荣获“中国政研会 2014 年团体会员单位课题研究成果二等奖”，2015 年 7 月荣获“中国企

业文化研究会2012—2014年度全国企业文化科研成果一等奖”；报送自治区党委宣传部的《建好阵地 守土有责 推动企业宣传平台与新兴媒体融合发展——关于自治区直属企业宣传平台与新兴媒体融合发展的调研报告》获评为“优秀调研报告”。在中国企业文化研究会主办的“第九届中国企业文化百人学术论坛”中，玉柴集团申报的《如何构建企业文化核心理念体系》论文获第九届中国企业文化百人学术论坛“企业文化科研成果一等奖”。

三是搭建广西企业文化建设信息平台。探索建立推动企业文化建设的网络平台，在区国资委门户网站开办企业文化建设专题栏目，发布各方面企业文化建设政策文件、开展企业文化建设活动通知，及时交流我区各类企业企业文化建设动态信息，宣传展示我区企业文化建设先进单位事迹形象，介绍国内外强优企业企业文化建设成功案例。在广西企业文化网站上设立新闻动态、政策文件、行业文化、机关文化、品牌之路、专家学者等8个栏目，有效推进全区企业文化建设，优化产业发展环境。

### 抓好典型培养，树立企业精神凝聚发展力量

内化于心、外化于形、固化于制，是企业文化“落地”的标志。协会引导企业着力塑造品牌，选树优秀典型，充分发挥企业文化建设在凝聚企业员工、推动企业发展、展示企业形象的积极作用。

十一冶集团企业文化建设方向正、起点高、措施好、行动快、效果实、亮点多，荣获“全国企业文化示范基地荣誉称号”，杜少华董事长被授予“全国企业文化建设领军人物”荣誉称号，被授予“中国文化管理协会企业文化管理专业委员会副会长单位”并荣膺“中国企业文化管理创新十强”称号；广西建工一建荣获“2015年中国品牌文化建设创新单位”称号，公司党委书记、董事长韦春杰荣获“2015年中国品牌文化建设创新榜样”称号；广西路桥工程集团荣获2015年度“全国交通运输文化建设卓越单位”称号；广西交通规划勘察设计研究院荣获“2015年度全国交通运输文化建设优秀单位”称号；广西交投集团钦州运营公司职工书屋获评“国家级示范单位”；西江集团八桂监理公司获得“2014年度全国交通运输文化建设优秀单位”称号；广西农信社百色右江农合行荣获“全国金融系统企业文化建设先进单位”称号；国海证券入选“中国500最具价值品牌”榜。开展“2011—2014年度广西职工思想政治工作和广西企业文化建设先进单位、先进工作者”表彰活动，授予广西建工集团等68户企业为“2011-2014年度广西职工思想政治工作先进单位”，授予潘世庆等84人为“2011—2014年度广西职工思想政治工作先进工作者”，授予广西投资集团等73户企业为“2011-2014年度广西企业文化建设先进单位”，授予韦勇球等82人为“2011—2014年度广西企业文化建设工作先进工作者”。

### 加强协会自身建设，完成全区企业文化协会换届选举工作

协会在紧密联系企业改革发展实际，大力开展企业文化建设的实践探索，不断加强工作指导，完善工作格局，强化队伍建设，形成统一领导、分工负责的企业文化建设格局。2014年5月召开了第三次会员代表大会，换届选举第三届广西企业文化建设协会理事会。一是选好配齐班子。自治区国资委副巡视员巩学青当选广西企业文化建设协会会长，广西物资集团、广西投资集团、广西交通投资、广西柳工集团、柳州五菱汽车公司、广西新发展交通集团、广西玉柴机器集团等7家企业的分管领导当选广西企业文化建设协会副会长。二是开展先进表彰。表彰了12户第二批“广西企业文化建设示范基地”企业和2013年度企业文化建设优秀论文。三是形成协同共力。自治区直属企业、中央驻桂企业、各市国资委、广西职工思想政治研究会和广西企业文化建设协会各理事会单位及会员单位的分管领导和代表共180多人参加了代表大会，听取会议精神，进行了践行社会主义核心价值观的研讨，有效形成上下联动的企业文化建设格局。

### 开展丰富活动，展现干部职工积极向上精神风貌

2014-2015年，协会为引导企业展示风采，宣贯传播企业文化，组织做好群众性文化活动，为企业改革发展、党政建设营造浓郁氛围。在第四届全区基层群众文艺评比中，自治区国资委选送的5个作品获奖。其中广西旅游发展集团群舞《指尖上的芭蕾》获舞蹈类二等奖，广西水利电业集团群舞《绣缘》获舞蹈类优秀奖，广西柳州钢铁（集团）公司独唱《东方有一个梦想》、广西农村信用社联合社独唱《和谐圆舞曲》获声乐类优秀奖，广西新发展交通集团小品《喜讯》戏剧曲艺类优秀奖；自治区国资委荣获组织奖。组织企业参加2015年中国技能大赛—中央企业职工技能大赛，自治区国资委积极组织有关企业参加了此次技能大赛，荣获“中央企业职工技能竞赛优秀组织奖”。

## 创建服务平台　打造品牌特色<br>大力推进企业文化建设创新发展

辽宁省企业文化学会

辽宁省企业文化学会成立于2002年，前身为辽宁省营销文化研究会。学会成立以来，始终围绕全省中心工作，以服务企业、服务会员为核心，以改革创新求变为动力，以特色主题活动为平台，着力提升品牌形象，积极扩大社会影响，为辽宁老工业基地全面振兴作出了积极贡献。

### 高质量办好辽宁省企业文化年度峰会，大力推进专项文化研究与建设

2012年开始，学会紧扣形势需要，每年举办一届辽宁省企业文化建设峰会，针对企业文化建设面临的热点、难点

等现实问题，以举办论坛为抓手，研究新思路、形成新对策、拿出新办法。2014 年，学会在红塔辽宁公司营口卷烟厂举办主题为“专项文化・活力・振兴”年度峰会；2015 年，在好护士药业集团举办了主题为“创新・振兴・担当——新常态下的企业文化”的年度峰会，这两届峰会均按照以文赴会的原则，会前提出研究方向和重点课题，集思广益，收到了 100 余篇论文和创新案例，从中评选出了 20 篇优秀论文、10 篇优秀创新案例，通过高质量论文评选和宣讲，大力推动了专项文化理论研究和实践创新探索。在两届峰会上，分别请了海尔集团原党委副书记王安喜、江苏黑松林粘合剂厂有限公司董事长刘鹏凯等知名企业家做专题报告，遴选沈阳机床集团、沈阳造币公司、沈阳鼓风机集团、中航工业动力所等辽沈地区知名企业在论坛上进行专题发言和互动交流，把他们在企业文化建设方面的新鲜经验变成大家的共识。目前，年度峰会已经成为学会的重要品牌活动之一，广大会员参与积极，影响力不断提高，对辽宁省企业文化理论研究和实践创新所起到了有力的推动作用。

### 坚持以抓队伍定课题深化研究，不断提高学术理论水平

我会自创建以来，始终把搞好学术研究作为年度工作重中之重，以理论研究的持续深入推进和促进企业文化建设的发展。特别 2014 年以来，以积极发挥学术委员和特邀研究员作用为主要着力点，以解决企业开展文化建设急需解决的突出难点问题为重点，开展针对性研究，指导和推进企业文化建设。2014 年，学会在充分调研酝酿、广泛征求意见的基础上，提出了“用社会主义核心价值观引领企业文化建设”等 12 项重点研究课题，2015 年，提了提出了“用社会主义核心价值观引领企业文化建设”、“探索‘互联网+’时代的企业文化建设”等 10 项年度重点研究课题，积极组织广大会员单位参与研究、撰写论文。其中，2014 年，辽宁省展览贸易集团提交的《谈互联网思维下的企业文化创建》、辽宁省地质勘察院提交的《铸文化之魂　强事业之基——辽宁省地质勘察院地勘文化研究纪实》等 20 余篇高水平论文，在全省年度企业文化建设峰会上进行了广泛交流，获得一致好评。2015 年，辽宁社科院毛世英研究员撰写的《以企业文化建设引领商业模式创新》、辽宁大学王雅教授的《“善意经济”：新常态下企业文化建设的基石》等 20 篇论文，当年 7 月在省社科院举办的企业文化建设研讨会获得高度评价。

### 成立书画专业委员会，为企业弘扬优秀传统文化搭建新的交流平台

为更好地把优秀传统文化纳入企业文化建设，为辽沈地区企业搭建起互相学习、交流优秀传统文化的平台，2014 年，学会在多方协调、积极筹划的基础上，正式成立了辽宁省企业文化学会书画专业委员会。8 月 15 日，学会在沈阳鼓风机集团举办了辽宁省企业文化学会书画专业委员会成立大会暨辽沈书画家进企业活动启动仪式，来自全省签约书画家、企业会员代表和员工代表共 100 余人参加了会议。参会的签约书画家在 50 米长卷上泼墨抒怀，场面壮观、气氛感人。11 月，书画专委会在沈阳龙之梦举办了首届会员书画展，50 余家会员单位参展，展出 121 幅书画作品，35 幅作品荣获首届会员书画作品奖。同时，学会在辽宁诺康生物制药有限公司举办了“画家走基层进企业”活动，在沈阳电大举办了 3 次“辽沈书画家活动日”活动，创作的书画作品受到了企业员工喜爱。2015 年 2 月，学会与沈阳日报集团联合主办了“迎新春三羊开泰主题书画展”，并将书画作品送到文化馆、书画院、会员企业单位巡回展出，产生了良好的反响。两年来，共组织了 30 余次书画家活动日，据不完全统计，学会有企业会员代表近 1000 余人次参加了学会举办的各项书画活动。

### 持续开展各类研讨交流活动，不断提升学会企业文化活动的影响力

本着突出与时俱进的文化创新理念，每年组织会员单位开展系列研讨交流活动。2014 年初，以“新形势下全面推进企业文化创新发展”为主题，2015 年初，以“研讨新常态下企业文化建设路径方法”为主题，在 10 余个会员单位举办了以“感动感恩感言”为特色的系列新春座谈会，为会员企业开拓思路，提供相互学习的经验。组织开展大型的现场会，发动会员单位围绕深化和创新企业文化建设进行深层次的研究和交流。2014 年 4 月，在中国石油抚顺石化分公司腈纶化工厂召开了企业文化现场研讨会，听取“画与话”、EAP 企业员工心理疏导等成功经验的报告并参观展览；2015 年，在沈阳机床集团、中航工业兴华、沈煤集团红阳二矿等单位召开了企业文化建设现场会，参会人数总计达 200 余人，特邀专家学者进行了现场点评和互动交流，受到与会者好评，普遍感觉受益匪浅。学会按照省社科联部署，每年组织会员单位开展科普周系列宣传活动，通过组织会员单位开展了“安全知识进矿区”、“燃气科学使用常识大讲堂”、“我是兵工人”演讲赛等形式多样的活动，组织会员企业把科普活动融入企业文化建设之中，既促进了安全生产，文化建设内容也得到了丰富。

### 充分发挥先进典型示范引领作用，大力推进企业文化建设持续健康发展

学会把营造“创先进、学先进”的积极向上氛围作为推进企业文化建设重要举措。2014 年和 2015 年，经学会通过考核申报，共向全国推荐了 29 家会员单位获得中国企业文化建设典范企业和先进单位称号，27 人获得先进工作者称号，10 家会员单位获得中国“企业文化顶层设计与基层践行”优秀单位，11 人获得先进人物称号。与此同时，学会通过加强考核评审，评选出年度企业文化建设特殊贡献人物奖 5 项、企业文化建设十强单位奖 10 项、优秀单位奖 33 项、先进工作者奖 33 项、先进集体奖 21 项，并进行了大张旗鼓

的表彰。为充分地发挥典型激励带动引领作用，2012年学会开展了选树辽宁企业文化建设“示范基地”、辽沈企业文化“活动基地”的探索，本着精选适用、稳步推进的原则，于2012年至2015年结合实际运行，健全了评估咨询专家队伍，完善了“管理办法”和“实施方案”，确保了该项举措的顺利推进。截止2015年年底，学会选树6家“示范基地”，6家“活动基地”，这些活动有力地推进了企业文化建设不断深入。

### 不断加强学会自身建设，全面提升服务保障能力

学会把加强队伍建设作为自身生存发展和提升服务保障建设之本，2014年和2015年，经学会领导和骨干积极推荐，吸收了华晨汽车投资（大连）有限公司、际华3547公司等10家企业入会，为学会增添了新生力量。学会注重加强与全国及兄弟省市企业文化学会的联系与交流，先后组团参加了全国企业文化社团会长秘书长联席会、中外企业文化2014成都峰会和2015珠海峰会，扩大了学会影响力。学会秘书处坚持认真办好学会会刊和网站，并新创建了“互联网+”模式下的微信、QQ等新媒体，大幅度地提高了学会传媒传播的关注度和影响力。学会秘书处注重加强自身建设，坚持做好日常性的内部管理工作，不间断抓好业务学习，做到了日有早会“微学习”，周、月有总结讲评，以述职和点评的方法促进工资人员能力水平提高。同时，坚持有计划地走访和联系基层会员单位，不断增强工作人员的服务意识和水平。学会的财务管理符合法规，每年收支规范，并有结余。2014—2015年，我会获评了辽宁省社科联颁发的年度繁荣学术贡献奖和先进社团称号。

## 创新变革　推动企业创新发展的旗帜

宁夏回族自治区企业协会

宁夏回族自治区企业协会于2005年11月成立，成立至今，在自治区党委、人民政府的领导下，在自治区经信委、民政厅、人社厅、商务厅的关怀下，团结依靠广大会员和企业文化工作者，坚持民主办会，注重自身建设，不断拓展协会传统领域工作，充分发挥党和政府联系广大企业经济建设及企业文化工作的桥梁和纽带作用，协会现有会员5800多家，会员涵盖多种所有制企业。

### 一、以创新型社会组织建设开创“四个宁夏建设”新局面

今年是宁夏企业协会成立第十一个年头。十一年来，在自治区党委、政府的正确领导下，协会以社会性、实践性、服务性为准则；以企业社责、融资招商、会议展览、人才培养、刊物出版、内外交流等为抓手，做了大量有益的企业发展助推、引导性工作。始终坚持以“提供服务、推出成果、规范行为”的工作方针，以组织、协调、规划、推动我区企业文化建设为宗旨，取得了良好的成绩和显著的工作成效。截至2015年年底，协会会员达5800多家，包括我区国有企业、民营优势企业及新型创业型中小微企业。涉及煤炭、电力、建筑业、信息、批发、物流、金融、房地产业、商务服务业等20多个行业。2014年承接的品牌代表性工作有：第三届宁夏中小企业50强排序、第三届感动宁夏十大青年创业人物评选、第二届全区企业文化节暨第八届全区企业文化宣讲大赛、全区工业企业履行社会责任评估工作、中国中小企业博览会宁夏展览组织工作等11项22个主题工作。

### 二、创新务实，努力开拓我区企业经济建设新局面

#### （一）以机遇与挑战促企业转型与升级。

宁夏是丝绸之路经济带上的战略支点，向西开拓中阿合作，向东承接产业转移，通过东西合作、互联互通、内外互补。丝绸之路辐射地区资源丰富、投资合作领域众多，诸多企业围绕产业链上下游开展投资，在制造、加工、物流、技术、金融、研发、信息等方面，将通过技术交流、经贸合作、境外投资等方式抢占先机。以坚持市场导向，通过“走出去”和“引进来”充分发挥企业的投资主体作用，逐渐形成“你中有我，我中有你”的良性贸易共同体。

企业作为“丝绸之路经济带”上的建设主体，宁夏企业必须顺势而为，抓住国家实施丝绸之路经济带建设和自治区打造丝绸之路战略支点机遇，结合国家“向西开放”和“一带一路”战略规划，适应“新常态”抓住新机遇、迎接新挑战、制定新目标，不断深入学习、提高认识，加快创新、实施战略转型，推动企业因势而思、顺势而为，创新发展、创造财富，回报社会。

#### （二）打造企业文化主阵地，创新企业管理新格局。

办好《宁夏企业文化》会刊。会刊是反映、交流、探讨、研究、宣传企业文化的重要阵地，它面向企业，立足宁夏，放眼全国，内容涉及企业文化理论、企业文化信息、企业文化交流等。弘扬主旋律，讴歌我区企业界新风尚，传递企业职工精神生活。自创刊以来，共出版40期，发行78000册，主要发行方向是我区企业、有关领导、全国各兄弟社团，是我区广大企业文化工作者的必读刊物之一。

开展培训工作。协会培训部先后举办国家企业文化师5期培训班，培训学员200人，企业人力资源师培训班6期，培训学员210名。输送北京参加全国高级企业文化师培训15人。在全区会员企业中开展“企业文明礼仪”、“企业文化落地”“企业通讯员培训”、“企业文化规划”、“企业文化理论与实操”、“企业杂志编辑”等各类培训40多场，受众达8000多人。

联合企业文化专业人士，打造企业文化专家团队。协会成立了宁夏企业文化建设部，邀请各大企业、社科院校有企业文化理论研究实践经验的领导和学者参加，经审核，确定了首批宁夏企业文化建设主任委员20名，副主任委员30名，他们分布在企业中企业文化研究、推广、管理的工作岗位，为协会提供了大量信息和成果，成了协会企业文化建设的中坚力量。

举办各种形式文体活动促进企业文化宣传。协会为活跃职工文化生活，宣传节庆主题活动，推动企业文化落地，开展了各种形式的主题活动。举办“全区企业界春节晚会”、“劳动之歌文艺演出”、“315消费面对面主题活动”、“宁夏企业界宣讲”、“送戏下企业”等活动，受众人数达34000多人。

### 三、招商引智，发挥社会组织优势，推进开放宁夏建设

2014年4月，由宁夏企业协会联合广东省宁夏籍工商企业200多家，在自治区商务厅领导下，抓紧与广东省社会各界广泛联系，扩大交流，宣传宁夏、推介宁夏。招商引资的广东企业“碧桂园”、“广州恒运电力”、“广东艾克电子”等项目先后落户银川，招商引资达17亿元。协会分别在广东等地举办宁夏推介会、农副产品展览、中小企业博览会等工作，为宁夏企业“走出去、引进来”发挥了积极作用。

### 四、打造“两优”投资发展环境，力促工业园区建设步伐

打造“两优”投资发展环境，要开阔眼界、开阔思路、开阔胸襟，树立先行先试的意识和勇于探索的精神，摸着石头过河，大胆探索、大胆实践、大胆突破，推进内陆开放型经济试验区建设，这是自治区党委十一届三次全会重要精神。协会本着协助管理、优质服务、积极引导、资源共享、优势互补的理念，联合宁夏工业园区联合会推进宁夏工业园区建设工作。2014年，协会先后与广东省工业园区协会、浙江省工业园区协会等签订战略合作协议，两会进行多次交流与互访，由协会组织的宁夏工业园区管委会及企业赴浙江、江苏、广东等地考察团，所到之处，得到当地工业园区热情接待，两地园区管委会领导及企业友好交流，相互学习，尤其浙江、江苏工业园区建设与规划的现代化、规模化、国际化等，让我们宁夏园区代表尤为佩服，它们的“腾笼换鸟”、“机器换人”等园区规划管理，让我们受益匪浅。我会联合宁夏工业园区联合会将以园区规划服务、招商引资，转型升级为目标。结合全国招商引资发展的新格局，有步骤，有科学地协助园区管委会进行工业园的产业规划，围绕主导产业重点引进关联项目，积极培育产业链，打造产业集聚效应，走和谐可持续发展的产业链招商之路。建立“一站式服务”平台。本着以“一站式服务”为核心的公共强化和监督，强化履行社会管理和公共服务职能；加强沟通，协调发展。加强各大园区相互之间的沟通，建立招商项目信息共享平台。更新理念、创新机制。更新发展模式理念，创新园区开发机制，塑造特色，打造品牌。根据全区各工业园区的地域特色，协助园区管委会整体规划布局，培育独特优势，打造地方特色品牌，从而带动园区的创新化、科学化、规模化。

### 五、抓住机遇，承担政府转移职能促进协会发展

**（一）积极争取社会支持，建立我区企业创新激励机制。**

创新企业文化建设，树立企业文化典范。近年来，在协会工作的引领下，各企业越来越注重“软实力”的提升，针对企业自身特色，制定相应的企业文化体系。为进一步宣传和提升我区的企业文化“软实力”，协会组织专家团创建开展了“宁夏企业百强排行”工作；和自治区16家厅局排定了宁夏企业百强名单，为自治区经济发展提供了有力参数；评出了“宁夏企业文化建设优秀单位”17家、“宁夏企业文化创新成果奖”20项、“宁夏企业文化示范基地”5家，有力促进了我区企业文化的健康发展。

**（二）转变观念，加强学习，打造高素质企业家队伍。**

企业家是经济建设中一支重要的人才队伍，是社会的宝贵财富，在经济全球化、市场化、信息化的进程中，企业家只有不断地加强学习，提高企业文化认识，强化企业文化管理，才能跟上时代发展，把握时代主旋律，充分发挥创新创业精神，推进体制、技术和管理创新，全面提高企业的现代化管理水平。随着改革的不断深入，我区企业得到较快发展，但也存在着不容忽视的问题，不少企业还处于从经验管理向科学管理过渡阶段，一些企业还未完全建立起现代企业管理制度，没有形成企业文化管理体系，企业的战略水平不高，员工队伍素质与企业发展的要求存在着差距，特别是全球金融危机爆发以来，给我们部分企业的发展带来很大压力。企业文化可以凝聚人心，可以创新思维。通过参加协会等有关单位组织的管理新理念、文化建设、执行力建设等讲座或培训班，努力掌握企业管理、科技创新、文化落地等方面的最新知识，提高自身综合素质和创业创新能力，做到与时俱进，推进企业平稳健康发展，打造百年企业。

**（三）承担社会责任，营造协会发展良好氛围。**

协会承担社会责任是协会企业文化建设的主要内容。协会是社会大家庭的组织细胞，生存于社会环境中，就离不开社会的支持，尤其是政府的支持。协会获利于社会，就要懂得回报于社会，承担应有的社会责任。一个具有高度社会责任感的社会组织，才可能持续健康地发展，才能引起社会更多关注，赢得社会更高的回报。我们积极承担起自己的历史使命，以履行社会责任为企业文化行动，树立阳光形象，提升协会的知名度和美誉度，赢得了各级政府更多的支持，实现协会跨越式、可持续发展。

**（四）搭建平台，共享资源，带领会员抱团发展。**

新经济时代是合作共赢的时代，是以合作方式共享资源的时代，协会通过帮助企业开展企业文化交流、培训，不断提高会员企业的员工素质、企业管理水平。协会作为全区企业的文化之“家”，努力搭建管理创新、信息共享、文化建设、人才服务、对外交流等行业服务平台，推动文化对接、产业合作和结构调整，进而实现全区企业文化共享创新发展的良好局面。

## 文化引领　深植创新

成都企业文化协会

成都企业文化协会成立于1986年，协会成立以来，一

直秉承发展企业文化，提升企业竞争软实力的责任与使命，开展了一系列有规模、有影响、有层次、有深度的活动，为全市企业文化建设和推广做出了应有的贡献。

### 举办企业文化论坛，助推企业文化普及

为了深入推广和普及企业文化的理念和做法，近两年来，我会先后举办了两期大型企业文化建设论坛，每期到会人数均超过了150人。会上，由我市企业文化的典范企业：成都飞机公司，成都飞机发动机公司，成都公交集团公司，成都川力智能流体设备股份公司以及北京大学、四川省社科院的教授、学者在大会上作了企业文化推行与成效的专题演讲，使与会的企业及相关行业协会受到深刻的启发。

### 举办专题培训与交流，为企业培养骨干力量

为了深植企业文化基础，我会十分注意基层企业文化骨干力量的培养。近两年来，我会先后举办了20多期培训班，如“企业通讯员写作摄影培训班”、“企业文化骨干培训班”、“企业管理创新与企业文化与时俱进”、“企业执行团队建设研讨”等等，共为企业培训了上千名企业文化推广骨干力量。同时，我会还多次组织了企业到文化典范单位学习参观，使企业近距离感受到企业文化建设对企业竞争力提升的巨大推动作用。

### 评选企业文化典范单位，充分发挥榜样的力量

为推进企业文化持续发展，我们充分认识到榜样的力量是无穷的。在近两个评选年度，我会评选出全市一大批典范（先进）单位、优秀工作者和企业文化经典案例。2010—2012年度，我会评选出了中航成都发动机公司、红旗连锁为代表的典范单位4家，先进单位23个，优秀工作者10名，经典案例4个。2013—2015年度，我会评出典范单位11家，先进单位30家，优秀工作者13名，经典案例10个。并且，每年召开一次企业文化专题交流会，推广交流企业文化的经验和作法。通过这种活动形式，一方面是对企业文化建设优秀单位的肯定和鼓励，一方面是向其他企业提供学习借鉴的范例。

### 深耕企业文化，构建和谐企业

多年来，我会一直配合成都市委、市政府开展了“创建和谐企业，构建和谐园区”的活动。每年配合全市十多个部门开展各区（市）县和谐企业和谐工业园区的评选，宣传、表彰，树立榜样，推动企业各项管理的发展和提升。近两年来，每年评选出和谐企业示范（先进）单位50个、和谐园区2-3家。同时，也使我市企业文化建设工作在创建和谐企业和谐工业园区中进一步发挥了重要作用，不断深化，不断创新，促进了企业文化建设与企业管理的深度融合，从而提高了企业的凝聚力和竞争力，使企业文化建设与时俱进，不断注入新的活力。

### 与时俱进、不断创新，与企业管理深度融合

企业文化建设要有强大的生命力，必须与时俱进，不断创新。我会注意吸收国内外先进经验及中华民族文化的精髓，不断创新。近年来，我会开展了企业管理现代化创新成果的推广，把企业文化作为其中重要内容，从而促进了每年都有大量的企业文化的优秀成果涌现，并得到推广。近两年，我们评选的企业管理现代化创新成果达到了80项，并且出版专辑发行，同时，召开创新论坛进行交流推广。

### 走向企业，走进园区

在市委宣传部、市文联的支持下，我会每年组织了一批专业文艺团体将文化送进工厂、送进园区。近年来，我们先后组织了10多台文艺演出，深入企业、深入基层，传播精神文明和正能量。同时，也组织了部分企业（如成都彩虹集团公司），与专业文艺团体共同举办“中国梦、中国魂”的大型文艺演出，全公司职工踊跃参与，台上台下，激情四射，受到了企业职工的热烈欢迎。在此带动下，不少企业均举办了厂级职工文艺演出或企业春晚，活跃了职工文化生活，传播了企业文化，增强了企业的凝聚力。

### 企业文化深入行业协会，推进企业文化蓬勃发展

为了使企业文化建设推广到更广大的企业，我们充分发挥行业协会的作用。我市工业行业协会现有60余家，涉及的工业企业上万家，职工超过百万人。近年来，我们连续举办了行业协会参加的企业文化建设论坛、交流会、协会秘书长工作沙龙，宣传推广企业文化。聘请专家、学者，企业文化示范（先进）单位进行企业文化建设专题讲座。如成都钣金行业协会在近两年内，连续举办了10多期企业文化沙龙，使行业的企业文化工作普遍开展，成为全市推行企业文化的先进单位，在行业协会中起到了引领的作用。

### 树立企业文化经典案例，让企业有鲜活学习榜样

榜样的力量是无穷的。近年来，我们除了评选企业文化典范（先进）单位外，还特别注意树立企业文化的经典案例。如四川水井坊股份有限公司在我市水井街老厂址内发掘出从元代起，历经明、清、民国直到现代的酒窖遗址。公司在遗址基础上建造了规模宏大的“水井坊博览馆”，利用形、色、声、光、动等各种现代手段，生动展现了水井坊历经600余年的传承历史和演进过程，再加上现场的酿酒工场实际操作，使所有参观者仿佛穿越时空，亲历了水井坊600多年的历史演变，使人们对水井坊酒文化有了深切的体验和了解，现在该博览馆已成为我市酒业文化一张靓丽的名片和一个著名的旅游景点。成都印钞公司打造的企业文化长廊，将我国钱币的演变史以及工厂的创建，三线搬迁，设备改造，纸币的不同时期的版本，企业的历史，人员的变化，历年对企业贡献卓越的员工，采取按年度平移的长廊方式展示出来，使公司员工深刻了解工厂的发展史，产生自豪感和归宿感，凝聚了人心。同时，也使前来参观的人员感同身受，

叹为观止。成都息心斋茶公司编撰出版《茶与蒲江》，讲述了我国茶文化的悠久历史以及茶文化与蒲江的茶业渊源，内容浩瀚丰富，对我国及蒲江茶文化作了系统的描述，成为中华茶文化知识的普及读本。

### 出版宣传刊物，传播企业文化

我会除建立协会的网站外，还出版了《成都工业与企业家》双月刊大型彩版杂志，作为企业文化推广和宣传的平台，并在全市20个区（市）县建立了通讯联络站，在企业中培养和联合了200多名通讯联络员，定期召开联络员工作会议、通讯员培训班、通讯员交流会，正是有了雄厚的企业文化基础的积淀，《成都工业与企业家》杂志办得十分生动和接地气，受到全市广大企业家和相关领导，人大代表、政协委员的高度关注和欢迎。

### 编制企业文化建设指南，推进企业文化规范发展

为了使广大中小微企业发展逐步规范，我会在调查研究的基础上，组织学者、专家为广大中小微企业编写了一部《中小微企业管理模式构建与创新》，其中专门撰写了《文化系统》篇章，包括：中小微企业的企业文化功能和作用、类型选择；企业文化在市场竞争中的体现，竞争的关键是特色；特色的核心是品牌、品牌的保障是文化；中小微企业文化识别系统、理念系统、视觉识别系统等章节，对广大中小微企业提供了企业文化建设的模式和范本。

## 突出价值引领　强化社会责任<br>推动企业文化建设健康持续发展

中共沧州市委宣传部

企业是经济的细胞，是社会财富的创造者。企业文化是企业发展的灵魂，是企业的核心竞争力。近年来，沧州处于河北沿海地区率先发展和京津冀协同发展两个国家战略交汇处，成为举全省之力打造的经济增长极，被寄予更多期待、赋予更多责任。我市牢牢把握战略机遇和优势条件，把项目作为发展的支撑，把企业作为发展的根本，创造一切条件为企业发展服务。特别是作为“文化之城”、“好人之城”，我市始终把加强企业文化建设作为服务企业发展、滋养企业成长、以引领企业升级的重要抓手，不断创新企业文化建设方式方法，为提高企业核心竞争力、打造名牌企业提供精神动力、思想保证和文化条件。

### 一、主要做法

**（一）以目标愿景凝聚企业能量，同呼吸、心相印。企业是社会的重要组成部分，社会发展与企业发展心手相连。我市始终注重把社会目标愿景第一时间与企业分享，激励企业发展。**

一是深入开展理论进企业活动。每年为企业组织中央和省委全会精神宣讲活动1000余场次。充分利用互联网、闭路电视、内部网站、微博、微信、QQ群等现代传播媒介和交流平台，加强理论宣传引导，用党的最新理论成果铸就企业发展主心骨。

二是大力开展中国梦宣传教育。组织开展“中国梦·赶考行—企业在行动”实践活动，把中国梦与企业发展结合起来，通过评选“十大项目”、“百强企业”、“最具影响力企业”等方式，引导企业深化改革加快发展。

三是积极开展企业发展战略研讨活动。在沧州实施“从大运河走向渤海湾”发展战略伊始，组织企业开展“我为沿海强市献一策”活动；在沧州全面实施沿海开放带动战略阶段，组织企业开展“面向大海看沧州”宣传研讨活动；国家提出“一带一路”发展战略，组织企业开展“一带一路”发展战略与沧州渤海新区发展机遇大讨论。这些活动增强了企业促进经济社会发展的责任感，凝聚起步调一致、实干兴沧的正能量。

**（二）以舆论服务引导企业文化，重引导、共创建。我市注重发挥舆论的风向标作用，引导企业积极建设企业文化。**

一是树立“宣传企业就是宣传沧州”理念。大力宣传企业，挖掘企业蕴含的文化元素，倡导正向的文化理念。比如，盐山宏润重工5万吨热垂直挤压试车成功，这是河北省自主创新的重大成果，机组压力居世界第一。我市邀请新华社等媒体集中进行报道，强化了创新、升级导向。黄骅信誉楼三十年“以信誉为生命”，我市大力进行不同层次的舆论推介，中央电视台专题片《道德的力量》把它作为诚信经营典范，信誉楼成为沧州名片，引领了企业诚信文化建设。

二是开展企业文化宣传展示活动。在市“两报两台”开辟专栏，在市委宣传部刊物《沧州宣传》开辟企业文化园地，展示企业文化建设先进经验，提升了企业的社会形象，促进了企业抓文化建设的积极性。组织开展学习观摩、座谈交流活动，树立了鑫海化工、东塑集团等数十个企业文化建设标杆。在中央电视台“激情广场”、“心连心”来沧州演出时，专门安排企业文化建设先进单位的员工组成方阵集体亮相，强化了企业的文化自信，推动企业文化建设蓬勃开展。

**（三）以人文环境影响企业价值，同培育、重实践。近年来，我市大力实施道德工程，建设“好人之城”，旨在营造良好人文环境。在“好人之城”建设中，企业既是受益者，也是践行者。**

一是营造良好人文环境。以“沧州好人”典型宣传评选活动为平台，推动社会主义核心价值观落细落小落实，着力打造务实阳光的政务环境、公平诚信的投资环境、亲善和美的人际环境、公开公正的法治环境、文明儒雅的文化环境，让沧州大地亲善和美。九年来，沧州有153人荣登中国好人榜，上榜人数连续七年在全国地级市领先，“好人之城”成为城市靓丽名片，极大的增强了沧州文化软实力和核心竞争力。中国社科院发布的城市竞争力蓝皮书中，沧州入围两岸四地十年来竞争力提升最快的10个城市之一。“好人之城”

成为招商引资的金字招牌。天津一家上市公司带着60多亿元项目来我市洽谈，年过花甲的董事长下定决心签约的最大理由是：居民有德、环境文明。

二是推动企业培育践行社会主义核心价值观。在企业开设“沧州公民道德大讲堂”，把社会主义核心价值观与企业核心价值理念相结合，广泛开展道德教育和文化培育。大力推动“好人”文化进企业，组织开展百场好人文艺节目进企业、百名道德模范进企业等“五百”系列宣传活动，用“好人”事迹感染人，用“好人”精神激励人，寓教于乐、以文化人。大力开展文明单位创建，2014年，有214家企业获得市级以上文明单位称号，占企业总数的24%。

三是积极培育企业道德典型。把“沧州好人”典型评选活动向企业拓展，在企业评选基层好人，180家企业积极参与到活动中来，设立光荣榜、道德簿，建设企业文化墙。开展“沧州能人”评选活动，表彰有突出贡献的企业家代表，大力弘扬创新突破、敬业奉献精神。

**（四）以社会责任引导企业行为，促和谐，共发展。企业履行社会责任是现代企业文明发展、和谐发展的重要标志。我市始终注重组织引导企业积极履行社会责任，为企业回报社会搭建桥梁纽带。**

一是引导企业履行公益责任。组织企业参加“好人后援会”，目前已经有160家单位成为后援会成员单位，提供帮扶资金400余万元。积极开展企业公益活动，180家文明单位企业的5300名志愿者与贫困学生、孤寡老人结成“1+1”对口帮扶对子，今年春节前帮助4000名社会特殊群体圆梦“微心愿”。东塑集团建设高校毕业生就业见习基地，每年提供见习岗位上百个，近年来，用于公益事业方面的捐资已达2000余万元。组织开展“党员志愿者全覆盖”活动，企业志愿者队伍达到186支，参与人数两万人，企业成为社会公益的中坚力量。

二是引导企业履行文化责任。积极引导企业参与“文化之城”建设。三井酒业、献王集团等企业近三年赞助的大型文化活动达到100余场次，赞助资金近两亿元，成为市场化文化活动的主要力量。发动企业支持赞助富有沧州印记的文化精品创作生产，电视连续剧《闯天下》、《神医喜来乐传奇》，电影《沧州好人》、《梨花村的笑声》等一批作品在国内产生广泛影响，彰显沧州文化魅力。

三是引导企业强化法治责任。鼓励企业成于法、长于法，把法治理念和法治思维贯穿于制度建设的全过程。大力倡导“诚信立业”，广泛开展“诚信单位”评选活动，推行企业诚信经营“红黑榜”制度，充分发挥舆论监督作用，今年以来已对67家环境违法企业进行曝光，企业守法经营、依法发展的理念进一步提升。

## 二、主要成效

### （一）凝聚起可持续发展的精气神。

加强企业文化建设，让企业有灵魂、有愿景、有目标、有活力。企业与社会有共同的思想基础，有共同的目标追求，抢抓机遇，实干苦干，实现了健康可持续发展。2014年，全市新增和变更“四上”企业509家，占全部企业的49.31%；全市新增能上市企业18家，总数达到70家，在华北地区率先实现上市公司县城全覆盖。近三年，沧州主要经济指标增速均保持全省前列，全部财政收入稳居全省前三。2013年和2014年连续两年跻身福布斯中国大陆最佳商业城市百强榜，走上科学发展、绿色崛起快车道。

### （二）提升了企业核心竞争力。

企业文化附着于产品上，体现在创造力和竞争力上。企业不断强化创新主体地位，加大转型升级和创新步伐，2014年完成190个亿元以上技术改造项目；大力提升产品质量和标准，经国家工商总局认定的中国驰名商标已达21件；全市高新技术企业达到111家，科技型中小企业达到2500家；全年专利申请量达2307项，增长29.6%，增幅居全省前列。东塑集团尼龙设备配套改造技术为世界首创，国华沧电是全国唯一的电水热联产新型电厂，宏润重工热挤压机吨位世界第一，越来越多的沧州“创造”涌现，为提高企业竞争力、扩大知名度和影响力奠定基础。

### （三）促进了与社会和谐发展。

企业越来越注重履行社会责任、培树价值理念和提升外在形象。一方面，企业热心社会公益事业，无论是国企、还是民企，都在积极做公益、做慈善，近三年累计捐资捐物近10亿元。另一方面，企业大力加强道德建设，在企业内部养成人人遵守社会公德和职业道德的良好行为规范，建良心企业，做良心买卖，受到群众欢迎。同时，企业肩负起绿色发展的社会责任，主动减污减排。2014年沧州PM2.5浓度下降13.7%，主要污染物减排任务全部完成，市区空气质量达标天数达到144天，位居京津冀地区前列，实现了与社会、与环境协调发展。

### （四）推动了文化大发展大繁荣。

企业文化是社会文化的重要组成部分。加强企业文化建设、进一步唤醒了企业的文化自觉和文化自信，众多企业尝到了文化的甜头，自觉支持文化、投资文化、发展文化、当前沧州文化产业的投资规模已达到300亿元。东塑集团等企业把企业文化资源向社会开放，鑫海化工注重打造文化景观，圣基集团着手建设民俗文化园，越来越多的企业参与中心城区文化地标建设，打造出更多文化亮点，沧州“文化之城”气息越来越浓厚。

## 三、几点启示

### （一）抓企业文化建设就是抓企业生产力。

企业的综合竞争力表现为科研、技术、产品、人才、营销等各方面，对员工的行为起着引导、凝聚和激励的作用，渗透于各项竞争力之中，发挥着不可替代的作用。党委和政府不可能直接干预企业的经营行为，却能够通过文化杠杆去筑牢思想基础，构建核心价值，追求共同目标。众多企业发展的实践充分证明，企业文化就是生产力。黄骅信誉楼三十年致力于“信誉文化”建设，凭“信誉”二字打造出商业航母。

国华沧电用“责任文化”，在短短的十四年时间内，打造出世界一流发电企业。

**（二）企业文化建设必须以社会主义核心价值观为灵魂。**

自古商界流行一句话：“大赢于德，小赢于利”。企业文化建设要以社会主义核心价值观为引擎和统领，使之贯穿于企业价值理念、规章制度、形象标志、日常行为各个层面，始终保证企业文化建设的先进方向。

**（三）把握时代脉搏才能保持企业文化建设的生命力。**

创新，是企业文化建设的本质特征。企业文化建设必须坚持与时俱进的理念，始终与经济社会发展的要求相适应，始终与时代的脉搏相一致。坚持解放思想，更新观念，立足企业改革发展实际，弘扬优秀历史文化，运用现代信息技术，推进企业文化创新，积极打造独具特色的企业文化品牌。要注重把握科学发展、绿色崛起的新要求，把绿色环保、转型升级理念贯穿到企业文化建设的全过程，使之成为企业的共同追求和自觉行动。

**（四）企业文化建设要坚持以人为本，强化人文关怀。**

要引导企业加强职工心理健康教育，普及心理健康知识，有针对性做好心理疏导；关注职工精神生活，满足人文要求，广泛开展内容丰富，形式多样的文化活动，营造健康祥和、文明温馨的文化氛围；同时与解决实际问题相结合，提升职工幸福指数。要引导干部职工用正确的方式表达利益诉求、处理好人际关系，培育形成自尊自信、理性平和、积极向上的社会心态。

当前，京津冀协同发展战略的深入推进和“一带一路”战略的全面铺开，为沧州提供了前所未有的发展机遇。建设创新之城、产业之城、文化之城、生态之城、好人之城，为企业发展搭建了广阔的舞台。我市将不断创新企业文化建设的方式方法，为企业发展提供不竭的精神力量，为沧州加快推进“五城建设”，打造科学发展、绿色崛起的“升级版”作出新的更大贡献。

（本文摘自《中外企业文化》）

# 非公有制经济组织企业文化建设状况调查

鞍山市企业文化研究会

鞍山市企业文化研究会与市委宣传部宣传处深入铁东区、铁西区、立山区、鞍山经济开发区、鞍山高新技术开发区，就非公有制经济组织企业文化建设情况进行了专题调研；对全市非公有制经济组织企业文化建设情况进行了认真分析、总结，提出了一些思考和意见。

## 一、总体评价

我市非公经济组织企业文化建设总体情况有以下几点：

**（一）规模以上非公有制企业普遍重视企业文化建设。**

许多企业老板认为，加强企业文化建设，既是建设文化强市的需要，更是企业自身健康发展的内在要求。在激烈的市场竞争中，作为竞争力不占优势的中小非公企业，只有重视企业文化建设，才能凝聚人心，留住人才，激发员工的积极性和创造性，从而增强企业市场竞争力，特别是在外部环境不好的情况下，更需要加强企业文化建设。

**（二）部分非公企业已经从文化建设向文化管理过渡。**

这些企业通过十几年以上的企业文化建设，企业精神、核心价值观已经成熟，并渗透到企业制度创新、管理创新、品牌创新、技术创新和产品生产营销的各环节中，企业软实力大大增强。

**（三）企业文化建设发展还不够平衡。**

在小企业中，特别是服务行业，员工流动性大、经营者文化素质低，不重视企业文化建设，甚至根本不知道什么是企业文化，管理方式很落后，尚处于资本原始积累时期管理状态。

## 二、基本经验

**（一）企业文化建设与党建、工建相结合，把握了文化建设的正确方向。**

我市是老工业基地，规模以上非公企业，有一半以上是国有、集体改制企业。在我们调研的40多家企业中，目前普遍建立了党委（支部）、工会和共青团组织，一些企业还配备了专职党委书记、副书记、工会主席。党委（支部）、工会、共青团组织在企业文化建设中发挥了重要作用。在党委（支部）领导下，行政、工会、共青团组织按各自职能，分工负责，密切配合，共同抓好企业文化建设。以鞍钢、三冶为代表的国有企业文化在非公企业的复制和渗透，是我市非公企业文化建设的第一个显著特点。如亨通集团等一大批非公骨干企业，党工青组织健全，企业经营者讲政治、讲社会责任，并成为企业的核心价值观，促进企业不断健康发展。

**（二）传统文化与时代精神相融合，塑造独具个性的企业文化。**

从调研情况看，我市非公企业经营者不仅重视向国有企业学习借鉴，而且在企业文化建设实践中重视把我国传统文化中的精华与西方企业文化理论和经验相融合，塑造独具本企业个性的企业文化，使企业文化落地生根，而不是停留在标语口号和板报上。我们调研的40多家非公企业普遍把我国古代儒家、道家学说中的人本思想与西方的人性化管理思想相融合，有的把儒家伦理哲学、和谐思想与现代管理制度相融合，努力营造人人尽职尽责、和睦相处、同舟共济的人际氛围，力求树立具有中国特色和本企业特色的以人为本、以员工为大的企业管理理念。很多企业提出了“用户是上帝、员工是主人”，“让员工安全工作、快乐生活”等经营管理理念。在我们调研的企业中，多数建立了员工代表大会制度，企业总经理每年都向员工代表大会报告工作，出台管理制度、调整工资奖金、员工福利、安全生产、劳动保护等方案，都提交员工代表大会审议通过后才实施。依靠员工办企业，尊重员工、关爱员工，极大地调动了员工的积极性、创造性。

针对跳槽现象，格瑞环保有限公司等企业把《弟子规》作为员工学习手册，营造“家文化”、“诚信文化”氛围，在企业最困难时期，千方百计完成用户合同，千方百计保证给员工涨工资，宁可企业零利润，也要兑现承诺。还有很多非公企业用传统的“红色文化”教育人、培养人，不断提高员工政治素质和思想道德素质。

**（三）文化建设向文化管理转变，文化管理提升了企业竞争力。**

在调研的企业中，有些集团型的大型非公企业，特别是跨行业、跨地区的企业，管理跨度很大，分支机构众多，经营者对企业的直接管理、经验管理已不可能实现。为此，这些企业在企业精神、企业核心价值观和经营理念已经成熟的情况下，对分支机构、下属分公司、控股企业的管理，向文化管理转变，使整个集团成员企业一体化。如：鞍山福特汽车销售总店，在企业内部，把员工满意放在第一位；在企业外部，把用户放在第一位，在市场竞争日益激烈的情况下，汽车销量得到快速递增。

**（四）企业文化传承与创新相衔接，经营管理团队平稳交替。**

我市非公骨干企业，从创业至今都有二十年以上了，第一代创业者都到了交班的时候。从调研情况看，多数非公企业第一代创业者在交班过程中，都很重视企业文化的传承，同时鼓励接班人在企业文化方面继续建设和创新。第一代创业者中党员多、原国企领导干部多，政治素质好，在管理上坚持以人为本，有强烈的社会责任感。他们在传承企业文化时，重点是传承带有红色文化色彩的企业核心价值观。新一代经营者文化层次高、专业素质强，在消化理解父辈创造的企业文化的同时，也注意创新和发展。把父辈的人本管理与西方的人性化管理、科学管理相融合，重视抓制度创新、管理创新，使企业发展又上了一个新台阶。

## 三、问题与思考

**（一）将非公企业文化建设纳入文化强市建设规划已刻不容缓。**

企业文化建设是整个社会文化建设的重要组成部分，是非公企业制度创新、管理创新、技术创新的必由之路。非公经济现在已经是我市地方经济的主体，加强非公企业文化建设，是全市文化建设的题中应有之义，也是引导非公企业健康发展的有效途径。但是，一些地方领导干部对什么是企业文化建设不甚了解，对这项工作不重视，没有摆到工作日程上来。因此，各级党委、政府应高度重视企业文化建设，将这项工作摆上工作日程，纳入社会文化建设的总体规划，纳入党委、政府相关部门工作考核内容，做到工作有计划、有目标、有考核、有责任、有成效。

**（二）总结典型、抓好培训、加大宣传力度，加强非公企业文化建设工作指导。**

当前，非公企业文化建设的突出问题是发展不平衡。众多的非公小企业经营者对什么是企业文化都不知道，更谈不上搞企业文化建设了；有些企业经营者也想搞企业文化建设，但是不知道怎样搞企业文化建设，企业文化只停留在文件上、标语口号上，做了些表面文章，没有落地生根、开花结果。党政相关部门，社会科学研究机构，企业文化研究会，要密切配合，通力合作，经常交流工作经验和最新理论研究成果，不断扩大典型经验和研究成果的影响力、辐射力、带动力。

**（三）扩大会员队伍、增加财力支持，强化企业文化研究会自身建设。**

市企业文化研究会已经建会二十多年了，但各县（市）区没有企业文化建设相关机构，布置工作难以展开，希望在全市各县区成立企业文化研究会，作为市企业文化研究会工作基础和“抓手”，希望政府将企业文化研究会的拨款列入预算，使拨款常态化，企业文化研究会也要倾力抓好会员发展和会费收缴工作，确保工作正常开展。

# 构建和谐企业文化<br>创建现代化文明城市

珠海市企业文化协会

珠海市企业文化协会是1995年2月28日由中共珠海市委宣传部倡导创办的社会团体。协会秉承发展企业文化，提升企业软实力的责任与使命，以“面向全市职工，服务全市企业”为宗旨，立足经济社会发展和企业新需求，先后开展了一系列规模大、层次高、影响力广的活动，已成为珠海市、广东省和全国拥有较强实力和较大影响力的社会团体。被中国企业文化研究会评为“全国企业文化建设先进单位”、“全国企业文化建设创新单位”，以及“广东省创新企业文化建设先进单位”、“珠海市4A级社会组织”等荣誉称号。截至目前，我会共有36家会员企业和单位先后获评“全国企业文化建设先进单位”，1家企业获评“全国企业文化建设十大典范组织”，129家企业被中共珠海市委宣传部评为“珠海市企业文化建设先进单位”，53位先进个人被评为“珠海市企业文化建设先进工作者”。

## 一、以“创文明城市，做文明企业”为主题，开展一系列企业精神文明创建活动，助力珠海建设现代化文明城市

珠海市企业文化协会以珠海创建全国文明城市为主线，以提升企业员工文明素质和城市文明程度为目标，不断创新工作方式，拓展创建空间，丰富活动载体，使我市的精神文明创建工作得到进一步加强，行业形象得以提升。

**（一）开展全市企业精神文明建设工作座谈会。**

近年来，我会与珠海市文明办联合，多次举办了珠海市企业精神文明建设工作座谈会，邀全市企业代表共聚一堂，分享企业精神文明建设工作先进经验，总结我市企业精神文明建设的工作成果，共同探讨未来发展。系列座谈会共吸引了2000多位企业代表参加，使我市企业的精神文明创建工作得到进一步加强，行业形象得到进一步提升，为我市建设生态文明新特区、科学发展示范市提供了强大的精神动力。

**（二）承办企业道德讲堂活动。**

在珠海市创文办、文明办的大力支持指导下，我会承办了珠海市“企业道德讲堂”开讲暨珠海市企业文化协会志愿者服务总队成立授旗仪式。珠海市人大、市政协有关领导出席了活动并为来自我市各行业的32支企业志愿者服务队授旗。企业道德讲堂开讲后，我会分别邀请中国企业文化研究会研究员、连云港市企业文化协会会长李万来，中国服务文化研究会会长、中国十大公关杰出人物、北京大学经济学院教授陈步峰等有关专家学者讲解了《中华传统美德和现代道德危机》、《服务文化决胜未来》等方面的理念与知识，使企业道德讲堂成为我市企业员工学习和提升道德修养的极佳载体和平台。企业道德讲堂活动进一步强化了企业的文化自觉与道德自律，树立了诚信规范、服务创新、顾客为本、人文和谐的道德规范，在社会上引起强烈反响。

**（三）承办道德模范巡讲巡演活动。**

为使道德模范的先进事迹和崇高品德更好地走进企业职工心中，不断提高企业职工的文明素质和道德修养，倡导良好的道德风尚，由珠海市创文办、市文明办主办，市企业文化协会承办的珠海市“道德模范基层巡讲、巡演”活动启动仪式暨“走进企业专场”在舒丽玛温控卫浴设备有限公司举行，吸引了200多名企业职工聆听道德模范故事，收获感动、汲取正能量，得到了企业领导与职工的一致好评。

**（四）开展企业职业道德建设。**

为不断提高全市企业及企业职工的文明素质和文明程度，推进我市全国文明城市创建工作不断取得实效，弘扬爱岗敬业，无私奉献，诚实守信的企业职业道德精神，珠海市总工会与我会联合发文，在全市企业深入开展“德行珠海——2013年珠海市道德领域突出问题专项教育治理暨企业职业道德建设”活动。活动遵循珠海创建文明城市测评体系相关要求，旨在弘扬爱岗敬业，无私奉献，诚实守信的企业职业道德精神；倡导文明经营、诚信经商，生产优质产品，做良心食品等行业道德与规范。

**（五）举办“百企承诺共创文明诚信”启动仪式。**

为配合我市全国文明城市创建工作，吸引更多企业投身诚信经营、共创文明的行列，在全市形成公平诚信的市场环境，珠海市企业文化协会联合市文明办、《珠海特区》报社举办了“珠海市百企承诺共创文明诚信”活动启动仪式。全市108家企业代表在承诺书上现场签名，庄重承诺诚信经营，共创文明城市。

**（六）“文明城市 礼仪珠海”主题教育活动。**

为在全市企业范围内倡导用实际行动传递文明、践行文明、弘扬文明的热潮，推动我市“全国文明城市创建工作”不断取得实效，市文明办与我会联合举办了“文明城市，礼仪珠海”全市企业主题教育活动，300多位企业代表在启动仪式上郑重签名，承诺积极参与到“文明城市，礼仪珠海”主题活动中来。同时，市文明办与我会还联合发文，在社会招募了16位企业文明礼仪宣讲员，面向全市企业开展以“文明城市，礼仪珠海”为主题的文明礼仪教育活动。活动中，市文明办与我会共为企业免费发放《珠海市文明礼仪手册》2500册，先后组织企业文明礼仪宣讲员到珠海鹏储投资有限公司、置地新天地物业管理有限公司等15家企业宣讲，约5万多名企业员工到场聆听。我市400多家企业积极践行承诺，在企业内部开展了企业员工思想、职业礼仪培训活动，培训场次达800多次，培训人数达25万人，在企业张贴文明礼仪宣传标语1000多份。

## 二、开展“排队我快乐，礼让我文明”排队日主题活动

市文明办与我会共同举办了“排队我快乐，礼让我文明”排队日主题活动启动仪式，各功能区、社区、中小学生、企业、志愿者代表及市民近250人参加了活动，争先在文明排队签名承诺板签名，承诺自觉排队、宽容礼让。本次活动极大地提高了广大珠海市民的自觉排队意识，树立了“懂礼让、守秩序、促和谐”的良好社会风尚。

**（一）评选表彰珠海市“文明企业”与“道德模范员工”。**

近年来，在市委宣传部的大力支持指导下，我会与市文明办联合开展了一系列影响深远的企业文明创建活动，得到我市各企业的踊跃参与。为在全市企业中树立典型，营造争先创优、争当道德模范的良好氛围，我会与市文明办联合开展了多次“文明企业”与“道德模范员工”评选表彰活动。目前，我市已有50家企业获评珠海市“文明企业”，35家企业获评珠海市“文明礼仪企业”、54位先进个人被评为“道德模范员工”。

**（二）凝聚企业扶残助困服务力量，使之成为珠海市企业文化建设的优秀活动品牌。**

我会始终把承担社会责任、致富思源、反哺社会、热心社会公益、扶残助残作为企业文化建设工作的重要内容。自2011年在市文明办、市残联的大力支持下成立“珠海市企业文化协会扶残助困帮扶中心”以来，协会积极发挥自身的优势和作用，组织引导有爱心的企业开展形式多样的社会公益活动，在全社会大力倡导扶残济困、无私奉献的社会新风尚，为促进社会的文明、和谐、进步做出了积极贡献。目前，扶残助困已经成为珠海企业文化建设的活动品牌。

**（三）开展各种企业扶残助困活动。**

我会扶残助困中心成立三年来，每逢全国助残日，协会都会组织各种各样的扶残助困活动。承办了第二届珠海残疾人文化节暨“缤纷阳光”文化助残行动启动仪式，爱心企

业代表为10个社区工疗站赠送了价值8万元的物品。组织爱心企业代表到斗门区井岸镇社会福利院和斗门区群兴社区开展扶残助困捐赠仪式。每逢中秋、新春等节日，我会都会发文动员或主动和有爱心的企业家一起举办企业扶残助困活动，有的企业还采取“一助一”或“多助一”的长期结对形式，帮助残困家庭。

**（四）表彰扶残助困先进。**

我会联合珠海市政府残工委评选了一批企业扶残助残先进单位和个人，并授予“珠海市扶残助困先进单位”及“爱心公益奖”，激励了更多的企业参与扶残助残行动，关心帮助弱势群体，为实现让珠海残疾人“共享文明成果、做幸福珠海人”的目标作出应有贡献。

## 三、承办“构建和谐企业，共建幸福珠海”系列活动，提升企业职工的自豪感、归属感和幸福感。

协会响应珠海“构建和谐企业，共建幸福珠海”的号召，与市委宣传部、市总工会、市文化馆联合举办了多场“情暖职工”文艺晚会，丰富了企业职工的文化生活；推选了优秀企业职工参加广东省市委宣传部主办的“广东建设成就游”和“广东文化景观游”活动；与市委宣传部、市文明办联合组织了多场“蓝色珠海，共建共享”主题活动，邀请我市800余名优秀职工先后到广州、深圳及珠海的各大景区旅游参观，感受日新月异的城市变化，开阔眼界，增长见识的同时，更增强大家共建珠海幸福城的责任心与自豪感。

为让全社会关爱企业职工的和谐氛围升温，由市创文办、市文明办主办，我会承办的一系列关爱农民工志愿服务、“社科专家为您服务”、科普电影基层行活动等志愿关爱服务活动不断走进各大建筑工地、社区与企业，为各企业的基层员工送上了实质性的关爱与帮助。

## 四、创新服务方式，精心策划和组织各类丰富多彩、形式多样的考察、学习、交流与联谊活动，加强企业间的沟通交流与融合促进

我会不断创新服务模式，精心策划组织了100多场各种各样丰富多彩的学习、考察、交流与联谊活动，为广大会员企业搭建了一个有效交流与学习的平台，促进了本地企业之间以及本地与外地企业之间的交流互鉴，提升了全市整体企业文化水平，使会员企业通过协会的平台找到了自己的朋友、合作者与商机。

**（一）创造各种学习交流与考察机会。**

近几年，我会开展了多次通讯员座谈会及珠海市企业内刊建设工作交流会，促进了全市企业之间内刊工作方面的相互沟通和交流；组织会员企业代表赴多家本地及外地企业文化建设标杆企业进行参观考察，开展企业文化建设经验交流，既让珠海优秀的企业文化品牌得到很好的宣传推广，又让不同企业文化之间的“差异”变成企业之间增进了解和学习的推动力，从而促进了我市整体企业文化水平的提升，坚定了我市企业深化改革开放和科技创新的信心与信念，对促进珠海打造成珠江口西岸核心城市起到积极作用。

**（二）开展会员联谊拓展活动。**

我会充分发挥桥梁纽带作用，举办青年交友、企业联谊与拓展活动，使新会员更快更好地融入协会大家庭，共同探讨企业文化建设的新路子。组织“红色之旅”暨夏季会员联谊会、珠海企业界庆祝“三八”妇女节企业联谊会、企业家工作联谊会等，共同交流联谊，为协会未来的发展献计献策；组织“企业家军事日”活动、三叠泉会员联谊暨素质拓展活动、企业职工趣味运动会等，促进各企业间加强相互沟通与交流，认识团队合作的重要性。

**（三）邀请权威专家开展专题研讨与培训活动。**

为给广大会员企业带来全新的理念和启示，满足企业对知识与解决问题的方式方法上的需求，我会先后邀请北京师范大学教授李春秋、海尔集团党委原副书记工安喜、珠海特区报新闻评论部主任蔡报文、中山大学教育学院院长郭文亮教授等20余位知名专家举办了一系列形式多样、内容丰富、影响深远而广泛的培训活动。其中，政工干部培训、消防安全知识专题讲座、企业新闻发言人培训、360°体验式“打造超级团队凝聚力”专题培训、法律知识讲座、企业通讯员培训、《引领企业发展的海尔文化建设与实践》专题报告会等，为提高我市企业的综合竞争实力，进一步推动我市企业的科学发展和文化繁荣做出了重大贡献，受到社会各界的一致好评。

**（四）不断加强对外交流合作，共创美好企业文化。**

我会不断抓住各种“走出去”，“请进来”的机会，加强与全国各省市兄弟协会、优秀品牌企业、著名专家学者的交流、学习与合作。在珠海市委、市政府及各有关企业的大力支持下，承办“中外企业文化2012（珠海）峰会”，吸引国家有关部委领导、中外著名企业文化专家学者，国内外知名企业、行业和地方相关协会、相关研究机构代表等800余人参加会议。

协会每年都会参加由中国企业文化研究会在其他地区主办的“中外企业文化峰会”，并推荐我市优秀企业参会与评奖；协会领导多次参加了在广州、连云港、青岛、大连等地举办的“企业文化国际论坛”、全国企业文化社团会长（秘书长）联席会等活动，拜访一些相关的专家、学者，接收最前沿的企业文化建设理念，学习好的发展经验和模式。热情接待大连企业文化学会、山东日照市企业文化研究会、连云港企业文化协会等全国各省市和地区的兄弟协会来我会及有关企业考察、交流和座谈，把我市的优秀企业文化介绍给其他省市，不但提高了我市企业的知名度和美誉度，还加强了与兄弟协会间的沟通交流合作，推动企业文化建设工作不断向前发展。

## 五、紧扣珠海经济和社会发展主题，举办珠海市企业文化节，集中展示我市企业良好的精神风貌和深厚的文化底蕴

在市委宣传部的指导支持下，我会不断突破创新、大胆

尝试，联合市文明办、总工会、《珠海特区》报社组织了第五届、第六届和第七届企业文化节。每次活动都是内容丰富、颇具创意，吸引了全市各企业和职工参与。其中，“中国梦、企业魂”第七届珠海企业文化节暨企业文化交流展示活动是我会组织会员企业向社会展示自身形象的一次大胆尝试，集中展示了我市的知名企业品牌、企业文化、企业精神风貌以及创文成果。20多个参展单位挖掘自身的企业文化内涵，展示企业发展目标、核心价值观、经营理念、科技创新等方面的内容，突出了企业文化建设的个性化特征，为其他企业提供了有价值的参考借鉴。

珠海市企业文化协会会刊《珠海企业文化》在上级的指导、会员企业的支持及秘书处工作人员的努力下，不断尝试创新，无论在版面设计、栏目设置，还是在内容深度等方面均得到很大改善。作为珠海企业展示企业文明、分享管理智慧、交流工作思想的园地，《珠海企业文化》已逐渐成为会员企业有价值的智慧读本，并插上了飞翔的翅膀，被邮寄推广到全国其他省市和地区，展示珠海企业文化建设大发展大繁荣的景象，很大提升了珠海市企业的知名度与创富力。近年来，协会编辑、出版《珠海企业文化》会刊与特刊共18期，每一本刊物都涵盖了企业文化建设优秀案例、前沿论点、会员动态、成果展示等丰富内容，成为协会和会员企业向社会集中展示珠海企业文化建设成果、整体传播珠海企业文化形象的平台。

### 六、扎实推进协会各项管理，提升协会工作形象与整体服务水平

我会秘书处求实创新、锐意进取，通过“强素质、转作风、树形象”等系列措施，努力建设一支讲政治、顾大局、善服务、守纪律、有向心力、凝聚力和战斗力的秘书处工作团队，有效提升了秘书处工作人员的综合素质和能力水平。

一是加强协会办公室管理。协会秘书处不断加强办公环境建设和各种历史文档的规档管理，进一步规范协会的各种内部管理制度，明确每个工作人员的工作职责，不断提高协会秘书处的综合管理和服务水平，为努力开创秘书处工作新局面，推动我会做大做强，促进我市企业文化建设事业又好又快发展奠定了坚实基础。

二是强化秘书处工作人员综合素质。我会经常性地组织工作人员学习企业文化建设知识，进行相关知识培训与考核，开展党的群众路线教育工作，提高了工作人员的思想素质、文化素质和服务水平，较好地推动了协会的发展。

三是不断完善与健全组织机构。我会不断壮大企业文化建设队伍，邀请省市有关领导和专家学者担任顾问，加强对协会工作的指导，吸纳了一批执行力强、想做事、干大事的成员，围绕“追求卓越、服务领先”的工作理念，不断提升会员服务水平，为强化会员企业竞争软实力而不懈努力。

伴随着19年的厚重积淀和艰苦锤炼，我会在珠海市委宣传部、市社科联的重视和支持下破茧而出并不断发展壮大，通过创新服务模式，开展多层次、多角度的服务活动，形成推动本地企业文化建设和现代企业转型的强大动力，为开创我市企业文化建设新局面，推动珠海文明城市建设与经济发展作出了积极贡献，得到社会各界的广泛关注与好评，《经营管理者》杂志、《珠海特区报》、央广网等多家媒体多次报道或转载了我会的发展情况与成果，对我会推动珠海企业精神文明建设的做法表示认同与肯定。

展望未来，我会将一如既往地继续解放思想、锐意创新，努力提高为会员企业服务的广度和深度，推动企业做强做大；继续提升珠海企业的精神文明建设水平和文化软实力，引领珠海企业文化建设工作向着更高更远的目标前进，借助文化强市的翅膀，为实现珠海新一轮的大发展作出积极贡献，为文化盛世再绘新的蓝图。

（供稿人：邱志梅）

## 天行健　君子以自强不息

### 连云港市企业文化学会

二十年前，我市以李万来为首的一批企业家和社科工作者共同发起成立连云港市企业文化学会，这个名不见经传的民间社团组织，二十年来一步步成长壮大，获得“全国企业文化建设特殊贡献组织”的殊荣。今年是连云港市企业文化学会成立二十周年，在这样的一个时刻召开换届大会，有着特殊的意义。九层之台，起于垒土，抚今追昔，不胜感慨。学会能有今天的成就，应该感恩当年具有远见卓识的创会人士，感恩多年来广大会员单位对学会工作持之以恒的支持，感恩全市广大企业家、企业文化工作者的积极参与和共同努力。

### 一、连云港市企业文化建设工作情况

学会成立以来，按学会《章程》规定，每五年召开一次换届大会，如果说第一届学会是起步的五年，第二届则是创业的五年，第三届是成熟的五年，第四届以来应该说是学会工作大发展的五年。

**（一）推动全市企业文化建设大发展的五年。**

第四届理事大会之后的五年中学会工作更加活跃，影响力更加强大，先后组织了19次国内外企业文化建设大型考察活动。南下珠三角，北去长春一汽，赴河南中信重工和日出东方太阳能公司，赴苏州固锝集团、浙江正泰集团；在上海恒源祥总部、泰州黑松林公司、浙江方太集团都有我们考察企业文化建设的足迹，这些特色鲜明的企业文化案例常常让考察人员惊喜而归。2011年，学会和市总商会共同组织赴泰国文化考察团，促成了泰国总商会与连云港总商会签订友好协议，考察团受到泰国副总理和泰国亲王的接见。学会两次组织赴韩国文化考察，考察了三星、现代等知名企业的文化建设，还在紫玉兰号大型邮轮上组织企业文化授课和交流活动。

学会每年岁末年初都将所有理事分批请到学会来，总

结座谈一年工作，提出新年度指导意见。分别召开“企业文化传承、创新、落地”、“公共伦理与企业伦理高层论坛”、“中国企业文化热点问题研讨”、“企业文化如何落地”以及“医院文化研讨会”、“税务文化研讨会”；两次联合举办“企业文化如何落地”的大型公开课，举办《全国企业文化建设示范基地连云港高峰论坛》。

学会研究工作有了深入开展。从2009年起，学会建立特约研究员队伍，定期组织交流研讨活动，目前共聘任特约研究员30名。五年来，学会有多篇研究论文在全国学术会议上获奖，李万来会长和日出东方太阳能股份有限公司万旭昶、港口集团黄诚、丁筱丽、市地税局汪保山等同志的论文先后获得全国性学术会议一等奖，全市共有20多名企业文化工作者获国家“高级企业文化师”资格证书。

**（二）我市企业文化建设树品牌、扬声威的五年。**

五年来，在学会精心培育和指导下，我市涌现了一批在全国具有影响力的企业文化优秀企业。2011年，日出东方太阳能股份有限公司和连云港港口集团被中国企业文化研究会授予全国企业文化建设示范基地称号。江苏核电有限公司被中国企业文化研究会授予全国企业文化建设示范基地称号。从山东青岛发电厂首获全国企业文化建设示范基地称号起，十二年来，中国企业文化研究会在全国范围内只授予26家企业这一光荣称号，我市独占其中三席。

**（三）贴紧时代脉搏着力文化铸魂的五年。**

学会大力弘扬中华优秀传统文化，积极推进社会主义核心价值观建设，学习传播中华优秀传统文化。学会多次组织理事学习《弟子规》，会同市孝文化研究会共同发起组织了“连云港市首届中华优秀传统文化公益大讲堂”活动，组织传统文化公益大讲堂活动，成立孔子学院，对企业员工进行树人立德教育，有效促进学员们身心健康、家庭和睦，促进了企业发展和社会和谐，受到社会各方面的好评。

**（四）加强自身建设初现转型雏形的五年。**

学会会刊《企业文化》改为彩版印刷，在内容和质量上有所提高，每月编印一期会刊成为雷打不动的任务。利用会刊封面和头条文章宣传本市“企业文化领军人物”和企业文化先进企业。近年来，会刊中本市作者来稿和专稿数量比重增加，稿件质量提高，会刊中许多文章和观点触及国内企业文化建设前沿，引领全国企业文化的潮流。去年，我们到著名民营企业浙江正泰集团考察，该集团党委书记林可夫说：“我桌上报刊种类繁多，连云港的《企业文化》刊物，我每期必读，且保存完好。”

学会与专家共同成立“连云港市万邦企业管理咨询公司”。公司运营两年多来，发展势头良好，形成了以班组建设为重点内容、培训咨询和现场辅导相结合的特色培训，目前已成功为省内外20多家企业提供服务，经济效益增长，客户口碑良好。学会境外工作部以开拓境外文化考察为主攻方向，成功组织了6次境外活动，分赴俄罗斯、韩国、越南、澳大利亚、新西兰、印度等国进行文化考察。

## 二、学会取得成就的主要经验

**（一）有一个使命感、凝聚力强大的领导团队。**

以李万来会长为首的学会核心团队基本上都是创会发起人，二十年来，大家始终把推动我市企业文化建设当成自己的事业和使命，以学会发展壮大为荣，以为学会多作贡献为荣，大家不为名利所惑，甘守清贫，乐此不疲。专职人员一岗多职，兼职人员招之即来。在孔子学院兴办过程中，学会吸纳了一些积极分子作为义工，在孔子学院办学和重大活动中，聚集起必要的人力资源。去年4月，李万来会长因工作劳累突发脑梗死，医生断言他已失去工作能力，但李会长克服眼睛看不清文字的困难，写下了多篇企业文化研究论文。半年后，他奇迹般出现在孔子学院课堂上，充分体现了文化的力量，价值观的力量。

**（二）把会员单位当成“客户”那样去忠诚于他们。**

办社团就是经营社团，所有的会员都是自己的客户，学会以“献至诚至爱”的理念全身心地为他们服务。学会历次组织考察学习活动，都事前踩点，周密安排，车辆接送、住宿安排、餐桌排号、参观路线、引导讲解等各个流程细节都力求完美无缺。每次外出考察学习，年逾70的李万来会长总是抢坐在车辆最后排，有时还主动帮别人拿东西，良好的服务让每位参加者从心里感受到温馨。

**（三）坚持与时俱进，始终站在时代潮流的前列。**

学会一班人静下心研究探索企业文化之道。每当党的重大方针政策提出之际，每当企业文化理论产生新的突破之际，连云港市企业文化学会总能及时把握，迅速启动，紧紧跟上。学会的研究课题始终走在国内学术前沿，工作思路始终合乎时代节拍。无论是研究企业文化如何落地还是大力弘扬中华优秀传统文化，市企业文化学会都走在全国企业文化界的前列，做得风生水起、卓有成效，这是学会在全国企业文化界享有盛誉的重要原因。

**（四）学会始终坚持独立自主地开展工作。**

连云港市企业文化学会是一个独立的民间社团，需要面对很多困难，承受较大压力。在困难和挑战面前，学会一班人坚信办法总比困难多，面对困难不退缩、有作为。学会上级主管部门市哲学社会科学联合会是开明的“婆婆”，他们始终鼓励支持学会大胆开展工作，从不轻易干预。学会按照企业需要自主决定工作计划、活动内容，贴近实际开展各项工作，决策快、效率高，是学会取得成功的重要经验之一。

## 三、今后五年学会的工作概要

**（一）文化引领，推动我市企业文化建设蓬勃发展。**

在新形势下，我们要努力以先进的文化引领连云港企业向前发展，大力启发连云港市企业家的文化自觉，通过文化软实力增强企业核心竞争力。我市企业要向日出东方太阳能股份有限公司、连云港港口集团、江苏核电有限公司等先进企业看齐，把文化自发转变为文化自觉，通过积极塑造先进文化来促进企业发展。要组织我市企业家不断学习党中央的新精神，通过大型公开课和企业文化讲坛等形式组织大家获得新知识新理论。要精心组织好每年的企业文化考察活动，给会员单位提供更好更多的学习平台，让各地企业文化建设的先进经验在连云港生根发芽、开花结果。不断打造新的典型企业文化，让全市涌现更多的企业文化示范单位和先进单位。进一步完善和提升工作水平，进一步加强对国有、民营、外企、私营和对不同规模企业的分类指导，做到大有大的榜样，小有小的标兵，促进各类企业健康成长。

**（二）紧跟时代要求，不断推进企业文化理论实践创新。**

进一步加强企业文化理论的研究探索，发挥学会特约研究员骨干队伍的作用。特约研究员队伍要向有志于企业文化理论研究并具有一定研究水准的同志敞开大门。确定并发布新的研究课题，指导全市企业家和企业文化工作者围绕重点课题、结合企业实际进行研究探索。适时邀请著名专家学者对企业文化热点、难点问题进行辅导。

**（三）办好孔子学院，用优秀传统文化激发社会正能量。**

近年来，中国大地出现的传统文化热反映了当前人民大众的迫切要求，也是凝聚民心铸造国魂的有利时机。要进一步办好孔子学院，通过封闭办学和公开课相结合的形式，向社会各界传播中华优秀传统文化的精髓要义。进一步提高师资水平和办学质量，不断更新创新教材教法，针对妇女、未成年人、老年人等不同群体开办多种类型的研修班，以满足社会大众的需要。

**（四）提升学会资质，开拓以文养会自我发展的新路子**

我国行政体制改革的方向是“小政府、大社会”格局，在这个改革框架里，民间组织的作用将会逐步放大。通过了市民政局四星级社团组织的验收，五星级社团组织资质也正在向省社管局申请之中，学会将成为全省资质最高的民间社团组织之一，为下一步承担政府购买服务，做强做优学会提供良好的基础。

**（五）加强组织建设，让连云港企业文化的牌子更闪亮。**

学会全体工作人员要加强理论学习和个人修养，具备良好的个人品德和人格力量，要树立良好的风气，企业文化工作者之家的氛围。学会二十年来成功铺建了比较宽广的学习平台，许多宝贵资源可为全市企业服务。在组织建设方面要加强力量，要深入到非会员企业调查研究，主动联络、提供服务、不断壮大队伍。要在本市三县逐步成立下属理事会，通过理事会发展和联系三县新会员，让三县企业和市区企业一样投身到企业文化建设的队伍中来。培养和起用有志于从事企业文化并且富有潜力的年轻同志，让热心于企业文化事业的各界人士在学会管理层面发挥重要作用，通过新老结合、以老带新、新老传承，引导全市企业文化建设继续走在全国前面。

## 十年砥砺　十年辉煌

### 扬州市邗江区企业文化研究会

扬州市邗江区企业文化研究会成立于2005年11月30日，现有会员企业95家，个人会员50人。本会成立以来，根据《区企业文化研究会章程》开展工作。按照年度工作计划，每年召开一次年会、一次研讨会、两次理事会，组织会议活动5次、各项专题调研活动、座谈会、培训会、学习考察活动若干次。每年编发《企业文化信息与动态》6期，至今共60期；编辑《企业文化研讨论文汇编》1册，至今共9册。由于活动务实工作踏实、措施扎实，全区企业文化建设成效显著，荣获“全国企业文化建设优秀单位”，2014年被授予“4A级”社团称号。现将我会围绕“服务经济发展、服务企业”宗旨开展工作的情况回顾如下：

#### 一、服务企业，培植企业文化工作典范

我们深入企业走访调研时，及时发现和培植企业文化建设工作的典型，帮助企业总结企业文化工作的经验和成果，推荐条件成熟的企业参加中国企业文化研究会、江苏省企业联合会、企业家协会组织的争先创优活动；指导企业撰写申报材料、修改文稿、整理材料、组织申报。江苏邗建集团、江苏扬力集团、江苏新能源置业集团、扬州玉器厂、扬州华鼎电器有限公司、江苏迈安德食品机械有限公司、江苏荣能集团等7家单位先后荣获“全国企业文化建设优秀单位”称号；扬州漆器厂、恒通建设集团有限公司、扬州锻压机床集团有限公司等3家单位荣获全国“改革开放三十五周年企业文化竞争力优秀单位”称号；扬州完美日用品有限公司、扬州扬杰电子科技股份有限公司、江苏扬安集团等3家企业荣获全国“企业文化顶层设计与基层践行优秀单位”称号；扬州日模邗沟装饰工程有限公司、江苏庆松化工设备有限公司等荣获全国“‘十二五’企业文化建设优秀单位”称号；江苏新能源置业集团有限公司、江苏邗建集团、江苏扬力集团先后荣获“江苏省企业文化建设优秀成果奖”；江苏迈安德食品机械有限公司、江苏邗建集团先后获“江苏省管理创新一等奖”；扬州锻压机床集团有限公司潘云虎董事长、扬州扬杰电子科技股份有限公司梁勤董事长先后荣获“江苏省优秀企业家”称号。

#### 二、深入调研，服务全区经济社会发展

开展调查研究工作，是区企业文化研究会的一项基本任务。十年来，我会十分重视调研工作，取得了一批调研成果。我会每年工作要点中都围绕如何构建企业特色文化、品牌文化、创新文化，如何培植企业核心价值观，如何使企业文化落地生根等内容，明确重点课题，组织会员单位进行调研，并在一年一次的理论研讨会上进行交流，每年将调研论文汇编成册，迄今已编印9册，共323篇文章。论文汇编既展示了全区企业文化建设的成果，又帮助企业总结了经验、推广了典型，促进了企业文化建设工作的开展。同时，我会也十分重视调研成果的转化，运用社会传媒及各种期刊，扩大企业文化建设的宣传效果和影响力。会长王春先、秘书长滕春林撰写的《实施凝心聚力工程、增强企业软实力》一文，获中国企业文化研究会优秀论文奖，并编入《改革开放30年中国企业文化成果大奖》一书；副会长范世宏撰写的《企

业廉政建设的路径与思考》、理事程定国撰写的《责任地产、基业长青——浅析安厦公司的企业精神》获中国企业文化研究会企业文化研究成果二等奖；滕春林撰写的《如何构建企业特色文化》、范世宏撰写的《企业廉政建设的路径与思考》在中国企业文化研究会主办的《中国企业文化》杂志上刊载；实现了我区企业文化研讨论文在国家级期刊中零的突破。2014年，区企业文化研究会、区文化体育新闻出版局、江苏省迈安德食品机械有限公司、江苏扬安集团、江苏邗建集团、扬州漆器厂、扬州柳工建设机械有限公司、扬州核威蝶形弹簧制造有限公司等8家单位在《中国企业文化年鉴》(2013-2014年）上发表了9篇有关企业文化建设的经验体会文章，在全国范围内推介。2011年至今，区企业文化研究会相继在《邗江情况》上发表《在社会主义文化大发展大繁荣背景下，对推动全区企业文化建设的思考》、《以企业文化创新发展推动邗江基本现代化进程》、《关于我区工业经济转型升级的调研报告》、《关于我区工业企业科技创新情况的调研报告》（此文获2014年度《邗江情况》优秀稿件奖）、《关于我区品牌建设情况的调研报告》等5篇文章，总结推广全区特色企业文化建设的经验，对深入开展企业文化建设起到了积极的推动作用。有关转型升级、科技创新，品牌建设方面的调研报告，受到有关区领导和有关部门的重视和肯定，为区委、区政府决策工作提供了参考资料。

### 三、加强培训，推进全区企业文化建设

履行好研究会的指导、协调、服务的职能，必须加强学习培训，不断提高自身素质和企业员工的企业文化修养。区企业文化研究会承办了由区委、区政府主办的“企业文化与企业家成长”高峰论坛，邀请著名的企业文化专家、江苏远东集团副总裁卞华舵博士作专题讲座，全区500多名企业家和企业文化工作者到会；邀请扬州大学原副校长杨家栋教授作《企业文化与企业核心竞争力》专题讲座；举办了“金融危机条件下的企业文化创新”高峰论坛，邀请省企业文化研究会常务副会长赵常林博士作专题讲座，对全区在金融危机条件下开展企业文化工作起到了很好的引导作用；举办“企业文化理论研讨会”，邀请著名企业文化专家、江苏远东集团副总裁徐浩然作“企业文化与企业发展战略”专题讲座。会后，根据录音整理了各位专家的讲座并在会刊上连载，收到了很好的宣传效果。针对邗江区区划调整后，新加入企业文化研究会的会员单位比较多的新情况，举办了企业文化工作者培训班，组织新入会单位负责企业文化工作的同志参加培训。会上介绍了全国企业文化建设优秀单位江苏新能源置业集团的经验和成果，交流了企业文化工作者如何履行好宣传员、组织员、服务员职责的工作体会。通过培训，学员普遍反映收获很大，明确了工作职能、理清了工作思路，对今后开展企业文化工作有十分重要的指导意义。同时，我们利用开理事会的机会，邀请市、区有关部门的负责人，对企业负责人进行法律法规和政策方针的宣传工作。近年来分别进行了《质量监督法》、《科技进步法》、《安全生产法》、依法治国等专题讲座，受到了企业家的普遍欢迎。

### 四、建章立制、凝聚合力争取各方支持

区企业文化研究会成立之际，即通过了研究会章程，依据章程先后建立健全了财务管理、档案管理、印章管理、资产管理、业务活动管理、民主决策、重大活动报告等一系列规章制度，并做到严格按章办事。根据工作需要，明确了驻会会长、副会长、秘书长、副秘书长及有关工作人员职责，形成了年有计划，月有安排，责任到人的工作运行机制。年初在调查研究的基础上，制定研究会全年工作计划和重点工作安排，每月初召开办公会议，集思广益，共同研究讨论，将工作任务落实到人，限定到时，有条不紊地开展各项工作，保证研究会各项工作的正常运行。

研究会工作的顺利开展，离不开领导和各方各界的关心、支持。首先，争取主管部门区委宣传部的指导、支持，经常主动汇报工作，加强工作联系；其次，加强与经信委、总工会、质监局、科技局、安监局、工商联、企业工委、人社局等部门以及乡镇（街道）宣传科、企管站的联系，运用座谈会的形式，听取他们的意见和建议，不断改进研究会的工作，争取各方各界的支持和帮助，全区逐步形成了齐抓共建企业文化的新格局；第三，加强与兄弟单位的联系，积极参加中国企业文化研究会、省、市相关协会组织的活动，外出赴浙江、山东、苏州、泰兴、江都、仪征、宝应等地兄弟单位学习考察，学习先进单位的企业文化理念，更新企业文化知识结构，掌握企业文化的前沿动态，了解企业文化研究的方向和趋势。

回顾十年来的工作，邗江区企业文化研究会在各级领导和有关方面的关心下，取得了一定的成绩，但是与新常态下对企业文化工作的要求，还存在一定差距，主要表现在：组织活动的形式不够丰富，有待进一步创新开拓；学习国内外企业文化建设先进经验的途径不多、力度不够；企业文化建设的研究、宣传工作有待进一步提高等。在今后的工作中要进一步改进工作，努力把研究会建设成领导满意、会员拥护、社会认可的社会组织。

## 弘扬人文精神　树立服务风貌

厦门市卫生计生委

自2012年以来，厦门市卫生计生系统认真贯彻党的十八大提出的全面建成小康社会的目标和任务，紧紧围绕为人民健康服务的改革方向，在稳步推进医疗体制改革的同时，把医学人文建设作为推进医疗卫生发展的重要内容，着力弘扬医学人文，加强医德医风建设，全面提升服务质量，构建和谐医患关系。通过近4年的探索和实践，我市医学人文建设取得显著成效，受到社会各界的广泛好评与认可。

### 一、我市医学人文建设提出背景

近年来，受医疗体制、经济、社会、媒体等多方面深

层次因素的影响，医患关系日趋紧张，医患矛盾不断加深，暴力伤医事件时有发生。技术至上主义引导下导致的“医学异化”，医务人员盲目追求医疗技术而忽视医学人文，造成了医学自身逐渐背离了其固有的价值标准和行为规范，违背了“科技以人为本”的基本原则。医学需要人文关怀，人文需要回归医学已成为当今医学界重要而强烈的呼声与诉求。

厦门作为闽西南医疗卫生中心城市，也曾因医患之间失去互信而遭受医疗纠纷困扰，据2012年对部分三甲综合医院及三甲专科医院调查显示，在我市所有医疗纠纷中，其中医方在医疗活动中没有任何疏忽和失误，仅仅是由于患者单方面的不满意引起的占一半比例，发生的原因中将近4成是与人文相关的非技术因素，年住院患者满意度平均值为86.67%，这说明厦门市的医学人文服务远没有跟上患者的服务需求，需要进一步促进医患关系的融洽。在此背景下，厦门市卫生计生委主任、厦门市医学会会长杨叔禹在全国医疗卫生改革的浪潮中，向我市医疗卫生界提出开展目标为“做有人情味医者”的医学人文建设活动，率先倡导将人文关怀融入到临床医疗服务当中。几年实践证明，我市的医学人文建设取得了令人瞩目的成绩，从理论研究、行为规范到临床实践，以及总结推广，构建了一个全方位的医学人文立体推进机制。

## 二、我市医学人文建设稳步推进

**（一）凝聚共识，上下齐心，积极营造医学人文建设浓厚氛围。**

市卫生计生委制定了《关于推进全市医学人文建设的实施方案》，召开全市各主要医疗机构领导会议，明确全市医学人文建设的目标任务、重点内容和相关要求，群策群力、上下齐心、形成合力，全面推动医学人文建设。市卫生计生委领导杨叔禹主任、洪丰颖副主任、王挹青副主任等亲自莅临各医疗机构指导医学人文建设工作并举行巡回讲座，结合各自行医生涯及丰富的工作经验，向广大医护工作人员阐述医学人文的内涵与真谛，强调当前开展医学人文建设的必要性和紧迫性。市卫生计生委纪检组郭小岩组长定期对市属市管主要医疗机构开展医学人文建设情况进行逐个指导和辅导。在市卫生计生委的督导下，在委领导的带头表率作用下，我市各医疗卫生机构深刻清晰的认识到开展医学人文建设的重要意义，掀起了轰轰烈烈的医学人文建设热潮，在这当中，涌现出了一批在医学人文建设方面相当有建树的医院，如厦门市心血管病医院、厦门市仙岳医院、厦门市第一医院、厦门市妇幼保健院、厦门市第二医院、厦门莲花医院、厦门市第五医院，他们的共同特点是院领导都高度重视，亲自紧抓落实，在带领全院医护人员深刻研习医学人文精神的基础上，结合自身医院特点和实际情况，开拓思维、创新理念，使医学人文精神能实实在在的融入到临床服务、后勤保障工作乃至是医院文化氛围当中。

**（二）结合实际，研究创新，打造具有厦门特色医学人文建设理论体系。**

为使我市各医疗机构在开展医学人文建设工作中宗旨统一、有章可循、目标明确，市卫生计生委组织了一批学养丰富、人文素质较高的领导干部、专家学者，针对我市医疗卫生服务特点及规律，结合医学人文内涵，开展医学人文实践理论研究与探索，打造具有厦门特色的医学人文建设理论体系。市卫生计生委以杨叔禹主任为主编，组织医政医管处、办公室、人事处等相关处室骨干力量，编辑出版了《医学人文医护人员行为指南》，在如何对待患者、与其有效沟通、医疗服务礼仪等方面，规范医护人员的行为。在委领导指导下，医政医管处组织开展了《人文·关爱合作试点病区和普通病区护士人文关怀能力现状的研究》，结果表明了护理人员通过采用人文、整体方法进行临床护理活动，在护理活动中体现护患之间的尊重和信任，能有效增强自身的专业关怀能力，提高护理服务的质量，增加住院患者满意度。目前，由医政医管处申报的厦门市科协重点调研课题《医学人文在融洽医患关系中的应用》正在组织实施中，课题将对我市2012年以来乃至未来三年内我市医学人文建设实践与探索经验进行总结和深度研究，为制定厦门市医学人文的建设标准，创设医学人文评价体系，促进医学人文理论应用到临床实践奠定扎实基础。

**（三）开展合作，深化交流，开启两岸医学人文建设新局面。**

在市卫生计生委指导下，市医学会于2012年与台湾慈济慈善事业基金会签署了医学人文建设战略合作框架协议，按照协议，双方共同围绕努力打造全方位、多层次的医学人文合作交流平台，建立长效沟通机制和联合工作制度进行合作。三年来，我市共组织全市各医疗机构工作人员包括院领导、后勤职能科室骨干、临床医护骨干、新入院人员分6批300余人次赴台，陆续造访了“人文医疗典范”之称的花莲慈济总院、充满浓厚人文气息的彰滨秀传纪念医院、耕莘新店总院、台北大学医院、台北长庚医院、祥宝尊荣老人长期照顾中心等多家特色医疗院所，亲身感受“以病患为中心”的办医理念和服务宗旨，深刻领略医学人文之美，体验人文大爱精神感召下的心灵之旅。通过培训交流，学员代表们在医学人文精神领域收获了许多值得借鉴的宝贵经验，为今后工作开展增添许多新的思路和灵感。未来，我市医疗卫生界还将充分利用“五缘”优势，在总结两岸医学人文交流培训合作的经验基础上，不断深化扩展对台交流面、力求创新交流模式，形成闽台医学人文交流合作的常态机制，随着两岸人文医学交流活动的深入开展，必将进一步促进我市医学人文建设，使我市医学人文建设沿着交流、吸收、创新、推进的道路上不断前进，迎来更加广阔美好的明天。

**（四）精心策划，强化培训，促进医护人员人文素质提升。**

在医学人文建设过程中，我市把医院管理者和医务人员作为建设主体，将强化医院管理者和医务人员的医学人文综合素质提升作为建设重点。四年来，我市共举办医学人文培训班10次，培训医务管理者和医务人员5000余人次，培训得到了我市及闽西南地区医疗界的积极响应，先后有来自温州、龙岩、泉州、漳州的卫生系统学员共计600余人次参加了培训，培训期间，龙岩市卫生局、温州市卫生局分别与台湾慈济慈善事业基金会签署了医学人文建设战略合作框架协议，协议双方将共同围绕努力打造全方位、多层次的医学人文合作交流平台，建立长效沟通机制和联合工作制度等方面展开合作，引起社会媒体的热烈关注，得到了社会各界人士的认可。在过去的三年中，厦门市医学会在市卫生计生委领导下，以大力弘扬医学人文精神，传播爱心理念，共建医患和谐为目标，围绕医学与哲学、美学、社会、文化艺术、历史等内容邀请了郎景和、樊代明、于金明等医学院士以及著名文史学者、法律专家、医院管理专家举办了一系列院士论坛和医学人文讲坛，以开放的课堂形式传道授业解惑，回顾了中华历史长河的传统优秀文化，为提升我市广大医务工作人员的精神境界和人文修养起到了积极的促进作用。通过大规模的培训，我市医务管理人员和医务工作者的医学人文综合素质得到了明显提升，服务的水平不断提高。

**（五）以点带面，推动全局，创设医学人文建设新平台。**

为将学习的成果转化为实际行动，计生委分别在厦门大学附属第一医院、厦门大学附属中山医院、厦门市中医院、厦门市妇幼保健院、厦门市第二医院、厦门市第三医院、厦门大学附属眼科中心、厦门市心血管病医院、厦门市口腔医院、厦门市仙岳医院、厦门市莲花医院、厦门市第五医院、厦门市海沧医院等13家医院设立“人文关爱合作试点病区”，试点病区所在医院覆盖全市各区，包含了综合与专科医院、公立与民营医院，市属与区属医院，其中，岛内八家，岛外五家；综合医院八家，专科医院五家；市属医院九家，区属两家，民营医院两家；三甲医院六家。试点病区按照统一的建设模式、服务模式，积极营造人文环境、创新专业分享方式、增加医护、医患、护患沟通，逐步形成具有我市特色、各院风格的医学人文建设方法，并在各试点医院定期举行医学人文建设经验沙龙的交流推进机制，以此推动各医学人文关爱试点病区建设，取得了良好效果。人文关爱合作试点病区在我市医学人文建设中起到了榜样和示范的作用，是我市医学人文建设的又一大胆创新举措，对带动我市全面推进医学人文建设，树立我市医疗卫生行业良好形象，构建和谐医患关系产生了重要的影响。

**（六）弘扬典型，总结经验，共享医学人文建设成果。**

市医学会、市医师协会充分利用所属的《厦门医学通讯》、《厦门医师》、厦门市医学会网站等宣传、报道我市医务人员在推进医学人文建设过程中的优秀事迹，分享他们在加强人文修养，努力提升医疗服务品质过程中的感悟，同时，在杨叔禹会长的倡导下，将我市开展医学会人文建设工作以来的相关报道、文章进行整理，编辑了《做有人情味的医者》第一辑、第二辑，并邀请我国著名妇产科专家、中国工程院院士郎景和教授以及中国医师协会会长张雁灵教授分别作序，书中反映了我市医学人文建设迄今为止取得的重要进展，是我市推进医学人文建设的重要经验总结。目前，《做有人情味的医者》编辑工作再传佳音，第三辑将于2015年下半年出版，本书出版工作得到了市政府重视与支持，市政府国桂荣副市长专门撰文作序。我市还阶段性召开经验总结大会，总结经验，展示成果，找出不足，针对下药，于2015年4月召开了医学人文建设研讨会，回顾近四年来我市医学人文建设的历程，会上由我市人文关爱试点病区工作人员代表、患者、医护人员代表分享医学人文建设感受及相关工作经验，并邀请中国医师协会人文专委会专家参会点评，高金声主委高度评价了厦门市医学人文建设取得的成果。

## 三、我市医学人文建设取得成效

**（一）人文理念深入人心。**

随着大规模培训的开展，通过有计划、系统地开展医务工作者培训，在教育方式上重视言传身教，使医学人文深入全市医疗管理者和医务工作者人心，很多员工通过培训和参观学习，深受启发，奠定了在全市推进医学人文建设的思想基础。同时，把突出新医务工作者培训这个重点，专门设计了新员工岗前培训课程。组织干部职工到台湾慈济综合医院学习先进管理理念、经验、医疗管理及服务模式、品质管理、方法，学习回来后，将事例、体会分享给全院同事。通过大轮训，全市医务工作者医学人文理念深入人心，医学人文理念已然浸润进全市医务人员的血脉，内化为全体医务人员必备的精神质素，为各医院推进医学人文建设奠定了坚实的思想基础和理论准备。

**（二）患者满意度极大提高。**

为全面推进全市医学人文建设，我市确定了：“在先行先试的基础上再全面推开”的方案。通过选择全市13家试点病区医院，制定了各医院推进医学人文建设的实施方案，明确了试点医院推进医学人文建设的目标、重点建设内容、时间要求，总结提炼各试点病区建设方案成为全市推进医学人文建设的政策依据和行动纲领。各医院在各种规章制度和政策的制定、绩效考核评比中，将医学人文建设作为重要的评价指标，强调在医院工作的每个人都是为患者服务链条上的一分子，只要做好自己的工作，发挥自己的特长，赢得患者的认同，就会得到医院的认可。通过切实可行的考核措施，在院内慢慢地形成了比谁态度好、服务好、沟通好、奉献好、医德好的氛围，“无损于患者为先”的价值观得到了职工的认同，并反映在日常医疗服务和行为举止中。“以病人为中心的服务理念”深入人心，对构建厦门市和谐医疗环境起到了积极的作用，医护人员对患者的人文服务、尊重和理解赢得了患者的认可，获得社会各界广泛好评。人民日报载文以《厦门真抓实改 决不搞虚晃一枪》为题，称赞我市“做有人情味医者”医学人文建设活动让群众看到了医疗卫生系统服务质量实实在在的变化。2013年，上海交通大学国际与公共事务学院和社会科学文献出版社共同主办的首部《公共服务满意度蓝皮书—中国城市公共服务评价报告（2013）》中提到，厦门市公立医疗机构社会满意度当年居全国第一。

**（三）人文服务细致入微。**

通过近四年的探索和实践，全市医务工作者一直认为：对于医学来说，服务与技术同等重要，而且服务水平的好坏在很大程度上影响了人们对医疗技术水平的感知，同样的医疗技术，可因服务好而“增值”，也可因服务差而“贬值”，尤其是在某些关键点提供一些增值服务会切实改善患者的就医感受。全市各医院优化就医流程，改善服务环境，实施了出院患者主管医师随访制度，建设手术患者家属医院等待区，

专家号电话、网络、现场、诊间预约，医院设置近百台自助挂号机实现自助服务，不断改善医学人文软件建设，一些医院在手术室配备了恒温箱，冬天将液体加温后再输到手术患者体内，大大减低了患者的不适感；考虑到脊柱外科患者大多处于青春期，心理波动大，脊柱外科对需手术的脊柱侧弯患者入院时提供心理测试，根据个人情况提供心理辅导；心胸外科为手术后出院患者设立24小时咨询电话，提供抗凝治疗指导；急诊科与心血管内科密切配合，建立了急性冠脉综合征的急诊绿色通道，24小时确保急性心肌梗死患者在90分钟内手术；药学部将出院患者带药下送至患者床头；产科为分娩后的产妇及时免费提供爱心粥等，全市各医院的医学人文服务举措，受到了患者及其家属的欢迎。

近四年来，全市医学人文建设取得了显著成绩，全面提升了医院的人文服务水平，促进了医、教、研的飞速发展，得到了患者的认可和欢迎，走出了一条建设现代医学人文的特色之路。

## 四、我市医学人文建设下步工作计划

**（一）继续提升医学人文素质。**

继续深化全市医疗管理者和医务工作者医学人文教育培训，三年内，对全市所有医务工作者开展医学人文大轮训，提高医务工作者的医学人文水平。继续组织医务骨干到台湾慈济综合医院考察学习，学习先进的管理经验。全面提升医学人文水平。

**（二）全面推进医学人文建设。**

在原来13家试点病区医院的基础上，三年内分批次全面启动全市医院医学人文建设，实现医学人文建设全覆盖。

**（三）深化医学人文制度建设。**

在总结13家试点病区医院的基础上，全市统一制定医学人文建设实施方案，强化制度建设，突出医学人文建设重点。

**（四）总结提升医学人文水平。**

认真总结近年来各医院涌现出的先进个人、先进事迹、先进医院，每年召开医学人文推进会议，认真总结经验，发现问题，制定切实可行的措施，全面提升全市医学人文水平。

（本文系厦门市卫生计生委在“2015年第十届走向人文管理大会”上的发言）

# 企业文化观点荟萃

## 坚持顶层设计与基层实践的辩证统一

韩　天

在改革不断引向深入的新阶段，讨论企业文化顶层设计与基层践行，无论是对全面深化改革还是对企业文化建设来说都具有特别重要的意义。

顶层设计看的是全局，强调的是系统和整体，能够发挥牵引机和路线图的作用，帮助我们少走弯路，克服具体实践当中见物不见人的局限，注重顶层设计是必须的，也是我们通过长期改革实践得出的重要结论。但是由于我们所面临的实际问题要复杂得多，顶层设计再系统再完备也必须坚持与基层践行的辩证统一，要有战略的眼光、系统的思考、总体的谋划，还要结合基层实际，鼓励基层实践，发挥基层的积极性和创造性，最终来保证战略和文化的落地。

近年来，中央企业通过不断摸索和实践，在企业文化顶层设计和基层践行方面也取得了不少的经验和收获。

第一，要以社会主义核心价值观作为引领不断完善企业文化体系。用什么样的思想和思维进行顶层设计，用什么样的价值认同来推动制度化建设，这是企业文化建设的核心问题。国有企业是中国特色社会主义的重要支柱，全面建设小康社会的重要力量，也是我们党执政的重要基础。不但承担着经济责任，还承担着政治责任、社会责任和文化责任。因此在推进企业文化建设中要以社会主义核心价值观为引领，牢记企业的责任和使命，大力弘扬以大庆铁人精神、载人航天精神、青藏铁路精神等为代表的企业精神，不断完善以价值理念体系、行为规范体系、企业形象识别体系为基本架构的企业文化体系，不断夯实企业文化建设的基础工作。

第二，从战略高度把企业文化纳入企业战略体系来同步推进。企业文化影响和引领着企业战略的制定和选择，是驱动理念变革、习惯转变、管理创新等诸多战略支撑要素的根本动力。中央企业围绕国资委的做强做优，培育世界一流企业的改革发展核心目标，从战略发展高度统筹规划企业文化建设，通盘考虑、系统推进，有效发挥了企业文化引领支撑的战略作用。113 家中央企业当中有 60 多家企业已经制定了总体的规划和纲要，与企业发展规划同步推进、同步实施，形成战略清晰、目标明确、助推中心工作的企业文化工作思路。在制定“十二五”企业发展规划的时候，不少企业同步制定了“十二五”企业文化建设规划，着力推进企业文化和企业发展战略相互的契合和协调发展。

第三，要深度融入管理，不断提升企业管理的水平和品质。企业文化具有明确的管理属性，需要融入企业改革发展全过程、生产经营管理各环节，渗透到企业管理制度、工作标准、考核体系当中，才能实现文化和管理的相融共进，推动企业管理水平的不断提升。中央企业还大力加强制度文化、行为文化和专项文化建设，不少企业以企业文化为导向，调整组织架构，完善企业制度，优化管理流程，制定完善竞争择优机制、民主管理和决策机制、分工协作机制、合理的绩效评估与分配机制等等，建立了高效的企业制度文化。许多企业积极开展创新文化、安全文化、质量文化、服务文化、廉洁文化等专项文化建设，把企业文化建设作为提高基础管理水平的有效途径。一些企业通过价值导向影响企业的运作方式和团队行为方式，使企业文化逐步深化、细化，落实到实物当中去，变成员工的自觉行为和习惯，从而逐步的实现了从顶层设计到基层的实践落地。

第四，鼓励基层文化实践，不断创新企业文化落地的载体。基层实践是企业文化建设的源头活水，中央企业积极创新丰富企业文化载体，使企业文化渗透进员工的日常工作，促进了文化落地。一是加强企业文化传播平台建设，许多企业充分利用企业的报刊、电视、网站，还有企业文化的场馆等等，形成有效的企业文化传播网络。一些企业积极开展企业遗址，企业文化修缮保护工作。有的企业还建立博物馆、纪念馆，成为开展爱国主义教育生动的课堂和传播企业文化的重要窗口。二是广泛开展形式多样与企业的管理结合贴近企业的企业文化活动。不少企业经常举办企业文化节、企业文化月、企业文化论坛等活动，提高了文化的覆盖面和员工的参与热情。三是加强人文关怀和心理疏导，坚持用人文关怀传递高尚价值追求和道德情操，用心理疏导促进心理和谐，增进价值共识。有的企业提出幸福指标体系，推广员工关爱工程，提高员工心理素质，促进员工全面发展。因此，可以说通过各种有效载体运用，使企业能够更好的让企业文化落地生根。

（作者系国务院国资委宣传局副局长，本文为作者在“中外企业文化 2014 成都峰会”上的致辞）

# 民营企业文化创新的着力点

孟凡驰

各位领导、各位代表：欢迎大家参加全国首届民营企业文化和社会责任论坛，举办此次论坛的初衷是共同讨论民营企业文化与企业发展关系，企业文化如何与企业经营、生产、管理相结合，民营企业如何承担社会责任等问题，交流共享这些方面的经验，借此推动民营企业文化建设和社会责任事业健康发展。当前全国民营企业文化建设呈现出不平衡局面，一批先行企业深入理解把握企业文化规律，应用于企业生产发展过程中以强大的文化灵魂引领企业在市场搏击中不断的取得胜利，以先进的文化管理方式凝聚队伍，增强企业活力，积累了丰富的经验。也有为数不少的民营企业刚刚进入企业文化领域，文化建设和企业发展处在初级阶段，企业文化建设对内是无形资产的积累，是经营思想和管理方式的提升，对外是社会文化的生长点和组成部分。中国民营企业具有国有企业不可比拟的诸多优势，新技术和现代人才都在快速与国际接轨，但是在手段、技术、设备、制度等方面背后的文化却与世界先进水平存在很大差距，成为走向国际化的最大障碍。适应新常态、实现大众创新万众创业就要大力提升企业家的文化自觉，全面激发员工文化创造活力，建立全体员工高度的文化共识，探索行之有效的文化实践方式。

全国企业文化建设国有企业和民营企业相比，有很大的不同之处，民营企业文化的建设和文化管理工作，也存在不平衡状态，现在的情况下民营企业的企业文化，应该有四个着力点。

第一，深入思考企业存在和发展的终极目的。这个问题比较抽象，但这是个根本的问题。企业及企业家如果不带领员工把我们为什么办企业？我们为什么要发展？我们怎样去发展？我们存在的终极价值是什么？这些问题如果不解决，那么我们的企业往往做不大，目标不明确，就没有核心灵魂。

会上介绍了稻盛和夫领导的京瓷集团和张瑞敏领导的海尔集团，一个讲的是阿米巴经营，一个讲人单合一模式。目前很多企业都学这两种经营方式、管理方式，有不少企业认为，这两种经营方式很有用，而且很深刻，肯定有普世意义和价值，但是操作和具体方法上有人感到很难操作，做不了。这里有各种各样的原因，有主观原因也有客观原因，也有社会体制的原因，但在众多原因当中，有一个很重要的文化原因。海尔的文化、稻盛和夫的文化，“人单合一”和“阿米巴”，在提高人的积极、发挥人的创造力、提高经营的自由度上，大有异曲同工之妙，这两种文化是目前有代表性的管理方式。他们也有很多不同的地方，但相同是都有自己的经营哲学，都有自己很个性化的经营方式，稻盛和夫的经营理念是敬天爱人、以心为本。张瑞敏先生认为以人为本，充分发挥人的作用，更充分地尊重人的首创精神，是人单合一的出发点。这两位企业家、经营家同时也是哲学家，他们都是以道术结合而取得的成功。如果没有深刻的道来指引，只学具体方法，往往很难学成。他们这两家的经营方法在形式上都是划小核算单位，加大经营度，最大的忌讳是照抄照搬。在安徽有两家企业学海尔的方式，学得非常地道，收获也很大，有学稻盛和夫的经营方式也有不错的，但是多数民营企业家感到学他们有很大难度。我觉得首先要明白他们的经营哲学是什么？方式方法背后的文化理念是什么？这是文化之源，各种方式手段都是流。有些方法可以用来到你们企业，但要结合自己企业的体制特点、员工特点、产品结构，要有自己的发挥，完全照搬不行。这就回答第一问题：文化本质灵魂要特别清晰。

企业首先要深刻理解、思考、把握企业存在和发展的终极目的是什么，稻盛和夫的敬天爱人、以心为本、做人要正确，就是他的核心理念，他独特的方法手段是从理念思考得出来的。中国传统文化当中，不太重视对终极目的的思考，比较重视怎么做，这是方法论的思考。我们中国人聪明才智是一流的，不管多难的东西都能造出来，反过来常用的东西造得不好，比如说卫星、导弹、飞船、火箭，这些都能送上天去，但是日常生活用品，像马桶圈、菜刀这一类总是做不出高质量，这是为什么？是没有这种文化理念。缺少终极目的思考往往就没有一种理论和理念依据。

第二，企业文化建设与经营管理的融合路径。企业文化的建设和企业文化的管理，是相互支撑相互交叉的，把文化应用到管理之中，在经营生产、队伍建设、战略规划、人力资源开发和管理方面发挥作用。有人说企业文化建设过时了，现在应该是文化管理了，企业文化的建设和文化管理是一个前后关系，文化建设和文化管理都是永远在路上。文化要不断重塑，不断重组，不断丰富，不断发展，这是一个不断完善的过程。而文化管理也是在不断的发展过程中，新建设的文化内容要不断充实到文化管理中去，用文化管理企业，所以文化建设文化管理，应该是两个平行的相互支撑的相得益彰的双子座。

多数企业文化建设做了，文化体系也有，手册、口号也都有了，但怎么体现在产品当中，使产品更有文化含量，使经营更有文化个性，使服务更有文化品位，使管理更有文化素养，这些文化管理的落地比较难。很多企业文化建设不知道如何落实，如何在生产经营管理当中发挥作用，经营是经营，文化是文化，这个状态还是为数不少，当前的重点应该是探索文化与经营管理与企业产品之间的落实路径。

第三，民营文化建设应该注重规范文化的探讨和实践。中国传统文化中有一种非规范文化的传统，直到现在痕迹还比较重。中国农业社会工业的基础比较薄弱，农业生产不特别讲究规范，一般凭经验直觉做事，说话都是“基本上、原则上、大概”，缺少一种规范的文化基础。在实现企业的现代化和国际化中，我们缺少规范化文化。员工的规则意识比较差，比如现在很多企业在讨论家族企业应该怎样改造，其实民营企业不一定非要走出家族制，家族制企业存在的价值也很大，目前全世界家族企业占 90% 以上，家族企业在各国经济中发挥重要作用。全球500强中有175家是家族控制的企业，家族企业占GDP总数比例韩国是48%，中国台湾是61.6%，马来西亚67%，菲律宾和印尼最大的十个家族企业占本国市值的一半，泰国和中国香港是五大家族企业，占30%的市值，美国家族企业制造了78%的就业机会，创造了全美GDP的50%，这些数字就说明家族企业的存在的道理。在中国也是这样，家族企业的弊端，不在于是不是家族控制，而在于有没有合理的治理结构。合理的现代化治理结构就是一种规范化的现代企业发展模式，如果建立了合理的现代化的治理结构，不管是不是家族企业，照样生机勃勃的发展。现在中国的家族企业出现了三种发展取向，一是所有权家族化，二是管理层社会化，三是股权逐步公众化，这就是历史发展的趋势，也是现代企业中民营企业发展方向和趋势。从企业体制上，不在于是不是家族企业，重在治理结构是否规范化。从员工层面上，员工受传统文化影响，规范意识差得多。

我们跟国外比尤其与德国比，德国人的规范意识很强，曾经有两个中国的留学生打赌，两个公用电话，其中一个写女士专用，他们俩观察，过一会儿，一部电话男士排队打电话，女士专用的没有女士来，德国男士也不去动用，既然有规则就一定要遵守这个规则。这在中国，像过马路，红灯亮了没有车，没车我就过去，我们就缺少这种规范意识。一位德国客人到上海，一次晚上感冒了，他买来感冒药，结果不敢吃，说明书写的这个药一天二至三次，一次一至二片，德国人看了半天不知道这到底吃多少，按最大量一天应该六片，最小量一天两片，中间差四片，到底怎么吃，他就不理解。我们文化中不规范处处都有体现。

在民营企业中非规范文化一定要彻底的摒除，建立规范性文化。在规范文化建设中，有一个经常遇到的问题，我们经营是靠关系靠人情还是重契约，这一点应该是企业是否现代化的重要标志，一个分水岭。有的企业经常是冲着某个人去做生意，强调个人之间的情感，这也是与西方文化的差距。重契约是一种市场经济的规范文化，重关系是一种传统的不规范文化。中国文化自古以来首先重视家族内部的直系亲属关系，然后旁系亲属，然后是亲戚朋友，是这样的关系排序。中国是人情社会，所以很难建立公民文化和公众的诚信体系。而大家都遵守一种契约，而不是注重单纯的情感，这对我们建设现代企业更重要。当然，人情关系文化和家园文化是不一样的，建设家园文化这还是值得提倡的，把一个企业办成家一样，在这个过程当中要注重规范文化的建设。

第四，要建设精细文化。没有精细文化，工匠精神的提倡就没有源头，工匠精神的本质就是敬业专注、精益求精。兴趣是成功的最大前提，精细化的工作态度，培养好的职业习惯，会启发很多灵感。中国很多产品原材料也不错，但做功不行，就没有竞争力，缺少文化的敏感反应，平时缺少这种训练。比如景德镇的陶瓷本来是中国非常好的陶瓷产品，为什么现在做不过日本，就是差在陶瓷产品的文化内涵，

有个中国工程师在德国访问，德国人问中国的工程师，你们的电度表设计年度寿命是多少？中国工程师说，我们的产品是我们国家最棒的，二十年。德国人就笑了，二十年也算长寿，我们德国所有的表使用时间最短的是五十年。中国工程师问德国工程师，你们一年产量是多少？德国工程师说年生产3000个，中国工程师说，我们一天生产2000个，照你们这样，五十年才换电度表，我们工人干什么去？德国工程师说，看来我们会做东西，你们会做生意。德国文化中的精致和规范化确确实实一直这么做。所以2008年金融危机以后，整个欧洲到现在没有恢复元气，唯独德国保持发展的生机，他们把实体经济和制造业的精细作为基础，保持了他们的领先地位。

企业不要把公益慈善事业看作企业责任的全部，应尽的社会责任应该是三方面内容。分层次，第一是职能性责任，是由身份角色决定的，如学校把培养学生视为自己的责任，军队以保卫国家为责任。创造利润、提供就业、服务社会是企业的根本责任，生产优质产品，生产经济价值，创造物质财富，这是企业的第一要务。企业要讲诚信，提供高质量的产品，实现与相关方的共赢，确立正确的经营理念。第二个责任是法律和环保责任，依照游戏规则，不能违规经营，比如说在企业的经济利益和社会环保发生矛盾的时候，企业重视哪一个，这是价值取向问题，企业不能为了自己的经济利益破坏环保，这也是法律责任。不以牺牲环境为代价取得经济效益，就是尽了企业的社会责任。还有应该遵守国家规定的用工制度，保证员工正当权益，也是企业的责任。第三是公益慈善事业文化性质责任，公益慈善事业是一种文化承诺，是企业对社会的文化契约，包括公益事业、奉献他人、救助贫困群体、建立学校等等，不要把公益慈善事业看作企业责任的全部。这三个责任应该是按顺序，先做好企业本职工作；然后要能够以国家法律为基础，以环保为重要责任，以人为本对待员工为重要的发展的目标；最后企业有余力再拿出钱捐赠社会，捐赠社会不要勉强，要量力而为。单纯以捐钱多少作为尽社会责任排名的标准是不科学的。

民营企业代表中国社会经济发展的重要的方向，发展的潜力很大，民营企业具有国有企业不可比拟的优势，机制灵活，要确立民营企业正确的发展路径，发展前景最终决定在文化战略的引领，文化做好了，这个源抓住了，各种方法、体制、机制的流就能把握住。

（作者系中国企业文化研究会常务副理事长、秘书长、教授，本文为作者在“首届中国民营企业文化论坛”上的发言）

# 关于完善企业舆情引导工作的若干思考

喻国明

## 做好顶层设计是健全和完善企业舆情引导工作的关键

“这是一个最好的年代，也是一个最坏的年代；这是

一个智慧的年代，也是一个愚昧的年代。”狄更斯在其小说《双城记》开篇语中这句宿命式的名言，似乎总适用于每一个发展变化中的大时代。就中国社会的当前发展而言，人们普遍的心结是，无法判断这是一个最好的年代，还是一个最坏的年代，但几乎人人都可以确认的是——这是一个充满迷宫式选择与错愕的纠结年代。中国社会正经历着一场深刻的革命，从未有哪个时代的媒体格局像现在这样纷纷扰扰、万象横生。传统意义上的“受众”从未像今天这样，开始拥有了巨大的传播话语权；而大众传播者也从未如当下这般地拥有如此多的传播技术手段，却对传播影响力的发挥绞尽脑汁，搏命厮杀。互联网趋势研究者谢尔•以色列在其著作《微博力》中指出：“我们正处在一个转换的时代——一个全新的交流时代正在代替老朽的、运转不灵的传播时代。”

显然，我们所处的时代，在历史发展的大坐标系上，恰正处在一种必须做出某种重大抉择的“紧要关头”。如果说，在非“紧要关头”时，我们尚可以将关注的重点放在“如何做”这类战术性问题上的话，在“紧要关头”时，我们必须将我们的关注重点放在“在哪做”、“做什么”这类战略性的问题上，因为它是“系好衬衣的第一个纽扣”。正是在这个意义上，我们说，方向比速度更重要。

然而，时下的中国社会如同一个寓言所描述的：在黑夜里，有一个醉汉丢了钱，他在路灯下一圈一圈地寻找，直到倒卧在地。勤奋的记者们完整再现了醉汉是如何转了一圈又一圈，并且访问了他的家属，甚至追溯了他的童年；专家们则争吵不休，有人说他应该再多转一圈，有人说他应该转得更快一点，有人说他为什么醉酒带钱走夜路呢——要么策略有问题要么背后有阴谋，还有人说这本质上是一个法治问题，加强酒后理财机制建设势在必行。

这个寓言几乎成了所有社会问题、包括新闻发言人制度问题的公共讨论的“标准模板”：几乎人人都是在醉汉逻辑框定的范式内寻找答案。其实，事实的真相是，钱并不在路灯下，只是因为醉汉觉得灯下最明亮、最便利。这也正是我们目前应对发展中的危机与困境时的真实状态——短视、自欺、直觉主义、饶舌和绕圈子。远见卓识缺位，整体性的理解力丧失，一切流于虚浮和泡沫，最终被一盏路灯、一条新闻或一句断言所遮蔽了。必须指出的是，在当前的“紧要关头”，我们需要竭力呼唤理论的超越意识和批判力，以及制度的“顶层设计”，以便重归时代引领者的关键位置。而选择的大智慧的第一要义是：我们所面对的外部环境究竟发生了哪些深刻的变化？这些变化对于我们意味着什么？接下来，需要做的就是——“有勇气来改变可以改变的事情，有胸怀来接受不可改变的事情，有智慧来分辨两者的不同。”

## 当前舆情领域中应对逻辑的关键性缺陷是我们对于意见表达的宽容度过于狭窄

就舆情的社会传播而言，无论形式多么丰富多彩，无非就是两样东西：一是事实，二是意见。舆情传播的应对逻辑方面正是围绕着这两个基本内容的范畴而展开的。经过改革开放三十余年的发展，我们国家在制度设计上通过“政府信息公开条例”、“新闻发言人制度”等的建设，在保障“重大事件让人民知道”的知情权保障方面，在第一时间第一报道上，已经没有根本性的制度障碍，这是舆情传播领域改革开放的重要成果。

但是，在事实报道的及时性方面取得历史性进步的同时，我们在意见表达的多样性方面还在一种狭隘观念的紧约束中踯躅不前。须知，我们已经进入到了一个历史发展的新时期，我们这个社会已经不再是建立在“零和博弈”基础上的政治格局，而是建立在“一荣俱荣一损俱损”的多元社会利益、经济利益的政治基础上。因此，过去专政理论所倡导的那种“不是东风压倒西风，就是西风压倒东风”式的舆论应对逻辑已经完全不适应今天我国的社会政治现实。因此我们的舆情应对逻辑必须“兼听”，意见表达必须多元“兼顾”。很显然，意见的多元、舆情的多样是我国现阶段政治发展的基本现实，当企业的传统舆情表达逻辑在“舆论一律”的要求下不作为、不反映的情况下，新媒体领域由于其天然的“草根”属性，以及在管控方面的技术难度和成本约束，造成了新媒体领域成为当前中国舆论的主场，这本质上说是我们的舆情应对逻辑的缺陷造成我们在舆情领域的“失语”和“边缘化”，其实质是一种传统舆情应对方式的“失灵”。

而以微信微博为代表的新兴传播方式的兴起却又极大地释放了人们的社会表达，为每一个人都安装了向社会交流的“麦克风”。这种新兴的传播方式造成了一种大众围观的社会格局。更为迅捷的信息流动，更加多样化的意见表达，更多“去中心化”的议程设置和更具侵犯性的“人肉搜索”。作为管理者的信息优势不再，意见权威被解构，时时处在社会的凝视和监督之下。这种“围观时代”的到来，加剧了我们在舆论引导力方面的困扰、压力甚至危机。只有开放性的舆情对策，争取多元舆论的会冲和协调，才能使我们的舆情应对走入舆情把握的新境界。

## 企业舆情引导逻辑的转换以及关系资源的获得是走出当前舆情危机的关键

从传播学的意义上看，一种新媒体的出现，不仅仅是增加了一个传播的渠道，更大意义上是社会联结关系的深刻改变，社会游戏规则的改变，舆情生态环境的改变——它会引发一系列沟通关系、利益关系，以及彼此之间力量对比关系的改变，所以面对一种新的媒介，需要更多的技术和智慧含量的应对。比如面对微信微博所造成的困扰与压力，企业舆情公关的目标集中在极力推进所谓网络辟谣与“灭火”，认为解决流言传播是解决当下舆情问题与危机的关键，这其实是一种很大程度上的错位做法。

正确的做法首先应该是舆论引导基本逻辑的改变。在当下复杂多元化的利益和意见表达的格局之下，人们面对错综复杂的情况赖以作出判断的“判据”意见发生了重大的改变。我们必须注意到这种改变对于我们在引导舆论的劝服性传播中所提出的现实要求的改变。过去在相对单一化环境当中，老百姓因为缺少信息参照，缺少多元化意见的了解，所以用理性判断一件事情，所以在信息缺失和信息封闭的情况之下，理性判断晓之以理引导群众，是一种有效的方式。但是在今天，这种多样化利益表达，多层次复合复杂表现出来的时候，你的道理和老百姓的道理，你的逻辑和老百姓认定的逻辑之间有着很大的差异。因此今天，单纯用晓之以理、摆事实讲道理说服社会、引导社会已经是比较低效少效甚至无效的舆论引导方式了。人们认为你在说你的道理，我有我自己的道理——公说公有理，婆说婆有理。意见由于关系范畴，对于不同的主体而言，价值判断的逻辑是不一样，遵循哪个判断逻辑呢？所以今天的人们是用情感进行社会认同、社会角色的判断。

情感判断好像是挺不靠谱的东西，其实情感判断是特别靠谱的事情。情感判断的本质是关系判断，即人们首先要在所有逻辑判断之前要厘清一个关系：我跟你是什么样的关系，咱们是同舟共济的关系，还是我们俩是博弈关系，这两种关系的判断对于社会认同而言是至关重要的，如果我们是同舟共济的关系，我能接受你的道理，接受你的事实，如果我们俩不是一拨儿的，你的观点你的意见你的逻辑，那是你的，我才不听你的忽悠呢！这就是问题的实质所在。我们简单用摆事实讲道理引导社会的时候，如果没有在情感共振、关系认同上下一个很大功夫的时候，你说你的道理，老百姓只会用博弈的心态看待你，锱铢必较，沟通成本很高，宣传效果很差。换言之，我们在舆论引导过程中，如果没有同舟共济、情感共振、关系认同作为前提和基础，摆事实、讲道理就不会起到相应的作用。铁道部前新闻发言人王勇平之所以遭遇巨大的舆论恶评，很大程度上是因为他的讲话逻辑和老百姓之间和社会之间、民生民意之间有着巨大的不接轨，盲目自信、卡拉 OK，甚至侵犯和刺激了老百姓核心情感和深层的利益关注，这才是这个问题的实质。

概言之，企业舆情引导逻辑的转换以及关系资源的获得是走出现阶段舆情危机的关键。

（作者系北京师范大学新闻传播学院执行院长）

## 价值观管理引领创新发展

黎　群

企业文化建设需要与时俱进。2011 年以来中国石化集团公司党组提出了许多新的发展理念，确定了新的发展战略和发展模式，为此中国石化对 2009 年颁发的《中国石油化工集团公司企业文化建设纲要》进行修订，形成了引领未来公司文化建设的新版纲要（以下简称纲要）。

纲要提出了新时期中国石化的企业使命、企业愿景和核心价值观，并明确指出引导全体员工认知、认同和自觉践行核心价值理念，是推进企业文化建设的首要任务。纲要强调促进价值理念转化，确保制度建设体现文化理念；强调推动文化落地，确保核心理念变成干部员工的自觉行为。

价值观是企业文化的核心。企业在经营管理活动中普遍存在着价值判断的问题，需要什么、相信什么、坚持什么、追求什么，都与其价值观有着密切的联系。20 世纪工作环境中不断增加的复杂性、不确定性和迅速的变化推动了组织管理的演变。传统的指令管理（MBI）理论盛行于 20 世纪初期，在 60 年代让位于现在仍然流行的目标管理（MBO）。目前，一种新型的管理理论正浮出水面，即价值观管理（MBV）。价值观管理认为，领导力的真正本质是关注人的价值观。领导者的重要任务就是创建一种共享价值观的文化，明确或隐含地指导各层次或各部门员工的日常工作。企业价值观管理，就是要最终形成一个企业的共享价值体系，它的主要工作包括两个方面：一是要保证价值理念体系本身符合企业发展战略的要求；二是要使企业员工普遍认同这个价值理念体系，中国石化的新版企业文化建设纲要很好地体现出企业价值观管理的主旨思想。

纲要多处强调了企业的社会责任，如在指导思想中提出要关注环境保护和社会责任；在企业愿景中指出中国石化要更加突出技术进步，更加突出绿色低碳，更加突出以人为本，努力提供一流的产品、技术和服务，让员工、客户、股东、社会公众以及业务所在国（地区）的民众都满意，努力成为高度负责任、高度受尊敬的伟大企业；在提升企业形象的内容中提出要切实履行好企业应尽的社会责任。

我国石化工业经过多年的高速增长后，三高一低（高投入、高能耗、高排放，低效率）特征十分明显，成为公认的高资源消耗和高环境污染行业。当今社会，人们并非更加注重企业的经济功能，而是把企业作为社会细胞之一，从社会的角度强调企业的作用，把企业的活动直接看作是社会的活动之一。在现代社会中，企业对于整个社会生活的影响和作用越来越大，社会也逐渐对企业的运行提出越来越高的要求，希望企业运行能够更好地符合整个社会发展的需要，为此企业必须考虑自身的社会责任问题，积极履行企业社会责任，以促进企业自身和社会的可持续发展，纲要突出企业社会责任理念符合时代发展的趋势与要求。

纲要描绘出统分结合的集团文化管理思路。如在指导思想中提出要加强基层文化建设，在基本原则中强调要突出共性，兼容个性，即在坚持集团公司企业文化统一性的前提下，尊重成员企业的差异性，培育和塑造符合各单位实际的特色企业文化，实现集团公司共性文化与成员企业个性文化、本土文化与海外文化的有机融合、相得益彰。

在集团文化建设的实践过程中，人们常常面临诸多的困惑。如大型企业集团往往拥有许多二级单位、三级单位，其中有些单位分散在全国甚至于全球范围。在长期的发展过程中，许多成员单位各自形成了自己的企业文化。在集团文化建设时，母子公司文化的关系应该如何协调？如何在坚持集团文化统一性的同时，尊重、传承所属成员企业积淀的优良文化，张扬所属成员企业的个性文化？理论与实践表明，母公司文化寓于子公司文化之中，母公司文化不可能全部包含子公司文化，只是包含其共同本质的部分内容，而子公司的个性文化很好地丰富了母公司的共性文化。两者之间相互联系，相互促进，相互依赖，相互作用，共同促进了集团文化建设的发展。因此必须正确处理好集团公司文化与所属成员单位文化之间的关系，要在大力强调集团文化共性的同时，不忽视所属成员单位的个性文化；在发展所属成员单位个性文化的同时，更要遵循、维护集团文化的共性。中国石化统分结合的母子公司文化管理思路具有科学性与可行性。

（作者系北京交通大学经济管理学院企业文化管理研究所所长）

## 兼具创新与匠心的企业文化成为引领发展的新航标

尹援平

在党中央、国务院实施国家创新驱动战略、加快实施供给侧结构性改革、全面推动改革创新的形势下，“创新文化与工匠精神”是中央要求，符合企业实际，对国有企业加强创新文化建设，推动企业转型升级、提质增效具有重要的现实意义。

### 把握创新理念，积极建设创新文化

党中央提出创新、协调、绿色、开放、共享的发展理念，把创新置于国家发展全局的核心位置，实施国家创新驱动战略。中国作为世界第二大经济体，2015年中国内地有94家企业进入《财富》500强，但企业大而不强、大而不优的问题依然突出。数据显示，这94家企业的研发强度为1.24%，与世界500强企业平均研发强度5%的水平仍有很大差距。在“2014年全球百强创新”榜单中，中国内地只有华为一家企业上榜。创新不足已成为制约我国经济持续发展的瓶颈。创新驱动发展，文化驱动创新。文化为创新提供适应的环境和土壤。没有与创新体系相匹配的创新文化，企业的创新就会受到影响甚至阻碍。创新的根基，不仅在于创新投入的多少，还在于创新观念、创新心态和创新素养的高低。建设创新文化，就是要以创新理念为引领，汇集资源与人才，凝聚智慧和力量，构建起以创新为导向，支持创新、尊重创新、激励创新的企业文化体系。通过创新文化建设，培育创新思维，造就创新人才，激发创新活力，促进企业创新能力提升，努力建设创新型企业。

### 坚持追求卓越，大力弘扬工匠精神

今年政府工作报告中首次提出培育精益求精的工匠精神，既令人振奋，也让人警醒。“工匠精神”正切中我国制造业企业大而不强、产品档次整体不高、自主创新能力弱的要害。一段时间以来，频繁见诸报端的到国外抢购“电饭煲”、“马桶盖”等新闻，引起社会强烈反响，这在一定程度上折射出我们工匠精神的缺失。“工匠精神”是勤奋勤勉和创新创造的融合，是精益求精和开明开放的融合。对于企业来说，工匠精神就是要“做专、做精、做细、做实”。创新时代需要工匠精神。企业只有秉承“工匠精神”，才能铸就“百年品牌”，才能带动各行各业走向中高端，推动我国从“制造大国”变为“制造强国”。在“大众创业、万众创新”已成时代主题的今天，企业不创新没有出路，没有匠心也不可能走远。只有兼具创新与匠心的企业文化，才有可能成为引领发展的市场航标。

### 营造创新文化氛围，构筑良好外部环境

企业创新发展，环境氛围的营造是基础。如同种子的萌芽生长需要土壤、阳光、空气、水分等外界条件一样，创新思想萌生后也需要精神和物质的支持，需要适宜的环境条件，“种子”才能生长成参天大树。营造创新氛围，就是要形成激励探索、包容个性、崇尚创新、宽容失败的企业环境，让创新工作者的想象力、创意力、思想力，从传统的框框束缚中、在相互激荡中多元碰撞中解放出来，并通过实践创造更大价值，使创新成为引领发展的第一动力；弘扬工匠精神，就是要打造人人注重细节、追求完美、持之以恒的企业氛围，让认真、敬业、执着、创新成为更多人的职业追求，让敬业精业、专注专业、坚持坚守的人受人尊重、得到荣誉，让尊重劳动、尊重知识、尊重技术、尊重创新的观念成为共识，形成崇尚技能、精益求精的企业风气。

### 建立创新激励机制，为创新提供制度保障

加强企业管理，制度是保证。无论是进行创新文化建设，还是大力弘扬工匠精神，都需要建立和完善有利于各项举措落地落实的规章制度体系，以制度引导、激励、规范员工行为，拓展创新人才的成长通道，激发创新活力。通过制度建设形成完善的创新激励、创新评价、成果转化机制，形成完整、有效的创新价值链，为企业发展服务。一是要建立良好的组织协调机制。根据创新需要调整组织结构，优化创新管理流程，配置创新资源，集聚创新人才，使创新活动得到人、财、物的充分支持。二是建立完善的人才培养机制。企业创新发展，人才是关键。要建立人才的吸引、培养、选拔、使用、评价体系，努力形成行业专家人才、专业技术人才和专业技能人才等多层次人才队伍体系，大胆使用人才，真心保护人才，形成人尽其才、才尽其用的良好局面。三是建立有效的考核激励机制。要以党中央、国务院《深化科技体制改革实施方案》精神为指引，建立符合企业实际的创新激励机制。坚持市场导向，严格考核标准，细化考核流程，坚持奖惩兑现，最大限度释放人才红利，让创新人才在创新成果产业化过程中得到合理回报。

发展新经济、转换新动能、适应新常态是当下中国经济转型的主旋律，党和国家正坚定不移地推进供给侧结构性改革，培育新的经济结构，强化新的发展动力。这就要求广大企业坚持创新理念引领，积极构建富有特色的创新文化，充分发挥创新文化在凝聚创新共识、推进创新实现中的独特

作用。我们将继续与广大企业一道，共同探索创新文化建设规律，不断提高我国企业文化建设水平，推动企业转型升级、创新发展，为实现中华民族伟大复兴中国梦贡献力量。

（作者系中国企业联合会、中国企业家协会驻会副会长）

## 用社会主义核心价值观引领国企文化建设

金思宇

中华民族善于创造灿烂的历史文化，更善于继承与发扬优秀的传统文化。不忘本才能开辟未来，善于继承才能更好地创新。正如习近平总书记所说：“只有坚持从历史走向未来，从延续民族文化血脉中开拓前进，我们才能做好今天的事业。”所以，我们要认真汲取中华民族优秀传统文化和道德精髓，大力弘扬以爱国主义为核心的民族精神和以改革创新为核心的时代精神，深入挖掘和阐释中华民族优秀传统中讲仁爱、重民本、守诚信、崇正义、尚和合、求大同等时代价值，使中华民族优秀传统文化成为涵养社会主义核心价值观的重要源泉。要深入学习贯彻习近平总书记系列重要讲话精神，围绕推进“四个全面”战略布局，坚持不懈地用社会主义核心价值观凝聚人心，广泛进行宣传教育，广泛进行探索实践，在贯穿结合、融合上下功夫，在落细、落小、落实上下功夫，在坚持不懈、久久为功上下功夫，推动社会主义核心价值观学习实践具体化、系统化，内化于心、外化于行，使之成为全社会共同的价值追求和实现“中国梦、我的梦”的精神推动力。

中央明确提出，要大力推进社会主义核心价值观建设，全面实施《培育和践行社会主义核心价值观行动方案》，国务院国资委将适时召开培育和践行社会主义核心价值观经验交流会。进一步加强企业文化和精神文明建设是培育和践行社会主义核心价值观题中应有之义。

自2003年组建以来，国资委十分重视企业文化和精神文明建设工作，成立了相应机构，出台了《关于加强中央企业企业文化建设的指导意见》《关于中央企业履行社会责任的指导意见》等文件，制定了《中央企业企业文化建设评价暂行办法》《国有企业培育和践行社会主义核心价值观评估指标》，多次召开了企业文化研讨会或交流会，从面上宏观指导，促进企业贯彻落实。这些年来，中央企业在推进企业文化和精神文明建设过程中取得了积极进展，创造了很多经验和有效做法，在引领企业发展、凝聚员工力量、树立企业形象、塑造品牌价值、提升企业核心竞争力方面发挥了重要作用。

“一分部署，九分落实”。企业文化建设的成效关键要看执行力和实际效果。没有不能考核的企业，也没有不能评估的工作，没有不能评价的企业文化。研究和建立一套行之有效、科学合理的企业文化建设评价体系，是推进企业文化建设过程中不可缺少的工作环节，也是企业把握文化发展方向的“指挥棒”和企业文化建设的“助推器”。十年前国资委出台的《关于加强中央企业企业文化建设的指导意见》第十七款明确提出“要在一定时间内对企业文化建设进行总结评估，及时修正，巩固提高，促进企业文化的创新”。如何建立一套科学的企业文化建设评价体系？形成既有工作内容、基本要求、实施原则、分类指导，又有检查评价的闭环管理体系，进一步加强对企业文化建设的管理，成为持续推进企业文化建设的迫切需要。2008年6月，国资委宣传工作局开展了《中央企业企业文化建设评价体系研究》课题研究评审，旨在通过学习国内外有关研究成果，吸收借鉴中央企业进行企业文化建设评价的实践经验，在进一步明确中央企业企业文化建设的基本内容和工作要求的基础上，提出具有中央企业特色的企业文化建设评价指标体系，并在此基础上制定《中央企业企业文化建设评价暂行办法》，为在中央企业开展企业文化建设评价提供基本依据。

近年来，中央企业按照国资委推进企业文化建设工作部署，大力弘扬中央企业精神和先进文化，在部分企业开展了企业文化建设评价试点工作，取得了一些进展和经验：一是企业党政领导对企业文化建设的高度重视，是深入推进企业文化建设和评价体系工作的关键因素。二是正确把握和贯彻“导向、规范、推进、有效”的总体思路和基本工作要求，是深入推进企业文化建设和评价体系工作的重要前提。三是加强组织协调和检查指导，是深入推进企业文化建设和评价体系工作的重要内容。四是坚持企业文化评价与加强企业管理相结合，是深入推进企业文化建设和衡量评价体系工作实际效果的重要途径。

作为《关于加强中央企业企业文化建设的指导意见》《中国企业文化责任评价准则》等企业文化建设重要文件的主要起草人，我冒昧地对推进企业文化建设和评价体系工作提几点个人的建议，供大家参考：一是要进一步提高对开展企业文化建设和评价工作重要性的认识。二是进一步明确企业文化建设的基本内容、工作要求及其评价方法，建立完善企业文化建设闭环管理体系。三是坚持引导性、可比性、普适性、持续性、科学性原则，评价指标和分值要尽量精简、合理、科学、精准，要采取定性分析与定量分析相结合，开展企业文化评价与加强企业管理相结合，以评促建、以评促改，加紧修改《企业文化建设指导意见》，完善企业文化评价体系，建立健全企业文化建设框架体系。四是加强基础管理，夯实工作基础，建立企业文化建设数据库，逐步形成一整套指导企业文化建设的规范性文件，推动企业文化建设落地开花，不断取得新成效。

我们正赶上一个伟大的时代，企业文化建设和变革也必须适应时代发展的潮流，跟上国企改革和发展变化的脚步。应该说，企业文化建设已经到了转变思维、转型变革、引领价值、创造未来的时候了！

最近，有专家提出在互联网时代，企业文化建设将迎来“四个进化”：一是从复杂化到简单化；二是从企业化到人文化；三是从领导化到用户化；四是从单一化到多样化。说到底，知识经济和互联网时代的核心工作内容是创新，创新精神是知识型企业文化的精髓。像微软、海尔、华为、中粮、中远等知名企业，创新是贯穿其研发、生产、经营、管理全过程的核心精神，他们在公司内部已经形成了学习互动式、资源共享型、新陈代谢顺淘汰的灵活机制，提升了管理水平，增强了核心竞争力，创造了巨大的财富和社会价值。

“行动，只有行动，才能决定价值”。7月8日，国务院国资委官方网站和“国资小新”微博授权发布消息，鉴于近期境内证券市场出现异常波动，资本市场的健康发展与国内企业及其所控股上市公司的发展息息相关，为营造企业改革发展的良好市场环境，保护各类投资者的合法权益，国务院国资委监管的11家中央企业作出承诺，主动承担社会责任，做负责任的股东，在股市异常波动时期，不减持所控股上市公司股票，加大对股价严重偏离其价值的央企控股上市公司股票的增持力度，努力保持上市公司股价稳定，共同维护资本市场稳定。这再次充分体现了中央企业在关键时刻敢于承担政治责任和社会责任的企业精神和先进文化，也表现出中央企业作为国民经济命脉的“国家队”，贯彻落实党中央、国务院政策强有力的执行力、带动力和影响力。

让我们紧密地团结在以习近平同志为总书记的党中央周围，以高度的政治责任感、奋发有为的精神状态和求真务实的工作作风，坚持不懈地用社会主义核心价值观引领企业文化建设，充分发挥企业文化引领战略、凝心聚力、铸魂育人、提升管理、塑造品牌的作用，把文化优势转化为企业的核心竞争力，为确保我国经济增长保持良好发展态势，进而实现中华民族伟大复兴的中国梦作出新的更大贡献。

（作者系国务院国资委宣传局副巡视员，本文摘自《企业文化》）

# 安全生产管理法则的突破

华　锐

安全文化是企业文化的一个重要组成部分，安全文化建设的一个重要任务，就是将安全生产管理的知识与经验教训进行理论化提升。然而，令人遗憾的是迄今为止，面对重大安全事故频发的被动局面，我们只能用“海恩法则”、“墨菲定律”、“蝴蝶效应”、“火炉原则”等国外的安全理论和法则去研究应对，而我们自己则不能对国内安全生产长期实践经验和知识进行高度总结概括，创造出中国特色的安全管理理论。2016年8月11日上午，由北京市中企安环信息科学研究院与山东默锐科技有限公司在山东寿光举办的“国内首创安全管理法则发布仪式暨默锐安全文化现场研讨会”上，我强调提出了国内安全生产管理三法则，即：拉链法则、齿轮法则、归零法则。不仅是贯彻落实习近平总书记等中央领导同志关于安全生产重要指示精神的具体行动和实践成果，也是对国内安全生产管理的历史和现实经验所作的理性升华，更是填补了国家安全生产管理理论研究的空白，实现了中国安全生产管理法则零的突破。

## 拉链法则

众所周知，拉链是一个由两条柔性的镶嵌有小齿且可互相啮合的拉链带，通过拉头的作用使其能随意的拉合或拉开。但如果拉链中有一个小齿发生问题，必将导致整条拉链无法开合，乃至失效无用。安全生产管理中的“人、机、物、法、环”等各个要素和环节的管理组合就如同一条“安全拉链”，如果有一个“小齿”发生问题，必将导致安全隐患乃至事故的发生。

拉链法则有三个特性：

匹配性。拉链的每一个小齿都必须与挨着而相对的另一条带子上的小齿相匹配，如果不匹配则拉链无法开合。在安全生产管理中，每一项安全管理制度的完善与契合，每一名员工的相互默契和配合，每一个岗位人员与机械设备的完美结合，都如同拉链小齿的相互啮合，否则，就会导致安全隐患和事故的发生。

闭合性。拉链拉合后会保持一种闭合状态，而且不会自动滑开。安全生产管理实质上就是一种闭合管理，必须是全员额、全时空、全流程的监督、预防和控制，没有漏洞、没有死角，使所有的安全管理要素和程序的空间“拉合”后不会滑开，有效杜绝安全隐患和事故，确保安全生产的正常进行。

带动性。两条拉链带必须通过拉头的作用，才能使其随意的拉合或拉开。从某种意义上讲，领导就是安全生产管理“拉链”中的“拉头”，没有领导的“拉头”作用，再好的拉链带也无法拉合或拉开。因此，安全生产管理必须要领导重视，率先垂范地为下属做出榜样，才能真正教育和带动全体人员落实各项安全管理制度，提高预防事故的能力。

## 齿轮法则

大家知道，齿轮是机械行业的一种典型的产品，是利用齿轮与轮齿相互啮合传递动力和运动的机械传动，故被称之为“传动之王”。安全生产管理实质上就是一种安全力的“管理传动”，就像一台复杂的机器，通过所有齿轮的相互啮合从而实现传递安全动力和形成安全运动的“齿轮传动机制”。实质上，齿轮法则就是关于安全生产管理“力”的形成、传递、增强及作用的方法和规则。

齿轮法则有三个特性：

传动性。齿轮是通过齿轮与齿轮嵌套而产生传动性的。企业的安全生产管理就如一台巨大而精密的机器，各级组织、各项制度、各个岗位和员工就如同机器中必不可少的齿轮，通过相互嵌套产生安全动力，如果有一个或数个“齿轮”发生问题，必将影响安全动力的传送，导致安全生产管理“机器”的停运乃至损坏。

主动性。齿轮传动是通过主动轮与从动轮轮齿直接、传递运动和动力的，往往是主动轮转一圈，从动轮就能成倍的飞转。在企业安全生产管理中，上级与下级就犹如主动轮与从动轮的关系，上级主动轮的转动力度和速度决定了从动轮的转动力度和速度。因此，切忌上级这个“主动轮”不转、空转、乱转或转而无力。

全面性。齿轮作为传动装置，不仅可以改变力的方向和速度，还可以在 360° 范围内任意改变力的作用点。安全生产管理不能只是安全部门的事，必须人人有责、事事有责，让所有的“齿轮”都能纵向到底、横向到边的聚合安全力的作用点，真正把安全生产管理做全、做细、做实、做好。

### 归零法则

有一条大家耳熟能详的安全宣传语：“爱妻爱子爱家庭，没有安全等于零”。这条安全宣传语不仅在社会和企业广泛流传、广受关注，而其深刻的内涵却揭示了一条安全生产管理的法则——归零法则，即：发生任何事故（特别是重特大事故）都会造成个人、家庭和企业生命财产的重大损失，导致不可想象、不可挽回的后果，致使此前的所有安全工作成果和努力付之东流，一切归于零。我们常说的安全生产事故“一票否决”，实质上就是“归零法则”，其核心要义就是：安全生产管理要做到“万无一失”，避免事故发生后的“一失万无”。

归零法则有三个特性：

人本性。人的生命只有一次，生命的代价不可挽回，家庭的破碎不可重合，企业的发展不会重来。因此，安全生产管理必须要坚持以人为本、生命至上，真正把人的生命安危放在首位，时时如履薄冰、时刻如临深渊，恪尽职守，严格管理，切实防范一切事故的发生，真正做到本质安全。

警示性。归零法则就是警示每一个企业、每一个领导、每一名员工要珍惜生命、保护家庭、热爱企业，充分认识到“安全就是生命，生命不能归零”，对安全事故“零容忍”，切实做到警钟长鸣，时刻绷紧安全生产这根弦，须臾不可松懈。宁要我们“归零”事故，而决不让事故“归零”我们。

能动性。我们应坚信任何事故都是可以避免的，充分发挥预防事故的主观能动性。归零法则实质上是告诫我们：对事故危险和严重后果最应了解的不是别人，而是我们自己；能预防事故和排除安全隐患的不是别人，而是我们自己。我们既要保证自己的生命和家庭不被事故“归零”，也要保证不使别人的生命和家庭被事故“归零”。

（作者系中国企业文化研究会常务副理事长）

## 央企要做培育践行社会主义核心价值观的先锋和表率

闵玉清

社会主义核心价值观培育是社会主义核心价值体系建设的关键，在国家意识形态战略中具有重要的战略地位。党的十八大以来，中央高度重视培育和践行社会主义核心价值观。习近平总书记多次作出重要论述、提出明确要求，为我们在新的历史起点上实现新的目标提供了思想保证和行动指南。“三个倡导”24 字的社会主义核心价值观，从国家、社会、公民三个层面，提出了从宏观到微观、从整体到个体应该坚守的价值要求和需要践行的道德行为准则，凝聚了全党全社会的价值共识，体现了价值观的层次性和包容性，反映了现阶段全国人民的共同心声。中共中央办公厅又印发了《关于培育和践行社会主义核心价值观的意见》，对新形势下积极培育和践行核心价值观作出了全面部署，各企业正在积极贯彻落实。

### 牢记责任使命，做培育践行社会主义核心价值观的先锋和表率

习近平同志指出，对一个民族、一个国家来说，最持久、最深层的力量是全社会共同认可的核心价值观。培育践行社会主义核心价值观是凝魂聚气、强基固本的基础工程。国有企业是中国特色社会主义的重要支柱，全面建设小康社会的重要力量，是我们党执政的重要基础。国有企业，特别是中央企业的性质、地位和作用决定了要做培育践行社会主义核心价值观的先锋和表率。在一个多世纪的发展历程中，国有企业不仅为社会提供了巨大的物质财富，也积淀了深厚的精神财富，不但承担着经济责任，还承担着政治责任和社会责任，形成了以大庆精神铁人精神、两弹一星精神、航天精神、青藏铁路建设精神等为代表的企业精神，这些精神诠释了以爱国主义为核心的民族精神，也彰显了以改革创新为核心的时代精神，既是中央企业发展壮大的精神支柱和参与竞争的无形资产，又是与社会主义核心价值观一脉相承的中国精神。因此，中央企业培育践行社会主义核心价值观有着深厚的历史文化基础。在新的历史条件下，中央企业也需要进一步通过培育践行社会主义核心价值观，进一步巩固企业广大干部员工团结奋斗的共同思想基础，努力提高企业文化软实力，为企业改革发展提供强大精神动力。

### 立足企业实际，将社会主义核心价值观有机融入企业文化建设

习近平同志指出：核心价值观是文化软实力的灵魂，是文化软实力建设的重点，是决定文化性质和方向的最深层次要素。从企业来说，企业文化是企业的灵魂，体现着企业的精神境界和核心价值追求。因此，深化企业价值理念体系建设，培育优秀的企业文化，是中央企业培育和践行社会主义核心价值观最好的实践载体。要从企业实际出发，坚持社会主义核心价值观共性与企业价值观个性的有机统一，实现企业精神与核心价值观对接，把培育践行社会主义核心价值观和深化企业价值理念体系建设结合起来，全面落实核心价值观的价值要求和精神指向，弘扬好中央企业先进精神和优良传统。要实现企业发展战略与企业核心价值观的高度一致，发挥企业文化的战略引领作用，以社会主义核心价值观为统

领，进一步明确企业使命、企业愿景和经营管理理念，培育形成更加符合市场经济规律、适应企业发展阶段、具有行业和企业特色的企业核心价值理念体系。要实现制度设计与核心价值观要求相符，把企业文化融入企业改革发展全过程，渗透到生产经营管理各领域各环节，推动文化落地，提升企业核心竞争力，夯实社会主义核心价值体系在中央企业的实践基础。

### 坚持以人为本，不断创新社会主义核心价值观在企业落地的方法途径

企业培育和践行社会主义核心价值观必须坚持以人为本，突出员工主体地位，坚持以文化人、以文育人，实现知行合一。要尊重员工、关心员工，科学把握员工思想脉搏，根据员工思想实际，合理选择价值观宣贯方式，构建直达员工心灵的桥梁和纽带，建立共同心理契约。要精心设计、积极开展员工便于参与、乐于参与的文化主题活动，如最美人物评选、故事宣讲、道德讲堂等，深入浅出地解读社会主义核心价值观，宣贯企业文化，增强对员工的吸引力、感染力。要从贴近性、对象化、接地气入手，不断研究探索适合企业实际的核心价值观落地路径、体系、方法、载体，努力推动核心价值观融入员工工作生活和精神世界，内化于心、外化于行、固化于制，使社会主义核心价值观真正成为提高员工文明素质、推动企业健康发展的强大力量。

（作者系国务院国资委宣传局企业文化处处长，本文为作者在“第八届中国企业文化百人学术论坛”上的发言）

## 弘扬创新文化　助力科学发展

吴　东

创新是一个民族进步的灵魂，是国家兴旺发达的不竭动力。党的十八届五中全会提出，创新是引领发展的第一动力。必须把创新摆在国家发展全局的核心位置，不断推进理论创新、制度创新、科技创新、文化创新等各方面创新，让创新贯彻党和国家一切工作，让创新在全社会蔚然成风。多年来，北京金隅集团大力培育和弘扬创新文化，坚持走“整体、集约、循环、创新、和谐”的特色发展之路，公司整体实力和核心竞争力得到大幅提升，行业综合实力继续保持前列，提前全面完成公司“十二五”规划，实现了经济效益、社会效益、生态效益的协调统一。

### 创新和完善纵向一体化产业链，战略布局更加科学，产业结构更加优化

“十二五”期间，北京金隅持续加快“走出去”战略步伐，加快推进核心区域战略布局，加快核心产业的兼并重组，加快产业的结构调整和优化、资源整合和集聚，纵向一体化产业链优势不断提升，核心竞争力持续增强，整体结构更加适应市场竞争的需要，抵御外部风险能力更加突出，核心产业链显现出强大竞争韧性，保障了整体规模及效益的跨越式发展。

水泥及预拌混凝土产业继续不断丰富和完善“大十字”战略布局，“地震波式”有序扩张成效更加显著。产业布局已扩展至6个省、直辖市。区域大建材基地战略实现稳步推进，产业链不断延伸，战略资源和区域核心市场的掌控力和话语权不断提升，综合实力进一步增强。科学的战略布局实现了板块的快速崛起，坚持绿色环保进一步加速转型升级步伐。水泥产能突破5000万吨，预拌混凝土产能突破3000万立方，金隅砂浆产能达175万吨，继续位居行业前列。

新型建材与商贸物流产业“园区化”发展和“集成化”营销模式使整体运营更加顺畅，产业集群效应初步显现。板块结构不断调整优化，优势资源向优势企业集中使得主营业务更加突出，产业集中度有效提高，产业整体规模、效益和运营质量显著提升。天坛80万标件环渤海最大规模家具生产线开始建设，以天坛家具为核心的从源头到终端的金隅木业产业链初步形成；以“通达耐火系统”为核心的耐材产业链和服务链逐步成形。商贸实现大宗物资贸易重大突破，创新发展模式清晰，国际贸易实现海外布局，国际物流园建设和运营稳步推进。

房地产开发坚持“两个结构调整”和“好水快流”方针，持续优化经营策略，拓展整合土地资源，积极开展金融创新，开拓融资渠道，整体稳步快速发展。大区域纵深推进，成功实现覆盖环渤海、长三角、成渝三大经济圈，在北京、上海、天津、重庆四大直辖市以及杭州、南京、合肥等省会城市和区域中心城市实现全面战略布局。率先完成北京市自住型商品房建设，启动布局养老产业，规划建设西三旗中关村金隅创新科技园，积极探索转型发展新路径，为拓宽业务领域、培育新增长点、实现多元化发展多角化经营积累了新经验。

地产与物业经营水平和服务品质持续提升，高档物业管理成功实现“走出去”新突破，工业地产出租通过盘活存量实现收入和效益双增长，小区物业管理创新开展增值服务。“中关村金隅环贸科技商务区”获得批复，实现了公司产业与中关村示范区的对接融合，进一步提升了地产与物业管理的服务价值和内涵，为今后开拓科技园区运营服务创造了条件。

### 创新驱动更加有力，转型升级步伐提速，核心竞争力持续提升

北京金隅坚持以科技创新为驱动，坚持绿色发展，持续加大绿色节能环保投入，持续开展循环经济，加快发展适合首都特点的绿色环保产业以及科技研发设计业务和都市型产业，不断引领行业发展，金隅转型模式成为行业的标杆。

主动适应北京非首都核心功能疏解和定位，率先落实清洁空气行动计划，持续加大落后产能淘汰力度，不断加快战略转移步伐，十二五期间基本实现在京制造业向京外园区的疏解转移，为制造业深化转型、持续优质发展提供了坚实

基础。支持配合北京市大气污染治理，“十二五”期间关停和搬迁调整相关制造业企业及生产线，每年减少15万吨标煤的能源消耗和5000吨以上的氮氧化物排放，充分体现了国有企业的社会责任，彰显了大型国企的担当和引领示范带动作用。公司水泥企业真正成为“政府的好帮手、城市的净化器”。公司成为2013年北京影响力“绿色生态传媒大奖”唯一获奖单位。

金隅科技创新工程成效突出，科研成果产业化能力大幅提升，支撑公司产业化发展作用显著，主要产业核心技术处于行业领先水平。“1+N”多层级的科技创新体系和科技创新平台机制不断完善，为支撑转型升级、实现绿色可持续发展提供了强大的科技支撑。加快与中关村示范区融合，公司共有14家企业获得高新技术企业认定，为更好地推进产业转型升级和构建创新驱动格局创造了条件。十二五”期间科技投入近30亿元，新增专利260余项，科技项目产业化率达80%。具有自主知识产权的国内首条水泥窑协同处置垃圾焚烧飞灰处置线正式运行，填补国内技术空白。

### 创新和丰富发展路径、适应首都功能定位，发展资源更加匹配

围绕核心主业的新兴产业及新业态正逐步成为金隅未来新的经济增长点。适应首都核心功能定位的现代商贸、环保以及科技服务业已逐步成为金隅未来发展的战略新支撑。

商贸物流业实现快速发展壮大，大宗物资贸易获得重大突破，百亿商贸目标提前两年实现，为公司持续发展注入了新的活力。“京贸通”为商贸创新发展提供了新平台，为新业态新模式的发展开拓了新途径。

金隅国际物流园建设稳步推进和大胆的经营尝试，为产业转型升级和持续发展拓展了新平台。成为首都产业功能疏解大背景下定位准确、区位优越的高端物流基地。

养老产业实现投资布局，四家养老照料中心成功运营，拓宽了房地产业务发展新领域。创新拓展物业管理服务020商业模式，为传统行业与互联网融合进行了新探索。

检验检测服务正逐步形成规模化产业，以水泥窑协同处置为核心的公司环保产业在实现水泥企业自身绿色转型的同时，已成为服务现代城市绿色发展不可缺少的重要战略性新产业。

### 创新资本与金融平台建设，资本运作更加成熟，产融结合稳步推进

2011年金隅股份成功回归A股，2013年金隅财务公司正式成立，参与设立股权投资基金和中小企业集合债券基金，发行中小企业私募债券、项目股权融资以及对创新型子公司引入战略投资等一系列资本与金融领域的稳步推进，实现了产融服务对实体经济的有力支撑，公司整体资本运作能力和水平迈上了一个新台阶，为加快产融发展夯实了新基础。

实施公司债、可转债、非公开发行等多层次、多渠道融资，有效提升了资本运营能力和管理效率，为产业发展提供了强大的资本保障。有效利用现有上市资本平台，以A股定向非公开发行，为现代物流基地和绿色制造基地以及房地产发展等重大战略项目建设提供了资金支撑。“十二五”期间金隅股份共计完成78亿非公开增发，债券融资258亿元，整体资产负债结构更加优化。

### 创新国企党建，“三大体系”建设特色鲜明，围绕融入促进中心工作

坚持党的领导，加强党的建设，是中国特色社会主义最本质的特征，也是国有企业的独特优势。作为“A+H”上市的国有大型产业集团，北京金隅党委始终坚持两手抓、两手都要硬的原则，使党的工作始终坚持围绕、融入、促进中心工作展开。建立和完善了金隅党的工作三大体系，包括组织体系，运行体系和考评体系，形成了一套科学有效的工作机制，为金隅的快速发展提供了坚强的思想引领和政治保障。

组织体系不断健全加强。北京金隅党的工作经过多年的积累和探索，现已形成了较为完善的组织体系和运行体系，特别是2012年完成公司领导体制改革，2013年启动党的群众路线教育实践活动以来，在党的职能部门设置、制度建设、“三重一大”决策、权力运行与监督等方面得到了进一步加强。从2012年起，公司将组织、宣传工作职能从原党群工作部中分离，进行部门独立设置，形成党组纪宣工团齐备格局。对下属单位，公司党委都要求设置专门党委职能部门，使党的组织和机构更加健全完善。

运行体系不断丰富创新。在运行体系中，金隅党委总结归纳了16项长期坚持的工作运行制度，包括会议制度8项，如每周一次的公司政工办公例会、每年一次的思想政治研究会年会等；品牌工作7项，包括每次工作会后党委领导率队调研、每年一个主题的全系统纪念七一大会、每年一个主题媒企联合调研采访、每年组织职工先进事迹宣讲团巡回宣讲、每年一次专项服务管理达标检查、经济技术创新项目评选等；先进典型表彰2项，包括每年“双十佳”表彰、四强党组织、四好班子、优秀政工干部表彰等。

考评体系不断探索完善。党的十八大提出新形势下全面提高党的建设科学化水平的要求和各项任务，金隅党委深刻学习领会、贯彻落实。2013年，金隅党委对北水和金隅嘉业两家企业基层党组织工作进行考评试点，取得初步成效。在此基础上，2014年，为进一步落实各企业党组织的工作责任，推动企业党的工作创新发展，不断提高企业党的工作规范化、制度化、科学化水平，为企业经济工作健康可持续发展发挥好保障作用，金隅党委制定下发了《基层党组织工作目标管理考评办法》，对公司所属二级企业57个党组织全面进行量化考评。

三大体系建设初见成效。北京金隅党委“三大体系”的建立完善与运行，体现了金隅党委对党建工作的高度重视，基层党组织对抓好党建工作找到了实实在在的抓手，方向更加明确、职能更加清晰，开展工作更加顺畅，使企业党的工

作更加规范化、制度化、科学化。金隅党建工作三大体系建设，是“对党建工作的创新之举，对从严治党的实践之举，对党建科学化的探索之举”，是企业党建工作科学化的有效载体，必将对新常态下国有企业党的建设起到促进和推动作用。

**创新公司运行体制机制，激发凝聚发展动力，企业发展更具活力**

近年来，金隅不断调整企业产品结构，持续加大劣势企业退出和“两非”平台内资产整合。“十二五”期间，整合了家具木业和加气混凝土以及西六、翔牌等多家企业，完成60余家企业调整转型退出，形成资源向优势企业集聚，突出优势资源的发挥。符合市国资委和证券市场监管要求、切合自身实际的公司内控管理体系全面建立并趋于完善。通过全面深化企业改革和创新体制机制，成为市国资委体制机制改革试点单位，提升了企业发展动力。以一流国际化公众公司为标准，不断推进精细化管理，强化人才队伍建设，实现了公司治理结构、企业组织结构、整体资产负债结构、人才队伍结构的更加优化，使得公司整体发展更具活力。

（作者系北京金隅集团党委副书记）

# 百年招商：难以复制的竞争力是企业文化

胡　政

用四句话介绍招商局。

第一，招商局是一个企业。它是一家综合性的跨国经营企业，经营港口、公路、航运、物流、海洋工程装备制造、招商银行、招商证券、招商基金、招商资本、成片园区开发、房地产，总资产现在是5468亿，管理资产5.25万亿。

第二，招商局是一家老企业，今年142年，招商局历史博物馆有一副对联，叫：集洋务，创于晚清，擎一代商旗；始航运，历经百年，奠千秋基业。

第三，招商局是一家在港中资企业，总部设在香港，经营业务分布于中国大陆、香港、台湾和国际市场。

第四，招商局是一家央企，连续十年被国务院国资委评为A级企业，目前利润总额在央企中排名第10位。

招商局企业文化建设的顶层设计就是三个方面，统一规划，统一基本，统一领导。

统一规划，就是战略谋划。

第一，企业文化建设与企业持续发展要相结合。企业文化建设的目的就是为了企业的持续发展，因此必须坚持企业文化建设与企业经营管理相融合，适应企业发展需要，为企业发展提供保障。

第二，企业文化建设与企业和员工价值观追求相结合。企业文化不仅要反映企业的价值追求，也要反映员工个人的价值追求。中外企业发展的实践证明，企业文化作为企业及员工共同具有的行为规范、思维方式、价值理念等，是决定企业文化生命力的重要因素，也是实现企业可持续发展的强大动力。如果单纯强调企业的追求，而忽略员工的价值追求，那么这个企业的生命力就缩短了。

第三，企业文化建设与自己企业发展历史相结合。招商局是中国第一家民族工商企业，也是至今硕果仅存的百年老店。1912年招商局探索中国近代化的发展和中国现代化工商业的发展已经进行了四十年，所以它是一个有历史的企业。早期发展中招商局创造了很多工商业的“历史之最”。每个企业都有自己的历史。企业的发展历史也是企业文化传承的历史。我们十分重视在企业文化建设当中传承自己的历史。招商局独特的历史也是我们最具特色的企业文化，因此我们始终将企业文化建设与传承招商局的百年历史紧密结合起来。如果说这个企业有文化的话，它一定是具有历史传承的文化，如果我们把它的历史割断以后，那就不是它的企业文化。企业文化是一点一点积淀下来的，是一代代传承下来的。

第四，企业文化建设要与塑造企业社会形象相结合。企业的形象是企业文化外部的反映，是社会公众对企业总的印象和评价，任何一个企业都应该有自己的社会形象，这也是我们企业文化应当高度关注的。

这四个方面是我们做统一规划、战略谋划所考虑的。

统一基本，就是统一核心。

一是招商局企业文化体系，中间是我们的核心价值观，就是“与祖国共命运，与时代共发展”。在它的外面是使命、精神、理念、愿景。最外圈是我们的六大文化。历史文化，底蕴深厚，与时俱进；组织文化，以人为本，与人为善；标识文化，规范统一，醒目鲜明；管理文化，均衡发展，规范运作；行为文化，恪尽职守，勇于担当；社会文化，企业文明，社会责任。这是集团层面企业文化体系的统一。

第二，统一企业文化规范。这方面我们统一集团文化手册，《商道》就是我们的企业文化手册，也统一了标志文化。招商局作为企业集团必须在这些方面进行统一才能为企业文化建设奠定应有的基础。

统一核心文化。招商局是多元化的企业集团，行业跨度大，员工队伍成分不同，客观形成了多元文化需求，我们坚持母公司统一核心文化，子公司形成个体文化。在集团核心文化的统一指导之下，一级公司可以根据实际情况对愿景、使命等企业文化有不同的提法。比如招商局把建设具有国际竞争力的世界一流企业作为我们的愿景，作为我们经营港口的招商局国际，它的愿景是全球领先的港口投资开发和运营商，目前是全国第一世界第二，它的目标就是追求世界第一；搞地产的招商地产愿景是成为基业长青的房地产企业，永续人性关怀；招商物流愿景，成为中国领先的全供应链物流服务商；招商局蛇口愿景是锻造成为中国卓越的园区综合开发运营商；招商局漳州目标是成为卓越的产业园区开发运营商。每个子公司根据总局核心要求形成自己不同的文化表述，这是我们的第二个统一。

统一领导，统一领导就是“四有”，有清晰的统领意识，有持续的普及方法，有适应的引导能力，有健全的组织机构。2008年以来我们形成三个指导文件，形成有力的指导。再就是及时推广企业文化建设经验，通过这些来加强顶层设计。

招商局的基层建设，我们怎么抓基层文化，在这方面主要是“三重”。一是重普及，主要是解决认知问题，我们以为员工对企业的企业文化认知不认知是非常重要的一个前提，有的根本不知道，企业文化手册编得再好，员工不知道是什么，无法进行这方面的引导和宣贯。二是重基层，解决落地问题。再就是重践行，主要解决认同问题。

在重普及方面，我们一是建立了招商局史情研究会，主要是解决认识自己企业的历史。我们已经出版的有关招商局历史研究的书籍，平均每年出版五本，目前出版大约50多册，已经形成招商局文库，社会科学院是我们的出版单位，对于认识招商局起着很重要的作用。我们创办了招商局历史博物馆，成为文化教育基地。创建了招商局公司日，2004年开始每年10月份第二个周末的第一天是我们的公司日，每个公司日都设置了主题。公司日要开展一系列活动，通过这些活动创造企业文化氛围。

重基层，我们创办了招商局员工之家，使企业文化常态化，主要抓“五个一”，一面企业文化墙，一组阅读书架，一片员工风貌天地，一套文娱活动设施，一个员工信箱。招商局给每个最基层的企业建立一个文化之家，及时推广企业文化建设精神。这些年重基层取得了很好的成绩，受到了社会各方面的表彰和奖励。

重践行，我们主要抓“六个关键”。关键在领导带头，大家说企业文化是一把手文化，企业文化是领导者文化，其实企业文化是领导带头的文化；关键在言行一致，说了就做；关键在日常体现；关键在持续坚持；关键在不断积淀；关键在形成风气。我们也受到了中国企业文化研究会的鼓励和支持，被授予全国企业文化建设示范基地的光荣称号，胡平理事长也给我们很多褒奖。

企业生存发展靠竞争力，企业难以复制的竞争力是企业文化。因此，我们珍惜属于自己的宝贵财富，使我们的企业文化有历史。不仅追求向哪儿去，而且看重从哪儿来。因为这是我们企业文化的源。我们还在不断的创新发展，使我们的企业文化与时俱进，老干新枝，这是我们企业文化的流。我们还在不断实践积累，使我们企业文化更加的厚重，因为这是招商局这艘百年航船的港。

（作者系招商局集团副总经理，本文为作者在“中外企业文化2014成都峰会”上的发言）

## 海尔“人单合一”的开创性启示和操作

汲广强

海尔人单合一商业模式，不仅是管理模式，涉及企业经营、市场战略、企业文化各方面。人单合一模式是互联网时代一种管理的新范式。

2005年9月16日海尔董事局主席张瑞敏首次提出这个概念，在海尔平台上率先探索，十一年的时间，不断的迭代，初步形成知识体系和操作系统。互联网对传统管理模式带来的是颠覆性的挑战。人单合一实际上是经济理论管理理论的发展，是整个工业革命带来的必然的结果，也就是说传统管理模式一定是人单不合一，因为传统管理模式的理论基础是分工理论，它有两个重合，一个是科层制，一个是流水线。科层制有一个特点，一旦有科层以后，科层指挥越来越多，要想减掉是非常难的，我见过最多的是27层。随着经营发展、市场变化，要不断的去应对市场问题，基本的解决方案就是增加部门或者增加流程，传统的管理就是线性管理，具体表现在生产上的是流水线，这个流程基本上是单向的，随着企业的市场拓展和用户的创造，流程也会越来越复杂。信息化后，海尔在90年代末期，2000年开始进行流程再造，首先建立了一套完整的流程，这个流程非常多，主要的流程是200多项。后来海尔进行去科层制，进行新模式探索，首先要把两百多项流程全部拆掉。传统管理的两个特点都会导致一个结果，就是产销分离，其实就是人单不合一。

人单合一作为一个管理学或者商业模式的概念，可以理解为人就是员工，现在的员工已经不是过去的雇佣者和被动的执行者，而是变成创业者和合伙人。单，狭义的就是订单，也就是用户的需求或者用户价值。但是过去的用户实际上是顾客，有的连顾客都不是，因为企业产品出来以后产品到哪儿去了，你知道到一级、二级批发商，到了哪一个分销店，但你不知道谁在用他，用得怎么样，有什么体验。现在不但能够持续连接到订单，而且用户能够事先并且全流程参与企业研发、生产经营整个过程当中。合一也就是员工要在为用户创造价值同时实现自身价值。到底怎么合一，是不是承包？是不是就是项目制？应该说基本面有一些相似，但本质不一样。本质上要解决企业要从他组织变成自组织，共享、共创、共治，共创最重要。一定是你主动的去为用户创造价值，而且员工也有这个能力，也有这个权力，可以发起一个组织，发起一个公司为用户创造价值。

海尔人单合一模式的探索，是一个不断试错和探索的过程，这是围绕几个方面的创造性的重组，本质是对企业的创造性重组。包括互联网对传统的模式，还有人单合一模式倒逼三个关系重组。

互联网对传统的经典模式的颠覆，这是一个很大的前提。现在有的人说不提倡颠覆，企业还是延续，还是有一个过程，但这个颠覆不是人为的，互联网时代已经到来，环境在颠覆。

从生产模式上，传统模式是大规模量产制造，大规模制造解决了手工作坊到规模效应；到互联网工厂的定制，新的互联网时代的模式。海尔尝试的是互联工厂的定制，但是定制和定制不同，定制是任何企业都可以用户提出需求来定制，但是互联工厂的定制是用户可以参与到企业生产当中，参与到企业研发当中。消费模式的变革就是颠覆，过去大家都强调 CRM、VRM，客户关系管理就是企业管理用户；供应商关系管理，供应商不是我们理解的零部件配套商，企业本身就是用户的供应商，现在反过来是用户管理企业。有了生产模式和消费模式的挑战和颠覆，组织模式也必须要变，就是要从他组织变成自组织，要从有边界变成无边界。无论是美国的、日本的一些先进的企业，还停留在解决效率问题，解决交易成本问题阶段，但是互联网进行一些突破，这三个方面的颠覆既是一个大的背景，也是我们挑战的任务。海尔实践为什么叫试错？因为我们还没有完全探索出非常好的或者说完全可操作、可以复制的成功模式，现在还在不断探索。

企业的经营本质就是企业即人。我们看一下管理发展过程，最早的管理阶段是把员工当成机器，或者成为机器的附庸，员工是被流水线的节奏所制约。发展到下一阶段，有了社会人组织行为理论，发展到员工被控制在科层制当中，员工实际上是从机器的附庸流水线附庸变成组织的附庸，在科层制中员工没有自主权。现在海尔尝试的就是人人是创客，每个人变成一个创业者，每个人成为自己的 CEO。

创造性重组的探索，一是重新定义企业，就是企业和企业的关系，重新定义员工和企业的关系；二是重新定义员工和用户的关系；三是重新定义领导和员工的关系。

重新定义企业。企业和企业的关系，在我们内部有一句话，就是企业要平台化，具体的路径就是要把科层制转变成创业的平台。互联网比较大的一个影响力就是去中介化，在这个方面要回答一个问题，国家提倡双创，在这个过程中很多小的创业企业、个人创业非常多，也非常热闹，但是真正的大企业变创业的，就大企业内部创业或者大企业变创业平台，是非常难的。国外有些企业在这方面有探索，3M 公司搞内部创业，还有一些美国的超市的一些实践。我们要把科层制转成创业平台，解决的问题就是在企业的平台上，过去是好多部门，企业由很多部门组成，在海尔创业平台上，这些部门实际上就是一个一个公司。有的是员工离开企业创业，但是离开企业就是离开原来的企业身份，不是拿工资的员工，是在海尔平台上变成一个创业者。还有外部社会上的创业者，也可以到海尔平台创业。现在海尔的平台上，有很多节点，每一个节点都是独立的能够为用户创造价值的单元。海尔和创业者就是股东和平台的关系。现在海尔大概有 100 多个这样的创业者，有的已经成为独立工商注册的企业，有 22 个是拿到 A 轮投资的创业者，拿到 B 轮投资的现在有 3 个。海尔内部创业孵化平台有一个统计，目前大概成功率 48%，为什么会有这么高的成功率，因为这是一个有根的创业，有品牌共享，每一个小企业不可能独立发展出很多的财务 HR，平台变成一种共享服务。企业变成平台以后扮演了两个角色。过去企业的发展，基本上要有上下游企业，过去企业和上下游企业之间是交易关系，但是在这种开放的平台上，这些企业和海尔之间已经不是单纯的一次性交易关系了，而是大家共创共赢的关系。过去我设计图纸他去生产零部件，现在是在交互平台上直接面向用户需求，提出解决方案，如果你的解决方案用户买单多，那么企业就生产，如果没有人要，那么你就没有订单，改变了过去以招标竞价这些手段。

重新定义员工和用户的关系。员工过去是代表企业，代表哪个岗位哪个职责，员工的使命就是听组织听上级的。员工和用户之间的关系，强调要为用户服务好，满足用户的需求，但实际上做不到，因为给用户提供价值的资源，他没有，他需要倒逼回来。企业给了员工很大的责任，也给了决策权，但是互换不到，员工上边还是层级的，需要的资源拿不到。我们要是解决这个问题，在内部终端的员工变成创客，他自己成为一个小的公司，可以创造性地整合资源，他可以提出如何满足用户的需求。在海尔这叫三自创业，自创业，自组织，自驱动。自创业就是我来发现市场需求，发现用户痛点，提出创业主张，不需要靠领导、靠企业给你成立一个部门做事情，而是你自己可以开放地利用互联网利用外部资源组成你的团队。自驱动就是你的价值完全取决于你为用户创造的价值，实现个人的分享。雷神就是这样，三个年轻员工，他们本来承担着笔记本电脑的区域市场任务，但是完成的不好，过去就会取消固定薪酬。完成的不好就没有价值，没有价值就会被解散掉，为了不被解散掉就自己通过互联网大数据发现所有本领域用户的痛点，他们提出新的解决方案，拿了这个解决方案找到京东，京东认可是市场需要，他们拿着京东的渠道找到上游供应商，找到代工厂。这三个人从 2014 年开始创业发展到现在，已经进入到 C 轮，计划在明年上市。

员工成为创业个体以后，不用听领导听用户的。我们内部有一个生态圈，所有的节点，都以用户的体验为中心，用户的价值满足，我们叫统一目标，所有节点薪酬都来自用户的价值，把整个组织过去串联的上下级科层转变成并联协同关系。

最后是重新定义领导和员工的关系，我们现在的业务部门没有部长，没有处长，也没有总监，就是三类人，一类是平台主，一类是小微主，一类是创客。平台主有平台主的单，小微主有小微主的单，创客有创客的单，最早的时候这个部门是企业文化中心，现在实际上是文化产业创业平台。在这个平台上要搭建开放的体系和用户驱动机制，然后来孵化小微，小微就是一个一个小公司。现在海尔这三类人，一定是先有创客，创客发起小微，找几个创客，小微要竞逐一个小微主。在你的平台上能够创造多少个小微企业，能创造多少个进入 A 轮进入 B 轮的小微企业。

操作方面，有驱动系统、共享系统、创投系统，这个平台有一个小组研究院，做了一个总结性的探索，编了一本海尔词典，把这几个系统做了一个相对具体化可操作的总结。

海尔的模式有一句话，是张瑞敏先生非常喜欢的一句话：市场至少有两种游戏，一种可称为有限游戏，一种可称为无限游戏，有限游戏以取胜为目的，无限游戏以延续游戏为目的，企业变成生态，变成生生不息的生态，员工变成创客，自己决定自己的命运。

（作者系海尔集团党委宣传部部长，本文为作者在“首届中国民营企业文化论坛”上的发言）

# 构建农行企业文化建设评价体系

潘国伟

## 体系简介

构建中国农业银行企业文化建设评价体系，目的是站在总行管理层的角度，对全国农行所有分支机构开展文化引领。包括两个部分，一是对农业银行各级行各部门落实全行企业文化核心理念的情况作一个评价，看看行党委提出的战略愿景和文化理念，各级行各部门落实得怎么样。一是对企业文化职能工作落实开展的情况进行评价，企业文化工作决不能“说起来重要，干起来次要，忙起来不要”。在分值设置上，两个部分各设置100分，共200分。

第一个部分。从7个方面评价《中国农业银行企业文化核心理念》落地深植深化的情况。为什么是7个方面，因为农业银行提炼的企业文化核心理念就是7句话。

对各级行落实农行企业文化“使命”、“愿景”、“核心价值观”的情况进行评价。共细化了4条理念、七大目标，安排部署了6项重点工作，设置“领导有强调、业务有宣传、文化有展示、舆情有管控、文件有落实、品牌有传播、活动有部署”7类指标，计20分，希望通过这七类指标的设定，让全行上下和广大员工都了解、明晰农业银行的战略目标、任务和方向，“心往一处想，力往一处使”。这项工作的牵头评价单位为各级行企业文化职能主管部门。

对落实农行企业文化“经营理念”的情况进行评价。明确三大目标，部署7项重点工作，设置“日均核心存款、中间业务收入、有效客户拓展、目标客户产品交叉销售率、经济增加值、经济资本回报率”6类指标，共15分，确定全行业务考核部门的财务会计部门为牵头单位。就是希望行党委提出的以“市场、客户、效益”为关键词的经营理念，在全行业务部门和日常工作中得到贯彻与落实。

对落实农行企业文化“管理理念”的情况进行评价。明确三大目标，部署4项重点工作，设置“精细化管理、合规管理、案件管理、社会责任管理”等9类指标，共14分，确定内控与法律合规、运营管理、风险管理等部门为牵头单位。农业银行的管理理念是“细节决定成败，合规创造价值，责任成就事业”，在培训中我们一直教育员工，要遵循农行管理之道，唯有“合规”才是你的护身符。

对落实农行企业文化“服务理念”的情况进行评价。明确两大目标，部署3项重点工作，设置“网点服务质量、个人贵宾客户增长评价方式、网点深化转型落地”3类指标，共15分，确定零售银行业务部门为牵头单位，评价“客户至上，始终如一”服务理念的落实情况。

对落实农行企业文化“风险理念”的情况进行评价。明确两大目标，部署3项重点工作，设置“风险治理架构、信用风险管理、操作风险管理、风险化解、资产质量恶化扣分项”5类指标，共12分，确定风险管理部门为牵头单位。银行是经营风险的企业。企业文化中的“风险理念”对银行很重要，安全就是效益，违规就是风险。

对落实农行企业文化“人才理念”的情况进行评价。明确两大目标，部署4项重点工作，设置“选得好、用得对、育得优、留得住”4类指标，共12分，确定人力资源部门为牵头单位。企业兴盛，人才为本，农业银行遵循“德才兼备，以德为本，尚贤用能，绩效为先”的用人之道。

对落实农行企业文化“廉洁理念”的情况进行评价。明确两大目标，部署4项重点工作，设置“党风廉政建设责任制考核情况、发生经济案件及线索情况、受贿案件及线索、查处违反中央八项规定问题情况”4类指标，共12分，确定监察部门为牵头单位。银行是金融资源配置部门，员工廉洁是第一位的。

第一部分的评价工作，以财会、内控、零售、风险、人力、监察等6个业务和管理文化条线部门为主。

第二个部分，从4个方面评价农业银行企业文化建设工作的开展情况。很多人都说企业文化是虚的，但在农业银行通过指标体系的引导，要把企业文化工作干成实实在在的行动。

第一，对“组织保障”措施是否到位进行评价。有6个指标，看是否成立企业文化建设委员会或执行委员会，行领导是否定期听取企业文化工作汇报并研究解决具体问题，是否明确企业文化主管部门和工作人员，是否建立协同机制，把条线文化建设职责落实业务和管理部门，是否对员工进行业务和文化培训，是否拨付企业文化建设经费，共20分。这一条，就是看企业文化这一块工作是否“有人管”、“有人干”、“有机制”、“有费用”。

第二，对企业文化“工作部署”是否到位进行评价。有5个指标，看是否制定了企业文化建设发展规划、指导意见和实施方案，“一把手”是否在工作报告和重要讲话里面讲企业文化工作，分管行领导是否安排部署企业文化具体工作，其他行领导是否结合分管工作抓条线文化建设，年度工作是否有计划、有落实、有检查，共20分。这一条，就是看企业文化工作有没有实际行动，是不是“说一套”、“做一套”，要进行评价。

第三，对企业文化“载体支撑”是否到位进行评价。有7个指标，主要看是否开展了企业文化调研，有无形成调研报告，是否创办了《企业文化建设简报》，在网站上是否开设了企业文化专栏，是否开通了传播农行文化的微信和微博，是否树推了体现优秀文化的各类典型，是否策划了企业文化各类主题活动，是否拍摄反映农行文化和企业精神的纪录片、微电影、宣传片，是否编印了文化书籍，是否建设有企业文化活动场所，共44分。这一条，就是要求各级行建立企业文化工作的成果倒逼机制。干与不干，干多干少，干好干坏，拿成果出来说话。

第四，对企业文化工作有无获得“荣誉表彰”进行评价。包括“企业文化、文明单位和精神文明建设类的荣誉、业务和管理类荣誉称号、地方党政部门的领导批示、客户和社会感谢信”等4个方面，共16分。这一条，主要看各级行的企业文化建设工作，是否获得了内外部的肯定和赞誉，评价工作是否有社会影响力。

这一部分的工作评价，主要由各级行企业文化建设主管部门负责。

## 主要考虑

农业银行企业文化建设就是一项“摸着石头过河”的工作部署，虽然已经建立起企业文化建设评价体系，但这个体系显然有很多不足的地方，特别是从理论上看。比如说，定性指标过多，定量指标的分值权量没有太多数理的设计。今年2月份才发布，到目前也没有经过一个完整的评价年度，效果到底怎么样，还需要今后用时间去验证。

文化评价是个世界性难题，尽管难度大，不完善，但我们还要艰难前行，当时主要考虑以下几点：

时不我待，解决“无”和“有”的问题。从时间上看，一是中国农业银行1951年7月成立至今已有64个年头。二是从1981年美国管理学家威廉·大内研究提出企业文化理论后，至今也已过去了三十四年。三是中国农业银行2010年1月21日发布全行统一规范的企业文化核心理念体系，至今也已过去了六年。这三个数字告诉我们，企业文化建设等不起，我们做这项工作，不能坐等企业文化评价理论完全成熟后再去启动，再去开展。因此，从权衡选择看，作为企业自身每一步哪怕不那么严谨的尝试和探索，也是对企业文化评价理论的促进与验证。在“好”与“坏”、“无”和“有”之间，我们先选择“有”，选择把这个评价框架先搭起来。

保护积极性，注意处理好“评价”与“考核”的关系。考核就是与业绩、效益挂钩，评价则要宽松很多。国家提倡文化大发展大繁荣，但企业文化的春天还远未到来。在做文化评价时，我们要保护各级行文化自觉、文化自醒、文化自强的行为，不能用考核，把刚刚营造起来的文化热情一棍子打死。农业银行在研究制定企业文化建设评价体系时，在这一点上有过充分的讨论或争论，根据本行实际情况，明确了两点意见：一是体系名称中只写入“评价”，没写入“考核”两字，让各级行吃一个定心丸。二是在与指标体系相配套的评价管理办法中明确地写到，“评价重在引导各分支行重视企业文化建设，推进企业文化各项工作，由各行进行自评”。

把握企业文化本质，处理好“文化”与“业务”的关系。文化和业务“两张皮”一直是企业文化实务工作者最头痛的事情。农业银行的领导高屋建瓴，从一开始就抓住企业文化建设这个关键问题，提出“把文化办成业务、把业务办成文化”的指导思想，坚决不做“文化上来，业务下去”、“文化上来、风险上来”的事情。因此，在指标体系的建设上，对第一部分“企业文化核心理念落地深植深化评价”的100分，就是由财会、内控、零售、风险、人力、监察6个条线文化牵头部门和相关支持部门完成评价，而不是由企业文化职能部门完成，推进文化与业务和管理紧密结合。核心的一条就是，你业务上不去，就不能说你的经营文化是优秀的。你老出案件，就不能说你的管理文化是卓越的。你的员工怨声载道，没有凝聚力，就不能说你的人才文化是优秀的。文化与业务，必须要捆绑在一起来评价。

水到渠成，理顺“建体系”与“强基础”的关系。我们认为，企业文化评价体系不是想建就能建的，而是企业文化建设必须发展到一定阶段的产物。换句话说，就是企业决策层对企业文化建设必须给予真正的重视，企业文化职能部门把企业文化工作必须干得风生水起，只有在这个时候，构建企业文化评价体系才有意义。从农行的情况看，一是农行党委高度重视企业文化建设，专门成立企业文化部加强全行企业文化建设的研究与推进，在人、财、物资源配置上，给予实实在在的支持。二是通过上下协同努力，我们制定了企业文化建设规划、提炼了核心理念、完善了顶层设计，推动了基层践行，全行文化氛围浓郁、文化活动丰富多彩。所有这些，都为企业文化建设评价体系的制定奠定了坚实的基础。

从企业文化评价体系文件下发后了解和掌握的情况看，各级行认认真真抓落实，不折不扣抓执行，效果良好。

## 下一步打算

我们深深感到，文化建设只有起点，没有终点。鉴于农业银行企业文化建设评价体系的种种不完善，下一步主要从三个方面着手改进。

实践测评。评价管理办法指出，农业银行企业文化建设评价坚持定性与实量相结合、动态评价与定期报告相结合的方法，以年度为评价周期。今年年底，农业银行各级行将组织年度自评，形成报告，上报总行。届时，我们将对这些评价报告进行抽查、指导和督促，有一个直观的效果评价，从而进一步改进我们的工作。

完善体系。对目前的指标体系不断完善，包括定性与定量的比例，定量指数设计的调整，分值的调整，牵头部门的补充调整等等，目的是使企业文化建设评价体系更完善，更科学，更加符合农业银行的实际。同时，在实务中进一步加强企业文化评价理论的研究，反过来更好指导评价实践。

量化考核。对企业文化建设进行量化考核是我们长期努力的方向，就是在不断改进完善的基础上，向着全部指标的定量化计分方向前进，并研究开发指标设计和指数设定的计算机应用程序，实现企业文化建设的全量化评价管理，为今后企业文化考核真正纳入企业绩效考核，奠定坚实的基础。

（作者系中国农业银行企业文化部处长，本文为作者在“第九届中国企业文化百人学术论坛”上的发言）

## 文化筑魂　打造品牌形象

郭德明

玉柴六十三年的沉淀，品牌资产在2014年价值评估是180多亿元，并且玉柴品牌已经从单一的产品品牌向多元化的集团品牌升级，玉柴品牌在行业内具有一定的影响力，在市场上也有一定的竞争力，在社会上具备了一定的知名度。

### 关于品牌的理解

品牌到底是什么？我个人的理解，它是企业的无形资产，是企业的形象，是企业产品的深化。通过对于品牌的认知，能够区别于同类企业，同类产品，建立起互信的关系，我这个理解并不完整，并不是学术上的理解，而是从使用的角度来理解。它包含三个方面的内涵。一是品牌是资产是有价值的。二是品牌是可感知并可认知的。三是品牌是独特和重要的。

品牌建设离不开品牌战略的制定，品牌形象的设计，品牌内在的确立，还有品牌传播渠道方式的选择，我们从这些方面就可以知道它与企业文化是息息相关的。如果品牌的建立离开了企业文化的指引，那么品牌建设都将成为无源之水、无本之木。

### 从玉柴品牌看玉柴的文化

企业的品牌文化本身就是企业文化的重要组成部分，企业的企业文化可以创立一个企业的品牌。玉柴品牌的定位是“卓越、价值、联动、创新”。品牌核心价值就是“诚意、经营、尊重”。品牌个性“成熟更重责任，开放更上高楼”。如何理解这个品牌的内涵？我们必须要先了解玉柴文化，只有我们对玉柴文化有认知之后才可能真正了解玉柴品牌的含义。

玉柴品牌定位“卓越、价值、联动、创新”，强调了卓越、价值、联动、创新四个方面。卓越指玉柴的产品品质、服务品质、管理品质等。玉柴的核心理念与绿色发展是遥相呼应的，因为玉柴的发展就是定为卓越发展。价值，既指投资收益率的直接财物价值，也是指间接的社会效益价值和环境保护价值，它与玉柴的使命和公众的信赖是一脉相承的。联动是指对内资源整合，集团产业企业与对外合作伙伴价值共享，完全体现了玉柴核心理念当中的共赢思想。创新就是要超越自身，超越标杆，引领行业，它与玉柴的核心理念卓越领先是完全高度契合的。品牌个性“成熟更重责任，开放更上高楼”直接指向玉柴企业文化核心理念的绿色责任观和人文价值观方面，由此我们可以看出玉柴品牌的内涵，它与玉柴文化的价值理念是高度一致的，我们说文化是品牌的灵魂，品牌持久的魅力来源于文化的力量。

### 玉柴如何通过企业文化的系统建设打造绿色品牌形象

一是玉柴为什么要打造绿色品牌形象，大自然的绿色是生机勃勃的颜色，企业的颜色是环保、升级、责任的颜色，玉柴的绿色除了包含上述两个方面的内容，它还包含企业文化建设的基本要求。我们作为传统的机械制造业，一般认为是污染源头制造者、是能源消耗者，事实是如此吗？包括玉柴在内的同行诸多企业都是有道德良知和社会责任感的企业，玉柴立志做中国最大活动污染源的控制者，活动污染源就是指汽车的排放。旗帜鲜明的提出了绿色责任观，从技术开发、制造控制等各环节开展卓有成效的工作，引领中国排放的升级换代，推出了一代又一代环保产品。建设绿色文化和打造绿色产品品牌是互为因果的，品牌传播文化，彰显我们绿色的文化，文化也充实我们品牌的内涵。

二是玉柴是如何打造绿色品牌的？就是通过玉柴的绿色价值体系打造绿色品牌。绿色价值体系是企业文化的重要内容，是具体实施的重要载体，是企业的经营、管理和员工工作生活直接联系的体系，从投资方向选择绿色产品，从产品源头抓起研发绿色产品。

要开展绿色引领，包括绿色制造、绿色办公、绿色管理等诸多环节。要倡导绿色生活，我们要从孩子抓起，从家庭入手。

绿色价值体系建设采取的是全员参与、全程覆盖、全力实施、量化指标、绩效评价，这种力度、层次、范围都可以说在玉柴是史无前例的工程，有相当深刻的根基和厚度。通过绿色价值体系，自然而然使我们的品牌得到了提升。

三是加强绿色品牌的传播。2007年我们确定了核心价值理念之后，八年来我们不间断通过公关传播的方式告诉世界，玉柴的绿色追求、绿色梦想、绿色成就，塑造公众认可的绿色品牌形象。同时，在移动互联网时代，我们也在探索尝试采用新媒体进行玉柴品牌的传播。

（作者系广西玉柴集团党委副书记，本文为作者在“中外企业文化2014成都峰会”上的发言）

## 企业文化建设要重视“细胞”文化

王同心

中国空间技术研究院西安分院165个班组分布在下设的6所1中心、实体单位及个别机关部门等17个单位中，近1700人分布在业务不同的班组之内。不言而喻，抓好班组文化建设、夯实基础管理，对西安分院企业文化建设和事业发展至关重要。

### 一、班组文化与西安分院企业文化的关系

班组工作对西安分院战略目标实现具有重要意义。加强

班组建设，是实现战略规划目标的有效手段。西安分院当前处于“十三五”开局之际，战略目标的实现，责任的主体都要最终落实到每一个班组、每一个员工。班组是实现我们发展目标的前沿阵地，只有不断加强班组建设，激发广大员工的工作热情和战斗力，充分挖掘每个班组的潜力和创造力，增强向心力和凝聚力，为目标全力以赴，我们的目标才能实现。

班组的实践为西安分院企业文化建设注入了活力。西安分院企业文化建设的源泉来自于全员的实践。作为“细胞”组织的班组，其攻关实践、质量实践、团队建设、管理制度实践、班组活动、班组形象建设、班组精神提炼以及班组成员的故事事迹，都成为西安分院企业文化建设的有机组成部分，为西安分院文化建设提供最鲜活的素材并源源不断注入活力。

建设班组文化是推动西安分院企业文化落地的必经途径。从根本上讲，企业文化落地就是使企业文化理念根植于员工的心中，传承于员工的血脉，形成员工的行为习惯，实现企业的文化自觉。班组成为连接员工与行政单位之间的枢纽，用发展战略凝聚班组意志，用企业文化统领班组团队，用企业标准规范班组管理，用行为规范提高班组素质，是西安分院企业文化在员工层面入脑入心的必经途径。

## 二、班组文化的作用机制

班组文化建设使员工真正成为企业文化的主体。班组文化建设使员工切实感受到自己是事业的主体。班组较容易坚持组员的主体地位，容易摒弃权力等级意识，坚持人人地位平等、民主地讨论确定班组事项。各种规范的设定都由班组全体成员在畅所欲言中求同存异，达成共识，充分显示班组成员的共同意志。在班组成员为主体基础上的班组民主，是班组文化建设的生命和根本动力。

班组文化建设使企业文化形成了真正的动力源。企业文化“化人”功能要真正发挥，必须有其内生动力。班组文化使全体班组成员明确认识到，班组文化是由班组员工创造，为员工自己服务，搞好班组文化是班组全员自己的事情，对班组文化的认识由“要我干”转变到“我要干”。班组精神常用最生动、最朴实、大家喜闻乐见的语言表达出来，表现出班组成员内心对积极向上团结奋进的渴望，有天然的、浓厚的群众基础。

班组文化明确了企业文化的具体对象。班组文化建设最显著的特点是紧紧扣住班组工作和员工岗位业务，用各种方法把新的知识、技能、习惯、理念整合为班组和员工的知识结构和文化状态，在观念、制度、技术、管理等方面实现创新，使班组文化转化为员工自觉、自重和自律的工作行为，实现员工自我管理、自我超越、自我文化。由此班组文化有了明确的着力点和文化效应。

班组文化为企业文化创造了丰富的文化载体形式。对应纷繁多样的文化内容和实际工作，班组文化建设方式也呈现出五彩缤纷、千姿百态的景象，显示了班组文化的强劲活力和鲜明的个性特征。各类主题的讨论会、各种语言表达的班组和岗位格言、各种岗位成才渠道、各种互帮互助、以老带新机制、各种业绩评价考核方式、各种成果共享平台，全员参与、全心投入，带来班组的全面发展。

## 三、班组文化建设中需树立的几种意识

关于班组文化建设的论述非常多，比如党政工团齐抓共管机制、制度建设等等，本文仅从意识层面入手，谈谈班组文化建设需要牢固树立的几种意识。

### （一）树立班组是人才摇篮的意识。

天下大事必作于细。对航天事业这一宏大的系统工程来说，管理制度的落实、技术攻关的实现，都依赖于班组层面的精耕细作和日积月累，员工的成长成才往往起始于班组。集团公司雷凡培董事长1987—1990年期间在六院11所大发动机启动组件研制组工作过三年；吴燕生总经理1989年在一院总体部工程组任过工程组组长；五院张洪太院长曾在504所任某型号分系统总体组组长；分院史平彦院长、李军书记无一例外都有在基层班组的工作经历；集团公司余梦伦院士一辈子最大的行政职务就是班组长，却带领班组建设成为了集团公司班组建设示范基地，蜚声海内外。

在西安分院等航天企业内，班组作为人才培养的摇篮已有悠久的传统，但近些年社会上一些浮躁的风气对航天有所浸染，立足基层、沉下心去搞研究、做管理显得更为重要，重新认识班组对人才成长的哺育作用，重新树立立足班组大有可为的意识显得尤为重要。从分院层面，要将班组打造成为各类技术人才、管理人才的成长摇篮，从班组设立、班组长选拔、班组业绩考核等多维度入手，重视班组、关心班组、支持指导班组开展工作，大力倡导和积极营造“立足班组、岗位成才”的文化氛围。从班组成员来讲，要树立立足班组岗位成才的信心和决心，勤于学习、打牢基础、岗位建功、厚积薄发。

### （二）树立建设班组文化的担当意识。

班组文化形成过程中，每一位班组成员自身日常工作的点点滴滴，都将对班组集体的文化形成产生影响。好的习惯、好的做法、好的实践将促进好的班组文化形成。而好的班组文化又为班组每一名成员提供了成长成才的沃土。所以班组成员对班组文化的建设都责无旁贷，需要树立起投身班组文化建设的担当意识。

强化担当意识，归根到底是落实班组成员的责任。首先当然要高标准、严要求地完成好本职工作，只有各司其职、将主业做好，班组这个集体才能在正常的轨道内运行。其次，要积极参与到班组文化的实践中去，积极参加班组内的学习型班组建设、质量分析活动、团队文化活动等等，树立起“凡出我手、必是精品”的担当意识、树立起“传帮带我是重要一环”的担当意识，树立起“班组节点我有责”的担当意识，切实发挥好组员传承与弘扬班组文化的最重要的载体作用。

### （三）树立建设班组文化的品牌意识。

近年来，建设品牌班组已经成为西安分院及各单位班

组建设的共识，产生了一大批品牌班组，如集团公司金牌班组微波所殷新社班组、集团公司六好班组天线所大型可展开天线技术组、五院示范班组测试及环境试验中心大功率测试组等等。品牌班组的建设得益于班组建设主管单位的大力推进和基层班组文化的积极实践，成就了基层班组的外部形象。但我们应该认识到，品牌班组建设只是第一步，班组中最有影响力、感召力、凝聚力的，应该是班组的品牌文化。以殷新社班组为例，其“精雕细琢、器之大成”的“琢器”文化，生动地反映了多工器班组通过几十年技术传帮带和文化积淀，扎根于专业领域终成大器的班组特色。

不同类型的班组，应该着眼于班组业务性质，倡导各自的核心价值。如研发类班组就应在创新理念上下功夫，突出与众不同的班组特色，通过班组的攻关事迹、团队精神的宣传报道加以强化和固化。班组能够形成品牌文化，对外能树立独一无二的形象，对内能提高班组凝聚力，激发团队人员爱岗敬业、奋发向上，增强他们的积极性、主动性、创造性，提升归属感、使命感和向心力实现班组建设的良性循环。

（作者单位：中国空间技术研究院西安分院）

# 转型升级中的文化理念创新

陈国庆

中国华信能源有限公司自2002年创立以来，在推进从国际能源贸易商到能源加金融国际投行的战略转型过程中，坚持以社会主义核心价值观为导向，坚持“有力而起　由善而达“的为商之道，结出了丰硕的成果。2015年位列《财富》世界500强第342位，世界品牌500强第330位，中国企业500强第65位，被评为上海市文明单位，企业文化建设示范基地。十余年来中国华信始终把战略布局机制，创新文化建设作为企业发展的支柱，把传承创新、落地生根、知行合一、推动发展作为企业文化建设的着力点和落脚点。

## 在传承创新中构建企业文化体系

作为一家全球化布局的中国民企，在企业文化构建上，首先必须扎根于中华传统优秀文化这一沃土，同时也要兼容并蓄世界各国的文化营养，在贯通东西方文明中形成个性化的企业文化体系，基于对古今文化的感悟融合，董事会主席叶简明先生提出有力而起　由善而达的为商之道，作为企业文化的核心灵魂。力是推动发展之力；善分大善和小善，聚大善服务国家民族，积小善成就公司个人。遵循这一核心理念，中国华信把拓展国际能源经济合作作为发展战略，致力于建设有组织的能源国际投行，争取国际行业话语权，以实业报效国家，打造有序经营的标志性公司作为企业发展愿景，倡导忠诚、团结、组织、纪律、次序严整的企业精神，用礼义廉耻作为行为规范，以海纳百川、顺势而为和先成就别人再成就自己，确立“华夏魂　信用本”为华信品牌文化。

中国华信企业文化体系既蕴含实业报国的家国情怀，也体现以人为本的人文关怀，秉承中国善文化的传统精髓，恪守诚信的契约精神，高度契合社会主义核心价值体系，又具有华信自身特色。

文化在落地生根中实现以文化人的目的，只有落地生根才能散发出蓬勃生机，我们坚持党纪工团齐抓共管，设立理论研究、宣传、新闻、网络职能部门，配备具有较高理论素养和丰富经验的文化干部，聘请一批资深专家顾问，为文化研究、宣传、教育、品牌推广提供强有力的组织保证。制定企业文化培训大纲，教育培训工作总体规划以及全员培训总体实施方案，建立副总经理以上高管、中层处级干部、普通员工和新入职员工等5个层次的培训机制。促进企业文化建设，开展知华信、爱华信学习教育系列活动，每年组织华信文化知识竞赛，每逢十一、七一组织开展唱国歌、升国旗，参观爱国主义教育基地等活动，引导大家从更高层次领悟华信文化是爱党、爱国、爱企高度统一的文化。创办中华参考、华信新视野、华信学报等期刊，使之成为思想文化交流、战略安全研究、能源问题探讨的重要载体。在华信官网开辟文化园地专栏，通过微信、微博随机推送华信文化新视点。通过评选奖励十大劳动模范，十大三八红旗手和宣传文化工作先进者，确立正确的导向，引导全体华信人自觉做华信文化的坚定信仰者、衷心践行者和积极传播者，人人当好华信文化的形象大使。

叶简明先生认为信用是企业最大的价值，信任的力量是可以无限放大的，信任来自于讲正气、走正道，来自于知行合一。诚信守信，来自于发展不忘责任，做强回报社会，秉持服务国家、回报社会的价值追求，始终把维护国家能源战略安全作为己任。专注于拓展海外能源经济合作，获取海外资源，建设大型油气战略储备基地，设立香港中华能源基金会，在十多个国家和地区设立分支机构，资助成立国际关系与可持续发展中心，定期主办中美、中俄能源高端对话和亚太论坛。与联合国共同设立能源可持续发展资助大奖，以弘扬华夏文化和谐世界文明为宗旨，定期在联合国总部举办讲述中国故事论坛，每年在世界一个重要的城市举办世界文明论坛，出资一千万欧元在捷克建设中医中心大楼，推动中医走出去。

中国华信实行社会化管理，集团股权属于华信集体，最终属于国家和社会，这一点也是我们为什么注册为集体制的根本原因所在。集团的股权是不分的，华信是一个和谐的大家族，从董事会主席叶简明到所有高管无一亲属供职华信，在华信多纳税就是实业报国的具体行动。

全资设立上海华信公益基金会，开展救灾减难，支教助学。荧光支教项目帮助甘肃、云南58个贫困乡村培训教师16000余名，授业师生百万，成为西部地区规模最大最系统的乡村教师培训工程，今年被列为扶贫精准扶持的重要课题。2015年在中国人民抗战胜利70周年之际，华信出资850万，历时半年多组织拍摄《筑成我们新的长城》工业影片，弘扬伟大的抗战精神。

### 在推动发展中彰显文化强企魅力

优秀文化是基业常青的基石，中国华信秉持企业核心理念，推动发展创新机制打造有序经营的标志性企业过程中，彰显文化魅力。公司着眼于建立具有国际竞争力的现代化企业，积极探索民营企业创新发展之路，创立董事会领导下的三级会议三级法人三级合伙和三级授权体制，实行总部战略财务管控加子公司合股制运行模式，建立军事化管理三位一体，与老板、事业经理人、职业经理人三种关系相对应的管理机制。实行一体两制方式，采取大集体、小核算的考核办法，打造能源与金融服务的国际投行。积极推进全球化布局，通过收购喀什国际公司51%的股份，在欧洲建立一体化的石油终端体系，华信尽管是做能源，但在国内没有加油站。以哈萨克斯坦为战略要点，每年从中亚、中东、非洲获取6000万油气权益，通过建立国内国外大型石油储备基地和陆地海上两大物流通道，贯通了上下游的国际能源产业链。发展金融全牌照服务公司战略，中捷两国元首先后两次见证中国华信与捷克集团战略合作签约，中国华信已控股该集团50%股份，成为最大的股东，也成为首家控股欧洲银行的中国企业。在捷克设立欧洲总部，开展国际投行业务，通过收购海外航空、旅游、媒体、足球俱乐部和互联网服务公司，组建一体化旅游航空文化体育产业链组建工业集团公司，开展与特种车辆、飞机制造、核电、高铁等产业合作，与国企共同经营，携手走向国际市场。

中国华信在短短几年内迅速崛起，得益于先进文化的推动，打造百年老店更离不开先进文化的引领，我们将以荣获30佳为新的起点，学习先进企业的经验，在学习中不断提升，在传承中持续创新，在实践中积极探索，进一步推进与社会主义核心价值观相融合，与全球化国际投行地位相匹配的企业文化建设，全力打造人的华信，家的华信，国的华信。

（作者系中国华信能源有限公司办公厅总经理，本文为作者在“首届中国民营企业文化论坛”上的发言）

## 以精益求精的工匠精神<br>打造吉利的世界品牌

张爱群

今年两会期间提出了工匠精神，工匠精神成了一个热词，有记者采访李书福的时候问他什么是工匠精神，董事长李书福说工匠精神在他理解应该是一种能够把产品研发、质量提升和技术创新作为源泉的精神。他说工匠精神就是把产品做到极致，如果没有工匠精神，就不可能有可持续发展的产品和令人尊敬的品牌

吉利控股集团始建于1986年，1997年进入汽车行业，凭借顽强的拼搏和持续的自主创新，专注实业，专注人才培养，取得了快速的发展，目前吉利集团资产总值超过1260亿，连续十年进入中国企业500强。吉利商标是中国驰名商标，2012年7月，世界财富杂志发布吉利集团以2011年实现营业额233.557亿美金首次进入世界500强，至今已经连续四年，吉利成为浙江省首家全国第5家进入世界500强的企业。。

2007年吉利开始实施战略转型，从低价战略向技术先进、品质可靠、服务满意、全面领先的战略转型，吉利的使命从造老百姓买的起的好车，向造最安全、最环保、最节能的好车转型，吉利确立了总体跟随、局部超越、重点突破、招贤纳士、合纵连横、后来居上的发展战略，几年来吉利成功进行了战略转型，彻底抛弃了低价策略，打技术战、品牌战、品质战、服务战、企业的道德战，坚决不打价格战，我们坚信谁占领了道德高地谁就拥有发展主动权。

李书福认为，要在创新上坚持大投入。吉利集团下属有3个品牌，包括吉利汽车集团、沃尔沃汽车集团和英伦汽车集团。吉利建立全球研发战略，整车研发人员近5000人，建立发动机研究院、变速器研究院、变速器和动力总成研究院，人员将近2000人。通过沃尔沃汽车和吉利汽车的优势资源整合，全力打造新一代中级车模块化架构及相关部件，以满足沃尔沃汽车和吉利汽车未来的市场需求。目前，这个研发中心已经拥有将近2000人，这个模块化的架构叫CMA，已经正式在沃尔沃发布，吉利将晚于沃尔沃半年时间发布。

2015年10月，吉利控股集团宣布将投资3亿英镑，为伦敦出租车公司建立一座高技术、现代化的全新工厂和研发中心，用来研发、生产下一代零排放及超低排放的伦敦出租车。吉利同时在全球拥有4个造型中心，包括中国上海、瑞典哥德堡、西班牙巴塞罗那和美国加州，这4个造型中心同步设计A级和B级平台车全部产品和部分换代产品的造型。

吉利首款B级车吉利博瑞，实现了自主品牌进军高端市场的突破，被誉为最美中国车。原沃尔沃副总裁担任了吉利博瑞的造型师，他2011年开始担任吉利造型师，在之前曾在沃尔沃担任过设计总监，创造了沃尔沃时代的流线型设计风格，并且他也负责过阿斯顿马丁、捷豹、陆虎和沃尔沃高端品牌车设计业务。因此他带领吉利博瑞的设计团队利用在豪华车领域20多年的工作经验，也就是所谓的工匠精神，参与了60多辆车，包括豪华车的开发工作。

由美国、英国、日本、韩国、瑞典、澳洲、中国等多名专家组成的研发团队，开发的第二款车叫博越，刚刚上市。B级车市场自主品牌首先实现了突破，中国最早是中华牌突破B级车，但是没有突破成功，第二款是奇瑞东方之子也想突破B级车，也没突破成功。对于自主品牌，B级车的天花板是很难逾越的，但吉利的博越车突破了。我们现在生产推出的博越是首款SUV车型，可以跟国内合资企业的所有的SUV车型叫板。现在吉利已经进入3.0时代，敢于与合资企业的车型进行同台竞争，因为我们已经拥有了这样的技术，并且也培养了一批这样的人才，已经可以做出和合资企业同等的水平的车型。

吉利坚持了三大研发战略。安全第一战略，吉利所有的车型都达到中国的五星，帝豪ECN还获得欧洲的C-NCA四星安全评价，成为中国首款获得欧洲权威安全评定机构四星成绩的车型，为中国汽车在国际市场赢得了荣誉。同时吉利轿车安全技术研发和产业化也获得了国家汽车工业技术进步奖，博瑞去年12月份碰撞实验以55.8分刷新了吉利安全评价的最高纪录。

产品平台化战略，可以实现通用化、标准化，降低成本，并且提高设计产品质量，吉利现在有KC、FE、NL、CMA，未来在这个架构上，造型是沃尔沃的就是卖50-100万元以上的豪华轿车，造型是吉利的就是50万以内的吉利大众化品牌轿车，如果造型是途锐低调务实的七八十万元是大众品牌，如果造型非常时尚年轻人都喜欢，100多万元就是卡宴，所以同一个品牌可以造出不同品牌的车型。

CMA平台红利可以反哺，吉利可以通过现产品和新项目对吉利和沃尔沃两个品牌进行辐射，实现沃尔沃的技术质量和吉利成本的融合，这个优势将来沃尔沃车会享受吉利的成本，吉利也会享受沃尔沃的技术和质量。

能源多元化战略，除了传统的发动机动力以外，我们还有微混、强混、插电和纯电动汽车，拥有1.3T到3.5T的发动机。并且我们的1.3T发动机入围2014年10佳发动机，功率达到98千瓦，相当于180个发动机的输出功率，油耗只有5.7升，优秀的表现获得了与本田、奥迪、奥马这样的发动机一样认可，成为为十佳发动机。吉利发布了新能源的蓝色吉利行动，首先，要在2020年提前全面实现国家第四阶段每百公里5.0L平均燃油限值指标；第二，实现消费者用传统汽车成本购买插电式混合汽车的梦想；第三，到2020实现年200万辆90%以上的车都是新能源汽车，其中插电混合动力和油电混合动力汽车达到65%，纯电动汽车达到35%，实现新能源技术智能化、轻量化，取得技术在行业的领先地位。在我们与沃尔沃共用的CMA基础架构，目前，全部行动都已经开展，明年上海车展上将发布吉利所有开发的沃尔沃架构上的车型，今年的下半年10月份将投产在CMA架构上的首款车型，这也是我们收购沃尔沃在技术融合、文化融合、人员融合上，取得的一个重大的成果。

吉利和沃尔沃两个兄弟品牌将携手参与世界汽车市场的竞争。

李书福认为工匠精神就要在品质上坚持高标准，吉利质量之道是时刻对品牌负责，永远让顾客满意。时刻对品牌负责，就要以高品质的产品和周到的服务满足顾客要求，不折不扣地兑现对顾客的承诺，要求每一个员工、每一个工序、每一个经营管理环节都要为顾客利益着想，使顾客放心、满意、快乐，并成为吉利忠诚的用户和朋友。2007年提出2050数字目标，单车索赔额下降20%，千车故障率下降50%，几年来吉利汽车单车索赔额从1000多元降到目前的不足100元，千车故障率300多降到目前的10以内。我们现在对标的很多车型已经跟丰田车型达到6到7的同等水平，这就是吉利多年追求的精益求精的工匠精神在质量方面的具体体现。

吉利的质量文化观，我们叫作是非观，我们认为质量问题不是认识问题，而是利益驱动问题；质量问题不是能力高低问题，而是决心大小问题；质量问题不是产品好坏问题，而是人品高低问题；质量问题不是技术研发问题，而是细节管理问题；质量问题不是靠质量部裁定，而是用户说了算；质量问题不是靠检验救火，而是靠预防；质量问题不是供应商问题，而是我们选择、验证、评价供应商的问题；质量问题不是质量部的问题，质量部只是全过程的沟通、推进、考核的推手。这个质量是非观从2007年提出以后，始终贯彻如一，近十年来只有树立这样的质量观，才能真正做到用户利益至上，才能把产品做到极致。

我们坚持对供应商开展PPM管理，从关注成本向关注品质保障转换，开展供应商质量提升工程，包括供应商的技术研发，过程质量、体系建设、人才培养全方位的提升，供应商的零部件PPM值从数十万、数万下降到目前的2000，2016年目标是消灭PPM1500的供应商。同时我们也开发了信息系统，融入质量零缺陷管理思想，实现自动统计、自动跳闸，自我追究、自我完善，这个系统完全是吉利的质量人员智慧结晶，是吉利质量管理的实践的结晶。

以博瑞车为例，之所以成为中国最美车，以及B级车实现突破，不仅仅因为造型，不仅仅在研发上投入，而在生产过程中，在过程管理中，我们都实现了质量上的要取得中国自主品牌最强的QCD竞争力。我们制定非常详细的周期计划，包括怎样增强体质，强化量产根基，实现IQS达到行业前三和自主保障系统的深化，以及市场不良品的速断速决，充分体现了精益求精的精神。我们有一个对标管理机制，就是瞄准一个比自已绩效更好，机制更好的组织，不断超越自己，不断追求卓越。

品质经营就是高品质的从事每一项工作，在企业外部提高用户满意度，在企业内部增加企业的竞争力，提高企业的综合竞争实力，我们对标管理、品质经营就是按照精益求精这一思想设计的。

我们的品牌使命是造每个人的精品车，针对不同层次的用户，我们提供的都是精品车，让汽车成为人们除了家里或者办公场所之外的第三空间，在这个空间里，用户能感觉到呼吸的是最新鲜的空气，享受最美的环境和最好的灯光，我们就是要打造这样一个第三空间。

李书福认为工匠精神同时体现在人才上坚持元动力，吉利的元动力与天能集团动力文化是异曲同工，都是从员工的角度出发，怎样发挥员工的主动性和积极性。李书福说吉利要跻身轿车行业十强，必须奋发图强，因为我们所面临的艰难困苦是其他企业所无法比拟的，因此我们必须要有坚强的意志振奋的精神，要有不甘落后的骨气，敢于跟跨国公司竞争的勇气，这个顽强的生命力就来自于吉利的精神。

吉利有六面大旗：团队精神、学习精神、创新精神、拼搏精神、实事求是精神、精益求精精神。吉利倡导人人是学生、人人是老师的学习文化；坚持尊重人、成就人、幸福人的人力资源之道；实施元动力工程，构建快乐工作、快乐生活的和谐劳动关系；元动力是企业生存与发展的核心力量。李书福认为企业像人一样，也有元气，这个不是企业董事长、总经理，也不是厂房设备，而是员工的心。所以他说员工的心是企业的元气，谁伤害了员工的心，谁就伤害了企业的元气，元动力理念颠覆了传统管理思想，它的核心就是领导为员工服务，部门为一线服务，员工考核领导，一线考核部门。在吉利，墙上可以不挂任何的标语，但是我们必须处处见问题，发现问题是好事，解决问题是大事，回避问题是蠢事，没有问题是坏事。在现场，问题是时时处处都存在的，不是领导去发现，而是一线的员工才可能发现，在现场的人才可能发现。因此，在吉利是不允许越级指挥，但可以越级申诉。我们发明了一个问题解决票，员工在现场发现问题，他可以填到问题解决票上，在车间里有看板，分为工艺、质量、物流、生活行政管理等几方面。技术上比如座椅不好安装，填了问题解决票，工艺人员看到以后要立即核实这个问题，然后承诺多长时间解决，员工签字确认才算最后解决，如果没有解决员工不签字。这就是一线员工考核了干部，一线考核了部门。

吉利强调每个人要学得一身真本领，练就一身真功夫，这是吉利技术工人培养的方向，制订了星级员工和质量零缺陷员工激励政策，大大激发了自我控制质量的热情，通过四大工艺技能培训馆和人材培训中心，开展职业技能培训和鉴定，吉利的技术工人在全国汽车模具工、汽车装调工大赛中都获得奖牌，赢得业界钦佩，涌现出一批有梦想有追求有技术有本领的新一代的汽车工人。

吉利有一位一线工人，因为他身怀精益精湛的技能，最终荣获浙江省技师最高奖项，同时也是五四青年奖章、五一劳动奖章的获得者，受到了习主席亲切的接见。

在吉利，我们认为工匠精神就是耐的住寂寞、打基础、练内功，把产品做到极致。

（作者系浙江吉利控股集团有限公司资深副总裁，本文为作者在“首届中国民营企业文化论坛”上的发言）

# 民营企业文化创新与社会责任

陈敏如

关于企业文化，内容丰富博大精深，不同的人有不同的理解，习总书记说国家经济是血肉，文化是灵魂。讲得非常好。文化是人类薪火相传的宝贵财富，在实现中华民族伟大复兴中国梦的历程中，文化的复兴是非常重要的。企业是社会的细胞，企业文化一定程度上就是民族文化和国家文化的辐射，优秀的企业文化既是一种生产链，同时也是一种强大的精神动力，是企业实现长远发展的基石。

企业有了自己的优秀文化，给企业的设备、技术、信息、管理、员工嫁接了一个高大宽阔的平台，使企业的各种生产要素得到最佳的组合，从而创造最佳经济效益，推动企业持续健康稳定发展。以文化创新引领新常态的核心竞争力，做中华文化的传承者，时代精神的发扬者，既是天能集团作为民营企业义不容辞的社会责任，也是我们作为国际上市公司实现健康可持续发展的动力源泉。

## 天能动力文化的形成背景

我们坚持以文化为导向，创新和培育既具有企业自身特色，又与时代特征、社会责任有机融合的天能动力文化，企业文化不是一成不变的，而是随着社会的环境变化和企业发展不断创新和变革，才能保持企业文化的先进性和引领作用。天能集团从一家小企业发展成为国际化的大企业集团，我们的文化也是随着发展不断创新。回顾我们的企业文化的发展历程，主要经历了四个阶段。

第一是创业阶段。天能创办于 1986 年，那个时候思想的解放，生产力的发展注入企业强大的动力，人们有了最初的致富冲动，创业有激情，员工想过好日子，工作有拼劲，这个时候的凝聚力特别强，老板怎么说员工就怎么做，我们把那个时候形成的文化称之为老板文化。

第二是发展阶段。20 世纪 90 年代中后期，天能已经发展成为拥有近千名员工的企业，只要能够想方设法完成公司下达的任务，我们就让他上，完不成的就让他下，这样确保了公司执行力更加畅通，为进一步发展奠定了基础，把这个阶段文化称之为执行文化。

第三是国际化阶段。也是法治文化阶段，2007 年 6 月在香港主板上市，标志着天能正式步入国际化发展轨道，为了与国际化接轨，早在2004年，天能就引进国际战略投资者，并着手完善公司规章制度，用制度来规范和管理员工，这个时期我们就称为法治阶段。

第四个阶段，是二次创业的阶段动力文化。十二五发展大幕启动后，天能进入二次创业阶段，这个阶段是天能发展最好、最快、亮点最多，也是最为曲折、最为艰辛、痛点也最多的时期。这一时期，我国政治、经济和社会环境与过去相比，都发生了明显而深刻的变化，企业发展面临着新问题新挑战和新任务，这都要求企业创新与变革，为企业健康、稳定可持续发展提供新动力。我国正处于经济体制深化改革的关键时期，创新、协调、绿色、开放、共享五大发展理念成为重要的时代主题。在这样的时代背景下，如何抓住新一轮科技革命、能源革命、产业革命的机遇，加快产业转型升级，提高自主创新能力，打造强势企业品牌，提升综合竞争能力等成为企业发展的新命题，而如何将五大发展理念和中国梦等核心价值观有机的融合于企业文化，成为企业文化创新和变革的重要任务。

从企业内部来看，业面临着企业文化创新与变革的迫切需要，第一方面，企业规模越来越大，企业子公司越来越多，天能成为拥有 4 个省 8 个生产基地、30 家子公司、2 万多员工的大型企业集团。面对逐渐庞大的员工队伍，我们发现具体制度有管不到的地方，也有管不好的时候，于是我们开始思考如何将企业外在制度转化为员工内在的规范，如何将公司的制度机制转化为员工自觉行为和内在动力。企业管理理论认为，小型企业靠管理，中型企业靠制度，大型企业靠文化。无论是靠人靠制度，管理的对象都是被动接受，而靠文化管人本质上是用价值理念凝聚人心，培育行为自觉，激发内省动力，这是与国际化时代接轨的最高动力形式。

我们的员工来自于全国各地，文化背景行为习惯都不一样，如何点燃两万多员工的激情，既要尊重员工的自由思想，独立精神，同时又形成统一的意志，让来自天南地北的员工融入天能大家庭文化，成为天能亟待破解的一道文化课题。由于行业特点，员工呈年轻化趋势，年轻人有思维活跃善于创新的优点，但也有一系列的问题，随着竞争越来越激烈，员工的工作压力、生活压力不断加大，对精神和心理造成挑战，一旦信念缺失，这将对经营管理造成严重影响，公司经过30年发展进入奋斗疲劳期，部分干部和员工的活力与激情降低，变的懒惰消极等。这个时候往往是从大公司到伟大公司的生死界限，如果在这个时候不用企业文化来引领，有可能使30来年奋斗的成果毁于一旦，所以董事长经常提出我们需要创新创新再创新，变革变革再变革。

对此，我们以问题为导向找短板，针对五大痛点，开展了价值观大讨论，我们逐步认识到，如果要想实现天能二次创业三次创业，甚至N次创业的伟大目标，就应该形成独特的企业文化，养成优秀的行为习惯，使之成为广大员工的自觉行动和前进动力。我们董事长经常说，优秀的企业文化就像动车，企业就是动车车身，员工就是车厢，每节车厢都发出动力，动车才会高速前进。

近年来公司多次组织学习考察，借鉴国内外先进企业文化，明确了公司文化的定位，一要为企业发展战略服务，二要体现时代精神，三要充分考虑行业特色，四要融合领导班子和广大员工的集体智慧。与此同时，我们聘请了中国企业文化研究会，浙江省企业家联合会等一系列专家，对天能企业文化进行了多轮诊断，通过专家的帮助和员工参与，对天能企业文化进行创新和变革，最终形成了以动力文化为特征的天能企业文化体系。

天能动力文化主要包含四大内涵，第一，天能是做动力电池的，以中国动力电池第一股在香港主板上市，“动力文化”具有产业特色。第二，天能的核心使命是“绿色能源，驱动世界”，企业发展的目标是为经济社会奉献清洁、绿色、环保的动力，动力文化体现了企业的发展境界。第三，天能企业文化建设的目的，就是通过优秀的企业文化的熏陶，养成员工优秀的行为习惯，使之成为凝心、聚气、强势、兴业的强大动力。第四，天能动力文化引领企业实体经济发展，实体经济发展不断丰富天能动力文化，两者齐头并进，为天能集团持续稳健快速发展提供了强大的精神动力。

责任为魂创新共赢是天能的核心价值观，也是天能动力文化的核心，天能企业核心价值观聚合天能最高目标相协调，充分反映了天能以董事长张天任为核心的企业家价值观，与员工个人价值观相结合，体现了企业家与广大员工群体价值观的高度统一。天能动力文化传承中华优秀文化，融合了当代核心价值观，形成于公司二次创业的关键时期，成长于各级组织及各级领导的积极推动，根植于全体员工的生产实践，体现了时代特征、社会责任、行业特色、企业特点，展示强大的生命动力。

### 天能的创新文化

我们坚持创新驱动发展战略，以创新文化引领核心竞争力，为企业发展注入动力。创新是企业生存发展的基石，创新共赢是天能动力文化核心内容之一，坚持用创新文化引领核心竞争力，大力实施创新驱动战略，着力推进战略创新、科技创新、管理创新、机制创新，全方位营造“人人都要创新，人人皆可创新”的文化环境。

第一，以战略创新为先导，坚持“一稳三快”，新老并举，开辟发展新天地。十二五期间面对经济发展新常态，我们坚持“一稳三快”，新老并举的发展战略，一方面着力推进传统产业高端化发展，稳健发展电动自行车电池板块，推动电动自行车板块向高端化自动化规模化发展。而传统产业老树开新花，焕发出新的生命力，改造传统引擎。另一方面，加快推进新兴产业的规模化发展，着力培育壮大电动汽车电池、锂电池、储能电池三大新兴产业，积极研发电池管理系统，让新兴产业新芽长成大树，促进了新的经济增长点快速壮大。前不久工信部公示2016年智能制综合标准化模式应用项目，我集团新能源汽车动力电池生产智能化工厂进入了工信部公示的这个项目。全国锂电池企业里面全国只有两家，标志天能锂电池智能制造水平步入全国领先行业。

第二，以科技创新为支撑，坚持技术为王，以新制胜，提升核心竞争力。坚持创新驱动产品战略，瞄准行业科技前沿，依托省级院士专家工作站，国家博士后工作站等科技平台，不断加强高能环保型新产品的研发和推广，推动传统铅蓄电池的升级换代，重点对超级铅碳电池、卷绕式电池、智能云电池等进行科技攻关，引领电动车动力电池最新的技术发展方向。同时抢抓新能源发展战略机遇，着力加强新材料、电池管理系统、车载管理系统等关键技术研发，全力打造国内领先的新能源产业研发、制造和应用的示范基地，已经形成了较为完整的产业链。近年来，我们共开发国家级重点新产品13项，创新国家专利1500多项，省级新产品和高新技术产品100多项，同时承担国家级火炬、星火计划10余项，形成技术先进产品结构合理质量可靠的产品结构体系，成为推动蓄电池行业转型升级的绿色引擎。

第三，以管理创新为基础，坚持价值导向，大胆探索自主经营体变革，增强发展新动力。以市场倒逼企业变革与创新，近两年找准突破口，重点进行管理变革创新，涵盖机制体制、科技创新、生产运行、市场营销、绩效考核、成本管控等关键领域，成为推动天能稳中求进的新动力，推动着天能的蜕变和成长。根据集团战略，从2014年底开始，在全集团掀起自主经营体变革新高潮，由考核完成目标成本到考核市场利润，用市场价值衡量工作绩效，决定干部员工的薪酬，把干部职工的收入与创新价值紧密挂钩，实现生产经营向价值经营型转变。自主经营体全新模式下，员工当家作主，成为自主经营的老板，原来是打工者变成自主经营体，成为实现自我价值和企业价值的经营者，在价值利益的驱动下，每一个员工都关注客户需求，关注组织管理，关注组织的利益。员工的经营意识和创新能力，责任能力明显增强，工作的积极性空前高涨，推动了企业又好又快发展，企业和员工获得双丰收。

2015 年天能的毛利增加 85%，天能的净利润增长了 314%，公司好了，员工也好了，奖励员工的收入包括员工津贴、股权分红，在工资以外有近 3 亿的激励。

第四，以机制创新为依托，坚持外引内培，打造创新团队，壮大企业创新力量。我们把人才作为支撑发展的第一资源，坚持自主化培养、高端化引进、市场化选用、差异化考核，加快培育和打造具有全球视野、战略思维的高层领导人才、科技创新领军人才，为企业做强做优做大提供人才支撑。我们还千方百计加大招商引智力度，通过完善科技人才使用和激励机制全球引智，天能拥有中高级经营管理人才 600 多人，专业技术人才 500 多人，为推动企业转型升级奠定基础。为打通人才成长通道，2014 年我们成立了天能大学，2016 年 3 月份，又在我们董事长的重视之下，成立了文化分院，实行人才分层分类的培养，为人才制定职业规划、发展规划，每年还选派中层以上的骨干脱产深造。

## 天能的责任文化

我们强化责任担当，积极打造天能的责任文化，积极履行社会责任，促进经济、环境、社会的可持续发展。责任文化是天能动力文化的灵魂，多年来天能紧紧立足职工层面、企业层面、行业层面、社会层面和环保层面“五大层面”，不断加强企业责任文化培育。

加强培育员工层面的责任文化。天能针对企业不同时期的发展战略目标的需要，对员工队伍广泛开展责任文化主题宣传活动，培育员工主动履责，勇于担责，尽职尽责的责任意识。今年 3 月份，我们在全集团广泛开展“学工匠精神做金牌工人”的主题活动，通过微信投票，专家评审和领导评定 3 个环节，综合评选出“天能十大工匠”，随后又组织天能工匠宣讲团在天能各生产基地进行巡回演讲和车间现场交流，解决了很多难题。工匠们用朴实的语言讲述了自己工作中的点点滴滴，他们用自己的所学、所用、所感、所想与各生产基地的员工分享，传递工匠精神和智慧，将工匠精神的责任经营传播到每个生产基地的角落，根植广大员工内心，潜移默化影响广大员工的思想方式和行为方式，我们开展了学工匠精神、做金牌工人，万人启动大会。

加强培育企业层面的责任文化。天能固守企业发展与社会责任发展理念，在自身不断成长同时，也为社会创造了大量的物质财富与精神财富，用高品质的中国制造、绿色制造，为国家供给侧改革添砖加瓦。经过 30 年的发展，不仅解决了两万余人的就业问题，还带动了产业链的共同发展，不仅促进低碳交通和区域经济社会发展，也为促进生态文明和美丽中国建设尽到了应有的责任。天能连续两年发布社会责任报告，2015 年与阿里巴巴等 7 家企业成为当选浙江省社会责任促进会企业副会长单位，2015 年天能动力被纳入“恒生可持续发展企业基准指数”成分股，是国内唯一一家入选动力企业。

天能引进行业健康可持续发展，振兴民族能源工业为己任，在开发工业技术制定行业标准等方面做出了应有的贡献，天能集团负责参与起草国家和行业的标准，同时，还担任了中国电池工业协会副理事长，中国能源协会副理事长，中国电动车副理事长等等的社会职务，引领我国绿色能源行业的健康稳定发展，为凝聚行业力量，共同推动电动车事业奔向新的高峰，天能集团还多次发起和组织行业发展峰会，天能集团董事长张天任先生作为中国新能源电池行业的首位全国人大代表，积极扮演行业话筒，为行业健康发展做出了积极贡献，受到全国人大常委国家有关部门的高度重视和社会各界的高度尊重。

加强培育社会层面的责任文化，天能前身是长兴县煤山镇新川村的村办企业，张天任担任村书记，带领村民致力建设社会主义新农村建设。每一年拿出不少的钱支持村街道路、学校等建设，同时帮贫扶困，使村的整体面貌和人居环境焕然一新，连年获得长兴奔小康示范村、市级文明村等等荣誉称号，村民人均收入达到 10 万以上，除了推进村企共建，天能还积极投身抗震救灾，老年慈善，大学生贫困助学等等公益事业，赢得社会的赞誉。

加强培育环保层面的责任文化，天能把绿色发展作为企业的生命线，发展标准不仅达到而且远远超过国家法律法规规定的相关标准，首先在设计环节，引入全生命周期的概念，提前布局，其次，在生产环节，按照最严格的生产标准，通过机器换人等手段，大幅提高生产标准，在回收和利用环节，建立了华东、华北两大循环经济产业园，年可回收处理几十万吨废旧电池，回收率可达 98%，实现工业废水达 100% 循环利用，被国家发改委认定为国家资源综合利用企业，国家循环经济试点企业。

天能动力文化、天能创新文化和社会责任方面的探索和实践取得了一定的进步和成绩，但存在不少的短板和问题，不仅与集团的战略目标还有很大差距，与大多数兄弟单位相比，我们还有更大的差距，对此，我们将进一步弘扬企业精神，围绕两创两开的战略思路，锲而不舍地推进企业文化建设，创造性转换创新性发展，开放性学习开放交流，坚持从天能企业的实际出发，不断吸收各种文化养分，丰富和发展天能的动力文化。天能愿与各兄弟单位一道在企业文化建设中开展深入的交流，形成合力，在我国实现两个一百的目标的战略中，用文化的力量成就梦想，为实现中华民族的伟大复兴做出应有的贡献。

（作者系天能集团常务副总裁、党委副书记，本文为作者在“首届中国民营企业文化论坛”上的发言）

# 营造良性心理氛围 培育积极心态文化

王莉萍

心态文化是指由人类在社会实践和意识活动中长期育化出来的价值观念、审美情趣、思维方式、道德情操、宗教信仰、民族性格等主体因素构成的文化层，在文化层结构中居核心部分。心态文化也称精神文化、社会意识。心态文化又分为两个层面：一是社会心理，是尚未经过理论加工和艺术升华的流行的大众心态，如人们的要求、愿望、情绪、风尚等精神状态和道德风貌；二是社会意识形态，是经过系统加工的社会意识，是对社会心理进行理论或艺术的处理，曲折、深刻地反映社会存在，并以物化形态如书籍、绘画等固定下来，播扬世界。后者又可分为基层意识形态（政治理论、法律观念）和高层意识形态（科学、哲学、宗教、艺术）。从本质上讲，社会心态是价值观落地生根的心理土壤。在EAP（员工帮助计划）实施中，立足社会意识的培育，从引导社会心理心态切入是培育积极心态文化的内在要求。

## 社会心态的含义

社会心态是心态文化的两个内容层中不可或缺的一个方面。社会心态是在一定时期的社会环境和文化影响下形成的、社会中多数成员对社会生活现状的心理感受和情绪反应。它聚焦着社会热点、折射着社会变迁过程中的社会心态、反映着社会风气和人们的理想追求和精神状态，揭示的是特定社会中人们表现出的普遍的心理状态。心态包含两个层面的内容：一是作为个体的社会成员的个人心态；二是以一种整体的形态存在，它往往被整合成公众舆情，具有显著的大众性、辐射性和渗透性，能深刻影响多数社会成员的期待和行为选择。近代日本启蒙思想家福泽谕吉曾在分析日本国民心态时指出：日本之所以落后于欧洲，重要原因在于日本国民风气的不足。针对当时的日本社会心态，福泽认为："国民的'风气'，就时间来说，可称作'时势'；就人来说可称作'人心'；就国家来说可称作'国情'或'国论'。所以，在一定意义上说，社会心态是社会文明程度的"晴雨表"、"风向标"。社会心态分为社会认知、社会态度与价值观念、社会情绪和社会行为，在现实生活中，这些内容是融合在一起的。

在我国，快速发展期和矛盾凸显期并存的客观环境决定了社会心态的复杂性。一方面深化改革成为社会共识，个人成就成为企业人追求的价值目标；另一方面，随着赢者通吃、弱者无助的现象时有发生，错综复杂、自相矛盾的社会心态折射出价值矛盾与价值冲突，常常让人陷入坚持社会公理与无奈接受社会潜规则的"两难选择"，因而，培育积极的社会文化心态比以往任何时候都显得尤为重要。积极健康、乐观豁达、奋斗进取的良好心态，不仅是良好社会和组织所需，也是个人良好社会交际关系和良好心态对待事物的重要条件。古人云："哀莫大于心死"。社会有个好心态，才能引导人们正确地看待事情，才能使人们从社会中汲取积极正确的生活态度；个人有个好心态，才会积极向上永葆活力，才能为个人和社会进步提供坚实的心理保证和强大的精神动力。反之，消极悲观、扭曲变态、颓废阴暗的不良心态，不仅影响个人生活和前途，也会影响社会和民族事业的进步和发展。因此，将心态建设作为文化建设的一部分，为企业核心价值观培育和践行营造良性的心理氛围，通过EAP帮助社会组织（企业）和员工培育良好的心态，是保证企业文化接地气的的重要举措。

## 社会心态关系人们的社会责任感、国家使命感

基于社会心态所具有的特殊功能，我们党长期以来特别是改革开放以来十分重视培育健康社会心态，并根据形势的发展不断丰富其内涵。1986年，党的十二届六中全会深刻分析人们的思想意识、精神状态所发生的深刻变化，做出《关于社会主义精神文明建设指导方针的决议》，强调要树立与改革、开放相适应的新观念；1996年，党的十四届六中全会紧密联系发展社会主义市场经济实际，做出《关于加强社会主义精神文明建设若干重要问题的决议》，指出要着力消除市场自身的弱点和消极方面对人们精神生活的消极影响；2006年，党的十六届六中全会根据经济社会的新发展新变化，做出《关于构建社会主义和谐社会若干重大问题的决定》，提出要塑造自尊自信、理性平和、积极向上的社会心态。

社会心态关乎民生幸福，影响团结稳定，关系到国家综合竞争力和"软实力"的构成。民族的复兴，需要民众总体上有与经济、政治、文化协调发展的积极健康的社会心态对构建社会和谐等重要国家和社会事务，给予重要的价值认同和行动配合，提供最广泛的社会心理条件和精神力量。在一定程度上，社会心态也是民族精神的重要组成部分。一个民族是这样，一个企业的发展也需要全体员工积极健康的心态提供支撑。党的十七届五中全会将社会心态历史性地写入"十二五"规划。这说明了党中央、国务院对社会心态问题的高度重视，对我国经济社会发展复杂性的清醒认识。党的十七届六中全会强调了反映社会心态的文化以及文化统摄下的社会心态对社会发展的重要作用，指出："文化引领时代风气之先"；党的十八大报告再一次指出"全面提高公民道德素质，加强和改进思想政治工作，注重人文关怀和心理疏导，培育理性平和、积极向上的社会心态"。我们党在这些决定中作出的重要论述，立足现实，着眼长远，措施明确，目标清楚，为培育和构建良好社会心态指明了出路和方向，也凸显了在当今全面深化改革的条件下，培育塑造良好社会心态的现实紧迫性。

## 正视社会心态方面存在的问题

随着生活水平的不断提高，人们越来越关注精神层面的建设，民众的心态相应发生了很多可喜的变化。但社会心态包罗万象。现实中，或是因为多层次、高标准的民众需求

挑战民生工作，民众需求满足更加困难；或是群体和阶层问题突显，阶层意识已经成为社会心态和社会行为的决定性因素；或是群体、阶层矛盾处理不当是当前社会稳定的主要隐患；或是弱势群体认同普遍存在；或是人际不信任有扩大化趋势，群体间的不信任加深和固化；或是社会管理的法律和制度不完善、不协调成为阻碍社会问题解决的难题；或是企业员工个体生活压力加大而社会支持不足；或是企业员工安全焦虑与风险漠视并存；或是社会信任面临困境；或是经济增长与幸福感提升不同步等社会问题的存在，都可能衍生出社会个体传统的身份感、地位感和归属感趋向分化和多元，心理压力感趋向多元，在企业表现为，员工对社会公平的心理预期提高，影响心态的因素越来越复杂，伴随着社会竞争的加剧，人们的生活与工作节奏加快，抑郁、焦虑、失眠等心理失衡的共性问题也困扰着企业员工。其中主要的表现是：

工作倦怠成常态，缺失上进心。过去只在劳动密集型企业才有的现象，如今由于各行各业工作任务的加大，加班成常事，工作占据了人们大部分的生活内容，久而久之引发人的疲惫、困乏的心理。人是追求刺激与多样性的生物，对此，有的以一种麻木消极的态度和冷漠的情绪去对待社会、对待自己周边的人和事，丧失了应有的工作热情和工作激情；有的不能从工作中获得心理满足感，从而造成工作不思进取，任务敷衍了事，生活慵懒散漫，工作敬业度和办事效能降低。

工作效率求心安，缺失责任心。上世纪五、六十年代人们奉行的工作效率是“在岗一分钟，奋斗60秒”、“能挑千斤担，不挑九百九”。而眼下一些员工认为自己职位低、工资低、工作忙、加班多，生活平淡，于是，就有人工作敷衍塞责，应付了事，只求“过得去”，不求“过得硬”。也有的人在其位不谋其政、办事不公道、服务不热情、奉献社会素质低。有的搞“政绩工程”、“形象工程”，报“泡沫”数字，误导上级，欺骗群众；有的不加强自身学习提高，充当着“唱功好、做工劣、跑上勤、跑下懒”、占着位子不做实事的人。

工作攀比求平衡，缺失平常心。积极的工作心态是与自己周围的人比干劲、比学习、比进步。而攀比则是个体发现自身与参照个体发生偏差时产生负面情绪的心理过程。这种心理是其自身和周围的人进行不正确的比较：系统内同职不同酬，系统外商人、企业家的豪宅豪车，令有的人心理不平衡。“宁在宝马车里哭，也不在自行车后笑”就是典型的攀比心态。由于攀比心理的作祟，有的人置事业心、责任感、职业道德等不顾，工作上无所用心，整日打着个人的小算盘。有的人缺乏平常心，不能以豁达和平和的心态面对人生。羡慕（甚至是嫉妒）别人的光鲜亮丽并将其归结于“上面有人罩着”，自己却不安于平常付出；顺境时踌躇满志，逆境时萎靡不振；有利时争先恐后，奉献时躲躲闪闪；将职业看成追名逐利的工具，对工作秉有“升官发财”的不良心态，难成大器。

### 培育积极社会心态的策略

心态问题的解决最终还要落到“心”上。良好的社会心态培育最需要心理关怀。心理关怀的重点是做好负面心态的疏导工作，构建多元化、多渠道、多层次的社会心态调适机制。

从国家和政府层面看，一个有希望的国家光有GDP不行，其公民要有激情，有理性，互相包容。政府要把维护公民利益摆在首位，把维护民众的权利作为政府执政的基础，在减轻民众生活压力的同时，也要重视建立社会支持网络。要关注社会阶层意识，关注社会中低层认同群体的心态和处境，切实保障他们的权益。民众的生活压力来自生活的各个方面，有的问题需要通过政府有效的服务体系来解决，而还有许多问题是政府无力解决的，要通过民间和社会的力量来帮助那些生活压力较大的民众。拓展家庭关系之外的社会支持力量，通过民政和其他社会服务部门完善社会应急救助体系，形成常态的应对困境的援助体系，减少民众身心的压力；激励民众的慈善、利他行为，完善助人渠道。宣传和管理部门应该激励和强化普通人日常的利他行为，鼓励常态化、习惯化的慈善活动和助人行为，使民众能感受受助的温暖和助人的快乐。

从中观层面，要关注社会情绪，重视员工社会压力的疏泄。社会情绪具有信号功能，社会情绪是社会运行状况的指征。积极的社会情绪有助于调节社会心态，而消解负向的社会情绪就要依靠对正向情绪的激励。美国社会学者特纳指出，“情感是把人们联系在一起的‘黏合剂’，可生成广义的社会与文化结构的承诺”，是避免“社会疏离”，实现“社会整合”的核心要素。团结的、和谐的社会需要每个社会成员共同的努力，共同的责任承担，而社会责任的培养正是建立在对人的尊重、情感支持基础上的。没有正向情感能量的感受也就不会有正向情感能量的释放，没有情感也就没有良心的刺痛，社会责任也就无从谈起，社会就会逐渐失去底线。所以，要着力创造一种鼓励社会成员正向情绪能量释放的氛围，给社会的不满情绪以疏解的通道，变“堵”、“禁”为“疏”、“导”，宣泄和释放员工的消极情绪，保持企业安定。

从个体层面，要加强心理认知调节，确立奋发进取的心态。个体心理认知调节的核心原则是直面现实、正视自我合理预期、知足而乐，以此转换思维方式和心态模式。其中，最现实的方法是“换位思考”，学会自我调适、自我激励，树立奋发进取的人生观、价值观，爱自己、爱他人、爱社会。不断矫正既有的成功观、财富观，通过营造自我“小环境”增强内在精神动力，着力克服急功近利、贪大求全、炫富斗富、小富即安等不健康心态。同时，加强心理品性调节，确立开放包容的乐观心态。即：打破封闭、走出自我，眼界宽广、胸怀博大，积极学习借鉴别人的优点和长处，平和看待成败得失，冷静对待他人的正面与负面评价。保持静心、虚心和耐心，广泛听取不同方面的声音，去伪存真、求同存异；开放宽容不是丧失原则和立场，不是一味妥协和退让，而是尊重差异、包容多样，充分吸纳善意批评和合理建议，耐心纠正片面认识和模糊印象。此外，自觉强化心理情感调节，确立理性平和的健康心态。情感疏导和调节的根本目标是理性、平和、克制、自律。一个人的心态决定其精神状态和为人处世的态度。平和心态健康就能正确认识自我，妥善处理人际关系，辩证看待成败得失，勇敢面对困难挫折，始终保持积极向上、敬业乐群的精神状态，个人的幸福指数就高，就容易出成绩求发展。

（作者系北京青年政治学院教授）

## 文化理念融入制度行为的探索实践

邹笃锋　潘为英　张志斌

企业文化作用于企业管理的根本途径，是把干部员工认知认同、内化于心的价值理念，固化为严格的制度标准，转化为自觉的行为习惯。按照集团公司宣贯新版企业文化建设纲要的部署安排，胜利油田结合自身实际，大力践行中国石化核心价值理念，把企业文化渗透融入到经营管理中，狠抓制度与理念对标，着重培育共同行为规范，在传承中创新，在转化中应用，总结了一些新方法新经验，形成了一些新启示新思考。

### 文化理念融入制度行为的重要意义

**体现文化引领、规范制度设计的价值遵循。**文化理念是制度设计的价值遵循。所有形成制度的东西，都是文化理念的反映和文化习俗的积淀。文化是制度的灵魂，要引领制度建设；制度是文化的载体，是理念的存在形式。文化的力量，不仅体现在修齐治平的家国情怀里，而且反映在合乎公平正义的制度设计过程中。制度规范是优秀文化的固化平台。好的文化必须用好的制度来规范，好的制度是对好的文化的确认和提升。把文化理念融入到具体的规章制度之中，建立科学规范的管理体系和相应的考核机制，在激励约束中体现价值导向，引导和规范员工行为。不断提高文化理念的制度化程度，使企业管理既有价值观导向，又有制度化约束，实现制度约束与文化管理优势互补。制度特性是文化优势的自信彰显。好的制度符合正义，合乎人性，最合理有效的制度往往是集思广益达成的“规则”。在制度建设过程中，充分体现石油石化“严细实”的优良传统和管理精细、技术领先、人才一流的文化优势，使制度体系彰显全局性、主导性和整合性，这是集团公司和下属企业“获取价值观和稳定性的一种进程”。

**强化基础管理、助推改革发展的内在要求。**以新理念引导新常态。基础管理工作日复一日、久久为功，不能是急风暴雨式地推进，而应该悄无声息地积累，以常态化推进规范化。集团公司近年来通过狠抓“从严管理”，培育了“越是从严管理，越能体现公平”等新理念，并逐渐固化为一种制度，转化为员工行为，对违纪违章现象从严查处，使严格落实制度、严格执行标准成为常态，促进了基础管理水平提升。以新思路建立新机制。深化改革，文化先行，队伍结构调整，人员岗位变动，如何保护延续原有的文化积淀，并融入新制度，适应新机制，具有很大的挑战性。以新文化再造新流程。面对低油价的严峻形势，最重要的工作是提质量创效益，最迫切的任务是转观念转方式。从“以原油产量为中心”到“以利润论英雄”，这种颠覆性的深刻变化，倒逼各业务流程调整优化。

**促进文化落地、深化制度生根的根本途径。**严格执行制度。企业缺乏的往往不是制度，而是对制度的尊崇。因此，我们不能局限于完善制度本身，更应注重制度执行，确保制度的可行性和有效性，维护制度的严肃性和权威性。养成行为自觉。文化是“无需提醒的自觉”。对我们来说，这种自觉就是“三老四严”“四个一样”，就是遇到急难险重党员干部冲在前，就是岗位员工“创效益比作为”的自觉行动。倡导“心力”管理。“寸心不昧，万法皆明”，岗位责任制的灵魂是岗位责任心，要把岗位责任心内化为精神追求，外化为行为准则，让强制和外在约束变成自觉和自主管理。

### 文化理念融入制度行为的探索实践

**以文化理念引领制度建设，规范员工行为。**胜利油田按照集团公司部署，着力创建“严细实”的基层文化，以先进价值理念引领，创新开展“三基”工作，建立了一套制度文本和标准化管理体系，形成了以井下作业公司试油1队“严细成风”等为代表的实践案例。油田把“人本、责任、诚信、精细、创新、共赢”的核心价值观，从制度层面进行深度解读，在推进制度与理念对接的过程中，以胜利采油厂402站为代表的基层单位结合实际，推进制度机制创新，实施“价值积分管理”，让价值体现责任，让责任落到岗位，把文化理念融入生产管理。

**把标杆示范变成标准规范，建立指标体系。**把经验上升为制度。对基层创造的先进成果经验，认真进行总结，大力宣传推广，取得良好效果之后，便把这些具有普遍性和规律性的基层经验，上升为管理制度。把标杆变成标准。将定性指标与定量指标有机结合，制定“三基”创建标准，形成涵盖基层单位所有业务流程、渗透到生产经营管理各个节点的标准指标体系。把示范变成规范。在公司体制机制建设推进过程中，选取现河采油厂史127等5个示范区开展“四化”建设。在示范区基础上，制定系列标准化设计方案和产品技术标准，为“四化”建设推进提供了规范化模板。

**把文化理念融入业务工作，提升管理水平。**胜利油田以推进专项文化为重点，把文化理念渗透融入到生产建设、经营管理和各项业务工作之中。由企业文化处组织协调，分别对廉洁文化、安全文化等专项文化进行探索研究。各单位用先进理念指导生产经营管理，创造形成了一些特色管理模式。如胜利采油厂形成了“三线四区”管理模式，建立了产量成本、地质工艺、地上地下、当前长远、成本投资“五位一体”的决策机制，并得到推广应用。

### 文化理念融入制度行为的启示与思考

**学习借鉴国内外先进经验，增强规则意识，建设合规文化。**“规则为王”助力大国崛起。世界大国不仅以制度创新的程度和频率推动着自己迅猛发展，而且以自己的价值观影响着国际规则的制定。中国已经形成了一些影响世界的“中国理念”，作为世界500强的国有企业，中国石化在文化创新和制度建设方面将会有更多的作为和贡献。“标准管理”追梦产业报国。工业品的极致形态是注入丰富文化因素的创新产品，现在是“一流企业卖标准”，“得标准者得天下”。标准本身是一种规则，ISO9000等一系列国际管理标准，就其制度本身而言，浓缩了工业发达国家许多年来的管理经验，融合了当今诸多优秀的管理思想和方法，并以最简洁的方式将管理流程加以概括。中国石化肩负着产业报国的历史重任，也有责任在行业标准化建设方面走在前列，成规则运行之典，领社会风气之先。“合规文化”锻造市场利器。强化合规文化建设，已经成为全球企业竞争的新规则。中国石化作为越来越国际化的大公司，越来越重视跨文化管理，加强合规文化建设，将助力企业大步“走出去”，实现与利益相关方共同发展、互利共赢。

**促进价值理念融入制度行为，做到知行合一，逐渐养成习惯。**首先是内化于心、固化与制、外化于行。把核心价值理念灌输传播到员工情感最深处，增强认知认同，不仅使其内化于心，更要固化于制，外化为行。坚持以文化理念为引领，把核心价值理念体现在制度规范里，渗透到各项业务流程中，促进将企业价值理念转化为员工的日常行为。二是培养“无需提醒的自觉”。强化问题导向，狠反“低老坏”和“三违”现象，严格标准、规范行为，培养习惯、形成自觉，做到“对照工作标准一丝不能懈怠，按照工作程序一步不能缺少，依照流程操作一点不能含糊”。制度是让想犯错的人不敢犯错、也不能犯错，文化是让有机会犯错的人不想犯错、也不愿犯错，体现出“无需提醒的自觉”。三是硬化任务、细化措施、量化考核。“硬化任务”就是把文化建设纳入企业发展规划，把上级指示要求变成具体的工作方案，像抓质量效益一样抓好文化建设。“细化措施”就是规范化推进，模块化构建，特色化发展，通过各种细化措施把企业文化建设的目标任务落到实处。“量化考核”就是建立实施文化测评考核机制，推动企业文化建设逐步走上制度化、规范化、标准化轨道。

**打造一体化综合性支撑平台，建立有效机制，形成工作合力。**积极探索建立把文化理念融入制度行为的工作机制，明确责任分工，一体协调运行，建立制度设计、执行督查、考核奖惩的工作流程。把基层文化建设作为重点工程，充分调动积极性和主动性，发挥基层的创造性，创新文化载体，应用EAP新工具，借助这一综合性平台，体现制度文化新优势，展现创新发展新作为。增强文化的感染力、亲和力、吸引力，让员工积极参与制度文化建设，把他律强制变成自律自觉。发挥先进典型的示范导向作用，“点”上突破，“面”上布局，以点促面，推进集团公司企业文化建设整体水平不断提高，为“建设成为人民满意、世界一流能源化工公司”提供强有力文化支撑。

（作者单位：中国石化胜利油田党委宣传部（企业文化处））

# 东东、琪琪让东汽文化看得见

彭　嘉

按照企业文化的洋葱模型，我们可将企业文化分为核心层、中层和外层，分别对应精神文化、制度文化和行为文化、物质层。显而易见，越往洋葱的外层走，特别是物质文化，他们是具体的、形象的、可触摸的，自然也是容易被观察、被描述。但是。越往里层走，特别是理念部分则越是不那么容易被看见、被描述。所以，才有企业文化如同空气，看不见、摸不着。当然，我们发行文化手册、理念上墙、规章制度上墙是一个通常的做法，但同时，我们也注意到，不少企业对于企业文化理念主要采用的是文字表述方式，在当今信息过度、“注意力”也是稀缺资源的时代，依靠在这样一种方式进行宣传，给人的感觉并不理想：一是文字表述似曾相识；二是表达内容雷同一律；三是文本格式老套陈旧。

这也可能是目前企业文化建设的普遍现象。常说企业文化是虚的，甚至是说起来重要，做起来不要。因此，不少企业或企业管理者往往满足于文化理念体系的在文字表述上的健全，只要讲话时有“高、大、上”的理念可表述、写材料有“门类齐全”的理念可植入、美化环境时有“吸引眼球”的理念可以上墙，就已经觉得很不错了。停留在这样一种传统、单一、简单的一些做法上，管理人员并不在意、员工也熟视无睹，其传播效果可想而知。反过来，进一步授人以“企业文化就是表面功夫、企业文化建设就是走形式”之口实。

那么，为使得企业文化能更好的为员工所感知，有没有什么办法能让企业文化容易的被看见？采用什么样的形式能使企业文化表现的更能够吸引眼球？赋予哪些构成能使企业文化增加对受众的粘性？人有视觉、听觉、嗅觉、触觉、味觉等五个感官。据哈佛商学院的研究，人的大脑通过五种感官接受外部信息的比例分别为：视觉83%，听觉11%，嗅觉3.5%，触觉1.5%，味觉1%。显而易见，视觉信息渠道在各感官中作用是最大的、效率是最高的，视觉是感知事物的第一途径。

心理学还告诉我们：即使是这83%的视觉感受，其注意力是具有选择性的。相比起单纯、枯燥的文字信息。图文并茂的方式能以其大量丰富的信息、强烈的视觉效果、生动鲜明的形象，更能让受众直接感受到具象，快速理解所表现的内容，有助于对作品思想的深度把握，达至“一图胜千言”的效果。正是在媒体文化和信息技术的驱动下，使得我们快步进入了视觉图像力量空前强大的“读图时代”。尽管对于这样的改变，见仁见智，但由赋予了意义的形象、色彩、线条、板块等组成的图画所拥有的影响感知的优势是不能被否认的。

企业文化建设“内化于心”的前提是提高员工对企业文化特别是核心理念的有效感知，在上述认识的基础上，我们认为提高感知对象的视觉吸引性、增强感知对象的可感知性是我们企业文化工作者值得深入探讨的领域。因此，东汽文化建设在“文化理念展示”方面没有满足于企业文化手册中理念体系的健全，也没有满足于生产现场和办公现场有文化理念的展示，通过多年的尝试积累，从而走出了一条让企业文化理念不仅有、而且看得见，不仅看得见、而且比较吸引关注的路径。

这就是创意、设计企业卡通形象并广泛运用在企业文化建设上，对企业文化理念进行充分的视觉表达，从而推动企业文化理念落地。东汽的卡通形象分别为男性“东东”和女性“琪琪”，卡通的姓名与“东汽”谐音。于 2007 年的秋天降临东汽，现在，他们已经 9 岁了。自出生到现在他们一直萌态可掬、自信进取、活泼友善、亲和可爱，符合现代化重装制造行业属性，企业审美特点的东汽卡通形象。

为了便于运用，我们对卡通形象进行了系列设计。首先，在人物组合上，分别有单人形象、双人形象和群组形象；其次，是赋予卡通情景人格，分别设计为励志、进取的积极型 A 系列；端庄、警示的严肃型 B 系列；活泼、开朗的可爱型 C 系列；懈怠、无力的消极型 D 系列。在角色担当方面。主要是诠释文化理念、呈现作业规范、解析管理要求、告知温馨提示以及装饰美化效果。

东东、琪琪卡通一经推出，便获得公司管理者的肯定，并得到员工的欢迎。不少员工都觉得卡通形象的原型就来源于自己的单位、身边的同事，有的还专门来进行求证！实际上，为了在卡通形象中充分的注入东汽人的精、气、神，创作人员深入现场，了解管理情况、生产流程，观察员工们的言谈举止、行为习惯，先后几易其稿、数次修订，因此，东东、琪琪的 DNA 一开始就植入东汽元素，自然，他们的体貌就与生俱来地具备了东汽人“根正苗红”的精神气概和音容特征。

迄今，以东东琪琪为构成元素的企业文化产品非常广泛，成为富有东汽特色的企业文化建设载体。

一是东汽企业文化核心理念展示，重在反映公司使命、东汽精神，以及通过典范人物传递核心价值观。特别是这些先进看到自己的形象转化为卡通形象在宣传画上出现，心情都是有些激动的，因为这样的宣传方式在东汽也是首次，自然，带给典范人物的激励和鼓舞也是较大的。

二是企业文化应用性理念招贴：迄今，先后围绕公司中心工作，采取多路径采集、集中提炼方式，分别形成精益文化理念、零缺陷文化理念、成本管控理念、改革发展理念等共计一百余条，卡通形象主要作为装饰美化元素。

三是东汽管理文化系列宣传：该系列宣传画以八幅小图组成，张贴目的不仅是为了营造环境氛围、推动意识提高，而是定位成相关管理要求和管理方法的“教学版”。因此，我们希望只要是认真理解画面情景，加之配合了对“核心提示”的文字。那么，该主题工作的要求、路径、方法和措施就能基本了解掌握。

四是公司制度、规范和要求的演绎：我们都知道，企业的管理制度、规定等的文字表述是讲究体例、严谨、精炼、规范的，读起来难免枯燥、乏味，因此，采取卡通形象与文字相辅相成，简洁、精炼、明了，对员工来说，就成为一种喜闻乐见的方式。

五是抗震救灾系列：即使是在遭受 2008 年汶川特大地震毁灭性打击后，东东琪琪卡通的运用不仅没有终止，反而是以之前没能想象的新方式、新内涵、新使命呈现在饱受痛苦和折磨的东汽人面前，成为激励东汽人自强不息、泰山压顶不弯腰的精神支柱和力量源泉；并展示了东汽人面对灾难、不屈不挠的精神和斗志，进一步激发东汽人恢复生产、重建家园的决心。

今年以来，为配合公司在质量管理提升方面的要求，我们还先后发行组图“一次做好、从心开始”、“错误的路不走第二次”、“质量提升，从消灭‘N’开始”、“像除四害一样消灭 NCR”以宣传诠释“零缺陷”质量文化理念；质量理念宣传系列 20 条；由卡通人物演绎质量诚信文化小故事 7 个。随着公司活动的深入开展，质量主题的卡通系列还将不断延伸、丰富、推出。

心理学认为：“人是唯一能接受暗示的动物。”积极的暗示，会对人的情绪和生理状态产生良好的影响，激发人的内在潜能。东汽卡通形象呈现出较强的心理亲和力。员工常常会被它们的造型和色彩所吸引，并激发起强烈的情感共鸣和认同心理。

通过卡通形象推动企业文化建设，海尔无疑更是具有典型代表性，比如，他们的“员工画与话”通过用漫画方式表达员工所理解的海尔文化，曾被日本神户大学作为成功案例写入该校案例库。并评价道“用漫画的形式诠释企业文化、企业经营理念，这在国际企业管理界还是一个创举。”海尔所做的，远不止这些！打开海尔的网站，更是扑面而来的海尔卡通形象海尔兄弟，海尔还推出海尔兄弟连环画系列、海尔简笔画丛书、系列视频《海尔兄弟历险记》、以海尔兄弟为主角的手游。海尔通过可爱的卡通形象对外输出海尔模式，对内传承海尔文化。

不能说传承变革企业文化、树立提升企业形象非要有卡通形象，但是，通过一个很好的卡通来代言，改善受众视觉感知，增强传播效果，那一定是会加分的，如果进而能做到极致，那给企业带来的管理效应、品牌效应和社会效应，也许会出乎我们预料。海尔能够坚持并不断丰富卡通运用 20 余年，化无形为有形，将企业的企业文化理念和核心竞争能力转换为图案标志、文化符号，并进行横行到边、纵向到底的全方位延伸运用，环顾世界知名企业，恐怕无人能出其右。

国资委新闻中心曾通过“国资小新”微信，以“最萌央企卡通形象，请你投票啦。”为主题，在微信上展开央企卡通形象“设擂比萌”的活动，引发了社会各界关注。这些，都使得我们进一步认识到：要让员工时时刻刻感受企业文化的熏陶，就要让企业文化能被看见、能被听见，作为一种推动企业文化传承和提升的方式，采取卡通演绎运用是值得尝试的事。

迄今，我们有不少的实践感受：

第一，人是能够接受暗示的动物，积极的暗示，会对人的情绪和生理状态产生良好的影响，激发人的内在潜能，企业卡通就是一种能够有效给予员工积极暗示的企业文化符号；

第二，企业卡通可以成为企业文化建设的激励因素，也就是说，没有它，没有关系，不过，如果有，哪就能为企业文化建设增加非常大的想象空间和实操路径；

第三，文化传播也要讲究受众体验，要站在受众的立场上思考传播方式，要放下身段而不是高高在上，是平等交流而不是居高临下，要熏陶而不是说教，真正体现以文化人；

第四，企业文化建设载体不能有路径依赖，要与时俱进；要开门搞企业文化建设，要开阔我们的理论视野、学习标杆企业做法，善于从不同的视角展示丰富我们具体的企业文化建设实战思路。

（作者单位：东方电气集团东方汽轮机有限公司）

# 高速动车组制造基地操作文化建设模板

孙书慧

近年来，随着中国铁路事业的快速发展，中国高铁已成为一张代表中国高端装备制造业水平的“金名片”。中车长客股份肩负着动车组研制开发，确保高铁走出国门和支撑“一带一路”的历史重任。经过五年多的建设实践，我们已经建成了一流的高铁生产基地，也培养了一支技术业务精湛、质量意识坚定、职业道德高尚的高铁工人队伍。

## 一、积极探索文化模板定位

2010年，长客股份公司高速动车制造基地建成投产，一批新入职的青年职工承担起高速动车组生产重任，为使他们尽快掌握世界最先进的动车组生产技术，形成稳定批量生产能力，确保产品质量安全，在最短时间内统一意志，提升素质，形成一整套与研制世界最先进动车组相适应的制度和文化，成为亟需研究和解决的课题。为此，我们提出，以新技术、新平台、新产品、新队伍、新基地为基础，加强思想文化引导、探索制度机制创新、建设新型管控模式，培养职工良好的职业习惯，进而建设形成独具特色的操作文化的工作方针。

在实践中我们认为，操作文化是对操作单元（具体制造单位）若干管理形式进行文化改进创新所形成的“软管理”及其在长期运行过程中形成的价值观念、行为方式、行为规范的总和，是企业文化在制造层面的具体体现。面对新员工占员工总数80%的客观形势，为实现动车组研制能力并将产品质量稳定在较高水平上，要在较短时间内带领新员工实现由普通操作工人向职业技术工作者的转变，迅速弥补员工在应试教育背景下社会教育和家庭教育的某些缺失，迅速形成一套对解决实际问题快、效果好、操作性强，具有可移植推广价值的文化管理体系作为工作目标。操作文化围绕企业核心目标，树立占主导地位的价值标准、管理模式、行为准则，形成人们在特定领域评判是非得失标准，操作文化的建立，对于坚定员工职业信仰和质量意识、规范员工作业行为、加强员工队伍科学管理，具有十分重要的现实意义。构建操作文化管理模式，秉承来源于实践、传承于员工、反馈于现场、作用于生产的实践原则，在文化与管理一体、内化和固化结合、显性与隐性相融上下功夫，不断推进操作文化的可视化输出和持续改善，最终达到培育一支勇于担当、心智开放、积极包容、心态阳光的职业技术工作者队伍的目的。

## 二、推进文化模板落地生根

### （一）以“万万千”为根基，确立员工标准思想。

在践行操作文化的具体实践中，突出思想支撑、管理支撑、技术支撑和环境支撑，其中环境支撑是通过持续开展具有高速中心特色的“万万千”（十万个螺栓无松动、万根线束无差错、千米焊缝无缺陷）岗位技能竞赛、青年人才培养等活动载体，深化操作文化内涵，营造良好的“磁场”环境。开展“万万千”活动的主旨是通过青年员工每个岗位、每个工种“量的累积”，倡导“坚持一次性把事情做好，并能够长期坚持下去”的理念，倡导“一点都不能差、差一点也不行”的理念，倡导“与高铁事业同步发展、同享发展”的理念，员工通过每一道工序的正确操作和累积，获取相应物质与精神层面的激励，“干的越多，干的越好，得到越多”，无形中缔结了与高铁事业的“纽带”，将神圣的高铁事业外化到员工的每一次施工作业中，实现个人发展与高铁事业的“同频共振”。“万万千”的具体做法，得到了长客股份公司党委的认可和推广，发挥了良好的带头示范作用。

### （二）以“一口清”为主线，培养员工专注精神。

我们在中心内持续推行“一口清”活动，将“工艺文件一口清、质量标准一口清、行为规范一口清、安全操规一口清”作为员工上岗的“经”来强力推行，写入中心员工培训大纲中，编制涵盖新一代高速动车组364道工序的应知应会手册，明确各工序各工种的作业标准和相关要求，通过持续推行“一口清”培养员工对规范、标准的敬畏和尊崇，达到外化于行、内化于心的管理效果，最终作用于产品实物质量，实现高速动车组生产制造“零缺陷、零误差、零隐患”。经过近五年的持续宣贯与推进，“一口清”已成为高速中心各级组织开展工作的一条主线，各级组织围绕“一口清”策划开展专项检查、熟练度比拼、“一口清”加油站等主题活动，有效营造全员“一口清”文化环境，用“一口清”检验各单位抓管理、带队伍的工作成效，用“一口清”助推产品质量提升和基础管理，通过反复抓、抓反复，筑牢员工思想防线，真正实现员工对“一口清”的入耳、入脑、入心。2015年7月17日，习近平总书记在对长客股份参观调研时，高速中心青年职工姚智慧为总书记展示了“端子排接线工艺文件一口清”，得到了习近平总书记的赞赏和肯定。

**（三）以“首见制”为突破，强化员工精确意识。**

在打造操作文化的具体实践中，我们将推行“首见负责制”作为提升员工职业素养，强化员工主人翁意识的创新举措，“首见负责制”是指在本单位所管辖区域内，第一位发现生产、现场、安全、综合管理等各类异常情况的员工，有责任、有义务进行恰当、合理的处理，并第一时间向上级汇报，确保异常情况得到及时有效控制、处理的管理措施。推行“首见负责制”，有效延伸管理幅度和管理触角，将“管理对象”转化为“管理者”，变“强制”为“牵引”，激发每名员工主动管理、主动作为的主人翁意识，从而达到有效控制产品质量、现场规范、安全生产等目的。中心铝车体一车间在全员推行“首见负责制”的基础上，将班组长、车间骨干等作为第一批次“首见负责人”，为其佩戴醒目标识，实现车间第一工序“第一速度”；中心装配一车间广泛开展“5米经理”活动，车间作业场地内每名员工都是以自己为圆心，1.2米为半价的区域内（面积约等于5平方米）的“经理”，要求每名“5米经理”自觉发挥主观能动性，履行好监督现场卫生、料件摆放、作业质量、劳保穿戴等责任，车间通过为其颁发“卓越卡”和“提示卡”给予正负激励，持续增强员工自主管理、持续改善的意识。

**（四）以全员改善为抓手，树立员工完美主义。**

提升员工职业素养，是打造操作文化模式的重要目标，中心不断完善职业工作者养成机制，提出“585全员改善”工程，目标要实现5年内85%的员工都要参与一项职业创新。中心建立了《高速动车组制造中心职业创新管理办法》，对各单位开展职业创新情况进行每周讲评、每月奖惩，及时纠偏、阶段讲评，使员工对参与职业创新有点子、有热情、有甜头，进一步培养员工职业开拓和创新意识。截止到目前，中心员工已归纳总结出714项职业创新成果，内容涵盖工装设备、现场管理、工艺优化、管理方法等，有效提升了产品质量和管理水平，全面强化了员工创新能力和职业素养，并从深层次激发和激活员工创新、创造的内驱力，使操作文化主导下的员工队伍充满进取力、创造力，用正能量推进团队机体持续进步、持续发展。

### 三、有效发挥文化模板效能

经过五年多的建设实践，我们已经为哈大线、京沪线、兰新线、沈丹线等高铁线路提供了800列动车组，并实现良好的运营，前不久，我们还研制出中国标准动车组，并在郑徐高铁以时速420公里进行了冲高实验，进一步验证了产品设计制造的先进性及可靠性。这些都促使长客股份高速动车组制造基地综合效能和品牌作用得到进一步彰显和推广。同时，我们初步形成了具有自身特色的高铁制造领域操作文化，并内化出操作文化SAAP（S-Standard，A-Absorbed，A-Accurate，P-Perfect）模板：即标准、专注、精确、完美等基本要素，使抽象的文化在具体操作实践中可触摸、可感知、可信赖。这一文化模板对于构建中国特色现代企业制造文化进行了重要探索，并具有广阔的推广价值。近年来，长客股份高速动车组制造基地先后接待习近平、李克强、王岐山等党和国家领导人及大批国内外客户和友人，已成为展示振兴东北老工业基地发展的一张靓丽名片。其研究课题《长客股份公司高速车制造基地操作文化管理体系的建立与实践》荣获中央企业党建思想政治工作研究会优秀研究成果奖。仅在今年五一期间，中央电视台在新闻联播头条用五分钟时间对高铁员工姚智慧工艺文件一口清做了报道。央视五一劳动节特别节目分会场设在了高速基地，对高铁员工精神风貌做了精彩的展示，大大提升了高铁品牌形象。2015年7月17日，习近平总书记在对长客股份高速基地参观调研时肯定我们：高铁已成为中国装备亮丽名片，希望长客领先领跑、勇攀高峰。2014年，凭借着卓越业绩、突出贡献和优秀文化，高铁基地被吉林省委、省政府授予“吉林省模范集体”荣誉称号。

（作者系中车长客股份公司党委宣传部部长）

## 非公有制企业文化建设的有效途径

赵永春

企业文化体现着企业的生命力、创造力、软实力，一个好的企业文化能提高企业的创新力、形象力和核心竞争力，引领企业拓宽新的领域、抢抓新的机遇、创造新的业绩。企业文化建设中的“化”，就是要把企业提倡的东西、标榜的东西，通过各种有效的传播手段和表现形式使得企业所有干部员工所理解、接受、认同。逐渐形成了与发展相结合、与管理相协调、与人本相呼应、与品牌相促进的全新、与时俱进的文化建设体系。

钢铁企业面对钢铁行业产能过剩、需求不旺，钢材价格急剧下滑、盈利空间不断萎缩、市场竞争日趋激烈的严峻形势，如何创新公司企业文化，实现企业文化能够继续发挥积聚能量、高度认同、共同参与、指导实践作用。应从以下几方面着手：

### 突出顶层设计，强化基层实践

企业要发展，三年五年靠机遇，十年八年靠管理，企业百年要靠文化。企业文化是一种强烈的支配着团队成员思想和行为的团队文化，把社会人转化为企业人。公司要统一企业使命、统一核心价值观、统一企业精神、统一企业作风、统一企业标识、完备顶层设计，出台企业文化建设总体规划，完善核心理念体系、行为规范体系、形象识别体系，包括完成为各子公司的布魂、布局、布道。

在强化基层实践工作中子公司要以集团公司的顶层设计为指引，突出抓好责任体系建设、跟踪体系建设、评价体系建设、激励体系建设，以经常化内部媒体宣传、形象化的言行举止、贯宣体系化的素质教育、系统化的技能培训、普及化的文化活动、人格化的先进典型表彰、具体化的评比活动、人本化的送温暖救助、现场化的环境治理、社会化的公益活动等为载体，教育员工无论哪个岗位、哪项工作、哪个时段、哪个区域，员工都是经营者、岗位就是利润源。

## 培育专项优势，构建创新系统

创新是一个民族发展的永恒力量，亦是企业发展的永恒主题，更是企业进步的不竭动力，创新是克服思维定式，克服各种管理体制障碍，突破与组合的再统一过程。企业文化创新是为了使企业的发展与所处环境相匹配，突破企业文化建设与企业经营管理实践相脱节的僵化文化理念和观点的束缚，激发全体员工内在潜能，实现先进理念贯穿于全部创新过程的经营管理方式的转变。

开展管理创新、技术创新、文化创新是当前构建企业文化建设发展新框架的重要内容，通过建立强劲高效的、持续一致的创新文化，营造高度凝聚、规范有序的创新氛围，焕发出干部员工自主创新的内生动力，建立以创新价值观、创新准则、创新制度为主要内容的创新文化，构建创新型企业。其实质就是保证企业宏观战略实现的变革文化，以面对日益激烈的竞争环境。每一名基层管理者必须意识到没有一成不变的规则，今日的创新成果是明天创新的起点，以创新能力开发、创新能力提升、创新能力扩展、创新模式优化等为突破，快速建立健全创新成果评价机制、创新人才与创新业绩的分配机制等保障机制。

拓展专项文化建设是基层文化创新的有效途径，“完美在基层”的质量文化、“关注安全、关爱生命”的安全文化等积极发挥导向作用、聚合作用、推动作用、辐射作用。通过比技能、打擂台、显身手、展风采，多种形式和活动评比敬业星、能手星、服务星、孝敬星、营销星、创新星、学习星、改善星、质量星等，为员工岗位成才搭建“跑道”，培养首席员工、金牌员工，鼓励以人名命名操作法、开展“找茬式”培训、推行“菜单式”交接班。向文化创新要动力，向技术创新要实力，向管理创新要活力，从企业的血脉传承、优良基因继承中凝聚人、感染人、鼓舞人，激发广大干部员工骨子里的“干劲”。

## 发展特色文化，铸就品牌制造

企业文化是企业战略制定与实施的旗帜，引导战略发展，支持战略推进，推动战略创新。企业文化要保持包容的文化品性，要具有追求超越的鲜明特征，蓄积充满魅力的感恩力量，蕴含与时俱进的引领作用。

打造独树一帜的行业全面争先“品牌制造版本”；以之为纲，构筑落地生根的企业员工共同“心灵契约”；以之为帅，统领形神兼备的企业文化建设“钢铁乐章”。只有依靠自己的力量，才能战胜困难。要以“等不起”的紧迫感、“慢不得”的危机感、“坐不住”的责任感，在逆境中创造出中国制造业的“品牌制造”。

面对存在不和谐现象的原因：既有利益方面的碰撞，也有观念上的差距，既有管理制度的漏洞，也有思想教育方面的松懈，既有体制上机制上的不完善，也有管理者工作方法上不当或办事不力等。每一名基层管理者要严格坚持五必谈四必访制度：员工岗位变动时必谈，受到批评或奖励时必谈，遇到困难时必谈，与人发生矛盾时必谈，提干或入党时必谈；家庭有纠纷时必访，生病住院时必访，生活有困难必访，家有丧事必访。用亲情感染员工，用柔情教育员工，育人才、聚人气、凝人心，把员工心田捂暖。

先进企业文化和企业发展建设有机融合，要实现四个落实，即：落实到生产经营的每个环节之中、落实到班组的日常管理之中、落实到广大员工的言行举止之中、落实到着力解决员工普遍关注的热点难点问题之中，提升公司软实力，再争全国企业文化建设先进单位。要想把企业文化的凝聚力发挥到最大化，采取一定的措施是必不可少的。

一是要打造一支高素质干部员工队伍。要紧紧围绕降本增效中心工作和新时期、新形势下公司发展的客观要求，强力推进素质工程建设，站在适应集团发展需要的高度，提升干部队伍综合素质，推进干部队伍转型，为企业实现持续、健康发展奠定坚实基础。通过建立“高技能人才”工作站、定期开展交流研讨会等形式，着力提升核心技术人才责任意识、思维方法、创新能力。培养职业化干部员工队伍，以职业化建设为中心，多渠道培养干才、专才、通才“三才”队伍，全力打造金牌员工，培养核心员工，选树能工巧匠。

二是推广基层先进管理经验，促进企业管理升级。公司继续推进标准化、精细化管理，督导各单位根据市场新形势、集团新要求，完善新制度、健全新标准。将新标准落实到生产经营和日常管理的各个环节。全面开展镜子式标准对标，学习先进企业，并要以对标查找出的差距和问题，来设定目标，锁定责任，制定措施，抓好落实，确保降本增效的有效性。

三是大力发挥群团组织作用，增强公司向心力和凝聚力。培养一岗多能、一专多能高素质员工队伍，推广“会上讲一点儿、现场教一点儿、间隙聊一点儿”的灵活培训方式；以开展职业技能竞赛为契机，以赛促培、以培带赛；结合各单位生产实际，以创建“创新工作室”为引领，积极引导技能人才的创造热情，为技能人才创造学习、交流、研发、攻关的平台。以“企业做强、行业争先”指导思想为指针、“三极支撑五条主线十个突破”工作重点为主题，以打造创新团队为标准，以各级党工团组织为阵地，以公司的管理创新、技术创新为重点，以全员创新为基点，全力推进“内化于心、塑化于为、固化于制、外化于形”持续改进，把“同心点”敲在企业做强的事业上，把“着力点”夯在队伍建设上，把“落脚点”定在有助于企业二次腾飞上。

（作者系河北津西钢铁集团股份有限公司党委副书记、工会主席）

# 幸福企业文化研究的理论与实践意义

韩伟功

20世纪80年代初，企业文化开始传入我国。经过三十多年的理论与实践，企业文化在中国越来越受到人们的重视，越来越多的企业逐渐肯定和认可企业文化，并开始注重自身的企业文化建设，企业文化研究成果越来越多。目前，企业文化已成为社会上一个引人关注的热点，上至企业管理者、下至企业员工都在谈论企业文化这一话题。

随着中国经济面临的新时期、新机遇、新发展和企业界、理论研究学界不懈地坚持与实践，企业文化理论与实践迎来了一个新的发展时期，并不断地有新的理论产生，幸福企业文化理论就是其中之一。

## 幸福企业理论的提出是企业管理理论的重大进步

提到幸福企业理论，首先要涉及幸福和幸福企业问题。那么，什么是幸福？许多学者对这一问题有诸多研究。

有人认为，幸福是一种感觉，是人的心理欲望得到满足时的一种状态和愉悦感。这种状态既是人的现实生活状态的反映，也是人的心态的写照。

一些学者认为，幸福的源头是需要和欲望，意思是说人们追求幸福是因为需要和欲望而产生的。马克思、恩格斯曾就人的需要及其满足是人类第一个历史活动问题指出：“一切人类生存的第一个前提，也就是一切历史的第一个前提，这个前提是：人们为了能够‘创造历史’，必须能够生活。但是为了生活，首先就需要吃喝住穿以及其他一些东西。因此第一个历史活动就是生产满足这些需要的资料，即生产物质生活本身。”

幸福的表现形式是心情的愉悦与快乐。所以有人说，幸福是一种持续的快乐。幸福的目的是人的生存与发展。幸福理论研究学者孙英指出：“幸福主要有三层含义：幸福是人生重大的快乐；幸福是人生重大需要和欲望得到满足的心理体验；幸福是达到生存和发展的某种完满的心理体验。”综上所述，幸福是人生重大需要、欲望、目的得到实现的快乐的心理体验，是达到生存和发展的某种完满的、快乐的心理体验。

企业文化建设和管理的实践把企业文化理论研究不断引向深入。2009年2月4日，天九儒商投资集团（现称天九幸福集团）董事局主席、世界杰出华商协会主席卢俊卿第一次给员工宣讲了“建设幸福企业”的理论。2012年1月，他出版了《幸福企业才是最好的企业》一书，被誉为幸福企业理论的奠基之作。2010年1月29日，亚太本土最大的管理软件厂商、用友软件股份有限公司在新三年战略规划暨业务策略发布会上，也提出了“幸福企业”问题。这一新理论一经提出，就引起越来越多企业界和企业文化理论研究界人士的关注。

什么是幸福企业？幸福企业就是能够满足员工（老板也是员工）不断增长的幸福需要的企业。幸福企业所倡导和追求的企业文化是幸福文化，幸福文化是幸福企业的根本特征。幸福文化就是以幸福最大化作为企业终极目标的企业文化，其主旨是幸福，精髓是“以人为本”。

幸福企业文化理论的提出，是企业管理理论的重大进步，标志着企业文化理论研究进入了一个新阶段，它更加贴近于企业实际，更加贴近于员工的自我价值实现。

1911年，科学管理之父弗雷德里克·泰勒创立了科学管理理论，其核心是用科学化、标准化的管理替代传统的经验管理，实现了管理理论的变革，被称为管理理论的里程碑。现代企业管理经过一个世纪的演变、发展与创新，经历了科学管理、行为科学管理、管理科学、文化管理等不同阶段，最终目的就是把员工的物质生活和精神生活的美满幸福统一到企业的发展进步之中。

天九幸福集团董事局主席卢俊卿在多年经营企业、研究企业管理和企业文化建设实践中，揭示出幸福企业的真谛：“员工幸福了，就会为企业创造更大的价值，而企业发展了，就能为股东带来回报，从而为社会造福。所以，一个幸福企业实际上就是把员工、客户、股东和社会之间的关系达到最佳平衡。”实践证明，一个现代企业已经从追求股东利益最大化、企业利益最大化转化为寻求员工、客户、股东和社会之间利益的最佳平衡，把员工和企业的幸福感作为衡量企业好坏的核心标准。为此，卢俊卿指出：“幸福的企业才是最好的企业。”所以说，幸福企业文化理论的提出是企业管理理论的重大进步，是一次质的飞跃，是企业管理理论的创新和发展，有助于企业文化建设认同机制的落地生根。

## 幸福企业文化理论将对员工价值实现、企业发展和当代中国和谐幸福社会建设产生积极影响

随着市场经济的快速发展，企业的发展进步与员工的利益、自我价值实现越来越息息相关。从个人成长的角度看，追求物质利益、追求精神享受、追求事业成功、实现个人价值，是人的自然本性。员工越来越希望在企业的成功中能更多地看到自己取得的成绩，希望自我价值能在企业的成长中更好地体现。从企业的发展角度看，只有员工的成长和进步才能带动企业的全面创新，才能推动企业的全面发展。企业的全面发展直接关系到每个员工的切身利益和前途、命运。只有让员工拥有幸福感，企业才会有持续发展的动力，员工只有把企业视为自己的命运共同体，才会尽心尽力、多作贡献。

目前，传统的功利观在一些企业还一定程度的存在，一些企业管理者仍把追求利润最大化，创造更多的财富作为自己的最大目标，从而导致了员工的流动率居高不下，有的频繁跳槽，甚至员工跳楼事件屡屡发生。这就说明员工还没有与企业形成利益共同体关系，更谈不上是命运共同体关系。实际上，这些企业的员工缺乏幸福感，也说明这些企业没有满足员工的幸福需要。有人把这种现象叫作“幸福危机”。构筑幸福企业文化既能弱化企业功利观产生的社会财富两

极分化现象，又有利于化解这种“幸福危机”。

如何评价一个企业是不是幸福企业，主要看是否具有快乐工作、共同富裕、共同发展、受人尊敬、健康长寿五项指标。这五项指标决定着一个企业幸福指数的高低。

幸福企业文化建设还对当代中国和谐幸福社会建设具有重要价值。追求幸福和快乐是人类与生俱来的本能，幸福与和谐是人类永恒追求的、具有普遍意义的终极价值。创造幸福生活与构建和谐社会，是中国特色社会主义建设和中国现代化发展的重要价值取向，也是幸福企业文化建设的核心内容。幸福企业文化是把幸福作为企业管理的最高境界，把成就人、进而成就企业、谋求幸福美好生活作为企业管理的发展目标。

幸福企业文化直接影响并指导着人生的实践，能帮助人们树立科学的幸福观。幸福观教育是构建和谐社会的重要途径，在内容上对和谐社会建设起着导向作用，为和谐社会建设营造好的社会环境；在机制上有调解社会矛盾的作用，引导社会价值取向和促使人们树立正确的理想信念，形成全社会的共同价值观。当前社会，多种矛盾还普遍存在。在一些地区，在某种程度上还存在着对立和暴力现象。我们的目标是建立和谐社会，所以就要努力化解矛盾，积极消除暴力，提倡和谐共建。通过建设和谐社会实现共同富裕，实现全体人民生活水平、幸福感的共同提高，这才是我们的最高追求和最终目的。

### 幸福企业文化研究的实践意义

为什么要建设幸福企业？从一般意义上说，第一，建设幸福企业是每个员工的共同需求。即为社会创造幸福，也为员工创造幸福。第二，建设幸福企业是企业可持续发展的客观需要。企业的可持续发展是指企业在追求自我生存和持续发展过程中，既要考虑企业经营目标的实现，又要在企业竞争领域和未来企业经营中保持竞争力的提高和绩效的增长。第三，建设幸福企业是企业应尽的社会责任。为社会创造财富，为员工创造幸福，给予股东回报。

人是企业生存与发展的根本，企业办得好坏，归根结底都要体现在员工身上。幸福企业文化对员工有导向功能、激励功能、凝聚功能和约束功能，这些功能的发挥共同助力员工的成长与发展。

**幸福企业文化引导员工思想。**幸福企业文化反映了员工追求幸福的共同意愿，对员工具有积极地引导作用。一般地说，员工很容易认同企业的幸福文化。员工认同了幸福企业文化就能自觉地按幸福企业文化所倡导的精神、道德和宗旨行事，与企业形成一致的价值观。

**幸福企业文化激发员工热情。**幸福企业文化能给员工极大的精神鼓励，激发员工的工作热情。幸福企业文化倡导以人为本的价值观，关注人的全面发展，使员工不仅看到企业存在的意义和发展前景，更能感受到自身的责任和价值，会自觉产生崇高的使命感和责任感，并以积极的态度自觉地为企业发展和实现自身价值而努力。

**幸福企业文化凝聚员工力量。**在企业的发展过程中，难免会存在一些影响员工情绪和工作热情的问题。这些问题在员工看来都是一些不幸福、不和谐的因素。建设幸福企业文化就是解决这些问题，从而让员工感受到企业的温暖，增强企业的凝聚力。

幸福企业文化倡导以人为本、以企为家、团结和谐、自主创新等理念，企业通过宣贯、践行这些理念，能增强工作责任感和集体荣誉感，员工通过工作实践把自己的理想信念、价值追求与企业的发展方向和目标结合起来，就会产生巨大的向心力。同时，幸福企业文化倡导的共同富裕和共同发展，不仅能为员工提供物质生活上的保证，还能为员工提供精神生活上的支持，使员工工作积极、生活美满、精神愉悦，在情感上产生与企业风雨同舟、休戚与共的命运共同体感觉。实践证明，幸福企业文化得到员工认同就会凝聚员工力量，产生聚集效应。

**幸福企业文化约束员工行为。**员工工作、生活在企业，难免会遇到困难和挫折。当人们遇到困难时，往往会感到无助，从而产生畏难和退缩情绪。有的员工不愿意经受苦难的折磨和困难的挑战，为了让员工的自身利益与企业的发展目标相一致，企业需要建立一些约束机制。这也是幸福企业文化需要解决的问题。

幸福企业文化对员工行为的约束作用，不仅体现在制度对员工行为的硬性约束上，更主要地体现在幸福企业文化所倡导的追求幸福的价值判断标准和行为准则对员工进行的软约束。幸福企业文化建设会使员工自觉地与企业的价值观和行为规范保持一致，从而实现企业的发展目标和员工的自身价值。

因此，有的学者在研究了企业发展之后，得出这样的结论：最好的企业不是利润最大化，而是幸福最大化。

（作者系阜新市企业文化研究会会长）

## 如何培养技工院校学生企业文化素养

师　扬

随着社会的发展和生产的高度社会化，竞争意识和团队精神在各行各业中越来越受到广泛的关注和重视，比如微软、联想、腾讯等世界和中国一些知名企业已明确将作为其企业文化重要内容的“竞争意识”或“团队精神”作为对人才的一项基本要求，而且在招聘时开始以团队招聘的方式吸纳人才。这对技工学校人才培养方式提出了新的要求。因此，培养学生良好的企业文化素养，促进学生职业素养提升，是当前技工学校大力推进以就业为导向教育的重要方向。重视培养学生竞争与合作能力，不仅是学生职业生涯规划的内在需要，是现代企业对具备符合职业素养要求的技能型人才的迫切需求，也是社会主义核心价值观建设的重要内容。

目前，技工院校学生的整体素养难以满足企业的需求，工作没有持续性，频繁的跳槽，不能将企业和个人的目标合而为一的“排异现象”等说明学生对企业文化的接纳力、理解力、适应力都显得较弱，缺乏团队合作的能力，自我意识强烈，遇到挫折就选择逃避而不是主动积极的调制自我的心理状态和思想意识来适应外界情况的变化。也凸显技工院校学生企业文化素养特别是竞争与团队合作能力培养的紧迫性。

## 一、培养学员竞争与合作能力

技工学校学生职业素养定位可以在两个范畴：一是“德”即行为习惯、心理素质、职业精神和职业道德；二是“才”即语言表达、专业知识、思维能力、专业能力。竞争与合作能力属于“德”的范畴。企业文化素养注重企业竞争与合作精神的培养，使企业员工齐心协力，形成合力，朝着一个目标努力，沟通人们的思想，引导企业和员工产生共同的使命感、归属感和认同感，逐渐强化团队精神，产生强大的凝聚力，在企业发展中有归属感和认同感进而去约束规范员工的个体行为，保持员工队伍的稳定，促进企业的发展。

经调查，当前中职学生在职业素养上存在缺乏团队合作精神，自我意识强烈；缺乏竞争意识，得过且过，容易自我满足；心理脆弱，经受不了一点挫折。随着我国经济的发展，社会的进步，产业对劳动者的职业素养提出了越来越高的要求，竞争与合作能力作为企业文化素养的重要内容，也必然会引起职业教育者的高度重视，也是全面培养学生职业素养的必然要求。

技工学校教育培养的主要是面向企业生产、管理和服务第一线的高素质的技能型人才，其人才具备的素质技能都应与现代企业对人才的迫切需求相适应。通过我们和就业单位的了解，多数用人单位几乎都认为职业技能专业知识是可以在实际工作中逐步培养和积累的，但职业素养不是一蹴而就的事，需要将学校的培养和社会、企业的培养相衔接，使学生在学校教育阶段通过专门的能力训练，初步养成过对企业文化的适应力和接纳力，使其在就业初涉职场阶段时迅速接纳并适应企业文化要求，理解并参与企业文化建设。

廖小平教授对企业文化素养作了初步界定，认为学生的企业文化素养是“建立在对企业文化本质内涵和基本内容的初步理解、对企业文化之于企业和个人重要性的清晰意识、对企业文化的初步训练基础上的必备职业素养”。因此，技工学校学生企业文化素养是企业文化内在要求和学生职业素养培养的交集，也是学生职业素养的重要内容，在当今现代企业的文化内涵如华为的“狼性”文化等就是体现为竞争与合作。著名的机械制造行业领军企业三一重工，是我校校企合作的企业之一，三一重工的项总在和我校领导谈及用人时的第一条标准即是看学生是否具有竞争与合作能力。因此，主要表现为竞争与合作能力等方面要求的企业文化素养也就显得更为重要。

## 二、行为训练是培养竞争与合作能力的重要途径

### （一）以校内各种学生组织与大型活动为常规载体，强化竞争与合作意识。

为了做到能力训练和素养培养相结合，有些技工学校在学校社团工作方面采用企业式的管理方式和工作流程。比如在成员选任时采用竟聘演说、才艺展示、能力测试等模拟企业招聘方式进行，形成竞争的氛围，在招聘时表现优秀者则被吸纳加入学生社团组织担任学生干部。工作过程中根据麦肯锡的“不进则退”工作机制或是“鲇鱼效应”原理鼓励成员的能力提升，在过程中实现人员调整的优胜劣汰，即调动了团队整体竞争的活力，又训练学生的竞争与合作能力。模拟企业招聘等工作机制不但让学生充分感受到了职场竞争的激烈，而且有意识培养了学生的企业文化素养。

通常学校组织大型活动往往是学生管理部门负责组织实施，为训练学生的竞争与合作能力，学管部门专门设计“学生社团投标竞选学生活动举办权”的活动。在这一过程中，每个社团作为一个团队为了成功取得活动的举办权，内部会分工协作、精心策划设计活动方案和最终的展示方案。学生管理部门组织开展投标竞选的比赛。在比赛中，每个社团会以各具特色的展示方法向评委老师生动地诠释自己设计的活动方案。经过评委老师打分，最终胜出的团队获得学校活动的举办权。通过这样的活动，学生的竞争与合作能力进行了有针对性的训练，强化了竞争与合作意识。

### （二）以德育课为主阵地，通过行为训练激发情绪改变认知，内化竞争与合作能力。

课程设置以竞争合作机制隐性贯穿活动全过程，训练学生竞争与合作能力。

课程设置目标是培养学生适应企业文化需求的能力，提升职业学校学生就业能力。传统职业学校学生毕业依然是学生身份，毕业生需要大概 1-2 年的时间适应社会，学习社会工作规则，在人际交往、抵抗压力、团队合作等方面发展的空间非常有限。课程的设置在与企业深度沟通的基础和适应文化需求的基础上，以德育课为主阵地，真正做到由培养传统技能型人才向职业全能型人才的转变。

德育课作为技工学校文化课课程，要摆脱传统授课形式的束缚，要注重授课形式的灵活性和多样性，要注重在体验式的教学活动中完成对学生职业素质训练，培养学生的价值观与职业理念。课程的构建思路要从企业需求出发，吸收企业文化要素，始终贯穿竞争与合作机制。各项活动设计以团队组织为基础，以体现竞争与合作为设计原则，活动经过课程学习、活动锻炼、锤炼团队、评价改进后，强化、提升团队竞争合作能力。

设计竞争与合作主题，通过显性训练强化，促使活动效果内化为学生的基本能力。

教学过程中教是一种外化的显性的过程，学主要是一种内化的隐性的过程。显性的科学训练最终还是以一种隐性的形式内化为学生的知识和能力。

为了训练学生竞争与合作能力，以“感受团队魅力”

和“体验团队竞争”等为活动主题设置教学情境，通过“不到森林”、“车轮滚滚”等显性训练手段，通过活动过程体验和教师的点评，深化学生的课堂感受，促进活动效果内化为学生的竞争与合作能力。

### 三、让学员了解未来职场对文化素养的要求

在活动过程中遵循PDCA闭环（计划、执行、检查、改进）思路完成体验活动。通过明确分工，明确角色，结合预设问题完成活动。活动后的感受分享较好体现出同学们在竞争与合作关系方面有深入的理解。

理解合作与竞争的关系。让学生感受到组内成员要精诚合作，组和组之间要竞争，团队合作共赢。理解到把握好合作和竞争之间的关系是非常重要的。竞争与合作是一对好搭档，竞争要求合作，而合作促进竞争。竞争与合作都是社会进步人生成功的动力。

活动总结。再次强调本次活动的教学目标，重点和难点，总结提升，形成对学生竞争与合作能力培养，提升学生企业文化素养。

课外实践活动。阅读并交流《七个小矮人的故事》，在个人成长实践中自觉地进行团队合作。

每个企业都在做企业文化，有些企业在做文化时就提出“先学做人，后学做事”的道理。企业在用人、选才时，都十分注重人的文化素养，其次再观察其专业技能。因此，理解、认同、适应并参与到企业文化建设之中，是每个企业员工的基本职业素养，也是“准员工”的基本职业素养。通过学校教育教学活动渗透企业文化，通过系统性、有目的的训练学生的竞争与合作能力，让学生具备竞争和团队合作精神，帮助学生认识未来职场对员工企业文化素养的要求，了解企业未来的发展趋势，认识到具备竞争与合作能力在企业发展中的重要作用，让学生在浓郁的文化教育氛围和系统训练中更直观、更有效地接受企业文化素养培养，从而为社会、为企业培养出更多的、合格的技能型人才。

（作者系北京市新媒体技师学院副院长）

## 铸魂塑形提精神　凝心聚力促发展

杨　晖

中国华能集团公司是由中央直接管理的国有重要骨干企业。公司创立于1985年，在近30年的发展历程中不断壮大，逐步形成了电力、煤炭、金融、科技研发、交通运输等业务板块，综合实力和各项生产经营指标在国内发电企业中处于排头兵地位。所属企业分布在全国29个省、市、自治区，公司积极实施“走出去”战略，推行国际化经营，业务范围扩展至澳大利亚、新加坡、英国、荷兰、墨西哥、菲律宾、缅甸等国家。截至2014年6月底，公司境内外全资及控股电厂装机容量达到14527万千瓦，装机规模位居亚洲第一、世界第二。公司在中国发电企业中率先进入世界企业500强，在2014年财富世界500强排名第221位。

近年来，公司自觉把培育和践行社会主义核心价值观贯穿于生产经营管理全过程，融入建设国际竞争力世界一流企业具体实践之中，围绕“铸华能魂，育华能人，促华能发展”的总体目标，积极培育华能员工团结奋斗的共同理想，着力加强和改进党建和思想政治工作，充分调动干部职工的积极性和创造性，为公司改革发展稳定提供了强有力的精神动力和思想基础。

### 强化宣贯，坚持用社会主义核心价值观提升企业价值追求

多年来，公司党组坚持把社会主义核心价值体系熔铸于企业精神的生成培育之中，用社会主义核心价值观这一根本来建构富有特色的企业精神，以社会主义核心价值理念武装人、以建设世界一流企业宏伟愿景激励人、以科学发展成果鼓舞人，大力实施“铸魂塑形”工程，引导全体职工做社会主义核心价值观的坚定信仰者、积极传播者和模范践行者。

一是讲使命，用宏伟愿景引领价值追求。2004年，公司提出要把华能建设成为为中国特色社会主义服务的“红色”公司；注重科技、保护环境的“绿色”公司；坚持与时俱进、学习创新、面向世界的“蓝色”公司的企业使命。提出了“坚持诚信、注重合作；不断创新、积极进取；创造业绩、服务国家”的核心价值观。在公司倡导“千方百计、千辛万苦的敬业精神；逢山开路、遇水搭桥的开拓精神；自找差距、自我加压的进取精神；敢为人先、敢为人所不能的创新精神”。多年来，公司始终不渝地进行企业使命宣传，引导员工把爱国敬业、为国家创造价值、为社会创造财富作为企业普遍遵循的价值准则，作为共同追求的价值目标，作为自觉遵循的价值规范，“三色公司”理念已经成为推动公司发展的强大精神力量。

二是讲责任，用高尚精神凝心聚力。公司始终强调，作为中央企业要牢记使命，积极履行经济、政治、社会“三大责任”，努力建设“诚信华能”、“人文华能”、“责任华能”和“品牌华能”。明确提出要做“五个表率”：即坚持服从和服务于国家利益和发展战略，做促进经济社会全面发展的表率；坚持科学发展和技术创新，做建设资源节约型、环境友好型社会的表率；坚持理性追求企业经营价值，做企业与社会和谐共进的表率；坚持依靠职工群众办企业的方针，做以人为本、利益共享的表率；坚持回报社会、造福百姓，做社会道德实践的表率。积极引导广大员工要把社会主义核心价值观教育与“四个华能”、“五个表率”教育紧密结合，牢固树立大局意识、责任意识和效率意识，用实际行动和一流业绩，彰显了负责任的华能形象，赢得了社会各界的广泛好评。

三是讲形势，用发展前景鼓舞斗志。面对复杂的国内外经济环境和艰巨的生产经营任务，公司大力宣传“十二五”时期是加快转变经济发展方式的攻坚时期，是公司建设世界一流企业的关键时期。面对新形势、新任务，公司审时度势，

提出了坚持“一个统领”、“一个中心”、“一个主导”，即以创建具有国际竞争力的世界一流企业为统领，以提高发展质量和效益为中心，以加快转型升级为主导，着力转变发展方式，着力推进做强做优，全面提升安全、经营、发展、党建四大绩效水平。

四是讲廉洁，用正确的价值观弘扬正气。公司始终坚持立足推进企业科学发展的要求，大力加强反腐倡廉建设，为提升经营管理水平和经济效益提供有力保障。全面贯彻落实党风廉政建设责任制，坚持把党风廉政建设与安全生产、科学发展、党建工作同部署、同落实、同检查、同考核、同奖惩，层层分解责任，一级抓一级，逐级抓落实，为深入推进反腐倡廉建设提供有力保证。探索运用风险管理的理论和方法，将惩防体系建设植于风险管理和内控制度之内、融入经营管理之中，构筑腐败风险预警、思想道德、决策风险、权力运行风险和惩处腐败行为“五条防线”，建立起了具有华能特点的惩防体系。坚持把廉洁文化纳入企业文化建设中，广泛开展群众性廉洁文化创建活动，开展廉洁文化理念征集和宣贯活动，将廉洁的理念和道德操守内化为公司普遍的价值规范和干部职工的人生理念、内在追求和生活方式，努力营造风清气正的良好氛围。

## 丰富载体，大力培育和践行社会主义核心价值观

一是坚持“三级联学”，努力提高素质。领导班子带头学：党组班子带头学习、宣讲、践行社会主义核心价值观，充分发挥示范引领作用，提高学习整体效果。党员干部示范学：组织开展基层企业道德讲堂、社会主义核心价值观宣讲等主题活动，以党员的示范作用带动身边的员工共同学习成长。职工群众共同学：广泛开展社会主义核心价值观进教材、进讲堂、进头脑等活动，鼓励员工自觉学习，提高职业素养和道德品质，推动“四个一流”职工队伍建设。

二是坚持“三个加强”，突出工作实效。加强宣传交流，在公司网站上开辟培育和践行社会主义核心价值观专栏，丰富网站内容，让网站成为企业开展社会主义核心价值观教育的重要阵地。加强理论研讨，组织召开践行社会主义核心价值观调研座谈会，达到了相互促进、共同提高的目的。加强成果转化，深入开展党建政研工作，把各单位开展核心价值观教育等方面好的做法好的经验在公司系统推广应用，充分发挥了示范引路作用，不断提升社会主义核心价值观教育的影响力和覆盖面。

三是坚持“三亮三比三评”，努力打造先进典型。注重典型选树，把培育先进典型作为加强核心价值观教育的抓手，充分发挥劳动模范、四强党组织、四优共产党员的示范作用。公司坚持以“党员示范行动”为载体，开展“三亮三比三评”，采用群众评议、党员评议、领导评议的方式，引导党员干部亮标准、亮身份、亮承诺，比技能、比作风、比业绩，把党的先进性要求落实到基层、体现在班组、示范在岗位，带动公司上下创先进、争优秀，形成了“全体党员动起来，整体工作带起来，各项工作联起来”的生动局面。公司系统涌现出扎煤公司铁北矿掘进队，小湾水电站、援疆过渡电源项目部等先进集体，以及以范志佺为代表的一批先进人物，先后被中央电视台、人民日报、经济日报等中央媒体广泛报道，在公司内外产生巨大影响。加大宣传力度，通过华能劳模报告团、创先争优先进事迹报告会等巡回演讲，用身边真实、鲜活的典型事教育人、引导人、激励人，在职工心目中树立了“华能人”鲜明的整体形象，激发了干部职工干事创业的工作热情。

## 深入推进，为加快创建世界一流企业提供强大动力

当前，公司系统正在认真贯彻落实党的十八届三中全会和习近平总书记系统重要讲话精神，我们要从建设中国特色社会主义的全局和战略高度，充分认识培育和践行社会主义核心价值观的重要意义，切实把践行社会主义核心价值观与思想政治工作、精神文明建设和企业文化建设有机结合，贯穿于创建世界一流企业的实践中，转化为推进公司改革发展的强大动力。

一是实施“六大工程”，加强思想文化建设。自觉践行“三色公司”企业使命，精心打造理想信念教育、思想政治引领、核心价值塑造、企业文化凝聚、宣传舆论引导、精神文明创建“六大工程”，不断加强和改进宣传思想文化工作，着力提高破解难题、化解矛盾、推动发展、促进和谐的能力。深入开展形势任务教育和核心价值观宣传教育，引导广大干部职工形成共同的理想、共同的目标、共同的追求，积极培养职工共同的理想和道德情操，激发职工的责任心和创造性，培育企业团队精神、良好的道德品质和职业操守，把公司核心价值理念落实到工作中、体现在行动上。

二是突出思想道德建设，凝心聚力铸魂。要以践行社会主义核心价值观为根本，加强思想道德建设，统一思想，形成合力，用中国特色社会主义理论体系武装头脑，引导广大干部职工把社会主义共同理想与公司发展目标、个人愿望追求统一起来；加强社会公德、职业道德、个人品德教育，规范员工行为，引导员工“爱国家、爱华能、爱岗位”；结合公司建设世界一流企业的总体发展思路，广泛开展形势目标教育，举办思想大讨论和座谈会，坚定信念、鼓舞斗志、振奋士气。

三是加强人才队伍建设，激发工作热情。要坚持“德才兼备，以德为先”的选才观、“人尽其才、才尽其用”的用人观、“有序竞争、优胜劣汰”的竞争观，把社会主义核心价值体系要求转化为具体的工作标准、岗位规则和行为守则，进一步完善业绩考评、人才培养、干部任用制度，积极营造尊重劳动、尊重创造的浓厚氛围。要大力倡树劳模典型，拓展员工发展成长通道，搭建人才成长平台，完善绩效管理和薪酬分配制度，尊重员工的主体地位和首创精神，全面激发员工干事创业的积极性。

四是积极构建和谐企业，努力维护稳定。要把践行社会主义核心价值观作为促进和谐劳动关系、构建和谐企业的基本遵循，维护企业稳定，保障公司健康发展。要倡导和谐

理念，培育和谐文化，塑造和谐精神，使崇尚和谐、维护和谐成为员工的思维方式和行为习惯。要切实尊重员工主人翁地位，保障员工在企业重大事务上的知情权、参与权、表达权、监督权，让公司改革发展成果惠及全体员工。要帮助员工解决工作生活中的现实问题，帮助困难员工、特殊群体解决住房、就医、子女上学等方面的难题，用实实在在的举措感染员工。要加强人文关怀和心理疏导，引导职工正确对待自己、他人和社会，正确对待困难、挫折和荣辱；要充分发挥工会、共青团等群众组织的作用，大力开展员工喜闻乐见的文体活动，让员工有幸福感，活的有尊严。

五是全面履行社会责任，提升企业形象。要以社会主义核心价值观为引领，牢记“三色公司”使命，全面履行社会责任，以责任赢得尊重和发展。坚持绿色发展的理念，着力优化电源结构、推进节能减排、注重生态保护，研发应用前沿电力技术，创建优秀资源节约型、环境友好型企业；要坚持依法治企、诚信经营、互利共赢，加强与利益相关方的沟通与合作，共同应对市场风险，带动产业链健康发展，实现互利多赢；要关注社区发展，大力支持社会公益事业，关心公共福利事业，积极参与扶贫开发，努力回报社会；要加强新闻宣传，积极主动和新闻媒体沟通，提高企业透明度，赢得社会各界的理解和支持；要集中优势资源，持续推进具有华能特色的“百千万”工程、“哺农惠民”工程等一批品牌项目，加大传播推广力度，树立公司富有责任感、道德感和正义感的企业形象，提高华能品牌的知名度和美誉度。

（作者单位：中国华能集团）

## 董事长如何谋划未来

肖锋鸣

经过改革开放30多年的高速增长，我国经济已进入以速度变化、结构优化、动力转换为特征的新常态。在贯彻党的十八届五中全会提出的创新、协调、绿色、开放、共享五大发展理念，进一步推动中国经济社会持续健康发展中，董事长的过硬素质和领导能力显得尤为重要。如何掌控当下、谋划未来，当一个适应“新常态”的董事长呢？

### 要具有战略思维

所谓战略思维，是驾驭全局，把握未来的判断过程，是把企业做强做优做大的领导能力。董事长的主要职责就是抓全局、抓创新、抓发展、抓未来，即为企业制定中长期经营战略作出决策。经营方案总是不只一个，决策就是对多种方案进行分析、比较，然后筛选出一个最佳方案。董事长的价值就在于“做正确的事情”，同时帮助下属公司主管“把事情做正确”，形成“决策前，优柔寡断；决策时，当机立断；处理遗留问题时，一刀两断”的决策风格。

社会经济形态的演化是生产力与生产关系相互作用的运动过程。经济新常态也是如此，既需要实现生产力的新飞跃，也需要生产关系的新突破。经济的本质是人的活动，人越是“活”越是“动”，越是务实肯干，越是变革自觉，就越能解放和发展社会生产力。而更加成熟的制度体系特别是社会主义市场经济体制，则是引领经济新常态的根本保障。我国经济正处在发展方式和新旧动能转换之中，它将推动发展从过度依赖自然资源转向更多依靠人力资源，推动大众创新、万众创业，激发全社会的创造力，把创新作为引领发展的第一动力，强化企业创新主体地位和主导作用，促进经济中高速增长，迈向中高端水平，走出一条更高质量、更有效率、更加公平、更可持续发展的新路子，确保如期全面建成小康社会。

董事长谋划未来，要以全球视野，战略眼光，去把握企业的“今天”，谋划好企业的“明天”，在提高发展的质量和效益上下功夫。阿里巴巴创始人、董事长马云，是一个没有上过名校、没有家庭荫庇、没有社会背景的年轻人，白手起家，16年时间创出了世界一流的企业。马云的成功，是中国新一代企业家成长的缩影。马云是从艰难困苦中打拼出来的，他凭什么能成功呢？了解马云的人都认为：他既是一个具有战略思维、拥有巅峰智慧、看到了别人没有看见的地方、算清了别人算不清的账、每天都在思考未来的事。1995年，当他在美国西雅图第一次接触互联网，而当时国内大众对互联网的了解几乎还是一片空白时，这个善于抢抓机遇的年轻人，当场就作了一个大胆的决定：“我们将来就做这个”。回国后，18个年轻人集资50万元办起了一家叫阿里巴巴的互联网公司，经营互联网和大数据，为中小企业服务，使“互联网+”已成为当今大势，“互联网+”时代更成为创新驱动的新思路。阿里巴巴实行“全球买、全球卖”、“让信用等于财富”、“让天下没有难做的生意”、成为全球最大的第三方支付平台。马云又是中国梦的实践者。他认为：“做企业，要始终把自己的命运和国家的命运联系在一起”，阿里巴巴从创业开始，就把“打造一家让世界瞩目、让中国人骄傲的公司”作为奋斗目标。阿里巴巴曾有过一天营销额达912亿的记录，马云也曾被评为国内首富。马云还提出了他的“利他学”：“如果你想赢在21世纪，你必须学会让别人强大，让别人比你更成功，那样你才会成功”。英国首相卡梅伦对马云的“21世纪是利他时代”深表认同，还邀请他加入英国首相经济顾问委员会。正是有了这种放眼全球的志向和思维致富的创新能力，电商的历史机遇才最终选择了马云和阿里巴巴，它的每一步发展都能挺立在时代的潮头，创造了一个可能改变世界的创新。

### 要坚持任贤用能

实施人才强国战略，高端人才是使企业从“汗水型”经济迈向“智慧型”经济的关键。习近平总书记强调：创新驱动实质上是人才驱动。为了加快形成一支规模宏大、富有创新精神、敢于承担风险的创新型人才队伍，要重点在用好、吸引、培养各方面优秀人才上下功夫。珠海电器股份有限公司前董事长兼总经理朱江洪，是全国机械行业的优秀企业家，也是一位治企有方、为人低调、慧眼识才、任贤用能的企业家。受唐太宗李世民下诏自省——“为官择人者治，为人择官者乱”的影响，他大胆培养、推荐并经董事会决定，由董明珠接任格力公司的董事长兼总裁。董明珠是一个以德配位、无私忘我、公平公正、敢闯实干、颇具影响力的领军人物。她是从南京独闯珠海的“打工妹”，从营销员到营销部长，再到副董事长，一步步登上格力董事长的巅峰，又经过四、五年的努力，以坚强的耐心和意志打造格力这个世界品牌，终于把格力带进了世界500强，被视为中国商界的一个传奇。

如何适应和引领新常态，既能保持中高速增长，又能推动产业迈向中高端水平，重点在制造业，难点在制造业，出路也在制造业。我国制造业创新能力不强，关键是核心技术受制于人。所谓核心技术，是指支撑产品生产的关键技术和工艺。实业是中国经济的脊梁，只有把核心技术掌握在自己手中，才能真正掌握竞争和发展的主动权，才能真正成为富强而安全的国家。

董明珠接任之后，为了尽快掌握中央空调的核心技术，曾带人赴日本，想用钱向日本商家购买空调核心技术，结果被日本商家泼了一盆冷水，说“别说核心技术，就连散件技术也不能给”。这个惨痛的教训，使格力人深刻地认识到，“一个没有核心技术的企业是没有脊梁的企业，一个没有脊梁的企业是永远也站立不起来的。核心技术绝不能靠人施舍，一定要靠自己去攻克”。从此，格力横下一条心，铁心走自主创造的路，建立两个国家级技术研发中心、300多个实验室、组成一支5000多名高端科技创新队伍、协调配合攻坚克难；设立“按需投入，不设上限”的研发投入机制，形成以客户为中心、全员创新、绿色发展的文化底蕴、年科研投入超过30亿元；常人喜欢遮丑，格力的管理风格却喜欢揭疤，做到勇于接受挑剔，在挑剔中矗立；坚持“财聚人散，财散人聚”的理财原则，思利及人、让员工共享发展成果、同年发布分红方案、被誉为最有良心的中国企业；让贤者在位，能者在职，成为格力挑战自我、自主创造、跨文化经营的“基因密码”。经过多年的苦干实干，格力终于攻克中央空调的核心技术，12项科研成果被鉴定为“国际领先”水平，3次获得国家科学技术进步奖，发明专利2000多项，产品远销全球200多个国家和地区，家用空调产销量连续20年居中国第一，连续10年居世界第一，2014年实现利润21亿美元。凭借核心技术和原创设计，格力这家实体经济已跨进世界500强，成为中国制造业的典范。董明珠说：“我最自豪的就是让世界爱上中国造”。

## 要做到“利出一孔”

春秋战国时期，管子在《管子·国蓄第七十三》中指出：“利出一孔者，其国无敌；出二孔者，其兵不诎；出三孔者，不可举兵；出四孔者，其国必亡”。华为总裁任正非在华为2013年年报中强调：“20多年来我们基本是利出一孔的，从而形成了15万员工的团结奋斗。如果我们能坚持‘利出一孔’，下一个倒下的就不会是华为，如果我们发散了‘利出一孔’的原则，下一个倒下的也许可能就是华为”。这里的“利出一孔”指的是“从最高层到所有的骨干层的全部收入，只能来源于华为的工资、奖励、分红及其他，不允许有其他额外的收入。这就从组织上、制度上，堵住了从最高层到所有执行层的个人谋私利，或通过关联交易的孔，掏空集体利益的行为。”正是有了这种强有力的公司内部反腐监督机制和科学的现代企业管理技术，才使华为从一家立足于中国深圳经济特区，初始资本只有21000元的民营企业，稳健成长为年销售规模达2400多亿元人民币的世界500强。

习近平总书记反复强调：“人心是最大的政治”，这一语道破了千古同理、万国一律的道理，真是万物无罪，祸在人心。

从制度上遏制腐败是对的，但制度只是一种外源性压力，很难解决灵魂深处的问题，只有从心戒贪，廉政价值观才能挤压腐败价值观的生存空间，自觉做到为政清廉和廉洁从业。董事长作为企业的主要负责人，要廉洁从业，应把握两点：其一，要相信因果，从心戒贪。俗话说：“公者千古，私者一时”。千万别重蹈一些贪官“苦难的童年，奋斗的青年，上升的中年，悲惨的晚年”的堕落轨迹。其二，要敬畏法度，做个快活的人。《明史·杂俎》记载了这样一件事：有一次，明太祖朱元璋向大臣们提出了这样一个问题，什么样的人最快活？满朝文武百官各抒己见，都不能令朱元璋满意。最后，一名叫万钢的官员奏道：“畏法度的人最快活”。朱元璋听后，龙颜大悦，连声称好。今天，我们在依法治国，从严治党中，既要自觉接受监督，敬畏天理、敬畏法度、敬畏人民，又要以德配位，守纪律，懂规矩，瞄准道德的“高线”，守牢不能触碰的“底线”，不做违法乱纪之事，做个快活的老实人，方能梦稳心安，这不仅能享受清廉带来政治平安的福分，也是为人处世的一大境界。

## 要抓好企业文化

所谓文化，是指一个国家或地区在长期发展中积淀而成的人的价值观念、行为方式及其习惯倾向。它是民族生存和发展的重要力量。人类社会的每一次跃进，人类文明的每一次升华，无不伴随着文化的历史性进步。在世界工业化的初期和中期，各国工业发展的路径大同小异，但到了后期，各国工业化表现各异，几乎没有两个完全相同的国家，希腊也永远发展不成德国，西班牙也永远成不了瑞士。其根本原因就是文化差异，即文化的多元性决定了工业的多元化。一个国家能否成为制造强国，其文化特质往往具有决定性影响。即使是英国这个曾经的世界第一制造工业大国，称雄世界200年，但由于文化特质具有“绅士化”的原因，使英国工商业丧失了进取心和竞争力，也未能继续保持制造强国的地位。由此可见，建设制造强国是一个系统工程：资源配置、科技创新、文化浸润，每一方面的进步都同其他方面联系，缺乏其他方面的条件，任何一个方面均难以取得突出的进展。

中华民族有着5000多年的文明史，近代以前中国一直是世界强国之一。在几千年的历史流变中，中华民族从来不是一帆风顺的，遇到了无数艰难困苦，但我们都挺过来、走过来了。历史和现实都证明，中华民族有着强大的文化创造力。一个民族的复兴需要强大的物质力量，也需要强大的精神力量，没有先进文化的积极引领，没有人民精神世界的极大丰富，没有民族精神力量的不断增强，一个国家、一个民族不可能屹立于世界民族之林。

企业文化是中华文化、中国先进文化和社会主义核心价值观的亚文化，是以人为中心，以创为要，崇德向善，释放人的潜能，促进人的全面发展，实现企业持续健康发展的人本管理。人类因梦想而伟大，企业因文化而繁荣。财务状况体现企业的今天，企业文化决定企业的未来。企业文化重在于“化”，而“化”又包含内化，固化和转化，也就是将文化理念内化于员工心中，固化成为规章制度，转化成为员工的自觉行动。以实现企业核心价值观与员工个人愿望的有效对接，使员工对企业文化由“知”到“信”，使企业文化这种“心灵契约”融入员工的思想意识和精神血脉，成为员工的行为习惯和心灵归属，达到以文强企的目的。

领导力就是影响力，中铁三局集团广东建设工程有限公司，是一家在广东主要从事铁路、市政、桥梁、隧道及城市地铁工程施工、员工约700人的国有三级公司。近三年来，由于公司董事长兼党委书记于天生等一班企业领导对企业文化的高度重视，把企业文化当作国企的兴盛之道，使公司企业文化建设的践行效果非常显著。一是提出了把“精工建善”作为公司的核心价值观，把“天地利他之心，厚德建善为民”作为企业的使命，把“承扬鲁班精义，比肩世界强企”作为企业的愿景，并相应地制定了经营、管理、安全等16个企业文化理念体系，标注了企业永续发展的价值航向。二是责成党委工作部和项目党支部书记具体抓企业文化建设的落实，每天晨读企业文化理念，每周五学习企业文化，月底进行企业文化评比打分考核，使企业文化入心入脑。三是开展企业文化拓展活动，在工地和项目部举办大家谈企业文化的故事会，进行脑力激荡，增强团队的凝聚力和战斗力。经过三年来的拼打，随着以文化人的演进，不仅先后完成了广珠城际轨道、东莞至惠州城际轨道、广州地铁5号、8号、9号、13号、21号线等30多个工程建设任务，2014年营业额达54.513亿元，还激发了员工的潜能，加速了人的全面发展的进程。先后被评为“全国优秀施工企业”、中铁集团“全国约200家子分公司20强”、“全国企业文化建设先进单位”，既实现了公司在经济新常态下持续健康发展的目标，也必将为深化改革而增加更加强大的发展动力。

宋人晁迥说：“水静极则形象明，心静极则智慧生”。在经济新常态下，要当好一个董事长，除了要抓住以上四个要点之外，还要抓紧本人的内在修为，深信因果，遵纪守法，管住自己，自立立人，自达达人，不因位高而离群，不因权重而谋私，做到澄湖万顷深见底，清水一片光照人，成为领导经济社会发展的行家里手，把个人成功的幸运再奉献给党、祖国和人民，做个品德高尚的人，这才是董事长这群社会精英应有的人生态度和彻悟意境。

（作者系中共广东省直机关工委原组织部长、企业工作部长，中国领导科学研究会理事，中国企业文化研究会特约研究员）

# 在社会主义核心价值观引领下特色企业文化的构建

陈　宁

企业文化内涵丰富，但其根本是价值观问题。企业价值观念的培养是一项长期的基础工作，由多个要素组合构成，既要考虑国家、企业价值目标的实现，又要照顾职工的心理需求。党的十八大以来，以习近平同志为总书记的党中央对培育和践行社会主义核心价值观提出了一系列新要求，作出了新部署。在新的政治、社会、经济形势背景下，与时俱进、不断赋予企业文化建设新内涵，坚持以社会主义核心价值观引领企业文化建设，是企业尤其是国有企业实现科学持续发展的必然需求。

## 一、正确认识社会主义核心价值观和企业文化的辩证关系

企业文化是形成于企业内部的一种群体文化，是社会文化的一个有机组成部分，相对于整个社会而言，它是一种亚文化。国有企业作为中国特色社会主义的重要经济基础，践行社会主义核心价值观，是建设中国特色社会主义对国有企业的必然要求，也是国有企业科学发展，做大做强，发挥主体作用的内在要求。

无论是企业文化所灌输给员工的企业价值观和精神，还是社会主义核心价值观所涵盖的“三个倡导”等，都会在企业员工的行为上得到共同的体现。只有当两者所传达的价值观是一致的时候，效果才是最佳的，否则，两者就会有抵消，各自的工作效果就会被削弱。因此推进企业文化建设，就要做到以马克思主义为指导思想，在社会主义核心价值观统领下，糅合中华传统文化中的精髓建设有自身特色的企业文化。同时企业文化建设把理想信念教育、形势任务教育，与企业精神和经营理念教育、职业道德教育有机结合起来，拓展了工作领域和空间，丰富了工作手段和方法，为践行社会主义核心价值观提供观念、价值、精神表现的形式与载体。

## 二、实施在社会主义核心价值观下特色企业文化构建的现实意义

### （一）是加强思想文化工作的创新探索。

以习近平同志为总书记的党中央多次对培育和践行社会主义核心价值观作出重要论述、提出明确要求。中航工业集团公司党组也将其作为一项重点工作列入年度思想政治

工作要点。培育和践行社会主义核心价值观成为全社会共同提倡的一项重点政治任务。实施在社会主义核心价值观下企业文化的构建研究，既是落实培育和践行社会主义核心价值观的政治要求，同时也是促使传统的思想政治工作与企业文化相互促进，从而形成推动企业发展合力的创新探索。

**（二）是充分反映军工企业特点、体现航空报国价值的必然要求。**

作为航空企业，企业文化建设中，就必须充分体现航空企业核心价值体系。中航工业集团公司所倡导的“航空报国，强军富民”、“敬业诚信，创新超越”的价值观正与社会主义核心价值观相契合，是其具体化表现。因此，在特色企业文化构建中，就要以推进集团文化落地为抓手，把培育和践行社会主义核心价值观熔铸到践行“航空报国，强军富民”、“敬业诚信，创新超越”的宗旨理念中，从而促使员工以更加坚定的理想信念，展现航空人的高尚形象。

**（三）是在多元价值观下提升职工凝聚力、战斗力的有效手段。**

在中航工业兴华目前的员工结构中，70 后和 80 后是企业建设发展的中坚力量，改革开放后成长起来的 90 后甚至 95 后员工成为新入职员工的主流。因员工个体家庭背景、接受教育、成长环境和生活习惯的不同，导致行为选择路径各异，思想领域日趋多元、多样、多变。作为企业，我们很难改变每个人的个性，但可以通过企业文化去接纳它、包容它，将员工的个性包容在企业文化的共性之中，找出价值认同上的最大公约数，形成价值共识，发挥文化引领的作用。

## 三、在社会主义核心价值观引领下特色企业文化建设的主要路径

**（一）加强社会主义核心价值观宣传教育。**

充分发挥舆论引导作用。牢牢把握正确舆论导向，把社会主义核心价值观贯穿到日常形势宣传、成就宣传、典型宣传中，弘扬主旋律，传播正能量，不断巩固壮大积极健康向上的主流思想舆论。充分运用《兴华》报、宣传快讯、网络、电视、手机短信平台、微信公众号等载体和途径，传播社会主义核心价值观，坚持循循善诱、久久为功。同时，党委中心组率先垂范，把认真学习社会主义核心价值观列入年度中心组学习计划中，与党的群众路线教育实践活动和“三严三实”专题教育结合起来，认真学习中国特色社会主义理论体系，学习习近平总书记一系列重要讲话精神，学习党的光辉历史和优良传统等。使核心价值观深入人心，融入全体干部职工的工作和生活中。

加强宣传工作的针对性。在移动互联时代各类思潮风起云涌的背景下，加强 80、90 后群体的思想引领至关重要。公司以团委和各团支部为主体，通过每月团课加强培训教育引导，适时组织青年婚恋观、青年心理健康的培训教育活动；开展团干部与新职工结对子活动，经常性开展思想、工作、生活汇报，使其更快的建立企业文化认知；开展主题实践活动，参观“九一八”历史博物馆、雷锋纪念馆、祭扫罗阳烈士墓等，引导青年形成主流价值观念。

**（二）开展涵养社会主义核心价值观的实践活动。**

深化读书月活动。以品读经典、上文化课、创新创效论坛等活动为载体，积极开展“春风伴我读好书”主题活动，传播社会主流价值。发挥优秀传统文化怡情养志、涵育文明的重要作用，开展爱国主义教育、优秀传统文化教育普及活动。

开展以敬业为主题的教育活动。中航工业兴华在 2014 年到 2015 年两年时间里，以培育“敬业”价值观为目的，开展了一系列主题教育活动。以“航空报国志敬业当先锋”开展了主题征文活动，以“敬业”作为各类评比表彰的重要标准，将科研生产一线的敬业典范树立为“敬业标兵”，以“我身边的敬业榜样”为主题，开展了演讲比赛、文艺表演等丰富多彩的传播活动，以职工群众喜闻乐见的形式，达到了价值观深植的目的。

**（三）健全工作体制机制。**

强化制度保障。建立党委书记负责的领导机制，党政工团齐抓共管的思想政治工作体系。形成一支以专兼职政工干部为骨干、行政业务技术干部和党团员广泛参与的大政工格局。结合企业改革发展的重点工作，将社会主义核心价值观的培育和践行列入企业文化的“五年规划”和年度工作计划。形成企业文化主管部门与各职能部门分工协作、责任落实、密切配合、齐抓共管的工作格局。

创新运用现代化管理手段。应用现代化科学管理工具，抓好工作落实。在党委工作中，创新性推进综合平衡计分卡管理，变“软任务”为“硬目标”，把企业文化建设与思想政治工作情况作为企业考核评价工作的重要内容，与企业其他工作同部署、同检查、同考核、同奖惩，确保工作落到实处、取得实效。

把企业文化建设融入党建工作。企业文化建设的关键在于企业党的组织。公司在企业文化建设的过程中，把考核指标导入《公司党委创建“六好”党支部考核评价体系》中。每年开展“六好”党支部和星级党员评比表彰，充分发挥党支部的堡垒作用和党员的表率作用，为企业文化的建设树立了典范。

## 四、中航工业兴华企业文化建设的成效

**（一）具有兴华特色的企业文化体系得到进一步完善。**

中航工业兴华针对价值多样性的现实，结合重组融合期、新厂建设期、转型改革期的孕育积淀、实践探索和提炼总结的基础上，以社会主义核心价值观为引领，在中航工业集团文化的旗帜下，逐步形成了以核心价值观、企业愿景、企业精神、企业承诺为主体，以诚信、学习、制度、创新、质量、营销、管理、廉政、员工文化为分支的具有兴华特色的企业文化体系，并编辑印发了新版《企业文化手册》。中航工业兴华在企业文化建设中取得了一定的成效，先后被评为“辽宁省思想政治工作先进单位”、“改革开放 35 周年企业文化竞争力优秀单位”、“企业文化顶层设计与基层践

行优秀单位”、“沈阳市精神文明建设先进单位标兵”、“辽宁省重合同守信用单位”等荣誉称号。

**（二）形成了共同信守的核心价值追求。**

通过深入的文化建设和宣贯工作，社会主义核心价值观的“三个倡导”变得耳熟能详、更加深入人心；“航空报国、强军富民”、“敬业诚信、创新超越”的集团宗旨理念已然成为身份印证、自觉追求，员工的责任感、使命感、自豪感进一步增强。在兴华园内逐步形成了爱国、敬业、文明、争先的文化氛围，并对公司的科学稳定发展产生了积极影响，助推各项经营指标实现了连续、稳定增长。

企业文化建设是一个长期的目标和任务，培育和践行社会主义核心价值观是全社会的共同责任。中航工业兴华还将继续通过深刻理解、准确把握社会主义核心价值观内涵，努力践行“三个倡导”的基本内容，深化“航空报国”的核心价值观，继续打造和完善优秀的企业文化，为公司适应新形势下的发展，提供坚实的文化保障。

（作者系沈阳兴华航空电器有限责任公司党委书记）

# 人际关系协调与企业文化

肖　坦

管理的最简单定义就是“通过人做工作”，所以，企业人际关系的好坏直接影响企业的管理和运转。“中国社会的前行，摩擦系数太大。”如何处理人际关系成为许多领导者和管理者最伤脑筋的事情。

协调是处理人际关系的重要技能，也是管理的职能之一，协调就是指组织中所有的人为了共同的目标结合在一起采取协作一致的行动，协调的本质就是人际关系协调，物的运转，事的进展，钱的流动，都是靠人的协调进行的。协调得好，钱流得就畅，物运得就快，事办得就顺；协调得不好，就可能就出现障碍。我们在管理中所产生的矛盾、纠葛和问题，多半是由人际关系处理不当而产生的，领导不力，也多半是对人际关系的协调不力。而如何协调，这与企业文化有关，与运用文化有关。协作、协调是现代企业文化必须强调的重要内容，企业文化要以文化人，就不能不重视人际关系的研究，企业文化研究人际关系的直接目的就是调整和改善人际关系，为提高生产力服务。

人际关系的协调与企业文化有何关系？企业文化为什么有助于协调人际关系？我们应该如何运用企业文化来协调人际关系？

首先，人际关系与文化是不可分的，任何人际关系都体现为一种文化，相同的文化自然有助于人际关系的协调。任何人际关系都是在一定的文化环境中结成的，任何管理方法都是在一定的文化背景下产生和运用的。文化即化人，化人即包括协调和处理人际关系。文化是管理的约束力量，管理要顺着文化走，所以协调与文化就密不可分，即便采取制度与政策协调、组织结构协调、操纵与合作、命令与强制、优化组合等等，也都与文化有关。文化对人具有凝聚力、约束力、融合力、同化力，所以也就有天然的协调力。

可见，建设良好的企业文化对于人际关系的协调与改善是非常重要的，相同的文化构成了一种普遍协作的氛围，有了大家都认可的哲学观、价值观，就有了共同的语言，这在相当大的程度上推动和促进了特定问题的解决进程，“同声相应，同气相投，”共享一个价值系统，自然就容易协调，反之就较难。而人际管理艺术，人际关系协调的活动过程也是企业文化的生长点。

人际关系不协调的原因之一是态度和价值观的不一致，所谓“酒逢知己千杯少，话不投机半句多”。心理学家伯恩于20世纪60年代做过多次实验，实验者编造了一张调查表，上面描写一些与被试者素不相识的人对某事物的态度、观点，然后问被试者喜欢哪种人。统计的结果表明，被试者都喜欢与自己态度相似的人，而且，对方被描述得越像自己，被试者就越喜欢。这说明，态度和价值观越是相似，就越容易建立亲密关系，越容易得到对方的支持。而企业文化的核心便是企业成员的共同态度、语言、理想、信念和价值观，当这些东西成为员工普遍遵循的价值标准、思维习惯和行为方式，即使是最复杂的人际关系问题，也往往在企业文化面前迎刃而解。

## 提高个人素质与道德修养是企业文化建设的重要任务和内容

道德主要是个人自我约束的协调方式，是外在的约束力量的内化。企业道德是社会道德在企业行为中的具体体现，作为培养企业文化的一种手段，可以统一成员的思想，增强企业的凝聚力，加强员工的自我控制，有利于改善人际关系。诸如忠孝、感恩、敬畏、敬业、诚信、修身、礼义廉耻、气节、集体主义、爱国主义等各种文明都一直遵从的道德信条如能在企业生根，便会自然生发出一种道德自律，对人的自我约束和人际关系的协调产生助力。事实上，我们现在社会上的许多问题，包括人际问题，如果道德面貌一改，其问题便迎刃而解。

培育良好的企业道德，要从树立人们的道德感做起，所谓道德感，是关于人的行为、举止、思想、意图是否符合社会道德行为准则而产生的情绪体验，就企业而言，其内容主要包括对企业的自豪感和荣誉感；对影响和破坏企业利益和形象的仇恨感和厌恶感；对本职工作和企业事务的责任感和义务感；对企业全体的集体主义感；对工友和同事的友谊感和情感；对自己过失和错误的羞耻感和内疚感等。

树立道德感的方法有很多，除了我们正常的宣传教育和典型引导以外，利用周围的舆论以议论、褒贬、意见、奖惩等形式来反映人的道德状况和道德评价，可引起人的情绪的波动和思想上的考虑，并促使人调整自己的行为，这些也都是调整和改善人际关系的文化手段。

人们的素质高低常常是协调工作所必须考虑的重要因素，很多矛盾都是个人素质不高导致的。企业文化以人为本，以文化人，当然包括提高人的素质。现代社会是合作共赢的社会，现代化首先是人的现代化，而善于协调与合作是现代化人的必备素质和必要技能。没有合作，便没有成功，无论企业还是个人。企业必须将这种思想和文化理念深植到每个员工的心底。通过加强教育培训提高员工素质，从而达到协调的共同文化基础，这是企业文化以人为本的具体体现。而调整和改善人际关系对于提高人的素质，促进人的全面发展又具有重大意义。

### 沟通和商量应当成为中国式的管理文化

美国的一些研究表明，企业管理人员用于信息、情感沟通的时间占其工作时间的50%到90%，足见沟通的重要性。人们在传达工作信息的同时，互相将自己的知识、经验、意见、情绪、心理状态等告知对方，求得对方同情与共鸣，以求确定与对方的人际关系。

协调离不开沟通，协调不力往往是沟通不善造成的。沟通是协调的纽带，沟通也是营造企业文化的重要方法。经验表明，经常沟通足以影响接受者的知觉、思想以及态度，进而改变其行为，起到踏雪无痕、润物无声的“文化”作用。早在霍桑实验中，梅奥就注意到创造良好的沟通环境不仅可以营造和谐的工作气氛，同时可以提高员工的满意度。在沟通的过程中，通过激励、情感表达和信息交流达成协调一致，取得相互支持和理解，保证反应迅速，配合顺畅。

在公司内部相同职级部门的人常常具有相同的专业和伦理倾向，这也是一种文化，不同职能间也存在不同的文化，如营销、制造、研发和人事等。在一个企业，如果过分强调个人的刺激机制会引起群体内部个人之间的过度竞争，使部门和个人之间的协作精神丧失殆尽，这种不良文化应当避免。因此，企业除了强调个人与个人之间的沟通，还要注意号召和强调部门与部门、团队与团队之间的沟通，比如车间与车间，小组与小组之间的沟通；除了正式沟通之外，还要利用非正式沟通，这种非正式的沟通，在促进合作、通力完成任务的同时，还能满足群体成员的社会需要。心理学上“交往的测量”证明，非正式交往的频度、程度，更能反映人际关系的友好和密切程度。非正式沟通又具有沟通形式不拘一格，不受组织约束与干涉，直接明了，速度快，可以提供正式渠道难以获得的信息的特点，是正式渠道的必要的补充。

企业文化是“心”的文化，戴尔·卡耐基说：“了解别人心里想什么，你才能得到自己想要的。”要了解和懂得别人的心理，就必须成为别人的“知心”，或通过他的“知心”来了解他的内心。最好的沟通者是出色的倾听者和专注对方的人。当然倾听和专注不是不问不答，在沟通的过程中，要适时、适度、自然而巧妙地提醒对方企业或团队的核心价值和使命，确保自己的期望得到正确的传达，沟通目的得以实现。

“会商”是一种重要的协调方法和机制。现在党中央、国务院、人大、政协，经常开会与有关方面召开协商会议，并且特别重视吸收一线的群众代表、专家学者、企业家等参加，已经成为一种国家治理方法的制度性安排。在企业，无论是公司总部、各部门、各基层组织都要学会开好上下级共同参加的协调会议。在协调会议上，管理人员和员工共聚一堂，商讨一些彼此关心的问题。这对于取得一致很重要，参加决策的机会越多，则下级与企业的一致性就愈大，一致性越多越大，则协调就越容易。文化学有一个与分裂相对的概念叫“一致”，是指团体内部在目标、价值或观点上的相同看法。如果员工的意见得不到表达，这个组织一定会被一种压抑、郁闷的气氛所笼罩，人们的心理健康必定受到损害，企业文化必定受到伤害。

### 充分发挥企业家和各级领导者的管理权威在人际协调中的重要作用

著名文化学者余秋雨先生说，文化要表现在现实的人际关系中，一切文化最后都表现为人格。现代管理过程实质上是群体交往与相互作用的过程。在群体交往与相互作用的过程中，通过某种情感的传播，一方对另一方在心理上产生一种无意识的不自觉的服从，而这个过程对于人际关系有着明显的整合作用，有助于形成凝聚力。在任何一个企业中，员工们都会受到企业家高尚的人格及体现这种高尚人格的感情、道德力量的感染。

协调需要一定的权威，权威有助于人际协调，这种权威一部分是由权力和职务所带来的，一部分则是由影响力所构成的。而一个人非职务权威的形成是一个人文化逐步积累的过程，要有对本企业文化深邃的理解和认同，这样才能利用好企业文化做好协调工作。企业文化是群体文化。一组之长、一班之长、一车间主任、一公司董事长，是这一群体人际关系的中心，这是职务所赋予的，但要真正成为人际关系的中心，则仅靠职务权力是不够的，还需要影响力。如果你从里到外真正成为该群体的人际关系中心，则你的工作就好做了。现实表明：企业群体的向心力同企业家人格吸引呈正相关系，只有企业家在人格上堪称表率，才能真正得到员工信赖，受到员工的敬佩，这是实现其领导效能的前提条件。

### 正确分析和理解个体文化

我们以往关注的是国家文化、民族文化、组织文化、群体文化，而较少注意到个体文化。而我们日常打交道的却是一个个不同的个体，因此研究一个个个体文化，是我们协调人际关系的基础，这种个体文化分析是做好管理工作的基本功。事实上人与人之间是有文化差异的，这种文化差异既表现在文化水平上，也表现在文化背景上，也就是所接受的家庭教育、传统教育上，还有社会历史遗产和地域文化的影响。以往我们只是注意到员工的性格和心理，而没有把它放到文化下进行考察。而不同文化背景下的人对同一个人、同一个事物的表现和处理的方式往往是不一样的，一个说月夜真美，一个却说美什么，一个说这本书非常有趣，一个则说不值一读，这就说不到一块儿。所谓缺少共同语言，往往指的就是缺少文化话语，这其实反映了不同文化环境出身者之间的隔膜。因此，开展互动和协调就必须研究分析人的文化背景，以便采取与他的文化背景和文化心理相适应的协调行动。

我们常常高呼“理解万岁”，就是因为我们身边存在着“理解危机”，而这种理解危机往往就是文化隔膜造成的。所以，一定要充分理解员工的文化，理解他们的价值观和工作动机，没有理解就没有成功的协调。事实上有许多不和谐、不协调是由于互相不理解造成的，只有理解才能得到信任、配合与支持，而要学会理解就需要有一颗友善之心。

“认同”是人相互理解的有效方法，所谓认同，就是把自己的沟通对象视为自己相同的人，寻找双方的共同点，因为人类具有相信“自己人”的倾向，共同点较多的人容易形成“自己人”，比如性格和生活方面的共同点，工作上的共同点，兴趣爱好上的共同点，甚或寻找双方共同熟悉的第三者，作为“认同”媒介，共同的东西越多，双方也就越熟悉，越容易形成“自己人”心理，“自己人”之间的协调自然就比较容易的了。

### 团队和非正式组织是促进企业职工协作精神的有效组织形式

或以班组、或以部门、或以临时任务组织、或以兴趣小组为基础建立起来的团队，是一个企业最基层的战斗单位，是企业文化最基础的载体。团队一般组织规模小，联系紧密，沟通便捷，易于协调，凝聚力强。美国管理学家哈默指出，团队是一个伟大的创造，是现代企业管理的基础，是重新构建公司的一个基本出发点，具有强大的生命力。非正式组织是由组织成员的感情和动机上的需要而形成的，往往是由于情趣一致或爱好相似、利益相近与观点相同以及彼此需要等原因而联结在一起，如自发组织的各种兴趣小组、同学会、同乡会、朋友圈子等。他们当中的有些人可能影响力很大，或者是人际关系比较好，企业充分发挥他们的作用，对开展工作和人际协调往往可以起到正式组织都起不到的作用。企业非正式组织和非正式渠道是一种普遍的客观存在。企业不能不正视，压制是不可取的，杜绝更是不可能。唯一的是尽最大限度地发挥非正式组织及非正式渠道的积极作用，抵制其消极作用，善用之，会形成一种特殊的文化氛围，从而为企业内部形成共同价值观，对企业文化的传播和人际关系的协调起到促进作用。

我国已处在一个劳动力多元化的时代，劳动力的多元化必然带来文化的多元化，管理不同的员工是当今管理者面临的一个关键挑战。今天的管理者，明天的管理者需要何种管理技能？就是运用文化管理的方法来处理日益多元化的劳动关系的技能。有“现代管理之父”之称的巴纳德曾明确指出“现代管理就是人文管理”。人文管理力图塑造协调的人际关系，从而增强企业成员之间的亲和力，促进他们的集体主义合作精神，创造出极大的群体合力，有效地消除内耗。怎么处理不同的生活方式、工作方式和家庭需求，使组织更适合多元化的员工群体，更加需要我们自觉地运用文化融合的观点、文化管理的方法来指导人际技能的运用。随着员工构成的变化，一个组织的努力方向应该是，长期深入地观察组织文化，以判断和寻求一个与员工比较接近的能够共享的价值体系和生活方式，创造一个支持和鼓励接纳所有不同背景的员工和观念的工作文化，以促进人际协调，保证企业的顺利运转和长足发展。当然，我们所说的协调人际关系不是庸俗的关系学，不是无原则的一团和气，更不是拉关系，搞帮派。

（作者系中国管理科学研究院特聘研究员）

## 国企培育和践行社会主义核心价值观的路径探索

姚　丹

社会主义核心价值观是社会主义先进文化的精髓，是“实现中华民族伟大复兴的中国梦的价值引领”，为企业和个人提供正确的方向、原则和价值基础，是企业“软实力”建设的根本保证。在国有企业深化改革、建立现代企业制度的过程中，认真研究价值观建设的基本规律，准确把握培育和践行社会主义核心价值观的切入点和基本路径，对确保企业健康、稳步发展，具有重要战略意义。

### 一、国企培育和践行社会主义核心价值观的现实需求

**（一）国企转型发展的根本导向。**在经济全球化和科技进步不断加快的形势下，国有企业面临着日趋激烈的市场竞争。国有企业改革也随之加快了步伐。转型过程中，一些深层次矛盾和问题进一步凸显，利益多元化、文化和价值观念多元化不可避免，凝聚思想共识的任务更加艰巨。社会主义核心价值观最直接的功能就是在转型过程中，为企业和个人提供正确的社会理想目标和基本发展规则，引领企业和个人走向正确的方向。

**（二）发挥文化引领作用的价值支撑。**市场化、国际化的竞争，不仅是产品和技术的较量，也是企业文化的比拼。企业“走出去”的过程，也是对外输出文化、塑造品牌的过程。文化对企业发展的引领作用亟待突出。社会主义核心价值观作为中华文化的精髓，是企业品牌建设的基本要素和民族性内核，是企业赢得国际市场博弈的精神动力源泉。

**（三）构建和谐企业的有力保障。**国有企业是国民经济发展的支柱，拥有一支团结稳定、积极向上的职工队伍是企业发展的重要基石。当今社会，人们对个体利益的诉求愿望愈发强烈，各种价值观的相互碰撞，社会矛盾错综复杂，给企业职工队伍的稳定埋下了隐患。社会主义核心价值观为每个个体提供了基本的道德伦理规范和行为准则，可以有效

整合各种社会思潮和价值观念，发挥凝聚功能，统一思想观念和价值追求，帮助职工建立起对企业的归属感、荣誉感，帮助企业塑造新型现代职工，促进企业和谐发展。

## 二、培育和践行社会主义核心价值观的思路和基本做法

### （一）加强宣传教育，强化价值认同，做到内化于心。

宣传教育是培育和践行社会主义核心价值观的基础性工作，需要深化普及，常抓不懈。

培育价值观，要注重深入阐释，与工作实际相结合。社会主义核心价值观虽然只有24个字，但其内涵和精神实质却极为丰富。需要向职工进行深入系统的阐释。这种阐释，既要同中华优秀传统文化的思想道德相联系，又要结合时代要求，从理想与现实、文化与政治、学习与实践多个角度加以延伸阐发，不断强化价值认同，增强职工的价值判断力和道德责任感。长客股份公司党委每年开展的职工专题教育活动，是公司宣传培育社会主义核心价值观的有效平台，如“培育一流素养 塑造卓越品牌”（2013年）、“与祖国同行 与企业共成长”（2014年）等，引导职工认清企业和行业发展形势，树立起责任和使命意识，培养爱岗敬业精神，为企业发展做贡献。

培育价值观，需要与职工的思想道德情感相契合。思想教育最忌僵硬地说教，忽视职工的主体性和思想感受，不仅影响宣传教育的质量和效果，还有可能产生反作用，造成心理上的厌烦甚至抵触。长客股份公司尝试用讲故事的方式，宣传展示良好的职业素养，取得了良好的宣传教育效果。用身边事教育身边人，用小故事阐发大道理，让价值观在职工心中成为看得见摸得着的行为准则，做到深入浅出、情理交融。

培育价值观，应充分发挥各类媒体的传播优势，发挥舆论导向作用。坚持正面宣传引导，用生动鲜活的语言和事例，把社会主义核心价值观讲活；为提高职工对社会主义核心价值观的知晓率和关注度，可以开设报纸专栏或电视专题，对这一话题进行有序、持续的传播，专栏或专题的内容宜短不宜长，形式要生动灵活；要从大局着眼“小处”落笔，着重挖掘典型事件和典型人物；可利用外界资源，刊播公益广告或宣传画，用赋予艺术性的文化作品，启发职工的情感；同时，注重发挥微信、微博等新媒体的传播作用，开展主题宣传，在“朋友圈”中传播正能量，放大正面声音。

### （二）注重实践养成，以实践深化教育，实现外化于行。

核心价值观的生命力在于实践，对核心价值观的践行必须是具体的，要动员职工从岗位做起、从身边小事做起，以实践深化教育，实现外化于行。

以职业道德和职业素养教育为抓手，实现价值观落地。2011年起，长客股份公司深入开展了“北车职工讲规范”活动，全面培育“讲诚信、守规范、重服务”的文化氛围和规范体系，开展了职工岗位承诺体系建设工作，在全公司建立完整、清晰的服务关系网络，推广制作职工规范作业图解手册，进一步清晰质量标准及作业要求。各基层单位也依据自身工作实际，组织开展了各具特色的职业素养提升工作。高速动车组制造中心率先推行的“工艺文件一口清、质量标准一口清、行为规范一口清、安全操规一口清”活动，培养了职工学工艺、讲质量、重规范的好习惯，是对职工敬业、诚信教育的生动实践；客车制造中心提炼、推广了“五讲六文明”职工规范，即“讲操守、讲修养、讲学习、讲规范、讲纪律，思想文明、工作文明、举止文明、语言文明、现场文明、着装文明”；转向架制造中心开展了“企业创业史、发展史、个人成长史”教育，引导青年职工正确认识当前企业快速发展的新形势，正确理解企业发展特殊时期对职工的特殊要求，培养职工对企业的归属感；各中心还编撰了符合自身产品特点的职工誓词，适时开展职工誓师活动，凝聚职工士气，提振奋斗精神。这些工作有效提升了企业职工的职业道德和职业素养，促进了社会主义核心价值观在企业的落地生根。

与精神文明创建活动相融合，使价值观得以传承。对社会主义核心价值观的践行，还应融入企业精神文明创建活动之中，大力弘扬以奉献、友爱、互助、进步为主要内容的志愿精神。长客股份公司工会组建“长客大姐”爱心服务队，针对常年在外的售后服务职工和公司特困职工及家属开展爱心服务工作，通过爱心洗补、料理家务、照顾病老职工、“多帮一”等工作，弘扬爱心文化，建设和谐企业；公司团委定期开展青年志愿服务活动，立足生产活动及现场改善，开展“重读《雷锋日记》，传承志愿精神”和“团员奉献日”等主题团日活动，组织青年志愿者走出厂区，走向社会，开展爱心志愿服务活动。这些工作展示了长客职工奉献、友爱、互助、进步的精神风貌与道德品格，发挥了良好的带动和示范作用。

开展主题文化活动，传播主流价值观，促进职工自觉实践。企业应该积极组织开展形式多样的文化活动，传播主流价值观，充分发挥以文化人、以情感人的作用，激发广大职工爱党、爱国、爱企的情怀。例如长客股份公司工会牵头组织开展的庆建国60周年“爱国爱企”职工歌咏比赛、庆祝长客建厂六十周年“长客好声音”职工卡拉OK大赛、“向亲人报告”母亲节主题座谈会等活动，以喜闻乐见的形式，推动职工自觉践行社会主义核心价值观，陶冶道德情操。

### （三）充分发挥典型人物和领导干部的引领示范作用，形成人人参与的良好局面。

榜样的力量是无穷的。在培育和践行社会主义核心价值观的过程中，要注重挖掘、选树各类典范，以“选尖子、抓样板、树典型”活动为载体，为职工更多地提供身边朴实的、可以模仿和学习的榜样，充分发挥典型人物的引领示范作用，形成人人参与的良好局面。公司在评选先进模范和发展党员的过程中，要把践行社会主义核心价值观的情况，作为评价考核的一项依据，形成鲜明的企业选人、树人、用人导向，引导职工自觉践行良好的道德风尚。

领导干部是职工心中的一面旗帜，是职工坚定理想信

念，树立正确世界观、人生观、价值观的导航者，这就要求各级干部必须带头践行社会主义核心价值观，以实际行动影响身边的广大职工，发挥好表率、示范作用。企业要加强领导干部作风整顿工作，严防领导干部自身价值观出现偏差，避免形成从众、攀比、享乐、贪腐、迷信等不良思想；同时，要加强党性党风教育，坚持群众路线，切实反对形式主义、官僚主义、享乐主义和奢靡之风，提高广大党员干部思想政治素质，增强拒腐防变能力，营造企业风清气正的良好环境。

**（四）优化价值观培育环境，夯实经济基础，构建和谐企业。**

优化人才成长环境，大力实施人才工程。企业培育核心价值观，首先要坚持以人为本的发展理念，大力实施人才工程，帮助职工实现自我、超越自我，为价值观培育奠定现实基础。实施人才工程主要可以从以下四个方面开展：一是拓展职业发展空间，为职工技能等级的晋升搭桥铺路；二是建立规范、健全的职工培训体系；三是搭建施展才华的舞台；四是物质和精神的激励。近年来，长客股份公司加大力度实施人才工程，成果丰硕。在公司技术工人梯队中，具有高级工及以上资质的高技能人才，占比达到了60.38%。为拓宽操作工人的发展空间，在国家规定的职业技能等级晋升路径的基础上，公司制定了厂内技师、高级技师、操作师等人才成长激励政策，并相应地提高他们的工资待遇，以鼓励技能人才在生产实践中建功立业；公司每年拿出工资总额的2.5%以上用于职工培训，建立了以培训中心为主体的全员培训机制，建成了国内设施最先进的焊接培训基地、车辆电工和装调工培训基地，坚持全面培训与重点培养相结合，不断为新老技术人员提供充电和提升的机会；公司工会通过职工岗位技能竞赛，为职工学技练功、施展才华搭建舞台，对于竞赛成绩突出的职工，公司给予优先推荐参评各种先进、劳模，或参加各级重要会议的政治荣誉；公司还对优秀操作法和职工“五小”成果，以工人个人名字进行命名表彰，给予物质奖励，并将这些创新成果制作成展示板，以增强创新人才的光荣感，促进公司爱岗敬业、创新进取文化的养成。

优化体制环境，营造民主、和谐的企业氛围。深化民主管理工作，完善以职工代表大会为主体的民主管理制度，定期召开职工代表大会，将涉及职工切身利益的重大问题，提交职代会讨论，接受职代会的民主监督，并认真落实职工代表提案。五年来，长客股份公司共征集职工代表提案570余项，立项近150项，提案落实率达95%。坚持开展职工合理化建议征集工作和厂务公开工作，共征集合理化建议5000余项，立项采纳800余项，营造了良好的企业民主氛围。

优化作业环境，提升职工幸福指数。加强开展职业卫生工作，保障全员身心健康。定期组织从事接触职业病危害作业人员进行了职业健康检查，定期对职业病危害作业场所进行检测及评价；加大作业环境的整治力度，为职工营造了一流的作业环境，通过环境来约束职工的不良行为习惯；从2012年开始，长客股份公司开展了“人机工程”改善活动，从操作姿态、工艺装备、工作环境等方面进行优化改进，使工人劳动强度大幅降低，工作愉悦性显著提高，为社会主义核心价值观的培育营造了适宜的环境。

（作者系中车长春轨道客车股份有限公司企业文化部副部长）

# 绿色玉柴　绿色文化

何晓宇

秉持“绿色发展，和谐共赢”的核心价值观，玉柴一直坚持走绿色工业发展的道路。如今，在“二次创业”的征程上，玉柴又提出了构建绿色价值体系的工作目标，即围绕“二次创业”，以构建绿色价值体系为重点，规划未来五年企业文化建设战略，创新玉柴的企业文化体系，建设有利于“二次创业”和转型升级且具有核心竞争力的企业文化。

## 绿色价值

企业的核心价值体系关乎企业自身存在和发展的价值定位，犹如企业发展的航灯和风向标。

2006年，玉柴基于社会、行业和企业自身特点，将“绿色”确定为自己的价值定位和价值取向，确立了“绿色发展，和谐共赢”的核心价值观。表明玉柴选择“绿色发展”作为自己的责任和目标，即坚持走绿色工业发展之路，以研发制造节能、低耗、环保、高性能的绿色动力和绿色机器为己任，在保护环境、节约能源资源、促进人类健康生活中实现企业的可持续发展。今年初，玉柴又进一步明确提出“绿色价值体系”并将之确立为自己的核心价值体系。

绿色价值体系是玉柴对自身经济价值、社会价值、自我价值的定位与追求，表明了玉柴“追求绿色发展、创造绿色价值，关注生命、资源、环境协调发展”的经营取向。绿色价值体系既是玉柴所有经营管理工作的主线，也是企业文化建设的核心，更是玉柴“二次创业”转型升级的重要支撑，贯穿于“二次创业”的全过程。

“绿色”，首先代表着玉柴的责任观。即要履行企业社会责任，包括经济责任、社会责任和环境责任。其次，代表着玉柴的生命观。玉柴把自身视为一个有机生命体，就是要保持玉柴的健康和活力，确保基业长青，实现可持续发展。再者，绿色更代表着玉柴的文化观。绿色已经融入到玉柴生命的血液中，成为所有玉柴人的价值追求和行为准则，成为玉柴发展的鲜明个性与特色，无形中已形成了玉柴的企业文化特色，即玉柴的绿色文化。从提出“绿色发展”到提出“绿色价值体系”的建设，这是玉柴文化内涵的拓展与提升，也是玉柴二次创业的动力方向，更是玉柴生存发展的迫切需要。

## 绿色实践

玉柴在经营实践中，紧紧围绕“绿色价值体系”和“绿色发展，和谐共赢”核心价值观，以“绿色”为引领，以“创新”为载体，以“市场和质量”为导向，通过“绿色价值链”实施平台，开展产业转型升级以及企业的生产经营管理工作。使“绿色”价值理念融入生产经营管理，融入日常的办公学习生活中，全过程、全方位彰显玉柴“绿色”价值和绿色形象。

**一是研发绿色产品。**以电控、CAE、OBD、轻量化、混合动力、节能低碳、高功率密度、废气能量回收、欧Ⅵ排放等高新技术和燃烧开发、低排放开发、机械开发等国际领先技术为支撑，积极研发清洁、节能新动力。多年来，玉柴在行业率先推出我国第一台达标国Ⅲ、国Ⅳ、国Ⅴ、欧Ⅵ的发动机，均比国家法规实施计划时间提前 2-7 年。玉柴多缸柴油发动机的二氧化碳排放量持续下降，2013 年与 1994 年比较，玉柴多缸柴油发动机销量增加了 8.5 倍，但是产品的微粒排放总量基本保持不变。

**二是推行绿色制造。**玉柴在整个生产环节上，从产品设计、原材料选用、能源资源利用到废弃物回收利用，都充分考虑节能和环保要求，推行绿色制造。

绿色铸造。在全球首家采用机器人下芯工艺，实施“一个流”自动化生产作业，大幅度改善了劳动环境，实现了铸造用材减少 8%，能耗降低 8%，铁水减耗和铸件减重成本合计每年达 1852 万元，采用玻璃钢废气净化塔对烟气的净化率≥ 99.5%，有效减少了环境污染；采用单一电炉设备熔炼，每年可以减少烟尘排放 1190 吨和二氧化碳排放 92 吨。

绿色工艺。玉柴不断改进和创新工艺技术，成熟掌握了高强度蠕铁缸盖铸造技术，并且大量应用在多种机型的缸盖铸件上，满足大功率发动机高功率、轻量化和低排放的要求；利用铸件余热退火，显著减少了铸造残余应力，大大提高产品质量，并且平均每吨铸件可节电 101.1 度，降低了能源消耗，减少燃烧煤废气的排放。

循环再制造再利用。玉柴经过 3 年的建设，现已形成了年整机拆解和零部件再制造 30000 台的能力，累计产值已超过 2 亿多元。再制造发动机指标与玉柴新发动机相比，每台再制造发动机综合能耗设计指标下降低了 68.42%；万元产值综合能耗设计指标下降了 41.54%。今年 1-5 月份，零部件再制造回用达 327.5 万元，累计同比增长 43.76%。节约标煤 1300 多吨，减少二氧化碳排放 3500 吨。

**三是实行精益运营。**玉柴实行精益制造管理模式，积极培育精益制造文化，从品种、质量、成本、交货期、安全和柔性等方面进行精益改善，掀起了精益制造的热潮。玉柴铸造厂新铸车间的熔化清理 / 制芯 / 造型在改善前，辅助砂芯需要 4 次装车、拉运、库存。改善后，1 次装车和拉运就能到达修芯线，形成一个流作业，在制品库存由改善前的 600 车降为改善后的 240 车，下降了 60%。玉柴积极推进精益供应链建设工作，2013 年实施的 9 个精益项目全部达标，累计硬性收益达到 1,853.9 万元。

**四是实施绿色排放。**玉柴建立污水处理站和废物回收处理点，对生产过程产生的废水、油漆渣、污水浮渣、磷化渣、灯管、电池等危险废物，全部按照国家环保法规要求进行 100% 无害化处理，每年经无害化处理的危险废物达 80 万吨以上，有效避免了二次污染；新投资 600 多万元建设铸造中心污水处理站项目已投入试运行。淘汰冲天炉，减少二氧化硫和烟尘的排放。

热泵取代燃煤锅炉。玉柴投入 1600 万元实施热泵取代燃煤锅炉的项目，大大节约生产成本，彻底消除了二氧化碳、二氧化硫对大气的污染。按 2011 年公司锅炉用煤 1.2 万吨计，热泵的使用每年可减少二氧化碳排放 3 万多吨，二氧化硫 100 多吨，氮氧化物 80 多吨。

玉柴“添蓝”。玉柴有效应用 SCR 后处理系统中的“添蓝”产品（俗称“车用高纯度尿素溶液”）对发动机尾气中的氮氧化物进行处理，来大幅降低发动机的排放。使发动机燃烧更高效更彻底，油耗节约达 6% 以上，并使颗粒排放降低到法规限值以内。2013 年，玉柴“添蓝”产品在全国的销售量已达 600 吨，按理论计算，可以改善 5000 万立方米的有害气体排放。今年 1-5 月份，已累计完成销售“添蓝”产品 1482.37 吨，完成全年目标（3000 吨）的 49%。

**五是发展绿色能源。**玉柴建成了全国装机容量最大的屋顶光伏发电项目。每年使用光伏发电的电量达 1751.6 万千瓦时，可节约标准煤 1 万多吨，相应减少二氧化碳排放量 2.5 万吨，减少二氧化硫排放量 750 吨，减少氮化物排放量 375 吨，减少粉尘排放量 5,800 吨，整个过程不产生气体、液体及固体废弃物等污染。

**六是施行绿色管理。**玉柴实行绿色人文、绿色责任、智能管理、绿色办公等管理模式。

绿色人文。在内外部倡导“忠诚、博爱、协同、安康”的人文观，努力建立企业和职工能够达到最佳合作状态的新型劳动关系。2011 年以来，玉柴通过推行人机工程学，降低工人的劳动强度以及改善工人的工作条件。

绿色责任。今年 6 月 5 日，在北京召开的第九届中国企业社会责任国际论坛上，作为金蜜蜂 2020/ 欧洲企业 2020 的新发起方，玉柴发布了“金蜜蜂 2020 社会责任倡议”低碳议题中关于“绿色智造”的项目《低碳——绿色智造》。项目的总体目标是“绿色动力，绿色智造”。

智能管理。玉柴完善高效的 IT 系统，覆盖了玉柴全部的业务和主要工作流程，成为中国信息化百强企业。其中办公实现远程化、电子化、无纸化、网络化，运营采用 ERP 系统，研发实现数字化开发，服务和配件通过 YCSS 系统实现信息化，人力资源管理通过 HR 系统实现柔性和动态管理。玉柴新建的能源在线监控系统项目标志着玉柴能源管理工作迈入了自动化、智能化的领域。

绿色办公。玉柴通过开展绿色办公活动，普及和宣传绿色办公知识，改善办公环境，减少文印、用电、用水、电话、公务用车用油等方面的办公能耗。

（作者系广西玉柴机器集团党委工作部副部长）

# 创新文化引领新常态下的核心竞争力

王发生

太原钢铁（集团）有限公司（以下简称“太钢”）始建于1934年，目前已形成年产1000万吨钢（其中400万吨不锈钢）的能力，成为中国特大型钢铁联合企业，也是目前全球单体工厂生产规模最大、工艺技术装备水平最高、品种规格最全的不锈钢企业。公司下设分公司4个，全资及控股子分公司25个，参股公司27个，员工36920人，总资产1307.39亿元。2014年，公司钢产量1072.31万吨，其中不锈钢380.49万吨，实现营业收入1401.34亿元，实现利润2.06亿元。

近年来，面对低增长、低价格、低效益和高压力的钢铁行业新常态，太钢坚持用创新文化引领全面深化改革，以战略创新为先导，抢先一步全面布局，以科技创新为动力，走特色精品之路，以管理创新为基础，打响降本增效攻坚战，以机制创新为依托，打造“人人皆可创新，人人都要创新”的文化新风尚，努力培育新常态下的核心竞争力。2014年5月17日，太钢一举捧回被誉为中国工业“奥斯卡”的“中国工业大奖”，这是坚持创新文化引领、走创新驱动道路所结出的硕果，值得每一名太钢人为之骄傲和自豪。

## 战略创新：做强主业，延伸发展、多元发展、绿色发展

钢铁行业新常态下，势必要淘汰一批落后产能，路线的选择，是生死攸关的大事。于太钢而言，未来走哪一条路，上哪一个项目，做哪一种产品，考验的是太钢领导层战略决策的能力。

做强主业始终是太钢的立业之基，发展之本。钢铁业总体上进入了产能严重过剩、竞争异常激烈的微利时代，对于“不求量只求精”的太钢来说，突破重围，闯出一条新路，关键是要提升科技创新能力。不锈钢主业上，太钢在超前做好市场调研和产品开发基础上，先后实施了一批产品结构调整项目，并迅速达产达效，成为新的增长点。太钢坚持逐步扩大超级不锈钢、耐热不锈钢、双相不锈钢等高精尖不锈钢所占比重，不断巩固和强化全球不锈钢业界的领导者地位。目前，太钢已经在高速铁路、工程机械、核电、石油化工等专用钢方面占有了重要位置，下一步还要生产更好更多的高效、节能、长寿钢材，抢占市场制高点。

钢铁行业的竞争日益体现为产业链的竞争。在上游领域，太钢已经在海外获得了稳定可靠的铬镍资源，岚县铁矿也已经全面建成达产，太钢已经成为国内资源保障条件最好的钢铁企业。在下游领域，太钢加快实现由“材料加工”向“加工材料”转变，加快进入以不锈钢为重点的高端制造行业，建设布局合理、服务终端客户、高效快捷的加工配送物流体系。同时，围绕精密带钢及不锈钢管管配件、厨房用具、装饰材料、化工设备、不锈钢结构件、建筑用不锈钢加工等产业，太钢不断发展壮大不锈钢深加工业，悉心培育产业集群，让不锈钢深加工产业茁壮成长。

太钢多元发展的突破口是新材料。为此，太钢成立了新材料事业部，瞄准世界新材料产业的最前沿技术，非晶电磁材料、耐蚀合金、高温合金、钛镁合金等新材料的研发也都在按计划推进。同时，太钢将充分发挥品牌、资本、产品、管理、文化等方面的优势，加快发展现代金融、贸易、物流、工程技术等相关多元产业，实现多元业务与钢铁主业的协同发展。

绿色发展既是社会、城市对企业的要求，又是太钢自身发展的必然选择。太钢提出，环保是企业生存和发展的前提。经过近年来的努力，太钢已经形成了完整的固态、气态、液态循环经济产业链。下一步，太钢还将以科技创新和管理创新为支撑，加快实现工艺装备绿色化、制造过程绿色化、产品绿色化，让绿色发展成为公司新的发展方式、新的效益增长点和竞争力，加快推进由企业内部小循环向城市大循环的转变，把太钢建成全球绿色钢厂典范。

一步领先，步步领先。钢铁寒冬里，只要保持战略定力，相信越来越多的太钢人会清楚地认识到这一次战略决策的科学性和正确性。

## 科技创新：技术为王，闻新则喜、闻新则动、以新制胜

“太钢制造登上‘人造太阳’”、“太钢超超临界锅炉护环用钢填补国内空白”、“太钢齿轮钢首次应用于风电核心部件”……这一个个“首创、首发、首用”消息的背后是太钢强大的技术研发实力、完善的质量保证体系和优质的配套服务。

技术为王，必须坚持质量取胜，创新驱动。太钢坚持“用产品闯天下”，依托产品创新，不断加大“首发首创首用”力度，瞄准进口产品和紧缺产品，从原来经营的近百个产品优化为若干个战略和重点产品，组建战略经营单位，聚力主攻。28个品种国内市场占有率第一，36个品种填补国内空白，替代进口的太钢不锈钢就是这样打造出来的。如今，从一角钱硬币所使用的材料到知名手机的供应商，从铁路专用钢材到“神舟”系列飞船等国家重大项目，太钢的各类产品，已经成为经济社会发展中不可忽视的一抹亮色，太钢正进行着全方位的创新与创造。

技术为王，必须努力从单点突破发展到全面创新，形成系统优势。工程技术创新方面，太钢运用当代世界装备制造技术的最新成果，通过菜单式引进，自主集成，高标准规划和实施了新不锈钢工程技配套项目，实现了装备的大型化、现代化、集约化、高效化；制造技术创新方面，太钢结合工艺技术装备特点，自主研发高质量不锈钢板材工艺技术，含氮不锈钢工艺技术，以铁水为主原料生产不锈钢的新技术等，形成多项不锈钢专有技术，牵头制订了多项不锈钢行业技术标准；应用技术创新方面，太钢不断强化新产品先导性技术研究，努力引导消费，形成了以高效、节能、长寿为特

点的不锈钢优势产品集群。

技术为王，必须引领钢铁行业绿色发展趋势。近十年来，太钢累计投资136亿元，集成世界最先进的节能环保技术，超前实施了147个节能环保项目，先后建成或实施世界上处理能力最大的矿渣超细粉生产线、世界第一套可同时处理不锈钢和碳钢除尘灰的全功能冶金除尘灰资源化装置、国际首创的高炉冲渣水余热回收技术等一大批先进环保项目，节能环保水平行业领先，成为钢铁行业绿色发展标杆。新常态下的太钢人在绿色发展上没有停步。2014年，太钢突破世界性难题，成功开发研制出“冲渣水无过滤全水量通过取热工艺”和专用“冲渣水取热设备”，高炉冲渣水余热回收项目投入全负荷运行，使太钢为城市提供集中供热热源提高到1700万平方米，开辟了钢铁企业高炉冲渣水余热回收利用一条新途径；作为全球技术最先进的钢渣综合利用环保项目和我国第一个钢渣肥料制造项目也在太钢结出硕果，用不锈钢尾渣加工制成硅钙肥料已销往美国、马来西亚等国家；国内首条高炉热熔渣制棉生产线建成投产，每年可利用高炉热熔渣生产高品质保温棉板和粒状棉7万吨，开辟了固体废弃物资源化利用新途径。今年，在企业处于亏损的艰难形势下，太钢人追求绿色发展的脚步仍然坚定不移：在太钢2015年的预算盘子当中，12亿元的环保投资已经在紧锣密鼓实施中。

闻新则喜、闻新则动、以新制胜。同质化竞争中，品种质量优势意义重大，太钢技术以新至上，不断开发新产品、新工艺、新技术，必将在未来的不锈钢市场上占有一席之地。

## 管理创新：价值导向，打响降本增效攻坚战

创新型企业的标志，除了科技，更要看管理。从全面预算、绩效评价、薪酬体系设计到劳动用工、人事改革，从内部市场化改革到与外部市场接轨，改革创新与正催生着太钢的蜕变与成长。2013年以来，太钢扎实推进以市场为导向、以创造价值为中心的管理机制和流程变革，撬动内部和外部的活力杠杆，加快由生产经营型向价值经营型转变，拉开了新一轮管理创新的帷幕。

太钢坚持以市场和客户为导向，推进响应机制改革。冶炼厂向前部原料采购市场延伸，优化原料结构降成本；成材厂打开“后门”，直接面对和感受市场，与营销部门联动，寻求优质高效订单。推行营销和技术服务“双经理制”，更加快捷满足市场变化和用户需求，实现价值经营，提升为用户提供增值服务的能力。其中，专业营销经理负责组织策划市场调研、走访、开发，了解客户需求，帮助客户了解太钢产品的优势，先期介入，信息反馈，异议处理；技术营销经理一般由各个成材厂的总工程师担任，负责协同配合专业营销经理分析市场行情，开展市场调研与开发，深入参与产销研衔接，从技术上满足或挖掘客户需求，落实相关部门解决产品开发、成本优化、质量改进、合同交付等问题，驱动公司相关部门及时响应解决。自“双经理”机制实施以来，各基层单位领导、产品开发工程师、技术人员等每月平均走访用户20余家，走访范围覆盖全部主要终端用户，不仅能够及时解决出现的问题，还促成了多笔合同意向订单。

市场的出口找到了，如何降低生产成本，锻造全流程竞争力，太钢也有大动作。太钢变革经济责任制考核办法，由考核内部利润变为考核市场利润或市场成本，用市场价值衡量工作绩效、决定干部职工薪酬，把干部职工的收入与创造的价值紧密挂钩，实现从生产经营型向价值经营型转变。坚持全方位对标，小到每道工序、每个设备、吨钢能耗，大到一条生产线、一个工程项目、一个成材厂，行业里谁最好，太钢差在哪里，差距多大，原因何在，准备采取什么措施、分几步在何时成为最好，并且要认真、抓实、抓紧做。《太钢日报》发表评论员文章《让每一个人都成为经营主角》，提出“每一名职工都应当时刻关注自己承担的指标，仔细算算自己岗位上这本账，看看自己忙碌下来，得到了一个什么样的结果，是挣了还是亏了，赔了多少，赚了多少”。在太钢不锈热轧厂，一根链条在职工的特护下坚持了22个月，“接链条受苦不少，可不耽误生产，不影响质量，眼下这市场行情，厂里经营又这么难，我们虽苦了些，但这样一来，既给厂里降低了成本，我们自己也有奖励，值得！”职工这样理解。

价值驱动，管理创新增强了每一位太钢职工降本增效的责任意识，更逼着他们从生产到经营转变。每一个人都是经营主角，管理创新极大地提高了职工的主动性、积极性和创造性，也为钢铁严冬中的企业注入了一剂强心剂。

## 机制创新：打造“人人皆可创新，人人都要创新”新风尚

多年来，太钢逐步形成了以“鼓励创新、宽容失败、反对守成”的创新文化，经过近几年的努力，太钢已经建立起“一体两翼两支撑”的技术创新体系。“一体”，即以不锈钢研发体系为主体；“两翼”，即以工程集成体系（IT、工业控制、工程设计）、控制与改进体系（工艺、质量、生产）为两翼；“两支撑”，即以行业（客户）和大学（科研院所）为支撑。同时，太钢大力实施战略经营单位管理体制，围绕重大项目和重点品种开发，成立了由生产、营销、科研人员组成的攻关团队，建立了多个SBU（战略经营单位），针对亟待解决的重大工艺技术和质量问题，在全公司推行课题首席负责人公开竞聘、命题承包、按效索酬等改革措施，以激发职工的创新热情。

太钢坚持通过全员技术比武等各种形式的培训，全面提升职工素质。在积极开展“技能登高、素质提升”主题竞赛的基础上，持续推进职工创新工作室活动，广泛开展推广先进适用技术以及科技咨询、技术诊断、导师带徒等活动，为职工岗位创新搭建平台。目前，太钢已创建职工创新工作室25个，吸纳成员254人，形成了一支以劳模、技术领军人为龙头，技术骨干、一线技术职工参与共同攻关的职工创新团队。此外，太钢的技术比武与职工技术等级鉴定挂钩，比武全过程由技能鉴定考评员监督，比武成绩可作为技能鉴

定成绩，对于当届，连续两届、三届获得状元称号的，太钢还分别一次性奖励5000元、8000元、10000元。

为打通人才成长通道，太钢持续实施了“培养50名优秀管理人才、100名优秀科技人才、500名优秀操作人才”的“515人才战略”，出台了《2014—2020年高技能人才规划战略》，坚持按贡献参与分配，在人才成长中形成了强有力的激励机制。针对企业中青年职工较多的情况，太钢连续15年开展了青年创新创效活动，青年职工只要在企业工艺、设备、质量、安全、节能降耗等方面遇到难题，均可开展项目申报，经公司青年创新创效组委会办公室审批后可正式立项。如今，太钢拥有以工程院院士王一德为代表的老一辈优秀科技人才，以获得“第12届中国青年科技奖”的不锈钢专家李国平为代表的中青年优秀科技人才，以全国青年技能大赛状元李小龙、享受国务院特殊津贴的炼钢工郭晓兵为代表的高技能操作人才，他们已成为太钢开展科技创新的骨干力量，梯级形的创新型人才队伍已经初步形成。

无论是科研机制、人才培养，还是创新平台，太钢正给予职工更多的创新舞台，“人人都要创新，人人皆可创新”的新风尚正在太钢形成，而这正是太钢向特色高端蓬勃发展、抢占市场制高点的不竭动力源。

战略创新、科技创新、管理创新、机制创新孕育了太钢的创新文化，反过来，创新文化又引领太钢持续打造新常态下的核心竞争力。钢铁行业寒冬里，相信在创新文化的旗帜下，太钢一定能够逆势突围，跑赢市场，跑赢同行，跑赢自己。

（作者系太钢党委宣传部部长、党委统战部部长、企业文化部部长）

## 立魂　定锚　塑形　让安全文化落地

王祝立

安全是铁路运输的永恒主题。在当前全路上下深入推进安全风险管理、全面实施客、货运组织改革的新形势下，要发挥好安全文化的保驾护航作用，必须不断挖掘并拓展安全文化所具有的精神支柱、价值支撑、智力支持三大功能，持续完善安全文化的基础结构、主体框架、表层设计三个主要环节，化文化于管理、化理念于行动、化精神于物质、化无形于有形，让文化落地，才能有效推进安全风险管理，为确保运输生产的持续安全平稳奠定基础。

### 为安全文化立魂，夯实推进安全风险管理的思想基础

从历史沉淀中挖掘文化底蕴，矗立精神支柱。作为有近130多年历史的唐山机务段，在漫长历史的沉淀中，由唐机人打造出的抗美援朝的英雄壮举、外援坦赞的国际主义行动、抗震救灾的大无畏表现、搬迁转线的创业激情，以及所取得的全国质量金奖、全国节能金牌、全国企业文化实践奖等荣誉，无不彰显着自强不息的内在品质、争创一流的精神追求、践行价值的文化内涵。我段通过对百年历史文化的深入挖掘，在自上而下、由下而上的民主研讨过程中，将“龙腾百年，自强不息”精神确立为机务段的企业精神，成为唐机人确保运输生产持续安全的可靠精神支柱。

从企业发展中凝练文化理念，打造价值支撑。践行文化理念，需要坚强的信念做后盾，而信念的确立需要正确的价值观做前提。价值观是决定人的行为的心理基础，有什么样的价值观，就有什么样的价值取向、价值追求和价值目标。安全文化的内在要求是确保运输生产的永恒安全，其核心价值观势必要紧紧围绕这一主题来打造。我段在长期的建设发展中，通过对逐步形成的职工作业“四个一样”、乘务员值乘“六不四主动”、机车保养“一洁二光三无四不漏五消灭”、机车检修“一心二不三满意”等工作理念及搬迁转线期间形成的艰苦创业、顽强拼搏，开拓创新、永不自满等创新理念的提炼、整合，确立“将全国最老的机务段建成最好的机务段”为全段核心价值观。针对2004年底生产力布局调整两段合一，以及机车换型、生产方式转变、乘务交路变化等现状，广泛发动干部职工重新思考确立什么样的价值理念，以应对不断变革的新形势。在汇总、提炼的基础上，将原丰润机务段的精细管理和唐山本段“龙腾百年，自强不息”的精神进行有机融合，重新对价值理念进行构建，整理出“安全生产是最高的行为规范和道德准则”“我靠唐机生存、唐机靠我发展”“向严格管理要安全、向干部作风要安全、向职工两纪要安全”等价值理念，逐步形成以“龙腾百年，自强不息”精神为主导，以“两最”核心价值观为坐标的安全价值观体系。

从学习实践中渗透文化内涵，强化智力支持。我段在安全文化实践中，紧抓“外圆内方”这条主线，突出“理念教育、行为规范、环境熏陶”三个环节，不断向干部职工渗透“基于最、赢于正、融于和、兴于家”的文化建设构想。努力打造“五个一”工程：修缮一次段史馆，将近几年段生产力布局调整、机型更换、取得的业绩等内容充实到段史馆，对职工展开与时俱进的教育，增强职工的使命感和荣誉感；编发一本《企业文化》手册，强化职工对企业文化理念的学习、认知；设立一个广播站，广泛传播先进典型、成功招法、工作经验和企业文化知识，让干部职工时刻融入文化的熏陶中；拍摄一部《执著》电教片，让职工深层次的了解机务段的历史，增进爱段、爱岗的热情；举办一次专家讲座，邀请企业文化建设方面的专家到段进行专题讲座，让干部职工扩宽视野、打开思路，奠定企业文化建设基础。与此同时，制定推进实施方案，落实到各个层面，努力实现上下齐动、同频共振。

### 为安全文化定锚，强化推进安全风险管理的基础保障

科学有效，在制度设计上体现以人为本。我段在实践中始终将制度管理作为关键性工作常抓不懈，始终关注“人”

的感受，制定和出台每一项制度都坚持在是否科学、是否有效、是否能让职工理解认同上下功夫，广泛征求干部职工意见，力求科学理性、简洁管用、保持长效，确保做到一项工作一份文件管到底、一个标准严到底、一把尺子量到底。依照这样的设计理念，段将先后出台的《安全关键控制措施》《干部安全管理责任追究》《安全风险管理实施细则》等120余份有关安全生产的文件全部进行认真梳理、集成、固化后，纳入安全风险管理信息平台。同时，进一步全面规范干部履责说明书、职工作业指导书，并在段安全风险管理信息平台开发“安全风险预警、技术规章管理、制度文件落实、安全关键项点控制、干部安全履责制评价和安全重点工作督办”等六个子系统，随时检验各项制度的落实情况。

层级变压，在运作实施上体现以人为本。文化管理有层级，管理层级有序位。层次决定站位、职位决定分工、岗位决定作用。在段、车间、班组三级分层实施安全文化，达到层级变压、有序展开、粗细有致，以让处于不同层次的“人”都准确定位自己在安全文化建设中的角色，按职责分工完成各自任务，确保安全文化在各层级的功能和作用得到有效释放，让文化传导到每一个人。我段在安全文化建设的实践中，紧密结合安全形势的不断变化，健全完善《加强企业文化建设的实施意见》，紧抓“外圆内方”这条主线，突出“最、正、和、家”四个核心元素，由段确定逐级工作目标，分解工作任务，细化具体操作内容。对于汇总提炼安全文化理念、出台实施方案、规划建设方向、制定推进计划等较为复杂的工作，均由段、科室各级干部完成，车间、班组职工的任务，就是按照明确的标准、清晰的程序、执行的要点在本职岗位上加以落实，简单明了、直截了当。实施层级变压到最后一级，便于操作性是关键，只有这样，才能提升职工的落实力。

重在激励，在评价考核上体现以人为本。我段在不断完善各项规章制度，严格安全管理的过程中，始终将公平、公正、重在激励作为首要原则，既讲“向严格管理要安全”，也讲“无情管理有情操作”；既讲“我靠机务段生存”，也讲“机务段靠我发展”；既讲管理者对职工的考核责任，也讲受考核职工的申诉权利；既讲对问题的处罚，更讲对成绩的奖励，让职工不仅感受到机务段严管理的氛围，更感受到机务段对自己劳动价值的肯定。实践中，段成立考评小组，由段长、书记亲自组织召开讲评会，每月对各种考核信息逐项分析、讲评，确保考核不出现任何差错。段对发生事故的职工进行考核的同时，对防止同样事故的职工进行同等额度的奖励；段每季组织开展合理化建议活动、职工座谈会等征求职工意见，今年以来，共征集职工合理化建议300多条；定期开展岗位练兵、拔尖人才评选等各项活动，激发职工参与意识和主人翁责任感，让职工切身体会到受到的尊重，增强职工的归属感。

### 为安全文化塑形，营造推进安全风险管理的优良环境

**造势成场，形成共识。**我段在实践中，环境的改造处处折射文化的气息，声文并茂的宣传时时张扬文化的内涵，班组作业特点凝练成警句格言字字凸显文化力量，潜移默化影响职工思想，以形成建设安全文化的共识。运用车间楼外的“安泉”假山石与“青石无言铸基础，绿水有情话安全”石刻遥相呼应，既让机车乘务员悦目，又让乘务员念念不忘安全；主干道旁10个灯箱上的20名劳模像与安全文化知识的写真画面，让职工时时感受到典型的魅力、先进的荣耀；一组蒸汽机车的动轮组合与光荣机车1450的相互映衬，随时唤醒职工对辉煌历史的记忆和对未来的憧憬，20几处景点外型各异、内涵趋同；每天三次的《唐机之声》广播，在听觉上让职工感受文化的声音；机车调度室墙壁上“安全是与家人共享的快乐”的宣传语、检修班组中揭挂的“安全万里系于一身”“用精细之心保万里之行”等格言，将安全文化融入到职工作业的每个环节和岗位，让职工随时随地感受安全文化的启迪，增进确保安全的共识。

**加大投入，完备硬件。**物资设备、基础设施是安全的物质保证，其使用价值，蕴含着一定的文化价值。为职工所使用的各种设备、设施，承载着职工作业安全的使命，丈量着职工作业规范的程度，每一项设备、设施的投入必须着眼于服务安全、服务职工，方能为职工所接受，也才能确保其在安全运输生产中的作用发挥。被称为“保命设备”的LKJ现已配置到每一台运用机车，在确保运输安全中，发挥着无法取代的作用；全段四个运用车间分别成立行车信息处理中心，配置多台电脑、大型显示器、对讲仪，组成远程视频监控网，重点对线上值乘的乘务员遇到的机车故障、行车疑点等问题实施及时的指导帮助；增建职工多媒体培训中心，配置百余台电脑，采取直观教学、网上培训等方式，扩充职工的知识储备量，解决职工技术素质偏低的问题；定期投资“三小”文化线建设，为异地车间、偏远或独立岗点配置空调、微波炉、冰箱等设备，改善职工工作生活条件，成立职工帮扶中心，全面落实“三不让”承诺，让职工时刻感到家的温暖。

**干群同欲，共谋共建。**职工既是安全文化建设的主体，亦是安全文化建设的载体，职工思想认知的变化，不仅是对安全文化建设成效的证明，更是对安全文化最好的判断和评价。因此，培养职工健康的、正面的认知，使职工的情绪真正成为一种文化力，是各级干部做好职工思想工作的着力点，以达到上下同欲、干群同心保安全的合力。机务段的工作性质，决定了大部分机车乘务员和日勤职工在节假日必须坚守岗位，不能与家人共度假期，段党政领导坚持在每年的除夕夜，将与家人团聚的机会留给那些坚守岗位的职工，班子各成员分赴本段、异地车间、三外岗点与职工共度除夕夜，给不能回家的乘务员和倒班职工送上热腾的水饺，让职工情绪饱满坚守岗位；用行动给子女考上大学的职工送上一份祝福和希望，段坚持每年定时举办职工子女考上大学入学欢送会，让美好的祝愿激发职工干好本职工作的高昂情绪；为了解并化解职工在工作、生活中遇到的困难和矛盾，组织各级干部开展与职工面对面、一对一的谈心，收集职工的意见和建议，化解职工思想疙瘩，确保职工以良好的情绪上岗作业。

干群氛围的和谐，极大优化了职工认知的“文化框”，共谋共建安全文化的热情得到激发，推进安全风险管理建设的积极性和自觉性得到进一步加强，为机务段持续的运输安全打下坚实基础。

（作者系北京铁路局唐山机务段党委宣传助理）

# 强化金融责任文化　防范金融人事风险

曹忠群　姚　捷

企业责任文化是企业文化的重要组成部分。根据《组织责任文化建设》一书的定义，所谓责任文化是“人人都讲责任的文化”，即组织与其全体成员共同信奉并实践的以责任理念为核心的价值观。企业责任文化有着自己独立而鲜明的框架，一是物质层面的责任文化，二是行为层面的责任文化，三是制度层面的责任文化，四是精神层面的责任文化。本文探讨内容主要围绕制度层面的责任文化展开，即通过规定哪些情况必须负责任以及如何负责任，在实践中建立起有效防范金融企业人事风险的各类规章制度、道德规范和成员行为准则。

责任，对组织是一种创造价值的内在需求。社会学家戴维斯曾说，“放弃了自己对社会、企业的责任，就意味着放弃了自身在这个社会、企业中更好的机会。”责任创造价值，文化催生核心竞争力，责任文化能打造一支打硬仗、讲奉献、敢于亮剑、善于克难的队伍。建设以“责任文化”为核心的企业文化，不仅是防范金融企业人事风险的强有力屏障，也是社会主义精神文明的重要组成部分，更是实现两个100年目标和中国梦的坚实基础。

## 一、责任文化缺失与金融人事风险的关系

清华大学经济管理学院教授张德编写的《人力资源开发与管理》一书对人事风险是这样定义的：“人事风险是企业经常面临的风险之一，首先它是一种风险，具有破坏性；其次这种风险与人紧密相连，是人事领域中存在的风险。具体地说，人事风险是指组织内从业人员的行为指向偏离组织期望和目标或由于从业人员行为违背客观规律、越轨等给组织造成的损失或危害。”

责任文化的缺失直接导致金融人事风险，主要表现为：从业人员缺乏道德底线和责任意识，与不法分子内外勾结，坑害企业；在正常的业务活动中，个人索要、收受好处费，以牺牲企业利益作为交换条件；向交易对方无原则让利，以公利换取私利；钻法律和财务制度的空子，将企业利润转移出去供个人享用，肆意侵吞企业资产；利用职权和工作之便贪污、挪用公款等。此类风险在金融企业普遍存在，一度有愈演愈烈之势，对金融系统乃至整个社会的发展危害极大。归根溯源，正是文化信仰的贫乏导致金融从业人员责任感的疏失，铸成大错甚至犯罪。对于每个金融从业人员而言，只有选择责任、承担责任、坚守责任，才能真正增强自制力内控力，成为一名合格的金融工作者。

## 二、薄弱的责任文化所导致的金融人事风险危害

### （一）对金融企业的直接危害。

核心竞争力下降。大量的人事风险产生必然导致大量的不良资产甚至是坏账产生，而坏账资产必须在附属资本中的坏账准备金科目中扣减，这样就使企业的利润减少以及总资本减少，引发核心竞争力减弱。

受到同业歧视。如果某金融企业人事风险此起彼伏，同业的第一反应是这家企业的经营管理不善，这样就会减少甚至取消彼此间的交往与合作，使这家企业陷入困境。

企业信誉受损。人事风险频频发生，必然在社会上失去信誉，这样势必减少应有的市场份额，严重时还会发生客户挤兑，使企业经营雪上加霜。

人才濒临枯竭。人事风险禁而不止，将直接导致干部员工对企业战略目标失去信心，优秀人才留不住引不来，人才将逐渐枯竭，以至出现全面危机。

经营管理秩序混乱。人事风险的不断产生将使金融企业管理层受到极大的牵制，对内要迅速采取措施制止人事风险带来的消极影响并接受政府监管部门的严厉监管；对外要面临大批承兑的巨大压力，这样正常的经营管理秩序将受到极大干扰。

### （二）对社会的危害。

降低资源配置效率。资金是稀缺资源，由人事风险带来的不良贷款将导致“劣币驱逐良币”的形态，直接降低配置效率，给社会发展带来隐患。

党和政府的威信受损。由于人事风险的涉案人员中党员领导干部、企业中高层管理者占比较高，在利用手中职权时，不惜牺牲企业和公众权益来谋取自身利益，案件引发的社会关注度较高，处理不慎将引发民众对党和政府反腐败的信心。

产生社会不稳定因素。大面积、高频率的人事风险除了给金融企业带来极大危害外，处置不当、不力，还会产生地区性甚至全国性的金融危机，导致社会不稳定因素的发生。

此外，薄弱的责任文化所引致金融人事风险，严重加剧时不但危害一国的金融安全，甚至波及到国际和地区的金融安全。

## 三、强化责任文化建设遏制金融人事风险的对策

以责任文化强化金融企业人事风险并将其降到最低限度，必须刚柔相济、齐头并进。

### （一）金融人事风险防范的刚性方法。

一是建设“失职问责、违规必究”的责任文化，完善金融立法与执法。良好的法律框架是保证金融业健康运行的基本要素，在金融业开放过程中必须坚持依法经营，依法监管。随着金融体制改革的不断深化和我国法制建设的不断加强和完善，我国金融立法取得了明显进步，但是，我们应该

清醒地认识到我国金融立法还比较滞后，法律框架还不完善，在某些重要领域还处于空白阶段。尤其是随着金融电子化的发展，传统的以有形金融为调整对象所建立起来的金融法律规范受到了严峻挑战。此外，多年来由于受法律虚无主义影响，经营理念落后及普法工作滞后等原因，在金融企业中不少干部员工的法律意识还很淡薄，有些干部员工甚至对本岗位工作所涉及的法律法规也并不完全熟悉，似懂非懂；更为严重的是某些高级管理人员也是法盲、半法盲，违法违规经营，造成金融企业资产风险和人事风险，这方面的教训是极其惨痛的。为此，不断完善金融法律体系，形成良性的竞争环境，不失时机地普及金融法律知识，提高金融从业人员的法律意识，防范包括人事风险在内的各类金融风险，这既是金融企业在市场经济条件下生存、发展和有效参与国际金融竞争的需要，又是判断一个国家金融监管水平高低的重要标志。

二是建设“全覆盖、全流程、责任制”的风险文化，构筑强有力的内部控制制度。建立健全内部控制应牢牢抓住以下几个环节：第一，构建良好的控制环境，包括组织结构设计与控制、有效的授权与责任控制、人力资源管理和控制等；第二，建立有效的风险控制机制，设定风险比率控制方法，以商业银行为例，可应用资本充足率、资产负债比例管理、信贷资产质量比率等指标进行控制；第三，确立统一有效的控制程序，主要涉及不相容职务的分离、会计控制等；第四，形成可靠和高效的信息及传递控制；第五，制定完善的反馈控制制度等。金融企业的内部控制是一个非常复杂的系统，其有效性依赖于每一项要素的完善。这些要素如同一根链条，任何一节产生问题，都可能出现人事风险从而危及整个系统的有效运作。因此，金融企业既要从总体上把握内部控制体系的有效性，又不能放松每一个具体环节。

三是形成横向到边、纵向到底的立体风控文化，打造以创新手段防范人事风险的战略联盟。金融企业人事风险为何屡禁不止，甚至有愈演愈烈之势，除经营货币这个最特殊的行业因素之外，还与从业人员综合素质跟不上发展需要相关。绝大多数从业人员综合素质较高，兢兢业业、艰苦奋斗，对中国金融业的跨越式发展做出了应有贡献。但也有少部分人员不熟悉金融业务、缺乏具体金融实践经验；甚至个别人抱着各种目的来到金融企业，漠视行业底线和道德准绳，在一个单位搞两三年不行就跳槽，这类为躲避惩罚不断流动并潜伏着的人事风险有着极强的破坏力。实践证明，金融企业规避和防范人事风险各自为政、孤军作战，虽然投入了大量的人力物力，但效果欠佳。而创新模式的战略联盟则为各家金融企业提供了一种能够分担成本和降低风险的“双赢”条件。这里所指的战略联盟是指为了达到共同防范人事风险的目标，通过各种协议、契约而结成优势相长、风险共担、要素水平双向或多向流动的松散型网络组织、同业会等。这种联盟既可以是一国间金融企业的战略联盟，也可以是跨国金融企业间的战略联盟。各金融企业还可将人事风险案例及时在金融监管机构报备，一方面便于监管部门强化金融人事风险的统一管理；一方面便于相关金融机构选人、用人、查询、考核等。只有这样，才能在新的形势下与时俱进，形成横向到边、纵向到底的网络，对不良分子形成威慑，有效降低人事风险。

**（二）金融企业人事风险防范的柔性方法**

一是突出以责任为核心内容的思想政治教育。员工的责任意识不是与生俱来的，也不是自发形成的，和其他任何优良品格的形成一样，教育培养是必不可少的。因此，增强干部员工的责任意识，必须结合企业实际需要，深入开展形势任务教育、主人翁意识教育、职业道德教育、发展意识教育等一系列的教育培训。为有效防范人事风险，就必须大力加强全员以责任为核心的思想政治教育。

责任文化思想教育可以激发员工潜能。深化责任文化培育，能使职工抛开任何借口，将自己的忠诚、责任和热情内化为尽职尽责的动力，彻底融入企业的发展之中。作为经营货币的特殊企业，必须要有责任文化的支撑。金融企业的责任文化水平是通过每一个人的职业行为、职业态度、职业作风表现出来的，员工队伍的责任文化水平高，就能有力地促进各项业务，加快转型发展；否则，就很可能出现各类问题，甚至带来无法弥补的损失。因此，要把员工队伍的责任文化建设，作为金融企业两个文明建设的一项基础工作抓紧抓实。

责任文化思想教育可以凝心聚力。责任是凝聚力量的纽带，人人主动履行职责，才会形成整体合力，才会想方设法为企业发展尽心尽力、荣辱与共。要把职业道德教育作为维护和提升金融企业整体形象的重要手段。在市场竞争日趋激烈的条件下，社会的信任度是一家金融企业的无形资产，也是核心竞争力之一。金融企业作为窗口行业，每项工作都关乎社会各个领域，涉及千家万户。这个窗口是否文明、客户是否满意、公众是否信任，就像一面镜子，不仅折射出员工的职业道德水准，更反映出一家企业的整体形象。金融企业要通过责任文化建设凝心聚力，引导全体员工厘清个人的职业行为与企业整体形象的关系，教育员工努力提高自身职业道德水平，用实际行动来维护和提升金融企业的整体形象。

责任文化思想教育可以提高工作质量。打造具有金融工作特性的责任文化，让责任贯穿服务链全过程，能够有效提高服务效率和质量，使员工在工作中得到思想的升华。要把责任文化建设与提高人的综合素质结合起来，努力培养和造就一支“政治过硬、业务优良、作风清正、纪律严明”的人才队伍。在人才培养的实践中，对责任文化的培养更为重要。从我国金融企业这几年发生的经济金融案件看，少数员工缺乏职业道德、千方百计钻经营管理漏洞的现象普遍存在，造成国有资产的重大损失。在工作中，我们时常会听到“出了问题，我负责”这种看似豪言壮语，实属不担责任的言语，他们不明白，企业是一个集体，是一个由责任链组成的组织，牵一发而动全身，工作中任何一个细节出现差错，都会事关全局，影响系统的运作。无数教训告诉我们，对人才的培养，一定要坚持德才兼备、以德为先的标准，打造从业者队伍铁的纪律。只有这样，才能使企业的责任文化得以升华。

二是全面加强以责任制度为重点的文化建设。形成制度的企业责任文化具有导向作用和凝聚作用。大凡成功企业都有成功的企业责任文化制度作为支撑，如风靡全球的松下文化，闻名全国的海尔文化等。

金融企业具有很强的特殊性。这个特殊性反映在企业文化中就是独具特色的价值观念、行为准则和行为方式，为企业员工及社会公众所普遍认同和接受，能够促进经济效益和社会效益的同步提高。要建立防范人事风险的企业责任制度，关键要突出三大责任体系创建。首先是价值观创建。价值观是金融企业文化的核心，是金融企业全体员工的基本信仰和行为准则，为所有员工提供了共同目标，为他们的日常行为提供了指导方针。金融企业的经营思想是其基本价值观的体现。其次是行为准则创建。要充分发动员工开展互帮互学互促互控活动，建立起业务上互相切磋、生活中彼此关心、思想上有效沟通、工作中帮助支持、制度上监督制约的团队责任感，不断提高员工的事业心和责任心，提高内控意识，严防风险隐患。第三是金融企业行为规范创建。行为规范是金融企业在经营管理实践中形成的带有强制性并能保障金融企业整体权益和员工个人权益的工作程序和实施方法，是将金融企业的经济宗旨、政策方针、原则规范、操作原理加以系统化、系列化、条理化、理论化的一种规程。强化企业行为规范教育对防范人事风险具有非常重要的作用，只有紧密结合实际、锲而不舍地抓住以三大责任体系创建为核心的金融企业责任文化建设，才能为人事风险防范的营造夯实基础。

三是用好用活以责任为导向的人才激励机制。金融企业经营的好坏，在很大程度上取决于领导干部是否善于以责任文化激励员工、是否能够上下同心、人尽其才。现代金融企业的发展壮大离不开员工的凝心聚智，人才队伍是金融企业最为宝贵的财富，金融企业比过去任何一个时期都更加重视人才资源的开发与管理。同时，随着科学技术的飞速发展和新媒体应用的日新月异，各家金融企业要更加注重为广大员工建立平台、整合资源、创新载体、交流互动创造条件，以取得竞争的领先优势。而前瞻的人才政策、精干的人才队伍、先进的工作平台、良好的工作互动，形成了一个良性循环的闭合系统，可以最大程度地降低人事风险。

金融企业人事风险只有实现标本兼治，才能取得理想的效果。根据国内外金融企业人事风险的典型案例分析，风险防范的重点应放在构筑强有力的内部控制上。国际金融机构对内部控制极为重视，巴塞尔委员会制定的银行内部控制六项原则反映了国际银行业对内部控制的共识：一是强调高级管理层的控制责任，二是大力提倡和营造一种责任精神，三是充分关注对银行全部风险的责任评估，四是对内部控制的责任评估要成为监管当局日常监督工作和现场检查监督的一部分。

我国金融企业改革从摸着石头过河到与国际接轨，已逐渐步入深水区。在扩大金融业对内对外开放的同时，要借鉴发达国家金融业发展的成熟经验，根据我国国情，大力建设和持续强化金融责任文化，严控由人事风险带来的系统性和区域性风险，营造具有浓烈责任色彩的金融绿色生态环境，更好地服务于实体经济，为金融业中国梦的实现提供强有力的保障！

（作者单位：交通银行）

# 抓好行为文化建设<br>打造学习型雁式团队

张 泓

青岛国风药业股份有限公司是山东青岛唯一一家以中成药制造为主业的大型医药企业，是上海医药集团股份有限公司的核心企业之一。企业从1956年青岛中药零售商业公私合营而来，前身是青岛中药厂，至今已走过了近60年的发展历程。

青岛国风药业高度重视企业文化建设，形成了富有特色的企业精神和核心理念，支撑和推动了企业的一次创业，让企业在多次挫折和变迁中经受住了洗礼与考验。近年来，国风药业跟进时代变迁节奏和医药行业新常态，紧紧抓住新一轮改革发展的机遇期，在积极调整战略与经营思路的同时，创新提升企业文化建设，统筹考虑企业文化的重塑和落地实践，在持续宣贯文化理念的同时，下大气力抓好行为文化建设，促进理念向行为的转化，激发员工价值创造的责任心和驱动力，打造学习型雁式团队，推动企业实现战略破冰和有质量的发展。

## 制定行为规范，使文化理念从“楼上”到“楼下”

**高层带头**。在行为文化建设中，国风高层发挥领头雁作用，率先讨论制定了“领导干部行为规范”，主要领导带头提炼、撰写、修改，从“承诺”和“自律”两个维度清晰“做什么”和“忌什么”。比如针对“责任”，领导干部首先要明确企业战略和定位，只有这样才能带领企业朝着正确的方向和目标发展，切忌在事关企业长远发展和根本利益的问题上“短视”，缺乏立意高远的认识和行为。

**全员行动**。领导行为规范制定以后，接下来用3个月时间在中层干部层面组织讨论，制定了“中层干部行为规范”。随后要求干部带动组织员工结合实际工作，围绕“责任、专业、团队、创造”的核心价值观如何在本部门、本版块落地，由浅入深，发动全员，反复讨论，通过不同表现形式，总结提炼出最具岗位特色和体现职能要求的员工行为规范，同时提出党员践行企业文化的宣言。一系列举措深化了全员对核心价值观的认知和实践，形成推动企业发展的强大心动力。

## 实施行为考核，使员工行为与企业目标保持一致

**实施行为考核**。管理者行为的一致是员工行为一致的

前提，价值观只有为管理者所实践才能产生力量。为此，国风结合企业转型发展对干部素质的要求，陆续将班长以上干部行为规范的执行纳入绩效考核，与已有的KPI考核结合，对干部实施“三维五要素”的考核评价，即从“责任意识、专业能力、团队协作、创新行动、廉洁自律”五个方面加强对干部的行为考核，通过“上级、同级和下级”三个维度进行评价打分，使干部考核不仅关注结果，更关注行为引导，促进干部提高履职能力和管理绩效，并在核心价值观践行方面发挥领头雁作用，带动各版块行为规范的践行和落地。

**制定行动方案**。在推进实施干部行为考核同时，国风要求各板块对标预算和行为规范，针对工作短板和薄弱环节，制定团队行动方案。同时要求各级干部指导员工对照行为规范制定个人行动方案，督促员工改进不足，优化作风，提高岗位适应性和工作绩效。2014年，围绕着“行为文化提升年”和打造“学习型雁式团队”的基本要求，国风上下通过党委“读书汇”平台集中研读《第五项修炼》，深入学习应用系统思考的工具及方法。认真讨论制定行动方案，并适时启动开展了“破冰在行动 体现新价值”主题活动，进行团队行动方案和个人行动方案的阶段性评估，反思查找不足，修正行动计划，鼓励员工采取创新性举措，进一步凸显和提升工作价值，并在年底对在破冰过程中做出突出贡献、超额完成工作任务的团队和个人进行嘉奖。

### 注重案例教育，强化全员对组织期望行为的认同和实践

在严格行为考核的同时，国风坚持将文化案例的发掘和传播作为推进行为文化建设和理念落地的利器，强化全员对组织期望行为的认知认同和自觉实践。而文化案例作为各个时期国风人头脑中最深刻的记忆单元，在每一次的价值共振和冲突后都留下了企业文化正能量的基因密码，逐步形成国风人共同的思维方式和行为模式，这种学习型的雁式团队正是企业真正有意义的竞争优势。

**深入发掘**。经过长期的文化熏陶，现在用核心价值观教育和引导员工已经成为国风高层的一种工作习惯。实践中，国风注重挖典型、抓案例，依靠高层来发现和推动积极的文化冲突，带动各级管理者捕捉和发现文化现象，从文化层面把文化落地的矛盾公开化，让员工对身边发生的鲜活案例进行反思和思想碰撞，从而辨别价值观倡导的是非标准，达成理念的最终认同，加速文化的落地进程。2013年以来，国风按照“有魂、有变、有效”的标准，先后挖掘整理了在文化践行正反两方面的典型案例79个，并遴选出“推倒‘部门墙’”、“危机下的从容”等25个案例编辑了两本《企业文化案例集》，记录了组织和员工层面思维方式和行为习惯的变化，使其成为企业文化深层次推广学习的教材。

**广泛宣传**。案例发掘出来后，国风依托内部文化传播渠道和平台，在员工中开展多角度、深层次地宣传。国风一方面借助OA网络平台、宣传栏等文化宣传阵地及时对案例故事进行宣传、评议、讨论和反馈，并将行为规范的宣导与党员课堂、礼仪大赛、党建立项、劳动竞赛等主题活动做好结合，用案例教育强化干部员工对行为规范的认知、实践。一方面依托各级党工团组织，深入开展案例宣讲活动，从工业板块到商业板块，从营销一线到生产岗位，从普通员工到中层干部，公司上下纷纷行动起来，走上宣讲台，讲述身边的事，教育身边的人，引起了广泛的共鸣和反思。其中，跟进企业深化营销变革的节奏，从2013年10月起，党群部门牵头深入市场一线，陆续组织21场次近700人次的“赢在心动力”文化之旅，宣传公司形势，宣讲文化案例，进行职业心态辅导。一位刚入职的业务人员说，“这些案例让我对国风有了新的认识，国风有情有爱，文化底蕴深厚，奔波市场，我不再觉得孤单。”

几年来，国风药业在突出行为文化建设同时，根据滚动制定的企业文化建设三年规划，系统推进企业文化建设。理念文化建设方面，将提炼公司精神、培育子理念作为工作重点，鼓励国风大药房等子公司在坚持国风文化核心理念的前提下，推进特色文化建设。制度文化建设方面，重点通过实施CRM、ERP等管理提升项目，提升组织效能。高度重视品牌文化建设，注重对内进行“国风”、“宏仁堂”等品牌内涵的挖掘，对外开展“国风健康行”大型公益品牌活动等，进行品牌的传播，进一步提升了企业形象和社会影响力。

国风近几年的文化落地实践，尤其是行为文化建设的深入推进，有效激发了员工价值创造的责任心和驱动力，国风团队整体素质有了质的提升，“群雁高飞头雁领”的雁式团队文化正在日臻成熟。企业顺利实现阶段性发展目标，企业利润水平、股东回报、员工收入等方面均有了明显的改善，先后获评“中国驰名商标”、“中国中药行业优秀品牌”，连续保持“中药工业企业主营业务收入百强”，进入了新一轮发展跨越周期。相信，在先进的企业文化的引领下，国风药业将为山东医药经济发展和我国中医药事业进步做出更大的贡献。

（作者系青岛国风药业股份有限公司党群工作部部长）

## 浪潮　为创新而生

范作祥

伴随着中国信息产业的发展，浪潮已走过40余年的历程，创新是浪潮的生命线，在中国信息产业发展的每个阶段，浪潮都以极具前瞻性的技术创新引领中国IT产业的发展。

### 从国家科技进步一等奖说起

2015年1月9日，浪潮天梭K1高端容错计算机被授予国家科技进步一等奖，成为民用信息领域六大方向中唯一获得一等奖的成果。浪潮K1研发团队用自己的创新开拓和聪明才智让浪潮站在了中国科技荣誉之巅。

2008年12月，不畏艰险的浪潮高端容错计算机项目组以“K2”（世界上最艰险的山峰乔戈里峰）为代号，勇敢肩负起国家使命，向高端服务器领域发起了冲击。

坚持自主创新能够让我们把命运掌握在自己的手中。为了这个目标，做任何付出都值得。项目组就此把项目代号命名为“K2”，以勇攀世界最险峰的精神激励自己，让浪潮摆脱了受制于人的窘境，为中国走出了一条高端容错计算机的自研之路。

在中国信息产业的发展历程中，像浪潮这样几经沉浮却能再度崛起的“活化石”颇为稀有。浪潮立足于IT产业，坚持“专注化、一体化、国际化、利益共同体”的发展战略，通过技术创新和机制创新，不断优化产业结构，整合优势资源，在产业发展的每一个关键阶段都留下了浓墨重彩的一笔。可以说，浪潮既是我国信息产业的启蒙者和先驱者，也是改革开放的见证者和参与者。浪潮集团“涅槃重生”的发展历程，是中国企业在改革开放的实践中不断创新、自我进化、自我完善的缩影，也是国有企业转轨变型，向创新型、市场化、全球化企业发展的真实写照。浪潮60年屡踣屡起的发展历程充分验证了：“要活着，靠创新！”

1982年，浪潮前身的山东电子设备厂是一家从事计算机外部设备、民用电子仪表等研发生产的企业，当时还是一个仅有400多人的小厂，由于产品滞销，已经连续亏损5年，工厂债台高筑，借钱发工资借得银行将其拒之门外，企业濒临停产倒闭的边缘。为了扶持这个困难大户，当时的山东省电子工业局拨来10万元项目费，用于进行磁带机的开发与生产，这笔钱对浪潮来说无疑是“救命钱”。有钱在手，当时的企业经营者反而冷静了起来，他们分析了国内外收录机市场，也冷静分析了自己的实力。

其时，全球信息产业迅速发展，信息产业已经成为发达国家继能源、材料后的第三大支柱产业。在改革大潮的推动下，浪潮当时的领导班子痛定思痛，经过对国内、国际两个市场进行深刻分析和论证，敏锐洞察到“信息时代”的来临和其中蕴藏的巨大发展机遇。于是果断做出“涉足信息产业，开发和生产微型计算机，抢先在国内占领一席之地”的战略决策。

## 创新背后的浪潮梦

创新不是无源之水、无根之木，仅仅靠精神力量无法形成长效的创新循环机制。在浪潮，以人为本成为企业文化建设的核心，浪潮提出了“企业发展与员工致富同步”的浪潮梦，成为所有浪潮人为之奋斗的共同目标。此外，“技术—专利—标准”梯次攀登战略、三级研发体系等创新机制的支撑，也成为浪潮创新的内在驱动力。

为青年人插上理想的翅膀——青年成长奖励基金。2008年8月29日，浪潮首届青年成长奖励大会召开，对23名毕业在1-3年以内，各年度考核结果均在A以上，且最近一年考评为S的新员工进行奖励。此次大会一经召开，浪潮的青年员工无不振奋，纷纷将获得青年成长奖作为奋斗目标和最高荣耀，起到了意想不到的激励作用。

说起青年成长奖励基金的设立，里面还有一段令浪潮人颇为感动的故事。

2008年2月，为奖励对济南市工业发展作出突出贡献的人才进行奖励和表彰，济南市召开“2007年度工业发展表彰大会”，浪潮集团董事长兼CEO孙丕恕荣获济南市明星企业家称号，并荣获了价值20万元的800克纯金奖牌及80万现金，共计100万元的重奖。获奖后的孙丕恕，在短暂的喜悦后，陷入了深深的思考……

“人才，永远是历史发展的原动力。”政府都在鼓励人才方面作出了表率，对有突出贡献的人才进行了重奖，企业更应如此。他下定决心，一定要建立一个创建能人脱颖而出的机制和氛围，激发潜能，鼓励和引导青年员工树立精英意识，促使其尽快成长成才。

于是，经他本人提议，集团研究决定将所获的100万元重奖全部拿出，设立“浪潮集团青年成长奖励基金”，并设立青年成长奖励基金管理委员会，每年以该基金运作的收益作为奖励基金的奖金来源，用于奖励从学校毕业三年以内、表现优秀的新员工，以鼓励新入职的员工快速成长成才。

如今，浪潮进一步发挥这一基金的作用，并出台一系列政策鼓励青年员工努力拼搏。2010年，在第二届青年成长奖励基金颁奖大会上，又出台了几项新的激励措施：一是从职级晋升上加大对优秀青年员工的激励力度。对于获得青年成长奖励基金的新员工，在毕业三年内综合考评获得两个S，或一个S两个A，可以在正常职级晋升的基础上加升一级；二是对于获得青年成长奖励基金的员工，在期权和股权分配等方面将他们纳入进来，享有与其他骨干员工和能人一样参与分配的资格。三是对于曾经获得青年成长奖励基金的毕业五年之内的优秀员工，若是在购房时有首付资金不足的困难，集团可以提供10万元之内的借款。

## 传承奋斗精神的“躺椅文化”

支撑一个企业要靠一股“气”，包涵企业的气节、民族的气节。那么，在浪潮几十年如一日坚持创新的背后，又是什么样的精神力量提供了牢固的支撑？可以说，振兴民族IT产业，为国争光，就是浪潮的气节。这种精神在浪潮被称作“斗志”。

斗志是什么？斗志是挑战自我、超越极限的精神，是永不服输的信念，是浪潮核心价值观“勇于进取、敢于竞争”的直接体现。

在IT领域，国外企业始终占据强势的垄断地位，没有敢于竞争的昂扬斗志，就无法挺起民族IT产业的脊梁；不能始终保持旺盛的斗志，就会很快“死于安乐”。因此，可以说，斗志是浪潮屡踣屡起的精神法宝。

没有比国外更优厚的待遇、没有比国外更多的研发经费、没有比国外更雄厚的产业基础，浪潮一次次冲破技术壁垒，一次次打破国外厂商的测试纪录，靠的是什么？浪潮人正是以敢为天下先的勇气和骨气，在中国IT产业发展的关键时期，肩负起打破国际技术垄断、维护国家信息安全的重任，快马加鞭，超越甚至拉开与对手的距离，始终以领先者的姿态执著前行。

浪潮人具有坚定不移的信念和刺刀见红的血性，正是这种内在的动力，促使着他们始终以积极的心态和高昂的斗志去迎接挑战，击碎神话，“中国人说了算”由梦想变成了扬眉吐气的现实。

浪潮的躺椅文化正是在这样的环境中应运而生。在浪潮的研发部门，经常能够看到研发大楼的灯光彻夜通明，走进研发办公环境往往会看到一些躺椅，这些躺椅是为加班加点的研发人员，用来在进行技术攻关昼夜不息坚持工作时短暂休息的。这样的现象不单是发生在个别岗位上，而是体现在所有浪潮研发人员的身上。我们数不清浪潮到底有多少个这样的躺椅，但浪潮的躺椅见证了无数为理想、为事业努力奋斗的浪潮人的身影，见证浪潮人克勤克俭、顽强拼搏的精神、见证了无数从浪潮走出的世界第一、中国第一，见证了浪潮人艰苦奋斗、勇于进取、矢志创新的创业史、发展史。

躺椅文化是浪潮人一脉相承的创新精神和奋斗文化的浓缩。它不是简单的加班文化，而是浪潮敢于面对挑战、解决困难的一种精神动力。“躺椅文化”不只是一种字面关怀的释义，它已经脱离了几把椅子的概念，更多的是一种奋斗的精神，一种创新的精神。

躺椅文化，创新精神，薪火相传，传下来的是浪潮人骨子里的挑战精神，破旧推新的创新能力，以及敢于面对竞争，始终保持高昂斗志，成就自我，奉献社会的人生理想，这正印证了孙丕恕所说的“这是一种追求”。浪潮的躺椅文化和创新精神源自老一辈浪潮人在困难环境中不屈不挠的艰苦奋斗，发扬于浪潮在IT产业数十年的风雨征程，未来，它仍是浪潮追赶国际品牌、打造世界一流企业的基石。

（作者系浪潮集团有限公司工会副主席）

# 在新常态下创新企业文化建设

赵　磊

内蒙古一机集团是国家“一五”期间156个重点建设项目之一，是国家唯一的集主战坦克和8×8、6×6轮式步兵战车于一体的陆军装备研制生产基地，也是内蒙古自治区装备制造业骨干企业。“十二五”以来，公司深入贯彻全价值链体系化精益管理战略，统筹军民品发展，不断加快结构调整，深化体制机制改革，强化科技创新和管理创新，实现了持续稳健发展。

## 新常态下的企业文化建设

党的十八大召开以来，中央对于加强党建和思想政治工作进行了一系列安排部署，比如全面提高党的建设科学化水平、宣传贯彻社会主义核心价值观、加强基层服务型党组织建设、统筹推进“四个全面”等等。国资委和兵器工业集团也对思想政治工作提出了许多具体要求。同时，随着中国经济进入新常态以及军工领域体制的发展变化，公司的发展质量需要进一步提升，经营体制机制以及广大干部职工的思想观念、工作方式和作风等，都必须作出相应调整和改变。面对这些新情况、新问题，我们深刻认识到，只有不断创新和升级，才能使公司思想政治工作实现百尺竿头更进一步。为此，按照“继承优良传统、体现时代精神、具有自身特色”的原则，我们于2014年开始着手构建“价值驱动型政工”新体系。构建这一体系的基本思路是：在继承“实效型政工”精华的基础上，以贯彻落实社会主义核心价值观、兵器工业集团企业文化核心价值理念为主线，更加突出“人”在思想政治工作中的主体地位，更加突出核心价值理念对于干部职工的思想引领优势，更加突出企业文化建设的重要作用，更加突出运用现代管理方法开展思想政治工作，努力实现企业价值和职工个人价值的最大化。2014年以来，我们按照这一思路创新开展企业文化建设，取得了一些初步成效。

## 完善体系，形成文化建设的三大支撑

一是完善文化理念体系。在兵器工业集团“一主多元”和“统起来、深下去”思路的统领下，依据企业文化的内涵要求，结合公司实际，建立了具有自身特色的企业文化理念体系，包括企业愿景、企业精神、核心价值观等12条理念。构建了企业文化7个子系统，包括“人格化”的质量文化、“人性化”的安全文化、“人本化”的人才文化、“团队化”的班组文化、“自律化”的廉洁文化和“凝聚化”的群众文化、“群众化”的保密文化等。修订、完善了360多个管理制度，编制了《职工手册》和《班组建设手册》。同时，建立了视觉识别系统，设计制作了《企业文化VI视觉识别系统手册》使VI系统管理具体化、规范化、科学化。二是完善考核评价体系。建立评价体系之初，国内企业的考评体系对职工思想意识、价值观、情感交流等人文因素方面的评价还是空白。我们经过反复研讨建立了企业文化评价体系。包括人气指数、素质指数、环境指数、发展指数四大模块，18个维度，27个考评要素。通过分析解剖经营单位企业文化参数，整体反映企业文化发展态势，找准影响企业发展的人文因素，并制定针对性的解决方案。公司还将各单位评价结果汇总，纳入每季度精神文明建设考核。三是完善文化融合体系。针对异地生产布局的特点举办形式各样的学习培训，根据培养方向和目标确定相应的胜任力模型。利用视频系统平台采取异地同步的方式，开展系列化岗位练兵技术比赛。组织异地分、子公司参加各种大型活动，名额分配向异地公司重点倾斜。采取搭建平台、信息共享，横向交流、异地任职，加强沟通、互相学习等方式，增强职工归属感和企业凝聚力。

## 文化塑魂，构筑企业发展的价值基础

公司以社会主义核心价值观和兵器工业集团企业价值观为基本价值取向，提炼和培育公司上下一致认同的文化理念，形成了推动公司发展的精神动力和思想保障。一是对企业文化理念进行大力宣贯。公司按照节俭、热烈、有意义的原则，以纪念建厂60周年为主题，举办大型主题文化活动12场，职工及家属12万多次人参加。特别是开展了中国兵器工业集团“装甲日”暨内蒙古一机集团建厂60周年主题系列文化活动，彰显了“文化引领、艺术搭台、价值驱动、塑造品牌”的一机特色，极大地激发了广大干部职工的荣誉感和自豪感。二是推进企业文化硬件设施建设。公司新建了展览馆、羽毛球馆、体育公园、文化广场。其中，新展览馆总体布展面积达到1.1万平方米，分8个展区，展示图片520幅，实物110台/件，开馆以来接待参观人员1.5万多人次。新建运动场馆近两万平方米，新增羽毛球、乒乓球等活动场地22块，每年平均举办9大项体育活动，1万多人次参加。目前，公司已构成了以“三湖两园一场”为核心的企业文化硬件基础，为文化落地提供了有力支撑。三是不断提高新闻宣传工作水平。围绕文化落地开展了全方位、多角度的思想发动。2014年以来，对内开辟“一机记忆”、“辉煌60话一机”、“最美一线工人”等专题专栏50多个。发布各类微新闻100多条，有效提升了公司的文化软实力。

### 人才强企，激发干部职工干事创业的内生动力

我们大力创建学习型组织，把技术和技能人才作为人力资源开发的两大重点，不断提高职工的思想政治和业务素质。先后投入科技人才津贴130万元，对439名科技人员进行量化考核和分类定级。投入技能人才津贴480万元，技能人才入级1042人，畅通了科技和技能人才职业发展通道。仅2014年以来，公司新增国家级技能大师工作室1个、国务院政府特殊津贴专家4人，国家千人计划1人，中华技能大奖1人，内蒙古自治区技能大师工作室5个，兵器青年英才2人，博士后2人，各类人才脱颖而出。同时，大力开展岗位练兵、技术比赛、合理化建议活动。开展了涵盖208个工种的四级岗位练兵技术比赛，1.6万多人次参加。在2014年中国技能大赛内蒙古赛区职业技能竞赛中，公司共有18名选手获奖，7名选手荣获“全区技术能手”和“全区青年岗位能手”荣誉称号。

### 树立形象，营造风清气正、充满活力的良好氛围

一是通过廉政谈话、示范教育、警示教育，引导干部牢固树立正确的权力观，自觉抵制腐败思想的侵蚀，增强廉洁自律意识。连续两年开展以廉洁从业为主题的宣传教育月活动，通过观看警示教育片、实地参观等方式，接受教育的干部及重点岗位人员达1万余人次，构筑了一道“不想腐败”的防线。二是全面启动新一轮惩防体系建设，制定《惩治和预防腐败体系2013-2017年工作规划》，修订《集团公司领导人员廉洁从政若干规定》《纪检监察工作制度》等15项制度，积极推进廉政增效“阳光工程”，2014年以来监督招标和现场比质比价300多次，涉及金额7.35亿元。切实加强对权利的监督和制约，构筑了一道“不能腐败”的防线。加大信访举报和案件查办力度，严明党的纪律，构筑了一道“不敢腐败”的防线。

（作者系中国兵器内蒙古第一机械集团有限公司企业文化部副部长）

## 肩负起“中国制造”的时代使命

王晓征

文化是澳柯玛企业的灵魂，集中体现了澳柯玛人的价值取向和精神追求，是企业软实力和核心竞争力的重要体现，也是企业永续发展的坚实基础和动力源泉。

近年来，为适应新的时代发展要求，更好地服务企业发展新战略，澳柯玛推动文化创新，形成了以“创新文化”和“责任文化”为主线的新的文化体系，激励和引导澳柯玛人在激烈的市场竞争中奋勇前行，不断取得新的更大的成就。

### 一、创新完善企业文化体系

创新是澳柯玛文化发展的原动力，同时也为企业文化不断注入新的生机和活力。针对企业内外部环境的变化，澳柯玛及时开展文化创新工作。澳柯玛文化坚持传承和创新相结合的原则，在对企业原有优秀文化进行很好传承的基础上，摒弃那些过时的、已不能适应当前社会和企业发展要求的落后的文化成分，融入新的时代价值观、社会发展观和先进的企业经营思想，形成新的企业文化理念和价值观体系，代表了一种先进的文化理念。

澳柯玛文化理念主要有：公司使命：为“中国制造”赢得世界的尊敬；公司愿景：企业强大，员工幸福；公司信念：没有最好，只有更好；公司价值观：客户至上，品质第一；公司精神：自强不息，追求卓越；公司作风：严格要求，细致高效；品牌观：创一流品牌；市场理念：超越用户期望，用心感动用户；人才观：广纳贤才，人尽其才；质量观：精心造精品；科技创新理念：科技让生活更美好；合作理念：诚实守信，义利共生。

澳柯玛企业文化理念主要体现了“创新”和“责任”两大主题，并由此形成了以“追求卓越、共享价值”为核心，以“创新文化”和“责任文化”为主线的文化理念体系。

在企业文化理念创新基础上，澳柯玛又进一步开展企业制度文化、行为文化、物质文化的创新完善工作，构建完整的企业文化体系。其中，在制度文化方面，结合公司新的理念和公司管理创新，对公司的管理制度和管理流程进行了修改和完善，提高了管理效率，优化了管理流程；行为文化方面，新修订了公司行为准则、礼仪规范等，规范了员工的行为和举止；物质文化方面，对企业的标识、宣传材料和市场终端形象进行了规范和更新，对产品包装和形象进行了全面提升；廉政文化方面，确立了廉洁文化理念，制定了公司劳动纪律和廉政制度，实施了岗位风险管理等。

### 二、将文化力转化为生产力

围绕“创新文化”和“责任文化”两条文化主线，澳柯玛加大文化的宣贯和实践，努力将“文化力”转化为“生产力”和“竞争力”。

（一）创新文化：构建追求“更好”的创新机制

澳柯玛公司信念“没有最好、只有更好”，公司精神“自强不息、追求卓越”、公司科技开发理念“科技让生活更美好”等文化理念，体现了澳柯玛人勇于变革、开拓创新、追求卓越的精神风貌，和自强不息、乐于奉献、精益求精的作风，是企业创新文化的具体体现。在创新文化的引领和感召下，澳柯玛人不断推动企业改革和创新，努力营造改革创新的有利环境，构建起了五大创新机制。

充分授权的经营机制。在技术研发、产品制造、产品销售等相关环节建立了充分授权的经营机制，给予充分授权，并建立相对独立的经营和薪酬分配体系，激发了员工的创新激情。

鼓励革新的创新激励机制。公司建立了创新管理平台，鼓励员工随时实施“改进改善”、“小改小革”以及“合理化建议”、“项目创新”等活动；设置了年度“创新金奖”、“优秀创新奖”等创新奖项，每年对一些重大创新和发明项目实施表彰奖励。

灵活高效的管理机制。推动组织结构改革和基础管理提升，推行“VCT”（“Value Chain Team”，即价值链团队）管理运营模式，有效整合了产品的研发、生产、销售与供应链管理等环节，建立起一个以市场为导向、以价值创造为核心的销产研协同的矩阵式组织运营新架构，提高公司销产研协同效率，并拓展了公司的价值创造空间。

以市场为导向的技术创新机制。形成以用户为中心，以市场为导向，集市场、研发、制造三位一体的技术创新机制，通过营销与研发的无缝对接，开发更适合用户需求、更具市场竞争力的技术和产品。在技术创新方式上，实现了原始创新、集成创新和引进吸收再创新的自主创新方式，形成“生产一代、研制一代、储备一代”的产品创新模式，开展前瞻性技术研究。

持续改进的质量管理机制。采用PDCA管理模式，以TQM、ISO9001质量管理体系为基础，实施QCF管理、KPI目标绩效管理和6sigma管理，运用统计过程分析（SPC），QAS检验系统、防止不合格再发生的八步法等工具和技术，并开展员工自互检、班组自主改善、线体质量责任制等举措，实施质量零缺陷工程等，确保了产品的高品质。

（二）责任文化：肩负国有企业的时代使命

作为国有企业，澳柯玛文化突出了责任意识和担当意识，体现了强烈的社会责任感和时代使命感。

为“中国制造”赢得世界的尊敬。《中国制造2025》指出：制造业是国民经济的主体，是立国之本、兴国之器、强国之基。没有强大的制造业，就没有国家和民族的强盛。打造具有国际竞争力的制造业，是我国提升综合国力、保障国家安全、建设世界强国的必由之路。近期，鉴于当前“中国制造”在国际制造业中的地位不高、竞争力弱的现实，澳柯玛人增强了塑造“中国制造”良好国际形象、提升“中国制造”国际地位的责任感和使命感，把“为‘中国制造’赢得世界的尊敬”确立为公司的使命。

澳柯玛人正以切实的行动践行企业这一使命。2010年9月2日，在由国家工信部和中国质量协会组织实施的“中国工业企业全球质量信誉承诺活动”中，澳柯玛连同全国156家工业界的代表性企业共同签署了《中国工业企业全球质量信誉承诺活动倡议书》，澳柯玛公司董事长李蔚代表企业签署全球质量信誉承诺书，向全球消费者做出制造高品质产品的郑重承诺。与此同时，企业树立起“精心造精品”的质量观念，不断完善质量管理体系，提高质量管理水平，确保产品的高品质。

实现“七赢”目标。围绕“责任文化”，澳柯玛正努力打造多方参与、多方共享的价值链，使所有在这一价值链上的各相关方都获得相应的发展成果和回报，具体是实现公司、用户、客商、股东、员工、社会、国家“七赢”目标：“公司赢”重点是加快企业产业结构的优化和升级，建立快速高效的企业管理运营模式，提高企业创新能力和价值创造能力，逐步形成以质量效益为目标、以技术管理创新为驱动的发展新模式，推动企业持续稳定发展；“用户赢”是坚持“超越客户期望、用心感动顾客”的经营理念，打造“精品工程”，施行“金海豚”五星级人性化、感动式服务，让用户全程无忧、快乐消费；“员工赢”是坚持“企业与员工共同发展”的理念，坚持“广纳贤才、人尽其才”的人才观，建立多渠道员工职业发展通道，为员工营造有利于干事创业的环境，并让员工充分享受到企业发展的成果；“厂商赢”是坚持“诚实守信、义利共生”的合作理念，实现厂商共赢发展；“股东赢”是努力实现公司资产保值增值，提高企业赢利水平，增加股东投资收益；“社会赢”是积极参与社会各项建设和社会公益事业，主动承担社会责任；“国家赢”是通过提高资本运营水平，提高企业管理水平，确保国有资产保值增值。

三、热心社会公益事业。

近年来，澳柯玛用于公益慈善的捐助达1亿3千余万元，企业被授予“中华慈善奖”、“红十字博爱”银奖和“中国（青岛）微尘公益之星”、“青岛慈善奖最具爱心捐助企业”等荣誉称号，还接连获得“能效标识先进企业”、“环境友好企业”等荣誉，取得了显著的社会效益。

澳柯玛人正秉持“没有最好，只有更好”的企业信念，持续推动各项创新，承担更多社会责任，为振兴民族工业、推动实现民族伟大复兴的“中国梦”做出更大的贡献。

（作者系青岛澳柯玛股份有限公司办公室主任）

## 加强文化建设　凝聚发展力量

高开昂

中国建设银行徐州分行营业部是一家拥有悠久历史、赢得过诸多荣誉的先进单位，现有员工74名，其中党员33人。长期以来，营业部始终坚持群众路线，为员工提供广阔平台，为客户提供优质服务，在企业文化建设方面硕果累累。

自1996年以来，徐州分行营业部连续18年获得国家级“青年文明号”荣誉称号，2011年获“全国文明单位”荣誉称号，2012年被建总行授牌“五星级网点”和“企业文化建设先进单位”，2013年被省纪委纠风办授予我市金融同业唯一一家群众满意服务窗口荣誉称号。在发展进程中，我部始终倾力打造、推行、遵循具有徐州分行营业部特色的“执行文化、服务文化、创新文化、人本文化”，形成了强大的凝聚力和感召力，开创了以文化建设保障业务发展、以业务发展带动文化建设的良好局面，形成了独具特色的有战斗力的企业文化。

## 一、企业文化建设做法

### （一）推行有态度、有速度、有力度的执行文化。

我部的存款规模、贷款规模、中间业务收入、业务量均居徐州分行首位，为了使在高位运行的业务再创佳绩实现突破，我部首抓的就是执行文化。一是有态度，即激情、积极、执着地投入，执行工作计划。有令必行、令行禁止，布置工作有落实、有反馈、有结果。二是有速度，即现在、立刻、马上，不等不靠、凝神专注，绝不错失良机。三是有力度，即工作中讲究方式、方法，培育良好的工作习惯，如名单制管理、表格化推进、定期业务分析等，重视过程管理。目前我部的执行文化已从强势的推行发展至员工潜移默化的践行。

### （二）点亮文明规范、独具特色的服务文化。

在银行业竞争日趋激烈的今天，任何金融产品都可以复制，唯有独具特色的服务文化、服务品牌无法复制，我部在服务效率、服务质量、服务品位上下苦功夫，倾力打造真正持久的竞争优势。一是开展上门服务，对因患病卧床等特殊原因无法到银行的客户，安排专人上门办理需验证客户身份的业务。二是开展贴心服务，配备老花镜、雨伞架、手机充电站、防滑垫、咖啡机或茶具、报刊杂志、轮椅、婴儿椅等15项便民物品。三是开展亲情服务，组织“节日送健康，服务在建行”健康咨询活动，让客户在建行感受到亲情般的关怀。四是开展无障碍服务，对员工进行外语、手语培训，设置无障碍通道，满足特殊人群的需求。在徐州市首届银行窗口服务大赛中，我部派出的服务团队以最高分荣获文明规范服务奖。

### （三）鼓励敢于领跑、勇于突破的创新文化。

一是积极开展新产品应用，不拘泥于传统融资业务。我部的内保外贷、并购理财业务为江苏行第一单；应收账款质押出表理财产品、金银仓、分离式保理、代开国际信用证、银企直联为徐州分行第一单；二是不局限于简单的吸收存款、规模扩张，而是着眼于客户金融资产范畴，注重经营质量，重点推进战略业务发展；三是鼓励员工建言献策。我部多次在员工中开展“金点子”、“客户营销服务实践案例”等征集活动，充分调动员工参与经营管理的积极性。孙剑飞同志荣获总行“青年创新建行强”创新创效金点子大赛三等奖。

### （四）营造凝心聚力、积极向上的人本文化。

一是加强沟通，通过召开座谈会、个别谈心等形式，鼓励员工畅所欲言，说困难、讲问题、提建议，做到有答复、有督办、有落实。二是开展“我和我身边的故事”征文，鼓励员工积极参与，集中展示感动事、难忘事、欣慰事，员工通过征文为自己代言、为同事代言、为集体代言，这些身边的故事得到大家共鸣，所举办的“员工故事会”，被总行评为“最具感染力”员工故事会，感动传递全行，进一步增强了团队的凝聚力和向心力。三是实施关爱员工具体措施，努力解决员工实际问题。我部在市分行的关心和支持下，整理出3间休息室，安排了32个床位，解决了员工午休困难问题；每月为员工开集体生日会，大家为生日员工制作手工贺卡、祝福PPT，排练小品、献歌等形式，送上贴心的生日祝福；开展踏青、登山、球赛等员工喜闻乐见的活动。员工的心，银行的根，爱心就是生产力。

### （五）积极履行企业社会责任。

一是组织爱心奉献活动。秉承“帮助他人、完善自己、服务社会、弘扬新风”的雷锋精神，感受“奉献是一种快乐”。二是开展军民共建活动。先后多次组织党员和先进工作者到消防、武警部队参观学习，为广大部队官兵送去精彩的部队官兵理财专题讲座；近期我部赴中国人民解放军73682部队开展了“送卡进军营、服务零距离”活动，反响热烈。三是积极参与“金保工程”。为徐州市两万余名退休人员代发退休金，为营业部赢得了老百姓良好的口碑。

## 二、企业文化建设成效

### （一）社会影响力持续提升。

在我行系统内，徐州分行营业部的文明创建工作信息刊登在了总行、省行信息服务站。继2012年揭牌“全国文明单位”后，2013年我部又被评为省级群众满意服务窗口、总行级企业文化示范单位。徐州新闻频道、徐州日报、徐州广播电视周刊等当地主流媒体对我部企业文化建设工作进行了广泛报道，使我部获得了广泛的社会赞誉，社会影响力、美誉度持续提升。

### （二）先进典型不断涌现。

近年来，我部涌现了一批先进典型：如总行“明星大堂经理”、省分行第三届“服务明星”王兆君；总行“优秀大堂经理”张睿敏；省分行“十佳客户经理”温楠；省分行“青年岗位能手”高迎欣；徐州市“劳动模范”朱怀明、徐州市“三八红旗手”沈宏；还有刚刚评选为省分行第四届“服务明星”的孙剑飞。这些先进榜样的树立使得员工学有榜样、赶有目标，进一步鼓励员工建功成才。

### （三）团队战斗力日益增强。

我部通过整合人力资源，强化队伍建设，在尊重员工意愿、考量员工能力基础上，力求使员工队伍直接面向市场、面对客户，并为员工职业生涯提供更加广阔的发展空间。开展联动营销，细化发现客户、推荐客户、营销客户、维护客户的各环节流程，做到无缝对接，实现梯次攻关，实现各施所长，合作攻关客户；你营销，我维护等拓展客户目标。通过开展你追我赶、共同进步的团队PK赛“竞争文化”、及时点赞的“庆功文化”等活动，促进团队合力日渐突出，在各项业务推进中捷报频传。

**（四）经营业绩节节攀升。**

文化助推业务发展，文化力转化为业务发展的生产力和前进力，促进我部各项业务驶上持续、健康发展的快车道，经营业绩节节攀升，市场竞争力、价值创造力进一步增强，各项指标在徐州分行系统内遥遥领先，存款余额、贷款余额、中间业务收入均排名第一。

文化兴行，荣誉满堂。建设银行徐州分行在秉承总行核心价值理念的同时，不断丰富本行企业文化内涵，培育正能量、凝聚正能量、传递正能量，卓越的企业文化已成为了徐州分行最好的名片，有效推动了品牌形象的快速提升。今后我部将再接再厉，鼓足干劲、锐意进取，将这种优秀的企业文化不断传承，发展光大，全力打造更好、更优、更新的企业文化品牌！

（作者系中国建设银行徐州分行营业部总经理，本文根据企业经验交流材料和发言录音编辑整理）

## 把社会主义核心价值观“落实　落近　落小”

张昌明

对企业来讲，如何让文化的理念在企业员工心里生根发芽，关系到社会主义核心价值观能不能融入企业文化建设当中，从而使社会主义核心价值观能够真正落到企业实处。这也关系到能不能构建起企业的核心竞争力。从三个层面来看。首先要把社会主义核心价值观落实，然后是落近，最后是落小，核心价值观不是高不可攀，我们每个人都可以做到。如何把社会主义核心价值观“落实、落近、落小”？

### 使社会主义核心价值观成为企业文化关键要素

“落实”，就是实处着力，以文化为魂，以核心价值观为魂。社会主义核心价值观为国有企业提供了企业文化的魂，把社会主义核心价值观融入企业文化建设当中，社会主义核心价值观和企业文化建设就能够很好地融合，从而使社会主义核心价值观能够真正地落到企业实处。我们的企业千差万别，比如中国通用和中国核工业就有很大的差别，文化上也有很大差异，但我们有共同点，共同点是什么？是社会主义核心价值观理念在企业文化中落地。让社会主义核心价值观能够在企业中做实，一定是在企业文化整个体系、理念及构架中，使社会主义核心价值观成为关键要素，在企业文化中得到充分体现，充分融合。

习近平总书记在第三届核安全峰会上首次提出了“发展和安全并重、权利和义务并重、自主和协作并重、治标和治本并重”的核安全观。大家对核安全非常重视，核是双刃剑，既可以做武器展示国家核安全的威慑力量，又能作为国家能源科技发展重要的一部分。我们国家作为一个核大国，如何做好我们的核安全？中核集团开展了“丰富核工业精神，践行核心价值观”这一政研课题研究，从一个全新的角度诠释了我国60年来保持核安全良好记录的答案，就是因为我们核工业人始终传承“两弹一艇”精神，自觉践行社会主义核心价值观，为国防建设、经济社会发展和建设美丽中国作出了积极贡献。

### “四个一切”：新时期核工业人核心价值标准

“两弹一艇”精神，我们归纳起来叫“四个一切”，就是“事业高于一切、责任重于一切、严细融入一切、进取成就一切”的核工业精神。创业的精神支柱就是核心价值观。“四个一切”既是核工业精神的具体概括，更是核工业人的核心价值追求。我们核工业人在创业实践中，不断延续和丰富了核工业精神内涵，使“四个一切”成为了新时期核工业人的核心价值标准。

事业高于一切，就是一切为了祖国，为了核科技事业，体现了核工业人共同拥有和信守的价值观念，既是核工业人的行为准则，也是核工业人的终生追求。事业高于一切体现了“爱国”这一社会主义核心价值观的思想内涵和价值取向。事业就是国家的事业。

责任重于一切，就是核工业人视“责任”为泰山，对国家、对人民负有高度的责任感。这种责任感来源于对祖国和人民深深的爱，爱得越深，责任心越强。体现了诚信这一社会主义核心价值观的思想内涵和价值取向。责任重于一切，责任重于泰山，诚信坚如磐石。这是一个企业、一个民族生存发展的基础。

严细融入一切，就是把严格细致融入一切活动、每个环节的良好作风，这是核工业人的优良传统。严细就是管理要严、工作要细，真正做到“严、慎、细、实”。核无小事，核安全是核工业的生命线，“安全第一、质量第一”是核工业的最高行为准则。“严细”融入一切，体现了敬业这一社会主义核心价值观的思想内涵和价值取向。

进取成就一切，就是积极探索、奋发向上、孜孜以求、永不言休的精神状态，就是敏锐地捕捉机会，利用一切有利条件，强化“争、抢、抓”意识，坚持“开放、包容、合作、共赢”的经营理念，抢抓机遇，迎接挑战，深化改革，创新发展，积极开展国内外合作，对外要走出去，对内要把国家的国防建设和国民经济建设做好。进取成就一切，体现了“友善”这一社会主义核心价值观的思想内涵和价值取向。这样的进取是建立在开放、合作、包容、共享这一基础之上的。

“四个一切”和社会主义核心价值观完全融合，我们要通过不断学习，把“四个一切”不断完善和充实，使我们核工业的每一个员工都了解、接受和认同，并和企业的企业文化建设很好地结合起来，便使社会主义核心价值观落地。

### 让核心价值观看得见摸得着

“落近”，近处着眼，不要让核心价值观成为虚无缥缈的东西，而要让核心价值观成为看得见摸得着，成为企业每个员工在身边都能找得到的东西。

我们最近出了一本书《核铸强国梦》，通过选取核工业创建60年中发生的60个小故事来诠释核工业的发展，诠释核工业优良传统文化和精神。这些小故事就在我们身边，大家都能够记忆深刻，都能够想得起来，都能够看得见，都能够摸得着。同时，钱三强一百周年诞辰的时候，我们做了三集纪录片，浓缩了钱三强在核工业奋斗的一生，让核工业人了解他是我国核事业的带头人，中国核工业的英雄。在国资委的帮助和支持下，我们又推出了当代科技工作者楷模徐銤院士的先进典型，他60年为快堆的事业默默奉献，他经常到我们各个企业作学术报告，他的人生奋斗历程，在青年人当中产生了非常好的反响，这些都是大家能够看到、熟悉的榜样，容易践行。

同时，小处着手，人人可为。我们从立足岗位开始，让核心价值观点滴成河，汇集成强大的正能量。

企业发展确实需要一种精神，企业发展有好的时期，有艰苦的时期，有挑战大的时期，有机遇多的时期，不管什么时期，企业员工的精神都是企业发展的不竭动力。集团公司围绕立足岗位开展一系列活动，把职业当事业来做，开展爱岗文化。我们也鼓励职业经理人，无论做什么岗位，都要把它当做一种事业来做，上升到一种更高的境界。核安全的要求非常高，所以，我们也开展了立足岗位，忠诚企业，诚信做事的责任文化建设。集团公司开展了计划预算考核一体化的管理方式，推行立足岗位、开放包容、宽容失败的创新文化建设，科技创新允许失败，但是安全不允许失败，只有一次，没有第二次。尽管有冲突，但我们从不同的侧面来开展。

我们也开展了立足岗位关爱职工担当社会责任的和谐文化建设，通过一些专题文化建设从小处着手，让每一个员工都能在这些专题建设中结合自己的岗位，找到自己可以践行的着力点。

（作者系中国核工业集团公司党群工作部主任，本文摘自《企业文化》）

## 强化企业文化考核评估<br>汇聚企业转型发展动力

周瑞华

中信重工机械股份有限公司的前身为洛阳矿山机器厂，是国家“一五”期间兴建的156项重点工程之一。1993年并入中国中信集团公司，更名为中信重型机械公司。2008年元月，改制成立中信重工机械股份有限公司（下称中信重工）。2012年7月，中信重工A股股票在上海证券交易所成功挂牌并上市交易。

这里的前身——洛矿，曾留下刘少奇、周恩来、陈云等老一辈革命家的足迹。纪登奎同志曾任洛矿第一任厂长，习仲勋同志曾在洛矿工作过。焦裕禄同志也曾在这里战斗、生活了九年，为全体员工留下了弥足珍贵的“诚信敬业、拼搏奉献、开拓创新”的焦裕禄精神。在企业二次创业过程中，又涌现出了被誉为“新时期焦裕禄式的好干部”杨奎烈。

中信重工深入挖掘企业历史实践凝结的文化底蕴，融合现代企业管理和国际化企业特点，凝练出以打造百年基业为目标、岗位诚信为核心、经营理念为基础、焦裕禄精神为精髓、岗位诚信管理体系为特色的中信重工企业文化体系。公司走向了以诚信文化凝聚人心、以诚信管理塑造形象、以岗位诚信推动发展的新阶段。

为使企业文化凝聚转化为企业发展的软实力，结合经济社会发展的新变化和企业转型发展的新趋势，中信重工制定了独具特色的企业文化建设考核评估体系。这一体系的建立与应用，促使每一名员工争做诚信文化的传播者、实践者和推动者，促使诚信文化内化于心、显化于物、固化于制、外化于行、惠化于人。为企业汇聚了发展的正能量，使企业文化凝聚的软实力，成为经济新常态下驱动企业向高新技术企业、成套服务商、国际化企业“三大转型”的强劲精神动力。

### 一、企业文化建设考核评估体系建立的背景

企业文化建设是一门管理科学体系，没有考核评价，就不会有落地结果。随着企业文化建设的逐步深入，为检验企业文化建设的效果，加强企业文化建设管理，增强企业文化提升公司品牌、驱动企业发展的动力，根据公司发展战略和企业文化建设的总体要求，中信重工以党的十八大、十八届三中、四中全会精神为指引，以传承弘扬诚信文化为主题，坚持科学性和导向性原则，建立了企业文化建设考核评估体系，将企业文化建设工作保障、企业文化建设工作状况、企业文化建设工作效果及每一名员工纳入考核范围，引导的示范企业文化建设创新、深化、落地的结果。

### 二、企业文化建设考核评估体系的建立

文化创新是推动经济发展方式转变、实现科学发展的重要引擎。谁拥有企业文化优势，谁就拥有竞争优势、效益优势和发展优势。考核评估体系是企业文化体系的重要组成部分，是对企业文化建设的工作流程、过程分析和成果鉴定的综合检验评价体系，是企业文化建设工作的立足点和落脚点。

中信重工企业文化的核心价值观是诚信，通过岗位诚信管理体系，保障诚信文化从观念文化向行为文化转化，实现文化与管理的深度融合。岗位诚信管理体系是通过建立岗位规范，制定岗位诚信评价标准，激励员工成长，提高企业的经营运行效率和企业的诚信力。2010年12月，中信重工岗位诚信体系顺利通过河南省科技厅成果鉴定。岗位诚信作为中信重工企业文化的突出特色，在公司企业文化考核评估

体系中占据重要位置。

（一）中信重工企业文化考核评估体系。

普通员工层面。针对普通员工的岗位诚信考核，按照公平、公正、公开、规范、有序、反馈的原则，以诚信档案记录为主要依据，采用360度考核法，实行百分制周期性评估和反馈。其一，公司要求员工铭记60字诚信宣言，签字入档。第二，明确10类不诚信行为。第三，具体规定292条岗位诚信质量关键事件。若有岗位诚信缺失事项，在记入本人诚信档案的同时，进行岗位诚信减分。

员工岗位诚信考评结果与员工个人的薪酬收入、职务晋升和职业成长挂钩（员工个人薪酬 = 按绩效考核计算结果 × 岗位诚信度薪酬挂钩系数；岗位诚信度薪酬挂钩系数 = 员工岗位诚信度年度评价分数 ÷ 单位员工岗位诚信度年度评价加权平均分数），以此形成员工岗位诚信度考核与员工薪酬和成长挂钩的不断循环的持续改进过程。

干部层面。在对中层干部进行目标考核和360度绩效考核中，公司将“岗位诚信度评价”作为重点纳入其中。日常，进行即时动态考核，受理相关诚信事件投诉，随时发布文件公示扣分。年末，将岗位诚信考核专项纳入干部年度“德、能、勤、绩、廉、诚”综合考核评价体系，百分制考核岗位诚信关键事项。如此为每名干部建立诚信档案，综合确定考评档次，总评存档并反馈本人，闭环进行，循环往复，螺旋提升。同时，考核结果与干部任免和晋升挂钩，各直属单位对基层干部岗位诚信的考核也大体如此进行。对干部要求“远学焦裕禄，近比杨奎烈”，在公司形成了一批既严以修身、严以用权、严以律己，又谋事实、创业实、做人实的领导干部队伍。

公司层面。公司层面的企业文化建设考核评估，涵盖企业文化建设工作保障、工作现状和工作效果等3个一级指标，由此引申出组织方法、精神文化、制度文化、行为文化、物质文化、建设绩效等6个二级指标，并具体细化为组织领导分工明确、规范使用企业VI、经营业绩等27个三级指标。评估体系总分100分，其中企业文化建设工作保障分值权重为20%，企业文化建设状况分值权重为60%，企业文化建设效果分值权重为20%。考核评估采取定性与定量结合的方式，使企业文化建设具有可衡量、可考核的评价指标，实现了诚信文化的落地生根。

（二）中信重工企业文化建设考核评估体系的特点

这是一个反馈循环上升的体系。中信重工以诚信（Credit）理念为企业之魂，以创新机制（Mechanism）为管理之要，以优化流程（Process）为发展之道，以持续改进（Improve）为成功之本，以CMPI四步循环推进的系统管理模型，打造企业诚信管理平台。具有鲜明诚信导向的员工岗位诚信考核、干部岗位诚信考核、公司层面企业文化建设综合考核，客观反映了公司员工岗位诚信践行和公司企业文化建设工作现状、整体管理系统有效性，并由心理契约、考核标准、结果反馈形成循环。通过企业文化建设考核评估，创造性地实现了制度契约与关系契约的结合，促进了员工个人绩效改进，推进了企业文化的基层落实，促进了公司整体管理系统提升，使公司诚信文化实实在在落脚于打造百年基业之上。

这是一个“四轮驱动”的体系。中信重工的企业文化建设考核评估体系是一个包括物质层、行为层、制度层、精神层文化的“四轮驱动”体系，四个模块相互依赖，相互促进。公司将企业文化战略研究纳入企业战略研究体系中，并要求各单位党政一把手为企业文化建设工作第一责任人，与企业中心工作同部署、同检查、同考核，真正形成企业文化建设考核评估体系的“四轮驱动”。

## 三、企业文化建设考核评估体系的应用

（一）加强顶层设计。

中信重工成立企业文化战略指导委员会和企业文化部，加强企业文化战略研究管理，确定企业文化战略原则方针和总体方案，推进企业文化传承创新，指导督促公司企业文化重大活动组织落实。

（二）强化制度约束。

中信重工下发员工岗位诚信缺失关键事件及扣分办法、企业文化体系纲要、企业文化推进方案、岗位诚信考核工作指导意见、企业文化建设评估体系、企业文化师管理办法，与直属单位党政一把手和企业文化师签订企业文化建设工作指导书。日臻完善的企业文化建设考核评估体系，从制度层面明确了公司和员工企业文化建设任务、目标和责任，使企业文化建设考核评估工作有据可依。

（三）落实重点项目。

在公司层面策划指导下，公司各单位结合实际，抓落实、抓实效、抓特色，开展形式多样、内容鲜活的企业文化建设活动，中信重工企业文化不断焕发新的蓬勃生机。如公司下属单位销售总公司弘扬亮剑精神，通过《市场》、《营销》、《员工俱乐部》等电子杂志和相声、小品模仿秀、企业文化电影周等特色活动，传播先进理念，弘扬企业文化，指导市场营销；能源供应公司以杨奎烈精神为引领，把“学奎烈”与提升能源管理水平相结合，保障动能供应。

（四）优化考评方式。

中信重工企业文化考核评估实行周期性考评，以自评为主，自评、互评和公司评估小组随机抽取样本评估相结合的形式进行。主要评估方法有查阅资料、座谈或访谈、实地考察和问卷调查、报告交流等。

查阅资料：通过查阅相关资料对企业文化建设有关项目进行考核评估。在对公司下属单位进行抽样检查中，通过查阅资料发现，重型装备厂深入挖掘具有创新价值的经验，编发《班前会学习资料》、《中心组学习资料》、《刘新安工作法》，已经成为基层建设学习型组织的代表。

座谈访谈：确定不同层次、类别和一定数量的人员，围绕企业文化考核评估的有关项目进行座谈或访谈。公司采取定期与不定期的方式，召开座谈会，就企业文化建设中的疑问、难点及经验做法，进行探讨。

实地考察：通过现场观察和实地调查，对企业文化考

核评估的有关项目建设情况进行评估。实地考察中，了解到公司下属单位铆焊构件厂“像铆钉一样塑造自己，坚韧不拔；像焊条一样融化自己，无私奉献”的铆焊精神；齿轮箱厂建立企业文化宣传室成为基层企业文化建设的重要成果和典型经验。

问卷调查：根据企业文化评估的有关项目，精心设计调查问卷，并按照员工总数的一定比例进行调查。面对员工诉求多元化、多层次化、更加丰富、更具时代性的特点，中信重工通过问卷调查、调研等更接地气的形式，深入了解、掌握员工的思想动态，今年，中信重工将依据企业在发展过程中凸显的新特点，修订企业文化手册，增强企业文化的时代感、多样性、包容性。

报告交流：召开报告交流会，选取企业文化实践成果优秀单位，分享交流总结企业文化建设经验，指导企业文化工作持续创新开展。2015 年企业文化报告交流会认为，当前企业文化工作要充分利用各种现代化的信息手段和资源，创新企业文化传播的方法和渠道。

### 四、企业文化建设考核评估体系的效果

**（一）培养了一支企业文化师队伍。**

着眼于培育企业的精神工程师，打造企业文化实践的主力军，中信重工聘任了包括 1 名高级企业文化师、37 名企业文化师在内的企业文化师队伍。邀请孟凡驰、王学秀等多名国内企业文化领域知名专家、教授、学者专题授课，举办培训班、开展座谈会，中信重工企业文化师逐步掌握了企业文化领域最新的理论成果、成功经验和实操方法。企业文化师队伍成为中信重工人才战略的重要组成部分。

**（二）塑造了一支优秀的员工队伍。**

以诚信文化塑造诚信员工，以个人成长计划打造员工职业生涯发展平台，以基于诚信的绩效考核激发员工工作热情，中信重工打造了一支由首席技术专家、首席设计师与首席工艺师、大工匠、劳动模范、首席员工、岗位诚信明星等在内的爱岗敬业、敢打敢拼、技术过硬的优秀员工团队。新时期焦裕禄式的好干部——杨奎烈、全国劳动模范刘新安就是其中的典型代表。

**（三）孕育了一批宝贵的文化成果。**

源自企业的发展实践，在焦裕禄精神传承和引领下，中信重工孕育形成了“万斤钉”精神、杨奎烈精神和“新重机”精神等一系列精神成果。命名“焦裕禄大道”和“奎烈路”，塑立焦裕禄铜像，修建焦裕禄事迹展览馆和杨奎烈事迹展览室，编著出版《生命的动能——杨奎烈故事》、《精神的路标——焦裕禄在洛矿》两本书、《诚信故事》系列书和《永恒瞬间 无限动力——党和国家领导人在中信重工》画册等，将焦裕禄带领洛矿第一代建设者研制的、在煤矿服役 50 多年的我国第一台 2.5 米双筒卷扬机请回公司。焦裕禄、杨奎烈同志的先进事迹在全党群众路线教育实践活动中引发学习热潮，向洛阳市赠送的 1 万余册《精神的路标——焦裕禄在洛矿》，成为洛阳市第二批群众路线教育实践活动的读本。独特的企业文化成为中信重工向社会奉献的精神财富，为人们竖起了奋勇前行的精神路标。仅 2014 年公司接待各类社会团体和个人参观学习 1 万余人次。

**（四）推动了企业的持续发展。**

危机是一块“试金石”，中信重工通过企业文化建设，用驱动力与约束力双重激励变革思想观念，改善心智模式，为企业转型发展和跨界发展提供了价值导向、智力支持和精神动力。2014 年在全球经济增长动力不足，全行业增速大幅下滑和大面积亏损的情况下，中信重工仍保持了适度的盈利规模，全年实现营业收入 52.86 亿元，利润总额 4.54 亿元，净利润 4.08 亿元，新产品贡献率达到 75.44%，累计成套产品占比 58.65%、海外业务占比 33.29%，变频产品已得到市场和用户的广泛认可，公司战略转型取得明显成效。

（作者系中信重工机械股份有限公司公共关系部部长）

## 企业文化评价体系的构建与完善

付铁峰

吉化是国家“一五”期间兴建的以“三大化”为标志的第一个大型化学工业基地。经过 60 年的发展建设，现已发展成为拥有原油加工能力 1000 万吨、乙烯生产能力 85 万吨，主体装置 67 套，生产主要炼化产品 115 种的大型炼化一体化企业。

60 年来，吉化出产品、出技术、出人才、出经验，创造了享誉全国的吉化精神和吉化作风。多位党和国家领导人先后视察吉化，对吉化为国家所做出的贡献给予了充分肯定。

1999 年吉化上划中国石油集团公司，特别是 2007 年吉化集团公司与吉林石化公司重组整合以来，我们大力继承和发扬大庆精神、铁人精神，构建了以中国石油文化为根，以吉化优良传统和作风为干，以基层文化建设为枝，以全员素质提高为叶的特色企业文化体系，打造了具有吉化特色的企业文化理念体系，即以中国石油企业宗旨、核心经营管理理念以及吉化背山精神、麻袋毛精神、矛盾乐精神、登天精神为主要内容的核心理念体系，以“严细实快”作风为统领的基础应用理念体系。我们通过实践认为，企业文化落地最有效的途径就是通过基层车间、班组，开展有组织的基层文化建设。因此，我们加强车间、班组文化建设，构建了基层文化体系。

我们从 2010 年开始构建基层文化建设评价体系，通过评价工作促进企业文化在基层落地生根。

### 一、构建基层文化建设评价体系

**（一）初步建立 2010 版企业文化评价体系。**

2010 版企业文化评价体系是我们最初建立的试行版的体系，是一个尝试性的评价体系。这版评价体系的具体工作有问卷调查、访谈测试、现场调研、评价报告及反馈意见等

环节。这版评价体系的问卷调查由5个部分组成：一是“企业精神和理念”，评估检查员工对公司现行企业精神、理念的掌握、认可程度；二是“对公司现行企业文化评价”，评估检验员工对公司文化现状的认知情况；三是“对本单位企业文化评价”，评估检验员工对本单位企业文化现状的了解和认知程度；四是“个人价值观评价”，了解检验员工个人的价值观和人生观；五是“对企业文化建设建议”。现场调研主要是对硬件部分和基础工作进行调研。访谈测试主要是对员工随机抽样调查，了解员工对企业文化内容的了解和认知情况。我们制订了《企业文化建设评价标准》，用于现场调研和访谈测试。《评价标准》分为内容维度、组织维度、途径（载体）维度、方法维度4个方面。每个维度下有5项具体考核打分标准，满分合计100分。根据对各单位的现场调研、访谈测试和问卷调查，最后得出体系评价结果，形成各单位定性和定量相结合的《企业文化评价报告》，反馈给基层单位，限期整改。我们这套评价体系的特点：一是以推进工作为目的；二是直接与基层员工沟通交流；三是具有传播性与指导性；四是体系“可实施、可控制、可检测、可改进”。但是因为这套体系过于繁琐，操作起来要耗费大量的时间和人力，因此我们完成这一轮评价后，就考虑对其进行改进和完善。

**（二）构建2011-2014版企业文化评价体系。**

这版评价体系具有独创意义的是，我们借鉴和运用PDCA循环管理的思想，创新了企业文化评价体系的滚动提升。我们通过每年建立新的指标体系，以指标体系的滚动提升，达到了推动企业文化建设上水平的目标。在评价方式上，2011年至2014年的企业文化建设评价工作按照“分级实施、同步推进、整体提升”原则来进行。“分级实施”就是对上年度进入成熟阶段的单位按新的企业文化建设评价体系开展工作；对未进入成熟阶段的单位，先要按照上年度的评价体系进行评价，进入成熟阶段后再参加高一级评价体系的评价工作。“同步推进”就是对两个层次的单位同步开展评价工作。“整体提升”就是要通过开展企业文化建设评价工作，把各单位的企业文化建设水平全面提升到一个新的水平。在评价体系上，每一年度新的《评价标准》和《调查问卷》中，访谈和调查内容更加深入，评价标准有了新的提高，考察范围更加广泛。《调查问卷》内容增加了对企业精神、理念落地情况及各单位特色文化建设情况和企业文化环境的调查。《评价标准》紧紧围绕企业中心工作，突出了企业文化建设“齐抓共管”的工作原则，考核内容更加全面。2011-2014版企业文化评价标准由五个模块组成：一是人气指数模块，主要包括员工对领导班子的信任度和满意度、员工需求满意度、员工信仰和价值取向等；二是素质指数模块，主要包括领导班子素质、党员队伍素质、员工队伍素质、“双五”工程建设、市级以上荣誉等；三是环境指数模块，主要包括企业形象建设、企业环保管理、企业现场管理、企业综合治理等；四是发展指数模块，主要包括技术创新、用户满意度、发展规划等；五是文化基础指数模块，主要包括企业文化基础工作、主要领导践行企业文化情况、企业精神教育设施的建设、文化宣传教育情况、企业文化建设途径。

**（三）进一步完善2015版企业文化评价体系。**

2014年末，我们总结了几年来开展企业文化评价的经验及存在问题，根据国资委、中国石油和中国化工政研会下发的关于企业文化体系评价的文件要求，认为我们有必要对自己的企业文化体系进行一次完善和修订，在保留我们过去好的工作方法的基础上，尽快与国资委对中央企业的要求相对接，进一步规范基层企业文化建设工作，提升建设水平。我们主要做了两项工作。

一是完善了指标体系。我们把指标体系中人气指数、素质指数、环境指数、发展指数、文化基础指数五个模块，重新划分成企业文化建设工作评价指标体系、企业文化建设状况评价指标体系和企业文化建设效果评价指标体系三个部分。工作评价指标体系包括组织保障、载体支撑、考核评价与激励措施三项内容；状况评价指标体系包括精神文化、制度文化、物质文化三项内容；效果评价指标体系包括企业凝聚力、执行力、生产经营、企业形象四项内容。在分值设定上，企业文化建设评价总分为1000分，其中：企业文化建设工作评价部分300分、企业文化建设状况评价部分300分、企业文化建设效果评价部分400分。各项指标的分值根据其权重和所在部分的总分值而设定。企业文化建设评价的基本方法仍然是查阅资料、座谈、访谈、实地考察和问卷调查。在计分方法上，采取直接量化打分和定性评价结果量化打分两种方法。直接量化打分就是对可直接量化的指标，通过查阅资料、座谈、访谈和实地考察等方法，直接进行评判打分。定性评价结果量化打分就是对不能直接量化的指标，通过问卷调查等方法，进行定性评价并将评价结果予以量化打分。定性评价结果分“好”“较好”“一般”“差”四个等级，其分值相应为四个等级。评价“好”和“较好”占90%及以上的记一等级分值，占80%－89%的记二等级分值，占60%－79%的记三等级分值，占59%以下的记四等级分值。

二是完善了考核评价方式与程序。我们把过去完全由公司组织考核评价变为基层自评和公司测评相结合的方式。基层自评原则上每年进行一次，每年第一季度向公司企业文化处报送上年度自评报告。自评工作由基层的企业文化主管部门组织实施。公司测评由公司企业文化处统一组织，参加人员除企业文化处人员外，还包括基层单位的企业文化管理骨干。在对各单位自评情况进行审核的基础上，每年确定部分基层单位，组织对企业文化建设进行评价。改变2011-2014版企业文化评价体系提出评价报告的办法，评价结果直接通过评价过程与各单位进行交流，现场给予指导，重点问题限定时间要求整改。

## 二、构建基层文化建设推进机制

围绕企业文化评价体系的运行，针对基层文化建设中存在认知不到位、理念不落地、发展不平衡等问题，我们构建了企业文化建设“年初体系评价，年中示范推进，年末评先选优”的“三段式”推进和滚动提升机制，形成全年工作的闭环管理。这个推进机制是对企业文化评价体系的延伸，通过这个推进机制，各基层单位不是评价完了把结果放在那里就不管了，而是要通过示范带动、评先选优，使评价体系真正发挥作用，推进了企业精神和理念落地生根，促进了基层文化建设上台阶。

**（一）年初体系评价，找准差距问题。**

我们借鉴和运用体系管理的思想，推动了企业文化建设推进方法的有效提升。通过对多种企业文化建设评价模型进行比较，设计出一套适合我们公司基层企业文化建设的评价体系。把各单位按成熟阶段、上升阶段、认知阶段进行分类，摸清了底数，查找了不足，规范了工作内容，进行了面对面的指导，为整体提升企业文化建设水平奠定了基础。2010年以来，我们每年印发并回收《调查问卷》1500多份，访谈员工700—1000人。通过评价帮助基层单位查找问题、进行整改。特别是针对一些单位在企业文化建设上存在的与中国石油、吉林石化公司企业文化核心要素不一致，企业文化体系不规范，员工对企业文化内容不认同等问题进行了认真整改。

**（二）年中示范推进，对照样板学习。**

我们借鉴和运用对标管理的思想，推动了企业文化建设标准的持续提升。适时组织多种推进活动，推出先进典型，推广优秀经验，推介工作方法，推动基层企业文化建设深入开展。一是举办企业文化大讲堂。2010年7月，我们举办了以“盛夏里吹来一缕清凉的风”为主题的企业文化大讲堂。邀请专家讲课，展示8个工厂、5个车间、5个班组的企业文化建设案例，并由专家现场点评，明确企业文化建设应该“做什么”“怎样做”。此后，每个年度我们都开办企业文化培训班、大讲堂，邀请专家、学者，讲理论、讲实战、指导具体工作。

## 三、企业文化体系评价工作的特色

从2010年企业文化建设评价体系运行至今，我们注意抓好体系的运行管理，在体系评价工作上逐渐形成了自己的特色。

**（一）注重问题导向而弱化分数导向，形成了体系评价重在解决问题、提升建设水平的观念。**

我们在建立评价体系时就强调，企业文化评价体系主要是为了解决问题、推进工作，设立分数而不一味强调分数，对某一项工作、某一项评价内容不因分数设置、权重大小而花费很大精力，弱化分数的作用，把分数与查找问题挂起钩来，评先选优时另建一套打分机制。因此，我们的体系评价工作注重问题导向，而弱化了分数导向，基层单位的管理干部思想观念树立在解决问题上，都不在分数上计较了，提高了工作效率和目的性。

**（二）把评价的立足点放在基层，形成了公司文化与基层文化既高度统一又特色纷呈的局面。**

我们企业文化评价的目标和对象是基层单位，而不是公司整体，通过基层单位的文化提升来保证整体文化水平的提升。我们强调基层单位对中国石油和吉林石化公司文化理念体系的承接性，要求基层的文化要与公司的理念体系高度统一，在统一的基础上，做出基层的特色文化。如动力二厂的管理理念是“克煤必省、度电必争、安全必保、一流必创”，他们这四句话与吉化“四种精神”的麻袋毛精神、矛盾乐精神、背山精神、登天精神是一一对应的，他们的车间、班组也都有一套特色文化与此相对应，使“四种精神”在这个厂落地生根。

**（三）工作流程删繁就简便于操作，形成了企业文化评价工作实事求是、不走形式的氛围。**

我们每年都对企业文化评价体系进行维护，通过上一年度的具体操作，征求基层单位的意见和建议，把一些不必要的内容删掉，把一些上下年度重复评价的内容删掉，使体系更加高效、更具有操作性。每个年度我们都有评价的重点内容，与全年的企业文化建设任务是一致的，因此起到了体系评价与年度工作彼此衔接不脱节的效果，防止上下工作不匹配、评价走过场的情况。

**（四）把你问我答的访谈变成相互交流的座谈，形成了释疑解惑、面对面指导的机制。**

我们到基层开展评价访谈，一开始是你问我答的形式，访谈人员问什么，基层员工就回答什么，基层员工在访谈过程中显得很被动，像参加考试一样，大家都不愿意参加。后来我们改变了这种作法，把访谈变成座谈，把要访谈的问题设置在座谈话题中，使座谈的气氛活跃起来，员工们也愿意把自己的想法说出来了。访谈人员借此机会，帮助基层的干部员工解答疑难问题，现场指导工作，起到了较好的解决问题效果。

从几年来企业文化评价体系的运行情况看，充分发挥了推进基层文化建设的作用，使企业精神、理念等在基层真正做到落地生根，使公司、工厂、车间、班组的文化建设上下承接，一条主线层层贯穿，基本做到“一个车间一个品牌，一个班组一个特色，一个岗位一个亮点”，实现了企业文化在统一框架下百花齐放。

（作者系中国石油吉林石化公司企业文化处副处长）

# 推进“四位一体”新媒体建设的实践与研究

李晓娟

新闻宣传工作对于企业而言有着极为重要的意义，是凝聚员工力量、塑造企业形象、增强企业软实力的重要手段，在推进改革发展稳定事业中发挥着重要作用。目前，传统媒体与新媒体共同组成了媒体宣传阵容，新媒体力量不断壮大势必对企业新闻宣传工作产生一定的影响，企业如何顺应时代发展，统一员工思想，振奋企业精神，改善发展环境，规避新媒体可能带来的风险，充分利用新媒体优势，实现正面宣传品牌形象的目的，是我们即将面对的新课题和新考验。

## 一、新媒体对现代生活的重要影响

随着科学技术的不断进步和更新，新媒体成了一个相对的概念，逐步拓展为以网络技术为支撑的多种媒体形态。相对于报纸、期刊、广播、电视四大传统意义上的媒体，新媒体被称为“第五媒体”。新媒体深刻改变了人们的信息接收方式和习惯，新媒体无孔不入的存在方式让被动接受知识的人们学会了主动，类似网络游戏论坛、百姓论坛、时事论坛等个性化信息团队日渐丰富起来，在不知不觉中影响着人们对事物的敏锐判断，并在信息传播中占据着越来越重要的地位。。

## 二、辽阳石化新媒体建设双向提升的主要方法

近两年来，辽阳石化公司在优化整合辽化报、辽化有线电视、《辽阳石化》杂志等传统媒体的同时，丰富和创新门户网站、手机信息发布平台、《辽化报》微博、特色微信群等“四位一体”新媒体，进一步拓展单向传播和多方互动模式的新媒体建设双向提升路径，实现了传统媒体与新媒体的高度融合，形成了新闻宣传资源共享的数字化全媒体模式。

### （一）单向传播模式。

手机信息发布平台。手机短信具有普及型、针对性、时效性等特点，如何充分利用好这一平台架起企业与员工之间的信息桥梁？辽阳石化公司于2015年初开通手机信息发布平台，拓宽正面宣传渠道，占领思想舆论新阵地，丰富员工精神家园。为确保服务信息百分百传递到每名员工手中，公司建立了“员工信息库”，包含员工姓名、性别、职务、手机号码等，及时传递公司重要党务政务信息。目前，已通过该平台对员工发送各类信息逾21万条。其主要特点：一是延伸面广。利用手机覆盖面广的优势，突破时空的限制，无论员工在家或单位，工作或休闲时间，都能获取公司要闻、政策解读、节日祝福等信息。公司通过手机信息发布平台宣贯新修订的《辽阳石化公司员工奖惩办法》，发布基层单位、基层员工的获奖信息和先进事迹等内容，确立红线，树立典型，使员工学有榜样；每逢佳节，公司会第一时间把组织的关爱与企业的祝福送到员工“手”中，凝聚精神，提振士气，为企业新一年的发展建设积蓄力量。二是针对性强。将员工分成管理人员、专业技术人员、操作服务人员等不同类别，在此基础上再进行细分，结合不同人员的思想特点、工作需要，同中求异、各有侧重，分类发送不同的宣贯、教育信息，得到了员工的高度认可。思想政治与党建工作是“重头戏”，公司已累计发送信息6万余条。“‘三严三实’好干部”、“修身做人要守住‘三条线’”等内容具体、针对性强的短信，拓展了“三严三实”教育活动的时间和空间，领导干部可以随时随地拿起手机进行自学，效果事半功倍；逢年过节，公司会向党员、厂处级干部等特定群体发送廉洁短信，着力打造纪律严明、风清气正的党员领导干部队伍。三是快捷高效。利用手机短信时效性强的特点，在党的重大活动或作出重要决策之际，及时向员工编发相关信息内容，使员工第一时间了解公司重大决策部署，并向员工发出号召。在集团公司“重塑中国石油良好形象”大讨论活动中，公司集中多次发布了活动的重大意义、指导思想、基本目标和主要原则等宣传信息内容，凝聚全员士气，传承创业精神，传递石油文化，重塑企业形象。

门户网站信息发布平台。辽阳石化公司门户网站设置了公司要闻、基层动态、媒体聚焦、网络电视、行业动态、通知通告、办公平台等18个主要功能板块，《忠诚 责任 效益》、《建设“放心型”工厂》、《辽化创业精神学习教育》、《青年志愿服务活动》、《万名员工晒幸福·送祝福》等15个专题网页，《中国石油辽化文化讲堂》、《身边的榜样》、《全力推进第三次创业》、《现场直击》、《辽化综艺》等22个视频专栏，开掘了典型报道、重点报道、系列报道、言论报道的深度和广度，较好地发挥了传统视觉传播优势，全方位、多角度地展现了公司重点工作、特色做法、创新实践等方面的工作成果，为公司员工及时掌握企业生产经营状况、了解企业面临的形势、明晰企业重大决策部署，有效地开展各项工作任务提供了一个集中的网络平台。其主要特点：一是信息丰富，具可读性。员工登录公司门户网站即可随时选读电子刊物和点播视频，学习方式便捷、轻松、灵活。报刊新闻板块实时上传《辽化报》、《辽阳石化》杂志电子期刊，将载满先进工作经验、典型做法等信息的纸质刊物“搬上”电子屏幕；媒体聚焦板块实时转载辽阳石化在国家、省、市级以上主流新闻媒体发表的新闻稿件，让广大员工了解企业在外部的正面形象和影响力，鼓舞士气。二是贴近实际，具时效性。国家政策法规、企业决策精神和工作动态研究等重要信息，通过公司门户网站实现了迅捷传播、广域覆盖，增强了新闻传播的针对性和时效性。公司要闻、基层动态等板块贴近员工生产、生活，突出优化生产运行、强化安全环保、深化基础管理、深入挖潜增效、加强精神文化建设等内容，及时、准确地反映了公司及各二级单位所开展各项工作的最新进展情况；行业动态板块则及时向员工传递石油行业讯息，有助于员工拓展知识面，认清面临形势，进一步凝聚企业发展合力。三是功能全面，具服务性。一周新闻排行板块上最受关注的新闻信息一目了然，为开展新闻业务交流提供参考依据的同时，也为更好地采写受欢迎新闻稿件指明了方向。办公平台、共享园地等板块上集中了日常办公所需要的各类办公系统软件和信息查询系统，公司还定期围绕软件升级改版情况安排专业培训，提供常见问题指导，为方便上下级管理部门间的业务交流，提高工作效率提供了强大的信息支撑。

### （二）多方互动模式。

开通《辽化报》微博。微博时代，员工对于企业内部

民主的需求不断增加，相对平等、友好而明快的沟通，已成为员工的诉求。辽阳石化公司于2016年2月开通《辽化报》微博，并手机短信通知每一名员工接收，使企业与员工之间的关系更加开放和透明，力争实现二者间的双向互动传播。其主要特点：一是沟通桥梁。不同于传统的企业沟通渠道，微博随意和个人化的沟通风格，更适合公司与员工间的非职务沟通。非职务沟通即与工作任务不相关的沟通，其意义在于使企业与员工相互将对方作为一个“人”而非职务去接纳，随之而来的是更好地理解和换位思考。二是传播价值。实时向员工传播公司价值观是企业新闻宣传工作重要职能之一。在正常开展传统的、灌输式的宣传教育的同时，利用微博这一新兴媒体探索企业与员工交流的新平台，没有距离感的企业管理者在微博互动中所表现出来的对价值观的浸润和坚守，更容易起到“润物细无声”的效果。三是信息觉察。微博是员工比较容易和愿意流露内心观点和情绪的场所，为员工提供一个集中的交流平台，便于公司发现员工情绪心态波动的痕迹，以及时做出适当的反馈，甚至达到识别问题发现危机的效果。

在微博上，信息传递聚合了一对多、多对一、多对多等多种形式。虽然每篇微博只发表百余字的文字，但通过超链接、图片和视频等形式，多元、多层次、多角度的丰富和扩展微博内容形式，可以激发员工收听积极性和互动参与热情，打造阅读方便、沟通自由、亲近平等的互动交流平台。

创建特色化微信群。辽阳石化面向员工按专业、分单位、分层次建立微信群，通过现代化网络媒体，拓宽信息渠道，及时、快速地向公司员工传达各类动态，接地气、聚人心，使公司和员工间的交流沟通更加便捷、密切。员工最关心的就是与自己切身利益相关的话题，选取和员工最贴近，让大家觉得可亲可近的管理层作为群主，将公司形势任务、会议精神、决策部署等信息传达给大家，大家有疑问可以第一时间向群主求解，充分调动了广大员工的主人翁意识和责任感，最大限度的听取了员工的意见和建议。员工在工作、学习、生活方面遇到问题时，还可以及时反馈并得到解决，消除了员工的后顾之忧，进一步增强了员工的认同感、归属感和荣誉感。公司再按专业线划分，围绕各类群主分别组织建群，随时随地了解掌握基层员工各类需求，使公司与员工的交流接触零距离，发挥了公司关心员工工作生活，员工助力企业发展的双向互动作用，得到了公司员工的一致好评，为新媒体在员工群众中落地生根提供了组织保证。诸如“辽化特约记者”、“员工食堂”、“烯烃声音”、“检修信息”、“党群之声”、“起重信息平台”、“电气检修动态”、“仪表在线”、“员工之家”、“文联体协”、“衍水纵队”等各具特色的微信群较好地发挥了沟通纽带的作用。其主要特点：一是精准的到达率。微信是企业进行新闻传播的一种有力途径。微信的传播方式是一对多的传播，直接将信息推送到手机，达到率是100%。目前，公司员工微信使用率达51.3%，再借助每位员工的推送和分享能力，公司内部员工的观看率几乎是100%，同时，员工间会对接收到的信息进行探讨交流，并通过微信群精准的反馈意见建议，有效促成了公司与员工的朋友关系。二是便利的互动性。这是微信区别于其他网络媒介的优势所在。在各类微信群中，员工可以像与好友沟通一样与群主进行沟通互动，而各位群主可以即时通过文字、图片、语音等方式向员工推送信息，并向上级反馈员工诉求，通过互动的形式使公司与员工间建立联系、巩固关系，同时，各微信群通过开展一些互动的调查问卷，投票评比等活动，极大的增强了公司新闻传播的互动性和趣味性。三是效果的明显化。在新媒体的形势下，企业可以更加直观的判断新闻传播效果，其传播效果更加明显化。公司通过分析管理微信的相关数据，及时发现问题，快速调整方案策略，达到了预期的传播目的，目前，正在积极探索与实践多样化、全方位、奏实效的新闻传播方式。

## 三、“四措并举”保障“四位一体”新媒体建设

作为国有企业，承担着经济、政治、社会三大责任，始终置身于信息开放及舆论监督的大环境中。因此，在新媒体环境下，与时俱进，创新思路，充分运用新媒体优势，加强新闻宣传力度，强化新闻传播水平，营造良好的内外舆论环境，对于企业的健康发展至关重要。

**（一）把握导向，提升能力。**

随着中央关于深化国有企业改革指导意见的出台，新一轮的改革将在“十三五”全面铺开，改革大潮势必会激起员工思想的活跃，整体和谐稳定也面临考验。如何充分发挥新媒体在新闻传播上的优势，统一员工思想，将团队凝聚起来，为企业的安全、高效、和谐发展提供强大的舆论支持和精神动力？有必要着手提升新闻工作者的综合素质，使其更加适应新形势下企业各类新闻宣传工作的要求。辽阳石化公司定期组织新闻宣传工作者业务培训班和交流互动，主动学习微博、微信等网络技术手段和方法，不断拓宽视野，提升素质，增长才干。鼓励号召新闻工作者增强政治意识，自觉学习党的政治理论，始终坚持正确的政治方向，严守新闻宣传纪律，唱响主旋律，弘扬正能量；树立服务意识，贴近基层、贴近生产、贴近员工，忠实记录基层动态，真实反映员工心声，准确把握热点焦点，接“地气”，察实情，扬正气；增强创新意识，准确把握时代的新变化和新时期新闻宣传工作的特点和规律，积极创新新闻宣传工作方式方法；锻炼职业敏感，满怀激情投入新闻宣传工作，勤于练习，笔耕不辍，精益求精，结合实际不断探索，提高新闻采编和写作能力，促使广大新闻工作者在今后的工作中能够更好地应用新媒体开展新闻宣传工作。

**（二）创新载体，激发活力。**

在加强企业新媒体平台建设的同时，辽阳石化公司特别注重传播方式的创新，按照“贴近实际、贴近群众、贴近生活”的原则，通过员工喜闻乐见的方式，让宣传内容家喻户晓、深入人心。公司由一线员工自编、自导、自演的微电影，内容反映的是企业员工真实的工作生活和喜怒哀乐，一经在辽化电视台展播，立即受到了员工的普遍欢迎和青睐；在握

别2015，拥抱2016之际开办的《万名员工晒幸福·送祝福》栏目，员工通过电视荧屏分享幸福，传递正能量，使员工感受到幸福的真谛，保持积极阳光心态，增强信心、希望的同时，实现了员工与企业地和谐发展；于2016年2月开办的《中国石油辽化文化讲堂》电视栏目，集中展示了艰苦创业的历史进程和英模群体的生动事迹，用辽化创业精神鼓舞和激励广大员工发扬拼搏精神，传承辽化创业精神，传播中国石油文化。运用新媒体积极开展新闻传播方式创新，在实现员工互动参与的同时，传播了好声音、凝聚了正能量、鼓舞了精气神、激发了新活力，可以达到事半功倍的宣传效果。

**（三）敢于揭短，不怕亮丑。**

辽阳石化密切跟踪公司安全生产、停产大检修准备、挖潜增效、产业结构调整、队伍建设、建设“放心型”工厂、主题教育、“重塑中国石油良好形象”大讨论活动等重点工作进展情况，在积极总结各单位好做法、好经验，全面展示工作特色和亮点的同时，改变以往新闻媒体“报喜不报忧”、“家丑不外扬”的习惯做法，通过开办《现场直击》、《安全警示录》等栏目，将日常工作中一些突出问题暴露出来，客观公正、真实准确地找准薄弱环节，认真查摆制约公司发展的瓶颈和突出矛盾，以新闻舆论的力量达到约束和监督的目的，推动各项工作高质、高效进行。

**（四）着眼基层，勇于实践。**

辽阳石化公司鼓励新闻工作者走进基层，用自己的实际行动践行“三贴近”，去发现新闻报道的“源头活水”，挖掘出生动感人的事例，真切感受到企业发展的脉动，把“下基层”上升为一种工作常态，作为扎实做好新闻工作的根本途径。同时，公司引导广大干部员工学习、应用新媒体，把镜头对准基层，更多地反映普通员工特别是一线员工的工作和生活，大力弘扬他们的先进思想和崇高精神，充分调动全员参与的积极性、主动性，让公司新闻宣传工作更有朝气，更接“地气”，真正意义上打开让新媒体为基层员工代言、为一线员工发声的良好局面。

新媒体的出现为企业新闻传播提供了丰富资源。新闻宣传工作要勇于直面新媒体时代的新挑战，依托自身的优势，依靠新的科学技术，找准结合点和突破口，研究新媒体，运用新媒体，不断探索符合新媒体时代的新闻传播架构。

（作者系中国石油天然气股份有限公司辽阳石化分公司党委工作部新闻管理主管）

## 新常态下保险营销团队文化建设探讨

王克启

自从美国友邦在上海引入新的保险营销机制后，借助国外保险业先进的经营理念和优秀的团队文化，结合我国的实际国情，一种崭新的保险营销管理体制得到推广实施。保险营销队伍实现了由小到大，由弱到强，幕后粗放性经营，向规范化管理过渡，队伍规模也得到了迅猛发展，经营业绩实现了跨越式提升。在看到取得成绩的同时，也应清醒地认识到，随着世界多极化、经济全球化的发展，我国经济发展已进入新常态。随着“新国十条”的高调出炉落地，人们生活在这个不能没有保险的社会，保险意识不断增强，保险观念不断转变，对保险投资有新的追求，也给保险经营带来了新的课题。针对保险团队的管理中出勤率低、团队管理内容匮乏、团队业务活动组织策划者能力弱的特点，如何加强保险营销团队文化建设，以文化增强团队的凝聚力、向心力、号召力、影响力、战斗力，夯实团队组织发展根基，再次掀起保险营销发展的二次热潮，就基层公司营销团队文化建设，阐述自己的观点。

**着力培植提升团队文化。**

要把富强、民主、文明、和谐、自由、平等、公正、法治、爱国、敬业、诚信、友善的社会主义价值观融入保险团队文化中去，把经济、社会、生态效益作为团队文化的考核内容，要培养学习型团队，加强政治、业务学习，培养高层次能打仗、打胜仗的智能化营销团队，努力在营销员和营销团队中找到共同利益的契合点和互利双赢亲和点，使团队迅速适应新形势步入新常态。根据目前团队的经营状况，各个团队的经营者要重点抓好四个提升。

一是素质文化的提升。县乡营销队伍人员中，高（中专）及以下文化程度占比达66.34%，大专及同等学历占比26.23%，本科占比不到7%，现行营销队伍中，好多员工对国家政策理解不透，对条款讲解不清，接受新事物慢，思想僵化，知识匮乏，与新形势发展的要求不相适应，与客户服务的需求不相匹配，提升保险营销团队人员的文化结构成为团队经营中重要的课题。为此，各营销团队要以战略眼光，重视营销人员的文化学习，公司要拓展文化提升渠道，帮助搭建文化学习平台，利用好晨会、夕会，函授自学、网上辅导等方式提供学习机会，助推团队文化素质提升。对于勤奋学习，进步明显，成绩突出的营销人员给予表彰奖励，助推学习氛围，激励营销人员利用多种方式提升自己的文化素质，力争在较短时间内，使营销人员全部达到保监会新规定营销人员的文化要求。

二是以先进典型激励文化的提升。用先进典型的思想教育人，用先进典型的事迹激励人，用先进典型的行为推动人，保险营销团队要紧密结合当前开展的创先争优活动，在团队中树立一批诚信经营标杆、销售精英、尊老爱幼模范、服务标兵等。还可根据每个时期的工作中心，推出一批具有影响力、号召力、推动力的先进典型，让他们影响带动团队其他成员，使大家学有目标、赶有方向，进有动力。

三是提升团队的企业文化，让保险走进千家万户。作为经营风险服务社会的特殊行业，保险信誉和服务水平的高低，无时无刻不在经受消费者的监督和批评，要大力学习普及营销人员的保险相关知识，合理、科学引导保险消费者更加理性地看待保险营销，做好自己的保险规划，为投保对象转移风险，消除后顾之忧，合理规划、理财，保证生活质量。

要立足社会环境五大保障，引导参保对象，按人生各阶段风险需求，量体裁衣，了解哪些人更需要保险，如何确定保险需求，购买保险的优先秩序，科学理性地树立保险消费观念等。让买时用不到，用时买不到的保险产品发挥应有的作用。

## 着力培植团队的执行文化

在团队管理中，强化规章制度的执行落实是重中之重。为此，对营销团队管理要着重加强团队执行力建设，确保公司政策方针规章制度落实到位，执行到位。

一要强化全员执行意识。对公司出台的政策、规章制度，团队的每个成员都要充分认识到它的重要性，增强落实意识，强化落实方法。针对当前营销团队出勤率普遍低下的问题，公司和团队要出台出勤管理办法，推广实施新的电子考勤工具，约束不规范考勤行为，制定严格的奖惩措施，掌控正常出勤和出勤率低下人员，做好缺勤人员的惩处转化工作。

二要强化监管。对规章制度的执行要做好监管，公司要成立监管稽查机构对团队的出勤管理执行力要定期检查，对出勤规章是否按照要求执行到位，执行中有什么好的经验、存在什么问题，及时总结发挥辐射带动作用。做好推广学习，发现、纠正在出勤制度执行方面的问题和不足，制定整改措施，确保限期整改，并加大处罚力度，对于拒不执行公司出勤管理规章的团队，进行严格处罚，以进一步增强团队的执行力。

三要创新晨会经营活动内容。针对当前营销团队活动的主阵地晨会经营乏力无味的问题，团队活动的策划者要大胆解放思想，全力开阔视野，走出去学习先进的组织形式，请策划高手不断提升团队策划人员的策划能力、组织能力、创新能力、活动吸引能力。创新策划形式，集中全员智慧，落实人人出主意，个个想办法、集体讨论活动策划，确定活动内容。营销职场推行每个团队轮流策划、轮流主持，晨会内容打破格局，以健康向上、活泼新颖的内容使人乐意接受。不断丰富充实，内容上力争从国外到国内、从政治到经济，从宏观到微观，从本公司的发展到同业公司的经营，从走向辉煌的顶级营销团队，到淘汰出局昔日昙花一现的营销团队，既能聆听成功人士丰富的经验，还能看到团队经营失败者沉痛的教训，让晨会更贴近保险、贴近经营，贴近团队管理，达到独具匠心，别具一格，耐人寻味。做到持之以恒的落实执行到位，晨会定能产生一定的吸引力，团队成员定能在晨会中陶冶情操，丰富知识，改变思想，更新观念，增加工作兴趣，引导员工扩大客户经营，增强经济收入。晨会定能成为提高团队成员能力、提升团队成员素质水平的课堂，传播先进文化的平台阵地，培养保险营销团队成功的沃土摇篮。

## 着力培植团队和谐文化

保险营销团队的成员，来自不同的行业和岗位、有不同的年龄结构，不同的文化程度，他们的素质参差不齐，思想千变万化，是一支难以驾驭和经营的团队，这就要求团队的管理者，探究成员的心理，号准成员的脉搏，用心对待成员，靠真诚的付出，相信历经一番苦心，必能迎来梅花香，在具体工作中做到四个到位。

一是环境文化构建到位。营销人员一天的时间基本上在职场，职场是一天生活的第一站，和谐温馨的环境对陶冶情操，激励干劲，增强斗志将发挥至关重要的作用，团队主管要在职场环境构建上善于动脑，勤于动手，乐于思考，敢于创新，要成立职场文化构建领导小组，明确相关人员，落实相关责任。一般性职场设置要有岗位明星榜、行业排头兵、阶段精英谱，具有鲜明时代气息，要有激励鼓舞士气的奋进性口号，设置保险文化专栏，把一些知识性、趣味性、文化氛围浓厚的保险小知识、幽默笑话、谜语放置于内，增添职场文化品位。根据职场范围添置些鲜花，灯笼等能烘托职场气息的物品，对职场内布置的饰品要定期更换，以确保新颖别致，温馨奋进，达到有流连忘返之效果。

二是服务文化落实到位。团队的经营者要经常性的观察自己的员工，了解其业务进度，洞察其思想变化，掌握其工作、家庭中目前存在的问题，需要解决的困难。对在工作中取得的成绩要给与充分的肯定，及时给以通报表扬，激励乘胜前进，在展业过程中遇到的需陪访，与客户之间的矛盾其直辖主管要主动配合，积极帮助给予调解，员工间发生的不愉快要及时化解，让员工感受到团队的主管服务是到位的。

三是经营文化运作到位。每个营销主管在团队经营中，都能领取一定的管理津贴，经营好的团队还能得到公司的团队奖励，这些钱并不是主管的私有财产，主管要善于用这部分资金经营好自己的团队。对贡献大的属员给予特殊奖励，节点总结时请团队成员聚餐吃饭，节假日带领团队成员到外地放松旅游、开茶话会等，让大家分享团队的经营成果，凝聚团队成员的思想，增强集体荣誉感，体现家庭般的温暖，体现集体的关爱，进一步调动大家的积极性。

四是发展规划到位。营销主管根据属员的经营能力，要每年给自己的属员制定团队发展规划、创收目标规划，个人能力提升规划，家庭发展规划等。对这些规划要分步进行，有计划的组织落实实施，一定落实到具体行动上。在操作落实过程中属员遇到困难和问题，一定全力以赴给予帮助，确保每个人在新的一年有新的起色，有新的进步，有新的收获。团队无限的关爱，必能营造舒适、和谐、积极向上，有影响力、战斗力、号召力的营销团队，必能业务越做越大，事业越干越好。

## 着力培植团队亲和文化

我们常听到“公司是我家，发展靠大家”的宣传口号，但是在现实的业务发展中，我们的营销伙伴又有多少做到了以公司为家，公司又能给营销伙伴真正解决问题？受目前管理体制的制约，营销伙伴实行的代理制，与公司签订的是代理合同，好多养老、医疗、住房、归宿等现实性的问题难以得到有效地解决，挫伤了营销伙伴的积极性，影响了营销职场的发展。营销职场的经营者、团队的管理者，要增强团队的凝聚力。战斗力，时刻保持旺盛的发展活力，必须巧用四两拨千斤的亲和文化效应，把属员身上无小事作为管理属员的根本原则。对伙伴们尽力做到无缝隙的关爱，家庭、工作上的事要抓在手上，挂在心上，落实到具体行动上，做到关心到位，落实到位，处理结果到位，属员的满意度到位。例如重大疾病去看望、家庭厂矿开业开张、家庭老人生日、亲人葬礼、孩子就业、升学参军等问题，公司要倾其全力，送上关爱，充分体现保险一家亲的浓厚情感。做好一件事温暖一大片。

营销团队文化建设企划发挥了巨大的作用，团队要科学合理制定并运用好业务企划，对调动营销伙伴的积极性产生较大的影响，各职场在业务企划制定上要做到贴近季节变化、贴近假日发展、贴近营销伙伴的需求特征，掌握时间跨度要和任务目标比例相匹配，重点目标放在前头，以防平均用力。让企划在职场具有推动力、影响力，确保营销伙伴心中想着企划，努力实现企划，全面掀起业务企划革命。保险团队的发展，关键是服务文化的提升，在职场建设中，要把服务文化提高到新的境界，团队主管要做好对属员的服务，伙伴之间要做好相互间的服务，全员要做好对客户的服务。特别对团队中年龄较大，文化程度较低的营销伙伴要不放弃、不歧视，重点帮扶做好新产品销售解析、特殊客户间的陪访、特别性的服务，让服务在整个职场中达到无缝隙，零距离。真诚、真挚的服务，增强团队职场的文化氛围，增进伙伴间的友谊和亲情，增加了职场的向心力。

新常态下保险营销团队文化建设，是一项庞大的系统工程，是一篇大文章，要根据自己的实际，大胆探索，积极创新，因地制宜，分类施策，有的放矢的探讨研究，一定能使团队文化建设越做越好，保险营销事业越来越兴旺。

（作者系中国人寿保险股份有限公司菏泽市单县支公司综合管理部综合文秘）

## “路径开新”文化兴企的生动演绎

毛　明

华电青岛发电有限公司始建于1935年，是一个经历了抗日战争、解放战争的炮火硝烟，历经风雨沧桑的老企业，更是一个砥砺奋进，求新图变，为青岛市经济建设和社会发展做出卓越贡献的明星企业，有着优秀的文化传承和厚重的文化积淀。

自2003年8月被中国企业文化研究会命名为全国首批“中国企业文化建设示范基地”以来，华电青岛发电有限公司在企业文化领域先后荣获“全国改革开放35周年企业文化竞争力三十强单位”、“全国学习型组织先进单位”、“中国电力系统学习型组织十大典范单位”、“‘十二五’企业文化建设创新文化标杆单位”。2007年5月，公司被中国华电集团公司授予首批“企业文化建设示范基地”，2015年12月，被中国企业文化研究会授予全国首个“全国企业文化建设突出贡献奖”。这些成绩的取得，得益于公司始终坚持建设以创新为魂的“路径开新”企业文化，用独具特色的文化凝心、铸魂、育人，推动企业持续健康快速发展。

### 坚持传承创新，助推企业文化建设工作走在行业前列

优秀的企业文化是企业发展的核心动力，能够不断提高企业的竞争力和凝聚力。早在20世纪40年代，华电青岛发电有限公司前身——国民政府资源委员会青岛电厂便成立了员工励进会，提出了以“公诚”、“心地坦白、活泼精神”为主要内容的厂训，确立了“改善民生、促进工农业、服务大众，供应力热光”的工作信条，孕育了以“诚信、为公”为主要元素的青电文化最初基因。

随着电力体制改革的深入推进，华电青岛发电有限公司结合市场经济新形势下自身发展定位，将诺贝尔经济学奖获得者、美国经济学家道格拉斯•诺思的“路径依赖”理论反其道而用之，打破原有传统管理模式下所形成的“路径依赖”的思维定式，凝练形成了以“创新”为灵魂的“路径开新”文化战略体系。

该体系包括“战略路径”、“思维路径”、“行动路径”三大系统十七项内容，涵盖了公司生产经营、企业管理的方方面面，不仅实现了继承传统与创新发展的有机融合，也提出了市场经济新形势下企业的发展思路和创新思维。在战略路径层面，企业愿景、企业使命、企业战略、企业哲学和经营宗旨的有机统一，高度概括指引公司发展的指导思想、战略定位和经营信条，体现了动态和可持续发展的战略内涵；在思维路径层面，对企业精神、核心价值、企业道德、人才坐标和座右铭的定位，将企业的策略方针与员工的行为模式有机联系在一起，进一步明确了价值取向、道德标准和行为准则，突出了以人为本的核心内涵，提供了激励广大员工奋发向上，开拓创新的精神动力；在行动路径层面，管理境界、工作原则、管理策略、规范模式、环境风格等理念相得益彰，指导公司规范管理，使制度的规范、约束作用与文化的引导、支撑作用相辅相成，为公司全面实施文化管理奠定了坚实基础。

### 坚持战略创新，助翼企业实现三次历史性腾飞

1993年，我公司在行业内率先成立企业文化协会，开始探索企业文化建设，追根溯源、探索求变，提炼出了“团结向上，开拓进取，求严务实，争创一流”的企业精神，随着1995和1996年两台300MW机组的建成投产，帮助公司从一个即将关停的城市小火电厂，摇身一变，成为了山东电网末端重要的电源支撑点，实现了企业发展史上的第一次腾飞。

2002年，公司准确把握奥运契机，依靠集体的智慧，锻造“路径开新”文化体系，提出了“热电联产，二元推进”的企业战略，于2005年2006年上马两台300MW热电联产机

组，成为山东省内首家采用30万千瓦机组实施供热的发电企业，实现了企业历史上的第二次腾飞。

2008年、2009年，公司先后完成一期两台纯凝机组供热改造，成为了青岛市最大的热源生产基地。截至目前，公司供热面积突破2400万平方米，供热范围覆盖青岛市内核心区域，为提高全市人民生活质量、打造宜居幸福城市、构建和谐青岛做出了积极的贡献。实现了企业品牌知名度和经营业绩的双重提升，并逐渐成长为华电集团管理能力最优、盈利能力最强的基层企业之一，成为行业内、同类型企业的佼佼者。

“十三五”以来，公司科学研判国家宏观经济走势，再次进行战略创新，在文化体系中创新提出了“一体两翼，绿色发展”的企业战略，即以电和热为“主体”，以气电、风电为“两翼”，加快形成煤气互补、风火互济、风光互衬的产业新布局，实现“十三五”期间“24311”发展新目标，即总装机容量突破200万千瓦；热电联产供热面积突破4000万平方米；风电装机容量突破30万千瓦；分布式能源装机容量突破10万千瓦；光伏装机容量突破1万千瓦，做好存量提质和增量发展“两篇文章”，坚持稳定好、经营好、发展好青电的“三好原则”，将提高安全环保水平、提高价值创造能力、提高核心竞争能力、提高科学发展水平的“四个提高”作为核心任务，建立“大安全”、“大经营”、“大人才”、“大发展”、“大党建”的“五大格局”，以战略创新、理念创新、管理创新、制度创新、文化创新、科技创新的“六个创新”为路径，全力开创“十三五”发展新局面。随着莱西南墅风场一期项目的建成投产，莱西沽河风电列入山东省年度开发方案，燃机和望城风电项目的高速推进，我们有百倍信心在2020年前，全面实现企业第三次腾飞。

## 坚持文化创新，助力企业各项工作实现新突破

以构筑“人身、设备、环境”和谐统一的本质安全模式为目标，总结提炼了“幸福之源、效益之本”安全文化体系，将文化理念融入安全管理链条，逐步构建了“安全设施规范化、安全措施标准化和安全性评价日常化”为主要内容的“三安三化”管理新模式，实现了安全管理由粗放型到精细型、由制度管理到文化管理的转变，有力保障了企业安全生产。公司安全文化建设经验被国家安全监管总局作为典型案例进行推广。企业实现连续安全生产6560天，高居国内同类型火电企业前列。

坚持将“创新”为魂的文化理念作为提高企业竞争力的战略支撑，以“30万火电最低能耗和最低排放”为目标，不断加大科技创新和设备改造力度。完成国内首台30万千瓦机组高背压循环水供热改造，被评为中国华电集团公司科技进步一等奖第一名，荣获联合国“全球人居环境绿色技术范例”大奖；2015年以来，累计投入资金9600万元，实施科技技改项目40余项，8项发明专利、24项实用新型专利获得国家知识产权局授权，30万千瓦机组供电煤耗成功跨进“290克”以内，低于行业60万千瓦级超临界机组平均水平。企业经济效益显著提升，机组单位容量利润贡献度高居中国华电集团公司首位，企业后发优势不断涌现，连续四年保持中国华电集团公司“五星级发电企业”。

坚持“以人为本，育人为先”的企业哲学和“德为人本，能级任用，酬显其绩”的人才坐标，创新人才培育选拔机制，“十二五”期间，累计通过“双优”人才成长绿色通道和岗位竞聘，公开选拔任用管理干部、专业工程师近50人，共有近20名员工在市级以上各类竞赛中取得优异成绩，其中8人次被评为中央企业和华电集团技术能手，累计为华电事业发展输出各类人才110名。企业被评为“山东省教育培训工作先进单位”，被全国创争活动领导小组授予“全国学习型组织先进单位”，人才强企战略成效显著。

## 坚持机制创新，助实企业管理水平实现再升级

经过二十余年的文化建设探索、创新与实践，我们认识到，要使企业文化这一“软”管理的精髓对公司生产经营的导向和支撑作用得以充分发挥，就必须持续创新文化管理的体制机制。公司通过不断丰富文化体系内涵，拓展文化外延，将文化基因更好地融入到企业管理的各个环节，实现了企业文化的固化于制、外化于行、内化于心、显化于型。

加强企业文化PDCA循环管理，以企业文化研究会对公司企业文化建设评估诊断结果为依据、结合不同时期企业文化建设工作面临的新课题，先后制订了四轮企业文化建设规划并滚动修订。坚持通过职代会和年度政治工作会议对企业文化建设工作进行总结和部署，下发年度企业文化建设工作计划、调整组织领导机构，设立企业文化建设专项经费，为企业文化的普及推广提供了机制保障和资金支持。本着“全面推进，重点突破”的原则，在全体员工中常态化开展了“一个普及，六项活动”，通过举办企业文化节，组织专题培训、企业文化征文、知识答卷、知识竞赛、演讲比赛、企业文化经验交流会等活动，促进了企业文化战略的普及和运用，加速了干部员工对企业文化从熟悉到遵从，从领悟到内化的进程。

为使企业文化理念落地生根，在广大员工中获得认同，公司不断创新企业文化的传播方法和途径，充分利用报纸、网站、简报、电子屏幕、宣传橱窗等宣传媒体，将文化理念的宣贯与素质工程培训结合起来，组织员工采取各种生动有效的形式认真学习，引导员工加深对文化理念和释义的深度理解，切实做到内化于心、外化于行。积极探索利用微博、微信等新媒体，持续加强企业文化的传播，逐步深化广大员工对文化理念的认同。按照中国华电集团公司“三统一”要求，制订了《视觉识别系统推广应用管理办法》，打造三街一廊企业文化示范区，规范了公司VI系统应用，提升了企业外显形象。坚持“典型引路”的原则，塑造典型人物，弘扬典型事迹，先后出版了《生命的赞歌》、《我身边的共产党员》、《探索创新》、《青电旗帜》、《青电征程》、《青电印记》等企业文化丛书，教育、引导、激励员工在追求企业价值中实现人生价值，在提升个人价值中推动企业发展。

为把全面实施文化管理的要求落到实处，公司制订了

《企业文化建设管理奖惩办法》，明确和建立了党政一把手同为企业文化建设第一责任者，党委领导主抓宣传普及、行政领导主抓创新实践的工作责任制，将企业文化建设的工作任务纳入年度经济承包责任书，加强文化管理的过程监督与考核，将企业文化建设与其他工作同部署、同检查、同考核、同奖惩，切实推动文化管理战略的深入实施。公司决策层主要对企业愿景、企业使命、企业战略、经营宗旨、管理策略、人才坐标、规范模式等理念进行有效的指导和调控；管理层主要对企业哲学、经营宗旨、人才坐标、管理境界、规范模式、环境风格等具体理念分工牵头负责，制定具体措施，切实抓好落实；对执行层的广大员工，要求不断增强实践企业文化理念的积极性和主动性，重点落实好企业精神、核心价值、企业道德和座右铭等具体理念，使其融入到思想中、体现在行动上。通过细化决策层、管理层、执行层等三个层次的理念责任落实，形成了党政工团齐抓共管、整体推进的企业文化建设新格局。2015 年，公司被中国企业文化研究会授予“十二五”企业文化建设创新文化标杆单位。

下一步，华电青岛发电有限公司将立足深入贯彻落实中央“四个全面”战略布局的要求，以创新、协调、绿色、开放、共享五大发展理念为指引，为青岛市社会经济发展和人民生活水平提高，为中国华电集团公司加快建成市场化、现代化、国际化的世界一流能源集团，砥砺奋进、创新不辍。

（作者系华电青岛发电有限公司政工部主任）

## 让中国制造“飞跃”

李　俊

飞跃集团创建于 1981 年，目前主要从事高端装备制造和再生资源环保产业，是一家集科研、生产、进出口贸易为一体的大型外向型企业集团。35 年来，飞跃从家庭作坊起步，发扬“艰苦奋斗、开拓创新、产业报国、勇争一流”的飞跃精神，坚持走新型工业化道路，切实推进创新战略，成长为全国缝制设备行业排头兵企业，并跻身世界先进行列。飞跃创业在先、发展在先、危机在先、转型在先，是中国第一个向发达国家输送“中国制造”的企业，并打破日本缝纫机单向出口中国的历史。一路走来，不管是顺境还是逆境，飞跃人“振兴民族工业”的“初心”一直未变。

对于企业而言，转型就是改革。转型很痛苦，但是不转型更痛苦。自 2008 年应对危机实现转型后，按照“解决当前、立足未来、标本兼治、转型升级”十六字方针，在省、市、区各级党委政府帮助下，飞跃主动作为，坚守实业，推进科技创新，把更多的力量注入高端制造、成套设备的研发生产，大力发展高科技产业。如今的飞跃集团，已然脱胎换骨：发展高端装备制造和再生资源环保产业，推进工业化和信息化深度融合，引导主导行业转型升级；打造飞跃科创园，扶持新兴产业和成长型企业的发展，努力把新兴产业发展成支柱产业，为中小微企业成长创造稳定的有利的发展环境。更为重要的是，飞跃产业链更长了，产业面更宽了，产业层次更高了，综合竞争力更强了，实现了质的飞跃，为向世界级优秀企业迈进奠定了坚实基础。

### 创新转型，坚定信心，实现化危为机

2008 年遭受国际金融危机严重冲击以来，对飞跃来说，这是漫长的八年、艰难的八年、痛苦的八年，同时也是飞跃转型的八年。八年多，飞跃人不逃避、不动摇。董事长邱继宝顶着巨大的压力，挡住诱惑，忍住寂寞，低头磨剑，始终坚信：困难是暂时的。飞跃实现转型，但转型不是原地打转，转型也不可能跟着别人走。邱继宝提出“一个坚持、三个不进入”：坚持实业不动摇，国家不鼓励不支持的行业不进入，竞争性行业不进入，三到五年内做不到国内领先的不进入。

风生水起飞跃路，转型升级赢先机。这几年，飞跃集团实行了产业结构调整，缝制产业比重下降，转型进入高端装备制造和再生资源环保等新兴行业领域。与此同时，也赶上了发展的“黄金时代”：“机器换人”在浙江蔚然成风，“五水共治”、“两化深度融合”，省委省政府一系列战略举措打开浙江制造业发展的新空间。在省、市、区各级党委政府的帮助下，飞跃人团结一致攻坚克难，在制度、管理、产品、渠道等方面加大改革创新力度，想尽一切办法开源节流，不仅走出困境，而且打开了新的局面。

飞跃转危为机以后，邱继宝总结为“三个不可怕”。“危机不可怕，可怕的是没有思路；困难不可怕，可怕的是没有信心；挑战不可怕，可怕的是没有合力。”在最困难的时候，邱继宝承诺再苦再难，不让一个飞跃人下岗。并在多个重要场合表示，欠债还钱、天经地义。邱继宝坚信：有政府的支持和兄弟企业及全球经销商的抱团合作，共同应对经济危机，就一定能够率先走出金融危机影响，实现新的飞跃。

### 换挡增速，自我革命，助推创业创新

近年来，飞跃秉持“让世界有家的地方就有飞跃”，“让世界变得更绿、更清洁、更自然”的理念，坚持立足实业不动摇，坚持科技创新不动摇，坚持团队建设不动摇，坚持转型升级不动摇，着力发展高端装备制造和再生资源环保等新兴产业，取得明显成效。集团下属的飞跃双星、飞跃威特、飞跃管业、飞跃中科等已成为国家高新技术企业。其中，借传统服装企业“机器换人”的市场契机，飞跃智能化家用缝纫机、飞跃双星智能吊挂系统、飞跃威特全自动电脑横机、飞跃中科特种智能设备等高端产品受市场热捧，订单不断；借国家“地下管廊”建设和我省建设“两美浙江”、推进“五水共治”的东风，飞跃特种管业经济效益可观；借国家大力发展环保产业的机遇，钱塘飞跃和飞跃海通的“三个百万吨”循环经济产业项目进展顺利。习总书记在考察天津子牙钱塘飞跃循环经济产业时曾指出，大有作为，大有前途，发展循环经济是必经之路。

对飞跃来说，实现转型升级后，已经不需要那么多土地和厂房，但可以通过“腾笼换鸟”，为更需要的中小成长型、

科技型企业打造全新发展平台。在“十三五”开局之年，飞跃积极响应国家“双创”号召和供给侧改革，践行“五大发展理念”，认真落实省委省政府“零地技改”、“盘活存量”、“创新驱动”的重大部署，通过多方论证，制定了以“大整合、大提升、大发展”为主线的中远期规划，按照“国际一流、百看不厌、百年不落后”的标准和定位，着力打造工业4.0智造园区（小镇）——飞跃科创园，助推“双创”，孕育新的经济增长点和新的发展动能。

打造飞跃科创园，旨在通过建设高端厂房、发展现代服务业和组建世界研发中心、品牌中心、信息中心，营造“尚学·安居·乐业”的发展氛围，为中小高新技术企业提供专业的融资、市场推广、技术孵化、供应链整合等服务，同时与飞跃现有高端产业形成融合互动，打造区域智造产业新高地，发挥示范引领作用，助推地方经济发展保持中高速、迈向中高端。在一样的土地上，创造不一样的产业；在一样的土地上，实现不一样的价值。一个面向世界的工业4.0智造小镇正在董事长邱继宝的大气魄、大手笔规划建设中拔地而起。未来五年，邱继宝早已谋划了一幅精彩蓝图----要大整合、大提升、大发展，依靠品牌、人才、技术，为飞跃科创园注入新动能，让飞跃向世界级优秀企业迈进。

### 集聚发展，不忘初心，撬动产业升级

目前飞跃科创园已被列为省转型升级重点项目和台州市十佳创业创新平台，盘活用地1050亩，总建筑面积150万平方米，总投资将超过52亿元，带动投资100亿元。自去年9月初开工以来，飞跃科创园建设进展顺利。目前，投资10.8亿元、建筑面积50.6万平方米的一期工程已建成。今年8月底首批25万平方米的厂房迎来48家成长型、科技型企业入驻。这一项目的实施，得到了各级党委政府的高度重视、大力支持，受到社会各界的高度关注，新华社内参报道认为建设飞跃科创园项目在全国具有标杆意义，值得推广。不到一年时间，飞跃科创园实现供需对接，一个新的产业集群即将形成，标志着飞跃举全力振兴工业取得实质性进展，催生新技术、新产业、新业态、新商业模式加快成长。

按照规划，飞跃科创园在2018年底全部建成，全部项目开发可上缴税收10亿多元。同时，可集聚100多个创业项目，落户进驻企业200多家（其中，省级高新技术企业50家以上），可实现年销售产值200亿元，年利税20亿元，年进出口5亿美元，并确保落户上市企业3家，面向全球招商争取进驻外资企业、世界500强企业及其上市公司分支机构10家以上，带动就业1.5万人。

“十三五”期间，飞跃将不忘初心，砥砺前行，始终坚持把创新作为引领企业发展的第一动力，凝聚一切力量，认准一个方向，在高端装备制造和再生资源环保产业上实现更大的发展，在高端要素集聚平台打造上实现更大的突破，努力向世界级优秀企业迈进，为地方经济发展作出新贡献、体现新价值。

（作者系飞跃集团党政办副主任）

## 利用大数据营造“以客户为中心”的企业文化

李 楠

大数据技术正从商业行为上升到国家战略，受到从企业各层面到政府的日益重视。对于保险业，大数据既是挑战又是机遇。人保财险在集团公司的引领下，提出了“以客户为中心”的企业文化。在企业文化建设中，人保财险可以充分利用大数据技术，而大数据的应用需要相应的信息化建设支撑。

### 一、大数据在金融业的应用

据统计，2014年平均每秒有200万用户在使用Google搜索，Facebook用户每天共享的内容超过40亿，Twitter每天处理的消息超过3.4亿条。大数据时代已经悄然到来。

**（一）大数据的基本概念。**

一般认为，大数据是海量规模且类型复杂的数据，类型复杂是指越来越丰富的非结构化数据。大数据的特点，可以归纳为四个“V”，即海量(Volume)、高速(Velocity)、多样(Variety)、价值(Value)。海量指处理的数据量大；高速指数据创建、处理和分析速度快；多样指数据类型繁多；价值指大数据创造的巨大价值。

**（二）大数据在金融业的应用。**

前海微众银行2015年5月15日上线国内首款基于大数据征信的个人信用信贷产品“微粒贷”，实现了7*24的服务模式，15分钟就能够完成贷款流程，贷款额度在2至20万元之间。保险行业也已经开始通过海量数据的挖掘实现对个人风险的量化描述，影响定价策略。英国保险公司Black Box在车险领域成功利用了大数据技术来进行保费定价，其通过在车辆上安装的通讯工具箱将监测到的司机驾驶行为数据传输到数据中心，通过大数据技术对这些数据进行挖掘和分析，进而对保险费用进行个性化定价。

### 二、人保财险的企业文化建设与大数据的挑战

企业文化是一个组织价值观、信念、仪式、符号、处事方式等组成的特有的文化体系。企业文化强调以人为本，通过对人的尊重和理解，激励员工在其工作岗位上为企业创造更大的经济效益。企业文化增强企业内部凝聚力，提供标准的行为规范，塑造良好的企业形象。

**（一）人保财险“以客户为中心”的企业文化建设。**

人保财险的企业文化包括四个层面，分别是精神文化、制度文化、行为文化和物质文化。“以客户为中心”是各层面的核心要求，也是人保财险企业文化的精髓。

人保财险“以客户为中心”的企业文化建设，实现了从“产品－销售导向”到“客户需求导向”的转变。以客户为中心细分市场、清分渠道，构建起“区域—产品线—渠道”三位一体的销售组织架构。全面推行客户实名制，开展第三

方客户满意度调查和内部神秘人测评，支持公司客户服务举措的持续创新和客户服务承诺的不断升级。发挥服务价值链传导作用，实现后台与销售服务前端的有机融合和良性互动，提高客户端口的响应速度和服务效能。

人保财险依托人保集团的背景，积极开展“客户节”活动回馈客户。2007 年至 2015 年，人保财险已经连续举办了九届客户节活动，开展了与信息化趋势相适应的探索。2015 年客户节中，人保财险开展公益类在线支付促销活动。每产生一张在线支付的直通车险订单，即向中国绿色碳汇基金会（绿色公益组织）捐赠 1-2 元植树款，同时邀请客户一起参加植树活动。

**（二）大数据对企业文化建设的挑战。**

个性化的产品和服务是“以客户为中心”理念的核心要素。而提供“个性化”的产品和服务则需要全方位多角度地了解客户，包括客户的需求、喜好、位置等个性化信息。如何充分利用大数据技术收集、存储、整理、分析海量的客户数据，利用分析结果为客户提供个性化的产品和服务，是挑战的关键。

## 三、大数据在人保财险企业文化建设中的应用探索

**（一）人保财险的大数据应用现状。**

人保财险利用大数据技术，开展了基于非结构化海量数据的分析和研究工作。在传统的人工质检模式下，电话中心管理人员只能抽取 5%-15% 的电话通话录音进行人工审核，评定审核结果。利用大数据技术，人保财险与科研院所联合开展“语音探索与指数分析”项目，对客服人员和销售人员的每一通电话和后续的工单处理利用计算机进行自动化的质量评估。提高质检效率，提升客户服务的质量水平。

在客户的结构化数据管理方面，人保财险从业务和系统两个层面同时加强。在业务层面，人保财险出台实施了《客户资源应用考核管理办法》，鼓励一线业务人员和业务经理在开拓市场时积极主动利用系统中的客户数据分析结果，并督促一线业务人员收集真实可信的客户数据。在系统层面，人保财险对“CRM 系统”功能进行了持续的扩充和完善。通过开展客户信息清理、客户档案归并等工作，实现了法人客户信息的准确性和个人客户信息的唯一性。通过客户信息整合共享、客户评级模型和大客户视图，实现了客户信息的标准化和客户的星级管理。为保证客户档案的唯一性、完整性和真实性，进一步发挥客户数据资源的价值。

**（二）利用大数据营造“以客户为中心”的企业文化。**

利用大数据营造“以客户为中心”的企业文化，需要在实践中不断摸索完善。一方面需要了解员工喜闻乐见的宣传方式，用员工愿意接受的方式开展宣传。大数据技术可以应用于前期对员工偏好的调查和分析。另一方面，“以客户为中心”的理念落到业务实处，要求对客户的特性做到全方位的掌握，大数据技术在这方面的应用可以发挥巨大作用。

第一，利用大数据技术结合社交媒体平台找到适合不同类型员工的企业文化宣传方式。除传统的企业文化建设和宣传方式外，BBS、企业微信号、微博、移动 APP 等都是企业文化建设的交互载体。员工存在个体差异，针对企业文化建设的看法和接受的方式可能有很大不同，企业文化建设和宣传也应做到根据不同个性特征的员工制定相应的宣传方式，覆盖全体员工。大数据技术在这方面有具体的应用措施。

第一步，建立多种形式的信息化企业文化宣传互动平台。信息化互动平台是有效的方案，且是其他工作开展的基础。信息化平台可以是企业微信号、微博、社交网站，以及自建的企业文化宣传网站。这些信息化平台主要提供了以下功能：企业文化信息宣传、员工信息收集、员工建议及情感表达、员工之间互动交流、员工与企业互动交流。

第二步，利用大数据技术对员工进行统计分类和分析。信息化平台的建立和使用，为大数据技术的应用提供了数据来源。大数据能够有效地对员工的个性特征和心理活动、情感意向等进行实时地跟踪、识别、汇总、分类和分析。针对“以客户为中心”企业文化建设，对全体员工进行如下具体分析：性别、年龄、学历、所在公司、所在部门、岗位职责的分布情况；对企业文化建设的建议；对文化宣传方式的偏好；对“以客户为中心”理念的理解；对客户的分析需求（希望从哪些维度对客户进行分析，从而支持业务和服务的开展）；能够获取哪些客户信息等不同维度进行统计、分类和分析。

第三步，针对不同类型的员工制定针对性的企业文化宣传方式。通过前两步的数据收集和分析，能够充分了解和识别不同特征类型员工对于不同企业文化宣传方式的偏好，从而有针对性地推送个性化的企业文化宣传方式。

第二，传播“大数据文化”。数据文化，尤其是大数据文化，是落实人保财险“以客户为中心”理念的关键。构造和传播大数据文化的根本目的是在人保财险总分公司、各级机构中形成一种以数据为导向的文化氛围。这种文化氛围带动公司全体在业务实践中充分收集客户数据，并利用数据分析的结果指导业务进行针对性的创新，提供不同客户以个性化的产品和服务，真正落实“以客户为中心”理念。

第三，利用大数据技术为客户提供个性化的产品和服务。利用大数据技术为客户提供个性化的产品和服务，是“以客户为中心”企业文化建设中最为核心的内容。大数据可以实现对客户市场进行精准细分。大数据使企业进行客户市场决策所依赖的市场信息在数据量、数据结构、数据模态和时效上都有了本质上的提升，能够对客户的行为、状态、商务圈等非结构化的数据进行动态的监控和实时挖掘，深刻洞察用户消费动机和偏好。主要从以下几方面分析：

对客户消费行为背景的信息分析。如通过客户在电子商务平台等渠道的注册信息分析客户的性别、年龄、职业、居住环境等信息，判断其可能的消费类别和水平。

对客户动机的及时捕获。如通过对客户实时点击、浏览、评论行为的追踪，及时捕获其消费动机和产品偏好。

对客户日常生活的数据收集分析。如通过运动手环、手机、便携式脉搏血压计等设备收集客户的运动信息及健康状况，通过移动互联网实时接收数据，对客户的健康状况进

行实时跟踪分析。通过车载仪器记录客户的驾驶习惯数据，通过数据分析对客户的驾驶行为进行评估判断。这些使得保险公司对客户投保不同产品的风险进行实时的识别和干预，降低逆向选择和道德风险的发生。

对客户的社交圈分析。如在电子商务平台开辟客户交流区域，可以通过对客户之间的交流和评论，分析客户对保险公司现有产品和服务的满意程度。范围再扩大，可以与第三方合作，对所有客户及潜在客户的在基于互联网所构成的圈子中的交流和评论信息进行分类识别，识别客户的有效需求信息。

对客户未来的产品需求倾向和服务分析。如通过长期的客户消费数据分析客户的消费模式，赋予保险公司和营销人员一种动态的、情景导向的对客户的感知，预判客户的可能行为，从而设计相应的产品和匹配相应的服务措施。

针对上述各方面利用大数据技术得出的分析结果都是为了一条发展主线而服务：获取客户需求、差异化销售、个性化服务。大数据分析平台的主要任务是，通过对多种形式的客户数据进行挖掘、追踪和分析，将不同客户群体进行聚类，有助于获取不同地区、不同类型客户的消费习惯、风险偏好等特征信息，从而根据不同客户特征打造个性化的产品和销售服务方案，将最适合的产品服务推介给最需要的客户。

## 四、加强信息化建设支持大数据应用

大数据作为一种数据处理的技术手段，需要依托于具体的信息化平台。欲利用大数据技术建设人保财险“以客户为中心”的企业文化，就要需要信息化建设的支撑。

**（一）加强大数据的外部合作。**

根据合作对象的不同，可以分为与社交网络平台、大数据金融合作。

开展与社交网络平台的合作，旨在促进保险服务与社交网络的融合。在大数据时代下，保险公司为了实现“以客户为中心”，首先要获得更全面的客户信息，拓宽客户信息的收集渠道。随着越来越多的人选择微博、博客、朋友圈等方式发表自己对金融服务的观点，一些互联网媒体公司也通过各种方式的微信应用收集客户的信息，方便自身产品的推广。

在人保财险应用大数据和云计算的服务尚未成熟的阶段，与社交网络相融合的方式能够以低廉的成本获得客户信息、推广保险产品和服务。而且与社交网络相融合的模式也与“大数据”对数据的海量收集和深度挖掘相吻合。例如，在社交网络的带动下，当某位客户分享了新购买汽车的动态或是登录公共平台发表意见，保险公司通过合作获取的网络数据进行分析，能够分析得出适合该客户的保险产品，并及时推送给他。与第三方社交网络的合作成本比较低，能够弥补保险公司应用大数据初期数据源不充足的缺陷，有效利用微信或其他社交平台的数据源，为人保财险培养数据挖掘、归集、分析的能力，为将来的全面自主“大数据”夯实基础。

与大数据金融的合作，旨在学习其先进经验。从2012年互联网金融的崛起开始，大数据金融逐渐成为互联网金融未来发展的重点方向。例如前海微众银行这样基于互联网和大数据的金融机构将会对传统金融产品和服务带来巨大冲击。这样的大数据金融背后有互联网企业的海量数据支持，充分与这些大数据金融企业开展合作，利用他们的数据和技术优势实现人保财险的业务目标。同时在合作中借鉴和学习他们的先进经验，从而能够更好地开展人保财险的大数据保险服务。

**（二）提升大数据信息化水平。**

提升数据的收集能力。人保财险应充分通过移动互联网和物联网方式获取客户相关数据信息。如基于可穿戴设备的客户健康数据收集、基于车联网技术的客户驾驶行为数据收集可以作为大数据源收集的试点项目。

提升数据的存储和计算能力——云计算。人保财险应在现有云计算的实践基础上，结合大数据应用的规划，设计针对性的云计算发展规划。包括软硬件设施、相应制度和人才储备。

**（三）打造大数据团队及组织架构创新。**

人保财险应继续打造大数据应用的信息化团队，一方面引进外部专业人才，另一方面提升内部人员素质。目前，人保财险信息技术部数据管理中心已经建立起强大的数据应用团队。在大数据时代的背景下，这支信息化团队将发挥更大的作用。

大数据信息化的建设应以业务创新为根本目标，组成由公司领导带队，信息技术人员、业务人员共同参加的大数据业务创新项目组，从实际业务出发，制定大数据应用的需求，继而设计信息化的建设方案。

（作者系中国人民财产保险股份有限公司信息技术部信息技术规划处主管）

# 金融企业的文化管理对提高企业竞争力的效果研究

王卫光

## 一、中国人寿企业文化现状分析

在中国人寿保险股份有限公司，“盈利”企业的必然属性，在保险的普及率远不及发达国家的背景环境下，中国人寿作为国内最早的保险企业之一，在公司历史发展过程中，逐渐形成了“成己为人、成人达己”的“双成”价值文化体系，这是中国人寿企业文化的核心理念，是中国人寿不可复制的核心竞争力，也是企业可持续发展、基业长青的根本保证和精神力量的源泉，更是打造和谐集团的纽带。所谓“成己为人”，一方面，不断完善和壮大自己的目的是为了更好地为客户和社会服务；另一方面只有不断完善和发展壮大自己，才能更好地为客户和社会服务，才能帮助和促成别人实现价值；“成人达己”，指只有成就和帮助他人，只有为客户提供满意的服务，为社会创造财富，才能最终发展和完善自己。“成人”就是指承认他人同我们一样有生存和发展的权利，并且主动积极地去帮助和成就他人；“达己”则是说，只有承认了他人的生存和发展权利，自己的生存发展才能得到肯定，个人价值才能得到实现。这种价值理念在客户、员工、企业之间架起了一座联系的桥梁。

作为金融企业，保险公司的生存和发展，不能离开企业文化的协调、平和。作为一种非正式制度安排，它比法规更及时、有效地平和道德风险、协调各方面的利益冲突。从这个意义上讲，保险公司的企业文化处于核心地位，其平和机制在解决内部道德风险与外部市场伦理冲突的过程中，确保了保险公司最基本的竞争力。

## 二、中国人寿企业文化对企业竞争力提升的优势解读

文化软实力是企业不可复制的核心竞争力，也是企业可持续发展、基业长青的根本保证，能够凝心聚力，是企业精神力量的源泉，能促进整合，成为打造和谐集团的纽带。“国寿梦”的本质是强司梦，中国人寿要实现从做大向做强迈进的目标，除了硬实力的增强，关键还在于软实力的提升，特别是文化软实力增强以后，中国人寿才能真正建设成为国际一流金融保险集团，中国人寿的“双成”文化正是在这一目标下应运而生的，这种企业文化的优势主要体现在引导正确价值取向、营造学习氛围、增强员工信心等方面。

### （一）引导正确价值取向。

中国人寿企业文化的未来发展必须首先从价值取向的牢固树立开始。据此，中国人寿企业文化的战略目标之一就是树立“诚实守信，客户至上”的价值取向。成己为人就体现了“客户至上”的特点。树立客户至上的观念，也就是一切以客户的利益为重；完善客户至上的制度，也就是通过一系列的管理制度和科学的业务流程使客户的利益确实得到保证，把客户至上的观念落到实处；打造客户至上的形象，也就是通过规范的形象管理和高质量的服务树立“客户至上”的形象，作为中国人寿保险公司宝贵的无形资产加以累积。“诚实守信”体现了一种“公司为重、共同发展”的理念，“公司为重”集中体现了员工对“双成”理念的深刻理解和信仰，体现了全体员工对“双成”理念的认同。“共同发展”体现了一种高尚的理想追求。中国人寿强调的发展，不是一个人、一个部门、一个公司的发展，而是公司、员工、客户、社会的共同发展，作为一种价值取向，“共同发展”体现了一种高尚的精神追求。

### （二）营造学习氛围。

“成己达人”中的“成己”就是鼓励员工提升自己，为了迎接知识经济时代对企业的考验，必须在公司营造一种学习和创新的氛围。这一文化引领着中国人寿的员工向学习型过渡。公司力求使员工把学习作为一种自觉，自我培训，互相学习，学习行为方式、工作方式、处事方式。企业将作为组织学习的主体，向同业学习，向国际先进经验学习，学习经营思想、管理手段、信息技术等，并在此基础上总结创新，形成中国人寿特有的核心竞争优势。从而使学习不仅仅是一种意识，一种行为方式，还是一种制度和管理思想。

### （三）增强员工信心。

“成人达己”中蕴含的意义在于实现客户和企业的共赢、客户和员工的共赢以及员工和企业的共赢，中国人寿通过企业文化战略的实施，消除个别员工存在的“对公司总体发展目标不清楚”、“对公司的实力认识不清”、“对竞争对手不了解”和“公司上下沟通不畅”等信心不足的根源，使中国人寿的员工具有对社会的使命感、对公司的自豪感和归属感、对工作的成就感以及无私的奉献精神，使他们对中国人寿的未来充满信心，为建设国际一流金融保险集团，早日实现“国寿梦”作出积极贡献。

## 三、提升中国人寿企业文化的举措分析

### （一）打造企业文化品牌。

在市场竞争日益激烈的社会环境下，品牌决定着企业的影响力。企业文化一旦形成自有的特色，就能在客户心中占据主动地位，以中国人寿为例，当客户在选择保险时，会不自觉的认为保险就是人寿，当这种观念竖立起来后，品牌的价值随之显现。所以，在打造企业文化品牌时，企业一方面要加强客户服务的质量，让客户认可并接受，另一方面，要持续不间断的推进企业文化品牌的宣传。在服务客户时，加重对文化的“传递”和灌输，让客户对企业文化有明确的认知。

### （二）企业文化应以人为本，注重人文关怀。

优秀的企业文化不是单纯的喊口号，而是深入人心的一种力量。在中国人寿，“双成”文化虽已深入人心，在关键时刻能够激励员工干劲，但后劲不足，对员工的推动作用不明显。企业文化应该更加凸显人文关怀，把员工摆上主人翁的地位，让员工参与公司的管理，积极收集一线员工的意见建议，注重对人才的培养，打造一个温馨、宽松、公正的企业文化氛围，这样，才能不断增强员工对企业的责任感和自豪感，使企业文化真正引领发展。

### （三）建立真正以客户为中心的营销体制。

时刻站在客户的角度考虑处理问题，保障客户的利益，以中国人寿为例，特别应注意理赔阶段的服务，提高理赔效率；另外应注重个性化服务的摸索，为客户量身定制特色服务，让客户充分有被尊重的感觉，客户在购买产品的过程中，产生任何疑问，都应及时得到专业、准确的答复，让客户对企业文化的认同感更加强烈。

企业文化不是一劳永逸的。任何试图追求完美企业文化的做法都是在否定企业的发展、个性的发展和文化的发展，导致管理气氛的压抑、思想僵化、教条主义。对企业文化不应该试图约束，而应采取引导的方式。企业文化说到底是人性的发挥，人性无法管理而只能引导。

企业文化的根基是否牢固，某种程度上决定了一个企业生存发展的道路能否顺畅，也是金融服务企业在未来竞争中占据一席之地的重要因素。

（作者系中国人寿保险股份有限公司济南市分公司综合管理部综合文秘）

# 建设社区文化　打造物业文化品牌

夏新华

社区文化活动是指以生活在住宅小区中的业主为主体，以丰富和活跃业主文化生活、满足业主日益增长的精神文化需求为目的而开展的文体、教育、科普以及精神文明建设等各种群众性文化活动，是企业文化建设的重要抓手。其作用不仅可以满足小区业主的精神需求，而且可以加强邻里沟通，增进相互之间的感情，同时可以集聚和传播正能量，陶冶思想情操，提高精神境界。新能源物业公司一贯重视企业文化建设，近两年来，投入了一定的人力、精力、物力、财力开展社区文化活动，取得了一定的成效。

## 一、开展社区文化活动的初衷

社会上流传着这样的说法，买不买房看户型，满不满意看环境，掏不掏钱看物业。这句话充分表明了物业的重要。物业管理的工作主要是服务，发挥物业管理的最大效能，创造整洁、文明、安全、舒适的生活和工作环境，使房产保值增值。

一般来说，新建住宅小区的成员之间往往是鸡犬之声相闻、老死不相往来，缺乏交流和沟通，致使人际关系淡薄成为小区的明显特点。物业管理的工作对象主要是业主，对人的服务离不开交流和沟通，只有创建一个和谐顺畅的交流和沟通的渠道，才能为业主提供优质的服务。

社区文化活动正是沟通业主之间、业主与物业之间感情的很好抓手，通过活动可以相互接触，增进了解，消除隔阂，形成共识，开展社区文化活动对物业服务和管理具有很好的促进作用。

基于这样的认识，2014 年以来，新能源物业公司及各项目结合自身实际和业主需求，以安全、和谐、健康、文明、娱乐、科普等内容为主题，举办了 200 多场社区文化活动。这些活动在丰富业主业余生活的同时，架起了物业与业主沟通的桥梁，加强了彼此间的交往，拉近了距离，融洽了关系，增强了信任，得到了广大业主的好评。社区文化活动促进了物业与业主的良性互动，既提升了业主的满意度，又提高了物业费的收缴率，收到了较好的社会效益和经济效益，取得了双赢。

## 二、开展社区文化活动的主要做法

### （一）制定工作计划。

为将社区文化活动落到实处，公司专门出台了有关文件，公司综合部年初制定社区文化工作计划，认真进行部署安排，公司层面全年举办大型社区文化活动不少于 6 次，主要有业主体育节、业主慰问物业人纳凉晚会、迎新春送温暖员工业主联谊会等活动，今年特别注重围绕新能源人精神文明建设和志愿者服务等做文章，策划了一系列温暖人心、振奋精神，能够彰显新能源物业特色、凝聚新能源人心的活动，逐步形成能体现新能源物业“善待业主”、“物业业主一家人”宗旨的感恩文化。各项目按照小区性质，结合自身实际和业主需求开展喜闻乐见、丰富多彩、业主参与度高的社区文化活动。计划好就意味着成功了一半，公司主要领导高度重视社区文化活动计划的制订，亲自修订计划，多次在办公会上听取汇报，提出要求，要求做到“八多”，即多交流、多学习、多调研、多实践、多总结、多宣传、多样化、多介入，踏踏实实为业主提供具有新能源物业特色的社区文化活动，拉近业主与物业公司之间的距离，增强企业品牌发展的后劲。

### （二）定期进行评比。

为进一步调动项目参与的积极性，推进社区文化的深入开展，公司每半年都要进行一次社区文化活动分享暨评优活动，由各项目制作 PPT，将举办的社区文化活动一一展示。各项目对社区文化汇报都很重视，精心准备，制作精美，演示各有特色。详细介绍每次活动举办的宗旨和成效，同时利用 PPT 的形式，展示活动的策划案、照片和视频资料等，交流经验，总结不足，提出下一阶段社区文化活动打算和安排。各项目通过总结交流，取长补短，开阔眼界，学习先进，审视不足，为更加踏实地开展具有新能源物业特色的社区文化活动受到启发，找到灵感。评比活动重视常搞常新，既聘请一些专业评委，还聘请数十名业主担任大众评委，不仅增加了互动，活跃了会场气氛，还可以让业主更加直观地了解新能源，从而进一步拉近了物业和业主们的距离。坚持定期评比，一方面是为各项目提供了学习交流的机会，使他们学到了经验，看到了差距，另一方面是使参与的业主受到感染，无形之中让新能源企业文化进一步深入业主的心田。大家进一步认识到，新能源物业的企业文化是一张社会名片，价值无限，开展社区文化活动是新能源企业文化的一个重要组成部分，通过与业主的互动可以增进相互理解与信任，为构建和谐物业打下坚实基础，社区文化活动坚持下去，会产生意想不到的效果。

### （三）形成小区特色。

各项目积极响应公司提出的要求，结合项目实际，合理制定方案，动脑筋想办法，腾出挤出有限的空间作为活动场地，聘请社区热心人士担任业余讲师，积极争取和利用社会资源，因时因地制宜，认真组织活动，逐渐形成各自特色。有的小区针对社区老人、妇女、儿童参与热情高的特点，开展了慰问空巢老人、关爱母亲健康论坛、儿童趣味运动会、跳蚤市场爱心义卖、看红色电影、快乐暑假大家乐等活动；有的小区结合时令节日，开展了包饺子、包元宵、包粽子、做月饼送真情等活动；有的小区结合文明创建，开展了道德法制讲堂，食品、电梯、消防安全知识等讲座；有的小区根据小区文艺骨干众多的优势，组建了舞蹈、歌咏、扬剧、太极拳、健身操、书法、绘画、摄影等各类文艺表演队自娱自乐；参加比赛，有的节目和作品参加了市、区的展示和比赛，深受业主的欢迎和好评。这些活动不仅增加了业主之间的交流，传达了我们物业人追求文化服务内涵和善待业主真诚的心，而且丰富了小区群众的文化生活，提高了小区居民的素质，促进了小区文明程度的提高。

**（四）发挥典型作用。**

各项目结合自身实际和业主需求开展了各式各样的社区活动，组织形式和活动内容丰富多彩。花样年华项目在去年下半年组织了跳蚤市场、猜灯谜、健康讲座、图书展、防电信诈骗及养犬知识宣传等社区文化活动，营造了良好的社区文化氛围，荣获本次社区文化活动优秀项目一等奖，并被授予“流动红旗”。今年上半年泰兴新城市花园、华清园、阳光一品项目虽然是第一次参加分享，但是三个项目用心策划、准备细致，最终都取得了优异的成绩。在典型的带动下，全公司你追我赶氛围迅速形成，各项目谁也不甘落后，社区文化活动组织水平有了明显提高。参加活动的业主也越来越多，创新开展的社区文化活动的形式越来越丰富多样，内容越来越精彩纷呈，各具特色、效果明显，尤其是今年下半年新开展的百家宴、小小志愿者、北大清华学子访谈会等接地气的活动，得到了众多业主的关注和好评。

## 三、开展社区文化活动的努力方向

两年来，新能源物业开展社区文化活动取得了一定的成效，但也存在着形式活动较为单一，内容重复较多，创新发展不够，参与人员不广，宣传力度不大等不足，有待改善和提升。

**（一）进一步提高认识。**

在许多人看来，物业管理只是一些日常维修、园林绿化、保安、清洁等与人们日常生活相关的事务，却忽略了物业管理在精神文明建设中的重要作用。社区文化是物业管理的一项重要内容，不仅可以直接反映出物业管理公司的管理水平，而且能综合地反映该小区的形象和精神风貌，以及业主的素质境界和道德规范。

人的一生，大部分的时间是在住宅小区度过的，社区文化对小区成员的影响是不可忽视的，从某种意义上说，对小区成员的价值观、道德观、人生观都会产生作用。8 小时之外最能体现人的精神真我，没有掩饰、没有遮拦，这种情况下最易放松自我约束，开展以人为本、积极向上、具有正能量的社区文化活动，是物业管理企业和工作人员义不容辞的责任。

居有定所、衣食无忧，就会自发产生社区文化需求，这是小区业主物质生活改善后的必然结果。作为小区多个产权人总管家的物业管理企业，因其特殊的角色，理应成为社区文化活动的组织者。一方面，物业管理企业在授权范围内实施的管理，其中就包含社区文化的组织与服务；另一方面，物业管理企业为了提高管理服务水平，创造品牌，提升竞争力，势必要不断满足业主日益增长的社区文化需求。

社区文化具有引导、约束、凝聚、娱乐、激励等功能，受到政府、街道和房产、物业等相关方面的重视，有人预言，当标准化服务如 ISO9002 等在 21 世纪形成物业管理同质化以后，文化的竞争将是最激烈的竞争，文化服务的水平将最能体现物业管理企业的水平。所以，新能源物业必须把开展合民意、得民心的社区文化活动作为新能源物业人用心服务的重要载体，抓落实、抓提升、抓坚持，以取得相得益彰，相辅相成的效果。

**（二）处理好三个关系。**

社区文化活动开展得好与不好可以从以下几个方面来考量，即影响（参与者人数多少）、创新（是否有新意）、口碑（外界的反应如何）。这就需要我们认真处理好三个关系。

一是在参与人群上，处理好抓“两头”与带中间的关系。“两头”指老人与孩子，中间指中青年。从各小区参与社区文化活动人员的情况看，老人与孩子居多，中青年较少。因为参与社区文化活动既要有充足的时间，也要有一定的兴趣。老人和孩子时间宽裕，有充足的时间和兴趣，而中青年大部分时间都用于工作、学习和交往，没有太多的时间和精力参与，而且他们更感兴趣的是音乐厅、舞厅、咖啡屋和电影院等场所。因此在今后组织社区文化活动时一定要充分考虑如何抓“两头”带中间，新能源小小志愿者所搞的系列活动以及月亮园和奥都花城的“百家宴”活动就抓住了业主的需求和兴趣，吸引了更多的群体积极报名参加。

二是在内容形式上，处理好学习借鉴与特色创新的关系。两年来，公司的评比活动已经举行了多次，参加的项目越来越多，活动的效果越来越好。这里既有公司领导的高度重视和大力支持，又有街道、社区、派出所的带动和帮助，还有公司企业文化的熏陶，更有基层员工的辛苦付出和业主的主动参与。而评比活动则使各项目拓宽了视野，看到了不足，学到了经验。结合自身实际，取长补短，不断创新，以切合业主需求和提升业主满意度为目标，形成自己的特色，更好地开展社区文化活动，真正做到物业业主一家亲。

三是在计划安排上，处理好近期与长远的关系。“近”是指开展活动要有短期周密的计划安排和检查落实，“远”是指开展活动要有超前的意识、发展的眼光和整体的目标。社区文化活动不是一时一事，心血来潮，而应长期规划，持之以恒。责任部门既要重视依据社区文化长远规划，及时预测分析社区文化活动的效果，也要重视对短期安排的每个活动开展过程进行有效的控制，做到事先有计划，事后有分析，使之切实可行，行之有效。社区文化具有引导功能，一个小区的社区文化一旦形成，就会潜移默化地发挥作用，给小区带来变化，而这是一个长期的过程，需长期坚持。

**（三）重视加强机制建设。**

一是加强人才机制建设。形象好、会说、会写、会跳、会唱，有组织协调能力，是组织社区文化工作人员的基本要求。但目前小区既缺乏专人负责，更缺乏这样的专门人才，给社区文化工作更好地开展带来很大的影响。新能源物业公司总部应加强这方面人才的储备，定期对各小区经理和负责社区文化工作的人员进行培训，切实提高他们对在小区开展社区文化活动意义的认识，了解开展社区文化活动的主要环节和关键点，学会及时进行民意调查、制定小区社区文化活动计划和实施方案。总部也应将对业余文艺团队的管理作为一项重要任务，重视对各小区文艺骨干的挖掘和培养。通过加强人才队伍建设，形成小区特色，组织开展更多更接地气的社区文化活动，丰富小区业主生活。

二是加强资金筹措机制建设。由于物业管理经费紧张，导致社区文化活动有时流于形式。比如总部要搞慰问演出，需业主艺术团体参与表演，不仅要帮助解决交通、化妆、就歺等费用，有些团体还提出要演出费，总部分管负责领导经常会因巧妇难为无米之炊而陷入窘境。因此建立社区文化活动资金筹措机制迫在眉睫。一要广辟渠道，寻找资金途径，广泛吸纳活动资金；二要增强社区文化团队的自我发展能力，为更好地开展活动增加积累；三要加强横向纵向联系，促进资源共享，积极向有关部门和街道、社区争取社区文化活动经费，逐步解决开展活动时所需的资金问题。

三是加强检查考核机制建设。社区文化是小区整体建设的一个重要方面，除了明确专人负责，定期组织培训，还必须建立检查考核机制。公司总部分管部门问诊把脉，搞好调研，建立健全检查考核机制，以真正达到进一步提高社区文化工作水平、锻炼出一批优秀的物业服务人员、涌现出一批新能源志愿者和传播正能量的业主，为构建和谐物业打下坚实基础等目的。

（作者单位：江苏新能源置业集团有限公司）

# 文化引领　打造有灵魂的现代企业

范世宏

如果一个企业只知道赚钱，不知道自己为什么存在，要履行什么使命，它的经营和发展就没有太大的意义，它的存在也没有太大的价值。只有是能为社会创造价值的、被社会需要的企业才是不可取代的企业。

企业的灵魂就是企业的核心价值观、企业的文化理念。你卖什么东西不重要，你做什么服务不重要，关键在于价值观，一种追求，企业的核心价值观最终会变成支撑企业的核心竞争力。

## 理性认识企业文化的意义

习近平总书记说：“文化就像一个绵延不断的河流，源头来自远古，又由许多支流、干流汇合而成。文化交流是民心工程、未来工程，潜移默化、润物无声。”国与国之间、企业之间和民间的合作，企业与企业之间的合作，也都离不开文化上的认同和交流。只有建立在深厚文化底蕴上的经贸合作，才是真正意义上的、长远的战略合作。有了文化的互相认同，才有了共同的语言，才有了相互的信任。文化交流、文化沟通是深度合作和长远合作的基础。

只有形成具有自身特色的企业文化，只有坚持不断充实和完善企业文化，才能在时间的长河中达到光明的彼岸。江苏邗建集团以科学发展观为统领，始终坚持“文化铸就企业灵魂”的思路不动摇，切实注重文化引路，打造邗建特色企业文化，促进企业又好又快发展。公司先后获得全国企业文化建设优秀单位、全国模范职工之家、江苏省企业文化建设成果奖、江苏省文明单位标兵、扬州市非公企业示范党组织、扬州市五一劳动奖状等一系列荣誉称号。

## 企业文化基因为企业文化“铸魂”

创新之魂，坚持企业文化与经营管理相结合。集团坚持“社会价值高于利润价值，用户价值高于生产价值”的经营理念，通过综合信息管理系统的研发、建立与推广，加快完善信息化管理进程，不断提升工程质量与服务水平，升华企业精神，凭借优秀严格的管理理念和方式，向社会展现邗建的特色文化，促进了企业进步和文化建设蓬勃发展。

求真之魂，坚持实事求是与培育正能量相结合。把企业文化工作的优势和企业现代管理相结合，不断破解非公企业党建思想政治工作“不想抓”、“不好抓”与“抓不实”的难题，充分发挥企业党组织的政治核心作用和党员的先锋模范作用，集团党委先后被评为市、区先进基层党组织。

人本之魂，坚持以人为本与增强使命感相结合。集团始终将员工的价值放在首位，营造出一种尊重员工、理解员工、关爱员工的氛围，使每名员工都保持“以企业为家、为企业奉献”的热情。同时，集团十分注重员工才智和潜能的挖掘，不断激发员工创新能力，让员工对集团有了更为清晰的认识，使其对邗建的忠诚度、信任值大幅提升，增添了企业向上发展的信心与蓬勃发展的动力。

## 赋予企业文化建设新的时代内涵

坚持思想渗透、实践渗透的路径，使企业文化融入企业管理，演进为企业管理制度。首先，精心策划，使企业发展路径与企业文化导向保持一致。集团党委从战略高度认识和谋划企业文化建设和思想政治工作，牢固树立统一融合的理念，把职工的理想信念、思想道德、组织纪律观念、爱国敬业精神等方面的教育与企业文化建设有机地融为一体，把企业发展与人的素质提升高度统一起来。

其次，持续推进，把企业文化细化到管理机制的细枝末节。通过以精细化管理为抓手，以过程化控制为重点的管理方式，将无形的企业精神以有形的制度融入到企业经济活动之中，将企业的目标和理念细化成工作制度、行为规范和准则，对工作程序、操作规则、岗位职责、举止仪态等进行制度化的规定，让员工自我约束、自觉行动。

坚持丰富形式、创新学习的理念，为企业文化的生长提供肥沃的土壤。首先，树立和强化主动学习、主动参与的文化观。发挥企业文化和思想政治工作的凝聚、导向、激励和转化功能，用精神凝聚人，用愿景鼓舞人，不断提升职工的思想境界，提高职工的忠诚度、归属感和自律能力，激发职工的积极性、创造性和团队精神，实现职工价值升华与企业发展的有机统一。

其次，建立鼓励员工学习的人文环境。围绕责任、政策、技能、效益、廉政等方面，按年度分阶段开展主题教育活动，提高干部的思想政治素质和业务能力，不断激发党员和员工开拓奋进、赶超发展的意识和激情。以开展争先创优活动为主线，树立打造精品、创造特色、培育亮点、争创一流的理念，鼓励和引导管理人员在各个层面争先创优，推动企业经营管理水平的提高。创新目标管理，开展评选企业劳模、先进个人、优秀党员、创新能手活动，充分发挥典型示范引路作用，形成你追我赶、争先进位的良好局面。

坚持丰富文化载体，保持企业文化成长的合理温度。首先，创新活动载体，推动企业文化成长。自 2007 年以来，集团每年 5 月举办一次企业文化周活动，包括书画展、质量安全知识竞赛、演讲比赛等一系列丰富多彩的活动，参与人员涵盖集团所有分子公司的员工，全体联动，独具特色，通过文化周系列活动的开展，集中展示企业员工的精神风貌，增强团队凝聚力与战斗力。

其次，扩大外延范围，为企业文化扩容提质。2004 年 5 月，集团创办全省独家建筑企业职工书画院。书画院每年都会举办 1 到 2 次书画笔会，邀请省市名家参与和广大职工交流互动，到各地生产一线开展书画采风，创作出了许多书画佳作，现已编辑成册出版发行。通过活动，广大员工接受了艺术的熏陶，丰富了业余生活，提高了自我修养与情操。

最后，推出震撼性的事件，为建设企业文化的信心升温。2007 年集团公司五届四次职代会决定，每两年评选一次企业劳动模范，凡申报区级以上劳动模范的候选人必须在集团劳动模范中产生，集团劳动模范由集团党委与经营支部联合命名表彰，连续五年当选享受劳模津贴，三次连选享受终身劳模津贴。集团还特别成立了劳模工作室，通过实施综合信息管理系统等一批项目的研发，极大的提高了员工的争优创优精神和工作创新能力。

（作者单位：江苏邗建集团有限公司）

# 推进创新型民营企业文化建设的思考

何云峰

自主技术创新与构建创新型企业文化是构成企业核心竞争力的重要因素。越来越多的企业已经意识到自主技术创新在培育和提升企业核心竞争力上的重要作用。我们应该清醒的看到，不少企业的技术创新过程最终夭折，固然和体制、企业科研能力、资金状况、设备先进程度等有关，但从深层次上说，应该是这些企业缺乏一种鼓励企业进行长效持久技术创新的文化。因此，民营企业要生存和发展，就必须适应社会文化和社会心理变化的趋势，在自身特色的基础上，摒弃落后不合时宜的经营观念，研究和探索企业文化运营规律，建立与现代社会息息相关的创新型企业文化。

## 一、企业创新文化的概念

创新文化是指在一定的社会历史条件下，企业在创新及创新管理活动中所创造和形成的具有本企业特色的创新精神财富以及创新物质形态的综合，包括创新价值观、创新准则、创新制度和规范、创新物质文化环境等。创新型文化鼓励创新、倡导变革、敢于进取、甘冒风险、勇于挑战、宽容失败。创新文化在于营造一种氛围，使全体员工对创新达成共识，形成整体的创新行动。企业文化的创新，必然会带来员工价值观念的创新，而这种价值观念的创新，又会推动企业制度和经营战略的创新。创新是一种求异的思维活动和实践过程，其最大的特点是探索，可能成功也可能失败。

## 二、邗江区民营企业文化创新建设存在的问题

邗江滨江临海，位于最具活力的长江三角洲经济圈，具有较强的综合实力，人均主要经济指标均位居苏中 15 个县（市）前列，曾连续两次被评为“全国综合实力百强县”，邗江产业具备了承载科技创新的能力，医疗器械、数控金属板材、半导体照明、LED 外延片、太阳能光伏、多晶硅等新光源、新能源、新材料“三新”产业从无到有。

近年来，民营经济已成为邗江经济的半壁江山，邗江民营企业文化的建设取得了很大成绩，创新理念愈发强烈。目前，邗江规模较大的企业大多数都设有企业文化建设的专职部门，有的企业还成立了企业文化办，一些企业还创办了自己的内刊、网站、微信群等企业文化建设传播的有效载体，推进了企业文化的形成、交流与传播。但是，问题也依然存在。

### （一）对企业创新文化认识不足。

大多数民营企业认为企业创新文化建设是国有大企业的专利，民营企业没能力也没必要进行创新文化建设。他们认为在企业创业初期，主要的精力应放在产品开发研制、市场开拓、资金运作和企业管理上，企业文化建设，尤其是创新文化建设是进入成熟期后才需考虑的问题，因而对企业创新文化建设的重视程度不够。

### （二）以人为本观念淡漠。

企业创新文化应重视员工的主体性，让员工意识到自己是企业的主人，它强调员工的思想、道德、价值观、行为规范等在企业管理中的核心作用，使全体员工互相尊重，团结奋进，积极参与企业管理，推动企业发展。但多数民营企业不关心员工身心健康，更谈不上尊重员工，信任员工。往往只是制定严格的制度约束员工，或用物质刺激员工的工作积极性。

### （三）企业创新文化缺乏自身个性。

企业创新文化是企业在某一特定文化背景下产生的独具特色的经营哲学和行为理念，应该是企业的个性化表现，不是刻意去寻求统一化模式，不是赶潮流追时髦，更不是迎

合时尚的标语。因此，企业创新文化必须跟企业实际相结合，有自己的独特之处，才具渗透力和生命力，才能兴旺发达。目前一些民营企业实行“拿来主义”，纯模仿或克隆国内外企业模板，使许多民营企业的文化带有相似性，没有突出本企业鲜明的文化个性，没有体现自己的特色。

**（四）缺乏战略意识。**

由于企业文化需要从上向下推动，因此受领导者个人意志的影响往往很大。过去由于在所有制上对民营企业的歧视，使很多民营企业家在经营时重视短期效益，缺乏长远考虑。在中国民企的发展史上，靠勤劳、智慧、诚信起家的确实不少，但也有一些民企采取欺骗、虚伪等方式，甚至有的借用特殊关系或特定权利等非法手段牟取暴利。使企业要么成了生产和销售假冒伪劣产品的基地，要么就以损害环境为代价一味降低自己的生产成本，这些企业过分重视短期利益的企业经营理念是不符合市场经济发展规律，容易为周围的环境和市场改变自己的风格，文化建设没有连续性和稳定性，无法形成自己文化特色，最终导致企业长远发展前景有限。

## 三、邗江构建民营企业创新文化模式的路径与方法

**（一）强化以人为中心。**

文化应以人为载体，人是文化生成与承载的第一要素。各级各部门和企业的领导干部要树立新型的人才观，把人才资源作为邗江创新创业的第一资源，承认人才的价值，尊重人才的创造，调动好、发挥好、保护好人才的积极性，真正以识才之眼光、惜才之爱心、聚才之本领、容才之雅量、用才之良策，构建起选人用人的竞争机制，实行富有吸引力的分配、激励政策，让创新创业有成的科技人才有荣誉、有地位、有实惠。营造敢为人先、敢冒风险、敢于创新、敢于竞争和宽容失败的氛围。切实抓好培养、引进、使用三个关键环节，推动自主创新与培养人才紧密结合，大力引进高层次人才和紧缺人才，努力形成有利于优秀人才脱颖而出的体制机制，最大限度激发科技人才和全社会的创新活力，树立不求所在、但求所用，不求所有、但求所得的人才流动的新理念。高校、科研院所拥有大量的科技资源和研发人才，要主动融入以企业为主体、以应用研发为重点的创新活动中去，依托企业的灵活机制和研发经费，通过项目委托、共建实验室、工程中心、博士后工作站等办法，构建产学研合作平台，打通科技成果转化的便捷通道，探索科技成果应用的有效方式，形成同企业“产研分工、优势互补、利益共享、风险共担”的合作机制。要促进科学家与企业家结合，打破各种有形和无形的阻隔，建立科技人才与企业家经常性的沟通渠道，增加直接了解、开展合作的机会，使成果的拥有者和资本的所有者，都能够更多地寻找到各自的“主顾”。

在人才加速流动的背景下，要充分利用现有科技创新载体，开放性地吸引高层次的人才。在借智、引智、育智方面，邗江已经积累了不少经验。为了抢占国内三新产业的制高点，邗江与中科院、南京大学、扬州大学以及国内相关科研院所进行了广泛合作。通过签订产学研合作协议、成果转让、合作开发、技术入股、构筑创新实体等不同形式，共建研发平台。

**（二）构塑企业精神。**

企业精神是指企业基于自身特定的性质、任务、宗旨、时代要求和发展方向，并经过精心培养而形成的企业成员群体的精神风貌。企业精神构塑是在企业领导者的倡导下，根据企业的特点、任务和发展走向，使建立在企业价值观念基础上的内在的信念和追求，通过企业群体行为和外部表象而外化，形成企业的精神状态。

**（三）确立正确的经营哲学。**

经营哲学也称企业哲学，是一个企业从事生产经营和管理活动特有的方法论原则，是指导企业行为的基础。确立正确的经营哲学，是企业文化建设的一项重要任务，需要经营者对本企业的经营状况和特点进行全面的调查，运用某些哲学观念分析研究企业的发展目标和实现途径，在此基础上形成自己的经营理念，并将其渗透到员工的思想深处，变成员工处理经营问题的共同思维方式。

**（四）培养核心价值观念。**

价值观念是人们基于某种功利性或道义性的追求而对人们（个人、组织）本身的存在、行为和行为结果进行评价的基本观点。企业的价值观，是指企业员工对企业存在的意义、经营目的、经营宗旨的价值评价和为之追求的整体化、个异化的群体意识，是企业全体员工共同的价值准则。只有在共同的价值准则基础上才能产生企业正确的价值目标。因此，企业价值观决定着员工行为的取向，关系到企业的生存发展。企业核心价值观是指企业在追求经营成功过程中所推崇的最基本信念，它是被全体或多数员工认同的关于企业意义的终极判断。价值观念的培养，是企业文化建设的一项基础工作。企业价值观念的培育是通过教育、倡导和模范人物的宣传感召等方式，使企业员工摒弃传统落后的价值观念，树立正确的、有利于企业生存发展的价值观念，并形成共识，成为全体员工思想和行为的准则。邗江企业在经营过程中，应牢固树立“需要理解的总是顾客，能够改进的只有自己”的观念，培育共同的价值观念。

**（五）倡导团队精神，提升凝聚力。**

团体意识是企业内部凝聚力形成的重要心理因素。企业团体意识的形成使企业的每个员工把自己的工作和行为都看成是实现企业目标的一个组成部分，使他们对自己作为企业的成员而感到自豪，对企业的成就产生荣誉感，从而把企业看成是自己利益的共同体和归属。因此，他们就会为实现企业的目标而努力奋斗，自觉地克服与实现企业目标不一致的行为。

海尔集团总裁张瑞敏认为，企业的人才固然重要，但最重要的是人才机制，即如何创造一个让人人都发挥自己才能的机会。由此提出了“赛马不相马”理念。第一，要培养企业成员的主人翁精神，要将自己的利益与企业利益相结合。第二，要培养企业成员之间的协作精神，学会积极与人的沟

通，采取与人合作的态度。第三，设计团队共同目标，吸引员工的心智。第四，要有高效灵活的企业组织，当务之急是打破不合理的部门设置，建立高效灵活的团队组织，通过培养企业内部的团队精神，凝聚团队成员，实现企业目标。

# 推进文化融合 实现集团重组整合新业绩

魏立军 忽国旗

中国电建的重组成功，得益于中央深化电力体制改革和深化国有企业改革，是国务院深化中央企业改革的重要成果之一。

## 一、文化融合的背景和动因

### （一）背景。

中国电建是经国务院批准，于 2011 年 9 月在中国水电集团、中国水电顾问集团和国家电网、南方电网所属的 14 个省（市、区）电力勘测设计、工程、制造企业基础上组建成立。中国电建集团的组建，使我国电力建设行业具备了全产业链国际竞争能力。企业文化是推进企业战略和构建企业核心竞争力的重要组成部分。为了在短期内实现施工、规划设计、装备制造等业务板块和资本运作、资产运营等经营领域一体化整合 1+1>2 的重组效应，既关系到集团使命、企业精神、企业行为规范等企业核心价值理念的统一，更关系到企业重组整合的成功与否。

### （二）动因。

一是实现成员企业共同奋斗目标的思想基础。中国电建重组后，需要通过企业文化与发展战略的深度融合，将既有的文化内容进行整合，吸纳优秀文化成果，融注统一文化元素，形成具有“中国电建”特色的企业文化；需要坚持共性和个性的有机统一，对不同性质、种类的企业文化进行新的塑造和融合，形成各成员企业和广大干部员工共同接受、遵循统一的企业核心价值理念。

二是决定集团重组成败的关键因素。集团的重组，从根本上就是要实现重组形式和内容的有机统一。改革重组过程就是文化融合的过程，关系着改革的成败，用文化融合实现文化认同，这是比行政指令更切入人心、更能有效凝聚共识的重要渠道。

三是提高集团核心竞争力的直接现实需要。作为世界清洁可再生能源和水利资源开发建设行业的领先者、中国电力和水利工程行业的龙头企业、中国大型基础设施建设和国家实施“走出去”战略的骨干企业、火电电网及新能源开发领域工程设计建设国内国际领先企业，如何提升设计、施工的全产业链集成优势，提升重组整合后集团新的核心竞争力，是文化融合要始终关注并重点解决的重大问题。

四是促进集团战略落地的重要保障。企业重组不可避免地面临着内部各种、各类文化的碰撞和交织，在集团战略层面，必须协调处理好集团和成员企业文化间的相互关系，明确并广为宣传符合企业发展实际和员工根本利益的发展目标，形成统一的文化建设要求、文化氛围、企业形象和品牌，实现“四融”（融景、融脑、融制、融行），共同促进集团战略发展目标的实现。

## 二、文化现状分析

中国电建所属各企业在重组前分属四个中央企业，因发展历史、业务特征、管理风格以及地域文化差异等诸多因素，使集团企业文化呈现出内容和形式多样化的局面，文化种类繁多，主要有以下五个专项文化：

一是以水利水电、火电施工企业等为代表的施工文化。主要有：围绕市场开拓形成的诚信文化、竞争文化、营销文化等；围绕项目管理形成的重合同守信用的履约文化、团结协作攻坚克难的团队文化、安全质量文化、成本核算文化、技术创新文化、与分包商共赢文化、海外项目文化以及廉洁文化等。

二是以集团三十年来海外经营为依托形成的海外文化。作为目前央企建筑板块国际化指数最高的企业，集团在全球 101 个国家设立有 160 多个驻外机构，在 116 个国家和地区有实质性业务开展，执行 1863 项合同，在建项目合同总额超过千亿美元，海外员工近 3 万人。长期的海外经营实践，使中国电建集团形成了以海外项目实施为依托的海外本土经营文化、文明出境文化、涉外应急文化、外事接待文化、国际人才管理文化和外事教育文化等。

三是以装备制造企业为代表的车间文化。主要有：以厂为家形成的忠诚文化、团队文化、职业文化等；以爱岗敬业为核心的精益求精文化、细节文化、自发工作文化、师带徒文化等；以追求产品质量为核心的产品质量文化、产品工艺文化等；以追求科技进步为核心的技术创新文化、革新文化、发明创造文化等；以职工成长为核心的个性文化、协作文化等。

四是以资源开发和经营板块企业为代表的营销文化。主要有：以资源开发为目标形成的市场文化、地域文化、诚信文化、公平竞争文化等；以营销管理为目标的商务文化、策划文化和环境文化、法律文化、价格文化等；以为顾客提供优质服务为目标的诚信文化、售后服务文化、友善文化、人员形象文化、企业形象和产品广告文化等。

五是以设计咨询企业和各级总部为代表的科研和机关文化。主要有：以各水电设计院和电力设计院为主形成的以“造价最优化、占地最少化、环境环保化”为代表的科技创新文化、专业设计文化、专利文化、专家文化、绿色环保文化、卓越价值文化；以中国电建集团大力开展的创建“六型”总部为代表的机关文化等。

## 三、文化融合的原则

在融合型、覆盖型、并存型、促进型等四种文化融合模式的选择上，中国电建选择了融合型模式：即站在经济社会发展的前沿，以战略的思维、全新的视角、开阔的视野和胸怀，坚持发展统一理念的集团文化，保持各具特色的成员企业文化，实现企业文化在集团层面的高度统一，努力建设具有成长性、包容性、创新性的企业文化体系。为此，确定了实现文化融合的四个原则：战略引领、目标导向原则；理念统一、继承发展原则；以人为本、和谐凝聚原则；统筹兼顾、科学发展原则。

## 四、文化融合的路径

中国电建集团认真实施文化铸魂、立道、塑形、提升等四项主题实践工程，走好企业文化融合“实施－发现问题－优化－再实施”四步棋，抓住重点环节，不断加快文化融合进程。

一是加强宣贯、内化于心。全面加强对企业文化核心价值理念的宣贯，强化企业文化培训，搭建主题活动平台，不断丰富企业文化建设的内容，定期深入组织开展各具特色的企业文化建设主题教育实践活动。

二是全面落地、固化于制。强化文化环境建设，在办公场所、生产一线、海外项目以及各种办公介质、媒体宣传等方面，强化集团核心价值理念、视觉形象识别系统的应用。不断健全完善企业文化建设领导体制、组织机构和管理制度，实施跨文化管控，努力建设符合集团发展要求、具有显著“中国电建”特征的企业文化。

三是打造精品、外化于形。坚持贴近实际、贴近基层、贴近员工，培育选树文化典型，编辑企业文化故事集，将企业管理与文化实践紧密结合，形成一批集中反映集团管理创新、实践创新的成果。积极开展多种形式的品牌宣传及文化推广活动，打造集团品牌形象和品牌文化，增强“中国电建”国际著名品牌的影响力。

四是整体评价、强化提升。紧扣企业发展主题，实现管理方法创新，与世界一流企业进行文化建设对标，认真开展文化建设整体评价，加强工作调研，建立健全有效的企业文化建设评价体系。

## 五、推进文化融合的成效

一是集团发展进步成效显著，完成了国资委对中国电建重组整合的重大任务。全产业链一体化优势逐步显现，营销质量不断巩固，新签合同额逐年大幅增长。自成立以来连续五年被评为“中央企业负责人经营业绩考核A级企业”，被授予2013-2015年任期“业绩优秀企业”。世界企业500强排名第200位，较2012年度首次上榜提升190位，品牌价值和国际竞争力持续提升。

二是集团内部改革重组取得重要进展。持续加快内部企业重组整合、瘦身健体，集团成员企业由成立之初的108家减至78家，实现了企业效益、效率最大化的目标。在集团文化的引领下，被整合企业员工支持拥护企业改革重组，确保了企业改革重组工作的顺利进行。

三是职工队伍凝聚力、向心力有效提升。通过大力开展核心价值理念宣贯、强化企业文化培训、搭建文化主题活动平台，鼓舞和凝聚全体员工见贤思齐、积极向上，形成了学习、崇尚、争当模范的良好氛围，进一步激发和弘扬了企业正能量，增强了积极投身企业改革发展的政治责任感和使命感，使中国电建核心价值理念成为了全体员工的自觉行动。

四是履行社会责任得到各界高度赞誉。通过实施文化融合，集团重组优势得到进一步彰显。通过深入实施和谐发展战略，大力推进诚信央企、绿色央企、平安央企、活力央企和责任央企建设，中国电建集团的经济、社会、环境综合价值创造能力明显提升，在保护生态环境、促进人与自然和谐发展方面树立了典范，得到了社会各界的高度评价和广泛认可。在雅安芦山、云南鲁甸地震等各项抢险救灾和玉树灾后恢复重建工作中，电建集团全体员工全力以赴，攻坚克难，向党和人民递交了一份满意答卷。

（作者魏立军系中国电力建设集团党委工作部、企业文化部副主任，忽国旗为党委工作部、企业文化部宣传处处长）

# 浅议企业廉洁文化建设

郝　君

企业廉洁文化是关于企业廉洁理念、制度及与之相适应的工作方式、行为规范的总概括，是企业文化的重要组成部分。企业廉洁文化以廉洁经营和廉洁从业为思想内涵，以文化为表现形式，是廉政建设与文化建设相结合的产物。大力加强企业廉洁文化建设，在企业内部形成“干净干事、干事干净”的良好风气，是贯彻落实党的十八大精神的最佳实践。

## 企业廉洁文化建设的必要性

企业廉洁文化是反腐倡廉建设的重要组成部分。反腐倡廉建设倡导的是“惩防结合、以防为主”，在预防腐败的措施中，通过教育、制度、监督等手段可以解决“不能腐”、“不敢腐”的问题，但是要达到“不想腐”的效果，还必须通过廉洁文化建设这一长效机制，倡导廉洁理念，塑造廉洁精神，营造廉洁环境，潜移默化地影响广大干部职工的思想，培养和传递正能量，构筑拒腐防变的思想道德防线。

企业廉洁文化是一种“软实力”和“生产力”。企业廉洁文化体现了企业的战略思想和价值取向，对于正确处理各种利益关系，调动广大职工积极性，改善经营管理，推动战略目标的实现具有重要作用，实际是一种“软实力”。重视廉洁文化建设，在企业内部形成风清气正、廉洁从业的良好氛围，必将促进经营管理水平和工作业绩的提升，反之，必将出现违规违纪现象，给企业带来巨大损失。从这个角度看，企业廉洁文化建设也是一种“生产力”。

企业廉洁文化有利于构建和谐企业。通过企业廉洁文化建设构建起来的权力制衡机制和监督制约机制，可促进上下级、同事之间的信任和理解，减少或避免徇私舞弊和暗箱操作，实现公平、公正、公开、民主、规范的管理。同时，通过企业廉洁文化建设，不仅可以增强广大职工的廉洁意识和监督意识，大胆建言献策；还可以增强领导干部的服务意识和民主意识，使领导干部更重视民意，接受职工的意见和建议。从而增进干群互动，消除不和谐因素，促进企业和谐稳定发展。

企业廉洁文化代表社会先进文化的价值取向。在内容上，企业廉洁文化既浓缩了中华民族五千年来清正廉洁的思想精髓，又体现了新时期的社会主义荣辱观，符合社会主义核心价值体系的本质要求。在形式上，企业廉洁文化表现为各种生动活泼、群众喜闻乐见的文化产品，渗透于企业经营管理的各个方面。在目标上，企业廉洁文化既注重教育党员干部特别是领导干部增强廉洁自律意识和法纪观念，又注重引导职工树立诚信、勤俭、奉献的思想观念。

## 企业廉洁文化建设的内容

培养廉洁从业理念。理念是理性思考的结果，是内化于心的观念。企业要培养廉洁从业理念，必须用先进的思想武装干部职工的头脑，持之以恒地学习党章党纪等，强化廉洁思想教育，借鉴古今中外勤廉典型，潜移默化的形成高尚的世界观、人生观、价值观，通过理念的导入内化为意识和思维，外化为行为和习惯，构建健康的处世准则和道德底线。

完善廉洁从业制度。理念是根源，制度是保障。企业必须不断完善廉洁从业制度，加强对权力的制衡，约束关键岗位的自由裁量权，使之“不能贪”。一是围绕建立健全党风廉政建设责任制、“三重一大”、述职述廉、招标采购等制度；二是提高制度执行力，加强对制度关键流程和敏感环节的事前规范、事中审核、事后检查，确保用制度管人，靠制度办事，减少主观的判断和人为的干预，做到公平、公正、公开。

拓宽廉洁宣传渠道。一是强化学习研讨，通过“三会一课”、“教育周”、“活动月”“答题测试”等形式组织学习，适时对照检查和座谈讨论，提高思想认识。二是强化教育引导，充分利用企业内网、广播、电视、报纸、微信等媒介，营造风清气正的企业氛围。

创新廉洁文化产品。积极探索新颖活泼的宣教内容和形式，多渠道开发、研究反腐倡廉适用的理论成果，采取群众喜闻乐见的文化载体，推出形式多样、内容丰富的廉洁文化产品。系列宣传，多渠道、全方位营造廉洁从业的文化氛围。

强化廉洁从业监督。民主监督是廉洁文化建设的一项重要内容，一方面要培养广大职工群众的民主意识，积极参与对企业重大事务和领导干部的监督，出谋献策；另一方面也要培养领导干部自觉接受监督的意识，积极践行党的群众路线，改进工作作风。通过丰富和拓展廉洁从业监督方式，不断提高廉洁文化的驱动力。

## 企业廉洁文化建设存在的问题

部分领导干部的认识存在偏差。认为企业就是追求经济效益，廉洁文化建设不但无法创造利润，还浪费资源，存在应付、对付心理；认为反腐倡廉只有“杀鸡儆猴”才有威慑力，说教没有效果，不愿去抓；认为自己管辖的领域属于“清水衙门”，不可能有什么腐败问题，没必要做那么多无用功，所以不闻不问；认为是纪检监察部门的事，与己无关，甚至自身就存在腐败问题，讳疾忌医，因而顾左右而言他，避而不谈不去做。

廉洁文化建设工作机制不够健全。目前，企业的纪检监察部门是推动廉洁文化建设的主力，其他部门大部分都处于被动配合状态，很少会主动开展廉洁文化建设。甚至有些业务部门以指标压力大、业务工作繁忙为由，对廉洁文化建设推诿、应付。

廉洁文化建设方式方法缺乏创新。由于部分领导干部对企业廉洁文化建设的认识存在偏差，在重视程度、资源投入、率先垂范等方面都存在不足，负责开展廉洁文化建设的部门也显得力不从心。因此，廉洁文化建设往往会流于形式，缺乏方法创新、难以运用传媒、信息、通讯等现代化科技手段，无法与时俱进，适应形势发展的需要。

部分干部职工参加学习的主动性不高。有的领导干部工作忙、应酬多，平时很难坐下安心学习和接受教育，存在应付心态，各种讲话、心得都是他人代写，甚至看都不看就照本宣科。有的干部职工如果不是单位安排集中学习，基本不主动自学廉洁文化。

## 解决的方法及对策

提高各级领导干部的认识。必须切实提高企业各级领导干部尤其是主要领导人员的思想认识，通过必要的强化学习和教育，使他们充分认识到企业廉洁文化是企业的一种“软实力”和“生产力”，有利于构建和谐企业，是落实科学发展观和党的十八大精神的最佳实践。只有各级领导干部统一思想，提高对廉洁文化建设的重视程度和资源投入，发挥组织协调作用，很多问题都可以迎刃而解。

建立健全廉洁文化建设工作机制。一是完善领导机制，成立廉洁文化建设领导小组，由企业主要负责人负总责，各部门主要负责人分工负责，整合教育力量，做到上下联动，齐抓共管。二是健全考核机制，把廉洁文化建设纳入企业经营责任年度考核以及检查、考评机制中，针对问题，整改落实，完善措施。三是建立资源保障机制，提供必要的资金保障、人力保障和技术保障，保证廉洁文化建设深入、持久、有效地开展。

创新廉洁文化建设的方式方法。新时期的廉洁文化建设必须遵循其客观规律，结合企业内外部环境以及广大干部职工的工作、生活实际，大胆探索和创新廉洁文化建设的方式方法，利用各种信息传播渠道和现代科技手段，开展寓教于乐的宣传教育。在原有传统教育的基础上，充分运用符合时代潮流的微信、微博、网络、多媒体等新技术、新手段，体现廉洁文化建设形象性、时效性、娱乐性和互动性特点，强化教育效果。

提高干部职工学习的主动性和积极性。一是树立互动思维，打破传统说教式宣传教育形式，创建“我说你听、你说我听”的双向互动的教育格局，各级领导干部不仅台下受教育，还要台上去教育，增强学习效果。二是增强教育针对性，针对不同对象教育内容不同，采取“请进来”“走出去”、典型教育与警示教育、个人学习与集中学习相结合等方式，提高学习的自觉性和主动性。

总之，加强企业廉洁文化建设是一项意义重大、涉及面广、任重道远的系统工程，需要企业各级领导干部、各个部门共同参与，群策群力，不断推动廉洁文化理念的渗透，不断以廉洁的力量和文化的魅力推动企业持续稳定健康发展。

（作者系中车长春轨道客车股份有限公司纪委办公室主任）

## 文化建设终极目标：企业的文化自觉

张　静

在企业文化建设中有这样一个误区，那就是以形象建设、宣传工作、文体活动代替企业文化建设，认为企业文化建设就是贴贴标语口号、写写宣传文章、搞搞文体活动，结果造成企业文化建设与企业经营管理相割裂，企业价值观无法进入管理，出现了“理念高悬，行为滞后”以及“知行不一”的现象，使企业文化建设效果大打折扣。毋庸置疑，运用宣传教育手段传播企业价值观是价值观培育和践行的重要方式之一，但由于传统宣传教育手段的局限性，许多一线员工很难准确理解价值观的抽象表述和文化内涵，更无法自觉地将其转化为实际行为，以至于受教育时感慨激昂，回到工作岗位依然我行我素。可见，企业文化建设口号化、活动化，搞起来可能轰轰烈烈，但很难使企业价值观真正落地。

### 价值观是管理制度的文化内核

企业文化与企业经营管理割裂的原因是复杂多样的。一是对价值观在企业文化中地位作用的认识不到位。企业价值观是企业的基本理念和信仰，构成了企业文化的核心。价值观不仅决定了企业的战略选择和管理模式，价值观管理还成为企业重要的管理手段。而企业的环境、制度、规范、标识、活动等都是价值观的载体，它们相互融合，共同对企业和人的行为产生作用，由此可见，价值观的培育和践行是企业文化建设的核心和重点。二是对价值观的作用机理认识不到位。企业文化的管理效能产生于价值观与具体管理行为的互动中，价值观只有转化为企业的管理制度，深植于企业各个管理模块和业务链条，成为企业管理活动和企业制度体系的文化“内核”，企业文化理念才能在提升企业价值和提升管理有效性中发挥作用。而宣传教育只是价值观培育和践行的起点，不是终点。三是业务主管部门职能缺失。在企业中，企业文化建设的主管部门往往是宣传部。作为党委的业务部门，宣传部的职能一般独立于企业经营管理活动之外，要想通过宣传部推动企业价值观进入管理、引领战略，必须有企业主要领导的强力支持，否则是难以实现的。事实上，很多企业的宣传部在推动企业文化建设中缺乏应有的主管职能的支撑，企业文化建设就成为了宣传部门演绎的“独角戏”。

### 价值观是判断是非的标准

使企业价值观在企业落地生根，既要在宣传教育、典型示范、营造氛围上下功夫，更要将其转化成为广大企业员工能追随、能执行、能效仿、能评价的管理制度、行为规范和评价标准，使企业价值观真正成为企业是非判断的标准。

一是能追随。企业领导既是企业文化的构建者，更是企业文化的阐释者、示范者，马云、任正非、韦尔奇，中外知名企业家概莫能外。在企业里，大部分员工对上司的行为有着天然的模仿和追随，领导者的行为往往比制度更有说服力和推动力。企业价值观的落地，很大程度上就是通过高层领导做出示范，然后一级一级传递下去。因此，一个模范践行价值观的企业领导团队是企业价值观被认同、被践行的前提条件。企业领导真的相信宣传出来的企业价值观吗？他们率先垂范了吗？他们要求各级管理者都做到了吗？当这些回答都是肯定的时候，企业离价值观落地的目标就不远了。同时，这也对企业管理者的选拔任用提出了新的标准，即能否带头践行企业价值观。

二是能执行。企业员工对企业价值观最直接的感受来自于企业生产经营管理活动中传递出的价值取向，企业鼓励什么、反对什么，什么可以做、什么不可以做，哪些应该优先做、那些应该缓行，这一系列的价值排序和价值选择，员工从企业的管理制度、工作流程和领导风格中就有切身的体会。如果脱离这些看得见、摸得着的具体的生产经营管理活动去谈价值观的培育和践行，企业文化建设就成了“说一套做一套”的摆设，价值观也就难以摆脱“标语口号”的命运。因此，企业价值观只有以“最高纲领”的形态体现于企业各项管理制度和管理活动中，转化为企业员工能执行的制度、流程、规范、准则，让员工在执行企业管理制度过程中感受到企业的绩效管理、生产现场管理、科研管理、质量管理等制度都是在鼓励企业所宣传的价值理念的，他们才能真正认知、认同这些价值观。正如IBM董事长郭士纳所讲的“将价值观制度化，并不仅仅是在办公室中贴满标语就可以了。企业信仰还要反映在公司的工资待遇、福利制度、管理制度、员工教育和培训计划、营销以及客户支持之中。”

三是能效仿。企业的英雄人物是企业价值观人格化的表现。通过英雄人物的亲身示范，使抽象的价值观实现了最生动、最真实、最具影响力的典型诠释。因此，塑造企业英雄成为传递企业主流价值观和塑造企业文化的重要方式，比如倡导“创新”的企业会将实现技术突破的科技领军人物选树为“创新勇士”，倡导“敬业”的企业会将尽职尽责、兢兢业业的一线职工选树为“敬业典范”，倡导诚信的企业会将严守质量规范的员工选树为“诚信标兵”。这些身边英雄人物的出现为员工的成功路径进行了生动的注解，使企业员工更容易理解企业倡导什么、鼓励什么，英雄人物向每个员工展示着“这就是在这里为了成功所必须做到的”。特别是越来越多从一线员工中涌现出的英雄人物，使普通员工能够感受到成功并非遥不可及，从而进一步强化了广大员工效仿英雄、追求成功的行为模式。

四是能评价。企业文化建设的终极目标是成就员工行为的“自觉”。“自觉”不是自发形成的，而是需要一个长期的“内化”过程。行为主义心理学家认为，通过一些外部强制因素强化个体，使之出现某种行为并使这种行为得以保持，如此渐进循环，个体就容易把这个行为变成自动化的行为，并且会逐渐接受这种行为，最终改变对该行为的态度，这个过程称之为内化。“内化”定义中的“外部强制因素”就是指价值观背景下的考核激励机制。现实中，企业考核的内容主要是针对经营业绩指标，而对员工行为的考核明显不足，许多企业虽然发布了“员工行为规范”，但只是以倡导来代替考核，除非员工出现了明显的违纪现象，否则对员工行为没有及时的正激励或负激励。许多重视价值观塑造的企业意识到了这一问题，不仅将价值观细化为行为规范，而且开展定期的价值观评价，并纳入员工日常绩效考核体系，通过这种考核评价向员工明确哪些该做、哪些不该做，该做的要怎样做，做好会有什么正激励、做不好或者做了不该做的会有什么负激励，以此来强化员工行为的“内化”和“自觉”。

（本文摘自《企业文化》）

# 不同性质用工要注重融入“文化管理”

徐扬　韩轶

企业员工补充渠道不外乎两种方式，即内部选拔和外部招收，两种方式相互补充，各有所长。相比内部人员，外部招收员工可以给企业带来不同的价值观和新观点、新思路、新方法。此外，外聘的优秀技术人才、管理专家也会带给企业新的技术知识、管理技能和客户群体。同时，在未来工作中，外招员工与企业原有员工间会产生竞争意识，激发斗志和潜能，通过工作上的逐步融合而实现相互学习，共同进步。人无完人，在外招员工身上也不可避免地存有不足，需要经历较长时间重新定位和调整，使其符合企业要求并融入企业的氛围，将企业作为他们事业和命运的共同体，认同企业的价值观念和行为规范，进而形成对企业的较高忠诚度。

## 强化宣传和文化灌输

作为企业文化核心的价值观培育，是企业文化建设的一项基础工作。企业内部员工、外聘员工以及其他用工性质的员工都有着各自的价值观念，但由于他们的资历不同、成长环境各异、受教育程度存在差别等原因，使得员工群体的价值观念千差万别。为了求同存异，企业针对现状，应通过价值观念的培育、倡导和模范人物的宣传感召等方式，使不同用工性质组成的员工团队能够摒弃各自传统的、不适宜的价值观念，在与企业共同发展的大背景下，树立正确的、有利于企业发展、有利于员工成才的价值共同体，并形成共识基础，成为全体员工思想和行为的准则。对于企业新招收的员工来说，新价值观念的培育是一个由服从，经过认同，最后达到内化的过程。服从是在培育的初期，通过某种外部作用（如人生观教育）使新成员被动地接受某种价值观念，并以此来约束自己的思想和行为；认同是受外界影响（如模范人物的感召）而自觉地接受某种价值观念，对这一观念有了初步的理解和接受；内化不仅是自愿地接受某种价值观念，而且对它的正确性有真正的理解，并按照这一价值观念自觉地约束自己的思想和行为。

文化管理要注重理念认同、行为相同、效果趋同。理念要得到不同用工的认同，必须进行广泛宣传和阐释，把文化理念、企业价值观变成生动活泼的故事，贯穿于企业管理、生产经营、质量安全、技术创新等领域。以理念为核心树立先进人物典型，注重从理念方面对先进人物和事迹进行提炼，在宣传中让全体员工理解并认同，同时也使企业文化的推广变得具体而生动，企业的报刊、板报、宣传栏、网站、各种会议，都应成为文化宣传的工具和重要载体。

在文化管理实践方法上，可以在广泛宣讲与培训基础上，定期开展企业文化认知与达标考试，从细处着手，建立以企业内部故事或案例分析题型为主的考试题库，充分融合并能折射企业价值观等文化理念，把考试成绩作为员工岗位任职考核标准之一，目的是提高整体员工队伍对企业文化的认知与践行能力，以此推进先进人物典型事迹的传播和强化文化管理的氛围。

## 完善激励与约束机制

在文化管理实践中，我们感受到不同岗位、不同资历、不同用工性质的员工之间存在着较大的需求差异，员工的需求呈现多元化趋势。要针对不同员工群体的实际需求，制定相应有效的激励与约束机制。

现代企业竞争的核心是人才竞争。建立并完善符合企业发展的激励与约束机制，科学管理和配置人力资源是重中之重。在实行管理岗位职级、生产技术岗位职级管理的基础上，通过竞聘、轮岗、挂职锻炼等方式把想干事、能干事、会干事、干成事的不同用工放到一定的岗位上锻炼，为他们提供成长发展的空间，形成员工想发展、能发展的晋升通道，彰显文化管理的制度魅力。

不同的员工群体，文化管理应有所不同。对于工龄短、职级低的新员工，要注重职业发展的引导和企业文化的认知，满足他们的生存需求和职业安全需求；对于工龄长、职级较高的老员工，则应满足他们的尊重需求和自我价值实现需求。对于不同用工性质的员工，尤其是收入偏低且在一线生产岗位工作的员工，更要关注此群体的心理变化，及时做好疏导工作；建立真情关怀的用人机制，营造和谐氛围使其融入团队。同时要注重培养使用，使其岗位成才，把思想素质优、工作能力强、业务技能精、敬业精神好的员工，作为培养对象纳入培养计划，使其感受到企业大家庭的温暖，产生归属感和使命感。

值得注意的是，在对待自律性较差的员工，并不一定让他感受到“胡萝卜”的重要，有时还需要“大棒”的威力；对待自我管理较好的员工有时也会出现满足、依赖、停滞、消沉的情况，适当的教育和调整能够帮助他们认清自我，重新焕发新的工作斗志。

### 加强职业教育引导

纵观企业员工管理，不论用工性质、素质结构如何，都应统筹做好职业教育工作。而员工职业道德教育应置于文化管理的首位。

开展员工职业道德教育，规范员工职业行为，是企业对员工开展文化管理的一项重要工作，是有效防范风险，提高经营管理水平的一项治本措施。道德教育直接关系着员工的思想本质，影响着员工的精神意识、职业情操、敬业观念的树立与未来发展，是文化管理的立本之基。首先，企业要找准结合点，广泛开展爱国、爱企、敬业奉献的教育，积极引导员工在受教育过程中的正确意识的形成以及思想认识的提升，防范消极思想的侵蚀以及在员工中可能产生的负面作用，以认真负责的态度将道德教育落实到位，坚持不懈地抓下去。同时要努力扩大职业道德教育成果，不断探索新的教育方式、新的活动载体，努力使职业道德教育更加生动活泼，不断得到员工群体的深入理解与认同，并最终转化为员工群体的意识与行为。

其次，企业的文化管理工作要加强职业发展与改革形势教育，使员工明确新形势下的新要求，新阶段中的新任务，增强责任感和使命感。主动投身于企业发展与改革之中，在参与中承受锻炼、接受考验，分享成果。不断练就一支站位高、作风实、思想过硬、技能精良的员工团队。

再有，企业的文化管理工作要突出价值观与荣辱观教育，深入进行奉献精神教育。帮助员工知荣辱、辨是非，激发员工立足本职岗位、勤奋扎实的工作热情，形成与企业同呼吸、共发展的命运共同体，为企业树立良好形象。

### 注重职业技能培养

面对国家“十三五”深化改革和发展新形势，对企业员工的素质要求日益提高，打造一支职业素养好、技能水平高的员工团队是企业改革发展的需要，是企业不断提升竞争力的需要，赋予了文化管理的新内涵。

加强不同专业、不同层级员工的技能培训是一项长期的系统工程。虽然员工存在用工性质不同，但技能培养要相同。首先要考虑培训的针对性，要在认真摸底的基础上，制定各专业的年度培养计划，保证计划与需求的契合度；二是要注重加强培训内容研究，合理设计培训内容并安排实施，力求使员工掌握急需的、必要的知识和技能，能够满足岗位工作的需要，保证内容与需求的一致性；三是要注重加强培训的实效性，培训时间、人员要落实到位，培训的内容要实在具体，通过培训，员工的能力素质有新的提高，工作实效实现新的提升；四是要建立培训激励机制，鼓励员工利用自主时间、自觉自愿充电学习，最大限度发掘员工潜能，培养适应企业发展的复合型人才梯队和具有综合文化素养的员工团队，这是企业基业长青的百年大计，是持续开展文化管理的根本所在。

（作者单位：北京市电力公司）

## 关于“合规文化”的探讨

姜延龄　王红蓉　赖延芳

长庆钻井总公司隶属于中国石油川庆钻探工程有限公司，是一个以钻井施工为主、相关专业服务配套的综合性钻井工程技术服务公司，主要生产区域分布在陕、甘、宁、蒙4省（区），是长庆油气勘探开发建设的主力军，先后荣获全国五一劳动奖状、全国文明单位等40多项国家级、省部级荣誉，在行业内外树立了良好的企业形象。

党的十八大特别是四中全会提出全面依法治国以来，中国社会正在面临一场思想、观念、制度的“突变”，讲纪律，守规矩，敬畏法律，遵守法规；打破关系社会、人情社会“潜规则”，破除“以权代法”、“以言代法”的封建意识，破除利益至上、“钱大于法”、“权力寻租”的游戏规则，是党中央的号召，更是全国人民的期待。对企业而言，如何诚信守法、遵规守矩，以良好的产品、良好的信誉、良好的职业精神，搭建企业与社会、企业与环境、企业与顾客的友好桥梁，取信于民赢得市场、赢得长远发展，是一个深刻而迫切的命题。

### 一、对“不合规”的认识

什么是“合规文化”？首先要搞清楚“不合规”的危害在哪里？“不合规”对企业来说，意味着不履行法定责任和义务，给社会带来风险；权力不受制约，为腐败提供温床；意味着少数人的违纪违规破坏多数人的公平正义。“不合规”潜在的风险信号，促使企业必须提高警惕，建立健全合规的管理体系，引导员工培养合规从业的行为自觉和理念，建设成熟的“合规文化”，为公司打造健康的发展环境。

“不合规”的源头在哪里？

源头一：权力代替规矩。

因为手中有权，所以就“滥用职权”，权力对法律、制度的践踏，让逾越程序、暗箱操作成为了一种“潜规则”，随着这些“腐根浊气”的蔓延，形成了官员不作为，百姓不能作为的社会“乱象”。习近平总书记提出的“政治规矩”就是要告诫党员干部必须讲纪律、守规矩，把权力装进制度的笼子里；要在规矩和纪律的约束下行使自己的权力，为民造福；要用规矩和纪律划定权力、规范权力、制约权力、监督权力，不能把权力当做规矩，更不能当成谋私的挡箭牌。

源头二：人情大于规矩。

人情是规矩体系中致命的“短板”。《论语》中有“诱之以利，动之以情，晓之以理，胁之以威”之说，古人把“利、情、理、威”等作为疏通人事、国事的渠道，“讲情面”是中国人千百年来的文化传统，根深蒂固。在现代企业管理中，不乏“以信任代替监管、以习惯代替制度、以情面代替纪律”等不合规现象，各种“人情圈”圈圈相扣，在法律和制度的大圈子里，形成一个个不合规的“小圈子”，才有了“豆腐渣工程”获批通过，才有违规产品屡禁不止。

源头三：利益破坏规矩。

利令智昏，利益成为一些人打破规矩、逾越程序，甘愿铤而走险的诱因。因为违规收受“好处”，刻意降低合作门槛，简化审批流程。因为利益输送，往往导致企业选错合作对象，轻则延误工期，造成资源浪费；重则增添安全风险、工程质量不合格，造成企业财产流失或人员伤亡。这些人，因为没有“企业靠我发展”“我靠企业生存”的依存关系和大局意识，打开企业管理体系缺口。因为“不合规”不仅扰乱了市场秩序，也毁掉了企业形象。

## 二、对“合规”的理解

### （一）什么是“规”

中央纪委第五次全会上，习近平总书记讲话中首提“政治规矩”，明确了党的规矩：党章是全党必须遵循的总章程，也是总规矩；党的纪律是刚性约束，政治纪律更是全党在政治方向、政治立场、政治言论、政治行动方面必须遵守的刚性约束；国家法律是党员、干部必须遵守的规矩；党在长期实践中形成的优良传统和工作惯例。

“规矩”是行为的准绳。在规矩之内行使权力可以造福集体，在规矩之外行使权力必然祸害集体和个人。为官者手中掌握着规矩这把戒尺，更要知晓为官做事的尺度，为民者牢记规矩的红线不可逾越、规矩的底线不可触碰。

### （二）什么是“合规”

广义合规，是指员工对所有适用法律法规、制度规定和职业操守的普遍遵从，是对企业“人财物”及各类生产要素配置和经营管理活动的全面规制。狭义合规，侧重企业的商务活动，专指企业对反商业贿赂、反利益输送、反垄断和反不正当竞争等法律及制度规范的遵守。

合规，是管理层的责任担当，是员工的职业素养。立规矩、守规矩、按规矩行事，是企业发展所需，是员工成长所需。有了规矩，管理层就应该心中高悬法律、法规、规章制度的明镜，时刻谨记肩上的责任，知晓做事的尺度，知道什么事能干，什么事不能干；有了规矩，员工就要遵守企业的各项规章制度，按照操作规程开展工作。

## 三、合规文化建设的思路

培育合规文化理念。建设合规文化，就是通过构建科学的合规管理体系，培养成熟的合规理念，让人人自觉成为合规文化的建设者、推行者和践行者，摈弃一切有悖于国家法律、法规、条例，企业规章制度，以及职业操守的“不合规”行为，营造法律面前人人平等、规则面前人人公平的大认同、大环境。

合规管理既是企业基础工作，又是底线管理。推进合规管理是一项系统工程。培养合规就是清廉从业，合规就是规避风险、合规就是公平竞争的理念，员工的利益就不会受损，企业才会进入健康的发展轨道；健全合规管理机制，让管理人员自觉遵守国家法规、党的纪律、企业标准，严守道德底线，才能为企业打造一个坚不可摧的航标；树立合规的观念和意识，员工在每个岗位、每个环节上遵守企业的规章制度，按规定办事、按程序办事，才能让企业的根基不动摇。

建立合规管理分级责任制度。建章立制，给权力定规矩。对守规矩的人，制度是一种保护，可以防止行为失当和出错；对不守规矩的人，是一种制约和警醒。改革开放初期，邓小平就提出“制度问题不解决，思想作风问题也解决不了。”制度建设可以规范权力运行，避免决策失误，防止权力滥用。

企业管理层是企业合规文化建设的倡导者，策划者、推动者，更要强化合规是底线的理念，带头遵守国家法律法规和公司各项规章制度，要有“我也不例外”的“把自己摆进去”的规矩意识，坚决纠正“规矩是给群众制定的”的不正之风，培养明辨是非和拒腐防变的能力，做到大是大非面前立场坚定、头脑清醒、干净自我。

企业职能部门是流程的操作者、规矩的实施者，是合规文化建设的中枢系统。通过合规运作，坚持业务管理遵守合规制度，在合规上不变通、不规避、不例外，坚决按程序办事。

员工既是企业合规文化建设的主体，又是企业合规文化的实践者和创造者。特别是要害岗位员工，要强化合规意识，自觉树立诚信合规的职业操守，严格执行各项规章制度，做到依法行事、按章操作。

严格合规管理监督追责机制。没有健全的监督追责机制，合规管理制度就无法落到实处。因此，要通过监督追责向不合规“宣战”，对不合规行为做到零容忍。

根据合规管理制度，查找业务部门、工艺流程、技术标准、操作规范及具体岗位等层面存在的不合规问题。通过开展财务稽核、纪律监察等形式，查找经营管理、党风廉政等环节存在的不合规事项。开展合规管理综合考核，将合规管理纳入年度综合业绩考核，对年度合规工作取得的效果进行考核评价。

营造氛围，推进合规文化建设。通过组织开展大讨论或宣讲活动，让员工领会合规管理的目的和意义，准确把握合规管理的涵义和要求，努力营造合规管理舆论氛围，促进全员遵守国家法律法规、企业制度规定和职业操守。使员工树立规矩意识、组织意识、原则意识，培育“规矩不可突破，合规人人有责”、“合规就是维护公平正义”“合规诚信是生存之本”的文化氛围。

通过对现行相关法律、法规的专业辅导和培训，对照企业相关制度、规范和要求，将制度与业务门类、业务流程相结合，进行系统评估，查找管理制度的缺失、缺项和不合理项，进一步完善制度、流程，指导员工合规管理、合规操作运行。在学习中领会企业依法管理、合规经营的理念、基本取向和价值观，逐步形成依法合规、合规从业的自觉。

## 四、结论

“欲知平直，则必准绳；欲知方圆，则必规矩。”没有了规矩和准绳，违反标准的产品会让企业失去市场；违反规则的行为会给企业带来致命的风险；违反程序的“效益”会给企业戴上无形的枷锁。

企业的业绩再好，一旦在实现业绩过程中伴有违规，企业整体价值将被彻底否定。企业必须通过健全合规管理机制，促使员工能够自觉自律，只有依法合规成为每一位员工的行为准则，企业的合规管理才会变成竞争力。

合规是现代企业经营与管理的底线，是维护市场稳定的必然要求，也是企业提升自身核心竞争力的内在需求。合规管理应国家“四个全面”治国理政新布局而生，是企业转型升级的最佳契机，先合规者得先机。

（作者系长庆钻井总公司党群工作部业务主管）

# “零缺陷”质量文化建设的实践与研究

蔡飒英　张　勇

中国电子科技集团公司第43研究所（简称43所）建于1968年，是我国混合微电子行业的领军企业，主要从事混合集成技术研究、系统小型化解决方案提供，以及混合微电子产品的研制生产。产品广泛应用于航天、航空、兵器、船舶、电子等高可靠武器装备及工业领域，在“神舟”系列飞船、“天宫”飞行器、“探月工程”等百余项国家重点工程研制生产中发挥重要作用，为国防现代化和国民经济信息化建设作出了重要贡献。

## 一、课题研究背景

当前，在国家武器装备建设新形势下，军工质量工作的重心由关注产品性能转为注重武器装备作战效能、由单纯关注功能特性转为注重武器装备质量全特性、由关注研制生产过程转为注重武器装备全寿命过程。军用电子元器件作为我国武器装备创新发展的关键和基础，其质量直接决定了武器装备的质量。43所作为军用高端电子元器件的主要供应商，产品配套的领域越来越宽、配套的级别越来越高、配套的数量越来越多，加之特有的高性能、高可靠性、小型化、轻量化技术要求和多品种小批量等制造特点，带来了巨大的质量挑战与风险。同时，随着企业的不断发展壮大、新生力量的不断进入，导致以往靠人的责任心、经验和技能来保证质量的方式已难以满足要求。如何解决新形势下质量工作面临的新情况和新问题，从本质上提高质量工作实效，成为我们思考和研究的课题。

党的十七届六中全会指出，“文化越来越成为民族凝聚力和创造力的重要源泉，越来越成为综合国力竞争的重要因素，越来越成为经济社会发展的重要支撑。”质量文化是企业在长期的生产经营活动中形成的有关质量问题的价值取向、规范、思想方式等形态的总和，是塑造企业核心竞争力和长久可持续发展的关键要素，为此，43所着力探索建设独具特色的质量文化，建立适度可行的制度规范，营造浓厚的质量文化氛围，健全质量长效机制，提高质量管理水平，努力打造质量核心竞争力。

## 二、“零缺陷”质量文化建设的探索与实践

43所按照“内化于心、固化于制、外化于形”的原则，扎实推进质量文化建设。以零缺陷质量文化理念为核心，以“打造零缺陷质量竞争优势”为目标，以“产品实现过程，价值创造过程”为主线，以零缺陷班组文化建设活动为载体，健全质量保证组织和责任体系，加强制度文化建设、知识工程建设和过程管控，逐步探索形成零缺陷质量文化落地的方法路径，建立零缺陷质量文化体系，不断推进文化与管理的深度融合，提升全员的质量意识和素养，逐步形成了零缺陷特色质量文化。

### （一）加强质量文化理念建设，形成质量文化共识。

质量理念是质量文化的核心和灵魂，更是质量文化建设的精神基础。43所结合自身企业文化和军工电子行业多年质量管理经验，通过调查问卷、员工访谈、实地调研、资料研究和外部交流等多种方法，针对43所的质量文化现状和员工对质量文化期望，分析查找质量文化建设中存在的问题和差距。经过文化时态诊断、导向研究、核心理念系统创建、行为识别系统创建等，明确质量文化建设的方向和思路，逐步提炼和总结出具有43所特色的零缺陷质量文化理念。

质量理念——一次做对、精益求精。

质量方针——关注顾客、诚信共赢、创新发展、追求卓越。

质量承诺——质量是43所每一个人的责任，我们承诺第一次把事情做对，零容忍不符合要求的行为，为顾客提供满意的产品和服务。

2013年，编制发布了质量文化手册，并大力传播零缺陷质量文化。一是举办各种活动帮助员工理解和认同零缺陷质量文化。由李浪平所长倡导给全所每位员工发放了《第一次把事情做对》，组织“第一次把事情做对”读书征文和演讲比赛，引导员工结合实际学习领会。组织开展零缺陷LOGO设计，质量文化漫画、书法、语录征集，QCC质量文化圈，零缺陷“标准动作”技能大赛等活动，激发员工主动参与，成为质量文化真正的践行者和传播者。将质量文化培训作为独立课程纳入新员工入所培训计划，着力提升新员工质量意识和对零缺陷的理解。

二是针对培训对象，分层分类编写系列教材，开展零缺陷质量方法培训，深化全员对“零缺陷”质量管理知识和工具方法的学习。按照“一次做对，精益求精”理念开展流程梳理、设计规范化、标准动作制作与发布、PONC值计算与改进、班组建设、质量管理信息系统建设、质量管理模式

改进，推进文化与管理的融合。

三是持续开展以“质量月”和“质量提升专项活动”为代表的系列质量文化活动，不断强化一次做对，精益求精质量文化理念。

为增强员工的危机感、紧迫感，还广泛开展质量案例宣讲、对照自查、提案改善等活动，总结经验、吸取教训、举一反三、改进提升。

**（二）推进质量文化落地，探索质量文化融入管理的路径和方法。**

加强顶层谋划，健全质量保证组织和责任体系。

围绕“质量管理”和“实物质量”，构建与43所事业部管控模式相适应的零缺陷质量保证组织体系，明确所、事业部两级责任主体和所、事业部、班组三级管控内容，确立“业务谁主管，质量谁负责”的质量责任制。

坚持问题导向，聚焦零缺陷要求，通过“看功能全不全、看系统是否完善、看岗位设置是否匹配、看面向客户、重心前移的接口互动是否顺畅、看基层班组的自治、创新是否被激活”找准质量保证组织建设要素。

针对“五看”查找出来的典型问题，建立所和事业部两级质量责任主体建设框架，明确两级主体在质量体系建设和军标线管理与运行、研发与生产质量控制、质量监督、质量问题处理、质量改进、质量工具方法应用方面的职责和接口关系。班组负责每日生产技术交底，明确每日生产产品的质量要点及处理班组内发现的质量问题。实现了所与事业部质量工作的有效衔接，提升了质量工作的有效性和全面性，为质量理念有效落地提供了组织保证。

加强制度文化建设，形成质量文化建设的长效机制。

完善的质量规章制度不仅是做好质量工作的基础，更是开展质量文化建设的保障。“十二五”以来，43所以国际化水平为标杆，扎实推进质量管理体系建设。逐步构建覆盖全所科研生产各环节的质量规范标准体系、质量工程技术体系、质量保障条件体系和质量管理组织体系。

结合流程规划和优化工作，加强制度文化建设。适应研产分开和三阶段管控的管理模式，重点满足四类不同应用领域产品的质量管控要求，以能力建设为导向，以一体化、集约化为原则，以机制、流程的建立完善为抓手，整合了ISO9001、GJB9001军民质量体系文件及国军标认证生产线专用质量体系文件架构，为科研生产活动规范、可控、有序开展提供了基本遵循。

为提高产品实物质量，制定了《质量责任追究制度》、《质量奖惩管理办法》、《质量工作考核办法》等制度，设置了多项正、负激励措施，引导全员参与质量管理，增强问题意识、改进意识和责任心，全面落实质量责任制。

加强目标管理和绩效考核，针对现阶段与质量文化理念不相适应的突出表现，建立了两级主体、三级管控、四级质量KPI的考核体系，强调用数据和事实说话，用不符合要求的代价衡量质量工作。

设计了所、事业部、班组三级质量例会和信息统计报告制度，通过更加制度化和规范化的管理，提升了质量问题处理的及时性和有效性，有力保证了合同按时交付率。

加强基础数据库建设，打造“一次做对”的知识共享平台。

借助质量管理体系平台，分类集成了提升需求、研发、生产制造过程管理水平的经典适用的工具方法34种，收集提炼了历年来产品的失效问题、案例近200个，形成了缺陷类型及企业的核心知识——科研经验80余条，实现知识共享，提高了设计制造质量，缩短了研制生产周期，降低了成本。同时，以此加强对员工的培训，提升全员一次做对率，减少缺陷的重复发生。

加强产品全过程管控，实现端到端零缺陷质量管理。

按专业和产品建立“顾客需求访谈手册”，识别和厘清顾客需求，降低了在需求确认阶段出错的几率。运用“5+1”管理法，加强研发过程管控，提高新品研发成功率，缩短研发周期，降低质量问题。按类别优化产品工艺，完善工艺文件体系，开展关键工序标准动作活动，对产品制造过程进行系统性预防和控制，提高产品制造过程质量控制水平。

加强零缺陷班组文化建设，促进质量文化落地。

以搭建零缺陷质量文化落地平台、强化基础管理、提升员工素质、促进学习成长为重点，开展零缺陷班组文化建设。分别聚焦研发质量改进、生产质量和效率提升以及管理改进，确定研发、生产、管理三类班组活动内容。研发型班组重点开展研发流程质量改进和知识工程建设，梳理和规范班组标准工作流程、完善设计和各阶段评审规则、不断健全知识库和经验库。生产型班组重点加强以客户为中心的内部质量链建设、推进标准动作的建立和推广应用、以降低PONC为目标开展专项改进、加强异常管控和经验、缺陷库建设。管理型班组重点开展工作流程优化和规范化建设、加强管理创新、提案改善、服务一线创造价值。通过整体规划、分类实施，渐进式推进零缺陷班组文化建设，有力地促进了质量文化融入到企业的科研生产、经营管理实践。

## 三、“零缺陷”质量文化建设的成效及思考

**（一）“零缺陷”质量文化建设的主要成效。**

初步探索形成了质量文化落地的方法路径。

经过多年的探索实践，43所形成了具有自身特色的零缺陷质量文化理念体系和推进质量文化理念落地的体系方法——“集成化预防型质量管理方法（简称IPQA）”。其核心思想是以打造零缺陷质量竞争优势为目标，运用系统的质量改进方法，围绕产品实现过程和价值创造过程，聚焦过程识别、工作目标、工作标准、技术保障、态度技能5个过程要素，持续开展提升业绩和能力的改进活动，在组织建设、政策引导与机制调节、质量文化、IT知识管理、集成的工具方法四个方面提供支持与保障，以激励机制、职业通道、个人成长三种力推动全员改进，以“零缺陷”理念、企业文化、军工质量文化三种力拉动全员参与，实现研发、制造、物料、管控零缺陷，从而赢得零缺陷质量竞争优势。2011年以来，

连续四次受邀交流零缺陷文化管理实践进展和成果，得到一致肯定。2014 年 5 月，成为获得 2013 年度中国“零缺陷管理优秀成果奖”两家单位之一。2014 年 12 月，在“首届中国电子信息行业质量高峰论坛”上作“零缺陷实践永远在路上”主旨演讲，广受好评。

全员质量意识不断增强，质量管理水平显著提升。

通过开展质量文化建设，全员对零缺陷文化理念的理解不断深化，“一次做对、精益求精”的自觉意识显著增强，形成了持续改进的良好氛围。通过流程优化和零缺陷管理团队协作，明确了职责及分工，做到情况清、要求清、标准清、参数清，工作效率大大提高。通过引入 QCC、6S 和看板管理等方法，建立了现场管理文件体系和流程，形成了现场快速反应、解决问题机制，现场不合格品得到有效的识别、隔离和处理。质量管理体系和军标线运行正常，有力保障了全所科研生产正常运行。荣获了“全国质量管理奖”、“全国质量信得过班组”、“国家电子信息行业质量管理小组杯赛奖杯”、“全国优秀质量管理小组”等一批具有全国先进水平荣誉。

企业的科研生产能力和市场竞争力显著增强。

质量文化建设的扎实开展，增强了全员的质量意识和质量素养，保证了产品质量与可靠性要求，交付产品质量总体稳定，主导产品开始进入“星船”等空间应用领域，为 43 所“做强做大高端混合集成电路核心业务”战略的有效实施提供了有力的保障，也为我国空间重点工程配套核心元器件国产化做出了重要贡献。产品研发成功率逐年提高，纵向新品鉴定检验一次通过率 96.3%；横向开发产品鉴定检验一次通过率 98.57%，新研产品占据市场份额逐步扩大，质量保证能力已成为 43 所发展的核心竞争力和重要保障。

**（二）对深入开展质量文化建设的思考。**

经过多年的探索和实践，我们的质量文化建设取得了显著成效，但仍存在着企业管理者和员工质量意识不够，技术创新能力不足，质量过程控制缺陷过多，质量体系不够健全等问题。因此，我们要在创新中谋发展，在发展中求规范、在规范中求深化、在深化中求实效，不断推进质量文化建设。一是要不断创新，不断加大质量文化理念宣传推送的力度，营造浓厚的氛围。二是深入推广运用、不断丰富完善集成化预防型质量管理方法（IPQA），持续开展质量专项提升活动，坚持问题导向，把满足客户的系统需求，满足武器装备实战需求作为提升目标，攻坚克难，补齐管理上的短板，突破技术上的瓶颈，切切实实地提升质量核心竞争力。三是切实培养“严慎细实”的质量工作作风，不断提升全员质量工作水平，把“一次做对、精益就精”质量文化理念内化于心、固化于制、外化于形，努力打造我所零缺陷质量核心竞争力。

（作者单位：中国电科第 43 研究所）

## 主题实践——文化深耕与落地深植

朱爱红

在中国电子科技集团公司“量化有效型”党建工作体系架构中，“文化凝聚”是九大保证之一。但企业文化的凝聚保障作用如何发挥，企业文化如何落地，在党建工作服务中心工作的实践中，企业文化如何搭建起党建工作与中心工作相结合的“路”与“桥”？近年来，14 所积极探索、努力实践，通过企业文化主题实践活动，不断寻求文化落地深耕的路径与方法，取得了一系列的成就。14 所近年来重点开展了“提升主人翁意识主题文化实践——班组（团队）能力提升活动”。

“班组（团队）能力提升活动”是着眼于基层班组的不良文化现象，基于文化纠偏、文化矫正而设立的主题文化实践活动。活动旨在立足于班组这个科研生产、经营管理的最小单元，着力打造党建工作、文化建设“融入中心促发展，进入管理起作用”的过河之“桥”，并通过主题实践活动的形式推进企业文化建设、破解企业文化落地难题，提升党建工作的价值创造能力，实现企业文化的落地深植。三年来，我们边实践边总结，归纳提炼出“七步实践法”，构建了“五力七好班组能力提升模型”，为党建工作融入中心、价值创造，为文化落地深植、实现价值观管理积累了经验。

### 五力七好，班组能力提升建模型

14 所班组大致可以划分为科研型班组、生产型班组、服务保障型班组三大类。由于岗位的差异，班组长学历层次呈现出多元的特点。因此，在班组管理与能力提升中，各班组的推进工作也必然存在差异。为了有针对性地加强对活动的分类指导，同时，又激发基层班组在活动开展过程中的主观能动性、体现基层班组岗位特点班组特色，所企业文化办公室借助所领导联系点制度，在广泛调研、深入摸底的基础上，将党建工作“量化有效型”的科学模式拓展到“班组能力提升活动”中，并建立起“五力七好班组（团队）能力提升模型”，即：将班组能力分解成“创新力、执行力、凝聚力、成长力、文化力”五个维度的能力，通过拉升短板，夯实基础，打开管理瓶颈，打造中国电子科技集团公司提出的“基础管理好，队伍建设好，自主创新好，完成任务好，团结协作好，文化底蕴好，质量安全保密稳定好”的“七好”班组。

“五力七好”模型，围绕“七好班组”创建目标，为班组能力提升、班组文化建设提供了具体指导，既体现了对不同特点班组的广泛适用性，又为各班组结合自身特点开展能力提升活动提供了自由发挥的空间。

### 聚焦问题，“七步实践”育班组文化

主题文化实践活动的终极目标是通过文化建设实现企业文化管理。因此，主题实践活动中，我们要求各班组必须结合本单位年度中心工作的需要、能力提升的需求、管理需

求，按照木桶理论，针对各自有待于改善提升的管理领域，聚焦管理短板和瓶颈问题，重点突破，并以点带面促进管理能力提升。经过调研，以及对班组管理问题、不良文化现象产生的原因进行梳理分析，我们提出了以下应该重点关注的问题：工厂侧重于提升执行力和现场管理、计划管理、质量管理、安全管理等具体问题；研究部侧重于技术创新、技术管理、知识共享和人才培养机制等具体问题；服务型班组侧重于服务质量、响应速度等具体问题，并以问题为导向，从“创新力、执行力、凝聚力、成长力、文化力”等任意维度，按照先易后难的顺序，策划活动方案，制订活动计划，组织开展提升活动。

为加强对基层文化实践的指导性，增强活动的可操作性，所文化办设计了能力提升“七步实践法”：第一步，聚焦一个管理中的具体问题，举一反三，发现一类问题；第二步，针对一类问题，导入一种文化理念；第三步，建立、完善一种工作机制；第四步，制定、完善一个规范；第五步，改进并形成一种工作作风；第六步，通过反复实践养成一种习惯；第七步，完善心智模式，培育一种班组特色文化。通过“七步实践法”，促进能力在循环往复中得到持续提升。

按照“七步实践法”，各班组在基层党支部、党总支的领导下，围绕“五力七好”，制定各自班组活动计划。计划要求：1）明确目标、步骤节点和成果形式，做到过程可视、可查、可控；2）要从具体问题切入，但不拘于具体问题，要从具体问题上升到管理提升的层面、上升到团队建设的层面、上升到价值观管理和文化建设的层面；3）要通过团队和班组建设这个平台打造党建工作融入中心、进入管理的“路”与“桥”，形成班组管理运行长效机制、行为规范，实现班组管理的“五化”（标准化、数据化、制度化、规范化、系统化），使基础管理得到明显加强，员工基本素质得到明显提升，班组（团队）特色文化基本形成。

## 凝心聚力，打造能力提升动车组

为把“能力提升”的管理责任落到实处、确保活动取得实效，所企业文化办公室积极发挥各职能部门在企业文化建设中的作用，对“五大能力”建设的具体内容进行了责任分解，明确了能力提升指导部门。如：创新力的提升，以创新成果申报、专利申报、技术革新、管理创新、五小创新创效等活动作为实践载体，由科技部等相关机关职能部门组织活动的开展和考核；执行力的提升，以计划考核、绩效考核、拉动式管理、劳动竞赛等活动作为实践载体，由所办等相关机关职能部门组织活动的开展和考核；凝聚力的提升，以健康工程、结对共建、建家等活动作为实践载体，由各级党工团组织分头组织活动开展和考核；文化力的提升，由各基层文化推进小组组织活动的开展，由党办等相关机关职能部门组织考核。

在活动的开展过程中，党政工团各级组织、机关各职能部门按照责任分工，各司其职，积极做好能力建设的助力指导、跟踪检查、监视测量；党办开展活动过程的上网展示、实时报道和经验推介；企业文化办公室将各班组的做法以《简报》和《优秀案例汇编》的形式发至各单位，展开过程中的实时交流与学习；工会组织开展班组管理先进模式推进交流；人力资源部通过“走出去、请进来”的方式做好班组长能力提升培训；各职能部门对照能力提升的内容积极组织相关活动。

在2013年活动策划、启动阶段，时任所长周万幸亲自撰写了《探求卓越管理之路》一文作为实践活动的指导文件之一，供班组学习。活动推进过程中，周所长又导入了“拉动式管理”的理念，为活动的开展注入了新的思路和方法。

## 持续改进，创建考核评估新机制

我们的班组能力提升活动为期三年，一年为一个循环周期。为确保活动的开展不跑偏、不陷入疲态，并且得以在循环往复中获得持续提升，参照集团公司《量化有效型指导手册》相关考核办法，我们制定了“二级考核、三期评估”制度。

所谓“二级考核”，即一年为一个考核周期，分两个层级进行考核：1）初级考核：各党总支和直属党支部先期对本单位的班组能力提升活动开展情况给予考核；2）终级考核：企业文化办公室组织对各单位推选的优秀班组活动情况进行评审，对各党总支、直属党支部的活动总体开展情况进行终极考核，考核结果按照一定权重计入单位年度绩效考核评分体系。

所谓“三期评估”，即：1）期初计划评估：年初由企业文化办公室对各小组填写的《提升主人翁意识主题文化实践活动计划表》进行评估，看计划的制定是否符合能力提升活动的规定要求；2）期中测量评估：年中由企业文化办公室对照年初计划方案对各单位活动开展情况进行测量评估；3）期末考核评估：年末，在文化办的组织下，以政工例会的形式，开展全所性的总结、考核、交流、评优。在年度考核结束后，企业文化办公室收集各单位的先进经验，编写成《班组能力提升年度活动案例集》，随第二年的工作计划一同下发供各单位学习，为活动的开展提供示范。

2015年是此次主题文化实践活动的收官之年。通过三年来循环往复的推进，我们的“班组（团队）能力提升”主题文化实践活动取得了明显成效：工厂班组基于执行力和现场管理、计划管理、质量管理等重点内容的自主管理能力，研究部班组基于知识共享、学习型组织和团队建设等核心内容的协同创新能力，机关服务保障部门基于服务质量、响应速度、拉动式管理为核心内容的服务与管理能力等得到明显提升。围绕“五力七好”，各基层单位涌现出诸如“红旗班组”、“动车班组”、“明星班组”等一批班组能力提升与企业文化深植的样板，为推进全所的企业文化建设注入了源头活水。

（作者单位：中国电科第14研究所）

# 国企践行核心价值观的模式构建

周晓曦

作为国有大中型企业（下简称国企），在当前要贯彻落实好“全面建成小康社会、全面深化改革、全面依法治国、全面从严治党”等“四个全面”，其中一个重要环节，就是要全面培育和践行社会主义核心价值观（下简称核心价值观），并努力构筑起“23334”模式。

## 认知“两大意义”，消除“肠道梗阻”

践行核心价值观必须将思想内化于心，否则就会成为嘴尖皮厚腹中空的山间竹笋，甚至“肠道梗阻”。因此国企要践行好核心价值观，就要深刻认知其理论与实践两大意义。

**认知理论意义。**通过系列的宣传教育引导，使全体员工特别是党员干部尤其是中高层领导干部要领会“一个实质”、弄清“四大关系”、增强“一个自觉性”。领会“一个实质”：深刻领会核心价值观的精神实质：是公民人生奋斗的梦想之舵、是中华民族的精神之钙、是国家文化软实力之魂，从而充分认识到核心价值观的强大动力作用。知晓“四大关系”：核心价值观与核心价值体系的关系；培育和践行核心价值观与传承及弘扬中华传统美德的关系；核心价值观与人类文明共同价值观的关系；核心价值观三个层次之间的关系。增强“一个自觉性”：通过全体党员干部对上述问题的清楚明了和对一些模糊认识的彻底消除，进一步增强国企员工特别是党员领导干部践行核心价值观的主观能动性和创造性。

**认知实践意义。**通过系列的宣传教育引导，特别是其能动性地践行，将会有利于国企树立起“三个良好形象”。一是有利于树立起良好的员工形象。国企员工如果对践行核心价值观有着“你我都不是局外人”的高度认同，而坚持不等、不靠、不观望，从点滴着手，从小事做起，在日积月累、潜移默化中养成高尚的道德情操和健康的生活情趣，不断地提升思想境界、净化个人灵魂、匡正人生追求，在企业将会成为一名好员工，在社会上也将会成为一名好公民。二是有利于国企树立起良好的社会形象。就国企整体而言，通过合规合法的经营，不断创造合理合法的利润，并全面履行企业的社会责任，将其价值回报给社会、回报给利益相关方、回报给自己的员工，企业的社会形象将会日益提升，并将促进企业日后的持续发展。三是有利于国企树立起良好的品牌形象。企业的品牌形象源自于企业及员工良好的价值追求和高尚的职业道德。如果企业及员工有着对社会对用户高度负责的职业精神，则会努力创造优质产品，并通过优质产品的不断叠加与覆盖，而使品牌形象不断提升。提升的品牌，又将有利于企业自身的长远发展。

## 着力“三个坚守”，躬身当“领头羊”

在当前我们党面临“四大危险”、“四大考验”新的历史时期，要推动核心价值观的全面深入有效践行，国企各级领导干部特别是党员领导干部，要坚持做到“三个坚守”，躬身当好“领头羊”。

**坚守“精神高地”。**这个“精神高地”就是理想信念。习近平总书记一再强调，“革命理想高于天”，理想信念就是共产党人的“精神高地”，没有理想信念，或者理想信念不坚定，精神上就会“缺钙”，就会得“软骨病”，就会走向歧途。如今有的国企领导干部甚至是中高级领导干部的落马、被关狱，与人民为敌，就是失守了“精神高地”，自觉不自觉地当了权利、金钱、美色的俘虏。当前，在国企要深入践行核心价值观，各级领导干部首先就要坚持精神武装、坚持正确目标。其实现的路径，最重要的是坚持理论学习，自觉地把学习当成一大精神追求、一种生活方式、一项工作内容，以政治理论上的清醒，保持理想信念上的坚定，在深入学习领会中坚守好“精神高地”。

**坚守“清廉底线”。**如果国企领导干部连清政廉洁底线都守不住，践行核心价值观就无从谈起，更无法要求身边的员工践行。因此各级领导干部特别是党员领导干部，要把务实清廉作为共产党人的做人底线和起码要求，坚持把艰苦奋斗、为政清廉、报效祖国、感恩社会，作为一种高尚的政治品质和共产党人必须始终保持的一种政治本色，从而始终把好“总开关”，正确对待权力地位、正确对待金钱美色、正确对待虚幻名声，努力塑造共产党员的良好形象。与此同时，要真正把群众放在自己的心尖上，真正把群众的满意作为最高标准，而坚持多多地为群众着想、多多地跟群众交友、多多地替群众分忧、多多地给群众谋利，不断夯实党的群众基础。

**坚守“道德良知”。**国企各级领导干部特别是党员领导干部的日常道德行为，直接影响着普通员工的道德行为。在践行核心价值观中，各级领导干部必须首先修正自身的道德行为，净化自身的道德品质。不该去的地方坚决不去，不该要的东西坚决不要，不该说的话坚决不说，不该做的事坚决不做。自觉做到时时自重、自省、自警、自励，处处慎独、慎微、慎欲、慎权，不断审视自己、检点自己、提升自己，坚守做人的道德良知，珍惜自己的名节、珍重自己的人格，努力纯洁“生活圈”、“交际圈”、“娱乐圈”，在干部和群众中展示良好的精神风貌，传递“正效应”，扩大“正能量”，用自己高尚的道德情操和崇高的人格魅力引领企业风尚。

## 抓好“三个融入”，实现“无缝对接”

践行核心价值观的切入点很多，但就国有大中型企业而言，应结合自身实际抓好“三个融入”，以实现与企业中心工作特别是党群工作的“无缝对接”。

**融入思政工作。**践行核心价值观只有融入企业思想政治工作的方方面面，才能取得最佳效果。比如践行核心价值观的一个重点，就是培养诚实守信员工。这也是思想政治工作的一大着力点。就此而言，在这个置身“事事被怀疑的时代”、价值多元的时代、利益多元的时代，就要努力培育员工良好的职业道德，要求员工“缺啥别缺德，失啥别失信”，引导员工视信誉为生命，用心血镌刻承诺，使员工具有海尔张瑞敏拿起大锤砸冰箱而对用户高度负责和吴冠中毫不吝惜地撕毁自己画的精品精神，以此精神创造信得过的一流产品，让用户放心、为社会负责。

**融入民主管理。**我国历来有“不患寡而患不均”的思想，这反映了人们对社会公正的渴求。核心价值观的一个基本点，就是最大限度地实现社会公正公平。而企业的民主管理，恰恰是实现企业公正公平的有效之道。因此把社会主义核心价值观的践行融入到企业民主管理之中，通过民主管理制度的日益完善、民主管理内容的日益丰富、民主管理活动的日益多样、民主管理程序的日益科学，使公正公平在国企成为令更多员工满意的现实，使员工感受到更多的阳光与温暖，让诸如“拼爹时代”、“萝卜招聘”、“关照提拔”等机会不均等消极现象将不复存在。

**融入企业文化。**企业文化建设的核心任务，是培育支撑企业发展的全体员工认同并为之积极践行的企业价值观。而企业价值观是建立在社会主义核心价值观的基础之上的，与其是高度吻合与一致的。因此国企应把践行社会主义核心价值观有效地融入到企业文化建设特别是企业价值观的培育之中，既注重社会主义核心价值观的引领，又注重企业微观上的个性化实际，在深化企业文化建设之中，使社会主义核心价值观得到有效地践行，从而达到内化于心、外化于行的落地生根、开花结果之目的。

## 严把“三个导向”，让正能量迸发

核心价值观在国企的有效培育与践行，需要通过内外力量使强大的正能量得以持续迸发。这需要严把“三个导向”。

**严把用人导向。**习近平指出，用一贤人则群贤毕至，见贤思齐就蔚然成风。选什么人就是风向标，就有什么样的干部作风，乃至就有什么样的党风、民风和社风，也体现着相应的价值观。国企在践行核心价值观中，首要的是在干部选拔任用上，要切实消除今天提拔，明天进监的尴尬境地，而严格坚持德为先的原则，特别要坚持把具有强烈的理论自信、道路自信、制度自信和务实清廉作风的人选拔到重要领导岗位上来。目前社会上“裸官”“半裸官”现象，其中有的便是价值观扭曲及缺乏“三个自信”的重要表现，而他们对社会特别是对身边的百姓及党员干部有着消极影响，这应当严肃对待。国企亦应不容忽视“裸官”“半裸官”现象。如果熟视无睹，国企践行核心价值观则可能被大打折扣。

**严把典型导向。**好的典型向来犹如一个又一个航标，引领着来往船只的顺利前行。一个单位选树的优秀党员、劳动模范、明星员工等先进典型，必须是德优、业精、绩佳和清廉，不得有半点的浮夸和碴子，要像王铁人、时传祥、包起帆、许振超、郭明义等先进典型那样经得起历史的检验，经得起群众的评判，以成为真正的楷模和丰碑，而更好地避免主席台上他领奖，台下被人戳鼻子。国企还应坚持开展评选表彰“精心雕琢精品、全心服务客户”等“信得过单位、信得过员工”以及“好公婆、好媳妇、好丈夫、好妻子、好孝子”等活动，使员工中崇尚良好的职业道德和家庭美德的氛围愈加浓郁。但这方面在目前国企的一些基层单位有所淡化，应予以回归与强化。

**严把事件导向。**这里有闪光的事件、也有非闪光的事件。闪光的事件如勇扑火灾、智擒歹徒、跳水救人、慷慨济贫等充满正能量的见义勇为员工，国企相关方面应给予及时的宣传与表彰。同时对发现员工在工作、学习与生活等方面的闪光点，亦应给予大张旗鼓地弘扬。对非闪光的事件如见死不救、坐观事态恶性发展等不良行为，应给予必要的教育直至惩戒。从而把行为导向融入到方方面面，使员工时时处处都受到良好氛围的感染与熏陶。

## 拓展“四大平台”，“好货”搭上“好船”

国企践行核心价值观，需要搭建灵活多样的活动平台与载体，让“好货”有“好船”承载。这应努力拓展“四大平台”。

**拓展常态化活动平台。**不断拓展和丰富职工群众踊跃参与的常态化实践活动。这在当前主要是要通过制度与机制及组织的建立健全，推进国企学习宣传雷锋活动常态化、学习宣传道德模范活动常态化、学习宣传敬业爱岗典型活动常态化、志愿者服务活动常态化、道德讲堂活动常态化，避免时冷时热一阵风，深入扎实地在国企各个层面大力弘扬以奉献、友爱、互助、进取为主要特征的时代精神，让弘扬和践行核心价值观的氛围弥漫在厂矿车间和班组及岗位。

**拓展传统节日弘扬平台。**祖国的一些传统节日蕴涵着丰富而优秀的传统文化，其传承与弘扬的过程，便是对核心价值观的弘扬与实践。应充分发挥好春节、清明、端午、中秋、重阳等重要民族节日和民俗活动的载体及平台作用，激发全体员工在其内涵丰富、形式活跃的活动中践行核心价值观的主观能动性。比如通过组织员工参与端午节划龙舟、中秋及重阳节的座谈交流会等形式，以激发员工的爱国热情和对家人及老人的尊敬与孝顺之情。

**拓展新兴传播样式平台。**国企应充分发挥自办的报纸、电视、杂志、网络等优势，大力宣传培育和践行核心价值观的目的与意义，特别是要对各类先进典型进行广泛宣传与展示，使其成为弘扬真善美、鞭笞假丑恶、传播正能量的主渠道。在信息直通车时代，还应充分运用手机视频、微信、微博、博客、动漫、微电影等新兴传播手段开展宣传教育，不断增强核心价值观在各个层面员工中间的传播力度和渗透度。

**拓展“以文化人”活动平台。**如今国企员工中蕴藏着众多的有知识、有愿景、有才华、有激情的文化人。发挥这批文化人的作用，对践行社会主义核心价值观的意义不可低估。因此要适度开展道德故事会、安全故事会、质量故事会、创新故事会等活动，并将其优秀文稿编辑成册。这对促进员工奋发向上意义非凡。要拓展文娱活动平台，不断创新文娱活动的内容与方式，吸纳更多员工参与。使其在昂扬奋进与热烈欢乐的气氛中，实现以文化人、以文育人的目的。

（作者系中石油川庆物探公司企业文化部、党委宣传部副部长）

# 社会主义核心价值观融入企业文化建设的实践和探索

王猛　孙静

当前，经济发展新常态下，国有企业改革已经进入深水区和攻坚期，能源电力市场不断呈现新变化，企业经营发展面临新形势。发展壮大国有企业，充分发挥国有经济对国民经济的支撑作用，就必须要把社会主义核心价值观融入企业价值观，努力实现二者的无缝衔接。作为华能集团骨干企业、全国首家煤电一体化企业，华能伊敏煤电有限责任公司（以下简称公司）高度重视社会主义核心价值体系培育和践行，公司秉承华能集团“三色”企业使命，把社会主义核心价值观融入企业核心价值观、融入企业生产经营全过程，构建独具特色的“伊敏模式”——煤电一体化循环经济，逐步形成了以社会主义核心价值观为核心，以践行“三色”企业使命为特征，提炼出以树行业典范、塑草原明珠、铸绿色品牌、创一流企业为内涵，个性鲜明、富有明珠喻意的“明珠”文化理念。依托伊敏煤电公司“明珠”文化建设为研究蓝本，总结其优秀成果，探究其践行核心价值观实践案例，分析其引领、推动企业健康发展，为新常态下构建具有社会主义核心价值观内涵的特色国有企业文化做出的有益探索。

## 一、促进“明珠”文化全方位融入社会主义核心价值观，引领企业发展

公司经过多年文化积淀和提炼，努力汲取华能集团“三色文化”精髓，逐步形成了以社会主义核心价值观为核心，以践行“三色”企业使命为特征，以煤电一体化为核心，走循环可持续发展之路，建设产业结构优、经济效益好、队伍素质高、综合实力强的伊敏能源基地为战略目标，以善开拓、讲效率、重信誉、勤俭办事为企业作风，以强基固本、做强做优，转型升级、科学发展为发展理念，全方位融入社会主义核心价值观的独具企业特色的“明珠”文化体系，引领企业健康可持续发展。

**在企业文化顶层设计中诠释核心价值观。**公司在企业文化体系建设伊始，便将社会主义核心价值观有机融入了企业文化顶层设计。一是确定了企业文化建设以中国特色社会主义理论、“中国梦”为指导思想，以社会主义核心价值观为主线，深入提炼企业价值观和企业精神。二是围绕“建立一套适应企业发展战略要求、体现员工根本愿景、展示企业品牌形象、激励凝聚员工力量、助升企业综合实力文化体系”的目标，确立了“融合认同、协调统一，服务经营、引领发展，统筹兼顾、相互拉动，与时俱进、勇于创新，以人为本、全员参与”的企业文化建设原则。三是建立完善的企业文化建设制度规范，有权有责、权责结合，把企业文化建设纳入各级党组织的绩效考核，形成了党政工团齐抓共建，广大职工共同推进的良好氛围。经过总结、概括、提炼多年文化积淀、汲取华能集团“三色文化”精髓、借鉴国内先进企业文化理念的基础上，公司形成了与社会主义核心价值观顺势而为，同“三色”使命与愿景一脉相承，符合企业实际、适应发展要求、体现员工意愿的的企业“明珠”文化。

**在企业生产管理中融合核心价值观。**生产经营是企业发展的中心工作，更是企业“明珠”文化的直观反映，社会主义核心价值观只有融入企业的生产经营管理，才能在企业层面落地生根。公司一方面紧密围绕公司战略部署，积极利用社会主义核心价值观教育广大干部员工，树立正确的价值观，凝聚精神，鼓舞士气，围绕安全生产、市场营销、节能环保、技术攻关、设备管理、风险管理和内控建设等中心工作，把广大党员干部的先锋形象树起来，把职工群众的工作热情和干劲激发起来，切实引导和凝聚到推进四项绩效目标任务上来。另一方面，还要用社会主义核心价值观指导约束企业的各项经营管理活动，保证企业的经营管理合法合规、符合广大员工的利益、符合社会主义的基本制度、符合社会的发展要求。

**在企业思想政治工作中凝炼核心价值观。**依托伊敏煤电公司40年开发建设的历史积淀，在职工政治思想教育工作中营造“明珠”文化氛围，凝聚共识，促进发展，激发斗志。把面临的外部严峻形势向广大职工讲清楚、内部问题讲明白，对比先进企业，找出差距，动员职工与企业同心协力，奋力前行。注重创新宣传形式，积极宣传先进典型，弘扬道德榜样。创建呼伦贝尔市首家党建手机宣传APP客户端，努力推广企业员工降本增效、生产经营、技术改造工作的新思路和好做法，鼓励职工勤于思考专研、乐于“小改小革”，苦练技能，控制成本。充分发挥先进典型的引导和示范作用，在广大员工中形成了敬业爱岗、创新进取的良好氛围。

**在企业精神文明创建中融入核心价值观。**精神文明建设是企业“明珠”文化的重要内容，公司以深入贯彻落实《公民道德建设实施纲要》为重点，把群众性精神文明创建活动作为培育社会主义核心价值的重要渠道，启动了以“六创六树”为内容的文明创建活动，引导人们知荣辱、讲文明，守礼仪、做表率，倡导百善孝先、诚信为重，把社会主义核心价值观落到实处。建立了“学雷锋”活动常效机制，不断创新爱心载体，在全公司开展了郭明义模范事迹巡回宣讲活动，把学雷锋活动推向新的高潮，实现了学雷锋活动在制度上规范化、措施上具体化、组织上常态化。根据《全国文明单位测评体系》标准，启动公司“道德讲堂”建设工程，形成了“授课讲堂、舆论讲堂、活动讲堂”三位一体的活动阵容。组织开展内容丰富、形式多样的群众性文体活动，使广大员工在参与中满足精神文化需求，陶冶道德情操，使文明创建成为培育社会主流价值观的重要载体。

**在企业各项党建工作中突出核心价值观。**公司要求党员领导干部做好表率，充分认识到培育和践行社会主义核心价值观的重要意义，在“爱国、敬业、诚信、友善”的个人层面发挥模范带头作用，达到上行下效的强大示范效应。“喊破嗓子、不如甩开膀子”，党员干部时时处处以身作则，正人先正己，身正令才行。升华和创新学习型党组织创建成果，

坚持分类指导、注重特色、重点突破，以“六型党组织”创建为载体，以“五亮行动”为实践平台，努力为“党员示范行动”开辟新渠道，拓展新空间，注重“创先争优”活动长效机制的升华与创新，把共产党员培养成为解难题、攻堡垒的中坚力量，塑造成道德建设的标兵。通过开展党员亮身份、承诺践诺活动、党员示范岗、党员责任区、党员品牌工程等举措在各项工作中体现党员的先锋作用。同时在各项党建工作中围绕社会主义核心价值观的具体要求，进一步巩固党的群众路线教育实践活动成果，扎实学习党章、党规，用实际行动践行合格党员标准。并把开展道德实践活动与培育廉洁价值理念相结合，与“三严三实”活动相结合，营造崇尚廉洁、鄙弃贪腐的良好风尚。在企业广泛形成“守信光荣、失信可耻”的良好氛围，全面提升党员干部道德素质，构建道德高地。

**在企业员工培训教育中植入核心价值观。**企业文化浸润着员工的心灵，富有明珠文化底蕴的宣教培育也是培育和践行社会主义核心价值观的基本途径。公司以深入贯彻落实《公民道德建设实施纲要》为重点，把培育企业核心价值、塑造高素质员工队伍作为人才兴企的首要任务，启动了“全员学习、终身学习”价值理念提升工程。在培训中采取了“大熔炉”和“吃小灶”教育相结合的方式。“大熔炉”教育是指在员工入职、入党和日常培训学习时，在庆祝节日活动中，在专题党课、团课和道德讲堂上，旗帜鲜明地以中国特色社会主义的共同理想和社会主义核心价值观，结合企业价值观、企业精神和企业愿景开展宣讲活动。让员工深深认知和认同，更好地统一广大员工的思想和意志，实现个人理想和企业发展的共同目标，共圆“中国梦”。“吃小灶”教育，是针对个别员工存在的问题，开展一对一的思想教育，帮助其提高思想觉悟，树立正确的世界观、人生观、价值观、荣辱观、道德观。公示积极推进“创建学习型企业、争做知识型员工”活动，在企业上下形成热爱学习、积极上进、岗位建功、奉献社会的风气。

**在企业模范典型选树中践行核心价值观。**先进典型和模范榜样是“明珠”文化的积淀绽放。公司党委深知培育和践行社会主义核心价值观，需要用实际证明和示范引导，发挥典型引领作用，以范示人。一方面要求各级管理人员率先示范，加强世界观改造，坚持理想信念，弘扬新风正气，树立良好形象，增强核心价值观的公信，促进企业员工核心价值观的养成，为践行核心价值观做出表率，为广大员工的价值行为做出榜样。一方面广泛开展了先进典型评选活动，树立敬业爱岗、诚实守信、尊老爱幼等方面的先进典型，营造学先进、争先进氛围。通过典型示范引导和辐射带动，让广大员工学有榜样，行有方向，赶有目标，激励广大员工积极践行社会主义核心价值观，促进企业又好又快发展。扎实开展“道德讲堂”建设，形成了“授课讲堂、舆论讲堂、活动讲堂”三位一体的活动阵容，两年来有近5000人次员工走进讲堂接受道德洗礼。

**在企业管理制度建设中固化核心价值观。**制度文化是“明珠”文化结构的中坚和桥梁，是约束企业和员工的行为规范。长期以来，公司将社会主义核心价值观作为制度文化的内涵，努力完成将核心价值观融于企业文化，固化于企业制度的全过程，使企业制度体系显映出社会主义核心价值观的本质要求，成为践行和培训核心价值观的有效载体。公司以“三重一大”决策制度实施细则、党委工作议事规则、总经理办公会议制度、企业内控管理手册、廉洁风险管控制度等为基本形式的集体决策与监督制度涵盖了公司生产经营、改革发展的各个方面；以四项绩效目标体系为基本内容的约束、评价、考核机制贯穿到日常工作每一环节；以职工代表大会制度和厂务公开制度为平台的职工民主管理落实到每个岗位、每一名员工。公司把促进发展作为第一要务，把企业价值理念融入企业管理制度，与企业中心工作相结合，渗透于生产经营管理各个环节，以服务求加强，以融入促发展，建立并不断完善体现公平正义、保障管理执行、运行协调高效的各项规章制度及规范、标准等278项。一方面，作为制度文化，影响和代表着明珠文化发展的总趋势；另一方面，明珠文化的升华与创新，又决定着制度文化建设的个性化方向。

**在企业主题实践活动中丰富核心价值观。**社会主义核心价值观的传播必须依靠有效的载体，将理念转化为实践，让文化融心践行。公司致力于构建和创新多姿多彩的企业文化宣贯载体，突出特色亮点，营造浓厚的文化氛围，让核心价值观、“三色”企业使命、明珠文化理念入心入脑、打牢印记。突出教育特色。在深入学习贯彻党的十八大和习近平总书记系列重要讲话精神的基础上，将核心价值观与党员教育有机结合，开展了“十个一”主题实践活动，强化对党员、干部、职工的爱党、爱国、爱企、爱岗教育，使核心价值观入心入脑。突出体系特色。按照目标化、系统化、品牌化的要求，依托企业党组织机构，形成了公司、厂矿、车间、班组四位一体的企业文化组织架构，用扎实的组织架构，保障企业文化主题实践的开展，确保了实践活动的成效和推进。突出中心特色。紧紧围绕公司战略部署，广泛开展抢市场、保营销，抢电量、保运行等主题劳动竞赛活动，着力创新活动内容和形式。围绕开展群众性“技术攻关、技术革新、发明创造、合理化建议”等项目，积极开展职工创新工作室创建，积极实施职工技能比赛和岗位练兵，更好地激发职工群众的创新潜能和创造活力。突出主题特色。用“中国梦”凝聚共识，用“中国梦”弘扬核心价值观，通过组织演讲比赛、征文、诗歌朗诵等活动，营造尊重劳动，爱岗奉献的氛围，进一步引导职工把追求梦想的落脚点聚焦到投身煤电事业上来，激发员工热爱国家，奉献华能的工作热情和活力。

## 实践取得成效

对于企业来说，关注企业文化，建设企业文化，是企业走向科学发展和保持长久生命力的必由之路。长期以来，在公司发展过程中，“明珠”文化始终坚持社会主义核心价值体系的主导地位，牢牢把握华能“三色”核心价值体系建设这个根本，凝聚共识，形成合力，在社会主义核心价值观的统领下，立足行业特点，找出价值认同上的最大公约数，实现了企业文化与发展战略的和谐统一，公司发展与员工发展的和谐统一，文化优势与竞争优势的和谐统一，为企业可持续发展构筑了一道崭新的“文化景观”，开辟了一条煤电企业文化管理的“时代通道”，为公司创建一流煤电企业，提供了强大的精神动力和文化支撑，企业“明珠”文化实现了新突破。

**明珠文化铸煤电一体之魂。**煤电一体是“伊敏模式”的核心要素，明珠文化的形成铸就了煤电一体化的魂魄。经过20多年的积极探索，充分证明了煤电一体化是在市场经济条件下，提高资源利用效率、突破行业壁垒、省却运输环节、降低燃料成本的最成功的实践，代表了能源产业结构调整的正确方向，引领了一大批煤电联营或一体化项目建成投产。目前，作为新一轮立标杆、树旗帜的领军企业，伊敏能源基地建设战略规划已经出台。这是为国家经济发展、社会进步、民族团结和人民生活水平的提高而履行央企使命的集中体现，是“为中国特色社会主义服务的‘红色’公司”企业使命的生动实践。

**明珠文化蕴环境友好之髓。**环境友好是“伊敏模式”的关键要素，蕴涵了明珠文化的精髓。由于不用建设储灰场地，输煤除灰全部通过封闭式皮带走廊来输送，在工艺流程上实现了清洁生产。截止2015年，伊敏露天矿累计投入环境恢复治理资金7000多万元，完成排土场复垦面积727.86公顷，绿化面积695.98公顷，在土地开发整理区域，精心打造了樟子松林、多生灌木、生态牧草等植被恢复“三大示范区”，树立起“在开发中保护，在保护中开发”绿色丰碑，植被恢复后的生态环境为草原明珠构筑起一道绚丽的风景。伊敏电厂6台机组均安装了高效静电除尘器，4台机组实现脱硫脱硝。除尘效率、脱硫效率、脱硝效率分别达到99.6%、90%和70%以上，大气污染物排放效率在全国处于领先水平，污染气体在线监测实现全覆盖。建立起一整套污水及中水处理系统并实现中水回用发电厂，生活和工业污水处理达标率100%。依靠科技节能减排又为环境友好带来靓丽色彩。“注重科技，保护环境的‘绿色’公司”的企业使命，在伊敏煤电公司落地生根，公司被评为“中国美丽电厂”。

**明珠文化立循环经济之本。**循环经济是“伊敏模式”的本质要素，“明珠”文化最鲜明的亮点就是高效循环。在工艺流程上，实现了电、煤、水、灰、土、热的循环利用。电厂为煤炭生产直接供电；煤矿为电力生产直供燃料；煤矿地下疏干水用作机组发电冷却水；发电产生的灰渣提取铁粉、制作建筑材料及销售粉煤灰，剩余残渣与采煤剥离物混合返排到煤矿采空区，煤矿剥离的表层腐殖土收集起来单独存放，在排土场达到设计标高后覆盖腐殖土，种草植树，作为再生资源为排土场再披新绿；生活和工业污水经污水处理系统处理，全部达标并引入电厂冷却水系统再利用；发电余热送入生产行政区域及当地居民生活区用于采暖供热。这种资源高效循环利用，不仅极大地降低了生产成本、保护了生态环境，而且为减轻国家经济增长对资源供给的压力，全面建设环境友好型、资源节约型社会做出了突出贡献。践行“坚持与时俱进、学习创新、面向世界的‘蓝色’公司”的企业使命，突显了伊敏煤电公司强劲生命力和领先地位，公司被评为内蒙古自治区“循环经济示范企业”。

**明珠文化赋和谐团队之韵。**公司坚守一流的企业必须拥有优秀的企业文化的信念，将社会主义核心价值观全面融入企业文化，用文化优势催生竞争优势、效益优势和发展优势，引领发展战略、改善经营管理、推动技术创新、提升员工素质、塑造企业形象。在严峻的市场形势下，2015年完成发电量156.11亿千瓦时，原煤产量1981万吨，实现营业收入45.2亿元，实现利润6.68亿元。公司荣获“全国五·一劳动奖状”“全国文明单位”“全国民族团结进步先进模范集体”“改革开放35周年企业文化竞争力优秀单位”、“电力行业企业文化顶层设计及基层践行优秀单位”等诸多殊荣。公司创建的“明珠”企业文化荣获“全国电力行业企业文化优秀成果”一等奖，公司拍摄的微电影和专题片连续荣获全国职工微电影大赛特别奖、中组部影视展播二等奖、“中电传媒杯”电力行业影视大赛一等奖。干部职工精神风貌和道德素养得到了提升，职工王志远、周曙光被评为呼伦贝尔市十大道德模范，员工刘龙梅入选“感动电力”人物评选，公司好人好事层出不穷，崇德向善、爱岗敬业已蔚然成风。

## 三、明珠文化建设的启示和思路

**基层企业文化建设的几点启示**

**要注重创新，顺应时代潮流。**在当今激烈竞争时代，要想在激烈竞争的市场环境中始终立于领先地位，就必须牢固树立用文化管理企业的理念，积极探索新形势下社会主义核心价值观融入企业文化建设规律，构建符合时代要求、符合企业发展规律的企业文化体系。只有这样，才能使企业文化在引领和驾驭企业发展中更具生机活力和力量源泉。

**要规范管理，强化制度建设。**企业文化要内外兼修，以理念为核心指南，以制度为外部规范，把优秀的理念转换为企业的制度和职工的具体行为。通过建章立制，把充分体现社会主义核心价值观的企业文化建设融入到企业经营生产管理，培育员工良好的职业道德、家庭美德、社会公德。建立完善管理制度体系，通过长期的制度约束和习惯养成，把价值观内化在头脑里，外化在行动中，努力提升员工的文明素质。

**要创新载体，系统设计体系。**要寻找正确表达社会主义核心价值观的话语形式，在能够打动员工心扉的表现形态上下功夫。创新传播教育手段，让社会主义核心价值观形成影响力，感召力，深入人心，普遍认同，达成共识。企业文化要素要成体系性发展，文化脉络不能中断，发展阶段不能割舍，个性文化与集团文化必须高度融合、企业文化与地方文化必须能够兼容。

**要文化育人，搭建层级载体。**企业文化创新的关键在于落地生根，需要加强宣贯，分层落实。这就要求坚持用先进文化凝聚人、培育人、激励人。要把“三个倡导”、企业愿景、核心理念纳入职工培训计划当中，传播社会主义核心价值观和有“明珠”特色的文化理念。要采取教育培训、学习宣传、研讨交流、考核评价等形式，使企业文化下基层、入车间、进班组，精心打造不同层级的文化载体，进一步整合文化资源、丰富文化内涵、构建文化平台，对企业文化建设进行整体谋篇布局，使企业文化管理更具科学性、系统性、严密性和有效性，从而成体系、有步骤、全面推进企业文化建设，为企业未来发展描绘出一幅崭新的企业文化“全景图”，最大程度的调动员工集体智慧，释放内在能量，产生“聚能效应”，使明珠文化氛围日益浓郁。

（作者王猛，系华能伊敏煤电公司党建部综合科科长，高级企业文化师、政工师；孙静系经理部行政科副科长）

# 传承大庆精神　培育优秀文化<br>弘扬践行社会主义核心价值观正能量

文立军　孙庆涛　李岫俐

伟大的事业孕育崇高的精神，崇高的精神推动伟大的事业。一个国家的崛起，一个民族的振兴，一个企业的发展，离不开精神力量和文化力量的支撑。正如余秋里在解读大庆精神时说的那样：“没有哪一个企业的诞生和发展能与中华民族的精神和命运联系得如此紧密；没有哪一个城市在未诞生之前就有了自己的文化厚重底蕴；没有哪一个企业和城市走过短暂的历程却在中华民族的历史上铭刻一个辉煌的亮点。”大庆油田孕育出的大庆精神不仅是石油文化的无形资产，是中华民族优秀文化的绚丽魁宝，更是社会主义核心价值观的重要组成部分。如果说铁人精神是大庆精神的具体化、人格化，那么大庆精神则是社会主义核心价值观的普适化、典型化。从大庆精神的产生，到企业文化的创新，再到大庆精神的再创新，企业文化的再塑造。其间经历了一次又一次的理性思考、实践检验和总结提炼，既有传统底蕴，又有各个时期赋予的时代特征，是一个不断继承与创新的过程，大庆精神以其不朽的价值与永恒的魅力，为社会主义核心价值体系建设提供了丰富而生动的资源，显示出了强大的生命力和巨大的正能量。

## 一、模式创新，文化自觉完善了企业精神维度

企业文化的力量是长期逐渐显现的，优秀而独到的企业文化，是企业发展壮大、立于不败之地的沃土。大庆地区的企业管理也是由经验管理，到科学管理，再到文化管理的成长历程。大庆精神的发展和创新经历60、70年代定型、80、90年代转型，00、10年代后塑型“三个”比较明显的时代文化断层，创新与发展的大庆精神对大庆地区所有企业的可持续发展是极其重要的。在新的历史条件下，大庆精神要始终保持生机和活力，就必须不断提升自己的文化境界。无论过去、现在还是将来，以爱国为根基，以创业为主题，以求实为精髓，以奉献为核心的大庆精神，都体现了社会主义核心价值体系的内在要求，是社会主义核心价值观在石油战线的具体体现，是大庆人、石油人乃至全国人民应该唱响的主旋律。

文化是经济发展的深层推动力，现代企业的核心竞争力、技术创新，可以模仿，但文化没法模仿和复制。源于历史、高于历史、有效创新性和科学丰富性相结合、适宜性赋予“五毫米见精神”、“三个面向”、“五到现场”等油田会战优良传统以新的内涵，是赋予“大庆精神”新的文化内涵的切入点和主要表现方式。传承创新大庆精神，为培育和践行社会主义核心价值观，促进社会科学发展、和谐发展提供了必要的广阔途径。弘扬社会主义核心价值观，又为进一步丰富大庆精神时代内涵、促进石油人核心价值观不断向广度和深度发展提供了新的理论指南。

大庆精神的创新与发展是与大庆油田的建设发展相辅相成、与时俱进的。实践、认识、再实践、再认识，循环往复以至无穷；物质变精神，精神变物质，这是马克思主义的真理。大庆精神的创新与发展与大庆油田的建设和发展就充分体现了这一点。大庆精神是大庆油田员工共同的价值观念以及工作作风、道德准则的集中体现。其主要内容有：奋发图强、自力更生，以实际行动为中国人民争气的爱国主义精神和民族自豪感；无所畏惧，勇挑重担，靠自己的双手艰苦创业的革命精神；一丝不苟，认真负责，讲究科学，“三老四严”脚踏实地做好本员工作的求实精神；胸怀全局，忘我劳动，为国家分担困难，不计较个人得失的献身精神。大庆石化的企业文化建设突出了大庆精神的核心地位，把爱国情怀、创业激情、求实态度、奉献精神切实融入生产经营，把深化“忠诚、务实、简单”的核心价值观作为企业文化建设的重要抓手，形成公司独具特色、浓厚的企业文化新体系，使大庆精神铁人精神薪火相传、生生不息。

## 二、路径创新，文化思维丰富了企业心智模式

“兵无常态，水无常式”，只有不断的调整和发展才是有活力的企业文化。正像其他生命体有其自身的基因一样，企业作为一个生命体也有自身的基因，这个基因就是企业文化。近半个世纪以来，以铁人王进喜为代表的大庆精神和铁人精神，深深地影响着几代大庆人和石油人的人生观、价值观、世界观，使之在全面建设小康社会的进程中持久地发挥思想保证和精神动力作用。

企业文化的核心是思想观念，它决定着企业成员的思维方式和行为方式，能够激发员工的士气，充分发掘企业的潜能。大庆人始终与时俱进地弘扬大庆精神，塑造了中国石油之魂，传承和发展了大庆精神，涌现了新时期铁人王启民、李新民为代表的无数铁人传人，推动了大庆地区企业的持续发展。一个好的企业文化建立后，它所带来的是群体的智慧、协作的精神和新鲜的活力，这就相当于在企业核心装上了一

台大功率的发动机，可为企业的创新和发展提供源源不断的精神动力。在当前经济体制深刻变革、社会结构深刻变动、利益格局深刻调整、思想观念深刻变化的大环境下，人们的价值取向日趋多元化，利益诉求呈现多样性。必须用大庆精神构筑石油队伍的共同思想基础，规范人们的行为准则，塑造先进的企业文化。

习近平总书记曾指出：在大庆油田开发建设的艰苦环境和激情岁月里形成的以爱国、创业、求实、奉献为主要内涵的大庆精神、铁人精神，集中体现了我国工人阶级的崇高品质和精神风貌，永远是激励中国人民不畏艰难、勇往直前的宝贵精神财富。无论是在振兴中华民族的石油工业大会战中，是改革开放的二次创业中，还是在实现中国梦的伟大征途中。长期以来，一代又一代大庆人、石油人之所以能在各种困难与挑战面前始终保持旺盛的热情和高昂的士气，始终做到在急、难、险、重的关键时刻冲得上、打得赢，靠的就是大庆精神和铁人精神。大庆精神以其独有的民族性、先进性和创新性，决定了大庆精神不但得到了很好的继承，也得到了适时的创新与发展。支持改革，振兴企业，实现中国梦，全面建成小康社会，是大庆油田干部员工义不容辞的政治责任和肩负的历史使命。这“一个责任”和“一个使命”，使全体干部员工迸发出了新形势下更强烈的爱国激情。应当说，一次创业的“爱国”集中体现在“摆脱困境、快出石油”上，二次创业的“爱国”则集中体现在“政治稳定、经济发展”上。

## 三、战略创新，文化管理规范了企业行为操守

不同的企业要根据本企业所处的情境，针对某些没有得到正视的问题或挑战，确立企业文化变革的方向和目标。大庆精神正是在社会主义建设的火热实践中，不断创新锤炼出来的先进文化和高尚精神，其本质体现了社会主义思想道德的本质要求，展示了中国共产党人的光辉品格，承载着社会主义核心价值体系的精髓和要义，与社会主义核心价值体系的基本内涵和要求具有高度的契合性、一致性。因此，不管什么时候，必须坚持大庆优良传统不能丢，大庆精神铁人精神不退色。

事实上，不存在“最好”的企业文化，只有“适宜”的企业文化。改造企业文化只有与解决企业面临的突出问题结合起来，才会现实可行而更易让人接受。大庆精神集中体现了国有企业艰苦奋斗、无私奉献、产业报国、振兴中华的主旋律和核心价值观，充分展现了中国工人阶级高度的主人翁精神、崇高的政治责任感、强烈的历史主动性，集中体现了新中国工人阶级的优良精神风貌，是中华民族在伟大复兴征程中战胜各种艰难险阻的强大精神力量。要将管理变革结果牢牢固化在企业文化之中，企业文化需要结合时代特征，结合企业现实情况，结合员工思想状态，进行大庆精神的再丰富和再创新，大庆油田把继承和发扬大庆精神的过程变成加强企业管理的过程，变成用文化力提升竞争力的过程。

企业文化重在实践，贵在落实基层。企业要把基层文化建设作为着力点，善于把文化理念与生产经营管理融为一体，使之成为激励员工岗位成才、敬业奉献的价值支撑。大庆精神是企业的宝贵财富，是推动企业发展进步的不竭动力。建设以大庆精神为核心的先进企业文化，就是越要发展，越要在员工中坚持不懈地开展大庆精神和会战传统教育，使之深入人心，内化为每个员工的自觉意识和自觉行动，并一代一代传下去。大庆炼化公司从强化员工职业道德教育入手，用践行社会主义核心价值观引领员工的职业追求，用传承大庆精神铁人精神规范员工的职业行为，先后组织开展了“在岗有责、在岗负责、在岗尽责”、“中国梦·劳动美·炼化情”等主题活动，进一步提升员工对企业的忠诚度和归属感，强化员工队伍干事业的责任感和使命感，聚集爱企、敬业、尽职、合规的正能量。

## 四、思维创新，文化积淀丰富了企业精神哲学

企业有企业的文化，城市有城市文化。大庆的“大庆精神”，作为一种文化现象，有它的真实性、原始性和不可再生性，是在这座城市的文化积淀。一个民族文化的形成和形成一种民族的文化，是一个积淀过程，一栋老宅，一座古刹，一棵古树，如果以功利的价值观去思考，它就是一些破旧的“老古董”，如果从其蕴含的文化价值去思考，其价值不是数字所能说明的。

历史是城市的魂，文化是民族的根。古希腊哲人曾说过“只有民族的才是世界的”。20世纪60年代，大庆石油人靠甩掉中国贫油落后帽子的信心，靠人拉肩扛精神、干打垒精神、缝补厂精神、回收队精神、五把铁锹闹革命精神，胜利地拿下了大油田；70年代，又靠“三老四严”、“四个一样”和“岗位责任制”等优良传统高速高效地开发大油田。无论是在艰苦卓绝的会战时期，还是在持续稳产的发展阶段，大庆石油人始终与祖国同呼吸、共命运，坚持把国家需要融入每个人的价值追求，把爱国情怀化作多产油、多产气的自觉行动，实现了年产原油5000万吨以上连续27年高产稳产，又连续11年保持4000万吨持续稳产，累计生产原油21.9亿吨，为保障国家能源安全和促进经济社会持续健康发展做出的巨大贡献。

“干，才是马克思主义；不干，半点马克思主义也没有。”弘扬大庆精神和践行社会主义核心价值体系，就要像铁人王进喜喊得那样。正是大庆油田在长期实践中形成的这些先进的思想、观念、责任感、优良作风等，才使大庆人战胜了三年自然灾害、十年“文化大革命”、八九风波、九八洪灾、东南亚金融危机、非典疫情等困难和干扰，为共和国做出了巨大贡献。在这个过程中，全体干部员工首先在观念上经历了一场极其深刻的变革，对创新大庆精神有了新的认识和理解，因而极大地丰富了大庆精神的内涵。

大庆精神是历史的，也是现实的。新时期弘扬大庆精神、铁人精神，关键是要在继承的基础上，不断赋予其新的时代内涵，让大庆精神、铁人精神成为推进中国社会进步的精神力量。在新的历史条件下，深入挖掘大庆精神、铁人精神的丰富内涵，大力弘扬大庆精神、铁人精神，对于推动社会主

义核心价值体系建设，具有重大现实意义和深远历史意义。

（作者单位：大庆炼化公司）

# 践行核心价值观　打造一流职工队伍

陈　龙

按照中央要求部署，为满足企业自身发展需求，结合实际，中车长客股份公司积极培育社会主义核心价值观，努力打造一流职工队伍。突出落小、落细、落实，通盘谋划，搭建有效平台载体，取得了一定成效，起到了助力企业生产经营管理，推动企业科学发展的显著作用。

## 一、践行核心价值观的基本特点

**紧扣企业发展实际。**积极培育和践行社会主义核心价值观既要服从、服务于企业发展大局，又要体现社会主义核心价值体系的本质要求。前者规定了活动开展的着眼点和立足点，后者规定了活动开展的方向。当前，中车长客股份正处于快速发展时期，不可避免遭遇各种各样突出矛盾和问题，特别是职工的职业素养与企业发展目标要求还有较大差距。为此，我们瞄准提升职工职业素养这个中心，引导全体干部职工不断剖析反省自身存在问题，超越自我，提高素质能力，以抢抓难得发展机遇。

**突出具体的“岗位”工作单元。**活动目标确立之后，就必须借助一定载体加以实现。活动载体的选择，在很大程度上影响活动开展的最终效果。倡导践行核心价值，形成声势容易，但是如果不落细、落小，就很难落实，容易流于形式。为此，我们不搞“空中轰炸”，搞“地面站”，紧紧盯住“岗位”这个具体作业单元，开展了“万万千”（十万个紧固件无松动、万个接线点无差错、千米焊缝无缺陷）竞赛、岗位承诺体系建设等活动，通过细化分解，推动核心价值观的要求落到每名职工岗位上，更好地落实到每名职工具体行动上。

**强调双向和互动。**市场经济条件下，企业与职工是平等的契约关系。企业行为与职工个人行为相互影响、相互制约。在价值观建设方面，如果只单纯注重企业利益，只强调企业对职工各种要求的单向传递，而不注重维护职工的个人利益，那么其成效一定无法持续。企业要求职工爱岗敬业，讲求诚信的同时，也要为职工个人的成长进步创造便利条件。中车长客股份公司在发展企业过程中，形成了“我与企业同步成长、同享成功”、“企业关爱职工、职工关心企业”等发展理念，充分考虑职工个人利益诉求，关注职工工作环境，搭建职工成长平台，促使了公司诚信建设更加持续和牢固。

**突出典型引领。**利用典型推动工作是我们党的一项重要工作方法和工作优势。典型就是导向。聚光灯打向哪里，老百姓的关注点就在哪里。典型选树后，群众就会争相效仿。长客在选树典型工作实践过程中，形成了“选尖子、树典型、抓样板”、“讲述身边故事”等重要工作载体。在开展主题活动过程中，我们进一步深化工作，开展典型评选，大力宣传典型，为顺利开展活动营造了浓厚氛围，为全员职业素养提升创造了良好认识环境。

## 二、主要工作

围绕积极培育社会主义核心价值观，中车长客股份公司认真研究谋划，重点进行了如下工作：

**开展了企业文化升级工作。**这是推动核心价值观在长客落地生根的重要形式。我们以社会主义核心机制观为指引，在中车企业文化总体要求框架下，结合长客股份公司自身发展实际，动员全体职工集思广益，对原有《中车长春轨道客车股份有限公司企业文化行动纲领》进行升级，推动社会主义核心价值观更好地融入长客企业文化，同时力求通过企业文化升级，适应环境变化，更好地满足客户需求，推动企业科学发展，引领企业实现全新的发展战略，形成竞争新优势。

**开展企业精神大宣讲活动。**企业精神是企业经营发展的基本信条和理想追求，也是企业核心价值体系的精髓和企业精神文明的最高体现。为铭记历史，弘扬传统，发掘和展示发展底蕴，长客股份开展了一系列宣传教育活动。一是组织精干人员编辑出版了《砥砺奋进 60 年——长客和她的建设者们》一书。梳理长客发展历程，展现长客各个历史时期长客人的精神风貌，诠释长客发展的精神内涵和文化底蕴。二是开展了诸如“光辉 60 年”原创诗歌大赛、诗歌朗诵会、庆祝建厂 60 周年“光荣与梦想”职工大合唱比赛、“长客好声音”比赛、“历史的足迹”集邮展、职工书法美术摄影作品及老照片征集作品展览等活动，通过这些丰富多彩的文化活动，实现寓教于乐，让职工群众在精神文化活动中受到感染、熏陶，树立正确思想，升华精神境界，提高思想教育的成效。

**开展了讲故事活动。**“讲故事”活动是运用职工的视角、职工的语言、职工身边的故事来阐释抽象理念，解读高尚精神，明确具体规范，进而实现精神文明建设功能和效果的一种工作方式和方法。这是长客股份在不断探索精神文明建设途径过程中，在认识到“故事承载道理”现象基础上，创造出来的一个全新、有效的工作载体。我们在全体职工中开展了讲述“成长的故事”活动。全公司共征集到 680 余个故事，展示了公司各个领域职工蓬勃向上的精神风貌。这些故事具体、生动、形象、可视，大家都能“看得见、摸得着”，可学、可信、示范性强，对于实现职工自我教育，树立社会主义核心价值观提供了有效渠道和平台。2015-2016 年，配合宣传贯彻长客股份公司第三次党代会精神，公司还开展了“长客梦——我的梦”讲故事活动，激励广大职工奋发有为，实现企业发展新的跨越。

**开展了岗位承诺体系建设。**按照精益管理要求，长客股份公司以明晰公司内部客户与供应商关系为基础，以各岗位、工种、工序及作业单元为单位，在全体职工中建立健全职工岗位承诺体系，使所有岗位都能够明确服务对象、岗位职责、工作标准和相关要求。目前，公司各单位、各系统内部都完成岗位承诺书的签订，组织全体职工进行了岗位承诺，“讲诚信、守规范、重服务”的文化氛围和规范体系初步形成。我们还推广制作职工规范作业图解手册，进一步清晰质量标准及作业要求。目前已经形成了《高速动车组作业规范图解手册》、《转向架作业规范图解手册》等。通过细化和破解，让社会主义核心价值观更好地与每名职工紧密联系，细化到岗位职责上，推动了价值观更好地落实到每名职工的具体行动上。

**开展“万万千”竞赛活动。**为引导广大职工养成和固化良好职业习惯，弘扬“严细精实”的厂风，长客股份公司在全厂各岗位（包括技术、管理和操作单元）广泛开展“万万千”竞赛活动。“万万千”竞赛活动即“十万个紧固件无松动、万个接线点无差错、千米焊缝无缺陷”。这项活动的核心意旨即“我为你不错，你为我不错”，以“工作量（或者叫工作状态）累加+评价”的方式来实现；这项活动的主要目的就是，激发职工自我约束能力，目标就是使职工被动接受管理（看管式管理）向主动自我管理的方向转变，通过活动的开展，使职工内心产生趋于稳定和持久的推动力，并把这种力作用于产品质量、安全现场以及行为规范等各个方面。“万万千”活动的开展，对于推动长客形成优秀操作文化起到了重要作用。

**大力实施人才工程。**公司始终坚持以人为本的发展理念，大力实施人才工程，形成了技能培训、政策激励、竞赛引导相结合的人才成长机制。一是建立了规范、健全的职工培训体系。坚持全面培训与重点培养相结合，技术接力培训和技艺传承培训相结合，还通过聘请国内外专家、选派上百名高技能人才赴欧、开设专项技术研修班和专业技术讲座等方式，不断提高员工的整体素质。二是打造职工成长通道，制定并实施了专家、拔尖人才、操作师等一系列人才成长激励政策。三是以职工技能大赛为载体，着力开展职工经济技术创新活动。通过这些活动培养了一大批技术专家和岗位能手。

**关爱职工，注重诉求。**我们提出，“职工的幸福指数就是生产力”，采取各种措施，努力打造具有人情味的和谐企业。一是加强开展职业卫生工作，保障全员身心健康。公司制定了9个职业病危害防治管理规范和1个应急救援预案，定期组织从事接触职业病危害作业人员进行了职业健康检查，定期对职业病危害作业场所进行检测及评价。二是大力推进人机改善工程。有关部门现场调研，听取了一线操作工的意见，从操作姿态、工艺装备、工作环境等方面进行优化改进，以实现“人、机器、环境”的最佳匹配。目前公司已设计并应用“人机工程”改善成果70余项，使工人劳动强度大幅降低，工作愉悦性显著提高。仅2014年，公司就投入1600万元专项资金用于开展此项工作，将进一步广泛挖掘问题，深入研究改善方法，要让改善成果惠及每一位长客职工。三是关爱售后职工和特困职工。定期上门为特困职工打扫卫生、料理家务、关心病老职工、组织女大学生为困难职工子女补课，开展“多帮一”结对帮助困难职工等等，不让一个长客职工感到有困难没人帮。四是关爱青年职工，为单身青年创造良好婚恋条件等。

灿烂的精神文明之花必将结出丰硕的物质文明之果。通过大力践行社会主义核心价值观，有力地提升广大干部职工的素质，推动了企业的发展。2014年，长客股份公司胜利召开了第三次党代会，明确了今后五年的发展目标。围绕实现企业未来发展战略和目标，我们要进一步开展好主题活动，提供强有力的精神动力和文化支撑。下一步，我们要坚持现有的工作载体，进一步深化各项工作，同时要结合主题活动，进一步深化“选尖子、树典型、抓样板”，以工序、班组为单位，广泛开展“讲诚信、守规范、重服务”标志性集体和人物评选活动，培育一批践行企业精神、遵守职业道德的典型群体和个人，营造良好舆论氛围，努力形成固化教育成果的长效机制。

（作者单位：中车长客股份公司）

# 行业案例

## 金融与保险业

### 新形势下商业银行基层行企业文化建设路径研究

中国农业银行苏州分行

企业文化是企业在长期发展中形成的，员工共同认同、遵守的，带有本企业特色的价值观总和，是一个优秀企业的基因，广义的企业文化应该包含企业在创业和发展过程中形成的物质文明和精神文明总和。总结卓越企业的企业文化建设可以看出，企业文化的形成与发展不仅仅是一种自发行为，更需要科学合理的管理方法与系统评价体系的推动，成功企业的企业文化建设毫无例外地都拥有合理的路径选择。本文以农业银行苏州分行企业文化建设为研究样本，分析新形势下基层行在文化建设上存在的共性问题，探索基层行企业文化建设路径。

#### 一、基层行加强企业文化建设的背景与具体内容

对于企业而言，文化的高度决定着企业的高度，企业文化是企业核心竞争力的重要因素，一个企业的文化有竞争力，对外，是传递给世界的一张名片，对内，是带动企业持续稳健发展的引擎。对于商业银行基层行而言，文化建设需要在总行核心价值观及相关理念的指引下，结合自身实际加以开展，这既是适应特定环境、特定形势的需要，也是总行文化建设成果在基层行的具体表现。

**（一）基层行企业文化建设面临的新形势。**

基层行作为一线经营单位，正直面利率市场化、金融脱媒以及新技术与金融融合步伐加快带来的巨大挑战，也承受着来自同业以及互联网金融企业的巨大竞争压力。这些压力不仅仅体现在产品、渠道、服务、机制等方面，更体现在思想理念、文化建设等更深层次的领域。管理学大师稻盛和夫曾说：“如果在企业文化上取得非凡的结果，就会为企业赢得足够的竞争力”。商业银行已如诸多传统行业一样，从最初的垄断市场逐渐过度到完全竞争市场，日趋激烈的市场竞争对商业银行总行及基层行企业文化建设提出了越来越高的要求。

苏州分行作为经济发达地区的基层行，无疑承受着更大的竞争压力。数据统计，截至2013年末，苏州地区拥有的银行金融机构总量已经达到62家，金融分支机构业已覆盖到了村镇一级，已经成为完全竞争市场。苏州分行多年来能够取得持续的市场领先地位，企业文化的引领作用功不可没。未来几年，是苏州分行建设“一流分行标杆行、转型发展龙投行、员工幸福建设的样板行”的重要时期，企业文化建设和管理将面临新的机遇和挑战。一是企业文化内涵的丰富与延伸要不断适应新的竞争环境与市场变化，不断满足新的管理要求与操作方法；二是精神的弘扬与文化的传承要从无意识行为过渡到依靠科学的管理推动与合理的考核评价，逐步形成常态化的管理机制；三是有利于企业文化建设和管理的价值理念、核心体系、考核评价、创新手段、队伍建设还需要继续探索和实践。

**（二）基层行企业文化建设的具体内容。**

1982年，美国哈佛大学教授特雷斯·迪尔和麦肯锡咨询公司资深顾问爱兰·肯尼迪在《企业文化—现代企业的精神支柱》一书中提出了著名的企业文化五因素论，认为企业文化建设的内容包含了企业环境、价值观、英雄人物、典礼仪式、文化网络等五个方面。近年来国内的一些研究把企业文化建设基本归结为物质层面、行为层面、制度层面、精神层面等四个层面的文化建设。这些理论都认为企业文化建设是一个循序渐进的过程，是从浅层次到深层次的逐步递进，是从无意识到有意识的逐步过渡，且都遵循着科学的建设路径。基层行企业文化建设具体围绕这些方面的内容加以开展，通过合理的路径设计达到更优的建设效果。苏州分行在长期的企业文化建设实践中，始终将企业精神弘扬、行为文化实践、企业形象展示作为企业文化建设的几大内容深入推进。在新形势下，基层行企业文化建设也需要从企业环境塑造、精神内涵丰富、典型人物挖掘、长效机制建设等多方面全面展开。

#### 二、新形势下基层行在企业文化建设中存在的问题

**（一）强调物质层面而忽视其他层面的文化建设。**

企业文化的物质层面是指企业的对外识别系统或企业

的对外视觉形象。物质层是企业文化建设的最外层，是展示企业文化建设成果的重要窗口，做好企业文化建设需要在硬件设备上下功夫，包括统一的环境打造、统一的VI设计、统一的宣传规划等等。物质文化建设之外，成功的企业文化建设需要更多的关注行为文化建设以及更深层次的制度文化和精神文化的建设。行为是文化建设的最终表现，行为文化的本质是培育员工良好的道德品质和职业行为；制度是文化建设的重要保障，制度文化的目标是要培育企业按章办事、依法行事的管理体系；精神是文化建设的核心内容，决定了企业制度、员工行为和工作结果。物质文化、行为文化、制度文化、精神文化是企业文化建设的不同层级，也是路径选择的重要参考。基层行在文化建设上片面强调物质层面的建设，忽视行为文化的总结、制度文化的打造、精神文化的探索，这是基层行在企业文化建设存在的共性问题。

**（二）企业文化建设的内涵难以与时俱进。**

面对快速变化的经营环境和日趋激烈的市场竞争，求变是企业发展的主题。企业文化建设也是如此，不可能是一成不变的，文化的内涵需要在实践中不断丰富和发展，但最本质、最核心的思想不宜随意更改。文化建设的与时俱进，变的是文化建设的载体、文化理念、文化制度以及文化的执行方式。企业文化建设不是一劳永逸的工作，企业在筑造好企业文化体系后，需要根据环境和市场的变化做出阶段性的调整。

**（三）缺乏科学管理办法与系统评价体系。**

很多基层行在企业文化管理上存在误区，认为文化的形成与传承是一种自发行为，无需予以系统管理。很多基层行的企业文化建设空有一张皮，为了文化而文化，致使企业文化建设流于形式。长久以来，基层行企业文化建设没有抓手，好似空中楼阁，不着实地，缺乏系统的管理评价体系。科学的企业文化建设需要形成一套有导向作用、有科学方法、行之有效的评价体系，明确主管部门、责任主体、评价方法，使评价更全面、操作更直观，解决企业文化要“做什么”、“怎么做”、“做得怎么样”、“如何评价认定”等问题。

## 三、新形势下基层行企业文化建设的路径选择

根据管理学上关于企业文化建设的相关理论指导，结合农行苏州分行长期以来企业文化建设的实践经验，本文认为基层行企业文化建设路径至少应该包含核心价值观的提炼，精神的弘扬与文化的宣导、企业文化行为实践等几个阶段。

**（一）优秀的企业精神是文化建设的核心要素。**

企业核心价值观塑造的一个重要途径就是塑造企业精神，优秀的企业精神赋予企业生存与发展的动力，是企业久盛不衰的重要因素。在企业文化战略重要性日益凸显的今天，必须充分认识企业精神在打造企业核心竞争力过程中的价值和影响，发挥其特有的导向、凝聚、教育和约束作用，才能在市场竞争中占据一席之地。企业精神形成于企业发展的长期实践，是一定历史阶段的产物，精神是意识形态的东西，精神的释义需要体现在文字上，并通过活动予以弘扬。在提炼企业精神时，必须综合考虑企业的发展历程、面临的内外部环境、价值导向、管理层的经营思想与战略规划等内容。提炼出来的企业精神一定是企业一定时期内经营管理思想的准确反映，并能够对未来一段时期的经营管理产生积极影响，不能只停留在口号标语这些浅显的层面。

以农业银行苏州分行企业精神提炼为研究样本。苏州分行三十余年的发展历程中，锤炼出争气拼搏、吃苦耐劳、敬业奉献、诚实守信、团结和睦、敢于创新等优秀品质以及“四走四串”、“四千四万”、“保抢挖”等扎实的工作作风。这些精神是苏州分行长期以来保持“同业领军、系统领先，国内顶级”银行的看家法宝。苏州分行于2011年对其企业精神进行了全员讨论与全面总结，撷取了精神的核心内涵，总结出精神的具体表现形式，编撰了《企业精神手册》，全面解释了企业精神的精神释义、发展历程、核心内涵、主要成绩和未来展望，形成了一套完整的企业精神体系。这套精神体系是全体干部员工在长期工作实践中形成的共同信念与目标，是历经多年业务经营发展检验而凝聚产生的历史经验与成果，是个性、灵魂和优势所在。企业精神提炼之后，苏州分行大力弘扬企业精神，加强学习贯彻与落地深植工作，使其内化于心、外化于形，逐渐成为全体员工的自觉行为，促进了主体业务的快速发展。苏州分行对企业文化的总结提炼把握了企业精神这一最本质的内容，从而赋予了文化更持久的生命力。

**（二）精神的宣贯是实现文化认同的必要手段。**

当今时代，思想多维，价值多元，员工和企业的关系呈现出很多不同的价值取向，员工的价值观与企业的价值观取得统一的难度越来越大。文化建设取得成功的关键步骤之一是核心价值观的“内化”。只有让全体员工理解并认同企业的核心价值观，才能让员工按照企业倡导的价值观和行为方式行事。因此，在企业文化建设的过程中，向全体员工，采取各种方式有效宣导企业精神是十分必要的。基层行对于精神的宣贯，可以通过权威场合的准确阐释，依托内部媒体立体宣传造势，编制文化网络逐步全员渗透等等方式开展，目标是要达到精神的深入人心，最终实现文化认同。

以苏州分行为例，该行在总结提炼出企业精神的核心要素以及具体表现形式之后，随即开展了对企业精神的阐释工作，行党委多次在全行工作会议上对企业精神的内涵进行解读，全面布置了企业精神弘扬的具体工作，通过会议布置，突出了权威性与准确性。办公室等主责部门制定了《苏州分行企业精神“再教育、再弘扬、再实践”活动实施方案》，以活动推进精神弘扬工作。对于基层行而言，人员的流进流出很频繁，因而精神的宣贯必定是一项长期的工作，让全体员工认同公司倡导的价值观也是一个艰难的过程，必须要依托各类内部媒体进行耳濡目染的渗透。苏州分行企业精神宣贯的一项重要工作是通过编写《企业精神手册》、制定内刊、编发各类信息简报、各种调研宣传文章、各种知识竞赛活动进行了全方位、立体式的宣传，使企业精神基本为每位员工所知晓并认同。此外，文化网络是企业文化重要的传播载体，

是企业价值观的运载工具，是文化沟通与传播的枢纽。苏州分行为员工搭建了全方位、多层次的信息沟通平台，通过沙龙、研讨会等文化网络形式促进员工的思想交流，达到潜移默化的“渗透教育”效果。总结苏州分行精神弘扬的诸多工作，保证持久的、高效率的精神宣贯是其在文化建设实践中的最重要的经验，也是基层行真正保证员工价值趋同的必要手段。

**（三）企业文化建设的最终落脚点是行为实践。**

精神指导行为，行为产生成效，企业文化建设最终的表现是行为，文化建设产生成效的关键在于积极践行。在企业文化建设中，企业精神是内核，行为实践是具体方式，形象展示是随之而来的成果，企业文化建设的最终落脚点是行为实践。

建立科学的考核机制，实现考核牵引。1984 年，美国密歇根大学的奎恩教授提出了企业文化定量化研究的模型，认为可以从多维度进行文化的测量、评估和诊断，这样的研究方式虽然被认为过分侧重企业文化表层化的东西，却为企业文化如何科学推进提供了新的方法。企业文化能否落到实处以及价值观在实践中能否真正得到员工的自觉遵守，关键靠科学的管理，管理关键靠考核牵引。2011 年，中宣部政研会开展国有及国有控股企业文化建设评价指标体系试点工作，开始企业文化建设定量化研究的相关探索。苏州分行作为首家试点单位率先开始了企业文化科学考核的研究工作，通过反复论证，最终形成了《苏州分行企业文化建设考核评价体系》，从企业精神弘扬、企业行为实践、企业形象展示三个维度，共计 42 条实施细则对文化建设工作进行全面考核。考核机制的建立使得企业文化建设有了抓手，解决了长期以来困扰基层行企业文化推进该怎么做，如何评价认定的困惑。

打造完整的文化体系，强化行为实践。行为文化是企业文化建设的重要内容，决定了文化建设的深度与广度。按照迪尔和肯尼迪的五因素论，英雄人物、企业环境、典礼仪式、文化网络均可以归结到行为文化的范畴。2012 年，苏州分行总结 30 多年发展经验中的文化因子，提炼出了以“创业文化、创新文化、服务文化、人本文化、合规文化、融合文化”为核心的六大行为文化体系，并追根溯源寻找文化的起点，准确定义每种文化的深刻内涵，成为指导全行文化建设工作的理论基础。2013 年，苏州分行编撰了《企业文化建设在行动一行为实践篇》读本，撷取了分、支行 62 个典型案例和英雄人物，供全员学习、对照和实践，在全行掀起了感知文化、践行文化的热潮，企业文化取得实质性的突破。2014 年，苏州分行趁热打铁，制定《苏州分行行为文化实践活动方案》，明确了六大行为文化的学习、推进工作。与此同时，积极开展行为文化主题宣传活动，做好办公大楼、营业网点的企业文化环境设计和布置；利用内网、简报、橱窗、宣传栏等各类文化网络宣传行为实践典型案例以及典型人物；在全行范围内征集最能代表企业文化核心内涵的故事和任务，开展六大行为文化示范人物评选活动；开展如文化知识竞赛、文化论坛、道德讲堂等多种形式的文化活动，诠释企业文化理念，在全员中形成共识与默契。通过文化体系的制定与文化活动的推动，使得员工消除原有对企业文化建设抽象空乏的认识，文化建设更接地气。

经常性开展制度梳理，进行制度固化。建立在制度建设基础上的企业文化才具有永久的生命力。要使企业的核心价值观对员工形成真正强有力的约束力，企业的各项管理制度必须与价值观相吻合。以苏州分行为例，文化建设与制度建设一脉相承，或者说制度建设已经完全成为文化建设制度层面的表现。苏州分行“十二个三”的内控管理制度、绩效考核制度、人才培养制度、创新机制、上下沟通管理机制为文化建设培育了优质的土壤，苏州分行根植于制度文明建设上的企业文化具有了更

## 四、新形势下基层行企业文化建设的注意事项

**（一）处理好文化建设与经营管理二者关系。**

企业文化与经营管理相辅相成，相互促进，是企业文化建设的核心要义，基层行在加强企业文化建设中切记文化建设与经营管理“两张皮”，切勿脱离总行核心价值观另起炉灶，对于企业文化的考核要渗透到日常业务经营与管理中去进行，指标的设定必须对接经营与管理的成效。以苏州分行为研究样本，该行企业文化的目标之一是要以文化引领人，以文化促进业务发展，业务发展的目标之一是要打造良好的文化氛围，二者始终紧密相连、不可分割。在文化深植方案与考核评价体系的指导下，该行做到了企业文化建设与深植总行企业文化核心理念相结合、与弘扬苏州农行企业精神相结合、与党建工作相结合、与员工思想行为教育相结合、与文明行业创建相结合、与作风效能建设相结合，文化建设紧密结合日常经营管理工作，做到了与经营合拍，与管理合拍。

**（二）企业文化建设需要强有力的组织推动。**

基层行企业文化要落地，要深植，最终要靠人，要靠组织推动。基层行党委是企业文化建设的核心推动力量，要有企业文化建设的自觉意识，当好企业文化建设的决策者和有效管理者，亲自宣讲、亲自践行、率先垂范，将企业文化落实到业务经营的全过程。要建立自上而下的组织推动体系，明确主责部门、协同部门，形成齐抓共管的良好局面。要抓好典型，进一步挖掘、培育与企业文化理念相一致的各类各级先进人物和先进集体，以身边事教育身边人，引领身边人做好身边事。组织推动最终要落实到考核评价，要用好考核评价体系，开展好企业文化建设样板单位的评选工作，激发全行全员参与文化建设工作的热情。

# 用文化内生力铸造“百年青银”基业常青

青岛银行

青岛银行现为香港联交所上市银行、山东省资产规模

最大的地方法人银行。近年来，青岛银行“全面控能力均实现了显著提升，一跃成为客户认可、同业尊重、社会瞩目的区域性商业银行，位居中国银行业协会“陀螺”评价体系城商行第5位、英国《银行家》杂志世界银行1000强第353位，连续9年监管评级为二级。

## 一、树正气、提凝聚，增强全行向心力

围绕建立健康向上、风清气正的工作氛围，青岛银行推出了对经营运作具有控制意义、提挈意义和动力意义的企业文化。其中“树正气、提凝聚、讲团结、促发展”是青岛银行企业文化的核心理念和主干话语体系，是统驭全行各项工作，流灌于每个员工血脉之中的精神DNA。而由关爱文化、服务文化、合规文化、风险文化、爱岗敬业文化等组成的企业文化系统，一脉相承，交相辉映，从各个层面、各个角度丰富完善着独属于青岛银行特色的“文化控”。

以人为本的“关爱文化”创设了青岛银行的精神环境。提倡简单的内部文化，行领导与分支行负责人之间工作宴请遵循“谁职级高、谁埋单并按规定报销”的规定，坚决遏制内部吃请公关的做法和风气。大力倡导“领导关爱员工、总行关爱一线”；总行对一线必须做到“门好进、脸好看、事好办”，提出“总行尊重基层，行内尊重行外，尊重所有客户和八方宾朋”。这种由上至下，由内而外的爱心传递造就了青岛银行“关爱员工、关心客户、关怀社会”血脉相通、呼吸匀停的精神气场。

“温馨加放心，我们更努力”服务理念营造青岛银行生态环境。“总行服务一线，一线服务客户，全行服务市场。”通过面面俱到的培训，日积月累的宣讲，反反复复的暗访评比，使“温馨加放心”如沐春风，水到渠成，逐渐成为全行员工的“集体无意识”和高度自觉的行为常态、操作习惯。

“合规文化”“风险文化”建立青岛银行的制度环境。“人人合规、事事合规、时时合规”，风险防控在全行天天讲，月月讲，年年讲，通过“本周我巡视”、“今天我发现”和内控评审制度等严防死守银行的生命线，使其成为全员的内在生命需求和不可逾越的制度自觉。

坚持“周晨会”制度，打造风清气正的行业作风。通过每周一风雨无阻的晨会，从总行到分支行，从核心管理团队到一线员工，人人身先士卒，人人登台宣讲，使青岛银行的企业文化达到了全员渗透和深刻解读。“人之力发于心，同心则事盛”，是依托风清气正的文化，把全行干部员工紧紧地凝聚在一起，攻坚克难，实现一个又一个跨越，再造一个新的青岛银行。

## 二、以人为本，促进和谐建设

关心员工，贴近职工，把员工的冷暖放在首位，是青岛银行可持续发展的保证。董事长是为一线服务的“后勤部长”，将“关爱”文化实实在在地渗透在干部员工的日常工作和生活中，在行党委的关怀下，员工在青岛银行的大家庭里快乐地工作和生活。

一是关爱员工的工作。当行领导了解到封闭式柜台空气流通不畅，和柜台员工座椅设置不合理时，总行提出了一切从员工利益出发的要求，职能部门因地制宜，加大硬件投入，使柜员方方面面的工作环境得到了科学化、人性化的改善。

二是关爱员工的生活。为解决员工就餐难问题，仅用40天时间便建成高水准的员工餐厅，让大家不必东奔西跑就可吃上可口美味的早午餐。建立了“职工之家”和“五小设施”工作机制，使员工无后顾之忧。行领导轮流带队下支行，及时了解员工的工作和生活情况，掌握员工的急需，2015年走访探望职工及家属40余人次，为职工办理互助保险赔付110多人次。丰富员工业余生活，成立“女员工打击乐团”、“员工军乐团”、“员工合唱团”等业余团体，其中职工军乐团成为山东省唯一一支国家级职工行进打击乐团。

三是尊重员工的意见。开展“今天我发现”、“本周我巡视”、“本月我总结”3项主题活动，全行员工充分发挥主观能动性，围绕内控管理、制度建设、员工成长、企业形象等方面，发现问题，提出建议，落实整改。建立“优秀建议”奖励制度，定期对员工的建议进行评选并奖励。

## 三、正面引导，典型示范引领

以“创先争优”活动为载体，本着正面教育、重在实践、务求实效的原则，按照“人人参与、人人受教育、人人得提高”的要求，开展丰富多彩的主题教育和实践活动，引导员工树立正确的人生观、价值观，增强党员干部的理想信念，激发干部员工干事创业的激情。

一是强化学习培训，夯实思想和理论基础。建立“每周学习日”制度，学习党的路线、方针、政策和国家宏观金融政策和法规。开展“每月读一本书”活动，在内网开辟了“荐书”栏，董事长亲自向全体员工推荐书籍，总行领导带头写“博客”与大家分享读书体会。创建网络“文化园地”、创办“青岛银行资讯”、建立“读书活动室”，促进全行干部员工学习、交流、共进。

二是开展技能练兵，提高立足岗位做贡献的能力。为提升全员服务地方经济、服务广大客户的能力，开展了以“抓基础、强内功”为主线，“管什么学什么，干什么练什么，缺什么补什么”的大练兵活动。活动中党员干部带头苦学、苦练，业务能手传授经验，使“谁英雄谁好汉，大练兵中比比看”的氛围在每个员工身边萦绕。

三是开展系列主题教育，增强干事创业意识。建立党员“政治生日”制度，开展以“当初入党为什么，现在为党做了什么，将来给党留下什么”为主题的谈心谈话活动，了解党员的思想动态和实际困难，听取党员对党组织工作的意见建议。在发展党员和重要节日时，组织党员“学党章”、“走红色路线”、“领导点评”等丰富多彩的主题活动，提高党员干部的党性意识，增强党员干部的模范带头作用。

四是选树典型，示范引领。每月开展一次“身边的榜样”

评选活动，树立典型和标杆。开展“说身边的人、讲身边的事”演讲比赛，开展“青银融万家”基层党建品牌创建活动，大张旗鼓地宣传先进典型事迹，营造人人学先进、崇尚先进、争当先进的良好氛围。

五是重视案件风险警示教育，以案说法引导正确观念。及时深入的将外部违规风险案例在全行范围内进行通报、分析、警示，有则改之，无则加勉。反腐倡廉警示教育成果巡展，组织合规宣讲团巡回宣讲，针对同业发生案件及时组织网银安全、专项贷款等专题检查活动等，切实避免同类问题在本行发生。

## 四、参与公益，积极回报社会

青岛银行争做优秀企业公民，履行社会责任，回报社会公众。

一是积极履行纳税义务。多年来蝉联青岛市银行业纳税总额排名榜首，荣登山东省纳税总额百强榜，多次获得青岛市“A级纳税信用等级单位”荣誉称号。

二是认真开展献爱心活动。每年向中国海洋大学等6所高校捐赠助学金220万元；创立“青银梦想基金”，广泛吸纳员工和社会捐助，向贵州安顺一中、安顺二中捐赠助学款210万元；开展志愿服务活动，围绕“关爱社会”广泛开展普及金融知识活动，通过金融知识进社区、进学校、“3.15消费者权益日”、“金融知识万里行”等多种形式，提升广大民众的金融素质和依法维权意识。开展以“环保全民行，共筑蓝天梦”为主题的第四届“海融财富”理财节，在普及金融知识、规划理财的同时，号召广大市民进一步关注、关爱赖以生存的生活环境，畅享美好生活。

三是大力倡导节俭文化和环保理念。鼓励员工从身边的小事做起，防止奢侈浪费，提高管理效率、优化业务流程，减少内部办公和对外服务中的资源耗费。参与“世界地球日”、“地球一小时”活动，加大对节能减排、低碳发展的宣传力度，普及生态文明理念和知识，动员和组织员工积极参与节能减排和低碳出行活动，营造节能减排良好工作氛围。推广使用LED节能灯、节水设施等绿色产品，制定办公区域水电设备日常管理分工维护方案。

正是因为青岛银行重视企业文化建设，积极探索企业文化建设的有效渠道和途径，形成了“领导倡导、全员参与、共同推动”的全行企业文化建设氛围，极大的增进了团队凝聚力和向心力，奠定了企业文化建设和经营管理创新双轮驱动、相辅相成的可持续发展基调，也为打造“百年银行”的梦想打下了最为坚实的文化基础和精神基因。

# 学习型组织理论视野下的金融企业文化建设

南京银行

用学习型组织理论的观察视角，综合运用学习型组织理论中的共同愿景、自我超越、团体学习等方法和工具，紧密结合南京银行企业文化建设成果，从侧面镜鉴、纵向回顾、横向剖析、深度修炼4个层面，尝试融合相关理论知识与南京银行实践经验，从中发现特点、发掘价值、发展思路，为金融企业文化建设提供一管之见。

## 一、镜鉴：学习型组织的理论与实践

美国学者彼得．圣吉的巨著《第五项修炼：学习型组织的艺术与实务》，系统地提出了“五项修炼”的学习型组织建设路径，即自我超越、改善心智模式、共同愿景、团队学习、系统思考。《第五项修炼》一经出版即畅销全球，广泛传播了学习型组织的理念，带动形成了一股创建学习型组织的世界性潮流，“学习型组织管理”遂被企业界、管理界誉为最前沿的管理理论。

中共中央办公厅印发的《关于推进学习型党组织建设的意见》，对建设学习型党组织的重要意义、总体要求、主要原则、学习内容、方法途径、组织领导作了系统阐述和具体部署。全国各界涌现出创建学习型组织的热潮，越来越多的组织机构致力于探索学习型组织的创建。

## 二、回顾：南京银行企业文化建设的历程与结晶

南京银行改革发展的奋斗历程，是一步步推进学习型组织建设的生动实践，企业文化建设在不断改革发展、学习创新的进程中逐步积累、丰富与升华。大致经历了这样几个阶段：

第一、初创发展阶段。以近40家城信社的整合为开端，艰难起步，艰苦创业，全行发展实现平稳转轨；

第二、提升发展阶段。以引进战略投资者、跨区域经营和上市3大发展战略的顺利实施为标志，综合实力迈上新的台阶；

第三、加快发展阶段。以推动科学发展、率先发展、稳健发展为导向，在发展中转型、在转型中提升发展质量效益，整体发展取得明显突破。逐步成长为一家治理良好、业绩优良、特色突出的上市城商行。自2006年首次入选英国《银行家》杂志公布的全球1000家大银行排行榜以来，2013年已升至第238位。目前正迈入事业发展的第4个阶段，以“做强做精做出特色”为目标，努力实现历史发展新飞跃。

与此相适应，南京银行的企业文化建设也经历了几次飞跃和提升。2007年，在成功实现更名、跨区域发展、上市等战略目标的同时，企业文化建设同步推进。出台了《关于进一步加强企业文化建设的指导意见》，明确提出企业文化建设的总体目标：打造适应金融市场激烈竞争以及金融业全面开放格局的现代银行文化，形成具有南京银行特色的企业文化体系。2011年，提出“打造不断学习、不断创新的学习型组织”的目标，形成了以“责任金融，和谐共赢”为形象与文化定位的企业文化理念新体系。2014年，编制新版《企业文化手册》，根据新的5年规划，将“成为中小银行中一流的综合金融服务商”确定为共同愿景，为实现更高

经营目标提供了强大精神动力。

综观南京银行改革发展和企业文化建设的历程，具有愿景引领、勇于超越、团结进取、学习创新的鲜明特点，与学习型组织“五项修炼”的精义深深契合，其中“三大重要结晶”是最有代表性的成果。一是强化了共同愿景的战略引领，二是打响了“责任金融，和谐共赢”的企业文化品牌，三是形成了持续激励员工的独特企业精神。南京银行把“坚忍不拔、傲然挺立、敢为天下先”的梅花精神作为企业精神。在“梅花精神”基础上，倡导广大员工努力发扬良好的职业精神、崇高的敬业精神、顽强的拼搏精神、务实的创新精神、和谐的团队精神等“五种精神”，进一步锤炼员工意志、鼓励自我超越、发挥团队价值，为全行改革发展事业汇聚智慧和力量。

## 三、剖析：南京银行企业文化建设的特色与亮点

结合学习型组织的理论、工具与方法，探讨南京银行打造学习型企业文化的过程中，在学习型党组织、人才队伍、团体学习等方面工作的特色与亮点。

**（一）持续深入推进学习型党组织建设。**

学习型组织建设围绕领导班子、基层党组织、党校（培训学院）3 个层面，建立多层次、全覆盖、以上带下、以点带面的良好格局。

一是以建设学习型领导班子为龙头。制定出台了《关于加强和改进领导干部学习的规定》、《党委中心组学习制度》、《关于进一步改进调查研究广泛听取群众意见的办法》3 项制度。有力提升了领导班子的政治素质、决策能力和管理水平。

二是以基层党组织建设为依托。建立了学习考核制度，把争创学习型党组织、学习型领导班子和学习型党员干部纳入工作目标，深入开展学习型支部创建活动，激发基层党组织活力。

三是以党校和培训学院为重要抓手。将培训作为打造增强核心竞争能力的关键举措，确立了“全员全面，分级分类，多式多样，实务实效”的指导思想，建立了“四横四纵”的培训体系。党校开设党员干部和党务工作者的培训课程，培养政治强、业务精、作风正的复合型、专业型人才，推动形成合理的人才梯队和人才结构。

**（二）锻造一支勇于自我超越的员工队伍。**

学习型组织理论认为，“自我超越”是“共同愿景”的基础，建立共同愿景的组织，必须鼓励成员发展个人愿景。南京银行坚持“以人为本、人尽其才、有为有位”的用人导向，引导员工把个人理想融入到企业愿景中来，实现企业发展和个人进步的共赢局面。持续关注员工职业生涯发展，开展了面向多个层级、岗位的干部公开选拔，夯实干部队伍基础；通过挂职锻炼、轮岗学习等多种方式，为员工提升能力、增长才干创造条件。

**（三）建立团体学习深度沟通的良好环境。**

南京银行培训学院在管理人员培训班中，引入了“世界咖啡”的研讨模式，引导学员就“支行行长关键角色与任务”、“目前工作中的问题与困惑”等问题展开深度汇谈，增进了相互理解与信任，推动了知识的分享、智慧的沉淀与经验的传承，团体学习取得了阶段性成果。

## 四、修炼：永无止境的融合与超越

创建学习型组织只有起点没有终点，要引导员工把学习作为一种生活需要、一种工作习惯、一种精神追求，建立起持续运转的深层次学习循环。金融企业打造学习型文化，尤其是在持续深入推进各项“修炼”过程中，应准确把握以下 4 方面的问题。

**（一）注重打造金融企业文化的特色。**

企业文化是在长期发展过程中形成的核心价值观、企业精神、经营理念、责任伦理、英模人物等，它源于金融实践，反过来又指导金融实践。金融企业在制度文化、风险文化、合规文化、诚信文化、创新文化、服务文化等诸多方面，具有自身鲜明特点。金融企业应从行业本身的特性特征特质出发，发扬创造精神，勇于探索实践，打造具有自身特色的企业文化体系，提升核心竞争力和企业软实力。

**（二）继承和发扬党的优良传统。**

我党强调理论联系实际、密切联系群众、重视调查研究、反对形式主义和本本主义，学习型组织强调行动学习；党重视在学习中坚定理想信念，学习型组织强调的“树立共同愿景”。因此，学习型党组织建设是学习型企业文化整体工程的重要部分，落实到具体的创建实践，党组织在理论资源、组织推动、思想指导等方面发挥着引领作用。

**（三）发掘中华传统文化的优秀资源。**

中华文化具有深厚的积淀、深沉的智慧和深远的影响力，儒家注重人与社会的和谐，以其面对现实、积极入世的态度影响着中国历朝历代的士农工商等各阶层人群；道家提倡人与自然的和谐，以其“道法自然，无为而治”的思想影响着中国人；佛家强调人与内心的和谐，蕴含丰富的哲理智慧。应将这些优秀文化资源转化为生产力，为企业的可持续发展凝聚力量、奠定基础、提供保障。

**（四）强化组织各层面的互动沟通。**

创建学习型组织是精神素质的改造与升华，是组织文化的再造与提升，绝不是一蹴可及的。建设学习型组织要求在组织的所有层面激发活力，搭建沟通平台，创新各类载体，努力实现总行与分行、领导与基层、前台与中后台、银行与客户等各层面的有效沟通，是建设学习型组织的题中之意。

（作者张杰，系南京银行党群监察部、企业文化部副经理）

# 激发正能量提升软实力

贵阳银行

贵阳银行着力创建“创新、合规、团结、责任”为核心的价值体系，用精神文明建设提升员工的凝聚力与执行力；

确立了“便利和优质服务”的品牌价值，提高产品与服务的品牌附加值，以“贵阳银行，爽爽的银行”为口号，营造良好的宣传氛围，提升企业的美誉度和核心竞争力。

## 一、以文化驱动提升银行核心竞争力

企业文化作为微观经济文化，是一种新的管理理念，管理思想，经营哲学。推进文化深植是企业发展的内在需求，也是挖掘企业管理的新思维、新方法的重要途径，更是有效凝聚员工，发挥积极性、创造性，提升管理水平、提高企业品牌效益的动力源泉。打造具有特色的企业文化需要围绕经营发展战略，审时度势，推进文化的深化与深植，努力建设创新型企业文化，推动企业文化的提档升级，以文化提升企业核心竞争力，更好地促进企业健康、快速、和谐发展。

银行核心竞争力包括战略管理能力、风险管理能力、客户服务能力、创新能力及人力资源管理能力。这五种能力相辅相成，构成现代商业银行的核心竞争力。战略管理能力是方向，风险管理能力是保障，客户服务能力是载体，创新能力是驱动，人力资源管理能力是支撑。

企业文化主要通过三个层面影响银行核心竞争力：一是企业的核心价值观影响领导层的战略取向和风险偏好，进而影响经营理念、经营方式、发展模式以及经营绩效；二是企业文化通过影响员工的价值观影响其行为方向、行为方式和工作效率，从而使银行的整体运作效率受之影响；三是银行经营理念、经营价值观影响银行与各相关利益之间的关系，对银行发展的外部环境与条件产生影响。打造贵阳银行特色的核心竞争力的企业文化表现为文化竞争力提升软实力，它能够保证银行始终保持旺盛的生命力和战斗力。

## 二、打造核心竞争力的企业文化培育方向

打造科学的发展文化是企业发展的导航灯。科学的发展文化以经济建设为中心，企业文化建设工作围绕中心工作和目标任务转。积极响应新金融时代的变革趋势，在我行战略规划的指引下，总结提炼核心文化价值体系，全面、深入、持续推进文化管理，对内提升我行的凝聚力、战斗力和感召力，对外展现贵阳银行品牌力、竞争力，全面推动我行协调、持续发展。发展文化的着力点应在分析自身的资源条件和外部环境的基础上，找准市场定位，进而确定与资源支持相匹配的发展战略。

健康的风险文化是企业持续发展的保障。银行是经营风险的行业，妥善控制和管理风险是经营成功的直接因素。风险管理能力已经成为现代银行中重要的核心竞争力，风险文化则是银行风险管理活动中高度提炼，并通过企业文化的精神层面、制度层面、行为层面的共同体现；是员工认同并自觉遵守的风险管理理念、风险价值观念和风险管理行为规范，风险文化建设是治行之本、动力之源。建设健全的风险文化，要结合我行实情，建立灵敏的风险预警系统和严密的风险防控体系，对风险实施“全方位、无盲区”的监控和管理。强化决策和管理过程中的合规意识，通过开展“严制度、讲纪律、守规矩”的大行动来推进法制银行建设，打造合规文化，让全员树立合规观念，把合规意识融入管理的每一环节和业务经营的每一流程，实现从合规制度到合规文化的转变。

卓越的客户文化是企业发展支撑力。面对金融业的白炽化竞争状态和利率市场化改革，要想在激烈市场竞争立于不败之地，必须提供优于竞争对手的产品和服务，使广大的客户乐于使用我行的产品和服务。卓越的客户服务和产品的品牌是竞争中的法宝。树立“以客户为中心”的客户文化服务理念，敏锐把握市场动态，以客户需求为出发点，通过标准化服务，提升营销、理财技能；通过服务转型，将传统的结算型网点向营销型、服务型具有复合功能的零售银行转型，充分挖掘客户资源，向市场要效益；运用整体营销手段，以目标客户为基础，有差别、有选择地进行金融产品营销和服务，把有限的金融资源最大化地用于能为银行带来经济效益的优质客户；致力研发我行的品牌产品，在总结、提炼、塑造、包装、开发等方面下功夫，发挥品牌影响力，强化人无我有，人有我优特色，在同类产品中出类拔萃，让老百姓乐于使用、爱不释手，提升市场竞争力。

持续的创新文化是企业转型升级的助推器。在金融产品和服务日益同质化的今天，创新必然成为银行核心竞争力的重要构成元素和企业文化的核心内容。在创新文化培育方面，着力于建立激励创新机制，努力培育创新型人才。从适应市场需求出发，从创新服务理念，金融产品，服务模式，业务流程等方面着手，从改变同质化、低层次的竞争状态出发，增强金融服务的科技含量、增强盈利能力，以创新谋利益，获成功，引领行业发展，助推我行转型升级。

先进的用人文化是企业和谐发展的黏合剂。人才是决定企业兴衰成败的第一资源。吸引不了、挽留不住优秀人才，对于现代银行来说，一切都无从谈起。贵阳银行的每一个岗位，都需要品德高尚、视野开阔、思路清晰、实践经验丰富的人才，需要专业化的经营管理团队管理。创新用人机制，给优秀人才机会、空间、舞台，以事业留人，以机制激发活力，形成尊重人才，创造人才的成长环境。

以文化理念激活人力资源的驱动作用。建立以人为本的用人机制，将创先争优文化引入工作，制定科学的考核制度，使之成为各项工作的指挥棒、航向标；形成“在学习中成长，在创新中发展”的氛围，实行“收入能高能低、岗位能上能下、职工能进能出”和“岗位靠竞争、收入凭贡献”的机制，把改革发展的目的落实到满足员工需要、提高员工生活质量上来，力求实现员工的薪酬与企业发展同向提高，提高企业的向心力和凝聚力，让员工同心同德、聚力汇智共绘锦绣蓝图，实现共同的光荣与梦想。

## 三、核心企业文化促进经营发展发力

贵阳银行致力于培养企业核心价值观和企业精神，逐步形成符合发展战略要求，特色鲜明、健康向上并为员工认同的企业文化体系，各分管领导按照分管业务条线将金融企

业文化落实到肩上、抓在手中，切实将企业文化基本理论和制度、行为规范，与绩效挂钩，助推主营业务持续发展。

传统管理重管而轻理，以文化主导的管理制度刚柔并重，实施精细化、人本化、个性化管理；发力于产品，丰富产品的文化含量；发力于服务，提升服务的品位。在企业文化发力于经营业务过程中，是一种生化过程。打造卓越的企业文化必须做到领导者与员工共建，缺一不可，否则就是空中楼阁。在企业文化建设工作中，企业领导者、班子成员是关键，行政领导、党的一把手负总责，主管领导、分管领导具体抓，宣传部长直接抓。在3个关键人物的引领下，做好顶层设计，依靠全员共同发力，达到“不言而喻、不约而同、不令而行、不争而胜”的无声胜有声的行为，将企业文化建设从总行到分、支行全覆盖，物化于子文化建设和经营全过程，将企业文化的竞争力作用于企业的核心竞争力，提升核心竞争力。

毛主席说：“没有文化的军队是愚蠢的军队，愚蠢的军队是不能战胜敌人的”。文化是企业核心竞争力的重要因素，一个企业文化有竞争力，对外，是传递给世界的一张名片；对内，是带动企业持续发展的引擎。当经济实力与优秀文化比翼双飞，卓越的企业将无往而不胜。让我行的文化“软实力”硬起来，发挥好“导航灯、助推器、黏合剂”的驱动作用，文化经济的双翅就能托举贵阳银行转型升级、跨越发展。

（作者刘秋霞，系贵阳银行党群工作部副部长）

# 突出人文管理　培育“引领文化”

## 烟台银行

烟台银行以“诚信立业，勤勉至善，尊贤尚功，和谐共赢”的核心价值观为引导，紧密结合自身实际，深入推进人本管理，大力培育先进文化，着力增强经营发展活力，在推动各项业务快速健康发展的同时，取得了精神文明和企业文化建设的丰硕成果。先后荣获了“山东省服务名牌”、“烟台发展贡献单位”、“烟台市最佳本地银行”、“山东省企业文化先进单位”等荣誉称号。

### 一、围绕文化制胜，凝聚发展共识

人文内涵式管理的灵魂是核心价值观。以叶文君董事长为领导的烟台银行新一届领导班子认识到，具有社会主义核心价值观和烟台银行人文管理的先进企业文化，是推动烟台银行改革创新、健康发展的重要支撑。体现烟台银行鲜明个性，反映员工共同信念和价值观的《烟台银行企业文化发展纲要》一经推出和“企业文化建设年”的启动，吸引了全行干部员工的热情关注，“员工关爱工程、教育培训工程、典型示范工程、文化再造工程”等文化工程构成的烟台银行企业文化体系，引导和帮助广大干部员工统一了思想、规范了行为、凝聚了力量，树立了正确的世界观、人生观和价值观，最大程度激发出干部员工干事创业的决心和热情，“风正、气顺、心齐，想干、会干、干好”的文化理念和工作氛围日渐浓厚，并逐渐成为推动烟台银行转型发展的强大文化合力，推动烟台银行各项事业不断向前发展。

### 二、践行普惠金融，实现科学发展

塑造共同的价值观，烟台银行坚持文化领航、创新发展。通过“系统建设”“创新管理”“效能建设”三个主题年活动，烟台银行进一步提升市场竞争力，较好的实现了“服务型”机关、“集约型”管理、“营销型”服务、“提升型”科技和“多元化”业务五大板块转型。2015年将建设“特色支行”作为品牌创新的突破口，先后挂牌成立了的高新区科技支行、牟平银政合作特色支行、长岛旅游特色支行、龙口青年科技创业支行等支行，借助烟台市县域经济结构、资源禀赋、产业特色、发展潜力的不同特点，成功实现了差异化、特色化发展。

开展产品创新，推出了“链式快贷”、“助保贷”、“税融贷”、“结算贷”等6款小企业创新产品，为小企业量身定制融资服务方案。积极支持地方建设，开展银政合作，为莱州市南关棚户区新农村建设项目，烟台第三中学新校区项目、开发区古现污水处理厂二期工程项目等当地基础民生工程提供资金支持。与烟台市住建局达成战略合作，为全市保障性住房建设项目提供近15亿元资金，为全市4000多户居民发放了5亿元经济适用房按揭贷款。推出“拥军安居贷”，为牟平地区部队300多名官兵解决住房安置难题。烟台银行积极践行普惠金融，在服务“三个定位”过程中，将自身发展融入地方经济的大政方略中，通过为实体经济提供强有力的信贷投放和金融支持，在自身业务得到快速发展的同时，有力地促进了地方经济又好又快发展，为建设烟台“蓝色幸福之都”做出了贡献。

### 三、坚持以人为本，打造和谐银行

烟台银行坚持以人为本，视员工为企业最宝贵的资源，关爱员工、服务员工、成就员工，努力实现员工与企业的共同成长。教育方面。利用人力资源系统为员工打造高标准网络学习平台，有针对性地开展“短、小、精、快、准”培训，提高一线员工培训效果；民主管理方面。充分发挥职代会作用，在经营状况、干部任用、评优评先等员工关注的问题上，认真落实办事公开制度，广泛征求民意，保障了全辖员工的知情权和参与权。畅通员工倾诉渠道，建立总行高管联系基层督导工作制，引导员工为经营发展献计献策、提合理化建议，调动和发挥员工的主人翁作用。关爱员工身心健康，致力打造“家”环境，“爱”文化，改善员工用餐、午休环境，开辟建设娱乐场所，购买添置了体育健身器材，成立了各种兴趣小组，深入开展“为员工办实事”、“为困难员工送温暖”活动，通过构建人本文化，打造民心工程，逐步建立起健康、活力、和谐、开放的共同体文化环境，增强了员工的幸福感、归属感、认同感和荣誉感，促进了企业文化建设水平连年提高。

### 四、治理机制完善，风险管控增强

建设现代金融企业，离不开合规文化的引领，更离不开全面、细致、规范的风险管控的支撑和保障。按照“强大的前台、高效的中台、集约的后台”的要求，烟台银行坚持向管理要效益，不断提升精细化管理水平，启动了全面风险管理工程。通过组织架构改革，前移风险管理关口，强化以直接管理职责、再管理职责和再监督职责为核心的“三道防线”建设，促使全行风险意识不断深化、抵御风险的能力明显增强。在公司治理方面。坚持党的政治领导核心作用，按照股份公司管理要求，明确了“三会一层”的治理机制，充分发挥各自职能。在经营管理方面。认真落实中央8项规定，规范领导职务行为，加强廉政制度建设，制定业务产品制度，出台员工规范行为的“红线铁律”，严格授信审批管理等，确保了烟台银行依法经营。在风险内控方面。着力完善全面风险管理体系，打造“三道防线”风险管控体制，认真组织监管评级，建立会计官、风险官、独立授信审批人机制，创新风险管理技术，及时处置化解了各类风险，实现了经营管理的稳健发展。

### 五、提供卓越服务，树立良好形象

烟台银行视客户为相伴成长的战略合作伙伴，把提供卓越服务融入到现代企业文化建设中去，促进了优质服务水平的快速提升。2015年，烟台银行加速推进网点转型，启动集网点定位、岗位设置和销售流程于一体的网点转型项目建设，柜台业务分流率达85%，客户排队时间压缩了40%，客户满意度保持在99%的水平。同时，加大电子设备及配套设施的建设，发挥好自助机具、叫号机等设施作用，开通营业厅免费Wi-Fi网络，配备充电数据线，不断提高客户业务办理的便捷度，提升网点服务承载能力，营造“零障碍、零距离、零差错、零投诉”的服务环境。持续开展服务达标管理、标杆网点创建和星级员工评选活动，为各营业网点配备大堂经理、保安员，对物品摆放、员工仪容仪表、办公场所环境、服务设施管理等实行“6S现场管理”，通过礼仪大赛、定期开展礼仪培训，对一线柜员从形象设计、仪容仪表、交谈礼节、服务语言、见面礼仪、引导手势、接打电话技巧等进行有针对性的讲解和传授，进一步提升前台员工服务规范化、标准化水平。从良好到优秀，从优秀到卓越，烟台银行以“贴心专业”践行了“真诚为您”的服务承诺，“市民银行”的金字招牌得到了社会各界的认可。

### 六、履行企业责任，积极回馈社会

秉持“服务客户，回报股东，成就员工，达善社会”的理念，烟台银行把公益事业视为责任文化的归宿点，教育广大员工热爱祖国、心系人民、关心社会，使热爱公益、扶危济困、奉献社会成为全行员工的自觉行动。在行党委的倡议下，烟台银行全面参与烟台市“公交爱心壹站”建设，共募集资金近7万元。开展护花活动，为牟平区小学生捐赠“荧光衣”1222件，学雷锋做好事，用实际行动谱写敬老爱老主旋律。“献爱心、一帮一”结对救助身患尿毒症的员工和白血病子女员工家庭。烟台银行积极参与当地政府组织开展的“双扶”活动，认真贯彻落实精准扶贫政策，扎实开展扶贫帮困工作，以联村促发展、联户促和谐为目标，投入数万元资金对乡村土路进行硬化，出资3万元为庙北马家村打造50米深水井，帮助因病返贫的果农打开苹果销售渠道，以积极的方式履行社会责任，传递爱心，回馈社会。自2013年累计为社会捐款107万元，所辖莱州支行被莱州市慈善总会授予“爱心慈善企业”荣誉称号。

叶文君董事长在《烟台银行企业文化纲要》中提出“文化是一种力量，好的企业文化对内有凝聚力和向心力，对外有吸引力和穿透力，好的文化是企业的核心所在”。在经济新常态下，烟台银行以前所未有的团结和干劲，在优秀企业文化的引领下，不断改革创新、开拓进取，未来，烟台银行更加昂扬向前，实现转型发展的美好明天。

（作者秦鲁斌，系烟台银行股份有限公司董事会秘书；孙静，系烟台银行股份有限公司监事会办公室主任助理）

## 管理深处是哲学　执行背后是文化

武汉农村商业银行

武汉农村商业银行在历史发展进程中，始终坚持服务“三农”、服务小微和服务民生的市场定位，致力于打造服务“三农”的主力银行，支持小微的特色银行，惠及民生的责任银行。几代农商人矢志不渝、勠力同心，形成了普遍认同而又独具特色的价值观和行为准则，成为企业不断发展和进步强有力的助推器。

### 一、用企业精神统一员工思想，塑造核心价值文化

不断统一员工思想，在引导员工树立正确的世界观、人生观和价值观的同时，通过身边人、身边事感化教育，提炼出“诚信、协作、创新、共赢”的企业精神，成为武汉农商行的核心价值文化。

**（一）开展“感恩敬业、守法合规、从我做起”主题教育活动，不断增强员工奉献精神。**

一是树标杆谋发展，选树德才兼备的优秀员工成为标杆，发挥示范带头作用；二是强服务促提升，开展服务工作考评，推动网点文明服务升级；三是控风险强管理，开展重点治理，落实内控短板提升工程；四是守廉洁树正气，提高干部员工廉洁从业意识；五是勤学习强素质，提升干部员工知识水平和操作技能。

**（二）开展“学习贯彻十八大、争创发展新业绩”主题实践活动，不断增强员工创新能力。**

开展以“十四个一”为主要内容的学创活动，围绕统

一思想、营造气氛，建立宣传阵地；围绕全员探讨、深入理解，科学谋划今后一个时期的发展思路；围绕贯彻落实、推动工作，开展了一系列以“武银杯”命名的活动，掀起了学习党的十八大、十八届三中、四中、五中全会精神的热潮。

**（三）开展群众路线教育实践活动、“三严三实”专题教育，不断改进干部员工工作作风。**

开展党的群众路线教育、“三严三实”专题教育，扎扎实实完成“学习教育、听取意见”、“查摆问题、开展批评”、“整改落实、建章立制”工作，对全行作风问题进行大排除和大检修，在推动业务发展的同时，干部员工为民服务的意识得到全面提升，社会主义核心价值观得到全面普及和贯彻。

## 二、用流程再造打破发展壁垒，塑造精细管理文化

不断引进先进的管理理念，塑造出精细的管理文化，调动一切可以调动的积极性，干部员工信心更强、劲头更足。

**（一）管理体系更加完善。**

强力推进体制机制改革，加快机构科学设置和业务流程再造，实行等级行考核和行员等级管理，重视人才引进培养和各方资源整合，实施跨区域发展战略，在湖北省内设立3家异地分行，在广东、广西、云南、海南、江苏、湖北6省设立34家村镇银行，顺利实现由地方性银行向区域性银行的转变。

**（二）管理措施更加有效。**

进一步建立起完善的流程体系、风控体系、考评体系、培训体系，并通过这些体系不断强化内控管理。实施授权经营、风险关口前移、引入经济资本管理和风险经理派驻制度、重视各类风险防范长效机制建设，内部控制制度有效地渗透到各项业务过程和操作环节，员工在潜移默化中认可并执行，达到了“润物细无声”般的效果。

## 三、用兑现承诺超越同质竞争，塑造优质服务文化

打基础、建规范、添设施、强管理，借鉴国有银行、大型股份制商业银行的先进服务管理理念，积极塑造武汉农商行自身独有的服务文化，实现了服务工作的“四个一流”：创建一流的服务环境、打造一流的服务团队、培育一流的服务文化、塑造一流的服务品牌，“兑现、超越、承诺”在全员中入脑入心。

**（一）做好7项基础改进。**

一是服务管理架构到位，建立以总行办公室、各一级分支行综合部为重点的服务管理体系；

二是标准化管理制度完善，围绕“服务标准化”核心，制定完善了6项制度；

三是标准化培训全员到位，组织了为期56天的“软服务”标准化导入培训，全辖营业网点2300人全部参加；

四是硬件设施统一完善，统一设施配置、统一功能分区、统一物品摆放、统一制作宣传、统一仪容仪表和着装；

五是督导督查强化到位，总行每个月派专班下基层抽查50个左右网点，确保“标准化”服务落实到位；

六是“标杆”建设到位，将总行营业部、后湖支行打造成全国银行业“千佳”网点；

七是服务考核通报到位，定期通报检查结果，组织网点间的经验交流。

**（二）取得7大基础成效。**

一是重视程度更高，形成分管行长亲自抓、综合办具体抓的格局；

二是服务环境更加美化，形成独具武农商风格的营业环境；

三是服务行为更加规范，“标准礼仪”、“晨会”、“大堂巡视引导”、“微笑”、“文明用语”全面推行；

四是服务流程更加规范，“开门迎客”、“七步曲”、“八大流程”井然有序；

五是硬件设施基本统一，10类温馨提示标牌在醒目位置标识，客户椅、大堂经理咨询台、填单台、公告栏、便民箱等已统一配置；

六是功能分区逐步完善，所有网点均配置低柜区，大堂服务区，“VIP”服务区和专为特殊人群配置的“爱心服务区”；

七是干部员工精神风貌更高，标准化的服务提振了员工的精气神，从营业网点的文化氛围中可以直观感受到武汉农商行的企业精神。

## 四、用规章制度约束员工行为，塑造合规经营文化

通过规章制度约束员工行为，营造和宣扬“指示服从制度、信任不忘制度、习惯让位制度”的合规意识和“操作遵守制度，始终执行制度”的合规行为模式。

**（一）突出三项重点，认真开展学习教育。**

一是突出重点人员，增强学习教育的针对性。把抓好各级管理人员的学法用法作为工作重点，努力提高依法决策、依法管理、依法经营的能力和水平，实现了各级管理人员学法用法的规范化、制度化。

二是突出重点岗位，防止经济犯罪的发生。每年对容易出现问题的部门、岗位人员进行专题教育，突出抓好现金尾箱管理、信贷调查审查等关键岗位人员的学习教育和监督制约。

三是突出重点内容，保障企业安全经营。根据实际，采取举办各类培训班、专题讲座、知识竞赛等，增强业务人员守法合规意识。

**（二）全面立体防范风险，不断深化合规经营。**

一是科学设计授权管理程序，建立严密的分级授权管理体系，将风险评价以量化指标的形式进行测算，并将结果运用于经营，实现动态授权。

二是加强风险评估机制建设，全面推行风险经理派驻制，有效前移风险管控关口，延伸风险管理链条。

三是狠抓合规经营，严格落实银监部门“七不准”要求，推行信贷合同格式化，规范非格式文本法律审查，确保各个环节规范有序。

四是强化基础管理，提升员工风险防控意识，规范柜面操作行为，加强支付结算管理，统筹推动重点工作，实现规范操作与风险防范的有机结合。

五是加大内部审计力度，形成由制度制定、贯彻执行以及检查监督构成的“三道防线”。

### 五、用发展成果映射企业价值，塑造品牌形象文化

在人行武汉分行营管部对全市25家金融机构信贷综合考评中，武汉农商行对“三农”、中小企业和创业民生这3项的支持力度长期排名第一，特别是武汉农商行独创的支持小微企业“扫街”模式，得到了国家领导人的高度赞许，用“精耕细作，服务周到”8字评语予以了充分肯定，并在国务院召开的全国小微企业金融服务经验交流电视电话会议上进行了大会交流。

武汉农商行积极参与社会公益活动，独家投资拍摄革命历史题材影片《忠诚与背叛》，荣获中宣部“五个一工程奖”，参与投资拍摄电影《风云·一九二七》，支持武汉园博会、武汉东湖灯会，捐赠1万辆公益自行车，独家赞助出版《武汉2049》、冠名亚洲男子篮球赛和国际渡江节等。坚持“改制不改向”，把服务“三农”作为一项光荣的政治任务和历史使命，作为全行战略发展和市场定位的核心组成部分，在新城区偏远位置的乡镇达到网点全覆盖、产品全覆盖、客户全覆盖和信用环境全覆盖等4个方面的“农村金融全覆盖”。武汉农商行对地震、洪涝、干旱等自然灾害，对贫困大学生和困难弱势群体等累计捐款近千万元，被省红十字会评为“湖北省最具爱心的10大国有企业”。

（作者单位：武汉农村商业银行党办）

## 引领发展　塑造形象<br>凝聚人心　创造价值

山西省农村信用社联合社

山西省农村信用社联合社自2005年8月成立以来的短短十年间，以高度的文化自觉，将企业文化建设纳入“十二五”发展战略规划，全面部署，持续推进，不断创新，打造了具有山西农信特色的企业文化，为推动企业的转型提质发展，实现“建设健康而富有活力的现代金融企业集群”提供了不竭的智力支持和精神动力。

### 一、机制长效化，夯实企业文化建设基础

企业文化建设即是管理，贵在坚持，重在长效。为此，省联社建立了三项机制。一是领导机制。省联社连续两届都成立了由党委书记、理事长任组长的企业文化建设领导组，对全省农村信用社的企业文化建设实施有效的领导协调。2009年设立企业文化处，细分工作岗位，明确岗位职责，逐步完善了组织架构、搭建起运行机制、修订了制度办法、形成了责任体系。同时，指导市、县两级机构逐步构建起了企业文化组织架构，逐步总结提炼企业文化理念，深挖企业文化内涵。通过五年的实践，全省农村信用社逐步构建起具有鲜明的时代特征、行业特性和山西农信个性的企业文化体系，凝聚、提炼出了“服务三农、强省富民”的企业使命、“诚信、合规、责任、团队”的企业核心价值观、“坚韧、进取、务实、创新”的企业精神、“建设健康而富有活力的现代金融企业集群”的企业愿景，强社富民“山西农信梦”的宏伟目标，实现了理念文化、行为文化、形象文化的有机统一。二是制度机制。制定了《山西省农村信用社企业文化建设中长期规划》，印发了《山西省农村信用社企业文化大纲》、《山西省农村信用社企业文化建设实施方案》、《山西省农村信用社营业网点VIS形象建设标准》等，2010年顺利创办了《山西农信》报、《山西农村合作金融》杂志、山西农信门户网站，2014年又开办新浪微博和微信公众平台，在全省农村信用社培养建立起1200多人的通讯员队伍，形成了全媒体传播的初步格局。三是标杆机制。积极培养树立企业文化典型单位和先进个人，发挥其探索创新、先行先试、表率示范、以点带面的作用。树立了以“贴心的家园文化、优质的服务文化、高效的激励文化”体系引领业务稳健发展的晋中开发区信用联社；打造“标杆银行”的榆次农商行；以“德商兴行”的介休农商行；“船行文化”的永济农商行；以及夏县信用联社理事长冯玉锁同志秉承“不怕摊摊烂，只要踏实干”的信念，经营信用社8年没有形成一笔不良贷款，经营夏县信用联社3年在全省进步84名的优良业绩，以召开现场会、经验交流会、先进事迹报告团巡回宣讲、评先评优、物质奖励等多种方式，促使企业文化建设有动力、有干劲、有凝聚力。

### 二、传播多样化，拓宽企业文化宣传渠道

文化传播是推进企业文化建设最有力的抓手。省联社坚持“围绕主题，把握主线，弘扬宗旨，汇聚力量”的思路，建立起报纸、杂志、网站、微博、微信、APP“六位一体”的宣传平台。

**（一）高标准创办《山西农信》报和《山西农村合作金融》杂志。**

一是与山西农信经营发展深度融合。紧紧围绕省联社党委的决策部署，坚持面向大众、贴近基层，《山西农信》报累计开设了涵盖“要闻大事”、“聚焦关注”、“探索实践”、“综合博览”的四大类80多个栏目，并不断对栏目进行科学、合理地调整更新。2010年1月1日《山西农信》报创刊至今，共发行290期，每期发行22700份，共计658万多份。《山西农村合作金融》杂志与报纸同日创刊，月刊发行，主要设立企业文化宣传和金融理论研究两个版块，五年来共发行60期。最大限度地满足了全系统宣传、交流、学习需求。

二是形成流程化运作。创刊伊始，省联社投入大量人力、物力，划拨80余万元，成立“一报一刊”编辑部，抽调专业人员18人，制定了《山西省农村信用社新闻宣传工作管理规定》及从采编到发行等各个环节的工作流程，明确了《宣传工作责任制》，从制度上规范了各个岗位和每名工作人员的工作职责；制定了《编辑部工作流程》、《报刊质量管理标准》、《稿酬计发标准》，细化了各个环节的工作分工，逐步完善了内部报刊工作的制度化建设。

三是加强队伍建设。在全省建立了11个市级通联站、116个县级通联组，培养了1200名骨干通讯员，先后选派编辑人员外出进修30余人次，组织骨干通讯员培训、采风10余次，参训人员达到1300余人次。建立“山西农信宣传骨干”群，适时与通讯员互动交流，利用班后时间进行点对点培训。启动通讯员上挂培养计划，各地市推选宣传骨干到省联社企业文化部实习锻炼。省联社将宣传工作纳入考核，年度评选优秀通讯员给予表彰奖励，五年来共奖励通讯员60余万元。一系列措施，通讯员工作积极性高涨，年投稿量达到两万篇。

付出也有了回报。《山西农信》荣获全国农村中小金融机构优秀报刊综合一等奖、最佳视觉奖、最佳主编奖、全国农村金融十佳内刊、全国品牌内刊、好报纸特等奖；《山西农村合作金融》被评为“全国农村金融十佳内刊”，荣获中国品牌内刊2012年度“好杂志”二等奖。

**（二）高起点精耕门户网站。**

一是紧扣主题，栏目、页面规划与时俱进、重点突出。结合省联社管理、服务的职能要求，门户网站建设先后完成了网页主题更新、VI标识替换、业务指南架构升级，自助查询信息完善等工作，形成了与品牌形象宣传、经验交流、管理成果展示相结合的内容丰富的页面。目前，创办栏目有省社动态、业务指南、企业文化、学习园地等14类，下设联社简介、组织架构、核心团队、11个地市工作动态等，政策法律、文化长廊、纳言堂等100余个栏目。

二是发挥实时传播优势，积极展示山西农信成果。借助互联网信息传播的广泛性、及时性，门户网站先后围绕省联社重点工作、落实中央政策“转型提质”、“两学一做”、“年度工作会议”、“精准扶贫”等内容开辟专栏。截至目前，门户网站点击量已突破1461万，完成内容更新33570余次。尤其是在落实省委、省政府、银监局关于强化支农服务的政策要求时，网站开辟“支农服务”专栏，深入挖掘各级农村信用社在三晋大地上服务三农的典型经验和优秀代表，连续报道典型经验30多家，充分展示了农村信用社“以农为本、惠民富农”的企业形象。

**（三）高要求创新微信平台。**

一是做到更新及时。山西农信微信公众平台（shanxinj）及时报道全省农村信用社的系统新闻、行业动态，深入挖掘全系统在改革发展、转型提质中的先进经验和成功典型，集中展示农信社在管理创新、产品创新、服务创新上的前沿信息，全景呈现山西农信人“扎根三晋、服务三农”的工作点滴。每周1-5期推送发布省社动态、基层信息等内容，实现了从无到有、从零到2万余名微信用户的关注和订阅。

二是做到跟进创新。不断创新栏目设置，优化版面布局，栏目已超40余个，常设主要栏目有今日头条、权威声音、以案说法、经验交流、创新服务、一线传真等，为全省各级农信社互相学习、互相交流、互相鞭策、取长补短、改进工作、促进发展提供了平台，为提升山西农信品牌形象营造出了良好氛围，受到了广大客户的关注和点赞。

三是注重理念灌输。利用宣传平台在全省范围内及时高效地传播自身的企业文化体系和建设思路。把学习践行《企业文化大纲》和《员工守则》作为各层次、各类型员工培训的重要内容。通过持续、深入、多层次地宣讲传授，增强了各级管理人员企业文化建设的领导力，提高了宣传骨干队伍企业文化建设的实践能力，也使全体员工对企业文化内涵得到了全面认知和深入领会。

四是呈现企化特色。开设了“艺术品鉴”和“农信文苑”专栏，选登员工的摄影、书法、剪纸、篆刻、绘画等艺术作品和诗歌、散文、小小说等文学作品，为基层员工搭建了展示才华的平台，激发了全员创作的积极性，增强了可读性，丰富了全员精神文化生活，营造出浓厚多彩的山西农信文化氛围。

**（四）低风险借助于微博。**

“山西农信”新浪微博主要应用于做好舆论引导工作，积极发布有关行业动态信息、回应媒体质疑等各类正能量微博，帮助系统内员工掌握与社会公众沟通的技巧。全省建立了400余人的网络评论员队伍，通过年度考核等方式，充分调动大家的积极性，对反映业务处理工作问题情况属实的，或有依据的批评性舆情，通过“山西农信”微博直面问题，勇担责任，及时发帖回应，表明态度，理顺和稳定公众情绪，扭转不利导向。

**（五）融合山西农信手机银行APP。**

山西省农村信用社手机银行暨“山西农信”APP采用先进的客户端模式，目前支持IOS系统、Android系统，支持移动、联通和电信三大运营商，只要客户持有以上任一系统的智能手机，就可将客户在我行的账户和客户的手机号绑定，让客户拥有自己的掌上银行，可以办理账户管理和查询、转账汇款、自助缴费、个人理财、贷款还款等多种金融业务，同时，融合“山西农信”APP，创新特色宣传模块，通过APP将信贷、理财等业务以及山西农信动态，精准推送传播出去，进一步提升山西农信的品牌认知度。

**（六）“六位一体”宣传平台互为结合。**

报纸、杂志、网站、微信、微博、APP六个宣传平台既互有侧重，更注重互补结合。报纸和杂志作为传统媒体，仍是目前全省农村信用社宣传的主阵地、主渠道，网站、微信和微博作为新媒体，以快捷、形式多样、图文并茂的优势，给予了丰富和补充，APP通过精准宣传让客户随时了解山西农信业务动态，“掌上”办理各种金融业务。同时，门户网站还同步更新了《中国农村金融》“中国农村金融网·网站联盟——山西板块”栏目，与外界媒体保持互动。

## 三、服务多元化，提升企业文化内涵

对山西省农村信用社而言，企业文化建设要立足业务，推动发展；立足员工，激发活力；立足三农，服务三晋。

**（一）在最需要的合规文化、创新文化上亮实招。**

针对当前农村信用社存的突出问题，紧密结合省联社战略、管理、经营思路，在合规文化上，推行风险管理覆盖、合规管理覆盖、稽核审计覆盖“三个覆盖”。五年来，共出台492项规范性文件，废止、修订150项规范性文件，现行有效制度342项，基本形成了覆盖各项业务、各个环节的制度体系。始终保持稽核审计的高压态势，“十二五”期间稽核及各业务条线共组织各类检查百余次，累计出动稽核人员10.4万人次，开展合规性稽核3850次，员工合规经营意识逐渐增强。在创新文化上，侧重科技创新，紧紧抓住“互联网+”的战略机遇，顺应大数据时代带来的金融经验、先进技术，持续加大创新力度，引进专业人才，搭建服务平台，集中力量办好基层办不了、办不成、办不好的事。先后上线综合业务系统、信贷业务系统、清算系统联网、开通网上银行、手机银行、微信银行等。

**（二）坚持人本管理，强调人的价值。**

省联社坚持企业发展与员工成长相结合，各级管理者始终关注了解员工诉求和意愿，切实强化人文关怀，促进了员工与企业共同发展。一是构建起干部选用机制。坚持“重品行、重业绩、重民意、重程序”的“四重”原则，严格落实“查档案资料、查举报线索、查个人贷款、查违规违纪、查处分情况”的“五查”要求，匡正选人用人风气，2015年换届之际调整、提拔优秀青年干部上百人，树立了正确的用人导向。二是加强后备人才队伍建设。全省选派300名80后优秀青年才俊，赴上海会计学院脱产培训、金融机构实习锻炼三个月，建立结构合理的人才梯队。三是开展学习型、服务型机关建设。省联社牵头组织党章党规、大政方针、法律法规、经济金融、科技创新、历史国学等方面的农信大讲堂18期，参加人数达到10万人次以上，为系统党员干部、广大职工提升素质、开拓视野、提高履职能力搭建了良好平台。同时完善机关健身房，配备健身器材，定期组织各类群众性体育项目的友谊比赛，增强干部职工的身体素质。四是切实关爱广大员工。坚持开展一年一度的帮扶慰问工作，对各级老党员、困难党员及家庭生活困难的员工逐一摸底，采用领导带头、分级负责的方式，进门入户，排忧解难，多为员工办实事、办好事。建立山西农信功勋员工墙和屯留罗村社史教育基地、完善省联社社史展览馆等，形成培养践行山西农信文化的鲜明导向。引导基层开展“小食堂”、“小澡堂”、“小菜园”、“小阅览室”、“小活动室”五小建设，为员工创建良好的生活工作环境，组织员工开展各项争先创优活动，引导员工树立良好的职业道德；组织员工开展业务技能比赛，开展形式多样，健康向上的文体活动。同时积极推动志愿服务制度化。大力宣传“奉献、友爱、互助、进步”的志愿精神，培育员工学习雷锋、做志愿者的文化自觉。

**（三）打造支农品牌，真正体现企业文化内涵。**

全省农村信用社牢牢把握服务“三农”的宗旨定位，“十二五”期间陆续启动了“支农惠民行动计划”、“农村金融服务网络工程”、“强农兴社金融普惠工程”、“百万棚设施蔬菜行动计划”等专项特色扶农助农惠农活动，在全省范围内打造了统一的支农品牌。推出了基础类产品七大系列32个品种，特色类产品三大系列21个品种，如土地收益权抵押贷款、林权抵押贷款、农机具购置贷款等业务，为农村青年、复转军人、巾帼创业等提供信贷服务，赢得了地方党政、农民、中小微企业、信用社“四满意”的效果，“农民银行”、“百姓银行”、“草根银行”的形象深植农村社会各界。截止2015年末，全省农村信用社资产总额8690亿元，各项存款余额5650亿元，各项贷款余额3620亿元，其中农业贷款余额3054亿元，占全省银行业金融机构的98%，为全省500万户农民提供了信贷支持，占全省农户总户数的70%以上，已成为名副其实最好的联系农民的金融纽带和农村金融的主力军。

# 弘扬普惠精神　打造浙江农信品牌文化

浙江省农村信用社联合社

浙江农信成立于1952年，在60多年的发展历程中，一代又一代农信人艰苦奋斗、进村入企、主动服务，接地气、聚人气、惠民生，积淀了“早上一头露水、中午一身汗水、晚上一脚泥水”的“三水”精神、“挎（背）包”和“老黄牛”精神，形成了质朴而独特的文化基因。近年来，浙江省农信联社围绕中心工作，大力弘扬普惠精神，深入实施“文化兴行”工程，形成了具有浙江农信特色的企业文化建设架构，在全系统改革发展过程中发挥了重要的引领和推动作用。

### 精心提炼核心价值体系

文化是一种沉淀、一种升华，更是一种力量。

浙江农信的核心价值体系发源于农信优良传统文化。自1952年以来，一代又一代浙江农信人筚路蓝缕、薪火相传，积累沉淀了独特的农信精神文化。“三水”精神，是农信人起早贪黑、走村入户、服务万家的真实写照；“老黄牛”精神，体现了农信人俯首甘为孺子牛，默默无闻、辛勤耕耘的奉献精神；“挎（背）包”精神，则是农信人克服办公条件简陋等困难，矢志不渝、艰苦创业的时代缩影。这些质朴而又宝贵的精神财富，既是从浙江农信发展历史中总结提炼而来，又是指引和激励农信人坚定前行的一盏盏明灯。新一代的浙江农信人，有责任将这些宝贵的精神财富传承弘扬下去。

浙江农信的核心价值体系是与时俱进的时代精神。农信社改革以来，浙江省农信联社带领全系统坚持支农支小，大力发展普惠金融，深化社区银行转型建设，形成了一系列发展战略理念体系，有效应对了国际金融危机和民间金融风波的影响，实现了平稳较好的发展。实践证明这些战略理念是符合浙江省情、农情以及浙江农信实际情况的，得到了81家行社的广泛认同和遵循，已经成为烙印在浙江农信人心中的文化印记。

站在发展的新起点上，浙江农信融合了自身优秀传统文化与新时期改革发展的时代精神，出台浙江农信品牌文化指引，提出了企业的文化基因、使命、愿景以及核心价值观等一整套核心价值体系。总结提炼了“根、诚、活、家”的文化基因。回首过往，浙江农信历经曲折，却生生不息，走出了一条与众不同的发展道路。

所谓“根”，浙江农信的历史，就是一部扎根农村、生根发芽，最终枝繁叶茂的发展史，更是一部深耕农村、紧接地气、服务“三农”的发展史。所谓“诚”，浙江农信的发展凝结着诚实守信的执着信念和至真亲情的一脉相承，诚待彼此、诚立天下。所谓“活”，浙江农信有着无穷的生命力和创造力，有着灵活高效的体制优势，因地制宜、持续创新。所谓“家”，浙江农信是员工遮风挡雨的大家庭，也是浙江省农信联社与81家行社抱团取暖的大系统，同根共生、携手奋进。

将“润泽三农、成就梦想”作为企业发展的使命，即坚持服务三农和小微的主方向、打造支农支小的主力军、巩固社区银行的主阵地、建设农村金融的主渠道，大力发展普惠金融，努力让每一位浙江人都享有金融服务，成就每一位浙江人的梦想。以成为“普惠金融的卓越领导者”作为发展愿景，激励6万浙江农信人朝着共同的理想努力奋进。凝聚了“关爱、担当、合作、成长”的普惠精神，引领6万浙江农信人投身光荣的普惠金融事业。

围绕着使命与愿景，确立了“立于信、兴于合、久于新”作为浙江农信企业层面的核心价值观，以诚信为立业之本，以开放包容实现和合共生，以创新不断开创事业。明确“诚信、责任、创新、普惠、乐业”的员工层面核心价值观，成为6万浙江农信人共同的行为准则。在核心价值观的指导下，分别形成了做强做优、差异制胜的发展理念，统分结合、规范精细的管理理念，实干能干、有德有为的人才理念，真心贴心、普惠大众的服务理念，主动为先、全面合规的风险理念，形成了一整套完整的核心价值体系。

企业文化建设重在员工认同。为此，专门制定浙江农信员工行为手册，明确员工的基本道德公约、核心价值准则、能力素质要求和职业形象规范。通过大讨论和征文活动等形式，让员工以“讲故事”的形式讲出自己心中的浙江农信文化，在全系统形成了良好的学习宣贯氛围。值得一提的是，浙江农信在省县两级、统分结合的组织架构下，既有一脉相承的浙江农信文化，也有百花齐放的地方文化、行社特色文化；既有统一规范的浙江农信品牌，也有接地气的行社子品牌、产品品牌。

### 丰富载体展示文化成果

文以载道、形以传神。企业文化建设要有精神层面的财富，更要有展示精神财富的形式与载体，才能做到神形兼备、立体丰满。

2012年浙江农信社成立60周年之际，浙江省政府新闻办专门召开新闻发布会，发布了《浙江农信·印象60年》画册、《浙江农信·记忆60年》纪录片、《浙江农信·足迹60年》专著、《那些年我与浙江农信的故事—60年60位浙商眼中的浙江农信记忆》等一系列文化作品，全景展现了浙江农信60多年波澜壮阔的改革发展历程以及几代浙江农信人不忘初心、支农支小、艰苦创业的如歌岁月。其中纪录片还荣获中央电视台新农村电视艺术节最佳对农电视作品一等奖。

为庆祝浙江农信社成立60周年，率先建成全国农信首家省级史料馆。发动广大干部员工以及老农信人抢救挖掘了4000多件史料。其中既有上世纪50年代农民写在香烟壳上的贷款申请书、老存折，农信员工使用过的挎包、煤油灯、算盘、账簿，农信社第一代计算机等珍贵物品，也有农信社各个发展历史时期的重要文件、档案、图文资料。从浙江农信走出去的中国武警部队原政委徐永清上将亲自为浙江农信史料馆题写了馆名，并将自己在浙江农信工作时的印章捐献给了史料馆。史料馆承载着浙江农信的过去、现在和未来，既是浙江农信对外宣传的重要窗口，也是对员工进行爱社历史教育的基地，开馆以来已接待参观一万多人次。如今，随着地处长三角金融后台基地浙江德清县的浙江农信学院大楼拔地而起，面积更大、展品更丰富的浙江农信史料总馆也即将建成，届时将成为浙江农信的企业博物馆。

### 全面打响浙江农信品牌

从1952年诞生的那一刻起，浙江农信就奠定了支农支小的历史使命。作为普惠金融的先行者，浙江农信始终专注于“二八法则”中的“八”，为传统金融服务不到位的“三农”、小微企业以及贫困人群提供均等化的金融服务，做了大量的探索和有效的工作。

2013年初，浙江农信率先全面启动普惠金融工程，发展普惠金融之路走在了全国的前列。浙江农信将企业文化建设与普惠金融品牌建设紧密结合起来，全面唱响普惠金融的好声音、传播普惠金融的正能量，大力提升普惠金融品牌文化的影响力。

依托大型活动为普惠金融鼓与呼。由浙江省政府新闻办召开浙江农信普惠金融工程新闻发布会，拉开了普惠金融工程3年行动计划的序幕。浙江省农信联社承办中国普惠金融（浙江）高峰论坛，全国金融系统及相关部门的代表近500人畅谈普惠金融发展之道。

建立健全普惠金融品牌文化长效机制。连续两年编制《浙江农信普惠金融报告》，反映普惠金融工程的最新成果；开展“浙江农信普惠金融千里行”新闻采风活动，深度报道浙江农信普惠金融的好做法、好案例；组织“送普惠金融知识下乡”活动，发放卡通知识读本等宣传资料，以老百姓喜闻乐见、通俗易懂的方式，将金融知识送到千家万户；结合“丰收村村通”工程、网点视觉形象建设和文明规范服务工作，在营业网点、自助银行、丰收驿站、便民服务中心等渠道广泛应用普惠金融宣传标志。通过一系列的宣传，“让每一位浙江人都享有金融服务”的理念以及浙江农信普惠金融品牌深入人心，成为老百姓口口相传的民生工程、民心工程。

“一头露水、一身汗水、一脚泥水”是浙江农信人奔走于这片土地的姿态。面朝土地，扎根“三农”，悉心耕耘，坚定走普惠金融的道路。“根是地下的枝，枝是空中的根”。浙江农信，根深必能叶茂。

## 助推阳光保险高速发展的文化动力

阳光保险集团股份有限公司

阳光保险集团股份有限公司是中国500强企业、中国服务业100强。公司成立3年跻身7大保险集团，5年超越了与其同期成立的71家保险主体，9年布局互联网金融及不动产海外投资领域，10年成功进军医疗健康产业，成为全球市场化企业中成长最快的公司之一。阳光保险在取得快速发展的同时也得到了社会的高度认可，公司相继获得中国公益50强、中国红十字勋章、最具社会责任保险公司、中国最佳商业模式、最佳管理创新奖、金融行业首家“全国企业文化示范基地”、最佳理赔保险公司、最具竞争力保险公司、最具幸福感企业、最佳年度海外并购创新奖、中国最佳保险资产管理公司、中国信用500强企业等多项荣誉。

阳光保险公司文化建设与企业的成长是同步的。公司董事长张维功在筹建之初就提出“敢于挑战，坚韧不拔”的原始创业文化。公司进入正式筹建阶段，在系统文化没有形成之前，董事长张维功写下了“五十字箴言”，浓缩了阳光文化中最核心的思想，指引了整个公司的筹备工作。2005年春节前夕的《中国保险报》和《中国青年报》上，阳光保险登出了一条招聘广告，明确提出要拒绝的12种员工，引起了巨大反响。正是这条特别的招聘广告背后的文化内涵吸引了众多人才义无反顾地加盟阳光，创造了企业创业阶段人才招聘的经典案例。2005年，阳光保险经过3个月的研讨，在开业之际形成了《阳光之道》，明确阐述了阳光的基本理念、基本政策，管理者和员工的基本行为要求。

2005年6月以来，张维功董事长孜孜不倦地撰写文化讲稿、传播阳光文化。2009年，阳光保险开始了新的探索，逐步构建基于核心文化与各条线业务特点相匹配的分项文化，以引领各条线、各部门进行工作目标设定、制度建设、流程改进、日常管理及人员发展等工作，充分发挥文化对公司发展的引领作用。

2010年，阳光保险公开出版发行了《阳光基业》一书，向社会各界系统介绍阳光保险的企业文化。2015年，在新的环境和战略背景下，阳光保险重新修订《阳光之道》，提出了“让人们拥有更多的阳光”的使命和“打造符合人性与最具活力的金融保险服务集团”的愿景。梳理了公司成立10年来的发展历程，出版发行了《阳光立业》一书。

公司多年重视企业文化建设，使公司员工队伍间特别是管理队伍间，形成了阳光式的共同语言、共同价值。随便挑选一位阳光保险的管理干部，他们对阳光保险企业使命、企业愿景、企业价值观、企业战略规划等内容都能够做到准确表达、深刻理解、衷心认同、自觉实践，这在中国企业中实属不易。阳光公司多年来坚持不懈的企业文化建设，帮助干部队伍和员工队伍中逐渐形成共同语言，进而形成了共同的思想理念、价值信仰。从而产生了卓然不群的企业绩效。这是阳光保险企业文化与企业业绩之间的简明逻辑，可以说，阳光保险之所以能有如此不凡的业绩表现，与阳光在长期发展过程中形成的企业文化密切相关。

阳光保险不仅形式上重视企业文化建设，在内容上也保持了理念的先进性，阳光文化的定位是责任与进步的文化。

责任。阳光保险倡导为客户提供人性化的保险、健康和其他服务，让人们的生活更加安心快乐。对员工，阳光保险倡导为员工提供人性化的工作环境，重视员工人文关怀，让员工富有成就。对股东，阳光保险倡导高效运营企业，为股东提供有竞争力的投资回报。对国家社会，阳光保险倡导自觉守法经营、照章纳税、公平竞争、合作共赢、支持公益等理念，责任文化使阳光保险能够自觉地为别人做贡献，通过成就他人的方式来成就自己，这让阳光保险在发展过程中得到了客户、员工、股东、合作伙伴、政府以及社区各相关利益者的认可和支持。

进步。包括思想理念上的与时俱进，业务结构、产品形态上的与时俱进，组织结构、管理方式上的与时俱进。从筹建到今天，阳光的文化理念体系已经经历了两次自觉的系统修订；阳光的业务也从原来的单纯财险，逐渐增加了寿险、理财、投资、医疗、酒店等多业务形态；经营区域从重点城市走向全国、走出国门；业务开展方式从原来的单纯线下，逐步转变为线上线下互动。伴随着中国经济的国际化，阳光把经营视角伸展到国外，先后在美国、澳大利亚收购酒店等资产，逐步实现资产的全球配置。随着移动互联网、大数据时代的来临，阳光保险积极拥抱移动互联网和大数据，提出数据阳光的战略目标。进步的文化使得阳光保险能够随时而变，与时俱进，不断地通过自我更新，自我超越实现与时代的同步，不断获得企业前进的动力。

在2015年修订的《阳光之道》中，阳光人把“符合人性”写进企业愿景，体现了对于人文精神的追求。阳光致力于产品、服务、管理等领域根植于人性的思考与探索，让产品和服务融合技术与人性之美，管理让人性得到释放，努力成为具有人文精神和人性关怀的企业。

对于员工，阳光保险坚持人本管理的理念，认为“人文关怀”就是对人的生存状况的关怀，对人的尊严与符合人性的生活条件的肯定。简单而言，就是关注人的生存与发展，做到关心人、爱护人、尊重人。因此，阳光保险的人本管理把加强人文关怀贯穿、渗透到企业管理、文化建设等工作的全过程，使员工的思想、心理变得和谐有序，使员工的聪明才智得到充分发挥。

对于客户，阳光保险坚持以客户为中心，明确提出“企业的根本是客户”。在组织角色中，特别强调了客户导向，“所有与客户直接接触的基层组织，是企业的千里眼、顺风耳，所有的基层组织都负有解决与反映客户问题的神圣职责。各管理机构都负有认真倾听客户及基层批评意见的责任，都应鼓励基层组织积极探索符合人性及适应时代发展的组织创新模式。”在集团内部，开始对产品、服务、业务流程进行升级，力推企业去中心化，将资源向与客户接触的一线组织进行配置，从而使组织更好的洞见客户需求，并真正满足客户的需求。

正是通过重视和坚持企业文化建设，阳光人不断更新着自己的思想，提升着自己的视野，使企业决策更有远见，企业发展更有前途；正是通过重视和坚持企业文化建设，阳光人不断改进运营中的短板，提高同事之间的工作默契度，使工作富有效率。正是通过重视和坚持企业文化建设，管理者更加关注员工队伍的成长，使员工富有成就，也使企业有了长足发展的根基。

（作者王婧，系阳光保险集团文化传播主管）

## 凝聚文化认同　实现文化引领

### 山西榆次农商银行

企业文化是企业生存和发展的灵魂，一个企业的文化价值越高，这个企业的影响力就越大，软实力也就越强。改制四年来，我行始终秉承“服务三农 服务社区 服务小微企业”的经营理念，以“打造标杆文化，争创标杆银行”为目标，坚持走“差异化、特色化、精细化”的发展道路，不仅提前一年实现了“三年再造一个榆次农商银行”的奋斗目标，使各项资产、负债和所有者权益等经济指标全部翻番，而且在综合考评排名上位列全省农商行第一，并被中国银监会和中国企业文化研究会分别评为“2015-2016 全国农村商业银行标杆银行”和“‘十二五’企业文化建设优秀单位”。

榆次农商银行是一家地地道道的本土银行，成立于 2012 年 5 月，是在原晋中市榆次区农村信用合作联社基础上由企业法人和自然人共同发起设立的地方性农村中小金融机构，现有员工 530 人，注册资本 8 亿元，下设 17 个内设部门和 26 个分支机构，包括营业部 1 家、支行 24 家、分理处 1 家，服务着晋中城区和榆次 7 个乡镇、194 个行政村的近 53 万居民，是全省第 10 家改制组建的农村商业银行和晋中市第 3 家法人总部银行。截至 2016 年 3 月底，全行各项存款较年初净增 20.85 亿元，余额达到了 111.31 亿元；各项贷款净投放 7.79 亿元，贷款余额 65.64 亿元，不良贷款余额 11954.25 万元，不良占比 1.82%，2015 年全年实现经营利润 31204.99 万元。

我们在打造赋有地方特色企业文化建设方面的做法：

#### 一、把争创“标杆银行”固化于制

2012 年 4 月 28 日，在榆次农商银行创立大会暨第一次股东大会上，我行党委书记、董事长曹双马就曾在筹建工作报告中指出“一年的企业靠管理，十年的企业靠制度，百年的企业靠文化，我们改制的目的不是简单的换牌或更名，而是要建设一流农村商业银行。”要实现这一目标既包括金融硬实力的平面扩张，也包括金融软实力的立体提升，而金融软实力的重要组成就是要建设先进的、独特的、为广大员工认同并信奉的根在乡土、源于人心的企业文化，创造出一种更具竞争力的强势文化，继续走好文化兴行、文化强行之路。

2013 年 4 月，银监会首次实行评选“农村商业银行标杆银行”正向激励制度后，我行董事会当即就把全行企业文化建设的重点放在了“争创标杆银行”这一核心上，并将改制后的第一个五年发展规划调整为了“一年内整肃队伍风纪，理顺管理流程；两年内树立品牌形象，加快业务扩张；三年内实现业务翻番，力争全省夺冠；四年内完成网点改造，成为标杆银行；五年内完成华丽转身，争取实现上市。”如今，除总行办公大楼没有搬迁外，我们已提前两年完成了第一个五年发展规划，不仅资产、负债、所者权益等经济指标全部翻番，监管评级达到了 2C，而且在 2015 年 8 月初被银监会评为了 2015-2016 全国农村商业银行标杆银行。同时，值此全国“十二五”计划开局年之际，我行董事会又审慎制定了《2016-2020 年发展规划》，即第二个五年发展规划，对未来五年发展方向和达成目标进行了准确的定调。具体内容为“一年内完成新三板挂牌，两年内实现跨区域经营，三年内形成差异化优势，四年内打造全国知名银行，五年内引领农商行发展”。

#### 二、把践行“标杆理念”内化于心

时代在变，农信在变，但总有一些不变的东西在引领着我们前行。在我们榆次农商银行，这些引领大家的东西就是70年来几代农信人薪火相传的“特别能吃苦，特别能攻坚，特别能奉献，特别能担当，特别能坚守”的创业精神，提到这些精神，我相信，我们每一家联社、每一个营业网点都会有许许多多类似地故事和缩影。这些精神，不仅是我们 70 年山西农信的文化积淀，也更是我们新时期推动转型提质的精神底色。为此，我们在管理理念和方法上也做了大量的探索和改进，比如说：

一是以“干不到一流就是失职，争不到第一就是落后”为工作标准，连续三年实行了“基层行长履职承诺制”，即每年年初“先定计划目标，再立行长人选，最后签订承诺书”，连续三个月完不成计划目标则引咎辞职。实行三年来，仅有两位行长辞职，其他网点均能每季突破完成计划目标，加大地调动了中层领导干部的工作积极性。二是积极总结案防工作经验，首家推广“三色”差别化稽核管理办法和“案防工作日志”制度，在全省做了经验交流，使全行的业务差错率和违规率降到了历史最低，并连续四年被省联社评为了“案防先进集体”。三是在持续加大员工集中培训力度的基础上，于 2015 年 2 月 9 日正式开通了榆次农商银行网络教育学院，使员工不管是通过电脑还是手机都可以随时随地登录学习

界面，所学的课程也根据各自岗位的不同进行了区别设置，并专门下发了《网络教育学院管理办法》，按季通报学习进度和排名，进而有效掀起了“比学赶帮超”的良好氛围。

### 三、把塑造“标杆形象”外化于形

企业形象是企业发展的灵魂，是企业向心力、凝聚力的集中展示。改制四年来，我们始终秉承“诚信 合规 责任 团队”的核心价值观，不遗余力地打造了“服务三农的品牌银行，社区居民的首选银行，小微企业的伙伴银行”这一企业形象，使整个榆次乃至晋中的电视、广播、报纸、杂志，以及公交站牌、公交车身广告、高速路牌和红绿灯广告等，都成为了榆次农商银行的宣传阵地，并连续两年赞助了全市少儿电视艺术大赛，先后三次开展了“送金融知识下乡”和“爱心一日捐”等主题活动，在省高校园区赞助9所高校成立了近500人的大学生绿色骑行车队。

2015年5月29日至6月29日，为集中展示全行改制三年来的发展历程和成果，我们还组织开展了以“开展公益活动，感恩回馈社会”为主题的“转型三载 盛惠你我”金融惠民月活动，不仅每天白天在榆次迎宾街南广场举行了金融知识宣传、新业务推介、合作企业展示、有奖知识问答和趣味运动会等活动，而且每天晚上还组织安排了“助力公益、传递爱心”公益晚会、“庆六一”少儿才艺展示、晋剧票友联谊和广场舞大赛等8场大型演出，同时，还在榆次文化中心举办了“孔令伟说国学”和“叶檀谈金融”两场专题讲座。整个活动期间，共计制作各类宣传海报和折页18种，现场发放9.5万张；设置宣传台13个，接受群众咨询1万余人次；出动流动服务车2辆，为群众现场开卡1200余张；发售理财产品2款，现场抢购3300万元；举办微信摇奖、有奖知识问答、趣味运动会和各类现场互动游戏共32次，发放各类小礼品9000余份，每天参与活动和观看演出的群众突破3万余人次，收到了社会各界和广大群众的一致好评。

### 四、把推行“标杆服务”实化于行

服务是立行之本，服务是兴行之路。改制四年来，为进一步提升服务质量，打造标杆银行，我行紧紧围绕“服务三农 强省富民”的企业使命，组织各营业网点从单调的金融服务中奏出了悦耳的动人旋律，把三尺柜台变成了展示农商行风采的闪亮舞台，深入开展了争创“市级文明单位标兵”和“文明规范服务百佳示范单位”活动，总行营业部等7个网点先后被授予了“山西省金融系统工人先锋号”、“山西省文明规范服务百佳示范单位”、“晋中市文明单位”和“榆次区文明服务窗口”等荣誉称号。银海支行更被山西省总工会金融工会评为“山西省金融系统工人先锋号”和“山西省金融系统优质服务标兵岗”。

一是成立了由总行分管副行长担任组长的“文明规范服务百佳示范单位”创建领导小组，并制定下发了实施方案和实施细则，形成了“总行分管领导主抓、网点负责人具体抓、营业经理天天抓”的管理体系，并建立了全行统一的客户意见簿、投诉箱、值周检查通报和每日晨会等工作制度，切实做到了“人员配备、设备添加、服务提升”三到位。二是先后完成15个网点的自助服务区、VIP贵宾区和普通柜员区的整体装修改造工程，并按照不同客户群体的需求特点，在装修风格和硬件配置上予以了分类对待，为员工统一配备了更衣柜，为客户提供了自动填单机和多媒体浏览器。三是组织开展了“最佳吸储能手”、“星级服务明星”、“优秀党员示范岗”等评比活动，逐渐形成了“你超我赶，争当先进”的竞争氛围；组织了“文明服务之我见”征文活动，员工纷纷写出文明规范服务工作感言和体会；举办了“我的商行梦”演讲比赛、信合通卡宣传海报设计大赛等活动。

总之，探索“标杆文化建设”是一项长期性、系统性工程，虽然我行在一些指标和排名上取得了突破，也成功获评了“标杆银行”，但离全国农村商业银行第一梯队还有很大差距，特别是企业文化理念还没有很好地融入到员工思想和与业务中，没有在业务经营与管理发展过程中真正享受到企业文化软实力带来的巨大作用和影响，今后，我们将继续围绕省联社提出的“转型提质”总要求，在标杆银行建设和企业文化建设上下大力气，力争取得新的更好的成绩。

## 传统文化在电子商务中的创新发展

中国人保财险电子商务中心

中国人保财险电子商务中心企业文化以“进取、利他、和谐”为出发点，积淀形成了“人民保险、服务人民”的使命、“求实、诚信、拼搏、创新”的企业精神，融入电子商务中心的文化特点，形成了自身独具特色的“六大文化”，开展了内化于心、外化于形的文化建设工作，不断提升电子商务中心的经营管理能力及可持续发展能力。

### 一、中华优秀传统文化核心思想的解读分析

中国优秀的传统文化，是中华文明汇集成的反映民族特质和风貌的民族文化，是中华历史上各种思想、观念的总体表征，历史悠久、博大精深。

中华传统文化具有人文传统，是以伦理为中心，政治为本位，以儒、道文化为主体，其它文化为补充的多元文化结构；崇尚人类的价值和尊严，对鬼神敬而远之，具有非宗教倾向；对内强调“修身、齐家、治国、平天下”，倡导“博学笃行”，崇尚“人文理性”的文化内质；对外主张兼容并蓄的包容思想。总体来讲，儒家、释家和道家3种思想在中国传统文化中占据了重要的位置。

### 二、电子商务中心六大文化概要

#### （一）六大文化的主要内涵。

电子商务中心根据《中国人保企业文化建设纲要》和《中国人保财险企业文化手册》，形成了具有电子商务特点的六大文化内核，即“快乐文化”、“赞誉文化”、“家园文化”、“校园文化”、“育才文化”和“沟通文化”。

快乐文化：员工在一个快乐的氛围中工作，脸上洋溢出发自内心的笑容，在服务客户的同时把快乐信息传递给对方，感动客户。

赞誉文化：员工辛勤工作的目的是“追求客户赞誉”，时刻保持对客户满意和赞誉的不断追求，是激励员工不断提高工作能力的动力。

家园文化：员工之间互帮互助、关爱他人，亲情一家人。充满温情和感动，让每一个员工感到无比的骄傲和光荣。

校园文化：为员工创造优越的学习平台和提升通道。通过不断思考和创新，努力丰富知识、提升工作技能，以适应不断发生的变化。

育才文化：员工的成长和生活磨练与人保财险的发展是一体的，公司健康的发展体现出旺盛的活力，才能成功体现员工自身的价值。

沟通文化：员工之间主动沟通、相互信任，时刻保持阳光心态。各层级之间坦诚交流、促进理解，工作流程高效顺畅。

**（二）优秀传统文化与电商中心六大文化的关系。**

电子商务中心既彰显人保特色、又自成一脉的六大主题文化就是充分吸收了儒家的进取精神、佛家的利他思想、道家的和谐理念，通过对六大文化的“引领、渗透、宣导和输出”，初步打造成三位一体的文化建设体系。是优秀传统文化的核心思想指引电商中心六大文化的形成和发展，而六大文化又发扬光大了中国优秀的传统文化。

## 三、六大文化创造性转化和创新性发展的具体路径

“孤阴不生，独阳不长”，如果说文化理念是阴，是虚，是软，则制度与机制是阳、是实、是硬，只有阴阳共济，虚实结合，软硬相支，文化才有用。只有传统文化与现代企业文化的结合不断创新，才能让电子商务中心的企业文化建设蓬勃发展。

**（一）培育赞誉和校园文化，践行“积极进取”的儒家文化。**

通过培育“赞誉文化和校园文化”，渲染学习进取氛围，奋勇争先，积极进取，共同提高。

创先争优，积极进取。电子商务中心非常重视“创先争优”文化。各职场从上至下，都鼓励员工“积极创新，勇于争优”。一是每年开展“创先争优”评比，鼓励员工和团队个个争做先进；二是每月开展月度表彰，受到表彰的业务明星、服务明星和明星团队每月至少500个以上；三是开展电商之星激励活动，通过颁发白金版和黄金版的个人电商之星、团队版的电商之星，树立的优秀标杆人物和团队年度达5000个以上；四是每年开展销售和服务两条线的劳动竞赛，获奖员工遍布电子商务中心的5大职场。

创办员工内刊，营造校园氛围。通过创办员工内刊，营造校园学习文化氛围，建立《E家人》、《一路向北》、《徽风皖韵味》、《南国木棉花》等员工电子刊物相继出台，传递业务知识、倾听员工心声。

出台管理办法，提升学历水平。提升员工综合素质，鼓励员工参加学历（学位）提升教育，改善员工队伍的知识结构和知识层次。对在工作期间并签订劳动合同的员工，取得本科、研究生、博士生学历提升的，适当给予学历教育津贴和奖励。

**（二）宣导家园和育才文化，强化佛家文化的“无我利他”思想。**

员工心中有大爱、爱中有他人，以优秀佛家利他文化为依托，以家园文化和育才文化为行为指南，在工作中谱写一曲爱的颂歌。

因公益，有爱心，只为孤儿吃饱穿暖。电子商务南方运营中心员工吴文苑与通过公益活动相识相爱的男友领取了结婚证，许下一个特殊的新婚愿望：“用婚礼的礼金订制520套过冬衣物，送给偏远山区的孩子们”。他们决定用自己微薄的力量为孩子们的内心燃起一团温暖的篝火，照亮未知的旅程，感动了偏远山区的失学儿童，感动了周围的伙伴与市民。中央电视台等各大媒体争相报道了这场别具一格的婚礼。

建制度，献爱心，用爱心为员工建立心灵家园。不断涌现的优秀员工是电子商务中心前进的基石，是团队成长的榜样。电商中心员工自主创意拍摄的微电影《微笑无敌》，在优酷等主流媒体点击率达到147万人次，引起社会大众的广泛关注和一致好评；电商中心员工拍摄的微电影《梦想天空分外蓝》、《爱与分担一起回家》，让每一位员工都快乐地生活在电子商务中心的大家庭中。

授孝道，讲责任，传播家庭责任文化。电子商务北方运营中心的任浩煜处长是一位古典文化达人，他饱读史书，乐于传播，为中国古典文化的传播做了一定的贡献，先后多次为电商中心员工讲授过《国学经典：解读〈弟子规〉》、《古典文化与企业管理》、《古典文化与职场人生》等课程，为广大员工学习古典知识与文化，提供了有益的契机。他倾情讲授的孝道文化，向广大青年员工展示了“孝”的本质以及对责任与义务的遵守，极大地帮助了青年员工建立起自己的主人翁意识与责任感，有力地推动了中心家园文化的传播和建设工作。

**（三）强化沟通与快乐文化，让道家“包容和谐”文化融入员工日常行为。**

营造职场文化氛围，助力员工之间沟通。构建富有电商特色的职场文化，每个职场都有共同愿景、文化内核的展示，员工笑脸墙体现了电商年轻员工的活力，展现员工的工作成效、艺术特长等多方面的风采，遍布座席区域的多样白板表达了员工渴望业绩、相互比拼、共同奋进的心声。

注重客户交流，强化服务理念。倡导“以客户为中心”的服务文化，强调“内部服务与外部服务相结合”的服务理念，建立“上级服务下级、二线服务一线、全员服务客户”的服务框架，形成了“服务五要义”、“服务三境界”等理论成果。

喜闻乐见的传统活动，彰显快乐文化。每当端午节、

中秋节、元宵节到来的时候，中心各职场都将节日的气氛烘托的格外温馨，让全职场的伙伴们感受到家园的温暖。

鼓励员工展现才艺，享受活动带来的快乐。倡导员工活动社团化，开展各类文体活动。共组建了30个员工社团，类别丰富，包括文学、摄影、舞蹈、合唱、足球、乒乓球、武术等。员工社团由员工自发组织形成，电子商务中心提供充足的费用支持和相应的制度保证。电子商务中心篮球队在中国人保集团第一届篮球比赛中荣获亚军。

电子商务中心5大职场，7000名员工，为了“打造中国保险业电子商务第一品牌”的目标而努力奋斗。在全体同仁的共同努力下，电子商务中心走过了一段果敢创新、勇于超越的光辉历程。在未来的建设中，电子商务中心一定会在中国优秀传统文化“进取、利他、和谐”氛围的熏陶下，走出一条“文化领先，理念创新”的心路历程。

（作者董倩如，系人保财险电商中心主管）

# 见微知著　落地生根

## 中国人寿江西省分公司

如何把“成己为人，成人达己”（“双成文化”）为核心理念的中国人寿企业文化贯彻落实到基层公司、基层团队，一线员工，是检验“双成”文化能否真正落地的重要标志。随着时代的发展，以微信、微博为代表的自媒体以其快速、互动、便捷等特点，丰富了信息交流方式，对人们的思维方式、生活习惯产生了深刻影响。在互联网高速发展时期，让微平台释放大能量，将其打造为文化建设的“新阵地”，促进“双成”文化落地生根，是中国人寿江西省分公司加强企业文化建设的重要路径选择。

### 一、自媒体在“双成”文化落地中的作用

微信等自媒体的兴起，打破了以往单点对多点的单向信息传播模式，形成点对点的双向快速传播渠道，对企业文化建设产生重要影响。

**（一）“双成”文化交流的“舆论场”。**

通过自媒体的传播，可以深化企业核心价值观对员工的影响，使企业价值和员工价值达成统一。自媒体可以把抽象的文化理念变得具体，更好地被员工认可和接受，在实际工作中贯彻落实。在传统媒体时代，公司一旦遇到公关危机、舆论风波，要么是被动解释，要么是采取“鸵鸟策略”，不闻不问。而在自媒体时代，公司可以利用微信、微博第一时间澄清事实，引导舆论、稳定人心。

**（二）形成公司内外形象的“展示台”。**

利用自媒体广泛宣传内部活动等方面的信息，有利于增进社会公众对公司的了解，尤其是在学习培训、帮困捐助等方面的宣传，更可以树立公司承担社会责任、传递正能量的良好形象。同时在自媒体上人人都将成为信息发布者，工作中的场景和趣事通过文字和图片都能在这个平台上展示，让大家能看到不同工作岗位的员工风采，从而加深员工之间的沟通了解，提升凝聚力。

**（三）形成多层次相通的“交流圈”。**

员工是“双成”文化的参与者、践行者和传播者。在“双成”文化建设过程中，微信等自媒体的双向互动为提高员工参与的积极性提供了技术便利，员工的角色地位得到较为明显的体现。通过畅通交流渠道，公司可以充分了解员工需求，员工也可以就自身的工作及公司的发展提出建议。这种传播模式实现了较强的辐射性，员工参与“双成”文化建设的途径和内容日趋多样化，“双成”文化宣传贯彻更加立体、全面，“双成”文化的穿透力、影响力得到增强。

### 二、利用自媒体推进“双成”文化落地的举措

“双成”文化建设既离不开传统媒体的滋养，也需要自媒体的丰富，最大限度地发挥其舆论导向作用，与传统媒体“两条腿”走路，共同构建舆论引导合力，最终使公司赢得大发展。

**（一）化抽象为具体，在落“微”上下功夫。**

“双成”文化只有通过有效的传播与宣传，激发员工的自豪感和荣誉感，才能促进员工观念转变，培育员工的责任感和使命感。

一是整合传播平台，把微信公众平台打造成公司重要的信息推广平台、公众沟通平台和服务提供平台。加强自媒体人才的配备和微信的专业创新管理。

二是突出草根特点，树立“微典型”、寻找微人物、讲述微故事、展示微亮点。通过“爱心捐助”等“微公益”、“青年员工拓展训练”等“微体验”、党员示范岗等“微责任”的展示，凝聚正能量，使员工们见微知著，聚沙成塔，以星火燎原之势将微小的力量和改变汇聚成推动公司的强大动力。

三是拓宽微载体，扩大微传播。用微剧本传播、用微信息传播。成立论坛QQ群、双成文化QQ群、通讯报道员QQ群，通过快速反应的渠道，及时发布公司内部信息，了解工作动态，员工在群内自由沟通。不仅拓展了公司优质服务的新思路，也传递了公司对员工的关爱，增强了员工对中国人寿的归属感和幸福指数。

**（二）化空洞为生动，在落实上下功夫。**

通过自媒体进行宣传内容创新重在将“被动式”宣传变为“互动式”宣传，将“灌输式”宣传变为“菜单式”宣传，要以职工群众为中心，以职工需求为根本，将官样式文章变成生动有趣、幽默感人的小故事，将“走基层、转作风、改文风”落到实处，与职工群众谈心，走进职工群众心里。形式创新即以职工群众喜闻乐见的方式，传播双成文化。深入基层，了解职工的兴趣偏向，结合职工特点，在自媒体上开设多种板块栏目，使“双成”文化宣传工作日常化、形象化，让每位职工在潜移默化中将其内化为精神追求，外化为实际行动，从而激励广大职工为公司的持续健康发展而奋斗拼搏。

**（三）化无形为有形，在落地上下功夫。**

“内化于心，外化于形，固化于制”是“双成”文化落地的标志。践行“双成”文化不在于口号多响亮，而在于员工知道该做什么。

一是建立健全管理制度，利用自媒体对员工的行为纳入规范，把员工行为规范作为通向文化管理的现实桥梁，作为将公司核心价值观融入公司管理的有效途径，这是保证双成文化落地的最有形方法。

二是要培育微特色，攻占微阵地。基层公司和各条线是中国人寿的细胞，“双成”文化要“接地气”，便要一点一滴，随时随地在基层一线中把文化变成有声有色的特色大餐。比如，有的基层公司开设内部微学习讲堂，分享技能，交流心得；有的条线推出网络微展示，运用多媒体为宣传交流手段；有的后台部门编辑微读物，把宣传变成员工舒心的加油站。各有特色、百花齐放的“微阵地”为“双成”文化提供肥沃的土壤，形成强劲有力、四通八达的根脉。

三是打通微循环，完善微绩效。通过自媒体树立绩效导向，加强与员工的互动沟通，营造员工能认同的绩效考核评价系统。除了约束之外，还要有更多的激励，使员工在工作上或情感上的被认可性得到满足，这种对员工的约束性也会通过激励作用由“他律”变为“自律”。归根结底，也只有基于这种对“人”的关心，才能推动绩效成果的良性转换，进而才能推动“事”的顺利实施。

### 三、自媒体推进“双成”文化落地中需注意的问题

自媒体的兴起，在自媒体平台的维护和管理、自媒体人才的培养和使用方面，给公司带来了挑战。对于运用自媒体将“双成”落地，需要把握“三自三不”原则。

**（一）自信，但不可冷面说教。**

自媒体平台必须起到喉舌作用。需要注意的是，自信，但不可自负，不可板着面孔说教，而要放低身段，以员工听得懂且喜欢听的方式表达。要能接地气，不能把自媒体平台等同于公司内刊，要从员工视角，有温度地推送信息，并就信息进行多向互动，要会讲故事，注重发掘公司和员工中的感人故事、励志故事，把抽象的理念具体化。要善于借助热点，对社会及行业发生的热点问题，结合上级要求及时进行解读并快速推送，以小制作博得大关注。

**（二）自在，但不可放任不管。**

加强自媒体的维护管理，不能平台建起来了，内容却很少更新；公众号开通了，却无话可说或有问无答。要强化互动，通过搭建“微社区”，公司及时了解员工的思想动态，员工自由讨论工作中的情况和问题，职能部门在线为员工提供业务解答和咨询等服务。要营造氛围，可结合线上线下为员工提供微话题、微投票等互动功能，针对一些有新意、有价值的话题进行重点互动交流。要关注员工的志趣及文化背景，尊重员工的价值和尊严，使员工感到被尊重、受重视。要针对员工的现实信息需求，以“精炼、短小、有用”为原则，有针对性地推送有价值的信息内容。

**（三）自由，但不可鱼龙混杂。**

自媒体平台会出现杂声、噪声，对企业文化产生不良影响。要扎好“篱笆墙”，遵守法律法规和公共道德规范，引导员工用好手中的“麦克风”，做到敬畏法律、守好底线，不侵犯他人的合法权益。要设置“筛选器”，关注舆论动态，认真回应互动，切实发挥自媒体平台在文化建设中的重要作用。要设立“内容官”，培养一支政治素养好、信息敏感度高、文字表达和语言组织能力强的自媒体信息推送队伍，不断强化自媒体对文化建设的影响力、推动力。

“欲木之长者，必固其根本；欲流之远者，必浚其源泉。”文化软实力是企业不可复制的核心竞争力，事关中国人寿的可持续发展。见“微”知著，落地生根是文化的生生不息，是创新思想和活力的绽放。看似小，却承载着大；抓住小，却展现着大。“双成”文化只有从“微”处接地气，紧扣时代脉搏，利用好自媒体手段为文化建设推波助澜，才能赢得全体员工的人气，有效提升文化力，增强凝聚力，为建设国际一流金融保险集团作出积极贡献。

（作者丁懋，系中国人寿保险股份有限公司江西省分公司办公室主任助理）

## 文化　企业发展之魂

中国人寿潍坊分公司

中国人寿潍坊分公司作为当地成立时间最早、规模最大的人寿保险企业，始终高度重视企业文化建设和培植，特别是历经分业经营、二次崛起、寻道图强等发展历程之后，潍坊分公司更加认识到被广大干部员工认同的企业愿景、企业精神，对公司发展建设具有极其重要的引领和促进作用，先后提出了“坚韧、凝聚、创新、奉献”的潍坊国寿精神，“想干事、敢干事、会干事、干成事”的实干精神，“同心筑梦 赶超跨越”指导思想等一系列文化理念。

### 坚持“双成”核心理念

“成己为人，成人达己”是中国人寿企业文化体系的核心理念。“成己为人，成人达己”体现的是一种辩证处理“成己”与“成人”之间关系的哲学观念。“成己为人”指的是只有不断发展和完善自己，才能更好地为他人服务；“成人达己”指的是只有通过成就和帮助他人，才能不断地创造自己的价值，实现自己的理想。中国人寿潍坊分公司始终将“成己为人，成人达己”作为公司核心理念，在公司办公大楼、客服柜面、营销职场等醒目位置上进行展示，处处体现着中国人寿“成己”“成人”的社会责任和价值追求。

### 大力弘扬潍坊国寿精神

企业之于人，需要有精神的。企业精神是企业的灵魂，是企业不断进步和发展的动力源泉。现代企业的竞争，越来

越表现为以软实力为主导的综合实力的竞争。企业价值、企业精神、思想观念等软实力，具有强大的导向功能、凝聚功能、激励功能，往往能以不战而屈人兵的渗透力、影响力，成为决定竞争发展成效的重要因素。中国人寿潍坊分公司围绕健全前、中、后台3个体系建设，在公司发展、客户服务、风险防范等方面提出了具有重要意义的管理文化和经营理念。

坚韧。坚固而有韧性，承载着保险业崛起和壮大的重负，全体干部员工、销售伙伴表现出自强不息、不屈不挠、敢为人先的精神品质。

凝聚。公司上下在观念、意志与气势上显示出来的高度聚集与协同，使员工个体力量聚合成为潍坊国寿全面发展的巨大动力。

创新。坚持“创新驱动策略”，站在与时俱进的潮头，不断解放思想，更新观念，永不停息地追求生命内涵和事业发展新思维、新境界。

奉献。体现全体干部员工自觉地对社会、对客户、对公司发自内心的、真诚的爱心与努力，昭示着保险的本质和真谛。

在“坚韧、凝聚、创新、奉献”精神引领下，潍坊分公司认真贯彻落实上级公司发展决策部署，借助国家加快发展现代保险服务业的有利政策，坚持科学发展、诚信经营，积极以传统人身保险为依托，不断拓宽领域，全面提高保险保障水平。以国寿“1+N”服务品牌为主线，恪守服务承诺，不断提升客户服务效能；以勇担社会责任为宗旨，关注民生保障，积极参与政保合作项目。

2012年11月，新一届中央领导集体在国家博物馆参观《复兴之路》展览时，习近平总书记第一次阐释了“中国梦”的概念，提出了“两个一百年”的奋斗目标。自此开始，“中国梦”成为中国人民共同的理想信念和目标追求。“国寿梦”、“创富梦”也成为了中国人寿干部员工和销售伙伴的共同理想。

2013年7月，潍坊分公司在“中国梦”“国寿梦”指引下，在弘扬“坚韧、凝聚、创新、奉献”潍坊国寿精神基础上，提出了“同心筑梦赶超跨越”的指导思想，提出了“全面加强自身建设，以一流的标准、一流的作风，建设一流的团队，创造一流的业绩”发展总要求。这是继“潍坊国寿二次崛起和新飞跃”“寻道图强”“潍坊国寿精神”之后，提出的又一个具有重要意义的企业文化理念，是全市系统今后一段时期工作的指导思想，是对“国寿梦”的具体和深化，并以此统领全市系统干部员工、销售队伍的发展意志和发展方向，使之内化于思想，外化于行动。

## 打造高效亲情服务文化

服务文化是企业在长期对客户服务过程中所形成的服务环境、服务手段、服务素养的总和，是影响服务效率和品质的根本，是对企业服务形象和服务质量的检测。中国人寿潍坊分公司高度重视服务品牌打造和服务文化建设，将“敬业、专业、奉献、和谐”作为潍坊公司客户服务中心始终坚持的服务理念和服务诺言，通过“优化服务环境、创新服务手段、提升服务素养”，不断延伸细化服务措施、创优服务质量、塑造服务品牌，为客户、为公司、为员工创造更多的服务价值。

优化服务环境。客户服务中心是连接公司与客户的桥梁，是客户对公司的第一印象，同时也是公司品牌形象的窗口。一是实现柜面标准化及智能化装修。根据柜面职场设置标准，潍坊公司13家内、外柜面均实现标准化柜面装修，设置咨询引导区、客户等候区、业务办理区、资料填写区等，区域划分明显，方便客户办理业务。同时根据科技国寿战略部署，在柜面配置统一的智能叫号系统，提升了柜面服务秩序。二是提供多样化便民设施。根据客户感知峰值的不同，在不同区域配备不同的便民设施。在休息等候区域配备统一的报刊架、饮水设施，提供WIFI及在线手游、宣传资料等，充实客户等候时间；在资料填写区及业务办理区，提供书写笔、老花镜等工具，方便不同群体客户业务办理的需求。三是率先推行柜面“5S管理”，将整理、整顿、清扫、清洁和修养融入到柜面服务的各个方面，通过整理柜面物品、整顿物品位置、清扫柜面环境、查找短板、优化细节等环节，提升整体柜面服务环境。

创新服务手段。随着“互联网+”概念的提出，传统保险服务已不能满足客户多样化的需求，需要我们不断拓宽服务渠道，提升服务水平。一是科技引领服务。对内大力推广云助理、国寿e家销售工具，逐步实现无纸化电子保单、微回执、微回访等；对外大力宣传公众微信号、e宝账客户端，满足客户“足不出户办理业务”的需求，线上线下同质管理、同步发展。二是增值服务多样。持续开展少儿书画大赛、高考志愿讲座、知心姐姐讲座、VIP客户生日礼物活动等，积极参与315消协活动、保险宣传日、行风在线等活动，与客户互通互融，宣传保险知识及品牌形象。三是临柜服务变更。下发《咨询引导岗行为规范》及《临柜客户服务话术》，在临柜客户服务话术创新的基础上，将柜员的工作形式进行变更，由柜内工作转向柜外工作，走向客户、贴近客户需求，借助自助服务区的先进设备为客户处理业务，临柜服务与科技服务相结合、线上服务与线下服务相统一，服务水平显著提升。

提升服务素养。不断提升服务素养，是满足客户需求的坚实保障。一是加强员工职业素养建设。实行“客服优秀服务明星”评优活动方案，在柜面营造“比、学、赶、帮、超”的学习氛围，鼓励柜员参与评优，并为挣得荣誉不断进取学习。开展现场培训、视频培训、技能竞赛等活动，通过各类培训提升柜员技能，通过竞赛比拼检验学习成果。开展职业素养专题培训，多次要求外部讲师及内部伙伴进行职业素养、工作心态、压力舒缓等方面的培训，改善柜员心态、提升柜员工作热情。二是加强团队文化素养建设。开展丰富多彩的团康活动及团队竞技活动，如柜面达人秀现场技能竞赛及户外拓展竞技、第9套广播体操比赛等，激发柜员的活力及热情，提升团队融合力。开展服务对标活动，对内与湖南公司、浙江公司等开展交流座谈活动，对外与平安公司、太平洋、泰康公司开展服务学习活动，查找短板、提升服务质量。

### 践行诚信合规展业文化

诚信是一个社会、一个企业、一个人生存发展之道、立身立言立行之本，更是保险企业的生命线。诚信缺失不仅侵害了客户、企业的利益，损害了保险业的品牌价值和社会形象，更会危及到社会信用体系的建立和完善。中国人寿潍坊分公司高度重视诚信制度和文化建设，推动诚信建设进基层、进职场、进团队，普及诚信文化，宣传诚信道德，强化诚信监督，切实加强各层级管理、销售人员诚信教育和培训力度，杜绝销售误导、违规展业等不良诚信问题，努力营造明明白白买保险、实实在在卖保险的消费观念和销售氛围，有利的塑造了企业的良好形象，赢得了社会好评。

（作者于德利，系中国人寿保险股份有限公司潍坊分公司综合管理部副经理）

## 成己为人　成人达己<br>创海西标杆保险企业

中国人寿厦门市分公司

中国人寿保险股份有限公司厦门市分公司，在“成己为人、成人达己”企业文化指导下，打造了具有厦门分公司特色的企业文化，对企业文化传播方式进行创新，分公司企业文化建设整体水平得到有效提升，多次获得“厦门市精神文明建设先进单位”、“年度社会责任特殊贡献奖”等荣誉称号；2015 年，中国金融政研会组织开展的“2013-2014 年全国金融系统企业文化建设先进单位和先进工作者”评选表彰活动中，中国人寿保险股份有限公司厦门市分公司荣获“2013-2014 年全国金融系统企业文化建设先进单位”荣誉称号。

### 领导带队、全员参与、共塑企业魂

厦门市分公司党委牢牢把握先进文化的发展方向，全面构建企业文化体系基础工程，坚持在制度和行为层面上积极让企业文化“落地”，形成了“用企业文化塑造人，用发展理念引导人，用愿景目标鼓舞人，用教育学习提高人”的文化氛围，使公司驶入了改革发展的快车道。

为大力推动企业文化建设进程，厦门分公司建立了党委组织领导、党办具体负责、相关部门分头承办、党政工团齐抓共管的工作架构和运行机制。党委总揽全局，坚持把企业文化建设纳入公司发展和党委重要议事日程，同规划、同部署、同实施，有序推进企业文化建设各项工作。党办作为企业文化建设的主要职能部门，认真落实党委关于企业文化建设各阶段的目标任务，自觉牵头组织和协调开展企业文化建设工作。工会、共青团、各部门积极组织和配合开展各项企业文化建设活动，形成了各方联动、各司其职，共建企业文化的良好局面。

### 扎根本土、多举并行、打造企业文化特色

“爱拼才会赢”是闽南人特有的精神特质。厦门国寿立足鹭岛，着力打造“自强不息、勇争一流”的创业文化，牢固树立“既看计划更看市场、既看增长更看质量、既看自己更看对手”的积极竞争意识，以集团公司杨明生董事长提出的“看自己、看市场、看竞争对手、看员工收入”的“四看”要求引导员工“跳出厦门看厦门”、“跳出保险经营保险”，不断增强自觉发展意识，为推动厦门国寿快速健康可持续发展奠定了良好的思想基础。

“勇立潮头、敢为人先”的创新文化是厦门国寿的另一张文化名片，公司大力培育创新意识、营造创新氛围、完善创新机制，形成了人人参与创新活动、各项工作全面进步的局面。

在手段创新上，公司与厦门建行合作开发了“国寿龙卡”和“喜来保”产品，有效拓展了银保合作的范畴，实现渠道资源的充分挖掘与整合。

在信息技术创新上，自主开发了已投保老客户查询、动车意外险自助服务等系统及国寿 E 站短信平台、微信信息服务平台，率先开发了个险营销团队利益演示系统并被迅速推广至全国。

在服务创新上，依托厦门市保险业客户健康信息查询平台，一方面将就医、体检、保健、出行、救援、教育等资源整合成差异化的特色服务，打造“国寿健康全周期服务”品牌。另一方面，积极探索主动理赔服务，颠覆传统理赔服务模式，将被动服务转变为全流程主动服务，大力扭转客户索赔体验，体现保险行业理赔服务的一种全新变革、全新理念。

### 抓硬件、育人才、培养企业和谐发展土壤

保险公司市场竞争力的外在表现是销售，核心本质是服务。厦门国寿坚持“创新与服务双领先”的战略，着力打造“人无我有、人有我特”的服务文化。在硬件方面，不断优化现有服务网点布局、增设对外服务柜面，投入大量资金改善柜面的硬件环境。先后投入资金 200 多万元，在厦门市区交通枢纽位置设置了中心柜面旗舰店，为市区群众提供便利的良好服务环境。克服资金和人员的短缺，在岛外设置了同安、翔安、杏林、集美 4 个柜面，填补了厦门岛外保险网点的空白。在软件方面，推进保全作业平台、理赔作业平台等电子化、无纸化、免填单等作业流程，减少顾客等候时长，提高理赔时效。目前，厦门国寿“理赔案件 5 日结案率”高居厦门寿险行业首位。此外，还将业内唯一的驻院代表制度扩展到厦门市各主要医疗机构，为市民和客户提供包括预约挂号、导医导诊、住院看病、保险索赔指导、理赔申请办理等系列服务内容，每年服务人数超过 4 万人次。

在追求快速发展的同时，厦门国寿着力打造“激发潜能、人岗相宜”的人才文化，积极为员工提供施展才华、实现人生价值的平台，引导各级管理队伍和销售队伍从“谋职业”到“干事业”，培养出许多先进集体和模范人物，有全国金融系统劳动模范吴秀丽、福建省“五一”劳动奖章获得者郭志红，中国金融系统企业文化先进单位同安区支公司、中国人寿保险（集团）公司先进集体集美区支公司等。

“和而不同、和谐取胜”的和谐文化是公司打造的重点。公司投入大量资金改善基层和柜面的办公环境，促进了公司的环境和谐。积极构建协调稳定的劳动关系、稳步提高员工收入水平，促进队伍和谐。以争创“系统模范职工之家”为目标，长期开展领导干部与困难职工结成帮扶对子活动，定期开展送关爱、送温暖的慰问活动，发挥职代会在公司民主管理中的作用，促进了公司的管理和谐。党委、共青团组织通过定期组织员工政治学习座谈，收集员工思想动态，有针对性地开展思想工作，促进了公司的人际和谐。

### 负责任、敢担当、大灾大难面前勇伸手

厦门国寿在追求做大做强的同时，肩负着“彰显行业作为，勇担社会责任”的使命，在大灾大难面前，第一时间启动应急机制，主动寻找客户，快速进行理赔。在2013年厦门“6•7”公交纵火事件中，厦门国寿在行业内第一时间启动应急机制，95519电话中心24小时受理报案，派出所有驻院代表到厦门第一医院、174医院对收治伤员进行排查，为受害者家属提供理赔咨询服务，广泛发动代理人和内勤人员共同寻找身边的客户，及时将掌握的客户投保信息通报相关公司。当时恰逢高考关键时期，为方便考生出行，公司还专门组织百余部车辆，为需使用车辆的考生提供车辆免费接送服务，展现了国有保险公司的社会责任感和敢于担当精神。

厦门国寿关注社会弱势群体，关爱弱势人群，5年来除向社会累计捐款60余万元外，启动了“与爱同行、国寿有情”中国人寿绿丝带血友病儿童援助计划，赠送“爱心保单”及现场捐款；举办了“美丽厦门，共同缔造”中国人寿杯厦门市中小幼绘画比赛，邀请了30多名来自特教学校的聋哑、智障、自闭症的孩子与正常的孩子们一起同场竞技，展现了大型国有保险企业关注弱势群体、关爱弱势人群、支持社会公益事业的担当风范和社会责任感。2015年2月4日，台湾复兴航空坠机事件发生后，厦门市分公司第一时间启动了重大事件应急预案，制定7项服务举措：多渠道受理报案、放宽身份证明、取消伤残观察期、提供预付赔款服务、快速给付服务、延长保险责任期间、委托台湾国泰保险代表中国人寿开展客户服务工作，对出险客户及家属提供慰问及服务支持。

### 讲党建、重实效、把企业文化触角深入基层

厦门国寿在组织开展企业文化建设过程中，围绕“稳中求进、改革创新、聚焦突破、转型升级”的总体要求和“二次创业，再创辉煌”的发展使命，利用《国寿客户报》、公司内网等企业文化宣传阵地广泛开展宣传思想教育。针对公司推动人力资源市场化改革、5个聚焦等员工关注的热点议题，大力开展政策形势教育和创新创业的宣传思想教育，为公司的又好又快发展培植共同的思想基础。在公司管理中，积极倡导和推行以文化管理为手段的柔性人力资源管理，把厦门国寿精神、价值理念贯穿于员工招录、教育培训、激励使用的全过程，努力提高员工的积极性和公司的经营效益。

分公司党委坚持把企业文化的触角延伸到党建工作的各个层面和各项工作之中，不断深化和推动开展党内“创先争优”、“创建学习型党组织”和群众路线教育实践活动，不断拓展企业文化在党建领域的新空间。2014年8月，公司为新疆阿克苏地区的45名中小学生开办了一次别开生面的夏令营。公司积极为援疆事业添砖加瓦的行动得到了厦门市政府、共青团厦门市委员会、市金融办、市保监局、市民族与宗教事务局等多部门的支持和肯定。

公司努力将企业文化建设融汇到员工思想政治工作之中，把企业文化转化为关心人、凝聚人、激励人的具体行动。公司工会、共青团组织积极落实党委要求，针对不同的员工群体，开展了形式多样、主题鲜明的思想政治教育活动，保证了员工队伍思想稳定。

厦门国寿坚持以提高员工的文明形象和道德素质为重点，把企业文化建设融入到公司精神文明创建活动之中，持续开展创建文明单位活动，制定并实施员工日常行为规范和员工职业道德规范，取得了丰硕的创建成果。公司抓住厦门保险行业唯一代表参与厦门市政风行风评议的机会，在公司内组织开展以提高员工劳动技能和文明规范服务为重点的技能测试和劳动竞赛，举办“柜员业务技能竞赛”、“服务明星评比”等活动，通过考核测试、监督评价，形成“比、学、赶、帮、超”的良好氛围，进一步提升了员工的文明素质和公司的文明程度。

（作者钟文祥，系中国人寿保险股份有限公司厦门分公司开元支公司销售助理；朱苗苗，系办公室高级主管）

## “双成文化”助推公司可持续健康发展

中国人寿济宁分公司

中国人寿坚持以社会主义核心价值体系为指导，积极引领行业文化建设，结合保险业特点和实际，在行业“守信用、担风险、重服务、合规范”核心价值理念基础上，总结归纳出具有国寿特色的企业核心价值理念“立诚、守信、感恩、致成”，并结合新时期历史特点和发展实际，进一步提出了“双成”企业文化体系建设目标。

### 新时期弘扬和践行“双成”文化重要性和必要性

优秀的企业文化是企业永续发展的精神支柱和动力源泉，企业的存在和发展需要主导价值观作为支撑。企业文化

紧紧围绕企业自身的目标服务，具有鲜明的目的性。中国人寿“双成”企业文化体系全面涵盖企业愿景、企业精神、品牌口号、广告语、经营理念、服务理念和人才理念等，是公司总结60余年发展历程，对以往文化理念的一次再归纳、再总结、再提升，充分体现了时代精神，突出了行业特色，彰显了中国人寿的价值导向，最大程度反映了中国人寿全体员工和营销员的精神追求，将在新的历史发展阶段，指引中国人寿全体干部员工持续践行“特别能吃苦、特别能战斗、特别能协作、特别能奉献、特别守纪律”的企业精神。秉持“依法合规，创新驱动”、“诚实守信，客户至上”、“以人为本，德才兼备”的经营理念、服务理念和人才理念，使“相知多年，值得托付”的品牌口号更加深入人心，持续唱响“要投就投中国人寿”的广告语，向“建设国际一流金融保险集团”的愿景不断迈进。

正确的价值取向。优秀的企业文化必须要坚持正确的价值取向，就是要以社会主义核心价值体系为主导思想，支持健康有益文化，改造落后文化，反对腐朽文化。同时，必须适应环境变化，当企业目的与社会发展目标相悖时，势必要作出适当的调整和修改。保险行业企业文化，必须坚持倡导爱岗、敬业、开拓、创新的精神，并以此为动力，激发员工的竞争力和创新力。中国人寿“双成”企业文化的根源于社会主义核心价值体系和行业核心价值理念，是公司根据新时期特点和发展实际，在广泛征集员工意见的基础上，修订而来，体现了全体干部员工的共同愿景。

完善的管理制度。优秀的企业文化建设，离不开有效的管理制度作保障。“双成”企业文化，根源于保险行业价值理念，充分体现了保险的本质特性和保险的独有属性。首先，从保险本质特性来说，保险作为提供非实体产品服务的行业，“诚实守信”是其赖以生存和发展的根基。公司坚持把诚信作为开展一切经营行为的必要原则，细化进公司经营管理、展业销售、运营服务各个环节。其次，企业文化对内部管理具有良性促进作用。公司强调“以人为本、德才兼备”的用人理念，着力构建科学的选人用人和考核激励机制，用心造就素质较高、精干高效的干部员工队伍，营造鼓励、支持、帮助人才干好事业的良好氛围，充分调动全体员工积极性和创造性，将制度管理与人文管理有机结合，形成刚柔并济、恩威并施的企业制度文化，营造良好的制度文化氛围，对员工行为进行有效约束，推动干部员工树立了优良的工作作风。

## 新时期弘扬和践行“双成”文化体系的发展建议

企业的存在和发展需要主导价值观的强力支撑。在经济社会深刻变化、行业监管日趋规范、市场竞争日益加剧的背景下，弘扬和践行“双成”文化对于构建国寿特色企业文化，引领全员凝心聚力、干事创业具有广泛而深刻的意义，这就需要我们按照“双成”企业文化体系建设要求，引导全员了解和掌握“双成”文化体系的基本内容、重要精神和实践要求，凝聚员工力量，激发员工活力，规范员工行为，通过各种行之有效的方式，使全员在学习工作生活中认知认同、遵循践行，使“双成”文化体系和公司核心价值理念深深融入干部员工的思想意识、精神世界和工作生活中，成为自觉规范和自发行为。

一是要统一思想认识。推进“双成”企业文化建设，要坚持在科学发展观的统领下，以马克思主义中国化成果作为指导，深刻理解和全面把握社会主义核心价值体系和保险行业核心价值理念的内涵和本质，用先进理论凝聚广大干部职工的思想。充分运用新观念研究新情况、解决新问题，清醒地认识到制约行业和公司发展的根源所在，通过开展主题培训，学习活动，宣传专栏及定期学习讨论会，交流体会的心得等多样化的形式，将“双成”文化加以整合、提炼、丰富，使全员从点滴做起，从最基本做起，自觉主动弘扬和践行“双成”文化。

二是要建立长效机制。通过激励奖惩制度，对在工作中敬业爱岗，无私奉献，探索创新的员工给予鼓励和表扬，鼓舞他们保持工作的积极性，同时激发其他员工努力工作的热情，形成你争我赶的良好的工作竞争氛围。同时制定监督措施，着力构建协调配合的全面管控体系，强化定期检查机制，加大对破坏规章制度的行为处罚力度。在保险销售过程中，要认真执行各项监管规定，使依法合规的理念真正贯穿到保险服务各个环节中，促使各项工作制度化、规范化、协调化，规范员工行为，最大限度地降低各类风险，保证合规经营，促进公司健康可持续发展。

三是要发挥模范作用。发挥先进人物的引领示范作用，以典型事迹带动广大员工的学习热情和工作热忱。学习宣传先进典型，是开展思想道德建设的重要方式，是加强价值观和理念教育的重要途径，也是弘扬“双成”文化的重要抓手。要大力从公司内部发掘爱岗敬业、艰苦奋斗、无私奉献的典型榜样，不仅要对他们进行表彰和鼓励，同时在系统范围内大力宣传他们的典型事迹，充分发挥先进典型的引领作用，带动全公司掀起学习先进模范、积极努力工作的热潮。

四是要强化队伍建设。弘扬和践行“双成”文化体系，推动国寿企业文化建设需要人来执行，要加大员工教育，引导全员树立正确的世界观、价值观、事业观、发展观，使全体员工具有正确的进步方向和向上的人格魅力，在员工内部打造和谐奋进的企业文化氛围。

五是要运用传播载体。企业文化形成于企业长期经营实践中，是全体成员价值观和行为准则的体现，但它并非自动自发、自然而然形成，它是企业领导者大力倡导由企业各级管理者和各部门员工共同努力、推动支持，逐步塑造而成的。“双成”企业文化体系建设的快速推进需要最大限度的依托现有内外网、平面和立体传播载体，构建起多角度、多途径、覆盖面大、影响力强的立体宣传平台，既提高“双成”企业文化的渗透力和社会影响力，又将“双成”文化内化到干部员工理念和日常行动中，推动“双成”文化建设落地生根、开花结果。

“双成”企业文化体系为公司经营发展和文化建设指明

了方向，彰显了中国人寿价值导向，要求全体国寿人必须持之以恒、坚持不懈地弘扬和践行，领会其要义，把握其精髓，从点滴做起，从细节把握，用行动落实，以文化建设共同打造公司强化软实力，助力公司百年梦奋斗目标早日实现。

（作者郑勇，系中国人寿保险股份有限公司济宁分公司综合管理部企业文化岗主管）

# 文化引领添活力

## 中国人寿晋城分公司

中国人寿保险股份有限公司晋城分公司是中国人寿在晋城市下设的地市级机构，所辖10个县级公司，核心业务连年增长、主要经营指标系统领先、员工收入不断攀升，取得良好的经营效益。公司的发展靠的是“客户至上的诚信文化、机制驱动的发展文化、以人为本的和谐文化”的文化凝聚和引领作用，才能将“客户至上”的服务理念寓于点滴工作之中，才能赢得客户和市场。正是有了文化潜移默化的巨大影响力，公司新型经营管理体系改革才得以稳步推进，创造中国人寿晋城分公司发展史上一个又一个的奇迹。

### 一、客户至上，诚信让我们赢得市场、赢得未来

坚持把诚信服务作为公司经营的生命线。真诚地向客户介绍保险产品，不但介绍产品的优点，也介绍产品的弱点，让客户“明明白白买保险，实实在在获保障”。建立消费者投保提示机制，利用《投保提示书》等一系列消费者投保提示宣传工具，开展“消费者投保提示宣传周”活动，帮助消费者提高风险识别能力和自我保护意识。坚持开展“诚信我为先”活动，从上到下倡导“诚信文化”，加大对销售误导的治理力度，严惩各种销售误导行为。

持续开展“两个加强、两个遏制”、“防范打击非法集资宣传”的教育活动、反洗钱、客户信息清理及失效保单面访等重点风险管控工作。覆盖各个管理层级、各个经营环节、各个管控节点，对已有管控制度进行全面梳理，对发现的问题及时进行了整改。“防范打击非法集资宣传”教育活动，重点对超出个人收入水平的高消费，有赌博或吸毒行为，频繁在外借贷资金，长时间请假不上班，退保、失效保单、撤单及保单贷款比例高，回访成功率和保单持续率低，以及缺席率较高的营销员，或业务量出现异常波动且保单持续率扣分值较高的营销员，进行了重点排查和监控，有效遏制了一些违规操作的苗头性事件。大力开展各类客户服务活动，在3.15和6.16客户服务节期间，组织“登山活动”、“绿色健康采摘”、“少儿绘画比赛”等丰富多彩的客户服务活动。注重提升对客户的服务能力和服务水平，在风险可控的前提下，灵活处理，推出“一站式”服务来方便客户；在硬件设施上，便民举措、服务礼仪等方面也进行提升和改进，为客户创造一个优雅舒心的环境。在我公司新购办公楼装修时就致力于将A级柜面建设成为旗舰店标准的客户服务大厅。在2012年省总金融工委和省保险行业协会联合举办的全省人身险公司星级柜面竞赛中，我公司客户服务中心荣获全省唯一“5A级柜面”光荣称号。2015年，晋城公司客户服务中心被国家人力资源社会保障部和中国保险监督管理委员会授予“全国保险系统先进集体”荣誉称号。

### 二、机制驱动，让改革成为转型发展的不竭动力

公司着力建立“制度管事、规则办事、指标评事”的机制驱动文化。在新型管理体系下，坚持预算达标和提高员工收入作为两级班子的第一责任，将薪酬增长作为经营目标的第一要素，每年确立员工薪酬年度递增目标，倒推公司年度任务。在工资总额管理上，遵照上级薪酬管理政策的总体框架，坚持“薪酬成本是刚性的、销售费用是硬性的、行政费用是弹性的，要保障刚性、倾斜硬性、压缩弹性”的总额制定原则，充分保障员工的薪酬资源，使“员工利益最大化”和“公司效益最大化”达到了内在的统一。对各基层公司的经营关键指标进行全方位考核，体现市场化分配机制。在分公司层面，将销售、客服、后勤3类人员全部纳入绩效考核体系，在每季度业务分析会上对干部绩效考核并将考核结果作为干部任免、竞聘双选、薪酬调整、荣誉表彰的重要依据。对基层单位一把手、基层渠道分管经理连续两年考核不合格的予以免职，员工不合格的待岗。对于基层单位，将个险标保、人力发展、银保新单、标保、团险短险利润作为关键考核因素，由各基层单位根据业务发展潜力自主选定差异化绩效级别，对公司的贡献度直接决定个人收入高低，切实体现了“能多能少”、市场化导向的分配机制，有效调动了基层积极性，发挥了正向激励作用

### 三、以人为本，让员工干事创业的激情迸发涌现

公司将员工切身利益放在全系统工作的中心位置，提出“共创价值、共享成果”，要求两级领导干部牢固树立“以提高员工收入为己任”的职业信念，将“以人为本”具体落地为员工物质保障、精神保障、健康水平的多重提升。一方面，公司以“重民主、拥有地位；重成长、提升能力；重公平、展现价值；重人本、维护利益”体现对员工的尊重。另一方面，员工以“讲政治、顾全大局；讲责任，爱岗敬业；讲服从，坚决执行；讲团结，精诚合作”践行对公司的忠诚。

在经营管理中始终以公司大局为出发点，以员工利益为落脚点，把发展成果与员工福祉紧密结合，持续开展“惠民工程”等务实举措，着力增强员工的幸福感、归属感和积极主动工作的主人翁责任感。

在物质保障上，通过公司预算对标和“多挣、少花、多发”，确保员工绩效收入。2013年中国人寿晋城分公司员工人均收入和收入增幅两项指标均排全省第一，员工福利排全省第一。2015年，在县支公司的绩效分配上进一步打破岗层级，由人力资源部每月都向各单位下发当月绩效通知函，通知函中将挂钩指标的完成情况及绩效核算等详细过程进行明列，要求各渠道分管经理结合本渠道每位员工工作的

贡献度，打破岗层级进行绩效分配，切实体现多劳多得、不劳不得。

通过一年的运行，各公司都能很好地运用绩效自主分配这个杠杆，激励肯干能干的员工，围绕经营指标多做贡献、积极努力。在精神保障上，充分尊重员工的民主权利，率先在系统开展领导与职工的民主对话交流会，定期围绕业务发展、经营管理、费用预算、风险防范等重点工作，公司领导与职工进行面对面交流对话，别开生面的交流形式和快速、直接的解决效率，极大地激发了职工参与企业改革发展、积极出谋划策的热情，拓宽了维护职工利益的渠道。

在健康水平保障上，公司成立了健身房、职工书屋、电子阅览室等活动场所。定期组织员工健康体检，定期组织各类体育比赛和“文化节”活动，从每年组织的“九九重阳节”孝亲感恩到员工有困必访、有难必帮的“慰问帮扶”活动，无不体现中国人寿晋城分公司对员工的关爱，正是这种风清气正、民主和谐、团结奋进的企业文化带给员工无穷的精神力量，“在事业的追求中求得升华、在工作的激情中求得回报”成为广大员工共同的追求，公司上下凝心聚力、攻坚克难，形成了强大的企业发展合力。

发展没有止境，文化建设未有穷期，只有以文化建设为核心，各项发展、战略、机制才能得到长期有效的落实。今后，我们将继续以企业文化建设为统领，坚持以文化建司、以文化赢得市场、以文化赢得口碑，努力在服务大局中实现新作为，在激烈竞争中实现新提升，在改革创新中实现新跨越。

（作者卫杜娟，系中国人寿保险股份有限公司山西晋城分公司综合管理部文秘岗主管）

# 军工与航天航空业

## 传承 创新 接力育文化<br>阳光 开放 高效促发展

### 内蒙古北方重工业集团有限公司

中国兵器工业集团内蒙古北方重工业集团有限公司（简称北重集团）始建于1954年，是国家“一五”期间156个重点项目之一，隶属于中国兵器工业集团公司，是国家重要的火炮研发生产基地、国家高强韧炮钢研发生产基地、中国矿用汽车研发生产基地。

公司始终坚持服务国家国防安全和国民经济发展两大使命，遵循军民融合发展，形成了防务装备产品、特种钢及延伸产品、矿用车等工程机械产品三大核心业务。公司研发、制造的大量武器装备列装陆、海、空部队，在多次阅兵仪式上接受了党和国家领导人及全国人民的检阅。以大口径厚壁无缝钢管为代表的特种钢及延伸产品，达到了世界先进水平，以应用于国内近百台亚临界、超临界和超超临界火电机组的四大管道，是“中国制造2025”强基工程的中标产品，是国家能源局确定的国产化示范产品。矿用车等工程机械产品已销往全球63个国家和地区，遍布国内外500多个大型矿山和重点水利水电工程，销量居全球前三甲。

一直以来，企业文化建设始终得到北重集团上下的高度重视，将社会主义核心价值观融入企业管理中，丰富、发展、形成了具有北重集团特色的企业文化体系，为实现公司的快速、健康、科学发展提供了强大精神动力。公司通过了国防科技工业军工文化专家委员会对“国防科技工业军工文化建设示范单位”、“国防科技工业军工文化教育基地”的检查；先后四次通过“全国企业文化建设示范基地”复审，荣获“全国五一劳动奖状”“全国企业文化建设优秀单位”、“全国文明单位”等诸多奖项。

#### 企业特色理念与时俱进

公司在成长的过程中，不断总结历史经验，在传承的过程中，与时俱进，不断调整、更新企业文化。继承和发扬“和”为基石的接力文化精神，丰富、形成了独具特色的企业文化核心理念。

高度重视文化理念的统领作用。在中国兵器工业集团贯彻落实科学发展观，提升自主创新能力、提高发展质量、履行社会责任，深入推进结构调整、技术创新、精益生产和精细管理的思想指导下，北重集团结合中国兵器工业集团核心价值理念，进一步明确了“建设阳光、开放、高效的现代化北重集团”的企业愿景。在深入推进子系统文化建设的基础上在全体员工中进行“服务于国家国防安全、服务于国家经济发展”的企业使命教育。将中国兵器工业集团的企业价值观融入团队建设。以案例分析为抓手，组织开展子系统文化的调研和交流，用新时期兵器文化的基因培育企业以“和”为基石的接力文化。

不断拓宽企业文化的实践路径。2015年以来，以高汝森同志为董事长兼党委书记的新一届领导班子，以“和”为基石的接力文化重要思想为指导，着眼于北重集团科学发展的全局，提出了“阳光、开放、高效”的企业价值追求等一系列企业管理思想，为企业的发展和员工的成长提供了科学的理论指导和有力的思想保证。赋予了以“和”为基石的接力文化关于“和”的理论以新的时代内涵和实践要求。在企业价值追求的引领下，公司各单位在推进结构调整、技术创新、基础管理、信息化建设等一系列重大管理活动中充分发挥了重要作用。

深入推进文化与管理相融合。北重集团以价值理念体系建设为导向，深入推进中国兵器工业集团公司企业文化，并且通过文化管理案例的形式推进企业文化融入企业发展战略、融入制度体系建设、融入经营管理活动、融入安全质量管理、融入领导及员工行为规范、融入团队建设。结合实际，公司提出“阳光、开放、高效”的企业目标要求。在精细化管理、精益化生产方面，公司主要领导亲自学精益、讲精益、做精益，形成具有本企业特色的精益生产管理文化理念，公司上下形成了浓厚的精益氛围，探索出了具有自身特色的精益工作之路。

深化企业视觉形象建设与管理。作为中国兵器工业集团公司重点成员单位，北重集团的企业视觉形象在国际化经营和对外形象宣传过程中发挥着重要作用。为了进一步统一和规范企业的对外形象，塑造北重集团高科技国际化的品牌。北重集团对照中国兵器工业集团视觉标准，对公司原版企业视觉识别手册，进行了全方位修订，内容涉及基础要素和应用要素共76分项，85页，将电子版上传至公司局域网以备各单位参照执行。并且在分步实施、重点推进的基础上制定推进措施，每月进行跟踪检查落实情况。

实践企业文化的精品工程。2015年以来，公司将多年来孕育的“和”文化进一步发展为以“和”为基石的接力文化，并且已经在理念体系、视觉识别、行为规范、管理考核方面自成体系。公司设计推行了新版《企业视觉识别系统手册》、完成了《企业文化手册》、《行为规范手册》，出版了《企业文化专辑》（1-4），《企业文化案例故事》3本，在北方重工报开辟了企业文化专栏，制定了企业文化系列管理办法，确立了企业文化“四级落地”的工作内容，每年组织进行企业文化专项培训。对外参加了高级企业文化师、高级企业文化管理师的学习培训，每年参加企业文化研究会学术论坛、企业文化峰会交流。对内聘请了13位企业文化专家。坚持每年对新进厂大中专毕业生、复转军人进行企业文化课程培训；每年组织召开年度企业文化推进交流会、不定期组织研讨会、现场经验交流、开展基层调研，形成典型经验报告，进行典型经验交流。

### 企业文化建设成效明显

一是企业文化成为凝心聚力、攻坚破难的精神支柱。公司根植于兵器文化总结提出的以“和”为基石的接力文化，已经成为引领北重人思想和行动的精神支柱，无论是国际金融危机的冲击，还是经济新常态下的结构调整，北重集团自强不息、迎难而上的脚步越走越坚实。

二是企业文化成为助推经营、拓展市场的重要砝码。公司针对民品子公司量身定制营销模式，不断强化顶层战略营销，科学明确的市场战略，为各单位市场开拓提供了坚实保障。公司牢牢抓住实施混合所有制的历史契机，推进了专机公司的增资扩股工作，设立了科研所南京研究分院，推动了北方风驰“新三板”挂牌上市工作。公司在体制机制变革方面迈出了新的步伐，有效释放了发展活力，积极践行了市场在资源配置中起决定性作用的要求。

三是企业文化成为提升管理、打造品牌的有效抓手。公司通过精益文化年，全面推进全价值链体系化精益管理战略，开展精益文化论坛，推广精益化生产、精细化管理的典型经验，坚持“所有工作都要讲精益、所有工作都要讲价值、重在解决具体问题”的原则，策划完善了精益管理实施方案；建立了“合理化建议—改善—精益管理”三位一体推进模式，实现了合理化建议、改善、精益管理的有机融合。

### 企业文化建设经验与启示

通过企业文化的工作实践，北重集团企业文化建设积淀了一些有益的经验和启示。

一是企业文化理念要常创常新。第一，自2015年北重集团就进一步深入探索公司以“和”为基石的“接力文化”的实践路径为“阳光、开放、高效”。第二，北重集团“和”的内涵包含了“和谐”、“整合”、“核心竞争力”三层内容，和谐是整合的基础和前提，整合是实现和谐的手段和方式，核心竞争力是和谐与整合的目的和归宿。三者相互联系，逐层推进。第三，从和谐到整合，再到核心竞争力，是一个连续不断、持续深化、逐层递进的过程。北重集团的“和”是中华传统文化的一部分，是对传统文化的继承、融合、创新和超越。

二是企业文化理论适用范围要广泛。“接力文化”有效地解决了国有企业文化管理的接力传承问题。在国有企业实行任期制，届别之间管理思想缺乏延续性的情况下，北重集团所提倡的坚持实践“和”文化，不仅在于同一届班子成员之间、同一代员工之间和同级部门之间的和，而且还在于上届班子与下届班子之间、上代人与下代人之间、上级部门与下级部门之间的和，尤其是在届别与代际之间，不能搞下届否定上届、后任否定前任、一代否定一代的断代(届)文化。避免了企业的一些急功近利的做法，以及由此导致的人、财、物的浪费。

三是企业文化推进方法要切合实际。北重集团始终把文化建设与科研生产经营紧密结合，文化为中心工作注入思想精神动力，中心工作为文化建设提供物质资金保障，二者相融互进、相得益彰；公司遵循“创新—发展—再创新—再发展”的规律，结合开展的教育实践活动，为文化建设注入新元素，有效激发了广大干部员工的工作热情和创造活力；公司认真抓好文化建设规章制度、长远规划、年度计划和安排、工作检查总结和评比表彰、学习培训和经验交流、宣传工作等日常工作，并把文化融入企业规章制度、工作流程和行为规范之中，实现了管理科学化。

北重集团通过对企业文化建设工作的努力探索和实践，促进了公司的成长与发展，用企业文化的“软实力”创造了科学发展的“硬业绩”，为实现“建设阳光、开放、高效的现代化北重集团”，做出了突出的贡献。

## 以文化力提升核心竞争力

昌河飞机工业（集团）有限责任公司

中航工业昌河飞机工业（集团）有限责任公司是我国航空工业骨干企业和直升机科研生产基地，具有研制生产多型号、多产品种、多系列直升机的能力，拥有从1吨到13吨，直10、直8、直11等系列机型及国际合作、转包生产项目等。中航工业昌飞坚持企业文化的传承与创新相结合，理念与实践相结合，促进了企业发展走向快车道，整体生产效率大幅度攀升。

### 强化组织保障和制度建设，建立完善企业文化建设长效机制

中航工业昌飞历届党政领导班子都高度重视文化建设。成立了由董事长、党委书记及总经理任组长，党委副书记任常务副组长，副总经理任副组长，相关部门任成员单位的企业文化建设领导小组。设立了企业文化部专门机构及企业文化副总监岗位。各基层单位党政负责人为文化建设第一责任人。形成了党政主抓、各部门协调推进、全员共同参与“三位一体”的企业文化领导体制、工作机制。决策层的高位推进、员工群体的认同支撑、上下互动的平台载体，是昌飞企业文化建设强有力的组织保证。公司企业文化建设一脉相承，传承与创新有力有为有位。

在制度建设方面，中航工业昌飞先后制定下发了《企业文化管理制度》、《关于企业文化氛围和素养管理工作的若干规定》、《公司各单位企业文化建设达标评分标准和示范单位评审办法》、《企业文化示范班组考核评价办法》、《中航工业昌飞“文化要素”管控制度》等一系列制度文件。这些制度文件的制定出台，为企业文化建设深入发展提供了强有力的制度保证。

### 强化理念体系的顶层设计，明确企业文化建设目标任务

一是立足使命责任，明确“品牌、质量、诚信、创新”方针，进一步明确了企业创新发展的方向途径。

品牌塑企。着眼优秀品牌建设，中航工业昌飞确立了“质量至上、客户满意、形象一流”品牌建设目标，从战略高度加强品牌管理顶层设计。围绕重大航展、重点型号研制、重要纪念日超前深度策划，坚持每年重点策划1至2项重大主题宣传活动，形成强劲声势。持续贯彻中航工业集团文化要素“六统一”要求，分企业、产品、员工3层面，进一步做好形象规范，树立良好形象。

质量兴企。质量是品牌的根本保证。中航工业昌飞将包含产品内在质量、外在质量和服务质量在内的“大质量”观念融入公司质量管理体系。通过持续改进质量管理体系，提升质量管理能力，树立公司直升机质量品牌，将质量打造成公司核心竞争优势之一。全力抓好质量诚信文化及质量素质培育，以追求工作完美和产品精美为目标，培育“我的工作你放心，我的产品你信任”的质量诚信氛围，大力倡导专注、执着、踏实、精益求精的“工匠精神”。

诚信立企。诚信是品牌的底线。“人无诚信不立、业无诚信不兴、国无诚信不强”。中航工业昌飞大力推进公司诚信体系建设，建立员工诚信档案，把诚信理念渗透到公司科研、生产、经营、销售、服务等各个环节，并以制度的形式固化下来；大力开展诚信宣传教育，通过正面宣传和引导，弘扬诚实守信的道德风尚，强化员工诚信意识，通过严格的检查奖惩，形成鲜明的价值导向。

创新强企。创新位列五大发展理念之首，企业拥有了创新的力量，就能在激烈的市场竞争中立于不败之地。中航工业昌飞把培育创新文化纳入公司企业文化建设的重要内容，通过举办创新战略研讨会、报告会、征文、格言征集等方式，大力营造创新氛围。以AOS管理推进为抓手，持续推进管理创新、技术创新、机制创新，着力优化创新环境，激发员工创新潜能，培育员工创新意识，点燃全员创新热情。

二是系统策划企业文化理念体系，从价值引导和行为规范两个方面，着力构建“宗旨信仰、思想观念、行为准则、行为底线及品牌形象”为主要内容企业文化建设理念体系。

培育共同信仰。在集团价值观的统领下，中航工业昌飞明确“航空报国、强军富民”共同信仰，围绕“努力打造技术先进、效益优良、持续发展、客户满意、员工幸福快乐的现代一流航空企业”目标，通过培养教化、培训上课等作用的发挥，促进广大员工树立“企业是我家，我与企业共奋斗、共发展、共生存、共幸福”意识，以实际行动落实和推进“精益昌飞、创新昌飞、和谐昌飞、幸福昌飞”共同愿景的实现。

强化思想观念。按共同信仰的价值导向，中航工业昌飞进一步提炼形成“敬业诚信，创新超越”和“精益求精、团队快乐”等思想观念。通过广泛宣传、教育和引导，增强企业的凝聚力、执行力、创造力，团结带领广大干部职工心往一处想、劲往一处使，推动文化建设与企业中心任务共鸣共舞共发展。

构建员工岗位行为准则。在共同企业信仰和思想观念的指引下，中航工业昌飞着力规范全员岗位行为规范，明确了以“执行第一、表单办事、问题透明、日清日毕、数据说话、持续改善”为主要内容的员工岗位行为准则。准则是员工岗位行为的“高线”，从强化执行力文化建设的角度，告诉大家怎么干、怎么干是对的。公司通过将员工岗位行为准则的考核逐步纳入到干部评价、员工评价、绩效评价中去，对各级党员、干部、员工及单位进行量化评估，为实现公司科学发展提供强有力的行为规范和文化保证。

梳理员工岗位行为底线。中航工业昌飞从人与人、人与事、人与企业、人与社会4方面入手，列出了“禁止诽谤伤害、禁止滥用职权、禁止弄虚作假、禁止玩忽职守、禁止损公肥私、禁止泄愤破坏、禁止造谣泄密”等7大项20条负面清单，初步建立了员工岗位行为底线的警戒机制。

### 强化特色文化的培育和打造，实现企业文化与中心工作共发展

营造学习文化。中航工业昌飞通过建立“六学”方式（领导带头学、组织集中学、专家辅导学、典型交流学、考赛结合学、营造氛围学）、完善“四学”平台（党委中心组、中干分片、党组织“三会一课”和干部大会互动式学习），建设学习型企业、学习型员工，强化了政治理念和形势任务的学习教育，坚定了广大干部职工“航空报国、强军富民”使命责任意识。

弘扬劳模“星”文化。中航工业昌飞通过重奖科技精英，坚持每年举办劳模颁奖晚会，弘扬劳模文化，表彰“明星职工”，充分挖掘党员、干部和职工群众在建设精益昌飞中的闪光点，营造了浓厚的“星”文化氛围，企业文化成为昌飞发展的强大驱动力量。

建设党员先锋文化。结合军民用直升机型号研制的重、难点任务，中航工业昌飞注重发挥党员的先锋作用，以型号为牵引，以任务为主体，分公司和单位两个层面，组织党员攻坚突击队，赛管理、赛作风、赛业绩。有效发挥了党员主体作用，助推了科研生产任务的顺利完成。重点型号研制和批产攻坚党员突击队创造了某国家重点型号当年定型、当年批产、当年交付的历史新突破，基本打通年产各型号直升机超百架生产线。AC313 型机高原试飞攻坚党员突击队，把第一面党员突击队队旗插上了高高的珠峰大本营，圆满完成了青藏高原试飞任务，填补了国产直升机研制多项空白，获国家国防科技工业 10 大新闻。

培育和谐文化。中航工业昌飞坚持“人才资源是第一资源”，建立起行政岗位与专业技术岗位双轨制，形成了管理、技术和技能工人 3 种人才“长”、“家”、“匠”和谐成长模式。目前，公司拥有高级及以上技术职称人员 425 人，享受国务院政府特贴的专家 26 人，初步建立起了一支适应直升机产业发展需要，以高层次人才为核心，结构较为合理，素质优良，技术技能精湛的高素质人才队伍。

培育快乐文化。公司发挥工会的群众组织的桥梁纽带作用，组织成立了摄影、足球等 11 个协会，以“魅力昌飞·快乐同行”、“精益昌飞·快乐同行”、“活力昌飞·快乐同行”为主题，组织开展职工文化艺术节和广场文化节活动，每年参与、受益人员近 2 万人次。公司通过推进拉闸管理，有效保证职工休息时间，设立职工医疗互助保障基金，推进职工长、短疗等举措，提升了职工生活幸福指数。

在中航工业昌飞干部职工思想上，谋发展、比贡献热情高涨，企业凝聚力、影响力显著增强，在新华社、《人民日报》、中央电视台、凤凰卫视、《瞭望周刊》、《中国航空报》等国家主流媒体播发宣传文稿千余篇，在新华社发表通稿 6 篇，《人民日报》登载文章 3 篇，中央电视台新闻联播 5 条，品牌形象价值和美誉度大幅提升。

优秀的企业文化是企业发展的动力之源、活力之本、制胜之策。中航工业昌飞先后荣获“全国先进基层党组织”、“中国企业文化建设先进单位”、“中国企业文化建设十佳单位”、“全国企业文化建设优秀单位”、“全国和谐劳动关系优秀企业”、“江西省企业文化示范单位”等荣誉称号。

（作者胡世伟，系中航工业昌河飞机工业（集团）有限责任公司党委副书记）

# 六维合力打造文化建设新常态

庆安集团有限公司

庆安集团有限公司创建于 1955 年，隶属于中国航空工业集团公司，是专业从事飞机作动系统、机载武器发射系统、货运系统和制冷系统科研生产的大型企业。在半个多世纪的发展历程中，受国企文化、军工文化、航空文化、地域文化、传统文化的影响，形成了独特的、优良的文化传统，较好地促进了庆安公司的发展。

庆安以党的十八大精神为指导，认真贯彻习近平总书记系列重要讲话精神，高度重视培育和践行社会主义核心价值观，不断深入推进企业文化建设。庆安以企业文化要素为核心，以企业文化管理体系为工具，以企业文化建设认证为方法，以“作动系统”文化为抓手，以企业文化宣传媒体为平台，以企业文化主题活动为载体，六个维度，不断提升文化建设与管理水平，实现了使企业文化与科研生产经营的融合，发挥企业文化在提高素质、凝聚力量、树立形象、增强软实力、促进企业发展等方面的作用。

## 一、维度一：核心——企业文化要素体系

### （一）定方向，顶层设计。

庆安提出“航空为本、航空与制冷并举”的发展战略和“成为中国优秀的飞机附件供应商”的发展愿景，确立了“信任、沟通、合作、协调、求实、创新”的企业文化方向；承接中航工业文化要素，确定了宗旨、理念、价值观、文化基因等核心理念，以及市场、客户、经营、品牌、型号、环境、作风、团队、创新、质量、廉洁文化等 13 个支撑理念。构建出“理念识别系统”、“视觉识别系统”、“员工行为规范系统”组成的企业文化体系；分阶段、分步骤、分层次地开展“道德讲堂”等多项活动，面向全体员工宣贯社会主义核心价值观。

### （二）建机制，搭建框架。

为保证企业文化建设的有效开展，庆安成立企业文化建设领导小组，由总经理、党委书记担任组长。下设企业文化建设办公室和企业文化建设研究会；确立由宣传部门负责企业文化建设工作；成立 13 个专项文化建设组，推进支撑理念落地；各单位、子公司成立企业文化建设领导小组，班组设立企业文化建设小组，由班组长和员工代表组成，形成“三位一体”的文化建设组织框架。

### （三）布网络，组建队伍。

组建企业文化师和文化员队伍，担负起推动企业文化发展使命的重任；庆安规定了企业文化师和文化员相关职责、工作内容、能力要求。每年精心编制《企业文化师培训教材》，组织岗位培训，进行闭卷考试，使其具备文化建设的培训与传播、活动策划与组织、方案制订与实施、检查考核等能力，逐步打造了一支视野开阔、理论扎实、经验丰富的企业文化师和文化员队伍，实现文化的高效传播和扎实落地。

## 二、维度二：工具——企业文化管理体系

**（一）创模式，建立体系。**

为深入开展企业文化建设，庆安从质量、环境和职业健康安全管理理念和运行模式中得到了启示，运用企业文化理论和 IS09000 标准科学的质量管理模式，对企业文化建设实施系统化、标准化、过程化管理的企业文化管理模式。庆安建立了企业文化管理体系，发布了《企业文化管理体系管理手册》和《企业文化管理体系程序文件》，促进企业文化理念细化、分解、渗透到企业运行和管理的各个业务流程中去，成为具体行为指标，提高企业文化管理的效率。

**（二）定方案，有序推进。**

为顺利推进企业文化管理体系，庆安制定下发《2012-2015 年企业文化管理体系推进工作实施方案》，通过“打基础”、“试运行”、“促完善”、“上水平”、“创品牌”的“三年五步走”战略，使企业文化管理体系在运行中得到不断完善，促进企业文化与企业的发展战略、生产经营、质量管理、风险防范融为一体，成为一个相互依存、相互协调、相互促进的有机整体。

**（三）抓审核，促进运行。**

庆安每年组织审核组对各单位文化建设进行内部审核。审核组依据《企业文化管理体系文件》中相关审核条目逐项检查，下发《不符合项报告》，并要求被审核单位在规定时间内反馈整改单。通过文化建设内部审核工作的开展，查找各单位文化建设存在的问题，提出整改方案，从而保证企业文化管理体系的有效运行。

## 三、维度三：方法——企业文化考核认证

**（一）编制度，开展认证。**

为促进各单位企业文化建设整体推进，庆安制定《企业文化建设认证办法》和《企业文化建设认证标准》，在全公司开展企业文化认证工作，通过实践将其不断修订完善。庆安组织审核组通过听取汇报、查阅资料、现场审核等方式，从文化保障、文化载体、文化认同、文化实践、文化落地和文化创新 6 个方面进行评估，评选企业文化建设认证达标单位和示范单位。通过认证工作，进一步指导和规范各单位企业文化建设，逐步推动庆安企业文化在基层落地。

**（二）抓融合，年终考评。**

庆安将企业文化内审和认证结果纳入各单位年终考核体系，作为创建文明单位、“四好”领导班子、“四强”党组织的重要指标。庆安每年评选企业文化建设先进单位和优秀企业文化师。将员工文化素养纳入员工年终考评体系，权重 20%。通过年终考核体系，促使各单位积极开展文化建设，员工进一步规范职业操守，提高职业素养。

**（三）重结合，促进落地。**

庆安通过以评促建，整体提升基层文化建设的水平和文化管理能力，各单位积极开展文化建设工作，如机加厂的“精英文化”、锻铸厂的“班组文化”、钣焊厂的“家文化”、转包厂的“转包文化”、研究所的“团队文化”、档案馆的“兰台文化”及庆安制冷的“10 句话文化”，呈现出百花齐放之势。

## 四、维度四：抓手——特色作动系统文化

**（一）广征集，全员参与。**

庆安 60 年来在机载技术领域取得的成就，作动技术彰显了庆安的个性特色，凸显了文化特征，故以“作动”定位，并冠名为“作动系统文化”。庆安开展“作动”文化内涵征集活动，员工积极参与，共收到稿件 119 个。通过企业文化建设领导小组审议，最终确定了“作以至精、动以至准”的独具特色内涵深刻的“作动系统”文化。

**（二）深解读，明确内涵。**

为了让全体职工深刻理解“作动系统”文化，庆安组织对其进行了深入解读。从航空机载作动技术、航空作动产品入手，要求必须设计精巧、工艺精湛、制造精细、品质精良；要求员工以精益求精的态度、严深细实的作风，从事科研、生产和服务工作，勇于创新、追求卓越，确保按时交付用户满意的精品，为用户提供及时、精心、准确、周到的服务。将其打造成庆安全体员工的核心价值追求。

**（三）促融合，全面落实。**

为全面落实“作动系统”文化，庆安制定了详细的落地方案。组织开展“作动系统”文化大讨论活动，各单位围绕“作以至精、动以至准”的内涵，提出了单位文化格言、班组格言和团队格言，并提炼了“一句话岗位行为规范”。将“作动系统”文化企业科研生产经营全过程中的体现，通过与市场开发、产品研发、工艺和制造、售后服务等有机结合，各部门、单位在日常管理工作的有机融合，落实到员工的具体行动之中，变成员工的行为习惯。

## 五、维度五：平台——企业文化宣传教育

**（一）做目视，营造氛围。**

庆安在标志性建筑物展示宗旨、理念；园区内制作灯杆文化板；主干道两侧建立企业文化长廊；在食堂、文体中心、车间现场悬挂企业文化展板；各基层单位、工段、班组结合自身特点制作文化展板；开发企业文化网站。通过目视文化建设，营造良好的文化氛围，使员工在耳濡目染中感悟庆安的价值观。

**（二）重培训，员工认同。**

在全公司范围内开展“上好一堂文化课”活动。通过专题学习、座谈讨论、员工培训等形式，在员工中开展文化要素“六统一”规范和庆安企业文化相关内容的宣贯和培训。公司领导亲自参与宣讲，各单位还利用各种例会、班前会、生产会等形式层层宣讲，切实做到将宣讲深入到科室、班组，落实到每一名员工。

**（三）广传播，提升影响。**

每年举办“榜样”电视片大赛，制作了《追梦》《逐梦蓝天》《使命》《一号任务》等专题片；电视台开设了《忆往昔、看今朝、展未来》系列专题节目，在《庆安报》开设《企业文化导航》、《企业文化引航》专栏，加大向社会媒体和

行业内媒体的投稿力度，宣传企业文化管理体系的目的和意义。

## 六、维度六：载体——企业文化主题活动

**（一）出产品，滋润心田。**

编制印刷《企业文化员工手册》8000余册，发放至每位员工手中，内容包含社会主义核心价值观内涵、陕西精神、中航工业、中航工业机电系统、庆安文化理念要素、员工行为规范、规范着装图示、司歌、司旗、司徽等，作为基础学习资料。印制了《文化领航、理念制胜》、《身边人、身边事》、《文化大家谈》、《敬业的力量》等企业文化系列丛书，潜移默化的影响员工行为，滋润员工心田。

**（二）树典型，榜样引领。**

庆安在评选“先进工作者”、“优秀共产党员”、“重点型号立功个人”的基础上，开展“感动庆安人物”、“每月一星”等评选活动，营造人人学习先进、争当先进、赶超先进的良好氛围，进一步调动广大员工工作热情和创新激情。

**（三）搞活动，展示风采。**

通过开展职工文化活动，充分展示庆安人的魅力和风采，抒发庆安人“航空报国”的情怀，职工们“自己演、演自己”，再现了庆安人的精神风貌，展示了职工的特色才艺。开展企业文化知识竞赛、唱响司歌、工作装展示比赛、演讲比赛、“文化引领 科学管控”、“品书香、润心灵”读书心得交流会等主题活动，在庆安员工内引起强烈反响。

庆安企业文化建设“六维合力”，整体布局、系统设计、有序推进、持续创新、扎实落地、取得实效。荣获了“全国十二五企业文化建设优秀单位”、“陕西省企业文化示范基地”等荣誉称号；放眼未来，庆安将继续秉承“航空报国、强军富民”的宗旨，践行“敬业诚信、创新超越”核心理念，为促进企业健康稳定持续发展做好文化支撑。

（供稿人：王丹飞，系庆安集团有限公司宣传处一级高级经理）

# 聚沙成塔　铸魂塑形

## 中国空间技术研究院西安分院

中国空间技术研究院西安分院是我国空间飞行器有效载荷研制的骨干单位，承担并出色完成了百余项航天工程任务。在我国自行研制和成功发射的通信广播卫星、导航卫星、遥感卫星、气象卫星、科学试验卫星、神舟飞船等百余颗卫星、飞船及地面测控设备中，西安分院提供了数千台设备及技术成果，为我国航天事业、国防建设和国民经济建设做出了重大贡献。伴随事业的发展，西安分院企业文化取得了突出的建设成果，先后获得“高技术装备发展建设工程突出贡献奖”、载人航天重大贡献奖。探月工程“国防科学进步特等奖”、“国家科技进步特等奖”、“探月工程嫦娥二号任务突出贡献单位”、“北斗二号卫星工程建设突出贡献集体”等多个奖项。

### 一、西安分院企业文化建设综述

中国空间技术研究院西安分院继承和弘扬航天三大精神、积极吸收中国航天科技集团公司和五院企业文化建设优秀成果，紧密围绕企业发展目标，确定企业文化的发展方向，制定了企业文化建设的长期规划和阶段计划，不断积淀和传承企业文化，推出了一系列企业文化成果。通过丰富的企业文化实践活动，形成了具有西安分院特色、符合企业发展需要的特色航天文化。并将企业文化的内涵确定为“关注细节、敢打敢拼、求实创新、和谐共赢”。

西安分院以聚沙成塔的坚韧，发挥企业文化的铸形塑魂功能，不断提升企业文化对企业发展的引领和带动作用，为西安分院的快速发展铸造了软实力。被授予“全国文明单位”、“全国模范职工之家”、全国企业文化优秀成果奖、全国五一劳动奖状荣誉称号、中国航天科技集团公司文明单位、集团公司首批企业文化建设示范单位、“十二五”企业文化建设优秀单位等荣誉称号。

### 二、企业文化建设的传承和创新

早在1987年，在五院西安分院前身504所职工代表大会上，经职工代表倡议，把“爱航天、做主人、争贡献、创一流”作为当时的企业精神；1991年，总结归纳了504所文化的基本内容：热爱航天事业的奉献精神，热爱504所的集体观念，热爱本职工作的务实作风。

新世纪以来，西安分院分步导入了集团公司企业文化3大识别系统；“十一五”以来，西安分院不断完善文化体系建设，加强专项文化的建设；2008年，西安分院第一本企业文化丛书《航天征程纪事》发布。同年，航天科技工业新体系文化子系统规划起步；2009年，初步形成分院特色的理念识别系统；2010年，推出了新版企业宣传片《天宇丰碑》和企业宣传册《跨越苍穹》；2011年，西安分院发布《西安分院企业文化建设“十二五”规划》，并不断深化企业文化理念建设。

通过征集和提炼，最终形成了西安分院企业文化的核心理念，即“关注细节、敢打敢拼、求实创新、和谐共赢”，得到了全体员工的一致认可，并成为引领企业发展的精神内核。

### 三、企业文化科学化、专业化管理

从“十五”期间开始，西安分院就对企业文化阶段性任务和目标进行规划。西安分院相继制定了《西安分院企业文化体系建设规划（2008-2018）》10年远景规划，将文化建设纳入到西安分院的发展战略中来。深入贯彻执行集团公司企业文化3大识别系统，结合实际，策划3大系统综合实施项目，完成了各种视觉形象规范的统一，理念识别系统和行为识别系统深入人心，成为员工工作生活的行为标准，提

升了西安分院整体形象。

制定了《西安分院企业文化建设管理办法》，成立了企业文化领导小组和常设办公室，加大了企业文化经费投入力度，每年企业文化建设经费达到200多万元，促进了企业文化活动有效开展。为提升企业文化专业化工作水平，积极培养企业文化专业人才，3人获得高级企业文化师资格证书，1人被评为集团公司企业文化建设先进个人。

西安分院及下设单位积极探索文化管理的方式方法，通过开设各类论坛、开辟新的宣传载体、举办各种讲座来加强对员工的文化引导。西安分院成立了多个政研课题组，对大型宇航科研生产联合体中的企业文化变革进行研究，形成了专题研究报告。

### 四、企业文化成果和品牌活动

**（一）围绕文化建设，丰富传播载体，推出优秀文化成果。**

在推进企业文化建设的过程中，以企业文化产品为载体，西安分院推出了一批优秀的企业文化成果。

以丰富载体传播和承载企业文化。西安分院充分利用内部、外部网站、内部期刊、视频新闻、LED显示屏、宣传栏、展板等多种载体传递企业文化理念，使文化理念不断深入人心。

制作系列宣传片和专题片。从2005年到2015年，西安分院相继推出了《飞向银河》、《九天飞歌》、《太空华章》、《天宇丰碑》、《远征太空，拉近你我》、《迈向太空的足迹》等企业宣传片；推出专题片《微波通天路》、《见证》、《为了党的事业》、《质量警示录》、《太空绽放文明花》、年度发展大事记等。

编撰系列企业文化丛书和年度画册。从第一本叙事的企业文化丛书《航天征程纪事》开始，西安分院先后编制包括团队丛书《造星追月》、人物丛书《先锋力量》、员工作品丛书《航天情》，主题宣传册《跨越苍穹》。连续6年出版了企业年度画册，以照片的形式回顾了西安分院的年度发展轨迹。

在西安分院发展建设50周年前夕，完成展厅建设，将航天精神、文化以图片、实物、场景的形式，灵活地展示在展厅内，充分展示了西安分院的发展成就和企业文化建设成果。

**（二）开展特色品牌文化实践活动，提升文化影响力。**

举办“分院因你而精彩”主题表彰活动。围绕科研生产中心任务，西安分院相继举行“分院因你而精彩”等系列主题活动，提升员工的凝聚力和企业文化的向心力。活动的举办对内起到了凝聚人心的作用，对外树立了西安分院尊重人才、在发展中不断变革的崭新形象。

举办“神舟伉俪”青年员工集体婚礼。从2006年开始，西安分院连续为忙于工作而耽误婚期的青年员工举办集体婚礼，既为分院员工送去了关怀，又在社会上倡导了节俭文明的新风尚，受到社会及媒体的高度评价。

开展航天主题实践活动。西安分院面临着高密度发射的严峻形势，西安分院以重大节日、航天重大发射任务为契机，开展主题教育活动，增强员工热爱祖国，奉献航天的意识，坚持不懈对员工进行社会主义荣辱观教育，用新理论和新文化教育全体员工。在型号出征、接站活动、航天日、爱心日、质量日的相关团队活动中加强航天精神和分院文化的宣贯力度，使西安分院文化深入人心。

**（三）开展八个专项文化建设，发挥文化影响和带动作用。**

加强包括质量文化、创新文化、责任文化、人本文化、保密文化、成本文化、安全文化、廉洁文化在内的8个专项文化建设，与相关的主管部门共同制定专项文化建设方案和实施计划，并在工作中不断丰富和完善专项文化建设内容，发挥专项文化对工作的影响带动作用。

在专项文化建设方面，西安分院形成的“10000-1=0”的质量理念以及“引领发展，追求卓越，超越自我”的创新理念得到了员工的普遍认可。专项文化的建设进一步丰富了企业文化建设内涵，加深了企业文化的影响力和带动作用。

### 五、企业文化建设特色及成效

结合西安分院发展实际，企业文化的凝聚、引导、塑形、铸魂作用得到很好发挥，员工的思想素质和文明素养得到提升，2000多名员工以国为重，以航天为荣，无私奉献、奏响了一曲感人的为院奉献、为国争光的交响曲。

在企业文化的影响和推动下，西安分院的经营管理能力和效率有了明显的提升。从“十一五”发展初期到迈入“十二五”发展阶段，西安分院经营收入连续翻番，经营收入由“十五”末期的5.7亿元到“十一五”末期的26亿元，再到2015年，西安分院营业收入超过40亿元。在企业文化的影响和带动下，企业走上了快速发展的道路。

## 企业价值观管理的研究与探索

沈阳飞机设计研究所

价值观管理是思想管理的核心。中航工业沈阳飞机设计研究所根据战略需求和发展方向，全面开展企业价值观管理研究与探索，践行社会主义核心价值观，实施愿景分享，举旗塑魂，促进了价值理念的落地生根，确保了重点型号任务的完成。

### 一、企业价值观管理研究的渊源

一是从管理理论研究上看，管理学界对价值观管理的研究由来已久。20世纪80年代中期，美国学者首次提出，企业总裁最重要的任务就是塑造和维持整个组织的价值共识。阿伦·肯尼迪和特伦斯·迪尔在《西方文化》一书中指出：“价值观是任何一种企业文化的基石。”90年代以后，国外企业价值观管理研究逐渐由定性为主向以定量为主。国内研究企业价值观管理的专著和论文也比较少，有必要立足自身实际，开展价值观管理研究，形成一种独特管理方法和思想。

二是从我们党建设发展来看，对思想工作的重视实质上就是价值观的实践和统一过程。革命战争时期，党提出“政治工作是一切革命军队的生命线和灵魂”、“政治工作是民族革命的生命线”等重要论断。新中国成立后，毛泽东提出“政治工作是一切经济工作的生命线”的著名论断。邓小平说：“为什么我们过去能在非常困难的情况下奋斗出来战胜千难万险使革命胜利呢？就是因为我们有理想，有马克思主义信念，有共产主义信念”。江泽民强调，越是发展经济，越是改革开放，越要重视思想政治工作。胡锦涛指出，“思想政治工作是我们党和社会主义国家的重要政治优势。”习总书记提出：“宣传思想工作就是要巩固马克思主义在意识形态领域的指导地位，巩固全党全国人民团结奋斗的共同理想基础。”实践证明，在任何时候以价值观为核心的思想工作在党全部工作中的重要地位不能动摇。

## 二、价值观管理是国企管理的重要内容

一是从国企承担使命看，价值观管理是国企管理的重要内容。十八大报告中明确提出社会主义核心价值体系是兴国之魂，决定着中国特色社会主义发展方向。国有企业承担着民族复兴的特殊使命。国有价值观管理的核心就是要践行社会主义核心价值观，这是国有企业之“魂”。

二是从管理要素来看，“价值观”是重要的管理要素。管理的要素归结起来我们认为主要有“权力”、“文化”、“价值观（思想）”、“经济”、“技术（方法）”、“法制”、“个性”、“环境”和“宗教”要素。在诸多“基本管理要素”中，“经济”是生存的基础，而其他要素都是从不同角度推动管理行为的正常化和科学化。其中“文化”要素、“价值观”要素是通过影响人的思想、观念进而影响人们的行为，本质上都是价值观管理的范畴。

三是从管理思想的进化来看，企业更加重视对人的管理，更加注重价值观分享。

从管理理念上看，从以“物”为本、以“权”为本，进化到以“人”为本。

从管理对象上看，从以“物”为管理中心，进化到以“人”为管理中心。

从管理手段上看，从以“权力”管理为主和“金钱刺激”为主，进化到以“文化”管理和“思想”管理为主。

从管理效果上看，正在实现从“权力依赖”到“文化依赖”的进化。

四是从管理实质上看，价值观管理是企业文化管理的核心。文化管理是科学管理的新发展，是企业管理适应现代经济发展大趋势的自然选择。文化管理，治心为上。《管子·心术下》论曰，“心安是国安也，心治是国治也。治也者心也，安也者心也。”特雷斯·迪尔和阿伦·肯尼迪指出：共同价值观是整个企业文化系统，乃至整个企业经营运作、调节、控制与实施日常操作的文化内核，是企业生存的基础，也是企业追求成功的精神动力。

## 三、沈阳所价值观管理的探索和实践

### （一）企业价值观管理的内涵和目标。

企业价值观管理是企业通过各种手段，将其固有的价值观千方百计地传输到员工的头脑里，形成员工的工作习惯。价值观管理的终极目标就是培养企业管理者和员工的共享价值观。

### （二）企业价值观管理的步骤流程。

企业价值观管理实质上是企业核心价值观的共享、更新、共享的循环过程。

沈阳所在20世纪90年代提出了诚信为业、智和兴所的核心价值观、共同愿景和发展使命，2013年又开展了价值观大讨论，修改完善了所价值观。

### （三）企业价值观管理的方法。

沈阳所通过几年的研究和探索形成了“五化”法。即，价值理念体系化、制度化、具体化、形象化和人格化。体系化是主线，制度化是保证，具体化是支撑，形象化和人格化是载体。

价值理念体系化。就是要构建一套自上而下、上下一致、共享共融的价值理念体系。沈阳所以集团价值观为统领，构建所级价值理念、单位价值理念和员工价值理念“三位一体”的互为补充、体系完善的三级价值理念体系。

推进价值理念制度化。就是要将核心理念融入制度和流程中。沈阳所将“航空报国”、“诚信智和”的核心价值观纳入制度当中，实施扁平化组织机构，建立选人用人育人机制、核心员工管理体系、三元薪酬体系和奖励激励机制，完善了型号研发流程和制度。

推进价值理念具体化。就是将企业的价值理念通过形象、灵活、生动的形式展示出来。沈阳所建立所级、基层和员工三个层面的价值理念展示阵地。所层面由所展室、文化墙、大型展示构成的文化展示工程。基层单位通过文化走廊、荣誉室、文化室和现场看板等展示发展成就和部门理念。员工通过工作牌和岗位牌展示工作理念。

推进价值理念形象化。就是通过各种载体将倡导的价值理念形象，使价值理念可见、可听、可感、可知。策划开展“天南地北一所人”大型活动，精心制作反映航空工业和所发展的宣传画册，摄制“使命”专题片。举办槐花节，精心制作播放大型会议暖场片。编辑理念故事，制作理念宣传片、漫画，实现价值理念故事化。价值理念更加深入人心，成为引领职工、约束行为的无形力量。

推进价值理念人格化。就是要充分发挥典型的影响和辐射力，使价值理念贴近实际。通过日常宣传和集中宣传典型的方式，将典型竖起来，传开来，火起来。“劳模风采”、先锋颂、星光大道、光荣榜等栏目通过电视、报纸、广播等媒体和网络、微信、微博的途径，广泛传播。

### （四）企业价值观管理的路径。

价值观管理落地从文化管理的层面将首先要制定企业

文化发展规划，明确企业核心价值观，使企业上下形成统一的价值观。其次就是要进行价值观的传播。传就是将核心价值观传达到、传递到每一名员工，播就是播种，就是要将企业核心价值观播种在每一名员工的心中、行为中。沈阳所在价值观管理中推进路径。即，生存需求管理——发展需求管理——价值观需求管理。根据人的需求进行思想管理，从低到高不断进行，循环往复，达到价值观的集体认同和不断深化。

**（五）企业价值观管理的内容。**

沈阳所在价值观管理中提出了五个方面的主要内容。

使命认同。坚持用“航空报国”崇高的使命教育和引导广大职工，打造集民族精神、集团文化、科研所文化三位一体的学习型文化，开展“责任与使命”主题征文、重点型号先进事迹报告会、“激扬报国情、攻坚战风采”主体演讲，宣传报国使命。全所职工在型号研制主战场用激情、拼搏和奉献谱写一曲曲报国无悔的时代壮歌。

愿景牵动。坚持愿景分享，用共同愿景引领行动。所第11次党代会完善了“赶超国际飞机研究设计先进水平，引领我国航空武器装备技术进步和产业发展；把六0一所建设成为事业发展、人才成长的沃土和员工幸福生活的美好家园”的共同愿景。用更高的目标和价值引领研究所和职工的发展。

情感感染。坚持推进和谐研究所建设，修建职工医院、文体中心、文化广场，改扩建幼儿园、职工食堂，改善职工工作和生活环境；举办文艺汇演、职工运动会、集体婚礼等文体活动，丰富职工业余文化生活；落实大重病互济和阳光关爱政策，领导坚持一线慰问，送医送药、送餐到现场。坚持“五必清”、“五必谈”、“五必到”，营造了和谐向上、团结奋进的良好氛围。

发展基础。发展战略和经营哲学是企业价值观管理的重要因素。沈阳所制定了“十二五”发展战略和2020发展规划纲要，所11次党代会明确了后续五年及更长时间的发展战略，明确共同愿景、发展目标、发展方针、发展思路和主要任务。

环境熏陶。2001年开始推进一流环境建设，2012年通过集团银牌验收审核，成为首家银牌单位。开展系统人文环境创建，全所面貌焕然一新，为研究所增添了新的气象，为职工工作、学习提供一个和谐的环境，树立了高科技研究所的新形象。

**（六）企业价值观管理的测评。**

价值观管理只有能测评，才可确保企业价值观与时俱进。沈阳所在领导干部任用中将价值观认同度作为重要指标进行考量，提出了工作能力和价值观认同度的二维坐标体系。

**（七）沈阳所价值观管理的初步成效。**

一是促进了价值观的认同。“诚、严、细、实”价值理念在型号研制主战场充分彰显。

二是提升了核心竞争力。研制能力实现了从三代到四代、从陆地到海洋、从有人到无人的跨越。

三是提升了战略控制力。所发展战略得到了全面落实，并转化成职工的自觉行动。

四是提升了应变能力。管理创新深入推进，建立起适应新机研制需要的管理体系。

五是提升了文化和思想工作的影响力。连续9年荣获全国企业文化建设先进单位。思想管理课题获得全国一等奖。

价值观管理是行为管理的基础，也是战略管理的实质。我们将在总结中提高，在继承中发展，在探索中创新，按照十八大的要求，深入开展价值观管理研究，使核心价值观进一步落地生根。

# 以文化建设引领企业发展

## 北京卫星制造厂

北京卫星制造厂隶属于中国航天科技集团公司中国空间技术研究院，是我国专门从事卫星、飞船研制的主力企业，是我国第一颗人造地球卫星“东方红一号”卫星的总装出场单位。半个世纪以来，北京卫星制造厂与参研单位在空间飞行器研制的探索与前行中共同孕育形成了伟大的“两弹一星”精神、“航天传统精神”，孕育形成了独具特色的“东方红一号诞生地”文化。

### 一、把握时代脉搏，充实和优化企业文化价值理念

北京卫星制造厂从2002年开始系统构建企业文化体系，经过近三个“五年”的发展，形成了一套非常健全、完备的体系，并提炼形成了一整套包括企业愿景、使命等的文化理念。十二五期间，随着十八大的召开，按照军工技术服务于国民经济建设的总要求，军工企业进入军民融合发展新的历史阶段，企业战略、发展目标、内外部环境都发生了变化。面临着走军民融合发展之路，深化改革调整，重构企业商业模式的新局面，厂根据企业转型发展实际，优化补充了原有的文化理念，确立了“造精品卫星，创高端产业，富国强军利民”等为代表的新的企业愿景、使命、价值观等核心理念；并制定了《厂企业文化建设中长期发展纲要》，对今后一个阶段企业文化建设的基本原则、目标步骤、建设内容和保障措施从精神、物质、制度及行为等层面做出了周密部署和安排。

企业发展理念的优化补充是企业紧扣时代脉搏的体现，只有与时俱进，文化建设才能深入、持续发展，才能真正与企业发展的高度相匹配，从而进一步发挥文化的引领作用。在这五年间，新的企业发展理念逐渐深入人心，“富国、强军、利民”成为企业职工的信条，为企业的改革发展发挥了重要的推动作用。

### 二、把握企业特点，推动和确保企业文化理念落地

优秀的文化理念只有植根于企业员工的头脑，对企业管理、员工行为、企业制度等各方面产生积极的引导作用才

是企业文化建设的目标所在。在企业文化落地过程中，因为每个企业有其独特的历史背景、发展历程、经营范围、员工结构等，因此要紧紧把握住企业的个性，抓住企业的特点寻找适合的载体、手段和方式。

**（一）开展各种活动，宣贯企业核心价值观，传承航天精神。**

北京卫星制造厂通过各种庆典、仪式和活动营造良好的精神氛围，使员工参与其中，达到强化核心价值观念的目的，提升员工自豪感和责任感。一方面挖掘航天传统文化资源，激励新时代航天人“不忘初心，砥砺向前”：一方面围绕厂史开展“走进红色记忆”通联活动，用感人故事和难忘岁月，教育职工，使航天精神得到传承。结合形势任务开展各种座谈会、大讨论、演讲比赛等，用亲和友好的方式使职工接受企业价值观。

**（二）开发宣传阵地，固化和拓展理念教育的深度和广度。**

一是利用企业内网、《神舟报》、神舟网等内部媒体，拓展和创新新媒体研究和应用，将企业的核心价值观在潜移默化中教育员工。抓住交会对接、北斗导航、嫦娥探月等契机，大力宣传航天技术及航天技术应用的发展成果，对外打造了良好的企业形象。

二是编制各种声像纪录片，通过“话题”、企业改革优秀案例等，反映企业发展成果，通过闭路电视、内网广泛转播给全厂职工，放大促进企业发展的“正能量”。

三是注重对传统文化、专项文化的挖掘和整理，形成文化作品。近年来形成了《天宇任我行》、《佳作工厂》、《我的航天生活》等文化作品集。企业还通过制作画册、征集书画作品等形式传承文化。这些都是企业的宝贵文化财富，使企业的价值理念得到固化和传承。

四是利用政研工作做好企业文化建设的研讨和交流。政研课题中既有对文化工作成果经验的总结，也包括对文化理念及落地方式的研究，研究成果进一步提升了企业价值理念教育的深度和广度。

**（三）发挥楷模引领作用，使优秀文化理念生动再现。**

企业一直致力于塑造反映企业文化理念的典型人物，运用典型教育群众，使企业倡导的核心价值观和优秀的文化理念生动再现。通过一系列培训、选拔、考核和激励等措施，培养出“中华技能大奖”、“全国五一劳动奖章”、“政府特殊津贴专家”、“全国技术能手”等一大批思想过硬、技术技能精湛的优秀人才，使企业人才得到精神和物质双重的满足，放手在岗位上施展拳脚。通过“寻访身边的榜样”、“党员先锋岗”评选活动，使职工更多地感受楷模身上所体现的企业文化精髓，从楷模的实际行动中受到教育和影响，形成了见贤思齐的良好风尚，涌现出了一批又一批的优秀人才。

**（四）营造文化氛围，使企业核心价值观“润物细无声”。**

通过做好目视管理，营造文化氛围，使企业核心价值观得到外显和张扬，让员工在潜移默化中产生思想的变化。另一方面通过电子终端使企业文化顶层精神及时、准确、直接地传递给广大员工，避免了层级传递之间的信息递减。通过制作动漫 Flash 等手段，把宣传内容“动起来”，发挥了目视管理中的“眼球效应”。唐家岭厂区新建的“梦翔天宇”展厅，通过详实的图文展示、丰富的视听多媒体等形式，直观、立体、形象地反映厂的发展历程、文化历程和光辉岁月，成为了厂接待外来参观人员的一个新的展示窗口。

**（五）参加公益活动，履行社会责任，使航天文化得到传播。**

履行社会责任，回报社会是企业文化体系中必不可缺的一部分，也是弘扬航天精神的重要途径。汶川地震、甘肃舟曲泥石流、雅安地震等自然灾害发生后，企业职工在第一时间进行捐款，为灾区重建伸出捐助之手。定向援助广西百色凌云县官仓小学、邀请官仓屯小学师生代表到北京参加夏令营等活动，都体现了航天员工爱党、爱国、爱航天的思想意识和精神风貌。

## 三、把握发展重点，培育和打造企业特色专项文化

大力开展专项文化建设，让各专项文化能够围绕不同时期管理重点发挥作用。在推进质量、保密、安全等专项文化的基础上，对创新、营销、成本等专项文化开始发力，有意识培养员工的市场和经营意识。

**（一）大力开展质量文化建设。**

航天事业是一项高投入、高风险的行业，航天产品质量不仅关系到企业效益，更关系到国家的安危、关系到宇航员的生命安全。几十年来，北京卫星制造厂秉承“零缺陷”理念，致力于提供高品质航天产品与服务，形成并积淀了深厚的质量文化底蕴，使“质量是政治、质量是生命、质量是效益”的理念铭刻在每名员工的心中。企业通过开展青年演讲比赛、新员工“22条”知识竞赛、质量征文、观看警示片、年度质量亮点评选、质量道德讲堂和质量月活动等，教育员工树立“零缺陷”的质量意识，恪守职业道德；建立和完善了质量考核和奖惩制度，促使各项要求得到有力执行；加强了现场管理，持续推行“6S”管理，企业生产、工作环境大大改善，员工素养得到了提升；形成了质量文化成果，包括《质量文化员工读本》，《质量管理经验汇编》等，使质量文化理念渐成体系。十二五期间，企业高质量地交付了各类航天产品，质量体系持续稳定运行，连年在全院科研生产评估中名列前茅，为各型号的成功研制做出了应有的贡献。

**（二）大力开展创新文化建设。**

航天产业是高科技产业，行业的发展对创新提出了迫切的要求。北京卫星制造厂一直以来在企业内大力培育创新意识、营造创新氛围、完善创新机制。通过“五个一”全员创新活动形成了人人参与、各项工作全面进步的局面。并在此基础上，每年开展各种高端学术论坛、企业内部技术沙龙等活动，建立了长效学习机制，为创新提供坚实基础。厂以科技创新为核心，积极培养和引进博士、硕士、高层次的创新型人才，通过组织技术序列干部评聘考核，着力造就科技创新骨干团队；充分利用产学研结合渠道，构建开放式的科

研平台，企业与多家科研院所、高等院校建立了技术合作关系。产品创新取得新突破，有50余项成果获科技进步奖，形成专利70余项，产生了VPPA焊接技术应用、大型壁板成型技术等一大批先进技术，并成功应用于型号发射中，为航天事业做出了重要贡献。航天技术应用产业不断做优做强，研制出了以钢铝复合轨、全向智能平台车、冷冻站和隔热涂层等一批明星产品，民用产业日渐成效。企业近年被评为中关村地区“高新科技类——最具价值企业”，荣获“海淀区创新企业”称号。

**（三）大力开展市场文化及成本文化建设。**

当企业战略发生调整，民用产业将成为未来发展的主导，培养员工的市场经济思维模式也就提上日程。思想变革，文化先行，因此北京卫星制造厂的企业文化建设开始逐步构建和市场经济相关的文化理念。近年来，厂有意识强化“危机意识”、“竞争意识”、“成本意识”等市场意识，充分调动员工在企业军民融合转型中的思想解放，激活企业发展潜能。开展多层次、多种形式的“向外看”活动，组织厂领导班子成员、中层领导干部、班组长、班组“向外看”的交流活动，充分利用党委中心组学习、中干专项调研、班组长对口交流、“党支部搭桥”、“技术架桥”等与市场开放性强、管理先进的企业开展交流，通过碰撞和思考增强感性认识，增强改革的紧迫感和实施动力；利用“要闻话题”、“视野课堂”、“研究与思考”等形式形成交流思想、培养“前沿视野”的长效机制，不断督促各级管理者加强思考，推进改革；坚持形势任务教育从“单一化”向“分众化”、从“单向交流”向“双向互动”的转变，通过党委和各党支部党课、党代会年会形势任务教育专题报告、“五四”专题报告会、班组长论坛等针对青年员工、党员、职工代表、班组长等分层次开展教育，逐级动员，统一思想；针对年度改革重点开展专题文化活动策划，将改革重点融入全年文化建设活动中，集中力量，多管齐下，发挥文化对员工思想的主导作用，为改革做好思想保障。应该说，通过构建相关专项文化，企业的市场意识得到了明显的加强。

（供稿人：段艳美）

# 企业文化落地　经济发展腾飞

## 沈阳际华3547特种装具有限公司

沈阳际华3547特种装具有限公司隶属于央企50强、世界500强企业—新兴际华集团有限公司所属的际华集团股份有限公司。始建于1969年，数年的砥砺前行，使得公司在市场竞争中取得了骄人的成绩，公司的经营业绩节节高升，主营业务包括：防弹防护产品、装具产品、塑料制品3类；主要市场范围包括军队、武警、公安、民政等国内市场及防弹防护产品的国际市场。沈阳际华深挖自身潜力的同时，与国内多家高校、科研院所达成合作开发战略，不断在人体防护，应急救援及军警后勤保障装备和新型复合材料等领域取得新的突破，逐步形成“军、特、专、新”的产品特色。

### 持续完善企业文化体系建设，推动企业不断向前发展

为实现“以使命与愿景引领企业发展，以文化战略支撑企业总体战略的实现”的企业文化建设总体目标，公司持续营造一种“企业有生气、经营有灵气、产品有名气、员工有士气”的良好氛围。以集团公司的“十二五”规划为指导方针，借助建设“双五体系”的东风，以“小产品大市场，好产品大文章”为市场定位，使企业不断孕育新概念，产生新思维，实施新举措，发生新变化。努力提高全员素养，塑造企业良好形象，推动企业不断前进。

3547公司与3523公司合作先后制作了《拥抱新家园、启动新梦想、创造新辉煌》和《追逐强企之梦》两个宣传片，讲述了际华辽宁产业园的新风貌，全面介绍了公司产品。制定了3547公司《企业文化手册》，从学习文化、创新文化、融合文化、争先文化、目标文化、效率文化、治理文化、品牌文化，8个方面详细阐述了公司企业文化的发展历程，形式新颖，文字简洁。同时对内采取培训、宣贯、典型培养、载体推进、文体活动等形式开展推进文化植入活动。对外发挥网络的优势，遵循集团公司的相关规定，为公司的企业文化建设搭建了宣传舆论平台，创造了良好的舆论氛围。

### 持续导入文化理念，积极拓宽传播渠道

加大宣传力度，增进文化引领。公司在促进企业文化建设中充分发挥了主力军的作用，尤其在实施思想引导、促成信息交流等方面更是不可缺少的重要方式。公司成立了宣传报道组，通过集团网站、公司网站、集团杂志、宣传板和公司主办的《际华辽宁报》宣传工作中的亮点和职工的成绩，鼓舞了职工士气，增强了职工积极性和凝聚力，形成一种积极向上的氛围。

厂区新建设，文化阵地随处可见。为打造明朗舒适的办公环境，增强职工的归属感，公司积极开展环境刷新工程，各部室墙壁重新粉刷，办公家具重新购置，厂区环境设施重新设计，使厂区面貌焕然一新；在厂区院内、办公楼内及各车间的电子屏上滚动显示企业文化，企业精神，企业愿景，贴出标语100多条，展示厂内先进工作者及标兵，为公司的持续发展不断的提供文化支撑，对提高职工的素质、发挥榜样的力量，起到了促进作用。

加强组织培训，促进管理提升。加强对职工的培训，以此带动企业文化建设，建立了年度职工培训管理制度，确定了培训计划，每周一次培训，设立了职工教育培训专项经费，争取年底全部完成培训计划，参加人员合格率达到100%。近期，对管理人员组织培训学习了“国学中的管理之道”、“高品质沟通”、“商务礼仪”、“反腐倡廉教育”及“纪念建党94周年”等培训课程。对车间职工进行了专业技能培训、新产品制作工艺流程培训和安全生产等培训课程。提高了职工的业务水平和自身素质，公司还用专款为职工购置了专业

技能方面的书籍，组织职工利用业余时间读书。

以学习贯彻党的十八大精神为抓手，推进学习型组织建设。公司党委坚持深入学习贯彻落实科学发展观，学习习近平总书记系列讲话精神，大力解放思想。纪委严格落实中央《关于实行党风廉政建设责任制的规定》及纪委6项监督责任和推进“三转”的9项措施，并以形势教育为抓手，提升职工队伍凝聚力，大力推进了学习型组织建设。

### 以不断拓展职工发展空间为目的，丰富企业文化展示平台

搭建党建和群团活动平台，着力增强党群组织活力。在实施企业发展战略中，公司党委聚焦“新常态”，抓住“新机遇”，以“三严三实”专题教育活动为契机，持续把企业理念、战略发展目标、阶段性目标与完成当前的生产任务紧密联系起来，进一步提出以“1236”发展愿景为目标，以“五新”指导思想和“123458”发展方针为指导，组织各类生产大会战主题活动，发扬“保障有力、战无不胜”的精神和作风，增强党群组织的活力。

搭建人才培养平台，不断壮大公司人才队伍。为促进企业文化建设，使企业文化深入人心。公司强力宣贯集团公司《企业文化手册》，深入贯彻落实集团公司“1357831”发展战略和“强二进三”发展目标，大力开展“创先争优”活动，提高了企业的科技创新能力，引入“军事化”管理理念，使干部职工对企业理念体现有了较为深刻的熟知和理解，得到了广大职工的认同，增强向心力和凝聚力，为以后本企业企业文化建设和与集团公司企业文化的融合指引了良好的方向。在公司人才队伍建设方面，公司吸收了多名高校大学毕业生，充实到技术、销售、财务、管理岗位上去，增强了队伍的活力。

搭建职工建功立业平台，注重树典型选先进。近年来，公司结合“三亮三比三评”活动开展，融合企业文化中人才战略，拓宽营造比、学、赶、帮、超的工作环境和氛围的思路，为职工搭建建功立业平台。通过开展一系列劳动竞赛活动，为一批勤奋学习、乐于钻研、爱岗敬业、无私奉献的职工找到了体现人生价值与事业追求的黄金契合点。

搭建文化娱乐的平台，丰富职工业余生活。为丰富职工业余文化生活，确保职工拥有足够的空间和条件开展各种寓教于乐、喜闻乐见的文体活动。公司增设了职工篮球场、羽毛球场、乒乓球场、供职工开展活动和业余休闲使用。公司工会为学习贯彻落实党的十八大会议精神，把广大职工的智慧和力量凝聚到推动企业又好又快发展上来，满足职工群众日益提高的文化需求，从实际出发，每年在“三八妇女节”、“五四青年节”、“国庆节”都开展歌咏比赛、演讲比赛、文艺汇演多种形式的文化活动，在平时也因地制宜地开展灵活多样的文体活动，通过这些活动，培养职工奋勇争先、勇于拼搏的精神，展示职工风采，凝聚职工力量。

### 以打造安全文化为契机，促进企业安全和谐

安全文化是企业的一种行为文化，是企业在长期安全生产经营活动中形成的以人为本、保护人的身心健康、尊重人的生命、实现人的安全价值的文化，是职工精神、素质等方面的综合表现。没有安全就没有稳定，和谐企业也就无从谈起。必须把安全作为创建和谐企业的关键来抓，使之形成企业的第一效益、职工的第一利益、干部的第一责任。把职工过去的“要我安全”的被动型服从管理转变成现在的“我要安全”的自主型管理，从而提升安全管理工作的境界。公司致力于狠抓车间安全生产工作，完善了劳动保护监督检查机制和工会劳动安全工作，加强了对职工安全生产知识的教育，落实安全保护措施，促进事故隐患及时整改。车间生产严格执行了安全生产责任制和操作规程，强化现场管理和现场环境整治，在产品质量上实行“责任到个人”的制度，确保了产品质量，及时排除了隐患。同时，建立起良好的安全生产秩序和文明生产环境，防范人身、设备事故。一系列安全生产人性化管理和个性化管理措施的实施，使职工对安全生产的文化内涵逐渐由了解到认知，由认知到认同，由认同到成为自觉行为，形成了“安全为个人、人人保安全；安全靠大家、大家都安全”的人性化管理格局。

### 切实履行社会责任，树立老军工品牌形象

公司履行社会职责能力不断提升。汶川地震、玉树地震和洪涝灾害等几次自然灾害，公司都为灾区生产了紧急救灾物资。关键时刻，树立了老军工的企业品牌和良好形象。

未来几年是3547公司发展至关重要的时期。公司将秉持企业文化建设总体目标，努力实现“四个融合”，即与集团核心价值观相融合，将价值观和责任感、使命感的有效实践落实到企业文化建设中，转化为员工的自觉行动；与学习型党组织创建相融合，深化双五体系建设，推进党建各项工作全面提升；与创建“四好班子”工作相融合，实现企业文化建设与思想政治工作相互统一，互为渗透，为公司科学发展提供保障；与精神文明建设相融合，丰富活动载体，推进员工文明素质提升工程，提高员工队伍整体素质。

（作者杨莹，系沈阳际华3547特种装具有限公司团委书记）

## 战略驱动型企业文化建设与实践

中国电子科技集团公司第38研究所

中国电子科技集团公司第三十八研究所（又称“华东电子工程研究所”，以下简称“38所”），1965年建于贵州，1988年底整体迁建合肥市，现有员工7000人，平均年龄34岁，是国家一类研究所。“十二五”以来，38所高度重视战略驱动型企业文化建设，通过找准企业文化建设路径、拓展企业文化建设和传播平台、以企业文化建设效果支撑了企

业战略目标的实现，积淀形成了38所战略驱动型的企业文化。

## 找准战略导向和管理互动的企业文化建设路径

企业文化是对企业管理行为的提炼和精髓的体现，38所"十二五"企业文化建设历程，找到了一条清晰的企业文化建设路径。

一是紧扣企业发展战略培育企业文化。2011年，38所结合国资委提出的世界一流企业13项要素中"具有先进独特的企业文化"建设要求和38所"十二五"战略规划目标的具体要求，提出了"十二五"期间，塑造38所战略导向型的企业文化，助推"十二五"发展规划落地生根。在构建"十二五"企业文化过程中，结合"十二五"发展任务和年度业务中心工作，重点聚焦执行层对具体战略的执行，聚焦"人物引领、创新引领、产业化、国际化"战略，在人力资源建设、科技创新、技术革新、管理创新、军民融合产业化、业务全球化等方面，分别打造38所军工特色企业文化标签，通过内外部媒体宣传和推广，借助内外部宣传合力，在"大树文化"树枝上，积淀并结成38所以战略为导向的军工企业文化新果实。

二是在企业管理提升活动过程中培育企业文化。文化是管理的最高境界。38所企业文化建设要为"十二五"末，实现百亿目标，建设"国内卓越、世界一流"企业提供保障。具体实现措施就是要立足自身实际、汲取外部经验，以先进的文化理念，指导具体的管理提升活动。38所在文化重塑实践中，通过每年提出一个管理主题年，一年推进一项管理创新理念，以五年为一个闭环，螺旋上升式推进管理创新。促进创新文化建设，从而将38所的文化重塑与管理创新有机结合在一起，在管理创新的实践中体现了38所自有的文化特色，逐步完成文化重塑的过程。从2011-2015年，38所结合"十二五"规划的制定和落实，以管理主题年的形式来助推各项业务工作的开展。2011年，以"转型升级"作为年度主题，提出要思考如何实现转型升级，2012年，结合"与世界一流对标、向国内卓越迈进"，提出了"对标•布局年"，2013年聚焦提升资源保障能力，提出了"聚焦•提升年"，2014年，结合"十二五"末要实现百亿目标的要求，提出了"落实战略、开拓市场、创新机制、发展产业"的管理主题年，全年科研生产紧紧围绕16字方针进行，2015年，"十二五"收官之年，38所提出"信念坚定、敢担当、能成事"的百亿目标冲刺要求和口号。通过"十二五"以来的系统管理布局和运作，38所引入了现代管理方法，实现了38所管理能力的提升，为38所的企业文化建设增添了创新思想和创新管理理念等新元素。

三是在企业和员工行为规范上培育企业文化。在38所文化重塑中，始终坚持以文化来提高制度建设的规范性，以制度固化落实文化理念的要求，将文化理念具象化到组织、人事、质量、安全、保密等各项管理规章制度中去，从而将企业和员工的各项行为逐步统一在价值观的框架内，使内部沟通变得顺畅，团队意识和企业凝聚力得到增强，使得全所文化在企业管理发生不可替代的作用。

在企业行为规范上，38所注重通过使命、愿景和价值观来塑造企业行为规范。"鼎天下，成国器"是38所的企业使命、"服务国防安全与公共安全，成为军事电子王牌军和国际高端电子防务装备供应商"是38所的企业愿景、"国字当头、创字为先、改字开路"三字经是38所的核心价值观。"鼎天下，成国器"，是指38所要担负起"鼎天下之重任，成国家之利器"的使命责任。"服务国防安全与公共安全，成为军事电子王牌军和国际高端电子防务装备供应商"，指明了38所发展的方向和目标，统一了员工在发展方向和发展目标上的认同。"国字当头、创字为先、改字开路"，其中，"国字当头"，指以国家需求、国家利益、国家目标为出发点，坚定成为"国家人、国家事、国家队"，树立"国字当头、国家为大、国家荣誉"的担当责任意识。"创字为先"，强调要"创新、创业、创优"，在自主创新上，38所人要争做国家队，在思想上领先一步，在方法上率先一步，在实践上抢先一步。"改字开路"，强调落实战略的过程中，要努力实现体制转轨、机制转化、业务转型，在改革与管理上，实现双推进，在改革发展上，38所敢做排头兵；

在员工行为规范上，一方面，通过制定和贯彻所内行政管理、绩效考核、评先评优、日常考勤等各项规章制度，促使员工做合格的"38所人"。另一方面，按照38所核心价值观要求，提倡38所人"勤于探索、勇于创新、敢于竞争、乐于奉献"、鼓励和要求员工"共同参与、共同思考、共同成就、共同分享"、要求员工树立"危机意识、责任意识、健康意识、感恩意识"、继续保持"开放的心态、谦虚的心态、学习的心态、包容的心态"，善于做到"多一点发现、多一点思考、多一点创新、多一点行动"。

## 围绕服务企业发展战略，拓展企业文化建设和传播平台

一是拓展企业文化传播平台。经过"十二五"持续不断的企业文化建设，38所形成了企业文化"两网"（内部局域网、外部企业门户网）、"两报"（《38所通讯》、《38所手机报》）、"一刊"（管理内刊《携手》）、"一书"（企业文化系列丛书）、"一屏"（覆盖园区的实时更新电子屏媒）、"一窗"（覆盖生活小区的宣传橱窗）、"一微信号（电科博微）"等完善的文化传播平台，为向所内外传播38所企业文化提供了丰富灵活的形式和载体。同时，38所开展了较为系统的视觉系统设计和导入，为企业文化传播提供了统一的视觉语言。

二是丰富企业文化建设内涵。一方面，努力践行38所企业文化理念，不断深化文化理念的内涵。如，通过在预警机研制和重大活动保障等项目上主动承担"军工电子国家队"职责，在博鳌亚洲论坛、"9.3阅兵"等盛会安保任务和阅兵参演上，不断丰富"三字经"文化中的"国字当头"内涵；通过在"三大板块"等方面的持续探索，身体力行

“改字为先”；通过一系列技术创新和管理创新的布局，真正做到“创字开路”。另一方面，有意识地通过典型人物、典型事件，丰富38所文化的承载。如，每年年底在全所范围内开展“年度十件大事”、“年度十大感动人物”、“十大杰出员工”、“年度先进个人”的投票评选，并在企业年度总结大会上进行表彰。每年“七一”大会前，在全所范围内投票评选“先进党支部”、“十佳党员”，并在“七一”大会上进行表彰和宣传。对于“年度十件大事”、“年度十大感动人物”、“十大感动人物”“十大杰出员工”、“先进党支部”、“十佳党员”获得者，提前开展相关事迹故事的视频拍摄并在表彰会现场播放，会后，将相关宣传片内网和电子屏滚动展播，将获表彰者图片和事迹通过展板和电梯海报，在全所进行宣传展示。努力做到通过不断总结提炼各种企业文化故事，以身边人、身边事，生动诠释企业文化理念。

**收获企业文化果实，以企业文化建设效果支撑战略目标实现**

“十二五”以来，通过系统的企业文化建设，为38所实现良好的发展局面提供了有力支撑。

一是支撑了38所“十二五”经营业绩的实现。38所“十二五”企业文化建设，有效支撑了38所经营业绩从35亿跨越到100亿的实现。体现在：一方面，通过建立使命、愿景、核心价值观等企业文化理念，使之成为了38所企业行为和员工行动的准则指南。在加强企业文化对38所企业化、集团化运作的引导过程中，深入挖掘了军工电子文化的优秀历史传承，系统梳理并提炼形成了38所核心文化理念，完善了38所文化理念体系建设。通过“人物引领、创新引领、产业化、国际化”战略的系列措施落实，激发了员工的使命感、凝聚了员工的归属感、加强了员工的责任感、赋予了员工的荣誉感、实现了员工的成就感。另一方面，通过丰富38所企业文化内涵，实现文化理念与企业发展战略、企业发展战略与“十二五”规划的对接。在明确企业文化为战略服务、为管理服务、为员工服务的工作思路下，结合38所战略规划和未来使命，以有形活动为载体，积极培育出了适应38所建设“国内卓越、世界一流”企业的文化新元素。

二是形成了38所军工企业文化精神。“十二五”期间，通过38所企业文化建设，梳理并形成了38所军工企业文化精神，如在企业核心价值观上，树立了“国字当头、创字为先、改字开路”的三字经文化精神。在企业使命上树立了“鼎天下、成国器”的企业使命。在员工行为规范上，形成了“勤于探索、勇于创新、敢于竞争、乐于奉献”、“危机意识、责任意识、健康意识、感恩意识”、“开放的心态、谦虚的心态、学习的心态、包容的心态”、“多一点发现、多一点思考、多一点创新、多一点行动”十六项文化准则要求。这些军工企业文化精神，指引着38所未来的可持续发展。

三是得到了内外部认同，获得了系列荣誉。38所企业文化建设的方法和路径，在所内外得到了认同，“大树文化体系”、“管理主题年”、“三字经价值观”、“年度十大”等已固化到38所企业文化内核中，员工能够熟记并亲自参与到企业文化实践中。“十二五”以来，38所企业文化建设在“大树文化体系”上已结出累累果实，蝉联了四届“全国文明单位”，荣获“全国先进基层党组织”、“全国精神文明建设工作先进单位”、“中央企业先进基层党组织”、“军工文化建设示范单位”、连续八届“安徽省文明单位”等一系列荣誉称号，提升了38所企业文化软实力。

# 以文化优势助推企业可持续发展

## 上海卫星工程研究所

上海卫星工程研究所创建于1969年，隶属于中国航天科技集团公司第八研究院，是上海航天基地空间飞行器总体设计部。该所主要从事卫星体系研究、系统分析、总体设计，承担卫星总体研制与研发任务，是我国气象卫星摇篮，创立了“风云”卫星品牌，是我国电子信息、微波遥感卫星、深空探测器的首创者。

四十余年的发展中，上海卫星工程研究所以“尽微致广 克明峻德”特色文化理念为指引，形成了五大领域九大系列卫星，成功研制并发射了“风云”系列、“实践”系列、“遥感”系列等15种型号卫星38颗卫星，目前在轨业务运行卫星达28颗，15颗超寿命正常运行。自1999年以来，卫星发射保持了16年连续成功的辉煌成绩。特别是自2005年以来，平均每年成功发射并投入运行一颗新型号的首发星，经营管理水平和科研生产能力持续提升。

“十二五”期间，上海卫星工程研究所积极肩负“创人类航天文明、铸民族科技丰碑”企业使命，通过建立体系、融入管理、突出特色、体现责任的企业文化活动，持续提升企业文化建设水平，为该所连续16年卫星发射成功和总体能力的提升提供了丰厚滋养。

**一、建立体系：构建具有航天特色、时代特征、研究所特点的核心价值体系**

伟大的事业需要并将产生崇高的精神，崇高的精神支撑和推动着伟大的事业。上海卫星工程研究所在实践中形成并不断丰富富有时代性和生命力的特色文化、职能文化和班组文化，使社会主义核心价值观内化于心、外化于形。

**（一）提炼特色文化注入文化基因。**

上海卫星工程研究所坚持用社会主义核心价值观引领企业文化建设，把“成功、创新、严谨、卓越”的“创星”文化指导企业管理模式、业务流程和发展的行动指南。通过“创星”文化理念在日常工作实践中的彰显，在具体行为规范上的外化，全所职工对企业战略与文明创建目标形成了强烈的文化认同，让企业发展愿景成为全体职工奋斗的最大公约数。同时，又不断丰富和发展“创星”文化，培育了企业文化建设“五个三”的思路与做法，形成了“尽微致广 克明峻德”的特色文化理念。

**（二）注重把企业文化融入职能管理。**

上海卫星工程研究所积极推动质量、成本、创新等专项文化的建设与落地，形成既有顶层牵引又有行业特色的职能应用文化系统，真正把航天文化作为实现转型发展的源头活水。在精神层面倡导形成不接收有缺陷的产品、不研制有缺陷的产品、不传递有缺陷的产品、不隐瞒有缺陷的产品的“四不接收”质量道德观，编发了上海卫星工程研究所《质量文化手册》。推动成本控制管理，在职工中树立向市场要效益、向设计要效益等六个效益理念。搭建了各种创新展示平台，连续三届“光启杯”新概念飞行器设计大赛，连续五届举办博士创新论坛，在所内形成心无旁骛做学问、精益求精钻技术、严慎细实干型号的科研所创新文化氛围，提升文化在企业管理中的价值引领作用。

**（三）建设班组文化确保转化落地。**

班组是最基础的平台，上海卫星工程研究所把特色文化等企业文化理念的践行深植于班组这一最实最深入基层的团队。按照“三步走、四要素、10分钟”要求，建立班组企业文化的传承路径和形式，发挥航天文化对实际工作的指导作用。推进“质量 效益”班组的建设，对标《航天型号精细化质量要求》，建立完善班组岗位依据目录，突出班组文化建设，发挥班组在保障航天质量提升工程和成本控制管理要求落实的基础性作用，形成了完善和量化三级审签表等典型做法，真正做到人人做事有依据、按依据、留记录，增强质量把控能力。目前，全所90%以上班组都提炼出了自己的班组文化。

## 二、融入管理：提升文化在企业管理中的价值引领作用

企业文化转化落地的一个关键因素是科学管理，只有“固化于制”，方能进一步“内化于心”，才能保证“外化于形”的成效。上海卫星工程研究所将企业文化建设与管理创新相结合，提升企业文化对企业文化的价值引领作用。

**（一）建设学习型组织蓄积企业发展动力。**

企业未来唯一可持续发展的优势，就是比竞争对手具有更强的学习力。上海卫星工程研究所通过各级组织在全所营造良好的学习氛围，倡导职工实现“以书本为中心的学习转向以问题为中心的学习”转变，切实提高学习的针对性、有效性和实践性。所党政领导干部以党委中心组学习为平台，带头研读《习近平谈治国理政》、《大道之行》等一系列书籍，完成了《差异化发展》、《卫星产品工程》等一系列关系长远发展的党委课题，推动领导班子解放思想、指导实践、引领科学发展。各部门、党支部、分工会、团支部以及班组等作为基层组织，广泛开展了“每人一讲”、“读书节”、学习型班组建设等多种形式的学习型组织建设。

**（二）坚持创新战略基点提升竞争力。**

上海卫星工程研究所以富国强军为使命，以“发展航天事业 建设航天强国”为己任，实施“零缺陷”质量管理，整肃职工作风纪律、设立质量问题曝光台、发布质量警示录，追求卫星高质量、管理高效率、发展高效益。春华秋实，实至名归，上海卫星工程研究所荣获了上海市市长质量奖。坚持自主创新的战略基点，建设了创新责任机制、激励机制和投入机制：构建了上海卫星工程研究所荣誉体系，设立创新发展责任令等一批规章制度，进行考核并发放专项奖，初步形成我所技术创新体系，凝练了核心专业技术和拳头产品，形成了高精度图像导航与配准技术、双超平台等18项“核心技术＋创新技术＋支撑技术”核心技术体系，提升上海卫星工程研究所的核心竞争力。

## 三、突出特色：培育文化特质，焕发企业文化个性与活力

上海卫星工程研究所着眼于时代和科研工作的新发展新要求，把航天人尊重科学规律、一丝不苟的工作态度和职业行为转化为党员责任团队、科学作风培养等具体的做法，形成了整个企业良好的科研氛围。

**（一）注重思想教育，彰显团队力量**

上海卫星工程研究所紧扣型号任务，把党员责任团队作为职工实践企业文化，投身到具体科研工作的主战场，在关键型号、重大专项组建跨部门、跨单位、跨地区的党员责任团队，喊响“我的责任我负责，他人责任我有责，团队建设我尽责”的主题口号，将“党员＋责任＋团队”的深刻内涵体现在型号任务和项目攻关中，把团队的涵义发挥到极致。近三年来，上海卫星工程研究所建立党员责任团队共培养队员503人次，通过将党员责任团队建立到海外、建立到发射基地、建立到兄弟单位，有力地保障了多颗卫星的发射任务和多项技术的项目攻关，有力提升了新区建设等基础管理工作的实施效果。

**（二）培养作风培养形成文化亮点。**

企业文化的体现，需要科学作风的培养。上海卫星工程研究所确立了科学作风培养“八条”标准，开创了课题组培养方式，制定了“三阶段”实施流程，完善了立体式多层级组织模式，制定了“数轴”定量评估法。经过多年持之以恒的科学作风培养，营造了“从原理出发，用数据说话”的良好科研氛围，青年设计师解决工程实际问题的能力明显提高，被聘任为主任设计师的时间从原来的7到8年缩短至5到6年，在技术研发、任务研制、经营管理等工作中发挥中流砥柱的作用。

## 四、体现责任：开展文化活动，增强企业文化辐射能力

一种价值观要真正发挥作用，必须融入社会生活，让人们在实践中感知它、领悟它。上海卫星工程研究所运用各类文化形式，把社会主义核心价值观生动具体而又润物无声地传达融入职工身心，在全所形成崇德向善、文明有礼的创建自觉。

**（一）重视人文关怀建设职工精神家园。**

上海卫星工程研究所强调职工和单位的协调发展，努

力营造和谐成功的文化氛围。通过不断完善工会、职代会等民主管理制度，落实所务公开、党务公开，发挥职工代表参政议政作用，向职工“讲实况”，让职工“知实情”，听职工“提建议”，请职工“出主意”，架起职工群众与党政领导的桥梁。在型号任务高密度研制发射背景下，建立垂直一体化职工关爱机制，面向一线，着眼职工各层次需求，从慰问基地试验队到家属恳谈会，从开设心理讲座到组织职工专项体检，从完善职工帮困机制到单身青年红娘协会，从元旦迎新到七一建党庆祝等“我们的节日”系列活动，让“爱所如家”真正成为职工发自内心的声音。

**（二）开设道德讲堂凝聚道德之魂。**

习近平总书记指出：“我们生而为中国人，最根本的是我们有中国人的独特精神世界，有百姓日用而不觉的价值观。”上海卫星工程研究所以培育和践行社会主义核心价值观为重点，举办了“诵一段经典、讲一个故事、看一部短片、谈一番感悟、送一份祝福、做一次重温”等六个环节的道德讲堂。整个道德讲堂从背景布置、内容选取、流程设置等方面都营造了浓浓的国学氛围。通过道德讲堂的教化，让职工汲取国学经典之精华，获得中华文化的丰富滋养，立意高远，立足平实，体现出明大德、守公德、严私德的人生境界，树立起“为天地立心，为生民立命，为往圣继绝学，为万世开天平”的宏大志向。

问渠哪得清如许，为有源头活水来。面对新形势、新任务、新挑战，上海卫星工程研究所将继续以“创人类航天文明、铸民族科技丰碑”为己任，真抓实干，久久为功，大力建设富有时代性和生命力的企业文化，不断攀登科技高峰，为推进航天强国建设，实现人的全面发展，做出新的、更大的贡献！

（作者：周霞、许忠林）

# 冶金钢铁业

## 传承和发扬企业精神<br>谱写转型发展新篇章

首钢总公司

首钢总公司以“敢为天下先”的精神，率先实行承包制，成为国有企业改革的一面旗帜。首钢开创性地走出了大型钢铁企业搬迁调整的发展之路，提出要建设“具有世界影响力的综合性大型企业集团”。首钢把企业文化作为驱动转型发展最深层次的力量，以社会主义核心价值观为根本指导，传承“敢闯、敢坚持、敢于苦干硬干”的老首钢精神，大力发扬“敢于担当、敢于创新、敢为天下先”新首钢企业精神，不断打造“首钢服务、首钢品牌、首钢创造”的核心竞争力，不断完善发展战略，调整业务布局，优化资产结构，强化集团管控，夯实管理基础，促进人才队伍建设，创建一流品牌，扩大企业影响力，提供了强有力的保障。

### 一、立足使命责任，突出战略引领，形成首钢特色的经营模式和经营理念

首钢成功实施战略管理得益于“我们为什么要办企业”、“怎么办好国有企业”的首钢定位，将战略起点提升至服务于首都调整城市战略定位，服务于京津冀协同发展，努力肩负为国家、社会、员工创造价值、创造财富的企业责任，开启了构筑首钢优秀企业文化的系统工程。基于不辱使命、不负众望的责任担当，牢固树立世界眼光和战略思维，根据经济发展新常态的趋势特点和地方经济社会发展需求，找准自身定位，确立了“一根扁担挑两头”的战略定位，通过打造全新的资本运营和金融平台这根扁担，实现钢铁和城市综合服务商两大主导产业协同并重发展，为首钢转型发展提供了战略蓝图。

围绕打造“制造＋服务”的综合竞争力，首钢以满足高端客户需求为目标，实现从产品制造商向综合服务商转变，集中力量在重点区域做优做强，打造一批具有国际竞争力的钢铁产品，成为高端客户依赖的服务商。

围绕如何打造城市综合服务商，首钢提出要通过对新型城市发展规律进行透彻分析，对国家相关政策进行认真把握，对首钢自然禀赋进行深入再认识，冷静思考首钢搬迁过程中形成的设计、建筑、节能环保、信息化等独特优势和发展潜力，着力发展城市基础设施、节能环保、健康医疗、文化体育、金融服务、房地产等6个潜力业务板块。

围绕如何进行园区开发，首钢提出园区开发建设要起引领作用，要秉承“绿色、高端”的开发理念，找准定位，稳步推进。北京园区要打造传统工业转型升级和国家绿色低碳的示范区，建成世界一流和谐宜居之都的示范区。曹妃甸园区要以绿色和智慧园区建设为核心，加强钢铁与石化、汽车、盐化工及其它产业的融合，实现“产产融合”、“产城融合”。

首钢的每一项经营策略，无一不源自于对自身使命与责任的思考，无一不体现出“善于观大势、谋大事”、“自觉在大局下想问题、做工作”的战略思维，无一不体现出公司决策者善于洞察先机、抢占战略制高点的商战韬略和敢为人先、果断决策的经营风格，生动彰显了首钢“敢为天下先”的文化品格。

### 二、着眼理念创新，以转变思维为先导，提升改革创新和经营管理的实践水平

首钢提出评价转型发展工作，关键要看是否扭转了“靠天吃饭”的局面、是否左右了自己、是否转变了观念。“靠天吃饭”是一种依赖客观、强调客观的惯性思维。在市场好的时候，企业“靠天吃饭”的确有饭可吃，但在钢铁“寒冬”已经成为新常态的环境下，如果还幻想通过市场转暖来渡过危机，无异于坐以待毙。这时，首钢必须要做到的是主动转变思想观念，冲破思想局限，自觉打破“靠天吃饭”的局面，

主动适应新常态，通过提升内功赢取生机。

一是树立交账意识。首钢党委书记、董事长靳伟指出：“要把交账意识深深根植于首钢每一位干部职工的思想和行动当中，成为首钢人的基因。”就是说，要把交账意识作为落实总公司决策部署以及各单位既定目标的重要行为准则，做到“科学决策，说一条是一条，条条坚持；庄严承诺，定一项是一项，项项兑现；做事到位，做一件是一件，件件落实”。为了强化交账意识，首钢采取了“讲、评、议”的方式，先由汇报单位自己分析自己的情况，对标找差距、定措施，再由总公司领导及专业部门对其进行点评，邀请总工室专家、技术服务组组长、首钢出席北京市党代会的党代表和一线职工代表等分析点评，对其打分评议，对评议结果进行现场公布。

二是树立问题意识。首钢提出越是面临严峻的市场形势，就越要直奔问题，不躲不绕，坚持把找差距、查问题作为一项长期工作来抓，“想到深处、点到痛处、落到实处”，只有这样，才能在钢铁“寒冬”中突出重围。首钢反复强调，坚持问题导向要找准、找狠，找得冒汗脸红、如坐针毡。要聚焦目标措施，不讲空话，真抓实干。要眼睛向内，用更高的标准来做好自己的工作，不仅要与自己比，还要树立更高的标杆，对比找差，培育竞争要素。钢铁板块要严格用“五把尺子”衡量工作，深入剖析经营活动中存在的问题及原因，把自己能够左右得了的工作，按照更高的标准，一项一项落实到位。

三是树立创新意识。面对发展中遇到的问题和困难，首钢深刻认识到只有创新驱动，才是推动发展的第一引擎。只有结合未来发展战略定位，着眼产业链和价值链形成创新链，在自主创新、协同创新、全员创新上下功夫，才能切实提高企业的发展质量和效益。只有继承发扬首钢人“敢于担当、敢于创新、敢为天下先”的精神，积极培育崇尚创新的企业文化，才能从根本上保证首钢的创新事业。为了最大程度的解放思想，增进创新共识，首钢连续开展“创新创优创业”主题实践活动，成为首钢思想文化建设的一个品牌。

四是树立学习意识。首钢提出要提高对“如饥似渴地加强学习，一刻不停地增强本领”的认识，解决“本领恐慌”问题，不日新者必日退。首钢坚持深入开展学习培训，开展党委中心组学习，特别是在2014年以来进行了加强和改进，坚持每周六集体学习，总公司领导带头讲学习体会和收获，进一步启发各级领导干部深入思考。

## 三、坚持以人为本，以激发活力为目标，培养适应转型发展需要的高素质人才

企业文化建设从根本上讲是人的建设，企业文化的基本职责就是培养人、教育人和塑造人。在首钢看来，人才是企业的黄金资本，只有彻底解放人的生产力，才有企业的发展。基于这一深刻认识，首钢把人才战略作为企业发展的核心战略之一，努力维护职工权益，有计划、有重点地推进人才队伍建设，注重基层优先、重心下移，激发一线活力，将这些工作纳入到企业文化建设当中来。

一是把推动企业科学发展和维护职工根本利益作为工作的出发点和落脚点。始终强调涉及职工切身利益的事要摆在前面，用什么样的干部、收入向谁倾斜是一个导向性极强的问题，必须旗帜鲜明、敢于回应。充分关注职工利益，促进企业和谐发展，广泛开展送温暖和帮困救助活动，为职工办实事、解难题。始终坚持从群众中来、到群众中去，把调查研究作为寻求解决深层次问题的有效方法贯穿始终。始终强调调查研究必须识民情、接地气，才能博采众长、集合众智。“圈要跑圆，理要讲全；要蹲下去看清蚂蚁，要深入下去看到问题”。

二是深化薪酬分配制度改革，首钢制定了《深化薪酬分配制度改革的思路方案》，明确了指导思想、主要目标、工作内容及实施时间表，选择首钢京唐公司等5个单位进行分类试点。坚持先职工后领导、坚持向一线倾斜，落实劳动成果在收入分配中的主导地位。改革措施成熟一个、出台一个、推行一个。涉及一线职工利益的异地补贴、年功工资、艰苦岗位津贴、技能操作系列作业岗位分档核定方案等4项改革政策已颁发实施，回应了广大职工的期盼，产生了积极反响。

三是坚持干部能上能下，系统推进干部队伍建设。以创新领导干部新老交替机制为突破口，稳步实施《领导干部退出现职领导岗位的规定（试行）》，2014年共制定颁发了4大类12项相关制度，调整干部181人次，其中部厅级干部89名、党政一把手58人次，涉及60个单位和部门。加大年轻干部选拔培养力度，选拔一批责任担当意识强、有基层工作经验、群众基础好的年轻干部充实到关键领导岗位，促进干部年龄结构梯次化趋于合理。选拔和引进园区开发、资本运作和产业培育等首钢转型发展紧缺的专业人才。开展公开推荐、选拔后备干部的工作，并大力举办后备干部特训班、短训班。

## 四、加强文化传播，打造特色文化载体，筑就滋养全体首钢人心灵的文化土壤

首钢历经百年发展，已经成为一个拥有500多家成员企业和10万余名员工的大家庭。在这个大家庭中，只有打造出能够得到广泛认同的企业文化，使其如同血脉相连的精神纽带，把首钢拧成一股奔向共同目标的奋斗力量，让每一个寻求归属感的首钢人浸润在温馨和谐、健康向上的精神滋养中，才能淬炼出真正的文化软实力。

一是注重突出文化的激励作用。首钢广泛开展“首钢人的故事”宣传活动，面向普通一线职工，深入挖掘和大力宣传首钢人的故事，首钢各基层单位共推荐人物故事线索202个，《首钢日报》、首钢电视台开设“首钢人的故事”专栏，宣传报道“首钢人的故事”162个，在全集团营造了处处有故事、层层有典型的浓厚氛围。在此基础上，由首钢干部职工最终评选出了10个最感动人的“首钢人的故事”，召开了弘扬社会主义核心价值观“首钢人的故事”演讲报告

会，成为展示首钢文化的品牌活动，激发了员工的荣誉感和创业奋斗精神。

二是注重突出大宣传和大传播。主动适应首钢转型发展对宣传思想工作深度、广度带来的新变化，着眼首钢“多业多地”的大环境，进一步树立大宣传的理念，不但在集团内部建立广覆盖、多层次的传播网络，为推进首钢管控体系和管理能力建设提供思想文化支持，而且通过各种公共传播手段，对外大力传播首钢文化，塑造首钢品牌，形成辐射内外的大宣传格局。

首钢在转型发展新阶段的企业文化建设取得了令人瞩目的成效，在首钢转型发展、深化改革中发挥了重要作用。首钢的企业文化建设也得到上级领导、专家及社会各界的高度评价，先后荣获全国企业文化优秀案例、改革开放35周年企业文化竞争力10大典范组织、新中国60年最具影响力10大企业精神。当前，首钢正处在全面深化改革的关键时期，具有光荣传统又富有创造力的首钢人，面对困难和挑战，一定会大力弘扬“敢于担当、敢于创新、敢为天下先”企业的精神，坚定不移深化改革，为建设“具有世界影响力的综合性大型企业集团”不懈奋斗。

## 坚持创新理念引领　推进企业文化建设

### 包头钢铁（集团）有限责任公司

包头钢铁（集团）有限责任公司成立于1954年，是国家在“一五”期间建设的156个重点项目之一，是内蒙古的“工业长子”，周恩来总理曾为包钢一号高炉出铁剪彩。包钢秉承“创新、协调、绿色、开放、共享”全新发展理念，以供给侧结构性改革为主线，加快推进结构调整、产业升级、创新驱动、环境治理、文化建设，努力实现打造“国际知名、国内一流的企业集团”战略目标，深入推进环保水平，从国内一流向国际先进的更高层次转型，由“黑色”钢铁向绿色经营转变，打造生态文明包钢。

#### 一、创新理念，与时俱进，思想引领，文化筑魂

近年来，受到国内经济下行、产业结构调整、国际经济疲软和环保政策的巨大压力，钢铁市场持续在低谷中跌宕起伏，加之稀土市场整体低迷，在整个钢铁行业处在“寒风凛冽”的严峻形式下，包钢面临着建厂60多年来最严酷的一次挑战。为摆脱困境，包钢树立“高效、务实、简约、透明、合规”的“十字”工作要求，在新形势下开始了新一轮企业文化的推进，对企业文化体系进行系统优化完善，形成了“主流文化一脉相承，特色文化百花齐放”的局面，为实现“减亏治亏、提质增效”目标提供了强有力的文化支撑。

**（一）创新理念构建科学完善的企业文化体系。**

随着包钢深化改革、转型升级的不断推进，企业文化建设的作用愈发得到彰显，包钢对进一步加强企业文化建设的认识愈发明确，定位愈发准确。注重顶层设计的战略性引领作用，成立了由集团公司主要领导牵头、各职能部门协调配合的企业文化建设委员会。为使企业文化建设有根可循，通过多次基层单位专题调研和问卷调查，征求公司上下干部职工的广泛意见，最终形成了理念一脉相承的集团公司、产业板块、基层单位三级企业文化体系，以及与之相应的企业文化建设规划、管理程序、考评与激励办法和员工行为规范。新的企业文化理念承载着包钢深厚的历史使命和远大的理想抱负，为包钢下一步发展奠定了坚实的文化基础。

**（二）创新观念营造适应新形势新任务的文化氛围。**

通过践行“十字”工作要求，包钢人开始主动适应新常态、贯彻新理念，积极谋划实施好包钢“十三五”发展规划。推进以稀土为重心转型升级是包钢生存发展的必然选择，包钢要在“十三五”实施转型升级，创新思路处理好“稳妥与积极、继承与发扬、投资驱动与创新驱动、自主发展与开放共享”4种关系，按照习近平总书记“发扬钉钉子的精神，一张好的蓝图一干到底”的要求，确保规划的各项既定措施与目标任务得以落实，推动包钢实现脱胎换骨新的发展。

**（三）创新载体进行企业文化理念宣贯。**

充分整合全公司宣贯资源，使企业文化宣贯达到公司整体推动、各板块和单位积极响应的效果。以大型主题活动为载体，开展“我眼中60年的包钢”主题演讲活动，“中国梦·我的梦·尽责圆梦”主题宣讲活动，创先争优宣传教育等活动。以举办主题展览为载体，通过“企业文化建设成就展”，展现了包钢60多年来在企业文化建设上取得的成就。以传扬企业故事为载体，通过在内部媒体开辟“走近劳模”、“先锋模范”和“道德模范风采”等栏目，以故事形式广泛宣传先进典型的感人事迹和突出成绩。以评选表彰为载体，开展“企业文化建设先进单位”、“企业文化建设先进个人”评选表彰活动，形成良好的企业文化建设氛围。通过更具针对性的基层文化建设，把广大干部职工的思想和行动统一到公司的战略部署和中心工作上，凝聚战胜市场严峻挑战、推进企业改革创新的强大合力。

**（四）创新机制推进子文化体系建设。**

包钢大力推进子文化体系建设，建立起由企业文化部牵头、专业管理部门主导、全体员工共同参与的子文化建设工作机制。在企业文化理念梳理完善过程中，各专业管理部门就在企业核心价值观的统领下，提出了关于公司生产经营管理各方面的文化理念，如创新文化、精益文化、安全文化、质量文化等，并以此为依据，完善形成了各专业管理部门在公司内部生产各环节和管理各方面的工作标准和行为规范。发挥专业管理部门在子文化宣贯上的优势，不断挖掘、充实、丰富子文化的博大内涵。

#### 二、顺应发展要求，坚持创新引领，不断向文化管理迈进

包钢积极探索创新管理模式，明确以权责为标准的绩效考核，促进管理体制向扁平化方向发展，注重从粗放生产型管理向精细化经营型管理转变，注重从规模效益向品种质量效益转变，在管理科学化的道路上大步迈进。

**（一）注重技术创新，增强发展活力。**

深入推进由投资驱动向创新驱动发展转型，坚持自主创新与引进“外智”结合，真正做强软实力。一方面围绕产品升级，在特殊钢种作用机理和功能的研究上，在高速铁路、汽车、船舶与海洋工程等领域产品开发上，形成了一批自主知识产权关键技术。另一方面深化技术引进与合作，在通用技术上缩小了与国际先进的差距。借助国家“一带一路”战略、供给侧改革、帮助钢铁企业脱困发展的意见、加强中蒙俄合作等战略机遇，包钢强力推进技术创新，新产品研发成果显著，包钢高强管线钢出口埃及用于苏伊士港口建设、钢轨产品出口国家增加到25个；并向高强汽车用钢、高等级管线用钢、石油和天然气行业特殊无缝管等高附加值产品领域进军。

**（二）注重管理创新，凸显整体效能。**

科学合理地设置集团管控体系，形成了各负其责、执行有力、协调发展的管理体系。强化对外投资、非生产性资产、招标投标等管理工作，进一步夯实基础管理。继续实施存货定额收息管理，钢材产品存货资金占用平均比上年降低18.1亿元。深入实施卓越绩效管理，再次获评“全国实施卓越绩效先进企业”，成为自治区首家获得“全国质量奖”的企业。深化精益管理，进一步强化过程管控，拓展准时化拉动生产范围，实现了质量管理体系、环境管理体系和职业健康安全管理体系的整合，改善成果创效5.2亿元。引入六西格玛管理，以顾客为关注焦点，提升企业管理水平。全力推进5S管理，使现场环境有了巨大改变，提升了企业形象和职工素养，工作质量与工作效率显著提高，精细化管理成效显著。包钢主动适应产品高端化要求，强化互联网与大数据等手段，加快创新商业模式；通过适应智能制造要求，增进各类管理内涵，深化对标工作内容，推动企业持续改进；通过紧跟国资国企改革新形势，推进“三项制度”改革，以及混合所有制改革等途径，进一步推动全面深化改革，实现包钢软实力再上新台阶。

## 三、党建创新，思想政治工作与企业文化建设相互促进

包钢把思想引领放到各项工作的首位，深入开展理论宣传教育，开展“思想大解放，推动大发展，建设大包钢”大讨论，围绕创新驱动、降本增效等内容进行研讨。通过巡回宣讲的方式进行新常态下的形势任务教育，把解放思想、迎接挑战、科学发展的要求传递到基层。紧紧围绕中心工作，有重点地推进党组织建设创新工程、党员先锋引领计划和“三级联述联评联考”制度，强有力地激发党组织建设活力，发挥党员模范带头作用，健全党建工作责任体系，为包钢科学发展、建设一流企业注入了新的活力。

“微传播”是包钢探索新常态下思想政治工作新路径的又一尝试，通过这种职工喜闻乐见的形式进行宣传教育，“讲包钢好故事，讲好包钢故事”、“包钢官方微博”、“包钢新闻中心微信”、“包钢共青团微博”、“微型党课”等“微传播”平台的建立，将理想信念教育、形势任务教育与新媒体建设紧密结合起来，提升了职工的归属感和岗位自信，成为弘扬社会主义核心价值观的重要阵地。

## 四、“塑包钢形象、创一流品牌”，打造企业诚信品牌

包钢坚持顾客至上、用心服务、诚信经营，围绕“塑包钢形象、创一流品牌”的品牌发展观，不断通过提升产品质量、服务品质和品牌经营，增强产品核心竞争力，倾心打造诚信品牌。包钢看重荣誉、更把握机遇，力争通过品牌培育工作进一步提升品牌价值，以“稀土钢”品牌发展战略作为差异化竞争的重要手段，打造形成包钢稀土钢等若干个世界级“拳头”产品品牌，为包钢实现打造“国际知名、国内一流企业集团”的战略目标提供品牌价值支撑。

通过商业模式创新壮大博弈优势。包钢立足于稳固销售的“龙头”，以扩大直供直销用户比例为首要，进一步完善研产销一体化运行模式。加大产品的市场拓展和销售力度，做好一体化服务。研发提前介入市场，与中高端用户共同成立研发中心，实现量身定做、“私人订制”。通过培育具有稳定批量和发展前景的中高端用户群，带动品种结构和品牌走向高端。创新营销机制，建立分工明确、运转高效的营销管理体系；加大产品销售考核力度，提高高效益产品的推广销售考核比重；推行销售代理制，设定考核标准，细分市场责任总包，超额效益部分加大奖励；拓展电子商务，在互联网销售中占得一席之地，推动营销工作最大化地将包钢产品优势转化为效益优势。

## 五、以人为本，创新开展职工文化活动，搭建职工素质提升平台

以包钢两年一届的“文化年”、“体育年”活动为主线，打造职工文化宣传教育、展示交流、参与互动、服务指导4个平台，持续举办文体类6项赛事，组织开展职工春晚、主题征文、专题讲座、安全演讲、书画影联展、公益电影展播、出版包钢歌曲集等文艺活动，精心打造包钢书画院（老年大学）和两级职工文体活动场馆等硬件设施，为广大职工营造丰富的精神文化家园。包钢将整合企业文化资源，成立文化产业公司，更好地提供文化服务。

以组织开展“践行新理念、建功‘十三五’”主题竞赛活动为载体，大力构建厂际立功、“工人先锋号”、全方位劳动竞赛体系、劳模创新工作室等形式，切实注重发挥劳模先进示范带动作用。推进员工自主改善等群众性经济技术创新活动，加大奖励力度。大力弘扬“爱岗敬业、争创一流、艰苦奋斗、勇于创新、淡泊名利、甘于奉献”的新时期劳模精神。

推进职业化建设成为包钢人才创新的重点。包钢提出“建立职业经理人选聘制度”，成为提高中层管理干部的企业家素养和经营管理能力的良好开端。“个性化职业生涯规划”的提出，使包钢高层次技术领军人才队伍建设进一步加

快，以突出学术和技术水平为标准选拔首席技术专家、技术专家及主责工程师。更加关注技术人才的个人特长，启动中长期的顶尖科技人才培养计划，在实行专业技术职务新序列的基础上，继续拓展专业技术人才发展空间。

# 以人为本　构建特色企业文化

河北津西钢铁集团股份有限公司

河北津西钢铁集团自1986年建企，由一个年产14万吨生铁的县办企业发展成为6大板块为一体的多元化大型企业集团，拥有境内外控股公司31家，旗下中国东方集团控股有限公司在香港联交所上市。津西集团坚持以资本为纽带、文化为统领的发展理念，充分发挥企业文化对提升企业竞争力的激励作用，成为推动集团持续发展的强大动力。先后荣获“全国模范职工之家”、“全国双爱双评先进企业”、“钢铁行业职工教育培训工作先进单位”、“河北省五一劳动奖状”，连续8年获得“全国企业文化建设优秀单位”荣誉称号。

## 一、“四个一起”，构建津西特色文化大格局

早在20世纪90年代，津西集团董事长韩敬远就提出“跳出津西看津西，站在行业看津西”、“能力决定岗位，岗位决定收入，收入决定生活水平”等一系列文化理念，为凝聚员工心智、推进企业体制机制改革、实现多次跨越发展奠定了坚实基础。

公司提出“为社会创造财富、为股东创造回报、为客户创造价值、为员工创造前途”的“四为”文化，给企业发展提供了与时俱进的文化引领。“四为”文化坚持以打造“百年津西”为指导，以共同的企业愿景统一思想，以共同的企业使命明确责任，以共同的企业精神凝聚力量，以共同的企业道德规范行为，以共同的企业作风创新工作，以共同的企业标识塑造形象。按照统一性与多样性相结合，企业文化建设与产品创新、经营管理实际相结合，整体构建与分步实施相结合，领导推动与员工广泛参与相结合的原则，企业文化不断得到深化和推进：一是形成理念、行为、视听为一体的企业文化体系。二是表现方式更加直观、鲜活、深入，使企业文化深入人心。三是津西特色更加鲜明突出，成为员工言行规范和精神追求。四是制度保障更加完善、规范、有力。五是引领作用更加显著、有效、深入人心。

## 二、“四为”领先，实践带动企业实力的全面提升

“四为”文化引领和推动企业在生产经营和科学管理的实践中，统筹兼顾各个利益体，使企业与社会、股东、客户、员工实现共建共享、协调发展。

**（一）强化责任，在促进社会和谐发展中实现自我完善与提升。**

一是坚持科学发展观，优化产业结构和布局，不断采用新技术、开发新产品，促进社会进步与繁荣。津西根据国家钢铁产业政策和“在发展中调整、在调整中发展”的战略思路，坚持“靠特色打品牌，以品牌占市场”的理念，先后在津西股份投资50多亿元引进世界先进的设备和技术，兴建大中小H型钢生产线，填补了华北地区型钢产品的空白，成为全国最大、世界一流的型钢产品生产基地，其产品远销日本、韩国及欧盟等29个国家和地区，津西牌型钢荣获“中国H型钢市场品牌信誉第一品牌”、“中国钢铁行业10大畅销品牌”等一系列殊荣。津西依托安赛乐米塔尔在全球的强大优势，引进世界一流的工艺装备及先进技术，投巨资实施的钢板桩技改项目，一次试轧成功，经打桩试验完全符合国家标准，为实现产品高端化开创了新路径。

二是强化节能减排，大力发展循环经济，努力建设资源节约型和环境友好型企业。集团加大环保投入力度，先后投入20多亿元更新设备和工艺，抓好节能减排重点工程，强化减排设施的运行和监管，强力推进清洁生产和环境治理，变“三废”等污染物为再生资源，煤气、蒸气全面回收发电，自发电量达到50%以上，打造绿色钢铁企业，实现了和谐发展。

三是坚持依法依规纳税，积极回报社会。津西集团安排劳动力就业近万人，带动了一大批相关产业的发展。与此同时，积极履行社会责任，回报社会，津西集团先后捐款近亿元，用于教育、扶贫、救灾等社会公益事业。韩敬远捐资1000万设立“河北省静远教育基金”，被迁西县委、县政府授予“支持教育发展终身贡献奖”，现已累计投资教育、抗灾、交通和优抚的公益捐款近3亿元，韩敬远先生被中华慈善总会授予“中华慈善事业突出贡献奖”。

四是丰富文化底蕴，打造文化精品，提升企业文化的影响力和竞争力。为弘扬中华传统优秀文化，集团旗下龙翔文化公司出资编纂了《蒙学十三经》，并在北京人民大会堂举行发布会，受到国家领导、知名学者和读者广泛好评。广泛开展“明荣辱、树新风、促发展”主题教育活动。一心为企业、勇于奉献的先进集体、先进人物和见义勇为、拾金不昧、扶危济难等好人好事不断涌现。

**（二）履行受托，为股东创造回报，凝聚企业的向心力。**

津西集团牢固树立对股东负责，为全体股东谋利益的市场理念，履行受托承诺，注重投资者利益的回报，实现股本股金的保值增值，增强股东对公司的信心。

**（三）诚信经营，实现互惠、共赢，树立良好的市场信誉。**

一是倡导和确立以“诚信”为核心的企业文化，树立良好的企业形象，把“诚信”贯穿于理念文化、行为文化等各个方面，成为了全体干部员工共同遵守的行为准则。

二是坚持客户至上的营销理念，大力推行星级服务，让客户感受真诚、超前、细致、周到的优质服务。秉承“用户满意就是我们的工作标准”的服务信条，确立“厂商一体化”营销理念，真诚对待客户，做到互惠双赢。国内某知名企业参加津西股份工程招标，在项目进行中，发现此承包工程肯定要赔钱，但仍按时按质按量完成。项目完成后，津西集团觉得客户很讲信誉，主动补偿客户800万元。

三是健全客户评价体系，严格合同的管理与履行。津

西集团重合同、守信誉，产品产销率和货款回收率连续13年达到两个百分之百，综合用户满意率达99%以上。集团核心企业津西股份被商务部授予信用等级AAA①级企业，先后获评“全国文明诚信示范单位”、“中国化工机械行业全国守信单位”等荣誉称号。

**（四）以人为本，努力构建和谐劳动关系。**

一是完善维权机制，切实维护员工合法权益。建立健全员工代表大会制度，完善民主管理、民主参与、民主监督和厂务公开制度，员工的参与权和知情权得以落实。落实集体合同制度，在劳动用工、工资分配、劳动时间、社会保障等方面都做了较大调整和进步，并以法律文本形式做出约定。

二是建立激励机制，为员工搭建展示才华的平台。营造尊重知识、尊重人才、尊重劳动的氛围，形成靠事业、用政策、凭环境和以情感引进人才、留住人才的新局面。实行干部聘任，员工推行“双聘制”，形成能进能出、择优聘用、竞争上岗的新机制。完善干部和优秀技术人才的培养、选拔与任用机制，全面推行职业技能鉴定社会化考评并按职级给予相应的技术津贴。

三是实施“素质工程”，促进员工素质的提升和自身价值的实现。确立“培训是员工的最大福利”理念，强化员工教育、技术素质培训。目前，集团已拥有大专以上学历员工4964人，占全员总数的59.80%。

四是注重环境建设，为员工创造良好的生产生活条件，集团各子公司全力抓好净化、绿化、美化、亮化，引入6S管理，推进生产、生活的标准化管理，搞好清洁生产和环境保护。开展丰富多彩文体活动，丰富员工文化生活，增强员工的幸福感和归属感。

五是加快文化产业发展，推进集团文化产品的系统化和精品化。成立津西龙翔文化发展有限公司，推进集团文化产品向系统化和精品化发展迈进。

## 三、文化强企，创新完善文化理念与实践新方式

津西集团把文化建设作为项目来经营，真抓实干，不断创新，软任务变为硬指标，文化建设贯穿于企业经营和持续发展的全过程。企业文化成为打造“百年津西”的价值取向和思想基础。企业文化影响力不断扩展，融入到企业管理的各个环节，成为建设强企的精神动力；企业文化与企业发展相融共进，成为展现企业综合实力的重要标志和知名品牌，呈现出以下显著特点：联系实际，发展创新，实现文化建设内容与形式的高度统一；持续推进，力求实效，实现文化建设与企业发展的高度统一；健全制度，落地生根，实现文化建设与企业进步的高度统一。

（作者董劲松，系河北津西钢铁集团股份有限公司工会副主席）

# 打造特色文化　引领企业发展

## 铜陵有色金属集团控股有限公司

铜陵有色金属集团控股有限公司，成立于1949年，坐落在中国古铜都安徽省铜陵市。2014年，铜陵有色实现销售收入位列安徽省首位，中国企业500强；进出口贸易额连续15年保持国内铜行业首位；主产品阴极铜产量居国内第一、世界第二。从潜意识的弘扬传唱到坚定实施“文化引领，战略推动”兴企方略，铜陵有色在企业文化发展的道路上越走越宽。铜陵有色持续创新文化体系，培育了具有时代特征和企业特色的企业价值理念，先后获得“新中国60年企业精神培育10大摇篮组织”、“新中国60年企业精神60佳”、全国企业文化建设先进单位、全国思想政治工作优秀企业、全国五一劳动奖状等荣誉称号。

### 一、熔旧铸新，创新文化理念体系

铜陵有色将企业文化培育成企业的核心竞争力，从“求实、创新、合作、自强”的企业精神，“创造成就未来”的核心价值观，“高效利用资源，贡献社会进步”的企业使命，到“打造世界铜冠，人企共同发展”的企业愿景，铜陵有色建立起完整的企业文化核心理念体系，根据企业改革发展不断深化理念内涵，为增强企业的自主创新能力、竞争能力，提供坚实的文化支撑力。

### 二、落地生根，构建文化运行体系

创建学习型企业。在铜陵有色“工作学习化，学习工作化”已成为员工工作与学习的常态。铜陵有色不仅建立起学习型引导机制，而且建立了评聘工人技师、首席员工、技术主管、星级员工的制度；建立员工学习成长通道，实行中层管理人员、一般岗位知识考试竞聘上岗制度，实现了班子带头学、员工积极学，有组织、有考核的系统学习。广大员工积极参加各种专业培训，不断提升自身水平。

培育企业品牌。铜陵有色以“追求一流品质，满足客户需求”为宗旨，通过了ISO9000质量体系认证，导入卓越绩效管理模式，产品质量始终处于行业领先地位；密切关注市场，了解用户的需求，对用户的要求在24小时内及时回复；积极开展技术攻关，满足用户个性化品质需求；对重要客户进行回访调查，了解用户意见，充分考虑用户的意见加以改进，提高用户的满意度。

增强员工认同度。全体员工积极参与和大力支持企业文化工作，将企业文化建设的目标看成是自己的目标，树立集体主义价值观和高尚的人生价值观。公司制定了以“八荣八耻”为主要内容的职工荣辱观和员工行为手册，形成了职工职业道德、社会公德、家庭美德、个人品德的标准和行为规范。有组织地开展“精神文明十佳”、“铜陵有色好员工”评选活动，曝光违章违纪和不文明行为，在制度约束与文化潜移默化的双重作用下，培育出与时代合拍的企业道德

风尚。

丰富企业文化载体。铜陵有色狠抓载体和阵地建设。这里有全国公开发行的《铜陵有色报》、铜陵有色电视台、有色金属杂志、内外部网站和内部局域网、基层班班通电子显示屏，以及文化活动中心、体育馆等。以物化或精神的形式承载、传播企业文化，成为铜陵有色企业文化形成与扩散的重要途径与手段。

铜陵有色每年举办一次员工运动会、群众性歌咏大赛、春节文艺晚会，除固定的文体活动外，公司先后邀请中央电视台《中华情》栏目组和省、市文化团体为公司员工进行演出和表演，公司自创的文艺节目也在中央电视台播出。各基层开展的体育比赛、书、画、影赛、文化演讲、文艺演出等达到500多场次，累计投入文化活动场地建设和活动经费两千多万元。

健全体制机制。建立组织运行体系，先后制定铜陵有色企业文化建设工作标准、工作责任制、企业文化建设规划和年度实施计划等一系列制度和文件。为把企业文化的软指标变成“硬任务”，公司将企业文化建设的内容细化成具体指标，分解到各子公司、分公司和职能管理部门，与领导任期目标挂钩，与经济责任制一同考核，考核结果与年薪挂钩、与评先评优挂钩，并实行考核末位淘汰制。奖惩机制的建立，为企业文化的落地起到重要的保证作用。

### 三、领导重视，像抓工程一样抓文化

领导高度重视。铜陵有色高层团队坚持文化引领企业前行，把企业价值观、使命、愿景变成具体的战略方向与目标，强力推进，狠抓落实。公司成立了以董事长为组长的企业文化建设领导小组，设立了企业文化部，各子、分公司相继成立了领导机构和职能部门，修订企业文化职能部门职责与工作标准，将过去从事党建思想政治工作的政工人员赋予企业文化建设工作职能，成为企业工作的基本力量。公司选拔一批年轻、学历高、具有专业管理知识的人员充实企业文化工作岗位，建立专兼职相结合、党政工团齐抓共管、职能部门跟踪测量和考核的企业文化工作组织体系和运行体系。

实施“文化工程”。在铜陵有色，企业文化建设又称为“文化工程建设”。从完备的组织领导，到完善的体系建设，再到有力的考核奖惩等制度保证，铜陵有色在推进企业文化建设中，融入科学、理性的方式方法，细化而量化，系统而有力。铜陵有色专门成立企业文化部这一专门管理机构，形成了高、中、基层都充分参与的文化管理体系，成为企业文化建设的组织保障。企业文化建设还有专门的工作机制与制度，每月有例会，推进企业文化的弘扬与创新；实行千分制考核，与经济责任制挂钩，文化建设纳入各单位与各职能部门考核，职责明确、有奖有罚。

### 四、持久深入，文化实践丰富多彩

铜陵有色以社会主义核心价值体系建设为根本，通过广泛征集、讲述“我和我的铜陵有色”故事、评选“铜陵有色好员工”、编辑出版铜陵有色企业文化丛书等方式，在“落细、落小、落实”上下功夫，努力做到深入浅出，情理交融。

讲述“小故事”，诠释大道理。小故事是指员工亲身讲述“我和我的铜陵有色”的故事；大道理，是阐释爱国爱企、敬业爱岗、无私奉献价值观。铜陵有色是有着65年建设发展史的企业，在不同时期凝聚了丰富的优良传统和精神内涵，故事很多，很精彩。广泛征集“我和我的铜陵有色”故事，从不同角度，诉说不同的经历和感受，涌动了许多感人情怀。入选的故事首先在《铜陵有色报》、铜陵有色电视上刊播，再汇编成册，在安徽人民出版社出版发行；36集“我和我的铜陵有色故事”视频在电视台循环播放，引发好评如潮。

评选“小人物”，树立好榜样。响应省国资委党委开展的“岗位学雷锋，争做好员工”活动倡议，开展了“铜陵有色好员工”评选活动，规定参评对象必须是基层一线员工，凡敬业爱岗，诚信友善，孝行天下，无私奉献等方面事迹突出者，均可推荐参评。这项评选区别于劳动模范、优秀党员的评选，一是更加注重员工的品德表现；二是走群众路线，海选为主。评选结果出来后，在当选者所在单位开展表彰命名活动。评选出来的凡人善举最能打动人心，他们的朴实无华、无私付出、孝老爱亲等品德，让人感到温暖，给人启迪，催人奋进。

编印“小册子”，发挥大作用。小册子即编辑《铜陵有色企业文化丛书》。丛书由历史读本、德育读本、知识读本和警示教育读本4部分组成。历史读本是以故事的方式打造集团公司创业、创新、创造精神教育平台，让铜陵有色文化的传承生生不息；德育读本收集整理了铜陵有色成立以来50位各类先模事迹，打造先进典型教育平台，使我们的员工能见贤思齐；知识读本打造员工学习平台，从生产工艺、企业管理、安全环保、人力资源到企业文化，包含了员工应知应会的全部内容；警示教育读本打造员工警示教育平台，收集了与员工做人做事息息相关的约束性法律法规、公司管理规定，整理多种类型、企业内部、员工身边发生的反面案例，让员工清醒认识到哪些事能做，哪些底线绝对不能碰的道理，以此引导员工的思想及价值取向，提升对核心价值观的认知能力。

## 五型文化为企业提供文化支撑

河北钢铁集团承德钢铁集团有限公司

河北钢铁集团承德钢铁集团有限公司，始建于1954年，1965年承钢钒钛磁铁矿高炉冶炼技术攻关获得成功，解决了高炉冶炼技术的世界性难题，奠定了中国钒钛钢铁产业的发展基础。承钢企业文化强化顶层设计，提出了建设最具竞争力钒钛钢铁企业战略目标，“做精钢铁、做强钒钛、做大非钢”的战略布局，“打造最清洁工厂、绿色制造典范企业，建设美丽幸福承钢”的环保目标，弘扬“创业、创新、创一流”企业精神，打造以“人本型、学习型、管理型、生态型、

和谐型”的“五型文化”载体。

### 弘扬企业传统，建设“人本型”文化

公司深入开展以弘扬“创业、创新、创一流”企业精神为主题的“学习理念，融入行动”活动，先后编辑出版报告文学集《丰碑》《跨越》《承钢50年》《强企梦》及《执行力研讨文章汇编》《企业文化基础知识读本》等书籍，展现承钢辉煌历史，激发干部职工建设美丽幸福承钢的强烈使命感；举办承钢电视春节联欢晚会，职工红歌会、诗歌朗诵会、企业文化演讲赛等职工系列文化活动，集聚强大转型发展的强大正能量；开展“战危机、保生存、求发展”“从严治企大讨论活动”等多个主题活动和多个劳动竞赛活动，提升管理水平，挖掘降本增效的最大潜力，为实现全面盈利目标而努力；开展“塑造企业新形象，提升管理上水平”“五型文化下基层”企业文化主题塑造活动，发挥企业文化核心竞争力的重大作用。

通过文化引领、典型示范，涌现出全国劳动模范、奥运火炬手李士伟，全国劳动模范张志新、郭文，全国道德模范提名奖、河北省道德模范、全国五一奖章获得者鲍守坤，全国企业文化建设先进班组，河北省道德模范群体“爱心妈妈团队”，河北省文明创建标兵等一大批先进典型。

### 创建学习型企业，构建“学习型”文化

坚持中心组学习制度，修改完善学习制度。聘请中央党校、清华大学教授、中钢协专家等来公司授课。公司党委理论中心组坚持集中学习制度，不断提高领导层理论武装，提高理解政策、驾驭企业经营的能力。营造了浓厚的理论学习氛围，各单位党委书记带头上党课，提高了党员、积极分子的政治理论水平，营造了良好的学习氛围，为创建学习型党组织、学习型企业发挥理论引领的重要作用。

建立起科学的人才培养机制。实施横向“三个平台”、纵向“四个梯队”的培养模式。与北京科技大学联合举办了工商管理、软件工程等专业的在职硕士研究生学习班。公司常年举办各层次培训班，使干部职工在工作中享受到学习的机会；与中科院院士通力合作，大力发展钒钛资源项目开发工程，推动钒钛事业大发展。

不断激发广大职工学技术的积极性，鼓励职工岗位成才，公司开展了职工技术练兵比武活动，培养、选拔出一大批技术骨干和能手。各单位班组建起了职工阅览室、职工读书局域网、大师创新工作室等学习小组，活跃在公司各条生产战线前沿，为生产经营提供了强大助力。提钒钢轧二厂“宫永煜创新工作室”，累计创效上亿元；职工徐国明刻苦钻研技术，创造了“少渣炼钢操作法”，创效300多万元，被授予河北省“五一”劳动奖章、全国钢铁行业技术能手称号。

### 以降本增效为中心，打造“管理型”文化

落实“以人为本，精细高效”的管理理念，大胆改革创新，增强内生动力。率先在集团提出事业部制，完善大部制和集中一贯制管理。推行作业长制，优化人力资源配置。推进用工市场化改革，推进薪酬分配制度改革，推进非钢板块公司化改革。大力推进产品升级和结构调整，提升产品创效能力，对标行业一流产线，挖掘产线创效潜能，努力打造特色精品。

创新营销模式，实现营销创效。以“四统一、一提升”为指导，以原营销中心为基础组建了市场管理部，下设营销管理中心、市场监管中心、客户服务中心、板带营销中心、棒线营销中心。实现了统一市场管理、统一客户服务、统一营销渠道、统一价格体系，不断提升产品创效能力。

实施全面预算管理，强化基础管理，深挖内部潜能，提升企业经营业绩。在生产制造领域，深化实施准时化生产管理（JIT），实现工序间有效衔接，杜绝生产、工艺事故的发生，减少生产过程的损失和浪费。在设备管理上，深入推进全员设备管理（TPM），保障设备功能，提高设备精度，实现设备系统稳定、可控、高效、经济运行。在技术质量管理上，实行工艺技术、质量集中一贯制管理，建设质量过程控制信息系统，促进产品质量有效提升。在安全管理上，严格落实安全生产责任制，强化隐患排查和治理责任落实，1-5月未发生人身伤害事故，实现了职工零违章、班组零隐患、作业区零事故“三个零”目标。“大型钢铁企业信息平台日核算成本管理体系建设”成果被评为第16届国家级企业管理现代化创新成果一等奖。

在品牌建设上，公司不断加大品种开发力度，新产品填补了省内空白。“燕山牌”钢筋产品广泛用于高铁、核电站和北京奥运场馆、三峡水利枢纽等国家重点工程，并出口到海外市场，广受国内外客户好评。石油管线钢、汽车大梁钢、高强结构用钢、家电用钢等热轧卷板系列产品大量出口韩国及欧美国家，创效显著。钒产品开发出了85钒铝、55钒铝、氮化钒等系列新产品，打入巴西、中东、非洲等国家和地区。通过一系列管理创新，公司相继开发了24个新品种，获得授权专利11项，实现降本增效5.71亿元。

### 坚持绿色发展，打造“生态型”文化

公司在“打造最清洁工厂、绿色制造典范企业，建设幸福美丽承钢”的理念指导下，坚定不移地将绿色发展理念贯穿于企业发展全过程，以最高标准推进环境治理和节能减排，努力实现生产经营与社会和谐、与城市和谐、与环境和谐，着力打造最清洁工厂、绿色制造典范企业，加快建设幸福美丽承钢。

重点实施了1#烧结机全烟气脱硫工程、铁烧系统电除尘器改布袋除尘器工程、钒制品废水钠盐回收等环境治理工程，根治烟尘、废水、有害气体排放问题。含钛高炉渣综合利用取得突破性进展，已成功应用于水泥生产，资源综合利用水平有效提升。废油桶加工处置业务已开始试运行，解决了废油桶循环利用的难题。积极承担社会功能，实施了“中水增用”计划，日消耗城市中水1.2万吨，降低公司水资源费支出。深入推进环境综合治理，大力实施环境绿化美化工程，继续对厂区进行美化和绿化，拆除废旧厂房、围墙，查

处车辆超装溜洒，南旱河清淤工程等，推进环境治理工作常态化，打造环境一流的花园式工厂，努力为全体职工创造舒适的工作环境，并为建设山水园林城市、打造绿色和谐承德做出了贡献。

### 稳定职工队伍，构建“和谐型”文化

本着建设和谐企业的宗旨，党委书记成为思想政治工作第一责任者，亲自抓思想建设。不断加强党建和思想政治工作，坚持全心全意依靠职工办企业，为稳定职工队伍、建设和谐企业发挥重要作用。

深化干部下基层活动。公司党委将工作重心落在基层，机关干部每周不得少于下基层两次，为基层解决制约生产、设备、技术等方面实际问题。加强舆情信息制度，每月收集基层单位意见和建议。加强网络管理，对负面信息给予重点关注和疏导。深化形势任务教育活动，利用承钢电视台、《河北钢铁·承钢版》、班组建设、承钢网站、动员会、生产经营例会、周例会、党课、形势任务教育大课堂、道德讲堂等阵地大力宣传行业形势，公司重要会议精神，达到进一步统一干部职工思想，凝聚起强大的正能量，为实现“双一百”目标贡献力量。

发挥民主管理优势，维护职工合法权益。充分运用厂务公开、职代会、座谈会、总经理联络员会等载体，架起职工和企业沟通的桥梁，积极为职工办实事，维护职工合法权益，全心全意依靠职工办企业。加强职工配餐、通勤、单身职工住宿的管理，认真听取职工呼声，及时解决职工反映的热点、难点问题，使广大职工在企业有“家”的感觉。同时，深入实施“送温暖”工程，设立了承钢特殊困难职工救助金。分批组织职工赴北戴河休养，使广大职工感受到企业的关怀。

问渠那得清如许，为有源头活水来。“五型文化”这个源头活水，为承钢为建设最具竞争力钒钛钢铁企业提供了强大的文化支撑。随着“五型文化”建设的不断推进，绿色承钢、精品承钢、幸福承钢、百年承钢的美好愿景终将在承钢人的手中变为现实。

## 以文化力激发科技人员的创造力

鞍钢集团钒钛（钢铁）研究院

鞍钢集团钒钛（钢铁）研究院，1964年在辽宁鞍山成立。50多年来，钒钛院三迁其址，数易其名，发展到今天已成为以科技创新引领攀西战略资源开发的主力军，积累了深厚的历史沉淀和丰富的文化底蕴，形成了以“学习、创新”为核心价值观的企业文化，团队精神为“求实创新、团结攻关、追求一流”，基本理念为“勤学思进、干事做人、敬业守德”，共同愿景为“个人发展与院的事业一起走向辉煌”。

### 一、核心价值观赋予“开放、共赢”的新内涵

面对严峻的钢铁市场形势，科研人员不能在研究室、生产现场做“默默的耕耘者”，为加大开门搞科研的力度，以科研成果和科研人员的专业知识用于开拓市场、服务市场、服务用户，及时将市场需求转化为研发成果、现实生产力和经济效益。钒钛院以“开放、共赢”为重点，不断拓展和丰富“学习、创新”的核心价值观，强化先期介入、靠前服务和超值服务，打造钒钛品牌，在攀西战略资源开发利用中发挥了科技创新“国家队”和“主力军”的作用。

一是以“开放、共赢”的价值观推进钒钛院各科研团队的合作。把是否有利于“多出成果、快出成果、出大成果”作为重要标准，从科研课题的立项、实施、管理及奖励等环节入手，用制度强化各专业团队的协作，克服了过去以研究所、课题组为单位“画地为牢”、“各自为阵”的弊端，提高了院内科技资源优化配置的效率。

二是围绕把科研成果转化为经济效益和生产力，以“开放、共赢”的价值观服务攀钢各子分公司。牢固树立全局观念，积极主动服务攀钢生产经营大局，把各子分公司降本增效、开拓市场的难点作为钒钛院工作的重点，开展科技攻关，为各子分公司扭亏增效和转型升级提供有力的技术支撑，创造了较好的经济效益和社会效益。

三是围绕鞍钢集团区域公司科技研发错位发展的要求，以“开放、共赢”的价值观促进鞍攀两地科技资源优势互补。以重轨和汽车板产品开发技术为重点，推进鞍攀两地技术移植和转移，加强重大科技项目协同，实现“一地研发、多点移植、技术共享、优势互补”。在鞍攀两地开展技术交流、协同研发的过程中促进企业文化的融合。

四是围绕国家攀西战略资源开发实验区的建立，以“开放、共赢”的价值观引领攀西资源综合利用技术创新。坚持以世界眼光、全球视野，谋划攀钢钒钛产业技术创新与发展，通过国家钒钛资源技术创新战略联盟、钒钛资源综合利用国家重点实验室、四川钒钛产业技术钒钛院等平台，充分利用外部科技资源，加强与国际钒技术委员会、澳大利亚皇家墨尔本理工大学、德国GFE公司以及中科院、东北大学等科研单位、高等院校、知名企业的战略合作，实现协同创新。同时利用四川省院士专家工作站、博士后工作站等平台，积极开展引智工作，全力打造具有钒钛资源特色和优势的高效研发团队。

### 二、团队精神注入“敢为人先、宽容失败”新元素

钒钛院在“求实创新，团结攻关，追求一流”的精神引领下，攻克了普通高炉冶炼高钛型钒钛磁铁矿的世界难题，使“呆矿”变成了经济资源；开发出了雾化提钒、转炉提钒等成套装备技术，使我国从钒进口国一跃成为钒出口国。集团公司对钒钛资源综合利用技术的重大突破提出了更加紧迫的要求，钒钛院在团队精神中注入了“敢为人先、宽容失败”的新元素，在鼓励原始性创新、集成性创新和引进消化吸收再创新等方面取得了新的收获。在舆论导向上，不仅为取得重大成果的成功者喝彩、嘉奖，同时也为经受挫折考验的奋斗者加油、鼓劲。在制度设计上，把“宽容失败”的理念体现在激励机制中，对承担前瞻性、基础性项目的科技人

员在职级晋升、奖励、技术津贴等方面给予倾斜，解决了他们的后顾之忧。在科研管理中，既牢牢抓住事关集团公司降本增效的关键项目，又始终不忘以科技创新引领攀西资源开发的历史使命，在科研攻关的失败与成功中奋力前行。

比如："氧化钒清洁生产工艺推广应用研究"，从8年前取得实验室成果，经过中试线的验证和工艺设备完善，到现在实施产业化大生产，在这个过程中挫折与失败始终伴随着科技人员，在他们感到困惑、迷茫的时候，各级领导旗帜鲜明地支持他们大胆探索，"宽容"的氛围给他们鼓舞，坚定了他们攻坚克难的信心。如今这项技术正在攀钢西昌钢钒公司实施产业化，首创并形成了当今世界领先的氧化钒清洁生产成套技术，不仅从源头上彻底控制了污染物排放，实现废水、尾渣完全循环利用，而且每吨产品生产成本可大幅度降低，创造了较好的经济效益和社会效益，为攀钢继续引领世界钒产业发展作出了新贡献。

又如："高炉渣提钛产业化"，由于攀钢采用高炉冶炼钒钛磁铁矿，每年约有占钛资源总量52%（70多万吨）的二氧化钛（TiO2），进入高炉渣不能利用。为此，钒钛院科技工作者持续30多年，开展了高钛型高炉渣的多途径综合利用技术研究，在综合分析各工艺路线的产业化成熟度、技术先进性、经济性和环境友好性，攀钢选择了"高温碳化－低温选择性氯化－提钛尾渣综合利用"工艺作为重点突破，在公司严重亏损的情况下，毅然投资1亿多元建成了"高钛型高炉渣高温碳化—低温选择性沸腾氯化制备10kt/年精TiCl4"的中试线。在试验期间，由于实验装置的放大以及相关因素，各种问题接踵而至，科技人员吃住都在现场，当他们感到困惑和无助的时候，院里不仅给参加攻关的科研人员思想上鼓励，而且在物质上给以更加有力的支持，增强了他们克服困难的信心。如今，攀钢高炉渣提钛技术已完全打通，将在今年底完成产业化大规模试验。一旦实现产业化，该技术可与海绵钛或氯化法钛白等成熟生产工艺实现衔接，进而实现从低品位的高炉渣向海绵钛或氯化法钛白等高端钛产业的技术跨越，将对中国乃至世界钛产业的发展带来一场技术革命。

### 三、员工行为理念明确"快乐工作、健康生活"新要求

钒钛院是按照市场化条件进行公司制运作的企业研究院，如何让广大科技人员在困难和压力下保持奋发有为的精神状态？院大力倡导"快乐工作、健康生活"的基本行为理念，以此丰富满足职工精神需求，缓解工作压力，营造有利于科技创新的良好环境。

一是强化了基层科研团队建设。根据钒钛磁铁矿综合利用及其产业链延伸的技术需求及发展，突出钒钛特色，成立了8个研究所，组建了25个研究室。为了激发基层科研团队的创造活力，打造学风严谨、团结协作、人才辈出、成果丰硕的科研团队，先后出台了学科团队建设指导意见、学科团队带头人选拔与管理办法等，坚持推进科研管理重心下移，明确学科团队带头人的责任、权力和利益，为科技人员搭建了"快乐工作"的科研平台，有效激发了科研团队的正能量。

二是改善了科研工作条件。本着节约的原则，量力而行，对院科研实验楼、学术交流中心、职工餐厅、管理信息系统、门户网站、科技信息数据库以及院内草坪、道路、职工活动中心等进行整修完善，给科技人员创造了文明、舒适、优美的工作环境和条件，凝聚了人心，鼓舞了士气。

三是开展了丰富多彩的文体活动。结合科研单位的特点，以"激情、睿智、快乐、健康"为主题，以培养团队合作精神为重点，不断创新文化体育活动的组织形式，做到"月月有活动、全员都参与"，员工参加活动的人数越来越多，既丰富了职工业余文化生活，又增强了钒钛院的凝聚力。

坚持以文化力激发员工的创造力，全院上下展现了蓬勃向上的朝气、直面困难的勇气、敢为人先的胆气、争当第一的豪气，科研生产、改革发展取得了新成绩。钒钛院先后荣获"国家认定企业技术中心成就奖"、"中央企业先进集体"、"四川省企业文化建设先进单位"等荣誉称号。2012年以来，钒钛院发明专利排名连续3年在全国260多家转制科研院所中位列前10名，科研成果连续3年获得四川省科技进步一等奖。

## 以创新文化推动企业发展

内蒙古包钢钢联股份有限公司技术中心

内蒙古包钢钢联股份有限公司技术中心是经国家发改委、财政部、海关总署、国家税务总局共同认定的国家级企业技术中心，获得国家实验室、国家认可委员会颁发的国家认可实验室证书，是承担包钢工艺技术攻关和产品研发的重要部门。技术中心把企业文化建设作为企业发展的助推器，从创新能力、激发活力、形成合力入手，打造品德文化、创新文化、和谐文化、学习文化、廉洁文化，凝聚职工意志、促进改革发展，构筑和谐企业。

### 加强领导，为企业文化建设提供保证

技术中心党委发挥主导作用，积极推进企业文化建设。针对本单位实际，制定了企业文化建设年度计划和工作制度，把企业文化建设纳入企业管理的全过程。按照企业文化建设的指导思想和总体目标，着力抓好"三个系统"，即：凸现理念识别系统，增强遵循、贯彻包钢确定的价值理念的自觉性，突出指导地位和作用；完善视觉识别系统，推广应用企业文化标识，加强规范使用，设置人文景观，营造视觉效果和文化环境；强化行为识别系统，把价值理念贯彻、体现在企业的运行中和职工的工作中，增强思想认知和行为自觉。技术中心遵循"促进发展、重在建设、相融共进、务求实效"的方针，加强企业文化内容的渗透、融合，不断增强文化管理的效应，引导员工培育新的文化观念，创造充满新意的工作环境。

## 加强理想信念教育，提升职工思想素质和行为自觉

中心党委把理想信念教育作为提升职工思想道德素质的手段，不断创新载体，通过举办“坚定理想信念”主题报告会、组织“道德讲堂”宣讲、邀请公司英模事迹报告团、重温入党誓词以及组织参观革命历史教育基地、参观公司党风廉政建设警示教育基地、为全体职工发放中国传统教育光盘等多种形式，开展坚定理想信念教育、德育教育系列活动，进一步强化职工爱党、爱厂意识。

为把职工与企业紧紧联系在一起，组织“尽责圆梦”大型主题宣讲比赛；以包钢建厂60周年为契机，组织“我眼中60年的包钢”大型主题宣讲活动。技术中心各部门职工纷纷登上讲台，通过自己的亲身经历，讲述包钢历经拼搏进取成就的丰功伟业。一个个身边的故事，呈现包钢60年来的风雨历程，以及老一辈科研人员在科技研发的道路上孜孜不倦、潜心钻研的感人事迹，抒发了职工对企业的热爱之情以及对包钢未来发展的信心。

## 完善理念和视觉识别系统，提升企业文化内涵

为营造以创新精神为核心的企业文化氛围，技术中心利用LED显示屏、OA网、政治学习、班前会等形式，进行包钢企业文化理念宣贯，大力开展征集技术中心企业文化理念活动。经过全体职工精心总结提炼，确定了中心的企业文化理念，并将公司企业文化和技术中心企业文化理念印刷成可折叠小手册，职工可随身携带、随时翻阅。通过组织学习、领导讲课、邀请专家讲课、企业文化征文比赛、企业文化PPT大赛、职工宣讲等多种形式，强化职工对企业文化的认知和认同，促进企业文化的传承与落地，使企业文化深入人心，充满活力。设计制作技术中心企业标志物，激发全体职工的归属感和自豪感。在中心道德讲堂悬挂多幅名家格言警句，在楼道、会议室等公共场所悬挂励志格言、企业精神宣传展板等，以图文并茂的形式，营造浓郁的人文环境，让广大职工在良好的人文环境中潜移默化地接受教育，不断创新，贡献才智。

## 构建学习型企业，提升职工文化素质和创新能力

加强职工教育培训工作，持续开展内容丰富、形式多样的教育培训；积极推行“知识改变命运、学习成就未来”和“学习工作化、工作学习化”的学习活动；向全体职工推荐研读好书，撰写学习体会，营造全员学习、崇尚终身学习的良好氛围和先进理念，进一步拓展了职工工作思路。开展多层次、全方位的职工大讲堂活动，提高职工的专业水平和创新能力，每年举办专业技术讲座近百场。开设“我的岗位我来讲”，鼓励广大职工纷纷走上讲台授课，既给职工提供了一个展示自我的舞台，又为职工们提供了一个相互学习、交流的平台。技术中心职工大讲堂的建设经验在自治区范围内进行了交流，被评为包钢品牌讲堂。

## 注重典型示范引领，提升职工队伍整体活力

把“诚信”、“责任”理念贯穿到各类先进的评比表彰中，大力弘扬劳模精神，发挥典型引领示范作用，形成强有力的先进导向和激励功能。连续多年开展优秀党员、先进工作者、“德能双优”人物等评比表彰活动，积极推行道德观教育，对评选出的先进人物，在《包钢日报》、部门简报等进行大力宣传。用身边看得见、学得到的普通人物、先进典型树立标杆，带动大家少计较、少等待、多想事、多干事。涌现出包钢史上最年轻的劳动模范吕刚、自治区劳动模范李智丽等一批先进人物。

## 打造和谐文化，提升企业凝聚力

坚持“访贫问苦”长效机制，定期慰问走访困难职工，为职工群众办好事、办实事。每名职工生日之际，都会收到由党政领导签名的精致贺卡和生日蛋糕；坚持为外地大学生新婚送礼物，每年组织家在外地单身大学生进行中秋慰问、联谊活动；开展“金秋奖学”活动，激励职工重视子女教育，营造尊重知识、尊重人才的良好氛围；坚持开展“五·四”青年月活动、“三·八”节女职工观影、职工书画摄影手工作品展、气排球比赛、羽毛球比赛等活动，通过丰富多彩、寓教于乐的文化活动，构建了和谐文明的企业环境；团委积极开展青年志愿者活动。坚持开展敬老服务、拣拾白色垃圾、为贫困学校捐书等公益活动，增强青年人的社会责任感，促进技术中心和谐文明发展。先后被评为“包头市义工组织先进单位”、包头市有影响力的志愿服务组织、包头市首批“雷锋号”青年志愿者组织、“包头市志愿者学习雷锋志愿服务队”等荣誉称号。

## 建设廉洁文化，促进企业健康发展

以廉洁文化建设为中心，营造浓厚的廉政氛围。运用丰富多彩的形式开展党风廉政教育，引导广大党员干部树立“以廉为荣、以贪为耻”的良好风尚，为科研工作顺利开展提供了坚强有力的思想保证。制定党风廉政建设责任制分解方案，实现“一岗双责”；开展效能监察，推动重点工作；开展廉洁从业风险防控机制建设；签订党风廉政建设责任状，为预防违规违纪职务犯罪保驾护航。举办“越清廉越轻松”主题漫画征集、观看《权位误区》、《高墙里的官员们》等警示教育片等丰富的宣教活动，党员干部和职工在创造新业绩的同时做到廉洁自律、廉洁从业，未发生违规违纪、违法犯罪案件。

## 拓宽人才成长通道，营造良好人才环境

积极落实各项人才政策，努力拓宽各类人才成长通道。在研发部门全面推行研发项目负责制，促进了研发人员主动投身科研、积极寻找项目、深入现场进行研究的主动性；实施了面向一线技术人员的专业技术职务新序列，打通了技术人才成长的“双通道”，激发了职工队伍的创新热情。通过院士工作站、博士后科研工作站的平台，以校企合作、项

目开发等多种形式开展人才培养工作，为优秀人才的脱颖而出创造了条件，被评为中国钢铁工业科技工作先进单位和自治区高层次人才创新创业基地，入选国家级“百千万人才工程”、内蒙古“草原英才”工程等国家、自治区、包头市各类高层次人才40多人次。

通过开展主题突出、形式多样的企业文化建设，营造了技术中心良好的人文环境和创新进取的文化氛围，有效推动了技术中心的发展。在未来的日子里，技术中心将积极学习优秀企业在企业文化建设方面的先进做法，以文化强企，文化塑人，充分发挥企业文化的重要作用，为实现技术中心及公司的各项奋斗目标做出新贡献。

（作者孙淑兰，系内蒙古包钢钢联股份有限公司技术中心党委书记兼工会主席；张辉，系党工部宣传干事）

# 文化引领　诚信经营<br>公司以文兴企的核心理念

江苏省泰兴冶炼厂有限公司

江苏省泰兴冶炼厂有限公司是生产碱式碳酸铜、活性氧化铜、氧化亚铜、氧化铜等系列无机盐产品的高新技术企业，生产技术和规模在全国处于领先地位，公司自主研发的“重质碱式碳酸铜”和“高纯低氯电镀级氧化铜”产品填补了国内外空白，主产品远销美国、西欧、韩国、日本等国际市场。

公司大力开展企业文化建设，通过发动员工广泛参与文化兴企大讨论，建立和完善企业各项管理制度等有效举措，成功实现了从自发到自觉参与文化建设的根本转变，呈现出“风清、和谐、心齐、劲足、势强”的良好格局，先后获得泰兴市10强工业企业，泰兴市文明单位、泰兴市重合同守信用企业、江苏省质量诚信企业、江苏省民营科技企业、江苏省高新技术企业等一系列荣誉称号。

## 一、加强先进理念引领，促进上下凝心聚力

公司建厂初期侧重于单纯的成本管理，企业文化长时间处于萌芽自发状态。直到2003年，公司领导班子在确立“以人为本，诚信经营”企业指导思想的同时，首次提出文化力也是生产力的新理念，开始了以文兴企的战略思考和研究。2004年，公司发动了“如何提高全员素质”“做怎么样的冶炼人”大讨论活动，通过了集思广益，确定了企业精神、奋斗目标和员工行为规范；2006年，确立了“安全、优质、绿色、创新”8字核心理念；2009年，企业在落实科学发展观，促进物质文明、政治文明、精神文明建设的同时，将企业文化建设作为企业经营管理的工作重点。这一年，公司致力于质量文化的推广，完成了ISO9001质量管理体系的第二周期认证工作，使多年来创得的质量管理成果再次在认证中得到巩固和检验。

2010年以来，公司根据自身发展实际需要，对往年经营文化、科技文化等进行了重新梳理，进一步构建了以制度文化、科技文化、安全文化、行为文化4个层面组成的企业文化框架，连续编制了《企业文化建设实施细则》、《企业管理制度汇编》、《冶炼厂员工手册》等，将文化引领、诚信经营、凝心聚力、追求卓越，作为新时期公司以文兴企的核心理念。

## 二、落实各项工作举措，促进文化有效渗透

企业文化核心理念确立后重在立竿见影。冶炼厂的企业文化建设坚持高标准、严要求，具体实施着力做到“六个有”：

一是工作有班子。党委书记亲自抓，各职能部门协调抓，全厂上下共同参与，公司配备了企业文化工作为主体的三大员，即学习辅导员、通讯报道员、板报出刊员，为文化建设的正常开展夯实了基础。

二是布局有计划。做到实施企业文化细则年度有计划，季度有内容、月度有重点，有序地推进企业文化工作连贯对接。

三是宣传有阵地。公司在主要醒目位置开设了“文化园地”橱窗，定期出板报，车间设计了“学习专栏”，大力宣传班组文化和三个文明建设的新人新事。

四是发动有层次。无论是在车间班组以上的干部月度例会，还是全厂职工代表大会，党、团员民主生活会，公司领导班子成员逢会必讲企业文化工作的重要意义和实践作用，及时部署各时期生产经营相关工作。

五是学习有记录。公司各部门科室、各车间班组经常开展读书读报的学习活动，每次活动都有详细的文字记录和图片资料，并列入企业文化信息档案。

六是实践有考核。企业文化建设的开展贵在实践，公司坚持从厂规厂纪到人的行为，到现场管理环境卫生一起抓，既抓动态又抓静态，既抓物质又抓精神，通过创新争优年终考核，评选出众多先进典型，充分体现企业文化与文明生产有机融合的新优势。

## 三、大力倡导知行合一，积极推行管理创新

冶炼厂的企业文化建设注重于融入整个生产经营流程，在凝聚全体员工向心力和认同感的同时，确保文化落地，实行知行合一。公司倡导的多元性文化主要体现4个层面：

**（一）制度文化注重于企业建章立制。**

公司制定的《企业管理制度》细分为公共规章制度、财务管理制度以及物资管理、仓储管理、设备管理、生产管理、门卫管理、劳动用工管理、供销管理、产品检验管理、岗位管理等16项管理制度。同时，在企业管理制度的架构下明确了总工岗位、厂办主任、生产科长、财务总监、供销科长、车间主任、化验人员、各操作岗位等16个岗位职责和岗位考核细则，其制度文化的内涵得到全面运用。

（二）科技文化取决于企业科技普及。

公司通过企业科协组织开展学科技、用科技和“我为企业献一计”活动，掀起了技术革新、工艺创新的热潮，新产品的开发研制和技术创新工作，取得骄人业绩。自主研发了“重质碱式碳酸铜”、“高纯低氯电镀级氧化铜”、“氧化铜矿直接生产高纯重质碱式碳酸铜”三合一新工艺，先后获“泰州市科技进步一等奖”、“江苏省高新技术产品”和列入“江苏省火炬计划”。在氧化亚铜生产的电腐工序上改进了电流和槽面管理、溶液配制，降低了电腐渣率。改革脱铜槽电路的接制方法，提高了用电效率。对烘焙炉进行了技术改造，大幅度降低了焦炭能耗。对电腐漂洗采用二次沉降方法，避免了原料泄漏。探索出混合使用不同的铜原料生产氧化亚铜的科学配比方法，提高了生产工艺水平和质量。将电解亚铜的抽滤漂洗改为压滤漂洗，提高了日漂洗产量。由于公司将科技文化与科技创新有机结合，促进了生产工艺革新和技术进步，使得主产品在国内市场占有60%以上的份额，成为全国氧化亚铜生产的龙头企业。

（三）安全文化着力于安全环保意识。

企业安全部门定期组织生产一线的安全员和车间班组长参加“安全生产培训班”，认真学习《环境保护法》、《安全生产法》、《危化品安全生产管理条例》、《危化品事故应急救援预案编制导则》等法律法规，结合生产流程的安全工作及时提出操作规程、污水处理、消防工作等工作思路。尤其在污水处理项目上严格执行企业制定的《环境保护污水处理系统应急预案》，一方面在生产工艺上改进排污技术，采用中和絮凝沉淀法，使得重金属离子浓度达到国家规定的标准排放。另一方面查找安全隐患，对不符合安全操作规程的生产人员及时提出整改方案，对突发性环境污染立即进行处理。做到安全教育与应急演练双管齐下，确保安全生产和环境保护工作顺利达标。

（四）行为文化根植于个人素质修养。

行为文化主要体现于个人的素质修养，为了提高全体员工素质，冶炼厂从领导班子成员到党员干部，自觉做到带头遵章守纪，带头爱岗敬业，带头改革创新，带头无私奉献。尤其在行为文化实施过程中，公司领导首先做到关爱员工。厂里有一名技术骨干不幸身患肺癌，董事长闻讯后亲自陪同他到外地大医院治疗；不久，该员工因医治无效去世，董事长又主动上门帮助料理后事，前后花费6万多元。公司门卫老吴是个残疾人，其妻亦患上了尿毒症，董事长知道后立即捐资3000元，广大员工们也主动献爱心。对于困难员工和贫困家庭，公司领导总是带头给予捐助，当地一名贫困考生收到大学《录取通知书》后因无钱入学而无可奈何，董事长知道后立即派人送去5000元，并关照送款人不许留姓名。类似这样的热心助人事例较多，新老员工在公司领导的义举影响下，每年都涌现出众多的助人为乐、扶贫帮困的典型事迹，连续多年被地方媒体广为传颂。

行为文化还包括科技人才的科技创新行为。由公司培养的科技团队经常默默无闻，任劳任怨地扑在研发岗位上，经常为研制一项新产品而废寝忘食地工作，他们翻阅技术资料，集中精力会诊，为工厂获得“高新技术产品”和外贸出口创汇立下了汗马之功。

行为文化在基层员工的行为规范方面同样得到充分体现，车间班组经常在小组讨论会上提出的“讲责任，讲奉献”得到有效实施，文明职工，技术标兵的荣誉榜上不断出现先进集体、先进个人的新名单。

## 四、丰富员工文体活动，增强企业人才后劲

这些年来，企业利用各种节假日，开展形式多样、内容丰富、富有时代气息的学习活动和文体活动。公司党支部与厂工会共同牵头，经常开展球类比赛、拔河比赛、歌咏比赛以及论文征集、演讲竞赛、“七一”党建座谈等活动，既营造了浓厚的企业文化氛围，又激发了员工不断进取的学习积极性。为了加强企业的人才储备，增添企业后劲，公司10多年来连续招聘了来自合肥工业大学、扬州大学、南京大学、三峡大学等高校的本科和大专毕业生，充实到科技、外贸、员工教育等关键岗位。同时，加快用人机制的改革，在选人、用人、提拔人才走上高管岗位上，坚持公平、公正、公开的原则，全部实行竞争选优用人机制。让各类实用型人才在合适的岗位上施展才华，为企业的科学发展做出贡献。

实践证明，打造先进的企业文化，是企业制胜于市场竞争，实现可持续发展的有效途径。泰兴冶炼厂有限公司的文化建设已形成有理念、有标识、有活动、有故事、有典型、有激励的良好机制和氛围，对外树立了品牌形象，对内获得了全体员工广泛认同。目前，绝大多数员工在公司工作已有10年以上，所有员工均享受由企业办理的社会养老、医疗保险和住房公积金，员工的工资待遇稳步增长，各项福利按期发放，员工的幸福指数不断上升，公司上下展现出文化繁荣，风气净化的生动局面。

（供稿人：李洪泽）

# 建筑与房地产业

## 理念有情　制度有魂　行为有力

### 中建交通建设集团有限公司

中建交通建设集团有限公司，于2012年7月组建成立，是中国建筑战略性发展基础设施事业的结构调整主力，是中国建筑大交通基础设施业务骨干经营平台，具有公路工程施工总承包特级资质，以融投资建造带动总承包和投资运营为核心能力，年完成融投资及重大工程合同额200亿以上。中建交通以中国建筑文化为基，兼容中国铁工、铁建、中国交通等先进文化因子，构建了以突出理念文化引领、制度文化筑魂、行为文化强能“三有”为特征的先行文化体系，实现了组织团队、经营绩效、企业品牌的飞速成长，成为最具成

长性的交通建设事业发展集团。

## 一、先行文化体系的构建

中建交通在中国建筑核心价值理念引领下，构建了以突出理念文化引领、制度文化筑魂、行为文化强能的“三有”先行文化体系，成为中国建筑系统内率先推出以母子文化融合为特色的二级单位。

**（一）理念有情：以人为本。**

先行文化以中建信条为核心理念，提炼出践行和坚守中建信条的行动理念，确立了中建交通人在企业经营管理中的处事原则和行为底线。在理念提炼中，坚持员工对企业文化工作的主体源头参与；在理念倡导中，坚持企业价值和员工个人价值提升的统一；在理念深植中，尊重依靠员工求发展，营造开放包容和富于感召力的文化家园。

一是坚持员工对企业文化工作的主体源头参与。中建交通在先行文化的构建过程中坚持广大员工的广泛参与，将企业文化建设的过程当成企业执行力的演练。集团董事长周宇騉与近千名员工进行座谈交流，逐步清晰先行文化构成的多元基因；集团党委开展“快速构建中建交通经营新秩序”的学习活动，促进了团队熔炼和企业发展，快速构建经营新秩序的重要支撑。

二是坚持企业价值和员工个人价值提升的统一。“中建交通、先行天下”的行动宗旨，与核心理念中的企业使命“拓展幸福空间”相对应，倡扬中建交通为客户、为股东、为社会创造价值，为人类打造舒适的生产空间，倡扬员工在企业中，不断提升自我，超越自我，实现个人人生价值。

三是营造开放包容和富于感召力的文化家园。中建交通通过创新文化传播载体、快速推进CI建设、聚焦热点强势宣传、举办企业文化知识竞赛、建立文化考评机制，开展文化绩效评价等多种渠道推进先行文化的深植落地，尊重依靠员工求发展，逐渐形成了一个开放包容和富于感召力的文化家园。

**（二）制度有魂：效率为先。**

中建交通将文化纳入企业战略管理，明晰企业发展目标和发展路径，将以“效率”为核心的先行文化固化于制，创新开展三体系整合与全面风险管理整合，以文化建设成果服务于经营管理的提升。

一是文化构建纳入战略管理。中建交通在先行文化构建中，将文化纳入战略管理，确立企业发展目标，明晰企业发展路径。依据中国建筑企业愿景“最具国际竞争力的建筑地产综合企业集团”，中建交通在中国建筑“一最两跨”的战略目标下延伸出先行文化中的行动目标“一最四先”，即“中国建筑之最具综合实力的交通事业发展集团；先进运营效率、先进履约品质、先进资本服务、先进品牌文化”。在实现企业愿景战略途径“专业化、区域化、标准化、信息化、国际化”下延伸出中建交通行动目标的四个途径“固基、强本、两亮、两长”。

二是制定注入先行文化之魂。中建交通按照“先总部、后基层、先管理标准”的步骤，遵循“从无到有、先有后优”的原则纵深推进机制建设。在建章立制的过程中，将制度的制定过程当作是一次次文化培训，通过无数个制度评审过程，在不同观点的交锋中，为制度注入以“效率”为核心的先行文化之魂。集团创新体系认证工作方法，将质量管理体系要求、环境管理体系规范及使用指南、职业健康安全管理体系“三合一”与企业日常管理制度融为一体，结束了企业日常管理与贯标认证“两张皮”的状况。

三是文化建设成果服务管理提升。中建集团创新性开展文化绩效评价，严肃绩效管理，将先行文化中“效率、担当、操盘手”核心要义转化为全体员工的行为动力，充分发挥绩效考核的导向和激励约束作用，促进了企业市场营销、履约创效、团队建设、运行机制建设等多方面工作的提高。

**（三）行动有力：言行合一。**

中建交通认为，衡量企业文化建设的基本标准是企业执行力的提升，通过先行文化建设筑牢企业发展根基。

一是执行力提升作为衡量文化的基本标准。中建交通提出以筑牢“底线思维”为重点，大力加强团队执行力建设。强调底线管理体现在管理标准中，对经理人来讲底线有3个：能组织资源完成工作任务是底线；履行经理人为组织赚钱盈利，不发生责任亏损是底线；做人的道德底线。

为强化文化的执行力，集团快速建立了领责先行的领导责任体系，在市场营销工作中建立实施市场主策划人、主跟踪人制度，在项目履约创效工作中建立实施项目总部联络人制度，在结算清欠工作中建立实时结算责任领导制度，强调领导必须是操盘手，率先垂范，靠前担当，领责先行。

二是言行合一筑牢企业发展根基。以效率效益为核心的绩效文化，要求领责先行，激活团队执行力，构建覆盖各层级的绩效管理体系。文化绩效考评将“文化”变成了实实在在的“行为”。通过文化绩效评价，严肃了交通集团绩效管理，推进了信息化基础建设，通过强化文化绩效指标，有力贯彻了交通集团文化倡导，实现了文化引领和团队整合能力的不断提升。

## 二、先行文化建设的灵魂

中建交通认为，企业文化建设是对管理诉求的管理，建立全员参与、全员评价、公开透明的企业文化评价机制，是建立和完善企业文化建设体系的重要举措，文化绩效评价机制为先行文化建设之魂。

**（一）企业绩效考核关注的问题。**

企业绩效考核是企业在既定的战略目标下，运用特定的标准和指标，对员工过去的工作行为及取得的工作业绩进行评估，运用评估结果对员工将来的工作行为和工作业绩产生正面引导的过程和方法。企业绩效管理的灵魂在于通过制度建立起绩效价值观，明确向员工传达企业的价值观，即公司倡导与反对什么、奖励与惩罚分别是什么，这正是文化绩效评价关注的内容。

**（二）企业文化评价机制取得成效的关键。**

企业文化评价机制的建立与实践，在整个企业文化建设中是一项举足轻重的工作，目的是找准企业文化建设的着力点和落脚点，因地制宜、有的放矢地设计和实施企业文化建设。真正的文化应体现在日常行为过程中，而不仅仅是形式上的考评，在考核指标设置上应围绕文化倡导，考核主体应为全体员工，真实反映员工的内心感受，考核结果应能反映业绩，真正体现企业文化本身的价值，建立合理的企业文化评价机制是企业文化建设取得成效的关键。

**（三）“三原则”构建全员参与、全员评价的文化评价机制。**

基于对企业文化评价机制的思考，中建交通依照“质性”原则、“人本”原则、“物化”原则，建立了全员参与、全员评价、公开透明的企业文化评价机制。

一是重视文化最终对人产生的影响。“质性”研究是一种在社会科学及教育学领域常使用的研究方法。中建交通按照“质性”原则的原则构建企业文化绩效评价机制。在目标设定、考核对象、考核主体、结果应用上，倡导回归企业文化本质，关注企业文化对人的品质、行为等方面发挥的作用；在考核的内容和目的上，不强调从形式上做了哪些文化建设方面的工作，而是强调文化最终对人产生了什么影响。

二是重视广大员工的广泛参与。中建交通认为，企业文化是面向全员的工作，其工作的成效体现在对全体员工产生多大影响，全体员工如何感受企业文化。为此，中建交通按照“人本”原则构建评价机制。在考核主体上，强调让企业文化工作的对象对企业文化工作进行评价，企业文化评价重在广大员工的最广泛参与。集团考核对象覆盖所有的中高级管理者，参与企业文化评价的主体为全体员工。

三是重视文化考评结果的运用。企业文化考评结果的运用，是直接检验企业文化评价是否流于形式的关键。中建交通在坚持“质性”、“人本”原则的同时，根据“物化”原则构建评价机制。集团注重考核结果的显性化。文化评价的得分通过信息系统进行统计，按实际参与评价人数，根据评价主体权重，计算得分，最终以评价主体得分的算术平均数和各维度所占权重确定文化评价最终得分。

（供稿人：张琼）

# 以企业文化提升企业软实力

## 中交第四公路工程局有限公司

中交第四公路工程局有限公司的前身是交通部房建大队，改建后归属世界500强企业：中国交通建设股份有限公司，是以建筑施工为主业，集公路、铁路、隧道、市政、房建、轨道交通施工等为一体，多元化经营的大型国有企业。四公局以“服务社会、回报社会”为己任，秉承“固基修道，履方致远”的企业使命，践行“交融天下，建者无疆”的企业精神，确立了“以市场为导向，以质量求生存，以管理创效益，以和谐促发展”的经营理念，为国家和社会发展做出了突出贡献。先后获得了“乔治·理查德森奖”、“尤金·菲戈奖”、国家优质工程奖、全国精神文明建设工作先进单位等多项荣誉。

### 符合中交四公局特色的企业文化

四公局“务实、高效、开拓、创新”的企业文化品牌包括：“固基修道、履方致远”的企业使命、“让世界更畅通、让城市更宜居、让生活更美好”的企业愿景、“交融天下，建者无疆”的企业精神、“诚信履约，用心浇注您的满意”的企业服务理念、“公平、包容、务实、创新”的企业价值取向、“崇德崇学、向上向善”的员工价值准则，“务实高效、雷厉风行、能上能下、重奖重罚、以身作则、廉洁自律、规范管理、科学决策、团结协作、开拓创新”的企业文化精髓。构成了中交四公局锐意进取、开拓创新、科学发展、和谐发展的动力源泉。

### 系统培育，建立科学完善的文化体系

抓好企业文化建设的战略规划，确保企业文化建设与时俱进，适应企业形势和任务发展的要求。成立中交四公局企业文化建设推进委员会，建立企业文化建设领导体制；设置企业文化建设组织机构，形成企业文化主管部门负责组织、各职能部门分工落实、员工广泛参与的工作体系，保证企业文化建设工作的顺畅运行和有效管理；建立效能评估制度，定期对企业文化建设的效能进行评价，及时纠正偏差，保持企业文化的先进性；完善激励机制，把企业文化建设纳入各类考核、检查、评比的内容，并适时表彰企业文化建设的先进单位和集体。

创新载体，保证企业文化扎根到员工心里，就必须用生动、具体的载体保证文化落地。以“用心浇注您的满意”活动为载体，全面展示四公局的品牌形象。以新建项目为重点，推进四公局项目文化建设标准化、规范化。各项目将“用心浇注您的满意”活动与四公局开展的“工程质量百年承诺”结合起来，以积极履行企业社会责任为窗口，赢得多方赞誉。

开展“道德讲堂”活动。以推进社会主义核心价值体系建设和提升全体员工思想道德修养和文明素质为核心，以社会公德、职业道德、家庭美德、个人品德“四德”建设为主要宣传内容，以“我听、我看、我讲、我议、我选、我行”为主要模式，按照“自省身、唱歌曲、学模范、诵经典、发善心、送吉祥”等6个环节，使“四德”建设深入员工心中、行为中，融入管理各环节中。

开展“最美四公局人”岗位实践活动、开展“劳动最美丽一线工人故事会”、“中交梦”“中交企业精神”内容表述征集、“文明礼仪10大用语”宣传、组织参加第二届新国企·中国梦摄影、微电影大赛等活动，通过多样的载体推动中交文化外化于行。

**特色企业文化助推企业快速健康发展**

在传统业务市场，四公局先后承建了青岛海湾大桥、京沪高铁、石武客专、哈大铁路、成昆铁路、安哥拉卡宾达大学、柬埔寨27号公路等国内外重点工程，以及北京温泉至西北旺电力隧道、北京望京金辉大厦（170米超高层）、湖南省海螺猛洞河特大桥（跨径255米上承式钢管混凝土拱桥）、沈阳三好桥（跨径900米中承式钢箱拱斜拉桥）、湖北水布垭清江悬索桥等地标性建筑工程，企业施工能力、技术实力不断提高，业务市场不断扩大。

在科技研发与技术创新方面，四公局聚四海之才铸辉煌大业，践行“科技兴企，人才强企”战略，加强与国内外科研机构、长安大学等高校的合作与交流，引入高新技术人才和专业型复合人才，扎实开展“工程质量百年承诺”活动。累计取得国家级知识产权专利56项，国家级工法6项，国家级QC成果10项。永春至永定高速公路工程、新疆王家沟大桥工程、西宝高速路面工程获中国交建优质工程奖。

多年来，四公局秉承“让世界更畅通、让城市更宜居，让生活更美好”的企业愿景，参建了多条道路建设，为中国交通基础设施的腾飞插上了翅膀。

凭借诚信经营，重信守诺的良好形象，四公局在近20个省市地区获得A级以上信用评价。围绕质量创优主题，信守质量百年承诺，推行技术干部带班制度，通过标准化工地和文明工地创建推动项目安全质量管理水平上台阶，实现了质量总体运行平稳、各项指标有序可控。

坚持绿色环保施工，为节能减排、保护环境做出了积极的贡献。施工的湖北黄咸项目、甘肃金武项目等项目获省级“平安工地”示范工地；承建的南京上坊保障房三标段、扬中奥体中心等项目被评为“建筑施工省级文明工地”称号；“风光互补发电技术在公路施工中的应用”被中国交建评为“第三批节能减排示范项目”；参建的湖南长韶娄高速、福建建泰高速、四川映汶高速、延吴高速等项目被交通部确定为第三批“平安工程”；施工的“安徽马（鞍山）至巢（湖）高速第2标段”被评为“国家AAA级安全文明标准化工地”。

多年来，四公局分别获得“全国交通运输企业文化建设优秀单位”、“全国交通运输企业文化建设卓越单位”、“全国信用AAA级企业”、“公路建设行业诚信百佳企业”“全国优秀施工企业”等荣誉称号。

（供稿人：毕监凤）

# 为企业科学发展提供强有力的文化支撑

## 北京建工集团有限责任公司

北京建工集团成立于1953年，是一家以工程建设、房地产开发和物业服务为主业，集建筑设计、建筑科研、设备安装、装饰装修、环保节能等为一体的跨行业、跨所有制、跨地区、跨国发展的大型企业集团。建工集团坚持将企业文化与标准化建设和综合管理有机结合，大力实施“内聚人心、外塑形象”战略，开展了以弘扬践行社会主义核心价值观、中国梦、北京精神为重点的精神文化建设，以质量、安全为中心的行为文化建设和以塑造品牌为核心的形象文化建设，培育了铁军文化、精品文化、安全文化、劳模文化、突击队文化、育人文化、学习型文化、社会责任文化、阳光工程文化等9大文化体系，先后荣获了全国和北京市创建学习型组织标兵单位、全国建设系统和首届北京市企业文化建设示范单位、精神文明建设先进单位、思想政治工作优秀单位，连续15年被评为全国“安康杯”竞赛优胜企业。

### 一、加强领导、夯实基础，健全完善企业文化体制机制

北京建工集团党委不断加强企业文化建设的领导机制、工作制度和人员队伍建设，夯实了企业文化建设的工作基础。

一是提高认识、高度重视，领导机制建设不断健全。集团两级领导班子通过中心组理论学习、文化宣贯、案例教学、实地考察等形式，充分认识到优秀的企业文化可以创造生产力、增强吸引力、形成凝聚力、提高竞争力，是建设和谐企业的强大动力。

二是系统思考、整体谋划，企业文化制度建设不断完善。集团党政班子将企业文化作为一项事关企业改革发展全局的系统工程来抓，制定实施了《企业文化建设考核评价办法》、《开展企业文化建设试点工作的通知》等7项文件，将企业文化建设纳入企业管理指标考核体系。根据经营生产实际情况，提出年度目标和工作重点；不断加强人才培养、安全质量管控、项目创效管理、劳动竞赛等各项制度建设，促进实现了企业文化从无形到有形的转变。

三是完善体系、强化执行，企业文化队伍建设不断加强。着眼发挥两级企业文化建设管理办公室职能作用，充分调动各级党政工团组织参与企业文化建设的积极性，组建了由70余人组成的企业文化内训师团队，充分发挥内训师开展文化宣讲和监督落实的作用，深入各基层单位开展巡回宣讲和工作检查。成立了北京建工“企业文化宣讲团”，深入基层一线开展企业文化故事宣讲，以故事传递企业文化理念，促进集团核心企业文化理念的入脑入心、落地生根。

### 二、整合提升、丰富创新，构建完善企业文化体系

建工集团在60年发展过程中持续不断地推进企业文化整合创新，随着企业改革发展进程不断深入，提出了建设具有北京建工特色和时代特征的企业文化。发布实施了《企业文化调研与诊断报告》、《企业文化手册》、《VI手册》、《母子文化管理办法》等企业文化整合提升成果，印制下发了《企业文化手册》和《员工读本》。

一是搭建了完善的企业文化理念体系。《集团企业文化手册》充分消化吸收集团60余年来陆续形成的理念、方

针和口号的精神内涵，借鉴了《老子》、《论语》、《礼记》等古代典籍的文化营养，解决了长期以来悬而未决的主文化问题，对集团奋斗史进行了高度概括与浓缩，将北京建工文化定位于“工”，即：“建德立业、工于品质”，隐含“建工”二字，提出了“厚德重信、同创共享”企业核心价值观。新版文化理念体系包括文化概述、理念识别和行为规范3个方面，核心理念由企业愿景、企业使命、核心价值观、企业精神和企业宗旨组成。

二是重新规范了集团形象识别体系。《集团VI手册》从基础设计和应用设计两个方面入手，对VI识别体系进行了大幅修改、创新和补充，涵盖企业标识、辅助图形、施工现场环境识别、施工机械设备等14个类别，内容量扩充到旧版VI手册的两倍。新手册坚持继承与创新兼收并蓄，既保持了原有VI系统的统一性和延续性，又紧密结合企业经营生产的新要求，广泛吸收时代元素，更好地诠释了集团的理念与文化，对规范统一集团对外形象起到积极推动作用。

三是创新了集团母子文化管控。出台了集团首个基于母子公司科学管控、致力于解决母子文化冲突的指导性文件《集团母子文化管理办法》，创造性地提出“品牌划界”原则。不再按照持股比例来划分文化管理权，而是依据是否使用集团的企业名称、企业资质、企业标识等品牌元素，将成员单位分为文化管控单位和文化影响单位两个类别，明确要求文化管控单位完整对接集团文化，鼓励引导文化影响单位使用集团文化体系，为大型建筑企业科学解决内部文化冲突，建立“同工同荣”、和谐统一的文化体系奠定了良好基础。

## 三、融入中心、服务大局，助推企业科学发展

集团党委将企业文化建设有机融入到企业发展战略和经营生产管理之中，重点做到“六个结合”，有力地服务了企业改革发展稳定。

一是与企业战略相结合，凝心聚力抓好引领。集团坚持用文化引领和解放思想来明确和推动发展战略，坚持将实施“一号工程”，注重加强党员领导干部思想理论建设和思想解放，每年组织举办领导干部理论培训班，先后组织了“跳出建工看建工，跳出行业看建工”、“突破企业发展瓶颈”、“转变经济发展方式、提高企业发展质量与效益”等主题大讨论，摒弃了“等靠要”、“固守北京”等陈旧观念，加快推进建设具有国际竞争力的新兴企业集团的战略目标，注重以“建德立业、工于品质”为核心的文化理念凝聚干部职工的精神和力量，共同致力于集团改革发展。

二是与学习型企业建设相结合，以学培智提升素质。集团党委积极培育“学习型”文化，连续10余年组织开展“创建学习型企业、建设学习型党组织”活动，实施了“重心下沉、完善提升、深化推进”、“提升素质、创新发展”等年度创建主题，结合企业经营生产实际，开展全方位团队学习。有效促进了学习与工作的有机融合，提升了干部职工的学习力、创新力和工作力，各级领导干部科学办企业的意识和能力不断提高，精心培育了房地产、地铁、环境保护、新型建材等新兴经济增长点，企业核心竞争力不断提升。

三是与企业品牌建设相结合，内外并举树立形象。实施“内聚人心、外塑形象”的企业文化战略，以集团“标准化建设年”为契机，大力实施集团现场VI升级工程，制定发布集团《施工现场新版图集》，实施现场VI分级管理。贯彻执行“品牌划界”原则，与各文化管控单位签订“品牌使用协议”，指导二级单位对接集团企业文化进行整合提升，促进了多元产权格局下的母子文化融合。贯彻执行“工于品质”的主文化、质量观、安全观、环保观以及争创鲁班奖的精神与企业品牌建设有机融合，将“品牌烁金、见微知著”品牌观念落到实际工作中。在中央电视台、《北京日报》、北京电视台等主流媒体发稿2000余篇，提升了开放、创新、充满活力的“新建工”社会形象。

四是与加强农民工管理相结合，以人为本构建和谐。集团党委努力将企业文化建设渗透到9万农民工的管理工作中，做到“五个同样”、“四个到位”，即：同样接受企业教育、同样建立党团组织、同样组建突击队、同样参加竞赛评比、同样授予荣誉称号；思想教育到位、生活关爱到位、行为引导到位、制度约束到位。

五是与主题活动相结合，创新载体推动落地。编辑出版了30余万字的《北京建工企业文化故事》，组织佩戴集团徽章，组织职工创作、学唱《北京建工之歌》，制作播映《北京建工辉煌60年》企业宣传片。开展了企业文化知识竞赛、歌咏比赛、“读故事、传文化”企业文化故事征文，参与环保主题活动，进一步树立集团绿色环保的新形象。

六是与履行社会责任相结合，诠释升华塑造精神。积极履行国企社会责任，用实际行动诠释了“厚德重信、同创共享”的企业核心价值观。将“全员精品意识、全程科学管理”的质量观融入工程建设之中。先后参与建设了国家会议中心等29项奥运及相关配套工程，建设保障性住房500余万平方米，建设了地铁近20条轨道交通线路，参加保障房、地铁、高铁配套、市政路桥等民心工程建设，为社会和百姓建设优质工程1.7亿平方米。

## 四、开展企业文化建设工作的几点认识与体会

在开展企业文化建设过程中着力处理好以下5组辩证关系。

一是处理好文化载体与思想建设的关系。将企业文化建设作为加强和改进企业思想政治工作的有效载体，通过科学有效的思想政治工作为企业文化建设提供思想理论引导，使之相辅相成、相互促进。

二是处理好文化建设与企业管理的关系。实现文化与管理无缝对接，将管理理念融入企业文化之中，用企业文化推动管理创新，真正赋予企业文化灵魂与活力，实现有载体、有制度、有效果。

三是处理好继承与创新的关系。企业文化建设既继承保留历史文化积淀，又适应企业发展战略需要，对核心理念、应用理念、VI、母子文化管控等进行整合创新，使企业文化

建设成果在实践中不断丰富完善，更加符合集团实际，体现员工需求。

四是处理好一元与多元的关系。既要坚持“一元化”原则，又要允许成员单位在一元文化体系的前提下，突出特色、注重内涵，丰富健全成员单位子文化，实现与集团文化一脉相承、融会贯通。

五是处理好现实与长远的关系。开展企业文化建设要统筹现实与长远的关系，既要考虑到现实的实用性，又要考虑较长时期内的持续性与稳定性。

# 互联网＋构建企业文化传媒工作大格局

中国建筑一局（集团）有限公司

中建一局实施品牌兴企战略，按照“跨界融合、创新驱动、重塑结构、尊重人性、开放生态、连接一切”的互联网＋思维的6大特征，构建企业文化传媒工作大格局，构筑中建信条先锋文化体系，全触点宣传中建一局中国建筑第一品牌形象，搭建媒体矩阵，全体员工共同为中建一局代言，为企业提质增效、转型升级提供坚强有力的思想保障、舆论支持和文化条件，汇聚起企业提质增效、转型升级的强大力量，争做中国建筑党群、品牌、文化系统的先锋。

## 一、中建一局企业文化传媒工作主要成果

**（一）看数据。**

2000多篇：在《人民日报》、中央电视台等媒体刊稿2000多篇。

60余万次：中宣部重点宣传人物，深圳平安项目塔吊司机王华事迹在《人民日报》、《经济日报》、新华社、中央电视台等中央及行业媒体和新媒体首发，其他社会媒体转载60余万次。

40余个国家：央视《最后一百米》和《塔吊里的诗人》王华故事纪录片，代表中国参加了亚洲太平洋广播联盟电视节目大赛，在40余个国家展播。

247个立体传播媒体：构建了集团、子企业、大项目部媒体矩阵，包括开通创办的媒体平台（微信、网站、报刊、微博等）和社交媒体工作群（微信群、QQ群）。中建一局有7个媒体平台，包括微信、集团网站、建设者报、先锋内刊、党群/品牌资源平台、集团大厦一层大厅LED显示屏、党建参考报网站。子企业共有22个微信公众号、21个门户网站、5份报纸、12份内刊、5个官方微博。项目部共有69个微信公众号、1个门户网站、61份报纸、19份内刊、27个微博。

22000名代言人：中建一局的22000多名员工都是集团宣传队伍中的一员，都是中建一局的代言人。

**（二）看颜值。**

文化大奖。中建一局微信公众号获中国最有影响力、最权威、最透明的新媒体影响力盛典—创新企业新媒体大奖；中建一局荣获中国品牌内刊文化纽带奖、全媒体融合“金龙奖”，《建设者报》连续荣获全国工程建设行业“金页奖”、“精品报纸”以及中国品牌内刊好报纸“特等奖”；中建一局网站荣获全国工程建设行业“精品网站”、“一级优秀网站”等。

中建一局王华故事、周予启故事连续荣获国务院国资委最美一线故事，王华故事《高空之眼》获国务院国资委“10大最美故事、最佳创作奖”，入选国务院国资委新闻中心主编的《一线英雄传》；周予启故事“岩土特工”获国务院国资委10大工程师故事。

央视新闻联播、朝闻天下、讲述栏目报道王华事迹；组织“最高工人”王华参加中央电视台《开门大吉》节目录制，扩大中建一局品牌宣传。国务院农民工工作领导小组办公室主任杨志明、凤凰卫视主播吴小莉调研北京大望京项目，给予项目的履约品质和农民工管理高度评价。拍摄建设者专题纪录片，在央视科教频道《讲述》栏目播出。国贸工程师刘卫未在北京电视台《怎么看》栏目讲述国贸、水立方、人民大会堂的故事，展现中建一局为首都建设作出的贡献。

习近平总书记亲自参加莫斯科中共“六大”会址工程启动仪式；李克强总理亲临中建一局武汉地下管廊项目视察指导。

**（三）看气质。**

出版发行《中建信条·先锋文化手册》、《我信我行·企业文化故事丛书》、《中国第一高》、《一局梦·成就》、《一局梦·先锋》、《一局梦·视界》、《中建一局新闻写作指导书》、《中建一局科技先锋手册》、《中建一局发展简史》、《先锋·时代》画册、《基业长青》画册等书籍；制作时代先锋宣传片、中国建筑俄文版宣传片、品牌传播形象片。

## 二、做好顶层设计，构筑中建信条·先锋文化体系，致力企业文化传媒的高度和深度

**（一）中建信条·先锋文化手册和《十典九章》。**

中建一局梳理提炼企业文化，编制了《中建信条·先锋文化手册》，开启了企业文化体系建设新篇章。

《中建信条·先锋文化手册》核心内容：

企业使命：拓展幸福空间

企业愿景：最具国际竞争力的建筑地产综合企业集团

核心价值观：品质保障、价值创造

企业精神：诚信、创新、超越、共赢

行动纲领：实施“品牌兴企”战略，打造中国建筑旗下最具国际竞争力的核心子企业

行动要义：超越创造新高度 诚信是企业和个人立业之基

行动准则：绩效为先、跨越发展，目标引领、底线管理

行动路径：商业模式三个“一体化”、市场营销“三大”策略、项目管理“三大”建设、集团管理公司 公司管理项目、制度流程务实精效、人才建设“三化”策略、团队是奋斗的主体、发展企业幸福员工。

《十典九章》是由“行为十典”和“礼仪九章”两部分组成，从关注企业商业伦理、营造良好组织环境、提高企业

文化执行力，到对全体员工日常行为提出引领和底线规范，做出了明确细致的要求。

**（二）先锋文化是全体一局人的精神纽带和精神激励。**

构筑企业诚信文化体系。出台了《中建一局诚信体系建设管理规定》、《中建一局子企业诚信评估指标体系》，将“诚信”精神量化为“品格、能力和执行力”3大类、21项考核指标，重点评估和督查子企业“不诚信”行为，明确了每项指标的诚信要求、指标计算、评估方式及责任部门，诚信评估结果与子企业考核评价、评奖评优、综合授信、资金支持、集团资质使用、市场范围确定等挂钩，作为对子企业实施差异化管理和授权的重要依据。子企业要对集团诚信，项目部要对子企业诚信，上报的数据指标不能造假，下达的预算指标确保实现。集团对子企业和项目部诚信，制定的战略规定、许下的承诺必须严格执行和兑现。发布了《施工类子企业2014年诚信评估报告》，对子企业进行评分、排名，为子企业出具《2014年诚信评估结果与管理建议》。

用制度激励员工践行先锋文化。编制先锋文化释义、制作统一课件，纳入书香项目建设和培训体系。把《先锋文化手册》的内容纳入员工的培训、招聘选用、考核评价、奖惩等管理办法中，体现了注重业绩、公开竞争、五湖四海的选人用人导向。遵循先锋文化理念，分别出台了相关制度，激励子企业和大项目部学习先锋、争当先锋。

用先锋榜样和《十典九章》规范全员行为。在不同层面树立标杆引领全体员工。两级领导班子层面，以当代优秀企业家为榜样；子企业层面，以年度“贡献能力和发展速度”前5名企业为样板；项目层面，以年度TOP100大项目部为赶超标杆；员工层面，以“身边的先锋”为镜，学习“先锋”、争做“先锋”。

成立了“十典九章”先锋志愿者服务队，先后为毛主席纪念堂、天安门城楼、9•3阅兵、抗日战争纪念馆等志愿服务，是天安门管委会首个在“十一”天安门城楼游览中引入的志愿者服务队，也是第一家央企在毛主席纪念堂开展志愿服务。

树立了“金字塔式”先锋榜样。中建一局“我身边的先锋”是金字塔的“塔基”，“一局先锋”是更高层面的先锋人物，金字塔的“塔尖”是国企楷模·北京榜样、北京市和全国劳模的获得者。通过树立不同层面的先锋标杆，引领集团总部、各子企业、全体员工学习“先锋”、争做“先锋”。

环境熏陶影响全员价值追求。组织实施文化精品工程，出版体现先锋精神、一局特色和国企水准的优秀文化产品。组织“五个1”文化工程征集（一个创意文化主题墙、一部微电影、一组摄影作品、一个先锋故事、一个文体项目）。设计了中建信条、十典九章、先锋文化、1135战略体系等主题文化墙。

## 三、以互联网+的思维，全触点宣传，展示中建一局立体、深刻的品牌形象，致力企业文化传播的广度和体验

中建一局搭起了企业文化传媒工作决策支持平台，成立了党委工作部、工会工作部、品牌管理部，作为推进企业文化建设的战略管理部门。通过现场、服务、营销、文化、媒介等不同触点，让中建一局在政府、客户及各相关方心中形成立体、深刻、统一的品牌形象。

**（一）品牌工程、品牌人物、品牌活动和营销产品是企业文化传播的重要载体。**

品牌工程：彰显一局品质。将子企业品牌工程宣传纳入系统年度底线指标和项目管理3大建设检查。针对每项品牌工程制定传播方案，建立组织机构、周报、月报、季度会工作机制，进行专项督导检查。

品牌人物：彰显先锋精神。组织平安项目超高层塔吊工王华先进事迹集中宣传报道。王华品牌传播案例在中建总公司企业文化与品牌传播培训会上作了典型经验交流。国务院国资委新闻中心主任毛一翔给予高度评价。“王华故事传播案例转变了世人对中国建筑工人的传统印象，王华已经成为中国新时代工程建设者的代表人物。”著名作家梁晓声称赞王华为“工人英雄”。

品牌活动：彰显央企形象。要求领导人员、两级总部人员、项目核心担当体首先成为一局品牌代言人，积极带动全体员工传播品牌。以“传承雷锋精神，用先锋志愿行动为央企代言”活动为开端，指导子企业开展价值观代言、岗位代言、行为代言、社会责任代言等系列活动100多次。

承办了中国绿色建造与可持续发展论坛，20位中国工程院院士以及上百位科研院所、高校的专家学者齐聚论坛，发表关于建筑“绿色化”的真知灼见，发布最前沿、最高端的绿色科技成果。新华社、中国新闻社等15家媒体深入采访了论坛并在显著版面、黄金时间段报道本次论坛以及中建一局创造的中国和世界科技之最，人民网、参考消息、新华网等多家媒体转发报道60多万次。

品牌营销传播产品。包括市场推介PPT、展厅、营销片、画册等服务于市场营销、集团级品牌公关活动、员工入职培训和业务提升培训，全方位体验一局的综合实力和差异化竞争优势。

统一形象。包括施工现场的CI形象、办公系统形象以及员工的形象。按照PDCAS开展CI工作，连续3年对在施项目进行履约品质检查，创建观摩工地，高大新重外品牌工程CI实现100%创优。

**（二）创新媒介和话语体系，搭建媒体矩阵，做好全员企业文化传播。**

创新媒介和话语体系。开通了微信公众平台，推进传统媒体与新媒体融合，完成微信二级栏目的程序开发，把门户网站链接到微信栏目，实现一局网站、建设者报、微信内容共享。

搭建媒体矩阵。构建了集团、子企业、大项目部媒体

矩阵，包括开通创办的媒体平台（微信、网站、报刊、微博等）和社交媒体工作群（微信群、QQ群），全方位传播中建一局品牌。

建立全员宣传队伍。每位员工都是中建一局的品牌代言人。

为一局通讯员量身编制《新闻写作指导书》。把不同类别的新闻稿件按照写作规则编成不同的“数学公式”，有效地把宣传人员会不会做的能力问题转化为想不想做的态度问题，为规范、提升集团品牌传播意识和新闻写作水平提供了有效工具，被通讯员亲切地称为“最接地气的新闻写作工具书”。

（执笔人周静，系中建一局党委工作部（工会工作部、品牌管理部）部长；刘琼，系副部长；王永茜，系品牌传播经理）

# 加强文化体系建设<br>提升企业核心竞争力

北京市建筑装饰设计工程有限公司

北京市建筑装饰设计工程有限公司系金隅股份有限公司旗下的全资子公司，中国建材500强企业，具有设计、施工、安装和装饰等多项功能和集团化经营管理的建筑施工骨干企业。北装公司注重传承发扬金隅“信用、责任、尊重”的核心价值观和“八个特别”金隅人文精神，让金隅文化在北装公司落地生根。近年来，北装公司加强文化体系建设，强化文化管理工作，培育形成具有自身特色的北装文化，市场竞争力显著提升，有力地推动了公司的发展。

## 一、建设文化体系，提升公司品牌形象

面对日趋激烈的市场竞争和复杂多变的经营环境，北装公司领导班子认为：要想开拓市场、发展壮大、提高核心竞争力，必须要强化文化管理，用文化凝聚干部员工。北装公司积极传承金隅文化，结合实际，努力构建具有北装特色、支撑北装快速发展的子文化体系，充分反映公司发展最深刻的心灵呼唤和时代最迫切的文化诉求。

2011年初，公司成立了企业文化建设委员会，专项投资100多万元，制作了《文化手册》、《员工手册》、企业宣传片、公司宣传画册、《VIS视觉识别系统手册》和《施工现场视觉识别系统规范化标准手册》，分别形成理念识别系统、行为识别系统和视觉识别系统，并规范成册，宣贯执行。2015年，公司企业文化建设委员会对企业宣传片进行更新完善，对企业文化手册及施工现场视觉识别系统进行更新，提升公司品牌形象，增强企业核心竞争力，适应战略发展新局面。

## 二、加强文化管理，打造核心竞争力

### （一）战略布局，打造品牌竞争力。

北装公司积极转变发展方式，更新发展观念，创新发展模式，提出“依托集团，立足京津，面向全国，拓展境外”的发展战略和“一切为了项目，一切服务于项目”的工作理念，坚持装饰装修、设计、房屋建筑、钢结构和建筑幕墙“四位一体”，突出精装主业，形成互相促进、协力支撑的链式经营格局，在强化集团内部产业链的作用中发挥自身优势。提出“跳出北装看北装”，站在更高位置看自己，明确自己在装饰市场、装饰行业、集团系统中的位置，找准差距，不断完善提升。在精装修、设计、房屋建筑、钢结构和建筑幕墙市场中完成了战略布局，新的管控模式已在竞争中突显活跃，以“金隅喜来登酒店”、“华尔道夫酒店”、“北控远方饭店”、“北京市委办公楼项目”等一批有影响的品牌工程中，实现了用文化管理提升市场竞争力。

### （二）适应市场，打造资质竞争力。

秉承“追求卓越，永争一流”的企业精神，先后取得由国家住房和城乡建设部颁发的建筑装饰装修工程设计与施工壹级资质，机电设备安装工程专业承包壹级资质。在保持国内CNAS三体系认证的基础上，获得了英国皇家认证认可委员会颁发的UKAS三体系证书，是国内第一家通过标准审核并获得证书的建筑施工企业。

### （三）深化管理，提高管控竞争力。

一是实现事业部独立核算。各事业部定岗定编，核清资产，设立虚拟财务账户，盈亏独立核算。二是强化项目预决算管理。合同签订前，提高工程预算的科学性、及时性、准确性、指导性；工程实施过程中，保证原始资料的完整性、准确性，为项目结算和应对可能产生的法律诉讼提供有利依据；工程完成后加强结算管理，快速实现收益，提高资金周转效率。三是建立项目成本控制责任制度。建立成本控制责任量化分解体系，将项目部的材料管理、人工管理、设备管理、成本核算等环节和应承担的责任、权力量化分解，分配至每个项目管理人员，并与其收益挂钩，形成项目成本控制工作责任共担、利益共享、相互监督、相互制衡的项目部内新型工作关系。四是强化对项目施工过程的监管。在前期预算的基础上，派出安全、质量、经济运行3个检查组对各自营项目资金使用、材料采购，劳务用工等全方位开展监察，对发现的问题及时预警纠偏，有效规避项目经营风险。五是抓综合管理水平提升。一方面强化管理咨询工作，成立领导小组，抽调专人与咨询公司组成联合项目组，完成了公司工程管理业务板块核心管理点识别与分析、内部管理思路研讨、公司未来业务管控体系整体构建建议等工作，出具了《北装公司核心业务现状分析和改进建议报告》；另一方面完善人力资源管理咨询工作，公司按照“分类管理、科学设岗、明确职责、严格考核、优化薪酬”的总体要求，通过对定岗定编、薪酬体系和绩效管理体系的设计和优化，逐步建立有竞争性和激励性的薪酬绩效管理体系，推行宽带薪酬制度；进一步规范承包项目管理和财务资金管理。公司制定了新的

《承包项目管理办法》，重点从设立条件、人员管理、资金管理、退出管理等几个方面进行了规范。

**（四）用“三型”企业，提升员工整体素质。**

北装将“建立一个学习型、创造型、发展型企业，凝聚全体员工和整合好各种社会资源，来共同干成一番事业”的核心文化作为支撑广大员工的精神支柱。践行“爱岗敬业，勇往直前；做好每一件事，做好每一天事，做好每一时事”的工作作风；开展理念故事征集活动，征集员工在日常工作学习中符合企业文化理念的典型事例；开展“思想认识回头看”主题教育活动，参与者就思想创新、行为创新、组织创新、管理创新、科技创新等方面各抒己见，献计献策，达到优化组织运营、提高员工责任意识、打造北装品牌效应的目的。

**（五）以凝聚力系统工程为载体，做深做实思想政治工作。**

北装公司凝聚力系统工程建设由公司党委制定和主抓，方案内容包含激励篇、关怀篇、培养篇、文化篇；每个篇章均含有若干内容以及实施办法，对每项工作提出量化指标、时间节点和要求；建立“谁主管，谁负责”的责任机制，责任直接到部门，直接与绩效挂钩，与述职对标，最终效果是让该工程真正起到凝聚力作用。以培养篇为例，引申到北装选人用人文化：重品行、重责任、重能力；想干事、能干事、干成事、不出事；让吃苦的人吃香、让有为的人有位。不断加强人才培养、激励和推优机制建设，为优秀成长成才搭建快车道。

**（六）规范企业标识，打造北装视觉文化。**

把项目品牌和北装精神内涵、象征性、企业标识打捆包装推出去；让共同价值观激活管理，形成企业发展的驱动力。出台《施工现场视觉识别系统规范化标准》，规范提高施工项目的现场视觉和现场文明施工管理水平，以期通过制作VIS视觉识别系统达到对企业视觉识别、传播企业经营理念、提升企业知名度、塑造企业形象的规范管理作用。品牌形象既是企业文化的载体，更是文化力量。

**（七）创先争优，用榜样的示范濡染员工。**

坚持开展十佳党员、十佳员工、特殊贡献个人、通报嘉奖部门、安全流动红旗等先进集体、先进个人评选表彰活动。为了更加贴近生产一线、凸显安全生产重要性，公司推出“安全生产知识竞赛”活动，为优秀队伍颁发锦旗和奖品。通过《新北装之声报》、《新北装文化》内刊、《北京金隅报》、外部媒体等宣传载体，大力宣传各级各类先进集体和个人的先进事迹，激发广大员工干事创业、激情奉献的热情，为公司实现跨越式发展发挥好引领和带动作用。

**（八）防范前移，打造安全廉洁子文化。**

出台了“火种不进现场，明火严格控制，动火严格管理”的防火措施，在每个项目门口设置“火种采集箱”，提出了“火种不进现场管理工作要深化、安全巡回检查要深化、项目安全管理要深化、基础管理工作要深化、安全意识教育要深化。”贯彻落实过程中要做到“规章制度要完善、宣传教育要到位、检查工作要彻底、隐患整改要坚决、基础资料要齐全、日常工作要总结、安全责任要明确、现场管理要规范。”公司对所有在施工地开展“安全生产流动杯”竞赛评选活动，委派专业小组对所有在施项目和重点领域每天进行全面排查和监督整改，年节假日及重点项目、重点时段，公司党政领导巡回督导，以确保施工现场的一方平安。

抓好党风廉政建设责任制的全面落实，制定完善公司《关于进一步加强企业廉洁文化建设的实施意见》，总结、提炼、培育具有北装特色的廉洁文化核心理念，强化专题培训和党纪条规教育等措施，在公司上下营造风正气顺、以廉为荣、干事创业、以贪为耻的良好氛围，形成具有北装特色的廉洁文化体系。

**三、回顾文化建设，浅谈心得体会**

一是领导重视是关键。哪里的领导重视到位，措施得力，哪里的文化建设就有声有色，哪里的全局工作就充满活力。党政一把手要亲自抓，要把“文化强企”工作内容列为政绩考核指标。

二是组织落实是保证。组织行为、思维模式和价值观决定了企业战略、发展目标和运营模式。没有组织落实的支撑，很难持久发展；没有组织落实作引导，企业文化就缺乏目标和追求，动力也很难持久。

三是文化落地是基础。企业文化要真正发挥作用，就要进入管理，内化成意识。将核心理念融入到各个管理模块中，让文化在现场中看到，在岗位中体现，在流程中沉淀，在细节行为习惯上表现出来，最终实现个体价值与群体价值共增共进。

## 坚持文化引领　打造魅力邗建

江苏邗建集团有限公司

江苏邗建集团有限公司是全省第一家省级建筑民营企业集团，也是建设部试点企业集团。邗建集团以思想政治工作创新为抓手，以企业文化建设为载体，不断夯实企业发展的根基，提升了企业发展的软实力和核心竞争力，推动了企业持续、健康发展。企业综合实力位居中国民企500强，中国建筑业竞争力100强，中国承包商60强，连续多年被评为“全国优秀施工企业”、“全国建筑业先进企业”、“全国守合同重信用企业”、全国企业文化建设优秀单位等荣誉称号。

**一、以观念机制创新为突破口，增强企业文化和思想政治工作的创造力、生命力、执行力**

**（一）坚持统一融合、互动发展的理念，准确把握企业文化定位。**

集团党委从战略高度认识和谋划企业文化建设和思想政治工作，牢固树立统一融合的理念，把职工的理想信念、思想道德、组织纪律观念、爱国敬业精神等方面的教育与企业文化建设有机地融为一体，把企业发展与人的发展高度统一起来，增强思想政治工作的针对性、实效性，增强企业文化对广大员工的吸引力、渗透力和影响力，把企业文化建设作为企业思想政治工作服务于经济工作中心的切入点和重要载体，创新企业思想政治工作，有效促进企业文化建设、思想政治工作与企业生产经营的协同发展。

**（二）不断完善制度体系，做实企业文化工作。**

邗建集团摸索出一套以精细化管理为抓手，以过程化控制为重点的管理方式，将无形的企业精神以有形的制度渗入到企业经济活动之中，将企业的目标和理念细化成工作制度、行为规范和准则，对工作程序、操作规则、岗位职责、举止仪态等进行制度化的规定，让员工自我约束、自觉行动。集团注重把落实制度规范作为思想政治工作的重要抓手，通过建立一系列切实可行的执行机制，增强思想政治工作的可操作性和实效性，使企业精神和企业理念渗透到企业经营管理的各个环节，转化为广大职工工作的动力和自觉行为，使思想政治工作焕发出推动企业发展的生机与活力。

**（三）强化组织领导，确保执行有力。**

邗建集团成立了企业文化建设领导小组，下设企业文化办公室，负责企业文化建设日常工作。在集团公司及各分子公司建立支部书记负总责、党工团齐抓共管的机制，明确支部书记为企业文化建设和思想政治工作的第一责任人，党支部其他成员也根据“一岗双责”的要求，按照工作分工对分管科室的企业文化和思想政治工作负责。

## 二、以增强企业活力为出发点，增强企业文化和思想政治工作的凝聚力、战斗力、影响力

**（一）实施人本工程，激发创新活力。**

集团每年5月举办企业文化周活动，开展收藏、摄影、书画各类主题展览，组织“我为集团发展献一策”、“我与邗建共成长”、“梦想在邗建放飞”等主题征文与演讲，开展质量安全知识竞赛和职工体育比赛项目，进而培育团队意识，熏陶鼓舞员工。2013年，集团成立了邗建集团文联，下设邗建收藏协会、邗建摄影协会、邗建书画院、邗建职工诗协，既丰富员工文化生活，又融洽与业主的关系，提升了企业形象。集团公司设立了职工服务中心和困难员工救助基金，开展困难职工帮扶，为员工排忧解难，尊重员工的主体地位，引导员工树立主人翁意识，积极为企业发展献计出力，激发了员工立足岗位、建功立业的使命感。

**（二）实施活力工程，创新活动载体。**

围绕责任、政策、技能、效益、廉政等方面，按年度分阶段大力开展主题教育活动，提高干部的思想政治素质和业务能力，不断激发党员和员工开拓奋进、赶超发展的激情和意识。以开展争先创优活动为主线，树立打造精品、创造特色、培育亮点、争创一流的思路，鼓励和引导各级管理人员在各个层面争先创优，推动企业经营管理水平的提高。集团公司成立了省级技术研发中心、博士后工作站和研究生创新实践基地，近年来计创国家级工法7项，国家发明专利4项、实用新型专利31项，主编国家级行业标准1项，创鲁班奖4项、国家级优质工程16项。自主创新目标管理，开展评选企业劳模、先进个人、优秀党员、创新能手活动，充分发挥典型示范引路作用，形成你追我赶、争先进位的良好局面。集团成立了“范世宏劳模工作室”，取得了3年7项专利发明的业绩，自主研发了建设行业综合信息管理系统，提升了企业信息化管理水平，该系统受到了全国建设行业协会现场观摩，管理水平位居全国同行业领先。

**（三）实施品牌战略，做强做大企业。**

通过在深度和广度上拓展企业文化建设和思想政治工作的领域，大力实施形象工程，打造优质邗建品牌。公司既注重引导员工积极打造自身良好形象，更重视站在全局高度，全方位打造企业整体形象，不断提升企业的知名度、美誉度和整体竞争力。企业内刊《邗建通讯》连续9年荣获全国建设行业报刊“金页奖”，在宣传贯彻国家行业政策方针和企业重大决策的同时，面向基层一线，开展先进典型人物与事迹报道，弘扬了企业艰苦奉献、开拓创新的实干精神。

## 三、以促进企业发展为落脚点，增强企业文化和思想政治工作的感召力、源动力、持续力

**（一）寓企业文化和思想政治工作于企业精神塑造之中，为企业增添文化的感召力。**

集团公司在实践和创新中总结、提炼形成企业理念：“对企业负责、对股东负责、对员工负责、对社会负责”的核心价值观，“团结、奉献、优质、高效”的企业精神，“用我们的智慧和汗水向社会奉献精品”的质量理念，“坚持人文、营造绿色、追求和谐”的环境理念，“以人为本、章纪为纲、人文至上、创新求进”的安全健康理念，成为推进企业管理和发展的重要精神支柱。通过各种企业文化活动的开展发挥企业文化的凝聚功能，团结和激发职工的积极性、主动性和创造性，把职工的潜在智慧和能力激发出来，提高下属机构和员工的自主管理能力、自主经营能力，提高员工的责任感和使命感。

**（二）寓企业文化和思想政治工作于队伍建设之中，为企业增添发展的源动力。**

认真贯彻《公民道德建设实施纲要》，坚持不懈地加强职业道德、社会公德、家庭美德教育和诚信教育，大力倡导“爱岗敬业、诚实守信、办事公道、服务群众、奉献社会”的道德规范，广泛深入开展“在社会做个好公民、在企业做个好职工”道德实践活动，让员工始终保持思想的先进性。集团公司党委委员与经营层高管开展了“一对一”困难学生结对帮扶活动，2012年集团公司40周年庆，党委书记、董事长范世宏提出从简办庆典，在庆典答谢会上集团公司向邗江区慈善总会一次性捐赠人民币200万元。集团公司还积极参与5·19一日捐和相关公益活动，汶川地震后集团公司组建了200人的援建队伍开赴四川绵阳，出色完成了省下达的活动板房搭建任务。

**（三）寓企业文化和思想政治工作于发展规划之中，为企业增添远航的持续力。**

加强对战略机遇、战略任务、战略目标的研究，确立企

业经济、文化发展目标和发展战略，形成具有针对性、操作性、激励性的战略愿景。结合公司发展总目标，制定企业发展规划、发展目标，构筑企业共同愿景。通过企业战略愿景的融合，使企业文化建设、思想政治工作与企业经营发展有机统一，相互促进，良性循环，进一步强化企业战略愿景对企业文化建设和思想政治工作的引领作用，形成企业发展的持续力。

（作者居建平，系江苏邗建集团有限公司党委副书记）

# 为生民安其居　为建筑立伟业

## 北京住总房地产开发有限责任公司

北京住总房地产开发有限责任公司（以下简称开发公司）是中国房地产业协会AAA级信用企业，具有房地产开发一级资质，年综合经营额超过65亿。开发公司深耕北京地产28载，以“为生民安其居，为建筑立伟业”为使命，先后开发建设了3万余套保障房，为首都城市建设和改善市民居住条件做出了巨大贡献。在积极致力于民生工程的同时，开发公司秉承工匠精神，精益建造，千鹤家园、丽景长安、棠颂别墅等商品房项目彰显了住总地产品牌的实力。

### 一、开发公司根植于住总，企业文化叶茂根深

开发公司紧密围绕住总集团核心价值理念，在根植住总企业文化的基础上，结合自身实际，积极倡导“诚信、创新、卓越”、“客户至上、品牌为先”，强调以客户需求为中心，强化服务意识，注重盈利水平。形成了具有房地产企业特点的核心经营理念及企业文化理念。与此同时，加强诚信文化、安全文化、质量文化、责任文化和廉政文化建设。开发公司成为与住总集团企业文化愿景统一、目标一致、统分有度、根深叶茂的文化体系的重要组成部分。以党建、工团建设为依托，使住总企业文化落地生根，为开发公司实现发展目标和基业常青提供持久动力。

28年来，开发公司围绕满足人民群众住房需求开启了发展征程。开发公司践行“建房人永远想着住房人”、“视今天为落后”、“精、严、细、实、快”等住总企业文化理念，致力于首都城市建设，改善市民居住条件，先后开发建设恩济里、安翔小区、法华寺、慧忠里、千鹤家园、晨光家园、山水倾城、朝内危改等项目，近年来开发建设了翠成馨园、旗胜家园、住欣家园、兴康家园、宏仁家园等民生工程和西长安一号、丽景长安、金域华府、住总万科城、棠颂别墅等一批精典工程，“弘扬工匠精神、铸造千年丰碑”是我们的方针目标，更是住总开发人承担社会责任的庄严承诺。

开发公司深耕北京28载，积淀了深厚的文化根基，传承着“建房人永远想着住房人”的宗旨与初心，传承着“为生民安其居、为建筑立伟业”的使命与情怀，传承着“视今天为落后，求卓越争一流”的精神与追求，传承着“和谐、效益、品牌、责任、创新”的向上向善愿景与担当。在企业文化的引领和感召下，全体开发人拼搏奉献，取得了一个又一个骄人业绩，“住总地产”品牌影响力与日俱增。

### 二、以企业文化为支撑　推进企业品牌建设

企业品牌展现的是企业产品和服务，所表达和传递的却是企业的文化、企业理念和企业精神。把企业文化融入到企业品牌中，让企业文化在品牌建设中发挥独特的作用，这是加强企业品牌建设的最有效的手段。

**（一）建设质量文化，培育精品小区。**在创精品的过程中，质量尤为重要。开发公司学习万科项目管理经验，认真贯彻住总集团公司“八项制度”，编制《住总开发公司产品质量实测实量操作指引》、《住总开发公司项目质量管理考核评价制度》、《住总开发公司工程样板引路制度》等制度，对各项目进行现场操作指导培训和联合检查，并在丽景长安项目中贯彻落实，培育和打造住总优质品牌。

**（二）建设创新文化，提高居住品质。**公司积极加大绿色节能技术在实际工程中的推广和应用，开展了包括毛细管网空调系统技术调研及应用、硬泡聚氨酯保温材料性能调研及应用，完成无负压供水设备应用分析等课题研究，并将部分研究成果应用到了住总地产大厦改造工程中，力争以合理成本打造绿色节能建筑。翠成小区D23#楼申请了住建部超低能耗被动房示范项目，同时也是北京地区被动方建设标准的示范项目，从设计、施工、管理等方面都进行了创新。

**（三）建设安全文化，打造放心工程。**公司树立“大安全”理念、“0123”安全管理模式以及“五级防控”、“六个到位”，总结多年的安全生产管理经理，严格落实，不断强化安全生产意识。作为甲方加强对施工安全、工程质量、市场行为的管控，加大安全、质量检查力度和频次，开展安全生产联合大检查，制定了开发公司扬尘治理专项行动方案、空气重污染应急预案、防汛应急预案、危大工程工作方案等，全面提升安全、质量责任意识和整体水平。

**（四）建设责任文化，全心服务客户。**公司成功组织了马驹桥、翠成、丽景长安等项目的验房。公司有上百名员工担任过“客服大使”，大使们用专业的知识和耐心热情的态度解答每一位业主的疑问。对客户提出的问题逐一记录，分类汇总反馈给施工单位，限时整改。入住当天，100多名不同专业工人组成的快修队楼下待命，对业主提出问题第一时间进户检查维修，充分体现了“客户至上、品牌为先”的企业文化内涵。

**（五）建设廉洁文化，为企业保驾护航。**公司建立了“五位一体”惩治和预防腐败体系框架，根据岗位职责，以规范权力运行为关键点，梳理重点部位和环节，加强对廉政风险点、重点领域和关键岗位的监督和防控，定期对公司风险防控工作进行督导检查。开展系列党风廉政教育主题活动，深入践行住总廉洁文化理念，开展廉洁文化进领导班子，廉洁文化进项目，廉洁文化进岗位，廉洁文化进宿舍，廉洁文化进家庭的廉洁文化“五进”活动，营造企业遵规守纪的良好经营氛围。

### 三、以文化助力“十三五”，推动企业发展

开发公司“十三五”期间，坚持深耕北京，在以房地产开发为主业的基础上，充分发挥住总集团一体化经营和住宅产业化的优势，以及多年北京住宅市场的开发经验优势，进一步深化战略布局和产品研究，力求在住总集团公司产业格局中发挥重要带动作用，为住总集团实现向知名投资建设运营服务商的转型和升级，打造千亿级企业，实现“1216”的发展目标和“住总梦”而不懈努力，为北京主动融入京津冀协同发展，落实首都城市战略定位，建设国际一流的和谐宜居之都贡献力量。

我们以企业文化为引领，努力实现“和谐住总、效益住总、品牌住总、责任住总、创新住总”。继续加快发展，深耕升级，提质增效，不仅要做传统的土地与房屋开发，还要向资产运营要效益，更加突出强化资本运作、资源聚合和运营服务能力的培育，积极推动房地产业转型升级。

我们坚持从严治党、思想建党、制度治党，承担好党委的主体责任和纪委的监督责任，落实好管党治党、“一岗双责”，全面提升党建工作水平，实现中心工作与党建工作有机融合。争创“六大标杆”，坚持提质增效，深入开展“百名书记稳增长、千名党员创标杆，万名职工比贡献”主题实践活动，在构建住总特色大党建新的格局下，不断强化党建的引领作用，为改革发展保驾护航。

### 四、站在新起点，开启新航程

今天的开发公司已经站在新的历史起点上。这个新起点，就是创新发展观念、培育新的发展动能，以改革创新驱动发展的新起点；就是适应经济发展新常态、转变发展方式，推动转型升级的新起点。

在新的起点上，我们要用智慧深刻领会“转、改、开、创”，实现创新驱动发展。让创新贯穿企业经营生产各个方面，使创新成为一种价值导向、一种思维方式、一种工作习惯，在公司形成生动、活跃的创新氛围。加强科技创新、模式创新、融资创新、管理创新，转变发展方式，加快资本证券化，培育新业态，发展新动能，把打造知名的投资建设运营服务商的定位做出成效、做出品牌、做出智慧！

在新的起点上，我们要用智慧勇敢担当战略使命，加快推动转型升级。在京津冀协同发展、环首都世界级城市群建设中，总结经验，锤炼团队、复制升级。更加积极主动融入国家发展战略，在转型升级之路上继续用永为人先的智慧，敢为人先的担当，砥砺前行，再铸辉煌。

在新的起点上，我们要用智慧推动住总提质增效，谋求精益管理思想。供给侧结构性改革、三去一降一补是新常态发展的必然要求，以提升发展质量效益为中心，推进国有企业更高质量、更有效率、更可持续发展是我们的最终目标。

在新的起点上，我们要用智慧弘扬提升企业文化，以文化自信引领发展，不忘初心、继续前进。把住总集团打造成“千亿级企业”、“知名的投资建设运营服务商”作为这一代住总开发人的远大志向，坚定不移、矢志不渝；一起用智慧去创造，一起用实干去铸就，功成不必在我，功成必定有我，真抓实干、久久为功。用坚守、智慧、实干，让千亿战略目标行稳致远。让住总品牌更响亮，让住总发展更强大，让住总开发公司的前景更美好。

# 石油与化工业

## 文化重在实践　价值源自坚持

长庆油田公司

长庆油田是中国石油所属的地区分公司，成立于1970年，总部位于陕西西安，工作区域横跨陕甘宁蒙晋5省（区），勘探开发面积20万平方公里。40多年来，长庆人传承弘扬大庆精神、铁人精神、解放军精神和延安精神，秉持“使命与责任”的价值选择，把自身成长融入到石油工业的历史进程中。勇于担纲国家能源战略安全重任，切实履行经济、政治、社会责任，成为我国陆上油气产量增长最快、最具成长性的大油气田之一，为促进国民经济和社会发展做出了重要贡献，锤炼形成了特色鲜明、内涵丰富的长庆“磨刀石”文化。

### 一、长、难、快，长庆油田文化的显著的特色

长庆长，一是勘探历史长。长庆勘探开发的鄂尔多斯盆地，从沈括命名石油，到百年前打下第一口油井，再到1970年长庆油田成立，石油梦想生生不息。二是生产战线长。总面积37万平方公里，采油采气井站、油气管线，散落在大山深处、沙漠腹地，生产区域高度分散。

长庆难。勘探开发难度大。低渗透率油田70%的储层渗透率小于1个毫达西，被形象的称为“磨刀石”。长庆油气开发被称为“磨刀石上闹革命”；其次是自然环境难，北部是毛乌素沙漠，中部是黄土高原，作业条件非常艰苦。

长庆快。长庆的油气储量和产量增长在中国石油名列第一。2013年，相当于大庆油田鼎盛时期的年产量，长庆气区已经成为我国天然气管网中心枢纽，向北京、天津、西安、等40多个大中城市供气，西气东输、陕京线等9条天然气主干线在这里交汇。

### 二、长青基业，文化铸魂

在长庆油田全力冲刺“西部大庆”之际，公司创新实施了为期两年的“西部大庆文化同行”系统工程，集全油田之力，对40多年积淀的长庆文化进行“再总结、再提炼、再提升”，形成了包括价值理念、长庆英模、文化阵地、长庆故事、长庆格言、长庆歌曲等内容的“磨刀石”文化体系，为“西部大庆”提供了强有力的文化支撑，先后获得“全国企业文化示范基地”、“全国企业文化建设10大典范组织”等荣誉称号。

“磨刀石”文化要在企业里有“魂”，在管理上有“行”，在基层有“根”。长庆油田组织开展了“理念实践”工作，

八年磨一剑，企业提倡的思维方式和做事方式，逐步融入员工队伍，融入基层管理和岗位工作，具体的思路和做法是：

**（一）把抽象的理念变成具体要求。**

理念体现企业顶层设计的思路和诉求，语言上精炼概括，具有抽象性和前瞻性。第一步工作是把抽象的理念变成具体的工作观念。我们首先删繁就简，从理念体系中提炼出5个基本要素：即标准、创新、学习、团队、和谐。这5个基本要素与企业理念的要求一脉相承，也是所有优秀企业必须具备的文化内涵。第二步，把5个要素阐释为更具体的工作观念。比如在“创新”要素中，我们阐释为“工作中点点滴滴的改进”，在“标准”要素里，我们提倡“尊崇标准+持续改进”才是完整的工作观，鼓励员工不满足现状，追求最佳的工作效果。通过这座桥梁，抽象的理念实现了第一次转化，变成了具体的工作观念。员工明白了：有这样的工作观念才是在践行公司理念。

**（二）用科学的工具实践工作观念。**

我们为5个工作观念引入了切实可行的工作方法。比如，在“学习”这个工作观念中，引入了施乐公司的LUTI学习模式。在“创新”工作观念中，我们提倡一点一滴的改进，并引入了戴明“PDCA循环工作法”，鼓励管理者和员工在日常工作中，大胆开展渐进式的创新，通过点点滴滴的改进累积产生质变。

采气一厂第一净化厂在推进理念实践过程中，注重培养员工遵照标准、改进标准的良好习惯。他们从已经推广应用的“六级巡检”基础工作入手，采用PDCA循环，动员全体员工广泛参与，讨论、修订6级巡检制度，与现场工作相验证，形成了新的巡检表。员工在使用新标准的过程中，陆续发现问题并进行了修订，直接把“改进建议”列入巡检表，把“持续改进”固化为制度，让6级巡检制度常用常新。这些科学的工具和方法，使抽象的理念实现了第二次转化，变成了具体的工作行为。让员工明白：运用这些方法改进工作，就是在实践公司理念。

**（三）从具体工作入手解决实际问题。**

在推行理念实践的过程中，我们遇到的最大难题仍然是观念转变。有的基层管理者认为，企业文化是党群工作，是书记的事，认为企业文化比较空泛，和油气生产不紧密。在引导各单位选择理念实践专题的过程中，我们始终把目光放在当前的工作中，从解决实际问题入手，选题要小要具体。

物资供应处在理念实践的过程中，报上来的选题总是太空太大，在选题现场交流中，大家发现了一个重要的问题线索：物资供应处咸阳转运站吞吐量成倍增长，员工工作量大，工作热情不高。为此，我们选定了“尊崇标准，持续改进”的专题实践。发动全站员工人人参与，结合岗位献言献策，终于找到了问题的症结。原来旧的标准强调个体岗位的职责全面性，忽视了各岗位协作配合的系统性，导致了作业前工作安排繁复费时，作业中岗位衔接配合不好。经过集思广益，最终把工作流程进行了简化提升。

**（四）在一点一滴中增强文化吸引力。**

检验企业文化建设的效果，关键看员工的行为变化。基层单位在实践的过程中，对理念实践方法和途径逐渐清晰，并从中受益，切实提升了管理水平和工作能力，他们认为这条路是正确的，理念实践的星星之火已成燎原之势，吸引力越来越大。

采油六厂杨四井区是长庆家园文化的示范点。他们始终把尊重和信任作为管理的基础，把真情和关爱当成交心的桥梁，注重激发每个员工的内在价值，点燃每个人爱家、为家的工作热情，从而使杨四从后进员工的“流放地”，变成了先进员工的“输出地”，从站长的“滑铁卢”，变成了优秀人才的“训练营”，各项工作走在了全厂前列。

华北油田员工以劳务承包的形式分批到长庆油田参与建设，分到杨四井区的58岁老员工李梦勋，吃不惯辣味重的陕北饭菜，井区书记就叮嘱灶上给老李单独做。老李无意间聊到家乡的饸饹面，没过几天站上就买来了饸饹床，让李师傅吃了个痛快。

人们发现，员工们人人遵守着一个“家规”，吃饭的时候，人不齐不动筷子，年长的先夹菜；员工倒休前都要问大家是否代买东西。站上年轻人不会打理菜园子，老师傅就把种菜的事揽了下来。在一次家庭故事会上，李师傅感慨地说：这里真的像个家，别人干一年就倒班回去，我要在长庆干到退休。

家园文化建设让管理者和员工受了益，即使人员有进有出，但这个管理“法宝”却传了下来。长庆油田坚持理念实践，形成了“理念+观念+工具”的有效方法，文化在行为习惯中生长积淀，“尊崇标准的工作文化、持续改进的创新文化、经验共享的学习文化、通力协作的团队文化、以人为本的和谐文化”在长庆家园扎根发芽、开花结果。

## 三、企业文化建设的几点认识

以大庆精神、铁人精神为代表的石油精神，在向现代企业发展过程中，要注入更多的现代工业精神，这些理念需要花费时间和精力融入到员工的行为中，才能造就真正的现代企业。

“理念实践”把文化建设的大命题细化为可操作的方法，把“做”的过程直指行为，人人认知，人人践行，坚持去做，就能培育出优秀的文化果实。

“理念实践”做法本身不仅在操作层面把理念融入具体工作中，更重要的是以此培育卓越的团队、优秀的员工，成就个人价值追求，实现企业发展愿景。

打造优秀企业文化，就是引导和帮助员工摒弃坏习惯，养成好习惯。除旧不易，立新更难，需要时间的积淀和实践的积累，才能形成条件反射和思维惯性，知行合一。

长庆的快速发展是在艰苦的自然环境和复杂的地质条件下，迎难而上、勇于创新的结果，是优秀的企业文化磨砺攻坚意志、培育创新品格、凝结管理特质、激发团队精神的结果。目前，中国石油正在组织开展“重塑形象”大讨论活动，长庆油田旗帜鲜明地提出，要像重视寻找地下资源一样重视企业形象建设。我们倡导员工是油田的形象代言人、团队是企业的形象窗口，通过塑造员工优秀的职业素养、基层优秀的管理风貌，为长庆油田形象添彩，为中国石油形象增辉，更要为中国能源安全做出新的更大的贡献。

（供稿人：刘治栋）

# “心力管理”是企业发展不竭的动力

## 江苏黑松林粘合剂厂有限公司

江苏黑松林粘合剂厂有限公司成立于1986年，坐落于江苏省泰兴市黄桥镇。是中国胶粘剂和胶粘带工业协会常务理事单位、全国胶粘剂标准化技术委员会委员单位和上海粘接技术协会主任单位，与多家世界500强企业合作，水基胶年生产能力达到3万吨以上，位居全国第6位。在“2014年全国企业家活动日暨中国企业家年会”上，作为中国化工企业的唯一代表，江苏黑松林粘合剂厂有限公司董事长、总经理刘鹏凯从国务委员王勇手中接过“全国优秀企业家”奖杯，中国企业联合会驻会副会长尹援平评价说：“刘鹏凯领导的黑松林规模不大，但他创立的‘心力管理’，大大提高了企业的软实力，展示了‘以软补硬’的神奇和精彩。”

### 一、“心力管理”思想的孕育

20世纪90年代后期，受经济不景气的影响，一些企业拖欠员工工资的现象非常严重，极大地挫伤了员工的积极性。黑松林发展之路如何走，如何改变原有管理模式并学会走新路？刘鹏凯设身处地地考虑员工的劳动艰辛程度和为企业创造的价值，努力寻找改变困境的良方。“心力管理”体系就是在这种困境中产生的。

### 二、“心力管理”的具体应用

刘鹏凯认为：“心力管理注重员工心智模式的培育，注重解决问题的思维方法的训练，一般需要经过3个过程。第一是认知阶段，让员工知道文化的重要，了解什么应该，什么不应该，什么是底线；第二是认识阶段，让员工从内心接受企业价值观，思想向企业靠拢；第三是认同阶段，当员工有了情感投入和体验感悟，就进入深刻的价值观认同，将思想转化为行动，继而由行动演化为习惯，并能够长期坚持。这就真正形成了企业的核心价值，有了企业的魂。

一个企业，只有员工的心智模式改善了，思考问题的角度改变了，才有可能从本质上学会如何面对工作中层出不穷的问题，以及从源头上去思考解决问题的办法，由内而外地改变行为模式，提高解决问题的能力，实现‘人本’到‘心本’，从‘心本’到‘心力’的飞跃，随着实践的发展而发展，逐渐形成了丰富多彩的管理艺术。”

“心力管理”是以“心力开发为核心，细节管理为手段，文化管理为归宿，和谐管理为灵魂”的文化管理模式，其精髓是“用心管理，管到心里”，归结为“知心、聚心、塑心”三个维度。

**（一）知心维度：把握人性特点，关注员工需求。**

了解员工心思。企业与员工的关系不仅仅是经济雇佣关系，企业与员工不但要有经济契约，还要有心灵契约。可人的内心世界充满了神奇和不可琢磨，了解人心是几千年来人们的共同追求。黑松林要求管理者在工作和生活中要了解员工的物质和精神需求、行为习惯和思维方式以及理想追求等，把握人心特点，与员工做知心朋友。

搭建沟通平台。黑松林通过设立员工情绪气象台、记载员工工作日记等沟通平台，了解员工生活和工作中的所思所想，密切把握员工的思想动态和各种需求。员工情绪气象台共分红、黄、绿3种状态，红代表情绪非常差，黄次之，绿表示心情愉悦。公司规定员工每天上班后或者下班前，将自己的情绪用相应的色块在情绪气象台上表示出来。公司管理者通过情绪气象台掌握员工的精神状态，用个别谈心、表扬乃至批评的方式予以开导、解释，直至释怀。

记载工作日记是黑松林员工在下班前必须完成的工作，工作日记除了记载一天的工作内容外，还专门设计了一个“沟通”栏目，员工可以把自己的意见和建议写下来，管理者在批阅工作日记时有针对性地加以处理。

态度真诚平等。黑松林要求管理者与员工沟通时必须真诚平等。

真诚：发自真心，诚心诚意。只有心怀真诚去对待别人的时候，别人才会同样以真诚的心与你交流。

平等：身份不同，态度平等。作为企业负责人，特别是老板，很容易在沟通中居高临下，造成沟通障碍，只有心态平和、态度平等，才能够与员工畅通地无阻沟通。

完善规章制度。为了及时、正确帮助员工解决实际问题，对提出的建议和要求做出积极的回应和思考，保持管理人员与员工同心同德，同心同向，黑松林出台了《情绪气象台实施细则》、《工作日记考核办法》、《建议、意见奖励办法》等管理制度，对员工表现出来的情绪、工作中的建议、意见以及各种需求处置做出了明确的要求，对于有利于企业发展的建议和意见出台了奖励标准。

**（二）聚心工程：真心实意关爱员工，上下同欲发展企业。**

黑松林通过物质聚心、情感聚心和理性聚心的方式，把员工的心凝聚在企业与员工共同发展的双赢目标和“中国胶粘剂的绿洲有一片黑松林”的企业愿景上。

物质聚心。我的工作是你的，你的生活是我的，黑松林时刻将员工的生活放在心上。每年9月，黑松林员工的子女按从幼儿园到大学不同级别享受100-500元不等的助学金；黑松林推出“双周工资制”和“双薪工资制”模式，一线员工两周发一次工资，管理者和特岗人员工资是一般员工的两倍。黑松林出台“5年内员工工资每年递增不低于15%”的承诺，让员工清楚地看到自己在企业中的发展前景。

在年度基薪保障性调整的基础上，黑松林还实施了“123

员工关爱计划”，即每个月给员工10斤食用油、20斤大米、30个鸡蛋的实物补助，平抑物价上涨带来的影响；同时设立了员工洗衣房，解决员工后顾之忧；出台了弹性退休、员工子女入学每年补助等一系列关爱计划，将“心力管理”落到了实处。

精神聚心。黑松林着力培育一种和谐大家庭的氛围，用爱播种，让员工心灵愉悦，培育了员工一种身在企业就是在家的归属感。在国家未出台清明、中秋为法定节假日之前，黑松林就规定包括冬至、中元节等中国传统节日为特定假日。员工买了摩托车，黑松林总要送上一顶头盔，关照员工要注意驾驶安全。母亲节、父亲节给员工放假，让他们回家孝敬父母。设立洗衣房，安排人兼职为员工清洗工作服。实行弹性退休制度，员工退休后可在企业同酬工作。营销员、驾驶员一个月只要出差满18天，每天就可享受到5元钱的家属津贴。

物质聚心使员工与企业利益共享，情感聚心营造和谐的“家”的氛围，黑松林从事业上关心员工，帮助他们在政治上进步，道德上提升，技能上提高。在日常工作中，黑松林提出“人人都是管理者，人人都是责任者，人人都是主人翁”的管理目标，让员工参与企业管理，提升员工的认知水平和管理能力。

**（三）塑心工程：打造优秀员工队伍，夯实企业百年基业。**

以文化人，即塑心，是企业文化的最重要的功能。黑松林用企业独有的价值观、传统和风俗，塑造出员工的进取之心、友爱之心、敬业之心、奉献之心，通过示范、纠错、灌输、自净和养成等5种方法，帮助员工改变自我，培养良好的思维方式、行为习惯和精神理念，从而培养出志向远大、境界高尚、技术精湛的优秀员工。

示范法。在黑松林，企业文化的倡导者和塑造员工灵魂的操盘手是企业家，是企业的主要领导者。企业家倡导任何精神、理念或行为，都不能光说不做，或者我说你做，必须身先士卒，率先示范，才有说服力和感召力。

纠错法。人非圣贤，孰能无过？但作为一家企业，必须有一个纠错机制。企业的制度、标准、规范，就是一把把纠错的标尺。从文化建设来讲，只有制度这把标尺是远远不够的，必须加上价值观这把标尺。黑松林的管理者在纠错过程中，有意识让员工认识、理解和认同企业的价值观，改变自己的不当行为和不当思想。

灌输法。企业文化是企业家价值观的群体化，企业家和企业的主要领导者有一个不可推卸的职责——向员工宣传和灌输自己的理想、信念和企业价值观。在黑松林，企业的老总虽然既是裁判又是教练，但更多的事是教练。因为当裁判比较省事，在赛场上只要裁定比赛双方是否违反比赛规则就可以了，而教练则不同，不仅要考虑如何运用比赛规则，更多的要考虑如何帮助自己的队员，安排战术，夺取胜利。

自净法。按照儒家的说法，人之初，性本善。与生俱来的良知、良能，是人们成长的基础。领导者要充分看到员工身上的积极因素，鼓励他们自省、自律，把不正确的行为和思想，扼杀在萌芽中。在黑松林，这种自净法，是最积极、最有效的塑心方法。

养成法。养成法的前提是群体规范和群体压力，组织成员在从众心理的驱使下，不知不觉地改变自己不良行为和不良思想，养成新的行为和思想方式，久而久之，成长为企业的模范成员。在黑松林，领导干部率先示范像是一只无形的手，推着员工自觉前行。

### 三、“心力管理”的实施效果

“心力管理”的有效实施，使黑松林员工满意度逐年上升，员工幸福指数普遍提升。同时，员工队伍健康成长，支撑企业快速发展，黑松林现在拥有中高级职称工程技术人员4名，具有大专以上学历的员工占员工总数的38.46%。高素质的员工队伍保证了企业经济指标呈现出良好的上升态势，2015年实现了人均销售100万元以上的营销业绩，公司成长为中国胶粘剂行业的明星企业。

## 探索中国石油国际化运营模式的新途径

中国石油海外勘探开发公司

中国石油海外勘探开发公司是中国石油天然气集团公司所属专业分公司，负责中国石油海外油气勘探开发等工作，在全球近30个国家和地区，参与运作和管理着近百项合作开发项目。20多年来，中国石油海外勘探开发公司面对差异巨大的多元文化环境和纷繁复杂的国际合作环境，坚持弘扬中国石油传统文化，严格遵循国际油气合作工作，积极培育和构建合作各方共同认同的合作共赢文化和具有中国石油特色的国际化运营模式，进行了扎实有益的探索。

### 一、发挥中国石油传统文化，引领海外业务快速发展。

追求和谐、友善、包容是中国文化的精髓，深深植根于中国传统文化的中国石油文化在半个多世纪的发展中形成了以“爱国、创业、求实、奉献”为核心的大庆精神、铁人精神。激励着一代又一代石油人为中国石油工业的发展壮大拼搏奉献，激励着中国石油海外员工告别亲人和故土，远赴异国他乡建功立业，在竞争激烈的国际油气市场上创造了令世人瞩目的发展成就，实现了中国石油国际化发展的历史跨越。海外油气合作的新环境中，我们将中华文化的精髓和中国石油传统文化融入国际油气业务中。一方面展现中华文化的包容性凝聚力，另一方面以中国石油企业文化核心理念为基础，吸收国外优秀文化和管理经验，创新企业文化建设的方式方法，实施跨文化管理，构建了以中华文化和中国石油传统文化为基础的海外特色企业文化，使之绽放出独特的光彩。

实施走出去战略早期，在缺乏经验，没有任何可供借鉴和依托的海外市场，面对截然不同的文化环境，公司依靠大力弘扬中华传统文化和以大庆精神、铁人精神为核心的中国石油企业文化，发扬中国石油人艰苦奋斗的优良传统和作风，从小项目起步边学习、边探索、边实践，在资源国社会环境复杂、安全风险突出、作业环境艰苦的条件下攻坚克难，顽强拼搏，成功运作了秘鲁、苏丹、哈萨克斯坦、委内瑞拉项目，为后来海外业务的大发展奠定了坚实的基础，也为公司进行跨文化管理进行了有益的探索。在进一步提升跨文化管理的能力，形成富有自身特色的海外企业文化方面，在充分认识自身文化优势的基础上学习和研究当地民族文化及自然和人文文化，通过历史和现实的对比寻找中外文化的差异及各方文化的相近点和结合点，最终确立了能够为各方所接受和认同的价值追求，这就是“国家的富强、部族的繁荣、民众的幸福”。基于这个价值追求，制定了海外企业行为准则和中外籍员工行为规范，通过反复宣传、培训和日常行为考核，使其入脑入心入行，成为企业和员工的自觉行为固化于日常工作之中，通过上述工作及配套的制度建设，完成了跨文化建设的顶层设计，即在文化落地方式方法上探索，勾画出了与企业发展目标相配套的“走出去、走进去、走上去”的文化建设路径。

跨文化管理实践中，公司外派的中方员工肩负着更大的责任和使命。在分布于 30 多个国家的 5.6 万名中外员工中，公司直接外派的中石油员工仅占 8%，为发挥这些员工在跨文化建设中引领作用和带动作用，我们坚持传承和弘扬大庆精神、铁人精神，并在国际化经营环境中不断赋予新的内涵，坚持用大庆精神、铁人精神育人，建设铁人式的海外员工队伍，教育引导海外员工牢固树立责任意识和大局意识，在海外队伍中营造爱国奉献、忠诚奉献的群体意识，打造特别能吃苦、特别能战斗、特别能奉献、特别能胜任的海外员工队伍，鼓励员工在海外特殊环境下以实际行动为国争光，为中国石油争荣。

为实现文化与业务的融合，我们借助企业文化建设的平台，坚持把大庆精神、铁人精神融入海外生产经营的各方面，贯穿于海外业务发展的全过程，筑牢爱国奉献的精神基础，始终在海外唱响“我为祖国献石油”的主旋律。广大海外员工以保障国家能源安全为己任，以“绿色发展、奉献清洁能源”为宗旨，努力发挥中国石油传统文化优势，将企业文化融入业务发展全过程。通过文化建设和跨文化管理提升企业核心竞争力，促进海外业务科学发展、健康发展、可持续发展。通过员工日常行为向资源国、合作伙伴及周边社区民众展示中国石油人积极健康向上的精神风貌，让外方员工在参与项目管理和生产的过程中感受中国石油人的进取意识和奉献精神，潜移默化的了解公司的企业文化，逐步实现了他们对公司文化由陌生到熟悉再到认同与融合的转变。在大庆精神、铁人精神的鼓舞和感召下，海外石油人把自己的青春年华和聪明才智奉献给海外石油事业，在国际舞台上创造一流业绩，谱写精彩人生，取得了令人瞩目的发展成就，树立了中国石油良好的品牌形象。“十一五”以来海外油气当量负荷增长率达到 9.6%，远远领先国际同行的发展速度。

## 二、遵循国际规则和行业规范，实现海外项目高效发展

中国石油的国际化特色是在发挥自身文化优势，确立中外方共同的价值追求和行为准则的基础上严格遵从国际油气规则，建立起针对不同合同类型、不同发展阶段、不同作业方式的公司治理机制、运营规则和利益保障体系，实现了在资源国的立足和发展。基本发展模式是国际规则加中方管理加本土化立足，信守合同、依法经营是中国石油在国际化竞争中遵循国际竞争的刚性要求，也是海外创业发展始终遵循的重要法则和国际化运营取得成功的基本前提。公司海外油气项目的合同类型包括产品分成、风险服务、公司制等主流合同及各种衍生类型，几乎涵盖了国际油气合作的所有形式，合同一经签署就将提升为项目宪法，不折不扣组织执行。本着平等互利，相互尊重，相互信任的原则，履行合同业务和责任，用诚意、技术和实力赢得了资源国政府和合作伙伴的信赖和认同。我们组织中方员工学习石油合同和所在国的相关法律法规，不断增强法制观念和法律意识，提高信守合同、依法经营的自觉性，使其成为公司和员工的自觉行为。通过加强合同和信用管理，强化合同自律行为，完善合同管理制度，在海外项目所在地努力营造依法经营、诚实守信的良好信誉环境，形成恪守国际规范、追求专业专注，崇尚和谐共赢的行为准则。

重视安全、绿色发展是中国石油海外经营中坚持的发展理念，当今世界绿色发展、安全发展已经成为经济全球化浪潮中倡导的主流发展趋势，许多国家把这一目标作为推动经济转型的驱动力。在海外油气合作中我们十分重视环境保护和生态平衡，并作为实现项目可持续发展的重要支柱和发展模式，把实现经济、社会和环境的和谐发展列为海外业务发展的重要指标，努力实现经营过程和结果的绿色化。

公司坚持以人为本的发展理念，不断完善健康、安全、安保和环境，即 HHSE 管理体系，把关爱生命、防控风险的 HHSE 体系贯穿于合作全过程。通过学习和吸收国际一流公司 HHSE 管理的先进经验，配合各合作伙伴的成功实践，建立起科学规范的管理体系，特别是将尊重生命、关爱健康作为国际化经营的基本理念融入制度建设当中，把健康、安全、环保要求纳入对项目的业绩考核，把安全生产政策法规和知识学习纳入对干部员工的教育培训计划，建立起了一地、一企、一情的 HHSE 的监督保障和防控机制。在多元文化的合作环境中培育出了具有中国石油特色的海外社会安全和 HHSE 管理文化，取得了良好的发展业绩，极大的提升了中国石油的国际知名度和美誉度。

## 三、构建合作共赢文化，实现海外业务长远发展

中国石油海外业务不仅仅是跨国商业行为，还担负着一定的社会责任和义务，怀抱着远大的价值目标。在非洲，我们为苏丹、尼日尔等国建立起了从油气勘探开发、管道运输到炼油化工和油品销售为一体的上中下游完整石油工业产业链，成为这些国家的支柱产业，仅哈萨克斯坦项目就为

当地创造就业机会两万多个，上缴税金占当地的70%。哈萨克斯坦总统称赞该项目是中哈经济合作的典范，亲自授予该公司最佳社会贡献总统奖。公司各海外项目公司已累计培养当地员工4万多人，在中国国内高等院校为资源国培养留学生650多人；中国石油海外油气业务员工本地化率一直保持在90%以上，在带动资源国经济发展的同时，还通过捐助农业、交通、文化、教育等公益事业，造福当地社区和民众，受益人数达上百万人，既赢得了资源国民众的普遍认可和支持，也为公司立足当地长远发展奠定了坚实的基础。

在合作共赢文化引领下，公司始终坚持效益核心理念，注重顶层设计与战略布局，充分发挥中国石油综合一体化优势，持续优化海外业务管控模式，通过寻找差异化突破口，发挥比较优势，培育核心竞争能力，打造具有全球视野，熟悉国际规则和行业惯例，善于驾驭复杂环境的人才队伍，把握符合企业风险偏好的投资机会，通过有效手段防控与化解风险。坚持互利共赢、合作发展，最终成为受东道国、政府及国际同行信赖和尊重的合作伙伴。在通过油气合作，推动资源国实现国家富强、部族繁荣、民众幸福这个共同价值目标的同时，也为保障我国油气供给安全发挥了重要的作用。

（本文摘自《中国企业文化》）

# 企业文化评价体系的构建与完善

中国石油吉林石化公司

吉化是国家“一五”期间兴建的以“三大化”为标志的第一个大型化学工业基地。经过60年的发展建设，已发展成为拥有原油加工能力、乙烯生产能力的大型炼化一体化企业。60多年来，吉化出产品、出技术、出人才、出经验，创造了享誉全国的吉化精神和吉化作风。周恩来、朱德、邓小平等80多位党和国家领导人先后视察吉化，对吉化为国家所做出的贡献给予了充分肯定。吉化公司继承和发扬“大庆精神”、“铁人精神”，构建了以中国石油文化为根，吉化优良传统和作风为干，基层文化建设为枝，全员素质提高为叶，吉化“背山精神”、“麻袋毛精神”、“矛盾乐精神”、“登天精神”为主要内容的核心理念体系，以“严细实快”作风为统领的基础应用理念体系。

## 一、构建基层文化建设评价体系

### （一）2010版企业文化评价体系。

2010版企业文化评价体系是公司初建时的试行版的文化尝试性评价体系。具体工作有问卷调查、访谈测试、现场调研、评价报告及反馈意见等环节。问卷调查由5个部分组成：一是“企业精神和理念”，评估检查员工对公司现行企业精神、理念的掌握、认可程度；二是“对公司现行企业文化评价”，评估检验员工对公司文化现状的认知情况；三是“对本单位企业文化评价”，评估检验员工对本单位企业文化现状的了解和认知程度；四是“个人价值观评价”，了解检验员工个人的价值观和人生观；五是“对企业文化建设的建议”。

现场调研主要是对硬件部分和基础工作进行调研。访谈测试主要是对员工随机抽样调查，了解员工对企业文化内容的了解和认知情况。公司制订了《企业文化建设评价标准》，用于现场调研和访谈测试。《评价标准》分为内容维度、组织维度、途径（载体）维度、方法维度4个方面。每个维度下有5项具体考核打分标准，满分合计100分。根据对各单位的现场调研、访谈测试和问卷调查，得出体系评价结果，形成各单位定性和定量相结合的《企业文化评价报告》，反馈给基层单位，限期整改。这套评价体系的特点：一是以推进工作为目的，二是直接与基层员工沟通交流，三是具有传播性与指导性，四是体系“可实施、可控制、可检测、可改进”。

### （二）2014版企业文化评价体系。

2014版评价体系具有独创意义的是，借鉴和运用PDCA循环管理的思想，创新了企业文化评价体系的滚动提升。通过每年建立新的指标体系，以指标体系的滚动提升，达到了推动企业文化建设上水平的目标。在评价方式上，企业文化建设评价工作按照“分级实施、同步推进、整体提升”原则进行。“分级实施”就是对上年度进入成熟阶段的单位按新的企业文化建设评价体系开展工作；对未进入成熟阶段的单位，先要按照上年度的评价体系进行评价。

“同步推进”就是对两个层次的单位同步开展评价工作。“整体提升”就是要通过开展企业文化建设评价工作，把各单位的企业文化建设水平全面提升到一个新的水平。在评价体系上，每年度新的《评价标准》和《调查问卷》中，访谈和调查内容更加深入，评价标准有了新的提高，考察范围更加广泛。《调查问卷》内容增加了对企业精神、理念落地情况及各单位特色文化建设情况和企业文化环境的调查。《评价标准》紧紧围绕企业中心工作，突出了企业文化建设“齐抓共管”的工作原则，考核内容更加全面。

2014版企业文化评价标准由5个模块组成：一是人气指数模块，包括员工对领导班子的信任度和满意度、员工需求满意度、员工信仰和价值取向等。二是素质指数模块，包括领导班子素质、党员队伍素质、员工队伍素质、“双五”工程建设、市级以上荣誉等。三是环境指数模块，包括企业形象建设、企业环保管理、企业现场管理、企业综合治理等。四是发展指数模块，包括技术创新、用户满意度、发展规划等。五是文化基础指数模块，包括企业文化基础工作、主要领导践行企业文化情况、企业精神教育设施、文化宣传教育情况、企业文化建设途径。

### （三）2015版企业文化评价体系。

根据国资委、中国石油和中国化工政研会下发的《关于企业文化体系评价》的文件要求，公司对企业文化体系进行了完善和修订，在保留好的工作方法的基础上，与国资委对中央企业的要求相对接，进一步规范基层企业文化建设工作，提升建设水平。

一是完善了指标体系。把对指标体系中人气指数、素质指数、环境指数、发展指数、文化基础指数5个模块，重新划分成企业文化建设工作评价指标体系、企业文化建设状况评价指标体系和企业文化建设效果评价指标体系3个部分。工作评价指标体系包括组织保障、载体支撑、考核评价与激励措施3项内容。状况评价指标体系包括精神文化、制度文化、物质文化3项内容。效果评价指标体系包括企业凝聚力、执行力、生产经营、企业形象4项内容。企业文化建设评价的基本方法仍然是查阅资料、座谈、访谈、实地考察和问卷调查。在计分方法上，采取直接量化打分和定性评价结果量化打分。直接量化打分是对可量化的指标，通过查阅资料、座谈、访谈和实地考察等方法，直接进行评判打分。定性评价结果量化打分是对不能量化的指标，通过问卷调查等方法，进行定性评价并将评价结果予以量化打分。

二是完善了考核评价方式与程序。把过去完全由公司组织考核评价变为基层自评和公司测评相结合的方式。基层自评每年第一季度向公司企业文化处报送上年度自评报告。自评工作由基层的企业文化主管部门组织实施。公司测评由公司企业文化处统一组织，参加人员除企业文化处人员外，还包括基层单位的企业文化管理骨干。在对各单位自评情况进行审核的基础上，每年确定部分基层单位，组织对企业文化建设进行评价。评价结果通过评价过程与各单位进行交流，现场给予指导，重点问题限定时间要求整改。

## 二、构建基层文化建设推进机制

围绕企业文化评价体系的运行，针对基层文化建设中存在的问题，构建了企业文化建设“年初体系评价，年中示范推进，年末评先选优”的“三段式”滚动提升机制，形成全年工作的闭环管理。这个推进机制是对企业文化评价体系的延伸。推进机制要求各基层单位通过示范带动、评先选优，使评价体系真正发挥作用，推进企业精神和理念落地生根，促进了基层文化建设上台阶。

**（一）年初体系评价，找准差距问题。**

借鉴和运用体系管理思想，推动企业文化建设推进方法有效提升。通过对多种企业文化建设评价模型进行比较，设计出适合公司基层企业文化建设的评价体系。把各单位按成熟阶段、上升阶段、认知阶段进行分类，规范工作内容，进行面对面的指导，帮助基层单位查找问题、进行整改。特别是针对一些单位在企业文化建设上存在的与中国石油、吉林石化公司企业文化核心要素不一致，企业文化体系不规范，员工对企业文化内容不认同等问题进行了认真整改。

**（二）示范推进，对照样板学习。**

借鉴运用对标管理思想，推动企业文化建设标准持续提升。适时组织多种推进活动，推出先进典型，推广优秀经验，推介工作方法，推动基层企业文化建设深入开展。举办企业文化大讲堂，邀请专家讲课，展示班组文化建设案例，由专家现场点评，明确企业文化建设应该“做什么”“怎样做”。

## 三、企业文化体系评价工作的特色做法

一是注重问题导向、弱化分数导向，形成体系评价重在解决问题、提升建设水平的观念。在建立评价体系时强调，企业文化评价体系主要是为了解决问题、推进工作，设立分数而不是强调分数，对某项工作、某项评价内容不因分数设置、权重大小而花费精力。

二是把评价的立足点放在基层，形成了公司文化与基层文化既高度统一又特色纷呈的局面。企业文化评价的目标是基层单位，而不是公司整体，通过基层单位的文化提升来促进整体文化水平的提升。强调基层单位对中国石油和吉林石化公司文化理念体系的承接性，要求基层的文化要与公司的理念体系高度统一，做出基层的特色文化。

三是工作流程删繁就简便于操作，形成了企业文化评价工作实事求是、不走形式的氛围。每年对企业文化评价体系进行维护，通过上年度的具体操作，征求基层单位的意见和建议，把不必要的内容和重复评价的内容删掉，使体系更加高效、更具有操作性。突出年度评价重点，与全年企业文化建设任务的一致性，起到体系评价与年度工作衔接不脱节的效果，防止上下工作不匹配、评价走过场。

四是把你问我答的访谈变成相互交流的座谈，形成释疑解惑、面对面指导的机制。把访谈变成座谈，把要访谈的问题设置在座谈话题中，使座谈的气氛活跃起来，员工们也愿意把自己的想法说出来了。

企业文化评价体系充分发挥了推进基层文化建设的作用，使企业精神、理念等在基层真正做到落地生根，使公司、工厂、车间、班组的文化建设上下承接，一条主线层层贯穿，做到“一个车间一个品牌，一个班组一个特色，一个岗位一个亮点”，实现了企业文化在统一框架下百花齐放。

（本文摘自《中国企业文化》）

# 以文化力量推动企业可持续发展

中国石油大港石化公司

近年来，大港石化公司秉承中国石油“爱国、创业、求实、奉献”的企业精神和“奉献能源、创造和谐”的企业宗旨，在弘扬大庆精神、铁人精神的基础上，大力加强企业文化建设，探索企业文化在凝聚员工队伍、提升企业竞争力等方面的作用，有力地促进了公司可持续发展目标的实现。

## 一、完善机制，培育企业核心价值体系

一直以来，公司始终把企业文化建设作为企业发展的重大战略任务来思考和推进。在企业十一五、十二五、十三五发展规划中，都把企业文化建设作为重要内容进行阐述。实际工作中，公司通过完善机制、落实责任等举措，努力培育企业核心价值体系。首先明确了企业文化与生产经营同研究、同部署、同落实、同奖惩的工作机制，并将其纳入了企

业管理考核体系，以考核促建设、以责任促落实。其次，积极推进企业文化的建立与维护。2003年公司根据《中国石油天然气集团公司企业文化建设纲要》的要求，在借鉴国内外成功企业经验的基础上，结合实际制定了《大港石化公司企业文化建设规划》，明确了公司企业文化建设的指导思想、基本原则、总目标和总任务，分步骤具体实施。通过学习、宣贯和总结提炼，2006年在继承和创新的基础上，编写了公司第一版《企业文化手册》，对公司的核心经营理念、管理理念、安全理念、发展理念、企业精神、企业宗旨、团队精神、核心价值观、人才价值观、企业形象、员工形象、企业作风、员工守则做出了具体描述。2015年，公司在第一版企业文化手册理念的基础上，进一步发掘汲取公司50年发展历程中积淀的优秀企业精神，总结提炼广大员工在公司改革发展、生产经营、安全环保、队伍建设、党建工作中所展现的精神追求，最终完成了公司新版企业文化理念体系的梳理，编印了新版《企业文化手册》。第三，大力开展企业文化宣贯工作。公司多次举办企业文化知识讲座，在全体员工中开展了"企业文化知识问答"、"企业文化大家谈"、"企业文化故事征集"等活动，通过网络、报刊等媒体对公司企业文化理念进行解读。各种宣传工作的开展，使员工对公司的企业文化有深入的了解，加深了对公司企业文化理念的认同，在推动企业文化建设的同时，促进了企业核心价值体系的建立。第四，以读书活动陶冶情操。在员工价值观培育过程中，公司党委高度重视优秀书籍对人的教育启迪作用，积极倡导"读书是一种修养，读书是一种生活方式"理念，开展了一系列读书活动，通过多种宣传渠道设立读书栏目，交流心得体会。活动开展以来党员及管理干部共推荐好书300多本，征集读书心得460篇，并将这些心得编辑成册，极大地推动了学习型组织建设。

## 二、创新载体，强化思想文化引领

公司党委将大庆精神铁人精神再学习再教育活动作为重要抓手，不断创新载体，丰富发展体现时代特征、具有大港石化特色的企业文化，发挥思想文化的引领作用。2011年组织开展了"我身边的大庆精神"学习教育活动，通过对大庆精神践行者们严细认真的工作态度和无私奉献的精神风貌的宣扬，鼓舞激发了广大员工的工作热情。2012年组织开展了"感动大港石化人物"评选活动，评选出5位艰苦奋斗、自强不息、无私奉献、品行高尚的员工，倡导了文明新风尚。2013年组织开展了"我与企业的价值观"大讨论活动，在广大员工中形成了"与企业同谋生存，共创价值，合力发展"的思想共识。2014年公司邀请天津市劳模事迹报告团走进公司，对全国劳动模范孔祥瑞、付玉玲，全国五一劳动奖章获得者徐文华的先进事迹进行宣讲，弘扬了劳模精神、劳动精神。2015年召开了劳模事迹宣讲会，全国劳动模范孙国强、天津市劳动模范王峰、集团公司劳动模范陈军舰、天津市五一劳动奖章获得者张爱红、陶新建、刘工、马从照等七位先进典型讲述了他们脚踏实地、履职尽责、无私奉献的感人事迹，给广大员工以极大的精神鼓舞。2016年公司组织开展了石油精神传承者大港石化公司形象大使评选活动，树立标杆，成风化人，用可信、可敬、可学的身边典型推动"石油精神"的传承，使践行企业文化理念成为干部员工的思想共识和行动自觉，凝聚干事创业的精神力量。

公司在传承石油传统文化的同时，也注重对自身文化的提炼和创新。其中"精制精神"的挖掘提炼是公司文化创新的典范。精制车间（1970年—2007年）曾是公司的标杆车间，在经营管理方面有突出的成就，为公司积累了宝贵的经验和精神财富。公司通过在网络、报纸开辟"精制精神大家谈"活动专栏，编印《说说精制的故事》一书，通过写读后感、开座谈会等形式，总结提炼"以人为本、领导带头"的精制精神，宣传弘扬身边的"大庆精神铁人精神"，使其成为大港石化人独特的精神财富。

## 三、融入中心，提升企业竞争实力

企业管理的最高层次是实现文化管理。公司通过强化企业文化在企业管理中的地位和作用，使企业文化与安全生产、环境保护等有机结合，将企业文化理念融入到各项管理制度、行为规范和操作规程，渗透到生产经营管理的各个环节，实现文化理念与制度体系的有效对接，促进了企业整体实力的不断提升。尤其在安全环保工作中，公司多年来全面贯彻"安全第一，预防为主"的安全生产方针，积极宣传"成在全体、败在一人"的安全理念，坚持把本质安全贯穿于安全管理全过程，建立起由人员、设备和管理三要素构成的安全生产保证体系和应急应变预防系统，夯实安全生产基础，实现对事故的超前控制和零伤亡目标。通过签订"安全承诺书"、举办安全知识竞赛等形式，大力宣传HSE"有感领导、直线责任和属地管理"等理念，唱响安全发展主旋律，全面推进企业安全文化建设。同时，公司加大对环保设施的投入，狠抓源头治理工作，环保工作水平得到极大提升。公司组织的以"守渤海碧水 护津门蓝天"为主题的"奉献清洁能源建设绿色石化"开放日活动中，国家环保部、天津市政府有关部门人员，10余家中央及地方媒体，天津市党代表、人大代表、居民代表共计150余人走进装置生产现场，感受企业绿色发展成果，公司现场标准化建设和VOC达标排放等工作得到大家的认可，人民网、新华网、光明网、央广网等媒体进行了专题报道。

## 四、搭建平台，树立企业良好形象

在企业文化建设过程中，公司注重搭建平台，拓宽媒体宣传渠道，打造特色文体活动品牌，对外树立了良好的企业形象。公司通过开辟"网络、电视、报刊"以及主流媒体平台，加大企业文化理念宣贯力度，突出一线典型先进事迹宣传，培育员工爱岗敬业、拼搏奉献精神。并不断结合公司宣传需要，借助新媒体技术，努力构建立体化宣传平台。公司还开通了微信公众号"大港石化心力量"、"青春启航"以及"党员学习微信平台”等，组织人员编写、发布公司动态，充分利用新媒体宣传先进典型，开展教育培训，倡导主流价值。

公司以“抓活动、出精品、参赛事、树形象”为原则，打造了布贴画、摄影、舞蹈、书法、羽毛球、长跑等特色品牌。布贴画“芳草工作室”累计创作《牡丹图》、《硕果累累》等千余幅作品，被列为滨海新区区级非物质文化遗产项目，在国家级艺术殿堂中国文联大厦展出，目前公司正在建设布贴画展览室。近三年来，参加了全国石油职工艺术节、全国“铁人三项”锦标赛和石油系统第四届运动会等文体赛事30余项，多次获得奖项。这些个性鲜明、具有浓厚石化特色的文体节目大大提升了大港石化公司的知名度和影响力，在丰富员工业余生活的同时也促进了员工的身心健康。

思想文化的强健助推了大港石化公司的可持续发展，为公司各项事业的推进提供了强大的精神动力。公司2013年被授予全国五一劳动奖状，连续8年被中油集团公司评为安全、环保双先进，先后被评为全国“企业文化建设优秀单位”、“企业文化顶层设计与基层践行优秀单位”。

# 培育特色企业文化　推动企业成功转型

## 新疆油田公司采气一厂

新疆油田公司采气一厂是新疆油田公司首个专业化采气厂和储气库管理单位。采气一厂根据业务转型的客观需要，建设特色采气文化，更好地展示了新疆油田公司天然气事业发展的良好形象。针对企业转型中出现的新情况、新问题，厂党委审时度势，从员工最根本利益出发，从解决思想根源入手，逐步建立自己的企业文化，确保采气一厂各项业务的建立和良性开展。

### 以观念引导人，推广“四个快速转变”的文化理念

采气一厂有47年的原油开发历史，受传统观念影响，很多人对主营业务转型格局变迁的把握不够全面，工作中存在着因循守旧的现象，不能够与天然气跨越式发展的步伐相一致，严重影响了企业的发展，对企业成功转型形成较大的制约。因此，引导员工转变观念是转型文化建设的第一要务。

大力推广“四个快速转变”的发展理念，即观念快速转变、员工快速转行、工作快速转轨、业务快速转型，明确使其成为油气转型期间引领员工思想和行动的精神旗帜。同时，与思想政治工作紧密结合，发挥思想宣传的优势，发挥党员队伍的优势，发挥工青妇团组织的优势，加强转型文化的宣传教育，引导和改变员工观念滞后的状态。

随着这一观念的不断宣传推广，理念逐步渗透到全员、全过程，逐步成为转型期间的思想基础，在这个理念指导下，全厂从制度设计、科研定位、员工转岗等方面做了大量基础工作。

### 以制度规范人，建立标准规范的管理文化

转型文化的建设就是一种发展氛围的营造，其引领作用只有在一定的制度保证下才能充分彰显和释放出来，员工的行为规范也只有在具体的制度保证下才能充分表达和体现出来。

因此，采气一厂始终坚持把文化建设融于企业的各项管理制度之中，在工作程序、工作方法中，使员工的行为有相应的规范可以遵循。制订了HSE管理体系，管理制度大全、业绩考核办法三大制度体系，以科学的制度规范企业和员工行为，以有效的制度创新推动企业管理升级，使转型文化真正落实成为企业和员工的自觉行为。

采气一厂制度文化建设的核心就是按照《天然气开发管理纲要》要求，启动并推进对标管理，按照“建标、定标、达标和创标”4个环节，认真分析查找制约厂高效运行的关键点，并有针对性地加以改进。同时，适当提高奖惩制度的力度，编制完成《新疆油田公司采气工员工培训教材》、《采气一厂企业文化手册》等。

### 以活动带动人，建立具有特色的品牌文化

采气一厂始终把完善采气文化建设作为提升核心竞争力的重要途径，构建了“价值引导、教育示范、站队文化”3大文化体系。与院校合作出台了《采气一厂企业文化发展规划》，编制完成了《采气一厂企业文化手册》，构建了以“新疆采气，争气增气”为核心，以崇廉尚勤、同干采气事、同是一家人、我与气田共成长等14个子文化理念体系，形成了引领发展的价值标杆和精神旗帜。

建成集团公司企业精神教育基地克75厂史陈列馆，制作企业文化宣传片《气贯长虹》，出版企业文化丛书《清风拂面》等9本和摄影作品集《走过青春的记忆》，继续强化采气风景线、廉洁教育基地、文艺小分队等为代表的文化品牌，使文化形象特征鲜明。通过开展“油城艺海”、“文化下基层”等活动，丰富了员工的精神文化生活。采气一厂报送的小品《采气人的妻》喜获第六届中国石油员工艺术节比赛铜奖，原创作品《西游外传》荣获自治区“微艺术、大法纪”文化作品创作征集二等奖。

大力倡导站队文化建设，引导员工以站为家、爱厂如家，涌现出了克拉美丽气田“艰苦奋斗、舍我其谁”、玛河气田“气贯长河、一马当先”、采气队命名班组于德江站等基层文化示范点。

强势对外宣传，展示形象，打造精品。树立“上大报、攻头条、出精品”的外宣理念，拓展主流媒体渠道，加大编报投送力度。在中国新闻社、石油商报、天山网等外界媒体累计上稿达千余篇，对外展现了气田保供、和谐创建、跨越发展的良好态势。与中国新闻社建立新疆唯一的石油行业“走基层、转作风、改文风”联系点，大力宣扬“艰苦创业、舍我其谁”的采气精神和创业精神，搭建起新疆采气人“爱国、创业、求实、奉献”的示范窗口。

### 以发展吸引人，建立“跨越式发展为中心”的生产文化

采气一厂极力倡导“天然气跨越式发展”，用骄人的

业绩凝聚员工力量，共谋发展。在产能建设过程中，广大员工觉得有事干，干的光荣，能学到新技能，干的进步，有舞台，干得划算，形成了“新疆采气、争气增气”的浓厚氛围，由此升华为甘愿投身其中的“天然气跨越式发展”的生产文化。

围绕气田上产稳产主题，不断完善以“新疆采气、争气增气”为核心的文化体系建设，打造了集团公司千队示范站队、油田公司命名班组等一批有示范性、有影响力的文化阵地；强化HSE体系建设，加强HSE监管队伍建设，杜绝文件、执行“两层皮”的现象；完善厂突发事件应急管理预案，提高风险识别和规避能力，加强承包商安全管理。创新 HSE 推进形式，注重运用人文关怀思想，培养员工的兴趣和热情，积极培育“重在落实、养成习惯”的安全文化。持续推进基层组织建设、探索创先争优长效机制、加强学习型班组建设和“四好”班子创建力度，先后获得集团公司先进基层党组织、创先争优先进基层党委，并被油田公司推荐为集团公司“四好领导班子”；充分发挥典型带动作用，选树了集团公司优秀青年库尔班江、油田先锋胡清雄、孝女张轶等不同层次的劳模群体，形成了“学先进、赶先进、比贡献”的浓厚氛围。

### 以思想政治工作凝聚人，建立“形式多样”的沟通文化

有的放矢地开展思想政治工作。一是深入调研形式。转型期间，多次组织专题调研小组深入基层单位开展调研，摸清员工思想动态，制定疏导方案。转型以来，调研基层单位 80 余次，走访员工 1000 余人次，通过组织“深入基层大调研、凝心聚力促发展”、“党群工作大调研”等活动，掌握员工诉求和面临的困难，有针对性安排部门限期解决，最大限度地把问题消除在萌芽状态。二是增加参与形式。利用横向到边、纵向到底的思想政治工作网络，充分发挥党政工青妇的作用，认真做好员工思想政治工作。在转型初期，以党支部为单位，化整为零地开展思想政治工作，实现了“员工诉求无小事、件件必须有回复”的工作目标。三是个别疏导形式。在面对一些思想问题较突出的员工时，实行定人、定责、定时的方式，要求责任人采取“一对一交心、面对面宣讲”的方法，做好责任对象的思想政治工作。

坚持组织“热爱伟大祖国、建设美好家园”、“形势、目标、任务、责任”等主题教育，开展“转变观念、承担责任、忠诚气田、崇廉尚勤”大讨论活动，大力宣讲公司建设现代化大油气田、新疆大庆的目标和任务，机遇和挑战，责任和使命，宣讲厂“十二五”业务调整规划，明确“十二五”末产量实现“再上 20 亿、力争 25 亿、奋斗 30 亿”的目标，最大限度统一认识、集中智慧、凝聚力量。

### 以安心留住人，建立“关爱员工”的人本文化

面对企业转型中凸显的不和谐音符，采气一厂从解决思想根源入手，探索形成了“以感情留人、文化留人、事业留人”的员工留人安心机制，稳定了员工队伍，确保了各项生产经营活动的良性开展。

一是感情留人，缩短员工之间距离。针对转岗员工多、新员工多、轮岗员工多的现状，采气一厂利用各种会议、调研、班前讲话等方式宣讲天然气专业化开发的重要性。另一方面，教育员工不利于和谐的话不说、不利于和谐的事不做，强调“一家人”思想，真挚热情地欢迎新员工加入到采气一厂这个“大家庭”。

二是文化留人，提供良好的学习、生活环境。在实践中，提倡“提供员工一个岗位、教给员工一身本事”的人本理念，强调“不断增强员工的个人本领是最大的人文关怀”这一文化理念。

三是事业留人，明确企业发展规划。鼓舞人心的发展愿景和战略规划是引领企业持续发展的关键所在，采气一厂的战略转型规划明确地提出了“12345”工程，将目标指向建成国内一流的采气厂，激发了员工的使命感和荣誉感。使员工明确企业发展方向，做到个人发展与企业发展的和谐统一，从而形成强大的凝聚力和向心力。

采气一厂不断提高对企业文化建设的认识，将企业文化建设与员工的思想政治工作有机结合，构建相互促进的机制，推动以企业核心价值观为根本的和谐文化建设向实践转化，健全行为规范，完善各项制度，丰富行业文化活动载体，推动了企业文化建设有声有色地开展。获得了“全国工人先锋号”、“全国’安康杯’竞赛优胜班组”、“全国模范职工之家”等国家级荣誉 18 项；中油集团“先进单位”、“集团公司采气工种技能大赛团体第二名”等省部级荣誉 50 余项。

（作者张玲，系采气一厂党群工作科科长；杨帆，系党群工作科主管）

## 铸魂练魄　持续提升　文化强企

### 华北油田公司第三采油厂

华北油田公司第三采油厂是中国石油天然气股份有限公司华北油田分公司下属的一个油气生产单位，位于河北省河间市，管理着 12 个油田 64 个油藏的 1897 口油水井。采油三厂坚持用大庆精神、铁人精神统一思想，实施“文化强企”发展战略，实现了文化基础设施大建设、文化名牌大彰显，创新构建了“五精四细”的精细管理模式，提炼了“四位一体”精细管理文化体系，形成了“一心一意谋发展、齐心协力抓生产”的强大合力。被国家部级联席会评为“油田及输油气管道专项整治先进集体”。

#### 一、整体规划、深度提炼，抓实企业精神的脉搏

在近 40 年来的艰苦创业征程中，广大干部员工的共同努力下，用发展的办法解决前进中的困难，在经营管理、企业改革、队伍建设等方面进行了不断的探索和实践，不断总结精细管理经验，高度提炼，抓实了企业精神脉搏。

**（一）适应新形势新任务新要求，创建精细管理的战略定位。**

全厂干部员工不断适应新的管理体制和运行机制，坚持以原油生产为中心，树立和落实科学发展观，坚定不移实施华北油田公司确定的“持续、有效、稳健、和谐”发展战略，紧密结合实际，较好地完成了生产经营任务，各项工作取得了新的成效，积累了新的经验，摸索出一套行之有效的新思路、新理念、新方法、新制度、新文化，形成了“一组一策”、“统一巡检、定时汇报”、“严管厚爱”等为代表的精细管理经验，实现了低成本、高效益示范采油厂的战略定位。

**（二）总结精细管理经验，构建“五精四细”精细管理模式。**

通过不断总结梳理精细管理经验，提炼形成了“五精四细”精细管理模式。“五精”，即整体发展精心谋划、油田开发精致高效、投资成本精确量化、安全环保精控严防、团队建设精诚和谐。“四细”，即管理单元细分优化、制度体系细致全面、执行落实细查到位、现场标准细定力推。“五精”是对采油厂整体发展和企业管理的战略把握和整体考量，是以“精”来统筹涉及油田开发企业持续发展的关键要素，使企业整体发展步入健康、科学的发展轨道。“四细”是对管理具体操作和实施过程的一种有效把握，是用“细”来协调管理的全员、全过程、全方位，实现管理系统的规范、受控、高效。

**（三）将管理提升到文化层面，形成“四位一体”精细管理文化。**

在确定创建精细管理示范采油厂建设战略定位的基础上，逐步总结、提炼、构建起精神、制度、行为、物质“四位一体”的精细管理文化体系，其中精神层面是引领，制度层面是核心，行为层面是关键，物质层面是形象。在精神层面重点是梳理精细管理本质内涵，构建精细管理理念体系，重塑精细管理模式，发挥“源于实践、指导实践”功能，引领企业健康和谐发展；在制度层面重点是以制度体系规范企业的生产经营管理，促进各项工作有效运转；在行为层面重点是以执行体系促进企业战略的稳步推进，促进各项制度落地靠实；在物质层面重点是以环境体系建设营造良好的发展氛围，打造采油厂品牌形象。

## 二、丰富载体、勇于实践，夯实企业文化根基

为更好的培育企业文化，塑造企业之“魂”，采油三厂紧密结合生产实际，按照“大力宣贯、丰富载体、典型示范、立体推进”的工作思路，明确任务，上下联动，优化载体，增强了企业凝聚力、竞争力、影响力，促进了精细管理文化落地。

**（一）加强企业文化宣贯，育企业之根。**

按照“明确主题、贯穿全年、突出阶段”的工作思路，加大形势任务教育工作，持续深化大庆精神、铁人精神再学习再教育活动，坚持用大庆精神、铁人精神育人铸魂，深入开展“三严三实”专题教育、“重塑中国石油良好形象”大讨论，举办宣讲骨干培训班，印发宣讲提纲，分厂、工区、队站3个层面深入开展了形势任务教育活动，通过利用《采三视窗》内部报纸、广播、电视、网络等各种媒体，编印明白卡、组织报告会、宣讲会等各种形式，广泛宣传精细管理文化的本质内涵和重要意义，形成采油三厂精细管理文化建设的浓厚氛围。

**（二）加强企业文化阵地建设，塑企业之形。**

贯彻中国石油《企业文化建设纲要》，编发了《精细管理宣传手册》。建成并利用河间油田艰苦创业展室、王四联精细管理展室以及马38、马20单井教育基地，建成了华北油田公司首个全面系统展示油气生产单位发展历程、工艺技术、精细管理、党建文化、和谐发展等方面的综合性展览馆，已成为厂形象展示的窗口、员工培训的课堂、传承精神的摇篮、激励后人的场所。

**（三）加强特色文化建设，造企业之势。**

以选树培养先进典型为载体，开展创建“红旗单位”、“铁人式班站”、“五型班组”、“五星级员工”等活动，培育、选树了冉俊义、周玉萍等先进典型模范，充分发挥了先进典型的导向、示范和激励作用。大力实施一线环境工程建设，每年为员工办好“10件实事”，努力改善员工工作、生活、学习环境，让员工感受到企业大家庭的温暖，极大地激发了广大员工的工作热情。积极倡导“快乐工作、健康生活”的理念，组建了篮球、排球等各类协会17个，持续开展“采油文化艺术节”活动，定期组织文艺骨干下到各基层单位进行慰问演出，营造了安定祥和的和谐氛围，增强了集体荣誉感和爱厂意识。

**（四）加强精细文化成果的总结提炼，凝企业之魂。**

推出一批精细管理文化突出成果，组织编印了《采油三厂精细管理文化手册》，系统阐释了精细管理文化；组织编印《采油三厂精细管理方法集》，有效指导了生产经营管理工作；组织编印了《采油三厂精细管理文化故事集》，生动记录了干部员工推行精细管理文化的丰富体验；组织编印了《采油三厂精细管理文化画册》，真实写照了干部员工践行精细管理文化的多姿生活。

## 三、务求实效、立足基层，实现文化强企战略

企业文化来源于实践，同时也要能够指导实践，采油三厂运用“四位一体”精细管理文化体系和“五精四细”的精细管理模式来指导全厂的勘探开发、成本控制、科技进步、安全环保、生产运行、油区治理以及党建和思想政治等工作，实现了有质量有效益可持续发展。

**（一）“源于实践、指导实践”，引领企业健康和谐发展。**

通过坚持短期效益与长远效益相统一，确定发展目标，制定发展措施，加强过程管控，强化落实执行，有效提高规划质量、设计质量、建设质量、管理质量。进一步梳理精细管理本质内涵，运用细化量化的基本方法，加强投资的经济分析评价，有效控制成本支出，不断提高了运行效率，通过管理单元的细化、流程管控的细化提升整体运行效率，通过

目标任务的量化、效益评价的量化和绩效考核的量化，实现责、权、利相一致，确保了生产经营安全、受控、有序、高效。

**（二）完善管理制度体系，促进各项工作有效运转。**

按照“统一、规范、可操作”的原则，每年修订、补充、完善体系文件，不断增强体系管理的科学性和适宜性。目前，采油三厂已经形成了管理作业类制度（补充）67 项，一线操作类制度 490 项，基本达到了横向覆盖生产经营、党政工团等各项工作，纵向覆盖机关部门、基层操作岗位的完整制度体系。推行“三三制”管理体系，将公司下达的战略层面、效益层面、风险层面等任务指标，逐级细化分解、逐级考核，形成责任层层落实、压力层层传递、激励层层链接的考核保证体系。坚持优化再造，审视和完善流程设置，强化责权明晰，精简审批环节，缩短运行周期，切实提高经营运作效率和工作推进效果，重塑业务管理流程，重建管理运行体系。

**（三）狠抓执行力，全面促进各项制度落地靠实。**

以“立即执行、执行到位”为主要内容的员工工作行为体系建设为中心。持续加强“统一巡检、定时汇报”制度落实，加强岗位责任制巡查，巡查结果同绩效挂钩，提高执行制度的严肃性和有效性。加强“爱岗敬业”教育和职业精神培训，弘扬“在岗一分钟、尽责六十秒”的理念，培养“扶井如救火”的良好作风，全力营造“全员执行、立即执行、执行到位”的良好氛围。在工作区和生活居住区，通过设置广告、标语、格言警句等形式，使执行力的观念深入人心。

**（四）推进基层队站标准化建设，营造良好的发展氛围。**

认真贯彻落实公司基层队站标准化建设暨现场可视化管理推进会精神，持续推行“对标达标、动态管理”模式，工区（大队）定期对三基工作情况和效果进行自查评估，厂三基工作领导小组每季度进行现场抽查，每年对三基工作进行一次总结评比，形成了“确定对标对象、查找自身问题、制定年度计划、逐步推进落实、完善提升达标”的自下而上、上下结合的运行机制。高度重视可视化管理工作，加强领导，落实责任，推动了现场可视化管理工作扎实开展，严格考核，提升管理，建立了现场可视化管理长效机制，实现了基层各项工作安全、有序、受控。

（供稿人：刘江龙）

# 煤炭与煤电业

## 加强文化建设　推动转型发展

### 开滦（集团）有限责任公司

开滦（集团）有限责任公司始建于 1878 年，享有“中国煤炭工业源头”、“北方民族工业的摇篮”等盛誉。在 137 年的发展历程中，积聚了丰厚的文化底蕴，成为推动企业改革发展的不竭动力。进入“十二五”以来，开滦集团在继承弘扬优良文化传统的基础上，大力推进企业文化创新与突破，不断赋予企业文化建设新内涵、新理念、新实践，为新时期企业转型发展提供了强大的精神力量和文化支撑。

#### 加强顶层设计，明确企业文化建设目标任务

开滦集团坚持顶层设计、高标谋划、勇于实践，走出了一条以文化创新发展引领企业价值取向、凝聚发展共识、推动战略实施的企业文化建设之路。

一是确立总体目标。开滦集团将企业文化建设的目标概括成“铸魂、立道、固本、塑形、聚力”。铸魂，就是铸“特别能战斗”精神之魂；立道，就是确立与现代企业制度相适应的管理之道；固本，就是固精细管理基础之本；塑形，就是打造开滦“金字招牌”；聚力，就是聚全员攻坚克难之力。

二是明确创新方向。开滦集团继承弘扬百年开滦优秀文化基因，推进企业文化由传统文化向现代文化、由封闭文化向开放文化、由单一文化向多元文化、由粗放文化向精细文化转变，构建起与现代企业制度、转型发展战略、市场经济形势相适应的现代、开放、包融、创新的文化体系，为新时期企业文化建设指明了方向。

三是提升文化理念。实施企业文化理念优化提升工程，形成了以“特别能战斗”为企业精神；以“举力尽责、强企富民”为核心理念；以“基业长青、员工幸福”为共同愿景；以“为文明聚能、让才智闪光”为企业宗旨；集管理、安全、质量、执行、人才、创新、服务等分项理念于一体的企业文化理念系统，为推动战略实施提供了价值导向和精神力量。

#### 突破重点难点，推进企业文化建设落地生根

企业文化建设由理念层面向行为层面转化，是企业文化建设的重点，也是企业文化建设的难点，只有突破这一重点难点，才能推进企业文化建设落地生根。开滦集团积极构建以 3 个管理平台、一个保障系统为核心的“三加一”管理模式，推进了企业文化的创新与发展。

一是构建现场管理平台。导入班前讲评、现场巡查、日清日结、考核公开、管理恳谈会、周期评议 6 个支撑要素，实施精细管理、双向控制，对生产作业现场中的状态和工作绩效，实施精确、细致、规范、严格的全方位、全员、全过程、全要素管理，采取自上而下层次考核、日清日结，自下而上民主评议、日积月累的方式，强化考核评价，考核结果公考透明，有效提升了企业管理水平。

二是构建市场化精细管理平台。形成了“人人都是经营者、人人都在管理中”的管理理念，将市场机制引入到企业内部管理之中，运用市场化手段，把企业内部的各生产系统、工序、岗位，以价格的手段加以整合链接，实行有偿结算、自主经营，激励员工规范作业、控制成本、提高经济效益，从根本上解决了管理粗放的问题，为经济发展新常态下企业扭亏增盈和转型发展提供了有力支撑。

三是构建安全文化管理平台。围绕“培育煤矿安全文化，塑造本质型安全人”，进行深入研究与实践，构建理念引领、行为养成、环境保障“三大系统”；导入理念共振、行为养

成、应激调适、危险预知、手指口述、岗位描述、走动管理、系统追问、安全标识“九个导入要素”，全面塑造想安全、会安全、能安全的本质型安全人，企业安全管理水平和员工安全素养不断提升。

四是建立企业文化保障系统。以军人的严明纪律培养员工自觉管控能力；以军人的严整风纪培养员工的文明习惯；以军人的坚强意志培养员工坚毅品格；以军人的团队精神培养员工团队意识；以军人的报国之心培养员工职业责任感，形成了以准军事化职业行为训练为手段、以提高执行力为核心的执行保障体系，促进了企业文化由理念层向行为层的转化。

### 延伸分项文化，促进产业结构调整和转型升级

为适应企业转型发展的需要，开滦集团依据企业精神、企业宗旨、核心价值观、目标愿景和VI“五个统一”的原则，实施文化管理，既体现了集团文化的战略性和主导性，又尊重不同单位的文化习俗和管理传统，推进了分项文化建设。

一是加强“融合文化”建设。以融情、融心、融力“三融”为切入点，促进当地文化与开滦主体文化的融入融合，推进员工情感沟通与心灵相通，倾力打造员工“精神家园”和开滦外埠骨干企业，形成了“以人为本、以和为贵”、“争第一、做唯一”的价值取向，实现了由组织上的一家人到思想上、观念上、行为上一家人的转变。

二是大力发展煤化工文化。坚持用经营发展目标激励人，用管理创新磨炼人，用“惠民工程”凝聚人，将理念融入各办公场所、生产岗位，具化为岗位行为名言。培育“立足产业高端、打造行业旗舰、绿色循环发展”的产业文化，引领了煤化工产业的规模化、基地化、园区化发展。

三是深化物流文化建设。积极探索“三位一体、一专多元”的发展模式，推进物流产业纵向延伸、横向拓展，构建了供应链管理、国家级煤炭储配煤基地、市场化交割统筹相结合的物流产业体系。开滦集团国际物流公司先后获得河北省现代物流领军企业、国家5A级综合服务型物流企业等称号。

### 繁荣员工文化，增强企业改革发展凝聚力

坚持服务基层、服务员工的重要原则，积极推进员工文化建设，不断提高员工文化生活水平。

一是构建员工服务体系。建立集团公司职工服务中心、基层职工服务站、区科职工服务点“三级职工服务体系”，完善服务标准，明确服务项目，界定服务职责，创新服务举措，广泛开展文化体育、心理疏导、健康保障、劳动争议调处、法律援助、困难救助、医疗互助、就业培训等服务活动，形成了面向全体员工的“大服务”格局。

二是活跃员工文化生活。设立文体中心，成立文学、体育、美术、书法、音乐等30多个协会，坚持贴近企业、贴近员工、贴近发展，定期开展文学创作、美术书法、摄影比赛、职工故事汇巡回宣讲等寓教于乐、员工喜闻乐见的文化体育活动，使员工始终保持昂扬向上的精神风貌，为企业转型发展注入了强大精神力量。

三是加强内外文化交流。积极组织参加上级和行业组织的文体活动，展示员工风采和企业形象。先后摘得全国先进文联、“五个一”工程奖、全煤全民健身先进单位等大奖，《俏夕阳》荣获央视春晚舞蹈类节目一等奖，大型歌舞《百年追梦》两度在人民大会堂演出，电视连续剧《大龙脉》、纪录片《乡音》先后在央视播出，极大地提升了企业的影响力和美誉度。

### 发展文化产业，提升企业品牌影响力

开滦拥有大量珍贵的矿业遗迹和文献资料，为大力发展文化产业提供了得天独厚的条件。开滦集团以开滦国家矿山公园主展馆为核心，建设中国北方近代工业博览园、现代矿山工业示范园等工程，建设开滦博物馆群落、井下探秘游、中国音乐城、蒸汽机车观光园、河北第一个党支部旧址等8个分展馆项目。几年来，已有5所中学将开滦国家矿山公园作为新生入学教育和校际交流首选地，有近千名新生接受入学教育，数百名优秀教师参观。7所高校将景区作为学生实习和社会实践第二课堂，先后有近3000名学生实习参观，吸引河北美术学院600名美院学生前来采风。开滦国家矿山公园先后荣获国家4A级旅游景区、中国十佳矿业旅游景区、国家资源型城市重点旅游区、全国红色旅游经典景区、全国科普教育基地等称号。

企业文化的创新与实践，使百年开滦焕发出新的生机与活力。面对煤炭市场急剧变化的严峻形势，坚持苦练内功，强化管理，加大挖潜增效和改革创新工作力度，企业实现了平稳健康发展。连续4年跻身世界500强，先后被授予“全国先进基层党组织”、“全国企业文化示范基地”、“新中国60年企业精神培育10大摇篮组织”等荣誉称号，开滦集团的“特别能战斗”精神荣获“新中国60年最具影响力十大企业精神”。

（作者陈国强，系开滦集团党建工作部部长；李守忠，系开滦集团党建工作部企业文化科科长）

## 新常态下煤炭企业文化建设路径的实践

冀中能源峰峰集团有限公司

峰峰集团是我国第二大主焦煤生产基地，在内蒙古、新疆、青海、山西、云南等地建有煤炭生产基地，是峰峰集团实现可持续发展的重要接替区。到“十二五”末，峰峰集团已建成主业突出、结构合理、多元经营、极具竞争力的现代化能源化工集团。峰峰集团把企业文化建设放在企业发展的战略高度，以严谨认真的态度、久久为功的恒力建塑企业文化。在冀中能源“聚和文化”的统领下，全面推行“精细、精准、精确、精益、精美”五精管理，打造了独具特色的“峰峰文化”品牌，先后荣获河北省企业文化建设示范单位和全国煤炭系统企业文化建设示范基地、五精管理示范基地等荣

誉称号。

## 一、在抓长上用劲，提高思想认识，提供动力支撑

一是保持高度重视。峰峰集团企业文化建设深深地烙上了企业主要领导的个性特征、治企理念和价值追求。集团换了三任董事长，每一任都十分重视企业文化建设，集团党委每年组织一次企业文化务虚会，传播新知识新观念、启迪新思维新思路，对基层单位推进五精管理的进展情况调度和讲评，保证了五精管理有序推进、健康发展。

二是秉持理念认同。在报纸、电视、广播等开办专栏介绍基础理论，召开推进会、恳谈会、研讨会，提高对五精管理的认知；举行知识测试、知识竞赛、理念宣讲，增强学习的吸引力；创办《企业文化建设简报》，编发各单位企业文化建设的经验做法，促进各单位的交流共享。通过畅谈“五精管理是什么，做什么，怎么做？”使“细节决定成败”、“第一次就做对”等先进理念成为领导层看问题、谋发展的指南针，成为职工队伍干工作、促规范的原动力。

三是坚持氛围营造。以“理念故事化，故事理念化”的表现形式，广泛开展企业文化故事、情景对话、心理暗示等活动，使五精管理思想和行为成为广大职工的自觉行动。各单位通过建理念墙、树理念牌等方式，把五精管理的内容矗立于醒目之处，使理念宣灌直观化、动态化、故事化。

## 二、在抓细上用心，严定工作标准，严格管理流程

一是岗位制订标准，提升作业规范性。按照“深耕细植，落地做实，巩固提升”的要求，制订井上井下岗位描述和岗位风险预控标准，编制各工种岗位作业指导书，严格执行集体升入井、班组“三三”整理、安全确认、岗位双述等要求，强力推行30分钟、60分钟、90分钟3个层次的岗位描述锤炼，利用菜单式描述进行日检、抽检，提升了职工本职岗位熟练程度。

二是人员三级预警，增强风险防控力。确立“一切事故可防可控”的安全思想和“安全第一、生产第二”的安全原则。严格军礼制、列队制、报告制、复命制、指挥制，建立健全考核档案。建立管理人员、班组长、职工3级预想预警机制，每班都有不少于两人的预想、预警，将当班生产地区可能存在的安全隐患想透、想足，入电脑、上图板，进行可视化呈现。上岗职工人人携带“岗位风险辨识卡”，随时预控，提高了安全风险预控意识和能力。

三是现场菜单交接，实现管理动态化。在井下推行领导干部“9定12查”带班管理和走动式管理，以“毫米·秒·克·厘”为标准，管理人员下井随身携带锤、尺、表、线等测计量工具，现场动尺动线，用仪器说话，用数据说话，实现了管理“零缺陷”。在生产矿井实施菜单式交接班和索赔制度，对各岗位安全、任务、质量、文明生产等各项交接班内容逐项列清和验收、确认交接，解决了过去上班给下班留尾巴、留隐患的问题。

四是设备“机环双检”，强化过程管控力。在全编码管理基础上，对作业现场的设备、装置、设施、工器具、物料、环境等，实施点检巡检“12定”，杜绝了以往隐患检查的随意性，实现结果管控向过程管控的转变。

## 三、在抓小上用功，激励工作热情，激发创新活力

一是竞赛培训助力素质提升。根据不同层次、不同工种，举办各类学习培训班。建立“研习营盘”，推行参与式自我教育法，让职工轮流上讲台当老师。开展“职工诸葛会”“技能小课堂”“班前5分钟”等交流实践活动，引导职工把学到的知识运用于工作实践中。每年组织各工种技能大赛，定期开展岗位双述比武、岗位技能演练。针对岗位需要的体能和心理素质，推行背景音乐、工间操等快乐工作法，帮助职工战胜作业过程中的紧张、焦虑、困惑等不利心理。

二是“英雄行动”激发创新热情。广泛开展以“精优作业法”“卓越管理法”“创新成果”提炼、“首席员工”评选和创纪录活动为主要内容的“英雄行动”，以职工的名字命名，鼓励职工争当技术英雄。2014年集团公司涌现出237项职工创新创造技术成果，建立了46个以技术能手名字命名的创新工作室。全国劳动模范李水龙、金哲涛等一大批创新典型成为集团公司的名片。

三是降本增效促进岗位建功。推行以收定支、预算管控机制，完善月度分析考核和平衡调控，降低了经营成本。组织开展“1+1”岗位增值创效活动，即每人每年岗位创效1000元、节约1000元，鼓励职工围绕降本增效出主意、想办法，进行技术攻关。今年以来又对这项活动进行深化，开展了以企业增效、岗位增值、企业降成本、岗位降事故为内容的“双增双降”活动，为企业创造了可观的经济效益。

## 四、在抓实上用招，彰显品牌形象，彰善独特价值

一是准确品牌定位。遵循冀中能源“一主多优，和而不同”原则，按照“峰外有峰，以变求进”的哲学思想和“厚重实诚，规矩本分”的文化积淀，对企业文化建设资源进行系统总结梳理、归纳提炼，并定名为“峰峰文化”。创新实施“136”安全管理模式，拓展安全文化内涵；丰富健全以收定支、预算管控机制，提升经营文化水平；不断完善“两支小分队”、“三送”“学雷锋”长效机制，打造具有鲜明特色的志愿服务文化。举办“感动矿山”模范人物事迹报告会，涌现出勇救落水儿童的“矿山罗盛教”杨海军、带着瘫痪养父嫁人的大爱义女张晓凤等一批道德模范。

二是凸显品牌价值。大社矿把“创新创优创唯一，争先争光争第一”的“三创三争”作为打造品牌矿的切入点，使文化品牌别具一格、非同一般。实现了薄煤综采工作面无人远程自动化操控，破解了双向大倾角工作面采煤难题。掌握了三角煤、边角煤和不规则煤柱等旋转连采技术，研发了先进的无尘化设备，建成了国内首家无尘化矿井。梧桐庄矿、牛儿庄采矿公司、新三矿先后荣获全国安全文化建设示范企业，5个单位荣获河北省安全文化建设示范企业。

三是创造品牌效益。邯郸洗选厂依托品牌、技术、管

理等优势，进军山西、山东、新疆等地，在外地建设的5座洗煤厂至年底将全部投产，年入洗原煤能力将达到660万吨。在全国煤炭企业市场“寒冬”中，峰峰集团完成原煤产量3850万吨，精煤产量900万吨，营业收入550亿元，创造了企业发展史上的奇迹。

开展企业文化建设以来，企业在内部管理、职工素质、企业形象、核心竞争力等各方面不断取得突破。企业文化引领优势更加明显。充分发挥企业文化举旗、铸魂、引领的优势，具有自身特色的“峰峰文化”已成为广大干部职工引以为豪和投身企业科学发展的精神家园。职工队伍综合素质显著提升。创纪录行动、首席员工评选、岗位双述等，提高了职工的综合素养。上标准岗、干标准活成为干部职工的工作常态。两人成行、3人成列成为厂区行走的别样风景。企业经营管理水平不断提高。根据市场变化，动态实施以收定支、全面预算管控机制，增强了企业“挺”的实力。

### 五、企业文化建设的几点启示

要持之以恒，坚持不懈。企业文化建设是一项庞大的系统工程，不可能一蹴而就，更不会一劳永逸。只有保持恒心和韧劲，常抓不懈，才能保证企业文化真正生根、开花、结果。越是困难的时候，越要加强企业文化建设，为企业发展提供强力支撑。

要全员发动，提升素质。职工是文化建设的主体，要通过多种载体和手段，增强职工对企业文化的认知、认同，提升职工队伍的知识功底、专业功力、技能功夫和身体素质、职业素养，为企业渡过难关提供坚强保障。

要稳扎稳打，消化吸收，注重过程，注重质量，定期对企业文化建设的各项要素进行总结分析，找出短板弥补，在不断改进提升中杜绝企业文化建设的“夹生饭”“消化不良”现象。

要融入中心，夯实基础。在抓落实、做实功、求实效上下功夫，紧紧围绕企业发展主旋律，优化流程，细化要素，使五精管理进岗位、进现场、进流程，直接作用于安全生产、经营管理、降本增效等中心工作，增强企业市场竞争力和抗风险能力。

（供稿人：张和平）

## 以精益文化助推企业可持续发展

华亭煤业集团陈家沟煤矿

甘肃华亭煤业集团陈家沟煤矿是“九五”期间国家投资建设的一座现代化矿井，位于甘肃省华亭县城西郊，地处黄陇基地华亭矿区的核心部位，是华亭煤业集团公司骨干生产矿井之一。陈家沟煤矿以华能、华亭煤业集团母文化为统领，以“精益文化”为核心，推进矿井特色子文化建设工作，形成了以“安全文化、卓越管理文化、人才建设、制度文化”为基础的“四维”文化体系，为推进建设华能一流矿井提供了强有力的管理支撑和精神动力。

### 一、实施安全精细管理，促进矿井安全生产

陈家沟煤矿将安全精细化管理作为保安全、促生产、增内涵的一项重要举措来抓，通过抓安全文化理念渗透，推行安全质量标准化、刚柔并济抓安全教育等，促进矿井安全管理上水平。

加强安全文化理念渗透。建立安全文化视觉冲击系统，将安全文化理念制作成牌板、安全教育片，因地制宜地建成安全教育（硐）室、安全文化长廊，形成从井上到井下、从区队到车间的立体式安全文化宣传阵地和网络，实现视听觉全覆盖，营造了浓厚的安全文化宣传氛围。开展形式多样的安全知识竞赛、井口送安全、安全征文等活动，让职工在喜闻乐见、寓教于乐中增强安全意识，起到潜移默化的作用。这种柔性而精细的安全教育方式取得了良好的效果，以罚代教、以罚代管，进行围、追、堵、截来实现安全目的的现象逐步减少。

扎实推行安全质量标准化建设。坚持“严计划、严流程、严细节”的理念，加强质量标准化建设。从计划、调度指挥、施工全过程进行严格控制，保证了工程质量时时达标，处处达标。从工作计划、施工现场、检查问题、整改处置、考核兑现、信息反馈、复查落实等环节做到谁检查、谁签字、谁跟踪落实，正规循环作业，形成“闭环管理”，解决了安全质量标准化工作“严不起来，细不下去”的问题。落实矿领导值班、跟班、带班制度，落实“四级”安全隐患排查制度，有力地提高了矿井安全质量标准化水平。

刚柔并济抓职工安全教育。在职工教育方面加强刚性约束的同时，积极创新载体，加强柔性教育，建立职工安全档案，对职工班前、班中、班后思想状态、情绪反应进行排查，对问题人及时做思想工作，确保安全上岗。坚持以高压态势反“三违”，破“三惯”，让“三违”人员深刻认识到“三违”危害性，增强安全意识。

### 二、推行卓越管理流程，推动矿井可持续发展

陈家沟煤矿把推行精细、精准、精确、精益、精美“五精”管理模式作为企业文化建设的重要内容，实施科学精细管理，推行卓越绩效模式，形成以精、细、严、实为核心的管理流程。

推行班组核算管理。推行质量标准化工作、班组核算管理、精细化管理、材料预算等，加强对人、机、环、管的精细管理，完善管理系统。把班组核算管理作为强基础、练内功、提效益的抓手，建立以工作任务、安全管理、材料成本、质量管理、综合考核“五位一体”的核算体系，将基层单位负责人、核算员、材料员纳入了目标责任考核范畴，实现矿级、区队、班组、个人“四级”目标责任分解，形成一级抓一级，层层抓落实的良好格局。开展“双增双节”、“修旧利废”、“提质增效”活动，开源增效，提高企业效益。

推行精细化管理。按照精细化人本管理标准体系要求，

建立“4E7S”精细化管理标准。按照“定标、认标、贯标、兑标、调标、对标、升标”七步岗位流程和“计划、执行、检查、总结”过程控制和闭环管理，取得了阶段性成果。在推行精细化管理的过程中，不断调标、兑标，使班前文化礼仪、4E7S标准、走动式管理、班后讲评、四工并存动态转换、看板管理等严细化、规范化，使企业管理从靠人管理到靠制度、文化管理，提升了管理水平。

大力推行精准管理。推行“两述一化”工作，使全体干部职工牢记岗位职责和岗位标准，有效提高员工操作水平和现场管理水平。从提高管理和操作的精确度入手，推行“毫米秒克厘”管理，对产量、质量和资金使用进行精确控制，实现了操作过程的严密精确。紧扣高质量、高标准、高效益的目标要求，优化管理流程，严格控制成本，努力实现效益最大化。开展全面预算管理、对标管理和创一流工作，引入ISO质量环境管理体系，建立了成本目标责任管理体系、完全成本核算体系、内部三级经济核算体系。

## 三、强化人才队伍建设，提升矿井核心竞争力

坚持以人为本的原则，以骨干队伍建设为重点，以员工职业技能提升为核心，以创建“学习型企业”为载体，开展“育才强矿”工程，因人而异、因材施教构建精细化、多样化人才培养模式，积极搭建学习教育培训、拓展训练、人才实践“三大”培训基地，为推动矿井可持续、快速、健康发展提供了强有力的人才保障。

搭建培训保障体系，加强培训硬件投入。修订完善职工教育培训管理一系列办法，使员工培训管理进一步规范细化，形成了“主管负责人挂帅，业务部门配合，培训单位实施”的培训管理体制，把培训工作的责任目标与年度绩效考核相挂钩。职工培训中心有专人负责，培训教室、图书阅览室、档案室等一应俱全，配备了投影仪、打印机、计算机及课桌椅等，全面采用电教设备，符合四级培训机构标准，能够满足矿井各类培训需求。

因材施教，构建精细化人才培养模式。构建“金字塔”式人才培养体系，开展“四个一”员工培训活动，采用集中培训、轮训的方式全面拉网，开展全员安全操作规程、岗位技术理论、“手指口述”操作要领等基础知识教育培训，实现“一个都不能少”的培训目标。坚持“干什么、学什么、缺什么、补什么”的原则，重点对特殊工种、新入矿职工等开展“集训式”培训，开展职工放收假后安全培训和收心教育活动，及时消除安全盲点；对“关键点”培训实现一项不能缺的目标；创新实施“三维师带徒”深度培养模式，将具备良好职业道德，思想好、技术精、作风硬，岗位业绩突出的老师傅命名为“名师”，选择有潜质的年轻职工为“高徒”，进行一对一式的师徒帮带活动。

## 四、加强制度文化建设，确保精益管理促发展

陈家沟煤矿实施以“制度管理”程序运作和人本管理为内容的双向机制建设，实现管理流程再造，形成人本管理促和谐的良好局面。

制度化管理程序化运作机制。在增强管理制度的科学性、合理性和可操作性方面下功夫。对现有的15类生产经营管理制度和9个专业的“4E7S”操作规程进行了全面修订完善，形成纵向到边，横向到底、覆盖全员的制度保证体系，确保每个环节和细节的精益，确保制定的每一项目标落实到位，做到严格流程，严密控制。

人本管理机制。倡树“无情制度，有情管理”，用有效的人本关怀激励，达到刚性制约和柔性塑性的平衡。一是和谐矿井创建机制，区分矿内和矿外两条线，开展和谐创建活动。二是双向感恩机制，“企业关爱员工，员工感恩企业”，力促劳动关系和谐指数提升。三是动态竞争机制。根据矿井管理岗位需要，按标准流程，实现人才有序竞争。四是实施帮扶机制，建立职工家庭档案，对困难职工进行帮扶，为大病、伤残职工及家属进行人文关怀。

## 五、在精益文化建设实践过程中得到的启示

一是坚持以人为本、和谐共融，是推进企业文化建设的根本原则。以人为本是文化管理的核心，企业文化建设要始终以员工为主体，反映员工的需求愿望，体现员工的思想意识，发挥员工的首创精神，促进员工的全面发展，形成企业文化关爱员工，员工感恩企业，和谐共融、共同发展的良好氛围。

二是坚持齐抓共管、全员参与，是推进企业文化建设的首要前提。各级领导人员深刻把握企业文化建设的内涵实质和重要作用，广大员工争做企业文化的实践者、创造者和传播者，形成企业文化齐抓共管、全员参与的良好局面。

三是坚持联系实际、凸显特色，是推进企业文化建设的有力抓手。立足实际，突出行业特性和管理实践，创新工作思路，丰富文化载体，挖掘文化内涵，打造特色文化，塑造具有陈矿特色的企业文化品牌。

四是坚持督导考核、机制创建，是推进企业文化建设的重要保障。通过完善目标责任机制、考评机制、激励机制、督导和追究机制，加强管理、强化督导、狠抓落实、保障了企业文化的有力推进。

五是坚持深入融合，注重实效，是推进企业文化建设的强劲支撑。注重融合，力求实效，切实把文化建设渗透到企业安全生产、经营管理的方方面面、各个环节，使企业文化在促进发展中发挥重要作用。

六是坚持积极创新，拓展延伸、是推动企业文化建设的不竭动力。联系企业实际，吸收先进经验，探索企业文化建设的路径、方式、载体，从广度深度拓展延伸，推动企业文化建设创新发展。

# 建设主题文化　推进文化创新

山西潞安集团石圪节煤业公司

山西潞安集团石圪节煤业公司是有着光荣传统的老企

业，“艰苦奋斗、勤俭办矿”的石圪节精神，被《人民日报》誉为“中国煤炭工业的脊梁”，1963年，敬爱的周恩来总理亲切接见时任石圪节矿长许传珩时，高度赞扬了“艰苦奋斗的石圪节矿风”。石圪节文化建设以质量文化、服务文化、成本文化3个专题文化为载体，倾力打造以石圪节精神为核心的企业文化软实力，全面提升企业核心竞争力。先后荣获“全国经济效益最佳企业”、“中国煤炭一级企业”“全国高产高效矿井”、“全国企业文化建设10大典范案例”等多项光荣称号。

## 一、弘扬石圪节精神，铸造文化之魂

石圪节精神是一个创新发展的典型，是一个业界认可、群众信服的典型。深入研究石圪节精神，构建以石圪节精神为核心的企业文化，把弘扬石圪节精神作为提升企业竞争力的突破点。

一是深入学习石圪节精神，统一员工思想。石圪节精神是优秀的革命传统与时代精神相结合的产物，是老一辈无产阶级革命家亲自培育，党中央、国务院领导大力倡导，几代石圪节人精心打造的中华民族先进文化的精髓。“艰苦奋斗、勤俭办矿”的石圪节精神是一个永不过时的命题，是一种穿越时空、代代相传的不朽精神。石圪节不断弘扬石圪节精神，改造了“石圪节矿史展览馆”，矗立了“石圪节矿山解放60周年纪念碑”，新建了科技创新广场，开辟了省级爱国主义教育基地和文化、休闲、健身的文化广场；为全国劳模雕塑建园，开展了弘扬石圪节精神“十个一”系列活动，开展了“学精神、见行动”大讨论等活动，使广大员工对石圪节精神有了新的认识，统一了思想，坚定了发展信心，凝聚了人心。

二是深入研究石圪节精神，赋予时代内涵。石圪节精神已经成为中国煤炭战线的一面旗帜，是煤炭工业的无形资产，是广大煤炭职工薪火相传、时代相袭的传家宝。1995年原煤炭部以石圪节精神命名，设立“中国煤炭工业石圪节精神奖”，用以表彰在煤炭系统思想政治工作中做出重要贡献的优秀个人，截至2009年已评选9届，共有100多人获得此项殊荣。2006年，中煤政研会召开全国“石圪节精神永放光芒”研讨会。2010年，中煤政研会在充分调查研究的基础上，组织了系列论坛，潞安集团成立了石圪节精神研究学会，创办了会刊《石圪节精神》，编印了《石圪节精神研讨论文集》。

## 二、完善文化体系，奠定文化之基

注重科学规划、整体推进。确立了文化建设“三层次”学说，即理念文化、行为文化、形象文化；将企业文化扩展为企业文化和社会文化两部分，共同构成大文化内涵，相互联系、相互渗透，推动文化建设的大发展、大繁荣。

一是整体推进企业文化，形成大文化体系。公司企业文化由理念文化系统、行为文化系统和形象文化系统3大系统构成。三者相互联系、辩证统一，构成一个有机的整体。理念文化系统坚持以社会主义核心价值体系为根本，以石圪节精神为核心，在继承优良文化传统的基础上，结合新时期转型跨越发展要求重新确立，主要由基本理念、系统理念和员工话与画3部分构成。行为文化系统由企业制度文化和员工行为规范构成。形象文化系统由基础部分和应用部分构成。在文化推进过程中，形成了质量文化、服务文化、本文化3个专题文化和微文化、精益文化、感恩文化3个主题文化的石圪节企业文化体系。

二是积极推进社会文化，形成大文化格局。社会文化是由社会大众创造的，与社会生产和生活实际紧密相连，具有地域、民族或群体特征，并对社会群体施加广泛影响的各种文化现象和文化活动的总称。在企业内部，社会文化有利于提高员工的思想道德素质和科学文化素质，在保障员工基本文化权益、促进员工全面发展、增强企业文化软实力方面起着重要的作用。社会文化主要由文学艺术、传媒文化和公共文化3部分构成。公司将企业群众文化、社团文化等纳入文化建设范畴，准确定位，积极推进，初步形成了大文化格局。

## 三、建设主题文化，提升文化之效

公司本着来源于基层，上升于理论，指导于实践的原则，以6S管理为切入点，推进3大主题文化和3个专题文化，探索创新文化建设的内容和方法，提炼文化特色，引领文化创新，丰富拓展了企业文化建设内容，构建起了新的企业文化模式。

一是建设三大专题文化，创新构建三大模式。为了实现6S管理与工作实际的有效契合，突破文化建设中遇到的瓶颈，攻克遇到的难题，实现企业文化的深层次推进，发挥6S管理的最大效能，公司提出了建设专题文化的构想。以质量文化、服务文化、成本文化3大专题为载体；以难题攻关为突破口；以解决实际问题为核心；形成了“以量定分、以分计资”“承诺落实、质量反馈”，“以分定额、成本核算”为核心的主业生产、后勤服务、多经发展3大模式。质量文化、服务文化和成本文化，涵义广泛，涉及到企业管理的方方面面，是企业的3大基础文化，也是企业文化建设中的3个典型文化。三者之间既互相联系又相互区别。构建以质量、服务、成本为主题的三大文化，既不是将三者割裂开来，也不是将三者混为一谈。而是以6S管理为平台，突出一个主题，找到构建行业模式的突破口，进一步拓展延伸，最终形成文化特色和亮点。公司首次在企业文化领域提出建设专题文化的概念，使6S管理与工作实际结合更加紧密，更加务实，更具有可操作性；突出了6S管理的行业特色，打破少数单位6S管理停滞不前的困境，极大地激发创新活力，形成了创新氛围，对同行业单位的6S推行起到引领和推广的意义。

二是建设三大主题文化，提升文化建设品位。在文化建设的持续推进过程中，公司逐渐形成了微文化、精益文化、感恩文化3个主题文化。“微文化”包括设立“微课堂”、征集“微建议”、开展“微服务”、寻找“微感动”、提倡“微创新”、体现“微关怀”6个方面，建设简便易行的教育平台，针对管理流程、生产工艺等微小的细节，征集合理化小建议，把员工最关心、最直接、最现实的需求作为切入点，将文化建设渗透于员工的日常生活中，从小事做起，从细微处入手，改进推动微创新，见微知著，凝聚微智慧，汇聚微力量，不断丰富和拓展文化建设的载体，彰显文化魅力。

精益文化是以持续改进为核心，以消除浪费为切入点，以优化作业流程为重点，大力推进精益化管理。夯实6S管理，抓好标准化建设。以三级巡查为重点，提升现场管理水平。优化作业流程，提高运转效率。对工作方法、作业流程和作业时间进行科学分析和测定，使作业流程简洁化，将责任具体化，消除因管理节点运转不畅造成的工作延误，实现工作高效的目的。消除7大浪费，提升管理绩效。围绕资源浪费、管理不畅的流程进行系统分析，制定整改措施，消除浪费盲点，实现管理的精益化。抓好班组建设，实现持续改进。以班组为单位，以员工为中心，深入开展以生产现场为中心的提案活动、以效益为中心的改善活动，涌现出“锚固剂灌装加温法”、“节电法”等优秀案例。

感恩文化是以感恩企业为重点，以“唱好一首歌《感恩的心》、学好《弟子规》、编发一组短信、践行一次感恩行动、举办一场主题演讲”为内容，开展“感恩在行动”系列活动。歌曲《感恩的心》为大家广为传唱，营造起了感恩氛围；学习《弟子规》，引导员工领会感恩的含义，增强感恩意识；通过发感恩短信，一条条感恩的话在真情实意的流露；围绕感恩祖国、感恩社会、感恩企业、感恩父母、感恩同事等主题，员工以感恩的心回报自己得到的关怀，具有极强的操作性，将感恩付诸于实际行动，在全公司内掀起了一个感恩的热潮。

石圪节大力推进“一驾多驱”发展新格局，以“集团化建设、多元化经营、精细化管理、规模化发展”为发展模式，着力打造清洁能源基地、红色教育基地、实习培训基地和多经产业基地，走出了一条老矿井转型跨越的新路。

（供稿人：杜建宏）

## 文化引领　温暖前行

### 神东煤炭集团榆家梁煤矿

榆家梁煤矿地处陕西省神木县店塔镇，是神东煤炭集团所属生产矿井之一，井田煤层赋存稳定、结构简单，是优质动力、化工、工业和优质民用煤。榆家梁煤矿把企业文化建设作为提升矿井软实力的重要举措，力求使企业文化建设与矿井安全生产有机融合，充分发挥文化在促进矿井和谐发展中的正能量，总结和培育出符合自身特点的矿井文化理念：“创新、严谨、和谐”。荣获全国煤炭工业“双十佳煤矿”、“文明煤矿”、“全国煤炭工业特级安全高效矿井”、“全国精神文明建设工作先进单位”、“中国最美矿山”、“全国改革开放35周年企业文化竞争力优秀单位”、“陕西省文明单位标兵”等荣誉称号。

#### “创新、严谨、和谐”榆家梁煤矿企业文化的完美体现

创新。创新是各项事业发展的不竭动力，也是榆家梁煤矿立潮头、争第一的法宝。建矿以来，矿井秉承“创新”理念，安全生产方面，先后创出了“中国第一”的建井速度，10个月建成了设计能力800万吨/年的现代化矿井；率先建成了全国首个400米加长综采工作面和首个中厚偏薄煤层自动化综采工作面；神东集团首套进口线性支架、首个沿空留巷科研项目在煤矿试验成功；矿井员工每年完成小改革项目100多项；管理方面，矿井“五型”绩效考核、班组建设和党建提升、企业文化等方面创新亮点频现，积累了成功经验。

严谨。精细化管理是榆家梁煤矿的优良传统，特别在现场质量标准化方面做了不少努力，树立了标杆。通过建立“五型”绩效考核系统、本安体系考核系统、班组核算系统、班组建设信息平台等信息系统，将精细化管理进一步拓展到安全考核、经营管理及党群工作等各个方面，形成了“横向到边、纵向到底”的责任网络，严谨求实的作风成为员工的自觉行动，在本安管理体系和质量标准化考核中取得了优异成绩。现在，矿井又在全面开展精益化管理，不断提升管理的科学化水平。

和谐。团结和谐、人性化管理是榆家梁煤矿的主流文化。无论是地企关系、干群关系、员工关系都十分融洽，特别在地企关系建设方面，在神东煤炭集团树立了成功典范。围绕员工吃、住、行等方面的突出问题和劳务工的实际困难，设立了金秋助学帮扶基金；鼓励老员工为青年员工当“红娘”，找对象；根据实际情况，每年为员工重点办实事，得到员工的认可和肯定；成立了员工文体联合会，下设9个专业协会，丰富员工业余文化生活；在公司范围内首家成立爱心互助协会，以闲置实物帮助的形式对困难员工和地方困难群众家里进行帮扶，全力营造民主、关爱、人本的和谐文化，收到良好效果。

#### 推进安全文化建设，促进文化建设与安全生产相融合

强化员工安全教育培训。创新开展“班组长大讲堂”活动，每月定期安排两名组长进行讲课，讲课内容重点围绕班组管理、重点工作业务展开，强化班组间交流，提升了班组长的综合素质；利用班前会，积极开展“三分钟讲堂”，通过员工自己讲安全故事，强化安全教育效果；建立了培训、考核、办证的安全培训流程化管控措施，制定了《员工入井作业准入管理办法》，严把人员体能测试、理论培训和危险源考核关，确保了合适的人员干适合的工作，做到人岗匹配。

举办矿井员工微电影大赛。比赛紧扣矿井工作和矿工生活，以班组安全故事、人才培养等反映煤矿工人工作、生活的内容为题材编写剧本，精心塑造当代矿工的良好精神风

貌。制作的7部作品在神东煤炭集团电视台和内部网站等媒体进行了展播，在矿区范围内掀起了观看榆家梁煤矿微电影的热潮，在矿井文化建设中发挥了里程碑作用。

举办矿井首届“班组安全文化艺术节”。设书画摄影展、班组建设宣传片展示学习、班组长演讲比赛、家属安全亲情寄语视频展播、班组员工才艺大比拼等8项活动，集中展示矿井班组建设、安全管理等方面取得的新经验、新成就；展示矿井管理和文化建设的新思路、新举措；展示广大员工的新风采、新形象。

开展“安全生产荣誉矿工”评选表彰活动。评选要求满足3个重要条件：在榆家梁煤矿井下工作累计满9年，目前仍在井下工作的；井下工作期间本人无中等以上不安全行为，未发生轻伤以上人身事故及重大责任事故的；无违反劳动纪律、无打架斗殴等不良记录的。评选历时一个月，最终146名员工获得了“安全生产荣誉矿工”殊荣。

坚持开展“全员兼当群安员”活动。矿设立了群安员有效安全信息奖，每条10元，月度考核，季度兑现。矿工会每季度召开群安员座谈会议，对征集到带有普遍性、重点性问题进行了督办落实。

季度召开家属协管互动。充分发挥家属协管员协管安全的作用，利用节假日在井口开展“送温暖”活动，员工家属在井口将剃须刀、牙膏、巧克力和水果送到员工手中，温情十足；区队开展的家属话安全、谈参观感受、安全签名等，增进家属对矿井工作的了解和支持；同时开展了家属亲情寄语征集和签订夫妻安全协议书活动，较好发挥了家属协管安全的作用。

开展安全生产月活动。通过开展安全生产月主题签名、赠送安全书籍、组织员工观看安全专题片，举行《安全生产月事故案例》观后感征集活动，并组织家属协管员、青年志愿者在井口为员工发放安全随身手册、毛巾等物品，不断增强员工的安全意识。

围绕安全生产开展文化建设是矿井文化建设多年来不变的准则，采取形式多样的活动和方式增强了员工的安全生产意识，让“我要安全”成为员工的普通工作心态，更好的服务和促进了矿井的安全生产工作。

### 强化班组文化，激发员工的主观能动性

为促进企业从制度管理向文化管理转变，矿井从班组文化建设入手，引导基层单位采取新老员工座谈、查阅资料等方式，梳理各自的发展历程和重大事件，通过总结提炼，初步形成了管理理念、工作格言、管理目标等文化理念。邀请文化建设专业人士进行指导修订和宣贯，形成了贴合基层班组实际的班组文化理念。

班组文化建设各具特色。连采5队结合自身工作场所流动性大的实际情况，将班组文化定位为“泰山文化”，并以泰山为文化标识，提炼出了“区队安全为泰山之本，班组和谐为泰山之基，员工利益为泰山之巅”的管理理念。连采一队建设“色彩文化”，采用不同的色彩为文化标识，检修班为绿色心情班组，生产一班为蓝色天空班组，生产二班为红色奔放班组，生产三班为黄色收获班组。运转队采用虎、马、蛇、牛、鸡、雁、鹰作为各班组的“图腾”标识，将“强素质、保安全、增效益、促和谐”作为管理理念，将“安全运输出每一块煤炭”确定为工作目标。车队立足服务全矿安全生产的本职，确定了“雷锋车队”文化理念，文化标识与理念的完美融合，凸显了文化的特点和特色，得到班组员工的普遍欢迎。

班组制度文化严谨细致。班组建设过程中，通过制定制度、约定俗成习惯的养成，使得制度文化不断完善。为发挥基层班组和员工参与基层建设工作的主观能动性，推进班组建设工作，矿成立了班组长自主管理协会，下设采掘、机运、辅助运输3个分会，自主管理和组织日常活动，分会内部自行制定各项管理制度，规划各类活动。将每月15日确定为“班组长活动日”，相关分会拿出活动方案，协会和矿领导把关审批，开展班组“日评价，月评星”活动，班组长根据员工当天工作表现进行考核评价打分，每月评选星级员工和星级班组。

班组行为文化：比学赶超。一是发挥标杆区队的标杆作用。每月进行班组建设考核，全矿各基层单位中，总成绩第一名的区队被评为标杆区队，颁发“标杆区队”奖牌，提升区队班组的集体荣誉感。同时，通过组织各区队月度互检互学等方式，引导其他区队向先进学习。二是发挥金银牌班组长的榜样作用。对金、银牌班组提出高标准、严要求，启发金银牌班组创新标准，提升品牌形象。带头执行列队检身制度、列队交接班、排队上下车制度，每月初在井口进行安全宣誓，统一金牌、银牌头盔标志，统一佩戴臂章标志，增强荣誉感和责任感，带动各班组比学赶超。三是号召向金银牌班组长学习。鼓励全矿班组学习先进榜样，推动全矿班组建设工作再上新台阶。

（本文摘自《中国企业文化》）

## “争先”催放梅花香

神华宁夏煤业集团梅花井煤矿

坐落在宁夏宁东鸳鸯湖矿区的梅花井煤矿，是神宁集团单井设计产能最大的矿井，是宁东能源化工基地配套建设的标杆示范矿井。梅花井煤矿汲取梅花之魂凝练自身文化基因，在矿井发展建设的征程中演绎出梅花般果敢坚毅、迎春早发的动人品性。梅花不畏严寒风雪，独自绽放，以敢为“人”先和不屈不挠的进取精神成为百花之魁。现代化煤矿或坐于大山深处或坐于戈壁荒漠，无数矿工千米井巷挖掘勘采，从黑暗中攫取光明、百折不挠的精神正是梅花品质的写照。

### 一、“梅花”文化的由来

梅花井煤矿一期工程通过发改委验收，驶入了快速发展的快车道，在破解鸳鸯湖矿区水害问题和顶板支护难题上

探索出“超前探放水技术”和“梅花井一次成巷快速掘进法”备受业界关注和赞誉，先后荣获全国“黄河流域水土保持先进单位”、“高产高效矿井”、中国“最美矿山”等多项荣誉，被赞誉为“塞上梅花第一井”。

现代化千万吨矿井的建设，依靠科技进步，产能攀升迅速，人文条件优越，员工生活、工作环境有了明显改观。煤矿企业与自然作斗争的行业属性，是众多行业中条件最为辛苦、隐患尤为突出之地。为此，用文化统一思想、凝聚人心成为煤矿管理的必由之路。煤矿企业文化既要激励员工发扬吃苦、奉献的精神，又要引导员工知安保安、健康乐观的工作生活。

经过挖掘、探索，“梅花文化”浮出水面，成为矿井实现文化引领、文化强企的有益尝试。在梅花井矿从志拓四荒、枕石宿星到绿树茵区、和谐生歌，无不体现出“梅花”特有的傲骨战寒、迎春早发之坚韧品性和天与清香的厚爱情愫，因此以“梅花”品格为核心，激励员工“迎难而上、永争第一”的梅花文化因地而生，有着最为坚实的土壤。

梅花井这个富有诗意的名字有着一段动人的传说，相传千年前，有一人家在此打井，出来的都是咸水，可是他们始终没有放弃，不停打井，这种坚持不懈的精神感动了上天，玉皇大帝夜派梅花仙女往井中撒入梅花，于是咸水变甜，这家人便在此繁衍生息，取名梅花井。

梅花井确是一块风水宝地，地层深处丰富的煤炭资源成为了造福宁夏、造福宁东的一大宝藏。取“梅花”为文化体系的冠名，不仅有着实际意义，也便于共识和认同。另一方面“塞上梅花第一井”的建设成果已在业界有了广泛认同，亚洲最长的二号缓坡副斜井，亚洲最长的无轨胶轮运输斜井，西北走向最长的综采工作面，宁夏最长的综采工作面运输顺槽等多项殊荣，培育了梅花井人“有一必争、逢冠必夺”的品质。

## 二、从“梅花”文化到“梅花争先”文化的演变

“梅花”文化以弘扬梅花“迎春早发、凌寒傲霜、沉雄坚毅、天与清香、坚贞高洁、君子之风”的品格为中心，凝聚和鼓舞梅花井人继承与发扬“梅花绽放，花为神宁开；激情创业，情为神华献”的干事创业情怀和责任意识，让员工自觉把矿井发展作为自觉目标。

作为神宁集团的二级单位，集团公司提出建设“安全、责任、和谐、廉洁、创新、争先”6类特色子文化，突出意识争先、管理争先、行为争先的“争先”子文化正与梅花文化强调的弘扬梅花迎春早发精神不谋而合，因此矿井正式确立了以梅花争先文化为特色文化创建品牌，开启了企业文化的顶层设计之路。

## 三、梅花争先文化的内涵

梅花争先文化是梅花井煤矿对神宁集团企业文化体系的继承和自身企业文化体系的结晶，是梅花井煤矿企业文化的主体和形象表达。

梅花争先文化以弘扬梅花“凌寒傲霜、迎春早发、坚韧不拔、坚贞高洁、天与清香、自强不息”的品格为精髓，激发“梅花争先、永创一流”为驱动力，以“奋勇争先、勇攀高峰”的气魄，打造人本化、数字化、园林式国内一流安全绿色智能幸福梅花井。

争先是文化核心，即争优秀人才之先、争优势文化之先、争优良管理之先、争优越环境之先、争优质产品之先、争优异工程之先、争优美矿山之先。在“七个争先”的整体构架下，确立了梅花争先文化对矿井全方面的融合与覆盖。

梅花争先文化体系理念层包括核心理念和基本理念两部分。核心理念包括3个元素：梅花愿景、梅花作风、梅花精神，是企业文化系统的基本精神及运作的原动力。基本理念包括5个要素：争先理念、争先原则、争先准则、争先信条、争先情怀，是对核心理念在不同领域的延伸和细化。

行为层以“亲和优”为抓手，让文化经历从理念到行动、从抽象到具体、从理论到实践的过程，是文化建设的关键。

表象层包括3个元素：矿花、形象、文化之歌。是对梅花井煤矿理念的形象化和生动化。

## 四、梅花争先文化的引领功效

梅花争先文化激励和鼓舞员工干劲，作为行为层的核心抓手“亲、和、优”三基色，是规范员工日常行为的重要载体。

**（一）理念与实践结合：以“亲和优”实现争先载体和途径。**

“亲”是管理的手段；“和”是营造环境和氛围；“优”是管理的最终目的。亲是亲心亲近、亲力亲为，包含对人、对事两个方面。

对人要亲近真诚，通过亲情寄语等载体和形式，注重亲情感化、亲情感召、亲情感动。耐心、亲切、真心实意的亲情教育是提高员工安全意识最为有效的手段，通过开展亲情安全寄语、亲情家书等活动，加强自我保安意识，自觉按章作业。亲文化强调“亲近真诚待人”的管理方式，管理者要把员工当“兄弟”，晓之以理、动之以情，增加亲情感化、亲情感动的教育频率，把员工紧密团结在一起。

对事要亲力亲为。不断延伸和推广“有心、用心、齐心、精心、爱心、恒心”的“六心”工作法，弘扬“不讲条件、不计得失、不惧困难、不甘落后”的“四不精神”。这种精神既是梅花井人所需汲取的精魂，也是梅花井固有品行的写照。

**（二）和是和谐、合作、合力，是管理的土壤环境。**

和文化就是倡导“和为贵、合生力”的处事原则，努力营造和谐的环境与氛围，为实现矿井各项目标奠定基础。科学开采，与自然相和谐，才能持续发展，以打造“绿色矿山”为目标，有规划地进行矿山开采和植被保护；地企和谐，形成稳定的创业环境；人与人相和谐，做到“一家人、一盘棋、一目标”，使企业快速发展。和谐文化是弘扬和传播和谐主

旋律，加强人与人之间的沟通、信任，积极推进“以人为本”的管理模式，全面推进矿井和谐发展。

**（三）优是优秀、优美，是管理的终极目标。**

创优的最终目标是创造优美矿山，围绕这一目标，全面推进“全员绩效管理、全面风险预控、全面预算管理”三全管理法。围绕“优秀人才、优良管理、优势文化、优越环境、优质产品、优异工程”的六有目标，着力抓好人才这一核心，抓好管理这一关键，抓好文化这一内在；通过人才、管理、文化 3 个抓手，最终实现优美矿山的目标。

### 五、表象与落地相结合：融入矿井生产是文化践行的具体途径

一是突出物质层表现。物质层面是企业文化核心理念的物化形式，是企业文化核心理念的对外展示，也是对企业员工的理念提示。

一常识，即梅花常识。介绍梅花的品格，梅花的美丽传说、梅花的诗词赏析，让员工了解梅花，更懂梅花品性。

一故事，即梅花故事。紧扣矿井生产现场和员工工作、生活，编印从员工中来，到员工中去的人物故事，引发共鸣，激发干劲。

一图腾，即梅花图腾。创造矿井的精神形象，设计出独具梅花品性和梅花井气息的内部表象，衬托浓郁的文化氛围。

二是抓好梅花文化与安全生产、矿区建设的融合。在物质表现的基础，积极结合矿井实际，从服务安全管理、生产经营建设入手，着力抓好 3 个“融入”，切实发挥梅花发挥的铸魂、聚力作用。

融入员工行为。注重关心员工、关爱员工，建设完善了文体活动中心，坚持每月开展一次文体活动，每年为员工办 10 件好事实事，不断改善企业员工的精神面貌和生活行为，增强干部员工的工作热情。

融入安全生产。开展以“梅花奖”和“梅花杯”冠名的职工文化艺术节和职业技能竞赛活动，将先进集体、先进个人冠以“梅花之星”的美誉，将各项工作突出的区队会议室以“梅花”的品名命名，发挥先进典型的示范引领作用；开展创建梅花标杆区队、梅花精品巷道、梅花精品工作面等形式多样的活动，用文化力促进安全管理升级。

融入制度执行。把梅花的作风植入到安全生产的执行力上，通过梅花品格的弘扬，形成“立即就办、负责到底”的工作作风和“先人一步、快人一拍、高人一招”的争先准则，探索出“有心、用心、齐心、精心、爱心、恒心”工作法，以“认真、负责、服务、奉献”的工作理念为指引，坚定“争先进位、勇攀高峰”的工作要求，完善“本质安全型、质量效益型、资源节约型、科技创新型、和谐发展型”五型企业考核管理制度，形成文化与制度和谐统一、软硬兼施的管理模式，提升各项工作的执行力。

（供稿人：郑宁）

# 建塑特色安全文化　助推矿井高效发展

皖北煤电集团卧龙湖煤矿

皖北煤电卧龙湖煤矿认真贯彻落实“安全第一、预防为主、综合治理”的工作方针，紧紧围绕皖北煤电集团“136”安全文化建塑模式，将安全文化建塑工作贯穿到矿井各项工作，促进安全文化建塑工作真正体现在行为上、落实在岗位中、作用于管理中，成为引领矿井又好又快发展的重要推动力量。先后荣获“全国煤炭系统第七批文明煤矿”、“全国企业文化建塑优秀单位”、“安徽省煤矿瓦斯治理先进单位”、“安徽省煤矿安全生产先进单位”、“改革开放 35 周年企业文化竞争力优秀单位”、“中部地区百佳企业文化品牌”等多项荣誉。

### 一、实施“三级联创”，提升安全文化执行力

卧龙湖煤矿把安全文化建塑作为“一把手”工程，制定下发了《卧龙湖矿安全文化建塑工作实施意见》、《卧龙湖矿安全文化建塑工作考核办法》专项文件，实施矿、区队、班组 3 级建塑联创工作机制，推动创建工作扎实有效开展。定期召开安全文化建塑专题会议，开展监督检查，考核责任单位，召开建塑工作表彰会。使安全文化建塑工作与矿井安全生产、经营管理工作同安排、同部署、同考核、同奖惩。设立安全文化建塑专项资金，用于对安全文化先进个人、先进单位的表彰奖励，有效激发全员参与建塑工作的积极性和主动性。

### 二、搭建宣教网络，提升员工自主安全意识

**（一）安全理念宣教“入脑”。**

牢固树立“珍爱生命，让安全成为我们的习惯”和“事故可防可控”的安全理念，在公共场所悬挂安全警句、理念牌板、提示灯箱，在电视上播出安全专题节目，班前组织干部员工对皖北煤电《安全文化手册》进行学习，使员工处处能感受到安全文化的熏陶和启迪，增强员工对安全理念的认知认同。深入井口班前开展事故案例教育、安全演讲、安全宣誓、安全签字仪式、“敬畏生命”安全大讨论、安全小故事等安全宣教活动，构筑起“无形胜有形”的安全防线。

**（二）亲情安全宣教“入心”。**

建立了群安、协安、青安工作长效机制，坚持定期与不定期开展“零点行动”、“奉献在双休”、员工家属下井体验、“三违”帮教进家入户、“三违”帮教挂靠区队、“三违”人员家属座谈会等活动，用亲情感化员工，用柔情教育员工，切实提高员工安全意识。

### 三、“三大”途径搭建，提升员工整体素质

**（一）为员工岗位成才搭建“跑道”。**

以“1055”培训工程为契机，以“一带三考一交流”为抓手，打造班队长成长“绿色通道”。实行“一对一”导

师带徒式培训，开展“找茬”式培训活动，实现了工种岗位知识学习、考试网络化。

**（二）为员工成才搭建“平台”。**

不断丰富“员工书屋”，矿级“员工书屋”新增图书60000余册，基层科区二级“员工书屋”新增图书4000多册。积极开展“读书明星”评比和女职工读书心得征文活动，有效激发了全员“多读书、爱读书、读好书”的良好习惯。

**（三）为员工成才搭建“舞台”。**

扎实开展“一年一评”，优胜劣汰，与高校合作，鼓励员工参加成人再教育培训。建立合理化建议奖励制度，开展CIA持续改进行动、“英雄行动”、员工成果命名、“五小科技”征集行动，对具有原创性、先进性、突破性的技术成果、先进工艺、先进操作方法采用员工的名字命名，给予物质、精神双重奖励。

## 四、创新“五项”机制，提升矿井安全指数

**（一）创新安全评级和专业性预警机制。**

由公司安监局及以上单位，对矿安全状况进行评级，安全级别分为黄色、橙色、红色、深红色4个等级。建立矿、科区、班组、岗位专业预警机制，由安全矿长组织安全监察部等职能单位，根据近3年单位发生的事故统计，对各专业实行黄色、橙色、红色、深红色安全预警，提高各单位超前预想各种安全隐患的能力。

**（二）创新安全风险投资机制。**

抓好煤矿安全工作，员工是关键。卧龙湖矿坚持在分配机制上进行创新，深入推行全员安全风险期权认购，将员工收入与矿井安全形势、区队安全生产、个人安全行为挂钩，进行月度考核，季度兑现，让全体员工充分认识到安全是最大的效益，不断强化全员安全责任意识及安全风险共担意识，推动安全管理由被动转变成主动。

**（三）创新隐患排查治理机制。**

隐患排查治理抓好安全突破口，创新排查治理撒好“三道网”。

第一道网是抓基层单位自主安全管理。基层单位党政一把手对所分管范围内安全隐患进行自查，月底前对本月工作进行总结，组织队长以上管理人员讨论，确定下月安全工作重点，并在下月初的第一个安全生产例会上汇报，职能部室予以点评。对安全隐患实行看板管理，将安全管理月重点、周重点、日重点上墙公布，确保员工掌握所在班队的安全重点及安全隐患点，提升员工安全警觉和责任意识。

第二道网是抓职能单位安全责任包干。矿对井下所有头面进行安全责任区划分，由安、技、调等职能部门包干，责任到人，打分考核。对于监管不利的，如责任区内隐患未发现、出现工伤、被停止作业等，与责任人绩效考核挂钩兑现。

第三道网是抓好矿级隐患排查管理工作。每周隐患排查时，矿以基层单位安全重点管理看牌为基础，制定各头面排查清单，对单位自查情况进行重点检查，形成聚焦，确保全方位抓好安全管理。推行“55155”隐患排查，即：改以往每月周一进行4次排查为每月周五进行4次排查，第三周周一增加一次排查，排查分为早、中、夜班进行。月度隐患排查重点由基层单位制定，报副总、分管领导审批后报安全监察部，安全监察部根据基层单位制定的隐患排查重点，制定全矿隐患排查重点，并报分管副总、分管领导审查执行。排查内容实行“菜单式”检查，进一步加大隐患排查频次和排查质量。

**（四）创新干部管理问责机制。**

安全生产操作在员工、责任在干部、关键在作风。强化干部作风是抓好安全的关键环节。明确班子成员分工。政工领导干部与行政干部同等下井，并将下井跟班个数由6个提高到8个，做到井下现场交接班，将签到表做成电子版存到电脑，以备随时抽查。

## 五、“七大”特色载体，提升文化建塑效果

**（一）实施班前礼仪“十步曲”。**

在遵照集团公司要求的“七步”班前礼仪法的基础上，结合矿井实际，创新实施了班前礼仪“十部曲”，以“现身说、分析找、优差评、针对防”的互动式班前会，发挥出班前会安全“前沿阵地”作用。

**（二）推行“菜单式”交接班。**

以安全状况、设备完好、安全生产为主要内容，推行菜单式交接班，对设备是否有带病运转现象、各种设备零部件是否齐全完好、工作区域环境卫生情况是否良好等，涉及人、物、机、环境的进行安全确认，确认无误签字后，才能开始生产。

**（三）构建安全联保机制。**

建立健全安全联保机制，每两人结成联保对子，签订安全联保责任书，互相监督、互相保证。坚持“四人联岗”工作制度，要求当班跟班长、队长、安监员、瓦检员严格执行不安全不生产、隐患不排除不生产，危险源辨识不清不开工、施工前不进行“POE”安全确认不开工的原则，严把安全生产防线。规定机关各职能科室管理人员每周参加联责单位一次安全例会、一次班前会；每月不少于3人次的联责单位员工思想动态调查及“三违”帮教；每月向联责单位提出3条合理化建议，召开1次班队安全座谈会，向员工及时传达贯彻上级文件会议精神，帮助解决班队建设中遇到的困难和问题。

**（四）推行6S管理。**

加大6S管理力度，制定《卧龙湖矿精神文明创建考核办法》、《卧龙湖矿6S标准化科室考核办法》、《卧龙湖矿6S标准化车间考核办法》等文件，对地面办公区域、两堂一舍、工广和井下工作现场，划定责任单位，实行工资与文明创建指标挂钩考核。

**（五）推行安全诚信建设。**

推行安全诚信矿井建设，下发《卧龙湖矿安全生产诚信矿井建设实施意见》，开展“四级”安全生产诚信建设体

系。即岗位安全生产诚信、班组安全生产诚信、区队（科室）安全生产诚信、矿安全生产诚信，形成了层层监督闭环管理网络。建立“三违人员黑名单”制度，进入“黑名单”的人员，取消本人年度相关评优评先资格，班组进入“黑名单”2人次、部室进入“黑名单”3人次的，取消班组、部室年度评优评先资格，使安全生产诚信建设成为考核、评价的重要工具。

**（六）推行“POE”安全确认。**

制定了《卧龙湖煤矿“POE”安全确认考核办法》，对全矿所有岗位建立岗位流程、作业标准、应急处置和安全确认标准，利用班前班后会、安全例会，分系统举办班队长、管技人员和工种骨干“手指口述”、“岗位描述”安全演练。将准军事化管理与POE安全确认有机融合，对员工入井前安全状态确认、着装站姿、劳动保护品配戴、集体列队、井下行走、集体交接班、个体岗前确认、班中确认、安全效果评价等进行全方位、全过程的排查确认。

（本文摘自《中国企业文化》

# 交通与运输业

## 创建企业文化示范单位的引领作用

北京铁路局

北京铁路局是中国铁路总公司管理的大型铁路运输企业，是以铁路客货运输为主的特大型国有企业。在实施“文化引领工程”中，以创建企业文化示范单位为载体，通过示范单位的带动引领，使企业文化对全局安全、服务、经营等重点工作的支撑保证作用日益突显。

### 一、创建企业文化示范单位的工作思路

**（一）明确创建目标。**

把构建系统规范、特色鲜明的京铁企业文化示范单位作为文化创建的总目标，按照“重点突破、深化提高、巩固发展”的思路，预计2013年创建“企业文化示范单位”的数量达到全局单位总数的20%；2014年达到全局单位总数的50%；2015年达到全局单位总数的80%；2016年力争全局各单位全部达到示范单位标准。

**（二）明确创建方式。**

区分系统、站段、车间、班组等不同层次，以安全、服务、经营文化为重点，着力打造理念、制度、素质、典型、环境“五大文化体系”，分别创建示范单位、示范车间、示范班组，逐步形成各系统、各层次特色鲜明，相互联系、相互匹配、相互补充的创建格局。

**（三）明确创建内容。**

建立并形成具有本单位特色、完整规范的价值理念体系；建立并形成科学规范的制度体系；建立并形成与企业发展相适应的人才培养长效机制；建立并形成典型选树、品牌创建的长效工作机制；企业整体形象内实外美、特色鲜明；企业文化组织机构职责清晰、分工明确；运输安全稳定、生产任务优质完成、全面实现经营指标。

### 二、创建企业文化示范单位的基本做法

**（一）加强组织，有序创建。**

抓安排布置。每年以党政工团联文的形式，制定下发《企业文化建设重点任务推进计划》，明确推进措施，落实责任分工，确保各项任务按预期完成。

抓标准制定。制定《企业文化示范单位考核标准》，拟定出7个方面27项企业文化示范单位具体考核内容。将理念培育宣贯、企业管理制度、职工业务素质、品牌典型建设、职场及服务环境、文化建设组织领导以及安全、路风、综治一票否决内容等纳入考核。

抓考核评比。以“有系统理念、有制度规范、有优秀队伍、有优质环境、有突出成果”的“五有”标准，宣传部会同业务部门和综合部门进行检查，经路局党政联席会议讨论，组织考核命名，并给予现金奖励。对已命名的“企业文化示范单位”进行复核，不达标的单位做摘牌处理。

**（二）抓住重点，确保质量。**

一是创建“让人民群众满意”为核心的理念文化体系。把建设理念文化体系作为企业文化建设的核心内容，形成“报效祖国、忠于职守、艰苦奋斗、永当先锋”的京铁企业精神，形成以“安全第一，生命至上”为主要内容的“北京铁路局安全风险管理十大基本理念”等理念体系。通过开展社会主义核心价值观教育，开展新时期铁路精神、京铁精神的宣传教育，举办“企业文化知识专题讲座”、“对照理念找差距”主题实践活动等，使价值理念在教育中求得认同，在行动中得以贯彻，在实践中不断发展，促进了干部职工知行合一、习惯养成。

二是创建“作业标准化”为重点的制度文化体系。坚持以制度体现文化，将文化融于制度，不断完善和建立健全安全生产、客货运服务、经营管理的各项规章制度。制定并加强《干部履责说明书》、《职工作业指导书》等法律法规制度的宣传教育，让干部职工更加清楚自身的职责、明白作业程序和达到的标准。制定《落实“三个出行”常态化实施方案》、《路局工作质量考核细则》、《职工防止重大事故重奖办法》等系列文件措施，在确保规章制度严肃性、权威性的同时，赋予制度的人文特征，提高干部按规范管理，职工按标准作业的自觉性。

三是创建“打造高素质职工队伍”为目标的素质文化体系。开展建设“学习型、服务型、创新型”领导班子、“创建学习型企业，争做知识型职工”活动，提高干部职工的学习力创新力。以思想道德、职业技能建设为重点，制定《客运服务明星评选表彰办法》、《货运营销明星、货运营销能手评选表彰办法》；修订关于完善劳动用工管理的措施，对获得路局服务明星的22名劳务工，路局直接与其签订劳动

合同，转变其身份变为铁路正式职工，有效激发和带动一线职工创先争优、提高技能、争当明星的积极性。

四是创建“增强典型引领力、企业影响力”为标志的典型文化体系。坚持“典型引领工程”长效机制，开展“最美京铁人”评选，形成“九朵金花”服务品牌为代表的先进典型群体。大力弘扬和表彰北京南站“润秋服务组”先进事迹，拓展“毛泽东号”机车组、“036”、党内优质品牌、青年文明号等品牌效应。组织北京站“素萍服务组”李素萍、天津站售票员马荣、石家庄站客运值班员楚九鹏“全国劳模”巡回宣讲报告会，推进“康之旅”等安全、服务、经营、管理品牌建设，对内，激励干部职工确保安全、服务旅客、创先争优；对外，解决服务旅客货主“最后一公里”的问题，扩大企业影响力，提高路局的知名度和美誉度。

五是创建“营造高品位的企业环境”为追求的环境文化体系。构建内涵深刻、文化气息浓厚的宣传环境，抓好职工书屋、活动室、报纸、板报、局域网等文化载体和阵地的建设。坚持“严格管理与关爱职工”相统一，推行“亲情关爱型”思想政治工作，职工群众得到充分尊重和关爱，干群共同从严要求、严格管理的和谐人际环境。开展文艺汇演、歌咏比赛、体育健身、读书评比、文艺创作等群众性文体活动，使全局企业文化建设呈现异彩纷呈的态势。

**（三）示范引领，全面推进。**

一是开展实地观摩。注重发挥“示范单位”以点带面、示范引领的作用，综合考虑系统、地域和行业因素，选择了北京、天津、石家庄3个地区7个单位的9个岗点，组织269名局属单位党政正职、分管领导和宣传干部观摩学习。

二是进行实物展示。利用全局企业文化推进会的时机，在路局党（干）校搭建专门展台，由北京站、唐山机务段、邯郸车务段等8个示范单位，充分展示包括图片、宣传册、实物、音视频等在内的企业文化建设成果，方便兄弟单位学习借鉴。

三是播放影片推广。从50个示范单位的企业形象宣传片中择优选取16部影片，利用新媒体进行大范围的播放展示，同时组织编辑合成发放，在全局范围推广这些单位在提炼企业精神和理念、美化职场环境、打造优质品牌等方面的经验做法。

通过“企业文化示范单位”创建活动，我局的“文化引领工程”逐步显现成效。促进了企业管理观念的转变，干部职工牢固树立“安全第一，生命至上”、“安全大如天，责任重于山”、“以服务为宗旨，待旅客如亲人”的意识；促进了安全管理、服务水平、设备质量、职工素质显著提升，保持了安全生产持续稳定，旅客“三出行”、货运“门到门”逐渐向常态化演变；促进了干部职工的思想融合、管理工作的创新，各项工作的文化含量日益浓厚；促进了思想政治工作向企业管理的深层次渗透，人本管理、亲情化教育、严爱相济等理念使思想政治工作与企业管理实现有机融合；形成了企业文化建设发展的良好态势，先后获得了“全国安全文化建设示范企业”、“中国企业文化建设百佳企业”、“企业文化建设模范单位”等荣誉称号。

## 三、创建企业文化示范单位的体会启示

**（一）顶层设计，统筹谋划，是开展企业文化建设的重要基础。**

企业文化建设是一项涉及内容多、覆盖面广的系统工程，在规划企业文化建设时，只有统筹规划，系统设计，明确工作目标和阶段任务，一项工作一项工作抓好落实，才能保证企业文化建设有序推进、不走弯路。许多单位之所以文化建设上得去、有成绩，一定程度上就是对本单位的企业文化工作进行了认真研究和思考，进行了整体规划，使文化建设工作目标明确、系统推进，避免了零打碎敲、顾此失彼，使文化建设在整体效果上得到了提升。

**（二）继承创新，突出特色，是开展企业文化建设的基本要求。**

北京局已经走过60年的发展历程，许多站段有着百年光荣历史，积累蕴含着丰厚的历史人文文化，在全局安全、服务、经营及各项管理工作中发挥着重要的作用，这是建设和发展企业文化的不竭源泉。在企业文化建设中要牢牢把握传承优秀成果，创新优秀文化，通过理念渗透，制度约束和激励，典型引领，环境熏陶，把优秀的企业文化反映在制度上，体现在管理中，植根于干部职工心中。

**（三）齐抓共建，形成氛围，是开展企业文化建设的有力保障。**

企业文化建设是一项关系企业长远发展的全局性、基础性工作，是企业管理的重要内容，必须统筹党政工团各方力量，才能形成协调、顺畅、高效的运行机制。只有党政工团齐抓共建，各负其责，才能把企业文化建设同运输生产、经营管理及思想政治工作、精神文明建设等工作结合起来，以文化促发展、以文化促文明、以文化促和谐，企业文化才能流光溢彩，异彩纷呈，展现出强大的生命力。

（供稿人：孙生会）

# 以传承求巩固　以创新求发展

河北港口集团有限公司

河北港口集团有限公司是河北省属大型国有企业集团，集港口建设、开发，国有资产运营、管理以及投融资功能于一身的综合性企业集团。港口经营业务主要布局在秦皇岛港、唐山曹妃甸港区、沧州黄骅港综合港区，是当今世界最大干散货港口运输企业，是东北、华北、西北地区的重要出海港口。河北港口集团党委高度重视企业文化建设，坚持用文化引领发展、创造价值，促进管理水平和经济效益不断提高。先后荣获全国企业文化建设优秀单位、全国精神文明建设工作先进单位、“十二五”企业文化建设标杆企业、全国交通运输文化建设优秀单位等荣誉称号。

## 与时俱进、重新定位，创建企业文化建设新格局

河北港口集团前身是秦皇岛港务集团有限公司，源于1898年（清光绪24年）自行开埠建港的秦皇岛港，具有118年历史。在企业百年发展历程中，集团企业文化经历了生成、培育、发展、整合的过程。特别是2009年7月8日，河北港口集团在省会石家庄揭牌成立，企业的管理体制、主体地位、职能作用发生了根本性转变，省委、省政府赋予了集团公司整合省内港口岸线资源，推动河北省沿海港口功能和结构调整，促进港口与临港产业统筹发展的重要职能。这一转变不仅对集团公司发展提出了新的要求，而且对建设集团公司企业文化新格局提出了新的定位。

从2010年开始，集团公司组织力量开展调研，着眼新定位、新使命，继承秦港文化优秀成分，谋划企业文化转型。2010年8月，正式印发《关于加强企业文化建设的意见》，明确了跨区域发展、集团化建设新背景下加强和改进企业文化建设的重要意义、指导思想、总体目标、基本原则与主要内容，提出了具体措施和要求，成为企业文化建设的纲领性文件。《意见》着眼集团化建设新要求，坚持服务集团战略发展，以及对外独树一帜、对内百花齐放等五项原则，分四个步骤全面推行理念、行为、视觉识别系统，建设具有河北港口集团特色的企业文化体系，形成了集团公司企业文化建设新格局，为企业文化建设工作有序推进、健康发展打下了坚实的基础。

## 整合创新、确立航标，构建四大核心理念新体系

理念是文化的灵魂。在核心理念文本起草过程中，集团公司坚持上下结合、内外结合、继承与创新结合，广泛征求意见。2010年11月，委托中国文化研究会企业文化专业委员会召开专家论证会，根据与会专家建议对理念表述语做了修改。2011年，根据集团发展战略、“十二五”规划和新一届领导班子确定的企业发展新格局，对核心理念文本再作调整，最终形成了以“忠敬文化”为取向的核心理念体系，并于11月正式发布《河北港口集团核心理念文本》，确立了“打造现代港口物流服务商、建设和谐生态新港湾”的企业愿景、“忠诚奉献、敬业爱岗、团结奋进、争创一流”的企业精神、“盛德大业、惠世报国”的企业使命、“为国家做贡献、为企业求发展、为职工谋利益”的企业价值观等新的集团公司四大核心理念，成为企业振兴发展的新航标。

## 修订规范、加强引导，夯实职工文明行为新导向

集团始终重视职工行为养成，以文明规范的行为展示企业形象，提高服务水平。集团公司成立伊始，立即着手审视和修订《职工行为规范》，对原秦港集团发布的《职工行为规范》进行了修订完善。2010年12月，经集团公司党政联席会议审议通过，新的《职工行为规范》正式颁行。

注重发挥先进典型的示范引领作用。组织召开全国劳动模范张海波先进事迹报告会，编印发放集团首部企业文化故事集——《蓝湾故事》，开展“中国梦·强港梦·赶考行”职工故事汇活动，坚持用身边事教育身边人，进一步增强了干部职工干事创业的激情。2015年，集团职工田礼、张立秋分别被评为河北省职工道德模范、职工道德建设先进个人。

重视职工行为养成，培育文明风尚。把培育和弘扬社会主义核心价值观与人们日常生活紧密联系起来，在落细、落小、落实上下功夫。针对职工在驾车、用餐、旅游、公共卫生、上网等方面存在的不文明行为，组织开展“德行港口．唱响文明”主题活动，编印专题文明行为提示卡，邀请专业人士录制访谈视频，通过集团内部报刊台网、工会多媒体播放系统、微信公众号等渠道进行专题宣传，教育引导职工告别不文明行为，涵养社会公德、职业道德、家庭美德和个人品德，进一步提高了集团广大职工文明素养。2015年，集团秦港股份一公司罐区队被授予河北省文明行业创建标兵。

## 完善系统、改版升级，建立视觉识别系统新形象

打造统一规范的企业形象是集团化建设的重要内容。新组建的河北港口集团，分支机构遍及省内外，制定并执行统一的视觉形象建设规范标准成为一项重要工作。

集团公司党委、集团公司印发《关于严格执行企业视觉识别系统应用规范标准的通知》，明确规定在新的视觉识别系统未出台前，严格执行原秦港集团视觉规范标准，为过渡时期的企业视觉形象建设指明了方向。

为加快视觉识别系统规范标准建设步伐，集团公司开展企业视觉识别系统改版设计工作。经过一年多的努力，发布了《关于司徽、司旗使用管理的规定》，明确了司徽、司旗为集团公司专有标识，规范了司徽、司旗的使用和管理。每年港庆日、司庆日，举行“升司旗、唱司歌”仪式，进一步提升了全体职工对集团公司企业文化的认知，增强了职工的爱岗敬业精神和作为港口工人的荣誉感、自豪感。发布了《河北港口集团视觉识别系统规范标准》《河北港口集团视觉识别系统手册》，成为传承秦港文化、提升集团形象、推进标准化、精细化管理的重要依据。

坚持开展港区暑期现场宣传环境综合整治和视觉形象建设工作。每年5-6月份，开展港区环境容貌专项整治活动，针对视觉环境中出现的问题，落实责任主体，下达整改通知，明确完成时限，全面提升了秦皇岛港区现场环境容貌管理水平。

## 突出重点、以点带面，文化载体日益丰富

为选树集团企业文化建设标杆，集团出台了《企业文化示范基地管理办法（试行）》，按照工作达标、形象达标、行为达标、管理达标、业绩达标的标准，制订了《企业文化示范基地考评细则》。从2014年开始，连续两年评选集团级企业文化示范基地，企业文化建设实现了由点及面、整体提升、整体达标。部分驻外单位以首批企业文化示范基地为标杆，在秉持集团企业文化特色的前提下，主动融入地区文化，扩大了集团形象，赢得了地方支持，迅速打开了事业局

面。企业文化建设在集团化建设中发挥了杠杆作用，服务文化、创新文化、安全文化、环保文化、家园文化、志愿者文化等系统文化、基层文化相融共促，形成了一主多元、百花争妍的文化局面。

基于历史底蕴深厚、文化资源丰富的文化特点，2012年，集团开始建设秦皇岛港口博物馆，2013年，秦皇岛港口博物馆全面建成，填补了港口大省河北省、百年港城秦皇岛没有港口博物馆的空白。开馆3年多来，已接待参观24000余人次，成为集团传承百年文化、塑造企业形象的重要载体。先后被确定为河北省、秦皇岛市爱国主义教育基地、集团公司企业文化示范基地、廉洁文化教育基地以及港口青年宣传教育实践基地，成为集团企业文化建设的新亮点和进行爱国主义教育的新基地。

### 集团推进企业文化发展设想

以社会主义核心价值观为指导，以京津冀协同发展为目标，围绕集团战略发展实际，集团将着力使企业文化建设融入各项管理工作之中，实现企业文化建设与管理工作和谐统一、共同进步。将把理念、行为、视觉识别系统与集团生产组织、安全质量、技术工艺、市场营销和人力资源等经营管理工作深度融合，并用制度固化下来，渗透到集团经营管理的全过程，实现激励约束与文化导向优势互补，促使全体职工将制度规定、岗位规范转化为自觉行动，通过推进精细化管理，促使集团管理水平不断提升。将不断完善企业文化建设工作制度和考核体系，提升企业文化建设管理水平。建立分工负责、协调配合的企业文化建设责任体系，保证企业文化建设工作顺畅运行。建立考核评价和激励机制，定期考评企业文化建设成效并进行奖惩。把企业文化建设经费纳入集团公司预算，加大软硬件投入，为企业文化建设提供必要的资金支持和物质保障。组织进行企业文化知识培训，提高企业文化管理人员的理论素养和工作能力。加强企业文化研究，探索集团企业文化建设的理论体系和内在规律，增强工作的针对性、实效性。加强对基层企业文化建设的指导，定期组织检查，交流典型经验，促进基层企业文化建设规范有序进行。

（作者徐兰丰，系河北港口集团党委工作部企业文化科科长）

## 阳光交通　旗帜飞扬

### 辽宁省阜新市交通局

阜新交通局把阜新交通品牌建设定位为阳光交通，以此激励每一位阜新交通人更好地肩负起阜新交通行业的社会责任。心有阳光，人们才有可能提升生命的品质，把生命的精彩延长；心有阳光，人们才有可能在实现中国梦的过程中带来温暖和希望。如何扎实推进阜新交通文化建设，走出一条符合阜新交通发展实际的文化建设之路，局党委书记、局长刘玉森撰写了《铸造阳光交通品牌，绽放交通文化华彩》的理论文章，系统阐述了阜新交通文化品牌的基本内涵。

### 阳光交通品牌

党的十七届六中全会树起了“文化强国”的旗帜，交通运输部提出了《交通文化建设实施纲要》。阜新市委、市政府也确定了“文化兴市”的战略，这恰恰成为开启阜新阳光交通文化繁荣兴盛之门的“金钥匙”。阜新交通局创造性地总结出《阜新交通文化核心价值体系》，根据这一理念，构建起《阜新交通文化核心价值体系框架》，成为阜新交通人的思想、工作、生活和做人的行为准则。

阜新交通系统自2011年开展“阳光交通”文化建设以来，在全行业引起了强烈的震撼。在构建阜新交通文化体系的过程中，制定了《阜新交通文化建设方案》，召开了阜新交通系统文化建设动员会，对文化建设工作作出了部署和安排，编撰了《阜新交通价值体系》、《阳光交通品牌建设框架》手册。

2012年9月，刘玉森局长在《阜新日报》上发表《打造阳光交通品牌，助推阜新转型振兴》的文章，提出了塑造阳光交通品牌，构建3大体系：阳光交通建设、阳光交通服务、阳光交通执法。确定了6项理念：阜新交通使命、阜新交通愿景、阜新交通精神、阜新交通作风、阜新交通职业道德、阜新交通人才观。不仅确立了阳光交通品牌建设之魂，也划定了阳光交通建设的核心部分。这项被称为“136工程”的文化体系一经问世，就引起了省委的重视，辽宁省委《督查调研报告》第37期刊发了《强化交通先行理念，助推阜新转型振兴--对阜新市打造“阳光交通”品牌的调查》的文章，标志着“阳光交通”文化品牌得以确立。

交通文化贵在由“文”到“化”，最终化为交通生产力。市交通局党委紧紧围绕交通职工的“铺路石精神”，栽花种草，招蝶引凤，使其花香四季，逐成风景。全局职工共撰写131篇自己的故事，局党委精选67篇编辑出版了《阳光交通故事》。这些故事写的是身边人，说的是身边的事，充分体现了阜新交通人服务为民的奉献精神。随着交通职工岗位格言500条的精选问世，职工的书法比赛，体育赛事，文娱演出，此起彼伏。交通岗位格言汇编发至干部职工手中，阜新交通文化品牌建设3大体系之树挂满硕果。

### “阳光交通”品牌建设

交通基础设施建设是经济社会发展的先决性条件，公平、公开、公正的开展交通项目建设是“阳光交通”品牌建设的根本要求。近年来，全市交通系统在“阳光交通”旗帜的引领下，坚持和完善招投标工作机制，制定并实施了项目招投标挂牌监督、招标公开、开标过程公开、评标结果公开、监察考核等一系列制度措施，确保了建设程序的“阳光操作”。开展了“创建示范市工程”、“共产党员工程”、“创建文明优质示范路工程”等活动，积极推进高速公路建设，阜盘高速及北延伸线工程竣工通车后，阜新高速公路总路程将达到304公里，“丰”字形交通骨架初现。提前启动了全长74公里的城市大外环路工程，将城市面积拓展一倍。市区出口路和市区、阜蒙县、新邱区“三位一体”公路达到一级公路标准，提升了城市综合服务水平，实现了建设布局的“阳光普惠”。严把原材料入口关，建立健全并落实了“法人管理、社会监理、施工自检、设计服务”质量保证体系，加强施工规范化管理，在全市范围内开展“平安工地”建设活动，保证了工程建设质量优质安全，做到了监管机制的“阳光普照”，防止腐败现象的发生。

### “阳光交通”服务体系

交通服务与百姓民生息息相关，认真做好交通“三服务”工作是“阳光交通”品牌建设的重要内容。近年来，全市交通系统按照透明、温暖、和谐、向上、廉洁的阳光交通品牌内涵，服务群众，奉献社会，大力改善了运输基础设施条件，先后修建了彰武县、新邱区、阜蒙县客运站及10个乡镇客运站。完成了市长途客运总站6300平方米停车场扩建工程，增设了LED显示屏等服务设施。新建了开发区12个公交车候车廊，对市区主干路站点站牌、候车廊统一进行了更新、维修，公示了20条公交路线图，开展了“阳光交通”车厢文化，树立了车厢先进服务典型。全面启动了阜新世通物流园区和清河门皮革物流园区交通项目，引导道路运输企业向现代物流企业转型。制作了文化背景墙，各种服务理念悬挂于墙上。撰写了职工岗位格言和交通故事，利用电子显示屏上滚动播出交通箴言、交通精神等，使交通干部职工时刻能够受到教育和熏陶。全面开展了服务竞赛活动，实施了“交通窗口”文明示范、客运市场规范化服务、文明出行等服务工程，在客运站等公共场所免费为旅客提供茶水，引导乘客排队等候公交车。在高考、重大节假日以及全市重要活动期间，免费提供公交运输服务。推进了全市3044台出租车双色改造工程，组织编写了《文明的哥手册》，使出租车行业成为阳光服务的流动窗口和平台。此外，我们使交通服务全面融入经济建设，开展了送服务进园区工作，为大唐国际以及重点产业园区发展服务，建立并坚持特事特办、延时服务、节假日预约、现场办公等制度措施。特别是对风电项目运输设备的大型车辆实行了不扣车、不罚款、不扣证的“绿色通道”制度和行政审批“直通车”制度，保证了送服务促项目工作的常态化。

### “阳光交通”执法

交通执法直接影响着交通系统的整体形象，坚持规范执法是交通事业成败的重要影响因素。近年来，全市交通系统加强交通执法长效机制建设，对一线执法人员进行了文明执法工作培训，实现了培训工作制度化、规范化；全面推行了文明执法，要求执法工作做到着装整洁、举止动作规范、仪容风纪严整、服务耐心细致。在执法检查中做到亮证在先、指明违法事实在先，确保执法严格、文明、公正。在机关和窗口单位开展“文明窗口”、“执法标兵”、“服务之星”评选活动，促进了文明执法工作的深入开展，涌现出14个典型单位和129名省、市先进个人。先后开展了“打击黑车专项行动”、“公路工程质量与安全综合督查行动”，有力维护了交通系统的执法权威。

阳光交通路，旗帜在飘扬，塞北涌春潮，一派好风光。这首由刘玉森局长亲自作词的《阳光交通》作为交通部门的原创歌曲，诠释了近年来我市交通的发展历程。大道如歌随梦远，健笔纵横写春秋。阜新交通文化建设任重而道远。只要我们把握好“阳光交通”这个文化建设之魂，乘着党的十八大的东风，使“阳光交通”的力量不断推动交通行业焕发生机与活力，把我们的“中国梦”由远拉近，让“阳光交通”再创辉煌。

## 铸品牌之魂　谱交运新篇

### 交运集团（青岛）

交运集团（青岛）是交通运输部重点联系的大型交通产业集团。从1907年开通运营中国最早的公交线路和1910年运营最早的汽车站起始，到现在形成完善的交通产业生态圈，交运集团始终与社会发展同行，与时代前进同步，历经百年沧桑，传承百年文化，孕育了以“情感”为灵魂的交运品牌文化，谱写了事业发展的新篇章。

#### 一、以情感铸魂，凝聚品牌发展的内核

紧扣情感文化主线，坚持以文化丰富品牌内涵，以品牌引领转型发展，在品牌文化打造中贯穿以“情”为核心的企业文化，把“以人为本，以诚为基，以情为魂，以变为法”的核心价值理念，融入企业创新发展的全过程。

**（一）以诚为基，“情满旅途”创出中国道路交通第一品牌。**

长途运输多年来一直是交运集团的主业，也是企业品牌创建的发端。早在1995年，交运集团就在青岛长途汽车站发起了“情满旅途联手大行动”，向社会表达了企业的真诚承诺，拉开了“创服务名牌，树青岛形象”的序幕，并把情感服务迅速推向全国交通窗口单位。以诚为基、以情暖人，这一“情感”品牌的定位，吸引了国内专家学者的高度关注。2001年新华社在青岛举办“情满旅途”品牌现象高级论坛，把“情满旅途”推定为中国交通运输第一品牌。2009年“情满旅途”被认定为中国道路交通首例中国驰名商标。2014、2015年“情满旅途”连续两年被交通运输部等部委确定为全国春运主题，再次将“情满旅途”推向全国。“情满旅途”不仅为企业赢得了声誉，也为企业持续发展筑牢了根基。

**（二）以情为魂，“温馨巴士”品牌开创城市公交服务新模式。**

交运集团坚持高端定位、品牌引领，成功打造了“家的温馨”这一城市公交服务新模式，创建了“温馨巴士”服务品牌，被认定为城市公交首例中国驰名商标。从“情满旅

途”到“温馨巴士”，交运集团打造的是集“文明服务、文化服务和便民服务”于一体的品牌服务链，改变的不仅仅是传统客运的服务模式，改变更多的是服务的理念、情感的付出，给予乘客更多的是“家”的温馨体验。有乘客来信说：同向行驶的公交车很多，但宁愿多等几分钟，也要坐“温馨巴士”。前市委主要领导曾批示：城市交通都应如此，走品牌之路。

**（三）以变为法，品牌集群助推企业集群式发展。**

一生二、二生三，交运集团不满足于“情满旅途”与“温馨巴士”的双星闪耀，进一步点燃了各板块品牌创建的燎原之势，形成了交运之情、温馨校车、温馨之旅、汽车医院等系列品牌，各板块发展活力得到激发，聚合效应明显，在中国服务业500强、青岛企业50强和青岛服务业20强中的排名不断上升；在中宣部举办的第7届中国企业文化论坛、交通运输部举办的改进提升道路运输服务工作会议上、中国企业文化研究会举办的中外企业文化成都峰会上，交运集团的品牌创建经验都得到推介，交运商标于2015年被认定为中国驰名商标，交运品牌跻身“亚洲品牌500强”，高居交通行业榜首。

## 二、以责任载道，延展品牌优势

企业的生命在于责任担当。我们把打造负责任的企业品牌作为生存发展之道，给员工以关爱、给社会以回报，树立负责任的品牌形象，打造有担当的品牌文化。

**（一）真情凝聚力量，树立关爱职工的品牌形象。**

为让员工“幸福地生活，快乐地工作”，我们着力打造员工幸福工程。实施并完成了工资三年倍增计划，完善多元化薪酬标准，出台老员工工资保障制度并分类发放月份全勤奖，让员工收入有保障；实行每周四天工作制，实施一线女驾乘人员“生理期特殊休假”制度，创建“娱乐、健身、竞技”共融的文体模式，让员工健康有关爱；全面改进办公、就餐、休闲环境，为单身员工发放“爱心便当”，让员工在岗工作有激情，凝聚起发展合力。

**（二）爱心彰显责任，树立奉献社会的品牌形象。**

“社会需要交运，交运奉献社会”，我们把对社会的承诺落实到具体行动中。设立“爱心基金”，资助特需旅客回家；建立“爱心驿站”，为环卫工人提供免费早餐；为出租车驾驶员提供休闲场所；组织“爱心义捐”、发起“爱心支教”，助力希望工程；与青岛一中联合打造“交运创新班”，支持教育事业发展；推出“爱心送考”，免费接送高考中考学生；设置“爱心陪护”，温情服务空巢老人，免费为老人提供送票和接驳服务；开放“爱心公厕”，缓解城市如厕难；建立“失物招领中心”，给顾客带来惊喜；开辟“爱心岗位”，近三年创造了8000多岗位，用真情诠释了“大爱交通”。

**（三）低碳支撑发展，树立绿色环保的品牌形象。**

把奉献社会、服务民生的举措，落实到企业发展方式的转变上。着力优化运力结构，推进充换电站和LNG加气站的全域布局，新增新能源车辆占到交运集团总运力的50%以上。全面推广绿色维修技术，打造国内最大的客运绿色维修基地。加快推进“青岛公共自行车租赁系统”和轨道交通建设，加快现代信息技术的成果转化，以坚定的步伐推进绿色低碳发展。

## 三、以服务延伸，释放品牌文化的能量

“交的是朋友，运的是真情”，这既是服务的口号，更是服务的标准、服务的品牌。正是因为把服务作为品牌创建的根本，企业服务的链条才得以不断延伸，服务的领域才不断拓展。

**（一）立足于顾客需求，打造品牌服务特色。**

倡导并践行“有心，有爱，有真情；做精，做细，做完美”的服务理念，以赢得顾客满意。把体验服务作为创新点，在汽车站为旅客提供“女士专属化妆室”“邮寄儿童”“便民出行指南”等贴心服务，在公交车内提供零币兑换、纸巾帕、爱心伞、报纸袋、医药箱、无线网络等便利服务，创新“互联网+交通”发展模式，自主研发“交运定制服务”平台，让群众出行便捷舒心。

**（二）提升专业化素养，打造品牌服务标准。**

“比顾客的需求做得更好”。细化服务准则，量化服务规范。统一交运工装；出台行为规范，用制度规范服务行为；制定服务标准，用标准衡量服务质量；实施服务流程，从细节处优化服务环境。在交运，“人人讲服务、个个树形象、处处是窗口”已蔚然成风。

**（三）坚持市场化取向，拓展品牌服务空间。**

坚持企业发展与服务同步“向前推进，向上提升”，以品牌服务内挖潜力、外联市场、广泛合作，创新经营模式，构建更加完善的产业链条。实施“入港、出港、到港”服务客运一体化，“城际、城区、城乡”公交客运一体化，“长途、旅游、公交”车站客运一体化。开通全国首条“定制公交”和摆渡公交、就医公交、景点公交、观光公交、公务巴士、会务巴士等，让乘客不仅“行有所乘”而且“乘有所选”。

## 四、以品牌促发展，谱写交运发展新篇章

品牌文化的建设融入企业的血脉之中，产生了惊人的蝴蝶效应，成为新时期企业转型升级、城市文明进步和行业服务提升的助推器。

**（一）以情化人，培育时代楷模。**

以情为核心的品牌文化成为员工的共同信仰和价值判断，深入实施争创星级班组和星级员工的“双百”争创工作；经济上建立“双百”奖励基金，政治上设立职业发展通道，体制上开展全员大培训、劳动技能竞赛，形成物质、精神、事业“三位一体”的“双百”创建机制，培养和选树一批技术过硬、服务优秀、能担重任、爱岗敬业的星级班组和星级员工。

**（二）促企业转型，打造交运发展的升级版。**

实施“三个阶段、三步走”的发展规划，品牌创建步步推进，企业发展步步跨越。实施“品牌引领”战略，打造

了中国驰名商标“情满旅途”，实现各项指标3年倍增计划，再造一个“新交运”；实施“品牌集群”战略，再造一个“富交运”；再造一个“大交运”，先后获得了亚洲品牌500强、全国交通运输企业文化建设卓越单位、改革开放35周年企业文化竞争力优秀单位等品牌文化荣誉称号。

**（三）领交通发展，开创行业新的商业模式。**

实施个性化服务，对市场深耕细作，拓展发展新领域。面向日益庞大的旅游市场，以“公路旅游港”为载体，打造交通与旅游联姻的“集合服务”新模式；面向潜力巨大的物流市场，以信息化技术为支撑，打造“陆路物流港”产业群和城市配送体系；面向城乡统筹，打造全国首例县域城乡公交一体化的“即墨模式”，在青岛各区市复制推广，使青岛成为全国首个实现城乡公交全域覆盖的副省级城市；面向教育领域，率先发展专业校车，形成了“市区、社区、郊区、新区、山区和农村”校车六位一体发展格局；面向多元化的客户需求，细分公交客运市场，为“上班族”开通定制公交，为“到港旅客”在汽车站、火车站、飞机场、景点景区间开通摆渡公交、观光公交，有效缓解了城市交通拥堵、无序的“社会病”。

（供稿人：孙晓娟）

## 适应新常态　推动新发展

### 连云港港口集团有限公司

连云港港口1933年开港，是陇海兰新沿线地区乃至中亚国家的重要出海口岸和过境运输通道，经过82年的发展，现已基本形成了连云、赣榆、徐圩、灌河等“一体两翼”、“一港四区”发展格局；连云港港口集团有限公司成立于2003年11月，以连云港港口建设开发为主体，涉足码头装卸、现代物流、建设开发、临港加工、综合服务等业务领域，是全国交通企业100强，全国企业文化建设示范基地；连云港港口集团以“富民强港、护民稳港、靠民兴港”为指导，不断深化根植集团核心理念、完善文化建设体系，推进企业文化理念融合、落地。

#### 一、经济新常态下企业文化建设的思路

适应“新常态”，推动新发展，要求我们的思维观念、工作方式要有新的转变和调整，特别是企业改革的关键时期，尤其需要树立正确的世界观、人生观和价值观，锻造出足够大的创造力、凝聚力和战斗力。结合新形势、新要求，连云港提出了“3+1”企业文化建设新思路。

一是坚持文化理念“一颗心”。以企业文化核心理念培育为重点，紧扣“富民强港、护民稳港、靠民兴港”的人本理念，以“绿色、低碳、智慧”港为目标，进一步完善集团企业文化理念体系，使之得到员工、客户、合作伙伴及社会各层面的进一步认可和接纳，在集团经营活动中引起思想共鸣。

二是坚持文化宣传“一盘棋”。即文化宣传要围绕中心，服务大局，发挥承上启下作用。从物质层面讲，这个中心是企业的生产经营；从意识层面讲，这个中心是企业文化的核心理念。企业宣传实质是在传播企业文化。无论是宣传经营管理，还是宣传装卸服务，表象是向社会各界特别是客户推销港口服务效能，本质是在推销整个团队围绕提升港口服务效能所用的“心”，这个“心”就是文化理念的核心。

三是坚持文化统筹“一条线”。即将企业文化建设贯穿始终，将文化建设工作推向全面。企业文化建设是企业经营管理物质和精神的总和。集团各职能部门在履行职责的同时，都在推行自己的应用理念。为了更好地推进集团企业文化建设工作，我们明确各部门在企业文化建设过程中的职责，使各部门在条线管理过程中贯彻集团核心价值理念，并结合自身领域的特点，形成独具特色的管理文化。

四是坚持文化建设“新常态”。除了文化展厅（展馆）、文化长廊、文化标牌、文化书屋、文体活动室等“硬件”基础设施的持续投入之外，我们将目光瞄准“软件”升级，即主动寻找支撑港口未来发展的新动力，研究企业管理新动向，着眼于企业文化建设“新常态”，包括企业文化建设工作举措的适应性、符合性评价以及新载体、新机制等方面的研究，推动集团企业文化建设与集团发展战略相呼应的新格局。

#### 二、连云港港口集团企业文化建设工作举措和成效

**（一）深植集团企业文化理念。**

努力践行社会主义核心价值观（富强 民主 文明 和谐，自由 平等 公正 法治，爱国 敬业 诚信 友善），结合港口实际，把握绿色、低碳、智慧港口发展趋势，进一步升华集团企业文化理念体系。

从集团层面看，提炼形成了集团企业使命、共同愿景、核心价值观、企业精神等核心理念，并逐步开发各类应用理念，不断向港口生产经营、安全管理、市场服务、廉政建设等领域延伸文化“枝干”。结合文化理念的推广，出台并推行集团《视觉识别系统（VI）》、《企业文化手册》。

从基层单位看，能够结合集团核心文化，推行以《员工手册》为主的一系列管理规范，单位负责人能够结合企业实际，主动担纲港情教育、理念传播，通过言传身教、载体搭建等形式来进一步统一员工思想、规范企业行为。

东联公司以发扬“老码头”精神为荣，将打造“美丽东联”当作一项系统性工程来做，通过功能完善、降本增效、安全整洁、精神鼓舞、幸福提升等实际行动诠释“富民强港”梦。

东泰公司以“品牌员工”为平台，培养储备了一批管理技术人才，并通过开展“感动东泰”人物评选、“东泰瞬间”摄影大赛、“东泰厨艺大赛”等形式新颖、内涵丰富的文化活动，营造了浓厚的人文氛围，激发了员工干事创业热情。

东源公司通过“东源大讲堂”、“沟通面对面”等载体机制，拉近与员工的距离，特别是“明星员工”竞评活动，更是打破了传统评先思维模式，为员工搭建了展示自我才干

的舞台。

新东润公司以“宁湿一身衣，不失一粒粮”为服务信条，将理念贯穿于安全生产、市场开拓、班组建设等环节，大胆进行了一些管理创新工作，取得了很好的管理成效。

**（二）强化企业文化落地效应。**

完善视觉识别传播体系，推进以企业标识为核心的视觉识别系统（VI），下发实施集团视觉识别（VI）手册，以及VI手册管理使用规范，在一定程度上对集团所属分公司、子公司、控参股公司的视觉识别应用管理关系进行了有效梳理，形成了以企业标志、标准字、标准色等为主的基础和应用系统，进一步彰显港口文化底蕴和个性特色。

搭建“云港大讲堂”平台，组建宣讲团队，开展港情司情宣讲活动，编印港情教育教材，将企业改革、文化建设、市场开拓、绿色创建等重点工作贯彻传达；依托班组培训、党员教育、学习型党组织建设等载体，逐步实现文化传播的全方位覆盖。

推动先进典型选树表彰，在集团层面上，积极开展“企业文化人物故事”征集活动，以及最美班组长、最美装卸工、最美司机、最美修理工、最美理货员、最美安全员、最美调度员、最美技术员、最美工程建设者、最美“叶欣仁”等10个代表类别的“最美云港人”系列评选活动。基层单位围绕集团导向，不断挖掘内部优秀“文化基因”，先后推出了“阳光使者”、“品牌员工”、“东源之星”、“理货状元”等评先活动，推进社会主义核心价值观和集团企业文化的人格化，用身边人身边事团结人、教育人、凝聚人、调动人、激励人，汇聚正能量。

**（三）丰富企业文化建设载体。**

企业文化载体是企业文化形成和扩散的重要途径和手段，为此，我们重点抓好几大载体建设：

一是宣传阵地载体，结合新媒体发展趋势，进一步改版升级创办了近30年的《连云港》港报，开通了港口微信、微博以及“云之家”、“桥头堡”论坛、企业文化网站等新媒介，在搭建“大家谈”平台，以让“大家谈”形式，激发“大家干”的热情，在港内营造了浓厚创新氛围；在港外，结合港口招商推介、经贸交流、展览展示活动，策划设计企业文化理念壁纸，出版《最美云港人》、《港口年鉴》等丛书，以及集团对外宣传画册、宣传片等文化产品，使集团对外形象传播更加丰富饱满。

二是文化设施载体，建成了一批文化展厅（展馆）、文化长廊、文化标牌、文化书屋、文体活动室等基础设施。投资1500万元的集团文化展示中心于2013年5月建成开放，投资1100余万元建设的港口历史博物馆于同年10月开馆试运行；港口大厦、港区邻里中心内的员工“读书角”陆续投入；东泰文化展厅、东联文化长廊相继建成使用。

三是文化活动载体，组织开展员工运动会、迎春晚会、知识竞赛、党团纪念等健康向上、特色鲜明、形式新颖的群众性文化活动，满足员工群众自我价值实现需求；坚持“夏送清凉、冬送温暖”，开展“五一”关爱劳模、金秋助学帮困、重阳敬老爱老等关爱帮扶活动。

**（四）健全企业文化建设机制。**

对集团企业文化建设工作组织领导机构进行调整，对机关各部门、基层各单位在集团企业文化建设工作中的工作职责给予明确，为健全以党政“一把手”为主导，各部门、单位共同参与的企业文化建设机制奠定基础。完成了《新闻宣传管理办法》、《网络舆情处置管理办法》下发实施，为文化传播提供制度保障。目前，正着手研究企业文化建设测评管理体系，以形成定性、定量相结合的企业文化考评机制，以实现“分级指导、分类推进、共同提高”的管理目标。

连云港港口组合大港功能持续增强，绿色、低碳、智慧港口建设快速推进，建成了由中哈两国元首见证启用的“一带一路”国际经贸合作首个实体平台，对外政治、经济、社会综合效应不断凸显。我们认识到了“港口发展的新常态、物流运输的新变化、港际竞争的新思维、客户服务的新需求”，及时采取了相应的文化建设举措，主动适应、全力引领，大大强化了员工的大局意识、忧患意识，使全港员工能够坚定信心、克难奋进，为集团转型发展注入了更强劲的动力。

# 加强安全文化建设　促进企业健康发展

泰兴市汽车运输总公司

泰兴市汽车运输总公司是一家集客货运输、旅游服务、小车出租、车辆维修、油材料销售为一体的综合性国有独资企业，具备国家“二级道路客运企业”经营资质，是“中国道路运输协会会员”单位。多年来，公司在加大硬件投入，提高装备科技含量及其运行水平的同时，更在建设“安全保证生产，生产必须安全”的企业文化上下了大力气，形成了以“情”凝聚人心，靠“理”统一思想，用“法”规范行为的特色企业文化。随着时间的积淀，这一文化理念已融入到每一位泰汽人的血脉中，不仅增强了企业的凝聚力和向心力，也激发了职工创新、高效的工作热情，推动公司不断进步，迈上一个又一个新台阶。

## 培育泰汽特色的安全文化理念

泰兴市汽车运输总公司在企业文化建设过程中，提出“安全保证生产，生产必须安全”的安全文化理念，将安全生产提升到企业文化的高度，在泰汽广大职工中形成共识，使每个职工都参与到安全生产建设中，提高大家的安全意识，强化大家的安全责任，营造出人人抓安全、人人管安全的良好人文氛围。

加强领导，倡导安全文化责任感。公司在安全生产方面，一直实行“公司级管理、职能科室级管理、分公司级管理、班组管理”的分级管理模式，采取“总公司领导班子挂钩二级单位、分公司领导班子挂钩安全员、安全员挂钩线路、车主、驾驶员”的分片包干模式，做到横向到边、纵向到底，构建起“一级抓一级、一级查一级、一级对一级负责”的安全管理网络。每年年初，就将全年安全生产目标进行层层分解，从总公司领导到中层干部、从班组到职工、从车主到驾驶员均按照各自岗位职责，分别签订了安全生产目标责任状，做到职责明晰，同时落实好安全第一责任人、安全生产主体责任、分管责任和监管责任，并在每月进行严格的考核，形成了“千斤重担大家挑”的局面，增强了全员安全生产的责任感。

规范管理，加强安全文化参与感。“没有规矩不成方圆”。如果没有规范化、科学化的管理制度，也不能有效地控制事故的发生，因此，泰汽的安全管理一直奉守的是“全员参与，全方位管理”信条。

完善有效的安全管理制度。以《安全生产法》、《道路交通安全法》和公司的《安全生产管理制度》为基础，制定出各岗位安全生产责任制、岗位安全操作规程、安全检查奖惩等制度，为规范员工的行为提供依据。

重视班组管理，实现“安全管理重心下移”。班组是企业的细胞，是安全管理工作的最终落脚点，搞好班组安全生产一直是推动企业安全文化建设的最主要途径。通过奖惩分明的措施，使每个员工，都有强烈的责任感，认识到抓安全不是应付差事，而是真刀真枪，并且每个人都必须参与其中。

丰富活动，提升安全文化认同感。公司紧紧围绕“安全就是品牌、安全就是效益、安全就是责任、安全就是保障”的主题，多次开展形式新颖、寓教于乐、员工参与面广的宣传活动，培养员工谈安全的情趣，在广告宣传、标语、安全提示和安全警句中多用“请”字，形成“安全是幸福、安全是快乐”的主旋律，形成“安全叮嘱”无处不在的立体辐射态势。

## 培养泰汽特色的人才储备队伍

人是企业之根本，是管理工作中最活跃、最能动的因素，人的发展是企业发展和社会发展的前提。因此，公司每年年初都制定全年安全文化培训计划，苦练内功，多途径、多形式地开展专题培训，促进全员安全素质的整体提高，为公司的可持续发展提供取之不尽、用之不竭的源源动力。

从提高全员安全思想入手，及时将近期发生的重特大事故及事故后续进展、有关法律条文的修订如公安部关于111号令的修订说明、公安部123号令的实施等资料以通知、印发材料等形式在全员中进行通报、告知，使全员在思想上引起足够的重视，吸取他人事故教训，杜绝类似事故的发生，及时掌握和了解最新的政策法规，做到防微杜渐，消除思想误区和认识盲区，增强做好安全工作的紧迫性和自觉性，实现安全观念的转变。

结合《道路旅客运输企业安全管理规范》的实施，做好宣传工作。在中层以上干部外出学习培训的基础上，开展学习《规范》的专题培训，使管理人员、安全员、业务骨干等率先了解相关内容，进一步掌握和领会《规范》的精神实质、具体内容及相关要求，增强贯彻执行的自觉性和主动性，同时通过考核的跟进，确保培训的效果。

对重点岗位及新进人员进行岗位安全培训，让他们熟知安全生产规章制度、劳动纪律、作业场所存在的风险、防范措施及事故应急措施等，对安全生产形势有了初步认识，并获得了上岗前必需的基本安全技能和自我防护知识。同时，开展岗位技能练兵活动，进一步使他们掌握本岗位应知应会。

组织开展“客车紧急避险驾驶技术”、“科学发展、安全发展”和“法佑安全”为主题的安全征文竞赛活动，增强对国发文件等法律条文的理解，在安管人员中形成“比、学、赶、帮、超”的氛围，促进公司安管队伍素质的提高，努力打造出一支懂管理、有责任心的安全管理队伍。

## 打造泰汽特色的卓越文化示范基地

坚持把职工文体活动作为企业文化的重要组成部分，以丰富的文体活动为突破口，增强企业凝聚力，加强企业文化建设，先后在总公司和修理厂、黄桥分公司等二级单位建立了职工文体活动中心、乒乓球室、羽毛球场，为广泛持久地开展各类文体活动创造了必要的物质基础，有力地促进了职工娱乐、休闲、健身运动的普及和开展。

结合“安全带、生命带”的活动，所有上高速营运车辆均安装了安全带和车前摄像头，以便于驾驶员进一步观察车前状况。深入开展“节能减排，降本节耗”活动，公司对报废车辆、安全性能差的车辆一律淘汰下线，加大了燃气车型的投放力度，仅2012年，长途客运公司置换客车22辆，农村客运公司置换客车86辆，使农客车辆全部更新为节能环保经济的新型车辆。

在上级主管部门的支持下，公司开设了“道德讲堂”，筛选出26年来安全行车280万公里的快客分公司驾驶员刘军、21年来累计献血5.3万毫升的快客分公司驾驶员殷建华、拾金不昧的出租车分公司驾驶员封纪贵等数名道德模范，成立了专门的巡回宣讲小组，在分公司安全例会上进行宣讲。公司组织了“向身边道德模范学习”的主题演讲比赛，积极营造“学习先进、争当先进、赶超先进”的良好氛围，全面推动了公司企业文化建设的前进步伐。

## 扩大泰汽特色的安全文化的影响力

在市委市政府、各级主管机关和上级部门的大力扶持和正确领导下，泰兴汽运总公司逐步完成了资产整合、行业重组、线路改造、体制调整、新站建设等重大改革活动，从“优质、高效、安全、快捷”的服务理念出发，外树形象，内谋发展，为我市的和谐发展和交通运输安全作出了应有的贡献。

通过努力，公司安全生产文化形成了领导重视，各单位共同推进，全体干部职工积极参与的良好局面，多次荣获“安全生产先进单位”、“春运安全工作先进集体”、“交通安全源头管理红旗单位”、“劳动关系和谐企业”、“文明单位”等荣誉称号；数十位驾驶员分别荣获了系统局颁发的安全运营金、银、铜奖，其中刘军更以安全运行280万公里无事故赢得“感动泰州10大人物”提名奖和“中国好人”荣誉称号。

（本文摘自《中国企业文化》）

# 魅力古城　文化泉运

## 福建省泉州市汽车运输总公司

在素有“海上丝绸之路起点”、“东亚文化之都”之美誉的千年历史古城——泉州，有一个与共和国同龄的福建省泉州市汽车运输总公司。公司于2007年成为全国道路旅客运输一级企业，是全国交通百强企业之一。截至2013年，公司下辖15个分公司（非独立法人地位），拥有16个全资子公司，对外控股、参股16个公司。企业有员工6600多人。年完成站点收入9亿元，主营业务收入6亿元，缴纳各项税收6000多万元。

公司始终与时代前进同步，坚持实施文化强企战略，近年来更是培育打造出以“泉运文化”为核心理念的企业文化品牌，不断丰富品牌内涵，提升服务品质，传播企业形象，努力争创中国交通服务品牌，助推企业走上转型发展之路。

“服务客户、回馈社会”是泉运人对社会的承诺。从“畅通返乡路，情系外来工”到“情满泉州，情暖返乡路”，再到“温馨车站”系列活动，“情感”始终贯穿企业品牌创建的全过程。期间，公司以满满真情感动社会，先后荣获“全国企业文化建设先进单位”、“全国道路运输百强诚信企业”、“全国安康杯竞赛优秀单位”等殊荣。

### 勇于担当，全力奉献社会

“泉运文化”是公司的文化精髓，是凝聚全体员工的力量，体现了泉运人勇于担当、全力奉献的崇高理念。公司自1993年9月成建制下放以后，泉运人发扬艰苦奋斗、爱拼敢赢的精神，经过20多年的艰难摸索与辛勤耕耘，目前从一个7人的小车站发展成为拥有32个等级汽车客运站（其中一级客运站4个，二级客运站5个）；由十几部货车发展成为拥有车型、等级、种类齐全的营运车辆2200多台。

泉州是一个外来务工人员集中的城市，来自五湖四海的人们在这片热土上忙碌打拼着，为古城的经济发展而默默奉献。作为福建省大型国有交通运输企业之一，每逢春运都要肩负200多万外来民工的运送重担。勤劳智慧的泉运人秉承“诚信、创新、责任、奉献”的泉运精神，忠诚履行“创造价值、服务客户、成就员工、回馈社会”的神圣使命，是飘扬在海西交通运输战线的一面旗帜。

2007年以来，公司连续7年开通了“情系外来工、畅通返乡路”流动售票车，每逢春运组织员工开进泉州沿海民营企业各大工厂，主动提供免费咨询和上门售票服务，深受广大农民朋友的欢迎及企业家的赞许。2010年，创建了“泉州汽车站服务之家”企业QQ服务群，方便了企业团体订票和联系包车，此举在中央、省、市电视台及报刊等新闻媒体纷纷作了报道。2011年起，连续4年春运举办了“情满泉州·情满返乡路”农民工平安返乡专车欢送仪式。春运期间，组织开展志愿服务活动，免费为旅客赠送泡面、爱心馒头、免费早餐等平凡善举，真情温暖返乡路，确保旅客安全出行、方便出行、满意出行。

立足服务旅客的同时，公司积极履行国有企业的社会责任。近几年，协助市总工会组织专车，千里迢迢到四川、重庆、贵州等地区帮忙接送外来工子女来泉团聚过年、快乐游玩，让他们融入到城市大家庭。同时，组织发动职工为灾区捐款捐物，建立“特困旅客助行金”帮助困难旅客回家，开通“爱心高考直通车”免费接送考生服务，组织职工开展“义务献血”、“植树造林”、“金秋助学”等公益活动。

### 全心全意扬起品牌旗帜

“泉运文化”是公司的文化品牌，是统一全体员工意志，以全心全意的服务来成就事业的精神旗帜。随着高铁动车的开通和公交、出租车、私家车的增多，客运市场竞争日趋激烈，行业管理逐渐规范和安全形势越来越严峻。面对这一状况，公司上下达成共识，探索精神文明建设的有效载体，争创公路客运服务品牌，塑造国有企业良好形象，以优质服务赢得旅客。

立足于顾客不断提升的服务需求，公司把特色服务作为创新点，在汽车站组建首支“泉运”志愿服务队，推出“我们的H宣言”服务，打造“生日快乐、尊老助老、助您返乡、吾人吾节”温馨车站系列服务文化品牌，在车站候车室增添了爱心茶水桶、行李车、儿童椅、小毛毯、雨伞、手机充电器等便民便利服务，让群众出行暖心舒心。建立了安全生产指挥中心，配套3G视频实时监控平台，实现了对车辆、场站和驾驶员的实时监管，让群众出行安心放心。

为了更好地服务群众出行，公司实行“城际、城区、城乡”公交客运一体化，“长途、旅游、公交”车站客运一体化；在全省率先首推“公车公营、品牌运作、员工管理、电召服务”的出租客运新模式，组建城际约租信息服务中心，为乘客提供“从家门口上车，到目的地下车”的便捷服务。

体验过“泉运”服务的人们都会产生一个强烈的感受，那就是泉运人的服务过程充溢着温馨、浓郁的文化气息。公司统一员工着装、行为规范和车体标识，大力实施“文化进车厢”、“文化进班组”，将车厢打造成了传播精神文明的流动窗口和道德讲堂，把服务班组打造成为“六型”先进班组，让群众出行接受优秀民族文化的熏陶。泉运的服务，改变的不仅仅是传统客运的服务模式，改变更多的是服务的理念、情感的付出，给予乘客更多的是“家”的温馨体验。

### 凝心聚力打造百年强企

“泉运文化”是公司的发展之道，是汇集全体员工智慧，促进公司主辅业全面发展，实现员工、企业、社会全胜共赢的文化战略。

近年来，公司通过创建“文明单位”、文明行业“示范窗口”和“工人先锋号”，争创“六型班组”、“星级站务员”，评比“一先两优”和“优秀员工”，设立专项奖励基金，开展“全员大培训、岗位大练兵、技能大比武、素质大提升”劳动竞赛，举办“奉献泉运，成长成才”辩论赛、“讲敬业奉献、建和谐泉运”道德讲堂活动，为表现突出、特别优秀的员工设立职业发展通道，形成了物质、精神、事业“三位一体”的创建机制，培养和选树了一批技术过硬、服务优秀、能担重任、爱岗敬业的先进班组和星级员工，激发了全体员工比学赶超的热情。

公司注重形象上的塑造和统一，在车辆的选型，车辆外观的设计，各类人员服装的选择和设计等方面，力图显示企业文化底蕴和企业个性特征。在站点建设上，也是精心设计，对一些老旧车站进行改建、扩建，同时新建一些具有现代规模和科技含量的标志性建筑，展示企业新时期新形象。

在抓好软实力的基础上，公司把发展作为第一要务，始终坚持“多元拓展、多业并举”的发展理念，在稳住道路客运主营的基础上，逐步涉足房地产、酒店服务、快递物流等行业，初步取得了一定成效。目前，企业总资产 10.55 亿元（不含土地评估值 4.5 亿元），净资产 3.89 亿元，实现国有资产年保值增值率达 110%，在市场中树立起强有力的“泉运”品牌，不断向“主辅共荣，百年强企”的愿景迈进。

（供稿人：蔡万书）

# 电力业

## “三”驱并进　提升公司发展软实力

### 葛洲坝集团电力有限责任公司

走入葛洲坝电力公司总部一楼大厅，最先映入眼帘的是“积极　向上　健康　阳光”8 个大字，这个展现公司职工精神面貌字样的背景墙，与大厅里宣贯企业文化理念的电子大屏幕、职工企业文化活动图文展板、楼层项目文化走廊，形成了葛洲坝电力公司企业文化的一个缩影。企业文化是企业发展的灵魂，是促进企业改革发展的助推剂。电力公司在努力实现“做专做优做强做大”的发展道路上，始终坚持“文化铸魂促发展”的工作思路，以“构建文化体系、营造发展氛围、塑造品牌形象”为三驱，推动公司企业文化建设工作的实施。

#### 与时俱进，构建企业文化体系

企业文化重在适应公司不同阶段的不同发展要求。多年来，公司保持与时俱进，主动迎合市场经济思维模式和经营方式的转变，不断完善和丰富企业核心价值观，不断积淀、升华，从“拿”集团优秀文化和“创”公司特色文化两方面着手，构建了符合公司自身发展的企业文化体系。

一方面褒扬和宣贯集团推出的企业文化，充分学习和吸收“积极、向上、健康、阳光”的精神风貌、“举一反三、持续改进”的纠错原则、“公平、诚信、共赢”的合作理念、“以盈利为荣、以亏损为耻”的荣辱观等优秀企业文化精髓。与此同时，注重搭建各种沟通平台，培育企业文化的共同认识，把相关宣传语和理念文化内涵从总部机关延伸到每个分公司和项目部，引导广大干部职工把企业文化理念化为工作态度、生活态度、做人态度和做事态度。

另一方面公司注重从实际出发，大力培育具有自身特色的企业文化。把提炼具有公司管理内涵的文化理念作为切入点，收集、整理并摘录公司主要领导各阶段重要讲话和重要会议记录，分别编制成册发放干部职工进行学习，使干部职工保持与公司发展思路的高度一致；结合企业转型升级、改革创新实际，电力公司在原有体系的基础上不断进行了发展和创新，进一步提炼和丰富了具有公司特色的责任文化、制度文化、安全文化、行为文化、用人文化、激励文化，形成了一套适应电力公司“新常态”发展，并同时具备导向、约束、凝聚、融合和辐射作用的企业文化体系。

尤其是经过近一年的努力，葛洲坝电力公司结合管理工作实际，梳理并发布了资金管理、集中采购、市场开发、合同管理、工程管理、财务管理、人力资源管理等主要业务系统管理制度 100 余项，打造了一套符合公司发展的制度管理文化，不断推进了公司的管理提升。

#### 多措并举，营造发展氛围

富有生命力的企业文化不仅是简单的设计出几个企业标识，或是总结、梳理出几个企业精神，而是要在公司营造一种干事创业的氛围，引领职工共谋发展。为了更好地使其潜移默化的入眼、入耳、入脑、入心，公司在采取专题学习、广泛宣贯的基础上，把企业文化融入到了生产经营各个环节。

围绕“积极、向上、健康、阳光”主题，公司组织开展了“积极、向上、健康、阳光”之“我与公司共成长”系列主题活动，广大干部职工通过微视频、PPT、电子相册以及系列图片说故事的形式，记录了新一代葛洲坝人在艰苦的环境中，始终坚守岗位勤奋工作，与公司共同成长的历程。同时，为丰富和活跃干部职工的工作、生活，公司全年组织了多场次读书征文、知识竞赛、拓展训练、篮球比赛、志愿服务以及各种文体和节庆活动，全面展现了葛洲坝人“积极、向上、健康、阳光”的精神风貌。

围绕企业跨越式发展实际和集团对子公司治理结构调整工作实际，遵循“举一反三、持续改进”的纠错原则，公司在推进商业创新、“管理清零”制度重构、科技创新、项目管理等工作中，坚持以深入一线开展实际调查为基础，以纠正现存问题为导向，不断探索创新，总结经验，持续改进。同时，把集团股份公司的管理禁令进行了细化，融入到了生产管理各个环节，相继出台了公司资金管理禁令、集中采购管理禁令、经营合同管理禁令、市场开发禁令等文件，保障了各项工作的顺利开展。

公司从实践工作中总结、提炼的责任文化、制度文化等具有公司特色的企业文化也都得到了广大干部职工的理解和认同，并转化为公司发展的动力。多年来，在全体干部职工的齐心协力下，电力公司凭借良好的履约形象和行业信誉，连续多次获得“全国优秀施工企业”、“全国重合同守信用”、“湖北省重合同守信用企业”、“湖北省最佳文明单位”、“集团公司最佳文明单位”等荣誉，公司多个项目接连获得了业主、监理和其他相关方授予的表扬信和锦旗，充分展现了电力公司坚持“公平、诚信、共赢”合作理念所带来的成果。

### 落地生根，铸造品牌形象

文化生根，重在项目。在建设科学规范的项目文化中，葛洲坝电力公司注重把握了5个环节，即：服务于项目建设目标、注重核心价值理念的转化、让项目经理成为项目文化建设的领路人、让广大职工成为项目文化建设的主人、提炼项目职工共同的价值体系。从而使项目的物质、制度、精神3大要素有机地统一起来协调发展，让塑物与塑人有了更深层次的内容和内涵，进而把文化优势转化为公司转型升级的强劲引擎，转化为公司核心竞争力。

长期以来，公司把工作现场和施工现场作为推广企业文化的落脚点。文化的落地，助力电力公司打造了一批批精品工程和优质工程，进一步彰显了公司的良好品牌形象。公司参建的云南至广东 ±800kV 直流输电示范工程荣获“国家优质工程金质奖”、承建的江苏大丰风电场等多个项目荣获“国家优质工程银质奖”、大唐华银南山、中电投太阳山等项目先后获得“中国电力优质工程奖”、“国家优质工程奖”等荣誉。以马拉维输变电为代表的国际项目实现了安全优质提前完工，赢得了所在国政府的高度评价。

在扎牢“内涵”的基础上，有序地延伸到“外在”形象，电力公司在视觉识别系统上也作了颇大的更新。当前，为适应新时期发展需要，公司对如何规范运用企业标识进行了专题学习，邀请企业文化专职工作人员到公司授课，以视频会议的形式在公司各单位和项目部进行了推广，取得了良好的效果。具体实施中，公司总部机关率先拿出整改方案，对办公大楼及涉及到企业标识运用的部位进行了自查和整改，大到公司墙面背景的调整、楼层项目文化走廊的布置，小到职工工作牌的制作、工作 PPT 模板的统一等。目前，公司总部大楼标识系统已经焕然一新，公司各单位和项目部紧跟总部机关步伐，在全国各地铺开了企业标识运用的自查和整改工作。通过统一对外新“名片”，公司进一步树立了良好的品牌形象。

随着改革工作的逐步深入，葛洲坝电力公司将结合实际，继续探索创新，采取多种举措，进一步部署和做好企业文化建设各项工作，把公司优秀的企业文化之魂辐射到公司每一个角落，引领更多的职工以“积极、向上、健康、阳光”的精神风貌，为公司完成新一年的任务目标做出新的更大的贡献。

（作者：钟福星）

## 推进企业文化创新<br>提升企业核心竞争力

中核辽宁核电有限公司

企业文化是指在一定的社会经济条件下通过社会实践所形成的并为全体成员遵循的共同意识、价值观念、职业道德、行为规范和准则的总和，是一个企业或一个组织在自身发展过程中形成的以价值为核心的独特的文化管理模式。

企业文化建设作为现代企业管理的重要内容，作为一项重要的软实力，企业文化对提升企业核心竞争力的作用已得到大家的公认。优秀企业文化已成为当今企业生存和发展的关键所在，通过对企业文化物质层、行为层、制度层、精神层四个层面的建设，提升管理创新力、组织创新力、制度创新力、知识创新力、技术创新力、产品创新力、等要素的合力，增强企业持续不断的核心竞争力。

辽宁核电从 2009 年成立以来，坚持以核安全文化为基石、以核工业文化为根本、以中华优秀传统文化为源泉、以追求卓越为导向、以地域文化为特色、以“创造一流”为目标，按照“最速曲线”的思路，进一步深化“推”（文化推动）、“拉”（文化引领）、“内”（文化凝聚）、“外”（文化辐射）模式，形成辽宁核电特色文化。

### 一、外化于形，创新载体，提升企业文化形象

高度统一的外化表现是企业文化融合取得实效的具体检验方式之一。辽宁核电在文化融合的过程中，通过创新载体平台、创新媒体勋传、打造品牌形象，实施“塑形融情”工程，在物质层面形成统一企业文化，塑造统一中国核电人的整体形象。

**（一）创新载体平台。**

一是通过公司官方微信、官方微博，分别建立了“辽核文化”专栏，重点宣传公司企业文化一体化工作内容，并加强宣传推广力度和微信、微博的规范化管理；

二是用好公司内外网，开辟了“辽核文化”专栏，通过网站报道公司公众科普等各项活动的开展情况，将企业文化相融合，扩大公司的影响力和知名度。

三是丰富公司 LED 彩色大屏幕利用形式，将中国核电企业文化理念，核安全文化内容每天循环播放，切实将理念文化传播植入到每名职工的日程生活中，强化融合力。

**（二）创新媒体宣传。**

策划了辽西地区主流媒体的深入报道、记者采风活动、重大专题报道等，做好公司形象宣传。2015 年 1 月至 4 月份以来，在葫芦岛、兴城地方广播电台、电视台，共计广播宣传 432 次，新闻报道 72 次，葫芦岛日报兴城时讯 12 次，葫芦岛晚报 4 次；辽核新浪官方微博更新新闻 100 余篇，博文曝光量 6439629 次；辽宁核电微信的曝光量 27604，分享 17916 次。极大提升了企业知名度，促进了企业文化一体化内容宣传。

**（三）创新品牌形象。**

为加强品牌意识，树立品牌形象，公司下发了《关于落实中国核能电力股份有限公司规范使用视觉识别系统的通知》，分网站、宣传办公用品、标识应用等68项内容，对公司落实中国核电视觉识别系统项目进行推进，并同公司各处室进行专题交流。同时，公司每年参加兴城市春节灯展，制作了体现企业文化灯盏，有效宣传提升了公司形象。

一是固化于制，扎实推进，促进企业管理升级。

先进制度与先进文化的融合必将产生新的合力，对企业的发展产生全方位、深层次的影响。文化要渗透到管理过程，变成员工的自觉行动，制度是最好的载体之一。辽宁核电在深化企业文化建设中始终把文化融汇到制度中去，强化员工对制度的认同和执行。同时，优化公司管理层级，做到适度放权，分级授权，简化流程，加强审批与监管，促进企业管理提升。

文化管理化。进一步建立健全了企业文化建设的领导体制和运行机制，并纳入到企业管理体系之中。在辽宁核电原有宣传文化一体化领导小组基础上，辽宁核电结合目前公司16个处室，5个党支部、5个分工会、5个团支部的实际情况，分别在党、政、工、团建立了落实企业文化一体化工作责任制，成立了以总经理党委书记徐力为组长的落实中国核电企业文化一体化领导小组，公司总经理部、党委成员任副组长，各处室负责人任组员，负责文化融合工作的组织领导，完善了领导体系，分层次落地，有力推动了文化融合工作的开展实施。

制度文化化。公司积极抓好制度与管理体系的相适应性，优化完善企业管理制度300余项，并严格遵照中国核电程序制度，及时做好公司现行制度的清理、修订工作。特别是专门在质保体系内增加编制了《企业文化工作大纲》，在建立健全制度中充分体现中国核电的核心价值理念和系统的做事原则，保证了管理行为与企业理念、价值观相一致，在制度建设与执行过程中实现企业文化融合。培训提升管理质量，采取“缺什么补什么”的原则，请进来与走出去相结合的培训方式，提高核电整体管理水平。

建设日常化。辽宁核电把文化建设作为长期的任务，深入持久地抓下去，着眼于企业文化建设的长效化、规范化和制度化，结合企业文化一体化工作要求，辽宁核电在认真学习、充分讨论、广泛征求意见基础上，先后制定了《辽宁核电党委中心组学习计划》、《党支部考评办法》、《领导与职工谈心谈话制度》、《辽宁核电规范使用中国核电视觉识别系统意见》、《辽宁核电工会经费使用细化管理办法》等制度措施，并结合中国核电企业文化融合要求，编制了《辽宁核电企业文化一体化工作计划》，强调了中国核电企业文化“最速曲线”的重要意义，明确了公司企业文化融合工作的工作目标、指导思想和工作原则以及26项主要任务和工作要求，为公司企业文化融合作了总体规划。将其纳入企业经营管理的基本制度体系。同时，将企业文化建设纳入公司对各处室绩效考核，作为日常性的要求进行考核，月月落实，保证了企业文化建设日常化。

二是深化创新，着眼落地，实现形神高度统一。

行为融合是文化融合的关键，企业行为、领导行为、员工行为的融合才是完全的文化融合。辽宁核电不断创新载体，强化执行，促进企业形象与员工行为的统一，促进干部职工心往一处想、劲往一处使，在企业文化融合的过程中着眼落地，突出五个方面的具体工作和实践，做到了企业文化融合工作接地气、落地实。

突出创新主题，激活创新文化。公司将“管理创新”纳入绩效考核内容中，作为约束性指标进行考核，要求每个处室每月至少提出两条管理创新项，以硬性考核强化管理创新，使各处室积极参与到管理创新活动中来。一年多以来，共征集到各处室开展管理创新项目387项，逐步将创新文化带入到每个处室、每名员工的自觉行为中去，为公司创造性开展工作奠定的良好的基础。特别是前期工作项目开拓过程中，充分运用创新思维，发扬辽宁核电开拓文化，开辟了河北沧州、冀东，山东莱州湾、临沂，辽东、黑龙江项目，并且提出“核蓄风光”一体化思维，力将打造北方清洁能源基地，为实现集团公司清洁能源战略起到了重要的作用。

突出巩固基础，强化党建文化。公司每年将党建工作确定一个主题，将“党建主题年”活动，作为落实企业文化一体化建设工作的重要基础和把手，大力加强党组织和党员队伍建设。坚持以党建带工青妇的工作理念，细化任务，提升质量。相继制定了《党建工作计划》、《党委中心组学习计划》、《党支部考评办法》、《领导与职工谈心谈话制度》等8份党建方面的制度措施，先通过制度建设规范党建工作，进一步促进良好的党建文化的形成。同时，依托党建制度的制定，联合工会、团委开展了辽宁核电争创先锋示范岗活动，开展了辽宁核电领导干部与职工谈心谈话交流活动，开展了反腐倡廉教育月活动，真正将文化建设与活动载体相融合，通过活动开展，扎实文件融合工作基础。

突出筑牢基石，巩固核安全文化。公司每月编发《安全文化月刊》，系统阐释“合力、和谐、核安全”的安全文化;每天由LED显示屏滚动播放安全文化理念，并搭建了核安全文化宣传栏，在公司范围内开展了核安全文化展，进一步强化核安全理念的宣贯工作，做到核安全内化于心、外化于行。

突出公众沟通，打造科普文化。按照“政府主导、合力施策，周密谋划、循序推进，双管齐下、齐头并进，防管结合、预防为主”的指导思想，以当地政府为公众沟通实施主体，继续深化进政府机关、进社区、进部队等“科普十五进”活动，进一步提高了公众对核电的接受度，近年来，辽宁核电以政府为主导，相继组织葫芦岛船厂部分退休老职工、锌厂部分员工、兴城市空军疗养院军官及家属、兴城市舞蹈协会人员、葫芦岛市虎跃公交公司、兴城市兴北村村民等共21批次，来到辽核科普展厅，漫步核电世界，感受核电魅力。辽核科普大篷车来到葫芦岛连山广场、葫芦岛市龙湾公园、葫芦岛大润发、葫芦岛市玉皇商城、兴城市火车站、兴城市兴福大家乐、兴城北关劳务市场和西关市场、葫芦岛市龙港区中国移动文化广场、龙背山广场、绥中县城、绥中县沙河镇板桥村、小庄子镇、高台镇莲花池村等180余个宣传点，开展科普宣传活动。相继组织开展了科普讲师团、绥中县“科普之冬”、“血脉相连，心系百姓”文艺演出等科普宣传活动。

突出落实责任，加强廉洁文化。以中央巡视组巡视集团公司为契机，公司制定了《落实反腐倡廉党委主体责任实施办法》，强化党委主体责任和纪委监督责任，每年定期开展反腐倡廉教育活动月，参观了反腐倡廉教育基地，进行反腐倡廉教育。依托检企共建平台，邀请地方检察院检察长进行预防职务犯罪授课，参观兴城反腐倡廉教育基地。同时，严格遵守中央八项规定，开展“反四风”专项行动，特别是今年以来，按照要求开展“三严三实”专题教育，确保打造阳光工程。

突出践行宗旨，推动域文化。积极开展爱心公益和志愿服务活动，践行中国核电社会责任，多年来，公司员工与60名贫困学生结成助学对子；开展了关爱留守儿童、慰问兴城市值勤交警、兴城市环卫工人和兴城、绥中老党员老干部和贫困家庭，到绥中县小庄子镇敬老院开展了“情暖元宵节、学雷锋爱心进绥中”活动；看望兴城、绥中困难家庭31户，爱心志愿者累计开展志愿活动600余小时，6年来共计捐款49万余元。

## 二、内化于心，加强认同，为文化融合奠定思想基础。

内化于心，思想认同，达到“精神”层面的统一是企业文化融合成功与否的关键。在融合进程中，辽宁核电坚持以“融情、融心、融力”为切入点，实现职工之间、职工与企业之间的情感相通与心灵相通。党委书记总经理徐力为了推进企业文化融合，从三个方面将中国核电文化融合向全员宣贯，明确全面目标和实施文化整合的关键要素。

**（一）党委领导带头学。**

开展专题中心组学习、组织中、基层干部专题学习，深刻领会“最速曲线”对中国核电企业文化建设的前瞻性，深刻理解中国核电企业文化一体化工作对中国核电发展及落实集团“两化、三力”要求的重要性；

**（二）职工代表深入学。**

公司将企业文化建设纳入职代会议题，每年召开职代会传达中国核电企业文化建设精神，并组织职工代表在小组讨论中就如何落实中国核电企业文化一体化工作进行了讨论，深入研究了公司贯彻落实的具体举措，讨论通过了辽宁核电企业文化融合工作计划。经职代会讨论征集提案，多年来共征集提案200余条，其中涉及企业文化融合工作的措施建议近30条。对于每条措施的落实，均确定了完成时间节点、责任处室，并纳入绩效考核范畴。

**（三）区分层次全员学。**

分别组织公司各处室、工会、团委和全体员工深入学习会议精神，发动大家针对公司企业文化融合和建设集思广益，共收集各类意见建议10余条。各处室分别召开专题会议进行学习，并形成处室学习计划和总结。工会方面，将学习工作与工会活动开展相结合，开拓载体，2015年3月5日，分别开展了企业文化融合猜灯谜活动和践行中国核电公益爱心理念看望小庄子敬老院活动，通过活动促进职工学习了解中国核电企业文化一体化工作。团委方面，团委凝聚企业文化一体化建设青春正能量，营造文化建设积极氛围。2014年12月26日，辽宁核电团委按照党委统一要求，组织了公司团员、青年学习了吴秀江书记关于中国核电企业文化大融合“最速曲线”理论文章，对中国核电企业文化融合会议精神进行了宣贯，并在团员青年中开展了“辽宁核电落地中国核电企业文化一体化小故事征文”活动，征文20余篇，并选取优秀故事推荐报送中国核电党群工作处，详细提炼、整理了辽宁核电落实企业文化一体化工作方面的素材，在团员、青年中形成了浓郁的促进中国核电企业文化一体化建设积极氛围。通过由上到下、全员覆盖的学习宣贯，进一步浓厚了企业文化融合建设的氛围，形成了良好的导向。通过系统、持续地推进企业文化宣传、普及、贯彻，使全体职工对中国核电的文化内涵有较为深入的理解和掌握，逐步强化职工对企业文化的认知和认同，使企业文化深入人心，促使员工重塑自己的观念、改造自己的行为，形成符合企业文化要求的思维习惯、行为习惯和工作默契，实现最终的企业文化融合。

## 三、辽宁核电实施企业文化取得的效果

为摸清公司企业文化内部认知情况和开展企业文化建设取得的效果，辽宁核电分别于2009年10月和2015年5月开展了两次企业文化问卷调查。其中“您了解公司的发展目标、发展战略吗？”回答“了解”及“很了解”的人数总和从2009年10月公司组建初期的32%上升到2015年97.65%，对公司企业文化理念回答“了解”及“非常了解”的人数总和从2009年10月的16%上升到2015年的87.82%，可以看出，公司的企业文化建设有力推动了企业文化融合，基本实现了内部文化认同与共识。

**（一）媒体曝光率增加，企业文化外向传播效果显著。**

曝光率评估的方式主要用于媒体报道企业的范围和价值。其中通常包括电视报道、广播电台报道、平面媒体报道，以及新兴的电子媒体报道。

辽宁核电在与媒体合作过程中，实现了项目所在地广播、电视、报纸、杂志、网络等媒体平台的全覆盖。从2013年至今，公司活动在媒体报道达1300余次，在新媒体传播近5000条，基本覆盖了葫芦岛乃至整个辽宁省。通过媒体平台的宣传，“发展核电，造福辽宁”的理念在大范围内传播，辽宁核电负责任、重质量的央企形象为百姓所信赖。

**（二）推进科普宣传与公众沟通，企业文化建设成果辐射全国。**

在开展企业文化建设过程中，辽宁核电通过公众科普宣传工作，使公众分阶段了解了核能的基本概念和核电站的发电原理、过程，帮助公众对核电站为人类生活和社会发展

带来的好处有了较为深刻地了解和认识，形成了“人人宣传核电，人人支持核电”的良好舆论氛围。公众逐步形成了徐大堡核电项目是“安全、高效、清洁、经济”的理念。徐大堡核电公众沟通工作有效传播了公司企业文化理念，被作为环保部公众沟通示范项目，得到社会各界高度关注，经验得到大规模推广。目前，已开展各行业交流100余次。

**（三）树立公益责任企业形象，企业文化建设责任惠及社会。**

通过开展大规模、长期性的公益爱心活动，有利于企业提高竞争力。将公益纳入到企业发展战略中，能够提升企业社会公众形象，提升品牌的美誉度，为企业在产品日益同质化的拥挤市场提供独特的差异化战略，从而提高企业在同行业中的竞争力。目前，公益市场在我国还处于逐渐清晰的初始阶段，率先在企业及品牌的价值中体现公益性的企业将会给消费者、社会公众留下深刻印象，受益非浅。履行企业社会责任是成为一个合格的企业公民的必须，投资公益，做优秀企业公民是赢得不同文化消费者的认同，国家政府的支持，顺畅发展之路的利器，为助推项目建设起到了至关重要的作用。公司管理创新成果《践行社会责任，提升企业公信力》获中核集团2014年度管理创新成果一等奖。

通过开展企业文化活动，内部使来自38家不同单位的员工思想意识达成统一共识，能够朝着共同的目标开展工作，增强了企业的凝聚力和向心力；对外，通过传播辽宁核电企业文化理念，使葫芦岛当地老百姓认识核电、接受核电、支持核电的比例大幅度上升。从两次统计表中看出，公众对于“您是否了解核电是一种安全和清洁的能源？”问题回答“不了解”由2011年9月的81%下降到2013年4月的3%；对于“您是否支持在该地区建造本项目？”问题回答“支持”由2011年9月的60.9%上升到2013年4月的96.4%，这证明，辽宁核电开展公益爱心活动服务社会促进社会接受核电、树立责任企业品牌形象的工作是卓有成效的。

辽宁核电通过推进企业文化融合，用文化的纽带将自身与中国核电联结成一个统一的整体，已逐步在员工中形成了统一的中国核电文化理念和价值追求，进一步强化了新的企业文化的导向激励作用，实现企业文化与企业战略的和谐一致，企业发展与员工发展的和谐一致，企业文化优势与竞争优势的和谐一致，使辽宁核电的企业文化建设沿着“最速曲线”尽快成长的“树大根深”、“枝繁叶茂”。

# “领先文化”推动企业创新发展

华能南方分公司

华能南方分公司是华能集团在粤分支机构，管辖华能海门电厂、华能汕头电厂，以及华能广东海门港务公司，可控发电装机容量534.4万千瓦。分公司成立以来，积极践行华能公司“三色”文化，致力于培育具有南方分公司特色的“领先文化”，以文化软实力推动企业创新发展，取得了丰硕成果，荣获“全国文明单位”、海门电厂荣获“全国五一劳动奖状”、“全国企业文化建设优秀单位”等荣誉称号。

## 一、华能南方分公司企业文化理念体系

按照集团公司企业文化“五统一”要求，南方分公司在企业使命、企业核心价值观、企业精神、企业作风五个方面与中国华能集团公司保持高度统一。同时，根据南方分公司自身优势，确立了具有公司特色的“领先文化”,“创一流，争领先”是“领先文化”的核心内涵。

企业使命：为中国特色社会主义服务的“红色”公司、注重科技、保护环境的“绿色”公司、坚持与时俱进、学习创新、面向世界的“蓝色”公司。

企业核心价值观：坚持诚信，注重合作；不断创新，积极进取；创造业绩，服务国家。

企业精神：千辛万苦、千方百计的敬业精神；逢山开路、遇水搭桥的开拓精神；敢为人先、敢为人所不能的创新精神。

企业作风：善开拓、讲效率、重信誉、勤俭办事。

企业愿景：争当一流企业排头兵。

## 二、华能南方分公司企业文化建设情况

**（一）理念识别体系建设。**

华能南方分公司管辖运营的汕头电厂是广东省首台30万千瓦、首台60万千瓦组投运电厂、海门电厂（4×1036MW）是广东省首台100万千瓦机组投运电厂，在广东省电网系统中具有非常重要的地位，南方分公司必须在安全生产、技术创新、节能环保等方面走在全省、甚至行业的前列。针对企业特点，分公司对汕头电厂定位“精细化管理最优”，对海门电厂定位“价值创造力最强”，对海门港务公司定位“粤东规模最大、效益最好、管理最优的港务公司”，以“领先文化”推动各企业在安全、技术、效益、改革、党建等各方面奋勇争先，走在行业的前头。分公司制订了《企业文化建设年度计划》，把企业文化建设列入“党建绩效”考核内容，开展“文化年”活动，在企业中营造耳濡目染的文化氛围，增强员工对企业文化的认知认同，促进企业文化在企业的落地生根。

**（二）行为识别体系建设。**

分公司开展“管理年”活动，建立健全适合企业工作实际和业务发展需要的管理制度体系。按照三标一体化管理理念和模式，建立健全《技术标准》、《管理标准》和《工作标准》3大标准。组织员工进行《华能员工手册》、《华能内控手册》、《华能企业文化理念手册》、《华能风险防控手册》的学习和测试。规范各种管理流程，强化执行力建设，初步实现了依靠制度规范管理。

**（三）视觉识别体系建设。**

执行《华能集团VIS视觉识别手册》规范，对分公司企业标识、环境设计、应用系统进行统一规范。在分公司内部网站、办公楼道及会议室等张挂企业文化理念宣传牌，强化形象文化建设，打造良好的企业形象，树立华能品牌。

## 三、华能南方分公司“领先文化”建设成效

**（一）安全领先：机组“零”非停成为新常态。**

利用低负荷及调停机会进行消缺，机组“零”非停成为新常态。面对新挑战，基层电厂打响了安全攻坚战，以本质安全企业创建为抓手，着力抓好文件修编、人员培训和体系实施，提升安全管理水平；着力抓好重要时段的安全大检查，对发现问题及时整改落实；着力抓好外包工程安全专项整治、日常安全风险防控和设备维护消缺，以“严、细、实”精神，对全厂各系统设备、各盘柜进行了地毯式的检查消缺，决不放过任何安全隐患，确保设备安全稳定。

**（二）技术领先：海门电厂4号机组厂用电率全国最优。**

华能海门电厂是南方分公司所属电厂，运营4台百万千瓦级机组。电厂致力于科技创新，技术改进，电厂环保、技术指标达到行业领先水平。从工程建设到生产运营，海门电厂科技创新亮点纷呈，共申请国家专利38项，实施科技创新和技术改进300多项，取得了成熟的经验和显著的经济效益。海门电厂4号机组厂用电率2.52%，达到全国最好水平，汕头电厂1号、3号机组厂用电率均在股份公司同类机组排名第一。海门电厂1号机组被电网公司授予“2014年电网系统运行效能优胜奖金牌机组”，3号机组被华能集团公司授予“2014年度能耗指标铜牌机组”。

**（三）效益领先：单位边际贡献在华能系统名列前茅。**

南方分公司坚持领先标准，以“创一流”为抓手，坚持与兄弟单位、电力行业甚至国际先进实时对标，以对标领先创造实实在在的效益。分公司发挥预算龙头作用，按照“抓早、抓实、抓重点”的工作要求，主动顺应经济新常态，紧紧抓住“增收、降本”两个关键点，着力加强资金管理。

分公司着力加强燃料管理，以“燃料标杆电厂创建”为抓手，坚持燃料管理“转方式、调结构”总体要求，抓好对标，控制存煤量，减少滞港费，严格控制燃煤采购成本，有效降低燃料成本。

**（四）改革领先：转变发展方式推动企业创新发展。**

分公司发扬“敢为人先、敢为人所不能的”华能精神和“先行先试”的广东精神，转变观念，积极应对改革新常态。在全力推进海门电厂5、6号机组工程优化优选工作的同时，积极开发新能源项目，全力开发燃气热电联产项目、光伏发电项目、海上风电项目、防波堤风电项目等清洁能源项目。

分公司积极参与国际化能源开发合作，经过与有关单位的沟通协调和多方努力，选定了印尼西爪哇万丹马灵平6×1000MW煤电中心项目。集团公司规划部组团赴印尼实地考察，南方分公司与项目业主美佳富股纳集团公司以及神华海外公司签署了三方合作备忘录，迈出了“走出去”战略的第一步。

**（五）党建领先：构建“快乐工作、幸福生活”和谐企业。**

加强国有企业党建工作，充分发挥企业党组织政治核心作用，是巩固党的执政基础，完成党的执政使命的内在要求，也是构建和谐社会，保证国有资产保值增值的重要途径，更是实施“领先文化”的政治保证。

华能广东分公司党组充分发挥政治核心作用，树立政治责任感和紧迫感，积极开展“三严三实”专题教育，坚持“严”字当头，“实”字打底，积极探索新形势下企业党建创新之路，增强党建工作的针对性和实效性。通过“三严三实”专题教育抓领导干部作风建设，通过从严治党抓党员队伍建设，通过强化主体责任抓党风廉政建设。

南方分公司党委注重激励党员发挥先锋模范作用，积极开展“共产党员先锋岗”创建，助推分公司“努力争当一流企业排头兵”目标的实现。华能南方分公司把“共产党员先锋岗”创建活动定为书记项目，在分公司系统组织各党支部紧紧围绕创新驱动发展战略和企业中心工作任务，全面开展“共产党员先锋岗”创建活动。海门电厂生产党支部与外包单位建立党组织联席会制度，把党建工作渗透到外包单位，充分发挥外包单位党员先锋模范作用，有力地促进电厂的安全文明生产。

分公司把加强职工思想政治工作与关心职工身心健康结合起来，加强与职工群众的沟通交流，及时了解职工思想动态及实际需求。分公司成立了各种文化、体育协会，开展了“珠江徒步”、“职工书画摄影展”、“职工运动会”、“职工征文活动”、“道德讲堂”等丰富多彩的企业文化活动，领导干部带头参加企业文化活动，主动融入职工群众当中，通过活动，促进干部职工增强体质，增进友谊，营造“快乐工作，幸福生活”良好氛围。

# 以优秀的文化凝聚人
# 以优秀的文化促发展

大唐河北发电有限公司

大唐河北发电有限公司是中国大唐集团公司出资设立的全资子公司，从事电力、能源开发、投资、建设等电力相关业务。在抓好企业生产经营发展工作的同时，大唐河北公司高度重视企业文化建设，党政主要领导对企业文化建设高度关注并亲自参与。大唐河北公司风清气正，以“务实、奉献、创新、奋进”的大唐精神为指引，促进企业生产经营发展，获得全国电力系统企业文化建设先进单位、全国电力系统企业文化建设品牌企业、优秀论文一等奖等荣誉称号，为企业发展提供了强大的精神动力。

公司坚持企业发展、文化先行，按照企业文化建设规划目标每年细化实施方案，推进企业文化建设工作，连续5年推进“俭文化”建设，形成了独具特色的理论体系，使“务实、奉献、创新、奋进”的大唐精神迅速在企业落地生根，形成了良好的文化氛围。

## 一、深入建设特色“俭文化”

大唐河北公司以“俭朴、俭约、俭点”为主要特征的“俭文化”，历时5年的逐步推进，使“俭文化”建设成为公司“同心文化”体系中的重要分支文化。

**（一）营造氛围，宣“俭”潜移默化。**

互动宣“俭”。开辟“俭”文化交流平台，宣讲“俭”文化与日常工作生活的关系，公司员工发表语录和评论，简明上口的优秀“俭”语录在公司系统内广为流传；各基层单位纷纷建立“俭”文化“电子板报”、“俭文化伴我行”、“俭文化专栏”、“说俭专栏”等网络信息平台，有效活跃了宣教形式，提高了宣传效果。

处处看“俭”。充分利用宣传展牌、标语、网页平台等可利用的宣传阵地和设施，打造“俭”文化风景。精心设计制作廉洁格言、警句漫画和“俭”文化理念标示牌，在办公楼内设立文化角，在职工餐厅、通勤班车上处处打造“俭”文化风景，有效延伸教育时间，扩大教育范围，让员工时时感受到“俭”文化气息。

活动促“俭”。开展群众喜闻乐见的廉洁文化活动，广泛调动职工群众参与“俭”文化建设的积极性。举办“俭”文化赛事活动、廉洁卡拉OK歌曲大赛、演讲比赛、“俭”文化PPT制作展示大赛等。开展廉政文艺作品征集活动，举办反腐倡廉图片展、廉洁文化讲故事、廉洁文化诗歌朗诵等文化活动，营造企业风清气正的文化氛围。

**（二）领导重视，倡“俭”身体力行。**

公司领导对“俭文化”构筑抵御四风的坚强壁垒高度重视，制定出具体的实施方案，领导带头做表率，身体力行践行俭文化，努力倡俭；主要负责人在专题党课和专题辅导中带头宣讲，专题会议专门讲、干部会议重点讲、其他会议经常讲；各单位党委书记、纪委书记带头撰写“俭”文化的理论文章，以自身实际行动倡导广大员工行“俭”。

**（三）创新形式，让“俭”入脑入心。**

一是让“俭”深入人心。通过召开宣教会等各类会议，让职工“听俭”；召开“俭”文化专题研讨会，让职工“说俭”；赠送廉政书籍，让职工“读俭”；开展“俭”文化征文、征集“俭”文化学习心得，让职工“写俭”。在“听、说、读、写”中，使广大员工对“俭”有了深入的理解，进一步总结和提炼了“俭”文化理念。

二是结合实际，特色学“俭”。开展独具特色的宣传教育活动，建立电子廉政笔记本，编辑和发送“廉心卡”、廉政短信，组织“聚焦责任，勇于担当”主题活动、召开家庭助廉会，举办“以案释法，警钟长鸣”预防职务犯罪讲座、参观监狱听取在押犯人现身说法等，通过一系列“俭”文化活动的深入开展，使干部职工形成了在日常工作中学“俭”的良好习惯，使“俭”不断得到深化。

**（四）制约有力，行“俭”阳光透明。**

一是以“俭”文化践行制度建设，促规范运作。按照“用制度管权、按制度办事、靠制度管人、依制度管物”的标准和要求，制定“俭”文化建设推进方案，建立“俭”文化建设考核机制，纳入“两全”管理和党风廉政建设责任制，对内部控制程序和各项管理制度履行情况进行梳理和检查，加强对权力运行的制约，规范党员干部行为廉洁制度体系，形成与“俭”文化建设相配套的“制度文化”。

二是以作风建设践行“俭”文化，促廉洁从业。以领导干部和关键岗位人员作风建设为抓手，以“俭”文化行为规范为基准，促进领导干部廉洁从业。组织机关领导干部和管理人员分批深入采制化班组，开展“阳光做人，勤俭做事”廉政宣誓、廉洁承诺、“请检进企”以及重点工程项目签订预防职务犯罪协议等活动，培养各岗位人员养成“不让一天闲过，不让一事拖拉，不让一样恶习上身，不让一笔赃款进家，不让一个亲属和身边工作人员惹出闲话”的优良品质，养成“重细节、精细化、零差错、创一流”的工作作风，积极行“俭”。

三是以“俭”文化践行效能监察，促管理提升。发挥“俭”文化源头预防的深层次作用，有针对性地开展对企业管理的再管理。对火电企业重点开展燃料管理效能监察，对基建单位重点开展工程招标监察，对风电企业开展完善内部管理机制的监察。通过分层次、有重点的效能监察，及时补充、完善了“风险点”设置，使每一项工作都置于阳光之下，使文化“软实力”真正成为促进公司核心竞争力提高的“硬通货”。

## 二、特色故事会，让“大唐精神”走到职工身边

在推进企业文化建设的方式方法中，讲故事是企业文化实战中强而有力的工具，是企业文化的重要载体。一般来说，故事来源于企业员工的工作和生活，简单、形象且生动，辅之以有意识的刻画和引导，具有相当大的感染力和渗透力；借助正式的和非正式的渠道传播，影响范围大且快。大唐河北公司成功运用企业文化故事的影响力和传播力，使“大唐精神”通过故事会的形式，走到了每一名干部职工的身边。

第一步，班组讲述。大唐河北公司组织基层企业以班组、部门为单位，挖掘身边普通职工践行大唐精神的真实故事，以职工的视角和朴实的语言，开展班组间的交流互动，互相讲述、互相点赞；以文字形式对普通职工的感人故事进行加工，为职工树典型、立榜样。

第二步，企业选拔。开展“大唐精神在身边”故事讲述大赛，选拔出践行大唐精神的典型事迹，使一个个真实、鲜活的故事生动呈现在听众面前，通过大赛选拔出一批优秀作品，利用企业网站、《大唐河北报》、“唐风冀韵”微信公众号、大唐集团网站“先进大唐，精彩故事”专栏等手段对优秀故事进行大力宣传，为广大职工所了解。

第三步，系统巡讲。大唐河北公司优选故事作品进行了再加工，组织成立了巡讲团，在系统企业内开展了密集的巡讲活动，利用年中工作会、班组风采大赛等形式，与班组师傅们共同交流和分享身边的感动，在平凡的感动中让“大唐精神”扎根到企业基层。

第四步：班组再讲述。再次开展班组故事会活动，让企业里的先进党员、劳动模范、先进个人走进班组讲自己的故事，让大家点赞，让班组职工讲自己的理解和自己的故事，让参会的领导和职工点赞。故事会让职工们发现自己经常见面的同事们还有这么多令人感动的故事，有自己从来没有看到过的一面，在彼此称赞和欣赏中拉近了心与心的距离。

### 三、企业开放日，不断提升企业品牌

在做好企业内部文化建设的同时，大唐河北公司同样关注企业的品牌建设，以大唐“企业开放日”为依托，每年精心挑选和周密组织系统企业开展企业开放日活动，让周边企业、市民进入大唐，近距离参观和感受企业的文化和品牌，感受企业的生产现场，让人们了解企业，通过增进了解形成互信。截至目前，大唐河北公司系统已举办“企业开放日”活动9场次，参观群众达到了近两千人，也使得企业为保民生、保供暖所付出的努力为政府、为百姓、为用户所熟知，得到了理解、肯定与称赞，既打响了大唐品牌在企业的知名度，也融洽了企业与地方政府、与地方百姓的和谐关系。

## 培育“四类文化” 建设“三型海投”

中国电建集团海外投资有限公司

中国电建集团海外投资有限公司成立于2012年，是中国电建专业从事海外投资业务的法人主体，在集团调结构、促转型、产业链价值链一体化、国际业务优先发展中承载着重要的引领、载体和平台作用。公司现在老挝、柬埔寨、尼泊尔、巴基斯坦等10个国家拥有6个投产项目4个在建项目、10多个前期项目，在建及运营电力项目总装机300万千瓦。在践行“走出去”战略，大力推进海外投资业务发展中，电建海投坚持“全球绿色清洁能源的优质开发者，项目属地经济社会的责任分担者，中外多元文化融合的积极推动者”的战略定位，结合实际和业务特点，围绕“三型海投：品质型、效益型、活力型海投”目标，精心打造“四类文化：海文化、暖文化、新文化、益文化”，不断提升企业软实力，促进中国电建海外投资业务的持续健康发展。

### 一、培育“四类文化”建设“三型海投”的战略构想

电建海投中长期发展规划（2015-2025）明确了公司的发展方向、路径、目标和举措，“三型海投”正是基于落实规划提出的具体构想和解读，旨在把全员的认识、思想、行动统一到公司战略部署上来，引领企业全员围绕“创效益、提品质、增活力”的内涵，加快打造中国电建海外投资升级版。

**（一）建设“效益型海投”。**

自上而下形成以项目为主线的管理机制，坚持项目开发、建设、运营并重的工作思路，突出主业、多元发展，推进精细化项目管理，全面建立并实施业绩考核、投产达标、财务委派、执行概算、经济后评价等在内的现代项目管理体系，以项目开发求发展、以项目建设求质量、以项目运营求效益；努力打造“效益型海投”，为构建专业化投资公司作出新贡献。

**（二）建设“品质型海投”。**

结合实践，以夯实基础、规范标准、优化流程、强化管理、提升绩效为着力点，加快推进职能制度化、业务流程化、工作标准化、管理信息化、创新价值化进程，以提高发展质量和效益为目标，着力提升投融资和市场开拓能力、项目执行和风险防范能力，建设“品质型海投”，全面提升公司的管理绩效。

**（三）建设“活力型海投”。**

在中国电建战略和文化框架内，围绕打造一支能够应对复杂环境及统筹协调各方力量推进发展的领导团队、一支在各个领域独当一面的专业化人才队伍、一支能够保证项目顺利执行的海外经营管理人才队伍；积极培育“海、暖、新、益”文化，建立良性循环的发展生态环境，建设“活力型海投”，进一步增强公司凝聚力、生命力、竞争力。

### 二、培育“四类文化”、建设“三型海投”的实施背景

**（一）适应海外业务发展的客观需求。**

海外投资兴业不仅面临经济创新、管理提升、品牌培育，也面临思维的碰撞、观念的转变、文化的融合。“走出去”发展对国企传统管理方式提出许多挑战，建立适应发展的企业文化，以文化引导的力量和非行政手段促使员工思想行动统一，调适和解决海外企业与员工间、产业链各方因商业活动出现的种种不协调，有助于激发企业创造力，引领自身从组织、制度、流程和机制体制等方面进行变革。

**（二）打造品牌扎根海外的重要载体。**

与国际强企同台竞技，国企“走出去”面临着多重竞争。电建海投涉及特许经营、直接投资和收购与兼并等主要投资形式，业务涵盖电力、矿业、建材等领域，项目分处多个国别，点多面广，运营与风险管控要求高，组织管控、模式创新、本土化经营与多元文化融合任务重。因此必须重视和加强文化建设，打造为项目所在国所认同的企业品牌，利用文化的传播力和影响力，赢得当地民众的理解和支持，为项目顺利推进创造良好条件和坚强保障。

**（三）凝聚队伍传播文化的有效手段。**

电建海投项目运营期大多在25-40年，外籍员工占30%-70%左右，做强做大海外投资业务，需要一支中外融合、业务突出、素质优秀的复合型人才团队。而公司员工来自五湖四海，呈现高学历、年轻化、教育背景多样化、多语言环境下工作等特点，公司需要通过培育“四类文化”，凝聚五湖四海的专业人才和智慧，以大海之包容、胸怀、视野经营企业，为公司本土化经营提供强有力的人才支撑。

### 三、培育“四类文化”、建设“三型海投”的实施情况

电建海投创新方式，丰富载体，开展活动，精心打造“四类文化”，营造同心同德、同向同行文化氛围，建设“三型海投”，促进企业软实力持续提升。

**（一）海纳百川投创未来，打造“海文化”增能力。**

抓好“四个环节”培育人才。公司坚持人尽其才、才

尽其用、人岗匹配，建设良好人才文化理念。一是抓好引进环节，通过公开招聘、外部引进等累计选聘51名中层干部，引进149名专业人才。二是抓好培训环节，建立了“一石三柱”培训体系和内训师授课制度，采取企校共培、外派常驻、跟踪培养、导师带徒等方式，组织内培外训348项5907人次。三是抓好使用环节，优化人才脱颖而出机制，突出人力资本价值。四是抓好交流环节，细化标准及条件，使党员干部能上能下，建立合理交流机制。

**（二）以人为本，情系员工，打造“暖文化”聚众志。**

“三送”活动传递企业温暖。公司坚持开展“逢节日送关爱、过生日送祝福、遇困难送温暖”活动，每年通过寄送慰问品、慰问信、慰问视频等形式，对海外员工及家属进行慰问。累计慰问海外员工290人次；向594名员工送去生日礼物及祝福；帮扶员工20人次。同时，公司还缩短海外员工回国休假间隔，为在艰苦环境下工作的海外员工增加了特殊津贴；在职称评定、评先选优、职级晋升、健康查体等方面为海外员工提供便利条件。

**（三）创新创效助推发展，打造“新文化”促提升。**

“五化”建设促进管理提升。公司主导以“五化”助推“新文化”打造，主要体现在：一是推动职能制度化。公司编印了6本《管理手册》和150多项基本制度，形成了海外投资管理体系。二是推动业务流程化。建立了120余项流程，形成了一套横向对接、纵向畅通、系统规范的流程体系，确保各项工作环环紧扣、道道把关、全面闭合。三是推动工作标准化。通过定计划、定目标、分步骤推进，建立了覆盖各项工作和产业链条各方的标准体系。四是推动管理信息化。构建了协同、公文、移动办公等一体化信息系统，促进了信息共享和效率提升。五是推动创新价值化。大力实施业务与管理创新，公司投资项目获得“鲁班奖”等多项优质工程奖，获得发明创造及专利6项。

**（四）履行央企责任，打造“益文化”建和谐。**

“本土化”促进跨文化融合。公司各海外组织在运行机制、管理方式、劳动用工、文化融合等方面，积极推进本土化经营。柬埔寨甘再、老挝南俄等项目招聘当地员工，创造就业机会，推动当地经济发展，多名当地员工走上了文秘、行政、翻译、司机等工作岗位。引导优秀员工学习专业知识，使当地员工融入公司发展。节假日期间组织各类中外员工联谊活动，促进跨文化交流。通过当地员工传播公司文化，赢得当地国别民众理解和支持。

## 四、培育“四类文化”、建设“三型海投”的实际效果

电建海投遵循企业文化建设规律，紧密结合企业发展阶段、业务特点和员工需求，坚持人本理念，精心打造“四类文化”，将文化融入企业运行全过程，助力“三型海投”建设取得显著成效。

**（一）海外投资业务发展绩效显著提升。**

公司以打造“四类文化”增能力、聚众志、促提升、建和谐，公司区域布局、市场拓展、生产经营、内部管理等呈现出良好的上升发展态势。公司成立以来，营业收入、利润、资产总额、经济增加值连续4年实现两位数以上增长；连续4年全面超额完成生产经营任务目标，经营业绩考核和管理评价均位居集团前列。

**（二）海投文化聚合导向作用效果明显。**

通过“四类文化”建设，公司集体荣誉感和凝聚力显著提升，员工积极性、主动性、创造性进一步增强；“海文化”引领企业全员与国际一流对标，苦练内功，提升能力；“暖文化”使员工感受到企业的活力和温暖，“企兴我荣”理念入脑入心；“新文化”引领员工立足本职、大胆创新，将精益求精、创造价值作为基本工作准则。“益文化”加快推动中外文化融合，树立中资企业良好品牌形象，助力公司更好“走出去”、“走进去，扎下根”。

**（三）公司两级总部管理功能有效发挥。**

通过“四类文化”建设，公司流程、标准、职责融入文化，文化感染力、带动力促进各项功能全面执行；两级总部和业务单元责权利划分和管理边界关系进一步明晰，职能制度化、工作标准化、业务流程化、管理信息化、创新价值化的运行机制进一步顺畅，构建形成了海外投资业务管理体系和运行机制，两级总部逐渐成为公司的价值创造中心、人才培养中心和风险控制中心，为构建高绩效公司创造了条件和基础。

**（四）海外专业复合团队打造成效突出。**

通过“四类文化”建设，公司人才结构不断优化，员工素质能力持续提升。公司现有员工883人，其中总部员工233人，外籍员工399人；总部员工平均年龄为35.15岁，博士占4.7%，硕士占50.2%，本科及以上占97.9%；公司全员劳动生产率逐年大幅增长。一支专业化、国际化、复合型的海外投资人才团队逐步成长成熟，这为推进公司战略落地提供了有力的人才保障。

（作者盛玉明，系中国电建集团海外投资有限公司董事长、党委书记；杜春国，系公司总经理、党委副书记；赵新华，系公司党委副书记、纪委书记、工会主席；李胜会，系公司工会副主席、党委工作部主任）

# 建设优秀文化　推进科学发展

国电浙江北仑第一发电有限公司

国电浙江北仑第一发电有限公司的前身为浙江北仑发电厂，1989年正式成立，2003年划归中国国电集团公司，2007年归属国电电力发展股份有限公司。在各级领导的关心支持下，企业生产经营、党建精神文明建设等方面工作不断迈上新台阶，先后荣获“全国五一劳动奖状”、“全国精神文明建设工作先进单位”、“中央企业先进基层党组织”、“中央企业思想政治工作先进单位”等荣誉称号。

## 一、企业文化战略目标

北仑公司企业文化建设基本思路：深入探索家园文化贯彻和落实的方法和途径，营造和谐奋进的文化氛围。通过企业文化的宣导与深植，引导和促进职工的务实、敬业、创新、高效作风养成，以强有力文化力量促进企业可持续发展，为推动成为中国乃至世界最具影响力的火力发电企业目标实现提供文化保证。

主要目标：使职工充分了解企业文化的概念、意义及重要性，牢记并践行集团核心理念以及北电和进之道；坚持以中国国电集团公司家园文化为引领，积极探索出适合公司实际的企业文化深植模式；建立可量化的企业文化评估考核指标，将文化管理纳入企业管理系统中，保持企业文化建设领先水平。

## 二、企业文化建设的主要经验成果

### （一）理念文化：铸魂。

坚持一切从实际出发，以市场为导向，以改革为动力，以资本关系为纽带，坚持科学发展，坚持制度创新、管理创新、科技创新、文化创新，形成技术、人才和管理上的优势，依靠科学化管理和集约化经营，增强公司的盈利水平和持续发展能力。

传承追求卓越的文化。强烈的进取意识和追求卓越“创一流”意识，在企业生产建设发展中发挥着重要的作用。事事坚持高起点、高标准、严要求，人人自觉用一流电厂的要求规范行动；以“创一流”为目标的共同的价值追求和理想信念，统一了全体员工的思想和行动，形成了强大的感召力、内趋力和约束力。

深化和谐共融的内涵。坚持以人为本，大力弘扬“和合”价值观。以实施“三个一百”人才工程评选等为抓手，鼓励员工爱岗敬业、岗位成才，促进员工和企业共同发展；不断规范和深化党务公开、厂务公开工作，全面落实职代会制度，职工充分行使民主权利；关心员工身心健康，大力推进“健康工程”。围绕职工最关心的热点、难点及焦点问题，发挥工团桥梁纽带的作用，解疑释惑，理顺情绪，协调利益，教育引导职工自觉维护稳定，奠定“内和”的思想根基。

北仑公司坚持绿色发展理念，实现企业外部和谐环境形成。开展“市民走进北电”活动，组织党员服务队和志愿者进社区作环保宣传，不断增进市民和当地政府对企业的了解和支持。“内外和谐”文化在实践过程中发挥着积极作用，培养了一大批德才兼备的经营管理人才、专业技术人才和岗位技能人才，涌现出省、市劳动模范、集团公司首席师、全国技术能手等先进人物，为北仑公司科学发展提供人才保证，形成了企业与职工，企业与社会相融共进的良好局面。

### （二）制度文化：固本。

创新制度文化，寓先进文化理念于制度之中，用制度和行为规范约束员工行为，提高执行力，为企业管理水平提升打下坚实的基础。

制度文化。北仑公司引进EAM管理软件，实施流程管理；分别通过了ISO－14001、OSHMS、ISO－9001认证，达到了计量体系国家一级、档案管理国家一级、人事档案国家一级、企业标准化国家二级等标准。按照现代企业制度的要求，不断对企业产权制度、管理制度和经营制度进行改革、重组和创新，建立健全了一套包括质量、技术、检修、运行、安全生产等在内的企业管理标准、技术标准和工作标准，形成了企业全体员工共同遵循的制度文化。

规范文化。结合中国国电公司基本行为规范，把先进的理念和完善制度融入到日常行为规范中。经过全体职员的积极参与以及反复的修订论证，形成了企业行为准则、员工行为准则、员工行为规范、专项岗位规范等4大方面，内容涵盖企业方方面面的工作和各个层次人员，成为全体员工的行动指南。

### （三）子系统文化：落地。

北仑公司十分重视文化落地，通过构建安全文化、科技文化、绿色文化等子文化，把虚化的理念变成企业员工的行为，变成企业组织的行为，自觉推动企业各方面工作的顺利开展。

安全文化。北仑公司通过形式多样的安全活动，塑造安全文化。每年举办“安康杯”和“全国安全生产月”活动，通过举办安全征文、安全漫画、安全警句、演讲比赛、知识竞赛等活动，做到寓教育于活动之中。利用《北电报》、《北电管理》、新闻主页、宣传栏等营造出浓厚的安全生产氛围。

创新文化。在引进、消化、吸收国外先进技术过程中，形成了以科技进步为主线，加大教育培训力度，推进信息化步伐为特征的技术文化。积极开展有利于稳定运行、节能降耗、保护环境、设备管理等项目的技术研究和开发；积极开展QC活动、合理化建议等群众性科技活动，激发员工的创新热情，提高员工的创新能力。

绿色文化。开展节煤、节水、节油、节电等活动，使员工树立环境意识和环保理念。2014年，公司投资6亿多元，完成了5台60万千瓦机组的脱硝改造，所有机组的氮氧化物下降至80毫克／标立米左右，满足国家最新要求的100毫克／标立米的排放标准；2015年，北仑公司6号百万千瓦机组通过超低排放改造后72小时满负荷试运行，污染物排放指标达到燃气轮机排放标准。

廉洁文化。积极组织“看廉洁教育片、听廉洁讲座、读廉洁教育书籍、写廉洁心得、提廉洁建议”和举办廉洁书画作品展、廉洁文化座谈会、参观警示教育基地等活动。开展“小权力管理”和职工廉洁互保活动，进一步增强党员员工的廉洁从业意识，营造“廉荣腐耻”的文化氛围，推动了公司党风建设和反腐倡廉工作的深入开展。

健康文化。开展“健康工程”，投入资金建起了游泳馆、运动馆，添置了健身器材，相继成立了篮球、羽毛球、乒乓球等10多个协会，开展丰富多彩的文体活动，引导员工加强锻炼，不但提高了员工的生活质量，更是有力地促进了员工的身心健康。

（四）良好运行：强基。

北仑公司按照科学规律，形成完善良好的运行机制。

领导重视，带头实践。确定了由总经理任组长的企业文化建设领导小组，成立了企业文化建设学会机构，建立企业文化网络。确立企业文化责任部门、在各部门设立兼职企业文化管理员，明确职责。把企业文化建设纳入企业的总体发展战略，分解任务，逐月检查，务期必成，列入部门经济责任制月度考核。

广泛宣传，全员认同。企业文化实质上是一个以新的思想观念及行为方式战胜旧的思想观念及行为方式的过程，因此新的思想观念就必须进行宣传教育。从解决干部职工的思想观念入手，通过专家讲课、座谈讨论、报刊宣传等形式，普及企业文化理论，更新观念，提高认识。在企业文化建设过程中，让员工全过程参与，广泛征求员工和领导意见，编辑了《职工企业文化手册》、《企业文化管理手册》，介绍企业文化建设的最新成果。各部门设立企业文化专员，成立企业文化宣讲团，举办文化讲座，进行企业文化全员轮训，利用《北电报》、宣传栏、公司局域网等宣传媒体，广泛宣传、反复灌输，形成文化共识。

系统规划，明确目标。重视对企业文化的整体评估与系统规划。组织公司领导、中层干部、员工、社会公众4个层面的调查，收集各个层次的对企业文化认识和意见，对企业文化状况进行有效的评估，确定企业文化定位，加强对企业文化建设整体的规划，制定规划，明确目标，促进企业文化建设水平不断提升。

调研诊断，持续改进。了解国内外企业文化建设动态，组织人员参观学习海尔、正泰、东方集团、珠海电厂、盘山电厂等企业的先进经验，借鉴国内外电力企业的成功做法，拓宽思路。组织调研企业文化建设，召开企业文化学会年会，组织不同层面的问卷调查，了解各个层次企业文化的认识度、意见和建议，对企业文化进行研讨修正。

先进的理念是北仑公司持续发展的核心动力；有效的制度是北仑公司持续发展的有力保证；卓越的实践是北仑公司持续发展的强大推动力；完善的运行机制是北仑公司持续发展的助推器；充分的文化认同是北仑公司持续发展的精神支撑。我们继续学习借鉴先进企业文化建设成功经验，进一步强化企业文化建设，深植家园文化，营造和谐奋进的文化氛围，推动企业迈向新台阶。

## 弘扬企业文化　推动企业发展

国网江苏省电力公司连云港供电公司

国网江苏省电力公司连云港供电公司成立于1976年，下辖赣榆区供电公司和东海、灌云、灌南3个县供电公司，拥有202万用电客户、96个营业网点和35千伏及以上变电站141座。公司党、政领导十分重视企业文化建设，围绕国家电网公司科学发展总战略，全面深化“两个转变”，努力建设和弘扬统一的企业文化，推动公司全面发展，为连云港地区的发展做出了突出贡献。先后荣获全国文明单位、全国四个100最佳志愿服务组织、全国五一劳动奖状、全国爱国拥军模范单位和全国“十二五”企业文化建设优秀单位等荣誉称号。

### 有效引领，确保企业文化理念入脑入心

为大力弘扬统一的企业文化，营造良好的文化氛围，结合公司实际情况，在充分调研和征求各基层单位意见、建议的基础上，制作了《连云港供电公司企业文化环境建设手册》，共分为7个部分，规范了公司图版和各种宣传栏、标语的放置、悬挂和张贴。公司先后3次印制了国网公司《建设和弘扬统一的企事业文化宣传手册》，以便公司职工学习和新进人员的培训。公司在网站主页开辟了企业文化专栏，以便广大员工进行企业文化相关知识学习，并及时宣传公司企业文化工作重要部署和活动进展情况。

公司每季度评选一次“出彩连电人”。“出彩连电人”的评选侧重于个人在一定时段，某个方面取得出类拔萃的工作成绩，鼓励个人出新招、建奇功、传递正能量。主要包括：在践行公司年度工作思路中贡献突出的；在推进公司“三大工程”建设过程中成绩突出的；在公司群众创新、管理创新、思想文化创新等工作中贡献突出的；在公司同业对标工作中成绩突出的；在技能竞赛、专业调考方面取得优异成绩的；在见义勇为、助人为乐等公益活动中表现突出的；在安全生产、电网建设、优质服务、经营管理、党建及精神文明建设等工作中成绩突出的；为公司获得上级荣誉做出主要贡献的等8个方面的考评内容。

公司开展了寻找“最美身边党员”活动，旨在围绕公司年度重点工作，选树宣传广大党员中可信、可敬、可学的先进典型，推动社会主义核心价值观和公司基本价值理念全面落地，营造“学习先进、赶超先进”的浓厚氛围，以优秀党员的榜样示范作用，引导激励广大员工立足本职岗位，争创一流业绩，为率先基本建成“一强三优”现代公司提供坚强支撑。按照开展寻找“最美身边党员”主题活动的要求，通过公司广泛宣传发动，各基层党组织发现、推荐了一大批“最美身边党员”，他们在平凡岗位上创造出不平凡业绩，令人感动。公司还开展了共产党员服务队、争当最美国网人、争当苏电排头兵等活动。公司制作了专题宣传片，主要包括公司整体建设风采专题宣传片、党风廉政建设和群众路线教育实践活动专题宣传片和争创全国文明单位专题宣传片。创作了《银线卫士》、《三代巡线情》、《玉兰花》和《草根发明家》、《寻找袁立雨》、《记号》、《老戚建房记》、《摇钱树》和《木门划痕记深情》微电影，制作了《连心电、光明行》志愿服务纪录片。

### 严格执行，确保企业文化建设有效落地

近年来，公司开展了“依法治企年”活动，成立了实施组织机构，明确行动目标、准则，构建了5大体系，排查8类重点内容，实施一百条工作举措，明确了规则治企行动

步骤和方向并通过动员部署、自查自纠、督导检查、管理提升4个阶段逐步开展。同时，公司还开展了“依法治企年”活动专题思想动态调研，调研组重点走访了四区县公司、各县域检修公司、公司集体企业及配电、输电、检修、变电等工区，随机抽取市公司生产、营销（农电工作部）、管理部门等员工进行座谈，参加本次调研的员工有612人，并对收集的意见及建议进行分析整合形成调研报告。公司员工还积极参与“依法治企”知识学习的全员大讨论，共收到500余条，取得非常好的效果。

公司开展了“三学三有”教育活动，即：学法律有成效，确保员工依法办事，不发生违法行为；学党章有落实，确保党员的先进性，不发生违纪行为；学制度有提升，确保全员履责到位，不发生违章行为。公司编印了《三学三有600问》，保证所有人员人手一本，收集整理了《连云港供电公司党员违反党的纪律红线清单》和《连云港供电公司员工违法违规违纪红线清单》，供全体员工学习，要求各单位采取集中学习、网络培训、专题辅导、个人自学等多种方式开展。征集员工心得体会300多篇，并择优选登在三学三有专题网站。

近年来，公司开展了以基础固企、规则治企、人才强企为内容的“三大工程”建设。基础固企工程，即突出“问题导向”，强化“解决问题就是创新”的意识，把发现问题、研究问题、解决问题作为有效途径，抓基层、抓基础、抓基本功，推动基础管理向“精准”延伸；规则治企工程，即突出“规范导向”，强化全员发自内心的、以规则作为自己行动准绳的意识，持续导入各项法律法规、规章制度和行为准则，加强红线教育，优化工作流程，完善协同监督，提高考核刚性，推动规则意识向“末端”延伸；人才强企工程，即突出“责任导向”，强化“人尽其才、人尽其用”的意识，抓好发现人、培育人、使用人、评价人、成就人的全过程管理，打造结构优化、布局合理、素质精良的人才队伍，推动人才培育向“系统”延伸。始终坚持围绕深化改革、依法治企和“一带一路”交汇点建设重点工作任务，把握经济发展新常态，依法治企苦练内功，快速发展注重品质，大胆探索管理创新，不断改善全体员工的心智和行为模式。努力夯实企业管理基础，强化法制企业建设，改善员工心智和行为模式，提升公司整体策划能力、建设能力、经营能力、管理能力，全面融入国家电网发展战略，推动公司健康、快速和可持续发展。

### 持续改进，确保整体建设水平不断提升

公司专门设立“管理提升办公室”机构，人员主要来自二线干部和部分年轻员工，通过召开头脑风暴会、月度例会、定期工作现场会，对管理创新工作起到了总牵头和总协调的作用。将连续3年的迎峰度夏工作编印成册，对前一年的经验和教训进行及时总结，利于下一年改进和提高。公司通过对党建工作综合考核评价办法“周看板、月抽查、季分析、年考评”的实施、对“三会一课”的巡听、对“集中学习日”的抽查有效促进了基层单位人员、时间、地点和效果的落实。公司通过与东南大学研究机构合作和与市企业文化协会孔子学院联合办学等方式，提升公司员工的思想素质和思维方式，主动思考，超前开展供电保障对接“一带一路”交汇点战略研究和对接政府公共关系研究。积极响应政府关注重点，陆续开展了领导班子走访联系区县、重点园区等专项行动，倾情服务全市重点工程、重大项目建设等。

公司坚持追本溯源，坚定预防信念，构筑了“立体化”的预防职务犯罪工作防线，为公司和谐稳定发展提供了坚强的保障作用。一是搭建“组织＋分析”平台，统筹兼顾把握预防职务犯罪整体防线，检企双方形成了常态的组织领导、联席会议、宣传教育、预防制约、监督调研和案件查办机制；二是搭建“教育＋考核”平台，春风化雨坚定预防职务犯罪理想信念，在软件和硬件上加强教育的拓展性和针对性；三是搭建“制度＋责任”平台，未雨绸缪加大预防职务犯罪的源头治理力度，围绕关键部门和敏感岗位，结合人财物重点领域，规范一系列规章制度；四是搭建“监督＋科技”平台，有的放矢强化预防职务犯罪的监督管理，坚持专业监督、联合监督、外部监督和科技监督相结合，确保监督更加有力有效；五是搭建“惩处＋公开”平台，对症下药有效治理职务犯罪苗头性问题，充分利用协同查办、交叉查办等方式，加大查办和惩处力度，形成有力的工作震慑。

公司广泛开展“连心电”志愿服务活动，推进“连心电”志愿服务品牌建设，公司“连心电”品牌获市优秀志愿服务品牌和思想政治工作创新提名奖。同时，公司还荣获第四届“全国文明单位”、“全市投资发展软环境建设十佳单位”。公司创新成果总数列省公司系统前列，创新成果质量明显提高。建有17个劳模创新工作室，公司员工伏祥运获电力企业创新2等奖，陈继祥获15项国家专利被评为国网特等劳模。公司不断完善安全生产责任体系、风险预控体系和安全保障体系，强化安全薄弱环节管控。公司连续7年被全国总工会和国家安监总局授予全国“安康杯”竞赛优胜企业称号。公司被全国总工会授予全国职工教育培训示范点称号。宣传“绿电”送上开山岛守岛英雄专题活动，在中央电视台、江苏电视台等媒体播出，彰显了公司社会责任。

（作者王学义，系国网江苏省电力公司连云港供电公司宣传干事）

## 加强文化建设　推进文化管理

华电滕州公司新源热电有限公司

华电滕州公司新源热电有限公司前身是始建于1958年的滕县发电厂，2002年归属中国华电集团公司旗下的上市公司—华电国际电力股份有限公司，是山东省最大的热电联产企业。公司致力于“奉献绿色光热，点亮美好人生”的企业使命，文化软实力持续提升，推进了企业与企业员工协调发展，呈现出“全、优、活、靓、佳”的文化特点。

## 一、融入管理，发挥作用，企业文化管理模型优势突出

公司坚持文化引领，大胆探索实践，推进文化管理，把企业文化融于生产、经营、管理的各个环节，实践创新培育形成了“1+5x+1”文化管理模型，其中，前“1”，指矢的效应；“5x”包括人性式运行管理、示范式检修管理、创效式燃料管理、即时式经营管理、再造式班组管理；后“1”指班车文化，企业信息宣传的载体和平台。

矢的效应：作为“攀登者”经营哲学，我们把工作岗位和环境比作于“弓”，做事的方法和措施比作于“箭”，工作作风和态度比作于“弦”，工作目标和任务就比作于“的”。在目标管理中，就是用“强弓利箭”射向“管理目标”。公司的企业哲学，从“射箭现象”到“工作本质”，到“实现目标”，其中体现了企业经营、管理的哲学思想，集中体现了企业“领导力、发展力、执行力、凝聚力、向心力、亲和力、形象力、竞争力”，具有十分具象的哲理特色。

人性式运行管理：创新运行文化管理，落实人文关怀。从工作实际出发，生产运行工作“三八制”，24 小时不间断运行，为更多的关心职工，爱护职工，减压输情，公司把大自然引入“家”中，在集控室内绿化美化，假山、绿竹、蔓藤等生机盎然，营造了清雅优美、生态自然的工作环境。值班间歇的员工可以喝咖啡、听音乐，看书学习，浏览企业各类信息，创新了生产现场“松弛有道”的特色管理。

示范式检修管理：创新检修文化管理，巩固检修示范形象。坚持树形象、建示范，不断创新和展示检修特色，推进检修工作不断创新、精益求精。公司将规范化、标准化引入大修每一个流程，通过再造“点检”检修流程、开展“星级作业区”、“攀登者员工”评选等一系列创新举措，持续巩固示范，树立中国华电集团公司系统检修示范形象，全方位凸显了文化大修的鲜明特色。

即时式经营管理：创新经营文化管理，牢固树立价值思维。落实“价值思维”，自主研发火力发电厂经营管理《即时利润管控系统》，实现由“成本控制中心”向“利润控制中心”的观念转变。该系统可随时查看、掌控当日利润及累计利润，分析影响利润的各种因素，有效控制各项成本费用，并具有反推功能，能科学指导煤炭采购和电量计划，为实现经营效益最大化发挥着巨大作用。

创效式燃料管理：创新燃料文化管理，大力提升盈利能力。抓好燃料管理，也就有效管控了企业经济效益。公司把燃料管理作为“创效阵地”，不断创新燃料管理模式。加强营销管理，引领职工增强责任心，人人竞优，全面推进燃料管理流程化、信息化、规范化全过程管理，使企业盈利能力得到提升，实现企业价值和效益最大化。

再造式班组管理：创新班组文化管理，再造精细管理流程。创新班组管理，创建人本管理系统平台，再造《班组管理流程》软件，充分调动班组进行自主管理的积极性，改变了以往集中时间、人员对班组检查评比的原始做法，不断激励班组创新、创效，实现了由职能管理向流程管理的转变。

班车文化：创新宣贯载体管理，以新视角引领新思潮。公司把企业信息宣传的主平台搭建在职工“班车上”，采用职工喜闻乐见的表现形式，创新建设了“班车文化”。在公司广场上建设了班车文化宣传廊，以图文、专题片全新的视角，潜移默化地激励教育员工。

## 二、以人为本，巧搭平台，企业文化落地载体灵活多样

举办“攀登者”文化艺术节。公司每年开展“攀登者”文化艺术节活动，潜移默化的践行文化、规范行为，活跃了职工文化生活。全年活动“长流水、不断线”，先后开展了庆新春文艺会演、“三八”女职工登山比赛、职工消夏晚会、篮球比赛等活动，形成了“一根主线穿，各项放异彩”的良好局面。

开展“最美攀登者”劳动竞赛。围绕生产管理，在机组检修中，结合检修安全目标、质量目标、节能目标等，量身定做活动载体，设置“安全目标最美攀登者”、“质量目标最美攀登者”、“创新管理最美攀登者”、“节能目标最美攀登者”、“学习培训最美攀登者”、“7S 管理最美攀登者”6 个奖项，评选 6 个方面成绩突出的先进员工，激发广大员工投身机组检修创先争优的热情。

举办“攀登者”论坛。紧紧围绕年度工作重点，结合政治工作重点，分别以“转变与提升”、“价值的力量”、“质量效益意识”、“强基固本、精益思维”为主题开展“攀登者”论坛活动。旨在激发工作热情，倡导健康生活，培育文化品牌。

开展“令人尊敬的员工”海选活动。公司连续开展“令人尊敬的员工”海选活动。鼓励鞭策员工自尊、自爱、自信、自强，受尊敬、提素质、强业绩、塑形象。通过“全员参与、民主推荐、宣传公示、网络海选”等环节，评选出“令人尊敬的员工”，树立典型示范形象，引领员工的思维观念和价值取向。

## 三、重点突出，务求实效，企业文化建设品牌形象靓丽

公司唱响“文化引领”主旋律，大力宣传“攀登者”文化，扩大“攀登者”企业文化的吸引力、影响力，“攀登者”品牌在电力行业和地方上有着较高的知名度和美誉度。连续 11 年保持中国华电集团公司文明单位称号；连续 17 年保持省级精神文明单位称号；连续 13 年保持山东省思想政治工作先进单位、山东省花园式企业称号；先后荣获全国电力行业企业文化建设先进单位、中电联企业文化建设优秀成果一等奖、中电联企业文化建设优秀成果一等奖、中电联企业文化管理创新成果一等奖、中国企业文化研究会文化科研成果三等奖、中国华电集团公司“五星级发电企业”、中国华电集团公司文明单位标兵等近 50 项省级以上荣誉称号。

### 四、紧扣主题，文化引领，文化建设成效显著

资产盈利能力增强，实现经济效益提升。“攀登者”文化思维体现了目标管理。公司强化经营管理，引领“态度决定高度，精细决定成败”的经营理念，全面优化燃料、电量、资金等各项经营要素，着力抓好“5X”管理优化，实现经济效益提升，获中国华电集团公司“五星级发电企业”荣誉称号。

持续发展能力增强，实现项目进度提升。坚持企业文化引领企业发展战略，秉承“山高我为峰”发展理念，推动企业改革发展。做好热力规划布局，强化资源统筹配置；加快推进菏泽定陶两台100万大型高效环保煤电项目、风电等低碳清洁能源项目优势项目，持续优化结构调整，提升核心竞争力，推动公司可持续健康发展。

科技创新能力增强，实现技术指标提升。公司推动企业管理创新和科技创新。强化技术攻关，加强设备技改，促进新技术应用，技术指标和竞争力不断提升。每年坚持开展创新成果发布会、QC成果发布会，创新成果达50余项，其中5项获国家发明专利，18项获国家、行业省级以上成果奖。

学习创新能力增强，实现队伍建设提升。大力实施人才强企战略，积极落实“学习成就员工，育人创造价值”的理念，培养造就高层次、复合型一流人才队伍，在国资委、集团公司、华电国际等各类晋级赛场上展现了“攀登者”实力，促进员工成长成才，培育了企业典范楷模。运行部攀登QC小组、维护部热电联盟QC小组获全国电力行业优秀质量管理小组三等奖。近几年来，有3名员工荣获“中国华电集团公司技术能手”、全国“电力行业技术能手”称号；1名员工见义勇为，入选“中国好人榜”。

文化是动力，是源泉；文化是旗帜，是方向。资源是会枯竭的，唯有文化生生不息。华电滕州新源热电有限公司在“攀登者”文化的指引下，在全体员工的共同努力下，正以矫健的步伐，适应新常态，推进新发展，众志成城，全面建设文化繁荣令人尊敬的现代一流企业。

# 制造业

## 打造企业可持续发展的竞争力

天能电池集团有限公司

天能集团是一家拥有近两万名员工、八大基地、25家子公司，年产值600亿元的民营上市公司，已有近30年的发展历史。无论是过去、还是在未来，“文化治企”、“文化强企”是天能集团矢志不渝追求的目标，是企业治理的不二选择。天能企业文化系统地、长期地涵盖企业内部各条线、各系统的全局性工作，推导着企业前行，影响着企业持续发展的“深度”和“广度”，成为企业的核心竞争力。

### 党建：党建工作制度化

天能集团党建工作推动“五个一体化”发展：推动党组织建设与生产经营一体化发展；推动党员队伍素质提升与人才队伍建设一体化发展；推动党建群团工作一体化发展；推动员工价值理念培育与企业文化建设一体化发展；推动关爱员工和回报社会一体化发展。

天能集团党委通过制定实施《天能集团思想政治工作条例》、《党委主要领导联系群众谈话制度》等制度，辅之以“心灵港湾”工作坊、“老娘舅”工作室等载体，加强集团高层与一线员工的联系沟通，密切干群关系，对领导责任区内的思想政治工作负责。各级党政组织加强“党建带三建”，支持工、青、团、妇工作，为构建和谐劳动关系和群团组织开展活动，创造有利条件并提供组织保障。

### 文化：企业文化落地化

责任文化是明确软实力建设导向的企业文化体系。天能集团把企业文化建设上升到责任文化的高度，积极推进企业文化的落地与宣贯，铸造天能的灵魂，明晰天能发展的内在动力与精神源泉，为天能集团的持续发展提供强有力的引擎支撑。

行为文化是实现价值观管理的必由之路。在企业文化理念深入人心的基础上，推进行为文化建设，编制《天能集团管理者手册》和《天能集团员工手册》，设计并推行标准化行为模式，使企业无形的价值观念、行为准则和道德规范变成有形的行动，真正起到企业文化凝聚人心、约束行为的作用。

基地联动。以基地为单位，以“天能员工文化艺术节”等为载体，开展文化巡讲、“五型班组训练营”等活动，对突出的先进集体的企业文化建设经验进行大力推广，做到由点到线、到面的结合，形成齐抓共管、全员参与的企业文化建设新格局。

### 品牌：品牌建设常态化

在确保产品品质、提供优质服务、提升客户满意度的同时，增强客户、市场和社会对天能产品和服务的情感认同、价值认同、品牌认同。重视品牌推广与新闻公关事务，形成专业创新的品牌构建和传播推广管理体系，统筹规划，提高企业品牌形象与社会形象。

形成媒体公关管理维护日常机制，做好媒体公关维护；通过正式、非正式等沟通方式，对日常新闻公关进行管理维护，对危机事件进行全面评估和处理实施，构建一套危机预警体系。

改进和完善新能源高峰论坛的形式，将论坛上升到文化和品牌建设的高度，做到论坛品牌的“高、精、尖和国际化”，扩大论坛影响力，搭建天能品牌转型升级的平台，维护好天能集团的客户链、产业链及市场链，让中国新能源高峰论坛成为企业发展的新引擎和新动力。

打造品牌文化传播案例，撰写一本描述天能发展历程、

企业现状、未来规划、企业家风范等内容的企业传记、建造一个中国电池博物馆，树立电池行业领军企业、责任企业、文化企业的形象。

品牌普世力。是以品牌为标志在更大范围、更深程度、更长时间上满足消费者需求的能力。建立普世的品牌价值观，树立为全球消费群体提供真诚服务的品牌理念；发掘国际前沿的能源解决方案，引领全球领先的全新生活方式；探求多数人认可的品牌形象，提升品牌辨识度和知名度。

### 责任：社会责任全面化

社会责任是天能集团实现可持续发展的新动力。通过推进全面社会责任管理，通过《天能集团社会责任知识手册》、《天能社会责任管理指南和指标体系》等文件的制定和实施，实现行为改变、绩效改变，得到利益相关方的利益认同、情感认同、理念认同、品牌认同、文化认同、价值认同。

企业社会责任信息的披露是企业提升形象，加强竞争力，塑造具有可持续发展力的重要手段。天能集团已连续两年主动发布《企业社会责任报告》，充分发挥社会责任报告内质外形作用，对外加强利益相关方沟通，对内促进管理提升，取得良好的效果。

构建EHS一体化管理体系。以《新能源电池企业EHS（职业健康、安全、环保）一体化管理与可持续发展》管理创新课题为指导，全面构建并应用EHS一体化管理体系，实现EHS管理的常态化。建立评价和风险管理方法，抓住体系核心风险识别，提高执行力，落实隐患治理，完善事故隐患排查和治理投入机制，推进工艺安全管理，建立并完善工艺安全管理要素，有效提升EHS管理绩效。

开展“EHS文化”主题年活动，组织策划“企业EHS管理培训班”等，全力推进EHS文化全员化，并加强宣传及看板管理。启动价值链伙伴企业责任关怀项目，以“责任关怀”为工具、以“EHS关怀”为重点、以“责任关怀基金”为保障，引导并帮助价值链上中下游企业展开EHS管理体系的建立，构建包括环境保护、职业健康和安全生产的EHS管理体系。

环保“十个一”工程。聘请社会各界人士担任环保工作义务监督员，定期邀请监督员参加天能环保工作座谈会，就天能环保工作提出问题和建议，真诚地交流与探讨，共谋环保大计。

开展一次生产基地周边环保工作有奖调查活动，通过调查了解利益相关方和社会公众的诉求和建议，同时宣传天能的环保理念与举措，拉近天能集团与公众之间的距离，增进利益相关方和社会公众对天能环保工作的理解和支持。

开设一条环保热线电话，加强与利益相关方和社会公众沟通，鼓励利益相关方和社会公众通过热线电话对天能工作挑毛病、提意见，出谋划策，积极引导利益相关方和社会公众参与环境保护。

开通一个天能环保方面的官方微博及微信公众号，以网络为宣传载体，扩大环境宣传力度与影响。安排专人管理，与“粉丝”紧密互动，即时倾听网友声音，回应和满足公众环境诉求。

制作一本反映天能环保工作的精美画册或者台历、挂历等，免费发放给周边社区群众、利益相关方、社会各界代表，便于广大群众对天能环保工作有更多了解，加深广大群众对天能环保工作的认同感。

制作一个反映天能环保工作的传播视频，系统地展示天能集团的环保工作成果，并争取在电视上播放，同时上传互联网，供网友点击欣赏，扩大环保工作的传播面。

办一份环境保护工作简报，即时报道刊登天能环保工作的具体进程、开展情况等动态消息，分发给内部员工、周边群众、利益相关方和社会公众，增加环保工作的透明度，扩大影响力。

在公司内部征集一首体现天能环保工作特色的歌曲，歌词紧扣天能环保工作，具有流行元素，以优美歌曲感染公众。并把歌曲作为彩铃设置到天能集团员工手机里，同时，上传到互联网上供公众免费下载使用，宣传公司的环保理念。

举办一场环保专题晚会，以晚会为平台，展示天能环保工作风采，扩大观众范围，形成更大影响。

### 绩效：综合效益最大化

大绩效是企业文化建设的有形落脚点，是企业最求利润最大化、价值最大化的必然。将软实力核心理念落实到企业的经营规章制度中，构建体现天能软实力核心理念的企业制度体系，制定《“提升软实力”制度梳理指导意见》。

针对大党建、大文化、大品牌、大责任等软实力建设工作制定分项评估报告，如《党建工作评估报告》、《企业文化建设效应评估报告》、《品牌推广管理评估报告》、《社会责任管理评估报告》、《EHS管理考核绩效报告》等，形成贯穿全程的评价体制和机制，为全面提升天能集团软实力提供有力保障。

（作者张旭东，系天能集团党委委员、企业文化中心总监）

## 玉柴企业文化评价体系及指标设计的探索与实践

广西玉柴机器集团有限公司

企业文化评价是企业文化建设的一项重要工作，是检测和评估企业文化状况及建设过程、建设成效的一个必不可少的环节；只有做好企业文化评价工作，才能更有效、更有针对性地提升和改进企业文化建设工作水平。众所周知，由于企业文化的性质与特点，其状况表现及工作成效不易量化评估，一直是企业文化专家学者及从业人员不断探索实践的课题。

玉柴自2010年开始，就探索开展企业文化评价工作，引进咨询公司帮助建立玉柴的企业文化综合评价体系。在实践应用中，结合玉柴实际情况，对评价体系和指标不断进行修改完善，使之更适合玉柴的管理需要。经过几年来的实践，积累了一些经验与体会。

## 一、玉柴企业文化评价体系及指标构成

玉柴企业文化综合评价体系由企业文化内容体系、企业文化建设工作评价体系、企业文化建设效果评价体系及企业文化现状审计测评体系等4个子体系构成。

其中，企业文化内容评价体系、企业文化建设工作评价体系及企业文化建设效果评价体系属于年度定期评价，主要用于对玉柴子公司（工厂）、部门年度企业文化建设工作的考评及玉柴集团内部企业文化示范基地评选。

企业文化现状审计测评体系属于按需要不定期评价，主要用于玉柴子公司在兼并、合资、异地建厂或自身需要开展的企业文化变革创新、整合。

**（一）企业文化内容评价体系指标构成。**

包括完整性、适应性、一致性等3个一级指标，以及理念、制度、行为规范的完整、理念的适应、与行为规范、制度一致等8个二级指标。主要用于考察企业文化的核心要素。

**（二）企业文化建设工作评价体系指标构成。**

包括基础保障、管理运行、宣贯传播、体系建设等4个一级指标，以及对应分解的14个二级指标。其中，对职能部门的评价指标又分为通用性考评标准和年度重点工作考核项目。通用性考评指标主要包括纳入管理、领导干部推进、宣贯传播、职能文化建设、部门文化建设等5项一级指标，18项二级指标。

**（三）企业文化建设效果评价体系指标构成。**

由组织凝聚力、产品竞争力、效益管理力、社会影响力、业绩成长力等五力一级指标构成，其中对应细化为18个二级指标。主要考察玉柴集团子公司的企业文化建设实际效果。

**（四）企业文化现状审计测评指标构成。**

该评价体系主要采用对立价值模型（OCAI）、丹尼森模型（OCQ）、组织价值观量表等一些成熟的量化测评工具进行评价，指标的构成则由各工具开发设计的指标构成，通过问卷调查即可进行测评统计。

## 二、玉柴企业文化评价体系的理论基础

玉柴企业文化评价体系的构建与指标设计，主要依据于埃德加·沙因（Edgar Schein）、科特（Kotter）等企业文化专家所提出的理论。

**（一）基于企业文化所体现的是经营管理文化的实质来设计和构建评价体系。**

著名的组织文化学者埃德加·沙因提出，企业文化是企业在解决外部生存与内部整合的经营管理过程中所形成的并为企业人所认同的潜在的深层基本假设。其中，企业如何适应外部环境，求得生存发展，其所涉及的假设包括企业使命、战略目标以及组织结构、系统流程和测量手段等等。同时，如何做好企业内部的整合与管理，涉及到的假设包括共同语言和概念、权威和关系的本质、报酬和地位的分配等。由此可知，企业文化实际上是关于企业经营管理潜在的深层基本假设（即企业经营管理所真正秉持的价值观），所反映的实质乃企业的经营管理文化。企业经营的发展就是企业文化建设的过程。因此，玉柴的企业文化评价体系构建主要考虑的是如何测评考量企业文化在经营管理中所运行实践的状况及其发挥的作用等。比如，企业文化建设工作评价体系的一级指标所涉及的“体系建设”，主要包括团队文化建设、市场文化建设、效益文化建设、形象文化建设，体现出玉柴注重市场和效益的经营管理导向。

**（二）基于名义价值观与实际价值观的差异性来设计和构建评价体系。**

根据埃德加·沙因关于三层次模型理论，可得知企业对外宣称所信奉的价值观与企业实际潜在的深层基本假设并非一致，即存在名义上的价值观与实际践行的价值观的差异。在企业的实际经营管理过程中，不能仅仅假设内部统一融合、理念行为均一致。其实还存在不同的亚文化或模糊性、歧异性，甚至缺乏文化共识。所以，企业文化评价体系的设计宜针对企业实际存在的文化差异假设作出判断与识别。比如，玉柴在对企业文化内容评价体系进行设计时，所涉及的完整性、适应性、一致性，体现的就是核心价值理念是否完整、制度规范是否完整，是否适应企业的发展需要，是否真正与企业经营管理匹配、是否存在分歧和差异等。

**（三）基于企业文化与经营业绩的相关性来设计和构建评价体系。**

科特和赫斯克特（Heskett）的关于企业文化与经营业绩的研究成果表明，不同文化类型与经营业绩均存在相关性，比如，强力型文化既存在正相关，也存在弱相关；策略合理型文化则是正相关。科特和赫斯克特还着重指出，企业文化对企业长期经营业绩有着重大的作用。根据这一结论，玉柴对企业文化的建设效果评价分别从组织凝聚力、产品竞争力、效益管理力、社会影响力、业绩成长力等5个方面进行设计评价指标，以此来衡量企业文化建设与管理的价值。

## 三、玉柴企业文化评价体系的实践应用

玉柴自2011年起，每年结合评价量表及实际工作开展情况，对各单位、各部门的企业文化建设全年工作进行评价。采用自评、资料审定以及现场检查、听取汇报等评价方式，判定各单位企业文化建设工作的实得分数，并作出综合评价分析，形成报告，经集团考评领导小组同意后予以发布。

**（一）应用案例分析。**

选取2012年度玉柴各子公司企业文化建设工作评价作为案例展示，该案例应用了企业文化建设工作评价体系的指标进行评价。

**（二）评价结果应用。**

企业文化建设工作考评总分为100分，按照不同得分情况分为A、B、C、D四个档次，定为“优秀、良好、合格、需加强”4类。考评结果与各子公司年度经营绩效和各工厂、部门党政一把手年度工作绩效评价、各基层党组织年度绩效评

价挂钩。并作为各单位党政一把手任免考核评价的重要依据以及公司年度先进单位、宣传文化先进单位、文化建设基地评选的必备条件。年终考核结果为“A”级者，才能有资格参与公司年度先进单位的评选和优先进入年度玉柴企业文化建设示范基地候选单位；年终考核为“D”级者，在集团内予以通报批评并限期整改。

### 四、关于企业文化评价的几点思考

**（一）企业文化评价需要系统厘清企业文化评价的内容、目的、作用、评价的重点所在。**

企业文化评价体系或指标在设定之前，应系统思考如下问题：究竟是评价企业文化本身的功能、价值？或者是企业文化自身的现状评价？抑或是仅对企业文化建设工作过程进行评价？或是对企业文化建设成效进行评价？不同类型企业文化之间的差异评价？评价的目的分别是什么？只有系统地厘清了评价的目的及内容，才能选取不同的评价工具和设定不同的衡量指标。

**（二）企业文化评价的结果在于应用与指导实践，能够为促进经营管理的改善提供参考。**

企业文化是企业经营管理的万象之源，通过评价可以检测出企业经营管理过程中存在的问题，尤其是反映出来的经营管理、员工管理方面的问题。这些评价的结果应该及时应用与指导经营管理工作，协助行政职能单位共同改进和提升经营管理质量。

**（三）企业文化评价不能脱离于经营管理及以人为本的精神。**

企业文化与经营管理同为一体，犹如硬币之两面。企业文化的建设就体现在企业的经营管理当中，其实质主要是企业的经营管理文化。此外，企业文化的另一大特征是以人为本的特征。企业文化之所以称之为软管理或软实力，最主要源自于企业文化以人为本的管理特征。因此，企业文化评价体系构建及指标设定需要围绕经营管理和以人为本的精神展开，重点考虑如何测评衡量企业文化在经营管理中所运行实践的状况及其发挥的作用等。

**（四）企业文化评价需定量与定性相结合，不可偏颇于量化、数据化。**

企业文化是一幅底蕴深厚、形象生动的画卷，是一条充满人文精神、生生不息的河流。富于内涵性、象征性、故事性、形象性。如果仅仅用定量评价分析，则会使企业文化仅剩下干巴枯燥的数字，失之血肉，失之灵动，未能全面反映出企业文化的真正内涵。所以，宜采用定量与定性相结合的评价方式，适度研究和评价其具有丰富象征意义的各种文化表现，如故事、仪式和物理布局等。

**（五）企业文化评价指标不宜太繁杂，需突出可操作性、数据获取的易得性。**

企业文化评价指标设计应重点突出，操作简便，取数容易，过于繁杂，不易评价，亦费时费力。

（作者何晓宇，系广西玉柴机器集团党委工作部副部长）

# 中国传统智慧与西方工业文明的融合与发展

中信戴卡股份有限公司

中信戴卡股份有限公隶属于中信集团，1988年创建，是中国第一家铝车轮制造企业，历经28年的发展，从小到大，从弱到强，已经发展成为全球最大的铝车轮和铝制底盘零部件供应商。2011年，中信戴卡完成对德国KSM铸造集团的收购，成功将产品线拓展至汽车轻量化铝铸件领域，一个以车轮，汽车底盘配件、动力总成部件、车身部件等多元产品组合；以装备制造、产品表面处理、模具制造等辅助业务为新平台；产品销售国际化、生产基地布局国际化的大型汽车零部件企业集团基本形成。

### 中信戴卡企业文化体系的由来

中信企业文化基因的传承。中信戴卡从诞生起就有企业文化的天然基因，中信戴卡是中信集团老董事长荣毅仁先生早期提倡的实业救国理念的践行者；是荣毅仁老董事长倡导的32字中信风格的弘扬者。

28年的经营管理实践积淀。像一个人的秉性一样，一个企业的文化基因是与生俱来的，提炼几句华丽振奋的词语并不能代表企业文化的内涵，企业的文化基因决定了企业的思维方式和行为方式，中信戴卡企业文化与自身的发展历程紧密联系在一起，过去28年跌宕起伏的发展历程中衍生了新的内涵，形成了今天的中信戴卡企业文化。

适应国际化的企业文化。今天的中信戴卡实现了真正意义上的国际化（海外生产基地7个，海外员工2800人，海外收入超过50%），构建一个包括海外员工都认同的中信戴卡企业文化价值体系是一个巨大的挑战。中信戴卡将中国儒家传统文化精髓与西方工业文明相结合，形成了“仁、义、礼、智、信”为核心价值观的文化价值体系，为企业走向世界，实现国际化的战略目标提供了强大的精神支撑。在走向世界的实践中，中信戴卡扮演着中国传统文化传播者的角色。

### 中信戴卡企业文化体系架构

中信戴卡企业文化核心价值观：中信戴卡将中国儒家传统文化精髓与西方工业文明相结合，形成了“仁（凝聚）、义（担当）、礼（合规）、智（创新）、信（诚信）”为核心价值观的戴卡文化价值体系。

中信戴卡发展使命：成为全球受人尊重的、为客户、员工、股东、社会持续创造价值的企业。

中信戴卡目标愿景：全球领先的具有核心技术、自主品牌的轻量化、模块化创新型综合零部件企业集团。

### 企业文化落地在于行

企业文化建设不仅在于识，更在于行。中信戴卡企业文化是在长期的经营管理实践中形成，被广大员工普遍认同并共同遵守的价值理念和行为规范。它渗透在企业经营管理的各个方面，体现在员工的思想和行为中，引导着企业的发展方向。通过思想引导平台、活动互动平台以及主题项目平台，让文化落地生根。

思想引导平台。在中信戴卡在各项会议上，无论是经济工作会议、人才战略会议、投资企业经营会议还是年度表彰会议、职工代表大会、党工团会议等，都会针对性的将戴卡的文化理念进行导入，各级领导时刻都有这样的意识。公司通过报纸、网站、微信、展示板、企业宣传片来360度的传播企业理念，比如利用微信新媒体组织戴卡故事评比等活动，企业现在的员工都是90后，从事制造业很苦，公司就是通过老故事，把戴卡的发展历程故事传递给大家，把中信戴卡事业的来之不易传递给大家，让这些年轻员工有激情、有梦想、有追求，愿意坚守在自己的岗位上，投入实业报国的实践中来。

活动互动平台。中信戴卡的员工平均年龄在30岁左右，如果仅通过老、旧的方式将思想灌输给他们是不行的。公司充分发挥党、工、团联动的方式，组织丰富多样的文化活动来促文化建设，比如每年七一升旗仪式、技能比武、职工运动会、合唱队、台球赛、新年长跑等，员工愿意参与其中，很多活动都成为年度品牌活动。

主题项目平台。通过识形势、发现短板、发现重点工作组织全公司的主题活动，比如2015年开始的回归原点、重新出发针对产品质量全方位的开展改进提升；再比如我们从2003年开始的集团化对标，通过互学互鉴，先是精神洗礼从而发现问题，通过持续对标互学互鉴，成就世界级的产品品质。

### 企业文化建设成果

通过平台的搭建，企业文化支撑中信戴卡战略目标实现。

依靠诚信凝聚实现共赢。2003年开始，中信戴卡通过资产扩张的集团联营模式将15家企业凝聚到戴卡旗下，不仅创新了低成本扩张的商业模式，也实现了国有企业与民营企业的凝聚共赢，至今，这15家企业占中信戴卡产能的80%，15家企业普遍盈利，这种凝聚共赢的局面，没有中信戴卡企业文化中的“仁（凝聚）、信（诚信）、”作为支撑是难以实现的。

患难见真情。2008年全球金融危机，美国3大汽车厂面临倒闭，面对占出口份额7成以上的美国市场，我们没有借此时机催交欠款和转卖库存，而是派出代表团赶赴美国，表示中信戴卡将继续及时供货，这一举动，赢得了客户的欣赏与信任。美国三大汽车厂在得到财政支持后的第一笔付款就给了中信戴卡，恢复生产后订单首选中信戴卡。危机使中信戴卡本部及投资企业产能负荷急降30%，我们坚持抱团取暖、共渡难关，没有一家企业退出、停产和倒闭。在这场危机的洗礼中，患难见真情，中信戴卡的诚信与担当使得企业成功实现转危为安。

同一个团队，同一个家庭。2011年收购德国KSM铸造集团后，秉承“信（诚信）、仁（凝聚）”理念，以“同一个团队，同一个家庭”为融合点，实现德国高管团队与戴卡文化理念的趋同，成功度过了并购初期管理理念上的冲突，使百年德企焕发出青春，实现了中国国企和德国企业文化融合，也为中信戴卡企业文化注入了新的内涵。

中国传统文化的传播者。2014年底，中信戴卡美国工厂开始建设，要想使最发达的美国的管理者及工人接受中国人管理理念是对中信戴卡一个严峻的考验。为避免文化上的冲突，公司在新工人技术培训的同时，坚持“仁、义、礼、智、信”为核心价值观的戴卡文化价值理念的培训，美国工人到中国工厂的培训的第一课是由总经理授课，这种融合中国儒家传统文化精髓与西方工业文明相结合的核心价值观，得到了美国工人的普遍认同，也为美国工厂的未来的正常运营奠定了良好的文化基础。通过不懈的努力，中信戴卡分别获得了“全国‘十二五’企业文化建设优秀单位”和“机械工业‘十二五’企业文化建设先进单位”称号。

中信戴卡企业文化体系的植根于中信，在28年的发展进程中不断赋予新的内涵，特别是在国际化的过程中将中西文明精髓思想结合的核心价值理念具有鲜明特色，在实际工作中效果明显。成功的企业之所以成功，其中最重要的是企业文化的支撑。中信戴卡将继续做好中信集团老董事长荣毅仁先生早期提倡的实业救国的理念的践行者，32字中信风格的弘扬者，秉承中信戴卡“仁（凝聚）、义（担当）、礼（合规）、智（创新）、信（诚信）”为核心价值观，始终将振兴民族工业，提升中国汽车零部件制造水平为己任，为中信集团实业发展和打造制造业强国做出自己的贡献。

（作者耿小军，系中信戴卡副总经理、新闻发言人）

## 塑造特色文化推动战略转型

北京远东仪表有限公司

北京远东仪表有限公司，是一家中外合资高新技术企业。公司前身为北京电表厂，创立于1955年，1994年改制成为有限责任公司。目前，远东有限公司已构建了以系统集成、罗斯蒙特产品、精密加工、现场仪表以及物联网为主的5个业务单元，产品及服务遍及石油、化工、电力、冶金、造纸、市政环保、建材、纺织等领域。

### 逐步形成独具特色的企业文化体系

远东公司“十二五”发展规划被命名为“鹰之路”。以“鹰”命名未来发展之路，意为远东公司经过持续快速发展不断壮大之后，已经进入了转型发展关键时期。这将是一条充满艰辛而又充满希望的变革之路。无论面对什么样的困难和痛苦，我们必须像雄鹰一样，走过艰辛漫长的自我更新和强身健体之路，以实现企业的基业长青。战略已经制定，但战略的推进和实现需要各环节的支撑，其中文化支撑至关重要。需要以文化创新为战略实施保驾护航，通过文化创新塑造团队，以文化创新带动品牌创新。

早在2007年，远东有限公司启动了“企业灵魂塑造工程”。成立了企业文化建设领导小组和工作小组，利用一年时间，经过广泛讨论、深入分析，完成了包括企业核心价值观、企业精神等在内的企业理念识别系统，并就各项理念内涵进行了诠释；编制完成了《员工手册》等行为识别系统，对公司整体及各部门、各岗位员工的行为规范提出了明确要求；进一步完善健全了企业色、企业字体等企业视觉识别系统，统一了企业对内对外形象。在此基础上，出版了远东第一部《企业文化手册》，推动企业文化建设迈上了新台阶。

远东企业文化在“鹰之路”发展战略中得以提炼和总结：提出了“成为行业最具价值力的自动化品牌公司”的战略愿景，其“价值力”包括营销力、产品力、服务力、管理力和品牌力。通过提供产品和技术服务，为客户创造价值；树立了“适才适所追求卓越持续创新”的企业核心价值观，即本着对客户、股东、员工以及社会高度负责的态度，始终致力于产品技术创新、服务创新、管理创新以及文化创新；通过营造开放、豁达、积极的内部环境，吸引人才，让合适的人在合适的岗位发挥才能，履行职责，实现自我；始终坚持高标准工作，精益求精，成为最具价值力的自动化品牌公司；建立了“尊重依靠和谐共赢”的企业文化主题，塑造责任、学习、执行力文化，搭建积极和谐的学习、生活、工作平台；构建了以“激情、责任、开放、执行、团队、尊重、学习、感恩”等八项文化因子构成的远东特色文化体系。近年来，远东公司企业的理念识别系统（MI）、行为识别系统（BI）和视觉识别系统（VI）在公司得到了较好的贯彻执行，收到了显著效果。

## 企业文化宣贯做到了常态化、立体化

远东公司在公司办公楼走廊、办公室、厂区、办事处均悬挂张贴企业文化宣传画。宣传画精选公司活动照片与企业文化9大因子一一对应，精心设计，使企业文化深入人心。远东公司企业文化是新员工入职培训的必要内容，同时也是远东公司网络大学的重要课程，占每个员工每学年全部学分的20%以上。远东网络大学是员工学习的重要工具，公司全体员工要每年保证修满100学分方为完成学年学习任务，否则公司将采取减发年底奖金等措施进行警示。远东公司各级会议上，都会融入企业文化因素，会议背板、汇报ppt背景均使用公司“鹰之路”为主题的设计图片。公司各级管理者在各种会议、活动中都会强调企业文化内涵。多年来，公司每年年底都会开展“明星员工”评选，“七一”前夕开展优秀党员和先进党支部评选，通过先锋模范的作用，带动广大员工自觉践行企业行为规范和价值观。公司内刊《今日远东报》是企业文化建设的常规载体，从最初的简报形式发展到8开4版的报纸，至今已经印发190余期。

## 企业文化建设实现了动态化

远东公司每年都会组织开展日常和专项的企业文化建设活动，职工文化体育活动丰富。远东公司每月均由公司相关部门策划主办、各党支部、工会分会、共青团组织承办开展的以公司“九大文化因子”为主题的职工文化娱乐活动，如夹包比赛、拔河比赛、长走比赛、跳绳比赛、演讲比赛等。同时积极参加上级集团开展的文体活动。公司每年的全员秋游活动，已经坚持了10余年，成为公司品牌活动。2015年10月，秋游活动的主题是“畅想金秋，融入融合，助力发展”，公司600多名员工参与，收到了预期效果。

2011年开展了“六个一”主题系列活动。把企业文化建设与公司党建工作结合起来，启动了以“强化党员意识，展示党旗风采”为主题的“六个一”系列活动。其中包括：一次成果展示、一次创意征集、一次主题读书活动、一次观影活动、一次爱国主义教育和一次劳动竞赛。公司以“忆党史思历程重执行谋发展”为主题开展了成果发布暨2011年七一表彰活动，就上半年在广大党员员工中征集到的庆祝建党90周年优秀征文、摄影和PPT作品进行展示和奖励，对评选出的先进党支部和优秀共产党员进行了表彰。利用员工创意平台，开展了以“提升自我、提高效益”为主题的创意征集活动。向全体员工推荐了《企业员工的三大纪律八项注意》一书，形成心得体会。组织全体党员观看了爱国影片《建党伟业》，赴天津蓟县盘山烈士陵园进行了爱国主义教育，开展了以“感恩远东”为主题的合唱比赛。

2012年，公司组织经理级以上管理者参加“One team one dream”主题拓展培训。旨在通过此次培训进一步增强中层管理者在公司战略转型征程上的使命感、责任感、危机感、沟通力、协作力、执行力，助力公司打造高效协作、富有激情、敢于拼搏、勇于挑战的管理团队。通过企业全面运营模拟沙盘培训，使广大员工树立了共赢的理念。通过“打造卓越领导力—军魂管理素质训练营”培训，通过服从、执行、荣誉、目标、责任、承诺、感恩、团队等方面的素质训练，进一步提升了员工的集体荣誉感，提高了干部的领导力和执行力。

2013年—2014年，开展了经理级以上员工“EMBA”高级研究班课程学习，邀请培训老师为员工系统讲解“EMBA”课程，体现了企业文化因子中的“开放、学习、创新”。组织员工到井冈山感受红色文化，参加革命传统教育，开展了“继承党的优良传统，建设能打善战的管理团队”主题实践活动，强化“执行、团队、感恩”的意识培养。结合远东有限公司20年厂庆，开展了系列活动。征集活动LOGO，举办了专题演讲、公司成立20周年大会、感恩远东音乐晚会等庆典纪念活动。制作“远东公司成立20周年”MV宣传片，制作了宣传展板和文化墙。组织了别开生面的“职工趣味运动会”。开展“20周年征文”及老照片征集活动。生产部门开展了劳动竞赛为厂庆20周年献礼。活动在全年开展，公司各个部门、全体员工参与进来，起到了总结回顾、宣传动员、凝聚团结的作用。

注重考核评价。根据岗位胜任力模型和管理者要求，公司党委工作部门、文化建设部门从责任心和执行能力、沟通协调能力、创新能力、领导能力、学习能力以及大局意识等6个方面制定了36条行为标准。党委工作部门将中层以上管理者行为规范的落实情况纳入干部考核。以大研讨活动为契机，以党员和中层以上干部队伍为重点，开展了一系列有针对性的培训活动。每年党内表彰，年底评优都会把参评者参与企业文化情况纳入考核范围。对宣传企业文化贡献突出的员工，年底进行专门奖励。

引入信息化手段。公司企文部在局域网上开设了“员工创意平台”。该平台的搭建可实现合理化建议活动的日常化和及时反馈。员工可根据自身工作学习情况，随时在创意平台上提出意见或建议，由专人定期对创意平台上提出的意见或建议进行收集整理，向相关部门进行反馈。公司内网设置论坛，员工可以发表文章，畅谈感想。公司微信号还开设“在线互动”“微课堂”加强与员工的沟通交流，并为员工学习开辟新的渠道。

远东公司企业文化建设卓有成效，远东公司员工思想统一、步调一致、战斗力强，各项管理制度完备、高效，有力促进了公司战略转型和前进发展。远东公司的科技创新、高端制造在同行业中处于先进水平。连续被评为“全国机械行业文明单位标兵”、“全国机械行业精神文明建设先进单位”、“企业文化建设先进单位”、“改革开放30年全国企业文化优秀单位”、“第四届全国精神文明建设工作先进单位”、“首都精神文明单位标兵”等称号。

（作者卢继伟，系北京远东仪表有限公司党委书记）

## 福田动力文化引航企业创新发展

### 北汽福田汽车股份有限公司北京发动机厂

北汽福田汽车股份有限公司北京发动机厂成立于2000年5月，是福田汽车旗下专业生产轻型汽车用及非道路用的发动机自主品牌。专注于精益制造，定位中小功率轻型动力市场，采用先进技术，不断拓展产品平台和产品资源，经过15年的发展，已经成长为福田汽车动力业务的中坚力量，实现了产品平台升级、销量攀升、质量提高、经营管理水平升级，构建高效率的运营管理体系。

企业的成熟发展得益于多年来福田汽车动力文化的创新实践，积淀了厚重的企业文化底蕴，形成了以“热情、创新、永不止步；团队第一、个人第二”核心价值观，“精益与创新、诚信与尊重、公平与公正”为核心要素的文化体系，培育了“敬业奉献、诚信正直、精益求精、开放合作”的团队精神，“创新高效、和谐进取、追求卓越、客户第一”的企业精神，明确了“致力于培育有自信心、自豪感的卓越团队，打造科技、绿色、环保的知名动力名牌”的企业愿景，不断提升市场响应速度，精细质量管理，把握发展机遇。通过多年的文化建设和创新，已经将这股先进的文化动力深深融入企业的建设与发展的每个环节，成为引航企业15年快速发展的巨大动力。

福田汽车动力文化的建设经过了15年的实践和发展，通过多方位地融入日常管理，实现文化理念从“虚”向“实”转化，营造良好的工作环境和氛围，发挥文化熏陶的潜移默化作用。通过“文化上的改变”和传导，充分发挥其所具有的导向作用、凝聚作用、约束作用、激励作用，提升精益管理的执行力。2014年，企业连续5个月产能创下历史新高，记录一再被刷新与改写，生产节拍更合理，物流运输更优化，制造成本显性化，年产量一举突破10万台，一举刷新了工厂建厂以来的年产量的最高纪录，实现了突破性的发展。

#### 理念渗透与创新，促进文化内化于心

福田汽车北京发动机厂，在企业文化建设中结合自身业务，通过大胆、严谨地管理改革与创新，努力提升顾客满意度，达到标杆质量水平，提升服务能力，充分利用新理念、新方法、新技术，实现管理规范化、标准化、模板化，大力开展科技攻关、技术创新，培育和形成了自己的核心技术能力。建厂初期，福田汽车北京发动机厂结合产品特点，提出了以“绿色动力，人文动力，速度动力，发展动力”为核心要素的文化体系，明确了“培育一流团队，提供一流产品，打造一流品牌，创建一流企业”的发展目标。

2005年以后通过在企业内倡导“我的工作质量代表我的人品”、“每天进步一点”、“第一次就把事情做对”、“以工作质量保产品质量”等理念，统一员工的思想，通过目标认同，有效培养了员工的向心力，增强了企业的凝聚力，提高了团队的战斗力。到2009年，企业愿景、核心理念、企业精神、企业信条等文化理念基本上形成，企业核心价值理念体系搭建完成。

#### 健全文化建设激励机制促进文化固化于制

福田汽车北京发动机厂把企业文化建设工作纳入工作考核内容，将建设先进的企业文化作为企业党政领导的共同职责，作为一项考核指标，纳入管理考核系统，坚持与其他工作同部署、同检查、同考核、同奖惩，不断健全完善企业文化激励机制。

文化价值理念形成以后，企业在经营管理中所有的规章制度、员工行为规范、奖惩制度以及绩效考核等等，都以企业文化特别是核心价值观为出发点和依据，将每一个岗位的行为规范都标准化、制度化、流程化，让所有的员工有据可依，用看得见的制度把“虚”的理念形象化、具体化。实现制度文化建设文化理念从“虚”向“实”转化，将文化理念转化为实际可操作的管理制度，形成企业的文化力，引领企业员工的不断成长，引领企业健康发展。

#### 多渠道引导员工践行理念，促进文化外化于行

畅通文化沟通平台和渠道。组织企业满意度全员调查，借助外部协会等一切可以整合的资源，开展企业文化课题研

究，让员工积极参与企业文化建设并建言献策。

开展企业文化理念征集、员工用身边事、身边人诠释企业文化理念。开展演讲比赛、员工运动会、座谈会等丰富多彩的娱乐活动，使企业文化气息渗透到每一个角落、融入进每一名员工，使员工在学习中受到震撼，提高对企业理念的认同，让员工在宣导活动中受到启迪和熏陶，增强工作责任心。

持续开展“质量竞争工程”劳动竞赛、发动机装调工技能大赛、经济技术创新项目争创等，引导干部、员工践行企业文化，通过开展“质量提升”、“技能提升”、“技术创新”等活动，发挥先进人物在企业文化建设中的榜样、聚合、导向作用。

持续开展创新活动，把企业文化融入其中。利用改善提案、小团队活动、技术创新竞赛等契机坚持开展改善创新活动，对工作质量进行激励，员工参与改善，每年给工厂带来经济效益达200万元以上。

### 深度融合生产经营，促进文化显化于物

为深度融合生产经营，形象、生动地诠释企业文化，先后编辑完成视频版《员工行为规范准则》，编撰《为你而歌》系列手册。《为你而歌》是记录和展示企业普通员工在岗位中坚守核心价值观、践行企业文化的生动片段。2013年为适应“福田汽车2020战略”需要，结合福田梦、动力梦的形成体系要求，对企业文化理念进行了更新、丰富和完善，确立了“精益与创新、诚信与尊重、公平与公正”为核心要素的文化体系，培育了“敬业奉献、诚信正直、精益求精、开放合作”的团队精神，“创新高效、和谐进取、追求卓越、客户第一”的企业精神，明确了“致力于培育有自信心、自豪感的卓越团队，打造科技、绿色、环保的知名动力名牌”的企业愿景，将精益理念与企业文化相融合，为福田动力文化注入与形成新的内涵。

通过“文化上的改变”和传导，充分发挥其所具有的导向作用、凝聚作用、约束作用、激励作用，提升精益管理的执行力。将精益意识和理念，贯穿融入到企业生产经营的所有过程和环节，不断推进企业文化的建构和创新，为企业发展提供肥沃的土壤和不竭的源泉。企业文化是企业的灵魂，是推动企业发展的不竭动力。2014年，企业连续5个月产能创下历史新高，记录一再被刷新与改写，生产节拍更合理，物流运输更优化，制造成本显性化，年产量一举突破10万台，一举刷新了建厂以来的年产量的最高纪录。

在奥铃动力精益文化的引导下，广大员工比学赶帮，共同进步，努力成为复合型优秀人才，工作中保质量、重安全、树形象，创造了可观的综合效益，开创了福田汽车北京发动机厂精益管理的新局面。先后培养出市级劳动模范3名，首都劳动奖章获得者5名，企业荣获“全国安康杯竞赛优胜单位”、“北京市和谐劳动关系优秀单位”、质量控制部外检班荣获“全国巾帼先锋岗”、491装配班荣获“北京市职工创新工作室”。

企业文化建设的落脚点在于生产经营活动的每一个细节上。通过把企业文化宣贯与员工的职业生涯设计结合起来，完善价值观评估与员工绩效评价相结合的考核体系，把价值观、企业精神、行为信条等文化理念落实到各个具体岗位，细化为可描述、可操作、可考核的岗位行为规范；把企业文化建设融入生产、质量、销售、服务等有形价值链业务和思想政治教育等无形价值链业务，2014年推出了由厂领导到基层员工的信任文化建设方案，从落实“精益与创新”、“诚信与尊重”、“公平与公正”的核心价值（要素）入手，传播企业文化理念，培育信任文化，营造尊重人、信任人的以人为本的企业文化氛围，增强员工对企业的认同感，将业务各方面的独特优势转化为企业的竞争优势、创新优势和文化优势，引导员工积极践行核心价值理念。

未来，奥铃发动机事业部将继续以福田动力文化为主导，专注于精益生产，持续改善，建立协同、高效的组织机构，打造富有创造性的高素质员工队伍，产生推动建设以创造价值为导向的现代化企业的强劲动力，实现企业的可持续发展。

（作者艾琮漪，系福田汽车北京发动机厂企业文化主管）

## 共同的中捷　共同的事业

### 浙江中捷缝纫科技有限公司

浙江中捷缝纫科技有限公司，位于浙江省台州市玉环县大麦屿经济开发区，创建于1994年，拥有浙江、上海、江苏三大生产基地，形成了缝纫机制造四大工艺自动化的现代化企业；产品出口到100多个国家和地区，是全球最大的工业缝纫机生产基地之一。中捷公司成立20年来，始终把企业文化建设放在各项工作的首位常抓不懈，积淀了深厚的文化底蕴。面临新的形势、新的任务、新的机遇、新的挑战，中捷公司始终坚持“共同的中捷，共同的事业”的理念，对原有文化进行整合和创新，营造培育先进的企业文化。

### 以工会为龙头，将企业文化建设落到实处

在企业文化建设中，许多企业遇到的一个共同难题就是：如何把企业文化建设做实，如何把企业的价值观转变为职工的具体行动，如何把抽象的理念转化为看的见摸得着的东西。

中捷公司根据多年来的不断探索发现，工会应成为企业文化建设的龙头，工会成员应成为企业文化建设的生力军，将企业文化建设落实到看得见、摸得着的每一件实事中。我们成立了以公司工会主席为组长的企业文化建设组织领导机构，承担起了企业文化建设的组织、研究、协调工作，同时成立了以工会成员为主体的办事机构，形成了紧密配合、齐抓共管的企业文化建设组织体制。

首先，工会以把加强工会工作作为切入点，将思想政治工作融入企业文化建设。通过不断加强理论学习，组织广大

工会成员认真学习政治理论的同时思考企业文化建设问题，不定期召开座谈会，交流如何在竞争日益激烈的经济社会建设企业文化，建设什么样的企业文化，从而大大提高了工会成员对企业文化的认识水平。广大工会成员通过对中捷公司成立20年来的企业文化建设经验进行不断的整合、优化，在广泛调研，充分论证的基础上逐渐总结提炼出了一整套个性鲜明、与时俱进的企业文化理念，制定了中捷企业文化建设的规划和年度工作实施方案，把企业文化建设工作纳入到了年度方针目标管理考核中。

其次，树立全心全意为职工服务的思想，把切实维护广大职工的利益作为一切工作的出发点和落脚点，在帮助职工解决实际困难中培养广大职工的企业文化理念。同时，通过举办篮球、拔河、乒乓球、羽毛球、象棋等各类健康有益的文体活动；利用妇女节、劳动节等节日召开茶话会等形式加强员工交流，将企业文化渗透到每一件事、每一个细节之中，真正把企业文化建设落到实处。通过公司工会的不懈努力，工会成员的积极参与，有关部门的紧密配合，中捷公司形成了工作机制明确、权责分明、分工负责、上下贯通、管理协调的企业文化建设体系，有力的保证了中捷公司企业文化建设工程的顺畅进行。

## 加大学习培训力度，融入学习型的企业文化

随着近年来缝纫机行业的改革，中捷公司面对新的挑战、接受新的任务，融入学习型的企业文化成为打胜这场战争的关键之战。中捷公司首先从“学习工作化”入手，在每年订阅的报刊杂志基础上，又先后购置各类书籍近百余种，成立报刊杂志阅览中心。从讲述人生哲理《读者》，到专业化程度较高的专业技能书籍，极大的满足了广大职工的求知欲。根据中心的实际工作情况，我们还定期组织读书体会座谈会。同时，公司又给每个办公室配备了计算机和网络端口，以便职工在现代化办公的同时能接触到最新鲜的知识空气。

积极开展形式多样的技术培训也是我们在“学习工作化”必不可少的一部分。每年的第二季度，公司都要举办各式各样的职业技术培训。职业健康安全培训、计算机基础知识、自动化控制系统知识、电脑制图等培训课程都成为了广大职工的“必修课”。

“工作学习化”是中捷公司打造学习型企业文化的一种新方法。为了使广大职工在工作中得到学习，中捷公司紧紧围绕安全生产，强化生产事故应急能力目标，举行了一次大规模的集中消防演练。此次演练得到了当地消防部门的大力协助，当地的消防官兵实地为公司的员工讲解火灾和其它危险情况发生时的自救抢险方法。演练后，广大职工对演练的各个环节进行了认真总结，召开了专门会议进行了经验交流，大大增强了职工安全意识。

通过融入学习型的企业文化建设，广大职工树立了学习型价值观，形成了人人平等参与、互动沟通、交流共享的学习环境，营造了有助于公司和员工终身学习和知识共享的文化氛围，为培育学习型企业文化、创建以创新为本质特征的学习型企业，提供有力的动力保证。

## 以职工文化活动为载体，加强企业文化阵地建设

职工文化活动是企业文化建设的重要载体和阵地，是企业文化赖以存在和发挥作用的物质手段，是开展企业文化建设的重要保证。中捷公司坚持把职工文体活动作为企业文化的重要组成部分，以开展健康向上、特色鲜明、形式多样、寓教于乐的群众性业余文化活动为突破口，增强企业凝聚力，加强企业文化建设。中捷公司投资近50万元，建立了1个职工文体活动中心，1座职工室内羽毛球场，1座室外篮球场，1个乒乓球室，为公司广泛持久的开展各类文体活动创造了必要的物质基础，有力的促进了群众健身运动的普及和开展。每年5月份，公司都会根据实际情况，举办包括篮球、拔河、乒乓球、羽毛球、象棋等形式多样的文体竞赛活动。

每年春节放假前，公司为了充分反映中捷职工一年来在工作中付出的艰辛努力和取得的成绩，鼓励先进，公司都会举办一场隆重的表彰大会，表彰那些在工作上积极努力的新老职工。2015年10月，中捷公司为了丰富职工的生活，举办了第一届“共同的中捷，共同的事业”全体职工大合唱比赛。这一系列的活动充分展现了公司职工多年来为了“共同的中捷，共同的事业”所付出的辛劳、汗水和取得的成绩，调动了全体职工的工作积极性；同时，也使职工在参与的过程中获得最大程度的精神文化享受和心理满足，增强了企业的凝聚力和向心力，使企业文化深入到职工的思想、意识中去，也把职工引导到企业所确定的经营目标和文化态势上来。

中捷是国家火炬计划重点高新技术企业，全国基本建立现代企业制度企业，全国轻工业质量效益型先进企业，全国500强民营企业，浙江省“五个一批”重点龙头骨干企业，浙江省首批绿色企业，是全行业首家设立省级缝纫机研究院、省级工程技术中心的企业。

通过大胆探索和创新管理模式，中捷公司把企业文化建设活动融于工作的各个环节，不断加强精神文化的提炼、制度文化的创新、行为文化的倡导，逐步树立起以人为本、学习强企，促进公司事业和人的全面发展的经营理念。正是企业文化的力量深深熔铸在每一个职工的生命力、创造力和凝聚力之中，使得中捷公司在安全生产、产品质量、服务质量、精神文明建设等方面都取得了长足的发展，先后获得“中国驰名商标”、“国家火炬计划”、“高新技术企业”、“巨龙企业”、“自营出口20强”、“中国轻工行业10强”等荣誉称号。

（作者：白瑞芳）

## 浅谈迈安德“两化融合”

迈安德集团有限公司

迈安德集团有限公司是从事油脂、淀粉、发酵等行业的专业性成套工程建设企业，目前在全球油脂工程设备行业排名第三，是油脂工程和机械、淀粉成套工程领域的中国民族第一品牌，也是国内知名发酵成套设备的提供厂商。近年来，迈安德应用了OA、ERP、CRM、PDM等信息系统，深入推进“两化融合”，通过持续实施信息化整体提升工程设备设计和制造水平，信息化在产品智能化、研发设计、生产制造、工程自动化控制、远程售后服务、供应链管理、财务管理和自动化办公等业务环节日益显效发力，提升了公司管理水平，促进公司从“中国制造”向“中国智造”迈进。

作为全球制造业中心，中国依靠着劳动力资源优势成为世界经济的重要动力引擎，“中国制造”已在若干领域建立了堪与发达国家相抗衡的竞争优势。但是，随着中国劳动力成本上升和国际经济竞争的加剧，传统的“中国制造”已经难以持久保持这一竞争优势。解决这一问题，“中国制造”必须向“中国智造”转变，要借助信息化技术改造传统工业，为中国经济发展提供新的核心动力。

### 推进三维设计在工程工艺设计和产品开发中的应用，实现了工程和产品的全数字化模拟

迈安德是一个机械工程建设企业，对于所承建的工程项目，迈安德在客户投资之前就先进行了三维立体设计，对于工程项目上的产品开发也同样要求三维设计。在工程和产品虚拟的数字化阶段就可以对其进行优化、分析、检查。同时，三维设计还可以自动生成工程建设物料清单和产品制造物料清单，提高了工作效率，降低了制造成本，缩减了工程建设工期。

### 加强财务管理的信息化建设，实时反映企业经营状况

迈安德从成立之初就注重财务管理的信息化建设，迈安德一直是用友软件在本地的典型样板客户。现阶段，迈安德财务软件涉及的模块有：账务管理、应收账款、应付账款、固定资产、合并报表、预算管理、成本管理等。财务管理的信息化促进了公司管理分析决策系统建设，使得公司运营管理进入了一个精细化管理阶段，有力地提升了公司的管控决策能力，实现了公司主要板块数据采集、共享、建模、分析和展现。

### 自主推进制造系统信息化建设，促进制造过程的柔性化和敏捷性

迈安德的制造系统充分利用信息技术，有机整合“人、机、料、法、测、环”等生产现场资源与活动，实现计划排程、订单管控、移动质检流程化，将工厂现场的操作连接到整个企业的业务系统，乃至整个供应链，企业的可达范围以及协作能力得到了很大的提高。通过连接工厂现场获得实时的生产信息和设备状态信息，保证企业内部的正常运行，创造出更高的生产和服务效益，使企业在市场竞争中处于更加优势的地位。

### 建立信息化网络采购平台，提升采购效率，降低采购成本

迈安德采购信息化建设包含信息系统开发、标准制订和推行以及供应商数据库建设等不同层面的内容。公司首先和优秀采购信息化产品供应商合作，共同开发迈安德网络采购信息平台，并在实际运行中不断完善和优化。对于采购信息化还专业制定了采购信息化制度，迈安德的网络采购平台，数据层面的集成基于流程层面的集成之上，而流程集成则根据采购管理制度和采购管理流程等因素而来。另外，供应商数据库建设也是做好采购信息化的保证，迈安德不断优化供应商资源，实现网上动态管理，公开对供应商售后质量和服务的评价结果，并以此作为采购人员选择供应商的重要依据。

### 借助信息化手段，探索远程售后服务

迈安德承建的工程项目全部实现了电气自动化控制，客户控制室内的计算机系统可以实现对工程正常运行过程中物料流量、温度和湿度，以及工程各设备运行异常情况等进行实时监控，保证客户工厂的正常生产。同时，迈安德还借助信息化手段，积极探索在客户授权条件下，对客户进行远程信息系统监控和远程信息系统维护，及时化解客户在生产过程中可能出现的问题，提高了客户的满意度。

### 实现日常办公流程化和无纸化，促进公司执行力和工作效率提升

迈安德针对一般办公自动化系统功能单一的不足，将原有的行政事务办公自动化和自己长期积累的工程设计、产品设计、计划跟踪和项目管理流程化相结合，通过组织研发团队自主攻关，整合智能化管理平台，实现了公司日常运作的流程化。到目前为止已建立内部流程160多条，实现日常工作流程化、信息传递无纸化、公司和国内外出差办公无差异化，加强了公司上下办公效率和办公协同能力。

（作者：陈玉平）

# 医药业

## 着眼人文关怀　全面激活医务人员潜能

中国人民解放军第175医院

解放军第175医院位于漳州市中心，是集医疗、战备、

教学、科研、预防、保健为一体的全军首批三级甲等医院，是全国重点大学厦门大学附属医院，是南昌大学、第四军医大学等 14 所军内外高校的临床教学医院。医院有一个“院士工作站”和一个“博士后科研工作站”；拥有“全军骨科中心”、“全军烧伤中心”等战区以上专科专病中心。解放军第 175 医院不断加强人文建设、细化人文管理，有效激发了全体员工的积极性、主动性，医院整体建设实现了又好又快发展。

## 以“用”为基，搭建“人尽其才”的平台

175 医院重视人才的成长，尊重人才的价值，注重激发每个员工内在的主动性和创造精神。医院坚持以“舞台”激发动力，以“岗位”提升能力，以“制度”激活动力，充分发挥人才的“动力源”作用，形成人尽其才的“动车组”效应。

一是确立“用人导向”。医院党委坚持“靠组织培养、靠素质立身、靠实绩进步、靠纪律约束”的用人导向。对人才的选拔，特别是对学科带头人的选拔采取全方位、立体化、公开透明的方式，变“相马”为“赛马”，科室设“擂台”、岗位设“赛场”，要想上舞台，就得打擂台，只要有真才，就能当主角。医院大胆启用年轻优秀人才，近 3 年先后调整了 20 名科室领导的职务，形成了成才光荣、育才有功的良好氛围和“能者上、平者让、庸者下”的良性竞争格局。涌现出烧伤专家郑庆亦、国务院特殊津贴获得者练克俭、东线尖兵丁真奇、科技英才林斌等一批成才“标杆”和“领军人才”。

二是搭建“成长平台”。通过竞争上岗，把最合适的人放在最合适的岗位上，最大限度的实现人力资源的价值和效能。医院通过加大高层次紧缺人才、实用型人才和技术创新型人才的引进力度，为专业人才队伍的建设注入了发展后劲。医院积极借助作为厦门大学附属医院、14 所院校实习基地的优势，不断加强院校间合作。医院与第二军医大学联合成立卫勤人才培养基地，骨科与美国德州脊柱研究所、医学影像科与西门子分别建立临床研究基地。近年来，医院成长起来 120 名硕博士、28 名硕博士生导师、22 名战区（省级）以上学术委员会主任委员、副主任委员。

三是坚持“育用一致”。一支球队有没有持续战斗力，要看“板凳队员”的程度；一所医院能不能持续发展，要看后备人才的力度。医院按照“初级职称全科化、中级职称专科化、高级职称专病化”思路，制定《医院人才培养规划》，依托战区“122”、“334”高层次科技人才培养平台，加强人才队伍建设，努力扩大“人才库”。采取学位教育与短期培训、国内进修与出国留学相结合方式个性化培养，每年重点培养对象 2-3 名出国培训，10-20 名中级骨干到国内知名院校进修和学位教育，做到“出去有目标，回院有项目”。医院大力提倡“雁群精神”，深化创建学习型科室活动，利用举办学术论坛，外请管理专家授课，固定学习日等形式组织学习，释放集体智慧，产生 1+1>2 效应。

## 以“爱”为重，浓厚“以院为家”的氛围

人才引进与保留难的问题，一直困扰着中小医院。由于驻地经济相对落后，医院更注重“爱”字当头，在营造良好的育人、用人、留人环境上下功夫，充分让医务人员尽主人翁之责、干主人翁之事、享主人翁之乐。

一是用良好的环境吸引人。医院建成了“一林两湖三园”的生态营区，建成了整合现代化、信息化、人性化于一体的新病房大楼、门诊大楼，实现了病人满意、官兵认可、医院发展的多赢局面。先后被评为“全军环境绿化模范单位”、“军区文明卫生军营”、“省级园林单位”。通过让专家上“光荣榜”、挂“大红花”、植“专家林”、虚心征求专家意见等具体方式，营造尊重知识、尊重人才的浓厚氛围。

二是用具体的待遇激励人。医院领导经常深入科室了解情况、解决问题，帮助解决医务人员住房、子女入学、家属安置等实际困难，做好工作人员的“后勤部长”，做到“靠事业留人、靠政策留人、靠感情留人”。医院建设单身公寓，解决长期困扰医务人员的住房问题。今年，医院将 7 幢宿舍楼修饰一新，全部分给科室医务人员居住，并集中安装了空调、热水器、炊事橱柜等生活设施。医院每年都安排科研专项经费，设立院长基金、临床导师基金和青年苗圃基金，对有特殊贡献的人才实施特殊奖励，对中青年骨干进行专项资助，每年用于人才奖励资助达 500 万元。

三是用组织的关爱温暖人。医院成立了工作人员服务委员会和妇女工作委员会，平时医务人员过生日、自身或直系亲属住院，医院均组织人员看望。当医务人员遇到个人或家庭困难时，组织会及时出面加以解决。医院领导主动与医务人员交朋友、听意见，做到工作上全力支持、思想上沟通交流、生活上真心关爱；帮助解决家属小孩就业、就学等难题，努力创建“暖心工程”。

医院着眼医患和谐，按照“服务零距离、诊疗零缺陷、医患零纠纷”的“三零”要求，不断提升服务内涵和拓展服务外延，大力开展服务好、质量好、医德好、社会满意的“三好一满意”活动；倡导“3H”理念，积极营造如家的病房环境、提供宾馆式的医疗服务、实施个体化的诊疗技术；注重优质护理示范工程试点成果推广，组织服务礼仪培训，开展优质服务竞赛，患者满意率保持在 96% 以上，先后被评为“全军为部队服务先进单位”、“全军优质护理示范病区”、“福建省医疗助民先进单位”等。

## 以“化”为要，强化“忠诚勇敢”的精神

人文如灯塔，一个没有人文建设的医院犹如一艘在大海中没有航向的船。175 医院坚持以文化人，以文铸魂，将全院人员的心聚到一起、力合到一起，实现了文化“软实力”发展“硬支撑”，获得了“全国卫生系统最具特色医院科室文化建设奖”。

一是坚持以文铸魂。医院坚持文化建院文化铸魂，以文化引领理念，以文化规范养成，以文化凝聚力量。医院通过全院发动、全院集智，凝练出了“厚德、精业、鼎新、奉

献”的院训和“忠于职守、诚于医道、勇于争先、敢于创新”的医院精神，以及“兵民为本、大医精诚”的服务理念，形成了院标、院歌、院训、医院精神为核心的医院观念文化。在此基础上，每个科室总结了特色鲜明的科训和服务理念，营造了科室“处处有文化、人人受熏陶”的浓厚氛围。通过文化建设，全面体现了医院的经营理念、医院精神、品牌战略、医院形象以及员工的价值观念、行为准则、道德观念等。形成了“院兴我荣、院衰我耻”的集体荣誉观，使医院党委的向心力、凝聚力进一步提升。

二是丰富文化载体。近年来，医院先后建成了“175风采”电视台、“175之声”广播电台、“175微网”网络平台、“175之窗”院报等文化宣传平台，形成了医院文化进科室、进课堂、进灯箱、进饭堂、进生活等良好态势，成为了反映医院工作动态的得力平台、全院工作人员学习教育的良师益友。同时，医院注重建好新闻宣传和文化活动两个“中心”，下设报道组、篮球队、女子军乐队等各种兴趣小组；用好社会媒体宣传阵地、营院环境政治阵地、科室氛围文化阵地“三个阵地”，集中宣传医院的绿色医疗，推进名院、名科、名医建设的力度，全面立体展示医院好形象、主旋律、正能量。

三是弘扬新风正气。医院每年定期举办时代主旋律演讲比赛，让员工们人人参与，定期举办文艺书画摄影展，每月制作主题黑板报；定期举办小DV展评、书评、影评。医院每年宣传一批各个岗位的各类典型，实现院有名科、科有名医、医有专长，做到立得起、行得通、叫得响。发动大家以“依法行医、文明行医”为载体，创作“三字经”、“故事会”，集中宣扬身边的好人好事、新风正气。医院每周开启一次医德医风意见箱，每个月组织一次“医疗标兵”和“服务之星”评比，每个季度开展一次文体比赛，每年举办合唱节、趣味运动会和医院“10件大事”评选，积极弘扬医院“正能量”。医院设立了“党员示范窗口、示范岗位”。党员带头在工作中亮明身份，主动接受群众监督，时时率先垂范，处处争先创优。

道虽迩不行不至，事虽小不为不成。医院人文管理是一个系统工程，也是一项艰苦的长跑，需要上下携手、棒棒接力，共同打造团结奋进、锐意进取、士气昂扬的医院团队和战斗集体。

（供稿人杨洪良，系中国人民解放军第175医院政委）

# 人文关怀视阈下的医院管理

南昌大学第二附属医院

南昌大学第二附属医院是江西省最早创办的综合性公立医院，在品牌、技术、人才方面都处于省内领先地位，经过不断探索和实践，完成了从传统的经验管理到科学管理再到人文管理的跨越式转变。医院坚持“人本、仁爱、公益”的医学人文精神，在人文关怀的视角下，做到对患者多一分耐心，对职工多一分尊重，以文化建设为载体推进人文管理，促进医院服务水平，在医疗服务市场中赢得一席之地。

南昌大学第二附属医院岗位类别多，工作内容各异，集聚了不同知识水平、不同生活经历、不同性格特点、不同家庭背景的人，只有通过文化管理才能凝聚和团结大家，通过人文管理才能够增强凝聚力、铸就团队精神，树立良好的医院形象，打造出精美的医院文化名片。

## 一、以凝练精神文化为契机向人文管理提供源源活力

### （一）统一价值取向，培育员工信念。

医院聘请了北京的医院文化建设课题组进行调研、指导和设计，通过在全院职工中进行问卷调查、组织座谈，采访老专家等，经过职工代表大会讨论通过了医院的办院方针、规划了医院的发展愿景，确立了“崇德佑民”的医院院训，为医院精神文化建设开拓了新局面，进一步培育了员工的职业信念。

### （二）传承医院文化，增强职工凝聚力。

注重传统文化传承所发挥的巨大功效。医院专门成立院史办，搜集整理近百年的发展历史，编撰完成80多万字的《院志》。医院建成院史陈列馆，向大家展出了二附院从无到有、从小到大的发展史，展出了二附院人艰苦奋斗、砥砺前行的奋斗历程，深深影响着每一位员工。医院首部形象片《崇德佑民》的发布，向外界展现医院的发展与进步，极大的增强了医院职工强大的凝聚力和爱院精神。

### （三）内化医院精神，科室亮点频现。

全面开展文化建设，以心血管内科、肿瘤科为代表的科室文化亮点频现，以文化墙为载体，将人文关怀、健康教育、心理护理、传统艺术等元素结合在一起。心内科在介入室候诊区、转播间、走廊等墙面上开辟了一个个别开生面的文化阵地，以“传承、态度、奉献、坚持、品质、创新、责任、团队”作为科室文化的核心，更衣室前张贴的可爱的卡通励志标语，不仅带来了愉悦的心情和良好的视角享受，还感染、引导和激励着介入室的所有医务人员；爱心笑脸墙以大家个性化的工作照片充分展示了每一位医务人员最美的一面。肿瘤科室充分利用科室外的墙面，制作科室文化墙，在走廊两侧的墙上，健康宣教图片、富有寓意的风景画，配上或鼓励或温暖或希望的文字，激发了患者对生存的欲望，增强了患者与疾病抗争的信心。文化墙还专门设立了优秀医务人员评比栏，患者根据在诊治过程中医务人员的态度，进行评比并提出改进意见。在患者评选出优秀医务人员后，组织安排多次获得认可的员工在科室内进行经验分享会，引导科室员工自发提高医疗服务水平。

## 二、多方位建立员工幸福文化，为人文管理夯实基础

### （一）优化硬件设施，体现人性化医院服务。

在住院大楼投入使用后，本院在硬件设施建设方面持续投入，先后完成了综合大楼、体检楼等的装修改造及改扩

建，医院面貌焕然一新，卫生服务能力显著提升。同时不忘院内的绿化及人文关怀提示标识，充分体现人文关怀，提高病人及职工的满意度。

**（二）丰富文化活动形式，传递人文信息。**

开展了形式多样的文化活动。每年的医师节、护士节，本院都会举行隆重的庆祝活动，评选出“优秀医生”、“明星护士”等，提升医务人员的职业荣誉感，促进医德高尚、医术精湛、人民满意的医务工作者队伍，倡导全社会尊重医务工作者，尊重医学科学，促进和谐医患关系的构建。建成和健身房相媲美的医院“职工之家”，丰富广大职工的业余生活。组建职工合唱团，舞蹈队、乒乓球队等职工团体，为全院的医护人员提供了交流展示的平台。

**（三）强调民生建设，提升员工幸福指数。**

本院强调民生建设，保证职工的基本生活需求，极大提高员工对职业生活的认同感和生活条件的满意度。在医院，一旦有职工生病入院，工会工作人员会第一时间到病床边慰问；职工生日，医院会准时送上生日蛋糕，让大家感受到幸福大家庭的温暖。为女职工购买幸福安康险，为大家的生活提供进一步的保障。为职工补充购买医疗保险，提高公积金，让职工共享医院改革发展的成果。多角度的关爱方式，为员工营造家的温馨氛围，提高了职工的幸福指数。

**（四）拓宽民主管理渠道，增强职工归属感。**

本院坚持民主管理，自群众路线教育活动以来，积极拓宽民主管理渠道，开设“书记信箱”和“院长信箱”，落实职代会制度，完善院务公开制度等，并借助新媒体建立医院微信平台、科主任微信群、医务人员微信群等，缩短领导和一线员工的距离，畅通政令，这些举措不仅让院领导更接地气，更加了解临床一线的各项动态，切实尊重了职工，进一步维护了职工的合法权益。

**（五）医院关心职工，职工反哺社会。**

情系职工、心系职工是医院各项工作的落脚点，本院采取多种措施从多方位、多角度关爱职工，极大提升职工的幸福指数，一批又一批优秀的医务人员脱颖而出，用自己的力量奉献社会。本院况九龙主任经历了肝硬化、脾脏切除、肝坏死、换肝等手术过程，这期间，医院成立了救治小组、特护小组，举全院之力救治况主任，使其病情逐渐康复。况主任重回工作岗位后，带领的团队成为江西省临床重点专科，以其特有的人格魅力荣登“中国好人榜”榜单。

### 三、完善制度文化为人文管理提供基本保证

本院认真贯彻执行党的方针政策，成立医院文化建设领导小组，由党委书记及院长任组长，层层强化责任，以精细化管理为抓手，实行医疗质量与安全管理、绩效分配改革、门诊流程优化、信息化建设等一系列管理改革实践。医院修订的《临床科室目标考核方案》和《行政、后勤部门绩效考核方案》，将文化建设合理纳入，增加各级管理者的责任心和积极性，用自己的行动去影响下属。将志愿服务经历作为选聘新员工的优先条件，作为在职职工晋升、选拔、评优的优先条件，让员工自觉遵循医院文化精神。

### 四、不断打造行为文化充分展示人文管理成效

**（一）服务链接力求“无缝化”发展。**

针对病人逐年递增的现状，积极调整科室布局，实行分层挂号、收费，不断完善门诊电子叫号系统，建立“入院一站式服务中心”和“检查预约中心”，病人看病5分钟，等待一小时的情况大大减少；加大预约诊疗力度，缩短报告发放时间和增加发放次数，病人无须再为了挂号而“寝食难安”。针对部分患者对线上预约等操作接受度较低的情况，号召在校大学生开展志愿服务工作，在医院大厅设置接待关口，为患者提供一对一的服务和帮助，着力改善就医环境体验。

**（二）为患者提供“五个一”细节化服务。**

本院各科室均十分重视患者入院时的接待。患者入院时就为其提供“五个一”细节化服务，即一声问候、一个微笑、一张整洁的床铺、一次热情详细的入院介绍、一张连心卡。医务人员帮助患者尽快适应住院生活，消除陌生感和恐惧心理。在诊治过程中充分尊重、信赖、理解、关怀患者，为患者留下良好的第一印象并与其建立友善、信任、民主的护患关系。在治疗中要求医务人员礼貌称谓，依据病人不同的年龄、身份、职位等恰当地尊称病人，禁止叫床号代替患者；在患者住院过程中，要求护理人员洞悉他们不同阶段的心理状态，学会感同身受的理解，使护理对象倍感温暖和尊重；患者在生命的最后阶段，医护人员鼓励其珍惜生命的价值，最大程度上帮助患者减轻躯体和精神上的痛苦，让患者平静而有尊严地走完生命的最后阶段。

**（三）坚持“透明化”赢得患者消费信任。**

本院出台一系列举措，明确个人收入不与医疗收入直接挂钩；严格执行“三合理”规范，对药品和耗材集中招标采购；医学检查结果实行互认；严格控制“药占比”，控制处方药的使用；将消费情况以书面形式告知患者，在征得患者或家属的同意后予以实施；实行价格公示，提供费用查询的方法、实行每日清单制。

本院结合“四个文明”建设大力推进文化建设，先后荣获了“第四届全国文明单位”、“全国五一劳动奖状”、“全国百姓放心百佳示范医院”、“全国城市医院有突出贡献先进集体”、“全国城市医院思想政治工作先进集体”、“全国城市医院文化建设先进集体”、“全国医院文化建设创新奖”等荣誉称号。

## 构筑人文管理平台　彰显医院人文关怀

复旦大学附属华山医院

复旦大学附属华山医院创建于1907年，是卫生部部属医院、复旦大学附属的教学医院和中国红十字会冠名的三甲医院，是首批通过国家三级甲等医院评审，国内最著名、最具国际化特征的医教研中心之一，全国首家通过JCI认证的

部属公立医院，医疗技术力量雄厚，著名专家云集。位列最新中国最佳医院排行榜第7名，在全部34个专科声誉排行榜中有16个专科榜上有名。华山医院“以人为本”被解读为“以病人为中心，以员工为根本”，始终把实现好、维护好、发展好最广大患者的健康作为医院工作的出发点和落脚点，构建和谐医患关系，体现在对病人权利的尊重，是医院文化的重心。

## 一、以红十字精神为特色的华山医院文化

1907年7月，华山医院筹办之初就起名为“大清红十字会总医院及附设医学堂”；辛亥革命后更名为“中国红十字会总医院暨医学堂”。建院以来，华山医院始终追崇着“人道、博爱、奉献”的红十字精神，从1911年辛亥革命的战事救援，到抗日战争医疗支前；从抗美援朝医疗救护，到唐山大地震抗震救灾，医院先后写下了“本博爱襟怀，献科学身手”的辉煌篇章，逐渐形成了以红十字精神为特色的医院文化。1991年5月，华山医院正式恢复“中国红十字会华山医院”的院名，华山医院红十字文化也由此得以创立。

2007年1月，华山医院百年诞辰之际，中国红十字会华山医院紧急救援队正式成立。这支紧急救援队，在汶川特大地震发生后的第一时间，受中国红十字会派遣，赶赴重灾区，成为第一支深入灾区最前沿的救援队，建立了中国首家国际援助医院：中德红十字会野战医院，救治了近8万名群众，迎接了10余个新生命降生，守护着60万都江堰人民的健康，荣获了“全国抗震救灾英雄集体”的荣誉称号。

2013年11月，7名华山医院红十字国际医疗救援队员奔赴菲律宾首府马尼拉参加台风灾害救援，践行国际人道主义精神。

2014年11月，感染科卢洪洲教授和陈明泉教授分赴塞拉利昂，参与抗击埃博拉病毒行动。

2015年4月，11名华山医院红十字国际医疗救援队员奔赴尼泊尔地震重灾区，执行国际医疗救援任务。

“红会老楼”成为全国首批卫生系统10个职业道德基地之一；华山医院红十字文化成为上海市卫生系统医院（卫生）文化品牌。作为医院文化重要组成部分的华山医院院歌和华山医院院徽同样体现了华山医院红十字文化的内涵。

“华山一条路，百年勇登攀，岁岁历风云，步步朝高端，红十字的光芒映我崇高情感，新时代的春风传我一流诺言……”。

《华山之路》的歌声每天清晨飘荡在中德红十字会野战医院的上空，激励着身处险境、超负荷工作的华山人牢记使命和职责，盾形的华山LOGO主图形就是“红会老楼”，代表着华山人的红十字情怀。

2014年，医院组织了一台意为宣传践行核心价值观、弘扬华山精神的“感动华山·天使礼赞”颁奖典礼，活动分为征集、凝练、呈现三个阶段，共征集到近60个感人的故事，这些故事反映医患之间、同事之间、师生之间、夫妻之间的真情厚意。通过遴选，这些故事凝练形成了九大感动案例。这些感人故事通过演讲、朗诵、舞台剧、微电影，在颁奖典礼上得以原汁原味的呈现。

## 二、“华山员工关爱计划”的创新实践

员工帮助计划是为员工设计的一项长期的、系统的援助和福利计划，是压力管理的一种有效方法。华山医院工会和“心灵绿洲”工作室借鉴EAP模式，融入心理学、管理学、社会学相关理论，并结合医院实际情况，启动了“华山员工关爱计划”，采用以内置模式为主，试点引入第三方专业人员辅导和预防模式为辅的模式，通过建立“员工三级心理援助体系”，即以预防为导向的危机前援助、以解决问题为导向的危机中援助和以缓解不良情绪为导向的危机后援助，给予员工人文关怀和心灵关爱，从而促进员工心理健康，提高员工自我调适能力，提升员工心理资本。

**（一）开展员工心理健康体检，分层设计干预项目。**

面向职工开展职业压力测试和心理健康体检，全面掌握医护人员职业压力、心理健康、工作满意度、人际关系等心理状况，明确心理需求，分层设计，使EAP项目实施更有针对性。

**（二）关注职业环境及职业发展，舒缓压力建言献策。**

创设“谁来和我一起午餐”沟通平台，定期针对职业环境及个人职业发展等热点话题，邀请相关职能部门领导和负责人以及对话题感兴趣或有想法的职工以午餐会的形式进行交流沟通，交流话题如“职工食堂持续改进”、“医学生角色转型中的学习重点”、“改进患者满意度的新思路”等等，让职工在畅所欲言中舒缓压力，建言献策，同时也促进了医院管理质量的持续改进。

**（三）开展“巴林特小组”活动，促进员工心理成长。**

聚焦改善医患关系中的医方义务，定期开展“巴林特小组”活动，使医务人员得以改善在工作中所产生的焦虑和挫败情绪，发现自己在处理医患关系中的“盲点”，理解自身和患者的复杂情绪，认识到自身在医患沟通中忽视的细节，从而更好地了解患者需求，以新的视角改善医患沟通，处理好医患关系。

**（四）提供“幸福华山”主题培训，提高员工心理资本。**

依托“幸福华山”主题活动平台，定期组织全员培训，如职业幸福的缺失与医学现代性危机、把握您的幸福、打造心理资本、挫折感管理、压力感管理、应激事件情绪管理、家庭幸福现身经验交流等。通过听取讲座，帮助员工对心理状况进行自我评估，提高员工自我管理、自我调节的技能，增强对心理问题的抵抗力。

**（五）组建“心灵关爱师”库，开展个性化关爱服务。**

邀请高校心理学教授、医院精神医学科专家和获得二级心理咨询师证书的人员组建“心灵关爱师”队伍，对于受情绪或心理问题困扰的员工，可以提供个别、私密的心理辅导服务，保证员工能够顺利、及时地获得心理咨询及帮助，解决员工心理困扰。

（六）设计员工心灵关爱路径，提供问题分层解决指南。

通过“心灵关爱热线”、“绿洲关爱信箱”等形式倾听员工困惑，接待员工的咨询、交流、投诉和建议。收集到的信息经过分类，属于职工心理范畴的问题，请“心灵关爱师”或专业人员进行疏导；能由工会协调解决的实际问题，工会出面沟通协调；若工会无法协调，则上报院部，通过“院领导接待日”等途径，由医院统筹协调解决。

“华山员工关爱计划”可以培育员工积极健康的职业心态，降低工作压力，提高工作绩效，提高生活质量和社会适应能力，促进身心健康和家庭和睦；对医院而言，可以提高医院整体工作效率，减少员工抱怨，提高员工满意度，增强组织凝聚力，体现以人文关怀为核心的医院文化，提升医院的核心竞争力。三年来的实践证明，员工满意度逐年提高，华山医院蝉联“全国文明单位”并三度蝉联市总工会“市劳动关系和谐职工最满意企事业单位”，该计划荣获上海市卫生系统“人文关怀，心理疏导”优秀项目。

百年华山作为红十字医院，高举公益旗帜，传承红十字精神，展现医务人员风采，是一所“公益性医院”；作为卫生部直属医院，学科特色鲜明，人才设备荟萃，综合实力雄厚，是一家“精品医院”；作为复旦大学附属医院，立足大上海，辐射长三角，享誉中国，接轨世界，是一所“国际医院”。一代代华山员工在这里施展才华，创新奉献，实现理想，幸福生活。医院通过卓越的人文管理，为华山员工的职业发展和人生价值的实现搭建了坚实的舞台。

## 发挥群星集聚效应　引领人文精神回归

武汉市中心医院

武汉市中心医院围绕实现“中国梦”这一宏伟目标，培植核心价值观，激发院风正能量，树立社会新形象，连续推出了以袁琨、赵苏、陈文莉、蔡常春为代表的一批群众高度点赞，社会热烈反响，业界广泛好评的先进典型，全院上下形成了崇尚先进、学习先进、争当先进的清新风气，促进了职工队伍人文素养不断提升，医学人文精神得以回归，医院各项事业快速发展。

### 一、以点带面，让先进典型成为引领前进的旗帜

（一）营造环境，培植孕育先进典型的沃土。

先进典型深深地根植于医院文化沃土之中，是医院文化长期熏陶、浸润、孕育的结果。院党委大力加强人文医院建设，用“复兴梦想”激励职工奋勇前进；用“共同愿景”激发职工追赶超越；用“核心价值”引领职工自我实现。通过讲院史、唱院歌、学院训，大力倡导“仁术百年、精诚至善”的医院核心价值理念；举办了系列人文教育活动，开办人文讲坛、重修院史陈列室、拍摄医院宣传片、修建医学大师高欣荣塑像、编辑出版《医德医风故事集》等，让“尚德、精医、博学、笃行”的医院精神内化于心，外化于形，努力让每个职工自觉成为市中心医院形象代言人。

（二）深入挖掘，发现提炼先进典型的闪光点。

一个典型就是一面旗帜，可以起到提振精神，感召人心，凝聚力量的重要作用。院党委注重发现身边的温暖与感动，深入挖掘职工当中的闪光点，点燃职工干事创业的激情，擦亮风清气正的天空，让群星闪耀。我们敏锐地将社会关注的热点与先进典型的特点充分契合，使先进典型具有鲜明的时代特色，一经推出就叫得响，树得牢。在医患关系紧张伤医事件频发之时，倾力推出“拒红包20年的‘仁心廉医’袁琨”，用高尚医德编织医患互信的纽带；在武汉市创建全国文明城市的热潮中，我们深度挖掘呼吸内科主任赵苏“把时间都给了患者”的感人事迹，树立了爱岗敬业的行业典范；在全社会和医疗界呼唤人文精神回归的大背景下，重点宣传了“13年观测尿样8万份，扑下身子为患者瞧病”的肾内科主任陈文莉和“语言处方、润心无声”的肝胆胰外科主任蔡常春，让社会充分感受医者仁心，赢得群众一片点赞。

（三）主动发声，传播放大先进典型的影响力。

先进典型是医院形象的代表，要不失时机地广泛宣传，放大效应，既要运用传统的宣传平台，更要借力新型传媒的力量。我们主动出击，精心策划，从平面到网络，从地方到中央，打“立体战”，奏“交响乐”，让先进典型墙内外香满园。2012年，《楚天都市报》连续16个专版深度报道袁琨的先进事迹；2014年，《武汉晚报》连续5天整版连载赵苏的感人故事；2015年，《楚天都市报》一天拿出3个整版宣传陈文莉的人文精神。一个典型宣传引爆一个社会热点，形成了强大的宣传合力，让先进典型的良好形象深入人心，让百年品牌更加响亮。

### 二、串点成线，让先进典型成为催人奋进的号角

（一）见贤思齐，争做有“人情味”的医者。

围绕中心，服务大局是学习宣传先进典型的根本目的，院党委召开先进事迹座谈会、专题报告会、命名表彰会，及时总结提炼先进理念和精神，引导全院职工向先进看齐，让“一枝花引来百花开”。甲状腺乳腺外科主任江学庆，用最敏锐的心体会患者的痛苦，用拉家常的方式与患者沟通，被患者亲切地誉为“话疗”医生；消化内科主任吴杰诊查病情时，一定要仔细触摸患者肚子，零距离摸热了医患关系；面对气味难闻的糖尿病足创口，内分泌科护士李艳芬常常主动闻一闻，分辨类型，对症下药，免除患者截肢之苦；肝胆胰外科主任蔡常春、医生郑小林敢接烫手山芋，勇闯生命禁区，创造了生命奇迹；心内科医生曹喆苦练基本功，荣获武汉市医师技能大赛技术状元。

（二）以人为本，提供有“温度”的服务。

院党委积极引导职工将学习先进典型的成果转化为服务患者的热情。医院大力开展查找服务缺陷活动和服务创新竞赛活动，召开了服务创新经验交流会，编辑了《服务创新精典案例》，从细节着手，从小事做起，不断创新，持续改进，让患者享受有“温度”的服务理念已深深植根于每位职工心中。急诊科为患者设置“彩虹地标”，患者顺着不同颜色的

彩带就能找到正确的就诊区；手术室率先开展“音乐手术”，用优美的音乐减轻患者恐惧；小儿科专设“爱心小屋”，给母亲喂奶提供方便；妇产科责任护士无论多晚都会等待手术患者回到病房，用热水擦洗缓解患者术后不适。近年来，全院各科从患者需求出发，先后推出了140余项服务创新项目，把优质服务从写在纸上、喊在嘴上融进服务流程、融入服务细节，得到社会和患者的广泛赞誉。

**（三）彰显公益，营造有“温情”的医院。**

院党委始终将学习先进典型的成效落实到改革创新的实践当中，积极倡导新观念，让就医环境和服务流程变得更加便捷和温馨。医院鼓励职工乘坐公共交通上下班，把紧张的车位最大限度地留给患者；在医院各医疗大楼之间修建“爱心连廊”，让患者就诊检查不再日晒雨淋；打开院墙和围栏，修建步入式花园和长廊，为病人提供休息场所；在全省首推时间自己挑，专家自己选的“预约挂号、分时诊疗”，开通了支付宝、掌上医院、网络医院等“智慧医疗”，让患者就医体验得到极大改善。我们时刻牢记公立医院的责任与担当，与26家基层医疗单位建立医疗联合体，让优质医疗资源下沉；与新洲区政府实施战略合作，用3年时间为新洲打造一所优质“三甲”医院；与江岸区社会福利院联手，积极探索“医养融合”新模式，破解养老难题，受到了社会各界的普遍关注。

### 三、连线成面，让先进典型成为推动发展的正能量

**（一）回归本质，职工素养大提升。**

在先进典型的感召下，全院掀起了学技术、钻业务，讲奉献、比业绩的热潮，形成了人为事业奋斗，为患者奉献的优良群体形象。在各类突发公共事件面前，在重大医疗救助关键时刻，在援疆援藏艰巨任务面前，在面临血荒的紧要关头，我院医务人员总是冲锋在前，不畏艰险，无私奉献，全力满足人民群众的医疗救治需求，一大批先进典型受到各级党组织和政府部门的嘉奖。

**（二）互信互尊，医患关系得和谐。**

通过向先进典型的学习，广大职工明确了医务工作者的责任、奉献和大爱，自觉在医疗服务工作中给予患者真正的尊重、爱护和帮助，为当下紧张的医患关系注入了一丝清泉。出现了病人千里三次来汉寻找三十四年前救命医生；媒体全城寻找街头跪地救人好医生；亲人去世后家属给医护人员送鲜花；残疾患者寄挂号信感谢爱心护士；医患共同“奋战”百天，历经九死一生，患者始终给予医生最大信赖，泌尿外科舒博医生致信患者“感谢你，战友”。这些事例充分说明，在中心医院，医患之间形成了良好的互信互尊关系，医院整体社会形象大为改观，每年收到病人感谢信、锦旗均在3000件以上。近三年没有发生一起重大医疗纠纷，医院连续两次获得“湖北省文明单位”称号，被授予“湖北五一劳动奖状”、“武汉地区十大知名综合医院”荣誉称号。

**（三）协同发展，医院实现大跨越。**

通过对先进典型的学习，全院职工热情高涨，崇尚先进、学习先进、赶超先进在全院蔚然成风，促进了医院的持续快速发展。2015年，医院4个院区共为240万门诊患者和18万住院患者提供了满意的医疗服务，为4.7万患者提供手术治疗，医院初步形成了以心血管、肿瘤、妇科、糖尿病四大诊疗中心为龙头的重点学科群，重点专学科数量和级别位居全省前列。近年来，获批科研项目200余项、发表论文1400余篇、27个专业通过首批国家住院医师规范化培训基地评审、12个专业通过国家药物临床试验机构资格认定；入选湖北省首届医学领军人才第二层次人才1人，黄鹤英才两人，武汉市医学中青年骨干人才14人。医院服务能力和水平迈入全省“三甲”医院第一方阵，在中国省会城市市属医院竞争力排名中，连续两次位列前五强。

## 文化引领诺康发展新高度

### 辽宁远大诺康生物制药有限公司

辽宁远大诺康生物制药有限公司是一家集研发、生产、营销于一体的全价值链医药企业，旗下业务涵盖药品、医疗器械、血液制品等多个领域。诺康公司坚持把“专业、力行、承诺健康”作为公司使命，坚持优质高效的产品是企业发展的力量源泉，在蛇毒类产品的研究方面处于行业领先地位，在国内同类产品中，市场占有率连续多年稳居第一。诺康公司构建了完善的企业文化体系，培育了鲜明的、具有诺康特色的企业文化机制，为诺康的发展壮大提供了强有力的助力。先后获得“中国企业文化建设先进单位”、“中国企业形象优秀单位”、“辽宁省知名企业”、“辽宁省劳动关系和谐企业”等荣誉称号。

#### 一、打造完善的企业文化体系，推动企业高速发展

诺康的企业文化建设在不同时期有不同的形态，可以分为三个发展阶段，1997年至2006年是诺康的初创期，面对市场被外资企业垄断的局面，诺康公司白手起家，依靠核心技术，不断加大研发投入，艰苦经营。在管理上，根据当时的企业现状，追求简单高效的制度和管理方式，以家文化为纽带，逐渐形成以技术人员为核心的文化根基，凝聚企业的核心竞争力，同时，依靠合作的关系，不断建设诺康的业务能力，逐渐形成了集研发、生产、销售为一体的全价值链医药体系。这样一个阶段是诺康传统文化形成的一个阶段，逐渐形成了“专业、承诺健康”的企业使命。

第二阶段2007年至2011年是诺康走向快速发展的阶段，形成了诺康的核心价值观“人本、责任、卓越、实践”。这个阶段的诺康以建立一个“可持续发展、具有强大生命力、能够满足企业发展文化和物质需求的、领先的国际化医药企业集团”为发展目标，诺康开始以专业为核心，从家文化为纽带走向规范化管理，运用本土化的运作方式和国际化的视野，结合资本市场，寻求国外资本市场的合作，最终以IPO的形式在美国纳斯达克资本市场上市。上市后的诺康，在与国际市场接轨融合的同时，引进了更多、更先进的文化元素，

引发了更为积极、全面、深刻的思考，积极进行现代企业制度的建设，寻求人才的整合和合作。但事实证明，这样的一种完全照搬的管理方式并不适合当时的诺康公司，企业需要转型和文化的融合，进行适合企业的战略调整，需要寻求真正适合企业的发展模式。

2012年，诺康进入了第三个阶段，也可以称之为“二次创业”阶段，诺康从资本市场私有化退市，加入远大集团，开始了二次创业，诺康的企业使命由“专业、承诺健康”逐渐转变为“专业、力行、承诺健康”，更加强调力行的重要性。诺康立足于企业内在的文化需求，将企业文化在原有的基础上进行固化升级，让文化成为引领诺康发展的精神支柱，同时，诺康公司导入了宪法的概念，开始起草《诺康宪法》的编撰，《诺康宪法》是诺康的精神指导文件，也是指导诺康发展的纲领性文件。2012年，恰逢诺康建司15周年，诺康进行了全面、系统的文化梳理，增设了企业文化展厅，对企业文化进行宣导。诺康在公司战略及管理结构上，改变了原有的仅仅依赖技术发展，而是从经营策略和企业文化两个方面，引导诺康二次创业。

## 二、充分发挥文化引领的作用，引领企业快速发展

在诺康发展的过程中，一直以文化为引领，促进企业转型升级，把文化放在首要位置。《诺康宪法》是诺康公司的精神纲领，指导着诺康的发展方向，诠释着诺康的企业愿景，是诺康发展的纲领性文件。

**（一）积极开展专项文化建设，推进企业阶段性战略改革。**

2013年以来，诺康持续开展“管理、服务、支撑、保障”专项工作，开展“管理、服务、支撑、保障年”活动，持续提升价值链后方对前方的服务支撑保障工作，提升员工系统性思考的意识与能力，助力打造高绩效的管理团队，促进公司运营管理的全面提升，让诺康在系统中成长。2014年，诺康开展“协同”专项工作，以流程优化为契机，实现流程上下游环节的高度协同与相互支撑，打造高效的运营环境和温馨的运营氛围。2015年，以内刊为载体，通过在办公区粘贴挂画的形式进行氛围渲染，宣导责任文化，旨在提高员工的责任意识，强调任务下沉的管理方式，责任到人。同时，开展包容文化建设工作，提倡试错精神和员工间的思想碰撞，鼓励不同意见和想法的产生，倡导创新文化的产生。同时，为了更好的提升企业员工的执行力，2015，诺康积极开展军队文化建设，组织员工分批次共同学习《像军人一样完成任务》，分阶段、分主题进行宣讲，课程设置8个版块：威武之师、军令如山、铁血精神、结果至上、团队为王、众志成城。通过不同阶段具有针对性专项文化的开展，诺康的文化建设工作取得了长足的进步，同时，也带动了企业的核心竞争力。

**（二）注重载体创新，培育特色企业文化氛围。**

诺康以多种载体对员工进行文化宣导，2002年11月，诺康的内刊《诺康人》创刊号发行，自创刊以来已成功发表了28期，经历了3次全新的改版，如今的栏目设置更加贴近员工生活，为员工的工作助力，是员工了解公司动态和交流的最佳平台，促进企业文化宣传的文化交流。通过企业内部RTS平台进行公司动态及战略措施的宣传，使员工可以及时掌握最新的文化信息。同时，通过文化展板的方式对公司企业文化进行宣导。通过培训的方式，向员工宣导公司文化及战略举措，制定年度培训计划，让员工更加了解诺康的企业文化和企业精神。

**（三）开展多样化的员工活动，建设积极健康的企业氛围。**

诺康通过开展丰富多彩的文化活动，宣扬公司企业文化，让员工感受诺康的核心价值观以及人文关怀。诺康组建了“诺康V动力员工俱乐部”，不定期组织开展羽毛球、足球、排球、徒步走等多样化的体育竞技活动，旨在让员工在活动中感受运动的魅力，感知团队合作的重要性，体会坚韧和毅力的重要，感受诺康独特的文化氛围，更好的融入诺康公司，以更加积极的态度投入到工作中去。2014年，诺康开展了“诺许信心，康健你我”的员工操活动，旨在通过每天的员工操让员工远离亚健康的状态，保持健康的体魄和饱满的精神面貌。同时，每年开展“谱青春华章、展诺康风采”的五四竞技活动，让员工深切感受五四精神的传承，在强化能力的同时，也能够兼具高尚的品德和顽强的意志，提升诺康整体的战斗力。每年夏季组织员工集体旅游，感受大自然的美好和团队的和谐氛围，在旅游的同时，开展形式丰富的晚会和摄影、征文等比赛，丰富员工的生活，促进员工间的文化交流。每年定期举办中秋晚会，员工自发组织排练形式多样的文化节目，配以具有诺康特色的篝火晚会，是每年的活动亮点。

辽宁远大诺康生物制药有限公司通过多年的探索与实践，在企业文化建设方式上取得了一定的经验和方法，但距离诺康公司以企业文化为精神引领，做具有时代气息和强大生命力的医药企业的愿景仍存在差距，未来，诺康将秉承着“专业、力行、承诺健康”的企业使命和“人本、责任、卓越、实践”的核心价值观继续积极探索，敢于走在时代前沿，积极承担应尽的社会责任，努力成长为一流的医药企业集团。

# 以文化人　助力医院创新发展

西南医科大学附属中医医院

西南医科大学附属中医医院是一所集医疗、教学、科研、预防保健及产业文化于一体的国家三级甲等中医医院。医院弘扬“不断开拓创新”的文化理念，面对改革与发展的诸多机遇和挑战，把握文化理念制胜，在建设与发展过程中，继承和发扬中国传统文化的基础上，秉承“坚持与创新”的发展理念，紧跟时代和形势的变化，对医院发展战略与文化理念加以创新发展。

### 行成于思，知难而进

思考是一种可贵的学习品质，它传承精华，去除糟粕，

孕育智慧。无数事实证明，善于思考必定受益无穷。

“五四”之后，中医事业在无数国医大师的努力下，才使中医药事业发展弦歌不绝。新中国后，国家大力提倡发展中医药事业，使中医药事业发展迎来了百花竞放的春天。然而，当传统中医药与现代技术碰撞时，新的挑战和机遇又摆在了我们面前。在新医改的大环境下，医院之间竞争越来越激烈，组织的变化如果赶不上外环境的变化，将丧失活力与市场竞争力。

西南医大中医院提出“管理治院、质量立院、特色办院、科教兴院、人才强院”的发展战略。把“管理治院”放在了办院方针的首位，即在医院管理过程中要注重提升“非权力影响力”，以高尚的人品和模范行动感召、凝聚、团结、带动广大员工，而不是靠简单的行政命令。“质量立院”放在办院方针的第二位，是因为质量是医院之根本，不管是医疗质量还是服务质量，在医院发展过程中都是至关重要的。“特色办院”，只有充分发挥中医药特色优势，才能发展壮大。西南医大中医院依靠中医、西医、中西医结合三支技术力量，以精湛的医术和卓越的服务享誉川、滇、黔、渝。“科教兴院”，科研工作已成为医院改革与建设的重要内容，成为提高医护质量，增强内部活力的强大推动力。西南医大中医院始终把“科教兴院”作为发展战略，坚持创新意识，通过承担科研课题，使人才脱颖而出，营造出了人才辈出的氛围。“人才强院”，对医院而言，有了优质的服务、先进的设备仅仅是有了基础，而拥有一批德才兼备的人才才是医院持续发展的不竭源泉。

中医院提出“中医医院要姓‘中’，中医医院也要姓‘综’，中医人才要姓‘博’，现代科技要跟‘踪’”的发展理念，这既是多年来带领医院前进的风向标，也是在工作中践行的诺言。第一，中医医院要姓“中”。西南医大中医院充分发挥中医药特色和优势，打造自身中医药特色品牌。第二，中医医院也要姓“综”。随着社会进步及群众健康需求的提升，中医医院要想提高自身竞争力，不能仅依靠和发展中医，还要注重中西医结合发展、综合性发展，综合医院的功能要齐全。第三，中医人才要姓“博”。作为一名中医院人，不仅要掌握祖国医学“望、闻、问、切”诊断手段，还要不断创新，掌握现代新技术，才能更好为人民群众服务。第四，现代科技要跟“踪”。在发展祖国医学基础上，要不断引进新技术、新项目、新设备，满足人民不同层次的需求。

## 见贤思齐，循序渐进

《论语·里仁》：“见贤思齐焉，见不贤而内自省也。”作为教学医院必须具备较强的教学实力、科研能力和人才培养条件，尤其在师资队伍、临床实践、科学研究等方面，具有一定特色和优势。

医院院长杨思进常说，“一花独秀不是春，百花齐放春满园，纵然自己有三头六臂和悬壶济世的雄心壮志，救治病人的能力还是非常有限的”。“一个好汉三个帮，一个篱笆三个桩，一个学科的发展，仅靠几个出类拔萃的人才是远远不够的，必须靠团队的力量”。“让每人成才，让团队优秀，让科室出色，让医院驰名”，这是杨思进院长对人才建设和培养坚持的目标。

言必行，行必果。人才培养年、人才引进年、人才激励年、人才评价年；一个个举措在西南医大中医院次第实施，并不断加大人才培养、人才引进、人才激励、人才评价力度，采取“批量引进、批量培养、个体化评估”的具体措施，在注重领军人物核心人才及学科带头人的培训和引进基础上搭建合理的人才梯队，真正做到了“以机制激励人，以文化塑造人，以感情温暖人，以事业凝聚人”。

医院还采取“走出去、请进来”的办法，着力培养医院临床、行政、后勤等方面的骨干人才。一方面，派员积极参加国家级、省级的学术会议及培训班，一方面邀请国内知名专家来院讲学，了解最新发展前沿，并开展了一系列丰富多彩的继续教育活动，如开设研究生论坛、启动院内师承工作、医师和护士规范化培训等。医院同时注重中层管理干部的素质能力提升，通过院内举办党务知识干部培训班、中层干部培训班、理论学习班加大培训力度，不断提高干部的管理能力，有力地促进了医院的科学管理。

目前，医院现有在职职工 1500 余人，其中高级职称专家 200 余人，硕博士 200 余人，博士研究生导师和硕士研究生导师 80 余人，国家级、省级学术专委会委员以上专家 100 余人次。

## 体大思精，进德修业

文化是一个医院管理上升到最高层次所必须具备的精神内核，是在医院的建设与发展过程中形成的一种软实力。医院要做大做强，就必须依靠文化做引领，要有意识、有目的地去打造属于医院的独有文化。只有将文化发展浸润到医院发展的脉络中，发展才有后劲，才有灵魂。

梁晓声讲过：文化是植根于内心的休养，无须提醒的自觉；以约束力为前提的自由，为别人着想的善良。“思进管理理念”认为：“文化管理三种形式就是他理文化，理他文化和自理文化。”所谓他理，就是他来管理你，理他就是你去管理他，第三种状态就是自己管理自己，任何人、任何管理逃不出这三种状态。他理、理他、自理当中最高境界还是自理。杨思进院长认为，自理文化有三重境界：第一重境界就是有一个自动运行的机制，这个自动运行的机制主要靠制度建设。第二重境界就是让每个员工都有自动运行的机制。要让员工有自动运行的机制靠什么？靠动机的激发，而不是严加看管。第三重境界就是最高境界，是员工的自动运行和组织的自动运行相结合，也就是员工的激励和制度的设置相结合。在这个过程中是靠什么呢？就是制度的设置和激励的机制相结合，这是文化建设。这个过程文化建设和队伍的培育与发展成为最关键的问题，通过队伍培育和发展形成一种文化，然后大家去自觉自愿的执行。

中医院形成了“团结建院、艰苦建院”的医院精神，“德业并修、精诚致远”的院训，“传承创新、济世惠民”的医院宗旨，“仁和精诚、佑护生命”的医院使命，“千方百计、臻于至善”的服务理念，“以德聚人、以文化人”的管理理念。医院重视挖掘整理优秀中医药文化传统，对孙同郊教授的先进事迹和优秀品质加以总结，提炼形成了“仁心仁术，佑护生命；严谨治学，诲人不倦；虚怀若谷，淡泊名利；赤胆忠诚，甘于奉献”的“同郊风范”，并在全院内掀起了学习的热潮。

医院不仅需要技术取胜、服务取胜、策略取胜，更需要品牌取胜。因此，理念认同是管理出效益的认知保障；顶层设计是管理促发展的战略保障；文化引领是管理铸品牌的意识保障；打造团队是管理出效率的人才保障；加强质控是管理强内涵的机制保障；提升服务是管理树形象的品牌保障；不断创新是管理塑品牌的动力保障；不断探索是提高健康服务业的战略。

## 心系职工　情暖妇幼

### 厦门市妇幼保健院

厦门市妇幼保健院是厦门市首批人文关爱试点病区，医院将人文关爱理念融入日常管理工作中，注重关爱病患的同时，突显对职工的关怀，在福建省率先提出打造“全人文医院”的理念。在对职工的人文管理中，医院坚持以人为本，树立“以职工为主体”的理念，加强人文管理，彰显人文情怀。以文化建设凝聚人心，以发展平台激励人心，以服务理念温暖人心，让职工生活和成长在一个尊重、理解、关怀、发展的良好氛围中。

#### 重视文化传承，以文化的力量凝聚人心

作为全国唯一一家以林巧稚大夫名字命名的医院，厦门市妇幼保健院始终将林巧稚精神作为医院文化的核心，并将它与医学人文相融合，率先提出打造“全人文”医院的理念，构建起医院特有的文化价值体系。让职工感受到医院整体文化氛围及个人的价值和意义，自觉把个人奋斗目标融入医院整体的发展规划，从而形成医院强大的凝聚力和向心力。

解读“林巧稚精神”内涵，提高职工的职业认同感。在全人文医院品牌的建设过程中，提炼出医院人文精神的核心，即平等博爱、仁心济世的大爱情怀；严谨求实、勇于探索的科学态度；博采众长、刻苦钻研的治学作风；端正宽和、平易近人的行医风格。以弘扬人文精神为主旋律，倡导医学人文，推广人文关爱，以道德的正能量引导职工，以文化的熏陶感化职工，树立职工的职业信念，提高职工的职业认同感和荣誉感。

注重文化历史的传承，让医院文化融入职工内心。梳理医院发展史，建立院史陈列馆，举办建院周年纪念活动，铭记用汗水和奉献谱写而成的创业史，着眼于未来的发展。重视对新入职员工的文化培训，设计岗前培训课程，讲授医院文化的传承与创新、参观院史展览馆及林巧稚纪念馆，提高新员工对医院文化价值理念的认同，让医院文化融入职工内心深处，如春风化雨般影响着职工的一言一行。

营造良好的文化氛围，让人文理念深入人心。利用连廊走道，建设文化长廊，让人文关爱渗透到医院的每个角落；在院区内悬挂林巧稚大夫的经典语录、慈济的静思语和医护人员的从医感悟，给职工以精神的激励，并从中收获实现人生价值的喜悦与自豪；定期召开医院“人文大讲坛”，邀请院内外专家讲授人文相关知识，滋养职工心灵，提高职工人文素养。

#### 关注职工成长，以发展的平台激励人心

医院坚持以人为本，关注职工成长，开展职业生涯规划，营造良好的科研氛围，积极为职工搭建施展才华的舞台。

开展职业生涯规划，建立后备人才竞争机制。从个人、科室、医院3个层面做好人才培养规划，引导青年职工做好职业生涯规划，由医院对不同职级、岗位架构“人才阶梯培养体系”，再由科室根据职工个人专业、特长及自我规划进行“精细化培养”，创造“人尽其才，才尽其用”的良好成长环境。建立医院后备人才选拔、培养、竞争机制，组建后备人才库，树立职工的职业信心和归属感，为医院发展储备人才，进一步激励青年医师心系医院未来，振兴学术研究，实现医院与职工的共同发展。

重视科研发展，搭建科研发展的良好平台。启动专项资金成立“林巧稚科研基金”，为有志于科研的职工提供院内立项平台，对立项项目给予经费支持；成立青年科研促进协会，提供医学研究交流、沟通的平台，充分发挥青年的能动性及创新能力，激发职工科研潜能，不断提高职工科研能力；每年12月举办“林巧稚活动月”论文评选，鼓励职工提高科研学术水平，推动医院整体科研水准的提升。

完善绩效分配机制，改善职工福利待遇。遵循多劳多得、效率优先、兼顾公平、社会效益和经济效益相结合的原则，在绩效分配中做到向高风险、高强度、贡献大的岗位倾斜。综合考量职工的岗位性质、技术难度、工作量和服务质量，统筹分配奖励性绩效工资和收支结余奖、成本控制奖、工作量奖，提高职工的工作积极性。

#### 了解职工诉求，以服务的态度温暖人心

在开展人文管理的过程中，医院树立了“以职工为主体”的管理理念，认真倾听职工的声音，以真诚的态度服务职工，让职工感受到来自集体的温度与力量。

创新工作机制，提供服务保障。建立职能科室定点联系业务科室工作制度，职能科室与业务科室“结对子”，职能科室主任深入业务科室听取职工意见，为一线医务人员排忧解难、提供服务。机制的建立，促使一线医务人员无后顾之忧地投入到为患者服务中，真正成为推动医院服务和建设的主力军。

完善职工满意度评价体系，倾听职工真实的声音。开展全方位的职工满意度调查，采用匿名问卷、电话回访等调查方式，对职工综合满意度、科室管理满意度及科室之间满意度进行大样本、多维度的调研。认真对待调查中搜集到的

意见和建议，经过分门别类，原汁原味的挂在网上，督促责任科室积极整改，逐条落实解决。职工满意度调查工作开展以来，所反映的问题逐年减少，好评与肯定逐年增加。

关心职工生活，提高职工幸福指数。修订职工休假制度，由科室制定具体的休假方案，合理安排职工轮休，保证职工休假时间和质量；组织丰富多样的业余活动，组织广场舞培训、举办羽毛球赛、开展趣味运动会等，缓解职工的身心压力，塑造健康体魄；关心职工家庭，每年六一举办职工亲子活动，邀请职工家属参加院内联欢会等，解决职工的后顾之忧，提高职工的归属感、幸福感。

爱在左，责任在右，走在人文管理的路上，我们一路播撒，一路采撷。伴随着全人文医院建设的脚步，医院不断加强人文管理，以积极向善的文化正能量、公平公正的发展平台、人文关怀的服务理念激励和温暖职工，浇灌和培育医院与职工共同成长的美好家园，鼓舞职工在从医路上披荆斩棘，勇往直前。

# 在传承与创新中筑就民族医药文化之魂

江苏恒瑞医药股份有限公司

江苏恒瑞医药股份有限公司位于黄海之滨连云港，始建于1970年，历经45年的发展，成为国内最具创新力的现代化制药企业，在激烈的市场竞争和企业发展中，恒瑞医药坚持加强文化建设，将其作为企业发展战略的重要依托和助推企业发展的重要动力，以强劲的文化力量推动企业实现了跨越性的科学发展，从仿制到首仿再到创新，走出了独具特色的企业发展模式。目前公司共有200多项发明专利，2014年实现销售收入88亿元，企业的凝聚力和社会影响力大幅度提升。

## 在传承与创新中构建核心价值体系

恒瑞医药的发展史是企业从小到大的经济发展史，也是企业文化积淀、传承、创新的发展史。公司创建以来，一代又一代的恒瑞人无怨无悔地为企业的发展耕耘奉献，在他们身上充分体现了坚忍不拔、自强不息的进取精神；不怕困难、敢打硬仗的拼搏精神；埋头苦干、百折不挠的务实精神；万众一心、荣辱与共的团队精神。随着企业的发展，恒瑞医药在丰富的文化积淀的基础上，逐步建立起一套个性鲜明，具有时代特色和恒瑞特色的企业文化理念体系，总结提炼出公司积极向上凝聚人心的精神内核，形成支撑恒瑞发展的精神支柱。

20世纪90年代初，人们的生活水平提高了，却忽视了健康饮食，导致高血压、高血脂、高血糖等富贵病大量出现，心脑血管疾病患者急剧增加，而那些癌症患者却只能依靠进口药来勉强维持治疗，由于价格昂贵，大多数患者因经济上无力承受，导致治疗中断。所有这些都给恒瑞医药董事长孙飘扬以深深震撼，感到作为一名制药人肩上的民族重任，他把“以优良的药品品质，致力于人类的健康事业”作为企业永恒不变的价值观和自己一生的追求，为了实现这一目标努力奋斗了几十年。

恒瑞医药坚持在发展中创新文化内涵，努力体现时代特色和需求，不断将社会主义核心价值观等时代元素融入企业文化，形成了“艰苦奋斗，团结拼搏；做大做强，做精做优；求实创新，追求卓越”的企业精神，“科技领先，为人类创造健康生活每一天”的企业使命，“忠诚企业，勤奋工作；团结互助，坦诚待人；诚实守信，遵纪守法”的员工行为准则，“用心对待，注重细节；反应敏捷，追求完美”的工作作风，“力争用五年时间，把恒瑞医药建设成由仿制转为创新，运营科学，业绩卓越，成药走出国门的民族医药核心企业、国内一流制药企业”的宏伟愿景也得到了员工的广泛认同和追求，成为引导、激励员工的精神目标，和实现企业跨越式发展的文化支撑。

为了实现企业文化的落地生根，公司坚持将企业文化建设的重心放在一线，致力于载体创新，基础夯实，典型引路，扎实推动企业文化建设落地生根。通过建设企业文化展览室、制作企业文化网络平台、创办《恒瑞青年》、《制剂人文》、《原料人》等企业报刊、开设文化专题讲座、开展系列读书活动、举办企业文化节等多种方式，创新文化建设载体，加大核心价值理念的推介力度；通过职工书屋、企业大学、业余党校建设，开展“道德讲堂进基层”、“学习感动中国人物，奉献岗位争创先锋”、“传统文化从《弟子规》做起”等主题教育活动，设计《企业文化手册》，推行文化项目达标验收等措施，丰富了基层一线文化内涵；通过选树宣传企业劳模、优秀员工、感动恒瑞10大人物、志愿者之星等，营造浓厚的文化建设氛围。

## 在实践与探索中引领企业跨越发展

创业伊始，在“科技兴企”的战略思路引导下，公司选择肿瘤药、心血管药作为产品技术创新的突破口，重点发展新特药。这一重大决策，标志着恒瑞的产品市场定位和技术创新的主攻方向正式确立，从此企业找到了一条以创新求生存谋发展的新路。

在实施“科技兴企”战略的同时，公司认识到科技实力的竞争，就是人才的竞争，建立一支高素质的人才队伍，是确保企业健康发展的关键。公司倡导“重视人才”理念，潜心实施人才兴业工程，营造利于人才创业的氛围。通过事业引人留人，感情引人留人，待遇引人留人的人才“三引三留”工程，吸引了大批人才，逐步建立起良好的用人文化氛围，使一大批优秀人才脱颖而出，成为科技带头人，走上了重要的科研和管理岗位。在公司精心营造的尊重知识、重视人才的氛围下，扎实工作，乐于奉献，勤于探索，勇于创新成为恒瑞员工的自觉行为，为企业发展提供了强有力的智力支撑。

企业已经走上规模，如何持续健康发展，做大做强，公司确立了进一步加强技术与制度创新，实现从仿制向创仿结合转变以及从产品经营向资本经营转变，建立现代企业制度的道路。投资3000多万元建立的企业技术中心被评定为国家级企业技术中心，建立了国家级博士后科研工作站及上海恒瑞公司科研基地。2000年9月，恒瑞医药A股股票在沪市发行，全面提高了企业的竞争力，使公司以30%的年增长率超常规发展，迅速进入了全国化学制药行业20强。

企业经济的快速发展暴露出管理的相对滞后。公司提出了开展“管理年”活动的思路，重点围绕素质、能力、效率三个方面全面提高GMP管理水平。针对员工出现的“小富即安”思想苗头，及时将“艰苦奋斗力戒骄傲自满，凝心聚力打造百年恒瑞”主题活动作为这一时期企业文化建设的重点，通过回顾企业的历史及创业过程，激发大家发扬艰苦创业传统，共创企业美好未来的信心。

面对壮大时期的内外部环境，公司提出了“二次创业”的战略思想，坚持走科技创新和国际化战略的道路。这一阶段企业面临的竞争更加激烈，公司进一步把培育员工的“危机感、紧迫感与责任感”作为企业文化的主题，号召员工“继续发扬艰苦奋斗优良传统，振奋精神，善于思考，踏实做事，各尽其职，以创新的理念和创优的意识，为企业发展做贡献”。通过“三感”教育活动，改变了许多干部员工旧有的思维习惯，从居安思危到“居危思进”，从不进则退到“慢进则退”，从自己与自己纵向比，到与国内外同行及先进企业比，认识到了“危机感、紧迫感与责任感是企业生存发展的永恒动力”这一重要理念，并成为全体员工创新超越的动力源泉。

### 在提升与创誉中彰显医药企业风采

在企业文化建设之路上，公司坚持将文化发展与政治优势、社会责任相结合，浇灌了“发展自我，造福社会，惠及员工”的文化之花，充分体现了关爱人类健康的宗旨。

公司党委牢记“举旗帜、抓班子、带队伍、促发展”的政治责任，牢牢把握正确的发展方向。坚持思想引领，通过党委中心组、报告会、集中研讨等方式，认真学习新理论，科学研判新形势，推动思想解放，理清发展思路，坚持探索创新。大力开展“全员创先争优”、“优秀班组创建”、“党员先锋岗争创”等主题活动，以学习模范、科研骨干、生产标兵、管理楷模、技术能手、销售状元、市场先锋等一大批先进人物带动全员，有力推动了政治优势与中心工作的有机结合。

公司坚持“企业财富由员工创造，应惠及员工，共享发展成果”的理念，大力开展和谐企业创建，确保员工收入随企业发展同步增长的同时，积极为员工办实事，规划职业生涯，解决后顾之忧。先后投资数百万元与南京大学联办化学工程硕士研究生班，与中国药科大学联办研究生课程进修班，支持骨干员工进行在职深造，每年开展入职纪念活动，组织上千名骨干赴青岛海尔、上海恒源祥、韩国现代、三星等优秀企业参观学习。向员工提供生日礼物、结婚贺礼、旅游考察、住房补贴等各项福利。每年支出30多万元用于员工子女医疗费用，“职工大病救助基金”、“职工爱心救助基金”及“金秋爱心奖助学基金”常态化运作多年，每年用于救助的基金达150多万元。每年发放职工住房补贴300万元、提供无息购房贷款200多万元。总建筑面积39万平方米的20幢东方瑞园职工住宅小区即将竣工，投资1.1亿元兴建的6幢5万平方米瑞园单身职工公寓投入使用已5年，公寓内配置了热水器、空调、家具、网络及活动室、超市、食堂等各类配套生活设施，极大地提高了员工的生活质量。

公司关注社会弱势群体，积极投身慈善事业，承载社会责任。多次组织向革命老区、特困家庭、受灾地区及贫困地区捐款捐物，为社会上的贫困学生设立助学基金，从2007年起每年向市慈善总会捐赠100万元用于各类爱心资助。2008年汶川大地震公司累计捐助1258万元的药品和现金，多次派人派车冒着危险将急需药品送到灾区。2010年玉树地震公司又在第一时间将价值52万元药品送到灾区。自2000年来，投入社会公益事业的资金累计超过四千万元，公司多次获得送温暖工程先进集体，扶贫开发有功单位，光彩之星，抗震救灾先进集体、爱心贡献单位等称号，树立了很好的社会形象。

人类因梦想而伟大，企业因文化而繁荣。建设优秀的企业文化，实现全员共同遵守的企业价值观、企业理念和企业精神，是恒瑞实现快速跨越发展的关键所在。

# 其他行业

## 由力而起　由善而达

## 中国华信能源有限公司

中国华信能源有限公司是集体制民营企业，创立于2002年，主营能源和金融，在海内外拥有两大集团，13家一级公司，拥有A股上市公司，参股海外多家上市企业。中国华信始终把文化作为企业之魂，注入发展、铸就血脉，构建了以社会主义核心价值观为导向，独具华信特色的文化体系，结出了“产业报国、文化强企”的丰硕成果。中国华信蝉联《财富》世界500强，进入世界品牌500强，中国民营企业500强排名，荣获2014-2015年度全国企业文化优秀成果奖，连续5次获得“中国10大慈善企业”称号，旗下上海华信在上海市民营企业100强中排名第一。

### 以“由力而起，由善而达”为核心，构建华信文化体系

宇宙之事皆由力起，周而复始，生生不息。基于对这一宇宙观的深刻认识，以及对古今中外文化的感悟融合，华信董事局主席叶简明先生提出了“由力而起，由善而达”的为商之道，作为华信企业文化的核心和灵魂。“力”是一种吸引力、凝聚力、战斗力。“善”则分为大善和小善，聚大善服务国家民族，积小善成就公司个人。

遵循这一核心理念，中国华信以“拓展海外能源经济

合作”为发展战略，争取行业话语权，服务国家“一带一路”战略，以实业服务国家；将“做民族企业，打造永续经营的标志性公司”作为华信的发展愿景；倡导“忠诚、团结、严谨、奉献、组织、纪律、秩序、严肃”的企业精神；秉承传统中华文化，树立“天合、地合、人合、己合”的企业价值观，用礼、义、廉、耻“四大纲维”作为行为规范，把仁、义、忠、信、勇、谋作为选人用人“六守标准”，以“海纳百川”和“先成就别人，再成就自己”的胸怀开展真诚合作、汇聚八方人才，确立“华夏魂、信用本”为华信品牌文化之基因。

## 以落地生根、以文化人为目的，建立教育传播机制

为使企业文化“内化于心、外化于形、实化于行、固化于制”，华信党委充分发挥政治引领、思想凝聚、弘扬文化等方面的重要职能作用，为宣传企业文化、服务企业战略提供有力保障。

在组织体系上。中国华信建立了以董事局为核心的自上而下的企业文化建设体系，叶简明主席是华信文化的倡导者、组织者和率先实践者，推动华信文化持续发展。定期通过总经理会议进行上传下达，形成内部学习资料，展开企业内部宣讲，组织全体员工学习和领会企业文化精神，以高度文化认同感来践行企业使命，实现企业发展目标。

在制度建设上。形成“党、纪、工、团”整体合力，加强党建及企业文化全面建设整体提升。设立职能部门，配备专职宣传文化干部队伍，特聘资深专家顾问，建立理论学习制度，开展“知华信、爱华信”学习教育系列活动，在普学普考基础上，引导大家从更高层次领悟华信文化是爱党、爱国、爱企高度统一的文化。

在传播载体上。创办《国学新视野》、《中华参考》、《华信新视野》、《华信学报》4种期刊；在华信官网开辟“文化园地”、“培训学堂”、“员工风采”专栏，开展“每周一题”网上竞答，通过微信、微博推送“华信文化新视点”；通过评选“十大五一劳动奖”、“十大三八红旗手”、“优秀共产党员”和“宣传文化工作先进个人”等，树立先进典型，引导华信人自觉做中华文化的坚定信仰者、忠实践行者和积极传播者，人人当好华信文化的形象大使。

在培训机制上。建立行之有效的教育传播工作体系与长效机制，制定《中国华信企业文化培训大纲》、《中国华信教育培训工作总体规划》，建立公司高管、中层干部、青年骨干、普通员工和新职工等5个层面的培训机制，促进企业文化入耳入脑，内化于心，见之于行。

## 以知行合一、言之必行的风范，展示华信文化的感召力

构建企业文化体系，健全教育传播机制，使华信文化产生极大感召力。知行合一，言之必行，华信人上下一心，成为华信文化的积极践行者。

能源实业报国。秉持“服务国家、回报社会”的价值追求，以服务国家能源战略安全为己任，坚守战略定力，拓展海外能源经济合作，建设大型油气储备基地，开设能源交易中心建立价格指数；汇聚海内外著名专家、学者，聘请资深顾问，设立能源研究中心和高端研究智库，开展能源战略与政策研究，建立能源数据库，为国家能源发展提供政策参考；全资设立香港中华能源基金会，开展能源公共外交与国际能源研究，与联合国共同设立“能源可持续发展资助大奖”；定期主办中美、中俄高端对话和亚太论坛，上报重要研究报告300余份。

打造和谐企业。华信是一个和谐的异姓大家族，从叶简明主席到公司高管，无一亲属入职华信；在华信，视偷税漏税为与服务国家宗旨背道而驰的可耻行径，视环保治企为更广泛意义上的、可持续的慈善行为。连续4年被评为“上海市劳动关系和谐职工满意企事业单位”。

传播中华文化。全资设立中国文化院，以“弘扬华夏文化，和谐世界文明”为宗旨，在联合国总部举办“讲述中国故事论坛”，每年在世界一个重要城市主办“世界文明论坛”，推动中华文化“走出去”，促进中西文明交流；发起“8+1”文化促进机构工作联盟，每年联合举办“中华国学论坛”、“中华文化发展方略”等系列活动，共同推动中华文化传承发展。

投身慈善公益。中国华信相继设立上海华信公益基金会和北京兴华公益基金会，持续开展抢险救灾、扶贫帮困、资助教育、文化传播等慈善公益活动。上海华信公益基金会，已相继开展“萤光支教”、“戎星点点”、专项救助、“情暖工程”、“蓝天下的至爱”等5项公益项目。“萤光支教”项目迄今已帮助甘肃、云南培训乡村教师1.6万名，受益师生逾100万人，成为规模最大、最系统的西部乡村教师培训项目。4年来已为150名贫困学生提供了80多万元的助学金；多次向地震灾区捐款，达1100万元；在“蓝天下的至爱”项目中，捐赠600万元以支持上海市特困家庭。

## 以创新机制、推动发展的成果，彰显华信文化的生命力

华信始终秉持企业文化核心理念，乘文化动力扬帆、借文化之力塑形、聚文化合力创效，彰显华信文化的生命力，为打造永续经营的标志性企业奠定了坚实的文化基础。

创新体制机制。在“力起善达”理念引导下，中国华信积极探索民营企业发展之路，开创了独具特色的自主创新经营模式。以法律为根基，充分结合商人契约精神，制定《中国华信商业基本准则》作为行动纲领；以构建有组织的共同经济体为目标，建立了商人经济、儒家主义、军事化管理三位一体的核心力量；公司实行总部战略管控、财务管控和子公司合伙制相结合的运营机制，建立契约激励，充分发挥各类人才的主观能动性和创造性价值；创立董事局领导下三级会议和三级法人体制；实施“一企两制”分配方式，在企业股权不分的同时，对做出贡献的高管，鼓励其成为企业战略投资者或合伙公司的股东；对员工实施“大集体、小核算”的考核机制进行奖励。

聚集优秀人才。坚持以人为本，倡导“人力资源是第

一资源”、“合众人之私，成中国华信之公”的理念，把华信共同经济体作为吸引人、培养人、成就人的基地。多年来，华信吸引了一大批国内外专家型、学者型、管理型精英人才，锻造了一支有凝聚力、有战斗力的人才队伍。目前，公司董事局常委平均年龄40岁；35岁以下青年占员工总数80%，其中90%为大学本科以上学历。

优化品牌形象。始终把企业文化融入企业战略发展和全体员工的自觉行动中，为民族、国家、社会提供诚信和负责任的产品与服务，这也使得华信品牌的影响力和美誉度不断提升。2015年，华信获评中国最具影响力企业、中国最具国际竞争力10大领军企业。

增强企业凝聚力。华信企业与员工不仅是“显契约”关系，企业文化的建设，更在公司和员工之间构筑起心灵的“隐契约”，打造出人的华信、家的华信。通过公正利益代表制度、爱企联席会议制度、理论学习教育机制、晋升民主评议制度等机制，不断增强企业凝聚力、向心力，构筑和谐发展环境，促进劳动关系和谐。

提升经济效益。华信的企业文化，贯穿于拓展海外能源经济合作的全过程，有助于华信强劲快速地发展。在中捷两国元首的见签下，中国华信收购捷克J&T金融集团50%股份，成为首家控股欧洲银行的中国企业；在中哈两国总理见证下，中国华信收购哈萨克斯坦国家石油国际公司51%股份，从而拥有了7000余人的国际化经营管理团队和欧洲最新技术水平的大型炼油厂、化工厂，并将借助这一平台，在意大利、西班牙、罗马尼亚、保加利亚、德国和瑞士等国家收购10000多座加油站和配套油库。通过哈萨克斯、阿布扎比、卡塔尔这3个支点，获得15年以上稳定石油权益超1.5亿吨。

华信文化融个人、企业、社会、国家于一体，以民族脊梁的铮铮傲骨和海纳百川的宽阔胸襟，主动担当起为国为民、聚力行善的发展责任，是践行社会主义核心价值观的具体化、企业化，是华信企业的中国梦。

## 建设百年幸福海亮

### 海亮集团有限公司

海亮集团创办于1989年，是一家拥有有色金属、地产建设、农业食品、环境保护、基础教育、产业金融为主体的国际化大型民营企业集团，名列中国企业500强、中国民营企业500强、浙江省百强企业。海亮企业文化不断助推企业突破障碍，跳出瓶颈，从容应对各种挑战，取得了长足的发展。

20世纪80年代后期，思想解放给生产力发展注入了强大的推动力。人们有了最初的致富冲动，老板对创业有激情，职工对工作有拼劲，仅仅十几个人的小厂，大家天天碰面，沟通方便，因此海亮团队凝聚力特别强，生意自然红红火火。这时，海亮文化处于朴素的企业生产经营者个人的文化，我们称之为“能人文化”，也就是说“能人文化”是海亮企业文化的萌芽。

2000年后，海亮汇聚了来自五湖四海的人才，人多了，个性不同，想法不一，碰到的问题也五花八门。企业呈现出的问题是，面对如此庞大的员工队伍，具体规则管不到的地方、管不好的时候应当该怎么办；随着视野愈来愈开阔，企业定位在“铸百年卓越海亮，创国际经典品牌”，而这一文化理念如何与企业发展目标相契合，这是摆在企业面前的一个非常迫切的问题。

面对种种困惑，集团成立了党委，进而工会联合会、团委、妇联和企业文化建设中心也相继建立，四大组织专题研究企业文化在企业发展中发挥的作用。通过不断探索、实践，我们逐步认识到，要成为百年企业重在企业文化，应该要铸就有自己独特的企业文化或者独特的精神气质，为顾客提供超越的价值，为股东创造丰厚的利润，为员工铺设成长的平台，为伙伴营造共赢的局面，为社会做出更大的贡献。

海亮人要在这种优秀企业文化的熏陶下，养成优秀的行为习惯，并使之成为员工的自然、自觉行动，成为企业的天然的、独特的精神气质。在这个阶段，我们确立了“高效、卓越、服务、奉献”的海亮精神，“以人为本、诚信立业、利益共享、共铸辉煌”的海亮核心价值观，逐步形成了具有海亮特色的企业文化，并以此作为凝聚员工观念和提升行为的武器，运用到企业运作各环节。主要从以下三个方面加强企业文化建设：

#### 树立企业的诚信形象

海亮始终坚持“守信是成功者的座右铭，失信是失败者的墓志铭”的诚信观。

一是对客户讲诚信。海亮集团公开向社会承诺“失信赔偿”，“保证按照约定支付各类应付款项，否则，海亮将以银行1年期存款利率的10倍赔偿损失给客户”。由此，海亮成为了全国首家推出“失信赔偿”的民营企业。在企业内部，海亮建立有十分完善的合同管理和合同示范文本，对每一个客户、供应商实施严格的信用管理，实施新客户、新供应商资信调查、审核制度。在签订合同之前，必须要和相关责任人签订书面的责任协议，使诚信做到外部有形象，内部有保证。

海亮坚持做到“三个确保”，即“确保按时保质保量将产品和服务送达客户，确保按时归还银行到期贷款，确保按时支付各种应付款”。恪守商业道德，努力构建市场信誉，为诚信订立制度，如今海亮的客户遍布全球80多个国家和地区，旗下的海亮股份是中国最大的铜管出口商和最大的精密铜棒生产企业，国际竞争力日益增强。

二是对员工讲诚信。海亮对员工更是以诚相待，关爱员工，维护员工权益。在2008年全球金融危机中，国内不少企业纷纷降薪裁员以自保。而海亮在全省首家召开千人“深化科学发展观大会”，公开向员工承诺不裁员、不降薪，诚信之举，给近万名职工吃了颗定心丸，在特殊的时期激发了职工积极性，增强了企业的凝聚力和向心力。

三是对社会诚信。一直以来，海亮集团认为诚信纳税、依法纳税，是企业对国家、对社会最基本的义务。集团上缴税金年年增长，即使2008年受国际金融危机的影响，海亮集团纳税同比还是增加18%，企业连续多年被评为纳税大户、纳税明星企业。此外，在节能减排、回报社会等公益事业上，海亮也是有诺必行，有诺必践，树立了良好的企业社会诚信形象。

### 营造幸福和谐的企业氛围

海亮在物质层面上确保员工工资平均涨幅12.8%，2018年实现员工人均收入翻一番的目标，为实现这一目标，员工实际人均收入增长率达到9.1%，比国家10年人均国民收入增长率要高两个百分点。在不断加薪享受企业发展成果的同时，海亮员工还享有包括年休假、探亲假在内的法定带薪休假权利。当员工生日、结婚、生子、直系亲属亡故、重大节日等特殊日子都会受到公司工会领导送上100元、500元、1000元不等的福利；公司投资1.5亿元，建设海亮花园社区，社区内拥有职工公寓1000多套，住房面积5万多平方米，员工可以在社区内享受到完善的生活、娱乐配套；公司修订了《海亮集团职工互助基金会实施细则》，提高了互助补助的标准，大幅度提高了对家庭困难职工的补助力度；公司投资2500万元成立海亮职工疗养院，购置先进医疗检测设备，为每位职工提供每年一次的免费体检和疗养服务。

海亮在精神层面坚持以活动增强员工的工作愉悦性。海亮党工青妇组织坚持“小活动月月有，大活动年年有”，在丰富职工生活，陶冶职工情操的同时，让职工感受企业大家庭温暖，实现职工间的交流与融合。公司投入800多万元，与浙江科技学院、中南大学等高校合作开办工商管理大专班、企业管理本科班和MBA研究生班，帮助职工提升职业素养和综合管理水平，通过开办讲座、实地交流等多种形式，培养与国际接轨的本土科技人才。近年来，企业相继成立海亮管理学院、海亮大学等企业内设培训机构，开展职场系列培训，讲授职场礼仪、班组管理、信息化技术等素质教育内容，全面提升员工职场形象。同时，海亮还通过实施“双培双推”工程，把优秀的复合型管理人才推上领导岗位，基本搭建起学在海亮、用在海亮、作用发挥在海亮的人生价值平台。在用工紧张的长三角地区，海亮却拥有稳定的熟练工和不断涌入的新生力量，为企业发展提供了人才支撑，先后荣获了“全国模范职工之家”、“全国关爱农民工先进集体”等荣誉，也是全国民营企业唯一一家全国安康杯竞赛12连胜单位。幸福海亮成为了召唤优秀人才加盟海亮的鲜明旗帜。

### 积极回报社会

海亮集团怀着“产业报国、教育兴邦”的满腔热情，投资发展教育事业，促进了诸暨民营基础教育产业的勃兴。公司连续20年组织慰问当地贫困户和孤寡老人，累计出资869万元，连续19年开展捐资助学活动，累计资助特困、特优学生共572人，资助金额达到720余万元。公司先后设立浙江海亮慈善基金会、冠名诸暨市慈善基金。目前，浙江海亮慈善基金会已增资到1.26亿元，累计资助60批次760人次，共计895万元。2011年，基金会出资2000万元建造了一座“五星级”海亮幸福院，当年便迎来了首批28名孤寡老人免费入住。2013年，海亮又从全国各地领养了118名孤儿入住海亮幸福院，使孤寡老人和孤儿们在海亮老有所养、老有所乐、幼有所居、幼有所学。

致富思源，回报桑梓。海亮为扶残助残、赈灾救援、帮困助学、修建道路等捐资达到3.9亿余元，先后荣获中华慈善事业突出贡献奖、中国公益奖、浙江慈善奖等荣誉。

（作者潘金生，系海亮集团有限公司企业文化中心主任）

## 团魂成就你我　引领行业潮向

### 集美控股集团有限公司

创建于1984年的北京集美集团是京城最大规模的家居商业航母，是中国商业联合会命名的28家五星级商业服务企业之一，是唯一的五星级家居企业。现有营业面积三百多万平米，囊括了家具、建材的制造、经营、市场展销及家装设计等业务。三十年的企业发展、文化提升，历经艰难而不衰，欣逢佳境而不惰，上下同心，逆势争强。近年来，集美又向国际贸易、商业地产、电子商务以及养生产业等领域发力，形成了多元发展、跨界经营的“泛家居”产业集团。公司旗下，拥有十余家一站式家居卖场、榆垡家具公司、房地产开发、国际进出口酒业、长生宝箓养生等企业。超大的规模、优质的服务将集美打造成了北京最大的家居建材流通基地，市场总营业额上百亿，安置社会就业2万余人。其凝聚力、向心力、助推力彰显了以人为本、朴实真诚的集美文化的吸引、导向、激励作用和强大的竞争力。

集美集团成长壮大的三十年，形成了独有的文化底蕴，打造出了一部感动行业、惠及社会的创业诗篇。“引领行业潮向”的企业愿景，“打造多彩生活”的企业使命，时时激励着每个集美人不断进取奋斗；“团魂成就你我”的核心价值观，把顾客、厂商、集美人的利益和荣耀紧紧联系在一起，推动着社会的进步与发展；“和谐、坚韧、高效”的团队精神，迸发着集美人无尽的智慧与力量，激励着集美人向着新的目标进发。先后荣获了全国企业文化建设先进单位、全国创建和谐劳动关系模范企业、全国民营企业思想政治工作先进单位、全国“双爱双评”先进单位，全国模范职工之家，连续多年被评为“首都文明单位”等荣誉称号。

#### 一、“真情集美”是集美企业文化的主线

集美企业文化贯穿的“真情”主线，代表着集美文化的朴实情感、群体需求和实践检验，集美企业文化是集美集团所向披靡的坚强内核，也是集美家居科学有效管理、诚信经营举措、真诚服务承诺、创新营销行动，从上到下有力实

施的保障，在中国家居流通企业中，集美家居的门店数量不是最多的，然而却是整体销售业绩最好的，参展商户投入产出比最高的。在企业发展的重要关头能够发挥出凝聚人心，积聚合力的超强文化竞争力，打破传统的营销模式，创新“精准营销”经营理念是集美应对金融危机深度影响的战略举措，创造了集美家居热销的历史经典，唱响“携坐商、巧行商，精准营销我最强”的营销战歌。精准营销的核心是向老百姓传递集美真情，基本模式是在巩固品牌美誉度的同时，加大品牌宣传的精准性和实效性。集美人认定“只要活动的受益者是消费者、是加盟厂商，集美集团就干”。三年来，集美家居连续举办了近百场大型精准营销活动，累计动用宣传车辆5万台次，组织宣传员30万多人次。这场规模宏大的商业促销活动筹划之精细、实施之顺畅、效果之完美，让消费者诚服、让同行业惊讶，让加盟厂商欣喜若狂。一位家具行业著名的企业总裁盛赞：“携手的感觉很好，携手集美的感觉更好，因为家居生产企业能够与集美家居携手并进就会走得更远。有人说集美是家居行业中的航母，我认为集美是家居行业中的海洋，她承载着太多的行业航母破浪远航，创造家居行业的美好未来。”这位总裁盛赞的“海洋”就是“团魂成就你我”彰显出的集美真情，就是集美企业文化所蕴含的坦荡胸怀。

## 二、思想政治教育是集美企业文化的精神动力和保证

集美集团早在2000年7月就成立了党支部，团工妇组织也随之逐步建立，确保思想政治教育有组织、有制度、有阵地，以科学发展为工作重心，以弘扬企业文化为抓手，全力协调工青妇群众组织齐抓共建，努力打造建设中国特色社会主义的新型企业，特别是2012年9月，中共北京丰台区社工委、大红门街道办事处对集团“五站合一”工作站挂牌，使得集团集党建、社会服务、工会、共青团、妇联工作为一体的工作机构，连同集美统战工作站，在企业开展各项工作中发挥着积极的促进作用，特别是在党建、思想政治教育、社会公益、巾帼道德模范建设等方面取得的工作成绩，在学习贯彻十八大精神、培育和践行社会主义核心价值观、积极开展党的群众路线教育实践活动等方面取得的成果，体现了集美集团在“五站合一”组织建设，措施落实，思想政治教育等方面，走在了全区民营企业党建工作的前头。工会组织竭诚为员工办实事、做好事、解难事，促进企业劳动关系和谐稳定，充分调动广大员工的积极性和创造力。被上级组织授予“北京市厂务公开民主管理先进单位”、“北京市厂务公开民主管理示范单位”、“模范职工之家”等荣誉称号。

思想政治教育在集美企业文化建设中发挥着积极服务作用．首先，思想政治教育在集美企业文化建设中的协调作用．针对其特殊的所有制体制，思想政治教育的主要任务与其经营理念，各项企业制度相结合，认真协调好民营企业与公有制企业之间，民营企业与民营企业之间，民营企业与社会之间的工作关系，使集美自身的小系统与社会大系统中的宣传，教育，文化发生各种各样的联系，组成企业思想政治教育的社会网络，形成教育的合力，实现教育方向的一致性，步调的协调性，例如，党的路线方针政策教育以及社会主义核心价值观的宣传教育等。其次，思想政治教育为集美企业文化建设提供精神动力价值．思想政治教育围绕企业经营、稳定和发展的中心任务，紧密结合职工队伍的实际思想状况，用企业的发展目标，发展路线和道德准则来统一思想，提高认识．最大限度地调动广大干部职工的积极性和创造性，为集美集团的发展提供强大的精神动力和思想保证．比如集美“对顾客真诚，对厂商坦诚，对员工挚诚，员工对企业忠诚”的“四诚文化”的大力弘扬，逐步形成了相互助推，相互成就的四维效应。第三，思想政治教育为集美企业文化建设提供支持和保证．思想政治教育坚持“尊重人，理解人，关心人”的原则，强调“人”为中心，注重发挥人的潜能，调动人的积极性、创造性和主观能动性，与集美企业文化建设以“以人为本”的思想一致，共同保障员工在集美企业文化建设中主体地位和作用．思想政治教育保证了集美企业建设的方向，集美建设的是坚持社会主义方向的企业文化，体现国家、企业、员工三者利益的一致性，体现员工是企业的主人，是生产经营活动的主体以及维护员工的地位权力和尊严的观念．所有这一切都有赖于思想政治教育工作的保证作用．比如，依靠文化引领、凝聚团队力量是集美企业文化的重头戏。2013年6月，新组建的集美燕郊店举办盛大的端午节促销活动，在仪式上，集美人大讲“团魂成就你我”的核心价值观，大讲《集美之歌》的深刻内涵，让集美团队受到了企业文化的清新洗礼。集美商学院自2011年组建以来，服务企业发展，开辟了多项培训课程，数以千计的集美员工、厂商展员在培训中受到提升观念、调整心态的再教育。与此同时，集美家居各卖场、各展厅的工作晨会、文化理念PK大赛、“用心讲话、用爱做事”情感链接新模式等文化落地方式，把卖场的全员意识凝聚在“朴实集美、亲情为民”的理念之中，凝聚在“立足发展抓服务，抓好服务促发展”的工作思路中。

## 三、理念创新是集美企业文化的不竭动力

企业文化是企业的灵魂，理念创新给企业增添了新的活力。1997年集美人提出了“创百年企业”的口号；“集美沙发，真牛”等广告，令人过目不忘，家喻户晓，提升了消费者对集美家居的信心，也增强了企业的凝聚力。集美及时启动了免费班车、赠奖超市等便民举措；举办了“家居装饰消费学校”，为消费者装修住房、购置家具出谋划策。客服中心首问责任服务全方位，物流体系安全守时送货保满意，售后服务依法维权情谊暖人心，集美是顾客购买商品的第一负责人，7日内不满意就退货，绿色环保免费检测，售后服务“五心”、“五为主”工作准则等一系列社会承诺，把“顾客永远是对的”诠释成一种自觉遵守的集美精神。

当集美进入新的发展阶段以后，“创集美品牌　做百年老店”的口号已经不再适用，因为这句广告词跟入驻集美

的厂家、集美的商户和员工的关系都不密切。而集美的战略是要团结厂家和员工，共同打造一个中国家居建材的航母，所以必须重新梳理企业的理念，提出新的价值观念，必须站在领航中国家居企业发展的高度，去重构集美的发展战略。

2011年底，集美人对发展战略适时进行调整，提出了“引领行业潮向，打造多彩生活，和谐坚韧高效，团魂成就你我。”的口号。第一句表示集美要始终站在行业发展的领先地位。第二句描述了企业发展的愿景，要为广大消费者提供多彩生活服务。第三句是集美的团队精神。最后一句是集美文化的核心价值观，要使每个职工都感到自己的存在价值，鼓舞着大家用实际行动去维护企业的荣誉。集美总结梳理企业文化的核心理念，就是体现企业的发展离不开集美人手拉手、肩并肩地共同奋斗，在成就别人的同时成就自己。

集美集团理念创新的另一标志是《集美之歌》的改版。《集美之歌》在集美已经传唱了十几个年头，成了推动企业发展、引导正能量的核心理念，歌词中“爱岗敬业、不断创新”等核心内容已经被广大员工所喜爱，被行业同仁所接受。要改版，开始员工想不通。而当新版《集美之歌》面世后，一下子就赢得了集美员工的喜爱。歌词中：朴实集美聚精华，倾情为民饰新家，挚爱传递诚为径，团魂成就你我他，突出强调了集美核心价值观，表达了集美集团将在新时期的征途中，与加盟厂商、合作伙伴携手并进。

企业文化创新的实质在于进一步明确企业为什么存在，为什么人服务，依靠什么发展的大问题。集美集团主导思想明确之后，企业的人力资源创新、组织机构创新、经营模式创新、管理机制创新就随之产生新的升华和转变。

### 四、贴近时代是集美企业文化的鲜明特征

回顾集美集团发展，人们会感受到一个民营企业强烈的“爱国”情怀，致富思源，富而思进，回报社会，被视为集美家居的首要责任。为北京成功申办奥运会，集美拆除五棵松家居城，承担了巨额经济损失；齐心抗非典并为支持北京奥运建设积极参与国企改制；在履行社会责任，依法经营、照章纳税、提供就业机会、完善行业经营秩序等方面都走在了行业的前列。当国家利益与企业利益发生冲突时，当国家突遇重大灾害时，当加盟企业经营形势出现经济下滑时，当集美员工遇到生活困难时，集美风向标都会自然地指向对方，成就他人。集美公益事业有三个鲜明的捐助方向，那就是支持新农村建设，捐助贫困地区的教育事业和帮扶弱势群体。集美集团急国家之所急，助危难之所需，捐资数额达三千万元以上。在2014年6月“筑梦30年感恩你我”集美30周年庆典晚会上，集美集团再次向北京光彩公益事业基金会、吴桥县教育局、沧州市第二中学宏志班捐款300万元。

集美家居的发展突出体现了集美人感恩国家、回馈社会的公益特征。集美企业文化形成了“团魂成就你我”的风向标，表现出对待国家的无私奉献，对待顾客的真诚服务，对待员工的贴心关爱。“集美家居”各大卖场已经成为了国家富强、社会稳定、人民安康、员工幸福的展示窗口。

### 五、开展形式多样活动是弘扬集美企业文化的有效途径

形式多样、短小精悍、特色鲜明、广泛参与是集美企业文化竞争力的保鲜秘籍。集团党委和工、青、妇组织在强化自身建设的同时，始终坚持了按期召开职工代表大会、集团工作会议、晨会制度等多项保障民主管理制度，建立了以集美商学院为标志的教导模式培训体系，开展了形式多样的员工文化生活，促使集美文化在企业中落地生根、开花结果。

当参加集美集团每月举行升旗仪式的时候，当置身于集美商学院员工培训课堂的时候，当聆听集美百人合唱团高唱《每一天都是315》的时候，当参加集美员工京郊游和员工集体生日活动，放飞好心情的时候，都会感到集美企业文化带给人们的精彩、感人和震撼。集团职代会和工作会议是弘扬、传播、总结、提升企业文化的重要载体，为集团各项工作有序进行提供了充分保障。《集美网络》、《集美人手册》、《集美微信》《集美人故事》等多种媒体平台，以及赵建国总裁的《梦》、《圆梦》、《续梦》、《大商之道》共同构成了集美梦、中国梦的企业文化系列华章。

集美集团党委注重企业文化平台的建设，从源头参与策划，抓舆情组织发动，保落实知行合一。通过编撰《集美人手册》、编印《集美人》报、建设《集美家居》网站、主办《集美大讲堂》等形式，大力弘扬企业文化，打造一支有理想、有素质、意志坚强的集美人团队。结合企业实际开展了“坚持科学发展，共创和谐集美，我们从这里走来”、“缅怀先烈、勿忘历史、为中华崛起努力奋斗”、“培育和践行社会主义核心价值观”等主题党日活动，工会、共青团、妇联组织有为有位，充分发挥各自特点、优势，构成了集美员工“快乐工作、幸福生活”的美好图画。

集美三十年企业文化形成了以人为本、朴实真诚的鲜明特点；自我否定、自我提升的发展趋势；自上而下、广泛认同、积极参与的自觉行动；焕发了集美人共圆“我的梦、集美梦、中国梦”的使命感、责任感。我们决心在实施集美集团战略拓展的宏图大业中，使集美企业文化成为北京市一张亮丽的新名片。

## 诚信窨茶香　质量立茗品

福建春伦茶业集团有限公司

福建春伦茶业集团有限公司位于茉莉花之乡福州城门经济开发区，是中国茶叶行业百强企业，拥有800多名员工，5万多名合作农户。公司有着明确的原则和坚定的理念，这些原则和理念很简单，很平常，但正是这些简单、平常的原则和信念构成春伦集团特有的企业文化。企业成立初期，公司董事长傅天龙就提出做企业的原则，他把这些原则作为公司的价值观标准，让公司的员工和顾客都明白公司的要求是什么，提供的是什么，这就是春伦企业文化核心价值观的雏

形，如诚信窨茶香、质量立茗品、发展人为本、创新添动力。

这些原则始终伴随着企业成长，在企业发展中的每一次行动，每一个决策都发挥着无与伦比的影响，这些原则发挥的作用比公司的技术革新、市场销售技巧，或庞大财力所贡献的力量更大。将原则融入日常管理中、企业运营中，任何处于主管职位的人必须彻底明白公司原则，必须向下属说明，而且要一再重复，使员工知道原则的重要性。

春伦集团在会议中、内部刊物中、备忘录中、集会中所规定的事项，或在私人谈话中都可以发现公司哲学贯彻在其中。全体员工都知道，即使是员工个人的成功，也同样取决于员工对企业行为准则的遵循。若要全体员工一致对企业产生信任，是需要很长的时间才能做到的，但是一旦能做到这一点，企业在任何方面都将受益无穷。

### 第一条原则：信誉为灵魂

春伦人要循伦之规范扬人道，即通常所说的先做人再做事；建立商道，就是诚实劳动、诚信经营、取之有道；弘扬茶道，就是要扬正气、善包容、懂感恩、乐奉献。诚实守信是春伦文化价值观的一种表现形式。我们做茶卖茶要经常与买卖双方打交道，没有人不喜欢讲诚信的人。所以，讲诚信，才有更稳定可靠的原材料来源；重诚信，才能铺就畅通广达的销售之路；守诚信，才能守住企业产品质量的生命线。诚信是传统美德，也是企业最根本的竞争力。

信誉是一种无形资产，有信誉的企业才是上档次的企业，才是有未来的企业。为此，春伦公司特别重视“诚信”二字。在农户的合作中，对茶农、花农实行保护政策。20世纪90年代开始，福州茉莉花茶产业陷入低迷，为了保护福州的茉莉花，春伦公司向花农承诺会以稳定的价格收购茉莉花。2010年，在倒春寒和台风、暴雨等自然灾害的影响下，茶园和花园的产量锐减，为了保障农民的收入，春伦公司提高原料的收购价格，对种植户给予相应的补贴，为种植户排忧解难，并对农户进行技术辅导，与高校相结合，建立福建农林大学茶叶科技与经济研究所示范基地，引进新品种，新技术和高科技人才，帮助农民提高产品的附加值。

### 第二条原则：质量是生命

公司以“质量是企业的生命”为理念，不断强化质量管理，形成了以质量保生产，以质量促生产，质量带动效益的良好局面。对产品质量严抓不误，春伦的产品逐渐受到顾客朋友们的高度认可和喜爱。

公司严格按照 ISO9001：2000 质量管理体系，HACCP 食品安全管理体系的相关要求建立了产品的各环节检验及生产过程控制等程序和作业规范，对原料及各个工序都进行了严格把关，从源头的种植，采收，到生产，半成品，成品到出厂检验，使质量和可追溯性得到了有效保证。遇到灾害的季节，茶叶和茉莉花产量锐减，虽然根据公司与客户之间订立的合同生产根本没有利润可言，但公司还是坚持把产品做到保质保量，该窨几窨的还是窨几窨。近年来，随着先进技术的引进，高科技设备的使用，产品的质量不断提升，价格却没有改变。好的产品质量与不变的价格不仅是对客户也是对公司自身的一种无言的承诺。

### 第三条原则：以人为本

公司最重要的资本不是金钱，而是员工，公司一直推行以人为本的理念。每一个人都可以使公司变成不同的样子，所以每位员工都认为自己是公司的一分子，公司也试着去创造小型企业的气氛。自从春伦公司创业以来，就重视人事管理，本着疑人不用，用人不疑的用人理念。任何一位有能力的员工都有一份有意义的工作。在将近 30 年的发展时间里，没有一位员工因为裁员而失去工作。

春伦集团也曾遭受过不景气的时候，但都能很好地安排员工不失业，春伦成功的安排方式是再培训，而后调整新工作。例如在 2008 年经济危机时，近一半的员工由临时停产的一线工厂调整到需要他们的地方。有的员工接受再培训后从事销售工作、设备维修、外勤行政工作与企划工作，大部分人因此得到了一个再次发挥潜能的工作岗位。

企业员工精神状态如何是与企业文化息息相关的。春伦公司从衣食住行各个方面关心着每一个员工。春伦具有完善的基础设施建设，为员工提供安全、整洁、舒适的工作和生活环境。每个员工生日，公司都会送上一份祝福；每逢中国传统节日，公司都会组织员工庆祝；每年闲暇时，公司都会组织员工旅游；为员工免费提供住宿，洗衣设备；为困难员工家庭提供生活补贴，为外来工子女提供教育经费，提供接受教育的机会。宽带，闭路，空调落实到每一个员工宿舍。整洁的员工食堂，舒适的办公室，宽敞的培训室温馨的会议室，散发茉莉的清香，整齐排列的芒果树、五彩缤纷的盆栽花卉无一不体现春伦公司管理的人性化。

“以人为本”体现在公司相互尊重和生活上的关怀，春伦公司的管理人员对公司员工都必须尊重，同时也希望每一位员工尊重顾客。即使同行竞争对象也应同等对待，公司的行为准则规定，任何一位春伦员工都不可诽谤或贬抑竞争对手。销售是靠产品品质、服务态度，推销自己产品的长处，不可攻击他人产品的弱点。

### 第四条原则：科技为先

科技创新为企业注入了新的动力，给企业发展带来了不竭动力。在精心传承祖传茉莉花窨制技术工艺的同时，积极引进现代技术进行完善、提高和创新，使茶叶生产实现无菌化、规模化、现代化。根据现代人消费习惯研发的茶多酚及相关产品，开拓了可持续发展的空间。借助深耕茉莉花茶文化，使经营理念从单一茶叶生产的外沿扩张，向注重文化注入的内涵式发展。

公司非常重视科技开发工作，重视科技人员。企业不仅每年投入上千万元用于科研经费，对科技人员进行培训和深造，而且每年拨出一笔资金对有突出贡献的科技人员进行奖励。2003 年开始，公司新建自有实验室，科研楼，极大地调动了科技人员的积极性，使科技人员全身心投入到新产品开发研究之中。

企业不断致力于科技攻关，转型升级传统农业。申报完成国家、省、市级科研项目近百项，获市级以上科技成果奖64项，其中省科技厅重点项目9项、区域重大项目11项，市级成果奖33项，获奖数量处于全省同行业前列。研发项目获得国家发明专利3项，国家实用型专利产品15项。新产品30多种；先后示范推广茉莉花茶产业化种植，累计推广应用面积4000余万亩，产值12亿，每年实现社会经济效益5亿元，为农业增效、农村发展和农民增收做出了巨大贡献。

世界上的事就是在不断变迁中生存发展的，公司要具备应变能力。在科技高度进步的今日，社会形态与环境变化很快，倘若营销计划不能随机应变，可能会毁灭整个公司。你不是往前进，就是往后退，在一个不断发展的公司里，唯一不能改变的就是“原则”，它永远是指引公司航行的明灯。

做茶的人喜欢讲茶话，企业抓文化建设，犹如加一片茶叶到社会文化的大茶壶里，一片茶不足为道，然而，正是许许多多的一片茶叶，才有了茶的清香。中国特色社会主义的企业文化建设，离不开每个企业的自觉实践，企业文化建设的清香和魅力，正是依靠你和我的一片叶、一朵花共同窨制而成的。我们将继续求索，努力实践。

# 用文化做产业土壤　用发展来回报社会

## 吉林省易视顿光学科技有限公司

吉林省易视顿光学科技有限公司始建于2001年，历经16年的发展，从单一的眼视光产品销售发展成为集普镜验配、斜视弱视矫治、飞秒激光手术、角膜塑形镜、多维爱眼操等验配手术防控于一体的全功能眼视光综合体集团。集团已经形成了覆盖国内10多个大中型城市的网络，建立了提供产品、技术支持、运营管理、培训输出、市场整合等一站式的管理运营机构。成为了当今视光行业最佳的运营体系构建者，现有直营公司13家，合作商数十家，产值过亿，计划在10年内完成全国无盲点战略部署。先后获得“中国中小企业社会责任（CRS）诚信质量奖”“中国企业文化建设三十佳企业”、“吉林省‘守合同重信用’AAA级企业”、吉林省整治和建设经济发展软环境监督单位、吉林省长春市行政执法监督单位、吉林省吉商商会常务副会长单位、百家企业诚信宣誓单位、吉林省人民满意金牌形象单位、吉林省第三届影响时尚人群的三星理想品牌、消费者满意单位等殊荣。

### 坚持“以仁为本　人人健康”的企业文化

企业的发展离不开社会的支持，吉林省易视顿光学科技有限公司创立之初就致力于回报社会，杨春武董事长始终倡导的企业文化理念就是“企业发展的目的不仅仅是创造价值，更深远的价值是用利润来反哺社会”。

易视顿每年从企业的运营中拿出一定比例的资金用于捐助贫困大学生；易视顿还向各地中小学生捐赠了总价值达500余万元的各种爱眼仪器和设备、并把易视顿80万元取得专利的多维爱眼体操面向广大中小学进行免费推广，为吉林省部分中小学生提供免费的眼检活动；累计捐赠、投入和减免费用总计1000多万元。易视顿还利用自身的技术优势为多所中小学校开展了科普课堂活动，让更多的学生掌握了爱眼科普知识。

易视顿坚持不懈的付出赢得了社会和文化艺术界人士的认可，作为一家以致力于回报社会为企业文化的企业，很多业内知名明星和艺术家纷纷加入到了易视顿的慈善爱心公益事业中，在诸多文艺界人士的协助下，易视顿出资承办和协办了青少年曲艺大赛、曲艺志愿服务队，农民欢乐节、长春汽车冰雪邀请赛、明星推广爱眼体操等20余项社会文化艺术公益活动。不仅吸引了近百位吉林省当地文艺界专家和演艺人士以及国内冰雪赛车知名赛车手，黄小蕾、邵兵、杨雪等明星以及全国曲艺协会主席姜昆老师也倾力加盟，助力易视顿的善行善举，姜昆老师现场为易视顿亲笔题字以感谢易视顿为文化艺术产业做出的贡献。

### 奉行“桃李不言、下自成蹊”为立业准则

由于国内医疗体制的原因，专业性眼科医院在易视顿创建之初并不多见，专业的眼视光机构更是凤毛麟角，专业的眼视光专业人才非常匮乏，这一现象严重的制约了国内眼视光行业的发展，造成了专业学习视光的大学生少之又少，而一些学习眼视光专业的学生又难以进入到大型专业医疗机构工作。为此，易视顿萌生了一个大胆的计划，能不能利用自身的技术和专业优势为这些学子找到出路，为眼视光行业找到出路。

经过几年的不懈努力，易视顿先后投入了近100余万元，陆续与部分高校形成技术和就业联合，先后建立“东方职业技术学院就业基地”“白城医高专就业基地”“长春医高专就业实习基地”等联合办学就业基地。易视顿还选派了技术实力强，专业过硬的医生先后到长春医学高等专科学校、长春东方职业学校等学校免费任教，任课的所有费用均有易视顿承担。为了让学生们能够亲身体验和参与实际诊疗，易视顿为学生们开辟了实习通道，优先安排对应岗位进行实习，免收一切实习费用。在几年的时间里，易视顿先后为这些学校招收和培养了860多名专业的眼视光人才，通过联合办学就业渠道，为他们找到了理想的工作，这些学生学业有成后已经遍布国内各大眼视光机构和医疗机构，成为了行业的中坚力量，其中部分出色的毕业生成为了部分眼视光机构的技术骨干。

“桃李不言，下自成蹊”。易视顿多年默默的付出得到了无数眼视光行业专业人士的赞许，赢得了行业的尊重，吸引了大批的业内顶尖专家和技术人员纷纷走进易视顿，他们有北京大学医学部眼视光中心主任，中华医学会会员，更有国际角膜塑形学会亚洲分会主席，国际隐形眼镜教育者协

会委员（原亚太地区副主席），日本眼科接触镜学会会员，美国眼科接触镜学会会员，解放军军医进修学院（解放军总医院）眼科学硕士研究生导师等 20 余位国内外权威眼科专家。

### 牢记“从医从善　济世助人”为企业理念

作为一家眼视光企业的创始人，从医出身的董事长杨春武，经历了从医生到商人的转变过程，和很多人办企业的宗旨所不同的是，杨春武创办易视顿是为了让更多的人、花更少的钱得到更好的治疗，让光明不再有遗憾。因为当时的眼科技术和家庭经济等原因，很多孩子的视力错过了最佳的治疗时机，杨春武感到了深深的刺痛，于是在创办易视顿的时候，杨春武就把公益作为自己唯一的企业文化，让每一个孩子都得到应有的光明。易视顿开始为更多的贫困家庭减免各种治疗和手术的费用，并且在时机还未成熟的时候在企业内部成立了专项的扶贫光明专项资金，用于帮助贫困家庭的孩子恢复光明和清晰的视力。随着多年的积累，易视顿更加壮大了，也有了更多的经济能力扶住更多的贫困孩子，于是，易视顿在有关部门的支持下出资 100 万元，成立了“易视顿光明医疗救助慈善基金”。“慈善基金”正式成立标志着吉林省易视顿光学科技有限公司公益事业更上一个台阶，此基金由长春易视顿圣明眼科医院全额出资，设在吉林省慈善总会的专项医疗救助慈善基金。

易视顿一直关注弱视儿童群体，截止 2015 年企业已经拿出近 80 万左右的资金资助患有弱视的孩子发起“弱视救助计划”，本着“集慈善力量，传大爱精神”的宗旨，为更多的患者摆脱病痛的阴霾，重建健康生活的信心。

易视顿先后出资 300 余万元建立扶住贫困资金，用于救助灾区，扶助孤老、资助贫困家庭，捐资助学，无论是地震灾难过后的松原灾区、还是社区的贫困家庭总能看到易视顿的身影。企业的成功不是有更多的人知道这个企业，而有更多的人感受过这个企业的温暖。

### 深耕企业文化，坚持做好光明产业

没有企业文化的企业就像没有思想的人一样，因此，易视顿始终坚持深耕自己的企业文化，坚持“以仁为本、人人健康”的企业文化，坚持回报社会，以“描绘清晰未来，做人类光明产业”作为是易视顿永恒的定位。易视顿（中国）希望以一己之力对全国青少年视力健康有所帮助，更希望青少年视力健康问题能得到全社会的关注，让所有的孩子都拥有多彩的世界。！

吉林省易视顿光学科技有限公司将继续以“呵护全国青少年视力健康”为使命，以“专注行业，服务全国”为宗旨，社会责任化公益事业为导向，通过不断的自我提高和完善，不断的进行优化产品升级、引领先进技术、构造完整运营体系、规范平台管理工作。最终成为视光行业的中流砥柱。

## 坚持企业文化建设　推动企业稳健发展

四川国光农化股份有限公司

四川国光农化股份有限公司创始于 1980 年，从创业之初白手兴家、租房办厂，发展成为中国最大的植物生长调节剂企业。公司坚持企业文化建设和品牌创建，逐步形成了“和、诚、真、新”企业主文化。“和”是自然社会不同事物的矛盾统一，是团队合力的集中体现，与人和善，广聚资源；“诚”是以诚相待，诚信交往；“真”是做事认真，客观真实；“新”是推陈出新，创新发展。国光创始人颜昌绪带领团队在国光企业主文化的基础之上，打造了家文化、感恩文化、安全文化、质量文化、管理文化、合规文化及品牌文化等国光亚文化。

### 艰苦奋斗促进了家文化和感恩文化的形成

企业文化决定企业的发展方向、经营理念、管理水平、员工素质，是企业可持续发展的内生动力。传统的制度管人或人管人的方式已无法适应企业发展的需要，而企业文化能挖掘员工的潜能，激发员工的工作激情，引导和规范员工行为。国光在艰苦奋斗中形成了家文化和感恩文化，助推了企业的稳步发展。

国光的家文化增强了公司的凝聚力，国光的人才发展战略促进了企业的快速发展。1980 年国光诞生之初兴办水泥制品厂，1984 年兴建国光保鲜剂厂，1994 年将保鲜剂厂、调节剂厂、饲料厂合并成立四川国光实业公司，最后发展为四川国光农化股份有限公司。建厂之初，民营企业的国光面临着资金、技术、厂房、原材料、销售渠道等困难，国光首批创业者变卖各种财物、粮食来筹集资本，靠学习书本知识和外地经验来解决技术问题和研发产品，靠租保管室来解决厂房问题，依靠智慧和艰苦奋斗精神推动企业像滚雪球似的向前发展。不管是亲戚朋友还是外招员工，不分彼此，集体开饭，如一家人一样同心同德。后来企业发展壮大，从人才发展战略、经营管理到把员工、经销商和用户纳入国光价值链上，统称为国光人，相互感恩，共谋发展。这也是国光“家”文化和感恩文化的具体体现。

国光从几个人的家庭小作坊发展到 1000 多人的上市公司，靠的就是一种“家”文化和感恩文化，团结一心，共创品牌。国光董事长颜昌绪非常低调、务实，且平易近人，大家都尊称他叫“颜老师”；接班人、现任总经理颜亚奇总是面带微笑，常常出现在生产或市场第一线，与员工们一起在食堂排队就餐；公司高层管理者也与员工同住一幢楼，同在食堂就餐。在国光没有贵贱之分，领导与员工之间，厂家与客户、用户之间，都记住对方的好处和恩情，相互尊重，努力为对方付出。2005 年颜董事长从欧美考察回来，就将每年的 10 月定为国光感恩节，邀请国光价值链上的所有成员及员工家属、当地政府及邻居参加国光感恩节，大家一起谈感恩话、喝感恩茶，参加各类有趣的活动，这一天还有公司的集体婚礼及感恩晚会等，真正体现了与时俱进、与国际接轨、人性化管理、和谐发展的现代公司形象。

国光非常重视接班人们的培养，“定、思、行”三个字是颜董事长送给接班人们的人生真谛，也是助他成功的三字经。定，是定目标、方向；思，是思索，实现目标的条件；行，是行动，为实现目标执着追求。前辈的创业精神和成功经验正潜移默化到第二代国光人身上，接班人们以前辈们为榜样，不断学习创新，努力拼搏，以稳健的步伐向着百年国光的目标加速发展。

## 从学习入手加强创新文化建设

学习文化是企业人力资源开发的基础环节，是企业的核心竞争力之一，企业文化的强弱，很大程度上取决于创新能力。

国光创业较早，颜董事长是恢复高考后的首批大学生，他对学习有一股永远使不完的劲。从读大学、教书开始，就喜欢整天泡在图书馆和实验室，现已近七旬的他，仍然坚持学习和实践，是一个喜欢学习新政策、新思想、新信息、新知识并立马付诸行动的人。

国光是一个学习型企业，是中国最早重视企业培训的民企之一。国光生产保鲜剂在中国是第一家，当时人们没有见过防止红薯不烂，使水果保鲜，老百姓认为那是不可能的事。为此，董事长就在县城租房子，编写技术应用资料，举办国光学习班，培训职工和用户。这个传统一直延续到今天，通过不断地培训营销人才和商家、用户，把国光的企业文化和种植技术传递给产、供、销、用链条上的每一个人，达到共同实现愿望的目标。董事长经常被海南、南京、江苏等地农化、园林界的大会邀请去介绍“国光企业文化”，为大家提供创新“产品”。

为了企业创新发展，国光还开创了基地营销、体验营销、故事营销、示范营销、技术营销、会议营销等营销文化。

国光能成为国内最大植物生长调节剂企业，靠的是以人为本，坚持企业文化建设，大搞发明创新；坚持重研发、重市场、轻资产的理念，低调、稳健的可持续发展策略，向“百年国光”目标踏实奋进。

创新，是国光的制胜法宝。包涵了产品创新、市场营销创新、技术服务创新、企业文化创新、经营管理创新。“国光模式”其他企业学不到，因为国光“魔方”在不断翻新。

国光创业初制作电杆时，发明了节省时间和空间的翻滚机，并率先发明空心电杆；当英国第一个试验出保鲜剂时，国光人就在中国研发、生产保鲜剂；计划经济时代国家的批发渠道不卖民企产品时，国光就以技术服务的方式在用户处做示范试验，效果好，用户就会买，反推商家来卖国光产品，在中国开辟了直销的先河；国家农药政策开放后，民营农药企业风起云涌，市场竞争日趋激烈，造成了严重赊销，呆账、坏账及大量库存压得企业喘不过气来，为此，国光敢为天下先，在农资行业中第一个做现款现货；在当下，产能过剩，农业生产、园林绿化都不缺产品缺技术之际，国光转型升级，做全员技术服务，走技术营销之路，卖物技产品—“国光汉堡”。

国光创始人颜昌绪带头创新，不断地搞发明创新，并把创新文化作为制度固化下来。公司年年都要召开创新大会，对创新的人和项目颁奖，充分发挥创新文化的驱动力作用。

## 注重技术营销，加强品牌文化建设

亚马逊创始人贝索斯曾说：“我们不是通过卖东西赚钱，而是通过帮助顾客找到想要的商品而赚钱”，可谓是道出了零售业的本质——服务。当今，产供销一条龙的生产型企业也是如此。

国光人的策略常常是反其道而行之。国光初级阶段，大家都不理解广告宣传时，国光大做广告宣传；在广告风行的今天，国光却不做广告而做示范，不做销售做消化，不做产品做服务，不做夸张做品牌。

一般厂商想的是如何把产品卖好，而国光却是想如何助种植者实现愿望，让用户增产增收。当产品过剩时，不断研究精品和服务，通过品牌文化体验，在用户心中建立国光品牌。

在品牌大战的今天，如何才能在最短时间内占领消费者心智呢？那就必须要赋予品牌独特的文化内涵（即讲品牌故事），征服消费者去体验和认可并依赖，所以国光人人人都会讲故事。

国光制定了“四重八字方针”（四重：重点市场、重点作物、重点产品、重点客户，八字：规范、消化、基地、开会），来强化品牌文化的建设，把产品和技术服务做到基地，用基地试验、示范、观摩等形式，来展现国光的品牌；通过让消费者亲身体验从而铭记国光品牌，让客户信赖和使用国光的产品，最终达到助种植者实现愿望的目的。

国光有一个 200 人的专业技术团队—作物部，他们在国光技术学校认真学习种植和保护技术，演练技术服务技能，通过考试合格后才深入基地，分类进行技术服务。作物部和营销中心以及办公内勤组成了近千人的国光综合技术服务团队，为农村各类专业合作社、农业公司、种植大户和城市小区、大专院校、机关单位、交通要道提供有效的专业技术服务和相关植物生长调节剂、水溶肥、液态膜等抗逆品类配套产品，极有成效地解决用户之需，使国光人成为他们不可缺少的朋友，国光的品牌便自然在商家和用户心中形成。

国光企业文化和品牌展示是多方面的，除了到各地参会外，全国性的各类作物专业会议、技术交流会每年都在国光举行，参会者通过学习、参观、观摩、实践体验，提高了技术和技能，了解了国光的企业文化，国光的品牌及企业形象深入到全国各地的商家和用户心中。

在生产过剩、经济不景气的当下，国光依旧能够保持增产增收的发展水平，依靠的正是系统的国光企业文化和品牌魅力。国光人从做质量、做诚信、做百年入手，坚持企业文化建设，坚持低调、稳健的发展战略，必将实现“百年国光”的梦想。

（作者唐地敏，系四川国光农化股份有限公司品牌管理部部长；施建新，系品牌管理部文案）

# 打造洞藏白酒的品牌

吉林省新怀德酒业有限公司

吉林省新怀德酒业有限公司是一家有着悠久历史的白酒酿造企业，起源于1877年，坐落在松辽平原的腹地、素有中国“玉米之乡”的历史名城吉林省公主岭市。2015年9月9日，吉林省新怀德酒业有限公司选送的洞藏系列白酒荣获了“比利时布鲁塞尔国际烈性酒大赛银奖”。9月26日，该公司生产的洞藏白酒系列隆重上市，填补了吉林省没有洞藏白酒的空白。在当地党委和政府的支持下，企业经过扩建改制，形成了优质高粱白酒近万吨“吉林省名酒”的生产规模。

## 注重打造独具魅力的品牌文化

公司把质量和品牌视为企业的生命线。借助有近200年酿酒历史的文化底蕴，在传承中创新，在创新中发展，在发展中突破，生产的系列白酒先后获得“吉林省名牌”“吉林省行业名酒”“中国食品博览会金奖”“中国工商总局授‘守合同’企业”等多项殊荣。新怀德商标被评为“中国驰名商标”和“吉林省著名商标”。企业被评为“省级重点龙头企业”。

芝麻香型洞藏白酒是新怀德酒业公司的一个品牌产品。芝麻香酿造技术难度较大，需要寻找酱香、浓香、清香三香的中间点，做到三香兼具，却均不露头，使芝麻香白酒达到理想状态。公司技术团队和广大员工经过辛勤的努力，掌握了这款白酒独特的酿造工艺，从而使糟醅产生醇、酯、醛、酚及杂环类化合物多种香型相结合的复合香，形成了新怀德芝麻香白酒独有的香气。高温流酒，采取分层取糟、分层分段摘取工艺；用砖窖泥底的窖池贮存，砖的成分为中性硅酸盐，其微孔可吸附大量的有机物，可容纳微生物栖息，贮存时间不低于两年，而优质的芝麻香酒贮存期更需3年以上；将达到贮存期的原酒根据各自特点进行科学调配，经多位技术人员尝评，专业人员化验，确定合格后，再进行大样调配，最后才形成了独具“新怀德”特色的芝麻香洞藏白酒。

公司为了让消费者、收藏者、生产同行便于监管，对外发布了相关的创新酿造工艺程序，赢得了广泛赞誉。白酒在洞藏酒窖经过365天甚至更长的时间自然二次老熟，酒质稳定、醇厚，丰满细腻，口感绵甜柔顺怡长，酒香浓郁，使藏酒爱好者和饮酒爱好者真正体验到最原始生态的藏酒空间和美酒的醇香。因此，洞藏白酒以其独特的醇香、绵软、清澈、甘洌的品质赢得了广阔的市场空间和消费群体。

质量和品牌是企业发展壮大的生命线。新怀德酒业有限公司在继承中创新，在创新中发展，科研团队经过长时间无数次的实验，终于形成了自己独特的生产工艺和技术，确保了产品品质，助力企业发展中不断取得新突破。

## 打造精益求精的“工匠”文化

公司管理层随着在外出跑业务的次数增多，看看外面世界日新月异的变化，特别是一波高过一波的经济浪潮，我们敏感的意识到中小型国有企业所谓的“铁饭碗”迟早会被打破，工厂的青年只有掌握更多知识，学会一身本领，才是立身之本。于是，我们开始帮助青年工人筹划人生，激励他们用知识充实自己，丰富工厂业余生活。从最基层的车间操作工开始，鼓励他们用诚实、勤奋、吃苦、肯干的精神。连续不断的组织开展“优秀员工”评选活动，对在职工技能大赛中取得名次的青年予以奖励。同时，还时刻以高标准起步，严格要求他们脚踏实地、勤勤恳恳，树立强烈的事业心和高度的责任感，努力用自己的行动完成企业交给的各项任务。

为了使企业顺应市场变化，更好地参与市场竞争，酒厂进一步实现了企业改制。改制后，企业领导层凭借过硬的业务素质，良好的上作作风，带领团队互学所长，爱岗敬业，在企业中起到了生力军的作用。企业领导在工作中坚持原则，秉公办事，严于律己，时刻把质量摆在重要位置。在平时的工作中，他们能够做到对同事关心爱护、热心帮助，经常找同事谈心，及时了解员工的思想和工作想法。“要么不干，要干就要干好”。他们带领工人积极学习、敢于实践、大胆创新，对未来工作做好了充分的准备，把工作做得更好。正是由于由上而下的严格要求，对待每一项工作一丝不苟的严谨态度和好学好钻的工作韧性，在社会上树立了良好口碑。

## 积极营造诚实守信的质量文化

酒厂领导层深深懂得质量就是企业的生命，就是无声的推销员。没有对产品技术的突破、质量的高标准，产品就不可能有竞争力。于是，企业决定从产品创新入手，领导层通过学习大量的资料、走访调研，决定融入高新科学技术，采用多菌种的单独培养，混合使用，开创性地增加了发酵新工艺，并以东北特产优质高粱为主要原料，经多年陈酿精制而成。把传统工艺与计算机勾调相结合，严格的质量管理与高科技相结合，从而酿造出口感独特，口味醇和自然的优质白酒。

企业还制定出严密的采购控制程序和原材料检查验收作业指导书。通过对供应商的调查、质量保证能力评审、产品验证、试用、有关协议及合同的签订，确定合格供应商及其产品。经过严格的层层把关，保证实力供应商进入镇赉香酒业有限公司的配套体系。建立完善的生产调度指挥制度，建立质量预警系统，畅通质量信息网络，把异常情况及时反馈到生产中去，不定期对公司产品关键区域进行内审，发现异常情况及时通报。加大质量管理的绩效考核力度，做到有奖有罚，充分调动了员工的质量管理积极性。

“路漫漫其修远兮，吾将上下而求索。”面对未来酒业市场新的需求，吉林省新怀德酒业有限公司不断思索、不断求新和不断开拓，在酒业这个平凡的市场上默默耕耘、奉献，把企业做得更好。

# 整合多元文化要素　提升生产经营力量

中交第四航务工程勘察设计院有限公司

中交第四航务工程勘察设计院有限公司，原交通部第四航务工程勘察设计院，创建于1964年，是中国交建的全资子公司，为新中国华南水运工程勘察设计的摇篮。在50多年发展历程中，中交四航院以丰富物质文化、规范制度文化、构建精神文化为目标，将企业文化落实到每一位员工岗位，成为打造优质工程和培育高素质人才的巨大力量。

## 内修于心，外化于行，为企业文化筑牢根基

一是丰富表层的物质文化，拓宽企业宣传深度。使企业文化从抽象走向具体，直观性和操作性大大增强，加以对企业价值观的解读，将四航院人数十年来拼搏奉献的爱国爱企情怀浓缩其中，使之得到广大职工的普遍认知和认同，成为激励新一代四航院人为实现“中国梦、四院梦”奋勇前行的真切号召。

二是规范制度文化、积极引导和教育企业职工立足企业实践，将职工个人目标转化为企业改革发展的总目标，形成良好的价值认同和行为规范。每年对各个部门进行系统评比，把评比结果作为年度精神文明考核的一项重要指标，增强教育引导的刚性。

三是构建精神文化，形成共同的价值观念和团队意识，激发职工的积极性、主动性和创造性，落实到企业的生产经营实践中去。通过深化改革，转变发展方式寻求突破，在勘察设计市场持续低迷，许多竞争对手放缓发展基至亏损的情况下，中交四航院年年创效盈利，持续多年排名水运行业领先地位，确保国有资产保值增值，受到社会各界的高度肯定，先后荣获“全国五一劳动奖状”、“中国建筑行业标杆”、“模范职工之家”等荣誉称号。

## 归于实际，融入生产，为企业文化落地助力

中交四航院企业文化从提炼到落地，在4个方面最为突出，一是激发团队协作精神；二是以业主需求为中心；三是平等对待员工；四是激励与创新。凭着这四大支柱所形成的企业文化力，使企业快速成为行业最具影响力的企业之一。

企业文化最终的目标是把企业理念和价值观化为行动，延伸到生产一线，予以推动企业生产经营持续良性发展。为保障企业文化落地根植，中交四航院开展了三个方面举措：一是企业文化融入公司战略发展目标，避免管理与文化形成“二张皮”。二是企业文化融入生产一线，与全体员工达成共识，化于形，植于心，让每一位员工都能“看得见、摸得着、感受到”，真正做到知行合一。三是企业文化推动企业长足发展，与企业形象互促互进，持续将四航院的品牌做强做大。

## 梳理诊断，理清思路，为企业文化定标导航

通过对企业文化进行梳理诊断，把企业的特殊点、闪光点、矛盾点、共识点、目标点等聚焦在一起，制定出对企业有前瞻引导力又切实可行的企业文化方案，将新的管理要求及理念传达到全体员工。

一是梳理过去成功的历史经验和积淀的企业文化，此项工作已经多次开展，在2014年正值公司五十华诞之际，对成立前期的资料归集做了大量详细的工作。

二是对现阶段企业文化发展命题进行分析，了解各级管理者对企业文化塑造的期望，查找、剖析各级管理者和员工当中存在的与公司战略目标不相适应的消极文化现象，梳理中交四航院各业务板块经营管理模式特点及存在的问题，明确企业文化的核心命题，形成企业文化提炼和文化建设的基调。

## 明道造势，渗透固定，为企业文化凝心聚力

“千人同心则得千人力，万人异心则无一人之用”。中交四航院企业文化的发展目的就是让全体员工做到同心同德、言行一致。员工是企业文化的传播者、实践者、卫道士，只有将企业文化逐步融入每个员工的思想和行为上，才能为企业发展凝心聚力。

一是大力宣传中交四航院企业文化的功能与作用，让公司每个员工都知道认识企业文化的强大动力。

二是打造中交四航院企业文化体系时创造各种机会让全体员工参与其中，共同探讨如何进一步推进企业文化发展。开展问卷调查，广泛征求各层面员工对企业文化的理解和认识，提出各方意见，然后提取精华部分整理并加以改进，让全体员工认识到企业文化是大家共同创造，来自员工群体，从而使企业文化的实施容易受到全体员工的欢迎和接纳。

三是对中交四航院企业文化体系进行梳理后，将企业文化理念汇编成册，印发到各部门、各单位、各项目，使中交四航院文化理念得到更广泛地普及。

四是诠释中交四航院企业文化的内容，让每位员工深层理解公司企业文化的内涵，感受到这个文化强大的磁化作用和同化作用。

五是大力营造声势，使每位员工都自动自发从自己开始，以积极的态度去从事本职工作，以勤劳、敬业、实干的行为指导自己的行为，使企业在推动企业发展中发挥强大的动力。

## 融合政治，精神感召，使企业文化内化于心

为了使企业文化融入思想政治工作，弥补其工作形式的单调和不足，克服与生产经营“两层皮”现象，中交四航院从4个方面着力企业文化与思想政治工作相互融入弥补，相得益彰。

一是在开展思想政治工作中继承和发扬优良传统，在内容、形式、方法、手段、机制等方面努力进行创新和改进。

二是增强工作的预见性，解决好干部职工在生产经营中出现的各种思想问题，重视职工思想情绪，把解决职工的

思想问题同职工的实际困难结合起来，使广大职工真正感受到组织的关怀和温暖。

三是通过创造性地开展多种形式的活动和强有力的措施，把加强企业科学管理和转变发展方式有机结合起来，鼓励职工参与民主管理，献计献策，尊重职工的人格和主人翁地位。

四是坚持以人为本，以规范性管理为纽带，融思想政治教育和企业理念教育于一体，贯穿于其他各项工作中去，通过各种直接或间接的渠道和方式发挥各方面的作用，使职工群众在潜移默化中受到教育，启发职工自我认识、自我教育、自我提高。

### 领导垂范，身体力行，为企业文化保驾护航

领导者的一言一行都将成为员工思考和行动的标准，领导者的习惯和爱好也会影响到公司风气。中交四航院在企业文化方面取得的成绩，与企业各级领导者言传身教、身体力行密不可分。

一是领导能结合中交四航的实际，提出企业文化建设的具体目标，同时依据目标要求制定年度计划，突出重点。

二是领导在履职过程中重视发挥企业文化的作用，而且成为企业真正的精神领袖和形象代言人，要求员工做到的自己先做到，要求员工不做的自己坚决不做，自觉接受群众监督，用良好的形象引导员工的言行，推动企业文化在企业每一个角落深根发芽。

三是公司领导率先垂范，把建设优秀的企业文化作为一种信念，身体力行地向员工宣导企业文化的精髓，从一言一行，一举一动做起，追求、推崇、传播和捍卫企业文化，以影响、带动企业文化在全体员工的思想意识中生根发芽，茁壮成长。

四是领导亲自推动建立以文化认同为核心的人才选拔、培养、使用、激励体系，使企业文化的根基越来越牢靠。

### 拓展载体，共同承载，使企业文化充满活力

中交四航院打破对企业文化载体认识局限，拓展载体内容和手段，优化并综合发挥主体、组织、制度、物质等载体的功能。

一是充分发挥主体载体的能动性和创造性，充分调动企业主体思想、价值观、道德等因素，形成观念一致、思想进步、感情融洽、行为协调的良性循环，真正使企业做到人尽其才，财尽其用，人和物协调配置，确保企业目标实现。

二是充分发挥组织载体的人力整合、行为规范、协调关系作用，为实现经营目标，对企业各要素合理组合、配置，使组织保持灵活性和适应性，合理配置企业资源，增大企业发展后劲，协调企业建设。

三是充分发挥企业制度载体对企业精神、企业经营哲学、企业价值观、团队精神、道德规范的承载作用，将企业精神细化成具体的制度条文或操作性程序认真运作和贯彻执行，使企业经济利益最大化，保证企业目标的实现。

四是以物质载体为依托，编手册、做宣传、办培训、贴标语、搞活动、办内刊等形式，营造浓厚的文化氛围，凝结企业精神，塑造企业形象，提升文化内涵，弘扬企业正气。

随着中交四航院企业发展战略调整，中交四航院企业文化也在不断充实与调整，加速了中交四航院的改革发展，虽然还需要经过一段时间地适应、调整，才能“深植”在企业的肌体中，融入员工的血液里，落实每个人的行动上，这个阶段是企业文化真正的成熟阶段，也将是中交四航院企业文化建设突破瓶颈的阶段，我们的发展道路也会越走越宽，才能转变发展方式，推动企业转型升级。

（作者晏宇，系中交四航院企业文化主管）

## 强化尚水文化　推动创新发展

连云港市自来水有限责任公司

连云港市自来水有限责任公司以战略发展规划为纲领，以“公众利益、企业利益、员工利益高度一致”为经营思想，紧紧围绕“尚水文化”，塑造员工对企业发展的共同愿景；以“家文化”为核心，营造亲如一家、团结和谐的企业文化；以责任心文化为目标，打造“优质供水、服务港城”企业精神；以员工为中心，营造以人为本、关爱员工的企业氛围；以丰富的文化活动为依托，将企业文化落到实处。公司先后被评为：全国企业文化建设先进单位、中国供水行业企业文化先进单位、全国“安康杯”竞赛优胜班组、江苏省建设系统和谐劳动关系模范企业等多项荣誉称号。

### 一、企业文化理念构成

连云港市自来水有限责任公司企业文化理念由以下4个层次构成：核心理念、资源理念、运营理念、管理理念。

核心理念。核心理念是企业存在的依据，也是企业持续发展的指导思想。核心理念是企业组织成员之间的最高共识，更是衡量每一位员工是否具有该企业成员资格的关键标准之一。在实际经营和管理中，核心理念成为指导管理者和员工解决问题、如何行动的准则。

资源理念。企业存在和发展需要的基本要求，即人才、技术和资本，企业如何看待人才、技术和资本的作用，在经营企业资源上有哪些指导思想，是企业能够持续健康发展的关键所在。

运营理念。企业在生产经营过程中，如何看待成本控制，服务、品质、创新和安全，这一系列指标是衡量企业运营水平的重要标准。

管理理念。企业实现持续良好的发展，需要采取一系列的管理措施和手段，管理方式包括：领导方式、管控手段、团队建设和工作绩效。管理理念就是在这些最关键的管理方法上企业所抱有的思想观念和认知。

## 二、企业文化建设现状

多年来，公司坚持将企业文化建设作为精神文明建设的重要组成部分，引导广大职工树立正确的价值观和人生观，把企业文化的力量注入到公司生产、经营、管理、服务等各个环节，构建和谐企业。

**（一）企业文化建设模式适应公司改制的初期。**

以精神文明建设为主要载体的企业文化建设模式是中国国有企业的传统建设模式，适应中国国情。公司由连云港市属国有企业改制而来，继承传统的企业文化建设模式无疑是正确的选择，也适应公司改制初期的需要。

加强思想道德教育。近年来，公司党委积极开展党的群众路线教育实践活动，积极发挥党组织和党员的先锋模范作用，为企业的生产经营保驾护航，使得党组织在员工中的威信不断增强。公司各基层单位紧密围绕企业的特点，加强职工思想教育，增强企业凝聚力。从关心群众入手，使“凝聚力工程”成为内强员工素质、外塑企业形象的一个重要载体和主要抓手。

转变员工思想观念。思想政治工作是公司密切联系群众、促进企业文化建设的有效途径。公司各项工作正逐步过渡，员工的思想观念也经历着由传统的计划经济向社会主义市场经济模式的转变。近年来，公司党委在企业文化建设方面打好基础的同时，抓好自己特色，在实施“双目标”责任制基础上，推广“双册”管理活动。双目标指党支部年度目标、党员目标。双册指党支部活动手册、党员活动手册。

**（二）企业文化管理职能适应公司改制的特点。**

公司目前企业文化建设的职能定位由指定部门共同参与、组织策划、交叉管理。公司以党群工作部为主，办公室和人力资源部等部室全力配合，在贯彻落实上级党委有关三个文明建设工作要求的同时，坚持以自来水行业的历史文化为底蕴，以精神文明建设为载体，积极探索企业文化建设的新途径、新方法，各部门职能清晰、分工明确，确保公司企业文化建设得到有效开展。

同时，公司根据文明单位创建要求，结合公司实际，制定有连云港水司特色的创建方案。抓好载体，细化活动方式，在创建企业精神文明单位的同时，开展基层文明单位、文明部室、文明窗口创建活动，掀起企业内部各基层单位争创文明单位，争做文明人的热潮，企业文化管理职能的优势在创建活动中再次凸显。

**（三）加强内部管理、塑造人文环境。**

强化内部管理。公司以规范管理、科学管理为标准，不断强化经营理念的转变，创新机制建设，坚持向管理要效益。在公司内部，建立了通道开放的薪酬激励机制和以成本控制为核心的全面预算管理体系，在绩效管理工作中，注重发挥考核的驱动和导向作用，建立了以业绩为核心、以目标为牵引的绩效考核体系。在经营工作中，强化合同管理和风险控制，积极推行数据化、程序化、精细化管理；在业务工作中，加强规范化、标准化建设，有效落实台账化、报表化、档案化、流程化管理措施。通过强化管理，企业在高速发展的同时，经营业绩全面提升。

建设人文环境。通过完善职工代表大会制度、设立领导信箱、召开职工座谈会、征集合理化建议等形式，畅通沟通渠道。通过创新党建工作形式，把思想建设、组织建设、作风建设与经营管理有机结合，充分发挥党组织的推动发展、服务群众、凝聚人心、促进和谐的作用。通过班组建家、达标升级、星级职工评比等手段，激活企业细胞，增强员工的团队意识和集体荣誉感。通过不断完善薪酬制度，建立工资正常增长和特别晋级、奖励晋级机制，做到薪酬通道完全开放，上不封顶，下不保底，形成动态的、开放的、长效的激励机制，有效地调动了员工的积极性和创造性。通过完善员工劳动保护和福利待遇保障制度，通过实施带薪休假计划和健康关怀计划，不断提高员工安全感、幸福感和归属感。通过设立互助基金，实施家庭关怀计划，解决职工大病救助，特困补贴等问题，落实公司人本精神。

## 三、企业文化建设的对策与思考

**（一）以人为本，强化导向意识，促进企业文化理念普及。**

虽然我们在企业文化建设上已经进行了积极探索并做了不少具体工作，但尚未形成能够在员工内心真正产生共鸣的企业文化，而形成这种文化的前提是要明确适合公司实际情况的企业文化理念。因此，在企业文化体系培育过程中，我们注意对企业文化的引导，注重融合兄弟水司、优秀企业的文化理念、创建方式，倡导以人为本、健康向上的企业精神，不断增强用先进文化指导企业文化的意识，充分认识企业文化也是生产力，对企业发展有强大的促进作用。

**（二）以水为源，强化责任意识，确立企业文化基本战略。**

重视企业文化战略是建设优秀企业文化的重要条件。我们根据建设“活力水司、品牌水司、和谐水司”的战略目标，坚持以水为源，强化责任意识，以建立共同价值观为核心，以生产优质水为根本，以塑造员工形象为基础，以突出服务功能为关键，从外部形象战略、内部激励战略两方面来确立公司的企业文化战略，形成促进公司长远发展的战略举措，真正体现先进生产力、先进文化的发展方向，体现广大用户、公司员工的根本利益。从高层领导形象、员工形象、服务形象、企业形象等方面制订外部形象战略；从企业精神、文明生产、人力资源、员工榜样、凝聚力等方面制订内部激励战略，并制订切实可行的计划、方案和具体细则来确保这些战略得到有效实施。

**（三）水乳交融，强化合作意识，培育企业文化特色体系。**

根据“体系简洁，步骤清晰，易于执行，全员参与”的原则，构筑领导与员工有效的沟通平台，达成企业文化建设的共识，使企业文化成为推进公司发展的动力源。围绕公司的实际情况，我们从三方面构建企业文化体系，即：构建以塑造公司良好形象为内容的表层企业文化，包括统一标识等识别系统；构建以组织形式、规章制度、生产方式、道德风尚为内容的中间层企业文化，以制约表层文化；构建以企业价值观、企业经营哲学、企业精神、企业目标追求为内容的深层企业文化，以支撑表层、中间层文化。

**（四）滴水穿石，强化创新意识，完善企业文化长效机制。**

创新是一个民族进步的灵魂，只有坚持与时俱进，不断创新，逐步完善长效管理机制，才能跟上社会前进的步伐和企业可持续发展的需求。一是通过创建学习型企业活动来牢固树立创新意识，用创新的理念去指导企业文化建设；二是通过党团组织、工会和公司各单位部室的紧密配合、互相协作，把企业文化的各种理念、行为规范等物化为企业的各种文化活动，并通过定期化、多层次、全方位的组织机制渗透，凝聚员工群体，树立团队意识，进一步优化企业人文环境和良好的企业文化氛围。三是通过建设诚信体系，创新工作方法，完善服务品牌建设，进一步提升企业的良好形象，以滴水穿石的精神逐步形成企业文化长效管理机制。

（作者朱延安，系连云港市自来水有限责任公司工会主席）

## 精细化管理打造一流污水处理企业

北京排水集团小红门再生水厂

北京排水集团小红门再生水厂隶属于北京城市排水集团有限责任公司，2005年11月通水运营，担负着海淀、石景山、西城3个市区的污水处理任务。通过“五年发展规划”，推进企业科学规范发展，提出了“以精细化管理打造全国一流污水处理企业”的发展战略，以污水“全处理、全回用”，污泥“资源化”为使命，以取得更大环境和社会效益为出发点，以服务首都社会与经济发展为立足点，以精细化管理为支撑点，以提高运行管理与服务保障水平为导向，打造成全国一流污水处理企业。

### 一、提高企业精细化管理水平，承担社会责任

立足北京，解决水污染的同时解决水资源短缺问题，对全市污水处理进行升级改造，进一步提高污水处理的出水标准，最大限度地进行再生回用。作为首都水污染治理的主体企业之一，小红门再生水厂在缓解北京南城，尤其是大兴区农业用水紧张局面，推动首都水资源危机问题上承担了义不容辞的责任。

确定工作目标，以企业管理标准化建设、工作流程化、现场精细化、企业内控精细化、巩固精细化成果等5个阶段工作的深入进行，全面推进企业精细化管理工作进展，进一步落实各专业系统的精细化标准与程序。在现有基础上，每年要制订和落实精细化管理实施方案，对工艺、设备、安全、行政、办公、人力资源等系统的管理标准增强细节管控，推进各专业系统精细化管理目标的逐步实现。

2011年是水厂标准化建设年，全厂共制订和完善工作制度49项。

2012年是水厂的流程建设年，全厂共制定重点工作流程45项。

2013年是水厂5S现场管理年，通过实施5S管理提高了效率，降低了管理风险，制定出5S管理手册在全厂推广应用，水厂成为全国第一个污水处理行业实施5S现场管理的单位。

2014年是水厂内控精细化管理年，以实施信息化管理及7S管理为主，通过更广泛地信息化管理手段整合完善水厂生产指挥调度管理系统、EAM系统、安全监管平台、材料库房管理系统、财务合同管理系统等，减少工作流程，降低相关岗位工作量，提高劳产率。在2013年5S现场管理年基础上增加“节约”和“安全”两个S。开展7S管理活动，通过使水厂各方面降低成本，安全稳定高效多处理水量，进而做好企业市场化两个重点工作“创收”和“节支”达到利益最大化。

2015年，水厂以精细化管理工作为基础，不断改进完善相关工作标准和执行管理体系，在实际工作中贯彻执行7S及信息化工作要求。这一年也是小红门再生水厂运营10周年，水厂以此为契机，总结凝炼厂10年运营管理工作经验，整合编制《污水处理运行手册》、《污泥处理运行手册》、《再生水处理运行手册》。

### 二、精心打造经营管理、专业技术和技能操作人才队伍

按照集团建立并不断加强经营管理、专业技术和技能操作“三支人才”队伍建设的部署，水厂以“实现集团战略目标”和履行特许经营协议要求为指导，以市场化转型和厂“精细化管理”工作为平台，全面加强职工岗位管理，努力强化人才队伍建设，按集团要求顺利完成了该厂的定岗定编工作，实现了各项工作平稳过渡，职工队伍总体稳定目标。

**（一）搭建学习交流平台，为职工提高岗位综合技能创造条件。**

“全面加强人才培训，让合适的人走上合适的工作岗位”是厂领导班子长期坚持的人才使用理念。为做好这一工作，该厂平时采取了“中层管理人员和班长适时调整、专业技术人员定期到生产一线轮岗交流、其他管理人员定期到基层调研和服务工作”等方式，让骨干力量对各相关岗位工作内容进行全方位了解，熟悉部室和生产一线的管理和运营流程，全面掌握岗位工作中存在的问题和困难，熟知解决问题的方式方法，为各层次、各专业人才的全方位培养创造了条件，也为合格人才的输出提供了保障。

每年，厂工会均组织开展职工技术比武活动，在2012年集团技术比武活动中，获得了4个项目第一名的好成绩。在2013年组织全厂管理人员和工人，以8个项目的历史记录组办了全员性“岗位大练兵”活动，全面提升了参赛选手的综合业务能力。在2014年两名职工经过层层选拔，代表北京市污水处理企业参加了全国城镇排水行业技能大赛，以

全国第2名和第15名的好成绩，为北京市和集团赢得了荣誉。

**（二）推行“7S”管理，全面提升职工岗位素养。**

在“7S”管理活动实施过程中，对“整理、整顿、清扫、清洁、素养、安全、节约”等7个项目的工作内容、执行与考核标准进行了统一和规范。让每一位职工都置身于“明确的工作目标，整洁、规范、高效的企业工作环境”中，以月度和季度考核的方式使之与每位职工的绩效奖金挂钩，促进职工职业“素养”全面提升。

**（三）以项目管理的方式强化专业技术和管理人才的培养。**

根据年度重点工作和创新工作的部署情况，组建成立若干专项工作组，明确了项目目标、工作时限、阶段工作内容、项目考核标准等，以确保各专项工作的如期推进。为全面运行好污泥厌氧消化项目，分别成立了工艺运行、设备维护、安全保障、宣传交流4个工作小组，各小组联合克服了进泥渣砂多、搅拌不均等重重困难，解决了系统泡沫控制、排泥管线堵塞等诸多难题，并在全面加强设备与设施维护管理，努力提升运行工艺调控水平的基础上，不但实现了5座消化池全年保持连续稳定运行的目标，还围绕这一项目开展了系列工作，培养出了一批污泥消化专业技术人才和管理人才，形成了国内同类项目在运行管理、设施维护、安全管理等方面的工作标准，编制完成了《污泥厌氧消化运行管理手册》，制订了详实的《污泥厌氧消化示范项目工作方案》。因运行管理工作成果突出，获得了住建部“全国第一批城镇污水厂污泥处理处置示范项目”称号。

### 三、企业文化落地，充分利用企业文化载体以文化人

在充分利用集团集中培训、职业培训、网络学习、技术比武、能师带能徒等活动平台的基础上，重视各专业人才的影响作用的发挥，打造出了“职工大讲堂”、“流动职工课堂”、“专题交流会”、“专题演讲”等系列品牌活动，为职工专业技能水平和综合素养的全面提升搭建了平台，为职工展示才艺和专业技能搭建了平台。

每个平台的建立，都广泛征询了广大职工的意见和建议，均设有固定的活动形式和场地，授课老师都来自实践工作经验丰富的厂领导、管理人员和工人。职工大讲堂活动已经开展6年有余，授课内容广泛，可以是专业技能知识、专项工作管理知识，也可以是文学交流、健康养生等方面的内容，只要对职工成长有益，对企业发展有益，在这个课堂上都可以讲。职工流动课堂的内容则侧重于企业管理工作或生产一线操作技能的培训，部室的职工经常到车间和班组为生产一线进行系统平台使用、设备检修与测试、装备使用、安全管理、办公环境管理等相关内容的培训，车间则组织多位技术能手为大家现场讲解运行工艺和设备维护工作。

厂内刊《学者》编辑出版工作致力于反映企业文化建设与管理方面的成果和职工精神风貌的展示，《学者》设置企业文化专栏、年度重大工作连续报道专栏、设备管理与维修专栏、生产工艺专栏、安全生产专栏、职工原创散文随笔诗歌摄影专栏等。《学者》是小红门厂进行企业生产动态、企业文化宣传、优秀职工代表等“四位一体”宣传工作很重要的组成部分，“四位”即：内网信息发布、厂刊《学者》编辑出版发行、为集团对外宣传提供稿件和接待社会媒体采访、撰写对外媒体宣传用稿等4方面。

（作者孟庆芳，系北京北排水环境发展有限公司小红门再生水厂企业宣传员）

## 用核心价值观引领企业发展

中港疏浚有限公司

中港疏浚有限公司（简称中港疏浚），系水上施工企业，为中交上海航道局公司全资子公司。拥有港口与航道总承包一级资质、航道工程专业承包一级资质、河湖整治专业壹级资质以及对外承包经营资格。专业从事港口、航道的疏浚开挖及维护、吹填；海洋环保工程；海洋资源开发等业务。近年来，公司的业务范围又有了新的拓展。目前公司拥有4500$m^3$以上舱容的耙吸挖泥船17艘，总舱容量达14万$m^3$，年疏浚能力超过1亿$m^3$。公司总资产已达到42亿元，其中净资产27亿元。

中港疏浚用核心价值观引领企业发展，公司切实把核心价值观熔铸到企业生产经营管理等方方面面，引领企业健康发展，提升核心竞争能力，推动经济持续增长，从而成就企业应有的社会价值。

### 一、主要做法

核心价值理念是企业基本的信念和信仰，在文化体系中处于核心位置。中港疏浚在培育和践行核心价值观的过程中，结合企业实际，强化理念宣贯，落实制度支撑，注重经验推广，努力构建能让全体员工内化于心、外化于行的文化体系。

**（一）强化理念宣贯。**

中港疏浚核心价值理念主要是贯彻落实、传承融合中国交建和中交上航局核心价值理念的基本精神，并进行积极的倡导和传播。通过定期组织开展党支部培训班、党员干部培训班、新进大学生培训班等不同层次的培训以及工会组织开展的讲述“身边事身边人”、一线船舶感人事迹、奋斗的青春最美丽等真实案例解析广泛传播理念；通过中港疏浚党建网、《中港疏浚》报和基层船报船刊等载体大力宣传灌输核心价值观理念；通过制定、宣贯《企业文化手册》等方法导入理念、诠释理念，规范员工的行为；通过学习型组织创建活动、演讲比赛活动、劳动竞赛活动、争先创优活动、岗位练兵活动等多种形式，使广大员工在参与活动中自觉接受理念、认同理念、信奉理念，进而在工作实践中具体践行理念。

（二）落实制度保障。

在强化理念宣贯的基础上，中港疏浚积极推进理念制度保障工作。重点是把理念转化为各项具体制度措施，贯穿在整个生产、经营、管理中，落实到管理制度、行为准则、操作程序上。比如在公司的国内外经营活动中，既要考虑企业自身利益，更要强调合作共赢、互利互惠；又比如在工程施工中严格履行合同、重质守信，全力满足业主对工程质量、工期、安全等方面的要求，长江口、黄骅、深圳等工程获得业主的一致好评，还获得业主颁发的优秀工程等荣誉；再比如在船员管理中，针对船舶流动分散、船员生活枯燥等实际，公司制定出一系列权益保障机制，工会热线全天 24 小时、365 天畅通，保障员工利益诉求有渠道；逢年过节，各基层船舶积极开展各类庆祝活动，丰富职工精神文化生活。通过制度的强化作用，让理念扎根于心、落实于行、体现于效。

（三）典型经验推广。

建设企业核心价值体系，必须注重典型经验的推广，这样才能使价值理念从无形变成有形，从无声变为有声，从而持续焕发出勃勃生机。这其中，践行理念的典型工程，长江南京以下 12.5 深水航道一期疏浚工程，承担该项施工任务的新海马轮克服时间紧、任务重等各种困难，面对极为复杂的航行区域和施工环境，他们想业主所想，急业主所急，攻坚克难、精心施工，终于按时间节点圆满完成了该项任务，受到了交通运输部副部长翁孟勇的表扬。践行理念的先进典型：航浚 4008 轮，创造的“五学法”模式，是理念与实践结合的典范，他们的经验被全国交通行业授予“实践创新奖”。践行理念的典型人物劳务派遣工张东军，刻苦钻研业务技术，以优异成绩荣获上海市优秀劳务工称号，他用自己的实际行动践行了新一代农民工的人生价值。这些典型经验的推广和介绍，使企业价值理念得到了形象化、具体化、人格化的升华。

## 二、实施效果

企业文化影响着企业的发展，谁拥有了先进的文化理念，谁就会拥有先进的管理体制、科学的经营机制、优秀的人才和技术优势。只有把具有导向作用的理念付诸于实践，才能创新管理、提升绩效、扩大影响、壮大企业。

（一）创新载体内容。

中港疏浚施工装备主要以大型耙吸式挖泥为主。为强化船舶“三基建设”（即：基层、基础、基本功），公司独创了“三管一貌”（即：施工管理、安全管理、设备管理、船风船貌）管理载体，经过 13 年的运行实践，有效地夯实了船舶的基础工作，促进了船舶管理能力的提升。在践行企业核心价值体系建设中，又赋予了这个载体新的内涵，增加了文化管理和人本管理两大部分内容。比如在文化管理上突出了理念的引导作用、突出了制度的约束作用、突出了行为的规范作用。重点考核价值理念的知晓率、文明道德规范、相关制度的执行情况等等，并且对这些指标进行具体细化，确定考核分值，每年组织两次现场考核。考核结果与目标责任制和分配挂钩，有效地推动了文化管理和价值体系建设。

（二）积累实践经验。

中港疏浚自成立以来，先后在国内承接了大量国家重点工程，如长江口深水航道治理一、二、三期和维护疏浚工程，黄骅港五万吨级双向航道疏浚工程，洋山深水港工程，深圳铜鼓航道工程，港珠澳大桥吹填工程等，积累了丰富的实践经验，也得到了业主和同行的广泛认同。在新的历史时期，企业坚持诚信经营、专注核心业务、追求高效施工、全力打造让用户满意和放心的优质工程。实践证明，核心价值理念只有落实在主营业务上，并能得到真正的践行，才能产生不同凡响的效果，才能使企业保持基业长青。长江口深水航道治理二期工程荣获第八届中国土木工程詹天佑大奖和 2008 年度国家优质工程金质奖；上海国际航运中心洋山深水港一期工程荣获 2008 年度国家优质工程银质奖；长江口深水航道治理三期工程获 2012 年度水运交通优质工程、2012 至 2013 年度国家优质工程，长江口整治成套技术还获得国家科技进步一等奖等，还多次被评为全国优秀施工企业。这些成绩的取得是核心价值理念践行效果的最好印证。

（三）增进文化融合。

自 20 世纪 80 年代开始，公司积极拓展国际疏浚市场，参与海外工程建设，施工足迹遍布南美、非洲、东南亚等各地，海外业务目前已成为新的经济增长引擎。面对不同国家的文化和价值冲突，公司着力抓好“五个环节”的工作：一是加强员工教育，提高广大员工对实施国际化战略的认识，进一步增强使命感，进一步强化道德规范、强调要严格尊重当地的法律法规和风土人情；二是讲求诚信经营，承接海外工程特别需要重视诚信经营，重点突出合同条款的履约，尽量满足业主对质量考核的要求。设立工程项目部，提供岸基支持，加强现场管理和对施工技术上的指导，确保工程优质高效、合作双赢；三是履行社会责任，造福当地社会和民众，是树立中国企业负责任、可信赖形象的重要途径。比如巴西南部圣卡塔琳娜州暴发水灾，造成下游航道严重淤积，大量货物滞留港口。对此，我们从巴西前总统卢拉手中接过了承接受灾大港紧急疏浚任务书。又比如 2012 年，航浚 5001 轮在委内瑞拉马拉开波湖施工时，积极营救落水的委内瑞拉三名渔民的事迹，在当在引起了强烈的反响，这些都是履行社会责任的典范；四是高度重视安全和环保，国外业主十分重视安全和环保工作，要求船舶在港口疏浚施工中，确保区域环境内不因施工而遭到任何毁坏，施工船舶按照当地业主要求，提高施工工艺，保证施工中的安全和环保；五是文化融合，针对当地港航监管以及劳工保护的实际情况，施工船舶与外籍人员接触交流越来越频繁，其中既有外籍驻船人员，又有部分外籍劳工。在处理两者的关系上，公司一贯秉承和谐相处的原则。一方面要尊重当地的文化、信仰和生活习惯，另一方面通过交流，增进当地人员对中资企业的了解和理解，最大程度的降低彼此之间的价值冲突，同时又使中国企业的文化价值观得到了传播和延伸。

**（四）展现以人为本。**

企业核心价值理念反映了员工的共同信念和价值取向，集中体现了公司的主流意识和主流文化。正是这种理念体系的倡导、引领和影响，促进了企业健康持续发展。一是企业整体实力得到提升。经济效益增长明显，装备结构进一步优化。尤其值得一提的是，公司出色地完成了建国以来最大的水运基础设施项目——长江口深水航道疏浚工程；二是企业创新能力不断得到提高。多年坚持创建学习型企业，带动了企业学习氛围的形成，迸发了创新的活力和源泉。公司现拥有总计 24 项专利，在业内和国家级工法的话语权与日俱增；三是企业凝聚力得到增强。公司重视员工的成长发展，关心员工的生活，建立了较为成熟而又切实可行的“激励”机制、“晋升”机制和“暖心”机制，有效地增强了企业的凝聚力。涌现出全国模范职工之家、全国交通文明示范窗口、全国安康杯五连冠、中国交建优秀科技专家、上海市“五一劳动奖章”以及一大批建设功臣等先进集体和个人。践行核心价值观提振了员工的精气神，不断汇聚着企业的正能量。

公司先后多次荣获全国优秀施工企业、全国安康杯竞赛优胜单位、全国交通运输企业文化建设优秀单位和卓越单位、上海市文明单位、上海市重大工程立功竞赛金杯公司等荣誉称号。

（作者：陆敏锋）

# 品质　诚信　创新

## 扬州日模邗沟装饰工程有限公司

扬州日模邗沟装饰工程有限公司成立于 1985 年，主营室内外建筑装饰装修、园林古建、水电安装、室内陈设配套用品的生产和安装；形成了集设计、生产、制造、施工为一体的，具有综合实力的建筑装饰装修企业。公司以“建一项工程，树一座丰碑，交一方朋友，留一片信誉”为指导思想，以“质量是根本、安全是保证、管理出效益、创新求发展”为发展思路，创国家、省、市优质工程 100 多项。先后获得国家、省、市颁发授予的“信得过建筑装饰施工企业”、“江苏省重合同、守信用企业”、“AAA 特级信用企业”、“名牌产品”、“明星企业”等荣誉称号。

### 一、精益求精，品质至上

日模邗沟公司是扬州市建筑装饰行业内成立最早的专业公司，开创了扬州市建筑装饰行业的多项空白，一度成为扬州百姓家装的首选，享有扬州装饰行业“黄埔军校”的美誉。伴随着外埠企业的进入以及本地企业的成长，建筑装饰行业竞争日益激烈。2012 年，扬州一家商标事务所看到了“日模邗沟”品牌所蕴藏的巨大经济效益，通过抢注手段，向国家商标局提前申请，进行恶意注册。公司立即组织团队，聘请扬州市文苑商标事务所作为公司品牌顾问，在商标总监的统一筹划下进行了维权还击，避免了不法分子的不法勾当，维护了公司品牌形象。与此同时，公司积极参加献爱心、捐款、成立互助基金、组织义务劳动等活动，提高了品牌知名度与美誉度，使“日模邗沟”品牌能够深入到百姓心中。“日模邗沟”品牌终于跃上中国建筑装饰行业资深、优质、稳健的知名品牌行列；2013 年“日模邗沟”商标再次获得市知名商标认证，并推荐申报了江苏省著名商标。

质量是日模邗沟企业发展的灵魂。公司配备了国内先进的设计、生产和检测设备，从工程设计、施工、生产到检测等环节都建立了规范的企业内控标准及过程控制体系；在省内建筑企业内首批通过了 ISO9001、ISO14000、ISO18000 体系认证。在此基础上，企业借鉴国内外先进的项目管理经验，开创了具有特色的自我质量控制体系，其核心思想是“严守法规、奉献用户、精益求精、质量至上”的质量管理体系，自上覆盖至工程业务的信息，投标管理，合格供应商的评定，向下延伸至工程业务客户服务，装饰工程施工队伍管理，以及消费业务客户的市场管理，将传统的、被动式服务转化为“主动式服务”，实现了更关注产品市场的跨越。

### 二、诚信为本，文明经商

诚信，一诺千金。一个人、一个企业不讲诚信，就不能立身处世，就会无法生存。

**（一）诚信施工是企业做大做强的保证。**

狠抓质量管理。市场经济条件下，建筑装饰企业不仅要说的好，更要做得好，公司加大项目管理的技术、设备投入，加大制度的完善与执行，加大质量考核的力度，加大员工的学习、培训、交流力度。通过走出去参观，请进来指导等措施，努力提高公司的施工水平与质量管理等级。

施工现场文明管理。以申报文明工地为推手，达到提升施工现场文明施工的目标。公司规定 500 万元以上项目必须争创市文明工地，1000 万元以上项目必须争创省文明工地，3000 万元以上项目要争创国家级文明工地，对创建文明工地达标的项目部给予较大的物质奖励。现场文明施工的关键就是要关心员工的权益，公司工会深入施工一线，宣传、讲解国家相关法律法规，督促项目部关心一线工人的生活，保证一线工人的合法权益。施工中的诚信取决于严格把好材料的质量关，公司规定项目部按照做“一个有良心的企业、一个有责任心的企业、一个有作为的企业”的要求，对进入施工现场的每一批材料进行控制，必须是正规厂家生产，必须具有国家颁发的产品使用合格证，必须要有专门的人员进行验收。对证、物不符的产品、有瑕疵的产品、有疑问的产品坚决拒绝使用，从而保证了工程产品的质量。

**（二）言而有信是企业资金保障的前提。**

企业作为经济活动的载体，以获取利润最大化为目的，但往往企业发展到一定规模时，就会陷入一种怪圈：效益下降，资金周转减速，严重影响企业正常运行。近几年来，国内企业因资金链断裂而破产的案例时有发生，而信誉良好，资金充裕的企业往往能够获得更多的机会。鉴于这样的认识，公司在资金运作、保证资金安全等方面做了大量的工作。

首先，落实专人管理银行借贷，及时掌握资金还、借贷节点，做到言而有信，能够按时还款或转贷，近10年来公司在银行的信誉评价保持在AAA级以上，连续10年获得江苏省“重合同、守信用”企业称号，其次，努力提高资金的利用效率，公司加大了业务的开拓力度，加大工程项目的成本管理，加大了资金的多元化利用与投资，使经营状况、经济效益、资金质态均保持在一个较高的水平上，获得了银行的普遍认可。

**（三）企业与员工之间的诚信是企业发展的基础。**

公司企业文化要求员工讲诚信。“要学做事，先学做人”，做人的本质的就是要讲诚信，对待公司同事要讲诚信，对待业务客户更要讲诚信，对待企业要忠诚。员工是企业大家庭的一员，要创造条件让他们在不同的岗位上发挥自己的最大能力和水平，不断学习进取和提高，争取更高的岗位和更多的工作；同时节省所负责的每一项工作的成本，为公司创造最大的经济效益。

### 三、开拓创新，勇攀高峰

**（一）在市场上开拓创新。**

建筑装饰行业是一个外向型行业，企业要做大做强，必须要“走出去”，对于建筑装饰行业来说，就要认清形势，直面困难，研究新的业务开拓创新举措。从2012年度开始，公司就要求下属分支机构要“认识环境、适应环境、继而改变环境”。一是加大业务渠道的信息采集力度，积极参加国有资产投资的工程招投标工作，加强与国内大企业、大集团的联系，争取确立战略同盟伙伴关系，确保业务的来源。二是积极探索“走出国门”战略，在与日本日模株式会社合资的20年中，日方对我公司的诚信、品质以及发展的后劲给予了充分认可，合资到期终止后，公司继续探索进入日本以及东南亚市场进行合作的意向，初步达成合作协议。三是创新营销模式。鉴于公司的良好信誉与企业品牌形象，公司与金陵建工合作，探索BT模式的工程建设营销，合作承建了南京紫东国际大厦的幕墙业务，取得圆满的成功，下一步将进入深层次的合作，预见将来3-5年内在这一领域将取得更大的突破。

**（二）在管理上开拓创新。**

首先是强化管理监督机制、制度的执行。作为有着30年历史的民营企业，参与创业的老同志、老领导以及各个方面的“关系户”较多，公司根据实际情况，把他们组织起来对公司的管理部门进行监督。其次是加强基础管理。重新制定了《员工手册》，规范员工的行为，让员工明白什么事情可以做，什么事情应该怎么做，从而形成了合力，增强了战斗力。再次是推进公司精细化管理。公司推出了精细化管理目标，制定了具体的措施并狠抓落实，精细化管理包含《施工作业指导书》、《公司技术规范》、《公司各部门工作流程》、《员工行为规范条例》等，触及到公司各个岗位，消灭了管理的死角。

**（三）在目标上开拓创新。**

企业的工作目标创新，是指导企业各项工作的指南针，统领着企业向前进。目标制定是否可行、科学、合理，是企业能否完成既定目标的根本关键所在。公司在制定每一个五年计划时，都详尽研究，科学定位，确保目标与企业的每一个发展阶段相吻合。2012年，公司在制定公司第5个五年计划时，本着与企业长远发展战略目标相一致的理念，规划了企业创新在不同时期的目标和要求。

创新目标具体化。在确立企业创新目标时，将抽象的创新目标分层和细化。制定了在下一个五年内产值向10亿元目标迈进，员工的收入5年内翻一番；在工程质量方面力争每年创国、省优质工程5项以上，在全国设立10个以上的分公司，逐步向海外市场开拓，公司资质再上新台阶，力争在现有两个专项一级资质的基础上申报5个专项一级资质，5年内，力争进入省内装饰企业第一方阵。

面对激烈的市场竞争，我们深深的感到，“生存发展靠的是人才与科技，树立企业形象靠的是企业文化与品牌形象，提高效益靠的是员工素质和企业管理”，公司将严格遵循“务实求精、开拓创新”的企业精神，“以诚待人、恪守信誉”的经营之道，“质量至上、创立名牌”的市场方向，“培养人才、科技先导”的发展之本，“遵纪守法、注重行为”的管理规范，“立足国内、走向世界”的奋斗目标。与全国同行业携手并进，以服务社会为己任，为开创21世纪中国建筑装饰事业美好的未来而努力奋斗。

## 不忘初心　砥砺前行

### 北京国瑞升科技股份有限公司

北京国瑞升科技股份有限公司成立于2001年，是一家专业研发、制造和经营超精密研磨抛光材料的国家级高新技术企业，于2015年1月成功在新三板挂牌。公司以自主知识产权的核心技术，业内一流的研发和技术团队作为关键资源，始终坚持技术创新，力争填补国内空白，争做研磨抛光材料的领头羊。公司以技术研发引领销售，以支持和推动高科技的发展为己任，致力于为金属、陶瓷、玻璃、晶体材料的加工提供精密研磨抛光耗材，满足光通讯、微电机、汽车、LED、LCD、消费电子、医疗器械等领域研磨抛光的高端需求，力争为客户提供高科技、低成本、便利性的精密研磨抛光材料及优质的技术服务。凭借着十多年的技术积累及不断的研发创新，公司现已发展成为精密研磨抛光领域的行业引领者。

公司成立至今只有15年，之所以能够在竞争激烈的市场环境中持续发展，除具备领先的技术优势以外，更重要的是公司拥有自己独特的带有“国瑞升特色的企业文化”。作为一种别人偷不去、买不来，拆不开、带不走、溜不掉的独特资源，国瑞升的这种软实力不仅成为公司不断创新、不断进取的无形力量，同时也为公司战略目标的顺利实现提供了坚强的保障。

犹如不同的人有着不同的气质一样，不同的企业也有着不同的风格和气度，国瑞升的风格和气度就是长期持续积淀所形成的公司特有的“哲学共有、道术结合”的文化。国瑞升企业文化建设的三步曲主要从知、信、行三方面展开。

## 一、知：提炼精髓，哲学共有

公司创立初期就总结出了“以人为本、顾客至上、诚信务实、团结进取、精益求精”的核心价值观，并反复宣传，坚持至今。2010 年公司创始人葛丙恒博士参加了一次经营哲学研讨会，立即与稻盛哲学产生了强烈的共鸣并深刻意识到：只有将“作为人，何谓正确”作为判断事物的基准并以人为关注焦点，才能营造全体员工的一体感，打造可持续发展的命运共同体。为此，公司重新审视经营理念，将企业的经营理念由“通过提供高技术含量的抛光材料，促进通信、电脑、汽车、LCD、LED 等领域的技术发展，让人类享受高科技带来的快乐生活。”调整为“在追求全体员工物质和精神两方面幸福的同时，为人类社会的进步与发展做贡献。”意在增强对全体员工身心两方面的关注，即在追求经济方面安定与富足的同时，通过在工作上的自我实现，追求工作的成就感和个人进步，体会劳动的乐趣和生活的意义。这也是以企业家为主导的针对企业如何生存和发展的理性、辩证的思考，是企业文化和经营哲学的逻辑原点，回答了企业“我是谁？”“到哪儿去？”的问题。接下来就要解决“如何走？”即哲学共有的问题。

**（一）提炼。**

国瑞升为营造全体员工的一体感，同时也把“作为人，何谓正确”作为所有员工共同的判断标准和行动指南，结合了公司的实际情况和历史积累，在借鉴稻盛哲学的基出上，面向全体员工征集并提炼出了国瑞升哲学共计 45 条，通过“哲学手册发布仪式”这种有仪式感的活动将手册发放到每一位员工手中，以此实现哲学共有的第一步。

**（二）培训。**

人都是健忘的，而且很容易好了伤疤忘了疼。所以要持续的，多次重复的培训推进哲学教育。所谓的哲学教育并不是命令或强制性的灌输，而是要培养大家“共感、共享”的思维模式。由于公司办公地相对分散，我们便借助每年司庆和年会的时间，组织全员进行哲学培训。2015 年，公司开始组织全员参加“六项精进”培训，强大的能量场再一次让大家找到了打开心灵的钥匙。家人们在心性不断提升的同时，也收获了成长和快乐。除上述大型的全员培训以外，我们的培训工作也贯穿在日常工作中，尤其加大对中层领导人员的培训，我们深刻意识到，中层管理人员是和员工接触最多的，他们的一言一行对整体价值观的传播有着重要影响。管理人员是否有正确的思维方式？提出的要求是否容易理解？是否言行一致，率先垂范？是否以身作则？这些都会直接影响到员工的行为。其实道理谁都懂，基层员工关键是看领导怎么做，领导做的好，员工不一定会学，而领导做的不好，员工一定会学。所以必须要加大对管理人员的培训，以点带面的进行传播。为此我们专门设计了“领导人培训计划”，每周开展学习分享会，每月进行固定的培训会，从董事长到管理干部一起学习提高。同时，在新人入职的时候会有关于国瑞升文化及价值观的入职培训；在各个工作的现场，会灵活运用早会、周会等时间引导大家集体诵读、轮读哲学手册以及体会分享等方式不断加深对公司哲学的深层次理解，鼓励大家逐步在实际工作和生活中践行和体验，以此实现哲学共有的第二步。

**（三）宣传。**

“酒香不怕巷子深”是中国自古以来的老话，细细品味，在生活圈子有限信息又闭塞的古代，酒香确实容易被发现。然而，在信息爆炸的现实环境中，时机和推广确占据着更重要的地位。于是公司多渠道、多形式地宣传企业文化，内化于心、外塑品牌。在内部，本着入眼、入脑、入心、入行的思路，我们从以下几方面逐步浸润并宣传国瑞升的企业文化。

企业文化基本理念上墙，让大家随时随地看到公司的愿景、经营理念，倡导的价值观和行为方式；购买大量书籍建立图书角，保证员工时刻都能享受到精神大餐；引导员工分享自己的读后感和心得体会，编辑成文全员传阅；各部门轮流主办企业内刊《在路上》。作为公司企业文化的一张名片，《在路上》内刊及时报道公司的发展资讯，记录员工的心路历程和成长经历，展现国瑞升人的精神风貌和事业成就，创建属于国瑞升人沟通、协作、超越的文化平台；建立微信分享平台，分享工作和生活中的感悟、反省、行善、感恩的点滴；建立亲子分享平台，交流分享育儿心得，将公司文化传播到员工家庭；国瑞升有一些延用至今，约定俗成的典礼和仪式，这也是公司区别于其他企业显著的标志之一，是传递企业文化理念的重要网络。公司充分考虑到区域环境及员工需求的因素，精心设计各种有益的文体活动，如每年司庆都会表彰与公司风雨同舟的老员工，感恩他们的一路陪伴，休戚与共，肝胆相照。年会上会表彰各部门推选出的先进个人和团体，树立榜样，提出目标，传递公司的期望和要求，形成上下同欲的工作合力。年会上员工们自编自导的精彩节目为大家提供了一个展示才艺、抒发情怀的舞台；公司联合工会、党支部等举办郊游活动、司歌征集、员工生日会、六一儿童节书画展、趣味运动会等等，丰富员工生活，展示每一位国瑞升人家人的风彩，展示每一个幸福家庭的温馨；公司高度重视员工健康，结合大家的兴趣爱好，建立蓝球场、乒乓球室等并鼓励大家积极参加各类如书法、摄影、舞蹈等兴趣小组，构筑起一个文化网络，积极传递正能量；建立党建之家、设立爱心基金、慰问员工家属等，在丰富多彩并具有正能量和仪式感的活动中传播公司价值观，氛围的营造和强化是企业文化落地的重要途径。在外部，我们积极向客户和供应商介绍国瑞升的价值观和企业文化，坚持规范运作，正道经营，用自身的行动去净化商业环境，力争影响更多的人。同时，我们在公司网站和微信公众号开辟文化版块，报道公司的文化成果，在各类涉外的活动中积极宣讲国瑞升特有的文化特色，希望用开放分享的心态，与我们的合作伙伴们共同提高和成长。

## 二、信：以人为本，以心为本

知道一种理念很容易，但知道了并不意味着相信，并不意味着内心的认同，更不意味着会成为信念。如何让大家相信公司提出的价值理念，并逐渐变成全体员工自己深信不疑的信念呢？答案只有一个“用行动去说话。”公司提倡以“作为人，何谓正确”作为判断事物的基准，重视发挥员工的聪明才智、创造力和领导力、帮助员工不断进步，实现自我价值，让全体员工感受到“物心两幸福”，那么就要让大家看到公司的行动，大家才有理由去相信。

**（一）率先垂范。**

如果企业领导只是喊喊口号，讲完之后自己不身体力行，那么员工是坚决不会相信的。因为企业领导的日常言行就是企业文化的风向标和指挥棒。在这里，不得不提到国瑞升的大家长，他的率先垂范在哲学落地的过程中起到了关键的作用。公司的大家长葛总本人就是一位朴实低调的人，平时的吃穿住行都“不讲究”。立志“追求全体员工物质和精神两方面幸福”以后，更是坚持知行合一，率先垂范。他调整了自己多年的兴趣爱好，将打高尔夫球改为快步走；在日常工作中践行付出不亚于任何人的努力，长途出差，如果没有特殊的事情，一定是当天来回，常常是半夜出发又深夜返回。如此高强度的工作，你能想像他只住简单的招待所吗？能相信他没有司机接送吗？这种高效高强度的工作热忱和低调简单，不给别人添麻烦的为人处事作风影响了身边的很多人。为了实现“水库式的经营管理”模式，他和几位股东商定，连续几年没有分红，把所有的利润都用于公司发展和资金储备。2016年，公司业绩受到LED行业深度调整的影响，订单量大幅减少，公司遇到了前所未有的困境，在此情况下，葛总宁可带领公司的中层干部们主动降薪，也没有减员、没有延误大家的工资。不但如此，那些与公司风雨同舟的老员工们今年还收到了公司重重的厚礼；为了给大家提供一个良好的休息和运动场所，公司与工会、党支部一起出资给大家修缮蓝球场，让大家在运动中感受快乐。公司年轻人居多，大部分都处于上有老、下有小的顶梁柱状态。年迈的父母平时没有例行检查，一旦发现不适症状就会很严重，不但给家庭造成重大的经济负担，也严重影响员工的工作和生活状态。老人的健康让人很担忧，葛总观察到这一现象后，提出要公司出钱给员工的父母每年做一次体检。消息发出后，很多员工喊出了“葛总万岁”的口号。很多细心的员工粗算了一下，公司各项福利加起来有二十多项，极大地增强了员工的归属感和幸福度，“实现全体员工的精神幸福”决对不是一句空话。

**（二）正道经营。**

在现代的商业环境中，商业贿赂是个永远逃不开的话题，国瑞升也面临着同样的选择。公司在创立之初就立志做一家拥有技术而规范经营的企业，用创造的价值换取回报，不给任何客户回扣，挣干净钱，公平竞争、光明正大地追求利润，力争影响他人，改变社会。在外人眼里，国瑞升太理想主义，然而，公司始终认为公司的经营之道就应该合乎情理，遵循道德，如果不这样，经营就决不可能长期持续下去。公司坚定的信念深刻影响着大家，大家一心想着如何给客户创造价值、做好服务、感动客户，用自己的行动赢得顾客的信赖与尊重。虽然公司为自己的坚持也失去了很多商机，丢掉了一些客户，但也得到了许多客户的信任与支持，尤其是一些大客户，一旦认可了公司的理念，就会成为公司最忠实的客户，并且是义务的宣传员。

**（三）培养人才。**

领导干部不用空降兵，这在国瑞升是不成文的规定。公司认识到，空降兵只是能人文化的体现，可能短期内凭借超强的业务能力有所作为，但是空降兵往往不适合公司的经营理念，他骨子里认为公司看中的就是他的能力，不会轻易有感恩之心。如此持续下去，空降兵和公司在意识上达不到统一，早晚是公司的损失。同时空降兵也把原有员工的成长通道堵住了。那些在工作岗位上踏踏实实工作多年，一步一步努力工作的人没有了提升的空间，心一下子就凉了。所以一套科学的人事考评和教育培训制度对员工的发展，企业的发展至关重要。公司认为，提升员工的幸福感，不仅仅是在当下给员工创造一个良好的工作和生活环境，更重要的是要给员工提供一个成长的空间，要给员工一个安定并有希望的预期。为此，公司建立起了以部门评价、人事评价、教育培训三位一体、相辅相承的考评培训制度，建立起通过评价发现问题，发现问题再培训的人才培养模式，并且形成了德才兼备、品德优先的选人用人和留人机制。公司通过内部考评、技能台账识别等方式发现员工的不足，以此为突破点有针对性的加大个性化的培训力度，帮助员工不断成长。对于已经在领导岗位的干部，加大领导力方面的培训，提倡一切从心出发，换位思考，坚持经营人心才是管理的根本。另外，对于一些重点岗位和重点人员，公司还会专门安排外部培训，使其在技能、管理等方面获得更大的提升。

## 三、行：道术结合，修炼践行

有人问：有了哲学的基础，培养了优秀的人才，就能实现全体员工的物心两幸福吗？当然不是。再美好的心愿，再纯粹的愿景，如果没有企业的经营业绩作为支撑，一切都是空谈。只有将哲学的“道”与经营的“术”结合起来，才能创造出实现全员物心幸福的基础。

**（一）传递市场温度，全员参与经营。**

如今的商业社会早已由大鱼吃小鱼的规模效应向快鱼吃慢鱼的速度效应转化，公司经营目标的实现决不是少数个人凭一已之力就能达成的，竞争力强的企业一定要拥有让所有员工都参与进来并能集结现场员工智慧的组织结构。国瑞升的阿米巴经营就是在全体员工哲学共有的基础上，把企业员工分成若干个阿米巴小组，将公司的经营目标和市场温度及时传递到各个小组，在这种小的组织里，根本没有余力去容纳懒于思考的员工，为了在残酷的市场竞争中生存和发展，就必须要调动每一位员工的积极性，集结现场所有人的努力和智慧。为了建立更具竞争力的组织，阿米巴小组还会根据公司的发展和市场情况随时调整。如2014年，公司下大力度调整内部组织结构，建立起了阿米巴运营体系。2015年底，公司解散了所有区域阿米巴，重组按产品划分的阿米巴小组，业务针对性更强，效率更突出。由此可见，国瑞升的阿米巴经营就是在打造一种全员参与型的经营模式，是基于对员工的信任而把每个阿米巴的运营托付给员工，建立起在哲学共有的前提下朝着同一目标共同努力的强有力的合作关系。

**（二）玻璃般透明经营，提高核算意识。**

阿米巴经营的实质是通过核算出的数字反映其背后的问题并不断改进的过程，也是国瑞升哲学在具体工作中实际运用的道场。怎样将意识转化为实际行动，如何培养大家对数字的敏感度，不断提高核算意识是摆在公司面前的首要问题。公司认识到，信息不透明、不充分就会造成各种误解、失误、损失，更会产生出极大的不信任。为此，公司在创立之初就向所有股东公布所有的收入和支出，每年接受正规的审计和监督，向全体员工公布经营结果，意在通过公开透明的经营方式营造大家相互信赖的关系，开展阿米巴经营之后，更是向每个阿米巴公布更多的经营数据细节，为每个阿米巴制定了核算表，各阿米巴自己去记录并核算业务细节，大到一种设备，小到一个包装口袋，这些物品的消耗就在那里，一目了然，每位员工都能清清楚楚的看到，并亲身体会到浪费对核算造成的影响，长此以往，员工自然对数字越来越敏感。为了不断打造高收益的组织，引导大家从收入最大化，费用最小化，时间最优化三个纬度去关注自己的业务，想方设法深入改善，不断提高小阿米巴的体质，公司每天公布经营业绩，每月召开经营会议，大家在分享经营数字的同时，更关注其背后思想和行为的改变。比如：销售人员想方设法开发新客户，减少各项销售费用，促使销售额最大化、费用最小化的实现；现场工人努力降低各种材料的费用，曾经有一种频繁使用的塑料内包装，更换供应商后不但强度有所提高，每年费用还可以减少数万元。还有一种溶剂由初期少量生产时一直沿用的分析纯，改为性能也能满足要求的工业纯，再加上产量的增加，每年节约近百万元费用。这样的例子比比皆是，大家都在用国瑞升哲学指导着自己的行动，并用自己的行动践行着国瑞升哲学。我们欣喜的看到，在2012年至2014年，公司保持了30%以上的增速，即使在蓝宝石LED行业深度调整的2015年，也力保销售额持平，税后净利润率达15%。大家在分享达成喜悦的同时，也感受到了国瑞升哲学给阿米巴经营带来的强大驱动力，更加坚定了我们要通过企业哲学的“道”与阿米巴经营的“术”相结合，不断持续改进，打造高收益的体质，为全体员工物质幸福打造坚实的基础。

老子说：天下唯至柔者至刚；柔弱胜刚强；天下之至柔，驰骋天下之至坚强。国瑞升这种以哲学和阿米巴经营相结合的企业文化，正是一种外儒内法的体现，国瑞升哲学是能量，阿米巴经营是方法。如同一棵大树，哲学是根，优秀的领导人是茎，阿米巴核算则是叶和果。国瑞升花了很大精力培育出哲学的根，培育出优秀管理层的茎，自然也就结出了丰硕的果实。雄关漫漫真如铁，而今迈步从头越。在未来的企业文化建设当中，国瑞升将继续基于公司使命和企业的经营理念，持续打造哲学共有，道术结合的文化体系，不忘初心，砥砺前行，为企业健康的持续发展提供强大的驱动力，实现企业基业长青，全体员工物心幸福！

（作者慈春燕，系北京国瑞升科技股份有限公司董事会秘书）

# 专项案例

## 创新文化

### 以创新文化推进管理升级

中国石化胜利油田

创新是国家兴旺发达的不竭动力，是企业生存发展的活力源泉。在现代化科技信息时代，创新已升华成一种社会主题，成为关系企业持续健康发展的核心力量。当前，适应经济新常态，应对行业寒冬期，中国石化胜利油田需要更加深刻地认识理解创新，培育践行创新文化，引领全员参与创新，用创新破解发展难题，持续提升核心竞争力。

#### 一、突出理念引领，培育创新文化

创新文化是在创新实践过程中形成的价值理念、行为方式等文化形态的总和，创新理念是创新文化的核心。在管理中植入创新内核，培育创新文化，使创新成为企业品质，既是成功企业的共同经验，也是推进油田企业提质增效升级的必然要求。

**强化理念创新。**创新文化主要包括两个方面：一个是创新的理念，一个是创新的实践。从胜利油田的具体实践来看，创新文化要在提升企业创新能力中发挥战略作用，最主要的是培育创新理念、强化理念创新。在低油价寒冬期，油田从创新理念入手，提出了“创新才能创效”“干效益活，算效益账，产效益油”等新理念，促进“以产量为中心”向“以效益为中心”转变，推动国有资产实现保值增值。在技术创新理念上，要求在开展技术创新的时考虑到技术创新成本，寻求低成本的技术创新。在企业管理理念上，从“管理油田”向“经营油田”转变，以创新推动管理升级。在创新人才培养理念上，从“高精尖”向“大众化”转变，推动万众创新、岗位创效，从而凝聚全员力量“战寒冬、求生存、谋发展”。

**实施创新驱动。**创新文化的引领驱动作用，在于将新理念根植于生产经营管理过程之中，突出文化导向性，提高企业战略前瞻性。近年来，中国石化按照中央“四个全面”战略布局，大力实施“创新驱动”战略，始终突出“创新”的重要地位，牢固树立创新、协调、绿色、开放、共享的“五大发展理念”，将“创新”固化为企业的核心价值观，以提高发展质量和效益为中心，转方式、调结构、提质量、增效益，不断聚集为社会提供智慧能源的发展新动能。胜利油田坚持把创新作为驱动企业转型发展的原动力，在科技创新方面，突出增储稳产、降本增效等关键技术研发应用，优化科技资源配置，发挥科技创新对油田效益发展的推动和支撑作用；在改革创新方面，积极创新管理体制和经营机制，推进扁平化、专业化的“油公司”体制机制建设，稳妥推进社区服务“四供一业”改革；在管理创新方面，全力推动制度完善、探索优化绩效考核，让尊重知识、崇尚创造、追求卓越的创新文化，生发成油田创新发展的蓬勃生机。

**营造创新氛围。**胜利油田一直倡导“创新无处不在、创新人人可为”，注重营造时时注重创新、事事体现创新的环境氛围。加强创新观念宣讲引导，系统梳理创新给企业带来的发展成果，讲清当前面临的问题与挑战，增强开展创新工作的责任感和紧迫感。注重新兴媒体与传统媒体融合，发挥报纸、电视、官方微博等媒体阵地作用，设立“新思路、新举措、新做法”等专题专栏，广泛组织开展丰富多样的观念引导和文化宣贯活动，推进创新理念入脑入心。加强基层创新阵地建设，组织开展群众性管理创新活动，相继建成了创新工作室130多个，作为创新成果的孵化器和创新骨干成长的平台。常态化开展“经营管理合理化建议”和“基层管理妙法实招”征集活动，搭建交流平台，促进思想碰撞，鼓励全员参与，让创新成为常态。

#### 二、强化文化融入，引领管理升级

在企业管理日益精细、竞争越发激烈的形势下，只有加强创新文化引领，打破禁锢剥莠存良，创新管理模式，融入制度流程，提升管理绩效，持续推动管理转型升级，才能使企业保持发展活力。

**创新管理模式。**管理创新就是通过有效的创新管理机制、方法和工具，推进企业各创新要素的协同创新过程。2014年以来国际油价断崖式暴跌并持续低位徘徊，面对这种情况，胜利油田着力在创新中寻求突破，探索构建低油价下经济运行模式。在决策层推行“五位一体”管理，勘探开发、工程技术、财务管理、计划发展、生产运行五个业务系

统统筹优化，形成一体化决策、一体化部署、一体化运行、一体化评价考核。在执行层推行“三线四区”经济运行模型，以运行成本、操作成本、完全成本为“三线”，将油井按产出收益与实际发生成本划分到盈利高效区、边际有效区、增量低效区、运行无效区“四区”，建立先算后干、边算边干、干了还算的运行机制，为油田低成本运行提供了有力支撑。在操作层推进“三册”管理，以创新推行《基层单位管理手册》《基层岗位操作手册》和《员工价值积分管理手册》为抓手，抓实基层、打牢基础、强化管理，增强企业最基本管理单元的创效能力。在此基础上，创新开展以“标准化设计、模块化建设、标准化采购、信息化提升”为主要内容的“四化”建设，油田生产现场从“没有围墙”变成“电子围栏”，大量重复性工作被信息技术取代，劳动强度大幅下降，工作效率明显提高。

**融入制度流程。**好的文化必须用好的制度来规范，好的制度是对好的文化的确认和提升。创新文化直接作用于企业管理的根本途径和关键环节，是把干部员工认知认同的创新理念，有机融入企业管理流程，固化为规章制度，通过在激励约束中体现创新导向，提高企业员工参与创新的积极性和创造性，养成自觉创新的行为习惯，促进企业资源的合理配置利用，从而推动企业管理提升。油田坚持突出“从创业走向创新”的理念，让创新理念在制度中强化、在流程中体现。出台了创新项目立项、研究、运行、总结、改进、完善等管理工作程序，制定了《企业管理现代化创新成果管理制度》《改善经营管理建议实施细则》等制度规定，对管理创新及改善管理建议的审核、管理、奖励等做出了明确规定，推动科技创新管理步入规范化轨道。

**创新绩效考核。**企业管理之难在于考核，考核之难在于量化。油田是没有围墙的工厂，生产链条长，管理节点多，工作留痕难，标准不统一，效果难评价。在创新理念和现实要求的推动下，胜利油田结合中石化《企业文化建设考核评价办法》，创新推行了以精准量化工作、精细积分考核、精确价值体现、激发内在动力为价值导向的“价值积分”管理体系。其核心内涵就是：行为积分，干多干少不一样；效率积分，干快干慢不一样；质量积分，干好干坏不一样；效益积分，贡献大小不一样。中国石化王玉普董事长在胜利油田调研时指出，价值积分管理是对石油石化好传统、好作风的继承和发扬，是“严、细、实”的具体体现。为把点上的经验转化成面上的生产力，油田对其进行标准化、体系化，编制了《采油管理区价值积分管理规范》，上升为企业标准，并在中石化系统推广应用。

## 三、激发创新活力，促进创新发展

创新文化建设是一项长期的系统工程，需要立足当前、着眼长远，建立创新机制，丰富创新载体，激发创新活力，形成全员创新的生动局面。

**建立创新机制。**对企业来说，创新文化的核心任务就是最大限度地开发人才资本的价值，建立健全支持创新、促进创新的工作机制，形成人人以创新为荣，人人以创新为尊的生动局面。胜利油田积极建立健全创新责任机制，建立科学有效的创新管理目标责任制，以目标取向统一思想、形成合力，使每个岗位成为创新的阵地，每位参与创新的员工担负相应责任。建立健全协作机制，采用集思广益、群策群力、借助外脑等形式，通过系统内的纵向协作、系统外的横向协作、部门间的相互协作，形成合力推进创新。建立创新激励机制，让企业中敢创新、会创新、能创新的人受尊重，让想干事的人有事干，让能干事的人有舞台，让干成事的人有地位，全面唱响创新立业的主旋律。注重发挥创新骨干的引领带动作用，全国劳动模范、油田首席技师代旭升本人坚持导师带徒，搞好传帮带，工作室现有骨干成员 11 人，成员 1000 余人，共获得国家发明专利 10 余项，实用新型专利 200 余项。

**丰富创新载体。**创新理念再多再好，只有加强认知认同，“内化于心，外化于形”，才能付诸行动、见到实效。这就需要搭建载体平台，采取多种形式加强创新理念传播，营造浓厚氛围，促进理念认同。胜利油田通过实践发现，“理念故事化，故事理念化”，是传播创新理念、推进执行落地非常有效的方式。围绕“创新创效”主题，引导大家广泛参与，深入挖掘身边人的鲜活事迹，采写故事、创作故事、演绎故事，积极开展“班前小故事”“每周新故事”“讲故事比赛”等丰富多彩的活动，引导大家多讲创新创效的故事，总结创新心得，分享创新经验，交流创新成果，用小故事传播创新理念，让小故事反映大主题，激发员工创造力。加大 EAP（员工帮助计划）推广应用力度，引导员工强化“快乐工作，幸福生活”理念，有效帮助员工保持主动创新的积极心态。

**激发创新活力。**“一打纲领，不如一个行动”。只有全员认同并自觉践行，鼓励“万众创新”，争做创新“工匠”，才能迸发出巨大的创新活力，才能彰显“无处不在，无时不有”的创新文化魅力。胜利油田积极强化“全员创新”意识，不论身在什么岗位都有权利和义务在本岗位实施创新行为、进行创新活动，都使创新成为企业所有员工工作职责的一部分，成为全体员工共同的价值导引，每一个岗位都是创新阵地，每一名员工都是出色的创新者，努力形成勇于创新、敢于创新、乐于创新、勤于创新的创新氛围。电力管理总公司东区线路队牢固树立“把想法变成做法，把点子变成金子”的创新理念，从解决日常生产管理中的难题入手，50 多名员工先后完成创新成果 80 余项，其中 67 项获国家专利，实现了“人人能创新、个个有专利、项项见效益”。

（作者：刘彦国　邹笃锋，作者单位：中国石化胜利油田党委宣传部（企业文化处））

# 创新驱动领跑生物制药产业

金宇生物技术股份有限公司

金宇生物技术股份有限公司秉承“护佑动物安全，保障人类健康”的崇高使命，奉行“责任、创新、价值”的核心价值观，持续开展管理、技术、产品创新。文化牵引，创新驱动，经过22年的改革发展，成长为国内兽用生物制药行业的领军企业。旗下金宇保灵生物药品有限公司和扬州优邦生物制药有限公司均为国家级高新技术企业，拥有行业唯一的“兽用疫苗国家工程实验室”，率先上马国内第一条口蹄疫悬浮培养生产线，引领产业升级；荣获“2013国家技术创新示范企业”、“2014中国主板上市公司价值百强”、自治区“百佳诚信企业”等荣誉称号。截至2015年9月底，公司总资产23.66亿元，员工总数1050人。2015年前三季度，公司实现销售收入8.86亿元、利润4.04亿元；同比分别增长19.93%和30.46%。

## 以“责任”为本，培育“创新”文化

基业长青，文化是魂。文化管理是企业追求的最高管理境界。在企业发展中，公司领导十分重视企业文化建设工作。2003年公司成立十周年之际，公司党委书记、董事长张翀宇提出“做创新型企业，打造国内生物制药行业标杆”的企业发展战略，主持开展了企业文化理念的梳理凝练工作，亲自创作了公司司歌《金宇进行曲》的歌词。总结公司发展历程中的文化积淀，传承黄河文明“百折不挠，勇往直前”的精神，汲取草原文化“崇尚自然、践行开放、恪守信义”的精髓，确立了金宇“责任、创新、价值”的企业文化核心理念。将“责任”视为企业发展之本，“创新”作为企业发展之动力源泉，文化牵引，创新驱动，打造行业标杆企业，在企业体现社会“价值”过程中，实现广大员工的人生价值。

创新发轫于思维方式的转变，思维方式的转变基于不断的学习。知识经济时代，新技术、新工艺、新材料、新理念层出不穷，日新月异，学习将代表真正意义上的前卫，“兼容并蓄，学以致用”的理念体现了时代的要求。早在2003年，公司将建立学习型企业的目标提上了议事日程，明确提出：金宇创建学习型组织，旨在提升“木桶”整体的高度；倡导开放型企业，旨在扩大“木桶”的直径；从而使企业、团队持续获得承载股东、员工、客户、社会责任的能力。创刊于2000年的内部刊物《金宇人》报，定位为学习型报纸的定位，开设了“学与思”、“管理论坛”、“学国学”、“身边共产党员”、“金宇文苑”等专栏。《学与思》栏目在推荐介绍先进的经营管理理念的同时，及时整理编发公司领导在重要会议上的讲话，约请公司高管撰写文章，引领思维方法的转变和思想观念的更新，学习、借鉴现代文明成果，推动企业管理、技术、产品创新。

公司党委将企业文化建设列为党建的主要工作内容，围绕公司发展战略，结合年度经营管理工作的中心任务，确立年度企业文化活动主题，策划组织主题征文、演讲、企业文化论坛、节日文化、拓展训练等形式多样的企业文化活动，营造健康向上的文化氛围，实现文化认同。在基层支部开展“党员模范岗”评比活动的基础上，党委每两年评选一次优秀党员，工会每年组织“金牌员工”评选活动，树典型，学先进，传播正能量。公司工会以“员工技改、创新合理化建议”有奖活动为平台，鼓励员工创新。2012年以来，奖励员工合理化建议255项，员工技术创新新增效益2亿多元。

## 创新驱动发展

“生物制药属于高新技术产业，创新能力决定生物制药企业的发展命脉。”“全国劳动模范”、公司董事长、总裁张翀宇在集团成立二十周年企业文化论坛会上总结并强调，“创新”是金宇二十年发展的主旋律，更是企业今后发展的不竭动力。1993年3月，金宇率先成为内蒙古首批股份制试点企业之一。体制创新为企业的发展增添了活力，赢得了机遇。公司于1997年相继并购重组原内蒙古第一毛纺织厂、内蒙古生物药品厂（金宇保灵生物药品有限公司前身），1998年年底实现股票上市，成功登陆资本市场。

企业上市后，公司大举向兽用生物制药领域进军，投巨资对所属金宇保灵公司实施GMP改造、技术装备更新、生产规模扩增，按照国家有关生物制药产业发展的要求，高规格高标准新建GMP生产线，2003年在国内首家通过农业部GMP认证，又相继建成亚洲最大的强毒灭活疫苗生产车间。同时，公司大力度实施管理创新，全面推行现代管理制度，引入内部竞争机制，厂容厂貌、员工的精神面貌焕然一新，金宇在生物制药行业排名由倒数跃居前茅。2007年公司快速完成了对扬州优邦生物制药有限公司的购并重组，当年投产并实现蓝耳病疫苗销售份额全国第一。通过输出资本、管理和技术，实现产业跨地域扩张发展战略目标之后，金宇将目光盯上国际先进技术，经过潜心研究，于2008年9月攻克了细胞悬浮培养技术难关，2009年金宇率先建成国内第一条采用悬浮培养技术的口蹄疫疫苗生产线，填补了行业技术空白，改变传统转瓶生产工艺劳动强度大、批生产量小、产品稳定性差等缺点，缩短了与国际先进水平15—20年的差距。

## 创新提升品质

对于一个企业而言，单纯的规模并不等于优势。是否具有优势，要靠产品说话。在改善硬件条件的同时，公司加大了疫苗开发创新力度；并从用户利益考虑，将研发重点放在科技含量大、工艺技术水平要求高、产品具有多重防疫功效的二价、三价（联）疫苗开发上。相继与复旦大学、河南农大、扬州农大、中国农业大学等科研院所建立了密切的合作关系，自主与合作研发相结合，成功研发出“O型－亚洲1型口蹄疫双价灭活疫苗”、“羊三联四防干粉灭活疫苗”、“牛口蹄疫亚洲1型、O型双价疫苗”等优势动物疫苗品种。

鉴于金宇在兽用疫苗产品和技术创新方面所取得的突出成就。2008年7月，经国家发改委批准，国内唯一的“兽用疫苗国家工程实验室”承建项目落户金宇保灵。依托工程实验室平台，利用先进的悬浮培养和纯化浓缩技术，2012年3月保灵公司研发牛口蹄疫三价苗和猪口蹄疫O型双组分两个达到了国际质量标准的新型疫苗通过了农业部的鉴定。当年，金宇为行业制定了口蹄疫疫苗抗原含量、杂蛋白含量、抗原和杂蛋白检测三项标准。因产品负反应小、防疫效果好且兼具治疗作用，新型疫苗上市后深得国内大型养殖场青睐，产品供不应求，2014年新型疫苗销售超过销售总收入的半数，实现利润占到70%以上。

### 创新体现责任

“我们要不断提升自主创新的能力，用高品质的产品为客户创造价值，做对社会负责任的企业。”这段话出自张翀宇董事长2012年3月所做的《品质金宇》报告中。金宇自觉强化企业自主创新的主体意识，并将创新上升为企业的社会责任。

金宇的企业责任，不只体现在赶超国际同行业先进技术水平的历史使命上，同时也体现在社会公共事业上。通过十四年的总结探索，金宇攻克了146S检测技术并无偿提供给行业主管部门，与竞争对手共享专利成果。该技术得到全面推广后，全国每年可减少检验动物宰杀量2.5万头，为国家减少损失1.2亿元以上。金宇信守“义利兼顾，以义为先”的理念，将国家需要视作企业最大的责任担当，国家需要就是无声的命令。2011年春季，为配合国家和地方政府做好布病疫情防控，金宇保灵公司及时启动了停产多年的布氏菌病活疫苗生产线，每年倒挂成本600多万元，连续五年累计亏损3000多万元，坚持满负荷生产布氏菌杆菌疫苗，为国家和自治区布鲁氏菌病防控发挥了重要作用。

在做好产品，照章纳税，守法经营的同时，积极支持社会公益事业，模范履行社会责任。近年来公司参与赈灾、社会公益及慈善事业捐款捐物近千万元，组织发动员工参加赈灾、帮困捐款40多万元。5•12汶川地震组织赈灾表现突出，荣获自治区红十字会“人道、博爱、奉献”金质奖章。2010年，集团工会发起全员捐资300万元组建了“金宇困难员工帮扶互助协会”。在建立员工共享企业发展成果机制的同时，用心营造“金宇大家庭”。

着眼当下，放眼未来。在建设“品质金宇”的基础上，2013年公司明确了走市场化道路，做国际型企业的发展战略目标。按照国际化战略规划，金宇投资50亿建设金宇国际生物科技产业园，2015年11月11日正式开工奠基。产业园占地面积670亩，一期投资25亿元，将形成兽用生物制药、人用生物制药、中外合资生化制药、研发配套综合服务四大功能区。金宇率先践行《中国制造2025》，在产业园设计中引进德国“工业4.0”，通过互联网技术与制造技术的深度融合加速产业升级，进行装备、工艺、产品和质量标准升级，打造国际先进的生产、研发基地和技术支撑与孵化器平台。金宇将以国际化战略为导向，文化牵引，创新驱动，主动担当推动国内生物制药行业产品、技术创新的历史使命，致力打造受人尊重的企业。

（作者张占福，系金宇生物技术股份有限公司党工办主任）

## 探讨新时代航天文化的传承与创新

北京卫星制造厂

北京卫星制造厂隶属航天企业，是“东方红一号”卫星的总装单位，是我国第一颗人造卫星的诞生地。北京卫星制造厂始建于1958年，在近60年的发展中，逐步凝结了一大批文化成果，形成了具有鲜明特色和企业特点的精神财富，其精髓源自于“东方红”文化，可以说，做好东方红文化的传承就是做好了航天文化的传承。如何让航天文化的“红色种子”开出明艳的花朵，是航天企业文化研究的课题；以“东方红一号卫星诞生地”文化为切入点，是探讨新时代航天文化传承与创新的起始点。

### 一、“东方红文化”是研究航天文化的切入点

1958年，毛主席提出“我们也要搞人造卫星”的号召，当时我国的研制条件还非常艰苦，正是凭着老一辈航天人团结协作、自力更生、艰苦奋斗、无私奉献的精神，才使中国成为世界上第五个用自制火箭发射国产卫星的国家。1970年的4月24日，我国第一颗人造地球卫星“东方红一号”发射成功，这是我国航天事业发展中具有历史性、开创性和奠基性的一件大事。尔后，国务院批复这一天为“中国航天日”。

随着航天科技的进步，航天精神也在不断发展中更新和完善，“航天三大精神”、“载人航天精神”等新的内容源源不断补充进来，但源自东方红精神的“热爱祖国、无私奉献、自力更生、艰苦奋斗、大力协同、勇于攀登”的“两弹一星”精神内核完整地传承了下来，并不断发扬光大。东方红文化是航天文化的精神之魂，成长之基，创新之源，是航天文化最重要的内容之一。选择以东方红文化作为切入点研究航天文化，更能从源头把握航天精神的本质。

### 二、航天企业文化传承中遇到的问题

东方红精神助推航天企业，包括北京卫星制造厂在攀登航天科技的高峰上从一个胜利走向又一个胜利，但随着时代的发展，孕育文化的环境在不断发生着改变，企业文化建设所需要的支撑越来越多，这都对航天传统文化的传播提出了考验。

#### （一）传播文化的“土壤”翻新使传统文化的影响力在削弱。

随着时代的发展，航天企业孕育的“土壤”在不断翻新。党的十八大提出军工技术服务于国民经济建设的总要求，军工企业进入军民融合发展新的历史阶段。北京卫星制造厂面临着深化改革调整、统筹“两大主业”发展、推进混合所有

制改革，促进军民融合发展等许多重要新任务，形势严峻，压力巨大。以前以军工任务为主的时期强调的是“不惜一切代价，保军卫国”，但随着民用产业的介入，市场成为企业成长的新天地，市场文化将成为航天文化重要的组成部分，文化元素占比的调整势必对以军工文化为传统的航天文化理念造成一定冲击，削弱其影响力。

**（二）文化建设主体认知的多元化对传统文化提出挑战。**

文化建设的主体是人。由于时代变化与社会发展等诸多因素造成了个体认知的多元化，航天传统文化作为企业文化主流似乎被安置在了多元的“对立面”，越年轻的个体这种“对立感”越为明显。航天企业目前，“80后”、“90后”逐渐成为员工的主体，35周岁以下员工总数占到全厂在职员工总数的近70%，这些被称为新生代的青年人，有着鲜明的时代特征：追求自我，喜欢独特性，兴趣驱动工作；敢于挑战权威，勇于质疑传统，但信奉契约精神在意价值观契合，在价值观取得一致时，愿意为之付出百倍的努力。正是由于这些特点，使得航天主流文化在传播推进的过程中，遇到了来自认知主体的挑战。只有让主体真正接受认同了的文化才能保证其传播的顺畅和有效。

**（三）文化传播手段的日渐乏旧使传统文化缺乏吸引力。**

文化建设是一个传播价值理念等信息，并被接受认同转化为行为规范的过程。当前的企业文化传播依旧存在着内容陈旧狭窄、手段传统单一、方式粗放简单等问题，大大降低了文化的魅力值和吸引度，使得文化传承效果大打折扣，难以在员工心中形成心灵的共鸣，因此也就难以转化为有效的行为规范。

## 三、以“东方红文化”为试金石，探讨航天文化的传承与创新

既然东方红一号卫星诞生地文化是航天传统文化，也是北京卫星制造厂企业文化的精髓，我们就紧紧抓住这一开启文化殿堂的“金钥匙”，结合时代特点，充分利用、放大其内涵，打造特色品牌，发掘相关资源，开发文化活动，激励员工在前进的路上不忘初心、砥砺向前。

**（一）以“东方红文化”内核作为青年员工的精神契约，赋予企业文化不朽的生机与活力。**

北京卫星制造厂新人入企后，就开始接受航天文化的教育，厂内留有大量东方红文化的精神财富和物质财富，一座保留原貌的厂房，一名亲历研制岁月的老师傅，一台迄今还在使用的功勋设备，一本保留完整的工作笔记，一张定格当年历史的老照片，都在提醒、感染着新入职的员工，使他们一接触航天文化就把东方红文化作为了实实在在的例证。久而久之，东方红文化的理念逐渐入眼入脑入心，成为航天新人对航天文化的认知中最强大的基因，最终发展成为他们的文化精神契约。在此契约的统领下，航天文化生生不息，永葆生机与活力。同时，“诞生地”也含有“首屈一指”的内涵，迎合了现代年轻人追求独特、争做唯一的心理特点，激发了员工强烈的企业荣誉感。

为了挖掘东方红文化的深刻内涵，企业在自身学习研究的基础上，还邀请航天领域的专家院士对东方红精神进行解读，帮助员工，主要是代表航天新生代的青年员工的进一步理解。企业各部门充分发掘自己领域的资源，邀请领域老专家通过对当年岁月的回顾，解读航天文化；开展老中青员工的心灵对话，用思辨的精神加深对东方红文化、对航天文化的理解和领悟。通过一系列的活动，东方红文化中强调的“热爱祖国、为国争光的坚定信念；勇于登攀、敢于超越的进取意识；科学求实、严肃认真的工作作风；同舟共济、团结协作的大局观念和淡泊名利、默默奉献的崇高品质”精神内核在新一代航天人心中扎根，内化成他们的人生价值观，永不褪色。

**（二）以“东方红文化”资源作为开发文化活动的抓手，使航天文化更富感染力，促使观念认可转化为行为自觉。**

北京卫星制造厂不仅提炼了“东方红文化”的理念，创造了“诞生地”文化的概念，更把开发“东方红文化”各项资源的价值作为传承航天精神、传播航天文化的平台。企业以“东方红文化”为抓手，开发了多种多样的航天文化活动。

在“东方红一号卫星”发射成功40周年之际，企业精心策划举行了“东方红一号”卫星诞生地纪念揭牌仪式，“回顾创业历程，传承航天精神——功勋设备揭牌仪式”，邀请老一辈航天科学专家亲临现场，极大鼓舞了新一代的航天人。策划了“走进红色记忆”、“我的航天生活”等通联活动，再现当年研制的场景，并将这些珍贵的材料以稿件和声像的形式转化为宝贵的文化财富，并形成文化产品，教育职工，使航天精神得到传承。

企业利用内容丰富的展厅和东方红一号纪念碑，作为中关村地区爱国主义教育、科普教育和国防建设教育基地，接待全国各地及香港参观者近万人次，进行航天科普教育。在此基础上，企业进一步开发了“第一艘宇宙飞船诞生地”等文化理念，在“神十”升空后，开办了独具特色的“太空教具试验课堂”，通过志愿服务的形式在各中小学讲授，给孩子们幼小的心灵中播下航天的种子。

**（三）以“东方红文化”作为持续发展的根基，激励企业航天文化在传承中不断创新。**

以企业发展战略为依据，以历史文化为基础，以企业发展现实问题为导向，做好企业文化的创新和重塑。根据转型发展实际，优化补充了原有的文化理念，确立了“造精品卫星，创高端产业，富国强军利民”等为代表的新企业愿景、使命、价值观等核心理念。企业发展理念的优化补充是企业紧扣时代脉搏的体现，进一步发挥了文化的引领作用。

如何培养员工的市场经济思维模式，如何将市场理念融入航天传统文化模式，如何将东方红文化的“大力协同、为国担当”的精髓移植到强调效率、强调速度抢占先机、强调顾客至上的市场文化中，从而打造具有航天特点的市场文化，都是新时代企业文化传承中应该考虑的问题。近年来，企业有意识培养强化员工的“危机意识”、“竞争意识”、“成本意识”等市场意识，充分调动员工在企业军民融合转

型中的思想解放，激活企业发展潜能。通过构建相关专项文化，企业的市场意识得到了明显的加强，确保了企业文化的长青，为航天文化的传承与创新提供了有益的借鉴。

（作者：段艳美）

## 以创新文化推动企业发展

内蒙古包钢钢联股份有限公司技术中心

内蒙古包钢钢联股份有限公司技术中心是经国家发改委、财政部、海关总署、国家税务总局共同认定的国家级企业技术中心，获得国家实验室、国家认可委员会颁发的国家认可实验室证书，是承担包钢工艺技术攻关和产品研发的重要部门。技术中心把企业文化建设作为企业发展的助推器，从创新能力、激发活力、形成合力入手，打造品德文化、创新文化、和谐文化、学习文化、廉洁文化，凝聚职工意志、促进改革发展，构筑和谐企业。

### 一、加强领导，为企业文化建设提供保证

技术中心党委发挥主导作用，积极推进企业文化建设。针对本单位实际，制定了企业文化建设年度计划和工作制度，把企业文化建设纳入企业管理的全过程。按照企业文化建设的指导思想和总体目标，着力抓好“三个系统”，即：凸现理念识别系统，增强遵循、贯彻包钢确定的价值理念的自觉性，突出指导地位和作用；完善视觉识别系统，推广应用企业文化标识，加强规范使用，设置人文景观，营造视觉效果和文化环境；强化行为识别系统，把价值理念贯彻、体现在企业的运行中和职工的工作中，增强思想认知和行为自觉。技术中心遵循“促进发展、重在建设、相融共进、务求实效”的方针，加强企业文化内容的渗透、融合，不断增强文化管理的效应，引导员工培育新的文化观念，创造充满新意的工作环境。

### 二、加强理想信念教育，提升职工思想素质和行为自觉

中心党委把理想信念教育作为提升职工思想道德素质的手段，不断创新载体，通过举办“坚定理想信念”主题报告会、组织“道德讲堂”宣讲、邀请公司英模事迹报告团、重温入党誓词以及组织参观革命历史教育基地、参观公司党风廉政建设警示教育基地、为全体职工发放中国传统教育光盘等多种形式，开展坚定理想信念教育、德育教育系列活动，进一步强化职工爱党、爱厂意识。

为把职工与企业紧紧联系在一起，组织“尽责圆梦”大型主题宣讲比赛；以包钢建厂60周年为契机，组织“我眼中60年的包钢”大型主题宣讲活动。技术中心各部门职工纷纷登上讲台，通过自己的亲身经历，讲述包钢历经拼搏进取成就的丰功伟业。一个个身边的故事，呈现包钢60年来的风雨历程，以及老一辈科研人员在科技研发的道路上孜孜不倦、潜心钻研的感人事迹，抒发了职工对企业的热爱之情以及对包钢未来发展的信心。

### 三、完善理念和视觉识别系统，提升企业文化内涵

为营造以创新精神为核心的企业文化氛围，技术中心利用LED显示屏、OA网、政治学习、班前会等形式，进行包钢企业文化理念宣贯，大力开展征集技术中心企业文化理念活动。经过全体职工精心总结提炼，确定了中心的企业文化理念，并将公司企业文化和技术中心企业文化理念印刷成可折叠小手册，职工可随身携带、随时翻阅。通过组织学习、领导讲课、邀请专家讲课、企业文化征文比赛、企业文化PPT大赛、职工宣讲等多种形式，强化职工对企业文化的认知和认同，促进企业文化的传承与落地，使企业文化深入人心，充满活力。设计制作技术中心企业标志物，激发全体职工的归属感和自豪感。在中心道德讲堂悬挂多幅名家格言警句，在楼道、会议室等公共场所悬挂励志格言、企业精神宣传展板等，以图文并茂的形式，营造浓郁的人文环境，让广大职工在良好的人文环境中潜移默化地接受教育，不断创新，贡献才智。

### 四、构建学习型企业，提升职工文化素质和创新能力

加强职工教育培训工作，持续开展内容丰富、形式多样的教育培训；积极推行“知识改变命运、学习成就未来”和“学习工作化、工作学习化”的学习活动；向全体职工推荐研读好书，撰写学习体会，营造全员学习、崇尚终身学习的良好氛围和先进理念，进一步拓展了职工工作思路。开展多层次、全方位的职工大讲堂活动，提高职工的专业水平和创新能力，每年举办专业技术讲座近百场。开设“我的岗位我来讲”，鼓励广大职工纷纷走上讲台授课，既给职工提供了一个展示自我的舞台，又为职工们提供了一个相互学习、交流的平台。技术中心职工大讲堂的建设经验在自治区范围内进行了交流，被评为包钢品牌讲堂。

### 五、注重典型示范引领，提升职工队伍整体活力

把“诚信”、“责任”理念贯穿到各类先进的评比表彰中，大力弘扬劳模精神，发挥典型引领示范作用，形成强有力的先进导向和激励功能。连续多年开展优秀党员、先进工作者、“德能双优”人物等评比表彰活动，积极推行道德观教育，对评选出的先进人物，在《包钢日报》、部门简报等进行大力宣传。用身边看得见、学得到的普通人物、先进典型树立标杆，带动大家少计较、少等待、多想事、多干事。涌现出包钢史上最年轻的劳动模范吕刚、自治区劳动模范李智丽等一批先进人物。

### 六、打造和谐文化，提升企业凝聚力

坚持“访贫问苦”长效机制，定期慰问走访困难职工，

为职工群众办好事、办实事。每名职工生日之际，都会收到由党政领导签名的精致贺卡和生日蛋糕；坚持为外地大学生新婚送礼物，每年组织家在外地单身大学生进行中秋慰问、联谊活动；开展“金秋奖学”活动，激励职工重视子女教育，营造尊重知识、尊重人才的良好氛围；坚持开展“五•四”青年月活动、“三•八”节女职工观影、职工书画摄影手工作品展、气排球比赛、羽毛球比赛等活动，通过丰富多彩、寓教于乐的文化活动，构建了和谐文明的企业环境；团委积极开展青年志愿者活动。坚持开展敬老服务、拣拾白色垃圾、为贫困学校捐书等公益活动，增强青年人的社会责任感，促进技术中心和谐文明发展。先后被评为“包头市义工组织先进单位”、包头市有影响力的志愿服务组织、包头市首批“雷锋号”青年志愿者组织、“包头市志愿者学习雷锋志愿服务队”等荣誉称号。

### 七、建设廉洁文化，促进企业健康发展

以廉洁文化建设为中心，营造浓厚的廉政氛围。运用丰富多彩的形式开展党风廉政教育，引导广大党员干部树立“以廉为荣、以贪为耻”的良好风尚，为科研工作顺利开展提供了坚强有力的思想保证。制定党风廉政建设责任制分解方案，实现“一岗双责”；开展效能监察，推动重点工作；开展廉洁从业风险防控机制建设；签订党风廉政建设责任状，为预防违规违纪职务犯罪保驾护航。举办“越清廉越轻松”主题漫画征集、观看《权位误区》、《高墙里的官员们》等警示教育片等丰富的宣教活动，党员干部和职工在创造新业绩的同时做到廉洁自律、廉洁从业，未发生违规违纪、违法犯罪案件。

### 八、拓宽人才成长通道，营造良好人才环境

积极落实各项人才政策，努力拓宽各类人才成长通道。在研发部门全面推行研发项目负责制，促进了研发人员主动投身科研、积极寻找项目、深入现场进行研究的主动性；实施了面向一线技术人员的专业技术职务新序列，打通了技术人才成长的“双通道”，激发了职工队伍的创新热情。通过院士工作站、博士后科研工作站的平台，以校企合作、项目开发等多种形式开展人才培养工作，为优秀人才的脱颖而出创造了条件，被评为中国钢铁工业科技工作先进单位和自治区高层次人才创新创业基地，入选国家级“百千万人才工程”、内蒙古“草原英才”工程等国家、自治区、包头市各类高层次人才40多人次。

通过开展主题突出、形式多样的企业文化建设，营造了技术中心良好的人文环境和创新进取的文化氛围，有效推动了技术中心的发展。在未来的日子里，技术中心将积极学习优秀企业在企业文化建设方面的先进做法，以文化强企，文化塑人，充分发挥企业文化的重要作用，为实现技术中心及公司的各项奋斗目标做出新贡献。

（作者孙淑兰，系内蒙古包钢钢联股份有限公司技术中心党委书记兼工会主席；张辉，系党工部宣传干事）

# 创新文化引领企业可持续发展

首钢国际工程公司

“十二五”期间，首钢国际工程公司以创新文化为灵魂，以体制改革为契机，坚持推进思想理念体系创新、管理模式创新和科技开发创新，使公司市场竞争力显著提升，实现了企业的健康和可持续发展。

### 一、坚持推进思想理念创新，构建“以市场为导向，以客户为中心”的新型企业文化理念体系

**（一）提升企业文化理念体系创新的内部参与性和针对性。**

思想理念的创新是企业发展的灯塔。“十二五”期间，首钢国际工程公司结合企业改制后的多元化、市场化、专业化的新特点，注重企业文化理念的总结提炼和升华引导，注重结合企业改革发展不同阶段存在的重点、难点问题，充分激发广大干部职工的智慧和积极性、主动性，让广大干部职工充分参与到企业文化思想理念的碰撞讨论和文化体系的建设中，筑牢企业文化顶层设计和创建活动的思想基础。从改制成立以来，公司针对市场经济形势的风云变幻和企业转型升级的实际需要，基本坚持一年一个主题，先后在全体干部职工中组织开展了“新公司、新体制、新机制、新观念、新举措”---“五新解放思想大家谈”活动，“我看开放、我看市场、我看客户、我看技术”--“四个我看”全员研讨活动，深入开展“技术专业化、人才职业化、管理规范化”建设，全面提升“市场竞争力、岗位执行力、发展创新力”---“三化三力”实践活动等主题教育活动，群策群力，推进思想转型。

**（二）加强企业文化理念创新和服务社会实践活动外部检验的互动性。**

首钢国际工程公司根据“B2B”生产技术服务型企业的特点，将传统的市场营销和公司技术服务相结合，创新提出了“敢于承诺，兑现承诺，为客户提供增值服务”、“差异化营销”、和“全流程、全方位、全生命周期、全天候”的“四全”服务等新理念，坚持以市场营销构建客户关系，并将技术推向营销第一线，以最快捷的方式为客户提供最优的技术方案，提高市场反应速度和质量，满足客户个性化需求。通过先进文化理念的引导，员工对企业价值观的认同感逐渐增强，并逐渐转化为服务客户的自觉行动。公司广大工程技术人员团结协作，敬业奉献，不怕吃苦，任劳任怨，积极践行循环经济和可持续发展理念，努力服务好国内外冶金企业的产品升级、节能减排和绿色发展。随着公司客户满意度的不断提升，仅从2015年以来，公司就先后收到了京唐、迁钢、包钢、临沂华商、太钢、川威集团等10余家公司的感谢信，充分肯定了公司的设计水平和服务质量。

与此同时，首钢国际工程公司还积极倡导责任文化，支持社会公益事业，认真践行企业公民的责任与义务，按照

“工程项目实施与社会责任同步延伸”的理念，为山西文水、四川威远两所贫困学校捐建了BSIET公益计算机教室，受到当地社会各界的好评。同时，公司还组织了汶川地震捐款、崔永元公益基金会关爱乡村教师—“钢铁是这样练成的”主题活动、首钢老干部活动中心捐建网络服务室等公益活动，公司改制以来累计捐款达60多万元，公司品牌美誉度逐步提升。

**（三）企业文化理念体系创新成果逐步完善。**

经过几年来的创新发展与融合，首钢国际工程公司以市场为导向、以客户为中心的企业文化理念体系基本形成，“为客户创新价值、为员工成就事业、为社会奉献责任”成为广大干部职工自觉遵循的价值观；“创建国际一流的工程技术公司”成为激励公司全体员工共同奋斗的伟大愿景和目标；“引领绿色钢铁未来，打造和谐宜居城市”成为公司服务冶金行业和城市基础设施领域的历史使命；“做优做强冶金工程技术服务业，大力拓展城市综合服务业”的“双轮驱动”发展战略，成为公司未来发展的强劲动力；做实科技创新、人才强企和差异化营销“三项支撑战略”，成为公司把握工程技术核心竞争力的三个要素；“开放、创新、务实、高效”的企业精神成为公司上下耳熟能详并认真实践的响亮口号；“以诚取信、互利共赢”的经营理念成为客户选择首钢国际工程公司的良好口碑；建立“全流程、全方位、全生命周期、全天候”的“四全”服务体系，逐步成为提升公司市场竞争力的重要法宝；创建：创建学习型、创新型、科技型、国际型--“四型”企业，成为公司打造基业长青的优秀品牌。

## 二、坚持推进管理创新，构建高效低成本运营管理体系

“十二五”期间，首钢国际工程公司紧紧围绕不同时期的重点任务，深入分析经济形势的变化，大力推进经营管理机制和运行模式的创新，努力构建高效低成本运营管理体系，以机制的创新来提升企业市场竞争力和盈利能力。

**（一）持续创新优化公司六大功能体系建设。**

近年来，首钢国际工程公司非常注重工程技术公司核心功能的持续优化创新和资源整合，着力强化“市场营销、设计管理、采购管理、项目管理、技术创新、职能管理”六大功能体系，从而形成对国际型工程公司战略目标的有效支撑。一是优化市场营销功能，以市场为导向，以商务运作为主线，以技术营销为支撑，密切协作，快速反应，市场占有率逐年攀升；二是优化设计管理能力，与市场开发工作的协同配合，对设计资源的统筹协调和对设计质量、进度的全程掌控能力逐步增强；三是优化采购管理能力，整合在手项目物资设备需求和供应商资源，以技术性采购为主导，实现采购管理工作的规范化、制度化、专业化，以更好地实现项目效益的最大化；四是优化项目实施管控能力，整合施工、安装分包商等外部资源，以目标管理为核心，大大提升了项目运作效率；五是优化技术创新能力，集中整合已有成熟技术，完善科技创新模式和科技开发工作体系建设，不断完善公司专利开发、申报和利用模式，建立专利技术推广应用平台，让专利技术不断为公司创造经济效益；六是优化整合公司战略、运营、人才、资金、文化、品牌等管理职能体系，形成对公司经营生产工作的强有力支撑。

**（二）持续创新优化公司市场开发格局。**

首钢国际工程公司坚持“立足首钢、面向国内、走向国际”发展方向不动摇，坚定实施“走出去”发展战略，通过调整组织结构和各层级权限，持续创新优化市场开发格局，市场占有率逐步提升。

第一，坚持做精首钢市场。近年来，公司凝聚优势力量，系统筹划，发扬勇于担当的精神，当好技术参谋，认真完成了首钢京唐、迁钢、首秦、水钢、通钢等“一业多地”战略布局重大工程的规划和设计任务。近期，正在积极开展京唐二期、首钢北京园区、曹妃甸园区等项目的前期规划和技术服务工作，为总公司决策和项目立项提供了强有力的技术支撑。第二，持续巩固国内市场。公司按照区域化营销管理模式，分区域明确营销人员责任，培育客户人脉关系，建立深层次的市场信息网络，注重利用品牌工程的辐射效应，以一点辐射周边，从而达到市场区域化挺进的目标。目前，已基本形成了西北、西南、中南和北京周边等四大国内区域化市场。2011年至今，先后成功承揽了太钢球团、川威焦化、包钢热轧、文水综合钢铁厂、青钢高炉等多个项目。第三，积极拓展海外市场。为加大海外市场的开发力度，公司专门成立国际市场部，积极组织参加印度、美国、德国和俄罗斯等国际冶金展，扩大了公司的国际市场认知度，项目信息量明显增多。“十二五”期间，先后成功运作了巴西球团、韩国浦项热轧托盘运输、伊朗MK球团等项目。

**（三）创新以模拟事业部为基础的高效低成本运营管理体系。**

2015年以来，公司坚持深化改革、创新驱动、转型发展，积极推动专业设计部门模拟事业部运行机制。专业设计部门由原来的“成本中心”转化为“利润中心”。通过模拟事业部运行，增强公司上下的市场意识、竞争意识，建立多层级有效互动的营销机制，以专业的点营销推动公司总体营销，以公司总体营销带动专业的点营销，形成公司与部门互为支撑和补充的市场开发体系；通过全成本核算，进一步树立全员的经济意识、节约意识，强化日常消耗的成本意识、工程设计的优化意识、项目实施的精细化管理意识。公司专门制定下发了《专业部所模拟事业部运行的通知》、《专业部所收入分配管理办法》、《全成本核算办法》等文件，充分下放“责、权、利”，为各事业部配置资源，强化对事业部的服务和管理，引导各事业部高效运行，良性发展。2015年前9个月，公司推行专业部所模拟事业部运行取得了良好成果，公司各专业部所承揽合同额4.37亿元，同比显著增加；对公司整体合同额的贡献度达到49.1%，同比明显提升。

## 三、坚持推进科技开发创新，构建“产学研用”一体化工程技术创新平台

“科技创新”是工程技术公司形成核心竞争力的根本。“十二五”期间，首钢国际工程公司加强科技创新总体谋划，建设以企业为主体、市场为导向的技术创新体系。公司加强制度设计，建立科技创新资源投入、能力评价与考核激励机制，激发科技开发人员的积极性；加快整合企业内、外部科技资源与创新平台，加强企业技术中心软硬件建设，形成一批拥有自主知识产权的品牌技术与产品，实现技术产品化、产业化。通过科技创新，转变经济增长方式，提高企业发展质量。

**（一）成立企业技术中心，打造“产、学、研、用”一体化创新平台。**

公司坚持以市场为导向加强技术创新，努力打造“产、学、研、用”一体化创新平台为提升转型发展提供技术支撑能力。2012年，首钢国际工程公司成立了企业技术中心，将专业设计室拓展升级为专业设计研究所，并成立了北京市首个冶金工程三维仿真设计工程研究中心，进一步强化科技创新体系建设，为企业转型发展注入了新动力。成立企业技术中心，将进一步促进公司对政府、科研院所、行业协会等社会创新资源的整合，进一步强化技术创新对于市场开发工作的支撑作用，将为公司适度多元转型发展战略开启新的动力引擎。公司还不断完善“产、学、研、用”一体化合作机制，高效利用外部优质资源，提升技术开发绩效。目前，公司已经建立了热风炉、无料钟炉顶、烧结球团、自动化编程等多个实验室，形成了公司、设计室两级课题研发体系，并与北科大、武科大等高校广泛开展技术合作，先后成功开发了无料钟炉顶、干法除尘、顶燃式热风炉、海水淡化、6m捣固焦炉等领先的专利技术并成功应用。

**（二）推进现代信息技术设计研究手段在工程领域的创新应用。**

近年来，首钢国际工程公司在服务首钢搬迁调整和国内外冶金企业升级改造的过程中，积淀了国家级重点大型工程设计、组织、协调的实践经验，创新应用并熟练掌握了三维协同设计、计算机仿真设计、有限元分析等多种现代化设计和计算手段，践行了集成创新、原始创新等多种工程创新方法和逻辑推理方法，为进一步提升企业在行业中的市场竞争能力奠定了坚实的基础。2015年9月，由首钢国际工程公司自主创新设计的我国第一座5000立方米以上巨型高炉——首钢京唐1号5500立方米高炉工程设计获得全国优秀工程勘察设计金质奖，充分体现了首钢国际工程公司在勘察设计行业领先的技术创新能力和设计水平。京唐一号高炉的设计中就充分利用了流场分析、计算机模拟仿真等现代化设计研究手段，最终，该高炉实现了长期稳定顺行，各项生产指标均达到甚至超过设计指标，居于世界领先地位。

**（三）创新科技开发与成果激励机制，激发各层级科技创新的积极性。**

首钢国际工程公司不断总结分析近年来科技开发与成果管理制度试行情况，理顺管理流程，完善制度规定，打造科技开发和成果管理制度体系。近年来，公司编制了《科技开发项目管理办法》、《科技成果、专利、科技奖励管理办法》等管理制度，进一步激发了科技人员创新的激情。公司还制订了《技术委员会、专家委员会工作管理办法》，并完成了人员配置工作。公司还创新研发了世界首例三工况低温多效海水淡化系统，承担了国家“863”重大课题研究，创出了一大批中国企业新纪录和世界新纪录，同时，还主编、参编了高炉煤气全干法除尘、烧结余热回收利用、海水淡化和干熄焦等国家级设计标准。“十二五”期间，公司共投入科研经费4600余万元；完成科技开发立项305项，结题146项；获得省部级科技进步奖30项；授权专利241项，其中发明专利63项；共计76项工程设计获得全国冶金工程优秀设计奖。

**四、实施创新文化的成果**

面对钢铁行业的严峻形势和市场竞争的严峻考验，“十二五”期间，首钢国际工程公司的主要经济指标连年攀升，经济规模总量不断提高，员工收入持续增加。2011年-2015年，预计公司总体营业收入超过100亿元，实现利润超过8亿元，企业资产保值增值率平均每年为130%多；科技创新能力不断攀升，技术实力已经进入国家级大型综合工程技术公司序列；在国内市场开发上取得较好业绩，国际市场实现重大突破，实现了公司持续健康稳定地发展。

公司连续多年荣获〞北京市守信企业〞〞全国冶金建设优秀单位〞、〞中国勘察设计系统创优型企业〞、〞首都劳动奖状〞等荣誉称号。同时，公司还获得了〞工程设计综合甲级资质〞、〞北京市设计创新中心〞、〞国家级重点高新技术企业〞、〞北京市冶金三维仿真设计研究中心〞等资质和认定，完成了从企业设计院向国家级大型综合工程技术公司的成功升级，公司的品牌知名度日益提升。

*（作者为首钢国际工程公司党委）*

## 创新班组文化　夯实管理基础

江苏省东海县烟草专卖局

“十二五”期间，东海烟草企业文化建设蓬勃发展，围绕落实“规范、创新、发展”工作主线和“行业楷模”战略，推进建设学习型、服务型、责任型“三型”企业，创新班组文化建设，探索实施“1336”班组文化建设模式，即“围绕一个核心，建设三个系统，实施三大工程，塑造六型班组”，取得积极成果，积累了成熟经验，促使创新文化成为夯实企业管理的基石、塑造优秀团队的基因、引领企业发展的旗帜。

**一、围绕一个核心，树立班组文化创新建设的正确方向**

企业的班组文化不是无源之水，无本之木，班组文化作为专项文化，是整体企业文化建设的一个组成部分，围绕一个核心进行构建，而且这个核心是内涵多元多层的，以此确定班组文化创新建设的方向。

一是围绕文化渊源的核心。班组文化创新建设从始至终都打上了企业“大文化”的烙印，在省局建设“三型”企业追求和市局“远航同心”文化的框架下，在打造基层特色企业文化的环境中，班组文化创新建设必须与“大文化”一脉相承，融入文化精神，延续文化血脉，传承文化基因，坚守文化走向。

二是围绕发展战略的核心。班组文化创新建设根植于企业，服务于企业发展战略，从某种意义上讲，班组文化也是融合、引领战略发展的文化之力。当前，全省烟草正在深入推进楷模战略，连云港烟草坚定“争当标兵”定位，积极创建“学习型”企业，班组文化创新建设就要围绕这一大的战略体系，在基层班组体现战略实施和具体推进，展现引领发展、争当标兵的生动实践和动人故事，特别是结合东海烟草确立的“争先示范”目标，创新更为先进的班组文化，保持班组文化创新建设定向，充分发挥文化力的作用，促进战略目标的实现。

三是围绕班组特质的核心。班组文化与企业文化的关系是相融相通，又富有特色的，在核心价值、愿景、精神上具有共性，在制度建设、行为规范、管理思想上具有个性。班组与班组之间存在着环境、职能、人员等差异，各自具有独特的个性，在进行班组文化创新建设过程中，必须从班组实际和个性特点出发，尊重个性，发掘特质，打造特色鲜明、特点显著的班组文化。东海烟草通过划分班组类别，突出班组品牌文化，形成特色各异的“班组文化群”，保持走建设特色班组文化之路的方向选择。

## 二、建设三个系统，规范班组文化创新建设的主体架构

企业班组文化创新建设同样需要遵循企业文化建设的基本规律和结构要素，要结合班组文化的特性要求，统一构筑基本体系，保持班组文化的完整性、规范性。

一是提炼形成班组文化理念系统。班组文化理念系统是班组文化建设的必要系统，要结合班组专业特点和岗位职责，经过班组成员共同探讨，集思广益，提炼出符合企业价值观内涵，能够统一班组员工意志，为班组提供强大精神动力的文化理念。班组文化系列理念包括团队口号、团队愿景、团队精神、行为理念、管理理念等，通过理念系统明确、丰富、细化班组的核心文化内涵，使班组文化理念更加显性，提升班组成员对文化理念的认知度，促进企业文化理念在班组层面的全面落实。

二是创新搭建班组文化表现系统。班组文化表现系统是能够直接、直观展现、认知班组文化体系内容的载体、平台等。通过开展班组“LOGO”设计、评选活动，确立班组文化的“LOGO”品牌标识形象，东海烟草已经设计展示了“海鸥”、“五精”、“凤凰”、“使者”等班组“LOGO”品牌形象，产生良好的视觉效果。创新班组文化载体，丰富展示平台，建立班组文化墙，班组“LOGO”和班组文化理念体系装饰上墙，营造浓厚班组文化建设氛围。开展班组建设主题活动、宣贯活动、最佳班组评选活动等，更加具体生动展示班组文化建设风采。

三是完善建立班组文化化育系统。建立健全化育系统是加强班组文化建设的重要一环。通过制度建设、系列主题活动等，把班组文化精神理念培育转化为班组成员的行为准则和做事习惯，从而达到班组文化建设的目的。

加强班组制度建设。固本强基提升班组效能，为班组文化建设提供支撑与保障，确保班组建设长效运行。通过编印《班组制度汇编》、《班组标准化建设指导意见》，完善绩效考核制度，加强学习培训和班组长建设，激发员工内在动力，有效提高班组工作绩效。

发挥典型引路作用。开展“树典型、学榜样”活动，评选十佳班组及标兵班组长和优秀员工；开展业务技能竞赛活动，开展“践主线，大家谈”，提升班组队伍综合素质。宣传推广在班组文化建设中的好做法、好经验、好事迹、好典型，以点带面、发挥典型示范作用。

强化班组班风建设。开展“家风进班组、班组展家风”活动。收集、提炼、学习身边的良好家风，制作活动展板展示班组全家福、家庭寄语和班风建设新貌等，鼓舞和鞭策班组员工加强社会公德、家庭美德、职业道德、个人品德修养，使班组这个“小家”更加和谐文明、更加团结友爱，更具亲和力、凝聚力和战斗力。

开展班组文体活动。通过建立乒乓球、羽毛球、自行车户外骑行、登山及书画摄影等兴趣小组，开展丰富多彩的文体活动，释放压力，激发活力。通过定期组织开展班组文化主题分享活动，传递文化正能量和快乐人生理念。

## 三、实施三大工程，构筑班组文化创新建设的特色路径

一是实施班组文化传播工程。强化对班组文化的学习理解和认知认同。利用多种传播渠道，整合传播班组建设的特点和经验。借助“一报两网一栏一群”即一报：江苏烟草报；两网：省市局网站；一栏：县局网站班组文化建设专栏；一群：东海班组建设微信群的立体宣传平台，大力宣传班组文化建设工作，提升班组文化建设的影响力。积极传播“立学勤修、终身学习”的学习文化、“我服务、我快乐”的服务文化、“履职尽责、勇于担当”的责任文化、“严格守矩、持续改进”的规范文化、“打破陈规、敢闯敢拼”的创新文化、“精益求精、追求完美”的精益文化，形成班组比学赶超的良好氛围。

二是实施班组文化落地工程。推进班组文化管理，实现企业文化核心理念在班组的落地，用核心价值观铸造班组之魂。围绕班组建设，进一步融合建设“三型”企业追求和“远航同心”文化，促进班组对“大文化”核心理念的认知认同。突出“制度为先、员工为本、文化为魂”三位一体的班组文化建设要求，不断深化班组精神文化、制度文化、物质文化，

切实提高班组文化的有效执行力，促进班组管理工作质效的全面提升。

三是实施班组文化形象工程。积极打造团结协作、互敬互爱的人文环境、办公设施整洁优美的工作环境，以及展现工作素质素养的现场管理环境。通过班组软硬件设施的不断完善，营造良好工作生活环境，培养班组的团结协作、友爱互助，不断提高工作的积极性、创造性。通过提升班组员工的综合素质、工作业绩、敬业精神，展示班组团队形象；通过班组工作环境、优良秩序、文明工作，以及赢得的社会各界印象、信誉、评价等，积极提升班组社会形象。

### 四、打造六型班组，实现班组文化创新建设的落地目标

紧紧围绕江苏烟草“三型”企业建设、文化发展纲要和基层文化建设需要，全面推进“六型”班组建设，促进特色班组文化落地生根、开花结果。

一是建设学习型班组。开展争创学习型班组活动，开设“学习园地”和班组书屋，每月开展一次专题学习活动，每月评选“学习进步之星”。开展“班组讲堂”活动，每月围绕一个主题开讲一次，班组里人人当讲师，个个传经验。开展“班组传帮带”活动，加强学习交流互动。建立班组分享式学习管理机制和激励机制，真正实现工作学习化、学习工作化。

二是建设服务型班组。围绕商业企业本质是服务的要求，践行“与客户共创成功”的服务理念，用心服务，成就客户。落实 1+1 服务品牌文化，深入开展亲情化服务活动，通过每月评选“服务之星”，提升员工服务水平，促进服务质量的提高。

三是建设责任型班组。强化班组责任意识，把团队责任落实到岗位，落实到员工。强化履行岗位职责要求，增强爱岗敬业、诚实守信、履职尽责、勇于担当的自觉性。强化社会责任意识，大力开展志愿服务、文明创建、困难帮扶、捐资助学活动。

四是建设规范型班组。加强班组行为规范建设，完善班规班风，通过法治教育、制度约束和监督来规范员工行为，最终达到班组行为高度自觉。引导培育班组成员的价值观，积极宣讲班组价值观内涵，促进员工形成正确的价值追求，规范自身行为。

五是建设创新型班组。打造以创新为主要特征的班组创新文化，提高班组管理的业务水平、素质水平。增强员工创新意识，强化班组创新主动性，激发员工创新潜能，引导班组员工立足本职岗位，在技术、服务、管理及制度等方面勇于创新，积极争当岗位工作创新标兵。

六是建设精益型班组。坚持管理重心下移、关口前移，把班组管理的触角延伸到岗、到人。以精益化管理为手段，强化班组现场管理、运行流程管理、质量监管、绩效管理和效能提升，不断提高班组精益管理水平和管理效能。

东海烟草从基层班组工作实际出发，探索完善班组文化落地模式，在文化理念提炼上下功夫，在打造文化框架上用力气，在丰富内容和载体上勇创新，在文化落地模式上抓优化，促进班组文化不断创新升级，为持续推动企业发展和增强文化管力提供有力支撑。

## 文化领航发展　创新驱动跨越

中航工业沈阳飞机设计研究所

党的十八大报告提出，要实施创新驱动发展战略，着力构建以企业为主体、市场为导向、产学研相结合的技术创新体系。李克强总理在 2014 年政府工作报告中指出，创新是经济结构调整优化的原动力。要把创新摆在国家发展全局的核心位置，促进科技和经济社会发展紧密结合，推动我国产业向全球价值链高端跃升。作为以航空武器装备研发为主业的高科技研究所，中航工业沈阳所始终秉承报国使命和坚持创新驱动战略，持续塑造创新文化基因，先后研制出三大系列 30 多个型号的战机，成为引领研究所技术进步、管理创新和产业发展的巨大支撑。

### 一、认识创新文化本质特征，以文化铸就创新发展魂魄

创新是民族进步的不朽灵魂，更是企业发展永恒不变的主题。习近平总书记在上海视察时指出，“谁牵了科技创新这个牛鼻子，谁走好了科技创新这步棋，谁就能占领先机，赢得优势。”

一是创新文化的内涵。沈阳所领导班子认为，创新文化是指能够激发和促进企业内创造新思想、创新行为和创新活动的产生，有利于创新实施的一种组织内在精神和外在表现相统一的综合体。

二是创新文化的特质。什么样的文化是创新文化，创新型文化应具备哪些特征，是打造创新文化的前提和基础。我们认为创新文化的特质是学习、共享、探索和反思。

三是创新文化的结构。我们认为创新文化作为企业文化的一种特殊类型，与企业文化的结构基本一致，其构架主要包括物质层面、制度层面、行为层面和精神层面四个方面。

四是创新文化建设的原则。我们认为创新文化建设要坚持继承、学习、创新、发展的原则。

五是创新文化的目标。我们认为就是要打造一种创新精神突出、创新行为活跃，创新氛围浓厚、创新机制完善的文化生态。当然，作为航空装备企业，这种创新文化必须是建立在强化爱国精神和政治责任的基础上，体现出国防单位的重要使命。

基于对创新文化的认识，科研院所必须要增强创新主体意识、培育全员的创新精神，强化创新激励机制、培育创新人才，努力形成尊崇创新、勇于创新、善于创新的良好创新文化氛围，形成创新发展新魂魄。

## 二、大力倡导“四种”理念、树立“五种”意识，激发创新的原动力

创新的行为需要创新原动力，创新文化建设只有针对创新的动力来开展，才能取得最大的实效。沈阳所通过强化“四种精神、五种意识”激发内在动力。

一是倡导“诚、严、细、实”价值理念，强化创新精神。

以“诚”引领，强化报国精神。倡导热爱祖国、献身航空、诚实守信、爱岗敬业的理念和行为，强化一所人的责任感、使命感，激励职工为践行使命戮力创新。

以“严”引领，强化科学精神。倡导严肃认真、用心负责、谨慎周到、严格规范的理念和行为，强化高度负责的工作的态度，激励职工以科学的态度追求创新。严谨的工作态度，才能产生高度负责任的行为。

以“细”引领，强化职业精神。倡导一丝不苟、精益求精、关注细节、认真负责的态度和行为，激励职工以强烈的职业精神努力创新。

以“实”引领，强化进取精神。倡导尊重规律、实事求是、追求真理、勇于创新的理念和行为，强化航空人的科学精神和创新意识。

二是牢固树立“五种意识”，增强创新动力。

树立使命意识。采取价值理念体系化、制度化、具体化、形象化和人格化，强化报国理念，激发创新的内生动力，引导职工结合实际主动创新。

树立发展意识。以生存需求引导、发展需求引导、价值观引导为主线，引导职工将个人价值实现与研究所发展统一起来，在本职工作岗位上努力创新，实现自身与研究所共同发展。

树立团队意识。飞机设计是复杂的系统工程，只有激发团队合力，才能集智攻坚，创新超越，打造先进战机。采取“家文化”等载体，增强团队凝聚力，引导职工自觉服从团队需要，发挥团队整体合力，努力实现创新要求。

树立责任意识。倡导“诚信、规范、认真、负责”的工作准则，引导职工爱岗敬业、不畏困难、勇于创新，以航空报国为己任，积极解决工作中遇到的困难和问题。

树立创造意识。倡导努力学习、刻苦钻研、开拓创新、追求卓越的理念和行为，强化职工的学习意识和创新意识。

## 三、构建“五项”激励创新机制，形成基于创新的价值导向

创新文化是创新机制的源泉，制度机制体现着创新的价值取向。沈阳所将创新理念融入到制度建设中，在岗位上体现，在流程中沉淀，在行为习惯上展现，以制度的力量培育创新文化。

一是完善创新推进机制，强化组织导向。沈阳所专门成立了科技创新工作领导小组，制定完善了“预先研究管理规定”、“科技创新基金管理规定”、“科技创新奖实施细则”等政策和制度。每年自筹500万资金资助所内创新项目。

二是完善创新奖励机制，强化行为导向。每两年召开一次创新大会，奖励和表彰创新成果。每季度开展创新团队和创新先锋的评选，表彰和奖励有重大创新的团队和个人。大力宣传创新典型和创新团队，形成鼓励创新的良好氛围，使以创新为主导的价值理念成为风尚。

三是完善创新人才培养机制，强化发展导向。沈阳所实施“三位一体”人力资源战略和长家分离，完善员工成长通道和核心员工管理机制，建立了从设计员到总师的6级晋级台阶和50人的集团专业技术领军人才后备库。一大批中青年科技英才和创新团队脱颖而出。

四是完善创新成果转化机制，强化价值导向。积极开展前沿技术、关键技术的探索研究，建立预研成果转化机制，促进创新成果快速转化和应用，助推飞机研发重大突破。扎实的预研和攻关，使歼15飞机实现了280项关键技术突破；增材制造技术（3D打印）已在多个型号上成功运用，该技术荣获国家技术发明一等奖。

五是建立产、学、研、用相结合的开放式创新体系。沈阳所主动研究和引导需求，按市场化方式，以研究所为主体，以产品研制为牵引，建立了产、学、研、用相结合的科技创新体系，与清华、北航等多所高校以及部队用户建立战略合作关系，提升创新的深度和广度。

## 四、以创新战略为牵引，构建和拓展“五大”创新平台

创新文化是科技创新的源动力，是创新战略的文化支撑。集团公司党组提出了“三步走”的创新发展目标。沈阳所将创新上升为发展战略，明确提出了“赶超国际飞机研究设计先进水平，引领我国航空武器装备技术进步和产业发展”的共同愿景，形成了基于创新的战略思想和企业信仰。以战略为统领，构建了五大创新平台，释放创新活力，提升自主创新能力。

型号研制平台。目前，沈阳所承担有人和无人机的10多个型号都是自主创新项目，创新是型号成功和履行新时期使命的关键，型号更为团队创新和个人创新提供了更大的舞台。

预研平台。预研是技术储备和关键技术攻关的重要途径和牵引，沈阳所承担着“十二五”39大类118项预研课题，为开展型号和项目推进奠定技术基础和人才储备。

知识管理平台。知识管理就是要让隐性知识显性化，强化对知识等无形资产的传承和管理，实现基于知识和更高起点上的创新。持续10年推进知识管理，构建了基于创新、模块化和产品的三大知识库累计近9000多条知识条目，实现了基于知识和更高起点的创新。2009年，该项目获国家级创新管理成果二等奖。

重点实验室平台。沈阳所充分利用电磁环境效应和隐身技术等航空科技重点实验室开展新技术研究、探索和验证，定期举办学术交流会和研讨会，开展专利和科研成果的申报和转化。重点实验室作为新技术“孵化器”和技术牵验证“助推器”的作用充分彰显。

实践创新平台。就是要搭建便于、利于、适于职工创新的环境和平台。沈阳所成立了航模协会，设置了两年一届“青年未来飞行器设计大赛”，组建某型飞机等多个快速试制团队，建立和畅通对外参赛机制和渠道，成为科研人员实现创新梦想的舞台。本次珠海航展，沈阳所获得“创新杯”全国未来飞行器设计大赛一等奖。

### 五、以学习型组织创建为主线，营造浓厚创新文化氛围

学习是创新的基础，学习型组织理论的核心是持续创造。沈阳所导入学习型组织理念，强化团队学习，激发创新潜能，宽容失败挫折，强化团队创新，营造了适于、便于和利于创新的文化氛围。

一是构建便于创新的环境氛围体系。创新源于适宜创新的土壤和养分。沈阳所从组织机构变革，工作环境、人文环境和氛围营造，以及型号文化产品等方面塑造便于、利于创新的环境氛围。

二是构建鼓励肯定创新的行为环境体系。创新就意味着冒险，冒险就意味着不是100%的成功。沈阳所总师系统在型号研制中鼓励年轻人创新、采纳年轻人的技术创意，对新技术创新的失败予以充分的理解和宽容。同时，大力宣传创新的行为和人物，激发职工的创新热情。

三是构建创新导向的制度体系。没有一套激励创新、尊重创造、鼓励冒险、宽容挫折的机制，就难以催生出创新成果。沈阳所不断健全以创新为导向的型号研制流程、奖励机制、选人用人等制度，每季度还开展“创新之星”评比等活动，确保科研人员能在工作中大胆怀疑、“异想天开”。

四是构建了创新导向的理念体系。创新文化理念是文化推广的重要载体，是创新文化表述的升华。沈阳所从共同愿景、使命、核心价值观、精神等核心理念层以及基础工作理念层等两个层面构建了以创新为魂的价值理念体系。

创新文化是科技创新的源动力，是科技创新的文化支撑。5年来，型号研制实现了井喷式发展，荣获集团公司以上科技成果奖53项，其中国家科技进步特等奖1项，国家技术发明奖一等奖1项，国防科技进步奖14项，申报专利483项，获得授权专利121项。飞鲨着舰、鹘鹰亮相等三大创新成果震惊了世界，提振了军威国威。培养形成了3名院士、两名国家重点型号总师、62名集团专家和以80后为主体的研制团队。文化的力量再次得到充分彰显，创新文化激发出的正能量正引领着追逐更高、更新的光荣梦想。

习近平总书记指出，“在新一轮全球增长面前，唯改革者进，唯创新者强，唯改革创新者胜”。创新已经成为加速中国经济新常态的重要引擎，自主创新已经深深融入到沈阳所追梦、圆梦的血液中和奋进的脚步中，然而创新永无止境，创新文化更无终点，我们将在学习中发展、在继承中创新、在实践中提升，将创新文化融入管理，转化为职工自觉行为，为实现强所梦、航空梦、强军梦提供强大的文化信仰和精神动力。

## 创新让企业文化更具生命力

华能伊敏煤电有限责任公司

党的十八大报告指出要提高国家文化，增强文化整体实力和竞争力。企业文化作为国家文化的重要分支，是落实党中央号召的重要途径，特别是企业文化作为现代管理思想和方式，是企业的灵魂和软实力。然而在企业文化建设中，如何将核心理念与实践工作相结合，让软功做硬，将虚功做实，是摆在所有企业文化工作者面前的课题。华能伊敏煤电公司坚持创新开展企业文化实践主题活动，用文化引领战略、主导管理，让企业文化独具有企业特点，更具操作性和适应性，有力的推进了企业文化落地生根，培育积淀了丰厚的精神财富和文化底蕴，逐步形成了以社会主义核心价值观为引领，以践行“三色”企业使命为基本特征，以树行业典范、塑草原明珠、铸绿色品牌、创一流企业为科学内涵，个性鲜明、富有“明珠”色彩的文化理念，同时在企业文化创建征途中，公司大力通过创新开展主题企业文化实践活动，走出了一条企业文化创新之路。为企业发展提供了强大的精神支撑。

### 一、内涵和做法

**（一）强化企业特色，推动企业文化实践活动形式创新。**

突出教育特色。公司在深入学习贯彻党的十八大精神的基础上，以多种形式开展了“十个一”主题实践活动：每年召开一次建党纪念会议、一次专题民主生活会、一次党员走访慰问活动、一次评先选优和命名表彰活动、一次党的基本知识竞赛或演讲比赛，每月召开一次中心组专题学习会，上一堂专题党课，开展一次形式任务教育，强化对党员、干部、职工的爱党、爱国、爱企、爱岗教育，使活动成效更多地体现在推动日常工作。

突出体系特色紧紧围绕学习贯彻习近平总书记系列重要讲话，努力培育和践行社会主义核心价值观。按照目标化、系统化、品牌化的要求，依托企业党组织机构，形成了公司、厂矿、车间、班组四位一体的活动架构。把培育社会主义核心价值观与“中国梦·尽职圆梦”主题活动结合起来，和企业中心工作结合起来，和生产经营目标结合起来，和干部职工切身利益结合起来。通过开展大讲堂活动，组织专题讲座，观看学习影片，撰写心得体会等方式不断提高干部职工的认知度、参与度和凝聚度。同时强化社会公益宣传，在厂区道路，社区广场、公交车站等公共场所，设立公益广告牌，利用电子屏幕、建筑围挡、宣传栏、路灯广告牌等重要载体进行社会主义核心价值观宣传，努力实现社会主义核心价值观宣传像空气一样无处不在、无时不有。

突出中心特色。紧紧围绕公司战略部署，广泛开展抢市场、保营销，抢电量、保运行等主题劳动竞赛活动，着力创新活动内容和形式。围绕开展群众性“技术攻关、技术革新、发明创造、合理化建议”等项目，积极开展职工创新工作室创建活动，大力开展职工技能比赛和岗位练兵，培养造

就企业技能人才，更好地激发职工群众的创新潜能和创造活力。围绕市场营销、节能环保、技术攻关、设备管理、风险管理和内控建设等中心工作，把广大党员干部的先锋形象树起来，把职工群众的工作热情和干劲激发起来，切实引导和凝聚到推进四项绩效目标任务上来，把主题实践活动推向新的层面，营造浓厚活动氛围。

突出主题特色。开展“中国梦·劳动美”主题实践活动，用“中国梦”凝聚共识，用“劳动美”弘扬精神，通过组织召开演讲比赛、征文、诗歌朗诵等活动，在全公司营造尊重劳动，造福劳动者的氛围，进一步引导职工把梦想的追求落脚和聚焦到投身煤电事业上来，调动职工建功立业、实现梦想的积极性和创造性。

**（二）创新搭建载体，促进企业文化主题实践活动整体推进。**

开展诚信型主题实践活动。公司将诚信企业创建工作与企业管理提升活动有机融合，编制完成了《公司内部控制管理手册》，建全了风险内控测评和监督评价机制，做到了各项效益指标分解到位、责任到位、控制到位。通过严格依法合规开展生产经营活动，健立企业总法律顾问制度，组织开展法律法规培训，加强监督检查，自觉维护商业伙伴的合法权益，多年来未发生重大合同纠纷。通过开展诚信知识学习、诚信典型宣传等一系列有效措施，使企业诚信建设得到全面提升。

开展学习型主题实践活动。全面启动“创建学习型企业，争做知识性员工”读书活动，选定必读书目，采取心得交流、演讲比赛、知识竞赛等形式开展学习互动活动。升华和创新学习型党组织创建成果，坚持分类指导、注重特色、重点突破，以“六型党组织”（机制创新型、凝心聚力型、优质服务型、推动发展型、和谐稳定型、提升管理型）建设为载体，以“五亮行动”（干部亮作风、党员亮形象、组织亮品牌、员工亮精神、团队亮业绩）为实践主题，努力为“党员示范行动”开辟新渠道，拓展新空间，注重“创先争优”活动长效机制的升华与创新，把共产党员培养成为解难题、攻堡垒的中坚力量。

开展建设型主题实践活动。公司注重用社会主义核心价值体系育人固本，凝魂聚气，把广大员工的智慧和力量凝聚到创建一流煤电企业和管理提升上来。认真开展“道德讲堂活动”，按照规范流程，确立活动主题、选择宣讲人物、发掘典型事迹，建设固定讲堂4处，近三千余人次进入讲堂接受教育，营造了“崇德尚善”的浓厚氛围；广泛开展“德润草原·文明之行”主题实践活动，用文明礼仪培育和文明风尚传播活动和主题鲜明的勤俭节约活动，促进了公司精神文明建设水平；扎实推进了以“六创六树”为主要载体的群众性精神文明创建工作，开展了“志愿者”服务、“学雷锋”等活动，健全了志愿者服务体系，引导广大员工自觉认同社会主义核心价值理念。有系统地开展体育比赛和健身活动，有计划地开展文艺创作和作品展示活动，丰富了主题实践活动内容。

开展了文化型主题实践活动。开展“明珠”企业文化推广实践活动。按照华能集团公司“三色文化”理念和三级文化定位，总结提炼了以践行“三色”企业使命为基本特征，独具企业特色的“明珠”文化理念，对公司视觉导视系统进行了规范设计，编印了《企业视觉导视系统手册》，对“七五三”能源基地展览馆进行了升级改造，并申报为呼伦贝尔市爱国主义教育基地。开设了呼伦贝尔市首家党建宣传手机平台，健全社会媒体舆情监控体系和舆情危机应对预案。通过复查考评，公司“全国文明单位”创建成果得到巩固和提升。

开展和谐型主题实践活动。伊敏煤电公司作为集团公司试点单位，把创建“和谐企业示范单位”作为公司创一流和管理提升活动的一项重要内容和关键环节，以构建社会主义和谐企业为主题，以诚信建设、人文建设、责任建设和品牌建设为载体，结合公司实际，通过一系列和谐企业创建活动，启动了企业主导型安全社区建设主题实践工程，深入伊敏苏木共建平安社区，为80户鄂温克牧民新建住宅解决用电难的问题，为洪灾居民募捐善款32.69万元，认真执行各项环保政策法规，投资9亿多元对伊敏电厂#1-4机组进行脱硫脱硝改造，建设中水处理厂，不让一滴污水污染草原，公司被评为“中国美丽电厂”。

**（三）创新评比机制，确保主题实践活动取得实效。**

公司创新激励机制，确保主题实践活动取得实效。以班组为单位，以全体职工为对象，以岗位工作为载体，开展“四比四看”活动：第一，比思想看境界。主要比工作干劲和岗位贡献，看职工的精神状态和执行能力，比出争创一流的志气、百折不挠的勇气和奋力开拓的锐气。第二，比素质看能力。每个班组将一个阶段或某一项重点工作任务分解细化到每位职工，主要比岗位技能和履行职责的本领和素质。从而比出处理急难问题、应对突发事件、创新工作思路和驾驭复杂局面的能力。第三，比作风看形象。主要比党员，尤其是党员干部在贯彻落实中央关于作风建设的“八项规定”和上级公司关于作风建设的《若干规定》执行情况，以及联系群众，调查研究，创造业绩情况，从思想作风、学习作风、工作作风和生活作风上，彰显共产党员的魅力形象。第四，比服务看成效。主要围绕服务大局、服务基层、服务群众“三服务”要求，比通过自身努力和示范效应推动整体工作完成情况，看职工的满意程度。同时，组成督导组，进行督促和检查，及时总结和反馈各基层党组织好的经验做法，使主题实践活动真正成为服务企业大局、展示员工风采的有效载体。

## 二、实施效果

通过创新开展各类型的企业文化主题实践活动，不断总结典型经验和做法，突出成效，深化活动效果，使伊敏煤电公司各项工作都取得了新进展，有了新突破。公司安全生产基础管理水平进一步提升，可控在控能力进一步增强。经营管理取得良好成果，2015年企业完成发电量156.1亿千瓦时，原煤产量1981吨，实现营业收入45.2亿元。干部履职能力和党员队伍整体战斗力进一步提高，打造了一支懂技术、会管理、善经营的一流员工队伍。公司被中国企业文化研究会评为“改革开放35周年企业文化竞争力优秀单位”、“电力行业企业文化顶层设计及基层践行优秀单位”。公司创建的“明珠”企业文化荣获“全国电力行业企业文化优秀成果”一等奖，由12家中央媒体组成等“清洁煤电华能行”中央媒体采访团，对公司进行了采访报道，有效的提升了公司的影响力和美誉度。公司拍摄的微电影《草原幸福路》荣获全国职工“劳动美·幸福路”微影视大赛组委会特别奖。

创新是动力更是一种信仰，只有不断的将创新理念与企业文化建设结合起来，才能让企业文化活起来，才能真正的为企业建设服务，成为企业发展的灵魂。伊敏煤电公司将始终牢记习近平总书记“守望相助”“把祖国边疆这道风景线打造的更加亮丽”的时代要求，不断创新，采取有力措施，为华能集团创建世界一流企业，努力开创一流煤电企业新局面。

（作者王猛，系华能伊敏煤电公司党建部综合科科长、高级企业文化师、政工师；谢国防，系纪检监察部副科长）

# 安全文化

## 用安全文化筑牢“平安型地铁”的根基

北京市地铁运营有限公司

北京地铁运营有限公司是北京市地铁运营的专业化公司，运营线路总里程372公里、196座运营车站；运营业务涉及车辆运输、行车电力调度、供电、通信信号等。在多年的运营经验和事故教训中，地铁公司总结出“抓小防大，安全关前移”、“安全运营，基础取胜”、“安全运营，管理是关键”等安全管理思想，确立了“安全第一、预防为主、综合治理”的安全工作方针，创新并实践了“人、机、环、管”4大要素和“治、控、救”道防线组成的矩阵式安全控制体系，努力打造安全可靠、长治久安的“平安型地铁”。

### 一、安全文化的成因

随着首都经济社会的快速发展，北京地铁对客流的吸引力随着线网规模的扩大而显著增强，对北京地铁的安全管控能力提出了新的更高要求。面对种种风险和挑战，北京地铁公司坚持“安全是基础、服务是根本、效益是目标、管理是手段、改革是动力”的工作方针，确立了“建设安全可靠、长治久安的‘平安型地铁’”的目标和“永远追求零风险”的价值追求，一整套安全管理工作的理论、理念作为支撑，培育公司和员工的本质安全意识，推动安全工作的内化于心、外化于行，确保矩阵式安全控制体系的落实。在超常规快速发展的大规模网络化运营新阶段，打造安全文化，筑牢“平安型地铁”的根基势在必行，安全文化应运而生。

### 二、安全文化的构成

北京地铁公司建立了与战略发展规划高度协调的“六型地铁”文化，形成了包括理念、行为、视觉三大体系，6大专项文化和多子文化支撑的文化体系格局。安全文化作为6大专项文化之一，是“六型地铁”文化母文化的重要组成部分。安全文化由理念、战略、管理、行为和物态5大部分组成。

（一）理念篇。

“以人为本创平安、永远追求零风险”的安全理念是安全文化的核心和基础，也是安全文化建设的总目标总任务；通过安全共识、安全观念体现地铁安全工作的愿景、使命、精神、价值观；通过强化行为“零违章”、操作“零差错”等在设计、设备、环境、管理、制度、监督等8个方面“零”的安全控制目标，强化员工“安全可靠，长治久安”、“挑战安全极限，永远追求零风险”、“抓小才能防大，隐患就是事故”等6大安全共识；牢固树立“安全是北京地铁的生命线”、“习惯成自然，自然成自觉，自觉变行动”等8大安全观念，让员工始终在“以人为本创平安，永远追求零风险”的安全理念轨道上执行岗位工作，实现“自律安全、自责安全、自我安全”，提高安全工作质量和水平。

（二）战略篇。

战略篇是安全文化建设的总设计，对安全发展目标、安全生产方针、安全战略体系和安全发展举措进行了明确规定，为安全工作发展指明方向。公司按照“建设安全可靠、长治久安的‘平安型地铁’，使北京地铁成为国内领先、世界一流的城市轨道专业运营企业集团”的发展目标，坚持“安全第一、预防为主、综合治理”的工作方针，创新并实践了“人、机、环、管”四大要素和“治、控、救”三道防线组成的矩阵式安全控制体系。通过科技强安、管理固安、文化兴安的战略举措，运用先进的技术，实施安全生产标准化和对标管理，建立健全规章制度，狠抓基础安全建设，凝聚安全共识，强化思想意识，规范、约束和激励安全行为。以此推行现代管理，提升全员素质，追求本质安全，对安全工作实施科学化战略化管理。

（三）管理篇。

管理篇是在安全理念指导下对各项具体工作的展示，体现了安全工作的哲学思考和基本原则，是对安全文化战略实施的措施，是安全文化落地的有效途径。北京地铁公司推行“4248”的安全管理举措，即：坚持“四项原则”、构建“两个体系”、建立“四个责任机制”、执行“八大制度”。实施员工责任意识提升工程，全过程全方位制定安全管理对策，严格执行“PDCA”的工作流程，系统性防范事故发生，努力治理或消除在人员、车辆设备设施、环境和管理4大方面的隐患，将隐患减少到最低程度，将风险降低到最低程度。

（四）行为篇。

行为篇是文化管理的关键环节，是安全理念的动态体现。行为篇对安全文化行为进行系统、科学地设计与诠释，是具有深厚内涵和专项特色的行为规范。安全文化行为篇由三级行为准则、三种行为规范、三大行为保障组成。首先，解决行为界限是安全文化行为的第一要务，“十二五”期间，公司从安全管理的层级职责入手，设计决策层、管理层、执行层的职责，明确各层级该做什么。其次，以行为规范强化层级管理的底线意识和适用于全员的安全禁令，明确什么不能做。第三，树立安全行为的保障，着力从思想上树立员工的规范意识，锻造安全意志，培养行为习惯上。

（五）物态篇。

物态篇体现了保障安全文化全面宣贯、落地生根的必要条件。详细阐述了安全文化在物质保障、科技保障、传播途径和视觉识别系统。“十二五”期间，北京地铁公司加大资金投入，组织安全科技攻关，积极推广安全科研成果，努力激发员工进行安全技术创新，提高安全科技保障。创新安全文化载体，设立“金手柄奖”、“安康杯”等安全品牌创建活动；开展安全责任大讨论、安全故事大家讲等安全主题教育活动；运用“警示语”“示意牌”等安全标识，让安全意识强起来，让危险点源亮起来；开展“每日一题”、“每日一查”、“每日一议”等全民性安全培训和监督检查行动。建立了安全文化长廊、安全事故警示墙、安全寄语站台、安全实践基地等多样化安全文化阵地，充分利用北京地铁网站、地铁电视、微博、微信设置了安全文化专栏、安全色彩管理、文化视频等栏目，开展多种媒体传播的渠道。

## 三、践行安全文化的成效

在安全文化的引领和指导下，北京地铁公司全体员工牢固树立“永远追求零风险”的价值追求，安全管理体系和模式始终保持持续改进的态势，实现了安全可靠、长治久安，迈入了世界一流地铁行业。

（一）理念引领，安全管理水平整体提升。

实现了思想上的高度统一。通过宣贯和践行安全文化使员工牢记安全控制目标、达成了安全共识、树立了安全观念，建立“以人为本创平安 永远追求零风险”的价值取向，实现了思想上的高度统一。

实现了意识上的全员提高。通过文化宣贯将安全理念、战略体系和管理举措明确传递到管理的各个层面，激发了员工的自豪感和归属感，每一名员工作为安全工作的重要力量，坚持严格按照规章制度长期重复操作不变形，在思想、行为上的自觉践行、遵章守纪，员工队伍安全意识和工作水平得到了整体提升。

实现了行动上的联动协作。以“人、机、环、管”四大要素和“治、控、救”三道防线组成的矩阵式安全控制体系使企业和全体员工形成“大联动机”，联动控安、高效治安、团结促安，成为一个有机整体真正做到“抓小防大，安全关前移”，安全文化与运营生产实现了融合发展。

实现了运行机制上的良性循环。通过将“4248”的安全管理举措逐项落实，安全工作开始由“强制的安全制度管理”向“自觉的安全文化管理”转变，管理体制和运行机制形成了良性的循环，各项工作得以相互促进、协调发展。

（二）运营服务水平跻身国内领先、世界一流行列。

通过全员践行安全文化，不断巩固安全基础，公司运营服务板块业务获得了较大幅度的发展。在国际地铁协会评价地铁运营企业绩效的27个关键指标对标中，北京地铁公司处于上游水平指标12个，中游水平指标6个，下游指标8个，综合业绩处于世界一流水平。

（三）推动“六型地铁”文化建设全面推进。

安全文化作为“六型地铁”文化的6大专项文化之一，率先完成体系的建立并付诸实施。在母文化核心理念基础上对安全理念进行成功的扩展和延伸，成为实现“六型地铁”文化落地深植的重要内容和关键环节。

安全文化建立了理念篇、战略篇、管理篇、行为篇、物态篇的架构，明确了专项文化的功能、定位、作用等；总结提炼出专项文化的目标、共识、体系、措施、管理机制和管理方式以及行为规范等一整套体系。

纵观北京地铁公司践行安全文化的实践，认为良好的专项文化要对专项工作进行历史的、科学的、系统的研究。一是要使专项文化充分体现统领专项工作的权威性，发挥主导、规范专项工作的作用。二是要明确专项工作行为价值取向。三是要明确专项文化建设的发展目标和发展方向。四是要体现专项工作在发展改革中需解决的矛盾和问题。五是要找出实施文化管理的渠道和途径。北京地铁公司在完善六大专项文化的基础上，将继续吸收、总结专项文化的有益经验，向国内专项文化建设的优秀企业学习，为进一步推动企业文化的推广，推动文化领航、文化管理的深入研究贡献力量。

（供稿人：王雨）

# 加强安全文化管理　实现健康持续发展

中国石油集团渤海钻探工程有限公司

中国石油集团渤海钻探工程有限公司（以下简称渤海钻探）积极探索，勇于创新，实施了以深化安全精神文化、制度文化、行为文化和物态文化建设为主要内容的安全文化管理，实现了安全发展、清洁发展。

## 一、“四个安全文化”的基本内涵

安全精神文化：主要解决员工的思想意识问题，使“安全成为企业核心价值观”的思想在企业落地生根，实现全员由“要我安全”向“我要安全”的根本转变。

安全制度文化：主要解决制度体系完善与落实的问题，做到制度体系“全覆盖、无漏洞、零缺陷、可操作”，并内化于心、外化于行，实现从“事故管理”向“超前防范”转变。

安全物态文化：主要解决施工作业面貌和环境的问题，

打造标准化作业现场，做到“现场无隐患、设备无缺陷、管理无漏洞”，实现从“被动安全”向“本质安全”转变。

安全行为文化：主要解决和规范各级组织和人员安全行为的问题，做到安全工作“齐抓共管、人人负责”，实现从“严格监管”向“自我约束”转变。

## 二、主要做法

**（一）深化精神文化建设，实现全员由“要我安全”向“我要安全”的根本转变。**

用心培育安全理念。渤海钻探本着“源于基层、用于基层”的原则，归纳、提炼和形成具有石油钻探企业特色的“不安全的进尺一米不打，不安全的产值一分不要，安全永远比产值和效益重要”的核心理念，以及“安全能力和业绩是选人的主要条件，安全培训是给员工最大的福利”等9条HSE管理原则和6条井控管理原则，做到用理念铸魂、用理念提升意识、用理念规范行为，真正使理念成为全体员工抓安全的强大思想源泉和行为准则。

广泛开展群众性安全文化活动。开展“安全在我心中”活动。开展以安全小故事、家书和摄影作品征集、讲演为内容的“安全在我心中”系列活动，共征集安全故事、家书、摄影作品5000多件，并编排成小品、相声、快板，进行巡回讲演。

开展干部访谈。开展“安全文化经理访谈”活动，公司领导带头撰写安全论文，各级领导干部积极参与，征集论文500多篇，并汇编成《平安之路——安全文化建设与实践》，印发至基层进行学习共享。

开展安全知识竞赛。组织编制安全知识读本，及时印发至基层进行学习。每年层层组织开展安全知识预赛、决赛，推动了安全知识的宣贯与普及。2014年，荣获天津市“第三届安全生产知识竞赛”决赛第二名。2015年获得天津市滨海新区“两法”知识竞赛“一等奖”。

开展安全文化进单位、进基层、进岗位、进社区“四进”活动。在办公场所建立“安全文化长廊”、“安全知识电子屏幕”和安全文化宣传栏；结合基层实际，建立“安全亲情寄语”、“安全警示语”专栏；在员工宿舍张贴“全家福”、员工家属安全寄语等；结合外部施工实际及节假日特点，定期向员工家属印发慰问信；结合季节特点，到员工家庭进行消防、天然气、用电等安全知识普教。

开展群发安全短信活动。针对重点施工环节，雷雨、雾霾、大雪、大风等特殊天气，夜间、雨季、冬季、节假日等特殊时段，涉海、山区、沙漠等特殊环境等，两级机关群发安全短信上万条，及时提示安全风险及注意事项，督促做好事故防范工作。

建立安全宣教平台。第一时间将会议精神、培训课件、制度规定、事故案例等传递到基层，让员工切身感受到领导对安全的重视，并普及安全知识。

积极引导员工参与安全管理。坚持正向激励。出台《安全专项奖励基金管理办法》，每年拿出1000万元，对表现突出的基层、岗位员工实施奖励。实施检查奖励，对现场表现好的基层进行奖励，增强基层的团队意识；实施事件上报奖励，调动员工分享安全经验；实施违章、隐患报告奖励，形成互相监督机制；实施安全检查考试奖励，激发员工学习安全知识的主动性；实施安全技改奖励，鼓励员工参与安全技改。

开展全员安全技术改造研究应用。发挥基层员工聪明才智，广泛开展安全技改研究应用，研制并实施了自吸式加重装置、油桶吊装装置、土工膜支架、二层台外围加装可折叠护栏等285项技改项目，其中，“自吸式加重装置”，解决了钻井加重过程中粉尘对人员伤害，减低了劳动强度；“油桶吊装装置”，解决了不规则物体吊装问题，消除了吊物脱落伤人风险；“土工膜支架”，解决了井下油污落地问题，消除了环保污染风险；“二层台外围加装可折叠护栏”，解决了修井队二层台应急逃生及作业人员通行问题，进一步提升了现场本质安全水平。

开展全员安全合理化建议活动。鼓励员工针对生产过程中管理制度、操作规程、设备设施、现场管理等方面存在不足，提出安全合理化建议，三年来，共收集合理化建议8500多条，其中，260多条建议纳入公司制度规程中，收到了很好的效果。

开展全员安全经验分享活动。实施安全事件及经验做法报送、分享、考核和奖励管理，对于及时上报事件及经验做法的人员，给予500-2000元的奖励，并编制成《安全事件及经验做法汇编》印至基层进行学习分享。三年来，共收集、分享安全事件及经验做法2428个。

**（二）深化制度文化建设，实现从“事故管理”向“超前防范”转变。**

实行一套体系。管理组织层面。编制了包含质量、安全、环保、健康、测量以及应急管理在内的QHSE管理体系。在此基础上，针对海外业务，编制实施委内瑞拉、伊拉克和印度尼西亚国际业务的管理子体系，做到上下管理标准统一、政令畅通。

基层现场层面。制定128个基层队种的《基层HSE建设标准》，推行一套适合基层现场实际的HSE“三标”管理，即：“标准化管理”、“标准化现场”和“标准化施工”。通过“标准化管理”，明确基层队如何进行规范化管理；通过“标准化现场”，明确基层现场应达到的安全条件；通过“标准化施工”，明确基层应如何进行标准化施工作业。

操作岗位层面。组织系统分析操作过程中存在的安全风险，编制所有岗位的《岗位HSE作业指导书》和“岗位HSE巡回检查表”。通过《岗位HSE作业指导书》，进一步明确每个岗位所从事的作业和活动，以及主要操作步骤、安全风险、防范措施及应急处置措施；通过“岗位HSE巡回检查表”，进一步明确各岗位巡回检查的部位及具体内容。

推行四项审核。推行体系综合审核。出台《体系审核定级管理办法》，编制钻井、井下等各个专业的《体系审核定级评分标准》。每年各单位进行定级审核，依据审核结果，对各单位按照得分情况进行A、B、C三级定级排名，并在渤海钻探全公司范围内通报，做到奖优罚劣，并对C级单位的主要和主管领导实施诫勉谈话。

推行专项审核。针对承包商业务不断拓展、安全风险增大的实际，每年坚持按照与自己的队伍同标准、同要求、同水平，对承包商进行专项审核，帮助承包商提升安全管理水平；针对新设备、新工艺、新技术、新产品即“四新”，开展专项评估审核，完善管理制度及规程212项。

推行专业路审核。每年由各部门自行组织开展专业路体系审核。生产部门突出基层应急处置预案建立健全、实战演练情况的审核；工程技术部门突出空气钻井、电代油等工艺技术的审核；劳资部门突出安全组织机构设置、监管人员配备以及培训情况的审核；装备部门突出设备设施完整性的审核；其他部门按照各自职责开展审核，加强和改进专业路HSE管理。

推行单位间互审。每年安排作业性质相近的单位开展交叉审核，完善了井架整拖作业规程、二层台逃生装置管理规定、相关方告知书、危化品MSDS信息卡等，大力推广安全经验分享、工作前安全分析等活动全过程录音的方法，达到了相互借鉴、共同提高的效果。

实施四个评估。评估每个基层。组织对每个基层单位进行全面评估考核，确立“重点关注基层”，采取调整基层领导班子、对队干部诫勉谈话、经济处罚、集中培训、科室包队帮促等措施，有力促进一批后进基层队管理水平的提升。

评估每个岗位。组织对基层岗位员工进行全面评价考核，并依据评估结果，确立“重点关注岗位”，采取建立个人档案、脱产培训、待岗、转岗、处罚、辞退等措施，提高员工素质、优化队伍结构。

评估每个生产时段。组织对每个生产阶段存在的安全井控风险进行全面识别，确立“风险较大时段”，采取完善措施、重点管控等措施，削减生产阶段中存在的安全井控风险。

评估每项工艺技术。按照每项工艺流程，全面评估和查找工艺技术（设备设施）上存在的缺陷和薄弱环节，确立“风险较大工艺”，采取停用、淘汰、改进等措施，进一步削减不安全的工艺技术风险。

**（三）深化物态文化建设，实现从“被动安全”向“本质安全”转变。**

实行设备设施“三统一”管理。统一作业现场布局。针对钻井、井下等基层队现场，统一规范从井位、大门方向、井场场地、主体设备、安全设施、值班房等各环节布局、摆放和安装标准，防止设备设施随意摆放，切实提高了作业现场表现水平。

统一设备设施配备。针对钻井、井下施工中易出井喷、有毒有害气体中毒爆炸，以及高处坠落等事故，统一安全防护设施配备，配齐井控装备；配备硫化氢、氧气、一氧化碳和天然气四个一检测仪器及消防设施，强化全过程检测；在重点位置配备鼓风机，及时消除井口及出口罐附近气体聚集风险。为安全生产提供了保障

统一隐患治理。每年都按照钻井、井下等业务工程造价中直接工程费的1.5%提取安全生产费用，用于安全隐患的治理，三年来，共投入近8亿元资金用于隐患治理，大幅度提升本质安全水平。

实行安全目视化管理。统一实施安全目视化管理，根据钻井、井下等各基层队种的不同，制定46个队种的安全目视化管理标准1250项，确立人员、生产区域、设备、工艺、工器具及材料、生活营区等六大类管理目视化，具体明确每类目视化标识的规格、图样、颜色、内容，组织各单位全面组织实施。

推行上锁挂签管理。推行电源上锁挂签，针对施工现场电源开关类别，研制空气开关锁、按钮开关锁、转换开关锁等锁具装置，在钻井设备设施检维修过程中，实施上锁和挂签管理；推行气源上锁挂签，针对钻井现场各类气源开关类型，研制ZTMR6型气控开关锁、23JR6型气控开关锁等锁具装置，在检维修过程中，实施上锁和挂签管理；推行高压源上锁挂签，针对钻井现场各类高压闸门开关类型，研制固定于高压阀门本体上的上锁设施和锁定高压阀门的钢缆安全锁套，在钻井泥浆泵及高压管汇检维修过程中，对高压闸门实施上锁和挂签管理。

**（四）深化行为文化建设，实现从“严格监管”向“自我约束”转变**

建立“两全”安全责任落实机制。建立全覆盖岗位责任机制。组织制定渤海钻探领导、机关各部门、基层各队、站、车间，以及所有岗位员工的安全职责，具体明确各级组织和每名岗位员工在安全工作上应承担的责任，做到“横向到边、纵向到底”。

建立全员责任督查机制。渤海钻探每年组织对所有处职领导人员HSE履职情况进行督察，对于履职不到位的领导干部，对其诫勉谈话；各单位每半年组织对所有项目部管理人员及基层人员责任制落实情况进行考核，对于责任落实不到位的，对其进行经济处罚。

推行领导干部“十个带头”。注重发挥领导干部的安全示范带头作用，推行以“十个带头”为主要内容的“有感领导”。“十个带头”，即：带头宣贯HSE先进理念和做法，带头学习、掌握和执行体系文件，带头制定并实施个人安全行动计划，带头研究解决安全环保问题，带头进行安全经验分享，带头对下属人员进行HSE培训，带头开展安全风险识别，带头开展体系审核和挂点联系检查，带头在各种会议、场所强调安全，带头进行年度安全述职。

强化员工安全素质提升管理。强化领导干部任职前后考核锻炼。将安全业务能力作为领导干部聘任的重要条件，对新提拔的副处职以下岗位人员公开竞聘前，实行安全考试，低于80分不得参加竞聘；对新提拔的正处职干部进行安全知识评估考核，并进行一对一培训；对新提拔且没有安全工作经历的副处和科队级干部，任职前安排到安全井控部门进行为期2至3个月的挂职锻炼。

强化全员脱产培训。坚持“四个注重”：注重培训基地硬件建设，投资1亿多元，建成模拟井喷教学井、实训室和应急逃生训练塔；注重软件开发，形成了覆盖钻井、井下等14个专业，队长、司钻等355个关键岗位安全、井控、应急培训课件1215个，以及视频和动漫485个的培训课件体系；注重师资队伍建设，选拔、培养、聘任专兼职教师475人；注重培训过程管控，针对每期培训班，实行学员“实名制”报名，指派专职管理人员严格把关。

强化基层自我安全培训。推行以“四统一”为主要内容的基层自我安全培训，每年基层员工自我安全培训达10学时。“四统一”即：统一培训聘任安全培训师613名；统一研制开发基层安全培训课件和影像教材，形成覆盖所有基层队种、3000多种作业的培训课件；统一培训师管理考核；统一为基层队配备投影仪、笔记本电脑等教具。

强化全员安全考试。实施全员“四考工作法”，渤海钻探每半年对处级干部进行统考，并将考试结果、排名顺序在渤海钻探网站公布；各单位每半年对全员进行一次统考，并将考试成绩与个人工资奖金挂钩；基层队每月对岗位员工进行一次统考；两级机关每到基层检查时进行抽考。

# 导入杜邦管理体系　提升安全建设能力

江苏扬农化工集团有限公司

江苏扬农化工集团有限公司是从事氯碱、农药和精细化工产品开发、生产和销售的国有大型企业，公司始建于1958年，现已成为国家重点农药生产骨干企业、中国石油和化学工业规模效益双百强企业。公司围绕“安全就是品牌、安全就是效益、安全就是责任、安全就是生命”的主题，着力培育“安全高于一切，责任重于泰山”的安全理念，坚持“安全第一，预防为主，综合治理”的方针，形成了具有本企业特色的安全文化；公司引进世界安全标杆企业杜邦安全管理体系，建立高标准的安全管理体系，实现了安全文化建设能力的提升，先后荣获全国“五一劳动奖状”、全国化工环保先进单位、中国石油和化学工业先进集体、全国企业文化建设优秀单位等荣誉称号。

## 一、有计划、有组织、有目标推进。

2012年10月，杜邦（中国）研发管理有限公司派专家对扬农集团进行了杜邦安全管理全面评估，杜邦顾问组与扬农集团公司实施富有成效的合作，从安全管理的领导、组织、执行工艺、安全管理等方面，进行了全面评估与诊断，对照杜邦安全文化发展阶段模型，认定扬农集团的安全文化发展阶段处于“严格监督”阶段的初期。

公司杜邦项目推进组按照指导工作组的建议，成立了由各高管担任组长的8个专业分委会，结合自身业务风险特点和文化背景，学习杜邦公司安全管理与安全文化建设的最佳实践和成功经验，逐步完善扬农集团自身的安全管理体系，增强了企业的竞争力，自此，扬农集团从“严格监督”阶段向“自主管理”阶段迈进。

## 二、构建安全文化体系，打造坚强的组织和制度保障

创新4种文化形式：文化专辑、文化墙、文化活动、文化基地，做到安全教育活动有声势、有影响，成效突出、意义深远。

**（一）文化专辑、专刊。**组织策划、编印并发行《安全文化手册》系列篇：理念篇、现场安全作业管理篇、《安全经验分享》案例集，举办“安全文化手册”发行暨培训宣贯活动。让全体员工认同、理解、接受、执行安全文化理念，确立8项“安全原则”是扬农集团安全文化建设的根本纲领与行动准绳。

**（二）文化墙。**将橱窗、黑板报、墙面、廊柱等作为强有力的宣传阵地，与员工零距离“亲密接触”，有组织、有布置、有检查、有评比、有奖励。制作任务“包干到户”，根据安全工作重点，布置宣传主题，板报制作突出“原创”作品，由员工自己撰稿、自己书写、自己绘画，公司涌现出一批能写会画的“小文人”、“小能人”。

**（三）文化活动。**“红丝带”活动，让安全长“系”心中。员工对属地内的特种设备查找隐患，一经发现问题迅速汇报，并在隐患现场悬挂红丝带，逐级汇总至杜邦项目组。杜邦项目组汇同生产部技术专家对安全隐患进行鉴定、提出整改意见并反馈至属地。活动结束后，红丝带集中交由杜邦项目组张贴于“红丝带”活动展示区，对发现隐患者，给予激励。通过“红丝带”活动，员工随时给身边的设备进行“体检”，他们系上的不仅是一根根红丝带，更是一道道安全生命线。

**（四）文化教育基地。**建立承包商电教室。集团对承包商的安全管理存在薄弱环节，而那些服务公司安装、检修、维护等的承包商具有人员多、类别杂、变更快的特点，加强这部分人员的安全教育就显得尤为重要。公司启用承包商电教室，明确了培训对象、内容、要求，有效改变了以往承包商缺少安全和劳保防范措施的现象。

## 三、“八个转变”彰显安全文化建设的突出成效

**思维观念。**员工对“任何事故都是可以避免的”等诸多科学理念和安全文化从开始的怀疑逐步到认同接受，从被动参与到主动参与，并能在实践中加以应用，逐步树立起正确的安全价值观。先进的安全理念深入人心，员工思想认知水平得到普遍提升。

思维决定行为。在这样的思想指导下，有效促动了全员自觉学习安全知识、掌握安全技能、参与安全监督与检查、隐患排查与整改的积极性，安全渗透到每个班组、每个岗位、每个员工，公司上下形成了人人重视安全，时刻狠抓安全，方方面面落实安全的良好局面。

**管理方法。**学习运用先进的管理方法：事故根本原因分析方法——事故树，利用所有的信息系统，通过可能发生的事故的因果逻辑关系找到根本原因，从根本上落实预防事

故的有效措施，防患于未然。工作前安全分析，对日常工作中存在的安全风险进行评估并制定措施，极大降低了工作风险，避免了安全事故和伤害的发生，保障了员工的生命健康与安全，体现了杜邦安全管理体系中“所有的事故都是可以预防的”理念。

**行为方式**。公司中、高层领导践行“有感领导”，个人安全行动计划、安全面谈机制，让员工“看到、听到、感受到”现场示范的榜样力量。在员工安全行为习惯方面，通过STOP观察工具的运用，现场的不安全行为有了明显减少；关心、重视安全的各级管理人员、岗位员工越来越多，劳保穿戴逐步规范，高危作业检修更加标准。

**制度执行**。经过与杜邦指导老师的充分沟通，认真审视企业现有的各项管理制度，加以丰富、补充、完善。紧密挂钩部门绩效考核，确保了制度的严肃性与执行力。现已修订、完善的93个制度，拓展了新的管理手段与方法，既有机融合杜邦最佳实践，又结合扬农集团实际情况，更具针对性、实用性和可操作性。

**责任落实**。通过属地化管理，推行属地原则，直线责任，安全责任的划分更加清晰明确，“谁管工作，谁管安全”，各部门都根据属地管理的原则，制定了属地管理实施方案，所有的员工都有属于自己的属地，每一块区域、每一台设备都有人负责。“属地主管”认规则、认证、不认人，管人管物管活动。不仅对结果负责，更对安全管理的过程负责。

**现场环境**。目视化管理，将关键的操作要点和步骤转化成可视的大幅图版，美观、实用，一目了然。“5S”管理，员工通过对现场环境的整理、整顿、清扫，有效改善现场环境、提高工作效率，实现操作标准化，更重要的是形成良好的工作习惯，养成良好的文化素养。

**培训与奖励**。建立所有岗位的安全技能与需求矩阵，实施矩阵式安全培训管理。公司建立了一支培训师队伍，丰富了培训资源，定期评比优秀教师。有计划地增加现场的岗位练兵，通过现场的实际演练，将员工掌握的理论知识转化为技能和技巧，提高员工处理突发事件的能力。通过“安全里程碑”活动，促进员工养成安全习惯，增强个人安全能力，减少人的不安全行为造成的违章和伤害。鼓励基层及时主动上报和控制未遂事故、危险事件，形成对事件原因和预防措施的经验分享机制，防范事故苗头，有效增强员工自觉参与安全文化建设的主动性；激发了广大员工关注安全、参与安全管理与监督的积极性，人人都是安全员，极大提升了团队安全管理的能力。

**承包商管理**。《承包商安全管理规范》明确了承包商及各部门的职责和工作标准，加强了对承包商及其用工的管理，对进入公司的承包商及其用工的相关安全管理要求一律与正式工一样。目前公司的脚手工、劳务工劳保穿戴越来越规范、脚手架的标准越来越高、厂区内检修作业现场也是越来越井然有序、检修项目的质量也越来越高。

导入杜邦安全管理体系，推行管理改善，实现安全文化建设能力提升，不是一项轰轰烈烈的活动，而是一项长期管理战略；不是一个漂漂亮亮的形象工程，而是一个实实在在的改善举措；随着时间的推移，不应淡化，而应更加强化、更加坚固。安全文化建设对员工产生了强大的影响作用，改变了员工的行为，在根本上达到了降低事故的目的，带来的经济效益不可估量，企业的社会形象也随之提升。

# “三零”安全文化助推生产长周期发展

## 神华宁夏煤业集团灵新煤矿

灵新煤矿是神华宁夏煤业集团主力生产矿井之一，始建于1989年，是宁夏宁东能源化工基地首座现代化矿井，设计生产能力320万吨。灵新煤矿坚持企业文化建设，打造了具有灵新特色的“三零”安全文化，推动安全生产管理由经验型、制度型向文化型转变，有力保障和助推了安全生产工作，安全质量标准化建设达到国家一级，先后荣获全国安全文化建设示范企业、全国企业文化建设“百强单位”、全国企业文化顶层设计与基层践行优秀单位等荣誉称号。

### 一、“三零”安全文化的提出

在长期的发展实践中，灵新煤矿深刻认识到安全生产一年两年靠运气，三年五年靠管理、十年八年靠文化。基于这一认识，结合矿井实际积极探索文化兴企、文化强企之路，把安全文化建设纳入企业战略发展规划，着力打造具有灵新特色的安全文化。

在实施安全文化建设过程中，灵新煤矿十分注重先进理念的培育。在认真践行神华集团“煤矿能够做到不死人，瓦斯超限就是事故”安全理念的同时，自我加压，不断提炼深化，构筑形成了以“零干扰、零事故、零伤害”为核心理念的“三零”安全文化体系，推进了灵新安全文化建设进程，从单纯强调生产安全向职业健康、风险控制本质型安全迈出了重要一步。

### 二、“三零”安全文化的内涵

“三零”，即安全生产必须“零干扰，零事故，零伤害”。

“零干扰”就是一切工作以安全生产为重，一切工作保障安全生产，一切工作服从安全生产。在干部层面开展强化政治意识、责任意识、效益意识、生命意识、法制意识“五种意识”宣传教育活动，狠抓干部井下跟带班管理，保证现场24小时监管到位，保证安全管理“360° 全覆盖”。

“零事故”就是要杜绝一切碰手碰脚及以上事故。管理层做到民主决策、科学管控；执行层做到高度一致、完美落实；操作层做到坚决执行、不打折扣，杜绝各类人身和非人身安全事故。

“零伤害”就是要做到互不伤害，互保平安。全矿形成“人身伤害就是事故，发生碰手碰脚现象必须追查”的共识，所有管理必须实现这一终极目标。

## 三、“三零”安全文化的特色做法

践行“三零”理念、抓实“四大体系”、实现“五自主”管理为内容的“三零”安全文化管理模式。

“四大体系”，即安全生产责任体系、安全生产保障体系、安全风险预控管理体系、安全绩效考核体系。

“五自主”，即矿井自主、系统自控、区队自治、班组自理、员工自律。

**（一）深入践行“三零”理念，铸安全发展之魂。**

理念是安全文化的灵魂。为使干部员工更快更好地理解、认知认同“三零”安全理念，灵新煤矿把宣贯落地作为安全生产首要环节来抓。以氛围营造、强势渗透为依托，深入持久开展全员、全方位、全过程安全理念学习、认识、宣贯、提升活动，升华了员工安全思想境界，使“零字号”安全理念入脑入心，为矿井实现长周期安全生产提供了坚实的思想保证。

**（二）落实安全“四大体系”，聚安全发展之力。**

安全责任落实体系。修改完善了《灵新煤矿安全生产责任制度汇编》，层层签订安全责任书，形成“千斤重担大家挑，人人肩上有指标”，齐抓共管，全方位抓落实的安全责任落实体系。

安全生产保障体系。坚持“科技兴安”战略，积极投入资金对矿井进行全数控自动化生产系统改造，建立了调度信息、监测监控、水灾治理、安全管理、培训管理等信息化管理系统，形成以科技投入为导向的安全保障体系。

安全风险预控体系。严格执行“查找问题－分析原因－制定措施－跟踪督办－整改确认”的闭环管理程序，落实岗位动态排查、班组班排查、区队日排查、科室周排查、矿井月排查的5级排查制度，建立隐患排查治理台账。强化隐患分级管理，严格执行重大隐患挂牌督办制度，做到项目、措施、资金、设备材料、责任人、进度、督察人“七落实”，形成了对各类隐患的在控、可控和能控的安全风险预控管理体系。

安全绩效考核体系。健全管理干部安全绩效档案，严格安全述职和绩效考核制度，对管理人员安全职责履行情况进行季度评比考核、通报，并对存在的安全突出问题实施从严问责，形成考核严密的全员安全绩效考核体系。

**（三）推行安全“五自管理”，争安全发展之先。**

构建管理体系，落实主体责任，实现矿井自主。一是实施层级包保制度，明确包保人员的连带责任。二是建立健全各项安全管理制度，不断完善本安体系和质量标准化考核办法。三是深入推进精益化管理，建立完善精益化管理考核奖惩办法，调动各级人员精益管理的积极性。

明确专业职责，细化量化责任，达到系统自控。按照“系统抓，抓系统”的思路，坚持“管生产必须管安全”的原则，进一步完善业务保安和自主保安制度，将责任分解落实到每一级领导和职能部门、每一名干部和员工、每一个工种和岗位，实现“职责、分工两规范”。

创新管理载体，激活区队管理潜能，实现区队自治。建立健全了区队内部安全管理制度，加强区队每班、每天、每旬、每月对班组和员工安全、质量管理的控制与考核。开展区队隐患自查自纠、排查治理隐患活动，建立隐患自查自纠台账，逐项进行排查治理。在区队推行“菜单式走动”管理，要求区队按照生产实际，把工作任务、目标、注意事项，制定成菜单，自主管理，杜绝了安全管理真空地带。

拓宽管理渠道，提升管理素质，推进班组自理。坚持班组长“公推直选”择优上岗制度，开展班组长能力素质大比拼，提高班组长管理素质和技能水平。有效激活班组管理的自觉性、主动性。强化班组核算，提升班组经营管理水平。

加强员工教育，强化责任意识，促使员工自律。从理念教育入手，用新思想、新观念武装员工头脑，教育引导员工，安全就是自己的事，“自己的安全自己管”，从而增强了员工自我约束、自我管理能力。

## 四、践行“三零”安全文化的效果

通过几年的践行实施，“零干扰、零事故、零伤害”理念已深耕全矿干群心田，落实在具体行动中，取得了实实在在的效果，使安全生产周期不断延长，保持了稳定的安全发展势头。

一是“人”的安全意识进一步增强。“三零”理念得到了员工的认同并“入脑入心”。在“三零”安全理念的指引下，全体员工自觉履行安全责任，规范行为标准。员工素质明显提升，安全意识明显增强，由过去“要我安全”的被动管理，转化为“我要安全，我能安全、我会安全、我保安全”的自觉行动。

二是“机”、“物”的安全运行水平进一步提高。通过安全系统新工艺、新技术的大力投入，为矿井提供了强有力的技术支撑。逐项、逐部位规范了机电运输工作，保障了机、物的安全运行。

三是生产作业环境进一步改善。通过不断升级改造，净化、美化、亮化、硬化了井下作业场所、设备设施，给员工创造了一个安全、舒适、温馨的工作和作业环境。

四是安全管理得到进一步加强。通过全体员工的共同努力，安全文化建设步入渐进发展的轨道，解决了制度层面无法有效约束的问题，改观了仅仅依靠考核的被动管理局面，与各项工作无缝衔接，升华了管理境界。

五是企业整体形象进一步提升。在“三零”理念的引领下，员工素质不断提升，安全环境逐步改善、安全行为逐渐养成，有效促进了安全生产工作。18年来，年产量由120.65万吨增加到477.89万吨，累计生产原煤5144.54万吨。安全生产百万吨死亡率由0.82%，下降为0，自1997年至今一直保持百万吨死亡率为0的记录。轻伤人身事故由1997年的1.3%，下降为0，安全生产周期继续延长，企业的凝聚力向心力不断增强，有力提升了企业整体形象。

六是社会效果进一步凸显。灵新煤矿连续18年实现安全生产的成绩得到了各级领导和新闻媒体的广泛关注，尤其是以“三零”理念为核心的安全文化得到了全方位宣传和报道。安全长周期经验先后在《神华能源报》、《神华能源》、《宁夏日报》、《华兴时报》、《中国煤炭报》各大网站等多家媒体刊发，先后成功承办了自治区、全国安全生产经验交流现场会。

# 施工企业如何做好安全文化建设

连云港港务工程公司

连云港港务工程公司主要承担港口与航道、房屋建筑、市政道路等建设工程，以及包括海洋测绘、混凝土和建筑材料加工、生产、销售等业务的施工企业。多年来公司注重以人为本的安全管理，针对现场实际采取了许多行之有效的安全管理措施，大力加强安全文化建设，做到了行动和思想的高度协调统一，实现了公司多年无重大安全事故，尤其在山场安全管理方面达到了“管中窥豹，可见一斑”的效果。

## 一、着力完善安全管理制度，使安全生产有章可循，有据可查

制度建设是一门科学，它要从实际出发，尊重首创精神，在此基础上有针对性地建立并完善制度，这样制定出的规章制度才能契合实际。刚开工，公司就制定并下发了《连云港东疏港高速公路中云台山路堑西侧边坡综合治理工程安全管理规定》和《连云港东疏港高速公路中云台山路堑西侧边坡综合治理工程车辆及驾驶员准入办法》的10号文件。项目部在10号文的基础上针对山场安全实际着手制订了《中云西山场安全管理规定》、《采石场抛填运输车辆安全管理规定》、《车辆入户安全教育卡》，这些规定不但遵循实际而且被不断补充完善，使项目部在执行时做到了有章可循，有据可查。项目部还全面落实《安全生产责任制》，按照“管生产必须管安全”和“谁主管谁负责”的原则，充分结合项目工程特点，将各级负责人员，各职能部门工作人员和各岗位生产工人的安全责任加以明确，将实现安全管理目标的责任层层分解、细化，确保了每个施工环节的安全都有人把关。

## 二、大力营造安全氛围，切实提高员工的安全意识

项目部充分运用各种载体，强化安全宣传教育。在山场的工作场所、班组、入口等醒目位置设置宣传栏、安全警示牌、张贴安全标语等，使员工进入山场就能处处感受到安全文化、安全气息、安全知识。公司安全管理部经常到现场讲解山场安全知识、消防安全知识，树立了员工的安全意识，进一步强化了安全就是生命、安全就是进度、安全就是效益、安全就是经营的观念，营造出了“人人重视安全、安全重于泰山”的良好氛围。

## 三、注重强化安全培训，做到安全管理“无盲区”

人的不安全行为，是诱发安全事故的重要因素。在帮助员工牢固树立安全意识的同时，帮助员工从“要安全”到“会安全”。

让员工“来得了”。由于施工紧张，项目部将培训课堂直接搬至施工现场，免去了路程远的耗时损失，把员工参加安全培训的变“请”，改变成安全培训到工地的“送”，保障了全员受训的出勤率。

让员工“听得进”。作业人员是施工方案的执行者，他们的操作直接关系到施工安全，但由于他们文化素质普遍不高，熟悉和掌握各类安全知识十分困难。为此，项目部结合现场实际情况，规定培训人员不说外行话、不办外行事，所讲的就是施工现场主抓的，使其简便易懂；其次是丰富授课的形式，项目部利用幻灯片、影像、图表、卡片、事例等多媒体工具，使枯燥的课堂变成趣味的沟通。

让员工“用得上”。为了确保培训的效果，项目除统一组织考试外，还结合每位作业人员从事的工种、作业环境对讲课的效果进行实地验证，规定安全管理学业不合格的不允许上岗。在项目部的努力下，人员安全意识已能满足安全作业的要求。

## 四、着力强化过程控制，做到安全管理“零死角”

制度再好、再完善，如果在执行过程中打了折扣，那么制度形同虚设，所以落实好各项规章制度是确保施工安全的关键。项目部在安全费用的投入、技术方案的编制和风险排查上做足功夫，确保了施工安全的全面可控。

在安全费用上投“足”。按照施工现场安全防护设施、设备始终能够满足安全生产的需要的原则，项目在安全费用的投入上做到专款专用，毫不吝啬。在安全费用的使用上，首先是狠抓安全标语标识牌的设立，对潜在的安全风险进行提醒、警示，确保标识醒目、清晰；其次是狠抓安全操作平台和安全防护栏及防护挡板搭设，让安全预防不只是一个口号；三是狠抓安全防护用品的配备，规定任何施工都必须正确佩戴安全帽，灰尘大必须戴好防护口罩。

在方案编制上做“细”。安全生产要靠科学的技术方案和严格的技术保证措施。项目部始终高度重视安全技术方案的作用，坚持按照方案进行施工，在技术方案的制订上做到谨慎周全、精益求精。

他们进行研究，多方求证，采取措施首先确保山场道路安全，做好边坡安全管理，其次是对挖掘机司机进行培训，做好铲装作业安全，最后是做好抛填运输管理。

抛填运输车辆管理在整个施工过程中非常重要，稍有不慎，就会造成车毁人亡。为此项目部把抛填运输车辆入场前的资料审核和车况检查、驾驶员入场前的三级安全教育作为工作的重点去做。严把车辆和驾驶员准入关，公司对车辆长度、使用年限、保险、车况和其驾驶员的驾龄、实际年龄、三级安全教育等均作了详细的要求，现场作业人员严格按照规定执行，杜绝不合格车辆和驾驶员进场作业。做好安全教育工作是场内交通安全的前提与保证，为此现场做了大量的工作，如制作图文并茂的视频教育资料，编制《采石场安全知识考核试卷》和现场一对一的安全知识讲解，对每一位进

场作业的驾驶员均做了细致而全面的安全教育工作，提高了驾驶员的安全意识，使其认识到作业过程中现场存在的各种风险和安全隐患，能够及时避让，以保证生命财产安全。

在安全隐患排查上求“稳”。项目部作业人员在领导的带领下，每天上午下午各一次深入到现场第一线巡查，发现安全隐患，立即要求整改，并做好整改后复查工作。每周五开展一次三方联合周安全大检查工作，并在检查结束后及时召开周安全生产例会，在会上针对检查过程中发现的问题，提出具体的整改要求，并在会后督促执行。联合车队开展每月一次的抛填运输车辆安全技术状况大检查工作，凡不合格车辆立即进行整改，不得进场作业。领导牵头做好夜班值守工作，做到作业现场24小时不离人，随时处理现场应急。领导坚持执行带班检查制度，不定期对山场进行抽查，使得山场安全警钟长鸣。

通过全方位地强化安全管理，加强安全文化建设，时刻树立“如履薄冰、如临深渊、如坐针毡”的安全意识，施工一年多来，项目部的安全管理工作一直处于可控在控的状态，安全形势良好，所采石料满足了公司各工程用料，加速了各工程的抛填进度，为国家重点工程的顺利推进提供了保障，多次荣获公司“安全生产先进集体”荣誉。

完善安全制度、营造安全范围、开展安全培训、编制安全方案、进行安全教育、召开安全例会，无一不是做足了安全文化建设功夫。可以说安全文化的出现是对安全认识问题的飞跃，它对企业的安全生产工作具有显著的促进作用和指导意义。只有让每个员工意识到安全的重要性，在思想上充分重视安全文化，才能使大家从“要我安全”转变为“我要安全”、“我会安全”。企业的安全文化是一个长期的潜移默化的过程，需要企业领导者有效的推动，需要通过持之以恒的教育，最终使之成为企业员工的一种精神理念，一种向往与追求。

# 构建“四六”安全文化<br>助推企业安全发展

华能扎赉诺尔煤业公司

扎赉诺尔煤业有限责任公司认真贯彻华能集团“安全就是效益、安全就是信誉、安全就是竞争力”的大安全观，始终坚持在安全生产过程中强化“时时如履薄冰”的理念，注重培育和建设具有扎煤特色的安全文化。在形式、内容、载体等方面进行大胆探索与实践，形成了赋有自身特色的“四六”安全文化，提高了企业安全管理水平和员工安全素质，确保了企业生产安全发展。

## 一、“四六”安全文化的内涵

“四六”安全文化是指以华能集团“安全就是效益、安全就是信誉、安全就是竞争力”的大安全观和公司“时时如履薄冰”的安全理念为引领，围绕“实现平安扎煤”安全愿景，在安全文化建设中建立“四六”运行机制，构筑“四六”保障工程的简称。“四六”安全文化架构是公司在学习、借鉴以及总结以往安全管理和安全实践的基础上，经过公司5年时间的实践提炼形成的，主要内涵是：

### （一）建立“四六”运行机制。

“四”即打造4个体系：着力打造安全理念体系、着力打造安全制度文化体系、着力打造安全行为文化体系、着力打造安全物态（环境）文化体系。“六”就是围绕安全文化体系建设，抓好6方面工作：强力推进“三程”教育与执行力度及“两票”管理制度；完成岗位安全风险评估；实施和推广“手指口述”管理法；做好全员的安全培训；加强隐患排查与治理；加强班组建设。

### （二）构筑“四六”保障工程。

“四”即完善4个体系，是指以各级党组织为主体的安全思想教育体系，以行政管理（生产指挥）为主体的安全生产保障体系，以安全监察为主体的安全监督体系，以工会、共青团为主体的群众性安全共建体系的简称，构筑了公司安全管理立体网络。

“六”就是开展好6项活动：全面推行煤矿安全性评价工作和岗位安全风险预知活动，提升矿井本质安全水平和员工安全意识；规范班前会召开程序，提升班组管理效能；广泛开展安全宣誓活动，坚定员工“我要安全”的信念；规范安全教育，夯实基础工作；扎实推进“手指口述”管理法，提高员工执行力和风险预控能力；大力推行集体升入井制度，进一步规范员工升入井行为。

“四六”安全文化架构是公司开展安全文化建设，促进企业安全发展的思想方法。通过充分发挥“机制”的运行和提升功能，使机制建起来、转起来、活起来；充分发挥“工程”的建设和积累作用，把全体员工的能量汇集到推动企业安全发展的轨道上来，形成整体效能，塑造本质安全生产人，确保企业安全发展。

## 二、“四六”安全文化的实践

### （一）提高认识，形成“四六”安全文化认同。

为有效推进“四六”安全文化在安全生产工作中的实践与应用，在广大员工中进行广泛宣传，使之成为全体员工的思想共识和自觉行为。公司以“四六”安全文化为主题，组织开展了座谈讨论、经验交流等安全文化活动，使各级管理人员逐步深化了对“四六”安全文化的认识，通过交流过程中的思维碰撞和管理交流，将“四六”安全文化理念与安全生产实际有机结合起来，形成扎煤公司《关于推进“四六”安全文化建设向精细深实发展的意见》，丰富其内涵，增强可操作性。充分利用各种宣传阵地，广泛宣传“四六”安全文化理念，通过多维渗透的宣传攻势强化员工对“四六”安全文化的认同。

### （二）突出重点，确保“四六”安全文化的有效运作。

重教育，形成氛围。坚持做到“四个一”，即公司党政联合下发的第一个文件是“安全一号文”，党政联合召开的第一个会议是安全管理会，第一行动是与二级单位签订“安全责任状”，开展的第一个活动是“零点安全起步”。

抓引领，统一意志。形成了安全核心理念、安全认识观、安全价值观、安全权益观、安全责任观、安全培训观等安全理念。下发《关于印发扎煤公司安全文化理念的通知》、《扎煤公司安全文化手册》，使安全文化理念成为引领广大员工统一意志、规范行为的指南。

夯基础，抓实班组。制定完善了《关于加强班组建设的指导意见》、《班组长聘用管理条例》，建立班组长职业档案，开展班组长“职业生涯”设计活动，为优秀班组长的脱颖而出创造条件。通过宣传渗透、培训教育、“三程”贯彻等形式，提高员工安全意识和操作水平，规范安全行为。以开展“读一本安全生产知识的书、提一条安全生产建议、查一起事故隐患或违章行为、写一条安全生产体会、做一件预防事故的实事、看一场安全生产录像片、接受一次安全生产知识培训、忆一次事故教训、当一天安全生产检查员、一次安全签名活动”的“十个一”安全教育，和“安全立功台、三违曝光台、事故案例分析台、安全警示台”等安全教育活动为落脚点，建立“每日一题、每周一课、每月一考、绩效挂钩”的学习制度，推行“手指口述”工作法，坚持在行为上抓规范、在过程中抓监督、在隐患上抓整改、在制度上抓落实，不断提高员工的安全素质和基层管理人员安全管理水平，切实抓好“本质安全”和“行为安全”，实现班组安全管理目标、方式、方法、员工安全态度、安全素质、安全责任心的“六大”转变。

**（三）健全和完善安全生产管理体制。**

构建安全生产齐抓共管的格局。在公司和各二级单位牢固树立安全生产“一盘棋”的思想，做到党政一把手全面抓，分管领导具体抓，党政工团各负其责，群策群力、齐抓共管。坚持开好安全生产月视频例会、周工作会、日碰头会和专项工作调研会，充分发挥安监部门安全监督检查的积极性和主动性，对安全生产日常管理工作中出现的问题及时沟通协调解决，形成了从公司、矿（厂）、队（段）、班组一级抓一级，一级保一级的横向到边、纵向到底、纵横交错的安全管理合力，使安全管理始终贴近安全生产实际，避免出现管理“挂空挡”的现象，营造了良好的安全环境。

构建安全质量标准化工作上水平的模式。建立了从公司、（厂）矿到（段）队三级煤矿安全质量标准化管理网络，上到公司总经理，下到各队（段）行政正职对安全质量标准化全面负责，分管安全工作的副职对安全质量标准化具体负责。同时明确各级部门的责任，公司及各矿安监部门是标准化综合管理和考核的主管部门，各级专业职能部室具体负责检查、指导和考核本专业的质量标准化工作。公司每月组织一次标准化动态抽查，每季度组织一次标准化静态大检查，实行检评后当场汇总通报，并将检查通报结果在公司办公系统上进行公布。各单位根据通报结果，逐条进行整改责任人、整改时间、整改措施、整改资金和复查人的“五落实”工作，并将“五落实”情况用“回执”表的形式上报公司安全监察部门进行“消号”处理。形成了检查、落实、整改、上报、复查和再检查的闭环式安全质量标准化管理模式，推动公司向本质安全型企业迈进。

构建安全生产责任制落实的机制。健全和完善安全生产三级责任体系，落实各级安全生产责任主体，将责任层层分解到各责任主体，层层签订安全责任状，形成安全生产层层有人抓、事事有人管、责任有人负的工作局面。同时，强化制度管理的刚性和硬度，坚持“短板”考核与责任追究，对生产现场出现人员违章、设备监管出现问题、文明生产不到位等现象进行严肃考核，追究相关部门和责任人，以严格考核实现强管理，从而达到安全管理与生产现场的“无缝链接”。

构建矿领导下井带班制度的机制。按照《国务院关于进一步加强安全生产工作的通知》文件精神及33号令，所属生产矿按上级要求，严格执行矿领导下井带班制度，每天深入生产一线，紧盯生产现场“人的不安全行为、设备的不安全状态、环境的不安全因素”进行安全监管、开展现场办公，对生产现场各项作业进行跟踪管理，及时解决生产过程出现的问题，提高安全生产管理的效率。

### 三、“四六”安全文化实践的效果

广大员工的安全责任意识明显增强。“四六”安全文化建设工作的大力开展，使广大员工真切地认识和感受到企业抓安全的良苦用心，真正树立和强化了安全责任感和使命感，牢固了安全思想和目标，由过去被动的“要我安全”升华为内在需求的“我要安全”。生产过程中逐步养成正规化操作、程序化操作的良好安全行为习惯，文明生产意识、精细化达标意识和团队协作意识明显增强，员工之间互保联保、互相监督、互相指导蔚然成风。

安全管理水平明显提高。由于公司管理体系的建立健全并得到执行，做到“凡事有人负责、凡事有章可循、凡事有据可查、凡事有人监督”。把煤矿安全性评价引入安全生产管理中，强化安全基础工作，控制了事故的发生。扎实推进“手指口述”工作法，提高员工执行力和风险预控能力，达到了避免违章、消除隐患、杜绝事故的目的。深入开展安全质量标准化工作，使质量标准化覆盖至安全生产的方方面面，达到人人、事事、时时、处处有标准，夯实了安全基础管理。

井下工作环境发生明显变化。生产矿井普遍把环境建设向井下延伸，安全文化通道、精品工作面、精品硐室干净、整齐，不仅使员工有了舒适、安全的工作环境，更使员工的精神面貌焕然一新，工作质量和效率大幅度提高。

## 打造独具特色的安全文化

### 河北港口集团秦港股份铁运公司机务段

河北港口集团秦皇岛港股份公司铁运分公司机务段是铁运公司下属的机车车辆检修单位，主要承担港口内燃机车、车辆设备的维修工作，工作中不断推进安全文化建设，教育引导职工实现从“要我安全”向“我要安全”、“我会安全”的转变，连续20年实现“三个零”安全奋斗目标，荣获中华全国总工会“优秀职工之家”、集团公司优秀安全标准化先进厂队、集团安全文化示范基地、企业文化建设示范基地等称号。

## 一、以安全文化建设为载体，推进管理创新

安全文化建设的最终目标是强化人的安全责任意识，预防事故的发生，实现本质安全。为实现这一目标，机务段班子成员更新观念，创新管理，赴峰峰集团新三矿学习取经，开展班组对标管理，找问题，定措施，重新梳理工作流程和作业程序，完善了机务段《安全生产责任制》、《班组安全生产责任制》、《岗位安全生产责任制》、《机车大修安全措施》、《安全生产隐患排查治理实施方案》等制度。通过向新三矿学习和安全文化建设与实践，确立了“事故是可防可控”的安全管理理念，在管理框架上，实施段、队、班组三级管理体系，逐级签订安全生产承诺书，制定兑现落实计划和保障措施，织就了一张以制度为“经”、责任为“纬”的安全网，牢牢把握了安全生产的主动权。

机务段将安全文化建设与段中心工作相结合，在现场管理中重点实施“四项管理”，形成了一套完善成熟的安全管理模式。实施区域管理，架修库主库分为柴油机、传动、电器3个解体组装区，副库分为翻转架、活塞连杆、曲轴、缸头及附件四个解体组装区；实施定置管理，实现了现场定置、候工室定置、更衣室定置、工具箱定置、办公室定置、材料库定置的“六定置”，定置率达到了90%以上。实施色彩管理，对库内通道标识、工作台、工具箱、备件区、加工区、作业区、栏杆重新划线刷漆，对危险部位、危险路段、重要设施实行区别颜色标注。实施机车配件跟踪管理，实现了机车配件的入库、支领、使用、报废全过程跟踪，合理的区域定置、协调的统一色调、切实有效的措施，大大提高了职工在维修作业中的安全系数。

## 二、推进安全文化制度建设，打造全方位安全“防火墙”

提高职工安全自防自保意识、提升业务素质是安全文化建设的重要方向。他们通过每周安全活动日、“安全生产月”等活动，系统灌输安全文化。每半年组织全员安全规章制度及操作规程考试，严格执行特种作业持证上岗制度，进一步提高职工自身技术素质和安全防护能力。

加强作业现场管理，健全安全生产管控体系。实施领导现场带班、“挂标”值岗制度，段领导每天深入维修现场，及时掌握安全生产动态，严密控制每个工作环节，完善制度，细分职责，不留死角和盲点，真正实现了全过程监控。

加强隐患排查与整改，牢固安全管理基础。对本段管辖区域内设备设施平台、扶梯、护栏、盖板、设备传动部位护罩进行了全面的排查，并制定严密的安全防范措施。建立《设备检查记录》，检查记录使用情况和检查情况均有检查人、被检查队、班组和个人亲笔签名，最大限度地消除了生产中人、机、环境的不安全因素，有效地防范和遏制了事故的发生。

通过推进安全文化制度建设，管理机制不断完善，主体责任进一步落实，员工素质稳步提高，逐步形成了以“严明纪律、严肃规章、严谨作风、严格考核”为主要内容的“四严”管理模式，使安全管理的基础更加扎实。

## 三、坚持“四结合”，推行安全文化特色建设

按照邢录珍董事长提出的“以安全文化建设为载体，创建本质安全型港口”的要求，机务段将安全文化建设融入到实际工作中，坚持做到“四结合”，扎实推进安全文化建设，打造富有自身特色的安全文化。

一是将安全文化建设与职工之家建设相结合。将班组候工室现有空间分割出班组会议培训区、职工学习园地、工具劳动保护存放区等功能不同的区域，自己小家自己建，职工自己动手粉刷房屋，检修一队各班组设立颇具创意的文化墙，展示班组成员与家人的合照，营造和谐温馨的工作氛围。

二是将安全文化建设与文明班组建设相结合。组织开展征集“安全格言警句”和职工家属“安全亲情寄语”、“亲人就在我身边”等活动，将安全文化延伸到职工家庭，筑牢安全生产第二道防线，将个人、家庭、企业编制成一个平安结，进一步诠释了“高高兴兴上班来，平平安安回家去”的真正内涵。

三是将安全文化建设与班组标准化建设相结合。推出“六个突出”管理思路，即：突出“安全第一”的意识，突出“我管安全”的责任，突出“我要安全”的觉悟，突出“我能安全”的信心，突出“我会安全”的技能，突出“我懂安全”的本领，使班组安全标准化建设成效显著。

四是将安全文化建设与精细化管理相结合。将“严、细、实、快”工作作风贯穿到安全生产全过程，坚持安全无小事，把小事做细，把小事做精，从细节入手，规范班组基础管理。在班组各项台账、记录的管理上，坚持做到填写真实、清楚、规范、准确、及时，归档管理有条不紊，最终达到“精、细、实”的工作要求，推进了班组安全管理标准化、制度化和规范化，最大限度地激发每名职工在安全生产中的作用，保证了安全生产的顺利进行。

安全文化是铁运公司“铁军文化”的重要组成部分，是安全管理的灵魂。机务段将按照安全文化、安全法制、安全责任、安全科技、安全投入“五要素”，进一步强化危险源辨识与风险评价，明确段、队、班组各级管理人员的职责，组织开展“火车头”创新工作室立项攻关活动，目前，我们与“辽宁铁道职业技术学院”合作完成了《东风5型内燃机车转向架构架裂纹处理》和《加装东风5型机车停机后润滑系统》两个项目技术攻关活动，进一步消除安全隐患；加强职工队伍建设，抓好职工养成教育，注重职工思想动态和情绪变化，保持职工精神面貌的良好状态。今年，是我公司“标

准化管理年”，我们将严格落实活动要求和目标，以“管理有章程、制度可操作、流程更顺畅、控制有效果”为标准，积极开展制度、作业、流程和职工岗位行为标准化活动，制定与其配套的检查考核体系，确保职工行为规范，执行力到位，检查考核有效，标准得到落实，强化责任落实，加强全员、全过程、全方位管理，按照操作规程、作业办法，明确各岗位人员应该遵循什么、禁止什么，逐步建立健全突出“过程控制”的安全管理长效机制。

安全文化建设只有起点，没有终点，只有不折不扣的落实安全生产主体责任，加大安全监管力度，把安全生产的责任落实到每个环节、每个岗位、每名职工，安全的基础才能牢固。

# 品牌文化

## 海尔“人单合一”双赢文化的探索实践

海尔集团公司

海尔创建成长在改革开放的时代浪潮中，30 年来，海尔始终以创造用户价值为目标，一路创业创新，历经名牌战略、多元化发展战略、国际化战略、全球化品牌战略 4 个发展阶段，2012 年进入第 5 个发展阶段，网络化战略阶段，连续 6 年位居全球白色家电第一品牌。

海尔的愿景和使命是致力于成为行业主导，用户首选的第一竞争力的美好住居生活解决方案服务商。海尔通过建立“人单合一”双赢自主经营体模式，对内，打造节点闭环的动态网状组织，对外，构筑开放的平台，成为全球白电行业领先者和规则制定者，全流程用户体验驱动的虚实网融合领先者，创造互联网时代的世界级品牌。

“海尔之道”即品牌之道、创新之道，其内涵是：打造产生一流人才的机制和平台，持续不断地为客户创造价值，进而形成人单合一的双赢文化。同时，海尔以“没有成功的企业，只有时代的企业”的观念，致力于打造基业长青的百年企业，一个企业能走多远，取决于适合企业自己的价值观，这是企业战略落地，抵御诱惑的基石。

### 一、海尔的核心价值观

海尔的核心价值观。是非观：以用户为是，以自己为非；发展观：创业精神和创新精神；利益观：人单合一双赢。

**（一）“永远以用户为是，以自己为非”的是非观是海尔创造用户的动力。**

海尔人永远以用户为是，不但要满足用户需求，还要创造用户需求；海尔人永远自以为非，只有自以为非才能不断否定自我，挑战自我，重塑自我；实现以变制变、变中求胜。

这两者形成海尔可持续发展的内在基因特征：不因世界改变而改变，顺应时代发展而发展。

这一基因加上每个海尔人的“两创”（创业和创新）精神，形成海尔在永远变化的市场上保持竞争优势的核心能力特征：世界变化愈烈，用户变化愈快，传承愈久。

**（二）创业创新的两创精神是海尔文化不变的基因。**

海尔不变的观念基因既是对员工个人发展观的指引，也是对员工价值观的约束。“永远以用户为是，以自己为非”的观念基因要求员工个人具备两创精神。

创业精神即企业家精神，海尔鼓励每个员工都应具有企业家精神，从被经营变为自主经营，把不可能变为可能，成为自己的 CEO。

创新精神的本质是创造差异化的价值。差异化价值的创造来源于创造新的用户资源。

两创精神的核心是强调锁定第一竞争力目标。目标坚持不变，但为实现目标应该以开放的视野，有效整合、运用各方资源。

**（三）人单合一双赢的利益观是海尔永续经营的保障。**

海尔是所有利益相关方的海尔，主要包括员工、用户、股东。网络化时代，海尔和分供方、合作方共同组成网络化的组织，形成一个个利益共同体，共赢共享共创价值。只有所有利益相关方持续共赢，海尔才有可能实现永续经营。为实现这一目标，海尔不断进行商业模式创新，逐渐形成和完善具有海尔特色的人单合一双赢模式，“人”即具有两创精神的员工、“单”即用户价值。每个员工都在不同的自主经营体中为用户创造价值，从而实现自身价值，企业价值和股东价值自然得到体现。

每个员工通过加入自主经营体与用户建立契约，从被管理到自主管理，从被经营到自主经营，实现“自主，自治，自推动”，这是对人性的充分释放。

人单合一双赢模式为员工提供机会公平、结果公平的机制平台，为员工发挥两创精神提供资源和机制的保障，使员工都能以自组织的形式主动创新，以变制变，变中求胜。

### 二、互联网＋文化探索

随着“互联网＋”概念的提出，整个行业都掀起了一股“互联网＋”变革的浪潮，成为主导整个行业创新颠覆的一大因素。在互联网时代，企业创新发展面临着很多变量，而这一过程中唯一不变的就是始终以用户为中心，只有这样才能保证企业紧跟时代发展节拍而实现持续发展。海尔集团认为，互联网时代为整个产业带来了 3 大颠覆：分布式、零距离、去中心化，这些变化让企业必须进行战略和组织调整，以始终适应市场的变化。

**（一）海尔对企业文化的认识。**

海尔将企业文化建设高度概括为“企业是人、文化是魂”，海尔的理念是“没有成功的企业，只有时代企业”，企业文化建设目标就是让每个人成为自己的 CEO。

在互联网时代，企业要创新文化体系首先要做的就是颠覆传统时代的文化观念。所以海尔提出聚焦网络时代的用户模式，创建转型文化和创业文化。

在互联网时代，企业文化建设不再是企业单向行为，最大的改变就是企业与用户间实现了零距离，换句话讲，互联网时代企业的文化体系必须是开放式，面向用户的。企业要将用户纳入企业文化建设过程中来，构建用户驱动下的文化体系。

**（二）海尔打造互联网+文化体系的探索与实践。**

海尔力求打造互联网+文化体系，这一体系的核心就是能够让用户全流程参与企业创新发展过程中，这也是打造互联网+文化体系的前提条件；这一体系的3个具体的特征就是时代性、国际性和超值性。

互联网+文化体系的前提是用户全流程参与。互联网时代带来了分布式、零距离和去中心化3大变化，这给企业经营带来的最大挑战就是如何实现与用户零距离，创新满足用户的个性化需求。对此，海尔的实践是通过搭建开放的全流程用户交互生态圈，让用户参与到企业的创新过程中，实现交互、创意、交易、交付等全节点的用户参与，真正让用户成为企业创新品牌的驱动力。在这一过程中，企业内便形成了一种全新的文化，那就是以用户需求为中心，吸引用户主动参与并如何实现用户自驱动。

以目前市场上热销的免清洗洗衣机为例，它的诞生就完全体现了用户全流程参与的理念与方式。免清洗洗衣机小微团队在了解到用户对洗衣机“桶脏”存在抱怨后，便通过虚实网渠道与用户进行交互以寻找解决方案。他们通过创意大赛在网上征集解决洗衣机内筒脏这一问题的创意解决方案，吸引了990多万用户参与、15万用户进行交互，活动结束时总共收集到846个创意方案。

互联网+文化体系的前提正是推动形成用户驱动意识，将与用户交互的理念贯穿于企业的发展基因中，并内化成企业文化的基础内核，从而为在用户端打造具备市场影响力的一流品牌奠定基础。

**（三）互联网+文化体系的特征。**

时代性：互联网+文化体系的基础。海尔集团董事局主席、首席执行官张瑞敏认为：没有成功的企业，只有时代的企业。不断地根据时代变化进行创新创业也成为海尔人发展的一种基因。在品牌上，张瑞敏认为企业要根据时代不断地颠覆，使海尔真正变成一个时代企业，从而让品牌与时代同行。

根据互联网时代特征打造适应时代的文化体系，海尔从战略、组织和薪酬3个方面进行了颠覆创新。

在战略上海尔积极推行实践人单合一双赢战略。人是员工，单是用户价值，将以企业为中心找客户，变成以用户为中心，每个人找到自己的用户。

在组织上海尔从传统的金字塔式的科层级组织转变为并联平台下的小微生态圈，在海尔的平台上只有3类人：第一类是平台主，第二是小微主，第三就是创客。这种方式完全颠覆了传统的上下级概念，企业内没有上级，员工的上级就是用户。

在薪酬上海尔从原来的岗位酬企业付薪颠覆为用户付薪，根据每个人创造的用户价值挣酬。

从本质上讲：海尔进行三大颠覆创新的实质是打造一种用户驱动的创新机制，在内部得以形成深厚的创客文化，企业从管控型组织转变为创业孵化加速平台，员工由过去被动执行命令的角色转型为自主创业的创客。海尔和员工的关系不再是雇佣关系，而转变为投资关系。这种开放、协作、共赢的关系能够更好地激发员工发挥企业家精神，这种颠覆是完全符合互联网时代特征的。因此，正是这种颠覆让海尔能够形成紧跟时代变革文化创新氛围。

国际性：互联网+文化体系的关键支撑。早在中国加入WTO之时，海尔便提出了“国门之内无品牌”，坚定地推行国际化战略。海尔实施“走出去、走进去、走上去”三步走战略，按照“先难后易”原则，先进入美国、欧洲等发达市场，然后以高屋建瓴之势进入欠发达市场，构建国际版图。海尔在全球已拥有21个工业园。

海尔推动从“中国制造”向“中国智造”的转变，但真正要实现转变首先就是要打造具备国际性特征的领先品牌，只有品牌走向全球市场，中国制造才能真正在全球市场构建起自己的竞争力。

超值性：互联网+文化体系的核心。互联网时代用户需求日益个性化、碎片化，这对企业满足用户需求的能力提出了新的要求。要打造领先的品牌形象，首先就是要让用户能够认可企业的产品和服务，提供超值的差异化体验，而这正是互联网+文化体系的核心。

超值性是指品牌在用户的全流程体验过程当中都体现出来超值，它的本质就是全流程、端到端地解决用户增值的方案，为用户创造超出期望的价值。为了创造差异化的用户体验，海尔不仅以用户付薪机制驱动企业内部变革，同时还推动形成用户全流程参与的创新氛围，让用户能够在全流程参与的过程中得到差异化的增值解决方案。

以雷神游戏笔记本为例，通过梳理网络上用户提出的3万条差评，雷神团队将用户在使用游戏笔记本过程中遇到的突出问题归结为13类，并将这些问题与用户进行持续交互，最终推出了颠覆整个行业的雷神笔记本，创造出了完全颠覆式的产品体验。

海尔把每一辆配送车打造成一个小微公司，符合条件的单位和个人都可以加盟，车的所有权不在海尔，而在创业者，最后的收益和分配则由用户说了算。用户体验好，就会给你好的评价，也会愿意买你的服务，信赖你的产品，市场收益的天平就会自动向你倾斜。每个人都可以无边界创新，一辆车经营好了可以拓展做多辆车的团队，通过平台创业带动很多就业机会。海尔给车小微的创业者搭建了一个完全开放的平台，激励车小微为用户提供便捷完善的服务体验。海尔目前已在全国吸引了9万辆车加盟车小微，带动创业人数超过18万。

# 传统为根　品牌为先　诚信为本

## 中国北京同仁堂（集团）有限责任公司

北京同仁堂一家具有悠久历史和厚重文化的中医药经营老字号企业，已经有346年的历史传承。同仁堂在发展过程中，坚持传统为根，品牌为先，诚信为本，将历史与现代、传统与创新、顶层与基层诸多要素，通过文化这一基因与血脉凝结、贯通起来，形成了具有中华历史文化特点和同仁堂独特魅力的文化系统。

### 一、文化：传统为根

同仁堂文化的精髓与核心是以“仁德”、“诚信”、“质量”为内涵的同仁堂传统中医药文化。同仁堂的文化建设，始终围绕着传统文化，并不断融入时代精神、发展特色与潮流思维，使传统文化发展为同仁堂10大特色文化；在践行社会主义核心价值观的主旋律下，同仁堂的“诚信”理念，也成为同仁堂对社会文明作出的一大贡献。

**（一）仁德立业，诚信为根。**

同仁堂创立之初，即以文化立根。创始人乐显扬在确定“同仁堂”字号时就说：“‘同仁’二字，吾喜其公而雅，需誌之”。作为一名深受儒家仁爱思想熏陶浸染的御医，乐显扬怀着“可以养生、可以济人者唯医药为最”的理念，开设了同仁堂药室。

1706年，乐显扬之子乐凤鸣撰《同仁堂药目叙》，明确设立了历代同仁堂人制药为人的铁律红线：“炮制虽繁必不敢省人工，品味虽贵必不敢省物力”。无论炮制如何繁琐，都谨遵古方古法炮制，丝毫不去违背；无论药品要求如何珍贵，都谨遵良心自律，丝毫不做以次充好之事。诚信、质量自此成为同仁堂文化、精神、行为的根源。

**（二）与时俱进，十大特色。**

1992年底，由市委宣传部和市企业文化建设协会等单位组成的调研组对同仁堂文化进行了调研，发表了调研报告《传统文化与现代文明相融合，建设有中国特色社会主义企业文化》，标志着同仁堂企业文化建设由自发阶段走进自为阶段。

2010年，国务院发展研究中心为同仁堂制定了《北京同仁堂文化发展战略》，进一步对同仁堂文化各方面进行了系统总结、整理和提升，形成了具有长期指导意义的文化战略体系。

2012年，集团成立文化与教育管理委员会，制定了文化与教育委员会“十二五”子规划，提出并阐释了同仁堂文化建设工作的核心、要务，完善了相关配套工作制度。

随着企业发展和市场经济的不断发展，同仁堂不仅仅要固守仁德、诚信、质量的传统阵地，更要为更多国人、乃至于海外友人提供来自同仁堂的传统中医药服务，为此，我们将仁德的对象从消费者扩展到职工、合作伙伴、投资者，形成了4个善待；以“遵古不泥古，创新不离宗”为原则，形成追求卓越的创新文化理念。

至今，同仁堂已经形成了以“仁德、诚信、质量”为根基，“创新、包容、整合”为发展的10大文化体系，分别为：以仁为根，善与人同的仁德文化；以义为上，义利共生的诚信文化；以天为敬，不负良知的自律文化；以世为怀，润泽全球的服务文化；以质为先，至优至精的质量文化；以人为本，人业共兴的人本文化；以和为贵，兼容并蓄的整合文化；以药为基，高效集约的经营文化；以变为径，追求卓越的创新文化；以稳为重，速效统一的发展文化。

### 二、传播：品牌为先

文化的功效在于教化人心。同仁堂文化自诞生以来，已经相继走过了，从儒家思想到行为理念，行为理念到企业文化，从企业文化到社会文明，从传统文化到现代文化的4个转变，逐渐从单纯的企业文化，成为被社会大众认可、主流价值观认同的可传播文化。

**（一）三代净匾，精神仪式。**

自2010年，同仁堂大栅栏药店—同仁堂文化发源地首次举办了“净匾仪式”。从此开始，每年农历二月二“龙抬头”，万物复苏的日子里，都会传出朗朗诵读晨讯词神圣和庄严：“志公雅之意，同仁初始创；怀仁德之心，承道自岐黄。两个必不敢，良方并良药；存心有天知，仁术共仁心；传承三百载，堂韵何悠悠。”

净匾仪式的过程很讲究，充满同仁堂人对历史文化的敬重。净匾由老、中、青三代员工代表共3人操作，要求着正装，戴雪白手套；净匾需要踏过一米多高的5级台阶，每站上一级台阶都要停上2秒钟，抬头凝望匾额后，再低头走下一步。净匾时，需伸长手臂，自上而下缓慢地擦拭匾额，目不转睛地盯着毛巾运行的轨迹。

净匾，也是敬匾。寓意“同仁堂”这块金字招牌在新人手中继续传承发扬。5年来，同仁堂净匾仪式已经成为大栅栏的一个特色民俗景观，也是同仁堂人传承文化的一种精神仪式。

**（二）古籍文物，历史见证。**

2006年，集团启动了“同仁堂中医药文化”申报国家级非物质文化遗产保护项目工程。2014年，同仁堂中医药文化（中药材传统炮制技艺）和同仁堂中医药文化（安宫牛黄丸传统制作技艺）相继入选国家级非物质文化遗产。集团公司坚持将“理文脉，传技艺，深挖掘”相融合，全方位传承文化技艺体系。

理文脉。从历史文化挖掘入手，开展同仁堂非遗文化资源普查，编写同仁堂堂史，《同仁堂大师医案（处方手迹）》等；在史料中进一步挖掘和保护制药技艺，对《同仁堂传统配本》和《同仁堂药目》进行整理和研究，对传统中药材炮制规范和制药技艺进行总结和归纳。

传技艺。从制药工艺、技术入手，在非遗代表性传承人的培养和提高上下功夫。集团实施金字塔人才工程，搭建职工成长成才通道；分层次、批次做好专项人才储备，打造阶梯式后备人才库；传承“师带徒”传统教育形式，使同仁堂现有的每个保护品种的每道工序都有相应的传承人；建立完善同仁堂中医大师工作室，形成了比较完整的传承谱系和培训体系。

同仁堂博物馆。以历史溯源、创业渊源、御药传奇、文化保护、创新发展5个展厅全面再现同仁堂的经济、文化传承发展脉络，成为了解同仁堂文化的基地；同仁堂博物馆承担着新入职员工的职业教育第一课的重任，通过学历史、品文化，历练着同仁堂人的精神品格。

**（三）企业文化，社会文明。**

同仁堂文化，早已不是同仁堂一家之事。同仁堂文化重仁德、讲诚信的内涵实质，与社会主义核心价值观的精神内核高度契合，同仁堂文化已经从企业文化，成为了社会需要的、提倡的、努力打造的社会文明。通过开展多种便民利民服务，善待社会、善待职工、善待经营伙伴、善待投资者，弘扬来自老字号的诚信正能量。

### 三、传承：诚信为本

**（一）双重手段，保产品诚信。**

用现代标准化手段管控生产。按照国家《中药材生产质量管理规范》在中药材主产区建立了11个大宗药材种植基地；按照国家《药品生产质量管理规范》标准，建设了6大现代化生产基地；按照国家《药品经营质量管理规范》标准，建立药品经营企业计算机管理系统和质量服务网络，实现从原料采购到生产加工，再到零售终端的全面质量管理体系。

用传统操作确保高标准投料。在制药环节，虽然大部分工序已采用机械化生产，但在中药生产的最关键的前处理工序环节，仍然沿用同仁堂传统的人工挑拣、去毛、去刺等传统手工操作。

**（二）多种措施，保行为诚信。**

通过实施金字塔人才工程，打造一支重质量、讲诚信、明是非的干部职工队伍。在金字塔人才序列中，塔基由原学历本科毕业生和“首席职工”、优秀店堂经理组成；塔身是“优秀中青年人才”和“首席技师”；塔尖则是专家、中医中药大师。要成为这7类人才，最基本的要求就是：认同同仁堂文化、忠诚于同仁堂事业。

通过系统的师徒传承和教育培训，培养干部职工的诚信自觉。集团一直保持着传统的师带徒制度，不断赋予新的内容。建立大师工作室、首席技师工作和劳模创新工作室，在传承技艺的同时，传承文化，传承人品。

**（三）铁面无私，保市场诚信。**

清除系统内不诚信经营者。2011年，我们对系统内工业单位500多个物料供应商和生产商，1000多个品种的辅料、包材以及上万种经营商品的供应商资质开展了全面质量审计，终止了21家资质不健全、存在质量隐患的供应商的供应合同，7家不符合同仁堂品牌和诚信要求的药店被终止了加盟合同，保护了同仁堂品牌，维护了消费者权益。

**（四）诚信自律，保制度诚信。**

在系统内发布《关于学习贯彻社会主义核心价值观加强企业诚信体系建设的实施意见》和《关于开展诚信体系建设打造诚信自律企业工作安排的通知》，党政双管齐下，打造同仁堂诚信体系。明确了从产品、服务、制度三大类12个方面加强诚信自律和诚信建设，涵盖了同仁堂发展的工业制造、商业零售、医疗服务的全领域，为同仁堂进一步诚信经营、稳健发展提供了体系保障。

用刚性的制度约束行为，培养干部职工的诚信自律意识。在全系统推行《品牌保护信用等级评定办法》，将产品质量、经营质量、服务质量、广告发布、价格管理等内容纳入评定标准，分为A、B、C三级，每年对所属单位信用等级进行考核评定，实施品牌工作一票否决。配套制定了31个品牌管理制度，列出了29项品牌管理折子工程，涵盖了生产、经营和管理等各个环节，诚信制度实现了体系化、规范化。

（供稿人：郭金凤）

## 为东风品牌注入文化内涵

东风汽车公司

东风汽车公司始建于1969年，是中国汽车行业骨干企业之一，有着40多年历史的优秀品牌，是我国汽车行业第一个驰名商标，世界著名品牌500强之一；2014年，国际著名品牌价值评估机构英国品牌价值咨询公司发布全球五百强品牌榜单，在上榜的28个汽车品牌中，“东风”是唯一登榜的中国汽车品牌。东风公司大力推进企业文化建设，印发了《东风汽车公司“十二五”企业文化建设指导意见》，进一步明确了企业文化建设的目标任务和各项具体措施。2015，发布首份《企业文化指数报告》，开创国内文化建设的先河。

### 一、“十二五”期间企业文化建设工作取得的成绩

**（一）核心价值理念体系、员工共同思想基础更加巩固。**

东风公司确立了以“和”为核心价值的东风文化战略，成为在未来发展过程中进行战略判断、战略选择、战略行动的基本价值观和方法论。在“和”为核心价值的引领下，逐步形成了以公司使命、愿景、精神、管理理念等为主要内容的企业文化核心价值理念体系，形成“一个中心、五个发展”的行动体系，在实践中不断丰富和完善，成为引领企业发展、凝聚职工力量的强大精神支柱和动力之源。

**（二）求同存异融好融优，中外企业文化的融合日益加深。**

东风深化对外开放，积极推进国际合作，开启了全方位、多层次、多领域的合资重组，为东风公司做强做优、走向世界奠定了坚实的基础。在这个过程中，各合资单元坚持求同存异、融好融优的原则，推进中外企业文化融合，为合

资公司植入了优秀的文化基因，促进企业从合资合力到合心共赢。东风文化不断学习吸收合作伙伴的先进管理经验，注重推动合资方管理工具的“中国化”、“东风化”，为企业文化创新提供丰富的内容。这些先进的、符合实际的管理理念和工具，逐步向公司的非合资单元推广，使公司的管理水平得到不断提高。

**（三）企业文化融入生产经营，企业管理水平得到有效提升。**

公司积极开展目标文化、精益文化、执行力文化、协同文化等管理文化的建设，围绕“培育管理文化，助推管理提升”的主题，大力开展管理文化实践活动，形成了丰富的管理文化实践案例。这些丰富的管理文化实践，把价值理念融入企业规章制度、工作流程和行为规范之中，既丰富和发展了企业文化的内涵，又极大地促进了价值理念与经营管理的深度融合，提升了企业管理水平和市场竞争力。

**（四）党委始终发挥主导作用，党建思想政治工作不断创新。**

企业文化建设作为重要的载体，赋予了公司党建思想政治工作和精神文明建设新的工作内容和表现形式，拓展了工作领域和空间，有力增强了党组织的吸引力、凝聚力和号召力，增强了思想政治工作的针对性、实效性和时代感。在合资单元，坚持发挥党组织在中外双方有效融合的桥梁和纽带作用，推动了合资双方企业文化之间的求同存异。公司各单位坚持党委主导，把思想政治工作创新与企业党的建设、企业文化建设融为一体，共同打造政治优势，不断将这一独特政治优势转化成为市场竞争优势，保证和促进企业的改革发展。

## 二、企业文化建设工作创新

东风的“和”文化战略完成了东风文化建设的顶层设计。战略形成后，又着手对文化战略的落地与实施进行了研究，首创性提出“企业文化指数”概念，构建起科学合理、具有普遍推广价值的文化指数模型。并于2015年4月上海国际汽车展览前夕，向媒体和社会公开发布了东风公司文化发展2014年度报告和企业文化指数报告，进一步延续和强化了东风“和”文化战略的宣传效应，以文化建设成果促进品牌和企业形象的宣传推广，取得了较好的效果。

**（一）企业文化指数提出背景。**

提出企业文化指数研究，是基于以下的认识和思考。

一是文化战略的自我升华。东风公司发布企业文化指数，强化企业文化的战略引领，彰显文化建设的时代特征，其目的是创新和拓展文化强企之路。

二是文化宗旨的自我追求。东风公司发布企业文化指数，宣誓对客户、员工、股东、社会负责的价值承诺，用永不懈怠的努力，致力于同利益相关者和悦共生、价值共创。

三是文化行为的自我约束。发布企业文化指数，以开放透明的胸襟，披露自身存在的不足与短板，便于利益相关方监督，同时促进文化行为的自我监督、自我约束、自我纠偏。

四是文化管理的自我革命。“不能被量化就不能被管理”，通过企业文化指数构建的不同维度的系统数据库，做到可量化、可评价、可贯标，逐步构建起基于可评估的文化管理绩效体系。

五是文化建设的自我完善。定期发布企业文化指数，使企业文化建设形成连续考核评估与动态完善的循环，实现文化管理的自我提升、文化建设的自我完善。

**（二）企业文化指数定义及构建。**

指数的定义。企业文化指数是以年度为基期，用于衡量企业文化核心理念实现的程度或变动趋势，即企业使命价值主张、企业愿景目标主张的实现程度，以及在此过程中企业价值观被接受与实践的程度。

指数的框架。按照专业要求，指数框架由指标库、权重、评分计量办法、指数结果评级组成。

指标构建。一级指标的构建：包含了“企业使命、企业愿景、企业核心价值观”，由此构成文化指数的一级指标，其中：企业使命指数、企业愿景指数为企业追求的结果指标；企业价值观指数为企业文化管理过程指标。二级指标的构建：包含了对“客户价值、员工价值、股东价值和社会价值”的追求，由此构成了企业使命指数的4个二级指标。企业愿景的指标包含了对社会影响力和可持续发展力的相关内容，由此构成了企业愿景指数的两个二级指标。围绕开发的企业文化管理模型，形成了价值观的“认知度、认同度、实践度、改进度、分享度”5个二级指标。三级指标的构建：根据集成企业各类指标体系，据此形成企业文化指数的90多个三级指标。

指标权重与指标值设定。指标权重采取矩阵法进行确定。指标值设定综合运用外部对标、内部对标等方法来设置。

指数的评价等级。根据企业文化指数不同维度的量化测评，对企业文化指数评价确定为卓越、优秀、良好、合格、不合格5个等级。

**（三）企业文化指数应用与管理。**

指数结果的运用。一是文化诊断与提升。对企业文化进行常态化诊断与改善，具体通过雷达图展现企业文化指数得分，了解企业文化各项指标的变动情形及趋势，发现短板并加以改进和优化。

二是推动文化落地。实现企业文化评价由定性向定量为主的转变。同时，企业文化指数借鉴全面质量管理方法，实施文化全员贯标以保证企业文化建设的科学性、专业性和普及性。

三是对外传播品牌。企业文化指数可检验、可追溯、可评价，以数据与事实兑现企业对利益相关者的价值承诺，自觉主动的接受外部检验，更易传播与产生持续公信力。

四是大数据与决策共享。企业文化指数形成的数据库，与企业日常经营管理数据、以及外部评价数据高度集成，进行量化分析与对标，其结果将运用到促进企业经营管理决策、经营管理改善等。

指数的落实推广。一是年度评价。企业文化指数每年统计计量和评价一次，并与上一年度数据进行对比分析。

二是年度发布。企业文化指数每年对外发布一次，并配套发布企业文化年度报告。

三是完善优化。定期对企业文化指数模型进行专业诊断与优化，对指标、权重、计量等进行动态调整。

四是全员贯标。企业文化指数导入内部贯标体系，进行内部全员贯标。根据企业文化指数模型，以2012年为基期，测评了近3年的企业文化指数结果。2012年、2013年、2014年指数得分分别为78分、85.82分、84.17分。2014年东风企业文化指数综合评分是84.17分、评级结果为C，良好。

东风以“和”文化为统领，以“润”计划和“商德公约”为支撑，分别从精神力、责任力、道德力打造的软实力体系建设，不断提升企业社会形象和东风品牌形象。东风公司“十三五”规划以“让汽车驱动梦想”为使命，承载着建设“三个东风”的东风梦，东风即将迈入新的征程，东风企业文化建设将接受新的挑战！

（供稿人：张娟）

# 品牌文化的强大助推力

陕西西凤酒集团股份有限公司

陕西西凤酒集团股份有限公司位于陕西省凤翔县柳林镇，企业主导产品西凤酒，是我国最著名的4大老牌白酒之一，曾获得1915年美国旧金山巴拿马万国博览会金奖。公司企业文化建设走过了一段由部分到全局、由表象到本质的历程。近30年来，企业在生产经营活动中始终坚持以先进的文化理念引领和支撑企业发展，不断提高管理水平，创新经营机制，提升企业文化竞争软实力，促使企业从经验管理、科学管理逐步迈向文化管理，取得了丰硕成果，被中国企业文化研究会评为“全国企业文化顶层设计与基层践行优秀单位”。

## 一、西凤品牌文化的起源

西凤酒文化起源于1988年，当时，工厂正处于计划经济向有计划的商品经济转型之中，受政治大气候影响，党委部门和思想政治工作被严重削弱。然而，厂领导清醒地认识到，对员工队伍的思想教育不能削弱，成立了宣传教育科，确定了“继往开来，拼搏腾飞”的企业精神，在全体员工中开展了“西凤精神”的教育活动，激励职工团结奋战，走出了国家政策调整带来的销售困境。在尔后的9年中，根据党的路线方针政策和企业的实际情况，先后3次修改企业精神，引导广大员工在市场经济大潮中攻坚克难，改革创新，取得了生产、经营、管理、科研和思想政治工作的巨大成就。

近年来，企业领导班子以全新的经营理念作指导，将企业文化建设提高到战略层面，成立了企业文化建设委员会及其下设的企业文化中心。从中国酒文化史和全国酿酒行业的高度，对企业各方面工作以及西凤酒的历史文化进行深入总结、提炼和升华。综合理念系统、行为系统和视觉系统3个方面内容，形成了《西凤企业文化建设战略体系》和《员工手册》，建立起适应市场经济发展要求、遵循文化发展规律、符合企业发展战略、反映企业特色的企业文化体系，为企业文化的全面落地和企业更大发展奠定了坚实基础。

## 二、西凤品牌文化研究

1988年10月，首届中国酒文化节在西安召开，揭开了酿酒企业酒文化研究的序幕，使酒文化研究成为酿酒企业文化建设的重要内容和一大特色。从此，企业自觉地把酒文化研究同企业的生产经营活动、思想政治工作紧密结合，在挖掘西凤酒的历史文化、确定西凤酒香型、提高产品质量和企业知名度、深入开展西凤精神教育等方面狠下功夫，大大丰富了西凤企业文化建设的内容。

企业把《西凤酒香型研究》作为酒文化研究的重大课题，与陕西省轻工业科研所通力合作，为西凤酒的初步定型和质量提高提供了充分的理论依据，在第4届全国评酒会上，西凤酒重登金榜，恢复了“国家名酒”的地位，凸显了酒文化研究的重大作用。

由本厂员工撰写的《西凤酒文化》《酒与楹联》《西凤酒的故事》等文化丛书把西凤酒品牌文化建设的理论研究推向新阶段。特别是《西凤酒文化》一书，以宝鸡地区发祥的炎黄文化、西周文化和秦文化为背景，系统地阐述了西凤酒的历史、文化、质量、香型和市场营销，从而使西凤品牌成为中国名酒历史最悠久、文化最丰厚的品牌。该书获中国酒文化科技成果一等奖、陕西省政府1989—1993年社科成果三等奖、宝鸡市委市政府社科成果一等奖。

之后，企业又大量搜集与西凤酒文化有关的文物文献资料、历史典故和现实材料，先后出版发行了《西凤酒的故事》《2000第四届国际酒文化学术研讨会论文集》《五千年中华文明—西凤酒文化》《凤酒飘香》《醇香型白酒》《凤香经典》《三千年古酒传奇—酒中凤凰》等书籍，搜集整理了51个关于西凤酒的历史故事记录在《西凤酒志》中，不断把西凤酒文化的研究引向深入。

“2000国际酒文化学术研讨会”、“西安国际酒文化节”等不同内容的酒文化和企业文化论坛，大大丰富了西凤酒文化的内涵，扩大了西凤企业和品牌美誉度，在全国白酒行业产生了较大影响。1998年被中华酒文化研究会评为“中国白酒行业明星企业”，2000年被第4届国际酒文化评委会评为“国际酒文化明星企业”。

## 三、西凤品牌文化的发展历程

品牌文化作为企业文化在品牌中的集中体现，即受到企业文化的制约，又能从企业文化中获得有力的支持。30年来，西凤品牌文化建设共经历了4个阶段：

**（一）品牌奠基阶段（1956—1979年）。**

1956年10月建厂当月即成立“恢复西凤酒传统工艺试

点小组”，对西凤酒传统工艺进行全面、认真的调查总结，肯定和恢复了制曲、制酒 8 个方面的工艺操作法，使西凤酒质量迅速达到了中央食品工业部规定的相关标准，奠定了西凤酒品牌建设的基础，因此，西凤酒在 1963 年第二届全国评酒会上蝉联了“国家名酒”称号。

**（二）品牌定型阶段（1980—1994 年）。**

1979 年“凤凰落架”——西凤酒从国家名酒降为国家优质酒之后，西凤人痛定思痛，卧薪尝胆，奋发图强，从以下 3 个方面在品牌建设上狠下功夫。

一是定质量标准。就是把西凤酒的质量标准始终如一地定格在“国家名酒”、“世界金奖”的档次上，建立了一整套以“五道关卡，十八道防线”为核心的科学严密的质量管理体系，确保了西凤酒食品质量安全完全达标；

二是定独立香型。从 1980 年开始，工厂同省轻工业科研所合作，对西凤酒香型进行了深入研究，经过两次全国白酒专家论证会充分讨论，弄清了西凤酒与清香型、浓香型白酒在酿造工艺、香味成分和风格特点方面的重大区别，1994 年 2 月，国家技术监督局正式颁布了以西凤酒为代表的《凤香型白酒国家标准》；

三是定历史文化。1993 年本厂员工撰写的专著《西凤酒文化》把西凤酒品牌的历史文化定格为：6000 年前的炎帝时期孕育、3000 年前的殷商晚期诞生、周秦王朝国酒和汉唐王朝御酒；西凤酒以其源远流长的历史积淀了博大精深的文化内涵，创造了“3000 年无断代传承”的奇迹，从而成为中国历史文化名酒的第一品牌。

**（三）品牌提升阶段（1994—2008 年）。**

1994 年以来，企业大力推行 ISO9000 质量管理体系标准，先后颁布了 7 版《质量体系程序文件汇编》《质量手册》和 4 版《HACCP 食品安全管理体系文件》《质量食品安全管理手册》，西凤酒质量体系率先在西北地区通过国家方圆委认证，使质量管理工作走上更加全面、规范、标准的轨道。从 2005 年 9 月至 2008 年 9 月，同中国酒业协会等单位联办的以西凤酒文化为主题的 3 次高峰论坛会，使西凤品牌文化的研究与宣传提升到一个新的高度。

2006 年以来，企业开始了工业旅游工作，增置了一批展示西凤酒历史文化的景点和旅游基础设施、服务设施，同赞美西凤酒的名人字画长廊和西凤酒生产工艺过程串联嫁接，形象直观地向游客展示了西凤酒文化、企业文化和品牌文化的丰富内涵。仅 2014 年就接待全国各地的游客 830 多批次、16500 多人。2007 年以来，企业组建了西凤酒“心连心”艺术团，分赴 7 省区进行巡回演出达 1000 多场次，大大提升了西凤品牌的知名度和美誉度。

1994 年和 2002 年，经第五届国家评酒委员会两次检评，一致认定 55 度、45 度、39 度西凤酒保持了“国家名酒”水平。企业先后被评定为中国酒类质量认证首批获证企业、全国食品安全示范单位和全国首批工业旅游示范点；西凤酒获“中华老字号”和“国家原产地域保护产品”称号，西凤商标被评为全国重点保护商标和中国驰名商标；西凤酒酿制技艺被列入陕西省首批非物质文化遗产名录，从而使西凤酒从质量和香型的国家标准延伸到商标、酿制技艺、原产地域和工业旅游的国家标准，品牌文化内涵得到了全面的拓展和提升，公司成为全国凤型酒国家标准的制定者。

**（四）品牌扩张阶段（2009 年至今）。**

2009 年，总投资 8 亿元建设百亿集团的西凤酒扩建技改工程项目正式启动；2012 年，总投资 35 亿元、历时 13 年的“中国西凤酒城”建设工程正式拉开序幕。配合规模扩张，企业加大了对品牌文化的宣传力度，仅 2012 年一年，就依托央视黄金资源，播出产品广告和企业形象广告 4200 多条，在全国各省、市卫视黄金时间播出产品广告 8100 多条。同时精心策划组织了一系列大型文化活动，使西凤酒的品牌文化、历史文化得到了完美诠释，在全国广大消费者中引起广泛关注和热烈反响。

2014 年，企业与江南大学共同承担的中国白酒 3C 计划之一的“凤香型西凤酒特征风味物质研究”成果，被中国酒业协会组织的专家论证会确认“项目总体研究技术水平达到世界领先水平”，从而为稳定和提高品牌质量奠定了基础。公司技术中心晋升为省级企业技术中心，获省市创新能力建设专项资金奖励。企业在全国各地相继建立的 4 个西凤酒文化馆，为品牌文化的研究和宣传建立了新的根据地。

品牌的理性扩张和广泛宣传，带动企业进入了前所未有的跨越式发展快车道：2013 年，公司实现销售收入 45.8 亿元、实现利税 131,700 万元，分别是 2008 年的 3.03 倍和 5.49 倍；两项指标 5 年间分别以 24.85% 和 40.55% 的平均速度递增；2014 年西凤酒品牌价值已达 330.88 亿元，位居中国白酒类品牌价值第 5 位。

（作者：徐少华）

# 品牌文化建设研究与实践

中国航天科工二院

中国航天科工二院深入推进品牌文化建设，运用系统工程的方法，将品牌建设理念和方法与二院“建成国际一流的空天防御技术研究院”的发展愿景相结合，以“高科技、高品质、高价值”为二院企业品牌形象，以技术品牌、人才品牌、产品品牌和文化品牌为重点品牌，打造和形成中国航天科工二院的品牌集群，着眼长远，统筹规划，分步实施，合力推进，基本路径概括为“12345”。即建设一个品牌文化理念体系、构建品牌文化建设的两个层级、明确品牌文化建设的三个阶段、突出品牌文化建设的四个重点和强化品牌文化的“五化”建设。

## 一、建设一个品牌价值系统

品牌文化理念是品牌的精神内涵，是品牌文化建设的核心，决定着品牌的发展方向。二院品牌文化理念既要符合二院是国家空天防御技术总体研究院的实际，又要结合转型升级发展战略，大力推进军民融合的形势，同时要与二院企业文化相一致，体现航天精神的传承和实践。

二院品牌价值系统包括：二院的主品牌形象、品牌定位、品牌价值观、品牌精神和品牌口号等。

二院主品牌形象：高科技、高品质、高价值

二院品牌定位：分享航天技术 共创美好未来

二院品牌价值观：航天技术 品质保证

二院品牌精神：科学求实 创新超越

二院品牌口号：铸就空天神盾 佑我中华圆梦

## 二、构建品牌文化建设的两个层级

围绕“中国航天科工二院”的总品牌、二院的系列子品牌，扎实推进品牌文化建设。

第一层级：总品牌，即“中国航天科工二院”。

第二层级：子品牌，即体现二院特色的技术、产品、人才、文化等子品牌。

## 三、明确品牌文化建设的三个阶段

二院品牌文化建设大体分为三个阶段：第一阶段为规划品牌阶段；第二阶段是管理品牌阶段；第三阶段是传播品牌阶段。通过几年的实践，二院品牌文化建设形成了良性发展的态势。

规划品牌：构建体系、明确路径阶段。这一阶段主要任务是形成二院品牌文化体系，各单位梳理已有的品牌建设情况，总结提炼符合本单位特点的品牌文化理念，明确二院品牌文化建设的路径，更好地开展品牌推广应用和品牌文化传播。

管理品牌：培育成长、不断完善阶段。这一阶段主要任务是将企业品牌和产品品牌等有机结合，确保各模块分工合作，并在执行步调和实施进度上确保一致性，形成合力，推动品牌文化不断完善，助力品牌战略实施。

传播品牌：形成机制、动态管理阶段。这一阶段主要任务是形成二院品牌文化建设的长效机制，从规划制定、组织领导、载体推动、宣传推广、经费保障、氛围营造等多方面建立工作机制，将广告宣传、公关活动、展会促销、网络推广等有机组合，加强对品牌文化建设的动态管理。

## 四、突出品牌文化建设的四个重点

二院品牌文化建设围绕技术品牌、人才品牌、产品品牌和文化品牌作为建设重点，打造和形成中国航天科工二院的品牌集群，为“中国航天科工二院”总品牌建设提供强大支撑，使“中国航天科工二院”品牌影响力不断扩大。

技术品牌。技术品牌是二院在突破核心技术、关键领域、自主创新等方面树立的品牌。二院自主创新技术实力雄厚。其中控制系统研制等技术为国际领先，为我军装备现代化建设和我国综合国力的提高做出了重大贡献。在民用技术方面，二院确立了云制造、智慧城市、航天安保科技与应急救援、安全可靠计算机、民用航天应用、气象雷达等技术品牌，一系列军民结合高技术产品广泛应用于国民经济和社会发展。

产品品牌。产品品牌是生产和推广具有一定知名度、体现企业文化内涵的产品品牌。二院自主研制生产的多型导弹武器装备，特别是红旗九号等一批产品代表了二院科技创新的实力。在军民融合产品上，二院在航天安保、智慧城市、民用航天、现代服务业等方面均有重大突破，形成了一批国内内一流影响力的产品。

人才品牌。人才品牌是代表着航天精神、二院文化的重大典型、先进团队等品牌。二院大力推树和宣传重大先进典型、科技领军人物和践行社会主义核心价值观的优秀团队和个人。全国重大先进典型、“时代先锋”黄纬禄院士，成功展现了导弹事业默默奉献的航天人形象；科技领军人才李陟、李芸、孙武，安保英雄田培森，航天科工首席技师马景来等一批蜚声航天内外人才，成为二院各条战线的杰出代表。航天科工感动人物交会对接微波雷达团队、北京榜样、见义勇为好职工等先进团队和人物成为弘扬和践行社会主义核心价值观的典型代表。

文化品牌。文化品牌是指在传承航天三大精神的基础上，二院提炼的“黄纬禄精神”、“红九精神”等具有鲜明特色的文化精神，展示了二院的品牌形象。二院培育和弘扬航天三大精神，践行“国家利益高于一切”的核心价值观，大力宣传以“两弹一星”元勋黄纬禄院士为代表的“黄纬禄精神”、深化红旗九号团队凝练的“红九精神”为代表的一批型号精神；“身体可以有透支，使命不能有亏欠”、“海拔高斗志更高”、“缺氧不缺精神”等团队精神铭记下了二院的优秀的团队文化。

## 五、强化品牌文化的“五化”建设

二院品牌文化建设涉及全层次、各层面，加强品牌文化建设应当抓好强化品牌培育和创建、强化品牌的维护管理、强化品牌的宣传推广、营造品牌文化建设氛围和：建立品牌文化建设长效机制等五大措施的落实，概括来说，即落实品牌文化建设“五化”，符号化、人格化、表达化、事件化、长效化。

### （一）品牌文化符号化：强化品牌培育和创建。

品牌文化符号化是在品牌文化建设中，通过企业文化理念、企业 logo、品牌价值观等一系列的品牌文化符号，提高企业品牌知名度。

品牌文化符号化主要包括企业文化核心文化理念、企业 logo、品牌文化理念、品牌传播口号等内容。一是核心文化理念与集团公司一致。集团公司企业文化明确了企业使命（科技强军 航天报国）、核心价值观（国家利益高于一切）、企业精神（求实 创新 协同 奉献）和企业工作作风（严慎 细 实）等核心文化理念，二院要保持一致，在企业文化建设中大力践行，成为推树“中国航天科工二院”品牌的重要内容。二是二院企业 logo 与集团公司 logo 一致。集团公司标志是全集团各层单位统一展示的形象，代表着高度一致的文化精神。三是梳理和规范品牌标识。二院通过组织开展“品牌文化建设年”活动，各单位梳理品牌、规范品牌标识，以文化建设推进品牌建设，结合国内外重大活动，推进品牌创建；培育品牌建设示范企业，推树品牌文化建设示范单位，不断深化品牌创建活动。

**（二）品牌文化人格化：强化品牌的维护管理。**

品牌文化人格化是在品牌文化建设中，强化企业家、院士、先进团队和个人等典型的人物或集体，使之成为企业品牌传播的代言者。做好企业领袖的声誉管理，强化院士、先进团队和个人等典型的职工形象建设，是二院在品牌文化构建过程中实现品牌人格化的重要抓手。一是树立良好的企业家形象。良好的企业家形象是品牌提升公众认知度与认同度的一条捷径。二院应当发掘企业领袖个人魅力与标准故事，助其建立个人话语体系，使其成为增强二院整体影响力与正面形象的杠杆。二院在重大主题宣传中，以院领导署名文章、参加高端访谈等形式的宣传，使企业家形象助力提升二院品牌影响力。二是宣传院士群体。二院积极发挥杰出人才资源优势，宣传院士群体，弘扬航天英才开拓奉献精神，打造航天精英的形象。二院培养和走出了宋健、黄纬禄、栾恩杰等18位两院院士，其中9位院士长期生活和工作在二院，他们是航天英才的杰出代表，为航天事业的开创和空天防御事业做出了重大贡献。三是推树典型团队和个人。树推先进典型，聚焦代表性人物，讲述不同岗位上“有温度、有亮度”的先进团队和个人故事，彰显二院企业文化的进取形象。

**（三）品牌文化表达化：强化品牌的宣传推广。**

品牌文化表达化是在品牌文化建设过程中，利用不同种类的宣传手段，多样化的宣传媒介，对企业文化进行再塑造，打造品牌文化的过程。真诚、有效的品牌文化表达是在公众心中形塑品牌认同的关键。一是多种宣传手段塑造品牌文化。二院着力推进传统媒体与新媒体的融合，充分利用内部宣传阵地，大力拓展微信、微博等新媒体，讲好二院故事，增强全员品牌意识。同时加强对外宣传，采用多渠道推进品牌传播，提升二院品牌的知名度和美誉度。以参与国家重大活动、重大工程为契机，以提供优质产品、推动社会和谐建设为重点，抓住参与北京奥运会、上海世博会、国庆阅兵、等一些国家重大社会活动、重大项目契机，在中央电视台、光明日报、人民日报、新华网等中央主流媒体开展大力宣传，全面展示二院良好形象。二是构建多元化品牌传播平台。有效利用销售终端、广告、公关及活动等多种传播资源，统一传播主题、协调传播节奏，以二院品牌内涵为核心诉求，强力提升公众二院品牌核心价值诉求的认知与认同，增强品牌传播的及时性和有效性；充分利用专业展会、行业论坛、产品推介、用户体验等方式，构建多元化品牌传播平台，扩大品牌影响力。三是建立相对稳定的品牌传播框架。二院在品牌传播活动中逐步形成的相对稳定的观念、视角和行为模式，通过建立相对稳定的传播框架，提升对企业价值观、品牌精神等价值观的表达。

**（四）品牌文化事件化：营造品牌文化建设氛围。**

品牌文化事件化是在品牌文化建设过程中，企业在处理面向大众的突发事件、公众事件，展现形象的社会活动、慈善活动时，利用不同种类的宣传手段，多样化的宣传媒介，对企业文化进行再塑造，打造品牌文化的过程。一是利用公众事件传播品牌文化。积极策划、组织和利用具有名人效应、新闻价值以及社会影响的人物或事件，吸引媒体、社会团体和消费者的兴趣与关注，以提高二院的企业形象及产品的知名度、美誉度。在庆祝“中国航天日”之际，二院组织了“媒体走进二院”“航天文化进校园”等活动，使企业品牌得到进一步推广。二是依托重大项目展示品牌文化。近年来二院贴近社会热点，抓住技术创新点，宣传二院重要成就、发展战略和重大举措，向外界传递了二院的发展思路，展示了发展成果和航天文化。利用承担国家重大工程与项目，以及对国家安全与经济发展具有重大影响的产品与技术研发作为品牌宣传推广的有效载体，“航天安保”、“智慧城市”等品牌都是借助公众事件得到广泛推树的品牌。三是实践社会责任提升品牌文化。二院坚持诚信合规经营，荣获第二届中国质量奖，被授予全国质量诚信标杆典型企业，院属多家单位荣获多项质量奖。积极履行社会责任，参与各种定点扶贫、社会捐赠、科技帮扶、医疗援助、教育支持等公益事业的活动，承担有重大社会影响力的社会责任项目，既树立良好的社会责任形象，又实现较好地社会责任绩效，塑造了良好企业形象。

**（五）品牌文化长效化：建立品牌文化建设长效机制。**

品牌文化长效化是在品牌文化建设过程中，建立和完善品牌文化建设的组织领导、协调联动等长效机制，推动品牌文化的持续开展。一是建立组织保障机制。二院建立和完善品牌建设领导小组，负责对品牌建设的决策、组织和领导，领导小组下设办公室，负责品牌建设的日常管理、协调工作，院属各单位也要成立相应的组织领导机构，确保二院品牌文化建设的统一、规范、有序开展。二是建立协调联动机制。二院品牌文化建设是一个系统工程，对品牌的创建、管理维护和推介宣传进行系统谋划，形成协调到位、沟通有效、上下联动、共同推进的品牌文化建设合力。三是建立激励保障机制。对各单位的重点品牌，在资金投入和技术指导上予以政策倾斜和保障，积极组织参加各类交流活动，促进技术水平和产品质量提高。

在转型升级的重要发展时期，二院将围绕“内聚力量、外塑形象”进一步融合，构建体现航天文化的品牌价值观，打造知名品牌体系，使航天品牌深入人心，助力企业基业长青！

（作者：罗朝晖）

# 打造“品牌文化”　实现跨越升级

南京钢铁联合有限公司

南京钢铁联合有限公司以“打造百年南钢”文化战略为指引，以“创建国际一流的受尊重的钢铁企业”为追求，以品牌文化建设为抓手，将文化渗透到企业的方方面面，主要经济指标稳居行业前列，先后被评为“全国质量奖”、“亚洲质量奖”、“全国用户满意企业”、“全国文明单位”等荣誉称号。

## 一、打造产品品牌，提高产品市场认知度

企业竞争首先是产品的竞争。因此，我们致力打造最具竞争力的产品，着力建设质量文化，为企业发展实现战略目标打下坚实基础。多年来，我们秉承“精益求精、用户至上”的质量观，一方面充分发挥科技质量领军人才作用，大力实施科技重点项目攻关；另一方面重视全员质量意识提升，组织开展了“直面危机 强化意识 提升质量”全员大讨论、“兴质量、铸品牌、促发展”主题实践活动，连续10多年开展“质量征文”活动，编印下发了《扬起质量的风帆》一书等等，使员工更深刻理解了质量对企业生存发展的影响，增强了员工践行质量观的自觉性和主动性；在党组织“创先争优”活动中，通过设立“党员质量示范岗”，评比“质量卫士”等，充分发挥了广大党员在质量工作中的示范带头作用。

我们以开放式的“南钢研究院”为统领，以“一院、两站、三中心”（南钢研究院、院士工作站、博士后工作站，国家级企业技术中心、国家级检测中心、省级工程技术研究中心）为主要阵地，培育形成了一个系统全面、开放吸收、动态科学的技术创新体系。凭借独具特色的技术优势和3个“一体化机制”（产销研一体化、产学研一体化、供产研一体化），产品迅速实现了提档升级，形成中厚板（卷）、棒材、高速线材、钢带、异型钢等五大类，多品种规格的产品系列，板材已达到国际先进水平，长材达到了国内先进水平。南钢已同一批国际化大公司结成战略合作伙伴，产品远销世界30多个国家和地区，成功运用在诸多国内外标志性重点工程。

在产品定位上坚持“差异化优势”主题思想。不断推进产品研发、技术进步，完善产品质量保证能力，提高产品过程控制水平，提升质量改进水平，以高端、高附加值产品开拓市场，以产品的规模效应提升市场占有率，提供顾客个性化服务需求。同时，加大品牌产品对外宣传力度，积极开展创建“双锤”中国驰名商标及“南钢龙”产品品牌创建活动。目前，所有生产线均通过ISO9000质量体系认证，主要产品均荣获全国冶金产品实物质量“金杯奖”或“江苏名牌产品”称号。定位于为国家重点行业和战略行业提供系列化、全覆盖、全配套的优质精品钢材，围绕新材料、新能源、新兴产业，精准选择用钢领域和行业研发方向。南钢以全国1%的产能创造了军工等12类行业领先产品。2014年LNG专用钢筋和连接套筒市场占有率第一，Ni系钢市场占用率超过70%；石油钻具钢市场占有率60%；南钢LNG用9Ni钢获中钢协产品开发生产开拓奖；成功开发并销售低温螺纹钢，产品替代进口实现零的突破。目前，南钢是国内唯一同时具备服务“三大油”生产建设并具备批量生产大型水电工程用钢的企业。

## 二、打造服务品牌，增强用户归属感和忠诚度

坚持围绕市场和用户，规范业务服务行为，以精细化、零缺陷工作理念追求“高品位、高标准、高质量、高效益”的服务，服务更专业、更精细、更温暖，进一步成为技术营销的“工程师”、优质服务的“经济师”、配运有方的“物流师”、先期介入的“设计师”，企业与用户长期利益同时最大化，利益共享、优势互补、风险共担、共同发展，与顾客建立了和谐、共赢、稳固的长期合作伙伴关系。

大力倡导“为用户创造价值”的理念，以实现从制造型向服务制造型企业的转变。营销理念从“我有我卖”升级到“你需我给”，更关注“产品谁在用，有什么样的诉求”，而不是“卖出去、卖了多少”；更关注“合同兑现、交付质量”，而不是“生产顺行、工序指标”；更关注品牌、价值和客户需要，而不是产能发挥和眼前效益。由此建立了为用户提供从接单—生产—交付—用户使用全过程的“保姆式”服务，逐一制定战略产品的“使用技术手册”，为用户提供“一揽子”全套技术解决方案。

名列工业和信息化部发布的33项2015年全国“质量标杆”的“南钢基于互联网思维和JIT的船板配送服务模式创新实践经验”成为服务品牌的典范。这是“互联网＋”运用的最新成果，也是本年度钢铁行业唯一获评成果。目前，公司已与大洋船厂、扬子江船厂、外高桥船厂进行了整船配送合作，2014年配送订单合计17万吨。同时运用“一坯多订单”、“马赛克”等智能组板信息技术，推行JIT精益生产管理，实现生产的精益化、智能化，以及交付的准时化、配送化，形成船板上下游供应链间的系统协同，和船厂结成真正的利益和事业共同体。

## 三、打造企业品牌，不断提升企业美誉度

鉴于南钢多元的经济、利益和文化结构情况，围绕“做精做强”企业发展战略，确立了“打造百年南钢”的企业文化战略，以建立“利益、事业和命运”3个共同体为支撑，建立起企业文化核心价值理念体系。在对公司50多年的发展进行回顾和总结的基础上，通过企业内外部环境、资源综合分析，挖掘梳理出关键文化基因，将主题文化概括为“合创文化”。合创文化强调发挥对企业内外资源的整合融合效应，有效调动一切积极因素，将全体员工的心引领到企业发展上，将员工的聪明才智和力量都用到实现企业愿景上，以文“化人、铸魂、塑形”，使员工团队的创造力最优化，企业竞争力得到加强，企业形象得到提升，真正做到“以人为本，同心共进”的核心价值追求。

“十二五”期间，通过转型发展，南钢淘汰落后，所有工艺装备均已完成了大型化、现代化改造，全面实现了提档

升级。同时，形成了“节能环保+新材料”转型发展的双轮驱动发展模式，一方面打造绿色、高端、智能及高效低耗制造体系，实现由钢铁生产向高端新材料设计研发制造平台转型；另一方面全力打造以节能环保产业为龙头，集高端材料深加工、电商、信息化、智能定制配送、现代物流等产业为一体的高科技转型升级智慧产业园。南钢投资5亿元成立了节能环保投资公司，旨在充分利用和整合现有技术和资源，打造管理、融资和创新平台，并购境内外优质节能环保单位资源，与国际一流企业合资、合作，嫁接国际最先进技术，为相关行业提供节能环保产品解决方案和服务。

全面实施国际化战略。南钢与德国巴登经过15年的合作，在机制体制、技术创新、管理创新等方面都有了很大发展。近期，南钢和巴登提出共同打造中德巴登南钢智能制造协同创新基地的创想，双方以南钢电炉精炼炉取样测温机器人、转炉连铸机结晶器自动加保护渣机器人等为初期合作的实施对象，并逐步开拓中国市场的冶金行业其他用途、其他客户在机器人应用方面的产品和服务。日前，机器人已成功完成了精炼炉测温取样工作。这是南钢生产现场首次由机器人完成的钢铁生产的关键环节工作。

推进建立信息化与工业化“两化融合”管理体系，提升企业发展品质。经过10多年发展，南钢全面集成融合ERP、MES、E&EMS等各级信息化系统，覆盖了企业生产经营的各个主要领域，形成功能完整并具有自身特色的集成融合型整体信息化平台。在北京举行的两化融合管理体系贯标工作会议暨成果展上，工信部在40家优秀企业中优选7家企业参加两化融合成果展，南钢作为钢企唯一代表参展。

（供稿人：李强）

# 实施品牌战略　促进经济转型

江苏省扬州市邗江区企业文化研究会

品牌是企业核心竞争力的综合体现，实施品牌战略是提升经济效益、加快转型升级、推动可持续发展的重要途径。习近平总书记强调指出：“推动中国制造向中国创造转变、中国速度向中国质量转变、中国产品向中国品牌转变”。这就是中国品牌建设的指导思想和基本原则，也是进一步加强中国品牌建设的动员令。近年来，我区品牌建设对区域经济的推动作用日益明显，品牌经济在经济总量中的比重不断提升，对全区经济的健康发展作出了重要贡献。

## 一、我区品牌建设的发展情况

区委、区政府十分重视品牌战略的实施，以提高产品质量为基础、提升经济效益为核心，积极加强品牌建设，促进全区经济的快速、持续、健康发展。《邗江区国民经济和社会发展第11个五年计划》中明确提出“积极实施品牌带动战略，彰显邗江特色。以‘质量兴区’战略为载体，重视各类企业质量体系建设和认证工作。加强品牌培育的宣传发动、规划引导、政策支持和管理服务，提高品牌战略推进的组织程度，引导企业实施品牌运作，打造一批具有我区特色的品牌群，放大品牌效应，发挥品牌优势，扩大知名品牌的产品市场竞争力”。

**（一）区域品牌建设成绩斐然。**

区域品牌的形成是区域产业特色优势和众多企业品牌效应相互融合的结果。机械装备制造业是我区传统的优势产业，拥有规模企业100多家，雄厚的产业基础带来了良好的品牌效应，我区先后荣获“国家火炬计划邗江数控金属板材加工设备产业基地”、“压力机之乡”、“江苏省金属板材加工设备出品基地”等称号。我区的建筑、旅游日用品、服装等产业基础也十分雄厚，先后获“中国建筑之乡”、“中国牙刷之都”、“中国酒店用品之都”、“江苏服装产业基地”等称号。2014年，邗建集团荣获房屋建设工程施工总承包特级资质。

**（二）品牌企业建设频现亮点。**

我区企业为创建品牌进行了长期的努力，创建了虎豹、琴曼、牧羊、华扬、扬力、柏泰、远洋、漆花、汇银等9家中国驰名商标。其中漆器厂因其在市场上的广泛知名度和品牌影响力被国家商务部授予“中华老字号”称号，成为全国同行业内的领军企业。牧羊集团在获批成为全国饲料机械标准化技术制定主要参与者的基础上，又获国家标准化管理委员批准，成为国际标准化组织饲料机械技术委员会国际化秘书处和国内技术对口单位。

**（三）品牌产品建设不断出彩。**

我区坚持以企业为主体，以市场为导向，以促进产业结构优化升级为重点，不断强化政府及有关部门引导与服务职能。截至2014年底，我区成功培育中国名牌6个，江苏名牌43个，扬州名牌34个。一批拥有自主知识产权，具有较强核心竞争力的品牌产品，已成为我区工业经济整体素质和综合竞争力全面增强的标志。

## 二、启发和体会

**（一）“质量第一”是打造品牌的基础。**

市场上，消费者首先考虑的是商品的质量，质量优良的商品普遍受欢迎。一个企业如果产品质量得不到消费者的信任，便失去了竞争的物质基础。企业在市场竞争中首先要在提高质量上下功夫，为品牌打造奠定基础。完美日用品有限公司通过产品质量提升打造优质的品牌，提高产品核心竞争力，保持在同行业中的领先地位。完美人信奉“质量是产品信誉的保证”，注重以先进的设备、科学的管理、不断的创新、高素质的员工队伍，切实把质量管控到位，保证了产品的可靠性和安全性。

**（二）科技创新是创建品牌的关键。**

品牌产品由于高科技含量使其具有高质量和高附加值，从而带来高竞争力和高利润。谁拥有了某一领域的知识产权，成为众所周知的品牌，谁就是领先者。科技创新引导着市场需求，决定企业产业的发展方向，因此制定和实施以科技创新为重点的品牌战略是企业赢得市场份额的根本途径。

扬杰电子科技股份有限公司成立10多年来，坚持科技创新，不断实现了从贸易向生产转型、从常规向高端转型、从生产向研发转型。一次次转型，使扬杰科技得到了跨越发展，于2014年1月在深交所成功挂牌上市。扬杰公司的发展，依赖的基础就是科技创新。公司每年投入上千万元进行科技创新，通过创新项目的实施，取得了良好的经济效益和社会效益，进一步巩固了扬杰电子在同行业内的领先地位，国内外知名度大幅度提升，为品牌延伸奠定了扎实的基础。扬杰电子凭借良好的企业形象和科技实力，承担了国家科技成果转化、战略性新兴产业、工业和信息化转型升级等项目，每年获得各级政府的扶持资金1000万元左右，使之有更多的资金投入到科技创新和品牌建设中去，形成了良性循环。

**（三）企业形象是塑造品牌的根本。**

农业经济竞争土地，工业经济竞争机器，信息经济竞争品牌。品牌的创建除了依靠质量和科技创新外，企业形象的树立也是一个重要的方面。企业形象相当于人的人格，是一种潜在的影响力，也是增强与消费者亲和力的一个重要纽带。“金杯、银杯不如老百姓口碑”，老百姓的口碑就是企业的形象。汶川地震后，生产王老吉的加多宝公司向灾区捐款一亿元，因此，社会上唱响了“要捐就捐一个亿，要喝就喝王老吉”的商业口号。扬锻公司十分重视品牌建设和企业形象的塑造，公司成立了品牌建设领导小组，制定了《品牌建设实施意见》和《品牌建设计划》，在内部形象建设中，重点抓质量工程、效益工程、管理工程，增强企业的凝聚力、向心力，激发员工当家做主的积极性。外部形象建设中，通过创建中国驰名商标、全国模范职工之家、国家级机械工业管理进步示范企业、守信用重信用企业、火炬重点计划项目、江苏省文明单位、江苏省名牌产品等活动，不断提升企业的创新形象。

**（四）企业文化是提升品牌的核心。**

一个企业品牌的知名度、信誉度和忠诚度，固然是来自产品的内在质量、性能和企业的形象，但不可忽视的还有企业文化。企业文化是企业的灵魂、企业发展内在动力的基础，代表着企业的精神、形象和软实力，对内增强企业合力支撑企业的发展，对外增强企业竞争力提升品牌的价值。江苏扬力集团在中国锻压机床行业连续排名第一，获得中国驰名商标、中国机械500强等称号。扬力集团健康持续发展，企业文化建设功不可没。集团一直把企业文化视为企业的核心竞争力，创建了富有扬力特色的企业文化，集团成立了企业文化办公室，开办了企业文化工作网络和报刊，在企业文化建设的长期实践中，坚持以人为本，以关心人、理解人、尊重人为原则，形成了“以职工为本、以职工为主、以职工为友”的“三为”核心理念，营造了员工心情舒畅的和谐氛围，每个扬力人都乐于用自己的智慧和汗水，为打造“百年扬力、百亿扬力”而努力工作。

## 三、几点建议

建议区政府将品牌建设作为重大战略纳入《邗江区国民经济和社会发展第十三个五年计划》，明确今后一个时期我区实施品牌发展战略的指导思想、目标任务和政策措施。工作中要注重加强对品牌发展统筹指导和综合协调，从组织、政策、舆论等方面大力推进品牌的创建和管理。支持企业实现由产品向品牌的转变，对创建品牌的企业提供资金、信息、土地等方面的要素支持。

建议区市场监管局牵头组织成立邗江区品牌建设促进会。参照先进兄弟县市的做法，吸纳相关部门、企业、科研单位、社团参加，开展品牌建设的培育、调查研究、信息交流、宣传推介、中介服务等活动，适应社会对品牌建设的需求，培育本土知名品牌，吸引国内外知名品牌企业落户邗江，积极落实和推动全区的品牌建设。

企业要进一步强化对品牌建设重要性的认识。充分认识品牌在“溢价”效应、提升市场竞争力、转型升级中的重要作用，积极发挥企业在品牌建设中的主体作用。有条件的企业要设置品牌建设工作部门，建立品牌建设相关制度，明确品牌战略规划，注重宣传好自己的企业、产品和品牌，努力提高品牌产品的附加值和市场占有率。

企业要围绕品牌的创建和培育，重点做好质量、创新、服务等基础性工作。意识到质量是品牌的生命、创新是品牌的动力、服务是品牌的标志，没有质量的产品注定要被市场所淘汰，没有创新的产品必然要被时尚的产品所替代，没有服务的产品肯定要被消费者所抛弃。企业的产品只有在加强质量管理，不断创新提升产品品质，完善售后服务的基础上，才能提升产品的美誉度，赢得消费者的忠诚度，发挥品牌在市场的主导作用。

企业要进一步加强企业文化建设，提升产品的文化内涵。企业文化是企业最重要的无形资产，有着增强企业内部凝聚力和提升外部竞争力的重要作用。在企业内要使企业精神真正成为企业员工信奉的准则，将品牌意识融入到全体员工思想、工作中。员工与企业有关系的一举一动都是给企业的品牌建设做广告。对外努力树立诚信、承担社会责任的良好形象，踏踏实实做到让消费者满意、让社会满意，这无形之中就能提升企业和产品的品牌价值。

（作者：王春先、祝志骏、周素珍）

# 管理文化

## 加强企业文化建设　提高企业管理水平

中国中铁股份有限公司

中国中铁股份有限公司作为境内外整体上市的特大型综合性建筑企业，目前拥有40余家2级企业和28万多名员工，在为国家基础设施建设作出突出贡献的同时，积淀了丰厚的文化底蕴，为企业改革发展提供了强大的精神动力和文化支撑。公司从适应现代企业制度和建筑市场规律出发，深入分析新时期企业文化建设的新形势、新要求，按照“上下同步、内外兼修、点面结合、统分有序”的思路，不断探索建立具有中铁特色的企业文化建设体系，促进管理水平和经济效益不断提高。先后荣获全国企业文化建设示范单位、全国五一劳动奖状、全国学习型组织先进单位、中国最佳诚信企业等荣誉称号。

## 一、“上下”同步，以企业文化引领管理思路

文化管理是管理的最高层次。公司从做强做优企业的战略高度出发，坚持上下同步、联动共建，使企业文化成为引领管理思路、推动企业发展的根本动力。

**（一）上到战略，加强引领。**

公司党委提出了文化兴企、文化强企战略，制定了《中国中铁企业文化发展战略》，提出了“五增强、五提升”的战略目标，即企业文化在战略管控中的引领作用显著增强，企业发展力明显提升；企业文化在领导班子建设中的导向作用显著增强，企业凝聚力明显提升；企业文化在职工队伍建设中的激励作用显著增强，企业执行力明显提升；企业文化在生产经营中的促进作用显著增强，企业竞争力明显提升；企业文化在品牌传播中的推动作用显著增强，企业影响力明显提升，以建设一流的企业文化引领企业改革发展，明确企业管理思路。

**（二）下到一线，落地生根。**

在指导思想上，公司党委坚持“两纳入、四同步”，把项目文化建设纳入项目建设目标、纳入项目管理全过程，做到与项目管理同部署、同检查、同考核、同奖惩，有力推动了项目文化建设与项目管理的有机融合，为企业文化落地生根提供了根本保证。

在制度建设上，制定了《项目文化建设指导意见》和《项目文化建设操作手册》，直接把项目文化建设纳入工程项目精细化管理制度体系，建立了一套规范系统的项目文化建设目标内容、活动载体、工作流程和考评标准，成为指导项目管理的重要依据。

在活动载体上，把现场思想政治工作与项目文化建设有机融合，做到了施工战线延伸到哪里，党的组织就建立在哪里，活动就开展到哪里，作用就发挥到哪里。以项目文化引领和促进项目管理理念更新、模式创新和效益提升。

## 二、“内外”兼修，以企业文化规范管理行为

中国中铁发扬“筑路育人”的优良传统，内外兼修，内聚人心，外塑形象，以文化建设规范企业员工行为和企业管理行为。

**（一）内化于心，积极构建核心价值体系。**

凝练企业精神是铸魂的基本前提。从共和国第一条铁路建设的成渝精神，到抗美援朝战火中淬炼出的钢铁大动脉精神；从六七十年代的宝成精神、成昆精神，到改革开放后的大瑶山精神、京九精神、南昆精神，这些精神已经积淀成为企业不可复制的传统优势和宝贵财富。在此基础上，公司反复提炼升华，形成了具有鲜明的时代特点、突出企业特色的“勇于跨越、追求卓越”的企业精神。

践行企业精神是铸魂的内在需要。公司坚持“建一项工程、树一座丰碑、出一批人才、育一种精神”，在举世瞩目的青藏铁路建设中，锻造出“艰苦不怕吃苦、缺氧不缺精神、风暴强意志更强、海拔高追求更高”的青藏铁路建设精神；在连续12次远征南极中，培育了“挑战极限、不辱使命”的南极建设精神；在国家高速铁路建设中，形成了“勇于创新、赶超一流”的高铁建设精神。

发展企业精神是铸魂的时代要求。公司不断丰富和发展企业精神，逐步构建了中国中铁核心价值体系，即传承“报效祖国、拼搏奉献”的光荣传统，弘扬“勇于跨越、追求卓越”的企业精神，培育“诚实守信、科学发展”的价值理念，强化“锐意进取、坚韧顽强”的企业作风，营造“以人为本、共建共享”的企业风尚，彰显“冲锋在前、勇担大任”的社会责任。

**（二）外化于形，精心打造“中国中铁”品牌。**

一是统一企业品牌标识。公司深刻认识到企业要赢得社会和公众的普遍认同，就必须打造清晰、统一的品牌形象。公司先后下发《企业文化手册》和《视觉识别系统手册》，统一规范使用“中国中铁”品牌标识，全面整合、全方位统一企业品牌形象。

二是扩大对外宣传报道。公司不断加大对外宣传报道力度，多次组织主流媒体对企业改革发展重大成果进行集中报道，积极开展“网络媒体走进中国中铁”等活动，组织拍摄了《雪域天路》、《长江大桥》、《中国公路》等影视作品，编写了《千里京沪》、《龙腾哈大》、《玉树长青》等书籍，扩大了企业的影响力。

三是充分履行社会责任。公司在抗震救灾、抚危助困、促进就业、维护稳定等方面当先锋、打头阵、做表率。在玉树灾后重建中，承担了58项、近百万平方米的援建项目；每年定期发布社会责任报告，向社会公众展示企业生产和经营管理各方面，推动企业管理日趋规范。

## 三、“点面”结合，以企业文化提升管理水平

公司坚持突出重点与全面推进相结合，示范引导与全员参与相结合，点面结合、有机融合，以企业文化建设提升企业管理水平。

**（一）着眼于点，示范引导。**

选树先进典型人物。近年来，中国中铁推出了一大批立得住、叫得响、推得开的先进典型，“全国知识型产业工人、共和国双百人物”窦铁成、“全国农民工楷模、知识型新型工人”巨晓林的先进事迹，受到中央领导的高度评价，在全社会引起了强烈反响。

努力完善典型选树机制。公司大力营造先进典型不断成长的沃土。每年评选专家员工、金牌员工、首席员工，每两年评选“十大专家型工人”、“十大新型农民工”、“十

大杰出青年”、“十大杰出女性”等先进人物等，每3年召开劳模表彰大会。

积极创建项目文化示范点。公司把项目文化建设作为12项文化建设的落脚点，深入扎实地开展项目文化标准化建设和项目文化达标活动，先后涌现出161个股份公司级项目文化建设示范点，为夯实企业管理基础、提升企业管理水平树立了榜样和标杆。

**（二）立足于面，深化拓展。**

一是把企业文化建设主体拓展到全体员工。广泛开展“创建学习企业，争当知识型员工”活动，不断提高员工科学文化素质和专业管理水平。完善职工代表大会制度，开展厂务公开活动，有效保证了全体职工参与管理的权利。

二是把企业文化建设领域拓展到生产生活各方面。加强工地文化、工地生活、工地卫生“三工”建设，举办各类现场文体活动，改善员工生产生活条件，切实发挥企业文化对员工的服务功能。

三是把企业文化建设对象拓展到农民工队伍。全面推行农民工与职工同学习、同劳动、同管理、同生活、同报酬的“五同”管理，有效发挥企业文化在队伍建设中的凝聚功能，促进了企业管理整体水平的提升。

### 四、“统分”有序，以企业文化推动管理创新

构建了以“中国中铁”母文化为统一标准，各二级公司子文化分类建设的企业文化建设体系，形成了母、子文化统分有序、协同发展的建设格局。

**（一）统一标准，明确基本要素。**

在责任落实上，公司各级企业都成立了以党政主要领导为组长的企业文化建设领导小组，明确职责分工，形成了项目现场企业文化建设标准规范。

在框架搭建上，积极培育以“忠诚敬业”为重点的责任文化、以“标准精细”为重点的管理文化、以“本质安全”为重点的安全文化、以“品牌建设”为重点的形象文化、以“尊重业绩”为重点的效益文化、以“和衷共济”为重点的团队文化、以“令行禁止”为重点的执行文化、以“人尽其才”为重点的人才文化、以“鼓励创造”为重点的创新文化、以“一安双优”为重点的廉洁文化、以“互利共赢”为重点的合作文化、以“关爱员工”为重点的和谐文化，形成了全公司企业文化建设的总体框架。

**（二）分类建设，形成特色成果。**

在企业品牌建设中，在“中国中铁”统一品牌的核心框架下，着力强化专业领域的品牌建设，大力推广新业务板块的品牌形象，不断创新品牌建设理念、拓展品牌宣传途径。

在特色文化建设中，总结推广开路先锋的“路文化”、跨越天堑的“桥文化”、穿山越海的“隧文化”、四海为家的“家文化”等一批具有企业特色的文化成果；大力开展“家文化”建设的中铁置业入选首批30家“中央企业企业文化示范单位”；中铁装备的“同心圆”文化得到了习近平总书记的高度评价。

在海外文化建设中，吸收国际现代企业文化建设先进经验，尊重项目所在国的民族、文化、宗教传统，不断加强文化融合，全面打造“CREC”国际品牌形象，深入了解海外员工生产生活和思想状况，组织援建坦赞铁路烈士家属赴坦桑尼亚“祭奠坦赞铁路建设牺牲烈士”等活动，富有特色的分类建设模式有效促进了企业管理的创新。

（供稿人：尚宪鹏）

## 以热爱员工为主旨的“人本文化”

## 鲁泰纺织股份有限公司

鲁泰集团是以鲁泰纺织股份有限公司为母公司，下设12家控股子公司、11家关联公司的企业集团。母公司拥有从棉花育种、种植，到纺纱、漂染、织布、制衣产业链完整的纺织服装公司；关联公司涉及电力、环保等产业。鲁泰集团将企业文化建设作为一项长期的系统工程来抓，大力实施“人本文化”强企战略，不断提升公司软实力，先后获得“全国五一劳动奖状”、“中华慈善事业突出贡献奖”、“全国质量奖”、“全球卓越绩效奖（世界级）”、中国工业行业履行社会责任“五星级企业”等荣誉称号。

### 一、着力打造以热爱员工为主旨的人本文化

鲁泰公司深入推进企业文化建设，持续推进“以人为本 严谨科学 顾客导向 诚信共赢”价值观宣贯，培育以热爱员工为主旨的人本文化。

**（一）高层表率，让企业人本文化深入人心。**

鲁泰公司党委书记、董事长刘石祯身体力行地培育以热爱员工为主旨的企业人本文化，倡导员工通过实现自身价值与公司共同成长；他关注员工的成长和生活，听取员工意见，自觉接受全体员工和社会的监督，以自己的实际行动为员工树立了榜样和表率。

**（二）脚踏实地，让企业文化行之有效。**

鲁泰始终秉承注重实效的原则，以宣贯为平台和手段，把执行文化作为企业文化宣贯的组成部分，确保企业文化建设取得实效。在提升企业执行力，建设执行文化方面，建立完善科学的管理模式及管理机制，实现以“制度管人”的文化；建立坚强有力的高层领导团队，为推动文化宣贯提供组织保障；着力提高党员干部的执行力，充分发挥示范带头作用；大力推行绩效激励措施，形成评价、改进、创新和分享的学习循环，使公司的战略发展方向和重点不断得到强化。

### 二、有效实现制度管理与人文管理的和谐统一

鲁泰具有明晰的组织机构、完善的管理体系。在发展过程中，全面引进并有效实施国际通行的标准化管理体系，以保持公司管理与国际管理同步。通过不断学习导入国际前沿的标准化管理体系，逐步确立了构建“大质量”体系的概

念，使公司综合管理水平得到不断提升。

国际标准化管理体系的引进、实施，有效的提高了公司管理水平，使公司在生产经营过程控制、员工职业健康安全、环境保护、企业社会责任等方面都有明确的制度和严格的工作规范，让各项工作始终处于严谨有序的工作链中。打破传统人治管理，实现企业管理制度化，使公司管理实现自我约束、自我管理、自我改进，公司与客户、社会、员工之间健康和谐发展的格局。

### 三、人本文化建设促进行为养成

以人为本是企业文化最重要的理论支柱。鲁泰用企业文化把员工个人价值的追求与企业发展目标紧紧联系在一起，把锻炼和培养一支有理想、有道德、有文化、有纪律，爱党、爱国、爱厂的员工队伍当作一项重要的任务来抓。

**（一）热爱企业的发展根本是员工。**

公司建立了多层次的沟通交流机制，加强与员工的交流和沟通，积极解决员工的住房、子女入学等问题，免除职工的后顾之忧，形成了以党委为龙头，工会、团委、女工委员会为基本工作单位，党员、工会委员为主体，纵向到底、横向到边的沟通网络。

工会不受时间和场所的限制，随时与职工代表交流沟通，员工随时可以通过邮箱、意见箱、短信等形式进行信息反馈；公司通过年度员工满意度调查、大学生调查等方式，了解员工满意度情况并制定针对性改进措施，持续提升员工满意程度。

通过推荐优秀员工带薪上大学、免费在职教育，MBA培训等教育培训，促进员工知识和技能的提升，开展“评先树优”、“技术比武”、“科技表彰”、“三八红旗手”和“巾帼英雄”等表彰活动，对员工进行精神和物质奖励。

为员工配备舒适的食宿环境，累计投资5亿元建设单、双职工公寓，宿舍内安装空调、电视，浴室24小时开放，被褥、床单公司统一配发、清洗；为已婚员工建成13多万平方米住宅，11多万平方米双职工公寓，职工餐厅实现标准化作业，根据员工需求提供“安全、美味、营养”的多样化的餐饮服务，让员工有家的温馨感。公司为员工建立休闲、娱乐、学习场所。各园区都建有职工俱乐部、图书馆、电子阅览室，为员工创造一个积极向上的学习环境。

**（二）尊重劳动、尊重知识、尊重人才、尊重创造，注重人的价值实现。**

鲁泰公司在发展中大力实施人才强企战略，坚持以人为本，不断加强人才队伍建设，为企业发展提供强有力的人才保障和智力支持。

坚持“以人为本 严谨科学 顾客导向 诚信共赢”的价值观，遵循“不唯学历重能力，不唯资历重业绩”的原则，引进、培养、选用优秀人才。建立了包含人力资源规划、工作系统设计、员工职业发展规划等8大职能的人力资源管理体系，建以了技术比武、职称评聘、科技表彰、评先树优、优秀员工在职教育、校企联合办学、人才培训、人才选拔八大平台，对员工实行无缝隙职工教育管理。

全面推进绩效管理工作，落实人才津贴制度。公司每年召开科技表彰大会，对先进集体和个人进行表彰和奖励，实行专业技术工人及工程类专业技术职务评聘，根据专业技术人员水平不同享受不等的技术津贴补助。公司为吸引高学历人才，除正常薪酬待遇外，给予不等的补助。这些政策，为吸引和留住人才，调动人才的积极性发挥了重要作用，为公司发展提供了智力保障。公司先后与山东丝绸纺织职业学院、济南工程职业技术学院、山东科技职业学院签订联合办学协议，设立“鲁泰奖学金”，培养了专业人才，深化了专业建设。

开放、包容、内敛、厚实的鲁泰企业文化成就了鲁泰的发展辉煌，逐步形成集东西方商业文明精髓并俱有时代气息的现代商业文明。在总结提炼发展中的企业文化精髓的同时，更要以开放、包容和谦虚的态度，去接纳、吸收、消化一切现代商业文明的精华，逐步完善公司的企业文化体系，使公司创造出顺应社会、同步时代、领先企业的企业文化，让文化在发展中完善，让企业生命在文化中升华。先后获得“中国纺织品牌文化50强”、“全国纺织行业先进党建工作示范企业”、“全国纺织精神文明建设示范基地”、“全国纺织企业思想政治工作创新奖”、“全国企业文化示范基地”等荣誉称号。

（供稿人：李健）

## 基于管理改善的互信合作企业文化

东风裕隆汽车有限公司

东风裕隆汽车有限公司是东风汽车公司和裕隆大陆投资有限公司联合成立的合资企业，成立于2010年10月，生产基地位于杭州临江高新技术开发区。东风裕隆致力于发展国际领先水平的新能源汽车产品，不断提升东风裕隆“纳智捷”品牌形象和价值。面对合资品牌与自主品牌的双重压力，东风裕隆在文化融合、管理提升、品牌塑造、科技创新等方面面临严峻的挑战。从提升管理水平，提升企业文化管理力的角度出发，东风裕隆在进行核心价值体系的构建与转化的基础上提出了互信合作行为文化建设，加速利益攸关方的互信合作，提升企业管理水平和效益。

### 一、互信合作企业文化内涵

**（一）互信合作企业文化属性。**

东风裕隆互信合作企业文化定位于通过文化塑造、文化指引、文化管控等企业文化建设措施，以“互信合作”为核心，着力于公司全价值链管理能力提升，将文化软实力逐步转化为文化管理力，从而支撑企业核心竞争力的构建。按照企业文化三层次结构原理，《东风裕隆企业文化要义》属于精神文化范畴，而互信合作企业文化属于行为（制度文化）范畴；《东风裕隆企业文化要义》是根基，互信合作企业文化是支撑，也就是对《东风裕隆企业文化要义》“行动篇”和“力量篇”的细化和延展。

**（二）互信合作企业文化关系定位。**

东风裕隆互信合作企业文化的关系定位主要有以下几个方面：东风与裕隆双方管理团队之间的互信合作；公司部门与部门之间的互信合作；公司上下级之间的互信合作；公司与经销商之间的互信合作；公司与供应商之间的互信合作。

**（三）互信合作企业文化体系。**

“互信合作”包含着“互信”与“合作”两方面意思。“互信”是“合作”的前提与基础，“合作”是“互信”的效能和结果。互信合作企业文化固然属于行为文化范畴，亦能分为三层意思：互信合作公约、互信合作方式、互信合作行为准则。

## 二、互信合作企业文化主要内容

围绕“关于进一步建立东风裕隆互信合作企业文化”的课题，通过多种形式，从战略视角、管理视角、文化视角的多重评估，达成了互信合作的企业文化，《东风裕隆互信合作行动纲领》诞生了。《行动纲领》是互信合作企业文化建设的纲领性文件，是公司内外部利益攸关方共同的宣言和行为准则。

互信合作由“力量篇”与“行动篇”两部分构成，包括互信合作“五项”公约、领导力5字“经”、执行力“五能”行动及内外部行动准则多方面的内容。其中，“五项”公约是互信合作企业文化核心部分，即“坚持客户至上，反对本位主义；坚持价值共创，反对人为壁垒；坚持坦诚合作，反对苛责求全；坚持责任勇当，反对明哲保身；坚持效率优先，反对拖拉推诿”。

领导力5字“经”和执行力“五能”行动，对5项公约起着重要对策支撑作用。领导力5字“经”，即从“德”、“智”、“仁”、“勇”、“和”5个方面诠释了东风裕隆领导哲学。

执行力“五能”行动：“能够事前问清楚”、“能够事中快反馈”、“能够事后负责”、“能够总结并归档”、“能够提升并分享”。

“内外部行为准则”是“五项”公约的外在表现，是东风裕隆互信合作企业文化的具体表象。

## 三、基于管理改善的互信合作企业文化实现路径

**（一）成立工作机构，形成运行机制。**

东风裕隆企业文化部，与党委工作部实行两块牌子一套班子，统称为企业文化部；企业文化建设委员会，主要职责在于审定公司企业文化建设中长期规划、推进措施及评估奖励；研究和部署公司企业文化建设的重大活动；公司建立了互信合作企业文化联络员制度，各部门联络具体负责该部门互信合作企业文化建设的有关工作。

**（二）加强互信合作企业文化宣传与培训。**

公司编辑出版了《东风裕隆企业文化要义》、《东风裕隆互信合作企业行动纲领》、《东风裕隆企业文化理念故事》等企业文化丛书；公司成立了讲师团，对公司各层面的员工进行培训；各部门采取自学和集中学习相结合的方式，安排和组织全体员工进行培训。通过举办互信合作行动纲领发布会、知识竞赛、征集互信合作优秀案例、举办演讲比赛等形式传播公司企业文化；纳入A-UP课程体系。

**（三）确定互信合作企业文化91个推进项目。**

公司各部门对“安吉会议”确立的18项课题进行优化，提出了互信合作企业文化行动计划近150个项目，企业文化部牵头，召开了互信合作企业文化落地项目研讨会，对互信合作18项课题进行了重新梳理；本着“职责明晰，相当事项归并，职责单位统一管理”、“建立标准，并归口管理部门”、“价值衡量，去除影响效率、增加工作量、不增加价值部分”的3项基本原则，明确各部门课题项目名称和内容。研讨会后，企业文化部与各部门对互信合作企业文化落地项目进行了确认，确定了互信合作企业文化推进项目42个，完成38个，2014年确定28个，完成28个。

**（四）加强项目管控，注重稽查和纠偏。**

为确保公司互信合作企业文化建设项目落地，出台了《东风裕隆互信合作企业文化建设管理办法》，对所有项目按月度进行分解实施，制作了标准化表格、表单，方便公司及各部门列入计划管控。对违背互信合作企业文化的行为进行稽查、辅导和纠偏，企业文化部对违背互信合作企业文化的现象、行为及时进行通报，请公司领导点评，通过整改予以纠偏。

**（五）进行利益攸关方互信合作满意度评价。**

针对东风裕隆内外部互信合作行动纲领，公司着手建立了互信合作满意度评价机制，在内部客户满意度评价的基础上，公司进行了经销商和投资人满意度评价，供应商满意度评价，有力促进了内外部利益攸关方的互信合作。

## 四、实施效果

东风裕隆为提升全价值链管理能力，实现公司快速发展，建立了东风裕隆核心价值体系，以互信合作为核心推动公司企业文化建设，从而促进公司管理力全面提升。经过两年的实践与探索，互信合作企业文化建设在东风裕隆的发展过程中成效初显。

**（一）公司战略和事业计划得到优化。**

以《互信合作行动纲领》为准则，经过股东及经营层面的反复研讨，对企业起步阶段制定的事业计划进行了调整。股东双方及公司层面在动力总成优化、供应商管理、质量提升等方面达成了一定的共识。这一事业计划的优化是双方互信合作、落实科学发展观的生动体现。

**（二）公司有效的沟通机制得以形成。**

通过互信合作企业文化项目的实施，在企业内部沟通机制建立方面，制定和实施了《东风裕隆会议管理办法》、

《东风裕隆党委会议事规则》、《东风裕隆重要决策事项追踪管理办法》等规章制度及实施办法，从而提高了内部沟通决策效率和执行力，形成了较完备的内部沟通机制。

**（三）公司新产品竞争力得以加强。**

作为一家后手入市的汽车制造企业，为增强新产品竞争力，通过互信合作企业文化项目，如“东风裕隆新车SOP时程达成”、“强化新车质量管控”等项目的达成，使新产品投放的速度与质量得到明显提升，创新开发理念和极具新美学、新潮流、新动力的时尚特征，备受业界及消费者的关注，持续提升品牌美誉度，不断夯实东风裕隆从事华系汽车的基础。

**（四）公司产品质量得到明显提升。**

通过践行“严谨铸就品质”的质量理念，推进互信合作企业文化项目，公司逐步建立了全数品质保证体系，从研发、供应商、制造、项目进度、市场全方位进行质量管控。积极推动实施制程监察、量产车QIC质量改善及现场管理活动，加大对全价值链各项质量管理工作的重视程度，2014年整车品质的成绩比上年度有明显进步，纳智捷品牌“新车质量指数”（IQS）达到118，成为新车品质超过行业平均水平的4个自主品牌之一。

**（五）公司管理力得到大幅提升。**

通过互信合作企业文化项目的推进，对各项工作流程、管理体系进行了梳理，使各项工作逐步制度化、规范化，每项制度出台，均制定相应的流程，使各项制度具有可操作性和可执行性。在商品企划、财务管理、人力资源管理、综合管理以及企业文化建设等方面，相继出台了一系列的管理制度和办法。通过积极广泛开展管理提升活动，对照公司总体战略目标、经营绩效指标，对照标杆企业，深入开展各项业务的梳理、诊断，查找出制约发展的管理短板和瓶颈，提出了针对性的管理提升课题，为进一步提升公司管理效率和效益奠定了坚实的基础。

（供稿人：许志远）

## 文化管理推动企业合并重组和战略整合

鞍钢民企集团有限公司

鞍钢民企集团有限公司成立于1986年，是全国最大的国有大型福利企业集团，下属法人企业70个，拥有职工6000余人，其中残疾职工2400人。在“为鞍钢职工解忧，为社会解难，为残疾人解困”的办厂宗旨下，民企集团先后安置鞍钢职工残疾子女3000多人，累计实现营业收入上百亿元，为鞍山的和谐发展做出了巨大贡献。民企集团的文化融合问题有三类。一是总公司和各所属福利厂的文化融合；二是所属企业重组后出现的文化融合；三是所属企业与民营企业通过资本合作而实现重组后的文化融合。

### 一、构建战略引领模式，为文化融合提供支撑

**（一）用统一的战略协调各所属企业的战略发展。**

民企集团的几十家所属企业分布在鞍山市各城区，可谓星罗棋布，给相互沟通造成了困难。十几年来，民企集团在各个时期根据不同形势制定一系列战略方针，并推动各所属企业贯彻执行这些战略。

“三型五做”战略。“创建学习型企业、实施开放型经营、模拟民营化管理；市场做大、产品做强、机制做活、管理做实、形象做好。”

“五个打造”战略。“打造实力的民企、打造活力的民企、打造和谐的民企、打造品牌的民企、打造魅力的民企。”

“六个一切、六个转变、六个转型”战略。

“六个一切、六个转变”即：以市场新变化引领一切，传统管理向现代化管理转变；用全新理念认识一切，常规管理向战略管理转变；用远大目标规划一切，经验管理向信息化管理转变；用更高效率征服一切，人事管理向人力资源管理转变；用货币积累赢得一切，权责发生制向收付实现制转变；用先进的文化塑造一切，行政管理向企业文化管理转变。

“六个转型”即：推动企业由经验型向学习型、保守型向创新型、安置型向效率型、封闭型向开放型、依赖型向民营型、粗放型向积累型转变。

**（二）通过检查、评比、验收等方式引导所属企业。**

民企集团每年都有一个工作主题，针对这个主题，集团会在春季制定战略落实工作计划，确定各阶段工作日程，包括召开动员大会等，要求各企业对照公司列举的不符合公司战略的种种表现，查摆本单位存在的问题，自行整改。集团在秋季成立检查小组，对各企业的整改情况进行检查、评比、验收，使各企业能够逐渐在公司统一战略指引下，调整本单位的经营战略和管理模式。

集团每年都要评选各类先进模范，用典型的示范作用引领广大员工融入集团倡导的企业文化体系。集团在树立典型时，不是只停留在开表彰会的层面，而是通过表彰平台，树立、宣传先进物。

**（三）规范基层职代会的内容和程序，保证公司战略贯彻执行。**

民企集团要求所属企业在召开职代会时，严格按公司规定程序，规范会议内容，会议当天，公司主要领导和公司班子联系点领导都亲自到会。企业向企业单位职代会报告相关内容，使各单位的议质量明显提高。

### 二、构建共同价值模式，锤炼以责任文化为核心的企业文化

**（一）根据福利企业特色，构建企业文化理念体系。**

民企集团在全公司范围内征集文化理念的建议，经过多轮筛选、整理、评选，在总结前期文化建设成果的基础上，提炼出公司的一整套文化理念，汇编出版成《鞍钢民企文化宣言》。

鞍钢民企集团坚持“以人为本”的安全管理思想，结

合企业生产经营及残疾职工多的特点，提出了“转危为安，化损为全”的安全文化理念。为了强化员工对安全理念的认知，集团从理念教育入手，转变过去安全靠领导管的思想，由“要我安全”转为“我要安全”。集团在内部开展全员征集歌词活动，经过多次筛选，创作了贴近生产安全实际的《鞍钢民企集团安全之歌》，在全体员工中唱响。

**（二）倡导责任文化，实现员工的共识、共鸣、共振。**

民企集团责任文化建设的精髓在于打造3块基石：责任之心、事业之心和慈爱之心。责任之心是集团责任文化建设的基本内涵，贯穿了民企集团经营管理的全过程，渗透在职工每日工作的追求之中，内化为每个员工精神品质。以“为员工造福、为社会尽责”为特色的责任文化一经提出，就引起广大职工的强烈共鸣，得到集团上下的一致响应，在各次文化融合过程中起到了催化剂的作用。

**（三）引领广大职工奔向共同的“民企梦”。**

在党中央提出实现中国梦的目标后，民企集团也描绘出自己的民企梦：“把维护职工利益、提升职工收入水平作为生产经营管理的出发点和落脚点，为实现民企人更有自信、更有尊严、更有地位，富裕起来、快乐起来、幸福起来的梦想而努力奋斗！”

### 三、构建以人为本模式，以人员流动带动文化流动

**（一）促进干部在集团内部的纵向流动。**

纵向流动指的是干部从基层调到集团机关工作或者从集团机关下派到所属企业任职。特别是集团机关新引进的大学生，需要在基层企业锻炼几年后再回到机关。机关的年轻干部在充分提高管理能力、领会集团企业文化后，被下派到所属企业任职，在作为干部梯队被培养的同时，也把集团的企业文化携带到所属企业。

**（二）促进干部在集团内部的横向流动。**

横向流动指的是干部在所属企业之间平级交流或者提拔使用。各所属企业在经营管理水平和企业文化建设水平上难免参差不齐。集团有计划地促进干部在所属企业之间的流动，在避免“近亲繁殖”的同时，不时地给所属企业施加良性刺激，激活该单位的企业文化。

**（三）建立派驻财务负责人制度。**

为了强化对全集团财务活动的管控和协调，公司建立了财务负责人派驻制度。各直属企业的财务负责人在该企业工作，但是其人事关系和工资关系落在集团机关。这些财务负责人在及时向上级反映基层情况、及时传达上级精神方面起到重要作用，潜移默化地将集团企业文化融入各所属企业。

**（四）通过各种培训整合企业文化。**

集团所属企业每年都要制定自己的培训计划，在获得集团批准后实施。集团每年制定针对全体干部的培训计划，定期组织各单位干部乃至技工到机关培训。培训的内容包括党史、形势教育、经营管理知识、财务知识、技工理论、信息化知识，也包括国学知识、厂情。干部流动和员工培训，在强化人力资源建设的同时，实现了主体文化的分步扩散，对推进企业文化融合起到了明显的作用。

### 四、构建平台互动模式，为企业文化融合提供载体

**（一）开展各类文体活动和比赛。**

民企集团每年都要举办丰富多彩的文体活动，活动有书法、绘画、摄影，拔河，乃至大型运动会等，集团工会、团委、科协等组织充分发挥其组织体系的功能，使活动成为集团充分协调的有机行动。集团在举办这些活动时，有意识地将企业文化渗透在各个环节中，让活动切实起到凝心聚力的作用。

**（二）每月召开多种专业例会。**

为了协调各方面工作，集团各职能部门每月要组织召开各类专业例会，党支部书记例会、财务工作例会、生产安全例会等，这些例会，在帮助各单位交流工作经验、交流信息的同时，也有利于集团企业文化的扩散和推广。

**（三）建设网站、杂志、QQ群、微信群等平台。**

民企集团的网站不只是宣传企业、宣传产品的平台，也是展示企业文化、辐射企业文化的平台。以“记载工作经历，交流管理创新，热议企业发展，探讨人生哲理”为宗旨而创建的集团机关QQ群，是集团企业文化建设方面的又一创新，QQ群有专人管理，每两天发布指定的讨论主题，引导成员们聚焦于集团的全局工作。

通过上述的交流形式和载体，促进了领导之间、员工和领导之间、员工之间的沟通，促进了企业理念、管理、知识、情感等信息的顺畅流通，使企业文化被广大员工所接受、认同并落实到行动上，在企业内部形成了和谐氛围，增强了企业的凝聚力。

（供稿人：朱永冰）

## 深耕管理文化　共创幸福之家

晋城银行运城分行

晋城银行运城分行全体员工在晋城银行总行的坚强领导下，在各级政府和监管部门的支持关心下，围绕“管理文化”深耕细作，于社会发展上承担责任，于员工成长上表现担当，为今后的企业文化建设奠定了基础。分行先后荣获“运城市五一劳动奖章”“运城市青年文明号先进单位”“晋城银行企业文化建设标杆企业”等荣誉。

### 一、“爱出者爱返，福往者福来”的文化核心

“爱出者爱返，福往者福来”是晋城银行的核心价值观，这句梵语指导和促进全体晋城银行的员工理解和实践大爱的精神和文化。运城分行作为晋城银行发展体系中较为年轻的一家分行，自一开始就高度重视核心价值观在运城分行的落地，无论在员工的前期培训中还是在后期走向工作岗位，“爱出者爱返，福往者福来”的核心价值观一直在企业文化建设中发挥着核心支撑作用，通过晋城银行雷锋大学企业文

化讲堂以及各项实践活动加深理解其中的内涵。

2015 年 3 月 5 日，正值“向雷锋同志学习”纪念日和中华民族传统佳节“元宵节”到来之际，晋城银行雷锋大学运城分校组织运城分行员工到运城市盐湖区社会福利服务中心进行“践行雷锋精神，弘扬大爱文化”的慰问活动。在为社会福利服务中心送去汤圆、米、面、油等慰问品的同时，还为老人们表演了他们精心准备的慰问节目，表达了对老人的健康祝福。2015 年 8 月 11 日，晋城银行运城分行联合学苑社区、槐东社区在学苑路河东街口共同举办“情系职工、清凉一夏”送温暖活动。此次送温暖活动中，晋城银行运城分行为每位环卫工人准备了一个夏日礼包，里面有牛奶、面包、矿泉水、扇子等，进一步把晋城银行“左右为你”的服务理念和“爱出者爱返、福往者福来”核心追求展现给绿化美化美丽河东的环卫工人群体，在承担社会责任的同时极大丰富了晋城银行运城分行的社会实践。

## 二、“合规与担当创造价值”的执行保障

新分行，新气象，新人员，新业务，为了尽快提升员工综合素质，使每个人的价值充分体现，形成一个善于运用组织行为和组织语言相互协作的团队，进一步培养全体人员树立正确的价值观、人生观和事业观。在此背景下，晋城银行运城分行确定将 2015 年定为运城分行的“制度执行年”。

晋城银行运城分行以“制度执行年活动”为指引，以合规内控制度为准绳，实施“制度管人、文化养人”策略，规范群体行为习惯，提升全员业务水平和制度意识，进一步优化业务体系，培养团队内部良好的执行力文化，构建运城分行全面风控体系，形成风险管理与市场拓展的有机结合，确保运城分行开好局、起好步、立好规、带好队，让每一位员工的灵魂跟上企业发展的脚步，有效促进了晋城银行运城分行管理文化全面快速地生长。

为了让更多的人通过晋城银行的事业来改善和提升自己的生活工作等情况，晋城银行运城分行推出“大晋行人”的考核激励政策，对完成银行业务的人员给予奖励，很大程度上传播了晋城银行成就更多人梦想的社会责任。

## 三、“把爱给够”的情怀

“把爱给够”的情怀是晋城银行运城分行自开业以来就高度重视并坚实推进的管理文化，这是因为我们深信爱是每一个人最基础的情感和意念，是企业生存和发展的根本价值。一家人，爱得越多幸福就越多。一个传播爱的企业，才会有存在和发展的空间。“把爱给够”作为未来企业生存的形态，进一步体现着企业的价值追求和魅力所在。

“把爱给够”是一种态度，更是一份实践，需要我们每一级管理层去认真落实，这样才能让爱生花。“把爱给够”的事例在晋城银行运城分行不胜枚举。2015 年 5 月 20 日，晋城银行运城分行将“520”特定为员工关爱日，通过特定的关爱活动将企业对员工辛勤付出的关爱传递给全体员工，让全体员工在关爱中成长，在关爱中进步。同时，引导全体员工向父母、爱人、亲朋、同事，以及相伴我们一起前进的身边人勇敢表达爱，大声说出爱，让爱的暖流每时每刻在我们中间传递。2015 年盛夏，晋城银行运城分行为每位员工精心准备了一份消暑礼包，小到扇子、纸巾再到空调补助等等，时时处处都体现了现代企业对于员工至微至诚的关心。

“把爱给够”作为晋城银行运城分行员工来往间的情怀保障，无论何时都将成为促进晋城银行运城分行全体员工高度协同、高度团结、高度有爱的情感保障，也是晋城银行员工不懈努力的方向。

## 四、“鼎力成就”的责任

晋城银行作为一家年轻的城市商业银行，在近 20 年的发展中依托青年力量取得了稳健良好的发展。晋城银行运城分行的职工队伍平均年龄不到 28 岁，这样一个青年集体的成长时代性强，前途更是一片辉煌。“鼎力成就”的管理文化是晋城银行运城分行专为实现青年员工的事业追求而打造的，并在制度上以此为标准规范管理层的管理实践。青年员工作为新生代干事创业的中坚力量，他们获知信息和知识的速度非常快，他们做事创新、热衷思考的能力引领企业进入新的发展时期。晋城银行运城分行的各级管理层都能清楚地认识到成就员工的事业就是成就自己和企业共同的未来，尽可能让更多的员工拥有归属感，让员工感到自己的独特性被企业所认可，这样的管理思路自然地解决了更多管理入口的问题。

“有责任的管理层一定是和员工一道成长的，同时也是对员工的职业生涯规划高度关注和负责的。”这句极富管理文化的语句就是晋城银行运城分行行长张勇经常挂在嘴边的话，领导集体这样的管理实践引导更多人正确认识和理解青年员工身上的时代烙印，并正视青年员工在价值观、工作方式上的偏好和做事风格方面与上一代人之间明显的区别。

在管理文化上久而久之的深耕细作，规范各级管理层对待青年员工再也不是一味地贴上负面标签，摆出高高在上的姿态，而是以负责任、创环境的态度感染青年员工，从而促进各项工作的落地，这已然成为晋城银行运城分行在新时期转型发展的必要内容。各级管理层通过日常点滴的付出，真正用心来建设团队和成就员工，让员工尽快成为企业发展的左右手，增强员工归属感。

“鼎力成就”的管理文化有效地塑造了晋城银行运城分行各级管理层树立好的心态以及培养大的事业格局，让他们更相信自己有能力、有精力、有激情带领员工，做员工的好老师，做员工的至亲人，通过他们的存在能让员工更幸福，通过他们的存在能让员工更有价值，从而体现他们自身的价值。

“专业的人做专业的事”是晋城银行运城分行在前期筹建阶段坚持的人才培养模式。在晋城银行运城分行楼前广场，每天晚上都会有我们的体育舞蹈硕士来领着周边社区和街道的众多居民百姓通过广场舞等活动来获得健身的目的。在我们每一季度或每次更改餐厅时令菜谱之时，我们有着公

共营养师资格的员工参与到全员的健康饮食计划中，和餐厅的厨师们一起精心钻研营养可口的饭菜。在如何利用微信平台进行营销推广的工作中，软件开发专业的学生像是能驾驭了烈马的汉子一样，为我们时时更新和设计最前沿的宣传图画，有效保障了我们通过更多平台实现宣传效果。像这样的人才应用，在整个晋城银行都有很充分的体现，晚会上的表演明星，活动上的策划达人，宣传上的文字高手，都非常利于形成“专业的人做专业的事”的工作氛围。

“专业的人做专业的事”作为一种人才培养和储备的模式，更是晋城银行之于人才的管理文化。这样的文化于员工是舒适的工作状态，于管理者是开明的管理实践，利于形成“人人为工作，工作为人人”的事业环境。这样的人才管理文化定会为晋城银行集合更多优秀人才提供内涵支撑和实际保障。

### 五、“一个幸福的家”的共同追求

晋城银行运城分行的过去、今天和明天面对着一批又一批的青年员工，唯有“因材施教，因人而异”的管理文化才能促进发挥员工能量，才能真正促进员工明白企业文化并理解其中深意。多一些保障、多一些情怀，多一些责任，多一些办法，真正引导每一个人在事业舞台上找到自己最合适的位置，才能顺利找到实现人生价值的方法，才能使大家更加用心地呵护晋城银行这个大舞台。

晋城银行运城分行行长张勇曾在多个场合讲过：“我们的企业要像家一样，有欢声、有担当、当然也会有烦恼。但遇到问题，家人之间能协同面对和解决，把‘一个幸福的家’作为共同的追求，终究也会成就我们共同的幸福。”对于任何一个高度重视企业文化建设的单位来讲，这样的追求也将成就我们共同的追求。

“文化的力量，我们称之为构成综合竞争力的文化软实力，总是‘润物细无声’地融入经济力量、社会力量之中，成为经济发展的‘助推剂’、社会和谐的‘黏合剂’”。晋城银行运城分行的明天因对管理文化的深耕而更加辉煌，晋城银行的明天因企业文化而精彩。

## 文化同管理相融　快乐与发展共进

中国石油华北油田公司二连分公司

中国石油华北油田公司二连分公司系国有大型能源企业，隶属于中国石油华北油田公司，位于内蒙古自治区锡林浩特市，担负着二连油田原油产、储、运、销任务。公司大力弘扬大庆精神、铁人精神，在继承二连油田优良作风和传统的基础上，把打造“草原油情”文化作为提升企业管理质量和水平，实现科学发展、和谐发展的重要手段，走出了一条文化同管理相融、快乐与发展共进的发展之路。连续四届蝉联“全国文明单位”、“全国企业文化优秀案例”等殊荣。

### 六条主干构筑文化之脉

公司着眼于员工的实际需求和地处塞外边疆的地域特色，从“以人为本”理念出发，创新思维，对文化体系进行整合、提炼、创新和完善，不断拓展外延，丰富内涵，以下列 6 条主干为脉络，构建形成了“草原油情”文化体系。

核心理念：快乐与发展共进。快乐是人生永恒主题，发展是企业永恒主题，包括企业发展和员工的发展。快乐与发展相辅相成，员工不快乐，企业发展也没意义；企业不发展、个人不发展，员工的快乐也不能长久。二连油田恶劣的自然环境、复杂的油藏条件，决定了企业引导员工快乐幸福的任务更加艰巨和重要，所以，坚持“快乐”概念是二连油田发展导向的具体化，就是坚持以人为本，为民谋利，让员工共享改革发展成果。

主要内容：爱岗敬业的责任文化、笑对艰苦的快乐文化、友爱互助的亲情文化。爱岗敬业的责任文化。从地方层面讲，二连油田必须承担好经济、政治、社会三大责任；从单位层面讲，就是对华北油田公司负责，对员工负责，对草原生态环境负责；从党员干部层面讲，就是让组织放心，让领导放心，让员工放心，让亲人放心；从员工层面讲，就是我的岗位我负责，我在岗位请放心。

笑对艰苦的快乐文化。无法选择工作，但可以选择态度。面对二连油田恶劣的自然环境，员工以乐观的态度挑战困难，积极工作，快乐生活，聚积正能量，共同建设快乐和谐塞外油田。

友爱互助的亲情文化。在企业内部，员工克服生活之苦，团结友爱，相互帮助，共同营造“岗位如家园，同事如亲人”的亲情氛围。在企业外部，员工视草原为故乡，视牧民为亲人，与草原军民和谐共建，互助双赢，同在草原一家人，共建边疆一条心。

发展目标：智慧油田、情感基地。智慧油田。在保持原油产量规模稳定的基础上，全面建成智慧油田示范基地。以“智慧的地质、工程、管理、民生”为目标，实现“无人值守、全天监控、组织运维、重点巡视、安全平稳、层级简化”的高寒地区油田管理新模式，不断提升发展质量和效益。

情感基地。员工群众生产生活环境不断改善，精神文化需求得到更好满足，不同群体利益统筹兼顾，发展环境更加优化，员工群众之间理解宽容、友爱互助、携手共进、快乐和谐的氛围更加浓厚。

员工快乐准则（简称“四个快乐”）。身心健康我快乐，积极工作我快乐，家庭和睦我快乐，团结友爱我快乐。

精神风貌。艰苦奋斗、爱岗敬业。

工作战略。稳定向上、精细管理、转变创新、快乐和谐。

### 五大平台深植文化之根

“草原油情”文化理念体系确立后，公司遵循“以文化为手段，以管理为目的”的原则，积极搭建“领导效应、情感凝聚、有效沟通、发展成才、管理创新”五大平台，再细化为各项具体措施，将“草原油情”文化的理念、精神、价值观渗透到生产、经营、精神文明建设各个环节，贯穿到企业管理全过程。

搭建领导效应平台，促进文化导向。狠抓领导班子干部队伍建设。建立和实施对领导班子、干部、机关人员的考核评价制度，形成“为民、务实、清廉”的长效机制，树立领导干部良好形象，要求各级领导既做策划者，又做实践者，以身体力行带动影响员工的行为、习惯。

搭建情感凝聚平台，提升文化凝聚。优化关心关爱员工长效机制。建立《二连分公司大病特困救助基金管理办法》，开展帮扶救助和多种形式的“送温暖”工作，对矿区困难员工家属定期开展上门服务；定期开展健康知识巡回讲座，编发《一线员工健康手册》，建立突发疾病快速反应机制，通过关心员工生产生活条件的改善，营造“岗位如家园，同事如亲人”的亲情氛围。

搭建有效沟通平台，增强文化辐射。完善信息网络，畅通沟通渠道，加强上情下达和下情上传双向沟通交流，让员工群众及时了解企业的形势任务政策，让企业及时了解员工群众的意愿诉求。通过开办、编发《文苑网报》、《草原油情》内部报刊，建立、实施分公司领导联系基层单位、机关部室负责人联系站点制度以及畅通员工诉求渠道管理办法，有效增进员工和企业的相互了解和沟通，增强员工对企业的归属感。

搭建发展成才平台，发挥文化激励。加强干部和人才培养，建立干部选拔任用、轮岗交流、后备干部推荐制度，努力建设德才兼备的干部队伍。大力实施人才素质提升工程，让油田需要的各类人才脱颖而出。积极实施青年成才助推工程，着力发现和培养优秀青年人才，助推青年思想素质和业务技能全面发展。

搭建管理创新平台，借力文化助推。提升干部创新能力。开办《二连油田学习网》，定期举办专题讲座，建立领导干部《创新思维论坛》和课题式研究工作机制，加强典型培养选树和品牌建设，持续推动干部综合素质和分公司各项管理水平的提升。大力推行讲故事管理法，推广“六化”管理。建立基层管理工作考核奖惩机制，充分发挥体系审核的功能性作用。

### 四年推进遍结文化硕果

自2012年初分公司正式出台下发了《深化“草原油情”文化建设指导意见》起，经过4年的不懈努力和深入推进，“草原油情”文化建设工作结出了累累硕果。

“快乐与发展共进”和谐氛围逐渐形成。各级组织充分利用“草原油情”文化指导工作实践，从细微深处关心关爱员工，用真诚感动员工，用亲情凝聚人心；坚持实施以“办好事、办实事、解难事、送温暖”为主题的凝心工程。各级领导干部带头转变工作作风，认真倾听员工心声，使上下关系更加融洽，左右关系更加协调，机关与基层的合作也越来越默契。“互动、互补、互助”、“我的油田我的家，我与油田共发展”的和谐氛围正逐步形成，促进了“草原油情”文化品质不断提升，文化品牌地位不断巩固，得到了油田上下一致肯定。

员工队伍精神风貌得到转变，队伍实现了高度稳定。“草原油情”文化的提升，增强了员工队伍的凝聚力，锻造出了一支团结、友爱、亲如一家、勇于拼搏、甘愿奉献的员工队伍。特别是各采油小站、边零驻站井点岗位员工的精神风貌发生了很大的转变，呈现出“四多”、“四少”的可喜局面。面对产量任务重，员工个个想办法、提建议；面对成本紧，主动勤俭节约，挖潜增效，把成本降至最低；针对业务知识欠缺，岗位员工之间互相补课；为保护环境，不乱丢一件废品，把跑冒滴漏降至最低。广大员工关心生产经营的积极性得到了进一步提高，参政议政的主人翁意识明显加强，员工队伍实现了高度稳定。

思想政治工作进一步深化，生产经营管理得到全面发展。“快乐与发展共进”核心理念在广大员工中引起巨大反响，让“快乐生活、快乐工作”成为二连油田脉动的主旋律。“一线工作法”、“四个到一线”等工作新方法不断涌现。各级领导、思政工作者深入基层，心贴心地与员工交朋友，倾听员工心声，消除员工顾虑、帮助员工树立健康、阳光心态。“化瘀”激发了士气，文化凝聚了人心。涌现出了全国劳模张丽霞、央企劳模李秀美、河北省见义勇为模范刘超、华北油田志愿服务者优秀代表王砚菊等先进典型。

（供稿人：王利）

## 人和　共生　团队

### 东风公司商用车有限公司总装配厂

企业管理的最高境界是文化管理，文化管理说到底是人的管理。因此，企业文化建设的最终落脚点在班组。东风商用车有限公司重卡新工厂装配线是具有行业领先水平的商用车总装配线，荣获中国汽车工业科学技术二等奖。装配4班作为这条线上的一个班组，承担汽车动力专项系统、刹车管路系统等装配任务，现有员工47人。班组积极践行东风“和”文化，建设一流团队、培育一流人才、创新一流管理、创造一流业绩，在团队“1文化”建设上走出了一条特色之路。以打造全国标杆班组为目标，以培育职业化团队为使命，以创造一流业绩为核心，形成了班组团队“1文化”的价值理念、行为准则和物质成果。

#### 一、以和为贵，建设学习型班组

**（一）打造一流团队，构建和谐班组。**

自主培养管理人。以五大员为核心，成立子团队，推行自主管理，培养阶梯式骨干人才。

先锋人物带动人。学习全国劳动模范杨国华精神。

人文关爱感召人。组织开展文体活动。

主题班会鼓舞人。分享班组年度经营成果，学习班组优秀员工、工人先锋岗员工事迹，引导员工奋发向上。

**（二）开展五项修炼，提升班组学习力和创造力。**

导入《第五项修炼》，设定“零缺陷”班组为共同愿景。通过质量大早会、质量专题视频、质量主题班会、质量心得体会展评、工艺质量测试，改善员工心智模式。通过月度质量分析例会、市场赔偿分析与改善、班组指令性课题报告，开展和改善团队学习。以未来5年目标姿态，指标管控“三高”、实物质量“三超”、标杆质量“三零”引导员工自我超越。以质量文化建设方案“走进E时代”的策划和推进，锤炼班组系统思考能力。

## 二、以人为本，培育职业化团队

搭建数字化职业结构，运用冰山理论完善职业化“3+4”素质结构，培育具有主动型、服从型、合作型、责任型的职业化人才。

开展“我要飞得更高”立功竞赛活动，搭建星光大道、熠熠生辉员工素质提升平台。以管理之星、技能之星、文化之星、改善之星、学习之星、质量之星评比为主要内容，努力培养综合素质一流的职业文化员工队伍。

制定员工职业发展规划。班组员工人人规划企业生涯，参与职业生涯的发展规划的制定，班组结合员工的特点，制定班组的567人才培养规划。对班组员工进行轮训，通过几年的培训、运行。班组5名劳务工技压群雄，两名员工成长为班长，3名员工成长为副班长，3名员工成长为作业指导员，14名员工具有一线通的技能，班长荣获“班组长岗竞赛金奖”、优秀班组长、全国机械行业QC成果一等奖。

## 三、和衷共济，开发创新型管理

管理文化是企业文化的子文化，班组在开展团队“1文化”建设的过程中，积极导入国际上先进的管理方法和管理工具，质量管理、成本管理、效率管理、安全管理和士气管理等管理文化同步发展，QDCSM各项业绩持续提升。

**（一）质量文化建设。**

围绕工厂“着眼微质量，追求零缺陷”质量文化建设方案，班组积极实施工厂质量文化落地工程，经过实践探索制定了装配4班《质量文化建设方案—走进E时代》。

质量文化建设“走进E时代”有4个方面要素，核心内涵由13个以英文“E”开头的单词形成。

“E”反映质量的目标成果，追求制造准确，目标卓越。“E”反映质量的核心价值观念，开展全员技能训练成为行业专家。“E”反映质量的行为规范，要求每人每天积极地有力地执行每件事。“E”反映质量的品牌美誉度，用客户的视角审视质量，达到精致的评价、杰出的口碑。

“走进E时代”即开展技能训练成为行业专家，团队成员把每件事情一次做对，制造过程始终以客户的视角审视整车质量，以期赢得精致的评价和杰出的口碑，以精准制造、实现卓越目标。

形成“四法宝”。在质量文化建设过程中，形成了班组质量管控“四法宝”。即：岗位质量要点、管线装配标准、岗位质量自控明细、员工质量档案。班组运用质量管控“四法宝”，CS-VES平衡点数同比下降61%，班组荣获工厂2013年度质量管理先进班组。

**（二）成本文化建设。**

东风商用车注重长期的盈利性发展能力，推行全面思维管理，构建和运行成本管理体系，打造企业的成本管理，增强核心竞争力。班组创新人人都是经营者，人人都是主人翁的成本管控模式。

从辅助材料、制造费用、物流费用、人工成本四个方面开展成本控制活动，每天对消耗量进行统计，每月进行分析和改善。同等产量比费用，针对差异事实改善。通过这种推广，实际费用辅料下降6%，制造费用下降2.5%，物流费用下降2%，人工费用下降8%，核心单成本下降240元。

在必要的时间生产出必要的产品，一直是我们班组努力的方向，班组运用生产型实施费率和JPMH等管理工具实施效率改善，寻找损失前三位，实施重点改善，每月通过评选分析找出评选工具，实施改善，通过改善，班组GSTR下降18%，JPMH提升17.5%，其中两项课题荣获东风公司成果一等奖。

**（三）安全文化建设。**

践行安全环保造车。造安全环保车的概念，培育安全人，制造安全车，探索形成具有班组特征的系统安全法。

**（四）士气文化建设。**

高昂的士气是班组具有强大战斗力的保障，班组每天一次会，进行总结及通报。开展班组特色活动，唱一支歌、讲一个故事、答一道题、做一次手势，每天开展一次，开展以员工名字命名的操作法。

## 四、和悦共生、创造超越型业绩

**（一）经济效益，QCD水平引领标杆。**

质量、成本、效率等KPI连续3年达成挑战两指标。近两年来，班组员工自制小工具16个，实施改善134条，累计创效462万元。

**（二）人文效应，窗口品牌驰名遐迩。**

班组荣获全国“安康杯”竞赛优胜班组、全国优秀质量管理小组、全国质量信得过班组。

**（三）社会效益，样板效应广泛传播。**

班组建设经验，全国各大企业广泛交流，受到主流媒体的青睐，湖北省班组建设交流会的会址就选在我们班组现场。《工人日报》以“小班组撬动企业大发展”进行了报道。得到全国总工会领导的高度赞扬，全国各大媒体纷纷来访，采访和传播。

## 五、团队文化建设的感受

人文是根本。开展好团队文化建设，首先是推进人文管理，实现员工的全面发展，让东风公司“和”文化的理念在东风班组落地生根。

共生是目的。开展好团队文化建设，坚持实施对标管理，不断接受和掌握先进的管理工具，就一定会促进 QCDSM 各项业绩共同成长，让企业文化在班组开花结果。通过团队“1文化”的建设，推动我们的管理思路发生效能转变，推动团队建设跨越提升，实现制度约束管员工向人文关爱转变，班组管理由班长主抓向全员管转变，员工素质由单纯技能型向复合职业型转变，班组建设方向由生产经营型向学习型转变。

# 服务文化

## 左右为你　尊贵服务

### 晋城银行

企业文化渗透在企业经营活动中的点点滴滴，是企业的灵魂，企业的金字招牌，更是企业的核心竞争力。好的企业文化应该是在企业的任何场景中、任何员工身上都能随处可见。晋城银行总结多年的企业文化建设实践经验，将企业文化定义为“良好的群体行为习惯”，以“草根银行，尊贵服务”为企业使命，对员工坚持以文化之，用文化的力量凝聚员工，用文化的魅力吸引客户。晋城银行定位“做社区型草根银行”，服务的目标客户就是最广大的草根客户，晋城银行存在的价值就是为最广大草根客户提供尊贵的金融和非金融服务。

**我承诺：在你左右，为你服务**

企业文化对员工的引领作用毋庸置疑。2013 年晋城银行提出了“社区型草根银行”战略，2014 年又提出了“改变的力量”这一品牌价值观。我们发现，战略要落地，品牌要接地气，必须有更加简单直白的服务宣言来统领和指导晋城银行的品牌化经营实践。经过反复梳理和论证，晋城银行将“左右为你”这 4 个字作为服务宣言。

文化和战略是一脉相承的。“左右为你”即“在你左右，为你服务”。“左右”就是无所不在，体现着晋城银行服务客户的深度和广度，只要客户有需求，一举目，一投足，就可以感受到我们的存在。“为你”就是无所不能，体现晋城银行服务功能的专业度和协同度，对客户的任何诉求，或金融，或非金融，或线下，或线上，服务都可以如约而至，无微不至。

从服务草根客户的角度来说，“左右为你”就是晋城银行时刻都在自己身边，并能享受到晋行提供的足够多、足够好的服务。这一服务宣言，就是要让客户感受到，晋城银行的人和服务无处不在，无所不能。不论是金融服务还是生活服务，我们都能通过晋城银行内部和外部的各个不同平台，通过协同和整合最大化地满足他。

在金融服务方面，晋城银行在全省率先引进了小微贷技术，并设立了小微专营支行，致力于为中小企业客户提供更快、更优质的资金服务；晋城银行自主研发了全省首家直销银行—小草银行，让客户可以足不出户享受到便捷、高收益的金融产品。

在非金融服务方面，晋城银行与道易行、乐村淘、七巧汇等线上平台合作，不断打通晋城银行与草根客户之间的路径，借助银行的优势，整合各类优质商家、服务机构为客户带来全方位增值服务体验。晋城银行打造了多个俱乐部平台，比如睿睿青少年儿童俱乐部、赢者企业家俱乐部、握美女性俱乐部、乐者老年人俱乐部等，结合不同客群的兴趣爱好和需求，为他们量身打造文艺、沙龙、养生、旅行、信息共享等多种多样的活动，为草根客户提供了更为广阔的平台。

从员工做人做事的角度来说，“左右为你”既是为客户服务的工作目标，也是工作路径和方法。一群群一排排“晋行人”，走到草根客户身边，走进他们的内心，去感受他们的喜怒哀乐，去体会他们的人生百态，把晋城银行开在他们的生活里，用真诚感染客户、感动客户。

当客户拿着几万枚无任何银行敢收的硬币前来咨询时，他们丝毫没有犹豫就点头答应下来。团队长们亲自带队，白天办业务，中午和晚上班后进行清点，不管是在岗的还是休假的，都纷纷赶回营业网点，所有的员工都加入进来，只为早日清点好硬币，解客户燃眉之急。

当员工听到社区老大爷天天来支行“刷脸打卡”只是为了找个人陪他去买最喜欢的凤尾竹时，员工小冯没有一丝不悦，带着老人家一家家一户户的寻找，最终在郊区寻觅到老大爷钟爱已久的花品。

**我努力：让服务一次又一次的升级**

如果说，战略让员工愿意在未来跟着你走，那文化就可以让员工在现在愿意跟着你干。企业文化的无穷力量，不仅体现在能够打造企业的凝聚力和向心力，更重要的是能够直接给企业以力量，给员工以动力，将一切思想快速的转化为生产力。高度的文化认同，让企业的每个人不断的自我成长、自我反思、自我提升，从而推动企业不断向前、向好。企业文化的魅力就在于能够带动员工自发、自主的一次次突破自我，服务工作尤其如此。“服务永无止境”对每个服务型企业都至关重要。好的企业文化就是企业发展的加速器，晋城银行也是如此。

2014 年，晋城银行结合国内外先进同业做法以及多年来服务客户的经验，启动了“厅堂一体化”项目，旨在进一步提高厅堂服务水平，加强厅堂各团队的联动协作，让客户从产品、服务、流程等方面享受到“一体化服务、一站式满足”，持续提升客户的体验感。他们仅用 4 个月的时间，编写出《晋城银行厅堂一体化指导手册》，该指导手册始终坚持两个基础，即内部功能分区清晰和各个板块配备人员齐全；以及“四分”要求，即客户分类、功能分区、团队分设、服务分层。通过优化整合销售流程、完善绩效管理将厅堂各岗位凝聚为利益整体，真正实现厅堂服务一体化。

针对全行服务体系不明确、架构不明显的情况，晋城银行提出了全行“大服务”治理体系。确立了总行部门协同推动、分行设立服务总监、支行建立服务联络人组织架构，同时依托规范制定、培训学习、考核测评等手段加强服务执行落地情况，通过完善服务标准、实施多元化服务培训、搭建交流平台、开展服务竞赛、明确客户经理规范、设立服务创新奖励等使服务工作做好。

基础扎实，还需激励。近几年，晋城银行各分行纷纷开展劳动竞赛活动、服务竞赛活动，不同的主题各有侧重，这些活动有效地激发了员工对服务工作的创新，为“更好地服务客户”奠定了良好的规范和基础。晋城银行还引进第三方公司对全行服务状况进行全面、细致的监督，每个月形成对各主体的服务明察暗访报告，更加完整地展示了服务中的创新和问题。

服务创新，人人可为。2015年，晋城银行推出“服务创新”项目，主要针对日常工作中发现的疑难问题，全行人员群力群策，发挥各自所长想办法，或制定一套流程，或创新一个小举措，既为服务工作增添了想法，也为服务客户提出了更好的建议，为服务工作增加活力，充分发挥一线员工服务客户的积极性、实用性。截至目前，总行已收集全行服务创新共计53例，其中33例已形成文案正在推行。

### 草根与草根：我们是亲人

“服务无小事”是最基本的服务理念。但在实际工作中，我们却常常陷入一种困惑，也就是“我尽力为我的客户提供我所有能够提供的最优质的服务，但为什么客户却不买账？”归根结底，是没有客户思维，就像“我想要苹果你却给我一个梨”，没有理解客户的需求，就不可能提供深入人心的服务。

“客户之声”是晋城银行三大战略管理工具之一，旨在了解、收集客户的真实需求，不断提升服务的质量。2015年1月，晋城银行举办了一个别开生面的座谈会：“投诉客户座谈会”。晋城银行邀请了部分在2014年中的投诉客户进行座谈，从客户的需求出发寻找自身服务的问题。座谈会打破了以往我们对于“投诉者”的印象，“针尖对麦芒”的场景也没有出现，反而气氛温馨、其乐融融。在座谈会上，投诉客户将晋城银行存在的问题、客户的关注点，进行了深入的解释；银行也通过这样的座谈会向客户征询了对自身服务体系的理解和意见。他们虽然是投诉客户，但是他们的投诉、质疑、建议和想法，都是为了晋城银行更好的发展，都是晋城银行最忠实的粉丝。

这一尝试，助推晋城银行启动了“服务投诉背后问挖挖掘”机制，由专人从当期服务投诉中找到背后流程、文化、制度等存在的问题，进行批量处理和解决。同时还开展服务培训，按照不同层级，新员工培训基础服务礼仪和服务常识，在职员工进行厅堂一体户服务要求培训，厅堂服务主管等进行特殊问题处置培训，不断提升、改进，全行的服务水平日益提升。

服务之于企业是“助推剂”，是“粘合剂”，更是“润物细无声”的力量。晋城银行“左右为你”的服务宣言和“用心服务每一天”的服务理念，有着无限的力量，能让每一个员工都走到客户身边，在他们左右，让草根客户感受到草根银行的强大正能量，不断让草根银行的客户更多更好，也让草根客户的生活越来越好。

## “以客户为中心”的“磁都”文化

横店集团东磁股份有限公司

横店集团东磁股份有限公司成立于1999年，是一家拥有磁性材料、新能源和器件三大产业板块的高新技术民营企业，全国电子百强企业，集生产、经营、科研、技术开发及信息服务为一体，主要生产磁瓦、喇叭磁钢、微波炉磁钢、磁粉芯、太阳能电池片等数十大类上万种规格的产品，广泛应用于家电、汽车、计算机、通讯等领域。东磁创业之初，中国所有的磁性材料企业的铁氧体生产量不及日本最小一家车间。如今，东磁一家铁氧体的生产量就超过日本所有磁性材料企业的总和。横店东磁从一家仅靠5万元资金和33名青年农民起步的无名乡镇小厂华丽转身成为“中国磁都”的背后，除了拥有社会、经济、政策、环境优势，更得益于企业背后文化力的支撑，“客户至上”，“以客户为中心，创造客户价值”是东磁30多年来首要和不变的信仰。

### 客户需求，东磁发展的源动力

20世纪80年代，东磁人凭借一股“拼命三郎”的精神，创办了第一家磁性材料厂，与此同时，问题也相继而来，如何在低迷的市场环境中打开产品销路，占据市场一席之地？东磁用6个字回答了这个问题：以客户为中心。他们认为，客户是东磁公司各项工作积聚力量的唯一依据，是东磁人思考一切问题的主题，是东磁人统一的思考力。只有每个东磁人都发挥自己的创造性思维，急客户之所急，想客户之所想，竭尽所能去研究客户，满足客户需求，才能保证这艘企业之舰在市场的波涛中一路劈波斩浪，浩浩而行。

客户的需求是东磁发展的原动力。公司董事长兼总经理何时金这样告诫员工：“客户的难点、痛点，就是我们的需求。”东磁是这样说的，也是这样做的。起初东磁还只是一个不起眼的“农民企业”，要想成功获得大型国企的信任，并顺利拿到业务，是非常困难和具挑战的一件事情。但在东磁人的不懈努力下，在数次碰壁之后，东磁人用自己的智慧和付出引起了客户对“农民企业”的强烈兴趣，在交涉中客户当即决定让东磁试做一个比较难的产品，并且要求在45天内完成。在看过产品图纸和技术要求后，东磁人立刻行动了起来，并围绕开模部署了一系列工作，最终东磁用8天的时间成功将样品送到了客户的手中，受到了客户的好评，也为东磁日后不断接到这个企业的业务订单奠定了基础。

20世纪80年代末。有销售经验的人都知道，开发一个实力比自己公司强的客户一般都比较困难，而且要花费的时间跟精力都要翻倍，后期合作的延续性也都不是很稳定。因此，很多人都不敢轻易尝试开发大公司的订单。而就是实力相差较大的情况下，东磁公司却做到了，成功攻下了当时全国最大的一家扬声器国有企业，广州国光公司。说起开发成功的原因只有一个，满足客户需求，替客户解决痛点、难点。而当时负责开发的销售员自己总结起来也只有简短的几个字：用心付出，客户至上。他说，在生意场上，如果把客户的需求放在第一位，用心去付出，那么必将是有所回报的。也只有真正的付出才能打动客户，打通产品送往客户的通道。

### 没有无理的客户

东磁认为：在面对客户时，观点是没有对错之分的，只有你坚持的是什么。没有无理的客户，只有无能的自己。

东磁的这种理念，是在长期的思索和实践中总结提炼出来的，是在发展途中碰到的诸多案例中分析领悟得到的。有一次，公司要做一个产品，但当时客户提出的产品价格比公司的成本还低，这让东磁人很苦恼，这么低的价格要怎么做？当时，大家都觉得客户是在无理取闹，这么低的价格根本没法做。通过与客户交流，东磁派人外出学习后解决了这个难题，而最终并不是顾客改变了价格。

东磁公司坚持“客户至上”的核心价值观和“以客户为中心”的东磁信仰，始终如一，从未改变，这种观念已根植在每个东磁人的心里，升华为东磁独具特色的企业文化。

### 卖给客户的不仅是产品，更是“放心”

东磁公司能从不起眼的乡镇企业一路壮大，成为名声在外的中国强磁体，与公司始终秉承“客户至上”的理念息息相关，而客户至上中涉及了一个重要的主题，就是客户拿到的不仅是产品，更是“放心”。

追求高品质的道路上，容不得半点虚假，更不可以存有侥幸心理。东磁在不断提升产品质量的道路上，有壮士断腕的勇气，坚决向不良品说“不”的气势。据东磁人回忆，当年，工厂最终负责检验的检验员发现10万只磁瓦产品在成品检验时发现性能不良。得知这一情况后，东磁领导马上到现场了解情况，最终确认产品存在质量问题，在讨论研究解决方案时，有人提出，可低价处理本批次产品。这个意见立刻受到了东磁领导的批评，为了让大家更好的吸取教训，避免类似问题再次发生，公司领导当即决定将这批产品全部当众砸掉，并且不能用机器，全部要用手工来砸。

还有一次，公司承接了二批磁钢出口业务，产品已全部装箱待发，可经过质量科抽样，认定这批产品性能不稳定。怎么办？公司董事长兼总经理何时金当机立断，决定将价值20万元的产品全部报废，并由当晚开始，经过连续三天三夜的努力下，按时将合格产品发出，确保客户拿到的产品都是能够让人放心。尽管损失让人心痛，但从此“客户至上，质量为王”的思想却深深印刻在了每一个东磁人的脑海里。也正是在这种思想的引导下，东磁人强化了客户意识，赢得了客户的认可和信任。

### 坚守信仰，引领东磁继续前行

东磁公司一直奉行“客户至上”的核心价值观和“以客户为中心”的东磁信仰，并不断与时俱进、精益求精，在坚守信仰的同时，不断提出新观点，2008年，公司提出“以客户为中心，东磁的生命力才会强大”的理念，继而又提出“客户至上，深入到我们的行动、思维、理念、习惯、细胞、骨髓中去”、“客户的理念是分秒必争的，是不容耽搁的”新观点。同时，东磁善于汲取和学习国际上优秀企业的先进文化理念，将其与东磁的属性和素质融合起来，不断完善和强化“磁都”文化，为“以客户为中心”的东磁理念注入新鲜血液，并用它指导和引领着东磁不断前行。

文化是软实力，但也是企业竞争的硬实力。独特的企业文化信仰，助推东磁文化的大发展、大繁荣，也促使东磁形成了独特的竞争力。这一竞争力使东磁获得了社会各界诸多的殊荣，荣誉的背后，只是因为有东磁文化、东磁信仰的支撑，是东磁人在坚守“客户至上”基础上，不懈努力和追求的思维习惯，是将每一个产品都做出特色、成为精品的行为习惯。未来，东磁将在新的起跑线上阔步前进，去创造新的辉煌，为实现“东磁制造，世界领袖”的“东磁梦”谱写新的华丽篇章。

（作者陆德根，系横店集团东磁股份有限公司办公室主任）

# 以服务文化创施工企业品牌

## 中国能建安徽电建一公司

中国能建安徽电建一公司成立于1952年，拥有电力、房建、市政工程施工总承包一级和电源工程类调试甲级资质，具有对外承包工程和进出口经营资格，是国家高新技术企业、国家认定企业技术中心、国家AAAA级标准化良好行为企业、国家安全生产标准化一级企业，跻身ENR“中国承包商80强”和中国建筑业成长性百强企业行列。公司企业文化体系提出了服务意识“四进”文化，即进办公区、进生活区、进施工区、进分包队伍，明确提出了“服务三层次”理念，把公司服务文化提升到了一个新的高度。

### 一、“服务文化”建设背景

#### （一）行业性质带来的必然性。

电力施工企业推行“服务文化”有着历史的必然性和深刻的必要性。一是电建企业的流动施工性、客户范围的有限性，决定了我们的服务意识、服务质量与企业品牌、市场份额的唇齿相依关系。二是在电建市场逐渐平稳、电力基建僧多粥少的形势下，服务质量成为企业品牌建设、市场竞争力的一个重要砝码。

**（二）企业历史发展的内在要求。**

公司因国家宏观调控，电力基建遭遇了史无前例的困难，面对市场难求、军心不稳的实情，公司领导决定用企业文化拯救安徽电建一公司，开始了企业文化建设之路。公司以“服务于战略，渗透于制度，体现于行为，辐射于环境”为宗旨，开展了安全、质量、服务等子文化建设活动，服务文化在公司统一价值观，寻求市场突破的大环境下，不断得到员工认同。通过“服务文化”的推行，重点解决了服务意识不强、工作质量不高、对合作方尊重不够、对业主和监理的要求反应不力等问题，以此增强了顾客满意度，提升了企业核心竞争力。

## 二、服务文化建设的内涵

公司服务文化的核心理念是“真诚服务、和谐共赢”，从两个层面进行展示，一是以业主为服务对象，贯彻实施“三层次”服务理念，二是以合作队伍为服务对象，倡导“五同三有”理念。

**（一）以业主为服务对象，推行“三层次”服务理念。**

业主是施工企业的衣食父母，公司自项目承建之始，就全面树立为业主服务的意识。公司将对业主的服务意识分解成三个层次：尽责做好履行施工合同的充分服务；尽力做好应业主要求的优化服务；尽心做好为业主着想的超值服务。

第一层次的“充分服务”是基本要求，体现了企业的诚信。要求公司严格按照合同要求，认真履行合约义务，完成合同承诺。

第二层次的“优化服务”是更高要求，体现出“顾客是上帝”的服务内涵，彰显企业的施工能力，要求企业在完成合同规定内的任务后，对业主方提出的超出合同之外的更高要求迅速作出积极回应。

第三层次的“超值服务”是服务的延伸，强调企业责任感。企业本着对业主负责的责任感，利用施工企业的经验优势，在发现局部设计不利于业主日后的运维检修而向业主主动提出更加经济合理的设计优化方案。如果说“充分服务”是业主想到后让我们干的，那“超值服务”就是业主没想到，但我们想到了，而且做好了。

公司把“三层次”服务理念落实为全体员工的处事态度和行为准则；落实为严守规程规范，以诚实的工作态度、优良的工作质量保证工程实体质量和提高工艺水平的实际行动；落实为科学组织策划、战胜困难和创造条件满足项目总体进度要求的不懈努力；落实为替业主着想，为业主排忧解难的能动性创造。

**（二）以合作队伍为对象，倡导“五同三有”。**

合作队伍是电力施工企业的亲密合作伙伴，与合作队伍的和谐共事将直接影响到工程建设的进度及质量。公司倡导与合作队伍平等合作、互惠互利、和谐共赢，逐步落实“政治上同待遇、工作上同标准、利益上同收获、素质上同提升、生活上同关心”为内容的“五同”理念，将分包队伍党员同步管理，工作标准同步宣贯，技能培训同步开展，生活生产同时关心，评比表彰纳入一体，真诚为合作队伍解决实际困难，谋求合作队伍在项目履约的关键时刻“有人、有信、有心”。

## 三、服务文化建设举措

公司在推进服务文化过程中，始终按照工程项目 PDCA 管理模式运作，实行文化建设闭环管理。公司党委每年召集各项目部党政一把手召开企业文化建设研讨会，对文化推进进行盘点和分析，对文化建设过程中的难题进行探讨解决，形成了党政齐抓共管的长效机制。

**（一）纳入企业文化 5 年规划，每年制定实施计划。**

结合公司企业文化框架体系的确立，将服务文化建设作为企业文化 5 年规划的重要内容，制定了具体的实施指导意见。每年制定年度实施计划，明确建设任务、责任人和完成时间。

**（二）加大理念宣贯，营造服务氛围。**

在项目现场醒目处制作“三层次”服务理念宣传牌，悬挂公司规范的服务口号标语，项目办公大厅电子显示屏不间断显示服务理念。通过各类会议讲话，持续宣讲服务文化理念。开展服务口号标语征集评比活动，营造氛围。主流媒体《新视点》电子周报开辟专栏对服务文化理念的实践给予宣传报道。“三层次”服务理念文章《巧打服务牌　赢得业主情》分别刊登在人民网、中国工程建设网等媒体上。《服务彰显品牌》一文被《中国电力报》刊用。

**（三）细化服务内容，形成服务程序。**

为将“服务文化”贯彻落实到位，避免员工只知道“三层次”服务理念却不知道如何落实“三层次”服务理念的尴尬局面，公司梳理了各类服务要求和条例，规范了服务制度，以标准化文件的形式下发组织学习。颁布实施了《服务实施程序》，规定了公司各层级部门的服务管理职责、服务实施流程以及用户回访流程，提高了“三层次”服务理念的可操作性。制定了《顾客满意度测量程序》，明确了在工程施工的不同阶段，从质量、安全、文明施工、条款执行、资料移交、工期进度、过程服务等方面进行顾客满意度调查，对调查结果进行系统分析，形成报告，通报至相关责任单位和部门。

**（四）搭建沟通平台，了解客户需求。**

服务文化建设更是一种情感交流文化，为此，公司持续搭建顺畅的沟通交流平台，一是建立客户服务热线，向相关方公布了统一的客服号码，便于业主方、合作队伍能及时准确地与公司保持联系，反馈意见和建议。二是每年召开合作单位商谈会，评比表彰优秀分包商，了解分包队伍的要求和困难，营造长期合作、互利共赢的良好局面。

**（五）收集服务案例，推广典型经验。**

高度重视文化案例的收集和点评，通过深入基层广泛搜集代表服务文化理念的人和事，编辑提炼集结成册下发班组供员工学习。实行按月收集、季度汇编、书记点评、半年评优的制度，加深案例学习推广的深刻性，发挥典型示范、案例引导的作用。

**（六）开展工程回访，履行服务承诺。**

公司把工程回访当作是对自己自身实力的一种展示，当作是表明服务诚意、兑现服务承诺的一种态度。凡是由公司承建的工程项目投产半年或一年后，公司坚持组织专职人员就机组投产运行后的安全、质量、效益、负荷率和经济指标运行情况进行回访，进行顾客满意度调查，得到了机组运行方的高度评价。

**（七）建立考核评估机制，促进文化深入落实。**

公司将服务文化建设纳入到企业文化建设考核评估体系中来，每月对基层单位服务文化推进进行考核，考核结果直接影响基层单位月度奖金分配；每年年终，将企业文化建设同四好班子评比、先进单位评比结合起来共同考评，考评结果应用到干部考核和奖励兑现，保证了服务文化建设在项目上的持续推行。

### 四、服务文化实施成效

服务文化建设经过多年的宣贯落实，获得了公司员工的广泛认同和投资方的一致称赞，服务文化实施取得了预期的理想效果。

一是服务意识和能力获得业主盛赞。业主方对公司“三层次”服务理念和基本做法给予了充分肯定，投资方高层领导多次在机组投产移交仪式、庆功大会等公开场合高度盛赞安徽电建一公司的服务意识和服务能力。

二是企业品牌形象得到大幅提升。公司通过服务理念的深入宣传贯彻，员工的服务意识进一步增强，服务行为得到进一步规范，员工们在处理与业主、与分包队伍的关系上更加有理有节，讲究方式方法，施工服务水平得到了进一步提高，诚实守信真诚合作的可信度进一步增强，企业的品牌形象得到了大幅提升。

三是赢得了后续市场份额。服务文化理念的贯彻实施，赢得了业界良好的口碑，为公司后续项目开发奠定了基础，公司市场份额逐年扩展。公司近两年签约总额增长322%，营业额增长173%，主要生产经营指标逐年创历史新高。

（作者张富慧，系中国能建安徽电建一公司党委工作部主管）

## 以特色文化软实力提供先进文化驱动力

神华宁煤集团公司物业服务分公司

神华宁煤集团公司物业服务分公司子文化建设以《神宁文化》为引领，全新打造“管家式服务”责任文化为切入点，着眼于提高公司软实力和核心竞争力，彰显“勇于担当，敢于负责”的企业精神，“一切为了住户，提升品牌服务”的理念，不断提升公司知名度、美誉度和社会公信力，为全面构建“安全、稳定、和谐”绿色物业提供先进文化驱动力。

### 一、主要做法

“管家式服务”责任文化体系，为物业服务分公司提升专业化管理水平提出了新思路，新方向，新举措，公司结合实际把“管家式服务”责任文化理念、目标、原则等融汇到日常工作中，充分发挥企业文化的推动力、牵引力、凝聚力，提升物业管理服务水平。

**（一）健全机制，建立子文化建设新机制。**

公司按照《基层单位（行业系统）特色文化建设指导意见》要求，加强了对子文化建设的组织领导，成立子文化建设办公室，形成了两级党委协同实施的大文化建设工作格局，公司每年年初召开思想政治工作会议，安排部署全年文化建设工作；每季度召开一次政工例会，研讨交流文化建设中的重点和问题，将文化建设与公司经营管理等各方面工作同部署、同落实、同考核；编制下发了《“管家式服务”手册》，在基层单位开展学习一条企业文化知识，进行一次企业文化问答，进行一次企业文化考评的“三个一”活动，进一步增强干部和员工对企业文化的认识和理解。

**（二）拓展领域，发挥子文化建设新优势。**

公司以制度机制为保障，以创建平台为载体，以《神宁文化》为子文化建设抓手，积极探索“管家式服务”责任文化建设的新途径，激发子文化建设活力。

深化宣贯，提高对子文化的认知认同。学习宣传贯彻落实《物业服务分公司管家式服务手册》是提高公司服务质量的具体举措，公司在党建信息化平台定期上传“管家式服务”内容，广泛宣传优秀管家和先进事迹，提高了员工认识度。各家物业公司通过不定期组织开展班前知识问答、知识竞赛等方式，确保“管家式服务”认知率和认同率达到100%，使之成为员工共同遵守的行为准则。

加大子文化建设物质投入。先后对3家物业公司收费站、物业部进行了硬件设施改造和软件更新设计，室内外全部粉刷，设置休息区，统一配置管家服装，统一“管家”公司牌板，使收费大厅整体环境得到了根本改善；编印“管家式服务”手册，建立子文化长廊。制作“管家式服务”子文化排版、“管家”公示牌，使子文化理念深入人心，潜移默化中改变员工的服务理念。

**（三）以人为本，推行“管家式服务”责任文化落地。**

优秀的责任文化是引领企业成功的动力之源。严格以“勇担社会责任，服务高效优质，满足业主需求，提升员工价值”为切入点，强化员工责任意识，教育员工把岗位行为养成和文明行为养成结合起来；把员工道德规范、共同行为准则、层级行为准则和岗位行为准则、日常行为规范结合起来，通过完善责任文化理念提炼，细化责任类别和内涵，严格执行《物业服务分公司责任文化手册》。

全面推行“管家式服务”。进一步转变服务方式、提升物业服务质量，努力营造安全、优质、和谐的居民小区生活环境，在公司所辖的小区居民中推行“管家式服务”活动。通过为业主提供常规服务，为孤寡老人和伤残病重业主提供特约服务，及时解决处理业主提出的服务诉求，温馨提示业主做好家庭安全防护，提高安全防范能力，增强自身安全意识，共同维护安全、稳定、和谐的小区环境。

## 二、取得的成效

公司通过完善责任文化理念提炼，细化责任类别和内涵，编印了以责任文化体系、岗位责任理念、岗位责任承诺、责任文化小故事、责任格言为主要内容的《物业服务分公司责任文化手册》；修订印发了以制度篇、理念篇、服务篇为主要框架的《“管家式服务”管理手册》。通过学习宣贯、集中考试、现场推进，演讲比赛等形式，强化员工的责任感、使命感、成就感，使员工深切认识到企业的事就是自己的事，使“管家式服务”责任文化真正做到落地生根。

责任文化理念内化于心。公司以全面提升物业管理专业化水平为使命，以提高服务水平和用户满意度为目标，开展“责任至上，勇于担当”的责任文化创建活动，取得了明显效果。在履行好岗位责任的同时，积极配合各辖区退管中心，义务为小区晨练老人布置舞场、拉结线路、配置灯泡；为住户义务修理闭路设施、发放水电安全、防盗措施温馨提示、阻止小区老人受骗、义务为小区孤寡老人查看修理门锁门窗；针对辖区绿化带土质退化、草坪老化以及住户私自种菜等原因造成的绿化带裸露现象，公司组织干部员工平整土地，清理沙土，开发花卉苗圃园地，培育出不同品种的花卉草木，不仅解决了辖区绿化资金不足的难题，还为小区绿化、美化辖区工作奠定了基础。

管家式服务外化于形。管家式服务推行两年多以来，石嘴山、太西、灵州的“管家”，先后走访慰问空巢老人290多人次，进行社区孤寡老人特服1000多人次，心理疏导100多人次，开展便民利民服务活动120余次。社会应急服务60多次，禁止黄赌毒专项宣传6次，抓获偷盗人员10人，偷盗物件20余件；组织百余人入户到孤寡老人家进行两节室内卫生大清扫；帮助肢体困难住户义务采购生活用品400多次；义务维修上下水管路300多处；主动帮助120户人家救助危难病人；多次前往所辖小区看望慰问90岁以上的老人，义务为老人测量血压和体温，时常陪老人谈心；共处理邻里纠纷150多次。

责任文化的深入实施，使物业服务质量和水平进一步提升。集团安全生产指挥中心、宁东金山大厦等公建物业服务及宁东矿区餐饮、洗浴、机关员工餐厅得到各方认可和好评；小区维修及时到位，供暖运行整体平稳；酒店餐饮菜品推陈出新，质量不断提升。小区住户满意度明显提高。

## 三、子文化建设工作思路

### （一）继续开展神宁文化理念宣贯活动。

广泛深入开展神宁文化学习、宣贯、践行活动，不断提升神宁文化的认知率、认同率。通过参与、举办神宁文化系列培训、讲座、问卷答题，开展神宁文化理念征文活动，使理念故事化、故事理念化。充分发挥自有宣传媒体作用，开展系列主题宣传报道、成果展示等，培养员工文化自觉，增强员工文化自信，营造浓厚文化氛围。

### （二）强化特色文化建设。

贯彻落实集团公司《基层单位（行业系统）特色文化建设指导意见》，加强管理，深入开展特色文化创建，深化责任文化、餐饮特色文化、物业“管家式服务”推进力度，切实解决好牌子不响、名片不亮、效果不显的问题，努力形成具有公司特色文化建设的示范单位、示范区队、示范班组。

### （三）着力拓深责任文化建设。

进一步深化公司责任文化体系建设力度，以提高服务水平和用户满意度为目标，充分发动员工开展“责任至上，勇于担当”的责任文化创建活动，进一步完善责任文化理念提炼，细化责任类别和内涵，形成一套考核实施体系，增强员工的责任感、使命感、成就感，让“企业的事就是自己的事”理念深入员工心中，使企业文化真正落地生根。

（供稿人：熊浩瑾）

# 温暖脉脉润心田

## 大唐保定供热有限责任公司

大唐保定供热公司具有特色的“温暖文化”，是以“提供优质供热，温暖古城万家”为企业使命；以“成为国内一流的供热企业”为企业愿景；以“大唐供热，温暖万家”为企业精神，通过全面实施“七色花”温暖工程系列活动，努力打造温馨、团结、和谐、奋进的企业，将温暖文化落地生根，先后荣获“全国电力系统企业文化建设先进单位”、“全国电力系统最具社会责任感企业”、“河北省服务质量优秀单位”、“河北省诚信示范单位”等荣誉称号。

### “映山红”先锋工程，三箭齐发，发挥导向作用

映山红代表先进，通过“树形象、争先进、创优秀”多项特色活动，在工作中树立标杆，用榜样的力量带动全员争创、提高。

一是开展以“转作风，树形象、提干劲”为主题的“干部群众一家亲”活动。设立群众路线联系点，启动领导联系部门、主任联系班组、班组联系群众3级网络，通过现场走访、建议征集、面对面座谈等方式，听取职工群众的意见和建议，了解职工最迫切的需求和最关心的问题，并为企业解决实际困难，提升工作活力和工作效率，以作风建设的新成效促进企业发展。

二是开展以“创先进、争优秀”为主题的“红星闪闪”活动。对在安全生产、工程建设等关键岗位中设立“红星模范”先锋岗，每季度对在企业发展建设中尽心尽力，积极谏言献策，促进管理提升；对工作尽职尽责，加班加点，带头攻坚；对职工热情、真诚，关键时刻能挺身而出的模范干部或优秀员工进行评选、宣传。树立岗位模范和先进代表，倡导干部职工用真情凝聚和谐，用热情推进工作，用激情促进创新，加强学习型、创新型、服务型、竞争型队伍建设。

三是设立“团结协作贡献奖”促进团结和谐。公司设立“团结协作贡献奖”，将部门协作情况作为考核标准，通过部门互评的方式客观地反映每个部门对需要配合工作的积极性，使各部门主动加强协作配合，把可能影响到其它部门工作进度的工作优先办理，加强沟通，及时通报信息，企业内形成了团结和谐的良好氛围。

### “太阳花”阳光工程，六路并进，发挥约束作用

太阳花代表阳光，通过健全制度建设，规范管理流程，完善决策机制，形成阳光透明的企业制度文化，夯实企业管理基础。

健全制度建设。公司对公司规章制度进行系统梳理，采取工作督办、管理人员问责、工作作风评议等办法不断加强绩效考核力度，夯实了企业管理基础，形成了企业制度文化。

规范管理流程。理顺公司部门职责，将工作流程和管理职责划分到不同部门，制定有效监督和制约机制，形成相互监督的良性局面。

完善决策机制。创新重大事项决策行为，形成党政共同管理、共同决策公司重要事务的优良传统和习惯。发扬群策群力研究重要事务，统一步调共同完成重点工作，使得决策公开透明，执行统一有力。

加强廉政建设。积极开展廉政教育，每年围绕立体宣传、专题教育、重点排查、特色活动4项内容认真组织开展党风廉政宣教月活动，密织廉洁从业网，提高干部职工的廉洁从业意识。

建立有效监督。拓展监督途径，发挥各职能部门的监督检查作用，强化过程监控，堵塞管理漏洞，打击腐败行为。强化职工民主监督，广开言路，广泛接受职工群众监督。

四步递进“行俭”。通过“听俭、说俭、读俭、写俭”四步递进的方式，步步推进廉洁文化建设，通过交流讨论加速俭文化的传播，加深员工对廉洁文化的理解和认识，保持“风清气正”的廉洁氛围。

### “蒲公英”活力工程，三步递进，发挥调试作用

蒲公英代表生机，公司以“快乐工作、健康生活”理念为宗旨，通过各式各样的文娱活动，丰富职工业余文化生活，让职工在忙碌的工作之余，缓解压力，放松身心，振奋精神，激发活力。

建立“温暖”文化园，使职工在紧张的工作之余能够劳逸结合，放松身心，为职工在有益的活动中陶冶情操，振奋精神，接受教育，提高素质提供了便利条件。

开展“班组长风采大赛”、“安全生产知识竞赛”等活动，组织岗位练兵，提升班组技能水平，展现职工积极向上、勤奋好学的良好精神风貌和精诚协作的团队风采。

### “常青藤”成长工程，五点联动，发挥激励作用

常青藤代表成长，公司为青年职工创造平台，组织多姿多彩的主题活动，发挥青工力量，促进青工成长，为企业发展提供更强的动力。

“激情奋进，炫彩青春”“五四”主题活动，激发青工热情。通过组织青年职工参加一系列充满趣味性的互动活动，放飞青春活力与个性，展示大唐青年朝气蓬勃的风貌和团结协作的精神。

青春飞扬系列竞赛，激发青春活力。公司根据青年特点，大力开展青春飞扬系列竞赛活动，促进青年焕发青春活力，组织开展“大唐精神在身边”故事讲述活动，以故事讲述比赛、事迹报告会的形式促进青年职工向身边榜样学习，掀起比学赶帮追的劳动竞赛热潮。

“八分钟读书会”打造书香家园。过读书活动提高职工的素养并在企业内形成良好的文化氛围，发起“全员读书”的倡议，推出“八分钟”读书会活动，为青年职工搭建起一个推荐优秀书籍以及交流心得、分享体会的空间，在企业内培育出浓厚的书香氛围。

“青工安全行”四面结合促提升。将青年形势任务教育工作、职工代表巡视、青年突击队活动与“安全生产月”活动相结合，进行安全巡视专项检查，促进各项工作规范管理，有效提升。

### “百合花”建家工程，双向出击，发挥凝聚作用

百合花代表和谐。通过企业对职工关心爱护，职工用心“创业、建家”，实现职工与企业共同成长、共同发展、共同进步。

员工爱企如家。开展全员“7S”管理行动，按照“整理、整顿、清洁、清扫、素养、安全、节约”各项要求，开展热源厂定置管理、文明部室创建等活动，努力打造整洁、和谐、舒适的办公环境。通过“我爱我家”合理化建议征集，让职工感受到企业重视的同时，激发主人翁意识和爱企如家的热情。

企业用心温暖职工。公司依托温暖食堂、温暖公寓、暖馨工作室等平台，针对职工不同需求，开展扶危救困、排忧解难、暖心服务活动，以实实在在的关爱让职工感受到企业如家一般的温暖和温馨。举办“青年同城会”活动，为青年职工提供展现自我、交流互动的平台；建立职工生日暖心册，精心为其准备生日蛋糕并送上暖心祝福；开展“心连心见面会”，加强干部职工间的联系，为职工解难题、办实事，激发职工干劲和活力，与企业同心同德和谐发展。

### “满天星”尽责工程，多点散热，发挥辐射作用

满天星代表散播关怀和温暖。公司积极践行“辛苦我一人，温暖千万家”的服务理念，以高品质的供热质量和优质的客户服务，使广大热用户体会到“选择大唐供热，享受品质生活”的深刻内涵。

供暖前，公司组织员工日夜奋战，积极协调、抢抓工期开展管网建设；制定《保供热措施预案》、《供热事故应急预案》等，确保供暖安全、稳定。采暖过程中，全天候对区域换热设备进行巡回检查，发现问题迅速行动、即刻消缺；组织力量进行热网平衡调整，保证用户的用热需求；在广播、

电视、报纸、网络等多种媒体上及时告知市民热线联系方式，使市民足不出户便能得到用热方面问题的解答；通过设立“业务咨询台”，完善“温暖服务台”等措施，及时为热用户提供热情、周到、贴心的服务，树立“大唐供热”的良好形象。

（供稿人：曲洪国）

# 温馨花开香溢岛城　以人为本情满巴士

## 交运集团青岛温馨巴士有限公司

交运温馨巴士是集城市公交客运、汽车租赁、旅游咨询服务和超市班车等业务为一体的城市公用事业类服务企业。青岛温馨巴士有限公司“温馨巴士”服务品牌被认定为中国城市公交行业首个“中国驰名商标”。公司拥有各类公交线路600余条，车辆4000余部，构建起“城乡相连、镇村相接”的公交运营网络。公司以温馨文化为引领，围绕“以人为本，以诚为基，以情为魂，以变为法”的企业核心价值观，坚持“比顾客的需求做的更好”的理念，在企业发展过程中，立足于乘客出行需求，不断扩大城市公交服务辐射面，消除青岛市的公共交通盲点。

### 一、温馨引领 开启发展先机

**（一）乘客为先，多领域共同发展。**

随着时代发展，乘客的乘车需求在不断变化。多年来，公司逐渐细化公共交通市场，致力于填补青岛市公共交通系统空白点，大力推动便捷、高效、高质、舒适、专业的都市公交网络和服务体系的建设。首条城际公交线路、首条旅游观光巴士线路、首条定制公交线路、首条城乡公交线路、首条景区微循环公交线路；逐步建立起集城市公交客运、汽车租赁、旅游咨询服务和超市班车等业务为一体的“大公交”全域发展模式。

**（二）温馨文化，打造强势品牌。**

企业文化建设与塑造企业品牌形象相辅相成，为进一步增强市场竞争力与社会影响力，公司牢固树立“企业文化、导入CIS系统和品牌经营”三位一体的企业文化建设指导思想，“温馨巴士”率先注册为全国首例城市公交商标，先后在香港、澳门、台湾等使用中文的地区获得商标注册证。凭借温馨的乘车环境、周到细致的服务，良好的品牌文化塑造，“温馨巴士”品牌被国家商标总局认定为全国公交行业首例“中国驰名商标”。鉴于显著的品牌文化竞争力、卓越的经营绩效水平和质量管理方面的突出表现，2014年，公司从全国近百家参选企业中脱颖而出，斩获全国交通行业质量管理最高荣誉奖“交通质量奖”，这也是全国公交企业首次荣获交通行业最高奖项。

### 二、温馨服务 细节传递真情

公司践行“有心、有爱、有真情；做精、做细、做完美”的服务理念，不断创新城市公交行业服务内容，创建了独具特色的集文明服务、文化服务和便民特色服务于一体的温馨服务新体系。

**（一）文明服务展示城市形象。**

公司把岗位文明服务规范承诺具体化，开通官方网站、新浪官方微博、官方微信平台，加强与市民、网友的沟通互动，主动接受社会监督，把收集到的意见作为改进工作重要依据。在特需乘客爱心专座上，公司设有更为明显的提示标牌，由驾驶员呼吁乘客关爱特殊群体。专门设计“孕妇徽章”供准妈妈们免费领取，当驾乘人员看到佩戴徽章的孕妇会主动提供帮助。公司设立道德银行，把员工在平日所做的好人好事转换成道德币形式进行累计计分，在年终对优秀驾驶员进行统一表彰，极大地激发了员工爱岗服务的工作热情。

**（二）文化服务彰显城市品质。**

公司实施文化进车厢工程，启动“移动的图书馆”读书活动，在各公交线路中放置2000多本儿童读物，并设立漂流书专区和读报区，为广大市民提供更多学习的场所。乘客一上车，首先映入眼帘的是“乘客您好”的欢迎语，给人以亲切温馨的感觉；中华文化精粹、传统节日、精神文明、公益宣传、励志名言、岛城景点风光图片等陆续搬进车厢，营造了浓郁的文化味和温馨的乘车感，使车厢成为传播精神文明的流动窗口和道德讲堂。

**（三）便民服务体现城市爱心。**

走进温馨巴士的公交车厢，装有当天报纸及乘车指南的报袋、零币兑换盒、雨伞套袋机、备有老花镜、清凉油、创可贴的便民箱，雨天免费向乘客提供爱心伞、爱心雨衣等特色便民物品一应俱全。公司还向特需乘客提供护导盲人出行、帮扶乘轮椅乘客出行等特需预约服务。公交车设置电子监控、营运线路走向图、与报站器同步的电子显示屏等硬件设施，报站器增加了沿途著名景点介绍，使乘客感受到国际化城市的现代文明气息。一项项细小却贴心的服务，创造了近20个全国公交第一，获得了多项专利证书。

### 三、温馨管理 汇聚员工力量

**（一）关爱员工幸福地生活、快乐地工作。**

公司倡导并践行“幸福地生活，快乐地工作”的工作理念，切实维护员工利益，着力打造员工幸福工程。面对员工的生活品质要求，推进实施并完成了公司员工工资3年倍增计划；继续大力实施员工成长与身心健康关爱工程，进一步扩大职工健康体检范围，建立员工健康档案，实行女驾乘人员生理期带薪休假制度。面对员工的工作环境要求，公司在集团“七个一”工程的指导下，根据场地等客观实际情况，有针对性的对公司总部及所属各单位建设了党员活动室、员工书屋、员工食堂、员工淋浴室、员工更衣室、整洁的储物室及卫生间，进行办公场所美化和环境优化亮化，让员工在岗工作更有激情。

公司举办形式多样、内容丰富的文体活动为员工减压，让员工在轻松愉悦中激发工作活力。在集团每年举办的文化艺术节与职工运动会、单项体育比赛中，各级领导干部带头参与文体活动，让广大员工在享受文体文化生活带来的快乐时，也收获了愉悦的身心、健康的体魄和幸福的生活。使员工喜闻乐见的文体活动制度化、常态化，不仅为公司营造了良好的文体文化氛围，更为企业注入了新的活力与能量，使企业呈现出朝气蓬勃的发展态势。

**（二）以诚为基、培树先进典型，构建共同文化信仰。**

通过新员工入职培训、班组建设及“传、帮、带”活动的感染与熏陶，以“温馨”为核心的企业文化成逐渐内化为公司员工的共同信仰和价值判断，这些价值理念又在员工日常工作中身体力行地体现出来。公司全体员工的诚信经营、温馨服务，形成了企业与员工、与客户、与社会的诚信价值链，树立了公司的良好社会形象。

公司全面实施争创百个星级班组、百名星级员工的“双百”争创工作，对于表现突出的员工不仅优先评奖评优、给予经济奖励，还将优秀员工纳入公司人才储备库。通过物质、精神、事业“三位一体”的创建机制，公司涌现出了一大批全国、省、市级先模人物与群体。

### 四、温馨公益 爱心奉献社会

“铁肩担道义、公益写华章”，公司不仅让“温馨”文化伴随乘客出行，更热衷于公益活动，让大爱在岛城传递，让“温馨”文化香溢岛城，情满社会。

寒冬，公司员工薛峰向环卫工人递出的一杯热水温暖了整个岛城，公司在临街场所建立了“爱心驿站”，为环卫工人提供免费早餐，引领了更多的社会群体和个人加入这一爱心善举中。

盛夏，公司设立“纳凉小屋”，开放场站内调度室，为候车乘客在炎炎夏日提供候车场所，在调度室内设有消暑降温的绿豆汤、矿泉水等，候车乘客可以免费取用。公司还为高考学子推出“双层观光巴士爱心送考车”，连续3年免费接送，真情洒满赶考路。

在公司的强力感召下，全体员工纷纷投身公益事业，成为传播正能量的排头兵，成立“馨飞扬”志愿服务队。目前，志愿者队伍在不断壮大，各分公司接连组建“馨飞扬”志愿服务分队。这些志愿服务队与多个盲人家庭、空巢老人结对，给特需群体和空巢老人带去笑声与欢乐。同时，“馨飞扬”志愿服务队还对青岛市盲校、聋校、自闭症儿童康复学校、养老院进行长期帮扶，定期给学生和老人免费理发，组织出游。公司“馨飞扬”志愿服务队引发社会各界高度关注及赞誉，荣获了“全国首届敬老文明号”荣誉称号。

以文化力推动经济力，以道德力增强凝聚力，以情感力提升竞争力。公司将更好地传承以“温馨”为基础的企业文化，满足不同市场、不同群体的需求，打造出一个更具示范型、引领型的优秀公交企业。

（作者范喜慧，系交运集团青岛温馨巴士有限公司文化宣传处处长）

## 品质源于用心 服务创造价值

重庆银行建新北路支行

重庆银行建新北路支行成立于1996年，坐落于江北区观音桥步行街商圈，是重庆银行的一家AAA一级支行，下辖5个网点，111名员工。多年来，支行在优质文明服务上取得了一些成绩，具备了独特的优势和做法，逐渐形成了约定俗成的服务文化，促进了支行业务发展和管理水平的提升。

### 一、在践行服务文化方面的主要做法

重庆银行通过不断总结摸索，逐步探索出一条将中国梦、社会主义核心价值观与全行实际有机结合的路子，提出在全行树立“有梦想、有爱心、有精神、有原则、有担当”的“五有”核心价值观。作为面向广大客户的基层一线网点，支行领导深知保持优质服务是持续发展的源动力，如何迅速将总行提出的“五有”核心价值观同服务文化相结合，助推支行服务管理工作更上一层楼，成为摆在全体员工面前的一个全新课题。通过摸索实践，逐渐走出了一条“既发挥传统优势，又不断开拓创新”的服务文化新路子，主要包括以下方面：

**（一）提高服务认识，建立良好服务秩序和体系。**

支行始终将服务作为全行工作的重中之重，上下高度重视，思想行动统一，努力狠下功夫。一是落实责任，实行服务督导。支行成立了优质文明服务督导小组，支行长及分管领导分别担任正、副组长，通过开展宣讲、查看现场、调阅监控、组织演练、服务评比等方式做好金融服务水平的督促和指导工作，并为服务工作提供最便利的领导支持，保障服务工作在全行工作中的优先性，扎实践行“客户至上”的服务理念。二是建立制度，促进服务规范。支行通过深度剖析自身特点，建立了以服务质量监督体系和奖惩考核体系为主要内容的全面服务工作量化考核体系，为服务工作提供可靠的制度保障。三是加强沟通，收集服务反馈。支行倡导“走出去，请进来”的工作方式，每年开展一次客户满意度调查，在网点设立意见簿、意见箱、投诉电话等，全面提升服务的深度和广度。

**（二）创建“青年文明号”，为优质服务提供人才支撑。**

文明规范的优质服务代表的是支行的整体形象，为了打造坚强有力的服务集体，支行提出了创建“青年文明号”的战略目标，确立了“激情、睿智、成才”的创建口号，创建活动在总行的正确领导和大力支持、各级团委的亲切关怀和热心帮助下得以富有成效、生机蓬勃地开展。全行上下团结一心，激情满怀，努力把创建活动建立成引导青年员工在本职工作上建功立业的一面旗帜。创建过程中，始终坚持科学发展观，紧紧围绕支行业务发展的中心工作，以优美的服务环境、良好的服务态度和一流的服务质量，让客户和员工觉得这是他们真正的家。先后被评为行级、市级、全国“青年文明号”。

为保持“青年文明号”在支行发展中的重要推力，支行团支部以“创新开放、追求卓越”为主题，不断深化“青年文明号”和“五四红旗团支部”的创建活动，以加强团组织建设为基础，从强化思想教育、创新活动载体、抓好品牌建设、了解青年需求、搭建展示平台等5个方面着手，运用多种方式和途径关心激励团员青年岗位成才，团结和引导团员青年，以高昂的精神状态、强烈的事业心、扎实的工作作风，为推动完成支行各项服务工作发挥生力军作用，为支行的可持续发展建功立业。

**（三）创新特色服务，在追求服务的路上永不止步。**

支行历经两年的打造，实现了硬件设施提档、功能分区优化，服务“软实力”提升，为广大客户提供了更为优质快捷的金融服务。

为改善装修陈旧、功能区域分配不合理的情况，支行发挥集体智慧、因地制宜，在营业的同时开展改造工作，利用上下班时间配合施工，重新划分功能区域，设置了残疾人专用通道、盲人专用键盘及残疾人专享服务电话，将自动存、取款机更新为自动存取款循环机，安装了电子回单柜、多媒体评价机，并为客户提供便民伞、婴儿椅、应急手机充电站、剪刀、订书器、胶棒、针线包、老花镜、急救包、阅览区等便民设施，让客户在办理业务的同时获得更多的延伸服务。

支行提供了包括英语、日语在内的多语种服务，设立了双语指示牌，实现了语言沟通无障碍。同时，还聘请专业的培训公司为员工进行手语培训，让每位员工都能掌握基本的手语交流方式，成为全行第一家同时提供手语和英语“双语”服务的网点。

建北支行始终重视对客户需求的体察和把握，支行员工在为客户服务的过程中，设身处地为客户着想，创新服务方式，同时做到操作标准、服务规范、用语礼貌、举止得体，为客户提供全方位、周到、便捷、高效的服务，最大化的合理利用人力资源，既让客户满意而归，又让客户体会到业务办理的便捷度。

支行利用周边商圈商铺零钞需求量大的特点，每天定向为其提供大量零钞兑换业务，既满足了客户的需求，也合理利用了支行的业务资源，取得了双赢的效果。为方便“上班族”下班后办理简单储蓄业务，支行开展“夜间延时”服务，极大地解决了“客户上班，银行上班；客户下班，银行下班”导致的银行办事难的矛盾，充分展现了重庆银行在履行社会责任上做出的努力。

针对不同客户群体开展丰富多彩、形式多样的特色活动，通过一系列特色活动的开展，支行在为客户提供特色个性服务、宣传金融知识的同时，也加深了与客户的沟通交流，深度挖掘了客户的潜在资源，进一步提高了客户对我行的信任度。

**（四）服务弱势群体，支持实体经济，履行社会责任。**

小微企业融资难是我国经济发展中面临的重要难题，支行不畏其难，以“服务地方、回报市民”为己任，通过信贷投放和政策倾斜，积极支持实体经济发展和社会人员就业，做了许多有益的尝试。

“4+4”举措成就再就业之梦。建北支行是重庆市第一笔再就业小额担保贷款的发放承办行，10多年来，支行累计帮扶失业人员实现再就业近万人，累计投放贷款金额近7亿元，在维护社会稳定的同时，也逐渐形成了“4+4”特色工作模式。“4专”措施保贷款积极发放，支行通过“专门的审贷程序、专职的人员工作、专项的信贷计划、专设的信贷产品”等措施，保证再就业贷款的顺利发放；“4机制”促信贷风险有效防范，支行通过建立对社区工作人员的贷款培训机制、与政府相关部门的会审机制、贷后检查协作机制、建立再就业贷款退出等机制，以再就业贷款扶持小微企业成长，又在其成熟后逐步将其转为商业贷款支持，留出更多的资源去帮助更多的下岗失业人员和相关企业。

支持小微企业融资。支行积极参与重庆市政府及总行出台的小微企业支持政策，制定了小微企业贷款推进规划，并调整考核模式向小微企业贷款倾斜。近10年来，支行累计发放小微企业贷款超2000户，金额超50亿元，帮助大量小微企业获得了宝贵的发展资金。在此过程中，支行坚决按照总行及上级部门的政策精神，在坚持把控风险原则的基础上，提高审批效率，杜绝乱收费等隐形抬高企业融资成本和吃拿卡要等违法违规行为，努力为小微企业提供最便利、最规范的融资服务，得到了合作小微客户的高度认可。

### 二、支行的未来展望

曾经的荣誉，倾注着支行每一位员工的努力、汗水和心血，但在这背后更能感受到的是员工的快速成长、集体的团结奋进和企业的长足进步。接下来，支行将继续总结经验，向优秀同行学习，向广大客户学习，通过积极探索和开展各类实践，进一步推进支行服务文化的“再升级”，使其更好地服从于支行的经营大局，在服务中创造价值，在服务中成就自我。

（供稿人：范志凯）

# 其他专项文化

## 打造“英模文化”　引领企业发展

鞍山钢铁集团公司

鞍山钢铁集团公司是新中国第一个恢复建设的大型钢铁联合企业，被誉为“中国钢铁工业的摇篮”、“共和国钢铁工业的长子”，连续3年进入世界500强。鞍钢既出钢材又出英模，展现了中国精神的时代典型，涌现出“全国劳动模范”、“全国五一劳动奖章”获得者5804人，各级道德模范、精神文明建设标兵3813人，为倡导践行社会主义核心价值观、实现中华民族伟大复兴梦集聚了强大正能量。

## 一、培育企业精神，构筑引领企业发展的精神高地

### （一）“既出钢材又出人才”，高度自觉抓好典型。

鞍钢是“共和国钢铁工业的长子”，也是典型成长的沃土。毛主席要求鞍钢不但出钢材，也要出人才。鞍钢党委坚持把选树典型作为加强党建思想政治工作、精神文明建设的重要着力点，积极为典型成长提供广阔的舞台。鞍钢的建设发展和先进典型，备受党中央关怀，毛主席8次接见孟泰、14次接见王崇伦；邓小平5次视察鞍钢，习近平总书记给郭明义爱心团队回信，勉励鞍钢人努力践行社会主义核心价值观。从老英雄孟泰，到“青年的榜样”王崇伦；从伟大的共产主义战士雷锋，到“当代雷锋”郭明义；从“工人革新家”李晏家、“基层管理者的榜样”邢贵彬，到“当代发明家”李超、见义勇为的英雄孙利东，大力选树典型成为鞍钢历届党委的优良传统。

### （二）提炼企业精神，培育典型成长的丰厚沃土。

鞍钢党委坚持对英模人物精神进行提炼和传承，以“艰苦奋斗、爱厂如家、为国分忧、无私奉献”的孟泰精神为基础和源头，以大搞技术创新、技术革命的王崇伦精神为重点，以雷锋的无私奉献精神为主线，经过几代鞍钢人的不断丰富、发展和升华，提炼出了以“创新、求实、拼争、奉献”为内涵的“鞍钢精神”，以最大的面积设立了“英模鞍钢”展厅，展示了鞍钢成立以来的全部先进典型事迹。在鞍钢的主要干道、建筑物、职工密集活动场所，处处都能见到英模人物的照片、事迹简介，层层设立先进模范人物光荣榜，出版《鞍钢英雄谱》、《孟泰传人》、《雷锋在鞍钢的故事》等书籍，参与创作电影、话剧《郭明义》，在全国产生了很大影响。

### （三）坚持典型引领，推动企业创新发展。

鞍钢党委坚持用企业精神引领职工，用典型的先进事迹教育职工，为引领企业创新发展注入了强大的精神动力。鞍钢持续多年开展“传承鞍钢精神、争做孟泰传人”、“学雷锋、树新风”等系列活动，在选树一大批展现鞍钢精神的英模人物的同时，又让鞍钢精神代代传承、发扬光大。66年来，鞍钢多次面临重大严峻考验，都能依靠自己的力量战胜困难，靠的就是几十年凝聚起来的打不垮的“精、气、神”。

## 二、打造英模群体，集聚发散先进典型的引领示范作用

### （一）坚持多层次、大规模培育选树典型。

每年评选先进生产工作者、科技标兵、优秀共产党员，每两年评选劳动模范、“十大杰出青年”，确保行行有模范。恢复生产时期，表彰了141名功臣；大规模建设时期，表彰了480名“两革一化”先进个人；纪念开工25周年表彰了2847名“五好职工”和771名技术革新先进个人；纪念开工40周年表彰了11193名突出贡献先进个人；为纪念毛主席批示“鞍钢宪法”50周年，评选出20名“感动鞍钢—创新功勋人物”，形成了一个巨大的先进典型群体。

### （二）打造先进典型工作团队，凸显榜样示范作用。

重视先进典型学习宣传的长期性、持久性、发展性，为每一个典型配备工作团队，让职工有机会与他们在一起工作、学习交流。“工人革新家”、全国劳动模范、全国优秀共产党员李晏家被确立为先进典型后，鞍钢党委迅速组建了李晏家创新工作室，配备了齐全的软硬件设施，选拔18名优秀成员加入其中。鞍钢为郭明义建立了爱心工作室，配备了5名专职工作人员，建立了完善的规章制度和工作流程。2012年9月，时任中央政治局常委、国务院副总理的李克强同志对郭明义爱心团队实施对外捐助“五公开”做出了长篇批示。

### （三）英模团队效应显著，人才效益双丰收。

鞍钢各级组织对英模团队建设非常关心支持，使英模团队的辐射效应充分显现，为鞍钢培育了大批人才，向社会传递了源源不断的正能量。李晏家创新工作室从最初的18人，发展到现在的600多人，获得国家专利18项，累计创效近3亿元，涌现出厂级以上先进工作者70多人。李超创新工作室完成攻关项目82项，一年创效超过1000万元，涌现出技术骨干、创新先锋40多人。

## 三、坚持一以贯之，建立学习宣传先进典型长效机制

### （一）建立完善目标考核机制。

鞍钢党委不仅把培育选树典型作为重要的工作方法，也作为各级组织的重要工作目标。从恢复生产时期，就用评选战斗英雄的办法评选鞍钢功臣。目前，已形成了涵盖精神文明建设标兵、劳动模范、科技标兵等各类典型的评选工作制度和标准，并纳入先进单位、四好班子等考核评价制度之中。在四好班子考核中，没有培育出先进典型的班子，不能参评；在先进典型培育工作中没有完成目标任务的党委书记、厂矿长，不能参评优秀干部，不能纳入后备干部人选；精神文明建设不达标的单位，取消本单位全部评先资格。在重大典型培育工作中做出突出贡献的单位和领导班子成员，在评比表彰、出国培训、提拔使用等方面优先安排。

### （二）建立完善典型评选机制。

鞍钢党委建立了先进典型培育评选机制。注重先进典型的培育。每年初提出方向性、目标性要求；每季度，各单位进行初评；每半年，基层单位上报一次；每年底，进行总结表彰。工会、共青团、科协、女工等组织，按照工作特点进行专项评选与表彰。成立评选工作委员会，按照深入调研、组织考核、事迹提炼、公开公示等环节组织评选。劳动模范评选成立专门委员会，候选人事迹在《鞍钢日报》公示，评选征求组织人事、纪委等部门意见。

### （三）建立完善培养提升机制。

鞍钢党委确定了典型长期培养计划，为典型成长创造条件。为英模举办学习班、读书班，组织劳模出国考察，安排多个岗位锻炼，以提升他们的综合素质。邢贵彬创造“五字炼炉操作法”成为全国劳模后，组织送他到省劳模班深造，

他又创造了精细化管理工作法，现在已成为鞍钢铸钢公司总经理。李超由一名普通钳工，通过8年夜校进修、到先进企业学习和出国培训，技能水平不断提高，获得国家科技进步二等奖，成为“当代发明家”，被中宣部授予“时代楷模”称号，成为辽宁历史上首位获此殊荣的先进人物，在第五届全国道德模范评选中，李超荣获全国道德模范提名奖。

### 四、不断创新典型培育宣传的内容、载体和方法

**（一）紧跟时代发展要求，在典型的培育上与时俱进。**

鞍钢始终以高度的政治责任感和敏锐性，在不同历史时期，注重培育符合企业发展阶段、具有鲜明时代特色、拥有丰富精神内涵和强大引领力量的先进典型。“艰苦奋斗、爱厂如家”的孟泰精神带动了鞍钢职工和全国人民积极投身于恢复生产的热潮当中；“走在时间前面的人”王崇伦等典型事迹，引领了一代青年人投身于技术革命和技术革新；“当代雷锋”郭明义助人为乐、奉献社会的道德标杆、“工人革新家”李晏家、鞍钢知识分子的榜样鞠幼华、“当代发明家”李超等典型，都顺应了创新驱动发展的时代召唤。

**（二）不断创新载体和手段，在典型宣传上与时俱进。**

鞍钢党委坚持继承与创新相结合，一方面充分运用报纸、杂志、宣传栏、电视等内部媒体，对英模先进事迹进行全覆盖式宣传。组建了郭明义、蒋东明、李超先进事迹报告团；一方面充分利用网络、微博、微信等新媒体，扩大传播范围和影响面。目前“鞍钢郭明义”微博粉丝已达2100多万名网友。通过向中央领导和各级党委宣传、工会、团委等部门汇报，获得对鞍钢典型的认可和支持。2014年2月，鞍钢郭明义爱心团队给习近平总书记去信，习总书记很快回了信，高度评价鞍钢开展的“跟着郭明义学雷锋活动”。

**（三）不断创新方式方法，在学习典型上与时俱进。**

突出领导干部带头学。鞍钢集团领导班子成员认真落实习总书记回信精神，带头加入郭明义爱心团队，带头捐助，带头参加义务献工活动。班子成员每人联系一名典型，把培育典型和学习典型结合起来。各级领导干部在“跟着郭明义学雷锋活动”中充分发挥了表率作用。

强化理论研究引导学。成立鞍钢郭明义精神研究会，举办“郭明义论坛”、“雷锋文化论坛”，加强典型理论研究和探索，在学什么、如何学等方面做好方向引导。

建立网络平台学。建立鞍钢郭明义爱心团队微博群、微信群，即时发布鞍钢各爱心分队的活动经验和信息，每天在群内交流的信息都有100多条。

组建团队集体学。组建了500多支郭明义敬业奉献分队，集中优秀志愿者开展专项攻关、保产抢修、义务献工、突击会展等，有1万多名职工志愿加入，已经取得攻关成果200多项。

## 弘扬“军企文化”　打造企业核心竞争力

鞍钢建设集团有限公司

鞍钢建设集团有限公司的前身是中国人民解放军基建工程，1983年成建制划归鞍钢，成立鞍钢建设公司，改制后组建鞍钢建设集团有限公司，拥有国家冶炼工程施工总承包、钢结构加工制造特级资质和国际施工许可证。公司把企业文化建设的落脚点定位在铸魂、立道、固本、塑形和聚力上，以鞍钢集团文化为主导，建立起体系完整、具有本单位特色的“军企文化”，成为全体职工的行动指南和推动企业健康发展的核心资源。先后荣获全国优秀施工企业、国资委思想政治工作先进单位等荣誉称号；两次荣膺全国建筑业60强，连续获得辽宁省10强建筑企业、全国企业文化建设先进单位等荣誉称号。

### 科学定位，顶层设计，确立企业文化建设总体目标

铸魂：按照建立现代企业制度、社会主义市场经济本质和企业转换经营机制的要求，对企业的宗旨、价值观、人才观、企业精神等进行重塑，为鞍钢建设集团实现新的发展发掘出振奋精神的力量源泉。

建制：确立了与社会主义市场经济相适应的经营之道。通过制定发展战略和文化体系，把企业经营管理的指导思想、原则和制度体系升华成内在动力，引领企业经营发展的实践。

固本：坚持“以人为本”，构筑全面提高职工队伍素质之根本，引导职工观念创新、管理创新、科技创新和机制创新。加强全体职工的思想道德建设和业务素质建设，全面提高业务水平、技术素质、工作能力和品质作风。

塑形：借助“军企文化”的力量，努力培育企业的知名度和美誉度，在社会公众中树立良好的企业形象。从培育“经营业绩形象”、“企业公众形象”、“员工社会形象”等方面入手，通过经营业绩展现、服务窗口示范，文明施工行为达到塑形的目的。

聚力：营造尊重人、理解人、关心人的企业环境，引导全体职工认同企业的追求与目标，自觉参与企业管理，理顺员工思想情绪，满腔热忱地解决职工实际问题，使职工对企业产生强烈的归属感，从而形成强大的凝聚力、向心力。

### 继承与创新相结合，在实践中不断丰富“军企文化”

“军企文化”核心内涵包括5个方面：步调统一、齐心奋斗的团结精神；遵章守纪、令行禁止的组织观念；言行一致、雷厉风行的优良作风；勇于创新、敢打硬仗的拼搏志气；准军事化、规范管理的运行机制。

在鞍钢集团文化的框架下，统一践行弘扬“创新、求实、拼争、奉献”的企业精神。

确立了“善于谋划、自立自强、勇于竞争、开拓市场的形象；以质取胜、文明服务、信守合同、创建精品的形象；

眼睛向内、规范施工、艰苦奋斗、多创效益的形象；精心组织、严格管理、降本增效、励精图治的形象；爱惜人才、技术挖潜、强化素质、自主创新的形象；凝心聚力、弘扬正气、顾全大局、争创一流的形象”等形象理念。

“思路随着市场变，在参与变化、适应变化、发展变化中寻找市场、抢占市场和扩大市场”、“凡事看效果、效率、效益”、“始终坚持从价值的角度看待问题和解决问题，形成社会主义市场经济价值观，追求市场的认可和回报”等经营理念。

“改革深处是管理，决策实质是管理”、“企业管理的最高境界是对领导班子的管理、是对管理者的管理和对管理层的管理”、“以管理的幅度保证拓展市场的广度，以管理的力度保证降低成本的深度，以管理的精度保证效益攀升的速度”、“管理无终结，永远是过程；管理是永恒，创新是追求”、“人人成为管理问题的终结者”等管理理念。

根据企业发展的各个阶段，不断提出行为理念，主要有“调整结构、开拓经营、改革创新、精细管理”、“强化凝聚力、提升执行力 增强企业核心竞争力”、“推进变革创新、促进降本增效”、“管理者：做事有思路 工作有方法、执行有力度、考核有奖惩”、“管理无小事、创新无止境”、“创新岗位管理、提升部门管理”、“勇于变革、敢于创新是推进转型升级的不竭动力”等等。

把“想做事的人有机会，能做事的人有舞台，做成事的人有回报”作为企业人才观。

确立了“冶建领先，行业一流的大型建筑企业集团”的企业愿景。

确立了“诚信奉献客户，团队凝聚力量，敬业实现价值，创新成就未来”的核心价值观。

## “军企文化”凝聚职工队伍，推动重点工作取得新成果

公司党政一班人始终坚持将企业文化建设纳入全局规划之中，提出了促进企业全面、协调、持续发展的保障及检验标准。即：增强“四种能力”：增强各级党组织成为企业改革发展的组织者、推动者、实践者的能力；增强把握方向、谋划全局、促进发展的能力；增强建设队伍、凝心聚力、净化环境、维护稳定的能力；增强广大党员永葆先进本色，充分发挥先锋模范作用的能力。创建“四好”领导班子，“四有”职工队伍。

运用多种载体将“军企文化”转化为职工的文明行为、整体的优良形象、企业的市场竞争力。同时延伸到廉洁文化、质量文化、安全文化。编制《鞍钢建设集团有限公司诚信准则》，以企业诚信推进精品战略，维护企业商誉。经常性地进行“老三观、新三观”教育。引导职工践行社会主义核心价值观。

成立企业文化研究会和推进委员会，制定了《建设集团有限公司企业文化管理规定》等一系列规章制度，纳入集团公司“三标认证”管理体系；每年确定一个主题，举办“企业文化论坛”。通过编制专题片、《企业宣传画册》、企业业绩幻灯片、单项工程专题片，推进企业文化建设向深层次发展。充分利用企业内部期刊《钢建周讯》、《调研简报》和局域网等形式进行信息沟通，营造一系列浓厚的文化氛围。

通过企业文化建设的规范化实施，集团公司的生产经营、党建、思想政治工作等重点工作不断取得新的成果，有效地促进了企业的健康发展。

一是通过全面深化改革，进一步加强市场意识教育，加大市场开发投入，建立以市场为主体的体制机制。不断加强职工理想信念，发展信心，维护和巩固发展成果教育。通过学习党的路线方针政策和习近平总书记系列讲话，了解和掌握党和国家的大政方针和推进鞍钢集团发展的重点工作。通过学习同行业先进管理经验，进一步对标找差距，形成了抢抓机遇，大干快上的浓厚氛围。

二是以企业发展为大局，思想政治工作紧紧融入施工生产实际。公司开展形势任务教育，结合案例梳理各项工作的得失，从注入正能量入手对各级组织施加压力。通过总结“扭亏增效攻坚战”的好做法、好经验，提振士气，鼓舞干部职工斗志，深入宣传鞍钢“六种发展理念”和“社会主义核心价值观”，进一步增强市场意识、危机意识、大局意识和发展意识，教育引导立足岗位降本增效、扭亏攻坚。

三是巩固“创先争优”教育实践活动成果，各级党组织围绕企业生产经营管理升级和改革的重点，认真整改党的群众路线教育实践活动期间群众提出的问题，通过开展“共产党员工程”、党员先锋岗等活动，激励广大党员，推动企业改革发展。各级领导干部主动做职工群众的表率，用自身的言行影响带动广大职工积极工作，为实现企业和谐稳定发展发挥了重要作用。

四是激发正能量，党政工团齐心协力调动一切积极因素。围绕企业确定的经营目标和长远发展战略，充分发挥群团组织的积极作用，在服务、监督、保障、激励等方面，开展行之有效的活动，结合企业管理实际不断创新方式方法，调动一切积极因素。广泛开展各类劳动竞赛，营造践行社会主义核心价值观的素质团队，进一步深化“跟着郭明义学雷锋”、“学习李超，做李超式员工”活动。培育宣传管理能手，技术骨干，爱岗敬业的各类典型。建立并运行人才引进、人才成长、人才奉献的机制，每年引进各类大学毕业生近百名，在专业技术岗位评选 12 名技术专家，引领企业技术进步。

五是畅通民主渠道，关心职工工作和生活。公司把畅通民主渠道作为民主管理的核心制度，定期召开厂务公开大会、职工代表座谈会，在基层不同岗位上聘任 60 名联络员，随时反馈意见和建议。通过大力开展网络问企活动和职工代表献计献策活动收集意见和建议。常年开展“夏送清凉，冬送温暖”活动，保证一线职工饮食卫生安全，及时解除职工家庭的后顾之忧。每逢重大节日慰问特困职工，实施特困职工子女升学救助，让全体职工共享企业改革发展的成果。

（作者王洪利，系鞍钢建设集团有限公司工会副主席、党委宣传部部长）

# 打造特色企业文化　促进集团文化落地

陕西宏远航空锻造有限责任公司

陕西宏远航空锻造有限责任公司（中航工业宏远）遵循继承创新的原则，坚持秉承中航工业主脉文化，深入践行“航空报国、强军富民”和“敬业诚信、创新超越”的价值观，继承和弘扬三线优良传统文化，积极构建具有行业特色的“锻造精品、锤炼人品、打铁还需自身硬”的铁三角文化，为促进集团文化落地，增强企业竞争力，推动各项工作提档升级。

## 一、“铁三角”文化是宏远人在“航空报国”核心价值观统领下，在长期的实践中经过继承和传扬、追求和创新，逐渐形成的宝贵财富

宏远公司是一个典型的三线企业。在50多年企业发展历程中，积淀了深厚的文化底蕴。近年来，公司党委对自身所独有的文化进行了梳理总结，提炼出了“锻造精品，锤炼人品，打铁还需自身硬”的铁三角文化，与“拼搏奉献、创新争先”的企业精神以及“建立和所有所有制竞争的机制，创世界级航空锻件优秀供应商”的企业愿景形成了特色企业文化框架。

宏远“铁三角”文化是中航工业共性文化统领下的个性文化。“锻造精品”是航空报国的基石。倡导精益求精、用心负责、严格规范、科学创新。强化宏远人的责任感、使命感，激励员工践行“航空报国　强军富民”宗旨，用高超的锻造实力和高度负责的态度，研制精良的航空装备，为用户提供可靠、质优的产品。

“锤炼人品”是企业竞争的磐石。倡导“敬业诚信，创新超越”的理念和“实事求是”、“持续改进”的行为。强化人品决定产品，激励员工用一流的人品做好一流的服务、用一流的人品开展对内对外合作，用一流的人品打造精品，赢得用户和市场的信赖。

“打铁还需自身硬”是宏远人的座右铭。宏远公司里有一支高科技的‘铁匠’团队，‘打’的是世界上最好、最贵的铁。看似简单的打铁，不仅需要自身体质过硬，而且还需要费心血构思设计。只有这样，才能打出理想的高性能铁器。倡导建设思想“硬”、作风“硬”、能力“硬”的干部职工队伍。强化“创世界级航空锻件优秀供应商”的决心、信心和恒心，激励干部员工高标准、严要求，提升工作效能，树立行业标杆，用“自信，智慧，激情，创新”践行宏远人对祖国国防事业和航空工业的庄严承诺。

## 二、“铁三角”文化表现了鲜明的锻造企业个性，反映了广大员工的共同信念和行为准则，体现了三位一体的稳定关系

三角形是稳定的象征。“精品”、“人品”、“队伍”这三条边相辅相成，相互支持，表达了三位一体的稳定关系，构建了宏远“铁三角”文化的精髓。宏远文化，不仅体现了鲜明的锻造企业个性，也反映了广大职工的共同信念和行为准则。同时，在“铁三角”文化中，执行文化、团队文化、明星文化、品牌文化、和谐文化为增强企业锻造竞争力起到了重要的支撑作用。

**（一）大力加强执行文化。**

宏远公司坚持渗透与创新相结合，文化与管理相结合。通过必要的学习灌输、公平的奖惩制度，逐渐增强员工的文化意识，自觉养成做正确事和正确做事的行为习惯。建立了有利于合作与协调的组织机构，在绩效考核中实行注重考评工作量和考评实际效果相结合、定性分析和定量分析相结合，构建了“分层、分级”考核框架。重新修改完善各项规章制度，不断完善制度文化。通过学习、贯彻各种行为规范，将员工自我价值的实现融入到企业发展中，自觉培养严谨有序的作风和勤政敬业的品质，形成了快捷高效的执行力。

**（二）深入实施团队文化。**

宏远公司党委建立了企业报纸、电视、广播、局域网、宣传栏、情况反映六位一体的“大宣教”思想政治工作格局，创新思路、设计载体，强化舆论灌输和引导，用航空人奉献国防事业的生动实践，持续培育和践行“航空报国”核心价值观。通过定期形势任务教育、开办专栏、主题活动、树立典型等在全公司传播积极向上的正能量；公司领导定期进行文化宣讲；重大节日举行荣誉升旗教育活动，有效提升了职工对集团文化的认同感，增强了员工的归属感。

**（三）着力打造“明星文化”。**

“明星”文化已成为宏远企业文化建设一道亮丽的风景线。公司以“想干事、会干事、干成事”为用人导向，加大年轻干部竞争上岗的力度，通过以德量才、培养育才、推荐举才、招聘选才等多种形式和渠道选贤任能；推行“长、家、匠、特”分离制度；规范“师带徒”管理；设立“特别奉献奖”等，让员工在集体奋斗的大环境中去自觉释放潜能，有声有色地演好自己的角色。

**（四）努力提升品牌文化。**

宏远公司倡导：用一流的人品、生产一流的产品、搞好一流的服务，用一流的人品开展对内对外的合作。质量系统强化“责任意识、忧患意识、服务意识、品牌意识、效益意识”，成立“质量问题处理委员会”，扎实履行“以顾客满意为核心，用持续改进的过程、产品和服务质量赢得顾客信任”的质量方针，以质量打造精品。国内外用户对宏远人诚实守信的品质给予了高度评价。企业每年缴纳所得税位居县域第一，经营业绩和文化品牌在地方具有良好的口碑。

**（五）着力构建和谐文化。**

三线企业生产生活条件相对较差，宏远公司领导班子以高度的政治意识把和谐文化融入到文化体系中。大力改变社区生活环境，与地方政府完成了“宏远特色小区”；更新环保设备，大力开展安全文化；坚持做好夏“送清凉”工作；长期开展扶贫帮困活动；成立老年大学，丰富老同志精神需求。虽然受到环境的限制，但企业坚持自娱自乐的原则，

定期开展群众喜闻乐见的文化体育活动：职工篮球赛、越野赛、足球赛、旅友协会、瑜伽协会、秦腔协会等已经形成长效机制。在三线企业相对封闭的环境下，这些文化活动与企业管理相融共进，为公司发展生产经营提供了强有力的精神支撑。

### 三、“铁三角”文化是立足于中航工业文化和企业长远发展培育的个性文化，来源于宏远实践又将支撑企业的转型发展

“锻造精品、锤炼人品、打铁还需自身硬”来源于宏远实践，升华为行为准则，又成为指导工作实践的文化管理体系。目前，宏远公司已经进入转型时期。我们将以“航空报国”核心价值观为引领，继续丰富“铁三角”特色文化，通过企业价值理念体系完备、企业文化管理体系健全、企业文化建设载体可观等多方面全力建设特色文化，确保集团文化转化、落地。

**（一）立足发展，不断丰富企业文化管理体系。**

进一步建立和完善价值理念体系，健全并完善行为规范体系；进一步落实中航工业文化“六统一”，创新规范VI形象识别体系，塑造企业形象；进一步完善考核评价体系，逐步实现企业文化建设规范化、制度化、科学化；进一步开展理论研究，形成企业文化建设理论体系。

**（二）着眼个性文化，不断延伸以“航空报国”为核心价值观的集团共性文化。**

狠抓“锻造精品、锤炼人品、打铁还需自身硬”铁三角文化的培育和转化，多举措实现公司上下对“航空报国”核心价值观的广泛认同，实现价值观内化于心；将价值理念贯穿到公司各项规章制度和工作流程、工作标准中去，使价值观转化为员工可遵循的行为准则和行为规范，实现价值观固化于制；把价值理念体现在经营管理活动中，体现在员工日常行为和企业对外形象上，使价值观外化于行。

**（三）加强形象树立，确保企业文化建设载体可观。**

宏远人“拼搏奉献、创新争先”的企业精神是对“航空报国”的有力诠释，值得珍藏和充分挖掘。企业独特的地形地貌和明显的航空文化印记是宝贵的财富。我们将以“三线印记、军工文化”为教育和建设主题，建设企业文化教育场所。通过实物、文字、图片、图标、模型、雕塑等多种形式，进行整体包装，在社会上树立中航工业品牌。

**（四）强化主题活动，发挥企业文化的感染力。**

开展“上好一堂文化课”活动，增进全体干部职工对集团文化的理解和认同，养成贯彻落实集团文化的行为和习惯。充分发挥党建思想政治工作的优势，以群众性精神文明创建活动和文体活动为载体，积极参与上级单位企业文化建设活动，形成航空、正气、安全、廉洁、班组、创新等职能文化建设成果。将集团宗旨理念和“既是航空人，就知责任重；既做新装备，就得多辛苦”、“焕发航空情怀、圆伟大中国梦”的集团文化要素贯穿于形势任务教育之中，促使干部职工坚定必胜信心，保持高昂斗志，决战重点型号。大力倡导“我为型号做贡献，型号成功我成才”，公司党政工团开展形式多样的技能比武和青年突击队劳动竞赛等活动，调动“比、学、赶、超”的积极性、创造性。通过坚持不懈、丰富多彩的主题活动，打造支撑公司战略转型的企业文化。

（作者王宽新，系中航工业宏远党委书记、副总经理）

# 以“五化”实践推动企业文化落地

东风汽车公司

东风汽车公司始建于1969年，有着40多年历史的优秀品牌，是我国汽车行业第一个驰名商标，世界著名品牌500强之一。东风汽车公司面对企业转型变革的新形势，努力实现企业“五化”文化，做到企业文化理念化、制度化、行为化、物质化、载体化，实现企业文化有效落地。企业文化理念化，是企业文化的精神升华；企业文化制度化，是企业文化的制度完善；企业文化行为化，是企业文化的行为养成；企业文化物质化，是企业文化的物质体现；企业文化载体化，是企业文化的载体实践。

企业文化是企业推崇和实践的价值观，是企业员工守望的精神家园，是企业核心竞争力的重要元素，在企业发展中起着深层次决定性影响，在员工成长中起着根本性价值导向作用。面对思想观念相互激荡、经营环境深刻变化、企业发展充满挑战的转型变革新形势，企业只有努力实现企业文化的“五化”，才能深入持久科学地推进企业文化建设，实现企业价值观落地，构建起凝心聚力、引领未来的企业文化软实力。

## 企业文化理念化

企业文化理念化，就是用一系列高屋建瓴、概括性强、内涵丰富、特色鲜明、富于思想启迪作用的精神理念表明企业价值观，形成企业文化的理念形态，实现企业文化内化于心。

实现企业文化的理念化，要以实践性、继承性、思想性、前瞻性、时代性、独特性、创新性、系统性为标准，推进企业精神文化不断完善、不断深入、不断提高。实践性，就是要切合企业实际，符合经营需要，体现企业发展要求。继承性，就是符合企业的历史文化传统，传承企业的优秀文化基因，继承母公司的主体文化。思想性，就是符合社会主义核心价值观要求，具有正确、丰富、深刻的思想内涵，体现企业家对企业内外关系的理性思考。前瞻性，就是能够超越现实，前瞻未来，具有战略指导、目标指引、前进动力和品牌提升作用。时代性，就是与时俱进，具有时代气息，符合当前大众认知、传诵的审美习惯。独特性，就是内容和形式都独具特色，与众不同，具有企业家的个性思维，表达上简明生动、个性时尚，易于记忆传播。创新性，就是思想新颖，观念深刻，内容鲜活，形式独特，表达别具一格，深刻揭示

出企业发展的规律，具有开创、领先的价值。系统性，就是内容全面、结构完整，形成健全的理念体系。

### 企业文化制度化

企业文化的制度化，就是用一系列具有法规性、指导性和约束力的规章制度体现企业价值观的要求，构建协调关系、维护秩序、道德约束的制度文化体系，形成企业文化的制度形态，实现企业文化固化于制。

规章制度是企业精神理念的载体和反映，是企业对如何组织生产经营管理、如何实践企业文化理念、如何把精神文化转化为物质文化的思考成果、文字表达，是企业价值观影响企业行为、转化为物化成果的必经通道，是企业制度管理的依据，是企业文化管理的基础。

实现企业文化的制度化，必须构建企业的制度文化体系，以企业核心价值为指导建章立制，用健全完备的企业内部制度体系协调组织关系、规范员工行为、指导生产经营、激励管理改善，促进企业价值观落地实践，实现制度管理、依法治企，建设法治企业，达到制度约束与价值观引领的有机统一、依法治企与以德治企的紧密融合。

### 企业文化行为化

企业文化的行为化，就是用企业干部、员工的行为实践表现企业的价值追求、精神理念和管理方式，构建目标一致、自觉自为的行为文化模式，形成企业文化的行为形态，实现企业文化外化于行。

实现企业文化的行为化，必须注重行为改善，致力于养成全体员工共同一致的行为模式。行为改善就是用企业价值观规范员工行为，引导员工朝着企业希望的行为目标完善自我。员工在企业文化建设中处于主体地位，行为文化建设是企业文化建设的中心环节。企业要高度重视员工行为文化建设，持续推进员工行为改善，激发全员参与企业文化建设，使企业领导团队与员工共享创造、成长、发展的快乐。行为改善是一个长期自我完善、文化养成的过程，不可能立竿见影，需要一个长时间的潜移默化影响。企业要不断创新手法，丰富形式，加强激励和沟通，鼓动全员参与到企业文化建设的行为改善中来，让全体员工在知、信、行中做“文化”之人、干“文化”之事、助“文化”发展。密切关注各级各类员工的真实心理需求，立足实际，解决问题，形成共享的价值观和高度一致的行为习惯。通过教育培训、典型引导、团队活动、制度建设、奖惩激励和员工自身的观察学习锻炼等途径，用企业价值观约束员工、引导员工、激励员工、规范员工，促使员工思想素质、道德品行向真善美方向、向企业倡导的目标发展，为员工全面发展和企业进步创造良好的文化条件。

### 企业文化物质化

企业文化物质化，是用看得见摸得着体会得到的物质形态展现企业的价值观，构建满足社会需求、具有实际价值的物质文化，形成企业文化的物质形态，实现企业文化实化于形、具化为物。

实现企业文化物质化，必须制造优质产品，提供优质服务，优化企业环境。要以企业价值观为指导，努力组织现代化、社会化、精益化、集约化、环保化的生产制造，竭力为社会提供适销对路、客户满意、品质卓越的产品和服务。企业生产的有形产品和提供的无形服务是企业生产经营的成果，它是企业物质文化的首要内容和主要载体。企业的使命就是创造物质财富，为社会提供能够满足消费者需求的现代意义的产品和服务。企业生产和销售产品的过程，就是企业物质文化的创造过程。要以市场为导向，不断吸纳和集聚各种资源，不断开发、制造、销售市场需要的产品和服务，通过实物载体表现企业的价值追求和文化品位。

### 企业文化载体化

企业文化载体化，是用丰富多彩的载体手段表现企业文化，构建形式多样、平台宽广的载体文化，形成企业文化的载体形态，实现企业文化落地于载体。

实现企业文化载体化，必须在加强物质文化、行为文化、制度文化建设的基础上，大力建设活动文化和传播渠道，广泛开展扎实有效的团队活动和主题实践活动，推进企业文化落地实践，培育企业文化软实力。一要加强宣传教育活动，强化媒体传播工作，充分利用企业内外各种传播手段如报纸、期刊、广播电视、画廊、展板等宣传企业文化，以科学的理论武装人，以正确的舆论引导人，以高尚的精神塑造人，以优秀的作品鼓舞人，广泛宣传企业文化。二要持续深入开展主题实践活动，发挥员工队伍的主观能动性，不断丰富内容，完善形式，增强活动效果。三要坚持开展管理提升活动，向管理要效益、要质量、要竞争力，推动企业价值观转化为管理文化，实现企业文化的管理化。四要深化团队学习活动，创建学习型组织，大力培育学习型员工，以学兴企、以学载文、以学提能。五要丰富文化体育活动，以塑造心灵、陶冶情操、促进员工全面发展为目的，丰富企业文化的表现形式，发挥企业文化潜移默化的影响作用，推动企业和谐发展。

企业文化理念化，是企业文化的精神升华；企业文化制度化，是企业文化的制度完善；企业文化行为化，是企业文化的行为养成；企业文化物质化，是企业文化的物质体现；企业文化载体化，是企业文化的载体实践。推动企业文化理念化、制度化、行为化、物质化、载体化，是企业文化落地实践的重要途径，有利于企业及其员工增强文化自觉、培养文化自信、实现文化自强，创造出科学发展、和谐共赢的企业未来。

（作者姚琪，系东风汽车公司党校副教授）

# 责任文化塑造专业化储运公司新形象

中国石油辽河油田公司油气集输公司

中国石油辽河油田公司油气集输公司秉承中国石油企业文化理念，结合自身油气储运业务特点，积极探索实践具有油气集输特色的“责任文化”。通过不断丰富内涵、扎实稳健推进，培育忠诚履责、爱岗敬业、技能精湛的高素质员工队伍，塑造勇担当、重责任、谋发展的专业化储运公司品牌形象，用文化管理为公司科学发展、和谐发展提供精神动力，取得了惠及当前、影响长远的突出成效。打造“责任文化、培育责任员工、建设责任之家”得到了全体干部员工的充分认同和实践，“安全、高效、责任、和谐”的成长性专业化公司建设进程扎实有效推进，企业价值与员工价值实现紧密融合与共同提升，为塑造石油企业良好形象、实现稳健和谐发展打牢了思想和文化根基。

## 责任文化产生的背景

油气集输公司作为连接辽河油田与下游炼化企业的枢纽和中石油大连油库的委托管理单位，时刻展示着辽河油人的素质与形象，政治责任不容懈怠。作为业务沿经8座城市、管道55次穿越大中型河流及自然保护区的高危行业，无不承载辽河石油人的责任与使命，安全环保责任重于泰山。作为油气储运外销的重要环节，点滴蕴含着辽河石油人的劳动与创造，经济责任承载使命。一份份厚重的责任关乎着公司的稳定发展，关乎着员工的切身利益，关乎着公司的内外形象，需要全体员工用高度的责任心和责任感来承载和担当。

30多年来，油气集输公司广大干部员工继承和发扬大庆精神、铁人精神等老一辈石油工人的优良传统和作风，在纵横千里的输油输气干线上，在散落乡间荒野中的寂寞泵站里，甘于寂寞、乐于奉献，适应着单调、枯燥和寂寞的工作环境，兢兢业业地守护着油田公司近千公里油气大动脉。公司党委在继承发扬中国石油企业文化的同时，导入适应公司发展的新理念、新内涵，产生了独具油气特色的“责任文化”这一文化建设新理念，使责任文化建设根深植于“安全、高效、责任、和谐”的成长性专业化公司建设发展沃土之中。

## 责任文化深刻的内涵

责任文化建设之初，公司党委在公司上下广泛征集意见，调动和发挥集体的智慧，通过对公司员工队伍现状的分析和整体把握出台《责任文化建设方案》，对公司的企业愿景、团队精神、管理理念、管理目标分别作了细致的描述，明确了责任文化的运行评价机制。将“忠诚使命、忠诚岗位、忠诚企业”确立为公司的团队精神，以此为背景提炼出公司发展的企业愿景：“让油气在集输中平稳受控、不失斤两；让员工在岗位上诚信快乐、健康成长；让公司在发展中汇聚能量、创造和谐”，这既是全体“集输人”的共同心愿，也是公司立足发展现状的责任定位。结合主营业务和队伍建设实际设定了“关注安全、关注环境、关注成长、关注过程、关注结果”的“五个关注”管理理念，追求“安全、清洁、规范、精确、和谐”的管理目标，明确了“打造责任文化、培育责任员工、建设责任之家”的企业文化建设目标。为确保责任文化具有持久的生命力和鲜明的个性，本着文化建设在继承中创新、在创新中提升的思路，公司党委在实践中不断丰富、拓展责任文化的内涵，持续增强文化的驱动力。

## 责任文化推进情况及实施效果

通过多种形式和载体，扎实稳步推进责任文化建设，将责任理念植深员工心中，将践责言行融入基层岗位、基础管理，将履责成果贯穿专业化公司建设始终。

丰富内涵推进责任文化，增强员工责任意识。公司党委通过定期开展“责任大讨论”、征集“责任箴言”、组织“汇聚正能量 提速专业化”责任论坛等系列活动，使广大干部员工进一步认清所面临的形势，明确自身所肩负的责任与使命，思想有了新触动，认识有了新提高，行动有了新变化，忠诚岗位、奉献企业成为员工共同的价值理念和行为准则。在各级干部中，脚踏实地、真抓实干的多了，坐而论道、眼高手低的少了；勇于担当、敢于亮剑的多了，畏首畏尾、趋前退后的少了；争创一流、谋求发展的多了，固步自封、甘于平庸的少了。在广大员工中，勤学善思、敬业履责的多了，碌碌无为、不求上进的少了；爱站如家、精打细算的多了，事不关己、高高挂起的少了；比学赶帮、团结协作的多了，单打独斗、个人主义的少了。临危授命接管大连油库、科学管理实现油库安全高效平稳运营，破除重重困难建成投产盘锦线、沈抚线输油管道，千方百计确保“气化辽河”工程平稳运行，参与特石线抢修、分输，配合油田公司制定锦采停电锦沥线应急方案等，无不体现辽河油气集输人的大局意识和责任担当。在国际油价持续走低、油田深化改革的大背景下，公司党委提出了“站负责任岗位，干负责任工作，做负责任员工，创负责任团队”的“四个负责任”，不仅实现责任文化进一步落地的有效抓手，更是新形势、新任务、新挑战下对全体员工的要求。公司党委结合“三严三实”和“重塑中国石油良好形象”大讨论活动，坚持从党员领导干部抓起，明确“四个负责任”的不同内涵和侧重点，落实具体标准和要求，带头履职承诺。广大员工及时转变观念，立足本职本岗，扎实践职履责，“计量点滴不放过，安全分秒不放松，成本毫厘不放弃”“斤两不失是我们工作的底线”等出自一线岗位员工的格言，既是广大员工对责任的真实理解，也成为内化于心的工作理念。

运用载体推进责任文化，塑造企业责任形象。员工是企业的代言人，每一个人都代表着油气的形象、辽河的形象、中国石油的形象。公司党委通过精心设计“责任”具体化系列活动，把践行责任文化理念具体到员工工作生活中的一言一行，全力塑造良好形象。深入开展社会主义核心价值观教育和“四德”教育，参照责任文化具体内涵，结合员工队伍实际，制定公司《员工行为规范》，作为员工普遍认同和共同遵守的行为准则。坚持开展评选年度“十大责任员工”和“十佳践行党员责任承诺标兵”活动，深入挖掘选树员工身边铁人式的先进典型。在他们当中，既有扎根一线、凝心聚力的班长骨干，也有好学上进、技艺精湛的岗位员工；既有勤学善用、攻艰克难的技术标兵，也有身先士卒、勤政务实的领导干部。他们传承和丰富了以大庆精神铁人精神为核心的优良传统，是公司价值观具体化和形象化的体现，成为引领公司专业化建设的“精神坐标”。为进一步丰富责任文化内涵，树立责任员工形象，公司党委开展了“责任故事传讲、责任理念传递、责任形象传颂”活动，深入挖掘身边优秀员工和团队的先进事迹，共整理出责任故事233个，择优在全公司范围内传讲。这些故事充分反映了公司“五个关注”的管理理念，展现了油气集输人承载的安全责任、计量责任、管理责任、社会责任和忠诚使命、忠诚企业、忠诚岗位的团队精神。大连石油储运项目管理部75个责任故事汇编成的故事集《见证》，在员工中产生强烈共鸣。公司党委专门创办了“油气集输公司责任之家”微信平台、“最美责任油气”系列展示专栏等，积极宣传责任文化建设工作中好经验、好做法、好典型，不断推动责任文化向纵深发展。

立足岗位推进责任文化，推动文化融入管理。结合辽河油田和油气集输公司企业文化理念，紧贴自身实际，发挥集体智慧，总结凝练出体现自身工作特色和队伍特点的队训。渤海输油分公司的“点多线长输油平稳受控，做精做细坚持稳中求进”，技术监督中心的“谨记责任，不辱使命，精确计量，不失斤两”，欢喜岭输油站的“尽职守责把关口，诚信守法促和谐”等，自身特色突出，文化内涵丰富，得到员工充分认可。近年来，公司进一步突出“责任”定位，重新界定基层“属地全要素负责”和机关“规则制定、决策支撑、专业支持、协调反馈、执行监督”的职责定位，调整职能配置、岗位描述、流程节点及相关制度，使机关、基层职责更加清晰，分工更加明确。机关更加专注专业能力提升和专业职能发挥。领导干部突出引领能力建设，积极营造干“风清气正、忠诚履责”主流风气；管理技术干部突出专业能力建设，不断锤炼“勤学善思、潜心钻研”的进取意识；岗位员工突出操控能力建设，扎实培养“自主提升、尽责奉献”的职业素养，为专业化公司建设提供人力支持和保证。基层立足属地扎实组织开展体现自身特色的管理实践，自主管理的意识和能力有效提升。坨子里输油站围绕风险防控、技术学习、岗位迎检、员工思想等方面实施“四个常态化”管理，结合单位组织机构现状实施“三级责任管理法”，针对承包商班实施“外来施工管理六步法”，HSE管理水平持续提升，员工技能逐步提高，队伍合力不断增强。大连石油储运项目管理部在收发油作业中严格执行“三级确认法”，做到百操不误。曙光输油站坚持实施“班组单元核算”，形成了班班算成本、人人盯成本、全员管成本的良好局面。

油气集输公司通过责任文化建设，进一步强化了员工的责任意识，夯实了基层基础工作，实现了文化理念和具体实践的和谐统一，专业化公司建设与员工发展的和谐统一，实现了以文化强意识、树形象、促管理。公司被辽河油田公司授予“企业文化先进单位”“集团公司思想政治工作先进集体”“辽宁省文明单位”等荣誉称号。

# 以质量文化建设提升质量管理水平

## 中航工业陕西宝成航空仪表有限责任公司

陕西宝成航空仪表有限责任公司隶属于中国航空工业集团公司直属的中航航空电子系统股份有限公司，始建于1955年，是国家“一五”期间156项重点建设项目之一，是中国航空装备研发和规模生产陀螺仪表及惯性导航类系统产品的大型骨干企业。中航工业宝成在全公司范围内重塑质量文化，用文化引导、约束广大干部、员工的质量意识和行为规范，持续开展以“转变质量观念、强化质量责任、重塑质量文化”为主题的专项质量文化建设，实施了深入持久的质量文化建设的理论与实践的探索，使公司全体干部员工转变质量观念，提高质量意识，有效促进了公司产品核心竞争力和质量工作总体水平的提升。

### 思想深耕，五破五立转变观念

重塑质量文化活动，是一场思想层面的质量文化意识和责任的重建。为此，中航工业宝成领导高度重视，亲自挂帅，成立了以总经理、党委书记为组长，公司领导班子为成员的领导小组和以党委副书记、总质量师为组长的工作小组，组织质量文化建设主题活动的开展。

公司各级领导干部带头，着眼于解决深层次思想问题和实际问题，带头深入开展“照镜子、找根子、换脑子”活动，以此统一思想，更新观念，举一反三，重塑文化。各单位围绕质量意识、工作作风、执行力、产品质量、服务质量、工作质量等方面问题，从思想深处开展“揭、摆、查”活动。

公司组织策划开展航空装备质量整顿系列活动，下发了《关于开展“转变质量观念、强化质量责任、重塑质量文化”主题系列活动的通知》，要求各单位进行全面的思想发动，组织全体员工认真进行全方位的质量复查和整改工作。公司质量部门编制下发各类质量检查整顿文件，对整改工作进行指导，对各单位好的做法进行推广，推动主题活动在全公司范围内广泛、深入开展。

开展思想发动，在干部职工中分层次开展了“五树立、五革除”转变质量观念的大讨论活动。开展以“五树立、五革除”为重点的质量大讨论，树立“三观”（市场观、用户观、国防观），革除产品交付“闯关”、完成任务“应付”的陋习；树立沉下身子深入一线，靠前指挥精细管理的观念，革除高高在上发号施令，不钻业务不懂规章，懈怠管理当“甩手掌柜”的陋习；树立质量法规、标准就是企业法律，必须坚决遵守的观念，革除有章不循、有法不依的陋习；树立高度负责的质量责任意识观念，革除遇到风险躲着走，遇到矛盾绕着走，遇到问题往外推的陋习；树立按质量法规科学管理、主动作为的观念，革除以罚代管简单化抓质量的陋习。

在全体员工中开展以“五树立、五革除”为重点的质量大讨论。主要内容为：树立员工与企业是“命运共同体”的观念，革除工作质量、服务质量、产品质量与发展无关的陋识；树立质量是人品、职业道德、工作能力综合体现的观念，革除只要产品能交出去就算完成任务的陋识；树立质量法规、标准就是企业法律，必须坚决遵守的观念，革除有章不循、有法不依的陋习；树立质量工作无小事的责任观念，革除心存侥幸、马马虎虎、敷衍了事的陋习；树立质量是需要企业全员、全方位、全流程共同做好的观念，革除质量是质量部门的事的陋习。

### 重塑文化，提炼宝成质量文化理念

宝成文化的重建重在理念和制度层面的重建，为此，公司成立质量文化课题组，系统构建宝成质量文化理念体系，起草并提出宝成质量文化理念征集意见稿，在公司上下广泛征集意见。经历了多轮自上而下、自下而上的意见征询、修改、迭代、完善，最后经公司总经理办公会审议通过，以文件形式下发公司各单位，颁布实施。

《宝成质量文化理念》体系涵盖7个方面，包括：宝成质量方针、质量理念、质量价值观、质量道德观、质量行为准则、质量荣辱观及《各类人员质量守则》。

《宝成质量文化理念》从理论层面上对宝成公司的质量文化进行了全方位的提炼和概括，以集团文化为导向，遵从于集团质量文化，形成了对宝成全体干部员工具有现实指导意义和可操作性的质量文化理念体系。

### 宣传普及，多措并举入脑入心

文化重在落地，通过落地实现以文化人，内化于心，外化于行，使质量文化化为干部员工的质量行动，从而提升质量工作水平。为此，宝成公司多管齐下，广泛开展了学习宣传《宝成质量文化理念》活动，将理念及阐释印刷成册，全体员工人手一册。宝成企业文化宣讲团深入到科研生产现场，到车间、科室巡回宣讲《宝成质量文化理念》，并通过质量案例讲解等，多形式增强员工的感性与理性认知。在《宝成报》开展“践行宝成质量文化之我见”的征文活动，刊发员工征文稿件共28篇，并结集成册，下发各单位宣传学习。将《宝成质量文化理念》制成宣传牌，悬挂于科室、厂房，营造了浓厚的质量文化氛围，促进质量文化入脑入心。

### 完善制度，刚柔相济初见成效

在抓好宣传引导的同时，在制度约束层面，宝成公司颁布了《中层干部质量意识考核管理办法》、《质量奖惩办法》、《质量赔付办法》，通过这些管理制度的实施，全体员工牢固树立了质量责任意识，对强化各类人员的质量意识、操作行为、提升素质技能、服务科研生产、提高产品实物质量起到了积极的促进作用。公司各基层单位，结合科研生产实际制定契合本单位的二级管理制度。公司每年持续开展专题质量专题文化建设活动，将宝成质量文化理念的柔性引领与质量制度的刚性约束相结合，刚柔并济，重塑文化。

一系列行之有效的重塑质量文化理念的宣传引导和制度约束，使质量文化理念深入人心，宝成公司各类人员的质量意识有了明显的提高，不同岗位的员工在思想中紧绷质量这根弦，工作过程中能够认真遵从各自岗位的质量守则。生产中执行工艺纪律、检验制度及质量管理标准的自觉性有了一定的提高，表现在产品质量上，批次性、重复性、低级质量问题发生的频度减少，没有发生重大、严重质量问题。

### 宝成质量文化建设的体会

中航工业宝成坚持开展了深层次的质量文化建设，有效地促进了公司总体质量水平的提升。主要的体会是：

一是领导重视，全盘联动。宝成重塑质量文化是一个自上而下的全员性的文化活动，公司党政领导挂帅，各单位领导牵头，深化到班组、员工，上下思想统一，行动一致，是一项从思想深处开展的全员全过程的质量文化建设活动，取得了良好的效果。

二是思想变革，系统深入。质量文化作为企业文化的子文化，深刻反映着企业员工的价值观和理念。通过扎实深入转变观念的“五树立 五革除”质量大讨论，为解决深层次思想问题和实际问题而深入开展“照镜子、找根子、换脑子”质量问题“揭、摆、查”等活动，切实起到了“转变质量观念、强化质量责任、重塑质量文化”的作用。

三是文化宣传，入脑入心。宝成重塑质量文化，从文化入手，以思想文化为中心，以“转观念、强责任、塑文化”为目的，在公司范围内深入开展质量文化大讨论，在园区网、宝成报、电视台开展各种文化宣传，颁布《宝成质量文化理念》手册，开展“践行宝成质量文化理念之我见”征文，开展质量文化理念基层巡回宣讲等，营造了浓厚的质量文化氛围，使得《宝成质量文化理念》深入人心。

文化重在耕心，文化重在修德，文化重在养行。宝成通过深入持久开展重塑质量文化实践，不断探索“子文化”建设与中心工作深度融合，使文化建设的成果体现在产品质量、工作质量和服务质量的提高等中心工作上，促进公司质量工作的总体水平迈上一个新台阶。

质量文化建设，只有起点，没有终点。以文化力促进质量水平的不断提升，我们任重而道远。

## 深植企业文化　和谐东风家园

东风公司十堰管理部

东风公司十堰管理部倾力服务东风公司十堰基地主业生产、基地职工及家属生活，打造具有东风特色的服务文化品牌，为主业发展提供强有力的支撑保障。在企业文化建设过程中，不断提升完善企业文化理念体系内涵，注重文化主题实践与评估活动，在建立和完善企业文化体系方面积累了经验，为推动十堰管理部和谐稳定健康发展，发挥了聚力发力和辐射作用。先后获得中国企业文化研究会授予的企业文化建设优秀单位、企业文化顶层设计与基层践行优秀单位、“十二五”企业文化建设优秀单位等荣誉称号。十堰管理部课题组研究成果《开展企业文化评估活动的实践与思考》，获得中国机械行业职工思想政治工作研究会优秀研究成果二等奖。

## 一、高度重视企业文化建设工作，持之以恒提升文化软实力

十堰管理部企业文化建设体现的文化理念可以概括为：廓清使命，注重规划，突出服务，创新载体，规范行为，重在生根。

2003年，十堰管理部企业文化建设进入“文化体系整合阶段”，首次提出以构建稳定的东风大后方为目标的工作理念。

2005年，十堰管理部企业文化建设进入“文化体系完善阶段”，下发了《关于加强企业文化建设的指导意见》，第一次提出用3年左右的时间，建立适应十堰管理部发展战略要求的企业文化，明确了指导思想、基本原则，总体目标和分目标。先后开展了企业文化认知度问卷调查，企业文化建设经验交流会、推进会、评价会。基层各单位认真贯彻《指导意见》，统一思想和认识，企业文化建设体系逐步完善。

2010年，十堰管理部企业文化建设进入“整体提升阶段”，有统一的目标导向，体现企业行业特点，所属16家单位结合行业要求，发布企业文化手册或子文化手册。连续三年开展企业文化评估活动，评估课题获东风公司企业文化研究会年度课题研究一等奖，获中国机械行业职工思想政治工作研究会优秀研究成果二等奖。

2014年9月，借助文化咨询公司力量，对企业文化建设情况进行全面诊断，开展新一轮企业文化整体提升活动。最终准确定位了新时期十堰管理部的企业文化个性，形成了“和·变之道”的文化理念体系；2015年底，“和·变之道”文化理念体系正式发布。目前，正在以“十个一”活动为抓手，抓好宣贯工作。

## 二、注重传承东风公司文化精神，不断加强文化建设顶层设计

十堰管理部文化建设注重传承东风汽车公司文化基因，切实履行公司赋予的服务保障、改革改制、维护稳定、事业发展重任，致力于把十堰管理部“建成令人满意的和谐幸福东风家园”。十堰管理部将自身的文化理念体系确定为“和·变”之道，作为文化建设遵循的方向，作为员工共同遵守的准则、作为企业发展必须选择的路径。

在十堰管理部文化理念体系为总纲的指导、引导下，对基层所属十几家行业各异的服务单位的文化建设，加强管理、指导、督导，建立起各自单位的文化理念体系，形成了十堰管理部文化建设“百家”争鸣、“百花”齐放的良好局面与氛围，一批特色文化品牌被社会和越来越多的职工所熟知。

十堰管理部注重以点带面，以好人好事的正能量引领员工，形成一批以个人名字命名的单位“形象名片”：总医院的“戴宗晴信箱”、铁路处的“郑日红班组”、热电厂的“李晓良操作法”等等，都成为全员传播企业文化、践行企业文化、丰富企业文化的重要载体，促使东风公司、十堰管理部以及各基层单位的文化理念在基层班组和员工中落地生根。

## 三、搭建多种文化建设活动载体，持续激发员工践行文化热情

在企业文化建设过程中，十堰管理部持续搭建了包括“金鼎工程”竞赛、杰出员工竞赛评比、年度主题实践活动、形势目标教育和党课教育、作风改善活动、文化体育活动等多种文化建设活动载体，以各种活动载体的搭建，激发员工参与践行文化建设的激情与热情，形成十堰管理部企业管理的模式与机制。主要体现在：

创新学习型组织建设机制。一是坚持高级管理人员、中层管理人员以及员工的“三层次”专题培训，搭建“导学”平台。二是坚持“请进来”与“走出去”学习、“讲堂式”与“考察式”学习、研究性学习与课题化学习的“三结合”学习方式，建立“活学”机制。

创新服务能力提升机制。开展主题年活动。先后开展“管理年”、“优质服务年”、“成本管控年”、“服务能力提升年”等活动；近年来，持续开展了以导入先进管理方法为主题的管理改善活动，为企业发展打下了坚实基础，十堰管理部整体经营业绩持续向好。

创新服务跟进机制。面对一次次重大发展机遇，十堰管理部勇于担当、及时跟进主业发展步伐，协同作战，积极拓展业务范围和服务区域。从十堰向东、向南，向西，十堰管理部突破了区域性服务保障的限制，将事业发展拓展到武汉、杭州、成都等地。

创新职业化团队培养机制。一是加强职工敬业爱岗教育，增强职工的使命感和责任心。二是加强业务技能培训。通过业务培训、岗位比武、技术练兵等多种形式的专业培训，全面提高职工的业务素质和服务技能，打造高技能人才队伍。

创新客户服务满意机制。一是关注用户需求，响应客户需求。二是完善服务保障与应急机制。建立服务应急抢修方案和预案，明确市区服务20分钟达到现场处理解决问题的工作承诺。三是统一服务标准，建立十堰管理部综合服务大厅，将水、电、燃气、通信等服务项目集中办公，在方便客户的同时，提高服务的效率与质量。

创新员工满意快乐机制。一是建立完善了宽带薪酬体系，确保员工薪酬的正向激励增长。二是连续多年由第三方组织开展员工满意度调查工作，明确改善方向，促进各单位内部管理提升。三是坚持开展小型多样的文体活动，参加省工会文艺汇演和各项比赛，成为十堰管理部党建工作品牌的一个亮点。四是两级党政工团，齐心协力坚持帮困和维稳两手抓、两手硬，做好员工的关爱和队伍的稳定工作。

创新工作品牌创建机制。十堰管理部党委注重各项工作的协同性和一贯性，持续开展“金鼎工程”竞赛活动，着力构建综合性竞赛平台，成为促进目标达成的一项重要活动载体。“金鼎工程”、惠民工程“10件实事”等工作，已经成为十堰管理部服务文化的重要组成部分，成为党建工作品牌。

创新和谐稳定与平安建设机制。20年工龄家属工、1995年双退等不稳定因素，给十堰基地和谐稳定带来挑战。由于十堰管理部坚持做到排查化解，依法依规办事，有效稳控了不稳定因素，持续保持了十堰基地的和谐稳定，为东风公司的发展创造了较好环境和条件。

十堰管理部企业文化建设是一项需要持续提升的工作。下一步，十堰管理部将把文化管理理念体系通过培训和多种文化实践活动，融入到员工自觉学习、工作践行中，实现文化建设“内化于心、外化于行、固化于制”的工作目标。

（作者魏娜，系东风汽车公司十堰管理部宣传理论教育业务主任）

# 从“生根”到“深耕”

## 河北港口集团港口机械公司煤五期保障部

河北港口集团港口机械公司煤五期保障部成立于2006年，负责秦皇岛港煤五期设备的运行维护工作，企业把企业文化建设融入经营管理的各个层面，树立了良好服务形象，培育了保障部特色精神，为公司创造了较好的经济效益，多次获得集团文明窗口、工人先锋号、先进党支部、先进集体、星级职工之家等荣誉称号。

### 一、扎根实践土壤，培植特色文化

煤五期保障部在职工中积极宣贯集团核心理念，教育和引导职工严格遵守《职工行为规范》，按照集团视觉识别系统标准开展视觉形象建设，在维护集团企业文化统一性前提下，贴近实际建设特色文化，制定了“五个一”企业文化建设准则，树立了重点建设安全文化和廉洁文化的工作方向。把精细化管理和安全文化建设作为保证生产经营的“压舱石”，把建立现场安全全方位保障网作为安全文化落地的“硬抓手”。制定《进入煤五人员风险告知书》和《承诺书》，提前封堵可能存在的漏洞，将安全事故隐患消灭在萌芽阶段。出台《安全验证口令》、《巡视作业点检日报制度》，实行点检情况当月公开。修订《巡视员作业指导书办法》，利用班前会持续开展宣传教育，与工资奖惩挂钩，保障安全生产规范得到刚性执行。建立班组安全教育档案、班组活动纪录，采用可视化方式学习宣传新《安全生产法》。开展全员安全事故讨论分析、隐患排查，使安全规章制度入脑入心的同时，强化安全行为自觉。

为了保证公司主管领导能及时掌握日常工作信息，体现工作中的精细化管理，确定了日报制度，每日将人员出勤，维修任务完成量，当日未完工加班，现场安全隐患排查，工具检查，当天的会议内容，以及与港方沟通情况汇总成一份日报，在每日下午4点前发至分管副总邮箱，使公司领导对下属工作中的不足及时发现和指导。

保障部认真梳理了职工考核制度、职工考勤制度，会议制度、工作职责等并认真落实，使内部管理有章可循，路径清晰，使职工的工作纪律性有了进一步的提高。日常工作中班子成员总能率先垂范，妥善处理工作中的各类问题，以党员的先锋模范作用影响带动职工，他们经常深入作业现场，了解掌握第一手资料，发现问题，及时解决。每当遇到急、难、险、重的维修任务，他们总是身先士卒、精心组织、细心安排，和职工一起冲锋陷阵，使党员的先锋模范作用得到了有效发挥，在群众中产生了影响力、凝聚力，得到了职工的理解和信服。

建设廉洁文化，为打造一流的设备运行服务品牌，树起最牢固、最安全的“防护网”。开辟“廉政之窗”专栏和“廉政书架”专区，加大廉洁文化传播力度。开展重点人员、重点岗位廉洁文化教育，在党员干部和重点岗位人员中开展警示教育活动，自成立以来，未发生一起违规违纪事件。

### 二、创新文化活动，深耕文化责任田

在企业文化建设中，煤五期项目部注重企业文化与日常工作融合，深耕文化责任田，开展了一系列特色突出、效果显著的企业文化活动。《职工行为规范》是集团公司深化文明创建工作，推进企业文化建设活动的一项重要措施，落实好此项工作对提高职工队伍的整体素质具有重要的现实意义。为把此项工作真正落到实处，保障部在人手一份《职工行为规范》必须熟读的基础上，组织职工全面系统地学习《职工行为规范》每一项条款，达到每一名职工都能熟悉、理解、自觉遵守《职工行为规范》内容的目的。制定服务质量标准和服务承诺，促进职工从岗位行为入手，边学习、边制定、边对照、边整改，培养良好从业行为。积极宣贯《秦港理念》，悬挂、制作理念宣传标语、展牌，推行视觉形象建设，更换宣传橱窗、悬挂秦港理念条幅、努力营造企业文化氛围；加强宣传报道和舆论宣传，确定兼职通讯员并进行考核，对在生产工作中的经验做法、涌现出来的好人好事上报给宣传部门，展现职工的风貌，对凝集队伍和鼓舞士气起到了积极的作用。

通过开展“职工讲坛”活动，为职工们构建一个提升能力、展示才华的平台，在保障部营造文明工作、履职尽责的氛围。通过学习型党组织建设“113”工程，即：树立一种学习文化、建立一种组织机制、打造3+学习体系的开展，不断提升职工的文化素养。评选“金牌巡视工”，将劳动纪律、工作情况、点检率、发现隐患故障数量等作为评比内容，开展综合评比，给予表现突出职工重奖，以评选促进工作质量提升。开展“讲文明用语，做文明职工”活动，制定《对讲机文明用语使用管理办法》，开展对讲机、电话文明用语考核，不定期进行抽查，通报批评不文明行为，对当事人实

施处罚与谈心劝导相结合的教育方式，显著提高了职工队伍文明素养。与公司党群部门联合制定文明服务承诺，明确践诺措施、制定工作流程、设立监督电话，每季度邀请服务对象、客户、合作对象等服务相关方进行服务满意率测评，督查履诺情况，提高优质服务水平。开办“道德讲堂”，以“身边人讲述身边事，身边事影响身边人”的方式，开展政治品德、社会公德、职业道德、家庭美德、个人品德教育，倡导职工发扬善德、多行善举。选树先进典型，培养出省国资委青年五四奖章、集团10大标兵苗金国和集团青年岗位能手张志涛等先进典型，让职工学有目标，赶有方向。

### 三、以人为本，科学管理，文化软实力创造经济硬效益

在企业文化建设中，重视职工的主体地位，激发职工的参与愿望。一方面将文化引入管理，丰富管理的文化内涵，另一方面，通过科学管理强化文化建设，使文化软实力产生了实实在在的硬效益。

参加公司组织的各类文化体育活动，满足广大职工的精神文化需求。关心职工疾苦，积极为职工排忧解难，保障部以“送温暖、献爱心”为出发点，坚持为职工办实事、办好事、解难题，融洽了职工与企业的关系，激发了职工的工作热情。无论是节假日，还是日常生产工作中，保障部一直坚持走访慰问和探望制度，为生病的、家里有困难的职工送去组织的关怀，使员工感受到组织的温暖。他们把企业文化建设与工会建家工作相结合，努力营造温馨舒适的环境，改善职工的候工条件，添置更衣柜、洗衣机、电磁炉、空调等物品，鼓励职工自觉美化工作场所，承担起义务和责任。

在精细管理中践行企业文化，制定出台职工考核、相关方考核、考勤检查、召开会议等方面的制度12项，形成了践行企业文化的制度体系，同时，严格依据规章制度管人、管事，营造执行制度的良好环境氛围。坚持人本管理，开展困难职工3+1帮扶活动，“一方有难，八方支援”是中华民族的传统美德，“关爱职工，解决职工后顾之忧，让职工感受大家庭的温暖”是集团核心价值观的核心要义。高举关爱之臂，伸出援助之手，奉献一份爱心，呈上一丝温馨，保障部职工积极参与为困难职工捐款活动，帮助患病的同事早日战胜病魔，一起渡过难关。

坚持“管理、培训”并重的原则，立足当前，着眼长远，通过采用加强思想政治教育和专业技能培训相结合、理论培训和技术培训相结合的立体培训方式，营造积极向上、和谐健康的文化氛围，培育一支外美内实、素质过硬的职工队伍，增强企业发展的动力。坚持思想政治主题教育活动不断线，教育职工爱岗敬业，奋发进取。组织职工学习集团公司“十大标兵”先进事迹，对照标兵找差距，结合自身岗位开展大讨论。开展了评选“首席技工”、“党员先锋岗”、“金牌职工”等系列活动，以教育实践活动为新的精神动力，收到了学有目标，赶有方向的显著效果。先进职工觉得领导和职工时刻在关注自己，继续奋进有动力。持续不断地开展岗位培训，以提高职工技能，增长职工才干，实现职工自身价值，激励职工奋发向上。根据保障部年轻人多，工作技能水平较低的实际情况，采取多种方式，组织不同工种的技能培训，培训内容涵盖安全、技能等方面。

奖励职工参与各级技术比赛和技能大赛，李文龙、董长亮、朱成斌等多名职工从技能竞赛中脱颖而出，成为了技术骨干。发挥劳动模范、技能人才的示范引领作用，开展劳动竞赛、技术比武、“金点子”合理化建议、“五小”创新等活动，有效提升了职工业务能力和创新水平。

文化管理提升了煤五期保障部发展的质量和效益。保障部将继续深耕文化土壤，以文化凝聚队伍、促进发展，为港口机械板块发展、为集团转型升级做出更大贡献。

（作者王立伟，系河北港口集团港口机械公司宣传干事）

## 抓精益文化　促提质增效

### 靖远第二发电有限公司

靖远第二发电有限公司是1995年12月成立的西北最大的中外合资火力发电企业，国投电力控股股份有限公司投资51.22%、美国第一中华电力合作有限公司投资30.73%、甘肃电投陇能股份有限公司投资18.05%共同组建，总部设在甘肃省兰州市城关区，发电厂位于甘肃省白银市平川区。现有规模为四台330兆瓦燃煤发电机组，总装机容量1320兆瓦。

### 一、关于“日新”文化

靖远二电从2002年开始独立运营以后，公司领导班子就充分认识到企业文化是提升企业管理水平的必由之路，企业管理的竞争最终是深层次文化的竞争，是思想观念、思维方式和行为方式的竞争。因此，公司经过不断总结和提炼，形成了以“坚守责任、精益求精、持续创新、追求卓越”为内涵，以“团队、创新、执行、绩效”为价值观，内容完备、逻辑清晰、层次分明的“日新”文化体系。

“日新”就是持续改进，不断创新，每天进步1%。“每天进步1%”是一种理念，要有“没有最好，只有更好”的信念，每天不断地创新和完善，追求进步，超越自我。

“日新”文化已成为公司战略规划与实施的保障、员工的精神指引、公司的行动纲领、公司创新的动力，每一名员工自觉将“日新”文化的理念融入日常工作内，落实到具体行为中，由被人管理转变为自主管理，实现了企业刚性管理向文化管理的成功过渡，为公司带来了显著的经济效益和社会效益。“日新”文化被评为“全国电力行业企业文化特等奖”，靖远二电也先后获得国资委首批“中央企业企业文化示范单位”、全国电力系统“企业文化建设标杆企业”和全国电力系统“企业文化建设品牌企业”等国家和行业多项荣誉称号。

## 二、关于“精益”子文化

“精益”文化作为“日新”文化的子文化，是“日新”文化理念的延伸和具体化，通过“日新”文化导向作用、凝聚作用、约束作用和激励作用，可以提升精益管理的执行力；反过来，“精益”文化进一步充实丰富了“日新”文化体系，将“日新”文化建设推向了新高度。

### （一）“精益”文化形成的行业因素。

电力体制改革后，随着厂网的分开；政府扶持的减少；企业环保投入的加大；电煤的市场化；区域内电量需求的持续下滑；基数电量的全部取消，直购电量的全面展开，使得发电市场竞争不断加剧，公司经营生产工作压力剧增。

靖远二电清醒地认识到，要在市场竞争中求得生存和发展，必须全面推进精益管理，这是夯实公司综合竞争力的必经之路，也是公司面对市场竞争的当务之急。

### （二）“精益”文化形成的企业家因素。

成功推行精益管理必须要具备一定的条件和基础。首先，要有较好的管理基础。其次，企业员工要具备良好的文化习惯，具有良好的执行力。第三，企业要有较好的凝聚力，员工要有较强的责任心。第四，企业要具有以人为本的管理方式。当然，最重要的是作为企业负责人，如果没有思想革新和思维方式的现代化转变，推行精益管理也无从谈起。

靖远二电由于“日新”文化的实施和落地，具备了成功推行精益管理的基础条件。

特别是面对公司经营的困境，靖远二电管理层提出了“综合管控、精益管理”的工作思路，“向管理要效益”是其核心思想。从2012年到2015年，靖远二电先后经历了“精益管理年”、“精益管理提升年”、“精益管理标准年”和“标准深化年”，将精益管理的思想贯彻落实于公司经营活动的方方面面，对内不断提升市场竞争力和综合盈利能力；对外深入研究市场形势，争发效益电，严控市场煤，不断提升经营业绩，使靖远二电实现了困难时期的平稳过渡。

## 三、文化推进技术，技术增加效益

对于火力发电企业来说，在生产流程上基本一致。如何在“精益”文化的引领下，在生产上实现提质增效成为了靖远人的课题。靖远二电提出“科技兴企”发展战略，持续开展了技术创新和管理创新。

在信息化时代，对发电企业而言，信息化是提高生产经营管理效率，提高设备寿命和运行效率，提高劳动生产率的重要手段，是支撑企业精益管理的重要支柱。为此，靖远二电投入人力和物力成功建立了一体化电厂资源管理系统（iPRM），该系统是以财务管理为重点，以设备管理为基础，以工单执行为主线，各子系统间无缝集成，按照设备管理的科学化准则、工作流程的最优化准则、成本最小化和效益最大化准则而建立的一套适合公司的计算机管理信息系统。iPRM将公司所有的管理理念、方法和工具进行了固化，成为了公司管理的中枢神经，也是公司进行创新的有效工具。

iPRM系统作为ERP在发电企业成功应用的范例，被甘肃省科技厅和经贸委作为省级科技攻关项目，在甘肃省高新技术领域推广应用；公司也被评为甘肃省高新技术企业。目前，公司全部业务都在系统中进行，使整体工作效率提高了40%，整体业务流程处理提高了50%，降低库存资金20%，降低管理成本10%，提高资金利用率15%。

生产现场的精益管理是否能够实施落地，是公司实现提质增效最重要一环。因此，靖远二电以“日新”企业文化为指引，以“精益”文化为统领，引进、消化、运用现代化管理的方法和工具，纵深开展管理创新和技术创新，打造了“一个基础、一个工具、两个主体、一个目标”的现场管理体系，即以6S管理为基础，以TPM全面改善为提升工具，以安全和效益为两大主体，实现精益现场的目标。精益化现场管理模式成为靖远二电核心竞争力之一，也成为国投集团的标杆。

2013年至2015年公司共开展改善提案7051条，完成焦点课题130个，产生经济效益976万元，有效化解了公司生产、经营中的瓶颈问题。“构建以TPM为手段的精益改善体系”项目获得了2013年第四届全国电力企业设备管理创新成果一等奖。

靖远二电在实践中敢于创新，勇于接收新理念、新技术、新工艺，经过全体员工的共同努力，技术创新工作由简单到复杂，由局部到整体，成效不断凸显，形成了“以工艺改进与技术改造为基础，以技术管理创新为提升”的循环技术创新体系。

公司先后对4台300兆瓦发电机组进行了增容改造，汽轮机本体和热力系统在8个方面进行了优化改进，机组出力全部提高到330兆瓦。每年节约成本1778.46万元，年增加发电量约6.6亿千瓦时。先后获得了6项拥有自主知识产权的国家专利，被亚洲能源业界评为“亚洲最佳增容改造电厂”，2013年被国家电力监管委员会授予了“电力安全生产标准化一级企业”称号。公司还利用设备大、小修机会先后对捞渣机系统、磨煤机、锅炉油枪、水力除灰系统、除尘器、脱硝系统、凝汽器等主要系统和设备进行了技术改造和改进，不完全统计，3年累计节约成本5078.35万元。通过优化机组启停运行方式、低负荷辅机运行方式、厂用电互带及投运AGC、AVC控制系统，3年共节约电量2864.09万千瓦时，节约费用1223.18万元，2015年获得调度部门奖励517万元。

在认真学习贯彻国资委、国投集团“提质增效”工作精神的基础上，公司提质增效工作以“精益”文化为统领，以“深化管理、开源节流、稳步增效”为主线，以突出成本效益为原则，以成本费用节约为重点，进行了“全员、全方位、全过程”成本管理创新，有效提高了管理水平，提升了运营效率，降低了生产成本，增加了经济效益，在近几年甘肃省火电企业普遍亏损的情况，实现了保本不亏的目标，在激烈的市场竞争中处于了不败的位置，为今后公司的持续稳定创新发展打下了良好的基础。

# 特色案例

## “九和文化”是企业可持续发展的原动力

哈尔滨中央红集团股份有限公司

哈尔滨中央红集团股份有限公司原是一家传统的中央商城，1994 年开业，几年内迅速成长为百货、便利连锁发展的商业企业集团；2006 年实施企业发展战略转型，由传统型商业企业向生态农业、食品加工业延伸发展。在企业的大发展过程中，中央红最注重的是企业文化建设及企业核心价值观的确立，每一步、每一个环节都渗透着文化影响与职业道德，先后创立了“九和”文化和“九德”文化体系，其核心思想是儒家强调的道德精神。

“九和”与“九德”文化体系分别涉及企业文化建设的九个方面，每一方面有九条制度性的行为规范和标准。“九和文化”和“九德文化”的价值理念是不变的，而体系中的制度、规范、标准是随着经营实践的变化不断完善的，不变的是根本、是原则，变化的是形式、是方法，它是中央红人的行为标准。在企业由传统商业向生态农业、食品加工业延伸发展的战略转型以后，公司又提出了“做生态农业，产健康食品，诚信赢天下，功德惠子孙”的企业信仰理念。

### 一、“九和文化”塑造商业灵魂

“九和文化”体系的理论来源是中国传统文化中的“易道”，其核心价值是“和谐世界”“和合共生”，其理论原理是整体论、过程论、关系论。这三大理论中蕴含着三种不同的思维模式，即整体论的系统思维模式，过程论的动态思维模式，关系论的辩证思维模式。

依据三大理论原理，在三种不同的思维模式指导下，利用“易道”管理学中的“三三见九”、“九九归一”管理法，创建出了“九和文化”体系。具体包括：在整体思维模式下，提出了和谐进取的组织文化、和而不同的管理文化、和合共赢的竞争文化；在过程论的动态思维模式下，提出了和气生财的营销文化、和顺通达的流程文化、和（合）法守规的核算文化；在关系论的辩证思维模式下，提出了和睦相交的外事文化、和衷共济的协作文化、和和美美的家庭文化。“九和文化”体现了企业各管理流程所遵循的准则和规范。

“九和文化”体现了东方管理思想与西方管理思想的不同。如和合共赢的竞争文化观点，就充分体现了中国传统文化的管理思想，中国讲和谐、和平、和合，和谐社会、和平世界、和合共赢是人类社会共同的追求。商业竞争的一贯说法是，商场就是战场，战场就是你死我活。而中央红认为：商场是生态系统，赢一时的企业不一定能赢一世，赢在今天的企业不一定能赢在明天，和谐、健康、持续，企业才能长久发展。

### 二、“九德文化”打造健康新农业

中央红在生态农业种植养殖、食品加工的公司里建立了“九德文化”体系。“九德文化”的来源是中国传统文化中的道德精髓。无论是以孔子思想为核心的儒家，还是以老子思想为核心的道家，都注重了道德精神。中国历史文化中的《尚书》鲜明地提出了“九德”文化。

中央红集团创建了自己的“九德文化”，涉及企业运营中的 9 个方面，共计九九八十一条。八十一是中国易数中的最大极数，具有深刻的内涵。中央红集团“九德文化”的内容包括：德教为先的育人文化，德信为本的信誉文化，德行为律的行为文化，德治为法的管理文化，德责为守的职业文化，德星为荣的榜样文化，德音为传的语境文化，德恩为心的感恩文化，德望为尊的战略文化。

其中“德治为法的管理文化”是企业在管理实践中实施的最有效的文化。治国要有国法，治家要有家规，治理企业要有严明的企业制度，这是任何人不能逾越的道德底线。在“德治为法”的管理思想指导下，中央红提出了像法家一样“无情管理”、像儒家一样“友情关怀”的倡导。无情与有情，管理与关怀同是企业管理的方法和手段。

在中央红集团的循环经济产业链中，旗下的新农业公司团队恪守“九德文化”，将中国传统农耕文化的理念应用得淋漓尽致，将“顺天时、量地力”、“天地人三才合一”等和谐理念融入到有机生态种植和养殖的各个环节中，深入研究探索出了一套适合黑龙江流域的农耕法、农牧法、农食法。在中央红的农场里，种植、养殖及科学治理形成了自给自足、自我循环、良性发展的闭合链条，构建了有机的、可持续发展的自然生态圈。中央红建立了自己的绿色食品工业园，创立了音译自英语“健康”的产业链品牌“哈尔信”，囊括了从农产品、食品到渠道终端的整个产业链，实现了将健康的食品由田间地头送上百姓餐桌的目标。

### 三、“诚信文化”成就信誉之城

“诚信”是中央红的经营宗旨，中央红人把诚信作为信仰融入了20多年的经营发展中。1994年，中央商城开业就提出了“不满意就退货，中央商城，信誉之城”的理念，虽然一年遭受退货上百万的损失，但诚信践诺让“信誉之城”成为中央商城的代名词，牢牢扎根在消费者的心中，信誉之城从此名扬龙江内外，许多外地游客慕名来中央商城购物，感受信誉之城的贴心服务。同时，中央商城对员工、对供应商同样做到了有诺必践，得到了员工与供应商的忠诚跟随。

栾芳董事长将“道德正，企业兴”的思想落实到企业文化建设中，将“德正业兴”4个字作为企业的价值观，补充为“三爱为德，德正业兴”，三爱即“爱员工兴旺发达、爱企业富民兴家、爱顾客财源滚滚”，要求所有卖场经理办公室都要将这条理念挂到墙上，时时提醒经理人要恪守职业道德与操守。企业的德就是企业的“诚信文化”，在“德正业兴”企业价值观的指导下，企业先后提出了“诚信为本，诚实经商”的经营理念、“诚信是生命，诚信是未来”的发展理念；“永远的诚信，永远的中央红”的价值追求理念。

### 四、“育人文化”创建现代管理大学

“九德文化”的第一条是“德教为先”的育人文化。这条文化体现的是企业如何教育培训员工队伍，如何把职业道德教育作为各项工作之首。中央红集团早在成立之初就提出了“像办学校一样办企业”的发展理念，企业就是社会实践大学，企业培养的是社会实践者，企业有了品德优秀、技能优秀的员工，就有了可持续发展的希望和可能。中央商城开业时就创办了企业内刊，给员工提供了学习、展示、交流的平台；企业高层团队参加的“企业研究院”、企业中层管理者参加的“企业经营管理学院”、基层员工参加的“职业培训学校”，网上学习、微信交流，每一名员工都有参加教育培训的机会；中央红开办的《周易》管理大学，将中国古典智慧融入现代企业管理中。

从企业实践中成长起来的人才，认同企业文化，认同企业的价值观，能与企业同心同德，共同进退。

### 五、“传统文化”助推企业基业常青

中央红倡导学习中国的传统文化，力求其精髓中找到治国治企的良药。中央红在全集团范围开展了学哲学、学国学的读书活动，《弟子规》、《道德经》、《论语》、《易经》等改变了员工的言行举止，开阔了中央红人的思维方式，学习收到了非常好的效果。

企业因文化而卓越。有文化的企业是有生命力的企业，有文化的企业是有美好理想和愿景的企业。有人说，企业文化很虚，不如经济指标那样实在。然而，经济指标是看得见、摸得着的东西，而企业文化是渗透到员工意识里的东西，虽然看不见、摸不着，可它能激发无限的潜能，它会使员工有一种精神的力量，有一种生命的归属感。

企业文化约束着中央红，企业价值观提醒着中央红，永远要赚阳光下的利润，永远不能突破道德底线。中央红就是要创建一个有文化、有道德的诚信企业，为人类、为社会做点有意义、有价值的事。中央红的企业信仰就是：尊天道 行大德 奉天理 做善业！

（作者杨晓波，系哈尔滨中央红集团股份有限公司党委书记）

## 打造具有鲜明特色的七彩阳光企业文化

公元塑业集团有限公司

公元集团始建于1983年，主要的产业涉及三大产业板块，塑料管道、光复太阳能和家用电器开关，永高股份是专门从事塑料管道生产的最大的核心子公司。经过30多年沉淀积累和发展，公元形成了独具特色的阳光文化体系，2011年企业上市以来，我们“七彩阳光”围绕生产经营融入管理过程，引领和谐发展，使公元呈现出经济快速高效发展，文化氛围和谐，员工素质提升，环境绿色健康的局面。

企业文化已经成为公元发展不可或缺的强大推动力，目前，集团在全国拥有十三家全资子公司，有员工7000多人，作为中国塑料加工工业协会副理事长单位、中塑料加工工业协会塑料管理专委会理事长单位，公司产销量居全国行业第二，出口量连续多年居全国第一。公司先后荣获全国文明单位、中国民营企业五百强等荣誉称号。随着企业的上市，证监会要求上市企业要加强企业文化建设，要形成服务投资者、尊重投资者的企业文化，为此公元集团全力打造具有企业鲜明特色的上市公司的企业文化。

每个企业发展经历不同，行业特点不同。在早期的民营企业里，老板文化就是企业的文化，企业创始人的风格不同，都会形成不同的价值理念，最初的创始人带领企业每一步发展所沉淀下来的精神、理念，形成了不同特点的企业文化。如何传承这样的精神，或者用什么主题呈现和延续这些特色文化非常的重要。公元经过33年的发展，形成了内诚于心，外信于人的核心价值理念和诚实做人踏实做事的作风。阳光蕴含无私、奉献、公正、热情、以及环保等元素，不仅和集团的太阳能和绿色建材产品相关，而且更全面生动体现了诚实信正的企业性格和文化核心内涵，也是创始人倡导并率先垂范的阳光精神，全体员工传承和展现的阳光品质。

对于公元阳光文化这个主题，我们认为提炼的非常的准确生动、通俗形象，为公元阳光文化的传播发挥了积极的作用。

光有一个好的企业文化的主题是远远不够的，我们还

必须围绕核心内涵，设计和打造具有鲜明特色的文化体系。公元围绕阳光主题，设计了七彩阳光的文化体系，围绕七色元素，以阳光组织、阵地、驿站、动力、关怀、纽带和家园这七大板块促进五个文明建设、和谐共进，并且设计了七彩阳光 logo 以及组织架构，使七彩阳光文化一目了然逻辑清晰，便于传播。

七大板块第一是实施阳光组织工程。坚持依法治企，积极推行股份制改造，并且于 2011 年成功上市，进行现代化企业的建设，按照公开公平公正的阳光原则，建立职代会制度，在公司形成阳光氛围。公元有一个坚持了 33 年的规定，成立第一年开始我们规定每个月 25 号发工资，33 年来，没有一个月推迟一天。

坚持在党委领导下开展企业文化的创建工作，公司实施全面人才培养的阳光工程，有培养人才梯队：拂晓、曙光、旭日、骄阳的四个计划，实行双向进入交替任职的领导机制，党委成员兼任行政职务，从而保证企业文化工作在公司有地位、有号召力、有影响力。

第二是阳光阵地。通过企业期刊、报纸、官方网站、微信等平台集中媒体优势宣传阳光文化，升华阳光文化内涵。

第三是阳光驿站，公元集团建成了一流的企业文化活动中心、五星级职工文化俱乐部、党员活动室等员工活动场所，现在健身、学习、娱乐在公元已经成为公元人的常态化生活方式。开展一系列文明创建活动，组建原动力的志愿者服务队，提升企业和员工的文明素质。

第四是阳光动力工程。通过新媒体建立起一个虚拟的议事阵地，党员定期围绕生产经营、科研和研发制定公关课题，由党员和骨干领衔攻关项目，自主培养技能人才和领军人物。参加阳光动力工程的陈小兵连续两届被评选为台州市首席技师。阳光动力工程极大的激发了企业创新能力，主持和参与 23 项国家和行业标准的制修订，截止到目前国家的授权专利 332 项，科技转化率 80% 以上。

第五是阳光关怀工程。每年拿出几十万资金资助当地中小学，解决了 300 多名外来职工子女就学问题。出资筹建了公元关爱基金，给家庭经济困难的员工帮助。每年开学之前都要给考上大学的阳光子女给予奖励。建立了心理疏导帮扶机制，对员工进行心理疏导和关爱。在企业发展的同时，我们还积极承担社会责任，重大自然灾害发生以后，公司以及广大员工都慷慨解囊，并且在黄岩区慈善总会设立了 1200 万慈善基金用于社会捐助，从 2010 累计捐款达到 1000 万元。

第六是阳光纽带。成立了 1581“一呼百应”工程，以党组织为核心，工、团、妇、流动人口和人才骨干分子作为联合响应组织，实现维护企业稳定和谐的目标。员工和企业发生人事纠纷之后，工会组织、人力资源部出面都没有老乡做工作来的直接和有效，“一呼百应”就起到了特殊作用。

第七是阳光家园工程。将输送责任、连通信任确定为永高的产品责任和社会责任，公司公元牌排水管通过了国家的绿色产品认证，满足人民生活水平不断的品质提高的需求。公司把环保元素融入工厂建设和改造中，建成全国制造行业只有两家的绿色工厂。我们的地下管非常有特色，公元十几年前在总部的地下就建有一个非常大的地下管囊，厂区利用光伏太阳能发电，另外就是雨水自动回收，把收集起来的雨水进行二次处理作为生活的辅助用水。我们的绿色厂区建设，改善了员工的生产环境。在浙江省五水共治过程当中，89 个县市区公元参与服务的就有 50 个。在各个子公司厂区建设统一规范的员工生活区，以总部的双浦厂为例，职工生活区达到两万多平方米，每个月进行宿舍生活区 7S 管理和评比。

围绕经营需求，设计企业文化活动。只有根植企业生产经营土壤，企业文化才能充满朝气。我们设计了七彩阳光企业文化活动，围绕七色的元素设计一系列活动，出版了丛书。2014 年开展第一届阳光公元文化艺术节，取得很大的成功，台州日报商报和晚报都进行了报道。围绕人文关怀开展活动，举办了大型欢乐酒会。董事长带着高管团队表演节目给员工看，跟员工零距离的沟通，这也是阳光文化非常典型的特征。围绕员工需求开展活动，在中国好声音开幕之际举办的公元好声音比赛，社会上引起了强烈的反响。围绕企业形象展示开展活动，使外界充分感受到阳光文化的活力和企业蓬勃向上的精神面貌。围绕品牌推广开展活动，公司组织了阳光力量管道鼓乐队，管道鼓乐队的活动成为品牌推广的标志性活动，并且远赴全国巡演。

构建企业文化 + 模式。企业文化 + 第一个 + 就是企业文化 + 战略，围绕企业长期经营和可持续发展策划企业文化工作。第二是企业文化 + 管理，企业文化要作为最有效的管理工具，公元有专门的企业文化的组织机构开展建设工作。第三是企业文化 + 人才，第四是企业文化 + 品牌，管道鼓乐队成为我们的品牌宣传队，企业文化 + 技术，通过互联网思维和互联网技术策划活动。

上市公司如何打造具有鲜明特色的企业文化，我们认为，公司上市仅仅是企业规范科学管理的第一步，只有优秀的企业文化才能使企业永保市值。不论企业上市与否，企业的文化才是企业灵魂，企业的文化建设是企业的信仰工程，让每一位企业文化工作者都成为企业的灵魂工程师，让每一家中国企业都成为有信仰有尊严的中国老字号。

（作者高春泉，系公元集团永高股份党委副书记、行政中心副总监，本文为作者在“首届中国民营企业文化论坛”上的发言）

## “五布文化”入心　航天科技升空

北京卫星环境工程研究所

北京卫星环境工程研究所属于中国航天科技集团公司五院，承担中国载人航天器、导航卫星、通信卫星、对地观测卫星、月球与深空探测卫星、科学实验卫星和返回式卫星等系列航天器的总装、集成与专业测试、环境试验工作，是中国国家级航天器环境工程与可靠性专业研究机构。北京卫星环境工程研究所深入研究“道”的理论和工作方式，采用布魂、布局、布道、布法、布点的“五布文化”，促进了既传承航天、又彰显特色文化在员工中入脑入心，保证了研究所企业文化建设整体水平不断提升。

## 布魂：稳扣核心灵魂

企业文化建设的根本和核心是理念文化建设，理念文化是企业文化的灵魂。北京卫星环境工程研究所把文化理念建设作为企业文化建设工作的第一要务。

组织开展社会主义核心价值观专题宣传，积极培育和践行社会主义核心价值观；坚持航天文化传承和自身特色相结合，一方面大力弘扬航天“三大精神”以及航天科技集团公司企业文化理念和五院神舟文化，另一方面紧密围绕研究所发展特点，对文化进行分析定位，丰富自身特色文化理念内容，推广员工行为准则，将工作一线广为流传的内容作为文化格言：“手托上亿资产、肩负国家使命”、“工作一分钟、敬业六十秒”、“产品在我手中、质量在我心中”等。通过自下而上的征集和梳理、自上而下的推进与回归，几番迭代，最终形成了具有自身特色的文化理念体系，并设计制作出《我们的信念》企业文化手册，在广大员工中传播推广。

## 布局：科学规划部署

研究所党委保持对企业文化建设工作的高度重视，将其作为一项长期工作来抓。在所党委和企业文化建设领导小组的带领下，研究所积极开展企业文化建设工作规划和机制建设，为企业文化建设工作“布好局”、“把准向”。

研究所成立了由党政主要领导组成的企业文化建设领导小组，成立了各业务部门领导、党政工团主要领导组成的企业文化工作小组，明确职责，建立企业文化建设领导体制及执行机制。

制定企业文化“十三五”规划、年度计划等顶层设计，并实施动态管理月计划；结合航天科技集团公司和五院的有关要求，制定符合本企业实际的企业文化专项制度；将企业文化相关理念融入其他业务的管理工作中，使文化建设“固化于制”。

## 布道：创新传播方式

为了保证文化建设“从员工中来，到员工中去”，研究所创新传播方式，有效组织文化载体建设，变多地办公的困难为优势，将文化的力量传递到员工身边，使企业文化“内化于心”。

文化阵地广泛覆盖。研究所地处唐家岭、怀柔、北郊、天津4地，为充分展示研究所各项业务工作、价值导向、员工精神面貌等，将企业文化内容渗透到基层，研究所组织通过网络、宣传板、电子期刊、报刊等多种形式认真宣传贯彻落实航天科技集团公司理念、行为和视觉识别系统，做好各种规范的推广应用；设计制作企业文化专题网页并上线运行；在各个工作区全面建设文化橱窗和宣传展板，营造浓厚的文化氛围；统一建设主题文化区，形成融入文化理念和专业特点的主题文化区，全面展示科研能力、产品技术水平和队伍建设；开展各项主营业务相关的专业技术标识设计展示活动，增强专业人员融入文化建设的主动性和自豪感；在工作区全面进行文化氛围营造并动态更新。

文化产品精彩缤纷。全面做好文化阵地建设的同时，大力推进文化产品制作：《护航公益行》《梦想呼叫转移》等多部影像类文化产品，《文明航天人文集》《产品与服务手册》《新员工手册》《优秀政研管理论文集》《保密100问》等一系列文本类文化产品的设计制作，分发至基层部门，增强了文化载体的覆盖面与传播力。

文化传播融入教育。紧密围绕中心，创新形式，开展所长书记访谈、“所领导与青年面对面共话发展”、新员工见会面、博士座谈等主题活动，传播企业文化，在不同层面、从不同角度将企业文化广泛宣讲，使其植根员工内心；举办文化创意展示大赛、专业标识设计比拼、室级文化展示、办公楼文化浮雕墙设计制作等，引导规范员工行为，促进文化入心，形成员工共同认同的价值观。

## 布法：丰富落地途径

企业文化建设，要注重“内化于心”，更要实现“外化于形”。研究所通过组织开展丰富多彩的主题文化活动，让文化传播遍地开花，让每一名员工都成为文化的传播者。

主题活动渗文化入人心。开展“回首东方红，共筑航天梦”首个中国航天日主题活动、“传承航天情”座谈会、“立足岗位，我为‘强所梦’做贡献”青年主题演讲比赛，以及“我的航天生活”、“我身边的小故事”征文比赛、“我眼中的美丽总环”摄影比赛、“杰出青年”评比大赛、微电影、情景剧大赛等主题活动，广泛发动全所员工参与文化活动，使航天文化接地气、入人心。建设“班组文化家园”，先后在航天城地区建设“日新书社”，怀柔地区建设“悦读书苑”，依托书苑开展形式多样的各项活动，如“航天摄影展”、“办公室微博”、“星瞳园地”等促进班组文化交流；“I创品牌”团支部特色活动充分结合青年工作的现实问题，搭建青年成长成才平台，推进团支部开展文化品牌活动。

专项工作融文化于一体。在注重整体企业文化建设的同时，研究所也关注专项文化的建设和扶持。“以人为本建和谐 精耕细作传温暖”的员工关爱文化，通过员工参与民主管理、职工之家建设；通过以廉政责任促廉政落实的责任体系、以廉政谈话促干部廉洁的教育体系、以廉政读书促廉洁意识提高的全员廉洁的文化体系和“清风园”廉政网站等载体，构建具有研究所特色本地化的“廉明于心践于行”的廉洁文化；搭建启发式保密教育平台，上线涉密载体管理系统及计算机辅助检查系统，参与多项国家保密局课题研究，从网站、宣传画、考核等多方位筑牢“保障国家安全 护航总环发展”的保密文化；以“让我们更完美”为核心思想，将质量工作中“管与被管”的定位关系转变为“全员参与，共同管理”，逐步形成“忠诚融入使命 质量铸造尊严”的质量文化；全面普及健康安全知识，强化安全生产红线意识，对标安全生产标准化，提升本质安全度，形成“安全为天 平安发展”的安全文化；强化攻坚克难、创新发展的价值导向，加强激励引导，形成“探索求实 开放创新”的创新文化。

文化研究变科研实践。为更好地指导实践工作，充分发挥“智囊团”的作用，研究所以课题形式开展文化研究工作。广泛开展文化基础研究工作，举办所级成果交流会，积极参与中国企业文化研究会、北京市思想政治工作研究会课题研究，形成上百项文化研究成果并在日常工作中应用。获得全国企业文化科研成果两项、北京市基层研究优秀成果 1 项、航天科技集团公司优秀研究成果奖多项。

### 布点：发挥典型力量

英雄人物是企业的开路先锋，典型人物和团队的选树，是企业文化发挥作用的关键点。“星星之火，可以燎原”，多渠道、多层级的宣传和展示，文化形象塑造成效显著，让典型榜样、成功事件的“火势”蔓延，对内提振士气、提高员工对文化的认同感，对外塑造文化形象，激发员工荣誉感。

充分利用所网、神舟网、神舟报和《中国航天报》进行宣传的同时，研究所把握重要事件和关键时机，先后通过中央电视台《焦点访谈》、《人民日报》、《经济日报》、人民网、新华网、中国新闻广播等媒体，广泛宣传研究所各项工作，不断提升研究所的影响力和美誉度；围绕中心任务积极开展型号研制、技术攻关、专项工作、质量月等主题宣传，结合热点主动牵引；组织开展“最美总环人”、“环聚能量”专题宣传，加大对英雄人物优秀事迹的宣传，通过“百天交出完美答卷”、“环模设备领域的娘子军”、“刀尖上的舞者”等精品文化故事，弘扬正能量，传递好声音；以“道德讲堂”为依托，讲述《一颗丹心照卫星》、《总装大厅指挥官》等感人文化故事，对广大员工开展卓有实效的道德教育，创新宣传队伍建设，成立以“以锐利视角直击新闻现场 集众星之才书写航天辉煌”为理念的“星瞳”新闻社，搭建内外宣传和员工交流成长的平台。

（作者门昱，系北京卫星环境工程研究所党群办公室主任；蔡晓懋，系党群办公室党团政工主管部）

## “骏马文化”彰显中石油企业精神

中国石油呼和浩特石化公司

中国石油呼和浩特石化公司，坐落在内蒙古自治区首府呼和浩特市，是内蒙古自治区境内唯一一家炼油企业，也是 20 世纪 90 年代中国石油系统第一座百万吨级炼油厂。公司现原油加工能力每年 500 万吨，生产的油品全部达到国Ⅳ标准，部分产品达到国Ⅴ标准。呼石化秉承中国石油企业精神，坚持中石油企业文化“六统一”原则，以高度的文化自觉，开展“骏马文化”建设，有力地促进了公司跨越式发展。

### 一、“骏马文化”形成背景

呼石化成立于 20 世纪 90 年代，公司在发展过程中，暴露出加工规模小、设备老化、经济效益不佳、生产生活条件较差、队伍不稳定等问题。这些问题的存在，一方面要求企业必须转变发展思路，推进“4321”战略，即：用 4 年时间建成 500 万吨扩能改造工程；完成“企业要发展，收入要提高，环境要改善”三大任务；实现“建设精品炼厂，构建和谐企业”两大目标；争创炼化行业一流企业；另一方面要彻底改变呼石化的面貌，就必须坚持“以人为本”，通过企业文化凝心聚力，为发展提供强大的精神动力和智力支持。“做人要做有精神的人，做企业要做有灵魂的企业，文化就是一个企业的灵魂。”

公司企业文化定位：一是要为企业发展战略服务；二是要秉承中石油企业精神、传承呼石化传统文化；三是要贯彻执行集团公司企业文化建设“六统一”原则；四是要充分考虑呼石化地处草原的地域特色；五是要融合领导班子和广大员工的集体智慧。

公司愿景：“打造受人尊重的一流炼厂”。赢得社会尊重、赢得同行尊重、赢得客户尊重、赢得媒体尊重、赢得员工尊重；实现一流的管理、创造一流的业绩、营造一流的环境、建设一流的队伍、培育一流的文化。

企业文化建设的目标：“内提员工素质、外树企业形象”。对内弘扬大庆精神铁人精神，打造精英队伍；对外成为企业文化先进标杆，传播中国石油文化。

“骏马文化”品性：“忠诚、敬业、进取”。“忠诚”表现为，员工忠于企业、忠于岗位、忠于同事；这也是中石油“爱国”精神的具体体现。“敬业”表现为，员工秉持“一分耕耘、一分收获”的工作态度，保持良好的精神状态，从小事做起，让敬业精神永存心中，这也是中石油“奉献”精神。“进取”表现为，员工敢于面对困难、解决困难、突破困难；善于学习创新，不断开拓跨越发展的新空间，开创事业新境界，这也是中石油“创业、求实”精神。

支撑体系：理念系统、行为系统、视觉系统三大文化识别系统，安全、管理、和谐、廉洁、社区五个子文化体系。

“骏马文化”发源于中国石油企业精神，形成于公司跨越式发展的时期，成长于各级组织各级领导的积极推动，根植于全体员工的生动实践，充分体现了时代特征、企业特点、地域特色，展示出强大的生命力。

### 二、落实落小落细，丝丝入扣推进

在“骏马文化”建设过程中，呼石化采取“五步推进”，做法上突出“实”、载体上突出“小”、过程上突出“细”，逐步实现“从认知到付诸实践、从建设走向管理”。

第一步，体系建设推进。重点抓好企业文化顶层设计，构建企业文化体系。学习运用企业文化理论，借鉴先进做法经验，分析企业文化建设方面存在的问题和短板。发动全员参与，征集企业文化理念，认真总结提炼，形成了包括公司使命、公司愿景、核心价值观、管理理念、员工规范等在内的企业文化体系。在此基础上，召开了企业文化推进会，发布了《企业文化手册》。

第二步，理念宣贯推进。采取多种形式，推动企业文化理念“全员认同”、“内化于心”。在网络、电视上开辟专栏专题，多层次、多角度、多载体传播企业文化理念。组织开展企业文化知识竞赛、歌咏比赛、演讲比赛等，促进对“骏马文化”的认知。在员工中开展“三同教育”，同聚一个力、同走一条路、同享一个成果，激发广大员工的归属感、责任感、自豪感。

第三步，落地生根推进。运用“五抓”手段，实现“五个落地”。即：抓养成，促进行为习惯落地；抓执行，促进公司执行力落地；抓方法，促进文化理念落地；抓载体，促进典型作用落地；抓体系，促进特色文化落地。组织召开“企业文化高层研讨会”，聘请外部专家担任顾问，提高企业文化建设品质。创办内部刊物《呼和浩特石化》、《骏马文化》，制作公司形象宣传片，出版企业宣传画册，展示企业文化实践成果，推动企业文化外化于行。

第四步，巩固深植推进。通过各种有形载体，持续推动企业文化由认知到践行。实施“三级两书一总结”，进一步增强员工对企业文化的认同。编辑出版《企业文化丛书》，修订企业文化手册，建成了公司展厅。将一期工程重要设备——四机组做成展台，请知名人士撰写《呼和浩特石化公司赋》。召开企业文化建设巩固深植总结暨持续推进会，梳理阶段性成果，明确企业文化建设走向。开展“感动呼石化十大人物”评选，充分展示全体干部员工忠诚、敬业、进取的精神风貌，切实发挥先进典型的示范引导作用，营造了积极向上的工作氛围。

第五步，融入管理推进。将企业文化建设提升到管理阶段。修订完善《企业文化建设考核评价暂行办法》，将企业文化建设全面纳入绩效考核，确保各单位在推进生产经营管理各项工作的同时，持续推进企业文化建设。强化工作力量，建立企业文化培训师队伍，进一步增强企业文化建设的专业性、规范性、实效性。总结企业文化从建设走向管理的初步成果，在中国企业文化研究会“新常态下基层企业文化创新工作座谈会”和内蒙古自治区“改进创新企业思想政治工作专题研讨班”上做了经验交流。

## 三、提升内在品质，助力企业发展

“骏马文化”以文化力提升经济力，以无形资产增值有形资产，以文化管理创新企业管理，取得了实实在在的效果。

以愿景引领员工，促进了公司新发展。呼石化实现新发展，最根本的就是500万工程实施。无论是工程建设期，还是建成投产后，始终以“打造受人尊重的一流炼厂”这一美好愿景，激发全体员工的高昂斗志，鼓舞干部员工奋力拼搏，心往一处想、劲往一处使、汗往一处流。第一联合车间技术员吴长宝与无数的呼石化人一样，经历了呼石化的两次建设。在500万新装置开工前的8个月内，每天零点前没有入睡过，整个人熬得又黑又瘦。但他却从无怨言：“既然干了这份工作，就要用忠诚担负起这个责任，尽自己最大的努力做好”。在广大干部员工的共同努力下，仅用16个月有效工期，就成功实现了500万工程全面中交、常压蒸馏装置成功引油、催化裂化装置成功喷油，各装置顺利开工。“建设精品炼厂、打造精英队伍、弘扬大庆精神铁人精神”的第一步目标，有望于今年底顺利实现。

以制度规范员工，实现了管理新提高。着眼于管理制度的规范化、工作流程的标准化，梳理完善党的建设、生产管理、经营管理、安全管理等制度300多项，努力做到制度全覆盖，以制度管事、以文化育人。每月开展一次制度宣讲，组织对科级以上领导干部进行考试抽查，结果排榜公布，纳入绩效考核。各级领导干部带头执行制度，做到制度面前人人平等，有效维护了制度的严肃性和权威性。特别是针对炼化行业特点，践行“安全至上、全员参与、防微杜渐、严于始终”理念，实现安全生产形势稳定、可控。几年来，未发生B级及以上生产安全事故，无非计划停工。

以价值激励员工，焕发了队伍新面貌。坚持“德才兼备论人才、能绩双优选人才、利义并重留人才、不拘一格用人才”理念，实施“3153”工程，畅通员工成长通道，鼓励员工实现自身价值。培养了20多名工程硕士和MBA为主体的管理人才，70名以技术骨干为主体的技术人才，355名以炼油化工装置操作技能骨干为主体的技能才人。

坚持“培训是福利、培训是激励、培训是待遇”，加大培训工作力度，广大员工学技术、练技能蔚然成风，技术素质显著提高。坚持以劳动竞赛、技术比武等活动为载体，搭建员工展示才能、建功立业平台，3名员工获得全国五一劳动奖章、5名员工获得省部级劳动模范。坚持“企业的最大资本就是员工”，让发展成果惠及广大员工，先后完成了帮扶子女就业、退休职工活动中心改造、幼儿园改造等民生工程50多项，让员工切实感受组织关怀，让队伍心齐、气顺、劲足。

以品牌凝聚员工，展示了企业新形象。深入开展“重塑中国石油良好形象”大讨论，做到“四查四解决”，引导干部员工解放思想、更新观念、转变作风、夯实基础。坚持对外宣传“三突出六重大”，展示发展成果和良好形象，提高企业知名度美誉度。举办内蒙古企业家“走进呼石化·感受石油文化”等活动，讲好石油故事，传播企业文化。中央电视台、新华网、人民网、工人日报、内蒙古日报、中国石油报等主流媒体先后300余次对呼石化进行报道，呼石化各项工作得到中国石油天然气集团公司、内蒙古自治区以及上级有关部门充分肯定，扩大了企业影响力，增强了队伍凝聚力。

# “唐·文化”引领实现新跨越

大唐陕西发电公司

大唐陕西发电公司是世界500强大唐集团的子公司，2004年6月组建，主营业务包括火力、水力、风力发电和燃料经营、煤电一体化、电力承检承运等多个领域，是陕西省最大的发电企业。大唐集团以“价值思维，效益导向”核心理念和“务实，奉献，创新，奋进”大唐精神为引领，总结自身实践，提炼形成了特色鲜明的企业“唐·文化”，为企业注入了强大的精神动力，先后荣获了全国安全生产月活动优秀组织单位、全国电力行业设备管理工作先进单位、陕西省先进集体、陕西省五一劳动奖状，连续4年进入陕西企业100强。

## 文化培育探索实践

组建之初，大唐陕西发电公司机组小、设备老、人员多、多数企业面临关停。面对艰难局面，公司加大培育积极向上的企业文化，以文化凝聚人心，用文化推动发展，用文化提升核心竞争力。

全面渗透，大唐精神引领发展。开展“务实，奉献，创新，奋进”的大唐精神宣贯活动，充分利用宣传媒体，组织开展如“践行核心价值观，做最美大唐人”文化故事征集，“培育核心价值观，践行核心理念，弘扬大唐精神”征文、微电影、海报大赛，“最美电厂、班组、职工（青工）”推荐评选和故事分享等活动，使职工在参与活动中学习、理解、思考、发展大唐精神，在潜移默化的氛围中进一步解放思想，更新观念，积极投身于创建一流发电公司的征程中。

深化实践，品牌战略提升形象。以实施大唐集团品牌战略为契机，不断完善企业文化的载体和设施，从细节入手，内外兼修，全力打造“大唐陕西”品牌，有效提升了广大职工的归属感、荣誉感和自豪感。通过规范标识促进品牌的树立和形象建设，增强企业知名度和影响力；参加陕西省节能减排博览会、丝博会和西洽会、开展企业开放日、召开超低排放改造工程现场推进会等活动，树立“负责任、有能力、可信赖”的央企形象；加强与当地媒体合作，积极开展有益社会实践活动，展示了企业良好形象。

创新思维，分支文化齐头并进。在大唐集团率先创建本质安全型企业，把组建以来的安全生产经验融入到本质安全的具体实践中，通过特色系列活动的有效开展，激发了职工保安全、促效益的热情；在大机组相继投产、人员准备相对不足的情况下，安全工作创组建以来最好水平，打造了安全生产管理的品牌；在人才培养、党风廉政建设、管理创新等方面，不断开拓思维，加大投入，进行深入探索，先后培养出全国“五一劳动奖章”获得者侯国力、高建谱，陕西省劳模刘武奎、杨银娟，陕西省“五一劳动奖章”获得者李新民，大唐集团“10大杰出青年”王军峰、樊红英、王巍、郝振等一大批先进模范。党风廉政建设工作一直走在集团公司前列，营造了崇廉尚廉、干事创业的廉洁氛围；率先开展量化对标、经营指标对标、经营预警等工作，为公司走出经营困境奠定了坚实的基础。

## 特色文化破茧而出

“唐·文化”以社会主义核心价值观为内核，以大唐文化为基础，汲取盛唐灿烂的历史文化、陕西丰厚的地域文化、张载的“天人合一”思想、现代管理理念精髓，在总结公司科学发展实践的基础上提炼而成，在大唐集团系统获得广泛赞誉。2012年11月，大唐集团第七届企业文化论坛在青岛举行，公司就“唐·文化”进行经验介绍。

“唐·文化”理念体系。“唐·文化”是在大唐文化理念体系基础上提炼出来的，是公司在长期的实践中沉淀的安全生产、经营管理、企业发展、队伍建设等12个方面的理念及思路，是全体员工智慧结晶和价值取向，体现了大唐陕西职工敢为人先、朝气蓬勃的精神面貌，也将成为引领公司实现做强做优的内在源泉和不竭动力。

“唐·文化”的内涵。“唐·文化”是大唐陕西发电公司的企业文化，一方面传承了中国古代大唐盛世海纳百川、兼容天下的鲜明特征，另一方面彰显了大唐集团乘风破浪、一往无前的精神风貌；“开放包容、开拓进取”是“唐·文化”的基本特征。

唐朝疆域辽阔，国泰民安，是世界公认的中国最强盛的时代之一。以开放包容为主要特征的盛唐文化绚丽璀璨、大气磅礴，在推动人类文明进程中影响深远。大唐集团自强不息、开拓进取，成为具有国际影响的一流能源集团，为全面建设小康社会做出了重要的贡献。以“价值思维，效益导向”核心理念和“务实，奉献，创新、奋进”大唐精神为基础的大唐文化底蕴深厚、深入人心。大唐陕西发电公司成立12年来，攻克时坚，开疆拓土，科学发展，一跃成为陕西省最大的发电企业，在三秦大地上续写了精彩，铸就了盛世大唐新的辉煌。

“唐·文化”是发展的文化。“唐·文化”是充满活力的开放体系，既吸纳延展大唐文化的精髓，又内涵丰富、具有鲜明的地域文化特征；“唐·文化”是不同层次的有机体系，既包括大唐陕西发电公司的企业文化，也包含系统各基层企业在此指导下的子文化；“唐·文化”是发展的文化，随着外部环境和内部需求的变化，将不断丰富内容、创新发展，实现与国家、社会、企业的步调一致、和谐统一。

## 文化引领实现突破

大唐陕西发电公司坚定不移高举科学发展大旗，走创先争优之路，占领发展制高点，增加发展新优势，实现发展新突破。

攻坚克难，企业发展实现新突破。近年来，公司党组审时度势，提出“347”愿景目标，即3年消灭累计亏损；4年实现“三个一”目标，即装机总规模达到1000万千瓦，风电、水电各达到100万千瓦；7年再造一个陕西公司，也就是装机规模翻一番，达到1500万千瓦。在“347”愿景的引领下，公司以只争朝夕的精神攻坚克难，经营口径巨额累计亏损全部消灭；与陕西省签定“十三五”战略合作框架协议，积极参加延安千瓦级火电基地建设，延安热电项目、旬阳水电项目实现开工，彬长公司二期项即将开工；府谷项目完成煤电一体化路线变更，已列入“十三五”电力规划，各前期项目成果丰硕，“南水北风，关中火电”的良好产业格局全面形成。

风险管控，安全生产实现新突破。认真开展安全性评价和安全风险评估活动，全面落实安全生产责任制，推动隐患排查治理向风险管控转变，夯实安全生产基础，坚决不越“两条准线”，确保了安全生产局面稳定。深入开展隐患排查治理、技术改造和设备整治活动，通过汽机揭缸提效，锅炉微油点火、等离子点火，电机变频改造等方式，实现消耗性指标大幅降低，2015年，供电煤耗累计下降12.84克/千瓦时，发电厂用电率累计下降0.4个百分点。

履职尽责，环保改造实现新突破。先后建成陕西第一个脱硫热电厂、西北第一个脱硝热电厂，成为陕西省第一家脱硫旁路挡板全部封堵的发电企业；投巨资完成了21台次机组的脱硝、低氮燃烧器和除尘电源改造；环保设备装置率达到100%，公司二氧化硫、氮氧化物、烟尘排放量较2011年分别下降71%、83.95%和58.11%，二氧化硫和氮氧化物排放达标率分别完成99.99%和99.34%，实现了达标排放，在史上最严的环保核查中顺利通过，受到了国家环保部总量核查组的肯定。2015年，完成6台机组超低排放改造任务，剩余8台机组超低排放改造正在进行之中，年底前确保全部完成，提前一年兑现大唐集团对陕西省的承诺。

管理创新，提质增效实现新突破。自主开发了经营预警系统，最终建成了经营决策支持系统，通过预警调度、对标分析、决策整改、两全考核4个模块，指导争发电量和电煤采购等工作，用以指导经营工作，合理抢发电量、竭力控制煤价，提升了管理水平，推动了指标改善和减亏增效工作；盈利能力进入大唐集团前三甲，连续4年进入A级考核序列，连续4年入围陕西企业100强。

优化队伍，素质提升实现新突破。实施人才强企战略，立足员工现状，激活人力资源。几年来，先后通过大机组集控人员脱产学习、管理人员提升、现场实战等培训方式，满足了企业快速发展对人才的需要；积极参加集团公司组织的技能培训和技术比武，开展高压焊工、架子工、起重工等特殊工种专项培训，定期举办热控专业、化学专业、脱硫运行、输煤运行、转动机械等专业的比武、调考，并实行培训、调考成绩与待遇挂钩的考核办法，极大提高了员工素质。

（作者张昌，系大唐陕西发电有限公司思想政治工作部政工处长）

# “铁军文化”助推企业转型发展

## 山东电力建设第一工程公司

山东电力建设第一工程公司是世界500强中国电建集团公司骨干成员企业，业务涵盖电力工程、基础设施、电站检修运维、调试运行、设备研制、商贸物流、投融资等多个领域，承建工程5次荣获国家优质工程金奖和鲁班奖，50余次荣获国家优秀工程银奖、省优（部优）工程奖和优秀焊接工程奖，公司承建工程全部实现达标投产。公司在应对电建市场激烈竞争的严峻考验中，注重借鉴国内外先进企业文化建设经验，强化“铁军文化”引领作用，用先进的企业文化理念推动企业改革发展、转型升级，被誉为“电建铁军”。

### 一、注重文化引领，铸就铁军之魂

公司立足当前，着眼长远，面向未来，积极推进企业文化建设，形成了独具特色的“铁军文化”体系，在提升企业核心竞争能力，推动公司可持续发展等方面发挥了重要作用。

一是加强理想信念教育。围绕党的“十八大”提出的建设富强、民主、文明、和谐的社会主义现代化国家理想目标以及社会主义核心价值观内容，深入开展党的基本理论、路线、纲领教育，引导员工把个人奋斗与追求融入到“中国梦”的伟大实践中，融入到企业改革发展的共同事业，实现个人与企业、国家的共同发展和进步。

二是大力开展形势任务教育。围绕贯彻落实公司提出的争当集团公司成员企业“排头兵”的目标，号召全体员工要唱好“两首歌”：一要唱好“国际歌”，教育广大干部员工要相信，“从来就没有什么救世主，也不靠神仙皇帝”，企业要生存，就要靠自己。二要唱好“国歌”，现在电建企业已经到了“最危险的时候”，大家要切实树立责任感、紧迫感，攻坚克难，勇挑重担，昂首阔步迎接企业美好未来。

三是强化员工道德教育。加强社会主义荣辱观教育，广泛宣传以“八荣八耻”为主要内容的社会主义荣辱观，把社会主义荣辱观的基本要求贯穿到企业规章制度，融入到日常生活和工作。加强员工道德养成，大力倡导公民基本道德规范，广泛开展好“感动员工”、“感动用户”、“最美铁军人”故事征集活动和主题实践活动。加强“四德”教育，形成知荣辱、讲正气、促和谐的良好风尚。新职工入厂时要做的第一件事就是进行传统教育，讲公司的创业史、公司传统、老一辈电建人的拼搏奉献精神；组织他们参观公司荣誉室，让他们感受企业精神，领会铁军价值观。

四是大力推进铁军文化创新升级。当前，公司已全面进入国际化、多元化发展的新时期，适应内外部环境的变化，对公司企业文化进行再定位、再提升、再创新，打造新型特色的“铁军文化”，成为事业发展所需，员工意愿所向。公司于2013年年初启动了企业文化创新工程，推进企业文化全面升级。通过开展企业文化理念征集活动、企业文化专题培训，进一步提升了全员对企业文化知识的认知和理解。2014年1月，公司新版《铁军文化手册》在年初“两会”上正式发布，《手册》坚持在继承中创新，在创新中发展，在保留和传承铁军优秀文化因子的基础上，融入了全球化与市场化等元素，形成了“拼搏奉献、创新超越”的铁军精神和“开放、守信、尽责、共赢”的企业核心价值观，明确提出了“国际优先、国内并举、多元发展”的企业发展方针和建设管理技术型、质量效益型国际知名工程公司新的宏伟愿景。

## 二、注重典型示范，增强文化感召力

先进是时代的先锋、社会的脊梁和群众的榜样，凝聚着企业先进的文化和理念，体现着事业的发展方向，能够起到“点燃一盏灯，照亮一大片”的效果。在典型建设方面始终坚持深入群众选典型、依靠群众树典型、实事求是宣传典型、常抓不懈培育典型。重点挖掘了在公司变革创新、急难险重、突发事件等过程中涌现出的践行价值观的先进人物和感人事迹，广泛开展好“明星员工”、“专家能手”、“杰出青年”、“巾帼标兵”等各类先进典型评选工作。

一花独放不是春，万紫千红春满园。先进典型树立之后，公司充分发挥典型的示范、辐射作用，实现以点带面，“群星百花璀璨”的良好局面。积极推动队伍的整体素质提高。按照“团结、奉献、廉洁、进取”的8字要求，建设一支干部队伍。坚持民主生活会制度，在决策上认真执行民主集中制原则。在实际工作中，党政相互支持，密切配合，带动了班子的团结，形成了一个个战斗的集体。

按照“勤奋，实干，和谐，敬业”的8字要求，建设一流的职工队伍。组织开展了“岗位练兵”、“技术比武”、评选“十大杰出生产标兵”、“十大管理杰出标兵”和“十大巾帼标兵”等活动；评选出专家级人才、高级专业技术人才、操作技能人才，建立公司专家库。

围绕企业中心任务，加强典型建设机制创新，打造典型建设新型抓手。公司根据企业转型发展的新形势，开展了“争创十佳百优，共促转型跨越”主题实践活动，培育和选树十大方面的先进典型。

## 三、注重理念渗透，规范职工行为

“铁军文化”是一种不断创新的文化，是一种与时俱进的文化。近几年来，公司一直根据形势的变化，及时发现“铁军文化”中的过时、消极因素，培育新的工作、经营理念，引导规范员工行为。

针对电建市场竞争激烈的实际，广泛开展“文化创新、观念突围”大讨论活动，教育职工坚决抛弃“固步自封，老大自居”的旧观念，树立起“尊重业主，服从监理，创建满意工程”的新观念。针对企业项目多、盘子大、效率低的问题，开展了“尽责是本，赢在执行”的大讨论活动，着力提高全员的责任意识和执行力。2012年，公司面临着融入中国电建集团开局之年新的发展任务，为此，公司党委紧跟形势步伐，开展了“两创一争”主题实践活动。2014年，公司成功晋升为集团公司A级企业。

## 四、注重形象规范，造就威武文明之师

企业形象是企业文化建设的一项重要内容，是展现企业精神风貌的一面镜子，是衡量企业经营理念与产品质量的重要尺度，更是市场竞争中不可低估的无形资产，直接影响企业竞争的实力。在“塑形”方面重点抓了“四个关键”，以此带动形象建设的全面提高。

一是加强施工组织管理，使项目变成公司“形象的宣传队”。在施工组织管理上，积极借鉴国内外先进经验，引入现代化管理，做到了让用户满意、让业主放心。公司重新出版了VIS手册和《项目生产生活临建及安全设施图集》，在施工过程中坚持“八项基本制度”，实行“三严”管理，大力开展文明施工，使每个项目都给业主留下了美好印象，项目部变成了公司的“形象宣传队”。

二是抓质量建设，树立企业形象“金字招牌”。为业主提供优良的产品和服务是树立企业形象的关键所在，在施工过程中我们深入推进“一次成优，臻于至善”的质量理念，将质量责任明确到个人，建立质量跟踪卡，对施工质量全程控制。近年来，公司工程优良品率一直保持在98%以上，许多工程都成了公司的活广告，不少业主在合作之后直接要求公司承建下一个项目。

三是抓安全文化建设，给企业形象建设提供保障。安全是影响公司生存的危机线，对员工生命的爱护就是对职工的最大爱护，确保安全生产是企业最大的社会责任，要求各级管理者把安全工作当头等大事来抓，对每一个员工负责、对每一项工作负责、对每一个家庭负责。公司大力推进安全文化建设，通过举办“百问百查”、“安全生产月”、“安全宣讲团”、“安全生产、和谐发展”图片展等活动，调动员工参与安全管理的积极性，为企业安全发展提供了坚强的保障。

四是抓好公益事业，积极履行社会责任。公司秉承“奉献社会，共建和谐”的社会责任理念，坚持把社会责任履行情况纳入党建精神文明建设考核内容，增强了大家的责任意识。在四川汶川地震、青海玉树地震和甘肃舟曲泥石流等救灾活动中，公司国内外各基层党组织纷纷组织了爱心捐助活动。2014年，公司义务承建了新疆民丰县亚瓦通古孜乡防渗渠和低压电入户两个扶贫项目，结束了中国沙漠第一村无水无电的历史。2015年，印度KMPCL项目党总支向驻地附近22所学校捐赠30万卢比的体育用品，公司总部开展“电建书包”公益活动。近年来，公司积极开展志愿环保、植树绿化、义务献血、爱心义捐等公益活动，先后获得“山东省履行社会责任示范企业”、“中国工业行业履行社会责任五星级企业”等荣誉称号。

（作者刘学良，系山东电力建设第一工程公司党群工作部副主任）

# “BIB 文化”建设模式实践

华电国际莱城发电厂

华电国际莱城发电厂隶属中国华电集团公司，是国家“九五”计划重点项目，由华电国际电力股份有限公司投资建设，2003 年 5 月建成投产，其中 1 号机组创出了 11 天完成整套试运及试生产期连续运行 131 天的“大世界基尼斯纪录”，3、4 号机组分别创出了移交试生产后连续运行 197 天和 266 天的优异成绩，接连刷新了该项指标的全国纪录，荣获中国建筑工程质量“鲁班奖”。莱城发电厂“BIB 文化”是指基层、融合、品牌三大要素，是促进企业文化建设与企业运转相融合的文化创新。

## 一、“BIB 文化”建设模式

莱城发电厂文化建设模式内涵是基层（Basic level）、融合（Integration）、品牌（Brands）。就是立足抓基层，通过广泛发动，采取多种宣贯形式，企业全员参与，树立文化品牌，对内增强凝聚力，对外增强竞争力，提升企业形象。

### （一）抓基层。

企业文化的落脚点在基层，所以文化建设必须从基层抓起。莱城电厂在基层文化建设中坚持从试点到推广，层层推进。

对标学习。组织到莱钢集团等企业参观学习文化建设成果，政工人员到区域兄弟单位学习文化建设经验，一系列对标学习让大家对如何建设基层文化有了更深认识。

部门试点。选择生产一线的“窗口”运行分场党支部和热控队党支部为基层文化建设试点。两个党支部从增强员工敬业精神、提高履责意识入手，抓住部门特点提炼形成独具特色的部门文化，掀起了“工作要业绩、我要当标兵”的创争热潮。

全员思想大讨论。开展班组、车间、厂三级思想大讨论，着力解放思想、转变观念，同时也作为总结提炼部门班组文化，传承优良作风、弘扬企业精神的“助推器”，起到了鼓舞干劲、凝聚力量的良好效果。全员思想大讨论下来，各部门班组的文化建设已见雏形。

召开文化建设推进会。为更好推进基层文化建设，莱城电厂召开部门班组文化建设推进会，党委书记现场讲授文化建设技巧，并组织与会的党支部书记和班组长到运行分场和热控队党支部交流学习，起到了共享经验、互通智慧的良好效果。通过推进会，各部门班组进一步明确了文化建设的推进方法。

提炼形成基层文化。在文化推进会的促动下，全厂各部门班组掀起了全员共建基层文化的热潮。这期间，政工人员分片包干全程参与指导帮助，经过反复提炼、几次易稿，一个个部门班组文化相继成型。经过半年努力，28 个部门、62 个班组都有了自己的文化，形成了网格化全覆盖的基层文化体系。

### （二）促融合。

莱城电厂着力促进文化建设与企业运转相融合，即：促进与企业制度创新和管理变革相融合、与党建思想政治工作相融合、与队伍建设相融合。

与企业制度创新和管理变革相融合，不断提升企业管理水平。借基层文化建设东风，各职能部室修订完善企业 110 余项管理制度。围绕激发员工主动工作热情，该厂与时俱进提出了以“自我管理、自我约束、自我激励、自我完善、自我提高”为主要内容的“五自”管理理念，使得文化建设与企业管理变革有效融合。

与党建思想政治工作相融合，不断提升企业向心力。坚持以愿景为引领推进学习型党组织建设，组织广大党员立足岗位提炼工作愿景，通过制作党员愿景，进行网上公示接受群众监督，引导党员主动对标愿景提升工作质量和标准。组织党员提炼党员愿景，为每位党员制作党员愿景名片，贴在桌面上激励自己，在网上公开发布，接受群众监督。评选出“我身边的榜样”，各党支部自主开展“向榜样学习、向标杆看齐”活动，通过“比学赶帮超”促进提质塑形。

与队伍建设相融合，不断增强企业发展人才支撑。文化建设过程中也是引导人、教育人、塑造人的过程。基层文化建设中完善深化的“人才一帮一”、“人人都来讲一课”等特色活动，与企业员工绩效管理、岗位储备、技术带头人等人资管理举措相呼应，正在发挥越来越大的作用。

### （三）树品牌。

坚持建文化与树品牌同步，按照管理创品牌、活动推品牌、形象亮品牌的思路开展“创牌行动”，构建出具有莱电特色的品牌文化。

管理创品牌。一是打造“五自”管理品牌。无为而治是企业管理的最高境界。莱城电厂在以制度人的基础上，提出了以“人人都是安全生产者”、“人人都是节能降耗者”、“人人都是能耗指标管控者”等自主管理理念，并辅以全员绩效管理等举措，使得“五自”管理在企业落地生根。二是探索实践“大党建”格局。厂党委立足“大”维度，围绕“党”核心，实施“建”行动，创新构建“123456”的“大党建”格局，成为推动企业发展的中流砥柱。该成果在山东省《党员干部之友》发表，并获集团公司政研成果奖。三是提炼思想政治工作“三真”工作法。莱城电厂提炼出了以“真心关爱职工、真正依靠职工、真情服务职工”为主要内容的“三真”工作法，在内容上多样化，在方式上有灵活性，让员工放心、安心，对未来有信心。

活动推品牌。文化品牌创建工作是一个动态的过程。莱城电厂通过开展丰富文化主题活动塑造特色文化品牌。一是党员示范岗品牌。生产一线的党员将工作职责、目标任务、座右铭等以桌牌的形式放置在工作岗位，时刻激励自己带领周围员工攻坚克难。二是“六维节能管控”品牌。开展群众性技术创新活动，构建起以节能对标、节能监督、节能绩效、节能项目、节能检修、节能技术为内容的“六维节能管控”

体系，形成了全员、全要素、全过程的精益化节能管理链条。三是青年志愿者服务品牌。组建青年志愿者的“心之愿、行致远”服务队，发挥团员青年专业优势开展志愿服务活动，组织开展青年突击队、青年岗位创效、小家电志愿维修、文明创城、城乡手牵手等多种形式的志愿服务活动，打响了“青字号”品牌。

形象亮品牌。一是文化理念“上墙、上桌”。在完成了对28个部门62个班组的基层文化建设后，根据理念特点设计文化展板，班组在醒目位置“上墙”，部室进行文化“上桌”，通过置身其中引导干部员工用理念指导工作。二是用典型育人。单纯的理念灌输很难引起员工的兴趣，通过讲故事的方式，尤其是讲述身边的故事，更容易使员工对文化产生共鸣。在庆七一之际，举办“为党旗添光彩，为华电做贡献”演讲比赛，演讲者用自己的亲身经历或身边鲜活生动的故事感染听众，促进文化从理念成为“心”的认识。三是多角度宣传。每年的“安全生产月”、职业健康宣传周、普法宣传日等活动期间，各部门编制自己的文化宣传栏，图文并茂宣传专业常识；“六·五”世界环境日期间，员工走上街头发放“绿色名片”，宣传环保知识和莱城电厂环保工作成效，尽责诚信的形象得到广大市民认可。

## 二、取得的成效

价值莱电成效明显。在文化的熏陶和激励下，莱城电厂全员践行可持续创造价值理念，着力打造全员、全过程、全方位的“大经营”管理体系，形成了全要素的价值创造链条。2015年，莱城电厂第三次获得中国华电集团公司五星级发电企业称号，企业供电煤耗、厂用电率等主要能耗指标持续优化。

绿色莱电扎实推进。积极建设资源节约型、环境友好型企业，先后完成烟气脱硫系统改造升级、脱销技改、电除尘改造、吸声屏障等环保项目，目前#1、#2机组完成超低排放改造，预计在2016年11月中完成所有机组超低排放改造。加快风电等新能源项目开发，目前肥城10万千瓦风电场并网发电，后续虎门5万千瓦风电在建、光伏发电等清洁能源进入能源开发储备项目。

创新莱电激发活力。文化建设激发创新活力。莱城电厂围绕经营、生产、环保等重点工作，创新管理机制，提高管理效能，有效激发了企业发展活力。先后取得了《“大党建”格局模型的探索与实践》、《绩效管理在节能管理中的应用》、《安全综合管理评价体系的构建与实施》等一批管理创新成果，分别荣获全国电力行业、集团公司和山东省管理创新奖项。

幸福莱电惠及社会。在完成热电联产改造的基础上，莱城电厂为莱芜市40多个居民小区及莱芜北部新城提供可靠热源，积极参与关爱空巢老人、城乡文明牵手共建、慈心一日捐等公益事业，在社会上树立了尽责诚信的良好形象。

（作者徐剑，系华电国际莱城发电厂政工部企业文化干事）

# 四海“家文化”的“心本”管理新境界

鞍山四海大酒店

鞍山四海大酒店是一家民营企业，2005年5月29日开业，10多年来，酒店领导始终以文化的高度自觉，坚定不移，持久深入的倡导实施四海“家”文化，切实把企业文化的功力转化成酒店发展的动力，不断用理念的更新催生经营管理的创新，推动酒店实现了持续稳定快速的发展，创造了良好的经营效益和社会效益，不仅累计向国家缴纳税费3000余万元，而且赢得了社会的赞誉和广大消费者充分认可，成为鞍山同行业的知名品牌和国家四星级名店。

## 一、领导重视，把企业文化建设作为酒店发展的战略之举

四海大酒店的企业文化建设工作是与酒店同生共进的。早在创业之初，酒店创始人，现任董事长洪岩在思考和规划酒店未来经营发展时，借鉴国内外成功企业的管理经验，明确只有运用文化管理塑造企业的精神和灵魂，企业才能实现永续发展。开业伊始，洪岩就提出酒店是以“家”为核心的“四海为家”文化。

“家文化”建设的目标是让酒店成为顾客的家；让酒店成为员工的家。“家”文化的核心价值理念确定后，从顶层设计入手，通过咨询、调研，广泛汲取员工的智慧和意见，“家文化”理念很快配套出台，制定出《四海“家”文化建设方案》。通过各种有效措施，狠抓学习到位、认识到位、行动到位、落实到位，“家文化”理念不仅得到员工普遍认同，而且植入员工思想，融入工作流程，规范全员行动。在“家文化”的引领下，四海的员工在内心深处以店为家，为建设共同的美好家园而同心同德，努力工作，倾情付出，越来越成为大家的自觉行动。“家文化”已经和正在成为四海发展的不竭动力。

## 二、与时俱进，在创新中丰富发展“家文化”

在继承中发展，在发展中创新，是四海大酒店企业文化建设工作的突出特点。具体表现在组织员工深入学习应用《弟子规》，大力弘扬雷锋精神，把中华传统美德和雷锋精神作为四海“家文化”的核心内容和固有部分，使优秀传统文化与现代科学理念兼容并蓄，有机结合，体现了四海“家文化”的鲜明特色。

《弟子规》是一部中华传统文化的经典之作，教人如何积极上进。从此，学习《弟子规》成为了四海员工的必修课，酒店印制四海版的《弟子规》发给员工每人一册，让员工时刻置于《弟子规》的教诲和熏陶中，使员工学习《弟子规》形成自觉，普遍达到了“五会”，即会朗读、会背诵、会默写、会解释、会应用，酒店随处可见员工自觉按《弟子规》教诲做人做事的情景，出现了酒店和谐、家庭和睦，酒店凝聚力和员工责任感得到增强。

“弘扬雷锋精神，我们荣辱与共，实现共创共享，建设幸福四海”是四海大酒店的价值取向和目标追求。雷锋精神是中华传统美德和社会主义核心价值观的完美结合，是我们党的宝贵精神财富，半个多世纪以来，雷锋精神哺育了无可数计的英雄模范人物，在洪岩董事长的倡导和带动下，四海一直高举雷锋的旗帜，深入持久的开展“知雷锋、学雷锋、做雷锋”和学习当代雷锋郭明义活动，通过经常请亲自送雷锋参军的老红军余新元讲雷锋故事，举办雷锋图片展，利用《四海为家》报刊载雷锋生平事迹和日记，评选“雷锋式好员工”，坚持服务一线员工佩戴雷锋像章上岗，使雷锋精神在四海得到传承和弘扬，像雷锋那样爱党爱国，敬业精业，艰苦奋斗，热情服务，助人为乐，拾金不昧的好人好事屡见不鲜。当代雷锋郭明义亲笔为四海题词点赞“雷锋精神在四海”。

## 三、努力践行，在抓落实中彰显“家文化”的竞争力

在对“家文化”理念求得共识，普遍认同的前提下，酒店始终把主要精力放在践行落实“家文化”上。董事长洪岩即是“家文化”的设计者和领航人，更是践行落实“家文化”的表率和典范，核心团队和各级管理人员以身作则，以上率下。酒店制定规章制度，充分体现“家文化”理念，使制度成为文化落实的保障。经营讲诚信，管理人性化，服务重质量，工作凭良心和责任，一切都在“家文化”的主导下运行，使“家文化”成为四海的主流文化和重要风尚。

“四海为家”，四海是家。顾客有体验，员工更是感同身受。酒店坚持把发展成果直接惠及给员工，努力为员工谋福祉，员工工资在鞍山同行业是较高的，入职满一年还有年功工资，按月足额发放，从不拖欠；员工宿舍是鞍山同行业最好的，就餐环境和伙食标准员工感到比自己家里还好，酒店每月都为员工集体过生日，逢年过节都发福利，员工家有红、白事情，酒店领导都带领管理人员逢场必到，帮助料理，家庭生活特困的员工，领导每年春节都走访慰问，给予救济；员工家因孩子升学，亲人有病，购买住房出现困难，酒店主动伸出援手，提供帮助；酒店还成立了“爱心基金”，用以解决员工碰到一时之忧。

工作表现好业绩突出的“状元员工”和“四海人”，年年组织他们赴港澳和境内知名景区旅游观光，员工还享有年假和健康体检待遇，酒店经常组织员工开展各种体育健身和文化娱乐活动，丰富业余生活，陶冶情操，员工真切感受到四海不仅是他们工作挣钱养家的平台，更是他们的精神家园。如今在四海，人们耳熟能详的称呼是“家人”，管理者讲话开头称谓都是“亲爱的四海家人们”，员工因得到帮助向对方言谢时，帮扶者自然会说“我们是一家人”，每天第一次碰面，都会互相问候“您好”，每年“5.29”店庆时，四海人都会照一张“全家福”，上面印有洪岩董事长的题词“四海永远是你家，家中永远有你们”。

酒店对员工的关心爱护得到了员工的积极回应，“有良心就有责任心，工作是个良心活，我有责任心”。董事长的教诲已经成为员工的座右铭。在鞍山突降百年不遇大暴雪那年，一时间交通中断、行人稀少。学校停课、店铺关门，而四海的员工无论是家住城区和郊外，都不畏艰辛，徒足跋涉，没有一人缺勤。酒店升级改造，资金周转出现困难，员工们得知后主动捐献筹款，一周之内就有170多人筹得90万元。洪岩因积劳成疾患胃出血住院，偏赶上没有他所需要的那种血型，员工们闻讯自发的到医院献血，保证他得以成功的救治。在四海工作过的员工，都对酒店怀有挥之不去的情结，有的离开后还主动来义务献工，有的走了几家打工经过体验觉得还是四海好，又回来了。仅此几例就足以看出四海“家文化”的亲情魅力和无可仿制的竞争力。

在四海“家文化”的引领下，酒店始终不忘社会责任，捐款赈灾，扶贫济困，解危救难，助学恤孤，用四海人的责任和爱心，积极投身公益慈善事业。特别是对鞍山市儿童福利院孤残儿童奉献爱心活动，迄今已连续坚持了9年。酒店领导和员工年年都多次去看望慰问那些亲情缺失的孩子们，为他们提供各种生活用品和营养品，每逢“六一”去和孩子们一起欢度儿童节，那些被家庭遗弃的孩子，都不知道自己的生日，每年农历正月十三，酒店都去为孩子们集体过生日。9年间已累计捐助儿童福利院250多万元。因此被树为辽宁省社会公益事业“优秀信誉单位”。

## 四、根深叶茂，“家文化”建设收获了可喜成果

灿烂的文化之花必然结出丰硕的发展之果。经过10多年来的倡导实施和持久深入的践行落实，四海“家文化”以其强劲的动力，推动酒店实现了健康成长和稳定发展。酒店的硬件环境不断完善，始终保持高星级品位，酒店功能日臻完善，经营效益稳中向好；酒店管理逐渐由以人为本的“人本”管理走向以心换心的“心本”管理新境界；服务质量不断提升，四海的服务品牌日益深入人心；劳动关系和谐，员工队伍稳定。在经济下行压力加大，酒店经营面临困难压力背景下，四海能够从容规避风险，闯过难关。

“家文化”在育人铸魂、凝心聚力上收获更为明显，截止目前，已有30名员工加入了中国共产党，现有的50名各级管理人员，90%是酒店自己培养的。有两人成为辽宁省和鞍山市的“五一奖章”获得者和劳动模范，有9人荣获省、市、区授予的荣誉称号；先后有200多人次被评为酒店的“优秀员工”、“状元员工”、“三好员工”、“最美四海员工”、“尽职尽责好员工”、“雷锋式好员工”和“四海人”，构成了四海员工的先进群体，使酒店的永续发展有了骨干力量和人才支撑。

四海大酒店在开业不到3年就晋升为国家四星级饭店，先后荣获“中国餐饮名店”、“国家级绿色饭店”、“辽宁省十佳饭店”、“辽宁省五一奖状”、辽宁省金融财贸系统“优秀经营企业”等30多项荣誉。酒店企业文化建设工作成为鞍山市企业文化建设“示范单位”，辽宁省企业文化建设“先进单位”，连续3年被中国企业文化研究会授予“企业文化

建设先进单位”。这一项项荣誉，见证了四海大酒店发展的速度和质量，诠释了“家文化”的推动力，感召力和旺盛的生命力。站在“十三五”发展的新起点上，四海人正以文化自觉和文化自信，精心打造“家文化”，推动四海以更加坚实的脚步向百年老店目标迈进。

（作者王志文，系鞍山四海大酒店党委书记）

## 打造“我文化” 引领新发展

中国移动通信集团吉林有限公司长春城区分公司

2014年2月，吉林移动对全省组织机构进行改革调整，原长春分公司拆分成现在的长春城区分公司和长春郊县分公司。长春城区分公司以“追求客户满意服务”为企业经营宗旨，着力打造“和”商业主品牌，为长春市区300余万移动用户提供优质高效的语音、数据业务及相关技术服务，并依托中国移动集团强大的业务开发能力为集团客户提供完备的行业解决方案。公司领导班子在“五讲、五必、五知、五定、五思”运营理念基础上，创新提出了充分体现“以人为本”、突出“员工主体地位”的文化理念，即“我”文化。

### 一、“我文化”理念的内涵

长春城区分公司“我文化”中的“我”（吾）取的是省公司“五个五”运营理念中“五”的谐音，它是对省公司“五讲、五必、五知、五定、五思”重要思想的传承，是在长春城区分公司的本地化、具体化、丰富化。“我文化”以责任为核心，突出“我”的人本主义，旨在强调“我主导、我管理、我做主”的员工自主性，体现员工能够主动负责的工作担当与责任态度，最大限度发挥员工主观能动性。“我文化”分为五个层面，即：我的企业、我的部门、我的工作、我身边的人、我的生活。具体内容如下：

我的企业。公司的地位责任总要求，就是“五讲”：讲政治，成为中国特色社会主义的践行者；讲责任，成为吉林省和谐社会发展的助力者；讲贡献，成为中国移动持续健康发展的贡献者；讲进步，成为适应时代引领信息技术进步的先行者；讲共赢，成为公司发展、股东满意、产业链支持、客户认同、员工成长的推动者。

我的部门。各部门、单位是企业的重要器官，对推动企业的转型发展起到关键作用，部门管理水平的高低，直接影响整个企业发展的效能。因此，部门经营管理必须明确和坚持“五知”，即知己、知彼、知职责、知市场、知未来。

我的工作。公司员工日常岗位操作和提升必须明确和坚持“五定”，即：定时、定量、定质、定标、定责。

我身边的人。我身边的人代表了公司的每一个人，“你”是我身边的人，“我”是你身边的人，所有员工都是“我文化”的传播者和践行者；模范人物是“我文化”的优秀代表，要着重发现、选树和宣传“我文化”的先进典型，充分发挥模范的示范作用和先进人物的文化传播作用，逐步打造一支富于激情、勇担责任、高效执行的团队。

我的生活。员工是企业的第一财富，员工的生活将直接影响员工个人的业绩达成乃至团队的生产合力。公司关注每一位员工的成长与生活，为员工提供良好的学习和成长环境，实现员工与企业共成长。

### 二、“我文化”理念的宣贯、执行

为使“我”文化理念深入员工心中，让员工切切实实地感受到“我”（自己）很重要、很受关注，感受到公司各项政策的出台、制度的制订都是在维护“我”（最广大员工）的利益、激发“我”（最广大员工）的激情，公司明确了五项机制，即，领导示范机制、员工践行机制、制度固化机制、先优引领机制、表彰奖励机制，旨在通过机制的刚性作用促进文化理念的落地执行，培育优良的文化土壤。在此基础上，围绕公司经营发展实际，开展了五项宣贯工作。

**（一）立足理念牵引，开展运营理念大讨论学习、宣贯活动。**

为把广大员工的心力凝聚到公司转型发展上来，公司首先立足理念牵引、凝聚共识，着重开展了“我文化”的学习、宣贯活动。

一是围绕“中国梦、移动梦和我的梦”等主题宣传内容，积极开展“书记讲堂”教育活动，使大家在思想上受到启发、理论上得到武装、精神上得到鼓舞。

二是组织企业运营理念主题宣贯实践活动，为深化中国移动“正德厚生、臻于至善”核心价值观，结合省公司“五讲、五必、五知、五定、五思”运营理念要求，公司深入开展了企业运营理念大讨论活动，通过“领导班子引领带动，各部门、各单位集中研讨，各基层班组交流分享”三级联动的模式，积极推动活动组织全覆盖，全面深入地贯彻落实价值观讨论活动。

三是创新活动载体，公司采用经理研讨会、主题班会、专项研讨、学习成果分享会、电子期刊宣传平台等形式，多渠道征集研讨成果，以成果阐述对“五讲、五必、五知、五定、五思”的认知和理解，交流落实“五讲、五必、五知、五定、五思”的思考，分享典型案例，总结成功作法，积极为公司的发展献计出力。

**（二）开展“最美”蔓延活动，打造“最美”文化品牌。**

榜样的力量是无穷的，先进典型是文化传播学习宣贯上最生动、形象的载体，公司持续以学习、宣传身边最美移动人为重点，营造“比学赶帮超”的企业文化氛围。

在2013年“最美移动人”选树评选的基础上，2014年重点开展“最美”蔓延活动，打造“最美”文化品牌。我们以“人、事、理念”三个层面进行引导，在“人”方面，以中国移动最美移动人钱绍禹同志及另外10位最美移动人的先进事迹为主要宣传内容，开展“最美移动人”巡讲报告会，制作《最美移动人》宣传片，通过办公楼内的楼宇电视、4G展厅、企业内刊、手机报等多种宣传途径广泛传播他们的先进事迹；在“事”方面，以征集企业文化优秀案例为重点，通过开展“最美”专栏宣传，向广大员工传播先进典型优秀案例和事迹，带动学习先进的浪潮；在“理念”引导方面，以企业文化运营理念“精妙论点”讨论与评选活动为抓手，通过《起航》期刊、专题报道等传播方式，为公司新时期的发展提供新的价值引导、精神动力与智力支持。

**（三）打造“六型”班组，推动“我文化”在基层班组落地。**

班组作为企业的细胞，是关系到战略执行、管理落实、文化落地的“最后100米”，2014年，公司围绕六个方面，打造“和谐、绩优、学习、创新、安全、活力”六型班组，切实通过班组文化落地，推进“我文化”落地。

一是以“我的同事我关怀”为主线，通过集体生日、团队PARTY、生病慰问、困难帮助等活动，引导班组成员从工作、生活、身心等多个角度，主动伸出双手、主动关心他人。2014年，渠道管理中心开运街营业厅遭受比邻酒店煤气爆炸事故，工会主席张作伟先后4次到医院看望慰问受伤人员，还为一直住院治疗的陈晨提供了8万元住院治疗借款，班组的小伙伴们也主动筹款向受伤人员送去水果和慰问金，鼓励安慰她们安心疗养，在班组内部营造温暖和谐、互帮互助的团队氛围。

二是以“我的企业我奉献”为主线，一方面引导各班组积极参与公司组织的各项劳动竞赛，体现班组团队的凝聚力和战斗力；另一方面引导班组在内部组织“争当服务标兵、争当营销能手、争当建设尖兵、争当维护专家”等活动，营造比业务、比业绩的良好氛围。

三是以“我的能力我提升”为主线，开展班组读书沙龙、班组内部讲堂、班组结对子、技能竞赛等活动，引导班组成员培养爱读书、爱学习、爱进步的志趣爱好，提高每个员工的业务技能和综合素质。

四是以“我的班组我管理”为主线，引导各个班组加强班组内部制度建设、文化建设和队伍建设，逐渐形成机制，进一步提升自我管理能力。渠道管理中心打造的“百和旅行社”，把营业厅的营销、服务、管理与团队建设融为一体，有效提升了营业厅的自主管理能力，成为长春城区分公司一道靓丽的风景线。

五是以“我的安全我保障”为主线，通过班组安全讲堂、今天我是安全员、安全建议征集等活动，引导班组成员从人身安全、消防安全、交通安全、财产安全等角度入手，查找和消除末梢隐患，提高一线员工的安全意识和自我防护能力。

六是以“我的小家我美化”为主线，通过全体成员的同设计、齐动手、共参与，对班组内部环境进行全方位的改善和美化，以“文化角”设计活动为契机，以“我的地盘我做主”为主题，鼓励员工使用手制品、循环利用品合理利用空间，积极弘扬和传播公司特色“我文化”。通过开展3期“班组成果发布会”，提供员工展示交流平台，提升班组成员的自豪感。

（作者田野，系中国移动通信集团吉林有限公司长春城区分公司党群工作管理）

# “三心文化”引领企业持续发展

松原市三鑫建筑装饰装璜工程有限公司

松原市三鑫建筑装饰装璜工程有限公司成立于1996年，在创始人董事长朱洪旭的领导下，企业发展成吉林省中西部规模最大的集广告产品设计加工制作、建筑装饰装潢、塑钢门窗生产于一体的综合性民营企业。

三鑫公司始终坚持“正念、利他、厚德、合作、共赢”的企业价值观，形成了“以孝心塑造金牌团队，以诚心创造金牌工程，以恒心树立金字品牌”的“三心文化”，成为吉林省民营企业有序推进企业文化建设的先锋和典型。董事长朱洪旭被中国广告协会评为“2011年度广告行业先进个人”，公司被中国广告协会评为“国家二级广告企业”成为区域内引领行业发展的龙头企业。

## 孝心塑造金牌团队

朱洪旭董事长生长在吉林松原农村的一个贫困家庭，他从小得到了父母、兄长们的关爱，在成长的过程中，爱与感恩成为他奋斗向上的力量源泉，重孝心是他个人价值观显明的标签。因此，他成为企业领导人以后，选人用人的第一个标准就是：看这个人是否有孝心。

2013年初，三鑫公司提出“五年内让所有员工都住上楼房，都买上自己的私家车，把还在乡下的父母接进城内，尽孝赡养”的目标和“只要活着，就把孝道传承到底”的理念。为鼓励员工尽孝，公司出台了八项制度。一是凡员工供养的直系亲属患大病，公司都发放不低于1000元的慰问金。二是员工父母生日，公司派代表送上祝福和生日蛋糕；年龄70岁以上的员工父母生日，公司董事长或总经理亲自上门祝贺。三是员工家中红白喜事，公司派人参加；骨干员工，公司领导参加。四是凡有不尽孝道行为的员工，经规劝三次无改正行为的公司予以除名。员工子女考入国家名牌大学、重点大学的给予1000元奖励。六是公司每年评选的10大孝亲模范，奖金由公司领导亲自送到员工父母或家人手中。七是确定每年重阳节后第一个周日为公司“孝老爱亲聚会日”，邀请公司孝亲模范的家属与员工聚会联欢。八是组织员工向孝亲模范学习，开展孝亲行为对标活动。

3年来，公司累积发放孝亲资金50万元；开除员工两人。3年来，三鑫公司员工家庭和睦、家属支持员工投身公司事业的形成了风尚，员工工作积极性主动性也越来越高，产品质量优质率得到了大幅提升。

以孝心孝道为核心的用人机制，使企业凝聚了一批有良心、有道德、重尊严、守诚信的员工，这些个体在公司后得到了被认同、被尊重的价值感，公司在相互激励、共同拼搏的氛围中锤炼出一支攻坚克难的团队。

## 诚心创造金牌工程

企业生存发展的基础是利润，而赢得利润的基础是服务，因此，做好做优服务是企业的生死线。为此三鑫提出了“精心做好每件事，诚心创造金牌工程”的理念，着力做好每一单生意，按照把每一个经手项目做成一个金字招牌的目标去运行管理。

抓制度建设，确保出精品。建章立制，规范组织运营管理行为，确保每一道工序，每一个环节无缝对接，责任目标清晰化。一是推行扁平化管理，大幅度成立合并职能部门，实现大部门项目化管理、使中层管理人员呈现身份随着项目走、管理跟着效益转的态势。二是开展业务模块标准化工作。大家都知道，广告是个没有通行标准的行业，而加工制造，没有标准就没有质量。为此，我们采取外聘专家与内定专人的办法，组建企业标准化管理项目组，专题研究企业管理标准化的问题。我们一面向国内外同行一流企业学习，一面发动各方面力量自主研究，推进了业务模块标准化工作。先后完成广告产品、门窗生产两大系统206项业务标准化工作，使岗位员工工作有目标、操作有标准，实现了产品流程可复制、质量可追溯，从制度层面保障了员工精心做好每件事。

抓行为规范，确保金牌队伍出金牌工程。广告制品既有车间加工，还需要现场安装维护，其特点是工作点多、面广、战线长，造成了施工管理难度极大。为此，我们从抓员工职业行为习惯入手，在着力于提升员工自主管理能力，推进人本管理方面做了一些有益的尝试。根据行业特点，我们提出“岗位3米承包区，我的地盘我做主”的理念，推进员工自主管理。3米承包区即：以员工个人为中心，在员工左右前后0.8米半径的个人敏感控制范围基础上，将直径3米的圆内确定为员工个人承包区。个人承包区内的工件、设施、安全等一切事项由承包人负责。领导下达指令只需说清工作验收时间、工作地点、验收标准、可调动资源、注意事项，其余由员工自行负责。这个制度推行后，经过领队指导、个人强化、工余交流、逐步习惯等过程后，员工中形成了“我的地盘我做主”的深厚氛围。员工生产施工过程中缺工具、少材料、丢东西的现象得到了遏制，主动管理身边人和事，尽职尽责完成任务成为一种风气和习惯。

几年来，随着服务质量的提高，我们的知名度越来越高，先后承接了最大的商业开发项目—金钻商圈视觉形象整体包装项目、吉林油田扶余采油厂发展史展厅设计布展项目，本地最大型商超—飞宇综合超市整体装修项目等一系列颇有影响的工程，成功地为北汽、福田、海马等汽车厂家的4S店生产加工全套的标识，提供设计、安装等一条龙服务，填补了我市工业产品加工品类的空白。通过努力，我们践行了“诚心创造金牌工程”理念，使这些工程成为我们的名片。目前，我们的市场占有率每年在以11%的速度递增，服务对象和服务范围做到立足松原，向全省乃至全国扩展。

### 恒心树立金字品牌

我们的努力和付出赢得了市场的青睐。人民大会堂、中国移动、中国电信、中国网通、中国银行、中国农行、中国建行、吉林油田、吉林银行、长山电厂、海尔集团等国内知名企业和机构成为我们的服务对象。在服务的过程中，我们学习和感受到了大企业的文化和担当，从而产生了树立品牌的想法。

建学习型组织，坚定品牌目标。随着企业的发展，公司领导越来越感受到知识文化的不足及个人能力的不足。董事长朱洪旭在参加国内、国际各种商业培训学习的基础上，先后投入近300万元资金，推动企业员工学习培训。确立了建立学习型组织，推进教练体系，打造三鑫品牌的思路。即以学习型组织建设为依托，以企业教练培训为抓手，提升全员素质，树立三鑫品牌形象。在具体操作过程中，我们紧密结合实际，拓展性地开展“职业生涯规划”、“岗位自主选择”、“岗情岗事一口清”、“导师带徒大过招”、“巧门一点通”等活动推进学习型组织建设；通过派骨干参加教练技术学习，培训企业教练的方式推动教练技术在企业落地，提升了员工有效沟通和企业理念、任务的高效传达。

立足产业报国、树立品牌形象。在出精品、做品质工程建设发展的同时，公司积极履行企业社会责任，实践产业报国。一是为社会培养有职业道德的专业技术性人才138人，其中有26人独立创办企业。二是引领本地民营企业关注公益做慈善。2014年为提升查干湖知名度，推动旅游发展和文化艺术交流，我们主办了“圣水情”书画名家雅集。参与松原地震救灾建设，承担了前郭县202栋震后房屋重建任务，赢得了市领导和社会各界的广泛赞誉。2008年以来，投入各项公益慈善事业经费100余万元。三是拓展产业范围提升企业实力。随着企业发展，企业经营领导不断得到拓展，企业实力明显增强。目前，企业已经从最初单一的平面广告业务，发展为集广告策划设计、广告产品制作、媒体发布、大型庆典、亮化工程、装饰装修、塑钢门窗生产、建筑工程为一体的综合公司，公司生产总值逐年递增。

在当前“大众创业，万众创新”的洪流中，我们坚持弘扬“正念、利他、厚德、合作、共赢”的企业价值观，坚持“以孝心塑造金牌团队，以诚心创造金牌工程，以恒心树立金字品牌”，创建富有生机活力的企业文化，做中国民营企业的文化建设探路者。

## “四精文化”打造“精”字招牌

中国能建安徽电建一公司

中国能建安徽电建一公司焊接工程公司高压一班现有班组成员20人，平均年龄30岁，最小的20岁。焊接高压一班先后参与百万机组、世界首台再热蒸汽温度达到623℃的超临界660MW机组、循环硫化床350MW机组等项目建设，担负了超过50%的锅炉受热面、汽机管道等高合金焊接施工，完成了近12万只焊口，一次合格率达99.7%。

班组建设从细节基础入手，充分践行公司“精诚合作、精细管理、精益施工、精品奉献”理念，持续打造“精”字招牌，先后被中国质量协会、中华全国总工会等评为“全国质量信得过班组”、“全国优秀质量管理小组”、“中国能建先进班组”，是中国能建安徽电建一公司青年文明号集体。参建的工程中，先后获得国家优质工程金质奖、国家优质工程奖、鲁班奖、中国电力优质工程奖；3项工程获得“全国优秀焊接工程”一等奖、5项工程先后被评为“全国优秀焊接工程”。参与多个QC成果及工法攻关，获得国家和行业工法4项、省级工法3项、省级创新成果1项，参编行业标准5项。班组成员中1人获得国际焊接大赛第4名，团体第2名；两人在安徽省第11届青年职业技能大赛（焊工决赛）中进入前三，代表安徽省出征全国“振兴杯”焊工技能大赛；5人参加省市级以上比赛取得优异成绩，6人获得省市级以上荣誉称号。

## 创新驱动，推进班组精细管理

3年18本近10万字的《班组活动记录本》，展示了班组安全质量、进度管理、技能培训、班务公开等活动内容，见证了焊接高压一班的成长历程。

高空作业先学“走”。工前在专门定制的高近3米的高空模拟架上，作业人员走过一段15厘米宽的跳板，模拟高空作业，观察精神状态，确定是否适合当天的作业任务，此方法最早就是由焊接高压一班提出的。现在，安徽电建一公司每名焊工每天早上的第一项任务就是在高空模拟架上“走”一遍。

文明施工创新招。焊接高压一班针对施工过程中高空作业多、作业空间小、交叉作业多、焊接皮线乱等实际情况，创新使用了焊接皮线走线槽、过路板、垂直固定器、流动集线架等安全文明设施，使现场焊接皮线走向布设井然有序，解决了现场焊接皮线混乱的问题，规范了焊接作业文明施工条件，被纳入公司安全文明施工标准化图册。

精品示范提技能。在焊接班组院落内，设立了“精品展示台”，直观展示了“什么才是精品的焊口”、“如何焊出精良工艺”，供大家学习借鉴。利用射线以及行业最先进的相控阵超声检测技术等手段检测焊口，并通过技术经验丰富的人员“手指口述”，增强了班组成员的质量意识，促进班组员工提升技能，用实际行动打造“精”字招牌，让“四精文化”在班组一线作业层落地生根。

安全质量“回头看”。安全风险防范和质量工艺提升是班组活动的重点内容，利用施工间隙，组织开展“回头看”活动。邀请专业技术、管理人员开展事故案例分析、规程规范学习、安全质量交流会等，特别是对常见焊口缺陷进行集体分析，寻找产生原因，提出解决办法，让班组成员在互动中提高焊接技能。及时发现、处理非焊接因素造成的质量缺陷，先后受到业主、监理的表扬、嘉奖近30次。

## 勇于担责，精诚合作赢信赖

不管是T/P92、HR3C、T23等技术要求严格的高合金焊接，还是面对急难险重任务，焊接高压一班都坚持迎难而上，毫不退缩。

田集电厂二期工程是世界首台再热蒸汽温度达到623℃的超超临界660MW机组，该班共完成水压试验范围内焊口近3万只，其中首次接触的HR3C焊口就达1546只。这些高合金焊口不仅数量多，且施焊位置复杂，施工难度大。针对这些情况，班长汪辉带领班组核心人员全力配合“高合金QC攻关小组”开展工作，全程参与技术难点讨论、岗前试焊，提供了第一手施焊数据，为高质量完成高合金焊口的焊接工作奠定了坚实的基础。与此同时，焊接高压一班定期与管理人员在岗前练习间针对现场实际和技术难题进行总结，查找出现问题的原因，研究焊接技术的运用，最终HR3C高合金焊口一次合格率达99.4%。

临涣电厂二期工程为了如期实现锅炉水压试验目标，大量连通管道焊口给焊接施工进度带来了很大的压力。焊接高压一班认真分析焊口分布情况，安排专人紧跟安装进度，做到焊口对好一只便打底一只，并安排焊工与热动作业人员协同作业，将打过底的焊口进行盖面和填充，用最短的时间完成焊口焊接，极大的提高了工作效率，确保水压试验顺利完成。

T23是我国火力发电厂引进的新型钢种，其焊接及热处理工艺技术仍处在不断改进阶段。焊接高压一班在繁忙的工程建设中抽调3名成员参加铜陵电厂百万机组抢修工程，负责T23焊口检修。而这些焊口所在位置十分不利于人员作业，甚至有的焊口因管排间距过窄，只能把手伸进去。面对困难，焊接高压一班成员凭借自身过硬的技术实力，在业主规定的时间内，出色完成了检修范围内近2000只T23焊口的焊接任务。正是他们的专业技术和敬业精神，业主此后又多次点名要求焊接高压一班承担突击抢修任务。

2013年7月底，正值夏季酷暑时期，田集电厂一期工程省煤器管道需要紧急抢修。当业主将这一情况向公司说明后，焊接高压一班主动请缨。在接到任务当天的17时到次日凌晨3时，班长汪辉带领3名成员，在炉膛内温度高达50℃的环境下，完成了正常情况下需要4天时间才能完成的工作量。第二天一早，当业主得知焊接高压一班仅用10个小时就完成了抢修任务，连连称赞“你们真不愧为电建行业的‘铁军’！”第一时间向公司发来了感谢信。

## 攻坚克难，精益施工显成效

在临涣电厂二期工程中，出现了国内首例C12A与WB36异种钢焊接任务。面对全国都没有先例可参照的情况下，公司与业主协商后，专门召开了焊接工艺评审会，制定了施工方案，并将这一任务再次交给焊接高压一班。面对从未接触的异种钢焊接，班组内部进行了认真的分析研究，安排两位技术过硬的成员专门负责这一焊口的焊接，并一次性通过超声硬度和渗透检测，受到业主的高度好评，创造了国内这两种异种钢焊接的先河。

SA-335P92钢以其优良的高温强度和抗蠕变性能，应用于超超临界机组中的末级过热器出口集箱、主蒸汽管道等部件。由于其管口直径大、管壁直径厚，包括965.2×62mm、610×140mm等多种规格；焊接过程不仅耗时长、过程复杂，而且对焊接技术要求极高，整个焊接过程不能间断、劳动强度大，且极易出现质量缺陷。公司的P92大口几乎都是由焊接高压一班就承担施焊的，合格率100%。每次开焊前，班组成员会与技术员对焊接细节进行研究；焊接过程中，两班倒连续作业，每只口总时长均超过30小时。SA-335P92焊口的一次成优，有效的缓解了因P92大口焊接资源占用率高给现场带来的施工压力。

凭借丰富的现场施工经验，焊接高压一班参与了多个技术课题的研究，并取得了优异成绩。解决了新型奥氏体耐热钢Super304H在焊接过程中极易出现裂纹和晶间腐蚀问题，成果获得省级工法；《SA-335P92钢焊接施工工法》被评为国家一级工法；《SA213-TP347H小径管焊接施工工法》被评为行业工法；《HR3C/HR3C及HR3C/Super304H小径管焊接施工工法》被评为省级工法；《提高新型HR3C焊口一次合格率》QC成果获中电建协QC成果一等奖；《提高660MW机组受热面T91焊口一次合格率》获中电建协优秀QC成果三等奖。该班还积极主动参与DL/T 868-2014《焊接工艺评定规程》、NB/T 25023-2014《核电厂常规岛焊接材料评定与验收规程》的编写，提供实践操作的支持。

### 导师带徒，精心育人出人才

在“文化引领、创新驱动，打造具有核心竞争力的一流团队”的班组文化理念引导下，焊接高压一班班组成员茁壮成长，先后有多人成为现场生产管理、专业技术骨干，创造了一年有13名青年员工获得BⅢ类焊工资质的记录。

国际焊接技师、焊接高压一班班长汪辉，作为年轻一代高压焊工中的典型代表，公司第一位“80后”高压班班长，曾在火电锅炉包墙、水冷壁、墙再等单项施焊中，连续完成600当量一次合格率100%。在2012年焊接比赛中，他从公司近百名焊工中脱颖而出，取得头名，被评为合肥市“金牌职工”，连续多年被公司评为杰出员工、优秀班组长。

国际焊接技师、中央企业技术能手、中央企业青年岗位能手陶亚，“90后”焊工，年纪虽小却已参加了近10个工程的建设。2013年9月“中德欧国际焊接大赛”与来自16个国家的72名选手同场竞技，获得了手工电弧焊组个人总分第4名，代表中国队获得团体第2名。

江淮10大杰出青年孙方虎，19岁成为一类焊工、20岁取得国家高级焊接技师资格，先后获得全国建设系统第8届工程焊接杯焊工技术比赛团体第6名、安徽省直机关10大杰出青年、合肥市职业技能大赛冠军、合肥市职工技术标兵、合肥市青年岗位能手等荣誉称号。《安徽日报》、《江淮晨报》、安徽电视台、合肥电视台、合肥电台、《合肥晚报》等媒体联合对他进行了专访，专门开辟了“建设者之歌”专栏，宣传推介。

20岁就获得全国工程建设系统焊工技术比赛“优秀焊工”称号的王磊，以全国名列前茅的总分，为公司捧得“工程焊接杯”。2014年，他与班组的另一名优秀青年焊工丁叮一起代表中国能建“出征”在北京举行的“嘉克杯”国际焊接大赛。

安徽电建一公司焊接高压一班连续多年被公司评为“标杆班组”，始终坚持“至精者，赢未来”的企业信念，用“四精文化”引领青年，在公司班组建设、青年技术攻关、科技创新驱动等方面成为公司其他一线班组的示范引领者。

（供稿人：张富慧）

## 特色企业文化建设助推企业创新发展

### 北京铁路局丰台机务段

自强不息，厚德载物。泱泱华夏五千年文化历程，不仅造就了民族精神，铸就了民族灵魂，更在民族文化的支撑下延续了精神血脉，走向了伟大复兴。如今，在文化强国的号角中，丰台机务段欣喜的迎来了企业文化建设的春天。

铁路，具有悠久的文化传统，北京铁路局丰台机务段具有深厚的文化积淀，是全国文明单位。一百一十八年的跌宕历史，深深镌刻着丰机人特有的文化烙印，“报效祖国、忠于职守、艰苦奋斗、永当先锋”的企业精神更熔铸了丰台机务段的文化传承与创新。

### 一、用“毛泽东号”精神引领企业文化建设实施背景

“毛泽东号”机车于1946年10月30日诞生在哈尔滨机务段，为支援抗战运输，工人们经过27个昼夜抢修的ㄇㄎ1-304号机车命名为“毛泽东号”。随即，“毛泽东号”机车投入到支援解放战争的运输前线之中。1949年3月，机车奉命随解放军南下入关，并从此落户丰台机务段至今。

“毛泽东号”机车组自成立以来，转战南北、纵横驰骋，曾走遍祖国14个省区，做出了巨大贡献，铁路改革发展的历程中，曾带头做了“试行新行车制”、“试行机车长大交路”等七件在全国铁路具有首创和导向意义的大事，与“铁人”王进喜等先进典型一样，成为人们耳熟能详的英模。先后经历5次换型，完成了108项技术改造，有效提高了机车性能。在武汉，“毛泽东号”三闯武胜关，为恢复北线畅通创奇迹；在徐州，“毛泽东号”一封家书传友谊，雪夜送粮情感人；在包头，“毛泽东号”奋不顾身救大火，保证运输做贡献；唐山强烈地震时，“毛泽东号”冒着余震的危险，将救灾物资运往灾区。在机车组命名以来，“毛泽东号”一次次刷新安全生产纪录。自2014年12月25日，“毛泽东号”机车从国产大功率HXD3B型1893号电力机车换型为HXD3D型1893号客运电力机车，担当京广线北京西—长沙Z1/Z2次旅客列车牵引任务。运行里程全长1593公里，纵跨四个铁路局，分别是北京局、郑州局、武汉局、广铁集团，担当交路是我国铁路运输的大动脉一京广线。截至到2016年4月，“毛泽东号”机车安全走行10150000公里，节约油脂材料费447107.11万余元，节电4568334万度，创造的安全运输生产1000万公里，始终是全国铁路安全运输的领跑者。

“毛泽东号”始终坚持用党的科学理论建班育人，紧跟时代发展，靠创新与时俱进，靠传承奋发进取，保持着新中国成立以来全国铁路机车组组建时间最长、涌现劳模最多、安全成绩最好、完成任务量最大的优异成绩，培养出了一大批政治上合格、业务上过硬、作风上顽强、生产上标准，体现着鲜明时代特征的模范机车乘务员，受到了毛泽东、邓小平、江泽民、胡锦涛等党和国家历任领导人的亲切接见。先后有4名同志当选为全国人大代表，6名同志获得全国劳模和“五一”劳动奖章，培养出6名北京市劳模，“毛泽东号”集体124次荣获全国、全国铁路和北京市各种各类荣誉称号。“毛泽东号”在荣誉面前不骄傲、不固封，以解放思想、实事求是、与时俱进、开拓创新的科学态度和良好作风，不断丰富和发展“毛泽东号”精神；以“开安全车没有终点站”的奋发进取和自我超越，一次次刷新安全生产成绩，不断创造着新的经验和方法，成为始终走在时代前沿的火车头。在第二批党的群众路线教育实践活动中，盛光祖总经理来我段调研指导工作时指出：“毛泽东号”精神是焦裕禄精神在铁路的具体体现，是人民铁路为人民宗旨的具体体现，是新时期铁路精神的具体体现。

丰台机务段作为全国安全生产先进典型“毛泽东号”机车所在段，回顾百年丰机的建段史，所有的壮举和荣誉都凝结着丰机百年文化的力量。“十年企业靠管理，百年企业靠文化”，“毛泽东号”在长期运输生产实践中，积淀了内涵丰富的特色文化，成为激励丰机人奋勇前行的精神动力。弘扬传承弘扬“毛泽东号”精神，成为了坚定干部职工共同遵循的信念追求，筑牢思想根基不竭动力。因此，丰台机务段发挥“毛泽东号”典型引领示范作用，进一步传承和发展企业文化，把文化精华、管理理念和职工共同价值观，渗透到干部职工的血脉中去。职工是丰机的主人，职工更是企业文化建设的主体，文化发展是为了职工，发展文化要依靠职工，文化成果由职工共享。当前，面对铁路运输向物流企业全面转型的机遇与挑战，企业文化建设不仅承载着培育职工核心价值理念、规范行为作业习惯、营造核心精神家园的重任，更要为企业改革发展提供精神动力，为职工全面成长创造文化环境，成为引领企业健康发展的强大引擎和职工心灵归依的精神家园。

## 二、“毛泽东号精神”的基本内涵

“毛泽东号”在长期的实践中，形成了鲜明的“报效祖国，忠于职守，艰苦奋斗，永当先锋”的精神，已成为丰台机务段最为宝贵的财富。并对其内涵进行了解读：

**（一）“毛泽东号”报效祖国、服务人民是坚定的信念。**

无论是在战争年代奋勇支前、建设时期多拉快跑、改革开放勇当先锋，还是在全面建成小康社会的征程中，“毛泽东号”始终满怀报效祖国、服务人民的崇高使命和政治责任，牢记“人民铁路为人民”的宗旨，坚持以人民群众满意为根本标准，主动担当“开领袖车，做领军人”的神圣职责。铁路作为国民经济大动脉、国家重要基础设施和大众化交通工具，在我国经济社会发展中的地位至关重要、责任非常重大。“毛泽东号”爱党爱国爱路，信念坚定、胸怀大局、不辱使命的政治风范和品格，以高度的主人翁精神和强烈的政治责任感，争做铁路现代化建设和实现“中国梦”的实践者。

**（二）“毛泽东号”忠于职守、责任至上是优秀的品质。**

“毛泽东号”跨越三个时代、经历五次换型，十二任司机长和164名乘务员在平凡的岗位上，始终把“永开安全车”当作天职，对待工作高度负责，落实标准一丝不苟，执行制度严格规范，用强烈的责任心、严明的责任制、过硬的基本功赋予对岗位的热爱，对职责的担当。从50年代提出“好、快、狠、稳、准”的机车操纵法，不断创新发展到蒸汽机车37字作业法、内燃机车28字一次值乘作业法、高铁时代5字客车安全节电执乘法，创造了“责任心+责任制+基本功=安全”的基本经验，取得了安全走行1000万公里、全国铁路货运机车安全走行公里第一名的骄人业绩。“毛泽东号”对工作极端负责，对技术精益求精，对标准一丝不苟，把实现远大理想与立足岗位紧密结合起来的高尚情操和风格，以工作的高标准、严要求，把本职工作干到极致，争当新时期产业工人的“排头兵”。

**（三）“毛泽东号”艰苦奋斗、苦干实干是优良的作风。**

“毛泽东号”从蒸汽机车的“锹锹数、两两算，点滴节约汇大川”，到内燃机车的“一滴油不算多，天长日久汇成河”，再到电力机车“精打细算节支降电，少耗能多拉车”，始终保持和发扬艰苦奋斗的光荣传统，靠苦干实干奋发有为。不论时代怎样变迁、车型怎样更替、工作条件如何变化，“毛泽东号”几十年如一日，艰苦奋斗、苦干实干已成为“毛泽东号”精神的主旋律。在“毛泽东号”人眼中，艰苦奋斗、苦干实干是一种奋斗精神，“宁叫机车等命令，不叫命令等机车”；是一种创业精神，“拿猫当虎斗，勇拉上坡车”；是一种拼搏精神，“哪里需要哪里上，‘毛泽东号’人嘴里没有‘不’这个字”。丰台机务段学习“毛泽东号”，就是要学习他们不怕苦和累、脏和险，厉行节约、克勤克俭，百折不挠、埋头苦干的优良作风和品质，以思想艰苦、工作刻苦、脚踏实地、时不我待的精神，争做新形势下艰苦创业的“领军人”。

**（四）“毛泽东号”永当先锋、与时俱进是进取的精神。**

“毛泽东号”始终坚持用党的科学理论建班育人，紧跟时代发展，靠创新与时俱进，靠传承奋发进取，保持着新中国成立以来全国铁路机车组组建时间最长、涌现劳模最多、安全成绩最好、完成任务量最大的优异成绩，培养出了一大批政治上合格、业务上过硬、作风上顽强、生产上标准，“毛泽东号”荣获全国、全国铁路和北京市各种各类荣誉称号。“毛泽东号”在荣誉面前不骄傲、不固封，以解放思想、实事求是、与时俱进、开拓创新的科学态度和良好作风，不断丰富和发展“毛泽东号”精神；以“开安全车没有终点站”的奋发进取和自我超越，一次次刷新安全生产成绩，不断创造着新的经验和方法，成为始终走在时代前沿的火车头。“毛泽东号”注重理论武装、坚持与时俱进、不断奋发有为的“永不停轮”精神，体现时代性、把握规律性、富于创造性，做“思想政治上的合格人、安全行车的规矩人、完成任务的带头人”，为丰台机务段段的创新发展永当开路先锋。

## 三、用“毛泽东号”精神引领开展企业文化建设做法

### （一）以“毛泽东号”精神为引领，建设广泛认同的理念文化。

一是构建形成理念体系。精神理念来自于职工，用以凝聚职工。丰台机务段在全段干部职工中先后3次开展以征集安全理念、管理理念、核心价值观、共同愿景以及警句、格言、温馨提示、亲情寄语等为主要内容的理念征集活动，通过策划、征集、评审总结提炼了“报效祖国、忠于职守、艰苦奋斗、永当先锋”的企业精神；“安全是天，责任如山，共保安全，共享安全”等六大安全基本理念；“务实创新，勇于担当，铸就辉煌”的企业核心价值观；“安全、稳定、和谐、文明”的企业共同愿景；“规范管理、狠抓落实、争创一流”的企业管理理念，形成了日臻完善理念体系。二是扩大理念文化的影响力。充分发挥企业办公网、段刊《丰机之窗》、段广播《丰机之声》、段《手机报》、段微信平台等宣传阵地以及宣传橱窗、标语、电子显示屏等文化载体作用，大力宣传安全理念、核心价值观等，增强理念文化的认知度。同时利用段手机报每日发送职工践行企业精神，防止安全隐患以及“毛泽东号”集体、个人典型事迹等信息，提升理念文化认同感，引导干部职工自觉遵循理念。不断扩大理念文化的影响力，先后在中央电视台《新闻联播》、新华社、中新社、《人民日报》、《北京日报》、《人民铁道》、北京广播电台等30余家媒体刊登宣传段经验做法和文化建设的成果稿件82篇。组织编印下发了《企业文化手册》、《“毛泽东号”文化手册》《安全风险管理100问》、宣传折页等资料，集中反映段理念文化、“毛泽东号”文化以及安全风险管理知识等内容。三是强化理念的认同感。结合全国安全生产月活动，丰台机务段把六大安全理念在全段广泛宣传，提升安全理念的认同感。每年定期组织开展“弘扬毛泽东号精神，安全在我心中”演讲比赛，提升确保安全生产重要性的认识。开展亲情教育，构筑安全生产的“第二道防线”，通过家属座谈会、给职工家属的一封信、家属联欢互动等形式，通过自我教育，把亲人的嘱托、期待和劝戒转化成职工确保安全生产的内动力。

### （二）以“毛泽东号”经验为标准，建设规范有效的制度文化。

一是建立系统完备的制度体系。组织建立形成涵盖领导制度、安全风险、管理制度、作业制度、人才选拔使用制度、奖惩激励制度等系统完备、科学规范的制度体系。在党的“三严三实”专题教育中，扎实推进整改落实，修订完善了一批学习管理、支部建设、换届选举等项制度。根据形势任务变化和专业管理需要，及时修订、补充和完善制度措施，始终保持各项规章制度与企业的生产经营管理实际相配套。二是以制度体现文化，将文化融于制度。在每年春暑运等安全生产关键时期，制定出台《做好春运安全环境宣传和信息上报工作的通知》等一系列措施，实现制度与文化的有机融合。结合段重点工作，细化和完善了防洪抢险、防寒过冬等9个安全应急预案；将担当区段各站场示意图、LKJ使用、安全措施等按车间、线路划分，重新修订了《职工作业指导书》；编印了《文件摘要汇编》等宣传手册，发至职工人手一册。三是制度体系运行高效顺畅。为营造正向激励氛围，丰台机务段及时下发了发现和防止安全重大隐患奖励、小额快奖等办法规定；为加强安全生产以老带新传承发展，制定了《岗位培养师带徒考核管理办法》，对完成岗前理论培训的新入路大学生、大专生签订了安全生产《师徒合同》；为加强管理人员深入现场工作，缓解现场安全技术人员不足的问题，制定实施《段、段党委关于进一步鼓励专业技术人员从事一线主要作业岗位工作相关规定的实施细则》，鼓励全日制本科毕业生从事一线主要岗位工作。

### （三）以“毛泽东号”为楷模，建设高标多能的素质文化。

一是加强职工安全思想和职业道德教育。在职工中积极开展职业道德教育和安全生产法律法规教育，强化安全生产的荣辱观和是非观，大力倡导“让落实成为习惯，让履责成为自觉”以及“遵章守纪光荣、违章违纪可耻”的安全观念，大力倡导“用‘毛泽东号’精神，创建全国铁路一流机务段”的安全承诺，不断提高干部职工的文化修养和职业道德操守。积极开展党员“无违章、无违纪、无事故”活动，党员带头遵章守纪保安全，党员“两违”率始终控制在0.2%以下，在全国铁路机务系统始终处于领先地位。二是加强职工技术、业务培训，提高确保安全生产的能力。在大力倡导“毛泽东号”人主动学习、自主学习、典型示范的基础上，积极实施安全教育培训长效机制。坚持专题培训，针对安全生产关键时期和重点环节进行集中培训，以雾霾天气防污闪措施、各车型应急故障处理、非正常行车办法、LKJ运行监控装置使用等相关内容为重点，做到人人能掌握、人人会应用；坚持基础培训，投入力量，编写了段53个主要技术工种、70个岗位的安全理论培训教材，并研发了微机抽考软件，每月定期进行微机安全理论抽考，强化职工基本业务素质；坚持岗位培训，每年组织两次全段性技能竞赛，车间每季度组织一次技术演练，班组每月组织一次岗位练兵，不断提高职工的安全生产实作技能，形成全段学技练功的浓厚氛围。三是深入开展学技练功、技术比武活动，提高职工业务技能素质。制定实施了段《职工技术比武管理实施细则》和《职工技术比武活动安排》，组织全员参与、全员选拔、全员提高。在各车间预赛基础上，择优选拔优秀选手参加段级比赛。对产生的运用组、检修组前三名选手，推荐参加北京局、全国铁路技术比武，并按照政策分别给予一次性5000元、3000元、1000元的奖励，同时奖励晋升5、4、3档技能工资。

### （四）以“毛泽东号”文化为代表，建设先进引路的典型文化。

一是打造多元的典型文化。段党委采取自下而上、上下

结合的方法，确定形成了段徽、段旗、段标识等一大批文化元素。组织创作了段歌《车轮滚滚向前方》、《毛泽东号之歌》。经反复征集修改，形成了“开领袖车，做领军人”的“毛泽东号”核心价值观；制作了反映“毛泽东号”69年历史征程的纪实片《前行》和企业形象宣传片《车轮滚滚永向前》；编辑印制了段文化建设宣传折页和“毛泽东号”班组工作手册，这些都赋予了企业文化新时期新的内涵，突出了典型引领作用。二是充分发挥典型的辐射作用。在全段开展“毛泽东号”先进集体、个人评选活动，在10月30日“毛泽东号”命名纪念日进行表彰。在“毛泽东号”机车展室组织召开企业文化建设现场会，先进部门和个人进行经验交流。在段主要通道设置“明星大道”，将“毛泽东号”先进个人、“最美丰机人”道德模范、防止事故授奖立功人员进行事迹和照片展示，以更加生动的形式开展宣传教育，彰显品牌效应。三是切实强化典型文化影响力。发挥段“毛泽东号”机车展室和安全文化广场的全国铁路教育基地作用，组织全段干部职工参观展室，观看教育专题片《力量》，开展典型文化教育；组织段班子、中层干部、运用车间指导司机分期添乘“毛泽东号”机车，亲身体验高标准的安全行车作业，加深直观感受。将“毛泽东号”30字电车安全作业法在全段推广使用，提升执行标准保安全的能力；将以职工名字命名的“牛永华调车监控作业法”、李志成同心度调整器等保证安全生产的经验、设备在全段推广使用，提升先进典型的认同度，发挥保安全、提效益的积极作用。同时，丰台机务段在郑州、长沙乘务员公寓建立了“毛泽东号”荣誉室和学习室，进一步扩大了“毛泽东号”典型的影响力。

**（五）以“毛泽东号”班组为典范，建设和谐舒适的机车环境文化。**

一是建设统一规范的工作环境。以标准化机务段建设为契机，制定实施《企业文化建设规划》、《安全生产标准化创建活动实施方案》，以现场管理可视化、管理手段信息化、基础管理规范化为创建内容进行综合考核评定，逐步提升作业现场规范管理、规范作业、规范定置的水平。积极落实了《丰台机务段环境卫生管理办法》、《文明厂区标准》、《文明办公标准》，制作安装安全文化揭示牌，保证生产处所环境整洁优美，实现了企业整体形象内实外美、特色鲜明。二是营造文明和谐的生活环境。结合全段区域广、车间多的实际，制定落实了《丰台机务段宣传环境管理制度》，明确职责范围，规范形式内容，确保宣传环境常抓常新。加强区域文化和车间、班组文化建设，选树了一批车间、班组文化建设的标杆。近期丰台机务段结合丰西、丰折的改扩建工程，在全段积极开展了“绿化、美化、文化、标准化”建设，制定实施了文化引领工程，重点对丰台、丰西、张家口区域整体环境进行了整治，使安全警句、安全承诺、安全流程图可视化，使区域绿化、美化、文化环境得到了明显改观。注重职工文化生活需求，投入资金整修了职工文化活动中心、电子书阅览室、电子显示屏，建设了篮球场、足球场，改造建设羽毛球场和乒乓球场，为职工业余文化活动提供充足空间，促进了文化融合和人与环境的和谐。三是营造科技设备、科技创新保安全的生产环境。随着和谐系列机车等新装备的推广应用，科技、设备保安全的作用日趋明显。大力推进科技装备应用与科技创新工作，为安全生产提供坚强保障。在全国铁路率先使用6A系统，针对机车的高压绝缘、防火、视频、列车供电、空气制动、走行部构成系统性、平台化的安全防护装置；提升完善LKJ机车运行记录监控装置和列尾装置的使用管理，及时更新数据，加强分析、检查、考核力度，发挥设备安全监控作用；在G网区段为机车配备G网电台，提升通信联系的时效性与稳定性。持续投入资金开展科技创新，21项成果获全国铁路科技进步一、二、三等奖，累计实现直接经济效益近600万元。

## 四、用“毛泽东号”精神引领企业文化建设的成果

多年以来，丰台机务段先后荣获了全国文明单位、全国企业文化建设示范基地、全国践行社会主义核心价值观企业文化“模范单位”、全国铁路“学习型领导班子标杆”、全国铁路关心下一代工作“先进集体”、全国铁路“走基层、访家庭、促和谐”活动“先进集体”、首都文明单位、北京铁路局先进党委、连续9年荣获北京铁路局宣传思想文化工作先进单位、北京铁路局“安康杯”竞赛先进单位、北京铁路局企业文化建设“示范单位”等荣誉称号。在基层单位呈现了良好的发展态势，形成了良好氛围，产生了实实在在的效果。

### （一）导向作用突出。

用“毛泽东号”精神引领企业文化的导向，丰台机务段倡导的价值理念，经过自上而下地推行并达到普遍认同和共鸣，通过无声的命令来指导段和干部职工做什么、怎么做，发挥无形的导向功能，使人们在潜移默化中接受共同的价值观念，自觉自愿的把企业目标作为自己的追求目标。

### （二）激励作用突出。

通过用“毛泽东号”精神引领企业文化建设，企业可以营造积极向上的文化氛围和价值导向，不断激活人们的“心智模式”，不断形成强有力的精神力量。在全段上下形成了一个昂扬向上、奋发有为的企业精神风貌，用健康的理念激励和引导职工不断进取。

### （三）约束功能有力。

在企业行为中，哪些该做，哪些不该做，用“毛泽东号”精神引领企业文化能够发挥非强制性的“软”约束作用，也是一种免疫功能，可以弥补规章制度等“硬”约束的不足。通过做好细节来规范职工行为，企业文化在制度执行中的良好约束作用得以充分展现。

### （四）凝聚功能有力。

用“毛泽东号”精神引领企业文化具有极强的凝聚力，可以把企业各个方面、各个层次的职工团结在一起。通过开展各种团体竞技活动，强化职工相互协作的意识；通过鼓励职工写身边人，唱身边事，让职工发现他人之长，互相关心，

互相帮助；通过积极倡导职能模糊化、流程清晰化的柔性化管理。

**（五）社会影响的辐射功能有力。**

用“毛泽东号”精神引领企业文化建设不仅在企业内部发挥作用，对本企业职工产生影响，而且也会通过各种渠道对社会产生影响。

**（六）企业发展的推动功能有力。**

用“毛泽东号”精神引领企业文化之所以具有推动功能，在于文化对于经济具有独立性，即文化不仅反映经济，而且反作用于经济，在一定条件下成为经济发展的先导。

成绩已是过去，铁路创新发展的机遇就在面前，在今后的企业文化建设工作中，丰台机务段将继续以“毛泽东号”精神为引领，立足实际、与时俱进、创新发展，充分发挥党政工团齐抓共干，合力而为不断巩固和发展企业文化建设成果，促进企业文化建设上水平，凝聚起建设安全稳定和谐文明机务段的奋进力量。

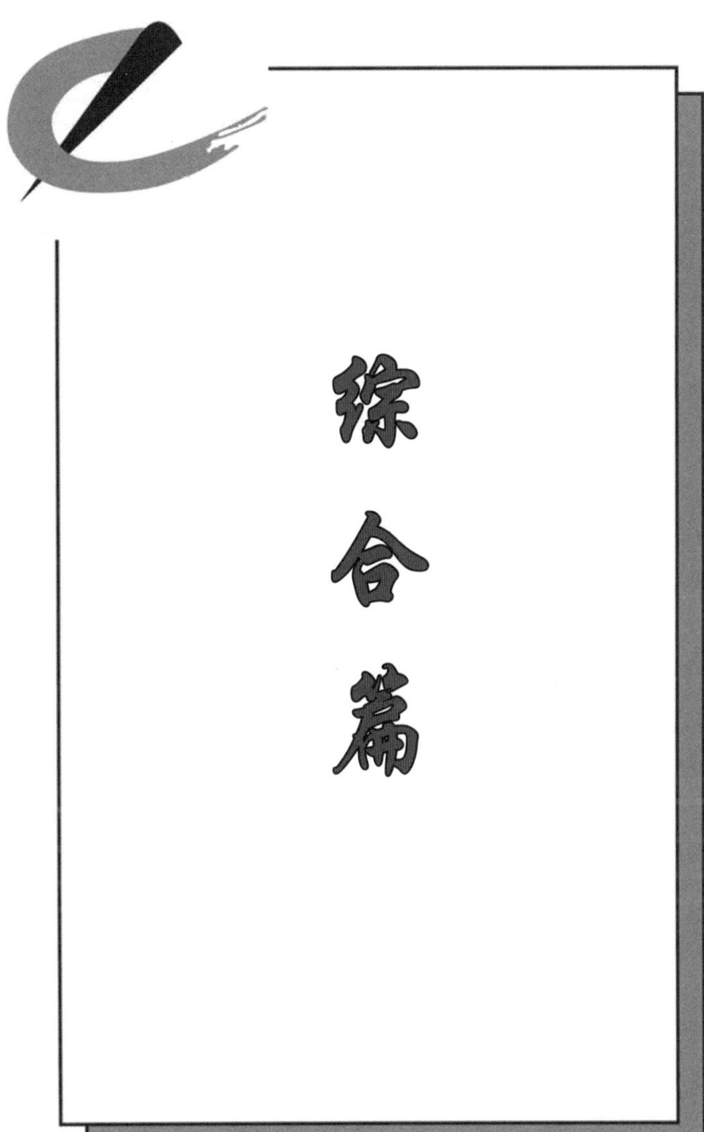
综合篇

# 他山之石——国外企业文化建设借鉴

## 把萧条看作再发展的飞跃平台

稻盛和夫

现在，中国经济在以接近7%的速度增长，与过去每年两位数的高速增长相比，增速明显放缓，可以说已经迎来了产业结构的转型期，特别沈阳乃至整个东北地区，随着产业结构的转变，受到了经济减速的影响。把经济减速看作萧条，怎么积极应对，这对于实现经济的再次腾飞，是非常重要的。

在对付现实萧条的同时，为了准备可能降临的更严重的经济萧条，如何把握好正确的经营之舵，正是我们企业经营者面临的课题。下面就有关问题，结合我长期以来的思考，以及我实际采取过的措施，以“把萧条看作再发展的飞跃台”为题，展开我今天的讲话。

有一点希望与大家取得共识，就是要以积极开朗的态度去突破困境。萧条越是严重，我们越是要咬紧牙关，无论如何也要闯过这道难关。决不悲观，必须以积极开朗的态度应对难局。在这基础之上，重要的是要认识到“萧条是成长的机会”，企业就是应该通过萧条这样一种逆境来谋取更大的发展。实际上，我经营的京瓷公司就是如此。京瓷创立57周年没有出现过一次年度亏损，实现了企业顺利成长发展的目标。但是，回顾半个多世纪的历史过程，我们遭遇过多次严重的经济萧条。70年代的石油危机，80年代的日元升值危机，90年代的泡沫破裂的危机，2000年代IT泡沫破裂的危机，以及不久前的雷曼金融危机，我们经历了各种各样的经济萧条。每次面临萧条，作为经营者的我总是忧心忡忡，夜不能寐。但是，为克服萧条不懈努力，每一次闯过萧条期后，京瓷的规模都会扩大一圈、两圈。从这些经验中，我坚定了“应当把萧条视为成长的机会”这样一个信念。

企业的发展如果用竹子的成长作比喻的话，克服萧条，就好比造出一个像竹子那样的“节”来。经济繁荣时，企业只是一味地成长，没有“节”，成了单调脆弱的竹子。但是由于克服了各种各样的萧条，就形成了许多的“节”，这种“节”才是使企业再次成长的支撑，并使企业的结构变得强固而坚韧。

将萧条视作机会，重要的是在平日里打造企业高收益的经营体质，高收益正是预防萧条的最佳策略。为什么呢？因为高收益是一种“抵抗力”，使企业在萧条的形势中照样能站稳脚跟，就是说企业即使因萧条而减少了销售额，也不至于陷入亏损。同时，高收益又是一种“持久力”，高收益企业有多年积累的、丰厚的内部留存，即使萧条期很长，企业长期没有盈利，也依然承受得住。另外，此时还可以下决心用多余的资金进行设备投资，因为萧条期购买设备比平时便宜许多。

像这样，在萧条到来之前，就应该尽全力打造高收益的企业体质，这才是经营。平时没能实现高收益，遭遇萧条，必须坚忍不拔，千方百计去克服萧条。但是，经营者本来应该思考的是萧条之前的准备工作。虽然萧条往往突如其来，但是作为应对萧条的预防策略，平日里有没有实现高收益经营，这是首先要提及的问题。

从这个意义上讲，我在公司内外强调“没有10%的销售利润率，就算不上真正的经营。”

萧条出现，首先是客户的订单减少，对制造业来讲，就是没有活干，可卖的产品减少，由此销售额降低，比如本来卖100个的现在只能卖90个，利润当然会减少。但如果平时维持10%的利润率，即使销售额下降10%，照样可以盈利，不！就是销售额下滑两成，企业仍然可以保证有一定的利润。只有当销售额下降30%、40%时，才可能出现赤字。因为利润率高意味着固定费低，销售额多少降一些，利润只是减少而已。如果企业利润率达到20%、30%，即使销售额降去一半，企业仍可盈利。

就是说一个高收益的企业即使遭遇萧条，销售额大幅下降，仍然可以保持一定的利润。这意味着企业的基础非常稳固。事实上，在京瓷半个多世纪的历史中，我们虽经历过因萧条而销售额大幅下降的情况，但从来没有出现过一次年度亏损。

1973年10月第一次石油危机冲击全世界，受其影响，世界性的萧条波及京瓷，1974年1月，京瓷的订单每月有27亿日元，但到了同年7月，骤减至不到3亿日元。就是说，仅仅在半年之内，月销售额减到了十分之一，即使遭遇如此急剧的景气变动，这一年京瓷依然没有出现亏损。这是因为京瓷具有独创性技术，能批量制造当时谁也做不了的新型陶瓷产品，而且平时又贯彻“销售最大化、经费最小化”的经营原则，利润率超过了值得自豪的30%。

形成高收益的企业体质还可以对保证员工的就业做出贡献。

在石油冲击引发大萧条的时候，连日本的大企业也纷纷停产，解雇员工，或让员工歇业待岗。此时京瓷在保证所有员工正常就业的同时，仍然确保产生利润。同时，因为通过高收益获得的利润作为企业内部留存不断积累，哪怕企业因萧条而陷入亏损，在相当时间内，即使不向银行借款，不解雇员工，企业照样挺得下去。

经济不景气，员工就会动摇。当时我充满自信地说："请大家不要担心，即使大企业也因不景气接连破产，然而，京瓷仍然可以生存，哪怕两年、三年销售额为零，员工们照样有饭吃，因为我们具备足够的储备。所以大家不必惊慌，让我们沉着应战，继续努力工作。"我用这些话来稳定军心，这话既不是谎言也没有夸张，事实上当时京瓷确有足够的资金。

但是，有人对我的经营方针提出了异议，他们看重股东资本利润率，即所谓ROE。以美国为中心的投资家们有意见，他们认为我上述的经营方针是不正常的。

ROE就是相对于自有资本能产生多少利润，从重视ROE的投资家看来，不管你有多么高的销售利润率，你只是把赚到的钱储存起来，用这么多的自有资金却只能产生这么低的利润，他们就判断为投资效率差。

受他们的影响，不少经营者也开始认为"必须提高ROE。"因此，将辛苦积攒起来的内部留存去并购企业，购买设备，或通过购买本公司股票后实施退股来减少自有资本，去追求短期利润最大化，使ROE达到高值。这样的经营会在美国式资本主义世界受到好评。

京瓷的经营高层在美国、欧洲开投资说明会，总会听到这样的意见："京瓷的自有资本比例实在太高，而ROE太低，存这么多钱干什么呢？应该去投资，应该去使用，好赚更多的钱，给股东更多的回报，这是我们投资家的要求。"

我说："完全不必按那些投资家的意见去办。"当"ROE高的企业就是好企业"这种观点成为当今的常识的时候，我的意见或许是谬论。我认为，这种所谓常识，归根到底，不过是短期内衡量企业的尺度。就是说，现在买进股票，一旦升值马上抛出，这样就能轻松赚钱。对于这样思考问题的人来说，当然ROE越高越好，但我们要考虑的是企业长期的繁荣，对于我们来说，稳定比什么都重要，企业应该有足够的储备，才能承受得起任何萧条的冲击。

当萧条的风暴席卷而来的时候，领导人应该怎样来执掌经营之舵呢？下面依次讲述我思考的应对萧条的五项对策。

### 对策一：全员营销

萧条时期，全体员工都应成为推销员。员工平时有不同的岗位，平时都会有好的想法、创意、点子，这些东西在萧条时期不可放置不用，可以拿到客户那里，唤起他们的潜在需求，这件事全体员工都要做。

营销、制造、开发部门不必说，间接部门也要参与，全体员工团结一致，向客户提案，创造商机，直到拿到订单，向客户交货为止。这样做，不仅让客户满意，而且当事人本人也能掌握整个商务流程。不仅仅是陪着销售人员跑客户、当助手，而是将自己平时好的想法、创意、点子结合到商品中向客户推销。京瓷遭遇石油危机时就是这么做的。

京瓷平时研究、开发、生产，销售都分工明确，但当石油危机袭来，订单大幅下降时，我就提出建议"让我们实行全员营销吧！"

号召对营销完全没有经验的现场生产人员"去卖产品"，过去向人打招呼都会脸红的人，只会埋头现场工作的人也要去拜访客户，虽然涨红着脸一头冷汗，但也要壮起胆子努力向客户提出建议："有活吗？有什么可以让我们干的吗？我们什么都干！"这样拼命争取客户的订单。

这样的做法产生了意想不到的成果，一般来说，生产和销售往往是一种对立的关系，比如，订单不多时生产会对销售发牢骚"销售卖得不好。"销售反过来又怪生产"你们没有生产出能畅销的产品"，互相之间会争吵起来。

但是生产人员也去卖东西，他们就会明白营销不容易。由于生产人员也有了销售的经验，生产人员理解了销售人员的辛苦，销售人员会感谢生产人员，这样就会促进两者的和谐，有利于双方更好配合，更好地展开商务活动。

通过全员营销，大家就会产生一种同感：即使是最尖端技术的企业，卖东西、销售产品仍然是企业经营的根本。

名牌商学院毕业、担任企业重要干部的人中间，有的人到客户那里推销产品却不懂得要低声下气。必须要像小伙计一样，低头搓手道："能不能请您下一点订单呢。"向客户低头恳求，这是做生意的基础。我常对员工们讲，营销的基本态度就是要当"客户的仆人"，只要是为了客户我们什么都干。

让缺乏这种经历的人当企业的干部，公司很难经营得好。不管是搞生产的还是当会计的，任何部门的人，让他们都经历在别人面前低头讨订单的辛苦，这是非常重要的。

### 对策二：全力开发新产品

萧条时期全力开发新产品非常重要。平时因工作忙碌而无暇顾及的产品，没空充分听取客户意见的产品，都要积极开发，不仅是技术开发部门，营销、生产、市场调查等部门都要积极参与，全公司团结一致共同开发。

萧条时期客户也会有空闲，也在考虑有无新东西可卖。这时主动拜访客户，听听他们对新产品有什么好主意、好点子，对老产品有什么不满或希望，把他们的意见带回来，在开发新产品和开拓新市场中发挥作用。现场许多技术开发人员平时就考虑过开发这样那样的新产品，希望有机会向某种新技术挑战。因为太忙总不能着手研发。

同时，萧条期把这些新想法拿到客户那里，因为萧条，客户也没事干，闲得发慌。在仔细听完你的意见，他们也会提出新的创意。这些会催生意想不到的订单，从而可以更大地扩展业务的领域。

京瓷创业后不久，曾经利用新型陶瓷的特性，生产出用于纺织机械的零件。在纺织机械上，因为纱线高速运行，同纱线接触的零件很容易磨损，用不锈钢做的零件也可能用一天就会因磨损而断裂。这些地方提供硬度高、耐磨性好的陶瓷零件来代替，效果极好。

但到石油危机时，纺织机械一下子滞销，京瓷也断了订单。此时我们就实行“全员营销”、“全力开发新产品”这两条。

我们有一位营销员去拜访某家渔具制造企业，看见一种钓鱼的鱼竿附有卷线装置，其中天蚕丝线滑动的接触部位使用金属导向圈。这位营销员注意到这一点，提出建议：

“我们公司具备新型陶瓷技术，利用这项技术，纺织机械在与高速运动的纱线接触的部位，就用我公司耐磨的陶瓷零件。你们鱼竿上与天蚕丝线接触的金属导向圈，改用陶瓷试试怎么样，一定非常适合。”但是鱼竿上的导向圈，并不像纺织机械需要长时间的开动导致纱线不停的高速运转而很快磨损，只是投竿时滑动一下。所以对方回答说：“用陶瓷的价格高，没必要用那么高级的东西。”

营业员不死心，不断拜访这家渔具企业，耐心地动员说：“用陶瓷零件不仅不磨损，而且可以减少与丝线之间的摩擦系数。”

实际上钓鱼时先要挥舞鱼竿让鱼钩飞出去，如果摩擦系数大，丝线滑动阻力大，鱼钩就飞不远。还有一点，金属导向圈在钓到大鱼时，因摩擦力大，丝线会“啪”的一下断掉。

渔具企业的领导人听了这位营业员的话就同意试试。先用原来的金属圈，加上负荷用力拉，果然鱼线发热断裂，然后换上陶瓷圈，一点问题没有，非常理想。

这个例子说明萧条期开发新产品，并不是手忙脚乱去开发全新的东西，利用自己过去做过的东西去唤起新的需求是完全可能的。在自己公司的技术、产品的延长线上开发出新产品，这是在萧条期应该努力去做的。

### 对策三：彻底削减成本

萧条时期竞争愈加激烈，眼看着订单数量、单价不断下降，这时仍要维持盈利，就必须彻底削减成本，成本的下降程度要大于价格的下降才行。

在削减成本方面已经做过很大努力，再要大幅削减成本，一般人都认为“太难了，不可能”，但这不对！“认为不可能的时候才是真正意义上的开始！”看似干的毛巾还要再用力绞，要努力彻底削减成本。

人工费不可能随便降低，因此除了提高每个人的工作效率外，一切都要重新审视，各方面的费用都必须彻底削减。

“现在的制造方法真的是最好的吗？有没有更便宜的材料？”对过去的做法从根本上进行重新研究改进，坚决进行全面性变革，这一点非常重要。不仅是制造设备等硬件，在组织的统合、废除等软件方面也要动手术，彻底地推进合理化，坚决削减成本。

通过降低产品成本来降低企业的盈亏平衡点。即使销售额减半仍能做出利润，如能打造这样的企业体质，当销售额恢复或者上升时，就会实现比过去更高的利润率。

就是说在萧条期，在价格低、销售额低的情况下仍能产生利润，这种肌肉型的企业体质一旦形成，当景气复元、销售额恢复时，就会成为高收益企业。

萧条期正是增强企业体质的好机会。景气好的时候订单很多，为了完成这些订单已经忙得不可开交。即使想要削减成本，员工们也不会认真实行。到了萧条期，全体员工都会非常认真，努力降低成本。从这个意义上说，只有萧条才是企业彻底削减成本的唯一的机会。

“因为是萧条，亏本也是没办法的事”，束手无策，不积极应对，那么即使景气复原，也只能取得很少的利润。这种企业的经营只会像走钢丝一样不断左右摇摆。

抓住萧条这个机会，花心血与员工共同努力，彻底推进削减成本的各种举措，例如：“走廊里的灯只开一半”，“厕所里的灯不常开，养成随手关灯的习惯”，不断采取切实的措施。看起来似乎是小事，但是与员工一起，一步一步、实实在在地削减经费，正是这种努力才是构建高收益企业的最切实有效的方法。

### 对策四：保持高生产率

必须在萧条期仍然保持高生产率，这点非常重要。因萧条而订单减少，要干的活少了，如果仍然由过去同样多的人来生产，制造现场的生产效率会下降，车间里工作气氛会松弛。

这种情况下，应该把多余的人从生产线上撤下来，维持制造现场的紧张气氛。过去花费许多辛苦好不容易提升上去的生产效率，在萧条期如何维持，我曾经绞尽脑汁。

石油危机时就发生过这样的事情。

前面已讲过，当时许多企业解雇员工，当时我考虑无论如何也不能让员工失业，但订单短时间内骤减，如果仍由原有人数来做，就无法维持过去的高生产效率。作业效率一旦下降，再想恢复原有的高生产率谈何容易。

基于这种想法，我决定既然订单降至1/3，那么制造现场的人员也减至1/3，剩下的2/3的人员从生产线上撤下来，让他们去从事生产设备的维修、墙壁的粉刷、花坛的整修等工厂环境的美化工作。同时举办哲学培训班，让员工们重新从基础开始学习企业的经营哲学，使企业内全体员工掌握共同的思维方式。

### 对策五：构建良好的人际关系

萧条是构建企业内部良好人际关系的绝好机会。萧条来临，劳资关系往往出现不和谐的声音，景气时彼此都可以说些冠冕堂皇的话，一旦面临萧条的严峻状况，经营者要求严格时，光说漂亮话就不管用了。

比如，企业提出要减少部分工资，平时认为圆满的劳资关系立即变为紧张的对立关系。从这个意义上讲，萧条就是考验劳资关系的试金石。

我一贯强调，经营企业最重要的事情就是经营者与员工的关系问题。经营者要爱护员工，员工要体谅经营者，互相帮助，互相扶持，必须建立这样的关系。不是资本家和劳动者的对立关系，而是劳资双方持有同样的观点，共同谋求企业的发展。应该形成这样的企业风气。

为此，我总是利用各种机会与员工谈话，努力使大家具备相同的思维方式。举办酒话会，与员工促膝而坐，进行心对心的坦率交流，求得互相理解。我总是尽可能制造这种与员工交谈的机会。

即使平时做了这样的努力，一旦遭遇萧条，也就不能光说好听的话了，“要更多地干活，经费要进一步削减，但工资不会加，奖金发不出，请忍耐！”等等，对员工而言有点苛刻的话到时非说不可。

萧条灾难到来时，本该齐心协力克服困难，但就在这时员工却众叛亲离，导致公司分裂，甚至企业崩溃散伙，常有这样的事情发生。

企业里这种人心混乱的征兆稍有显现，经营者就应该认真地反省。与员工重新建立信赖关系该怎么做才好，要与员工坦率地交换意见，自己也要思考这个问题，这点很重要。

我想说一说石油危机时的京瓷经验。

当时的日本处于经济的高速增长期，员工工资每年大幅上涨。但遭受石油危机的冲击，我决定从社长开始一直到系长，所有管理人员全部降薪，我是社长，降 30%，减得最少的系长降 7%。

虽然实施了降薪，但第二年底薪上调的时间迫在眉睫。我在 1974 年年末向京瓷工会提出了冻结加薪的请求。因为工会理解京瓷公司劳资是一心同体的，所以接受了冻结加薪的要求。当时日本许多企业因加薪问题与员工产生矛盾，劳动争议频繁发生。在这种情势下，京瓷却很快协调好了劳资关系，最快公布了冻结加薪的决定。

当时京瓷工会的上级团体批判京瓷工会的决定，并施加压力。但京瓷工会决不屈服，据理力争道：“我们劳资同心协力保护企业，从现在企业的环境来看，冻结加薪并不过分。如果你们不接受我们的决定，彼此分道扬镳吧！”京瓷工会毅然退出了上级团体。

我衷心感谢工会，不久随着景气恢复，企业业绩上升，我不仅将定期奖金大幅提高，而且再支付临时奖金。在这之上，我又将 1975 年冻结的部分工资加了进去，实施了两年的共 22% 的加薪，以此来报答员工和工会对我的信任。就这样，通过萧条的考验，劳资间牢固的信赖关系得到确认。这期间，京瓷股价超过了长期雄居日本首位的索尼，达到了日本第一。

京瓷公司因为认真实践了上面讲的 1 条预防策略和 5 项对策，不仅克服了多次的经济萧条，而且每一次突破萧条的困境都巩固并强化了企业的经营基础，使京瓷能够顺利成长发展直到今天。正如春天的樱花，冬天越是严寒，春天越是樱花烂漫。企业和个人也是一样，要把逆境作为动力，实现更大的飞跃。

我认为，中国东北以及中国其他地区的企业，在迎来经济形势转折的时期，同样也会发生。只要朝着再次腾飞的机会，持续不断地付出努力，就一定能够开拓光明的未来。

（本文转自稻盛和夫（北京）管理顾问有限公司官网）

## 零距离感受德国企业文化

马会春

今年初秋，北京市国资委系统一行 20 人来到莱茵河畔美丽的城市—科隆，赴德国参加为期 20 天的企业管控风险培训，培训中既安排了德国的专家学者、企业家授课，也安排了走进德国企业参观学习。在此，我将期间的感受记录下来，以飨读者。

期间，我们参观了普罗名特集团公司，这是一家生产液体计量设备的私营企业，虽然企业规模不大，但据说在同类产品中制造水平世界第一。公司负责接待我们的是亚太市场负责人，一个高个子，相貌英俊的德国人。他用流利的汉语给我们介绍企业的产品和中国市场开发的风险管控，核心思想就是依靠当地员工而不仅是德国管理者来确定市场定位和销售任务，并取得了很好的经营业绩。大家交流之后，接着参观他们的生产车间，企业接待人员给我们每位参观者发放了一个塑料参观牌，上面印着他们的公司的名称以及参观者的国籍、单位、职务和来访编号。那天正下雨，陪同参观的公司董事让办公室人员给我们每个人发了一把雨伞，雨伞上也印着他们公司的名称，伞的质量很不错。可是，偏偏那位董事没有拿到雨伞，他毫不在意地笑着说没关系，就在前面引路，根本没有责怪办公室负责人的意思，陪同我们参观的张翻译赶忙和他并用一把雨伞。参观完毕告辞时雨还在下，大家打着雨伞到停车场，准备乘车离开，都想着怎样把雨伞还回去，这时，公司的董事走过来，我们都以为他是来取雨伞的，没想到这位董事说雨伞送给大家了，参观牌要还回来。大家把参观牌取下来还给他，他的手里拿不过来就抱在怀中和大家挥手再见。大家认为雨伞比参观牌贵重，人家却把参观牌看得更重要。参观牌上面有每个人的姓名，不可能再用，对此，大家都觉得心中疑惑。负责联系参观的张博士说，人家是把这些参观牌收起来，作为企业的资料保存了。由此可见，德国企业是多么重视文化的积累。

还有一件事令我印象深，是我在学习之余到街上购物看到的。在科隆大教堂附近的商业街，有一家日默瓦旅行箱专卖店，日默瓦高级旅行箱品牌是德国为数不多的旅行箱生产商之一，也是行业内仅有的承袭百年传统的生产商之一。产品采用了坚固、耐用、轻巧著称的铝镁合金及高科技聚碳酸酯两种材料制作而成，卓越科技，独特设计及超凡手艺于一身，成为“德国制造”的一个传奇。这家旅行箱专卖店二层小楼，每层面积也就四五十平米左右，我们走进店里，看见各种类型的日默瓦箱子整齐有序地摆放在店内一切可以利用的空间，货物摆放很密，但是错落有致，不影响客人挑选，这让我惊叹他们对空间的合理利用。我看到一楼人多，就到二楼看看有没有更好的商品，走上楼梯，这下让我更惊叹的事情出现了，这个小专卖店的二层居然是个日默瓦旅行箱发展历史博物馆，展示日默瓦箱包的历史，从1898年工厂诞生到现在，各个时期经典款式的箱子，还有图片和文字说明，让人观看后感受到这个品牌的厚重，产生买一个拉箱的冲动，这就是品牌的影响力和文化的力量。在那个寸土寸金的地方，竟然没有把所有地方都用于摆放商品，而是展示自己产品发展的历史，可见德国企业对于文化品牌的重视。

培训期间，有一次请韦伯企业管理咨询公司董事总经理拜耳集团公司内部咨询顾问专家MICHAEL.WEBER博士讲课，我向他提了关于拜耳公司实行文化管理的有关问题。韦伯先生回答说：拜耳公司要建立一个有企业凝聚力的永远存在的企业，当然要进行文化管理，只靠僵硬的制度条文是不行的，要关心员工，要建立和谐的关系，这是更重要的。他认为：大企业必须有共同的文化理念，因为公司所有的重大决策都是多数人决定的，不可能少数人压倒多数人，哪个企业老板也不希望员工心散。因为，德国企业的监事会成员不是任命产生的，是由全体成员大会选举产生的，而且组成人员的身份比例是法律规定的，不是大股东可以操纵的。最重要的是权力分配制衡相对合理，大股东的代表要对自己的股份负责，雇员代表要对企业的发展和自己的利益增长负责，行业工会的代表要对整个行业的利益平衡负责，从而达到合理制衡的目的，可以有效使得三者利益趋于一致，防止了劳资关系恶化带来的不稳定，预防同行业不同企业间利益差距太大带来的社会矛盾，抑制了资本过于膨胀对劳动者的剥夺，限制了个人盲目追求利益最大化，从而实现了和谐稳定发展，比如拜耳公司员工有12000多人，是世界500强的大企业，监事会、董事会成员和员工，多是十几年或几十年的工作关系，相互间有合作共事的经验和很好的个人关系。在德国，化工企业都和拜耳公司一样是采用文化管理，钢铁企业可能有所不同，但基本上同样也采用文化管理，只是零售类企业由于规模很小，或行业特点，可能不采用文化管理。

我不知道韦伯先生的回答是否绝对权威，但是从我到德国企业观察的情况看，他们的企业中管理者和工人之间的关系确实是很和谐融洽的，他们对于企业的社会形象和品牌的重视是毋庸置疑的，对于企业文化建设是踏踏实实注重实效的。

（作者系北京市国资委宣传工作处调研员，本文摘自《中外企业文化》）

## 推崇企业文化创新　实现最佳业绩表现

蓝沛文

联合技术公司为作为一家世界财富500强企业，我们旗下有很多知名品牌，如今联合技术公司在华拥有员工25000多名，2014年销售额达58亿美元，目前我们拥有6家研发中心与超过500个分支机构，与包括中航工业、中国商飞、上海电器、海尔、美的集团等诸多中国合作伙伴保持良好业务关系。

联合技术公司是一个非常庞大的公司，对于这样一个大公司来说，技术的不断发展、人口结构的不断变化，人才与技能的转换，以及经济活力、国家环境的浮动，都是持续不断的挑战。对于管理者和领导者来说，适应如此多端的外部影响变得日趋复杂，我们必须理解一个行为在某个体系内不再必然导致某种结果，一个行为常常与一切所有因素息息相关。公司不断在地区和全球层面上与外部进行交流，其实公司本身就是一个体系，并且基于不同的公司文化会在交流过程中产生不同的互动。

今天我想谈谈公司的战略框架，以及在这个框架内如何关注企业文化对战略成功的影响。这是一个包含了领导商业成功反馈数据的多层体系，这是罗伯特等教授提出的重要概念。首先，财务表现体现了公司成功与否，以及公司是否创造符合股东价值的可持续发展，包括生产力、资产利用率、成本以及利用。而财务表现则由公司的客户基础来决定，这里体现了客户的满意度、保持率和增长率，这些对于成功的财务表现都是至关重要的因素。

再者，只有行使正确的程序和工具满足客户需要时，客户才会满意。例如当公司的程序过于繁琐，客户显然就会丧失耐心，转而寻找其他程序简捷的竞争对手。在美国不同地方的企业注册程序和税务政策有所不同，中国也有类似的情况，各省市地方的程序多少会有所不同，而这些会对客户的兴趣和投资额产生影响。

最后在企业战略图的最底层，也是其最重要的部位，就是企业文化，包括人力资源、知识层面、信息的分享与组织，换句话说也就是人与人之间如何分享知识与信息，共同为满足客户需求而支持公司程序，这完全取决于企业的文化和人。我们将这个具有根本意义的层面，叫作学与增值，企业需要关注文化，以实现可持续竞争力，保持可塑性以及适应多变环境的能力。

看待文化有多个角度，我的一个合作伙伴，也是在北京的一个公司，这个公司对文化体系概念的描述，比如公司经营的环境，可能会体现比西方文化或者中国文化、或是亚洲文化不同的价值观，或是不同的政府体系、企业管理结构等。企业内部文化，体现了一个企业的内部组织和运营，包括其领导团队的价值观，内部沟通体系、培训机会、人与人之间如何相互对待等。

对于联合技术这样变革中的大型技术型企业来说，企业文化是保障全球质量标准、尊重高品质业务的表现，以及支持全球教育的重要因素，一个公司必须有一个合理的内部文化，才能正常的运营。企业文化影响到包括我们在办公室的一举一动，或是我们独一无二的技能或经验，或是我们的自我意识和对他人的影响方式，又或是我们对环境的理解和认知。可以帮助企业领导人更好的理解在不同市场里的企业文化，并且根据你的战略目标对企业文化价值进行实时的调整。

总体来说，联合技术是崇尚创新文化的公司，联合技术是一个致力于研发的具有创新意识的公司，这一点可以在我们对研发的投入上看得出来，研发对于可持续增长至关重要，对于我们的财务表现也非常重要。联合技术公司在研发上投入大量资金，以创造可持续变为优势，可引导有机增长的新产品，我们的研发中心在过去五年的时间里投资超过200亿美元。

为什么要如此大量的投资呢？对于联合技术来说，这是我们的竞争优势之一。举例来说，联合技术公司在过去20年里，投入研发改变游戏规则的飞机发动机，这款发动机将大幅度降低油耗，并减少50%的排量，燃油利用率并增加16%，并降低噪音达75%。这就是我们改变航空产业的净洁经解发动机，从保护环境来看，使用这款发动机相当于种植超过90万棵树木，每架飞机通过降低燃油消耗节约资金将超过150亿美元，日益扩张的机场和日益增长的飞机航线，对气候变化将不断产生影响，我们将要改变，为此作出贡献。通过对创新的大量投资，我们实现了诸多突破性的技术，并以此保持公司持续的竞争优势。在建筑领域，我们也有许多技术领域的突破，如节能减排的制冷机和智能电梯系统。

与此同时，联合技术公司鼓励员工拓展知识，提高自身技能，并在公司之外具备全球沟通能力，我们鼓励每一个员工进行终身学习，无论是公司还是个人，我们对自身业务，不断进行提高。联合技术公司致力于提高员工创新能力的员工学习项目，该项目目前可以说是世界上最慷慨的员工教育项目，我们不介意员工学习他们任何想学的东西，世界上任何地区员工的学费、杂费以及教程费用我们都会支付。自1996年以来我们已经投入了10亿美元，员工获取学历总数达36000个，2013年将近8000名员工参与了此项目学习，其中一半获得了更高的学位。在中国我们的员工学习项目也已投入1400万美元，资助员工获得1200个学位。

我们懂得创新与技术将会改变世界，教育将会改变个人的命运，为国家带来发展，这是我们公司的核心文化。在世界范围内，联合技术公司还拥有并支持一系列关注下一代的科普教育项目，重点鼓励学生在科学、技术、工程、数学领域的学习。可以说这是一个共同的利益，我们帮助孩子和年轻人们提供教育机会，也许今后他会为我们工作。

联合技术推崇的创新文化项目就是创新中心，联合技术研发中心是联合技术公司专门进行研发的机构，旨在吸引世界各地最优秀的科学家和工程师。联合技术研发中心在公司各业务发展战略中起着至关重要的作用，与公司各业务部门，包括航空航天和建筑系统，以及外部研究机构进行合作，通过研发拓展科研技术的交流。我们的研发中心将普惠航天领域的计算机流体立学工具，利用到楼宇管理领域，并且在中国设计了计算机管理世界最高效的系统。联合技术研发中心的概念，鼓励这种技术和创意的交流。

在企业运营程序尤其是研发这个领域，有两个因素对创新来说非常有价值：第一是团队工作。联合技术中国研发中心就是团队工作一个很好的例子，1997年中国研发中心作为首家纯外资的研发机构在中国成立，目前中国研发中心拥有45名员工，90%为理工科硕士或博士研究生，其中65%毕业于世界顶尖高校，他们拥有机械工程、计算机工程、数据分析等各种专业，无论是物理模型运用，还是开发制造新模式，中国研发中心不断探索改变当今制造的新领域。而这其中成功的关键就是要进行团队工作。中国研发中心努力使公司年轻的研发人员打破“一根筋”的局限。

在我们的中国研发中心看到，团队工作对于中国新进入的研究人员来说，可能不如某些西方研究人员那么熟悉，西方研究人员可能在体育运动中，比如打篮球中就已经接受了团队的熏陶，中国研发中心的运营机制大力鼓励通过培训，比如两年期的培训充分发挥个人业务能力，以更快地完成更大型的复杂项目。团队工作的文化也在与各高校的合作中展开，联合技术中国研发中心与清华大学在建筑节能、安全、控制系统等方面已合作多年，共同就新一代智能、低耗、舒适建筑开展全球性的研究。联合技术研发中心首次联手清华大学三个不同的系展开合作，公司期待能够与更多的高校在更广泛的领域展开合作。我们在欧洲和美国其他地区也同样用这种合作方式，有时候一个学校有一种技术，别的学校有另外的技术特长，我们把这些学校联合起来进行团队工作，取得的效果非常好。

最后再向大家展示联合技术如何通过不同的技术吸引人才创新。研究表明员工的多样化可大大提高业绩表现，尤其在突破常规的创造性工作中，如新产品研发或新市场开发等。人才是联合技术研发中心最重要的资产，为保证创新驱动的运营模式，我们鼓励有不同背景和观点的员工，当我们希望员工能够完成目标时，同时也希望员工能够不畏风险、不怕失败。在一个注重创新的公司里，我们一定要让员工有足够的信心，不怕风险、不怕失败，这样才能够鼓励更多更新的创意。

中国研发中心尤其鼓励研发人员跳出自己的传统范围，我和中国研发中心总经理交换意见的时候，他不止一次提出中国研发中心鼓励研发人员不要拘泥于自己擅长的研发范围，要避免大众思维，以挑战现状、发掘新思想。我们希望员工能够保持好奇心，为此我们近期推出了一系列创新措施，包括向研发人员以个人或者团队的名义提供一定数量的资助。

作为一个500强的跨国企业，联合技术公司致力于在多变的环境下实现最佳业绩表现，实现客户需求。近年来，我们为保持在航空航天和建筑系统中的顶尖核心能力，作出了许多改变。我们作出的这些改变是在以企业创新文化为核心的基础下作出的，我们也期待在中国的创新之路越走越好。

（作者系美国联合技术公司中国区总裁，本文为作者在“中外企业文化2014成都峰会”上的发言）

# 企业文化的“国家特征”

张克然

文化是与民族分不开的，一定的文化总是一定民族的文化。企业文化是一个国家的微观组织文化，它是这个国家民族文化的组成部分，所以一个国家企业文化的特点实际就代表这个国家民族文化的特点。

## 美企的强劲竞争

在世界500强企业行列中，美国企业几乎占据了一半以上。在当今瞬息万变的经济环境下，美国的企业还是保持着世界第一的企业竞争力。

重视自我价值的实现。美国企业不轻易扼杀员工的每一个设想。在许多公司，如果员工的一个设想在各部门找不到归宿，公司允许设想者可以利用15%的工作时间来证明自己的设想正确。1985年10月，美国著名的麦肯锡顾问公司推出了《追求卓越—美国管理最佳公司的经验》一书，系统地介绍了美国企业共有的文化准则，这个原则是：目标原则、成效原则、实证原则、亲密原则、正直原则。

提倡竞争和献身。竞争出效益，竞争出成果，竞争出人才，但竞争的目的不在于消灭对手，而在于参与竞争的各方更加努力工作。美国企业十分重视为职工提供公平的竞争环境和竞争规则，充分调动其积极性，发挥他们的才能。

奖励创新。美国许多企业都用不断创新来保持自己的优势。目前，国际上先进的美国IT公司都秉承了这一传统，使美国的经济一直处于国际的前沿。这种优势的得来，是其企业文化长期积累和爆发的必然结果。

利益共享。美国许多企业实行股份制，职工通过持股，使其除工资收入外还能分到红利。此外还增加了职工参与经营管理的权力，提高了他们的身份、地位和安全感。美国最大的连锁店沃尔·马特公司、“旅店帝国”、希尔顿公司，均将一部分股份作为工资、福利分给职工。惠普公司还通过增加职工福利，让职工共享公司成果。而其他耳熟能详的美国IT公司，也都早已用期权将企业和员工的共同未来紧密结合起来，一步步打造完全新型的跨国性的行业巨无霸企业。

## 法企的求新求变

法国人重视品质和创新、拥有创造力。法国的许多员工以在时尚产业工作为荣。以美容产业为例，法国专做护肤和美发的某公司，美容产品时时有新品出现，平均每两年换掉5%的旧产品，每五年产品全都更新。即使是企业的后勤部门也同样讲求创新精神，甚至他们的工作流程、招聘人才的工具也时时在变。

相对于美国企业而言，法国企业则比较人性化，比较重注过程中的投入程度。这样，对于一些资金投入回收期较长的工作计划，法企更容易接受。法国的大多数企业十分重视人才的沟通能力、协调能力、团队协作精神等，对人才的主动性、创意性、诚信度和忠诚度有着较高的要求。

## 德企的严谨细致

德国的企业文化明显区别与美国得以自由、个性、追求多样化、勇于冒险为特征的企业文化，也区别与日本企业强调团队精神在市场中取胜的企业文化。

德国企业文化强调以人为本。德国的企业家认为：在和谐的气氛中，能激发人的潜能，从而最大限度地发挥员工的创造性。因此，德国企业管理者普遍注重与员工的沟通，采取种种措施来解决人际关系上的问题。在德国企业，上级给下属布置工作，通常是首先问：“你现在有时间吗？如果有时间可不可以帮我一个忙？”然后再交代工作，没有命令，也没有强迫。员工和领导说话是不称呼其职务的，直接叫其领导的名字，这在中国的企业是不尊重领导的表现，是无法接受的。中国企业虽然也强调人与人之间的和谐，但是，过多强调的是上下级关系、等级观念非常强。

注重提高员工素质，开发人力资源。德国企业文化十分强调以人为本，提高员工素质，这主要体现在注重员工教育，大力开发人力资源上。德国企业普遍重视员工培训。培训工作有一个十分重要的任务，就是让员工认同企业的价值观。不管是什么项目的培训，都要向参加培训的员工宣传企业的价值观，难能可贵。在中国，很多培训都是业务培训，往往忽视了企业重要的价值观培训。

牢固的质量意识。强烈的质量意识已成为企业文化的核心内容，深深植根于广大员工心目之中，质量问题能在德国企业的员工中形成共识，这是最可贵的。德国企业对产品质量的重视，举世闻名，可以说是世界之最。他们认为没有物美价廉的产品，只有精品和次品之分。他们的许多产品都是以精取胜，成为世界知名品牌。大部分的德国企业，都认为树立质量意识是最重要的。例如：德国大众公司在职工中树立了严格的质量意识，强调对职工进行职业道德熏陶，在企业中树立精益求精的质量理念。西门子公司以“以新取胜，以质取胜”为理念，以新取胜在这里是另外一个话题，西门子立于不败之地就是因为注重产品质量。

优势的服务品质。德国企业非常重视客户，注重诚信合作，创一流服务的品质。德国企业普遍注重以诚信服务客户、塑造品质、树立企业形象。西门子公司提出的经营理念是“我们希望顾客回来，不希望产品回来”，为此，他们努力满足客户的每一个要求。

超越的责任心。责任是公司企业文化的核心价值观，它包括对自己、对企业的责任，对健康和家庭承担的责任；对自己身处的环境、社会以及世界都要承担的责任。德国工人的责任心非常强，如果操作规程上要求一个螺丝要拧12圈，他绝对不会拧11圈。大众汽车公司的核心价值观就是“责任”，为实现责任目标，大众公司提倡的企业哲学是，在世界上，我们生产、出售的高质量产品，使大众走向成功。大众人希望通过稳定的工作、学习、生活条件，来固定自己的生活环境，来保护好这个世界，让子孙后代更好地生存下去。

### 日企的“忠”与“和”

企业文化的产生发展、演变都与社会文化有着密切的联系。在日本，作为企业文化神经中枢的经营哲学是企业家精神和宗教思想相互融合的产物。日本企业家把宗教思想融入到自己的经营哲学中，“产业报国、以社会责任为己任、和睦相处、上下一致”等思想和神道的“忠”、儒教的“和”有着极大的相似性。

民族的单一性和社会结构的同质性。日本民族一个最为显著的特点是它在日本岛上自始至终都是唯一的民族。在漫长的日本民族历史上几乎没有民族大迁移及本民族之间的大残杀，社会结构比较稳定和和统一。80% 以上的人世世代代生活在同质社会中，继承了日本社会传统的“强调集团”主义和业绩主义相结合的献身价值观，对纪律的高度重视又成了组织目标实现的保证。

“文化滞后型”与兼容并蓄性。日本的农业诞生于公元 1 世纪，显现出一种“文化滞后”状态。但是日本发扬文化革新精神，兼容并蓄地输入外来文化以改造自身，公元 7 世纪进行的“文化革新”，缔造出一个融合大唐文化的日本封建文化体。19 世纪进行的“明治维新”运动，又缔造出一个融合欧美文化的日本资本主义文化体系。

节俭意识强烈。日本是一个岛国，地小物稀，这培养了日本民族节俭的观念，“勿暴殄天物”是许多日本人的口头禅，这深深地影响着日本的企业文化。日本的汽车产品之所以能在国际市场上有着很强的竞争力，就在于它的生产成本和使用成本低，这不能不说日本民族的这种固有观念起了很大的作用。

### 韩企的步调一致

忠诚、服从、诚实、勤勉的价值观。韩国企业所有权与经营权高度一致，以企业主为中心的集权经营机制，营造出一种视企业为家庭的家风式企业文化。忠诚、服从、诚实、勤勉是其重要表现。素来崇尚勤劳美德、重视家庭的韩国人，以自己辛勤的劳动承担起对家庭、企业、社会的责任，使劳动内化为一种稳定的持续行为，自觉地参与到经济活动中去，有力地促进了经济发展。

群体主义的行为规范。在韩国，企业作为传统家庭的变形与扩大，构成了新的共同体。在企业中，集体利益高于个人利益，个人命运与企业盛衰密切相关，每个人都努力以对企业做出较大贡献来证明对企业的忠诚，显示出巨大的集团效率。组织成员之间能相互尊重和信任、协调合作、团结友爱，这与西方文化在组织成员之间提倡竞争形成鲜明对比。群体主义的行为规范，在发展经济和实现社会目标方面，比个人主义具有更强的包容性和恒定性，这也是决定韩国企业组织活力特性的重要因素。

重教尚贤的传统。韩国是世界上教育最发达的国家之一。20 世纪 60 年代就已实现初等教育的普及，至 90 年代，中等教育基本普及，高等教育进入了大众化阶段，全社会形成了尊师重教、崇尚人才的风气，在企业也不例外，严格的人员培训，使企业拥有了高素质的人力资源，“人才第一”的思想渗透在企业的经营活动中。韩国企业的人员培训一把有两种形式，一种是直接在工作中学习，通过工作锻炼培养人。另一种形式是脱产研修，一般大的企业集团都设有研修院，开设适合于从最高经营者到普通员工的课程，培养具有开拓创新精神、灵活多变、积极推动企业发展、勇于实践、挑战新技术、具有诚实性和责任感的各层次专门人才。

顺应社会经济发展的经营文化。韩国企业的真正发展始于 20 世纪 60 年代，企业的经营战略在于探索如何生产产品，即寻求生产技术可行性，以获得必要的生产技术和机器设备。在政府的保护下，企业逐步向外向型经济发展。20 世纪 70 年代，韩国企业经营的决策标准已从单纯的生产技术可行性转向产品的竞争能力和竞争效益，由设备竞争转向效率竞争，政府奖励出口的经济政策给企业以新的发展机会。20 世纪 80 年代，韩国经济进入了以技术立国和追求经济稳定增长时期，这是一个追求新型、与众不同的时代，企业从依靠低工资生产廉价产品变为生产高附加值、高生产率和高工资产品，不断创新成为企业的追求目标。20 世纪 90 年代以后，特别是在经历了金融危机以后，韩国企业开始冷静审视自身存在的问题，与政府同舟共济，推进产品结构和企业结构的调整。从追求规模到效率优先，强化成本管理、质量管理、固本强身，消除泡沫，达到经营合理化、经营素质先进化，以促进经济全面复苏。

（作者系《现代企业文化》杂志记者，本文摘自《现代企业文化》）

## 德企的“长寿”奥秘

杨香豹

据统计，德国 2014 年 1 月制造业扩张步伐创下逾两年半来最大涨幅，制造业采购经理指数 PMI 终值升至 56.5，连续七年处于扩张区域。历经百年发展后，在金融危机持续影响下的后工业时代，德国制造业依旧发展迅速，或为欧盟乃至世界的一大经济增长亮点，系究其原因，寻找其百年长青的基因奥秘，或许能为中国制造由大做强、顺利转型提供一定的借鉴意义。

### 教育与制造业无缝隙衔接

德国制造业能够具有强大的竞争力，很大程度得益于德国采用的制造业导向的职业教育和培训模式。

职业教育：“德国制造”的成功离不开富有活力和高水准的技术工人，德国约 70% 的青少年在中学毕业后会接受双轨制职业教育，即由学校和企业联合展开职业教育。学校负责传授理论知识，企业为学生安排到一线实习和培训。政府对数百个职业制定毕业考核标准，以确保教学和人才质量的评判水平。这种职业教育最早于1972年，由奔驰等大公司在巴登符腾堡州管理与经济学院的基础上，创立了校企联合办学的新型高等学校，并于1974年由州政府确认定名为“职业学院”。此后，这类新型高校在巴符州蓬勃发展，职业学院的学生同时也是企业的后备职员。职业学院的专职师资队伍约占30%，除了从大学和高等应用技术学院聘请兼职教师外，还聘请企业中具有丰富经验的技术人员，向学生传授实际知识。职业学院办的学制为三年，学生不仅要学习大学的理论知识，还要进行职业实践。职业学院的教学分别在学校和企业中进行，即所谓的“双轨制”教学模式。每学期三个月理论学习，三个月企业实践交替进行，这既能使理论与实践相结合，又能调节学生的学习兴趣。职业学院教育费用由国家承担，企业实践培训费用由企业承担。

应用技术大学：德国应用科技大学是20世纪60年代末70年代初在联邦德国出现的高等学校，主要培养应用型技术人才，应用科技大学的教授除了必须有一定的学术资历以外，还必须拥有5年以上的企业工作经历。学生在学习期间必须完成规定的企业学习。报读应用科技大学的学生必须完成9年制的文理高中，或者接受过相应的职业教育，并获上应用科技大学资格。应用科技大学的培养目标主要是向学生传授就业必须的专业知识和科学方法，培养学生进行科学研究的能力以及在自由、民主、社会法治国家中的行为责任心。

## 持续不断的技术创新

“德国制造”的强大生命力在很大程度上依赖于领先的产品技术含量，最前沿的创新技术与严谨的技术应用，成就了经久不衰的德国制造。

全员参与，德国历届政府十分重视制造业的科研和成果转化，着力建立科研开发、成果转化、知识传播和人力培训为一体的科研创新体系。它的最大特色是个人、企业和政府的统一；科研人员出成果、企业出资本、国家出政策并负责对企业和科技界进行沟通和协调；企业承担三分之二的科研经费，剩下的三分之一由联邦政府和地方政府买单。为了使“制造科技”能够在新的经济环境下可持续发展，德国政府确立了三大发展目标：“绿色制造”“信息技术”和“高端制造”。

企业主导。长期以来，德国企业高度重视创新活动，并为此提供了优越条件，营造了良好氛围。德国弗朗霍夫学会一项研究显示，德国总科研经费的90%都集中在企业，令德国企业有着令人惊讶的研制新产品的速率。在德国制造业企业中，研发方面的投入一般都比较大，平均为企业销售额的4%左右。经过深思熟虑的创新为德国的富裕提供了“创新租金”，加强德国制造业在世界范围内竞争中的地位。

便捷的技术转移。德国的技术转移体系是建立在其科研体系基础之上的，与科研体系的紧密联系是其最大的特征和优势。这是因为许多科研机构不仅从事技术创新活动，而且深入到技术转移和推广的工作中。同时，技术转移体系与广大中小企业的合作是广泛而深入的。德国的中小企业数量多，科技水平高，技术创新是企业的重中之重，除内部研发外，寻求外部技术转移服务使其开展技术创新的第二大途径，德国大多数企业都接受过技术转移服务，并且与技术转移机构保持长期的服务关系。另外，这个体系是以各领域的科学家和工程师组成的专家团队为人力支撑的，这是其高水准服务的首要前提。

融合信息化。德国将信息技术作为降低制造业成本和提高效率的重要手段。主要措施有：促进IT环境的统一化和标准化，短期内达到节省成本的效果；重新评估已有外包合同，从总体上提高软件和IT服务的外包份额；使用灵活的，以应用为基础的价格模式。在产品开发、生产和销售阶段，主要通过提高整个商业过程的效率来节省成本。注重将先进的信息技术广泛应用与汽车电子、自动化控制、交通电子、数控机床等装备制造业领域。

## 一脉相承的制造业文化

德国的制造业文化代表了一种努力创造持久永恒产品的手工业文化。

质量第一。德国的传统哲学深深地影响了德国的制造企业行为——追求完美。在民族文化的不断传承中，造就了德国人最核心的“理性严谨”的精神文化。从宗教层面上看，德语“职业”一词就有“天职”的意思。德国人有着严谨、冷静而内敛的民族性格，乐于遵守自己制定的各种规章和制度，并引以为豪。在德国，人们视遵纪守法为最高伦理原则，这一心理的形成有一定的历史渊源，与德国经典哲学文化传统有着直接关系。在民族文化的不断传承中，造就了德国人最核心的“理性严谨”的精神文化。这种一丝不苟的性格特质成就了德国制造的不朽传奇。

遵守秩序。德国人严守秩序，无论是擦玻璃、做饭，还是加工零件、安装设备。不论干什么都离不开雷打不动的两个前提：一个是程序，另一个是工具。什么程序必须用什么工具，什么工具必须配什么程序，不得有丝毫变通。秩序主义的空间表现，则是物品放置的条理性。无论是家庭中的杯子、碟子、还是领带、衬衣、乃至工作场所的文件、工具等物品，都摆放的井然有序；否则便找不到东西。

标准化。德国长期以来实行严谨的工作标准和质量认证体系，为德国制造业确立在世界上的领先地位作出了重要贡献。德国建立了完善、统一的行业标准，最主要的制定机构为德国标准化协会，其制定的标准涉及建筑、采矿、冶金、化工、电工、安全技术、环境保护、卫生、消防、运输和家政等几乎所有领域，每年发布上千个行业标准，其中约90%被欧洲及世界各国采用。同时建立公正、客观的质量认证和监督体系，最主要的认证和监督机构为南德技术监督公司、北德技术监督公司、莱茵技术监督公司，实行独立于政府和行业以外的自主经营，依照ISO和DIN等标准对企业产品和制造流程进行检测，并为合格者颁发认证证书。

善待员工。德国政府和企业认为，幸福员工才能支撑一个幸福企业。而一个个幸福企业才能产生幸福GDP，让员工感到幸福，是所有企业必须做的事。员工的幸福，不仅是工资的提高，更是其真实才能的上升，对于制造业来说，每个技术工人都是其关键组成部分，技工的职业技能掌握程度，直接影响到产品的质量、企业的品牌满意度，甚至国家制造业的强盛。

### 良好的宏观发展环境

企业的发展与宏观环境的好坏直接相关，良好的宏观发展环境也是德国制造业基业长青的奥秘。

政府扶持。和“去工业化”国家不同，德国选择了一条“制造业兴国”的发展道路。德国强大的制造业是由大型企业和中小企业共同支撑的，其特色在于存在很多“隐形冠军”—强大的中小企业。这些中小企业在某个细分领域具有较强的市场竞争力。“隐形冠军”往往都是历史悠久的家族企业，并且研发投入较其他国家同类企业高得多，这些企业能够长期发展并且敢于创新发展，很大程度上得益于德国政府坚持发展制造业的战略导向以及为此创造的良好制度环境。

法律健全。德国制造业得到良好发展，背后主要推手是国家为企业提供了全方位的法律保障。1957年，联邦议会为了保障企业的公平竞争和反垄断，首次出台了《反对限制竞争法》，极大限度地限制了“卡特尔”的形成、大企业对某一市场的控制地位以及企业的兼并。为了规范企业的发展，保护企业发起人、投资者和债权人的利益，依据“结社自由”的原则，德国在原有《商法典》和《民法典》的基础上对公司的经营形式进行规范。为了保护消费者的利益，先后出台了《设备安全法》《产品安全法》等。为了保护员工的利益，还引进了《劳动法》《劳动保护法》《反不正当解雇法》，并在20世纪60年代“新社会运动”的影响下出台了《雇员代表参加企业管理法》和《参与共同决策法》，规定雇员人数超过500名的大型企业必须设立监事会，选派职工代表参与重大决策。此外，在颁布有关企业《破产法》的同时出台了《解雇保护法》，为员工获得企业破产薪酬补偿费以及企业转让时强制保留劳动关系等提供了保障。

政策稳健。财政金融政策为德国制造业的长期发展与繁荣创造了良好的外部环境。出于对通货膨胀的恐惧心理，同时为保持经济增长的可持续性，德国的财政金融政策长期保持稳健取向。稳健的财政政策使得德国经济能够免受“重债”之痛；灵活的平衡国际收支政策使得德国免受输入型通胀之苦；弱势欧元提高了出口制造业的竞争力，金融危机后，紧随而至愈演愈烈的欧洲债务危机使得欧元不断贬值，这大大提高了德国出口制造业的国际竞争力，促进了德国制造业出口的增长。

德国制造百年不老，其基因奥秘无外乎八个字：教育、技术、文化和环境。如果中国制造注入德国制造的长寿基因，也一定会做大做强，屹立于世界东方。

（本文摘自《现代企业文化》）

## 谷歌聚人的“DNA”

于林林

谷歌创始人之一拉里•佩奇指出：“完美的搜索引擎需要做到确解用户之意，且返用户之需”。就搜索技术的现状而言，我们需要通过研究开发和革新来实现长远的发展。谷歌致力于成为这一技术领域的开拓者。尽管谷歌已是全球公认的业界领先的搜索技术公司，但其目标是为所有信息搜寻者提供更高标准的服务。

### 谷歌的人性化管理

在谷歌，要求工程师们每周都花一天时间在个人感兴趣的项目上。这种近乎强制性的要求造成GoogleNews之类的新服务品种出现，根据相关数据显示，这项服务每个月都能吸引710万浏览者，同时也导致了社区网络站点的出现，已经被整合到整个搜索网站之中。谷歌里的每一个人都充满了故事：与你共进午餐的人或许发明了你在使用的编程语言；坐在你隔壁的同事或许为你研究生课程编写过教材；和你一起打台球的那个人或许开发过你的桌面浏览器。

除此之外，公司还提供免费的班车和渡轮服务接载雇员上班，这些交通工具都有无线互联网服务，方便员工在上、下班时也可以工作。

谷歌亚太人力资源总监说，谷歌人力资源部面临的长期挑战之一是找到100%利用每个谷歌人的方法。一个秘诀是：任何谷歌人在任何时间距离食物最远不会超过100米，连续参加不同会议的员工可以在路过时迅速拿些食物。

今年新加坡国立大学MBA项目的人力资源管理课程邀请了众多杰出的演讲嘉宾，其中，最令人期待的当属由谷歌亚太人力资源总监在该课程结束时所做的演讲。他谈到了谷歌的人资资源理念，并分享了该理念如何与公司文化结合在一起，强调谷歌把创新作为企业文化基石的重要性：“谷歌的创新文化渗透到我们的各个项目当中。”他解释说：“我们想对世界产生影响，使世界变得更加美好。这个陈述虽然简单，但却充满了挑战。它督促我们扩大搜索服务，鞭策自己并拓展业务区域。”

Prasad说，这种思维自谷歌创建之初便存在，谷歌2014年上市时发表的创始人公开信中对此有专述。他说：“如果你看一下谷歌的DNA，你会发现谷歌不是一家传统的公司，我们也不想成为传统的公司。因此我们始终寻求突破、挑战现状、永不满足、精益求精。”

该理念成就了谷歌。谷歌在加利福尼亚的一个车库起家，13年后已发展成为一家几十亿美元的跨国企业，在57个国家拥有129个办事处。

### 产品不断创新

但取得这种成功也得益于谨慎，Prasad指出，如果谷歌在过去的13年中能够在技术市场创建破坏性的技术，也界上任何地方都可能会有大量公司异军突起，也许一年便会创建出破坏性技术。他说，因此谷歌需要始终检测自身，关注市场并不断创新，这非常关键。而创新和创造力已从谷歌的技术业务延伸到了人力资源理念。

在谷歌的人力资源实践中有一个由三个部分组成的模型，用以帮助员工提高创新和创造力。

Prasad首先介绍了谷歌的人力资源部员工的“典型”形象：良好的社交技巧、心理学的学术背景和良好的从业经验。

“对此我们加上了两个新的要素。”他说：“第一能主动解决问题的管理或业务咨询师；第二深谙统计学并能够阅读数据趋势的分析师，通常是博士。经实践证明，这种由传统的咨询能力强的员工和分析能力强的员工组成的团队，能够有力地推动人力资源实践提高创造力，并取得卓越的成就。”

### 数据背后的意义

收集有意义的和可以使用的数据是谷歌重视的另一个领域。

Prasad解释到，在测量数据之前，要经过大量讨论以确保观察到合适的要素。之后，提供的报告不仅包括员工人数、培训数据和招聘目标等报告，而且还包括数据背后的实际见解和意义。

没有意义的比率和趋势往往被认为是没用的。不然，“你的读者会变得很麻木”。当得到数据背后的意义后，谷歌会利用该数据推动在公司内部开始行动。

Prasad详细描述了谷歌的人力资源部门面临的长期挑战，或许他所说的“让我们晚上睡不着觉的事”。他说，挑战之一是找到100%利用每个谷歌人的方法。谷歌目前正在寻找如何提高每一个员工生活能力的方法，使用分析工具和实验来观察员工，如果身体已更健康会发生什么情况。

我们在当天早些时候参观新加坡谷歌办公室看到很多“小厨房”，Prasad解释说，任何谷歌人在任何时候距离食物最远不会超过100米，这意味着，在谷歌员工的视线范围内，始终有更健康的食品存在。公司的希望是，当员工习惯这种饮食方式时，原来的习惯会发生改变。

### 谷歌的文化

当回答一名同学的提问时，Prasad承认谷歌的企业文化和各办事处的本地文化之间存在着潜在的冲突。比如，同全球其他地区的谷歌办事处一样，新加坡的谷歌办事处配有熔岩灯、桌球和小篮球游戏。但该办事处也有很多创新的地方，比如会议室的命名。其中一个会议室被命名为“小印度”。这样做是为了展现谷歌办事处所在地区的本地文化。Prasad说，谷歌在创建每个地方办公室时承认并理解本地文化和谷歌的全球文化。

与此同时，谷歌尽力确保其公司文化在新的办事处扎根。为此，他们始终选择一个被视为“最谷歌的”员工担任本地办事处的领导。最后，Prasad谈到了谷歌取得成功的地方。

他说，公司的实力根源于“疯狂地关注员工”，同时谦虚地表示该公司并非无所不通。为了说明这一点，他在演讲的最后一张幻灯片展示了一个标志（可能是在北美一个教堂外拍摄的），这个标志上写着：“有些问题谷歌无法回答”。

（本文摘自《现代企业文化》）

## 怎样看待中美企业的文化差异

### ——访安德鲁·伯克利教授

王桓榕　陈泓鹏

安德鲁·伯克利，亚利桑那大学商学院教授，有着丰富的企业管理教学经验，目前在中国外交学院任教，培训本科生、研究生。

最近，笔者采访了安德鲁·伯克利教授，请他谈一谈中美企业间的文化差异。

问：您在来中国之前，对中国是怎样预想的？现在，您对中国的认识是否发生了变化？

伯克利：我实际看到的中国和预想中的中国不一样，大多数美国人谈到中国的时候，想到的都是北京、上海这样的大城市，还有中国的历史、政府结构等。我在中国生活已经一年多了，感觉中国远远不像大多数美国想象的那样简单。中国是一个拥有五千年历史并且十分多样化的国家。当今中国的年轻人拥有更广阔的国际视野与更高的自身期望。

问：中国文化的哪些方面给您留下的印象最深？

伯克利：中国年轻人对于求变的渴望令我印象深刻。美国人总是说，现在的中国就像20世纪20年代的纽约，日新月异，身处其中你会感到一股对未来乐观的情绪。我知道，“中国梦”这个说法在中国反复被提到。我相信，中国要实现“中国梦”，没有哪个时代比现在更有可能了，现在正是时候。正因如此，我觉得外企应该认识到，中国已经不再是单纯制造型的世界工厂了，中国正在独立自主地创造与创新。如果外企认识到这一点，我认为就会达成更多的跨国合作，不仅能帮助中国改进现状，也更能帮助世界经济改进现状。

问：您认为中美企业间存在着哪些主要文化差异？

伯克利：就企业文化而言，我并不认为中美之间存在着较大的文化差异，而且一些细微的差异也是可以转变为机遇的。其中一个值得注意的差别点，就是在西方人眼里，中国的商业模式中仍然存在着“等级制度”的色彩，而美国企业正在向公平对待每一个雇员投入的合作式商业模式靠近。我认为，中国可以寻找到一种结合两者的方式，这种方式对中国土生土长的企业来说，可以使其在国际舞台上拥有更多的大显身手的好机会。

问：这种“等级制度”色彩曾经给您带来不好的感受吗？

伯克利：是的。比如：我在和中国企业领导一起吃饭的时候，连座次都是有讲究的。在美国就没有那么多讲究，比较随意。我观察，中国员工对企业的领导普遍有一种敬而远之的态度，甚至有的员工很怕领导。我觉得，领导和下属同样是人，有什么好怕的。人与人之间需要互相尊重，但不需要向谁低头。

问：在很多外企里面，下属对于领导直呼其名。而在中国企业里，一般都要在领导的姓氏后面加上其职位，比如“张总裁”、“李经理”。对此您怎么看？

伯克利：这种差异很明显。据我所知，在中国的家庭里面，孩子也是不能直呼父母大名的。这种现象延伸到企业里，也就不足为奇了。我理解，这样称呼是中国人表述尊重的一种方式，同时也体现出对对方职位的重视。美国人很注重自己的个性，也很重视自己在别人眼中的重要性。而在相互称呼时，直呼其名就表示了一种尊重，即使是子女对父母也是如此。

不过，我发现中国的一些企业领导习惯任人唯亲，存在“后门文化”。众所周知，任人唯亲对于企业的发展是非常不利的。这种现象在其他国家也存在着，不只是在中国。我的感觉是，此类现象在中国虽然不断被批评，却依然存在着，而且有的人还认为这是社会的一种“自然法则”，甚至还有人维护这样一种文化的存在。优秀的企业应该反对这一点。

（本文摘自《中外企业文化》）

# 探析印度的 IT 产业

刘北辰

## 印度信息技术产业发展概况

人类社会进入信息社会后，信息技术产业已成为推动人类社会向前发展的主导产业，而在信息产业的国际竞争中，印度无疑是佼佼者。印度虽然没有一条像样的高速公路，却有着四通八达的“信息高速公路”。虽然印度 10 亿人口中有近半数的是文盲，却拥有 50 万合格的软件人才、20 多万常驻海外的软件工程师。年轻富于朝气、敢于挑战自我、语言优势，都是对印度 IT 精英的赞美之词。

20 世纪 80 年代以来，印度大力发展以计算机软件为核心的信息技术产业，取得了举世瞩目的惊人成就。据世界银行对软件出口国能力评估报告：印度软件出口的规模、质量、成本等综合指数名列世界第一。据印度全国软件服务公司协会的统计，印度软件业近 15 年来一直以年均 50% 以上的速度强劲增长。2003 年度出口已达 125 亿美元，约占全国出口总额的 20%，2010 年软件出口达到 500 亿美元。在全球按客户要求设计的计算机软件开发市场上已占 18.5% 的份额，成为仅次于美国的全球第二大软件生产国。

## 印度信息技术产业飞速发展动因

印度信息技术产业之所以得到飞速发展，是因“软实力”攻无不克概念引入信息技术产业中，但其含义也相应地发生了重大变化。这里的“软实力”不再是从国家和民族视角出发的文化、意识形态和制度等内容，而是根据信息技术产业结构变动趋势，从产业发展的决定因素出发，得出即体现在产业的内容上，又体现在产业发展要素上的“软实力”。

具体来说，促进印度信息技术产业发展的动因主要是以下几个方面。

一是人力资源优势。印度政府和企业非常重视 IT 行业人才的教育和培养。印度的精英层大都与七大印度技术研究所有关，这些研究所在印度 1947 年独立后不久就建立起来了，它采用美国麻省理工学院的培训模式，旨在培养科学、技术和工程方面的教育精英。印度 IT 业人才专业技术过硬，相对中国的 IT 人才又有语言上的优势。

二是政府强有力的政策支持。印度 IT 业除去通讯产业集中在国内，其他如软件和 IT 服务企业主要业务均在国外，而且主要集中在北美和西欧。“出口导向”超过 80% 的产值。这一点看似畸形的产业发展走向，一部分原因是国内市场狭窄，需求不足，从而逼迫印度企业朝“外向型”发展，但更主要的是印度政府的政策导向所致。印度政府通过各项政策，积极鼓励印度 IT 企业尽快融入全球化产业链条中做强做大，抢占信息技术的战略制高点。

三是重视国际市场的开拓。印度在发展信息技术产业的同时，十分重视开拓国际市场。根据世界银行的调查，印度软件不但在出口规模和成本低廉方面名列世界前茅，而且软件的质量也属世界一流。印度 400 家最大的软件与信息业服务公司中有 250 家已获 ISO9000 质量管理认证，是全球获得该认证最多的国家。

四是语言与数字逻辑思维等先天优势。主宰计算机的语言是英语，而大量使用计算机及其软件时能讲英语的人。印度约有 5000 万人（占总人口的 5%）能熟练运用英语，堪称世界讲英语大国。这些讲英语的印度人大都受过良好的教育，这使印度人在迅速掌握软件生产技术、了解世界行情、产品研发和推销等方面占了先机。其次，编写计算机软件程序需要较强的数学逻辑思维能力，而印度人又恰好在此方面见长。因此，计算机软件开发便成了印度人最乐于、最擅长从事的行业。

## 印度信息技术产业发展中的问题

受到科技支出减少、工资上涨、货币升值以及员工流失率居高不下等问题的困扰，印度经济增长的发动机——信息技术产业正逐步失去发展动力。

一是软件市场严重依赖国外市场。这从根本决定了印度软件产业的景气程度，印度软件出口的最大市场是美国，约占总出口量的 62%，其次是欧洲占 24%，日本占 4%，其他地区占 10%，这种发展模式会使整个印度软件在需求淡季陷入危机。目前，由于美国经济低迷，大量美国企业不得不节省开支，包括软件预算，这样的市场行情给印度软件业的发展蒙上了阴影。

二是缺少拥有自主知识产权的核心产品及相关技术创新能力，核心竞争力薄弱。缺少自主品牌，不掌握知识产权，使印度软件业失去了更大的发展空间。长期以来，印度软件产业之所以获得高速发展，主要依赖大量的廉价软件工程师为美国等信息业发达国家做软件加工，然后出口。这种软件出口不是产品和知识产权的出口，而是软件劳务的出口。印度软件业的高速发展实际上走的是一条急功近利的路径，使印度软件业失去了软件生产控制权和对软件产品的知识产权。这对印度软件业的未来发展造成深远影响。

三是其他国家软件产业的竞争使印度软件业失去相当份额的市场。总体看，印度软件业发展模式适合其国情。因为印度经济不够发达，现代化、城市化水平很低，其国内需求难以支持其软件业的高速发展，只能寄希望于国外需求。而这一时期，恰值美国连续多年对软件需求旺盛，给了印度软件高速发展的机会，再加上当时印度软件业也不具备自主开发能力，因而依赖其相对廉价的劳动力开展外包业务就成了最佳选择，不过印度的这种模式很容易被其他国家模仿。例如：随着东南亚国家对软件业的重视，印度软件业出口已受到了挑战。实际上印度在争夺国外订单时，也要与美国邻近的墨西哥、加拿大和欧洲的爱尔兰进行竞争。

四是软件外包模式是印度软件业发展的双刃剑。软件外包虽然是印度软件产业得以成功的重要原因，给其带来了可观的外汇收入，但也因此受到了致命伤。因为以从事外包业务为主，印度软件业长期以来处在最低层次的软件加工上，几乎没有任何品牌优势，即使是印度最大的软件公司在国外仍然不为人知，世人也很少听说印度制作的数据库、操作系统或开发工具。当印度软件产业试图开拓一些除软件外包之外的业务时，不得不一切从头做起。印度软件产业过度依赖海外市场和软件外包业务，不仅把品牌资源拱手让人，而且丧失了知识产权。

### 印度信息产业发展给中国的启示

中国和印度同属于发展中国家，同是人口大国，所以印度信息化发展模式为农业国家发展信息化，特别是为我国提供了直接经验，值得我们学习借鉴。

一是构建以企业为主体的创新体系。要积极构建以企业为主体，产学研相结合的技术创新体系，有效整合政府、企业、学校和研究机构的优势，提高信息的创新效率；要加强企业的创新主体地位，努力提高信息类企业的自主创新能力，积极支持企业建立技术中心，跟踪行业技术发展方向，坚持引进、消化、吸收与创新相结合，实现技术跨越；要理顺大学、科研机构与企业的合作机制，加大应用技术的研究和开发，尽快将信息技术的科研成果转化为生产力。

二是建立完善的金融融资体系，支持信息产业发展。信息产业具有高投入、高风险、长周期的特点，完善的投融资体制对信息业发展至关重要。一方面要加强政府财政投入，优化财力支持结构，向重点企业和关键技术倾斜；另一方面，要强化风险资本对信息产业的支持作用，拓宽信息业融资渠道。鼓励和培育国内信息的风险投资，鼓励境内企业海外上市。积极支持建立风险投资公司，形成商业性为主，政策性为辅的风险投资基金分布格局，以支持信息产业的快速发展。

三是建立健全信息产业人才成长保障体系。信息人才是信息产业发展的基本保障，我国政府应从战略高度重视信息人才的培养，除了鼓励高等院校开办市场急需的信息专业和课程外，还要引导企业、行业组织、民办教育机构开展多层次的人才培训和教育，并借鉴国际经验，在信息产业中推行从业人员资格管理制度，从而进一步加快人才的培养。

（本文摘自《中外企业文化》）

## 解析澳大利亚企业基层文化建设的奥秘

李　琛

自 2009 年“中澳企业文化 2009 悉尼高端论坛”举办以来，深入探寻中澳企业文化建设近距离互学互鉴的活动方兴未艾；2010 年在北京召开的“中澳中小企业高峰论坛”进一步增进了中澳两国中小企业间的深度了解。在学习和比较中我们发现：澳大利亚企业基层文化建设有着恰当的方法、途径，彰显了独特的魅力。在落实《中国企业文化建设“十三五”指导意见》提出的加强“基层特色文化”建设任务的背景下，我们有必要深度解析澳大利亚企业基层文化建设的奥秘，汲取其精华为我所用。

### 政府强力推进扶持措施，为文化建设奠基

澳大利亚的经济基本依靠中小企业，在一定意义上中小企业的文化代表着澳大利亚企业文化建设的状况。当然，“中小”的定位是以企业雇员数量来划分，各行业标准不同。我们通常把雇员在 100 人之内的公司称为中小企业，而澳大利亚的小企业多指雇员少于 20 人，只有农业企业排除在外。就连中国留学生熟悉并常去打工的 APN NEWS & MEDIA LIMITED（印刷和出版报纸、杂志、通讯录；广播；制作户外广告公司）、BRAMBLES INDUSTRIES LIMITED （工业器械和专用集装箱租用、城市垃圾收集处理、安全运输服务公司）等都和国内同行业的公司在规模上没有可比性。但中小企业在吸纳就业、产业发展中起着重要作用，政府注重培育中小企业成长发展，挖掘其无限潜力，并称之为“澳大利亚经济的引擎”。

早在 20 世纪 80 年代，澳大利亚经济曾遭遇了严冬，国内平均失业率高达 10%，年轻人失业率则达到 20%。为迅速摆脱失业困境，联邦政府通过设置联邦和各中小企业办公室，出台了一系列实施小企业援助计划、小企业孵化器计划和小企业文化发展等特色化计划和政策和措施，扶持中小企业生存与发展。其中，把“建立大批量的商业企业中心和企

业咨询服务等机构”，通过“BEC”（澳大利亚的商业企业服务中心）作为重要措施狠抓落实。“BEC”一般设在社区（名副其实的基层），不以赢利为主要目的，绝大多数隶属于国家商业企业中心网，从政府获取主要的资金支持，产权国有。特别是注重发挥“BEC”的功能，即：提供机制：各级政府可通过该机制实施商业计划；提供咨询：根据企业的实际情况和需要提供建议，为正在运作中的企业提供支持；通过资助私营企业的自主发展，促进区域经济发展，增加社区就业机会；广泛交流经验、技能。以小企业办公室为例：30多年来，该办公室坚持不断地跟进和统一负责小企业的成长和发展。从宏观调控看：国家小企业办公室每年都会发布《澳大利亚全国与各州企业总览》《澳大利亚企业各州总览》《澳大利亚企业总览》《小企业年度评论》；中观执行层面：各州、市政府都设置小企业管理部门，负责其区域的小企业各类事务；同时，澳洲《小企业法律事务向导和培训计划》帮助企业提高其对相关行业法律法规的认知贴近微观服务。这些保障措施在克服企业经营周期短、经营方式家族化、适应企业信息化建设等方面起到了积极作用。

政府在对中小企业的鼎力相助、给钱、给物的同时，也为企业植入了国家文化、政府所想、企业所盼及社会价值追求、向往，通过对企业经营的关注延伸到对企业文化的关注，也因此产生了一批“适应未来组织机构的文化”以及“未来组织”的模型、“构建持续变革能力”、“变革项目成功率分析”、“创建领导核心团队”等企业文化建设成果。

## 让基层员工有获得感，提升其文化自觉

作为多元文化的澳大利亚，政府将包含了文化认同、社会公正、经济效率等“多元文化提升为国家政策”。这种文化政策帮助澳大利亚走出种族认同的狭小圈子，用国家民族认同感凝聚来自不同国家的移民。

首先，强化员工培训。在澳洲，不同种族的员工培训和继续教育是一项重要国策，政府不断加大财政投入，制定系列强有力的政策措施，对管理者实施政府组织的免费职业经理人培训，90%的中小企业员工都能享受终身职业教育的福利，意在增强澳大利亚在国际上的竞争力，使其成为一个“智能国家”。政府明确规定：“所有的企业主都必须将一定比例的企业利润用于员工培训和进修，达不到指标的要罚款，超过的部分给予免税。”就是说，企业主投入与政府补贴成正比关系，特别是对于为提高员工技能素质的某些重要课程，一律由政府拨款给培训教育机构，为员工提供免费教学。在经费保证上，政府的预算是将联邦政府预算和州政府预算中用于职业培训和继续教育的经费，统一由国家职业培训署管理和使用（联邦政府约占1/3，州政府约占2/3）。联邦政府还鼓励各个州政府增加对职业培训和继续教育事业的投入，规定了各个州政府在预算外多投的钱，联邦政府如数配发。同时，政府严格把握培训资质及学制的审核，凡在经联邦政府批准并注册的职业培训学校，全部按国家培训署和教育部统一审定编制的培训课程和进修项目实施培训，基层员工所完成的职业培训和技术进修，都可折算成为大学或大专某专业的学分，取得相应的资格证书，企业员工的工资、待遇和职称，直接与接受的培训进修、取得的学历和学位挂钩，一些企业公开透明地落实人力资源管理政策，即：员工的工资高低不仅看工龄的长短，还要看参加培训课程多少，成绩优异，技能熟练的可以领取较高工资。同样岗位的员工，参加培训进修课程的等级不同，成绩不同，工资也不同。其实，强化培训，也为失业员工或在职职工开辟了一条通过职业培训进修既可就业又可继续升学深造的通道。

其次，营造无所不在的体面生活和体面工作的环境。在我们参观的WAREHOUSE GROUP LIMITED（澳大利亚和新西兰连锁店）、AMP DIVERSIFIED PROPERTY TRUST（办公室、零售业、工业地产投资公司）、GOODMAN FIELDER LIMITED（生产和销售食用油、调料、面包、快餐食品与其他食品原料）等企业，其餐厅播放着音乐、工作间和娱乐场也弥漫着温馨。特别是ResMed（医疗器材公司），创造了人性化的管理文化。人们通常看到的是生产现场的员工们都在精力集中而神态轻松地工作着。车间墙壁上有生产进度表、质量检测表、员工主动填写的生产问题表、改进意见表和解决方案执行情况表。该公司的生产经营方案，经过员工的充分讨论后方可实施；凡是从事简单重复劳动的员工，隔一段时间就会被调换到另一个工位，以人为本的更高境界不是“被”关怀，而是以自我尊重，实现价值为本的人力资源管理的生动实践。

再次，通过精神薪资提升员工与企业的和谐。近几年，随着员工自我认知程度的提高，现代企业中员工在追求高薪资、丰厚的物质报酬、舒适的工作环境的同时，追求工作的满足感、社会尊重、自我价值实现等精神需求。澳大利亚的许多生产企业和服务企业都将“尊重”作为企业的核心价值观。伴随着“员工帮助计划在全球的推广”，澳大利亚多数企业实行了“压力假”制度，将心理疏导和精神薪资作为舒缓压力的重要手段。即：管理者利用非物质的手法来解决那些用物质难以调整、控制解决的问题。如通过不同层级的管理者与员工一次热情地鼓励、一份生活的关心，一次耐心地倾听、一句祝福的话语、一声亲切的问候、一次有力地握手、一次真诚地赞美，起到调动起员工的主观能动性、最大限度发挥员工的潜能、迸发出强大的内动力的作用。诸如此类尊重员工精神层面需求的管理制度体现了企业精神薪资管理的理念，促使员工自觉地将“文化带入产业”，将文化转化为经济力，让文化成为社会生产力的重要组成部分。

## 从班组文化建设切入，让基层文化落地

班组是企业组织结构中最基层的单位，是企业的“细胞”；班组文化既是指企业在统一的文化理念指导下所形成的基层文化，也是企业文化在基层落地的“最后一公里”，澳大利亚企业的“细胞文化”中彰显出鲜明的个性特征。

一是定置完善的现场流程管理。现场流程管理其核心是以生产现场的“物”为主要研究对象，目的是为了研究生产现场中的人、物、环境的状态及三者之间的相互关系，力求

最大限度地消除不合理因素和浪费现象。在我国，当许多生产型企业和生产类班组深入广泛开展的6S管理时，澳大利亚企业普遍对安全、质量、服务、成本、人员和环境等进行现场定置，特别是将安全永远作为压倒一切的常态任务，在班组在现场管理中，通过整理、整顿，实现人、物、场所在时间和空间的优化组合。如，在FAIRFAX (JOHN) HOLDINGS LIMITED（信息娱乐等报纸、杂志及其电子版的出版公司）、BRL HARDY LIMITED（葡萄酒、葡萄饮料、啤酒生产和营销公司）在通过场所固定、物品存放位置固定及物品信息媒介物固定，达到提高生产效率，实现高效、优质、安全、文明生产的目的。正是优化了合情、合理的基层作业流程，保证了班组各项生产任务的高质量完成。

二是借助云计算技术和其他高新科技手段管理班组。澳大利亚的企业普遍推行了自动的化云管理模式，即：通过集中式管理系统建立完善的数据体系和信息共享机制，通过严密的权限管理和安全机制来实现数据和信息管理系统与过程管理。云管理运用社交网络、移动互联网实现了员工内部零距离交流，完成信息的快速流转，从而使每个班组成员在什么信息环境下都处于云端，他们既可以在班组的圈子内互动，也可以在某个特定主题的圈子内交流，但凡参与者都是知识的贡献者和受益者，无疑，这是一种先进的管理模式。

三是通过自控管理提升管理境界。澳大利亚企业普遍有着完善和可操作的内控体系和监督制度。首先是控制环境，涵盖管理理念和经营风格；企业组织结构；职权分配体系；内部审计；计算机技术应用水平；人力资源；审计委员会的组成和作用发挥。控制环境直接决定企业各项控制政策的实施和实施后的效果。其次是信息系统，即计算机系统的应用。这个系统是企业汇总、分析、分类、记录、计量、报告真实交易的关键因素，它的安全有效运行直接影响到财务报表的可信度。再次是控制程序，这是企业为了合理保证经营目标的实现而建立和运行的政策及程序，包括：交易授权；职责划分和不相容职务的分离；凭证与记录控制；资产的保管等。员工在长期严格的内控体系和监督制度的熏陶下，培养了较高素质和工作的自觉性，很多基层班组都能按照企业管理要求，实现作业管理规范化、程序化、自主化，员工自我管理、自我控制、自我完善。彰显了全员尽责、全员参与、全员思考、全员管理、全员创新、全员实践，自然而然实现了自控管理的特征，提升了班组管理的境界。

四是通过打造品牌班组延伸企业的价值链。品牌班组不仅仅是班组建设的成果，也是企业的名片和窗口。在COLES MYER LTD（食品、药品零售）、CARTER HOLT HARVEY LIMITED（林业种植、木材厂、木材产品，建筑木材、纸浆、包装）等企业我们看到：根据班组的业务、特点、环境，都在勾勒班组品牌的“精气神”；都在畅想和描绘品牌的感性因素；有的企业认真梳理陈列班组的文化、管理思想方法，然后聚焦品牌的“灵魂”，找到自己班组与同行业和不同行业班组文化建设的相同相异，在共性中突出个性，升华出自己独一无二的品牌定位。时下，拓市场、树形象、讲诚信、保质量、构建品牌班组，形成建设价值链条在澳大利亚的企业中已蔚然成风。品牌班组的打造必然要拓展延伸到企业的项目、产品或商标的品牌辐射链条，最终实现为企业创造更多价值的目的。

此外，以班组长胜任力模型考察和选拔班长和基层指挥员等做法也是值得我们借鉴的。

（作者系皇家墨尔本理工大学商务硕士）

## 破产后的柯达在忙什么

陈亦权

柯达在2013年破产重组后，目前虽然还在运行，但每年的销售额仅为20亿美元，约是鼎盛时期的十分之一。

位于美国纽约州西部罗切斯特城的柯达工业园区曾有200座建筑，目前已经拆毁了80座，另有59座已经出售给了他人。负责技术攻关的老将特里·泰伯尔仍然坚持在工作岗位上，他正带领着300名科学家和工程师们研究一种纳米神奇“墨水”。这种墨水是一种廉价的感测器，它既能够嵌入食品药品包装中检测肉类或药品是否已经变质，也可用于制造触摸屏，降低生产智能手机的成本。

这些研发项目都是柯达辉煌时期被搁置的，柯达的新任首席执行官杰夫·克拉克希望他们的摸索有朝一日能够为公司创造一定的价值。因为破产重组之后的柯达目前主要靠那些死忠拥趸胶片的小众电影维持生计，此外他们也向报纸印刷，包装和一些相关企业出售设备。

柯达是否能够生存下去，关键在于它的几千项专利和科研团队。作为一家有过辉煌历史的老牌公司，柯达面临的真正问题并不是技术和研发，而是竞争。还好，柯达在知识产权上算有点微弱的优势。2013年，柯达向包括苹果、三星和Facebook在内的12家公司出售了1100项数字图像采集技术相关专利，不过柯达也保留了一定的权力，能够和收购这些专利的公司一样使用这些专利。这就意味着，如果柯达日后再想在诸如摄影这样的领域争得一席之地的话，还能用得上这些技术。同时，柯达还保留了约7000项图像创作的化学和物理专利技术，只不过相对来说这些技术的市场价值较小罢了。让柯达真正棘手的是众多的竞争者。有数据表明，柯达的每一个产品市场都至少有8个以上的强大竞争者，这让柯达很难在短期内有效推出高利润的新产品。

所以，目前柯达虽然已经能够用激光在一秒钟内打印厚度为千分之四英寸的256目银丝网，这项技术也令所有柯达人兴奋无比，但遗憾的是没有一个人能使之派上用场、创造价值；柯达还有一项不大显眼的能力，他们非常擅长快速印刷报纸，也能够印刷大型比赛有参赛队伍标志的啤酒箱，但因为竞争太强，在过去的两年里，柯达虽然为此而付出了巨额资金希望能跻身商业印刷领域，却一次又一次地失败了。

柯达目前的总市值约有8亿美元，而克拉克认为，仅仅是用于用户极限运动的摄像机这一项专利技术的价值，就可以达到柯达总市值的六倍以上，但是现在柯达没有能力使它变成有效价值，克拉克目前正忙着寻找合作伙伴协助其研发，以便将专利技术转化为可盈利的产品。2014 年夏天，克拉克又创建了一个负责拓展公司经营渠道的部门，来致力于攻克这个问题。

柯达商用胶卷的业务虽然已经缩水了 96%，但柯达不能放弃这项业务，如果放弃就会导致 300 多人失业和一家工厂倒闭，而柯达还指望这家工厂日后生产触摸屏幕。值得庆幸的是，现任 CEO 克拉克已经在 2014 年底成功地说服了几个好莱坞电影工作室，在今后几年内，他们将继续购买柯达的电影胶卷。这虽不至于令柯达瞬间起死回生，但至少使那家工厂暂时避免了倒闭。

近 20 年来，柯达公司一直在裁员，而柯达也一直在向员工保证“这是最后一次”。克拉克自 2014 年上任后，员工们非常关心下岗局面会否就此稳定下来，克拉克的回答是“没有谁能够保证事情永远不会出现变化”。2014 年 12 月，克拉克又解雇了一批员工，因为已经有了心理准备，员工们称克拉克的坦率和直白简直使人感动。

确实，只要事情还在继续，柯达人还在努力，谁都不能保证不会出现新的变化。在变化中，柯达有可能持续恶化下去，也有可能突然出现转机。

（本文摘自《中外企业文化》）

# 索尼断臂向未来

晓　睿

截至 2014 年财年，索尼公司将出现 1700 亿日元的亏损，而这也是索尼连续第七年亏损。

面对连续第七年的巨额亏损，在“一个索尼”旗帜下苦苦坚守了近三年的索尼首席执行官平井一夫，不得不放弃自己上任时敲定的以移动、数码影像和游戏为三大支柱业务的市场开拓战略。

按照日前出台的未来三个财年发展规划，索尼将以部件、游戏及网络服务、影视及音乐三大业务为利润驱动力，计划到 2017 年最后一个财年结束时，索尼的整体股权收益率超过 10%，整体营业利润超过 5000 亿日元。

在将资本火力与利润动力锁定到新三大业务上的同时，索尼还要在今年 10 月剥离移动业务部门，而这应当是继去年剥离电视部门并成立索尼视觉产品公司后所发起的又一次大规模业务重组。按照计划，剥离出去的移动业务部门将更名为索尼移动通信公司，为索尼旗下自负盈亏的全资子公司。

实际上，自从 2012 年主政以来，面对着被财务赤字压得喘不过气来的索尼，平井一夫一直没有停止过“减法”。两年前，索尼以 9.4 亿美元的售价将自己与三星合资成立的液晶面板公司中 50% 的股权转让给三星，随后又全盘清退化学业务；一年前，索尼甩卖了在东京的大崎办公楼和位于纽约的美国总部大楼，回笼资金约 23 亿美元；去年，索尼将旗下“VAIO”品牌的 PC 业务几乎全资转卖给了投资基金“日本产业合作伙伴”，以试图专注于移动产品。此后不久，索尼又宣布关闭电子书业务，将其出售给加拿大电子阅读器制造商 Kobo 公司。也就在前不久，索尼还关闭了自己的在线音乐服务 MusicUnlimied。

然而，接连不断的外科手术并没有让索尼从亏损泥潭中抽出身来。按照索尼的官方报告预测，2014 年财年，公司将出现 1700 亿日元亏损，而这也是索尼连续第七年陷入亏损。无奈，索尼对外发布了取消年终分红的消息。受此影响，标准普尔日前已将索尼的债信评级降至“BBB-”，这是对公司债务信用的最低评级。

但是，平井一夫不会因再次亏损而终止做“减法”的举动。因此，市场的一个期待是剥离移动业务以及之前的电视部门只是索尼的一个过渡性安排，最终这两类传统拳头产品还会走上如同“VAIO”PC 业务的对外出售之路。据索尼官方统计，去年索尼智能手机仅卖出 3920 万部，被苹果、三星以及中国华为、联想远远甩在身后。受此影响，索尼移动事业全年亏损额度达到 2150 亿日元。在电视机市场，去年索尼的全球市场占有率仅为 8%，远远落后于韩国三星电子的 27%，LG 电子的 15%，而且索尼电视业务已经亏损了 10 年。对于索尼而言，尽早甩掉这两个拖累整体利润的包袱进而将财力聚焦到更有前途的业务上来，不失为明智之举。

当然，无论是剥离分拆还是转让出售，都说明索尼已经将电视与移动业务放在了一边，这也意味着索尼将逐步放弃消费电子领域主战场，甚至未来索尼将有可能不再是一家消费电子公司，而是主打内容输送和智能硬件制造的游戏和娱乐企业。按照索尼未来的三年计划，其将继续通过投资增加影像传感器的产能并提升研发能力，同时继续发展 PIayStation 视频游戏和网络服务的安装用户数量；影视业务方面，索尼将通过提高收视率及增加频道数量来扩大其媒体网络业务的用户群，加强电视节目制作业务，并提升电影业务的利润水平。

作为索尼部件业务的核心，索尼图像传感器无论是从技术还是市场影响力都具有绝对的竞争优势。根据研究公司 Techno system 发布的研究报告，索尼目前控制着全球 CMOS 传感器市场约 40% 的份额，美国 Omnvsion 和三星合计控制着约 16% 的市场份额，而且索尼生产的传感器应用在苹果 iPhone 和其他智能手机、数码相机和平板电脑等设备上。最新资料显示，影像传感器去年形成的利润同比增加 10.5%，成为索尼集团增幅达到两位数的三大业务之一。

特别需要关注的是，索尼的图像传感器并不仅仅适配在数码照相机、智能手机以及电脑设备上。就在日前，索尼推出的智能眼镜实现全面商业化，该款产品配备了 300 万像素摄像头以及多种位置和环境传感器。据咨询公司 HIS 的预测，未来五年，传感器融合和云连接的可穿戴设备将生成一个高达 500 亿美元的产业，索尼显然把控了这一全新的产业商机。无独有偶，索尼不久前投资约1亿日元收购了日本初创企业ZMP大约2%股份，而ZMP是一家专门研发机器人汽车的公司。两家企业的最终希望是将索尼在影视传感器方面的专业技术融合到ZMP的机器人技术中，从而开发无人驾驶汽车技术。按照计划，索尼将于2015年底前为无人驾驶汽车摄像头规模化生产CMOS图像传感器。资料显示，在汽车CMOS传感器市场，索尼已经拥有5%的市场份额。而据HIS的判断，汽车摄像头出货量到2020年预期将增长三倍，达到102亿部。期间，占尽先机的索尼同样不会放过任何一次大显身手的机会。

再看索尼的游戏业务，现代PS狂销1亿台并由此改写全球游戏主机的市场生态；PS2销量1.55亿台，打败了世嘉、任天堂，索尼一跃成为新生代游戏巨头；PS3出货8200万台，虽然销售下降，但已实实在在构建起一个稳固的索尼游戏帝国；如今的PS4气势如虹，开售以来已实现1850万台的销量。统计显示，索尼家庭游戏机的网络用户已超过了6400万人。而据索尼预告，2014年财年游戏及网络服务业务销售收入12900亿日元。另外，市场调查机构StrategyAnalytics公布的最新调查报告指出，索尼在全球视频游戏市场保持的领先势头，在未来很长一段时间内将继续保持，到2019年，PS4的销量将达到8000万台。

在影像与音乐业务方面，索尼已经连续18年实现盈利，而且一直保持着稳定的盈利状态。按照计划，未来三年索尼影视业务销售额将保持7%-8%的营业利润率，其中音乐业务销售额将从48亿美元增至52亿美元，并保持10.5%-11.5%的营业利润率。至2017年财年结束，索尼影视及音乐业务部门销售额将增至100亿美元到110亿美元，营收增幅达到36%。由此看来，作为昔日消费电子行业的王者，断臂之后的索尼也许会以一个全新的巨人形象站立起来。

（本文摘自《中外企业文化》）

# 欧美应需型行业面面观

张幼启

20世纪初期，亨利·福特利用流水线生产模式将众多劳工结合在一起，降低了汽车生产成本，加快了汽车制造速度，使汽车从富人的玩物变成了大众的交通工具。现今，一大批企业家正在做着同样的事。他们用先进的计算机技术，把四面八方的自由职业者联系在一起，为特定人群或机构提供便捷、高效的服务。这就是近年来人们所说的应需性行业，或叫应需型经济。

## 领域在不断拓宽

经过多年发展，如今欧美应需型行业已不仅仅停留在对人们日常生活提供服务上，其触角已伸入各类专业性很强的领域。Appirio是一家云解决方案与咨询公司，专为各类公司提供编程自由职业者。自由职业市场的巨无霸Eance-oDesk在为400万家公司输送大约1000万名专业自由职业者。位于伦敦的麦卡伦管理咨询公司，在网络平台上与500位专家级自由职业者保持着紧密联系。一旦客户前来咨询，便请他们出马。而该公司向客户收取的咨询费只有著名的麦肯锡咨询公司收取额的零头。低廉的咨询费不仅吸引了大量的来自小微公司的业务，而且还得到了像制药和保健品业巨头GSK公司的关照。Axiom公司雇有650名律师，在为财富100强公司中的一半提供服务。2012年公司收入超1亿美元。主管医疗保健的Medicast公司也在模仿同行们的运作模式，患者要求出诊，只需按一按手机，医生简单询问症状后两小时确保到达，基本出诊费200美元。

位于洛杉矶的商业人才集团，甚至能为各类公司提供临时高管。有名的福克斯移动娱乐公司主营网络节目制作，为了赶制新节目，它也求助应需型公司物色临时创意总监。而号称全球“最强大脑”的Lnnocentive公司则擅长于把征集到的好点子运用到企业研发中去。

总部设在加州的视频制作公司Tongal做着相同的事，2012年，全球著名的日用品巨头高露洁-橄榄公司宣布征集一则视频广告，时间30秒，酬金17000美元。更吸引人的是，该广告将在美国橄榄球超级大赛期间与一些大片广告联袂播出。创意产品电商Quirky的成员在网上亮出了自己的创意，接着由其他成员对创意投票评定，最后以获胜者的方案制作视频。该公司自2009年创建以来，以这种模式已推出了400件产品。

## 两股强劲的推动力

20世纪70年代以来，由于受劳资关系恶化、经济全球化，以及生产电脑化等因素影响，工业革命时期建立起的大公司加大工会经营模式以及与之配套的法规条文逐渐陷入困境，英美尤其如此。当年制定的法规条文的执行力也在减退。为了控制成本，企业引进中介管理、产品外包、废除终身雇佣制，及生产流水线迁移外国等已成常态化。这后果是催生出更多无根无基、漂浮不定的闲散劳工。据一家知名自由职业者协会最近研究，美国劳工有三分之一在打零工。自由职业者总数达5300万这也为应需型行业发展提供了丰富的人力资源。

总体上看，有两股强劲的力量在推动应需型行业向前发展。

第一是技术。廉价和发达的计算机技术正加速推进生产程序化和常规化。有些环节，一个应用软件就可搞定。借助计算机，个体演员制作的视频可以完美的如同出自好莱坞的摄影棚。像编程和撰写法律文书这些看似很专业的工作，如今可以分解成许多细胞，外包出去。美国Topcoder公司能够频频取胜对手，绝招之一，就是懂得把项目分解成一个个工件，最后分包给散在200多个国家的近30万专业自由职业者。辉瑞是全球最大的生物研发制药公司，2008年公司进行了一次自查和评估，结果发现，那些技术最优秀的员工竟有20%到40%的时间耗费在数据输入、制作幻灯片或网上搜索等常规性事务中。为了让他们把更多精力用在更有价值的事项上，辉瑞决定把多种常规性和程序性的工作分包出去。位于旧金山的法律服务公司之所以能胜过那些大型律师事务所，就是因为有一批自由职业者通过网络在为它制作各类法律文书，而且价格适中。

17 世纪 60 年代，经济学创始人亚当•密斯在英国一家图钉工厂调查时发现了生产分工的重要性。如今，先进的计算机技术，有望进一步推进生产分工。美国史隆管理学院教授马龙说，计算机技术正在造就一代虚拟专业职位。

公司的经营活动总是会遵循已故诺贝尔经济学奖得主科斯的理念，即公司内部的产品生产耗资低于从外部市场购买才是合理的。生产成本日益攀升，使传统公司不得不考虑更多的选择。如今，智能手机普及，一个信息发出去，自由职业者就会赶到，公司能省去一笔可观的人力招聘费。据加州著名移动分析师伊凡斯估算，仅 2014 年 9 月的一个周末，所售新版智能手机的总容量已超过 1995 年全世界电脑容量之和。这种以无处不在的智能手机通过多样途径调配人力和服务的平台，将对 20 世纪资本市场运作的一些理念构成挑战。

第二是变化着的社会习惯。实际上，这个世界正日益被分化成两种人：一种有钱没有时间，另一种人有时间没有钱。应虚型行业正好为他们提供相互交易的平台。“好职业就是在大公司做一名雇员”已是过去的观念了。如今，人们对工作的自由度和灵活性越来越看重，父母希望有多一点时间陪陪孩子，年轻人喜欢少一点拘束。应需型行业比较适应这种习惯倾向。有一位法律专业研究生说，应需型行业模式让它把律师职业和旅游爱好结合起来了。一些曾经全身心为公司操劳的精英们也在向往灵活自由的职场环境。商业人才集团老板米勒注意到了这一点，她说她公司的长处，就在于对上班时间做了重要定义，把项目分解成细小工件再分下去，员工可以按自己意愿上班。这显然添加了应需型行业的色彩。

## 发展尚存三点质疑

应需型行业服务便捷高效，但往往很难取得客户信任，因为谁也不愿把房门钥匙交给可能是潜在盗贼的人，或将健康资料交给笨拙无术的医生。为此，汉迪公司老板含汉拉恩经常会就员工品质向客户保证，他说，申请加入汉迪的有 40 万人，经审查筛选仅录用 3%，员工品质应该不错。尽管如此，公司还是难以期待巨大成功。

对于应需型行业未来发展，普遍持有三点质疑。

第一，应需型行业一直设法降低对客户的收费，就难以有资金对员工进行培训、管理和激励。纽约的 My Clean 公司使用过临时短工，但后来发觉，使用长期工客户评价会更好。于是得出结论，高品质服务就应该有较高的薪金。优步司机抱怨，公司付的是临时短工工资，却要我们像长期工那样工作。对顾客只让照章收费，不准额外收取，油价上涨也没有补贴。随着美国经济逐步复苏，此类公司对闲散劳力可能不会再有那么大吸引力。

第二，当应需型行业做大到一定程度时，往往会遭遇法规条文和意识方面的困扰。美国应需型行业担忧，如果哪一天法庭裁决公司必须把非公定员工归类为固定员工，公司就不得不补发那些非固定员工以往的工资差额，那将是公司难以承受的。各地方当局对职业种类界定不一致，这又让应虚型行业多一份担忧。所以，汉迪公司在给客户的签约单上总会加上一句：由此引起的费用由客户方支付。优步公司因为对传统出租车公司冲击大，多次引来政府和出租车公司的干预。有些国家和地区，如韩国和荷兰，还对优步亮过黄牌。德国反优步情绪激烈，批评优步是“平台资本主义”。

第三，上规模不易。应需型行业员工多为闲散劳工，他们能准时应约上门服务，但是因为加入门槛较低，对公司的忠诚度往往不高，他们常常不会只为一个公司干活，一些评论家指出，应需型公司即使能立足市场，也都是一些非常实用的行业，难以融入知识经济的主流。因为地缘口味差异，此地的优质服务产品，别处可能会遭到冷遇；在此地觉得很酷，别处可能没人理睬。一旦应需型行业试图做大主导市场，就会发现自己被陷入一处空间狭窄、促销费高昂和招工困难的境地，顿时失去以往网络运作的优势。

## 赞扬、唱衰各有说辞。

欧美应需型行业的迅速发展，已引发各方关注和争议。赞扬者说，应需型行业不仅能充分利用人们的剩余时间，还能利用他们的剩余资产。如 Airbnb 公司，能把人们的公寓变成酒店，让人们既当房主又当酒店老板。唱衰着说，那是在挤压人们的生活空间。业余时间、空余起居场所以及仅剩的财产都被拿去拍卖或寻租，这样做实在违背人道。赞扬着说，应需型行业把人们领进一个能掌控自己生活的世界，就业灵活自由。唱衰着说，那只适合那些年轻的，喜好漂泊的男女以及视灵活自由比社会福利保障更重要的人群。对于家有妻儿的中年专业劳工，那并不是愉快的体验。

又有人说，应虚型行业模式能将那些资源不很充足的企业家与贫穷的劳工们结合起来，兴办企业，双方受益，还可以为一些国家和地区的失业者提供更多的就业机会。但有人驳斥道，这似乎很诱人，但却是在加大对广大劳工正当权益的盘剥。在那样的行业里，没有病假补贴，没有加班津贴，没有职业培训，个人服务所得报酬还得按公司所定比例标准上交。应需型行业通行的完全是 20 世纪 70 年代所倡导的那种自力更生理念，劳工要想在这类行业里有所进展，不落伍时代，就得自己找地方培训，学会推销自己，并自己承担各种风险。有些较为悲观的人士甚至说，任其下去，大家都会变得像 19 世纪时的码头劳工，黎明时就簇拥在码头上，等候老板们前来雇佣。

客观说，无论赞扬者还是唱衰者都应该明白，并非是应需型行业把非固定雇佣这条蛇引进全职就业范围，而只是在利用那些已处于非固定雇佣状态的人力资源。在做法上也许会激怒了某些人群，但本意是想使某些社会问题得到解决。要紧的是，应该将应需型行业兴起后的乱象尽快让政策制定者了解，及早就应需型行业的运作、管理及社会保障等方面的法规作合理的调整。

（本文为作者编译，本文摘自《中外企业文化》）

# 领悟欧美企业“弹性工作”的制度文化

李　维

20世纪80年代以来，国人常用企业文化“根在中国，花在日本、果在美国、享用全世界”来描述企业文化理论在我国的引进和传播。事实上，欧美的企业文化不仅在理论体系上率先结“果”，在微观落地方面也有许多值得借鉴的工具、方法。如风行欧美企业的“弹性工作制”就是一例。在落实《中国企业文化建设“十三五”指导意见》提出的坚持“以人为本、重在建设、开拓创新、统筹兼顾，建设体现具有时代特色、国际视野的企业文化”的背景下，研究学习他国、异域的管理文化，有利于促进我国企业管理水平和国际竞争力的提高。

## “弹性工作制”体现的是“以人为本”的管理理念

“弹性工作制”是组织内的职工在完成规定的工作任务或固定的工作时间的前提下，可以灵活地、自主地选择工作的具体时间安排，以代替统一、固定的上下班时间的制度，它起源于20世纪60年代的德国。当时德国的交通堵塞状况严重，职工上下班拥挤不堪。为解决类似难题，德国经济学家提出企业可灵活采用弹性工作时间，以缓解交通拥堵问题，当时德国有四分之一的工人实行这一制度。随后，从70年代开始，弹性工作制在欧美得到了推广。首先跟进的英国，约有70万职工实行弹性工作制，瑞士有40%的产业工人。当下的欧美企业，也有超过40%的大公司采用了“弹性工作制”，诸如，谷歌的“开放式”管理等在全世界享有盛名；到20世纪90年代，日本的富士重工业、三菱电机等大型企业也都不同程度地进行了类似的改革；韩国中央政府和地方政府实施“5小时弹性工作制”，让员工灵活安排工作时间。

美国有大约40%的大公司采用了弹性工作制，针对在1938年实施的每周工作40小时的劳动法案进行了修订，用“弹性工作制”法案取而代之。这一法案出台后，引起了人们工作和生活观念的变化。起初，这项政策实施的主要对象是私营企业，因为之前美国许多政府部门已经实行了12年的“弹性工作制”。面对人们更注重时间、金钱、家庭生活与工作间的平衡成为社会主流心理的趋向，这一法案适合了现代人的精神需求，更利于缓解各种社会矛盾，构建和谐社会，因而收到了人们的青睐。

弹性工作制曾经作为美国经济大萧条时期限制人们工作制的一种手段，如今已成为成熟的常态的管理方法，在企业和政府部门都发挥着作用。所以，21世纪初美国商界流行着一句名言“度假室里的决定，比会议室里的更好”。以能给中国留学生提供较多实习机会的PTC（软件制造商公司）为例，该公司总部在美国马萨诸塞州尼德姆，从事开发、销售和支持的软件整体解决方案，帮助制造企业先于其竞争对手而开发出优秀产品，是世界500强企业。PTC于20世纪90年代初进入中国市场，在建立上海全球研发中心延续投资至今，时下的业务在航空航天、国防和电子高科技、汽车和造船，工业设备行业以及零售、服装行业等五大领域，在上海、香港、广州、深圳均设有办事处。该公司在本国和境外都是“弹性管理制度”覆盖面较大的企业，惠及各国在美国留学的实习生。

从文化的视角看：弹性工作制体现的是“以人为本”的科学管理原则。“以人为本”强调的是一切为了人，一切依靠人，组织设计要体现以人为中心的科学的发展观。而弹性工作制在今天互联网普及的企业实行的常态管理模式，是以提高价值为目标，以提升核心能力和核心竞争力为中心，以战略为导向，将组织、战略、管理、文化、制度等要素，通过有效的创新管理机制和方法等，做到企业经营过程中的经营模式、组织架构、管理方法、管理模式以及制度等项目的创新，最终实现企业的长远发展的企业管理创新。

## “弹性工作制”对国内企业有强烈的现实针对性

弹性工作制归根结底是一种以人为本的管理理念及其实践。它的主要表现在“核心时间与弹性时间结合”、“成果中心制”、“紧缩工作时间制”，其具体形式是：核心工作时间是指每天某几个小时所有员工必须到班的时间，弹性时间是指员工可以在这部分时间内自由选定上下班的时间；企业对职工的劳动只考核其成果，不规定具体时间，只要在所要求的期限内按质量完成任务就照付薪酬；员工可以将一个星期内的工作压缩在两三天完成，剩余时间自己处理。按照这样的方略，其结果是员工能将他们的工作活动调整到最具生产效率的时间内，同时更好地将工作时间同他们工作以外的活动安排协调起来，从而提高劳动生产率。

与“弹性工作制”产生的原始初衷一样，2015年我国一项来自企业文化专家、学者在百度“我的上班路”互动获取的调研数据，为进一步实施“弹性工作制及完善考勤方案的建议”提供了客观依据。互动吸引了覆盖全国300余座城市、300万参与者，最后形成的调查数据显示：北京上班族的上班路平均距离19.20公里，平均单程用时52分钟，位居全国首位；上海以平均距离18.82公里、平均用时51分钟位列第二。上班路远时长，来回奔波导致疲惫焦虑已是一个不争的事实，对员工考勤制度和工作方式改革提出客观、紧迫的现实要求。由于弹性是多方面的，形式也是多样性的，有时间上的弹性，有地点上的弹性以及工作方法上的弹性，因此，许多行业的职代会出现了渴求实行“弹性工作制”的提案建议，试图让员工根据个人的需要安排工作时间，并在工作安排上能行使一定的自主权、支配力和控制力。

从理论上看，从20世纪80年代至今我国理论界人力资源专家和企业文化实战专家始终不间断地对我国企业实施弹性工作制的可行性和必要性进行过大量的探索。专家们普遍认为：设立各项制度是为生存和发展服务，如果过度沉迷于机械地统一打卡、指纹验证等考勤，只会束缚住创意精英们的手脚，延缓企业前进的步伐和发展的速度，有碍于聚用人才。从理论建树看：“赋能”（借助第三方力量，促成互联网化的考勤方式，为员工提供能更高效创造价值的环境和工具）、“弹性考勤弹出来的管理”、“以结果为导向”等一批理论成果初见端倪。近几年，相关“弹性工作制度建设探讨”的硕士、博士论文在学术研究中异常活跃，昭示了国内理论界对相关话题的关注。

从实践看：20 世纪 80 年代我国的丹东，90 年代末西安等一些规模中等企业有过有益的尝试，取得了良好的效果。进入 21 世纪，中华英才网的一项调查显示，如果业务允许，73.61% 的上班族期待弹性工作制，认为“不仅仅可以错峰，还可以调整一下状态”。特别是白领工作者认为：现代工作、生活节奏过于紧凑，需要有更灵活的工作方式来激起他们的工作热情，帮助他们调整最适合自己作息习惯的生物钟，以保证有充足的休息时间来“降压”、“解压”，所以，这个层面的员工希望不拘泥于传统的“朝九晚五”的工作方式，更钟情于弹性工作。

2011 年以来，作为高科技孵化器的北京中关村，许多企业为提高工作效率，联想、NEC 等一些 IT 企业已经实现弹性上班。目前，大多数企业把弹性上班时间控制在两小时自由选择浮动的区间内。由于工作的特殊性，有的企业在满足 8 小时工作的前提下，给员工更大的弹性尺度，这一做法在研发人员中获得较高的满意度，有的企业用弹性工作制留住、吸引员工。目前，有的企业开始运用高科技、云计算实行微信打卡，只要员工打开手机定位功能，就可以在微信上签到，深圳地出外勤，外出员工也能考勤，人力资源部门按时在后台导出数据，甚至不需要导出数据，即可完成考勤数据的汇总分析工作，这些弹性工作制的尝试正在受到认可。可见，在“互联网 +”的大环境氛围下，一些行业的弹性工作有其合理性和必要性。

## 坚持以人为本，遵循规律，让弹性工作制弹而有效

企业文化是“道”“器”结合的产物，而“弹性工作制”隶属于企业制度文化层面的微观制度，“弹性工作制”是对企业制度文化的强化和落地方法、途径，在实践中扮演着企业制度和载体二位一体的双重角色。企业员工是企业文化建设的主体和动力，企业文化建设要坚持以人为本，实现企业人格和员工素质不断完善、共同发展、全面发展，企业文化建设就要遵循企业成长的规律、企业文化形成和发展的规律及文化育人的规律，实行“弹性工作制”亦如此。

首先，要遵循“弹性工作制”的一般原则和基本前提。如，我国 2009 年颁布的《劳动法》第 39 条、41 条，对能够实行弹性工作制的单位和员工有了明确的规定，后又经过多次完善，成为企业实行相关规定依据。又如：企业要畅通高效的沟通：弹性工作制度本身就是针对人在生活追求、工作性质不同而推出的一种人性化的工作制度。但又不能按照每个人的差异性牺牲组织结构的效益，因此，要注重“沟通”，让员工在享受弹性工作制带来便利的同时，加强团队建设。

其次，构建坚强的求实自律的组织文化。企业作为一种组织类型，在弹性工作制度相对自由的工作环境中，只有依托强大的文化为支撑，依靠员工坚定的文化自觉，才能避免涣散，保证工作效率，兼顾组织全面协调可持续发展。在“弹性工作制”的具体执行中，要坚守与企业制度的一致性。弹性工作制作为企业制度的一部分，特别是在组织内部需要有决策和项目方案推出组织决策时，更要服务于、服从于企业制度，包括强调计划、调整改进、注重激励等。

再次，区别行业。国内企业以传统制造业为主，对于在生产、装配等流水线上的员工没有推行弹性工作制是符合生产运营规律和要求的；而机关政府等传统企事业单位的工作环境同样没有推开弹性工作制，这是由社会组织运行和组织职能所决定的。值得注意的是，国内现在有大量的能够实行弹性工作制的企业并没有实行这一制度。以咨询机构和学会（协会）为例，目前在民政部门注册了数以万计的咨询机构和学会，这些平台多为民企，为企业办理许多好事，有的协会电话营销占主要业务，但相关人员的每天坐班制，让他们在某种程度上还为上班路上长途跋涉而劳神费力。如果说，在互联网时代，一些特殊行业实行弹性工作制有利于提高生产力，就可能形成一种趋势，是趋势，就有发生的客观必然性，而在规律面前，谁认识的早，运用的早，谁就获益早，获益快。所以，我们期待更多适合运用弹性工作制的企业，能够审时度势，把利于企业、利于员工的好事办好。

法国小说家福楼拜有句名言：“人类越往前走，艺术越要科学化，同时科学越要艺术化。两者在山麓上分手，回头又在山顶上会合。”如果说成功的管理行为应该与科学、与艺术的会合，那么，实行了弹性工作制的企业及员工，其职业化程度有待提高，诚信意识有待进一步加强，这些都有助于弹性工作制发展。

（作者系美国杜肯大学文理学院硕士）

# 中国企业文化建设大事记

## 二零一四年中国企业文化建设大事记

1月3日，国务院国资委下发“关于印发《关于加强中央企业品牌建设的指导意见》的通知”的文件。通知要求，中央企业要提高品牌建设水平，推动转型升级，培育具有国际竞争力的世界一流企业目标。充分认识中央企业品牌建设的重要意义，树立加强品牌建设的指导思想，大力实施品牌战略，准确把握品牌定位，加强自主创新，努力追求高品质，提高精致管理水平。

2月26日，国务院国资委召开中央企业宣传思想工作会议。总结近年来中央企业宣传思想工作情况，部署当前和今后一段时期的重点工作。

3月26日，中央企业党建政研会与中宣部学习出版社在京联合举办“凝心·聚力·铸魂，中央企业培育和践行社会主义核心价值观研讨会暨研究成果发布会”。研究交流中央企业培育和践行社会主义核心价值观的成功做法，发布中央企业党建政研会优秀研究成果。

3月28日至29日，中国企业文化研究会医药委召开常务理事会暨医院文化建设现场交流会。20多家单位的60多名同志参加了会议。

4月4日，中央企业专项文化交流组召开第一次专题会。国资委宣传局企业文化处领导及18家央企企业文化部门领导出席了会议。

5月20日，陕西省企业文化建设协会第三届全体会员大会在西安召开。陕西省企业文化建设协会第二届会长薛保勤为第三届名誉会长，金花投资控股集团总裁助理张培合当选为协会会长；会议还选举了西飞集团公司、延长石油集团、陕煤集团等13家企业为常务理事单位，孙洪波等人为协会副会长和秘书长。

6月16日至17日，全国煤炭系统企业文化暨五精管理现场推广会议召开。中煤政研会和来自全煤系统25家企业的代表200余人参加了会议。

7月24日至26日，中国企业文化研究会主办的“第八届中国企业文化百人学术论坛”在甘肃酒泉市举行。论坛以“企业核心价值观培育与体系构建”为主题，来自全国各省市各行业的企业界代表与学术理论界专家210多人参加了会议。

8月21日，由辽宁省委宣传部、省社科联、省企业文化学会联合主办的“2014辽宁省企业文化峰会”在营口市举行。峰会是以“专项文化·活力·振兴”为主题，设学术报告、高峰论坛、特色论坛、企业文化现场研讨4大板块。

11月8日，《中国企业文化年鉴》（第六卷）由中国企业文化研究会编著，吉林人民出版社出版发行。该书由国家图书馆收藏，并颁发收藏荣誉证书。原商业部部长、特区办主任胡平，中宣部原常务副部长、大百科全书总编徐惟诚，国务院国资委原副主任、中国机械工业联合会会长王瑞祥分别为该书题词。

11月13日，中国兵器装备集团公司印发《关于进一步加强企业文化建设的指导意见》。《指导意见》就“进一步加强企业文化建设的重要性与紧迫性、进一步加强企业文化建设的指导思想与目标任务、进一步加强企业文化建设的方法步骤、进一步加强企业文化建设的工作要求”四个方面内容作了具体要求。

11月15日至17日，由中国企业文化研究会主办的“企业文化顶层设计与基层践行——中外企业文化2014成都峰会”在四川成都市召开。峰会设置了主题研讨、专题研讨、安全文化、品牌文化、顶层设计与基层践行、模范班组文化展示、企业践行社会主义核心价值观的方法和路径、学者观点、国际交流7大板块。相关领导、专家学者和来自国有大中型企业、民营企业及外国企业620余名代表参加了会议。

## 二零一五年中国企业文化建设大事记

1月25日至26日，由国家安全生产监督管理总局安全文化课题组、中国企业文化研究会主办，湖北卫东化工股份有限公司承办的“学习贯彻新《安全生产法》暨全国企业安全文化建设推进会”在湖北省襄阳市召开，来自国内外企业200余名代表参加了会议。

3月26日至27日，中国企业文化研究会医药委常务理事会暨医院文化建设现场交流会在广州召开，来自全国相关医院的代表和领导120多人参加会议。

4月12日至17日，中国企业文化研究会组织来自全国各地各行业11家企业的30位企业文化工作者深入江苏基层企业开展现场观摩研讨基层企业文化创新活动，对基层企业文化建设的思路、方法、内容、形式、载体等进行了深入的学习研究，取得丰硕成果。

4月28日，湖南省企业文化促进会主办的“2015湖南省创新企业文化发展大会暨企业文化建设先进单位（先进个人）颁奖典礼”在长沙举行。大会以“新常态、新思路、新发展”为主题，全省企业高管、企业文化专家学者及社会各界知名人士近300人参加会议。

5月26日，河北省企业文化协会举行成立大会，来自省内外企业、科研院校等行业、领域的300多名代表参会。

7月9日至11日，由中国企业文化研究会主办，中国农业银行股份有限公司协办的“第九届中国企业文化百人学术论坛暨全国企业文化现场会”在苏州市召开，来自全国各省市各行业的企业界代表、学术理论界专家220多人参加会议。

7月11日，中国企业文化研究会主办的“全国企业文化建设示范基地工作会议”在苏州市召开，来自全国28个省市自治区“企业文化建设示范基地”的企业主管领导、部门负责人参加了会议。

会议交流：“全国企业文化建设示范基地”企业代表介绍了授牌以来的新做法，新成果，新经验，对面临的新问题进行了认真的互动和交流。

会议认为：“示范基地”为全国企业文化建设提供了一个示范性的做法和经验，提高了示范基地企业的形象和知名度，是一种价值和精神的引领，发展方向性的引领。

会议要求：各示范基地的工作要在“传承、创新、深化”三方面上下功夫，传承核心理念和优秀文化；根据时代发展，产品结构调整，体制变化不断创新，将企业文化深化到经济活动各领域，把各项工作做到位。

7月25日至26日，中国企业联合会、中国企业家协会主办的“全国企业文化年会（2015）”在北京举行。大会以“转型与升级：经济发展新常态下的企业文化建设”为主题，相关领导和企业家代表出席了会议。

8月7日，中国企业文化研究会在北京举办“合规文化座谈会”，会议以“构建合规文化 推动依法治企”为主题，相关专家作了主题发言，相关单位做了经验介绍，来自行业协会、企业的23位领导参加会议并交流。

8月12日至14日，中国企业文化研究会组织来自全国各地、各行业15家企业的30位企业文化工作者深入包头开展基层企业现场观摩研讨企业文化创新活动。

8月15日，中国企业文化研究会在北京召开了“2015年企业文化部（处）长会议”。会议围绕“十二五”以来企业专项文化建设做法、经验典型、当下重点研究的专项文化和“十三五”企业文化建设规划建议进行了分析和研讨。邀请不同行业企业文化部（处）长，中国企业文化研究会部门主任以上领导，共30人参加了会议。

9月16日至19日，中国企业文化研究会在青岛市举办“新常态下推进基层企业文化创新工作”活动，来自全国各地、各行业的30家企业54位企业文化工作主管领导和基层企业文化工作者参加。

10月11日，中国企业文化研究会医药卫生委员会与河北省医院文化协会联合举办了“京津冀医院文化论坛”，来自三地医疗卫生代表150多人参加会议。

11月5日至7日，中国企业文化研究会医药卫生委员会全国卫生系统“第十届走向人文管理高层论坛”在厦门召开，来自全国卫生系统专家、学者和领导300多人参加会议。

11月15日至17日，由中国企业文化研究会主办、重庆银行协办的“‘十二五’企业文化总结暨专项文化建设——中外企业文化2015重庆峰会”在重庆召开。相关领导、专家学者和来自全国各地的650余名企业代表参加了会议。

峰会围绕贯彻党的十七届六中全会和十八大以来有关社会主义先进文化建设和文化强国战略精神，总结“十二五”时期中国企业文化建设的典型经验，研究专项文化落地方式展开研讨交流。会上发布了《中国企业文化建设“十三五”指导意见》和《峰会宣言》。

11月28日，中国企业文化研究会编著的《中国企业文化建设“十三五”指导意见》由中信出版集团出版发行。《指导意见》涵盖了总体要求、基本任务、主要措施、组织推动4大板块，清晰地勾绘出“十三五”期间中国企业文化建设的重要意义、指导思想、遵循原则和建设目标等内容，为中国企业文化建设提供了宏观指导意见。

12月19日，国家安全生产监督管理总局安全文化课题组、中国企业文化研究会主办，中广核工程有限公司协办的“深入贯彻落实《安全生产法》暨2015年度全国安全文化建设推进会”在北京召开，相关领导、专家学者和来自全国150多家企业的350多名代表参加了会议。

12月22日，湖南省湖湘文化研究会第二次会员代表大会在湖南宾馆召开。来自省市各社会团体、相关文化部门、大专院校和科研院所等单位的200多位会员参加了会议。

# 2014年部分中外企业文化著作书目

| 序号 | 书名 | 作者 | 出版社 |
|---|---|---|---|
| 1 | 中央企业文化建设报告 | 卢卫东、黎群 | 中国经济出版社 |
| 2 | 中国民营企业文化建设发展报告 | 李亚 | 中国经济出版社 |
| 3 | 网络时代企业文化建设案例选 | 河北省思想政治工作研究会 | 河北教育出版社 |
| 4 | 马云：我的管理心得 | 赵伟 | 企业管理出版社 |
| 5 | 任正非：管理的真相 | 孙力科 | 企业管理出版社 |
| 6 | 企业文化的逻辑 | 王祥伍、黄健江 | 电子工业出版社 |
| 7 | 企业文化激活沟通 | 宋杼宸、安琪 | 电子工业出版社 |
| 8 | 看不见的管理 | 迪凯 | 电子工业出版社 |
| 9 | 企业文化建设经典5本套装 | 王祥伍、谭俊峰、黄健江、宋杼宸、安琪、朱仁健 | 电子工业出版社 |
| 10 | 企业文化与企业伦理研究 | 曹凤月 | 光明日报出版社 |
| 11 | 企业文化的五行法则 | 王建国、贺建军 | 上海科学技术文献出版社 |
| 12 | 企业文化沙龙·丛书（一） | 钱津 | 企业管理出版社 |
| 13 | 企业文化沙龙·丛书（二） | 钱津 | 企业管理出版社 |
| 14 | 企业文化沙龙·丛书（三） | 钱津 | 企业管理出版社 |
| 15 | 企业文化构建与团队打造 | 金涛 | 企业管理出版社 |
| 16 | 让听得见炮声的人决策 | 石勇 | 企业管理出版社 |
| 17 | 这样管理最有效 | 刘啸 | 企业管理出版社 |
| 18 | 烟草行业企业文化评价体系 | 中国标准化委员会 | 中国质检出版社 |
| 19 | 超一流企业卖文化 | 杨杜 | 北京大学音像出版社 |
| 20 | 企业文化管理（4） | 王成荣 | 中国人民大学出版社 |
| 21 | 企业文化学教程（3） | 王成荣 | 中国人民大学出版社 |
| 22 | 企业文化建设实务 | 叶坪鑫 等 | 中国人民大学出版社 |
| 23 | 企业文化·职业素养 | 钱轴 等 | 中航出版传媒有限责任公司 |
| 24 | 湖北企业文化发展报告 | 湖北企业文化研究中心 | 社会科学文献出版社 |
| 25 | 企业文化管理（2） | 张国梁 | 清华大学出版社 |
| 26 | 最好的企业最能经营文化 | 胡耀元 | 清华大学出版社 |
| 27 | 企业文化高效落地活动案例 | 欧阳国忠 | 清华大学出版社 |
| 28 | 企业文化的力量 | 杲占强 | 清华大学出版社 |
| 29 | 企业活动策划：理论、方法与实务 | 李玺、叶升 | 清华大学出版社 |
| 30 | 现代企业管理：理念、方法、技术(3) | 曹扬 | 清华大学出版社 |
| 31 | 建筑施工企业安全文化建设与实践 | 孟燕华、谢振华 | 中国劳动社会保障出版社 |
| 32 | 冶金企业安全文化建设与实践 | 谢振华 | 中国劳动社会保障出版社 |
| 33 | 现代企业绩效考核量化管理全案 | 周永亮、张毅 | 机械工业出版社 |
| 34 | 企业战略管理 | 肖智润（编者） | 机械工业出版社 |
| 35 | 向毛泽东学带队伍 | 孟庆春 | 机械工业出版社 |
| 36 | 中国领先企业管理思想研究 | 陈春花 | 机械工业出版社 |
| 37 | 研发企业管理：思想、方法、流程和工具 | 林锐、彭韧 | 人民邮电出版社 |
| 38 | 丰田精准管理企业文化建设 | 胡新桥 | 人民邮电出版社 |
| 39 | 企业文化管理 | 夏洪胜、张世贤 | 经济管理出版社 |
| 40 | 文化企业家研究 | 邓晓辉 | 经济管理出版社 |
| 41 | 生命之道与企业文化 | 崔立德 | 经济管理出版社 |
| 42 | 企业全面风险管理实务(3) | 高立法（编者） | 经济管理出版社 |
| 43 | 跟我们做知识管理 | 葛新红、黄斯涵 | 北京大学出版社 |
| 44 | 高职高专经济管理类规划教材：企业文化 | 祝宝江 | 浙江大学出版社 |
| 45 | 企业战略管理 | 林广瑞、赵惠芳 | 浙江大学出版社 |
| 46 | 集团型公司企业文化建设研究 | 李建华、章献忠 | 东北大学出版社 |
| 47 | 如何构建现代企业文化 | 邵奇杰 | 东北大学出版社 |
| 48 | 盛建春企业文化文选 | 盛建春 | 江苏大学出版社 |

续 表

| | | | |
|---|---|---|---|
| 49 | 企业文化管理指南 | 王险峰 | 江苏大学出版社 |
| 50 | 民主管理与企业文化建设训练 | 曹洋 | 复旦大学出版社 |
| 51 | 现代企业文化理论与实务 | 曾萍 | 云南大学出版社 |
| 52 | 现代企业文化 | 欧绍华 | 湘潭大学出版社 |
| 53 | 企业文化学 | 丁宁 | 北京交通大学出版社 |
| 54 | 现代企业文化与职业道德 | 邹碧海、樊成 | 西南交通大学出版社 |
| 55 | 电力企业文化 | 刘建英、贺敬 | 北京理工大学出版社 |
| 56 | 企业中层精细化管理 | 刘寿红 | 北京理工大学出版社 |
| 57 | 企业文化（第2版） | 王涛、彭纯宪 | 高等教育出版社 |
| 58 | 变动时代中国企业怎么管 | 曾仕强 | 北京联合出版公司 |
| 59 | 企业安全文化建设 | 崔政斌，周礼庆 | 化学工业出版社 |
| 60 | 企业文化与企业管理 | 潘永志 | 人民日报出版社 |
| 61 | 企业文化读本 做强做优 世界一流 | 王宏伟、贺敬平、白均生 | 中国电力出版社 |
| 62 | 敬业才能有事业 | 西武 | 中国电力出版社 |
| 63 | 做事要有责任心 | 西武 | 中国电力出版社 |
| 64 | 创建项目管理的流程制度与企业文化 | 周小桥 | 北京高教音像出版社 |
| 65 | 管人管到位（升级版） | 陈浩 | 中国科学文化音像出版社 |
| 66 | 高校后勤企业文化建设理论与实务 | 黄核成、王晓萍、冯伟明 | 经济科学出版社 |
| 67 | 企业管理咨询与诊断 | 吴忠培 | 科学出版社 |
| 68 | 绩效考核与薪酬激励整体解决方案 | 贺清君 | 中国法制出版社 |
| 69 | 没有企业文化，公司怎么能长久 | 王化斌 | 吉林出版集团有限责任公司 |
| 70 | 中高层管理者如何落地企业文化 | 迪凯 | 中华工商联合出版社 |
| 71 | 奔跑着的梦想 | 编委会 | 中国财富出版社 |
| 72 | 企业文化实用教程（第二版） | 李敏、张丽 | 科学出版社 |
| 73 | 饭店企业文化塑造 | 林璧属 | 旅游教育出版社 |
| 74 | 上兵伐谋·《孙子兵法》与企业经营管理 | 夏增民 | 华中科技大学出版社 |
| 75 | 中国文化企业发展报告 | 张晓明、史东辉 | 社会科学文献出版社 |
| 76 | 中国传统文化进企业 | 杨惠中 | 宁夏人民出版社 |
| 77 | 中国企业跨国并购文化整合模式研究 | 齐善鸿、张党珠 | 东北财经大学出版社 |
| 78 | 企业文化管理 | 张振宗 | 中国言实出版社 |
| 79 | 企业文化落地与突破 | 许萌 | 中国财富出版社 |
| 80 | 战略管理：竞争与全球化 | R. 杜安·爱尔兰、罗伯特 E. 霍斯基森等 | 机械工业出版社 |
| 81 | 公司进化论：伟大的企业如何持续创新 | （美）杰弗里·摩尔 | 机械工业出版社 |
| 82 | 巅峰对话：企业国际并购与管理 | （德）赫尔穆特·毛赫尔、（奥）弗雷德蒙德·马利克 | 机械工业出版社 |
| 83 | 刺猬效应：打造高绩效团队的秘诀 | （荷）曼弗雷德·凯茨·德·弗里斯 | 东方出版社 |
| 84 | 风险管理 (2) | 保罗·霍普金 | 中国铁道出版社 |
| 85 | 管理经济学与组织架构 (4) | 詹姆斯·布里克利、克利福德·史密斯、杰罗尔德·齐默尔曼 | 人民邮电出版社 |
| 86 | 互联网思维的企业 | 戴夫·格雷、托马斯·范德尔·沃尔 | 人民邮电出版社 |
| 87 | 战略企业社会责任 (3) | 戴维·钱德勒、小威廉·B. 沃瑟 | 北京财经大学出版社 |
| 88 | 卓越服务：使客户服务从平庸到卓越的七个简单方法 | （美）史蒂夫·科廷 | 企业管理出版社 |
| 89 | 组织文化与领导力（4） | （美）沙因 | 中国人民大学出版社 |
| 90 | 战略品牌管理 (4) | 凯文·莱恩·凯勒， | 中国人民大学出版社 |
| 91 | 日本企业文化与礼仪 | （日）神野繁宪 | 大连理工大学出版社 |

# 2015年部分中外企业文化著作书目

| 序号 | 书名 | 作者 | 出版社 |
| --- | --- | --- | --- |
| 1 | 中国民营企业文化建设发展报告 | 李亚 | 中国经济出版社 |
| 2 | 徐惟诚文集：经济建设·企业文化 | 徐惟诚 | 商务印书馆 |
| 3 | 万达哲学 | 王健林 | 中信出版社 |
| 4 | 企业文化建设 (3) | 张德 | 清华大学出版社 |
| 5 | 企业文化新使命 | 王成荣 | 中国经济出版社 |
| 6 | 企业文化力 | 徐耀强、李瑾 | 中国电力出版社 |
| 7 | 现代企业文化管理新探 | 李锦望 | 中国金融出版社 |
| 8 | 赢在企业文化 | 邵学全 | 清华大学出版社 |
| 9 | 企业文化 B&E 管理学系列 | 李忠义、马建辉 | 清华大学出版社 |
| 10 | 企业文化学概论 | 曹凤月 | 清华大学出版社 |
| 11 | 中国文化企业报告 | 陈少峰、张立波、王建平 | 清华大学出版社 |
| 12 | 企业文化 | 邱仲潘、叶文强 | 清华大学出版社 |
| 13 | IT 企业文化 | 邱仲潘 | 清华大学出版社 |
| 14 | 企业伦理学（3） | 周祖城 | 清华大学出版社 |
| 15 | 企业文化落地理论与实践 | 曲庆 | 清华大学出版社 |
| 16 | 企业文化与企业宣传 | 王忠义、张思韡 | 北京大学出版社 |
| 17 | 企业文化理论与实务（2） | 王水嫩 | 北京大学出版社 |
| 18 | 企业风险与危机管理 (2) | 周春生 | 北京大学出版社 |
| 19 | 高等院校“十二五”规划教材 / 企业文化 | 赖文燕、周红兵、赵婧 | 南京大学出版社 |
| 20 | 企业文化概论 | 张仁德、霍洪喜、张玉利 | 南开大学出版社 |
| 21 | 并购企业文化整合研究 | 彭仁忠 | 武汉大学出版社 |
| 22 | 企业文化 | 晏辉 | 北京师范大学出版社 |
| 23 | 中国企业公益文化传播力研究报告 | 刘建华、谢勇 | 云南大学出版社 |
| 24 | 电力企业文化理论与实践 | 何宇宏 | 复旦大学出版社 |
| 25 | 企业文化基础（2） | 丁雯 | 东北财经大学出版社 |
| 26 | 国际企业管理（3） | 金润圭 | 中国人民大学出版社 |
| 27 | 现代企业文化与职业道德 | 苏万益 | 高等教育出版社 |
| 28 | 管理是要系统的 | 邢以群、张大亮 | 机械工业出版社 |
| 29 | 全面预算管理：让企业全员奔跑 | 温兆文 | 机械工业出版社 |
| 30 | 上海地铁企业文化读本 | 上海申通地铁集团有限公司轨道交通培训中心 | 中国劳动社会保障出版社 |
| 31 | 企业文化沙龙·丛书（4） | 钱津 | 企业管理出版社 |
| 32 | 企业文化沙龙·丛书（5） | 钱津 | 企业管理出版社 |
| 33 | 企业文化沙龙·丛书（6） | 钱津 | 企业管理出版社 |
| 34 | 企业团队与文化——互联时代的多象限组织 | 陈谏、王启军 | 企业管理出版社 |
| 35 | 用文化管理企业的探索 | 张志宇 | 企业管理出版社 |
| 36 | 阿里巴巴企业文化 | 张继辰、王乾龙 | 海天出版社 |
| 37 | 腾讯的企业文化 | 张继辰 | 海天出版社 |
| 38 | 华为的人力资源管理 | 张继辰 | 海天出版社 |
| 39 | 创京东 | 李志刚 | 中信出版社 |
| 40 | 万达工作法 万达集团企业文化 | 万达集团企业文化中心写 | 中信出版社 |
| 41 | 企业人力资源管理高效工作指南 | 周丽霞 | 中国法制出版社 |
| 42 | 新编常用企业管理制度全书 | 肖胜方（编者） | 中国法制出版社 |
| 43 | 老 HRD 手把手教你做企业文化 | 马松有 | 中国法制出版社 |
| 44 | 马云带队伍：团队就该这样带 | 顾嘉 | 中国法制出版社 |
| 45 | 企业文化 | 柏吉宽 | 中国电力出版社 |
| 46 | 企业文化体验培训教程 | 王志宏、薛保红 | 中国标准出版社 |
| 47 | 管理者的终极智慧 | 娄萌 | 中国财富出版社 |

续 表

| | | | |
|---|---|---|---|
| 48 | 企业文化经典著作导读 | 李磊 | 中国工人出版社 |
| 49 | 管理智慧透析中国企业家的管理韬略 | 蔡亮 | 中国科学文化出版社 |
| 50 | 驾驭推进企业前进的 9 种人 | 张金洋 | 中国科学文化音像出版社 |
| 51 | 五粮液企业文化 | 王岚 | 中国轻工业出版社 |
| 52 | 管人不如管文化——企业文化生命力解密 | 侯韶图 | 经济管理出版社 |
| 53 | 工业文化 /21 世纪企业文化丛书 | 刘光明 | 经济管理出版社 |
| 54 | 不会带团队，你就只能干到死 | 赵伟 | 民主与建设出版社 |
| 55 | 企业文化管理与实践 | 石娟 | 科学出版社 |
| 56 | 交通企业文化 | 刘庆元 | 人民交通出版社 |
| 57 | 国学八修与企业文化（视频） | 孟昭春 | 北京电视艺术中心 |
| 58 | 如何建立一流的企业文化 | 王为 | 北京高教音像出版社 |
| 59 | 人力资源的新动力企业文化 | 李鑫 | 东方音像电子出版社 |
| 60 | 企业文化建设教程 | 周坤 | 北大音像出版社 |
| 61 | 向小米学管理：小米没有 KPI | 陈玉潇 | 人民邮电出版社 |
| 62 | 新企业文化——重获工作场所的活力 | （美）特伦斯·迪尔 | 中国人民大学出版社 |
| 63 | 企业文化（企业生活中的礼仪与仪式） | （美）特伦斯·迪尔、艾伦·肯尼迪 | 中国人民大学出版社 |
| 64 | 国际企业管理（文化战略与行为） | （美）弗雷德·卢森斯、乔纳森 P. 多 | 机械工业出版社 |
| 65 | 卓有成效的个人管理 | （美）彼得·德鲁克 | 机械工业出版社 |
| 66 | 知识创新与创新管理 | （挪威）刘德智 | 清华大学出版社 |
| 67 | 企业、政府与社会 (12) | 约翰·斯坦纳、乔治·斯坦纳 | 人民邮电出版社 |
| 68 | 一路向前 | （美）霍华德·舒尔茨、乔安·戈登 | 中信出版社 |
| 69 | 什么造就了领导者 | （美）彼德·德鲁克 等 | 中信出版社 |
| 70 | 软优势，优秀公司持续成功的秘密 | （美）里奇·卡尔加德 | 中信出版社 |
| 71 | 专业主义 | （日）大前研一 | 中信出版社 |
| 72 | 富甲美国：沃尔玛创始人山姆．沃尔顿自传 | （美）山姆·沃尔顿 | 文艺出版社 |
| 73 | 从领先到极致：互联网时代下的创业、创新与管理哲学 | 伊萨多·夏普 | 光明日报出版社 |
| 74 | 50 大管理难题解决方案 | 索娜·谢拉特、罗杰·德尔夫斯 | 中国青年出版社 |

# 后 记

《中国企业文化年鉴》2015-2016（以下简称《年鉴》），是继2004年由中国企业文化研究会创刊以来连续编撰的第七卷，收录了近两年全国企业文化研究成果和成功案例，在编辑理念创新方面做了新的尝试，主要有以下几个方面：

**一、建立沟通机制开创精准约稿的新路径。**邀请全国不同所有制企业主管文化建设的相关领导和热衷于企业文化研究与实践，善于总结和撰写企业文化文章的人员为《年鉴》特约撰稿人或通讯员，一大批企业文化工作者成为《年鉴》编辑工作的主体力量。利用QQ平台的便捷沟通方式，源于企业实践创新最鲜活、最有说服力的理论文章和优秀案例选刊在本卷《年鉴》之中，更加赋有指导性、借鉴性。

**二、加大入编基层企业文化建设理论的文稿比重。**来自于各行业企业文化建设的成功案例在本卷《年鉴》中得到了再传播、再提升。以前《年鉴》的理论文章都出自专家学者，这一卷我们看到一批最鲜活、最有说服力的理论文章出自企业的企业文化工作者。这批来自基层企业文化工作一线的理论文章具有令人信服的理论价值，是理论与实践的完美结晶。基层企业文化实践者的学术著作首次纳入学术栏目，普遍具有个性突出、可操作性强和便于学习的特点。为了鼓励基层企业文化实践者所作出的贡献，案例文章的撰稿人和供稿人增加了署名。

**三、集中反映企业文化建设的最新研究成果。**立足于记载全国企业文化建设与研究的新课题、新成果、新趋势，对国内企业文化建设方面的重要会议、大事记，进行了全面系统的客观阐述，再现了中国企业文化学术研究与推进的全局观、尖端性和实践价值；对有关领导、专家学者、企业家的企业文化研究成果给予了大板块展示。

**四、栏目创新满足读者个性化的阅读需求。**对“实践篇”的内容进行了比较大的调整与创新，设立“行业案例”、“专项文化”和“特色文化”三大板块，推介了金融行业、石化行业等11个重点行业的成功案例；设置了品牌文化、安全文化等六大专项文化的系统展示，使丰富多彩的企业文化智慧结晶更加系统化、鲜明化。

《年鉴》编辑工作是为全国各行业企业文化建设服务的，所选用的理论、观点、案例文章代表了中国企业文化建设的前沿理念和先进经验，呈现出相融共促、一主多元、百花争妍的文化局面。得到了有关部委领导、专家学者的肯定和提携，在《年鉴》创刊10周年之际，原商业部长、特区办主任胡平，中宣部原常务副部长、大百科全书总编辑徐惟诚，国务院国资委原副主任、中国机械工业联合会会长王瑞祥等领导分别为《年鉴》题词，给予编辑发行工作极大的鼓舞和鞭策。

本卷《年鉴》编辑过程中得到了有关领导、专家学者、相关社团、相关媒体和众多企业家、企业文化工作者的鼎力支持。在此向国务院国资委、全国总工会、全国工商联、中国企业联合会、中国金融政研会、中国化工政研会、中国电子政研会、广西企业文化建设协会、辽宁省企业文化学会、宁夏企业协会、成都企业文化协会、沧州市委宣传部、鞍山企业文化研究会、珠海企业文化协会、连云港企业文化学会、扬州邗江区企业文化研究会、厦门市卫生计生委等单位，向中车长客、北京金隅、中国华信、天能集团、胜利油田、山西农信、超威集团、广西玉柴、苏州农行、北京住总房地产开发公司、沈阳飞机设计研究所、北京日盛袜业、北京现代、华煤集团、电建海投公司、伊敏煤电、北京卫星制造厂、解放军5719工厂、中国空间技术研究院西安分院、日出东方、大港石化、中交上海航道局、北京海纳川、北京铁路局丰台机务段等企业表示衷心的感谢。本卷《年鉴》刊载了一些公开发表的学术论文和成功案例专述文章，在此，一并向这些文章的作者表示真诚的谢意。

衷心希望从事企业文化研究与实践的各位同仁，对《年鉴》编辑工作给予关注和支持；同样，也真诚期待你们对《年鉴》编辑工作给予批评和指正。

中国企业文化研究会联络部<br>
《中国企业文化年鉴》编辑部<br>
2016年9月30日